헌법상 권력구조의 재조명

한 수 웅

法 文 社

머리말

I.

이 책은 1995년부터 2019년까지 20여년에 걸쳐 생성된 저자의 연구 성과 중에서 '헌법상 권력구조'에 관한 것을 모은 것이다. 저자는 2020년 대학에서 정년을 맞이하였는데, 이를 계기로 그동안 학술지에 게재한 논문들을 '기본권의 영역'과 '헌법상 권력구조의 영역'으로 나누어 2권의 책으로 출간할 계획을 세웠다. 기본권에 관한 논문들을 한 권으로 묶은 논문집인 '기본권의 새로운 이해'는 작년 여름 저자의 정년퇴임에 맞추어 출간되었다. '헌법상 권력구조의 재조명'은 기본권에 관한 논문들을 제외하고 그 외 헌법의 기본원리, 권력구조 및 헌법재판에 관한 논문들을 하나로 묶은 것으로 '기본권의 새로운 이해'에 이어서 출간되는 두 번째 논문집이다.

두 권의 논문집 출간은 저자가 후학들에게 이행해야 하는 마지막 책무라고 생각하여 오래전부터 실행에 옮기고자 계획한 것이었다. 저자는 후학들에 앞서 먼저 '헌법으로의 여행'을 출발하였고 여행의 노정에서 다양한 헌법적 문제들과 만날 수 있었다. 이러한 여행에서 저자가 먼저 경험하고 고민한 것을 기록하고 정리한 것이 바로 두 권의 논문집이다. '헌법'이라는 학문의 길을 따라 걷는 사람이라면 누구나 언젠가 동일한 갈림길 또는 동일한 길모퉁이에서 필연적으로 동일한 헌법적 문제와 부딪히게 된다. 헌법의 여정에서 마주한 피할 수 없는 의문에 대하여 저자가 부족하나마 나름대로 해결책을 제시하고자 한 것이 바로 이 두 권의 책에 실린 논문들이다. 저자의 논문집에 담긴 내용이 비록 최종적이고 유일한 대답은 아니지만, 후학들이 그들의 학문적 여정에서 동일한 문제에 부딪혀 어디로 가야할지 망설일 때, 저자의 논문집이 후학들의 '여행안내서'로서 조금이나마 도움이 되었으면 하는 바람이다.

학문에 대한 저자의 원초적인 갈증이 어느 정도 해소된 지금, 이제 다시 새로운 목표를 가지고 새롭게 시작해야 하는 상황에서 자꾸 지나온 길을 되돌아보게 된다. 그동안 대체 무엇 때문에 그렇게 소쩍새처럼 울어댔는지, 결국 짧은 인생에서 하잘것없는 논문 몇 편을 남기기 위해 항상 무엇에 쫓기는 듯 살아온 것인지, 두 번째 논문집을 마무리 지으면서 드는 뿌리칠 수 없는 생각이다.

Ⅱ.

‘헌법상 권력구조의 재조명’은 저자가 기본권 외의 영역에서 작성한 34개의 논문을 담고 있으며, ‘제1편 헌법의 기본원리’, ‘제2편 권력구조’, ‘제3편 헌법재판’의 모두 3개의 편으로 구성되어 있다. 제1편 헌법의 기본원리는 다시 제1장 민주주의원리(3개의 논문), 제2장 법치국가원리(4개의 논문), 제3장 사회국가원리(3개의 논문) 등 3개의 장으로 나누었고, 제2편 권력구조는 제1장 국회(3개의 논문), 제2장 정부(4개의 논문) 등 2개의 장으로 나누었으며, 제3편 헌법재판은 제1장 헌법재판 일반이론(7개의 논문)과 제2장 개별심판절차(10개의 논문)의 2개의 장으로 분류하였다. 이 책에 실린 논문들의 작성 과정에서 얻은 연구의 성과는 저자의 ‘헌법학’ 교과서의 집필에 있어서 이론적 기초로 활용됨으로써 그 대부분이 교과서의 내용에 반영되었다.

원래 저자는 이 책에 수록된 논문들을 학술지에 게재되었던 ‘논문 원고’ 그대로 싣고자 하였다. 그러나 논문을 정리하는 과정에서 독자에 대한 예의를 갖추기 위해서라도 오타를 수정하고 문장을 다듬는 작업은 불가피하였다. 또한, 독자의 이해를 돕기 위하여 필요하다고 판단되는 부분에서는 추가적으로 소제목을 부여하였다. 나아가, 논문 발표 이후에 저자의 학문적 인식이 근본적으로 개선된 경우에는 내용적 보완이 요청되는 부분에 한하여 내용을 약간 보완하거나 수정하였다.

한편, 이 책에 실린 논문 중에서 ‘선거제도’에 관한 논문(제1편 제1장 제1절)과 ‘사회국가원리 일반이론’에 관한 논문(제1편 제3장 제1절)은 첫 번째 논문집인 ‘기본권의 새로운 이해’에 이미 수록된 것이지만, 그 내용이 동시에 헌법상 권력구조에도 해당하는 것이고 논문집의 체계를 구성하기 위하여 불가결한 것이기 때문에 이 책에서도 중복적으로 수록하게 되었음을 밝혀둔다.

나아가, 이 책은 권력구조에 관한 논문집이지만, 부분적이나마 기본권에 관한 내용도 담고 있다는 것을 밝혀두고자 한다. 특히 헌법재판과 관련하여 중요한 주제인 ‘헌법재판의 한계’의 문제는 본질적으로 헌법재판소에 의한 헌법해석의 한계의 문제이고, 이러한 문제는 결국 위헌심사에서 핵심적 역할을 하는 심사기준인 ‘기본권해석의 문제’이기 때문이다. 따라서 헌법재판에서의 위헌심사기준을 다루는 논문인 ‘헌법재판의 한계 및 심사기준’(제3편 제1장 제2절 제1주제) 및 ‘규범통제제도의 형성과 발전’(제3편 제1장 제3절 제2주제)에서 기본권을 심사기준으로 하는 위헌심사에 관한 서술은 피할 수 없는 것이었다.

Ⅲ.

1. 이 책에 실린 논문들의 주제는 헌법상 권력구조의 영역에서 예외 없이 저자의 학

문적 호기심을 크게 자극한 것들이다. 예컨대, 정당제도에 관한 논문들(제1편 제1장 제2절)의 경우 헌법상 보호받는 정당은 그 개념상 '공익실현의 의무'나 '자유민주주의를 긍정해야 할 의무'를 지는 것인지의 의문이 연구의 출발점이자 원동력으로 작용하였고, 법률유보의 원칙에 관한 논문(제1편 제2장 제1절)의 경우에는 포괄위임금지원칙의 위반여부를 판단하는 심사기준이 법률의 명확성원칙의 위반여부를 판단하는 기준과 동일한 것인지에 대한 근본적인 의문이 연구의 출발점이 되었다. 헌법상의 경제질서에 관한 논문들(제1편 제3장 제2절)에 담긴 내용은 저자의 박사학위논문이 던진 핵심적 질문에 대한 대답에 해당하는 것인데, '시장경제질서' 또는 '사회적 시장경제질서'가 과연 우리 헌법이 보장하는 헌법상의 경제질서인가 라는 근본적인 의문에서 출발하여 작성된 것이다.

국회에 관한 논문들(제2편 제1장)의 경우에는 국회법의 법적 성격과 국회법 위반의 효과가 대체 무엇인지, 입법자가 국회법의 형성에 있어서 어떠한 헌법적 구속을 받는지, 대의제 민주주의에서 대표자의 자유위임과 국민의사는 어떻게 조화를 이루고 양립할 수 있는지 등의 피할 수 없는 근본적인 의문을 연구의 계기로 삼았으며, 정부에 관한 논문들(제2편 제2장)에서는 오늘날 제도적 보장의 헌법적 의미는 무엇인지, 직업공무원제도나 지방자치제도를 구체적으로 형성하는 입법자가 오늘날에도 여전히 소위 '제도보장이론'에 따른 '최소한 보장의 원칙'에 의한 구속을 받는지 등의 근본적인 의문으로부터 저자의 연구가 출발하였다.

2. 이 책에 실린 논문들 중에서도 적지 않은 부분은 저자가 헌법재판소에서 연구관으로 재직하면서 구체적인 헌법소송사건을 해결하기 위하여 연구하는 과정에서 나온 것이다.

가령, 법원의 재판을 헌법소원의 대상에서 제외하는 헌법재판소법 제68조 제1항의 위헌여부는 헌법재판소의 출범 당시부터 학계와 실무에서 끊임없는 논의의 대상이었다. 당해사건의 당사자가 헌법재판소에 대법원 판결의 취소를 구하면서 동시에 그 선결문제로서 법원의 재판을 헌법소원의 대상에서 제외하는 위 조항의 위헌확인을 구하고자 청구한 헌법소원심판에서, 헌법재판소는 위 조항에 대하여 한정위헌결정을 하면서 처음으로 대법원 판결을 취소하였는데(헌재 1997. 12. 24. 96헌마172 등), 위 주제를 다룬 논문인 '헌법재판소법 제68조 제1항의 위헌여부'(제3편 제2장 제5절 제1주제)는 위 헌법소원사건을 연구하는 과정에서 나온 산물이다.

나아가, 입법자에 대한 개인의 신뢰보호의 문제를 다룬 논문인 '법률개정과 신뢰보호'(제1편 제2장 제2절 제1주제)는 '5 · 18 특별법 사건'(헌재 1996. 2. 16. 96헌가2 등)을 계기로 위 사건을 해결하기 위하여 연구한 결과를 논문으로 체계화한 것이다. 이미 헌법재판의 초기부터 소급입법의 헌법적 허용 여부, 개정법률이 신뢰보호원칙에 위반되는지 여부를 판단하는 심사기준, 기본권과 신뢰보호원칙의 관계, 신뢰이익의 보호 정도를 판단하는 관점 등 개인의 신뢰보호를 둘러싸고 다양한 문제가 제기되었다. 위 논문과 후속논문인 '기본권과 신뢰보호원칙의 관계'(제1편 제2장 제2절 제2주제)에서 신뢰보호원칙의 위반여부를 판단하는 기준 및 신뢰이익의 보호 정도를 판단하는 관점을 제시하였는데, 이러한 이론적 기초는 일련의 헌법재판소결정에 수용됨으로써 오늘날 확립된 판례로 자리 잡았다.

헌법 제72조의 국민투표조항은 우리의 헌법현실에서 큰 의미를 차지하지 못하는 규정이었으나, 2003. 10. 대통령 노무현의 재신임 국민투표 실시에 관한 발언으로 말미암아 그 의미와 해석의 문제, 나아가 우리 헌법상 어느 정도로 국민투표의 가능성이 인정될 수 있는지에 관한 문제가 새롭게 제기되었다. '재신임 국민투표의 위헌여부'(제2편 제2장 제1절)는 헌재 2003. 11. 27. 2003헌마694 등(재신임 국민투표) 사건 및 헌재 2004. 5. 14. 2004헌나1(대통령 노무현 탄핵) 사건을 연구하는 과정에서 나온 것으로 헌법재판소결정의 이론적 기초를 제공하였다.

또한, '대통령 노무현 탄핵사건'(헌재 2004. 5. 14. 2004헌나1)을 계기로 그 동안 휴면상태에 있었던 헌법상의 탄핵조항이 처음으로 헌법재판에 적용되었는데, 이 과정에서 탄핵심판의 적법요건 및 실체적 판단과 관련하여 여러 가지 문제점이 노출되었다. 특히 핵심적인 쟁점으로 부각된 것은, 대통령의 법위반사실이 확인된 경우 헌법재판소가 자동적으로 파면결정을 해야 하는지 아니면 '법위반의 중대성'을 불문의 탄핵사유로서 인정함으로써 파면여부에 관하여 결정할 재량을 가지고 있는지의 문제였다. '대통령에 대한 탄핵심판절차'(제3편 제2장 제2절)는 위 탄핵사건을 해결하는 과정에서 획득한 학문적 인식을 논문으로 작성한 것인데, 헌법재판소의 파면여부 결정에 있어서 이론적 근거를 제공하였다.

뿐만 아니라, 헌법재판소법 제68조 제2항에 의한 헌법소원심판에서 재판소원으로서의 기능을 인식하고 청구인의 한정위헌청구에 의한 헌법재판소의 한정위헌결정의 문제점을 다룬 논문들(제3편 제2장 제6절)도 저자가 대법원 판결의 취소를 구하는 헌법소원 사건인 헌재 1997. 12. 24. 96헌마172 등(재판소원 허용) 사건 및 헌재 2003. 2. 11. 2001헌마386(헌법재판소법 제68조 제1항 위헌확인) 사건을 해결하는 과정에서 품은 근본적인 의문을 나중에 논문으로 정리한 것이다.

3. 이 책에 실린 논문 중에서 일부 논문의 내용은 오늘의 시각에서 본다면 상당히 진부한 것일 수도 있다. 그러나 그러한 논문들은 오늘날 우리가 지극히 당연한 것으로 여기는 학문적 성과가 어떠한 논의와 사고의 과정을 거쳐서 생성되었는지를 보여준다는 점에서 중요한 의미를 가지고 있다.

가령, 오늘날 '입법부작위에 대한 헌법소원'의 문제는 그 동안 학계의 다수 논문과 헌법재판소의 일련의 결정들을 통하여 본질적으로 규명된 상태이다. 그러나 저자가 '입법부작위에 대한 헌법소원'(제3편 제2장 제5절 제3주제)을 작성하던 당시에는 '언제 입법부작위가 독자적으로 헌법소원의 대상이 되는지'와 관련하여 많은 것이 불명확하였다. 예컨대, 위 논문 작성 당시인 1996년에는 시혜적 법률이 평등원칙에 위반되게 청구인을 수혜자의 범위에서 제외한 경우에 청구인이 '법률에서 자신을 수혜자의 범위에서 제외한 것'을 '입법부작위'로 간주하여 이에 대하여 헌법소원을 제기할 수 있는지 등의 문제가 헌법재판소 내에서 격렬한 논쟁의 대상이었다. 위 논문은 이러한 상황에서 그 당시 시급하게 해결을 요하는 문제를 규명하기 위하여 작성된 것으로, 위 논문에서 제시한 이론은 헌법재판소 판례에 그대로 수용되어 오늘날에 이르고 있다.

입법부작위의 문제와 마찬가지로, 저자가 '헌법불합치결정의 헌법적 근거와 효력'(제3편 제1장 제4절)을 작성할 당시에는 헌법불합치결정과 관련해서도 헌법불합치결정이 언제 헌법적으로 정당화되는지, 헌법불합치결정을 내리는 경우 그 효력은 무엇인지에 대하여 많은 것이 불확실하였다. 위 논문은 이러한 불확실성을 제거하기 위한 시도로서 나온 것이다.

Ⅳ.

이 책의 출간을 기회로, 그동안 학문적으로 도움을 받은 여러분들께 감사의 마음을 전하고 싶다. 우선, 누구보다도 학문적으로 오늘의 저자를 있게 해 주신 독일 Freiburg 대학의 J. H. Kaiser 교수님께 깊은 감사의 말씀을 드리고 싶다. 저자의 박사학위논문을 지도해 주신 교수님으로부터 무한한 사랑을 받고서도 교수님이 살아계셨을 때 그 은혜를 조금도 갚을 길이 없었기에, 교수님께 더욱 감사하고 죄송하다. 그리고 항상 저자의 멘토 역할을 해주시고 저자가 학문에 전념할 수 있도록 대학으로 이끌어주신 권영설 교수님, 헌법재판소에서 사건을 통하여 저자를 가르쳐주시고 저자의 부족한 능력에도 불구하고 저자에게 무한한 신뢰를 보내주신 김문희 헌법재판관님께 깊이 감사드린다. 또한, 여러모로 부족한 저자가 작으나마 학문적 결실을 거둘 수 있도록 도와주고 지원해 주신 '중앙대학교'와 이인호 교수님을 비롯한 '중앙대학교 법학전문대학원 교수님들'께도 감사의 말씀을 드린다.

이 책을 출간하는 과정에서도 많은 분들의 도움을 받았다. 특히, 첫 번째 논문집에 이어서 이번에도 교정 작업을 맡아준 박사과정의 송호춘 변호사에게 고마운 마음을 전하고 싶다. 구체적인 문제의식이나 동기 없이 타인의 논문을 읽는다는 것이 얼마나 어려운 것인지를 잘 아는 저자로서는 초인적인 인내를 가지고 초고를 빠짐없이 읽어준 그에게 그저 감사할 따름이다. 그는 저자에게 '제자'이자 동시에 저자의 주요논문을 모두 읽은 '유일한 독자'로 평생토록 기억될 것 같다. 아울러, 어려운 출판 현실에도 불구하고 저자의 출간계획을 흔쾌히 지지해 주신 법문사 사장님과 좋은 책을 만들기 위하여 수고를 아끼지 않으신 유진걸 대리님, 노윤정 차장님께 다시 한 번 감사드린다.

이 책에 담긴 논문들은 비록 저자가 작성하였으나, 저자로 하여금 이 논문들을 쓸 수 있게 해준 사람은 지난 40년간 저자의 곁을 지켜준 '나의 아내'이다. 이 책을 '사랑하는 아내'와 '아내를 낳아주신 고맙고도 사랑스러운 장모님'께 바친다.

2021. 5. 15.
저자 韓 秀 雄

차 례

제1편 헌법의 기본원리

제2편 권력구조

제3편 헌법재판

세부 차례

제1편 헌법의 기본원리

제1장 민주주의원리 1~116

■ 제2주제 정당의 개념과 정당등록제도의 헌법적 문제점

– 헌재 2006. 3. 30. 2004헌마246 결정에 대한 판례평석을 중심으로 –

제 2 장 법치국가원리 117~268

제 1 절 법률유보의 원칙 ···119

■ 本質性理論과 立法委任의 명확성원칙

제2절 법적 안정성의 요청 ……………………………………167

■ 제1주제 법률개정과 신뢰보호

－不眞正遡及效에 관한 헌법재판소 판례 평석을 겸하여－

■ 제2주제 기본권과 신뢰보호원칙의 관계

– 과잉금지원칙을 적용하여 신뢰보호원칙의 위반여부를 판단하는 헌법재판소결정에 대한 판례평석을 겸하여 –

제 3 장 사회국가원리 269~379

■ 제2주제 국가경제정책의 헌법적 근거와 한계

− 헌법 제119조 이하의 규정을 중심으로 −

제2편 권력구조

제1장 국 회 383~494

■ 제2주제 국회법의 헌법적 지침과 한계

제2장 정 부 495～629

■ 제2주제 공무원의 기본권 제한

− 정치적 표현의 자유에 대한 제한의 헌법적 문제점을 중심으로 −

제3편 헌법재판

제1장 헌법재판 일반이론 633~868

■ 제1주제 헌법재판의 한계 및 심사기준

– 헌법재판소와 입법자의 관계를 중심으로 –

■ 제2주제 헌법재판의 한계

■ 제2주제 규범통제제도의 형성과 발전

－규범통제의 심사기준과 심사밀도를 중심으로－

■ **제3주제 현행 헌법재판제도에서 추상적 규범통제의 도입 문제**

■ 대통령에 대한 탄핵심판절차

■ 제2주제 국가기관간의 권한쟁의에 관한 최근 헌법재판소결정의 주요 문제점

■ 제2주제 법령에 대한 헌법소원심판에서 청구기간의 헌법적 문제점

■ 제3주제 立法不作爲에 대한 헌법소원

제 1 편

헌법의 기본원리

제1장

1 민주주의원리

제1절 선거제도

제2절 정당제도

제1절 선거제도

헌재 2011. 5. 26. 2010헌마451 결정(선거방송토론회 사건)에 대한 판례평석*

-평등권과 평등선거원칙의 관계를 중심으로-

Ⅰ. 문제의 제기

민주주의의 역사적 발전은 무엇보다도 선거원칙에서 표현되고 있다. 선거원칙은 역사적으로 보통·직접·비밀선거원칙을 의미하였다.[1] 서구의 민주주의 역사에서 점진적으로 쟁취된 선거권은 보통·직접·비밀선거원칙에 그 기반을 두고 보장되는 것이었다. 보통선거원칙은 헌법에 나중에 수용된 평등선거원칙의 前身에 해당하는 것으로, 선거에서 평등을 실현하는 선구자의 역할을 담당하였다. 선거권이 사실상 모든 국민에게 확대됨으로써 보통선거원칙이 오늘날 거의 완벽하게 실현되었고 직접·비밀선거의 목표도 본질적으로 달성된 반면, 정당간의 경쟁에 의하여 지배되는 오늘날의 대의제 민주주의

---

* 위 논문은 2012년 9월, 중앙법학(중앙법학회) 제14집 제3호, 95-141면에 게재된 것을 일부 수정한 것이다.

1) Vgl. Meyer, Wahlgrundsätze und Wahlverfahren, in: HbStR, Bd.Ⅱ, 1987, §38 Rn.1.

에서 선거의 평등에 관한 논의는 정당간의 동등한 경쟁조건의 문제로 전환되었다. 이로써 평등선거원칙은 정당민주주의에서 가장 중요한 선거원칙으로 부상하였다.[2] 이는 무엇보다도 평등선거의 여부가 다른 선거원칙보다도 정권을 쟁취하고자 하는 정당간의 경쟁에 더욱 직접적인 영향을 미친다는 것에 기인한다. 이러한 점에서 평등선거에 대한 요청은 오늘날 정치적으로 가장 민감한 사안에 속한다. 헌법재판소가 선거와 관련하여 판단한 다수의 사건 중에서 가장 빈번하게 제기된 문제가 바로 평등선거원칙의 위반여부에 관한 것이라는 점도 평등선거의 정치적 민감성을 말해 주고 있다.

지역구국회의원선거에서 공영방송매체를 이용한 선거방송 대담·토론회에 참여할 수 있는 후보자의 자격을 주요정당의 추천여부, 후보자에 대한 국민의 지지도 등을 기준으로 하여 제한하는 공직선거법규정이 선거운동의 기회균등원칙에 위반되는지 여부가 문제된 사건에서, 헌법재판소는 '이 사건의 경우 헌법이 특별히 차별을 금지하는 영역에서의 차별대우에 관한 것이거나 또는 차별대우로 인하여 중대한 자유제한의 효과가 초래되는 경우에 해당하지 않기 때문에 비례원칙에 의한 엄격한 심사가 아니라 자의금지원칙에 의한 완화된 심사가 요청된다'고 하여 자의금지원칙에 따라 평등권위반여부를 판단하였고, '심판대상조항은 입법자의 합리적인 판단에 기인하는 것으로서 자의적인 차별로 볼 수 없다'고 판시하여 재판관 7(합헌): 2(위헌)의 의견으로 헌법에 위반되지 않는다고 결정하였다(헌재 2011. 5. 26. 2010헌마451 결정).

헌법재판소의 위 결정은 크게 다음과 같은 2가지 관점에서 중대한 헌법적 문제를 제기한다. 첫째, 선거운동의 기회균등원칙의 위반여부가 헌법 제11조 제1항의 일반적 평등원칙에 의하여 판단되어야 하는지 아니면 선거에서 기회균등의 문제는 평등선거원칙이 적용되는 영역이기 때문에 특별평등조항인 헌법 제41조 제1항, 제67조 제1항의 평등선거원칙을 기준으로 하여 판단해야 하는지의 '심사기준에 관한 문제'이다. 이와 관련하여 일차적으로 평등선거원칙의 적용범위를 확인해야 하고, 나아가 일반적 평등원칙과 평등선거원칙간의 관계가 규명되어야 하며, 양자가 헌법적으로 국가에 대하여 서로 요구하는 바가 다르다면 이러한 차이가 심사기준에 있어서 어떠한 차이로 나타나는지가 밝혀져야 한다. 둘째, 국가가 정당과 후보자에 대하여 선거방송시간 등 급부를 제공하는 경우 유권자의 지지도 등을 기준으로 하여 차별을 해도 되는지, 차별이 불가피하다면 어떠한 관점에서 이러한 차별이 정당화되는지의 문제가 규명되어야 한다.

이 글에서는 대상결정의 사건개요 및 결정이유의 요지를 간략하게 서술한 다음(아래 Ⅱ.), 선거원칙에 대한 기본적 이해를 돕기 위하여 '선거원칙의 헌법적 의미와 기능' 및 '선거원칙과 선거권의 관계'에 관하여 살펴보고(아래 Ⅲ.), 선거에서의 기회균등원칙의

---

2) Vgl. Meyer, Wahlgrundsätze und Wahlverfahren, in: HbStR, Bd.Ⅱ, 1987, §38 Rn.20.

위반여부를 판단하는 기준에 관하여 검토한 후(아래 Ⅳ.), 공영방송사가 선거방송기회를 차등적으로 제공하는 경우 제기되는 헌법적 문제를 규명하기로 한다(아래 Ⅴ.).

Ⅱ. 대상결정의 사건개요 및 결정이유의 요지

1. 선거방송토론회에 관한 공직선거법의 연혁 및 관련 판례의 내용

가. 관련 공직선거법규정의 연혁

공직선거법 제82조의2는 '공직선거 및 선거부정방지법'이 1997. 1. 13. 개정되면서 신설된 조항으로, 당시에는 대통령선거에 한하여 공영방송사로 하여금 텔레비전방송을 이용한 선거방송토론을 개최하도록 하였고, 이를 위하여 공영방송사들에게 공동으로 대통령선거방송토론위원회를 설치하도록 하면서, 초청후보자의 선정에 관하여 위 법에서 스스로 정하지 아니하고 토론위원회로 하여금 결정하도록 규정하였다.[3] 이후 2004. 3. 12. 개정된 '공직선거 및 선거부정방지법' 제82조의2는 선거방송토론의 개최를 국회의원선거에까지 확대하였고, 이를 위하여 공영방송사들에게 공동으로 설치하게 하였던 선거방송토론위원회를 폐지하는 대신, 각급선거관리위원회가 직접 텔레비전 방송을 통한 선거방송토론을 개최·관리하기 위하여 그 산하기관으로 각급 선거방송토론위원회를 설치하도록 하였다.[4]

나. 관련 헌법재판소결정의 내용

(1) 대통령선거방송토론위원회 사건(헌재 1998. 8. 27. 97헌마372 결정)

원내교섭단체 보유 정당의 대통령후보자 및 5개 이상의 중앙종합일간지와 3개 텔레비전 방송사가 조사한 후보등록 이전 10일간 여론조사결과 평균지지율 10% 이상인 대통령후보자를 초청하여 3회에 걸쳐 다자간 합동방송토론회를 개최하기로 한 토론위원회의 1997. 11. 24.자 결정 및 그 공표행위가 헌법에 위반되는지 여부가 문제된 대통령선거방송토론위원회 사건에서, 헌법재판소는 "합리적인 근거가 있는 차별은 평등의 원칙에 반하는 것이 아니며, 선거운동의 기회균등원칙도 합리적 근거 없는 자의적 차별

3) 제82조의2(공영방송 텔레비전 대담·토론회) ⑤ 토론위원회는 초청 후보자와 사회자·질문자의 선정, 대담·토론의 형식, 주제와 시간의 설정 기타 제1항의 규정에 의한 대담·토론회의 진행에 관하여 필요한 사항을 결정하여 이를 공표하여야 한다.

4) 대통령선거 및 비례대표국회의원선거의 대담·토론회에 관한 사무를 위하여 중앙선거관리위원회에 중앙선거방송토론위원회를, 시·도지사선거의 대담·토론회에 관한 사무를 위하여 시·도선거관리위원회에 시·도선거방송토론위원회를, 지역구국회의원선거의 대담·토론회에 관한 사무를 위해 구·시·군선거관리위원회에 구·시·군선거방송토론위원회를 두도록 하였다(공직선거법 제8조의7 제1항, 선거방송토론위원회의 구성 및 운영에 관한 규칙 제4조 제2항). 각급 선거방송토론위원회는 텔레비전 방송을 통한 선거방송토론을 개최·관리하기 위하여 각급 선거관리위원회가 그 산하에 설치하는 위원회로서, 선거방송토론과 관련하여 선거관리업무를 담당하는 합의제 행정관청으로서의 법적 지위를 가진다.

내지 차등만을 금지하는 것이다. 토론위원회가 방송토론회의 장점을 극대화하고 대담·토론의 본래 취지를 살리기 위하여, 공직선거법이 부여한 재량범위 내에서, 후보자 선정기준으로서 최소한의 당선가능성과 주요 정당의 추천에 입각한 소수의 후보자를 선정한 것은 비합리적이고 자의적이라 할 수 없다. 관련된 공직선거법 규정이 적절치 않다고 할 수 없다. 한편 위 기준에 못 미치는 4인의 후보자도 별도 초청되어 방송토론회를 거친 점이 고려된다."고 하여 재판관 전원의 일치된 의견으로 대통령선거방송토론위원회의 조치가 헌법상 평등원칙에 위반되지 않는다고 확인하였다.[5)]

(2) 제1차 선거방송토론회 사건(헌재 2009. 3. 26. 2007헌마1327 등 결정)

선거방송토론위원회가 주관하는 선거방송토론회의 참가기준으로 여론조사 평균지지율 100분의 5를 요구하고 있는 공직선거법 제82조의2 제4항의 위헌여부가 문제된 사건에서, 헌법재판소는 "방송토론회의 초청자격을 제한하지 않아 토론자가 너무 많을 경우 시간상 제약 등으로 실질적인 토론과 공방이 이루어지지 않고 후보자에 대한 정책검증이 어려운 점, 대다수의 국민이나 선거구민들이 여론조사에서 높은 지지율을 얻은 후보자에 대하여 관심을 가지고 있다고 보아야 하는 점, 선거방송토론위원회는 위 토론회에 초청받지 못한 후보자들을 대상으로 다른 대담·토론회를 개최할 수 있는 점 등에 비추어 보면, 이 사건 법률조항에 의한 위와 같은 차별에는 이를 정당화할 수 있는 합리적인 이유가 있다고 할 것이다. 따라서 이 사건 법률조항이 청구인들의 평등권이나 선거운동의 기회균등을 침해하는 것으로 보기 어렵다."고 판시하여 심판대상조항을 합헌으로 판단하였다.[6)]

2. 대상결정(헌재 2011. 5. 26. 2010헌마451)의 내용

가. 사건의 개요 및 심판의 대상

(1) 공직선거법은 구·시·군 선거방송토론위원회로 하여금 선거운동기간 중 지역구국회의원선거의 후보자를 초청하여 1회 이상의 대담·토론회 또는 합동방송연설회를 개최하도록 규정하면서(제82조의2 제3항), 지역구국회의원선거에서 공영방송매체를 이용한 선거방송 대담·토론회에 초청받을 수 있는 후보자를 주요정당이 추천한 후보자, 지난 선거에 입후보하여 일정 비율 이상을 득표한 후보자, 여론조사결과 일정 지지율 이상의 후보자로 제한하고 있다(제82조의2 제4항 제3호). 공직선거법은 비초청대상후보자에 대해서는 대신 합동방송연설회를 개최하거나(같은 조 제3항) 또는 이들을 대상으로 별도로 대담·토론회를 개최할 수 있도록 규정하고 있다(같은 조 제5항).

---

5) 판례집 10-2, 461, 462.
6) 판례집 21-1상, 708, 709【결정요지】3.

청구인은 2010. 7. 28. 시행된 은평(을) 선거구 국회의원 재선거에서 사회당 추천후보로 등록하고 낙선한 자인바, 청구인은 공직선거법 제82조의2 제4항 제3호에서 정한 조건을 충족하지 못하여, 은평(을) 선거방송토론위원회가 2010. 7. 22. 개최할 선거방송토론회 초청대상에서 제외되자, 위 법률조항이 청구인의 평등권, 공무담임권 등 헌법상 보장된 기본권을 침해하여 헌법에 위반된다고 주장하면서, 2010. 7. 21. 이 사건 헌법소원심판을 청구하였다. 한편, 위 선거방송토론회에 참여하지 못한 청구인은 2010. 7. 22. 개최된 합동방송연설회에 참여하여 방송 연설을 진행하였다.

(2) 대상결정의 심판대상은 지역구국회의원선거에서 구·시·군선거방송토론위원회가 개최하는 대담·토론회의 초청자격을 제한하고 있는 공직선거법 제82조의2 제4항 제3호 중 '지역구국회의원선거'에 관한 부분(이하 '심판대상조항'이라 한다)의 위헌여부인데, 심판대상조항의 내용은 다음과 같다.

> 공직선거법 제82조의2(선거방송토론위원회 주관 대담·토론회) ④ 각급선거방송토론위원회는 제1항 내지 제3항의 대담·토론회를 개최하는 때에는 다음 각 호의 어느 하나에 해당하는 후보자를 대상으로 개최한다. 이 경우 각급선거방송토론위원회로부터 초청받은 후보자는 정당한 사유가 없는 한 그 대담·토론회에 참석하여야 한다.
>
> 3. 지역구국회의원선거 및 지방자치단체의 장 선거
> 가. 제1호 가목 또는 나목에 해당하는 정당이 추천한 후보자
> 나. 최근 4년 이내에 해당 선거구(선거구의 구역이 변경되어 변경된 구역이 직전 선거의 구역과 겹치는 경우를 포함한다)에서 실시된 대통령선거, 지역구국회의원선거 또는 지방자치단체의 장 선거(그 보궐선거 등을 포함한다)에 입후보하여 유효투표총수의 100분의 10 이상을 득표한 후보자
> 다. 제1호 다목에 의한 여론조사결과를 평균한 지지율이 100분의 5 이상인 후보자

나. 결정이유의 요지

(1) 심판대상조항이 공무담임권을 제한하는 것인지 여부[7]

공무담임권이란 국가, 공공단체의 구성원으로서 그 직무를 담당할 수 있는 권리이므로 주된 선거방송 대담·토론회의 참가가 제한되어 사실상 선거운동의 자유가 일부 제한되는 측면이 있다고 하여 그로써 바로 국가기관의 공직에 취임할 수 있는 권리가 직접 제한된다고 보기는 어렵다고 할 것이므로, 이 사건 법률조항은 공무담임권을 제한하는 것이라고 볼 수 없다.

---

7) 판례집 23-1하, 237【결정요지】1.

(2) 평등원칙의 위반여부를 판단하는 심사기준[8)]

선거운동에서의 기회균등 보장은 일반적 평등원칙과 마찬가지로 합리적인 근거가 없는 자의적인 차별 내지 차등만을 금지하는 것으로 이해하여야 한다. 또한, 헌법 제116조 제1항에서 선거운동에 관하여 균등한 기회가 보장되어야 한다고 규정하고 있으나, 이를 두고 헌법이 특별히 차별을 금지하고 있는 영역으로 볼 수 없고, 헌법 제116조 제1항의 경우 입법자에게 선거운동에 관한 형성적 권한을 부여하고 있다고 볼 수 있다. 나아가 이 사건 법률조항에 의하여 중대한 기본권 제한을 초래하는 것도 아니므로, 이 사건 법률조항에 대한 평등권 침해 여부를 심사함에 있어서는 특별히 엄격한 심사척도가 적용되어야 하는 것이 아니며 완화된 합리성 심사에 의하는 것으로 족하다고 할 것이다. 선거방송 대담·토론회에 대한 구체적인 형성 및 그에 관한 참가의 요건 등은 원칙적으로 입법정책의 문제로서 입법자의 입법형성의 자유에 속하는 사항이라고 할 것이다.

(3) 선거운동의 기회균등원칙과 관련한 평등권 위반 여부[9)]

방송매체를 이용한 대담·토론회에 참여할 수 있는 후보자를 아무런 제한 없이 할 경우 실질적인 대담이나 토론이 이루어질 수 없어 정견발표회 수준으로 전락할 수 있고, 후보자들 간의 자질과 정치적인 능력의 비교가 불가능해질 개연성이 있고, 전파자원 역시 한정되어 있는바, 이 사건 법률조항이 주된 대담·토론회에 참여할 수 있는 후보자를 일정한 범위로 제한하는 것은 위와 같은 입법자의 합리적 판단에 기인한 것이라고 할 수 있다.

또한, 그 제한기준은 주요 정당의 추천 여부나 후보자의 당선가능성 및 후보자에 대한 국민적 관심도 등을 살펴 일정 수준 이상의 자로 한정하고, 이에 따라 후보자들의 정책에 대한 대담·토론이 효과적이고 실증적인 기능을 발휘하도록 하여야 할 것인바, 이 사건 법률조항이 국회에 5인 이상의 소속의원을 가진 정당 또는 직전 선거에서 3% 이상을 득표한 정당이 추천한 후보자, 최근 4년 이내 선거에서 10% 이상을 득표하였거나 여론조사결과 5% 이상의 지지율을 보여주는 후보자로 그 초청대상을 한정하고 있는 것을 두고 특별히 자의적인 기준이라거나 지나치게 엄격한 기준이라고 보기 어렵다 할 것이다. 아울러 비초청대상후보자의 경우 이들을 대상으로 한 대담·토론회가 개최될 수 있도록 규정하여 방송토론회를 통해 선거운동을 할 수 있는 기회를 제공하고 있는 점 등을 고려한다면, 이 사건 법률조항은 대담·토론회의 기능의 활성화를 위하여 적당한 수의 후보자만을 초청하여야 한다는 요청과 선거운동에서의 기회의 균등보장이라는

---

8) 판례집 23-1하, 237, 246-247.
9) 판례집 23-1하, 237 【결정요지】 2.

서로 대립하는 이익을 적절히 비교 형량한 합리적인 것으로서 이와 같은 취급을 두고 자의적인 차별로서 평등권을 침해하였다고 하기는 어렵다.

(4) 재판관 2인의 반대의견[10)]

방송에 의한 선거운동은 후보자의 입장에서는 가장 효율적인 선거운동 수단이고, 선거권자의 입장에서는 한꺼번에 후보자들의 정책 등을 파악하고 비교하는 중요한 기능을 하며, 다른 연설회는 공직선거법에 의하여 금지되므로 선거방송토론위원회가 주관하는 방송 대담·토론회는 선거운동방법 중 절대적인 비중을 차지하고 있다. 그럼에도 불구하고 이 사건 법률조항은 초청대상후보자를 한정하고 있는바, 이는 선거운동의 기회균등을 강조한 헌법 제116조 제1항의 취지와 정면으로 배치되는 것이다. 비초청대상후보자를 대상으로 따로 대담·토론회를 개최할 수 있다고 규정하지만, 이것 역시 이 사건 법률조항에 의한 차별행위를 유지하는 또 다른 차별행위에 불과하므로 이 규정으로 이 사건 법률조항의 위헌성이 해소된다고 보기 어렵다. 나아가 선거방송토론위원회가 방송에 의한 선거운동에 일부 후보자를 참여시키지 아니하는 것은 선거권자에게 대담·토론회에 초청된 후보자와 초청받지 못한 후보자를 차별하여 인식시키는 기능을 하여 선거결과에 치명적인 차이를 가져올 수 있게 하고, 비초청후보자가 위와 같은 차별효과를 극복할 방법도 찾기 어렵다. 따라서 이 사건 법률조항은 초청대상에 해당되지 아니하는 후보자에게 선거운동의 기회를 균등하게 주지 아니한 것으로서 헌법 제116조 제1항에 위반된다고 할 것이다.

Ⅲ. 선거원칙과 선거권

1. 선거원칙의 헌법적 의미와 기능

가. 선거의 기능을 이행하기 위한 필수적 조건

선출된 대의기관에 민주적 정당성을 부여하여 국민주권에 입각한 대의제 민주주의를 실현하기 위해서는, 국민의 의사가 대의기관의 구성에 제대로 반영되는 선거가 이루어져야 하는데, 이를 확보하기 위한 수단이 바로 '선거의 기본원칙'이다. 단지 국민의 일부만이 선거의 형태로 공동체의 형성에 참여할 수 있다면, 또는 모든 국민이 동수의 투표권이 아니라 차등적으로 투표권을 가진다면, 아니면 투표내용의 비밀이 보장되지 않음으로써 투표행위로 인하여 불이익을 우려해야 한다면, 그러한 선거는 국민의 정치적 의사를 대의기관의 구성에 제대로 반영할 수 없을 것이며, 대의기관에 민주적 정당성을 부여하는 기능을 이행할 수 없을 것이다. 이러한 점에서, 헌법상 선거원칙은 선거의 기

10) 판례집 23-1하, 237, 238.

능을 이행하기 위한 필수적 조건을 규정하고 있다.

선거원칙은 국가권력을 정당화하는 선거의 기능을 보장하고자 하는 것이고, 이로써 궁극적으로 대의제에서 국민주권원리를 실현하고자 하는 것이다.[11] 국민주권의 이념은, 국가권력의 행사가 국가권력의 지배를 받는 모든 사람에 의하여 결정되고 이로써 정당화될 것을 요청한다. 그렇다면, 국민은 정치적 결정권을 전체로서(보통선거) 스스로(직접선거) 동등하게(평등선거) 타인에 의하여 방해받지 않고 자유롭게(자유선거 및 비밀선거) 행사할 수 있어야 한다. 선거원칙은 국민이 어떠한 방법으로 국가권력의 행사에 대하여 효과적으로 영향력을 행사할 수 있는지, 대의제 민주주의에서 국민주권을 실현하기 위한 구체적인 방법을 서술하고 있다. 이로써 선거원칙은 헌법 제24조에 보장된 '선거권의 실체적 내용'을 규정하고 있는 것이다.[12] 국민의 정치적 결정권인 선거권은 선거원칙에 의하여 그 내용에 있어서 구체화되고 헌법적으로 보호되는 것이다.

나. 공정한 정치적 경쟁의 원칙

선거원칙은, 국가권력의 지배를 받는 모든 사람은 가능하면 국가의사형성과정에 참여하는 것을 보장함으로써 대표자의 선출에 있어서 동등한 영향력을 확보하고자 하는 측면 외에도, 유권자의 지지를 얻고자 하는 '정치적 경쟁의 규칙을 확정하는 측면'을 가지고 있다.[13] 정당설립의 자유와 복수정당제가 보장되는 헌법 하에서 이러한 정치적 경쟁은 무엇보다도 정당간의 경쟁으로 나타난다. 한편, 유권자는 정당에 의하여 제시되는 후보자와 정치적 방향에 대하여 영향력을 행사할 수 있는 가능성을 거의 가지고 있지 못하기 때문에, 정치적 경쟁에 누구나 참여할 수 있는 개방성이 유지되고, 이로써 정당과 후보자의 자유경쟁원칙이 유지되는 것은 더욱 중요한 의미를 가진다.

대의제 민주주의는 선거제도와 복수정당제를 그 제도적 근간으로 하고 있다. 대의제 민주주의는 한시적으로 정권을 획득하고자 하는 다수의 정치적 세력간의 경쟁을 사실적 전제로 하는 競爭民主主義이다. 경쟁민주주의에서 선거법은 '정치적 경쟁법'이며, 선거원칙은 정당과 후보자에 대해서는 정권획득을 위한 경쟁에서 '공정한 경쟁의 규칙'으로서의 의미를 가진다.[14] 보통선거원칙에 의하여 누구나 선거에 입후보하여 경쟁에 참여하는 것이 보장되며, 평등선거원칙에 의하여 경쟁에서의 기회균등(선거에서 정당과 후보자의 기회균등)이 보장된다. 자유선거와 비밀선거는 선거에 대한 국가의 부당한 영향력행

---

11) Vgl. M. Morlok, in: Dreier(Hg), Grundgesetz Kommentar, Bd.Ⅱ, 2006, Art.38 Rn.56.
12) Vgl. M. Morlok, in: Dreier(Hg), Grundgesetz Kommentar, Bd.Ⅱ, 2006, Art.38 Rn.56.
13) 선거원칙의 2가지 측면에 관하여 vgl. H. H. Trute, in: v. Münch/Kunig, Grundgesetz Kommentar, Bd.Ⅱ, 2001, Art.38 Rn.3.
14) Vgl. Grimm, Politische Parteien, in: HbVerfR, §14 Rn.6f.; Meyer, Demokratische Wahl und Wahlsystem, in: HbStR, Bd.Ⅲ, 2005, §45 Rn.13; M. Morlok, in: Dreier(Hg), Grundgesetz Kommentar, Bd.Ⅱ, Art.38 Rn.54.

사를 금지함으로써 정당간의 기회균등에 기여한다.

다. 선거권과 피선거권 및 선거에서의 경쟁을 포괄하는 헌법적 요청

종래 선거원칙이 일방적으로 유권자의 권리인 '선거권'의 관점에서 파악되었으나, 오늘날 정당국가의 현실에서 선거와 선거원칙은 '경쟁민주주의'의 배경 하에서 이해되어야 한다. 선거에서 정당과 후보자는 유권자의 지지를 얻기 위하여 치열한 경쟁을 한다. 경쟁으로서의 선거는 '유권자의 선거행위'를 넘어서 선거운동을 비롯한 선거의 준비행위, 무엇보다도 '정당과 후보자의 경쟁'을 포괄해야 한다.[15] 따라서 선거는, 정당과 후보자가 선거에서 경쟁하고 유권자에게 다양한 정치적 제안을 하는 '적극적 측면'과 유권자가 이러한 형태로 제공되는 정치적 제안 중에서 결정하는 '소극적 측면'으로 이루어진다. 선거가 적극적 측면과 소극적 측면으로 구성되어 있다는 것을 확인하는 것은, 선거라는 현상을 헌법적으로 의미 있게 파악하기 위한 필수적 전제조건이다.

선거에서 유권자의 역할은 정당에 의하여 제공되는 몇 가지 정치적 방향 중에서 선택하는 것에 제한되고 그 외의 모든 결정은 정당이 하게 된다. 이러한 점에서, 선거는 국민투표와 마찬가지로 외부로부터 제시되는 정치적 제안에 대한 답변의 성격을 가진다.[16] 선거는 답변의 성격을 가지는 반응적 행위이다. 반면에, 선거에서 적극적인 역할은 정당과 후보자가 담당한다. 선거가 이와 같이 유권자의 반응적 요소와 정당·후보자의 적극적인 제안의 요소로 이루어져 있다면, 선거원칙도 선거의 이중적 측면을 모두 포괄해야만 그 기능을 제대로 이행할 수 있다. 이러한 점에서, 선거원칙은 선거권과 피선거권을 포괄하는 것은 물론이고, 선거에서의 경쟁에도 적용되는 것이다.[17]

라. 선거의 平等에 대한 요청과 선거의 自由에 대한 요청

헌법상 선거원칙은 크게 선거에서 '평등'에 대한 요청과 '자유'에 대한 요청으로 나누어 볼 수 있다. 보통·평등선거원칙이 선거에서 평등에 대한 요청이라면, 비밀·자유선거원칙은 자유로운 선거에 대한 요청이다. 민주국가에서 선거는 곧 자유선거를 의미하고, 자유롭지 않은 선거는 선거가 아니다. 자유로운 선거만이 선출된 대의기관에게 민주적 정당성을 부여할 수 있고, 이로써 선거의 본질적 기능을 이행할 수 있다. 즉, 누구나 자유롭게 선거에 입후보할 수 있고 누구나 자유롭게 선거운동을 할 수 있으며 유권자가 자유롭게 자신의 의사를 형성하고 선거권을 행사하는 경우에만 유권자의 왜곡되지 않은 정치적 의사가 선거에 반영될 수 있는 것이다.

---

15) Vgl. H. Meyer, Demokratische Wahl und Wahlsystem, in: HbStR, Bd.Ⅲ, 2005, §45 Rn.12f.

16) 답변형식으로서 국민투표의 문제에 관하여 한수웅, 헌법학, 2012, 128면 이하 참조.

17) Vgl. BVerfGE 11, 266, 272; 60, 162, 167; Seifert, Bundeswahlrecht, 1976, Art.38 GG Rn.2; Kunig, Fragen zu den Wahlrechtsgrundsätzen, Jura 1994, S.555f.; 허영, 한국헌법론, 2010, 769면.

2. 선거권

가. 국민의 국가권력행사의 방법으로서 선거권

(1) 헌법기관으로서 국민

국민은 국가와 사회 두 영역의 구성원이다. 한편으로는, 국민은 기본권의 주체로서 사회를 구성하고 국가권력과 대립한다. 다른 한편으로는, 대의기관의 선출을 통하여 국가권력(국가기관)을 형성하거나 예외적으로 국민투표의 형태로 국가의사결정에 참여하는 경우에는 국민은 국가권력을 행사하는 '헌법기관'으로 기능한다. 국민은 선거와 국민투표의 형태로 국가권력을 직접 행사한다. 대의제에서 선거와 국민투표의 가능성을 제외한다면, 국가권력은 대의기관에 의하여 행사된다.

민주국가에서 국민은 헌법제정권력으로서 국가공동체의 정치질서를 헌법의 제정을 통하여 확정한다. 그러나 헌법이 일단 제정되면, 국민은 의회나 정부 등 다른 국가기관과 마찬가지로 '헌법에 의하여 형성된 권력'(헌법기관)으로서 헌법의 구속을 받는다.[18] 헌법국가에서 국민의 권한은 무제한적인 것이 아니다. 헌법국가에서 국민은 단지 헌법에 의하여 부여받은 권한만을 가지고 있으며, 이러한 범위 내에서 헌법기관으로서 국가의사결정에 참여할 권한을 가진다.

(2) 선거권과 憲法留保의 원칙

대의제를 원칙으로 하면서 예외적으로 직접민주주의적 요소를 가미하고 있는 현행 헌법체계에서, 선거는 국민이 국가의사형성에 참여하는 가장 중요한 수단이다. 헌법은 제24조에서 "모든 국민은 법률이 정하는 바에 의하여 선거권을 가진다."고 하여 참정권의 하나로서 선거권을 규정하고 있다. 참정권은 국가의 존재를 전제로 하여 국가생활에 정치적으로 참여하는 기본권으로서 모든 인간이 아니라 국가의 구성원인 국민에게만 귀속되는 기본권이다. 현행 헌법은 국민이 선거를 할 수 있는 가능성으로 대통령선거권(제67조 제1항) 및 국회의원선거권(제41조 제1항)을 명시적으로 규정하고 있다.[19] 따라서 입법자는 위 헌법규정에 따라 국민이 선거권을 행사할 수 있도록 선거법을 구체적으로 형성해야 하는 구속을 받는다.

헌법기관으로서의 국민을 비롯한 모든 헌법기관의 권한은 이를 부여하는 헌법상의 수권규범이 있어야만 인정될 수 있다. 즉, 헌법기관의 권한에 관한 한, 헌법유보가 적용

18) Vgl. C. Schmitt, Verfassungslehre, 1928, unveränderter Neudruck, 1954, S.98f., 239ff.

19) 헌법은 제118조 제2항에서 지방자치를 위한 '지방의회의원선거권'을 규정하고 있으나, 이는 '국가권력의 행사'에 관한 것이 아니라 '지역주민의 자치행정'에 관한 것이다. 지방자치의 영역에서는 헌법이 명시적으로 도입을 명령하는 지방의회의원의 선거 외에도, 입법자가 지방자치단체장의 선임방법으로서 선거를 도입할 것인지에 관하여 결정할 수 있다.

되는 것이며, 국민이 헌법기관으로 활동하는 한, 국민의 권한도 예외가 아니다.[20] 따라서 국민은 헌법이 명시적으로 규정하고 있는 선거가능성을 넘어서 국민주권원리나 민주주의원리 등에 입각하여 '다른 국가기관을 선출할 수 있는 선거권'을 주장할 수 없다. 국민은 선거를 통하여 국가권력을 행사하게 되며, 선거는 국민에 의한 국가권력 행사방법의 하나로서 명시적인 헌법적 근거를 필요로 한다.[21] 국회의원이나 대통령을 선출하는 선거권은 헌법 제24조에 보장된 기본권인 선거권으로부터 직접 나오는 것이 아니라, 별도의 수권규범을 필요로 한다. 이러한 수권규범이 바로 국회의원과 대통령의 선거권을 규정하는 헌법 제41조와 헌법 제67조인 것이다.

나. 입법에 의한 선거권의 구체적 형성

헌법은 제24조에서 "모든 국민은 법률이 정하는 바에 의하여 선거권을 가진다."고 하여 선거권의 구체적 내용을 입법을 통하여 형성하도록 입법자에게 위임하고 있다.[22] 헌법 제24조는 "법률이 정하는 바에 의하여"란 표현을 통하여 밝히고 있는 바와 같이, 선거권을 제한하는 권한을 입법자에게 부여하는 규정이 아니라 입법자에 의한 구체적 형성을 요구하고 있는 것이다.[23] 선거권은 입법자에 의한 구체적인 형성을 필요로 하고, 선거권의 구체적인 내용은 법률에 의하여 비로소 확정된다.

국민은 선거권을 실제로 행사하기 위하여 입법자의 입법에 의존하고 있다. 선거연령, 국적, 주거지 등 선거권을 행사할 수 있는 인적 범위를 확정하고 비례대표제 또는 다수대표제 등 구체적인 선거의 절차와 방법을 정하는 선거법의 규율 없이는 국민은 선거권을 행사할 수 없다. 이러한 점에서 자유권을 제한하는 경우와 비교할 때, 선거권을 형성함에 있어서는 입법자에게 보다 광범위한 형성의 자유가 인정된다.

---

20) Vgl. Kriele, Das demokratische Prinzip im Grundgesetz, VVDStRL 29(1971), S.60; Hesse, Grundzüge des Verfassungsrechts der BRD, 1984, Rn.27ff.; Degenhart, Staatsrecht Ⅰ, 1995, Rn.13.

21) Vgl. Krause, Verfassungsrechtliche Möglichkeiten unmittelbarer Demokratie, in: HbStR, Bd.Ⅱ, 1987, §39 Rn.5; Stern, Das Staatsrecht der Bundesrepublik Deutschland, Bd.1, 1984, §18 Ⅱ.5.; Maurer, Staatsrecht, 1999, §7 Rn.33ff.

22) 헌법 제25조에서는 "모든 국민은 법률이 정하는 바에 의하여 공무담임권을 가진다."고 하여 피선거권의 구체적 형성을 입법자에 위임하고 있다.

23) 헌재 2007. 6. 28. 2004헌마644 등(제2차 재외국민의 선거권), 판례집 19-1, 859, 874, "헌법 제24조는 모든 국민은 '법률이 정하는 바에 의하여' 선거권을 가진다고 규정함으로써 법률유보의 형식을 취하고 있지만, … 이러한 법률유보는 선거권을 실현하고 보장하기 위한 것이지 제한하기 위한 것이 아니므로, 선거권의 내용과 절차를 법률로 규정하는 경우에도 국민주권을 선언하고 있는 헌법 제1조, 평등권에 관한 헌법 제11조, 국회의원선거와 대통령선거에 있어서 보통·평등·직접·비밀선거를 보장하는 헌법 제41조 및 제67조의 취지에 부합하도록 하여야 한다."; 同旨 헌재 2009. 10. 29. 2007헌마1462(제2차 수형자의 선거권제한), 판례집 21-2하, 327, 340.

3. 헌법상 선거원칙과 헌법 제24조의 선거권의 관계

가. 입법형성권의 한계로서 헌법상 선거원칙

그러나 입법자의 형성권은 무제한적인 것이 아니라, 민주주의원리를 비롯한 헌법규범에 의하여 제한된다. 헌법은 무엇보다도 제41조 제1항 및 제67조 제1항에서 보통·평등·직접·비밀선거의 일반적 선거원칙을 규정함으로써 입법자가 준수해야 할 지침을 제시하고 있다. 선거의 기본원칙은 모든 국가권력을 구속하며, 입법자에 대하여 입법형성의 방향을 제시하고 입법형성권을 제한하는 헌법규범이다. 즉, 입법자는 선거관련입법을 통하여 국민의 선거권을 구체적으로 형성함에 있어서 헌법상의 선거원칙을 준수하고 실현해야 한다. 이러한 의미에서 헌법 제24조의 선거권은 헌법상 선거원칙에 의하여 그 내용에 있어서 이미 본질적으로 결정된다. 즉, 헌법 제24조의 선거권이란 '헌법상 선거원칙에 부합하는 선거권'이며, 이로써 모든 국민은 보통·평등·직접·비밀선거원칙에 부합하는 선거권을 가진다.

따라서 입법자가 헌법상 선거원칙에 위반되게 선거권을 구체적으로 형성하는 경우, 입법자는 헌법 제24조의 선거권을 침해하게 된다. 선거법규정 등 공권력의 행사에 의하여 헌법 제41조와 제67조에 규정된 선거원칙이 위반된 경우, 헌법소원을 통하여 주장할 수 있는 선거권의 침해가 비로소 고려될 수 있는 것이다. 자유권의 경우에는 개인의 자유가 공권력행위에 의하여 과잉금지원칙에 위반되어 과도하게 침해되었다는 주장을 하나, 선거권이 문제되는 경우에는 선거권의 과도한 제한이 아니라 선거원칙의 위반을 주장하게 된다. 선거권과 피선거권의 주체인 국민에게 헌법소원을 통하여 관철할 수 있는 주관적 권리를 중개해 주는 것은 바로 선거원칙이다. 선거권은 선거원칙과 결합하여 비로소 침해가능한 주관적 권리가 된다는 점에서, 선거권의 침해여부는 선거원칙의 위반여부를 기준으로 하여 판단하게 된다.

나. 선거권을 형성하는 법률의 위헌여부를 판단하는 기준

(1) 헌법상 선거원칙

(가) 자유권을 제한하는 법률의 위헌성을 판단하는 기준은 헌법 제37조 제2항에 규정된 과잉금지원칙이다. 이에 대하여 선거권을 형성하는 법률의 위헌성을 심사하는 기준은 과잉금지원칙이 아니라 헌법 제41조 제1항 및 제67조 제1항에 규정된 선거원칙이다.

선거권 위반여부를 심사함에 있어서 과잉금지원칙에 따라 입법목적과 입법수단의 상관관계를 단계별로 판단하는 것은 헌법상 선거원칙의 실체적 요청을 전혀 고려할 수 없기 때문에 아무런 의미가 없다. 입법자가 특정 입법목적을 달성하기 위하여 선거법이란 입법수단을 선택한 것이 아니라, 헌법의 지침에 따라 국민의 선거권을 구체적으로 형성한 결과가 선거법이기 때문이다. 선거법의 위헌여부는 '수단과 목적의 관계를 통하여 제한이 과잉인지'의 관점이 아니라, '선거법이 헌법상 선거원칙에 위반되는지'의 관점에 의하여 판단되어야 한다. 선거법의 경우 입법목적과 수단의 관계를 과잉금지원칙에 따라 기계적으로 판단한다면, 자칫하면 위헌심사에서 헌법상의 지침인 선거원칙을 시야에서 잃어버릴 위험이 있다.

더욱이, 보통선거원칙과 평등선거원칙은 선거의 영역에서 평등원칙이 구체화된 헌법적 표현이라는 점에서 근본적으로 자유권의 문제가 아니라 평등의 문제이므로, 그 본질상 자유권을 전제로 하는 과잉금지원칙을 선거권에 적용하는 것은 처음부터 해결될 수 없는 문제를 안고 있다.

(나) 예컨대, 선거연령을 20세로 제한한 선거법규정의 위헌여부를 판단함에 있어서, 가령 입법목적(정치적 판단능력의 고려)의 정당성, 수단(선거연령규정)의 적합성, 수단의 최소침해성, 법익균형성('선거권제한의 효과'와 제한을 정당화하는 법익인 '정치적 판단능력'의 법익형량)을 심사한다면, '국가권력의 지배를 받는 모든 국민은 원칙적으로 선거권을 가져야 한다'는 헌법상 요청인 보통선거원칙에 부합하게 입법자가 선거법을 형성하였는지 여부를 판단할 여지가 없게 된다. 선거권의 박탈에 대하여 과잉금지원칙을 적용하는 경우, 법익형량의 과정(법익균형성의 심사)에서 선거권의 박탈을 통하여 달성하고자 하는 공익과 선거권을 박탈하는 심판대상조항에 의하여 초래된 개인의 기본권제한의 효과(선거권의 박탈)를 형량해야 할 것인데, 개인의 기본권제한효과란 오로지 '선거권의 박탈'이라는 점에서, '공익'과 '개인의 기본권제한효과'를 살펴보는 이러한 법익교량이 의미가 있을 수 없다. 여기서 법익교량과정에서 문제가 되는 것은 '개인에 대한 주관적인 제한효과'가 아니라, 특정인의 선거권을 박탈하는 것이 '민주주의와 국민주권주의에 미치는 객관적 효과'인 것이다. 이러한 점에서, 법익교량의 대상이 되어야 하는 것은, 선거권의 박탈을 통하여 달성하고자 하는 법익과 이에 대립하는 법익으로서 보통선거원칙인 것이다.

선거권과 관련하여 과잉금지원칙을 적용하는 것의 문제점은 수형자의 선거권박탈의 위헌여부를 판단한 헌법재판소의 결정에서도 그대로 드러나고 있다. 헌법재판소는 선거일 현재 금고 이상의 형의 선고를 받고 그 집행이 종료되지 아니한 자는 선거권이 없다고 규정하고 있는 공직선거및선거부정방지법 제18조 제1항 제2호 전단이 헌법에 위반되는지를 판단함에 있어서 보통선거원칙을 한 번도 언급조차 하지 아니한 채, 과잉금지원칙을 적용하여 판단하는 오류를 범하였다.[24)]

24) 헌재 2004. 3. 25. 2002헌마411, 판례집 16-1, 468, 469.

(2) 헌법재판소 판례의 경향

선거권과 관련된 헌법재판소의 판례에서 문제되는 것은 입법자가 선거권을 과잉으로 제한하였는지의 문제가 아니라 '헌법상 선거원칙의 요청'과 '선거원칙에 대한 예외를 요청하는 다른 법익' 간의 형량을 통하여 선거원칙에 대한 예외가 불가피한 사유에 의하여 정당화되는지의 문제이다.

헌법재판소의 판례를 살펴보더라도, 적어도 2000년대 초반까지의 결정에서는 과잉금지원칙을 적용하여 '입법목적의 정당성', '수단의 적합성', '수단의 최소침해성' 및 '법익균형성'의 단계에 따라 판단한 경우는 찾아보기 어렵다. 헌법재판소는 선거관련입법의 선거권 위반여부를 판단한 대부분의 판례에서 헌법 제37조 제2항이나 과잉금지원칙을 심사기준으로서 언급조차 하지 아니하고, 단지 '입법자가 헌법상 선거원칙을 존중하여 입법형성권을 제대로 행사했는지'의 심사를 하고 있다.

예컨대, 선거연령과 관련하여, 헌법재판소는 과잉금지원칙의 3단계에 따른 심사를 한 것이 아니라 미성년자에 대한 선거권의 배제는 헌법상 보통선거원칙에 대한 예외임을 확인한 후 보통선거원칙에 대한 예외를 허용하는 합리적 사유가 있는지 여부를 판단하였다.[25] 또한, 선거구획정과 관련해서도 헌법재판소는 투표가치의 평등을 요청하는 헌법상 평등선거원칙에 비추어 선거구인구의 편차가 합리적 사유에 의하여 정당화되는지 여부를 판단하였다.[26] 헌법재판소는 최근의 결정에서 보통·평등선거원칙에 대한 예외를 정당화하는 사유로서 단순히 '합리적인 사유'가 아니라 '불가피하고 중대한 사유'를 요구함으로써 보다 엄격한 심사를 시도하고 있다.[27] 마찬가지로 1인1표 국회의원선거제와 관련해서도, 헌법재판소는 지역구선거에서 표출된 유권자의 의사를 그대로 정당에 대한 지지의사로 의제하여 비례대표의석을 배분하는 것이 직접선거원칙 및 평등선거원칙에 위반되는지, 이로써 유권자의 선거권을 침해하는지 여부를 판단하였다.[28]

그러나 헌법재판소는 2000년대에 들어와서는 점차 과잉금지원칙을 기계적으로 적용하여 선거권의 침해여부를 판단함으로써, 헌법상 선거원칙이 사실상 死文化되는 기이한 현상이 발생하고 있다. 헌법이 입법자에게 선거권을 구체적으로 형성함에 있어서 구속력 있는 헌법적 지침으로서 보통·평등선거원칙을 명시적으로 제시하고 있음에도, 헌법재판소가 선거관련입법의 위헌여부를 판단하는 기준으로 보통·평등선거원칙을 적용하지 않는다는 것은 헌법이론적으로 납득할 수 없는 것이다.

헌법재판소는 선거권의 침해여부를 판단함에 있어서 일차적으로 보통·평등선거원칙

25) 헌재 1997. 6. 26. 96헌마89 참조.
26) 헌재 1995. 12. 27. 95헌마224; 헌재 2001. 10. 25. 2000헌마92 참조.
27) 헌재 2007. 6. 28. 2004헌마644 등(제2차 재외국민의 선거권) 참조.
28) 헌재 2001. 7. 19. 2000헌마91 참조.

을 심사기준으로 언급해야 하며, 이 과정에서 과잉금지원칙을 적용한다면, 이는 보통·평등선거원칙이 '헌법에서 특별히 평등을 요구하는 경우'에 해당하므로 엄격한 평등심사가 요청된다는 것에 의하여 정당화될 수 있는 것이다. 따라서 헌법재판소가 본질적으로 선거에서의 평등이 문제되는 곳에서 과잉금지원칙을 적용한다면, 적어도 이러한 논증의 과정이 수반되어야 하는 것인데, 아무런 논증 없이 기계적으로 과잉금지원칙을 적용하고 있다.

Ⅳ. 선거에서의 기회균등원칙의 위반여부를 판단하는 기준

1. 엄격하고 형식적인 평등으로서 보통·평등선거원칙

가. 일반적 평등원칙과 보통·평등선거원칙의 근본적인 차이점

(1) 일반적 평등원칙이 '사회의 영역'을 규율하는 국가에 대한 평등의 요청이라면, 보통·평등선거원칙은 '정치적 영역'을 규율하는 국가에 대한 평등의 요청이다. 사회의 영역은 개체의 고유성, 상이함, 다양성, 사적 자치의 사고에 의하여 지배되고 있으므로, 사회의 영역은 국가에 대하여 모든 대상을 원칙적으로 동등하게 대우할 것을 요청하지 않는다. 이에 대하여, 정치적 영역은 민주주의를 구성하는 영역으로서 모든 국민의 원칙적인 정치적 평등에서 출발하고 있다.

'정치적 권리의 평등'은 평등민주주의의 핵심적 요청으로서, '민주적 의사형성에 동등하게 참여하는 국민의 권리'는 가능하면 엄격하게 보장될 것을 요청한다.[29] 민주주의는 국민의 정치적 참여에 있어서 차별을 정당화하는 어떠한 사유도 원칙적으로 있을 수 없다는 이념에 기초하고 있다. 모든 국민은 그의 개인적 특징과 관계없이 정치적 참여권에 있어서 엄격한 형식성을 가지고 평등하게 취급되어야 한다. 평등민주주의는 '모든 개인이 정치적 존재가치와 견해의 비중에 있어서 평등하다'는 것에서 출발한다.[30] 이러한 경우에만 국가의 정치적 지배는 그의 정당성을 획득할 수 있다. 자신이 내린 결정에 구속을 받는다는 '자기결정의 원리'를 출발점으로 삼는 민주주의에서, 자기결정권을 가진 자는 누구나 평등하게 공동체질서의 형성에 참여해야 하고, 정치적으로 영향력을 행사할 수 있는 동등한 기회를 가져야 한다. 정치적 지배의 정당성은 민주적 의사형성에 참여하는 국민의 평등, 즉 형식적으로 평등한 정치적 권리의 보장 여부에 달려있는 것이다.

(2) 헌법 제11조 제1항 前文의 '일반적 평등원칙'은 모든 대상을 원칙적으로 동등하

29) Vgl. Meyer, Wahlgrundsätze und Wahlverfahren, in: HbStR, Bd.Ⅱ, 1987, §38 Rn.21.
30) Vgl. Böckenförde, Demokratie als Verfassungsprinzip, in: HbStR, Bd..Ⅱ, 2004, §24 Rn.42.

게 취급할 것을 요청하는 것이 아니라, 같은 것은 같게 다른 것은 다르게 취급할 것을 요청한다. 일반적 평등원칙의 경우, 모든 사실관계와 모든 기본권주체를 원칙적으로 평등하게 취급해야 한다는 전제가 성립하지 않으며, 이에 따라 '평등이 원칙이고 차별은 예외'라고 하는 관계가 성립하지 않는다. 일반적 평등원칙이란 정의에 부합하게 같은 것은 같게 다른 것은 다르게 취급할 것을 요청하는 그 본질상 '상대적 평등'이다. 그러므로 일반적 평등원칙의 관점에서는 차별대우를 정당화하는 합리적인 사유를 인정할 수 있다면, 평등원칙에 위반되지 않는다.

반면에, 보통·평등선거원칙은 그 이념적 기반을 평등민주주의에 두고 있기 때문에,[31] 모든 국민의 평등한 정치적 참여를 요구함으로써 선거권과 피선거권의 영역에서 모든 국민의 원칙적인 평등을 요청한다. 그러므로 모든 국민은 동수의 투표권을 가지며 모든 투표는 가능하면 동등한 비중을 가져야 한다. 이러한 요청은 피선거권에 대해서도 마찬가지로 적용되어, 모든 국민은 선거에 입후보하여 공직에 취임할 수 있는 동등한 권리를 가져야 한다는 요청으로 구체화된다.[32] 엄격한 정치적 평등의 요청은 선거권과 피선거권의 영역에 제한되는 것이 아니라, 유권자의 지지를 얻고자 하는 후보자·정당 간의 경쟁, 즉 '선거에서 정당과 후보자의 기회균등'의 영역에도 적용된다.[33] 이는 정치적 참여의 가능성에 있어서 모든 국민의 원칙적인 동등성으로부터 나오는 필연적인 결과이다.

나. 평등원칙의 위반여부를 판단하는 심사기준의 차이

보통·평등선거원칙과 평등민주주의의 밀접한 연관성은 평등원칙의 위반여부를 판단하는 심사기준에 있어서도 근본적인 차이로 나타난다.[34] 보통·평등선거원칙은 엄격하고도 형식적인 평등을 요청한다. 보통·평등선거원칙의 엄격한 形式性('국민이면 원칙적으로 누구나')으로 인하여, 이에 대한 제한은 특별한 정당성을 필요로 한다. 보통·평등선거원칙의 경우에는 평등대우가 원칙이고 차별대우가 예외이므로, 보통·평등선거원칙에 대한 예외에 대해서는 자의심사를 넘는 '엄격한 심사'가 요청된다. 이러한 점에서 독일 연방헌법재판소는 "평등선거의 이러한 형식성으로부터 입법자에게는 선거법을 규율함에 있어서 차별을 할 수 있는 단지 매우 제한된 형성공간이 부여되며, 차별은 이를 정당화하는 특별한 불가피한 사유(besondere rechtfertigende, zwingende Gründe)를 필요로 한다."고 판시하고 있다.[35] 연방헌법재판소는 '특별한 불가피한 사유'의 의미가 무엇

31) Vgl. BVerfGE 11, 266, 272; 34, 81, 98; 40, 296, 317.

32) Vgl. Seifert, Bundeswahlrecht, 1976, Art.38 GG Rn.2.

33) Vgl. BVerfGE 11, 266, 272; 60, 162, 167; Seifert, Bundeswahlrecht, 1976, Art.38 GG Rn.2; Frowein, Die Rechtsprechung des Bundesverfassungsgerichts zum Wahlrecht, AöR 99(1974), S.82f., 97.

34) Vgl. Pauly, Das Wahlrecht in der Rechtsprechung des Bundesverfassungsgerichts, AöR 123(1998), S.250ff.

인지에 관하여 명확하게 밝히고 있지 않지만, 여기서 말하는 '특별한 불가피한 사유'란, 평등원칙의 위반여부를 판단하는 2가지 심사기준 중에서 헌법에서 명시적으로 차별을 금지함으로써 평등이 원칙이고 차별이 예외임을 표현하고 있는 경우에 적용되는 '엄격심사의 요청'과 근본적으로 다르지 않다고 보아야 한다.[36] 연방헌법재판소도 근래의 결정에서 '특별한 불가피한 사유'의 의미를 보다 구체화하여 '엄격한 비례심사'의 기준에 접근시키고 있음을 확인할 수 있다.[37]

선거원칙에 대한 예외는 헌법의 통일성에 비추어 단지 상충하는 兩 법익(선거원칙의 요청 및 선거원칙에 대한 예외를 요청하는 법익)의 효력을 최대한으로 발휘하도록 하기 위하여 반드시 필요한 경우에 한하여 정당화될 수 있다.[38] 엄격한 형식적 평등의 요청은 이러한 의미에서 헌법상의 最適化의 요청(Optimierungsgebot) 또는 실제적 조화의 요청으로 이해된다.[39] 연방헌법재판소는 바로 이러한 상황을 염두에 두고 "필연적 사유"라는 표현을 사용하고 있는 것으로 판단된다. 보통·평등선거원칙에 대한 예외가 헌법적으로 정당화되는지를 심사함에 있어서 실제적 조화의 원칙에 따라 판단한다는 것은 비례의 원칙에 의한 심사와 마찬가지로 엄격한 평등심사를 의미하는 것이다. 그렇다면, 보통·평등선거원칙에 대한 제한은 단순히 합리적 사유가 아니라 '특별한 필연적인 사유'에 의하여 정당화되어야 하는 것이다.

2. 보통·평등선거원칙의 구체적 요청

가. 보통선거원칙의 헌법적 요청

(1) 의미와 기능

보통선거원칙은 원칙적으로 모든 국민은 누구나 선거권과 피선거권을 가져야 한다는 원칙, 즉 국민이라면 누구나 선거에 참여할 수 있어야 하고 선거를 통하여 선출될 수 있어야 한다는 원칙을 말한다. 보통선거원칙은 선거권 및 피선거권의 행사의 경우에 모두 적용되는 선거원칙이다.[40] 국민의 일부만이 선거에 참여하는 경우 또는 국민의 일부만이 선출되는 경우에는, 그러한 선거는 국민의 정치적 의사를 제대로 반영할 수 없고

---

35) Vgl. BVerfGE 34, 81, 98f.; 69, 92, 106.

36) Vgl. H. H. Trute, in: v. Münch/Kunig, Grundgesetz Kommentar, Bd.Ⅱ, 2001, Art.38 Rn.54.

37) Vgl. BVerfGE 95, 408, 418, 독일 연방헌법재판소는 위 결정에서 '차별사유는 헌법적으로 정당한 목적이어야 하고, 차별은 차별목적을 달성하기에 적합하고 필요한 것이어야 하며, 차별목적은 평등선거원칙과 균형을 이룰 정도로 대등한 비중을 가지는 것이어야 한다'고 판시하였다.

38) Vgl. Erichsen, Die Wahlrechtsgrundsätze des Grundgesetzes, Jura 1983, S.642; Seifert, Bundeswahlrecht, 1976, Art.38 GG Rn.24; H. H. Trute, in: v. Münch/Kunig, Grundgesetz Kommentar Bd.Ⅱ, 2001, Art.38 Rn.18.

39) Vgl. M. Morlok, in: Dreier(Hg), Grundgesetz Kommentar, Bd.Ⅱ, 2006, Art.38, Rn.61, 98.

40) Vgl. M. Morlok, in: Dreier(Hg), Grundgesetz Kommentar, Bd.Ⅱ, 2006, Art.38 Rn.65; Meyer, Wahlgrundsätze und Wahlverfahren, in: HbStR, Bd.Ⅱ, 1987, §38 Rn.9; 허영, 한국헌법론, 2010, 770면.

선출된 대의기관에 민주적 정당성을 부여할 수 없다.[41] 보통선거는 모든 국민에게 선거의 형태로 정치적 영향력을 행사하는 기회를 보장하고자 하는 것이다. 그러므로 모든 국민에게 원칙적으로 선거권과 피선거권이 인정되어야 하며, 이로써 국가가 사회적·정치적·경제적인 이유 등으로 특정 인적 집단으로부터 선거권과 피선거권을 박탈하는 것이 금지된다. 보통선거는 제한선거에 대응하는 개념이다.

개인이 국가권력의 지배를 받는 이유가 바로 개인이 선거를 통하여 대의기관의 구성에 참여하여 국가권력을 위임하였다는 데 있고, 이로써 대의기관의 결정을 자신의 결정으로 간주한다는 것에 있으므로, 보통선거원칙은 국민이라면 누구나 선거에 참여할 수 있을 것을 요청한다. 민주주의원리는 '참정권의 주체'와 '국가권력의 지배를 받는 국민'이 가능하면 일치할 것을 요청하며, 이러한 민주주의적 요청의 필연적인 결과가 바로 보통선거의 원칙이다. 그러므로 보통선거원칙은 '국민의 자기지배'를 의미하는 민주국가를 실현하기 위한 필수적 요건이다. 보통선거의 목적은 다른 선거원칙과 마찬가지로 국민주권의 실현에 있다. 원칙적으로 모든 국민이 선거권과 피선거권을 가진다는 것은 바로 국민의 자기지배를 의미하는 민주국가에의 최대한의 접근을 의미하기 때문이다.[42]

(2) 위반여부가 문제되는 경우

헌법 제11조의 일반적인 평등원칙이 단지 자의적인 차별을 금하는 상대적 평등이라면, 보통선거원칙은 가능하면 모든 국민에게 선거권과 피선거권을 부여할 것을 요구하는 '엄격하고도 형식적인 평등'이라는 점에서,[43] 일반적인 평등원칙과 차이가 있다.[44] 선거참여에 있어서의 형식적 평등은 이에 대한 모든 예외를 금지하는 것은 아니다. 그러나 보통선거원칙에 대한 예외는 부득이한 경우에 한하여, 즉 '이를 정당화할 수 있는 특별한 필연적인 사유가 있는 경우'에 한하여 헌법적으로 허용될 수 있다. 보통선거원칙의 위반여부가 문제되는 경우로는, 가령 *在外國民*에게 선거권을 인정하지 않는 경우,[45] 수형자의 선거권을 박탈하는 경우,[46] 일정 연령에 도달해야만 선거를 할 수 있도록 선거연령을 제한하는 경우,[47] 지방자치단체장이 임기 중 공직선거에 입후보하는 것

41) 피선거권의 제한이 민주주의 실현에 미치는 부정적인 효과에 관하여, 헌재 1999. 5. 27. 98헌마214(지자체장 입후보제한), 판례집 11-1, 675, 676.

42) 헌재 1999. 5. 27. 98헌마214(지자체장 입후보제한), 판례집 11-1, 675.

43) Vgl. BVerfGE 28, 220, 225; 36, 139, 141.

44) 헌재 1997. 6. 26. 96헌마89(선거연령), 판례집 9-1, 674, 685; 헌재 2009. 10. 29. 2007헌마1462(제2차 수형자의 선거권제한), 판례집 21-2하, 327, 340, "민주주의 국가에서 국민주권과 대의제 민주주의의 실현수단으로서 선거권이 갖는 이 같은 중요성으로 인해 한편으로 입법자는 선거권을 최대한 보장하는 방향으로 입법을 하여야 하며, 또 다른 한편에서 선거권을 제한하는 법률의 합헌성을 심사하는 경우에는 그 심사의 강도도 엄격하여야 하는 것이다."

45) 헌재 1999. 1. 28. 97헌마253 등(제1차 재외국민의 선거권), 판례집 11-1, 54, 55; 헌재 2007. 6. 28. 2004헌마644 등(제2차 재외국민의 선거권), 판례집 19-1, 859, 860.

46) 헌재 2004. 3. 25. 2002헌마411(수형자의 선거권박탈), 판례집 16-1, 468, 469; 헌재 2009. 10. 29. 2007헌마1462(제2차 수형자의 선거권박탈), 판례집 21-2하, 327, 328.

을 법적으로 금지하는 경우[48] 등을 예로 들 수 있다.

나. 평등선거원칙의 헌법적 요청

(1) 의미와 기능

평등선거는 모든 국민을 동등하게 정치적 결정과정에 참여시키고자 하는 원칙이다. 국민 누구나 자신의 선거권과 피선거권을 가능하면 동등한 방법으로 행사할 수 있어야 한다.[49] 보통선거원칙이 선거권과 피선거권을 포괄하는 것과 마찬가지로, 평등선거원칙도 '유권자로서의 평등'과 '후보자로서의 평등'을 요청한다. 후보자도 선거에서의 기회균등을 주장할 수 있다는 것은 선거권과 피선거권을 모두 포괄하는 선거의 이중적 성격으로부터 직접 나오는 것이다.[50] 따라서 평등선거원칙이란, 일차적으로 모든 국민은 선거를 통한 대표자선출과정에서 동등한 영향력을 행사할 수 있어야 한다는 원칙(투표가치의 평등)이고,[51] 나아가 선거에 참여하는 후보자와 정당은 선거에서 균등한 기회를 가져야 한다는 원칙(선거에서의 기회균등)이다.[52] 따라서 평등선거원칙의 위반을 주장할 수 있는 권리의 주체는 유권자, 후보자 및 정당이다.[53] 평등선거는 차등선거 또는 불평등선거에 대응하는 개념이다.

(가) 투표가치의 평등

투표가치의 평등은 다음과 같은 이중적인 의미의 평등을 요청한다. 모든 유권자는 같은 수의 투표권을 가지고(표면가치 또는 산술적 계산가치의 평등), 그 투표권은 대표자 선출의 기여도에 있어서 동일한 비중(성과가치의 평등)을 가져야 한다.[54] 가령, 다수대표제의 선거제도에서 1선거구에서 1인의 의원을 선출하는 경우 한 선거구의 인구가 만 명이고 다른 선거구의 인구가 오천 명이라면 모든 유권자가 동수의 투표권을 가진다는 점에서는 표면가치는 평등하나, 투표권이 대표자의 선출에 기여하는 비중에 있어서는

---

47) 헌재 1997. 6. 26. 96헌마89(선거연령), 판례집 9-1, 674; 헌재 2001. 6. 28. 2000헌마111; 헌재 2003. 11. 27. 2002헌마787.

48) 헌재 1999. 5. 27. 98헌마214(지자체장 입후보금지), 판례집 11-1, 675, 707.

49) Vgl. BVerfGE 34, 81, 98f.

50) Vgl. BVerfGE 11, 266, 272; 34, 81, 94, 98.

51) Vgl. H. H. Trute, in: v. Münch/Kunig, Grundgesetz Kommentar, Bd.Ⅱ, 2001, Art.38 Rn.52.

52) Vgl. Pauly, Das Wahlrecht in der Rechtsprechung des Bundesverfassungsgerichts, AöR 123(1998), S.246ff.; Meyer, Wahlgrundsätze und Wahlverfahren, in: HbStR, Bd.Ⅱ, 1987, §38 Rn.25; H. H. Trute, in: v. Münch/Kunig, Grundgesetz Kommentar, Bd.Ⅱ, 2001, Art.38 Rn.56; Kunig, Fragen zu den Wahlrechtsgrundsätzen, Jura 1994 S.557; 허영, 한국헌법론, 2010, 771면; 권영성, 헌법학, 2010, 204면; 계희열, 헌법학(상), 2004, 309면.

53) Vgl. Frowein, Die Rechtsprechung des Bundesverfassungsgerichts zum Wahlrecht, AöR 99(1974), S.82f.; M. Morlok, in: Dreier(Hg), Grundgesetz Kommentar, Bd.Ⅱ, 2006, Art.38 Rn.59.

54) 헌재 2001. 7. 19. 2000헌마91(1인1표제), 판례집 13-2, 77, 97, "평등선거의 원칙은 평등의 원칙이 선거제도에 적용된 것으로서 투표의 수적인 평등을 의미할 뿐만 아니라 투표의 성과가치의 평등, 즉 1표의 투표가치가 대표자선정이라는 선거의 결과에 대하여 기여한 정도에 있어서도 평등하여야 함을 의미한다."

평등하지 않다.

(나) 정당 및 후보자의 기회균등

평등선거원칙은 선거 그 자체에 대해서뿐만 아니라 선거준비단계, 입후보의 가능성, 선거운동(예컨대 선거운동을 위한 방송시간의 할당), 선거의 절차, 정당에 대한 국고의 재정지원, 선거운동비용의 보상 등 선거와 연관된 모든 과정에 대해서도 평등원칙이 준수될 것을 요청한다.[55] 따라서 평등선거에서 중요시되어야 하는 또 다른 내용은 선거에 참여하는 정당과 후보자에게 선거에서 균등한 기회가 보장되어야 한다는 점이다.[56] 정당과 후보자가 균등한 기회를 가지고 선거에 참여하는 것은 정당 및 후보자간의 자유경쟁이 이루어지기 위하여 불가결한 것이며, 선거에서 이러한 자유경쟁이 보장되는 경우에만 국민의 자유로운 의사형성이 가능하고, 이로써 국민의 정치적 의사를 제대로 반영하는 선거가 이루어질 수 있다. 따라서 선거에서 모든 정당과 후보자에게 균등한 기회를 보장하는 것은 국민의 자유로운 의사형성의 실현을 위한 조건이자 선거가 그 기능을 이행하기 위한 조건인 것이다.

평등선거를 실현하기 위한 기회균등의 요청은 선거절차에서 국가의 공권력이 엄격한 중립을 유지할 때에만 실현될 수 있기 때문에 국가의 중립의무를 당연한 전제로 한다.[57] 따라서 선거에서의 기회균등의 원칙은 국가기관에 대하여 정당과 후보자간의 경쟁에서 중립적으로 행동할 것을 요청한다.[58] 선거에서 정당·후보자간의 기회균등을 왜곡할 수 있는 모든 차별취급은 원칙적으로 국가기관에게 허용되지 않는다. 헌법은 제116조 제1항에서 '선거에서의 기회균등'을 명시적으로 언급하고 있다.

(2) 위반여부가 문제되는 경우

평등선거원칙은 보통선거원칙과 마찬가지로 일반적 평등원칙이 선거의 영역에서 구체화된 표현이나, 단순히 자의금지원칙에 그치지 아니하고 선거권의 형식적 평등과 선거에 참여하는 정당과 후보자의 엄격한 기회균등을 요청한다. 평등원칙의 엄격성으로 말미암아,[59] 이에 대한 예외는 특별한 정당성을 필요로 한다. 따라서 평등선거원칙에 대한 예외는 단지 특별한 불가피한 사유가 있는 경우에 한하여 허용된다.

평등선거원칙의 위반여부가 문제되는 경우로는, 가령 선거인수에 있어서 선거구간의 편차가 너무 벌어지도록 선거구를 분할하는 경우,[60] 공무원이 공직선거에 입후보하는

55) 평등선거원칙의 적용범위에 관하여 vgl. Meyer, Wahlgrundsätze und Wahlverfahren, in: HbStR, Bd.Ⅱ, 1987, §38 Rn.25.
56) Vgl. BVerfGE 14, 121, 132; 47, 198, 225.
57) Vgl. Grimm, Politische Parteien, in: HbVerfR, 2. Aufl., 1994, §14 Rn.42.
58) Vgl. BVerfGE 14, 121, 134.
59) Vgl. BVerfGE 4, 375, 382; 13, 243, 246; 28, 220, 225.
60) 헌재 1995. 12. 27. 95헌마224 등; 헌재 2001. 10. 25. 2000헌마92 등(선거구 인구편차).

경우 선거일 전 일정 기간까지 그 직을 그만두도록 규정하는 사퇴의무조항 등을 통하여 공직선거에 입후보하는 것을 제한하는 경우,[61] 유권자가 정당이 제시하는 후보자명부에 대하여 투표하고 정당의 득표수에 따라 각 정당에게 의석을 배분하는 비례대표제에서, 일정한 비율 이상을 득표한 정당에 대해서만 의석을 배분하는 저지조항(봉쇄조항)을 도입하는 경우,[62] 재력이 없는 사람이 입후보하는 것을 곤란하게 함으로써 입후보의 가능성에 있어서 불평등의 문제를 야기하는 기탁금제도 및 일정한 수준의 득표를 하지 못한 후보자의 기탁금을 국고에 귀속시키는 제도를 도입하는 경우,[63] 국가가 정당이나 후보자에게 공공시설이나 선거방송시간 등 급부를 차등적으로 제공하는 경우,[64] 국가기관이 국정홍보활동을 통하여 특정 정당이나 후보자에게 유리하게 또는 불리하게 선거운동에 영향을 미치는 경우[65] 등을 예로 들 수 있다.

다. 보통선거원칙과 평등선거원칙의 차이

오늘날 대부분의 헌법이 선거의 평등을 포괄적으로 요청하는 평등선거원칙을 명시적으로 수용함에 따라 보통선거원칙은 사실상 그 보장내용에 있어서 존재의미를 크게 상실하였다. 따라서 보통선거원칙이 포괄적인 평등선거원칙과의 관계에서 독자적인 보장내용을 가지기 위해서는, 보통선거원칙의 적용범위는 선거권과 피선거권이 제한되는 경우에 국한되어야 한다. 헌법이 평등선거를 명시적으로 수용한 경우, 보통선거는 다시 원래의 기능, 즉 선거 및 선출의 자격에 있어서의 차별을 금지하는 기능으로 축소된다.[66] 보통선거원칙이 이러한 영역을 넘어서 선거에서의 평등을 전반적으로 실현하고자 하는 원칙으로 이해된다면, 평등선거원칙의 요청과 뒤섞여 포괄적인 평등선거원칙에 흡수됨으로써 독자적인 기능을 상실할 것이다.

이러한 관점에서, 보통선거원칙과 평등선거원칙은 모두 정치적 영향력행사에 있어서의 평등을 요청하나, 그 차이점은 다음과 같다. 보통선거원칙은 원칙적으로 누구나 선거권과 피선거권을 가져야 한다는 관점에서 '선거권이나 피선거권을 가지고 있는지'의 문제이기 때문에 선거권이나 피선거권이 박탈당한 경우에 문제되는 반면, 평등선거원칙은 국민에게 선거권이나 피선거권은 인정되지만 투표가치가 타인에 비하여 적게 평가되

61) 헌재 1995. 3. 23. 95헌마53; 헌재 2008. 10. 30. 2006헌마547; 헌재 2003. 9. 25. 2003헌마106.

62) 헌재 2001. 7. 19. 2000헌마91(1인1표제), 판례집 13-2, 77, 98, "일반적으로 저지조항에 관하여는 비례대표의석배분에서 정당을 차별하고, 저지선을 넘지 못한 정당에 대한 투표의 성과가치를 차별하게 되므로 평등선거의 원칙에 대한 위반여부가 문제된다."

63) 헌재 1989. 9. 8. 88헌가6; 헌재 2001. 7. 19. 2000헌마91; 헌재 2004. 3. 25. 2002헌마383.

64) 헌재 2011. 5. 26. 2010헌마451(선거방송토론회), 판례집 23-1하, 237.

65) 선거에서의 국가의 중립의무와 홍보물발행에 관하여, 헌재 1999. 5. 27. 98헌마214(선거일 前 지방자치단체의 홍보물발행금지), 판례집 11-1, 675, 677.

66) Vgl. H. H. Trute, in: v. Münch/Kunig, Grundgesetz Kommentar, Bd.Ⅱ, 2001, Art.38 Rn.19; Kunig, Fragen zu den Wahlrechtsgrundsätzen, Jura 1994, S.557.

는 경우나 선거에서의 기회균등이 저해되는 경우에 문제된다.

예컨대, '기탁금제도'는 재력이 없는 사람이 국회에 진출할 수 있는 길을 봉쇄하는 효과를 가짐으로써 '누구나 원칙적으로 제한 없이 선거에 입후보할 수 있어야 한다'는 요청인 보통선거원칙과 충돌한다고 볼 수도 있다. 그러나 '기탁금제도' 및 이의 실효성 확보를 위하여 부수적으로 연계된 제도인 '기탁금의 국고귀속제도'는 엄밀한 의미에서 보통선거원칙이 아니라 평등선거원칙(입후보에 있어서 후보자의 기회균등)의 관점에서 판단되어야 할 문제이다.[67] 기탁금제도에 있어서 문제되는 것은 피선거권 박탈의 문제가 아니라, 피선거권은 인정되나 입후보의 가능성에 있어서 발생하는 사실상의 불평등의 문제이기 때문이다. 기탁금제도는 재력이 없는 사람이 입후보하는 것을 곤란하게 함으로써 입후보의 가능성에 있어서 불평등의 문제를 야기한다. 따라서 지나치게 과도한 기탁금이나 기탁금반환의 기준은 평등선거원칙에 위반된다.

3. 대상결정의 문제점

가. 심판대상조항의 내용

심판대상조항(공직선거법 제82조의2 제4항)은 지역구국회의원선거에서 선거방송토론위원회가 주관하는 선거방송 중에서 유권자의 관심을 가장 크게 받고 있고, 이러한 이유에서 유권자의 정치적 의사형성에 가장 큰 영향을 미칠 수 있는 '주된' 대담·토론회에 참가할 수 있는 자격을 규율하고 있다. 모든 후보자를 참가범위의 제한 없이 한꺼번에 토론회에 초청하는 경우에는 실질적인 토론이 불가능하고 후보자간의 자질과 능력의 비교가 불가능할 수 있기 때문에, 심판대상조항은 '국회에 5인 이상의 소속의원을 가진 정당 또는 직전 선거에서 3% 이상을 득표한 정당이 추천한 후보자(제3호 가목), 최근 4년 이내 선거에서 10% 이상을 득표하였거나(제3호 나목) 여론조사결과 5% 이상의 지지율을 보여주는 후보자(제3호 다목)'로 그 초청대상을 한정하고 있다.

이로써 심판대상조항은 선거방송 대담·토론회에 참가할 수 있는 자격을 일정한 요건을 충족시킨 후보자로 한정하여 선거방송을 통한 선거운동의 기회를 차별적으로 제공함으로써 비초청대상후보자를 초청대상후보자에 비하여 불리하게 차별하고 있다. 심판대상조항은 주요정당의 후보자와 그 외의 군소정당의 후보자를 차별함으로써 '정당간의 차별'을 초래하고, 뿐만 아니라 정당추천과 관계없이 국민의 지지도(지난 선거에서의 결과나 여론조사의 결과)에 따라 차별함으로써 '후보자간의 차별'을 초래한다. 물론, 공직선거법은 비초청대상후보자에 대해서는 대신 합동방송연설회를 개최하거나 또는 이들만을

67) 한편, 헌법재판소는 국회의원선거법에서 과다한 기탁금을 규정하여 입후보의 기회를 제한함으로서 재력 없는 사람이 국회에 진출할 수 있는 길을 봉쇄하는 것은 보통·평등선거원칙에 위배된다고 판시하였다(헌재 1989. 9. 8. 88헌가6).

대상으로 별도로 토론회를 개최할 수 있도록 규정하고 있으나, 비초청대상후보자에게 별도로 제공되는 이러한 유형의 선거방송으로부터 기대되는 선거운동효과는 국민적 관심이 집중된 주된 토론회와 비교할 때 상대적으로 작다고 할 것이다. 따라서 심판대상조항은, 공영방송사에 의한 선거운동 기회의 차별적 제공이 선거운동의 기회균등원칙에 위반하는지의 평등위반의 문제를 제기한다.

나. 평등선거원칙이 아니라 일반적 평등원칙을 적용한 것

공영방송사가 선거방송의 기회를 후보자에게 차별적으로 제공하는 경우 이를 헌법적으로 판단하기 위한 출발점은, 선거운동은 선거준비의 일환으로서 선거운동에서의 기회균등의 문제는 평등선거원칙의 적용범위에 속한다고 하는 것이다. 위에서 상술한 바와 같이, 평등선거원칙은 보통선거원칙과 마찬가지로 선거와 피선거의 양면을 모두 포괄하는 원칙으로서 유권자의 입장에서 '투표가치의 평등'뿐만 아니라, 정당과 후보자의 입장에서 '선거에서의 기회균등'을 요청한다. 헌법은 제116조 제1항에서 '선거운동에서의 균등한 기회의 보장'을 언급함으로써 평등선거원칙의 이러한 측면을 다시 한 번 강조하고 있다. 헌법 제41조 제1항 및 제67조 제1항에 규정된 보통·평등선거원칙은 선거의 영역에서 일반적 평등원칙이 구체화된 형태로서 헌법 제11조 제1항의 일반적 평등원칙에 대한 특별규정이다. 따라서 선거에서의 기회균등이 문제되는 경우에는 일반적 평등원칙의 적용을 배제하는 '특별평등조항'인 평등선거원칙이 적용되어야 한다.

그러나 헌법재판소는 선거에서의 기회균등 위반여부를 다투는 사건을 평등선거원칙이 아니라 일반적 평등원칙에 위반되는지의 관점에서 판단하는 오류를 범하였다. 헌법재판소가 위와 같은 잘못을 범한 것은, 첫째, 선거운동에서의 기회균등이 평등선거원칙의 한 측면으로서, 선거에서의 기회균등의 문제가 곧 평등선거원칙의 문제라는 것을 인식하지 못하고 있는 것에 기인하는 것이며, 둘째, 일반적 평등원칙과 평등선거원칙은 서로 일반·특별관계에 있다고 하는 '평등원칙과 평등선거원칙간의 관계'를 제대로 인식하지 못한 것에 기인하는 것이다.

다. 평등원칙의 위반여부를 판단하면서 엄격심사가 아니라 완화된 심사를 한 것

(1) 헌법재판소가 위 결정에서 범한 또 다른 잘못은, 평등원칙의 위반여부를 판단하면서 엄격한 비례심사가 아니라 완화된 자의심사를 하였다는 점이다. 일반적 평등원칙과 선거에서의 평등(평등선거원칙)은 그 발생사에 있어서 서로 완전히 다른 기원을 가지고 있기 때문에, 평등선거원칙은 일반적 평등원칙으로부터 분리되어 독자적으로 이해되어야 하고, 이에 따라 평등선거의 제한을 정당화하는 사유도 별도로 평등선거의 관점에서 도출해야 한다.

평등선거원칙은 모든 국민을 정치적 권리에 있어서 기계적이고 형식적으로 평등하게 대우할 것을 요청하는 민주주의의 이념에 그 정신적 기반을 두고 있는 반면, 일반적 평등원칙은 사회의 영역에서 모든 개체와 사실관계의 상이함과 고유성에 그 출발점을 두고 있다. 정치적 영역에서 모든 국민은 그의 구체적 상황이나 개인적 특성과 관계없이 형식적으로 평등하게 취급되어야 하는 반면, 사회적 영역에서 국가는 단지 같은 것은 같게 취급할 것을 요청하는 일반적 평등원칙의 구속을 받으며, 무엇이 같은 것이기 때문에 같게 취급해야 하는지의 판단에 관해서는 원칙적으로 입법자에게 광범위한 형성권이 인정된다. 다만, 헌법에서 스스로 차별을 금지함으로써 평등을 명시적으로 요청하는 경우에만 입법자의 형성권이 축소되어 엄격심사가 정당화될 수 있을 뿐이다. 평등선거원칙은 '정치적 영역에서' 국가에 대한 평등원칙의 준수에 대한 요청인 반면, 일반적 평등원칙은 '사회적 영역에서' 국가에 대한 평등원칙의 준수에 대한 요청이다.

이와 같이, '일반적 평등원칙'과 '평등선거원칙'이 서로 상이한 영역에 그 정신적 기반을 두고 있고 서로 헌법적으로 국가에 대하여 요청하는 바가 다르다면, 이에 상응하여 그 위반여부를 판단하는 기준도 달라야 한다. 평등선거원칙은 그 이념적 기반을 평등민주주의에 두고 있기 때문에 엄격하고 형식적인 평등을 요청한다. 평등선거원칙의 엄격한 형식성으로 인하여 입법자에게는 선거법을 규율함에 있어서 차별을 할 수 있는 매우 제한적인 형성공간만이 인정되며, 차별은 이를 정당화하는 특별한 불가피한 사유를 필요로 한다. 평등선거원칙에 대한 예외를 정당화하는 특별한 불가피한 사유가 존재하는지의 심사는 단순히 차별의 합리성을 판단하는 자의심사가 아니라, '평등선거의 요청'과 '이에 대한 제한을 요청하는 법익'을 최적으로 실현하고자 하는 '실제적 조화의 원칙'이 준수되었는지에 관한 엄격한 심사를 의미한다. 이에 따라, 평등선거원칙에 대한 예외를 요청하는 법익은 형식적 평등을 요청하는 평등선거원칙과 대등한 비중을 가질 정도로 중대해야 하는 것이다.

그러나 헌법재판소는 "선거운동에서의 기회균등 보장은 일반적 평등원칙과 마찬가지로 절대적이고도 획일적인 평등 내지 기회균등을 요구하는 것이 아니라 합리적인 근거가 없는 자의적인 차별 내지 차등만을 금지하는 것으로 이해하여야 한다."고 하여[68] 선거운동에서의 기회균등을 내포하는 평등선거원칙의 요청과 일반적 평등원칙의 요청이 근본적으로 다르다는 것을 간과하고 있다. 헌법재판소가 선거에서의 기회균등의 문제가 특별평등권인 평등선거원칙의 문제라는 것을 전혀 인식하지 못하고, 선거에서의 기회균등의 위반여부를 판단함에 있어서 평등선거원칙의 위반여부를 판단하는 엄격한 기준이 아니라 일반적 평등원칙의 위반여부를 판단하는 기준인 자의금지원칙을 심사기준으로

68) 판례집 23-1하, 237, 246.

적용한 것은 법리적으로 중대한 문제를 안고 있다. 특히 "선거방송의 대담·토론회의 구체적인 운영내용은 각 나라 및 시대의 역사·정치풍토 내지는 정치문화에 따라 달리 형성할 수 있는 것이므로, 선거방송 대담·토론회에 대한 구체적인 형성 및 그에 관한 참가의 요건 등은 원칙적으로 입법정책의 문제로서 입법자의 입법형성의 자유에 속하는 사항이라고 할 것이다. 따라서 선거방송의 대담·토론회의 참가자격에 관한 구체적인 규율은 그것이 명백히 재량권의 한계를 벗어난 입법이 아닌 한 입법형성의 자유를 존중하여야 할 것이다."라는 판시내용은,[69] 선거운동에서의 평등을 요청하는 평등선거원칙은 엄격하고 형식적인 평등을 요청하며 이에 대한 제한은 특별한 정당성을 필요로 한다는 헌법적 인식으로부터 크게 벗어나 있음을 확인할 수 있다.

(2) 설사, 헌법재판소가 선거에서의 기회균등이 평등선거원칙의 문제라는 것을 인식하지 못하였다 하더라도, 차별대우가 헌법적으로 정당화되는지를 판단하는 기준으로서 자의금지원칙에 의한 완화된 심사와 엄격한 심사 중에서 무엇을 선택해야 하는지를 고민한 결과, 완화된 심사를 해야 한다는 결론에 이른 것은 수긍하기 어렵다.

헌법재판소는 "헌법 제116조 제1항에서 선거운동에 관하여 균등한 기회가 보장되어야 한다고 규정하고 있으나, 이를 두고 … 헌법이 특별히 차별을 금지하고 있는 영역으로 볼 수 없고, 헌법 제116조 제1항의 경우 '선거운동은 각급 선거관리위원회의 관리하에 법률이 정하는 범위 안에서 하되, 균등한 기회가 보장되어야 한다'고 규정하여 입법자에게 선거운동에 관한 형성적 권한을 부여하고 있다고 볼 수 있다."고 판시하고 있는데, 적어도 헌법 제116조 제1항의 규정을 근거로 평등위반여부의 판단에 있어서 엄격한 비례심사를 해야 한다는 결론에 이르지 않은 것은 납득하기 어렵다. 헌법 제116조 제1항은 '선거운동에서 균등한 기회의 보장'을 특별히 요청함으로써 입법자에게 명시적으로 선거운동과 관련하여 차별을 금지하고 평등취급을 명령하고 있으므로, 위 헌법조항은 일반적 평등원칙에 대한 특별조항으로서 입법자의 형성권을 제한하고 있는 규정으로 이해해야 하기 때문이다.

Ⅴ. 공영방송사에 의한 선거방송기회의 차등적 제공의 헌법적 문제

1. 국가에 의한 급부제공의 경우 선거에서의 기회균등원칙과 국가의 중립의무

위에서 확인한 바와 같이, 평등선거원칙은 선거의 준비단계에도 적용된다. 평등선거의 요청은 선거의 준비단계, 특히 선거운동의 단계에서는 무엇보다도 '정당과 후보자의 기회균등원칙'으로 구체화된다. 이로써 평등선거는 정당간의 경쟁관계에서 매우 중요한

69) 판례집 23-1하, 237, 247.

역할을 한다. 국가가 정당에게 공공시설의 이용이나 선거방송시간 등 급부를 제공하는 경우, 모든 정당을 평등하게 취급해야 한다는 구속을 받는다. 평등선거원칙은 유권자의 지지를 얻고자 하는 선거운동에서 모든 정당에게 동등한 기회가 보장될 것을 요청한다. 국가는 정당에게 급부를 제공함에 있어서 정당간의 기회균등원칙을 준수해야 한다. 선거운동에서의 기회균등원칙은 단지 특별한 불가피한 사유에 의해서만 예외가 허용되는 '엄격하고도 형식적인 평등원칙'을 의미한다.[70] 선거에서 정당간의 기회균등원칙은 국가에 대하여 정당간의 경쟁에 간섭하거나 개입해서는 안 된다는 중립성을 요청한다. 국가가 정당간의 경쟁에 대하여 중립의무를 진다면, 경쟁을 왜곡하는 효과를 가진 모든 급부의 제공은 금지된다.

정당간의 기회균등원칙과 관련되어 현실적으로 제기되는 중요한 문제는, 정당이 헌법상 부여받은 기능을 이행하기 위하여 국가의 급부에 의존하고 있고 국가가 급부를 제공함에 있어서 정당에게 제한된 자원을 배분하는 경우, 정당의 의미와 중요성을 감안하여 차등적으로 대우할 수 있는지의 문제이다. 이러한 점에서 공영방송이 선거운동을 위한 방송시간을 정당이나 입후보자에게 차등적으로 할당하는 경우, 평등선거원칙에 대한 위반여부가 문제된다. 또한, 국가가 정당에게 차등적으로 국고보조금을 지급하거나 또는 선거운동을 위한 현수막이나 벽보를 정당에게 차등적으로 허용하는 경우에도 동일한 문제가 제기된다.[71] 여기서, 국가는 '자신의 중립의무를 어떻게 이해해야 할 것인지'에 관한 어려운 문제에 부딪히게 된다. 정당 사이에 존재하는 사실상의 차이에 비추어, 모든 정당에 대한 엄격한 형식적인 평등대우가 어느 정도로 경쟁에서의 국가의 중립성을 보장할 수 있는지의 문제가 제기되는 것이다. 모든 정당을 형식적으로 평등하게 취급하는 것이 국가의 중립성을 보장하는 것인지 아니면 국민의 정당선호에 의하여 형성된 정당간의 사실상의 차이를 감안할 때, 이러한 도식적 평등이 오히려 정당간의 경쟁을 왜곡시키는 것인지의 의문이 제기된다.[72]

국가가 어떠한 방법으로도 경쟁에 대하여 완전히 중립적으로 문제를 해결할 수 없다는 점에서, 아예 처음부터 공영방송사에 의한 선거방송시간을 제공하지 않는 것만이 국가에 대한 중립의 요청을 완벽하게 충족시킬 수 있을 것이다. 선거가 정당에 의한 선거운동 없이 실시될 수 없다고 하더라도, 이러한 헌법적 상황으로부터 선거방송시간을 제공해야 할 공영방송사의 헌법적 의무나 이에 대응하는 정당의 주관적 권리는 도출될 수 없다.[73] 그러나 선거방송시간은 유권자에게 정당과 후보자에 관한 정보를 제공함으

70) Vgl. Frotscher, Die parteienstaatliche Demokratie-Kennzeichen und Zukunftsperspektiven, DVBl 1985, S.924; Maurer, Die Rechtsstellung der politischen Parteien, JuS 1991, S.886f.

71) Vgl. Grimm, Politische Parteien, in: HbVerfR, 2. Aufl., 1994, §14 Rn.45f.; Frowein, Die Rechtsprechung des Bundesverfassungsgerichts zum Wahlrecht, AöR 99(1974), S.100.

72) Vgl. Grimm, Politische Parteien, in: HbVerfR, 2. Aufl., 1994, §14 Rn.45.

로써 정치적 과정의 개방성과 정당간의 경쟁을 촉진하는 데 크게 기여할 것이며, 특히 재정적으로 취약한 군소정당이나 신생정당에게는 자신을 유권자에게 알릴 수 있는 거의 유일한 가능성에 해당한다.

2. 독일 연방헌법재판소의 관련 판례

선거에서의 기회균등원칙이 문제되는 대표적인 경우가 바로 공영방송사에 의한 선거방송시간의 할당 문제이다. 여기서 선거에 참여하는 정당에게 선거방송시간을 배분함에 있어서 정당을 그의 의미와 중요성에 따라 차별해도 되는지, 차별할 수 있다면 어떠한 방법으로 어느 정도로 차별할 수 있는지의 문제가 제기된다. 독일 연방헌법재판소는 이와 관련하여 이미 여러 차례에 걸쳐 판단한 바 있는데, 관련결정에서 드러난 판시내용은 우리에게도 많은 것을 시사하고 있으므로, 아래에서는 그 요지를 간략하게 소개하기로 한다.[74)]

가. 공영방송사가 의회에 진출한 정당에게만 선거방송시간을 제공하는 것의 위헌여부가 문제된 사건을 다룬 최초의 결정에서, 제2재판부는 '선거방송시간이 제공되어야 하는지 여부'와 관련하여 정당을 차별하는 것은 허용되지 않지만, 모든 정당을 동일한 정도로 고려해야 할 것이 요청되는 것은 아니라고 하면서, 정당의 의미에 따라 차별을 할 수는 있지만 신생정당에게도 적정한 방송시간이 할당되어야 하며, 정당의 의미를 판단함에 있어서 무엇보다도 정당이 의회에 진출한 정도를 고려할 수 있다고 비교적 간결하게 판시하였다.[75)]

나. 1962년 노르트라인 베스트팔렌(Nordrhein－Westfalen) 州의회선거를 앞두고 제3당인 자민당(FDP)이 양대 정당인 기민당(CDU), 사민당(SPD)과 동일한 방송시간의 배분을 요구하면서[76)] '공영방송사가 지난 의회선거에서의 성과에 연계하여 선거방송시간을 배분하는 것은 국가의 적극적인 조치를 통하여 거대정당의 경쟁기회를 유리하게 하는 것으로 민주주의원칙에 대한 중대한 위반이다'라는 주장으로 제기한 헌법소원사건에서, 제2재판부는 선거방송시간의 배분에 관하여 보다 근본적인 입장을 밝혔는데, 그 요지는 다음과 같다.[77)]

---

73) Vgl. BVerfGE 47, 198, 237(Wahlwerbung), 독일 연방헌법재판소는 위 결정에서 정당은 선거운동을 목적으로 선거방송의 제공을 요구할 헌법적 권리를 가지지 않는다고 판시하였다.

74) 독일 연방헌법재판소의 관련 판례에 대한 소개로는 vgl. Frowein, Die Rechtsprechung des Bundesverfassungsgerichts zum Wahlrecht, AöR 99(1974), S.98ff.; Meyer, Wahlgrundsätze und Wahlverfahren, in: HbStR, Bd.Ⅱ, 1987, §38 Rn.40ff.

75) BVerfGE 7, 99, 107f.

76) 라디오방송시간은 위 3 정당 사이에서 基民黨(CDU) 41%, 社民黨(SPD) 36%, 自民黨(FDP) 23%의 비율로 배분되었고, TV방송시간은 위 3 정당 사이에서 기민당(CDU) 45%, 사민당(SPD) 38%, 자민당(FDP) 17%의 비율로 배분되었으며, 모든 정당에게 제공된 전체 방송시간 중에서 15%는 그 외의 군소정당에게 배분되었다.

77) BVerfGE 14, 121, 133ff.

"공영방송사는 정당간의 경쟁에 대하여 중립적으로 행동해야 할 의무를 진다. 그러나 선거방송시간을 절대적으로 동일하게 배분하는 것만이 국가의 중립의무에 부합하는 것은 아니다. 기회균등의 원칙은 정당의 상이한 규모, 능력 및 정치적 방향으로부터 나오는 차이를 공권력의 간섭을 통하여 상쇄할 것을 요청하지 않는다. 다수의 신생정당의 형성과 이로 인한 군소정당의 난립은 의회와 정부의 기능을 저해한다. 선거의 목적은 행위능력이 있는 국가기관의 창출에 있으며, 이러한 선거의 목적은, 후보자추천을 위한 유권자 정족수나 저지조항의 경우와 마찬가지로, 형식적인 평등으로부터 벗어나는 것을 허용하는 중대한 사유로 간주된다. 선거방송시간의 차별적 제공을 통해서도 정당의 상이한 중요성을 유권자에게 인식시킴으로써 이러한 선거의 목적이 고려될 수 있다. 물론, 선거방송시간의 배분에 있어서 '지난 선거의 결과'에 도식적으로 연계시키는 것은 현재 상태의 고착화를 조장할 것이고, 경쟁에서의 우위를 부여함으로써 기회균등의 원칙과 부합할 수 없는 결과에 이를 것이다. 그러므로 정당의 의미를 밝히기 위하여 다른 요소도 함께 고려해야 할 것이다. 이에 속하는 것으로 예컨대 정당 존속의 기간 및 지속성, 정당의 당원수, 조직의 규모, 의회 진출여부 등이다. 차별의 정도는 선거에 참여하는 모든 정당의 자유경쟁을 진지하게 위협하는 수준이어서는 안 된다." 연방헌법재판소는 이러한 판시내용에 기초하여 선거방송시간의 배분이 명백하게 헌법에 부합하는 것으로 판단하였다.

다. 연방헌법재판소는 후속결정인 BVerfGE 47, 198, 225 (Wahlwerbung) 결정에서도 "차별대우가 특별한 필연적 사유에 의하여 정당화되지 않는 이상, 선거에서의 기회균등 원칙은 공권력에게 정당에 대한 모든 차별대우를 금지한다."고 전제한 다음, "군소정당이나 신생정당에게 적정한 선거방송시간이 부여되는 한, 정당의 의미에 따라 각 정당에게 상이하게 선거방송시간을 제공하는 것은 헌법적으로 허용된다."고 하여 위 기본결정의 판시내용과 근본적으로 동일한 판시를 하고 있다.

3. 기회균등원칙에 대치하는 반대법익으로서 '대담 · 토론회 기능의 활성화'?

헌법재판소는 "이 사건 법률조항은 대담 · 토론회의 기능의 활성화를 위하여 적당한 수의 후보자만을 초청하여야 한다는 요청과 선거운동에서의 기회의 균등보장이라는 서로 대립하는 이익을 적절히 비교 형량한 합리적인 것"이라고 하여, '선거에서의 기회균등의 요청'에 대치하는 법익, 즉 기회균등원칙에 대한 예외를 정당화하는 법익으로서 '대담 · 토론회의 기능의 활성화'를 언급하고 있다. 그러나 '토론회 기능의 확보'라는 법익은 단지 토론회 참가범위의 제한만을 요청하는 법익이다. 토론회 참가자가 적정한 수로 제한되어야만 참가자 사이의 실질적 토론과 후보자간의 비교가 가능하기 때문에, '토론회 기능의 확보'란 정당한 법익은 토론회 참가범위를 제한할 것을 요청하고, 참가

자의 제한은 곧 초청대상 후보자와 비초청대상 후보자간의 차별을 의미한다. 따라서 '토론회 기능의 확보'란 법익은 단지 참가범위의 제한을 통한 차별만을 요청할 뿐이지, 심판대상조상에서 정하는 기준에 따른 차별을 요청하는 것은 아니다.

이 사건에서 문제되는 것은, 국가가 정당과 후보자에게 선거방송시간이라는 급부를 제공하는 경우 '심판대상조항에서 정하고 있는 기준'인 주요 정당의 추천여부 등의 기준에 따라 차별하는 것이 헌법적으로 정당화되는지 여부이다. 유권자에게 입후보자에 관한 정보를 제공하는 선거방송토론회의 기능을 확보하기 위하여 적정한 수의 후보자만을 토론회에 초청하는 것이 불가피하게 요청된다면, 입법자가 헌법적으로 정당화되는 합리적인 기준에 의하여 초청대상후보자와 비초청대상후보자를 차별하고 있는지에 관한 것이다. 이러한 문제는 국가가 한정된 자원을 배분하는 경우에 항상 발생하는 문제로서, 여기서 제기되는 문제는 국가가 한정된 자원을 배분함에 있어서 '차별해도 되는지 여부'가 아니라 차별이 불가피하다면 '어떠한 기준에 따라 차별해도 되는지의 문제'에 관한 것이다. 따라서 심판대상조항에서 정하는 기준에 따른 후보자간의 차별을 정당화하는 사유가 바로 선거에서의 기회균등원칙에 대한 예외를 요청하는 법익인 것이다.

4. 기회균등원칙에 대치하는 반대법익으로서 '군소정당의 난립방지'?

한편, 독일 연방헌법재판소는 위에서 언급한 결정들에서 '다수의 신생정당의 형성은 의회와 정부의 원활한 기능을 저해한다'는 이유로 '군소정당의 난립으로 인한 국정의 불안정'이라는 법익을 가지고 급부제공에 있어서 차등을 정당화하고 있는데, 이러한 논증은 헌법적으로 문제가 있다.[78] '군소정당의 난립으로 인한 국정의 불안정'이라는 법익은, 공직선거의 입후보에 있어서 또는 선거결과에 대하여 형식적 평등에 대한 예외를 허용하고, 군소정당의 의회진출을 방지하기 위하여 후보자추천을 위한 정족수나 봉쇄(저지)조항 등의 도입을 정당화하는 중요한 사유일 수 있다. 그러나 '국정의 안정'은 그 이전의 단계인 선거운동의 단계에서 정당설립이나 정당활동의 자유를 제한하는 논거로서는 정당화되지 않는다. '군소정당의 난립방지'란 법익을 가지고 정당설립·활동의 자유를 제한하는 것은, 헌법이 정당설립의 자유와 복수정당제의 보장을 통하여 정당간의 경쟁과 정치적 다양성 및 정치적 과정의 개방성을 의도하고 있다는 것과 부합할 수 없다, 국정의 안정과 국가기관의 기능보장은 이미 봉쇄조항과 후보자추천을 위한 유권자의 수 등의 다른 제도에 의하여 충분히 실현되고 있다. 선거결과나 공직선거에서 입후보가능성과 관련하여 형식적 평등원칙은 '군소정당의 방지를 통한 국가기관의 기능보장'이라는 헌법적 요청에 의하여 수정될 수 있으나, 정당설립·활동의 자유 및 선거에서의

78) 이러한 논거로 가령, BVerfGE 14, 121, 135f.

기회균등원칙은 위 공익을 이유로 제한될 수 없다.[79]

5. 기회균등원칙에 대치하는 반대법익으로서 '국가의 중립의무'

가. 국가의 중립의무의 내용

정당간의 기회균등원칙은 정당간의 자유로운 경쟁에 대한 영향력행사를 포기하고 정당을 균등하게 취급해야 할 국가의 중립의무를 수반한다.[80] 정당은 유권자의 지지를 얻으려는 경쟁에 있어서 국가에 의하여 차별을 받아서는 안 된다. 이러한 점에서 정당간의 경쟁에 있어서 국가의 중립의무는 형식적 기회균등원칙에 대한 예외를 정당화하는 법익으로 고려된다.

오늘날의 정당제 민주주의는 서로 상이한 견해와 이익을 추구하고자 하는 정당간의 경쟁과 정당에 대한 국민의 자유로운 선택에 의하여 실현된다. 정당간의 경쟁은 추구하고자 하는 기본정책 등의 차이로 인하여 당원의 수, 유권자의 지지, 재정능력에 있어서 정당간의 사실상의 차이로 나타난다. 정당간의 이러한 불평등은 자유롭고 개방적인 정치적 과정의 당연한 산물이다. 사회의 정치적 과정은 국민의 지지에 따른 상이한 세력관계를 형성하고, 국가는 이러한 정당간의 경쟁의 결과에 대하여 중립의무를 진다. 국가는 국민의 지지를 얻고자 하는 정당간의 경쟁을 통하여 형성된 경쟁상황에 특정한 방향으로 영향력을 행사해서는 안 되며, 국민에 의하여 형성된 정당간의 차이를 제거하거나 확대하고자 해서는 안 된다.[81]

'기회균등의 원칙'은 정당간의 상이한 규모와 능력, 정치적 목표설정에 의하여 발생하는 차이를 국가적 간섭을 통하여 조정할 것을 요청하는 것이 아니라, 유권자의 표를 얻고자 하는 자유경쟁에서 모든 정당에게 동등한 기회를 보장할 것을 법질서에 대하여 요청할 뿐이다.[82] 정당간의 기회균등이 헌법적으로 의도하는 바는, '경쟁의 결과'인 정당간의 사실상의 차이를 평준화하고자 하는 것이 아니라, '경쟁조건'에서의 평등을 실현하고자 하는 것이다. 그러므로 가령, 국가는 경쟁의 결과인 사실상의 불평등을 완화하기 위하여 군소정당에 일방적으로 유리한 경쟁상황을 형성해서는 안 된다. 또한, 선거에서 정당간의 기회균등을 왜곡할 수 있는 모든 차별취급은 원칙적으로 국가기관에게 허용되지 않는다. 국가기관이 특정 정당이나 후보자에게 유리하게 또는 불리하게 선거운동에 영향을 미치는 경우, 정당의 기회균등의 원칙에 위반된다.[83]

---

79) 같은 취지로 vgl. Frotscher, Die parteienstaatliche Demokratie-Kennzeichen und Zukunftsperspektiven, DVBl 1985, S.924f.; Kunig, Parteien, in: HbStR, Bd.Ⅱ, 1987, §33 Rn.66; Grimm, Politische Parteien, in: HbVerfR, 2. Aufl., 1994, §14 Rn.46.

80) Vgl. Grimm, Politische Parteien, in: HbVerfR, 2. Aufl., 1994, §14 Rn.42.

81) Vgl. BVerfGE 14, 121, 133f.

82) Vgl. BVerfGE 14, 121, 133f.

나. 정당간의 기회균등원칙의 이중적 요청

정당간의 기회균등원칙은 원칙적으로 정당의 규모, 정치적 중요성, 정책적 방향과 관계없이 단지 '정당'이라는 요건만을 기준으로 삼아 모든 정당을 평등하게 대우할 것을 요청한다. 한편, 정당간의 기회균등원칙의 내용이 '정당의 평등'과 '정당을 지지하는 국민의 평등'이라는 이중적 평등이라는 관점은, '정당은 다 같은 정당'이라고 하여 모든 정당을 도식적으로 평등하게 취급하는 것에 대하여 이의를 제기한다. 정당의 자유가 '개인'과 '조직된 결사'의 자유로서 이중적 의미의 기본권인 것과 마찬가지로, 정당간의 기회균등의 주체도 '자연인인 국민'과 '정당'이다. 정당간의 기회균등원칙은 '정당'의 기회균등과 '정당을 지지하는 국민'의 기회균등(정치적으로 동등한 영향력행사)이라는 이중적인 기회균등원칙을 의미한다.[84] 일차적으로, '조직'으로서 정당은 다른 정당과의 경쟁에서 기회균등의 권리를 가진다. 뿐만 아니라, 모든 국민은 정치적 의사형성에 영향력을 행사하는 가능성에 있어서, 특히 유권자 또는 당원으로서 '정당에 대한 지지를 통하여' 정치적으로 다른 국민과 경쟁함에 있어서 동등한 기회를 가져야 한다(개인의 정치적 활동의 기회균등).

'정치적 의사형성에 동등하게 참여할 국민의 민주적 권리'는 정당간의 기회균등의 내용을 함께 형성하는 중요한 관점이다. 정당은 사회에 그 존립기반을 둔 국민의 자발적 결사로서, 정치적으로 그리고 재정적으로 국민의 지지와 동의에 의존하고 있다. 정당의 존속여부 및 존재의미, 정치적 성공의 여부는 전적으로 국민의 지지에 달려있다. 정당이 국민의 이익과 견해로부터 유리되어 활동하지 않도록, 즉 정당이 국민과 국가를 잇는 연결매체로서 기능하도록, 국민에 대한 정당의 의존성이 유지되어야 한다. 정당이란 국민의 지지로부터 유리되어 추상적으로 존재하는 권리의 주체가 아니라, 사회 내에서 정치적 경쟁을 통하여 획득한 '국민의 지지'에 그 기반을 두고 있는 권리의 주체이다. 즉, 정당의 기회균등은 그 헌법적 근거를 '정치적 의사형성에 동등하게 참여할 국민의 민주적 권리'에 두고 있고, 이로부터 도출되는 것이다.[85] 따라서 국민의 지지로부터 유리되고 독립된 '정당의 형식적 평등'이란 존재하지 않으며, 이러한 무조건적인 절대적 평등은 국민의 정치적 평등 및 국가의 중립의무와 부합하지 않는다.

---

83) 헌법재판소는 선거에서의 국가의 중립의무와 홍보물발행과 관련하여, '선거와 관련하여 국가 및 지방자치단체의 모든 기관은 그의 공적 기능을 이용하여 특정정당이나 특정인을 지지하거나 반대해서는 아니 되며, 특히 선거운동을 통하여 유권자의 결정에 영향을 미쳐서는 아니 된다. 지방자치단체의 기관이 편파적으로 특정정당이나 특정후보에게 유리하게 또는 불리하게 선거운동에 영향력을 행사한다면, 이는 선거에서의 국가의 중립의무와 기회균등의 원칙에 위반되기 때문이다. 따라서 국가기관이 공직선거에 있어서 편파적으로 영향력을 행사하는 것은 홍보활동의 형태로도 허용되지 않는다'고 판시하였다(헌재 1999. 5. 27. 98헌마214).

84) Vgl. Morlok, in: Dreier, Grundgesetz Kommentar, Bd.Ⅱ, 2006, Art.21 Rn.77f.

85) Vgl. Böckenförde, Demokratie als Verfassungsprinzip, in: HbStR, Bd..Ⅱ, 2004, §24 Rn.44.

정당간의 기회균등원칙이 '조직'으로서 정당의 평등뿐만 아니라 국민의 정치적 평등, 즉 국민의 정치적 영향력행사의 형식적 평등도 요청하기 때문에, 각 정당에 대한 국민의 지지도에 따라 정당을 차별하는 것을 허용할 뿐만 아니라 나아가 이를 요청하고 있다.[86] 따라서 정당에 대한 국민의 상이한 지지도가 정당의 의미와 중요성에 있어서 차이를 가져온다면, 이러한 차이에 근거한 정당간의 차별은 한편으로는 '정당'의 정치적 평등에 대한 예외에 해당하나, 다른 한편으로는 '국민'의 정치적 평등을 제한하는 것이 아니라 오히려 실현하는 측면이 있다.

다. 국가의 중립의무 실현에 있어서 고려해야 할 관점

모든 정당에 대한 형식적인 평등대우는 군소정당에게 당원과 유권자에 의하여 결정되는 영향력의 정도를 넘는 경쟁의 기회를 부여한다. 국가가 모든 정당을 형식적으로 평등하게 취급하는 것은 군소정당을 지지하는 국민 또는 이에 속한 국민의 정치적 영향력행사를 증가시키는 것이며, 이로써 군소정당의 의미를 국민으로부터 획득한 지지의 정도를 넘어서 확대시키는 것이다. 결국, 도식적 평등은 국가가 정당간의 경쟁상황에 간섭하는 결과를 가져온다. 반면에, 정당간의 사실적인 차이를 고려하는 실질적 평등은 당원과 유권자의 지지에 따른 비례적 배분을 요청한다. 국가가 정당의 중요성이나 의미를 고려하는 실체적인 평등을 기준으로 삼아 이에 비례하여 급부를 배분하는 경우에는 기존 세력관계의 고착화를 초래함으로써 정당간의 경쟁을 약화시키고 궁극적으로 소수가 다수가 될 수 있는 기회를 감소시킨다.

그렇다면, 국가는 이러한 문제를 해결하고 자신의 중립의무를 실현함에 있어서 다음과 같은 2가지 관점을 동시에 고려해야 한다.[87] 첫째, 국가는 정당과 후보자간의 자유경쟁으로 인하여 형성된 사실상의 차이를 도식적·기계적 평등을 통하여 다시 평준화해서는 안 된다. 이러한 요청은, 곧 정당과 후보자에 대한 국민의 상이한 지지도를 고려해야 한다는 것을 의미한다. 이는 정당과 후보자를 지지하는 국민의 정치적 평등(정치적 영향력행사에 있어서의 기회균등)으로부터 나오는 요청이다. 국민의 지지도를 반영하는 기준으로는, 정당의 당원수, 여론조사의 결과, 의회의 진출여부, 재정자급도 등 다양한 관점을 고려해 볼 수 있으나, 무엇보다도 '지난 선거에서의 결과'가 명백히 확인될 수 있고 조작될 수 없다는 점에서 그나마 가장 신뢰할 수 있는 주된 기준으로 고려된다. 둘째 국가는 현재 상태(기존 세력관계)의 고착화를 방지하기 위하여 군소정당이나

86) Vgl. Pauly, Das Wahlrecht in der Rechtsprechung des Bundesverfassungsgerichts, AöR 123(1998), S.273; Morlok, in: Dreier, Grundgesetz Kommentar, Bd.Ⅱ, 2006, Art.21 Rn.77f.

87) Vgl. Böckenförde, Demokratie als Verfassungsprinzip, in: HbStR, Bd.Ⅱ, 2004, §24 Rn.44; Frowein, Die Rechtsprechung des Bundesverfassungsgerichts zum Wahlrecht, AöR 99(1974), S.99f.; Morlok, in: Dreier, Grundgesetz Kommentar, Bd.Ⅱ, 2006, Art.21 Rn.86ff.

인지도가 낮은 후보자(신진정치인)에게도 자신을 유권자에게 알릴 수 있는 적정한 기회를 보장해야 한다. 정당과 후보자를 지지하는 국민의 정치적 평등과 정당간의 사실상의 차이를 너무 강조하는 것은 정당간 경쟁의 개방성을 저해할 위험을 안고 있다. 지난 선거의 결과를 일방적으로 고려한다는 것은, 정치적 세력판도의 변화를 저해하고 기존 의회구도를 고착하는 데 기여하며, 지난 경쟁에서의 승자에게 다음 경쟁에 있어서 유리함을 제공한다는 점에서 공정경쟁을 저해하는 효과가 있다.

결국, 국가는 정당간의 기회균등원칙을 실현함에 있어서 '국민의 정치적 평등' 및 '정당의 기회균등'이라는 양 법익을 함께 고려해야 한다. 국민의 정당선호에 따른 비례적 차등은 지난 선거에서 성공한 정당에 대한 우대효과를 초래하므로, 정당의 평등(기회균등)의 관점에 의하여 다시 제한되어야 한다. 복수정당제에서 정당간의 자유경쟁을 가능하게 하기 위하여 요청되는 '정치적 과정의 개방성'은 정당에 대한 국가의 급부제공에 있어서 정당의 의미와 중요성에 따른 차등화를 약화시킬 것을 요구한다. 입법자는 이와 같은 '적정한 차등'의 요청을 구체화함에 있어서 '국민의 정치적 평등'과 '정당의 평등 또는 정치적 과정의 개방성'이라는 2가지 법익의 구속을 받으나, 이를 구체적으로 형성함에 있어서 상당한 형성의 자유를 가진다.[88] 입법자가 정당의 기회균등의 요소를 강조할수록, 급부의 배분이 형식적 평등에 접근할 것이고, 개인의 정치적 평등과 정당에 대한 국민의 지지도를 고려할수록, 국민의 지지도에 따른 비례적 평등에 접근할 것이다.[89] 그럼에도, 입법자가 '적정한 차등의 요청'을 구체화함에 있어서 항상 염두에 두어야 하는 것은, 국가가 신생정당·군소정당에게 배분되는 적정한 몫을 상대적으로 유리하게 산정하는 방법을 통해서만 신생정당도 자신을 알릴 수 있는 기회를 가지며, 이로써 현재 상태를 고착화하는 위험은 어느 정도 방지될 수 있다는 점이다.[90] 요컨대, 국가가 정당에게 급부를 제공하는 경우에는 군소정당의 경우에도 기성정당과의 경쟁이 가능하도록 이에 필요한 최소한의 적정한 몫을 배분해야 하고, 이러한 최소한의 수준에 미달해서는 안 된다. 이러한 방법만이 현재 상태의 고착화를 방지하기 위한 유일한 반대추의 역할을 하기 때문이다.

---

88) 가령, 독일 정당법 제5조는 '차등화된 평등대우'(abgestufte Gleichbehandllung)를 규정하고 있다. 즉, 국가가 급부를 제공하는 경우에는 모든 정당은 동등하게 취급되어야 한다는 원칙을 천명하면서(제1항 제1문), 이러한 원칙을 다음과 같이 수정하고 있다. 즉, 급부의 규모는 정당의 의미에 따라 차등화될 수 있으며(제1항 제2문), 정당의 의미를 판단함에 있어서 특히 지난 선거의 결과를 주된 기준으로 삼아야 하고(제1항 제3문), 원내교섭단체를 구성한 정당에게 제공되는 급부의 규모는 다른 원내교섭단체에 제공되는 급부의 적어도 절반 이상이어야 한다고 하여 다시금 차별의 정도를 제한하고 있다(제1항 제4문).

89) 민주주의에서 정치적 과정의 개방성을 중시하여 차등적 평등보다는 형식적 평등을 강조하는 견해로는 Grimm, Politische Parteien, in: HbVerfR, 2. Aufl., 1994, §14 Rn.46; Kunig, Parteien, in: HbStR, Bd.Ⅱ, 1987, §33 Rn.69.

90) Vgl. Frowein, Die Rechtsprechung des Bundesverfassungsgerichts zum Wahlrecht, AöR 99(1974), S.100.

6. 대상결정에서 기회균등원칙의 위반여부

헌법재판소는 대상결정에서, 정당추천의 여부 등을 기준으로 선거방송토론회에 초청되는 후보자의 범위를 제한함으로써 초청대상 후보자와 비초청대상 후보자를 차별하는 것이 선거에서의 기회균등원칙에 대한 예외로서 특별한 불가피한 사유에 의하여 정당화되는지 여부를 판단해야 한다.

'선거운동에서의 기회균등원칙'은 공영방송을 통한 선거운동의 가능성으로부터 특정정당을 배제하거나 또는 역으로 특정정당에게만 방송시간을 부여하는 것을 금지한다.[91] 그러나 정당의 비중이나 의미를 고려하여 선거방송의 기회를 어느 정도 차등적으로 할당하는 것은 기회균등의 원칙에 위반되지 않는다.[92] 국가가 공적 급부의 제공에 있어서 정당의 의미와 비중, 특히 각 정당에 대한 유권자의 상이한 지지도를 고려하여 이에 따라 차별하는 것은, 정당간의 자유경쟁에 있어서 준수되어야 하는 '국가의 중립의무'에 비추어 합리적이고 불가피한 것으로 판단된다. 국민의 지지를 얻고자 하는 정당간의 경쟁에서 각 정당이 유권자의 지지도에 있어서 차이를 보인다면, 이러한 차이는 국가에 의하여 존중되어야 하며, 국가는 도식적으로 평등한 급부를 제공함으로써 정당간의 경쟁을 통하여 형성된 사실상의 차이를 다시 평준화하고자 시도해서는 안 된다. 국민의 정치적 결정(정당선호)에 의하여 형성된 정당간의 사실상의 차이를 감안할 때, 모든 정당을 도식적으로 평등하게 취급하는 것은 국가의 중립성을 유지하는 것이 아니라, 정당간의 자유로운 경쟁의 결과인 사실상의 불평등을 인위적으로 평준화하기 위하여 군소정당에 일방적으로 유리한 경쟁상황을 형성하는 것이고, 이로써 오히려 정당간의 경쟁을 왜곡시키는 것이다. 결국, 급부의 배분에 있어서 도식적인 평등취급은 당원과 유권자에 의하여 결정되는 영향력의 정도를 훨씬 넘어서는 경쟁의 기회를 군소정당에게 부여한다. 따라서 유권자의 지지도(선거의 결과) 등 정당의 비중을 고려하여 국가급부의 제공을 어느 정도 적정하게 차등화 하는 것은 헌법적으로 허용될 뿐만 아니라, 국가의 중립의무의 관점에서도 헌법적으로 요청되는 것이다.

이러한 관점에서 보건대, 공영방송사가 선거방송의 기회를 후보자에게 제공함에 있어서 특정 후보자를 선거방송으로부터 완전히 배제하는 것은 평등선거원칙에 부합하지 않지만, 소속정당의 의회진출여부(주요정당의 추천 여부)나 유권자의 지지도(지난 선거에서의 득표율, 여론조사의 결과) 등을 기준으로 하여 선거방송의 유형(가령, 선거방송토론회 또는 합동방송연설회)이나 방송시간을 적정하게 차등화 하는 것은 선거에서의 기회균등원칙에 부합하는 것으로 헌법적으로 허용된다. 공직선거법은 '주된' 선거방송토론회에

91) Vgl. BVerfGE 7, 99, 107; 47, 198, 225.
92) Vgfl. BVerfGE 14, 121, 134; 47, 198, 225; 48, 271, 277.

참가할 수 있는 자격을 국민의 지지도 등을 기준으로 제한하면서, '주된' 토론회의 참가로부터 배제된 후보자에게는 별도의 토론회나 합동방송연설회를 통하여 유권자에게 자신을 알릴 수 있는 기회를 제공하고 있으므로, 급부제공에 있어서 이러한 차등화는 '정당과 후보자의 평등' 및 '정당과 후보자를 지지하는 국민의 평등'을 적정하게 조화시킨 것으로 선거에서 기회균등원칙에 부합하는 것이다.

Ⅵ. 맺는말

1. 헌법재판소는 보통·평등선거원칙이 선거권뿐만 아니라 피선거권을 포괄하는 선거원칙, 나아가 유권자의 권리뿐만 아니라 후보자의 권리까지 포괄하는 '선거에 관한 헌법상의 원칙'임을 인식하지 못하고 있다. 선거원칙은 선거의 헌법적 기능을 확보하고자 하는 것이고, 피선거권과 후보자 권리의 평등을 보장하지 못하는 선거원칙은 선거의 헌법적 기능을 확보할 수 없기 때문이다. 따라서 선거원칙이 유권자의 평등 및 후보자의 평등을 요청한다는 것은 평등민주주의에서 필연적이다. 평등선거원칙은 보통선거원칙과 마찬가지로 선거와 피선거의 양면을 모두 포괄하는 원칙으로서 유권자의 입장에서 '투표가치의 평등'뿐만 아니라, 정당과 후보자의 입장에서 '선거에서의 기회균등'을 요청한다.

평등선거원칙은 일반적 평등원칙이 선거의 영역에서 구체화된 형태로서 일반적 평등원칙에 대한 특별조항이다. 평등원칙이 입법자에게 어느 정도로 차별대우를 허용하는지의 문제는 차별대우가 이루어지는 영역의 성격에 따라 달리 판단되어야 한다. 선거의 영역은 그 역사적 발전에 있어서 '국민 누구나 자신의 정치적 참여권을 가능하면 형식적으로 동등한 방법으로 행사해야 한다'는 평등민주주의에 이념적 기반을 두고 있고, 평등민주주의는 선거의 영역에서 오늘날의 선거원칙인 보통·평등선거원칙으로 구체화되었다. 이로써 평등선거원칙은 일반적 평등원칙과 비교할 때 매우 강력한 형식성('국민이면 누구나')과 엄격성('원칙적으로')에 의하여 특징된다. 그러므로 입법자에게는 단지 제한적인 형성공간만이 부여되며, 선거의 영역에서 차별대우는 항상 이를 정당화하는 '특별한 불가피한 사유'를 필요로 한다. 헌법재판소가 선거에서의 기회균등의 문제가 특별평등조항인 평등선거원칙의 문제라는 것을 전혀 인식하지 못하고, 선거에서의 기회균등의 위반여부를 판단함에 있어서 평등선거원칙의 위반여부를 판단하는 '엄격한 기준'이 아니라 일반적 평등원칙의 위반여부를 판단하는 기준인 '자의금지원칙'을 심사기준으로 적용한 것은 법리적으로 중대한 문제를 안고 있다.

2. 공영방송사에 의한 선거방송기회의 차등적 제공의 헌법적 문제와 관련하여, 헌법

재판소는 선거에서의 기회균등원칙에 대한 예외를 정당화하는 법익으로 '토론회 기능의 확보'라는 법익을 언급하고 있으나, 이러한 법익은 단지 참가범위의 제한을 통한 '차별'만을 요청할 뿐이지, '심판대상조항에서 정하는 기준에 따른 차별'을 요청하는 것은 아니다. 심판대상조상에서 정하는 기준에 따른 차별을 정당화하는 사유는 '국가의 중립의무'에서 찾아야 한다.

선거에서의 기회균등원칙은 국가에 대하여 정당과 후보자간의 경쟁에 간섭하거나 개입해서는 안 된다는 중립성을 요청한다. 국가가 정당과 후보자간의 경쟁에 대하여 중립의무를 진다면, 경쟁을 왜곡하는 효과를 가진 모든 급부의 제공은 금지된다. 모든 정당과 후보자를 도식적으로 평등하게 취급하는 것은 국가의 중립성을 유지하는 것이 아니라, 정당과 후보자간의 자유로운 경쟁의 결과인 사실상의 불평등을 인위적으로 평준화하기 위하여 군소정당에 일방적으로 유리한 경쟁상황을 형성하는 것이고, 이로써 오히려 정당과 후보자간의 경쟁을 왜곡시키는 것이다. 따라서 국가가 공적 급부를 제공함에 있어서 정당과 후보자의 의미와 비중을 고려하여 이에 따라 어느 정도 차별하는 것은, '국가의 중립의무'라는 특별한 불가피한 사유에 의하여 정당화되는 것이다.

한편, 국가는 정당과 후보자의 기회균등의 관점에서 기존 세력관계의 고착화를 방지하기 위하여 군소정당이나 인지도가 낮은 후보자(신진정치인)에게도 자신을 유권자에게 알릴 수 있는 적정한 기회를 보장해야 한다. 공직선거법은 '주된' 토론회의 참가로부터 배제된 후보자에게는 별도의 토론회나 합동방송연설회의 기회를 제공하고 있으므로, 급부제공에 있어서 이러한 적정한 차등화는 '정당과 후보자의 평등' 및 '정당과 후보자를 지지하는 국민의 평등'을 적정하게 조화시킨 것으로 선거에서의 기회균등원칙에 부합하는 것이다.

참고문헌

계희열, 헌법학(中), 박영사, 2004
권영성, 헌법학, 법문사, 2010
한수웅, 平等權의 구조와 심사기준, 헌법논총 제9집, 1998
______, 헌법학, 법문사, 2012
허영, 한국헌법학, 박영사, 2010

Böckenförde, Demokratie als Verfassungsprinzip, in: Isensee/Kirchhof(Hg), Handbuch des Staatsrechts (HbStR), Bd.Ⅱ, 2004, §24
Degenhart, Staatsrecht Ⅰ, 1995
Erichsen, Die Wahlrechtsgrundsätze des Grundgesetzes, Jura 1983
Frotscher, Die parteienstaatliche Demokratie-Kennzeichen und Zukunftsperspektiven, DVBl 1985
Frowein, Die Rechtsprechung des Bundesverfassungsgerichts zum Wahlrecht, AöR 99(1974)
Grimm, Politische Parteien, in: Benda/Maihofer/Vogel(Hg), Handbuch des Verfassungsrechts der Bundesrepublik Deutschland (HbVerfR), 2. Aufl., 1994, §14
Hesse, Grundzüge des Verfassungsrechts der Bundesrepublik Deutschland, 1984
Ipsen, Staatsrecht Ⅰ, 2005
Krause, Verfassungsrechtliche Möglichkeiten unmittelbarer Demokratie, in: Isensee/Kirchhof(Hg), Handbuch des Staatsrechts (HbStR), Bd.Ⅱ, 1987, §39
Kriele, Das demokratische Prinzip im Grundgesetz, VVDStRL 29(1971)
Kunig, Parteien, in: Isensee/Kirchhof(Hg), Handbuch des Staatsrechts (HbStR), Bd. Ⅱ, 1987, §33
______, Fragen zu den Wahlrechtsgrundsätzen, Jura 1994
Maurer, Staatsrecht, 1999
______, Die Rechtsstellung der politischen Parteien, JuS 1991
Meyer, Wahlgrundsätze und Wahlverfahren, in: Isensee/Kirchhof(Hg), Handbuch des Staatsrechts (HbStR), Bd.Ⅱ, 1987, §38
______, Demokratische Wahl und Wahlsystem, in: Isensee/Kirchhof(Hg), Handbuch des Staatsrechts (HbStR), Bd.Ⅲ, 2005, §45
M. Morlok, in: Dreier(Hg), Grundgesetz Kommentar, Bd.Ⅱ, 2006, Art.38
______, in: Dreier(Hg), Grundgesetz Kommentar, Bd.Ⅱ, 2006, Art.21
W. Pauly, Das Wahlrecht in der Rechtsprechung des Bundesverfassungsgerichts, AöR 123(1998)

C. Schmitt, Verfassungslehre, 1928, unveränderter Neudruck, 1954
Seifert, Bundeswahlrecht, 1976, Art.38 GG
Stern, Das Staatsrecht der Bundesrepublik Deutschland, Bd.1, 1984, §18
H. H. Trute, in: v. Münch/Kunig(Hg), Grundgesetz Kommentar (GGK), Bd.Ⅱ, 2001, Art.38
Zippelius/Würtenberger, Deutsches Staatsrecht, 31. Aufl., 2005

제2절 정당제도

제1주제

헌법 제8조 정당조항의 규범적 의미*

Ⅰ. 문제의 제기

헌법은 정당을 '결사의 자유'로부터 분리하여 제8조에 독자적으로 규율함으로써, 오늘날 의회민주주의에서 정당이 가지는 중요한 의미와 헌법질서 내에서의 정당의 특별한 지위를 강조하고 있다. 헌법 제8조는 정당에 관하여 다양한 의미를 함축하고 있는 규정으로서, 정당법·정치자금법 등 정당관련 법률의 위헌성을 판단함에 있어서 중요한 규범적 기준을 제시하고 있다. 정당의 개념을 헌법적으로 어떻게 정의할 것인지, 헌법이 정당에게 어떠한 권리와 의무를 부여하고 있는지, 정당의 본질과 작용, 헌법구조 내에서 정당의 기능과 지위는 무엇인지, 정당을 규율하는 법률이 헌법적으로 정당화되는 것인지 등 정당과 관련하여 제기되는 일련의 문제는 일차적으로 정당에 관하여 규율하고 있는 헌법 제8조에 대한 규범적 이해를 출발점으로 삼아 다른 헌법규범과의 체계적 연관관계에서 판단되어야 한다. 그러나 근래에 선고된 일련의 헌법재판소결정의 판시내용을 살펴보면,[1] 헌법상 정당조항의 규범적 내용에 관한 타당한 이해가 결정이유의 바탕

---

* 위 논문은 2008년 4월, 중앙법학(중앙법학회) 제10집 제1호, 9-61면에 게재된 것을 일부 수정한 것이다.

1) 가령, 지구당 폐지의 합헌여부에 관한 결정(헌재 2004. 12. 16. 2004헌마456), 정당에 대한 국고보조금 배분의 합헌여부에 관한 결정(헌재 2006. 7. 27. 2004헌마655), 정당의 개념 및 정당등록요건의 합헌여부를 판단한 결정(헌재 2006. 3. 30. 2004헌마246) 등을 예로 들 수 있다.

을 이루고 있는지 의문을 가지게 한다. 이 글의 주된 목적은 모든 정당관련 문제의 해결에 있어서 출발점이 되는 헌법 제8조 정당조항의 규범적 의미를 다시 한 번 확인하고자 하는 것이다.

구체적으로 이 글에서는, 헌법 제8조 제1항과 관련하여 대의제 민주주의에서 정당설립의 자유와 정당간의 기회균등원칙(정치적 권리의 평등, 차등적 기회균등원칙)의 의미에 관하여 살펴보고(아래 Ⅱ.), 헌법 제8조 제2항과 관련해서는 '국민의 정치적 의사형성에의 참여'의 의미(국민의사형성과 국가의사형성의 구분, 정당의 헌법적 과제와 기능) 및 당내 민주주의의 내용(정당 내부의 기본권효력, 입당과 제명, 여성할당제의 문제, 당내 민주주의실현에 대한 국가적 통제)을 확인한 후(아래 Ⅲ.), 헌법 제8조 제3항과 관련하여 정당에 대한 국고보조의 문제(국고보조의 한계 및 보조금배분의 기준)를 검토한 다음(아래 Ⅳ.), 제8조 제4항과 관련해서는 정당해산조항이 정당의 자유에 대하여 가지는 본질적인 의미를 서술하기로 한다(아래 Ⅴ.). 마지막으로, 헌법재판소가 정당관련 입법에 대하여 보다 엄격하게 심사할 필요성이 있다는 점을 지적하는 것으로 결론을 대신하기로 한다(아래 Ⅵ.).

Ⅱ. 정당설립의 자유(헌법 제8조 제1항)

1. 정당설립의 자유와 복수정당제의 보장

헌법은 제8조 제1항에서 "정당의 설립은 자유이며, 복수정당제는 보장된다."고 규정하여 국민 누구나가 원칙적으로 국가의 간섭을 받지 아니하고 정당을 설립할 권리를 국민의 기본권으로서 보장하면서, 정당설립의 자유를 보장한 것의 당연한 법적 산물인 복수정당제를 제도적으로 보장하고 있다.[2)]

가. 대의제 민주주의에서 '정당설립의 자유'의 의미

대의제에서 국가권력의 주체와 국가권력을 행사하는 자는 일치하지 않는다. 국민은 선거와 국민투표 외에는 국가권력을 직접 행사하지 아니하고, 국가권력은 국민에 의하여 선출된 대의기관이 직접 행사하며, 이 경우 국가기관은 자유위임을 바탕으로 국민의 지시나 명령을 받지 않는다. 대의제의 본질에 속하는 것이 바로 '국가권력을 위임한 국민'으로부터 '국가권력을 위임받은 국가기관'의 독립성이다.

대의제 민주주의의 핵심적인 문제는, 자유위임원칙으로 인하여 국가기관이 국민의 의사로부터 유리되는 것을 어떻게 방지할 수 있는지, 즉 어떻게 국가기관을 국민의 의

---

2) 헌재 1999. 12. 23. 99헌마135, 판례집 11-2, 800, 813.

사에 구속시킬 것인지에 관한 것이다. 헌법은 대의제의 이러한 '딜레마'를 경쟁원칙을 통하여 해결하고 있다.[3] 국가기관이 자유위임에도 불구하고 국민의 의사를 존중하도록 하기 위한 헌법의 여러 장치 중에서 가장 중요한 것은, 선거에서 복수의 정당이 정권을 획득하기 위하여 경쟁하는 것이다. 주기적인 선거로 인한 정권교체의 가능성과 복수 정당의 경쟁은 집권정당으로 하여금 임기 중 가능하면 국민의 의사를 고려해야 하는 '사실상의 강제'로 작용한다. 대의제에서 지극히 제한된 국민의 결정권한에도 불구하고, 국가기관을 국가권력의 주체인 국민에게 구속시키는 것은 바로 '정당간의 경쟁원칙'이다.

따라서 대의제가 실현되기 위해서는 그 필수적 전제조건으로 국가권력을 한시적으로 위임받으려는 '정당간의 경쟁원칙'이 기능해야 한다. 정당간의 경쟁원칙이 기능하기 위해서는 누구나 자유롭게 정당을 설립함으로써 유권자가 선택할 수 있는 복수의 정당이 존재해야 하고, 경쟁에 참여한 정당의 기회균등이 보장되어야 한다.[4] 바로 이러한 것을 보장하고자 하는 것이 헌법 제8조 제1항의 '정당설립의 자유'이다.

나. 정당설립의 자유의 보장내용

(1) 헌법 제8조 제1항은 단지 정당설립의 자유만을 명시적으로 언급하고 있지만, 정당설립의 자유는 헌법 제21조의 '결사의 자유'에 대한 특별규정으로서 결사의 자유와 근본적으로 유사한 구조와 보장내용을 가지고 있다. 따라서 정당설립의 자유는 설립행위 그 자체만을 보호하는 것이 아니라, 나아가 정당의 조직과 프로그램을 확정할 자유(정당자치의 자유), 정당의 존속과 활동의 자유도 함께 보장한다.

정당설립의 자유는 '정당의 프로그램을 결정할 자유'를 포함한다. 정당은 정치적 목표를 추구하기 위하여 설립되는 것이므로, 정치적 목표를 결정할 자율성의 보장 없이는 설립의 자유는 무의미하다.[5] 정당의 설립만이 보장될 뿐 설립된 정당이 언제든지 다시 임의로 금지될 수 있다면 정당설립의 자유는 무의미하므로, 정당설립의 자유는 '정당존속의 자유'를 포함한다. 또한, 헌법이 설립된 정당에게 정치적 목표의 실현을 위하여 필요한 활동을 할 수 있는 자유도 함께 보장해야만, 비로소 정당설립의 자유는 실질적 의미를 가질 수 있기 때문에, '정당활동의 자유'도 정당설립의 목적으로서 함께 보장된다.

정당설립의 자유는 새로운 정당을 설립할 자유뿐만 아니라, 누구나 국가의 간섭을 받지 아니하고 자유롭게 '기존의 정당에 가입할 자유' 및 '정당으로부터 탈퇴할 자유'를 함께 보장한다. 정당설립의 자유는 단지 국가에 대한 방어권일 뿐, 국가에 대하여 정당

3) Vgl. Böckenförde, Demokratische Willensbildung und Repräsentation, in: HbStR, Bd.Ⅱ, 1987, §30 Rn.15; Grimm, Politische Parteien, in: HbVerfR, 2. Aufl., 1994, §14 Rn.6ff.; v. Arnim, Politische Parteien, DÖV 1985, S.594f.

4) Vgl. v. Arnim, Politische Parteien, DÖV 1985, S.595.

5) Vgl. Grimm, Politische Parteien, in: HbVerfR, 2. Aufl., 1994, §14 Rn.32.

설립이나 정당운영을 위한 국고보조 등 특정 급부를 요구할 수 있는 권리가 아니다. 따라서 헌법 제8조 제3항에서 정당운영자금을 보조할 수 있는 국가의 가능성을 명시적으로 규정하고 있음에도 불구하고, 입법자가 법률로써 국고보조금을 배분하는 경우에 한하여 정당은 기회균등의 관점에서 단지 국고보조금의 균등한 배분을 요구할 수 있을 뿐이다.

(2) 정당의 발기인 및 당원의 자격과 관련하여, 특정 집단에 대하여 정당설립 및 가입을 금지하는 것은 원칙적으로 정당이 헌법상 부여받은 기능을 이행하기 위하여 필요하다고 판단되는 최소한의 요건에 대한 규율에 그쳐야 한다. 즉, 정당의 발기인이나 당원의 자격에 대한 제한은 헌법상 정당의 과제와 기능에 비추어 발기인이나 당원으로부터 기대될 수 있고 이들 누구나가 충족시킬 수 있는 일반적인 요건(예컨대 일정한 연령, 국적, 국민으로서의 결격사유 등)에 한정되어야 하다.[6]

"국민의 정치적 의사형성에 참여"하는 것을 정당의 헌법적 과제로 규정하는 헌법 제8조 제2항에 비추어, 정당설립의 자유의 주체는 원칙적으로 국민에 한정되어야 한다.[7] 정당은 국민의 자발적 조직이다. 물론, 입법자가 정당법을 통하여 외국인의 정당가입을 허용하는 것을 금지하지는 않는다. 또한, 정당의 헌법적 과제를 규정하는 헌법 제8조 제2항은 선거에 참여할 가능성이 있는 자(유권자)만이 정당을 설립할 수 있음을 시사하고 있다. 따라서 미성년자는 정당을 설립할 수 없다.

2. 정당간의 기회균등

가. 헌법적 근거

정당의 자유는 정당간의 기회균등이 보장되지 않고서는 생각할 수 없다. 누구나 정당을 자유롭게 설립할 수 있고 설립된 정당의 활동의 자유가 보장된다면, 정당에게는 그러한 자유의 행사가능성에 있어서도 균등한 기회가 보장되어야 하며, 이러한 경우에만 정당설립의 자유는 실질적 의미를 가지게 된다. 정당의 기회균등은 헌법 제11조의

---

6) 현행 정당법에 의하여 정당의 발기인 및 당원이 될 수 없는 자는, '현재의 신분'을 이유로 정당의 자유를 제한받는 공무원(정당법 제22조 제1호 및 제3호) 및 사립학교교원(같은 조 제2호)이 있다. '과거의 신분'(가령, 경찰청장이나 검찰총장)을 이유로 정당설립 및 가입의 자유를 제한하는 규정에 대하여는 헌법재판소가 위헌으로 선언한 바 있다(헌재 1999. 12. 23. 99헌마135; 헌재 1997. 7. 16. 97헌마26). 한편, 공무원과 교원에 대하여 정당의 자유를 전면적으로 금지하는 것은 정당의 자유에 대한 과도한 제한이 아닌지, 강한 의문이 제기된다. 공무원과 교사도 기본권의 주체로서 모든 국민과 마찬가지로 기본권에 의하여 보장된 자유를 누린다. 그러나 개인의 기본권적 자유가 공직수행에서 행사된다면, 공직은 주관적 독단의 수단이자 자기실현의 수단으로 변질할 것이다. 따라서 국가과제 수행의 영역과 개인의 기본권행사 영역의 분리를 보장하기 위하여 공직수행의 '중립성원칙과 정치적 자제의 의무'가 요청된다. 그렇다면, 공무원에게 정치적 중립의무와 공익실현의무를 부과함으로써 공직수행에 있어서 정치적 자유의 행사가 방지될 수 있음에도 불구하고, 정당정치적으로 활동할 공무원의 자유를 전면적으로 부정하는 것은 정당설립의 자유에 대한 과도한 제한으로 간주된다.

7) Vgl. Kunig, Parteien, in: HbStR, Bd.Ⅱ, 1987, §33 Rn.25; 정당법도 외국인의 정당의 자유를 부인하고 있다(제22조 제2항).

평등원칙이나 헌법 제41조 제1항, 제67조 제1항의 평등선거원칙으로부터 도출될 수도 있으나, 그 이전에 이미 정당의 자유가 보장되기 위하여 실현되어야 할 기본적인 전제조건에 속한다.[8)]

정당설립의 자유와 복수정당제의 보장은 궁극적으로 정당간의 자유경쟁을 보장하고자 하는 것이며, '정당설립의 자유'와 '정당의 기회균등'은 정당간의 자유경쟁이 이루어지기 위한 불가결한 조건이다.[9)] 헌법상 민주주의는 정치적 세력간의 경쟁민주주의이며, 정당법은 곧 경쟁법이다.[10)] 복수정당제의 보장을 통한 정당간의 자유경쟁이 기능하기 위해서는 다음의 2가지 요건이 충족되어야 한다. 그 하나는, 누구나 자유롭게 정당의 설립을 통하여 정당간의 자유경쟁에 참여할 수 있어야 한다는 것이다(정당설립의 자유 및 진입장벽의 철폐). 또 다른 하나는, 국민의 지지와 정권을 획득하기 위한 정당간의 경쟁에서 경쟁에 참여한 정당은 균등한 기회를 가져야 한다는 것이다(정당간의 기회균등). 따라서 정당간의 기회균등의 요청은 헌법 제8조 제1항의 정당설립의 자유와 복수정당제의 보장 및 대의민주제에서 정당의 기능으로부터 스스로 나오는 것이다.

나. 구체적 내용

(1) 정치적 권리의 평등

민주주의에서 모든 국민은 정치적 다수의 지배를 받는다. 모든 국민에 대하여 구속력 있는 결정을 내리는 다수의 권리는, 다수가 정권을 획득하기 위하여 소수와 함께 경쟁하고 소수가 다수가 될 수 있는 동등한 기회를 가지고 있다는 것을 전제로 한다. 현재의 소수가 장래에 다수가 될 수 있는 이러한 조건이 확보되지 못한다면, 민주주의의 구성원칙으로서 다수결에 근거한 다수의 지배는 그 존립근거를 상실한다.[11)] 그러므로 다수의 지배가 다수에 의하여 압도된 소수에 대해서도 정당성을 가지고 수인될 수 있기 위해서는, '정치적 권리의 평등'이 필수적으로 요청된다. 자신이 내린 결정에 구속을 받는다는 자기결정의 원리를 출발점으로 삼는 민주주의에서,[12)] 정치적 평등이란 자기결정권을 가진 자는 누구나 평등하게 공동체질서의 형성에 참여해야 한다는 민주적 평등의 원리이다. 즉, 누구나 자기결정권을 가지고 있고 모든 국민에게 동등한 민주적 참여권이 인정된다면, 모든 국민은 정치적으로 영향력을 행사할 수 있는 동등한 기회를 가져야 한다는 것이다.

---

8) Vgl. BVerfGE 6, 273, 280; 47, 198, 225; 82, 322, 337.

9) Vgl. Frotscher, Die parteienstaatliche Demokratie-Kennzeichen und Zukunftsperspektiven, DVBl 1985, S.924; Maurer, Die Rechtsstellung der politischen Parteien, JuS 1991, S.886.

10) Vgl. Morlok, in: Dreier(Hg), Grundgesetz Kommentar, 2006, Art.21 Rn.75.

11) Vgl. Böckenförde, Demokratie als Verfassungsprinzip, in: HbStR, Bd.Ⅱ, 2004, §24 Rn.54f.; v. Arnim, Staatslehre der BRD, 1984, S.272.

12) 이에 관하여 한수웅, 헌법 제10조의 인간의 존엄성, 헌법학연구 제13권 제2호, 2007. 6. 252면.

이러한 점에서 '정치적 참여권의 평등'과 '정치권력 획득에 있어서 동등한 기회의 보장'(정당간의 기회균등원칙)은 민주적 다수에 의하여 임의로 처분될 수 없는 영역이자 자유민주적 기본질서의 핵심적 요소에 속하는 것으로 헌법개정권자에 의해서도 폐지될 수 없는 원칙이다. 정치적 권리의 평등은 민주국가의 핵심적 요청이며, '민주적 의사형성에 동등하게 참여할 국민의 권리'는 가능하면 엄격하게 보장되어야 한다.[13] 그러므로 모든 국민의 정치적 평등은 선거와 국민투표에 있어서 엄격하고 형식적인(streng und formal) 평등을 요청한다. 즉, 모든 국민은 동수의 투표권을 가지며 모든 투표는 가능하면 동등한 비중을 가져야 한다. 이러한 요청은 피선거권에 대해서도 마찬가지로 적용되어, 모든 국민은 선거에 입후보하여 공직에 취임할 수 있는 동등한 권리를 가져야 한다는 요청으로 구체화된다. 엄격한 정치적 평등의 요청은 선거권과 피선거권의 영역에 제한되는 것이 아니라, 정당간의 경쟁, 정당에 대한 국가의 급부제공(가령, 선거운동을 위한 공영방송 방송시간의 배분), 정당에 대한 국고보조금 등의 영역에도 적용된다.[14]

(2) 엄격하고 형식적인 평등으로서 정당간의 기회균등원칙

정당간의 기회균등원칙은 정당의 기능을 이행하기 위하여 필수적으로 요청되는 기회의 균등에 관한 것이라는 점에서,[15] 단순히 합리적 차별사유에 의하여 정당화되는 자의금지원칙의 의미가 아니라, 차별사유에 대하여 보다 엄격한 요청을 하는 형식적 평등의 의미로 이해된다.[16] 즉, 정당과 관련하여 헌법 제11조의 평등원칙의 내용은 민주적 경쟁원칙의 관점에서 헌법 제8조에 의하여 수정되는 것이다. 그러므로 정당간의 기회균등원칙은 정당의 규모, 정치적 중요성, 정책적 방향과 관계없이 단지 '정당'이라는 요건만을 기준으로 삼아 원칙적으로 모든 정당을 평등하게 대우할 것을 요청한다.

형식적 평등으로서 정당간의 기회균등원칙은, 한편으로는 정당간의 경쟁질서가 기능하기 위한 조건으로서, 다른 한편으로는 집권당이나 의회에 진출한 정당이 경쟁자에게 불리하게 경쟁조건을 형성하고자 하는 유혹이 상존한다는 점에서[17] 요청되는 것이다. 의회에 진출한 정당들이 신생정당과의 관계에서, 집권당이 야당과의 관계에서 입법권을 자신에게 유리하게 정당간의 경쟁을 왜곡하는 방향으로 행사할 수 있다는 점에서, 정당간의 기회균등의 중요한 의미가 드러난다. 바로 이러한 점에서도 정당간의 기회균등원칙은 그에 대한 예외를 허용함에 있어서 엄격한 요청을 하는 형식적 평등으로 이해되어야 한다.

---

13) Vgl. v. Arnim, Der strenge und der formale Gleichheitssatz, DÖV 1984, S.87.

14) Vgl. BVerfGE 85, 264, 297; Morlok, in: Dreier(Hg), Grundgesetz Kommentar, 2006, Art.21 Rn.82; v. Arnim, Staatslehre der BRD, 1984, S.144.

15) Vgl. Kunig, Parteien, in: HbStR, Bd.Ⅱ, 1987, §33 Rn.62f.

16) Vgl. Frotscher, Die parteienstaatliche Demokratie-Kennzeichen und Zukunftsperspektiven, DVBl 1985, S.924; Maurer, Die Rechtsstellung der politischen Parteien, JuS 1991, S.886f.

17) Vgl. Maurer, Die Rechtsstellung der politischen Parteien, JuS 1991, S.886.

한편, 정당간의 기회균등원칙의 엄격한 평등에도 불구하고 이에 대한 예외를 요구하는 불가피한 특별한 사유가 존재하는 경우, 차별대우는 정당화된다. 예컨대, '군소정당의 배제를 통한 정국의 안정'이라는 공익은 선거결과에 있어서 봉쇄(저지)조항을 통하여 평등선거원칙에 대한 예외를 허용하는 사유가 될 수 있다.

다. 差等的 기회균등원칙

(1) '정당의 평등'과 '정당을 지지하는 국민의 평등'으로서 이중적 평등

한편, '국민'이 정당의 자유의 주체라는 관점은 정당간의 기회균등의 내용을 함께 형성하는 중요한 관점이다. 정당의 자유가 '개인'과 '조직된 결사'의 자유로서 이중적 성격의 기본권인 것과 마찬가지로, 정당간의 기회균등의 주체도 '자연인인 국민'과 '정당'이다. 정당간의 기회균등원칙은 '정당'의 기회균등과 '정당을 지지하는 국민'의 기회균등(정치적으로 동등한 영향력행사)이라는 이중적인 기회균등을 의미한다.[18] 모든 국민은 정치적 의사형성에 영향력을 행사하는 다양한 가능성에 있어서, 특히 유권자 또는 당원으로서 정당에 대한 지지를 통하여 정치적으로 다른 국민과 경쟁함에 있어서 동등한 기회를 가져야 한다. 뿐만 아니라, '조직'으로서 정당도 다른 정당과의 경쟁에서 기회균등의 권리를 가진다.

정당간의 기회균등원칙의 내용이 '정당의 평등'과 '정당을 지지하는 국민의 평등'이라는 이중적 평등이라는 관점은, '정당은 다 같은 정당'이라고 하여 모든 정당을 도식적으로 평등하게 취급하는 것에 대하여 이의를 제기한다. 정당간의 기회균등원칙이 '조직'으로서 정당의 평등뿐만 아니라 국민의 정치적 평등, 즉 국민의 정치적 영향력행사의 형식적 평등도 요청하기 때문에, 각 정당에 대한 국민의 지지도에 따라 정당을 차별하는 것을 허용할 뿐만 아니라 나아가 이를 요청하고 있다.[19] 따라서 정당에 대한 국민의 상이한 지지도가 정당의 의미와 중요성에 있어서 차이를 가져온다면, 이러한 차이에 근거한 정당간의 차별은 한편으로는 '정당'의 정치적 평등에 대한 예외에 해당하지만, 다른 한편으로는 '국민'의 정치적 평등을 제한하는 것이 아니라 오히려 실현하는 측면이 있다.

(2) 정당간의 자유경쟁에 대한 국가의 중립의무

정당간의 경쟁은 국가의 간섭과 방해를 받지 아니하고 '자유롭게 경쟁을 할 정당의 권리'뿐만 아니라 '경쟁자에 대한 국가의 중립성'을 전제로 한다. 정당간의 기회균등원칙은 정당간의 자유로운 경쟁에 대한 영향력행사를 포기하고 정당을 균등하게 취급해야 할 국가의 중립의무를 수반한다.[20] 정당은 유권자의 지지를 얻으려는 경쟁에 있어서 국

18) Vgl. Morlok, in: Dreier(Hg), Grundgesetz Kommentar, 2006, Art.21 Rn.77f.
19) Vgl. Morlok, in: Dreier(Hg), Grundgesetz Kommentar, 2006, Art.21 Rn.77f.
20) Vgl. Grimm, Politische Parteien, in: HbVerfR, 2. Aufl., 1994, §14 Rn.42.

가에 의하여 차별을 받아서는 안 된다. '국가의 중립성원칙'의 또 다른 법적 표현이 바로 '정당간의 기회균등원칙'이다.

오늘날의 정당제 민주주의는 서로 상이한 견해와 이익을 추구하고자 하는 '정당간의 경쟁'과 '정당에 대한 국민의 자유로운 선택'에 의하여 실현된다. 정당간의 경쟁은 추구하고자 하는 기본정책 등의 차이로 인하여 당원의 수, 유권자의 지지, 재정능력에 있어서 정당간의 차이로 나타난다. 정당간의 이러한 불평등은 자유롭고 개방적인 정치적 과정의 당연한 산물이다. 사회의 정치적 과정은 국민의 지지에 따른 상이한 세력관계를 형성하고, 국가는 정당간의 경쟁과정에서 발생한 이러한 결과에 대하여 중립의무를 진다. 국가는 국민의 지지를 얻고자 하는 정당간의 경쟁을 통하여 형성된 상황에 대하여 이를 특정한 방향으로 유도하고자 영향력을 행사해서는 안 되며, 국민에 의하여 형성된 정당간의 차이를 평준화하거나 또는 확대하고자 해서는 안 된다.[21]

정당간의 기회균등원칙은 정당간의 상이한 규모와 능력, 정치적 목표설정에 의하여 발생하는 차이를 국가적 간섭을 통하여 조정할 것을 요청하는 것이 아니라, 유권자의 표를 얻고자 하는 자유경쟁에서 모든 정당에게 동등한 기회를 보장할 것을 법질서에 대하여 요청할 뿐이다.[22] 정당간의 기회균등이 헌법적으로 의도하는 바는, '경쟁의 결과'인 정당간의 사실상의 차이를 평준화하고자 하는 것이 아니라, '경쟁조건'에서의 평등을 실현하고자 하는 것이다. 그러므로 가령, 국가는 경쟁의 결과인 사실상의 불평등을 완화하기 위하여 군소정당에게 일방적으로 유리한 경쟁상황을 형성해서는 안 된다. 또한, 선거에서 정당간의 기회균등을 왜곡할 수 있는 모든 차별취급은 원칙적으로 국가기관에게 허용되지 않는다. 국가기관이 특정 정당이나 후보자에게 유리하게 또는 불리하게 선거운동에 영향을 미치는 경우, 정당간의 기회균등원칙에 위반된다.[23]

(3) 정당간의 기회균등원칙을 실현함에 있어서 고려해야 하는 2가지 관점

(가) 정당간의 기회균등원칙과 관련되어 현실적으로 제기되는 중요한 문제는, 정당이 헌법상 부여받은 기능을 이행하기 위하여 국가의 급부에 의존하고 있고 국가가 급부를 제공함에 있어서 정당에게 제한된 자원을 배분하는 경우, 예컨대 정당에게 선거운동을 위한 공영방송의 방영시간을 배분하거나 집회장소로서 공공시설을 제공하는 경우, 정당의 의미와 중요성을 감안하여 차등적으로 대우할 수 있는지의 문제이다. 또한, 정당에

21) Vgl. BVerfGE 14, 121, 133f.

22) Vgl. BVerfGE 14, 121, 133f.

23) 헌법재판소는 선거에서의 국가의 중립의무와 홍보물발행과 관련하여, '선거와 관련하여 국가 및 지방자치단체의 모든 기관은 그의 공적 기능을 이용하여 특정정당이나 특정인을 지지하거나 반대해서는 아니 되며, 특히 선거운동을 통하여 유권자의 결정에 영향을 미쳐서는 아니 된다. 지방자치단체의 기관이 편파적으로 특정정당이나 특정후보에게 유리하게 또는 불리하게 선거운동에 영향력을 행사한다면, 이는 선거에서의 국가의 중립의무와 기회균등의 원칙에 위반되기 때문이다. 따라서 국가기관이 공직선거에 있어서 편파적으로 영향력을 행사하는 것은 홍보활동의 형태로도 허용되지 않는다'고 판시하였다(헌재 1999. 5. 27. 98헌마214).

대한 국고보조의 배분도 본질적으로 이와 동일한 문제를 안고 있다.[24]

국가가 정당간의 경쟁에 대하여 중립의무를 진다면, 경쟁을 왜곡하는 효과를 가진 모든 급부의 제공은 원칙적으로 금지된다. 그런데 국민의 정당선호에 의하여 형성된 정당간의 사실상의 차이를 감안할 때, 모든 정당을 형식적으로 평등하게 취급하는 것이 국가의 중립성을 보장하는 것인지 아니면 이러한 도식적 평등이 오히려 정당간의 경쟁을 왜곡시키는 것인지의 의문이 제기된다.[25] 圖式的 平等은 군소정당에게 당원과 유권자에 의하여 결정되는 영향력의 정도를 훨씬 넘어서는 경쟁의 기회를 부여한다. 국가가 모든 정당을 형식적으로 평등하게 취급하는 것은 군소정당을 지지하는 국민 또는 이에 속한 국민의 정치적 영향력행사를 증가시키는 것이며, 이로써 군소정당의 의미를 국민으로부터 획득한 지지의 정도를 넘어서 확대시키는 것이다. 결국, 도식적 평등은 국가가 정당간의 경쟁상황에 간섭하는 결과를 초래한다. 이에 대하여, 정당간의 사실적인 차이를 고려하는 實質的 平等은 당원과 유권자에 따른 비례적 배분과 차등화를 요청한다. 그러나 이러한 비례적 배분에 따른 差等化는 정당간 세력관계의 고착화를 가져오고, 이로써 정당간의 경쟁 및 소수가 다수가 될 수 있는 기회를 약화시킨다.

(나) 한편, 다수의 신생정당의 형성은 군소정당의 亂立으로 인하여 의회와 정부의 원활한 기능을 저해한다는 관점에서 '군소정당의 난립방지'란 법익이 정당에 대한 급부제공에 있어서 군소정당에게 불리한 차등화를 정당화하는지의 문제가 제기된다. 그러나 '군소정당의 난립방지를 통한 국정의 안정'이라는 법익은 급부제공에 있어서의 차등화를 정당화하는 공익으로 고려되지 않는다.[26] 이러한 법익은 선거제도에 있어서 또는 선거결과에 대하여 군소정당의 의회진출을 방지하기 위하여 봉쇄(저지)조항이나 후보자추천을 위한 정족수 등의 형태로 형식적 평등에 대한 예외를 정당화하는 중요한 사유로 고려될 수 있다. 그러나 '군소정당의 난립방지'란 법익은 그 이전의 단계인 '정당설립이나 정당활동의 단계'에서 정당설립이나 정당활동의 자유에 대한 제한을 정당화하지 않는다.

'군소정당의 난립방지'란 법익을 가지고 군소정당에게 불리하게 정당에 대한 급부를 차등화 함으로써 군소정당의 정당활동의 자유를 제한하는 것은, 헌법이 정당설립·활동의 자유와 복수정당제의 보장을 통하여 정당간의 경쟁과 다양성을 의도하고 있다는 것과 부합할 수 없다. 헌법이 정당설립의 자유를 통하여 의도하는 바는, 개방적인 복수정당제에서 정당의 자유로운 경쟁과 다양성을 보장하고자 하는 것이며, 이로써 바로 '군소정당의 형성'과 '신생정당의 진입'을 가능하게 하고자 하는 것이다. 따라서 처음부터 군소정당의 설립과 활동을 방해하기 위하여 정당에 대한 급부제공에서 불이익을 주고자

24) 아래 Ⅳ. 2. 참조.

25) Vgl. Grimm, Politische Parteien, in: HbVerfR, 2. Aufl., 1994, §14 Rn.45.

26) 그러나 초기의 독일 연방헌법재판소결정에서는(가령, BVerfGE 8, 51, 67; 14, 121, 135f.) 이러한 공익을 정당에 대한 급부제공에 있어서 차등화를 정당화하는 법익으로 언급하고 있다.

하는 입법자의 취지는 군소정당의 설립을 가능하게 하고자 하는 헌법 제8조 제1항의 '정당설립의 자유'에 정면으로 반하는 것이다. 형식적 평등원칙은 선거결과나 선거제도와 관련하여 '국정의 안정'이라는 헌법적 요청에 의하여 수정될 수 있으나, 정당설립·활동의 자유 및 경쟁에서의 기회균등원칙은 이러한 공익을 이유로 제한될 수 없다.[27)]

(다) 그렇다면, 정당간의 기회균등원칙을 실현하기 위해서는 다음과 같은 2가지 관점이 함께 고려되어야 한다.[28)] 첫째, 정당에 대한 국민의 상이한 지지도를 고려해야 한다는 점이다. 이는 정당을 지지하는 국민의 정치적 평등으로부터 나오는 요청이다. 국민의 지지도를 반영하는 기준으로는, 정당의 당원 수 및 재정자급도, 여론조사의 결과, 의회에의 진출여부 등 다양한 관점을 고려해 볼 수 있으나, 무엇보다도 '지난 선거에서의 결과'가 명백히 확인될 수 있고 조작될 수 없다는 점에서 그나마 가장 신뢰할 수 있는 주된 기준으로 고려된다. 둘째, 국민의 정치적 평등(국민의 정치적 영향력행사의 기회균등)을 너무 강조하는 것은 '정당간 세력관계의 고착화의 위험' 및 '정당간 경쟁의 개방성에 대한 위험'을 내포하고 있다는 점을 고려해야 한다. 전적으로 선거결과를 급부의 배분에 있어서 고려해야 한다는 관점은 정치적 세력판도의 변화를 저해하고 기존 의회구도를 고착화하는 데 기여하며, 지난 경쟁에서의 승자에게 다음 경쟁에 있어서 유리함을 제공한다는 점에서 공정경쟁을 저해하는 효과가 있다.

결국, 정당간의 기회균등원칙은 '국민'의 정치적 영향력행사의 기회균등의 요소뿐만 아니라 '정당'의 기회균등의 요소도 함께 고려하여 판단되어야 하며, 국민의 정당선호에 따른 비례적 차등은 과거에 성공한 정당에 대한 우대효과로 인하여 다시 제한되어야 한다.[29)] 복수정당제를 통한 자유경쟁을 가능하게 하기 위하여 요청되는 '정치적 과정의 개방성'은 정당에 대한 국가의 급부제공에 있어서 정당의 의미와 중요성에 따른 '비례적 差等化'를 어느 정도 약화시킬 것을 요구한다. 입법자는 '적정한 差等化의 요청'을 구체화함에 있어서 '국민의 정치적 평등'과 '정당의 평등 또는 정치적 과정의 개방성'이라는 2가지 법익의 구속을 받으나, 이를 구체적으로 형성함에 있어서 광범위한 형성의 자유를 가진다.[30)] 입법자가 정당의 기회균등의 요소를 강조할수록, 급부의 배분이 '형식적 평등'에 접근할 것이고, 국민의 정치적 평등과 정당에 대한 국민의 지지도를 고려할수

27) 같은 취지로 vgl. Frotscher, Die parteienstaatliche Demokratie-Kennzeichen und Zukunftsperspektiven, DVBl 1985, S.924f.; Kunig, Parteien, in: HbStR, Bd.Ⅱ, 1987, §33 Rn.66.

28) Vgl. Morlok, in: Dreier(Hg), Grundgesetz Kommentar, 2006, Art.21 Rn.86ff.

29) Vgl. BVerfGE 7, 99; 13, 204; 14, 121.

30) 가령, 독일 정당법 제5조는 '차등화된 평등대우'(abgestufte Gleichbehandllung)를 규정하고 있다. 즉, 국가가 급부를 제공하는 경우에는 모든 정당은 동등하게 취급되어야 한다는 원칙을 천명하면서(제1항 제1문), 이러한 원칙을 다음과 같이 수정하고 있다. 즉, 급부의 규모는 정당의 의미에 따라 차등화될 수 있으며(제1항 제2문), 정당의 의미를 판단함에 있어서 특히 지난 선거의 결과를 주된 기준으로 삼아야 하고(제1항 제3문), 원내교섭단체를 구성한 정당에게 제공되는 급부의 규모는 다른 원내교섭단체에 제공되는 급부의 적어도 절반 이상이어야 한다고 하여 다시금 차별의 정도를 제한하고 있다(제1항 제4문).

록, 국민의 지지도에 따른 '비례적 평등'에 접근할 것이다.[31)]

Ⅲ. 정당의 과제와 헌법적 의무(헌법 제8조 제2항)

1. 헌법 제8조 제2항의 의미

가. 정당의 조직과 黨內 民主化에 관한 입법위임

헌법은 제8조 제2항에서 "정당은 그 목적·조직과 활동이 민주적이어야 하며, 국민의 정치적 의사형성에 참여하는데 필요한 조직을 가져야 한다."고 규정하고 있다. 위 헌법조항은 헌법상 부여된 정당의 과제와 기능을 '국민의 정치적 의사형성에의 참여'로 명시적으로 규정하면서, 당내 민주화의 의무, 자유민주적 기본질서를 긍정해야 할 의무, 정치적 의사형성에 참여하는데 필요한 조직을 가져야 할 의무라는 '정당의 3가지 헌법적 의무'를 제시함으로써 제1항의 정당설립의 자유에 대한 한계를 설정하고 있다.[32)]

헌법 제8조 제2항은 그 표현에 있어서 정당을 수범자로 하여 '정당의 의무'의 형식으로 규정하고 있으나, 그 실질은 입법자에 대한 것으로 '정당의 의무로 표현된 것을 법률로써 실현해야 할 의무'(입법위임)를 부과하고 있다.[33)] 따라서 입법자는 정당으로 하여금 헌법상 부여된 기능을 내부적 민주질서를 통하여 이행하도록 하기 위하여 그에 필요한 절차적·형식적 요건을 규정함으로써 정당의 자유를 제한할 수 있다.

나. 정당의 헌법적 과제를 이행하기 위한 필수적 조건으로서 정당의 헌법적 의무

정당의 이러한 헌법적 의무는 '국민의 정치적 의사형성에 참여'라는 정당의 헌법적 과제를 이행하기 위하여 요구되는 필수적인 것이다. 바로 이러한 점에서 '정당의 자유'는 '개인의 기본권적 자유'와 근본적인 차이를 가진다.[34)] 개인의 기본권적 자유는 그 근거를 인간의 존엄성에 두고 개인의 존엄성실현과 자유로운 인격발현을 목적으로 하는 개인적 자유인 것이지, 특정한 사회적 기능을 이행하기 위하여 부여된 자유가 아니다. 이에 대하여 정당은 개인과는 달리 스스로가 자기목적이 아니기 때문에, 정당의 자유는

---

31) 한편, 민주주의에서 정치적 과정의 개방성을 중시하여 차등적 평등보다는 형식적 평등을 강조하는 견해로는 Grimm, Politische Parteien, in: HbVerfR, 2. Aufl., 1994, §14 Rn.46; Kunig, Parteien, in: HbStR, Bd.Ⅱ, 1987, §33 Rn.69.

32) Vgl. Maurer, Die Rechtsstellung der politischen Parteien, JuS 1991, S.887, 당내 민주화의 의무와 자유민주적 기본질서의 긍정의무를 정당의 헌법적 의무로서 언급하고 있다.

33) 정당법 제1조는 "이 법은 정당이 국민의 정치적 의사형성에 참여하는데 필요한 조직을 확보하고 정당의 민주적인 조직과 활동을 보장함으로써 민주정치의 건전한 발전에 기여함을 목적으로 한다."고 규정함으로써 정당법이 헌법 제8조 제2항의 위임을 이행하는 법률임을 분명히 밝히고 있다. 이에 따라 정당법은 헌법상 부여받은 과제를 이행하기 위하여 필요하다고 판단되는 정당의 조직에 관한 최소한의 요건(정당의 구성, 성립, 발기인 및 당원의 자격, 입당 및 탈당, 등록의 취소 및 해산 등)과 정당의 민주적 조직과 활동을 보장하기 위한 규정을 핵심적 내용으로 포함하고 있다.

34) Vgl. Grimm, Politische Parteien, in: HbVerfR, 2. Aufl., 1994, §14 Rn.30.

특정한 기능과 과제를 이행하기 위한 기능적 자유이다.

따라서 정당의 자유는 그 목적과 범위에 있어서 '정당의 헌법적 기능과 과제'에 의하여 결정되고 제한된다. 권리와 의무로 구성되는 정당의 헌법적 지위는 정당의 기능을 이행하기 위한 '법적 조건의 총합'이라 할 수 있다.

다. 정당의 헌법적 의무의 구체적 내용

정당의 헌법적 의무를 구체적으로 살펴보자면, 첫째, 헌법 제8조 제2항 후단은 정당이 헌법상 부여된 과제를 이행할 수 있도록 그에 필요한 조직을 법률로써 규율하도록 입법자에게 위임하고 있다.[35] 국민의 정치적 의사형성에 참여하는데 필요한 조직을 가져야 한다는 것은 정당의 헌법적 의무이자 동시에 입법자에게 정당설립의 자유를 제한할 수 있는 권한을 부여한다는 것을 의미한다.

둘째, 헌법 제8조 제2항 전단에서 '정당이 그 목적·조직과 활동에 있어서 민주적이어야 한다'는 것은, 헌법재판소가 위헌정당에 대한 독점적인 해산결정권(헌법 제8조 제4항)을 가진다는 점을 고려할 때, 입법자로 하여금 그 목적과 활동이 반민주적인 정당을 허가절차 등을 통하여 사전적으로 통제할 수 있는 권한을 부여하는 수권조항이 아니다. 위 헌법규정은 정당의 민주적 성격에 대한 일반적인 요청, 무엇보다도 '정당조직'의 민주적 성격을 언급함으로써 '정당의 내부질서'가 민주적이어야 한다는 요청이며, 나아가 입법자가 정당의 민주화를 위한 최소한의 요건을 규율해야 한다는 입법위임을 담고 있다.

셋째, 정당의 '목적과 활동'이 민주적일 것을 요구하는 헌법 제8조 제2항 전단은, 정당의 목적이나 활동이 자유민주적 기본질서에 위배되는 정당의 해산을 규정하는 헌법 제8조 제4항과의 연관관계에서 볼 때 '자유민주적 기본질서를 긍정해야 할 의무'를 담고 있다. 다른 정치적 단체와는 달리, 정당은 선거를 통하여 국가영역에 언제든지 진출할 수 있는 국가의 '前身的 존재'에 해당하기 때문에, 헌법은 정당으로부터 자유민주적 기본질서에 대한 긍정적 자세를 기대하고 있다. 자유민주적 기본질서를 긍정해야 할 의무는 정당의 개념적 요소가 아니라 정당의 헌법적 의무이며, 의무위반의 경우 헌법 제8조 제4항의 제한적 요건 하에서 정당해산에 이르게 된다.

2. 정당의 헌법적 과제로서 '국민의 정치적 의사형성에의 참여'

헌법 제8조 제2항 후단은 국민의 정치적 의사형성에 참여하는 것이 정당의 헌법적 과제임을 밝히고 있다. 이러한 헌법적 과제는 대의제에서 '국민의사형성과 국가의사형

35) Vgl. Maurer, Die Rechtsstellung der politischen Parteien, JuS 1991, S.884.

성'의 구분을 전제로 하고 있다.[36)]

가. 국민의사형성과 국가의사형성의 구분

(1) 구분의 필요성

대의제 민주주의에서 정치적 의사형성과정은 국민의사형성과정과 국가의사형성과정(국가정책결정과정)으로 나누어진다. 대의제 민주주의에 관한 헌법적 결정은 국민의사형성과 국가의사형성의 관계를 근본적으로 규정하고 있다.[37)] 대의제에서 국가권력은 선거와 국민투표를 제외한다면 국민에 의하여 행사되는 것이 아니라 대의기관에 의하여 행사되기 때문에, 국민이 헌법기관으로서 선거와 국민투표의 형식으로 국가권력을 스스로 행사하는 경우에만,[38)] 국민의사와 국가의사의 일치는 가능하다.

대의제 민주주의에서 민주적 정당성에 근거하는 국가의사형성과 기본권보장에 근거하는 국민의사형성은 서로 구분되어야 한다. 국민의사형성과정과 국가의사형성과정의 원칙적인 구분은, 국민의 정치적 의사형성이 국가로부터 자유로운 가운데 '아래에서 위로' 이루어지기 위한 전제조건이다. 뿐만 아니라, 양 영역에는 서로 상이한 원칙이 적용되기 때문에, 양자의 구분이 요청된다. 즉, 국가의사형성의 영역은 민주적 정당성에 근거하여 공익의 구속을 받는 국가권력의 직무상 행사에 관한 것이며, 이에 대하여 국민의사형성의 영역은 민주적 정당성과 무관하게 국가로부터 자유로운 개인의 기본권행사에 관한 것이다.[39)]

(2) 국민의사형성

국민의 정치적 의사형성, 즉 국민의사형성과정에 의하여 항상 새롭게 형성되는 여론의 형성은, 개인과 사회단체의 참여 하에서 서로 대립되거나 상호영향을 미치는 다양한 가치와 이익·견해가 자유롭고 개방적인 과정에서 경쟁과 조정을 통하여 통합되는 지

---

36) Vgl. Kloepfer, Öffentliche Meinung, Massenmedien, in: HbStR, Bd.Ⅱ, 1987, §35 Rn.20ff.; Grimm, Politische Parteien, in: HbVerfR, 2. Aufl., 1994, §14 Rn.12.

37) 국민의사와 국가의사의 구분에 관하여 vgl. BVerfGE 8, 104, 113f.; 20, 56, 97ff.; Stolleis, Parteienstaatlichkeit - Krisensymptome des demokratischen Verfassungsstaats?, VVDStRL 44(1986), S.14f.; Schmitt Glaeser, Die grundrechtliche Freiheit des Bürgers zur Mitwirkung an der Willensbildung, in: HbStR, Bd.Ⅱ, 1987, §31 Rn.28f.; Kloepfer, Öffentliche Meinung, Massenmedien, in: HbStR, Bd.Ⅱ, 1987, §35 Rn.20f.; 허영, 한국헌법론, 2004, 624면 이하. 학자에 따라서는 '국가의사'를 '국가정책결정'으로 표현하기도 한다.

38) 국민도 헌법에 근거하여 선거나 국민투표의 형태로 헌법상 부과된 과제를 이행하는 한, 시예에스(Abbé Sieyès)의 '헌법제정권력론'의 의미에서 '헌법에 의하여 형성된 권력'에 속한다. 국가기관으로서 국민의 활동은 다른 모든 국가기관과 마찬가지로 헌법적으로 권한규범에 의하여 제한된다. 따라서 헌법이 규율하고 있는 선거와 국민투표의 가능성 외에 국민주권주의 등으로부터 헌법해석을 통하여 국가권력을 직접 행사할 수 있는 가능성을 도출할 수 없다, Vgl. Kriele, Das demokratische Prinzip im Grundgesetz, VVDStRL 29(1971), S.60; Hesse, Grundzüge des Verfassungsrechts der BRD, 1993, Rn.27ff.

39) Vgl. Schiffer/Wolff, Staatliche Willensbildung und nichtstaatliche Organisationen, AöR 116(1991), S.173.

속적인 과정이다.[40] 국민의 정치적 의사형성은 기본권의 주체인 모든 개인의 과제, 나아가 정당과 언론을 비롯한 모든 사회단체의 과제이다. 헌법은 정당의 자유, 표현의 자유, 결사의 자유, 집회의 자유 등 일련의 정치적 기본권을 통하여 국민의 정치적 의사형성과정을 보장하고 있다. 국민의 정치적 의사형성은 국가의 간섭이나 조정으로부터 자유로워야 하며, 나아가, 모든 개인과 사회세력의 참여 하에서 다양한 견해와 방향에 대하여 개방적으로 이루어져야 한다. 다양한 사상과 견해 사이의 자유로운 논쟁과 경합이 이루어지기 위해서는 소수의 견해가 억압되어서는 안 된다. 다수만을 위한 자유란 자유가 아니며, '자유란 언제나 달리 생각하는 사람의 자유'(Rosa Luxemburg)이기 때문이다.

자유롭고 개방적인 국민의사형성이 이루어지기 위해서는 복수의 이익단체와 사회세력간의 균형이 유지되어야 한다. 바로 여기에 다원적 민주주의의 핵심적 문제가 있다.[41] 사회세력간의 균형이 깨지면, 국민의사형성이 왜곡될 수 있다.

(3) 국가의사형성

대의제는 국가의 제도화된 절차(가령, 입법·행정·사법절차 등)에서 이루어지는 국가의사의 독자적인 형성을 보장하며, 이로써 국가의사형성의 전문성·객관성·안정성·지속성을 보장한다.[42] 대의제는 대의기관의 자유위임을 보장함으로써 국가의사형성에 대한 국민의 직접적인 영향력행사를 배제한다. 국민이 한시적으로 국가권력을 국가기관에게 위임한 이상, 국가기관은 그 결정에 있어서 국민의사의 구속을 받지 않는다. 국민의사와 국가의사의 일치는 결코 대의제 민주주의가 요청하는 바가 아니며, 이는 현실적으로도 불가능하다. 만일 국민의사와 국가의사가 일치해야 한다면, 지속적으로 이루어지는 여론조사가 대의기관에 의한 통치를 대신해야 할 것이고, 이는 대의제 민주주의의 종말을 의미한다.

한편, 정당정치가 자리 잡지 못하고 의회와 대의제가 제대로 기능하지 못하는 정치적 후진국에서는 국민의 여론이 정치를 지배하는 '직접민주주의의 국가'가 될 위험이 크다. 대의기관이 여론에 종속될수록, 대의민주제는 그 실질에 있어서 직접민주주의로 변질된다. 이러한 사회에서는 주도적으로 여론을 형성하고 여론조사를 실시하는 언론기관과 시민단체 등 사회단체의 영향력이 강화된다. 이러한 사회에서, 언론과 시민단체는 여론에 그 기반을 둔 자신의 영향력과 권력적 지위를 유지하고 강화하기 위하여, 여론을 '국민과 민주주의의 이름'으로 절대시하고 여론에 반하는 국가결정을 '反民主的인 것'으로 낙인찍음으로써 대의기관을 여론에 구속시키고자 하는 경향이 있다. 그러나 이러

40) Vgl. BVerfGE 8, 104, 113.

41) Vgl. v, Arnim, Staatslehre der BRD, 1984, S.103ff.; Schmitt Glaeser, Die grundrechtliche Freiheit des Bürgers zur Mitwirkung an der Willensbildung, in: HbStR, Bd.II, 1987, §31 Rn.41.

42) Vgl. Zippelius, Allgemeine Staatslehre, 1992, S.253; Schmitt Glaeser, Die grundrechtliche Freiheit des Bürgers zur Mitwirkung an der Willensbildung, in: HbStR, Bd.II, 1987, §31 Rn.30.

한 형태의 민주주의는 우리 헌법이 지향하는 대의제 민주주의가 아니다.

대의제는 자유로운 여론형성의 결과인 국민의사의 타당성을 신뢰하지 않는다. 국민의 여론이란 수시로 변하는 것이며, 여론을 형성하는 국민 개개인은, 주기적인 선거에 의하여 정치적 심판을 받고 공익의 구속을 받는 대의기관과는 달리, 공익실현의 구속을 받지 않으며 그 누구에 대해서도 정치적 책임을 지지 않는다. 여론은 대의기관이 정책결정에 있어서 고려해야 하는 다양한 요소 중에서 하나의 중요한 참고자료일 뿐이다. '국민의 여론을 쳐다보는 정치'를 대의기관에 권할 수는 있지만, 대의기관은 국민의 여론에 따라 말해서도 안 되고 행동해서도 안 된다. 국민의 여론이란 신뢰할 수 없으며 대의기관에 의하여 실현되어야 하는 공익과 반드시 일치하지 않는다는 것이 바로 대의민주제의 출발점이다. 따라서 대의제에서 국가기관은 여론을 고려할 수는 있으나 여론의 단순한 집행기관은 아니며, 여론이 곧 국가의사로 전환되는 것은 아니다.

(4) 국민의사형성과 국가의사형성의 관계

국민의사형성과 국가의사형성은 서로 개념적으로 구분되나, 서로 단절된 것이 아니라 상호 영향을 미치는 관계에 있다.[43] 민주국가는 사회로부터의 정치적 영향력행사에 대하여 개방되어 있는 국가이다. 국민은 정당과 사회단체를 통하여 또는 그 외 여론형성을 통하여 국가의사형성과정에 영향력을 행사하고자 시도하며, 국가는 對國民 홍보활동이나 발표(가령, 입법예고) 등을 통하여 여론형성에 영향을 미치고자 시도한다. 물론, 자유로운 여론형성의 측면에서 국가가 여론형성을 주도하거나 조작하는 방법으로 여론형성에 참여하는 것은 헌법적으로 허용되지 않는다.

국민이 일단 선거를 통하여 대의기관을 선출하고 구성된 국가기관에 국가권력을 위임한 이상, 대의기관의 임기 중에는 국가정책의 결정시마다 국민이 직접 관여할 수는 없고, 단지 다음 선거를 기다려 그 임기 중 국가권력의 행사가 국민의 의사에 합치했는지를 가려 심판을 내리게 된다. 그럼에도 여론은 직접민주적 요소인 국민투표와는 달리 국가의사형성에 직접 참여하는 것은 아니지만, 국가의사형성에 미치는 영향력은 대단히 크다.[44] 대의기관은 사회 내의 여론을 고려해야 하는 사실상의 강제를 받는다.

여론은 정당의 정책결정이나 후보자추천에 있어서 고려되고 차기 선거까지의 기간 중에도 국가기관의 정책결정에 영향을 미친다. 집권정당은 재선되기 위하여 정치적으로 여론의 구속을 받으며, 국가의 결정이 국민의 지지와 동의를 구할 수 있는지의 문제와 관련하여 여론은 결정적인 역할을 한다. 여론의 이러한 영향력을 여론의 '準直接民主的 요소'라 부를 수 있다. 여론의 이러한 준직접민주적 성격은 국가기관이 여론에 반하여 결정할 수 없다는 것을 의미하지는 않으며, 때로는 여론에 반하여 결정하는 것이 필요

---

43) Vgl. Kloepfer, Öffentliche Meinung, Massenmedien, in: HbStR, Bd.Ⅱ, 1987, §35 Rn.22ff.
44) Vgl. Kloepfer, Öffentliche Meinung, Massenmedien, in: HbStR, Bd.Ⅱ, 1987, §35 Rn.26ff.

할 수도 있다. 국가기관의 행위가 여론을 고려해야 한다는 것은 법적인 의무가 아니라 사실상의 정치적 구속이다.[45)]

나. 정당의 헌법적 과제와 기능

(1) 대의제 민주주의에서 국가권력은 국민으로부터 나오지만 국민이 국가권력을 직접 행사하는 것이 아니기 때문에, 정치적 의사형성에 있어서 국민과 국가권력 사이의 중개의 문제가 제기된다. 사회 내의 복잡 다양한 이익과 견해를 결집하여 선택 가능한 소수의 대안으로 제시하는 중개자가 존재해야만, 오늘날의 대중민주주의는 기능할 수 있다. 정당이란 정치의사형성에 있어서 국민과 국가 사이의 매개적 역할을 하는 필수적인 중간매체이다. 오늘날의 대의제 민주주의는 정당의 존재 없이는 기능할 수 없다는 점에서, 정당은 국민과 국가를 잇는 연결매체로서 민주적 질서의 중요한 구성부분이다.

(2) 헌법상 정당에 부여된 일차적 과제는 국민의 정치의사형성과정에 참여하는 것이다.[46)] 정당의 목표는 의회와 정부 등 국가영역에 진출함으로써 국정에 참여하고, 궁극적으로는 국가권력을 장악하고자 하는 것이다. 국가의사형성에 직접 참여하고자 하는 정당의 목표는 단지 국민의 지지를 통해서만 달성될 수 있다. 따라서 정당은 국민의 지지를 얻기 위하여 국민의 정치적 의사형성과정에 참여하여 영향력을 행사해야 한다. 즉, 정당이란 국가기관의 의사형성에 참여하는 것을 목표로 하여, 국민의 정치적 의사형성과정에 효과적으로 영향력을 행사하기 위하여 국민을 하나의 정치적 행동단위를 결집한 것이다. 국민의 정치적 의사형성과정에 참여한다는 것은 국민의 여론형성에 영향력을 행사하는 방법 등 여러 가지가 있으나, 국민은 그의 정치적 의사를 무엇보다도 선거를 통하여 형성하고 표현한다는 점에서, 정당은 선거에 참여함으로써 국민의 정치적 의사형성과정에 영향을 미친다.

그러므로 정당의 가장 중요한 과제는 바로 공직선거에서 후보자를 추천하고 선거운동을 함으로써 선거에 참여하는 것이다. 국민이 정치적 의사형성에서 중개자를 필요로 한다는 것을 특히 잘 보여주는 것이 바로 선거이다. 정당은 정치권력에 영향력을 행사하려는 모든 중요한 세력, 이익, 시도 등을 인식하고 취합·선별하여 내부적으로 조정을 한 다음, 국민이 선택할 수 있는 정책으로 형성한다. 사회의 다양한 견해가 선택 가능한 소수의 대안으로 집결되고 선별되는 과정을 거친 후에만 비로소 국민에 의한 선거가 가능하다. 바로 이러한 기능을 담당하는 것이 정당이므로, 선거를 준비하는 기관

45) 특히 여론조사기술의 발달로 인하여, 여론조사는 오늘의 정치현실에서 단순히 국가기관이 참고하는 하나의 자료가 아니라, 국가의 정책결정에 있어서 점차 국민투표적 성격을 띠고 있다. 이로써 매 사안마다 실시되는 구체적 여론조사의 결과는 국가기관에게 저항하기 어려운 사실상의 강제로 작용함으로써, 한국과 같이 대의제가 제대로 자리 잡지 못한 정치적 후진국에서는 대의제를 위협하는 요소가 될 수 있다.

46) Vgl. Schmitt Glaeser, Die grundrechtliche Freiheit des Bürgers zur Mitwirkung an der Willensbildung, in: HbStR, Bd.Ⅱ, 1987, §31 Rn.12ff.

으로서의 정당 없이는 선거가 치러 질 수 없다. 이러한 이유에서 정당은 '선거준비조직'이라고도 불린다.[47]

한편, 국민의 정치적 의사형성은 선거라는 순간의 과정에 그치는 것이 아니라 지속적인 과정이다. 따라서 정당의 과제는 선거의 참여에 국한되는 것이 아니라 또한 선거와 선거 사이의 기간 동안에도 국민의 여론형성을 주도하여 국민의사형성과정에 영향력을 행사하고, 국민의 정치적 의사를 수렴하여 이를 국가의사결정에 반영하도록 함으로써 국민과 국가 사이의 중개적 역할을 하는 것에 있다. 정당의 이러한 중개적 역할로 인하여 국민의 정치적 의사가 선거의 방법 외에도 국가기관의 결정에 있어서 고려되고 반영될 수 있다.[48]

(3) 정당은 국민의 정치적 의사형성과정에 참여할 뿐만 아니라 국가의사형성에도 영향을 미친다. 물론 정당 외에도 모든 사회단체가 국가의사형성에 영향력을 행사하려고 시도하지만, 정당은 여론형성을 통하여 국가의사결정과정에 영향력을 행사할 뿐만 아니라, 원내 교섭단체, 정당소속 국회의원, 정부의 정당소속 각료 등을 통하여 국가의사형성과정에 직접 참여하게 된다. 정당은 의회와 정부 등 국가영역에서 그들의 정치적 목표를 대변하고 관철하고자 한다는 점에서 사회의 다른 단체나 조직과 구분된다.[49] 즉, 정당은 정부와 국회의 주요 핵심 공직을 차지하는데 결정적인 역할을 하고 의회와 정부 등 정치적 헌법기관의 결정과정에 영향력을 행사함으로써, 국가의사형성에 결정적 영향을 미친다.[50]

요컨대, 국가영역에 진출하여 국가의사형성에 참여하는 것이 정당의 목적이며, 이러한 목적은 오로지 국민의 지지를 통해서만 이루어 질 수 있기 때문에 정당은 선거를 비롯한 국민의 정치의사형성에 참여하여 여론형성을 주도하고자 하는 것이다. 정당은 국가와 사회의 구분을 전제로 하여 국가결정에 사회단체의 참여를 헌법적으로 허용한 결과이다.[51]

다. 국민의 정치적 의사형성에서 정당의 非獨占的 地位

(1) 헌법은 국민의 정치적 의사형성에의 '참여'란 표현을 통하여 정당은 국민의 정치적 의사형성에서 독점적 지위를 가지고 있는 것이 아니라 다른 사회단체나 개인과 함께 단지 참여하는 권리를 가지고 있음을 명백히 밝히고 있다.[52]

---

47) Vgl. BVerfGE 8, 51, 63; 20, 56, 113.
48) Vgl. Maurer, Staatsrecht, 1999, S.341f.
49) Vgl. J. H. Kaiser, Die Repräsentation organisierter Interessen, 2. Aufl., 1978, S.241ff.
50) Vgl. Schmitt Glaeser, Die grundrechtliche Freiheit des Bürgers zur Mitwirkung an der Willensbildung, in: HbStR, Bd.Ⅱ, 1987, §31 Rn.15ff.
51) 한태연, 헌법학, 1983, 247면; vgl. Grimm, Politische Parteien, in: HbVerfR, 2. Aufl., 1994, §14 Rn.1.
52) Vgl. Grimm, Politische Parteien, in: HbVerfR, 2. Aufl., 1994, §14 Rn.15; Kunig, Parteien, in: HbStR,

헌법은 표현의 자유, 집회의 자유, 결사의 자유, 정당의 자유 등 정치적 자유를 국민의 기본권으로서 규정함으로써 국민의 정치적 의사형성의 자유를 보장하고 있고, 이로써 원칙적으로 국민 누구나가 개인으로서 또는 집단적으로 국가공동체의 정치생활에 참여하여 공동체의 의사형성과정에 자신의 견해와 가치관을 반영시킬 수 있는 가능성을 보장하고 있다.[53] 오늘날의 민주국가에서 국민의 정치적 의사형성과정에 참여하는 것은 정당만의 독점물이 아니라 모든 개인과 사회단체에게 보장된 기본권적 자유이다.

(2) 그러나 국민 누구나가 정치적 기본권을 행사함으로써 정치적 의사형성과정에 참여한다는 사고는 오늘의 정치현실에서는 점점 더 비현실적인 것으로 드러나고 있다. 오늘날 사회의 모든 중요한 이익이 조직화되어 단체로서 정치적 영향력을 행사하고 그들의 이익을 관철하려고 한다는 점에서, 개인은 단체를 통해서만 사실상 헌법이 보장하는 정치적 자유를 효율적으로 행사할 수 있고, 단체에의 소속을 통하여 개인으로서의 사회적·정치적 의미와 비중을 높이는 활동기반을 갖추게 된다.[54] 이러한 정치현실에서 보통·평등선거원칙으로 표현되는 선거권의 민주화는 정당을 탄생하게 하였고, 결사의 자유와 근로3권의 보장은 이익단체가 탄생하는 길을 열었다.

오늘날의 이러한 정치현상을 구체적으로 살펴보면, 사실상 정치적 자유는 국민의 의사형성과정을 본질적으로 지배하고 있는 정당, 언론매체, 강력한 이익단체에 집중되어 있고, 오늘날 국민의 정치적 의사형성과정은 정당과 이익단체 등 사회단체에 의하여 주도되고 좌우되고 있다고 말할 수 있다. 다시 말하자면, 오늘날의 정치현상인 '다원적 민주주의'의 특징은, 다수의 정당과 이익단체가 국민과 국가 사이에서 정치적 의사형성과정을 주도하는 세력으로서 개입하고 있다는 것이다.[55]

헌법은 사회단체를 국가로부터 분리된 '비정치적인 사회의 조직'으로 취급하여 정당과는 달리 정치의사형성에 참여하는 과제를 명시적으로 부여하지 아니하고, 단지 결사의 자유에 의하여 기본권적으로 보호하고 있을 뿐이다. 그러나 헌법 제21조 제1항의 '결사의 자유'는 단체의 설립목적에 따라 활동할 단체의 권리를 보호함으로써, 사회단체가 정당과 국가에 대하여 정치적 영향력을 행사할 권리를 함께 보장한다. 단체구성원의 이익을 대변하기 위하여 정당과 국가기관에 대하여 영향력을 행사하는 것이 사회(이익)단체의 조직목적이며, 사회(이익)단체는 이러한 정치적 성격으로 말미암아 현대의 정치체제의 중요한 구성부분으로서 정당과 함께 '국민의사와 국가의사를 연결하는 중요한

Bd.Ⅱ, 1987, §33 Rn.17; Maurer, Die Rechtsstellung der politischen Parteien, JuS 1991, S.882.

53) Vgl. Schmitt Glaeser, Die grundrechtliche Freiheit des Bürgers zur Mitwirkung an der Willensbildung, in: HbStR, Bd.Ⅱ, 1987, §31 Rn.3ff.

54) Vgl. v. Arnim, Staatslehre der BRD, 1984, S.105; Schmitt Glaeser, Die grundrechtliche Freiheit des Bürgers zur Mitwirkung an der Willensbildung, in: HbStR, Bd.Ⅱ, 1987, §31 Rn.69f.

55) Vgl. Hesse, Grundzüge des Verfassungsrechts der BRD, 19. Aufl., 1993, Rn.151; v. Arnim, Staatslehre der BRD, 1984, S.103.

매체'이다.[56] 특히, 정당이 일부 계층의 이익을 대변하는 소위 '이익정당' 또는 '世界觀的 정당'에서 모든 국민의 이익을 대변하려는 '국민정당'으로 발전함에 따라, 사회단체의 이러한 기능의 중요성은 더욱 커졌다.

사회(이익)단체는 공동체의 정치적 의사결정과정에 참여하여 영향력을 행사함으로써 단체구성원의 이익을 대변하고 관철하는 것을 주된 과제로 삼는다.[57] 그러나 정당과 이익단체의 근본적인 차이점은, 정당은 정권을 인수하여 의회와 정부에서 국가기관으로서의 책임을 담당하는 것을 목표로 선거에 참여하여 유권자의 지지를 호소하지만, 이익단체는 정당이나 국가기관에 영향을 미침으로써 단지 간접적으로 국가의사형성과정에 영향력을 행사하고자 한다는 점이다.[58]

(3) 정당은 국민의 정치적 의사형성과정에 영향력을 행사하려는 언론·이익단체 등 다른 단체 및 개인과 서로 경쟁관계에 있다. 따라서 사회단체는 정치나 선거운동에 참여해서는 안 되고 오로지 정당만이 국민의 정치적 의사형성을 독점하는 사회단체로서 국민과 국가 사이에서 정치적 의사형성의 매개체 역할을 해야 한다는 사고는 헌법과 부합하지 않는다.[59] 다원적 민주주의에서 국민은 정당에 의하여 대체될 수도 없고, 정당과 일치하지도 않는다. 정당은 국민의사형성의 영역에서 독점권뿐만 아니라 특권도 가지고 있지 않다. 정당에게 특권이 인정된다면, 이러한 특권은 '국민의사형성에의 참여'라는 헌법상 부여된 과제와 연관되는 것이 아니라, 단지 헌법 제8조 제4항에 규정된 요건 하에서만 정당이 금지될 수 있다는 의미에서 '정당의 존속'과 연관되는 것이다.[60]

국민의 정치적 의사형성에서 정당이 독점권이 아니라 단지 참여권을 가지고 있다는 헌법의 명시적 표현은, 국민의 정치적 의사형성의 가장 중요한 부분인 선거에서 정당이 후보자 추천의 독점권을 가질 수 없다는 것을 의미한다. 따라서 선거권자의 추천에 의하여 무소속으로 입후보하는 것도 가능해야 한다.[61] 또한, 정당은 국민의 정치적 의사

---

56) Vgl. Grimm, Verbände, in: HbVerfR, Bd. I, 1995, §15 Rn.2.

57) 이익단체는 여론의 지지를 얻기 위하여 여론에 대하여 영향력과 압력을 행사하고, 다른 한편으로는 단체의 이익을 국가의사결정과정에서 반영하도록 하기 위하여 정당과 의회·정부에 대하여 영향력과 압력을 행사한다(영향력 및 압력 행사기능). 그 외에도, 이익단체는 사회적 이익과 욕구를 통합하고 조정하여 국가에 전달하고, 국가기관이 자력으로는 제대로 파악할 수 없는 전문적인 사안과 국가조치의 효과에 관하여 정보를 제공한다(통합 및 정보제공기능). 또한, 달성한 결과를 단체 내부에 전달하고 타협을 통하여 얻은 결과에 대하여 단체구성원의 양해와 동의를 구함으로써, 국가의 결정을 단체구성원으로 하여금 수용하게끔 하는 기능을 가지고 있다, vgl. Grimm, Verbände, in: HbVerfR, Bd. I, 1995, §15 Rn.5; v. Arnim, Staatslehre der BRD, 1984, S.105.

58) Vgl. J. H. Kaiser, Die Repräsentation organisierter Interessen, 2. Aufl., 1978, S.241ff.; v. Arnim, Staatslehre der BRD, 1984, S.284.

59) 그러나 이러한 사고에 기초하여, 사회단체의 선거운동을 금지한 공직선거법규정에 대하여 합헌으로 판단한 헌법재판소 결정(헌재 1995. 5. 23. 95헌마105; 헌재 1999. 11. 25. 98헌마141)은 문제가 있다.

60) Vgl. M. Reichel, Das Demokratische Offenheitsprinzip und seine Anwendung im Recht der politischen Parteien, 1996, S.34.

61) 공직선거법 제48조 참조.

형성을 독점하고 있지 않기 때문에, 그에 대응하는 법적 효과로서 국민은 독점적 지위를 가진 단체의 경우에만 예외적으로 인정될 수 있는 '入黨할 권리'를 원칙적으로 주장할 수 없다.

3. 黨內 民主化의 요청

가. 정당의 헌법적 기능과 당내 민주화의 관계

헌법 제8조 제2항 전단은 '정당의 조직과 (내부)활동이 민주적이어야 한다'고 하여 정당의 내부질서에 관한 기본구조를 제시함으로써 내부질서를 스스로 결정하는 정당자치를 제한하고 있다. 이로써 위 헌법규정은 정당이 민주적 내부질서를 통하여 헌법적 과제를 수행할 수 있도록 그에 필요한 입법을 해야 할 의무를 입법자에게 부과하고 있다.[62]

당내 민주화는 국민의 정치적 참여를 조직화하는 정당의 기능으로부터 나오는 필연적 요청이다. 정당이 내부의 구조와 절차에 있어서 민주적으로 형성된 경우에만, 국민은 정당의 의사결정과정에 참여할 수 있고, 이로써 정당은 '국민의 정치적 의사형성에의 참여'라는 기능과 국가기관에 국민의 정치적 의사를 전달하는 중개자로서의 기능을 제대로 수행할 수 있는 것이다.[63] 즉, 정당의 민주적 내부구조가 비로소 정당 과제의 이행을 가능하게 하는 것이다.

뿐만 아니라, 오늘날의 정당제 민주주의에서 국가의사가 실질적으로 정당에 의하여 형성되기 때문에, 당내 민주주의의 실현은 국가영역에서 민주주의를 실현하기 위한 중요한 전제조건이다. 정당이 선거를 통하여 국가영역에 진출하여 국가의사결정에 참여할 수 있기 때문에, 헌법은 다른 사회단체와는 달리 정당에 대하여 스스로 민주적인 내부질서를 갖추어야 한다는 요청을 하고 있다. 오늘날 정당제 민주주의에서 비민주적 정당의 집권은 바로 비민주적 국가로 이어질 수 있다는 위험을 안고 있다.

나아가, 오늘날 거대정당의 현실에서 사회적 대립과 정치적 논쟁, 나아가 상충하는 이익간의 조정은 '의회'가 아니라 실질적으로 '정당 내'에서 이루어지기 때문에, 이러한 이유에서도 당내민주주의의 요청은 특히 중요한 의미를 가진다. 정권을 장악하고자 하는 정당간의 경쟁의 결과로서 정당은 특정 계층의 이익을 대변하는 '이익정당'에서 '국민정당'으로 발전하였고, 국민정당으로의 발전경향에 상응하는 정치현실이 바로 '군소정당의 소멸'과 '소수의 거대정당의 등장'이다. 가능하면 다수의 유권자의 지지를 받고자 하는 국민정당의 시도는 기본정책의 확정과 구체적 정치적 활동에 있어서 가능하면 다

62) 헌재 1999. 12. 23. 99헌마135, 판례집 11-2, 800, 812-813 참조.
63) Vgl. Kunig, Parteien, in: HbStR, Bd.Ⅱ, 1987, §33 Rn.27; Grimm, Politische Parteien, in: HbVerfR, 2. Aufl., 1994, §14 Rn.36; Morlok, in: Dreier(Hg), Grundgesetz Kommentar, 2006, Art.21 Rn.121.

양한 계층과 집단의 이익을 고려하고 조정하게끔 하였다. 이로써 이미 거대정당 내에서 어느 정도 상충하는 이익간의 조정이 이루어지는 것이다. 그 결과, 국민정당은 원래 의회의 과제인 이익조정의 기능을 상당 부분 수행하고 있다.[64] 정당의 공익실현의무가 거론되는 것도 같은 맥락에서 이해할 수 있다. 또한, 오늘날 새로운 정당을 설립하는 것이 현실적으로 매우 어렵다는 점에 비추어 보더라도, 정치적 경쟁은 정당 내부에서도 이루어질 수 있어야 하며, 이를 가능하게 하는 것이 바로 당내 민주주의이다.

당내 민주화의 요청은 국가영역에 적용되는 민주주의원리가 그대로 적용된다는 것을 의미하지 않는다.[65] 국가는 경쟁자 없이 강제적으로 조직되는 공법상 사단이지만, 정당은 사회의 자발적인 결사로서 다른 정당과 경쟁관계에 있으며, 이러한 경쟁에서 자신을 관철해야 한다. 그러므로 정당에게는 행위능력, 관철능력, 국민에 대한 자기묘사에 있어서 어느 정도의 결속력이 불가결하다.[66] 유권자는 당내 민주주의에 기초한 정당 내의 논쟁과 분쟁에 대하여 긍정적으로 평가하기 보다는 부정적으로 반응하는 경향이 있다, 이러한 근본적인 차이는 특히 정당과 당원의 관계를 이해함에 있어서 고려되어야 한다.

나. 黨內 民主主義의 구체적 요청

(1) 당내 민주화의 요청은 무엇보다도 당기구의 구성, 당의 운영, 당의사의 결정, 공직선거의 후보자추천 등 당내 내부질서가 민주주의원리에 따라 이루어져야 한다는 것을 의미한다.[67] 당내 민주화는 당내에서 자유로운 정치의사형성이 가능하기 위한 불가결한 조건이다. 정당의 자유로운 민주적 정치의사형성이란, 위에서 의사가 형성되어 아래로 내려오는 下向式의 지도자원칙을 부정하고 아래에서 위로 이루어지는 上向式의 자유로운 의사형성을 의미한다.[68]

(2) 당내 민주화가 이루어지기 위해서는 일차적으로 그 전제조건으로서, 당내 민주화에 관한 본질적인 사안(조직의 구성, 의사결정절차, 당원의 권리 등)이 黨憲에 의하여 사전

---

64) Vgl. Kunig, Parteien, in: HbStR, Bd.Ⅱ, 1987, §33 Rn.27; v. Arnim, Staatslehre der BRD, 1984, S.253f., 국민정당으로 발전하면서 나타나는 필연적인 결과는, 기본정책에 있어서 정당간의 뚜렷한 차이를 거의 인식할 수 없다는 점이다. 정당간 정책에 있어서 큰 차이가 없는 상황에서 유권자는 정당 지도자의 개인적·인격적 요소를 고려하지 않을 수 없고, 이로써 정당 기본정책의 유사성으로 말미암아 인물적 요소가 비중을 차지하게 되었고, 그 결과 선거는 상당 부분 정당에 의하여 제시된 정당지도부의 선택을 의미하게 된다.

65) Vgl. Morlok, in: Dreier, Grundgesetz Kommentar, 2006, Art.21 Rn.123; Maurer, Die Rechtsstellung der politischen Parteien, JuS 1991, S.887.

66) Vgl. Kunig, Parteien, in: HbStR, Bd.Ⅱ, 1987, §33 Rn.27.

67) Vgl. Morlok, in: Dreier, Grundgesetz Kommentar, 2006, Art.21 Rn.121ff.; Kunig, Parteien, in: HbStR, Bd.Ⅱ, 1987, §33 Rn.27ff.; Grimm, Politische Parteien, in: HbVerfR, 2. Aufl., 1994, §14 Rn.36ff.; Maurer, Staatsrecht, 1999, S.357f.

68) 현행 정당법에서 당내 민주화에 관한 규정을 보자면, 정당의 조직·구성, 대표자·간부의 선임방법, 공직선거후보자의 선출, 당원의 입당·탈당·제명과 권리 및 의무에 관한 사항, 대의기관의 설치 및 소집절차 등에 관하여는 당헌으로 정하도록 하면서(제28조 제2항). 정당의 강령과 당헌은 공개되어야 한다고 규정하고 있다(정당법 제28조 제1항). 또한, 정당의 활동을 공개해야 하며(제35조), 당원의 총의를 대변할 수 있는 대의기관을 가져야 한다(제29조 제1항).

에 확정되고, 확정된 당헌과 강령(기본정책)은 일반에 공개되어야 한다. 당헌과 강령의 공개의무를 통하여 정당이 내부구조에 있어서 민주적으로 조직되었는지, 정당의 의사형성절차가 민주적인지에 관한 확인이 가능하다.

(3) 나아가, 당내 민주화가 실현되기 위해서는 정당의 기구 구성 및 의사형성절차가 민주적이어야 한다. 즉, 정당의 지도부가 당내 선거를 통하여 민주적으로 선출되어야 하고, 한시적인 임기와 주기적인 선거를 통하여 민주적 정당성을 확보해야 한다. 정당 내부에서 자유로운 의견형성과 의견표명의 자유가 보장됨으로써 당내 다원주의와 의사형성과정의 투명성이 보장되어야 한다. 당내 민주주의는 현실적으로 당내 집단 간의 경쟁을 통하여 기능하므로, 당내 야당의 존재가 인정되어야 한다.

(4) 또한, 정당의 의사형성에 평등하게 참여할 당원의 권리가 보장되어야 한다. 당내 민주주의는 본질적으로 정당 내부의 의사형성과정에 참여하는 당원의 권리에 의하여 실현된다. 당원의 권리는 발언권, 발의권, 정보제공을 요구할 권리, 공직선거의 후보자추천권, 당내 선거에서 입후보할 권리 등 다양한 참여권을 포함한다. 모든 당원에게 정당 내부의 경쟁에서 공정한 기회를 보장하는 기회균등의 권리는 공정한 의사형성을 위하여 필수적인 당원의 권리이다. 이에 속하는 대표적인 것이 바로 투표권의 평등과 대의기관이나 집행기관의 구성에 참여할 수 있는 동등한 기회의 보장이다.

나아가, 당원에 의한 비판과 통제가 가능하도록 정당활동이 공개되어야 하고, 당원의 권리와 지위를 법적으로 보호하고 그 침해에 대하여 법적 구제를 구할 수 있는 장치가 마련되어야 한다.[69] 또한, 당헌에 의사형성의 구조와 절차, 당원의 권리가 확정됨으로써 이를 준수하는지에 대한 통제가 가능해야 한다.

(5) 뿐만 아니라, 공직선거후보자추천의 민주화는 당내 민주화의 중요한 요소이다. 정당의 공직선거후보자의 추천에는 후보자를 추천하는 선거구지역의 당원들의 의사가 반영되어야 한다. 당내민주주의의 요청에 비추어, 후보자는 당 지도부에 의하여 결정되어서는 안 되고, 각 지역구의 당원에 의하여 직접 또는 당원에 의하여 선출된 대의원에 의하여 간접적으로 선출되어야 한다.

오늘날 정당제 민주주의에서 정당이 공직선거후보자추천에 관한 사실상의 독점권을 가지고 있고 유권자는 결국 정당이 추천한 후보자 중에서 선거를 통하여 선택할 권리를 가지기 때문에, 정당의 후보자 추천과정은 공직선거에 있어서 결정적인 의미를 가지고 있다. 정당 내부에서 공직선거후보자를 결정하는 과정이 비민주적이라면, 선거는 이미 이러한 이유만으로 국민의 정치적 의사를 정확하게 반영해야 하는 본래의 기능을

---

69) 이와 관련하여 정당의 제명조치가 당내 야당을 제거하는 수단이나 당내 민주화를 억압하는 수단으로 남용되는 것을 방지하기 위하여, 특히 제명의 요건과 절차를 법률로써 규율하는 것이 요청된다. 이에 관하여 자세하게 아래 Ⅲ. 3. 라. 참조.

제대로 이행할 수 없다. 따라서 공직선거후보자의 추천은 '정당의 내부적 사안'이면서도 동시에 '공직선거의 중요한 일부분'이기도 하다.[70] 정당의 공천은 정당 자체의 내부 민주화의 문제일 뿐만 아니라, 사실상 후보자 당선을 위한 전제조건을 의미한다. 그러므로 입법자는 공천절차의 민주성을 확보하기 위한 최소한의 조건을 법률 차원에서 스스로 규정해야 한다.[71]

(6) 결국, 당내 민주주의는 당내 의사형성의 구조와 절차에 관한 것이다.[72] 국민이 정당을 통하여 정치적 의사형성과정에 참여할 수 있도록, 이로써 정당이 국민과 국가 사이의 연결매체로서 헌법적 과제를 이행할 수 있도록, 정당의 구조와 조직은 형성되어야 한다. 그러므로 정당 내에 상호 독립하여 의사를 형성할 수 있는 다수의 조직단위(가령, 당원총회, 대의기관, 집행기관 등)가 존재해야 하며, 일반당원에게 현실적인 참여의 기회를 부여할 수 있는 組織上 分化가 이루어져야 한다. 정당의 조직은 일반당원에게 정당의 의사형성에 있어서 적절한 참여가 가능하도록 지역적으로 분화되어야 하며, 지역당의 크기와 규모도 당원의 적정한 참여 기회를 보장할 수 있도록 확정되어야 한다. 정당조직이 지역적으로 적정하게 분화되지 않는 경우에는 정당을 통한 국민의 정치적 참여가능성을 축소시키고 정당이 국민의사로부터 멀어지게 함으로써 국민과 국가 사이의 중개자로서 정당의 기능을 약화시킨다.

당내 민주주의가 어느 정도의 지역적 분화를 요구하는지에 관하여는 異論이 있을 수 있으나, 만일 정당이 단지 '중앙당'만을 두고 있다면, 이는 명백히 당내 민주주의의 요청에 반하는 것이다. 정당은 국민의 정치적 의사형성에 필요한 조직을 갖추어야 한다는 요청 및 일반당원으로 하여금 정당의 의사형성에 적절한 참여가 가능하도록 지역적으로 조직되어야 한다는 요청에 비추어, 정당법상 '조직상 구성에 관한 조항'도 판단되어야 한다.[73]

---

70) 舊 정당법은 제31조 제1항에서 "정당의 공직선거후보자의 추천은 민주적이어야 한다."고 하여 정당공천의 민주화의무를 규정하였으나, 2005. 8. 4. 정당법개정으로 위 규정은 삭제되었고, 대신 2005. 8. 4. 개정된 공직선거법 제47조 제2항에 "정당이 제1항의 규정에 따라 후보자를 추천하는 때에는 민주적 절차에 따라야 한다."고 규정하였다. 이로써 공직선거후보자의 추천이 당내 민주화의 문제일 뿐만 아니라, 공직선거의 중요한 부분으로서 선거법의 영역에도 속한다는 것이 표현되고 있다.

71) 우리의 경우 공천에 관한 구체적 절차가 당헌에 위임되어 있으므로, 공천의 민주적 절차를 갖추지 못한 정당에 대한 제재가 불가능하다. 이에 관하여 정만희, 현행 선거법제의 문제점과 개선방향, 저스티스 2002/4, 47면, 63면 참조.

72) Vgl. Morlok, in: Dreier, Grundgesetz Kommentar, 2006, Art.21 Rn.125ff.

73) 헌법재판소는 지구당을 강제로 폐지하도록 규정한, 2004년 개정된 정당법규정을 합헌으로 판단하였다(헌재 2004. 12. 16. 2004헌마456). 그러나 각 정당의 상이한 규모와 고유한 상황을 고려하지 않는 획일적이고 강제적인 지구당 폐지는 평당원으로 하여금 정당의 의사형성과정에 적정하게 참여하는 것을 어렵게 하여 정당을 평당원의 기반으로부터 유리시키고 정당의 과두화를 촉진하여, 궁극적으로 정당의 내부적 민주질서에 반하고 국민의 정치적 참여를 조직화하는 정당의 헌법상 과제를 제대로 이행할 수 없도록 한다는 점에서, 정당의 자유에 대한 과도한 제한으로 간주된다, 같은 취지로 정태호, 지구당의 강제적 폐지의 위헌성, 헌법실무연구회 제63회 발표문, 2006. 3. 참조.

다. 당내 민주화의 헌법적 요청을 통한 정당 내부의 기본권효력

우선, 국민과 정당의 관계 또는 당원과 정당의 관계에서 기본권이 효력을 가지는지의 문제가 제기된다. 가령, 어떤 정당이 '女性黨'을 표방하여 당원의 자격을 '여성'으로 제한하고 있는 경우, '여성당'에 입당하고자 하는 남성이 '당원자격을 여성으로 제한한 것은 평등원칙에 위배된다'고 주장할 수 있는지, 나아가 정당 내부에서 당원이 정당에 대하여 기본권의 침해를 주장할 수 있는지의 문제이다.

(1) 정당은 기본권의 구속을 받는 공권력의 주체가 아니라 사법상의 단체로서 오히려 스스로 '기본권의 주체'이다. 따라서 정당과 당원 또는 정당과 일반국민이라는 私人의 관계에서 기본권은 직접 적용되지 않는다. 다만, 기본권은 '당내 민주화의 헌법적 요청'을 통하여 사인간의 관계에 간접적으로 적용될 수 있다. 즉, 기본권이 당내 민주화의 요청과 관련되는 내용을 제시하는 한, 기본권은 당내 민주화 요청의 범주 내에서 간접적으로 효력을 가질 수 있는 것이다. 따라서 정당 내부에서 기본권의 효력 여부는 당내 민주주의의 효력이 미치는 범위에 달려있다.

당원이 자신의 권리를 행사하여 당내 의사형성과정에 참여함으로써 당내 민주주의는 실현된다. 정당 내에서 당원 권리의 민주적 형성은 당내 민주주의를 실현하기 위한 필수적 요건이다. 당원과 정당의 관계는 개인과 국가의 관계를 규율하는 기본권이 아니라 일차적으로 당원과 정당의 관계를 규율하는 당원의 권리(참여권), 즉 당원의 주관적 측면에서 당내 민주주의를 확보해야 할 필요성에 의하여 판단되어야 한다. 그러므로 정당 내에서 당원의 법적 지위와 참여권에 관한 한, 당내 민주화의 요청을 통하여 정당과 당원의 관계에서 기본권이 간접적으로 효력을 가질 수 있는 것이다.[74] 예컨대, 당내 민주주의의 요청은 모든 당원이 평등하게 취급되어야 한다는 요청을 포함한다. '당원간의 평등원칙'은 당내 민주주의를 실현하기 위한 필수적 요소이다.[75] 또한, 당내에서 당원의 자유로운 의견표명은 정당의 자유로운 의사형성을 위한 불가결한 요건에 속한다. 따라서 표현의 자유도 당내 민주화의 관점에서 '당원의 자유로운 의견표명의 자유'를 통하여 간접적으로 적용된다.

(2) 그러나 당내 민주주의를 실현하기 위한 요건으로서 평등원칙은 이미 당원이 된 사람에게 적용되는 것이지, 입당을 신청하는 국민에게까지 확대될 수 있는 것은 아니다. 정당은 그의 정치적 목표설정에 따라 여성당, 노인당, 지역당(예컨대 "충청도 당") 등

74) Vgl. Maurer, Die Rechtsstellung der politischen Parteien, JuS 1991, S.884; Kunig, Parteien, in: HbStR, Bd.Ⅱ, 1987, §33 Rn.78; Grimm, Politische Parteien, in: HbVerfR, 2. Aufl., 1994, §14 Rn.40ff.; Morlok, in: Dreier, Grundgesetz Kommentar, 2006, Art.21 Rn.130f.

75) 예컨대, 정당의 의사결정에 있어서 당간부에게는 2표, 평당원에게는 1표의 투표권이 인정된다면, 당내 민주주의의 범위 내에서 평등권을 주장할 수 있다.

의 형태로 당원자격을 여성, 노인 또는 특정 지역주민에 제한하는 것이 가능하며, 강령과 당헌이 정한 당원자격을 충족시키지 못하는 입당신청자의 입당을 거부할 수 있다. 이러한 점에서, 정치적 목표를 결정할 수 있는 정당의 자유는 성별에 의한 차별 등을 금지하는 헌법 제11조의 평등조항의 구속을 받지 않는 것으로 보아야 한다.

라. 입당과 제명의 문제

(1) 정당가입의 문제

당내 민주주의는 단지 정당과 당원의 관계에 관한 것이다. 당내 민주화의 요청은 정당의 의사형성에 참여할 수 있는 일반국민의 권리를 부여하지 않는다.[76] 따라서 정당가입의 문제는 당내 민주주의와 직접적인 연관성이 없다.

누구나 자신이 원하는 정당에 가입할 권리를 가지는 것인지의 문제는, 당원의 정치적 동질성을 요청하는 '정당설립의 자유'와 '정당가입을 통하여 정치적으로 참여하고 활동할 개인의 자유'의 충돌과 조화의 문제를 의미한다. 따라서 정당가입의 문제는 위 2가지의 법익을 함께 고려하여 판단해야 한다.[77]

(가) 정당설립의 자유는 정당의 강령과 당헌을 자유롭게 결정할 수 있는 자유를 보장한다. 정당의 정치적 목적을 추구하고 실현하기 위하여, 당원들 간에 정치적 성향의 기본적인 동질성이 요구된다. 그러므로 정당 구성원 간의 동질성을 유지하고 정당 정책을 효율적으로 추진하기 위하여, 입당신청에 관한 결정은 원칙적으로 정당의 재량사항에 속한다. 정당은 당원의 가입여부에 관한 결정에 있어서도 정당의 설립목적을 고려할 수 있는 자유를 가져야 하며, 당원의 선별을 통하여 정당 내부적으로 '견해의 다양성의 범위'를 스스로 결정할 권리를 가져야 한다. 뿐만 아니라, 정당가입신청이 거부된 경우 누구나 정당설립의 자유를 근거로 자유롭게 정당을 설립할 수 있다. 나아가, 정당은 그 법적 성격에 있어서 사법상의 사단에 해당하므로, 정당과 그 구성원의 관계에는 사단자치 또는 사적 자치가 적용된다. 다만, 사단자치를 제한하는 요소로서 당내 민주화의 요청이 고려될 뿐이다. 결국, 정당설립의 자유와 정치적 목표를 결정할 정당의 자유에 비추어, 정당에 대하여 무제한적으로 가입을 강제하는 것은 허용되지 않는다.

그러나 다른 한편으로는, 헌법 제8조 제1항에 의하여 보장되는 정당가입의 자유는 개인에게 인정되는 헌법상 중요한 정치적 참여권을 의미한다. 정당이 정치적 의사형성과정에서 중심적 역할을 하는 오늘날의 정치현실에서, 정당가입은 국민의 효과적인 정치참여를 위한 중요한 수단이다.[78] 그런데 국민이 정당을 통하여 정치적으로 활동할 권

76) Vgl. Grimm, Politische Parteien, in: HbVerfR, 2. Aufl., 1994, §14 Rn.40.
77) Vgl. v. Münch, Staatsrecht Ⅰ, 2000, Rn.211ff.
78) Vgl. Morlok, in: Dreier, Grundgesetz Kommentar, 2006, Art.21 Rn.133.

리는 '정당에 가입할 권리'가 인정되는 경우에만 현실적으로 행사될 수 있다. 헌법적으로는 국민 누구에게나 '정당설립의 자유'가 보장되어 있으나, 오늘날 거대정당의 현실과 고착화된 정당구도에 비추어 신생정당을 설립한다는 것은 사실상 매우 어렵다. 따라서 기성정당은 '정당을 통한 국민의 정치적 참여권'과 관련하여 사실상 독점적 지위를 가지고 있다는 점을 고려해야 한다. 또한, 현대 정당국가에서 선출직이나 정치적 공직의 담당여부는 사실상 정당의 소속과 결부되어 있기 때문에, 정당에 가입하지 않고서는 선출직이나 정치적 공직에 접근할 수 없다는 것도 엄연한 정치현실이다.[79)]

(나) 따라서 입당신청에 대하여 정당의 원칙적인 재량권을 존중하여 입당을 요구할 국민의 권리를 인정하지 않는다 하더라도, 국민의 정치적 참여에 있어서 정당이 가지는 특별한 의미와 지위에 비추어, 정당에게 적어도 입당신청에 관하여 자의적인 결정을 해서는 안 된다는 의미에서 '합리적 심사의 의무'를 부과하는 것이 요청된다.[80)] 당원이 되고자 하는 개인의 정치적 견해와 정당의 정치적 목표가 근본적으로 일치한다는 요건에 정당가입 여부에 관한 결정을 결부시킴으로써, 합리적 심사의 기준을 제공하고 정당의 결정권을 제한하는 가능성을 생각해 볼 수 있다.

그러나 이러한 내용의 '합리적 심사의 의무'는 평등원칙이 요청하는 합리성의 심사, 즉 자의금지원칙과는 근본적으로 다르다는 것을 유념해야 한다. 입당신청자가 이미 다른 정당의 당원이거나 또는 입당신청자가 정당의 기본정책을 지지하지 않는 등 당원에 대한 제명처분을 정당화하는 사유가 있는 경우에는 입당신청의 거부는 자의적이 아니다. 뿐만 아니라, 정당은 강령과 당헌에 따라 입당신청에 대하여 정치적 견해의 근본적인 차이를 이유로 또는 대변하고자 하는 이익집단 구성원(가령, 여성정당)의 동질성을 이유로 입당신청을 거부하는 것도 자의적이 아니다. 이러한 점에서 입당신청과 관련하여 정당은 원칙적으로 헌법 제11조의 평등원칙의 구속을 받지 아니한다.

(2) 제명의 문제

여기서 제기되는 문제는, 정당은 당원을 아무런 구속도 받지 않고 정당으로부터 자유롭게 제명할 수 있는지 여부이다. 제명의 허용여부도 상충하는 법익, 즉 '정당의 자유'와 '정당을 통한 개인의 정치적 참여의 자유 및 당내 민주화의 요청'을 조화시키는 문제이다.

---

79) Vgl. v. Münch, Staatsrecht Ⅰ, 2000, Rn.212.

80) Vgl. Zippelius/Würtenberger, Deutsches Staatsrecht, 2005, S.89; 정당법 제23조 제3항은 '시도당이 정당한 이유 없이 입당을 허가하지 아니하는 경우에는 입당신청인은 중앙당에 입당원서를 제출할 수 있으며, 중앙당은 입당허가여부를 심사하여 입당을 허가함이 상당하다고 인정하는 때에는 해당 시도당에 입당을 명해야 한다'고 규정하고 있다. 이로써 정당법은 입당신청에 대한 합리적 심사의무를 간접적으로 규정하고 있다고 보아야 한다. 한편, 독일 정당법은 입당신청에 관하여 당헌에 따라 자유롭게 결정할 수 있으며 입당신청을 거부하는 경우에는 이유를 명시할 필요가 없다고 하여 입당에 관한 결정은 완전히 정당의 재량에 맡기고 있으며, 단지 전반적인 가입장벽(Allgemeine Aufnahmesperren)만을 금지하고 있다(제10조 제1항).

(가) 우선, 정당의 설립과 활동을 통하여 특정한 정치적 목표를 실현할 자유와 정치적 목표를 자율적으로 결정할 자유를 보장하는 '정당의 자유'에 비추어, 정당에게는 당원간의 동질성을 유지하기 위하여 내부적으로 반정당적 요소를 배제해야 할 필요성이 인정된다. 또한, 정당의 내부관계에 원칙적으로 적용되는 사단자치도 사단과 그 구성원과의 관계를 자유롭게 규율할 권리를 내포하고 있다.

그러나 오늘날 정당국가에서 정당이 가지는 중요한 기능에 비추어, 제명에 관한 결정은 전적으로 사적 자치에 맡겨져서는 안 된다. 당원에 대한 제명처분은 정당을 통하여 활동할 '개인의 정치적 참여권'뿐만 아니라, 나아가 민주적 내부질서에 기초하여 정당의 기능을 이행하는 문제와도 충돌할 수 있기 때문이다.[81] 따라서 입당에 대한 정당의 결정과는 달리, 정당이 당원의 제명처분에 관하여 결정하는 경우에는 '당내 민주화의 요청'에 의하여 구속을 받는다. 당내 민주화의 요청이란 위에서 의사가 형성되어 아래로 전달되는 지도자원칙의 부정(아래에서 위로 이루어지는 자율적인 의사형성)을 비롯하여 정당의 의사형성에 참여할 당원의 권리, 당내에서 자유로운 의견표명의 자유, 당내 야당의 존재 등을 포괄한다. 정당가입에 관한 결정과는 달리, 당원의 제명처분은 정당 내부의 자유로운 의사형성을 저해하고 당내 야당이나 소수세력을 제거하기 위한 수단으로 악용될 우려가 있으므로, 입법자는 정당법에서 이를 구체적으로 규율해야 할 필요가 있다.

(나) 당원에 대한 제명처분이 당내 민주화를 저해하는 수단, 즉 당내에서 자유로운 의견표명을 저해하고 당내 야당에 대한 징계수단으로 남용되는 것을 방지하기 위하여, 제명처분의 가능성은 내용적으로 제한되어야 하고 절차적으로 확정되어야 한다.

우선, 제명을 정당화하는 실체적 사유는 '정당의 자유'의 의미와 목적으로부터 도출된다. 정당은 자신이 추구하는 정치적 목표를 실현하기 위하여 당원에 대해서도 자신의 정치적 목표를 방어하고 관철할 수 있어야 하며, 당원간의 근본적인 동질성을 유지해야 하고, 다른 정당과의 경쟁에서 요구되는 효과적인 정당활동의 능력과 대외적 결속력을 필요로 한다. 따라서 정치적 견해의 근본적인 차이, 당원 의무의 중대한 위반이나 정당간의 경쟁에서 정당의 경쟁력을 현저하게 저해하는 행위(소위 '害黨行爲')의 경우, 반대법익인 당원의 권리(정당을 통한 당원의 정치적 참여권)와 비교형량한 결과 제명처분이 정당될 수 있다. 결국, 제명처분은 실체적 내용에 있어서 당원이 당의 정치적 원칙이나 질서에 크게 위반하거나 아니면 당에 막중한 손실(경제적 손실보다는 명예의 실추 등)을 입힌 경우에 제한되어야 한다.

나아가, 제명처분의 절차에 있어서도, 제명처분에 관한 결정은 당의 중재재판소와 같

81) Vgl. Grimm, Politische Parteien, in: HbVerfR, 2. Aufl., 1994, §14 Rn.41; Morlok, in: Dreier, Grundgesetz Kommentar, 2006, Art.21 Rn.134.

은 중립적이고 독립적 기구에 의하여 사전에 당사자에게 의견진술의 기회를 부여하는 등 정해진 절차에 따라 내려져야 하고, 그 결정은 서면으로 이유를 밝혀야 한다. 제명절차의 적법성에 이의가 있는 경우, 민사법원에 제소가 가능해야 한다.

그러나 현행 정당법은 단지 입당(제23조)과 탈당(제25조)에 관한 규정만을 두고 있고, 정작 당내 민주주의의 관점에서 중요한 제명처분의 내용적·절차적 요건에 관한 구체적 규정을 결여하고 있는데, 이는 중대한 입법적 미비라 할 수 있다.[82)]

마. 여성할당제의 문제

(1) 위에서 언급한 바와 같이, 당내 민주주의의 요청은 당내 선거에 있어서 중요한 의미를 가진다. 당내 민주주의는 당원이라면 누구나 동등한 선거권과 피선거권을 가질 것, 즉 당내 선거에서 평등선거원칙을 준수할 것을 요청한다. 당내 민주주의의 이러한 요청의 관점에서 볼 때, 당내 선거에서 특정 집단에게 편파적으로 우호적인 할당제, 특히 '여성할당제'의 허용여부가 문제된다.

정당 내부기관의 구성(가령 대의기관이나 집행기관 등)이나 공직선거의 후보자추천과 관련하여, 여성과 같은 당내 특정 집단을 보다 강하게 대변하고자 하는 할당제는 정당의 자유의 행사로서 원칙적으로 허용된다.[83)] 정당 내부의 여성할당제의 문제는 정당의 자율성으로 말미암아 국가적 영역에서의 할당제, 대표적으로 공무원임용에 있어서의 할당제와 비교할 수 없다. 정당은 자신의 정치적 방향을 자유롭게 결정할 자유를 가지기 때문에 심지어 여성으로만 구성되는 '여성정당'의 설립이 헌법적으로 허용된다는 것을 감안한다면, 정당이 스스로 당원의 합의에 의하여 여성할당의 문제를 의결할 수 있다는 것은 더욱 말할 나위가 없다.

정당은 정당자치에 기초하여 정당이 추구하는 정치적 목표에 따라 특정 집단에 대하여 편파적일 수 있다. 정당이 내부기관의 구성이나 공직선거의 후보자선출에 관하여 당헌으로 '여성할당제'를 규정하는 경우, 남성 후보자가 성별을 이유로 선출될 수 없다는 점에서 '피선거권의 평등'에 대한 위반을 의미한다. 그러나 이는 정치적 목표를 스스로 결정하는 정당의 자유에 의하여 정당화될 수 있다. 정당이 스스로 당헌에 의하여 여성할당제를 도입하는 경우, 정치적 목표를 스스로 정하는 '정당의 자유'는 선거권과 피선거권에 있어서 모든 당원의 평등을 요청하는 '당내 민주주의' 요청에 의하여 구속을 받지 않는다. 당내 민주주의의 요청은 정당이 헌법상 '정당의 자유'에 근거하여 자신이 추

82) 정당법은 제33조에서 '정당소속 국회의원의 제명절차'만을 규율하고 있다. 당원의 제명처분과 관련해서는 제42조 제1항 단서에서 단지 '제명처분의 경우, 정당가입이나 탈당과는 달리 강요당할 수 있다'는 내용의 규정만을 두고 있다. 이에 대하여, 독일 정당법은 정당가입과는 달리 정당제명에 관하여 제명사유와 제명절차를 명시적으로 규정하고 있다(제10조 제4항 및 제5항).

83) Vgl. v. Münch, Staatsrecht I, 2000, Rn.221ff.; Kunig, in: v. Münch/Kunig, GGK, 2001, Art.38 Rn.62; Morlok, in: Dreier, Grundgesetz Kommentar, 2006, Art.21 Rn.137.

구하는 정치적 목표를 자유롭게 결정할 수 있다는 것을 전제로 하여, 정당이 스스로 선택한 목표를 민주적으로 실현하는 방법과 절차에 대한 요청이기 때문이다.

(2) 문제는 입법자가 법률로써 일정 비율의 여성할당을 규정하여 정당에게 이를 강제할 수 있는지 여부이다.[84] 헌법은 정당과 관련하여 여성할당을 금지하지도 요청하지도 않는다. 그러나 입법자는 여성할당제를 규율함에 있어서 '정당설립의 자유' 및 '당내 민주주의'(정당 내부의 민주적 질서)에서 그 한계에 부딪힌다.

우선, '정당설립의 자유'의 측면에서 볼 때, 법률에 의한 여성할당제로 인하여 남성당원으로만 구성되는 정당의 설립이 사실상 금지되는 효과가 발생해서는 안 된다. 정당이 성별에 관계없이 모든 국민의 이익을 대변하고자 하는 기본정책을 추구하는 일반적인 경우에 한하여, 법률이 정하는 여성할당제는 정당설립의 자유와 부합할 것이다. 따라서 여성할당제는 모든 정당에 대하여 예외 없이 적용되어서는 안 되고, 정당이 성별에 관계없이 국민의 이익을 대변하고자 하는 일반적인 경우에 한하여 적용되어야 한다.[85]

나아가, '당내 민주주의'의 관점에서 볼 때, 입법자가 규정하는 여성할당제가 정당 내에서의 代議를 현저하게 저해하거나 왜곡해서는 안 된다. 그러한 경우, 여성할당제를 강제하는 입법은 당내 민주주의와 부합하지 않는다.[86] 비례대표 선거제도에서의 후보자추천과는 달리, 특히 지역구에서의 후보자추천은 각 지역당에서 이루어지는 정당 내의 의사형성을 무시해서는 안 된다. 따라서 지역구선거와 관련하여 여성할당제를 정하는 것은 정당 내의 대의를 왜곡하는 효과가 크다.[87]

바. 당내 민주주의 실현에 대한 국가적 통제의 문제

(1) 당내 민주화의 헌법적 요청은 단지 하나의 기본지침으로서 그 형성과 발전에 있어서 원칙적으로 개방적이다. 헌법은 단지 당내 민주주의의 실현을 위한 최소한의 요건을 법률로써 규율해야 한다는 요청을 할 뿐이고, 이를 넘어서 정당이 어느 정도로 당내 민주화를 실현해야 하는지의 문제는 각 정당이 정당자치를 근거로 스스로 결정해야 할 사안이다. 정당 내부조직의 구체적 형성은 원칙적으로 정당의 사안이다. 정당은 '정당의

---

84) 공직선거법 제47조는 제3항에서 "정당이 비례대표국회의원선거 및 비례대표지방의회의원선거에 후보자를 추천하는 때에는 그 후보자 중 100분의 50 이상을 여성으로 추천하되, 그 후보자명부의 순위의 매 홀수에는 여성을 추천하여야 한다."고 규정하고, 제4항에서 "정당이 임기만료에 따른 지역구국회의원선거 및 지역구지방의회의원선거에 후보자를 추천하는 때에는 각각 전국지역구총수의 100분의 30 이상을 여성으로 추천하도록 노력하여야 한다."고 규정하고 있다.

85) 비례대표선거와 관련하여 모든 정당에 대하여 예외 없이 후보자의 절반 이상을 여성으로 추천하도록 규정하는 공직선거법 제47조 제3항의 규정은 이미 그 자체로서 남성정당의 설립을 금지하고 있다는 점에서 정당설립의 자유와 부합하기 어렵다.

86) Vgl. v. Münch, Staatsrecht I, 2000, Rn.223.

87) 공직선거법 제47조 제4항은 지역구선거와 관련해서는 '전국지역구총수의 100분의 30 이상을 여성으로 추천하도록 노력하여야 한다'고 하여 단지 권고조항만을 두고 있다.

자유'에 근거하여 그의 고유한 방식으로 당내 민주주의를 구체화하고 실현할 수 있다. 당내 민주주의의 구체적 형성은 원칙적으로 국가의 간섭과 규제로부터 벗어나 있다.

헌법 제8조 제1항의 '정당설립의 자유'의 보장과 제4항의 '정당특권'은 당내 민주화의 요청을 법적으로 실현하고 관철함에 있어서 중요한 지침을 제시한다. 입법자는 단지 당내민주화를 실현하기 위하여 필요한 조직과 절차에 관한 '형식적'인 것의 규율에 그쳐야 한다. 그러므로 정당의 민주화를 확보하기 위한 법적 수단은 본질적으로 '당헌이 법률이 정한 형식적 요건에 부합하는지'의 形式的 審査에 제한된다. 이를 넘어서, 국가가 '정당 내에서 구체적으로 실제로 민주화가 이루어지고 있는지'에 대한 내용적·실체적 심사와 통제를 한다면, 이는 행정청에 의한 자의적 심사의 위험성과 더불어 사실상 정당의 위헌성확인의 문제로 귀결될 것이고, 이로써 행정청이 헌법재판소에 유보된 권한인 정당의 위헌여부에 관한 결정권을 행사하게 될 것이다.[88] 그렇다면, 당내 민주화를 국가적·법적 제재를 통하여 실현하는 데에는 한계가 있을 수밖에 없다.[89]

(2) 위와 같은 관점에서 본다 하더라도, 입법자가 현행 정당법에서 당내민주주의의 요청을 충분히 구체화하고 있는지에 대해서는 의문이 제기된다. 헌법 제8조 제2항 전단은 정당의 내부질서가 민주적이어야 한다는 요청을 통하여, 입법자에게 정당의 민주화를 위한 최소한의 요건을 규율해야 하는 입법의무를 부과하고 있기 때문이다. 따라서 입법자는 현행 정당법과 같이 당내민주주의와 관련하여 중요한 의미를 가지는 사안을 당헌으로 규율하도록 전적으로 정당의 자치에 위임해서는 안 된다. 입법자는 당내민주주의의 실현을 위하여 불가결한 형식적 요건(가령, 객관적으로 명백하게 확인될 수 있는 요건으로 정당의 구성과 조직, 의결절차 등)을 스스로 규정함으로써, 당헌을 통하여 당내 민주화를 실현하는 정당의 자유에 대하여 구체적인 지침과 한계를 제시해야 한다. 뿐만 아니라, 법률이 정한 형식적 요건이 준수되는지 여부를 객관적으로 확인하고 관철할 수 있는 절차가 마련되어야 한다.

현행 정당법상 당내민주화를 확보하기 위한 제재수단을 살펴본다면, 당내 민주화에 관한 당헌의 기재사항이 누락된 경우에는 등록신청을 각하할 수 있는 가능성이 유일한 방안이라 할 수 있다.[90] 입법자는 여기서 한 보 더 나아가 당내 민주화를 위한 필수적 요건을 스스로 규정함으로써, 당헌이 법률에 정한 요건에 부합하는지 여부의 심사를 가

---

88) Vgl. Kunig, Parteien, in: HbStR, Bd.Ⅱ, 1987, §33 Rn.30, 다만, 당내 민주화의 정도는 헌법 제8조 제4항의 범주 내에서 위헌정당에 해당하는지를 판단하는 하나의 징표로 고려될 수 있다.

89) 유사한 취지로 김선택, 정당의 민주화를 위한 법적 방안, 정당과 헌법질서, 1995, 281면.

90) 정당법 제16조(등록신청의 수리)에 의하면, 선거관리위원회는 형식적 요건을 구비하지 못한 때에는 등록신청을 각하할 수 있다고 규정하고 있다. 정당법 제12조는 제5호에서 강령과 당헌을 중앙당의 등록신청사항으로서 규정하고 있고, 제28조 제2항은 당헌에 기재되어야 할 사항으로 특히 정당의 조직·구성(제2호), 대표자·간부의 선임방법·임기 및 권한(제3호), 당원의 입당·탈당·제명과 권리 및 의무(제4호), 대의기관의 설치(제5호) 등을 규정하고 있다. 그러나 입법자는 당헌 기재사항의 내용에 관해서는 아무런 지침을 제시하고 있지 않다.

능하게 해야 한다. 당헌이 법률에 정한 요건에 위반되는 경우에는 입법자는 정당등록신청을 거부할 수 있도록 규정함으로써 당내 민주화를 관철하는 최소한의 수단을 제공해야 한다. 이 경우, 비민주적 당헌을 규정하는 정당에 대하여 국고보조금지급에 있어서 불이익을 주거나 벌금형을 부과하는 것도 가능할 것이다.[91] 뿐만 아니라, 입법자는 정당의 공천절차에 대해서도 그 민주성을 담보하기 위한 최소한의 형식적 요건을 법률로써 규정해야 하고, 이를 객관적으로 관철할 수 있는 절차를 마련해야 한다. 당내 민주화에 관한 헌법 제8조 제2항 전단 및 정당법규정에 위반되는 당헌규정은 무효이다.[92] 그러나 비민주적 정당도 헌법상 정당의 개념을 충족시키므로, 정당의 비민주적 성격을 이유로 정당등록의 취소 등의 조치를 취할 수 없다.

Ⅳ. 정당제도에 관한 입법위임과 국가의 政黨補助(헌법 제8조 제3항)

1. 헌법 제8조 제3항의 의미

가. 헌법 제8조 제3항은 "정당은 법률이 정하는 바에 의하여 국가의 보호를 받으며, 국가는 법률이 정하는 바에 의하여 정당운영에 필요한 자금을 보조할 수 있다."고 규정하고 있다. 헌법 제8조 제3항 전단은 제1항에서 보장된 '정당의 자유'와 제2항에서 설정된 정당의 자유의 '한계'를 입법으로 구체화할 것을, 즉 입법자로 하여금 정당의 권리와 의무로 구성되는 헌법적 지위에 부합하게 정당제도를 구체적으로 법률로써 규율할 것을 위임하고 있다. 입법자는 '정당법'의 제정을 통하여 이러한 헌법위임을 이행하였다.

나. 헌법 제8조 제3항 후단은 정당운영자금에 대한 국가의 보조금지급의 가능성을 명시적으로 규정하고 있다. 헌법은 정당재정과 관련하여 단지 국고보조의 가능성만을 규율할 뿐, 국고보조의 한계나 배분기준에 관하여는 입법자에게 구체적 형성을 위임하고 있다. 선거에 관한 경비를 원칙적으로 정당에게 부담시킬 수 없다고 규정하는 헌법 제116조 제2항과의 연관관계에서 볼 때, 헌법 제8조 제3항은 선거경비를 넘어서 국가예산으로 정당재정을 전반적으로 보조할 수 있는 가능성을 입법자에게 개방하고 있다.[93]

헌법이 이와 같이 정당보조의 가능성을 직접 규율한 것은, 대의제 민주주의에서 정당이 차지하는 중요성과 공적 기능을 감안하여 이러한 기능을 이행할 수 있도록 재정

---

91) 이에 관하여 또한 김선택, 정당의 민주화를 위한 법적 방안, 정당과 헌법질서, 1995, 292면 이하.

92) Vgl. Kunig, Parteien, in: HbStR, Bd.Ⅱ, 1987, §33 Rn.29; Morlok, in: Dreier, Grundgesetz Kommentar, 2006, Art.21 Rn.127.

93) 헌법이 정당의 정치자금을 정당운영자금과 선거경비로 구분하고 있는 것에 상응하여, 입법자는 정당의 일상적인 운영비용을 '정치자금에 관한 법률'에 의하여, 선거비용을 '선거법'에 의하여 규율함으로써, 정치자금에 대한 법적 규제는 이원적 구조를 취하고 있다.

적으로 지원하고자 하는 것이며, 개인이나 단체의 기부금이나 정치헌금을 통하여 정당이 재정적으로 일부 세력에 지배당하는 것을 방지하면서도 정치자금의 조달을 가능케 하기 위한 것이다. 헌법이 선거비용뿐만 아니라 정당의 일반적 운영비용을 보조할 수 있도록 규정한 것은, 정당의 헌법적 과제가 단지 '선거의 준비'에 그치는 것이 아니라 '지속적인 국민의사형성에 참여'하여 선거 외에도 국민과 국가의 연결기능을 한다는 것을 인정한 결과이다.[94] 한편, 정당에 대한 국고보조를 '허용'하는 헌법 제8조 제3항 후단의 법문에 비추어, 정당제도의 기능을 유지하기 위하여 국고보조를 해야 할 국가의 '의무'는 인정되지 않는다.[95]

2. 국가의 정당보조의 헌법적 문제

가. 國庫補助의 한계

(1) 논의의 출발점으로서 '국가로부터 정당의 자유'

헌법 제8조 제3항 후단은 정당에 대한 국고보조는 원칙적으로 허용된다는 것을 밝히고 있다. 정당의 '선거참여'와 '그 외 정치적 의사형성과정에서의 정당 활동'은 구분되기 어렵고 국가의 정당보조는 선거경비에 제한되지 않는다는 사고가 이러한 헌법적 결정의 바탕을 이루고 있다. 국고보조의 명시적인 허용은 오늘날 정당이 헌법상 부여된 과제를 이행하기 위하여 막대한 재정이 요구된다는 정치현실에도 상응하는 것이다. 나아가, 정당간의 실질적인 기회균등은 현저하게 정당의 재정능력에 달려있다. 국가의 정당보조는 정당에 대한 국민의 선호의 결과로 나타나는 정당간의 상이한 재정적 상황을 완화하므로, 이러한 점에서 정당간의 기회균등에도 기여하는 측면이 있다.[96] 그러나 정당재정에 관한 규율은 정치적으로 '뜨거운 감자'이고 법적으로 매우 어려운 문제이다.

정당에 대한 국고보조는 헌법 제8조 제3항 후단의 명시적인 허용에도 불구하고 헌법적으로 근본적인 문제를 제기한다. 특히, 정당에 대한 국고보조금이 급격하게 증가하고 있고 엄청난 금액에 달한다는 점에 비추어, 국고보조가 어느 정도로 허용될 수 있는 것인지 그 한계가 규명되어야 한다.[97]

국고보조의 헌법적 문제점과 관련하여, 논의의 출발점은 '국가로부터 정당의 자유'이다. 국가는 국고보조금의 지급을 통하여 정당의 활동에 정치적으로 영향력을 행사해서는 안 된다. 한편, 정당의 자유가 의도하는 바는 '국가로부터 자유로운 정당 활동'이지, '국가로부터 자유로운 정당재정' 그 자체는 아니다. 물론, 국가가 정당보조를 통하여 정

94) Vgl. BVerfGE 85, 264, 284f.
95) Vgl. BVerfGE 111, 54, 98f.
96) Vgl. Morlok, in: Dreier, Grundgesetz Kommentar, 2006, Art.21 Rn.43.
97) 국고보조의 헌법적 문제점을 지적하고 있는 것으로 정만희, 정치관계법의 근본문제와 개정방향, 헌법학연구 제13권 제2호, 86면에서 정당의 일반운영경비에 대한 보조는 최소화하는 것이 바람직하다고 한다.

당의 활동에 정치적으로 영향력을 행사하고자 시도하는 경우, 국고보조는 정당 활동의 자유를 제한할 수 있다. 따라서 정당 활동의 자유는 본질적으로 국고보조의 방법에 달려있다.[98)]

그러나 오늘날 법치국가에서 국가의 보조금지급에 의하여 초래될 수 있는 이러한 위험은 행정청의 재량을 배제하는 명확한 지급기준 및 이에 대응하여 국고보조금의 지급을 요구할 수 있는 정당의 권리를 법적으로 확정함으로써, 그리고 행정청에 의한 지급기준의 형식적 집행에 의하여 충분히 대처할 수 있다. 정당에 대한 국고보조는 언제나 정당간의 경쟁상황에 영향을 미친다는 것을 의미하기 때문에 정당의 자유라는 기본권의 관점에서 본질적인 것이고, 이러한 관점에서 소위 '본질성이론'에 따라 입법자는 국고보조에 관한 결정을 스스로 내려야 한다.[99)] 국가가 정당에 대하여 정치적 영향력을 행사할 수 있는 위험이 보조금지급의 법치국가적 확정을 통하여 배제될 수 있으므로, 국고보조금의 문제는 일반적으로 생각하는 바와 같이 '정당에 대한 국가의 지배나 간섭'의 위험으로부터 초래되는 문제가 아니다.[100)] 국가가 정치적으로 중립적인 방법으로 보조하는 경우, 정당은 국가로부터 아무런 구속을 받지 아니한다.

(2) 국고보조로 인한 정당기능 약화의 위험성

그렇다면 정당재정과 관련하여 '국가로부터 정당의 자유'란 다른 의미로, 즉 '정당은 그 재정에 있어서 원칙적으로 국가에 의존해서는 안 된다'는 의미로 이해되어야 한다.[101)] 국고보조의 헌법적 문제점은 정당에 대한 국가적 간섭의 우려가 아니라, 정당국가에서 정당이 정치자금을 임의로 예산에 계상함으로써 국고에서 마음대로 가져간다는 것에 있고, 재정적으로 국민에게 의존하는 대신 국가에게 의존한다는 것에 있다. 정당은 사회에 그 존립기반을 둔 국민의 자발적 결사로서 국민들 사이에 뿌리를 내려야만, 국민과 국가 사이에서 중개자로서의 역할을 할 수 있다. 정당의 존속여부 및 정치적 성

---

98) Vgl. BVerfGE 85, 264, 287; Morlok, in: Dreier, Grundgesetz Kommentar, 2006, Art.21 Rn.68.

99) Vgl. Morlok, in: Dreier, Grundgesetz Kommentar, 2006, Art.21 Rn.105.

100) 국가권력에 의한 간섭과 영향의 위험을 언급하고 있는 국내 문헌으로 계희열, 헌법학(상), 2004, 280면 참조. 또한, 독일 연방헌법재판소의 1966년 초기 판례에서는(BVerfGE 20, 56, 97) '국민의사형성의 자유롭고 개방적인 과정이 국가의 간섭에 의하여 저해되기 때문에, 선거비용에 대한 국고보조만이 허용되고 일반적 정당활동에 대한 국고보조는 허용되지 않는다'는 입장을 밝혔으나, 국고보조에 관한 후속결정에서 '정당에게 부과된 헌법적 과제의 이행을 위하여 필요한 정당재정(정당의 일반적 운영비용)을 일반적으로 보조하는 것은 헌법적으로 금지되지 않는다'고 판시하여 과거의 입장을 변경하였다(BVerfGE 85, 264, 285).

101) Vgl. BVerfGE 85, 264, 285f., 독일 연방헌법재판소는 위 결정에서, '국가로부터 정당의 자유란 국가로부터 정당의 독립성보장뿐만 아니라, 정당이 사회적 영역에 뿌리를 두고 있는 결사로서의 성격을 유지할 것을 요청한다. 정당은 정치적으로뿐만 아니라 재정적으로 그리고 그 조직에 있어서도 국민의 동의와 지지에 의존해야 한다. 그러므로 유권자의 지지를 얻고자 하는 정당의 시도가 실패하는 경우, 정당은 이에 대하여 스스로 위험부담을 져야 하며, 이러한 위험부담이 국고보조에 의하여 상쇄되어서는 안 된다. 정당이 그의 재정을 당원과 기부자의 지원을 통하여 스스로 충당하고자 노력해야 할 필요성이 국고보조에 의하여 제거된다면, 국가로부터 정당의 자유는 침해되는 것이다. 이러한 경우, 정당은 사회의 뿌리로부터 유리될 위험이 있다.'고 판시하였다.

공의 여부는 국민의 지지에 달려 있다. 정당이 국민의 이익과 견해로부터 유리되어 활동하지 않도록, 즉 정당이 국민과 국가를 잇는 연결매체로서 기능할 수 있도록, 사회에 대한 정당의 의존성이 유지될 것이 요청된다.102) 정당은 사회로부터의 지원을 통하여 자신의 재정을 스스로 충당하고자 노력해야 하며, 스스로 개척해야 하는 사회의 자금원에 의존해야 한다.

그러나 국고보조는 정당으로 하여금 국민에의 인접성을 감소시키고 국민과의 관계를 소원하게 만든다. 국고보조는 국민들 사이에서 정당이 뿌리내릴 필요성을 감소시키고 스스로 국민들로부터 자금조달을 해야 할 필요성을 감소시킨다. 국고보조가 없는 경우에는 정당은 당원과 기부자의 지원에 의존하고 있고, 이러한 이유로 유권자와 밀접한 접촉을 가지지 않을 수 없지만, 국고보조를 받는 경우에는 국민의 자발적인 정치조직의 요소로부터 점점 멀어져 공적 과제를 이행하는 공행정기관의 일부가 될 위험이 있다.103) 이러한 현상은 결국 정당을 통한 국민의 정치적 참여의 가능성을 축소시키고 정당이 국민의사로부터 멀어지게 함으로써 국민과 국가 사이의 중개자로서의 정당의 기능을 약화시킨다. 그러므로 정당의 헌법적 기능을 확보하기 위해서는, 정당이 지나친 국고보조로 인하여 공영기관화 되는 것을 방지해야 한다. 그러므로 국고보조의 헌법적 한계는 헌법정책적으로 중요한 의미를 가진다.

(3) 국고보조에 관한 입법형성권의 한계

국고보조의 정도에 관하여 입법자에게는 폭넓은 형성권이 인정되나, 다음과 같은 관점에 의하여 헌법적 한계가 설정된다.104) 첫째, 공적 자금을 절약하여 사용해야 할 일반적인 헌법적 요청으로 말미암아, 국고보조는 정당의 기능을 유지하기 위하여 불가결한 것에 제한되어야 한다. 둘째, 정당이 국민과 국가 사이에서 중개자로서의 역할을 담당하기 위하여 불가결한 전제조건으로서 '사회에 대한 정당의 의존성'을 유지하고 확보하기 위하여, 국고보조는 정당 스스로의 정치자금조달에 대한 보완적 수단이어야 하고, 정당재정에 대한 부분적인 보조에 제한되어야 한다.105) 정당재정의 전부 또는 대부분을 국가재정으로 충당하는 것은 헌법과 합치하지 않는다.106)

국가가 무제한적으로 정당보조를 하는 경우에 발생하는 부작용과 국고보조를 하지 않는 경우 발생하는 부작용을 함께 고려하여, 국고보조는 적정한 수준에 제한되어야 한

102) Vgl. Morlok, in: Dreier, Grundgesetz Kommentar, 2006, Art.21 Rn.69.
103) Vgl. v. Arnim, Staatslehre der BRD, 1984, S.265f., 270, 278f.
104) Vgl. Morlok, in: Dreier, Grundgesetz Kommentar, 2006, Art.21 Rn.74.
105) Vgl. BVerfGE 85, 264, 290, 독일 연방헌법재판소는 '국고보조는 정당이 스스로 조달한 정치자금의 총액(또는 정당의 전체수입의 절반)을 넘어서는 안 된다'고 하여 국고보조의 상대적 상한선을 제시하면서, 나아가 '연간 모든 정당에게 지급할 수 있는 국고보조의 총액이 2억3천만 DM을 넘어서는 안 된다'고 하여 절대적 상한선을 확정하였다.
106) Vgl. BVerfGE 20, 56, 102; 52, 63, 85.

다. 즉, 한편으로는 일부 사회세력이나 재력가에 대한 정당의 의존성을 제한하기 위하여 국고보조가 요청되는 반면, 다른 한편으로는 사회에 대한 정당의 의존성이 유지될 수 있도록 국고보조가 제한되어야 한다. 결국, 국고보조의 한계를 설정하는 것은 '국고보조가 초래하는 위험의 방지'와 '사인의 정치헌금이 초래하는 위험의 방지'라는 두 가지 법익을 함께 고려하여 조화를 이루는 문제이다.[107)]

나. 국고보조금의 배분기준

(1) 차등적 배분을 요청하는 정당간의 기회균등원칙과 국가의 중립의무

국가는 정당에 대하여 국고보조금을 배분함에 있어서 정당간의 기회균등원칙을 준수해야 한다.[108)] 정당간의 기회균등원칙은 국가에 대하여 정당간의 경쟁에 간섭하거나 개입해서는 안 된다는 중립성을 요청한다. 국가가 정당간의 경쟁에 대하여 중립의무를 진다면, 경쟁을 왜곡하는 효과를 가진 모든 국가적 급부의 제공은 금지된다. 정당간의 경쟁은 추구하고자 하는 기본정책 등의 차이로 인하여 당원의 수, 유권자의 지지, 재정능력에 있어서 정당간의 차이로 나타나고, 정당간의 이러한 불평등은 자유롭고 개방적인 정치적 과정의 당연한 산물이다. 국가는 국민의 지지를 얻고자 하는 정당간의 경쟁을 통하여 형성된 정당간의 사실상의 차이를 평준화하고자 해서는 안 된다. 국민의 정치적 결정(정당선호)에 의하여 형성된 정당간의 사실상의 차이를 감안할 때, 모든 정당을 도식적으로 평등하게 취급하는 것은 국가의 중립성을 유지하는 것이 아니라, 정당간의 자유로운 경쟁의 결과인 사실상의 불평등을 인위적으로 평준화하기 위하여 군소정당에 일방적으로 유리한 경쟁상황을 형성하는 것이고, 이로써 오히려 정당간의 경쟁을 왜곡시키는 것이다. 결국, 국고보조의 배분에 있어서 도식적인 평등취급은 군소정당에게 당원과 유권자에 의하여 결정되는 영향력의 정도를 훨씬 넘어서는 경쟁의 기회를 부여한다.

(2) 결정적인 배분기준으로서 유권자의 지지도

국고보조와 관련하여 정당간의 기회균등원칙에 부합하는 배분 기준을 정함에 있어서 '정당재정에 있어서 국가로부터의 원칙적인 자유'의 요청, 즉 '정당이 헌법상 과제를 이행하기 위하여 사회 내에 뿌리를 내려야 하고 그 재정에 있어서 일차적으로 유권자와 국민의 지지에 의존해야 한다는 요청'이 고려되어야 한다.[109)] 그러므로 기회균등원칙의 관점에서, 국고보조는 '유권자의 지지'에 종속되어야 하고 이에 연계되어 각 정당에 배분되어야 한다. 정당에 대한 사회의 지지와 동의를 표현하는 지표가 국고보조의 배분기준으로서 고려되어야 하며, 이러한 기준으로서 무엇보다도 선거의 결과, 당원의 수(당비

---

107) Vgl. Grimm, Politische Parteien, in: HbVerfR, 2. Aufl., 1994, §14 Rn.53.
108) 정당간의 기회균등원칙의 자세한 내용에 관하여 위 Ⅱ. 2. 참조할 것.
109) Vgl. BVerfGE 85, 264, 292.

수입) 및 정치헌금의 규모가 고려된다.

이러한 관점에서 볼 때, 국고보조금의 배분에 있어서 일차적으로 고려되어야 하는 것은 '선거에서 각 정당에 대한 유권자의 지지도'이고, 나아가 당원의 모집과 정치헌금의 모금을 통하여 스스로 재정을 확보하고자 하는 정당의 노력과 이러한 노력의 결과인 '각 정당에 대한 유권자의 재정적 지지도'가 부차적인 기준으로서 고려될 수 있다. 즉, 국고보조금의 배분에 있어서 선거의 구체적 성과(정당의 득표수)가 주된 기준으로서, 당비수입과 정치헌금의 규모는 부차적 기준으로서 고려된다.[110] 국고보조금은 선거의 성과와 재정모집의 성과에 연계되어 배분되어야 하고, 이와 무관하게 지급되는 것은 정당간의 기회균등원칙에 위반된다.

그러므로 지난 선거에서 유효투표의 일정 비율 이상을 획득한 정당에 대하여 일괄적으로 지급함으로써 선거의 성과나 정당에 대한 유권자의 재정적 지원에 연계시키지 아니하는 '기본보조금'은 위헌의 소지가 있다.[111] 뿐만 아니라, 정당간의 당비수입과 기부금수입의 불균형을 시정하기 위하여 보조금을 지급하는 것도 위헌으로 간주된다.[112] 한편, 국고보조금을 선거의 성과와 재정모집의 성과에 완전히 비례하여 배분하는 것은, 재정능력에 있어서 거대정당과 군소정당의 차이를 심화시키고 정당간의 경쟁에서 재정이 열악한 군소정당의 경쟁의 기회를 약화시킬 위험이 있으므로, 입법자에게는 '적정한 차등화'를 통하여 정당간의 기회균등원칙을 실현할 수 있는 형성의 자유가 인정된다.

현행 정치자금법상 정당운영자금으로 매분기 지급되는 경상보조금은 원내교섭단체를 구성한 정당에 대하여 50%를 균등배분하고 나머지 정당에 2% 내지 5%를 지급한 뒤, 남는 보조금은 의석수와 총선 득표율에 따라 배분되는데, '교섭단체'를 주된 기준으로 하여 국고보조금을 배분하는 것은 '유권자의 지지'에 기반을 두지 않은 이질적 기준으로서 헌법적으로 문제가 있다.[113] 뿐만 아니라 의회의 '의석수'를 부차적 기준으로서 고려한다는 것은 의회에 진출한 정당과의 관계에서 의회에 진출하지 못한 정당을 차별하는

---

110) 1994년 개정된 독일 정당법 제18조 제3항은 국고보조의 배분에서 '유권자를 기준으로 하는 배당'과 '유권자로부터의 재정적 지원을 기준으로 하는 배당'을 구분하여, 유권자배당은 정당의 득표수에 의하여 계산하는데 각 정당이 얻은 5백만 표까지는 1,30 DM을 지급하고 이를 초과하는 득표수에 대해서는 1 DM을 지급하도록 규정하였고(선거에서 군소정당의 어려운 출발상황을 고려하기 위하여 보조를 점차 줄이는 방향으로 규율), 당비와 기부금수입(자연인 1人당 6000 DM까지만 고려)을 기준으로 하는 배당은 각 정당의 수입 1 DM 당 0.50 DM을 지급하도록 규정하였다.

111) 독일 연방헌법재판소는 1984년 도입된 기본보조금(정당투표에서 유표투표수의 2% 이상을 획득한 모든 정당에 대하여 구체적 성과와 무관하게 지급되는 국고보조금)을 위헌으로 판단하였다(BVerfGE 85, 264, 327).

112) 마찬가지로 다른 정당에 비하여 당비와 정치헌금의 수입이 적은 정당을 우대하고자 1984년 도입한 '불균형 시정 보조금'에 대해서도 연방헌법재판소는 위헌으로 판단하였다(BVerfGE 85, 264, 327).

113) 같은 취지로 권영설, 주요 쟁점으로 본 우리 정치과정의 헌법문제, 헌법학연구 제13권 제2호, 2007. 6. 38면 이하, 교섭단체를 중심으로 국고보조금을 배분하는 것에 대하여 이의를 제기하면서, 득표율 등에 따른 배분을 그에 대한 대안으로 제시하고 있다; 또한, 이종수, 정당제민주주의의 현안문제의 검토, 헌법학연구 제13권 제2호, 129면; 박승호, 정당에 대한 국고보조의 의의와 문제점, 정당과 헌법질서, 1995, 246면 이하.

효과를 가진다. 결국, 현행 국고보조금의 배분기준은 의회의 교섭단체와 의회진출정당에 일방적으로 유리하게 규정된 것으로 정당간의 기회균등원칙에 위반된다고 본다. 더욱이 현행 정치자금법상 기탁금의 배분도 국고보조금의 배분기준에 따라 이루어지므로, 이러한 배분기준이 정당간의 기회균등에 위배되는 효과는 더욱 증폭되고 있다.

Ⅴ. 위헌정당의 강제해산(헌법 제8조 제4항)

1. 정당해산조항의 二重的 성격

헌법 제8조 제4항은 "정당의 목적이나 활동이 민주적 기본질서에 위배될 때에는 정부는 헌법재판소에 그 해산을 제소할 수 있고, 정당은 헌법재판소의 심판에 의하여 해산된다."고 규정하고 있다. 오늘날 정당은 대의제 민주주의가 기능하기 위한 불가결한 요소이면서 동시에 민주주의의 잠재적 파괴자일 수 있다. 정당해산조항은 민주주의를 파괴하려는 세력으로부터 민주주의를 보호하려는 소위 '방어적 민주주의'의 한 요소이면서, 다른 한편으로는 헌법 스스로 정당의 정치적 성격을 이유로 하는 정당금지의 요건을 엄격하게 정함으로써, 가능하면 모든 정치적 세력이 자유롭게 정치의사형성과정에 참여할 수 있도록 민주적 정치과정을 최대한으로 개방하려는 규정이다.

헌법 제8조 제4항은 헌법적대적 정당의 요건과 정당의 위헌성을 확인하는 절차적 요건을 확정적으로 규정함으로써 헌법적대적 정당의 문제를 법치국가적으로 규율하고 있다. 헌법은 정당의 금지를 '민주적 정치과정의 개방성에 대한 중대한 침해'로서 이해하여, 다른 일반결사와는 달리 해산의 요건을 직접 규정하여 단지 제8조 제4항의 엄격한 요건 하에서만 해산될 수 있도록 허용하고 있다. 이에 따라 자유민주적 기본질서를 부정하고 이를 적극적으로 제거하려는 조직도 국민의 정치적 의사형성에 참여하는 한, '정당의 자유'의 보호를 받는 정당에 해당하며, 오로지 헌법재판소가 그의 위헌성을 확인한 경우에만 정당은 정치생활의 영역으로부터 축출될 수 있다.[114] 이로써 헌법재판소의 결정과 무관하게 확인될 수 있는 정당의 실체적 위헌성판단은 헌법적으로 존재하지 아니한다.

2. 정당의 정치적 성격을 이유로 하는 차별의 금지 및 정당설립에 대한 간섭의 금지

가. 정당설립의 자유에 대한 헌법 제8조 제4항의 의미

(1) 헌법 제8조 제4항은 헌법재판소에게 정당의 위헌성을 확인하는 독점적인 권한을 부여함으로써 헌법적대적 정당을 금지하는 권한을 법치국가적으로 제한하고 있다. 정당

114) 같은 취지로 헌재 1999. 12. 23. 99헌마135, 판례집 11-2, 800, 815.

의 위헌여부에 관한 헌법재판소의 독점적 결정권한은 정당에 대하여 매우 중요한 보호기능(소위 '정당특권')을 한다. 정당특권이란, 헌법재판소에 의한 위헌성 확인 時까지 정당은 금지되거나 차별받아서는 안 된다는 의미에서 '정당의 존속과 활동에 관한 특권'을 말한다. 헌법 제8조 제1항을 제4항과의 연관관계에서 볼 때, 국가가 정당의 설립목적이나 정치적 성격을 이유로 정당의 설립에 대하여 간섭할 수 없으며, 나아가 정당에 대한 정치적 평가를 이유로 정당을 차별하는 것은 정당설립의 자유와 합치될 수 없다는 결론이 나온다. 정당특권은 정당의 존속을 보장할 뿐만 아니라 정당의 정치적 활동과 당원의 정당정치적 활동도 보호한다.

만일 입법자가 정당의 정치적 성격을 문제 삼아 정당설립의 자유를 제한할 수 있다면, 이는 '정당의 설립은 자유이고, 일단 설립된 정당은 오로지 그 목적과 활동의 위헌성 때문에 금지될 수 있으며, 이러한 금지결정은 특별한 절차에서 오로지 헌법재판소만이 내릴 수 있다'는 헌법의 기본결정에 위반되는 것이다. 이는 결국 헌법재판소에 의하여 판단되어야 할 헌법적 문제에 관하여 입법자가 사전적으로 결정하는 것으로서 정당의 위헌여부에 관한 헌법재판소의 독점적 결정권한을 침해하는 것이다. 그러므로 입법자는 정당의 정치적 성격을 이유로 정당설립을 방해하거나 금지하는 어떠한 규정도 둘 수 없다고 할 것이다.

(2) 나아가, 헌법 제8조 제4항은 입법자가 정당의 정치적 성격이 아니라 '다른 공익적 목적'을 실현하기 위하여 정당설립·가입의 자유를 제한하는 경우에도 중대한 의미를 가진다.

심지어 '위헌적인 정당을 금지해야 할 공익'도 정당설립의 자유에 대한 입법적 제한을 정당화하지 못하도록 규정한 것이 헌법의 객관적인 의사라면, 입법자가 그 외의 공익적 고려에 의하여 정당설립금지조항을 도입하는 것은 원칙적으로 헌법에 위반된다.[115] 따라서 정당의 설립이나 가입을 금지하는 규정이 정당의 위헌성이나 정치적 성격 때문이 아니라 비록 다른 공익을 실현하기 위하여 도입된다 하더라도, 금지규정이 달성하려는 공익은 매우 중대한 것이어야 한다는 것을 뜻한다. 따라서 민주적 의사형성과정의 개방성을 보장하기 위하여 정당설립의 자유를 최대한으로 보호하려는 헌법의 정신에 비추어, 정당의 설립 및 가입을 금지하는 법률조항은 이를 정당화하는 사유의 중대성에 있어서 적어도 '민주적 기본질서에 대한 위반'에 버금가는 것이어야 한다.[116]

115) 헌재 1999. 12. 23. 99헌마135, 판례집 11-2, 800, 815.

116) 헌법재판소는 경찰청장 직무의 정치적 중립성을 확보하기 위하여 경찰청장 퇴임 후 2년 동안 정당의 발기인이나 당원이 되지 못하도록 규정한 경찰법규정에 대하여 '정당설립의 자유에 대한 제한은 오늘날의 정치현실에서 차지하는 정당의 중요성 때문에 원칙적으로 허용되지 않는다는 것이 헌법의 결정이므로, 헌법재판소는 정당설립의 자유에 대한 제한의 합헌성의 판단과 관련하여 수단의 적합성 및 최소침해성을 심사함에 있어서 입법자의 판단이 명백하게 잘못되었다는 소극적인 심사에 그치는 것이 아니라, 입법자로 하여금 법률이 공익의 달성이나 위험의 방지에 적합하고 최소한의 침해를 가져오는 수단이라는 것을 어느 정도 납

나. 정당의 위헌성을 이유로 하는 정당에 대한 차별의 금지

정당의 위헌여부에 관한 헌법재판소의 독점적 결정권은 다른 국가기관에 의한 위헌성확인을 배제할 뿐만 아니라, 나아가 헌법재판소가 정당의 위헌성을 확인하기 전에 정당을 법적으로 위헌적인 것으로 간주하거나 불리하게 취급하는 것을 전반적으로 금지한다.[117] 헌법재판소의 독점적 결정권한은 다른 국가기관의 권한행사를 봉쇄하는 효과가 있다. 정당에 대한 이러한 보호효과는 일차적으로 합헌적 정당을 위한 것이나, 위헌성이 아직 확인되지 아니한 헌법적대적 정당에게도 유리하게 작용한다. 합헌적 정당은 정치적 논쟁에서 위헌정당의 오명을 쓰고 정치적으로 방해받는 것으로부터 보호받아야 하며, 위헌적이지만 아직 금지되지 아니 한 정당도 헌법재판소의 위헌확인이 있기까지는 정당의 자유와 기회균등이 보장되어야 한다.

따라서 국가기관이나 지방자치단체는 정당의 헌법적대적 성격을 이유로 선거운동이나 정당의 행사에 필요한 공공시설의 제공을 거부해서는 안 된다. 헌법적대적인 정당도 헌법재판소결정에 의하여 금지되지 않은 이상 합헌적인 정당으로서 다른 정당과의 관계에서 불이익을 받아서는 아니 되므로, 국가가 정당에게 급부를 제공한다면 정당의 기회균등의 관점에서 모든 정당은 공공시설을 균등하게 사용할 권리를 가진다. 또한, 헌법재판소의 독점적 결정권한에 비추어, 행정청이나 행정법원은 정당의 위헌여부를 처분이나 재판의 선결문제로서 부수적인 심사를 통하여 확인할 수 없다. 헌법재판소의 독점적 결정권한은 동시에 법원의 부수적 심사에 대한 금지를 의미한다. 법원이 구체적 소송사건에서 재판의 전제로서 정당의 위헌성을 심사하는 것은 헌법재판소에 전적으로 부여된 결정권한과 부합하지 않는다.

여기서 제기되는 또 다른 문제는, 헌법재판소에 의하여 금지되지 않은 정당이 선거운동이나 정치적 논쟁에서 국가기관이나 다른 정치적 단체 또는 사인에 의하여 '헌법적대적' 또는 '위헌적' 정당으로 불리고 공적으로 비난받을 수 있는지 하는 것이다. 구체적이고 객관적인 사실을 근거로 이루어지는 정당의 위헌성에 관한 논의나 정당에 대한

득시킬 것을 요청한다. 만일, 정당설립의 자유와 같이 원칙적으로 제한될 수 없다는 것을 헌법이 명시적으로 밝히고 있는 경우에도, 헌법재판소가 법률이 그를 통하여 달성하려는 목적을 실현하기에 명백하게 부적합한지의 여부만을 심사한다면, 입법자는 중대한 공익이나 방지해야 할 위험이 현존함을 주장하여 입법목적의 달성에 조금이라도 기여하는, 생각할 수 있는 모든 입법수단을 동원하게 될 것이기 때문이다. 헌법은 정당의 자유에 대한 제한을 원칙적으로 허용하지 아니하므로, 입법자가 이 사건 법률조항을 통하여 개입하지 않는다면 중대한 공익이 손상될 가능성이 매우 크다는 것이 어느 정도 명백하게 드러나는 경우에만, 비로소 민주주의 실현에 있어서 중요한 기본권인 정당설립 및 가입의 자유에 대한 제한은 정당화될 수 있다.' 라고 판시함으로써, 엄격한 심사기준을 적용하여 위헌으로 판단하였다(헌재 1999. 12. 23. 99헌마135, 판례집 11-2, 800, 816-821).

117) Vgl. Maurer, Das Verbot politischer Parteien, AöR 96(1971), S.230; Grimm, Politische Parteien, in: HbVerfR, 2. Aufl., 1994, §14 Rn.35; Morlok, in: Dreier, Grundgesetz Kommentar, 2006, Art.21 Rn.154.

부정적 평가 또는 정당해산제소의 당위성과 필요성을 판단하기 위한 공적 토론은 당연히 허용된다.[118] 국가기관 또는 사인이 정치적 논쟁에서 객관적 사실을 근거로 정당의 목적이나 활동의 헌법적 문제점을 지적하고 이를 계기로 정당의 위헌성에 관한 공적 토론을 야기하는 것은 헌법적대적 정당에 대한 정치적 투쟁이 가능하기 위한 사실적 전제로서 당연히 허용되어야 한다. 정당의 위헌성에 관한 사전적인 공적 논의 없이 정부가 정당해산을 사실상 제소할 수 없다는 점에서도 정당의 위헌성에 대한 정치적 논쟁이 방해를 받아서는 안 된다. 한편, 국가기관이 특정 정당을 '헌법적대적 정당'으로 공적으로 평가하는 것은 정당의 자유에 대한 사실적 제한에 해당하기 때문에, 기본권의 제한은 법률로써 이루어져야 한다는 법률유보의 관점에서 법률상의 근거를 필요로 한다.[119]

다만, 헌법재판소에 유보된 독점적 결정권한에 의하여 금지되는 것은 '특정 정당이 위헌정당'이라는 일방적이고 합리적인 근거 없는 평가와 발언이다. 정부를 비롯한 국가기관은 합리적인 근거 없이 특정 정당을 공적으로 '위헌정당'으로 낙인찍어서는 안 된다. 이러한 경우, 국가기관은 정당의 위헌성확인에 관한 헌법재판소의 전속적 권한을 부당하게 행사하는 것이고, 이로써 헌법 제8조 제4항의 명시적 요청을 우회하여 정당의 특권을 침해하는 것이다.[120]

다. 정당의 위헌성을 이유로 하는 당원에 대한 차별의 금지

헌법 제8조 제4항의 정당특권은 그 효과에 있어서 정당에 국한되는 것이 아니라 간접적으로 당원의 정치적 활동에도 미친다. 정당해산의 요건을 충족시킴에도 불구하고 정당특권으로 인하여 아직 해산되지 아니한 정당이 있을 수 있다. 헌법재판소의 결정에 의하여 정당의 위헌성이 확인되지 않은 이상, 정당의 존재와 활동, 이로써 또한 당원의 신분도 합헌적이다. 헌법이 의도하는 정당의 특권이 空洞化되지 않으려면, 법적 차별이나 불이익의 금지가 '정당'에만 적용되어서는 아니 되고 '당원'에게도 확대되어야 한

118) Vgl. Maurer, Das Verbot Politischer Parteien, AöR 96(1971), S.232ff.; v. Münch, Staatsrecht I, 2000, Rn.287; Morlok, in: Dreier, Grundgesetz Kommentar, 2006, Art.21 Rn.155.

119) 독일 연방헌법재판소는 NPD 정당을 '헌법적대적 정당이며 자유민주적 기본질서에 대한 위험요소'라고 언급한 연방내무성장관의 발언에 대하여, '연방내무성장관의 평가는 자유민주적 기본질서를 수호해야 하는 그의 헌법적 의무를 이행하기 위한 것으로, 이러한 부정적 평가에 의하여 당해정당에 어떠한 법적 효과도 발생하지 않는다. 연방내무성장관의 부정적 평가로 인하여 정당에게 사실상의 불리함이 발생한다면, 헌법상 정당조항은 이러한 사실상의 불리함으로부터 보호하지 않는다. 정당조항은 단지 법적 불리함으로부터 보호하는 것이다.'는 취지로 판시하였다(BVerfGE 40, 287, 293). 그러나 연방정부의 발언에 의하여 정치적 의사형성에 참여하는 정당의 권리가 제한되기 때문에, 정당의 자유에 대한 '사실적 제한'이 존재하는 것으로 보아야 한다, vgl. Zippelius/Würtenberger, Deutsches Staatsrecht, 2005, S.93; Morlok, in: Dreier, Grundgesetz Kommentar, 2006, Art.21 Rn.155.

120) 따라서 정부가 특정 정당을 아무런 근거 없이 공적으로 헌법적대적 정당으로 비난하는 경우에는 당해정당에게는 행정법원에 발언의 취소를 요구할 수 있는 공법상의 권리가 인정되어야 한다.

다.[121] 그러므로 국가가 헌법재판소에 의하여 아직 금지되지 아니한 정당에 소속된 당원의 활동을 제한하거나 금지함으로써 정당특권조항을 우회하여 정당 활동을 사실상 방해하는 것은 허용되지 않는다.

당원에 대한 차별금지와 관련하여 제기되는 또 다른 문제는, 공무원의 임용에 있어서 위헌성이 의심되는 정당의 소속이 고려될 수 있는지, 아니면 헌법재판소의 결정시까지 정당의 합헌성이 추정되는 '정당특권'에 비추어, 위헌적 목표를 추구하는 정당의 당원 신분을 공직자로서의 임용을 거부하는 근거로 삼아서는 안 되는 것인지 하는 것이다. 정당특권에도 불구하고, 위헌성의 의심이 있는 정당의 소속은 그 자체만으로는 공무원임용거부의 사유가 될 수는 없으나, '공무원의 충성의무'를 판단하는 중요한 징표로 고려될 수 있다.[122] 위헌의 의심이 있는 정당이 정치의사형성과정에 참여하는 것을 헌법재판소의 독점적 결정권으로 인하여 수인해야 하는 것과 공무원으로 임용함에 있어서 헌법충성의 의무를 판단하기 위하여 개인의 정당소속을 고려하는 것은 원칙적으로 별개의 문제이다. 헌법 제8조 제4항의 정당특권은 소속정당이 헌법재판소에 의하여 금지되지 않는 이상 '개인'에게 헌법을 부인하고 합법적 수단을 사용하여 정치적으로 투쟁할 수 있는 자유를 부여하는 반면, 공무원의 충성의무는 '공무원'으로부터 헌법을 준수하고 수호할 것을 요청하고 있기 때문이다.[123]

Ⅵ. 정당관련 입법에 대한 헌법재판소의 엄격한 司法的 統制의 필요성

정당간의 기회균등원칙은 정당간의 경쟁질서가 기능하기 위한 필수적인 조건이다. 그러나 정당간의 경쟁에 대하여 중립의무가 있는 국가가 스스로 '정당정치적으로 구성된 국가'라는 정당국가적 현실은 정당간의 기회균등원칙을 실현하는 사실상의 어려움을 드러내고 있다. 의회에 진출한 정당들은 신생정당과의 관계에서, 집권당은 야당과의 관계에서 입법권을 자신에게 유리하게 행사함으로써 경쟁자에게 불리한 경쟁조건을 형성하고자 하는 유혹이 상존한다.

정당관련 입법은 형식적으로는 입법자에 의하여 제정되나, 입법의 실질적 주체는 정당의 대표자인 의원과 이로 구성되는 원내 교섭단체이다. 그러므로 입법자가 국가의 정당보조를 비롯하여 정당관련 법률을 제정하는 경우, 의회는 실질적으로 '자기관련 사안에 대하여 결정'을 하는 것이다.[124] 입법자가 직접적 또는 간접적 수혜자로서 자신의 이

121) Vgl. Grimm, Politische Parteien, in: HbVerfR, 2. Aufl., 1994, §14 Rn.35.

122) Vgl. v. Münch, Staatsrecht Ⅰ, 2000, Rn.288; Maurer, Staatsrecht, 1999, §23 Rn.10; Ipsen, Staatsrecht Ⅰ, 2005, Rn.1038; Kunig, Parteien, in: HbStR, Bd.Ⅱ, 1987, §33 Rn.44; BVerfGE 39, 334, 359.

123) Vgl. BVerfGE 39, 334, 358f., '공무원의 임용에 있어서 제기되는 문제는 지원자가 그의 정당소속으로 인하여 불이익을 받는지에 관한 것이 아니라, 자유민주적 기본질서를 신봉한다는 것을 개인적으로 보장하는지에 관한 것이다'라고 판시하였다.

해관계에 관하여 스스로 규율하는 경우, 예컨대 정당재정, 의원의 歲費 인상, 선거구획정에 관한 법률, 정당관련입법 등을 제정하는 경우에는 입법권이 남용될 수 있는 위험성이 존재하기 때문에, 헌법재판소의 보다 엄격한 심사가 요청된다.[125)]

특히 국고보조에 관한 입법의 경우, 집권당에 대한 야당의 통제장치가 거의 작동하지 않는다는 문제가 있다. 국고보조에 관한 한, 의회에 진출한 정당은 '정치적 카르텔'을 형성하여 국고로부터 마음껏 정당재정을 보조하고자 하는 유혹에 빠질 수 있으며, 나아가 의회에 진출하지 아니한 군소정당에게 불리하게 규율하는 방향으로 입법권을 남용할 위험이 있다. 그러므로 의회 내의 통제장치가 기능하지 않는 상황에서 국고보조에 대한 통제가능성으로는 단지 정당재정의 공개의무를 통한 통제와 헌법재판소에 의한 통제가 고려될 수 있을 뿐이다.[126)] 국고보조에 관한 법률은 '자기관련 사안에 대한 결정'일 뿐만 아니라, 유권자로부터 정당을 멀어지게 함으로써 사회에 대한 정당의 의존성과 정당 본래의 중개적 기능을 약화시키고 정당의 국가기관화를 조장한다는 점에서 민주적 정치구조 전반에 대하여 매우 중요한 영향을 미치기 때문에, 이러한 관점에서도 헌법재판소에 의한 엄격한 심사가 정당화된다.[127)]

그러나 헌법재판소의 종래 정당관련 판례를 살펴보면, 입법자가 정당에 관하여 규율하는 경우에는 자신의 이해관계를 스스로 규율하는 것으로 전형적으로 입법권남용의 위험이 있음에도 이를 간과하여 매우 관대한 판단을 하고 있음을 확인할 수 있다.[128)] 그러나 입법형성권에 대한 헌법재판소의 원칙적인 존중에도 불구하고, 바로 이러한 영역에서는 헌법적으로 엄격한 심사가 요청되고 있음을 인식해야 한다.

---

124) Vgl. BVerfGE 40, 296, 327, 독일 연방헌법재판소는 '의원세비 결정'(Diätenurteil)에서 의회가 의원세비를 결정함에 있어서 '자기관련 사안에 대하여 결정'(Entscheidung in eigener Sache)한다는 것을 명시적으로 강조하였다.

125) Vgl. BVerfGE 20, 56ff.; 40, 296ff.

126) Vgl. v. Arnim, Staatslehre der BRD, 1984, S.266ff.

127) Vgl. v. Arnim, Staatslehre der BRD, 1984, S.270f.

128) 가령, 헌법재판소는 헌재 2006. 7. 27. 2004헌마655 결정에서 교섭단체를 구성한 정당에 대하여 국고보조금의 100분의 50을 정당별로 균등하게 배분하는 정치자금에 관한 법률규정에 대하여, 이 사건 법률조항은 '다수의석을 가진 원내 중심주의'를 채택하고 있다는 데에 기초하고 있다는 논거로 교섭단체를 배분기준으로 삼은 것을 합헌으로 판단하였다. 또한, 헌재 2006. 5. 25. 2005헌마1095 결정에서 헌법재판소는 지역구 국회의원선거 후보자와 광역지방자치단체선거 후보자 등에게는 정치자금을 모금할 수 있는 후원회를 허용하면서 기초자치단체장 후보자의 경우에는 이를 배제하는 정치자금법 제6조에 대하여 정당소속 후보자와 그렇지 못한 후보자 사이에 발생하는 실제적 차이는 '우리 헌법이 정당국가적 민주주의를 채택한 결과'라고 관대하게 판단하고 있다.

참고문헌

권영설, 주요 쟁점으로 본 우리 정치과정의 헌법문제, 헌법학연구 제13권 제2호, 2007. 6.
계희열, 헌법학(상), 2004
김선택, 정당의 민주화를 위한 법적 방안, 정당과 헌법질서, 1995
박승호, 정당에 대한 국고보조의 의의와 문제점, 정당과 헌법질서, 1995
이종수, 정당제민주주의의 현안문제의 검토, -현행 정당등록제도 및 정당등록취소제도와 정치자금제도를 중심으로-, 헌법학연구 제13권 제2호, 2007. 6.
정만희, 정치관계법의 근본문제와 개정방향, 헌법학연구 제13권 제2호, 2007. 6.
정태호, 정당설립의 자유와 현행 정당등록제의 위헌성에 대한 관견, 인권과 정의 제343호, 2005. 3.
한태연, 헌법학, 1983
허영, 한국헌법론, 2004

v. Arnim, Politische Parteien, DÖV 1985
______, Staatslehre der Bundesrepublik Deutschland, 1984
______, Der strenge und der formale Gleichheitssatz, DÖV 1984
Böckenförde, Demokratie als Verfassungsprinzip, in: Isensee/Kirchhof(Hg), Handbuch des Staatsrechts (HbStR), Bd.Ⅱ, 2004, §24
______, Demokratische Willensbildung und Repräsentation, in: Isensee/Kirchhof(Hg), Handbuch des Staatsrechts (HbStR), Bd.Ⅱ, 1987, §30
Frotscher, Die parteienstaatliche Demokratie-Kennzeichen und Zukunftsperspektiven, DVBl 1985
Grimm, Politische Parteien, in: Benda/Maihofer/Vogel(Hg), Handbuch des Verfassungsrechts der Bundesrepublik Deutschland (HbVerfR), 2. Aufl., 1994, §14
______, Verbände, in: Benda/Maihofer/Vogel(Hg), Handbuch des Verfassungsrechts der Bundesrepublik Deutschland (HbVerfR), Bd. I, 1994, §15
Hesse, Grundzüge des Verfassungsrechts der Bundesrepublik Deutschland, 19. Aufl., 1993
Ipsen, Staatsrecht Ⅰ, 2005
J. H. Kaiser, Die Repräsentation organisierter Interessen, 2. Aufl., 1978
Kloepfer, Öffentliche Meinung, Massenmedien, in: Isensee/Kirchhof(Hg), Handbuch des Staatsrechts (HbStR), Bd.Ⅱ, 1987, §35
Kriele, Das demokratische Prinzip im Grundgesetz, VVDStRL 29(1971)
Kunig, Parteien, in: Isensee/Kirchhof(Hg), Handbuch des Staatsrechts (HbStR), Bd.

Ⅱ, 1987, §33

Maurer, Staatsrecht, 1999

______, Die Rechtsstellung der politischen Parteien, JuS 1991

______, Das Verbot politischer Parteien, AöR 96(1971)

Morlok, in: Dreier, Grundgesetz Kommentar, 2006, Art.21

v. Münch, Staatsrecht I, 2000

v. Münch/Kunig, Grundgesetz Kommentar (GGK), 2001, Art.38

M. Reichel, Das Demokratische Offenheitsprinzip und seine Anwendung im Recht der politischen Parteien, 1996

Schiffer/Wolff, Staatliche Willensbildung und nichtstaatliche Organisationen, AöR 116(1991)

Schmitt Glaeser, Die grundrechtliche Freiheit des Bürgers zur Mitwirkung an der Willensbildung, in: Isensee/Kirchhof(Hg), Handbuch des Staatsrechts (HbStR), Bd.Ⅱ, 1987, §31

Stolleis, Parteienstaatlichkeit-Krisensymptome des demokratischen Verfassungsstaats?, VVDStRL 44(1986)

Zippelius, Allgemeine Staatslehre, 1992

Zippelius/Würtenberger, Deutsches Staatsrecht, 31. Aufl., 2005

제2주제

정당의 개념과 정당등록제도의 헌법적 문제점*

－헌재 2006. 3. 30. 2004헌마246 결정에 대한 판례평석을 중심으로－

Ⅰ. 문제의 제기

헌법재판소는 2006. 3. 30. 선고된 2004헌마246 결정에서, 정당의 등록요건으로 "5 이상의 시·도당과 각 시·도당 1,000명 이상의 당원"을 요구하는 구 정당법 제25조와 제27조(이하 '이 사건 법률조항'이라 한다)가 군소정당인 청구인 '사회당'의 정당설립의 자유를 침해하는 위헌적 법률조항이라고 볼 수 없다는 이유로, 헌법소원을 기각하는 결정을 선고하였다.

헌법재판소는 위 결정에서 처음으로 명시적으로 '헌법상 정당의 개념'을 정의하였는데, 헌법재판소의 개념정의가 헌법상 정당조항(제8조) 및 민주주의에 대한 헌법의 이해와 부합하는지, 특히 자유민주주의를 긍정해야 할 의무 및 공익을 실현해야 할 의무가 정당의 개념적 요소에 속하는 것인지에 대한 근본적인 의문이 제기된다.

뿐만 아니라, 헌법재판소는 이 사건 법률조항의 위헌성을 판단함에 있어서 개정 정당법에서 정당의 등록요건을 정한 것은 '지역정당과 군소정당의 배제'라는 입법목적을 달성하기 위한 것이라고 판시하고 있는데, 이러한 입법목적이 정당설립의 자유에 대한 제한을 정당화하는 입법목적이 될 수 있는지에 대한 의문이 제기된다. 나아가, 입법자가 정당의 등록요건을 정함으로써 정당설립의 자유를 제한하는 것이 헌법적으로 허용되

---

* 위 논문은 2008년 6월, 저스티스(한국법학원) 제104호, 163-188면에 게재된 것을 일부 수정한 것이다.

는지, 현행 정당법이 규정하는 정당등록요건 및 정당등록취소요건이 정당설립의 자유와 부합하는지의 문제도 함께 규명되어야 한다.

이 글에서는 헌법 제8조의 정당조항의 헌법적 의미와 내용, 대의제 민주주의 내에서 정당의 기능과 과제 등에 비추어 헌법적 의미의 정당 개념('헌법상 정당 개념')을 확인한 후(아래 Ⅲ.), 정당법상 정당 개념과 등록제도 및 등록요건·등록취소요건의 합헌성여부를 판단하고자 한다(아래 Ⅳ.). 이어서 대상결정의 헌법적 문제점과 관련하여 정당에 대한 헌법재판소의 이해, 특히 정당 개념에 대한 이해가 타당한 것인지를 검토한 다음(아래 V. 1.), 헌법재판소가 이 사건 법률조항의 입법목적으로 언급한 법익이 정당설립의 자유에 대한 제한을 정당화할 수 있는 입법목적인지, 이 사건 법률조항이 법정 시·도당 數 및 시·도당의 당원 數의 확정을 통하여 정당의 자유를 제한하는 것이 헌법적으로 정당화되는 것인지를 살펴보기로 한다(아래 V. 2.).

Ⅱ. 대상결정(헌재 2006. 3. 30. 2004헌마246)의 내용

1. 사건의 개요

2003. 3. 12. 공포·시행된 개정 정당법에서는 정당의 등록요건으로 제25조에서 "정당은 5 이상의 시·도당을 가져야 한다."고 규정하였고, 제27조에서는 "시·도당은 1천인 이상의 당원을 가져야한다."고 규정하였다.[1] 그리고 동법 부칙 제2조 및 제3조는, 동법 시행 당시 종전의 규정에 의하여 등록된 정당은 제25조의 개정규정에 의한 법정 시·도당 數 및 제27조의 개정규정에 의한 법정 당원 數에 흠결이 있는 때에는 동법 시행일부터 180일 이내에 이를 보완하여야 하고, 보완하지 아니한 정당에 대하여는 동법 부칙 제4조에 따라 선거관리위원회가 등록을 취소하도록 규정하였다. 이에 청구인 사회당은 위 정당법상의 이러한 요건들을 충족하는 것이 군소정당인 청구인의 입장에서는 거의 불가능하므로, 이 사건 법률조항으로 인하여 헌법 제8조 제1항의 정당설립의 자유가 침해되었다고 주장하면서 헌법재판소법 제68조 제1항에 따라 이 사건 헌법소원 심판을 청구하였다.

2. 결정이유의 요지

가. 정당의 개념표지 및 정당등록제도의 의의

(1) 헌법은 제8조 제2항에서 "정당은 … 국민의 정치적 의사형성에 참여하는데 필요

---

1) 2005. 8. 4. 전문개정된 현행 정당법에서도 위 규정들은 조문의 위치만을 달리 할 뿐, 동일한 내용으로 그대로 유지되고 있다(제17조 및 제18조).

한 조직을 가져야 한다."고 규정하고 있고, 정당법 제2조는 "이 법에서 정당이라 함은 국민의 이익을 위하여 책임 있는 정치적 주장이나 정책을 추진하고 공직선거의 후보자를 추천 또는 지지함으로써 국민의 정치적 의사형성에 참여함을 목적으로 하는 국민의 자발적 조직을 말한다."고 규정하고 있다.

이와 같은 우리 헌법 및 정당법상 정당의 개념적 징표로서는 ① 국가와 자유민주주의 또는 헌법질서를 긍정할 것, ② 공익의 실현에 노력할 것, ③ 선거에 참여할 것, ④ 정강이나 정책을 가질 것, ⑤ 국민의 정치적 의사형성에 참여할 것, ⑥ 계속적이고 공고한 조직을 구비할 것, ⑦ 구성원들이 당원이 될 수 있는 자격을 구비할 것 등을 들 수 있다. 즉, 정당은 정당법 제2조에 의한 정당의 개념표지 외에 예컨대 독일의 정당법(제2조)이 규정하고 있는 바와 같이 "상당한 기간 또는 계속해서" "상당한 지역에서" 국민의 정치적 의사형성에 참여해야 한다는 개념표지가 요청된다고 할 것이다.

(2) 정당법은 제4조 제1항에서 "정당은 중앙당이 중앙선거관리위원회에 등록함으로써 성립한다."고 하여 정당등록을 정당설립의 요건으로 규정하고 있다. 이러한 정당의 등록제도는 어떤 정치적 결사가 정당에 해당되는지의 여부를 쉽게 확인할 수 있게 해 주며, 이에 따라 정당에게 부여되는 법률상의 권리 · 의무관계도 비교적 명확하게 판단할 수 있게 해 준다. 이러한 점에서 정당등록제는 법적 안정성과 확실성에 기여한다고 평가할 수 있다.

나. 정당설립의 자유의 침해여부

(1) 심사기준

이 사건 법률조항으로 말미암아 청구인의 정당설립의 자유가 침해되는지 여부를 판단함에 있어 심사기준은 우선 그 입법목적이 헌법상 입법자가 추구할 수 있는 정당한 목적인지 여부에 대한 판단과, 그러한 입법목적의 달성을 위하여 이 사건 법률조항이 취하고 있는 수단이 합리적인 비례관계를 유지하고 있는지 여부라고 할 것이다.

(2) 입법목적의 정당성

이 사건 법률조항의 입법목적은 이른바 지역정당과 군소정당을 배제하려는 것으로 판단된다. 즉, 정당에게 5 이상의 시 · 도당을 요구한 제25조의 규정은 특정 지역에 지역적 연고를 두고 설립 · 활동하려는 이른바 "지역정당"을 배제하려는 취지로 볼 수 있고, 각 시 · 도당에게 1천인 이상의 당원을 요구한 제27조의 규정은 아직 당원을 충분히 확보하지 못하여 일정규모 이상 국민의 지지를 받지 못하거나 이익을 대변하지 못한다고 판단되는 이른바 "군소정당"을 배제하려는 취지로 볼 수 있다.

우선 우리 헌법의 대의민주적 기본질서가 제 기능을 수행하기 위해서는 의회 내의 안정된 다수세력의 확보를 필요로 한다는 점에서, 군소정당의 배제는 그 목적의 정당성이 인정될 수 있다. 다만 지역정당의 배제가 정당한 목적으로 인정될 수 있는가에 대해서는 이론이 제기될 수 있다. 그러나 지역적 연고에 지나치게 의존하는 정당정치풍토가 우리의 정치현실에서 자주 문제시되고 있다는 점에서 볼 때, 단지 특정지역의 정치적 의사만을 반영하려는 지역정당을 배제하려는 취지가 헌법적 정당성에 어긋난 입법목적이라고 단정하기는 어렵다. 따라서 이 사건 법률조항의 입법목적은 정당한 것이라고 할 것이다.

(3) 목적과 수단 간의 비례성

이 사건 법률조항이 5개 이상의 시·도당 및 각 시·도당마다 1,000명 이상의 당원을 갖추어야만 정당으로서 등록할 수 있도록 규정한 것은 "지역정당" 및 "군소정당"을 배제하려는 취지이며, 이와 같은 규정내용은 특정 지역에만 조직이 형성되는 것을 막고, 5개 이상의 시·도에 각 조직이 구성되고 그 조직 내에 일정 수 이상의 당원이 활동할 것을 요구함으로써 선거단체 및 소규모 지역정치단체들이 무분별하게 정당에 편입되는 것을 억제하기에 적합한 수단이라고 할 것이다.

한편 이 사건 법률조항은 헌법 제8조 제2항이 규정하고 있는바 "국민의 정치적 의사형성에 참여하는데 필요한 조직" 요건을 구체화함에 있어서 5개 이상의 시·도당 및 각 시·도당마다 1,000명 이상의 당원을 갖추도록 규정하고 있는바, 이와 같이 전국 정당으로서의 기능 및 위상을 충실히 하기 위해서 5개의 시·도당을 구성하는 것이 필요하다고 본 입법자의 판단이 자의적이라고 볼 수 없고, 각 시·도당 내에 1,000명 이상의 당원을 요구하는 것도 우리나라 전체 및 각 시·도의 인구를 고려해 볼 때, 청구인과 같은 군소정당 또는 신생정당이라 하더라도 과도한 부담이라고 할 수 없다.

따라서 이 사건 법률조항이 비록 정당으로 등록되기에 필요한 요건으로서 5개 이상의 시·도당 및 각 시·도당마다 1,000명 이상의 당원을 갖출 것을 요구하고 있기 때문에 국민의 정당설립의 자유에 어느 정도 제한을 가하는 점이 있는 것은 사실이나, 이러한 제한은 "상당한 기간 또는 계속해서", "상당한 지역에서" 국민의 정치적 의사형성과정에 참여해야 한다는 정당의 개념표지를 구현하기 위한 합리적인 제한이라고 할 것이므로, 그러한 제한은 헌법적으로 정당화된다고 할 것이다

Ⅲ. 헌법 제8조 정당조항의 의미 및 헌법상 정당의 개념

정당에 대한 헌법재판소의 개념 정의가 타당한지를 판단하기 위해서는 일차적으로 '헌법상 정당'의 개념을 확인해야 한다. 정당법 등 법률의 내용이 헌법상 정당 개념의 해석에 있어서 기준을 제시하는 것은 아니기 때문에, '헌법상 정당'의 개념은 '정당법상 정당'의 개념과 일치하는 것은 아니다.[2] 입법자는 정당법에서 정당의 개념을 정의함에

있어서 '헌법상 정당'의 개념을 지침으로 삼아야 하고 헌법상 정당 개념의 구속을 받는다. 따라서 정당법 제2조의 개념정의가 헌법상 요청에 부합하는 것인지를 검토하기 위해서도, 일차적으로 헌법상 정당의 개념을 확인해야 한다.

헌법은 스스로 정당의 개념을 정의하고 있지 않기 때문에, 헌법상 정당의 개념은 일반적인 헌법해석의 원칙에 따라 정당을 전반적으로 규율하고 있는 헌법 제8조의 법문, 대의제에서 헌법상 부여된 정당의 과제와 기능, 헌법 제8조 내에서 각 조항 사이의 체계적 해석, 다른 헌법규범·헌법원칙과 정당조항의 체계적 해석, 헌법제정 당시 정당에 대한 헌법제정자의 이해 등을 종합적으로 고려하여 밝혀내야 한다.[3] 따라서 헌법상 정당 개념을 규명하기 위해서는 일차적으로 헌법 제8조의 정당조항이 헌법상 정당 개념에 대하여 가지는 규범적 의미를 확인해야 한다.

1. 헌법상 정당 개념에 대한 헌법 제8조의 규범적 의미

가. 헌법 제8조 제1항의 정당설립의 자유

헌법은 제8조 제1항에서 "정당의 설립은 자유이며, 복수정당제는 보장된다."고 규정하여 국민 누구나 원칙적으로 국가의 간섭을 받지 아니하고 정당을 설립할 권리를 국민의 기본권으로서 보장하면서, 정당설립의 자유를 보장한 것의 당연한 법적 산물인 복수정당제를 제도적으로 보장하고 있다.[4] 대의제 민주주의에서 국가권력의 주체와 국가권력을 행사하는 자는 일치하지 않는다. 국민은 선거와 국민투표 외에는 국가권력을 직접 행사하지 아니하고, 국가권력은 국민에 의하여 선출된 대의기관이 직접 행사하며, 이 경우 국가기관은 자유위임을 바탕으로 국민의 지시나 명령을 받지 않는다. 대의제의 본질에 속하는 것이 바로 국가권력을 위임한 국민으로부터 국가권력을 위임받은 국가기관의 독립성이다.

대의제 민주주의의 핵심적인 문제는, 자유위임원칙으로 인하여 국가기관이 국민의 의사로부터 유리되고 독자화 하는 것을 어떻게 방지할 수 있는지, 즉 어떻게 국가기관을 국민의 의사에 구속시킬 것인지에 관한 것이다. 헌법은 대의제의 이러한 '딜레마'를 경쟁원칙을 통하여 해결하고 있다.[5] 국가기관이 자유위임에도 불구하고 국민의 의사를 존중하도록 하기 위한 헌법의 여러 장치 중에서 가장 중요한 것은, 선거에서 복수의 정

2) Vgl. Kunig, Parteien, in: HbStR, Bd.Ⅱ, 1987, §33 Rn.14, 다만, 법률상 개념이 헌법 제정 이전에 이미 존재하였고 헌법제정자가 법률상 개념을 수용하고자 하였다는 것을 명백히 인정할 수 있는 예외적인 경우에만 법률상 개념정의는 헌법상 개념의 해석에 있어서 의미를 가진다.

3) Vgl. Maurer, Die Rechtsstellung der politischen Parteien, JuS 1991, S.884.

4) 헌재 1999. 12. 23. 99헌마135, 판례집 11-2, 800, 813.

5) Vgl. Böckenförde, Demokratische Willensbildung und Repräsentation, in: HbStR, Bd.Ⅱ, 1987, §30 Rn.15; Grimm, Politische Parteien, in: HbVerfR, 2. Aufl., 1994, §14 Rn.6ff.; v. Arnim, Politische Parteien, DÖV 1985, S.594f.

당이 정권을 획득하기 위하여 서로 경쟁하도록 하는 것이다. 주기적인 선거로 인한 정권교체의 가능성과 다수 정당의 경쟁은 집권정당으로 하여금 임기 중 가능하면 국민의 의사를 고려해야 하는 사실상의 강제로 작용한다. 대의제 민주주의에서 지극히 제한된 국민의 직접적인 결정권한에도 불구하고, 국가기관을 국가권력의 주체인 국민에게 구속시키는 것은 바로 정당간의 경쟁원칙이다.

따라서 대의제가 실현되기 위해서는 그 필수적 전제조건으로 국가권력을 한시적으로 위임받으려는 '정당간의 경쟁원칙'이 기능해야 한다. 헌법상 민주주의는 정치적 세력간의 경쟁민주주의이며, 정당법은 곧 경쟁법이다.[6)] 복수정당제의 보장을 통한 정당간의 자유경쟁이 기능하기 위해서는, 누구나 자유롭게 정당의 설립을 통하여 정당간의 자유경쟁에 참여할 수 있어야 하고(정당설립의 자유 및 진입장벽의 철폐), 국민의 지지와 정권을 획득하기 위한 정당간의 경쟁에서 경쟁에 참여한 정당은 균등한 기회를 가져야 한다(정당간의 기회균등). 헌법 제8조 제1항의 정당설립의 자유와 복수정당제의 보장은 궁극적으로 정당간의 자유경쟁을 보장하고자 하는 것이며, '정당설립의 자유'와 '정당간의 기회균등'은 정당의 자유경쟁이 이루어지기 위한 불가결한 조건이다.[7)]

나. 헌법 제8조 제2항의 정당의 헌법적 과제와 의무

헌법은 제8조 제2항에서 "정당은 그 목적·조직과 활동이 민주적이어야 하며, 국민의 정치적 의사형성에 참여하는데 필요한 조직을 가져야 한다."고 규정하고 있다. 위 헌법조항은 헌법상 부여된 정당의 과제와 기능을 '국민의 정치적 의사형성에의 참여'로 명시적으로 규정하면서, 당내 민주화의 의무와 정치적 의사형성에 참여하는데 필요한 조직을 가져야 할 의무를 정당의 헌법적 의무로서 제시함으로써 제1항의 정당설립의 자유에 대한 한계를 설정하고 있다.[8)]

(1) 정당의 헌법적 과제와 기능

대의제 민주주의에서 국가권력은 국민으로부터 나오지만 국민이 국가권력을 직접 행사하는 것이 아니기 때문에, 정치적 의사형성에 있어서 국민과 국가권력 사이의 중개의 문제가 제기된다. 사회 내의 복잡 다양한 이익과 견해를 결집하여 선택 가능한 소수의 대안으로 제시하는 중개자가 존재해야만, 오늘날의 대중민주주의는 기능할 수 있다. 정당이란 정치의사형성에 있어서 국민과 국가 사이의 매개적 역할을 하는 필수적인 중간매체이다.

---

6) Vgl. Morlok, in: Dreier(Hg), Grundgesetz Kommentar, 2006, Art.21 Rn.75.

7) Vgl. Frotscher, Die parteienstaatliche Demokratie-Kennzeichen und Zukunftsperspektiven, DVBl 1985, S.924; Maurer, Die Rechtsstellung der politischen Parteien, JuS 1991, S.886.

8) Vgl. Maurer, Die Rechtsstellung der politischen Parteien, JuS 1991, S.887, 당내 민주화의 의무와 자유민주적 기본질서의 긍정의무를 정당의 헌법적 의무로서 언급하고 있다.

헌법상 정당에 부여된 일차적 과제는 국민의 정치의사형성과정에 참여하는 것이다.[9] 정당의 목표는 의회와 정부 등 국가영역에 진출함으로써 국정에 참여하고, 궁극적으로는 국가권력을 장악하고자 하는 것이다. 국가의사형성에 직접 참여하고자 하는 정당의 목표는 단지 국민의 지지를 통해서만 달성될 수 있다. 따라서 정당은 국민의 지지를 얻기 위해서는 국민의 정치적 의사형성과정에 참여하여 영향력을 행사해야 한다. 즉, 정당이란 국가기관의 의사형성에 참여하는 것을 목표로 하여, 국민의 정치적 의사형성과정에 효과적으로 영향력을 행사하기 위하여 국민을 하나의 정치적 행동단위를 결집한 것이다. 정당이 국민의 정치적 의사형성에 참여하는 방법에는 국민의 여론형성에 영향력을 행사하는 등 다양한 방법이 있으나, 국민은 그의 정치적 의사를 무엇보다도 선거를 통하여 형성하고 표현한다는 점에서, 정당은 선거에 참여함으로써 국민의 정치적 의사형성과정에 영향을 미친다.

그러므로 정당의 가장 중요한 과제는 바로 공직선거에서 후보자를 추천하고 선거운동을 함으로써 선거에 참여하는 것이다. 국민이 정치적 의사형성에서 중개자를 필요로 한다는 것을 특히 잘 보여주는 것이 바로 선거이다. 정당은 정치권력에 영향력을 행사하려는 모든 중요한 세력, 이익, 시도 등을 인식하고 취합·선별하여 내부적으로 조정을 한 다음, 국민이 선택할 수 있는 정책으로 형성한다. 사회의 다양한 견해가 선택 가능한 소수의 대안으로 집결되고 선별되는 과정을 거친 후에만 비로소 국민에 의한 선거가 가능하며 바로 이러한 기능을 담당하는 것이 정당이므로, 선거를 준비하는 기관으로서의 정당 없이는 선거가 치러 질 수 없다. 이러한 이유에서 정당은 '선거준비조직'이라고도 불린다.[10]

한편, 국민의 정치적 의사형성은 선거라는 순간의 과정에 그치는 것이 아니라 지속적인 과정이므로, 정당의 과제는 선거의 참여에 제한되는 것이 아니라 또한 선거와 선거 사이의 기간 동안에도 국민의 여론형성을 주도하여 국민의사형성과정에 영향력을 행사하고, 국민의 정치적 의사를 수렴하여 이를 국가의사결정에 반영하도록 함으로써 국민과 국가 사이의 중개적 역할을 한다. 이러한 정당의 중개적 역할로 인하여 국민의 정치적 의사가 선거의 방법 외에도 국가기관의 결정에 있어서 고려되고 반영될 수 있다.[11] 요컨대, 국가영역에 진출하여 국가의사형성에 참여하는 것이 정당의 목적이며, 이러한 목적은 오로지 국민의 지지를 통해서만 이루어 질 수 있기 때문에 정당은 선거를 비롯한 국민의 정치의사형성에 참여하여 여론형성을 주도하고자 하는 것이다.

---

9) Vgl. Schmitt Glaeser, Die grundrechtliche Freiheit des Bürgers zur Mitwirkung an der Willensbildung, in: HbStR, Bd.Ⅱ, 1987, §31 Rn.12ff.
10) Vgl. BVerfGE 8, 51, 63; 20, 56, 113.
11) Vgl. Maurer, Staatsrecht, 1999, S.341f.

(2) 정당의 조직과 黨內 民主化에 관한 입법위임

헌법 제8조 제2항 후단은 정당이 헌법상 부여된 과제를 이행할 수 있도록 그에 필요한 조직을 법률로써 규율하도록 입법자에게 위임하고 있다.[12] 국민의 정치적 의사형성에 참여하는데 필요한 조직을 가져야 한다는 것은 정당의 의무이자 동시에 입법자에게 정당의 자유를 제한할 수 있는 권한을 부여하는 규정이다. 헌법 제8조 제2항 전단에서 '정당이 그 목적·조직과 활동에 있어서 민주적이어야 한다'는 것은, 헌법재판소가 위헌정당에 대한 독점적인 해산결정권(헌법 제8조 제4항)을 가진다는 점을 고려할 때, 입법자로 하여금 그 목적과 활동이 반민주적인 정당을 허가절차 등을 통하여 사전적으로 통제할 수 있는 권한을 부여하는 수권조항이 아니라, 정당의 민주성에 대한 일반적인 요청, 무엇보다도 '정당조직'의 민주성을 언급함으로써 '정당의 내부질서'가 민주적이어야 한다는 요청이며, 나아가 입법자가 정당의 민주화를 위한 최소한의 요건을 규율해야 한다는 입법위임을 담고 있다.

정당의 이러한 헌법적 의무는 '국민의 정치적 의사형성에의 참여'라는 정당의 헌법적 과제를 이행하기 위하여 요청되는 필수적인 것이다. 정당은 개인과는 달리 스스로가 자기목적이 아니기 때문에, 정당의 자유는 헌법상 부여된 특정 기능과 과제를 이행하기 위한 기능적 자유이다.[13] 정당의 자유는 그 목적과 범위에 있어서 정당의 헌법적 기능에 의하여 결정되고 제한된다. 따라서 입법자는 정당으로 하여금 헌법상 부여된 기능과 과제를 내부적 민주질서를 통하여 이행하도록 하기 위하여 그에 필요한 절차적·형식적 요건을 규정함으로써 정당의 자유를 제한할 수 있다. 헌법 제8조 제2항은 그 표현에 있어서 정당을 수범자로 하여 '정당의 의무'의 형식으로 규정하고 있으나, 그 실질은 입법자에 대한 것으로 '정당의 의무로 표현된 것을 법률로써 실현해야 할 의무'(입법위임)를 부과하고 있는 것이다.[14]

다. 헌법 제8조 제4항의 위헌정당해산

(1) 헌법 제8조 제4항은 "정당의 목적이나 활동이 민주적 기본질서에 위배될 때에는 정부는 헌법재판소에 그 해산을 제소할 수 있고, 정당은 헌법재판소의 심판에 의하여 해산된다."고 규정하고 있다. 헌법 제8조 제4항은 憲法敵對的 정당의 요건과 정당의 위

---

12) Vgl. Maurer, Die Rechtsstellung der politischen Parteien, JuS 1991, S.884.

13) Vgl. Grimm, Politische Parteien, in: HbVerfR, 2. Aufl., 1994, §14 Rn.30.

14) 정당법 제1조는 "이 법은 정당이 국민의 정치적 의사형성에 참여하는데 필요한 조직을 확보하고 정당의 민주적인 조직과 활동을 보장함으로써 민주정치의 건전한 발전에 기여함을 목적으로 한다."고 규정함으로써 정당법이 헌법 제8조 제2항의 위임을 이행하는 법률임을 분명히 밝히고 있다. 이에 따라 정당법은 헌법상 부여받은 과제를 이행하기 위하여 필요하다고 판단되는 정당의 조직에 관한 최소한의 요건(정당의 구성, 성립, 발기인 및 당원의 자격, 입당 및 탈당, 등록의 취소 및 해산 등)과 정당의 민주적 조직과 활동을 보장하기 위한 규정을 핵심적 규정으로 포함하고 있다.

헌성을 확인하는 절차적 요건을 확정적으로 규정함으로써 헌법적대적 정당의 문제를 법치국가적으로 규율하고 있다.[15] 헌법의 정당해산조항은 정당의 정치적 성격을 이유로 하는 정당금지의 요건을 엄격하게 정함으로써, 가능하면 모든 정치적 세력이 자유롭게 정치의사형성과정에 참여할 수 있도록 민주적 정치과정을 최대한으로 개방하려는 규정이다.

헌법은 정당의 금지를 '민주적 정치과정의 개방성에 대한 중대한 침해'로서 이해하여, 단지 제8조 제4항의 엄격한 요건 하에서만 해산될 수 있도록 허용하고 있다. 이에 따라 자유민주적 기본질서를 부정하고 이를 적극적으로 제거하려는 조직도 국민의 정치적 의사형성에 참여하는 한, '정당의 자유'의 보호를 받는 정당에 해당하며, 오로지 헌법재판소가 그의 위헌성을 확인한 경우에만 정당은 정치생활의 영역으로부터 축출될 수 있다.[16] 이로써 헌법재판소의 결정과 무관하게 확인될 수 있는 정당의 실체적 위헌성판단은 헌법적으로 존재하지 아니한다.

(2) 정당의 위헌여부에 관한 헌법재판소의 독점적 결정권한은 정당에 대하여 매우 중요한 보호기능을 한다(소위 '정당특권').[17] 헌법 제8조 제1항을 제4항과의 연관관계에서 볼 때, 국가가 정당의 설립목적이나 정치적 성격을 이유로 정당의 설립에 대하여 간섭할 수 없으며, 나아가 정당에 대한 정치적 평가를 이유로 정당을 차별하는 것은 정당설립의 자유와 합치할 수 없다는 결론이 나온다.

만일 입법자가 정당의 정치적 성격을 문제 삼아 정당설립의 자유를 제한할 수 있다면, 이는 '정당의 설립은 자유이고, 일단 설립된 정당은 오로지 그 목적과 활동의 위헌성 때문에 금지될 수 있으며, 이 또한 특별한 절차에서 헌법재판소만이 결정할 수 있다'는 헌법의 기본결정에 위반되는 것이다. 이는 결국 헌법재판소에 의하여 판단되어야 할 헌법적 문제에 관하여 입법자가 사전적으로 결정하는 것으로서 정당의 위헌성 확인과 관련하여 헌법재판소의 독점적 권한을 침해하는 것이다. 그러므로 입법자는 정당의 정치적 성격을 이유로 정당설립을 방해하거나 금지하는 어떠한 규정도 둘 수 없다고 할 것이다.

2. 헌법상 정당의 개념

가. 형식적 정당 개념

대의제 민주주의에서 다양한 정치적 목표를 가진 정당간의 자유경쟁을 가능하게 하

---

15) Vgl. Maurer, Das Verbot politischer Parteien, AöR 96(1971), S.210.

16) 같은 취지로 헌재 1999. 12. 23. 99헌마135, 판례집 11-2, 800, 815.

17) Vgl. Grimm, Politische Parteien, in: HbVerfR, 2. Aufl., 1994, §14 Rn.35; Maurer, Das Verbot politischer Parteien, AöR 96(1971), S.230ff.; Morlok, in: Dreier, Grundgesetz Kommentar, 2006, Art.21 Rn.154.

고자 하는 정당설립의 자유, 정당의 헌법상 과제와 기능으로서 국민의 정치적 의사형성에의 참여, 정당의 정치적 목표설정에 대한 국가의 간섭을 금지하는 헌법 제8조 제4항의 의미 등을 종합적으로 고려할 때, 정당의 정치적 목표와 방향에 대하여 어떠한 내용적 요건을 제시하지 않는 '형식적 정당 개념'만이 헌법이 의도하는 다원적 민주주의 및 헌법상 정당조항의 규범적 의미에 부합한다.

형식적 정당 개념은 '정당설립의 자유'의 포기할 수 없는 전제조건이다.[18] 정당은 스스로 설정한 정치적 목표를 추구하기 위하여 설립되는 것이므로, 정치적 목표를 결정할 자율성의 보장 없이는 정당설립의 자유는 무의미하다. 헌법 제8조 제1항의 정당설립의 자유는 이미 그 자체로서 정당의 정치적 목표에 대한 내용적 평가를 거부하는 형식적 정당 개념을 전제로 하고 있다. 또한, 국가에 의한 정치적 통제와 검열을 금지하기 위하여, 정당의 정치적 목표에 대한 내용적 논의를 가져올 수 있는 모든 요소는 정당 개념으로부터 완전히 배제되어야 한다.[19] 정당의 목표와 방향에 대하여 내용적 요건을 제시하는 정당의 개념은 필연적으로 정당의 설립에 대한 국가의 간섭과 통제를 수반하고, 이로써 정당설립의 자유의 보호범위를 국가가 스스로 결정하게 된다.

헌법상 정당의 개념을 구성하는 본질적인 요소는 헌법상 부여받은 정당의 기능에 의하여 결정되어야 한다.[20] 정당의 헌법상 기능을 이행하는 모든 정치적 결사가 정당의 지위를 획득할 수 있도록, 헌법상 정당의 개념은 확정되어야 한다. 정당의 헌법적 기능을 규정하는 헌법 제8조 제2항 후단은 '국민의사형성에의 참여' 및 '그에 필요한 조직'을 명시적으로 언급함으로써 헌법상 정당 개념의 2가지 핵심적 요소를 집약적으로 표현하고 있다. 헌법상 정당의 개념은, 국민의 정치적 의사형성에 지속적으로 영향력을 행사하고 선거에 참여하고자 하는 정치적 단체의 진지한 의도를 객관적으로 판단할 수 있는 형식적 요소에 제한되어야 한다. 즉, 헌법상 정당 개념은 '선거에의 참여'와 '조직의 정도'를 기준으로 정당의 정치적 진지성을 파악하는 형식적 개념이다.[21]

나. 국정참여를 목표로 하는 국민의사형성에의 참여(선거에의 참여)

정당이 국가와 사회의 중간에 위치하면서 정치적 의사형성에 있어서 양 영역을 연결하는 매체로서 기능한다는 정당의 과제와 기능에 비추어, 정당의 헌법적 개념은 이미 그 대강에 있어서 정해져 있다. 헌법상 정당의 첫 번째 개념적 요소를 파악하는 출발점은 '국민의사형성에의 참여'이다. 그러나 정당뿐만 아니라 모든 사회단체가 국민의사형

18) Vgl. Frotscher, Die parteienstaatliche Demokratie-Kennzeichen und Zukunftsperspektiven, DVBl 1985, S.923.
19) Vgl. Maurer, Die Rechtsstellung der politischen Parteien, JuS 1991, S.884.
20) Vgl. Morlok, in: Dreier, Grundgesetz Kommentar, 2006, Art.21 Rn.29.
21) Vgl. Maurer, Die Rechtsstellung der politischen Parteien, JuS 1991, S.884; Frotscher, Die parteienstaatliche Demokratie-Kennzeichen und Zukunftsperspektiven, DVBl 1985, S.922f.

성에 참여하기 때문에, '국민의사형성에의 참여'만으로는 정당의 개념을 적절하게 정의할 수 없다. 국민의 정치의사형성과정에 있어서 가장 중요한 선거에서 후보자를 추천하고 국민의 지지를 얻음으로써 국정에 참여하는 것을 목표로 하는 정치적 단체만이 정당의 개념에 포함된다. 바로 이러한 점에서 정당은 다른 정치적 단체나 조직과 구분된다.[22] 선거에 직접 참여함이 없이, 단순히 선거운동에 참여하는 단체나 특정 정당의 지지를 호소하는 단체는 정당이 아니다.[23] 따라서 헌법상 정당의 개념을 구성하는 본질적 요소는 국가영역에 진출하여 국정에 참여하고자 하는 정당의 의도가 선거에 참여함으로써 표현되어야 한다는 것이다. 이로써 국정참여를 목표로 하는 국민의사형성에의 참여, 즉 선거에의 참여는 헌법상 정당의 첫 번째 개념적 요소이다.

물론, 헌법상 정당의 개념은 정당이 모든 공직선거에 빠짐없이 참여할 것을 요구하지는 않는다.[24] 정당은 창당 이후 선거참여를 위한 준비기간을 가지기 위하여 또는 선거에서 참패한 후 다시 세력을 회복하기 위하여 일정 기간 선거에 참여하지 않을 수 있다. 그러나 정당이 너무 장기간 선거에 참여하지 않는 것은 헌법상 부과된 정당의 과제를 이행하지 않는 것으로 정당의 지위를 상실할 수 있다.

다. 국민의사형성에 참여하고자 하는 정치적 진지성의 객관적 표현으로서 '조직'

정치적 결사가 헌법상 정당의 개념을 충족시키기 위해서는 국민의 정치적 의사형성과정에 참여하고자 하는 주관적 의도만으로는 부족하고, 이러한 의도의 진지성이 객관적으로 확인할 수 있도록 외부로 표출되어야 한다. 그러므로 정당은 그의 헌법적 과제를 이행하기 위하여 필요한 '최소한의 견고하고 독자적이며 지속적인 조직'을 가져야 한다. 헌법 제8조 제2항도 '정당은 국민의 정치적 의사형성에 참여하는데 필요한 조직을 가져야 한다'고 하여 '필요한 조직'의 요건을 헌법상 정당의 개념적 요소이자 동시에 의무로 규정하고 있다. 단체의 규모와 견고성, 당원의 수, 일반대중 앞에의 등장 등 사실적 상황을 전반적으로 고려할 때 정당의 全體像이 이러한 목표설정의 진지성을 보장해야 한다.[25] 또한, 정치적 결사는 다른 단체의 의사에 종속되어서는 안 되고 독자적으로 정치적 의사형성과정에 참여하도록 조직되어야 한다. 그러나 정당설립의 자유에 비추

---

22) Vgl. J. H. Kaiser, Die Repräsentation organisierter Interessen, 2. Aufl., 1978, S.241ff.; Böckenförde, Die politische Funktion wirtschaftlich-sozialer Verbände und Interessenträger in der sozialstaatlichen Demokratie, in: ders., Staat, Verfassung, Demokatie, 1991, S.423ff.; v. Arnim, Staatslehre der BRD, 1984, S.284, 이익단체는 국가의 정책결정과정에 영향력을 행사하고자 하나, 그들 스스로가 국가의 결정과정에 정책결정권을 가진 주체로서 직접 참여하지는 않는다. 이익단체가 일반적으로 국가의 결정기관에 대하여 행사하는 기능은 한 마디로 압력행사 또는 영향행사에 지나지 않는다. 따라서 이익단체의 영향력이 아무리 크다고 하더라도 그들이 직접 결정을 내리는 것은 아니므로, 국가기관은 압력단체가 바라는 방향과 다른 방향으로 정책결정을 내릴 수 있다.

23) Vgl. Henke, in: BK, Art.21 Rn.34.

24) Vgl. Henke, in: BK, Art.21 Rn.35.

25) Vgl. Kunig, Parteien, in: HbStR, Bd.Ⅱ, 1987, §33 Rn.9.

어, 정치적 목표설정의 진지성을 담보하는 객관적 요건, 특히 정당의 규모와 견고성에 대하여 지나치게 엄격한 기준을 제시해서는 안 된다. 가령, 당원의 수는 정당이 의도하는 목표에 따라 상이하게 판단될 수 있지만, 정치적 의도의 진지성을 객관적으로 담보하는 최소한의 당원수가 요구되어야 한다.

정당은 그의 헌법적 과제를 지속적으로 이행해야 하기 때문에, 그에 상응하여 정당의 조직도 지속적으로 존속해야 한다. 국민의 정치적 의사형성과정에서 선거가 비록 그 정점을 이루기는 하나, 국민의 의사형성과정은 순간적인 것이 아니라 지속적인 과정이기 때문에, 이에 참여하기 위하여 정당의 조직은 지속적으로 존속해야 한다. 그러므로 특정 정치적 목표를 실현하기 위하여 일시적으로 조직된 정치적 결사는 정당이라 할 수 없다. 정당법은 제44조 제1항 제1호에서 국민의사형성에 필요한 조직의 요건을 사후적으로 구비하지 못하게 된 경우에 등록을 취소하도록 규정하고 있는데, 이러한 정당은 '조직의 지속성'이라는 헌법상 정당의 개념적 요소를 충족시키지 못한다는 점에서, 위 등록취소사유는 헌법적으로 정당화된다.

Ⅳ. 정당법상 정당 개념과 정당등록제도의 합헌성여부

1. 정당법에서 헌법상 정당 개념의 구체화

따라서 입법자가 헌법상 정당의 개념을 정당법에서 구체화한다면, 정당법상의 정당 개념은 위에서 서술한 헌법상 정당의 개념에 부합하는 것이라야 한다. 정당법은 제2조(정의)에서 "정당이라 함은 국민의 이익을 위하여 책임 있는 정치적 주장이나 정책을 추진하고 공직선거의 후보자를 추천 또는 지지함으로써 국민의 정치적 의사형성과정에 참여함을 목적으로 하는 국민의 자발적인 조직을 말한다."고 하여 정당의 개념을 정의하고 있다.

위 정의조항은 전반적으로 헌법상 정당 개념에 부합한다고 보이나, 한편으로는 선거참여의 의도라는 정당의 주관적 목적만을 규정할 뿐 이러한 목적추구의 진지성을 객관적으로 담보하는 요건을 언급하고 있지 않다는 점에서는 불완전한 개념정의에 그치고 있다. 그 대신, 정당법은 정당등록제를 도입함으로써 등록요건의 설정을 통하여 불완전한 정의조항을 보완하고 있다. 정당법 제4조는 '이 사건 법률조항이 정하는 등록요건(법정 시·도당수 및 시·도당의 법정 당원수)을 구비하여 정당으로 등록함으로써 성립한다'고 규정하고 있다.[26] 이로써 정당법은 제2조의 정의규정과 제4조의 성립규정을 통하여

26) 현행 정당법 제4조의 내용은 다음과 같다: 제4조 (성립) ① 정당은 중앙당이 중앙선거관리위원회에 등록함으로써 성립한다. ② 제1항의 등록에는 제17조(법정시·도당수) 및 제18조(시·도당의 법정당원수)의 요건을 구비하여야 한다.

헌법상 정당의 개념을 구체화하였다.

2. 정당등록제도 자체의 합헌성여부

여기서 일차적으로 제기되는 문제는, 입법자가 정당등록제도를 도입하는 것이 헌법적으로 허용되는지 여부, 즉 등록제의 위헌여부이다. 물론, 헌법상 정당의 개념은 헌법 그 자체로부터 나오는 것이고 입법자는 헌법상 정당 개념의 구속을 받으나, 입법자는 헌법상 정당 개념을 지침으로 삼아 정당법에서 정당 개념을 정의하고 나아가 정당 개념을 등록요건의 형태로 구체화할 수 있다. 단지 정당만이 헌법 제8조 및 정당법의 적용을 받고, 그 외의 단체는 헌법 제21조 제1항의 결사의 자유 및 단체에 관한 법률(민법상 사단)의 적용을 받으며 법률차원에서도 정당의 지위에 다양한 법적 효과를 결부시키고 있기 때문에,[27] 정당의 개념정의 및 정당 개념을 구체화하는 등록요건의 확정을 통하여 정당과 그 외의 정치적 단체를 사전에 명확하게 구분해야 할 필요성이 있다.

따라서 헌법상 정당 개념에 부합하게 정당 개념을 구체화하는 등록요건을 확정하고, 이를 통하여 정당과 그 외의 결사의 구분을 명확히 함으로써 법적 안정성을 도모하고자 하는 등록제도는 헌법적으로 문제가 없다. 등록제도가 정당으로 등록하고자 하는 정치적 단체가 헌법상 정당의 개념을 충족시키는지 여부를 단지 확인하기 위한 것이라면, 등록제도 자체는 법적 안정성에 기여한다는 관점에서 헌법적으로 하자가 없다.[28] 정당법 제4조가 법문상으로는 '성립'으로 표현하고 있으나, 정당의 등록을 통하여 창설적 효력이 아니라 단지 확인적 효력이 발생하는 것으로 '성립'의 의미는 이해해야 한다. 정당법 제4조를 '정당의 개념적 요소가 충족되었는지 여부를 단지 사전적으로 확인하는 절차'로서 합헌적으로 해석하는 한, 현행 등록제도는 헌법적으로 허용된다.[29] 입법자는 헌법적으로 요구되는 정당의 개념적 요소를 정당법을 통하여 구체화하여 이를 충족시키는 단체만이 정당으로 등록하도록 규율할 수 있다.[30]

---

27) 가령, 정당만이 비례대표제명부의 제출자격이 있고, 국고보조금을 지급받을 수 있으며, 정치헌금의 세액공제 등을 요구할 수 있다.

28) 학계의 다수견해이다. 이에 대하여 등록제도 자체의 위헌성을 주장하는 견해로 정태호, 정당설립의 자유와 현행 정당등록제의 위헌성에 대한 관견, 인권과 정의 제343호(2005. 3.), 113면.

29) 같은 취지로 헌재 2006. 3. 30. 2004헌마246 결정; 또한 이종수, 정당제민주주의의 현안문제의 검토, 헌법학연구 제13권 제2호(2007. 6.), 114면 참조.

30) 더욱이, 헌법 제8조 제3항의 입법자에 대한 규율위임, 제8조 제2항의 조직에 관한 규율의무에 비추어 보더라도, 입법자는 헌법상 정당 개념에 부합하게 정당법에서 정당 개념을 정의할 수 있을 뿐만 아니라, 나아가 국민의 의사형성에 참여하는데 필요한 조직을 갖추지 못한 단체는 정당으로 자유롭게 설립될 수 없도록 규율할 수 있다.

3. 등록요건과 등록취소요건을 정함에 있어서 입법형성권의 한계

가. 등록요건

정당의 헌법적 개념은 '선거참여'와 '정치적 진지성의 객관적 표현으로서 조직'이라는 2가지 요소이며, 특히 후자의 요소와 관련하여 정당의 정치적 진지성을 객관적으로 판단하는 기준을 정함에 있어서 입법자에게 어느 정도 형성의 자유가 인정된다. 물론, 입법자는 정치적 진지성을 객관적으로 담보하는 조직상의 요건을 정함에 있어서 헌법상 정당 개념을 지침으로 삼아야 하고, 무엇보다도 대의제에서 정당설립의 자유가 가지는 의미를 고려해야 한다. 그러므로 입법자는 국민의 정치적 의사형성과정에 참여하고자 하는 의도의 진지성과 지속성을 담보할 수 있는 최소한의 요건을 규정해야 한다.

그러나 입법자가 정당의 헌법적 개념적 요소를 넘어서 그 외의 요소를 등록요건으로 규정한다면, 이러한 등록요건은 헌법상 정당 개념에 위반되어 입법형성권을 행사한 것으로 정당설립의 자유를 위헌적으로 침해하는 것이다.

나. 등록취소요건

또한, 정당법상 등록요건뿐만 아니라 등록취소요건도 헌법상 정당의 개념에 부합해야 한다. 따라서 등록취소로 인하여 정당의 지위를 상실하는 경우도 정당의 헌법적 개념을 충족시키지 못한 경우와 일치해야 하고, 이러한 경우에 한정되어야 한다. 이러한 경우란, 정당이 선거에 참여하지 않거나 또는 국민의사형성과정에 참여하기 위하여 요구되는 최소한의 조직을 구비하지 못하고 있는 경우이다(정당법 제44조 제1항 제1호 및 제2호).

등록취소의 경우, 정당은 더 이상 헌법 제8조에 의한 보호를 받지 못하고, 단지 헌법 제21조에 의하여 보호되는 '정치적 결사'에 해당한다. 그러나 정당법 제48조는, 제44조에 의하여 정당의 등록이 취소되는 경우 정당은 잔여재산을 당헌이 정하는 바에 따라 처분해야 하고(제1항), 처분되지 아니한 잔여재산은 국고에 귀속된다고(제2항) 규정하고 있다. 위 정당법규정은 등록이 취소된 정당의 사실상 강제해산을 명함으로써, 등록이 취소된 정당이 단지 정치적 결사로 남을 것인지 아니면 자진해산할 것인지에 관하여 스스로 결정할 단체의 권리를 배제하고 있다. 그러나 정당의 헌법적 개념을 더 이상 충족시키지 못하기 때문에 정당의 지위를 상실하는 단체에 대하여 정당의 지위를 박탈하는 것으로 족한 것이지, 이를 넘어서 결사 자체를 해산시키는 것은 헌법적으로 정당화되지 않는다. 따라서 정당법 제48조에 의한 강제해산조치는 헌법 제21조의 결사의 자유에 대한 과도한 침해이다.

(1) 정당법 제44조 제1항 제2호의 위헌여부

정당법 제44조 제1항 제2호는 "최근 4년간 임기만료에 의한 국회의원선거 또는 임기만료에 의한 지방자치단체의 장 선거나 시·도의회의원선거에 참여하지 아니한 때"에는 정당등록을 취소하도록 규정하고 있다. 선거참여는 정당과 다른 사회단체의 경계설정을 가능하게 하는 유일한 기준이다. 선거참여는 헌법에 의하여 전제되고 있는 정당개념의 핵심적 요소이다.[31] 헌법 제8조의 정당 개념에 선거참여가 속한다면, 정당이 장기간 선거에 참여하지 않는 경우 정당으로서 지위를 상실하는 것은 논리적 필연이다.[32] 정치의사형성에서 국민과 국가 사이의 매개체로서의 정당의 기능은 궁극적으로 선거에 참여하여 의회에 진출하려고 시도할 때에만 수행될 수 있다. 따라서 정당이 선거참여라는 그의 핵심적 과제를 장기간 이행하지 않는 경우, 정당은 더 이상 헌법상 정당의 개념을 충족시키지 않으므로, 입법자는 정당의 등록을 취소하도록 규율할 수 있다. 정당법 제44조 제1항 제2호는 4년간 공직선거에 참여하지 아니한 때에는 정당의 등록을 취소하도록 규정함으로써 선거에의 참여가 헌법상 정당의 개념을 구성하는 본질적 요소임을 다시 한 번 확인하고 있다.

한편, 헌법 제8조는 '어느 기간 내에 정당이 선거에 참여해야 하는지'에 관하여 아무런 구체적 지침을 제시하고 있지 않다. 헌법 제8조에 의하여 전제되는 것은 단지, 정당이 선거에 참여함으로써 국민의 정치적 의사형성에 참여하는 과제를 '합리적인 기간 내'에 이행해야 한다는 것이다.[33] 정당법이 정하는 '4년'이라는 기간이 지나치게 短期인지에 관하여는 異論이 있을 수 있으나,[34] 선거참여 여부를 등록취소사유로 규정함으로써 일정 기간 동안 전혀 선거에 참여하지 않은 정당의 법적 지위를 상실케 하는 조항은 헌법적으로 하자가 없다. 다만, 정당이 참여할 수 있는 공직선거 중 국회의원선거와 지방자치단체선거만을 언급할 뿐 대통령선거를 누락시킴으로써, 대통령제의 국가에서 대통령선거에의 참여가 정당의 지위 유지 여부를 판단하는데 전혀 고려되지 않는다는 것은 헌법적으로 논란의 여지가 있다.[35]

(2) 정당법 제44조 제1항 제3호의 위헌여부

정당법 제44조 제1항 제3호는 "임기만료에 의한 국회의원선거에 참여하여 의석을 얻

31) Vgl. Grimm, Politische Parteien, in: HbVerfR, 2. Aufl., 1994, §14 Rn.33.

32) Vgl. BVerfGE 24, 260, 265, 독일 연방헌법재판소는 이러한 논리로 정당이 6년 동안 선거에 참여하지 않는 경우 정당의 지위를 상실하도록 규정한 정당법 제2조 제2항을 합헌으로 판단하였다.

33) Vgl. v. Münch, Staatsrecht I, 2000, Rn.201.

34) 정당법이 정하는 '4년'이라는 기간은 기성정당뿐만 아니라 신생정당에게도 마찬가지로 적용되고, 신생정당에게는 공직선거에 참여하기 위하여 어느 정도 준비기간이 부여되어야 한다는 점에서, 4년의 적정성에 대한 의문이 있을 수 있다.

35) 헌법적으로 정당화되지 않는다는 취지로 이종수, 정당제 민주주의의 현안문제 검토, 헌법학연구 제13권 제2호(2007. 6.), 124면; 정태호, 정당설립의 자유와 현행 정당등록제의 위헌성에 대한 관견, 인권과 정의 제343호(2005. 3.), 118면.

지 못하고 유효투표총수의 100분의 2 이상을 득표하지 못한 때"에는 정당등록을 취소하도록 규정하고 있다. 그러나 선거에서의 성과는 헌법상 정당의 개념적 요소를 구성하지 않기 때문에, 정당이 선거에는 참여하였으나 선거에서 부진한 성과를 거둔 경우에 정당등록을 취소하도록 하는 것은 위헌으로 간주된다. 정당의 정치적 진지성을 선거에의 참여와 조직을 통하여 담보할 수 있는 이상, 이러한 요건을 충족시키고 있는 정당에게 단지 선거에서 일정한 성과를 거두지 못하였다는 이유로 등록을 취소하는 것은 정당설립의 자유에 대한 과도한 제한이다.

선거에서 성과가 부진한 정당을 정치적 과정에서 배제해야 할 공익을 인식할 수 없을 뿐만 아니라, 설사 이러한 정당의 등록취소를 정당화하는 공익으로 '군소정당의 배제를 통한 정국의 안정'을 고려한다 하더라도, 이러한 공익은 봉쇄조항이나 후보자추천을 위한 선거권자의 수 등 군소정당의 선거참여와 의회진출을 어렵게 하는 다른 수단에 의하여 충분히 달성될 수 있다는 점에서, 정당설립의 자유에 대한 과도한 제한인 것이다. 더욱이, 이 사건 법률조항이 정하는 등록요건을 충족시키는 정당의 경우 등록취소 후에 언제든지 다시 정당으로 등록할 수 있기 때문에, 이러한 점에서도 위 정당법규정은 지극히 불필요하고 과도한 조치이다.[36]

V. 대상결정의 헌법적 문제점

1. 헌법재판소의 정당 개념 定義의 문제점

가. 정당 개념의 定義와 관련하여 헌법재판소의 논증의 문제점

우선, 헌법재판소는 정당의 개념을 7가지 요소의 예시를 통하여 정의하면서, 왜 그러한 징표가 정당 개념을 구성하는 요소인지에 대한 아무런 설명을 하고 있지 않다. 또한, 헌법과 정당법상의 정당 개념을 구분하여 '정당법상 정당' 개념이 '헌법상 정당' 개념에 부합하는지에 관한 검토가 선행되어야 함에도, 이러한 사전작업 없이 헌법상 개념과 법률상 개념을 일치시키고 있다. 뿐만 아니라, 정당법 제2조의 정의규정에 포함되어 있지 않는 요소(가령, 자유민주주의질서를 긍정할 것, 계속적이고 공고한 조직 등)가 왜 정당법상의 개념에 속하는지에 관한 설시도 없다.

특히, 헌법재판소는 "상당한 기간 또는 계속해서" "상당한 지역에서" 국민의 정치적 의사형성에 참여해야 한다는 개념표지가 요청된다고 하여 새로운 개념적 요소를 인정하

36) 위 등록취소규정이 청구인의 정당설립의 자유를 침해한다는 주장으로 청구된 헌법소원심판에서(헌재 2006. 4. 27. 2004헌마562 결정), 헌법재판소 재판관 6인은 심판청구를 각하하였으나, 재판관 3인은 '위 등록취소규정은 정당의 개념표지와는 무관한 국회의원총선거에서의 성공 여부를 기준으로 정당을 소멸시키는 규정으로 정당설립의 자유를 침해한다'는 취지의 위헌의견을 제시하였다.

면서, 이러한 요청의 근거로서 독일 정당법규정을 직접 인용하고 있다. 그러나 헌법상 정당의 개념적 요소는 헌법의 해석을 통하여 정당조항을 비롯한 헌법규범으로부터 직접 이끌어내야 하는 것이지, 외국법제와의 비교법적 고찰을 통하여 도출할 수는 없다. 헌법재판소가 정당 개념의 요소로서 '시간적 지속성'이나 '조직의 지속성과 공고성' 등의 표지를 인정하고자 한다면, 정치적 단체가 국민의 정치적 의사형성과정에 의미 있게 참여하기 위하여 요구되는 최소한의 요건이라는 관점에서 이를 논증해야 할 것이다.

나. 공익실현의 의무가 헌법상 정당의 개념적 요소인지의 문제

정당의 정치적 목표설정과 관련하여 정당에게 공익실현의 의무가 있는지의 문제가 제기된다.[37] 정당법 제2조는 불분명하지만 정당의 개념적 요소에 공익실현의무가 포함되어 있는 것으로 이해될 수 있는 표현('국민의 이익을 위하여')을 사용하고 있으나, 이러한 표현이 곧 공익실현의 의무를 뜻하는 것인지에 대해서는 의문이 있다.

(1) 헌법상 정당의 非槪念的 요소로서 정당의 정치적 목표

정당에 대한 국가의 정치적 통제를 처음부터 배제하기 위하여, 헌법상 정당의 개념은 정치적 목적이나 내용과 관계없이 형식적으로 규정되어야 한다. 따라서 정당이 어떠한 정치적 목표를 추구하는지는 중요하지 않으며, 이는 정당의 개념적 요소에 속하지 않는다.

마찬가지로, 공익실현의 의무도 헌법정책적으로 바람직한 요청일 수는 있으나, 헌법상 정당을 구성하는 개념적 요소는 아니다.[38] 우선, 공익이 무엇인지, 공익을 어떻게 확인할 수 있는지 등 공익에 관한 이해가 다양하다는 점에서 정당에게 공익실현의 요청을 하는 것은 그 이행여부를 객관적으로 판단할 수 없는 의무를 부과하는 것이고, 이로써 정당의 자유를 현저하게 위협할 수 있다.[39] 설사, 공익이 정의될 수 있고 적어도 서술될 수 있다고 하더라도, 공익을 확인할 수 있는 객관적인 기준이 없다는 것은 공익실현의무가 정당의 개념적 요소가 될 수 없다는 것을 말해 준다. 그러므로 공익실현의 의무를 정당의 개념적 요소로 인정하는 것은, 필연적으로 '객관적으로 심사할 수 없는 것을 심사'하는 권한을 국가기관에게 부여하는 것이고, 이로써 자의적인 정치적 공격과 政敵에 대한 정치적 탄압의 도구로 남용될 수 있는 길을 열어 놓는 것이다. 공익실현의 의무는 규범적으로 비본질적인 것으로 그 이행여부에 대하여 국가에 의한 규범적 심사

37) 정당의 개념적 요소로서 공익실현의무를 부정하는 견해로는 한태연, 헌법학, 1983, 244면; 인정하는 견해로는 계희열, 헌법학(상), 2004, 257면; 권영성, 헌법학원론, 2008, 189면; 성낙인, 헌법학, 2008, 212면.

38) Vgl. V. Münch, Staatsrecht Ⅰ, 2000, Rn.197; Morlok, in: Dreier, Grundgesetz Kommentar, 2006, Art.21 Rn.119; Reichel, Das Demokratische Offenheitsprinzip und seine Anwendung im Recht der politischen Parteien, 1996, S.40f.; Maurer, Die Rechtsstellung der politischen Parteien, JuS 1991, S.884; 다른 견해로는 Henke, in: BK, Art.21 Rn.28f.

39) Vgl. Grimm, Politische Parteien, in: HbVerfR, 2. Aufl., 1994, §14 Rn.32.

가 불가능하다. 정당이 공익을 실현하는지 또는 정당의 기본정책이 타당한지에 대해서는 오로지 유권자만이 선거를 통하여 심판할 수 있을 뿐이다.

(2) 다원적 민주주의에서 공익발견과정

공익이란 그 자체로서 국가에 의하여 인식될 수 있거나 아니면 독자적 · 일방적으로 확정될 수 있는 고정 · 불변의 실체가 아니라 사회의 다양한 이익의 경쟁 속에서 합의와 타협을 통하여 비로소 추출되는 가변적인 것이다. 즉, 공익이 무엇인가 하는 것은 이미 확정된 것이거나 아니면 국가권력이 일방적으로 규정할 수 있는 것이 아니라, 모든 국민의 자유로운 참여가능성이 개방된 민주적 정치의사형성절차에서 매 경우 구체적인 사안마다 복수 세력들의 대립과 경쟁을 통하여 나오는 조화와 타협의 산물이다.[40] 모든 사회적 세력이 정치적 의사형성과정에 참여함으로써 사회단체간의 세력균형과 경쟁을 통하여 모든 사회적 이익을 적절하게 고려하는 공익이 추출될 수 있다. 공익의 실현은 이미 개념적으로 모든 사적 이익의 확인과 상충하는 사익간의 정당한 이익형량을 전제로 하는 것이다.

그런데 정당에 대하여 공익실현의 요청을 하는 것은, 다원적 민주주의에서 다양한 견해의 대립과 경쟁을 통하여 공익에 부합하는 정치적 결정이 내려진다는 기본사고와 부합하지 않는다. 국가는 의사를 형성하고 공익을 발견하기 위하여 사회의 영역으로부터 다양한 이익과 견해가 표출되는 것에 의존하고 있다.[41] 그러나 정당에 대하여 공익실현의 요청을 하는 것은 국가기관과 마찬가지로 정당 내부에서도 상충하는 다양한 이익간의 조정을 요청하는 것이며, 국가의 이익조정과 공익발견을 위하여 필요로 하는 '다양성'의 제거를 요청하는 것과 다름 아니다. 그러므로 정당에게 공익실현의 의무를 부과하는 것은 다원적 민주주의에서 공익발견과정에도 반하는 것이다.

(3) 다원적 민주주의에서 '공익의 실현'과 '부분이익의 실현'의 구분의 문제점

'공익의 내용'이 불확실하다면, 이러한 불확실성은 '공익의 내용을 결정하는 절차'를 통하여 보완되어야 한다. 이로써 공익이란 근본적으로 그 내용을 확정하기 위한 권한과 절차에 관한 문제이다.[42] 공공복리의 발견은 사회영역에서의 자유롭고 공개적인 여론형성절차와 국가영역에서의 형식적 결정절차를 통하여 이루어진다. 국가영역의 결정절차 중에서 대표적인 것이 바로 공개적인 민주적 토론을 통한 입법절차이다. 대의제에서 의회의 기능은 국민의 대표자로 구성된 합의체에서 각종 이익단체와 사회단체에 의하여 주장

---

40) 같은 취지로 헌재 1999. 11. 25, 98헌마141. 판례집 11-2, 614, 627(재판관 김문희, 이재화의 반대의견).

41) Vgl. Böckenförde, Die Bedeutung der Unterscheidung von Staat und Gesellschaft im demokratischen Sozialstaat der Gegenwart, in: ders., Staat, Gesellschaft, Freiheit, 1976, S.195; Schiffer/Wolff, Staatliche Willensbildung und nichtstaatliche Organisationen, AöR 116(1991), S.176.

42) Vgl. Isensee, Gemeinwohl und Staatsaufgaben im Verfassungsstaat, in: HbStR, Bd.Ⅲ, 1988, §57 Rn.88ff.

되고 관철하고자 하는 이익과 가치를 인식하고 서로 조정하여 공익으로 수렴하는 데에 있다. 즉, 의회는 다양한 부분이익과 특수이익의 자유로운 경합의 장소이며, 여과되지 않은 이익들을 취합하여 제련함으로써 '정제된 이익'을 공익으로서 추출하는 장소인 것이다.

공익이 모든 중요한 사회세력의 참여와 이익조정을 통하여 발견되고 실현된다는 의미에서, 정당과 사회단체는 정당한 이익조정을 통하여 사회구성원 모두에게 구속력 있는 결정, 즉 공익을 도출하는데 중요한 기여를 한다.[43] 모든 사회단체 또는 이익단체가 실현하고자 하는 이익은, 그들이 설사 공익을 표방한다 하더라도, 공익과 일치하는 것이 아니라, 단지 국가가 실현해야 할 다양한 과제나 가치 중의 일부일 뿐이다. 그러나 사회단체는 국민 모두의 이익을 꾀하는 올바른 결정을 추출하는 소위 공익형성과정에 참여함으로써 공익의 실현에 기여한다.

마찬가지로, 특정 정당이 단지 특정 계층의 부분이익이나 특수이익을 대변하고자 한다 하더라도, 이러한 정당이 공익실현에 기여하지 않는 것은 아니다. 가령, 부분이익을 추구하는 女性政黨이나 老人政黨은 사회 내의 이익조정의 불균형을 시정하는 요소로서 공익형성과정에 참여하여 정당한 이익조정에 이르도록 함으로써 공익실현에 기여하는 것이고, 결국 이러한 의미에서 공익실현을 최종적인 정치적 목표로 삼고 있는 것이다. 따라서 '공익의 실현'과 '부분이익의 실현'을 구분하는 것은 사실상 불가능할 뿐만 아니라 무의미하다.

(4) 이익정당과 국민정당

공익실현의 요청은 정당의 역사적 생성과 발전에도 反한다. 정당은 원래 부분이익이나 특정 이념적 방향을 추구하기 위하여 설립되었다. 정당의 역사를 보면, 현대적 의미의 조직화된 정당은 시민계급의 정치적·사회적 우위를 극복하기 위한 도구로서 노동자계급에 의하여 설립되었다.[44]

정당은 정당의 자유를 근거로 정치적 목표를 스스로 결정할 자유를 가지고 있으며, 이에 따라 정당의 정치적 목표를 모든 정치적 문제에 확대할 것인지 아니면 다른 정당에 의하여 충분히 고려되지 못한 몇 가지 핵심적 사안에 국한할 것인지를 스스로 결정할 수 있다. 나아가, 정당은 국민 전체의 이익을 대변할 것인지(소위 '국민정당') 또는 국민일부 계층이나 집단의 이익을 추구할 것인지(소위 '이익정당' 또는 '세계관적 정당')에 관하여 자유롭게 결정할 수 있다. 따라서 가령 女性政黨, 老人政黨, 農民政黨, 地域政黨(예컨대 '충청도 당') 등의 설립이 가능하다. 정당이 자신의 정치적 목표를 부분이익의 대변

43) Vgl. Grimm, Verbände, in: HbVerfR, Bd. I, 1995, §15 Rn.5.

44) 마찬가지로, 이익단체도 노동자의 조직에서 출발하였으며, 노동조합은 현대적 의미에서 최초의 이익단체이다, vgl. v. Arnim, Staatslehre der BRD, 1984, S.103; Morlok, in: Dreier, Grundgesetz Kommentar, 2006, Art.21 Rn.37.

또는 특정 정치적 사안에 국한하는 경우에는 이에 상응하여 유권자의 잠재적 지지층을 스스로 제한하는 효과가 있기 때문에, 정당은 자신의 지지기반과 세력을 확장하기 위하여 정치적 목표로서 공익을 표방하는 경향이 있다.

정당은 원래 특정 계층이나 집단의 부분이익을 대변하기 위하여 출발하였으나, 정권을 잡기 위해서는 '국민정당'이 되어야 할 필요성이 있기 때문에, 국민 전체의 이익을 고려하는 방향으로 발전하였다.[45] 정당은 공익을 표방함으로써 선거에서의 성공기회를 높일 수 있고, 국가영역에 진출하는 경우에도 자신의 정책을 일관되게 공익으로 선언하고 추진할 수 있다. 이러한 이유에서 다수의 정당이 국민정당을 표방하거나 자신의 정책을 공익으로 포장하는 등 공익실현을 표방하게 된다. 그러나 정당의 공익실현이 헌법적 요청은 아니다.

(5) 정당이 아니라 국가기관의 공익실현의무

물론, 정당이 공익을 실현할 필요가 없다는 것은 아니다. 다만, 다원적 민주주의에서 공익의 내용과 공익실현의 방법은 매우 다양하고 확정될 수 없다. 공익의 실현과 정의로운 사회의 형성은 모든 정치의 궁극적 목적이고, 이러한 목적은 정당에게도 해당된다. 특히, 정당은 선거를 통하여 언제든지 국가영역에 진입할 수 있기 때문에, 소위 국가기관의 前身的 존재로서 국민 전체의 복리 실현을 목표로 해야 한다는 요청이 더욱 강조될 수 있다.

그러나 정당이 선거를 통하여 국가영역에 진출할 수 있는 가능성에도 불구하고, '국가기관'과 '사회의 영역에 그 생성기반과 존립근거를 두고 있는 정당', 민주적 정당성에 근거하는 '국가의사형성'과 기본권보장에 근거하는 '국민의사형성'은 엄격하게 구분되어야 한다.[46] 민주적 정당성을 기반으로 국가권력의 행사를 위임받은 국가기관은 공익실현의 의무를 진다. 공익실현의 의무는 국가기관에게 부과되는 의무이다. 공익의 실현은 국가의 존재의미이자 국가 활동의 지침을 제시하는 지도적 이념이며, 국가의 정당성의 근거이다.[47] 국가권력의 정당성은 공익의 실현을 통하여 형성되고 확보된다.

---

45) 결국, 정권을 장악하고자 하는 정당간의 경쟁의 결과로서 정당은 '국민정당'으로 발전하였다. 정당은 다른 정당과의 경쟁에서 정권을 장악하거나 또는 유지하기 위하여 가능하면 많은 유권자의 지지를 필요로 한다. 이로써 '정권의 장악'이 다른 모든 가치와 이익을 압도하는 최우선적인 이익이 되었다. 그러므로 어떠한 정당도 일방적으로 특정 집단의 이익을 대변하거나 또는 특정 이념을 추구할 수 없고, 원칙적으로 모든 유권자의 지지를 얻고자 해야 한다. 국민정당으로 발전하는 경향에 상응하는 것이 군소정당의 소멸과 정당구도가 소수의 거대정당으로 축소된다는 것이다, vgl. v. Arnim, Staatslehre der BRD, 1984, S.252f.

46) 국가기관과 정당 또는 국가의사형성과 국민의사형성의 구분에 관하여 vgl. BVerfGE 8, 104, 113f.; 20, 56, 97ff.; Schiffer/Wolff, Staatliche Willensbildung und nichtstaatliche Organisationen, AöR 116(1991), S.173, S.176f.; Stolleis, Parteienstaatlichkeit-Krisensymptome des demokratischen Verfassungsstaats?, VVDStRL 44(1986), S.14f.; Schmitt Glaeser, Die grundrechtliche Freiheit des Bürgers zur Mitwirkung an der Willensbildung, in: HbStR, Bd.Ⅱ, 1987, §31 Rn.26ff.; Kloepfer, Öffentliche Meinung, Massenmedien, in: HbStR, Bd.Ⅱ, 1987, §35, Rn.20f.; 허영, 한국헌법론, 2004, 624면 이하.

47) Vgl. Isensee, Gemeinwohl und Staatsaufgaben im Verfassungsstaat, in: HbStR, Bd.Ⅲ, 1988, §57 Rn.2.

이에 대하여, 정당의 활동은 자유로운 기본권행사에 기인하며, 기본권의 행사는 국가권력의 행사와는 달리, 공익실현의 구속을 받지 아니한다.[48] 기본권은 일차적으로 개인적 자유권으로서, 개인적 영역의 자율적 형성을 위하여 보장되는 것이다. 자유권이란 임의적 자유이지, 무엇을 위한 자유, 예컨대 공익실현을 위한 자유가 아니다.[49] 기본권적 자유가 공익실현의 목적에 종속되어, 그 결과 개인이 자신의 자유를 국가공동체에 바람직한 방향으로 행사해야 한다면, 그것은 이미 자유가 아니다. 우리 헌법은 기본권적 자유의 보호를 '공익에 기여하는 자유행사'에 제한하는 것이 아니라, 자유와 공익이 충돌하는 경우 기본권의 제한을 통하여 공익을 실현하는 구조를 취하고 있다(헌법 제37조 제2항). 즉, 공익은 단지 기본권적 자유의 한계이지 자유행사의 지침이 아닌 것이다.[50] 따라서 정당은 기본권의 주체로서 공익실현의 의무가 없다.

다만, 정당이 선거를 통하여 국가영역에 진출하는 경우 국가기관에게 적용되는 특별한 구속과 제한을 받는다.[51] 가령, 원내교섭단체는 정당의 대표자로 구성되나, 정당의 하부조직이 아니라 의회의 부분조직이다. 그러므로 원내교섭단체에는 정당에 적용되는 정당법이 아니라 의회에 적용되는 의회법의 적용을 받는다. 정당이 국가영역에 진출하여 국정에 참여하는 한, 국가기관으로서 공익실현 의무가 있다. 정부나 의회의 공직을 차지하는 것은 정당이 아니라 정당의 대표자이며, 정당의 대표자가 국가영역에 진출하는 경우에는 정당의 대표이자 국가기관이라는 이중적 지위를 가진다. 정당의 대표가 국가영역에서 국가기능을 수행하는 한, 더 이상 정당의 당원이 아니라 국가기관으로서 공익실현의 의무를 진다.[52] 정당국가에서 집권당에게 공익실현의 의무가 요청된다면, 바로 이러한 관점에서 이해되어야 한다. 헌법은 제46조 제2항의 全國民代表性과 自由委任을 통하여 국회의원의 공익실현의 의무를 규정하고 있고, 제69조("국민의 자유와 복리의 증진")에서 대통령의 공익실현의 의무를 규정하고 있다.

다. 자유민주주의의 긍정의무가 헌법상 정당의 개념적 요소인지의 문제

헌법재판소는 정당의 개념에 '자유민주주의를 긍정해야 할 의무'를 포함시키고 있다.[53] 정당의 '목적과 활동'이 민주적일 것을 요구하는 헌법 제8조 제2항 전단은, 정당

---

48) 기본권의 주체는 기본권행사의 여부와 방법에 관하여 자유롭게 결정할 수 있다. 개인은 기본권행사의 동기와 목표에 있어서 아무런 구속을 받지 않는다. vgl. Isensee, Gemeinwohl und Staatsaufgaben im Verfassungsstaat, in: HbStR, Bd.Ⅲ, 1988, §57 Rn.83.

49) Vgl. Böckenförde, Grundrechtstheorie und Grundrechtsinterpretation, NJW 1974, S.1535.

50) Vgl. Starck, Die Verfassungsauslegung, in: HbStR, Bd.Ⅶ, 1992, §164, Rn.46.

51) Vgl. Maurer, Die Rechtsstellung der politischen Parteien, JuS 1991, S.882.

52) 정당이 국가영역에 진출하여 의회와 정부에 참여하는 경우, 더 이상 정당의 이익이 아니라 국가의 공익이 기준이 된다. 물론 정당이 그의 정책과 공익을 동일시하는 경향이 있으나, 정당이 국가기관의 형태로 국가의 영역에 참여하는 한 공익실현의 의무가 있다는 것을 인식하는 것은 중요하다, vgl. Maurer, Staatsrecht, 1999, S.344.

53) '정당의 개념에 자유민주주의를 긍정해야 할 의무가 포함되는지'에 관하여 학계의 일부 견해(가령, 김철수,

의 목적이나 활동이 자유민주적 기본질서에 위배되는 정당의 해산을 규정하는 헌법 제8조 제4항과의 연관관계에서 볼 때, '자유민주적 기본질서를 긍정해야 할 의무'를 담고 있다. 그러나 자유민주적 기본질서를 긍정해야 할 의무는 헌법상 정당의 개념적 요소가 아니라 정당의 자유에 대하여 한계를 설정하는 정당의 헌법적 의무이며, 의무위반의 경우 헌법 제8조 제4항의 제한적 요건 하에서 정당해산에 이르게 된다.

헌법이 제8조 제4항에서 분명히 밝히고 있는 바와 같이,[54] 정당의 정치적 성격을 이유로 하는 규제는 단지 정당해산심판절차를 통해서만 허용된다. 따라서 정당이 어떠한 정치적 목적을 추구하는지는 헌법상 정당에 해당하는지 여부를 판단하는 개념적 요소에 속하지 않는다. 국민의 정치적 의사형성과정에의 참여와 정치적 목표실현을 위한 조직이라는 정당의 개념적 요소를 충족시키는 한, 헌법적대적인 정당도 헌법적 의미의 정당으로 헌법 제8조에 의하여 보호를 받는다. 다만, 정당이 자유민주적 기본질서를 긍정해야 할 헌법적 의무에 위반하는 경우에는 헌법 제8조 제4항의 요건에 따라 헌법재판소의 결정에 의하여 해산될 수 있을 뿐이다. 그러나 헌법재판소에 의하여 해산되지 않는 한, 그러한 정당들은 헌법적 의미의 정당으로서 인정되어야 한다.

만일, '자유민주주의를 긍정해야 할 의무'가 정당의 개념적 요소에 포함된다면, 자유민주주의를 부정하는 정당은 개념상 정당이 아니다. 따라서 입법자는 정당의 등록요건으로 '자유민주주의를 긍정해야 할 의무'를 규정함으로써 헌법상 정당 개념을 구체화하는 것이 허용될 것인데, 이는 결국 등록사무를 담당하는 선거관리위원회가 정당의 정치적 성격을 심사하는 결과에 이르게 될 것이다. 이러한 법적 상황이 헌법 제8조 제4항의 '정당특권'과 부합할 수 없다는 것은 명백하다. 정당의 민주적 성격을 개념적 요소로 인정함으로써, 국가는 결과적으로 일정한 내용적 요건을 구비해야만 정당을 설립할 수 있다는 소위 '허가절차'를 도입하게 되는 것이다.

뿐만 아니라, '정당의 민주적 성격'은 이미 논리필연적으로 개념적 요소에 속하지 않는다. 만일, '정당의 민주적 성격'이 정당의 개념적 요소라면, '위헌적 정당'이란 있을 수 없고, '위헌정당의 해산'이란 용어 자체가 성립하지 않는다. '위헌적 정당'이란 이미 정당의 개념에 정당의 위헌성여부가 포함되지 않는다는 것을 전제로 한다. 헌법 제8조 제4항의 위헌정당의 해산가능성은 이미 이러한 논리적인 이유에서도 '정당의 민주적 성격여부가 정당의 개념적 요소에 포함되지 않는다'는 것을 말해준다.

헌법학개론, 2007, 211면; 권영성, 헌법학원론, 2008, 189면; 성낙인, 헌법학, 2008, 212면)도 아무런 논거의 제시 없이 이를 당연한 것으로 긍정하고 있다.

54) 이에 관하여 자세한 것은 위 Ⅲ. 1. 다. 참조.

2. 이 사건 법률조항의 위헌여부를 판단함에 있어서 논증의 문제점

가. 입법목적으로서 '地域政黨과 群小政黨의 배제'의 문제점

(1) 헌법재판소는 정당에게 5 이상의 시 · 도당을 요구한 정당법 제25조의 규정을 '지역정당을 배제'하려는 취지로, 각 시 · 도당에게 1천인 이상의 당원을 요구한 제27조의 규정을 '군소정당을 배제'하고자 하는 취지로 보아, '지역정당과 군소정당의 배제'라는 공익을 정당설립의 자유에 대한 제한을 정당화하는 입법목적으로 언급하고 있다. 그러나 정당법 제25조 및 제27조의 규정으로부터 각 독자적인 입법목적을 이끌어내는 것이 합당한 것인지, 위 두 규정은 서로 불가분의 관계에 있는 것으로 동일한 입법목적을 달성하기 위한 일원적인 수단으로 보아야 하는 것은 아닌지 하는 의문이 일차적으로 제기된다.

나아가, 지역정당과 군소정당도 정당의 개념적 요소를 충족시키므로, 이러한 정당을 정치적 과정에서 배제하기 위한 입법목적이 헌법상 보장된 '정당설립의 자유'에 비추어 헌법적으로 허용되는지 의문이 제기된다.

(2) '군소정당의 배제'라는 공익에 대하여 보건대, 물론, 군소정당의 형성은 의회 내에서 다수세력의 확보를 어렵게 하고 이로써 의회의 원활한 기능을 저해할 수 있다. 따라서 의회의 기능유지나 국정의 안정이라는 공익은 가령, 비례대표의석의 배분에 있어서 봉쇄조항(저지조항)이나 '후보자추천을 위한 선거권자의 수', 선거기탁금제도와 기탁금반환규정 등을 통하여 선거에 있어서 형식적 평등에 대한 예외를 허용함으로써 난립후보를 방지하고 군소정당의 의회진입을 차단하는 것을 정당화하는 사유일 수 있다.

그러나 정당설립의 자유에 대한 제한을 '군소정당의 배제'라는 공익을 가지고 정당화하는 것은 타당하지 않다. 헌법은 '정당설립의 자유'를 보장함으로써 정당구도를 특정한 형태나 방향으로 유도하고 형성하고자 하는 국가의 모든 시도를 원칙적으로 금지한다. 헌법은 '정당설립의 자유'의 보장을 통하여, 한 나라의 정치문화를 결정하는 중요한 요소인 '양당제 또는 다당제', '이익정당 또는 국민정당', '지역정당 또는 전국정당'의 문제는 정당설립의 단계에서는 개방적이며, 이는 정치현실에서 유권자에 의하여 결정된다고 하는 것을 표현하고 있다. 물론, 입법자는 선거제도 등의 구체적 형성을 통하여 정당구도의 발전방향에 영향을 미칠 수 있으나,[55] 헌법이 정당설립의 자유를 보장한다는 것은 적어도 정당설립의 단계에서는 정당구도를 특정한 방향으로 조정할 수 있는 가능성을 입법자에게 부여하지 않는다는 것을 의미한다.[56]

---

55) 선거제도의 구체적 형성, 예컨대 다수대표제 또는 비례대표제인지, 소선거구제 또는 대선거구제인지 등의 선택을 통하여 현실적인 정당질서에 큰 영향을 미칠 수 있다는 것은 주지의 사실이다.

56) Vgl. Grimm, Politische Parteien, in: HbVerfR, 2. Aufl., 1994, §14 Rn.31.

같은 맥락에서, 정당설립의 자유는 다양한 견해와 이익을 정당으로 조직할 수 있는 기회만을 보장하는 것이지(형식적 복수정당제), 다양하고 상이한 정치적 방향이 서로 경쟁하는 '정당구도의 실체적 다원주의'(실체적 복수정당제)를 보장하는 것은 아니다. 따라서 기성정당이 그 정치적 방향과 색깔에 있어서 서로 유사하여 상호 대안적으로 더 이상 기능하지 못한다 하더라도, 국가는 이를 수정할 수 있는 어떠한 권한도 가지고 있지 않다. 이러한 정당구도를 교정할 수 있는 가능성은 오로지 국민에 의한 정당설립의 자유의 행사에 있으며, 국민만이 새로운 정당의 설립을 통하여 정당구도의 실체적 다원주의를 실현할 수 있다.

그러므로 '군소정당의 배제를 통한 국정의 안정'은 적어도 '정당설립의 단계'에서는 정당설립의 자유에 대한 제한을 정당화하는 사유로서 고려될 수 없다. 헌법이 정당설립의 자유를 통하여 의도하는 바는, 개방적인 복수정당제에서 정당의 자유로운 경쟁과 다양성을 보장하고자 하는 것이며, 정당설립의 자유는 바로 '군소정당의 형성'과 '신생정당의 진입'을 가능하게 하고자 하는 것이다. 따라서 처음부터 군소정당의 설립을 차단하기 위하여 정당설립의 요건을 강화하고자 하는 입법자의 취지는 군소정당의 설립을 가능하게 하고자 하는 헌법 제8조 제1항의 '정당설립의 자유'의 정신에 정면으로 반하는 것으로, 정당설립의 자유를 제한하는 공익으로서 헌법적으로 허용되지 않는다.[57)]

(3) 또한, 헌법재판소는 단지 특정 지역의 정치적 의사만을 반영하려는 '지역정당'의 배제를 이 사건 법률조항의 입법목적으로 언급함으로써, 정당의 정치적 목표가 사실상 '전국정당' 또는 '국민정당'을 지향할 것을 등록요건으로 요구하고 있다. 그러나 이미 위에서 서술한 바와 같이, 정당설립의 자유의 객관적인 의미가 정당구도를 전국정당의 형성 등 일정한 방향으로 유도하고자 하는 입법자의 모든 시도를 금지하는 것이기 때문에, 지역정당을 배제하고 정당의 정치적 목표를 전국정당으로 유도하고자 하는 입법자의 취지도 '정당설립의 자유'에 반하는 것이다. 복수정당의 경쟁을 통하여 대립하는 다양한 정책과 이익의 조정이 이루어지고 궁극적으로 공익이 형성된다는 점에서 보더라도, 지역정당을 배제해야 할 아무런 헌법적 정당성을 인식할 수 없다.[58)]

정당은 정당설립의 자유를 근거로 정치적 목표를 스스로 정할 자유를 가지고 있으며, 이에 따라 정당의 지지기반을 전국의 유권자에 둘 것인지 아니면 특정 지역의 유권자에 둘 것인지에 관하여 스스로 결정할 수 있다. 헌법재판소가 이 사건 법률조항의 입법목적으로 '지역정당의 배제'를 언급한 것은, 정당에 대한 헌법재판소의 이해가 헌법에 의하여 전제된 정당 개념과 부합하지 않는다는 것을 드러내고 있다. '전국정당이나 국민정당의 요청'은 헌법상 정당의 개념적 요소에 속하지 않으며, 등록요건은 단지 헌법

---

57) 유사한 취지로 이종수, 정당제민주주의의 현안문제의 검토, 헌법학연구 제13권 제2호(2007. 6.), 120면 참조.
58) 이에 관하여 위 V. 1. 나. (3) 참조.

적 정당 개념을 구체화하는 것에 그쳐야 하기 때문에, 전국정당의 요청은 등록요건을 정당화하는 근거로 고려되지 않는다.

(4) 정당설립의 자유는 그 자체가 목적이 아니라 헌법적으로 부여된 정당의 과제와 기능(국민의사형성에의 참여)을 이행하기 위한 자유이므로, 정당설립의 자유의 범위와 한계는 이미 정당의 헌법적 기능에 의하여 결정된다. 따라서 정당설립의 자유에 대한 제한은 정당의 헌법적 과제와 기능의 수행이라는 관점에 의하여 정당화되어야 한다. 그렇다면 이 사건 법률조항의 입법목적은 '군소정당이나 지역정당의 배제'가 아니라, 국민의 정치적 의사형성과정에 참여하기 위하여 요구되는 최소한의 형식적 요건을 갖춰야 한다는 관점이어야 한다. 이는 곧 헌법상 정당 개념의 요소로서, 정당의 과제이행을 위한 정치적 진지성에 대한 헌법적 요청이라 할 수 있다.

나. '시 · 도당 數 및 시 · 도당의 당원 數'에 의한 정당의 자유 제한의 문제점

입법자는 결사의 정치적 진지성을 담보하기 위한 객관적 요건을 정함에 있어서 어느 정도 형성의 여지를 가지고 있다. 입법자는 정치적 결사의 규모, 확산의 정도와 분포, 구성원의 수, 단체활동을 통한 일반대중 앞에의 등장 등 다양한 요소를 조직의 요건으로 삼을 수 있으며, 나아가 신생정당과 기성정당을 구분하여 또는 정당의 연륜에 따라 정당의 조직적 요건을 달리 정할 수도 있다. 또한, 입법자는 현행 정당법이 시도하고 있는 바와 같이, 모든 정당에 대하여 획일적으로 시 · 도당 數와 당원 數를 기준으로 하여 정당설립의 요건을 정할 수도 있다. 물론, 이러한 방법으로 정당설립의 형식적 요건을 규율하는 경우, 정당설립요건은 신생정당에 맞추어져 있다. 입법자는 법적 안정성을 확보하려는 정당등록제도의 취지에 부합하게 명확하게 계량화할 수 있는 객관적 기준을 설립요건으로 도입할 수 있으며, 이러한 점에서 이 사건 법률조항이 '시 · 도당 數'와 '당원 數'를 기준으로 삼은 것은 허용된다고 보인다.

그러나 정당의 헌법적 과제를 이행하기 위한 최소한의 조직상의 요건을 제시해야 하는 당위성에도 불구하고, 정당정치문화가 발달하지 않은 우리 정치현실에서 위 법률조항이 정하는 요건이 신생정당의 창당을 현저하게 어렵게 하는 것은 아닌지, 이 사건 법률조항이 제시하는 조직상의 요건이 기성정당의 관점에서 확정된 것은 아닌지, 이로써 신생정당이 충족시키기에는 너무 과도하기 때문에 정당설립의 자유를 침해하는 것은 아닌지의 문제가 제기된다. 따라서 이 사건 법률조항이 헌법적으로 정당화되는지의 문제는 결사의 정치적 진지성을 담보하기 위한 객관적 요건을 정함에 있어서 입법형성권의 한계를 준수하였는지 여부에 관한 것이다.

입법자는 정당법에서 헌법상 정당 개념을 구체화하여 정당의 조직상의 요건을 확정함에 있어서, 한편으로는 신생정당의 자유로운 진입을 허용하는 '정치적 과정의 개방성보장'이라는 법익과 다른 한편으로는 정치적 의사형성과정에의 참여라는 '정당의 헌법적 기능 확보'라는 법익을 함께 고려해야 한다. 결국, 이 사건 법률조항의 위헌여부는 입법자가 입법형성권을 행사함에 있어서 헌법의 2가지 요청을 적절하게 고려함으로써, 정치적 과정의 개방성을 보장하면서도 정당의 헌법적 기능을 확보할 수 있도록 조직상의 최소한의 요건을 확정하였는지의 문제로 귀결된다. 이러한 문제의 구체적 판단은 정당정치의 발달정도, 국민의 정치의식의 수준과 정치참여도, 정당발전의 역사 등 우리 정치현실에 대한 판단을 포함하므로, 입법자에게 상당히 폭넓은 형성권이 인정되어야 할 것이다.

Ⅵ. 맺는말

1. 대의제 민주주의에서 다양한 정치적 목표를 가진 정당간의 자유경쟁을 가능하게 하고자 하는 정당설립의 자유, 정당의 헌법상 과제와 기능으로서 국민의 정치적 의사형성에의 참여, 정당의 정치적 목표설정에 대한 국가의 간섭을 금지하는 헌법 제8조 제4항의 의미 등을 종합적으로 고려할 때, 정당의 정치적 목표와 방향에 대하여 내용적 요건을 제시하지 않는 '형식적 정당 개념'만이 헌법이 의도하는 다원적 민주주의 및 헌법상 정당조항의 규범적 의미에 부합한다. 헌법상 정당 개념은 헌법이 의도하는 정당의 기능에 의하여 결정되어야 하며, 이러한 관점에서 정당의 개념은 정당의 기능이행을 확보하기 위한 형식적 요건으로만 구성되어야 한다.

따라서 헌법상 정당의 개념은, 국민의 정치적 의사형성에 지속적으로 영향을 행사하고 선거에 참여하고자 하는 정치적 단체의 진지한 의도를 객관적으로 판단할 수 있는 형식적 요소에 제한되어야 한다. 이로써 헌법상 정당 개념은 '선거에의 참여'와 '조직의 정도'를 기준으로 정당의 정치적 진지성을 파악하는 형식적인 개념이다.

2. 입법자가 헌법상 정당의 개념을 정당법에서 구체화한다면, 정당법상의 정당 개념은 위에서 서술한 헌법상 정당의 개념에 부합하는 것이라야 한다. 정당법상의 정의조항은 선거참여의 의도라는 정당의 주관적 목적만을 규정할 뿐 이러한 목적추구의 진지성을 객관적으로 담보하는 요건을 언급하고 있지 않다는 점에서는 불완전한 개념정의에 그치고 있다. 그 대신, 정당법은 정당등록제를 도입함으로써 등록요건(법정 시·도당 數 및 시·도당의 당원 數)의 설정을 통하여 불완전한 정의조항을 보완하고 있다. 이로써 정당법은 제2조의 정의규정과 제4조의 등록절차를 통하여 헌법상 정당의 개념을 구체화하였다.

헌법상 정당 개념에 부합하게 정당 개념을 구체화하는 등록요건을 확정하고, 이를 통하여 정당과 그 외의 결사의 구분을 사전에 명확히 함으로써 법적 안정성을 도모하고자 하는 등록제도는 헌법적으로 하자가 없다. 그러나 입법자가 헌법상 정당의 개념적 요소를 넘어서 그 외의 요소를 등록요건으로 확정한다면, 이러한 등록요건은 헌법상 정당 개념에 위반되어 입법형성권을 행사한 것으로 정당설립의 자유를 위헌적으로 침해하는 것이다. 또한, 정당법상 등록요건뿐만 아니라 등록취소요건도 헌법상 정당의 개념에 부합해야 한다. 따라서 등록취소로 인하여 정당의 지위를 상실하는 경우도 정당의 헌법적 개념을 충족시키지 못한 경우와 일치해야 하고, 이러한 경우에 제한되어야 한다.

3. 헌법재판소는 헌법상 정당의 개념에 '공익실현의 의무'와 '자유민주주의를 긍정해야 할 의무'를 포함시키고 있으나, 정당에 대한 국가의 정치적 통제를 처음부터 배제하기 위하여 정당의 개념은 정치적 목적이나 내용과 관계없이 형식적으로 규정되어야 한다. 정당에게 '공익실현의 요청'을 하는 것은 그 이행여부를 객관적으로 판단할 수 없는 의무를 부과한다는 점에서 정당의 자유를 현저하게 위협할 수 있다. '자유민주주의를 긍정해야 할 의무'를 정당의 개념적 요소로 인정한다는 것은, 결과적으로 일정한 내용적 요건을 구비해야만 정당을 설립할 수 있다는 소위 '허가절차'의 도입을 의미하는 것이다.

4. 헌법재판소는 정당설립의 자유를 제한하는 이 사건 법률조항의 입법목적으로 '군소정당과 지역정당의 배제'라는 공익을 언급하고 있으나, 이러한 공익에 근거하여 정당설립의 자유에 대한 제한을 정당화하는 것은 문제가 있다. 헌법이 정당설립의 자유를 보장한다는 것은, 적어도 정당설립의 단계에서는 정당구도를 특정 방향(가령, 이익정당 또는 국민정당, 지역정당 또는 전국정당 등)으로 조정할 수 있는 권한을 입법자에게 부여하지 않는다는 것을 의미한다. 처음부터 군소정당이나 지역정당의 설립을 차단하기 위하여 정당설립의 요건을 강화하고자 하는 입법자의 취지는 군소정당의 형성과 신생정당의 진입을 통하여 정당의 자유로운 경쟁을 보장하고자 하는 헌법 제8조 제1항의 정당설립의 자유의 정신에 정면으로 반하는 것으로, 정당설립의 자유를 제한하는 공익으로서 헌법적으로 허용되지 않는다.

5. 그렇다면 이 사건 법률조항의 입법목적은 '군소정당이나 지역정당의 배제'가 아니라, 국민의 정치적 의사형성과정에 참여하기 위하여 요구되는 최소한의 형식적 요건을 갖춰야 한다는 관점이어야 한다. 이는 곧 헌법상 정당 개념의 요소로서, 정당의 과제이행을 위한 정치적 진지성에 대한 헌법적 요청이라 할 수 있다.

따라서 이 사건 법률조항이 헌법적으로 정당화되는지의 문제는 결사의 정치적 진지성을 담보하기 위한 객관적 요건을 정함에 있어서 입법형성권의 한계를 준수하였는지 여부이다. 결국, 이 사건 법률조항의 위헌여부는 입법자가 헌법상 정당 개념을 구체화하여 정당의 조직상의 요건을 확정함에 있어서, 한편으로는 신생정당의 자유로운 진입을 허용하는 '정치적 과정의 개방성'을 보장하면서도 다른 한편으로는 정치적 의사형성과정에의 참여라는 '정당의 헌법적 기능을 확보'할 수 있도록 조직상의 최소한의 요건을 확정하였는지의 문제로 귀결된다.

참고문헌

계희열, 헌법학(상), 2004
권영성, 헌법학원론, 2008
김철수, 헌법학개론, 2007
성낙인, 헌법학, 2008
이종수, 정당제민주주의의 현안문제의 검토, 헌법학연구 제13권 제2호, 2007. 6.
정태호, 정당설립의 자유와 현행 정당등록제의 위헌성에 대한 관견, 인권과 정의 제343호, 2005. 3.
한태연, 헌법학, 1983
허영, 한국헌법론, 2004

v. Arnim, Politische Parteien, DÖV 1985
______, Staatslehre der Bundesrepublik Deutschland, 1984
Böckenförde, Demokratische Willensbildung und Repräsentation, in: Isensee/Kirchhof (Hg), Handbuch des Staatsrechts (HbStR), Bd.II, 1987, §30
______, Die politische Funktion wirtschaftlich-sozialer Verbände und Interessenträger in der sozialstaatlichen Demokratie, in: ders., Staat, Verfassung, Demokatie, 1991
______, Die Bedeutung der Unterscheidung von Staat und Gesellschaft im demokratischen Sozialstaat der Gegenwart, in: ders., Staat, Gesellschaft, Freiheit, 1976
______, Grundrechtstheorie und Grundrechtsinterpretation, NJW 1974
Degenhart, Staatsrecht I, 1995
Frotscher, Die parteienstaatliche Demokratie-Kennzeichen und Zukunftsperspektiven, DVBl 1985
Grimm, Politische Parteien, in: Benda/Maihofer/Vogel(Hg), Handbuch des Verfassungsrechts der Bundesrepublik Deutschland (HbVerfR). 2. Aufl., 1994, §14
______, Verbände, in: Benda/Maihofer/Vogel(Hg), Handbuch des Verfassungsrechts der Bundesrepublik Deutschland (HbVerfR), Bd. I, 1994, §15
Henke, in: Bonner Kommentar (BK), Art.21
Isensee, Gemeinwohl und Staatsaufgaben im Verfassungsstaat, in: Isensee/Kirchhof (Hg), Handbuch des Staatsrechts (HbStR), Bd.III, 1988, §57
J. H. Kaiser, Die Repräsentation organisierter Interessen, 2. Aufl., 1978
Kloepfer, Öffentliche Meinung, Massenmedien, in: Isensee/Kirchhof(Hg), Handbuch

des Staatsrechts (HbStR), Bd. II, 1987, §35
Kunig, Parteien, in: Isensee/Kirchhof(Hg), Handbuch des Staatsrechts (HbStR), Bd. II, 1987, §33
Maurer, Die Rechtsstellung der politischen Parteien, JuS 1991
______, Das Verbot politischer Parteien, AöR 96(1971)
______, Staatsrecht, 1999
Morlok, in: Dreier(Hg), Grundgesetz Kommentar, 2006, Art.21
v. Münch, Staatsrecht I, 2000
Reichel, Das Demokratische Offenheitsprinzip und seine Anwendung im Recht der politischen Parteien, 1996
Schiffer/Wolff, Staatliche Willensbildung und nichtstaatliche Organisationen, AöR 116(1991)
Schmitt Glaeser, Die grundrechtliche Freiheit des Bürgers zur Mitwirkung an der Willensbildung, in: Isensee/Kirchhof(Hg), Handbuch des Staatsrechts (HbStR), Bd. II, 1987, §31
Starck, Die Verfassungsauslegung, in: Isensee/Kirchhof(Hg), Handbuch des Staatsrechts (HbStR), Bd. VII, 1992, §164
Stolleis, Parteienstaatlichkeit-Krisensymptome des demokratischen Verfassungsstaats?, VVDStRL 44(1986)

제2장

2 법치국가원리

제1절 법률유보의 원칙

本質性理論과 立法委任의 명확성원칙*

Ⅰ. 머리말

헌법재판소는 입법권을 위임하는 법률이 包括委任인지 여부를 판단함에 있어서 이미 초기의 결정부터 '국가공동체의 중요한 결정은 입법자가 법률로써 해야 한다'는 판시를 해온 것을 엿볼 수 있는데,[1] 최근 들어 일부 결정에서는 '本質性理論'과 '의회유보의 원칙'이 명시적으로 언급되기에 이르렀다.[2] 헌법재판소의 이러한 판시내용은 독일 연방헌

---

* 위 논문은 2003년 12월, 헌법논총(헌법재판소) 제14집, 567-636면에 게재된 것을 일부 수정한 것이다.

1) 예컨대, 중등의무교육을 대통령령에 의하여 순차적으로 실시하도록 위임한 교육법규정에 대한 위헌법률심판에서(헌재 1991. 2. 11. 90헌가27, 판례집 3, 11, 27), 헌법재판소는 "입법자는 교육에 관한 법제의 전부가 아니라 그 기본골격을 수립할 책무가 있으므로 본질적인 사항에 대해서는 반드시 스스로 기본적인 결정을 내려야 하고, 그러한 기본적인 사항의 결정을 행정부에 위임하여서는 아니 되는 것"이라고 하여, 처음으로 포괄위임 여부를 본질성이론을 통하여 해결하려는 시도를 하였다. 또한, 보건복지부장관이 정하는 바에 따라 요양기관의 취소를 할 수 있도록 위임한 의료보험법규정에 대한 위헌법률심판에서, 헌법재판소는 "우리 헌법 제40조의 의미는 적어도 국민의 권리와 의무의 형성에 관한 사항을 비롯하여 … 기본적이고 본질적인 사항은 반드시 국회가 정하여야 한다는 것이다."라고 판시하였다(헌재 1998. 5. 28. 96헌가1, 판례집 10-1, 509, 515-516).

2) 의회유보원칙을 명시적으로 언급한 최초의 결정은 '텔레비전방송수신료 결정'이다(헌재 1999. 5. 27. 98헌바70, 판례집 11-1, 633, 643). 헌법재판소는 위 결정에서 "오늘날 법률유보원칙은 단순히 행정작용이 법률에 근거를 두기만 하면 충분한 것이 아니라, 국가공동체와 그 구성원에게 기본적이고도 중요한 의미를 갖는 영역, 특히 국민의 기본권실현에 관련된 영역에 있어서는 행정에 맡길 것이 아니라 국민의 대표자인 입법자 스스로 그 본질적 사항에 대하여 결정하여야 한다는 요구까지 내포하는 것으로 이해하여야 한다(이른바 의회유보원칙)."라고 하여, 국회의 결정이나 관여를 배제한 채 한국방송공사로 하여금 수신료금액을 결정해서 문

법재판소의 본질성이론과 그에 바탕을 둔 의회유보의 사고를 받아들인 것으로 보인다.

그러나 아직 학계나 판례에서 의회유보의 이론적 기초인 본질성이론의 내용과 기능에 관하여 심도 있게 논의된 바도 없고 규명되지도 않은 상태이기 때문에, 어떠한 경우에 어떠한 연관관계에서 의회유보의 원칙과 본질성이론을 판단의 근거로 삼을 수 있는지는 여전히 불확실하다. 이러한 불확실성은 특히 입법권을 행정부에 위임하는 법률의 명확성여부, 즉 포괄위임인지 여부를 판단하는 과정에서 더욱 뚜렷하게 나타난다.[3)]

예컨대, 안마사나 학원 강사의 자격을 법률에서 직접 규율하지 않고 행정입법에 위임하는 경우, 특정 직업의 자격요건을 행정입법에서 규율하도록 위임하는 법률은 그 자격요건을 법률에서 보다 구체적으로 명확하게 정하지 않았기 때문에 이는 포괄위임으로서 헌법 제75조의 立法委任의 明確性原則(포괄위임금지원칙)에 위반되는지 여부를 판단해야 하는가? 아니면, 이러한 법률은 자격요건의 본질적인 내용을 스스로 규정하지 않았기 때문에, 중요하고도 본질적인 사안은 입법자가 법률로써 스스로 정해야 한다는 議會留保의 원칙에 위반되는지 여부를 심사해야 하는가? 아니면, 제1단계에서는 입법자가 본질적인 사안을 스스로 정했는지 여부를 판단하고, 이어서 제2단계의 심사로서 입법권의 위임이 충분히 명확한지 또는 포괄위임인지 여부를 판단해야 하는가?

1988년 헌법재판소가 활동을 개시한 이래 지난 15년 동안 처리한 사건의 유형 중에서 양적으로 가장 큰 비중을 차지하는 것 중의 하나는 입법위임의 명확성여부(헌법 제75조)에 관한 것이었다. 헌법재판소는 초기의 판례부터 현재까지 '법률규정으로부터 대통령령에 규정될 대강의 내용을 예측할 수 있는지'의 '豫測可能性의 관점'을 포괄위임여부를 판단하는 기준으로 삼아 심사하고 있다. 그러나 이를 기준으로 삼아 포괄위임인지 여부를 판단하는 것은 사실상 매우 불확실하고 어려운 작업일 뿐만 아니라, 법치국가적 명확성의 사고를 헌법 제75조의 포괄위임금지의 요청에 그대로 적용하는 것이 과연 타당한지에 대하여 강한 의문이 제기된다. 예컨대, 극장주가 국산영화를 의무적으로 상영해야 할 年間上映日數에 관하여 대통령령으로 정할 것을 위임하는 영화법규정의 경우,[4)] 사업주에게 장애인 고용의무를 부과하면서 적용대상 사업주의 범위를 "대통령령이

화관광부장관의 승인을 얻도록 한 것은 의회유보원칙에 위반된다고 판단하였다. 이어서 2001. 4. 26. 선고한 2000헌마122 결정에서 "법률이 자치적인 사항을 정관에 위임할 경우 원칙적으로 헌법상의 포괄위임입법금지 원칙이 적용되지 않는다 하더라도, 그 사항이 국민의 권리 의무에 관련되는 것일 경우에는, 적어도 국민의 권리와 의무의 형성에 관한 사항을 비롯하여 국가의 통치조직과 작용에 관한 기본적이고 본질적인 사항은 반드시 국회가 정하여야 한다는 법률유보 내지 의회유보의 원칙이 지켜져야 할 것이다."라고 판시하여 자치적인 사항을 정하는 정관과의 관계에서 의회유보의 원칙을 언급하였다(판례집 13-1, 962, 973).

3) 안마사의 자격을 행정입법에 위임한 의료법규정에 대한 위헌법률심판에서(헌재 2003. 6. 26. 2002헌가16, 공보 제82호, 46), 헌법재판소는 위 법률규정이 의회유보원칙 및 포괄위임금지의 원칙을 위반한 것인지 여부를 판단하였는데, 특히 재판관 5인의 위헌의견은 우선 본질성이론에 따라 의회유보원칙의 위반여부를 판단하고, 이어서 헌법 제75조의 기준에 따라 입법위임의 명확성여부를 판단하였다(공보 제82호, 51).

4) 헌재 1995. 7. 21. 94헌마125, 판례집 7-2, 155.

정하는 일정 數 이상의 근로자를 고용하는 사업주"라고 규정하여 이를 대통령령으로 정할 것을 위임하는 '장애인 고용촉진 등에 관한 법률'조항의 경우[5] 또는 학원 강사의 자격을 대통령령으로 정하도록 위임하는 경우, '법률규정으로부터 대통령령에 규정될 대강의 내용을 예측할 수 있는지'의 '예측가능성의 기준'에 의하여 입법위임의 명확성여부를 판단하는 것이 과연 적절한지 의문이 제기된다.

이 글에서는 우선, 독일의 본질성이론과 관련하여 본질성이론을 정당화하는 헌법적 근거를 밝혀내고 그로부터 본질성이론의 기준을 구체화할 수 있는 관점을 찾을 수 있는지 살펴보고(아래 Ⅱ.), 이어서 입법위임의 명확성여부를 판단하기 위하여 헌법재판소가 사용하는 소위 '예측가능성'의 기준이 타당한 것인지 아니면 다른 관점에 의하여 대체되든지 또는 적어도 보완되어야 할 필요가 있는지 검토한 다음, 본질성이론의 기준을 구체화하는 관점이 포괄위임 여부를 판단하는 관점으로서 유용할 수 있는지에 관하여 살펴보기로 한다(아래 Ⅲ.). 마지막으로 본질성이론과 입법위임의 명확성(포괄위임금지)은 어떠한 관계에 있는지, 포괄위임 여부를 판단함에 있어서 위 2가지의 관점을 단계적으로 심사해야 하는지에 관하여 검토하기로 한다(아래 Ⅳ.).

Ⅱ. 本質性理論과 議會留保

1. 법률유보원칙과 '법률의 명확성원칙'

가. 법률유보원칙의 의미와 기능

(1) 법률유보원칙은 역사적으로 19세기 독일에서 군주의 집행부로부터 시민사회를 보호하기 위하여 발전한 원칙으로서, 군주로 대표되는 '집행부'와 시민을 대표하는 '의회'의 대립관계를 전제로 하여, 행정은 법률에 의한 수권이 있는 경우에만 국민의 자유와 재산에 대하여 침해할 수 있다는 원칙, 즉 행정에 의한 기본권의 침해는 법률에 근거해야 한다는 원칙을 말한다.

古典的 法律留保의 사상에는 '法의 지배'에 의한 법치국가적 요청과 '議會의 지배'에 의한 민주주의적 요청이 그 바탕을 이루고 있다.[6] 법이란[7] 특정 사실관계나 특정인에게만 적용되는 것이 아니라 모든 경우와 모든 사람에 대하여 적용되는 일반・추상적

5) 헌재 2003. 7. 24. 2001헌바96, 공보 제83호, 45.

6) Vgl. Maurer, Allgemeines Verwaltungsrecht, 1999, §6 Rn.9; Kloepfer, Der Vorbehalt des Gesetzes im Wandel, JZ 1984, S.685; Pietzcker, Vorrang und Vorbehalt des Gesetzes, JuS 1979, S.712; Wehr, Grundfälle zu Vorrang und Vorbehalt des Gesetzes, JuS 1997, S.420f.

7) 여기서의 '법'이란 법률뿐만 아니라 법규명령도 포함한다. 여기서 법치국가적 요청은 공권력행위의 요건을 사전에 일반・추상적인 규범으로 정함으로써 법적 안정성과 예측성을 보장해야 한다는 요청을 의미하므로, 이러한 요청은 법률만이 아니라 법규명령에 의하여 마찬가지로 실현될 수 있다.

규정으로서, 법으로 정한다는 것 자체가 이미 정의를 보장하고 자의적 차별을 방지하는 효과가 있다. 법의 지배는 인간에 의한 자의적 지배를 방지하고 동시에 공권력의 행위에 대한 국민의 예측가능성을 강화함으로써 법적 안정성과 정의에 기여한다.

법의 지배의 경우, 군주권력의 자의적인 행사를 제한하는데 그 주된 목적이 있다면, '議會의 支配'의 민주주의적 요청은 '국가 내에서 누가 법을 제정하는 권한이 있는지'의 權力配分의 문제이다. 19세기 유럽에서 시민계급이 형성되어 자신을 대표하는 의회를 통하여 정치적 참여를 군주에게 요구함으로써, 집행부의 정치적 형성에 대한 통제권과 참여권을 얻게 되었고, 이로써 군주로 대표되는 집행부가 개인의 자유와 재산을 침해하는 경우에는 시민사회의 이익을 대변하는 의회의 동의를 법률의 형태로써 받아야 한다는 사고가 확립되었다.

법률유보의 역사적 기능상, 그 당시 집행부에 의한 기본권의 침해만이 문제되었지, 입법자에 의한 기본권침해의 가능성은 인식하지 못하였다. 이는 입법자가 일차적인 '기본권 수호기관'으로 인식되었던 당시의 역사적 배경에서 볼 때 당연한 것이었다. 따라서 법률유보는 '행정청의 행위는 법률에 근거해야 한다'는 의미에서 단지 법률에 의한 '수권의 *存在*'만을 요구할 뿐, 그 '수권규범의 *內容*'이 어떠한지는 문제 삼지 않는다. 그러나 정의로운 법률만이 정의를 보장할 수 있으므로, 오늘날의 헌법국가는 입법권도 헌법의 구속을 받게 함으로써 입법자의 형성권을 제한하고 있다.

(2) 오늘날 헌법국가에서 법률유보의 원칙은 민주주의원리와 법치국가원리에 그 헌법적 근거를 두고 있다.

민주주의원리는 행정작용에 대하여 '의회의 법률에 의하여 매개되는 민주적 정당성'을 요구한다. 민주적 정당성은, 국가권력의 행사가 '그 내용에 있어서도' 국민으로부터 유래할 것을 요청한다. 국민의 대표자인 의회가 국가공동체의 모든 중요한 문제를 '법률'의 형태로 결정하고 '법률'을 집행부와 사법부의 행위기준으로 제시함으로써, 집행부와 사법부의 국가행위를 그 내용에 있어서 조종하고 지배하게 된다. 따라서 집행부와 사법부가 법률의 구속을 받는다는 것은 국민주권의 관점에서 매우 중요한 의미를 가진다. '법률에의 구속'을 통하여 국가권력의 행사가 그 내용에 있어서도 국민으로부터 유래하는 것으로 간주되는 것이다.

법치국가적 관점에서는, 국민이 국가행위를 사전에 예측할 수 있도록 국가의 모든 중요한 공권력작용은 일반・추상적으로 법률로써 확정되어야 한다. 이로써 법률유보는 국민에게 법적 안정성을 보장하고 자의적인 국가행위를 방지하는 중요한 법치국가적 기능을 한다.

나. 법률의 명확성원칙

법률의 명확성원칙은 '법률의 수권은 그 내용, 목적, 범위에 있어서 충분히 확정되고 제한되어 있어서 국민이 행정의 행위를 어느 정도 예측할 수 있어야 한다'는 것을 의미한다(예측가능성의 이론).[8] 이러한 경우에만, 법률의 적용을 받는 국민이 '입법자가 법률을 통하여 의도하는 바'를 인식할 수 있다.

법률유보는 실질적으로 기능하기 위하여 '법률의 명확성'을 당연한 전제로 한다는 점에서, '행정청에 대한 법률의 수권은 명확해야 한다'는 명확성의 원칙을 내포하고 있다.[9] 법률에 의한 수권이 포괄적이고 불명확한 것이 아니라 제한적이고 구체적인 경우에 비로소 법률은 법적용기관을 구속하고 수권의 근거로서 그 실질적 기능을 이행할 수 있다. 그러므로 법률유보의 원칙에 따라 행정이 법률에 근거하여 행해져야 한다면, 그 법률은 '아무런 형태의 법률'이 아니라 '충분히 명확하게 수권의 범위를 확정하는 법률'이어야 한다. 법률의 명확성원칙은, 법률이 행정과 사법에 대한 행위지침으로 기능하기 위하여 필수적으로 요청되는 것이다.

따라서 법률의 명확성원칙은 법률유보원칙의 필수적인 보완이자 구체화를 의미한다.[10] 즉, 법률유보원칙이란 곧 '명확한 법률에 의한 유보원칙'인 것이다. 기본권의 제한은 반드시 법률로써 하도록 규정하는 헌법 제37조 제2항의 법률유보조항도 '기본권을 제한하는 법률은 명확해야 한다'는 명확성의 요청을 당연한 전제로 내포하고 있다.

2. 법률유보의 배경 및 헌법적 기능의 변화

가. 정치적 상황의 변화

고전적 법률유보원칙의 역사적 배경을 형성하였던 19세기 유럽의 헌법상황에 대하여 오늘의 헌법과 헌법현실에 있어서 다음과 같은 근본적인 변화가 나타났다. 역사적으로 법률유보의 출발점은 의회와 집행부의 대립적 구조이며, 입헌군주제에서 국민이 아닌 군주를 대변하는 집행부에 대한 불신이 그 바탕에 깔려있다. 그러나 오늘날 의회민주주의의 확립으로 인하여 의회와 정부의 관계는 대립관계가 아닌 공조관계로 변하였고 정부에 대한 통제는 야당의 역할이 되었다.[11] 오늘날의 정당국가적 권력분립구조는 정부와 의회의 대립에서 의회 내의 다수당과 소수당의 대립으로 전환되었으며, 정부와 국회

---

8) BVerfGE 8, 274, 325; 9, 137, 147; 56, 1, 12f.
9) Vgl. Papier/Möller, Das Bestimmtheitsgebot und seine Durchsetzung, AöR 122(1997), S.180.
10) BVerfGE 58, 257, 278.
11) Vgl. Kisker, Neue Aspekte im Streit um den Vorbehalt des Gesetzes, NJW 1977, S.1314; Ossenbühl, Vorrang und Vorbehalt des Gesetzes, in: HbStR, Bd.Ⅲ, 1988, §62 Rn.15; Kloepfer, Der Vorbehalt des Gesetzes im Wandel, JZ 1984, S.686f.

의 권력이 다수당 중심으로 형성된 현실적 정치상황에서는 실제적인 권력의 분립은 정부·의회의 與黨과 野黨 사이에서 이루어진다. 물론 우리 헌법과 같은 대통령제를 채택한 헌법 하에서는 의원내각제의 경우처럼 정부와 의회 다수당의 이익이 반드시 일치하는 것은 아니지만, 대통령의 출신정당과 국회 내의 다수당이 일치하는 것이 일반적인 헌법현실이다.

뿐만 아니라, 오늘날의 민주국가에서는 민주주의원칙은 모든 국가권력과의 관계에서 완전히 실현되었고, 의회뿐만 아니라 정부도 직접적이든 간접적이든 민주적 정당성을 가지고 있다.[12] 시민사회의 이익을 대변하는 '의회'와 군주의 이익을 대변하는 '집행부'가 대립한 입헌군주제와는 달리, 민주국가에서는 의회뿐만 아니라 행정부도 마찬가지로 국민의 이익을 대변하고 국민에 봉사하는 것을 궁극적인 존재이유이자 목표로 삼고 있다.

나. 국가과제의 변화

19세기 유럽 국가의 주된 과제는 개인의 자유를 제한하는 '침해적 행정'을 통하여 국가공동체의 공공질서와 안녕을 보장하는 것이었다. 19세기 국가의 성격은 일차적으로 '침해적 국가'이며, 19세기 국가의 성격에 상응하는 것이 바로 侵害留保로서의 법률유보이다.

그러나 국가의 성격이 社會的 法治國家로 전환되면서, 국가활동의 영역과 국가의 과제가 국민의 자유와 재산을 侵害하는 행정뿐만 아니라 국민에게 給付를 제공하는 행정의 영역으로 확대되었다. 개인의 자유행사가 '국가로부터의 자유'뿐 아니라 '국가에 의한 자유', 즉 국가에 의한 광범위한 급부행위와 사회국가적 노력에 의존하는 오늘날의 사회적 법치국가에서, '침해'와 '급부'의 구분의 의미가 감소하였고, 급부로부터의 배제나 급부의 박탈이 자유에 대한 침해보다도 개인의 기본권행사에 대하여 더욱 중요한 의미를 가질 수 있게 되었다.[13] 뿐만 아니라 오늘날 급부행정과 침해행정을 개념적으로 명확하게 분리하기 어려운 점이 있다.[14]

따라서 국가과제의 확장과 함께 사회·경제·문화정책적인 목적에서 제공되는 국가급부의 배분도 법치국가적 관점에서 수혜자와 급부의 범위를 예측할 수 있도록 법률로써 정해야 할 필요가 있다.

---

12) 우리 헌법의 경우, 모든 국가권력은 국민으로부터 나오며(제1조 제2항), 행정부의 수반인 대통령은 국민의 선거에 의하여 직접 선출된다(제67조 제1항).

13) 예컨대, 최저생계를 보장하는 생계보조비를 박탈하는 것 또는 국가가 경쟁관계에 있는 기업에게 보조금을 지급하는 것이 당사자 또는 당해 기업에 과도한 조세를 부과하는 것보다도 기본권의 행사를 저해하는 효과가 강력할 수 있다. vgl. Maurer, Allgemeines Verwaltungsrecht, 1999, §6 Rn.14.

14) 가령, 교육제도의 기본결정에 관한 문제, 교육목표와 교과목의 확정이 그러한 경우에 속한다.

다. 기본권적 법률유보에 의한 侵害留保의 기능 약화

고전적 법률유보는 자유와 재산권에 대한 '침해'에 대하여 법적인 근거를 요구하는 侵害留保를 의미한다. 침해유보란 국민의 자유와 권리에 대한 제한은 입법자에게 유보되어야 한다는 것을 의미한다.

그러나 오늘날 개인의 기본권은 단지 '법률로써', 즉 '법률에 의하여 또는 법률에 근거하여' 제한될 수 있기 때문에, 기본권제한에 있어서의 법률유보(기본권적 법률유보)는 사실상 침해유보와 거의 같은 기능을 하게 되었다. 기본권적 법률유보란, 헌법이 입법자에게 공익실현을 위하여 법률로써 기본권을 제한할 수 있는 권한을 부여하는 것을 말한다. 헌법에 기본권적 법률유보가 명시적으로 규정됨에 따라(우리의 경우, 헌법 제37조 제2항), 고전적 침해유보의 헌법적 기능과 의미가 크게 약화되었으며, 침해유보가 독자적인 헌법적 기능을 수행하는지에 대하여 의문이 제기되었다.

물론, 법치국가적 침해유보와 기본권제한의 법률유보는 그 헌법적 기능과 의미에 있어서 구분되어야 한다.[15] '법치국가적 법률유보'가 행정부와 사법부에 대하여 입법자의 결정에 근거하지 않은 기본권의 침해를 금지하고자 하는 것이라면, 즉 다른 국가권력과의 관계에서 입법자의 결정권한을 확보하고자 하는 것이라면, '기본권적 법률유보'란 입법자에 의한 기본권의 제한을 가능하게 하고자 하는 것이다. 요컨대, 법치국가적 법률유보란 '기본권은 단지 법률로써 제한되어야 한다'는 것을 의미하고, 기본권적 법률유보는 '기본권은 법률로써 제한될 수 있다'는 것을 의미한다. 이러한 기능적 차이에도 불구하고, 고전적 침해유보의 기능이 기본권적 법률유보에 의하여 약화되었다는 것은 부인될 수 없다.

3. 議會留保와 本質性理論

가. 侵害留保에서 議會留保로의 발전

위에서 살펴본 바와 같이, 국가의 성격 및 과제의 변화와 국가권력의 민주화로 인하여 법률유보의 배경을 형성한 역사적 조건이 근본적으로 변화함에 따라, 오늘날의 의회민주주의에서 법률유보의 원칙을 더 이상 의회와 집행부의 대립관계로 설명할 수 없게 되었다. 그 결과 헌법질서 내에서의 法律과 法律留保의 意味에 관하여 다음과 같은 근본적인 의문이 제기되었다.

고전적 법률유보의 사상적 기초가 되었던 의회와 정부 간의 정치적 대립관계가 사라짐으로써 법률유보는 더 이상 헌법적으로 정당화되지 않는 원칙인가? 정부와 여당의 정

15) Vgl. Kloepfer, Der Vorbehalt des Gesetzes im Wandel, JZ 1984, S.687; Ossenbühl, Vorrang und Vorbehalt des Gesetzes, in: HbStR, Bd.Ⅲ, 1988, §62 Rn.16.

치적 이해관계가 일치하고 정부도 민주적 정당성을 부여받았다면, 공동체의 중요한 결정에 관하여 의회나 집행부 중에서 누가 결정하더라도 무관하지 않은가? 행정부에 대하여 의회의 지위를 강화하고 확보해야 한다는 헌법적 요청인 법률유보는 불필요한 것인가? 아니면 오늘날의 권력분립구조의 변화에도 불구하고 법률유보는 여전히 중요한 기능을 하고 있는가?

뿐만 아니라, 침해를 전제로 하는 고전적 법률유보의 한계와 불충분함은 특히 급부행정과 국가조직의 영역, 정치적으로 중요한 기본결정의 영역에서 드러났다. 독일의 경우, 이러한 영역들에 대해서는 기본권침해 여부와 관계없이 일반적으로 의회가 결정해야 한다는 견해가 일찍이 형성되었다. 이에 따라 사회적 법치국가에서 국가과제에 새로이 편입된 영역에 대하여 법률유보의 문제가 발생하였으며, 법률유보의 범위가 '침해'의 개념으로부터 분리하여 새로운 기준에 의하여 확정되어야 할 필요가 있게 되었다.

이와 같이 법률유보의 생성배경을 이루는 정치적 상황과 국가성격의 변화로 말미암아 법률유보의 의미와 기능이 변화하자, 법률유보의 범위를 새로이 정하고 법률유보의 변화한 기능에 부합하는 의회의 지위를 확보해야 한다는 의견이 대두되었다. 독일 연방헌법재판소는 70년대 초반부터 '본질적인 결정은 입법자에게 유보되어야 한다'는 소위 '本質性理論'을 통하여 고전적 법률유보(침해유보)를 의회유보로 발전시켰다.

나. 의회유보

(1) 본질성이론을 통한 법률유보원칙의 발전

本質性理論이란, 국가의 본질적인 결정에 관해서는 의회가 법률로써 정해야 한다는 것을 말한다. 사실, 본질성이론은 새로운 이론이라 할 수 없을 정도로 당연하고 진부한 것이며, 침해유보의 사고만큼이나 오래된 것이다.[16] '자유와 재산에 대한 침해의 경우, 의회의 동의를 얻어야 한다'는 *侵害留保*의 사고도 그 당시 시민사회의 관점에서 가장 중요한 두 가지 법익을 '본질적인 것'으로 인정한 것이다.[17] 19세기 독일국가의 성격이 본질적으로 '침해적 국가'이기 때문에, 시민사회에게는 그러한 침해의 不在가 바로 '본질적'이었던 것이다. 오늘날 본질성이론을 통하여 실현하고자 하는 것과 동일한 것이 그 당시 침해유보의 개념을 통하여 표현되었던 것이며, '무엇이 법률로써 규율되어야 하는지'를 판단하는 기준은 항상 사안의 '本質性'과 '重要性'이었다. 이러한 점에서 침해유보이론은 사실상 본질성이론에 기초하는 것이었다.

법률의 내용이 '규율대상의 중요성과 본질성'에 의하여 특징될 수 있다는 사고는 독일에서는 이미 '1848년 3월 혁명 *以前* 헌법'(Vormärzverfassungen) 당시의 헌법학에서

16) Vgl. Böckenförde, Gesetz und gesetzgebende Gewalt, 1981, S.385f.
17) Vgl. Oppermann, Gutachten C zum 51. DJT 1976, C 53.

지배적 견해였고,[18] 나아가 1950년대의 연방헌법재판소 결정에서도 찾아볼 수 있으나,[19] 1970년대에 들어와서야 비로소 본격적인 의미를 가지기 시작하였다. 본질성이론을 통하여 고전적 법률유보는 '민주국가에서 국가의 본질적인 문제는 국민의 대의기관인 의회에 유보되어야 하고, 의회의 법률에 의하여 규율되어야 한다'는 원칙인 議會留保로 발전하였다.

(2) 의회유보원칙의 2가지 요청

본질성이론에 그 바탕을 둔 의회유보원칙은 다음과 같은 2가지 요청을 하고 있다.

첫째, 국가공권력 행위의 성격과 관계없이, 모든 본질적인 것은 입법자가 스스로 정해야 한다. 이로써 법률유보의 범위가 '침해'의 개념으로부터 분리되어 급부행정 등 전체 국가행위의 영역으로 확대되었다(법률유보의 범위 확대). 고전적 법률유보의 경우, 행정의 성격이 국민의 자유와 재산을 침해하는 침해행정인지 여부가 법률유보의 기준이었으나, 의회유보에서는 이러한 '침해'의 기준에서 벗어나 '국가가 규율하려는 영역이 국민의 기본권행사나 그 실현을 위하여 본질적인지'의 관점을 법률유보의 범위를 정하는 기준으로 삼고 있다.[20]

둘째, 본질적인 것은 입법자에 의하여 스스로 확정되어야 한다는 의미에서, 본질적 사안에 대한 委任의 禁止이다. 이로써 입법자와 행정부의 관계에서 입법자가 행정부에 입법권을 위임하거나 또는 재량행위를 할 수 있는 수권을 부여하는 것에 대한 제한을 의미한다.

(3) 침해유보와 의회유보의 차이점

고전적 법률유보(侵害留保)의 원칙은 단지 '국가의 침해적 행위는 법률에 근거해야 한

---

18) 독일의 憲法史에서 법치국가원칙과 민주주의원칙은 서로 다르게 실현되고 강조되었으며, 두 원칙 중에서 어떠한 원칙에 더 큰 비중을 두는지에 따라, 법률유보의 내용과 범위가 달라졌다. '1848년 3월 혁명 以前 헌법'(Vormärzverfassungen)의 헌법학에서는 민주주의적, 참여적 요소가 법률유보의 중심적 내용을 이루었기 때문에, 이미 그 당시 "事案의 重要性"의 기준이 법률의 개념을 확정하는 결정적인 역할을 하였다. 위 기준이 오늘날 다시금 연방헌법재판소의 본질성이론을 통하여 부활하였다고 할 수 있다. 그러나 후기 입헌주의적 헌법학에서 민주주의적 요소는 법치국가적 요소에 의하여 약화되었고, 행정청이 국민의 권리를 침해하는 경우 수권의 근거가 필요하다는 侵害留保의 관점이 법률유보의 핵심을 이루었다, 이에 관하여 vgl. Ossenbühl, Vorrang und Vorbehalt des Gesetzes, in: HbStR, Bd.Ⅲ, 1988, §62 Rn.32f.

19) Vgl. BVerfGE 7, 282, 301, 연방헌법재판소는 1958년의 결정에서 이미 "기본법 제80조는 행정부의 입법권을 제한하고 법질서의 내용에 관한 입법자의 책임을 강화하기 위한 시도이다. 기본법 제80조는 일정 생활영역을 규율함에 있어서 중요한 사안은 법률에서 스스로 정해야 하고, 세부적인 규율이 행정부에 위임되는 경우에는 제정될 시행령의 대강의 내용이 예측될 수 있도록 위임의 방향과 범위에 있어서 스스로 결정해야 할 것을 입법자에게 강제하고자 하는 것이다."고 판시함으로써 중요한 결정에 관한 입법자의 입법의무를 강조하고 있다.

20) 법률유보와 의회유보에 관하여 vgl. Kisker, Neue Aspekte im Streit um den Vorbehalt des Gesetzes, NJW 1977, S.1316f.; Ossenbühl, Vorrang und Vorbehalt des Gesetzes, in: HbStR, Bd.Ⅲ, 1988, §62 Rn.32ff.; Kloepfer, Der Vorbehalt des Gesetzes im Wandel, JZ 1984, S.690f.; Eberle, Gesetzesvorbehalt und Parlamentsvorbehalt, DÖV 1984, S.485ff.; 한국 문헌으로 조태제, 법률의 유보원칙에 관한 연구, 1992, 46면 이하; 김충묵, 법률유보의 원칙, 현대행정법학이론(이명구박사 화갑기념논문집), 1996, 2면 이하.

다'는 것을 요구하므로, 이 경우 입법자는 스스로 규율할 수도 있고 아니면 수권법률을 통하여 그 규율을 행정부에 위임할 수도 있다. 즉, 고전적 법률유보는 입법자에게 '독점적인 규율권한'과 '위임할 수 있는 권한'을 모두 부여한다. 이에 대하여 議會留保는 본질적인 것은 입법자가 스스로 정할 것을 요구함으로써 입법자에게 오로지 '독점적인 규율권한'만을 부여한다. 침해유보의 경우에는 법률에 의한 수권이 존재하는지 여부만이 문제되기 때문에, 기본권의 제한이 법률 또는 행정입법에 의하여 이루어지는지는 문제되지 않는다. 이에 대하여 의회유보는 국가작용의 성격과 관계없이 본질적인 것은 입법자가 스스로 법률로 정할 것을 요청한다.

고전적 법률유보(침해유보)가 집행부에 대하여 입법자의 권한을 강화하고자 하는 것이었다면, 의회유보는 입법자로 하여금 헌법적으로 부여된 입법권을 실제로 행사하도록 의무를 부과함으로써 입법자의 결정의 자유를 제한하는 것이다.[21] 침해유보가 집행부와의 관계에서 입법자의 '권한'을 강조하고자 한다면, 의회유보는 집행부와의 관계에서 입법자의 '의무'를 강조하는 것이다. 본질성이론은 입법자가 자신의 입법권을 스스로 포기하는 것으로부터 입법자를 보호하고자 한다는 의미에서, 본질성이론을 통한 헌법재판소의 위헌심사는 헌법재판소로 하여금 '입법자의 후견인' 역할을 하게 한다.[22] 독일 연방헌법재판소가 '침해유보'를 '의회유보'로 발전시킨다는 것은, 입법자와의 관계에서 입법자를 구속하는 또 하나의 헌법적 지침을 도출함으로써 위헌심사의 기준으로 삼는다는 것을 의미한다.

다. 본질성이론의 내용

(1) 입법자에 의한 규율의 범위와 밀도에 대한 요청

(가) 본질성이론에 의하면,[23] 본질적인 사안은 의회의 독점적 결정권에 속하며, 의회는 이에 관하여 규율해야 할 의무가 있다. 따라서 입법자는 자신의 입법권을 포기하거

---

21) Vgl. Ossenbühl, Vorrang und Vorbehalt des Gesetzes, in: HbStR, Bd.Ⅲ, 1988, §62 Rn.37, 40; Kloepfer, Der Vorbehalt des Gesetzes im Wandel, JZ 1984, S.691.

22) Vgl. Kloepfer, Der Vorbehalt des Gesetzes im Wandel, JZ 1984, S.690.

23) 본질성이론에 관하여 vgl. Staupe, Parlamentsvorbehalt und Delegationsbefugnis, 1985, S.103ff.; Busch, Das Verhältnis des Art.80 Abs.1 S.2 GG zum Gesetzes- und Parlamentsvorbehalt, 1992, S.25ff.; v. Arnim, Zur Wesentlichkeitstheorie des Bundesverfassungsgerichts, DVBl 1987, S.1241ff.; Kisker, Neue Aspekte im Streit um den Vorbehalt des Gesetzes, NJW 1977, S.1317f.; Ossenbühl, Vorrang und Vorbehalt des Gesetzes, in: HbStR, Bd.Ⅲ, §62 Rn.41ff.; Kloepfer, Der Vorbehalt des Gesetzes im Wandel, JZ 1984, S.689ff.; Eberle, Gesetzesvorbehalt und Parlamentsvorbehalt, DÖV 1984, S.487f.; Wehr, Grundfälle zu Vorrang und Vorbehalt des Gesetzes, JuS 1997, S.422f.; Maurer, Allgemeines Verwaltungsrecht, §6 Rn.11ff.; Umbach, Das Wesentliche an der Wesentlichkeitstheorie, in: Festschrift für H. J. Faller, 1984, S.111ff.; 국내 문헌으로는 김철용 외, 위임입법의 한계에 관한 연구(헌법재판연구 제8권), 1996, 207면 이하; 홍기종, 위임입법의 한계, 헌법문제와 재판(上), 96. 10. 573면 이하; 김향기, 법률유보이론의 전개와 과제, 공법학의 제문제(김영훈박사 화갑기념논문집), 1995, 377면 이하; 조태제, 법률의 유보원칙에 관한 연구, 1992, 63면 이하; 김충묵, 법률유보의 원칙, 현대행정법학이론(이명구박사 화갑기념논문집), 1996, 13면 이하.

나 다른 국가기관에게 위임해서는 안 된다. 입법자는 본질적인 것을 스스로 정해야 하고, 나아가 규율대상이 본질적일수록 법률에 의한 규율이 보다 명확해야 한다.

즉, 본질성이론은 규율의 對象뿐만 아니라 규율의 程度(密度)를 결정하는 기준으로서, 첫째 어떠한 사안이 의회에 의한 결정을 필요로 하는지(입법자에 의한 결정의 與否) 및 둘째 입법자가 어느 정도로 상세하고 명확하게 규율해야 하는지(입법자에 의한 결정의 方法)에 관한 것이다.[24)]

(나) 이에 따라 본질성이론은 다음과 같은 2가지 핵심적 내용을 담고 있다.

첫째, 입법자가 본질적인 것은 행정부에 위임해서는 아니 되고 직접 정해야 한다는 의미에서, 본질적인 사항에 대한 委任의 禁止이다. 이는 일차적으로 명령제정권이나 조례제정권에 대한 헌법적 한계를 의미한다. 이로써 본질성이론에 의하여 법률유보의 범위를 확정하는 것은 입법부와 행정부가 규율할 수 있는 입법범위의 경계확정을 의미한다. 뿐만 아니라, 본질성이론의 '위임의 금지' 요청은, 입법자가 행정청에게 구체적인 행정행위를 할 수 있는 권한을 부여하는 경우, 본질적인 것은 행정청의 裁量에 맡겨서는 안 되고 스스로 법률에서 정해야 한다는 것을 의미한다.[25)] 즉 '입법자가 어느 정도로 행정청에게 재량을 부여할 수 있는지'에 관하여 본질성이론은 입법자의 형성권에 대한 제한을 의미한다.[26)]

이로써 본질성이론은, 본질적인 사항이 명시적인 위임에 근거하여 행정입법이나 자치법규에 의하여 규율되는 것을 금지할 뿐만 아니라, 입법자가 본질적인 사항에 관하여 일반조항이나 불확정 법개념, 재량규정 등의 형식을 통하여 규율함으로써 潛行的으로 입법권을 위임하는 것을 금지한다.[27)]

둘째, 의회의 법률이 본질적인 것을 스스로 정해야 한다면, 이는 필연적으로 그에 상응하는 '충분한 規律密度'를 갖출 것을 요구한다. 입법자가 행정부에 입법권을 위임하거나 재량권을 부여하는 경우, 법률이 어느 정도의 밀도를 가지고 규율해야 하는지의 문

24) Vgl. BVerfGE 83, 130, 152; Ossenbühl, Vorrang und Vorbehalt des Gesetzes, in: HbStR, Bd.Ⅲ, 1988, §62 Rn.4; Kloepfer, Der Vorbehalt des Gesetzes im Wandel, JZ 1984, S.691; Kisker, Neue Aspekte im Streit um den Vorbehalt des Gesetzes, NJW 1977, S.1317; Wehr, Grundfälle zu Vorrang und Vorbehalt des Gesetzes, JuS 1997, S.422f.

25) 독일 연방헌법재판소는 행정청에 재량을 부여하는 법률규정의 합헌성을 판단함에 있어서, 우선 본질성이론의 관점에서 '입법자가 국민의 자유와 평등의 영역에 관련되는 본질적인 결정을 스스로 하였는지 여부'를 심사하고, 이어서 명확성의 관점에서 '재량규정이 충분히 명확하게 수권의 범위를 정하고 있는지 여부'를 심사하였다(vgl. BVerfGE 48, 210, 221; 56, 1, 12ff.; 49, 89, 128ff.). 이에 관하여 vgl. Cremer, Art.80 Abs.1 S.1 GG und Parlamentsvorbehalt-Dogmatische Unstimmigkeiten in der Rechtsprechung des Bundesverfassungsgerichts, AöR 122(1997), S.262; Kloepfer, Der Vorbehalt des Gesetzes im Wandel, JZ 1984, S.691.

26) 그러나 이 경우, '본질적인 것은 입법자가 정해야 한다'는 의회유보의 요청과 '규율효과가 중대할수록, 수권의 명확성에 대한 요구는 보다 엄격해야 한다'는 명확성원칙의 요청 사이의 내용적 구분이 불분명하고, 결국 내용적으로 동일한 요청을 중복적으로 하고 있다고 판단된다.

27) Vgl. Staupe, Parlamentsvorbehalt und Delegationsbefugnis, 1985, S.37f.

제는 '사안의 본질성'에 달려있다.

(2) 본질성의 의미

입법자가 스스로 정해야 하는지 아니면 행정입법이나 재량행위에 위임해도 되는지, 법률이 어느 정도로 규율해야 하는지의 문제는 사안의 본질성에 의하여 판단되며, '무엇이 본질적인가' 하는 것은 일반적으로 헌법규범에 의하여, 특히 헌법상의 기본원리와 기본권에 의하여 판단된다.[28)]

독일 연방헌법재판소는 '본질적이란 일반적으로 基本權實現에 있어서의 本質的인 것을 의미한다'고 하여[29)] '본질성'의 개념을 구체화하고 있다. 즉, 基本權的 重要性이 본질적인 것을 파악하는 중요한 기준인 것이다. 따라서 사안이 당사자의 기본권실현에 미치는 효과가 중대할수록, 입법자가 스스로 정해야 하며 보다 명확하게 규율해야 한다.[30)] 한편, 사안이 일반국민에 대하여 가지는 전반적 의미나 사안의 정치적 중요성은[31)] 사안의 본질성을 암시하는 하나의 징표이기는 하지만, 본질성을 파악하는 기준으로는 너무 모호하기 때문에, 연방헌법재판소는 명시적인 기준으로 채택하고 있지 않다.[32)]

라. 독일 연방헌법재판소의 판례

1960년대 말까지 '특별권력관계에서의 기본권제한'이나 '국가의 급부행위'는 법적인 근거를 필요로 하지 않는다는 것이 독일 연방행정법원(BVerwG)의 일관된 입장이었다. 특히 국가와 학생·군인·공무원·재소자의 관계에서는 개인의 기본권이 적용되지 않으며 이와 같은 특별권력관계는 행정규칙에 의하여 규율하도록 행정청에 위임될 수 있다는 것이 과거의 지배적인 견해였다. 그러나 1970년대 들어오면서 독일 연방헌법재판소는 본질성이론에 근거하여 법률유보의 범위를 확장하기 시작하였다. 이에 관한 주요 결정은 다음과 같다.[33)]

---

28) 대표적으로 BVerfGE 49, 89, 127; 95, 267, 307f.; 98, 218, 251.

29) Vgl. BVerfGE 34, 165, 192f.; 40, 237, 249; 45, 400, 418; 47, 46, 79, 위 결정에서 연방헌법재판소는 '어떠한 문제가 본질적인 것인지, 그 때문에 그에 관한 결정이 입법자에 유보되어야 하거나 아니면 적어도 내용적으로 명확한 의회의 수권에 근거하여 내려져야 하는지의 판단에 있어서 기본권의 보호가 중요한 관점을 제공한다. 기본권적으로 중요한 영역에서 본질적이라는 것은 일반적으로 기본권의 실현에 있어서 본질적이라는 의미이다. 性敎育科目의 도입과 관련하여 부모의 교육권·자녀의 기본권과 국가의 공교육에 관한 권한이란 상충하는 법익간의 한계를 정해야 하는데, 이러한 경계설정은 당해 기본권의 실현에 본질적이기 때문에 입법자가 스스로 법률로써 해야 한다.'고 판시하였다(BVerfGE 58, 257, 268f.; 98, 218, 251).

30) 대표적으로 BVerfGE 58, 257, 274; 98, 218, 252.

31) 일반국민의 전반적인 생활관계에 지대한 영향을 미치기 때문에 국민이 지켜보는 가운데 찬반의 논쟁과 국민의 참여를 통하여 공개적으로 결정되어야 하는 政治的으로 重要한 사안을 말한다.

32) Vgl. BVerfGE 49, 89, 126; 98, 218, 251, "그러나 사안이 정치적으로 논란의 대상이 된다는 사실은 그 자체로서 이러한 사안이 본질적인 것으로 간주되어야 한다는 결과를 가져오는 것은 아니다"; Eberle, Gesetzesvorbehalt und Parlamentsvorbehalt, DÖV 1984, S.487; Kloepfer, Der Vorbehalt des Gesetzes im Wandel, JZ 1984, S.692; 이와 다른 견해로는 vgl. Maurer, Allgemeines Verwaltungsrecht, §6 Rn.11; Wehr, Grundfälle zu Vorrang und Vorbehalt des Gesetzes, JuS 1997, S.422.

33) 독일 연방헌법재판소의 판례를 소개한 문헌으로는 vgl. Umbach, Das Wesentliche an der Wesentlichkeits-

(1) 1972년의 '在所者 결정'(BVerfGE 33, 1)

재소자의 서신이 행정규칙에 근거하여 개봉되고 검열되는 법적 상황이 심판의 대상이 된 사건에서, 연방헌법재판소는 '특별권력관계에서의 기본권제한의 경우에도 법적인 근거를 필요로 한다'고 판시함으로써 재소자의 서신검열에 관하여 입법자가 스스로 정할 것을 요구하였다.

(2) 1972년의 '專門醫 결정'(BVerfGE 33, 125)

위 결정에서 제기된 중요한 헌법적 문제는 '어떠한 사안이 직능단체의 자치입법권(autonome Satzunggewalt)에 위임될 수 있으며, 어떠한 사안에 관하여 입법자가 스스로 정해야 하는가' 하는 입법자와 자치입법권자의 결정영역의 경계 확정에 관한 것이다.

어떤 산부인과 의사가 자신의 직능영역을 넘어서 의료행위를 하였고 이에 따라 의사직업규칙을 위반했다는 이유로 의사협회의 직업재판소[34]에 의하여 선고를 받았다. 그런데 당해 州法은 '직업규칙은 의사협회가 제정한다'는 형태로 포괄적으로 입법권을 위임하였고, 公法人인 의사협회의 직업규칙은 이러한 포괄적인 수권규정에 근거하고 있었다. 연방헌법재판소는 위 결정에서 '어떠한 경우에 개인의 자유권이 중요한 공익에 양보해야 하는지에 관하여는 일차적으로 입법자가 결정해야 하며, 입법자는 이와 같은 결정의무를 임의로 피할 수 없다.'고 판시하였다.

(3) 1972년의 '대학입학 定員制 결정'(BVerfGE 33, 303)

대학 특정 학과의 지원자수가 입학정원을 초과하는 경우 신입생은 선별절차를 통하여 선발되며 선별절차의 구체적인 것은 대학이 정하도록 규정한 州法 규정에 대하여, 연방헌법재판소는 '입법자는 근본적인 결정을 스스로 해야 하기 때문에, 기본권적 중요성에 비추어 대학의 입학기준과 선별기준을 스스로 확정해야 한다'고 하여, 정원제와 선별절차에 관하여 스스로 법률로써 규정할 것을 요구하였다.[35] 이 결정은 본질성이론을 본격적으로 도입한 대표적 결정으로 간주되고 있다.

---

theorie, in: Festschrift für H. J. Faller, 1984, S.115ff.; Pietzcker, Vorrang und Vorbehalt des Gesetzes, JuS 1979, S.714f.; Richter/Schuppert/Bumke, Casebook Verfassungsrecht, 4. Aufl. 2001, S.315ff.; Maurer, Allgemeines Verwaltungsrecht, 1999, §6 Rn.12ff.

34) 여기서 '직업재판소'란 의사단체나 변호사단체 등 직능단체에 의하여 설립되는 身分法院을 말한다.

35) 독일 연방헌법재판소는 위 결정에서 구체적으로 "대학교육의 영역에서 국가는 사실상의 교육독점권을 가지고 있으며(독일의 경우 문교행정은 州의 소관이며, 대학은 원칙적으로 주립대학임), 대학교육을 받아야만 현실적으로 선택할 수 있는 직업과 관련하여 직업의 자유를 행사하기 위해서는 대학교육을 받아야 한다는 점에서, 정원제의 도입과 선별규정은 대학교육을 받음으로써 나중에 직업의 자유를 행사할 수 있는 개인의 기회에 관하여 결정하게 된다. 따라서 국가급부에의 참여(즉 대학교육을 받을 수 있는지 여부)는 직업의 자유란 기본권을 실현하기 위한 필연적 전제조건에 해당하기 때문에, 입법자는 정원제 및 선별절차에 관하여 스스로 규율해야 하며, 이를 다른 국가권력에 위임해서는 안 된다. 입법자는 모든 본질적 요건을 스스로 규범화해야 한다."고 판시하였다.

(4) 교육제도에 관한 일련의 결정[36)]

(가) 의회유보의 요청이 본질성이론의 형태로써 교육의 영역에서 중요한 의미를 가지고 관철된 것은 우연이 아니다. 1970년대에 들어서기까지 교육정책상의 중요한 결정은 모두 교육부장관의 고시(Erlaß)에 의하여 이루어졌다. 교육영역에서의 국가행위는 침해의 성격보다 급부적 성격이 강하거나 또는 침해와 급부의 성격이 혼재되어 있는 국가행정이기 때문에, 종래의 침해유보의 사고로는 입법자가 '침해적 성격이 뚜렷하지 않은 영역'에서의 중요결정을 행정부에 위임하는 것을 막을 수 없었다. 바로 여기에 종래의 법률유보의 한계가 있었다.

1970년대에 비로소 시작된 교육영역에서의 법률유보의 실현은 부분적으로는 고전적인 침해유보를 통하여 이루어졌다. 학생을 퇴학 또는 유급시키는 조치는 의심의 여지없이 기본권의 제한에 해당한다. 연방헌법재판소는 '학칙위반으로 인한 징계조치로서 취하는 퇴학조치는 법률에 근거해야 한다'고 하여 학교영역에서의 기본권제한도 법률상의 근거를 필요로 한다는 것을 확인하였다(1976. 1. 27. BVerfGE 41, 251, 259ff.).

나아가, 학업부진으로 인하여 퇴학조치를 취하는 경우, '退學은 장래 특정한 직업에 접근하는 가능성을 박탈하고 직업선택의 자유를 현저하게 제한하기 때문에 입법자가 퇴학의 조건에 관하여 직접 규율해야 하지만, 留級의 경우 기본권의 제한이 중대하지 않기 때문에 그에 관한 규율을 행정입법에 위임할 수 있다'고 판시하였다(1981. 10. 20. BVerfGE 58, 257, 275ff.). 위 결정은 침해유보가 아니라 본질성이론과 의회유보에 근거한 결정이었다.

(나) 그 외의 결정들은 모두 교육제도의 기본결정에 관한 것이다. 교육목적의 확정, 교과과목의 확정, 週5日 登校制의 도입 등에 관한 문제는 학부모 및 학생의 기본권의 행사나 실현에 간접적으로 영향을 미치기는 하나, 일차적으로 개인의 기본권에 대한 제한이라기보다는 국가의 교육방침과 기본적인 학교조직상의 문제이다.

교육제도의 기본결정에 관한 문제에서는 침해적 요소와 급부적 요소가 서로 혼재하고 있기 때문에 침해와 급부의 구분이 불가능하다. 뿐만 아니라, 고등학교 上級學年의 개혁(Oberstufenreform)이 필요한지 아니면 제2의 외국어를 필수과목으로 도입할 것인지의 문제는 일차적으로 기본권보호의 관점에서 제기되는 문제가 아니라, 이러한 것들이 법률의 위임에 의하여 시행령으로 규율해도 되는지 아니면 입법자의 법률을 필요로 하는지의 문제에 관한 것이었다. 즉, 여기서 논의의 대상이 된 것은 더 이상 '법률의 내용'이 아니라 '규율의 형식', 규율의 권한과 절차에 관한 것이었다. 따라서 입법자가 '기본권제한에 해당하지 않는 정치적 기본결정'에 관하여 행정부에 입법권을 위임하는 것

36) 특히 교육제도에서의 본질성이론에 관한 문헌으로는 Niehues, Der Vorbehalt des Gesetzes im Schulwesen, DVBl 1980, S.465ff.

을 금지하는 기능은 침해유보에 의해서는 이행될 수 없었다. 대신, 본질성이론에 기초한 의회유보가 '입법자가 스스로 결정해야 하고 행정부에 위임해서는 안 되는 영역'을 확정하는 헌법적 기능을 하게 되었다.

연방헌법재판소는 성교육을 학교과목으로 포함시킨 것의 위헌여부가 문제된 '性敎育決定'에서 성교육과목의 도입을 교육영역에서 입법자가 스스로 정해야 할 본질적 사안으로 간주하였다(1977. 12. 21. BVerfGE 47, 46, 79). 또한, 고등학교 上級學年의 개혁(Oberstufenreform)에 관해서도 입법자가 본질적인 결정을 스스로 해야 하며 문교행정에 위임해서는 안 된다고 판단하였다(1977. 6. 22. BVerfGE 45, 400, 418ff.). 이에 대하여 '맞춤법표기에 관한 개혁'[37]이나 '週5日 등교제'[38] 등은 입법자에 의한 결정을 필요로 하지 않는 비본질적인 사안이라고 결정하였다.

(5) 1978년의 '核發電所 결정'(BVerfGE 49, 89)

독일 행정법원은 당해사건에서 재판의 전제가 된 핵발전소법조항에 대하여 "핵발전소의 허가요건은 국민의 생명·건강과 직결되는 기본권적으로 대단히 중요한 영역의 문제이기 때문에 입법자가 본질적인 결정을 스스로 해야 하는데, 허가요건을 규정하는 핵발전소법규정은 단지 '과학과 기술의 수준에 따른 필요한 조치'라고 규정할 뿐 구체적인 요건을 정하고 있지 않기 때문에 헌법에 위반된다."는 이유로 연방헌법재판소에 위헌제청을 하였다. 위 사건에서 연방헌법재판소는 핵발전소의 설립을 통한 핵에너지의 평화적 이용 여부 및 핵발전소 허가요건은 기본권적으로 중요한 영역에서의 본질적 사항으로서 입법자가 스스로 정해야 한다고 전제한 후, '어떠한 영역에서 국가행위가 법률에 의한 법적 근거를 필요로 하는지는 오로지 각 규율대상과 규율효과에 비추어 판단될 수밖에 없다'고 판시하면서, 핵발전소법에서 입법자는 이에 관한 사항을 규율하였음을 확인하였다.

이어서 '위 규정이 충분히 구체적인지 여부'(규율밀도)를 심사하였는데, 연방헌법재판소는 "입법자가 스스로 법률로써 결정을 하였다면, 헌법상의 법률유보(의회유보)의 또 다른 요청을 이행하였는지, 즉 심판대상 규범을 통하여 입법자가 본질적인 것을 스스로 정하였는지 여부가 심사되어야 한다. 이로써 문제가 된 핵발전소법규정이 '수권규범에 대한 명확성의 요청'에 부합할 만큼 내용적으로 확정되어 있는지의 문제가 제기된다."고 판시함으로써, 의회유보에서 파생하는 '규율밀도의 관점'은 '법률의 명확성원칙'과 사실상 일치한다는 것을 간접적으로 표현하였다. 결국, 연방헌법재판소는 "과학과 기술의 수준에 따른 필요한 조치"라는 불명확한 개념을 사용하는 핵발전소법규정은 기술발전에 부응하는 기본권의 보호를 가능하게 하는 규정이라고 판단함으로써, 위 법률조항을 합

37) BVerfGE 98, 218, 251.
38) BVerwGE 47, 201, 205ff.

헌으로 결정하였다.

(6) 1980년의 '요세피네 무첸바하 결정'(BVerfGE 83, 130)

연방헌법재판소는 위 사건에서 '법률(의회)유보는 국가와 국민간의 실체법적 관계뿐만 아니라 행정조직과 행정절차에 대해서도 효력을 가진다'는 것을 확인하였는데, 법률유보의 범위를 행정절차에도 확대한 것은 '기본권은 절차와 조직에 의한 보호를 필요로 한다'는 사고에 기인하는 것이다. 이에 따라 행정의 구조와 조직, 행정주체의 설립, 관청의 관할, 행정절차의 형성은 그 대강에 있어서 법률로써 확정되어야 한다.

'靑少年有害書籍의 유포에 관한 법률'은 청소년유해서적의 선정은 연방심의위원회가 담당하도록 하면서, 이 사건 심판대상조항은 "연방심의위원회는 연방 청소년·가족부장관이 임명하는 위원장 1인과 각 州 정부가 임명하는 각 1인의 위원 및 위 연방장관이 임명하는 그 외의 위원들로 구성된다."고 규정하였다. 연방심의위원회는 요세피네 무첸바하(Josefine Mutzenbach)라는 오스트리아 빈(Wien) 창녀의 자서전적 소설(독일어권의 대표적인 고전적 음란서적)을 청소년유해서적으로 분류하였는데, 위 소설을 발행한 출판업자는 '입법자가 기본권행사의 본질적인 문제에 관하여 스스로 결정해야 하는데, 심판대상인 법률조항이 청소년유해성 여부를 판정하는 연방심의위원회의 構成에 관하여 불충분하게 규율하였기 때문에 위헌이다'라고 주장하면서 연방심의위원회의 구성에 관한 위 법률조항에 대하여 헌법소원을 제기하였다. 위 사건에서 연방헌법재판소는 '입법자가 위원의 선발절차에 관하여 불충분하게 규율하였기 때문에 위헌'이라고 결정함으로써, 입법자가 국가공동체의 중요한 사안은 스스로 규율해야 한다는 의회유보원칙은 실체법뿐만 아니라 절차법에 대해서도 적용된다는 것을 확인하였다.[39)]

(7) 의회유보를 否認한 일련의 결정

그러나 다른 한편으로는 연방헌법재판소는 '헌법이 모든 것을 법률로써 정해야 한다는 全部留保를 요청하는 것도 아니고, 정치적으로 중요한 모든 결정을 입법자가 해야 한다는 요청을 하는 것도 아니다'고 하여 의회유보의 과도한 확대에 대하여 경고하였다.

이와 관련하여, '맞춤법표기에 관한 개혁'과 같이 정치적으로 큰 논란이 있고 국민 모두에게 관련된다고 하여 입법자가 법률로써 정해야 하는 본질적인 것이라고 할 수

---

39) 독일 연방헌법재판소는 이 사건에서 본질성이론과 관련하여 다음과 같이 판시하였다, "본질성이론은 어떤 특정한 대상이 법률로써 규율되어야 한다는 것만을 의미하는 것이 아니라, 입법자에 의한 규율이 어느 정도까지 상세해야 하는지를 판단하는 중요한 기준을 제시한다. … 이 사건의 경우 입법자는 공적인 과제도 수행하면서 동시에 예술의 자유도 보장할 수 있는 절차를 마련해야 한다. 기본권을 절차규정을 통하여 실현해야 한다는 요청은 일차적으로 입법자에게 부과된 과제로서, 행정절차가 기본권에 의하여 보호된 지위에 직접 영향을 미친다면, 절차규정은 기본권의 보호를 위하여 법률로써 확정되어야 한다. 입법자가 법률로써 규율해야 할 행정절차(위원회의 구성)는 청소년유해서적의 선정에 있어서 고려되어야 하는 모든 관점을 가능하면 모두 포괄할 수 있게끔 다원적으로 형성되어야 하므로, 입법자는 임명될 위원이 속하는 인적 집단·사회단체 및 각 위원이 어떻게 선발되는지에 관하여 보다 상세하게 규율해야 한다."

없다고 판단하였고(BVerfGE 98, 218, 251f.), '미국의 중거리 핵미사일을 독일 영토에 배치하는 것'은 독일 국민 모두에게 관계되는 매우 중요한 사안이기는 하나, 이에 대한 의회의 동의가 법률의 형태를 필요로 하는 것은 아니라고 판단하였다(BVerfGE 68, 1, 108).

마. 본질성이론에 대한 비판

본질성이론이 크게 기여한 바는, 독일 연방헌법재판소가 오늘날의 사회적 법치국가에서 변화한 법률유보의 기능에 부합하게 법률유보를 종래의 '침해' 개념으로부터 분리하여 새로운 개념인 '본질성'을 기준으로 하여 법률유보의 범위를 다시 확정하고자 하는 시도를 하였다는 것이다. 그러나 개별적인 경우 '본질성'을 기준으로 하여 법률(의회)유보의 적용대상과 범위를 판단하는 것이 매우 어렵다는 것이 독일 학계의 지배적인 견해이다.[40] 즉, 본질성이론은 '무엇이 그렇게 중요하고 근본적이고 본질적이기 때문에 입법자가 스스로 정해야 하는지'에 관하여는 어떠한 신뢰할만한 기준도 제시하지 않는다는 것이다.

본질성이론의 문제는 바로 '무엇이 본질적인지'를 결정하는 데 있다. '무엇이 정말 중요하고 본질적인지'의 질문은 필연적으로 '무엇을 기준으로 하여' 중요하고 본질적인지의 질문을 제기한다. 물론, 연방헌법재판소는 '본질적이란 무엇보다도 기본권의 실현이나 행사에 있어서의 본질성, 즉 基本權的 重要性'이라고 판시하여 본질성의 성격을 구체화하고 있다. 이로써 연방헌법재판소는 '기본권 침해의 중대성'이란 표현 대신 '기본권적 중요성'(Grundrechtsrelevanz)이란 표현을 사용함으로써, 본질성이론이 기본권침해의 영역뿐만 아니라 기본권실현의 모든 중요한 영역을 그 적용대상으로 한다는 것을 강조하고 있다.[41]

그러나 오늘날 기본권적 연관성과 중요성을 가지지 아니한 국가의 행위가 거의 없다는 것을 고려한다면, '어느 정도'의 기본권적 중요성이나 연관성이 존재해야만 입법자가 스스로 결정해야 하는지의 문제가 사전에 밝혀지지 않는 한, '기본권적 중요성'의 기준은 '본질적인 것'과 '비본질적인 것'의 구분을 사실상 불가능하게 하는 불확실한 기준이

40) 본질성이론의 불명확성에 대한 비판으로는 Vgl. Kloepfer, Der Vorbehalt des Gesetzes im Wandel, JZ 1984, S.692; Kisker, Neue Aspekte im Streit um den Vorbehalt des Gesetzes, NJW 1977, S.1317; Böckenförde, Gesetz und gesetzgebende Gewalt, 1981, S.398; Eberle, Gesetzesvorbehalt und Parlamentsvorbehalt, DÖV 1984, S.487; Ossenbühl, Aktuelle Probleme der Gewaltenteilung, DÖV 1980, S.550.

41) 개인의 기본권이 실현되기 위해서는, 우선 국가가 개인의 자유권을 부당하게 침해하지 말아야 할 뿐만 아니라, 이를 넘어서 개인이 각자 자유를 실제로 행사할 수 있는 실질적 조건을 마련해 주어야 한다. 예컨대 국가는 개인의 직업의 자유를 과도하게 규율해서는 안 될 뿐만 아니라, 일자리가 없는 者에게 직업의 자유는 무의미하다는 점에서 개인이 각자 직업의 자유를 실제로 행사할 수 있도록 그 실질적 조건, 즉 가능하면 완전고용의 상태를 실현하도록 노력해야 한다. 따라서 오늘날의 사회적 법치국가에서 기본권의 실현은 국가로부터의 자유의 보장과 더불어 국가에 의한 적극적인 행위, 급부에 의하여 이루어진다.

될 수밖에 없다는 데에 본질성이론의 약점이 있다.[42] 뿐만 아니라, 본질성이론을 확장적으로 적용하는 경우에는 국민의 기본권행사와 관련된 거의 모든 국가의 결정이 본질적인 사안으로서 입법자에 의하여 스스로 내려져야 한다는 결론에 이를 수 있기 때문에, 입법자가 법률로써 직접 결정해야 하는 의회유보의 규율범위가 지나치게 확대됨으로써 의회가 과중한 업무 부담으로 인하여 본연의 기능을 제대로 수행할 수 없게 될 위험도 있다.[43]

따라서 독일의 학계에서는 '본질성'이란 기준에 대하여 심지어 '법이론상의 파산선고', '막다른 골목', '이론이라고 할 수 없는 이론'이라는 비판도 있다.[44] '입법자가 공동체의 본질적이고 중요한 것을 스스로 정해야 한다'는 요청은 지극히 당연하고 타당하지만, 또한 반면에 그만큼 진부하고 아무런 구체적인 것을 표현하지 않는다는 것이다. 나아가, 합리적이고 신뢰할만한 기준을 근거로 하여 '본질적인 것'과 '비본질적인 것'의 경계를 설정하는 것이 거의 불가능하고 대부분의 경우 이에 대한 결정은 개인적 결단에 기인한다는 점에서, '본질성이론이란 헌법재판관의 결단이 이론적 틀을 쓰고 등장한 것에 지나지 않으며, 본질적인 것은 결국 헌법재판소가 본질적인 것으로 간주한 것'이라는 견해도[45] 있다.

따라서 본질성이론은 그 자체로서 구체적으로 적용가능하거나 독일의 판례와 학계에 의하여 완성된 헌법적 이론이 아니라, 연방헌법재판소가 변화한 헌법현실에 직면하여 더 이상 그대로 적용할 수 없는 법률유보를 침해의 개념에서 벗어나 새롭게 정립해보고자 하는 하나의 시도로서, 법률유보의 변화한 기능에 관한 이해를 돕고 의회유보의 타당성을 설명하는 하나의 논거로 파악해야 한다. 연방헌법재판소는 법률유보의 범위를 새로이 확정하는 기준으로서 '사안의 본질성'이란 기준을 제시하였는데, 무엇이 본질적인가 하는 것은 앞으로 계속 규명되어야 할 과제에 속한다.

바. 본질성이론과 의회유보의 헌법적 근거와 정당성

(1) 의회유보의 '정당성 근거'와 '규율범위 판단기준'의 상호관계

입법자가 법률로써 정해야 하는 범위가 개인의 자유와 재산에 대한 침해의 경우에

---

42) 예를 들자면, 독일 연방헌법재판소는 학교에서 학생을 退學시키는 조치는 특정 직업에의 접근가능성을 차단하고 이로써 직업선택의 자유를 행사할 기회를 제한하기 때문에, 본질적 사안으로서 입법자에 의한 결정을 필요로 한다고 판단한 반면, 학생을 留級시키는 조치는 당해 학생의 기본권을 보다 적게 제한하는 조치로서 행정부의 시행령으로 규율될 수 있다고 판단하였다(vgl. BVerfGE 58, 257, 275f.). 그러나 유급조치도 재학기간을 1년 연장시키며 퇴학조치의 사전적 조치가 될 수 있다는 점에서, '기본권적 중요성'의 관점에서 입법자가 스스로 정해야 할 본질적인 사안이라고 주장할 수 있다.

43) Vgl. Eberle, Gesetzesvorbehalt und Parlamentsvorbehalt, DÖV 1984, S.485f.; 연방헌법재판소 스스로도 본질성이론의 지나친 확장에 대하여 경고하고 있다, vgl. BVerfGE 49, 89, 125f.

44) 이러한 학계의 비판을 소개한 것으로는 예컨대 Umbach, Das Wesetliche an der Wesentlichkeitstheorie, S.123f.

45) Vgl. Kloepfer, Der Vorbehalt des Gesetzes im Wandel, JZ 1984, S.692.

제한되어서는 안 되며, 법률유보의 범위가 새로운 기준에 의하여 결정되어야 한다는 것에 대하여 오늘날 이론을 제기하는 사람은 없다. 다만, '어떠한 근거에서' '무엇이' 입법자에 의하여 결정되어야 하는지에 관하여 의견을 달리 할 뿐이다.

의회유보의 규율대상과 범위를 확정하기 위해서는, 우선 '왜 특정한 사안이 의회에 유보되어야 하고 의회의 법률로써 규율되어야 하는지' 그 이유를 헌법규범에 근거하여 밝혀야 한다. '의회유보를 헌법적으로 정당화하는 이유'가 규명된 다음에야 비로소 이러한 이유로부터 '의회유보의 규율범위를 정하는 기준'을 이끌어낼 수 있다. 즉, '왜 국가의 중요한 결정이 입법자에게 유보되어야만 하는지' 그 이유에 관하여 알아야만, '무엇이 중요한 결정에 해당하는지'를 알 수 있고, 나아가 '이를 판단하는 기준'을 제시할 수 있다.

연방헌법재판소의 본질성이론과 의회유보는 법치국가원리 및 민주주의원리에 그 헌법적 기반을 두고 있다.[46] 아래에서는 이러한 헌법적 기반으로부터 어떠한 헌법적 논거를 통하여 본질성이론이 정당화되는지 살펴보기로 한다.

(2) 법치국가원리에 의한 의회유보의 정당성

법치국가적 관점에서, 국가의 모든 중요한 공권력작용은 국가행위를 사전에 예측할 수 있도록 일반·추상적으로 법률로써 확정되어야 한다. 이로써 법률유보는 국민에게 법적 안정성을 보장하고 자의적인 국가행위를 방지하는 중요한 법치국가적 기능을 한다. 개인의 자유행사가 '국가로부터의 자유'뿐만 아니라 '국가에 의한 자유', 즉 국가의 광범위한 급부행위와 사회국가적 노력에 의존하는 오늘날의 사회적 법치국가에서, 개인의 자유에 대한 제한의 경우에만 법률에 의한 수권을 필요로 하는 것이 아니라, 누가 어떠한 조건 하에서 국가의 급부를 받을 수 있는지의 문제도 법률로써 정해져야 한다.

그러나 행정부의 법규명령도 규율대상을 일반·추상적으로 규율하며 국민에게 법률과 동일한 정도의 법적 예측성과 안정성을 부여한다는 점에서, 법규명령에 의한 규율도 법률에 의한 규율과 마찬가지로 법치국가적 요청에 부합하는 것이다. 따라서 법치국가적 관점만으로는 '특정한 사안이 왜 반드시 입법자에 의하여 형식적 법률로써 규율되어야 하는지'에 관하여 만족할만한 대답을 제시하지 못한다.[47]

---

46) Vgl. Busch, Das Verhältnis des Art.80 Abs.1 S.2 GG zum Gesetzes- und Parlamentsvorbehalt, S.26ff.; Böckenförde, Gesetz und gesetzgebende Gewalt, 1981, S.382ff.; Umbach, Das Wesentliche an der Wesentlichkeitstheorie, S.114f.; Pietzcker, Vorrang und Vorbehalt des Gesetzes, JuS 1979, S.713; Maurer, Allgemeines Verwaltungsrecht, 1999, §6 Rn.4f.; Kisker, Neue Aspekte im Streit um den Vorbehalt des Gesetzes, NJW 1977, S.1314f.

47) Vgl. v. Arnim, Zur Wesentlichkeitstheorie des Bundesverfassungsgerichts, DVBl 1987, S.1242; Eberle, Gesetzesvorbehalt und Parlamentsvorbehalt, DÖV 1984, S.488f.

(3) 민주주의원리에 의한 의회유보의 정당성

민주주의원리로부터, 주권자인 국민을 일차적으로 대표하는 기관이자 가장 직접적인 민주적 정당성을 부여받은 의회가 국가공동체의 중요한 문제를 스스로 결정해야 한다는 요청이 나온다.[48] 특히 독일과 같은 의원내각제의 경우, 의회는 국민에 의하여 직접 선출된 의원에 의하여 구성되는 반면, 행정부의 수반인 수상은 의회에서 선출됨으로써 의회로부터 간접적으로 민주적 정당성을 부여받는다는 점에서, 민주적 정당성에 있어서 의회의 우위를 주장할 수 있다.

그러나 다른 한편으로는 오늘날 민주주의원리가 모든 국가권력과의 관계에서 완전히 실현되었고 이에 따라 집행부도 민주적 정당성을 부여받고 있다는 점, 특히 의원내각제의 경우와는 달리 대통령제의 경우 집행부도 국민으로부터 직접적인 민주적 정당성을 부여받는다는 점 등을 고려할 때, 인적 구성에 있어서 의회가 보다 직접적인 민주적 정당성을 가지고 있다는 형식적인 관점이 '공동체의 모든 중요한 결정은 의회에 유보되어야 한다'는 요청을 정당화할 수는 없다. 행정부도 의회에 버금가는 민주적 정당성을 가지고 국민의 이익을 대변하는 의회민주주의에서의 헌법적 상황은, 의회의 동의를 통해서만 집행부의 결정이 민주적 정당성을 얻을 수 있었던 입헌군주제 당시의 상황과는 완전히 다른 것이다. 형식적인 민주적 정당성에 있어서 의회와 행정부 사이에 존재하는 미세한 차이는 의회유보의 요청을 정당화하는 결정적인 이유가 될 수 없다.[49]

뿐만 아니라, 민주주의원리에 기초해서는 왜 의회유보의 대상이 되는 사안이 반드시 '법률'로써 규율되어야 하는지를 설명될 수 없다. 의회는 반드시 법률에 의하지 않더라도 예산에 관한 결정이나 국회의 의결 등 국가기관 내부의 행위를 통해서도 행정부를 통제하고 공동체의 중요한 결정을 내릴 수 있다.[50] 즉, 민주주의원리로부터 도출되는 의회유보의 요청은 본질상 '규율대상에 관한 유보'이지 '규율형식에 관한 유보'가 아닌 것이다. 의회에 의한 규율은 형식적 법률뿐만 아니라 의회의 단순한 의결 등 다른 형태로 이루어질 수 있고, 이러한 형태로 이루어진다 하더라도, 민주주의원리에 부합한다.[51]

(4) '의회입법절차의 민주적 가치'에 의한 의회유보의 정당성

의회유보의 요청은 헌법상의 권한·기능질서에 비추어 의회가 그 구성이나 기능, 절

48) Vgl. BVerfGE 33, 125, 159.

49) Vgl. v. Arnim, Zur Wesentlichkeitstheorie des Bundesverfassungsgerichts, DVBl 1987, S.1242f.; Eberle, Gesetzesvorbehalt und Parlamentsvorbehalt, DÖV 1984, S.489; Pietzcker, Vorrang und Vorbehalt des Gesetzes, JuS 1979, S.713; Staupe, Parlamentsvorbehalt und Delegationsbefugnis, 1985, S.167ff.; Busch, Das Verhältnis des Art.80 Abs.1 S.2 GG zum Gesetzes- und Parlamentsvorbehalt, 1992, S.35ff.

50) Vgl. Kisker, Neue Aspekte im Streit um den Vorbehalt des Gesetzes, NJW 1977, S.1315; Pietzcker, Vorrang und Vorbehalt des Gesetzes, JuS 1979, S.713.

51) Vgl. Ossenbühl, Vorrang und Vorbehalt des Gesetzes, in: HbStR, Bd.Ⅲ, 1988, §62 Rn.39.

차에 있어서 공동체의 중요한 결정을 내리기에 가장 적합한 국가기관이라는 '기능적 관점에 의한 권력분립원리'에 그 근거를 두고 있다.[52] 국가권력을 배분하고 다양한 국가기능을 상이한 국가기관에 귀속시키는 문제는, 모든 국가결정이 가능하면 타당하게, 즉 그 조직, 구성, 기능 및 절차에 따라 결정을 내리기에 가장 최상의 조건을 갖추고 있는 국가기관에 의하여 내려져야 한다는 관점에 의하여 결정되어야 한다(소위 '기능적 관점에 의한 권력분립원리').[53]

의회에서의 의사결정과정은 국민의 다양한 견해와 이익을 인식하고 교량하여 공개적 토론을 통하여 국민 대표로 구성된 다원적 인적 구성의 합의체에서 결정하는 과정이다. 이로써 의회에서의 의사결정과정은 일반국민과 야당의 비판을 허용하고 그들의 참여가능성을 개방하고 있다는 점에서, 비판과 공개토론의 여지가 없는 밀실에서 전문관료들에 의하여 제정되는 행정입법과는 달리, 공익의 발견과 정당한 이익조정을 위하여 보다 적합한 민주적 과정이다. 행정입법절차나 행정절차와 비교할 때 의회입법의 民主的 價値는, 의회가 정부에 비하여 인적 구성에 있어서 보다 직접적인 민주적 정당성을 부여받았다는 관점보다는 바로 '節次에 의한 民主的 正當性'에 있다.[54] 입법절차와 행정절차는 기관구조와 결정절차의 차이로 인하여 절차의 결과인 결정에 상이한 의미와 민주적 정당성을 부여한다. 입법절차는 행정절차와 비교할 때 논의와 결정과정의 公開性을 보장한다. 비록 오늘날 행정절차가 행정의 민주화와 더불어 위원회 등의 참여가능성을 개방하였다 하더라도, 의회의 결정절차는 상충하는 다양한 이익을 조정하기에 보다 적합한 절차이다.

입법자가 특정 사안에 관하여 법률로써 규율해야 한다는 요청은, 정치적으로 중요한 문제에 관하여 최종적으로 결정되기 전에 의회에서의 공개적 토론이 이루어지는 것을 보장한다. 의회유보의 중요한 기능은 법률로 규율되어야 할 사안에 관하여 반드시 '의회'가 결정해야 한다는데 있는 것이 아니다. 오늘날 의회와 행정부 모두 국민의 이익을 대변하는 민주국가, 특히 집행부와 의회의 정치적 이해관계가 일치하는 의원내각제의 국가에서 '의회와 행정부 중 누가 결정하는지'의 '결정의 주체' 그 자체는 큰 의미가 없다. 정말로 중요한 것은 '의회의 입법절차에서 이루어지는 공개적 토론'과 그에 앞서서 사전적으로 이루어지고 의회의 결정과정에 영향을 미치는 '일반국민의 공적 토론과 여

---

52) Vgl. BVerfGE 49, 89, 139; 68, 1, 86.

53) Vgl. BVerfGE 68, 1, 86.

54) Vgl. Staupe, Parlamentsvorbehalt und Delegationsbefugnis, 1985, S.201ff.; Busch, Das Verhältnis des Art.80 Abs.1 S.2 GG zum Gesetzes- und Parlamentsvorbehalt, 1992, S.37f.; Kisker, Neue Aspekte im Streit um den Vorbehalt des Gesetzes, NJW 1977, S.1315; Ossenbühl, Aktuelle Probleme der Gewaltenteilung, DÖV 1980, S.549; Gassner, Gesetzgebung und Bestimmtheitsgrundsatz, ZG 1996, S.47ff.; Eberle, Gesetzesvorbehalt und Parlamentvorbehalt, DÖV 1984, S.489; v. Arnim, Zur Wesentlichkeitstheorie des Bundesverfassungsgerichts, DVBl 1987, S.1244f.; Maurer, Allgemeines Verwaltungsrecht, 1999, §6 Rn.19; 한국 문헌으로 조태제, 법률의 유보원칙에 관한 연구, 1992, 119면 이하.

론형성'이다.

그러므로 의회입법의 특별한 민주적 정당성은 바로 '의회입법절차' 그 자체에 있는 것이다. 독일 연방헌법재판소는 일련의 결정에서 의회입법절차에서의 논의와 결정과정에서 고도의 公開性(Öffentlichkeit)이 보장된다는 점을 역설하였다.[55] 결정과정의 공개성은 의회절차의 핵심적 요소이다. 바로 결정과정의 공개성으로 인하여 규율사안과 관련된 이해당사자와 일반국민의 관심이 유발되고 공적 토론이 이루어짐으로써, 규율대상과 관련된 모든 중요한 이익과 관점이 인식되어 결정과정에서 고려되고, 상충하는 이익간의 정당한 조정이 이루어질 수 있는 것이다.[56] 결과적으로, 입법절차를 통하여 공익과 사익 또는 다양한 사익간의 정당한 이익조정이 이루어짐으로써 내용적으로 올바른 결정, 즉 공익발견의 기회가 증가하는 것이다.[57] 즉, 결정절차의 타당성이 결정결과의 내용적 타당성을 담보할 수 있는 것이다.

결국, 특정 규율대상이 의회의 법률에 유보되어야 한다면, 이는 바로 의회입법절차의 특수성인 '공개적 기능'과 이를 통한 '이익조정기능'에 기인하는 것이다.[58] 따라서 '의회입법절차의 민주적 가치'가 의회유보와 본질성이론을 가장 설득력 있게 논증할 수 있는 결정적 근거이다.

사. 의회유보의 범위를 판단하는 기준

(1) '기본권적 중요성'과 '의회입법절차에서 규율되어야 할 필요성'

의회유보의 범위를 확정하는 기준은 무엇보다도 의회유보의 요청을 헌법적으로 가장 정당화하는 결정적인 근거로부터 도출되어야 한다. 위에서 확인한 바와 같이, '의회입법절차의 민주적 가치'가 의회유보와 본질성이론을 가장 설득력 있게 논증할 수 있는 결정적 근거라고 한다면, 의회유보의 범위를 확정하는 결정적인 기준은 '입법자는 의회입법절차에서 규율되어야할 필요성이 있는 사안에 관하여 스스로 결정해야 한다'는 것이다.

나아가, 기본권의 보호를 통하여 인간의 존엄성과 개인의 인격발현의 자유를 보장하고자 하는 것이 국가권력의 존재이유이자 궁극적인 목적이라는 점, 의회의 개입을 통하여 개인의 자유를 보호하고자 하는 것이 법률유보이론의 출발점이었다는 점, 오늘날 자유의 제한과 급부의 박탈은 개인의 기본권행사에 있어서 동일하게 중요한 의미를 가지고 있다는 점 등을 감안한다면, 기본권의 실현에 있어서의 사안의 중요성, 즉 基本權的 重要性도 의회유보의 범위를 판단하는 중요한 기준이다.

---

55) Vgl. BVerfGE 40, 237, 249; 41, 251, 260.

56) Vgl. v. Arnim, Zur Wesentlichkeitstheorie des Bundesverfassungsgerichts, DVBl 1987, S.1244.

57) 공익이란 그 자체로서 국가에 의하여 인식될 수 있거나 일방적으로 규정될 수 있는 것이 아니라, 사회의 상충하는 다양한 이익의 대립과 경쟁을 통하여 나오는 조화와 타협의 산물이다.

58) Vgl. Kisker, Neue Aspekte im Streit um den Vorbehalt des Gesetzes, NJW 1977, S.1315; Eberle, Gesetzesvorbehalt und Parlamentsvorbehalt, DÖV 1984, S.493.

그렇다면, 의회유보의 규율대상을 확정하는 중요한 기준은 무엇보다도 '규율대상의 기본권적 중요성'과 의회절차의 공개성과 이익조정기능에 비추어 '의회입법절차에서 규율되어야 할 필요성'으로 요약될 수 있다.[59] 의회절차의 민주적 가치가 '의회가' 결정하는데 있는 것이 아니라 '어떻게 결정되는지'의 의회입법절차의 공개성에 있으므로, 어떠한 사안이 본질적인 것으로 간주되어야 하는지 여부도 사안의 내용적 중요성뿐만 아니라, 어느 정도로 사안에 관한 결정이 공개적인 입법절차에서 내려져야 할 필요성이 있는지에 달려있다.

그런데 이미 위에서 언급한 바와 같이, 규율대상이 기본권적으로 중요할수록 입법자가 스스로 정해야 한다는 내용의 '기본권적 중요성'은 지극히 상대적인 개념으로서, 단지 이를 기준으로 하여 의회유보의 범위를 적극적으로 확정하는 것은 매우 어렵다.[60] '기본권적 중요성'의 기준의 불명확성으로 인하여 단지 기본권적 중요성의 기준[61]만으로는 '무엇이 의회의 입법에 유보되어야 하는지'의 판단이 곤란한 경우에는 '사안이 의회의 입법절차에서 결정될 필요성이 있는지, 공개적 토론의 필요성과 상충하는 이익간의 조정필요성이 있는지'의 관점이 함께 고려되어야 한다. 위의 2가지 기준을 서로 보완하여 함께 사용한다면, 의회유보의 범위를 판단하는 보다 구체적이고 신뢰할만한 기준을 얻을 수 있다.

(2) 의회입법절차의 장점을 살릴 수 없는 규율대상

의회유보의 헌법적 근거가 '의회입법절차의 민주적 가치'에 있다면, 바로 이러한 관점으로부터 역으로 '의회입법절차의 장점을 살릴 수 없는 규율대상'은 의회유보에 해당하지 않으므로 행정입법으로 규율해도 된다는 관점도 하나의 부수적 기준으로 도출할 수 있다. 즉, 규율대상이 의회입법절차를 통하여 포괄적인 이익수렴과정과 정당한 이익

---

59) Vgl. Böckenförde, Gesetz und gesetzgebende Gewalt, 1981, S.384; v. Arnim, Zur Wesentlichkeitstheorie des Bundesverfassungsgerichts, DVBl 1987, S.1245f.; Staupe, Parlamentsvorbehalt und Delegationsbefugnis, 1985, S.113-128; 한국 문헌으로는 조태제, 법률의 유보원칙에 관한 연구, 1992, 144면 이하; 다른 한편으로는 Kisker, Neue Aspekte im Streit um den Vorbehalt des Gesetzes, NJW 1977, S.1318, '기본권의 실현에 있어서 본질적인지'의 관점과 함께, 공동체 내의 분쟁이 해결되어야 하는 경우에는 의회절차는 분쟁해결의 절차로서 필요하고 의미가 있다는 이유로 '정치적으로 논란이 있는 사안(das politisch Kontroverse)'도 의회유보의 범위를 정하는 기준으로 제시하고 있다. 그러나 政治的 論爭은 대중매체나 시민단체 등에 의하여 유발될 수 있고, 그 결과 정치적 논쟁의 제공하는 주체나 그 제공여부에 의하여 본질적인지 여부가 결정될 수 있다는 위험이 있다.

60) 예컨대, "대통령령이 정하는 일정 수 이상의 근로자"를 고용하는 사업주에게 장애인을 고용해야 할 의무를 부과하는 '舊 장애인고용촉진 등에 관한 법률' 규정의 포괄위임 여부가 문제된 사건에서(헌재 2003. 7. 24. 2001헌바96), 위헌의견은 장애인고용의무가 기본권적으로 중요하기 때문에 입법자가 스스로 정해야 할 본질적 사항이라고 판단하고 있으나, 이 사건 심판대상이 단지 사업주의 직업행사의 자유와 재산권을 제한한다는 이유만으로 자동적으로 "基本權的으로 重要하고, 따라서 本質的이다'라고 주장할 수 없는 것이다. 장애인고용의무의 대상사업자의 범위를 정하는 것이 기본권적으로 중요한 사안에 해당하는 것인지는 별도의 논거를 필요로 한다.

61) 기본권적 중요성을 판단하는 관점에 관하여 한수웅, 헌법재판의 한계 및 심사기준, 헌법논총 8집(1997), 222면 이하 참조.

조정과정을 필요로 하는 경우가 아니라면, 굳이 입법자에 유보되어야 할 필요성이 없는 것이다. 이와 같이 의회입법절차의 장점을 살릴 수 없는 '규율대상의 특성'을 들자면, 다음과 같다.[62)]

(가) 규율대상의 특성이 의회유보의 한계를 설정하는 요인이 될 수 있다. 의회의 전문적·기술적 능력의 한계, 시간적 適應性·臨機性의 한계가 입법권의 위임을 정당화하는 근거로 고려된다.[63)]

의회의 입법절차는 시간이 많이 소요되기 때문에, 수시로 변화하는 상황에 대하여 적시에 적절하고 유연하게 대처해야 하는 영역에서는 적합한 절차라 할 수 없다.[64)] 또한, 규율되는 생활영역이 조감할 수 없을 정도로 다양한 사실관계를 포함하고 있거나 지극히 기술적·전문적인 분야인 경우, 입법자에 의한 상세한 규율이 곤란하므로 행정부의 규율권한을 정당화할 수 있다.[65)] 모든 국가적 결정이 가능하면 국가기관의 조직, 구성, 기능 및 절차에 비추어 결정을 내리기에 가장 최상의 조건을 갖추고 있는 국가기관에 의하여 내려져야 한다는 '기능상의 권력분립원리'의 관점에서 보더라도, 이러한 영역에서는 입법부에 비하여 전문성과 유연성을 갖춘 행정부의 장점이 두드러지기 때문에, 행정부의 입법권한이 정당화된다.

(나) 사안의 專門的 構造와 本質에 의하여 특정한 내용의 규율이 요청된다면, 즉 사안의 본질에 내재하는 독자적인 구조나 固有法則性에 의하여 규율의 내용이 先決된다면, 의회에서의 공개적 논의와 이익조정기능은 그 의미를 상실하게 된다. 이러한 경우, 입법자가 의회입법절차를 통하여 결정하더라도, 동일한 전문적 관점이 결정적 요인으로 작용하게 된다. 예컨대, 교육의 영역에서는 다수의 사안이 이미 '교육의 본질에 내재하는 전문적 관점'에 의하여 결정된다. 留級이란 제도는 사안의 본질상 능력주의에 기인하고, 유급의 여부는 학업목표의 달성에 달려있다. 따라서 위임법률에서 '학업능력'과 '유

---

62) 아래와 같은 체계로 분류한 논문으로는 vgl. Eberle, Gesetzesvorbehalt und Parlamentsvorbehalt, DÖV 1984, S.490ff.; 이와 유사한 관점을 제시한 한국 문헌으로는 박윤흔, 최신 행정법강의(상), 2002, 228-230면; 이강혁, 의회유보의 원칙, 월간고시, 1985, 66-68면; 조태제, 법률의 유보원칙에 관한 연구, 1992, 161면 이하.

63) 박윤흔, 최신 행정법강의(상), 2002, 228면.

64) 가령 기술적 안전기준의 측정방법과 인식이 수시로 변화하는 영역에서, 법률로써 안전기준을 정한다는 것은 오히려 안전기준을 기술적 발전에 따라 지속적으로 발전시키는 것을 방해하고 이로써 기본권의 효율적 보장이라는 관점에서도 바람직하지 않다. vgl. BVerfGE 49, 89, 139f.; 68, 1, 87; Wehr, Grundfälle zu Vorrang und Vorbehalt des Gesetzes, JuS 1997, S.423f.; Kisker, Neue Aspekte im Streit um den Vorbehalt des Gesetzes, NJW 1977, S.1315, Maurer, Allgemeines Verwaltungsrecht, 1999, §6 Rn.15, 변화하는 상황에 신속하게 대처해야 하는 일부 영역(특히 경제정책적 관점에서 단기로 투입하는 경기부양책 등)에서 입법절차는 유연성이 결여되어 있다.

65) 본질성이론에 있어서도 '규율대상의 특성'은 무시할 수 없는 중요한 요소이다. 본질성이론에도 불구하고, 본질적인 모든 것이 법률에 의하여 규율되어야 하는 것은 아니다. 예컨대, 환경보호법상 준수해야 하는 오염물 배출의 '限界値'는 국민의 건강보호의 관점이나 기업의 투자 및 고용정책의 중요한 변수로서 국가공동체의 중요한 문제이나, 그럼에도 이를 법률로써 정해야 한다고 주장하는 사람은 없을 것이다.

급'의 관계에 관하여 명시적으로 정하지 않고 입법권을 위임한다 하더라도, 동일한 교육전문적 관점에 의하여 이미 규율내용이 결정되기 때문에, 입법권의 위임이 내용적 구체성을 갖추게 된다.[66]

또한, 헌법 등 上位의 法原則에 의하여 행정입법의 구체적 내용이 이미 先決되는 경우에도 입법자에 의한 상세한 규율이 불필요하다. 이러한 경우 입법자가 스스로 정하지 않더라도 '헌법적 요청'에 의하여 직접 행정입법에 규율될 대강의 내용이 이미 정해지기 때문이다. 헌법이 개인의 자유를 기본권의 보장과 비례의 원칙에 의하여 보호하므로, 특정한 상황에서는 입법권의 위임에 있어서 입법자의 형식적 법률에 의한 보호가 불필요할 수 있다.[67] 입법자가 법률로써 '규율의 목적'을 구체적으로 확정하여 입법권을 위임하는 경우, 행정부가 행정입법을 제정함에 있어서 比例의 原則을 준수해야 하기 때문에 행정입법에 규율되어야 할 대강의 내용이 이미 비례의 원칙에 의하여 결정될 수 있다. 이러한 경우, 입법자가 입법권을 위임함에 있어서 행정입법의 내용에 관하여 구체적으로 정하는 것은 큰 의미가 없다.[68] 이러한 경우, 입법권의 위임에 의하여 행정부가 정해야 할 합헌적인 규율내용의 대강이 이미 헌법적으로 결정되기 때문에, 의회에서의 공개적 논의와 이익조정기능은 그 의미를 크게 상실한다.

(다) 행정입법절차가 이해당사자와 일반국민의 참여를 허용하고 다양한 이익을 고려하고 조정할 수 있는 가능성을 제공하기 때문에 의회입법절차와 마찬가지로 공개적 논의와 이익조정기능을 보장하는 경우, 의회입법절차를 대신할 수 있다는 점에서 굳이 의회의 법률로써 규율되어야 할 필요가 없다.[69]

(3) 의회유보의 범위를 판단하는 적극적 기준과 소극적 기준

결국, 의회유보의 범위를 판단하는 기준은 積極的 基準으로서 '기본권적 중요성'과 '의회입법절차의 필요성'을 들 수 있다. 이러한 관점은 입법권의 위임을 금지하는 사유,

---

66) Vgl. BVerfGE 58, 257, 278. 뿐만 아니라, 소위 특별권력관계에 속하는 영역(학교, 교도소, 군대)에서의 다수 사안이 규율영역의 특수성과 특별권력관계의 기능 확보에 의하여 이미 결정되는 경우가 빈번하다.

67) Vgl. BVerfGE 80, 1, 21f., 시험절차에 관하여 행정입법에서 규율하도록 위임한 聯邦醫師法 규정의 포괄위임여부가 문제된 사건에서, 시험관련규정은 그 내용에 있어서 직업의 자유, 평등원칙, 법치국가적 요청 등 헌법적 요청에 의하여 결정되기 때문에, 행정부의 규율권한이 헌법적 요청에 의하여 충분히 구체화되고 제한된다고 판시하였다.

68) 이러한 현상은 특히 비례의 원칙(과잉금지원칙)이 처음으로 확립된 영역이자 그의 전형적인 적용영역인 警察行政法이나 秩序維持行政法의 영역에서 빈번하게 나타난다. 입법자가 법률로써 구체적인 목적을 정하고 행정부에 상세한 규율을 위임한 경우, 행정부는 특정한 위험의 방지라는 구체적 목적을 달성하기에 적합하고 필요하며 좁은 의미의 비례의 원칙에 부합하는 규율을 해야 하기 때문에, 행정입법의 내용이 그 대상에 있어서 거의 확정될 수 있다.

69) 상충하는 이익간의 법익형량원칙에 따라 제정되는 행정입법절차는 일반적으로 도시계획법과 같은 行政計劃의 영역에서 엿볼 수 있다. 한편, 박윤흔 교수는 受任機關의 이익조정기능에 따라 수권의 명확성이 달라진다고 하고 있다. 즉, 대통령에게 위임하는 대통령령의 경우, 국무회의의 심의를 거쳐 제정되지만(이로써 어느 정도 상충하는 이익간의 조정이 이루어지지만), 행정각부장관에게 위임하는 부령의 경우에는 당해 부의 입장만을 내세울 소지가 있으므로, 수권의 명확성이 달라져야 한다고 하고 있다, 박윤흔, 최신 행정법강의, 2002, 230면 참조.

위임의 금지를 정당화하는 사유이다. 의회유보의 범위를 정함에 있어서 기본권적 중요성의 정도를 판단하기 어려운 경우에는 규율대상이 입법절차(근본적인 이익조정)를 필요로 하는지의 관점이 결정적인 역할을 하거나 아니면 적어도 보완하는 기능을 할 수 있다.

이에 대하여 消極的 基準으로서 '규율대상의 특성'을 들 수 있다. 이 기준은 입법권의 위임을 허용하는 사유, 입법권의 위임을 정당화하는 사유이다. 적극적인 기준만으로 의회유보의 범위를 판단하는 것이 불확실한 경우 또는 적극적인 기준으로 판단한 결과의 타당성을 확인하고자 하는 경우, 소극적인 기준인 '사안의 특성'은 적극적 기준을 대체하거나 보완하는 관점으로 사용될 수 있다.

Ⅲ. 헌법 제75조의 立法委任의 명확성원칙(포괄위임금지원칙)

1. 委任立法과 立法委任의 개념

헌법 제75조는 "대통령은 법률에서 구체적으로 범위를 정하여 위임받은 사항 … 에 관하여 대통령령을 발할 수 있다."고 규정하고, 헌법 제95조는 "국무총리 또는 행정각부의 장은 소관사무에 관하여 법률이나 대통령령의 위임 또는 직권으로 총리령 또는 부령을 발할 수 있다."고 하여 행정부가 입법자로부터 위임받은 입법권을 행사할 수 있음을 규정하고 있다.

委任立法이란, 법률의 위임에 의하여 입법자로부터 위임받은 입법권을 행사하여 이루어지는 입법으로서 헌법 제40조의 의회입법에 대조되는 개념이다. 즉 위임입법이란, 입법권의 위임에 의하여 이루어지는 행정부의 법규명령제정이란 의미에서의 대통령령, 총리령과 같은 행정입법(위임명령)을 말한다.[70] 헌법재판소의 판례[71]나 학계의 문헌[72]은 헌법 제75조의 헌법적 요청("법률에서 구체적으로 범위를 정하여")을 표현하기 위하여 일반적으로 '위임입법의 한계'란 용어를 사용하고 있으나, 이러한 용어는 오해의 소지가 있을 뿐만 아니라 의미내용을 왜곡하는 것이다. '위임입법의 한계'란, '위임명령이 수권법률에 의한 위임의 범위 내에서 제정되었는지'에 관한 문제로서 행정입법이 유효하기

---

70) 行政立法은 대외적 효력을 가지는지 여부에 따라 법규명령과 행정명령(행정규칙)으로 구분된다. 法規命令이란, 국민의 권리·의무에 관한 사항을 규정하는 것으로, 국민에 대하여 일반적 구속력을 가지는 법규적 명령을 말한다. 이에 대하여, 行政命令(행정규칙)은 일반국민의 권리·의무와는 직접 관련이 없이 행정기관 내부의 조직과 근무 등에 관하여 규율하는 行政內規를 말한다. 행정명령은 행정기관 내부에서만 효력을 가질 뿐, 대외적 구속력을 가지지 아니한다. 행정명령은 훈령이나 고시 등 다양한 형식으로 제정된다. 행정명령은 헌법상 근거를 필요로 하지 아니한다. 행정입법의 중심을 이루는 것은 법규명령으로서, 법규명령은 다시 헌법 제75조에서 규정하는 委任命令과 執行命令으로 구분된다.

71) 헌법재판소의 판례에서는 헌법 제75조의 요청을 '포괄위임입법금지원칙', '포괄위임금지의 원칙', '위임입법의 한계' 등 여러 용어를 사용하여 표현하고 있다.

72) 일부 문헌에서는 '위임입법'이란 용어를 한편으로는 '국회가 행정부에 입법권을 위임하는 것'으로, 다른 한편으로는 '위임된 입법권에 의하여 이루어지는 행정입법'으로 이중적인 의미로 정의하고 있다. 예컨대, 김철용 외, 위임입법의 한계에 관한 연구, 헌법재판연구 제8권(1996), 23-25면 참조.

위한 요건 중의 하나인 것이다.[73] 그런데 헌법 제75조에서 문제되는 것은, 행정부에 입법권을 위임하는 수권법률이 충분히 명확한지 여부, 즉 '법률이 유효하기 위한 요건'에 관한 것이다.

따라서 한정적이고 구체적인 위임의 원칙을 표현하고자 한다면, '위임입법의 한계'가 아니라, '입법권을 위임하는 법률의 명확성원칙(입법위임의 명확성원칙)' 또는 '포괄적 입법위임의 금지 원칙(포괄위임금지원칙)'이란 표현을 사용하는 것이 보다 적절할 것이다.[74] 즉, 위임된 입법권에 의하여 이루어지는 행정입법은 '위임입법'으로, 입법자가 행정부에 자신의 입법권을 위임하는 것은 '입법위임'으로, 입법권을 위임하는 법률은 '위임법률 또는 수권법률'로 구분하여 각 명확하게 命名해야 할 것이다.

2. 법률과 행정입법의 관계

가. 현대 사회국가에서 행정입법의 불가피성

현대 산업사회를 맞이하여 국가의 성격이 사회국가로 변화함에 따라 국가의 기능과 과제의 확대를 가져왔고, 그에 따라 입법대상도 모든 사회영역으로 확대되었다. 입법권은 원칙적으로 입법자에 속하나, 입법자가 엄청나게 증가한 규율의 수요를 충족시키기에는 역부족이므로, 헌법은 입법자에게 입법권을 부분적으로 위임하는 것을 허용하고 있다.

현대의 사회적 법치국가에서 입법권의 위임은 의회의 입법 부담을 덜어주고 입법자에게 부여된 본연의 과제를 충실히 이행할 수 있도록 하기 위하여 불가피하다.[75] 복잡·다양하고 끊임없이 변화하는 사회에서 날로 증가하는 사회국가적 과제를 이행하기 위해서는 구체적이고 세부적으로 규율하는 다수의 전문적·기술적 규정을 필요로 한다. 이러한 규정들은 현장의 사정에 정통한 해당 집행기관에 의해 규율되는 것이 보다 효율적이며, 상황의 변화에 신속하게 적응하는 가능성을 확보하기 위해서도 불가피하다. 이러한 현실적 필요에 의하여 행정입법은 현재 날로 증가하는 추세에 있다. 만일 이러한 세부적이고 기술적인 문제를 법률에서 직접 규정해야 한다면, 입법자에게 비본질적인 사안으로 인한 과중한 업무 부담을 초래하여 정작 신중하고 세심하게 심의·결정해야 할 본질적인 사안의 해결에 전념할 수 없게 할 뿐만 아니라, 상황의 변화에 따라 너

73) 행정입법이 유효하기 위한 요건은 다음과 같다. 첫째, 행정부에 충분히 명확한 수권을 부여하는 수권법률이 존재해야 하고, 수권법률이 그 내용에 있어서도 합헌적이어야 하며, 둘째, 행정입법이 법률에 의한 위임의 범위 내에서 제정되어야 하고, 나아가 그 내용에 있어서도 비례의 원칙 등에 부합하는 합헌적인 것이어야 한다

74) 따라서 '위임입법의 명확성'이나 '포괄위임입법금지'란 표현도 잘못된 것이다.

75) Vgl. Lepa, Verfassungsrechtliche Probleme der Rechtsetzung durch Rechtsverordnug, AöR 105(1980), S.338ff.; Ossenbühl, Rechtsverordnung, in: HbStR, Bd.Ⅲ, 1996, §64 Rn.2ff.; Maurer, Staatsrecht, 1999, §17 Rn.141.

무 빈번하게 법률을 개정해야 할 것이기 때문에 법률에 대하여 요청되는 법적 안정성과 지속성이 크게 저해될 것이다.

입법권의 위임은 입법자의 지위와 기능을 약화시키는 것이 아니라, 입법자의 업무를 경감하여 입법자가 공동체의 중요한 정치적 결정에 전념케 함으로써 입법권의 의미 있는 사용을 가능하게 하는 것이다. 행정입법은 의회의 입법을 대체하는 것이 아니라, 정치적으로 결정되어야 할 사안이 아닌 전문적·기술적 세부사항의 규율을 통하여 입법자의 업무를 경감하고자 하는 것이다. 따라서 입법영역에서의 입법자와 행정부 사이의 과제배분은 불가피하며, 다만 입법권의 위임과 관련하여 발생할 수 있는 위험(입법권의 포기)을 방지하여 입법자의 책임과 기능을 확보하는 것이 중요하다.

나. 역사적 배경 및 외국의 입법례

역사적으로 본다면, 법률과 행정입법의 개념적 구분과 對置는 입헌군주제의 확립과 함께 비로소 가능하게 되었다. 권력분립이 이루어지지 않은 채 군주에게 모든 권력이 집중되었던 權力一元化의 시대인 '專制君主制'에서는 입법권은 전적으로 군주에 속하는 것이었기 때문에 법률과 행정입법이 개념적으로 구분되지 않았다. 그러나 '立憲君主制'와 함께 권력의 분립이 이루어지면서, 입법에 관한 군주의 독점권이 해체되어 입법권이 시민을 대표하는 의회와 군주의 집행부에 분산되면서, 비로소 법률과 행정입법이 개념적으로 구분되고 서로 대치하게 되었다.[76]

서구의 역사상 입헌군주제 이래, 의회와 행정부의 입법권의 병존과 그 관계는 모든 민주국가의 근본적 문제인데, 이 문제는 국가마다 매우 상이한 형태로 해결되고 있다.[77] 예컨대 독일의 경우, 바이마르 공화국과 나치 정권 당시 행정부에 의하여 입법권이 남용된 경험을 역사적인 교훈으로 삼아, 기본법 제80조 제1항에서[78] 입법권의 위임을 엄격한 요건 하에서만 허용하고 있고, 연방헌법재판소도 입법권의 위임이 포괄위임인지 여부를 엄격한 기준에 의하여 심사하여 왔다.[79] 한편, 영국이나 프랑스와 같은 다

76) Vgl. Magiera, Allgemeine Regelungsgewalt(Rechtsetzung) zwischen Parlament und Regierung, Der Staat 1974, S.6f.

77) 이러한 의미에서 입법위임의 명확성여부 판단에 관한 한, 外國의 立法例를 참조하는 것은 큰 의미가 없다. 입법권 위임의 문제는 특정 시간과 특정 장소에 국한하여, 즉 특정 국가의 현행 헌법과 관련하여 당해 국가의 입법권의 역사적 발전 과정을 고려하여 해결해야 할 문제이다. 뿐만 아니라, 최근 의회의 업무과중의 현상과 함께, 의회의 입법권독점은 현대국가의 규율에 대한 수요를 충족시킬 수 없고, 다른 한편으로는 오늘날 모든 국가기관이 직·간접적으로 민주적 정당성을 부여받고 있다는 점에서 민주적 정당성의 요건에 의해서도 헌법적으로 반드시 요청되는 것은 아니라는 견해에 의한 도전을 받고 있다.

78) 독일 기본법 제80조 제1항의 내용은 다음과 같다. "연방정부, 연방장관 또는 州정부는 법률에 의하여 法規命令을 제정하는 권한을 위임받을 수 있다. 이 경우 위임된 권한의 內容, 目的 및 範圍를 법률에서 확정하여야 한다. 法規命令은 그 법적 근거를 명시하여야 한다. 위임받은 권한을 재위임할 수 있음을 법률이 규정하고 있는 때에는 위임받은 권한의 위임을 위한 法規命令이 필요하다."

79) 독일 연방헌법재판소는 활동을 개시한 이래 1968년까지 약 15년 동안 포괄위임 여부가 문제된 사건에서 절반 이상을 위헌으로 판단하였다. 1968년 이후 비록 입법위임의 명확성원칙의 위반을 이유로 위임법률을 위

른 민주국가의 경우, '의회의 입법권'과 더불어 '행정부의 독자적인 명령제정권'이 당연하게 인정되고 있다.[80] 또한, 미국의 경우, 입법권의 위임에 관한 명문의 헌법규정이 없음에도 연방대법원이 이미 19세기 초반부터 포괄위임 여부에 관하여 심사를 하고 있으나, 입법권의 위임에 대해서는 매우 관대한 태도를 보이고 있다.[81]

다. 헌법 제75조의 위임명령에 대한 헌법적 요청

우리 헌법의 경우, 독일 기본법과 유사하게 입법권의 위임에 대한 불신이 깔려 있는 것으로 보인다.[82] 헌법은 제75조에서 입법권이 소리 없이 행정부로 전이되어 잠식되는 것을 방지하고 입법자가 헌법상 부과된 책임으로부터 도피하는 것을 방지하기 위하여, 첫째, 위임명령의 요건으로서 *個別的 法律*에 의한 입법권의 위임, 즉 위임명령의 법률적 근거를 요구하고 있다.[83] 즉, 헌법 제75조는 헌법에 의하여 직접 부여되는 독자적인 법

헌으로 선언한 바는 없으나, 여전히 상당히 엄격한 기준을 근거로 심사하고 있다, vgl. Nolte, Ermächtigung der Exekutive zur Rechtsetzung, Lehren aus der deutschen und der amerikanischen Erfahrung, AöR 118(1993), S.398f.

80) Vgl. Ossenbühl, Rechtsverordnung, in: HbStR, Bd.Ⅲ, 1996, §64 Rn.13, 예컨대, 프랑스 헌법에서는 의회의 입법권은 열거적으로 확정되어 있고, 그 외에는 행정부의 독자적인 명령제정권이 존재한다, 이에 관하여 자세하게 김철용 외, 위임입법의 한계에 관한 연구(헌법재판연구 제8권), 1996, 267면 이하 참조; 법무부, 영국의 위임입법제도에 관하여 위임입법에 관한 연구, 법무자료 171집, 1993, 41면 이하 참조.

81) ① 미국 연방대법원은 이미 1825년의 판결[Wayman v. Southard, 23 U.S.(10 Wheat.) 1(1825)]에서 '위임될 수 없는 규율권한'과 '위임될 수 있는 규율권한'이 規律對象의 重要性에 의하여 정해져야 한다고 판시하여 독일의 본질성이론과 유사한 기준을 제시하였다. 그러나 규율대상의 중요성에 따른 구분이 사실상 불명확하고 법적 불안정성을 야기한다는 이유로, 이러한 사고는 현재까지 연방대법원의 판례에서 다시 등장하지 아니하였고, 이로써 포기되었다고 볼 수 있다. ② 그 후, 연방대법원은 1928년의 판결[J. W. Hampson, Jr. & Co. v. United States, 276 U.S. 394(1928)]에서 '입법자가 행정입법의 제정에 있어서 방침으로 삼을 수 있는 원칙을 정하는 한, 입법권의 위임은 허용된다'는 기본원칙을 제시하였다('intellegible principle'). 이러한 기본원칙은 입법자가 위임의 목적을 어느 정도 분명하게 표현해야 한다는 의미에서 독일 연방헌법재판소의 '방침제시설'과 유사한 것으로 보이지만, 독일과 비교할 때 매우 관대한 기준이라 할 수 있다. '이해할 수 있는(intellegible) 방침을 제시해야 한다'는 위 원칙은 현재까지도 입법위임의 명확성여부를 판단하는 기준이다. ③ 연방대법원은 1989년의 판결[Mistretta v. United States, 109 S. Ct. 647(1989)]에서 '점점 복잡해지는 현대의 사회현상에 비추어 의회에는 광범위한 위임가능성이 인정되는데, 다만 지나치게 광범위하거나 불명확한 위임의 경우에만 포괄위임의 문제가 발생할 수 있다'고 판시함으로써 위임의 명확성에 관한 자신의 입장을 요약하였다. 이로써 연방대법원은 포괄위임의 금지를 단지 '입법권의 포기나 남용에 대한 금지'로 소극적으로 이해하여 매우 관대한 심사를 해오고 있다. 연방대법원은 1930년대 뉴딜 시대에 2건의 사건에서 포괄위임금지의 위반을 확인한 이래 현재까지 한 건의 사건에서도 포괄위임의 관점에서 위헌여부를 판단해야 할 필요성을 인식하지 못하고 있다, 이에 관하여 자세하게 vgl. Nolte, Ermächtigung der Exekutive zur Rechtsetzung, Lehren aus der deutschen und der amerikanischen Erfahrung, AöR 118(1993), S.380ff.; 김철용 외, 위임입법의 한계에 관한 연구(헌법재판연구 제8권), 234면 이하.

82) 현행 헌법 제75조와 거의 같은 규정내용을 가진 건국헌법 제58조의 制定趣旨에 관한 유진오 교수의 설명으로는 김철용 외, 위임입법의 한계에 관한 연구(헌법재판연구 제8권), 46면 이하 참조.

83) 헌법은 제75조에서 대통령이 제정할 수 있는 행정입법을 "법률에서 구체적으로 범위를 정하여 위임받은 사항"에 관한 대통령령(위임명령)과 "법률을 집행하기 위하여 필요한 사항"에 관한 대통령령(집행명령)으로 구분하고 있다. 위임명령은 법률의 위임에 따라 제정되는 명령인데 반하여, 집행명령은 법률에 의한 별도의 명시적인 위임 없이 제정되는 명령이다. 執行命令(Ausführungsverordnung)이란 법률집행에 있어 통일성을 꾀할 목적으로 법률을 구체적으로 집행하기 위하여 필요한 세부적인 사항을 규율하는 법규명령이기 때문에, 법률의 내용에 철저하게 종속되는 것으로서 새로운 입법사항을 그 대상으로 하거나 국민의 새로운 권리·의무를 규정할 수 없다, 헌법 제75조는 양자를 이와 같이 구분함으로써, 위임명령을 제정할 수 있는 행정부의 권한은 헌법에 의하여 직접 부여되는 것이 아니라 입법자에 의한 별도의 위임을 필요로 하는 반면, 집행명령을

규명령제정권을 배제하여 입법자가 개별적으로 법률로써 입법권을 위임하는 경우에 한하여 행정부가 입법권을 행사할 수 있다는 것을 규정하고 있다. 둘째, 입법권의 위임은 단지 내용적으로 명확한 형태로써만 허용된다는 것을 규정함으로써, 개별법률에 의한 위임의 경우에도 행정부에 무제한적으로 입법권을 위임하는 것을 금지하는 것은 물론이고, 나아가 명확성의 요건을 통하여 위임권한의 *行使方法*을 제한하고 있다. 이로써 법률에 규율된 내용을 단순히 집행하는 경우가 아닌 한, 행정부의 입법권은 독자적인 입법권이 아니라 의회의 위임에 기인하는 것이며 이에 따라 법률과 행정입법의 경쟁관계란 있을 수 없다는 의미에서, 헌법은 법률과 행정입법의 관계를 명백하게 규정하고 있다.

헌법 제75조는 '의회의 업무 부담을 경감해야 할 필요성'과 '행정부의 규율권한을 입법부의 의사에 종속시킴으로써 행정입법(위임명령)의 민주적 정당성을 확보해야 한다는 요청'을 함께 고려하여 조화를 이룬 결과라 할 수 있다.[84] 헌법 제75조가 제시하는 '입법위임의 명확성'의 기준을 너무 엄격하게 적용한다면, 입법자가 거의 모든 것을 스스로 정해야 한다는 결과를 초래하여 오늘날 엄청나게 증가한 규범의 수요에 부응할 수 없는 결과에 봉착하는 반면, '명확성'의 기준을 너무 완화하여 적용하는 경우에는 입법권의 포기가 용인되는 결과가 발생할 수 있으므로, 이러한 긴장관계를 어떻게 해결하는가 하는 것이 핵심적 문제이다.

3. 입법위임의 명확성여부를 판단하는 기준

헌법 제75조는 "대통령은 법률에서 구체적으로 범위를 정하여 위임받은 사항 … 에 관하여 대통령령을 발할 수 있다."고 규정함으로써 위임입법의 헌법적 근거를 마련함과 동시에 위임은 "구체적으로 범위를 정하여" 하도록 하여 위임의 구체성·명확성을 요구하고 있다. 즉 행정부도 위임받은 입법권을 행사할 수 있으나, 단 행정부에 의한 입법권의 행사는 수권법률이 명확하다는 전제 하에서만 가능하다.

헌법은 '위임의 한계'를 정하기 위하여 "구체적으로 범위를 정하여"라는 표현을 사용하고 있다. 이러한 표현이 무엇을 의미하는지에 관하여는 다양한 견해가 있으나,[85] 우리 헌법 제75조의 요청은 위임의 '내용, 목적, 범위'를 정할 것을 규정하는 독일 기본법 제80조 제1항의 요청과 법문상의 차이에도 불구하고 그 내용에 있어서 근본적인 차이가 없다고 본다.[86]

제정할 수 있는 행정부의 권한은 헌법에 의하여 직접 부여되고 있음을 표현하고 있다.

84) Vgl. Wilke, Bundesverfassungsgericht und Rechtsverordnungen, AöR 98(1979), S.212f.

85) 홍준형, 위임입법의 한계, 고시계 96/12, 32면 이하 참조.

86) 독일 기본법 제80조 제1항 제1문 및 제2문의 규정내용은 다음과 같다. "연방정부, 연방장관 또는 州정부는 법률에 의하여 *法規命令*을 제정하는 권한을 위임받을 수 있다. 이 경우 위임된 권한의 內容, 目的 및 範圍를

그런데 위임의 '내용, 목적, 범위'란 단지 위임의 명확성을 실현하는 수단이자 이를 간접적으로 표현하는 지표일 뿐, 위임의 명확성여부를 판단하는 기준을 의미하는 것은 아니다. 위임의 명확성여부를 판단하는 기준은 헌법 제75조의 헌법적 의미와 기능으로부터 도출되어야 한다. 명확성을 인식하는 위 지표는 그 기능에 있어서 서로 중복되면서 한편으로는 서로 보완하고 구체화하는 관계에 있기 때문에, 각 분리되어 독자적으로 고려되어서는 아니 되고 종합적·통일적으로 판단되어야 한다. 또한, 위임의 내용, 목적, 범위는 동일한 비중을 차지하는 것은 아니다. 위임의 목적으로부터 위임의 내용이 구체화될 수 있고 위임의 범위가 한정될 수 있으며, 역으로 위임 내용의 불확실성은 위임 범위의 한정성을 통하여 상쇄될 수 있고, 위임 범위의 불확실성은 목적의 명확성을 통하여 해소될 수 있기 때문에, 위임의 목적에 가장 큰 의미가 부여된다.

아래에서는 우선 우리 헌법재판소 판례에 큰 영향을 미친 독일 연방헌법재판소의 판례가 어떠한 기준에 의하여 입법위임의 명확성여부를 판단하고 있는지를 살펴보고, 이어서 우리 헌법재판소 판례의 경향을 확인해 보기로 한다.

가. 독일 연방헌법재판소 판례의 경향[87)]

(1) 입법위임의 명확성여부를 판단하는 3가지 기준

독일 연방헌법재판소는 판례를 통하여 입법위임의 명확성여부를 판단하는 3가지 기준을 제시하였다.

첫째, 입법권의 위임에 의하여 제정될 위임명령의 수범자인 국민의 관점에서 '국민이 수권법률로부터 위임명령에 규율될 대강의 내용을 예측할 수 있는지'의 '豫測可能性의 기준'(Vorhersehbarkeitsformel)이다.[88)] 법률의 명확성원칙은 국민이 행정의 행위를 예견할 수 있어야 한다는 법치국가적 법적 안정성의 사고에 그 기초를 두고 있는데, 연방헌법재판소는 '입법위임의 명확성원칙'을 법률의 명확성원칙이 구체화된 형태로 파악함으로써 법률의 명확성여부를 판단하는 기준인 '예측가능성의 기준'을 포괄위임 여부를 판단하는 경우에도 그대로 도입한 것이다.

둘째, 입법자가 헌법상 부여받은 입법권을 스스로 행사할 것을 요구하는 '自己決定의 기준'(Selbstentscheidungsformel)이다. 이러한 기준은 의회민주주의와 법치국가적 권력분립원리에 내재하는 요청으로, 입법권은 의회에 속하며 의회는 입법권의 위임을 통해서도 입법권을 포기해서는 안 된다는 요청을 의미한다.[89)] 따라서 입법자는 무엇이(내용)

법률에서 확정하여야 한다."

87) Vgl. Ramsauer, in: AK-GG, Bd.Ⅱ, 1989, Art.80, Rn.54ff.; Richter/Schuppert/Bumke, Casebook Verfassungsrecht, 4. Aufl. 2001, S.425f.; Bryde, in: Münch/Kunig(Hg), GGK, Art.80 Rn.20ff.; Lücke, in: Sachs(Hg), GGK, 2. Aufl., Art.80 Rn.21ff.; 김철용 외, 위임입법의 한계에 관한 연구, 헌법재판연구 제8권, 1996, 227면 이하; 박영도, 독일의 위임입법제도에 관한 연구, 외법논집 제7집(99. 12.), 363면 이하.

88) BVerfGE 1, 14, 60; 7, 282, 301; 19, 354, 361; 23, 62, 72; 41, 251, 266; 58, 257, 277.

어느 범위에서(범위) 어떠한 목적을 가지고 행정입법에 의하여 규율되어야 하는지 스스로 정해야 한다.

셋째, 행정부에 입법권을 위임하는 입법자는 행정입법에 의한 규율의 한계와 목적을 정함으로써 행정부에 의하여 준수되어야 하는 기본방침을 제시해야 한다는 '方針提示의 기준'(Programmformel)이다.[90] 이러한 기준은 위에서 언급한 '자기결정의 기준'과 유사하게 민주주의원리 및 권력분립원리에 그 이념적 바탕을 두고, 입법권의 위임에 있어서 헌법의 권한질서 내에서의 입법자의 지위, 입법권의 의미 및 법률에 의한 행정의 사고를 고려할 것을 요청한다.

(2) 위 기준을 구체적으로 적용하는 2가지 중요한 지침

연방헌법재판소는 위의 3가지 기준 외에도 위 기준을 구체적으로 적용하는 2가지 중요한 지침(위 기준에 부합하는지 여부를 구체적으로 판단하는 관점)을 제시하였다.

첫째, 위임의 명확성은 수권법률로부터 분명하게 드러나야 하는 것이 아니라 법률 전체의 해석을 통하여 규명될 수 있다면 이것으로 충분하다는 '法律解釋을 통한 명확성 판단'의 지침이다.[91] 둘째, 위임의 명확성에 대한 요구는 規律의 效果와 規律對象의 特性에 따라 그 정도를 달리한다는 실체적 관점이다.[92]

한편, 연방헌법재판소가 제시한 위 3가지 판단기준이 서로 어떠한 관계에 있는지, 나아가 판단기준과 판단기준의 적용지침이 서로 어떠한 관계에 있는지 불명확하다. 그러나 지금까지의 판례를 본다면, 3가지 판단기준이 혼용되어 왔으며, 근래 들어 다수의 판례에서는 '예견가능성의 기준'과 '방침제시의 기준'을 동시에 언급함으로써 하나의 통일된 기준으로 통합하면서,[93] 2가지의 적용지침에 따라 위임의 명확성여부를 판단하고 있다.

(3) 독일 연방헌법재판소 판례의 변화

독일 연방헌법재판소 판례의 변화를 살펴본다면, 초기에는 '자기결정의 기준'과 '예측가능성의 기준'에 따라 판단하면서, 위임의 명확성이 위임법률의 법문으로부터 분명하게 드러날 것을 요구함으로써 위임의 명확성에 대하여 엄격한 태도를 취하였다. 그러나 곧 위임의 명확성이 위임법률로부터가 아니라 법률전체의 해석을 통하여 규명될 수 있다면 그것으로 충분하다는 입장(법률해석을 통한 명확성 판단)을 확립하여 현재까지 견지하고 있고, 나아가 새로이 '방침제시의 기준'을 제시함으로써 입법위임의 명확성에 대한 요구를 완화하였다.

---

89) BVerfGE 2, 307, 334; 19, 354, 361f.; 23, 62, 72.
90) BVerfGE 18, 52, 62; 38, 61, 83; 41, 251, 265f.; 58, 257, 277; 78, 249, 272; 80, 1, 20f.
91) 위 관점은 BVerfGE 7, 267, 272 결정 이후 확립되었다.
92) BVerfGE 56, 1, 13; 58, 257, 277; 65, 248, 263.
93) BVerfGE 19, 354, 361f.; 41, 251, 265f.; 58, 257, 277; 78, 249, 272.

1980년대 이후, 연방헌법재판소는 본질성이론에서 '본질적인 것'을 파악하기 위한 기준인 '기본권적 중요성(규율효과)'과 '규율대상의 특성'을 입법위임의 명확성여부를 판단하는 실체적 관점으로서 도입하였다. 이에 따라 본질성이론에 기초하여 의회유보의 범위를 확정하는 기준인 실체적 관점이 입법위임의 명확성 심사에 있어서 실질적으로 큰 비중을 차지하게 됨으로써, 위 3가지 판단기준은 단지 '형식적 틀'로서 그 의미가 감소하는 경향을 엿볼 수 있다.

나. 헌법재판소 판례의 경향

헌법재판소는 입법위임의 명확성원칙과 관련하여 일관되게, "법률에서 구체적으로 범위를 정하여 위임받은 사항이라 함은 법률에 이미 대통령령으로 규정될 내용 및 범위의 기본사항이 구체적으로 규정되어 있어서 누구라도 당해 법률로부터 대통령령에 규정될 내용의 대강을 예측할 수 있어야 함을 의미한다."고 하여 '예측가능성의 이론'에서 출발하고 있다.[94)]

또한, 헌법재판소는 "여기서 그 예측가능성의 유무는 당해 특정조항 하나만을 가지고 판단할 것이 아니고 관련 법조항 전체를 유기적·체계적으로 종합 판단하여야 하며, 각 대상법률의 성질에 따라 구체적·개별적으로 검토하여야 할 것"이라고 판시함으로써,[95)] 예측가능성의 기준에 의하여 입법위임의 명확성여부를 판단함에 있어서 '法律解釋을 통한 明確性'이라는 중요한 적용지침을 제시하고 있다.

뿐만 아니라, 헌법재판소는 "위임의 구체성·명확성의 요구 정도는 규제대상의 종류와 성격에 따라서 달라진다. … 기본권 침해영역에서는 급부행정영역에서 보다는 구체성의 요구가 강화되고, 다양한 사실관계를 규율하거나 사실관계가 수시로 변화될 것이 예상될 때에는 위임의 명확성요건이 완화되어야 한다."고 판시하여 위임법률의 명확성여부를 판단함에 있어서 規律의 效果 및 規律對象의 特性에 따라 심사의 밀도가 달라져야 한다는 것을 밝히고 있다.[96)] 즉 다양한 형태의 사실관계를 규율하거나 규율대상인 사실관계가 상황에 따라 자주 변화하리라고 예상된다면 규율대상인 사실관계의 특성을 고려하여 입법위임의 명확성에 대하여 엄격한 요구를 할 수 없으며, 위임에 의하여 제정된 위임명령이 국민의 기본권을 침해하는 성격이 강할수록 보다 명확한 수권이 요구된다는 것이다.

요컨대, 헌법재판소는 예측가능성의 기준이란 '큰 형식적 틀' 안에서, '법률해석을 통한 명확성판단'의 관점과 '규율의 효과와 규율대상의 특성에 따른 명확성판단'이라는 2가

94) 헌재 1995. 11. 30. 93헌바32, 판례집 7-2, 598, 607.
95) 헌재 1996. 8. 29. 94헌마113, 판례집 8-2, 141, 164.
96) 헌재 1991. 2. 11. 90헌가27(교육법 제8조의2에 관한 위헌심판), 또한 헌재 1994. 7. 29. 92헌바49등(토지초과이득세법에 대한 위헌소헌) 참조.

지의 실체적 관점에 의하여 위임법률이 예측가능성의 기준의 요청을 충족시키고 있는지 여부를 판단하고 있다.

다. '예측가능성 기준'의 문제점

(1) 헌법재판소의 판례는 '立法委任의 명확성'에 대해서도 '法律의 명확성원칙'에 대한 요청과 근본적으로 동일한 요청을 함으로써, 법률의 위임은 그 내용, 목적, 범위에 있어서 충분히 확정되고 제한되어 있어서 국민이 행정의 행위를 어느 정도 예측할 수 있어야 한다는 '예측가능성의 기준'을 입법위임의 명확성을 판단하는 기준으로 삼고 있다. 그런데 이러한 헌법재판소의 입장에 대하여, 입법위임의 명확성원칙을 법률의 명확성원칙의 구체적인 형태로 파악하여 법률의 명확성원칙에 대한 요청과 동일한 기준인 '예측가능성의 기준'을 자동적으로 적용하는 것이 과연 타당한가 하는 의문이 제기된다.

물론, 법률의 명확성원칙의 실체는 국민의 관점에서 행정의 행위에 대한 예견가능성의 문제이고, 헌법 제75조는 행정부에 입법권을 위임하는 수권법률의 명확성원칙에 관한 것으로서, 법률의 명확성원칙이 행정입법에 관하여 구체화된 特別規定이라 할 수 있다.[97] 그러나 '법률의 명확성'의 문제는 일차적으로 국민과 국가권력과의 관계에서 개인의 자유보장 및 권리보호의 문제이고 공권력행위에 대한 예견가능성 및 법적 안정성의 문제이지만, '입법위임의 명확성'의 경우에는 입법권을 위임하는 입법자와 이를 위임받는 행정부의 관계가 주된 문제라 할 수 있다. 헌법 제75조가 헌법 내에 규정된 장소("제4장 정부")나 그 문언으로 볼 때, '입법위임의 명확성원칙'은 행정부에 대하여 입법자의 기능과 지위를 보장하고자 하는데 그 일차적인 의미가 있다.[98] 즉, 헌법 제75조의 주된 목적은 국민의 권리보호가 아니라 입법자의 정치적 책임과 기능의 보호에 있으며, 법치국가적 안정성의 보장보다는 민주국가적 권한·기능질서의 보장에 있다고 할 것이다. 이러한 의미에서, 법치국가적 관점에서 파생하는 예견가능성의 기준을 헌법 제75조의 요청에 그대로 적용하는 것은 문제가 있다.

(2) 입법권을 위임하는 대부분의 경우, 국민이 수권법률로부터 위임명령에 규율될 내용의 대강을 예측하고 이와 같이 예측된 위임명령의 내용으로부터 다시 행정의 행위를 예상한다는 것에는 사실상 한계가 있다. 입법자에 의한 입법위임이 명확하다 하더라도, 입법위임의 명확성은 '국민이 법률로부터 국가의 행위를 예측할 수 있어야 한다'는 법치국가적 명확성의 요청에는 거의 기여하지 못한다.[99] 국민의 관점에서 법규범에 근거한

97) BVerfGE 49, 89, 127.

98) 헌법 제75조는 권력분립원칙에 대한 하나의 예외이고, 이러한 예외가 헌법적으로 허용되는 것은 바로 행정부에 의한 입법권의 행사가 입법자의 의사에 구속되기 때문이다, vgl. Kisker, Neue Aspekte im Streit um den Vorbehalt des Gesetzes, NJW 1977, S.1315; Ossenbühl, Rechtsverordnung, in: HbStR, Bd.III, 1996, §64 Rn.17; Ramsauer, in: AK-GG, Art.80 Rn.24ff.

99) Vgl. Staupe, Parlamentsvorbehalt und Delegationsbefugnis, 1985, S.179f.; Busch, Das Verhältnis des

행정의 행위를 사전에 예측할 수 있는지 여부를 결정하는 요소는 '행정부에 입법권을 위임하는 法律이 내용적으로 명확한지 여부'가 아니라, 오히려 '입법위임에 의하여 제정된 行政立法이 국민의 권리와 의무를 명확하게 규율하고 있는지 여부'이다. 대부분의 경우, 국민은 시행령 등 위임명령을 직접 보아야만 비로소 현재의 법적 상태를 어느 정도 정확하게 예측할 수 있는 것이다. 예측가능성의 기준은 법률과 개별적 행정행위의 관계에서 의미가 있는 것이지, 법률과 개별적 행정행위 사이에 행정입법의 제정이란 단계가 삽입되는 경우에는 실효성이 없는 기준이다. 오늘날 수많은 법률이 이를 보완하는 법규명령의 제정에 의하여 비로소 구체적인 형상을 드러내고 실질적인 적용가능성을 부여받는다는 점에서 더욱 그러하다. 이러한 의미에서 법률의 명확성여부를 판단하는 '예측가능성의 기준'은 입법권을 위임하는 수권법률이 아니라 입법자의 위임에 의하여 제정된 행정입법에 대하여 적용되어야 하는 기준인 것이다.

헌법재판소의 판례를 살펴보면, 다수의 결정에서 "… 누구라도 어렵지 않게 예측할 수 있으므로, 포괄위임금지의 원칙에 위반되지 않는다."고 하여 '예측가능성의 기준'을 사용하여 수권법률의 명확성여부를 판단하고 있다. 그러나 개별적인 경우 국민의 입장에서 사실상 무엇을 예측할 수 있는지 헌법재판소의 '예측가능하다'는 판단이 공허한 경우가 적지 않고,[100] 다른 한편으로는 법률로부터 위임명령의 내용에 관한 예측이 사실상 불가능하지만 그럼에도 입법위임의 명확성을 확인한 일련의 결정에서는 '예측가능성의 기준'을 언급조차 하지 아니하고 판단을 하였다.[101]

(3) 따라서 입법위임이 명확한지의 판단에 있어서는 '국민의 관점에서 공권력행위가 예측가능한지'의 기준에 일방적으로 의존하는 것으로부터 벗어나, 헌법 제75조의 규정내용을 입법자와 행정부 사이의 규율권한의 배분의 문제로 파악함으로써 규율대상의 의미, 중요성 및 특성을 고려하는 실체적 기준을 우선적으로 또는 적어도 함께 적용해야 한다.

헌법 제75조의 주된 기능이 행정부에 위임된 입법권의 행사를 입법자의 의사에 종속시키고자 하는 것이고 이를 통하여 헌법상 입법자에 부여된 입법권을 보호하고 유지하

Art.80 Abs.1 S.2 GG zum Gesetzes- und Parlamentsvorbehalt, S.135f.

100) 예컨대, 분만급여의 범위·상한기준을 보건복지부장관이 정하도록 위임한 의료보험법 제31조 제2항이 포괄위임인지 여부가 문제된 사건에서, 헌법재판소는 '분만급여의 범위, 상한기준까지 반드시 법률로써 정하여야 하는 것은 아니며, 의료보험법의 전반적인 체계를 종합해 보면 내재적인 위임의 범위나 한계를 예측할 수 있으므로, 포괄위임에 해당하지 않는다'고 판시하였으나(헌재 1997. 12. 24. 95헌마390, 판례집 9-2, 817, 830), 국민의 입장에서 사실상 무엇을 예측할 수 있는지는 의문이다. 그렇다면, 포괄위임 여부는 일차적으로 예측가능성의 문제가 아니라고 할 수 있다.

101) 예컨대, 중등의무교육실시에 관하여 확대실시의 시기 및 방법을 대통령령으로 정하도록 위임한 교육법규정의 경우, 대통령령으로 규정될 내용에 관하여 예측이 전혀 불가능함에도 교육법규정이 포괄위임임을 부정하였고(헌재 1991. 2. 11. 90헌가27, 판례집 3, 11), 토초세법이 각 용도에 따른 토지면적 또는 토지의 가액에 대한 수익률을 대통령령으로 정하도록 한 것에 대하여 예측가능성 여부에 관한 아무런 언급 없이 포괄위임임을 부정하였다(헌재 1994. 7. 29. 92헌바49등, 판례집 6-2, 64, 111).

고자 하는 것이라면, '헌법 제75조의 요청에 부합하는지 여부'를 판단하는 기준도 이러한 헌법적 기능에 부합하는 것이어야 한다. 이러한 의미에서 독일 연방헌법재판소가 제시한 기준 중에서 '입법자는 행정부에게 입법권의 행사에 있어서 준수해야 할 방침을 제시해야 한다'는 方針提示說이 헌법 제75조에 의하여 의도된 입법자와 행정부간의 관계를 가장 잘 반영하는 기준으로 판단된다.[102)]

4. 입법자와 행정부 사이의 권한배분의 문제로서 입법위임의 명확성원칙

가. 권한배분의 문제로서 '법률의 명확성원칙'

법률의 명확성원칙은 '법률에 근거한 행정의 행위가 당사자에게 예측될 수 있어야 한다'는 점을 강조함으로써 주로 수범자인 국민의 관점에서 파악되어 왔다. 그러나 법률의 명확성원칙은 '법률은 명확해야 한다'는 입법권한의 행사방법에 대한 헌법적 요청 이상의 것이다.

입법자가 규율대상을 스스로 상세하게 규율할수록 법률이 명확해지고 국민의 예측가능성이 증가한다는 점에서, 명확성원칙은 동시에 '무엇이 어느 정도로 법률로써 규율되어야 하는지' 하는 법률의 內容에 관한 것이고, 이로써 또한 법률의 規律密度에 대한 요청인 것이다. 나아가, 입법자가 규율대상을 어느 정도로 상세하게 규율하는지에 의하여 행정부의 활동공간의 정도도 결정된다. 법률의 규율밀도가 낮을수록 행정부가 자유롭게 형성할 수 있는 공간이 넓어지므로, 법률의 명확성의 정도는 입법자와 행정부 사이의 활동영역을 배분하는 기능을 하는 것이다.[103)] 법률유보의 문제, 특히 법률의 명확성원칙은 동시에 입법자와 행정부 사이의 '권한배분의 문제'이다. 法律留保는 동시에 명확성원칙을 내포함으로써 의회에 전적으로 귀속되는 권한, 즉 위임될 수 없는 의회의 권한을 필연적으로 전제하고 있다.[104)]

나. 본질적 사항의 위임 금지로서 '입법위임의 명확성원칙'

구체적으로, 입법위임의 명확성원칙은 '입법자가 법률에서 위임의 내용, 목적, 범위가 확정될 수 있도록 스스로 정해야 한다'는 요청을 함으로써 입법자의 위임가능성을 제한하고 있다. 즉, 입법자가 입법위임의 명확성원칙에 부합하도록 스스로 정해야 하는 범위 내에서는 이를 행정입법에 위임할 수 없는 것이다. 입법자가 위임되는 입법권의 내

102) 같은 취지로 vgl. Bryde, in: Münch/Kunig(Hg), GGK, Art.80 Rn.21.

103) Vgl. Ossenbühl, Aktuelle Probleme der Gewaltenteilung, DÖV 1980, S.2; ders., Vorrang und Vorbehalt des Gesetzes, in: HbStR, Bd.Ⅲ, 1988, §62 Rn.7; Gassner, Gesetzgebung und Bestimmtheitsgrundsatz, ZG 1996, S.38f.; Gleitmann, Bundesverfassungsgericht und offene Normen, 1971, S.23f.

104) Vgl. Ossenbühl, Vorrang und Vorbehalt des Gesetzes, in: HbStR, Bd.Ⅲ, 1988, §62 Rn.10.

용, 목적, 범위를 법률에서 스스로 규정해야 한다면, 이로써 근본적인 결정은 입법자에게 유보되는 것이다. 따라서 헌법 제75조의 입법위임의 명확성원칙은 '본질적인 것에 관하여는 입법자가 스스로 정해야 한다'는 本質性理論의 요청과 동일한 정도로 입법자의 위임권한을 제한하는 성격을 가진다.[105] 이러한 의미에서 입법위임의 명확성원칙은 항상 '委任의 禁止'를 포함한다.

따라서 입법위임의 명확성원칙은 '무엇을 입법자가 스스로 결정해야 하고 무엇을 행정부에 위임할 수 있는지'에 관한 문제이고, 이는 입법영역에서 입법자와 행정부 사이의 합리적인 과제배분의 문제이자 활동범위의 경계를 설정하는 문제이다. 결국, 입법위임의 명확성원칙이 제기하는 문제는 本質性理論의 쟁점과 동일하다고 할 수 있다. 그렇다면, 본질성이론에서 '무엇이 본질적이기에 입법자에게 유보되어야 하는지'를 판단하는 實體的 觀點이 마찬가지로 '입법위임의 명확성'을 판단하는 관점으로서 고려되어야 한다.[106]

결론적으로, 헌법 제75조의 입법위임의 명확성 여부는 종래의 '예측가능성의 기준'에 일방적으로 의존하던 것으로부터 벗어나 우선적으로 '입법자가 행정부에 입법권을 위임함에 있어서 위임의 방향과 목적을 스스로 정함으로써 위임된 입법권행사의 기본적 방침을 제시하고 있는지'의 기준에 의하여 판단되어야 하고, 이 과정에서 한편으로는 입법권의 위임을 제한하는 관점인 '기본권적 중요성'과 '의회입법절차의 필요성', 다른 한편으로는 입법권의 위임을 정당화하는 관점인 '규율대상의 특성'을 함께 종합적으로 고려해야 한다.

5. 구체적 사건의 해결을 위한 하나의 例

가. 안마사와 학원 강사의 자격요건을 위임명령으로 규율하도록 위임하는 법률

여기서는 앞서 '머리말'에서 예로 든 사례(안마사와 학원 강사의 자격요건을 위임명령으로 규율하도록 위임한 경우)를 통하여 위에서 제시한 기준과 관점을 구체적으로 어떻게 적용할 수 있는지에 관하여 구체적으로 살펴보기로 한다.

우선, 특정 직업의 자격요건에 관한 규율을 행정입법에 위임하는 법률이 헌법 제75조의 요청에 위반되는지를 판단함에 있어서 '예측가능성의 기준'은 논증의 한계를 드러낸다. "안마사의 자격인정에 관하여 필요한 사항은 … 부령으로 정한다." 또는 "학원에서 교습을 담당하는 강사는 대통령령이 정하는 자격을 갖춘 자라야 한다."와 같은 규율

105) Vgl. Nierhaus, Bestimmtheitsgebot und Delegationsverbot des Art.80 Abs.1 Satz 2 GG und der Gesetzesvorbehalt der Wesentlichkeit, in: Verfassungsstaatlichkeit, Festschrift für K. Stern, 1997, S.731f.; Busch, Das Verhältnis des Art.80 Abs.1 S.2 GG zum Gesetzes- und Parlamentsvorbehalt, 1992, S.129ff.; 유사한 취지로 홍준형, 위임입법의 한계, 고시계 96/12, 28면.

106) 이에 관하여 상세하게 위 Ⅱ. 3. 사. 참조.

형식을 취하여 입법권을 위임하는 경우, 위와 같은 형태의 위임에 있어서 포괄위임여부를 예측가능성의 기준을 가지고 판단한다면, 위임법률로부터 행정입법에 규율될 대강의 내용을 예측하는 것은 사실상 불가능하다. 따라서 포괄위임을 부정하고자 하는 견해는 예측가능성을 주장하기 위하여 매우 무리한 논리에 의존하거나[107] 또는 예측가능성이 아닌 다른 관점을 통하여 이미 확정된 결론을 단지 예측가능성의 틀에 맞추는 형태를 취하게 된다.

따라서 특히 포괄위임을 부정하는 경우에는 '예견가능성의 기준'에서 벗어나 '方針提示說'에 따라 '입법자가 위임의 내용, 목적, 범위를 스스로 정함으로써 위임된 입법권행사의 기본적 방침을 제시하고 있는지'의 관점에서 판단을 하는 것이 바람직하다. 안마사와 학원 강사의 경우, 위임법률은 각 직업영역의 사회적 의미, 기능 및 특성, 수권규정이 위치하는 법률의 전반적인 입법목적과 취지 등을 고려하여 각 직업영역이 원활하게 기능할 수 있도록(위임의 목적) 그에 상응하는 자격요건(위임의 내용 및 범위)을 정할 것을 행정부에 위임하고 있다. 그런데 이러한 방침의 제시가 충분히 명확한지 여부를 판단함에 있어서 본질성이론과 관련하여 제시한 기준이 유용한 관점을 제시한다.

나. 위임명령의 규율내용과 위임법률(母法)의 포괄위임여부의 관계

우선, 법률의 포괄위임여부를 판단함에 있어서 위임명령의 規律內容이 어떠한 의미를 가지는지 의문이 제기된다. 즉, 위임명령의 규율내용이 모법의 위임범위를 벗어났거나 또는 실체적 내용에 있어서 헌법적으로 하자가 있는 경우, 위임명령의 하자는 母法의 불명확성과 모호성에 기인하는 것으로 판단하여 이로부터 모법이 포괄위임금지에 위반된다는 것을 이끌어낼 수 있는지의 문제이다.

그러나 시행령의 규율내용에 대한 위헌성의 의심이 모법인 위임법률의 포괄위임 여부를 판단하는 기준이 될 수 없다. 모법이 불명확하기 때문에 시행령에서 위헌적인 규율을 하는 결과에 이른다고 하는 인과관계를 원칙적으로 인정할 수 없는 것이다. 그러나 위임명령에 규율된 내용을 통하여 비로소 사안의 전문성, 기술성, 다양성, 변화가능성 등 규율대상의 특성을 파악할 수 있고, 나아가 사안이 중대한 기본권침해의 가능성을 내포하고 있는지 또는 공개적 논의를 통하여 상충하는 이익간의 조정을 필요로 하는 사안인지 등을 알 수 있기 때문에, 모법의 포괄위임여부를 판단하기 위하여 위임명령의 규율내용을 살펴보는 것은 필수적이다. 예컨대 학원 강사의 경우, 시행령에 규율

107) 예측가능성을 논거하기 위하여 기발하지만 매우 무리한 발상에 의존하고 있는 판례의 例로는 위 '머리말'에서 언급한 헌재 2003. 7. 24. 2001헌바96, 공보 제83호, 45, 57 및 헌재 1995. 7. 21. 94헌마125, 판례집 7-2, 155, 166("비록 법률규정이 의무상영일수의 상한이나 하한을 명시적으로 설정하고 있지는 않지만, 대통령령에 규정될 내용이 年間上映日數의 一部(!)를 대상으로 한다는 점에서 그 대강을 충분히 예측할 수 있다 할 것이다.") 참조.

된 내용을 살펴본다면, 예상대로 매우 다양한 사실관계를 규율하고 있음을 확인할 수 있다.

다. 자격요건에 관한 규율의 위임이 포괄위임인지 여부를 판단하는 관점

직업을 행사할 수 있는 자격요건에 관한 규율을 행정입법에 위임하는 것이 포괄위임인지 여부는 다음과 같은 관점에서 판단되어야 한다.

(1) 첫째, 규율대상이 의회입법절차에서의 공개적 토론과 상충하는 이익 사이의 조정을 필요로 하는지의 관점에 의하여 판단되어야 한다. 입법자가 안마사의 자격요건을 법률로써 스스로 정할 것인지 아니면 행정부에 그 규율을 위임할 것인지를 판단함에 있어서 안마사란 직업이 종래 시각장애인에게 독점되었다는 상황을 당연히 인식하였을 것이므로, 특정 직업을 특정 집단(시각장애인)에게 계속 독점시킬 것인지에 관한 결정은 시각장애인의 생계보호란 공익, 시각장애인의 이익, 안마사를 직업으로 행사하려는 비장애인의 이익, 안마사란 직업을 현대사회의 변화에 적응시켜야 할 공익 등 상충하는 다양한 이익을 공개적 토론을 통하여 조정해야 할 필요성이 큰 사안이라 할 수 있다. 일반적으로 특정 직업을 특정 집단에 독점시키는 결정은 공개적 토론과 이익조정이 선행되어야 할 사안이며, 행정입법에 의하여 밀실에서 행정각료에 의하여 결정되어서는 아니 되고 의회의 입법절차를 통하여 공개적으로 이루어져야 한다.

이에 대하여 학원 강사의 경우, 자격요건의 설정은 특정 직업을 특정 집단에게 귀속·독점시키는 결정이 아니라 국민 누구에게나 해당할 수 있고 학원 강사가 되기 위해서는 누구나 충족시켜야 하는 요건을 사안의 전문적 구조와 본질에 부합하게 정하는 문제로서 이익조정의 필요성이 적은 사안이다.

(2) 둘째, '규율대상의 기본권적 중요성'의 관점에 의하여 판단하여야 한다. 안마사의 직업이 종래 시각장애인에게 독점되어왔다는 사실에 비추어, 안마사의 자격요건을 규율하는 것은 안마사란 직업을 시각장애인에게 계속 독점시킬 것인지에 관한 결정으로서, 시각장애인 및 시각장애인이 아닌 자의 기본권실현(직업의 자유)에 있어서 매우 중대한 의미를 가지는 것이다. 따라서 규율대상이 당사자들의 기본권실현에 미치는 효과가 중대할수록, 입법자가 스스로 정해야 하며 보다 명확하게 규율해야 한다. 국가가 특정 집단에 의한 독점을 규정하는 것은, 직업의 선택여부를 직업을 선택하려는 자의 개인적 능력과는 하등의 관계가 없는 요건에 결부시키는 것으로(객관적 사유에 의한 직업허가요건), 직업의 자유에 대한 중대한 제한에 해당한다.

이에 대하여 학원 강사의 자격요건을 규율하는 것은, 직업의 정상적인 수행을 위하여 누구에게나 해당하고 누구나 충족시켜야 할 직업선택의 요건을 정하는 것으로(주관적 사유에 의한 직업허가요건), 당사자의 기본권실현에 미치는 효과가 상대적으로 적다고 할 수 있다.

(3) 셋째, '규율대상의 특성'이 입법권의 위임을 정당화하는 관점으로서 함께 고려되어야 한다. 학원 강사의 경우, 다양한 학원의 종류와 형태, 사회현상의 변화에 따라 새로운 학원형태의 출현가능성 등에 비추어 규율대상의 다양성과 변화가능성이 인정되고, 뿐만 아니라 학원 강사의 자격요건은 학원의 성격에 따라 이미 사안의 본질에 내재하는 독자적·전문적 구조에 의하여 상당 부분 선결된다. 즉 누가 정하는가와 관계없이 사안의 본질에 의하여 이미 규율내용이 본질적으로 선결되는 것이고, 입법절차에서의 이익조정과정을 거치더라도 영향을 받을 여지가 없다.

이에 대하여 안마사의 경우, 규율대상의 다양성이나 변화가능성이 인정되지 않으므로, 입법권의 위임을 정당화하는 근거를 찾을 수 없다.

라. 사례의 해결

결국, 안마사의 경우, 규율대상이 입법절차에서의 이익조정을 필요로 하며, 규율의 효과가 중대한 반면, 입법권의 위임을 정당화하는 사안의 특성을 인식할 수 없기 때문에, 위임의 명확성에 대하여 엄격한 요구를 해야 하며, 그 결과 위임법률이 충분히 명확하지 않다는 결론에 이를 수 있다. 그에 대하여 학원 강사의 경우, 사안의 특성상, 규율의 내용이 규율대상의 본질에 의하여 선결되는 효과가 있고, 이에 따라 굳이 입법절차에서의 이익조정을 필요로 하지 않으며, 사안의 다양성에 비추어 입법권의 위임이 정당화되며, 또한 규율의 효과도 중대하지 않으므로, 위임의 명확성의 정도에 대하여 엄격한 요구를 할 수 없고, 그 결과 위임법률의 규율내용이 충분히 명확하다는 판단에 이를 수 있다.

위의 예를 통하여 의도하는 바는, 자격요건의 규율을 행정부에 위임하는 법률조항이 학원 강사의 경우에는 포괄위임금지에 위반되지 않는 것으로, 안마사의 경우에는 포괄위임금지에 위반되는 것으로 판단해야 한다는 것을 주장함으로써, 헌법재판소결정의 '결론'에 대하여 이의를 제기하거나 또는 이를 지지하고자 하는 것이 아니다. 입법권을 위임하는 법률이 포괄위임금지원칙에 위반되는지 여부를 오로지 '예측가능성의 기준'을 가지고 판단하는 경우에는 객관적인 논증이 사실상 불가능하며, '입법자가 입법권을 위임하면서 기본적 방침을 제시하였는지' 또는 '입법자가 일정한 사안에 관한 규율을 위임해도 되는지'의 관점에서 실체적으로 판단하는 경우에는 보다 객관적으로 논증할 수 있다는 것을 보여주고자 하는 것이다.

Ⅳ. '본질성이론'과 헌법 제75조의 '입법위임의 명확성원칙'의 관계

1. 독일 학계의 견해

본질성이론과 입법위임의 명확성원칙의 경우, 모두 그 문제의 실체는 '무엇을 입법자가 스스로 정해야 하고 무엇을 행정부에 위임할 수 있는지'의 문제라는 점에서 본질성이론과 명확성원칙과의 관계가 규명되어야 한다. 본질성이론과 입법위임의 명확성원칙(포괄위임금지원칙)의 관계에 관하여 독일의 학계에서는 의견이 갈리고 있는데, 크게 다음의 2가지 견해로 나누어 볼 수 있다.[108)]

가. 본질성이론과 입법위임의 명확성원칙에 의한 2단계 심사

첫째, 본질성이론과 입법위임의 명확성원칙을 기능상으로 분리하여, 첫 번째 단계에서는 본질성이론을 기준으로 하여 판단하고, 그 다음 단계에서 입법위임의 명확성원칙을 기준으로 심사해야 한다는 견해이다(소위 '2단계 심사').[109)]

이 견해에 의하면, 의회유보는 위임의 금지로서 그의 기능은 '입법권을 위임할 수 있는지'의 與否에 제한되고, 그에 대하여 독일 기본법 제80조의 명확성원칙은 그 자체로서 허용되는 입법권의 위임이 '어떠한 *方法*으로 이루어져야 하는지'에 관한 것이므로, 본질성이론은 논리적으로 위임입법의 명확성원칙에 우선하여 검토되어야 한다는 것이다.[110)]

우선 본질성이론을 기준으로 심사하는 단계에서는 '규율대상이 본질적인 사안이기 때문에 입법자가 스스로 규율해야 하는지' 아니면 '행정부에 그 규율을 위임해도 되는지'의 與否에 관한 판단을 함으로써 '입법자가 규율해야 하는 결정범위'와 '행정부가 규율해도 되는 결정범위'를 확정하게 된다. 본질적인 사안이 아니기 때문에 입법자가 행정부에 그에 관한 규율을 위임해도 된다면, 그 다음 단계에서 입법자의 수권이 충분히 명확한지의 포괄위임여부를 판단하게 된다.

이 견해에 의하면 입법위임의 명확성원칙을 규정하는 독일 기본법 제80조 제1항 제2

108) 이에 관하여 자세하게 Cremer, Art.80 Abs.1 S.1 GG und Parlamentsvorbehalt-Dogmatische Unstimmigkeiten in der Rechtsprechung des Bundesverfassungsgerichts, AöR 122(1997), S.249ff.; Nierhaus, Bestimmtheitsgebot und Delegationsverbot des Art.80 Abs.1 Satz 2 GG und der Gesetzesvorbehalt der Wesentlichkeit, in: Verfassungsstaatlichkeit, Festschrift für K. Stern, 1997, S.717ff.; Busch, Das Verhältnis des Art.80 Abs.1 S.2 GG zum Gesetzes- und Parlamentsvorbehalt, S.113ff.; Maurer, Allgemeines Verwaltungsrecht, 1999, §6 Rn.11a.

109) Vgl. Eberle, Gesetzesvorbehalt und Parlamentsvorbehalt, DÖV 1984, S.487; Staupe, Parlamentsvorbehalt und Delegationsbefugnis, 1985, S.142ff.; Lücke, in: Sachs(Hg), Grundgesetz Kommentar, 2. Aufl., 1999, Art.80, Rn.21ff.; 2단계 심사를 통하여 헌법재판소의 판례(헌재 95헌마390 결정)를 평석한 논문으로는 전광석, 법률유보의 문제와 위임입법의 한계, 공법연구 제26집 제3호(98. 6.), 221면 이하 참조.

110) Vgl. Staupe, Parlamentsvorbehalt und Delegationsbefugnis, 1985, S.144, 148.

문은 행정부에 입법권을 위임할 수 있는지 '위임의 與否'에 관한 규정이 아니라 전적으로 '위임의 *方法*'에 관한 규정이다. 즉 기본법 제80조는 위임의 명확성에 관한 요구만을 할 뿐, 입법자가 어떠한 구체적인 결정을 스스로 해야 하는지에 관하여는 아무 것도 제시하고 있지 않다는 것이다. 따라서 본질성이론에 의하여 입법자가 행정부에 입법을 위임하는 것이 헌법적으로 허용되는 경우에 비로소 다음 심사단계인 명확성원칙에 의한 심사가 가능하다.

이러한 견해를 따르는 학자들 사이에서도 '사안이 본질적인지 여부'를 단지 첫 번째 심사단계인 '본질성이론'의 적용단계에서만 판단하고 다음 단계의 심사에서는 단지 형식적인 명확성여부만을 판단할 것인지 아니면 '입법위임의 명확성원칙'에 의한 심사단계에서도 다시 한 번 사안의 본질성을 위임의 명확성여부를 판단하는 하나의 기준으로 삼아 '사안이 중대할수록 위임의 명확성에 대하여 보다 엄격한 요구를 할 것'인지에 관해서도 의견이 갈려있다.

나. 입법위임의 명확성원칙에 의한 1단계 심사

둘째, 우리 헌법 제75조에 해당하는 독일 기본법 제80조가 의회입법과 행정입법의 관계에서 의회유보의 원칙을 명시적으로 규정한 헌법규범이므로, 의회유보의 이론적 근거를 이루는 본질성이론은 이를 구체화하고 있는 헌법상 특별규정인 기본법 제80조에 의하여 배제된다는 견해이다.[111] 이 견해에 의하면 헌법적으로 허용되는 입법위임의 한계는 전적으로 기본법 제80조에 의하여 결정된다. 그 대신, 입법위임의 명확성, 즉 '법률에 의한 수권이 내용, 목적, 범위에 있어서 충분히 명확한지'를 판단하는 과정에서 '사안의 본질성 여부'를 중요한 요소로서 고려함으로써 본질성이론에 의한 심사가 입법위임의 명확성심사의 범주 내에서 이루어진다.

그러므로 입법권을 위임하는 법률이 기본법 제80조의 요청을 충족시킬 만큼 명확하다면, 그러한 위임법률은 본질적인 문제를 행정부에 위임한 것이 아니라 스스로 결정했기 때문에, 본질성이론의 요청에 위반될 수 없다. 역으로, 입법자가 본질적인 문제를 스스로 사전에 결정함으로써 행정부에 기본적인 지침을 제시하였다면, 그러한 위임법률은 내용, 목적, 범위에 있어서 충분히 명확하다고 보아야 한다는 것이다.[112] 이 견해에 의

111) Vgl. Böckenförde, Gesetz und gesetzgebende Gewalt, 2. Aufl., 1981, S.393, 395; Busch, Das Verhältnis des Art.80 Abs.1 S.2 GG zum Gesetzes- und Parlamentsvorbehalt, 1992, S.124ff.; Ramsauer, in: Alternativ-Kommentar, 1989, Art.80, Rn.29; Gassner, Parlamentsvorbehalt und Bestimmtheitsgrundsatz, DÖV 1996, S.23; Wilke, Anmerkungen zur Entscheidung des Bundesverfassungsgerichts vom 20. 10. 1981 - 1 BvR 640/80, JZ 1982, S.758, 759; Kloepfer, Der Vorbehalt des Gesetzes im Wandel, JZ 1984, S.693; Pietzcker, Vorrang und Vorbehalt des Gesetzes, JuS 1979, Fn.27.

112) Vgl. Ramsauer, in: AK-GG, Bd.Ⅱ, 1989, Art.80 Rn.29.

하면, 독일 기본법 제80조의 '입법위임의 명확성원칙'은 입법자가 위임법률에서 수권의 내용, 목적, 범위가 확정될 수 있도록 스스로 정해야 한다는 요청을 함으로써 입법자의 위임가능성을 제한하고 있는데, 입법자가 본질적인 것을 스스로 정해야 한다는 요청인 '본질성이론'은 기본법 제80조의 '입법위임의 명확성원칙'과 동일한 정도로 위임가능성을 제한하는 성격이 있다는 것이다.[113] 따라서 법률유보와 관련해서도 행정입법권의 한계는 기본법 제80조에서 도출할 수 있으며,[114] 연방헌법재판소가 의회의 책임을 강조하고자 한다면, 이는 의회유보의 본질성이론을 통해서가 아니라 단지 입법위임에 대한 명확성요건을 엄격하게 심사함으로써 달성할 수 있다는 것이다.[115]

본질성이론이 입법위임의 명확성원칙에 의하여 배제된다고 주장하는 학자들 사이에서도, 헌법상의 기본원리인 민주주의원리와 법치국가원리로부터 본질성이론을 통하여 의회유보의 요청을 도출하고, 의회유보의 요청이 입법위임의 명확성원칙을 규정하는 기본법 제80조에 의하여 헌법적으로 구체화되었다고 파악하는 견해와 역으로 기본법 제80조가 본질성이론과 의회유보의 헌법적 근거라고 이해하는 견해가 서로 대치하고 있다.[116]

2. 독일 연방헌법재판소 판례의 경향

독일 연방헌법재판소의 판례는 일관된 입장을 보이고 있지 않으나, 기본적으로는 독일 기본법 제80조 제1항의 '입법위임의 명확성원칙'을 본질성이론과 의회유보가 실정헌법에서 구체적으로 형성된 것, 즉 '본질성이론의 헌법적 구체화'로 간주하고 있다.

연방헌법재판소는 일부 결정에서 우선 첫 번째 단계에서 '입법자가 본질적 결정을 스스로 하였는지'를 심사하고, 이어서 두 번째 단계에서 '법률에 의한 위임이 충분히 명확한지'를 기본법 제80조를 기준으로 판단하는 2단계 심사를 한 바 있다. 2단계 심사를 하는 경우, 때로는 첫 번째 단계뿐만 아니라 두 번째 단계에서도 '규율대상의 본질성 여부'를 입법위임의 명확성여부를 판단하는 기준으로 삼음으로써, '본질성'의 기준을 2번 적용하거나(2번의 본질성 심사),[117] 때로는 '규율대상의 본질성이나 중요성'을 단지 첫 번째 단계에서만 판단 기준으로 삼고, 두 번째 단계에서는 단지 위임이 명확하고 분명한지의 형식적인 심사만을 하였다(1번의 본질성 심사).[118]

---

113) Vgl. Böckenförde, Gesetz und gesetzgebende Gewalt, 2. Aufl., 1981, S.393, 395.

114) Vgl. Wilke, Anmerkungen zur Entscheidung des Bundesverfassungsgerichts vom 20. 10. 1981 - 1 BvR 640/80, JZ 1982, S.758, 759.

115) Vgl. Kloepfer, Der Vorbehalt des Gesetzes im Wandel, JZ 1984, S.693; Pietzcker, Vorrang und Vorbehalt des Gesetzes, JuS 1979, Fn.27.

116) 이러한 논쟁에 관하여 상세하게 vgl. Nierhaus, Bestimmtheitsgebot und Delegationsverbot des Art.80 Abs.1 Satz 2 GG und der Gesetzesvorbehalt der Wesentlichkeit, in: Verfassungsstaatlichkeit, Festschrift für K. Stern, 1997, S.720ff.

117) BVerfGE 58, 257, 274f.

그러나 대부분의 결정에서 연방헌법재판소는 입법권을 행정부에 위임하는 법률의 위헌여부를 전적으로 기본법 제80조의 '입법위임의 명확성원칙'를 기준으로 삼아 판단하였다(1단계 심사). 연방헌법재판소는 1단계 심사를 하는 경우 '본질성이론'을 명시적으로 언급함이 없이, '위임법률에 대한 명확성의 요구가 규율대상의 특성과 위임에 의하여 제정된 행정입법의 규율효과에 따라 달라진다'고 하여, 입법위임의 명확성을 판단함에 있어서 '사안의 본질성이나 중요성'을 중요한 기준으로 고려하였다.[119)]

3. '2단계 심사'에 대한 비판

헌법 제75조의 '입법위임의 명확성원칙'은 위임의 명확성을 요청함으로써 위임권한의 행사방법을 제한할 뿐만 아니라, 위임의 금지도 함께 포함하고 있다. 입법위임의 명확성원칙에 의하여, 입법자가 위임되는 입법권의 내용, 목적, 범위를 법률에서 스스로 명확하게 규정해야 한다면, 이로써 근본적인 결정은 입법자에게 유보되는 것이다. 따라서 법률에 의한 위임이 헌법 제75조의 요청을 충족시킬 만큼 명확하다면, 그러한 수권법률은 본질적인 사안을 행정부에 위임한 것이 아니다.[120)]

한편, 의회유보는 '본질적일수록 입법자가 더욱 명확하게 규율해야 한다'는 요청을 함으로써 위임의 규율밀도를 확정하는데,[121)] 이러한 요소는 이미 '입법위임의 명확성원칙'에 포함되어 있다. '법률에 의한 위임이 내용, 목적, 범위에 있어서 충분히 명확한지'를 판단하는 과정에서 사안이 본질적이고 중대할수록 수권의 명확성에 대하여 보다 엄격한 요구를 함으로써 의회유보 및 그의 이론적 기초인 본질성이론의 요청이 반영되는 것이다. 즉, 별도의 본질성심사만을 하지 않을 뿐, 입법위임의 명확성을 판단하는 범주 내에서 사실상의 본질성심사가 내용적으로 이루어지는 것이다. 헌법재판소도 종래 대부분의 결정에서 이러한 방법을 사용해 왔다고 볼 수 있다.

의회유보와 입법위임의 명확성원칙 모두 '무엇을 입법자가 스스로 규율해야 하고 무엇이 행정부에 위임될 수 있는지' 또는 '법률이 어느 정도로 상세하고 명확해야 하는지'에 관한 문제라는 점에서 본질적으로 그 기능이 일치한다. 나아가, 구체적인 경우 사안의 본질성을 파악하는 기준인 기본권실현의 중요성의 정도, 당사자에 미치는 규율의 효과, 규율대상의 특성 등은 동시에 입법위임의 명확성여부를 판단하는 기준으로서, 위 두 가지 헌법적 요청의 기준은 근본적으로 같다. 따라서 '입법권의 위임여부'와 '위임권

118) BVerfGE 91, 148, 162ff.
119) 예컨대 BVerfGE 62, 203, 215; 80, 1, 20f.
120) 예컨대 '학생의 유급은 그의 기본권행사에 대한 중대한 의미로 말미암아 본질적 사안으로서 입법자가 스스로 법률에 규율해야 한다'는 문제의 제기는 '학생의 유급에 관하여 시행령으로 규율하도록 위임한 수권법률은 학생의 기본권행사의 중요성에 비추어 보다 명확해야 한다'는 문제의 제기로 전환될 수 있다.
121) '결정이 위임되어도 되는지'의 委任의 與否와 '어느 정도로 위임되어도 되는지'의 委任의 程度는 구분이 불분명하며, '위임의 여부'는 사실상 '위임의 정도'에 포함된다고 할 수 있다.

한의 행사방법'을 구분하여 각 '본질성이론'과 '입법위임의 명확성원칙'에 귀속시키는 것은 타당하지 않으며, '본질성이론에 의한 심사'와 '명확성원칙에 의한 심사'의 2단계 심사는 동일한 기준에 의한 중복적 판단을 의미하는 것으로 불필요하다.[122]

결국, 헌법 제75조의 요청을 단지 위임이 어떠한 방법으로 이루어져야 하는지의 '위임권한의 행사방법' 또는 '위임의 방법'에 관한 것으로 형식적으로만 이해할 것이 아니라 '위임법률의 내용'의 문제이자 '규율밀도'의 문제로 실체적으로 이해한다면, 본질성이론과 의회유보는 입법권의 위임에 관한 한, 헌법 제75조의 명시적 규정에 의하여 그 독자적인 의미를 상실하게 된다. 그렇다면, 입법권의 위임에 관한 한, 헌법 제75조의 '입법위임의 명확성원칙'은 의회유보와 그의 이론적 기초인 본질성이론이 헌법에 명문으로 구체화된 것으로 파악해야 한다.

V. 맺는말

헌법 제75조의 '입법위임의 명확성원칙'은 단지 위임이 명확해야 한다는 '위임의 방법'에 대한 헌법적 요청이 아니라, 위임법률에서 무엇이 어느 정도로 규율되어야 하는지 하는 '법률의 內容'에 대한 요청이고 '법률의 規律密度'에 대한 요청이다. 입법위임의 명확성원칙은 입법자가 위임법률에서 수권의 내용, 목적, 범위가 확정될 수 있도록 스스로 정해야 한다는 요청을 함으로써, 본질성이론과 마찬가지로 입법자의 위임가능성을 제한하고 있다. 입법위임의 명확성원칙은 '입법자가 무엇을 스스로 결정해야 하고 무엇을 행정부에 위임할 수 있는지'에 관한 문제이고, 이는 규범제정의 영역에서 입법자와 행정부 사이의 합리적인 과제배분의 문제이다.

헌법재판소는 포괄위임 여부를 판단함에 있어서 '국민이 법률로부터 행정입법의 대강의 내용을 예측할 수 있는지'의 '예측가능성의 기준'을 주로 사용하고 있다. 그러나 오늘날 대부분의 법률이 시행령 등 위임명령을 통하여 비로소 구체적인 형상을 갖추고 실질적으로 적용가능하게 된다는 점, 국민이 위임명령을 직접 보아야만 비로소 현재의 법적 상태를 어느 정도 정확하게 예측할 수 있다는 점에서, 입법위임의 명확성은 법치

---

122) 예컨대, 입법자가 중학교의무교육의 실시여부만을 정하고 그 실시의 시기와 범위를 대통령령으로 정하도록 위임한 것의 위헌여부가 문제된 사건에서(헌재 1991. 2. 11. 90헌가27, 판례집 3, 11), 헌법재판소는 '중등교육의 실시여부나 그 연한은 본질적 내용으로서 국회입법에 유보되어야 할 기본적 사항이나, 그 실시의 범위나 시기 등 구체적인 세부사항에 관하여는 규율대상의 특성(즉, 국가재정상황에의 의존도, 집행기관의 전문성, 적응성 등)에 비추어 위임이 가능하다'고 판시함으로써, 본질성이론을 기준으로 '의무교육의 실시의 시기와 범위'에 관하여 委任이 可能한지 與否를 판단하였다(판례집 3, 11, 28). 이어서 '의무교육의 구체적인 실시의 시기와 범위는 기본적 사항이 아니므로 위임할 수 있다 하더라도 구체적으로 범위를 정하여 위임하여야 한다'고 하여 헌법 제75조의 기준에 의하여 위임의 明確性 與否를 판단하였는데, 결국 '입법자가 본질적인 것을 법률로써 정했기 때문에 위임이 명확하다'는 결론에 이르고 있다(판례집 3, 11, 29-31). 위 결정의 예를 보더라도 2단계 심사는 동일한 기준에 의한 중복적 판단이라는 것을 알 수 있다.

국가적 예측가능성에는 거의 기여하지 못한다. 입법위임의 명확성여부를 국민의 관점에서 '예측가능성의 기준'에 의하여 판단한다는 것은, 일차적으로 입법자와 행정부간의 권한배분의 문제인 헌법 제75조의 요청을 입법자와 국민간의 법치국가적 법적 안정성의 문제로 변질시키는 것이다.

헌법 제75조의 주된 목적이 행정부에 위임된 입법권의 행사를 입법자의 의사에 종속시키고자 하는 것이고 이를 통하여 헌법상 입법자에 부여된 입법권을 보호하고 유지하고자 하는 것이라면, '헌법 제75조의 요청에 부합하는지 여부'를 판단하는 기준도 이러한 헌법적 기능에 부합하는 것이어야 한다. 이러한 의미에서 헌법 제75조의 입법위임의 명확성여부는 '예측가능성의 기준'에 일방적으로 의존하는 것으로부터 벗어나, '입법자가 행정부에 입법권을 위임함에 있어서 위임의 내용, 목적, 범위를 스스로 정함으로써 위임된 입법권행사의 기본적 방침을 제시하고 있는지'의 기준에 의하여 판단되어야 하고, 이 과정에서 한편으로는 입법권의 위임을 제한하는 관점인 '기본권적 중요성'과 '의회입법절차의 필요성', 다른 한편으로는 입법권의 위임을 정당화하는 관점인 '규율대상의 특성'을 함께 종합적으로 고려해야 한다.

입법자가 '법률의 명확성원칙'의 요청을 충족시키기 위하여 법률을 명확하게 규정해야 한다면, 법률의 명확성원칙은 그러한 범위 내에서 입법자가 스스로 정해야 할 본질적 사항에 대한 위임의 금지를 의미한다. 또한, 입법자가 헌법 제75조의 요청을 충족시키기 위하여 "구체적으로 범위를 정하여" 입법권을 위임해야 한다면, '입법위임의 명확성원칙'은 그러한 범위 내에서 본질적 사항에 대한 위임의 금지를 의미한다. 따라서 법률유보는 그를 필연적으로 보완하는 '명확성의 원칙'을 통하여 의회가 스스로 정해야 하는, 즉 위임될 수 없는 의회의 독점적인 규율권한을 내포하고 이를 보장하고 있다. 의회유보의 원칙과 헌법 제75조의 요청 모두 궁극적으로 '어떠한 규율대상이 중요하기 때문에 의회에 의하여 스스로 결정되어야 하는지'에 관한 것이다. 즉, '구체적으로 범위를 정하여 위임해야 한다'는 요청은 '본질적인 것은 스스로 결정하고 위임해서는 안 된다'는 요청과 동일한 것이다. 그렇다면, 입법권의 위임에 관한 한, 헌법 제75조의 '입법위임의 명확성원칙'은 의회유보와 그의 이론적 기초인 본질성이론이 헌법에 명문으로 구체화된 것이다. 따라서 입법권의 위임이 포괄위임인지 여부를 '본질성이론에 의한 심사'와 '입법위임의 명확성원칙에 의한 심사'로 나누어 동일한 기준에 의하여 중복적으로 판단하는 것은 불필요하다.

참고문헌

권영성, 헌법학원론, 2000
김충묵, 법률유보의 원칙, 현대행정법학이론(이명구박사 화갑기념논문집), 1996
김향기, 법률유보이론의 전개와 과제, 공법학의 제문제(김영훈박사 화갑기념논문집), 1995
박영도, 독일의 위임입법제도에 관한 연구, 외법논집 제7집, 1999. 12.
박윤흔, 최신 행정법강의(상), 2002
이강혁, 의회유보의 원칙, 월간고시 1985
전광석, 법률유보의 문제와 위임입법의 한계, 공법연구 제26집 제3호, 1998. 6.
조태제, 법률의 유보원칙에 관한 연구, 1992
한수웅, 헌법재판의 한계 및 심사기준, 헌법논총 제8집, 1997
허영, 한국헌법론, 1999
홍기종, 위임입법의 한계, 헌법문제와 재판(上), 법관세미나자료, 1996. 10.
홍준형, 위임입법의 한계, 고시계 96. 12.
김철용 외, '위임입법의 한계에 관한 연구', 헌법재판연구(헌법재판소) 제8권, 1996
법무부, 영국의 위임입법제도에 관하여 위임입법에 관한 연구, 법무자료 제171집, 1993

v. Arnim, Zur Wesentlichkeitstheorie des Bundesverfassungsgerichts, DVBl 1987
Böckenförde, Gesetz und gesetzgebende Gewalt, 2. Aufl., 1981
Bryde, in: Münch/Kunig(Hg), Grundgesetz Kommentar (GGK), Art.80
Busch, Das Verhältnis des Art.80 Abs.1 S.2 GG zum Gesetzes- und Parlamentsvorbehalt, 1992
Cremer, Art.80 Abs.1 S.1 GG und Parlamentsvorbehalt-Dogmatische Unstimmigkeiten in der Rechtsprechung des Bundesverfassungsgerichts, AöR 122(1997)
Eberle, Gesetzesvorbehalt und Parlamentsvorbehalt, DÖV 1984
Gassner, Gesetzgebung und Bestimmtheitsgrundsatz, ZG 1996
______, Parlamentsvorbehalt und Bestimmtheitsgrundsatz, DÖV 1996
Gleitmann, Bundesverfassungsgericht und offene Normen, 1971
Kisker, Neue Aspekte im Streit um den Vorbehalt des Gesetzes, NJW 1977
Kloepfer, Der Vorbehalt des Gesetzes im Wandel, JZ 1984
Lepa, Verfassungsrechtliche Probleme der Rechtsetzung durch Rechtsverordnug, AöR 105(1980)
Lücke, in: Sachs(Hg), Grundgesetz Kommentar (GGK), 2. Aufl., 1999, Art.80
Magiera, Allgemeine Regelungsgewalt(Rechtsetzung) zwischen Parlament und Regierung, Der Staat 1974
Maurer, Allgemeines Verwaltungsrecht, 1999, §6

_____, Staatsrecht, 1999, §17

Niehues, Der Vorbehalt des Gesetzes im Schulwesen, DVBl 1980

Nierhaus, Bestimmtheitsgebot und Delegationsverbot des Art.80 Abs.1 Satz 2 GG und der Gesetzesvorbehalt der Wesentlichkeit, in: Verfassungsstaatlichkeit (Festschrift für K. Stern), 1997

Nolte, Ermächtigung der Exekutive zur Rechtsetzung, Lehren aus der deutschen und der amerikanischen Erfahrung, AöR 118(1993)

Oppermann, Gutachten C zum 51. DJT 1976, C 53

Ossenbühl, Vorrang und Vorbehalt des Gesetzes, in: Isensee/Kirchhof(Hg), Handbuch des Staatsrechts (HbStR), Bd.Ⅲ, 1988, §62

_____, Aktuelle Probleme der Gewaltenteilung, DÖV 1980

_____, Rechtsverordnung, in: Isensee/Kirchhof(Hg), Handbuch des Staatsrechts (HbStR), Bd.Ⅲ, 1996, §64

Papier/Möller, Das Bestimmtheitsgebot und seine Durchsetzung, AöR 122(1997)

Pietzcker, Vorrang und Vorbehalt des Gesetzes, JuS 1979

Ramsauer, in: Alternativ-Kommentar (AK-GG), Bd.Ⅱ, 1989, Art.80

Richter/Schuppert/Bumke, Casebook Verfassungsrecht, 4. Aufl., 2001

Staupe, Parlamentsvorbehalt und Delegationsbefugnis, 1985

Umbach, Das Wesentliche an der Wesentlichkeitstheorie, in: Festschrift für H. J. Faller, 1984

Wehr, Grundfälle zu Vorrang und Vorbehalt des Gesetzes, JuS 1997

Wilke, Bundesverfassungsgericht und Rechtsverordnungen, AöR 98(1979)

_____, Anmerkungen zur Entscheidung des Bundesverfassungsgerichts vom 20. 10. 1981-1 BvR 640/80, JZ 1982

제2절 법적 안정성의 요청

제1주제

법률개정과 신뢰보호*

-不眞正遡及效에 관한 헌법재판소 판례 평석을 겸하여-

Ⅰ. 머리말

법은 기본적인 지속성과 항구성을 갖는다는 조건 하에서만 사회 및 국가생활을 규율하는 질서보장적 기능을 이행할 수 있다. 그러나 다른 한편으로는, 법은 현실상황에 대한 규범적 대답으로서 현실에의 적응을 요구한다. 시간의 경과에 따라 법률의 규율대상인 현실적 상황이 변화하므로, 법은 그의 현실연관성과 규범력을 잃지 않으려면 변화한 현실에 반응함으로써, 다시 현실에 대한 영향력과 규범력을 행사하려고 시도해야 한다. 그러므로 시간적 차원은 법률의 중요한 요소이다. 法의 時間的 要素는 양면적 성격을 가지고 있다.[1] 법은 유지와 변화를 함께 요구한다. 이로써 법은 언제나 安定性과 流動性의 긴장관계에 있게 된다.

법치국가에서의 법률은 원래 지속적으로 개인의 행위기준으로 작용할 수 있는 '신뢰

---

* 위 논문은 1997년 6월, 人權과 正義(대한변호사협회) 제250호, 76-97면에 게재된 것을 일부 수정한 것이다.

1) Vgl. Maurer, Kontinuitätsgewähr und Vertrauensschutz, in: Isensee/Kirchhof(Hg), Handbuch des Staatsrechts, Bd.Ⅲ, 1988, S.212; Muckel, Kriterien des verfassungsrechtlichen Vertrauensschutzes bei Gesetzesänderung, 1989, S.15ff.; Götz, Bundesverfassungsgericht und Vertrauensschutz, in: Starck (Hg), Bundesverfassungsgericht und Grundgesetz, Bd.Ⅱ, 1976, S.421f.

할 수 있는 근거'를 의미한다. 그러나 오늘날의 사회적 법치국가에서 법률의 지속성은 더 이상 유지될 수 없게 되었다. 사회적 법치국가는 경제·사회·문화의 모든 영역에서 정의로운 질서를 형성하기 위하여 적극적으로 관여하고 변화하는 상황에 적절하게 대처해야 하는 과제를 국가에게 부과하고 있다. 이에 따라 오늘의 법률은 '질서유지적 기능'을 할 뿐만 아니라 나아가 끊임없이 변화하는 공익을 구체화하는 '사회형성적 도구'로 기능함으로써 본래의 지속성과 신뢰성을 크게 상실하였다. 따라서 신뢰보호의 문제가 제2차 세계대전 이후 비교적 최근에 들어와 인식되고 중요한 의미를 갖게 된 것은 결코 우연이 아니며, 이는 사회국가에서 국가기능과 과제의 확대, 이로 인한 국가행위의 力動性 및 사회형성수단으로서의 법률에 대한 신뢰감소가 가져온 결과인 것이다.

사회의 거의 모든 영역에서의 국가의 적극적이고 광범위한 규율행위로 인하여 국민은 수시로 변화하고 점점 더 조밀해지는 法網의 적용대상자가 되었다. 그 결과, 개인은 자신의 생활형성이나 직업활동에 있어서 국가의 법률규정에 자신의 행위를 맞추어야 하기 때문에, 법률규정에 근거하여 그에 따라 행동한 개인에게는 자신의 결정이나 행위가 법률개정으로 인하여 뒤늦게 헛되이 되거나 또는 그 가치가 절하되지 않기를 바라는 기본적인 이익이 존재한다.

예컨대, 국가가 요구하는 자격을 취득하여 일정 직업에 종사하던 자가 직업행사요건의 강화로 인하여 더 이상 그 직업에 종사할 수 없게 된다면, 또는 국가가 정한 일정한 시험규정을 근거로 시험 준비를 하던 수험생이 시험규정의 개정으로 어느 날 갑자기 새로운 시험규정 앞에 서게 된다면, 아니면 일정 기간 동안 限時的으로 면세혜택을 부여하는 세법규정을 신뢰하여 기업이 투자를 결정하였는데 이 규정이 早期에 폐지된다면, 또는 저작권법의 개정으로 인하여 이미 과거에 취득한 저작권의 보호기간이 축소된다면, 이러한 경우 모두 신뢰보호의 문제가 발생한다. 따라서 법률의 유동성으로부터 국민의 신뢰를 보호하기 위하여 국가의 법률개정행위가 어느 정도 헌법적으로 구속을 받아야 할 필요성이 있다. 이러한 의미에서 신뢰보호원칙은 기본권과 함께, 오늘날 개인의 거의 모든 생활영역을 규율하는 국가권력에 대한 일종의 방어수단이라고 할 수 있다. 입법자는 일정 한도 내에서 자신의 事前的 입법행위에 구속되어야 하며, 이러한 구속을 법치국가적으로 관철하고자 하는 것이 바로 신뢰보호의 목적이다.[2)]

이글에서는 우선 소급효의 개념을 통하여 부진정소급효가 과연 소급효의 문제인지에 관하여 살펴보고(아래 Ⅱ.), 이어서 부진정소급효의 경우, 개별 법률의 구체적 내용에 따라 신뢰이익의 보호 정도가 어떻게 달라지는지, 신뢰이익의 보호 정도를 판단하는 기준

2) Vgl. Muckel, Kriterien des verfassungsrechtlichen Vertrauensschutzes bei Gesetzesänderung, 1989, S.17ff., 108; Maurer, Kontinuitätsgewähr und Vertrauensschutz, in: Isensee/Kirchhof(Hg), HbStR, Bd. Ⅲ, 1988, Rn.5.

은 무엇인지를 밝혀 보고자 한다(아래 Ⅲ.). 특히 어떤 조건 하에서 특별히 보호가치 있는 신뢰이익이 인정되며, 그러한 신뢰이익이 인정된다면 그에 따른 법률효과는 무엇인지, 어떠한 경우 입법자가 경과규정을 두어야 하는지 등, 구체적 문제해결에 기여할 수 있는 관점들을 중점적으로 다룬 다음, 마지막으로 이 글에서 이끌어낸 법적 기준과 인식을 바탕으로 부진정소급효에 관한 헌법재판소의 대표적인 결정들을 비판적으로 검토해 보기로 한다(아래 Ⅳ.).

Ⅱ. 遡及效의 개념과 의미

1. 법적 안정성의 주관적 측면으로서 신뢰보호

가. 법치국가원칙의 중요한 구성부분인 '법적 안정성'은 법질서의 신뢰성, 항구성, 법적 명확성과 투명성을 의미한다. 법치국가적 법적 안정성은 무엇보다도 법질서의 명확성과 지속성을 요청한다. 개인이 현재 적용되는 법규범의 내용을 어느 정도 명확하게 확인할 수 있는 것만으로는 충분하지 않고, 나아가 현재 적용되는 법규범이 자신의 생활형성의 중요한 기초로서 계속 지속되리라는 것을 신뢰할 수 있어야 한다.

한번 제정된 법규범은 원칙적으로 존속력을 갖고 자신의 행위기준으로 계속 작용하리라는 개인의 신뢰에 대한 보호는 국민의 관점에서 본 '법적 안정성의 주관적 측면'이다. 법적 안정성의 요청은 국민의 입장에서 보면, 결국 신뢰보호의 요청을 의미하는 것이다. 신뢰보호는 법률의 유동성으로 인한 개인의 법적 지위의 불안정성을 법치국가적으로 보완하려는 시도이며, 기본권과 함께 입법자의 형성권을 제한하는 중요한 법치국가적 요소이다.

나. 신뢰보호원칙이 개인의 주관적인 관점에서 파악되기 때문에 신뢰보호의 이러한 주관적 성격은 다음과 같은 법적 결과를 수반한다.

첫째, 입법자가 법률개정을 통하여 부담을 부과하거나 또는 급부를 축소하는 등의 방법으로 구법 하에서 형성된 개인의 법적 지위를 '불리하게' 변경하는 경우에만, 신뢰보호의 문제는 발생한다. 반면에, 입법자가 법률개정을 통하여 개인의 부담을 완화하거나 급부를 확대하는 등 개인의 법적 지위를 유리하게 변경하는 경우에는 신뢰보호의 문제가 발생하지 않고, 단지 평등원칙의 위반만이 고려될 수 있을 뿐이다.[3] 둘째, 법규범의 존속에 대한 개인의 신뢰가 보호가치가 없을 때에는 신뢰보호는 고려되지 않는다. 셋째, 국가공동체 내에서 모든 개인적 이익이 그러하듯이, 개인의 신뢰이익도 공공복리

3) Vgl. BVerfGE 23, 89; 68, 222, '신뢰보호는 부담적 법률에 국한된다.'고 일반적으로 표현하기도 하나, 신뢰보호의 문제는 부담을 부과하는 법률뿐만 아니라 급부를 축소하거나 폐지하는 법률의 경우에도 발생하므로, 이러한 표현은 오해의 소지가 있다.

의 유보 하에 있다. 따라서 개인의 신뢰이익도 기본권과 마찬가지로 사회적으로 구속을 받고, 공익과의 교량을 통하여 제한이 가능하다. 보호가치 있는 신뢰를 인정한다 하더라도 중대한 공익상의 이유가 개인의 신뢰보호이익보다 우위를 차지하는 경우에는 신뢰보호의 요청은 관철될 수 없다.

2. 眞正遡及效와 不眞正遡及效

법적 안정성과 신뢰보호원칙에 있어서 특히 중요한 것은 법의 時間的 要素이다.[4] 일정 법률의 효력 하에서 발생한 사실관계는 또한 이 법에 의하여 파악되고 판단되어야 하며, 개인은 舊法 하에서 발생한 사실관계가 사후적으로 새로운 기준에 의하여 평가되지 않는다는 것을 신뢰할 수 있어야 한다. 그러므로 법치국가적 요청으로서의 신뢰보호원칙과 법적 안정성은 무엇보다도 바로 소급효력을 가지는 법률에 의하여 민감하게 저촉된다.

헌법재판소는 구법 하에서 발생한 사실관계에 새로운 법규범을 적용하는 문제를 해결함에 있어서 독일 연방헌법재판소의 판례를 받아들여,[5] 법률이 이미 종료된 사실관계에 작용하는지 아니면 현재 진행 중인 사실관계에 작용하는지에 따라 소급효를 진정소급효와 부진정소급효로 구분하고 있다.

가. 진정소급효의 의미

진정한 의미의 遡及效란 과거에 유효하지 않았으나 과거에 대하여 효력을 요구하는 법률에 인정된다. 법률이 과거에 대하여 효력을 가짐으로써 과거를 법적으로 새로이 평가한다는 것에 바로 소급효의 문제가 있다.[6]

여기서 과거와 미래를 구분하는 기준이 되는 시점은 법률이 법적으로 존재하는 '법률의 공포시점'이다. 소급효 개념의 전반적인 불명확성에도 불구하고, 이러한 관점은 소급효의 개념을 규정함에 있어서 하나의 확실한 출발점으로 기여한다.[7] 따라서 법률의 시행일(효력발생시점)을 공포시점 이전으로 앞당기는 법률은, 공포시점 이전에 발생한

---

4) Vgl. Pieroth, Die verfassungsrechtliche Problematik des Verjährungsgesetzes, NJ 1993, S.386.

5) 소급효에 관한 독일 연방헌법재판소 판례에 관하여 자세하게 vgl. Iliopoulos-Strangas, Rückwirkung und Sofortwirkung von Gesetzen, 1986, S.43ff.; Vogel, Grundzüge des Finanzrechts des GG, in: HbStR, Bd.Ⅳ, §87 Rn.74ff.; Muckel, Kriterien des verfassungsrechtlichen Vertrauensschutzes bei Gesetzesänderung, 1989, S.67ff.

6) Vgl. Götz, Bundesverfassungsgericht und Vertrauensschutz, in: Starck(Hg), Bundesverfassungsgericht und Grundgesetz, Bd.Ⅱ, 1976, S.424.

7) Vgl. Iliopoulos-Strangas, Rückwirkung und Sofortwirkung von Gesetzen, 1986, S.278f.; Götz, Bundesverfassungsgericht und Vertrauensschutz, in: Starck(Hg), Bundesverfassungsgericht und Grundgesetz, Bd.Ⅱ, 1976, S.426; Maurer, Kontinuitätsgewähr und Vertrauensschutz, in: Isensee/Kirchhof(Hg), HbStR, Bd.Ⅲ, 1988, Rn.11.

사실관계에 대하여 소급효를 가진다.[8] 예컨대, 세율을 인상하는 세법의 공포시점은 1995. 1. 1.인데 그의 효력발생시점은 1994. 1. 1.로 규정하는 법률이 이에 해당한다. '법률의 소급적 시행'을 통하여 소급적 법률효과를 가져오는 이러한 법률은 소급적 법률의 기본유형으로서 '협의'의 또는 '형식적 의미'의 소급효로 표현될 수 있다.

법률의 시간적 적용범위를 과거에 확대하는 것은 일차적으로 법률의 효력발생시점을 공포시점보다 앞선 시점으로 확정함으로써 가능하지만, 또한 법률을 과거에 발생한 사실관계에 적용함으로써도 동일한 효과를 얻을 수 있다. 이 중에서 어떠한 방법을 선택하는지는 단지 입법기술상의 문제이다. 법률요건을 통하여 과거에 발생한 사실관계를 함께 규율하기 때문에 이러한 소급효를 '法律要件에 의한 소급효'(tatbestandliche Rückanknüpfung)라고 표현할 수 있다.[9]

그러나 법률이 법률요건을 통하여 과거에 발생한 사실관계를 함께 규율한다는 것은, 시행일부터 즉시 미래를 향하여 효력을 갖는 모든 (개정)법률에서 나타나는 문제이다.[10] 즉 시행일로부터 즉시 효력을 갖는 (개정)법률이 그의 시행 당시 이미 존재하는 법률관계, 가령 이행중인 계약, 이미 선택한 직업의 수행 및 영업활동, 종래의 법률에 근거한 재산권의 행사 등에 작용한다는 의미에서 대부분의 경우 '소급효와 유사한 효과'를 가진다. 따라서 법률요건을 통하여 과거를 함께 규율하는 법률 중에서 어떠한 경우가 '眞正한' 소급효에 해당하는지의 문제가 남는다. 진정소급효 여부를 결정하는 기준은 바로 '소급적으로 시행되는 법률'과 그 효과에 있어서의 동일한지 여부이다. 법률이 법률요건을 통하여 과거에 발생한 사실관계에 미치는 효과가 '법률의 소급적 시행'의 효과와 동일하다면 그 법률은 진정소급효를 가지는 것으로 인정되어야 한다.[11]

예를 들자면 1995. 1. 1. 공포되고 1995. 1. 15. 시행된 소득세법이 "처음으로 1994년도 과세기간부터 적용된다."는 규정을 두고 있다면, 이러한 '법률요건에 의한 소급효'는 자명하게 법률을 1994년으로 소급하여 시행한 것과 완전히 동일한 효과를 가진다. 이 경우 1994. 12. 31.의 경과로 사실관계(과세요건)가 종료되었으므로, 이러한 '법률요건에 의한 소급효'는 법률의 시행 이전에 이미 종결된 사실관계에 사후적으로 작용하는 것을 의미한다. 이 경우 법률요건에 의하여 과거의 사실관계를 함께 규율하는 것이 그

---

8) 그러나 독일 연방헌법재판소는 BVerfGE 13, 274ff.에서 소득세나 법인세와 같이 曆年이나 사업년도의 형식으로 1년을 과세기간으로 하는 과세에 있어서, 과세기간의 진행 중에 과세기간 개시일에 대한 효력으로 시행되는 법률의 (진정)소급효를 예외적으로 부정하였다. 우리 헌법재판소도 이러한 경우를 마찬가지로 부진정소급입법으로 판단하였다, 이에 관하여 아래 Ⅳ. 1. 참조.

9) Vgl. Maurer, Kontinuitätsgewähr und Vertrauensschutz, in: Isensee/Kirchhof(Hg), HbStR, Bd.Ⅲ, 1988, Rn.11.

10) Vgl. Götz, Bundesverfassungsgericht und Vertrauensschutz, in: Starck(Hg), Bundesverfassungsgericht und Grundgesetz, Bd.Ⅱ, 1976, S.424.

11) Vgl. Götz, Bundesverfassungsgericht und Vertrauensschutz, in: Starck(Hg), Bundesverfassungsgericht und Grundgesetz, Bd.Ⅱ, 1976, S.427.

효과에 있어서 '법률의 소급적 시행'과 동일한 효과를 초래하기 때문에, 법률요건을 통하여 과거를 규율하는 법률 중에서 단지 법률 시행 이전에 이미 종결된 사실관계에 사후적으로 작용하는 법률만이 '진정한' 소급효를 가진다.[12)]

그러므로 '진정소급효'는 '법률의 소급적 시행'의 경우와 '법률이 법률요건을 통하여 이미 종결된 사실관계에 사후적으로 작용하는 경우'에 한하여 인정될 수 있다. 진정소급효를 가진 법률의 경우, 입법자는 사실관계의 종결로 말미암아 '이미 확정된, 더 이상 증가할 수 없는' 법률관계를 사후적으로 변경하려고 의도한다.[13)] 진정소급효를 가진 법률의 일반적 특징은 확정된 범위의 수범자에 대한 사후적인 침해를 그 '목적'으로 하고 있다는 것이다.

나. 부진정소급효의 의미

(1) 진정소급효의 법률은 입법현실에서 예외적인 현상에 속하므로 부진정소급효를 가진 법률에서의 문제점이 점점 대두되었다. 일정한 생활영역을 '장래에 있어서' 새로이 규율하려는 거의 모든 법률은 '이미 과거에 발생하였으나 아직도 지속되는 사실관계'(기존의 사실관계)를 규율하는 문제와 부딪히게 된다. 가령, 사회현상의 변화로 인하여 입법자가 약사의 직업행사요건을 강화하는 방향으로 법률을 개정하고자 하는 경우, 입법자는 강화된 직업행사요건을 장래에 약국을 개설하는 경우에 대해서만 적용할 것인지 아니면 기존의 약국에 대해서도 적용할 것인지의 문제와 부딪히게 된다. 개정 법률이 장래에 발생하는 사실관계뿐만 아니라 기존의 사실관계도 함께 규율하는 경우, 헌법재판소는 '법률의 개정이 기존의 사실관계에 미치는 이러한 효과'를 '부진정소급효'로 표현하고 있다.

한편, 법률이 시행일로부터 즉시 '장래를 향하여' 효력을 발생함으로써 구법의 효력하에서 이미 발생한 사실관계에 대하여도 적용된다는 것은 '과거에 대하여' 효력을 가지는 법률의 소급효와는 근본적으로 다른 것이다. 그러므로 신법(개정법률)이 아직 종결되지 않은 기존의 사실관계를 함께 규율하는 경우, 이를 '(不眞正)遡及效'라고 표현하는 것은 오해의 여지가 있다. 일정한 생활영역을 새로이 규율하는 법률이 미래에 발생하는 사실관계뿐만 아니라 구법 하에서 이미 발생한 기존의 사실관계에도 적용된다는 것은, 기존의 사실관계를 신법의 적용범위에서 명시적으로 배제하는 경과규정을 두지 않는 한, 모든 법률개정에서 항상 발생하는 문제이다.[14)]

12) Vgl. Vogel, Grundzüge des Finanzrechts des GG, in: HbStR, Bd.Ⅳ, §87 Rn.75; Iliopoulos-Strangas, Rückwirkung und Sofortwirkung von Gesetzen, 1986, S.280f.; Stern, Zur Problematik rückwirkender Gesetze, in: FS für Theodor Maunz, 1981, S.389; Götz, Bundesverfassungsgericht und Vertrauensschutz, in: Starck(Hg), Bundesverfassungsgericht und Grundgesetz, Bd.Ⅱ, 1976, S.426f.

13) Vgl. Stern, Zur Problematik rückwirkender Gesetze, in: FS für Theodor Maunz, 1981, S.389.

14) Vgl. Götz, Bundesverfassungsgericht und Vertrauensschutz, in: Starck(Hg), Bundesverfassungsgericht

그러므로 일정 생활영역을 새로이 규율하는 규정이 장래에 발생하는 사실관계뿐만 아니라 구법 하에서 발생한 기존의 사실관계에도 적용된다는 것은 '소급효'의 문제가 아니라, 신법을 기존의 사실관계에 적용하는 문제, 종래의 법적 상태에서 새로운 법적 상태로 이행하는 과정에서 불가피하게 발생하는 법치국가적 문제, 구체적으로 입법자에 대한 신뢰보호의 문제, 결국 경과규정의 문제이다.[15] 따라서 이러한 경우 '소급효'란 개념을 사용하는 것은 이러한 법적 상태의 이행과정을 표현하기에 부적합하며,[16] 부진정소급효의 실체가 구법에서 신법으로 전환하는 과정의 문제이자 경과규정에 관한 것임을 드러내지 못하는 단점이 있다.

(2) 眞正遡及效의 법률의 경우, '이미 한정적으로 확정된 수범자의 범위'와 '그에 대한 사후적 침해라는 입법의 目的性'에 그 특징이 있다. 반면에, 不眞正遡及效를 가지는 법률은 아직 확정되지 않은 미지의 불확정다수의 법률관계를 규율하고자 한다. 부진정소급효를 가지는 법률은 규율대상인 사실관계가 신법 시행 이후에 새로이 발생하였는지 또는 그 이전에 이미 존재했는지에 관계없이, 효력발생시점부터 법률요건을 충족시키는 모든 사실관계에 적용된다.

부진정소급효를 가지는 신법이 '과거에 발생하였으나 아직 종결되지 않은 사실관계'에 작용하는 것, 즉 과거에 발생한 기존의 법률관계를 신법의 적용범위에 포함시키는 것은 입법의 주된 '목적'이 아니다. 과거에 발생한 기존의 사실관계를 함께 규율하지 않고서는 법률개정을 통하여 꾀하는 목적을 달성할 수 없다는 점에서, 부진정소급효를 가진 법률이 기존의 사실관계에 미치는 불리한 효과는 법률개정이익(공익)을 실현하기 위하여 입법이 불가피하게 초래하는 단지 '반사적 효과'이다.[17]

3. 소급효의 헌법적 허용여부

가. 진정소급효는 이미 종결된 과거의 사실관계를 소급하여 다시 평가하고 규율하는 것으로 법치국가원리로부터 파생하는 법적 안정성의 요청에 정면으로 배치되고, 이로써

---

und Grundgesetz, Bd.Ⅱ, 1976, S.424, 438.

15) Vgl. Böckenförde, Diskussionsbeitrag, VVDStRL 32(1974), S.245; Kisker, Vertrauensschutz im Verwaltungsrecht, VVDStRL 32(1974), S.179; Stern, Zur Problematik rückwirkender Gesetze, in: FS für Theodor Maunz, 1981, S.389f.; Götz, Bundesverfassungsgericht und Vertrauensschutz, in: Starck(Hg), Bundesverfassungsgericht und Grundgesetz, Bd.Ⅱ, 1976, S.442ff.; Maurer, Kontinuitätsgewähr und Vertrauensschutz, in: Isensee/Kirchhof(Hg), HbStR, Bd.Ⅲ, 1988, Rn.54; Dürig, in: Maunz/Dürig, GG, Art.3, Rn.222.

16) Vgl. Kisker, Vertrauensschutz im Verwaltungsrecht, VVDStRL 32(1974), S.178; Iliopoulos-Strangas, Rückwirkung und Sofortwirkung von Gesetzen, 1986, S.148, 179, 282f., 부진정소급효 대신 '卽時效(Sofortwirkung)'란 용어의 사용을 제안하고 있다; Stern, Zur Problematik rückwirkender Gesetze, in: FS für Theodor Maunz, 1981, S.390.

17) 이에 관하여 자세하게 아래 Ⅲ. 1. 나. 또한, vgl. Stern, Zur Problematik rückwirkender Gesetze, in: FS für Theodor Maunz, 1981, S.389.

헌법적으로 허용되지 않는 것이 원칙이다. 개인은 원칙적으로 이미 종결된 사실관계를 사후적으로 새롭게 평가하는 가능성을 예견할 필요도 없고, 또한 이를 정당화하는 공익도 상정하기 어렵다.

다만, 구법에 의하여 보장된 개인의 법적 지위에 대한 신뢰가 보호할 만한 가치가 없거나 지극히 적은 반면, 소급입법을 통하여 달성하려는 공익이 매우 중대하여 개인의 신뢰보호이익에 현저히 우선하는 경우에는 진정소급입법이 예외적으로 허용될 수 있다.[18)]

나. 부진정소급효를 가지는 법률이 어느 정도로 허용되는지의 문제는, 입법자의 진로변경(법률개정)이 어느 정도로 허용되는지의 문제, 구체적으로 입법자가 법률을 개정하면서 기존의 사실관계를 함께 규율하는 것이 어느 정도로 허용되는지의 문제를 의미한다.

사회적 법치국가에서 입법자는 변화하는 사회현상에 끊임없이 입법을 통하여 대처할 수 있어야 하고, 이로써 진로변경이 가능해야 하기 때문에, 기존의 사실관계를 함께 규율해야만 공익을 효과적으로 달성할 수 있는 경우에는 기존의 사실관계를 새롭게 규율하는 것이 원칙적으로 가능해야 한다. 따라서 부진정소급효의 법률은 구법 하에서 발생하였으나 아직 종결되지 않은 채 현재 진행 중인 사실관계를 새로이 규율하는 것으로 원칙적으로 허용되지만, 법률개정을 요구하는 공익상의 사유와 개인의 신뢰이익을 교량하는 과정에서 신뢰보호의 요청에 의하여 입법자의 형성권이 제한된다.[19)]

Ⅲ. 不眞正遡及效에서 신뢰보호와 經過規定

1. 신뢰보호원칙의 위반여부를 판단하는 심사기준

개정법률을 과거에 발생한 사실관계에 확대하여 적용하는 것이 헌법적으로 허용되는

---

18) 대표적으로 헌재 1996. 2. 16. 96헌가2 등(5·18 특별법), 판례집 8-1, 51, 88, "진정소급입법은 개인의 신뢰보호와 법적 안정성을 내용으로 하는 법치국가원리에 의하여 헌법적으로 허용되지 않는 것이 원칙이지만, 특단의 사정이 있는 경우, 즉 기존의 법을 변경하여야 할 공익적 필요는 심히 중대한 반면에 그 법적 지위에 대한 개인의 신뢰를 보호하여야 할 필요가 상대적으로 정당화될 수 없는 경우에는 예외적으로 허용될 수 있다. 그러한 진정소급입법이 허용되는 예외적인 경우로는 일반적으로, 국민이 소급입법을 예상할 수 있었거나, 법적 상태가 불확실하고 혼란스러웠거나 하여 보호할 만한 신뢰의 이익이 적은 경우와 소급입법에 의한 당사자의 손실이 없거나 아주 경미한 경우, 그리고 신뢰보호의 요청에 우선하는 심히 중대한 공익상의 사유가 소급입법을 정당화하는 경우를 들 수 있다."

19) 대표적으로 헌재 1989. 3. 17. 88헌마1, 판례집 1, 9, 17-18; 헌재 1996. 2. 16. 96헌가2 등(5·18 특별법), 판례집 8-1, 51, 86, "헌법 제13조 제1항에서의 가벌성을 결정하는 범죄구성요건과 형벌의 영역(이에 관한 한 절대적 소급효의 금지)을 제외한다면 소급효력을 갖는 법률이 헌법상 절대적으로 허용되지 않는 것은 아니다. 다만 소급입법은 법치주의원칙의 중요한 요소인 법적안정성의 요청에 따른 제한을 받을 뿐이다. 헌법재판소의 판례도 형벌규정에 관한 법률 이외의 법률은 부진정소급효를 갖는 경우에는 원칙적으로 허용되고, 단지 소급효를 요구하는 공익상의 사유와 신뢰보호의 요청 사이의 교량과정에서 신뢰보호의 관점이 입법자의 형성권에 제한을 가할 뿐이라는 것이다."; 헌재 1999. 4. 29. 94헌바37 등, 판례집 11-1, 289, 318; 헌재 2002. 7. 18. 99헌마574, 판례집 14-2, 29, 43 참조.

지의 관점에서 법치국가적 신뢰보호는 다음과 같은 기준으로 판단되어야 한다. 첫째 헌법적으로 보호가치 있는 신뢰이익이 존재하는지, 둘째 법률개정을 통하여 달성하고자 하는 공익이 구법 하에서 발생한 기존의 사실관계를 함께 규율할 것을 요구하는지, 셋째 '법률의 존속에 관한 개인의 신뢰이익'과 '법률개정을 통하여 달성하고자 하는 공익'을 비교형량하여 구체적인 경우 어떠한 법익이 우위를 차지하는지를 심사해야 한다.[20]

가. 헌법적으로 보호되는 신뢰이익[21]

(1) 개인이 국가로부터 신뢰보호를 요청하기 위하여는 일정한 신뢰구성요건을 충족시켜야 한다. 우선 법률개정에 대한 헌법상의 신뢰보호는 신뢰가 형성될 수 있는 '신뢰의 근거'인 법률을 필요로 한다. 국가가 제공하는 신뢰의 근거는 법령, 공법상 또는 사법상의 계약, 행정행위 등 다양하나, 국가는 무엇보다도 입법행위를 통하여 국민에게 신뢰의 근거를 제공한다. 신뢰보호원칙이 '개인의 주관적 관점'에서 법질서의 존속에 대한 개인의 신뢰를 보호하고자 하는 것이기 때문에, 신뢰보호는 개인의 법적 지위를 '불리하게' 변경하는 법률의 경우에만 문제된다.

나아가, 법률의 존속에 대한 개인의 신뢰는 보호할 만한 가치가 있는 것이라야 하는데, 헌법적으로 보호되는 신뢰는 '신뢰행위'를 전제로 한다. 즉 일정 직업의 선택 및 행사, 기업에의 투자, 재산권의 처분, 현행 시험규정에 따른 시험 준비와 같이 실제로 행사된 신뢰, 외부로 현실화된 신뢰행위만이 헌법적으로 보호받을 수 있다.[22] 이에 대하여 단지 내심영역의 과정으로서 법적 상태의 존속에 대한 기대 및 그에 대한 실망은 법적으로 전혀 의미가 없다.

(2) 신뢰의 근거인 '법률의 존재'와 관련되어, 위헌적인 법률도 신뢰의 근거가 될 수 있는지의 문제가 제기된다.[23] 독일에서는 전통적으로 '위헌법률은 當然無效'라는 소위

---

20) Vgl. Maurer, Kontinuitätsgewähr und Vertrauensschutz, in: Isensee/Kirchhof(Hg), HbStR, Bd.Ⅲ, 1988, Rn.51.

21) Vgl. Muckel, Kriterien des verfassungsrechtlichen Vertrauensschutzes bei Gesetzesänderung, 1989, S.80ff.; Maurer, Kontinuitätsgewähr und Vertrauensschutz, in: Isensee/Kirchhof(Hg), HbStR, Bd.Ⅲ, 1988, Rn.7, 9, 20.

22) Vgl. Ossenbühl, Vertrauensschutz im sozialen Rechtsstaat, DÖV 1972, S.35; Kisker, Vertrauensschutz im Verwaltungsrecht, VVDStRL 32(1974), S.163; BVerfGE 72, 200, 242; 75, 241, 280f.(신뢰의 투자로서 직업행사); 62, 117, 163(시험준비).

23) 예컨대, 국가가 장기간에 걸쳐 주정배정제도, '1道1社 원칙'에 의한 통폐합정책 및 自道燒酒 購入命令制度 등을 추진함으로써 소주시장에서의 자유경쟁을 배제하고 국가가 의도하는 일정한 방향으로 소주제조업자의 의사결정을 유도하다가 위헌적인 자도소주 구입명령제도를 폐지하고 자유경쟁체제로 전환하도록 酒稅法을 改正하는 경우(유사한 사실관계로는 헌재 1996. 12. 26. 96헌가18 결정 참조), 違憲的 法律에 근거한 개인의 신뢰는 '합헌적 법률에 기초한 신뢰'와 동일한 보호를 요청할 수 없다. 뿐만 아니라, 이러한 경우 국가의 유도적 행위는 어느 정도 인정되지만 국가가 이를 통하여 기업의 투자나 재산적 처분을 유발하지 않았고 오히려 역으로 자유경쟁을 억제하고 지역적 독과점을 보장함으로써 기업의 투자와 기술혁신 등을 불필요한 것으로 만들었으므로, 헌법적으로 보호가치 있는 신뢰보호의 전제조건인 '신뢰의 행사'가 존재하지 않는다. 또한 국가가 유도하고자 한 것이 '지방소주업체의 경쟁력 약화'가 아니므로, 국가행위를 신뢰하여 경쟁력제고와 품

'소급무효의 법리'가 형성되었다. 이러한 법리는, 위헌법률은 처음부터(ex tunc) 그리고 별도의 형성적 행위 없이(ipso iure) 아무런 법적 효력을 갖지 않으므로, 무효인 법률은 처음부터 법현실에 존재한 적이 없다고 하는 사고이다.[24] 독일의 이러한 이론에 따른다면 당연히 위헌법률은 신뢰의 근거를 제공할 수 없고 위헌법률에 기초한 개인의 신뢰는 보호받을 수 없다.[25]

이에 대하여 우리 헌법재판소법은 제47조 제2항에서 將來效의 원칙을 규정함으로써 위헌법률은 당연히 무효인 것이 아니라 위헌결정으로 장래효력을 상실하도록 폐지될 수 있다는 입장을 취하고 있다. 따라서 헌법재판소에 의한 위헌확인 時까지 위헌법률도 국민에게 유효한 신뢰의 근거로 작용하므로, 국민의 주관적 시각인 신뢰보호의 관점에서는 위헌적 법률도 신뢰의 근거가 될 수 있다. 그러나 위헌적 법률이 신뢰의 근거로 작용하는 경우에는, 신뢰이익과 공익을 교량하는 과정에서 법률개정을 통하여 달성하려는 공익 외에도 '위헌적인 상태를 제거해야 할 법치국가적 요청'을 함께 고려해야 하기 때문에, 비록 보호가치 있는 신뢰이익이 인정된다 하더라도 '개인의 신뢰가 합헌적인 법률에 기초한 경우'와 동일한 보호를 요청할 수 없다. 즉, 위헌적 법률도 신뢰의 근거가 될 수 있으나, 법익교량과정에서 압도적으로 우세한 공익이 신뢰이익에 대하여 원칙적인 우위를 차지한다고 보아야 한다.

나. 과거에 발생한 법률관계를 함께 규율해야 할 공익

개정법률이 기존의 법률관계를 함께 규율해야 한다는 것은 대부분의 경우 입법자가 의도하는 입법목적을 실현하기 위한 전제조건이다. 변화한 현실상황에 적응하고 새로운 목표를 설정하는 대부분의 법률은 일정한 법적 대상을 전체로서 규율해야만 그 의도한 효과(공익의 실현)를 발생시킬 수 있으므로, 과거에 발생한 사실관계를 신법의 적용범위에 포함시켜야 하는 정당한 공익적 사유가 대부분의 경우 존재한다.[26]

예컨대, 기업에 대하여 근로자보호기준이나 환경보호기준을 강화하는 개정법률을 '이미 존재하는 기업'은 그 적용대상에서 배제하고 '새로 설립되는 기업'에만 적용한다면, 개정법률이 의도하는 근로자나 환경의 보호란 목적은 달성될 수 없거나 단지 부분적으

질개발을 하지 않은 不作爲를 '신뢰의 행사'로 볼 수도 없다. 따라서 이 경우 국가에 의하여 유도된 신뢰의 행사를 인정할 수 없다(이에 관하여 아래 Ⅲ. 2. 나. (2) (나) '국가에 의하여 유도된 신뢰의 행사' 참조. 물론 입법자는 합헌적 상태로의 전환과정에서 장기간 경쟁을 억제하는 국가정책으로 인하여 경쟁력이 약화된 지방소주제조업자가 다시 경쟁력을 회복하도록 적절한 경과기간을 둘 수는 있으나, 이를 신뢰보호원칙이 헌법적으로 요구하는 것은 아니다.

24) Vgl. Schlaich, Das Bundesverfassungsgericht, 3. Aufl., 1994, Rn.344ff.

25) BVerfGE 19, 187, 197; BVerwGE 50, 2, 8; 67, 129, 131; BGHZ 84, 292, 297; BGH, NJW 1983, S.215, 216.

26) Vgl. BVerfGE 43, 242, 289; 21, 173, 183; Götz, Bundesverfassungsgericht und Vertrauensschutz, in: Starck(Hg), Bundesverfassungsgericht und Grundgesetz, Bd.Ⅱ, 1976, S.438ff.; Maurer, Kontinuitätsgewähr und Vertrauensschutz, in: Isensee/Kirchhof(Hg), HbStR, Bd.Ⅲ, 1988, Rn.53.

로만 달성될 수 있다. 또한, 국가인력수급과 연금재정확보의 목적에서 공무원의 정년을 60세에서 65세로 상향 조정하는 경우, 개정법률을 '새로이 임용되는 공무원'에게만 적용한다는 것은 위 규정이 의도한 효과를 거의 가져올 수 없다는 것을 의미한다.

나아가, 구법이 기존의 사실관계에 계속 적용되는 경우에는 2가지 법질서가 병렬적으로 존재하게 되므로, '법적 안정성'과 '법적 통일성'의 관점도 구법 하에서 발생한 기존의 사실관계를 함께 규율할 것을 요청한다. 물론, 구법 하에서 발생한 법률관계와 신법 하에서 발생하는 법률관계를 다 함께 신법의 적용을 받게 함으로써, '신뢰보호의 관점에서 서로 다른 것'을 같게 취급하게 된다. 그러나 다른 한편으로는 기존의 법률관계를 신법의 적용범위에서 제외하는 것은, 특히 세법이나 공무원의 정년규정 등에서 뚜렷하게 드러나는 바와 같이, 국민이 쉽게 납득할 수 없는 '법적 불평등'을 초래하게 된다. 뿐만 아니라, '법적 안정성'과 '법적 통일성'의 관점도 구법 하에서 발생한 관계를 신법의 적용범위에 포함시킬 것을 요구하고 있다.

다. 신뢰이익과 법률개정이익의 法益較量

헌법적으로 보호되는 신뢰이익이 존재한다는 것은, 곧 개인의 신뢰가 국가에 의하여 존중되어야 한다는 것을 의미하지 않는다. 개인의 신뢰이익도 기본권과 마찬가지로 사회적으로 구속을 받고, 공익과의 교량을 통하여 제한이 가능하다. 따라서 헌법적으로 보호가치 있는 신뢰이익을 인정한다 하더라도, 법률개정을 요구하는 공익상의 이유가 개인의 신뢰보호이익보다 우위를 차지하는 경우에는 개인의 신뢰보호는 관철될 수 없다.

기본권을 제한하는 국가행위가 곧 위헌인 것이 아니라 기본권의 제한이 헌법적으로 정당화되는지에 대한 별도의 판단이 필요한 것과 마찬가지로, 국가에 의한 신뢰이익의 손상이 곧 신뢰보호원칙에 위반되는 것이 아니라, 신뢰이익의 손상이 헌법적으로 정당화되는지 여부를 별도로 판단해야 한다. 따라서 개별적인 경우마다, 법률의 존속에 관한 개인의 '신뢰이익'(특히 신뢰이익이 손상된 정도)과 '법률개정이익'(법률개정을 통하여 달성하려는 공익)을 비교형량하여 어떠한 법익이 우위를 차지하는지, 양 법익을 어떻게 이상적으로 조화시킬 수 있는지를 판단해야 한다.[27] 여기서 경과규정은 양 법익을 조화시키는 수단으로 기능한다. 개인의 신뢰이익이 법률개정이익과의 교량과정에서 어느 정도로 보호를 요청할 수 있는지는 아래에서 서술하는 관점에 의하여 판단된다.

2. 법률의 구체적인 형성에 따른 신뢰이익의 보호 정도

헌법상 신뢰보호의 목적과 출발점은, 국가가 입법행위를 통하여 개인에게 신뢰의 근

27) Vgl. Maurer, Kontinuitätsgewähr und Vertrauensschutz, in: Isensee/Kirchhof(Hg), HbStR, Bd.Ⅲ, 1988, Rn.51; BVerfGE 39, 128, 145ff.; 43, 242, 286.

거를 제공한 이상, 입법자를 자신의 事前的 입법행위에 법치국가적으로 구속하려는데 있다. 법률의 존속을 신뢰한 개인의 신뢰이익이 어느 정도로 국가의 법률개정이익에 대하여 보호를 요청할 수 있는지는 법률의 구체적인 형성에 달려있다.[28] 입법자가 신뢰의 근거로서 어떠한 내용의 법률을 제공하였는지에 따라, 즉 법률의 구체적인 형성을 통하여 어느 정도로 법률의 존속에 대한 개인의 신뢰를 야기하였는지에 따라 개인의 신뢰이익의 보호 정도는 달라진다. 그러므로 입법자가 입법을 통하여 국민의 신뢰를 불러일으키고 국민이 법률의 내용에 따라 행위하도록 유도한 만큼, 입법자는 자신의 사전적 행위에 의하여 구속을 받는다는 관점이 개인의 신뢰이익의 보호 정도를 판단함에 있어서 출발점이 되어야 한다.[29]

이에 따라, 법률의 존속에 대한 개인의 신뢰가 어느 정도로 보호되어야 하는지를 판단함에 있어서 다음의 2가지 관점이 중요한 기준을 제시한다. 하나의 관점은, 국민이 어느 정도로 법률개정을 예측했어야 하는지의 '국가행위의 豫見性'이고, 또 다른 관점은 언제 법률개정에 따른 위험부담을 행위의 주체인 개인이 아니라 법률로써 계획하고 개인의 행위를 유발시킨 국가에게 귀속시킬 수 있는지의 '危險負擔의 分配'의 문제이다.

가. 국가행위의 豫見性

(1) 개인이 어느 정도로 법적 상태의 변화를 예측해야만 했는지에 따라 법적 상태의 존속에 대한 개인의 신뢰는 상이한 강도를 가지므로, 신뢰이익의 보호가치의 程度를 결정하는 중요한 척도는 '법규범에 내재된 국가행위의 豫見性'이다. 예컨대, 개정의 유보 하에서 시행되는 법률에 기초한 신뢰는 상대적으로 적은 보호가치를 가진다. 여기서 '국가행위의 예견성' 판단에 있어서 결정적인 것은, 가령 입법자가 법률개정을 논의한다든지 景氣의 침체가 일정 방향의 법률개정을 암시한다든지 하는 일반적인 예견성이 아니라, 개인이 그가 신뢰한 '법률의 규범적 표현'을 근거로 법적 상태의 변화를 예견해야 했는지의 문제이다.[30] '국가행위의 예견성' 판단에 있어서 오로지 신뢰의 근거인 '법률의 내용'을 고려함으로써, 본질적으로 주관적으로 형성되는 신뢰보호를 적어도 객관적으로 파악하고 법적으로 평가할 수 있게 된다. 헌법적으로 보호되어야 하는 '신뢰이익의 내용'이 오로지 신뢰의 근거인 '법률의 규범적 표현'에 근거하여 결정됨으로써, 주관적 신뢰의 客觀化는 달성될 수 있다.

(2) 법률은 법률개정의 유보 하에서 효력을 발생함으로써 법률에 기초한 개인의 신뢰

---

28) Vgl. Muckel, Kriterien des verfassungsrechtlichen Vertrauensschutzes bei Gesetzesänderung, 1989, S.80f.

29) Vgl. Kisker, Vertrauensschutz im Verwaltungsrecht, VVDStRL 32(1974), S.161ff.; Muckel, Kriterien des verfassungsrechtlichen Vertrauensschutzes bei Gesetzesänderung, 1989, S.108ff.

30) Vgl. BVerfGE 32, 123; Muckel, Kriterien des verfassungsrechtlichen Vertrauensschutzes bei Gesetzesänderung, 1989, S.93ff.

를 처음부터 제한하거나 배제하려고 시도할 수 있다. 예컨대, 戰後의 예외적 상황을 극복하기 위하여 전쟁의 결과를 규율하는 戰後의 법률이나 구체적 위기상황에 대처하기 위하여 한시적으로 적용되는 처분적 법률 등을 들 수 있다.

위와 같이 법률이 처음부터 잠정적으로 시행됨을 스스로 밝히는 것은 아니라 할지라도, 기한의 확정과 같은 아무런 법적인 확약이 없이 부여되는 조세감면의 혜택이나 보조금의 지급 등의 경우, 국민은 현실상황의 변화나 경제정책상의 進路變更으로 인하여 일정 기간이 경과한 후에는 국가의 급부가 감축 또는 폐지되리라는 것을 일반적으로 예측해야 하므로, 현재의 유리한 법적 상태가 계속 유지되리라는 것을 원칙적으로 신뢰할 수 없다. 더욱이 입법자가 이미 법률개정을 통하여 혜택을 점진적으로 축소함으로써 진로변경을 간접적으로 표현한 경우에는 신뢰이익의 보호가치는 더욱 감소된다.

이와는 달리, 법률이 일정 기간 동안 명시적인 存續의 確約을 하는 경우, 입법자가 존속을 확약한 기간 동안 수범자인 개인은 법률의 개정을 예견할 필요가 없기 때문에, 이를 근거로 행해진 개인의 결정이나 처분에 대해서는 특별히 보호되어야 하는 개인의 신뢰가 인정된다. 이러한 경우, 이미 종결된 사실관계의 당사자가 소급입법에 의한 사후적 침해를 예상할 필요가 없는 眞正遡及效의 상황과 신뢰보호의 관점에서 유사한 상황이 존재한다.

나. 법률개정에 따른 위험부담의 분배

국가가 각종 경제유도・조종조치를 통하여 私經濟의 과정에 광범위하고도 계획적으로 영향력을 행사함으로써, 국가의 경제유도행위는 개인의 경제적 활동의 결정근거로 작용한다. 이로써 국가의 진로변경이 개인의 신뢰손상과 경제적 손실을 가져올 수 있기 때문에, 독일에서는 이러한 문제를 법적으로 파악하기 위하여 '計劃保障(Plangewährleistung)'이라는 주제로 논의되었다. 원래 계획보장은 '경제계획'과 '공간계획'을 그 주된 논의대상으로 하였으나, 그의 기본사고는 '사인의 경제활동의 결정근거가 되기에 적합한 법적 상태가 국가행위에 의하여 형성되는 모든 경우'에 적용될 수 있다. 국가에 의한 進路變更의 위험부담이 행위의 주체인 개인이 아니라 법률로써 계획하고 개인의 행위를 유발한 국가에게 부과되어야 하는 경우에는 계획의 존속에 대한 개인의 신뢰가 보장되어야 한다는 것이 계획보장의 핵심적 요청이다.[31] 언제 국가에게 진로변경의 위험부담을 귀속시킬 수 있는지를 판단하기 위해서는 '계획보장'에 관한 일반적인 이해가 선행되어야 한다.

31) Vgl. Badura, Wirtschaftsverfassung und Wirtschaftsverwaltung, 1970, S.110.

(1) 計劃保障의 개념과 법치국가적 문제

(가) 계획보장이란 계획의 수규자의 신뢰보호의 관점에서 국가의 계획을 조기에 변경하거나 폐지하는 공권력의 권한을 제한하려는 시도이다. 공권력의 계획은 법률, 명령, 조례, 행정행위, 행정계획 등 다양한 형태로 나타난다. 국가의 계획이 경제입법과 같이 '법률'의 형태로 확정되면, 계획보장은 곧 '입법자에 대한 신뢰보호'의 문제로 직결된다.[32] 이러한 경우, 계획보장은 입법자의 진로변경, 즉 법률개정에 대하여 어느 정도로 개인이 신뢰보호를 요구할 수 있는지의 문제를 의미한다. 이러한 점에서 계획보장의 문제는 不眞正遡及效를 가진 법률의 문제, 즉 입법자가 법률을 개정하면서 구법 하에서 형성된 법률관계를 함께 규율하는 문제라고 할 수 있다.[33]

계획은 그 실현을 목표로 하며, 실현되기 위하여 국민의 협력, 즉 국가의 계획에 합치하는 국민의 행동을 요구한다. 국가는 국민이 계획에 자신의 행위를 맞추고 계획을 결정과 행위의 근거로 삼도록 다양한 방법으로 유도하려고 시도한다. 그러나 다른 한편으로는 계획의 수행과정에서 착오와 수정, 유연성과 불안정성은 계획에 내재하는 요소이다. 끊임없는 현실상황의 변화와 그에 따른 계획 목표 및 대상의 조정으로 인하여 지속적인 진로의 수정과 현실에의 적응은 성공적인 계획수행을 위한 필수적 조건이다.[34] 계획보장의 문제는 바로 '신뢰의 근거'로서의 성격과 계획의 '유동성'이라는 이중적 성격을 지니는 계획의 내재적 모순에 있으며,[35] 계획보장은 계획의 존속에 대한 신뢰와 계획의 변경에 있어서의 위험부담의 문제를 법치국가적으로 해결하고자 하는 법적 제도이다.

(나) 계획보장의 문제는 계획의 유형에 따라[36] 달리 나타난다. 계획의 유형은 공권력의 강제 및 침해의 강도란 관점에서 구별되며, 국가적 영향의 强制性 여부는 계획수정에 관한 위험부담을 계획의 주체인 국가와 계획의 수규자인 개인 사이에 분배하는데 있어서 결정적인 역할을 한다.[37]

指標的 計劃(indikativer Plan)은 국민에게 준수의무를 부과하지도 않고, 또한 다른 방법으로 개인의 행위에 영향력을 행사하고자 시도하지도 않으며, 단지 국민이 그의 경제활동에서 고려할 수 있는 '지표적 자료'로서 작용한다. 그러므로 지표적 계획의 경우, 개인이 자신의 자유결정에 따른 위험부담을 지게 되므로 계획보장의 문제가 발생하지

32) Vgl. Ossenbühl, Staatshaftungsrecht, 1991, S.326.
33) Vgl. Götz, Bundesverfassungsgericht und Vertrauensschutz, in: Starck(Hg), Bundesverfassungsgericht und Grundgesetz, Bd.Ⅱ, 1976, S.444f.; Maurer, Allgemeines Verwaltungsrecht, 9. Aufl., 1994, §16 Rn.30.
34) Vgl. v. Simon, Planänderung als Rechtsproblem, in: Planung Ⅰ, 1965, S.419f.; 한태연, 헌법학, 1983, 1054면 이하 참조.
35) Vgl. Ipsen, Rechtsfragen der Wirtschaftsplanung, in: Planung Ⅱ, 1966, S.107f.
36) 계획 및 계획유형에 관하여 한태연, 헌법학, 1983, 1053면 이하 참조; Maurer, Allgemeines Verwaltungsrecht, 9. Aufl., 1994, §16 Rn.27.
37) Vgl. Ossenbühl, Staatshaftungsrecht, 1991, S.323.

않는다.

이와는 반대로, 명령과 강제에 의하여 수행되는 强制的·命令的 計劃(imperativer Plan)의 경우, 그의 구속적인 성격으로 인하여 사적 위험부담을 수반하는 개인의 독자적인 결정가능성을 배제한다. 그 결과, 강제적 계획은 진로변경에 따른 국가와 사인 간의 책임의 분배에 있어서 확실한 관계를 형성한다. 즉, 여기서 계획변경은 전적으로 공권력의 책임범위에 속하므로, 그에 상응하게 명령적 계획을 수정하는 법률은 거의 예외없이 계획의 수정으로 인하여 개인에게 발생한 손실에 대하여 보상규정을 두고 있다.

그러므로 계획보장의 관점에서 실질적으로 문제가 되는 것은 바로 影響的 計劃(influenzierender Plan)에서의 계획변경이다. 여기서 국가는 조세감면혜택 등 경제적 유인책의 형태로 권유, 자극, 유도 및 불이익의 위협 등의 다양한 방법을 사용하여 국민의 행위를 일정한 방향으로 유도하려고 시도한다. 오늘날의 국가계획은 대부분의 경우 직접적인 강제나 침해의 형태를 취하지 않고, 국가와 사인간의 협력, 설득, 호소, 권유, 자극, 유도 등의 간접적 방법(影響的 計劃)을 사용한다. 자유는 곧 자기결정과 자기책임을 의미하고, 자기책임은 스스로의 위험부담으로 이어지는 반면, 이에 대하여 국가의 강제 및 침해는 그에 대한 보상을 가져온다는 자유주의적 법치국가(liberaler Rechtsstaat)에 기초한 兩者 간의 명백한 대립관계가 오늘날의 계획에서는 폐지되었다. 이로써 개인의 자유와 공권력의 강제 사이의 명백한 경계선이 사라져 자유와 강제는 혼합되고, 동시에 사인의 결정에 대한 책임이 부분적으로 사인에서 국가로 轉移됨으로써 사인과 국가 간의 책임범위의 귀속이 불확실하게 되었다. 그러므로 계획보장의 핵심적 문제는 공권력의 계획변경 또는 진로변경에 있어서 사인과 공권력 간에 위험부담의 배분을 규율하는 문제이다.[38)]

(2) 신뢰이익의 판단기준

'계획보장'에서 밝혀진 '위험부담의 배분'이란 관점에서 본다면, 우선 강제적 계획의 경우와 같이 국가가 개인의 결정가능성을 배제하고 일방적으로 자신의 의사를 사인의 행위기준으로 제시하고 강요하는 경우에는 국가의 의사에 따라 행동한 사인의 신뢰행사가 더욱 존중되어야 한다. 결정을 스스로 할 수 있을 때에만 원칙적으로 그에 따른 위험부담이 존재하므로, 이러한 경우 진로변경의 책임은 전적으로 국가에게 귀속되어야 한다.

또한, 개인의 신뢰행사가 단지 법률이 반사적으로 부여하는 기회의 활용을 넘어서 법률에 의하여 유발된 특별한 신뢰보호의 요건이 존재한다면, 특별히 보호가치가 있는 신뢰이익이 인정되어야 하고 원칙적으로 개인의 신뢰보호가 국가의 법률개정이익에 우

38) Vgl. Ossenbühl, Staatshaftungsrecht, 1991, S.331.

선해야 한다. 따라서 개인의 처분적 행위가 국가에 의하여 일정 방향으로 유인된 신뢰의 행사인지 아니면 단지 법률이 부여한 기회를 활용한 것으로 원칙적으로 사적 위험부담의 범위에 속하는지의 관점이 신뢰이익의 보호정도를 결정함에 있어서 또 하나의 중요한 기준으로 작용한다.[39]

(가) 법률이 반사적으로 부여하는 기회의 활용

입법자는 일정 생활영역을 중·장기적으로 규율함으로써 질서유지적 및 질서형성적 기능을 이행하는 경제·사회정책적 규범을 제정할 수 있다. 이러한 규범의 경우, 입법자는 개인이 법률을 자신의 행위와 결정의 기준으로 삼는 가능성을 충분히 예견하지만 이를 유도하지는 않는다. 이 경우 개인은 원칙적으로 자신의 계획에 따라 행위하면서 단지 법률이 개방하는 기회를 현실화할 뿐이다.

예컨대, 종래 65세이던 대학교수의 停年을 62세로 낮추는 법률개정에 있어서[40] 종래 65세의 정년을 보장하던 규범은 한시적인 것도 아니고 잠정적 효력을 가지는 규범도 아니었기 때문에 대학교수에게 신뢰의 근거로 작용하였고, 법률의 개정으로 인하여 65세까지 대학교수로서 활동하리라는 신뢰가 손상되었다. 이러한 법률은 개인이 법률의 내용에 따라 처분이나 결정을 하게끔 형성되어 있으나, 입법을 통하여 국가가 개인의 행위를 일정한 방향으로 유도하고자 시도한 것은 아니다. 그러므로 현재 62세인 교수가 '65세 정년'이라는 신뢰 하에서 그 때까지의 포괄적인 연구계획을 수립하고 연구비확보 등 구체적인 실현 작업을 개시했다 하더라도, 이는 단지 법률에 의하여 개인에게 제공된 기회의 활용을 의미할 뿐, 국가가 입법을 통하여 이를 유도한 것은 아니다. 다만, 신뢰보호는 62세 정년을 초과하였거나 정년이 임박한 교수들에 대하여 그들이 법률개정

39) Vgl. BGH 45, 83(스웨덴 건빵결정), 스웨덴에서 수입하던 건빵의 수입관세가 25%에서 10%로 인하됨으로써, 독일에서 관세인하 이후 스웨덴으로부터의 건빵수입이 크게 증가하였고, 그 결과 독일 건빵제조업체의 생산과 판매가 크게 감소하였으며 시설투자 또한 기대한 만큼 활용할 수 없게 되었다. 독일의 건빵제조업체들은 독일 연방정부로부터 지원조치를 얻으려는 시도가 실패하자 정부의 보상을 요구하는 소송을 제기하였다. 독일 연방최고법원(BGH)은 財産權保障을 심사기준으로 하여 법률의 존속에 대한 개인의 신뢰가 재산권의 보호범위에 포함되는지 여부를 심사하였는데, 기업의 처분이 단순히 주어진 법적 상태의 활용을 넘어서 계획이 구현하려는 의도를 수용해야만 반사적 이익을 넘어서 헌법적으로 보장된 재산권의 성격을 가질 수 있다고 판시하였다, "국내기업은 수입관세에 의하여 단지 외국경쟁기업보다 유리한 경쟁상황을 활용할 기회만을 잠정적으로 제공받을 뿐이다. 그러나 만일 연방정부가 국내기업에게 관세유지를 확약하고 지출이나 투자를 하도록 유도하였다면, 기업이 관세의 존속을 신뢰하여도 되는 신뢰의 구성요건이 성립한다. 이러한 경우에 기업의 기대에 어긋나게 早期에 관세가 폐지되거나 인하된다면, 그에 대한 보상이 고려될 수 있다."; Badura, Wirtschaftsverfassung und Wirtschaftsverwaltung, 1970, S.109f.; Muckel, Kriterien des verfassungsrechtlichen Vertrauensschutzes bei Gesetzesänderung, 1989, S.108ff.; Kisker, Vertrauensschutz im Verwaltungsrecht, VVDStRL 32(1974), S.161ff., 179; Ossenbühl, Staatshaftungsrecht, 1991, S.328ff.; Götz, Bundesverfassungsgericht und Vertrauensschutz, in: Starck(Hg), Bundesverfassungsgericht und Grundgesetz, Bd.Ⅱ, 1976, S.446; Stern, Zur Problematik rückwirkender Gesetze, in: FS für Theodor Maunz, 1981, S.392; Maurer, Allgemeines Verwaltungsrecht, 9. Aufl., 1994, §16 Rn.30.

40) BVerfGE 67, 1; 또한 헌재 1994. 4. 28. 91헌바15 결정 참조.

으로 인하여 변화한 법적 상황에 대비할 수 있도록 적정한 유예기간을 부여하는 경과규정을 둘 것을 요구한다.[41)]

또한, 국가가 규율하는 직업에 있어서 일정 자격요건을 충족시켜 직업허가를 받아야 직업을 행사하는 경우에도, 개인은 국가에 의하여 일정직업을 갖도록 유도된 것이 아니라, 개인이 스스로의 결정과 자신의 계획에 따라 행위하면서 단지 법질서가 제공하는 자유공간이나 기회를 활용한 것이다. 따라서 그 직업에 종사하는 개인은 일반적으로 직업허가의 존속이 그에게 평생 확약되었다고 주장할 수 없다. 그럼에도 불구하고 자격 등과 같은 직업행사의 요건을 사후적으로 강화함으로써 이미 구법 하에서 직업허가를 받고 장기간 종사한 개인이 더 이상 직업을 행사할 수 없게 된 경우에도 경과규정을 요구하는 신뢰보호의 문제가 제기될 수 있다.[42)] 장기간 일정 직업에 종사한 자에게 법률개정과 함께 즉시 직업을 포기할 것을 요구하는 강제는 비례의 원칙의 관점에서 신뢰이익에 대한 과도한 손상이므로, 입법자는 당사자가 법적 상황의 변화에 적절히 적응할 수 있도록 유예기간을 두어야 한다. 개인의 신뢰이익에 대한 손상이 개정법률이 달성하려는 공익실현의 관점에서도 더 이상 정당화될 수 없을 정도로 과도하다면, 신뢰이익은 경과규정을 통하여 적절히 고려되어야 한다. 입법자는 직업을 새로이 규율할 수 있으나, 신뢰보호원칙은 법률개정으로 인하여 미래에 있어서 허용되지 않는 직업행위를 과거에 이미 적법하게 행사한 사람들을 위하여 적절한 경과규정을 둘 것을 요구한다.

(나) 국가에 의하여 유도된 신뢰의 행사

위의 경우와는 달리, 입법자는 법률을 신뢰의 근거로 제공하고 국가가 의도하는 일정한 방향으로 개인의 처분을 유도하고자 하는 목적으로 법률을 제정할 수 있다. 특히 사경제를 일정한 방향으로 조종하고 유도하고자 하는 입법에 있어서, 국가계획의 범주 내에서 계획의 목표를 달성하기 위하여 필요하다고 생각되는 개인의 처분을 유도할 목적으로 법률로써 조세감면의 혜택,[43)] 금융지원, 세금공제의 가능성 등 경제적 유인책을

---

41) 이에 관하여는 아래 Ⅳ. 4. (헌재 1994. 4. 28. 91헌바15 등) 참조.

42) Vgl. BVerfGE 21, 173, 182f., 종래 두 개의 직업(납세대리인/영업행위)을 동시에 행사한 집단에 대하여 겸직금지조항을 도입한 경우(경과규정의 결여로 위헌); BVerfGE 25, 236, 248, 종래 자격 없이 의료행위를 하던 치과의사에 대하여 자격요건을 도입한 경우; BVerfGE 32, 1, 21f., 종래 약사의 기능을 담당하던 집단에게 1년의 경과기간 후에는 신법에 의하여 신설된 약제보조원의 기능만을 담당할 수 있도록 법률을 개정한 경우(종래의 직업적 지위를 일정 기간 유지시키는 경과규정의 결여로 인하여 위헌); BVerfGE 64, 72, 83f., 건축 감리기사의 직업행위에 대하여 정년을 도입한 경우(경과규정이 충분하므로 합헌); BVerfGE 68, 272, 284, 단순건축물 설계사의 직업행위에 대하여 자격요건을 도입하면서 종래 설계사로 종사한 사람에 대하여 경과규정을 두지 않은 경우(위헌); 공립학교교사의 정년을 단축하면서 경과규정을 두지 않은 경우(위헌); BVerfGE 75, 246, 278f., 종래 법률상담에 관한 다양한 허가를 폐지하고 법률상담행위를 앞으로는 오로지 변호사만이 하게끔 법률을 개정한 경우(신법 시행 당시 시험 준비를 한 집단에 대하여 구법을 계속 적용케 하는 경과규정을 두었으므로 합헌); 재산권의 보장에 관한 결정으로는 BVerfGE 31, 275, 293, 저작권의 보호기간을 구법상 '예술가 死後 50년'에서 '발표 이후 25년'으로 개정한 경우 보호기간의 출발시점이 개정법률 시행시점 이전이 될 수 있는 한 위헌. 또한 BVerfGE 36, 281, 293(특허법 결정) 참조.

43) 특히 세법에 있어서 Vogel, Grundzüge des Finanzrechts des GG, in: HbStR, Bd.Ⅳ, §87 Rn.52, 76.

제공하는 경우이다. 이러한 법률의 경우, 의도하는 목적이 달성될 수 있는지 여부는 일반적으로 어느 정도로 국민이 법률의 의도에 호응하는지에 달려 있다. 입법자가 명시적으로 법률의 *存續 確約*을 하거나 아니면 그러한 확약은 아닐지라도 개인이 자신의 결정을 규범의 의도에 맞춘다면 국가가 자신의 신뢰를 저버리지 않으리라는 기대를 규범의 표현을 통하여 불러일으키는 경우, 국가에 의하여 유도된 신뢰의 행사를 인정할 수 있다.

입법자는 새로운 인식을 수용하고 현실의 변화에 적절히 대처하기 위하여 그의 활동에 있어서 미래를 향하여 자유로워야 하기 때문에, 국민은 원칙적으로 현재의 법적 상태가 불변으로 계속 지속되리라는 것을 신뢰할 수 없다.[44] 그러나 입법자가 일정한 기간을 정하여 법률의 존속을 약속한다든지 아니면 다른 형태로 스스로를 구속하는 경우에는 입법자는 이러한 방법으로 국민이 '특별히 신뢰할 수 있는 근거'를 형성하게 된다. 특히 時限을 정하여 시행되는 법률의 경우, 입법자는 限時的 규정을 통하여 한편으로는 처음부터 일정 기간 이후 규정의 소멸가능성을 밝힘으로써 법적 상태의 지속에 관한 국민의 신뢰를 처음부터 배제하지만, 다른 한편으로는 법률이 일정한 기간 동안 효력을 유지한다는 것을 간접적으로 확약함으로써 특별히 보호가치 있는 신뢰의 근거를 제공하게 된다. 예컨대, 기업의 투자를 촉진하고 투자의 이윤성을 확보해 주기 위하여 법률로써 일정 기간 그의 존속이 보장된 관세나 부가가치세와 같은 조세감면조치가 법적으로 확정된 기간의 경과 이전에 다시 제거되거나 축소되는 경우이다.[45]

또한, 시험규정이나 교육제도에 관한 규정에서도 일정한 방향으로 개인의 결정을 유도하려는 국가의 의도를 발견할 수 있다.[46] 국가는 시험규정을 통하여 국민이 일정 방향으로 시험 준비를 하도록 유도한다. 국가가 시험규정의 확정을 통하여 국민의 자유의사를 배제하고 자신의 의사를 국민의 행위기준으로 제시하고 강제하는 곳에서는, 국가의 결정에 따른 개인의 처분(시험규정에 따른 시험 준비)이 특히 존중되어야 한다. 결정을 스스로 내릴 수 있을 때에만 원칙적으로 그 결정에 따른 위험부담이 존재해야 한다는 의미에서, 국가가 공익상의 이유로 개인의 의사를 축출하고 대신 자신의 의사를 행위기준으로 확정함으로써 국가는 개인의 행위에 대한 책임을 넘겨받았다고 볼 수 있다.

44) BVerfGE 15, 324ff.

45) 대표적인 예로는 BVerfGE 30, 393(베를린 보조금법 결정), 독일 연방헌법재판소는 위 결정에서, 첫째 법률에 의하여 기업의 투자가 유발되었고, 둘째 투자의 경제성을 보장하기 위하여 법률시행기간을 한정하였고, 셋째 법률의 早期 변경으로 신뢰이익의 손해가 발생하였는데 신뢰이익의 손해가 법률개정이익으로도 정당화될 수 없을 정도로 과도한 경우에 개인의 보호가치 있는 신뢰가 인정될 수 있다고 판시하였다.

46) Vgl. Kisker, Vertrauensschutz im Verwaltungsrecht, VVDStRL 32(1974), S.165f.

3. 신뢰보호의 구체적인 실현수단으로서 經過規定

가. 신뢰보호에서 경과규정의 의미

'개인의 신뢰이익'과 '법률개정을 요구하는 공익'을 교량하고 兩 법익을 조화시키는 과정에서, 개인이 비록 구법의 존속을 요구할 수는 없으나 구법에서 신법으로의 법치국가적 轉移, 즉 법률개정에 있어서 보호가치 있는 자신의 신뢰이익을 고려해 줄 것을 요구할 수 있다. 여기서 경과규정은 '법률개정이 추구하는 공익'과 '개인의 신뢰이익'이란 상충하는 법익을 이상적으로 조화시키고 균형점을 찾는 가능성으로 기능한다. 개인의 신뢰이익이 국가의 법률개정이익에 대하여 우위를 차지한다면 개인의 신뢰는 적어도 적절한 경과규정을 통하여 고려되어야 한다.[47] 이러한 의미에서 적절한 경과규정의 도입은 특별히 보호가치 있는 신뢰이익이 인정된 경우의 법적 효과이다.[48]

경과규정은 법익교량과정에서 어느 정도 조정적·보상적 기능을 이행함으로써 과거의 사실관계를 함께 규율하는 개정법률이 초래하는 가혹한 결과를 완화하게 된다. 입법자는 개정법률에 적절한 경과규정을 삽입함으로써 개별적 법률의 고유 상황에 맞게 법치국가적 신뢰보호의 요청을 다양한 방법으로 보장할 수 있다. 입법자는 경과규정을 통하여 신뢰보호의 요청에 부합되는 새로운 법적 상태로의 법치국가적 이행을 가능케 함으로써 법률의 위헌성을 피할 수 있다. 경과규정의 이러한 중요한 법치국가적 의미가 이제껏 충분히 인식되지 못하였다.

舊法을 구법 하에서 생성된 법률관계에 대하여 무제한적으로 계속 적용하는 방법과 新法을 구법 하에서 생성된 법률관계에 대하여 아무런 경과규정 없이 즉시 적용하는 방법의 2가지 극단적인 방법 사이에 일련의 중간적인 규율가능성이 존재한다.[49] 구법 하에서 발생한 법률관계에 대하여 구법을 한시적으로 계속 적용케 한다든지, 신법을 구법 하에서 발생한 법률관계에 적용함으로써 발생하는 가혹한 경우를 고려하여 가혹한 결과를 완화하는 규정을 둔다든지, 적응보조규정을 둘 수 있다. 여기서 적절한 경과규정을 찾는 것은 헌법의 문제가 아니라 입법론의 과제이다. 입법자에게는 경과규정의 제정에 있어서 광범위한 형성의 자유가 부여되므로, 헌법재판소는 단지 신뢰보호의 관점에서 헌법적으로 경과규정이 요청되는지, 입법자가 선택한 경과규정이 개인의 손상된 신뢰이

47) Vgl. Lerche, Übermaß und Verfassungsrecht, 1961, S.270; Muckel, Kriterien des verfassungsrechtlichen Vertrauensschutzes bei Gesetzesänderung, 1989, S.119f.; BVerfGE 43, 242, 286ff.

48) BVerfGE 43, 242, 288; 51, 356, 368f.

49) Vgl. Stern, Zur Problematik rückwirkender Gesetze, in: FS für Theodor Maunz, 1981, S.393; Lerche, Übermaß und Verfassungsrecht, 1961, S.270ff.; Dürig, in: Maunz/Dürig, GG, Art.3 I, Rn.224; Muckel, Kriterien des verfassungsrechtlichen Vertrauensschutzes bei Gesetzesänderung, 1989, S.120ff.; BVerfGE 43, 242, 288f.; 75, 246, 279.

익을 고려하기에 충분하고 적절한 것인지 여부만을 심사하게 된다.[50)]

나. 舊法의 무제한적인 계속적용(장래에 발생하는 사실관계에만 新法의 적용)

교육제도의 개혁이나 시험규정의 개정에 있어서, 개인의 신뢰행사가 단지 법률이 반사적으로 부여하는 기회의 활용을 넘어서 법률에 의하여 의도되고 일정한 방향으로 유발된 것이므로, 특별히 보호가치가 있는 신뢰이익이 인정되어야 하고 원칙적으로 개인의 신뢰보호가 국가의 법률개정이익에 우선해야 한다. 그러므로 이러한 경우, 구법 하에서 발생한 사실관계에 대하여 *舊法*을 무제한적으로 계속 적용하는 것이 원칙적으로 요구된다.[51)] 개정법률의 시행이전에 교육을 받기 시작한 사람을 신법의 적용에서 제외하고, 그들에게는 구법이 계속 적용되는 경과규정이 삽입된다. 또한, 시험규정의 개정의 경우, 당사자의 의사에 따라 구법과 신법을 선택적으로 적용할 수 있게끔 일정기간 두 가지의 법률을 병존케 하는 것도 생각할 수 있다.

구법 하에서 발생한 사실관계에 대하여 구법이 계속 적용된다면, 두 개의 법질서가 일정 기간 병존하게 되고, 이로써 근본적으로 동일한 법적 성격의 사실관계가 단지 언제 발생했는지에 따라 서로 상이하게 취급되는 결과가 발생한다. 유사한 사실관계에 서로 다른 법률이 적용됨으로써 발생하는 불평등은 구법에서 신법으로 이전하는 과정에서의 법치국가적 정의, 즉 신뢰보호의 요청에 기인하는 것으로서, 신뢰보호는 차별을 정당화하는 이유를 제공하므로 자의적일 수 없다.

다. 시간적 또는 내용적 제한 하에서의 舊法의 계속적용

*舊法*을 과거에 발생한 사실관계에 대하여 계속 적용하는 것은 시간적으로 또는 적용대상에 있어서 제한될 수 있다. 특히 국가가 직업의 허가규정을 새로이 규율하거나 구체적 재산권의 내용을 새로이 규정하는 경우에 이러한 유형의 경과규정이 헌법적으로 요구될 수 있다. '시간적' 제한의 경우에는, 경과규정이 구법의 계속적용을 단지 한시적으로 허용한다.

'적용대상'을 한정하여 구법을 계속 적용하는 경우는, 일정 인적 집단이나 특정 구성요건을 신법의 적용에서 제외하여 계속 구법의 지배하에 두는 것이다. 예컨대, 국가가 규율하는 직업의 허가규정을 개정하는 경우, 이미 허가신청을 한 지원자와 신법의 시행당시 직업허가를 얻기 위하여 이미 상당한 준비를 하는 등 신뢰를 실제로 행사한 사람으로서 일정 기간 내에 허가신청을 하는 경우에 한하여 구법을 계속 적용케 하는 경우

---

50) 연방헌법재판소는 BVerfGE 51, 368ff.; 68, 284ff.에서 경과규정의 결여를 이유로, BVerfGE 31, 284ff.; 43, 288ff.; 71, 275에서는 삽입된 경과규정의 불충분을 이유로 개정법률을 각 위헌으로 선언하였다.

51) Vgl. Dürig, in: Maunz/Dürig, Art.3 I, Rn.222; Forsthoff, Das Lehrbuch des Verwaltungsrechts, Bd.1, 1973, S.152f.; BVerwGE 16, 151.

이다.[52] 신법을 기존의 사실관계에 적용함으로써 발생하는 특별히 가혹한 경우를 고려하여 그러한 경우에 한하여 신법에 적용의 예외를 규정하는 것(소위 가혹한 결과를 완화하는 예외 규정)도 구법을 제한적으로 계속 적용하는 경우에 해당한다.

라. 適應補助規定의 삽입

개정법률로 인하여 변화한 법적 상황에 적응하는 것을 지원하고자 하는 '적응보조(Anpassungshilfe)'규정을 개정법률에 삽입하는 것도 국가의 법률개정이익과 개인의 신뢰이익 사이의 타협점으로서 경과규정의 한 형태에 해당한다.[53] 적응보조의 구체적인 수단으로서는 여러 가지의 다양한 형태가 고려되나, 특히 변화한 상황에의 적응을 용이하게 하기 위한 '단기적 보조금의 지급'이나 '세제상의 감면혜택'이 가장 빈번히 사용되는 수단이다. '적응보조'는 신뢰이익의 손상이 발생하는 것을 사전에 방지하고 사후적인 보상의 문제를 불필요하게 하는 경과규정의 일종으로서, 이미 발생한 손실에 대한 '보상'과는 구별되어야 한다.[54]

Ⅳ. 不眞正遡及效에 관한 헌법재판소의 決定例

1. 과세기간 중 세법개정 및 국가에 의하여 유도된 신뢰의 행사

가. 헌재 1995. 10. 26. 94헌바12 결정

(1) 사건의 개요

청구인은 舊 법인세법 제10조의3 규정과 舊 조세감면규제법(이하 '租減法') 제7조의2 규정에 의거하여 자본증가를 하면 36개월간 20%의 增資所得이 공제되는 것으로 믿고 1988년 1월에 5억 원, 3월에 45억 원을 증자하였다. 그런데 청구인의 1990년 사업년도(7. 1.부터 다음 해 6. 30.까지) 도중인 1990. 12. 31. 조감법이 개정되어 공제율을 청구인의 경우 12%로 인하하면서 청구인의 1990년 사업년도 전부에 걸쳐 적용하게끔 되었다. 청구인은 증자소득공제액을 1990. 7. 1.부터 같은 해 12. 31.까지는 舊 조감법을 적용하여, 1991. 1. 1.부터 같은 해 6. 30.까지는 新法을 적용하여 계산하였다. 그러나 관할 세무서장은 증자소득공제액은 법령의 개정 전후에 따라 나누어 계산할 것이 아니라 위 사업년도의 전체 기간에 걸쳐 계산해야 한다며 약 5천6백만 원을 추가로 납부해야 한다는 세무조정을 하였고, 청구인은 이에 따라 수정신고를 하고 위 금액을 납부하였다.

청구인은 법원에 최초로 신고한 금액을 초과하는 부분에 대한 취소청구의 소를 제기

52) BVerfGE 75, 246, 278f.
53) 적응보조와 신뢰보호의 관계에 관하여 BVerfGE 18, 264.
54) Vgl. Maurer, Allgemeines Verwaltungsrecht, 9. Aufl., 1994, §16 Rn.34f.

하고 아울러 개정법률에 대한 위헌법률제청신청을 하였으나 위 법원이 제청신청을 기각하자, 기득권 및 재산권의 침해를 주장하여 이 사건 헌법소원심판을 청구하였다.

(2) 결정요지

헌법재판소는 과세기간 중 세법이 청구인에게 불리하게 개정된 경우를 소급입법과 신뢰보호원칙의 관점에서 판단하면서 '진정·부진정소급입법의 구분'의 어려움을 다음과 같이 인정하고 있다.

"소급입법을 진정·부진정으로 나누는 척도는 개념상으로는 쉽게 구분되나 사실상 질적 구분이 아닌 양적 구분으로 단순히 법기술적 차원으로 이어질 가능성이 있으므로 이와 같은 구분의 기준에 관하여 이견이 있을 수 있다. 과세년도 도중에 세법이 개정된 경우는 세법상 과세요건의 완성이 과세년도의 경과 후에 이루어지기 때문에 부진정소급효에 해당한다. 그러나 이는 과세요건의 완성을 과세기간의 종료로 정하는 법기술적 차원의 구분에 불과하다. 이와는 달리 개정법률 시행일까지 경과된 과세연도의 일부기간까지 법인세의 과표가 되는 법인의 사업소득은 이미 확정되었기 때문에 이러한 관점에서 진정소급효에 해당한다고 볼 수도 있다. 따라서 진정·부진정소급효의 구분은 문제가 있으나 현재로는 새로운 대안도 찾기 어려우므로 종전의 구분을 그대로 유지하는 것이 불가피하다."[55]

헌법재판소는 위와 같은 이유로 심판대상을 '부진정소급입법'으로 파악하고 신뢰보호의 필요성과 개정법률로 달성하려는 공익을 비교형량하여 신뢰보호이익이 상당한 정도로 침해되었다고 결정하였다. 헌법재판소는 법익교량과정에서 "청구인은 당초 구법규정에 따라 증자소득공제를 기대하고 증자하였는데 그러한 구법은 기업의 증자를 통하여 재무구조개선을 하도록 유도하기 위한 목적으로 제정된 것이며, 청구인이 법률개정을 예견할 사정도 없고, 구법을 신뢰한 국민의 신뢰이익을 압도할 만큼의 공익의 필요성이 간절한 것도 아니다."라는 이유로 국민의 신뢰이익에 우위를 부여하고, 이 사건 규정의 발효일 이전에 도과된 사업년도분에 대하여는 구법을 계속 적용하는 경과규정을 두어야 하는데 그러한 경과규정이 결여되었으므로 위헌이라고 판단하였다.

나. 위 결정의 의미 및 문제점

(1) 법률을 진정·부진정 소급효 중 어디에 귀속시키는지에 따라 심판대상인 규범이 헌법적으로 허용되는지 여부의 판단에 있어서 완전히 상반된 법적 결과를 가져오는 결정적인 역할을 한다. 그러나 위 결정은 '종결된 사실관계'와 '아직 종결되지 않은 사실관계'의 구분이 법기술적인 구체적 형성에 따라 상당히 자의적으로 판단될 수 있고 또

55) 판례집 7-2, 457, 458(필자 나름대로 요약).

한 그 구분이 명확하지 않다는 것을 잘 보여 주고 있다.[56)]

曆年이나 사업년도의 단위로 세액을 확정하는 소득세나 법인세의 경우 과세기간 중에 과세기간의 개시일에 대한 효력으로 세금이 인상된다면, 여기서 '이미 경과한 기간'에 관해서는 '종결된 사실관계'에 대한 침해를 인정해야 하는지의 문제가 발생한다. 한편으로는 1년 단위로 과세되는 세금에 있어서는 과세기간의 경과와 함께 과세요건이 종결되므로 '사실관계의 종결 여부'를 판단함에 있어서 '과세기간의 종료시점'을 기준으로 삼아 진정소급효를 부정할 수 있지만,[57)] 다른 한편으로는 개인의 신뢰보호의 관점에서 과세기간의 종료시점이 아닌 '납세의무자의 조세발생적 행위'를 결정적인 기준으로 삼아, 개정법률 시행 이전의 기간 동안 발생한 과세요건의 실현은 진정소급효로 인정해야 한다고 동일한 논리적 타당성을 가지고 주장할 수 있다.[58)]

여기서 법률이 '이미 종결된 사실관계'에 작용하는지 아니면 '아직 진행 중인 사실관계'에 작용하는지의 문제는 단지 법기술적인 합목적적 고려에 기인하는 문제이다. 그러나 개인의 신뢰가 보호되어야 하는지 여부는 실체적인 법적 평가의 문제이므로, 입법자가 세법의 과세기간을 6달, 1년 아니면 2년으로 정하는지의 법기술적인 합목적성에 의하여 형성된 규범의 내용을 절대적인 기준으로 삼아 신뢰보호의 문제를 판단하는 것은 문제가 있다. 그러므로 위 결정의 경우와 같이 진정·부진정의 구분이 어려운 경우에는 '사실관계의 종결 여부'라는 진정·부진정소급효의 형식적 구분에 일방적으로 의존하기보다는, 오히려 개인의 보호가치 있는 신뢰이익이 헌법적으로 허용될 수 없는 방법으로 손상되었는지의 실질적 관점에서 실체적으로 판단되어야 한다. 개인은 신뢰의 행사에 있어서 법률의 구체적인 형성에 의한 법기술적인 차이를 일반적으로 감지하지 못하므로, 개인의 관점에서 중요한 것은 법규범이 법질서의 존속에 관한 개인의 신뢰를 저버리는가 하는 것이다.

(2) 위 결정은 국가에 의하여 유인된 신뢰행사에 관한 대표적인 판례이다. 입법자는 36개월의 기한을 정하여 증자소득공제의 형식으로 조세감면을 약속하였고, 이를 통하여 기업의 재무구조개선을 위한 기업의 增資를 유도하려고 시도하였다. 이로써 입법자는 청구인이 자본증가를 결정할 당시 차후 36개월간, 5억 원 증자분에 대하여는 1991. 1.까지, 45억 원 증자분에 대하여는 1991. 3.까지 조세감면혜택을 기대할 수 있는 특별히

56) Vgl. Kloepfer, Gesetzgebung im Rechtsstaat, VVDStRL40(1982), S.83; Friauf, Steuerrecht und Verfassungsrecht, 1989, S.14f.; Iliopoulos-Strangas, Rückwirkung und Sofortwirkung von Gesetzen, 1986, S.39f., 85f.; Maurer, Kontinuitätsgewähr und Vertrauensschutz, in: Isensee/Kirchhof(Hg), HbStR, Bd.Ⅲ, 1988, Rn.12, 또한 계약의 경우에도 계약의 체결 아니면 계약의 이행을 '사실관계의 종결 여부'를 판단하는 기준으로 삼아야 할지 불확실하다.

57) BVerfGE 13, 274f.; 72, 252f.

58) Vgl. Götz, Bundesverfassungsgericht und Vertrauensschutz, in: Starck(Hg), Bundesverfassungsgericht und Grundgesetz, Bd.Ⅱ, 1976, S.430; Vogel, Grundzüge des Finanzrechts des GG, in: HbStR, Bd.Ⅳ, §87 Rn.77; Friauf, Steuerrecht und Verfassungsrecht, 1989, S.16f.

보호가치 있는 신뢰의 근거를 형성하였다. 36개월의 기한을 정하여 조세감면혜택을 규범적으로 약속하였으므로 청구인은 그 기간 내에 법률이 개정되리라는 것을 예견할 필요도 없었다.

따라서 이러한 경우에는 청구인의 신뢰이익은 공익에 우선되어야 하며, 단지 입법에 기초된 입법 당시의 상황이 그 사이 근본적으로 변화하였고 구법을 고수하는 것이 공익을 심각하게 저해할 우려가 있는 때에만 법률을 조기에 변경하는 것이 경과규정의 삽입가능성을 고려하여 허용된다고 보아야 한다. 그러나 입법자가 적절한 경과규정을 두고 있지 않으므로 이 사건 규정은 경과규정의 결여로 위헌이다.

2. 不眞正遡及立法과 將來立法의 구분

가. 헌재 1995. 5. 23. 93헌바18 등 결정

(1) 사건의 개요[59]

청구인은 1984. 11. 15. 공유수면매립법에 의한 매립면허를 받아 매립사업을 시행하고 1990. 11.경 준공인가를 받아 소유권을 취득한 토지 중 일부를 1990년에 다른 사람에게 양도하였다. 청구인이 공유수면매립면허를 받을 당시에 시행되던 舊 법인세법 제59조의3 제1항 제19호는 매립지를 양도함으로써 발생하는 소득을 특별부과세의 '비과세대상'으로 규정하였다. 그 후 1989. 12. 30. 공유수면매립지의 양도소득에 대한 특별부과세 '50% 減免'에 관한 규정이 구 조세감면규제법(이하 '조감법') 제59조 제10호로 신설되면서 이 사건 심판대상인 같은 법 부칙 제5조 제1항은 매립면허일에 관계없이 모든 매립지에 대하여 그 법 시행(1990. 1. 1.) 후 최초로 양도하는 것부터 위 신설된 법률규정을 적용하도록 규정하였다.

관할세무서장은 청구인의 위 매립지 양도에 대하여 舊 조감법 제59조 제10호 및 부칙 제5조 제1항에 의하여 특별부과세 50%를 감면하고 나머지 약 4천7백만 원의 과세처분을 하였다. 이에 청구인은 법원에 위 과세처분의 취소를 구하는 행정소송을 제기하고 舊 조감법 부칙 제5조 제1항에 대하여 위헌심판제청신청을 하였으나 제청신청이 기각되자 이 사건 조항은 헌법 제13조 제2항에 위반된다는 이유로 헌법소원심판을 청구하였다.

(2) 결정요지

(가) 헌법재판소는 "이 사건 법률규정의 위헌여부를 판단하기 위하여 매립지양도로 인한 소득에 대하여는 특별부과세가 비과세되리라는 기대에 반하여 특별부과세의 50%

59) 여기서는 헌재 1995. 5. 23. 93헌바18 사건의 사실관계만을 요약하기로 한다. 헌재 1995. 5. 23. 93헌바31 사건의 상황은 이와 동일함.

만 감면받고 나머지를 납부하게 된 것이 헌법 제13조 제2항에 의하여 금지되는 소급입법에 의한 재산권의 박탈에 해당하는지 여부와 법치주의원칙에서 파생되는 신뢰원칙에 위배하여 재산권을 침해하는 것인지 여부를 살펴보아야 한다."고 하면서, 일차적으로 이 사건법률이 소급입법에 해당하는지 여부를 판단하였다.

"특별부과세는 자산의 양도에 의하여 과세요건이 성립하는 법인세의 일종이므로 이미 매립지를 양도한 후에 그로 인한 소득에 대하여 새로운 입법으로 특별부과세를 부과하거나 그 감면의 범위를 축소하는 것은 소급과세금지원칙에 위반되는 것이라고 할 수 있다. 그러나 이 사건법률은 특별부과세의 감면범위를 축소한 구 조감법 제59조 제10호의 규정을 그 법 시행 이후에 양도하는 것에 대해서만 적용하도록 하고 있으므로 그 규정 시행 전에 이미 특별부과세의 납세의무가 성립한 소득을 대상으로 하는 것이 아니며, 또한 매립면허를 받아 매립공사를 시행하는 것만으로 특별부과세의 과세요건사실이 진행 중에 있다고 할 수도 없다."[60]

이로써 이 사건 법률규정이 진정소급효에도 부진정소급효에도 해당하지 않으므로, 헌법 제13조 제2항의 소급입법금지에 위반되지 않는다고 확인하였다.

(나) 이어서 헌법재판소는 이 사건 조항이 신뢰보호의 원칙에 위배되는지 여부를 다음과 같이 살펴보았다.

"이 사건 조항이 신뢰보호의 원칙에 위배되는지의 여부는 특별부과세의 비과세에 대한 매립사업자의 신뢰보호의 필요성과 법률개정으로 달성하고자 하는 공익목적을 비교형량 하여 판단하여야 한다. 비과세나 감면제도와 같은 조세우대조치는 조세평등주의의 이념에 배치되므로 그에 대한 기대나 신뢰가 절대적으로 보호되어야 할 필요나 가치가 있다고 할 수는 없고 오히려 경제현상의 변화에 따라 신축적인 개정이 요구되는 조세법분야에 있어서 위와 같은 조세우대조치는 잠정적인 것으로서 장래의 개정이 쉽사리 예측 가능하다. 또한 매립지의 양도로 인한 소득에 대한 특별부과세 감면규정은 당초 특별부과세 전부를 비과세하다가 점차 그 조세우대조치를 완화하는 방향으로 여러 차례 개정되어 왔음을 알 수 있다. 그러므로 이 사건규정은 조세공평의 원칙을 실현하기 위하여 매립지의 양도로 인한 소득에 대한 특별부과세의 비과세 및 감면제도를 점차적으로 축소, 폐지해 가는 과정에서 기존 법질서에 대한 신뢰와 개정법률이 달성하고자 하는 공익목적 사이의 조화를 도모하고 있으므로 신뢰보호원칙에 위반되지 않는다."[61]

나. 위 결정의 의미 및 문제점

(1) 헌법재판소는 위 결정에서 처음으로 법률을 그의 '시간적 적용범위'에 있어서 '진

60) 판례집 7-1, 383 이하(필자 나름대로 요약).
61) 판례집 7-1, 385(필자 나름대로 요약).

정소급효를 가지는 소급입법', '소위 부진정소급효를 가지는 과거연관적 법률' 및 '전적으로 장래에만 적용되는 소위 將來立法'의 3 가지로 나누고 있다. 개정규정의 시행 이전에 이미 양도한 것에 대하여 조세를 부과하는 것이 아니므로 '이미 종결된 사실관계'에 사후적으로 작용하는 것(眞正遡及效)은 아니고, 또한 매립공사를 시행한 것만으로 특별부과세의 과세요건사실(자산의 양도)이 진행 중에 있다고 할 수 없으므로 '현재 진행 중인 사실관계'에 대한 침해(不眞正遡及效)로 볼 수도 없다고 하였다. 이로써 헌법재판소는 이 사건 법률조항을 단지 미래에 적용되는 將來立法으로 간주하였고, 장래입법에 대해서도 신뢰이익과 법률개정이익의 교량을 통하여 신뢰보호원칙의 위배여부를 판단하였다.

그러나 장래에 있어서 적용되면서 단지 장래에 발생하는 사실관계만을 규율하는 법률(소위 '장래입법')의 경우, 개인의 신뢰보호의 문제가 발생하지 않는다. 헌법재판소의 판단과는 달리, 이 사건 법률조항은 '장래입법'이 아니라 '부진정소급효를 가지는 법률'로 파악되어야 한다. "매립공사를 시행한 것만으로 특별부과세의 과세요건사실(자산의 양도)이 진행 중에 있다고 할 수 없으므로 '현재 진행 중인 사실관계'에 대한 침해(不眞正遡及效)로 볼 수도 없다."는 헌법재판소의 판시내용은 부진정소급효를 판단하는 기준에 대한 오해에서 비롯된 것이다.

헌법재판소는 부진정소급효를 판단하는 요소인 '현재 진행 중인 사실관계'의 의미를 완전히 왜곡하고 있다. '법률이 부진정소급효를 가지는지 여부'의 판단은 개정법률이 구법 하에서 발생하였으나 현재까지 진행 중인 사실관계를 함께 규율함으로써 기존의 사실관계에 대하여 불리하게 작용하는지 여부에 달려있는 것이지, 구법을 신뢰한 개인이 신법의 시행 당시에 신법조항의 법률요건을 일부 또는 전부 충족시켰는지 여부에 달려있지 않다. '현재 진행 중인 사실관계'는 단지 '구법 하에서 발생하여 신법 시행 당시 현재까지 유지되고 있는 사실관계'를 의미하는 것이지, '구법 하에서 발생하여 신법 시행 당시 신법의 법률요건을 충족시키고 있는 사실관계'를 의미하는 것이 아니다. 이 사건의 경우, '현재 진행 중인 사실관계'란 헌법재판소의 판시내용과 같이 '신법 시행 당시 매립지의 양도가 현재 진행 중인 경우'가 아니라, '구법 하에서 매립지 양도소득에 대한 특별부과세의 비과세를 신뢰하여 매립사업을 시행하였고 현재 아직 매립지를 양도하지 않은 모든 경우'를 말하는 것이다.

헌법재판소는 위 결정에서 이 사건 법률조항에 대하여 부진정소급효를 否定했음에도 결국 부진정소급효의 경우와 마찬가지로 신뢰이익과 법률개정이익의 교량을 통하여 신뢰보호원칙의 위반여부를 판단하였다. 이는 곧, 헌법재판소가 이 사건 법률조항에 대하여 비록 형식적으로는 '장래입법'으로 판단했음에도 불구하고, 실질적으로는 이 사건 법률조항이 '구법 하에서 과거에 발생한 사실관계'를 함께 규율하는 '과거연관성', 즉 부진정소급효를 가지고 있다는 것을 간접적으로 인정한 것이다. 이 사건에서 본질적인 것은, 청구인이 매립사업을 시행할 당시 매립지 양도소득에 대한 특별부과세의 비과세를 신뢰하였다는 것이고, 신법 시행 후 모든 매립지의 양도소득에 대하여 특별부과세 '50% 減免'에 관한 규정을 적용토록 하는 이 사건 법률조항에 의하여 청구인의 신뢰이익이 손상되었다는 것이다.

(2) 매립지의 양도소득에 대한 비과세를 규정한 구법규정은 국토개발의 촉진이란 공익을 실현하기 위하여 정책적으로 조세우대조치를 하였다. 그러므로 청구인의 신뢰의 근거가 된 구법규정은 단순히 청구인이 활용할 수 있는 자유공간을 제공하는 법률이 아니라, 조세상 특혜를 부여함으로써 국민의 행위를 어느 정도 일정 방향으로 유도하려는 성격의 법률로 볼 수도 있다.

그러나 이 규정은 일정 기간 법률의 존속을 약속하지도 않았고 또한 다른 형태로 스스로를 구속한 경우에 해당하지 않으므로 특별히 보호가치 있는 신뢰를 형성했다고 볼 수 없다. 게다가 조세우대조치를 점차 완화하는 방향으로 여러 차례 개정되어 왔다는 점에서도 장래의 법적 상태의 변화를 예견할 수 있었으므로, 신뢰이익의 보호가치는 더욱 감소된다. 따라서 청구인의 신뢰이익에 대하여 법률개정이익의 우위가 인정되기 때문에 청구인의 신뢰는 경과규정을 통하여 고려될 것을 요구하지 않는다.

3. 교육제도의 개혁 및 시험규정의 개정

가. 헌재 1992. 10. 1. 92헌마68 등 결정

(1) 사건의 개요

교육부는 종래 정부가 일방적으로 확정하던 대학입시제도를 각 대학교가 광범위한 자율권을 갖고 독자적으로 주관하는 제도로 전환하기 위하여 1994학년도부터 적용될 새로운 대학입학시험제도를 확정하였고, 이를 기초로 '대학입학시험제도 개선안'을 작성하여 1991. 4. 2. 각 대학에 통보하였다. 이에 서울대학교는 1992. 4. 2. '1994학년도 대학입학고사 주요요강'을 약 2년간의 준비기간을 두고 발표하였다.

서울대학교는 1994학년도 대학입학고사 주요요강을 정함에 있어 인문계열의 대학별 고사과목에서 국어, 영어, 수학을 '필수과목'으로 하고, 한문 및 불어, 독어, 중국어, 에스파냐어의 5과목 중 1과목을 '선택과목'으로 정하면서, 日本語를 선택과목에서 제외시켰다. 그런데 교육부장관이 지정한 고등학교 교육과정의 외국어과목 중에 일본어가 독어, 불어, 중국어, 에스파냐어와 함께 선택과목의 하나로 채택되어 있으며, 고등학교 중 일본어를 가르치는 학교가 많고 심지어 다른 제2외국어과목을 배제한 채 외국어 선택과목으로는 오로지 일본어 하나만을 가르치는 고등학교도 상당수 있었다. 대원외국어고등학교 일본어과에 1학년과 2학년으로 각 재학 중인 청구인들은 서울대학교가 일본어를 제외시킨 것이 평등권과 균등하게 교육받을 권리를 침해한 것이라며 헌법소원을 제기하였다.

(2) 결정요지[62)]

(가) 서울대학교가 1994학년도 대학입시요강을 정함에 있어서 일본어를 선택과목에서 제외함으로써 고등학교에서 일본어를 선택하여 공부한 학생이 다른 제2외국어를 선택한 학생에 비하여 입시경쟁에서 불리한 입장에 놓이는 것은 사실이나 이러한 불이익은 서울대학교가 헌법 제22조 제1항의 학문의 자유와 헌법 제31조 제4항의 대학의 자율권이라는 기본권의 주체로서 자신의 주체적인 학문적 가치판단에 따른, 법률이 허용하는 범위 내에서의 적법한 자율권 행사의 결과 초래된 반사적 불이익으로서 부득이하다. 서울대학교가 일본어를 선택과목에서 뺀 대신 고등학교 교육과정의 필수과목으로서 모든 고등학교에서 가르치고 있는 漢文을 다른 외국어와 함께 선택과목으로 채택하였을 뿐더러, 위 입시요강을 적어도 2년간의 준비기간을 두고 발표함으로써 고등학교에서 일본어를 배우고 있는 1, 2학년 학생들로 하여금 그다지 지장이 없도록 배려까지 하고 있으므로, 그들이 갖는 교육의 기회균등이 침해되었다고 말할 수 없다.

(나) 위 결정에 대하여 '재판관 김진우, 이시윤'은, 이미 약 1년간 일본어를 수학한 고등학교 2학년에 재학 중인 청구인의 경우 일본어가 제2외국어로 채택된다는 신뢰 하에서 대비학습을 하였으므로, 청구인의 이러한 신뢰는 단순히 자율권 행사의 결과로 초래된 반사적 불이익이 아니라 법적으로 보호할만한 정당한 이익이나, 이 사건에서는 2년간의 상당한 시간적인 여유를 주었고 한문을 대폭 혼용하는 일본어 대신 漢文으로 대치하여 학습자의 피해를 줄일 수 있다는 관점에서 비례의 원칙에 반하는 과도한 신뢰이익에 대한 침해를 부정하는 '별개의견'을 개진하였다.

이에 대하여 '재판관 조규광'은 고등학교 1학년인 청구인의 경우에는 신뢰이익에 대한 침해가 경미하여 일본어를 배제한 것이 위헌이라고 할 수 없으나, 고등학교 2학년인 청구인의 경우에는 종전의 대학입시제도에 대한 청구인의 신뢰를 저버린 것으로서 평등권과 균등하게 교육받을 권리를 침해하는 것으로 위헌선언 해야 한다는 '별개의견'과 '반대의견'을 밝혔다.

'재판관 김양균'은, 서울대학교의 94년도 대학입시요강은 그것이 1994년도부터 시행된다면 현재 고등학교에서 일본어를 공부하고 있는 선의의 1, 2학년 학생에 대하여 법치국가원칙에서 파생되는 신뢰보호의 원칙에 위배하여 평등권 및 취학기회의 균등을 침해하는 것이어서 그 시행시기는 1996년도로 미루어져야 온당하며, 그렇지 않고 1994년도부터 강행된다면 충분한 경과규정의 미비로 위헌적인 공권력의 행사가 된다는 견해를

62) 판례집 4, 659, 660(필자에 의한 편집 없이 결정요지를 그대로 인용).

밝혔다. 특히 김양균 재판관은 그의 '반대의견'에서 일본어를 제2외국어로 선택한 것에 관하여 청구인들은 아무런 歸責事由가 없다는 점과 피청구인이 마련한 주요요강의 시행시기가 반드시 1994년도라야 한다는 공공의 이익을 인정할만한 사정, 즉 귀책사유 없는 학생들의 희생을 정당화시킬 충분한 이유는 엿보이지 않으므로 교육부의 대학입시제도(先行行爲)를 신뢰하고 이미 고등학교에 입학한 학생에게까지 피청구인의 주요요강을 적용하는 것은 신뢰원칙에 반하는 것으로서 적절한 경과규정을 요구한다고 밝히고 있어 주목된다.

나. 위 결정의 의미 및 문제점

(1) 위 결정에서와 같이 시험규정의 변경에 있어서는 국가가 개인의 결정가능성을 전반적으로 배제하고 일방적으로 자신의 의사를 개인의 행위기준으로 제시한다. 따라서 여기서 개인의 행위는 국가에 의하여 일정 방향으로 유인된 신뢰의 행사이므로 특별히 보호가치 있는 신뢰이익이 인정되어야 하고 원칙적으로 개인의 신뢰이익이 국가의 법률개정이익에 우선해야 한다. '김양균 재판관'은 그의 반대의견에서 '歸責事由'란 용어를 사용하고 있으나, 이는 결국 법률개정에 따른 위험부담이 국가와 국민 누구에게 돌아가야 하는지를 표현하고 있는 것으로 판단된다. 개인이 스스로 결정할 수 있을 때에만 원칙적으로 그에 따른 위험부담이 존재하므로, 시험규정의 개정에 있어서 진로변경의 책임은 전적으로 국가에게 귀속되어야 한다. 이 사건 결정에서는 국민은 국가의 시책과 달리 결정할 수도 없었고, 법적 상태의 변화를 예견할 필요도 없었다. 일본어를 제2외국어로 선택한 학생들이 현행 시험제도의 존속에 대하여 가지는 '특별히 보호가치 있는 신뢰이익'과 법률개정이익으로 간주되는 '서울대학의 자율권행사 및 학문과 연구의 자유'를 서로 비교형량 한다면, 학생들의 신뢰이익이 우위를 차지한다. 뿐만 아니라, 반드시 1994년부터 주요요강의 시행을 요청하는 그러한 중대한 공익도 찾아볼 수 없다.

그러므로 정부의 교육·시험정책을 믿고 따랐던 학생들이 예상치 못한 피해를 입지 않도록, 새로운 시험제도의 시행시기를 뒤로 미루든지 또는 1994년부터 시행되어야 한다면 적절한 經過規定을 통하여 일본어를 선택한 학생들의 신뢰이익이 적절하게 고려되어야 한다. 고등학교 1학년의 경우 신뢰이익의 손상이 미약하여 이들의 신뢰가 반드시 고려되어야 하는지에 관하여는 논란이 있을 수 있으나,[63] 고등학교 2학년의 경우에는 시행시기를 1995년도 이후로 미루든지 아니면 이들에게 그 때까지 예전의 시험제도의 적용을 받게 하는 경과규정을 두어야 할 것이다.

(2) 위 결정에서 신뢰의 근거는 교육부의 대학입시제도이며, 교육부가 1991년 대학입시제도 개선안을 작성하여 1994년부터는 각 대학이 독자적으로 입학시험을 주관하도록

63) 필자는 이 경우에도 원칙적으로 新法은 신입생부터 적용되어야 한다고 생각한다.

제도를 변경하였다. 이 사건의 경우, 교육부의 개선안은 서울대학교의 1994학년도 주요요강에 의하여 구체화·현실화되었고, 서울대학교는 이로써 결국 교육부의 정책을 승계한 셈이다. 따라서 서울대학은 그가 비록 직접 신뢰의 근거를 제공하지는 않았지만 교육부의 변경된 교육정책을 직접 교육현실에 적용하는 국가공권력의 한 부분으로서 당연히 종래의 교육제도를 신뢰한 학생들의 이익을 고려해야 한다.

국민의 주관적 관점인 신뢰보호의 측면에서 국가는 국민에 대하여 '하나의 同一體'로 등장한다는 것을 감안할 때, 국가가 신뢰의 근거를 제공하고 국민의 신뢰행사를 유도한 이상, 국가공권력 중에서 누가 신뢰의 근거를 제공하고 누가 나중에 진로의 변경을 현실화하는지는 신뢰보호의 판단에 있어서 큰 의미가 없다. 국가행위의 주체가 누구인지에 따라 신뢰보호의 여부가 결정되어서는 안 된다. 만일 그렇지 않은 경우, 국가는 '계획의 주체'와 '계획변경의 주체'를 달리함으로써, 국민으로 하여금 일정한 결정과 행위를 하도록 유도한 책임을 회피할 수 있게 된다.

4. 법률이 반사적으로 부여하는 기회를 활용하는 경우, 경과규정의 필요성

가. 헌재 1994. 4. 28. 91헌바15 등 결정

(1) 사건의 개요

청구인들은 국가안전기획부직원법이 제정되기 이전에 시행된 중앙정보부직원법에 의하여 중앙정보부직원으로 각 임용되었는데, 청구인들이 임용될 당시에는 年齡停年 이외에 계급정년에 관한 규정은 존재하지 않았다. 그런데 1980. 12. 31. '중앙정보부'를 '안전기획부'로 개칭하고 국가안전기획부직원법이 제정되면서 동법 제22조 제1항 제2호에 의하여 階級停年制가 도입되었고, 동법 시행 당시 재직 중인 직원의 階級停年 起算日을 종전의 계급에 임용된 날로부터 기산한다는 규정(동법 부칙 제3항)을 두게 되었다.

그 후 청구인들이 각 위 규정에 의하여 계급정년퇴직을 당하게 되자 계급정년에 관한 규정인 동법 제22조 제1항 제2호와 계급정년의 기산에 관한 규정인 동법 부칙 제3항이 위헌임을 이유로 법원에 퇴직처분무효확인청구의 소를 제기하고 위 법원에 이 사건 법률조항에 대하여 위헌법률심판제청을 신청하였으나 위 법원이 이를 기각하자, 이 사건 조항은 국민의 기득권을 침해하는 소급입법이라는 이유로 헌법재판소법 제68조 제2항에 의한 헌법소원심판을 청구하였다.

(2) 결정요지[64)]

공무원으로 임용된 경우에 있어서 停年까지 근무할 수 있는 권리는 헌법의 공무원신분보장규정에 의하여 보호되는 기득권으로서, 공무원법상의 정년규정을 변경함으로써

64) 판례집 6-1, 317, 319(필자에 의한 편집 없이 결정요지를 그대로 인용).

이러한 기대 내지 신뢰를 합리적인 이유 없이 박탈하는 것은 헌법상의 공무원신분보장 규정에 위배된다 할 것이나, 공무원이 임용 당시의 공무원법상의 정년규정까지 근무할 수 있다는 기대와 신뢰는 행정조직, 직제의 변경 또는 예산의 감소 등 강한 공익상의 정당한 근거에 의하여 좌우될 수 있는 상대적인 것이고 가변적인 것에 지나지 않다고 할 것이므로 停年規定을 변경하는 입법은 구법질서에 대하여 기대했던 당사자의 신뢰보호이익을 지나치게 침해하지 않는 한 공익목적 달성을 위하여 필요한 범위 내에서 입법권자의 입법형성의 재량을 인정하여야 할 것이다. 그런데 공무원의 階級停年制度는 공직사회의 무사안일을 방지하고 인사적체를 해소하며 새로운 인재들의 공직참여기회를 확대하는 등 직업공무원제도를 합리적으로 보완·운영하기 위한 것으로서 그 목적의 정당성이 인정되고, 만일 계급정년규정이 그 시행일 이후에 임용되는 직원에 대해서만 적용될 수밖에 없다면 조직 내에서 다른 직원과 달리 연령정년까지 신분보장이 확보된 특수계층이 존재하게 됨에 따라 계급정년제 본래의 목적달성이 불가능하게 될 것이다. 따라서 이 사건 심판조항이 계급정년을 새로이 규정하면서 이를 소급적용하도록 하고 있다고 하더라도, 이는 정당한 공익목적을 달성하기 위한 것으로 구법질서 하에서의 공무원들의 기대 내지 신뢰를 과도히 해치는 것으로 보기는 어렵다고 할 것이므로, 위 규정은 입법자의 입법형성재량범위 내에서 입법된 것이라고 할 것이고, 이를 공무원 신분관계의 안정을 침해하는 입법이라거나 소급입법에 의한 기본권 침해규정이라고 할 수 없다.

나. 위 결정의 의미 및 문제점

(1) 이 사건조항과 같은 停年에 관한 규정은 일정 생활영역을 입법자가 장기적으로 규율하는 질서유지 및 질서형성의 기능을 가지는 규범으로서 개인의 행위를 일정 방향으로 유인하려는 국가의 의도가 미약하다. 이 경우 입법자는 개인이 법률을 행위의 기준으로 삼을 가능성을 예견하지만 이를 유도하는 것은 아니다. 비록 개인이 법률의 존속을 신뢰하여 이를 근거로 자신의 인생계획을 세운다 하더라도, 이는 단지 법률이 제공하는 기회를 활용한 것일 뿐, 국가에 의하여 유도된 신뢰의 행사가 아니다. 따라서 청구인은 상충하는 법익을 교량하는 과정에서 階級停年制의 도입을 통하여 달성하려는 공익(법률개정이익)에 대하여 '특별히 보호가치 있는 신뢰이익'을 주장할 수 없다고 할 것이다. 이에 대하여 개정법률을 새로 임용되는 공무원에게만 적용한다는 것은 법률이 의도한 효과를 거의 가져올 수 없을 뿐만 아니라, '年齡停年까지 신분이 보장되는 공무원집단'과 '階級停年이 적용되는 공무원집단' 사이의 납득할 수 없는 법적 불평등을 초래하게 된다. 그러므로 상충하는 두 법익을 교량하여 법률개정이익에 우위를 부여한 것은 타당하다.

(2) 그러나 階級停年規定의 시행시점을 규율함에 있어서 개인의 신뢰이익이 적절한 경과규정을 요구할 수 있다. 과거에 임용된 공무원의 관계를 함께 규율해야 할 공익의 원칙적인 우위에도 불구하고 개정법률이 실현하려는 공익에 의해서도 더 이상 정당화될 수 없을 정도로 개인의 신뢰이익이 손상된다면, 이러한 경우 신뢰이익은 경과규정을 통하여 적절히 고려되어야 한다. 즉, 공익상 필요한 개혁을 위하여 청구인의 신뢰이익이 양보해야 한다 하더라도, 개정법률이 계급정년이 임박한 공무원에 대해서도 적용된다는 것을 감안한다면, 당사자들이 변화한 법적 상태에 적응하고 대처할 수 있는 적절한 시간적 여유가 주어져야 할 것이다.

이와 관련하여 국가안기부법 부칙 제3항은 이 법 시행 당시 재직 중인 직원의 계급정년은 각각 종전의 계급에 임용된 날로부터 起算한다고 규정하였고, 동법 부칙 제1항은 이 사건 법률을 1981. 1. 1.부터 시행하되 단지 계급정년에 관한 규정은 같은 해 7. 1.부터 施行한다고 규정함과 동시에 동법 제22조 제3항에서는 7월과 12월 사이에 정년에 달한 자는 12월 31일에 퇴직한다고 규정하였다. 이로써 결과적으로 이 사건 개정법률의 시행시점으로부터 1년의 유예기간을 부여하였다. 1년의 유예기간은 공무원으로 재직한 기간, 당사자들의 나이, 직업손실의 경제적 효과 등을 고려하여 볼 때 충분한 경과규정인지의 의문이 있을 수 있으나, 경과규정의 불충분으로 인하여 위헌이라고 보기는 어렵다. 더욱이, 실제에 있어서는 국가안전기획부가 동법 제2조 제1항 단서 규정("정년에 관한 규정을 임용권자가 특히 필요하다고 인정할 때에는 적용하지 아니한다.")을 적용함으로써, 계급정년규정에 의하여 최초로 퇴직한 날은 동법 시행일로부터 2년 후인 1982. 12. 31.이었다는 사실을 고려한다면, 경과규정의 불충분을 주장할 수 없다고 본다.

V. 맺는말

1. 헌법재판소는 과거에 발생한 사실관계에 새로운 법규범을 적용하는 문제를 진정·부진정 소급효로 구분하고 있다. 진정소급효와 부진정소급효는 모두 '새로운 법규범의 적용범위를 시간적으로 확대할 수 있는 헌법적 한계'에 관한 문제이지만, 진정소급효는 '과거에 대한' 새로운 법적 평가로서 소급효에 관한 것이고, 부진정소급효는 개정법률을 '장래에 있어서' 적용하는 문제이다. 일정 생활영역을 새로이 규율하는 규정이 장래에 발생하는 사실관계뿐만 아니라 구법 하에서 발생한 기존의 사실관계에도 적용된다는 것은 '소급효'의 문제가 아니라, 신법을 기존의 사실관계에 적용하는 문제, 입법자에 대한 '신뢰보호'의 문제, 결국 경과규정의 문제이다. 오늘날 신뢰보호의 문제는 대부분의 경우 부진정소급효의 문제이며, 이는 바로 경과규정의 문제라는 것을 의미한다.

국가는 경제·사회·교육정책 등을 시행하는 과정에서 법률을 개정해야 할 필요성이 있으므로 공익을 실현하기 위하여 법질서의 유동성에 의존하고 있으나, 다른 한편으로는 국가행위에 대한 개인의 법적 안정성과 지속성의 요청이 이에 대치하고 있다. 법률개정의 경우, 적극적인 사회형성의 수단으로서 법질서의 유동성을 요구하는 '사회국가적 관점'과 법적 안정성을 요청하는 '법치국가적 관점', 즉 국가의 법률개정이익과 개인의 신뢰이익이 서로 대치한다. 그러므로 어떠한 조건 하에서 법적 상태의 존속에 관한 개인의 신뢰가 보호되어야 하는지의 문제가 부진정소급입법의 핵심적 문제이다.

2. 신뢰보호의 관점에서 부진정소급효를 가지는 법률이 어느 정도로 허용되는지의 문제는, 입법자가 법률을 개정하면서 기존의 사실관계를 함께 규율하는 것이 어느 정도로 허용되는지의 문제를 의미한다. 헌법상 신뢰보호의 목적은, 국가가 입법행위를 통하여 개인에게 신뢰의 근거를 제공한 이상 입법자를 자신의 事前的 입법행위에 법치국가적으로 구속하려는 데 있다. 따라서 신뢰의 근거로서 '법률이 구체적으로 어떻게 형성되어 있는지'에 따라 입법자의 자기구속의 정도 및 개인의 신뢰이익의 보호 정도가 결정된다. 입법자가 신뢰의 근거로서 어떠한 내용의 법률을 제공하였는지에 따라, 즉 법률의 구체적인 형성을 통하여 어느 정도로 법률의 존속에 대한 개인의 신뢰를 야기하였는지에 따라 개인의 신뢰이익의 보호정도는 달라진다. 입법자가 법률의 규범적 표현을 통하여 법률개정의 가능성을 배제할수록, 개인의 신뢰를 유발하고 법률의 의도에 따라 행위하도록 유도할수록, 개인의 신뢰이익은 더욱 보호되어야 한다.

이러한 관점에서 보건대, 법률이 제공하는 기회를 단지 활용하는 개인의 행위는 원칙적으로 사적 위험부담의 범위에 속하는 것으로 특별한 신뢰보호구성요건을 형성하지 못하는 반면, 개인이 법률에 의하여 유발된 신뢰를 행사한 경우(특히 시험규정에 따른 시험준비행위, 시한을 정하여 유인된 투자 등)에는 법률개정이익에 우선하는, 개인의 특별히 보호가치 있는 신뢰이익이 인정된다.

따라서 시험규정이나 일정 기간 존속이 보장된 조세감면규정의 개정에 있어서, 특별히 보호가치가 있는 신뢰이익이 인정되어야 하고, 원칙적으로 개인의 신뢰보호가 국가의 법률개정이익에 우선해야 한다. 이러한 경우 과거에 발생한 사실관계에 대하여 구법을 계속 적용하는 경과규정이 원칙적으로 삽입되어야 한다. 시험규정이 개정되는 경우에는 구법규정과 신법규정을 당사자의 의사에 따라 선택할 수 있도록 규율하는 것도 가능하다. 또한, 영업이나 사업, 건축 등의 허가요건을 장래를 향하여 변경하는 경우에도 '구법에 따라 이미 요건을 갖추어 허가신청을 한 지원자의 경우' 및 '신법의 시행당시에 허가를 받기 위하여 이미 상당한 준비를 하는 등 신뢰를 실제로 행사한 자로서 법률이 정하는 일정 기간 내에 허가신청을 하는 경우'에 한하여 구법의 적용을 계속 받게 하는 경과규정을 두어야 한다.

한편, 개인이 국가에 의하여 부여된 법적 자유공간을 자신의 책임 하에서 활용한 경우에는 법익교량과정에서 법률개정이익이 원칙적으로 우위를 차지한다. 그러나 개정법률을 그대로 적용하는 경우 개정법률이 실현하려는 공익에 의하여도 정당화될 수 없을 정도로 개인의 신뢰이익이 과도하게 손상된다면, 이 경우 신뢰이익은 적절한 경과규정을 통하여 고려되어야 한다.

참고문헌

한태연, 헌법학, 1983

Badura, Wirtschaftsverfassung und Wirtschaftsverwaltung, 1970
Böckenförde, Diskussionsbeitrag, VVDStRL 32(1974)
Dürig, in: Maunz/Dürig(Hg), GG, Art.3
Forsthoff, Das Lehrbuch des Verwaltungsrechts, Bd.1, 1973
Friauf, Steuerrecht und Verfassungsrecht, 1989
Götz, Bundesverfassungsgericht und Vertrauensschutz, in: Starck(Hg), Bundesverfassungsgericht und Grundgesetz, Bd.Ⅱ, 1976
Iliopoulos-Strangas, Rückwirkung und Sofortwirkung von Gesetzen, 1986
Ipsen, Rechtsfragen der Wirtschaftsplanung, in: J. H. Kaiser(Hg), Planung Ⅱ, 1966
Kisker, Vertrauensschutz im Verwaltungsrecht, VVDStRL 32(1974)
Kloepfer, Gesetzgebung im Rechtsstaat, VVDStRL 40(1982)
Lerche, Übermaß und Verfassungsrecht, 1961
Maurer, Kontinuitätsgewähr und Vertrauensschutz, in: Isensee/Kirchhof(Hg), Handbuch des Staatsrechts (HbStR), Bd.Ⅲ, 1988
______, Allgemeines Verwaltungsrecht, 9. Aufl., 1994, §16
Muckel, Kriterien des verfassungsrechtlichen Vertrauensschutzes bei Gesetzesänderung, 1989
Ossenbühl, Vertrauensschutz im sozialen Rechtsstaat, DÖV 1972
______, Staatshaftungsrecht, 1991
Pieroth, Die verfassungsrechtliche Problematik des Verjährungsgesetzes, NJ 1993
Schlaich, Das Bundesverfassungsgericht, 3. Aufl., 1994
v. Simon, Planänderung als Rechtsproblem, in: J. H. Kaiser(Hg), Planung I, 1965
Stern, Zur Problematik rückwirkender Gesetze, in: Festschrift für Theodor Maunz, 1981
Vogel, Grundzüge des Finanzrechts des GG, in: Isensee/Kirchhof(Hg), Handbuch des Staatsrechts (HbStR), Bd.Ⅳ, §87

제2주제

기본권과 신뢰보호원칙의 관계*

-과잉금지원칙을 적용하여 신뢰보호원칙의 위반여부를 판단하는 헌법재판소결정에 대한 판례평석을 겸하여-

Ⅰ. 문제의 제기

법률개정에 따른 개인의 신뢰보호의 문제는 오늘날 헌법재판의 일상에 속한다. 헌법재판이 활성화됨에 따라 헌법재판실무에서 신뢰보호가 차지하는 비중은 매우 크다. 헌법재판소에 계류되는 다수의 심판청구가 법규범의 개정으로 인하여 불이익을 입은 개인이 신뢰이익의 보호를 구하는 사건이다. 특히, 직업의 자유와 재산권보장과 관련하여 빈번하게 신뢰보호의 문제가 제기되고 있다.

헌법재판소는 일련의 결정에서 신뢰보호원칙의 위반여부를 판단함에 있어서 과잉금지원칙을 적용하고 있는데, 이 경우 자유권의 침해여부를 판단하는 심사기준인 과잉금지원칙이 신뢰이익의 침해여부를 판단하는 기준으로도 적용될 수 있는지의 문제가 제기된다. 헌법재판소는 '신뢰보호원칙의 위반여부'를 판단함에 있어서 일부 결정에서는 과잉금지원칙을 각 단계별로 적용하고 있는 반면(가령, 아래 Ⅱ. 2. '약사법 결정'), 일부 결정에서는 신뢰이익의 침해여부를 판단하는 기준으로서 과잉금지원칙을 단지 언급만 할 뿐 사실상 신뢰이익과 공익이라는 상충하는 법익을 교량하는 법익균형성의 심사에 그치

---

* 위 논문은 2010년 7월, 인권과 정의(대한변호사협회) 제407호, 27-49면에 게재된 것을 일부 수정한 것이다.

고 있거나(가령, 아래 Ⅱ. 1. '폐기물관리법 결정') 또는 신뢰이익의 침해여부를 과잉금지원칙이 아니라 독자적인 신뢰보호원칙에 따라 판단하고 있다(가령, 아래 Ⅴ. 3. '합성수지 도시락용기 결정'). 헌법재판소의 이와 같이 일관되지 않은 판례는 신뢰보호원칙의 위반여부를 판단하는 기준이 과연 과잉금지원칙인지 아니면 신뢰이익의 침해여부는 별도의 독자적인 기준에 의하여 판단되어야 하는지에 대한 의문을 갖게 한다. 나아가, 이러한 의문은 '자유권과 신뢰보호원칙이 헌법질서 내에서 어떠한 기능을 하는지', '자유권과 신뢰보호원칙의 관계는 무엇인지'에 대한 보다 근본적인 문제를 제기한다.

이 글에서는 신뢰보호원칙의 위반여부를 판단한 헌법재판소결정 중에서 특히 '직업의 자유'와 관련된 대표적 결정들을 통하여, 헌법재판소가 신뢰보호원칙의 위반여부를 판단하는 심사기준으로서 과잉금지원칙을 적용하는 것의 문제점을 검토해 보기로 한다.[1] 이를 검토하기 위해서는 선행적 작업으로서 과잉금지원칙이 심사기준으로 적용되는 영역인 '자유권'과 이 글에서 다루고자 하는 '신뢰보호원칙'의 관계를 살펴보는 것이 필요하다. 따라서 이 글에서는 우선, 헌법재판소가 신뢰보호원칙의 위반여부를 판단한 대상결정의 '사건의 개요'와 '결정요지'를 소개한 후(아래 Ⅱ.), 자유권과 신뢰보호원칙이 헌법적 의미와 기능에 있어서 어떻게 다른지, 그에 따라 '자유권에 의한 위헌심사'와 '신뢰보호원칙에 의한 위헌심사'가 어떠한 관점에서 다른지를 살펴보고(아래 Ⅲ.), 이어서 신뢰보호원칙의 위반여부를 판단하는 독자적인 심사기준이 무엇인지를 확인한 다음(아래 Ⅳ.), 마지막으로 위에서 획득한 인식을 바탕으로 헌법재판소 대상결정의 문제점을 지적하기로 한다(아래 Ⅴ.).

Ⅱ. 헌법재판소의 對象決定[2]

1. 폐기물관리법 결정(헌재 2000. 7. 20. 99헌마452)

가. 사건의 개요

청구인들은 舊 폐기물관리법규정에 의하여 폐기물재생처리신고를 한 폐기물 재생처리신고업자들이다. 그런데 1999. 2. 8. 폐기물관리법이 개정되어, 구법상 재생처리신고업의 대상폐기물 중 건설폐재류 등 일부는 재활용신고업의 대상에서 제외됨으로써 개정규정에 의한 중간처리업의 허가를 받아야만 그 사업을 할 수 있게 되었다. 한편, 위 개정된 법의 부칙 제5조 제2항 전단에서 구법상의 재생처리신고업자의 사업이 개정규정

1) 신뢰보호원칙에 관하여 전반적으로 한수웅, 법률개정과 신뢰보호, 부진정소급효에 관한 헌법재판소 판례 평석을 겸하여, 인권과 정의 제250호, 1997/6, 77면 이하; 정종섭, 법률의 변경에 있어서 신뢰의 보호, 헌법연구 3, 2004, 118면 이하; 명재진, 신뢰보호와 헌법, 연세법학연구 제10집 제1호, 2003, 2면 이하.

2) '사건의 개요' 부분은 필자가 나름대로 축약하였고, '결정의 요지' 부분은 필자의 관점에서 법리적으로 중요하다고 판단되는 부분을 내용의 축약이나 변형 없이 원문 그대로 발췌하여 인용하였다.

에 의한 중간처리업에 해당하는 경우에는 법 시행일부터 1년 이내에 개정규정에 의한 허가를 받아야 한다고 규정하였다. 이에 청구인들은 위 부칙 제5조 제2항 전단이 헌법상 보장된 평등권, 직업선택의 자유, 재산권을 침해한다고 주장하면서, 이 사건 헌법소원심판을 청구하였다.

나. 결정의 요지

(1) 문제의 제기[3)]

… 이 사건 법률조항은 구법상의 재생처리신고업자로 하여금 개정법 시행일로부터 1년 이내에 중간처리업의 허가를 받지 아니하면 영업을 계속할 수 없도록 하는 것이므로, 청구인들을 포함한 구법상 재생처리신고업자의 직업결정의 자유를 제한하는 규정이라 할 것이고, 이와 같이 국민의 기본권을 제한하는 법률규정이 헌법에 위배되지 않기 위해서는 헌법 제37조 제2항에서 정하고 있는 기본권제한의 한계인 과잉금지의 원칙이 지켜져야 한다. 그리고 직업의 자유의 보장이 입법자로 하여금 이미 형성된 직종을 언제까지나 유지하거나 직업종사의 요건을 계속하여 동일하게 유지할 것까지를 요구하는 것은 아니라고 할 것이나, 입법자가 공익상의 필요에 의하여 서로 유사한 직종을 통합하거나 직업종사의 요건을 강화하는 등 직업제도를 개혁함에 있어서는 기존 종사자들의 신뢰를 보호하는 것이 헌법상 법치국가의 원리로부터 요청되고, 신뢰보호가 충분히 이루어졌는지 여부가 과잉금지의 원칙의 위반 여부를 판단하는 기준이 될 것이다. 따라서 법률개정을 통하여 신고제에서 허가제로 직업요건을 강화하는 과정에서 신뢰보호를 위한 경과조치를 규정하고 있는 이 사건 법률조항이 같은 기준에 따라 과잉금지의 원칙에 위반되는지 여부가 문제로 된다.

(2) 법률의 개정과 신뢰의 보호[4)]

법률이 개정되는 경우에는 기존 법질서와의 사이에 어느 정도의 이해관계의 상충은 불가피하다고 할 것인바, 이 경우 구법질서에 대한 당사자의 신뢰가 합리적이고도 정당하며, 법률의 개정으로 야기되는 당사자의 손해가 극심하여 새로운 입법으로 달성하고자 하는 공익적 목적이 그러한 당사자의 신뢰의 손상을 정당화할 수 없다면, 그러한 새 입법은 헌법상 법치국가의 원리로부터 파생되는 신뢰보호의 원칙상 허용될 수 없다. 그리고 이러한 신뢰보호원칙의 위배여부를 판단하기 위하여는 침해받은 이익의 보호가치, 침해의 중한 정도, 신뢰가 손상된 정도, 신뢰침해의 방법 등과 새 입법을 통해 실현하고자 하는 공익적 목적을 종합적으로 비교·형량하여야 한다.

---

3) 판례집 12-2, 128, 145.
4) 판례집 12-2, 128, 145-146.

(3) 개정법의 입법목적[5)]

… 개정법에서 위와 같은 문제점이 특히 심각한 건설폐재류 등 일부폐기물에 대한 재생처리신고업을 중간처리업 허가로 전환하기로 한 것은 위와 같은 형평성 및 환경문제를 해소하기 위한 것으로서, 이러한 입법목적은 정당하다고 할 것이다.

(4) 과잉금지의 원칙의 위반 여부[6)]

… 이 사건의 경우 청구인들을 비롯한 구법상의 재생처리신고업자들이 거액의 자금을 투자하여 시설과 장비를 갖추어 신고를 마친 후 영업행위를 한 것은 신고제의 존속을 신뢰하였거나 법률이 개정되는 경우라도 계속적인 영업이 가능할 것으로 신뢰한 데 기인한 것이라고 할 것이다. 그러나 법률은 현실상황의 변화나 입법정책의 변경 등으로 언제라도 개정될 수 있는 것이고 이는 일반적으로 예측할 수 있다고 보아야 하므로, 특별한 사정이 없는 한 구법상의 재생처리신고업자들은 스스로의 위험부담으로 법률이 부여한 기회를 활용한 경우에 지나지 않는다고 할 것이다. 그렇다면 앞에서 본 바와 같이 구법상의 재생처리신고업자가 보호받아야 할 신뢰이익은 법률개정의 이익에 절대적으로 우선하는 것은 아니고, 적당한 유예기간을 규정하는 경과규정에 의하여 보호될 수 있는 것이라고 보아야 할 것이다. 이 사건 법률조항은 그 경과규정으로서 개정법 시행일로부터 1년, 법개정일로부터 1년 6개월의 유예기간을 두어 구법상의 재생처리신고업자로 하여금 그 기간 내에(2000. 8. 8.까지) 중간처리업의 허가를 받도록 하고 있다. … 따라서 이 사건 법률조항은 구법상의 재생처리신고업자가 법개정으로 인한 상황변화에 적절히 대처할 수 있도록 하기 위하여 상당한 유예기간을 두고 있고, 그 기간은 위 도시계획법 시행령 부칙 제3조에 의하여 도시계획결정에 관한 새로운 유예기간이 추가된 점에 비추어 볼 때, 지나치게 짧은 것이라고 할 수 없다. 그러므로 이 사건 법률조항은 구법상의 재생처리신고업자의 신뢰이익을 충분히 보호하고 있는 것으로서, 과잉금지의 원칙에 위반하여 헌법 제15조에 의하여 보장된 청구인들의 직업결정의 자유를 침해하는 것이라고 볼 수 없다.

2. 약사법 결정(헌재 2003. 10. 30. 2001헌마700 등)

가. 사건의 개요[7)]

청구인은 소아과의원의 일부를 분할하여 약국을 경영하여 왔다. 그런데 의약분업제도가 시행된 후 2001. 8. 14. 약사법이 개정되면서 의료기관 부지의 일부를 분할하여

5) 판례집 12-2, 128, 147.
6) 판례집 12-2, 128, 148-149.
7) 위 사건은 2001헌마700 사건과 2003헌바11 사건이 병합된 사건이나, 여기서는 2001헌마700 사건의 개요만 소개하기로 한다.

약국을 개설하는 경우를 약국개설등록 거부사유로 규정하였고, 약사법 개정 이전에 개설된 약국에 대해서도 개정된 약사법규정을 적용하면서 개정법 시행일로부터 1년 동안은 약국의 영업을 할 수 있도록 유예기간을 두었다. 이에 따라 청구인은 위 개정 약사법 시행일로부터 1년이 경과한 이후에는 자신의 약국을 현재의 장소에서 이전하지 않으면 약국개설등록을 취소당할 위험에 처하게 되자, 개정된 약사법규정이 자신의 헌법상 직업선택의 자유와 재산권을 소급적으로 침해하여 위헌이라고 주장하면서, 이 사건 헌법소원심판을 청구하였다.

나. 결정의 요지

(1) 법률상의 쟁점[8)]

이 사건 법률조항들은 의료기관의 시설 또는 부지의 일부를 분할·변경 또는 개수하여 약국을 개설하는 것을 개정법 시행일 이후부터 금지할 뿐만 아니라, 개정법 시행일 이전부터 이미 위 장소에서 약국을 개설하여 운영해온 것도 금지하고 있음을 알 수 있다. 따라서 이 사건 법률조항들에 대한 법률상 쟁점은 개정법 시행일 이후의 행위규제와 개정법 시행일 당시의 기존 개설약국에 대한 규제로 나누어 볼 수 있다. …

(2) 이 사건 법률조항들에 의하여 의료기관 시설을 분할한 장소에서 약국개설을 금지한 것이 청구인들의 직업의 자유를 침해하는지 여부[9)]

약국과 의료기관의 담합행위를 방지하여 의약분업을 효율적으로 실현함으로써 국민보건을 향상시키려는 이 사건 법률조항들의 입법목적은 헌법상 정당하고, 이 사건 법률조항들이 의료기관의 시설의 일부를 분할·변경한 장소에서 약국의 개설등록을 금지한 것은 의료기관과 약국간의 담합을 방지하여 의약분업의 목적을 효율적으로 실현하고자 하는 입법목적 달성에 적합하며, 약사법 제22조 제2항에 근거하여 담합행위 자체를 적발하여 처벌하는 행정 방식은 담합행위를 방지하는 입법목적을 달성하는데 부적절하고 다른 대체수단도 존재하지 아니하므로 이 사건 법률조항들은 최소침해성 원칙에도 위배되지 않으며, 의료기관의 시설의 일부를 분할·변경한 장소에서만 약국을 개설하지 못하도록 할 뿐 다른 장소에서는 얼마든지 약국을 개설하여 영업을 할 수 있도록 하고 있으므로 청구인들의 직업행사의 자유의 제한의 정도가 그다지 크지 않은 반면에, 이 사건 법률조항들이 의료기관과 약국의 담합행위를 방지하는 입법목적의 달성을 통해서 얻게 되는 국민보건의 향상이라는 공적 이익은 상당히 크다고 할 것이므로, 이 사건 법률조항들이 법 시행후 의료기관 시설을 분할·변경한 장소에서 약국을 개설하는 행위를 금지한 것은 법익균형성 원칙에 위배되지 아니하여, 결국 비례의 원칙에 위배되지

---

8) 판례집 15-2하, 137, 150.
9) 판례집 15-2하, 137, 138【결정요지】2.

아니하므로 청구인들의 직업행사의 자유를 침해하지 않는다.

(3) 이 사건 법률조항들에 의한 청구인들의 기존 약국 폐쇄가 청구인들의 직업의 자유를 침해하는지 여부[10)]

… 직업의 자유의 보장이 입법자로 하여금 이미 형성된 직종을 언제까지나 유지하거나 직업종사의 요건을 계속하여 동일하게 유지할 것까지를 요구하는 것은 아니라고 할 것이나, 입법자가 공익상의 필요에 의하여 직업행사의 요건을 달리 정하거나 강화하는 등 직업제도를 개혁함에 있어서는 기존 종사자들의 신뢰를 보호하는 것이 헌법상 법치국가의 원리로부터 요청된다. … 신뢰보호문제는 개정법률이 직업의 자유를 제한함에 있어서 직업행사권자가 이미 행사해온 직업을 제한하는 경우에 발생하는데, 직업행사권자의 신뢰보호보다 우선시해야 하는 공공복리의 사유가 존재하고 비례의 원칙과 신뢰보호의 원칙이 준수되어야만 개정법률은 헌법에 위반되지 아니한다.

(가) 이 사건 법률조항들에 의한 청구인들의 기존 약국 폐쇄가 입법목적의 달성에 의해서 정당화되는지 여부[11)]

… 법 제16조 제5항 제3호가 의료기관의 시설 또는 부지의 일부를 분할·변경 또는 개수하여 약국을 개설하는 것을 금지하면서, 종전의 규정에 의하여 개설된 약국의 영업을 계속하도록 허용한다면, 위 법률조항이 의료기관과 약국 사이의 담합행위를 방지하여 공공복리를 증진한다는 입법취지에 반하는 결과가 발생할 것이다. 따라서 법 시행 이전에 이미 개설하여 운영중인 약국에 대해서도 법 제16조 제5항 제3호를 적용하여 이를 금지해야 할 필요성이 매우 크다고 볼 수 있다. …

(나) 적합성원칙 및 최소침해성원칙 심사[12)]

이 사건 법률조항들이 청구인들의 기존 약국을 폐쇄토록 한 것은 의료기관과 약국간의 담합행위를 방지하여 국민보건을 향상시키고자 하는 입법목적의 달성에 적합하며, 기존 약국의 폐쇄 이외에는 입법목적의 달성에 적합한 다른 대체수단이 존재하지 아니하므로, 적합성 원칙이나 최소침해성 원칙에 위반되지 아니한다.

(다) 법익균형성원칙 심사[13)]

… 청구인들이 운영해온 약국영업 기간이 1년 정도 밖에 되지 않아서 비교적 짧다는 점, 약국 개설에 투자한 비용도 많지 않다는 점, 의약분업제도의 실시 이후 발생할 수 있는 문제점을 해소하기 위한 법률개정이 있을 수 있다는 것을 예측할 수 있었다는 점, 약사법 부칙 제2조 제1항에 의하여 청구인들에게 주어진 1년의 유예기간이 법개정으로

---

10) 판례집 15-2하, 137, 159-160.
11) 판례집 15-2하, 137, 160.
12) 판례집 15-2하, 137, 161.
13) 판례집 15-2하, 137, 139【결정요지】4.

인한 상황변화에 대처하기에 짧지 않다는 점 등을 고려할 때, 청구인들이 가지는 신뢰이익과 그 침해는 크지 않은 반면에, 법 시행 이전에 이미 개설하여 운영 중인 약국을 폐쇄해야 할 공적인 필요성이 매우 크고 입법목적의 달성을 통해서 얻게 되는 국민보건의 향상이라는 공적 이익이 막중하므로, 이 사건 법률조항들이 청구인들의 기존 약국을 폐쇄토록 규정한 것은 비례의 원칙이나 신뢰보호의 원칙에 위반되지 않으므로 청구인들의 직업행사의 자유를 침해하지 않는다.

Ⅲ. 기본권과 신뢰보호원칙의 관계

1. 헌법적 의미와 기능에 있어서 자유권과 신뢰보호원칙의 본질적 차이

가. 자유권의 헌법적 의미와 기능

(1) 자유권은 그 본질에 있어서 일차적으로 국가공권력의 부당한 침해를 배제하는 對國家的 防禦權으로서 국가로부터 자유로워야 할 일정한 생활영역(예컨대 집회, 학문, 예술, 직업, 사생활영역 등)을 서술하고 있다. 자유권에 의하여 보호되는 이러한 생활영역을 자유권의 보호범위(보호영역)라 한다. 개인의 행위가 자유권의 보호범위에 속한다는 것은, '개인의 행위가 일단 헌법적으로 보호되고 허용되는 것으로 추정된다'는 것(prima facie Vermutung)을 의미한다.[14] 자유권은 보호범위에 속하는 개인의 행위가 원칙적으로 허용된다는 것을 규정함으로써, 국가가 개인의 자유행사를 제한하는 경우에는 자유권을 제한하는 국가행위에 대하여 이를 정당화해야 할 의무를 지우고 있다. 이로써 자유권은 국가행위의 허용여부를 판단하는 심사기준으로서 작용한다.

(2) 우리 헌법의 자유권은 자연법적 기본권사상에 따라 개인의 자유는 원칙적으로 무제한적인 반면, 국가권력은 원칙적으로 제한적이라는 사고에 기초하고 있다.[15] 따라서 개인의 자유영역을 제한하는 국가의 권한은 원칙적으로 제한적이기에, 그 제한을 위한 합리적인 근거가 있어야 하며, 특별한 정당성을 필요로 한다. 개인에 의한 자유의 행사는 국가에 대하여 정당화할 필요성이 없는 반면, 국가는 자유의 제한을 언제나 정당화해야 하는 것이다. 자유권의 이러한 이해로부터, 개인의 자유에 대한 제한은 공익 실현이라는 합리적인 이유로 정당화되어야 하며 그러한 경우에도 꼭 필요한 정도에 그쳐야 한다는 요청, 즉 '과잉금지원칙'이 당연한 귀결로서 도출된다.

과잉금지원칙은 자유권이 그의 자유보장기능을 이행하기 위하여 필수적인 헌법적 요

14) Vgl. Alexy, Theorie der Grundrechte, 1994. S.272ff.; W. Höfling, Grundrechtstatbestand- Grundrechtsschranken-Grundrechtsschrankenschranken, Jura 1994, S.170.

15) Vgl. C. Schmitt, Verfassungslehre, 1957, S.126; Isensee, Das Grundrecht als Abwehrrecht und als staatliche Schutzpflicht, in: HbStR, Bd.V, 1992, §111 Rn.44f.; Bethge, Der Grundrechtseingriff, VVDStRL 57(1998), S.11.

청으로서, 이미 자유권의 본질에 내재하는 것이다. 과잉금지원칙은 자유권의 본질 자체로부터 나온다.[16] 따라서 자유권을 제한하는 법률이 헌법적으로 정당화되는지 여부를 심사하는 기준은 '자유권이 공익실현을 위하여 필요한 것 이상으로 과잉으로 제한되어서는 안 된다'는 내용의 '과잉금지원칙'이다. 과잉금지원칙은 특정한 조건하에서만 개인의 자유에 대한 제한을 허용함으로써, 자유제한의 조건을 규정하고, 이로써 자유를 제한하는 국가권력을 다시금 제한하고 있다. 과잉금지원칙은 국가에 의하여 사용된 수단에 대한 통제로서, 개인의 자유를 가장 적게 제한하는 수단을 선택해야 할 의무를 국가권력에 부과하고자 하는 것이다.[17]

나. 신뢰보호원칙의 헌법적 의미와 기능

(1) 법적 안정성의 二重的 요청으로서 법질서의 지속성과 명확성

(가) 법적 안정성의 요청은 헌법에 명시적으로 언급되어 있지 않으나, 법치국가원리를 구성하는 본질적인 요소이다. 법치국가는 이중적인 의미에서 법적 안정성을 요청한다.[18] 법질서는 한편으로는 개인으로 하여금 국가작용을 예측할 수 있고 자신의 행위를 그에 맞출 수 있도록 명확해야 하며, 다른 한편으로는 개인에게 행위의 기준으로 삼을 수 있는 신뢰할만한 근거를 제공해야 한다.

법적 안정성의 요청은, 개인이 자유와 자기결정권을 행사하기 위한 중요한 전제조건이다. 개인이 자유와 자기결정권을 행사하기 위해서는 법질서가 충분히 명확하여 무엇이 허용되고 금지되는 행위인지를 사전에 인식할 수 있어야 하고, 나아가 개인은 자신의 결정과 행위의 근거가 되는 법질서의 존속을 신뢰할 수 있어야 하며, 법규범이 소급하여 적용되어서는 안 된다. 결국, 법적 명확성의 원칙, 소급입법금지 및 신뢰보호원칙은 자유를 행사하기 위한 전제조건이라는 점에서, 개인의 자유가 보장되기 위해서는 법적 안정성이 요청되는 것이다.

(나) 이에 따라, 개인의 자유행사를 위한 법치국가적 조건으로서, 법질서의 지속성과 명확성이 요청된다. 첫째, 법적 안정성이란 '시간적 차원에서의' 안정성, 즉 법규범의 존속 또는 지속성을 요청하고 있다. '자유'는 자신의 인생을 독자적인 계획에 따라 형성하고 실현하는 '자기결정권'을 의미하며 개인이 법질서를 자기결정의 기준으로 삼는다는

---

16) Vgl. BVerfGE 19, 342, 348f.; Alexy, Theorie der Grundrechte, 1994, S.100f; Kunig, Das Rechtsstaatsprinzip, 1986, S.350ff.; Schnapp, Die Verhältnismäßigkeit des Grundrechtseingriffs, JuS 1983, S.852f.; Arnauld, Die normtheoretische Begründung des Verhältnismäßigkeitsgrundsatzes, JZ 2000, S.278.

17) 과잉금지원칙에 관하여 상세한 것은 한수웅, 헌법 제37조 제2항의 과잉금지원칙의 의미와 적용범위, 저스티스 제95호, 2006. 12. 5면 이하 참조.

18) Vgl. Zippelius/Würtenberger, Deutsches Staatsrecht, 2005, S.107ff.; Maurer, Staatsrecht, 1999, §8 Rn.46ff.

점에서, 개인의 자기결정권은 법질서의 존속을 신뢰할 수 있어야 하고 이로써 신뢰할 수 있는 결정의 근거를 가져야 한다는 것을 전제로 한다. 개인이 자유를 행사하기 위하여 전제되어야 하는 중요한 조건이 바로 법질서에 대한 신뢰이다.

둘째, 법적 안정성이란 '내용적 측면에서의' 안정성, 즉 법규범의 내용적 일의성과 명확성, 투명성을 요청한다. 개인이 행위의 기준으로 삼아야 하는 법규범을 명확하게 인식하고 금지된 것과 허용된 것을 명확하게 구분할 수 있는 경우에만, 스스로 결정하고 자기책임 하에서 행위할 수 있고, 이로써 자유를 행사할 수 있다.

(2) 법적 안정성과 신뢰보호원칙

법치국가원칙의 중요한 구성부분인 법적 안정성은 법질서의 신뢰성·항구성·지속성을 의미한다. 국민이 현재 적용되는 법규범의 내용을 어느 정도 명확하게 확인할 수 있는 것만으로는 충분하지 않고, 나아가 현재 적용되는 법규범이 자신의 생활형성의 중요한 기초로서 계속 지속되리라는 것을 신뢰할 수 있어야 한다. 한번 제정된 법규범은 원칙적으로 존속력을 갖고 자신의 행위기준으로 계속 작용하리라는 개인의 신뢰보호는 국민의 관점에서 본 법적 안정성의 주관적 측면이다.[19] 법은 기본적인 지속성과 항구성을 갖는다는 조건 하에서만 사회 및 국가의 생활을 규율하는 질서보장적 기능을 이행할 수 있다.

그러나 오늘날의 사회적 법치국가에서는 법률의 지속성은 더 이상 유지될 수 없게 되었다. 사회적 법치국가는 경제·사회·문화의 모든 영역에서 정의로운 질서를 형성하기 위하여 적극적으로 관여하고, 변화하는 상황에 적절하게 대처해야 하는 과제를 국가에게 부과하고 있다. 이에 따라 오늘의 법률은 질서유지적 기능뿐만 아니라 이에 못지않게 끊임없이 변화하는 공익을 구체화하는 사회형성적 도구로 기능함으로써 본래의 지속성과 신뢰성을 크게 상실하였다. 이러한 의미에서 법질서의 존속에 대한 개인의 신뢰보호는 오늘날 개인의 거의 모든 생활영역을 규율하면서 수시로 진로를 변경하는 국가권력에 대한 일종의 방어수단이다. 입법자는 일정 한도 내에서 자신의 사전적 입법행위에 구속되어야 하며, 이러한 구속을 법치국가적으로 관철하고자 하는 것이 바로 신뢰보호의 목적이다.[20]

(3) 소급효와 신뢰보호

(가) 법치국가적 요청으로서 신뢰보호원칙과 법적 안정성은 무엇보다도 소급효를 가지는 법률의 경우 문제된다. 입법자가 법률을 제정함에 있어서 '시간적 적용범위'를 어

---

19) Vgl. Maurer, Kontinuitätsgewähr und Vertrauensschutz, in: HbStR, Bd.III, 1988, §60 Rn.2; Schulze-Fielitz, in: Dreier(Hg), GGK, Art.20 Rn.147.

20) Vgl. Muckel, Kriterien des verfassungsrechtlichen Vertrauensschutzes bei Gesetzesänderung, 1989, S.17ff., 108; Maurer, Kontinuitätsgewähr und Vertrauensschutz, in: HbStR, Bd.III, 1988, §60 Rn.5.

떻게 규율할 수 있는지에 따라 법률의 유형을 구분한다면, 첫째, 과거에 유효하지 않았으나 과거에 대하여 적용됨으로써 과거를 새로이 규율하는 소급효를 가진 법률, 둘째, 장래에 있어서 적용되기는 하나, '장래에 발생하는 사실관계'뿐만 아니라 또한 '이미 과거에 발생하였으나 현재까지 계속되는 사실관계'도 함께 규율하는 법률, 셋째, 장래에 있어서 적용되면서 단지 '장래에 발생하는 사실관계'만을 규율하는 법률로 나누어 볼 수 있다. 세 번째의 경우에는 신뢰보호의 문제가 전혀 발생할 여지가 없으나, 첫 번째와 두 번째의 경우에는 신뢰보호의 문제가 발생한다.

(나) 헌법재판소는 구법 하에서 발생한 사실관계에 새로운 법규범을 적용하는 문제를, 법률이 '이미 종료된 사실관계'에 작용하는지 아니면 '현재 진행 중인 사실관계'에 작용하는지에 따라 진정소급효와 부진정소급효로 구분하고 있다.[21] 眞正遡及效란 과거에 유효하지 않았으나 과거에 대한 효력을 요구하는 법률에 인정된다. 법률이 과거에 대하여 효력을 가짐으로써 과거를 법적으로 새로이 평가한다는 것에 바로 소급효의 문제가 있다.[22] 진정소급효는 이미 종결된 과거의 사실관계를 소급하여 다시 평가하고 규율하는 것으로 법치국가원리로부터 파생하는 법적 안정성의 요청에 정면으로 배치되고, 이로써 헌법적으로 허용되지 않는 것이 원칙이다. 국민은 원칙적으로 이미 종결된 사실관계를 사후적으로 새롭게 평가하는 가능성을 예견할 필요도 없고, 또한 이를 정당화하는 공익도 상정하기 어렵다.

따라서 오늘날 법치국가에서 제기되는 신뢰보호의 문제는 대부분의 경우 不眞正遡及效의 문제이다.[23] 일정 생활영역을 '장래에 있어서' 새로이 규율하려는 거의 모든 법률은 이미 과거에 발생하였으나 아직도 지속되는 사실관계를 규율하는 문제와 부딪히게 된다. 입법자는 일정 생활영역을 새롭게 규율함에 있어서 입법자가 의도하는 목적을 달성하기 위하여 '장래에 발생하는 사실관계'만을 규율해도 되는지 아니면 '장래의 사실관계'뿐만 아니라 '기존의 사실관계'도 함께 규율해야만 입법목적을 달성할 수 있는지를 판단할 것이며, 그 결과 대부분의 경우에는 과거에 발생하였으나 현재도 지속되고 있는 사실관계를 포함하여 규율대상을 전체로서 규율해야만 의도하는 목적을 달성할 수 있다는 판단에 이르게 된다. 이러한 경우, 개정법률이 이미 존재하는 사실관계에도 적용됨

21) 대표적으로 헌재 1996. 2. 16. 96헌가2 등(5·18 특별법사건), 판례집 8-1, 51, 84-85, "어떤 법률이 이미 종료된 사실관계에 예상치 못했던 불리한 결과를 가져오게 하는 경우인가 아니면 현재 진행중이나 아직 종료되지 않은 사실관계에 작용하는 경우인가에 따라 헌법적 의미를 달리하게 된다."

22) Vgl. Götz, Bundesverfassungsgericht und Vertrauensschutz, in: Bundesverfassungsgericht und Grundgesetz, Bd.Ⅱ, 1976, S.424.

23) 부진정소급효의 법률은 구법 하에서 발생하였으나 아직 종결되지 않은 채 현재 진행 중인 사실관계를 새로이 규율하는 것으로 원칙적으로 허용되지만, 법률개정을 요구하는 공익상의 사유와 개인의 신뢰이익을 교량하는 과정에서 신뢰보호의 요청에 의하여 입법자의 형성권이 제한된다. 대표적으로 헌재 1989. 3. 17. 88헌마1, 판례집 1, 9, 17-18; 1996. 2. 16. 96헌가2 등(5·18 특별법사건), 판례집 8-1, 51, 86; 1999. 4. 29. 94헌바37 등, 판례집 11-1, 289, 318; 2002. 7. 18. 99헌마574, 판례집 14-2, 29, 43 참조.

으로써 이에 미치는 불리한 효과를 '부진정소급효'로 부르고 있다.

일정 생활영역을 새로이 규율하는 규정이 장래에 발생하는 사실관계뿐만 아니라 구법 하에서 발생한 기존의 사실관계에도 적용된다는 것은 진정한 의미에서 '소급효'의 문제가 아니라, 종래의 법적 상태에서 새로운 법적 상태로 이행하는 과정에서 불가피하게 발생하는 법치국가적 문제, 신법을 기존의 사실관계에 적용하는 과정에서 발생하는 '신뢰보호'의 문제이다.[24] 진정소급효와 부진정소급효는 모두 '새로운 법규범의 적용범위를 시간적으로 확대할 수 있는 헌법적 한계'에 관한 문제이지만, 진정소급효는 '과거에 대한' 새로운 법적 평가로서 소급효에 관한 것이고, 부진정소급효는 개정법률을 '장래에 있어서' 적용하는 문제이다.

2. 자유권에 의한 심사와 신뢰보호원칙에 의한 심사의 차이

가. 자유권에 의한 개정법률의 위헌심사

자유권에 의한 심사는, 개정법률이 자유권의 관점에서 정당화되는지, 즉 자유권을 과도하게 제한하는지 아니면 자유권의 관점에서 허용되는지의 판단에 관한 것이다. 이에 따라 '개정법률이 자유권을 침해하는지'의 심사는 헌법 제37조 제2항의 과잉금지원칙에 의하여 이루어진다. 즉, 입법자가 선택한 수단(개정법률에 의한 기본권제한)이 그 내용에 있어서 입법목적(법률개정목적)을 달성하기 위하여 과도한 것인지 여부를 심사하게 된다. 이로써 수단과 목적의 상관관계를 통하여 법률내용의 실체적 위헌성을 판단하고자 하는 것이다. 이에 따라, 법률개정이익(입법목적)이 헌법적으로 허용되는지(입법목적의 정당성), 입법자가 선택한 수단이 법률개정목적을 달성하기 위하여 적합한 것인지(수단의 적합성), 개정법률이 가장 기본권을 존중하는 수단에 해당하는 것인지(수단의 최소침해성), 개정법률이 초래하는 기본권제한의 효과와 개정법률이 달성하고자 하는 개정목적의 비중을 비교하였을 때 양자가 적정한 비례관계를 유지하고 있는지(법익균형성)를 단계별로 판단하게 된다.

나. 신뢰보호원칙에 의한 개정법률의 위헌심사

개정법률이 신뢰이익을 침해하는지의 심사는 개정법률의 내용, 즉 개정법률이 내포하는 자유권의 제한이 자유권의 관점에서 정당화되는지에 관한 내용적 심사가 아니라, 규율내용의 합헌성여부와는 관계없이 개정법률을 '과거에 발생하였으나 현재까지 지속

24) Vgl. Böckenförde, Diskussionsbeitrag, VVDStRL 32(1974), S.245; Kisker, Vertrauensschutz im Verwaltungsrecht, VVDStRL 32(1974), S.179; Stern, Zur Problematik rückwirkender Gesetze, in: FS für Theodor Maunz, 1981, S.389f.; Götz, Bundesverfassungsgericht und Vertrauensschutz, in: Bundesverfassungsgericht und Grundgesetz, Bd.Ⅱ, 1976, S.442ff.; Maurer, Kontinuitätsgewähr und Vertrauensschutz, in: HbStR, Bd.Ⅲ, 1988, §60 Rn.54.

되고 있는 사실관계'에 적용하는 것이 헌법적으로, 즉 법적 안정성과 신뢰보호의 관점에서 정당화되는지의 판단에 관한 것이다. 즉, 개정법률의 '적용범위'를 시간적으로 이와 같이 '장래에 발생하는 사실관계'뿐만 아니라 '과거에 발생한 사실관계'에까지 확대하는 것이 법치국가적 관점에서 허용되는지 여부에 관한 것이다.

그러므로 신뢰보호원칙에 의한 심사는 개정법률에 의한 '기본권제한의 내용적·실체적 한계'에 대한 심사가 아니라, 개정법률 '적용범위의 시간적 한계'에 대한 심사를 의미한다. 입법자에 대하여 신뢰이익을 주장하는 개인은 '입법자가 이러한 내용의 법률을 통하여 개인의 기본권을 제한해도 되는 것인지', 즉 '법률의 내용' 또는 '기본권제한의 헌법적 정당성'에 대하여 이의를 제기하는 것이 아니라, 법률내용의 위헌여부와 관계없이 '개정 법률이 내포하는 기본권제한'을 장래에 발생하는 사실관계뿐만 아니라 과거에 발생한 사실관계에 대해서도 확대하여 적용하는 것에 대하여 이의를 제기하는 것이다.

개정법률의 시간적 적용범위를 이와 같이 기존의 사실관계에 확대함으로써 개인의 신뢰이익이 침해되는 경우, 법질서의 존속을 신뢰한 개인은 개정법률에 내재된 '기본권제한'을 법치국가원칙에 합치하지 않는 방법으로 부당하게, 즉 신뢰보호원칙에 위반되어 부과 받는 것이고, 이로써 당사자의 기본권이 침해되는 것이다. 신뢰보호원칙의 위반이 궁극적으로 기본권의 침해로 이어진다는 점에서, 기본권의 침해여부를 판단하는 큰 범주 내에서 신뢰보호의 문제를 함께 판단할 수는 있지만, '신뢰보호원칙에 의한 심사'와 '기본권에 의한 심사'는 그 기능에 있어서 근본적으로 다른 것이다.

3. 자유권과 신뢰보호원칙에 의한 二重的 위헌심사

가. '법률 내용의 위헌여부'와 '종래의 법적 지위에 대한 침해의 위헌여부'

(1) 따라서 입법자가 법률개정을 통하여 과거에 형성된 '기본권적으로 보호되는 법적 지위'를 축소·폐지함으로써 새로이 규율하는 경우, 자유권과 신뢰보호의 관점에서 이중적으로 개정법률의 합헌성을 심사해야 한다.[25] 입법자가 단지 장래에 발생할 사실관계만을 규율하는 것이 아니라 개정 법률의 적용범위를 과거에 발생한 사실관계에도 확대함으로써 과거에 형성된 자유권적 지위를 침해한다면, 개정 법률은 '법률 내용(기본권의 제한) 그 자체의 위헌여부'와 '종래의 법적 지위에 대한 침해의 위헌여부'란 이중적 관점에서 심사되어야 한다. 즉, 개정법률이 합헌적이기 위해서는 '장래에 있어서' 적용

25) 헌법재판소는 가령, 헌재 2003. 10. 30. 2001헌마700 등(약사법 결정)에서 "이 사건 법률조항들에 대한 법률상 쟁점은 개정법 시행일 이후의 행위규제와 개정법 시행일 당시의 기존 개설약국에 대한 규제로 나누어 볼 수 있다."고 판시함으로써(판례집 15-2하, 137, 150), '이 사건 법률조항들에 의하여 의료기관 시설을 분할한 장소에서 약국개설을 금지한 것이 직업의 자유를 침해하는지 여부'와 '이 사건 법률조항들에 의한 기존 약국 폐쇄가 직업의 자유를 침해하는지 여부'로 나누어 판단하였다. 또한, 헌재 2007. 2. 22. 2003헌마428 등(합성수지 도시락용기 결정) 참조.

되는 법률이 그 내용에 있어서 헌법에 합치해야 할 뿐 아니라, 또한 구법에 의하여 형성된 '종래의' 지위에 대한 침해를 정당화해야 한다. 따라서 개정법률의 위헌심사는 '개정법률에 의한 기본권제한이 합헌인지'의 심사와 '이러한 기본권제한을 과거에 발생한 사실관계에 확대하는 것이 합헌인지'의 심사의 이중적 심사로 이루어진다.[26]

(2) 예컨대, 특정 직업을 새로이 규율하는 법률이 구법에 의하여 형성된 구체적인 직업상의 지위를 불리하게 변경하는 경우, 이러한 법률은 장래에 그의 적용을 받는 사람들에 대해서는 합헌이지만 과거에 이미 구법에 의하여 형성된 직업상의 지위를 보유하고 있었던 사람들에 대해서는 위헌일 수 있다. 입법자는 직업을 새로이 규율하는 과정에서 직업의 자유를 제한할 수 있으나, 신뢰보호원칙은 '법률개정으로 인하여 장래에 있어서 허용되지 아니하는 직업행위'를 과거에 이미 적법하게 행사한 사람들의 신뢰이익을 고려할 것을 요구한다.

또한, 재산권을 새로이 형성하는 법률이 종래 구법 하에서 허용된 재산권객체의 이용가능성을 당사자에게 불리하게 변경하거나 박탈하는 경우, 개정법률은 헌법상 재산권에 의하여 보장된 구체적 법적 지위에 대한 침해를 의미한다. 오늘날 생각할 수 있는 거의 모든 재산권이 빠짐없이 규율되었기 때문에 재산권을 새로이 규율하는 거의 모든 규정이 동시에 구법에 의하여 보장된 재산권의 변경을 의미하게 된다. 그러므로 구법에 의하여 취득한 개인의 법적 지위를 불리하게 변경시키는 규정은 장래에 있어서 합헌적이어야 할뿐만 아니라 과거에 형성된 재산권의 관점에서도 신뢰보호원칙에 부합해야 한다.[27]

나. 과잉금지원칙과 신뢰보호원칙에 의한 심사

따라서 직업의 자유나 재산권보장에 의하여 보호되는 구체적인 법적 지위를 개인에게 불리하게 변경하는 개정법률의 합헌성심사는 개정법률이 '장래에 있어서 합헌인지' 그리고 '과거에 대해서도 합헌인지'의 이중적 기준에 의한 심사를 의미한다. 여기서 '장래에 있어서 합헌'이란 장래에 발생하는 사실관계에 개정법률이 적용되는 경우의 합헌

26) 이에 관하여 이미 언급하고 있는 것으로 한수웅, 財産權의 내용을 새로이 형성하는 법규정의 헌법적 문제, 저스티스 제52호, 1999. 6. 29면 이하 참조.

27) 헌재 1999. 4. 29. 94헌바37(택지소유상한제), 판례집 11-1, 289, 306, "재산권이 헌법 제23조에 의하여 보장된다고 하더라도, 입법자에 의하여 일단 형성된 구체적 권리가 그 형태로 영원히 지속될 것이 보장된다고까지 의미하는 것은 아니다. 재산권의 내용과 한계를 정할 입법자의 권한은, 장래에 발생할 사실관계에 적용될 새로운 권리를 형성하고 그 내용을 규정할 권한뿐만 아니라, 과거의 법에 의하여 취득한 구체적인 법적 지위에 대하여까지도 그 내용을 새로이 형성할 수 있는 권한을 포함하고 있는 것이다. 이 경우 입법자는 재산권을 새로이 형성하는 것이 구법에 의하여 부여된 구체적인 법적 지위에 대한 침해를 의미한다는 것을 고려하여야 한다. 따라서 재산권의 내용을 새로이 형성하는 규정은 비례의 원칙을 기준으로 판단하였을 때 공익에 의하여 정당화되는 경우에만 합헌적이다. 즉, 장래에 적용될 법률이 헌법에 합치하여야 할 뿐만 아니라, 또한 과거의 법적 상태에 의하여 부여된 구체적 권리에 대한 침해를 정당화하는 이유가 존재하여야 하는 것이다."

성을 말하는 것으로, 개정법률의 내용적 합헌성, 즉 개정법률에 내재하는 기본권제한의 합헌성을 의미한다. 개정법률이 장래에 발생하는 사실관계에 적용되는 경우에는 신뢰보호의 문제는 발생하지 않는다.

과잉금지원칙은 자유권제한입법의 '실체적 내용'에 대한 요청으로서 자유권에 대한 제한과 그를 통하여 달성하려는 공익간의 적합성 · 필요성 · 비례성의 문제이다. 그에 대하여 신뢰보호는 새로운 법규범의 '시간적 적용범위'의 문제로서 기본권제한에서의 시간적 요소를 강조하고 있다.[28] 신뢰보호는 기존의 기본권적 지위가 또한 장래에도 유지될 것을 요구하고, 공익상의 이유로 기본권의 제한이 필요하다면 권리의 축소는 개인의 신뢰이익을 고려하여 이루어져야 할 것을 요구한다. 따라서 개정법률에 의한 자유권의 제한이 '장래에 있어서는' 과잉금지원칙의 관점에서 헌법적으로 아무런 흠결이 없으나, '이미 과거에 발생한' 법적 지위에 적용되고 이를 제한하는 한, 신뢰보호의 측면에서 위헌적 규범이 될 수 있는 가능성이 있다.

4. 독자적인 헌법적 기준으로서 신뢰보호원칙

위에서 살펴본 바와 같이, 자유권과 신뢰보호원칙은 헌법적으로 각 독자적 의미와 기능을 가지고 있다. 신뢰보호원칙은 '법의 시간적 차원'에 관한 것으로 법률 적용범위의 시간적 한계를 제시하는 원칙이고, 과잉금지원칙은 '법의 내용적 차원'에 관한 것으로 법률에 의한 기본권제한에 대하여 실체적 · 내용적 한계를 제시하는 원칙이다. '기본권의 관점에서 내용적으로 합헌적인 법률'에 대해서도 신뢰이익의 침해를 주장할 수 있다는 것은, 신뢰보호의 문제가 국가행위의 내용적 한계의 문제가 아니라는 것을 말해준다. 신뢰보호원칙은 법치국가원칙에서 파생된 독자적인 내용을 갖는 헌법원칙으로서, 기본권을 기준으로 하는 심사원칙인 과잉금지원칙과 평등원칙과 함께 입법자의 형성권에 대하여 독자적인 헌법적 한계를 제시한다. 따라서 '기본권의 보호가 곧 신뢰보호'라고 하여 양자를 동일시하는 사고나 '신뢰보호는 기본권의 보호에 흡수되거나 포함된다'는 주장은 신뢰보호의 독자적인 의미와 기능을 인식하지 못한다는 점에서 문제가 있다.[29]

신뢰보호의 문제는 독자적인 법치국가적 문제이다. 신뢰보호의 문제는 '국가의 자기구속'으로부터 나오는 것으로, 정의와 법치국가의 요청이며 그에 내재된 법적 안정성의

---

28) Vgl. Maurer, Kontinuitätsgewähr und Vertrauensschutz, in: HbStR, Bd.Ⅲ, 1988, §60 Rn.116, 49.

29) 기본권과 신뢰보호의 관계에 관하여 정종섭, 법률의 변경에 있어서 신뢰의 보호, 헌법연구 3, 2004, 130면-132면, "신뢰보호가 침해된 것과 기본권이 침해된 것은 각기 서로 다르기 때문에 서로 구별하여 이해할 필요가 있다."고 하면서, "과잉금지원칙의 위반 문제에 신뢰보호원칙의 위반 문제가 포함되어 판단된다."고 하여 서로 모순되는 서술을 하고 있기 때문에, 의도하는 바를 정확하게 파악하기 어려우나, 신뢰보호원칙의 독자적인 헌법적 의미를 제대로 파악하지 못하고 있는 것으로 보인다.

요청이다.[30] 신뢰보호원칙은 그 헌법적 근거를 '기본권'이 아니라 법적 안정성, 기본권 등을 모두 포괄하는 '법치국가원리'에 두고 있다.

자유권과 과잉금지원칙이 적용되지 않는 영역에서도 신뢰보호의 문제가 발생할 수 있다는 점도 자유권으로부터 독립된 '신뢰보호원칙의 독자적 성격'을 뒷받침하고 있다.[31] 예컨대, 국가에 의하여 제공되는 사회적 급부가 국가재정의 악화로 인하여 사후적으로 축소되거나 폐지되는 경우, 국가에 대한 개인의 급부청구권이 연금수급권과 같이 수급자의 상당한 자기기여에 의한 것이라면 수급권자는 헌법상의 재산권보장을 주장할 수 있으나, 생계보조비와 같은 국가의 일방적인 급부의 경우에는 재산권보장에 의한 보호를 기대할 수 없다. 이와 같이 자유권이 적용되지 않는 경우에도 신뢰보호원칙이 국가행위에 대하여 한계를 설정한다.

Ⅳ. 신뢰보호원칙의 위반여부를 판단하는 독자적 심사기준

신뢰보호원칙이 헌법 내에서 자유권과는 근본적으로 다른 기능과 의미를 가지고 있으므로, 이에 상응하여 신뢰보호원칙의 위반여부를 판단하는 기준도 달리 형성되어야 한다. 이에 따라, 신뢰보호원칙에 의한 심사는 '기본권제한의 내용적 심사'와는 다른 형태를 취할 수밖에 없다.[32] 신뢰보호원칙의 위반여부는 '개정법률을 과거에 발생한 사실관계에 확대하여 적용하는 것이 헌법적으로 허용되는지'의 관점에서 독자적으로 판단되어야 한다. 그렇다면, 신뢰이익의 침해여부를 판단하는 심사단계는 다음과 같은 요건으로 구성된다.[33]

첫째, 신뢰보호를 요청하는 개인에게 헌법적으로 보호할만한 신뢰가 인정될 수 있는지, 둘째, 개정 법률이 과거에 발생하였으나 현재까지 지속되고 있는 사실관계를 법률의 시간적 적용범위에 포함시키는 것이 개정 법률의 입법목적의 달성을 위하여 반드시 필요하고 요청되는 것인지, 셋째, 개인의 신뢰이익의 정도와 법률개정이익을 서로 비교하였을 때 어떠한 법익에 우위를 인정해야 하고, 어떠한 방법으로 개인의 신뢰이익을 적절하게 고려해야 할 것인지의 3가지 요건이다. 아래에서는 이에 관하여 보다 구체적으로 살펴보기로 한다.

---

30) Vgl. Stern, Zur Problematik rückwirkender Gesetze, in: FS für Theodor Maunz, 1981, S.392.

31) Vgl. Götz, Bundesverfassungsgericht und Vertrauensschutz, in: Bundesverfassungsgericht und Grundgesetz, Bd.Ⅱ, 1976, S.431ff.; Stern, Zur Problematik rückwirkender Gesetze, in: FS für Theodor Maunz, 1981, S.391.

32) 이를 이미 지적하고 있는 것으로 한수웅, 법률개정과 신뢰보호, 부진정소급효에 관한 헌법재판소 판례 평석을 겸하여, 인권과 정의 제250호, 1997. 6. 80면 이하.

33) Vgl. Maurer, Kontinuitätsgewähr und Vertrauensschutz, in: HbStR, Bd.Ⅲ, 1988, §60 Rn.51

1. 헌법적으로 보호되는 신뢰이익의 存否[34)]

법률개정에 대한 헌법상의 신뢰보호는 신뢰가 형성될 수 있는 신뢰의 근거인 법률을 필요로 한다.[35)] 나아가, 법률의 존속에 대한 개인의 신뢰는 보호할 만한 가치가 있는 것이라야 하는데, 헌법적으로 보호되는 신뢰는 '신뢰행위'를 전제로 한다. 즉 일정 직업의 선택 및 행사, 기업에의 투자, 현행 시험규정에 따른 시험 준비행위와 같이 실제로 행사된 신뢰, 외부로 현실화된 신뢰행위만이 헌법적으로 보호받을 수 있다.[36)] 이에 대하여 단지 내심영역의 과정으로서 법적 상태의 존속에 대한 기대 및 그에 대한 실망은 법적으로 전혀 의미가 없다.

2. 과거에 발생한 사실관계를 함께 규율해야 하는 공익의 存否

개정법률이 기존의 사실관계를 함께 규율해야 한다는 것은 대부분의 경우 입법자가 의도하는 입법목적을 실현하기 위한 전제조건이다.[37)] 변화한 현실상황에 적응하고 새로운 목표를 설정하는 대부분의 법률은 일정한 법적 대상을 전체로서 규율해야만 그 의도한 효과(공익의 실현)가 발생하므로, 과거에 발생한 사실관계를 신법의 적용범위에 포함시켜야 하는 정당한 공익적 이유가 대부분의 경우 존재한다.[38)] 뿐만 아니라, 구법이 기존의 사실관계에 계속 적용되는 경우에는 2가지 법질서가 병렬적으로 존재하게 되므로, 법적 안정성과 법적 통일성의 관점도 구법 하에서 발생한 기존의 사실관계를 함께 규율할 것을 요청한다.

구법 하에서 발생한 사실관계에 대하여 개정법률을 적용하는 것이 입법목적의 달성을 위하여 반드시 필요하고 요청되는 것이 아닌 경우에도 개정법률의 적용범위에 기존의 사실관계를 포함시키는 것은 과거에 발생한 사실관계를 함께 규율해야 할 공익이 존재하지 않기 때문에, 이미 이러한 이유에서 신뢰보호원칙에 반하는 것으로 헌법적으

---

34) Vgl. Muckel, Kriterien des verfassungsrechtlichen Vertrauensschutzes bei Gesetzesänderung, 1989, S.80ff.; Maurer, Kontinuitätsgewähr und Vertrauensschutz, in: HbStR, Bd.Ⅲ, 1988, §60 Rn.7, 9, 20.

35) 국가가 제공하는 신뢰의 근거는 법령, 공법상 또는 사법상의 계약, 행정행위 등 다양하나, 국가는 무엇보다도 입법행위를 통하여 국민에게 신뢰의 근거를 제공한다.

36) Vgl. Ossenbühl, Vertrauensschutz im sozialen Rechtsstaat, DÖV 1972, S.35; Kisker, Vertrauensschutz im Verwaltungsrecht, VVDStRL 32(1974), S.163.

37) 예컨대, 기업에 대하여 근로자보호기준이나 환경보호기준을 강화하는 새로운 규정을 이미 존재하는 기업은 그 적용에서 배제하고 새로 설립되는 기업에만 적용한다면, 개정법률이 의도하는 '근로자나 환경의 보호'란 목적은 단지 부분적으로만 달성될 수 있다. 국가인력수급과 연금재정확보의 목적에서 일정 공무원의 정년을 60세에서 65세로 상향조정하는 경우, 개정법률을 새로이 임용되는 공무원에게만 적용한다는 것은 이 규정이 의도한 효과를 거의 가져올 수 없다는 것을 의미한다.

38) Vgl. Götz, Bundesverfassungsgericht und Vertrauensschutz, in: Bundesverfassungsgericht und Grundgesetz, Bd.Ⅱ, 1976, S.438ff.; Maurer, Kontinuitätsgewähr und Vertrauensschutz, in: HbStR, Bd.Ⅲ, 1988, §60 Rn.53.

로 허용되지 않는 것이다.

3. 신뢰이익과 법률개정이익의 법익교량

가. 법익교량과 경과규정

헌법적으로 보호되는 신뢰이익이 존재한다는 것은, 곧 개인의 신뢰가 국가에 의하여 존중되어야 한다는 것을 의미하지 않는다. 개인의 신뢰이익도 기본권과 마찬가지로 사회적으로 구속을 받고, 공익과의 교량을 통하여 제한이 가능하다. 기본권을 제한하는 국가행위가 곧 위헌인 것이 아니라 기본권의 제한이 헌법적으로 정당화되는지에 대한 별도의 판단이 필요한 것과 마찬가지로, 국가에 의한 신뢰이익의 손상이 곧 신뢰보호원칙에 위반되는 것이 아니라, 신뢰이익의 손상이 헌법적으로 정당화되는지를 별도로 판단해야 한다. 따라서 개별적인 경우마다, 법률의 존속에 관한 개인의 '신뢰이익'과 법률개정을 통하여 달성하려는 공익('법률개정이익')을 비교형량하여 어떠한 법익이 우위를 차지하는지, 양 법익을 어떻게 이상적으로 조화시킬 수 있는지를 판단해야 한다.[39] 여기서 경과규정은 양 법익을 조화시키는 수단으로 기능한다.[40]

'신뢰이익'과 '법률개정을 요구하는 공익'을 교량하고 양 법익을 조화시키는 과정에서, 개인은 비록 구법의 존속을 요구할 수는 없으나 구법에서 신법으로의 적절한 轉移, 즉 법률개정에 있어서 자신의 신뢰이익을 고려해 줄 것을 요구할 수 있다. 여기서 경과규정은 법률개정이 추구하는 공익과 개인의 신뢰이익이란 상충하는 법익을 이상적으로 조화시키고 균형점을 찾는 가능성으로 기능한다. 입법자는 개정법률에 적절한 경과규정을 삽입함으로써, 신뢰보호의 요청에 부합되는 방법으로 새로운 법적 상태로의 법치국가적 이행을 가능하게 할 수 있고, 이로써 법률의 위헌성을 피할 수 있다.[41]

나. 신뢰이익의 보호 정도를 판단하는 관점

헌법상 신뢰보호의 목적은, 국가가 입법행위를 통하여 개인에게 신뢰의 근거를 제공한 이상 입법자를 자신의 事前的 입법행위에 법치국가적으로 구속하려는 데 있다. 따라서 신뢰의 근거로서 '법률이 구체적으로 어떻게 형성되어 있는지'에 따라 입법자의 자기구속의 정도 및 개인의 신뢰보호의 정도가 결정된다.[42] 입법자가 자신의 사전적 입법행위에 의하여 어느 정도로 구속을 받는지, 즉 법률의 존속에 대한 개인의 신뢰가 어느

39) Vgl. Maurer, Kontinuitätsgewähr und Vertrauensschutz, in: HbStR, Bd.Ⅲ, 1988, §60 Rn.51.
40) Vgl. Lerche, Übermaß und Verfassungsrecht, 1961, S.270; Muckel, Kriterien des verfassungsrechtlichen Vertrauensschutzes bei Gesetzesänderung, 1989, S.119f.
41) '신뢰보호의 구체적인 실현수단으로서 경과규정'에 관하여 자세하게 한수웅, 법률개정과 신뢰보호, 부진정소급효에 관한 헌법재판소 판례 평석을 겸하여, 인권과 정의 제250호, 1997. 6. 87면-89면 참조.
42) Vgl. Muckel, Kriterien des verfassungsrechtlichen Vertrauensschutzes bei Gesetzesänderung, 1989, S.80f.

정도로 보호되는지의 판단은 다음과 같은 2가지 중요한 관점에 달려 있다.[43)]

하나의 관점은, 국민이 어느 정도로 법률의 개정을 예측할 수 있었고 예측했어야 하는가의 '법률개정의 豫見性'이고, 또 다른 관점은 언제 법률개정에 따른 위험부담을 행위의 주체인 개인이 아니라 법률로써 계획하고 개인의 결정과 행위를 유발시킨 국가에게 귀속시킬 수 있는가 하는 '위험부담의 분배'의 문제이다.

(1) 법률개정의 豫見性[44)]

첫째, 개인이 어느 정도로 법률개정을 예견할 수 있었고 예견했어야 하는가 하는 '법률개정의 예견성'의 관점이다.[45)] 법적 상태의 존속에 대한 개인의 신뢰는 그가 어느 정도로 법적 상태의 변화를 예측해야만 했는가에 따라 상이한 강도를 가진다.[46)] 법률개정에 대한 예견성의 정도는 법률의 규범적 표현에 따라 다음과 같이 다르다.

(가) 법률은 법률개정의 유보 하에서 효력을 발생함으로써 법률에 기초한 개인의 신뢰를 처음부터 제한하거나 배제하려고 할 수 있다. 예컨대, 구체적 상황에 대처하기 위하여 한시적으로 적용되는 처분적 법률 등이 이에 속한다.

(나) 대부분의 법률의 경우, 법률개정의 가능성에 관한 입법자의 명시적 표현이 없다. 이러한 경우, 입법자는 변화하는 현실상황에 적절하게 대처할 수 있어야 하기 때문에, 국민은 현재의 법적 상태가 계속 유지되리라는 것을 원칙적으로 신뢰할 수 없다. 예컨대, 기한의 확정과 같은 아무런 법적인 확약이 없이 부여되는 조세감면의 혜택이나 보조금의 지급 등의 경우, 국민은 현실상황의 변화나 경제정책의 변경으로 인하여 일정 기간이 경과한 후 감축 또는 폐지되리라는 것을 일반적으로 예측해야 한다.

(다) 이와는 달리, 법률이 일정 기간 동안 명시적인 존속의 확약을 하는 경우, 입법

---

43) 헌법재판소도 위 2가지 관점을 신뢰이익의 보호정도를 판단하는 주된 기준으로 삼고 있다, 가령 헌재 2000. 7. 20. 99헌마452, 판례집 12-2, 128, 148 ; 헌재 2002. 7. 18. 99헌마574, 판례집 14-2, 29, 42; 헌재 2002. 11. 28, 2002헌바45, 판례집 14-2, 704, 712-714; 헌재 2003. 10. 30. 2001헌마700, 판례집 15-2(하), 137, 162, 166; 헌재 2006. 1. 26. 2005헌마424, 판례집 18-1(상), 36, 37, "한편, 국가는 이미 2001. 4. 19. 자동차관리법 시행규칙을 개정하여 성능점검부의 발행주체였던 자동차매매사업조합과 정비업자 외에 교통안전공단을 추가함으로써 성능점검부 발행주체가 변경될 수 있다는 명확한 규범적 표현을 하였으므로, 청구인들로서는 언제든지 성능점검부 발행주체에서 배제될 수도 있다는 가능성을 예견할 수 있었던 점, 청구인들의 영업행위는 특정 경제정책상의 목표를 달성하기 위하여 국가에 의하여 유도된 사경제의 활동에 속하는 것이 아니라, 스스로의 위험부담으로 법률이 부여한 기회를 활용한 경우에 지나지 않는다는 점 등에 비추어 보면, 청구인들이 개정 전 규칙에 의하여 성능점검부 발행업자로서 보호받아야 할 신뢰이익은 규칙개정의 이익에 절대적으로 우선하는 것은 아니라고 할 것이다."

44) 이를 이미 언급하고 있는 것으로 한수웅, 법률개정과 신뢰보호, 부진정소급효에 관한 헌법재판소 판례 평석을 겸하여, 인권과 정의 제250호, 1997. 6. 82면-83면.

45) Vgl. Muckel, Kriterien des verfassungsrechtlichen Vertrauensschutzes bei Gesetzesänderung, 1989, S.93ff.

46) 여기서 결정적인 것은 개인이 입법자의 법률개정에 관한 논의를 알았다든지 경기의 침체가 일정 방향의 법률개정을 암시한다든지 하는 주관적 예견성이 아니라, 그가 신뢰한 법률의 규범적 표현을 근거로 법적 상태의 변화를 예견해야 했는지의 문제이다. 오로지 신뢰의 근거인 법률의 내용을 고려함으로써 본질적으로 주관적으로 형성된 신뢰보호를 적어도 객관적으로 파악하고 법적으로 평가할 수 있게 된다. vgl. BVerfGE 32, 123.

자가 존속을 확약한 기간 동안 법률의 개정을 예견할 필요가 없기 때문에, 특별한 보호되어야 하는 신뢰가 인정된다. 예컨대, 입법자가 기한을 정하여 조세감면혜택을 약속하는 경우이다.

(2) 법률개정에 따른 위험부담의 배분

신뢰이익의 보호정도를 결정하는 또 다른 관점은 법률개정에 따른 책임이나 위험부담이 개인과 국가 중 누구에게 귀속되어야 하는가의 '위험부담 또는 책임 배분'의 문제이다.[47)]

국민이 국가행위의 존속을 신뢰하고 그에 따라 결정하도록 국가가 유도하면 할수록, 개인의 신뢰이익은 보호를 요구하고, 이로써 법률개정에 따른 국가와 개인 간의 위험부담은 개인에게 유리하게 배분되어야 한다. 국가가 개인의 결정가능성을 배제하고 일방적으로 자신의 의사를 사인의 행위기준으로 제시하는 경우에는 국가의 의사에 따라 행동한 사인의 신뢰행사가 더욱 존중되어야 한다. 자유는 곧 자기결정과 자기책임을 의미하고 결정을 스스로 할 수 있을 때에만 원칙적으로 그에 따른 위험부담과 책임이 존재하므로, 이 경우 법률개정의 책임은 전적으로 국가에게 귀속되어야 한다. 또한, 법률에 따른 개인의 행위가 공익을 실현하고자 하는 국가에 의하여 일정 방향으로 유인된 것이라면, 즉 개인이 공익실현을 위하여 동원되었고 법률에 부응하는 개인의 행위가 단지 사익을 위한 것만이 아니라 동시에 공익실현에 기여하는 행위라면, 이 경우에도 법률개정의 책임은 국가가 져야 한다.

따라서 법률에 따른 개인의 행위가 '예외적으로' 국가에 의하여 일정 방향으로 유도된 신뢰의 행사인지, 아니면 단지 법률이 부여한 기회를 활용한, 원칙적으로 사적 위험부담의 범위에 속하는지의 관점이 신뢰이익의 보호정도를 결정하는 또 하나의 중요한 기준이다.[48)]

---

47) Vgl. Ossenbühl, Staatshaftungsrecht, 1991, S.326ff.; Kisker, Vertrauensschutz im Verwaltungsrecht, VVDStRL 32(1974), S.161ff.; Muckel, Kriterien des verfassungsrechtlichen Vertrauensschutzes bei Gesetzesänderung, 1989, S.108ff.

48) 가령, 헌재 2002. 11. 28, 2002헌바45(징집면제연령의 상향조정), 판례집 14-2, 704, 713-714, "개인의 신뢰이익에 대한 보호가치는 ① 법령에 따른 개인의 행위가 국가에 의하여 일정방향으로 유인된 신뢰의 행사인지, ② 아니면 단지 법률이 부여한 기회를 활용한 것으로서 원칙적으로 사적 위험부담의 범위에 속하는 것인지 여부에 따라 달라진다. 만일 법률에 따른 개인의 행위가 단지 법률이 반사적으로 부여하는 기회의 활용을 넘어서 국가에 의하여 일정 방향으로 유인된 것이라면 특별히 보호가치가 있는 신뢰이익이 인정될 수 있고, 원칙적으로 개인의 신뢰보호가 국가의 법률개정이익에 우선된다고 볼 여지가 있다. 그런데, 이 사건 법률조항의 경우 국가가 입법을 통하여 개인의 행위를 일정방향으로 유도하였다고 볼 수는 없고, 따라서 청구인의 징집면제연령에 관한 기대 또는 신뢰는 단지 법률이 부여한 기회를 활용한 것으로서 원칙적으로 사적 위험부담의 범위에 속하는 것이다."; 동일한 취지로 헌재 2007. 4. 26. 2003헌마947등(영어대체시험제도), 판례집 19-1, 514, 540; vgl. Badura, Wirtschaftsverfassung und Wirtschaftsverwaltung, 1970, S.109f.; Muckel, Kriterien des verfassungsrechtlichen Vertrauensschutzes bei Gesetzesänderung, 1989, S.108ff.; Kisker, Vertrauensschutz im Verwaltungsrecht, VVDStRL 32(1974), S.161ff., 179; Ossenbühl, Staatshaftungsrecht, 1991, S.328ff.; Götz, Bundesverfassungsgericht und Vertrauensschutz, in: Bundesverfassungsgericht und Grundgesetz, Bd.II, 1976, S.446; Stern, Zur Problematik rückwirkender

(가) 법률이 반사적으로 부여하는 기회의 활용[49]

입법자는 일정 생활영역을 중·장기적으로 규율하는 규범을 제정할 수 있다. 이러한 규범의 경우, 개인이 법률을 자신의 행위기준으로 삼을 가능성을 입법자는 충분히 예견하지만 이를 유도하지는 않는다. 이 경우, 개인은 원칙적으로 자신의 자발적인 결정과 계획에 따라 행위하면서 단지 법률이 개방하는 기회를 이용할 뿐이다. 이러한 경우, 법률개정의 위험부담은 원칙적으로 자유의사에 따라 결정하고 행동한 개인에게 돌아가야 하며, 단지 신뢰보호의 원칙은 변화한 법적 상황에 적응할 수 있도록 적절한 유예기간만을 요청할 뿐이다.

예컨대, 국가가 요구하는 자격을 취득하여 일정 직업에 종사하던 자가 직업행사요건의 강화나 변경으로 인하여 변경된 요건을 충족시키지 않는 경우에는 더 이상 그 직업에 종사할 수 없게 된다면, 이러한 경우, 개인은 국가에 의하여 일정직업을 갖도록 유도된 것이 아니라, 개인이 스스로의 결정과 자신의 계획에 따라 행위하면서 단지 법질서가 제공하는 자유공간이나 기회를 활용한 것이다. 그럼에도 불구하고 장기간 일정 직업에 종사한 자에게 법률개정과 함께 즉시 직업을 포기할 것을 요구하는 것은 개인의 신뢰이익에 대한 과도한 침해이므로, 입법자는 당사자가 법적 상황의 변화에 적절히 적응할 수 있도록 유예기간을 두어야 한다. 개인의 신뢰이익에 대한 손상이 개정법률이 달성하려는 공익실현의 관점에서도 더 이상 정당화될 수 없을 정도로 과도하다면, 신뢰이익은 경과규정을 통하여 적절히 고려되어야 한다. 입법자는 직업을 새로이 규율할 수 있으나, 법률개정으로 인하여 미래에 있어서 허용되지 않는 직업행위를 과거에 이미 적법하게 행사한 사람들을 위하여 적절한 경과규정을 둘 것을 신뢰보호원칙은 요구한다.

(나) 국가에 의하여 유도된 신뢰의 행사[50]

1) 위의 경우와는 달리, 입법자는 예외적으로 국가가 의도하는 일정한 방향으로 개인의 결정과 행위를 유도하려는 목적으로 법률을 제정할 수 있다. 특히 경제조종적·경제유도적 입법에 있어서, 특정 경제목표를 달성하기 위하여 필요하다고 생각되는 개인의 행위를 유도할 목적으로, 법률로써 조세감면의 혜택, 금융지원, 세금공제의 가능성 등을 통한 경제적 유인책을 제공하는 경우이다. 이러한 법률에 있어서는 법률이 의도하는 목적이 달성될 수 있는지 여부는 일반적으로 어느 정도로 국민이 법적인 의도에 호응하는지에 달려 있다.

Gesetze, in: FS für Theodor Maunz, 1981, S.392; Maurer, Kontinuitätsgewähr und Vertrauensschutz, in: HbStR, Bd.Ⅲ, 1988, §60 Rn.30.

49) 이를 이미 언급하고 있는 것으로 한수웅, 법률개정과 신뢰보호, 부진정소급효에 관한 헌법재판소 판례 평석을 겸하여, 인권과 정의 제250호, 1997. 6. 85면-86면.

50) 이를 이미 언급하고 있는 것으로 한수웅, 법률개정과 신뢰보호, 부진정소급효에 관한 헌법재판소 판례 평석을 겸하여, 인권과 정의 제250호, 1997. 6. 86면-87면.

입법자가 명시적으로 일정기간 법률의 존속을 약속한다든지 아니면 다른 형태로 스스로를 구속하는 경우에는 입법자는 이러한 방법으로 국민이 특별히 신뢰할 수 있는 근거를 형성하게 된다. 이러한 경우, 특별히 보호받아야 하는 개인의 신뢰가 존재하며, 법률개정의 책임은 원칙적으로 국가가 져야 한다. 예컨대, 기업의 투자를 촉진하고 투자의 이윤성을 확보해 주기 위하여 법률로써 일정 기간 그의 존속이 보장된 관세나 부가가치세와 같은 조세감면규정이 법적으로 확정된 기간의 경과 이전에 다시 제거되거나 축소되는 경우이다.[51)]

2) 또한, 시험규정이나 교육제도에 관한 규정에서도 일정한 방향으로 개인의 결정을 유도하려는 국가의 의도를 발견할 수 있다.[52)] 국가는 시험규정을 통하여 국민이 일정 방향으로 시험준비를 하도록 유도한다.[53)] 국가가 시험규정의 확정을 통하여 국민의 자유의사를 배제하고 자신의 의사를 국민의 행위기준으로 제시하는 경우에는, 국가의 결정에 따른 개인의 행위(시험규정에 따른 시험준비)가 특히 존중되어야 한다. 개인이 결정을 스스로 내릴 수 있을 때에만 원칙적으로 그 결정에 따른 위험부담이 존재해야 한다는 의미에서, 국가가 공익상의 이유로 개인의 의사를 배제하고 대신 자신의 의사를 행위기준으로 확정함으로써, 국가는 개인의 행위에 대한 책임을 넘겨받았다고 볼 수 있다.

마찬가지로 국가가 사업이나 영업의 허가요건을 장래를 향하여 변경하는 경우에도, 구법에 따라 허가를 받기 위하여 준비하는 과정에 있는 사업자는 시험규정이 변경된 상황과 유사한 상황에 처하게 된다. 가령, 국가가 구법 하에서 사업허가를 받아 사업을 하는 자에 대해서는 구법의 적용을 계속 받게 하면서, 법률개정을 통하여 장래에 사업을 하고자 하는 자에 대해서는 새로운 허가요건을 정하는 경우에는, 구법상의 시험규정을 신뢰하여 시험준비를 한 수험생과 마찬가지로, 구법에 따라 허가를 받기 위하여 준

---

51) 국가에 의하여 유도된 신뢰행위에 관한 대표적인 판례로서 헌재 1995. 10. 26. 94헌바12(조세감면규제법 개정사건) 참조. 헌법재판소는 위 결정에서 "청구인은 당초 구법규정에 따라 증자소득공제를 기대하고 증자하였는데 그러한 구법은 기업의 증자를 통하여 재무구조개선을 하도록 유도하기 위한 목적으로 제정된 것이며, 청구인이 법률개정을 예견할 사정도 없고, 구법을 신뢰한 국민의 신뢰이익을 압도할 만큼의 공익의 필요성이 간절한 것도 아니다."라는 이유로 국민의 신뢰이익에 우위를 부여하고, 이 사건 규정의 발효일 이전에 도과된 사업년도분에 대하여는 구법을 계속 적용하는 경과규정을 두어야 하는데 그러한 경과규정이 결여되었으므로 위헌이라고 판단하였다.

52) Vgl. Kisker, Vertrauensschutz im Verwaltungsrecht, VVDStRL 32(1974), S.165f.

53) 헌재 2007. 4. 26. 2003헌마947 등(영어대체시험제도), 판례집 19-1, 514, 540, "이 사건의 경우 국가가 기존의 사법시험제도를 통하여 오래도록 제2외국어를 시험과목으로 삼아 옴으로써 청구인들이 제2외국어 과목을 자신의 사법시험과목으로 선택하여 집중적으로 공부한 경우가 적지 아니할 것이므로 국가가 개인의 행위를 일정방향으로 유도하였다고 볼 수 있을 것이어서 청구인들이 가지고 있었던 시험과목에 관한 기대 또는 신뢰는 이를 보호해야 할 필요가 큰 경우에 속한다 할 것이다."; 또한, 헌재 2002. 10. 31. 2002헌마520 결정(변리사시험 상대평가제 사건) 참조. 비록 헌법재판소는 위 결정에서 청구기간의 도과를 이유로 각하결정을 하였으나, 만일 본안판단에 이르렀다면 소수의견에서 밝히고 있는 바와 같은 내용으로("이 사건 시행령조항은 충분한 공익적 목적이 인정되지 아니함에도 갑자기 시험의 기준을 변경하고 경과규정도 두지 않음으로써, 청구인들의 헌법상 보호되는 신뢰이익을 과도하게 침해한 것으로서 헌법에 위반된다고 할 것이고, 국가는 앞으로 이와 같이 신뢰보호의 원칙에 위배되는 법령의 개정을 되풀이하지 않도록 이 점에 관하여 헌법적 해명을 해둘 필요가 있다.") 심판대상규정을 위헌으로 판단하였을 것이다.

비과정에 있는 지원자에 대해서는 특별히 보호되어야 하는 신뢰가 인정된다.

Ⅴ. 헌법재판소 對象決定의 문제점

1. 폐기물관리법 결정

가. 판단의 출발점

헌법재판소는 위 결정에서 특정 직업영역을 새로이 규율하는 법률에 대한 위헌심사가 이중적으로 이루어져야 한다는 것을 인식하여, 판시내용 중 'Ⅱ. 1. 나. (1) 문제의 제기' 부분에서 '기본권을 제한하는 법률규정이 헌법에 위배되지 않기 위해서는 과잉금지원칙이 준수되어야 하며, 나아가 기존 종사자들의 신뢰를 보호하는 것이 법치국가의 원리로부터 요청된다'고 확인하면서, '신뢰보호가 충분히 이루어졌는지 여부는 과잉금지원칙에 의하여 판단된다'고 판시하고 있다.

나. 심판대상조항에 대한 실체적 위헌심사의 누락

위 결정의 첫 번째 문제점은 헌법재판소가 위헌심사의 출발점으로 개정법률에 대한 이중적인 위헌심사를 스스로 확인하고도 '개정법률이 장래에 있어서 직업의 자유를 침해하는지' 여부를 판단하지 않은 것에 있다.

헌법재판소는 개정법률의 위헌심사가 '장래에 있어서' 및 '과거에 대하여'의 관점에서 이중적 심사가 요청됨에도, 개정법률에 의한 기본권제한이 위헌인지 여부의 심사를 하지 아니하고, 단지 개정법률을 기존의 사실관계에 적용하는 것이 위헌인지 여부의 심사에 한정하였다. 이로써 헌법재판소는 심판대상조항이 그 내용에 있어서 합헌인지 여부에 관한 실체적 심사를 누락하는 오류를 범하였다.

헌법재판소가 단지 헌법소원을 제기한 청구인의 관점만을 고려하였기 때문에 심판대상조항의 내용적 위헌심사를 간과한 것인지 아니면 이를 당연히 합헌으로 간주하고 청구인의 관점에서 다투고 있는 신뢰보호의 문제만을 판단한 것인지는 확인할 바가 없으나, 심판대상조항의 위헌성을 이중적인 관점에서 전반적으로 판단하지 않은 것은 문제가 있다. 결국, 위 결정에서 헌법재판소의 판단은, 심판대상조항이 그 내용에 있어서 위헌인지 여부와 관계없이, 개정법률을 과거에 발생한 사실관계에도 적용하는 것이 신뢰보호원칙에 부합하는지의 문제에 국한되었다.

다. 신뢰이익의 침해여부를 판단함에 있어서 문제점

위 결정의 또 다른 문제점은, 헌법재판소가 신뢰보호원칙의 위반여부는 '과잉금지원칙'에 의하여 판단한다고 판시하면서도, 심사기준으로서 과잉금지원칙을 단지 형식적으로만 언급할 뿐, 실질적인 판단은 신뢰이익과 법률개정이익의 법익교량에 의한 심사를 함으로써, '언급한 심사기준'과 '심사의 실질적 내용'이 일치하지 않는다는 점이다. 헌법재판소는 신뢰이익의 침해여부를 과잉금지원칙에 의하여 판단한다고 언급하면서도 과잉금지원칙에 따른 단계별 심사(수단의 적합성 및 최소침해성, 법익균형성)를 하지 아니하고, '청구인들의 신뢰는 스스로의 위험부담으로 법률이 부여하는 기회를 활용한 경우에 불과하여 특별히 보호할만한 신뢰가 존재하지 않으므로 법률개정이익에 우선하는 것은 아니며 한편으로는 신뢰이익을 보호하는 경과규정을 두고 있으므로 과잉금지원칙에 위반하여 직업의 자유를 침해하는 것으로 볼 수 없다'고 판시하고 있다.

헌법재판소가 과잉금지원칙에 의한 단계별 심사를 하지 않은 것은, 자유권의 침해여부를 판단하는 과잉금지원칙이 신뢰이익의 침해여부를 판단하는 기준으로는 그대로 적용될 수 없다는 인식에 기인하는 것으로 보인다. 즉, 심판대상조항이 그 내용에 있어서 위헌인지 여부가 아니라 심판대상조항을 기존의 사실관계에도 확대하여 적용하는 것이 위헌인지 여부를 판단함에 있어서, 과잉금지원칙은 여기서 판단하고자 하는 문제의 본질에 상응하지 않는다는 것을 인식한 것이다.

2. 약사법 결정

가. '폐기물관리법 결정'과의 차이점

헌법재판소는 '약사법 결정'에서는 '폐기물관리법 결정'과는 달리, '장래에 발생하는 사실관계에 관한 규율'과 '기존의 사실관계에 관한 규율'로 구분하여 위헌심사를 체계화하면서, '심판대상조항이 장래에 적용되는 경우 헌법에 합치하는지'의 심사와 '구법 하에서 형성된 기존의 사실관계에도 적용을 확대하는 것이 헌법에 합치하는지'의 심사로 나누어 이중적으로 판단하고 있다. 헌법재판소가 신뢰이익의 침해여부를 판단하기에 앞서 심판대상조항의 내용적 위헌여부에 관한 실체적 판단을 한 것은 '폐기물관리법 결정'의 법리적 결함을 보완한 것으로 타당하다.

헌법재판소는 첫 번째 위헌심사단계(자유권에 의한 심사)에서 '심판대상조항이 장래에 있어서 합헌인지', 즉 '심판대상조항이 의도하는 직업의 자유에 대한 제한이 그 내용에 있어서 합헌인지'의 문제를 과잉금지원칙을 기준으로 삼아, 심판대상조항에 의한 기본권의 제한은 정당한 입법목적의 달성을 위하여 적합하고 필요하며 법익의 균형성도 갖춘 것으로 그 내용에 있어서 합헌임을 확인하였다. 이어서 헌법재판소는 두 번째 위헌심사단계에서 '심판대상조항이 과거에 발생한 사실관계도 함께 규율하는 것이 헌법에 합치되는지' 여부를 판단하였는데, 여기서도 다시금 과잉금지원칙을 적용함으로써 입법목적이 정당한지, 수단이 적합하고 기본권을 최소로 침해하는 것인지, 법익균형성의 요건이 충족되었는지를 중복적으로 판단하고 있다.

나. 신뢰이익의 침해여부를 판단하기 위하여 과잉금지원칙을 적용한 것의 문제점

(1) 헌법재판소가 신뢰이익의 침해여부를 판단하기 위하여 과잉금지원칙을 적용한 것은 다음과 같은 관점에서 문제가 있다.

첫째, 신뢰이익의 침해여부에 있어서 문제되는 것은, 개정법률인 심판대상조항이 의도하는 기본권제한이 과잉인지, 즉 입법목적의 달성을 위하여 과도한 수단인지 여부가 아니다. 여기서 문제되는 것은, 입법자가 개정법률을 단지 '장래에 약국을 개설하는 약사'에 대해서만 적용하는 것이 아니라, 시간적인 적용범위를 확대하여 '기존에 약국을 개설하여 운영하고 있는 약사'에 대해서도 적용하고 있는 것이 헌법에 합치하는지, 구체적으로 법치국가적 법적 안정성의 요청 및 이에 대응하는 개인의 신뢰보호의 요청에 부합하는지의 문제이다.

따라서 신뢰이익의 침해여부를 판단하는 기준은 이를 판단하기 위하여 형성된 독자적인 것이어야 한다. 즉, 헌법재판소가 수단과 목적의 상관관계를 통하여 개정법률이 내포하는 '기본권제한의 내용적 위헌여부'를 이미 첫 번째 위헌심사단계에서 판단한 이상, 이를 더 이상 판단할 필요는 없고, 대신 청구인이 주장하는 신뢰이익이 헌법적으로 보호를 요청할 수 있는 것인지, 기존의 사실관계에 대하여 개정법률을 적용하는 것이 법률개정의 목적을 실현하기 위하여 요청되는 것인지, 신뢰이익의 정도와 법률개정을 통하여 달성하고자 하는 목적을 비교하였을 때 어떠한 법익이 보다 보호되어야 하기 때문에 우위를 차지하는지의 관점에서 판단해야 한다.

(2) 둘째, 설사 신뢰보호원칙의 위반여부를 판단함에 있어서 과잉금지원칙을 심사기준으로 삼는다 하더라도, 여기서 문제되는 것은 '기본권제한의 위헌여부'가 아니라 '기존 사실관계에 대한 법률적용의 위헌여부'라는 점에서, 과잉금지원칙은 이에 상응하게 변형되어야 한다.

여기서 입법목적은 '개정법률이 달성하고자 하는 목적'이라는 점에서 첫 번째 위헌심사단계(자유권에 의한 심사)와 동일하지만, 여기서의 수단은 '개정법률에 의한 기본권의 제한'이 아니라 '개정법률을 기존의 사실관계에 적용하는 것'이다. 따라서 여기서 '수단의 적합성'은 자유권에 의한 심사단계에서 말하는 '개정법률이 의도하는 기본권제한이 입법목적을 달성하기에 적합한지 여부'의 판단이 아니라 '개정법률을 기존의 사실관계에 적용하는 것이 입법목적을 달성하기에 적합한지 여부'의 판단에 관한 것이다. 마찬가지로 '수단의 최소침해성'도 '개정법률에 내재한 기본권제한이 기본권을 최소한으로 제한하는 수단인지 여부'의 판단이 아니라 '개정법률을 기존의 사실관계에 적용하지 않고서는 달리 입법목적을 달성할 수 없는지'의 판단이다.

그러나 이와 같은 내용을 가진 '수단의 적합성' 및 '수단의 최소침해성'의 판단은 그 내용에 있어서 신뢰보호원칙 위반여부를 판단하는 심사구조 중에서 두 번째 단계인 '과거에 발생한 사실관계를 함께 규율해야 할 공익이 존재하는지 여부'의 판단과 동일하다. 즉, 결정의 요지 중에서 "Ⅱ. 2. 나. (3) (가) 이 사건 법률조항들에 의한 청구인들의 기존 약국 폐쇄가 입법목적의 달성에 의해서 정당화되는지 여부" 부분과 "Ⅱ. 2. 나. (3) (나) 적합성 원칙 및 최소침해성 원칙 심사" 부분은 모두 '기존의 사실관계를 함께 규율해야 할 공익의 존부'에 관한 심사로서 그 내용상 동일한 심사에 해당하는 것이다. 한편, Ⅱ. 2. 나. (3) (다)의 법익균형성의 심사는 신뢰이익의 보호정도와 공익의 비중을 교량하는 작업으로 신뢰보호원칙의 위반여부를 판단하는 심사구조 중에서 세 번째 단계인 '법익교량과정'과 일치한다.

(3) 결론적으로, 헌법재판소는 위 결정에서 신뢰보호원칙의 위반여부의 심사에 있어서 제기되는 문제의 본질이 무엇인지를 제대로 파악하지 못하였고, 그 결과 신뢰보호원칙의 위반여부를 판단함에 있어서 '자유권에 의한 심사단계'에서 이미 그 기능을 소진한 과잉금지원칙을 다시 기계적으로 적용하는 실수를 범하였다.

다. 신뢰이익의 보호 정도를 판단함에 있어서 문제점

헌법재판소는 위 결정에서 신뢰이익의 보호 정도를 판단함에 있어서 "청구인들이 운영해온 약국영업 기간이 1년 정도 밖에 되지 않아서 비교적 짧다는 점, 약국 개설에 투자한 비용도 많지 않다는 점, …" 등을 언급함으로써 구체적으로 청구인의 관점에서 청구인이 처한 개별적이고 구체적인 상황을 판단의 근거로 삼고 있다.[54] 그러나 헌법재판소는 심판대상인 법률의 신뢰보호원칙 위반여부를 판단함에 있어서 청구인의 주관적 관점에 얽매어 신뢰이익의 보호 정도를 판단해서는 안 되고, 신뢰이익의 보호 정도는 이를 판단하는 객관적 관점인 '입법자가 신뢰의 근거로서 어떠한 내용의 법률을 제공하였는지'의 '규범적 표현'에 의하여 판단해야 한다. 헌법재판소의 판시내용과 같이 심판대상조항의 위헌여부를 청구인의 주장과 주관적 관점에 기초하여 판단한다면, 청구인이 약국영업기간이 10년 이상으로 장기이고 약국 개설에 별도의 많은 비용을 투자한 경우에는 신뢰이익의 침해여부에 관한 판단을 달리 할 수 있는데, '청구인이 누구인지 또는 구체적으로 어떠한 상황에 있는지'에 따라 심판대상조항의 위헌여부가 달라질 수 없다.

이 사건의 심판대상은 청구인이 관련된 구체적 개별사건에서 공권력행위(가령, 청구인에 대한 약국등록취소)의 위헌여부가 아니라 법률요건을 충족시키는 모든 경우와 모든 사람에게 적용되는 일반·추상적 법률인 개정약사법의 위헌여부이다. 일방적으로 청구인의 주장과 관점에 맞추어 신뢰이익의 보호 정도를 판단한 헌법재판소의 판시내용은

54) 위 Ⅱ. 2. 나. (3) (다) '법익균형성 원칙 심사' 부분 참조.

기존에 개설된 다수 약국들의 다양하고 상이한 상황을 일반적·추상적으로 규율하는 이 사건 심판대상조항의 위헌여부를 논증하기에 부적절하다. 헌법재판소는 신뢰이익의 보호 정도를 판단함에 있어서 청구인의 주장과 구체적 상황에 의하여 구속을 받아서는 안 되고, 신뢰이익의 보호 정도를 결정하는 일반적인 관점인 '법률개정의 예견성'과 '법률개정에 따른 위험부담의 배분'을 근거로 신뢰이익의 강도를 판단하여, 이를 상충하는 공익의 비중과 교량하는 작업을 했어야 하였다.

3. 타당한 방향을 제시한 결정으로서 '합성수지 도시락용기 결정'

합성수지 도시락 용기의 사용을 금지하는 '자원의 절약과 재활용 촉진에 관한 법률' 시행령조항들이 합성수지 도시락 용기의 제조업자와 합성수지 용기를 사용하는 도시락의 판매업자의 영업의 자유, 평등권을 침해하고 신뢰보호원칙에도 위반된다는 주장으로 제기된 헌법소원에서, 헌법재판소는 개정법률의 위헌심사가 이중적인 관점에서의 위헌심사라는 것을 인식하여, "(1) 직업수행의 자유 침해여부" 부분에서 심판대상조항이 내포하는 기본권제한이 위헌인지 여부를 과잉금지원칙을 기준으로 하여 판단한 후,[55] 이어서 "(2) 신뢰보호원칙의 위배 여부" 부분에서 심판대상조항을 기존의 사실관계에 대해서도 적용한 것의 위헌여부를 판단하였다(헌재 2007. 2. 22. 2003헌마428 등).[56]

헌법재판소는 심판대상조항이 신뢰이익을 침해하는지 여부의 심사와 관련해서는 과잉금지원칙이 아니라 '신뢰보호원칙의 위반여부를 판단하는 독자적인 기준'에 따라 첫째, 헌법적으로 보호할만한 신뢰가 존재하는지, 그리고 신뢰이익의 보호강도가 어느 정도인지를 판단한 후, 둘째, 공익(법률개정이익)과의 법익교량을 통하여 신뢰이익의 위반여부를 판단하였다. 위 결정은 개정법률의 위헌심사를 이중적 위헌심사로 체계화하고 신뢰보호원칙의 위반여부에 관한 심사를 신뢰이익과 공익간의 법익교량 심사로서 독자적으로 형성함으로써, '폐기물관리법 결정'과 '약사법 결정'에서 드러난 문제점을 제거하고 개정법률에 대한 위헌심사에 있어서 타당한 방향을 제시하였다는 점에서 중요한 의미를 가진다.

Ⅵ. 맺는말

자유권과 신뢰보호원칙은 헌법적으로 각 독자적 의미와 기능을 가지고 있다. 신뢰보호원칙은 '법의 時間的 차원'에 관한 것으로 법률적용범위의 시간적 한계를 제시하는 원칙이고, 과잉금지원칙은 '법의 內容的 차원'에 관한 것으로 법률에 의한 기본권제한에

55) 판례집 19-1, 118, 119-120.
56) 판례집 19-1, 118, 121-122.

대하여 실체적 · 내용적 한계를 제시하는 원칙이다. 신뢰보호원칙이 헌법 내에서 자유권과는 근본적으로 다른 기능과 의미를 가지고 있으므로, 이에 상응하여 신뢰보호원칙의 위반여부를 판단하는 기준도 달리 형성되어야 한다. 신뢰보호원칙의 위반여부는 '개정법률을 과거에 발생한 사실관계에 확대하여 적용하는 것이 헌법적으로 허용되는지'의 관점에서 독자적으로 판단되어야 한다.

개정법률을 과거에 발생한 사실관계에 적용하는 것이 신뢰이익을 침해하는 것인지 여부를 판단하기 위하여 '과잉금지원칙'을 적용하는 것은 기본권과 신뢰보호원칙의 상이한 헌법적 기능과 의미에 비추어 타당하지 않다. 신뢰보호원칙의 기능은, 설사 개정법률이 의도하는 기본권제한이 그 자체로서 합헌적이라 할지라도 이러한 기본권제한을 장래에 발생하는 사실관계뿐만 아니라 과거에 발생한 사실관계에도 적용하는 것이 법적 안정성의 관점에서 허용되는지의 문제를 판단하는 데 있다. 따라서 개인의 신뢰이익이 침해되었는지 여부는 '기본권제한'이라는 수단과 '기본권제한을 통하여 달성하고자 하는 입법목적' 사이의 상관관계를 묻는 과잉금지원칙이 아니라, 구법에 의하여 형성된 종래의 법적 지위에 대한 침해가 공익상의 이유에 의하여 정당화되는지의 관점에서 판단되어야 한다.

청구인이 신뢰이익의 침해를 주장하여 헌법소원심판을 청구하는 경우, 헌법재판소는 '심판대상조항이 신뢰보호원칙에 위반되어 청구인의 신뢰이익을 침해하는지 여부'의 심사에 국한할 것이 아니라, 그에 앞서 '심판대상조항이 그 내용에 있어서 합헌인지 여부'의 심사도 함께 해야 한다. 물론, 심판대상조항이 그 규율내용에 있어서 합헌인지 여부와 심판대상조항을 기존의 사실관계에도 적용하는 것이 합헌인지 여부는 별개의 문제이므로, 전자에 대한 판단이 후자에 대한 판단에 영향을 주는 것은 아니다.

참고문헌

명재진, 신뢰보호와 헌법, 연세법학연구 제10집 제1호, 2003

정종섭, 법률의 변경에 있어서 신뢰의 보호, 헌법연구 3, 2004

한수웅, 법률개정과 신뢰보호, 부진정소급효에 관한 헌법재판소 판례 평석을 겸하여, 인권과 정의(대한변호사협회) 제250호, 1997. 6.

______, 헌법 제37조 제2항의 과잉금지원칙의 의미와 적용범위, 저스티스(한국법학원), 제95호, 2006. 12.

______, 財産權의 내용을 새로이 형성하는 법규정의 헌법적 문제, 저스티스(한국법학원), 제52호, 1999. 6.

Alexy, Theorie der Grundrechte, 1994

Arnauld, Die normtheoretische Begründung des Verhältnismäßigkeitsgrundsatzes, JZ 2000

Badura, Wirtschaftsverfassung und Wirtschaftsverwaltung, 1970

Bethge, Der Grundrechtseingriff, VVDStRL 57(1998)

Böckenförde, Diskussionsbeitrag, VVDStRL 32(1974)

Götz, Bundesverfassungsgericht und Vertrauensschutz, in: Starck(Hg), Bundesverfassungsgericht und Grundgesetz, Bd.Ⅱ, 1976

W. Höfling, Grundrechtstatbestand - Grundrechtsschranken - Grundrechtsschrankenschranken, Jura 1994

Isensee, Das Grundrecht als Abwehrrecht und als staatliche Schutzpflicht, in: Isensee/Kirchhof(Hg), Handbuch des Staatsrechts (HbStR), Bd.V, 1992, §111

Kisker, Vertrauensschutz im Verwaltungsrecht, VVDStRL 32(1974)

Kunig, Das Rechtsstaatsprinzip, 1986

Lerche, Übermaß und Verfassungsrecht, 1961

Maurer, Staatsrecht, 1999, §8

______, Kontinuitätsgewähr und Vertrauensschutz, in: Isensee/Kirchhof(Hg), Handbuch des Staatsrechts (HbStR), Bd.Ⅲ, 1988, §60

Muckel, Kriterien des verfassungsrechtlichen Vertrauensschutzes bei Gesetzesänderung, 1989

Ossenbühl, Vertrauensschutz im sozialen Rechtsstaat, DÖV 1972

______, Staatshaftungsrecht, 1991

Schulze-Fielitz, in: Dreier(Hg), Grundgesetz Kommentar (GGK), Art.20

C. Schmitt, Verfassungslehre, 1957

Schnapp, Die Verhältnismäßigkeit des Grundrechtseingriffs, JuS 1983

Stern, Zur Problematik rückwirkender Gesetze, in: Festschrift für Theodor Maunz,

1981
Zippelius/Würtenberger, Deutsches Staatsrecht, 2005

제3절 體制不法의 형법적 과거청산과 법치국가원리

동독 體制不法의 형법적 과거청산에 있어서 법치국가적 한계*

-독일 연방헌법재판소 '국경수비대 결정'에 대한 판례평석을 겸하여-

Ⅰ. 동독 체제불법의 형법적 청산에 있어서 법치국가적 문제

동서독 간의 장벽이 무너지고 분단된 독일이 통일되면서, 독일연방공화국(BRD, 이하 '독일')은 그의 현대사에서 '나치 불법에 대한 청산'에 이어 두 번째로 불법국가의 과거를 법치국가적으로 청산하는 과제에 직면하게 되었다. 동독 체제불법의 법적 청산은 통일 후 근 10년간 독일 법학계에서 가장 많이 논의된 주제에 속한다.[1] 과거청산의 논의

* 위 논문은 2017년 12월, 통일과 헌법재판 2(헌법재판연구원), 231-272면에 게재된 것을 일부 수정한 것이다.

의 중심에 있는 것은, 무엇보다도 동서독 국경에서 발생한 살인행위에 대한 법적 평가의 문제이다.

법치국가는 한편으로는 통일된 독일에게 동독의 사회주의적 국가체제에 의하여 자행되고 용인된 불법을 청산해야 하는 부담을 지우고 있다.[2] 그러나 다른 한편으로는, 형사법적 과거청산은 법치국가원칙에 의하여 큰 제약을 받고 있다. 독일 헌법인 기본법 제103조 제2항은 행위 당시에 형벌이 법률로써 규정된 경우에만 범죄에 대한 처벌을 허용하고 있다. 이로써 행위의 가벌성을 판단하는 기준은 원칙적으로 행위 당시에 효력을 가졌던 '동독의 형법'이다. 이러한 법적 상황은 통일조약에서도 명시적으로 규정하고 있다.

동독의 불법체제에서 중대한 인권침해가 처벌을 받지 않았고 오히려 국가에 의하여 용인되고 심지어 명령되었다. 독일의 통일과 함께 동독이 법치국가로 전환되면서, 인권침해의 장본인들이 자신의 행위의 근거가 된 반인권적인 동독의 법과 실무를 자신에게 유리하게 주장할 수 있는지, 형벌불소급원칙이 그러한 범죄행위의 처벌을 금지하는지의 문제가 제기되었다. 동독에서 국가에 의하여 명령되고 조장된 불법은 동독 체제의 기준에 의하면 법적으로 허용되고 나아가 요청되는 것이었고, 이로써 언제나 위법성 조각사유에 의한 보호를 받는 것이었다. 따라서 동독의 국가적 체제불법에 대한 형사소추는 기본법 제103조 제2항에 의하여 설치된 형벌불소급원칙의 장벽에 부딪히게 되었다. 여기서 제기되는 핵심적인 문제는 헌법상의 형벌불소급원칙이 불법국가에 의하여 자행된 인권침해에 대한 처벌을 금지하는지 여부이다. 바로 이러한 상황에서 형법상의 신뢰보호와 법적 안정성이라는 법치국가적 요청과 실질적 정의라는 법치국가적 요청이 서로 대치하고 있다.

Ⅱ. 독일 연방헌법재판소 '국경수비대 결정'의 사건 개요

1. 사건의 배경

가. 1949년부터 1961년 중반까지 약 250만 명의 舊동독 거주자가 구동독에서 서방으로 탈출하였다.[3] 1961년 세계정치상황의 변화로 인하여 탈출자의 수가 크게 증가함

---

1) '체제불법'(Systemunrecht) 또는 '체제범죄'(Systemkriminalität)란 특정한 정치조직체 내에서 법에 근거하거나 또는 허용되거나 명령된 행위로서 적어도 그 체제가 유지되는 동안은 체제 내부적으로 違法하지 않은 것으로 평가되는 행위, 결국 그 체제의 가치질서가 붕괴되지 않고서는 위법한 것으로 평가될 수 없는 행위를 말한다. 따라서 체제 내부적으로 可罰性이 도출되는 경우에는 그 범죄는 체제범죄에 해당하지 않는다. 과거청산에서 법적으로 문제되는 체제범죄는 이러한 의미의 체제범죄를 말한다. 이에 관하여 법무부, 통일독일의 구동독 체제불법청산 개관, 1995, 202면 이하 참조.

2) Vgl. Starck, Der Rechtsstaat und die Aufarbeitung der vor-rechtsstaatlichen Vergangenheit, VVDStRL 51(1992), S.11.

3) 1994. 7. 26. 선고된 연방대법원(BGH) 판결, JZ 1995, S.45; 법무부, 통일독일의 구동독 체제불법청산 개관,

에 따라 1961년 8월 구동독 각료회의는 구소련 및 바르샤바조약 회원국들과의 회담 후 동서독 국경을 완전히 폐쇄하기로 결정하였다. 1961년 8월 12일 밤에서 13일 아침에 이르기까지 베를린지역 국경은 가시철조망과 바리케이드로 차단되었고, 그 후 베를린장벽과 지뢰, 자동발사장치 등이 설치되었으며, 나머지 국경에서도 동독인의 탈주를 방지하기 위한 안전장치가 강화 또는 구축되었다. 이로 인하여 국경을 넘고자 하는 많은 탈주자들이 지뢰, 자동발사장치, 국경수비대원의 총격으로 인하여 사망하였다.

나. 1989. 11. 9. 동서독을 가로막던 장벽이 무너지기까지 동서독 국경에서 최소한 270명이 동독에서 서독으로의 탈주를 시도하다가 사망하였다.[4] 그중에서 단지 일부의 살인 사건만이 연방헌법재판소의 '국경수비대 결정'의 사실관계에서 언급되었다. 그러나 위 연방헌법재판소결정의 객관적이면서도 적나라한 사실관계에서, 단순한 통계수치로는 도저히 전달할 수 없는 국경수비체제의 잔혹함이 아래와 같이 드러나고 있다.[5]

동독을 탈출하고자 하는 젊은이들이 지뢰를 밟아 그 신체가 찢겨나가고 국경수비대의 연발사격 속에서 무참하게 쓰러졌다. 부상을 입은 탈주자에 대해서는 의료조치를 거부함으로써 부상자는 과다출혈로 사망하였다. 중상을 입은 한 탈주자는 총격이 있은 지 20분이 지나서야 다리를 잡아끌어 안전지대로 옮겨졌고, 그 이후 2시간이 지나서야 병원으로 이송되었으나, 그곳에서 곧 숨을 거두었다. 29세의 동독 청년은 동·서베를린을 가르는 스프레 江을 헤엄쳐 서베를린으로 탈주하고자 시도하다가 국경수비대 군인의 연발사격에 의하여 사망하였다. 사망한 탈주자의 미망인은 4주 동안이나 남편의 生死 여부에 관한 불확실성 속에서 불안에 떤 다음에야 국가로부터 '사망자가 자살을 하였으며 시체는 화장하였음'을 통고받았다. '국경수비대 결정'에서 언급된 가장 최근의 사건은 장벽이 무너지기 불과 반 년 전에 발생한 사건이었다. 1989. 2. 6. 당시 20세였던 한 동독 청년은 베를린 장벽을 넘으려고 시도하다 국경수비대에 의하여 사살되었다. 탈주자를 사살한 국경수비대 군인은 탈주자를 제거하라는 직무명령을 모범적으로 수행하였다는 이유로 훈장과 포상의 형식으로 표창을 받았다.

다. 독일 통일 후, 동서독 국경에서 살인사격을 한 국경수비대 소속 군인과 동독 국경수비체제(Grenzregime)에[6] 대하여 주된 책임을 지는 국방위원회(Nationaler Verteidigungsrat) 위원에 대하여 형사절차가 개시되었다. 이 사건은 공동의 심리로 병합된 4개의 헌법소원심판청구로서, 동독의 국방위원회 위원 및 동독 국경수비대소속 군인이 동서독 국경

1995, 475면, 500면 이하, 513면 참조.

4) Rensmann, BVerfGE 95, 96 - Mauerschützen, in: Menzel/Müller-Terpitz, Verfassungsrechtsprechung, 2011, S.611. 사망자의 수는 이를 파악하고자 하는 기준과 목적에 따라 큰 차이를 보이고 있으나, 위 數値는 동독 체제범죄를 담당하는 베를린 검찰이 언급한 것이다.

5) Vgl. BVerfGE 95, 96, 98f.(아래 Ⅱ. 2. 심판청구 관련), 118f.(아래 Ⅱ. 3. 심판청구 관련)

6) 'Grenzregime'은 '국경관리체제'로 변역되기도 하나, 여기서는 '국경수비대 사건'의 명칭에 부합하게 '국경수비체제'로 변역하기로 한다.

에서 서독으로 탈출하려는 동독인을 살해한 것에 대하여 처벌할 수 있는지의 문제에 관한 것이다.

2. 법원의 판결에 대한 동독 국방위원회 위원들의 헌법소원 심판청구

청구인들은 아래 지방법원의 판결 및 연방대법원의 판결에 대하여 위 판결들이 헌법상 소급효금지원칙에 위반되어 자신의 신체의 자유 등 기본권을 침해한다고 주장하면서, 연방헌법재판소에 각 헌법소원을 제기하였다.

가. 베를린 지방법원의 판결

이 사건 헌법소원심판의 청구인들은 3인의 동독 국방위원회 위원들이다. 베를린 지방법원(Landgericht)은 1993. 9. 16. 舊동독 前 국방장관인 케슬러(Kessler) 및 전 인민군 참모총장인 슈트렐레츠(Streletz)에게는 살인교사죄로, 전 독일사회주의통일당(SED) 지구위원회 제1서기인 알프레흐트(Albrecht)에게는 살인방조죄로 유죄판결을 선고하였는데, 케슬러에게는 7년 6월의 자유형을, 슈트렐레츠에게는 5년 6월의 자유형을, 알프레흐트에게는 4년 6월의 자유형을 각 선고하였다.

(1) 베를린 지방법원이 확인한 사건 개요에 의하면, 동서독 국경에서의 총기사용을 포함하여 동독 국방부에서 내리는 모든 중요한 결정은 국방위원회의 의결에 기인하는 것이었다.[7] 동독 헌법 제73조에 의하면, 국방위원회는 국가방위의 조직에 있어서 국가평의회(Staatsrat)의 보조기관으로서,[8] 사실상 국방의 영역에서 최고 헌법기관의 지위를 보유하고 있었다. 이로써 국방부의 명령은 사실상 국방위원회의 명령으로서 국방위원회에 귀속시킬 수 있는 것이었다.

총기사용에 관한 국경수비대의 권한은 1968년 이후 법률에 규정되었는데, 특히 이 사건 범행기간인 1971년부터 1989년까지 국방부는 국방위원회의 의결에 근거하여 국경에서 총기사용에 관한 법률조항을 구체화하고 보완하는 다수의 명령과 직무규칙을 발하였다. 동독 국경법이 제정된 1982년까지는 동독 인민군은 군사적 감시과제를 이행함에 있어서 동독 국방부가 발한 규정에 따라 동독 인민경찰법(VoPoG)에 규정된 권한을 행사할 수 있었는데, 동독 인민경찰법 제17조 제2항은 임박한 범죄행위의 실행을 방지하

7) 동독 국경수비체제 및 국경수비대의 명령체계에 관하여 법무부, 통일독일의 구동독 체제불법청산 개관, 1995, 474면 이하 참조.

8) '국가평의회'는 동독 의회이자 최고국가권력기관인 인민의회(Volkskammer)에 의하여 5년마다 선출되는 '집단적 국가원수'(Kollektives Staatsoberhaupt)로서 외국에 대하여 국가를 대표하는 기능을 담당하였다. 국가평의회는 형식적으로는 인민의회에서 선출되었으나, 실제로는 독일사회주의통일당(SED)에 의하여 구성되었다. 가령, 1980년대 국가평의회 의장은 에리히 호네커(Erich Honecker)였다. 舊동독체제의 구조에 관하여 자세하게 법무부, 통일독일의 구동독 체제불법청산 개관, 1995, 16면 이하 참조, 동독에서 국가와 독일사회주의통일당의 관계에 관하여 제24면 이하 참조.

기 위하여 총기사용을 허용하고 있었다. 1982년 제정된 동독 국경법(GrenzG)은 국경수비대의 총기사용에 관하여 규율하였는데, 임박한 범죄행위의 실행을 방지하기 위한 총기사용은 허용되는 것으로 규정하였다(제17조 제2항).

1962년도 국방위원회의 의결에 의하면, 동서독 국경에서의 총기사용에 관한 국방부의 명령과 직무규칙은 국경수비대 군인에게 '그들이 자신에게 배정된 위치에서 전적으로 국경의 불가침성에 대한 책임을 지고 있으며 국경을 침범하는 越境者를 적으로 간주하여 필요하다면 제거해야 한다'는 것을 명확하게 주지시키기 위한 것이었다. 1962년 이후에도 국방부는 여러 차례에 걸쳐 유사한 내용의 명령과 직무규칙을 발하였는데, 청구인들은 이러한 명령을 발하는 데 결정적으로 기여하였다.

(2) 청구인들은 지방법원이 확인한 사실관계를 전반적으로 인정하였지만, 모든 명령과 직무규칙을 발함에 있어서 동독의 법을 준수하였다는 점을 강조하면서 국방위원회는 국경에서의 살인사건에 직접적으로 기여하는 어떠한 결정도 내린 바 없다고 주장하였다.

베를린 지방법원은 영미법상의 정치문제이론(Act of state doctrine)에 근거한 소송장애사유(Verfahrenshindernis)는 연방대법원의 판례(BGHSt 39, 1, 5ff.)에 따라 존재하지 않는다고 하면서, 청구인들의 행위를 살인죄의 교사범 또는 방조범으로 판단하였다.

청구인들 행위의 위법성은 동독 형법상의 정당방위나 긴급피난 등에 의하여 조각되지 않으며, 동독 국경법 제27조 제2항도 연방대법원의 견해에 의하면(BGHSt 39, 1, 15ff.) 정의의 기본요청과 국제법상 보호되는 인권에 명백하고 중대하게 위반되기 때문에 위법성 조각사유로 인정되지 않는다고 판시하였다.

나. 연방대법원의 판결(BGHSt 40, 218ff.)

베를린 지방법원의 판결에 대하여 피고인 측과 검찰 측에서 모두 연방대법원(BGH)에[9] 상고하였고, 연방대법원은 검찰의 상고를 받아들여 1994. 7. 26.의 판결에서 3인 피고인의 범죄가담형태를 방조범이나 교사범이 아니라 '간접정범'으로 변경하여 유죄판결을 선고함으로써 지방법원의 원심판결을 일부 파기하였다.

(1) 연방대법원은 판결이유에서 우선, 국경에서 직접 총기사용의 명령을 실행한 국경수비대원과 마찬가지로 그러한 명령을 내린 국방위원인 청구인들에게도 위법성 조각사유가 인정되지 않는다고 확인하였다. 연방대법원은 이와 관련하여 1992. 11. 3.의 판결(BGHSt 39, 1ff.)에서 상세하게 밝힌 원칙을 다음과 같이 인용하였다.

『동독 국경법 제27조 제2항에 규정된 위법성 조각사유는 '무장도 하지 않고 일반적으로 인정된 법익을 위해함도 없이 단지 국경을 넘고자 하는 사람'에 대한 고의적 살인

---

9) 독일에서 민형사 사건에 관한 최고법원인 'Bundesgerichthof'(BGH)는 연방대법원, 연방통상법원, 연방민형사법원 등으로 번역되나, 여기서는 '연방대법원'으로 번역한다.

행위를 비호하고자 하는 목적을 가진 것이었다. 허가 없는 越境의 금지명령을 관철하는 것이 인간의 생명권보다 우위에 있었다. 이러한 특수한 상황에서는 동독의 국가실무에서 인정된 위법성 조각사유는 법의 적용에 있어서 고려되어서는 안 된다. 물론, 서독 연방형법 제2조 제3항의 적용에 있어서, 행위 당시 유효한 동독법상의 위법성 조각사유가 서독의 공서양속(ordre public)에 위반되었다는 것만으로는 그 적용을 배제하기에 충분하지 않다. 위법성 조각사유에서 정의와 인권의 기본사고에 대한 명백하고 중대한 위반이 표현되는 경우에만, 위법성 조각사유는 '上位의 法에 대한 위반'으로 인하여 인정되지 않을 수 있다. 그 위반은 모든 국가에서 공통적으로 인정되고 있는 '인간의 존엄과 가치에 관한 법적 확신'을 침해할 정도로 중대한 것이어야 한다. 이러한 경우 정의에 대한 실정법의 모순이 참을 수 없는 정도에 이르렀기 때문에, 불법으로서의 법은 정의에 양보해야 한다. 라드브루흐 공식(Radbruch'sche Formel)에서 표현된 이러한 기준은 나치정권에서 범한 범죄를 판단하기 위하여 연방대법원의 판례에서 고려된 바 있는데, 물론 동서독 국경에서의 살인행위가 나치정권에서 범한 대량학살과 동일시될 수는 없지만, 이 사건에서도 마찬가지로 유효하다.

오늘날 라드브루흐 공식의 기준과 관련하여 구체적인 심사기준이 마련되었다. 국제법상의 인권협약은, 국가가 언제 국제사회의 법적 확신에 따라 인권을 침해하는지에 관한 기준을 제시하고 있다. 이 사건에서 중요한 의미를 가지는 것은, 동서독에서 모두 1976년 가입한 1966년의 '시민적·정치적 권리에 관한 국제협약'(Der Internationale Pakt über bürgerliche und politische Rechte, 이하 'IPbpR') 제12조 제2항(출국의 자유) 및 제6조 제1항(생명권)이다. 동독의 국경수비체제는 위 국제협약에서 보장된 인권을 침해하였다.』

(2) 나아가, 연방대법원은 형벌불소급원칙을 규정하는 기본법 제103조 제2항도 위반되지 않았다고 판단하였다.

『물론, 위법성 조각사유가 기본법 제103조 제2항의 보호범위에서 일반적으로 배제되는 것은 아니다. 그러나 위 기본법규정으로 인하여 상위의 규범에 위반되는 위법성 조각사유가 피고인들에게 불리하게 무시되어서는 안 된다는 견해는 따를 수 없다. 헌법 제103조 제2항에서 결정적인 것은 행위 당시에 가벌성이 법률상 규정되어 있었는지 여부인데, 행위 시의 동독법을 인권에 부합하는 방향으로 제대로 해석한다면, 행위 당시에 가벌성이 이미 법률상 규정되어 있었다. 동독 국경법 제27조 제2항을 법문의 범위 내에서 동독 헌법의 정신에 비추어, 그리고 동독도 가입한 국제법상의 구속에 비추어 제대로 해석한다면, 이미 행위 시에 그러한 살인행위에 대한 위법성 조각사유는 존재하지 아니한다. 소급효금지원칙은 행위 시 유효하였던 법의 존속에 대한 신뢰를 보호함으로써 피고인을 국가형벌권의 자의적인 행사로부터 보호하고자 하는 것인데, 행위 시의 법이 장래에도 그대로 적용되어서 인권에 위반되는 위법성 조각사유가 인정되리라는 신뢰는 기본법 제103조 제2항에 의하여 보호할 가치가 없는 것이다.』

3. 법원의 판결에 대한 동독 국경수비대 소속 군인의 헌법소원 심판청구

네 번째 헌법소원심판은 동독 국경수비대 소속 군인이 청구하였다. 위 군인은 1972년에 발생한 스프레 江 탈주자에 대한 살인 혐의로 기소되어,[10] 1993. 6. 17. 베를린 지방법원에서 소년형(Jugendstrafe) 1년 10개월의 집행유예가 선고되었다. 청구인은 '지방법원이 자신에게 유리한 위법성 조각사유를 고려하지 않은 것은 헌법상 소급효금지원칙에 위반된다'고 주장하면서 위 판결에 대하여 상고하였고, 연방대법원은 1994. 7. 26. 위 상고를 기각하는 판결을 선고하였는데(BGHSt 40, 241ff.), 그 판결이유는 위에서 서술한 연방대법원의 판결이유(BGHSt 40, 218ff.)와 근본적으로 동일하다. 청구인은 지방법원과 연방대법원의 판결에 대하여 '위 판결들이 헌법상 소급효금지원칙에 위반되어 자신의 신체의 자유 등 기본권을 침해한다'고 주장하면서 연방헌법재판소에 헌법소원심판을 청구하였다.

Ⅲ. 연방헌법재판소 '국경수비대 결정'의 주요 쟁점 및 관련규정

1. 국경수비대 결정(BVerfGE 95, 96ff.)의 주요 쟁점

가. 동서독 국경에서의 살인혐의로 기소된 국경수비대 군인과 국방위원회 위원들은 형사재판에서 越境者에 대한 총기사용을 허용한 동독 국경법(DDR - GrenzG) 제27조 제2항을 위법성 조각사유로 주장하였다. 그러나 연방대법원은 '라드브루흐 공식'(Radbruch'sche Formel)에 기초하여 '위 위법성 조각사유가 정의의 핵심적 요청과 국제법상 보호되는 인권에 위반되기 때문에, 위 위법성 조각사유가 적용될 수 없다'고 판단하였다. 청구인들은 연방대법원의 판결에 대하여 헌법소원심판을 청구하면서 '위 판결이 독일 헌법상의 형벌불소급원칙(기본법 제103조 제2항)에 위반된다'고 주장하였다.

나. 독일 연방헌법재판소는 국경수비대 사건이 있기 전까지 '실정법적 不法'(gesetzliches Unrecht)의 문제를 단지 '형법 외의 영역'에서만 다루었다.[11] 연방헌법재판소는 형법 외의 영역에서 '라드브루흐 공식'을 원용하여 '실정법이 수인할 수 없을 정도로 정의와 모순되는 극단의 예외적인 경우에는 처음부터 실정법적 규범에 대하여 복종을 거부할 수 있다'는 것을 원칙적으로 인정하였다.

한편, 연방헌법재판소는 종래의 결정에서 형벌불소급원칙을 예외가 허용되지 않는

10) 사실관계에 관하여 위 Ⅱ. 1. 나. 부분 서술 참조.
11) BVerfGE 95, 96, 134; 아래 Ⅳ. 2. 마. 참조.

절대적인 것으로 파악하였는데, 국경수비대 사건은 연방헌법재판소에게 '라드브루흐 공식'이 절대적인 형벌불소급원칙도 극복할 수 있는지 여부를 판단해야 하는 기회를 부여하였다.

다. 국경수비대 결정의 주요쟁점은 첫째, 기본법 제103조 제2항의 형벌불소급원칙이 어떠한 상황에서도 예외를 허용하지 않는 절대적인 효력을 가지는지 여부, 둘째, 라드브루흐의 공식에 기초한 '실정법적 불법의 사고'와 '국제법적으로 보호되는 인권'에 근거하여 청구인들이 주장하는 위법성 조각사유를 무효로 판단함으로써 위법성 조각사유를 인정하지 않을 수 있는지 여부에 관한 것이다.

2. 관련규정

가. 헌법상 형벌불소급원칙의 근거규범

독일 기본법(Grundgesetz) 제103조 ② 범죄는 그 행위가 실행되기 이전에 법률에 의하여 가벌성이 규정된 경우에 한하여 처벌할 수 있다.[12)]

나. 舊 동독 범죄에 대하여 적용되는 형법규범

독일 통일을 계기로 통일조약[13)] 제8조에 따라 개정된 형법시행법 제315조는 과도기적 규정으로 동독에서 범한 舊 범죄에 대하여 어떤 형법을 적용해야 하는지를 규정하고 있다. 형법시행법 제315조 제1항은 舊 범죄에 대하여 연방형법 제2조를 적용하도록 규정하고 있으므로, 연방형법 제2조 제1항 및 제3항에 의하여 동독에서 범한 범죄에 대해서는 '서독의 형법'이 피고인에 대하여 유리하게 작용하지 않는 한, 원칙적으로 행위 시의 법률인 '동독의 형법'이 적용된다.

(1) 통일조약 제8조(연방법의 확장 적용) 법률이 그 적용범위를 독일연방공화국의 특정 州 또는 州의 일부로 제한하지 아니하거나 본 조약, 특히 제1부속의정서에서 달리 규정하고 있지 아니하는 한, 연방법은 가입 발효와 동시에 본 조약 제3조 소정지역(舊 동독 지역)에 적용된다.

(2) 독일 형법시행법(EGStGB)[14)] 제315조 ① 연방형법 제2조는 가입 발효 이전 독일

12) Art. 103 (2) Eine Tat kann nur bestraft werden, wenn die Strafbarkeit gesetzlich bestimmt war, bevor die Tat begangen wurde.

13) 1990. 8. 31. 동서독 정부는 '독일의 통일성취에 관한 독일연방공화국(BRD)과 독일민주공화국(DDR) 간의 조약'(통일조약)을 체결함으로써, 동독 지역의 5개 州 및 동베를린이 서독 연방의 州로 가입하는 형식으로 독일통일의 과정을 종결하였다. 동 조약은 같은 해 10. 3. 발효되었는데, 이 날은 '독일 통일의 날'로 선포되었다. 통일조약은 제8조와 제9조에 법통합의 일반원칙에 관한 규정을 두었다. 법무부, 통일독일의 구동독 체제불법청산 개관, 1995, 202면 이하 참조.

14) 일부 문헌에서는 'Einführungsgesetz zum Strafgesetzbuch(EGStGB)'를 '刑法導入法'으로 직역하기도 하나, 그 실질적 기능은 형법의 시행에 관한 것이므로, '형법시행법'으로 번역하기로 한다. '형법시행법'으로 번역한 문헌으로 법무부, 통일독일의 구동독 체제불법청산 개관, 1995, 239면 이하.

민주공화국(DDR) 내에서 실행된 범죄에 적용하되, 당해 범죄가 행위 시 적용되던 독일 민주공화국 법에 의하여 자유형, 집행유예부 유죄판결 또는 벌금형에 처해지지 아니하였을 경우 법원은 형벌을 면제한다. [이하 생략]

(3) 연방형법 제2조(時的 적용) ① 형벌 및 그 부수효과는 행위 시의 법률에 의하여 정한다.

② [생략]

③ 범죄 종료 시의 법률이 재판 이전에 변경된 경우에는 가장 경한 법률을 적용하여야 한다.

④, ⑤, ⑥ [생략]

다. 동서독 국경에서 국경수비대의 총격 살인행위의 근거규범

(1) 동독 국경법 제27조 ① 총기의 사용은 인간에 대한 물리력행사의 최후적 수단이다. 보조수단을 사용한 또는 사용하지 아니한 신체적인 물리력행사가 아무런 성과가 없거나 또는 명백하게 성과가 없을 것으로 예상되는 경우에만 총기의 사용은 허용된다. 인간에 대한 총기의 사용은 사물이나 동물에 대한 총기의 사용을 통하여 목적을 달성할 수 없는 경우에 비로소 허용된다.

② 범죄 상황에 비추어 중범죄(Verbrechen)에 해당하는 범죄행위의 임박한 실행이나 계속을 저지하기 위하여 총기를 사용하는 경우, 그 위법성이 조각된다. 중범죄를 범한 현저한 혐의가 있는 범인을 체포하기 위하여 총기를 사용하는 경우에도 그 위법성이 조각된다.

③, ④, ⑤ [생략]

(2) 동독 형법 제213조 제1항에서는 동독 국경선을 침범한 행위를 자유형 2년 이하의 처벌이 가능한 경범죄(Vergehen)로 규정하고 있고, 동조 제3항에서는 그 행위가 인간의 생명 또는 건강을 위협하거나, 행위 시 무기를 휴대하거나 위험한 수단 또는 방법을 사용하였거나, 특별히 강도 높게 실행되었거나 또는 다른 사람과 함께 행하여졌거나 그 행위자가 이미 국경침범죄로 처벌받은 전력이 있는 때에는 중한 경우에 해당한다고 하여, 자유형 1년부터 8년까지 처벌이 가능한 가중사안을 규정하고 있다. 특히, 동조 제3항 제3호 제3목에서 '不法越境이 특별히 강도 높게 실행된 경우'도 가중사안으로 규정함으로써 거의 모든 越境이 특별한 가중사안이 될 수 있고, 이로써 중범죄가 될 수 있었다.[15)]

---

15) 법무부, 통일독일의 구동독 체제불법청산 개관, 1995, 550면 이하, 589면 이하 참조.

3. 1996. 10. 24. 국경수비대 결정 이후의 상황[16)]

가. 연방헌법재판소는 1996. 10. 24. 선고한 '국경수비대 결정'에서 청구인들의 심판청구를 기각함으로써, 일단 국경수비대 군인과 그 배후자에 대한 형사 처벌의 문제를 둘러싼 논쟁에 종지부를 찍었다. 1997. 7. 21. 연방헌법재판소 제2재판부 제2지정재판부는 위 '국경수비대 결정'의 취지에 따라 다른 국방위원회 위원들이 청구한 헌법소원심판을 전원재판부에 회부하지 않기로 결정함으로써 심판청구를 모두 각하하였다. 이로써 베를린과 포츠담 지방법원에 계류 중인 400개 이상의 형사재판이 재개되었다.

나. 독일 검찰은 1995년 3월 동독의 마지막 공산당 총서기이자 국가평의회 의장인 '에곤 크렌쯔'(Egon Krenz)를 비롯한 다른 6명의 정치국원에 대하여 동서독 국경에서의 살상행위와 관련하여 살인 및 살인미수죄로 기소하였고, 연방대법원은 동서독 국경에서의 살인행위에 대한 책임을 물어 크렌쯔에게 자유형을 선고하였다. 크렌쯔는 연방대법원의 판결에 불복하여 유럽인권재판소에 제소하였는데, 유럽인권재판소(EuGH)는 2001. 3. 22. 그의 청구를 기각하는 판결을 내렸다.[17)]

유럽인권재판소는 독일 연방대법원과 유사한 취지로, "동독은 그의 국경수비체제를 통하여 명백하게 국제법상의 의무, 즉 출국의 자유 및 생명권을 준수해야 할 의무를 위반하였다. 이러한 의무위반으로부터 직접 국경수비대 군인과 그의 배후자에 대한 형법적 책임이 나오는 것은 아니지만, 동독의 형법은 국제법상 인권을 침해하는 경우에 형법상의 위법성 조각사유를 주장하는 가능성을 스스로 명시적으로 배제하였다."고 판시함으로써, 동독의 법을 人權合致的으로 해석하는 경우에는 동서독 국경에서의 탈주자 살인행위는 동독의 법에 의해서도 그 위법성이 조각되지 않는다는 것을 주된 이유로 하여 국경수비대 군인과 그 배후자에 대한 처벌이 유럽인권협약 제7조의 형벌불소급원칙에 위반되지 않는다고 판단하였다.[18)]

이로써 베를린 지방법원이 1992년 국경수비대 사건과 관련하여 첫 번째 판결을 내린 지[19)] 9년이 지나서야, 유럽인권재판소가 독일 사법기관의 판결을 지지함으로써, 동서독

---

16) Vgl. Sendler, Strafrechtliche Aufarbeitung der DDR-Vergangenheit oder Amnetstie?, NJW 1997, S.3146ff.; Rau, Deutsche Vergangenheitsbewältigung vor dem EGMR - Hat der Rechtsstaat gesiegt?, NJW 2001, S.3008ff.; Roellecke, Egon Krenz post portas, NJW 2001, S.3024f.; Werle, Rückwirkungsverbot und Staatskriminalität, NJW 2001, S.3001ff.

17) EGMR Streletz, Kessler, Krenz ./. Deutschland, Urt. v. 22. 3. 2001, NJW 2001, S.3035; '시민적 · 정치적 권리에 관한 국제협약'의 준수여부를 감시하는 인권위원회(Menschenrechtsausschuss)도 독일 연방대법원과 연방헌법재판소의 판결을 지지하는 결정을 하였다(Menschenrechtssausschuss, Baumgarten ./. Deutschland, 19. 9. 2003, EuGRZ 2004, 143).

18) Vgl. Rau, Deutsche Vergangenheitsbewältigung vor dem EGMR - Hat der Rechtsstaat gesiegt?, NJW 2001, S.3008ff.; Roellecke, Egon Krenz post portas, NJW 2001, S.3024f.; Rensmann, BVerfGE 95, 96 - Mauerschützen, in: Menzel/Müller-Terpitz, Verfassungsrechtsprechung, 2011, S.614.

19) LG Berlin, JZ 1992, S.691.

국경에서의 살인행위에 대한 司法的 청산작업이 종결되었다. 독일의 정치권과 여론은 유럽인권재판소의 판결을 한 목소리로 환영하였다. 한편, 독일 학계에서는 유럽인권재판소의 판결에 대하여 '勝者의 裁判(Siegerjustiz)이라는 오해를 불식시키는 판결로서 독일 법치국가의 국제적 승리'라고 환영하는 일부 견해도 있었으나, '유럽인권재판소는 국경수비대 결정이 던지는 법적 문제에 대하여 설득력 있는 답변을 제시하지 못하였으며, 독일 사법기관의 판결을 지지한 것 외에는 법이론적으로 아무 것도 변경하거나 해명한 것이 없다'고 비판하는 견해가 다수를 차지하였다.[20]

Ⅳ. '국경수비대 결정'의 요지 및 주요 결정이유

1. 결정요지

가. 기본법 제103조 제2항의 형벌불소급원칙은 절대적인 것이며, 엄격한 형식화를 통하여 법치국가적·기본권적 보장기능을 수행한다.

행위 시에 법적으로 규정되었던 위법성 조각사유가 형사절차의 개시 시점에 없어졌다면, 기본법 제103조 제2항은 위법성 조각사유가 계속 적용될 것을 요청한다. 불문법상의 위법성 조각사유가 존속하리라는 것에 대한 신뢰도 기본법 제103조 제2항에 의하여 동일하게 보호되는지 여부 및 어느 정도로 보호되는지의 문제에 대해서는 이 사건에서 최종적으로 판단하지 않는다.

나. 기본권의 구속을 받는 민주적 입법자에 의하여 형법이 제정되는 경우에 형법을 지탱하는 특별한 신뢰의 근거가 인정될 수 있는 것이고, 이러한 특별한 신뢰의 근거에 기본법 제103조 제2항의 절대적 소급효금지는 그 법치국가적 정당성을 두고 있다.

다. 국가권력이 실정법의 규범을 넘어서 불법을 요구하고 이를 조장하며 이러한 방법으로 국제사회에서 일반적으로 인정된 인권을 심각하게 경시함으로써, 중대한 형법적 불법의 영역에서 위법성 조각사유를 통하여 처벌을 배제하는 경우에는, 이와 같은 특별한 신뢰의 근거가 존재하지 않는다. 그렇다면 기본법 제103조 제2항에 의한 엄격한 신뢰보호는 주장될 수 없다.

2. 주요 결정이유

가. 동독 헌법기관 구성원에 대한 형사소추는 '일반적으로 승인된 국제법규'에 위반되지 않는다.

동독 국방위원회 위원이었던 청구인들은 "독일민주공화국(DDR, 이하 '동독') 전직 고

20) 비판적인 견해로는 대표적으로 Roellecke, Egon Krenz post portas, NJW 2001, S.3024f.; Rau, Deutsche Vergangenheitsbewältigung vor dem EGMR - Hat der Rechtsstaat gesiegt?, NJW 2001, S.3008ff.

위 관료이자 헌법기관의 구성원인 자신들에 대한 형사소추는 아직도 지속되는 불체포특권으로 말미암아 일반적으로 승인된 국제법규에 위반된다."고 주장하였으나 헌법재판소는 다음과 같은 이유로 이러한 주장은 이유 없다고 판단하였다.[21)]

『동독은 서독에 의하여 국제법적으로 인정되었는지 여부와 관계없이 국제법의 의미에서 국가이며 그 자체로서 국제법상의 주체이다. 그러므로 동독과의 관계에 있어서 기본법 제25조에서 언급하는 '일반적으로 승인된 국제법규'가 고려될 수 있다. '일반적으로 승인된 국제법규'에는 무엇보다도 범세계적으로 유효한 국제관습법이 속하고, 승인된 일반적 법원칙에 의하여 보완된다. 범세계적인 국제관습법이 생성되기 위해서는 모든 국가가 예외 없이 명시적으로 또는 묵시적으로 국제법규에 동의할 것을 요구하는 것은 아니지만, 이러한 행위가 타당하다는 법적 확신에 기초한 다수 국가의 일반적이고 확립된 관행에 국제관습법은 기인해야 한다.

청구인들이 주장하는 영미법상의 법적 사고인 "act of state doctrine"은 비영미법계 국가에서는 인정되고 있지 않기 때문에, 일반적으로 승인된 국제법규로 간주할 수 없다. 나아가, 당사자가 속한 국가의 존속을 넘어서 불체포특권이 존재하지 않는다는 것은 국제법의 문헌에서 일반적으로 인정된 견해이다. 청구인들에 대한 형사소추가 국제법상의 주체인 동독의 주권을 침해하기 때문에 기본법 제25조에 위반된다는 견해는 이러한 이유로 타당하지 않다.

동독 국가기관 구성원의 행위가 형사소추로부터 제외되어야 한다는 것은 1990년 서독과 동독 간에 체결된 '통일조약'으로부터도 도출될 수 없다. 통일조약은 이 문제를 명시적으로 규율하고 있지 않으나, 제17조 및 제18조에서 조약을 체결하는 양 당사국이 '동독 국가기관의 *反法治國家的*이고 위헌적인 조치와 행위'가 존재한다는 것을 전제로 하여 통일 후에는 적어도 이에 대한 명예회복이나 보상 등의 조치가 취해져야 한다는 것을 인식케 하고 있다. 형법시행법(EGStGB) 제315조 이하의 규정도 舊동독 국가기관 구성원의 범죄에 대하여 예외를 두고 있지 않다.』

나. 형벌불소급원칙의 의미와 규범적 내용

연방헌법재판소는 형벌불소급원칙의 의미와 규범적 내용에 관하여 다음과 같이 일반적으로 서술하였다.[22)]

『기본법 제103조 제2항은 법치국가원리의 구체적 표현이다. 법치국가원리는 법적 안정성을 보장하고 국가권력을 법률에 구속시키며 개인의 신뢰를 보호함으로써, 자유권의 행사를 뒷받침한다. 법치국가원리는 헌법의 지도적 이념의 하나로서 실질적 정의에 대

21) BVerfGE 95, 96, 129.
22) BVerfGE 95, 96, 130-131.

한 요청도 포함한다. 형법의 영역에서 실질적 정의의 요청은 '책임 없이 형벌 없다'는 원칙에 수용되고 있다. 형법상 책임원칙은 동시에, 헌법에 의하여 보호되는 인간의 존엄성과 자기책임성에 기초하고 있으므로, 입법자는 형법의 구체적 형성에 있어서 인간의 존엄성과 자기책임성을 존중해야 한다. 형법상 책임원칙은 기본법 제103조 제2항에서도 그 바탕을 이루고 있다.

기본법 제103조 제2항은 법률이 범죄에 대하여 그 행위 시에 법적 구성요건을 통하여 충분히 명확하게 형벌을 규정하고 있는 경우에만 처벌을 허용함으로써, 법치국가적 목표를 보장하고 있다. 나아가, 기본법 제103조 제2항은 행위 시 법적으로 규정된 형벌을 넘어서 형벌을 강화하는 것으로부터도 보호한다. 국가형벌권이 개인의 인격발현가능성을 매우 중대하게 침해하는 형법의 영역에서 오로지 입법자만이 처벌되어야 하는 법익침해를 규정해야 하는데, 기본법 제103조 제2항은 법적 안정성과 정의의 관점에서 이러한 측면도 보장한다. 기본법 제103조 제2항에서 이러한 측면은 법치국가적 법률유보가 엄격한 의회유보로 강화됨으로써 표현되고 있다. (한편, 국민과의 관계에서) 기본법 제103조 제2항은 행위 시의 법률에 의하여 범죄를 구성하는 행위만이 국가에 의하여 소추된다는 것에 대한 신뢰를 국민에게 제공한다. 이로써 국민은 자신이 처벌받지 않도록 자신의 행위를 이에 맞출 수 있는 근거를 얻게 된다. 형법의 소급효금지는 절대적인 것이다. 소급효금지의 원칙은 엄격한 형식화를 통하여 법치국가적·기본권적 보장기능을 수행한다. 이는 법치국가적 보장의 특징이다.』

다. 위법성 조각사유도 기본법 제103조 제2항의 형벌불소급원칙에 의하여 보호된다.

이어서, 연방헌법재판소는 위법성 조각사유도 기본법 제103조 제2항의 형벌불소급원칙에 의하여 보호된다는 것을 다음과 같이 확인하였다.[23)]

『기본법 제103조 제2항은, 행위의 불법적 내용에 대한 평가가 사후적으로 범인에게 불리하게 변경되는 것으로부터 보호한다. 그러므로 행위 시에 법적으로 규정되었던 위법성 조각사유가 형사절차의 개시 시점에 없어졌다면, 기본법 제103조 제2항은 위법성 조각사유가 계속 적용될 것을 요청한다. 물론, 위법성 조각사유의 경우에는 구성요건이나 형벌과는 달리, 엄격한 법률유보의 원칙이 적용되지 않는다. 형법상의 위법성 조각사유는 관습법적으로 또는 법원의 판례에 의하여 효력을 가질 수 있다. 행위 시에 인정되었던 불문법상의 위법성 조각사유가 사후적으로 인정되지 않는다면, 불문법상의 위법성 조각사유가 존속하리라는 것에 대한 신뢰도 기본법 제103조 제2항에 의하여 동일하게 보호되는지 여부 및 어느 정도로 보호되는지의 문제가 제기된다. 그러나 이러한 문제는 이 사건에서 최종적으로 판단하지 않는다. 이 사건에서는 (아래에서 판시하는 바와

23) BVerfGE 95, 96, 132.

같이) 기본법 제103조 제2항의 절대적 소급효금지에 대한 예외를 헌법상 허용하는 특수한 상황 하에서 위법성 조각사유가 주장되고 있기 때문이다.』

라. 절대적 소급효금지는 민주적 · 법치국가적 체제의 유보 하에 있다.

(1) 연방헌법재판소는, 독일 헌법상의 형벌불소급원칙은 민주적 · 법치국가적 법질서라는 특정한 체제에 기인하는 것으로 체제의 유보(Systemvorbehalt) 하에 있다는 사고를 통하여 피고인의 처벌가능성을 다음과 같이 논증하였다.

첫째, 이러한 '체제 유보'의 사고에 의하면, 헌법상의 형벌불소급원칙은 민주적 · 법치국가적 법질서라는 특별한 신뢰근거에 기인하는 것이므로 오로지 이러한 체제에서만 절대적 효력을 가지는 것이고, 이러한 체제유보의 요건을 충족시키지 못하는 예외적 상황에서는 그 절대적 성격을 상실한다고 판시하였다. 둘째, 기본법 제103조 제2항은 그 정당성을 특별한 신뢰의 근거에 두고 있는데, 국가권력이 국제법상 인정된 인권을 중대하게 침해하는 경우에는 그러한 특별한 신뢰의 근거가 존재하지 않는다고 확인하였다. 셋째, 이러한 특수한 상황에서 청구인은 엄격한 신뢰보호를 주장할 수 없으며, 실질적 정의의 요청은 위법성 조각사유의 적용을 금지한다고 판단하였다.[24]

(2) 이에 관한 구체적인 판시내용은 다음과 같다.

『기본법 제103조 제2항은 헌법의 기본정신을 준수하여 제정된 서독의 실체적 형법의 적용범위 내에서 범죄가 행해지고 판결이 내려지는 상황을 일반적인 경우로 예정하고 있다. 이러한 정상적인 상황에서 민주주의, 권력분립 및 기본권의 준수라는 조건 하에서 제정됨으로써 실질적 정의의 요청을 원칙적으로 충족시키는 '형법'은 기본법 제103조 제2항에 의하여 보장된 절대적이고 엄격한 신뢰보호의 법치국가적 근거를 제공한다.

독일 통일을 계기로 통일조약에 의하여 합의된 형법시행법 제315조에서 동독에서 범한 범죄에 대해서는 동독의 형법이 적용된다는 것을 법적으로 규정하였다면, 기본법 제103조 제2항의 전제조건은 더 이상 무제한적으로 충족되지 않는다. 형법시행법 제315조는 서독이 동독의 영역 내에서의 刑事司法(strafrechtspflege)을 인수한 결과이다. 동독의 주민이 행위 당시에 유효한 동독의 형법에 의하여 재판을 받고 서독의 형법은 범인에게 유리한 경우에만 적용되기 때문에, 형법시행법 제315조은 기본법 제103조 제2항에 부합한다. 물론, 서독이 민주주의, 권력분립 및 기본권을 실현하지 않았던 不法國家의 형법을 근거로 하여 국가형벌권을 행사한다는 법적 상황은 헌법상 포기할 수 없는 '법치국가적 요청'과 기본법 제103조 제2항의 '절대적 소급효금지' 사이에 충돌을 야기할 수 있다. 이미 언급한 바와 같이, 형법이 기본권의 구속을 받는 민주적 입법자에 의하여 제정되는 경우에 형법을 지탱하는 특별한 신뢰의 근거가 인정될 수 있는 것이고,

24) BVerfGE 95, 96, 133.

이러한 특별한 신뢰의 근거에 기본법 제103조 제2항의 절대적 소급효금지는 그 법치국가적 정당성을 두고 있다. 국가가 실정법의 규범을 넘어서 불법을 요구하고 이를 조장하며 이러한 방법으로 국제사회에서 일반적으로 인정된 인권을 중대하게 경시함으로써, 비록 중대한 형법적 불법을 범죄로 규정하였으나 부분적으로 위법성 조각사유를 통하여 처벌을 배제하는 경우에는 이와 같은 특별한 신뢰의 근거가 존재하지 않는다. 이러한 방법을 통하여 국가권력은 극단적인 국가적 불법(extremes staatliches Unrecht)을 범하였는데, 이러한 불법은 이에 대한 책임을 져야 할 국가권력이 존재하는 경우에만 유지될 수 있는 것이다.

이와 같이 완전히 특수한 상황에서, 국제법상 인정된 인권의 준수도 요구하는 '실질적 정의'의 요청은 그러한 위법성 조각사유의 적용을 금지한다. 그러한 상황에서 기본법 제103조 제2항에 의한 엄격한 신뢰보호는 '실질적 정의'에 양보해야 한다. 만일 그렇지 않다면, 서독의 刑事司法은 자신의 법치국가적 전제와 모순에 빠지게 된다. 따라서 현재 독일 국가권력의 지배를 받는 국민은 그러한 위법성 조각사유를 주장할 수 없다. 그 외의 경우에는 행위 시 법률에 의하여 처벌받는다는 것에 대한 신뢰가 보장된다.』

마. 연방대법원의 판결은 헌법에 부합한다.

(1) 우선, 연방헌법재판소는 實定法的 不法의 문제를 해결하기 위하여 형성된 그 동안의 판례를 다음과 같이 확인하였다.[25)]

『나치의 정권 하에서 범한 불법을 판단함에 있어서 이미 유사한 충돌상황이 등장한 바 있다. 이와 관련하여 영국 점령지역 관할 최고재판소와 이를 따르는 연방대법원(BGH)은 '上位의 법원칙에 대한 중대한 위반을 이유로 법규범의 효력을 부인함으로써 사후적으로 처벌할 수 있는지'의 문제에 관하여 입장을 밝힌 바 있다. 위 법원들은, '국가에 의한 인정 여부와 관계없이 효력을 가지는 상위의 법원칙'에 실정법이 위반되는 경우, 법적으로 규정되었음에도 법적 성격을 박탈해야 하는 규정이나 명령이 있을 수 있다는 견해를 밝혔다. 따라서 그러한 규정에 따라 행동하는 사람은 처벌을 면할 수 없다는 것이다. 연방대법원은 그러한 경우에 범인의 행위는 나중에 비로소 일반적 효력을 획득한 기준에 의하여 판단되지 않는다고 하면서, 법인지 아니면 불법인지의 문제를 행위 시에 아직 또는 더 이상 유효하지 않은 기준을 근거로 판단해야 하는 것은 범인들에게 기대할 수 없다고 판시하였다. 그러나 범인들이 법의 불가침적인 핵심영역에 속하는 원칙으로서 인간의 공동생활에 있어서 불가결한 중대한 원칙을 행위 시에 이미 알지 못하였다고 볼 수 없다고 판시하였다(BGHSt 2, 234, 239).

한편, 연방헌법재판소는 지금까지 '실정법적 불법'의 문제를 단지 형법 외의 영역에

---

25) BVerfGE 95, 96, 134.

서만 다루었다. 연방헌법재판소는 실정법이 참을 수 없을 정도로 정의와 모순되는 경우에는 법적 안정성의 원칙을 실질적 정의의 원칙에 비하여 보다 적게 평가할 수 있다는 것을 인정하였다. 연방헌법재판소는 이와 관련하여 라드브루흐(Gustav Radbruch)의 서술, 특히 소위 '라드브루흐 공식'(Radbruch'sche Formel)을 언급하였다(BVerfGE 3, 225, 232ff.; 6, 132, 198f.; 6, 389, 414f.). 연방헌법재판소는 실정법의 무효는 극단적인 예외적 경우에 한정되어야 하며, 부당한 입법이라 할지라도 '단지 부당한 입법'은 그에 내재하는 질서유지적 요소에 의하여 법적 효력을 획득하고 이로써 법적 안정성에 기여할 수 있다는 것을 여러 차례 강조하였다. 그럼에도 불구하고 나치의 불법지배는, 입법자가 중대한 불법을 제정할 수 있으며 정의에 중대하게 모순되는 규범에 대해서는 처음부터 복종을 거부해야 한다는 것을 보여주었다고 판시하였다.』

(2) 연방헌법재판소는, 연방대법원이 '라드브루흐의 공식에 기초한 실정법적 불법의 사고'와 '국제법적으로 보호되는 인권'에 근거하여 청구인들이 주장하는 위법성 조각사유를 무효로 판단함으로써 위법성 조각사유를 인정하지 않은 것은 헌법에 부합한다고 다음과 같이 확인하였다.[26)]

『연방대법원은 동독의 체제 하에서 범한 소위 체제범죄의 판단에 있어서 자신의 판례를 더욱 발전시켰다. 연방대법원의 판례는 이 사건 심판대상판결들에서도 그 바탕을 이루고 있다. 연방대법원의 판례에 의하면, 위법성 조각사유가 비무장의 越境者에 대한 고의적 살인을 보호한다면, 그러한 위법성 조각사유는 법의 적용에 있어서 고려되어서는 안 된다. 인간의 생명권에 대하여 '탈주 방지'라는 국가이익의 관철에 우위를 부여하는 그러한 위법성 조각사유는 정의의 기본적 요청 및 국제법상 보호되는 인권에 명백하고 중대하게 위반되기 때문에 무효이다. 그 위반은 너무 중대하여 모든 국가에 공통적으로 존재하는 '인간의 존엄과 가치에 관한 법적 확신'을 침해한다. 그러한 경우, 실정법은 정의에 양보해야 한다.

연방대법원은 '이러한 기준의 이론적 바탕을 이루고 있는 라드브루흐 공식'과 '국제법상 보호되는 인권'의 관계에 관하여, 국제적 인권조약이 '언제 국가가 범세계적인 법공동체의 확신에 따라 인권을 침해하는지'를 판단하기 위한 지침을 제공하기 때문에, 불명확성으로 인하여 적용하기 어려운 '라드브루흐 공식'의 기준에 구체적인 심사기준이 추가되었다고 서술하고 있다.

연방대법원의 이러한 판단은 기본법에 부합한다. 이러한 판단은 1973. 7. 31.의 동서독 기본조약(Grundlagenvertrag)에 대한 연방헌법재판소의 결정과도 부합한다. 연방헌법재판소는 위 결정에서 동독의 국경수비체제가 비인간적이며, 장벽 · 철조망 · 사살구역의

---

26) BVerfGE 95, 96, 135-137.

설치 및 총격명령은 동독이 기본조약에서 부담한 계약상 의무와 부합하지 않는다는 것을 확인한 바 있다(BVerfGE 36, 1, 35).

헌법소원심판 청구인들은 탈주자에 대한 살인을 보호하는 위법성 조각사유가 '극단적인 국가적 불법'으로서 무효라고 하는 법원의 판단어 대하여, '생명권과 거주이전의 자유는 국제법상 인권조약의 규정에 의하면 무제한적으로 보장되지 않으며, 서구의 민주적 법치국가도 법률규정을 통하여 특정한 조건 하에서는, 특히 범인의 추적과 체포의 과정에서 총기사용을 명시적으로 허용하고 있다'는 이의를 제기할 수 없다. 국경에서 총기사용을 규율하는 동독의 법률조항이 그 法文에 있어서 직접강제의 적용에 관한 독일의 규정과 일치한다는 주장은 옳다. 그러나 이 사건 심판대상판결들에서 확인한 바와 같이, 동독의 실정법적 규정이 국가의 명령에 의하여 보완되었는데, 이러한 명령은 비례의 원칙에 따라 총기사용을 제한할 수 있는 어떠한 여지도 허용하고 있지 않으며, 탈주가 다른 방법으로 방지될 수 없다면 탈주자를 제거해야 한다는 동독 국방위원회의 견해를 현장에 있는 국경수비대 병사들에게 그대로 전달하는 것이었다. 개인의 '생명권'보다 '탈주의 방지'라는 국가이익에 우위를 부여한 것은 정치적 합목적성을 위하여 실정법을 무시하는 결과를 초래하였다. 이는 실체적으로 중대한 불법이다.

청구인들은 '위법성 조각사유가 무효라고 하더라도 이러한 전제만으로는 위법적 행위가 처벌될 수 있는지, 어떠한 조건 하에서 처벌될 수 있는지에 관한 해답을 연방대법원에게 전혀 제시할 수 없다'고 주장하나, 이러한 이의도 법원의 판결에 대하여 제기할 수 없다. 이 사건에서 처벌가능성을 논증하기 위하여 초실정법적 법원칙의 도움을 받을 필요가 없으며, 동독에서도 스스로 자신의 형법규정의 기초로 삼은 가치판단이 처벌의 근거가 될 수 있다. 동독의 형법전은 고의적 살인에 대한 형법적 금지규정을 담고 있었고, 중한 형벌을 통하여 살인행위의 중대한 불법적 내용을 표현하고 있었다. 살인에 대한 위법성 조각사유가 사라진다면, 형법에 규정된 구성요건해당성이 살인의 위법성을 시사하고 있고 살인의 가벌성을 구성하고 있다.』

V. 연방대법원 판결의 판시내용 및 이에 대한 비판

1. 연방대법원 판결(BGHSt 40, 218ff.; 40, 241ff.)의 판시내용

가. '라드브루흐 公式'에 의한 체제 불법의 해결

나치정권 하에서 자행된 국가적 불법을 법적으로 청산함에 있어서, 연방대법원은 '법적 안정성'과 '실질적 정의'라는 2가지 법치국가적 요청이 충돌하는 문제를 '라드브루흐 公式'(Radbruch'sche Formel)을 통하여 해결하고자 시도하였다.[27] '라드브루흐 공식'에 의하면, 실정법이 정의에 모순되는 것이 수인할 수 없을 정도에 이르렀기 때문에 불법으로서의 실정법이 정의에 양보해야 한다면, 법적 안정성과 실질적 정의 사이의 충돌은 예외적으로 실질적 정의에 유리하게 해결되어야 한다.

한편, 동독에서의 체제 불법을 형법적으로 판단함에 있어서, 연방대법원은 위 판례를 유지하면서도 이를 한 단계 발전시키고 있다. 여기서도 그 출발점은 '라드브루흐 공식'이지만, 막연히 자연법을 주장함으로써 야기된 논증의 약점은, 오늘날 자연법적 사고와 正義의 기준이 '국제법상 보호되는 人權'에 의하여 구체화되었다는 명제를 통하여 보완되었다.

나. '라드브루흐 公式'에 의한 동독법상 위법성 조각사유의 不認定

통일조약은 통일 전에 동독에서 범한 범죄에 대해서는 서독의 형법이 피고인에 대하여 유리하게 작용하지 않는 한, 원칙적으로 '동독의 형법'이 적용된다는 것을 규정하고 있다. 이로써 국경수비대 사건에서 피고인에게 적용되는 형법을 찾는 문제는 첫째, 동서독의 국경에서 탈주자에 대한 살인의 경우 동독의 법에 따라 위법성 조각사유가 인정되는지 여부, 둘째, 위법성 조각사유가 행위 시에 존재하였다면, 서독의 법원에서 위법성 조각사유가 인정될 수 있는지 여부의 문제였다.

우선, 연방대법원은 고의적 살인의 의도를 가진 지뢰의 설치와 총기의 사용이 동독의 법에 의하면 成文의 위법성 조각사유와 不文의 위법성 조각사유가 혼재함으로써 이에 근거하여 위법하지 않은 것으로 간주되었다는 것을 확인하였다.[28] 그러나 연방대법원의 견해에 의하면, 동독법상 위법성 조각사유의 효력은 서독의 법원에서 인정될 수 없다. 연방대법원은 그 이유로 '라드브루흐 공식'을 고려하였고, 라드브루흐 공식의 의미에서 실정법에 의하여 변경되거나 폐지될 수 없는 正義의 요청은 오늘날 국제법상 인정되는 人權에 의하여 구체화되었다고 판시하고 있다. 이러한 국제법상 기준에 의하면, 비무장의 탈주자에 대한 고의적 살인을 허용함으로써 '동독으로부터의 탈주 방지'라는 국가이익을 '인간의 생명권'보다 우선시 하는 위법성 조각사유는 정의의 요청과 국제법상 보호되는 인권(생명권과 출국의 자유)에 대한 명백하고도 중대한 위반이기 때문에 무효이다.[29]

다. '人權에 부합하는 동독법의 해석'에 의한 위법성 조각사유의 不認定

나아가, 연방대법원은 "동독은 항상 국제법상의 인권을 지지한다는 것을 표명하였다.

---

27) Vgl. Papier/Möller, Die rechtsstaatliche Bewältigung von Rerime-Unrecht nach 1945 und nach 1989, NJW 1999, S.3291f.
28) BGHSt 39, 1, 9ff.
29) BGHSt 40, 218, 232; 40, 241, 244.

1976년 동독이 '시민적 · 정치적 권리에 관한 국제협약'에 가입한 이래, 동독은 인권을 준수해야 할 의무를 부담하였다. 그러므로 동독에서도 효력을 가지는 '국제법 및 인권에 부합하는 해석의 원칙'에 의하면, 위법성 조각사유는 '탈주 금지라는 국가이익을 관철하기 위하여 비무장 탈주자를 고의로 살인하는 경우에는 그 위법성이 조각되지 않는다'는 의미로 제한적으로 해석되어야만 한다."고 하여, 동서독 국경에서의 탈주자에 대한 고의적 살인의 경우, 동독의 법을 인권에 부합하는 방향으로 타당하게 해석하였다면 동독의 법에 의해서도 그 위법성이 조각되지 못하고 처벌을 받는다고 판시하고 있다.[30)]

연방대법원은 이러한 논증을 통하여 '형벌규정의 소급적용'이라는 비난을 무력화시키고자 하였다. 이러한 견해에 의하면, 동독의 법을 제대로 해석하는 경우에는 위법성 조각사유가 존재하지 않기 때문에, 기본법 제103조 제2항의 의미에서 형벌이 이미 행위시에 법률로써 규정되어 있었다.

2. 연방대법원의 판시내용에 대한 비판

가. 라드브루흐 公式 및 국제법상 인권의 적용에 대한 비판

연방대법원은 '라드브루흐 공식'으로 논증하는 어려움, 즉 '라드브루흐 공식'의 불확실성을 국제법의 도움을 받아 해결하고자 시도하였다. '라드브루흐 공식'의 의미에서의 正義의 요청은 오늘날 '국제법상 인정되는 人權'에 의하여 구체화되었으므로, 실정법상 법규범이 국제법상 인권에 위반된다는 것은 곧 자연법에 위반되는 것이라고 판단하였다. 연방대법원의 이러한 판시내용은 결국, 동독의 국경수비체제는 정의의 요청에 반하므로 동독법상의 위법성 조각사유는 인정될 수 없다는 자연법적 사고에 기초하고 있다. 자연법에 근거한 논증의 문제점에 관하여는 별도로 아래 '연방헌법재판소결정에 대한 비판'에서 상술하기로 한다.[31)]

연방대법원의 위 판시내용에 대해서는 형법 학계를 비롯하여 다수의 학자들이 다양한 내용의 비판을 제기하였다.[32)] 우선, 나치정권에서의 범죄와 동서독 국경에서의 살인행위 사이에는 불법의 중대성에 있어서 부인할 수 없는 근본적인 차이가 존재한다는 이유로 다수의 학자들이 '라드브루흐 공식'을 동독의 국경수비체제에 적용하는 것의 문제점을 지적하였다.[33)] 라드브루흐는 오로지 極端的 不法의 경우에만, 즉 오늘날의 관점

---

30) BGHSt 39, 1, 23ff.

31) 아래 VI. 2. 다. 부분 서술 참조.

32) 독일 형법학계에서의 논란에 관하여 Roxin, Strafrecht, Allgemeiner Teil, Bd. I, 4. Aufl. 2006, §5 Rn.54, Fn.93, 94.

33) 대표적으로 vgl. Kaufmann, Die Radbruchsche Formel vom gesetzlichen Unrecht und vom übergesetzlichen Recht in der Diskussion um das im Namen der DDR begangene Unrecht, NJW 1995, S.81; Dannecker/Stoffers, Rechtsstaatliche Grenzen für die strafrechtliche Aufarbeitung der Todesschüsse an der innerdeutschen Grenze, JZ 1996, S.491f.; Dannecker, Jura, 1994, S.585, 590; 학

에서 보면 국제형법상 '인간성에 대한 범죄'에 해당하는 경우에만 지극히 예외적으로 자신의 공식을 적용하고자 의도한 것이었는데, 연방대법원은 라드브루흐 공식을 확대 해석함으로써 동독의 국경수비체제도 '극단적 불법'에 해당하는 것으로 판단하였다고 비판하였다.

나아가, 동독법상의 위법성 조각사유는 인권, 특히 시민적·정치적 권리에 관한 국제협약(IPbpR)에 위반되므로 무효라는 연방대법원의 판시내용에 대해서도, '국제법상 인권을 기준으로 삼아 처벌가능성을 인정한 것은 형벌불소급원칙에 반한다'는 비판이 제기되었다.[34] 헌법상 형벌불소급원칙은 범죄인에게 불리하게 작용하는 모든 법규범이 행위 시에 효력을 가질 것을 요청하는데, 이러한 법적 효력은 조약을 단지 체결·비준하는 것으로부터 나오는 것이 아니라 조약의 내용을 국내법으로 변형시키는 경우에만 인정될 수 있는 것이다.[35] 그러나 동독은 '시민적·정치적 권리에 관한 국제협약'을 체결·비준하였으나 위 국제협약은 동독의 국내법으로 변환되지 않았기 때문에 단지 당사국인 동독에게 위 국제협약에 언급된 인권을 존중해야 할 의무, 즉 인권에 반하는 위법성 조각사유를 제거해야 할 의무만을 부과할 뿐, 동독에서 적용되는 유효한 실정법이 아니었다.[36] 국내법으로 수용되지 않은 국제법상 조약으로부터 직접 개인의 처벌가능성을 이끌어낼 수 없다.

나. '人權에 부합하는 동독법의 해석'에 대한 비판

연방대법원은 동독의 법을 '인권에 부합하는 방향으로' 해석하는 경우에는 처음부터 위법성 조각사유가 인정되지 않기 때문에 헌법상 형벌불소급원칙에 위반되지 않는다고 판시하였는데, 이에 대해서는 다음과 같은 타당한 비판이 제기되고 있다.

(1) 헌법상의 형벌불소급원칙에 비추어, 특수한 해석방법에 의한 실정법의 해석은 이미 행위 시에 그러한 해석이 가능했고 국민이 이를 예측할 수 있었던 경우에만 고려될 수 있다. 오늘의 관점에서 수치스러운 동독의 체제 범죄도 행위 당시에는 대부분의 경우 실제로 유효한 실정법에 근거한 것이었다. 물론, 사후적으로 실정법에 대하여 법의

계의 비판에 대하여 자신의 입장을 해명하는 연방대법원의 판시내용에 관하여 vgl. BGH NJW 1995, S.2728, 2731.

34) 대표적으로 vgl. Dannecker/Stoffers, Rechtsstaatliche Grenzen für die strafrechtliche Aufarbeitung der Todesschüsse an der innerdeutschen Grenze, JZ 1996, S.492.

35) 독일의 다수견해에 의하면, 국제법이 국내에서 유효하기 위해서는 국제법은 국가의 법률행위에 의하여 국내법으로 변형되어야 한다. 이에 관하여 자세하게 한수웅, 헌법학, 2017, 341면 이하 참조.

36) Vgl. Schmidt-Assmann, in: Maunz/Dürig, Grundgesetz Kommentar, Art.103 Ⅱ(1992), Rn.255; Dannecker/Stoffers, Rechtsstaatliche Grenzen für die strafrechtliche Aufarbeitung der Todesschüsse an der innerdeutschen Grenze, JZ 1996, S.492; Dreier, Gustav Radbruch und die Mauerschützen, in: ders., Idee und Gestalt des freiheitlichen Verfassungsstaates, 2014, S.367f.; Pieroth, Der Rechtsstaat und die Aufarbeitung der vor-rechtsstaatlichen Vergangenheit, VVDStRL 51(1992), S.98, Kunig, in: Münch/Kunig, Grundgesetz Kommentar, Bd.Ⅲ, 2003, Art.103 Rn.34.

왜곡이나 불법 또는 무효를 주장할 수 있으나, 그러한 행위가 그 당시에 '合法的'이었다는 사실은 달라지지 않는다.[37] 동서독 국경에서의 살인행위는 체제 내적인 관점에서 합법적이었다. 동독의 국경수비체제가 잔혹한 것이라 하더라도, 동독 체제의 관점에서는 탈주자는 '犯法者'인 것이다. 독일사회주의통일당의 일당독재는 국경이 봉쇄되고 감시되는 상황 하에서만 유지될 수 있었다. 동독법에서 탈주자에 대한 사살행위를 처벌해야 한다고 규정하는 것은 곧 자기 자신의 생존조건을 위법으로 선언해야 한다는 것을 의미하였다.[38] 현재 시점에서 법치국가적 시각으로 동독법을 바라보는 것은 허용되지 않으며, 이러한 시도는 바로 소급효금지원칙에 위반되는 것이다.

사회주의국가의 법질서는 서독의 법질서와 근본적으로 상이하였다.[39] 국가는 마르크스-레닌주의에 봉사하는 것이었고, 법은 국가에 봉사하는 것이었다. 법은 사회주의정당의 강령을 실현하기 위한 도구였으며, 법의 실현은 곧 사회주의정당의 강령 실현을 의미하는 것이었다. 이러한 상황에서 동독의 법은 오로지 사회주의정당의 목표를 실현하는 방향으로 해석되고 적용되었으며, 동독에서 이러한 해석방법은 행위 시의 법을 해석하는 지배적인 방법이었다. 그러나 사후적으로 법치국가의 관점에서 사회주의국가의 법과 그에 대한 이해를 소위 '人權合致的 解釋'의 이름으로 재구성하는 것, 즉 불법국가의 법을 사후적으로 법치국가의 시각에서 바라보고자 하는 '관점의 변경'은 형벌의 예측가능성을 보장하고자 하는 헌법상의 형벌불소급원칙에 정면으로 반하는 것이다.[40]

헌법상 형법불소급원칙의 요청에 부합하기 위해서는, 처벌가능성을 판단함에 있어서 전적으로 '동독의 법'과 '동독에서의 해석방법'이 판단의 기준으로 고려되어야 하며, 이에 따라 피고인들에 대해서는 행위의 위법성이 인정되지 않으므로 서독의 형사법원은 무죄판결을 선고해야 한다. 만일 이러한 무죄판결이 실질적 정의를 실현하고자 하는 법감정에 반한다면, 입법자는 헌법 개정을 통하여 형벌불소급원칙을 제한하는 방법을 강구해 볼 수 있다. 그러나 연방대법원의 '人權合致的 해석'은 해석의 관점을 완전히 변경함으로써 '법의 해석'의 경계를 넘어서 '법의 창설'의 영역으로 들어섰으며, 해석을 통하여 그에게 귀속되지 않는 입법권(헌법개정권력)을 행사한 것과 다르지 않다.[41] 연방대법

---

37) Vgl. Pieroth, Der Rechtsstaat und die Aufarbeitung der vor-rechtsstaatlichen Vergangenheit, VVDStRL 51(1992), S.113.

38) 법무부, 통일독일의 구동독 체제불법청산 개관, 1995, 599면 이하 참조.

39) Vgl. Starck, Der Rechtsstaat und die Aufarbeitung der vor-rechtsstaatlichen Vergangenheit, VVDStRL 51(1992), S.17; Pieroth, Der Rechtsstaat und die Aufarbeitung der vor-rechtsstaatlichen Vergangenheit, VVDStRL 51(1992), S.97; Werle, Rückwirkungsverbot und Staatskriminalität, NJW 2001, S.3004; 법무부, 통일독일의 구동독 체제불법청산 개관, 1995, 95면.

40) Vgl. Dannecker/Stoffers, Rechtsstaatliche Grenzen für die strafrechtliche Aufarbeitung der Todesschüsse an der innerdeutschen Grenze, JZ 1996, S.492.

41) Vgl. Dannecker/Stoffers, Rechtsstaatliche Grenzen für die strafrechtliche Aufarbeitung der Todesschüsse an der innerdeutschen Grenze, JZ 1996, S.493f.; Rensmann, BVerfGE 95, 96 - Mauerschützen, in: Menzel/Müller-Terpitz, Verfassungsrechtsprechung, 2011, S.615.

원은 동독의 법현실을 무시하는 해석을 통하여 헌법이 금지하는 '은폐된 소급효'를 도입할 수 없는 것이다.

(2) 나아가, 연방대법원의 인권합치적 해석은 동독의 법적·사실적 상황을 전혀 고려하고 있지 않다. 동독에서는 전혀 생소하였고 현실에서 아무런 역할도 하지 못하였던 '국제법상 인권'의 기준에 따라 동독의 법을 인권에 부합하게 해석하는 것은 동독에서의 사실상의 법적 상황을 완전히 왜곡하는 것이고, 전체주의국가의 실정법체계를 무시하는 것이다.[42] 동독의 법이 인권에 친화적이었던 것이 아니라 반하였다고 하는 것은 엄연한 역사적 사실이다. 동독의 국경수비체제 및 이로 인하여 越境者에 대한 살인을 허용한 것은, 舊동독에서 자신의 법을 잘못 해석한 결과가 아니라 동독의 법질서 그 자체이다.

이와 같이 역사적 현실을 무시하는 연방대법원의 견해는 과거청산의 관점에서도 문제를 제기한다.[43] 이러한 견해는 마치 동독의 정치체제가 국제적 인권보호의 요청에 부합하는 법제도를 갖추었으나 다만 잘못된 법해석으로 인하여 불법이 발생한 것 같은 인상을 제공함으로써, 동독의 헌법 현실을 미화하고 동독에서는 '법적용'뿐만 아니라 '법제도' 자체도 비정상적이고 불법적이었다는 엄연한 사실을 가리고 있다.

Ⅵ. 연방헌법재판소의 견해 및 이에 대한 비판

1. 연방헌법재판소의 견해

가. 연방헌법재판소는 연방대법원의 견해가 그 결론에 있어서는 기본법 제103조 제2항에 부합한다고 판단하였다. 그러나 연방헌법재판소는 연방대법원이 취한 해결방법 중에서 '인권에 부합하는 동독법의 해석'의 논리를 수용하지 않았다. 대신, 연방헌법재판소는 헌법상의 형벌불소급원칙이 일정한 요건을 충족시키는 정치체제 하에서만 절대적인 효력을 가지는 것으로 이해하여 형벌불소급원칙을 '체제의 유보'(Systemvorbehalt) 하에 둠으로써 이를 상대화하였는데, 그 바탕에 깔린 사고는 다음과 같다.

형벌불소급원칙은 그의 엄격한 표현을 통하여 법치국가적·기본권적 보장기능을 이행하고 이로써 絕對的 효력을 가진다. 그럼에도 불구하고, 불법국가체제에서 법치국가로 이행하는 '체제 과도기'라는 완전히 특수한 상황에서는 형벌불소급원칙은 相對化되고 그 효력에 있어서 제한될 수밖에 없다. 서독의 헌법 하에서는 민주적으로 조직되고 기본권의 구속을 받는 입법자에 의하여 형법이 제정됨으로써 실질적 정의가 보장되기 때문에,

42) Vgl. Dreier, Gustav Radbruch und die Mauerschützen, in: ders., Idee und Gestalt des freiheitlichen Verfassungsstaates, 2014, S.372f.; Werle, Rückwirkungsverbot und Staatskriminalität, NJW 2001, S.3005.

43) Vgl. Rensmann, BVerfGE 95, 96 - Mauerschützen, in: Menzel/Müller-Terpitz, Verfassungsrechtsprechung, 2011, S.615.

바로 이러한 이유에서 형벌불소급원칙에 내재된 '법적 안정성과 실질적 정의 사이의 긴장관계'는 법적 안정성에 유리하게 소급적 형벌구성이 절대적으로 금지된다는 의미로 해결될 수 있다. 기본권의 구속을 받는 민주적 입법자에 의하여 제정된 형법은 특별한 신뢰의 근거를 형성하며, 이로써 형벌불소급원칙의 엄격하고 절대적인 성격을 정당화한다.

그러나 서독이 동독 지역의 刑事司法을 인수한 결과로서 동독의 법을 근거로 하여 국가형벌권을 행사해야 한다면, 헌법상 형벌불소급의 원칙은 절대적으로 관철될 수 없다. 동독의 헌법 현실은 민주주의나 권력분립 또는 기본권보장 등 그 어느 것에도 부합하지 않기 때문에, 형벌불소급의 원칙에 있어서 예정된 법적 안정성과 실질적 정의 사이의 균형은 더 이상 보장되지 않는다. 물론, 동독에서 범한 범죄의 경우에도 행위 시 법률에 의하여 처벌을 받는다는 것에 대한 개인의 신뢰가 원칙적으로 존재한다. 그러나 형벌불소급의 원칙이 법치국가에서 '포기할 수 없는 정의의 핵심적 요청'과 충돌하는 경우에는 법적 안정성은 실질적 정의에 양보해야 한다. 이러한 특수한 상황에서 개인은 엄격한 신뢰보호를 요구할 수 없다.

나. 연방헌법재판소는 무엇이 법치국가에서 '포기할 수 없는 정의의 핵심적 요청'에 해당하는지를 판단하기 위한 기준으로서 헌법상 실질적 정의의 요청을 수용한 '국제법상 인정된 인권'을 고려하였다. 그러므로 동독의 법이 위법성 조각사유를 통하여 '국제사회에서 일반적으로 인정된 인권을 중대하게 침해하는 형법적 불법'을 처벌로부터 배제하는 경우에는 그러한 위법성 조각사유는 적용되어서는 안 되며, 탈주자에 대한 살인을 보호하는 위법성 조각사유는 '극단적인 국가적 불법'으로 무효라고 판시하였다.

2. 연방헌법재판소의 국경수비대 결정에 대한 비판

가. 판시내용에서 논증의 단계

일단, 연방헌법재판소는 위법성 조각사유를 소급적으로 제거하는 것은 피고인에게 미치는 불리한 효과에 있어서 범죄구성요건을 소급적으로 도입하는 것과 다르지 않다는 점에서, 위법성 조각사유도 기본법 제103조 제2항의 형벌불소급원칙에 의하여 보호된다고 확인하였다. 따라서 연방헌법재판소는 동독의 체제불법에 대한 처벌은 오로지 형벌불소급원칙에 대한 예외를 인정함으로써만 가능하다고 판단하였고, 어떠한 이유에서 동독의 법에서 행위 시에 인정되었던 위법성 조각사유를 소급적으로 인정하지 않을 수 있는지에 관하여 몇 단계로 논증을 시도하였다.[44)]

첫째, 연방헌법재판소는 기본법 제103조 제2항에 규정된 형벌불소급원칙의 '절대적

44) Vgl. Rensmann, BVerfGE 95, 96 - Mauerschützen, in: Menzel/Müller-Terpitz, Verfassungsrechtsprechung, 2011, S.615.

성격'을 '민주적으로 정당화되고 법치국가적으로 구속을 받는 입법자에 의한 입법'이라는 조건에 결부시킴으로써, 형벌불소급원칙의 절대성을 '자유민주적 법질서'라는 체제에 유보시키고 있다. 따라서 이러한 체제를 형성하는 특정한 요건을 충족시키지 못하는 경우에는 법적 안정성과 개인의 신뢰보호의 구체화된 표현인 형벌불소급의 원칙은 절대성을 상실한다. 형벌불소급의 원칙이 그 절대적 성격을 상실한다는 것은 다른 법익과의 교량을 통하여 상대화될 수 있다는 것을 의미한다. 이로써 연방헌법재판소는 '실질적 정의'와의 법익교량을 통하여 형벌불소급원칙을 상대화할 수 있는 가능성을 열어놓았다.

둘째, 연방헌법재판소는 언제 행위 시 법률에 의하여 처벌받는다는 것에 대한 '개인의 신뢰'보다 '실질적 정의'가 우선하는지, 즉 어떠한 경우에 형벌불소급원칙에 의하여 보장되는 신뢰보호의 한계가 인정되는지를 판단하였는데, 신뢰보호의 한계를 확정하기 위한 기준으로서 '국제법상 보장된 인권의 준수'를 요구하면서 인권을 중대하게 침해하는 경우에는 신뢰보호를 요구할 수 없다고 판단하였다.

셋째, 연방헌법재판소는 '국제법상 보장된 인권의 준수'라는 기준을 이 사건의 사실관계에 적용함으로써, 동서독 국경에서의 살인행위가 국제법상 인권에 대한 중대한 위반의 범주에 속하는지 여부를 판단하였다.

나. '자유민주적 體制 留保의 사고'에 의한 絕對的 소급효금지의 相對化

(1) '체제 유보의 사고'를 지지하는 견해

연방헌법재판소는 논증의 첫 번째 단계에서 헌법에 절대적으로 표현된 형벌불소급원칙을 '자유민주적 체제 유보'를 통하여 상대화하였는데, 헌법상 형벌불소급원칙이 체제 유보의 사고에 의하여 상대화될 수 있는지 여부에 대해서는 찬반의견이 갈리고 있다.[45)]

체제 유보의 사고를 지지하는 견해는, 형벌불소급의 원칙은 독일 헌법의 특수한 규범적 연관관계에서 해석되어야 하며, 형벌불소급원칙의 엄격한 형식성과 절대성은 법치국가에서 포기할 수 없는 헌법적 핵심과 충돌하는 경우에는 제한되어야 한다고 주장한다.[46)] 기본법 제103조 제2항은, 독일 기본법이 규정하고 있는 바와 같이 법치국가적 입법의 범주 내에서 효력을 가지는 것으로, 위 헌법조항은 비민주적 불법체제에서 범한 국가적 범죄에 대한 처벌을 방지하고자 하는 목적이나 의미를 가질 수 없다고 하면서, 헌법상 소급효금지는 자유민주적 국가권력의 지배를 받는 국민을 보호하기 위한 것이

---

45) 연방헌법재판소결정에 대하여 비판적인 견해로 대표적으로 Dreier, Gustav Radbruch und die Mauerschützen, in: ders., Idee und Gestalt des freiheitlichen Verfassungsstaates, 2014, S.354ff.; Dreier, Gustav Radbruch und die Mauerschützen, JZ 1997, 421ff; 지지하는 견해로는 Starck, Anmerkungen, JZ 1997, S.147ff.

46) 연방헌법재판소의 판시내용에 동조하는 견해로는 vgl. Roxin, 60 Jahre Grundgesetz aus der Sicht des Strafrechts, in: Häberle(Hg), 60 Jahre deutsches Grundgesetz, 2011, S.89; Rensmann, BVerfGE 95, 96 - Mauerschützen, in: Menzel/Müller-Terpitz, Verfassungsrechtsprechung, 2011, S.616.

지, 인권을 침해하는 불법국가와 그 하수인을 보호하는 방패가 아니라고 주장한다. 나아가, 인권침해가 국제법상 범죄에 해당하는 경우에는 국내법적 상황과 관계없이 처벌을 허용하는 유럽인권협약(Die Europäische Menschenrechtskonvention, EMRK) 제7조 제2항도 이러한 방향을 제시하고 있다고 주장한다.[47)]

(2) '체제 유보의 사고'에 대한 비판

(가) 반면, 연방헌법재판소의 '체제 유보의 사고'는 다음과 같은 이유에서 비판을 받고 있다.[48)] 연방헌법재판소는 헌법상 형벌불소급원칙을 해석함에 있어서 법치국가를 구성하는 兩大 요소인 '실질적 정의'와 '법적 안정성'을 서로 대치시키고 극단적 불법의 경우에는 예외적으로 정의가 법적 안정성보다 우위를 차지하므로 형벌불소급원칙이 양보해야 한다고 판시하고 있다.[49)] 그러나 이러한 판시내용은 헌법상 형벌불소급원칙의 핵심적 기능을 오해하고 있다.

형벌불소급원칙은 형법의 영역에서 이미 실질적 정의와 법적 안정성 간의 충돌에 대한 최종적인 해결책을 제시하고 있다.[50)] 헌법은 제103조 제2항에서 법적 안정성과 실질적 정의 사이의 충돌을 '국가형벌권이 실정법에 의하여 엄격한 구속을 받는다'는 방향으로 확정적으로 결정하였다. 형벌불소급원칙은 실질적 정의의 '반대법익'에 해당하는 것이 아니라, 국가형벌권을 행위 시의 실정법에 엄격하게 구속시킴으로써 실질적 정의를 실현하는 것이며, 이로써 곧 정의의 표현이다. 그러므로 소급효금지는 절대적인 효력을 가져야 하며, 신뢰보호원칙과는 달리 더 이상 실질적 정의의 관점이나 신뢰의 보호 필요성 판단에 의하여 제한되거나 상대화되어서는 안 된다.[51)]

(나) 연방헌법재판소는 "절대적인 소급효금지는 그의 정당성을 특별한 신뢰의 근거에 두고 있다."고 하여 형벌불소급원칙이 민주적 법치국가라는 체제의 유보 하에 있다고 판시하고 있는데, 이러한 판시내용도 타당하지 않다. 헌법상 형벌불소급원칙이 오로지 법치국가적 헌법질서 내에서 생활한 개인에게만 소급효금지의 완전한 보호를 제공한다는 견해는 憲法史에 대한 沒理解에 기인하는 것이다. 헌법사에서 형벌불소급원칙은 이미 민주적 법치국가의 성립 이전에 생성되었다. 형벌불소급원칙의 엄격한 효력은 형법이 민주적 입법자에 의하여 제정되었는지 여부에 달려있지 않다. 민주적 헌법국가의 발

47) 유럽인권협약 제7조의 소급효금지원칙에 관하여 vgl. Werle, Rückwirkungsverbot und Staatskriminalität, NJW 2001, S.3006f.

48) Vgl. Dreier, Gustav Radbruch und die Mauerschützen, in: ders., Idee und Gestalt des freiheitlichen Verfassungsstaates, 2014, S.387ff.; Kunig, in: Münch/Kunig, GGK, Bd.Ⅲ, 2003, Art.103 Rn.34.

49) Vgl. BVerfGE 95, 96, 130f., 132f.

50) Vgl, Dreier, Gustav Radbruch und die Mauerschützen, in: ders., Idee und Gestalt des freiheitlichen Verfassungsstaates, 2014, S.388.

51) Vgl. Pieroth, Der Rechtsstaat und die Aufarbeitung der vor-rechtsstaatlichen Vergangenheit, VVDStRL 51(1992), S.168.

생 이전에까지 미치는 형벌불소급원칙의 역사적 성립과정에 비추어, 국가권력이 비민주적으로 조직되었고 기본권의 구속을 받지 않는다 하더라도, 형벌불소급원칙에 의한 국가형벌권의 엄격한 구속은 마찬가지로 적용되어야 한다.[52] 오히려 비민주적 입법자에 대하여 형법질서의 존속에 대한 개인의 신뢰가 보호되어야 할 필요성은 민주적 입법자와의 관계에서보다 더욱 크기 때문에, 형법이 비민주적 입법자에 의하여 제정되는 경우 자유보장의 기능을 하는 소급효금지는 더욱 특별한 의미를 가진다.

뿐만 아니라, 독일 정부가 소급효금지를 국제적으로 규율하는 유럽인권협약 제7조를 비준하면서, 국제법상의 범죄에 해당하는 경우에는 소급효금지에 대한 예외를 허용하는 제7조 제2항에 대해서는 독일 기본법상의 소급효금지원칙과의 충돌을 우려하여 비준하지 않았다는 사실도 기본법 제103조 제2항의 절대적이고 엄격한 성격을 말해주고 있다.[53]

다. 자연법이 형벌을 구성할 수 있는지의 문제

(1) '라드브루흐 公式'에 기초한 연방헌법재판소결정의 판시내용

연방헌법재판소는 결정이유 어느 곳에서도 명시적으로 '라드브루흐 공식'을 언급하지 않았다. 그러나 연방헌법재판소는, 연방대법원이 라드브루흐의 공식에 기초한 '實定法的 不法'의 사고와 국제법적으로 보호되는 인권에 근거하여 청구인들이 주장하는 위법성 조각사유를 무효로 판단함으로써 위법성 조각사유를 인정하지 않은 것은 헌법에 부합한다고 확인하면서, 나아가 동독의 국경수비체제는 '극단적인 국가적 불법'에 해당하므로, 이에 기초하는 위법성 조각사유는 인정되지 않는다고 판시하고 있다.[54] 여기서 '극단적인 국가적 불법'은 라드브루흐 공식을 달리 표현한 것에 지나지 않으므로,[55] 헌법재판소의 결정에서도 '라드브루흐 공식'이 그 이념적 기초를 이루고 있다.[56]

(2) '라드브루흐 公式'의 내용과 의미

나치정권의 戰犯에 대한 형사재판에서 피고인들은 실정법인 나치 법률과 그에 근거한 명령의 효력과 구속성을 신뢰하였다고 주장하였다. 라드브루흐(Radbruch, 1878-1949) 교수는 1946년 '남독일 법률신문'(Süddeutsche Juristenzeitung)에 기고한 小論文인 '實定法的 不法과 超實定法的 法'(Gesetzliches Unrecht und übergesetzliches Recht)에서

---

52) Vgl. Krajewski, Mauerschützen und Menschenrechte, JZ 1997, S.1054; Dreier, Gustav Radbruch und die Mauerschützen, in: ders., Idee und Gestalt des freiheitlichen Verfassungsstaates, 2014, S.389.

53) Vgl. Dannecker/Stoffers, Rechtsstaatliche Grenzen für die strafrechtliche Aufarbeitung der Todesschüsse an der innerdeutschen Grenze, JZ 1996, S.492; Sendler, Strafrechtliche Aufarbeitung der DDR-Vergangenheit oder Amnetstie?, NJW 1997, S.3146.

54) BVerfGE 95, 96, 134.

55) Vgl. Kaufmann, Die Radbruchsche Formel vom gesetzlichen Unrecht und vom übergesetzlichen Recht in der Diskussion um das im Namen der DDR begangene Unrecht, NJW 1995, S.84.

56) Vgl. Sendler, Strafrechtliche Aufarbeitung der DDR-Vergangenheit oder Amnetstie?, NJW 1997, S.3147.

'법적 안정성과 정의의 관계를 어떻게 결정할 수 있는지'에 관한 문제를 다루면서 다음과 같이 서술하였다.[57)]

"정의와 법적 안정성 사이의 충돌은 다음과 같이 해결될 수 있을 것이다. 정의에 대한 실정법의 모순이 수인할 수 없을 정도에 이르렀기 때문에 불법으로서의 실정법이 정의에 양보해야 하는 것이 아닌 한, 실정법이 비록 내용적으로 부당하고 불합리하더라도 정의에 대하여 우위를 차지한다. '실정법적 불법'과 '부당한 내용에도 불구하고 유효한 법' 사이에 보다 명확한 선을 긋는 것은 불가능하다. 그러나 다음과 같은 경계는 매우 명확하게 그어질 수 있다. 즉, 정의를 전혀 지향하지 않는 곳, 정의의 핵심을 이루는 평등을 실정법의 제정에 있어서 의식적으로 부정하는 곳에서, 법은 단지 '부당한 법'에 그치는 것이 아니라 법적 성격을 가지지 않는다."[58)]

위 서술내용은 오늘날 '라드브루흐 공식'으로 불리고 있는데, 아마도 20세기 법철학에서 가장 유명하고 가장 많이 인용된 구절일 것이다. 라드브루흐 교수는 극도의 불법적 내용을 가진 실정법의 규범은 '부당한 법'일 뿐만 아니라 법적 성격을 상실한다는 것을 지적함으로써, 그 당시 문명세계가 나치 정권의 불법체계에 대하여 가지는 정당한 혐오를 매우 적절하게 표현하였다. '라드브루흐 공식'의 매력은 나치 독재의 반인륜적 범죄에 대한 전후 법철학의 적절한 대답이었다는 것에 있다.[59)]

(3) '라드브루흐 公式'의 적용에 의한 처벌가능성

통일된 독일의 사법기관은 동독법에서 인정된 위법성 조각사유를 인정하지 않음으로써 처벌을 가능하게 하였는데, 위법성 조각사유의 불인정은 궁극적으로 라드브루흐 공식의 적용, 즉 자연법에 기초하고 있다. 그러나 라드브루흐 공식을 적용하여 처벌가능성을 인정한 것에 대하여 다음과 같은 비판이 제기된다.

(가) 라드브루흐 공식은, 실정법에서 정의에 반하는 특정한 개별규범의 효력을 상실케 하면서 그 규범이 위치하는 규범체계는 그대로 유지시키는 방법으로 법질서에 작용하고 있다. 이를 '국경수비대 사건'에 적용한다면, 동독법에서 인정되었던 위법성 조각사유는 정의에 반하는 것으로 무효이고, 위법성 조각사유가 사라진 다음에는 처벌의 대상인 범죄행위에 대해서는 살인죄를 처벌하는 동독법이 그대로 적용된다. 이로써 자연법이 형벌을 구성하는 역할을 하게 된다.

여기서 자연법이 형벌을 구성할 수 있는지의 문제가 제기된다.[60)] 자연법의 역사를

57) '법률적인 불법과 초법률적인 법'으로 번역되기도 한다. 위 논문의 번역으로 윤재황(역), 라드브루흐, 법률적 불법과 초법률적 법, 2000; 김영환, 법철학의 기본문제, 2006, 379면 이하.

58) Vgl. Radbruch, in: ders., Gesamtausgabe, Bd.Ⅲ, 1990, S.83ff.

59) Vgl, Dreier, Gustav Radbruch und die Mauerschützen, in: ders., Idee und Gestalt des freiheitlichen Verfassungsstaates, 2014, S.361.

60) Vgl, Dreier, Gustav Radbruch und die Mauerschützen, in: ders., Idee und Gestalt des freiheitlichen Verfassungsstaates, 2014, S.377f.; 자연법은 실정법을 비판하는 지렛대에 불과하며, 독자적으로 불법을 구성

살펴보면, 지금까지 자연법은 주로 개인의 양심과 국가의 불법 사이에서 문제되었고, 국가의 불법이 개인의 양심에 반한다는 이유로 법에 대한 복종을 거부하는 경우에 비로소 실정법에 대한 불복종을 정당화하는 데 기여하였다. 그러나 지금까지 어떠한 경우에도 자연법이 형벌을 구성하기 위한 근거 또는 행위의 가벌성을 논증하기 위한 근거로 사용된 적은 없다.

나아가, 자연법과 실정법이 상이한 기능을 가지고 법의 서로 다른 차원에서 존재한다는 관점에서 볼 때, 자연법이 실정법을 폐지하는 직접적인 효력을 가지는지에 대해서도 강한 의문이 제기된다. 실정법이 자연법에 위반되는 경우, 자연법은 실정법의 폐지를 의도하지 않으며, '실정법의 무효'라는 직접적인 형성적 효과를 초래하지 않는다.[61) 자연법은 실정법이 규범화되는 단계에서 '잠재적인 법' 또는 '실정법을 비판하고 감시하는 법'으로 존재하면서 입법자에게 정의에 부합하는 입법을 요청할 뿐, 이에 반하는 실정법을 직접 폐지하지 않는다. 자연법에 위반되는 실정법은 무효가 아니라 입법자에 의하여 개선되어야 할 '나쁜 법', 惡法일 뿐이다.

뿐만 아니라, 자연법 적용의 가장 큰 문제점은 바로 자연법 자체의 불명확성이다.[62) 자연법의 발전 역사에서 자연법의 다양성, 내용적 상이함과 포괄성은 자연법의 특징적 요소이다. 시대에 따라서는 심지어 '노예제도', '여성의 정치적 참여 배제'도 자연법을 주장하여 정당화되었다. 라드브루흐 교수 자신도 바로 이러한 자연법의 불명확성과 자연법 적용의 위험성을 의식하였기 때문에, 초실정법적 자연법사상은 지극히 한정적으로 적용되어야 한다고 주장하였고, 나치 불법을 사실상 인류역사에서 유일한 적용례로 삼고자 의도하였다.[63) 자연법을 법적 판단의 기준으로 삼을 경우에는 기준의 불확실성과 모호성으로 인하여 규범적으로 논증하는 것이 사실상 불가능하고, 대신 이념적 논증이라는 의심을 벗을 수 없다.[64) 그러므로 체제불법의 청산에서 무엇이 불법인지를 명확히 밝히지 못한다면, 舊동독의 과거청산은 그야말로 정치재판, 勝者의 裁判으로 전락하게 될 우려가 있다. 불법청산은 명확한 법이론의 토대 위에서 이루어져야 한다. 그렇다면 자연법을 주장하여 형벌을 구성할 수 없다.[65)

(나) 물론, 연방헌법재판소도 자연법의 불명확성을 인식하여 '실질적 정의'라는 막연

할 수 없다는 견해로 김영환, 법철학의 근본문제, 2006, 18면 이하.

61) Vgl, Dreier, Gustav Radbruch und die Mauerschützen, in: ders., Idee und Gestalt des freiheitlichen Verfassungsstaates, 2014, S.379.

62) Vgl, Dreier, Gustav Radbruch und die Mauerschützen, in: ders., Idee und Gestalt des freiheitlichen Verfassungsstaates, 2014, S.380.; 김영환, 법철학의 근본문제, 2006, 20면.

63) Vgl. Kaufmann, Die Radbruchsche Formel vom gesetzlichen Unrecht und vom übergesetzlichen Recht in der Diskussion um das im Namen der DDR begangene Unrecht, NJW 1995, S.82.

64) Vgl. Alwart, Die Vernünftigkeit des Bundesverfassungsgerichts, JZ 2000, S.228f.

65) Vgl. Pieroth, Der Rechtsstaat und die Aufarbeitung der vor-rechtsstaatlichen Vergangenheit, VVDStRL 51(1992), S.103.

한 자연법적 발상으로는 이론적 기반을 다질 수 없다고 판단하였다. 이에 따라, 연방헌법재판소는 '라드브루흐 공식이 국제법상 인권에 의하여 구체화될 수 있다'는 연방대법원의 견해에 동조하여, 동독의 국경수비체제가 극단적인 국가적 불법에 해당하는지 여부를 판단함에 있어서 '국제법상 인정된 인권'을 기준으로 삼았다.

연방헌법재판소의 판시내용에 의하면, 국경수비대 형사재판과 관련하여 문제되는 중요한 인권이자 라드브루흐 공식의 구체적인 표현은 '시민적 · 정치적 권리에 관한 국제협약' 제6조에 규정된 '생명권'과 제12조 제2항에 규정된 '출국의 자유'이다. 그러나 여기서 문제는, 1980년대 말에 이르러서야 비로소 '무엇이 不可讓의 인권에 속하는지'에 관하여 범세계적으로 합의가 이루어졌다고 볼 수 있으며, 이로써 인권의 범세계적인 국제법적 효력을 언급할 수 있다는 점이다.[66] 1989년 독일 통일 이전에는 그러한 범세계적인 합의가 인정되기 어렵다. 그렇다면, 동서독 국경에서의 살인행위의 형법적 판단에 있어서 그 행위 시인 1963년부터 1989년 사이에 형성된 국제법상 인권에 대한 범세계적인 이해와 효력을 판단의 기초로 삼아야 한다. 특히 동서독 양국이 1976년에 비로소 '시민적 · 정치적 권리에 관한 국제협약'에 가입하였다는 점을 감안한다면, 1976년 이전에는 인권을 '국제사회에 의하여 일반적으로 인정된 권리'로 보기 어렵다.

(다) 나아가, 20세기의 자연법을 본질적으로 '인권의 관점'에서 이해함으로써 국제법상의 인권을 자연법의 구체화된 형태로 파악하더라도, 자연법에 관한 범세계적 합의는 '인권의 보장내용'의 차원에서만 형성되어 있을 뿐, 언제 어떠한 경우에 자연법의 위반이 존재하는지에 관한 '인권침해의 차원'에서는 합의가 이루어져 있지 않다.[67] 따라서 언제 실정법이 자연법에 위반되기 때문에 무효인지의 경계가 자연법 개념과 마찬가지로 불명확하다.[68] 국제법상 인권보장의 다양성과 포괄성에 비추어 어떠한 권리가 침해당한 경우에 '극단적인 국가적 불법'을 성립시키는지, 나아가 이러한 권리의 침해가 어느 정도의 강도에 도달해야 '극단적인 국가적 불법'을 성립시키는지 등 모든 것이 불명확하다.[69] 연방헌법재판소는 이와 관련하여 단지 '국제사회에서 일반적으로 인정된 인권이 중대하게 침해되어야 한다'는 불명확한 기준만을 제시하고 있을 뿐이다.

(라) 또한, '라드브루흐 공식'에 따라 법질서에서 한 부분만을 분리하여 사후적으로 법적 성격을 부인함으로써 그 효력을 상실케 하는 것이 과연 '불법체계에 대한 과거청산'이라 할 수 있는지 의문이 제기된다. 법질서에서 비난의 여지가 있는 일부 법규범의

66) Vgl. Krajewski, Mauerschützen und Menschenrechte, JZ 1997, S.1055.
67) Vgl, Dreier, Gustav Radbruch und die Mauerschützen, in: ders., Idee und Gestalt des freiheitlichen Verfassungsstaates, 2014, S.381.
68) Vgl. Roggermann, Systemunrecht und Strafrecht, 1993, S.62.
69) Vgl. Rensmann, BVerfGE 95, 96 - Mauerschützen, in: Menzel/Müller-Terpitz, Verfassungsrechtsprechung, 2011, S.616.

효력을 상실케 하고 나머지 법규범의 효력을 유지함으로써, 라드브루흐 공식은 자연법의 기반 위에서 부분적이나마 소급적으로 법체계를 재편성하는 효과를 가진다.[70)]

전체 법질서에서 '위법성 조각사유'만을 폐기시킴으로써 동독법에 따라 가벌성을 인정하는 것은 동독의 불법체계를 인정하는 것일 뿐만 아니라 이를 미화하고 동독의 전반적인 인권침해적 상황을 은폐하는 것이다.[71)] 동독 국경수비체제와 그에 근거한 살인행위의 용인과 허용은 단지 '국가 내에서의 불법'이 아니라 그 자체로서 '국가적 불법'이다.

Ⅶ. 체제불법의 과거청산을 위한 법치국가적 代案

1. 헌법 개정에 의한 소급적 처벌가능성의 도입

연방헌법재판소결정의 판시내용을 비판하는 견해는, '연방헌법재판소가 라드브루흐 공식을 적용하여 처벌가능성을 인정한다 하더라도, 동서독 국경에서의 살인행위에 대한 처벌은 헌법상의 형벌불소급원칙으로 인하여 불가능하다'고 주장하면서, '기본법 제103조 제2항이 처벌을 막고 있다면 이러한 장애물은 헌법 개정을 통하여 극복될 수 있다'고 하여, 대안으로서 '헌법 개정'의 방법을 제시하고 있다.

독일 통일에 의하여 변화된 현실은 헌법규범의 해석과 적용에도 영향을 미칠 수 있으나, 이와 같이 변화한 상황에서도 법치국가원리는 헌법의 해석에 대하여 한계를 제시한다. 동독에서 법치국가를 건설하고자 하는 시도가 전체 독일에서 법치국가를 후퇴시키는 결과를 초래해서는 안 된다.[72)] 법치국가는 한번 정립되면 스스로 자신에게 충실해야 한다. 국민의 법감정이 명시적인 법치국가적 헌법규범을 무시하고 밟고 지나가서는 안 된다. 체제범죄를 청산하고자 하는 궁극적인 목적이 법치국가이념의 완성이므로, 법치국가의 완성을 위한 과거청산이 법치국가원리에 입각해야 함은 필연적이다.[73)] 그러한 전제조건이 결여된 과거청산은 정치적 보복이나 피해자의 복수에 지나지 않는다. 더욱이 '勝者의 裁判'이라는 오해를 면하기 위해서도 법치국가원리에 의한 과거청산은 필수적이다.

한편, 국경수비체제의 불법이 처벌받지 않는다는 결과가 명백히 독일 국민의 법감정에 반한다면, 실질적 정의를 실현해야 한다는 법감정을 승리로 이끌 수 있는 유일한 법치국가적 가능성은 헌법 개정을 통하여 기본법 제103조 제2항에 명시적으로 '반인륜적

---

70) Vgl. Dreier, Gustav Radbruch und die Mauerschützen, in: ders., Idee und Gestalt des freiheitlichen Verfassungsstaates, 2014, S.385.

71) Vgl. Dreier, Gustav Radbruch und die Mauerschützen, in: ders., Idee und Gestalt des freiheitlichen Verfassungsstaates, 2014, S.386.

72) Vgl. Pieroth, Der Rechtsstaat und die Aufarbeitung der vor-rechtsstaatlichen Vergangenheit, VVDStRL 51(1992), S.104.

73) 법무부, 통일독일의 구동독 체제불법청산 개관, 1995, 97면.

범죄에 대한 예외조항'을 삽입하는 것이다.[74] 법적 안정성과 신뢰보호는 원칙적으로 오로지 헌법 내의 법치국가적 체계 내에서만 보장된다. 헌법 자체는 형벌불소급원칙의 구속을 받지 않으므로, 새로운 헌법질서는 과거의 법질서와의 관계를 자유롭게 결정할 수 있으며, 과거를 달리 평가할 수 있다.[75]

따라서 입법자는 형법을 통한 과거청산의 문제를 사법부로 하여금 형벌불소급원칙의 무리한 해석을 통하여 해결하도록 사법부의 판단에 맡겨둘 것이 아니라, 스스로 헌법 개정을 통하여 해결해야 한다. 이러한 방법이 법치국가적 명확성의 관점에서 보다 바람직할 뿐만 아니라 국가공동체의 중요한 결정을 입법자로부터 기대하는 민주주의원칙에도 보다 부합한다.[76] 형법적인 과거청산은 자연법적 사상을 주장하여 '존재하였던 실정법'을 '없었던 것'으로 만드는 방식이 아니라, 실정법적으로 헌법 개정을 통하여 소급효를 도입하는 방식을 통하여 이루어져야 한다.[77]

명시적인 헌법 개정은 법치국가적 법적 명확성의 장점을 가질 뿐만 아니라 그 내용에 있어서도 유럽인권협약(EMRK)에 부합한다. 유럽인권협약에 의하면, 문명국가에서 일반적으로 인정되고 형법적으로 보호되는 법원칙에 위반되는 행위를 처벌함에 있어서 소급효금지는 이를 막지 않는다(제7조 제2항). 제2차 세계대전의 전승국들은 이러한 방법으로 뉴른베르크 군사재판절차를 명시적으로 정당화하고자 하였다. '시민적 · 정치적 권리에 관한 국제협약'(IPbpR)도 행위 시에 국제사회에 의하여 일반적으로 인정된 법원칙에 따라 처벌될 수 있었던 행위에 대한 처벌은 배제되지 않는다는 '뉴른베르크조항'(Nürnberger Klausel)을 삽입하였다(제15조 제2항). 나아가, 그러한 내용의 헌법 개정은 헌법의 기본결정에 반하지 않으므로, 헌법개정금지사항을 명시적으로 규정한 기본법 제79조 제3항에도 위반되지 않는다.[78]

---

74) Vgl. Isensee, Diskussionsbemerkung, VVDStRL 51(1992), S.136; Dreier, Gustav Radbruch und die Mauerschützen, in: ders., Idee und Gestalt des freiheitlichen Verfassungsstaates, 2014, S.391; Pieroth, Der Rechtsstaat und die Aufarbeitung der vor-rechtsstaatlichen Vergangenheit, VVDStRL 51(1992), S.104; 또한 사법부가 아니라 입법자(헌법개정권자)가 처벌여부에 관하여 판단해야 한다는 견해로 Sendler, Strafrechtliche Aufarbeitung der DDR-Vergangenheit oder Amnetstie?, NJW 1997, S.3147; Dannecker/Stoffers, Rechtsstaatliche Grenzen für die strafrechtliche Aufarbeitung der Todesschüsse an der innerdeutschen Grenze, JZ 1996, S.494.

75) Vgl. Pieroth, Der Rechtsstaat und die Aufarbeitung der vor-rechtsstaatlichen Vergangenheit, VVDStRL 51(1992), S.100.

76) Vgl. Sendler, Strafrechtliche Aufarbeitung der DDR-Vergangenheit oder Amnetstie?, NJW 1997, S.3147.

77) 김영환, 법철학의 근본문제, 2006, 36면 이하.

78) Vgl. Dreier, Gustav Radbruch und die Mauerschützen, in: ders., Idee und Gestalt des freiheitlichen Verfassungsstaates, 2014, S.391; Pieroth, Der Rechtsstaat und die Aufarbeitung der vor-rechtsstaatlichen Vergangenheit, VVDStRL 51(1992), S.104.

2. 국경수비대 군인과 그 배후자가 처벌받아야 하는지의 문제

가. 개인적 불법이 아니라 국가적 불법으로서 不法의 實體

동서독 국경에서의 살인행위에 대한 처벌을 가능케 하는 명시적인 헌법 개정은 뉴른베르크 전범재판에서 밝혀진 국가적 불법과 유사한 정도의 불법성을 전제로 한다. 따라서 남는 문제는 국경수비대 군인과 그 배후자들이 반드시 처벌받아야 하는지, 헌법 개정을 통하여 이들을 처벌하기 위한 길을 터야 하는지의 문제이다. 이와 관련하여 독일에서는 다수의 학자가 형사처벌을 반대하는 다양한 관점을 제시한 바 있다.

연방대법원은 '국경수비대 판결'에서 동독 국경수비대 군인에 대하여 '명백한 극도의 불법을 인식할 수 있음에도 인식하지 못하였다'고 비난하고 있으나, 과연 전체주의체제의 실상에 비추어 '명백한 극단적인 불법'에 관하여 그렇게 쉽게 이야기할 수 있는지 의문이다. 우선, 전체주의국가의 지배 하에서의 일반적인 생활조건 및 전체주의체제에서 군대라는 집단의 특수한 상황을 고려한다면, 국경수비대 군인은 '범인'이자 동시에 동서 冷戰 체제의 '희생자'라고 할 수 있다.[79)]

체제경쟁에서 열세에 있었던 동독이 장벽을 건설하고 이를 지키려 한 것은 동독 입장에서는 체제유지를 위한 방어적 조치였다. 국경에서의 사살명령은 냉전기간 중 일관되게 지속되어온 일반적 현상이었고, 적어도 동독 내에서는 체제유지를 위하여 불가피한 수단으로 인식되었다. 게다가 1972년 동서독 기본조약의 체결을 통하여 서독은 동독의 통치권과 법질서를 광범위하게 인정하였으므로, 피고인들은 국가의 존속을 유지하기 위하여 불가피한 동독법을 단지 집행하였을 뿐인데, 이러한 피고인들을 처벌하는 것은 부당하다. 국경수비대 사건에서의 살인행위는 국가 내에서 특정 행위자에게 개별적으로 귀속될 수 있는 '개인적 불법'이 아니라 국가에게 일반적으로 귀속되어야 하는 '국가의 불법'이다. 舊동독에서 범해진 체제불법에 대한 형법적 청산은 동독법의 관점에서 동독법에 위반된 과잉행위에 한정하여 이루어져야 한다.[80)]

나. 정치적 재판에서 代理處罰로서 형사처벌

동독 정권은 나치 정권과 비교할 때, 오늘날의 법치국가적 질서 및 정의와의 모순이 수인할 수 없을 정도에 이르지 않았고, 그 비인간성에 있어서도 현저하게 적은 불법을 보인다고 말할 수 있다.[81)] 국제법의 관점에서 볼 때, 동서독 국경에서 탈주자에 대한

79) Vgl. Schulze-Fielitz, Der Rechtsstaat und die Aufarbeitung der vor-rechtsstaatlichen Vergangenheit, DVBl 1991, S.893ff.; Isensee, Diskussionsbemerkung, VVDStRL 51(1992), S.134f.

80) 법무부, 통일독일의 구동독 체제불법청산 개관, 1995, 599면.

81) Vgl. Papier/Möller, Die rechtsstaatliche Bewältigung von Rerime-Unrecht nach 1945 und nach 1989, NJW 1999, S.3297.

살인행위가 '국제법상의 범죄'의 성격을 가지고 있는 경우에만, 즉 '인간성에 대한 범죄'로 규정될 수 있는 경우에만, 동독의 법에 따라서는 처벌할 수 없음에도 불구하고 헌법개정 등을 통하여 사후적으로 처벌할 수 있다. 그러나 동독의 국경수비체제가 잔인하였다는 것을 의문의 여지없이 인정한다 하더라도, 인권침해의 정도와 그 목적성에 있어서 '인간성에 대한 범죄'(반인륜적 범죄)로 규정하기 위한 강도와 높은 문턱을 넘었는지는 의문이다.[82] 이러한 관점에서, 동독의 실상이 국제법상의 '인간성에 대한 범죄'의 정도에 이르렀다고 주장할 수 없을 것이다.

게다가, 동서독 국경은 수십 년 간 지속된 동서 냉전 체제의 경계를 의미하였고 이곳에서 일상적으로 작은 代理戰爭이 치러졌다는 것을 감안한다면, 이러한 역사적·세계정치적 대립상황을 형법적 수단을 가지고 청산해야 하는지도 의문이다. 동독 체제에 동조하고 체제의 유지에 기여하면서 그 과정에서 서독의 관점에서 볼 때 비교적 경미한 범죄를 범한 다른 체제지지자들과의 관계에서도 국경수비대 군인에 대한 처벌은 '代理處罰'(Stellvertretende Verurteilung)이라는 인상을 지울 수 없다.[83] '동독의 지도부와 그 하수인들'만이 '동독의 이념과 체제를 지지하고 지탱한 다수의 국민들'로부터 분리되어 정치적 이념전쟁의 패배에 대한 속죄양의 역할을 하는 것은 아닌지 의문을 가지게 한다.[84] 이러한 관점에서, 형법적 수단을 통한 동독정권의 과거청산은 결국 '정치적 소송'(Politische Prozesse)의 성격을 가지고 있음을 부인할 수 없다.[85]

다. 세계적으로 예외적 현상으로서 형법적 과거청산

과거청산의 과제를 부담하였던 다른 국가들의 경험을 보더라도, 형법적 처벌이 과거청산의 필수적 수단이 아님을 보여주고 있다.[86] 이들 국가들이 형법적 수단을 채택하지 않은 이유는 가령, 정권이양의 조건으로 형의 사면을 약속받거나, 舊 불법정권에 의하여 제정된 사면법이 새로 탄생한 민주국가에 의하여 존중되거나 또는 체제 전환 이후 국민의 화해와 통합의 관점에서 사실상 형사소추를 포기하는 등 각국마다 다양하지만, 단지 일부 국가만이 형사소추의 수단을 채택하였기 때문에, 중대한 인권침해에 대한 형법적 과거청산은 오히려 예외적 현상에 속한다.

---

82) Vgl. Rensmann, BVerfGE 95, 96 - Mauerschützen, in: Menzel/Müller-Terpitz, Verfassungsrechtsprechung, 2011, S.617.

83) Vgl. Dreier, Gustav Radbruch und die Mauerschützen, in: ders., Idee und Gestalt des freiheitlichen Verfassungsstaates, 2014, S.393f

84) Vgl. Roellecke, Egon Krenz post portas, NJW 2001, S.3026.

85) Vgl. Sendler, Strafrechtliche Aufarbeitung der DDR-Vergangenheit oder Amnetstie?, NJW 1997, S.3147

86) Vgl. Werle, Rückwirkungsverbot und Staatskriminalität, NJW 2001, S.3001; Roellecke, Egon Krenz post portas, NJW 2001, S.3025; Sendler, Strafrechtliche Aufarbeitung der DDR-Vergangenheit oder Amnetstie?, NJW 1997, S.3147. 이러한 과거청산의 시도에 관한 조감을 제공하는 것으로 Eser/Arnold, Strafrecht in Reaktion auf Systemunrecht, Bd. I, 2000, S.27ff.

오랜 기간에 걸쳐 중대한 인권침해가 누적되었던 남아연방공화국의 경우, 형법을 통하여 과거를 청산하는 방법을 피하고 '진실규명위원회'의 작업을 통하여 성공적으로 과거의 국가적 불법을 청산한 바 있다. 또한, 동독과 유사한 상황에 있었던 동유럽 국가들의 경우에도 보다 냉정하게 그리고 보다 실용적으로 과거청산의 과제에 대처함으로써, 정권 수뇌부에 대한 기소나 처벌은 거의 이루어지지 않았다. 그렇다면 통일된 독일이 과거청산의 과제를 반드시 형사처벌의 방법을 통하여 이행하고자 하는 것에 대하여, 독일식의 치밀함을 가지고 과거청산의 기술에 있어서도 '세계적으로 최고의 匠人'이 되고자 하는 것은 아닌지 의문이 제기된다.

라. 진실규명과 赦免 등을 통한 정치적 과거청산의 방법

따라서 형법적 사고의 영향권에서 벗어나 다른 해결책, 즉 자유민주주의의 승리와 평화적 통일을 '赦免'을 통하여 봉인하는 것도 고려해 보아야 한다.[87] 동독 체제불법에 대한 형법적 청산으로 인하여 동독 주민의 대다수는 정의실현의 만족감보다는 '불법체제의 집단적 공범자'로 느끼고 있는 것은 아닌지, 통일 독일에서 '2류 국민'으로 전락한 느낌을 받고 있는 것은 아닌지, 독일 통일이 완성된 지 10년이 지나서도 형사재판을 계속 진행하는 것보다 더 중요하고 시급한 것은 없는지, 불법체제의 과거청산이란 이름으로 이루어지고 있는 '정치적 재판'의 진행과 그 결과가 동서독간의 화합을 저해하고 있는 것은 아닌지 생각해 보아야 한다.

물론, 여기서 '사면'이란 동독 체제 하에서 범한 불법을 덮어버리고 미화시키고 용서하는 사면이 아니라, 단지 형법적으로 마침표를 찍는 사면이다. 체제불법에 대한 사면은 '동독 불법체제의 희생자에 대한 조롱'이자 1989년의 평화적 무혈혁명을 욕되게 하는 것이라는 우려의 목소리도 있으나, 법치국가에서 사면이란 정의의 부정이 아니라 단지 새로운 출발과 민족적 화해를 위하여 정의를 한 번 넘어서는 것이다.[88]

3. 한국에 대한 시사점

가. 법치국가원리에 의한 과거청산의 과제

헌법은 국가에게 통일의 과제를 부과하면서, 통일의 목표를 어떠한 방법을 통하여 실현해야 할 것인지에 관하여는 원칙적으로 국가기관의 광범위한 형성권에 위임하고 있

87) Vgl. Isensee, Diskussionsbemerkung, VVDStRL 51(1992), S.136f.; Dreier, Gustav Radbruch und die Mauerschützen, in: ders., Idee und Gestalt des freiheitlichen Verfassungsstaates, 2014, S.394; Rau, Deutsche Vergangenheitsbewältigung vor dem EGMR - Hat der Rechtsstaat gesiegt?, NJW 2001, S.3014. 독일 통일 후 사면 논의에 관하여 법무부, 통일독일의 구동독 체제불법청산 개관, 1995, 755면 이하 참조.

88) Vgl. Sendler, Strafrechtliche Aufarbeitung der DDR-Vergangenheit oder Amnetstie?, NJW 1997, S.3148.

다. 그럼에도, 헌법은 제4조에서 "대한민국은 통일을 지향하며, 자유민주적 기본질서에 입각한 평화적 통일정책을 수립하고 이를 추진한다."고 규정하여, 조국통일은 '평화적인 방법'에 의하여 실현되어야 할 뿐만 아니라 '자유민주적 기본질서'에 입각하여 이루어져야 한다는 방법적 지침을 제시함으로써 국가기관을 구속하고 있다. 이로써 인류가 역사적으로 수천 년에 걸쳐 획득한 현대 민주국가의 보편적 가치이자 동시에 우리 헌법의 정치적 기본질서인 '자유민주적 기본질서'를 포기하면서까지 통일이 이루어질 수 없다는 것을 헌법은 명백히 밝히고 있다.

북한은 1949년 조선민주주의 인민공화국을 수립한 이후 주체사상과 공산주의를 기본이념으로 하는 '1人 독재의 전체주의 국가체제'를 유지하고 있다. 비록 남북한 국경지역이나 중국과의 국경지역에서의 탈주자에 대한 총격살인에 관해서는 잘 알려져 있지 않지만, 북한 정권은 지난 60여 년간 체제유지를 위하여 정치범에 대한 고문과 살인, 정치범 수용소에의 강제수용과 강제노동, 탈북자에 대한 가혹행위, KAL 기 폭파를 비롯하여 선박과 남한주민의 납치행위 등 다양한 불법행위를 광범위하게 자행한 것으로 확인되고 있다. 체제불법에 있어서 북한 정권과 동독 정권은 여러 면에서 유사하지만, 동독의 '1黨 독재체제'와 비교할 때 북한의 '1人 독재체제'는 전체주의적이고 자의적인 국가의 성격이 보다 강하며 형사법을 비롯한 전반적인 법질서가 현저하게 *反法治主義的* 성격을 보이고 있다는 점에서, 북한의 체제불법은 동독의 체제불법에 비하여 그 불법성의 정도에 있어서 보다 크다고 평가할 수 있다.[89]

한반도의 통일이 언젠가 실현되는 경우, 우리 헌법상의 법치국가원리는 통일된 한국에게 북한에서 자행된 체제불법의 청산을 요청한다. 그러나 법치국가의 완성을 위한 과거청산은 필연적으로 법치국가원리에 따라 이루어져야 한다. 법치국가의 기반을 벗어난 과거청산은 '정치적 보복'에 불과하다. 법치국가원리에 의한 과거청산을 담보하는 헌법적 원칙은 '소급효금지원칙'이다. 헌법상의 형벌불소급원칙(제13조 제1항)은 행위 시에 형벌이 법률로써 규정된 경우에만 범죄에 대한 처벌을 허용하고 있으며, 그 효력에 있어서 구성요건의 단계뿐만 아니라 위법성 조각사유의 단계에까지 미친다.

나. 북한 체제불법의 과거청산에 있어서 제기되는 문제

통일을 계기로 북한이 불법국가에서 법치국가로 전환된 후에는 소급효금지원칙이 체제불법에 대한 형사소추를 금지하는지의 문제가 필연적으로 제기된다. 북한의 체제불법을 청산함에 있어서, 자유민주주의 체제의 기준으로는 불법이었던 것이 전체주의 체제에서는 적법한 것으로 허용되었다는 것에 '법에 의한 과거청산'의 딜레마가 있다. 북한의 독재국가에서는 중대한 인권침해가 처벌을 받는 것이 아니라 오히려 국가권력에 의

89) 이효원, 통일 이후 북한의 체제불법에 대한 극복방안, 서울대학교 법학, 제51권 제4호(2010. 12.), 89면 이하.

하여 허용되고 심지어 명령되었다. 여기서 무엇보다도 제기되는 문제는, 중대한 인권침해의 장본인이 구 불법체제에서 적용되었던 인권침해적 법질서와 이를 용인한 국가실무를 자신에게 유리하게 고려해 줄 것을 주장할 수 있는지 여부이다.

따라서 우리의 경우에도 독일과 마찬가지로, 한반도의 통일과 더불어 북한 체제불법의 형법적 청산이 헌법적으로 가능한 것인지, 나아가 형법적 수단에 의한 과거청산이 바람직한 것인지에 관한 논의가 본격적으로 전개될 수밖에 없다. 통일된 한반도에서 북한 체제불법에 대한 청산을 형사처벌을 통하여 '형법적으로' 또는 사면 등의 방법으로 '정치적으로' 할 것인지, 만일 체제불법에 대한 형법적 청산이 불가피하다면 소급효금지원칙을 '사법기관의 해석을 통하여' 아니면 형벌불소급원칙에 대한 예외를 허용하는 명시적인 '헌법 개정을 통하여' 극복할 것인지 등의 근본적인 문제가 제기될 것이다. 바로 이러한 문제와 관련하여 독일 연방대법원의 '국경수비대 판결'과 연방헌법재판소의 '국경수비대 결정' 및 독일통일을 계기로 또는 독일 최고사법기관의 판결을 계기로 독일 학계에서 벌어진 다양한 논의는 우리에게 많은 것을 시사하고 있다. 특히, 위에서 살펴본 바와 같이, 독일 연방대법원과 연방헌법재판소가 취한 논리는 다양한 헌법 이론적 문제점을 안고 있음을 확인할 수 있다.

나아가, 남한정권이 오래 전부터 사실상 북한의 국가적 실체를 인정하고 한반도 평화유지와 남북한 관계 개선 등의 명목으로 대북지원을 하는 등 북한체제가 유지되는 데 직·간접적으로 기여하였으며, 지금까지도 북한의 잔혹한 인권침해 상황을 외면하고 국가적 차원에서 무관심으로 일관해 온 것을 고려한다면, 남한 정권이 통일 후 북한체제를 불법체제로 규정하고 체제불법에 대한 '형법적인' 과거청산을 단행할 수 있는 자격과 도덕적 우위를 가지고 있는지도 의문이다.

참고문헌

김영환, 법철학의 기본문제, 2006
법무부, 통일독일의 구동독 체제불법청산 개관, 1995
성영훈, 제2차 동독 국경수비대사건, 법조 1993. 10. 및 법조 1993. 11.
이종영, 통일국가의 과제로서 불법체제의 청산과 그 방안, 중앙법학 창간호, 1999
이효원, 통일 이후 북한의 체제불법에 대한 극복방안, 서울대학교 법학 제51권 제4호, 2010. 12.
최호진, 조직에 있어서 배후자의 형사처벌 가능성 －국경수비대사건에서의 국방위원회의 형사책임에 대하여－, 비교형사법연구 제6권 제2호, 2004
한수웅, 헌법학, 2017

Alwart, Die Vernünftigkeit des Bundesverfassungsgerichts, JZ 2000
Dreier, Gustav Radbruch und die Mauerschützen, in: ders., Idee und Gestalt des freiheitlichen Verfassungsstaates, 2014
______, Gustav Radbruch und die Mauerschützen, JZ 1997
Dannecker/Stoffers, Rechtsstaatliche Grenzen für die strafrechtliche Aufarbeitung der Todesschüsse an der innerdeutschen Grenze, JZ 1996
Eser/Arnold, Strafrecht in Reaktion auf Systemunrecht, Bd. I, 2000
Isensee, Diskussionsbemerkung, VVDStRL 51(1992)
Kaufmann, Die Radbruchsche Formel vom gesetzlichen Unrecht und vom übergesetzlichen Recht in der Diskussion um das im Namen der DDR begangene Unrecht, NJW 1995
Krajewski, Mauerschützen und Menschenrechte, JZ 1997
Kunig, in: Münch/Kunig(Hg), Grundgesetz Kommentar (GGK), Bd.Ⅲ, 2003, Art.103
Papier/Möller, Die rechtsstaatliche Bewältigung von Rerime-Unrecht nach 1945 und nach 1989, NJW 1999
Pieroth, Der Rechtsstaat und die Aufarbeitung der vor-rechtsstaatlichen Vergangenheit, VVDStRL 51(1992)
Gustav Radbruch, Gesamtausgabe, Bd.Ⅲ, 1990
Rau, Deutsche Vergangenheitsbewältigung vor dem EGMR - Hat der Rechtsstaat gesiegt?, NJW 2001
Rensmann, BVerfGE 95, 96 - Mauerschützen, in: Menzel/Müller-Terpitz(Hg), Verfassungsrechtsprechung, 2011
Roellecke, Egon Krenz post portas, NJW 2001
Roggermann, Systemunrecht und Strafrecht, 1993

Roxin, 60 Jahre Grundgesetz aus der Sicht des Strafrechts, in: Häberle(Hg), 60 Jahre deutsches Grundgesetz, 2011

______, Strafrecht, Allgemeiner Teil, Bd. I, 4. Aufl., 2006

Sachs, Grundgesetz Kommentar, 3. Aufl. 2003, Art.103

Schmidt-Assmann, in: Maunz/Dürig(Hg), Grundgesetz Kommentar, Art.103 Ⅱ(1992)

Schulze-Fielitz, Der Rechtsstaat und die Aufarbeitung der vor-rechtsstaatlichen Vergangenheit, DVBl 1991

Sendler, Strafrechtliche Aufarbeitung der DDR-Vergangenheit oder Amnetstie?, NJW 1997

Starck, Der Rechtsstaat und die Aufarbeitung der vor-rechtsstaatlichen Vergangenheit, VVDStRL 51(1992)

______, Anmerkungen, JZ 1997

Werle, Rückwirkungsverbot und Staatskriminalität, NJW 2001

제3장

3 사회국가원리

제1절 일반이론

사회복지의 헌법적 기초로서 사회적 기본권*

-사회적 기본권의 개념과 법적 성격을 중심으로-

Ⅰ. 문제의 제기

우리 헌법은 일련의 규정을 통하여 사회국가원리를 헌법의 기본원리로서 수용하면서, 동시에 이를 구체화하고 있다. 사회국가원리는 헌법적 차원에서 다양한 방법으로 실현될 수 있다. 가령, 사회국가원리는 구체적인 사회국가적 목표와 과제를 제시하는 규정(국가목표규정)을 통하여 또는 이러한 구체적인 목표를 실현해야 할 의무를 국가에게 부과하는 규정(헌법위임)을 통하여 아니면 개인의 주관적 권리의 형식(사회적 기본권)을 통하여 구체화될 수 있다. 사회국가원리가 사회적 기본권이라는 주관적 권리의 형식으로 구체화되는 경우, 여기서 일차적으로 제기되는 헌법적 문제는 사회적 기본권의 법적 성격이 무엇인지에 관한 것이다.

사회적 기본권의 법적 성격에 관한 학계의 견해는, 국가에 대하여 사법적으로 관철할 수 있는 개인의 주관적 측면을 강조하는지 아니면 사회적 기본권에 의하여 부과된

* 위 논문은 2012년 12월, 헌법학연구(한국헌법학회) 제18권 제4호, 51-104면에 게재된 것을 일부 수정한 것이다.

국가의 의무적 성격을 강조하는지에 따라, 크게 주관설과 객관설로 나누어 볼 수 있다. 주관설은 사회적 기본권의 권리적 성격을 강조함으로써, 사법적 심사에 의하여 관철될 수 있는 가능성을 강조하고 사회적 기본권의 실현에 관한 입법자의 형성권을 제한하고자 하는 견해이다. 이에 대하여, 객관설은 사회적 기본권의 객관적 성격을 강조함으로써 사회적 기본권의 실현에 관한 입법자의 형성권을 강조하고, 이로써 사법적 심사의 가능성이 매우 제약적이라는 것을 표현하고자 하는 견해이다. 사회적 기본권의 법적 성격에 관한 논의의 본질은, 헌법상의 사회적 기본권을 근거로 국가로부터 직접 구체적·현실적인 급부를 청구할 수 있는지에 관한 견해의 대립이 아니라, 사회적 기본권을 근거로 하여 입법자를 어느 정도로 구속할 수 있는지의 문제에 관한 것이다.

이 글에서는 사회국가적 목표와 과제가 사회적 기본권이란 '주관적 권리'의 형태로 헌법에 규정된 경우, 사회적 기본권이 주관적 권리의 성격을 가지고 있는지, 주관적 권리로서의 성격이 인정된다면 어느 정도로 인정될 수 있는지의 문제를 중점적으로 규명하고자 한다. 특히, 주관적 權利性의 여부를 판단하는 결정적인 기준으로서 고려되는 관점은 무엇보다도 '권리의 司法的 관철가능성'이라는 것을 출발점으로 삼아, 사회적 기본권이 사법적으로 어느 정도로 관철될 수 있는지를 다양한 헌법적 관점에서 살펴보기로 한다. 또한, 사회적 기본권의 개념을 파악하기 위해서는 사회적 기본권을 헌법에 수용한 이유와 의미, 즉 사회적 기본권의 헌법적 이념을 이해하는 것이 불가피하므로, 그 선행 작업으로서 사회적 기본권의 이념적 기반인 사회국가원리의 헌법적 의미 및 헌법원리로서의 기능도 함께 살펴보기로 한다.

Ⅱ. 사회복지의 헌법적 기초로서 사회국가원리

1. 사회국가원리의 헌법적 의미

가. 사회정의를 실현해야 할 국가의 헌법적 의무

사회국가의 개념은 역사적으로 형성된 경험적 개념으로서, 역사적 발전과 특정한 정치적 상황에 그 근거를 두고 있다. 따라서 사회국가원리의 개념과 헌법적 의미를 파악하기 위하여 사회국가가 생성된 역사적 배경을 이해하는 것은 불가결하다. 사회국가원리는 산업혁명 이후 유럽국가에서 발생한 사회문제에 대한 '헌법적 대답'이며, 국가의 임무를 소극적으로 치안과 국방의 보장에만 국한시키고 豫定調和的 믿음에 기초하여 사회를 그 스스로에게 맡겼던 夜警國家, 시민적 법치국가에 대한 역사적 반응이다.[1] 사회

---

1) 유럽에서 산업혁명 이후 자본주의경제와 자유방임주의가 고도로 발달하자, 부의 편재와 빈부의 격차가 심화되고, 근로자계급인 제4계급이 형성되고, 독과점 등으로 인하여 자유경쟁 및 수요와 공급을 통한 시장의 자동조절 기능이 마비되는 등, 더 이상 사회가 스스로 해결할 수 없는 부정적인 사회현상이 나타났다. 19세기

정의의 이념을 헌법에 수용함으로써, 사회현상에 대하여 방관적인 국가에 대하여 작별을 고하게 되고, 경제 · 사회 · 문화의 모든 영역에서 사회정의를 실현해야 할 국가가 등장하게 되었는데, 이러한 국가가 바로 사회국가이다.[2)]

사회국가원리란, 국가가 국민의 자유와 권리를 소극적으로 존중하고 보장하는 것으로 만족해서는 안 되고, 정의로운 사회질서의 형성을 위하여 모든 사회현상에 적극적으로 개입하고 관여할 것을 요청하는 헌법원리이다.[3)] 사회국가는 '사회 내의 다양한 이익간의 자유경쟁으로부터 자동적으로 최상의 결과가 나온다'는 낙관론에 동의하지 않는다. '사회의 사적 자치에 의하여 규율되는 상태가 실질적 타당성과 정의를 보장하지 않는다'는 것에 대한 헌법적 표현이 바로 사회국가원리이다. 현대의 산업사회에서 사회현상이 더 이상 순수한 사적 자치나 힘의 지배원칙에 맡겨져서는 안 되고, 국가가 개인과 함께 사회에 대하여 공동책임을 져야 한다는 사고가 바로 사회국가원리인 것이다. 이로써 사회국가원리는 경제 · 사회 · 문화 · 교육정책 등을 통하여 '정의로운 사회질서'를 형성해야 할 의무를 국가에게 부과하고 있다.

사회국가원리를 실현하기 위한 국가의 과제는 미리 정해져 있는 것이 아니라 사회현상의 발전에 따라 변화하며, 사회국가원리의 구체적 내용도 국가공동체의 구체적 사회적 상황에 의하여 결정된다. 사회국가원리는 사회현상의 변화에 적응하고 대처하는 동적 · 미래지향적 국가원리이다.[4)] 따라서 사회국가의 과제는 고전적인 의미에서 국민에 대한 생존적 배려나 사회적 약자에 대한 사회적 안전의 보장에 국한되는 것이 아니라, 사회계층간의 대립과 불평등을 조정하고 사회 · 경제정책을 통하여 정의로운 사회질서를 형성해야 하는 포괄적인 과제를 포함하고 있다.[5)]

사회정의가 무엇인지, 사회정의를 실현해야 할 국가의 과제가 무엇을 의미하는지의 문제는 우리 헌법의 최고의 가치이자 동시에 사회국가원리의 궁극적 목적인 '인간의 존엄성 및 자유로운 인격발현의 가능성'과의 연관관계에서 파악되어야 한다.[6)] 사회국가원리는 궁극적으로 인간의 존엄성과 기본권적 자유를 실현하고자 하는 국가원리이다.[7)] 개

말, 이와 시기를 같이하여 사회주의사상이 유럽에 퍼져나가자, 유럽의 국가들은 확산되는 사회주의사상으로부터 자신들의 사회체제와 자유경제체제를 방어해야 할 필요성을 절감하게 되었다. 혁명에 의한 헌법의 파괴를 방지하기 위하여 그 당시 귀족과 시민계급에게만 제한되었던 선거권을 근로자계급에게도 확대하고 나아가 사회적 정의의 이념을 헌법의 규범 안으로 수용하는 것은 그 당시의 피할 수 없는 시대적 요청이었다.

2) 사회국가는 독일에서 형성된 개념으로서, 독일이 현대 서구국가의 발전에 기여한 '가장 독창적인 것'으로 간주되고 있다, vgl. Isensee, Verfassung ohne soziale Grundrechte, Der Staat 1980, S.368.

3) Vgl. Hesse, Grundzüge des Verfassungsrechts der BRD, 1984, Rn.212.

4) Vgl. Benda, Der soziale Rechtsstaat, in: HbVerR, 1994, §17 S.522f.; ders., Industrielle Herrschaft und sozialer Staat, 1966, S.104; v. Arnim, Gemeinwohl und Gruppeninteressen, 1977, S.40.

5) 사회국가적 과제의 구체적 내용에 관하여 상세하게 vgl. Zacher, Das soziale Staatsziel, in: HbStR, Bd.Ⅱ, 2004, §28 Rn.39f., 43ff.; Stern, Das Staatsrecht der BRD, Bd.Ⅰ, 1984, S.911f.; 한수웅, 헌법학, 2012, 305면 이하 참조.

6) Vgl. BVerfGE 35, 355f.; Starck, Gesetzgeber und Richter im Sozialstaat, DVBl 1978, S.937, 939.

7) Vgl. Isensee, Wirtschaftsdemokratie-Wirtschaftsgrundrechte-soziale Gewaltenteilung, Der Staat 1978,

인의 자기결정의 실질적 조건으로서 '실질적 자유'의 실현이 바로 사회국가원리를 이해하는 출발점이다. 개인의 인간존엄성이 실현되고 유지되기 위해서는 또는 개인이 인격을 자유롭게 발현하기 위해서는 법적인 자유뿐만 아니라 개인적 자유의 행사를 비로소 가능하게 하는 사회적 상황 또는 인간다운 생존을 필요로 한다.[8] 이러한 의미에서 '사회정의의 실현'이란, 모든 국민이 자신의 자유를 실제로 행사할 수 있는 사회적 상황의 실현, 개인이 인격을 자유롭게 발현할 수 있는 사회적 조건의 형성을 의미한다. 따라서 사회국가란 모든 국민이 자신의 법적 자유를 각자 자력으로 실제로 행사할 수 있는 상태를 조성하는 국가, 개인의 인격발현 가능성에 있어서 사회 내에서의 실질적 기회균등을 위하여 노력해야 하는 국가이다.[9] 이로써 국민 누구나가 정의로운 것으로 받아들이는 사회질서의 형성을 통하여 사회적 평화와 사회적 통합을 촉진하고 확보하며, 나아가 개인이 사회와 국가에 대한 소속감을 가지고 스스로 적극적으로 사회와 국가의 형성에 참여하도록 하는 것도 사회국가원리의 목적이다.

나. 실질적인 자유와 평등의 실현

사회국가원리는 '법적 자유와 평등'의 보장을 넘어서 '실질적 자유와 평등'의 실현을 그 핵심적 내용으로 하는 국가원리이다. 사회국가에서 자유와 평등은 단지 형식적으로만 보장되어서는 아니 되고, 나아가 실질적으로 실현되어야 한다.[10] 인간은 '법적으로' 자유로울 뿐만 아니라 '법적인 자유를 행사할 수 있는 실질적 조건'을 갖춘 경우에만, 사실상 자유롭다.

형식적인 자유와 평등의 보장이란 법적인 자유와 평등의 보장을 의미하고, 이는 곧 누구나 법적인 자유를 행사할 수 있고 자유를 행사하는 법적 기회에 있어서 평등하다는 것을 의미한다. 그러나 개인의 능력과 적성이 서로 다르기 때문에 자유를 행사한 결과는 언제나 사회적 불평등과 상이한 경제적 결과로 나타난다. 법적으로 보장된 자유를

S.169; ders., Grundrechte und Demokratie, Der Staat 1981, S.170, 따라서 사회국가의 한계도 사회국가에 내재적인 자유적 내용, 즉 인간의 존엄성과 자유에 기여하는 사회국가의 목적으로부터 스스로 나온다. 사회국가적 국가목표의 실현은 개인의 존엄성과 자유를 마비시키는 결과를 초래해서는 안 된다.

8) Vgl. Isensee, Wirtschaftsdemokratie-Wirtschaftsgrundrechte-soziale Gewaltenteilung, Der Staat 1978, S.169f.; Böckenförde, Grundrechtstheorie und Grundrechtsinterpretation, NJW 1974, S.1538; Stern, Das Staatsrecht der BRD, Bd. I, 1984, S.925, 930f.; Zippelius, Allgemeine Staatslehre, 1980, §27 I 1.; Benda, Der soziale Rechtsstaat, in; HbVerfR, 1994, §17 Rn.158.

9) 헌재 2002. 12. 18. 2002헌마52(저상버스 도입의무 불이행 위헌확인), 판례집 14-2, 904, 909, "사회국가란 한마디로, 사회정의의 이념을 헌법에 수용한 국가, 사회현상에 대하여 방관적인 국가가 아니라 경제·사회·문화의 모든 영역에서 정의로운 사회질서의 형성을 위하여 사회현상에 관여하고 간섭하고 분배하고 조정하는 국가이며, 궁극적으로는 국민 각자가 실제로 자유를 행사할 수 있는 그 실질적 조건을 마련해 줄 의무가 있는 국가이다."

10) 형식적 자유와 실질적 자유의 구분에 관하여 vgl. Murswiek, Grundrechte als Teilhaberechte, soziale Grundrechte, in: HbStR, Bd.V, 1992, §112 Rn.26ff.; Alexy, Theorie der Grundrechte, 1986, S.202ff.; Böckenförde, Die sozialen Grundrechte im Verfassungsgefüge, in: Böckenförde/Jekewitz/Ramm, Soziale Grundrechte, 1981, S.8f.

실제로 사용할 수 있는 가능성은 개인마다 일련의 사실적 상황에 의하여 다양한 정도로 제한되고 있으며, 자유의 행사를 가로막는 이러한 사실상의 상황은 개인의 법적 자유의 보장을 공허한 것으로 만들 수 있다.

예를 들자면, 재산권보장이란 이미 개인이 재산을 가지고 있다는 것을 전제로 하여 이를 보호하는 것이지, 없는 재산권을 형성해 주는 기본권이 아니다. 그러므로 재산권이 없는 사람에게 재산권보장은 무의미하다. 직업의 자유도 선택하고 행사할 수 있는 직업이 있다는 것을 전제로 하여 직업이란 생활영역을 보호하는 것이므로, 직장을 구할 수 없는 상황에서 직업의 자유는 무의미하다.[11] 헌법상 '주거의 자유'도 주거를 가지고 있다는 것을 전제로 주거의 불가침성을 보장하고자 하는 것이므로, 주거가 없는 사람에게는 무의미하다. 따라서 오늘날의 사회국가는 소득의 재분배나 빈민에 대한 사회급부, 고용정책, 주택개발정책 등을 통하여 모든 국민이 재산권보장과 직업의 자유와 같은 법적 자유를 실제로 행사할 수 있는 '실질적 조건'을 마련해 주는 것을 국가의 중요한 과제로 삼고 있다.

평등의 경우에도 마찬가지이다. 인간은 자유를 행사할 수 있는 기회를 법적으로 평등하게 보장받을 뿐만 아니라 자유를 행사할 수 있는 실질적 기회에 있어서도 평등해야만, 사실상 평등하다고 할 수 있다. 사회 내에서 인격발현의 기회와 재산이 불평등하게 분배되어 있다면 법적인 평등의 보장은 큰 의미가 없기 때문에, 자유를 행사할 수 있는 사실상의 기회(가령, 교육, 직업과 재산에 접근할 수 있는 사실상의 기회)도 어느 정도 균등하게 배분되어야 한다(실질적 기회균등에 대한 요청). 형식적 평등이 '법 앞에서의 평등'이라면, 실질적 평등은 '법에 의한 평등'이다. 사회국가는 자유행사의 결과를 평준화하고자 하는 국가가 아니라, 자유행사의 실질적 기회균등을 꾀함으로써 누구나 자신의 인격을 자유롭게 발현할 수 있는 사실상의 조건을 형성해 주고자 하는 국가이다.

2. 헌법적 원칙으로서 사회국가원리

가. 국가기관을 구속하는 국가목표

사회국가원리는 단순히 정치적인 선언이나 헌법정책적인 방침이 아니라 모든 국가기관을 구속하는 헌법상의 기본원리이자 국가목표규정이다.[12] 사회국가원리는 사회정의의 실현을 위하여 사회의 모든 영역에 적극적으로 관여해야 할 국가기관의 의무를 부과하고 있다. 사회국가원리는 국가목표규정으로서, 국가행위에 지속적인 방향과 지침을 제시하고 국가기관에 대하여 그 내용의 실현을 요구한다. 그러므로 사회국가원리는 입법

---

11) 마찬가지로 '직업교육장을 선택할 권리'를 보장하는 '직업선택의 자유'는 대학교육을 받을 경제적 능력이 없는 사람에게는 단지 공허한 기본권이다.

12) Vgl. Badura, Der Sozialstaat, DÖV 1989, S.493; Stern, Das Staatsrecht der BRD, Bd. I, 1984, S.914f.

자에 의하여 지속적으로 실현되어야 하는 과제이자, 법규범의 해석과 적용에 있어서 법적용기관에 의하여 고려되어야 하는 지속적인 기준(해석지침)으로 작용한다.[13)]

사회국가원리는 일차적으로 입법자를 구속한다.[14)] 입법자는 입법을 통하여 사회국가원리를 실현해야 할 의무를 진다. 입법을 통하여 사회국가원리를 일차적으로 구체화하는 것은 입법자의 의무이다. 입법자는 사회법의 영역에서뿐만 아니라 법의 모든 영역에서 사회국가원리를 실현해야 한다. 가령, 사회법의 영역에서 사회보장제도, 근로자의 보호를 위한 입법(최저임금제나 일정 근로조건을 규정하는 근로기준법 등), 母性의 보호, 청소년근로의 보호 등을 예로 들 수 있다. 또한, 민법에서 임차인의 보호를 위한 주택임대차보호법, 신용대출이나 대기업과의 거래에서 소비자의 보호(약관의 규제에 관한 법률 등), 소송법에서 소송당사자의 기회균등, 소송구조제도, 국선변호인제도 등, 세법에서 누진세율제도, 경제적 약자에 대한 조세상의 혜택 등도 사회국가원리의 적용영역에 해당한다.

사회국가원리는 구속력 있는 헌법상의 국가원리로서 또한 행정과 사법도 구속한다. 행정과 사법은 법규범의 해석과 적용을 통하여 사회국가원리를 실현해야 한다.[15)] 그러므로 행정청과 법원은 법규범을 해석 · 적용하고 재량권을 행사함에 있어서 사회국가원리를 해석의 기준이자 행위의 지침으로서 존중하고 고려해야 한다. 사회국가원리는 헌법의 해석 및 법률의 해석에 있어서 중요한 의미를 가진다. 특히 법률상의 불명확한 개념(불확정 법개념)은 사회국가의 정신에 비추어 해석되어야 한다.[16)] 또한, 법률이 행정청에 재량을 부여하는 경우 행정청은 재량을 행사함에 있어서, 즉 국가행위를 해야 할 것인지 나아가 허용된 여러 조치 중에서 어떠한 조치를 선택할 것인지를 판단함에 있어서 사회국가원리를 고려해야 한다.

나. 자유권의 제한 및 차별대우를 정당화하는 헌법적 근거

(1) 법치국가와 사회국가의 충돌과 조화

법치국가가 '소극적인 현상유지'의 국가라면, 사회국가는 '적극적인 사회형성'의 국가이다. 법치국가는 '靜的인 국가원리'로서 획득한 재산이나 법적 지위의 유지, 즉 현재상태의 유지를 요청한다면, 사회국가는 '動的인 국가원리'로서 변화하는 사회현상에 적

---

13) Vgl. Badura, Der Sozialstaat, DÖV 1989, S.493.

14) Vgl. BVerfGE 22, 180, 204; 59, 231, 263.

15) Vgl. Stern, Das Staatsrecht der BRD, Bd. I, 1984, S.916f.

16) 가령, 민법 제103조의 공서양속조항(반사회질서의 법률행위)은 "선량한 풍속 기타 사회질서에 위반한 사항을 내용으로 하는 법률행위는 무효로 한다."고 규정하고 있다. 무엇이 공서양속이고 기타 사회질서인지를 판단함에 있어서 사회국가원리는 해석의 기준으로서 의미를 가질 수 있다. '현저하게 사회정의에 반하는 법률행위'는 헌법적 가치결정에 비추어 공서양속에 반하는 것으로 무효이다. 뿐만 아니라, 사회법상의 불확정 법개념의 의미를 규명함에 있어서도 사회국가원리는 해석의 기준으로서 중요한 의미를 가진다.

응하고 사회정의의 실현을 위하여 적극적으로 사회를 형성할 것을 요청한다. 법치국가원리가 국가에 대하여 가능하면 공권력의 행사에 있어서 국민의 자유와 권리를 존중할 것을 요청하는 것이라면, 사회국가원리는 국가에 대하여 정의로운 사회질서의 형성을 위하여 적극적으로 개입할 것을 요청하고, 경우에 따라서는 개인의 자유를 제한할 것을 요청한다. 이러한 점에서 사회국가원리는 개인의 자유에 대한 제한을 정당화하는 헌법적 근거로서 또는 개인 간의 차별대우를 정당화하는 헌법적 근거로서 기능한다.

한편, 모든 국가행위는 사회국가적 목표를 실현함에 있어서 법치국가원리를 준수해야 한다. 즉, 사회국가를 실현하고자 하는 국가의 활동은 법치국가적 원칙과 형식에 따라 이루어져야 한다. 따라서 국가는 입법과 행정을 통하여 사회국가적 의무를 이행함에 있어서 개인의 자유권을 과잉으로 제한하거나 평등원칙에 위반해서는 안 되며, 법치행정의 원리(법률의 우위 및 유보의 원칙), 법치국가적 절차에 대한 요청 및 권리구제절차의 보장을 준수해야 한다.

(2) 자유권의 제한을 정당화하는 헌법적 근거

헌법이 사회국가원리를 도입함에 따라, 국민의 다수가 기본권적 자유를 실제로 행사하기 위하여 필요한 기본적인 조건을 마련하고 유지할 의무가 국가에게 부과되었고, 이는 개인과 개인의 기본권적 자유와 그의 실현가능성이 양립할 수 있도록 그에 필요한 규율과 간섭을 할 수 있는 국가의 권한을 의미한다.[17] 입법자가 개인의 자유권을 제한하는 경우 공익상의 사유로 정당화되어야 하는데, 특히 사회국가원리는 이러한 자유의 제한을 정당화하는 헌법적 근거로서 고려된다.[18] 즉, 입법자가 개인의 자유를 제한하기 위해서는 정당한 입법목적을 가져야 하는데, 사회국가원리는 이러한 정당한 입법목적을 제공하는 헌법적 근거로 작용하는 것이다. 헌법 제37조 제2항의 '공공복리'의 핵심적인 부분이 바로 사회국가적 동기에 기인하는 공익적 사유이다.[19]

(3) 차별대우를 정당화하는 헌법적 근거

한편, 평등원칙의 위반여부를 심사하는 과정에서 사회국가원리는 차별대우를 정당화하는 헌법적 근거로 고려될 수 있다.[20] 입법자가 본질적으로 같은 것을 달리 취급하여

---

17) Vgl. Böckenförde, Grundrechtstheorie und Grundrechtsinterpretation, NJW 1974, S.1538.

18) 예컨대, 임대인과의 관계에서 사회적 약자인 임차인의 보호를 위하여 입법자는 '주택임대차보호법'에서 최소한의 임대차기간을 정함으로써 주택임대차계약을 체결하는 자유를 제한할 수 있다. 또는 대기업과의 관계에서 경제적 약자인 소비자의 결정권을 보호하기 위하여 '약관의 규제에 관한 법률'을 제정하는 방법으로 불공정한 내용의 약관을 규제함으로써 대기업의 계약의 자유를 제한할 수 있다.

19) 한편, 사회국가원리와 이를 구체화하는 헌법규범 사이에는 일반·특별의 관계가 존재하므로, 사회국가원리를 구체화하는 다른 개별적 헌법규범이 존재한다면, 일반적인 사회국가원리가 아니라 보다 구체화된 내용을 가진 헌법규범이 일차적으로 기본권의 제한을 정당화하는 근거로서 고려되어야 한다.

20) 헌법 제32조 제4항은 "여자의 근로는 특별한 보호를 받으며"라고 규정함으로써 근로영역에서의 여성에 대한 차별금지를 넘어서 여성에게 유리한 차별을 허용하고 있으며, 헌법 제32조 제5항에서도 "연소자의 근로는 특별한 보호를 받는다."라고 규정하여 마찬가지로 연소자에게 유리한 차별을 허용하고 있다. 헌법 제34조도

차별적으로 규율하는 경우, 사회국가원리는 차별대우를 정당화하는 합리적인 이유로서 고려된다.[21] 가령, 사회보험에서 보험위험이 동일함에도 소득에 따라 보험료를 달리 산정한다면, 이러한 경우 차별대우를 정당화하는 합리적인 이유로서 사회국가원리가 고려될 수 있다.

Ⅲ. 사회국가원리와 사회적 기본권

1. 사회국가원리의 헌법적 수용방식으로서 사회적 기본권

사회국가원리를 헌법에 수용하는 방법에는 일반적으로 두 가지 유형이 있다. 하나의 유형은 대표적으로 독일의 기본법 제20조 제1항이 규정하는 바와 같이, "독일 연방공화국은 민주적, 사회적 연방국가이다."라는 형식으로 사회국가원리를 하나의 일반조항으로만 규정하고 헌법차원에서 더 이상 구체화하지 않는 방법이고, 또 다른 하나의 유형은 한국헌법처럼 헌법규정에서 사회국가원리를 명시적으로 언급하고 있지는 않지만, 사회국가원리의 구체화된 여러 표현을 통하여 사회국가원리를 수용하는 방법이다.

헌법은 무엇보다도 사회적 기본권을 통하여 사회국가원리를 수용하고, 동시에 사회국가원리의 내용을 구체화하고 있다.[22] 사회적 기본권은 우리 헌법에서 사회국가원리의 가장 중요하고도 뚜렷한 표현으로서, 헌법은 사회적 기본권을 통하여 '사회 전반에 대한 국가의 책임'을 표현하고 있다. 우리 헌법은 사회적 기본권 외에도 헌법의 前文[23] 및 정의로운 경제질서의 형성을 위하여 국가에게 적극적인 개입을 요청하는 일련의 경제조항(헌법 제119조 제2항 이하), 기본권의 사회적 구속성[24] 등을 통하여 사회국가원리를 수용하고 있다.

사회보장의 범주 내에서 사회적 약자를 위한 차별을 허용하고(제2항), 사회적·경제적 약자인 여자, 노인, 청소년, 신체장애자, 생활능력이 없는 국민 등에 대하여 유리한 차별을 허용하는 조항이다(제3항, 제4항 및 제5항).

21) 헌재 2000. 6. 29. 99헌마289(의료보험통합), 판례집 12-1, 913, 955, "조세나 보험료와 같은 공과금의 부과에 있어서 사회국가원리는 입법자의 결정이 자의적인가를 판단하는 하나의 중요한 기준을 제공하며, 일반적으로 입법자의 결정을 정당화하는 헌법적 근거로서 작용한다. 특히 경제적 약자나 중소기업에 대한 조세감면혜택 등과 같이 사회정책적 고려에 기초한 차별대우가 자의적인가를 판단하는 경우에 사회국가원리는 입법자의 형성권을 정당화하는 하나의 헌법적 가치결정을 의미한다."

22) Vgl. Böckenförde, Die sozialen Grundrechte im Verfassungsgefüge, in: Soziale Grundrechte, 1981, S.15; Badura, Das Prinzip der sozialen Grundrechte und seine Verwirklichung im Recht der BRD, Der Staat 1975, S.27; Lücke, Soziale Grundrechte als Staatszielbestimmungen und Gesetzgebungsaufträge, AöR 107(1982), S.43ff.

23) 헌법전문에서 "정치·경제··사회·문화의 모든 영역에서 각인의 기회를 균등히 하고". "국민생활의 균등한 향상을 기하고"라고 언급함으로써, 국민들 간의 전반적인 사회적 조정을 통하여 실질적인 자유와 평등을 실현해야 할 국가의 의무를 강조하고 있다.

24) 국가가 사회정의를 실현하기 위하여 불가피하게 개인의 자유를 제한하는 경우에 이를 수인해야 한다는 '기본권의 사회적 구속성'은 공공복리의 실현을 위하여 재산권과 자유가 제한될 수 있다는 것을 규정하는 헌법 제23조 제2항 및 제37조 제2항에서 표현되고 있다.

2. 수용방식에 따른 차이점

사회국가원리의 본질적인 특성은 사회국가의 개방성에 있다.[25] 사회국가원리는 국가의 목표로서 '사회정의의 실현'만을 요청할 뿐, 정의로운 사회질서가 어떠한 방법과 수단을 통하여 구체적으로 실현되어야 하는지에 관하여는 원칙적으로 개방적인 입장을 취하고 있다. 사회국가원리는 정의로운 사회질서를 형성하기 위하여 어떠한 조치가 필요한지의 문제를 의회민주주의에서 일차적으로 사회형성의 관할권을 갖는 입법자의 정치적 결정에 위임하고 있다. 국가가 실현해야 하는 다양한 과제와 목표 중에서 우선순위를 결정하고 국가과제 간의 상호관계를 결정하는 것은 입법자의 과제이다.[26] 사회국가의 구체적 형성은 민주적 의사형성의 개방적 절차에 맡겨져야 한다. 따라서 사회국가원리는 실현되기 위하여 입법자에 의한 구체적 형성행위이자 사회형성의 도구로서 '법률'을 필요로 한다. 사회국가원리의 개방성과 추상성 때문에 그로부터 특정한 사회정책이나 경제정책을 헌법적 요청으로 도출하는 것이 원칙적으로 불가능하다.[27] 이러한 점에서, 사회국가원리로부터 국가의 특정한 의무나 이에 대응하는 개인의 주관적 권리를 원칙적으로 도출할 수 없다.[28] 사회국가원리를 일반조항으로만 규정하는 경우, 그 구체적 내용에 관하여 불확실성이 존재하고 이로써 전적으로 헌법해석을 통하여 그 의미를 밝혀야 한다는 측면이 있지만, 다른 한편으로는 그의 일반·추상성으로 인하여 수시로 변화하는 사회적 요청에 부응할 수 있고 이를 위하여 필요한 모든 조치를 취할 수 있는 개방성과 유연성의 장점이 있다.[29]

이에 대하여 사회국가원리의 구체화된 헌법적 표현으로서 사회적 기본권 및 경제조항은 입법자에게 보다 구체적인 내용의 의무를 부과하고 있으나, 바로 이러한 구체성 때문에 헌법 개정을 통하여 사회현상의 끊임없는 변화에 적응되어야 하고, 그 결과 사회국가원리가 제공하는 개방성을 어느 정도 상실한다는 단점이 있다.[30] 우리 헌법에서 사회적 기본권과 경제조항의 목록이 점진적으로 확충되어 온 것은 바로 이러한 이유에 근거한다. 반면에, 사회적 기본권은 일정 사회영역과 관련하여 구체적인 헌법적 의무와

---

25) Vgl. BVerfGE 22, 204.
26) 헌재 1999. 11. 25. 98헌마55(금융소득분리과세), 판례집 11-2, 593, 610-611 참조.
27) Vgl. W. Weber, Die verfassungsrechtlichen Grenzen sozialstaatlicher Forderungen, Der Staat 1965, S.433
28) 사회국가원리는 객관적 국가목표로서 그 자체로서 개인의 급부청구권의 근거가 될 수 없으나, 다만, 인간존엄성조항이 보장하고자 하는 바가 무엇인지를 해석함에 있어서 해석의 기준으로 고려됨으로써 인간의 존엄성 및 생명권과의 연관관계에서 예외적으로 '최저생계를 보장해야 할 의무'가 구체적인 의무로서 도출될 수 있고, 이에 대응하여 '최저생계의 보장을 요구할 수 있는 권리'가 예외적으로 인정될 수 있다.
29) Vgl. W. Rüfner, Leistungsrechte, in: HbGR, Bd.Ⅱ, 2006, §40 Rn.19ff.
30) Vgl. Lücke, Soziale Grundrechte als Staatszielbestimmungen und Gesetzgebungsaufträge, AöR 107(1982), S.42ff.

과제를 부과함으로써 사회국가원리와 비교할 때 국가기관, 특히 입법자를 보다 강하게 구속하는 성격을 가지고 있다. 입법위임으로서의 사회적 기본권의 성격은 개인에게 입법자의 사회적 기본권 실현의무에 대응하는 주관적 권리를 발생시킴으로써 경우에 따라 헌법소원의 형태로 그 실현여부를 다툴 수 있는 가능성을 제공하고, 입법위임의 이행여부에 대한 헌법재판소의 심사를 가능하게 한다.[31]

Ⅳ. 사회적 기본권의 구조적 특징 및 개념

1. 사회적 기본권의 구조적 특징

가. 자유권적 기본권의 특징[32]

자유권은 그 기능에 있어서 일차적으로 대국가적 방어권으로서 개인의 자유영역에 대한 국가의 부당한 침해를 배제한다. 자유권은 국가가 개인의 자기결정의 영역을 단지 존중하고 침해하지 않음으로써 보장되는 소극적 성격을 가지고 있다. 자유권은 본질적으로 국가의 강제와 간섭으로부터의 자유, 국가로부터의 자유를 의미한다. 그러므로 자유권은 국가로부터 부당한 침해행위를 하지 말 것을 요구하는 不作爲請求權이다. 원칙적으로 개인은 자유권을 행사하기 위하여 입법자에 의한 매개를 필요로 하지 않는다. 자유권적 기본권은 그 자체로서 직접 효력을 가지는 제소가능한 주관적 공권으로서, 단순히 존재함으로써 그 자체로서 국가행위에 대한 방어적 기능을 하게 된다.

자유권적 기본권의 기본사고는 개인의 자유영역을 국가 이전에 존재하는 것으로 이해하여 원칙적으로 무제한적인 것으로 간주하는 반면, 이에 대하여 개인의 자유영역을 제한하는 국가의 권한은 원칙적으로 제한적이라고 하는 것이다. 이로써, 자유권적 기본권은 개인의 자유영역을 제한하는 국가의 행위에 대하여 특별한 정당성을 요청한다. 이러한 자유권의 성격과 구조에 부합하는 헌법적 심사기준이 바로 과잉금지원칙이다. 과잉금지원칙은 자유권이 그의 자유보장기능을 이행하기 위하여 필수적인 헌법적 요청으로서, 이미 자유권의 본질에 내재하는 것이다.

나. 국가로부터 作爲를 요구하는 그 외의 기본권의 공통적 특징

국가로부터 부작위를 요구하는 기본권인 자유권과는 달리, 국가로부터 작위를 요청하는 그 외의 기본권은 근본적으로 다른 구조와 특징을 가지고 있다. 참정권・청구권적 기본권・사회적 기본권은 특정한 생활영역을 보호하기 위하여 기본권을 제한하는 입법

31) Vgl. Böckenförde, Die sozialen Grundrechte im Verfassungsgefüge, in: Soziale Grundrechte, 1981, S.14f.
32) 이에 관하여 상세하게 한수웅, 헌법학, 2012, 484, 592면 이하 참조.

을 금지하는 것이 아니라, 국민에 의하여 구체적 권리로서 행사되기 위하여 오히려 입법자에 의한 입법을 필요로 한다.[33] 이러한 기본권의 경우 입법자의 입법은 본질적으로 기본권의 실현을 위한 국가행위로서 기본권에 우호적인 입법이다.[34] 가령, 재판의 관할을 정하고 재판의 절차를 규정하는 법원조직법이나 개별소송법 없이는 국민이 헌법 제27조의 '재판청구권'을 행사할 수 없고, 누가 선거를 할 수 있는지에 관하여 선거연령 등 선거권의 행사범위를 정하고 비례대표제 또는 다수대표제 등 구체적인 선거의 절차와 방법을 정하는 선거법의 규율 없이는 국민은 헌법 제24조의 '선거권'을 행사할 수 없으며, 생계보조비의 지급을 규정하는 입법자의 법률 없이는 국민은 헌법 제34조의 '인간다운 생활을 할 권리'를 행사할 수 없다. 국민이 기본권을 실제로 행사하기 위하여 입법자의 입법에 의존하고 있다는 점에 바로 이러한 성격의 기본권의 특성과 본질이 있는 것이며, 자유권을 제한하는 경우와 비교할 때 이러한 기본권을 형성함에 있어서는 입법자에게 보다 광범위한 형성의 자유가 주어지는 것이다.

입법을 통하여 비로소 국민이 헌법상 보장된 기본권을 실제로 행사할 수 있고 추상적인 헌법의 보장내용이 구체적 권리로 형성되는 경우에는 기본권과 국가행위 사이에 자유권에서 전제되는 '원칙과 예외의 관계'가 존재하지 아니한다. 가령, 헌법 제27조의 재판청구권의 경우, 국민이 모든 법적 분쟁의 경우에 무한한 심급을 통하여 아무런 제소기간의 제한 없이 모든 형태의 재판을 청구할 수 있는 권리가 원칙적으로 보장되는 것이 아니며, 소송법에 의한 입법자의 규율이 재판청구권에 대한 예외적 제한이 아닌 것이다. 마찬가지로 사회적 기본권의 경우에도 사회적 기본권의 실현을 위한 모든 국가적 행위와 급부를 요구할 수 있는 것이 원칙이고 사회입법에 의한 규율이 이에 대한 제한이 아니라, 사회적 기본권은 입법자의 구체적 형성에 의하여 비로소 실현되고 보장되는 것이다.

그러므로 자유권의 본질과 구조인 '원칙과 예외의 관계'는 위와 같은 성격의 기본권에서는 존재하지 않는다. 따라서 여기서 제기되는 헌법적 문제는 입법자에 의한 제한이 과잉제한인지의 문제가 아니라 입법자에 의한 구체적인 형성이 헌법상 부여된 형성권의 범위를 일탈하였는지의 여부이다. 법률의 위헌심사는 '입법자가 기본권보장의 정신에 부합하게 구체적으로 형성하였는지'를 판단하는 심사를 의미하며, 여기서 기본권위반의 심

---

33) 우리 헌법도 기본권을 규정함에 있어서 규정형식에 차이를 둠으로써 자유권과 그 외의 기본권 사이에 존재하는 이와 같은 근본적인 차이를 명시적으로 표현하고 있다. 자유권의 경우 입법자의 입법을 필요로 함이 없이 그 존재 자체로서 국가의 부당한 행위를 배제하는 주관적 공권으로서 완전한 기능을 하기 때문에, 헌법은 자유권의 규정형식으로서 단지 "모든 국민은 … 자유를 가진다." 또는 "모든 국민은 … 자유를 침해받지 아니한다."는 표현을 사용하고 있다. 이에 대하여 헌법은 참정권, 청구권, 사회적 기본권의 경우에는 규정형식으로 "법률이 정하는 바에 의하여", "법률이 정하는" 또는 "법률에 의한" 등의 표현을 사용함으로써 자유권과는 달리 입법자에 의한 구체적 형성을 필요로 한다는 것을 분명히 밝히고 있다.

34) 이에 대하여, 입법자가 자유권의 영역에서 입법을 한다면, 이는 원칙적으로 자유권에 우호적인 입법이 아니라 자유권을 제한하는 입법이다.

사는 기본권보장의 기본정신과 이와 상충하는 다른 법익(공익 및 제3자의 법익)과의 법익형량의 문제로 귀결된다.

다. 사회적 기본권의 특징

사회적 기본권은 그 본질상 입법자에 의한 구체적인 형성, 즉 입법자에 의한 실현에 의존하고 있다.[35] 사회적 기본권은 그 자체로서 개인에게 국가로부터 구체적인 급부를 요구할 수 있는 권리를 부여하지 않는다.[36] 교육을 받을 권리, 근로의 권리, 인간다운 생활을 할 권리 등은 그 자체로서 집행될 수 없다. 사회적 기본권은 급부제공의 조건과 범위를 규율하고 그에 필요한 재정을 확보하는 법률에 의한 구체화와 형성을 필요로 한다. 개인은 사회적 기본권을 근거로 해서는 국가로부터 원칙적으로 아무 것도 요구할 수 없으며, 입법자가 법률로써 '누가 어떠한 조건 하에서 무엇을 요구할 수 있는지'에 관하여 구체적으로 형성한 경우에 비로소 국가로부터 특정한 급부를 요구할 수 있다. 이러한 점에서 사회적 기본권은 헌법에 보장된 것만으로는 불완전하고, 입법자가 사회적 기본권을 실현하는 입법을 함으로써 비로소 구체적인 권리로 형성된다. 즉, 사회적 기본권은 그 본질상 구체적 권리가 되기 위하여 사전에 입법에 의한 구체적 형성을 필요로 하는 것이다.[37] 사회적 기본권은 입법자의 활동에 의하여 비로소 구체화되고 실현되기 때문에, 사회적 기본권으로부터 원칙적으로 사법적으로 관철할 수 있는 개인의 주관적인 권리가 나오지 않는다.

라. 사회적 기본권과 다른 기본권의 차이점

사회적 기본권을 다른 기본권과 구분하는 근본적인 특징은, 사회적 기본권의 보장이 국가의 경제적 급부능력에 의존하고 있다는 점이다.[38] 국가의 급부능력은 사회적 기본권의 실현을 위한 사실적 전제조건이다. 사회국가는 '급부국가'이고, 국가는 받은 것 없이는 아무 것도 제공할 수 없다는 점에서 급부국가는 국민의 擔稅能力에 의존하는 '조

35) Vgl. Murswiek, Grundrechte als Teilhaberechte, soziale Grundrechte, in: HbStR, Bd.V, 1992, §112 Rn.50; Böckenförde, Die sozialen Grundrechte im Verfassungsgefüge, in: Soziale Grundrechte, 1981, S.10; Isensee, Verfassung ohne soziale Grundrechte, Der Staat 1980, S.373.

36) 가령, 헌법 제32조 제1항에 규정된 '근로의 권리'는, 개인이 국가로부터 '직장을 제공해 줄 것을 요구할 수 있는 개인의 주관적 권리'가 아니다. 헌법 제32조 제1항의 '근로의 권리'는 같은 조 제1항 제2문에서 스스로 구체화하고 있듯이, 사회적·경제적 방법으로 고용증진을 해야 할 국가의 의무, 즉 '상대적 완전고용'을 실현하기 위하여 그에 필요한 경제적·사회적 조건을 형성해야 할 국가의 의무를 뜻한다.

37) 헌재 1995. 7. 21. 93헌가14, 판례집 7-2, 1, 30-31; 헌재 2004. 10. 28. 2002헌마328(2002년 최저생계비 고시), 공보 제98호, 1187, 1191, "헌법 제34조 제1항이 보장하는 인간다운 생활을 할 권리는 사회권적 기본권의 일종으로서 인간의 존엄에 상응하는 최소한의 물질적인 생활의 유지에 필요한 급부를 요구할 수 있는 권리를 의미하는데, 이러한 권리는 국가가 재정형편 등 여러 가지 상황들을 종합적으로 감안하여 법률을 통하여 구체화할 때에 비로소 인정되는 법률적 권리라고 할 것이다."

38) Vgl. Murswiek, Grundrechte als Teilhaberechte, soziale Grundrechte, in: HbStR, Bd.V, 1992, §112 Rn.57f.

세국가'이다. 사회적 기본권은 국가가 제공하는 급부의 배분 및 급부에의 참여에 관한 것으로, 국가재정상 현실적으로 가능한 것의 유보(財政留保) 및 다른 국가과제와의 조정 및 우선순위결정의 유보(計劃留保) 하에서만 헌법적으로 보장될 수 있다.[39] 그러나 사회국가를 실현하는 기본권과는 달리, 법치국가나 민주주의를 실현하는 기본권의 경우에는 국가과제의 실현에 관한 문제가 아니기 때문에, 국가의 재정능력의 한계나 다른 국가과제와의 조정의 문제가 발생하지 않는다. 자유권의 보장은 그 자체로서 국가에 대하여 비용을 유발하지 않는다. 또한, 재판청구권 등 청구권적 기본권은 법치국가를 실현하기 위한 기본권으로서, 선거권 등 참정권은 민주주의를 실현하기 위한 기본권으로서 근본적으로 별도의 비용을 유발하지 않는다.

사회적 기본권과 다른 기본권의 또 다른 근본적인 차이는 기본권을 司法的으로 관철할 수 있는 가능성의 차이에 있다. 청구권적 기본권과 선거권도 사회적 기본권과 마찬가지로, 개인이 기본권을 행사하기 위해서는 입법자에 의한 사전적 형성을 필요로 한다. 그러나 사회적 기본권의 경우 사법적 심사를 위한 규범적 기준이 존재하지 않기 때문에 사회적 기본권을 사법적으로 관철할 수 있는 가능성이 매우 제한적인 반면,[40] 청구권적 기본권이나 선거권의 경우에는 헌법적으로 비교적 명확한 사법적 심사기준이 존재하고, 입법자가 기본권을 구체적으로 형성함에 있어서 헌법에 의하여 제시되는 지침을 준수하였는지 여부의 판단에 의하여 사법적 심사가 이루어지기 때문에, 청구권적 기본권이나 선거권은 사법적으로 광범위하게 관철될 수 있다.[41]

2. 개념

사회적 기본권의 개념은 사회적 기본권의 헌법적 의미와 목적, 기능의 관점에서 밝혀져야 한다. 따라서 사회적 기본권의 개념을 파악하기 위한 선행 작업으로서, 사회적 기본권의 헌법적 이념, 즉 사회적 기본권을 헌법에 수용한 이유와 의미를 이해하는 것은 불가피하다. 사회국가가 그 국가적 성격에 있어서 사회정의의 이념을 헌법에 수용한

39) 급부는 국가의 제한된 재정능력 및 실현을 요청하는 다양한 국가과제의 관점에서 오로지 계획된 급부로만 가능하다. 사회국가의 핵심적 문제는 다양한 국가과제를 인식하고 조화시키고 우선순위를 결정하는 데 있다.

40) 이에 관하여 상세한 것은 아래 V. 3. 부분의 서술내용을 참조할 것.

41) 헌법은 제24조에서 선거권의 구체적 내용을 입법을 통하여 형성하도록 입법자에게 위임하고 있다. 그러나 입법자의 형성권은 무제한적인 것이 아니라, 민주주의원리를 비롯한 헌법규범에 의하여 제한된다. 헌법은 무엇보다도 제41조 제1항 및 제67조 제1항에서 보통·평등·직접·비밀선거의 일반적 선거원칙을 규정함으로써 입법자가 준수해야 할 지침을 제시하고 있다. 입법자는 선거관련입법을 통하여 국민의 선거권을 구체적으로 형성함에 있어서 헌법상의 선거원칙을 준수하고 실현해야 한다. 마찬가지로, 청구권적 기본권도 입법자에 의한 구체화와 실현에 의존하고 있지만, 입법자의 형성권은 무제한적인 것이 아니라 청구권적 기본권을 보장한 헌법적 결정(헌법적 정신)에 의하여 제한되고 구속을 받는다. 입법자는 청구권적 기본권을 구체적으로 형성함에 있어서 이러한 기본권을 보장한 헌법의 정신과 가치결정을 존중하고 준수해야 하는 의무를 진다. 가령, 헌법이 재판청구권을 규정한 목적은 효과적인 권리보호를 보장하고자 하는 것이다. '효과적인 권리보호의 요청'은 재판청구권의 객관적 가치결정이자 헌법적 정신으로서, 입법자가 재판청구권을 입법을 통하여 구체적으로 형성함에 있어서 입법자를 구속하는 헌법적 지침이다.

국가이며 사회정의의 실현을 목표로 하는 국가라면, 사회국가원리의 구체화된 헌법적 표현인 사회적 기본권도 우리 헌법 내에서 사회정의의 실현을 위한 수단이자 구체적인 구조적 계획이다. 사회국가가 추구하는 '사회정의의 실현'이란 무엇보다도 국민 누구나 법적인 자유를 실제로 행사할 수 있는 사회적 상황의 실현을 의미하는 것이다.

자유권은 헌법적으로 보장된 자유를 행사할 수 있는 사실상의 가능성을 가지지 못한 자에게는 내용적으로 공허하고 무의미하다. 바로 이러한 관점에서 사회적 기본권은 자유를 행사할 수 있는 사실상의 조건을 형성하고 자유행사에 있어서 실질적인 기회균등을 꾀함으로써 자유를 실현하고자 하는 것이다. 사회적 기본권이 없이는, 진정한 자유는 존재하지 않는다. 오늘날 진정한 자유의 보장은 국가권력으로부터 개인의 자유를 보호하는 자유권, 즉 '국가로부터의 자유'뿐만 아니라, 개인의 자유행사의 실질적인 조건을 형성하고 유지하여야 할 국가의 적극적인 활동, 즉 '국가에 의한 자유'도 필요로 한다. 헌법이 기본권 부분에 자유권적 기본권과 사회적 기본권은 함께 규정한 것은, '법적 자유'와 '실질적 자유'라는 자유의 두 가지 의미 또는 자유보장을 위한 2가지 불가결한 요소를 표현하고자 한 것이다.[42]

사회적 기본권은 오늘날 개인이 국가의 도움 없이는 더 이상 자신의 자유를 실현할 수 없다는 인식에 기초하고 있다. 현대 산업사회의 조건 하에서 개인은 자유를 행사하기 위한 사회적·경제적 조건을 스스로 형성할 수 없기 때문에, 국민 다수의 실질적 자유는 그 생존에 있어서 국가의 급부와 활동에 의존하고 있다.[43] 형식적·법적 자유는 스스로 존재하고 단순히 존재하는 것만으로 기능하는 반면, 자유행사의 실질적 가능성을 의미하는 실질적 자유는 스스로 존재하지 않으며 국가에 의하여 비로소 형성되어야 한다. 오늘날 국민 다수의 중요한 경제적·사회적 생활근거는 '고용된 직장'과 '교육'이라는 점에서, 개인의 이러한 생활근거는 국가에 의하여 형성되고 제공되어야 한다. 따라서 국가는 자유실현의 사실적·사회적 조건을 형성해야 할 책임과 의무를 지며, 바로 사회적 기본권은 그 핵심에 있어서 자유를 행사하기 위한 사회적 조건을 보장하고자 하는 것이다.

가령, 직업선택의 자유와 자유로운 인격발현의 자유는 이를 실제로 행사할 수 있는 사회적·경제적 조건으로서 대량실업의 방지와 상대적 완전고용의 실현을 요청한다. 대량실업을 방지하여 국민에게 일자리를 제공해야 하는 사회국가적 목표('근로의 권리')는 자유로운 인격발현과 직업의 자유를 행사하기 위한 실질적 조건이다. 또한, 직업선택의 자유와 자유로운 인격발현의 자유는 이를 실제로 행사할 수 있는 조건으로서 누구나

42) Vgl. Badura, Das Prinzip der sozialen Grundrechte und seine Verwirklichung im Recht der Bundesrepublik Deutschland, Der Staat 1975, S.23f., 45.

43) Vgl. Murswiek, Grundrechte als Teilhaberechte, soziale Grundrechte, in: HbStR, Bd.V, 1992, §112 Rn.29.

능력에 따라 균등하게 교육을 받을 수 있는 사회적 상황의 형성('교육을 받을 권리')을 요청한다. 교육이란 헌법상 보장된 개인의 자유를 행사하기 위한 필수적 요건에 속한다. 직업의 자유를 행사하기 위하여 그 전제조건으로서 직업교육을 비롯한 교육을 받아야 하며, 나아가 직업행사와 관계없이 전반적으로 인격을 자유롭게 발현하고 자기결정권을 의미 있게 행사하기 위해서도 최소한의 지식과 교양을 갖추어야 한다. 뿐만 아니라, 인간다운 생존이 비로소 개인적 자유의 행사를 가능하게 하기 때문에, '인간다운 생활을 할 권리'는 사회보장을 비롯하여 사회적·경제적 약자를 보호하고 지원해야 할 국가의 적극적 활동을 요청한다. '혼인과 가족생활의 자유'는 이를 실제로 행사할 수 있는 조건으로서 국가가 혼인과 가족생활로 인하여 발생하는 특별한 부담을 조정하고 지원할 것을 요청한다.

이러한 관점에서 헌법상 보장된 사회적 기본권은 자유권을 실제로 행사하기 위한 사실적 조건을 형성해야 할 국가의 의무를 기본권의 형태로 수용한 것이다. 사회적 기본권을 개인의 관점에서 주관적으로 정의하자면, 사회적 기본권이란, 국민 누구나 법적으로 보장된 자유를 행사할 수 있도록 국가에 대하여 그 실질적 조건을 형성하는 적극적인 행위(사실적 급부나 국가의 규범제정행위와 같은 규범적 급부)를 요구할 수 있는 권리이다.

V. 사회적 기본권의 법적 성격

1. 학계의 견해

사회적 기본권의 법적 성격에 관한 학계의 견해는, 국가에 대하여 司法的으로 관철할 수 있는 개인의 주관적 측면을 강조하는지 아니면 사회적 기본권에 의하여 부과된 국가의 의무적 성격을 강조하는지에 따라, 크게 주관설과 객관설로 나누어 볼 수 있다.

가. 客觀說

(1) 프로그램설

프로그램설에 의하면, 사회적 기본권은 실현되기 위하여 그 내용을 구체화하는 입법자의 법률을 예정하고 있으므로, 사회적 기본권은 재판상 청구할 수 있는 구체적인 권리가 아니라 단지 입법자의 입법방향을 제시하는 선언적 규정, 즉 사회적 기본권의 실현에 관한 구속력 없는 국가의도의 선언에 불과하다. 이로써 사회적 기본권은 국가기관을 구속하는 헌법적 의무가 아니라 단지 정치적·도덕적 의무에 지나지 않는다. 그러나 모든 헌법규범이 국가기관을 구속하는 규범력을 가진다는 점에서 볼 때, 프로그램설은 오늘날 이미 극복된 이론에 속한다.[44]

---

44) Vgl. Lücke, Soziale Grundrechte als Staatszielbestimmungen und Gesetzgebungsaufträge, AöR

(2) 객관적 규범설

객관적 규범설은 사회적 기본권을 개인의 주관적 권리가 아니라 사회적 기본권을 실현해야 할 국가의 목표나 의무를 부과하는 객관적 규범(국가목표조항, 헌법위임이나 입법위임 등)으로 이해하는 견해이다.[45] 객관적 규범설은, 개인이 사회적 기본권을 구체화하는 입법을 통하여 비로소 사회적 기본권을 행사할 수 있다는 점에서는 프로그램설과 견해를 같이 하나, 프로그램설과는 달리 국가기관을 구속하는 법적 구속력을 가지는 헌법규범으로 이해한다는 점에서, 프로그램설과 근본적인 차이가 있다.

나. 主觀說(權利說)

권리설이란, 사회적 기본권이 헌법에 '권리'의 형식으로 규정되어 있기 때문에 개인의 주관적 권리로서 이해해야 한다는 입장이다. 과거에는 추상적 권리설이 다수설이었으나, 현재는 구체적 권리설이 지배적 견해로 자리 잡은 것으로 보인다.

(1) 추상적 권리설

추상적 권리설은 개인이 헌법상의 규정인 사회적 기본권을 직접 행사할 수는 없고 사회적 기본권을 행사하기 위해서는 사회적 기본권을 구체화하는 법률이 제정되어야 한다고 한다. 추상적 권리설은 입법자의 법률 없이는 사회적 기본권이 구체적 권리가 될 수 없다는 점에 있어서는 객관설과 실질적인 차이가 없으나, 헌법에서 사회적 기본권을 권리로 규정하고 있기 때문에 사회적 기본권은 법적 권리로서의 성격을 가지며, 입법자의 활동에 의하여 비로소 구체화되는 권리라는 의미에서 사회적 기본권을 '추상적 권리'로 이해하고 있다.

(2) 구체적 권리설

구체적 권리설은 입법 없이는 개인의 구체적인 급부청구권이 존재하지 않는다는 의미에서 사회적 기본권의 법적 성격을 근본적으로 추상적 권리로 파악하나,[46] '추상적 권리설'과는 달리 사회적 기본권의 내용을 구체화하는 입법이 존재하지 않거나 불충분한 경우에는 사회적 기본권의 실현여부를 소송을 통하여 다툴 수 있다는 것이고, 바로 이러한 점에서 사회적 기본권을 '구체적 권리'로 이해한다.[47] 추상적 권리설과 비교할 때, 구체적 권리설은 사회적 기본권에 재판규범성을 인정한다는 점에서 차이가 있다.

107(1982), S.27.

45) 가령, 한수웅, 헌법소송을 통한 사회적 기본권실현의 한계 －법적 권리설로부터의 결별－, 인권과 정의 제245호, 1997. 1. 75면; 홍성방, 헌법학(중), 2010, 242면 이하. 또한, 허영, 한국헌법론, 2010, 159면도 사회적 기본권을 "주관적 권리만으로 이해하는 경우에는 거의 실효성이 없다고 보아야 한다."고 함으로써 근본적으로 객관설의 입장을 취하고 있는 것으로 보인다.

46) 물론, 구체적 권리설은 인간생존에 관한 조치 등 경우에 따라서는 제한적이나마 직접 효력을 가지는 주관적 권리로서의 법적 성격을 가진다고 한다.

47) 가령, 권영성, 헌법학, 2010, 648면; 김철수, 헌법학개론, 2004, 779면 이하.

(3) '원칙 모델'에 따른 권리설

독일 Alexy 교수의 '원칙 모델'에 따른 권리설은, 사회적 기본권은 일단 잠정적으로 개인에게 주관적 권리를 부여하지만 이러한 권리는 법익형량을 거친 후에야 비로소 확정적 권리가 될 수 있다고 한다. 즉, 사회적 기본권은 권리성을 가지지만 곧바로 확정적인 권리가 되는 것이 아니라 여러 가지 요소들을 형량하여 다양한 정도로 실현될 수 있다고 하면서, 이러한 방법으로 종래의 학설들이 가지고 있는 문제점을 어렵지 않게 해결할 수 있다고 한다.[48)]

2. '권리'라는 규정형식에 의하여 법적 성격이 결정되는지의 문제

우선, 사회적 기본권이 헌법에 '권리'의 형식으로 규정되어 있다는 이유로 사회적 기본권을 '추상적 권리' 또는 '구체적 권리'라 하여 개인의 주관적 권리의 관점에서 파악해야 하는지의 문제가 제기된다. 물론, 헌법규범의 해석에 있어서 그 출발점은 법문을 근거로 하는 문리적 해석이라 할 수 있으나, 문리적 해석방법은 규범해석에 있어서 극복될 수 없는 절대적 한계가 아니며, 그 외에도 고려해야 하는 다양한 관점과 해석방법이 있다는 것을 감안할 때, "권리로 규정되어 있기 때문에 권리"라고 하는 주장이 얼마나 설득력을 가지는지 의문이다. 체계적 해석의 관점에서 볼 때, 헌법이 규정하는 사회적 기본권의 규정형식이 제1항에서 예컨대 "근로의 권리", "인간다운 생활을 할 권리"라고 규정하면서, 이어서 권리의 내용을 국가의 의무를 통하여 상세하게 구체화하고 있는 점을 감안할 때, 사회적 기본권을 규정하는 각 조항의 서두에서 '국민의 권리'로 표현한 것은 입법기술상의 문제로 보아야 할 것이지, 이를 통하여 사회적 기본권의 법적 성격을 규정하고자 하는 헌법제정자의 객관적 의사로 볼 수 없다. 사회적 기본권을 헌법에 수용함에 있어서 여러 가지 규정형식과 규정장소가 고려됨에도 불구하고, 헌법이 사회적 기본권을 자유권과 동일하게 '권리'의 형식으로 규정한 것은 그 법적 성격을 표현하고자 한 것이 아니라, 사회적 기본권이 자유권과 동등한 의미와 중요성을 갖고 있다는 것을 헌법정책적으로 표현하고자 한 것으로 이해해야 한다.[49)]

역사적 해석의 관점에서 볼 때, 우리 헌법이 독일 바이마르 헌법을 모델로 삼아 사회적 기본권을 수용하였고 독일 바이마르 헌법상의 사회적 기본권이 단지 선언적 성격

48) 독일 Alexy 교수의 견해에 동조하여 사회적 기본권을 주관적 권리로 구성하고자 하는 시도로는 가령, 계희열, 헌법학(중), 2004, 693면 이하; 정태호, 원리(Prinzip)로서의 사회적 기본권, R. Alexy의 원리모델(Prinzipienmodel)을 중심으로, 법과 인간의 존엄, 청암 정경식박사 화갑기념논문집, 1997, 256면 이하; 정태호, 원리모델에 의한 사회적 기본권 침해여부의 판단기준 및 심사구조, 헌법학연구 제13권 제3호(제2책)(2007. 9.) 539면 이하; 이준일, 사회적 기본권, 헌법학연구 제10권 제1호(2004. 3.) 449면 이하.

49) Vgl. Murswiek, Grundrechte als Teilhaberechte, soziale Grundrechte, in: HbStR, Bd.V, 1992, §112 Rn.53; Badura, Das Prinzip der sozialen Grundrechte und seine Verwirklichung im Recht der Bundesrepublik Deutschland, Der Staat 1975, S.23f., 45.

을 가졌다는 점을 감안할 때, 헌법제정자가 사회적 기본권을 권리의 형태로 수용하면서 청구권의 특징적인 요소인 기본권 형성적 법률유보("법률이 정하는 바에 의하여")조차 언급하지 않은 것은 사회적 기본권의 권리적 성격이 처음부터 고려의 대상이 될 수 없음을 표현한 것이라고 볼 수 있다. 뿐만 아니라 비교법적으로 볼 때, 사회적 기본권은 헌법적 차원에서 주관적 권리, 제도보장, 국가목표규정, 헌법위임 등 다양한 법적 형식으로 규정될 수 있으므로, 사회적 기본권의 규정형식은 그 법적 성격과는 무관하다는 점을 고려하지 않을 수가 없다.[50)]

단순히 사회적 기본권의 규정형식에 의하여 법적 성격이 자동적으로 규정되지 않는다는 점에서, 사회적 기본권이 단지 헌법에 권리의 형식으로 규정되어 있기 때문에 권리라는 주장은 그 자체로서 타당할 수 없고, 별도의 논증을 필요로 한다. 따라서 헌법이 사회적 기본권을 주관적 권리의 형식으로 규정하였다는 것은 사회적 기본권의 법적 성격을 결정하는 요소가 될 수 없다.

3. 사회적 기본권을 司法的으로 어느 정도로 관철할 수 있는지의 문제

가. 주관적 권리성을 판단하는 결정적 기준으로서 사법적 관철의 가능성

헌법상의 기본권이란 국가에 대하여 작위나 부작위를 요구할 수 있는 개인의 주관적 공권으로서, 모든 국가기관을 구속하면서 기본권의 주체인 개인에 의하여 사법적으로 관철할 수 있는 권리를 말한다.[51)] 기본권을 비롯하여 모든 주관적 권리의 특징은, 주관적 권리가 국가에 의하여 침해당하는 경우 권리구제절차를 통하여 사법적으로 관철되고 보장된다는 데 있다.

따라서 헌법상 사회적 기본권의 법적 성격을 서술하는 이론으로 주관설과 객관설 중에서 무엇이 보다 타당한지에 관한 판단은, 개인이 입법자에 의한 매개 없이 국가에 대하여 어느 정도로 특정한 급부(사실적 급부 또는 입법행위 등 규범적 급부)를 요구할 수 있는지, 개인이 어느 정도로 헌법재판을 통하여 사회적 기본권을 사법적으로 관철할 수 있고 국가에 의한 사회적 기본권의 실현을 강제할 수 있는지의 판단에 달려있다. 이러한 관점에서, 아래에서는 사회적 기본권의 실현을 어느 정도로 사법적으로 관철할 수 있는지에 관하여 살펴보기로 한다.

한편, 사회적 기본권뿐만 아니라 선거권, 청구권 등 國家內的인 기본권의 경우 모두 공통적으로 개인이 기본권을 실제로 행사하기 위해서는 입법자에 의한 사전적 형성행위를 필요로 하기 때문에, 사회적 기본권이 실현되기 위하여 입법자에 의한 구체적인 형

---

50) Vgl. Lücke, Soziale Grundrechte als Staatszielbestimmungen und Gesetzgebungsaufträge, AöR 107(1982), S.19.

51) 한수웅, 헌법학, 2012, 364면 이하 참조.

성을 필요로 한다는 관점은 사회적 기본권의 법적 성격을 판단함에 있어서 결정적인 관점을 제시하지 않는다.

나. 헌법재판소에 의한 사법적 심사가능성의 한계

현행 헌법재판제도에서 사회적 기본권을 구체화하는 입법이 존재하지 않거나 불충분한 경우에는 헌법소송을 통하여 사회적 기본권의 실현여부를 다툴 수 있는 가능성이 존재한다.[52] 국가가 사회적 기본권의 실현의무를 이행하였는지 여부가 헌법소송의 대상이 된 경우, 헌법재판소가 사법적 심사를 통하여 어느 정도로 국가의무의 이행을 강제할 수 있는지가 문제된다. 개인이 국가에 대하여 사회적 기본권을 사법적으로 관철하기 위해서는 사회적 기본권이 사법적 심사를 위한 규범적 기준을 제시해야 한다. 그러나 사회적 기본권은 다음과 같은 이유로 사법적 심사를 위한 규범적 기준을 제시하지 못한다.

(1) 사회적 기본권이 사회국가원리와 비교할 때 구체적으로 국가의 과제와 의무를 규정하고 있음에도, 사회적 기본권으로부터 해석을 통하여 구체적인 국가과제의 이행의무를 도출하기에는 사회적 기본권의 규범적 표현은 매우 추상적이고 불명확하다. 사회적 기본권이 끊임없이 변화하는 사회현실에 적응하고 대처하기 위해서는 상대적으로 불명확한 표현을 선택하는 것은 불가피하다. 물론, 자유권의 경우에도 기본권규정의 추상성 때문에 해석을 필요로 하지만, 해석의 대상규범이 '국가권력의 한계'를 결정하는 자유권인지 또는 '국가과제의 실현'을 요구하는 사회적 기본권인지에 따라, 헌법재판소가 헌법해석을 통하여 기본권의 보장내용을 구체화하는 정도에 있어서 근본적인 차이가 있다. 자유권의 경우 헌법해석은 과거에 발생한 기본권침해에 대한 過去聯關的 統制와 연관된 것으로 국가행위에 대하여 헌법적 한계를 제시하는 것이지만, 사회적 기본권의 경우 헌법해석은 未來指向的 形成과 연관된 것으로 입법자의 정치적 형성권을 침해할 위험이 있다.[53]

자유권은 일차적으로 대국가적 방어권으로서 자유권에 대한 구체적인 침해의 제거를 목적으로 하는 '과거연관적'인 것이나, 사회적 기본권은 '미래지향적'으로 국가의 적극적인 형성을 목적으로 하고 있다. 자유권의 경우 국가행위의 소극적인 배제에 관한 것이지 적극적인 국가의무의 실현에 관한 것이 아니기 때문에, 자유권을 심사기준으로 하는 국가행위의 통제는 국가행위의 한계에 관한 소극적인 결정인 것이다. 자유권의 경우,

52) 입법자가 사회적 기본권을 실현하는 입법을 전혀 하지 않은 경우에는 예외적으로 입법부작위에 대한 헌법소원이 가능할 것이며, 입법은 하였으나 입법의 내용이 불충분한 경우에는 그러한 법규범이 헌법소원이나 위헌법률심판의 대상이 될 수 있다.

53) Vgl. Böckenförde, Die sozialen Grundrechte im Verfassungsgefüge, in: Soziale Grundrechte, 1981, S.11; J. P. Müller, Soziale Grundrechte in der Verfassung?, 1981, S.184f.; Murswiek, Grundrechte als Teilhaberechte, soziale Grundrechte, in: HbStR, Bd.V, 1992, §112 Rn.51.

헌법이 실현하려고 하는 상태와 실현방법이 이미 헌법에 의하여 '보호법익에 대한 구체적인 침해의 조속한 제거를 통한 자유영역의 원상복구'라는 구체적인 형태로 예정되어 있다.

이에 대하여, 사회적 기본권과 같이 헌법의 객관적 내용이 실현되어야 하는 경우에는 헌법이 단지 일정 국가과제만을 부과하고 있을 뿐, 헌법이 실현하려고 하는 상태 및 그 실현방법과 실현시기에 관한 구체적인 표현이 없다.[54] 사회적 기본권에서는 구체적인 보호영역에 대한 침해의 소극적인 배제가 아니라 국가과제의 적극적인 실현에 관한 문제이기 때문에, 이 경우 헌법재판소가 해석을 통하여 사회적 기본권의 헌법적 내용을 구체화하는 것은 주관적인 헌법해석과 정치적 형성의 위험을 안고 있다. 그러므로 사회적 기본권이 헌법재판소에게 규범적 심사기준을 제공하기 위해서는, 헌법이 스스로 개별규정에 의하여 입법의무의 내용과 범위를 구체적으로 규정하고 있어야 한다. 그러나 헌법이 구체적으로 규정하고 있는 제31조 제2항(적어도 초등교육을 요구할 수 있는 권리)과 같은 예외적인 경우를 제외한다면, '어떠한 상태가 언제 어떻게 실현되어야 하는지'에 관하여 사회적 기본권이 구체적으로 규정하고 있지 않으므로, 사회적 기본권은 규범적 심사기준으로서 매우 제한적으로 작용할 수밖에 없다.

결국, 사회적 기본권의 보장내용을 헌법해석을 통하여 밝히는 것이 불가능하므로, 국가에 의한 사회적 기본권의 실현 여부를 규범적으로 판단할 수 있는 사법적 심사기준이 존재하지 않으며, 그 결과 헌법재판소에 의한 사법적 심사의 가능성은 매우 제한적이다. 헌법규정 스스로 그 내용을 파악하고 확정할 수 있는 충분한 기준을 제시하지 못한다면, 그 내용에 대한 결정은 결국 정치적 결정을 의미한다. 이러한 점에서, 사회적 기본권의 보장내용에 관한 결정은 사법기관의 과제가 아니라 일차적으로 정치적 형성의 과제이고 입법자의 과제인 것이다. 이러한 과제를 사법기관에게 맡긴다는 것은 민주적·법치국가적 기능질서의 붕괴를 의미한다.[55]

(2) 뿐만 아니라, 헌법재판소의 결정과정을 의미하는 법익교량과정은, 자유권의 경우에는 국가의 간섭을 배제하는 '자유권적 요청'과 개인의 자유를 제한하는 '공익상의 이유'를 인식하고 조화시키고 우위를 부여하는 작업을 의미하고 이는 사익과 공익간의 一次元的 법익교량과정에 해당하지만, 이에 대하여 사회적 기본권은 국가의 형성·계획·조정의 범주 내에서 실현되는 것이기 때문에, 여기서 법익교량과정은 국가의 다른 모든 과제와 의무 및 사회적 기본권의 실현을 위하여 제한되는 자유권 등 다양한 헌법적 법익을 복합적으로 고려하여야 하는 *多層的*·*多次元的*인 것이다. 이는 곧 사회적 기본권

54) 가령, '근로의 권리'의 경우 그 보장내용을 '상대적 완전고용을 실현해야 할 국가의 의무'로 구체화할 수 있으나, '상대적 완전고용을 실현하기 위하여 무엇을 해야 하는지'에 관하여는 헌법해석을 통하여 규명될 수 없다.

55) Vgl. Böckenförde, Die sozialen Grundrechte im Verfassungsgefüge, in: Soziale Grundrechte, 1981, S.11ff.; J. P. Müller, Soziale Grundrechte in der Verfassung?, 1981, S.193.

의 실현여부에 대한 사법적인 심사가능성이 근본적인 한계에 부딪친다는 것을 의미한다.[56]

다. 사회적 기본권의 실현에 있어서 헌법재판소의 기능적 한계

헌법재판소에 의한 사회적 기본권의 실현가능성은 한편으로는 국가의 재정능력 및 급부능력이라는 사실적 요인에 좌우된다는 '현실적 한계'의 구속을 받으며, 다른 한편으로는 민주주의원리와 권력분립원리로부터 나오는 '규범적 한계'에 의한 제약을 받는다.

헌법상의 권력분립질서 내에서 헌법재판소와 입법자는 헌법적으로 부여된 기능에 있어서 서로 상이하다. 입법자는 헌법의 한계 내에서 정치적 결정을 통하여 공동체를 형성하는데 중심적 역할을 하는 반면, 헌법재판소는 헌법에서 입법형성권의 한계를 도출해 냄으로써 입법자의 정치적 형성에 대하여 헌법적 한계를 제시한다.[57] 헌법재판소는 헌법소송을 통하여 사회적 기본권을 적극적으로 실현함으로써 사회형성에 있어서 주도적 역할을 하기에는 기능적으로 부적합하다.[58] 어떠한 급부를 어떠한 수준으로 제공할 것인지에 관한 결정은 사회형성의 주체인 입법자의 관할이며, 입법자는 다른 국가과제와의 조정과 우선순위결정을 통하여 사회적 기본권의 실현의무를 이행할 수밖에 없다. 사회국가에서의 급부는 오로지 계획된 급부로서만 가능하며, 급부를 요구하는 다양한 헌법적 요청간의 충돌은 국가의 계획절차를 통하여 조정되고 중재되어야 한다. 이는, 다원적 민주주의사회에서 여러 상이한 사회적 요청과 이익을 인식하여 이익조정을 하고 우선순위를 정하기에는 헌법재판소가 기능적으로 부적합하다는 것을 의미한다.[59] '어떠한 범위의 급부가 헌법이념이나 국가의 재정능력에 비추어 요청되는지'에 관하여 논란이 있다면, 이를 결정하는 적합한 형태는 민주적 의사형성과정에서 정치적 논의를 통한 다수의 결정이다. 따라서 사회적 기본권의 실현가능성에 관한 판단은 자신의 결정에 대하여 정치적 책임을 지는 국민의 대표자로 구성된 합의체에서 공개적 토론과 이익조정을 통하여 결정되어야 할 사안이지, 헌법재판소의 사법적 심사과정에 맡겨질 결정이 아닌 것이다.

라. 헌법재판소가 사회적 기본권을 적극적으로 실현하는 것의 위험성

사회적 기본권과 같은 개방적인 국가목표 또는 국가과제의 실현에 있어서 헌법재판

---

56) Vgl. Gusy, Parlamentsrischer Gesetzgeber und Bundesverfassungsgericht, 1985, S.146, 156.

57) Vgl. Bryde, Verfassungsentwicklung, 1982, S.306f.; Hesse, Grundzüge des Verfassungsrechts der BRD, 1993, Rn.569.

58) 입법자와 헌법재판소의 상이한 기능의 비교에 관하여 자세하게 vgl. Gusy, Parlamentarischer Gesetzgeber und Bundesverfassungsgericht, 1985, S.88ff.(3. Teil); Bryde, Verfassungsentwicklung, 1982, S.325ff.

59) Vgl. Müller, Soziale Grundrechte in der schweizerischen Rechtsordnung in der europäischen Sozialcharta und den UNO-Menschenrechtspakten, in: Soziale Grundrechte, 1981, S.62f.; Gusy, Parlamentsrischer Gesetzgeber und Bundesverfassungsgericht, 1985, S.146, 156.

소가 해석을 통하여 헌법규범의 내용을 확정하는 권한을 적극적으로 사용한다면, 정치적 형성과정이 크게 저해될 위험이 있다. 헌법재판소가 헌법해석을 통하여 사회적 기본권으로부터 입법자의 구체적 의무를 광범위하게 인정한다는 것은 결국 자신을 정치적 형성의 주체인 입법자로 만드는 것이고, 개인이 국가의 급부제공을 요구하면서 입법자에 의한 사회적 기본권의 실현여부를 다투는 헌법소원은 사실상 '입법청원'의 성격으로 변질될 것이다.

사회적 기본권의 실현이 국가재정의 확보를 전제로 한다는 점에서, 헌법소송을 통하여 사회적 기본권을 관철하고 실현할 수 있는 여지를 광범위하게 인정한다는 것은, 입법자의 예산정책이 본질적인 부분에 있어서 헌법적으로 선결된다는 것을 의미한다. 따라서 입법자가 사회적 기본권에 의하여 부과된 국가과제를 제대로 이행하였는지 여부에 대한 헌법재판소의 포괄적인 통제는, 헌법재판소가 입법자의 예산결정권을 박탈하여 실질적으로 자신의 관할로 만드는 결과를 초래한다.

또한, 헌법재판소가 해석을 통하여 사회적 기본권으로부터 구체적인 국가과제를 도출하고 입법자에게 구체적인 입법의무를 부과함으로써 사회적 기본권을 주관적·구체적인 권리로 강화하는 것의 위험성을 인식해야 한다. 어떤 범위의 급부가 현실적으로 가능한지의 판단에 있어서 헌법재판소는 현재의 경제상황과 국가재정능력을 기준으로 삼게 되므로, 장래에 다른 중요한 국가과제가 출현할 가능성이 있으며 국민경제의 발전과 경기변동을 예측할 수 없다는 관점에서 보면, 결국 '한시적인 것', '현재 가능한 것'을 헌법의 내용으로 확정하게 된다.[60] 그러나 사회국가의 실현은 헌법재판소의 결정에 의하여 고착화될 수 없는 미래지향적이고 동적인 것이며, 시간의 흐름과 사회현상의 발전에 따라 지속적인 수정과 변화에 개방되어 있는 과정인 것이다. 헌법재판소가 그의 결정을 통하여 '현재의 시점에서 현실적으로 실현가능한 법적 상태'를 헌법의 내용으로 확정한다면, 헌법에 요구되는 기본적인 안정성과 항구성을 상실하게 된다.

입법자가 사회적 기본권을 제대로 실현하는지 여부에 관하여 헌법재판소가 보다 엄격하게 심사해야 한다는 견해가 있으나, 이러한 견해는 민주주의에서 사회정치적 현실판단과 사회형성의 주체를 입법자에서 헌법재판소로 대체할 위험이 있다.[61] 사회국가 실현의 주체이자 원동력은 입법자이며, 사회국가를 실현할 입법자의 의지와 사회적 약자에 대한 국민의 사회적 관심과 배려가 결여된 곳에서, 사회국가의 실현은 헌법재판소의 결정에 의하여 강제될 수 없다. 사회적 기본권의 궁극적 실현은 무엇보다도 사회정책을 담당하는 입법자의 의지에 달려 있는 것이지, 사회적 기본권으로부터 구체적인 국가과제를 도출해내는 헌법재판소의 헌법해석을 통하여 이루어지는 것이 아니다.

---

60) Vgl. Müller, Soziale Grundrechte in der Verfassung?, 1981, S.195.

61) Vgl. Isensee, Verfassung ohne soziale Grundrechte, Der Staat 1980, S.379.

마. 헌법재판소가 사회적 기본권의 이행여부를 어느 정도로 심사할 수 있는지의 문제

결국, 위에서 서술한 다양한 관점을 고려할 때, 헌법재판소는 사회적 기본권의 이행여부를 매우 제약적으로만 심사할 수 있다는 결론에 이른다. 입법자는 사회적 기본권을 실현함에 있어서 상충하고 경쟁하는 다양한 법익을 고려하여 결정할 수 있는 광범위한 형성의 자유를 가진다. 국가가 사회적 기본권을 어떻게 실현할 것인가의 문제(사회적 기본권 실현의 정도와 수단 및 시기의 문제)는 권력분립원칙과 민주주의원리에 근거하여 원칙적으로 입법자의 관할범위에 속한다. 그러므로 사회적 기본권으로부터 특정조치를 취하여야 할 국가의 의무나 특정법률을 제정하여야 할 구체적인 입법의무를 원칙적으로 이끌어 낼 수 없다.

이러한 입법형성의 자유에 비추어, 헌법재판소는 '입법자가 사회적 기본권을 실현해야 할 의무를 제대로 이행하였는지 여부'를 '과소보장금지의 원칙' 또는 '최소한 보장의 원칙'을 기준으로 단지 제한적으로만 심사할 수 있다. 즉, 헌법재판소는 사법적 심사에 있어서 단지 국가가 사회적 기본권의 실현을 위한 최소한의 조치를 취하였는지, 사회적 기본권을 실현해야 하는 최소한의 기본의무를 이행하였는지 여부만을 판단하게 된다. 사회적 기본권의 실현여부에 대한 헌법재판소의 '보다 엄격한 판단'은 상충하는 법익간의 교량을 통해서만 가능한데, '최소한 보장의 원칙'은 사회적 기본권의 경우 교량대상 법익의 다양성과 다원성으로 말미암아 헌법재판의 결정과정으로서의 법익교량이 사실상 거의 불가능하다는 인식에 기초하고 있다. 헌법재판소의 이러한 심사기준은, 개인이 국가의 기본권 보호의무의 이행여부를 다투는 경우와 같이, 국가과제의 실현여부가 문제되는 경우 일반적으로 적용되는 기준이다.[62]

만일 헌법재판소가 입법형성권의 일탈여부를 심사함에 있어서 헌법적 한계의 명백한 일탈에 관한 심사에만 국한하지 않는다면, '사회현실에 대한 헌법재판소의 판단'과 일치하지 않는 '입법자의 재량판단'을 실질적으로 부정하는 결과를 가져오며, 이는 헌법적 심사기준의 결여로 말미암아 자의적일 수밖에 없다. 이러한 이유에서 헌법재판소는 "국가가 사회적 기본권을 실현하기 위한 아무런 조치를 취하지 않았던지, 아니면 취한 조치가 사회적 기본권의 객관적 내용을 실현하기에 명백하게 부적합하거나 불충분할 때에만 헌법재판소는 국가의 의무이행의 위반을 확인할 수 있을 뿐이"라고 하여 의무위반의 명백성을 요구하고 있다.[63]

대부분의 경우, 사회적 기본권 실현의무의 위반이 그 명백성의 결여로 인하여 거의 예외 없이 부정되기 때문에, 사회적 기본권의 실현여부를 다툴 수 있는 '주관적 권리'는

62) 국가의 기본권 보호의무의 이행여부를 판단하는 심사기준에 관하여 한수웅, 헌법학, 2012, 422면 이하 참조.
63) 헌재 1997. 5. 29. 94헌마33(생계보호기준), 판례집 9-1, 543.

단지 헌법소원의 가능성만을 열어놓을 뿐, 헌법재판을 통하여 국가의 의무이행을 강제할 수 있는 효과는 거의 없다고 보아야 한다. 이러한 점에서, 사회적 기본권의 권리성은 '헌법재판을 통하여 사회적 기본권의 실현여부를 다툴 수 있는 권리', 즉 소송법상의 가능성으로 축소된다. 사회적 기본권의 주관적 권리로서의 성격은 국가재정의 측면에서 '현실적으로 가능한 것의 유보' 및 '입법자에 의한 국가과제간의 우위관계에 관한 광범위한 형성권'에 의하여 결과적으로 사실상 큰 의미가 없는 것으로 축소된다.

4. 주관설의 문제점

가. 주관설의 일반적 문제점

'기본권'을 '국가기관을 직접 구속하면서 기본권의 주체에 의하여 사법적으로 관철할 수 있는 개인의 주관적 권리'로 이해한다면, 사회적 기본권에는 위에서 서술한 다양한 이유로 인하여 주관적 권리의 성격이 전반적으로 결여되어 있다.[64] 주관설의 일반적 문제점은, 개인이 사회적 기본권을 근거로 하여 국가로부터 원칙적으로 특정한 급부를 요구할 수 없고 이를 사법적으로 거의 관철할 수 없음에도 이를 주관적 권리로 이해함으로써, '주관적 권리의 성격이 희박한 것'에 대하여 '권리'라는 법적 성격을 부여하고 있다는 점이다. 주관설은, 사회적 기본권의 실현에 있어서 헌법재판소의 역할이 매우 제한적임에도 사회적 기본권이 마치 사법적으로 광범위하게 실현되고 관철될 수 있다는 오해를 불러일으킨다. 개인이 국가에 대하여 실질적으로 아무런 구체적인 급부를 요구할 수 없음에도 사회적 기본권의 법적 성격을 주관적 권리로 서술하는 것은, 국민에게 불필요한 기대를 불러일으키고 헌법에 대한 실망을 안겨줄 위험이 있다.

나. 추상적·구체적 권리설의 문제점

'추상적 권리설'과 '구체적 권리설' 모두 비록 사회적 기본권의 법적 성격을 '권리'로 표현하고 있기는 하나, 사회적 기본권이 직접 국가로부터 일정 급부를 요구할 수 있는 현실적·구체적 권리가 아니라 입법자의 입법행위를 통하여 비로소 구체적 권리로서 탄생한다는 것에 대해서는 이론이 없다. '추상적 권리설'은, 사회적 기본권이 법률의 제정에 의하여 비로소 구체적 권리가 된다고 한다는 점에서, 그 실질에 있어서 객관설과 다를 바 없다. '구체적 권리설'은 사회적 기본권의 재판규범성을 강조하기는 하지만, 그 권리의 내용은 입법자가 입법형성권을 잘못 행사한 경우에 대하여 이를 다툴 수 있는 소극적인 권리에 지나지 않으며, 입법에 의하여 비로소 현실적·구체적 권리가 된다는 점에서 객관설과 근본적으로 다르지 않다.[65]

---

64) Vgl. Murswiek, Grundrechte als Teilhaberechte, soziale Grundrechte, in: HbStR, Bd.V, 1992, §112 Rn.53.

사회적 기본권의 내용을 구체화하는 입법이 존재하지 않는 경우 '구체적 권리설'이 입법부작위에 대하여 헌법소원을 제기할 수 있는 가능성을 강조하는 것도, 구체적 권리설이 비록 사회적 기본권을 권리로 파악한다고 주장하지만 실제에 있어서는 국가의 과제와 목표를 실현해야 할 입법자의 의무로 파악하고 있다는 것을 말해주고 있다. 왜냐하면, 입법부작위나 부실한 입법에 대한 헌법소원의 가능성은 입법자에 대한 헌법위임, 즉 헌법적 입법의무를 전제로 하기 때문이다. 그렇다면 '법적 권리설'은 우리 헌법이 사회적 기본권을 규정하고 있는 형식에 집착하여 '권리'로서 파악하려고 하나, 실질적으로 '권리'의 내용은 사회적 기본권을 실현해야 하는 국가의 의무가 단순히 정치적 의무가 아닌 헌법적 의무라는 것을 표현하고 있을 뿐이다. 결국, 우리 학계의 '구체적 권리설'은 사회적 기본권의 본질을 국가의 헌법적 목표나 의무로 보고 있다는 점에서 그 실체는 '객관설'이라고 할 수 있다.

그렇다면, '구체적 권리설'에서 말하는 '권리'란, 사회적 기본권을 실현해야 할 입법자의 의무가 헌법적 입법의무라는 것으로부터 파생하는 권리, 입법자의 객관적 의무에 대응하는 개인의 주관적 권리, 즉 '입법자에 대하여 사회적 기본권의 실현을 요구하고 사회적 기본권의 실현여부를 헌법재판을 통하여 다툴 수 있는 권리'에 지나지 않는다. 그러나 이러한 주관적 권리는 국가로부터 특정 내용의 입법이나 특정 급부를 요구할 수 있는 '적극적인' 권리가 아니라, 사회적 기본권의 실현에 있어서 입법자에게 주어진 형성권을 사회적 기본권의 객관적 내용에 합치하게 사용할 것을 요구하고, 입법부작위나 부실한 입법으로 인하여 헌법상 부여된 입법형성권의 범위를 현저하게 일탈한 경우 이를 헌법재판을 통하여 다툴 수 있는 '소극적인' 권리이다.[66] 개인이 사회적 기본권을 근거로 국가에 대하여 거의 아무것도 요구할 수 없고 관철할 수 없음에도 불구하고, 단지 사회적 기본권의 실현여부를 헌법재판을 통하여 다툴 수 있는 가능성을 강조하기 위하여 그 법적 성격을 '권리'로 표현하는 것은 사회적 기본권의 본질을 왜곡하는 것이다.

따라서 사회적 기본권의 법적 성격을 '구체적 권리'로 규정하는 것은, 사회적 기본권이 경우에 따라 재판규범으로서 작용할 수 있다는 가능성만을 지나치게 부각시킴으로써, 본질적으로 객관적·의무적 성격을 가지는 사회적 기본권을 그 법적 성격에 있어서 제대로 표현하지 못하고 있다. 결국 '권리설'은 원칙적으로 객관적인 측면을 국민의 관점에서 주관적 권리로 설명하려고 시도함으로써, 사회적 기본권의 본질을 포착할 수 없는 한계를 지니고 있다.

---

65) 同旨, 계희열, 헌법학(중), 2004, 697면.

66) Vgl. Böckenförde, Die sozialen Grundrechte im Verfassungsgefüge, in: Soziale Grundrechte, 1981, S.14, 마치 재량행위에서 행정청이 재량권을 수권규범의 목적에 합치되게 그리고 재량권의 법적 한계 내에서 사용하여야 할 의무에 대응하는 개인의 '하자 없는 재량행사청구권'이 존재하는 것처럼, '구체적 권리설'에서 말하는 '구체적 권리'란 단지 '하자 없는 입법재량행사청구권'에 불과하다.

다. 'Alexy의 원칙 모델에 따른 권리설'의 문제점

(1) Alexy 교수의 견해에 의하면,[67] 사회적 기본권에 의하여 일단 잠재적으로(prima facie) 개인이 국가에 대하여 사회적 기본권의 실현을 위한 행위를 요구할 수 있는 포괄적인 권리를 가진다는 것으로 간주하고, 개인이 최종적으로 어떠한 확정적인 권리를 가지는지에 관하여는 상충하는 법익간의 교량을 통하여 판단한다고 한다. 이에 따라, 개인이 어떠한 사회적 기본권을 최종적으로 가지는지의 문제는 상충하는 법익간의 교량의 문제, 즉 最適化의 과제로 이해된다.

법익교량의 과정에서, 한편으로는 사회적 기본권이 실현하고자 하는 실질적 자유의 요청과 다른 한편으로는 '형식적 · 절차적' 요청으로서 민주주의에서 입법자의 형성권에 대한 요청 및 권력분립원리의 요청, 나아가 '실체적' 요청으로서 사회적 기본권의 실현에 의하여 제한되는 타인의 자유권, 사회적 기본권과 그 실현에 있어서 서로 경쟁하는 다른 사회적 기본권 및 그 외의 객관적인 법익(국가과제 또는 공익 등)이 서로 대치한다. 법익교량의 결과, 실질적 자유의 요청이 급부권적 지위를 매우 긴요한 것으로 요구하고, 반면에 민주주의원리 및 권력분립원리, 그 외에 상충하는 반대법익이 급부권적 지위의 기본권적 보장에 의하여 상대적으로 적은 정도로 저해되는 경우에는, 급부권적 지위는 사회적 기본권에 의하여 최종적으로 보장되는 것으로 간주될 수 있다고 한다.[68] 그에 의하면, 이러한 조건은 일반적으로 최저생계를 요구할 권리, 소박한 주거를 요구할 권리, 최소한의 의료혜택을 받을 권리 등 '최소한의 사회적 기본권'(minimale soziale Grundrechte)의 경우 충족된다고 한다.[69]

(2) 그러나 이러한 견해는 다음과 같은 관점에서 법리적인 문제를 안고 있다.

첫째, 위 견해의 중대한 결함은 이러한 법익형량의 모델에 의해서는 법익형량 자체가 사실상 불가능하다는 것에 있다. 저울의 한 편에는 '실질적 자유의 요청'을 올려놓고, 저울의 다른 한편에는 '형식적 요청'으로서 사법기관의 기능적 한계를 제시하는 민주주의원리와 권력분립원리의 요청, 나아가 '실체적 요청'으로서 사회적 기본권에 의하여 제한되는 자유권, 그 외의 사회적 기본권 및 국가의 과제와 공익 등 상충하는 법익을 올려놓는다는 것은, 상충하는 법익이 매우 다양하고 서로 다른 차원에 위치하고 있다는 점에서, 이와 같이 다양한 법익을 함께 고려하여 다층적 · 다차원적으로 형량하는 작업이 사실상 기능할 수 없다는 것을 말해준다. 이러한 법익형량의 모델은 현실적으로

67) Vgl. R. Alexy, Theorie der Grundrechte, 1986, S.465ff.

68) 이러한 모델에 의하면, '실질적 자유의 요청'이 상충하는 그 외의 모든 법익을 합친 것보다 큰 비중을 차지하는 경우, 개인은 급부를 요구할 수 있는 확정적인 권리를 가진다. vgl. R. Alexy, Theorie der Grundrechte, 1986, S.470.

69) Vgl. R. Alexy, Theorie der Grundrechte, 1986, S.466.

그 실행이 불가능하므로, 사법적 심사의 규범적 기준을 제공하지 못한다.[70] 이러한 법익형량의 모델은 사법적 심사기준이라고 하기보다는, 헌법재판소에 의한 사법적 심사가능성의 규범적·사실적 한계 또는 사회적 기본권의 실현에 있어서 헌법재판소의 기능적 한계에 관한 '또 다른 서술'에 지나지 않는다. 결국, 위 모델은 법익교량의 형식을 빌려서 헌법재판소에 의한 사회적 기본권실현의 한계를 서술하고 이를 스스로 인정하는 것에 불과하다.

둘째, 설사 이러한 법익형량의 모델이 기능한다 하더라도, 개인이 국가에 대하여 궁극적으로 무엇을 요구할 수 있는지의 문제가 사법기관의 결정에 의하여 밝혀지기 때문에, 사법기관의 권한을 확대하고 입법자의 민주적 형성권을 침해할 위험이 매우 크다. 이러한 모델은 사법적 심사기준의 모호함으로 인하여 사법기관에게 자의적 법익형량과 주관적 가치판단의 가능성을 완전히 개방하고 있다. 이러한 법익형량의 모델은, 사법기관으로 하여금 법익형량과정에서 사회현실에 대한 자신의 판단을 기초로 국가과제의 우선순위 및 이에 따른 국가재정의 배분에 관하여 스스로 결정하는 것을 가능하게 하고 정치형성적으로 활동하도록 함으로써, 정치가 사법기관의 결정에 의하여 대체될 위험을 내재하고 있다. Alexy 교수가 법익형량의 결과는 '최소한의 사회적 기본권'을 인정하는 것에 그쳐야 한다고 강조하는 것도 이러한 위험성을 스스로 인식하고 있기 때문이다.

뿐만 아니라, 이러한 위험성은 원칙모델이 '최적화의 요청'에 따른 법익형량을 요구하기 때문에 더욱 심화된다.[71] 최적화의 요청에 따른 법익형량의 과정에서는 이론적으로 '단지 유일하게 타당한 헌법적 해결책'만이 존재한다. 최적화의 과제는 입법자의 결정에 있어서 가장 이상적인 법익형량의 결과를 요구하기 때문이다. 그런데 최적화의 요청은 헌법재판소의 사법적 심사에 의하여 궁극적으로 실현되고 관철되므로, 최적화의 요청에 따른 포괄적인 헌법재판소의 심사와 입법자의 형성의 자유는 서로 양립하기 어렵다. 따라서 헌법재판소는 입법자와의 권력분립의 관점에서 상충하는 법익이 최적의 조화와 균형의 상태에 있는지를 적극적으로 심사해서는 안 되고, 상충하는 법익간의 경계설정이 적정한 비례관계를 현저하게 일탈하였는지에 관한 소극적인 확인에 그쳐야 한다.[72] 이러한 관점에서도 최적화의 모델에 의하여 입법형성권을 사법적으로 통제하는 것은 입법형성권을 침해할 위험을 내포하고 있다.

---

70) Alexy 교수는 자신의 모델이 사법적 심사기준을 제공하지 못한다는 이의제기에 대하여 '자유권의 경우에도 복잡한 법익교량의 상황이 존재한다'고 반박하나, 그의 이러한 반론은 자신의 모델이 기능할 수 없다는 것을 스스로 자인하는 것처럼 보인다, vgl. R. Alexy, Theorie der Grundrechte, 1986, S.467.

71) 이에 관하여 한수웅, 헌법학, 2012, 481면 참조.

72) 원칙모델은 사회적 기본권의 실현여부에 관한 판단은 법익교량을 통하여 이루어진다는 점에서 객관설과 견해를 같이 하지만, 객관설은 사회적 기본권의 경우 법익교량대상의 다양성과 다원성으로 인하여 법익교량이 사실상 불가능하기 때문에 헌법재판소의 사법적 통제는 최소한의 것으로 축소되어야 한다는 견해인 반면, 원칙모델은 자신이 제시하는 기준에 따라 최적화를 요청하는 법익교량이 가능한 것으로 간주하고 법익교량을 통하여 입법자를 보다 구속할 수 있다고 판단하는 것에 그 차이점이 있다.

셋째, Alexy 교수의 견해에 따르더라도 사회적 기본권의 실현여부를 사법적으로 심사할 수 있는 가능성은 매우 제약적이며, 그럼에도 사회적 기본권의 미약한 주관적인 측면을 강조하기 위하여 본질적인 측면인 객관적인 측면을 시야에서 배제하는 것은 사회적 기본권의 본질을 왜곡한다는 비판을 면하기 어렵다. 위 견해에 따라 법익형량의 결과로 '최소한의 사회적 기본권'이 나올 수 있다는 것을 인정한다 하더라도, 여기서 말하는 '최소한의 사회적 기본권'이란 위에서 서술한 '최소한 보장의 원칙'의 내용과 크게 다르지 않다고 할 것이다.

위 견해는 사회적 기본권에 일응 권리성을 부여하는 것에서 원대하게 출발하지만, 법익형량의 결과 진정한 의미의 권리로 확정되는 것은 '최소한의 것'이라는 초라한 결론에 이름으로써, '주관적 권리의 성격이 희박한 것'을 '주관적 권리'로 파악하는 것이 그 출발점부터 잘못되었다는 것을 보여주고 있다.[73] 결국, 위 견해는 우리 학계의 권리설과 마찬가지로, 본질적으로 객관적인 성격의 사회적 기본권을 무리하게 주관적으로 파악하고자 한다는 점에서 문제점을 드러내고 있으며, 사회적 기본권이 헌법에 기본권으로 규정되어 있기 때문에 권리라는 것에서 출발해야 한다는 동일한 오류를 범하고 있다.[74]

넷째, 사회적 기본권이 일단(잠재적으로) 국가에 대한 급부청구권을 보장하는 것이고 궁극적으로 무엇을 요구할 수 있는지는 법익교량을 통하여 판단한다는 사고는, 개인의 행위는 일단 자유권에 의하여 보호되고 무엇이 실제로 보호되는지는 상충하는 법익간의 교량을 통하여 판단된다는 '자유권보장의 사고'와 동일한 구조를 취하고 있다. 그러나 이러한 구조는, 개별자유권이 고유한 보호범위를 가지고 있다는 것을 전제로 개인의 행위는 일단 헌법적으로 보호되는 것으로 추정함으로써 자유를 제한하는 국가행위에 대하여 정당화의 의무를 지우는 사고에 기초하고 있는 것인데, 사회적 기본권의 경우에는 '가능한 한 최대한의 급부청구권'을 보호범위로 상정하고 국가의 사회국가적 입법을 '이에 대한 제한'으로 이해하는 것은 사회적 기본권의 본질과 특성을 무시하는 것으로 이러한 관계를 상정한다는 것 자체가 매우 무리한 발상이다.

뿐만 아니라, 사회적 기본권을 주관화하여 가상의 보호범위를 설정한다는 것은 필연적으로 과잉금지원칙의 적용을 초래한다.[75] 최적화를 요청하는 원칙모델이 자유권의 구

---

73) 사회적 기본권을 객관적 성격의 것으로 이해하더라도, 법익형량을 통하여 사회적 기본권을 상충하는 법익과의 관계에서 최적으로 실현하는 것은 마찬가지로 가능하다. 굳이 Alexy의 원칙모델을 채택할 필요도 없이, 법익형량과정은 헌법의 통일성 및 그로부터 필연적으로 파생하는 실제적 조화의 원칙으로 인하여 (적어도 입법자에 대해서는) 상충하는 법익을 가능하면 최적으로 실현하고자 하는 최적화의 요청을 의미한다.

74) Alexy의 법익형량 모델은, 헌법상의 기본권이란 헌법의 관점에서 매우 중요하기 때문에 기본권적 지위의 부여 여부가 의회 다수의 결정에 위임될 수 없는 법적 지위이며, 사회적 기본권과 관련해서도 마찬가지로 개인에게 기본권으로서 이와 같이 중요한 급부권적 지위가 부여된다는 것에서 출발한다, vgl. R. Alexy, Theorie der Grundrechte, 1986, S.465.

75) 국가가 개인의 자유와 공익이라는 양 법익을 동시에 완전히 실현할 수 없기 때문에, 상충하는 법익간의 조화

조와 결합하는 경우에는 필연적으로 과잉금지원칙이 '법익교량의 결과를 판단하는 심사기준'으로 고려되어야 함에도, 왜 위 견해가 '최소한 보장의 원칙'을 기준으로 언급하는지에 대하여 의문이 제기된다.

라. 과잉금지원칙을 적용하는 것의 문제점

권리설이 수반하는 또 다른 문제점은, 사회적 기본권에도 기계적으로 헌법 제37조 제2항의 과잉금지원칙을 적용하는 결과에 이른다는 점이다.[76] 즉, 사회적 기본권이 국가안전보장, 질서유지 또는 공공복리를 위하여 필요한 경우에 법률로써 제한될 수 있다는 것이다. 그러나 이러한 견해는 사회적 기본권의 본질과 부합하기 어렵다.

첫째, 사회적 기본권은 법률에 의하여 제한되는 것이 아니라, 비로소 구체적 권리로서 형성되는 것이다.[77] 사회적 기본권의 영역에서 법률은 '권리제한적' 기능을 하는 것이 아니라 '권리형성적' 기능을 하는 것이다. 아직 입법에 의하여 구체적 권리로 형성되지 않은 헌법상의 사회적 기본권이 어떻게 국가안전보장이나 질서유지, 공공복리의 이유로 법률로써 제한될 수 있는지 납득할 수 없다.[78] 사회적 기본권과 관련하여 입법자의 입법에 의하여 제기되는 문제는, 법률이 사회적 기본권을 과잉으로 제한하는지의 문제가 아니라, 입법자가 사회적 기본권의 실현의무를 제대로 이행하였는지 여부이며, 이를 판단하는 기준은 과잉금지원칙이 아니라 과소보장금지원칙이다.

둘째, 사회적 기본권의 본질적 내용이 정의로운 사회질서를 형성하기 위한 국가의 과제라는 점에서, 사회적 기본권은 '공공복리'에 의하여 제한되는 것이 아니라 역으로 '공공복리'를 실현하고자 하는 것이며, 그 실현수단은 일반적으로 자유권에 대한 제한으로 나타난다. 입법자가 개인의 자유권을 제한하는 경우 공익상의 사유로 정당화되어야 하는데, 사회적 기본권에 담겨진 국가의 헌법상 의무와 과제는 '자유권의 제한을 정당화하는 헌법적 근거'로 기능함으로써 스스로 헌법 제37조 제2항의 의미에서의 '공공복리'의 일부를 구성하는 것이다.

셋째, 사회적 기본권에 헌법 제37조 제2항의 규정을 적용할 수 없다는 것을 지지하

와 균형을 이루어야 하는 경우, 자유와 공익 사이의 실제적 조화를 구현하는 방법이 바로 과잉금지원칙이기 때문이다. '과잉금지원칙'은 자유권의 영역에서 최적화의 요청, 즉 실제적 조화의 원칙이 구체화된 특수한 형태라고 할 수 있다.

76) 가령, 계희열, 헌법학(중), 2004, 700면.

77) 학계에서는 흔히 "사회적 기본권의 침해"라는 표현을 적지 않게 사용하고 있으나, '사회적 기본권이 침해될 수 있는지'의 문제가 제기된다. '침해'란 공권력에 의하여 침해될 수 있는 현존하는 개인의 구체적인 법적 지위, 즉 구체적 권리의 보호범위의 존재를 전제로 하는데, 헌법적 차원에서의 사회적 기본권은 개인의 이러한 구체적인 보호범위를 구성하지 못한다. 따라서 헌법상의 사회적 기본권은 '침해'되는 것이 아니라, 헌법적 의무의 불이행으로 인하여 '실현'되지 못할 뿐이다.

78) 물론, 사회적 기본권이 일단 입법에 의하여 주관적 권리로 형성된 경우 국가로부터 일정 급부를 요구하는 구체적 권리가 국가의 재정능력이나 다른 공공복리의 목적으로 다시 법률로써 축소·제한될 수 있다. 그러나 헌법상의 사회적 기본권은 그 본질상 헌법 제37조 제2항의 법률유보조항으로는 제한될 수 없는 성질의 것이다.

는 또 다른 헌법적 근거는, 만일 사회적 기본권에 일반적 법률유보조항을 적용한다면 이와 불가분의 관계에 있는 '본질적 내용의 침해금지조항'이 함께 적용된다는 점이다. 그러나 '기본권의 본질적 내용의 침해금지'의 사고란 이미 존재하는 것을 전제로 하여 그 핵심에 대한 침해를 금지하는 것으로 先國家的·자연권적 기본권 사상에 기초하고 있다는 점에서, 사회적 기본권과 같이 국가의 입법에 의하여 '비로소 구체적으로 형성되는 것'에는 관련될 수 없다.

5. 사회적 기본권의 법적 성격으로서 국가목표규정 및 헌법위임

가. 헌법위임과 국가목표규정의 의미

憲法委任(Verfassungsauftrag)은 특정 국가기관에게 헌법에서 구체적으로 명시된 행위를 해야 할 의무를 부과한다.[79] 헌법위임은 입법자뿐만 아니라 행정과 사법도 구속한다는 점에서 입법위임과 구별된다. 그러나 헌법위임은 일반적으로 입법위임의 형태로 나타나며, 立法委任(Gesetzgebungsauftrag)은 입법자에게 특정한 사안이나 영역을 규율해야 할 의무를 부과한다.[80] 헌법소송의 관점에서, 헌법위임은 '입법부작위에 대한 헌법소원'과 관련하여 특별한 의미를 가진다.[81]

국가목표규정(Staatszielbestimmung)은 법적 구속력을 가지고 국가에게 특정 과제를 지속적으로 이행해야 할 의무를 부과하는 헌법규범이다.[82] 국가목표규정은 헌법위임과는 달리 특정한 국가행위를 해야 할 의무를 담고 있는 것이 아니라, 국가공동체의 일반적인 목표설정으로서 국가행위에 지속적인 방향과 지침을 제시한다.[83] 이로써 국가목표

---

79) Vgl. Badura, Arten der Verfassungssätze, in: HbStR, Bd.Ⅶ, 1992, §159 Rn.18.

80) Vgl. Lücke, Soziale Grundrechte als Staatszielbestimmungen und Gesetzgebungsaufträge, AöR 107(1982), S.22f. 입법위임으로는, 국가조직의 영역에서는 국민이 되는 요건을 정해야 할 입법자의 의무(헌법 제2조 제1항), 선거에 관하여 규율해야 할 의무(헌법 제41조 제3항, 제67조 제5항), 공무원제도에 관하여 규율해야 할 의무(헌법 제7조 제2항), 정당제도에 관하여 규율해야 할 의무(헌법 제8조 제2항) 등을 예로 들 수 있고, 기본권의 영역에서는 방송과 신문의 시설기준과 기능을 규율해야 할 의무(헌법 제21조 제2항), 의무교육 및 교육제도에 관하여 규율해야 할 의무(헌법 제31조 제2항 및 제5항), 최저임금제와 근로조건의 기준에 관하여 규율해야 할 의무(헌법 제32조 제1항 및 제3항) 등을 들 수 있다.

81) 헌법위임에 의하여 국가의 행위의무가 그 내용과 범위에 있어서 충분히 명확하게 규정되어 있고, 이러한 행위의무의 이행에 의하여 개인의 법적 지위의 향상을 기대할 수 있는 경우에는, 개인은 헌법소송을 통하여 예외적으로 국가의무의 이행을 관철하고자 할 수 있다. 따라서 입법자가 헌법에 의하여 부과된 구체적인 입법위임을 적정한 기간 내에 이행하지 않는 경우, 국민은 입법부작위에 대하여 헌법소원을 제기할 수 있는 가능성을 가진다.

82) Vgl. Badura, Arten der Verfassungssätze, in: HbStR, Bd.Ⅶ, 1992, §159 Rn.15; Isensee, Gemeinwohl und Staatsaufgaben im Verfassungsstaat, in: HbStR, Bd.Ⅲ, 1996, §57 Rn.119f.

83) 헌법상 국가목표규정은 부여된 기능에 따라 '정치적 목표를 헌법적 구속력을 가지고 확정하는 목표규정'과 '사회국가적 요청을 수용하여 구체화하고 확정하는 목표규정'으로 大別할 수 있다. 국가목표규정의 예로는, 통일의 지향(헌법 제4조), 국제평화의 유지(제5조), 인간의 존엄성(제10조), 국민의 교육(제31조), 근로자의 고용증진(제32조 제1항), 국민의 인간다운 생활의 보장(제34조), 환경의 보전(제35조 제1항), 양성의 평등 및 모성의 보호(제36조), 국민경제의 성장과 안정·소득의 분배·경제력의 남용방지(제119조 제2항) 등을 비롯하여 헌법 제9장에 규정된 일련의 경제정책적 국가목표조항을 들 수 있다.

규정은 국가행위의 지침이자 법규범의 적용에 있어서 해석의 지침으로 기능한다. 국가목표규정의 헌법적 구속력은 일반적으로 단지 일반적 목표의 제시에 국한되는 것이고, 목표의 구체화, 수단과 방법의 선택, 이행시점의 결정 등은 국가기관에게 위임된다. 국가목표규정은 일차적으로 입법자를 향하고 있는 것으로, 입법자가 어떠한 방법으로 그에게 부과된 국가과제를 이행할 것인지에 관하여 광범위한 형성의 자유를 부여하고 있다. 개인은 원칙적으로 이러한 국가의무에 대응하는 주관적 권리를 가지지 않는다.[84)]

헌법위임은 국가기관에게 구체적인 내용의 헌법적 의무를 부과하기 때문에, 국가목표규정과 비교할 때 보다 강한 구속력을 가진다.[85)] 헌법위임의 경우, 국가기관에 의한 헌법적 의무의 이행과 더불어 헌법위임이 적어도 잠정적으로 완수되는 반면, 국가목표규정은 입법자에 의하여 지속적으로 실현되어야 하는 과제이자 법규범의 해석에 있어서 고려되어야 하는 지속적인 기준으로 작용한다. 그러나 이러한 차이에도 불구하고 헌법위임과 국가목표규정 사이의 경계설정이 언제나 명확한 것은 아니다. 사회국가원리가 일반적으로 국가목표규정이자 동시에 헌법위임으로 간주되는 것도 이를 말해주고 있다.

나. 사회적 기본권의 법적 성격

사회적 기본권은 국가의 객관적 헌법원칙인 사회국가원리가 일정 생활영역과 관련하여 구체화된 헌법적 표현으로서, 그 母體와 마찬가지로 근본적으로 객관적인 성격을 갖고 있다. 사회적 기본권이란, 사회국가의 실현을 위하여 헌법에 기본권의 형식으로 규정된 국가목표규정이자, 동시에 사회적 기본권에 의하여 구체화된 국가과제를 실현해야 하는 헌법적 의무를 국가기관에게 부과하는 헌법위임, 특히 입법자에 대한 입법위임이다.[86)]

사회적 기본권은 국가에게 특정 목표를 지속적으로 이행해야 할 의무를 부과하는 헌법규범으로서, 국가행위에 대하여 지속적인 방향과 지침을 제시한다. 입법자는 입법을 통하여, 법적용기관은 법규범의 해석과 적용을 통하여 사회적 기본권에 담겨있는 국가목표를 지속적으로 실현해야 할 의무를 진다. 뿐만 아니라, 사회적 기본권은 입법과 행정에 대하여 객관적 의무를 부과하는 헌법위임의 성격을 가지고 있다.[87)] 헌법위임이란,

84) 국민이 국가목표규정의 실현여부를 원칙적으로 소송을 통하여 다툴 수 없다고 하더라도, 사법부에 의한 심사는 법관의 위헌제청에 의한 위헌법률심판이나 추상적 규범통제를 통하여 이루어질 수 있다.

85) Vgl. Lücke, Soziale Grundrechte als Staatszielbestimmungen und Gesetzgebungsaufträge, AöR 107 (1982), S.23f.

86) Vgl. Lücke, Soziale Grundrechte als Staatszielbestimmung und Gesetzgebungsaufträge, AöR 107 (1982), S.15ff.

87) Vgl. Badura, Das Prinzip der sozialen Grundrechte und seine Verwirklichung im Recht der Bundesrepublik Deutschland, Der Staat 1975, S.34; Isensee, Verfassung ohne soziale Grundrechte, Der Staat 1980, S.378; Lücke, Soziale Grundrechte als Staatszielbestimmung und Gesetzgebungsaufträge, AöR 107(1982), S.21ff.; Böckenförde, Die sozialen Grundrechte im Verfassungsgefüge, in: Soziale Grundrechte, 1981, S.14.

사회적 기본권에 표현된 국가목표를 적합한 조치를 통하여 실현하여야 할 국가기관의 의무, 무엇보다도 입법자의 의무(입법위임)를 의미한다. 사회적 기본권의 실현은 일차적으로 입법자의 과제이다. 사회적 기본권은 입법자에게 입법과정에서 고려하여야 할 구속력 있는 국가목표를 부과하고 이러한 국가목표를 입법을 통하여 실현해야 할 의무를 부과하고 있다. 따라서 입법자에 의한 부작위나 의무의 명백한 해태는 헌법적으로 허용되지 않는다. 입법자가 형성권을 현저하게 잘못 행사한 경우, 객관설은 입법자의 객관적 의무에 대응하는 개인의 주관적 권리가 인정될 수 있다는 것을 배제하지 않는다.[88]

사회적 기본권은 본질상 국가의 과제와 목표를 담고 있기 때문에, 그 형식이나 장소에 있어서 다양한 방법으로 규정될 수 있다. 사회적 기본권은 기본권의 형식뿐만 아니라 국가목표규정이나 입법위임규정의 형식으로 헌법에 수용될 수도 있으며,[89] 그 규정장소와 관련해서도 기본권에 관한 章 뿐만 아니라 경제에 관한 章, 또는 별도의 사회질서에 관한 章에 규정될 수도 있다.[90] 이 모두 헌법적 美學이나 헌법정책의 문제이지, 규정 형식과 규정장소에 따라 사회적 기본권의 법적 성격이 달라지는 것은 아니다.

6. 헌법소원의 가능성

가. '구체적 권리설'을 포함하여 '객관설'의 문제점

사회적 기본권의 법적 성격이 본질적으로 주관적 권리가 아니라 객관적 의무라면, 국가가 사회적 기본권의 실현의무를 이행하지 않는 경우 이를 헌법소원의 형태로써 다툴 수 있는지의 문제가 제기된다. 개인은 헌법상 보장된 기본권이 침해되었음을 이유로 헌법재판소에 헌법소원을 제기할 수 있기 때문이다. '구체적 권리설'은 위에서 확인한 바와 같이 그 실체에 있어서 객관설로서, 입법자의 의무불이행의 경우에 대하여 헌법소원을 제기할 수 있는 가능성을 단지 주장만 할 뿐, 객관적 성격의 사회적 기본권을 근거로 하여 어떻게 개인이 입법자의 의무이행을 다툴 수 있는지에 관하여 설명하지 못

---

88) 또한, 객관설은 조감할 수 있는 특정한 부분 영역에서 사회적 기본권을 주관적 권리로 규정한 경우(가령, 헌법 제31조 제2항의 무상의 초등교육 청구권 등)에는 구체적인 입법의무에 대응하여 구체적 입법을 요구할 수 있는 개인의 주관적 권리가 인정된다는 것을 배제하지 않는다.

89) Vgl. Lücke, Soziale Grundrechte als Staatszielbestimmung und Gesetzgebungsaufträge, AöR 107(1982), S.18f., 26ff.; J. P. Müller, Soziale Grundrechte in der Verfassung?, 1981, S.239ff. 예컨대, 독일 기본법에 환경보호에 관한 조항이 신설될 당시, 이를 사회적 기본권의 형식으로 아니면 국가목표조항의 형식으로 규정할 것인지에 관하여 논란이 있었고, 결국 주관적 권리가 아닌 국가의 의무를 '기본권'의 형식으로 규정하는 것은 바람직하지 않다는 지배적인 견해에 따라 환경보호조항은 기본법 제20a조에 국가목표의 형식으로 규정되었다.

90) Vgl. Böckenförde, Die sozialen Grundrechte im Verfassungsgefüge, in: Soziale Grundrechte, 1981, S.16, 예컨대, 근로의 권리는 "모든 국민은 근로의 권리를 가진다."라고 사회적 기본권의 형태로써 '제2장 국민의 권리와 의무'에 규정될 수도 있고, 또는 "국가는 근로자의 고용증진에 노력하여야 한다."는 등의 국가의무·목표조항의 형식으로 '제9장 경제'에 규정될 수도 있다. 헌법 제35조의 환경권도 마찬가지로 국가목표조항의 형태로 '제9장 경제' 부분에 규율될 수 있다. 역으로, 헌법 제9장 제124조에 규정된 '소비자의 보호의무'는 '소비자의 권리'의 형태로 사회적 기본권으로 규정될 수 있다.

하고 있다. 객관적 성격의 사회적 기본권에 '구체적 권리'란 이름의 옷을 입힌다고 하여, 사회적 기본권의 실체가 객관적 성격에서 주관적 성격으로 변하는 것은 아니기 때문이다. '헌법이 사회적 기본권을 권리의 형태로 규정하고 있기 때문에 권리'라는 주장만으로는 사회적 기본권의 실현여부를 다툴 수 있는 가능성으로서의 '권리성'을 논증할 수 없다.[91]

나. 사회적 기본권의 실현여부를 다툴 수 있는 권리의 헌법적 도출

사회적 기본권은 입법자에게 '사회적 기본권을 입법을 통하여 실현해야 할 의무'를 부과하고 있다. 사회적 기본권이 법적 구속력 있는 입법위임이라는 것은, 입법위임의 이행여부가 사법적으로 심사될 수 있다는 것을 의미한다. 헌법국가에서 헌법적 구속은 곧 사법적 심사의 가능성을 의미한다. 따라서 입법을 통하여 사회적 기본권을 실현해야 할 의무의 이행여부도 사법적 심사의 대상이 되어야 한다. 여기서 제기되는 문제는, '입법을 통하여 사회적 기본권을 실현해야 할 입법자의 의무'에 대응하는 개인의 주관적 권리로서 '입법자에 대하여 의무이행을 요구할 수 있는 권리'가 어떻게 도출될 수 있는지에 관한 것이다.

기본권의 구조는 객관적 법규범(기본권규정), 국가의 객관적 의무(기본권 존중의무), 개인의 주관적 권리(기본권)의 상관관계에서 보아야 이해가 가능하다.[92] 기본권규정은 국가에게 객관적 의무를 부과하면서 개인에게는 주관적 권리를 부여하는 객관적 법규범이다. 개인이 특정 상대방으로부터 작위나 부작위를 요구할 수 있는 법적 권리를 가지고 있는 경우, '주관적 권리'가 인정된다. 주관적 권리는 이에 대응하는 '상대방의 법적 의무'를 전제로 하며, 이러한 법적 의무는 '객관적 법규범'에 의하여 부과된다. 한편, 공법상의 주관적 권리는, 객관적 법규범이 국가에게 특정한 법적 의무를 부과하면서 국가의 법적 의무를 규정하는 법규범이 공적 이익뿐만 아니라 개인의 이익을 위해서도 존재하는 경우에 인정될 수 있다.[93]

헌법상의 사회적 기본권 규정은 입법자에게 입법을 통하여 사회적 기본권을 실현해야 할 객관적 의무를 부과하고 있고, 사회적 기본권 규정이 이러한 의무를 부과하는 목적은 국가의 급부를 통하여 개인의 실질적인 자유행사를 가능하게 함으로써 인간의 존엄성을 실현하는데 있으므로, 사회적 기본권 규정은 궁극적으로 개인의 이익을 위하여 존재한다. 입법자의 의무이행에 의하여 개인의 법적 지위의 향상을 기대할 수 있으므로, 사회적 기본권 규정으로부터 '입법자에 대하여 의무의 이행을 요구할 수 있는 개인

---

91) 同旨 계희열, 헌법학(중), 2004, 698면.
92) Vgl. Maurer, Staatsrecht, 1999, §9 Rn.17.
93) Vgl. Maurer, Allgemeines Verwaltungsrecht, 1983, §8 Rn.6ff.

의 주관적 권리'가 '사회적 기본권을 실현해야 할 입법자의 객관적 의무'에 대응하는 권리로서 나온다. 사회적 기본권은 그 법적 성격에 있어서 국가의 객관적 의무이지만, 사회적 기본권 규정으로부터 국가의 객관적 의무에 대응하는 개인의 주관적 권리가 도출되는 것이다. 즉, 헌법상의 사회적 기본권 규정은 국가에 대하여 객관적 의무를 부과하면서, 동시에 이에 대응하는 개인의 주관적 권리를 부여하는 것이다. 따라서 입법자가 사회적 기본권의 실현의무를 제대로 이행하고 있지 않다고 판단되는 경우, 개인은 사회적 기본권 규정을 근거로 위 규정으로부터 도출되는 주관적 권리인 '사회적 기본권의 실현을 요구할 수 있는 권리'가 침해되었다는 주장으로 헌법소원을 제기할 수 있는 것이다.[94]

Ⅵ. 맺는말

1. 기본권을 비롯하여 모든 주관적 권리의 특징은, 주관적 권리가 국가에 의하여 침해당하는 경우 권리구제절차를 통하여 사법적으로 관철되고 보장된다는 데 있다. 주관적 권리성을 판단하는 결정적인 기준은 바로 사법적 심사를 통한 관철의 가능성이다. 사회적 기본권의 법적 성격을 표현하는 견해로서 '주관설'과 '객관설' 중에서 무엇이 보다 타당한지에 관한 판단은, 개인이 어느 정도로 헌법재판을 통하여 사회적 기본권을 사법적으로 관철할 수 있는지의 판단에 달려있다.

개인이 국가에 대하여 사회적 기본권을 사법적으로 관철하기 위해서는 사회적 기본권이 사법적 심사를 위한 규범적 기준을 제시해야 한다. 그러나 사회적 기본권의 경우, 헌법이 스스로 보장내용을 구체화하는 명시적인 지침을 제시하지도 않을 뿐만 아니라 헌법해석을 통해서도 보장내용이 구체화될 수 없다는 점에서 사회적 기본권의 내용을 밝히는 것이 거의 불가능하다. 국가에 의한 사회적 기본권의 실현 여부를 규범적으로 판단할 수 있는 사법적 심사기준이 존재하지 않으므로, 헌법재판소에 의한 사법적 심사의 가능성은 매우 제한적이다. 사회적 기본권의 실현은 국가과제의 실현 및 급부제공에 관한 것인데, 이는 제한된 국가의 재정능력과 실현되어야 하는 다양한 국가과제를 함께 고려하고 조정하여 우선순위를 결정하는 국가의 계획절차 내에서만 가능하다. 따라서 사회적 기본권의 실현여부를 판단하는 헌법재판소의 법익교량과정은 국가의 다른 모든

94) 헌법상 지방자치의 보장이 그 법적 성격에 있어서 주관적 보장이 아니라 제도보장으로서 객관적 보장이라면, 지방자치단체가 어떻게 자신의 주관적 법적 지위(자치권)의 침해를 주장하여 소송을 제기할 수 있는지의 문제가 마찬가지로 제기된다. 이 경우에도 위와 동일한 방법으로 지방자치단체의 주관적 법적 지위가 인정될 수 있다. 즉, 헌법상 지방자치의 보장은 객관적 보장이지만, 객관적 제도보장에 대응하는 주관적 법적 지위로서 지방자치단체의 자치권이 인정된다. 헌법 제117조는 지방자치를 객관적으로 제도로서 보장하면서, 동시에 제도보장에 의하여 부과되는 국가의무의 이행을 요구할 수 있는 주관적 법적 지위로서 자치권을 보장하는 것이다. 따라서 주관적 법적 지위로서 자치권의 보장은 헌법 제117조로부터 나오는 것이다.

과제와 의무 및 사회적 기본권의 실현을 위하여 제한되는 자유권 등 다양한 헌법적 법익을 복합적으로 고려하여야 하는 다층적·다차원적인 것이다. 이는 곧 사회적 기본권의 실현여부에 대한 사법적인 심사가능성이 근본적인 한계에 부딪친다는 것을 의미한다.

결국, 사회적 기본권의 실현여부는 '최소한 보장의 원칙'을 기준으로 매우 제약적으로만 심사될 수 있다는 결론에 이른다. 사회적 기본권의 실현여부에 대한 헌법재판소의 '보다 엄격한 판단'은 상충하는 법익간의 교량을 통해서만 가능한데, '최소한 보장의 원칙'은 사회적 기본권의 경우 교량대상 법익의 다양성과 다원성으로 말미암아 헌법재판의 결정과정으로서의 법익교량이 사실상 거의 불가능하다는 인식에 기초하고 있다. 헌법재판소의 이러한 심사기준은 국가과제의 실현여부가 문제되는 경우에 일반적으로 적용되는 기준이다. 따라서 사회적 기본권 실현의무의 위반이 그 명백성의 결여로 인하여 대부분의 경우 거의 예외 없이 부정되기 때문에, 사회적 기본권의 실현여부를 다툴 수 있는 '주관적 권리'는 단지 헌법소원의 가능성만을 열어놓을 뿐, 헌법재판을 통하여 국가의 의무이행을 강제할 수 있는 효과는 거의 없다고 보아야 한다.

2. 주관설의 일반적 문제점은, 개인이 사회적 기본권을 근거로 하여 국가로부터 원칙적으로 특정한 급부를 요구할 수 없고 이를 사법적으로 거의 관철할 수 없음에도 이를 주관적 권리로 이해함으로써, '주관적 권리의 성격이 희박한 것'에 대하여 '권리'라는 법적 성격을 부여하고 있다는 점이다. 학계의 '권리설'은 우리 헌법이 사회적 기본권을 규정하고 있는 형식에 집착하여 '권리'로서 파악하려고 하나, 사회적 기본권의 본질을 '사회적 기본권을 실현해야 하는 국가의 의무'로 보고 있다는 점에서 사실상 그 실체는 '객관설'이라고 할 수 있다. 결국, 학계의 추상적·구체적 권리설과 객관적 규범설은 동일한 것을 단지 명칭을 달리 하여 표현하고 있을 뿐이며, 문제는 어떠한 것이 사회적 기본권의 법적 성격을 보다 잘 표현하고 있는지에 관한 선택의 문제인데, 객관설이 사회적 기본권의 법적 성격을 보다 잘 표현하고 있다고 판단된다.

한편, 독일 Alexy 교수의 '원칙 모델'에 따른 권리설은 처음부터 사회적 기본권을 주관적 권리로 상정한다는 점에서 진정한 의미의 주관설이라 할 수 있다. 그러나 위 견해는 다양한 법리적 문제점을 안고 있으며, 특히 이러한 법익형량의 모델에 의해서는 교량대상 법익의 다양성과 다원성으로 인하여 법익형량 자체가 현실적으로 불가능하다는 중대한 결함을 가지고 있다. 이러한 법익형량의 모델은 사법적 심사기준이라고 하기보다는, 헌법재판소에 의한 사법적 심사가능성의 규범적·사실적 한계에 관한 '또 다른 서술'에 지나지 않는다.

3. 사회적 기본권은 국가의 객관적 헌법원칙인 사회국가원리가 일정 생활영역과 관

련하여 구체화된 헌법적 표현으로서, 그 母體와 마찬가지로 근본적으로 객관적인 성격을 갖고 있다. 사회적 기본권이란, 사회국가의 실현을 위하여 헌법에 기본권의 형식으로 규정된 국가목표규정이자, 동시에 사회적 기본권에 의하여 구체화된 국가과제를 실현해야 하는 헌법적 의무를 국가기관에게 부과하는 헌법위임, 특히 입법자에 대한 입법위임이다.

한편, 사회적 기본권을 국가목표규정이나 헌법위임으로 이해하는 '객관적 규범설'은 '입법자에 대하여 의무이행을 요구할 수 있는 개인의 주관적 권리'를 배제하지 않는다. 사회적 기본권은 그 법적 성격에 있어서 국가의 객관적 의무이지만, 사회적 기본권 규정으로부터 '사회적 기본권을 실현해야 할 입법자의 객관적 의무'에 대응하는 권리로서 '입법자에 대하여 의무의 이행을 요구할 수 있는 개인의 주관적 권리'가 나온다. 따라서 입법자가 사회적 기본권의 실현의무를 제대로 이행하고 있지 않다고 판단되는 경우, 개인은 사회적 기본권 규정을 근거로 위 규정으로부터 도출되는 주관적 권리인 '사회적 기본권의 실현을 요구할 수 있는 권리'가 침해되었다는 주장으로 헌법소원을 제기할 수 있다.

참고문헌

계희열, 헌법학(중), 박영사, 2004
권영성, 헌법학, 법문사, 2010
김철수, 헌법학개론, 박영사, 2004
이준일, 사회적 기본권, 헌법학연구 제10권 제1호, 2004. 3.
정태호, 원리(Prinzip)로서의 사회적 기본권, R. Alexy의 원리모델(Prinzipienmodel)을 중심으로, 법과 인간의 존엄(청암 정경식박사 화갑기념논문집), 1997
한수웅, 헌법학, 법문사, 2012
_____, 헌법소송을 통한 사회적 기본권실현의 한계 －법적 권리설로부터의 결별－, 인권과 정의 제245호, 1997. 1.
허영, 한국헌법론, 박영사, 2010
홍성방, 헌법학(중), 박영사, 2010

Alexy, Theorie der Grundrechte, 1986
v. Arnim, Gemeinwohl und Gruppeninteressen, 1977
Badura, Der Sozialstaat, DÖV 1989
_____, Das Prinzip der sozialen Grundrechte und seine Verwirklichung im Recht der Bundesrepublik Deutschland, Der Staat 1975
_____, Arten der Verfassungssätze, in: Isensee/Kirchhof(Hg), Handbuch des Staatsrechts (HbStR), Bd.Ⅶ, 1992, §159
Benda, Der soziale Rechtsstaat, in: Benda/Maihofer/Vogel(Hg), Handbuch des Verfassungsrechts der Bundesrepublik Deutschland (HbVerR), 1994, §17
_____. Industrielle Herrschaft und sozialer Staat, 1966
Bryde, Verfassungsentwicklung, 1982
Böckenförde, Grundrechtstheorie und Grundrechtsinterpretation, NJW 1974
_____, Die sozialen Grundrechte im Verfassungsgefüge, in: Böckenförde/Jekewitz/Ramm(Hg), Soziale Grundrechte, 1981
Gusy, Parlamentsrischer Gesetzgeber und Bundesverfassungsgericht, 1985
Hesse, Grundzüge des Verfassungsrechts der Bundesrepublik Deutschland, 1984
Isensee, Gemeinwohl und Staatsaufgaben im Verfassungsstaat, in: Isensee/Kirchhof (Hg), Handbuch des Staatsrechts (HbStR), Bd.Ⅲ, 1996, §57
_____, Verfassung ohne soziale Grundrechte, Der Staat 1980
_____, Wirtschaftsdemokratie-Wirtschaftsgrundrechte-soziale Gewaltenteilung, Der Staat 1978
_____, Grundrechte und Demokratie, Der Staat 1981

Lücke, Soziale Grundrechte als Staatszielbestimmungen und Gesetzgebungsaufträge, AöR 107(1982)

Maurer, Staatsrecht, 1999

______, Allgemeines Verwaltungsrecht, 1983

J. P. Müller, Soziale Grundrechte in der Verfassung?, 1981

______, Soziale Grundrechte in der schweizerischen Rechtsordnung in der europäischen Sozialcharta und den UNO-Menschenrechtspakten, in: Böckenförde/Jekewitz/Ramm(Hg), Soziale Grundrechte, 1981

Murswiek, Grundrechte als Teilhaberechte, soziale Grundrechte, in: Isensee/Kirchhof (Hg), Handbuch des Staatsrechts (HbStR), Bd.V, 1992, §112

W. Rüfner, Leistungsrechte, in: Merten/Papier(Hg), Handbuch der Grundrechte in Deutschland und Europa (HbGR), Bd.Ⅱ, 2006, §40

Starck, Gesetzgeber und Richter im Sozialstaat, DVBl 1978

Stern, Das Staatsrecht der Bundesrepublik Deutschland, Bd. I, 1984

W. Weber, Die verfassungsrechtlichen Grenzen sozialstaatlicher Forderungen, Der Staat 1965

Zacher, Das soziale Staatsziel, in: Isensee/Kirchhof(Hg), Handbuch des Staatsrechts (HbStR), Bd.Ⅱ, 2004, §28

Zippelius, Allgemeine Staatslehre, 1980

제2절 헌법상의 경제질서

제1주제

한국 헌법상의 경제질서*

Ⅰ. 머리말

경제질서가 개인과 국가 생활에 대하여 대단히 중요한 의미를 가지는 국가 공동체의 근본적인 문제이기 때문에, 헌법에는 어떤 형태로든 경제에 관한 국가공동체의 중요한 결정이 표현되고 있다. 헌법에 규정된 경제에 관한 조항을 '經濟憲法'이라 하는데,[1] 대부분의 헌법에는 특정한 경제질서에 대한 명문의 언급이 없기 때문에, 이러한 경우 헌법의 정치적 결정, 나아가 경제에 관한 헌법규범으로부터 어느 정도로 특정 경제질서에 관한 헌법적 결정을 이끌어 낼 수 있는지의 문제가 제기된다.

독일 학계에서 헌법상의 경제질서가 무엇인지, 헌법이 특정한 경제질서를 보장하고 있는지의 문제는 1950년대부터 1970년대에 걸쳐서 지속적으로 이루어진 논의의 대상이

---

* 위 논문은 1995년 11월, 공법학의 현대적 지평(계희열박사 화갑기념논문집), 173-196면에 게재된 것을 일부 수정한 것이다.

1) 여기서 '경제헌법'이라는 표현을 사용한다면, 헌법이 '정치헌법'과 '경제헌법'이라는 두 영역으로 분리된다는 것을 의미하는 것은 아니다. 헌법적 질서는 그의 단일성과 통일성 때문에 정치헌법과 경제헌법이라는 독자적인 두개의 영역으로 분리될 수 없고, 경제헌법의 '부분적 성격'은 단지 경제헌법이 그 대상에 있어서 경제영역에 관련된다는 것만을 의미한다. 경제헌법의 개념에 관하여 대표적으로 한태연, 헌법학, 1983, 1002면 참조.

었다.[2)] 독일에서 경제헌법에 관한 논의는 항시 경제영역에서 국가 활동의 가능성과 한계의 문제, 즉 입법자의 형성의 자유의 한계 문제였다. 독일에서 경제헌법을 둘러싼 논의의 주안점은 입법자를 헌법규범에 의한 구속 외에도 부가적으로 일정한 경제체제에 구속시킴으로써 입법자의 형성권에 또 다른 제한을 가할 수 있는지의 문제였다.

우리 학계에서는 헌법상의 경제질서에 관한 별다른 논의 없이 "한국 헌법은 경제질서에 있어서 사회적 시장경제라는 기본결정을 내렸다."는 데에 견해를 같이 하고 있다.[3)] 우리 학계의 지배적인 견해는 사회적 시장경제를 '사회적 법치국가에 대응하는 경제질서로서 사유재산제와 자유경쟁을 기본원리로 하는 시장경제질서를 근간으로 하되, 사회정의를 실현하기 위하여 경제에 대하여 규제와 조정을 가하는 경제질서'라고 정의하고 있다.[4)]

그러나 학계의 다수의견은 헌법상의 경제질서가 '사회적 시장경제'라는 데에 의견을 함께 하면서도, 사회적 시장경제를 하나의 헌법적 질서로서 보장하는 경우에 이로부터 어떠한 법적 결과가 파생하는지에 대해서는 아무런 언급이 없다. 그러므로 학계의 다수의견이 '사회적 시장경제'란 개념을 헌법상 보장되는 하나의 객관적 원칙으로서 '규범적 의미'로 사용하고 있는 것인지, 아니면 헌법에 근거하여 그 범주 내에서 현실적으로 형성되는 경제질서를 단지 사회적 시장경제로 부르고 있는 것인지 불명확하다. 만일 사회적 시장경제를 '헌법이 규정하고 있는 객관적 질서'로서 파악한다면, 사회적 시장경제의 근간이 되는 시장경제질서는 민주주의원리 · 법치국가원리 · 사회국가원리와 함께 또 하나의 헌법상의 객관적 원칙으로서 국가기관을 구속하는 헌법규범적 성격을 가지게 된다. 헌법상의 객관적 원칙으로서의 '사회적 시장경제질서'로부터 국가에 대한 아무런 법적 효과를 이끌어 내지 않는다면, 헌법에 규정된 경제질서가 '사회적 시장경제질서'라고 하는 확인은 실질적으로 무의미하다. 그렇다면 왜 헌법으로부터 '헌법상 보장된 경제질서'로서 사회적 시장경제를 도출해 내었는지 의문을 제기하지 않을 수 없다.[5)]

---

2) 독일에서 50년대 초반부터 70년대 말까지 진행된 '경제헌법에 관한 논의'의 단계에 관하여 vgl. Scheuner, Die staatliche Einwirkung auf die Wirtschaft, 1971, S.10ff.; Bäumler, Staatliche Investitionsplanung unter dem Grundgesetz, 1980, S.107ff.; ders., Abschied von der grundgesetzlich festgelegten Wirtschaftsverfassung, DÖV 1979, S.325ff.; Reich, Markt und Recht, 1977, S.78ff.; Frotscher, Wirtschaftsverfassungs- und Wirtschaftsverwaltungsrecht, 1988, S.17ff.; Tettinger, Neuer Streit um die Wirtschaftsverfassung?, BB 1977, S.1617f.

3) 한태연, 헌법학, 1983, 1028면; 권영성, 헌법학원론, 1989, 154면, 허영, 한국헌법론, 1990, 162면 이하; 김철수, 헌법학개론, 1989, 192면 이하; 구병삭, 신헌법원론, 1989, 180면; 권영설, 월간고시, 1984/8, 55면 이하; 서주실, 고시계 1967/9, 82, 86면; 안용교, 고시연구, 1988/1, 20면; 장석권, 월간고시, 1984/9, 85면.

4) 이러한 의미로 한태연, 헌법학, 1983, 1035면 이하; 권영성, 헌법학원론, 1989, 160면 이하; 구병삭, 신헌법원론, 1989, 182면; 안용교, 고시연구, 1988/1, 25면.

5) 예컨대, 한태연, 헌법학, 1983, 1027면 이하, 권영성, 헌법학원론, 1989, 166면; 허영, 한국헌법론, 1990, 162면; 안용교, 고시연구, 1988/1, 31면 이하; 서주실, 고시계 1967/9, 85면, 경제에 대한 국가적 간섭의 한계를 단지 '기본권과 법치국가원리'에서만 찾을 뿐, 국가의 경제활동을 제한하는 또 다른 헌법적 근거로서 '시장경제질서'에 대하여는 전혀 언급하고 있지 않다.

따라서 이글에서는 '사회적 시장경제가 과연 헌법이 보장하고 있는 경제질서인가'라는 질문을 던지고, 헌법규범, 무엇보다도 민주주의원리, 기본권조항 및 헌법 제119조에서 사회적 시장경제질서를 도출해 낼 수 있는지 여부를 검토하고자 한다. 나아가, 만일 우리 헌법으로부터 사회적 시장경제질서의 헌법적 보장을 도출할 수 있다면, 헌법을 일정 경제체제에 귀속시키는 것이 과연 필요하고 유용한 것인지, 그러한 경우 헌법적으로 어떠한 결과를 가져오는지를 살펴보기로 한다.

Ⅱ. 경제질서와 민주주의

1. 헌법상의 경제질서에 관한 우리 학계의 지배적 견해

헌법이 보장하고 있는 경제질서가 '사회적 시장경제'라는 우리 학계의 지배적 견해는 무엇보다도 다음과 같은 두개의 논거에 기초하고 있다. 하나는 '정치적 헌법'과 '경제질서' 사이의 同質性 또는 親和關係이다.[6] 일정한 헌법유형은 일정한 경제·사회적 조건 하에서만 발전할 수 있고, 이로써 헌법은 경제질서에 일정한 틀을 부여한다고 한다. 정치적 헌법과 경제질서 사이의 이러한 상호조건관계는 '결단적 사고'와 결부되어, 헌법이 '민주주의'에 대한 결단을 내림으로써 또한 동시에 '시장경제'에 대한 결단도 내렸다고 주장한다. 이러한 주장에서 독일 新自由主義(Neoliberalismus)가 우리 학계에 미친 영향, 즉 경제질서의 유형을 시장경제와 계획경제로 양분하고 시장경제만이 민주주의와 경제적 자유보장의 요청을 충족시킬 수 있다는 독일 신자유주의의 영향을 간과할 수 없다.[7] 정치적 헌법과 경제질서의 동질성을 근거로 정치적 헌법으로부터 시장경제질서를 도출하고, 다시금 양자의 동질성을 근거로 사회적 법치국가의 헌법에 상응하는 유일한 경제질서는 '사회적 시장경제'라고 주장함으로써, 한국 헌법상의 경제질서는 사회적 시장경제로 귀결된다.[8]

나아가, 헌법이 사회적 시장경제를 보장하고 있다는 학계의 지배적 견해는 실증법적으로는 헌법 제119조에 기초하고 있다. 우리 학계는 일치된 의견으로, 헌법 제119조 제1항은 시장경제를 원칙으로 하는 경제질서를 규정하고 있는 조항이며, 같은 조 제2항은 경제질서가 지향해야 하는 '사회정의'를 표명하는 조항으로 이해함으로써, 헌법 제119조 제1항에서는 '시장경제'를, 제2항에서는 '사회적'을 각 읽어내고, 두 조항의 결합으로부터 헌법상의 경제질서로서 '사회적 시장경제'를 도출하고 있다.[9]

---

6) 대표적으로 한태연, 헌법학, 1983, 1023면 이하; 안용교, 고시연구, 1988/1, 19면.
7) Vgl. Eucken, Grundsätze der Wirtschaftspolitik, 1968, S.20; Böhm, Wirtschaftsordnung und Staatsverfassung, in: Recht und Staat, Heft 153/154, 1950, S.40f.
8) 대표적으로 한태연, 헌법학, 1983, 1027면 이하; 권영성, 헌법학원론, 1989, 154면.
9) 대표적으로 한태연, 헌법학, 1983, 1039면 이하; 허영, 한국헌법론, 1990, 335면; 서주실, 고시계 1967/9,

이로써 한국 헌법으로부터 도출된 '사회적 시장경제'는 '독일에서의 사회적 시장경제'와 같은 기술적인 의미에서의 특정한 경제정책적 개념이 아니라, 단지 사회적 법치국가의 헌법에 상응하는 경제질서, 즉 혼합경제질서 또는 수정자본주의적 경제질서와 같은 의미로 이해되고 있다. 사회적 시장경제의 '사회적' 요소는 의문의 여지없이 사회국가적 요청의 표현이므로, 사회적 시장경제의 사회적 내용은 사회국가원리의 객관적 내용과 일치한다. 결국, 사회적 시장경제는 '사회적 법치국가의 경제질서'를 의미하는 다른 표현으로서, 시장경제를 헌법적 질서로 규정한 것 외에는 경제질서도 헌법의 기본결정에 상응해야 한다는 당연한 요청 외에는 크게 달리 의미하는 바가 없다.

이러한 의미의 '사회적 시장경제'는 사회국가원리와 자유시장경제의 결합으로서, 개인의 경제적 자유의 보장과 사회적 정의의 실현이라는 두 가지의 요구를 하고 있다. 사회국가원리가 現狀維持的·靜的 원칙이 아니라 未來指向的·動的 원칙인 것처럼, '사회적 시장경제'도 이미 완결된 최종형태로서 정적인 것이 아니라, 시간의 흐름과 사회현상의 발전에 따라 매번 변화하는 동적인 것이다. 이러한 사회적 시장경제의 유동성은 시장경제가 사회국가원리와 결합함으로써 발생하는 필연적인 결과이다. 사회국가원리의 구체적인 요청이 시대의 상황에 따라 변화하는 것처럼, 사회적 시장경제의 '社會的'에 대한 견해도 개방적이고 매 경제적 상황에 따라 변화하기 때문이다.[10)]

2. 민주주의원리로부터 헌법상 보장된 경제질서로서 시장경제질서를 도출할 수 있는지 여부

가. 헌법이 특정한 경제질서를 '헌법상 보장된 경제질서'로서 규정하고 있는지를 규명함에 있어서 일차적으로 제기되는 문제는, 정치적 헌법으로부터 특정한 경제질서를 이끌어낼 수 있는지, 특히 헌법상 '민주주의원리'로부터 헌법상의 경제질서로서 '시장경제질서'를 도출할 수 있는지 여부이다.

'자유민주주의'와 '시장경제를 원칙으로 하는 경제질서' 사이에는 밀접한 연관관계 또는 相互條件的 관계가 존재한다는 것은 부인할 수 없다. 그러나 이를 넘어서, 헌법이 민주주의에 대한 결단과 함께 동시에 시장경제질서에 대한 결단을 내렸다고 하는 주장, 즉 정치적 헌법과 경제질서 간의 同質性은[11)] 필연적일 수도 없고 헌법적으로 입증될 수도 없다. 대표적으로 독일의 뵘(Böhm) 교수는 민주주의적 국가형태와 경제질서 간의 평행성(Parallelität), 그의 견해에 따르면 양자 간의 필연적인 관계를 증명하려고 시도하였다.[12)] 그는 경쟁경제에서는 시장에서의 끊임없는 국민투표의 형식으로 가격이 형성된

83면.

10) Vgl. Müller-Volbehr, Das Soziale in der Marktwirtschaft, JZ 1982, S.137f.; Müller-Armack, Fortschreibung der sozialen Marktwirtschaft, in: FS für Böhm, 1976, S.455ff.

11) 대표적으로 한태연, 헌법학, 1983, 1023면 이하, 1032면; 안용교, 고시연구, 1988/1, 19면.

다는 비유를 사용하여, 경쟁경제는 그 자체가 민주적 과정이며, 정치적 민주주의의 경제적 복사판이므로, 오로지 경쟁질서를 근간으로 하는 시장경제만이 자유민주주의와 합치될 수 있다고 주장하였다.

그러나 뵘(Böhm) 교수가 주장하는 자유민주주의와 경쟁경제 간의 필연적인 동질성은 다분히 상대적이다. '경쟁을 통한 가격의 형성'과 '국민투표에 의한 민주적 결정'을 비교하는 것에 대하여는 일찍이 다음과 같은 반론이 제기되었다.[13] 첫째, 뵘(Böhm) 교수의 소위 '시장민주주의'에서는 누구나가 균등한 투표권을 갖는 것이 아니라 경제력에 따라 차등적으로 투표하게 되므로, 만일 경쟁경제와 민주주의의 비교가 가능하다면, 그 민주주의는 계급민주주의에 해당한다는 것이고, 둘째, 헌법에 대의제가 원칙이고 직접민주주의가 예외로 규정되어 있기 때문에, 대의제를 근간으로 하는 '헌법상 민주주의'와 직접민주주의의 실현수단인 '국민투표'를 동일시 할 수 없다는 것이다.

나. 나아가, 자유민주주의는 시장의 경쟁기능만을 강조하는 경제질서를 필연적으로 요청하지 않는다는 점에서도, 정치적 헌법과 경제질서 간의 同質性은 필연적인 것이 아니다. 오히려 Böhm 교수의 주장에 대해서는 "평등민주주의는 그 권력구조상 사회국가를 결과로 가져올 수밖에 없고,[14] 평등민주주의와 사회국가와의 상호연관성으로부터 경제영역에서의 국가의 임무가 단지 경쟁질서의 확보와 유지에 국한되는 시장경제질서는 민주주의원칙과 합치될 수 없다."는 반론이 적어도 동일한 정도의 이론적 정당성을 가지고 제기될 수 있다.

평등민주주의에서는 모든 국민이 보통·평등선거원칙에 의거해 동일한 선거권을 가지므로, 특정 계층의 관심사나 이익뿐만 아니라 사회의 모든 중요한 요구와 이익이 정치문제화 되고 정치적 논의의 대상이 됨으로써 국가정책결정에 있어서 고려의 대상이 된다. 따라서 오늘날의 평등민주주의에는 모든 사회구성원을 국가의 의사형성 및 경제적 과정, 그 결과인 사회적 산물에 대한 정당한 분배에 참여시키려는 경향이 내재되어 있다.[15] 다수결에 의한 다수의 지배를 바탕으로 하여 국가권력의 주체·형성·정당성에 관한 원리인 민주주의는 동시에 국민 다수의 이익, 즉 공익을 위한 정치라고 하는 정치내용의 변화를 가져오게 되었다. 국가의 정치적 지배를 정치적으로 동등한 모든 사회구성원 전체의 기능으로 이해하는 평등민주주의이념은 '국가 목표의 사회국가적 전환'을 가져오지 않을 수 없었다.[16]

---

12) Vgl. Böhm, Wirtschaftsordnung und Wirtschaftsverfassung, in: Recht und Staat, Heft 153/154, 1950, S.39f., 50f.

13) Vgl. Zacher, Aufgaben einer Theorie der Wirtschaftsverfassung, in: FS für Franz Böhm, 1965, S.92.

14) Vgl. Krüger, Staatsverfassung und Wirtschaftsverfassung, DVBl. 1951, S.366; Scheuner, Die Funktion der Grundrechte im Sozialstaat, DÖV 1971, S.512.

15) Vgl. Zacher, Das soziale Staatsziel, in: Handbuch des Staatsrechts, Bd. I, 1987, S.1096.

16) Vgl. Badura, Wirtschaftsverfassung und Wirtschaftsverwaltung, 1971, S.32; ders., Auftrag und Grenzen

그러므로 오늘날의 대중민주주의는 그에 내재하는 사회국가적 경향 때문에, 헌법에 사회국가원리가 규정되어 있지 않다 하더라도 필연적으로 '사회국가로의 국가 성격의 변화'를 초래하게 되어 있다. 이러한 의미에서 민주주의는 사회국가의 생성을 위한 본질적인 전제조건이고, 사회국가는 민주주의의 필연적인 정치적 결과로서 나타난다.[17] 그러므로 민주주의와 사회국가 사이에는 사회국가가 자신의 정치현실적 전제조건인 민주주의에 기인하고 그에 의하여 지지된다는 일방적인 관계가 존재한다. 민주주의는 필연적으로 사회국가를 탄생시키고, 민주주의로부터 국민 전체의 사회적 동질성을 실현해야할 사회국가적 과제가 나온다.

다. 그렇다면, 민주주의와 경제질서의 관계는 독일의 신자유주의 학파가 주장하는 바와 같이 이미 숙명적으로 선결된 필연적인 것이 아니라, 민주주의는 그의 정치적 胎兒인 사회국가를 실현하기 위하여 경쟁질서의 보장을 넘어서 경제에 간섭하고 경제를 수정하고 계획할 수 있다는 '실용적인 관계'이다.[18] '자본주의의 부정'은 동시에 '민주주의의 부정'을 의미한다는 경험적 확인이 꼭 필연적이 아닌 것처럼, 민주주의는 시장경제에 유리하게 작용하지만, 반드시 필요한 것은 아니다.[19] 시장경제가 민주주의의 신뢰할만한 버팀목이 아니라고 하는 것은, 시장경제가 독재체제에서 단지 이용되든지 아니면 관용되든지 간에, 시장경제나 경제적 자유가 전체주의적 국가체제나 독재국가에서도 가능하다는 역사적 경험이 말해주고 있다.

마찬가지로 '시장경제의 실현 정도'도 '민주주의의 실현 정도'를 대변하는 신뢰할만한 기준이 되지 못한다. 제2차 세계대전 전까지만 해도 국가에 의한 경제계획이나 기업활동은 시장경제를 부인하는 하나의 금기적 사항으로 간주되어 왔다. 그러나 오늘날에는 서구의 민주주의에서도 나라마다 그 도입의 정도에 있어서 차이가 있을 뿐, 국가에 의한 경제계획이나 기업활동 등의 경제정책적 수단을 사용하고 있다. 예컨대, 광범위한 경제계획적 조치를 도입한 프랑스에 대하여 '유럽에서 민주주의에 관한 한 가장 정치적 후진국'이라고 아무도 평가하지 않는다.[20] 요컨대, 민주주의원리는 특정 경제질서의 헌법적 보장을 입증하거나 부정하는 근거가 될 수 없다.

---

der Verwaltung im sozialen Rechtsstaat, DÖV 1968, S.447f.

17) Vgl. Böckenferde, Demokratie als Verfassungsprinzip, in: Handbuch des Staatsrechts, Bd. I, 1987, S.949.

18) Vgl. Zacher, Aufgaben einer Theorie der Wirtschaftsverfassung, in: FS für Franz Böhm, 1965, S.91; Scheuner, Die staatliche Intervention im Bereich der Wirtschaft, VVDStRL 11(1954), S.11ff., 19.

19) Vgl. Kriele, Einführung in die Staatslehre, 1975, S.198; ders., Recht und Politik in der Verfassungsrechtsprechung, NJW 1976, S.782; Ehmke, Wirtschaft und Verfassung, 1961, S.14, Fn.33.

20) Vgl. Rinck/Schwark, Wirtschaftsrecht, 1986, S.22.

Ⅲ. 민주주의와 경제민주주의

1. 경제민주주의의 의미

일반적으로, '경제민주주의'란, 근로자를 경제적 결정과정에 참여시키는 방식으로 정치적 민주주의를 경제적 민주주의에 의하여 보완해야 한다는 요청으로 이해되고 있다.[21] 근로자가 경제영역에서의 결정에 참여해야 한다는 공동결정(Mitbestimmung)의 요청은, 한편으로는 '기업 차원에서' 근로자의 결정참여권의 형태로, 다른 한편으로는 '국민경제적 차원에서' 국민경제회의와 같은 국가기구의 국가경제정책 수립과정에 있어서 근로자의 공동결정의 형태로 나타나고 있다.[22]

그러나 우선 경제민주주의와 관련하여, 경제의 민주화가 헌법적으로 요청된다고 하는 의미에서 '憲法的 要請로서의 경제의 민주화'와 정치적 민주주의가 그의 안정을 위하여 또는 그의 이상적인 '사회·경제적 실질적 전제조건'으로서 경제영역을 비롯한 사회영역의 민주화를 보충적으로 필요로 한다는 의미에서 '社會政策的 要請으로서의 경제의 민주화'는 서로 엄격하게 구분되어야 한다.[23] 독일의 신자유주의가 민주주의와 경제질서의 상호연관성을 근거로 시장경제질서를 헌법적 질서로 승격시키려고 시도했던 바와 같이, 경제민주주의의 이념도 마찬가지로 '경제영역도 민주화가 되어야만 정치적 민주주의가 비로소 완결된다'고 하는 의미에서 '정치적 헌법'과 '경제질서'의 동질성에 기초하고 있다.[24] 그러나 '경제민주주의'의 요청은 그것이 어떠한 형태이든 간에 '정치적 민주주의'로부터 도출될 수 없다. 사회·경제영역을 민주적 구조로 전환하는 것은 헌법적으로는 요청되지 않는다.

2. 자유민주적 기본질서의 근간을 이루는 '국가와 사회의 二重的 구조'

가. 헌법적으로 경제의 민주화는 '국가와 사회의 구분'이라는 관점에서 조명되어야 한다. 오늘날 국가의 성격이 사회적 법치국가로 변화함에 따라, 국가와 사회 사이에 긴밀한 상호영향관계가 존재한다. 그럼에도 불구하고 '國家와 社會의 개념상 분리'만이 전

21) Vgl. Naphtali, Wirtschaftsdemokratie, Ihr Wesen, Weg und Ziel, 1977, S.7ff., 22ff.

22) Vgl. Rittner, Wirtschaftsrecht, 1987, S.99f.; Benda, Industrielle Herrschaft und sozialer Staat, 1966, S.178ff., 190ff.; Thiele, Wirtschaftsverfassungsrecht, 1974, S.101ff.; Reich, Markt und Recht, 1977, S.331ff.

23) Vgl. Isensee, Grundrechte und Demokratie, Der Staat 1981, S.168; Denninger, Demokratisierung-Möglichkeiten und Grenzen, in: Cappenberger Gespräche, Bd.11, 1976, S.47ff.; Kriele, Das demokratische Prinzip im Grundgesetz, VVDStRL 29(1971), S.74.

24) Vgl. Krüger, Staatsverfassung und Wirtschaftsverfassung, DVBl 1951, S.366; Rittner, Wirtschaftsrecht, 1987, S.38.

체주의적 민주주의의 위험으로부터 개인의 자유를 보장할 수 있고, 나아가 사회단체가 국가의사결정에 영향력을 행사하고자 하는 '국가권력의 社會化 현상'으로 인하여 민주주의가 붕괴될 위험으로부터 민주주의를 보호할 수 있다.[25] 예나 지금이나 국가와 사회의 구조적·기능적 구분이라는 배경 하에서만 법치국가원리, 특히 '기본권의 주체'와 '기본권의 구속을 받는 상대방(국가)'의 양자 관계에 기초하는 개인의 자유권은 이해될 수 있다. 또한, 사회국가원리도 그 목표를 '사회에 대한 국가의 전반적인 책임'으로 이해하는 한, 국가와 사회의 구분을 전제로 하고 있다.

우리 헌법의 정치적 기본질서인 '자유민주적 기본질서'는 민주적 정당성에 바탕을 둔 '정치적 영역'과 자유권적 기본권에 의해 형성되는 '법치국가적 영역'의 두 요소로 구성되어 있다.[26] '정치적 영역'에서 개인은 정치적 공동체의 일원으로서 '전체로서의 국민'에 통합되는 한 부분이다. 정치적 영역에서의 개인에게는 국가권력의 형성과 정치적 의사결정과정에 균등하게 참여할 수 있는 길이 열려져 있다. 개인의 '정치적 권리'(정치적 영역에서의 개인의 법적 지위)는 국가 내에서의 국민의 참정권을 의미한다. 이와는 달리 '사회의 영역'은, 개인의 私的 自治와 자기결정권을 보장하고 민주적 정당성으로도 표결될 수 없고 침해될 수 없는 기본권적 자유에 기초하고 있다. 정치적 민주주의가 국가의 정치의사형성을 위하여 모든 개인의 기계적이고 형식적 평등을 요구하는 반면, 사회의 영역은 개체의 고유성·상이함·다양성에 기초하고 있다.

개인이 국가와 사회라는 두 영역의 구성원인 것처럼, 개인의 법적 지위도 이중적으로 보장된다.[27] 하나는 민주적 의사형성과정에 참여하는 권리로서 모든 개인의 동등한 '민주적 참여의 권리'이고, 또 다른 하나는 민주적으로 정당화된 국가권력도 일정한 제약을 받아야 한다는 의미에서 자유권에 의해 보장되는 '법치국가적 자유'이다.

나. 국가와 사회의 헌법적 구분은 자유민주적 헌법질서의 근본적인 전제조건이다. 민주주의원리를 국가적·정치적 영역에 국한시켜야 하는 본질적인 이유가 바로 '국가와 사회의 구분'에 있다. 국가형태로서의 민주주의원리를 사회의 영역에 확대시킨다면, 모

---

25) '국가와 사회의 구분'의 의미에 관하여 vgl. Böckenferde, Die Bedeutung der Unterscheidung von Staat und Gesellschaft im demokratischen Sozialstaat der Gegenwart, in: ders., Staat, Gesellschaft, Freiheit, 1976, S.192ff.; J. H. Kaiser, Die Repräsentation der organisierter Interessen, 1978, S.338f.; ders., Prolegomena zu einer Rechtslehre von Staat und Gesellschaft, in: Freiburger Dies Universitatis 1955/1956, S.52f.; Isensee, Subsidiaritätsprinzip und Verfassungsrecht, 1968, S.153f.; H. H. Klein, Die Teilnahme des Staates am wirtschaftlichen Wettbewerb, 1968, S.40f.; Zacher, Das soziale Staatsziel, in: Handbuch des Staatsrechts, Bd.I, 1987, Rn.26:; Schmidt, Wirtschaftspolitik und Verfassung, 1971, S.56f.

26) Vgl. Rupp, Freiheit und Partizipation, NJW 1972, S.1541f.; Isensee, Wirtschaftsdemokratie-Wirtschaftsgrundrechte-soziale Gewaltenteilung, Der Staat 1978, S.168; ders., Grundrechte und Demokratie, Der Staat 1981, S.171.

27) Vgl. Böckenferde, Die Bedeutung der Unterscheidung von Staat und Gesellschaft im demokratischen Sozialstaat der Gegenwart, in: ders., Staat, Gesellschaft, Freiheit, 1976, S.35f.; Stern, Das Staatsrecht der BRD, Bd. I, 1984, S.625.

든 개인이 모든 개인의 고유영역에 관한 결정에 광범위하게 참여하게 될 것이고, 이는 곧 자유민주적 기본질서의 근간을 이루는 '국가와 사회의 이중적 구조'를 폐기하는 것을 의미한다.[28] 사회영역의 민주화는 사회영역의 政治化, 즉 사회영역을 정치영역에서의 기본원리인 '다수결 원리'와 '형식적 평등의 원칙'에 예속시키는 것을 의미한다.[29] 그러므로 정치적 원리로서의 민주주의원리를 사회영역 전반에 수용하는 경우, 그것은 곧 개인이 가정, 기업, 교육장소 등 모든 사회영역에서 자신이 소속되어 있는 사회공동체 다수의 결정에 따라야 하는 '사회의 독재', 결국 '전체주의적 민주주의'로 이어진다.[30]

민주주의는 모든 국민의 정치적 권리와 의무가 동등하다는 '형식적 평등'에 기초하고 있으나, 이에 반하여 사회의 영역은 형식적 평등이 아닌 '고유성과 상이함'을 그 본질로 하고 있다.[31] 그러므로 사회조직을 국가조직과 동일시하는 것은 다원적 사회의 잠재적 다양성과 기본권적 자유를 폐지하는 결과를 가져온다. 민주주의는 정치적 지배를 조직하는 '국가권력행사의 정당성에 관한 원리'로서 직접 '국가권력행사'라는 기능에 관련되어 있지만,[32] 사회영역에서는 정치적 지배관계라고 하는 측면이 아니라 각 영역에서의 '고유한 기능의 수행'(생산, 교육, 이익 대변 등)이라는 각 영역마다 상이한 목적이 중심을 이루고 있다.[33]

설사 기업을 지배구조로 파악한다 하더라도, 이는 '정치적 지배'가 아니라 각 개인이 자신에게 보장된 자유권을 행사한 결과로서 발생하는 '사회적·경제적 우열관계'에 기인하는 것이다.[34] 그러므로 민주주의원리를 사회영역에 확대 수용하는 것은, 각 사회영역의 구조적 고유성과 각 영역을 지배하는 특수한 법칙성에 내재하는 민주화의 한계를 간과하는 것이다. 또한, 경제영역에서 근로자의 공동결정에 대한 요구는 동질성을 보유한 단체구성원의 平等性(Egalität)이 아니라, 서로 경쟁하는 상이한 집단(근로자와 사용자)

28) Vgl. Hennis, Die mißverstandene Demokratie, 1973, S.47; Isensee, Wirtschaftsdemokratie-Wirtschaftsgrundrechte-soziale Gewaltenteilung, Der Staat 1978, S.168; Rupp, Freiheit und Partizipation, NJW 1972, S.1542.

29) Vgl. Hennis, Die mißverstandene Demokratie, 1973, S.38.

30) Vgl. Böckenferde, Die Bedeutung der Unterscheidung von Staat und Gesellschaft im demokratischen Sozialstaat der Gegenwart, in: ders., Staat, Gesellschaft, Freiheit, S.197ff.; Rupp, Freiheit und Partizipation, NJW 1972, S.1542.

31) Vgl. Quaritsch, Demokratisierung, in: Cappenberger Gespräche, Bd.11, 1976, S.38; Stern, Das Staatsrecht der BRD, Bd. I, 1984, S.632; Hennis, Die mißverstandene Demokratie, S.47.

32) Vgl. Isensee, Wirtschaftsdemokratie-Wirtschaftsgrundrechte-soziale Gewaltenteilung, Der Staat 1978, S.167; Stern, Das Staatsrecht der BRD, Bd. I, S.633; H. H. Klein, Demokratie und Selbstverwaltung, in: FS für Forsthoff, 1972, S.167ff.; Böckenferde, Demokratie als Verfassungsprinzip, in: Handbuch des Staatsrechts, Bd. I, 1987, S.892.

33) Vgl. Schwerdtfeger, Unternehmerische Mitbestimmung der Arbeitnehmer und Grundgesetz, 1972, S.75, 187; Hennis, Die mißverstandene Demokratie, S.32.

34) 반면에, 정치권력과 사회적 권력 사이에 아무런 원칙적인 차이가 없다고 주장하는 견해로는 vgl. Abendroth, Zum Begriff des demokratischen und sozialen Rechtsstaats im Grundgesetz, in: FS für Straesser, 1954, S.126ff.

사이의 對等性(Parität)에 기초하고 있다.[35] 따라서 경제민주주의에 대한 요청은 근본적으로 상이한 집단 간의 대립적 사고에 그 바탕을 두고 있기 때문에, 본질적으로 身分的 성격의 것이지, 民主的 성격의 것이 아니다.[36]

3. 헌법적 요청이 아니라 정치적 요청으로서 경제민주주의

민주주의원리는 국민주권주의의 구체적 형성으로서 단지 국가권력의 행사와 관련된 것이다. 민주주의원리는 '社會의 民主化'와 무관하다. 사회의 민주화가 무엇을 의미하든 간에, 이는 '정치적 지배의 조직원리'인 민주주의원리에 의하여 헌법적으로 요청되는 것은 아니다. 물론, 민주주의가 제대로 기능할 것인지 여부는 특정 사회적 조건과 무관하지 않다는 점에서 '사회의 민주화'에 대한 요청이 제기될 수 있다. 사회의 민주화가 어느 정도로 도입될 수 있는지의 문제는 헌법이 허용하는 범위 내에서 입법자에 의한 정치적 형성에 달려있는 문제이다. 입법자가 사회의 민주화를 도입함에 있어서 입법형성의 한계로서 무엇보다도 개인의 기본권보장이 문제될 수 있다.

따라서 경제적 지배관계도 민주적 구조로 전환해야 한다는 요청은 민주주의원리로부터 파생하는 헌법적 요청이 아니라 사회적·정치적 요청이다.[37] 경제민주주의에 대한 요청은 헌법적 명령이 아니라 사회형성의 주체인 입법자를 향한 특정 사회정책적 프로그램에 지나지 않는다. 어느 정도로 경제의 민주화를 도입할 수 있는지의 문제는, 입법자가 정의로운 사회질서를 실현해야 할 사회국가적 의무를 이행하는 범주 내에서 광범위한 입법형성의 자유를 근거로 하여 결정해야 할 문제이다.[38] 따라서 입법자는 사회국가적 목표의 실현을 위하여 헌법이 허용하는 범위 내에서 경제민주주의란 '사회정책적 도구'를 사용할 수 있다. 그러나 이러한 경우에도 경제의 민주화는 민주주의의 실현이라는 헌법적 위임을 이행하는 것이 아니라, 헌법 아래의 차원에서 사회국가원리를 실현하고자 하는 입법자의 형성행위라는 것을 유념해야 한다.[39]

---

35) Vgl. Isensee, Wirtschaftsdemokratie-Wirtschaftsgrundrechte-soziale Gewaltenteilung, Der Staat 1978, S.168.

36) Vgl. Kriele, Das demokratische Prinzip im Grundgesetz, VVDStRL 29(1971), S.84; Hennis, Die mißverstandene Demokratie, S.33f.

37) Vgl. Benda, Industrielle Herrschaft und sozialer Staat, 1966, S.179f.; Denninger, Demokratisierung-Möglichkeiten und Grenzen, in: Cappenberger Gespräche, Bd.11, 1976, S.66.

38) Vgl. Schwerdtfeger, Unternehmerische Mitbestimmung der Arbeitnehmer und Grundgesetz, 1972, S.265; Böckenferde, Demokratie als Verfassungsprinzip, in: Handbuch des Staatsrechts, Bd. I, 1987, S.892.

39) Vgl. Scholz, Paritätische Mitbestimmung und Grundgesetz, 1974, S.29f.

Ⅳ. 경제질서와 자유권적 기본권

1. 任意의 自由로서 자유권적 기본권

경제질서와 자유권적 기본권의 관계에서 제기되는 문제는, 헌법이 자유권을 보장함으로써 동시에 특정한 경제질서를 보장하고 있는 것인지, 특히 경제적 자유를 보장하는 자유권적 기본권으로부터 시장경제질서의 헌법적 보장을 이끌어낼 수 있는지 여부이다. 위 문제를 규명하기 위해서는 우선 자유권적 기본권의 기능과 본질이 무엇인지를 살펴보아야 한다.

자유권적 기본권은 그 성립과정이나 기능에 있어서 일차적으로 국가권력에 의해 위협을 받고 있는 개인의 자유영역을 보호하려는 소극적인 對國家的 防禦權이다. 자유권이 개인의 관점에서 '개인의 주관적 권리'를 의미한다면, 관점을 바꾸어 국가의 시각에서 보면, 자유권은 국가의 활동영역을 제한함으로써 '개인과 국가의 권한을 분배하는 규범'으로서의 객관적 성격[40]을 가진다.[41] 자유권은 개인과 사회가 담당해야 할 영역과 국가의 활동영역의 경계를 설정하고, 국가작용을 개인의 사적 영역에서 배척함으로써 국가권력을 제한하는 규범으로서의 객관적 성격, 즉 '국가권력행사에 대한 부정적 권한규범'(negative Kompetenznorm)으로서의 성격을 가진다.

한편, 경제적 자유권에 의하여 형성되는 '경제영역에서의 개인과 사회의 관할권'[42]과 엄격히 구분하여야 하는 것은 기본권의 주체인 개인의 경제행위의 '내용'이다. 왜냐하면 자유권은 경제행위의 내용, 즉 '자유의 내용'에 있어서는 중립적이기 때문이다.[43] 헌법상 자유권은 자연법적 기본권사상에 기초하고 있고,[44] '원칙적으로 무제한적인 개인의 자유'와 '원칙적으로 제한적인 국가권력'이란 '배분의 원리'(Verteilungsprinzip)에 따라 先國家的 自由, '마음대로 할 수 있는 권리'이다.[45]

40) 이러한 객관적 성격은 자유권의 이중적 성격에 근거하는 '객관적 가치질서(가치결정)' 또는 '객관적 근본규범'으로서의 기능을 뜻하는 것이 아니라, 주관적 권리로서의 자유권에 대응하는 객관적 효과이며, 자유권에 대국가적 방어권으로서의 성격을 인정한 당연한 결과이다.

41) Vgl. Hesse, Grundzüge des Verfassungsrechts der BRD, 1984, Rn.291; Böckenferde, Grundrechtstheorie und Grundrechtsinterpretation, NJW 1974, S.1530; Papier, Grundgesetz und Wirtschaftsordnung, in: Handbuch des Verfassungsrechts, 1983, S.619.

42) 이에 대하여 경제영역에서의 '국가의 관할권'은 사회국가원리에 의하여, 무엇보다도 경제에 관한 장의 규정과 사회적 기본권이 담고 있는 국가목표조항에 의하여 부여된다.

43) Vgl. Papier, Grundgesetz und Wirtschaftsordnung, in: Handbuch des Verfassungsrechts, 1983, S.619.

44) 무엇보다도 헌법 제10조에서 '인간의 존엄과 가치'를 헌법의 최고의 가치로 규정하고, 제37조 제2항에서 '기본권의 본질적 내용'에 대한 침해금지를 규정한 것은 자유주의적 기본권사상의 구체적인 표현이다. 또한 헌법 제10조에 규정된 '행복을 추구할 권리'도, 이를 '일반적 행동자유권'이든 '개성의 자유로운 발현권'이든 어떠한 방식으로 표현하든지 간에, 그 바탕에 깔려있는 사고는, 기본권적 자유란 특정 목적이나 공동체적 가치를 실현하기 위한 수단이 아니라, 기본권보장의 유일한 목적은 인간의 존엄성 실현인 것이며, 개인은 누구나 자신이 선택한 가치관에 따라 자신의 삶을 스스로 형성할 원칙적인 자유를 가진다는 것이다.

국가권력에 대한 '자유의 원칙적인 무제한성'이란, 개인의 자유가 무제한적으로 보장된다는 것이 아니라, 국가가 개인의 자유를 침해하는 경우에 침해행위의 '근거 차원'에서 '원칙과 예외의 관계'로 이해되어야 한다.[46] 즉, 개인의 자유영역을 제한하는 국가의 권한은 원칙적으로 제한적이기에, 자유의 제한을 위한 합리적인 근거가 있어야 하며 특별한 정당성을 필요로 한다는 것을 의미한다. 오늘날 국가적 침해행위의 근거 차원에서의 원칙과 예외의 관계는, 개인의 자유영역에 대한 국가의 침해는 공익 실현이라는 합리적인 이유로 정당화되어야 하며, 그러한 경우에도 꼭 필요한 정도에 그쳐야 한다는 의미에서 국가행위의 한계를 설정하는 가장 중요한 기준인 '비례의 원칙'으로 발전하였다.

마찬가지로, "마음대로 할 수 있는 자유"란, 법질서의 제한과 구속을 받지 않는 유토피아적 자연상태의 자유나 카오스의 자유를 뜻하지 않는다.[47] 공동체 안에서의 인간의 자유란 항상 '법질서 내에서의 자유'라는 것을 당연한 전제로 한다. 국가 내에서의 자유가 그의 개념상 법적으로 제한된 것이라 하더라도, 헌법적으로 직접 제한되고 입법자에 의하여 구체화된 한계 내에서 각자가 자신의 고유한 주관적 가치관에 따라 행위의 목적과 수단을 스스로 결정할 수 있다는 의미에서의 '任意의 自由'이다. 그러므로 '임의의 자유'란, 법질서의 테두리 안에서 개인이 각자 스스로 자유의 내용과 행사방법을 결정할 수 있다는 것을 의미한다.[48] 즉 '임의의 자유'는, 국가권력에 의해 정의되지 않은 자유이며, 자유의 내용과 행사방법이 처음부터 국가권력의 결정권한 밖에 있다는 것을 의미한다. 임의의 자유란 자유 그 자체이지, 일정 가치나 질서의 실현과 같은 특정한 방향이나 목적을 위한 자유가 아니라는 것이다.

2. 경제적 자유권으로부터 특정한 경제질서를 헌법적으로 도출할 수 있는지 여부

가. 자유권이 경제질서의 형성에 미치는 효과의 의미

자유권은 개인의 자유를 바로 그 자체 때문에, 즉 인간의 존엄성 때문에 보장하는 것이지, 일정한 사회·경제질서 때문에 보장하는 것은 아니다.[49] 물론 자유권이 직업의 자유와 사유재산권을 보장함으로써 자유경쟁질서나 分權的 경제구조에 매우 유리하게 작용한다는 것을 부인할 수 없다. 그러나 시장경제에 미치는 자유권의 이러한 효과는 기본권행사의 간접적 결과이지, 기본권의 목적이 아니다.[50] 기본권은 경제적 자유를 보

---

45) Vgl. C. Schmitt, Verfassungslehre, 1965, S.126f.

46) Vgl. H. H. Klein, Die Grundrechte im demokratischen Staat, 1974, S.30; Jarass, Wirtschaftsverwaltungsrecht und Wirtschaftsverfassungsrecht, 1984, S.80f.

47) 그러나 이와 다른 견해로 계희열, 고시연구 1994/11, 26면.

48) Böckenferde, Grundrechtstheorie und Grundrechtsinterpretation, NJW 1974, S.1530f.; Klein, Die Grundrechte im demokratischen Staat, S.70.

49) Kriele, Recht und Politik in der Verfassungsrechtsprechung, NJW 1976, S.780f.

50) Vgl. Kriele, Einführung in die Staatslehre, 1975, S.196, 200; Papier, Grundgesetz und Wirtschaftsordnung,

장함으로써 동시에 자유를 사용할 수 있는 가능성을 열어놓고 있고, 기본권적 자유의 행사는 결과적으로 시장경제와 같은 경제질서를 가져올 수 있다.

그러나 자유권은, 자유가 시장경제와 같은 일정질서로 '機能化 될 수 있는 기회'만을 헌법적으로 보장할 뿐, 특정한 경제질서의 형성이라는 '機能' 그 자체를 보장하는 것은 아니다.[51] 자유권은 자유를 적극적으로 행사할 권리인 '적극적 자유'뿐만 아니라 자유를 행사하지 않을 권리인 '소극적 자유'도 동시에 보장하고 있다. 모든 자유권과 마찬가지로, 경쟁의 자유도 기본권주체가 자신의 자유를 사용할 것인지에 관한 결정을 그에게 일임하고 있다. 기본권주체가 경제적으로 옳게, 합리적으로 또는 시장경제질서에 합치하게 행동하는지 여부는 헌법적으로 그의 자유로서 그의 스스로의 선택과 결정에 달려있다. 기본권에 의한 경제적 자유의 보장은 자유경쟁을 가능케 하나, 그것이 곧 경쟁질서의 헌법적 보장을 의미하는 것은 아니다. 그러므로 경쟁의 자유로부터 개인에게 경쟁의 의무를 부과하는 '경쟁질서의 헌법적 보장(제도보장)'을 도출할 수 없다.[52]

나. '제도적 기본권이론'에 근거하여 헌법상 경제질서를 구성하는 것의 문제점

(1) 위에서 살펴본 바와 같이, 자유권의 내용적 중립성으로 인하여 개인의 권리로서의 '자유권의 주관적 측면'으로부터는 객관적 질서를 이끌어낼 수 없으므로, 시장경제질서와 같은 객관적 질서는 기본권의 객관적인 측면을 통해서만 구성될 수 있다. 이에 따라, 독일 학계의 일각에서는 소위 '제도적 기본권이론(Das institutionelle Grundrechtsverständnis)'을 이용하여 기본권의 객관적 측면에서 '시장경제질서'의 헌법적 보장을 이끌어 내고자 시도하였다. '제도적 기본권이론'이란, 기본권이 실질적 자유를 보장하기 위해서는 기본권이 효력을 발휘할 수 있는 특정 조건으로서 '제도적으로 보장된 생활관계나 법질서'가 필요하며, 국가는 개인의 자유행사가 실제로 가능하도록 효과적인 기본권실현을 위하여 필요한 조건을 마련하고 유지할 의무가 있다는 견해이다.[53]

그러나 '무엇이 개인의 실질적 자유행사를 위하여 꼭 필요한 조건인지', 나아가 '개인

---

in: Handbuch des Verfassungsrechts, 1983, S.619.

51) Vgl. Scholz, Grenzen der staatlichen Aktivitäten unter der grundgesetzlichen Wirtschaftsverfassung, in: Duwendag(Hg), Der Staatssektor in der sozialen Marktwirtschaft, 1976, S.123.

52) 경쟁의 자유에서 경쟁질서의 제도적 보장을 도출하려는 시도로는 vgl. Nipperdey, Soziale Marktwirtschaft und Grundgesetz, 1965, S.27ff., 62ff., 이러한 시도에 대한 비판으로는 Huber, Der Streit um das Wirtschaftsverfassungsrecht, DÖV 1956, S.137; H. H. Klein, Die Teilnahme des Staates am wirtschaftlichen Wettbewerb, 1968, S.111ff., 116f.; Thiele, Wirtschaftsverfassungsrecht, 1974, S.156f.; Rupp, Grundgesetz und Wirtschaftsverfassung, 1974, S.9ff.

53) 대표적으로 vgl. Häberle, Die Wesensgehaltsgarantie des Art.19 Abs.2 Grundgesetz, 1962, 15f., 70f., 97f., 제도적 기본권이론과 그의 문제점에 관하여 vgl. Böckenferde, Grundrechtstheorie und Grundrechts-interpretation, NJW 1974, S.1532f.; H. H. Klein, Die Grundrechte im demokratischen Staat, S.60f.; Ossenbühl, Interpretation der Grundrechte in der Rechtsprechung des Bundesverfassungsgerichts, NJW 1976, S.2103f.; Bleckmann, Staatsrecht Ⅱ(Grundrechte), 1989, S.229ff.

의 자유가 어떠한 방향으로 실현되어야 할 것인지'의 문제는 헌법해석자의 주관적 가치관에 따라 지극히 상이하게 판단될 수 있는 사안이다. 따라서 '제도적 기본권이론'은 모든 사람이 '자신이 이상적이라고 간주하는 사회관 · 정치관'을 '헌법상의 객관적 결정'이라고 주장할 수 있는 위험을 내포하고 있다.

(2) 헌법해석자의 주관적 가치관에 따라 자유권적 기본권으로부터 얼마나 상이한 내용의 국가적 의무를 이끌어 낼 수 있는지에 관하여 하나의 예를 들자면, 독일 학계의 일부에서는 시장경제만이 '경제영역에서 효과적이고 이상적인 자유 실현'이라는 기본권적 요청을 충족시킬 수 있기 때문에, 직업의 자유와 재산권의 보장으로부터 '제도적 기본권이론'을 통해 '시장경제질서'를 도출하였다.[54)]

예컨대, Rupp 교수는 제도적 기본권이론을 이용하여 다음과 같이 주장하고 있다.[55)] "경쟁이 경제학의 관점에서 가장 효율적인 경제원칙을 구현하고 있다는 경제학적 성과를 헌법에도 유용하게 도입하기 위해서는, 자유권적 기본권에서 그의 질서형성적 기능, 즉 기본권의 기능적 측면을 인식하는 것이 필요하다. 기본권적 자유는 서로 단절된 靜的인 것이 아니라 상호조건관계에 있는 動的인 것이다. 자유가 실제로 실현될 수 있는 기회를 제공하는 특정한 전제조건 하에서만 기본권적 자유보장의 의미는 달성될 수 있다. 기본권은 실현되기 위하여 일정한 조직양식과 행동양식을 그 전제조건으로 한다. 그러므로 기본권으로부터 직접 자유 실현의 전제조건으로서의 특정한 질서가 기능하도록 노력해야 할 국가의 의무가 나온다."

따라서 위 견해에 의하면, 경제적 자유권으로부터 경쟁질서와 시장경제가 기능하게끔 노력해야할 국가의 의무, 시장경제질서를 법적으로 형성하고 유지해야 할 국가의 의무가 나온다. 이로써 기본권의 해석을 통해서 도출된 시장경제질서가 국가의 간섭에 대하여 부가적인 보호역할을 담당할 수 있도록, 기본권이 機能化 되었다. 이러한 견해는 사회의 현상을 유지하고 국가의 간섭으로부터 사경제를 보호하려는 보수적인 시도라 할 수 있다.

그러나 제도적 기본권이론을 바탕으로 '시장경제질서'를 헌법적 질서로 인정하려고 하는 시도는 자유의 내용을 일정한 방향으로 규정함으로써, 자유권을 특정 목적을 위한 수단으로 道具化 · 機能化하고 자유권의 본질인 '임의의 자유'를 형해화 할 위험을 안고 있다.[56)] 시장경제질서가 객관적 헌법질서로 승격된다면, 헌법상의 다른 객관적 원칙과

54) 이러한 시도에 관하여 vgl. Rupp, Grundgesetz und Wirtschaftsverfassung, 1974, S.11f., 21; Friauf, Unternehmenseigentum und Wirtschaftsverfassung, DÖV 1976, S.626f.; Liesegang, Die verfassungsrechtliche Ordnung der Wirtschaft, 1977, S.147ff.

55) Vgl. Rupp, Grundgesetz und Wirtschaftsverfassung, 1974, S.15ff., 21; ders., Wirtschaftsverfassung, in: Handwörterbuch der Wirtschaftswissenschaft, Bd.9, S.145f.

56) 제도적 기본권이론의 위험성에 관하여 vgl. Böckenferde, Grundrechtstheorie und Grundrechtsinterpretation, NJW 1974, S.1532f., 1537f.; Ossenbühl, Interpretation der Grundrechte in der Rechtsprechung des

마찬가지로 국가에게는 객관적 질서의 내용을 실현하여야 할 의무, 즉 시장경제와 자유경쟁을 헌법적 제도로서 유지하고 실현해야 할 의무가 발생한다. 이로써 개인의 자유는 제도적으로 보장되는 객관적 질서와의 관계에서 상대화되고 약화된다. 경제적 자유는 인간의 자유와 존엄을 위해서가 아니라, 우선적으로 경쟁질서라는 목적을 위한 수단으로서 보장된다.[57] 자유는 더 이상 '임의의 자유', '법질서 내에서 마음대로 할 수 있는 자유'가 아니라, 제도적으로 보장된 '특정 질서 내에서의 자유'로 축소된다. 원래 인간의 존엄성 실현 때문에 보장된 경제적 자유는 '경쟁질서 내에서의 자유', '경제적으로 합리적인 행위를 할 자유'로 축소되고 정의된다. 결국, 개인의 경제적 자유는 시장경제질서의 기준에 따라 효력을 가지게 되고, 시장경제질서의 보장과 유지를 위한 수단으로 도구화된다. 제도적 기본권이론에 내재하는 이와 같은 위험성 때문에, 시장경제질서와 같은 특정한 사회질서를 구성하기 위하여 기본권이 道具化·機能化 되는 것에는 동의할 수 없다.

(3) 한편, 독일 학계의 일부에서는 위 견해와는 반대로 효과적인 기본권실현의 조건을 마련해야 한다는 동일한 논리를 가지고, 직업의 자유와 재산권의 보장으로부터 가능하면 다수의 개인이 실질적으로 기본권적 자유를 행사할 수 있도록 그 경제적·사회적 조건을 형성해야 할 국가의 과제, 이로써 국가가 이러한 과제를 실현하기 위하여 기본권적 자유를 더욱 광범위하게 제한할 수 있는 가능성을 이끌어 내려고 시도하였다.[58]

가령, 직업의 자유로부터 직업의 자유를 실제로 행사할 수 있는 조건으로서 '상대적 완전고용을 실현해야 할 국가의 의무'를, 재산권의 보장으로부터 국민 누구나 재산권을 실제로 행사할 수 있는 사실적 전제조건으로서 '모든 국민의 재산권형성을 실현해야 할 국가의 의무'를 도출하고자 시도하였다. 이러한 견해에 의하면, 입법자에 의한 광범위한 기본권 제한은 헌법적으로 가능할 뿐만 아니라 나아가 다수 국민의 기본권실현을 위하여 요청되는 것이다. 여기서 기본권을 실현하기 위한 법적 규제는 '기본권 제한'의 성격보다는 오히려 모든 사람에게 기본권을 실효성 있는 것으로 만들기 위한 '기본권의 실현과 강화'를 의미한다. 즉, 여기서 '기본권의 제한'은 곧 '기본권의 실현'을 뜻하게 된다. 여기서 자유권적 기본권은 '개인의 권리'라고 하기 보다는 국가에게 기본권을 제한할 수 있는 권한을 부여하는 '국가의 수권규범'으로 기능한다. 위 견해에 따른다면, 자유권적 기본권은 개인의 사적 영역과 이익을 보호하는 것이 아니라 일차적으로 모든

Bundesverfassungsgerichts, NJW 1976, S.2102f.; Kriele, Einführung in die Staatslehre, 1975, S.201.

57) 이러한 의미에서 vgl. Mestmäcker, Wirtschaftsordnung und Staatsverfassung, in: FS für Böhm, 1976, S.410f.

58) Vgl. Häberle, Grundrechte im Leistungsstaat, VVDStRL 30(1972), S.69ff.,135; Scheuner, Die staatliche Einwirkung auf die Wirtschaft, 1971, S.31f.; Jarass, Wirtschaftsverwaltungsrecht und Wirtschafts-verfassungsrecht, 1984, S.61.

국민의 자유 실현이라는 '공동체의 이익'을 추구하는 것으로 변질됨으로써, 국가권력을 제한하는 기본권의 본연의 기능이 상실된다.

오늘날 국민 다수의 자유가 국가의 생존적 배려와 급부에 의존하고 있고 현대국가에서 자유 실현의 조건이 변화함에 따라, 소극적 방어권으로서의 자유권이 개인의 자유를 충분히 보장하지 못한다는 점에 대해서는 어느 누구도 이의를 제기하지 않는다. 소극적 방어권으로서의 자유권에서는 '사회가 국가로부터 자유로운지'만이 문제이지, '개인이 사회 내에서 또는 국가 내에서 자유로운지'는 대국가적 방어권으로서의 기능상 처음부터 고려의 대상이 아니었다. 소극적 방어권으로서의 자유권이 이러한 변화한 사회현실을 고려하지 못하기 때문에, 헌법은 사회적 기본권과 경제에 관한 조항 등을 통하여 '사회국가원리'를 수용하였다. 그러므로 실질적 자유의 보장, 즉 모든 개인이 자유를 실제로 행사할 수 있는 사실적 조건을 형성하는 과제는, 기본권이 헌법상 부여된 본연의 기능을 상실하면서까지 담당해야 할 문제가 아니라, 일차적으로 사회국가원리가 담당해야 할 문제인 것이다. 오늘날의 자유보장 또는 자유 실현의 문제는 자유권의 해석을 통하여 자유권으로부터 그러한 내용의 국가과제를 도출함으로써 해결해야 할 문제가 아니라, 일차적으로 사회정책적 문제이며 사회국가원리·민주주의원리와 같은 헌법상의 객관적 원칙이 담당해야 할 문제이다. 더욱이, 우리 헌법과 같이 광범위한 사회적 기본권의 목록을 갖추고 있는 헌법에서, 제도적 기본권이론을 통하여 자유권으로부터 사회적 기본권의 보장내용과 동일한 국가의 과제를 도출해야 할 아무런 필요성을 찾아 볼 수 없다.

(4) 위에서 살펴본 바와 같이, 자유권적 기본권을 제도적으로 파악하려고 시도하는 경우, 기본권이 거의 모든 임의의 목적을 위하여 기능화 되고 조작될 수 있다는 것, 즉 각자가 자신의 이상적 사회관을 논증하고 관철하기 위한 도구로서 사용할 수 있다는 것을 위의 예는 잘 보여주고 있다. 자유권적 기본권에 개인의 대국가적 방어권으로서의 주관적 성격뿐만 아니라 가치질서로서의 객관적 성격을 부여한다 하더라도, 객관적 가치질서로서의 기능은 어디까지나 개인의 주관적 권리인 자유권의 실효성을 강화하는데 있는 것이지, 자유권의 주관적 성격으로부터 완전히 유리된 '기본권의 객관화'는 인정될 수 없다.[59)]

기본권은 경제적 자유를 보장하고 개인이 경제적 자유를 행사함으로써 시장경제질서와 같은 특정한 질서를 형성할 수 있으나, 기본권의 이러한 '질서형성적 효과'는 기본권 행사의 간접적이고 부수적인 결과인 것이지 기본권보장의 목적이 아니다. 자유권은 특정한 경제질서를 형성함에 있어서 필요조건이기는 하나, 충분조건은 아닌 것이다.[60)]

59) Vgl. BVerfGE 50, 337f.; Papier, Grundgesetz und Wirtschaftsordnung, in: Handbuch des Verfassungsrechts, 1983, S.619.

V. 헌법 제119조의 의미

1. 헌법적으로 보장된 객관적 질서로서 시장경제질서?

가. 헌법 제9장의 경제조항과 시장경제질서

헌법 제9장 '경제'에 규정된 조항들은 위에서 검토의 대상으로 삼은 '자유권적 기본권'이나 '민주주의원리'와 비교할 때 그 내용에 있어서 보다 상세하고 광범위하기 때문에, '한국 헌법상의 경제질서가 무엇인지'에 대한 보다 구체적인 해명의 가능성을 기대하게 한다. 경제에 관한 헌법규정(경제헌법)을 하나의 특정한 경제질서에 귀속시키고자 시도한다면, 우선 국민경제학의 이론에 따라 경제체제의 이론적 유형을 구성해야 한다.

그에 따르면 '경제계획체제'와 '재산제도'가 경제체제의 근본적인 구성요소로 간주된다.[61] 시장경제에서는, 경제계획이 개인에 의하여 분권적으로 수립되어 계획 간의 조화는 시장과 가격을 통하여 이루어지고, 생산수단에 대한 사유재산이 보장된다. 즉, 시장경제질서는 개인의 자유로운 창의에 의한 분권적 계획과 사유재산에 기초하고 있다. 이로써 헌법이 시장경제질서를 채택하였는지의 문제에 대한 판단은, 헌법이 어느 정도로 시장경제를 구성하는 두 개의 支柱를 보장하고 있는지에 달려 있다고 볼 수 있다.

이러한 관점에서 본다면, 특히 헌법 제119조는 헌법상의 경제질서에 관하여 많은 것을 표현하고 있다. 헌법 제119조는 제1항에서 경제질서가 "개인과 기업의 경제상의 자유와 창의를 존중함을 기본으로 한다."고 규정함으로써, 경제영역에서 개인과 국가 간의 관할 배분에 관한 문제, 즉 누가 경제계획을 세우고 실현하여야 하는지의 문제에 있어서 우리 헌법은 개인과 사회를 위한 근본결정을 내리고 있다고 볼 수 있다. 또한 재산권의 헌법적 보장과 관련해서도, 헌법 제126조의 社會化 조항이 그의 명백한 예외적 성격으로 인하여 그 효력에 있어서 매우 약화되었으므로, 한국 헌법에서 생산재에 대한 사유재산의 보장은 매우 강력하다. 비교법적으로 가령, '재산권의 보장'과 '사회화의 가능성'이 헌법적으로 거의 같은 비중을 이루고 있는 독일 기본법과 비교할 때 우리 헌법에서 사유재산권의 보장은 훨씬 강화되었다고 할 수 있다. 또한, 경제에 관한 제9장에서 경쟁정책, 구조정책, 경기정책 등과 같이 '시장경제에서의 경제정책'의 주요과제를 의미하는 일련의 규정들에 의하여 한국 헌법이 시장경제질서를 규정하고 있다는 인상은 더욱 심화되고 있다.

---

60) Vgl. Schluep, Was ist Wirtschaftsrecht?, in: FS für Hug, 1968, S.80; Papier, Grundgesetz und Wirtschaftsordnung, in: Handbuch des Verfassungsrechts, 1983, S.619.

61) Vgl. Koch, Wirtschaftswissenschaften für Juristen, 1976, S.41ff.; Tuchtfeldt, Wirtschaftssysteme, in: Handwörterbuch der Wirtschaftswissenschaft, Bd.9, S.331ff.

나. 헌법적 질서로서 사회적 시장경제질서?

(1) 여기서 헌법이 시장경제질서를 헌법적 질서로 규정하고 있다면, 경제헌법을 특정한 경제질서에 귀속시키는 것이 필요하고 유용한 것인지, 그리고 시장경제질서의 헌법적 보장은 국가의 경제정책에 어떠한 영향을 미치는지의 의문이 제기된다. 우선, 경제헌법을 시장경제질서와 같은 특정한 경제질서와 일치시키는 경우에 발생할 수 있는 위험을 지적해야 한다.

시장경제질서를 헌법적 질서로 인정하여 헌법이란 규범의 영역으로 수용한다면, 合市場性(Marktkonformität)의 요청과 같은 경제적 요청이 동시에 헌법적 지위로 승격된다. 이로써 경제헌법의 내용은 더 이상 헌법 스스로에 의하여 규범적으로 결정되는 것이 아니라, 시장경제의 요청과 뒤섞여 하나의 혼합 상태로 결합된다.[62] 그 결과, 시장경제체제에 반한다는 것은 곧 헌법에 위반된다는 것을 의미하기 때문에,[63] 국가의 경제정책은 법치국가원칙이란 규범적 척도 외에도, 合市場性의 요청을 기준으로 심사되어야 한다. 결국, 규범학문인 법학이 경제학적 인식에 필연적으로 의존할 수밖에 없게 됨으로써, 헌법이 사회현상과 그에 관한 이론의 불확실성에 내맡겨지게 되는 것이다.

(2) 여기서 제기되는 또 다른 근본적인 문제는, 시장경제질서가 구체적인 국가경제정책의 위헌여부를 판단하는 독자적인 규범적 기준을 제공할 수 있는지 여부이다. '헌법적 질서로서의 시장경제질서'는, 시장경제체제에 반하는 국가의 간섭은 헌법상의 중요한 공익을 근거로 단지 예외적으로 허용될 수 있으며, 여러 가지 침해의 가능성 중에서 선택의 여지가 있는 경우에는 국가는 경제의 자동조절기능을 가장 활성화시키고 시장의 기능을 가장 고려하는 소위 '合市場的 조치'를 택해야 한다는 요청, 즉 국가경제정책에 대한 合市場性의 요청으로 이해되고 있다.[64] 그러나 무엇이 合(시장경제)體制的이고 反體制的이냐 하는 것은 경제학 자체 내에서도 명확한 체계가 확립되어 있지 않기 때문에, 헌법해석자는 경제학의 이론으로부터도 큰 기대를 할 수 없다.[65] 결국, 헌법이란 규범의 영역에 경제학의 체제적 사고를 도입하는 것은 문제의 해결에 도움을 주는 것이

---

62) Vgl. Schmidt, Wirtschaftspolitik und Verfassung, 1971, S.129; ders., Staatliche Verantwortung für die Wirtschaft, in: Handbuch des Staatsrechts, Bd.Ⅲ, Rn.18.

63) 이러한 의미에서 vgl. Bleckmann, Ordnungsrahmen für das Recht der Subvention, 55. DjT(1984), Gutachten D, S.43, 46, 113, 그는 국가경제정책의 위헌여부는 '합헌성과 합체제성의 두 가지 기준'을 함께 적용하여 확인하여야 한다고 하면서, 예컨대 국가의 보조금은 기업의 자유와 경쟁의 자유를 침해하는 경우뿐만 아니라 시장기능을 저해하는 경우에도 위헌이라고 주장한다.

64) Vgl. Nipperdey, Soziale Marktwirtschaft und Grundgesetz, 1965, S.21; Erhard/Müller-Armack, Soziale Marktwirtschaft, S.43; Tuchtfeldt, Soziale Marktwirtschaft und Globalsteuerung, in: Soziale Marktwirtschaft in Wandel, 1973, S.160.

65) 결정기준으로서의 합시장성에 대한 비판으로 vgl. Bäumler, Staatliche Investitionsplanung unter dem Grundgesetz, 1980, S.191ff.; Schmidt, Wirtschaftspolitik und Verfassung, 1971, S.66; Blum, Marktwirtschaft, soziale, in: HdWW Bd.5, S.156.

아니라 오히려 새로운 문제를 야기하게 된다.

다른 한편으로는, '시장경제기능의 보호'란 측면에서 본 合市場性의 요청, 즉 시장의 기능을 고려하는 국가경제정책에 대한 요청은 규범적으로는 '기본권 보호'의 관점에서 본 과잉금지원칙의 요청을 의미하게 된다. 국가경제정책의 合市場性이란 '기업 등 경제주체의 결정의 자유에 대한 존중', '시장기능에 대한 고려', '시장의 자동조절기능의 활성화' 등으로 달리 표현될 수 있고, 이를 헌법적인 관점에서 본다면 기업의 자유, 경제적 자유를 존중하는 국가경제정책에 대한 요청, 결국 경제적 자유에 부합하는 국가경제정책에 대한 요청, 즉 合基本權性(Grundrechtskonformität)을 의미한다. 시장경제질서는 헌법적으로 기본권과 법치국가원칙을 통해서 비로소 구체화된다. 이러한 의미에서 合市場性의 요청은 헌법적으로는 단지 법치국가원리를 구성하는 핵심적 원칙을 국가의 경제정책에 적용하는 것에 지나지 않는다. 合市場性의 이러한 요청은 경제적 자유를 보장하는 기본권과 과잉금지원칙에 의하여 이미 충분히 고려되고 있기 때문에, 기본권의 헌법적 보장 외에 별도로 시장경제질서를 헌법적으로 보장하는 것은 불필요하다.

(3) 그러므로 헌법 제119조로부터 '시장경제질서'의 헌법적 보장을 도출한다 하더라도, 시장경제질서는 국가경제정책의 위헌성을 판단하는 규범적 심사기준을 제공할 수 없다. 시장경제질서는 국가경제정책의 합목적성을 심사함에 있어서 하나의 '정치적 지도원리'로서의 의미를 가질 수 있으나, 구체적인 국가경제정책의 위헌여부를 심사하는 경우에는 규범적 성격이 결여되어 있기에 아무런 헌법적 기준을 제시하지 못한다. 시장경제질서는 기본권과 법치국가적 과잉금지원칙을 통하여 비로소 헌법적으로 구체화되고, 기본권과 경제적 자유로의 '개념적 전환'을 통해서만 비로소 규범의 영역에 들어오고 규범적 효력을 가지기 때문이다.[66] 그러므로 국가경제정책의 위헌여부는 규범의 영역 외에서 구성된 특정한 경제체제인 '사회적 시장경제질서'와 같은 사회현상에 의해서가 아니라, 단지 헌법의 규범(무엇보다도 경제적 자유권과 과잉금지원칙)에 의해서만 심사될 수 있는 것이다.

2. 경제헌법의 指導原理로서 헌법 제119조

가. 위에서 살펴 본 바와 같이, 경제헌법을 특정한 경제체제에 귀속시키는 경우에 이를 통하여 얻는 효용성은 지극히 의심스럽고, 나아가 시장경제질서라는 헌법 外的 요소를 헌법 질서 내에 수용함으로써 초래하는 결과 또한 예측하기 어렵다. 그러므로 헌법규범으로부터 시장경제질서의 헌법적 보장을 읽어내려는 시도가 타당한지의 문제는 다시 한 번 진지하게 숙고해 야 할 필요가 있다. 헌법이 제119조에서 '헌법상의 경제질서'

66) 마찬가지로, 사회적 시장경제질서에서 '사회적'의 개념도 헌법상 사회국가원리의 구체화된 헌법적 표현인 일련의 경제조항과 사회적 기본권 등을 매체로 하여 비로소 규범적 의미를 가지게 된다.

를 '시장경제질서'로 명시적으로 확정하지 않은 것은 결코 우연이 아니며, 헌법의 이러한 현명한 결정은 헌법규범에서 특정한 경제질서를 도출하려는 시도에 의하여 다시 헛되이 되어서는 안 된다.

따라서 경제헌법은 '사회적 시장경제질서'와 같이 아무런 규범적 표현가치가 없는 특정 경제체제에 기초하여 파악되어야 하는 것이 아니라, 기본권이나 국가의 기본원리, 목표조항 등으로 표현되는 헌법적 기본결정에 입각하여 형성되고 이해되어야 한다. 근대헌법에서 왜 경제의 문제가 헌법적 문제로서 헌법에 수용되었는가 하는 '경제헌법의 의의와 역사적 배경'을 보더라도, 근대헌법에서 경제의 문제를 憲法化한 것은 특정 경제체제를 헌법적으로 보장하고자 한 것이 아니라 경제적 자유주의에 대한 반성을 계기로 사회정의의 개념을 헌법에 수용하고자 한 것이었다.[67] 이러한 관점에서도 경제헌법을 특정한 경제질서의 헌법적 보장으로 해석하려는 시도는 법의 최고의 가치인 '정의'를 경제영역에서 실현하려는 경제헌법의 과제와 부합되기 어렵다. 나아가, 經濟와 法이라는 두 영역이 추구하는 목적과 가치가 상이하다는 사실도 헌법규범을 경제학적으로 파악하고자 하는 시도의 한계를 제시한다.

나. 따라서 헌법 제119조는 제1항과 제2항을 분리하여 제1항에서 '시장경제질서', 제2항에서 '사회적'이라는 명제를 각 도출해 낼 수 있는 것이 아니라, 두 항을 서로 내적 연관관계에서 파악하여 '개인의 경제적 자유를 보장하면서 사회정의를 실현하는 경제질서'라는 의미에서 '경제헌법상의 근본적인 목표설정규정' 또는 '경제헌법의 지도원리'로 이해하여야 한다. 경제헌법은, 경제영역에서 입법자를 헌법적으로 구속하면서 국가활동의 한계를 제시하는 '경제적 자유'에 관한 부분과, 국가의 적극적인 경제정책을 정당화하는 '경제정책의 헌법적 근거'에 관한 부분으로 구성되어 있다. 경제헌법의 이러한 구성에 상응하게, 헌법 제119조는 '경제헌법의 지도원리'로서 국가와 경제의 관계, 개인의 경제적 자유와 경제에 대한 국가의 책임의 관계를 근본적으로 제시하고 있다. 헌법 어디에서도 '자유와 구속 간의 긴장관계'가 위 규정에서처럼 뚜렷하게 나타나는 곳은 없다. 우리 헌법이 '자유와 사회적 구속'이라는 두개의 기본가치에 기초하고 있듯이, 경제헌법도 위 두 가지 기본결정에 의하여 형성되어 있다. 이러한 관점에서 헌법 제119조는 '자유와 사회적 구속'이라는 두 가지 기본가치 사이의 밀접한 연관성과 상호영향관계를 보여주는 대표적인 헌법규범이다. 한마디로 한국 헌법상의 경제질서는 경제영역의 형성을 사회와 국가로부터 동시에 기대하는 '自由主義的이며 社會的인 경제질서'이다.

경제헌법의 기본목표조항인 헌법 제119조는 경제영역에서 국가작용의 지도원리로서 기능하지만, 국가경제정책을 특정 경제체제의 이론에 구속시키고자 하는 것이 아니라

---

67) 아래 V. 4. 가. 부분 서술 참조.

입법자에게 광범위한 형성의 공간을 부여하고 있다. 헌법 제119조에 설정된 목표를 어떠한 방법으로 실현할 것인지, 즉 헌법상의 기본가치인 '자유와 구속'을 경제적 영역에서 구체적인 경우 어떻게 조화시킬 것인지의 문제는 입법자가 광범위한 형성의 자유를 근거로 헌법의 틀과 한계 안에서 결정해야 할 문제이다.

요컨대, 헌법은 경제관련 입법이나 경제정책적인 결정의 허용여부를 판단하는 헌법적 기준으로서 특정 경제체제나 특정 경제학적 이론을 수용하지 않았다. 헌법은 경제정책에 대하여 원칙적으로 개방적이고 중립적이며, 입법자는 헌법이 허용하는 범위 내에서 그가 합리적이라고 간주하는 모든 경제정책을 추구할 수 있다. 입법자의 경제정책이 허용되는지의 여부를 헌법적으로 판단하는 기준은 전적으로 기본권과 일반적 국가원리(특히 법치국가원리와 사회국가원리) 및 헌법 제9장의 경제에 관한 구체적 규정들이다.

3. '원칙과 예외의 관계'로서 경제적 자유와 국가적 간섭의 관계?

헌법 제119조는 경제적 자유가 원칙이고 경제에 대한 국가의 간섭이 예외라는 의미에서 '원칙과 예외의 관계'로도 파악될 수 없다.[68] 물론 경제에 대한 국가의 간섭이 공익 실현의 사유로 특별히 정당화되어야 한다는 의미에서, 즉 국가적 간섭의 근거 또는 정당화 차원에서 '形式的인 원칙과 예외의 관계'로 표현될 수 있다. 그러나 국가의 간섭은 개인의 자유에 대한 제한으로서 특별히 정당화되어야 한다는 형식적인 의미를 넘어서, 헌법 제119조를 경제적 자유와 국가의 간섭 사이의 '內容的인 원칙과 예외의 관계'로 파악함으로써, 국가의 경제정책을 제한하고 경제정책적 결정의 위헌여부를 판단하는 또 하나의 헌법적 기준을 도출하려는 시도는 아무런 실효성이 없다. 이러한 원칙과 예외의 관계가 국가경제정책의 위헌여부를 판단하는 심사기준으로 지극히 모호하고 추상적이기 때문이다.

나아가, 헌법 제119조를 내용적·실체적 원칙과 예외의 관계로 해석하려는 견해는 '국가와 자유의 관계'를 고전적인 의미에서 '국가와 자유의 대립관계'로만 이해하게 된다. 그 결과, 위 견해는 자유보장의 다양한 측면을 '국가로부터의 자유'라는 단지 하나의 측면으로 축소시킴으로써, 국가의 간섭이 자유의 실현과 보장에 기여한다는 측면을 간과하게 된다. 그러나 '국가로부터의 자유'는 다수 국민이 국가 내에서 자유로운지의 문제인 '국가 내에서의 자유'와 일치하지 않는다. 오늘날의 사회국가는 일부 국민의 자유에 대한 제한을 통하여 다수 국민의 자유를 실현하고자 한다. 원칙과 예외의 관계를 통한 '개인과 국가'의 평면적 대립관계의 설정은 오늘날 사회적 법치국가에서 실질적 자

68) '원칙과 예외의 관계'로 해석하는 것에 대한 비판으로는 vgl. Bull, Die Staatsaufgaben nach dem Grundgesetz, 1973, S.199; Jarass, Wirtschaftsverwaltungsrecht und Wirtschaftsverfassungsrecht, 1984, S.80f.; Gygi, Die Schweizerische Wirtschaftsverfassung, 1978, S.167f.; Schmidt, Wirtschaftspolitik und verfassung, 1971, S.133.

유의 보장 문제와 다수의 자유를 실현하고 보장하기 위한 국가 활동의 필요성에 대한 시야를 가리게 할 위험이 있다. 이로써, 공익실현을 위한 국가의 간섭이 국민 다수의 경제적 자유의 실현에 기여한다는 의미에서 '경제적 자유'와 '국가의 간섭' 사이의 필연적인 연관관계, 결국 '사회국가의 자유실현적 측면'[69]을 인식하지 못하게 된다.

국가의 사회국가적 형성행위가 개인의 자유를 제한한다고 하더라도 오늘날 개인의 자유는 국가의 사회국가적 형성행위에 의하여 비로소 실현되고 보장된다는 것을 인식해야 한다. 사회·경제정책적 입법이 한편으로는 개인의 자유를 제한하더라도, 이는 곧 개인이 자유를 실제로 행사할 수 있는 조건을 형성하고 자유공간을 확보하기 위한 것이다. 예컨대, 기업의 자유를 제한하는 경제정책적 조치는 대부분의 경우 소비자나 근로자의 경제적 자유의 실질적 보장에 기여하고 있다. 사회적 법치국가에서 국가경제정책의 과제는 바로 개인의 자유 행사의 조건을 개선함으로써 결과적으로 자유를 실현하는데 있는 것이다. 국가의 경제정책은 개인의 경제적 자유와 상호연관관계에 있으며, 경제정책은 개인의 자유행사를 가능케 하기 위한 전제조건으로서 경제적 자유의 실질적 기반을 형성하고 유지하는 역할을 한다. 국가의 모든 경제정책은, 경제에 간섭하는 국가가 원칙적으로 개인의 경제적 자유를 인정한다는 것을 그 전제로 하고 있다. 경제정책은 자유경제질서의 필연적인 결과이며, 자유경제질서는 그 생존에 있어서 국가의 경제정책을 통한 간섭과 형성에 의존하고 있다.

개인의 자유와 공익상의 요청에 의한 사회적 구속 사이의 긴장관계는 오늘날의 모든 헌법적 질서의 기초를 이루고 있다. 사회적 법치국가의 핵심문제는 무엇보다도 국가의 사회적 과제와 경제적 자유 사이의 긴장관계를 정치적 형성을 통해서 조화시키는 것이며, 매 사안마다 구체적 상황에 비추어 양자 간의 관계를 인식하는 것은 입법자의 과제이다. 그러므로 자유와 구속의 관계를 헌법적 차원에서 추상적으로 '원칙과 예외의 관계'로 파악하고자 하는 시각은 자유와 구속 간의 상호교류관계를 단절시키기에 적합하며, 나아가 구체적 문제의 해결에 아무런 기여를 하지 못한다.

4. 경제헌법의 의미와 과제

가. 경제헌법의 역사적 배경

헌법 제119조를 특정한 경제질서의 헌법적 보장이 아니라 경제헌법의 지도원리 또는

---

69) 사회국가원리의 궁극적인 목표가 인간의 존엄성과 자유를 실현하는데 있으므로 사회국가원리 자체에 자유적 내용이 내재되어 있고, 사회국가의 한계도 그의 自由從屬的 내지 自由指向的 목표에 의하여 스스로 설정된다고 하는 의미로 Vgl. Isensee, Wirtschaftsdemokratie-Wirtschaftsgrundrechte-soziale Gewaltenteilung, Der Staat 1978, S.169f.; ders., Grundrechte und Demokratie, Der Staat 1981, S.170; Suhr, Rechtsstaatlichkeit und Sozialstaatlichkeit, Der Staat 1970, S.77; 허영, Rechtsstaatliche Grenze des Sozialstaats ?, Der Staat 1979, S.191f.

경제의 기본적 목표설정으로 해석하여야 한다는 견해는 '왜 근대국가에서 헌법이 경제적 문제를 규율의 대상으로 삼았는지' 하는 '경제헌법의 의의와 목적'에 의해서도 뒷받침되고 있다.

근대헌법에서 경제의 憲法化[70]는 경제적 자유방임주의에 대한 반성에서 출발하였다.[71] 19세기 유럽의 시민적 법치국가에서 산업혁명 이후 자본주의경제와 자유방임주의가 고도로 발달하자, 부의 偏在와 빈부의 격차가 심화되고, 근로계급인 제4 계급이 형성되고, 독·과점 등으로 인하여 자유경쟁 및 수요와 공급을 통한 시장의 자동조절 기능이 마비되는 등, 더 이상 사회가 스스로 해결할 수 없는 부정적인 사회현상이 나타났다. 19세기 말, 이와 시기를 같이하여 사회주의사상이 유럽에 퍼져나가자, 유럽의 국가들은 확산되는 사회주의사상으로부터 자신들의 사회체제와 자유경제체제를 방어하여야 할 필요성을 절감하게 되었다. 혁명에 의한 헌법의 파괴를 방지하기 위하여 그 당시 재산과 교양을 지닌 귀족과 시민계급에게만 제한되었던 선거권을 근로자계급에게도 확대하고, 나아가 '사회적 정의'의 이념을 헌법의 규범 안으로 수용하는 것은 그 당시의 피할 수 없는 시대적 요청이었다.

이러한 의미에서 사회국가원리는 산업혁명 이후 유럽국가에서 발생한 사회문제에 대한 '헌법적 대답'이며, 국가의 임무를 소극적으로 치안과 국방의 보장에만 국한시키고 豫定調和的 믿음에 기초하여 사회를 그 스스로에게 맡겼던 夜警國家, 시민적 법치국가에 대한 '역사적 반응'이었다. 사회정의의 이념을 헌법에 수용함으로써, 사회현상에 대하여 방관적인 국가에 대하여 작별을 고하게 되고, 경제·사회·문화의 모든 영역에서 정의로운 사회질서의 형성을 위하여 적극적으로 국가의 관여를 요구하는 社會國家가 등장하게 되었다.

사회국가란 한마디로, 정의로운 사회질서의 형성을 위하여 사회현상에 적극적으로 관여하고 간섭하고 분배하고 조정하는 국가이며, 국민 각자가 실제로 자유를 행사할 수 있는 실질적 조건을 마련해 줄 의무가 있는 국가, 단지 형식적인 자유와 평등의 보장이 아니라 실질적인 자유와 평등을 실현하고자 하는 국가이다.

나. 經濟와 法 및 경제질서와 경제헌법의 관계

(1) '경제에 대한 헌법의 과제 또는 의미'를 이해하기 위해서는 우선 '경제와 법'이라는 두개의 상이한 영역이 추구하는 목적과 가치를 구분하는 것이 필요하다. 경제와 법

---

70) 경제의 憲法化에 관하여 상세하게 한태연, 헌법학, 1983, 994면 이하, 1027면 이하 참조.

71) 경제적 자유주의와 자유주의적 법개념에 관하여 vgl. v. Arnim, Staatslehre der BRD, 1984, S.54ff.; Reich, Markt und Recht, 1977, S.26ff.; Scheuner, Die staatliche Einwirkung auf die Wirtschaft, 1971, S.14f.; Schmidt, Öffentliches Wirtschaftsrecht, 1990, S.12ff.; Stober, Handbuch des Wirtschaftsverwaltungs- und Umweltrechts, 1989, S.107ff.

은 각 영역이 실현하고자 하는 '목적'이나 각 영역을 지배하는 최고의 '가치'에 의해서 구별된다.[72)]

경제의 목적은 현존하는 한정된 재화를 가지고 인간의 물질적 욕구를 충족시키는데 있는 것이며, 경제의 척도는 '합목적성과 효율성'이다. 이에 대하여 법의 목적은 인간 공동체 생활에서의 정의로운 질서의 형성에 있으며, 법이 추구하는 최고의 가치는 바로 '정의'이다.

(2) 목적과 가치에 있어서 두 영역의 이러한 차이를 고려한다면, '경제질서와 경제헌법의 관계'는 다음과 같이 세 가지 측면에서 서술될 수 있다.[73)]

첫째, 경제헌법은 경제에 영향력을 행사하기 위한 국가의 '도구'를 의미한다. 경제헌법은 국가에게 경제정책적 목표를 달성하기 위하여 필요한 도구를 제공하고 있다. 경제에 대한 국가의 임무가 소극적으로 있는 상태를 보호하고 유지하고 때때로 필요에 의하여 경제에 간섭하는 것에 그치는 것이 아니라, 적극적으로 계획하고 유도하고 급부를 제공하고 재분배함으로써 전체 국민경제에 대하여 책임을 지도록 규율하고 있는 현대헌법에서, 국가경제정책의 합목적적 도구로서의 경제헌법의 성격은 뚜렷하게 표현되고 있다. 우리 헌법은 경제에 대한 국가의 간섭과 조정을 정당화하는 일련의 규정을 두고 있는데, 무엇보다도 헌법 제119조 이하의 경제조항, 사회화에 관한 규정, 사회적 기본권 등이 이에 속한다. 이러한 헌법규정은 '국가경제정책의 헌법적 근거'로서 국가의 적극적인 경제정책에 대한 수권규범이자 동시에 개인의 경제적 자유에 대한 제한을 정당화하는 규범이다.

헌법 제119조 이하의 규정에 위치하고 있는 국가경제정책의 헌법적 근거규범에는 '경제영역에서의 국가의 과제가 어느 정도로 부과되고 있는지' 하는 경제에 대한 국가적 책임의 정도가 표현되고 있다. 특히 헌법 제119조는 개인의 경제적 자유를 보장하면서 사회정의를 실현하는 경제질서를 경제헌법의 지도원칙으로 표명함으로써, 국가가 개인의 경제적 자유를 존중해야 할 의무와 더불어, 사회국가원리를 도입한 헌법의 정신에 부합하게 국가가 국민경제의 전반적인 현상에 대하여 포괄적인 책임을 지고 있다는 것을 규정하고 있다.

둘째, 경제헌법은 이러한 도구적 성격 외에 경제적 자유를 보장함으로써 경제의 과정과 경제질서를 형성하는 기능을 한다. 경제적 기본권은 개인에게 경제적 자유를 보장함으로써 분권적·자유주의적 경제질서의 형성을 가능하게 하고 법치국가적 보장에 근

---

72) Vgl. Raiser, Wirtschaftsverfassung als Rechtsproblem, in: FS für Gierke, 1950, S.189; ders., Das Verhältnis der Wirtschaftswissenschaft zur Rechtswissenschaft, in: Schriften des Vereins für Socialpolitik, n. F., Bd.33, 1964, S.220.

73) 경제에 대한 법의 과제에 관하여 vgl. Raiser, Wirtschaftsverfassung als Rechtsproblem, in: FS für Gierke, 1950, S.194ff.

거한 안정성 · 지속성 · 예측성의 요소를 경제질서에 부여하고 있다. 경제헌법의 이러한 측면은 법치국가적 '법적 안정성'의 보장으로 서술될 수 있다. 특히 개인의 자유로운 직업활동을 보장하는 직업의 자유, 사유재산권을 보장하는 재산권의 보장, 임금과 근로조건에 관하여 노사단체의 사적 자치를 보장하는 근로3권은 경제질서의 형성에 있어서 매우 중요한 의미를 가지는 기본권들이다.

셋째, 경제헌법은 합목적적인 도구적 성격과 법적 안정성의 보장을 넘어서, 경제질서의 손을 잡고 그의 독자적인 가치세계로 들어선다. 경제헌법은 '사회적 정의'의 이름으로 경제질서에게 경제적 법칙성만을 중시할 것이 아니라, 헌법의 가치를 고려하여 사회적 정의의 실현에도 기여할 것을 요구하고 있다.[74] 사회적 정의의 요청은, 국가에게 정의로운 사회질서형성에 대한 포괄적인 책임을 부과하는 사회국가원리에 의하여 규범적으로 강화되었다. '경제행위가 어떻게 하면 가장 합리적이고 효율적으로 이루어 질수 있는지'의 경제적 관점에 의해서만 경제질서가 지배되어서는 안 된다. 경제질서는 단지 경제원칙을 충족시킴으로써, 즉 부족한 재화와 용역의 합리적인 이용을 보장함으로써, 이미 정의의 요청에 부응하는 것이 아니다. 사회국가원리는, 헌법적 가치결정에 기초한 더 높은 척도에 의하여 경제질서는 형성되어야 한다는 기본결정을 내포하고 있다.[75] 그러므로 경제헌법은 경제질서에 대하여 경우에 따라서는 경제적 합목적성에 반하여 실질적 정의를 관철하고자 한다. 만일 경제법칙에 따른 효율성이 사회적 정의에 현저하게 반하기 때문에 사회적으로 용인될 수 없는 결과를 가져온다면, 사회국가원리는 경제질서에게 경제의 최고효율성의 원칙에서 벗어날 것을 요구한다. 이러한 의미에서 경제헌법은 경제영역에서 '실질적 정의의 실현'이며 '사회국가이념의 실현 장소'이다[76].

Ⅵ. 맺는말

위에서 살펴 본 바와 같이, 헌법상 민주주의원리는 시장경제질서의 헌법적 보장을 논증하는 규범적 근거가 될 수 없다. 경제적 자유를 보장하는 자유권적 기본권도 시장경제질서를 '헌법적으로 보장된 경제질서'로 인정하기 위하여 요구되는 필요조건이기는 하지만 충분조건은 아니다. 또한, 헌법이 경제질서에 독자적인 章(제9장)을 할애하고 경제생활의 형성에 관한 구체적인 지침을 제시하고 있다 하더라도, 학계의 다수의견과 달리 이러한 헌법규범으로부터도 '사회적 시장경제질서'와 같은 특정한 경제질서의 헌법적 보장을 도출할 수 없다.

---

74) Vgl. Tettinger, Rechtsanwendung und gerichtliche Kontrolle im Wirtschaftsverwaltungsrecht, 1980, S.156; Raiser, Wirtschaftsverfassung als Rechtsproblem, in: FS für Gierke, 1950, S.120.

75) Vgl. Benda, Industrielle Herrschaft und sozialer Staat, 1966, S.152f.

76) Vgl. Ballerstedt, Wirtschaftsverfassungsrecht, in: Die Grundrechte, Bd.Ⅲ/1, 1958, S.1, 51.

경제에 관한 헌법규정(경제헌법)은 특정한 경제질서에 헌법적 지위를 부여함으로써 국가의 경제활동을 그 경제질서의 틀에 구속시키고자 하지 않는다. 경제헌법은 경제영역에서 사회국가원리의 실현 장소로서, 경제헌법의 과제와 의미는 경제질서에 대하여 경제적 합목적성만 추구할 것이 아니라 사회적 정의도 함께 실현할 것을 요구를 하는 것에 있다. 경제헌법은 가령 시장경제질서와 같이 아무런 규범적 심사기준을 제공하지 못하는 특정한 경제체제를 지향해야 하는 것이 아니라, 기본권, 국가의 기본원리, 목표조항 등 헌법의 기본결정에 입각하여 형성되고 이해되어야 한다.

이러한 관점에서 보건대, 헌법 제119조는 사회적 시장경제의 헌법적 보장이 아니라 경제헌법의 지도원리 또는 경제헌법상의 근본적인 목표설정규정으로 해석하는 것이 타당하다. 경제헌법은 '자유와 사회적 구속'이라는 두 개의 기본가치에 기초하고 있고, 헌법 제119조는 두 개의 기본가치 사이의 밀접한 연관성과 상호영향관계를 보여주는 대표적인 예이다. 한국 헌법상의 경제질서는 경제영역의 형성을 사회와 국가로부터 동시에 기대하는 '자유주의적이며 동시에 사회적인 경제질서'이다. 이러한 경제헌법은 경제적 자유가 원칙이고 국가의 간섭이 예외라는 '원칙과 예외의 관계'로도 파악되어 질수 없다.

물론, 헌법의 범주 내에서 현실적으로 형성되어 오늘날 한국 현실에 존재하는 경제질서를 '사회적 시장경제'라 부를 수 있다. 기본권에 의한 경제적 자유의 보장은 개인과 사회로 하여금 경제적 자유의 행사를 가능하게 함으로써 자유경쟁과 시장경제질서를 결과로 가져오며, 다른 한편으로는 국가는 경제에 대한 규제와 조정을 허용하는 헌법규정을 근거로 하여 국가경제정책을 추진할 수 있으므로, 개인과 국가가 경제영역에서 함께 활동함으로써 우리 헌법의 범주 내에서 현실적으로 형성되는 이러한 '사회현상'을 '사회적 시장경제질서'로 파악할 수 있다.

그러나 사회적 시장경제질서를 '사회현상'으로서 현상적으로 파악하는 것이 아니라 헌법적으로 보장되는 '객관적 헌법질서'로서 규범적 의미로 파악하는 것은 불필요할 뿐만 아니라, 사회적 시장경제질서에 규범적 성격이 결여되어 있기에 국가의 경제정책적 조치의 위헌여부를 판단함에 있어서 아무런 규범적 심사기준을 제공하지 못한다. '시장경제기능의 보호'란 측면에서 제기되는 '合市場性'의 요청은 규범적으로 '기본권 보호'의 관점에서 본 헌법상 '비례의 원칙'을 의미한다. 결국, 시장경제질서는 기본권과 법치국가적 원칙을 통해서 비로소 헌법적으로 구체화되고, 기본권과 경제적 자유로의 '개념적 전환'을 통해서만 비로소 규범의 영역에 진입하게 되고 규범적 효력을 가지게 된다.

참고문헌

구병삭, 신헌법원론, 1989
권영성, 헌법학원론, 1989
김철수, 헌법학개론, 1989
한태연, 헌법학, 1983
허영, 한국헌법론, 1990

Abendroth, Zum Begriff des demokratischen und sozialen Rechtsstaats im Grundgesetz, in: Festschrift für Straesser, 1954
v. Arnim, Staatslehre der BRD, 1984
Badura, Wirtschaftsverfassung und Wirtschaftsverwaltung, 1971
______, Auftrag und Grenzen der Verwaltung im sozialen Rechtsstaat, DÖV 1968
Bäumler, Staatliche Investitionsplanung unter dem Grundgesetz, 1980
______, Abschied von der grundgesetzlich festgelegten Wirtschaftsverfassung, DÖV 1979
Ballerstedt, Wirtschaftsverfassungsrecht, in: Die Grundrechte, Bd.Ⅲ/1, 1958
Benda, Industrielle Herrschaft und sozialer Staat, 1966
Bleckmann, Staatsrecht Ⅱ(Grundrechte), 1989
______, Ordnungsrahmen für das Recht der Subvention, 55. DjT(1984), Gutachten D
Blum, Marktwirtschaft, soziale, in: Handwörterbuch der Wirtschaftswissenschaft, Bd.5, 1980
Böckenferde, Demokratie als Verfassungsprinzip, in: Isensee/Kirchhof(Hg), Handbuch des Staatsrechts (HbStR), Bd. I, 1987
______, Die Bedeutung der Unterscheidung von Staat und Gesellschaft im demokratischen Sozialstaat der Gegenwart, in: ders., Staat, Gesellschaft, Freiheit, 1976
______, Grundrechtstheorie und Grundrechtsinterpretation, NJW 1974
Böhm, Wirtschaftsordnung und Staatsverfassung, in: Recht und Staat, Heft 153/154, 1950
Bull, Die Staatsaufgaben nach dem Grundgesetz, 1973
Denninger, Demokratisierung-Möglichkeiten und Grenzen, in: Cappenberger Gespräche, Bd.11, 1976
Ehmke, Wirtschaft und Verfassung, 1961
Eucken, Grundsätze der Wirtschaftspolitik, 1968
Friauf, Unternehmenseigentum und Wirtschaftsverfassung, DÖV 1976
Frotscher, Wirtschaftsverfassungs- und Wirtschaftsverwaltungsrecht, 1988

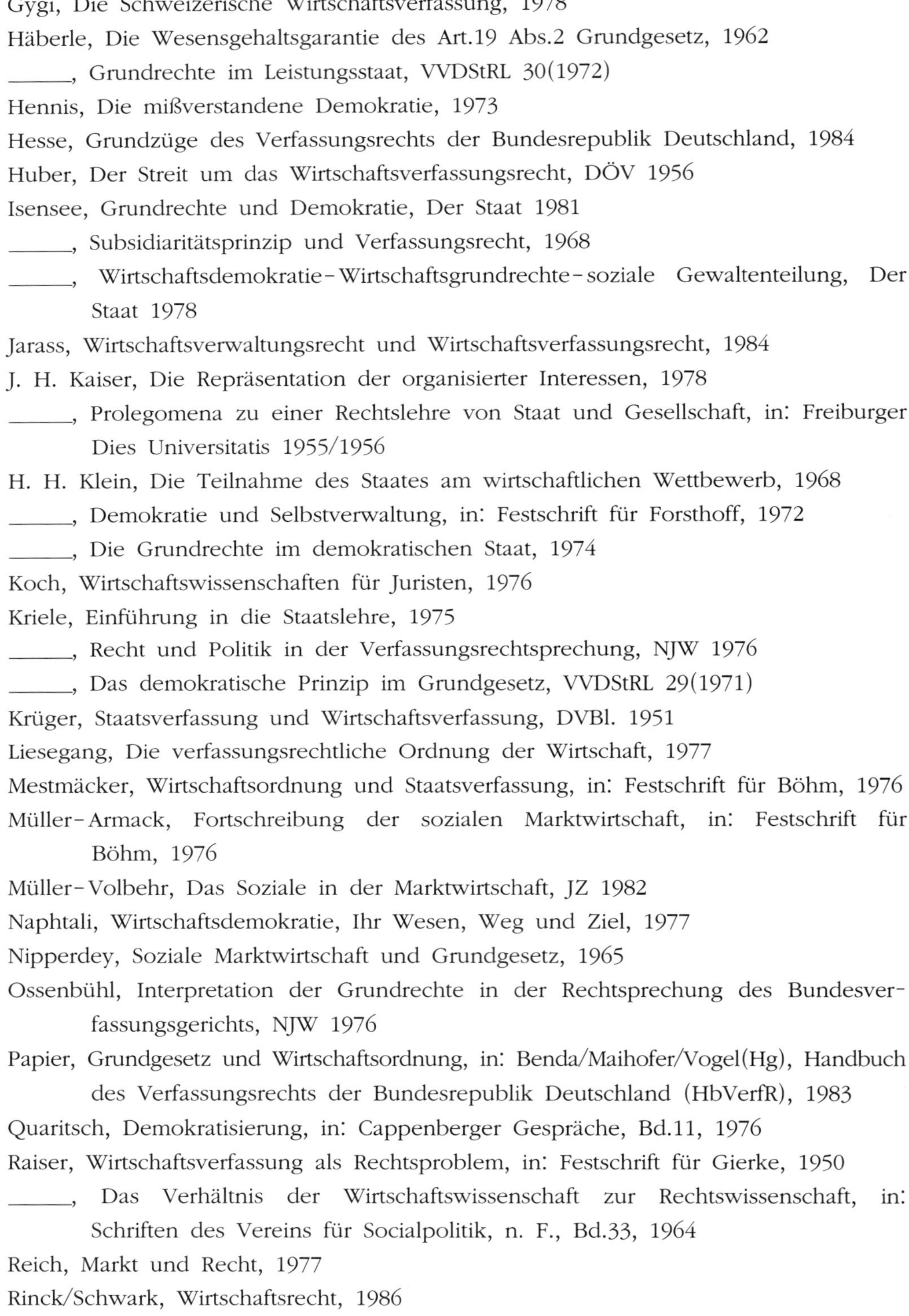

Gygi, Die Schweizerische Wirtschaftsverfassung, 1978

Häberle, Die Wesensgehaltsgarantie des Art.19 Abs.2 Grundgesetz, 1962

______, Grundrechte im Leistungsstaat, VVDStRL 30(1972)

Hennis, Die mißverstandene Demokratie, 1973

Hesse, Grundzüge des Verfassungsrechts der Bundesrepublik Deutschland, 1984

Huber, Der Streit um das Wirtschaftsverfassungsrecht, DÖV 1956

Isensee, Grundrechte und Demokratie, Der Staat 1981

______, Subsidiaritätsprinzip und Verfassungsrecht, 1968

______, Wirtschaftsdemokratie-Wirtschaftsgrundrechte-soziale Gewaltenteilung, Der Staat 1978

Jarass, Wirtschaftsverwaltungsrecht und Wirtschaftsverfassungsrecht, 1984

J. H. Kaiser, Die Repräsentation der organisierter Interessen, 1978

______, Prolegomena zu einer Rechtslehre von Staat und Gesellschaft, in: Freiburger Dies Universitatis 1955/1956

H. H. Klein, Die Teilnahme des Staates am wirtschaftlichen Wettbewerb, 1968

______, Demokratie und Selbstverwaltung, in: Festschrift für Forsthoff, 1972

______, Die Grundrechte im demokratischen Staat, 1974

Koch, Wirtschaftswissenschaften für Juristen, 1976

Kriele, Einführung in die Staatslehre, 1975

______, Recht und Politik in der Verfassungsrechtsprechung, NJW 1976

______, Das demokratische Prinzip im Grundgesetz, VVDStRL 29(1971)

Krüger, Staatsverfassung und Wirtschaftsverfassung, DVBl. 1951

Liesegang, Die verfassungsrechtliche Ordnung der Wirtschaft, 1977

Mestmäcker, Wirtschaftsordnung und Staatsverfassung, in: Festschrift für Böhm, 1976

Müller-Armack, Fortschreibung der sozialen Marktwirtschaft, in: Festschrift für Böhm, 1976

Müller-Volbehr, Das Soziale in der Marktwirtschaft, JZ 1982

Naphtali, Wirtschaftsdemokratie, Ihr Wesen, Weg und Ziel, 1977

Nipperdey, Soziale Marktwirtschaft und Grundgesetz, 1965

Ossenbühl, Interpretation der Grundrechte in der Rechtsprechung des Bundesverfassungsgerichts, NJW 1976

Papier, Grundgesetz und Wirtschaftsordnung, in: Benda/Maihofer/Vogel(Hg), Handbuch des Verfassungsrechts der Bundesrepublik Deutschland (HbVerfR), 1983

Quaritsch, Demokratisierung, in: Cappenberger Gespräche, Bd.11, 1976

Raiser, Wirtschaftsverfassung als Rechtsproblem, in: Festschrift für Gierke, 1950

______, Das Verhältnis der Wirtschaftswissenschaft zur Rechtswissenschaft, in: Schriften des Vereins für Socialpolitik, n. F., Bd.33, 1964

Reich, Markt und Recht, 1977

Rinck/Schwark, Wirtschaftsrecht, 1986

Rittner, Wirtschaftsrecht, 1987
Rupp, Freiheit und Partizipation, NJW 1972
______, Grundgesetz und Wirtschaftsverfassung, 1974
______, Wirtschaftsverfassung, in: Handwörterbuch der Wirtschaftswissenschaft, Bd.9, 1982
Scheuner, Die staatliche Einwirkung auf die Wirtschaft, 1971
______, Die Funktion der Grundrechte im Sozialstaat, DÖV 1971
______, Die staatliche Intervention im Bereich der Wirtschaft, VVDStRL 11(1954)
Schluep, Was ist Wirtschaftsrecht?, in: Festschrift für Hug, 1968
Schmidt, Wirtschaftspolitik und Verfassung, 1971
______, Öffentliches Wirtschaftsrecht, 1990
______, Staatliche Verantwortung für die Wirtschaft, in: Isensee/Kirchhof(Hg), Handbuch des Staatsrechts (HbStR), Bd.Ⅲ, 1988, §83
C. Schmitt, Verfassungslehre, 1965
Scholz, Paritätische Mitbestimmung und Grundgesetz, 1974
______, Grenzen der staatlichen Aktivitäten unter der grundgesetzlichen Wirtschaftsverfassung, in: Duwendag(Hg), Der Staatssektor in der sozialen Marktwirtschaft, 1976
Schwerdtfeger, Unternehmerische Mitbestimmung der Arbeitnehmer und Grundgesetz, 1972
Stern, Das Staatsrecht der Bundesrepublik Deutschland, Bd. Ⅰ, 1984
Stober, Handbuch des Wirtschaftsverwaltungs- und Umweltrechts, 1989
Suhr, Rechtsstaatlichkeit und Sozialstaatlichkeit, Der Staat 1970
Tettinger, Neuer Streit um die Wirtschaftsverfassung?, BB 1977
______, Rechtsanwendung und gerichtliche Kontrolle im Wirtschaftsverwaltungsrecht, 1980
Thiele, Wirtschaftsverfassungsrecht, 1974
Tuchtfeldt, Wirtschaftssysteme, in: Handwörterbuch der Wirtschaftswissenschaft, Bd.9, 1982
______, Soziale Marktwirtschaft und Globalsteuerung, in: Soziale Marktwirtschaft in Wandel, 1973
Zacher, Aufgaben einer Theorie der Wirtschaftsverfassung, in: Festschrift für Franz Böhm, 1965
______, Das soziale Staatsziel, in: Isensee/Kirchhof(Hg), Handbuch des Staatsrechts (HbStR), Bd. Ⅰ, 1987

제2주제

국가경제정책의 헌법적 근거와 한계*

-헌법 제119조 이하의 규정을 중심으로-

Ⅰ. 머리말

우리 학계의 지배적 견해는 헌법상의 경제질서를 '사회적 시장경제질서'로 이해하고 있다. 그런데 여기서 우리 헌법이 '사회적 시장경제질서'와 같은 특정한 경제질서를 헌법적 차원에서 규범적으로 보장하고 있는지, 헌법으로부터 '사회적 시장경제질서'라는 특정한 경제질서를 '헌법상의 객관적 질서'로서 도출하는 것이 어떠한 의미와 목적을 가지고 있는지의 문제가 규명되어야 한다. 경제헌법을 둘러싼 모든 논의에서 제기되는 핵심적인 문제는 국가경제정책의 가능성과 한계의 문제, 특히 경제영역에서의 입법자의 형성의 자유의 한계에 관한 문제이다. 헌법으로부터 특정 경제질서를 '헌법상의 경제질서'로서 도출하고자 하는 시도의 경우, 경제적 기본권과 같은 개별적인 헌법규범 외에도 '특정한 경제질서의 준수'라는 또 다른 구속을 입법자에게 부과함으로써 국가경제정책에 대하여 또 하나의 부가적인 제한을 가할 수 있는지의 문제가 논의의 주안점이라 할 수 있다. 이러한 관점에서 사회적 시장경제질서가 국가의 경제활동에 대한 또 다른 헌법적 한계로서 기능할 수 있는지, 국가경제정책의 위헌성을 판단하는 규범적 심사기준으로 기능할 수 있는지의 문제가 제기된다.

위와 같은 문제는 단지 추상적인 헌법이론적 문제가 아니라 현재 우리 헌법재판의 실무에서 일상적으로 제기되는 문제이다. 종래 헌법재판소에 계류된 다수의 헌법소원심판사건에서, 청구인은 심판의 대상이 되는 법률의 위헌성을 주장하면서, 심판대상조항

---

* 위 논문은 2005년 12월, 헌법논총(헌법재판소) 제16집(2005), 631-686면에 게재된 것을 일부 수정한 것이다.

이 헌법상 보장된 기본권을 침해할 뿐만 아니라 헌법상의 경제질서에도 위반된다는 주장을 하고 있다.[1] 이러한 경우 심판대상규정의 위헌성을 판단함에 있어서 헌법상 보장된 기본권 외에도 헌법상의 경제질서 또는 헌법 제119조의 규정이 어느 정도로 독자적인 심사기준으로서 기능할 수 있는지의 문제, 이로써 '경제적 기본권과 헌법상의 경제질서의 관계'가 문제되는 것이다. 한편, 헌법재판소가 처리하는 사건 중에서 개인이 경제영역에서의 입법에 대하여 그 위헌성을 다투는 헌법소원심판청구가 큰 비중을 차지함에도, 헌법 제119조 이하의 경제조항의 헌법적 의미를 밝히고자 하는 시도는 학계에서 거의 이루어지지 않고 있다.[2]

헌법상 경제조항과 관련하여, 특히 다음과 같은 일련의 문제가 제기된다. 국가경제정책을 정당화하는 헌법적 근거와 그 한계는 무엇인가? 사회국가원리와 헌법 제119조 제2항 이하의 국가경제정책에 관한 헌법규정은 어떠한 관계에 있는가? 헌법 제119조 제2항에서 언급하는 '균형 있는 국민경제의 성장과 안정', '적정한 소득의 분배', '시장의 지배와 경제력남용의 방지'란 경제영역에서의 국가목표는 구체적으로 어떠한 경제정책적 과제를 의미하는가? 특히, '경제주체간의 조화를 통한 경제의 민주화'의 의미는 무엇인가? '지역경제의 육성', '중소기업의 보호', '소비자의 보호'란 목표는 국가에게 어떠한 경제정책적 과제를 부과하는가? 사회화와 공용수용의 차이는 무엇이며, 농지개혁도 사회화에 속하는가? 우리 헌법은 재산권보장과 사회화를 어떻게 조화시키고 있는가?

이 글에서는 우선 학계의 다수견해가 헌법상의 경제질서로 간주하는 '사회적 시장경제질서'가 과연 헌법적으로 보장된 경제질서인지의 관점에서 우리 헌법상의 경제질서에 관하여 살펴보고(아래 Ⅱ.), 이어서 경제헌법이 어떻게 구성되어 있는지 그 구조를 간략하게 확인한 후(아래 Ⅲ.), 국가경제정책의 헌법적 근거에 해당하는 헌법상 경제조항을 근거로 개별적으로 그 헌법적 의미를 검토해 보기로 한다(아래 Ⅳ.).

---

1) 근래에 문제된 몇 가지 사건의 예를 들자면, 청구인들은 모든 의료기관을 국민건강보험체계에 강제로 편입시키는 국민건강보험법규정에 대하여 위 규정이 개별요양기관의 자유로운 경제활동과 경쟁을 유도하기 보다는 국가가 주도적인 중앙통제경제를 통하여 행정편의적이고 규제적인 경제정책을 취하고 있으므로, "대한민국의 경제질서는 개인과 기업의 경제상의 자유와 창의를 존중함을 기본으로 한다."고 규정하고 있는 헌법 제119조에 위반된다고 주장하였다(헌재 2002. 10. 31. 99헌바76). 또한, 청구인은 헌재 2001. 2. 22. 99헌마365(국민연금법 제75조 등 위헌확인) 사건에서 강제가입과 소득재분배 효과를 전제로 한 연금보험료의 강제징수에 관한 국민연금법규정이 재산권보장과 행복추구권 외에 헌법상의 시장경제질서에 위반되는지 여부를 다투었다. 또한, 신문판매업자가 독자에게 1년 동안 제공하는 無價紙와 경품류를 합한 가액이 같은 기간에 당해 독자로부터 받는 유료신문대금의 20%를 초과하는 경우 동 무가지와 경품류의 제공행위가 '독점규제 및 공정거래에 관한 법률' 제23조 소정의 불공정거래행위에 해당하는 것으로 규정한 신문고시조항이 심판대상이 된 사건에서, 헌법재판소는 재산권을 침해여부와 함께 헌법 제119조 제1항에 정한 자유경제질서에 반하여 위헌인지 여부를 판단하였다(헌재 2002. 7. 18. 2001헌마605, 판례집 14-2, 84, 104).

2) 대부분의 헌법교과서에서도 경제조항에 관한 부분은 단지 몇 면의 개괄적 설명에 그치고 있을 뿐이다.

Ⅱ. 헌법상의 경제질서

1. 사회현상으로서 사회적 시장경제질서

학계의 다수견해와[3] 헌법재판소의 일부 판례는[4] 한국 헌법상의 경제질서를 사회적 시장경제로 파악하면서, 사회적 시장경제를 '사회적 법치국가에 대응하는 경제질서로서 사유재산제와 자유경쟁을 기본원리로 하는 시장경제질서를 근간으로 하되, 사회정의를 실현하기 위하여 경제에 대하여 규제와 조정을 가하는 경제질서'로 정의하고 있다.[5] 이로써 한국의 '사회적 시장경제'는 독일의 특유한 경제질서인 '사회적 시장경제'와 같은 기술적인 의미에서의 특정 경제정책적 개념이 아니라,[6] 단지 사회적 법치국가의 헌법에 상응하는 경제질서, 즉 혼합경제질서 또는 수정자본주의적 경제질서와 같은 의미로서 이해되고 있다.[7]

사회적 시장경제질서의 의미를 위와 같이 이해한다면, 사회적 법치국가를 국가의 기본원리로서 채택하고 있는 우리 헌법의 범주 내에서 현실적으로 형성되는 경제질서를 '사회적 시장경제'로 표현할 수 있다. 기본권에 의한 경제적 자유의 보장, 특히 사유재

3) 대표적으로 한태연, 헌법학, 1983, 1035면 이하; 권영성, 헌법학원론, 2004, 166면 참조.

4) 예컨대, 헌재 2001. 6. 28. 2001헌마132, 판례집 13-1, 1441, 1456; 헌재 1996. 4. 25. 92헌바47, 판례집 8-1, 370, 380; 1998. 5. 28. 96헌가4등, 판례집 10-1, 522, 533-534 등에서 "우리 헌법은 전문 및 제119조 이하의 경제에 관한 장에서 균형있는 국민경제의 성장과 안정, 적정한 소득의 분배, 시장의 지배와 경제력남용의 방지, 경제주체간의 조화를 통한 경제의 민주화, 균형있는 지역경제의 육성, 중소기업의 보호육성, 소비자보호 등 경제영역에서의 국가목표를 명시적으로 규정함으로써, 우리 헌법의 경제질서는 사유재산제를 바탕으로 하고 자유경쟁을 존중하는 자유시장 경제질서를 기본으로 하면서도 이에 수반되는 갖가지 모순을 제거하고 사회복지·사회정의를 실현하기 위하여 국가적 규제와 조정을 용인하는 사회적 시장경제질서로서의 성격을 띠고 있다."고 판시하고 있다.

5) 우리 헌법상의 경제질서가 '사회적 시장경제질서'라고 하는 다수설에 대하여 비판적인 입장으로는 가령, 독일의 특유한 경제질서로서 언급되어 온 '사회적 시장경제질서'라는 용어를 아무런 고려나 비판 없이 우리의 법질서에서 사용하는 것에 대하여 문제를 제기하고 사회적 시장경제질서가 아니라 혼합경제질서라고 보아야 한다는 견해로는 권영설, 국가와 경제-경제질서의 헌법적 기초, 공법연구 제16집(1988), 21면 이하; 우리 헌법의 경제질서를 사회적 시장경제로 단언할 수 없으며, 입법자가 시대의 상황에 따라 자유시장경제와 계획경제 사이에 존재하는 다양한 혼합경제질서를 결정할 수 있다고 하는 견해로 김문현, 현행헌법상의 경제질서의 성격, 고시계(1997. 9.), 91면 참조; 우리 헌법상의 경제질서는 사회적 시장경제질서라는 표현으로는 부정확하며, 우리의 경제헌법에서 어떤 질서체계를 도출한다면 혼합경제체제가 가장 타당하는 견해로 김형성, 경제헌법과 경제정책의 헌법적 한계, 저스티스 통권 제79호(2004. 6.), 13면. 그러나 다수설이 헌법상의 경제질서로서 언급하는 사회적 시장경제질서를 독일 특유의 경제정책적 개념인 사회적 시장경제질서가 아니라 사회적 법치국가의 경제질서, 즉 혼합경제질서로 이해한다면, 다수설에 대하여 비판을 제기하는 견해와 다수설의 차이점은 사실상 없는 것으로 판단된다. 학계의 논의에 관한 소개로는 홍성방, 헌법과 경제질서, 서강법학연구 5권(2003. 5.), 42면 이하; 이덕연, 한국헌법의 경제적 좌표 -시장(기업)규제의 범위와 한계-, 공법연구 제33집 제2호(2005. 2.), 11면 이하 참조.

6) 독일의 특유한 경제질서로서 '사회적 시장경제'의 개념과 특징에 관하여 자세하게 vgl. SooWoong, Han, Merkmale der verfasssungsrechtlichen Ordnung der Wirtschaft in Deutschland und Korea(Diss.), 1992, S.91ff.

7) 유사한 취지로 김성수, 경제질서와 재산권보장에 관한 헌재결정의 평가와 전망, 공법연구 33집4호(2005. 6.), 143면.

산권과 직업의 자유의 보장은 개인과 사회로 하여금 경제적 자유의 행사를 가능하게 함으로써 자유경쟁과 시장경제질서를 결과로 가져오며, 다른 한편으로는 국가는 경제에 대한 규제와 조정을 허용하는 헌법규정을 근거로 하여 국가경제정책을 추진할 수 있으므로, 개인과 국가가 경제영역에서 함께 활동함으로써 우리 헌법의 범주 내에서 현실적으로 형성되는 이러한 사회현상을 '사회적 시장경제질서'로 파악할 수 있다.

그러나 한 보 더 나아가, '사회적 시장경제'란 개념이 헌법이 보장하는 하나의 객관적 원칙으로서 '규범적 의미'로 사용된다면, 이 경우 여러 가지 어려운 문제가 발생한다. 사회적 시장경제를 헌법상 보장된 원리나 객관적 질서로서 파악한다면, 사회적 시장경제의 근간이 되는 시장경제는 민주주의원리·법치국가원리·사회국가원리와 같은 헌법상의 기본원리와 같이, 또 하나의 헌법상의 객관적 원칙으로서 국가기관을 구속하는 헌법규범적 성격을 갖게 된다. 따라서 우리 헌법이 '사회적 시장경제'를 헌법적으로 보장하고 있는 것으로 이해한다면, 사회적 시장경제가 국가기관을 구속하는 헌법원리로서 기능할 수 있는지, 헌법을 일정 경제체제에 귀속시키는 것이 과연 필요하고 유용한 것인지의 근본적인 문제가 제기된다.

2. 시장경제질서와 경제적 기본권의 관계

가. 학계의 일부 견해는 사유재산제와 직업의 자유를 보장하는 헌법 제23조 및 제15조로부터 '시장경제질서'를 헌법상 보장된 객관적 원리로서 도출하고 있다.[8] 그러나 기본권이 경제적 자유를 보장하고 개인이 경제적 자유를 행사함으로써 시장경제와 같은 일정한 경제질서를 형성할 수 있으나, 기본권의 이러한 '秩序形成的 效果'는 기본권행사의 간접적 결과이지 기본권보장의 목적이 아니다.[9] 자유권은 개인의 자유를 바로 그 자체 때문에, 즉 인간의 존엄성을 실현하기 위하여 보장하는 것이지, 특정한 사회·경제질서를 실현하고자 보장하는 것은 아니다.

물론 경제적 기본권이 직업의 자유와 사유재산권을 보장함으로써 자유경쟁질서나 분권적 경제구조에 매우 유리하게 작용한다는 것을 부인할 수 없다. 그러나 시장경제질서에 미치는 기본권의 이러한 효과는 기본권행사의 간접적 결과인 것이지, 기본권의 목적이 아니다.[10] 즉, 기본권은 자유가 시장경제질서와 같은 일정한 질서로 機能化될 수 있

8) 예컨대, 권영성, 헌법학원론, 2004, 562면("직업선택의 자유는 자유시장경제질서라고 하는 객관적 법질서의 구성요소"); 유사하게, 허영, 한국헌법론, 2004, 444면.

9) Vgl. Böckenförde, Grundrechtstheorie und Grundrechtsinterpretation, NJW 1974, S.1530f.; Klein, Die Grundrechte im demokratischen Staat, 1974, S.70, Fn.99.

10) Vgl. Kriele, Recht und Politik in der Verfassungsrechtsprechung, NJW 1976, S.780f.; ders., Einführung in die Staatslehre, 1975, S.196, 200; Papier, Grundgesetz und Wirtschaftsordnung, in: Handbuch des Verfassungsrechts, 1983, S.619; Scholz, Grenzen der staatlichen Aktivitäten unter der grundgesetzlichen Wirtschaftsverfassung, in: Duwendag(Hg), Der Staatssektor in der sozialen Marktwirtschaft, 1976, S.123.

는 '기회'를 보장할 뿐, 일정질서의 형성이라는 '기능' 그 자체를 보장하는 것은 아닌 것이다. 요컨대, 기본권에 의한 경제적 자유의 보장은 경쟁과 시장경제질서의 형성을 가능하게 하나, 그것이 곧 경쟁질서 또는 시장경제질서의 헌법적 보장을 의미하는 것은 아니다.[11)]

나. 나아가, 경제적 기본권의 보장으로부터 특정한 경제질서의 헌법적 보장을 도출할 수 없다는 것은 '자유권의 본질'로부터 나온다. 자유권은 경제행위의 내용, 즉 自由의 內容에 있어서 중립적이다. 개인이 법질서의 테두리 내에서 각자 스스로 자유의 내용과 행사방법을 결정할 수 있다는 것에 자유권의 본질이 있다. 자유권은 자유를 적극적으로 행사할 수 있는 권리인 '적극적 자유'뿐만 아니라 자유를 행사하지 않을 권리인 '消極的 自由'도 동시에 보장하고 있다.

모든 자유권과 마찬가지로, 직업의 자유, 경쟁의 자유, 사유재산권의 보장도 기본권주체가 자신의 자유를 사용할 것인지 여부를 비롯하여 어떠한 방법으로 사용할 것인지에 관하여 각 개인 스스로의 결정에 맡기고 있다. 그러므로 경쟁의 자유로부터 경쟁의 의무를 수반하는 경쟁질서의 헌법적 보장(제도보장)을 도출할 수 없다. 기본권주체가 경제적으로 옳게, 합리적으로 또는 시장경제질서에 합치하게 행동하느냐 하는 것은 헌법적으로 그의 자유이고 스스로의 선택에 달려 있다. 그러나 경제적 기본권으로부터 시장경제질서를 '헌법적으로 보장되는 질서'로서 도출한다면, 원래 인간의 존엄성 실현 때문에 보장된 경제적 자유는 경쟁질서나 시장경제질서를 실현하기 위한 자유로 변질되고, 경쟁질서 또는 시장경제질서 내에서의 자유, 경제적으로 합리적 행위를 할 자유로 규정되고 축소된다.

3. 특정 경제질서에 대한 경제헌법의 의미

가. 시장경제질서에 우호적인 경제헌법

헌법 제9장에 규정된 조항들은 그의 상세하고도 광범위한 내용 때문에, 한국 헌법상의 경제질서에 대한 보다 구체적인 해명을 기대하게 한다. 국민경제학의 이론에 따르면, '경제계획체제'와 '재산제도'가 경제체제의 근본적인 구성요소로 간주된다.[12)] 따라서

11) 경제질서와 기본권의 관계에 관하여 상세하게 한수웅, 한국헌법상의 경제질서, 공법학의 현대적 지평(계희열 박사 화갑기념논문집), 1995. 11., 181면 이하 참조, 憲法裁判所는 일련의 결정에서, "직업의 선택 혹은 수행의 자유는 각자의 생활의 기본적 수요를 충족시키는 방편이 되고, 또한 개성신장의 바탕이 된다는 점에서 주관적 공권의 성격이 두드러진 것이기는 하나, 다른 한편으로는 국민 개개인이 선택한 직업의 수행에 의하여 국가의 사회질서와 경제질서가 형성된다는 점에서 사회적 시장경제질서라고 하는 객관적 법질서의 구성요소이기도 하다."고 판시하고 있다(헌재 1995. 7. 21. 94헌마125, 판례집 7-2, 155, 162; 헌재 2002. 4. 25. 2001헌마614, 판례집 14-1, 410, 427). 그러나 이러한 판시내용은 기본권의 '사실적인 질서형성적 기능'과 '규범적인 헌법적 질서'를 혼동하고 있는 것이다.

12) Vgl. Koch, Wirtschaftswissenschaften für Juristen, 1976, S.41ff.; Tuchtfeldt, Wirtschaftssysteme, in: Handwörterbuch der Wirtschaftswissenschaft, Bd.9, 1982, S.331ff.

헌법이 보장하는 경제체제가 무엇인지를 판단하기 위해서는 우리 헌법이 경제체제의 근본적인 구성요소로 간주되는 '경제계획체제'와 '재산제도'에 관하여 어떻게 규정하고 있는지를 살펴보아야 한다. 시장경제 또는 자본주의경제에서는, 경제계획이 개인에 의하여 분권적으로 수립되어 계획 간의 조화는 시장과 가격을 통하여 이루어지고, 재산제도에 있어서는 생산수단에 대한 사유재산이 보장된다. 즉 시장경제질서는 개인의 자유로운 창의에 의한 분권적 계획과 사유재산의 보장에 기초하고 있는 것이다.

이러한 관점에서 본다면, 헌법은 제119조 제1항에서 "개인과 기업의 경제상의 자유와 창의를 존중함을 기본으로 한다."고 규정함으로써, 개인과 국가 간의 경제영역에서의 관할 배분에 관한 문제, 즉 누가 원칙적으로 경제계획을 세우고 실현하여야 하는지의 문제에 관하여 경제계획은 원칙적으로 개인에 의하여 분권적으로 수립된다는 근본결정을 내리고 있다. 또한, 헌법은 제23조에서 재산권을 보장함으로써 헌법 제126조에 규정된 社會化의 가능성에도 불구하고 사회화조항의 명백한 예외적 성격으로 인하여 생산재에 대한 사유재산제도를 매우 강력하게 보장하고 있다. 나아가, 경제에 관한 장(제9장)에 규정된 헌법규범들이 언급하는 경쟁정책 및 경기정책(제119조 제2항), 구조정책(제123조) 등은 모두 시장경제에서의 경제정책의 주요과제를 의미한다는 점에서, 헌법이 시장경제를 전제로 하고 있다는 견해를 뒷받침하고 있다. 결국 우리 헌법은 다양한 경제적 기본권과 경제에 관한 근본조항인 제119조 제1항의 규정을 통하여 시장경제의 두 개의 지주인 '개인에 의한 분권적 계획'과 '사유재산'을 보장하고 있고, 이로써 헌법상의 경제질서로서 '시장경제질서'를 채택하고 있다고 볼 여지도 있다.

나. 시장경제질서의 헌법적 보장?

(1) 헌법적 질서로서 사회적 시장경제질서?

그러나 여기서, 한국헌법이 '시장경제질서'를 *憲法的 秩序*로 규정하고 있다면, 헌법을 일정한 경제질서에 귀속시키는 것이 필요하고 유용한 것인지, 나아가 헌법적 질서로서의 시장경제질서가 국가경제정책의 위헌여부를 판단하는 규범적 심사기준이 될 수 있는지의 근본적인 문제가 제기된다.

헌법적 질서로서의 시장경제질서는 무엇보다도 '시장경제체제에 반하는 국가의 간섭은 헌법상의 중요한 공익을 근거로 단지 예외적으로 허용될 수 있고, 여러 가지 침해의 가능성 중에서 선택의 여지가 있는 경우에는 국가는 경제의 자동조절기능을 가장 활성화시킬 수 있는 소위 '合市場的 조치'를 택해야 한다'는 의미에서 국가경제정책에 대한 원칙적인 合市場性의 요청으로 이해된다.[13] 다시 말하자면, 경제에 대한 국가의 간섭은

13) 헌재 2003. 11. 27. 2001헌바35(증권거래법 제191조의7 제3항 등 위헌소원), 판례집 15-2, 222(반대의견); vgl. Nipperdey, Soziale Marktwirtschaft und Grundgesetz, 1965, S.21; Erhard/Müller-Armack, Soziale

가능하면 기업 등 경제주체의 결정의 자유를 존중하고 시장기능을 고려해야 하며, 시장의 자동조절기능이 활성화되도록 자제되어야 한다.

시장경제질서를 헌법적 질서로 인정하여 헌법이란 규범적 영역에 수용한다면, 合市場性(Marktkonformität)의 요청과 같은 經濟學的 要請이 동시에 헌법적 지위로 승격된다. 그 결과, 국가경제정책이 시장경제체제에 반한다는 것은 곧 위헌성을 의미하게 되고, 이로써 국가경제정책은 법치국가원리란 규범적 척도 외에도 '합시장성의 요청'을 기준으로 심사되어야 한다. 그러나 무엇이 시장경제체제에 합치하는 것이고 위반하는 것인지에 관해서는 경제학 자체 내에서도 명확한 기준이 없기 때문에, 헌법이란 규범의 영역에 경제학의 체제적 사고를 도입하는 것은 문제의 해결에 기여하는 것이 아니라 오히려 새로운 문제를 야기하게 된다.[14)]

특히, 經濟와 法이라는 두 영역이 추구하는 목적과 가치가 상이하다는 사실도 헌법규범을 경제학적으로 파악하고자 하는 시도에 대하여 한계를 제시한다. 경제와 법은 각각 그들이 실현하고자 하는 목적이나 또는 그들을 지배하는 최고의 가치에 의해서 구분된다.[15)] 경제의 목적은 현존하는 한정된 재화를 가지고 인간의 물질적 욕구를 충족시키는데 있는 것이며, 경제의 척도는 합목적성과 효율성이다. 이에 대해 법의 목적은 인간의 공동체 생활에서의 정의로운 질서의 형성에 있으며, 법이 추구하는 최고의 가치는 바로 정의인 것이다.

결국, 경제에 관한 헌법규범을 '시장경제질서'로 이해한다는 것은 헌법과 경제의 목적과 가치의 차이를 외면하여 헌법학이 경제학적 인식에 필연적으로 의존할 수밖에 없게 되며, 한마디로 헌법이 사회현상과 그에 관한 이론의 불확실성에 내맡겨지게 되는 것이다.

(2) 규범적 위헌심사기준으로서 사회적 시장경제질서?

보다 근본적인 문제는, 시장경제질서가 국가경제정책의 위헌여부를 판단함에 있어서 독자적인 규범적 기준을 제공할 수 없다고 하는 것이다.[16)]

Marktwirtschaft, S.43; Tuchtfeldt, Soziale Marktwirtschaft und Globalsteuerung, in: Soziale Marktwirtschaft in Wandel, 1973, S.160.

14) 심사기준으로서의 合市場性에 대한 비판으로 vgl. Bäumler, Staatliche Investitionsplanung unter dem Grundgesetz, 1980, S.191ff.; Schmidt, Wirtschaftspolitik und Verfassung, 1971, S.66; Blum, Marktwirtschaft, soziale, in: HdWW Bd.5, 1980, S.156.

15) Vgl. Raiser, Wirtschaftsverfassung als Rechtsproblem, in: FS für Gierke, 1950, S.189; ders., Das Verhältnis der Wirtschaftswissenschaft zur Rechtswissenschaft, in: Schriften des Vereins für Socialpolitik, n. F., Bd.33, 1964, S.220.

16) ① 헌법재판소는 헌재 2002. 10. 31. 99헌바76(구 의료보험법 제32조 제1항 등 위헌소원) 결정에서 요양기관 강제지정제에 의하여 제한될 수 있는 기본권을 판단함에 있어서, "헌법은 제119조에서 개인의 경제적 자유를 보장하면서 사회정의를 실현하기 위한 경제질서를 선언하고 있다. 이 규정은 헌법상 경제질서에 관한 일반조항으로서 국가의 경제정책에 대한 하나의 헌법적 지침이고, 동 조항이 언급하는 '경제적 자유와 창의'는 직업의 자유, 재산권의 보장, 근로3권과 같은 경제에 관한 기본권 및 비례의 원칙과 같은 법치국가원리에

'시장경제기능의 보호'란 측면에서 본 合市場性의 요청, 즉 시장의 기능을 고려하는 국가경제정책에 대한 요청은 규범적으로는 '기본권 보호'의 관점에서 본 헌법상의 '比例의 原則'을 의미하게 된다. 국가경제정책의 합시장성이란 '기업 등 경제주체의 결정의 자유에 대한 존중', '시장기능에 대한 고려', 또는 '시장의 자동조절기능의 활성화' 등으로 달리 표현될 수 있고, 이를 헌법적인 관점에서 본다면 기업의 자유, 경제적 자유를 존중하는 국가경제정책에 대한 요청, 결국 경제적 자유에 부합하는 국가경제정책에 대한 요청, 즉 合基本權性(Grundrechtskonformität)을 의미한다. 이러한 관점에서 합시장성의 요구는 이미 자유를 제한하는 국가권력을 다시금 제한하는 비례의 원칙에 의하여 충분히 고려되고 충족되고 있기 때문에, 기본권의 헌법적 보장 외에 별도로 시장경제질서를 헌법적으로 보장하는 것은 불필요하다.

그러므로 헌법 제119조 제1항으로부터 시장경제질서의 헌법적 보장을 도출한다 하더라도, 시장경제질서는 국가경제정책의 위헌성을 심사하는데 결코 유용한 기준을 제공할 수 없다. 시장경제질서는 국가경제정책의 합목적성을 판단함에 있어서 하나의 '정치적 지도원리'로서의 의미를 가질 수 있으나, 구체적인 법적 문제를 헌법적으로 심사하는 경우에는 규범적 성격이 결여되어 있기에 아무런 헌법적 판단기준이 되지 못한다. 왜냐하면 시장경제질서는 경제적 기본권과 법치국가적 원칙을 통하여 비로소 헌법적으로 구체화되고, 기본권과 경제적 자유로의 '개념적 전환'을 통해서만 비로소 규범의 영역에 들어오고 규범적 효력을 가지기 때문이다. 그러므로 국가경제정책의 위헌여부는 규범의 영역 외에서 구성된 특정 경제체제인 시장경제질서와 같은 사회현상에 의해서가 아니라, 단지 헌법의 규범에 의해서만 심사될 수 있는 것이다.

다. 경제헌법의 指導原理로서 헌법 제119조

경제헌법은 시장경제질서와 같이 아무런 규범적 표현가치가 없는 일정 경제체제에 기초하여 파악되어야 하는 것이 아니라, 기본권이나 국가의 기본원리, 목표조항 등으로

의하여 비로소 헌법적으로 구체화된다. 따라서 이 사건에서 청구인들이 헌법 제119조 제1항과 관련하여 주장하는 내용은 구체화된 헌법적 표현인 경제적 기본권을 기준으로 심사되어야 한다."고 판시함으로써, 헌법상의 경제질서는 심사기준으로서 부적합하다는 것을 異例的으로 밝히고 있다(판례집 14-2, 410, 428). ② 그러나 그 외의 사건에서는 一般的으로 기본권의 침해여부의 판단에 이어서 시장경제질서에 위반되는지 여부를 형식적이나마 별도로 판단하고 있다. 그러나 경우에 따라서는 형식적인 판단을 넘어서 동문서답식 또는 혼란스러운 대답을 하고 있는 판시내용도 드물지 않다. 예컨대, 헌재 2001. 2. 22. 99헌마365(국민연금법 제75조 등 위헌확인) 사건에서 강제가입과 소득재분배 효과를 전제로 한 연금보험료의 강제징수에 관한 국민연금법 규정이 재산권보장과 행복추구권 외에 헌법상의 시장경제질서에 위반되는지 여부에 관하여 "우리 헌법의 경제질서 원칙에 비추어 보면, 사회보험방식에 의하여 재원을 조성하여 반대급부로 노후생활을 보장하는 강제저축 프로그램으로서의 국민연금제도는 상호부조의 원리에 입각한 사회연대성에 기초하여 고소득계층에서 저소득층으로, 근로세대에서 노년세대로, 현재세대에서 다음세대로 국민 간에 소득재분배의 기능을 함으로써 오히려 위 사회적 시장경제질서에 부합하는 제도라 할 것이므로, 국민연금제도는 헌법상의 시장경제질서에 위배되지 않는다."고 판시하고 있다.

표현되는 헌법적 기본결정에 입각하여 형성되고 이해되어야 한다. 근대헌법에서 왜 경제의 문제가 헌법적 문제로서 헌법에 수용되었는지를 상기시키는 '경제헌법의 의의와 역사적 배경'을 보더라도, 근대헌법에서 경제의 문제를 헌법화한 것은, 특정 경제체제를 헌법적으로 보장하고자 한 것이 아니라 경제적 자유주의에 대한 반성을 계기로 '사회적 정의'의 개념을 헌법의 규범 안에 수용한 것이었다.

따라서 헌법 제119조는 제1항과 제2항을 분리하여 제1항에서 '시장경제질서', 제2항에서 '사회적'이라는 명제를 각 도출해 낼 수 있는 것이 아니라, 두 항을 서로 내적 연관관계에서 파악하여 '개인의 경제적 자유를 보장하면서 사회정의를 실현하는 경제질서'라는 의미의 '경제헌법의 지도원리'로 이해하여야 한다.

경제헌법은 입법자를 헌법적으로 구속하고 경제영역에서 국가활동의 한계를 제시하는 '경제적 자유'에 관한 부분과, 국가의 적극적인 경제정책을 정당화하는 '경제정책의 헌법적 근거'에 관한 부분으로 구성되어 있고, 헌법 제119조는 '경제헌법의 지도원리'로서, 국가와 경제의 관계, '개인의 경제적 자유'와 '경제에 대한 국가의 책임'의 관계를 근본적으로 제시하고 있다. 우리 헌법이 '자유와 사회적 구속'이라는 두개의 기본가치에 기초하고 있듯이, 경제헌법도 위 두 가지 기본결정에 의하여 형성되어 있다. 이러한 관점에서 헌법 제119조는 '자유와 사회적 구속'이라는 두 가지 기본가치 사이의 밀접한 연관성과 상호영향관계를 보여주는 대표적인 헌법규범이다. 한마디로 한국 헌법상의 경제질서는 경제영역의 형성을 사회와 국가로 부터 동시에 기대하는 '자유주의적이며 사회적인 경제질서'이다.

Ⅲ. 경제헌법의 구조

국가가 사회와 경제의 전반적인 현상에 대하여 포괄적인 책임을 지는 오늘날의 사회적 법치국가에서, 국가는 경제와 사회의 영역에서도 중심적인 역할을 함으로써 경제질서의 형성은 국가와 사회의 공동과제가 되었다. 이에 따라 헌법상의 경제질서에 관한 규정(경제헌법)은, 국가행위에 대하여 한계를 설정함으로써 경제질서의 형성에 개인과 사회의 자율적인 참여를 보장하는 '經濟的 基本權'과 경제영역에서의 국가활동에 대하여 기본방향과 과제를 제시하고 국가에게 적극적인 경제정책을 추진할 수 있는 권한을 부여하는 '경제에 대한 干涉과 調整에 관한 규정'으로 구성되어 있다.

1. 경제적 기본권

경제 · 사회의 모든 과정에 대하여 간섭하고 규율 · 조정하려고 시도하는 사회국가는 경제적 기본권과의 관계에서 이중적 성격을 가지고 있다. 사회국가는 한편으로는 자유행사의 실질적 조건을 마련해주는 자유실현적 성격을 가지면서, 다른 한편으로는 사회국가가 그에게 부과된 과제의 이행을 위하여 경제에 대한 포괄적인 간섭을 가져올 수밖에 없다는 의미에서 '자유에 대한 위협'으로서의 성격을 가지고 있다. 사회국가에서는 국가가 사경제에 과도하게 간섭할 위험성이 상존하기 때문에, 대국가적 방어권으로서의 경제적 기본권의 성격은 사회국가에서도 마찬가지로 중요하다. 따라서 오늘날의 다양한 기본권이론에도 불구하고, 경제적 기본권은 역사적으로나 법적 의미에서나 일차적으로 국가권력에 의해 위협을 받고 있는 개인의 자유영역을 보호하려는 對國家的 防禦權이다.

경제적 기본권은 개인의 관점에서 볼 때 개인의 주관적 권리로서 대국가적 방어권을 의미하지만, 관점을 바꾸어 국가의 시각에서 본다면, 국가의 활동영역과 결정영역을 제한함으로써 경제영역에서 개인과 국가의 관할을 분배하는 규범으로서의 객관적 성격을 가진다.[17] 자유권은 개인과 사회가 담당해야 할 영역과 국가의 활동영역의 경계를 설정하고, 국가작용을 사적영역에서 배척함으로써 국가권력을 제한하는 '국가권력행사에 대한 否定的 權限規範'으로서의 성격을 가진다. 이로써 경제적 기본권은 경제와 관련된 특정한 생활영역이나 인간의 행위, 법익의 보장을 통하여 경제영역에서 국가행위의 한계를 제시하고 입법자가 그의 사회·경제입법에 있어서 존중해야 하는 헌법적 구속을 의미한다.

또한, 경제적 기본권은 개인에게 경제적 자유를 보장함으로써 분권적·자유주의적 경제질서의 형성을 가능하게 하고,[18] 법치국가적 보장에 근거한 법적 안정성·지속성·예측성의 요소를 경제질서에 부여하고 있다. 특히 개인의 자유로운 직업활동을 보장하는 직업의 자유, 사유재산권을 보장하는 재산권의 보장, 임금과 근로조건에 관하여 노사단체의 사적 자치를 보장하는 근로3권은 경제질서의 형성에 있어서 매우 중요한 의미를 가지는 기본권들이다.

2. 국가경제정책의 헌법적 근거

경제헌법은 국가 활동에 대한 한계를 제시하는 부정적 권한규범으로서의 경제적 기본권뿐만 아니라, 이와는 반대로 경제에 대한 국가의 간섭과 조정을 정당화하는 일련의 헌법적 근거를 두고 있다. 국가경제정책의 헌법적 근거에는 무엇보다도 사회적 기본권, 헌법 제119조 이하의 경제조항, 사회화에 관한 규정이 속하는데, 이러한 헌법규정은 국가의 적극적인 경제정책에 대한 수권규범이자 동시에 개인의 경제적 자유에 대한 제한을 정당화하는 규범이다.

---

17) Vgl. Hesse, Grundzüge des Verfassungsrechts der BRD, 1984, Rn.291; Böckenförde, Grundrechtstheorie und Grundrechtsinterpretation, NJW 1974, S.1530; Papier, Grundgesetz und Wirtschaftsordnung, in: Handbuch des Verfassungsrechts, 1983, S.619.

18) 위 Ⅱ. 2. 가. 참조.

헌법 제119조 이하의 규정에 위치하고 있는 국가경제정책의 헌법적 근거규범에는 '경제영역에서 국가의 과제가 어느 정도로 부과되고 있는지' 하는 경제에 대한 국가적 책임의 정도가 표현되고 있다. 특히 헌법 제119조는 개인의 경제적 자유를 보장하면서 사회정의를 실현하는 경제질서를 '경제헌법의 지도원칙'으로 표명함으로써, 국가가 개인의 경제적 자유를 존중해야 할 의무와 더불어, 사회국가원리를 도입한 헌법의 정신에 부합하게 국가가 국민경제의 전반적인 현상에 대하여 포괄적인 책임을 지고 있다는 것을 규정하고 있다. 우리 헌법은 헌법 제119조 이하의 경제에 관한 장에서 '균형 있는 국민경제의 성장과 안정, 적정한 소득의 분배, 시장의 지배와 경제력남용의 방지, 경제주체간의 조화를 통한 경제의 민주화, 균형 있는 지역경제의 육성, 중소기업의 보호육성, 소비자보호 등' 경제영역에서의 국가목표를 명시적으로 언급함으로써 국가가 경제정책을 통하여 달성하여야 할 '공익'을 구체화하고, 동시에 헌법 제37조 제2항의 기본권제한을 위한 법률유보에서의 '공공복리'를 구체화하고 있다.[19]

3. 경제영역에서 국가의 관할에 관한 규범으로서 경제헌법

경제헌법은 한편으로는 국가에게 적극적인 경제정책을 추진할 수 있는 권한을 부여하면서, 다른 한편으로는 국가의 경제활동에 대하여 한계를 설정하고 있다. 이로써 '경제에 대한 국가의 책임'과 '개인의 경제적 자유'는 개인·사회와 국가의 관계에서 경제영역에서의 관할을 배분하는 요소로서 작용한다. 경제정책을 통하여 경제현상에 대하여 영향력을 행사할 수 있는 국가의 권한은 한편으로는 경제에 대한 국가의 책임을 확인하고 경제에 대한 조정과 간섭을 정당화하는 '국가경제정책의 근거규범'에 의하여, 다른 한편으로는 경제에 대한 국가의 간섭을 부정하고 배척하는 '경제적 기본권'에 의하여, 즉 경제영역에서의 국가 활동을 긍정하는 규범과 부정하는 규범에 의하여 설정된다. 경제헌법이 이와 같이 국가경제정책의 규범적인 울타리를 설정한다는 점에서, 경제헌법은 '경제영역에서 국가의 관할에 관한 규범'이라고 할 수 있다.

한편, 국가의 經濟政策과 개인의 經濟的 自由는 상호대립관계에 있는 것이 아니라 서로 내적인 연관관계에 있다. 국가의 모든 경제정책은 경제에 간섭하는 국가가 원칙적으로 개인의 경제적 자유를 인정한다는 것을 그 전제로 하고 있다. 경제정책은 자유경제질서의 필연적인 결과이며, 자유경제질서는 그 생존에 있어서 국가의 경제정책을 통한 간섭과 형성에 의존하고 있다.

19) 또한, 헌재 1996. 12. 26. 96헌가18, 판례집 8-2, 680, 692-693.

Ⅳ. 국가경제정책의 헌법적 근거

1. 사회국가원리

가. 사회국가원리의 의미

우리 헌법은 사회국가원리를 명시적으로 언급하고 있지는 않지만, 헌법 前文,[20] 사회적 기본권의 광범위한 보장, 경제에 관한 장에 위치하는 포괄적인 국가경제정책의 수권조항과 기본권의 사회적 구속 등 사회국가원리의 구체화된 여러 표현을 통하여 사회국가원리를 수용하고 있다.

사회국가란 한 마디로, 사회적·경제적 대립을 조정하고 누구에게나 동등한 출발기회를 제공함으로써 가능하면 광범위한 국민의 기본권실현을 위하여 그에 필요한 실질적 조건을 마련해 주는 국가, 즉 모든 국민이 자신의 자유를 각자 자력으로 실제로 행사할 수 있는 상태를 형성하는 국가를 말한다.[21] 따라서 사회국가원리는 국가에게 경제·사회·문화의 모든 영역에서 정의로운 사회질서의 형성을 위하여 적극적으로 관여할 것을 요청한다. 사회적 법치국가는 경제에 대하여 단지 소극적으로 현재의 상태를 보호하고 유지하며 때때로 필요에 의하여 경제에 간섭하는 것에 그치는 것이 아니라, 적극적으로 계획·유도하고 급부를 제공하며 재분배함으로써 국민경제의 전반적인 상태에 대하여 포괄적인 책임을 져야 한다.[22]

법치국가원리는 그 본질상 현존하는 상태를 유지하고 보호하는 靜的·현상유지적 국가원리인 반면, 사회국가원리는 사회를 형성하고 교정하는 動的·미래지향적 국가원리이다.[23] 따라서 사회국가원리를 실현하기 위한 국가의 과제가 일반적으로 미리 정해져 있는 것이 아니라 사회현상의 발전에 따라 변화하며, 사회국가원리의 구체적 내용도 국가공동체의 구체적 사회적 상황에 의하여 결정된다. 사회국가원리의 항구적인 요청은, 국가가 사회현상의 발전에 비추어 그 때마다 필요한 조치를 취해야 한다는 데 있다.

---

20) 헌법 전문에서 "정치·경제·사회·문화의 모든 영역에서 각인의 기회를 균등히 하고". "국민생활의 균등한 향상을 기하고"라고 언급함으로써, 국민들 간의 전반적인 사회적 조정(Sozialer Ausgleich)을 통하여 실질적인 자유와 평등을 실현해야 할 국가의 의무를 강조하고 있다.

21) Vgl. Isensee, Wirtschaftsdemokratie-Wirtschaftsgrundrechte-soziale Gewaltenteilung, Der Staat 1978, S.169f.; Böckenförde, Grundrechtstheorie und Grundrechtsinterpretation, NJW 1974, S.1538; Stern, Das Staatsrecht der BRD, Bd. I, 1984, S.925, 930f.; Zippelius, Allgemeine Staatslehre, 1980, §27 I 1.

22) 이에 관하여 자세하게 한수웅, 한국 헌법상의 경제질서, 계희열박사 화갑기념논문집, 1995, 193면 이하 참조.

23) Vgl. Benda, Der soziale Rechtsstaat, in: HbVerfR, 1983, S.522f.; ders., Industrielle Herrschaft und sozialer Staat, 1966, S.104; v. Arnim, Gemeinwohl und Gruppeninteressen, 1977, S.40.

나. 경제에 대한 사회국가원리의 구체적 요청

경제영역에 대한 사회국가의 구체적 요청은 경제정책을 통한 정의로운 경제질서의 형성이다. 국민경제의 전반에 대한 사회국가의 포괄적인 책임은 일차적으로 경제성장의 의무와 景氣政策的 책임(국민경제의 안정)을 의미한다.[24] 특히, 사회국가원리는 적정한 經濟成長의 의무를 국가에게 부과하고 있다. 경제성장은 사회국가실현을 위한 경제적 전제조건으로서 중요한 의미를 가진다. 국가는 받은 것 없이는 아무 것도 제공할 수 없기 때문에, 국가의 급부능력은 사회국가실현을 위한 조건이며, 국가는 급부를 제공하기 위하여 국가와 납세자의 재정능력에 의존하고 있다.

나아가, 경제 과정이나 사회적 과정을 미리 계획하고 유도하는 국가행위를 통하여 사회나 경제에서 부정적 현상이 발생하는 것을 미리 방지해야 할 국가의 의무가 사회국가원리로부터 나온다. 따라서 이미 발생한 부정적 사회현상을 사후적으로 제거하는 것뿐만 아니라 사회 · 경제 영역의 이상적인 발전방향에 관한 전반적인 계획을 세워야 할 국가의 의무도 사회국가원리의 요청이다. 오늘날의 사회국가는 단순히 그 때 그 때마다 잘못된 사회현상에 반응하는 국가가 아니라, 사회의 발전을 일정한 방향으로 유도하고자 하는 計劃國家로 이해된다.[25] '계획'이란, 국가의 성격이 사회적 법치국가로 변화함에 따라 20세기에 등장한 '합리적인 사회형성의 도구'로서 국가행위의 중요한 부분을 차지한다. 국토개발계획, 도시계획 등 각종 계획은 현대행정의 중요한 행위형식에 속한다.

경제에 대한 사회국가적 책임은 이에 그치는 것이 아니라, 경제영역에서 발생하는 모든 부정적 현상에 적절하게 대처해야 할 국가의 포괄적인 의무를 포함하고 있다. 따라서 사회국가는 자본주의경제에 내재된 위험, 예컨대 부의 편재와 빈부격차의 심화, 독 · 과점 등으로 인한 시장자동조절 기능의 마비, 소비자의 보호문제 등 더 이상 사회가 스스로 해결할 수 없는 부정적인 경제현상에 대하여 소득정책, 경쟁정책, 구조정책, 소비자정책 등을 통하여 정의로운 경제질서를 형성해야 한다.

경제영역에서의 이와 같은 포괄적인 사회국가적 과제에 비추어 볼 때, 헌법이 제119조 이하에서 사경제에 대한 간섭과 규제를 할 수 있는 별도의 개별규정들을 두지 않는

---

24) Vgl. Zacher, Das soziale Staatsziel, in: HbStR. Bd. I, §25 S.1079; Ipsen, Diskussionsbeitrag, VVDStRL 24(1966), S.222; ders., Rechtsfragen der Wirtschaftsplanung, in: Kaiser(Hg), Planung, Bd.Ⅱ, 1966, S.87; Badura, Wachstumsvorsorge und Wirtschaftsfreiheit, in: Festschrift für H. P. Ipsen, 1977, S.367ff.; Starck, Gesetzgeber und Richter im Sozialstaat, DVBl 1978, S.939f.

25) Vgl. Schmitt-Aßmann, Planung unter dem Grundgesetz, DÖV 1974, S.543; Ossenbühl, Welche normativen Anforderungen stellt der Verfassungsgrundsatz des demokratischen Rechtsstaats an die planende staatliche Tätigkeit, dargestellt am Beispiel der Entwicklungsplanung?, 50. DJT(1974), S.149; Häberle, Grundrechte im Leistungsstaat, VVDStRL 30(1972), S.117ff.

다 하더라도, 이미 사회국가원리로부터 제9장 경제에 관한 장에 규정된 국가의 경제정책적 목표와 과제가 나온다.[26)]

다. 기본권의 제한을 정당화하는 헌법적 근거

헌법이 사회국가원리를 도입함에 따라, 국민의 다수가 기본권적 자유를 실제로 행사하기 위하여 필요한 기본적인 조건을 마련하고 유지할 의무가 국가에게 부과되었고, 이는 기본권의 보장과 관련해서는 기본권적 자유와 그의 실현가능성이 양립할 수 있도록 그에 필요한 규율과 간섭을 할 수 있는 國家의 權限을 의미한다.[27)]

국가에 의한 자유의 제한은 공익상의 사유에 의하여 정당화되어야 하는데, 특히 사회국가원리는 자유의 제한을 정당화하는 헌법적 근거로서 고려될 수 있다. 한편, 우리 헌법에서 사회국가원리는 사회적 기본권, 경제에 관한 조항 등 개별 헌법규정들에 의하여 구체화되고 있다. 사회국가원리와 이를 구체화하는 헌법규범 사이에는 '일반·특별의 관계'가 존재하므로, 사회국가원리를 구체화하는 다른 개별적 헌법규범이 존재한다면, 일반적인 사회국가원리가 아니라 보다 구체화된 내용을 가진 개별 헌법규범이 일차적으로 기본권의 제한을 정당화하는 근거로서 고려되어야 한다. 예컨대 '인간다운 생활을 할 권리'(헌법 제34조 제1항), '사회보장의 증진에 노력할 의무'(제34조 제2항), '시장의 지배와 경제력의 남용의 방지'(제119조 제2항) 등의 개별규범이 개인의 경제적 자유를 제한하는 근거로서 고려된다면, 우선적으로 이와 같은 사회국가원리의 구체화된 헌법적 표현들이 적용되어야 한다.

2. 국가경제정책에 관한 구체적 헌법규정

가. 국가경제정책의 일반적 수권조항(헌법 제119조 제2항)

헌법은 경제정책적 국가목표에 관한 체계적인 목록을 갖추고 있다. 헌법 제119조 제2항은 "국가는 균형 있는 국민경제의 성장 및 안정과 적정한 소득의 분배를 유지하고, 시장의 지배와 경제력의 남용을 방지하며, 경제주체간의 조화를 통한 경제의 민주화를 위하여 경제에 관한 규제와 조정을 할 수 있다."고 규정하고 있다. 위 조항에서 언급된 일반적인 경제정책적 목표의 확정은 특히 중요한 의미를 가진다.

경제정책은, 시장경제가 올바른 궤도를 유지하도록 하기 위하여 경제과정에 대한 국가의 적극적인 영향력의 행사가 불가피하다는 사고에 그 바탕을 두고 있다. 이러한 관점에서, 헌법 제119조 제2항에 언급된 경제정책적 목표는 개인의 경제적 자유에 기초한

26) 예컨대 우리와는 달리, 경제에 관한 상세한 규정을 두고 있지 않는 독일 기본법에서는 사회국가원리로부터 경제에 대한 구체적인 요청을 이끌어내고 있다.
27) Vgl. Böckenförde, Grundrechtstheorie und Grundrechtsinterpretation, NJW 1974, S.1538.

분권적인 사경제질서에 대한 헌법적 선택의 필연적인 결과라 할 수 있다. 헌법이 위 조항에서 국가에게 경제정책에 관한 포괄적인 수권을 부여한 것은, 자본주의경제의 시행으로 인하여 발생하는 다양한 부작용, 예컨대 사회적 문제, 독·과점문제, 경제위기에 대한 국민경제의 취약성, 불균형적 소득분배 등에 대한 헌법적 대응을 의미한다.

(1) 균형 있는 국민경제의 성장 및 안정(成長政策 및 景氣政策)

헌법 제119조 제2항은 '균형 있는 국민경제의 성장 및 안정'의 목표를 통하여 국가에게 巨視經濟的 조정을 통한 성장정책과 경기정책을 추진할 수 있는 권한을 부여하고 있다. 경기정책의 목표는 무엇보다도 국민경제의 전체수요와 전체공급의 균형 유지에 있으며, 반면에 성장정책은 국민경제의 성과(실질국민총생산)의 지속적인 증가를 목표로 하는 경제정책이다. 헌법은 제119조 제2항에서 '균형 있는 국민경제의 성장'과 '국민경제의 안정'을 서로 대비시킴으로써, 兩 경제정책간의 긴장관계가 서로 조화를 이루는 방법으로 해결될 것을 요청하고 있다.[28] 따라서 경기정책과 성장정책은 서로 분리하여 별개로 이해해서는 안 되고 상호연관관계에서 고찰되어야 한다.[29]

(가) 국민경제의 안정(景氣政策)

1) 物價의 안정 및 景氣의 안정

'국민경제의 안정'이란 무엇보다도 물가의 안정 및 경기의 안정을 말한다. '물가의 안정'은 지나친 물가상승의 방지를 의미한다. 물가의 안정은 '통화의 안정'이나 '화폐가치의 안정'으로 바꾸어 표현할 수 있다. 물가상승으로 인하여 화폐가치가 하락하는 경우 채무자, 특히 기업이 수혜자로서 이득을 보는 반면, 예금자, 특히 소액예금자가 손해를 보기 때문에, 물가의 안정은 경제정의에도 기여한다.[30] 이러한 점에서 화폐가치의 하락은 그 결과에 있어서 국민적으로 넓게 분산된 재산형성의 목표에 배치된다. 화폐의 가치가 하락하는 경우, 국민의 저금이 생산성의 정도에 따라 투자되는 것이 아니라 예상되는 화폐가치의 보장 정도에 따라 일차적으로 투자되는 결과를 가져오기 때문에, 화폐가치의 하락은 경제정의에 반하는 부당한 결과를 초래하는 것을 넘어서 국민경제의 관점에서도 생산성의 감소를 가져온다.

'화폐가치의 안정'에 대한 일반국민의 이익은 이익단체나 사회단체의 형태 등으로 거의 조직화되기 어렵고, 국가경제정책의 결정에 있어서 다른 정치적 고려가 지배적으로 작용하기 때문에, 정책결정과정에서 관철되기 어렵다.[31] 그러므로 '물가의 안정'이란 국

28) 예컨대, 경제성장의 목표는 일반적으로 물가의 안정이란 경제목표를 어느 정도 희생해야만 달성될 수 있다.
29) Vgl. Badura, Wirtschaftsverfassung und Wirtschaftsverwaltung, 1971, S.45f.
30) Vgl. v, Arnim, Volkswirtschaftspolitik, 1984, S.160f.; Jarass, Wirtschaftsverwaltungsrecht und Wirtschaftsverfassungsrecht, 1984, S.110.
31) Vgl. v. Arnim, Volkswirtschaftspolitik, 1984, S.175f. 207f.; ders., Staatslehre der Bundesrepublik Deutschland, 1984, S.293ff.

가목표는 다원적인 정치세력 또는 이익간의 투쟁과정에서 자칫하면 뒷전으로 밀릴 우려가 있다. 화폐가치의 하락은 적지 않은 경우 국민생산의 분배에 관한 노사단체 간의 투쟁의 결과이다. 가격의 인상을 통하여 높은 임금상승을 일반국민과 소비자에게 전가할 수 있는 탈출구가 존재하는 한, 노동조합과 사용자는 '적'이라기보다는 '동맹자', 즉 가격인상을 통하여 소비자와 예금자인 일반국민에게 부담을 지우는 동맹자이다. 헌법 제119조 제2항은 '국민경제의 안정'을 통하여 '물가의 안정'의 목표를 특히 강조함으로써, 다원적 이익간의 자유경쟁과정에서 관철되기 어려운 '물가의 안정'이란 국가목표를 국가경제정책에서 함께 고려할 것을 요청하고 있다.

2) 상대적 完全雇用

경기정책의 또 다른 목표는 '높은 고용수준의 유지' 또는 '상대적 완전고용'이다. 상대적 완전고용의 목표는 헌법 제32조 제1항 제2문에서 "국가는 사회적 · 경제적 방법으로 근로자의 고용의 증진과 … 노력하여야 하며 …"라고 규정함으로써, '근로의 권리'란 사회적 기본권의 형태로 고려되고 있다. '물가와 화폐가치의 안정'이 금전적 재산의 소유자에 대하여 헌법상 재산권보장의 실효성을 높이는 것과 마찬가지로,[32] '높은 고용수준'은 헌법상 보장된 직업선택의 자유가 사실상 무의미하게 되는 것을 방지한다. 직업선택의 자유는 선택할 수 있는 직업이 있다는 것을 전제로 하여 직업이란 생활영역을 보호하는 것이므로, 직장을 구할 수 없는 상황에서 직업선택의 자유는 무의미하기 때문이다.

경기정책의 주된 수단은 財政政策과 通貨政策이다. 재정정책의 기본사고는 공공단체가 전경제적 수요에 영향력을 행사할 수 있다는 가능성을 전제로 국가의 재정을 경기조정적으로 활용하고자 하는 데 있다. 공공단체는 공공예산의 지출부문뿐만 아니라 수입부문을 통해서도 전경제적 수요에 영향을 미칠 수 있다는 점에서, 재정정책적 수단의 2가지 유형이 구분되어야 한다. 하나의 수단은 공공단체의 지출을 경기조정적으로 형성함으로써 국가의 수요를 조절하고자 하는 것이고, 또 다른 수단은 공공단체의 재정수입에 해당하는 조세의 인상이나 인하를 통하여 사경제의 수요에 영향력을 행사하고자 하는 것이다.

경기정책을 수행하기 위한 거시경제적 조정의 또 다른 방법은 중앙은행(한국은행)의 통화정책이다. 通貨政策은 국민경제에 대한 자금조달을 조정함으로써 전경제적 발전에 영향을 미치고자 하는 것이다. 화폐발권은행의 통화정책은 통화량의 조정(통화량정책) 및 금리수준에 대한 영향력행사(금리정책)를 통하여 이루어진다. 특히 투자의 현저한 부

---

32) Vgl. J. H. Kaiser, Markt ist nicht mehr gleich Markt, in: Forsthoff/Weber/Wieacker(Hg), Festschrift für E. R. Huber, 1973, S.246ff.; Benda, Die aktuellen Ziele der Wirtschaftspolitik und die tragenden Grundsätze der Wirtschaftsverfassung, NJW 1967, S.853; Badura, Eigentum, in: HbVerfR, 1983, S.671f.

분이 융자를 통하여 조달되기 때문에 통화량과 금리수준은 국민경제의 전체수요에 영향을 미친다.

(나) 국민경제의 성장(經濟成長政策)

국민경제가 충분히 성장하는 경우에만 비로소 '국민경제의 안정'에 관하여 말할 수 있다. 經濟成長은 사회국가원리를 실현하기 위한 실질적 전제조건으로서, 설사 헌법 제119조 제2항에서 명시적으로 언급하지 않는다 하더라도 사회국가원리로부터 도출되는 경제정책적 기본목표이다. 경제성장과 그로 인한 국민복지의 향상은 개인이 법적 자유를 실제로 행사함에 있어서 장애요소가 되는 경제적 제약을 감소시키고 이로써 기본권에 의하여 보장된 자유의 실효성을 높인다. 나아가, 성장하는 국민경제에서는 국민이 자신의 소득이나 재산에 대한 삭감을 우려함이 없이 사회적·경제적 대립의 해소를 위하여 잉여분을 분배할 수 있기 때문에, 경제가 성장하는 경우에만 법적 안정성의 포기 없이 사회적 정의를 실현하는 것이 가능하게 된다. 물론, 경제성장의 목표는 절대시되어서는 안 되며, 특히 헌법 제35조에 명시적으로 규정된 환경보전, 즉 다음 세대들의 생활근거를 유지해야 할 법익과의 상충관계에서 양 법익이 적절한 조화를 이루어야 한다.

경기정책의 수단이 일차적으로 경기변동을 단기적으로 제거하고자 하는 것인 반면, 경제성장의 확보는 장기적으로 계획된 정책을 전제로 하며, 이러한 관점에서 구조정책적인 수단을 함께 요구한다.[33] 경제성장정책의 수단으로서는, 헌법 제123조의 구조정책적인 수단, 제125조의 대외무역의 육성 및 제127조의 '과학기술의 혁신과 인력개발' 외에도, 특히 경제성장을 목표로 하여 과거 수차례에 걸쳐 시행된 '5개년 경제계획'을 들 수 있다.

(2) 적정한 소득의 분배(所得政策)

(가) 소득재분배를 통한 계층 간의 사회적 조정

헌법은 제119조 제2항에서 "국가는 … 적정한 소득의 분배를 유지하고 …"라고 하여 '적정한 소득분배'를 국가경제정책의 목표로서 규정하고 있다. 1962년 처음으로 '제1차 5개년 경제계획'을 추진한 이래, 지속적인 산업화와 함께 임금근로자의 수가 크게 증가하였다. 과거 우리 경제의 눈부신 성장은 적지 않은 부분이 값싼 노동력의 활용에 기인하는 것이었다. 수 차례의 5개년 경제계획을 시행하는 동안 소득관계를 조정하는 것은 완전히 도외시되었고, 대신 경제성장에 절대적 우위가 부여되었다. 이와 같이 많은 부작용을 수반하는 산업화의 과정에서 사회계층간의 소득의 차이는 심화되었고, 이러한 배경에서 헌법은 '적정한 소득분배'를 국가의 경제정책으로 확인하기에 이르렀다.

---

33) Vgl. R. Schmidt, Wirtschaftspolitik und Verfassung, 1971, S.153f.; v. Arnim, Volkswirtschaftspolitik, 1984, S.174f.

소득정책은 경제과정에서 직접 이루어지는 '一次的 소득분배'에 관한 것이 아니다. 일차적 소득분배, 즉 기업가 또는 사용자와의 관계에서 근로자의 임금이 정당하게 형성되느냐 하는 것은 오늘날 헌법적으로 노사단체간의 집단적 협약에 의하여 보장된다(헌법 제33조 제1항). 노사단체가 헌법상 근로3권의 보장에 의하여 국민소득을 어떻게 임금비율과 이윤비율로 분배할 것인지에 관하여 자율적으로 결정하는 것이다.[34] 카르텔이나 기업합병이 헌법적으로 용인되지 않는 반면, 근로자와 사용자의 단체는 노동시장에서 서로 대립하는 독점적 세력으로서 헌법적으로 보호된다. 여기서 동일한 경제헌법 내에서 경제적 세력에 대한 근본적으로 상이한 입장을 확인할 수 있다. 경제적 세력을 이와 같이 상이하게 취급하는 것은, 근로자가 단체로 결합함으로써 사용자와 대등한 세력을 갖추어야만 노동시장에서의 근로자와 사용자 간의 경쟁과 임금에 관한 자율적 결정이 비로소 가능하다는 사고에 기인한다.

일차적 분배에 의하여 형성된 소득 및 재산의 구조는 대부분의 경우 불만족스럽고 수정의 필요성이 있기 때문에, 소득과 재산의 재분배, 구체적으로 소득과 재산에 있어서의 차이의 축소를 목표로 하는 '二次的 소득분배'가 시도되어야 한다.[35] 헌법이 제119조 제2항에서 언급하고 있는 '적정한 소득분배'란 국가경제정책의 목표는 소득에 대한 누진세율, 최저임금정책, 사회적 급부, 사회보장 등과 같은 국가적 조치를 통하여 이루어지는 이차적 분배 또는 재분배를 말하는 것이다.

국가는 소득재분배를 통한 계층 간의 사회적 조정을 통하여 사회정의를 회복하고자 노력해야 한다. 계층 간의 사회적 조정은 한편으로는 국가가 누진적으로 조세를 부과하고, 다른 한편으로는 경제적 약자에게 급부를 제공하는 방법으로 이루어진다.[36] 사회국가는 이로써 재분배국가가 된다. 계층 간의 사회적 조정은 '모든 국민생활의 경제적 평준화나 획일화' 또는 '계층 간의 경제적 逆轉'을 목적으로 하는 것이 아니라, 가능하면 다수의 국민이 교육이나 직업교육, 직업선택, 재산의 형성 등에 있어서 균등한 출발의 기회를 가질 수 있도록 '기회의 균등'을 실현하기 위한 것이다.

(나) 국가의 소득분배정책

또한 국민경제의 부분적인 불균형을 시정할 목적으로 특정 인적 집단이나 특정 경제부문에 대하여 소득관련 혜택을 부여하는 것도 국가의 소득분배정책에 속한다. 그러므로 농업경제영역에서의 '가격유지정책'도 소득분배정책에 포함시킬 수 있다. 이러한 특정 경제부문에서는 구조적인 문제로 인하여 시장경제에 기초한 자유경쟁의 조건 하에서는 생산자나 소비자에게 경제정책적으로 바람직하지 않은 결과가 발생할 수 있다.[37] 따

34) Vgl. v. Arnim, Volkswirtschaftspolitik, 1984, S.272.
35) Vgl. Schachtschabel, Allgemeine Wirtschaftspolitik, 1975, S.91f.
36) Vgl. Maurer, Staatsrecht, 1999, §8 Rn.76.

라서 이러한 영역에서는 경쟁과 시장거래의 사경제적 규정을 보완하거나 심지어 배제하는 경제질서가 존재한다. 예컨대, 곡물가격의 하락을 방지하고 농부에게 적정한 임금을 보장하기 위하여, 곡물에 대한 가격을 확정하고 농부에게는 농업생산물을 인도해야 할 의무를, 국가에게는 이를 수매해야 할 의무를 부과할 수 있다.

(다) 경제적 약자의 재산형성 지원

한편, 소득의 정도는 상당 부분 재산의 보유에 달려있고 역으로 재산형성의 능력은 소득의 정도에 의하여 직접적으로 영향을 받는다는 점에서, 소득과 재산 사이에는 밀접한 연관관계가 있기 때문에, '적정한 소득분배'의 경제정책적 목표는 소득분배의 조건으로서 재산형성에도 관련된다. 이러한 연관관계에서 특히 저소득층 근로자와 경제적 약자의 재산형성을 지원하기 위하여 국가적으로 지원되는 주식구입(소위 '국민주식') 및 유리한 저축상품(예컨대 근로자재산형성저축 등)을 예로 들 수 있다. 이와 같은 저축지원조치는 소득·재산정책적 목표뿐만 아니라 성장정책적(자본시장정책적) 목표도 함께 추구한다.

(3) 시장의 지배와 경제력 남용의 방지(競爭維持政策)

(가) 경제정책적 목표로서 독과점규제와 경쟁유지정책

헌법 제109조 제2항은 "국가는 … 시장의 지배와 경제력의 남용을 방지하기 위하여 … 경제에 관한 규제와 조정을 할 수 있다."고 규정함으로써, 獨寡占規制란 경제정책적 목표를 개인의 경제적 자유를 제한할 수 있는 정당한 공익의 하나로 명문화하고 있다. '시장의 지배와 경제력의 남용의 방지'의 목표는, '스스로에게 맡겨진 경제는 카르텔(자유경쟁을 제한하는 기업간의 협정)의 결성, 콘체른(독점력을 발휘하는 거대한 기업집단)의 형성, 독점화에 의하여 필연적으로 시장의 자유를 제한하고 폐지하게 되므로, 국가의 법질서에 의하여 경쟁질서를 형성하고 확보하는 것이 필요하다'는 인식에 그 바탕을 두고 있다.[38] 즉, 독과점규제란 국가목표는 무엇보다도 시장경제가 제대로 기능하기 위한 전제조건으로서 시장에서 가격과 경쟁의 기능을 유지하고 촉진하고자 하는 것이다.

독과점규제는 국가의 경쟁유지정책에 의하여 실현되며 경쟁유지정책은 공정하고 자유로운 경쟁의 촉진을 그 목적으로 하고 있다. 따라서 독과점규제의 목적이 경쟁의 회복이라면 이 목적을 실현하는 방법도 또한 자유롭고 공정한 경쟁을 가능하게 하는 방법이라야 한다.[39] 영업의 자유를 비롯한 경제적 자유에 내재하는 경제력집중적 및 시장

37) Vgl. Badura, Wirtschaftsverfassung und Wirtschaftsverwaltungsrecht, 1971, S.165.

38) Vgl. v. Arnim, Volkswirtschaftspolitik, 1984, S.100ff.; Rinck/Schwark, Wirtschaftsrecht, 1985, S.65f.; 황적인/권오승, 경제법, 1994, 61면 이하; 이기수/유진희, 경제법, 2003, 29면 이하.

39) 이러한 의미에서, 헌법재판소는 헌재 1996. 12. 26. 96헌가18 결정(주세법 제38조의7등에 대한 위헌제청)에서 '주세법의 강제구매제도는 지방소주업체를 직접 경쟁으로부터 보호함으로써 오히려 경쟁을 저해하기 때문에 공정하고 자유로운 경쟁을 유지하고 촉진하려는 목적의 독과점규제의 공익을 달성하기에 부적합하다'고

지배적 경향으로 말미암아, 경쟁질서의 확립과 유지는 자연적으로 발생하는 사회현상이 아니라 국가의 지속적이고 항구적인 과제이다. 시장은 새로운 진입자에 대하여 개방되어야 하고, 카르텔의 결성과 기업합병으로 인한 시장지배적 세력의 발생은 이미 발생한 경제적 세력의 남용과 마찬가지로 방지되어야 한다.[40)]

(나) 경쟁유지정책의 전제조건

효과적인 경쟁유지정책의 중요한 전제조건은 국가의 경쟁정책과 사경제의 명확한 분리 및 사경제에 대한 경쟁유지정책의 독립성이다. 국가와 사경제간의 협력관계가 절실히 요구된다 하더라도, 국가는 사경제질서의 자율성과 개방성을 시장의 지배로부터 보호하기 위하여 항상 자신의 독립성을 유지해야 한다.[41)] 그러나 수차례에 걸친 5개년 경제계획의 시행 과정과 수출지향적 산업화의 과정에서, 시장의 지배가 국가에 의하여 방지된 것이 아니라 국내기업의 국제적 경쟁력을 강화하기 위하여 국가에 의하여 오히려 의도적으로 촉진되고 조장되었다는 데에 과거 우리 경제발전과정의 특수성이 있다. 국가는 경제계획에서 확정한 목표, 특히 성장정책적 목표를 달성하기 위하여 기업의 결합 등 경제력을 집중하는 방법을 이용하였다. 이러한 이유에서 시장지배적 지위가 생성되고 강화되는 현상은 장기간 동안 전경제적인 이유에서 또는 '국민경제의 성장'이란 공익상의 이유에서 정당화되었다.

그 결과, 국가는 경제성장의 관점에서 스스로 기업의 집중과정을 추진하였으나, 증대하는 기업집중의 현상과 함께 경제의 독점화로 인한 국민경제적 부작용, 즉 장기적인 생산성촉진 및 성장촉진의 저해, 소비자의 착취, 궁극적으로 모든 국민의 복지에 대한 위협 등에 직면하게 되었다. 이에 따라 1980년 '독점규제 및 공정거래에 관한 법률'이 제정됨으로써 비로소 시장지배적 지위의 남용, 기업결합, 부당한 공동행위를 포괄적으로 규제할 수 있는 도구가 마련되었다.[42)]

(4) 經濟의 民主化

(가) 학계의 견해

헌법 제119조 제2항에 언급된 다른 경제정책적 목표가 그 내용에 있어서 상대적으로 명확하게 파악될 수 있는 반면에, '경제주체간의 조화를 통한 경제의 민주화'의 목표가

판시하였다(판례집 8-2, 680, 696).

40) Vgl. v. Arnim, Volkswirtschaftspolitik, 1984, S.100ff.

41) Vgl. Tietmeyer, Aufgabenteilung zwischen Staat und Privatsektor in der sozialen Marktwirtschaft, in: Duwendag(Hg), Der Staatssektor in der sozialen Marktwirtschaft, 1976, S.31.

42) '독과점규제'란 헌법상의 경제정책적 목표는 무엇보다도 '독점규제 및 공정거래에 관한 법률'에 의하여 구체화되었다. 위 법 제1조는 "사업자의 시장지배적 지위의 남용과 과도한 경제력의 집중을 방지하고 부당한 공동행위 및 불공정거래행위를 규제하여 공정하고 자유로운 경쟁을 촉진함으로써 창의적인 기업활동을 조장하고 소비자를 보호함과 아울러 국민경제의 균형 있는 발전을 도모함을 목적으로 한다."고 규정함으로써 위 법률의 입법목적을 밝히고 있다.

무엇을 의미하는지에 관하여는 학계에서 견해가 갈리고 있다.[43)]

일부 학자는 '경제의 민주화'를 '사경제에 대한 국가의 간섭과 규제의 완화 및 사경제의 자율성의 강화'로 이해하고자 한다.[44)] 그러나 '경제의 민주화'를 경제에 대한 국가의 규율과 조정을 정당화하는 근거로서 언급하고 있는 헌법 제119조 제2항의 수권규범적 성격에 비추어, 위 견해는 그 규범적 근거를 결여하고 있다고 할 것이다. '경제의 민주화'를 '국가규제의 완화'로 이해한다면, '경제의 민주화'는 국가행위의 헌법적 근거가 아니라 오히려 국가행위를 제한하는 헌법적 근거를 의미하는데, 이러한 해석은 헌법규정의 객관적 의미를 완전히 반대방향으로 전도시키는 것이다.

학계의 지배적인 견해는 '경제의 민주화'를 '민주주의원리가 국가영역뿐만 아니라 경제영역에 대해서도 적용되어야 한다'는 의미로 이해하는 것이 아니라, 과거 1980년 헌법 제120조 제2항에 규정된 내용("모든 국민에게 생활의 기본적 수요를 충족시키는 사회정의의 실현")을[45)] 고려하여 위 규정의 연장선상에서 '경제의 민주화'를 '경제영역에서의 실질적 평등' 또는 '사회적·경제적 정의'로 이해하고 있다.[46)]

물론, 일부 견해는 이를 넘어서 '경제의 민주화'를 '공동결정을 통한 경제영역에서의 근로자의 동등한 지위'라는 의미로 이해하여, 근로자의 공동결정을 도입하는 것이 배제되지 않는다고 주장한다.[47)]

(나) 경제영역에서 사회정의의 실현

'경제의 민주화'가 무엇을 의미하는지에 관하여 보건대, 헌법 제119조 제2항에서 언급하는 '경제의 민주화'란 '민주주의원리가 경제영역에 대해서도 확대되어야 한다'는 의

---

43) 헌법재판소는 헌재 2003. 11. 27. 2001헌바35 결정에서 금융감독위원회에게 기존 주주의 주식을 소각 또는 병합함으로써 부실금융기관에 대하여 자본금의 감소를 명령할 수 있는 권한을 부여하는 '금융산업의 구조개선에 관한 법률' 제12조 제3항이 헌법 제119조 제2항의 '경제민주화'에 위반되는지 여부에 관하여, "따라서 헌법 제119조 제2항에 규정된 '경제주체간의 조화를 통한 경제민주화'의 이념도 경제영역에서 정의로운 사회질서를 형성하기 위하여 추구할 수 있는 국가목표로서 개인의 기본권을 제한하는 국가행위를 정당화하는 헌법규범이다. 그러나 이 사건 법률 조항이 자본금감소의 명령을 할 수 있도록 한 것은 금융거래의 보호와 예금자보호라는 공익을 실현하기 위한 것으로서 헌법 제119조 제2항의 '경제민주화'와 아무런 연관이 없을 뿐이 아니라, '경제민주화'의 이념이 경제영역에서의 국가행위의 한계를 설정하고 청구인의 기본권을 보호하는 헌법규범이 아니라 개인의 경제적 자유에 대한 제한을 정당화하는 근거규범이라는 점에서도 헌법 제119조 제2항의 '경제민주화'는 이 사건 법률 조항의 위헌성을 판단하는 근거로서 고려될 수 없다."고 판시한 바 있다(판례집 15-2, 222, 239).

44) 예컨대, 권영설, 고시연구 제16권(1988), 31면 참조.

45) 1980년 헌법 제120조는 다음과 같다. 제120조 ① 대한민국의 경제질서는 개인의 경제상의 자유와 창의를 존중함을 기본으로 한다. ② 국가는 모든 국민에게 생활의 기본적 수요를 충족시키는 사회정의의 실현과 균형있는 국민경제의 발전을 위하여 필요한 범위안에서 경제에 관한 규제와 조정을 한다. ③독과점의 폐단은 적절히 규제·조정한다.

46) 예컨대, 권영성, 헌법학원론, 2004, 169면("경제의 민주화라 함은 경제활동에 관한 의사결정권이 한 곳에 집중되지 아니하고 분산됨으로써 경제주체간의 견제와 균형이 이루어지고 시장기구가 정상적으로 작동하는 상태를 말한다."); 성낙인, 헌법학, 2004, 173면("경제적 약자를 경제적 강자로부터 보호함으로써 국민경제 전체를 보호하는 것이다.").

47) 예컨대, 권영성, 고시연구, 1988/2, 96면 이하.

미에서의 경제민주주의를 뜻하는 것은 아니다. 역사적 해석의 관점에서 보더라도, 만일 '경제의 민주화'가 위와 같은 내용의 '혁신적인 경제민주주의'를 의미하는 것이라면, 헌법개정과정에서 이에 관한 논의가 어떠한 형태로든 이루어졌어야 하는데, 이러한 논의가 전혀 이루어진 바 없다. 또한, 헌법 제119조 제2항에서 '경제의 민주화'를 수식하는 '경제주체간의 조화를 통한'이란 문구를 보더라도, '경제주체간의 관계'란 근로자와 사용자의 관계 외에도 소비자와 기업, 가계와 기업, 기업과 기업의 관계 등 다양한 관계가 존재하는데, '경제의 민주화'를 '근로자의 공동결정'으로 해석함으로써 단지 '근로자와 사용자의 관계'로 한정하는 것은 '경제주체간의 조화를 통한'의 문언과 부합하지 않는다.

헌법 제119조 제2항이 사경제의 영역에 대한 국가의 간섭과 조정을 정당화하는 헌법상 수권규범의 성격을 가지고 있다는 점에서, 여기서의 '경제주체'란 국민경제학에서 '경제적 결정의 주체'로서 구분하는 '기업·국가·가계'라는 기술적인 의미가 아니라, 일반적인 의미에서 사경제에 대하여 간섭하는 국가의 상대방, 즉 '사경제의 주체로서 경제영역에서 활동하는 국민'으로 이해해야 한다. '경제의 민주화'란 개념은 이를 수식하는 "경제주체간의 조화를 통한"의 표현에 의하여 구체화되는 바와 같이, 경제영역에서 활동하는 국민간의 사회적·경제적 불균형을 조정하고 經濟領域에서의 社會正義를 실현해야 할 국가의 과제를 의미한다고 보아야 한다.

사회국가란 모든 국민이 자신의 법적 자유를 각자 자력으로 실제로 행사할 수 있는 상태를 조성하는 국가, 개인이 인격을 발현하는 가능성에 있어서 사회 내에서의 실질적 기회균등을 위하여 노력해야 하는 국가이다.[48] 사회국가가 추구하는 '사회정의의 실현'이란 무엇보다도 국민 누구나 법적인 자유를 실제로 행사할 수 있는 사회적 상황의 실현을 의미하는 것이다. 그렇다면, '경제영역에서의 사회정의의 실현'도 모든 경제주체가 헌법에 의하여 보장된 경제적 자유를 실제로 행사할 수 있는 사회적 상황과 조건의 형성의 의미로 이해되어야 한다.

따라서 '경제주체간의 조화를 통한 경제의 민주화'란, 가능하면 모든 경제주체가 기본권에 의하여 보장된 경제적 자유를 실제로 행사할 수 있도록 그에 필요한 경제적·사회적 조건을 마련하고 유지해야 할 국가의 의무와 목표를 의미한다. 이러한 국가목표는 개인과 개인의 경제적 자유와 그의 실현가능성이 양립할 수 있도록 그에 필요한 규율과 간섭을 할 수 있는 국가의 권한을 의미한다.[49] 이러한 관점에서, 국가경제정책은

48) 헌재 2002. 12. 18. 2002헌마52(저상버스 도입의무 불이행 위헌확인), 판례집 14-2, 904, 909, "사회국가란 한마디로, 사회정의의 이념을 헌법에 수용한 국가, 사회현상에 대하여 방관적인 국가가 아니라 경제·사회·문화의 모든 영역에서 정의로운 사회질서의 형성을 위하여 사회현상에 관여하고 간섭하고 분배하고 조정하는 국가이며, 궁극적으로는 국민 각자가 실제로 자유를 행사할 수 있는 그 실질적 조건을 마련해 줄 의무가 있는 국가이다."

49) Vgl. Böckenförde, Grundrechtstheorie und Grundrechtsinterpretation, NJW 1974, S.1538.

개인의 경제적 자유와 상호연관관계에 있으며, 국가경제정책은 개인의 자유행사를 가능케 하기 위한 전제조건으로서, 경제적 자유의 실질적 기반을 형성하고 유지하는 역할을 하는 것이다.

(다) '경제의 민주화'와 다른 경제정책적 목표의 관계

이와 같이 포괄적인 의미에서 '경제영역에서의 사회정의'로 이해되는 '경제의 민주화'의 목표는 헌법에서 규정하고 있는 다른 경제정책적 목표와 어떠한 관계에 있는지의 문제가 제기된다. 헌법 제119조 제2항에 언급된 경제정책적 목표인 '국민경제의 성장과 안정', '적정한 소득의 분배', '시장의 지배와 경제력 남용의 방지'의 목표는 모두 경제민주화를 실현하기 위하여 요청되는 필수적인 수단으로 보아야 한다. 뿐만 아니라, 헌법에 규정된 그 외의 경제정책적 목표인 국토의 효율적인 이용(제122조), 농어촌지역을 비롯한 지역경제의 육성, 중소기업의 보호(제123조), 소비자보호(제124조), 대외무역의 육성(제125조) 등도 마찬가지로 경제민주화의 실현을 위한 대표적인 수단에 해당하는 것이다.

즉, '경제의 민주화'의 목표는 헌법 제119조 제2항에 언급된 목표와 그 외 다른 헌법규범에 규정된 목표의 내용적 범위를 넘어서, 헌법상 보장된 경제적 자유의 실질적인 행사를 저해할 수 있는 모든 상황과 관련된다. 그러므로 '경제의 민주화'란 경제정책적 목표는 헌법에 명시적으로 언급된 모든 구체적인 경제정책적 목표와 과제에 대한 상위개념으로서, 경제영역에서 발생하는 폐해와 부작용이 헌법에 명시적으로 규정된 구체적인 경제정책적 목표에 의하여 해결될 수 없는 경우 비로소 기능하는 一般的·補充的 목표로서 작용한다.

'경제의 민주화'가 그 내용에 있어서 궁극적으로 '경제영역에서의 사회정의의 실현'을 의미하는 것이라면, 다의적 해석의 가능성으로 말미암아 그 개념에 있어서 불명확하고 논란의 여지를 제공하는 '경제의 민주화'란 표현 대신, 과거 헌법규정의 표현을 다시 도입하는 것이 입법정책적으로 바람직하다.

나. 지역경제의 육성 및 중소기업의 보호(헌법 제123조)

(1) 構造政策

헌법은 제123조에서 특히 농수산업정책(제1항, 제4항, 제5항), 지역적 경제지원정책(제2항)과 중소기업정책(제3항, 제5항)의 필요성을 구체적으로 강조함으로써, 구조정책적 목표를 규정하고 있다. 구조정책(Strukturpolitik)은 지역 간의 경제적 차이를 조정하고 국민경제적 이유에서 특정 경제분야를 변화한 시장조건에 용이하게 적응하도록 하기 위하여 또는 경쟁에서의 상이한 조건을 수정하기 위하여, 경제적으로 낙후한 지역이나 일정 경제부문을 지원하려고 시도하는 경제정책이다.[50] 즉, 국가가 보조금이나 세제상의 혜

택 등을 통하여 시장의 과정에 지역적으로 또는 경제부문별로 관여함으로써 시장에서의 경쟁이 국가의 지원조치에 의하여 조정된 새로운 기초 위에서 이루어질 수 있도록 하는 것에 구조정책의 목적이 있다.

이로써 구조정책은 경제조성 또는 경제촉진(Wirtschaftsförderung)의 전형적인 적용영역이다. 경제조성은 무엇보다도 직접적인 보조금 또는 조세감면혜택 등을 통한 간접적인 보조금의 지급, 公共委任(öffentliche Aufträge)에 있어서의 특혜를 통한 실질적인 지원, 상담, 조직상의 지원, 판매의 지원 등의 조치를 통하여 이루어진다.[51]

(2) 지역경제의 육성

(가) 헌법 제123조 제1항, 제4항 및 제5항의 구조정책이 특정 경제부문(농업 · 어업)과 관련되고, 제3항과 제5항의 정책이 특정 기업규모(중소기업)와 관련된 것이라면, 제2항은 지역적인 경제구조의 개선에 관한 것이다. 국가 地域政策의 목적은 일차적으로 지역 간의 경제적 불균형의 축소에 있으며, 지역 간의 상이한 경제력과 경쟁조건의 수정과 조정에 있다.[52] 특히 농업과 수산업에 의존하는 지역이 지역적 경제구조에 있어서 심한 불균형을 보이기 때문에, 헌법 제123조 제2항에서 규정하는 "지역간의 균형 있는 발전을 위하여 지역경제를 육성할 의무"는 일차적으로 특히 경제적 낙후성을 보이는 농어촌 지역에 대한 것이나, 이를 넘어서 전국적으로 지역적인 경제적 불균형의 시정을 그 내용으로 한다.

(나) '지역경제의 육성'의 목표는 경제정책적 관점뿐만 아니라 또한 經濟外的인 일반정책적 관점에서도 중요하다. 경제적으로 낙후된 지역의 주민은 단지 경제적인 이유로 인하여 경제력이 강한 지역으로 이주하도록 강요되어서는 아니 되고, 그의 거주 지역에서 생업에 종사할 수 있는 적절한 기회가 제공되어야 한다. 이로써 국가지역정책은 동

---

50) Vgl. Jarass, Wirtschaftsverwaltungsrecht und Wirtschaftsverfassungsrecht, 1984, S.122; Badura, Wirtschaftsverfassung und Wirtschaftsverwaltung, 1971, S.46f.; R. Schmidt, Wirtschaftspoittik und Verfassung, 1971, S.117; Reich, Markt und Recht, 1977, S.137f.

51) 슈토버(최송화 역), 독일경제행정법, 1996, 277면 이하; 김남진, 행정법 II, 2000, 578면; 홍정선, 행정법원론(하), 2004, 657면 이하, '경제조성'이란, 국가나 지방자치단체가 특정한 경제정책적 목적을 위하여 직접 또는 간접적으로 사인을 지원하는 모든 조치를 말하는데, 학자에 따라 '경제촉진'으로 표현하기도 한다.

52) 헌법재판소는 헌재 1996. 12. 26. 96헌가18 결정(주세법 제38조의7등에 대한 위헌제청)에서 지역경제의 육성의 목표에 관하여, "그러나 강제구매제도를 통하여 지방소주업체를 경쟁으로부터 보호하고 그 결과로 각 도에 하나씩의 소주제조기업이 존재한다는 것 그 자체는 아직 헌법 제 123조의 '지역경제의 육성'이란 공익을 의미하지 않는다. 입법자가 개인의 기본권침해를 정당화하는 입법목적으로의 '지역경제'를 주장하기 위해서는, 각 지역에 하나의 기업이 더 존재하는 것이 지역경제에 어떠한 의미로든 기여를 한다는 지극히 당연한 사실을 넘는, 문제되는 지역의 현존하는 경제적 낙후성이라든지 아니면 특정 입법조치를 취하지 않을 경우 발생할 지역 간의 심한 경제적 불균형과 같은 납득할 수 있는 구체적이고 합리적인 이유가 있어야 한다. 왜냐하면 지역정책이란 한 마디로 지역 간의 상이한 경제력과 경쟁조건의 수정과 조정을 의미하기 때문이다. 그러나 전국 각도에 골고루 하나씩의 소주제조기업을 존속케 하려는 주세법에서는 수정되어야 할 구체적인 지역 간의 차이를 확인할 수 없고 따라서 1도 1소주 제조업체의 존속유지와 지역경제의 육성 간에 아무런 상관관계를 찾아 볼 수 없으므로 '지역경제의 육성'은 이 사건조항의 기본권침해를 정당화할 수 있는 공익으로 고려되지 않는다."고 판시하였다(판례집 8-2, 680, 698).

시에 농·어촌의 이주현상과 대도시로의 과도한 인구집중을 방지하고 국토의 균형 있는 인구분산을 꾀하는 효과를 가지고 있다.[53] 지역정책은 궁극적으로 경제의 성장과 안정이라는 전경제적 목표를 달성하는데 기여하고, 전국적으로 균형 있는 경제적·사회적·문화적 생활관계를 형성하는 사회정책적 목표를 촉진하게 된다.

경제적으로 낙후된 지역에 대한 지원조치로는 산업경제의 지원 및 기업연관 기간산업의 확충(특히 산업지역의 개발, 교통망의 확충)에 대한 지원을 들 수 있다. 또한, 지원이 필요한 문제 지역에서의 기업의 투자에 대해서는 다양한 세제혜택을 부여하고, 반면에 산업의 과밀지역에서의 기업설립이나 확장에 대해서는 조세상의 부담을 부과하는 방법도 산업을 분산하기 위한 조치로서 고려된다.

(다) 급속한 산업화와 경제성장의 과정에서 1970년대에 들어오면서, 농·어업과 산업, 도시와 농촌, 대기업과 중소기업 사이에 그 발전에 있어서 현저한 차이가 점차 심각하게 드러나기 시작하였다. 현대의 산업사회에서도 농업은 식량생산의 수단으로서 국민경제의 기본적 조건에 해당하는 중요하고 불가결한 경제부문이다. 농업생산물이 더 이상 이윤을 남기고 판매될 수 없는 경우 시장경제의 원리에 따르면 농업이 고사하거나 또는 최소한의 상태로 축소되어야 하지만, 국가는 국민경제적인 이유에서 농업의 근간을 유지시키기 위하여 이를 지원해야 하는 것이다.

산업의 집중화 현상과는 반대로, 농업부문의 경우 그 구조에 있어서 소규모의 단위로 분산되어 있다는 특징이 있기 때문에,[54] 농업의 기업화와 합리화를 도입하는데 한계가 있다. 뿐만 아니라, 1960년대 이래 수출지향적인 산업만을 강조하고 이에 모든 지원을 집중하였던 경제정책은 농업부문을 소홀히 할 수밖에 없었다. 더욱이, 농산물의 가격을 의도적으로 낮게 유지함으로써 물가의 안정을 달성하고 동시에 생산단가를 낮추는 방법으로 기업의 경쟁력을 높이고자 추진한 '성장위주의 경제정책'은 농업에 대하여 장기간 일방적인 희생을 강요하였다. 이에 따라 60년대 이래 농업의 발전은 특징적으로 농민의 수입 감소, 생산성의 감소, 식량자급률의 하락, 외국으로부터의 농산물의 수입, 농촌인구의 도시로의 이주 등으로 표현될 수 있다.

이러한 상황에서 국가는 오래 동안 등한시 해온 농업부문을 국가적으로 지원해야 할 필요성을 절감하게 되었다. 이에 따라, 특히 현행 헌법에서는 과거 헌법에 규정된 "농민·어민의 자조를 기반으로 하는 농어촌개발", "농민·어민 … 의 자조조직을 육성"이라는 농어업에 대한 제한적인 지원 의사를 넘어서, 제123조 제1항에서 "국가는 농업 및 어업을 보호·육성하기 위하여 농·어촌종합개발과 그 지원 등 필요한 계획을 수립·시행하여야 한다."고 적극적이고 포괄적인 지원의 의지를 밝히고 있다.

---

53) Vgl. Püttner, Wirtschaftsverwaltungsrecht, 1989, S.288.
54) 이에 관하여 아래 Ⅳ. 3. 라. (1) '농지개혁' 참조.

(3) 중소기업의 보호

(가) 국가의 구조정책적 경제조성(경제촉진)은 또한 기업의 규모와 연관해서도 실시될 수 있다.[55] 우리 헌법은 제123조 제3항에서 "국가는 중소기업을 보호・육성하여야 한다."고 하여 중소기업을 보호・육성해야 할 국가의 과제를 규정하면서, 같은 조 제5항에서는 "국가는 … 중소기업의 자조조직을 육성하여야 하며, 그 자율적 활동과 발전을 보장한다."고 규정하고 있다.

국가의 구조정책은 중소기업이 처한 구조적인 불리함을 조정하기 위하여 전체경제적인 이유에서뿐만 아니라 경쟁정책적인 이유에서도 중소기업을 지원해야 한다. 그러나 과거 경제성장 至上主義의 시기에는, 국민경제가 제대로 기능하기 위하여 건실한 중소기업의 존재가 필요하다는 사고, 즉 중소기업의 사회적・경제적 중요성에 대한 인식이 완전히 뒷전으로 밀리게 되었다. 1960년대와 1970년대의 급속한 산업화의 과정과 수출지향적 경제구조 하에서, 국민경제의 독과점화가 국내의 취약한 기업기반의 결과로서 지속적으로 진행되었다. 거대기업과 재벌은 경쟁에서 규모의 장점을 이용함으로써 합법적으로 중소기업을 경쟁의 장으로부터 축출할 수 있었다. 다른 한편으로는 해외시장에서의 우리 기업의 경쟁력을 확보하기 위하여 금융, 조세 및 외환과 관련된 모든 특혜가 만성적인 자본조달의 부족에 시달리는 수출지향적 재벌기업에게 집중적으로 제공되었다. 거대기업과 재벌에 대한 이와 같은 일방적인 특혜는 다른 企業群의 희생 하에서 이루어지는 것이었고, 이로써 대기업과의 경쟁에서 중소기업의 불리함은 더욱 심화되었다.

(나) 중소기업은 생산과 고용의 증대에 기여하고 대기업보다 경기의 영향을 적게 받으며 수요의 변화에 적절히 대처하고 새로운 기술의 개발을 기대하게 하며 사회적 분업과 기업 간의 경쟁을 촉진함으로써, 국민경제에 크게 기여하고 있다.[56] 그러므로 우리 헌법은 중소기업이 국민경제에서 갖는 중요함 때문에 '중소기업의 보호'를 국가경제정책적 목표로 명문화하고 있다. 그러나 중소기업은 대기업에 비하여 자금력, 기술수준, 경영능력 등에 있어서 열세에 있기 때문에, 자력으로는 경영의 합리화와 경쟁력의 향상을 도모할 수 없는 경우가 많다. 중소기업이 국민경제에서 갖는 중요한 가치에 비추어, 국가는 대기업과의 경쟁에서 불리한 위치에 있는 중소기업을 지원하는 방법으로 경쟁에서의 불리함을 조정하고 가능하면 균등한 경쟁조건을 형성함으로써, 대기업과의 경쟁을 가능하게 하고자 하는 것이다. 이는 곧, 국가가 경쟁정책적인 이유에서 중소기업을 지원한다는 것을 의미한다.[57] 이러한 점에서 중소기업의 보호는 넓은 의미의 경쟁유지정

55) 슈토버(최송화역), 독일경제행정법, 1996, 279면 참조.

56) 황적인/권오승, 경제법, 1994, 267면 이하; vgl. Püttner, Wirtschaftsverwaltungsrecht, 1989, S.320ff.

57) 헌법재판소는 헌재 1996. 12. 26. 96헌가18 결정(주세법 제38조의7등에 대한 위헌제청)에서 "중소기업의 보호란 공익이 자유경쟁질서 안에서 발생하는 중소기업의 불리함을 국가의 지원으로 보완하여 경쟁을 유지하고 촉진시키려는 데 그 목적이 있으므로, 주세법상의 구매제도는 이러한 공익을 실현하기에 적합하지 않은

책의 한 측면이다. 그러므로 중소기업의 보호는 원칙적으로 경쟁질서의 범주 내에서 경쟁질서의 확립을 통하여 이루어져야 한다.

'중소기업의 육성'이란 공익을 경쟁질서의 테두리 안에서 실현해야 한다는 것은 '독점규제 및 공정거래에 관한 법률'에서도 표현되고 있다. 능력에 의한 경쟁을 원칙으로 하는 위 법의 기본정신에 비추어, 중소기업을 경쟁으로부터 보호함으로써 중소기업을 지원하고자 하는 조치를 찾아볼 수 없다.[58] 위 법은 단지 제19조 제2항 제6호에서 중소기업의 경쟁력을 향상하기 위하여 공동행위를 하는 경우에는 이를 예외적으로 허용하고 있을 뿐이다. 자유시장경제를 기본으로 하는 법질서 하에서는 중소기업도 경쟁을 통하여 시장에서 자신의 위치를 관철해야 하므로, 경쟁법에서는 모든 기업의 '경쟁에서의 균등'이란 원칙이 지배한다.

그러므로 중소기업육성책은 공정하고 자유로운 경쟁을 가능하게 하는 수단이어야지 경쟁을 배제하는 방법이어서는 아니 된다. 중소기업의 육성은 중소기업에 우호적인 세금공제가능성과 조세감면가능성 등의 세법상의 혜택과 중소기업기본법 등 중소기업지원을 위한 특별법에 규정된 특수한 중소기업육성책을 통하여 이루어져야 한다.[59]

다. 소비자보호(헌법 제124조)

(1) 소비자보호정책의 헌법적 의미

헌법은 제124조에서 "국가는 건전한 소비행위를 계도하고 생산품의 품질향상을 촉구하기 위한 소비자보호운동을 법률이 정하는 바에 의하여 보장한다."고 하여 소비자정책을 규정하고 있다. 소비자정책도 시장기능의 결함이나 장애에 대한 조정적 · 보완적 조치로서 이해된다. 시장경제질서에서 소비자가 시장기능을 통하여 생산품의 종류, 범위 및 방향 등 경제 전체의 자원배분을 결정한다는 것을 내용을 하는 '消費者主權'은 오늘날 실제의 현실과는 상당한 괴리가 있다.[60] 경제력의 집중화와 시장지배적 경향은 오늘날 경쟁의 약화와 함께 공급자와 수요자 사이의 세력의 불균형을 초래하였고, 소비자의 지위는 거대기업에 대한 '시장에서의 구조적 열세'에 의하여 특징적으로 표현되고 있다.[61] 게다가, 시장과정을 규율하는 법적인 장치가 적극적인 시장주체인 기업의 이익에 부합하도록 소비자에게 불리하게 활용되었고(대표적인 예로 대기업의 약관), 그 결과 계약의 자유는 소비자를 약탈하는 수단으로 변질되었다. 이로써 과거의 '주권자'는 이제 시장과정의 '臣民'으로 전락하였다.

수단이다."라고 판시하였다(판례집 8-2, 680, 700).

58) 또한 독일에서의 법적 상황에 관하여 vgl. Püttner, Wirtschaftsverwaltungsrecht, 1989, S.321.

59) 황적인/권오승, 경제법, 1994, 267면 이하.

60) Vgl. Gygi, Die schweizerische Wirtschaftsverfassung, 1978, S.45; Reich, Markt und Recht, 1977, S.183.

61) 소비자의 열등성에 관하여 권오승, 소비자보호법, 2002, 7면 이하; 박상용/엄기섭, 경제법원론, 2003, 515면 이하.

위에서 서술한 바와 같이, 소비자가 자유시장경제에서 그에게 부여된 역할을 더 이상 제대로 이행할 수 없고, 이로부터 소비자와 시장경제과정에 대한 손해가 우려되기 때문에, 헌법은 소비자정책을 하나의 경제정책목표로서 규정하고 있는 것이다. 물론, 자유시장경제에서 경쟁은 공급자인 사업자의 세력을 약화시키고, 경쟁이 강화될수록 소비자는 그의 욕구를 보다 유리하게 시장에서 충족시킬 수 있으며, 자신의 구매결정을 통하여 경쟁과정에 영향을 미칠 수 있다는 점에서,[62] 경쟁유지정책은 소비자정책의 중요한 구성부분이다. 그러나 최상의 경쟁정책도 소비자정책을 완전히 대체할 수는 없으므로, 소비자정책은 경쟁유지정책을 지원하고 보완하기 위하여 추가적으로 시행되어야 한다.

(2) 헌법 제124조의 의미

헌법 제124조는 '소비자보호운동'의 보장을 규정함으로써 소비자보호를 위하여 고려될 수 있는 다양한 정책 중에서 단지 하나의 수단만을 보장하는 형태를 취하고 있다. 그러나 '소비자보호운동'은 '소비자보호'란 목적을 실현하기 위한 하나의 수단에 불과하고 그 자체로서 독자적인 목적이나 궁극적인 헌법적 법익이 될 수 없다는 점에서, 위 규정은 국가에게 효과적이고 포괄적인 소비자보호의 의무와 과제를 부과하는 것으로 이해해야 하고, 나아가 포괄적인 소비자정책을 시행하도록 국가에게 권한을 부여하는 수권규범으로 이해해야 한다. 이로써 헌법 제124조는 소비자를 사기, 기망, 생명, 신체 및 재산상의 위해로부터 보호하고 소비자에 대한 정보제공과 교육을 지원해야 할 의무를 국가에게 부과하고 있다.[63]

소비자보호운동이나 소비자 조직의 결성을 통하여 소비자의 이익을 보호하고자 하는 것은, 노동시장영역에서 사용자의 우월적 지위에 대한 반대세력을 창출하고자 근로자를 노동조합으로 집단적으로 결성하게 하는 것과 유사점을 발견할 수 있다. 그러나 '소비자보호'란 이익은 국민 누구에게나 관계되기 때문에 특수이익으로서의 매력이 적고 단체의 소속에 관계없이 누구나 단체가 획득한 성과에 참여할 수 있기 때문에, 이익을 유효적절하게 대변할 수 있는 사회단체로 조직되기 어렵다. 이에 따라 소비자들이 이익단체로서 조직화되어 있지 않기 때문에, 소비자보호운동은 집단적인 협상능력을 바탕으로 시장에서의 자신의 이익을 거대기업에 대하여 관철할 수 있는 이익단체로서의 확고한 조직을 결여하고 있다.[64]

62) 헌재 1996. 12. 26. 96헌가18(주세법 제38조의 7 등에 대한 위헌제청), 판례집 8-2, 680, 692 참조.

63) 헌법 제124조를 근거로 하여 1980년 소비자보호를 위한 특별법인 '소비자보호법'이 제정되었으며, 약관의 규제에 관한 법률, 할부거래에 관한 법률, 방문판매 등에 관한 법률 등 민법상의 소비자보호 규정 외에도 경제감독법의 영역에서 식품위생법, 품질경영 및 공산품안전관리법 등 소비자의 보호를 위한 다수의 법률이 제정되었다.

64) Vgl. J. H. Kaiser, Die Repräsentation organisierter Interessen, 1978, S.164ff.; v. Arnim, Staatslehre der Bundesrepublik Deutschland, 1984, S.293ff.; Reich, Markt und Recht, 1977, S.182, 222.

(3) 개인의 기본권으로서 헌법 제124조?

우리 헌법은 1980년 헌법에서 소비자의 문제를 비로소 규범화하여 소비자보호를 명문으로 규정하였다(제125조). 소비자보호를 헌법에 규범화하는 과정에서 이를 기본권으로 파악하려는 견해와 '경제의 章'에 소비자보호를 독과점규제와 더불어 규정하려는 견해가 대립하였으나,[65] 1980년 헌법은 '경제의 장'에 따로 소비자보호조항을 신설하기에 이르렀으며, 현행 헌법도 이를 그대로 답습하고 있다.

그럼에도 헌법 제124조의 소비자보호조항을 인간의 존엄성, 인간다운 생활을 할 권리와의 연관관계에서 자유권적 요소와 사회권적 요소를 포함하는 포괄적인 基本權으로 파악하고자 하는 견해가 있다.[66] 그러나 헌법 제124조는 그의 객관적 성격의 규범형식으로 보나 국가경제정책의 목표와 과제를 규정하는 장소에 위치하고 있다는 점으로 보나, 위 규정으로부터 직접 개인의 주관적 권리인 自由權을 도출할 수 없다. 국가의 침해에 대한 대국가적 방어권으로서 '소비자의 자기결정권'은 우리 기본권의 체계 내에서 일반적이고 보충적인 자유권의 지위를 가지고 있는 헌법 제10조의 행복추구권으로부터 도출되는 자유로 보아야 한다. 헌법재판소도, 소비자가 자신의 의사에 따라 자유롭게 상품을 선택하는 소비자의 자기결정권은 헌법 제10조의 행복추구권에 의하여 보호되는 것으로 판단하고 있다.[67] 물론, 행복추구권으로부터 자유권으로서의 소비자의 권리를 도출하는 경우, 헌법 제124조의 규정이 소비자의 권리를 독자적인 기본권으로서 인정하고 보호해야 할 필요성을 강조하는 하나의 보조적 근거규범으로서 작용할 수는 있다.

다른 한편으로는, '소비자의 보호'가 시장경제에서의 경제적 약자인 소비자에 대하여 국가적 보호와 배려를 요청하고 있다는 점에서 사회국가원리에서도 그 헌법적 근거를 찾을 수 있으며, 이로써 사회국가원리의 구체화된 형태인 社會的 基本權으로서의 소비자의 권리를 생각해 볼 수 있다. 사회가 스스로 해결할 수 없는 부정적 사회현상이 발생하는 경우, 즉 시장경제의 자동조절기능으로는 소비자와 다른 사경제주체간의 세력불균형이 시정될 수 없는 경우에는, 국가에 의한 사회국가적 조치는 항상 요청되는 것이다. 물론, 이와 같이 헌법 제124조로부터 도출되는 사회적 기본권이 위 조항에 규정된 국가경제정책의 객관적 내용, 즉 국가의 과제·의무조항보다 소비자보호의 관점에서 보다 많은 것을 달성할 수 있는 것은 아니다. 사회적 기본권이란, 사회국가의 실현을 위하여 헌법에 기본권의 형식으로 규정된 국가목표조항으로서, 본질상 국가의 의무나 목표를 의미하므로,[68] 소비자의 사회적 기본권도 결과적으로 소비자를 보호해야 할 국가

---

65) 이에 관한 논의에 관하여 성낙인, 헌법학, 2005, 181면 참조.
66) 예컨대, 권영성, 헌법학원론, 2004. 572면.
67) 헌재 1996. 12. 26. 96헌가18, 판례집 8-2, 680, 691; 헌재 2002. 10. 31. 99헌바76 등, 판례집 14-2, 410, 429.
68) 한수웅, 헌법소송을 통한 사회적 기본권 실현의 한계, 인권과 정의, 1997. 1, 74면 참조.

의 과제와 의무를 뜻하기 때문이다.

3. 社會化

사회화에 관한 헌법규정들은 오늘날 헌법현실에서 아무런 의미를 가지지 못하는 死文化된 규정이라 할 수 있다. 헌법상 보장된 재산권이 제23조 제2항 및 제3항에 의한 제한 가능성을 넘어서 사회화를 시행하는 법률에 의해서도 제한될 수 있다는 사실을 오늘날 거의 인식하지 못하고 있다. 적어도 가까운 장래에 사회화에 관한 규정이 현실적 중요성을 가질 가능성은 없어 보인다. 게다가, 현재 공공단체의 경제활동과 관련되어 논의되는 사안들이 국유화나 사회화의 문제[69]가 아니라 오히려 공공단체의 경제활동의 한계나 공기업의 사유화라는 점에서 더욱 그러하다. 그러나 헌법이 경제에 관한 章에 위치하는 여러 조항에서 사회화와 관련된 언급을 하고 있는 이상, 사회화의 개념, 의미 및 한계에 관하여 적어도 본질적인 것이 규명되어야 한다. 특히 '재산권보장과 사회화를 어떻게 조화시킬 것인지' 의 문제는 경제헌법의 영역에서 제기되는 근본적인 문제 중의 하나이다.

사회화조항이 현행 헌법질서, 특히 기본권질서와 합치하기 위해서는, 위 조항은 헌법 제23조의 재산권보장과는 달리 축소적으로 이해되고 해석되어야 한다. 헌법은 사회화조항을 헌법 제23조에 대한 예외적 규정으로 이해하여 사회화가 법률에 의해서만 가능하도록 규정함으로써(헌법 제126조), 사회화를 사회적 변혁의 수단이 아니라 법치국가적 질서 내의 법적 제도로서 규정하였다.[70] 특히 우리 헌법은 헌법 제126조에서 사영기업의 사회화를 매우 제한적인 조건 하에서만 허용함으로써 사회화조항의 예외적 성격을 강조하고 있다. 이로써 사회화의 가능성은 사회주의적 또는 혁명적인 성격이 아니라 社會國家的 性格을 가지는 것이고, 그 결과 사회국가원리가 재산권질서와 관련하여 헌법적으로 구체화된 표현으로서 이해되어야 한다.[71]

가. 사회화의 개념

헌법은 '사회화'가 무엇을 의미하는지에 관하여 스스로 정의를 하고 있지는 않으나, 제126조에서 "사영기업을 國有 또는 公有로 이전"이라고 언급함으로써 사회화의 개념을 밝히는 데 있어서 중요한 단서를 제공하고 있다.

---

69) 국유화와 사회화의 구분에 관하여 아래 Ⅳ. 3. 가. (3) 참조.

70) Vgl. Krüger, Sozialisierung, in: Bettermann/Nipperdey/Scheuner, Die Grundrechte, Bd.Ⅲ/1, 1958, S.310ff.; Badura, Eigentum, in: HbVerfR, 1983, S.696; Dicke, in: v. Münch(Hg), GGK, 2.Aufl., Art.15 Rn.28.

71) Vgl. Ipsen, Enteigung und Sozialisierung, VVDStRL 10(1952), S.74ff.; Huber, Wirtschaftsverwaltungsrecht, Bd.Ⅱ, 1954, S.149; Bryde, in: v. Münch(Hg), GGK, 3.Aufl., Art.15 Rn.1.

(1) 독일 헌법상의 사회화 규정과의 차이

독일 기본법은 사회화의 문제를 '기본권에 관한 부분'에 재산권보장(제14조)에 이어서 제15조에서[72] 규정하고 있는 반면, 우리 헌법의 사회화규정은 '기본권에 관한 章'이 아니라 '경제에 관한 章(제9장)'에 위치하고 있다. 독일 기본법이 하나의 조항(제15조)에서 사회화의 대상인 토지, 자연자원, 생산재에 대하여 일괄적으로 사회화의 가능성을 규정하는 반면, 한국 헌법은 사회화의 가능성을 그 대상에 따라 분리하여 여러 조항에서 나누어 규정하고 있다. 우리 헌법은 사회화의 대상을 본질적으로 자연자원(헌법 제120조 제1항)과 사기업(헌법 제126조)에 제한하고 있다. 토지에 관한 한, 헌법 제121조는 사회화의 가능성이 아니라 단지 '농지개혁'을 규정하고 있는데, 한국 헌법의 위 조항은 독일 기본법 제15조에서 언급하는 '토지에 대한 사회화'의 가능성에 대응하는 것이라 할 수 없다.

우리 헌법상의 사회화조항은 독일 Bonn 기본법보다는 독일 바이마르공화국 헌법의 사회화조항과 많은 유사점을 가지고 있다. 바이마르 헌법 제155조는 '지하자원'과 '경제적으로 이용할 수 있는 자연력'을 국가의 감독 하에 두고 '토지개혁'을 지원하기 위하여 토지의 수용을 허용하였는데, 우리 헌법 제120조 및 제121조는 위 규정을 그대로 수용하고 있다. 뿐만 아니라, 헌법 제126조는 '사기업의 공유재산으로의 이전'과 '공공단체의 사경제적 기업에의 참여'를 규정하는 바이마르 헌법 제156조를 모델로 삼고 있다.

(2) '공용수용'과 '사회화'의 근본적인 차이

헌법은 공용수용과 사회화를 각 다른 장소에 별도의 제도로서 규정하였고, 이로써 양 제도 사이의 명확한 구분을 요청하고 있다. 공용수용과 사회화 간의 근본적인 제도적 차이는 다음과 같다. 사회화는 공용수용의 특수한 경우이거나 하부개념이 아니라 독자적인 법제도이다. 재산권의 '공용수용'과 '사회화'는 兩者 모두 재산권을 박탈한다는 점에서 一見 유사하나, 수용과 사회화는 그 시행의 규모라는 量的 관점뿐만 아니라 質的으로도, 즉 그 본질과 구조에 있어서 근본적으로 상이하다.

(가) 公用收用은 특정한 공공과제를 수행하기 위하여 개별적인 재산권객체를 그 소유자로부터 박탈하는 것을 의미한다(대표적으로 도로건설 등을 위한 토지의 박탈). 수용은 재산권의 질서를 변경하고자 하는 것이 아니라, 공익사업을 위하여 필요하지만 소유자의 자발적인 양보에 의하여 私法的으로 취득할 수 없는 재화를 강제적으로 조달하고자 하는 것이다. 따라서 국가는 수용에 대하여 보상을 해야 하며, 수용의 당사자는 보상을 통하여 等價的 재산권객체를 다시 구입할 수 있는 상황에 놓여야 한다. 공용수용은 기

72) 독일 기본법 제15조는 다음과 같다. "토지, 자연자원 및 생산재는 보상의 종류와 범위를 규정하는 법률에 의하여 공유화를 목적으로 공동재산 또는 공동경제의 다른 형태로 이전될 수 있다. 보상에 관하여는 기본법 제14조 제3항 제3문 및 제4문이 준용된다."

존의 재산권질서 그 자체를 문제 삼는 것이 아니라, 오히려 이를 전제로 하여 단지 개별적인 재산권객체를 박탈하는 것이다.

(나) 이에 대하여 社會化는 재산권의 박탈과 재산권주체의 변경에 그치는 것이 아니라, 재산권질서 또는 재산권내용의 변형을 목표로 한다. 사회화는 사유재산을 해체하고 이를 共有財産(Gemeineigentum)으로 대체함으로써 사경제적 재산권질서를 근본적으로 개혁하고자 하는 것이다. 사회화는 기존의 재산권질서를 바탕으로 하여 공공필요에 따라 단지 재화의 조달에 그치는 것이 아니라, 새로운 재산권질서의 도입을 의미하고, 이로써 기존의 경제질서에 대한 변형을 의미한다. 사회화의 경우, 재산권질서의 변형을 목표로 하기 때문에, 사회화에 대하여 보상을 하는 경우에는 사회화를 통하여 추구하는 경제·사회정책적 목표가 달성될 수 없다면 보상은 필요하지 않으며, 이러한 경우의 보상은 심지어 사회화의 체계에 반한다고 할 수 있다.[73]

물론, 사회화가 기존의 경제질서의 완전한 변형을 가져올 필요는 없다. 사회화는 예컨대 철강, 석탄, 전기 등 특정한 재화에 제한될 수도 있고, 생산수단과 관련하여 특정한 기업부문에 제한될 수 있다. 그러나 사회화는 단지 '개별적인 재산권객체'를 대상으로 하는 것이 아니라 특종의 기업과 같이 '일정 유형의 재산권객체 전체'를 대상으로 하는 것이며, 이에 따라 개별적 조치가 아니라 일반적 법률에 의하여 이루어진다.

(3) 사회화의 개념 및 유사한 법적 현상과의 구분

(가) 사회화는 국유화 또는 공유화의 방법으로 재산권 소유자의 변경을 통하여 재산권내용의 변형을 목적으로 하는 사유재산에 대한 공권적 침해이다. 즉, 사회화란 자연자원, 농지, 생산수단 등에 대한 국유화 또는 공유화의 방법으로 공법적 수단에 의한 재산권 소유자의 변경을 가져와야 하며, 나아가 단순히 소유자의 변경뿐만 아니라 소유권 자체의 내용의 변화, 즉 소유권에 대하여 종래의 사유재산과는 전혀 다른 '새로운 내용'을 형성하는 것이다. 사회화의 목적은 '사유재산질서에 대한 반대원칙'을 형성하는 데에 있다. 즉, 시장경제적 원칙에 따라 사적 유용성을 위해서가 아니라 공공복리의 목적에서 공익적으로 경영하고자 하는 것에 사회화의 목적이 있다. 바로 여기에 '財産權內容의 變形' 또는 '새로운 재산권질서의 도입'이란 사회화의 본질적 요소가 있는 것이다.[74]

요컨대, 사회화는 국유화 또는 공유화의 방법으로 재산권을 박탈하여 박탈한 재화를 共同經濟로 이전하는 것이다. 이러한 관점에서, 사회화의 최종적 상태를 서술하는 상위

---

73) Vgl. Maurer, Staatsrecht, 1999, §8 Rn.95. 이 경우, 기껏해야 당사자에 대한 임시적 보조금(Überbrückungshilfe)의 지급 정도가 고려될 수 있을 뿐이다.

74) Vgl. Krüger, Sozialisierung, in: Bettermann/Nipperdey/Scheuner, Die Grundrechte, Bd.Ⅲ/1, 1958, S.310ff.; Badura, Eigentum, in: HbVerfR, 1983, S.696; Huber, Wirtschaftsverwaltungsrecht, Bd.Ⅱ, 1954, S.143ff..

개념은 바로 '공동경제'이며, '공동재산'은 공동경제의 하위개념에 속한다. 공동경제는 그 개념에 있어서 한편으로는 공동경제의 목적에 의하여, 다른 한편으로는 그 조직형태에 의하여 특징 지워진다. 공동경제의 목적은 이윤획득이 아니라 일차적으로 사회·경제적 공익적 목표, 특히 사회적 수요의 충족에 기여하는 것이다.[75] 공동경제의 조직과 관련해서는, 다른 사람과 함께 공동으로 경영하는 것, 즉 재산권객체에 대한 처분권이 집단화되어 경제공동체의 수중에 있을 것을 요구한다.[76] 공동경제의 경우, 경제활동의 목표의 변화와 경제활동이 이루어지는 형태의 변화가 요청되는 것이다.

(나) 이러한 이유에서 사회화는 '國有化' 또는 '公有化'와 일치하지 않는다.[77] 국유화나 공유화는 그 자체로서 단지 국가가 해당 재산권객체에 대한 처분권을 가진다는 것만을 의미한다. 경제활동의 목표의 변화를 가져오지 않는 단순한 국유화, 예컨대 國庫的 목적을 위한 국유화는 사회화의 요건을 충족시키지 못한다.

(다) 우리 학계에는 사회화를 그와 유사한 현상, 즉 근로자의 기업경영에의 참여를 위한 공동결정과 같은 '사실적 共有化'의 현상이나 농지개혁, 심지어는 사회국가의 실현을 위한 조치와 혼동하는 견해가 있다. 특히 문제가 되는 것은, 사인의 토지를 다른 사인에게 분배할 목적으로 국가가 개인의 토지를 박탈하는 조치인 農地改革을 사회화에 귀속시키고 있다는 점이다.[78] 그러나 농지개혁은 사인으로부터 박탈한 농지를 공동경제로 이전하는 것이 아니라, 박탈한 토지를 개인에게 귀속되는 사유재산의 형태로 사인간에 새롭게 분배하는 것을 목표로 하고 있다. 따라서 이러한 형태의 농지개혁은 사회화를 의미하지 않는다.[79]

(라) 마찬가지로, 근로자가 기업경영에 共同決定의 형태로 참여하는 것도, 私益的 이윤추구라는 기업경영의 목표가 변경되지 아니하고 기업에 대한 국가나 공공단체의 영향력을 확보하지 아니한 채, 단지 기업경영에 근로자가 참여하는 것을 목적으로 한다면, 이러한 공동결정은 사회화에 해당하지 않으므로, 헌법상 사회화조항은 공동결정을 정당화하는 헌법적 근거로서 고려될 수 없다.

---

75) Vgl. Krüger, Sozialisierung, in: Bettermann/Nipperdey/Scheuner, Die Grundrechte, Bd.Ⅲ/1, 1958, S.288f.; Frotscher, Wirtschaftsverfassungs- und Wirtschaftsverwaltungsrecht, 1988, S.43; Rittstieg, in: AK-GG, Art.15 Rn.233ff.; Maunz, in: Maunz/Dürig, GG, Art.15 Rn.20.

76) Maunz, in: Maunz/Dürig, GG, Art.15 Rn.21; Huber, Wirtschaftsverwaltungsrecht, Bd.Ⅱ, 1954, S.50, 142, 158f..

77) Vgl. Leisner, Der Sozialisierungsartikel als Eigentumsgarantie, JZ 1975, S.275; Frotscher, Wirtschaftsverfassungs- und Wirtschaftsverwaltungsrecht, 1988, S.43.

78) 대표적으로 한태연, 헌법학, 1983, 1046면 이하 참조.

79) Vgl. BVerfGE 46, 268ff.; W. Weber, Die Entscheidung in der westdeutschen Bodenreform, DÖV 1953, S.353f.; Ipsen, Die hessische Bodenreform vor dem Bundesverfassungsgericht, DVBl 1953, S.619; Huber, Wirtschaftsverwaltungsrecht, Bd.Ⅱ, 1954, S.161f.; Maunz, in: Maunz/Dürig, GG, Art.15 Rn.12; Rittstieg, in: AK-GG, Art.14/15 Rn.240.

나. 私營企業(헌법 제126조)

헌법 제126조는 "국방상 또는 국민경제상 긴절한 필요로 인하여 법률이 정하는 경우를 제외하고는, 사영기업을 국유 또는 공유로 이전하거나 그 경영을 통제 또는 관리할 수 없다."고 규정하고 있다. 사회화의 예외적 성격은 위 헌법규정에서 분명히 드러나고 있다. 헌법 제126조는 사회화의 대상범위를 전체 경제부문을 망라하는 '사영기업'으로 매우 포괄적으로 규정하면서도,[80] 다른 한편으로는 제119조 제1항과의 연관관계에서 자유주의적 경제헌법의 원칙에서 출발하여 사영기업의 사회화를 매우 엄격한 요건 하에서 단지 예외적인 경우에만 허용하고 있다. 여기서 '국방상의 긴절한 필요'란, 문제의 사기업을 사회화하지 않고서는 도저히 국방의 목적을 달성할 수 없는 경우를 말하며, '국민경제상 긴절한 필요'란, 문제의 사기업을 사회화하지 않고서는 국민경제의 정상적인 운영이 불가능하거나 현저하게 곤란한 경우를 말한다.[81] 이로써 사영기업에 대한 사회화의 가능성은 非常的 상황에 국한되고 있다. 사영기업에 대한 사회화의 경우, 그 대상은 개개의 특정 기업이 아니라 제철, 전기, 해운 등과 같은 특종의 企業群이어야 한다는 것은 이미 위에서 언급한 바 있다.

위 헌법규정은 사영기업의 '사회화의 방법'으로서 2가지 절차를 언급하고 있다. 즉, 헌법 제126조는 "사영기업을 국유 또는 공유로 이전하거나"라는 표현을 통하여 재산권 주체의 변경을 통하여 사기업을 공동경제로 이전하는 절차와 "그 경영을 통제 또는 관리"라는 표현을 통하여 국가 등 공공단체가 소유권이전과는 다른 방법으로 공동경제의 목적을 달성하기 위하여 사기업에 충분한 영향력을 확보할 수 있는 절차를 사회화의 방법으로 언급하면서, 입법자로 하여금 위 2가지 절차 중에서 선택할 수 있도록 하고 있다.[82]

---

80) 이에 대하여 독일 기본법의 경우 사회화의 대상을 '생산수단'으로 제한하고 있는데, 이를 제한적 해석을 통하여 용역의 영역(예컨대 금융, 보험, 운송, 교통, 상업 등)을 제외한 물적 재화의 생산영역에 다시금 한정하고 있다.

81) 한태연, 헌법학, 1983, 1047면 참조.

82) 헌법재판소는 '社納金制를 금지하기 위하여 택시운송사업자의 운송수입금 전액 수납의무와 운수종사자의 운송수입금 전액 납부의무를 규정한 자동차운수사업법규정이 사기업의 국공유화를 금지한 헌법 제126조에 위반되는지 여부'를 판단함에 있어서, "여기서 '사영기업의 국유 또는 공유로의 이전'은 일반적으로 공법적 수단에 의하여 사기업에 대한 소유권을 국가나 기타 공법인에 귀속시키고 사회정책적 · 국민경제적 목표를 실현할 수 있도록 그 재산권의 내용을 변형하는 것을 말하며, 또 사기업의 '경영에 대한 통제 또는 관리'라 함은 비록 기업에 대한 소유권의 보유주체에 대한 변경은 이루어지지 않지만 사기업 경영에 대한 국가의 광범위하고 강력한 감독과 통제 또는 관리의 체계를 의미한다."고 그 개념을 정의하면서, "이 사건 법률조항들이 규정하는 운송수입금 전액관리제로 인하여 청구인들이 기업경영에 있어서 영리추구라고 하는 사기업 본연의 목적을 포기할 것을 강요받거나 전적으로 사회 · 경제정책적 목표를 달성하는 방향으로 기업활동의 목표를 전환해야 하는 것도 아니고, 그 기업경영과 관련하여 국가의 광범위한 감독과 통제 또는 관리를 받게 되는 것도 아니며, 더구나 청구인들 소유의 기업에 대한 재산권이 박탈되거나 통제를 받게 되어 그 기업이 사회의 공동재산의 형태로 변형된 것도 아니므로, 이 사건 법률조항들이 헌법 제126조에 위반된다고 볼 수 없다."고 판시하고 있다(헌재 1998. 10. 29. 97헌마345, 판례집 10-2, 621, 635).

헌법 제126조는 사회화가 '법률'에 의하여 이루어져야 한다는 것("법률이 정하는 경우")을 규정함으로써 사회화가 법치국가의 범주 내에서 법치국가적 절차에 따라 이루어져야 한다는 것을 분명히 밝히고 있다. 이에 따라 사영기업의 사회화의 경우 헌법 제23조 제3항의 공용수용에 대한 보상규정을 준용해야 한다. 사회화의 경우 보상을 해야 한다는 것은 사회화가 '보상의 부담'이라는 현실적인 이유로 말미암아 사실상 거의 불가능하다는 것을 의미하며, 헌법 제126조가 死文化되는 결정적인 이유를 제공한다.

다. 自然資源(헌법 제120조)

헌법 제120조 제1항은 "광물 기타 중요한 지하자원·수산자원·수력과 경제상 이용할 수 있는 自然力은 법률이 정하는 바에 의하여 일정한 기간 그 채취·개발 또는 이용을 특허할 수 있다."고 규정함으로써, 사회화의 대상을 자연자원으로 확대하고 있다.

위 헌법규정은 입법자에게 사회화의 권한을 위임하는 수권조항이 아니라 자연자원에 대한 사회화가 직접 위 헌법규정에 근거하여 실현되고 완결된다는 데에 그 특수성이 있다. 헌법 제126조가 사회화의 가능성을 규정하면서 '입법자가 사회화에 관한 수권을 사용할 것인지 여부'에 관하여 그 결정을 전적으로 입법자에게 맡기고 있는 것에 반하여, 제120조는 '헌법에 의하여 이미 완결된 사회화'를 전제로 자연자원을 원칙적으로 국가에 유보하면서 '입법자가 특허를 허용할 것인지 여부'와 그 범위만을 법률로써 정하도록 입법자에게 위임하고 있다. 여기서 '특허'란, 자연자원에 대한 사회화를 전제로, 이를 채취·개발·이용하고자 하는 자에게 이에 해당하는 권리를 설정케 하는 것을 의미한다.[83)]

사회화규정은 헌법상의 경제질서에서 예외적인 성격을 가지고 있고 또한 국민의 자유권을 제한한다는 점에서, 헌법 제120조 제1항은 축소적으로 해석되어야 한다. 헌법규정에서 언급된 사회화의 대상은 확정적인 것으로 간주되어야 하고 유추적 해석은 허용되지 않는다. 따라서 "경제상 이용할 수 있는 자연력"에 원자력은 포함시킬 수 있으나, 山地와 같은 토지는 포함되지 않는다.

라. 國土(헌법 제121조, 제122조)

(1) 農地改革(헌법 제121조)

(가) 헌법은 제121조 제1항에서 "국가는 농지에 관하여 耕者有田의 원칙이 달성될 수 있도록 노력하여야 하며, 농지의 소작제도는 금지된다."고 하면서, 제2항에서 "농업생산성의 제고와 농지의 합리적인 이용을 위하거나 불가피한 사정으로 발생하는 농지의 임대차와 위탁경영은 법률이 정하는 바에 의하여 인정된다."고 규정하고 있다.

---

83) 한태연, 헌법학, 1983, 1645면 참조.

이미 위에서 확인한 바와 같이, 헌법 제121조의 의미에서의 농지개혁은 사회화가 아니다. 위 농지개혁은 2가지 요소로 구성되어 있는데, 그 하나는 私法上 매매의 방법으로 임의로 구입될 수 없는 농지의 조달을 공익적 이유에서 가능하게 하고자 강제구매의 방법을 통한 재화조달의 과정으로서 '公用收用'이고, 다른 하나는 해당 토지를 새로운 소유자들에게 사적인 이윤극대화의 목적으로 이전하는 '새로운 分配'이다. 따라서 새로운 분배에 의하여 형성되는 것은 사회화의 궁극적 목적인 공유재산이 아니라, 개인의 사유재산인 것이다.

(나) 1945년 일본의 식민지통치로부터 해방된 직후 80% 이상의 국민이 시골에서 거주하며 농업을 생업으로 삼고 있었는데, 전체 농업용지의 63%가 소작농에 의하여 경작되었고, 농업인구 중 소작농과 반소작농의 비율은 각 49%와 35%를 차지하였다.[84] 이와 같은 경제적 상황으로 말미암아 그 당시 사회는 심각한 사회적 불안 또는 사회혁명적 위험에 노출되어 있었고, 이에 따라 토지문제는 시급한 해결을 요하는 매우 중요한 사회적 문제였다. 이러한 이유에서 1948년의 제헌헌법은 제86조에서[85] 농지의 분배를 규정하였고, 위 헌법규정에 근거하여 같은 해에 제정된 '농지개혁법'에 의하여 국가가 조달한 경작지를 소작농에게 분배하였다. 1962년의 헌법에서는 농지개혁이 완성된 것으로 간주하였기 때문에 제헌헌법 제86조의 규정을 삭제하였다. 이에 대하여 현행 헌법은 이미 완성된 농지개혁을 전제로 하여 농지개혁에 의하여 달성된 성과를 유지할 목적으로 단지 "耕者有田의 원칙"과 "농지의 소작제도 금지"를 담고 있을 뿐이다.

물론, 농지개혁은 부정적인 결과도 함께 가져왔다. 토지소유가 분할되었기 때문에 농업의 기계화와 합리화를 곤란하게 하는 너무 작은 단위의 농지가 형성되었고, 결과적으로 생산수익율의 감소를 수반하였다. 이에 더하여, 농업인구가 도시로 이주하는 지속적인 현상이 나타남으로써 농업지역의 인구는 지속적으로 감소하였다. 이와 같은 상황에 직면하여, 헌법은 농업의 생산성과 합리성을 제고할 목적에서 불가피하게 '농지의 임대차와 위탁경영'을 인정하기에 이르렀다(제2항).

(2) 국토의 이용(헌법 제122조)

헌법은 제122조에서 "국가는 국민 모두의 생산 및 생활의 기반이 되는 국토의 효율적이고 균형 있는 이용·개발과 보전을 위하여 법률이 정하는 바에 의하여 그에 관한 필요한 제한과 의무를 과할 수 있다."고 규정하여, 국토를 효율적이고 균형 있게 이용·개발할 의무를 국가에게 부과하면서, 동시에 이러한 과제를 이행하기 위하여 개인

84) Vgl. SooWoong, Han, Merkmale der verfasssungsrechtlichen Ordnung der Wirtschaft in Deutschland und Korea(Diss.), 1992, S.185.

85) 제헌헌법 제86조의 규정은 다음과 같다. "농지는 농민에게 분배하며 그 분배의 방법, 소유의 한도, 소유권의 내용과 한계는 법률로써 정한다."

의 경제적 자유를 제한할 수 있는 권한을 부여하고 있다.

위 헌법규정은 그 효력에 있어서 이미 헌법 제23조 제2항 및 제3항, 제119조 제2항에 의하여 허용되는 범위를 넘지 않기 때문에, 그 자체로서 독자적인 의미를 가지지 못한다. 헌법 제122조는 한편으로는 경제에 대하여 규제와 조정을 할 수 있다는 헌법 제119조 제2항이 토지와 관련하여 구체화된 조항이라 할 수 있고, 다른 한편으로는 헌법 제23조 제2항 및 제3항에서 표현되는 '재산권의 사회적 구속성'의 구체화된 표현이다. 이미 헌법 제23조에서 예정하고 있는 재산권에 대한 제한과 공용수용 이상으로 토지재산권을 제한할 수 있는 가능성이 헌법 제122조에 의하여 독자적으로 제공되는 것은 아니다. 이러한 관점에서, 토지재산권에 대한 보다 강화된 제한가능성을 강조하고자 하는 개념인 '土地의 公槪念'도 그 헌법적 근거가 원래 제23조 제2항 및 제3항에 있는 것이며, 헌법 제122조는 헌법 제23조에서 이미 부여된 재산권에 대한 제한가능성을 토지재산권과 관련하여 다시 한 번 확인하는 것에 지나지 않는다.

위와 같은 이유에서 헌법 제122조에서 택지와 山地에 대한 사회화의 헌법적 근거를 찾고자 하는 시도는 타당하지 않다. 또한 "국토와 자원은 국가의 보호를 받으며, 국가는 그 균형 있는 개발과 이용을 위하여 필요한 계획을 수립한다."고 규정하는 헌법 제120조 제2항도 택지에 대한 사회화의 헌법적 근거로서 고려되지 않는다.

마. 소결론

개인의 경제적 자유와 사유재산제도를 헌법상 경제질서의 기본으로 하는 민주국가에서는 사회화의 가능성을 인정하는데 일정한 한계가 있다. 모든 생산수단의 전면적인 사회화는 필연적으로 계획경제로의 경제체제의 전환을 가져오며, 계획경제는 곧 이를 관철하기 위한 전체주의적 정치체제로의 발전을 의미한다.[86] 따라서 사유재산의 사회화는 사유재산제도와 개인의 경제적 자유를 부정하는 것이기 때문에, 사유재산권의 보장을 비롯한 헌법상의 자유주의적 경제질서와 조화를 이룰 수 있는 범위 내에서만 가능하다. 사회화조항이 헌법 내에 존재하는 한, 이는 다른 모든 헌법조항과 마찬가지로, 헌법의 전체 체계 내에서 다른 헌법규범과 양립할 수 있도록 고찰되고 해석되어야 한다.

우리 헌법은 '사회화'란 이질적 경제질서 또는 재산권질서가 헌법상의 자유주의적 경제질서와 양립할 수 있도록 하기 위하여 이미 헌법적 차원에서 적절한 배려를 하고 있다. 우리 헌법에서 사회화의 대상은 자연자원과 사영기업에 한정되며, 자연자원에 대해서는 이미 헌법에 의하여 직접 포괄적인 사회화가 이루어졌으나, 사영기업의 경우에는 매우 제약적인 조건 하에서만 법률에 의하여 사회화가 가능하다. 만일 헌법이 스스로 위와 같은 제약적 조건을 정하지 않았다면, 입법자는 사회화의 가능성을 사용함에 있어

86) 한태연, 헌법학, 1983, 1048면 참조.

서 단지 일반적인 법치국가적 제약을 받게 될 것이다. 즉, 입법자는 기본권제한입법의 일반적 원칙을 준수해야 하는데, 특히 '사회화를 통하여 추구하는 목적이 정당한지, 사회화가 이러한 목적과의 관계에서 그 종류와 범위에 있어서 적합하고 필요하며 적정한 것인지'를 심사하는 比例의 原則을 준수해야 한다.[87] 그러나 헌법은 제126조에서 이와 같은 일반적 법치국가적 요청을 넘어서 스스로 사회화의 가능성을 극도로 제한함으로써, '사회화'와 '헌법상 보장된 사유재산권 및 개인의 자유와 창의를 기본으로 하는 자유경제질서' 사이에서 발생할 수 있는 긴장과 모순의 관계를 제거하고 있다.

한편, 헌법 제121조의 의미에서의 '농지개혁'은 사회화가 아니며, 또한 헌법 제122조의 '국토이용에 관한 조항'도 사회화의 가능성을 규정한 것이 아니라 단지 헌법 제23조에 규정된 재산권의 사회적 구속성이 토지재산권과 관련하여 구체화된 표현이다.

Ⅴ. 맺는말

헌법 제119조는 '사회적 시장경제질서'를 헌법적으로 보장하는 규정이 아니라, '개인의 경제적 자유를 보장하면서 사회정의를 실현하는 경제질서'를 '경제헌법상의 지도원리'로서 선언하는 규정으로 이해하여야 한다. 한국헌법상의 경제질서는 경제영역의 형성을 사회와 국가로부터 동시에 기대하는 '자유주의적이며 사회적인 경제질서'이다.

물론, 헌법의 범주 내에서 구체적으로 형성되어 오늘날 한국 현실에 존재하는 경제질서를 '사회적 시장경제질서'라 부를 수 있으나, 헌법으로부터 사회적 시장경제질서와 같은 특정한 경제질서를 헌법상 보장된 객관적 질서로 도출하는 것은 헌법이론적으로 문제가 있다. 뿐만 아니라, 시장경제질서와 같은 경제학적 개념에는 규범적 성격이 결여되어 있기에, 구체적인 국가경제정책의 합헌성을 판단함에 있어서 아무런 헌법적 심사기준을 제공하지 못한다. 결국 시장경제질서는 기본권과 법치국가적 원칙을 통해서 비로소 헌법적으로 구체화되고, 기본권과 경제적 자유로의 '개념적 전환'을 통해서만 비로소 규범의 영역에 들어오고 규범적 효력을 가지게 된다. 따라서 '사회적 시장경제질서'는 국가경제정책의 위헌성을 판단하는 독자적인 규범적 심사기준을 제공하지 못한다.

이러한 이유에서, 국가경제정책이 사회국가원리나 헌법 제119조 이하의 조항과 같은 국가경제정책에 관한 헌법규정에 의하여 정당화되고 다른 한편으로는 기본권과 비례의 원칙을 비롯한 법치국가원리에 부합한다면, 이는 또한 헌법상의 경제질서에도 부합한다는 것을 의미하는 것이다. 역으로, 국가의 경제정책적 조치가 헌법적으로 정당화하는 근거를 결여하고 있거나 또는 경제적 기본권을 비례의 원칙에 위반되게 침해하는 경우에는 이미 이러한 이유로 헌법상의 경제질서에도 위반되는 것이다. 따라서 '국가경제정

87) Vgl. Maurer, Staatsrecht, 1999, §8 Rn.96.

책의 헌법적 근거와 경제적 기본권'을 근거로 한 위헌심사 외에 헌법상 경제질서를 기준으로 하는 별도의 위헌심사는 불필요하다.

한편, 입법자가 국가의 경제정책을 실현하기 위하여 개인의 경제적 자유를 제한하는 경우 공익상의 사유로 정당화되어야 하는데, 사회국가원리는 경제적 자유의 제한을 정당화하는 헌법적 근거로 작용한다. 한편, 우리 헌법은 사회적 기본권, 경제에 관한 조항, 기본권의 사회적 구속성 등을 통하여 사회국가원리를 수용하였고, 동시에 사회국가원리는 위 헌법규정들에 의하여 구체화되고 있다. 따라서 사회국가원리와 이를 구체화하는 헌법규범 사이에는 일반·특별의 관계가 존재하므로, 사회국가원리를 구체화하는 다른 개별적 헌법규범이 존재한다면, 일반적인 국가원리인 사회국가원리가 아니라 보다 구체화된 내용을 가진 헌법규범인 '경제에 관한 조항'이나 '사회적 기본권'이 일차적으로 기본권의 제한을 정당화하는 근거로서 고려되어야 한다. 이와 같은 규정들은 국가의 적극적인 경제정책에 대한 수권규범이자 경제에 대한 국가의 간섭과 조정을 정당화하는 근거규범이다.

이에 대하여, 국가경제정책에 대한 헌법적 한계는 경제적 기본권과 법치국가원리에 의하여 설정된다. 재산권보장, 직업의 자유, 근로삼권과 같은 경제적 자유권은 국가의 활동영역을 제한함으로써 경제영역에서의 국가행위의 한계를 제시하고 입법자가 존중해야 하는 헌법적 구속을 의미한다. 결국, 경제정책을 통하여 경제에 영향을 행사할 수 있는 국가의 권한은 한편으로는 경제에 대한 국가의 책임을 확인하고 경제에 대한 조정과 간섭을 정당화하는 '국가경제정책의 근거규범'과, 다른 한편으로는 국가경제정책에 대한 한계를 설정하는 '경제적 기본권'에 의하여 규정되고 제한되며, 이러한 의미에서 경제헌법은 경제영역에서의 국가의 관할을 설정하는 규범이라고 할 수 있다.

참고문헌

권영설, 국가와 경제-경제질서의 헌법적 기초, 공법연구 제16집, 1988

권영성, 헌법학원론, 2004

권오승, 소비자보호법, 2002

김남진, 행정법 Ⅱ, 2000

김문현, 현행헌법상의 경제질서의 성격, 고시계 1997. 9.

김성수, 경제질서와 재산권보장에 관한 헌재결정의 평가와 전망, 공법연구 33집4호, 2005. 6.

김형성, 경제헌법과 경제정책의 헌법적 한계, 저스티스 제79호, 2004. 6.

박상용/엄기섭, 경제법원론, 2003

성낙인, 헌법학, 2005

이기수/유진희, 경제법, 2003

이덕연, 한국헌법의 경제적 좌표 -시장(기업)규제의 범위와 한계-, 공법연구 제33집 제2호, 2005. 2.

한태연, 헌법학, 1983

허영, 한국헌법론, 2004

홍성방, 헌법과 경제질서, 서강법학연구 5권, 2003. 5.

홍정선, 행정법원론(하), 2004

황적인/권오승, 경제법, 1994

슈토버(최송화 역), 독일경제행정법, 1996

v. Arnim, Gemeinwohl und Gruppeninteressen, 1977

______, Volkswirtschaftspolitik, 1984

______, Staatslehre der Bundesrepublik Deutschland, 1984

Badura, Wachstumsvorsorge und Wirtschaftsfreiheit, in: Festschrift für H. P. Ipsen, 1977

______, Wirtschaftsverfassung und Wirtschaftsverwaltung, 1971

______, Eigentum, in: Benda/Maihofer/Vogel(Hg), Handbuch des Verfassungsrechts der Bundesrepublik Deutschland (HbVerfR), 1983

Bäumler, Staatliche Investitionsplanung unter dem Grundgesetz, 1980

Benda, Der soziale Rechtsstaat, in: Benda/Maihofer/Vogel(Hg), Handbuch des Verfassungsrechts der Bundesrepublik Deutschland (HbVerfR), 1983

______, Industrielle Herrschaft und sozialer Staat, 1966

______, Die aktuellen Ziele der Wirtschaftspolitik und die tragenden Grundsätze der Wirtschaftsverfassung, NJW 1967

Blum, Marktwirtschaft, soziale, in: Handwörterbuch der Wirtschaftswissenschaft

(HdWW) Bd.5, 1980
Böckenförde, Grundrechtstheorie und Grundrechtsinterpretation, NJW 1974
______, Die Bedeutung der Unterscheidung von Staat und Gesellschaft im demokratischen Sozialstaat der Gegenwart, in: ders., Staat, Gesellschaft, Freiheit, 1976
______, Demokratie als Verfassungsprinzip, in: Isensee/Kirchhof(Hg), Handbuch des Staatsrechts (HbStR), Bd. I, 1987
Bryde, in: v. Münch(Hg), Grundgesetz Kommentar (GGK), 3.Aufl., Art.15
Denninger, Demokratisierung-Möglichkeiten und Grenzen, in: Cappenberger Gespräche, Bd.11, 1976
Dicke, in: Münch(Hg), Grundgesetz Kommentar (GGK), 2.Aufl., Art.15
Frotscher, Wirtschaftsverfassungs- und Wirtschaftsverwaltungsrecht, 1988
Gygi, Die schweizerische Wirtschaftsverfassung, 1978
Häberle, Grundrechte im Leistungsstaat, VVDStRL 30(1972)
S.-W. Han, Merkmale der verfasssungsrechtlichen Ordnung der Wirtschaft in Deutschland und Korea(Diss.), 1992
Hennis, Die mißverstandene Demokratie, 1973
Hesse, Grundzüge des Verfassungsrechts der Bundesrepublik Deutschland, 1984
Huber, Wirtschaftsverwaltungsrecht, Bd.II, 1954
Ipsen, Diskussionsbeitrag, VVDStRL 24(1966)
______, Rechtsfragen der Wirtschaftsplanung, in: Kaiser(Hg), Planung, Bd.II, 1966
______, Enteigung und Sozialisierung, VVDStRL 10(1952)
______, Die hessische Bodenreform vor dem Bundesverfassungsgericht, DVBl 1953
Isensee, Wirtschaftsdemokratie-Wirtschaftsgrundrechte-soziale Gewaltenteilung, Der Staat 1978
______, Grundrechte und Demokratie, Der Staat, 1981
Jarass, Wirtschaftsverwaltungsrecht und Wirtschaftsverfassungsrecht, 1984
J. H. Kaiser, Markt ist nicht mehr gleich Markt, in: Forsthoff/Weber/Wieacker(Hg), Festschrift für E. R. Huber, 1973
______, Die Repräsentation organisierter Interessen, 1978
Klein, Die Grundrechte im demokratischen Staat, 1974
Koch, Wirtschaftswissenschaften für Juristen, 1976
Kriele, Das demokratische Prinzip im Grundgesetz, VVDStRL 29(1971)
______, Recht und Politik in der Verfassungsrechtsprechung, NJW 1976
______, Einführung in die Staatslehre, 1975
Krüger, Sozialisierung, in: Bettermann/Nipperdey/Scheuner(Hg), Die Grundrechte, Bd.III/1, 1958
Leisner, Der Sozialisierungsartikel als Eigentumsgarantie, JZ 1975
Maurer, Staatsrecht, 1999, §8

Naphtali, Wirtschaftsdemokratie, Ihr Wesen, Weg und Ziel, 1977
Nipperdey, Soziale Marktwirtschaft und Grundgesetz, 1965
Ossenbühl, Welche normativen Anforderungen stellt der Verfassungsgrundsatz des demokratischen Rechtsstaats an die planende staatliche Tätigkeit, dargestellt am Beispiel der Entwicklungsplanung?, 50. DJT(1974)
Papier, Grundgesetz und Wirtschaftsordnung, in: Benda/Maihofer/Vogel(Hg), Handbuch des Verfassungsrechts der Bundesrepublik Deutschland (HbVerfR), 1983
Püttner, Wirtschaftsverwaltungsrecht, 1989
Quaritsch, Demokratisierung, in: Cappenberger Gespräche, Bd.11, 1976
Raiser, Wirtschaftsverfassung als Rechtsproblem, in: FS für Gierke, 1950
______, Das Verhältnis der Wirtschaftswissenschaft zur Rechtswissenschaft, in: Schriften des Vereins für Socialpolitik, n. F., Bd.33, 1964
Reich, Markt und Recht, 1977
Rinck/Schwark, Wirtschaftsrecht, 1985
Rittner, Wirtschaftsrecht, 1987
Rupp, Freiheit und Partizipation, NJW 1972
Schachtschabel, Allgemeine Wirtschaftspolitik, 1975
R. Schmidt, Wirtschaftspolitik und Verfassung, 1971
Schmitt-Aßmann, Planung unter dem Grundgesetz, DÖV 1974
Scholz, Paritätische Mitbestimmung und Grundgesetz, 1974
______, Grenzen der staatlichen Aktivitäten unter der grundgesetzlichen Wirtschaftsverfassung, in: Duwendag(Hg), Der Staatssektor in der sozialen Marktwirtschaft, 1976
Schwerdtfeger, Unternehmerische Mitbestimmung der Arbeitnehmer und Grundgesetz, 1972
Starck, Gesetzgeber und Richter im Sozialstaat, DVBl 1978
Stern, Das Staatsrecht der Bundesrepublik Deutschland, Bd. I, 1984
Thiele, Wirtschaftsverfassungsrecht, 1974
Tietmeyer, Aufgabenteilung zwischen Staat und Privatsektor in der sozialen Marktwirtschaft, in: Duwendag(Hg), Der Staatssektor in der sozialen Marktwirtschaft, 1976
Tuchtfeldt, Wirtschaftssysteme, Handwörterbuch der Wirtschaftswissenschaft (HdWW), Bd.9, 1982
______, Soziale Marktwirtschaft und Globalsteuerung, in: Tuchtfeldt(Hg), Soziale Marktwirtschaft in Wandel, 1973
W. Weber, Die Entscheidung in der westdeutschen Bodenreform, DÖV 1953
Zacher, Das soziale Staatsziel, in: Isensee/Kirchhof(Hg), Handbuch des Staatsrechts (HbStR), Bd. I, 1987, §25
Zippelius, Allgemeine Staatslehre, 1980, §27 I 1

제2편

권력구조

제 1 장

1 국　　회

제1절 의회의 자율권과 국회법

제2절 국회의원의 헌법적 지위

제1절 의회의 자율권과 국회법

제1주제

국회법의 법적 성격 및 국회법 위반의 효과*

Ⅰ. 문제의 제기

헌법은 제64조 제1항에서 "국회는 법률에 저촉되지 아니하는 범위 안에서 의사와 내부규율에 관한 규칙을 제정할 수 있다."고 하여 국회에게 규칙제정권을 부여하고 있다. 헌법 제64조 제1항에 규정된 국회의 규칙제정권은 우리 헌법에서 의회 자율권의 가장 중요한 표현이자 그 핵심적 요소이다. 의회는 다른 헌법기관의 간섭을 받지 아니하고 자신의 議事와 내부적 사안을 독자적으로 규율할 수 있는 권한을 가지는데, 이를 '의회의 自律權'이라고 한다.[1] 의회의 자율권은 자신을 스스로 조직하고 헌법상 부여받은 과제를 이행할 수 있는 상태로 내부절차를 형성하는 권한을 의미한다. 의회의 자율권은 의회의 내부적 사안에 관한 자기결정권으로서, 의회의 내부조직과 절차를 독자적으로 규율할 수 있는 권한인 의회의 규칙제정권에서 가장 뚜렷하게 표현되고 있다.[2]

의회의 자율권은 '형식적인 측면'에서는 의회의 내부적 사안이 어떠한 규범형식(법률

---

* 위 논문은 2009년 12월, 중앙법학(중앙법학회) 제11집 제4호, 41-81면에 게재된 것을 일부 수정한 것이다.

1) Vgl. Arndt, Parlamentarische Geschäftsordnungsautonomie und autonomes Parlamentsrecht, 1966, S.15; Pietzcker, Schichten des Parlamentsrechts: Verfassung, Gesetze und Geschäftsordnung, in: Schneider/Zeh(Hg), Parlamentsrecht und Parlamentspraxis, 1989, §10 Rn.3, 20; 권영성, 헌법학원론, 2008, 928면; 허영, 한국헌법론, 2004, 885면.

2) Vgl. Badura, Staatsrecht, 2003, E43.

또는 규칙)으로 규율되어야 하는지의 문제를 제기하고, '내용적인 측면'에서는 의회 자율권의 헌법적 지침과 한계는 무엇인지의 문제를 제기하는데, 이 글에서는 형식적 측면에서 제기되는 문제만을 다루기로 한다. 영국, 미국, 독일 등 서구의 국가에서는 의회 내부의 조직과 의사절차에 관하여 법률이 아니라 '의회규칙'으로 정하고 있다.[3] 그러나 우리의 경우, 헌법 제64조 제1항의 명시적인 규칙제정권에도 불구하고, 의사와 내부규율에 관한 사항은 일차적으로 규칙이 아니라 '국회법'에 의하여 규율되고 있다. 따라서 국회가 자신의 내부질서를 규율하기 위하여 일차적으로 법률의 형식을 택한 것이 헌법과 부합하는 것인지, 헌법의 규정에 비추어 어떠한 규범형식으로 국회의 조직과 절차가 규율되어야 하는 것인지의 문제가 제기된다. 이러한 문제를 규명하기 위해서는, 다른 헌법규범과의 연관관계에서 헌법 제64조 제1항의 의미와 내용을 밝히는 작업이 우선적으로 선행되어야 한다.

한편, 의회의 자율권은 유럽에서 입헌군주시대 이래로 역사적으로 장기간에 걸쳐 형성된 법제도이다. 헌법 제64조의 규칙제정권도 유럽에서 역사적으로 형성된 의회의 자율권을 수용한 것이다. 특히 한국 헌법이 무엇보다도 독일 헌법과 헌법학의 지대한 영향을 받았다는 점을 고려할 때,[4] 헌법 제64조에 규정된 의회 자율권의 목적·내용·범위와 한계는 독일에서 의회 자율권의 생성과 발전이라는 역사적 배경과 의회 자율권에 관한 논의를 이해해야만 비로소 제대로 파악할 수 있다. 유럽에서 의회 자율권에 대한 요청이 발생한 사실적·법적 상황 및 의회 자율권의 헌법적 보장을 통하여 추구하고자 하는 헌법정책적 목적이 오늘날 민주국가에서는 거의 대부분 우리의 시야에서 사라졌다는 점에서도 더욱 그러하다.

따라서 이 글에서는 우선 독일에서 의회의 자율권이 역사적으로 어떻게 발전하고 헌법적으로 보장되었는지, 어떠한 이유에서 의회의 내부질서를 법률이 아니라 의사규칙으로 규율하고 있는지, 의회의 내부질서를 법률로써 규율하는 것이 허용되는지에 관한 논의를 소개한 다음(아래 II.), 우리의 경우 국회가 자신의 내부질서를 규칙이 아니라 국회법이라는 법률의 형식으로 규율한 것이 헌법에 부합하는 것인지를 살펴보고(아래 III.), 국회규칙과 국회법의 법적 성격은 무엇인지를 확인하고자 한다(아래 IV.). 마지막으로, 국회의 의사절차나 입법절차가 국회법에 위반되는 경우 그 법적 효과는 무엇인지, 가령 국회법에 규정된 의사절차에 위반되어 제정된 법률은 무효인 것인지의 문제를 검토하기로 한다(아래 V.).[5]

---

3) 권영성, 헌법학원론, 2008, 919면.

4) 헌법 제64조 제1항에 보장된 국회의 자율권은 독일 법제도의 헌법적 수용으로 간주할 수 있다. 1850년의 프로이센헌법과 1871년의 독일제국헌법에서는 의회 자율권의 규율대상이 "의사(Geschäftsgang)'와 '내부규율(Disziplin)"로서 명시적으로 규정되었다.

5) 한편, 우리 학계에서 헌법 제64조 제1항의 해석, 국회법의 법적 성격이나 국회법위반의 효과에 관한 연구는

Ⅱ. 독일에서 議會 自律權의 헌법적 보장의 역사와 議事規則에 관한 논의

1. 의회 자율권의 헌법적 보장의 역사적 배경

가. 독일 기본법은 제40조 제1항에서 "연방의회(Bundestag)는 의장, 부의장과 서기를 선출한다. 연방의회는 의사규칙(Geschäftsordnung)을 제정한다."고 규정하여 의회의 자율권을 보장하고 있다. 역사적인 관점에서 볼 때, 의회의 자율권은 집행부로부터 의회의 제도적 독립성과 내부적 사안의 규율에 있어서 의회의 독자적 책임성을 보장하고자 하는 것으로서 입헌주의적 사고에 그 뿌리를 두고 있다.[6] 유럽에서 의회의 자율권은 의회에 대하여 영향력을 행사하고 유지하고자 하는 '군주의 집행부'와의 투쟁과정에서 쟁취된 것이다. 오늘날의 변화한 헌법상황에서도 의회자율권은 국민주권주의와 권력분립원리의 표현으로서 의회의 독립성과 독자성을 보장하고자 하는 것이다.

나. 독일에서 의회의 자율권, 의회의 제도적 독자성 및 다른 국가기관, 특히 집행부로부터의 독립성은 19세기 초 입헌군주시대에 시작하여 제1차 세계대전 이후 1919년 바이마르헌법에서 의회가 국민의 대의기관으로서 자리 잡음으로써 비로소 완성된 역사적 산물이다.[7] 바이마르헌법 이래로 의회의 자율권은 독일 헌법의 당연한 구성요소로 간주되었다.

초기 입헌주의헌법은 내부적 사안의 규율에 있어서 의회의 자율권을 명시적으로 규정하지 아니하였다.[8] 이에 따라, 입헌주의시대에는 의회가 자신의 내부적 사안(조직과 절차 및 의원의 신분에 관한 결정과 질서유지 등 내부규율)을 어느 정도로 독자적으로 규율할 수 있는지의 문제가 논란의 대상이 되었다. 근주의 집행부는 의회에 대하여 가능하면 많은 영향력을 행사하고자 하였고, 반면 의회는 내부적 사안의 규율에 있어서 독립성과 독자성을 획득하고자 투쟁하였다. 입헌주의 초기에는 의회에게 자신의 조직을 선임하고 구성하는 자율권이 인정되지 아니하였다. 19세기 중엽까지도 의원들은 그들 중에서 단지 의장과 부의장의 후보자를 선출할 수 있었을 뿐이었고, 3배수의 후보자들 중에서 의장과 부의장을 임명하는 것은 군주의 권한이었다.[9] 뿐만 아니라, 입헌군주시대

全無한 것으로 보인다.

6) Vgl. Arndt, Parlamentarische Geschäftsordnungsautonomie und autonomes Parlamentsrecht, 1966, S.18ff.; Kretschmer, Geschäftsordnungen deutscher Volksvertretungen, in: Schneider/Zeh(Hg), Parlamentsrecht und Parlamentspraxis, 1989, §9 Rn.3ff.; Morlok, in: Dreier(Hg), Grundgesetz Kommentar, Bd.Ⅱ, 2006, Art.40 Rn.1; 한국 문헌으로 김상겸, 의회의 자율권과 사법 －독일의 경우를 중심으로－, 헌법학연구 제9권 제2호(2003. 8.), 104면.

7) Vgl. Arndt, Parlamentarische Geschäftsordnungsautonomie und autonomes Parlamentsrecht, 1966, S.18ff.

8) 의회의 자율권에 관한 헌법규정은 1848년 독일 프랑크프르트헌법에 처음으로 삽입되었다.

에는 오늘날 의회가 당연히 독자적으로 행사할 수 있는 일련의 권한도 인정되지 아니하였다. 그 당시에는 의회가 스스로 집회할 수 없었고, 의회의 집회여부를 결정하는 것은 군주의 권한이었다.[10] 또한, 법률안 제출권도 일부 州를 제외한다면 원칙적으로 의회가 아니라 군주에게만 인정되었다. 의회에게는 단지 입법청원을 할 권리가 인정됨으로써, 의회는 정부에게 법률안의 제출을 요청할 수 있을 뿐이었다.

입헌주의에서 의회주의로 넘어가면서, 의회의 자율권은 광범위하게 인정되었다. 바이마르헌법과 모든 州의 헌법에서 의회의 내부적 사안에 관한 규율을 의회의 독자적인 권한으로 보장하고 의장과 부의장를 선임하는 의회의 권리를 명시적으로 보장하는 규정을 수용하였다. 또한, 의회의 自己集會權(Selbstversammlungsrecht)도 제국과 모든 州에서 헌법적으로 보장되었다.

다. 현행 독일헌법인 기본법은 제40조 제1항 제2문("연방의회는 의사규칙을 제정한다.")을 통하여 연방의회의 자율권을 보장하고 있다. 의회 자율권의 보장은 역사적으로 형성된 제도로서 전래적 표현 및 전통적 형태와 내용을 가지고 기본법에 수용된 것이다. 의회 자율권의 제도가 기본법규정에 의하여 그의 전통적인 내용과 형태로 수용되었다는 것은 기본법규정의 문언과 그의 역사적 前身의 법문을 비교함으로써 확인할 수 있다.[11] 따라서 위 헌법규정의 내용과 목적은 그의 역사적 前身으로 거슬러 올라가 이를 함께 고려해야만 파악될 수 있다.

기본법 제40조 제1항의 역사적 기원은 1850년 프로이센헌법 제78조 제1항 제2문[12] 및 1871년 독일제국헌법 제27조 제2문[13]에서 발견할 수 있다. 1850년 프로이센헌법과 1871년 독일제국헌법은 '의사(Geschäftsgang)'와 '내부규율(Disziplin)'을 명시적으로 언급함으로써 의사자율권을 근거로 하여 규율할 수 있는 규율대상에 관한 명확한 표현을 담고 있었다. 1919년 바이마르헌법은 제26조에서 "제국의회는 의장, 부의장과 서기를 선출한다. 제국의회는 의사규칙을 제정한다."고 규정하였고,[14] 독일 기본법은 이를 그대

---

9) 양원제를 취한 대부분 州에서 하원 의장은 바이마르헌법 이전까지 군주에 의하여 임명되었다.

10) Vgl. Arndt, Parlamentarische Geschäftsordnungsautonomie und autonomes Parlamentsrecht, 1966, S.31, 독일 일부 州에서는 가령, 군주에 의한 의회의 소집이 헌법적으로 규정된 기간 내에 이루어지지 않거나 또는 王位의 교체가 있는 경우와 같이 특정한 경우에만 군주에 의한 소집 없이 스스로 집회하는 것이 의원에게 허용되었고, 일부 州에서는 그러한 예외적 경우에는 심지어 집회의 의무가 의회에게 부과되었다.

11) Vgl. Arndt, Parlamentarische Geschäftsordnungsautonomie und autonomes Parlamentsrecht, 1966, S.43ff.

12) "양원(jede Kammer)은 의사(Geschäftsgang)와 내부규율(Disziplin)을 의사규칙(Geschäftsordnung)으로 정하고 의장, 부의장과 서기(Schriftführer)를 선출한다."

13) "제국의회(Reichstag)는 의사(Geschäftsgang)와 내부규율(Disziplin)을 의사규칙(Geschäftsordnung)으로 정하고 의장, 부의장과 서기(Schriftführer)를 선출한다."

14) 의사절차의 관철과 질서의 유지를 위하여 필요한 秩序自律權과 의원의 자격심사 및 징계 등 身分自律權을 의미하는 '내부규율(Disziplin)'에 관해서는 1850년 및 1871년 독일 헌법에서 명시적으로 언급하였으나, 바이마르헌법 이래로 내부규율이 의회의 자율권에 속한다는 것은 너무 명백한 것으로 간주되었기 때문에, 이에 관한 명시적인 언급을 포기하였다.

로 수용하여 제40조 제1항에서 "연방의회는 의장, 부의장과 서기를 선출한다. 연방의회는 의사규칙을 제정한다."고 규정하고 있다. 바이마르헌법 이래로 헌법에서 '의사와 내부규율'이라는 규율대상에 관한 명시적인 언급은 생략하였지만, 의회가 독자적으로 규율할 수 있는 대상은 헌법적 보장의 동일한 내용으로 인하여 동일한 것으로 간주된다. 따라서 기본법 제40조 제1항은 바이마르헌법 당시 형성되고 완성된 형태로 의회의 자율권이라는 법제도를 수용한 것이다.

2. 議事規則의 법적 성격에 관한 논의

가. 헌법기관의 의사규칙

독일 기본법은 헌법기관의 내부적 의사와 조직을 규율하기 위하여 '議事規則'(Geschäftsordnung)을 제정할 수 있는 권한을 부여하고 있다. 헌법기관이란, 그 지위와 권한이 본질적으로 직접 헌법에 의하여 규율되는 최고국가기관을 말한다.[15] 이러한 의미에서 연방의회(Bundestag), 연방참사원(Bundesrat), 공동위원회(Gemeinsamer Ausschuß), 중재위원회(Vermittlungsausschuß), 연방정부, 연방대통령 및 연방헌법재판소가 헌법기관으로 간주되고 있다. 독일 기본법은 연방의회(제40조 제1항), 연방참사원(제52조 제3항), 공동위원회(제53조a 제1항), 중재위원회(제77조 제2항) 및 연방정부(제65조)의 경우 명시적으로 의사규칙을 제정할 수 있는 권한을 부여하고 있다. 연방대통령의 경우 獨任制 기관으로서 내부적 의사규칙이 불필요한 반면, 연방헌법재판소의 경우에는 명시적인 헌법상 수권규정이 없더라도 헌법기관의 지위에 근거하여 의사규칙제정권이 인정되고 있다. 그러므로 헌법기관은 헌법의 범주 내에서 자신의 영역, 특히 내부의 조직과 절차를 스스로 규율할 수 있는 권한을 가진다.

나. 의사규칙의 법적 성격

독일에서 헌법기관 의사규칙의 법적 성격은 오래전부터 논란의 대상이었다. 법적 성격에 관한 논의는 주로 연방의회의 의사규칙과 관련하여 이루어졌으나, 다른 헌법기관의 의사규칙에 대해서도 마찬가지로 제기되는 문제이다. 의사규칙의 법적 성격에 관한 논의를 개괄적으로 살펴보면, 크게 다음과 같은 3가지 유형으로 나누어 볼 수 있다.[16]

---

15) Vgl. Maurer, Staatsrecht, 1999, §12 Rn.22ff., "헌법기관이란 조직과 기능에 있어서 그 근거를 헌법에 두고 있는 국가기관을 말한다. 이로써 헌법기관은 또한 헌법적으로도 보장된다. 헌법에 국가기관이 언급되는 것만으로는 헌법기관의 지위를 가지지 않는다. 국가기관이 본질적으로 헌법에 의하여 구체적으로 형성되고 국가의 전체의사형성에 참여해야 헌법기관으로 인정된다. 따라서 행정청이나 법원은 헌법에서 언급되고 있으나 헌법기관이 아니다."; Badura, Staatsrecht, 2003, E Rn.13.

16) 독일에서 의사규칙의 법적 성격에 관한 논의를 개괄적으로 소개하고 있는 것으로 vgl. Achterberg, Parlamentsrecht, 1984, S.38ff.; Kretschmer, Geschäftsordnungen deutscher Volksvertretungen, in: Schneider/Zeh(Hg), Parlamentsrecht und Parlamentspraxis, 1989, §9 Rn.43ff; Arndt, Parlamentarische

(1) 법적 구속력이 없는 법규범

첫 번째 유형은 의사규칙이 규범적 성격을 가지고 있는지에 대하여 의문을 제기하는 견해이다. 이러한 견해는 의사규칙의 유연성과 의회의 의결을 통하여 의사규칙으로부터 벗어날 수 있는 가능성을 강조하여 구속력을 가지는 법규로서의 성격을 부인하고, 의사규칙을 합목적성의 관점에서 의회가 따를 수도 있고 이로부터 벗어날 수도 있는 관례상의 규칙(Konventionsregel)[17] 또는 법규적 성격이 없는 법규범(Rechtsvorschrift ohne Rechtssatzcharakter)[18]으로 이해한다. 그러나 이러한 견해는 의사규칙이 의회 내부적으로 법적 구속력을 가진다는 점을 간과하고 있다. 의사규칙이 의회 내부적으로 구속력을 가진다는 것에 대하여 오늘날 어느 누구도 이의를 제기하지 않는다는 점에서, 이러한 견해는 더 이상 추종자를 찾을 수 없는 이미 극복된 견해에 속한다.

(2) 법률의 下位에 위치하는 법규범

두 번째 유형은 의사규칙을 '법률의 하위에 위치하는 규율형식'에 귀속시킴으로써 의사규칙의 법적 성격을 설명하고자 하는 시도이다. 이러한 시도에 속하는 것이 의사규칙을 '법규명령(Rechtsverordnung)'[19] 또는 '법규명령과 행정명령(Verwaltungsverordnung)의 혼합형태'[20]로 분류하고자 하는 견해이다. 그러나 집행부의 전형적인 행정입법형식을 의회에 轉用함으로써 의사규칙을 법규명령이나 행정규칙으로 그 성격을 규정하는 것은 조직과 절차의 규율에 있어서 의회의 자율성을 보장하고자 하는 의사규칙의 본질을 전혀 표현하지 못한다는 결정적인 단점을 안고 있다. 뿐만 아니라, 법규명령은 대외적 효력을 가지는 법규범인 반면, 의사규칙은 전형적으로 기관 내부적으로만 효력을 가진다는 점에서 법규명령과 근본적인 차이가 있다는 비판도 면할 수 없다.[21]

두 번째 유형에 속하는 또 다른 시도는, 의사규칙을 자치조례("autonome Satzung")로

Geschäftsordnungsautonomie und autonomes Parlamentsrecht, 1966, S.136ff.; Pietzcker, Schichten des Parlamentsrechts: Verfassung, Gesetze und Geschäftsordnung, in: Schneider/Zeh(Hg), Parlamentsrecht und Parlamentspraxis, 1989, §10 Rn.38ff.; T. I. Schmidt, Die Geschäftsordnung der Verfassungsorgane als individuell-abstrakte Regelungen des Innenrechts, AöR 128(2003), S.610ff.

17) Vgl. Hatschek, Das Parlamentsrecht des Deutschen Reiches I, 1915, S.42ff.; 이에 관한 상세한 소개로서 vgl. Achterberg, Parlamentsrecht, 1984, S.43ff.

18) 가령, vgl. Arndt, Parlamentarische Geschäftsordnungsautonomie und autonomes Parlamentsrecht, 1966, S.156ff,

19) Vgl. Meyer-Anschütz, Lehrbuch des Deutschen Staatsrechts, 1914, S.235; G. Jellinek, System der subjektiven öffentlichen Rechte, 1905, S.169, 한편, 우리의 경우 헌법 제64조 제1항의 국회규칙의 법적 성격을 '명령'으로 이해하는 견해(가령, 권영성, 헌법학원론, 2008, 929면)도 동일한 문제점을 안고 있다.

20) Vgl. G. Jellinek, System der subjektiven öffentlichen Rechte, 1905, S.169, 그는 의사규칙이 헌법과 법률에 하위에 위치하면서 헌법과 법률을 보완한다는 점에서 이를 전반적으로 '명령(Verordnung)'으로 규정하면서, 의사규칙 중에서 다수의 규정은 구성원간의 권한의 경계를 설정하는 것이 아니라 단지 의회업무의 해결을 위한 형식적인 규정으로 법규적 성격을 가지지 않는다고 하여, 이를 '행정명령'으로 간주하였다.

21) 이에 대한 비판으로 vgl. Arndt, Parlamentarische Geschäftsordnungsautonomie und autonomes Parlamentsrecht, 1966, S.143.

이해하고자 하는 연방헌법재판소의 판례와 학계의 일부견해이다.[22] 이러한 견해는 의회의 자율권을 보다 강조하는 장점이 있으나, 조례(Satzung)는 대외적 효력을 가지는 자치단체의 일반적·추상적 규율을 의미하는 것인 반면, 의사규칙의 경우 제정주체가 자치단체가 아니라 헌법기관이며 그 효력에 있어서 단지 기관 내부적 효력을 가질 뿐 대외적 효력을 가지지 않는다는 점, 조례의 본질에 이미 '자치'의 요소가 속하므로 '자치'라는 수식어가 동어반복에 불과할 뿐 경계설정의 기능을 하지 못한다는 점에서, 의사규칙의 법적 성격을 제대로 표현하지 못한다는 비판이 있다.[23]

(3) 의회의 內部法規範

근래 독일의 학계에서는 기존의 法源, 특히 外部法에 국한된 法源의 개념(가령, 법률, 법규명령, 조례)을 사용하여 議事規則의 법적 성격을 규정하고자 하는 시도에서 벗어나,[24] 점차 이를 독자적인 형식으로 파악하고자 하는 경향을 엿볼 수 있다. 이에 따라 의사규칙을 '의회의 內部法規範(parlamentarische Innenrechtsnorm)',[25] '헌법조례'(Verfassungssatzung),[26] '독자적인 규율형식'(eigener Regelungstyp),[27] '내부법의 개별적·추상적 규정'(individuell-abstrakte Regelung des Innenrechts)[28] 등으로 파악하고자 한다. 이러한 견해의 공통점은 의사규칙은 본질적으로 기관 내부적 규정으로서, 독립된 법주체간의 관계를 규율하는 外部法의 法源으로는 그 성격을 제대로 파악될 수 없다고 하는 것이다.

3. 의회 내부의 사안을 형식적 법률로써 규율할 수 있는지에 관한 독일의 논의

가. 논의의 계기 및 대상

독일 국가정보기관의 예산에 대한 의회의 통제절차를 의사규칙이 아니라 법률에서 규율하는 것이 헌법에 부합하는지 여부에 대하여 판단한 1986년 연방헌법재판소결정을 계기로,[29] 어느 정도로 의회 내부의 영역이 의사규칙이 아니라 법률로써 규율될 수 있

---

22) Vgl. BVerfGE 1, 144, 148f.; 80, 188, 218.

23) 가령, vgl. Böckenförde, Die Organisationsgewalt im Bereich der Regierung, 1964, S.120ff.; T. I. Schmidt, Die Geschäftsordnung der Verfassungsorgane als individuell-abstrakte Regelungen des Innenrechts, AöR 128(2003), S.611.

24) 종래 공법의 영역에서 대외적 효력을 가지는 규율형식으로는 법률, 명령, 조례, 행정행위를 언급할 수 있고, 내부적 효력을 가지는 규율형식으로는 행정규칙을 들 수 있다.

25) Vgl. Achterberg, Parlamentsrecht, 1984, S.59.

26) Vgl. Böckenförde, Die Organisationsgewalt im Bereich der Regierung, 1964, S.122f., 연방정부의 의사규칙의 법적 성격을 '헌법조례'로 규정함으로써 '행정법상 조례'와 명확하게 구분하고자 시도하였다.

27) Vgl. Maurer, Staatsrecht, 1999, §13 Rn.95; Morlok, in: Dreier(Hg), Grundgesetz Kommentar, Bd.Ⅱ, 1998, Art.40 Rn.18; Robbers, in: Sachs(Hg), Grundgesetz Kommentar, 2003, Art.52 Rn.14.

28) Vgl. T. I. Schmidt, Die Geschäftsordnung der Verfassungsorgane als individuell-abstrakte Regelungen des Innenrechts, AöR 128(2003), S.609ff.

29) Vgl. BVerfGE 70, 324, 위 결정의 사실관계는 다음과 같다. 1984년 연방의회는 국가정보기관의 예산에 대한 의회통제의 절차를 개정하였다. 종래에는 국가정보기관 예산의 심의가 '연방의회 예산위원회'의 과제이었으나, 법률개정으로 인하여 이러한 과제가 5인으로 구성된 '특별위원회'에 위임되었는데, 문제는 새로운 통제

는지에 관한 논란이 촉발되었다. 기본법 제40조 제1항 제2문은 "연방의회는 의사규칙을 제정한다."고 규정하고 있는데, 여기서 논란의 핵심은 '의회의 내부적 조직과 절차를 규율함에 있어서 의사규칙이 독점적이고 배타적인 규율형식인지' 아니면 '의회가 제한된 범위 내에서 자신의 내부적 영역을 연방법률 또는 의사규칙으로 규율할 것인지에 관하여 결정할 수 있는 선택권을 가지고 있는지'의 문제이다.

의회 내부질서를 법률로써 규율할 수 있는지에 관한 독일의 논의에 있어서, 법률이나 의사규칙 모두 연방의회에 의하여 제정된다 하더라도 법률과 의사규칙 사이에는 다음과 같은 현저한 차이가 있으며 서로 대체 가능한 것이 아니라는 점이 논의의 출발점이다.[30] 첫째, 의사규칙은 전적으로 연방의회(Budestag)에 의하여 제정됨으로써 다른 헌법기관에게는 이와 관련하여 참여권이나 영향력을 행사할 가능성이 인정되지 않지만, 연방법률은 다른 헌법기관, 특히 입법기관 중 하나인 연방참사원(Bundesrat)의 참여 하에서 제정된다.[31] 둘째, 제정 및 개정의 절차와 관련하여, 의사규칙은 의회에서 단순과반수로 의결되고 언제든지 단순과반수로 개정될 수 있으나, 연방법률은 헌법이 정한 입법절차에 따라 제정된다. 셋째, 효력과 관련하여, 의사규칙의 경우 출석의원 2/3의 찬성으로 언제든지 의사규칙으로부터 벗어날 수 있으나,[32] 연방법률의 경우 그러한 가능성이 없다. 넷째, 의사규칙은 시간적 효력의 관점에서 議會期不連續의 원칙에 따라 단지 의원의 임기 중(議會期 內)에만 유효한 반면,[33] 연방법률은 차기 의회를 구속하는 효력을 가진다.

절차를 연방의회 의사규칙이 아니라 '예산법'에서 규율하고 있다는 것이었다. 이와 관련하여, '의회 내부적 절차의 규율이 의사규칙 외에 법률로써도 이루어질 수 있는지'의 규율형식의 문제가 제기되었다.

30) Vgl. Achterberg, Parlamentsrecht, 1984, S.322ff.; Badura, Staatsrecht, 2003, §13 Rn.87ff.; Kretschmer, Geschäftsordnungen deutscher Volksvertretungen, in: Schneider/Zeh(Hg), Parlamentsrecht und Parlamentspraxis, 1989, §9 Rn.54; Pietzcker, Schichten des Parlamentsrechts: Verfassung, Gesetze und Geschäftsordnung, in: Schneider/Zeh(Hg), Parlamentsrecht und Parlamentspraxis, 1989, §10 Rn.18ff.

31) 독일의 경우, 입법기관은 연방과 연방 국민전체의 이익을 대변하는 연방의회(Bundestag)와 州의 이익을 옹호하고 관철하려는 연방참사원(Bundesrat)으로 구성되는 兩院制를 채택하고 있다. 연방의회에서 의결된 법률안을 연방참사원으로 이송하게 되는데, 법률안이 州의 이익과 직접 연관되거나 州의 권한에 관한 사항인 경우에 한하여 연방참사원은 동의권을 가지고, 그 외의 사항에 대하여는 단지 이의를 제기할 수 있는 권한을 가진다. 연방참사원이 동의권을 가지는 경우, 연방참사원의 동의 없이는 연방법률이 제정될 수 없다. 연방참사원이 단지 이의권만을 가지는 경우에는 연방의회가 연방참사원의 이의에 대하여 재의결하면, 그 법률안은 법률로서 확정된다. 이러한 점에서, 연방참사원은 연방의회와 동등한 권한을 가지는 입법기관이 아니다.

32) 이와 같은 가능성을 규정하고 있는 연방의회 의사규칙 제126조는 의사규칙의 전형적인 특징으로서 합목적성의 관점에서 의사규칙의 유연한 적용을 가능하게 한다. 의결로써 의사규칙으로부터 벗어날 수 있는 가능성은 내부법으로서 의사규칙의 성격, 즉 규범 제정의 주체, 규범 적용의 주체, 규범적용 대상자가 일치한다는 특성에 의하여 설명될 수 있다. 의사규칙의 이러한 유연성 때문에 과거 독일 학계의 일각에서는 의사규칙이 법적 구속력을 가지는지에 대하여 의문을 제기하였다. 이에 관하여 vgl. T. I. Schmidt, Die Geschäftsordnung der Verfassungsorgane als individuell-abstrakte Regelungen des Innenrechts, AöR 128(2003), S.631ff.; Pietzcker, Schichten des Parlamentsrechts: Verfassung, Gesetze und Geschäftsordnung, in: Schneider/Zeh(Hg), Parlamentsrecht und Parlamentspraxis, 1989, §10 Rn.32ff.

33) 그러나 의사규칙은 새로 선출된 의회에 의하여 인수되는 것이 관례이다.

나. 연방헌법재판소의 다수의견 및 학계의 일부 견해

연방헌법재판소의 다수의견은 "법률안에 대하여 연방참사원의 동의가 필요하지 아니하고 의회 자율권의 핵심영역에 속하는 것이 아니며 객관적 사유가 존재하는 경우에는 의회의 내부질서에 관한 문제를 연방법률로써 규율하는 것이 허용된다."고 판시하여, 이러한 조건 하에서는 의회가 그의 내부질서를 법률 또는 의사규칙의 형식으로 규율할 것인지에 관하여 원칙적인 선택권을 가진다고 한다.[34] 연방헌법재판소의 이러한 견해는 학계의 일부에서 지지를 받았다.[35] 연방헌법재판소의 다수의견을 지지하는 견해는 다음과 같은 이유로 의사규칙이 의회의 내부질서를 규율함에 있어서 독점적이고 배타적인 우위를 가진다는 견해를 반박하고 있다.

첫째, 의회법을 의사규칙으로 규율해야 하는 역사적 의미는 의회의 자율권의 보호에 있는데, 오늘날 의회민주주의에서 이러한 기능이 사실상 무의미하게 되었다고 한다. 의회와 군주의 대립관계를 전제로 하는 독일 입헌군주제의 이원적 체제에서 의회 내부질서를 법률로써 규율하는 것은 법률제정절차에 군주의 참여를 허용하였기 때문에, 의회의 내부적 영역을 의사규칙으로 규율하는 것이 의회를 군주의 영향으로부터 보호하는 기능을 하였지만, 오늘날에는 헌법적 상황의 변화로 인하여 의사규칙의 제정자와 입법자가 사실상 일치한다고 한다.

둘째, 의회의 내부질서에 관한 규율이 의사규칙에 유보되어야 한다는 원칙에 대하여 '다수의 예외'가 허용되고 있다는 점에서도 의회의 내부질서가 의사규칙에 의해서만 독점적으로 규율되어야 한다는 주장은 유지될 수 없다고 한다. 일차적으로 '헌법 스스로' 부분적이나마 의회의 내부질서와 작업방식을 규율하고 있고, 나아가 '일련의 법률'도 의회의 내부질서를 규율하고 있다고 지적한다.

셋째, '자치조례'(autonome Satzung)로 이해되는 의사규칙은 법률의 하위에 있기 때문에, 의회가 내부영역에 관하여 법률의 형식으로 규율하면 이러한 법률은 의사규칙에 대하여 우위에 있다고 한다.[36]

다. 연방헌법재판소의 소수의견 및 학계의 일부 견해

위 견해에 대하여, 연방헌법재판소의 소수의견과[37] 학계의 유력한 일부 견해는[38] 다

34) Vgl. BVerfGE 70, 324, 361.

35) 가령, vgl. Morlok, in: Dreier, Grundgesetz Kommentar, Bd.Ⅱ, 2006, Art.40 Rn.16; Kretschmer, Geschäftsordnungen deutscher Volksvertretungen, in: Schneider/Zeh(Hg), Parlamentsrecht und Parlamentspraxis, 1989, §9 Rn.40.

36) 가령, vgl. Morlok, in: Dreier(Hg), Grundgesetz Kommentar, Bd.Ⅱ, 2006, Art.40 Rn.17; Stern, Das Staatsrecht der BRD, Bd.Ⅱ, 1980, §26 Ⅲ 6c; Badura, Staatsrecht, 2003, E43, H49; 또한 Pietzcker, Schichten des Parlamentsrechts: Verfassung, Gesetze und Geschäftsordnung, in: Schneider/Zeh(Hg), Parlamentsrecht und Parlamentspraxis, 1989, §10 Rn.41.

음과 같은 이유로 의사규칙이 의회의 내부질서를 규율하는 '원칙적인 규율형식'이라고 주장한다.

첫째, 오늘날 헌법적 상황의 변화에도 불구하고, 의회의 내부적 사안을 법률의 형식으로 규율하는 경우에는 오늘날에도 다른 헌법기관의 참여를 허용한다는 점은 간과할 수 없다고 한다. 즉, 독일의 연방국가적 체제에서 연방참사원은 의회의 내부질서를 규율하는 법률에 대하여 이의를 제기함으로써 중재위원회의 소집을 요구할 수 있고 이러한 방법으로 법률의 내용에 변경을 가할 수 있으며, 연방정부는 법률안제출권의 형태로, 연방대통령은 법률안거부권의 형태로 의회의 내부적 사안에 대하여 영향력을 행사할 수 있다는 점을 지적한다.[39] 물론, 오늘날 변화한 헌법상황에서 의회의 자율권이 법률 또는 의사규칙의 형식으로 실현되어야 하는지의 문제의 의미와 중요성이 크게 감소하였지만, 의회가 법률의 형식으로 의회의 내부 사안을 규율하는 경우에는 오늘날에도 자율권의 일부를 포기해야 한다는 것이다.

둘째, 의회의 내부질서에 관한 규율이 의사규칙에 유보되어야 한다는 원칙에 대하여 '다수의 예외'가 허용되고 있다는 주장과 관련하여, 우선, '헌법'이 의회의 내부질서를 규율하고 있는 한, 헌법규범은 이러한 원칙에 대한 예외가 아니라 의회에 대하여 의사규칙의 형성에 있어서 준수해야 하는 헌법상의 지침과 방향을 제시하는 것이다. 나아가, 의회법의 내용을 '법률'로써 규율하는 경우는 헌법에서 스스로 법률로 규율하도록 명시적으로 입법자에게 권한을 부여하는 경우 및 의회와 다른 헌법기관의 관계를 규율하거나 제3자의 기본권이 관련되는 경우 등 의회법이 대외적 효력을 가지는 경우에 한정되는 것이라고 지적한다.[40]

셋째, 헌법이 연방의회에게 내부사안의 자율적 규율을 보장할 목적으로 내부질서를

---

37) Vgl. BVerfGE 70, 324, 366ff.(재판관 Mahrenholz의 소수의견); BVerfGE 70, 324, 380ff.(재판관 Böckenförde의 소수의견).

38) Vgl. Pietzcker, Schichten des Parlamentsrechts: Verfassung, Gesetze und Geschäftsordnung, in: Schneider/Zeh(Hg), Parlamentsrecht und Parlamentspraxis, 1989, §10 Rn.9; Arndt, Parlamentarische Geschäftsordnungsautonomie und autonomes Parlamentsrecht, 1966, S.122ff.; Dreier, Regelungsform und Regelungsinhalt des autonomen Parlamentsrechts, JZ 1990, S.312ff.; T. I. Schmidt, Die Geschäftsordnung der Verfassungsorgane als individuell-abstrakte Regelungen des Innenrechts, AöR 128(2003), S.636ff.

39) Vgl. Arndt, Parlamentarische Geschäftsordnungsautonomie und autonomes Parlamentsrecht, 1966, S.122ff.; Dreier, Regelungsform und Regelungsinhalt des autonomen Parlamentsrechts, JZ 1990, S.314.

40) Vgl. Dreier, Regelungsform und Regelungsinhalt des autonomen Parlamentsrechts, JZ 1990, S.314; Pietzcker, Schichten des Parlamentsrechts: Verfassung, Gesetze und Geschäftsordnung, in: Schneider/Zeh(Hg), Parlamentsrecht und Parlamentspraxis, 1989, §10 Rn.10, 의회의 내부절차에 관련된 것임에도 법률로써 규율할 수 있는 경우는 헌법이 법률의 형식으로 규율하도록 스스로 규정하거나 또는 의회의 구성원뿐만 아니라 다른 법주체의 권리와 의무가 관련되는 경우에 한정되어야 한다. 후자의 경우, 의회규칙은 내부질서에 한정된 규율대상 및 수규자의 범위로 말미암아 외부적 효력을 발휘할 수 없기 때문에, 이러한 경우 법률의 형식은 헌법적으로 아무런 문제가 없을 뿐만 아니라, 나아가 외부적 효력을 발생시키기 위하여 요청되는 것이다.

의사규칙의 형식으로 규율할 권한을 부여하였다면, 이를 근거로 제정된 의사규칙이 '외부법과 관련하여 형성된 法源의 우열관계 또는 위계질서'의 적용을 받음으로써 법률의 下位에 존재할 수 없다고 한다. 법률과 의사규칙의 관계는 법률의 우위를 통하여 해결해야 하는 '규범간의 경쟁관계의 문제'가 아니라 '각 행위형식에 귀속되는 규율권한의 문제'로 이해해야 하며, 법률과 의사규칙은 각 '헌법에 직접 근거하는 권한'으로서 병렬적으로 존재한다고 한다.[41] 이러한 견해에 의하면, 헌법이 스스로 법률형식으로 규율할 것을 명시적으로 규정하거나 또는 국민의 기본권이나 다른 헌법기관의 법적 지위와 관련되는 것이 아니라면, 의회의 내부질서는 원칙적으로 오로지 의사규칙에 의해서만 규율될 수 있으며, 법률과 의사규칙의 제정권한은 '서로 다른 목적을 위하여 헌법으로부터 직접 부여받은 의회의 권한'으로서 동등한 지위에서 병렬적으로 존재한다. 따라서 정당한 사유가 없음에도 의회의 내부질서를 법률로써 규율한 경우, 규율형식의 선택이 잘못되었기 때문에 이미 이러한 하자로 말미암아 그 법률은 위헌이라고 한다.

라. 대립하는 견해의 공통점 및 차이점

위에서 살펴본 바와 같이, 독일에서는 의회의 자율권을 규정하는 기본법 제40조 제1항 제2문("연방의회는 의사규칙을 제정한다.")의 해석과 관련하여 서로 다른 견해가 대립하고 있다. 이러한 논란에도 불구하고, 기본법 제40조 제1항 제2문이 의회의 내부질서를 의사규칙으로 규율하도록 규정함으로써 의사규칙을 '원칙적인 규율형식'으로 확정하였다는 점에서 견해가 일치하며, 다만 '어느 정도로 의회의 내부질서를 법률로써 규율할 수 있는지'에 관하여 그 예외를 허용함에 있어서 견해의 차이를 보이고 있을 뿐이다. 독일에서 의회가 내부질서를 의사규칙이 아니라 법률로써 일반적으로 규율하는 것은 명백한 헌법위반이다.

연방헌법재판소의 다수의견과 이를 추종하는 학계의 일부 견해는 의사규칙으로 규율하든 아니면 법률로써 규율하든 모두 의회가 제정주체로서 활동한다고 하여 양자를 엄격하게 구분하지 않는 반면, 연방헌법재판소의 소수의견과 이를 지지하는 학계의 유력한 견해는 '입법기관으로서 의회'와 '자율권을 가진 헌법기관으로서 의회'를 엄격하게 구분하고자 한다. 前者는 '위 헌법규정은 의회에 단지 의사규칙을 제정할 수 있는 권한을 부여하는 것이지, 의회의 내부질서와 관련된 모든 사항을 반드시 의사규칙으로써 규율

---

41) 예컨대, vgl. Böckenförde, Die Organisationsgewalt im Bereich der Regierung, 1964, S.124(연방정부의 의사규칙과 관련하여); C. Seiler, Der Untersuchungausschuß an der Schnittstelle von Staatsinternum und -externum, AöR 129(2004), S.394; Arndt, Parlamentarische Geschäftsordnungsautonomie und autonomes Parlamentsrecht, 1966, S.122; Magiera, in: Sachs(Hg), Grundgesetz Kommentar, 2003, Art40 Rn.26; Dreier, Regelungsform und Regelungsinhalt des autonomen Parlamentsrechts, JZ 1990, S.313; T. I. Schmidt, Die Geschäftsordnung der Verfassungsorgane als individuell-abstrakte Regelungen des Innenrechts, AöR 128(2003), S.637.

해야 할 의무를 부과하는 것은 아니다'라는 입장에서 의회의 내부질서를 법률 또는 의사규칙으로 규율할 것인지에 관하여 의회에게 제한적이나마 선택권을 부여하고자 하는 반면, 後者는 '위 헌법규정은 의회 내부적 사안을 의사규칙으로 규율할 수 있는 권한뿐만 아니라 이를 의사규칙으로 규율해야 할 의무, 즉 의회가 내부질서를 자율적으로 규율하도록 하기 위하여 다른 법적 형식을 사용해서는 안 되는 의무를 규정하고 있는 것으로 해석하는 것이 보다 타당하다'고 하여 법률과 의사규칙 사이의 선택권을 인정하지 않는다.

Ⅲ. 국회 내부질서를 법률의 형식으로 규율하는 것이 헌법에 부합하는지의 문제

이제 우리나라로 돌아와 보건대, 헌법은 제64조 제1항에서 "국회는 법률에 저촉되지 아니하는 범위 안에서 의사와 내부규율에 관한 규칙을 제정할 수 있다."고 하여 국회에게 내부질서를 독자적으로 규율할 수 있는 권한인 규칙제정권을 부여하고 있다.[42] 헌법 제64조 제1항의 규칙제정권은 국회 자율권의 헌법적 보장을 의미한다. 여기서, 국회가 헌법 제64조 제1항의 명시적인 표현에도 불구하고 자신의 내부적 사안을 일차적으로 '국회법'이란 법률의 형식으로 규율할 수 있는지의 문제가 제기된다. 국회의 내부질서를 국회법으로 규율한 것이 헌법에 부합하는지 여부의 판단은 아래에서 살펴보는 바와 같이, 헌법 제64조 제1항의 의미를 밝히는 헌법해석의 문제로 귀결된다.

1. 합의제 헌법기관의 고유한 권한으로서 규칙제정권

국회의 규칙제정권은 원칙적으로 모든 합의제 헌법기관에게 인정되는 자율권의 핵심적 구성부분이자, 합의제 헌법기관의 헌법적 지위의 한 부분이다.[43] 헌법기관의 규칙제정권은 합의체로서 기능하는 모든 헌법기관(가령, 국회, 대법원, 헌법재판소, 중앙선거관리위원회 등)의 고유한 권한이자 전형적인 특징이다. 헌법이 합의제기관을 창설하였다면 모든 합의제기관은 활동하기 위하여 의사와 내부조직에 관한 규율을 필요로 하기 때문에, 이로부터 동시에 내부적 사안을 독자적으로 규율할 수 있는 권한인 규칙제정권이 나온다.[44] 헌법기관의 규칙제정권은 내부적 사안의 규율에 있어서 독자성과 독립성을

42) 1948년 제헌헌법은 제45조에서 "국회는 의원의 자격을 심사하고 의사에 관한 규칙을 제정하고 의원의 징벌을 결정할 수 있다. 의원을 제명함에는 재적의원 3분지 2이상의 찬성이 있어야 한다."고 규정하였고, 1963년 헌법 제60조에서 4개항으로 나뉘어 현행헌법과 동일한 내용으로 규정된 뒤, 현재까지 헌법개정 때마다 조문의 위치에 있어서 변경은 있었으나 법문은 동일하게 그대로 유지되고 있다.

43) Vgl. Arndt, Parlamentarische Geschäftsordnungsautonomie und autonomes Parlamentsrecht, 1966, S.60ff.

44) Vgl. Stern, Das Staatsrecht der BRD, Bd.Ⅱ, 1980, §32 Ⅱ 3a.

보장하고자 하는 것이다. 헌법기관의 규칙은, 헌법기관의 내부질서를 자율적으로 규율하도록 하기 위하여 헌법이 직접 제공하고 있는 행위수단이다. 헌법이 합의제 기관을 설치하면서 이러한 헌법기관에게 내부 사안을 자율적으로 규율할 수 있는 가능성을 거부한다는 것은 그 자체로서 모순적이다. 그러므로 설사 헌법에 명시적인 수권규정이 없다 하더라도, 합의제 헌법기관은 헌법상의 自己組織權을 근거로 의사자율권 및 규칙제정권을 가진다.[45)]

헌법기관이 권력분립적 헌법질서 내에서 헌법상 부여받은 기능을 독자적으로 자기책임 하에서 이행하는 것을 보장하기 위하여, 원칙적으로 모든 헌법기관에게 규칙제정권이 인정되어야 한다. 헌법기관의 규칙제정권은, 한편으로는 다른 국가기관의 간섭으로부터 헌법기관을 보호함으로써 외부기관의 간섭과 영향을 받지 않는 의사형성을 보장하고자 하는 것이고, 다른 한편으로는 내부질서의 형성을 직접 당사자에게 맡김으로써 내부조직과 의사절차의 원활한 기능과 효율성을 확보하고자 하는 것이다.

헌법은 제64조 제1항에서 '의사와 내부규율'에 관한 국회의 규칙제정권을, 제108조에서 '소송에 관한 절차, 법원의 내부규율과 사무처리'에 관한 대법원의 규칙제정권을, 제113조 제2항에서 '심판에 관한 절차, 내부규율과 사무처리'에 관한 헌법재판소의 규칙제정권을, 제114조 제6항에서 '내부규율'에 관한 중앙선거관리위원회의 규칙제정권을 각 규정하고 있다. 이로써 헌법은 헌법기관의 내부적 사안은 '규칙'의 형식으로 규율해야 한다는 것을 스스로 명시적으로 밝히고 있는 것이다.

한편, 국회의 내부질서를 '국회법'이란 법률로써 규율한 것이 헌법에 부합하는지의 문제는 국회에 국한되어 제기되는 문제이다. 다른 헌법기관의 내부적 사안을 국회의 '법률'로써 규율하는 것은 각 헌법기관에 귀속되는 의사와 조직에 관한 자율권을 침해하는 것으로서 허용될 수 없기 때문이다.[46)] 따라서 다른 헌법기관의 경우, 내부적 사안을 규율하는 형식은 필연적으로 '규칙'일 수밖에 없다.

2. 헌법 제64조 제1항의 규칙제정권의 해석과 의미

가. 국회 내부질서의 규율형식으로서 '규칙'을 예정하고 있다고 보는 해석

(1) 위 해석에 의한 헌법 제64조 제1항의 의미

헌법은 제64조 제1항에서 '규칙'을 언급함으로써 국회의 내부질서의 원칙적 규율형식이자 일차적으로 선택해야 하는 규율형식으로서 '규칙'을 규정하고 있다고 볼 수 있다.

---

45) Vgl. Badura, Staatsrecht, 2003, H Rn.49; Arndt, Parlamentarische Geschäftsordnungsautonomie und autonomes Parlamentsrecht, 1966, S.63; 다른 견해로는 Achterberg, Parlamentsrecht, 1984, S.325(헌법기관이 의사규칙을 제정하기 위해서는 헌법에 명시적인 수권규정이 있어야 한다고 주장한다).

46) Vgl. T. I. Schmidt, Die Geschäftsordnung der Verfassungsorgane als individuell-abstrakte Regelungen des Innenrechts, AöR 128(2003), S.638.

즉, 위 헌법규정은 국회의 내부영역은 국회의 자율권에 유보되어야 하며 국회의 자율권을 실현하는 행위형식은 원칙적으로 '규칙'이라는 것을 명시적으로 밝히고 있는 것이다.[47)]

이러한 해석에 의하면, 헌법은 제64조 제1항에서 국회에게 내부질서를 규율할 수 있는 권한을 부여하면서 다음과 같은 2가지 한계를 설정하고 있다. 첫째, '규칙'으로써 내부질서를 규율할 것을 규정함으로써 행위형식에 있어서 국회의 형성권을 제한하고 있으며, 둘째, 규칙제정권의 수권범위를 명시적으로 '의사와 내부규율'이라는 내부질서 또는 내부영역의 규율에 제한하고 있다. 이로써 헌법이 부여하는 규칙제정권은 규칙으로써 내부질서만을 규율할 수 있다는 의미에서, 규율형식 및 규율내용에 있어서 제한을 받는 것이다. 이러한 해석에 의하면, 헌법은 제64조 제1항에서 스스로 명시적으로 '규칙'을 언급함으로써 규칙을 제정할 수 있는 '권한'뿐만 아니라 규칙의 형식으로 내부적 사안을 규율해야 할 '의무'도 함께 부과하고 있는 것이다. 헌법 제64조 제1항에서 "법률에 저촉되지 아니하는 범위 안에서"라고 하여 '법률'을 언급한 것은, 법률이 국회의 내부질서에 관한 원칙적인 규율형식임을 표현하고자 한 것이 아니라 단지 법률과 규칙과의 우위관계, 즉 규칙이 법률의 하위에 있음을 표현하고자 한 것으로 이해된다.

(2) 위 해석을 지지하는 관점

(가) 이러한 해석은 무엇보다도 '규칙'이 의회 자율권의 헌법적 수용의 역사적 배경과 이유, 의미와 목적 및 이러한 목적에 부합하는 규율형식이라는 관점에 의하여 뒷받침된다.

헌법 제64조 제1항의 규범적 내용과 목적은, 독일에서 입헌주의시대에 의회 자율권의 보장을 헌법적으로 수용하게 된 배경과 이유를 알아야만 제대로 이해될 수 있다. 독일 헌정사에서 의회 자율권의 헌법적 보장은 내부적 사안의 규율에 있어서 다른 헌법기관의 참여를 배제하고 의회의 자주적인 결정권을 보장하고자 한 것이었다. 이러한 목적은 의회에게 자신의 내부적 사안의 규율에 관한 관할을 독점적으로 귀속시킴으로써 달성되었다. 의회 자율권에 관한 헌법적 규정의 특징은, 오늘날에도 변함없이 내부적 사안의 형성에 있어서 의회의 독자성과 독립성의 헌법적 보장을 의미한다는 것에 있다.

독일과 같은 양원제국가에서 법률의 형식으로 연방의회(하원)의 내부적 사안을 규율하는 경우, 다른 헌법기관이 입법과정에 참여함으로써 현저한 영향력을 행사할 가능성이 있다는 것은 이미 위에서 상술한 바 있다.[48)] 물론, 우리의 경우 입법기관의 구성에 있어서 양원제국가가 아니기 때문에, 양원제 의회에서 의회의 내부적 사안을 법률로써

47) 독일기본법 제40조 제1항과 관련하여 vgl. C. Seiler, Der Untersuchungausschuß an der Schnittstelle von Staatsinternum und -externum, AöR 129(2004), S.393ff.

48) 위 Ⅱ. 3. 부분 참조.

규율하는 경우에 발생하는 문제가 크게 제기되지 않는다. 그러나 우리의 경우에도 다른 헌법기관이 국회의 내부적 사안의 규율에 있어서 영향력을 행사할 가능성은 여전히 존재한다. 정부도 법률안제출권을 통하여 영향력을 행사할 수 있고, 대통령이 국회에서 의결된 법률안에 대하여 거부권을 행사할 가능성도 있다. 대통령이 국회에서 의결된 법률안에 대하여 재의를 요구하는 경우 단순과반수가 아니라 '재적의원 과반수의 출석과 출석의원 3분의 2 이상의 찬성'이라는 가중정족수에 의하여 국회의 내부적 사안을 재의결해야 한다는 문제가 발생한다(헌법 제53조 제4항). 결국, 국회가 내부적 사안을 법률로써 규율하는 것은 다른 헌법기관에게 영향력행사의 가능성을 개방한다는 점에서도, 규율형식으로서 '법률'의 문제점을 드러내고 있다. 그러나 국회가 헌법의 규범내용에 따라 '규칙'의 형식을 선택하는 경우에는 위와 같은 영향력행사의 가능성이 배제된다.

이러한 점에서 국회가 '법률'의 형식을 채택한다는 것은, 내부적 사안의 규율에 있어서 스스로 다른 헌법기관의 참여가능성을 개방함으로써 자신의 자율권을 제한한다는 문제가 있다. 그러나 국회 자율권의 헌법적 보장이 다른 헌법기관의 영향력행사 가능성을 배제하고자 하는 것이기 때문에, 국회는 내부사안의 규율형식에 있어서 '법률'을 선택함으로써 헌법의 이러한 의도에 반하여 스스로 다른 국가기관에게 그러한 영향력행사의 가능성을 개방해서는 안 된다. 의회 자율권의 주된 목적이 다른 국가기관의 영향과 간섭으로부터 의회의 자기결정권을 보장하고자 하는 것이라면, 바로 이러한 의미에서 의회 자율권의 규율형식도 이러한 목적에 부합하는 수단이어야 한다. 헌법 제64조 제1항의 규칙제정권은 이러한 의미에서 이해되어야 한다. 헌법은 '입법자로서 국회'와 '의사규칙의 제정주체로서 국회'를 구분하고 있다. 헌법 제64조 제1항의 규칙제정권은 국회의 독자적인 관할로서 입법권한과 병렬적으로 존재하는 것이며, 법률의 제정권한과는 그 규율대상과 규율효과에 있어서 근본적으로 상이한 것이다.[49]

(나) 뿐만 아니라, 헌법 제64조 제1항의 규칙제정권이 서구 유럽에서 역사적으로 형성된 의회 자율권을 헌법적으로 수용한 것이며, 서구 유럽의 국가를 비롯한 대부분의 선진민주국가에서 의회의 내부질서가 '법률'이 아니라 '의사규칙'에 의하여 규율되고 있다는 외국의 입법례도 위와 같은 해석가능성을 지지하고 있다.

국회의 내부질서의 규율형식으로서 '규칙'이 '법률'이라는 규율형식보다 국회의 자율성을 보장하고 과제이행을 위한 절차를 형성함에 있어서 유연성과 합목적성을 확보할 수 있다. 의사규칙의 특성에 속하는 것이, 의회절차가 빠짐없이 실정법적으로 확정되는 것이 아니라 또한 의회의 관례와 관습에 의해서도 보완된다는 점이다. 따라서 의사규칙은 단지 실정법적으로 규범화된 것에 제한되지 않으며, 의회의 관례와 관습을 포함한

49) Vgl. Scherer, Fraktionsgleichheit und Geschäftsordnungskompetenz des Bundestages, AöR 112(1987), S.212f.

다. 가령, '헌법상의 권한배분규정에 완전히 부합되지 않기 때문에 다른 헌법기관과의 관계에서 실정법적으로 규정될 수 없는 사안'에 대해서도 의회는 다른 헌법기관의 양해를 얻어 관례와 관습의 형태로 의사절차를 형성할 수 있는 것이다.[50] 의회 자율권의 본질에 속하는 것이 자신의 의결에 의하여 자신이 정한 의사규칙으로부터 벗어날 수 있는 가능성을 보유한다는 것인데, 의사절차를 법률로써 정하는 경우 의회는 이러한 가능성을 가질 수 없기 때문에 자신의 자율권의 범위를 스스로 제약하는 결과에 이른다.

(3) 위 해석의 문제점

한편, 이러한 해석의 결정적인 문제점은 헌법 제64조 제1항 내에서도 규범내용과의 충돌을 야기하고, 나아가 국회의 내부질서를 규율하는 다른 헌법규정과도 모순을 불러일으킬 뿐만 아니라, 이러한 모순과 충돌은 위와 같은 해석에 의할 때 제거될 수 없다고 하는 점이다.

첫째, 헌법 제64조 제1항에서 "법률에 저촉되지 아니하는 범위 안에서"의 의미가 무엇인지 의문이 제기되는데, 위와 같은 해석은 헌법 제64조 제1항 내에서도 모순을 야기한다. 여기서 '규칙과 충돌할 수 있는 법률'이란 규칙과 근본적으로 동일한 규율대상을 가진 법률을 의미하므로, 여기서 '법률'은 '국회의 의사와 내부규율에 관한 법률'을 의미한다고 보아야 한다.

둘째, 헌법은 국회의 내부질서를 규율하는 일련의 규정에서 '법률'을 언급하고 있는데, 국회의 내부질서를 헌법이 스스로 규율하면서 구체적인 것을 법률로써 규율하도록 위임한다면, 여기서의 '법률'이란 바로 '국회 내부질서에 관한 법률'일 수밖에 없다. 헌법은 제47조 제1항에서 "국회의 정기회는 법률이 정하는 바에 의하여 매년 1회 집회되며, …"라고 하여 국회의 집회에 관하여 구체적인 것은 법률로써 규정한다는 것을 밝히고 있고, 제49조 및 제50조 제2항에서 각 의결정족수 및 회의의 공개와 관련하여 법률을 언급함으로써,[51] 국회의 내부질서가 법률로써 규율된다는 것을 간접적으로 표현하고 있다.

결론적으로, 헌법 제64조 제1항의 규칙제정권을 위와 같이 해석하는 것은, 의회 자율권 수용의 배경과 의미·목적, 비교법적 관점에 의하여 지지를 받지만, 다른 한편으로는 다른 헌법규정과의 모순과 충돌을 제거할 수 없다는 결정적인 결함을 안고 있다. 그러나 헌법규범은 '헌법의 통일성'의 관점에서 상호간에 모순과 충돌이 발생하지 않도록 해석해야 한다는 것은 헌법해석의 출발점이다.[52] 그렇다면, 헌법의 통일성의 관점에

50) Vgl. Zeh, Parlamentarisches Verfahren, in: HbStR, Bd.Ⅱ, 1987, §43 Rn.12f.

51) 헌법 제49조 "국회는 헌법 또는 법률에 특별한 규정이 없는 한 재적의원 과반수의 출석과 출석의원 과반수의 찬성으로 의결한다. 가부동수인 때에는 부결된 것으로 본다."; 헌법 제50조 제2항 "공개하지 아니한 회의 내용의 공표에 관하여는 법률이 정하는 바에 의한다."

52) 가령, 허영, 한국헌법론, 2004, 72면; 계희열, 헌법학(상), 2004, 79면.

부합하는 다른 해석의 가능성을 찾아야 한다.

나. 국회 내부질서의 규율형식으로서 ‘법률’을 전제로 하고 있다고 보는 해석

국회의 내부질서를 규정하는 일련의 헌법규정과의 관계에서 그리고 헌법 제64조 제1항 내부에서 발생하는 모순을 제거하기 위해서는, 국희의 내부질서에 관한 일차적인 규율형식은 법률이고 규칙은 단지 부차적인 규율형식으로 언급하고 있는 것으로, 헌법 제64조 제1항을 해석하는 것이 요청된다. 헌법은 국회의 내부질서에 관한 일련의 헌법규정 및 헌법 제64조 제1항에서 ‘법률’을 언급함으로써, 국회의 의사와 내부규율에 관한 일차적인 규율형식으로 ‘법률’을 전제로 하고 있다는 것을 묵시적으로 밝히고 있는 것이다.

이러한 헌법해석은 의회 자율권을 최초로 규범화한 건국헌법의 법문에 의해서도 지지되고 있다. 1948년 제헌헌법은 제37조에서 “국회는 헌법 또는 국회법에 특별한 규정이 없는 한 그 재적의원의 과반수의 출석과 출석의원의 과반수로써 의결을 행한다.”고 하여 명시적으로 ‘국회법’을 언급하면서, 다른 한편으로는 제45조에서 “국회는 의원의 자격을 심사하고 의사에 관한 규칙을 제정하고 의원의 징벌을 결정할 수 있다.”고 하여 의사에 관한 규칙제정권을 별도로 규정하였다. 1948년 제헌헌법이 국회의 규칙제정권을 수용하면서 동시에 국회법을 명시적으로 언급하고 있는 것은, 제헌헌법이 국회 내부질서의 일차적인 규율형식으로서 국회법을 전제로 하고 있다는 것을 말해주고 있다. 1948년 헌법에서 의사에 관한 규정들을 상호 연관관계에서 체계적으로 살펴보건대, 국회의 내부질서는 일차적으로 국회법에 의하여, 부차적으로 규칙에 의하여 규율된다고 하는 것이 헌법의 객관적 의사라 할 수 있다. 이러한 이해에 상응하게 같은 해에 국회의 구성과 의사절차를 규정하기 위하여 국회법이 제정되었다.

이로써 우리 헌법은 이미 헌정사의 출발점에서부터 의회 자율권의 헌법적 보장 형식에 있어서 서구유럽과 다른 길을 걷고 있음을 확인할 수 있다. 물론, 제헌헌법의 이러한 규정들은, 헌법제정자가 국회의 자율권과 규칙제정권의 의미 및 국회법과 국회규칙의 관계를 제대로 이해하였는지에 대한 의문을 가지게 한다. 1963년 헌법 개정에서, 헌법에서 명시적으로 언급되던 ‘국회법’이 삭제되고 ‘법률’로 변경됨에 따라(제45조) 현행 헌법과 같은 형태로 규정되었지만, ‘법률’을 국회 내부질서의 일차적인 규율형식으로 간주하는 헌법의 의도에 근본적인 변화가 있다고 볼 수 없다.

다. 헌법 개정의 필요성

헌법 제64조 제1항은 의사와 내부규율에 관한 규율형식으로서 단지 ‘규칙’만을 명시적으로 언급함으로써, 국회 내부질서의 규율형식이 무엇인지에 관한 혼란을 불러일으키고 있다. 헌법이 의사와 내부규율에 관하여 일차적으로 ‘법률’로써 규율하고 부차적으로

'규칙'에 의하여 규율하는 것을 의도하고 있다면, 아니면 적어도 규율형식에 관한 선택을 국회의 자유로운 재량에 맡기고 있다면, 헌법은 이와 같이 불명확하고 모호한 형태의 규율을 통하여 오해와 혼란을 불러일으킬 것이 아니라 이를 명확하게 규율해야 할 필요가 있다. 따라서 이러한 혼란과 오해를 제거하고 이를 명확하게 하기 위하여, 현행 헌법 제64조 제1항을 헌법질서 내에서 그 규범적 의미에 부합하게 "국회는 의사와 내부규율을 법률과 규칙으로 정한다."로 개정하는 것이 바람직하다.

Ⅳ. 국회규칙과 국회법의 법적 성격

1. 국회규칙의 법적 성격

가. 국회규칙의 규율대상[53)]

(1) 국회의 자율권은 단지 자신의 내부적 사안의 규율에만 미치며, 그 범위에 있어서 "의사와 내부규율"이라는 특정한 대상에 제한된다. 국회의 자율적 규율의 대상에 속하는 것은 일차적으로 議事에 관한 사안, 즉 국회가 자신의 업무를 처리하는 절차에 관한 사안이다. 뿐만 아니라, 국회의 내부조직, 즉 국회 업무의 원활한 처리를 위하여 필요로 하는 기관의 구성과 각 기관의 과제 확정도 필연적으로 절차와 밀접하게 연관되어 있으므로, 내부조직에 관한 규율도 의회 자율권에 속한다. 역사적으로도 입헌주의 초기 이래로 의회 자율권의 헌법적 보장은 의회의 내부조직에 관하여 자유롭게 결정하고 자신의 판단에 따라 내부조직을 구성하는 自己組織權을 포함하는 것으로 이해되었다.[54)] 마지막으로, 의회 자율권에 속하는 것은 절차의 관철과 질서의 유지를 위하여 필요한 '질서자율권' 및 의원의 자격심사, 징계 등 의원의 신분에 관한 '신분자율권'을 포괄하는 '기관내부의 규율'(Disziplin)에 관한 자기결정권이다.

의회의 자율권이 의사에 관한 자기결정권뿐만 아니라 조직에 관한 자기결정권도 포함한다는 점에서, 국회의 自己組織權은 의장과 부의장의 선출을 규정하는 헌법 제48조가 아니라 의회 자율권을 규정하는 헌법 제64조 제1항에 그 헌법적 근거를 두고 있다. 헌법 제48조는 헌법 제64조 제1항에 규정된 국회의 포괄적인 자기조직권을 특별히 의장과 부의장과 관련하여 단지 명시적으로 확인하고 있을 뿐이다. 헌법 제48조의 규정은 의회의 자율권이 내부조직에 관한 자기결정권도 포함한다는 것에 대한 명시적인 확인인 것이지 그 헌법적 근거가 아니다. 한편, 헌법 제48조에서 의장과 부의장에 대한 의회의

---

53) Vgl. Arndt, Parlamentarische Geschäftsordnungsautonomie und autonomes Parlamentsrecht, 1966, S.64ff.

54) Vgl. Arndt, Parlamentarische Geschäftsordnungsautonomie und autonomes Parlamentsrecht, 1966, S.67f.

선출권을 별도로 언급하고 있는 것은 위 의회기관에 대한 군주의 임명권을 배제하기 위하여 헌법에 명시적인 보장을 필요로 하였던 '입헌군주시대의 유물'이라 할 수 있다.

(2) 여기서 국회 자율권의 규율대상인 헌법 제64조 제1항의 "의사와 내부규율"을 어떻게 이해해야 할 것인지의 문제가 제기된다. 우리 헌법이 독일 헌법과 헌법학의 영향 하에서 의회 자율권을 수용하였다는 것을 감안한다면, 헌법 제64조 제1항의 규칙제정권에서 언급하는 "의사와 내부규율"은 1919년 바이마르헌법의 前身인 1850년 프로이센헌법과 1871년 독일제국헌법에서 '의회는 의사(Geschäftsgang)와 내부규율(Disziplin)을 의사규칙으로 정한다'고 규정한 法文을 수용한 것으로 볼 수 있다.[55] 독일 헌법학에서는 '의사와 내부규율'에 관하여 '議事'는 의사절차뿐만 아니라 의사절차의 전제조건이자 불가분적 연관관계에 있는 '조직'도 포함하는 것으로 넓게 이해하면서, '내부규율'은 의회의 질서자율권과 신분자율권을 포함하는 기관내부의 규율(Disziplin)로 이해하고 있다.

우리의 경우에도 이와 같이 해석할 수 있으나, 이러한 해석은 다른 헌법기관의 규칙제정권을 규정하고 있는 일련의 헌법규정들에 비추어 볼 때,[56] 이러한 규정들에서 언급하고 있는 '내부규율'의 의미에 완전히 부합하지 않는다. 대법원, 헌법재판소, 중앙선거관리위원회의 규칙제정권을 규정하는 헌법 제108조, 제113조 제2항, 제114조 제6항에서 말하는 '내부규율'은 위와 같이 '의원의 징계와 질서유지에 관한 자율권'이라는 원래의 좁은 의미가 아니라 '내부적 사안의 규율'이라는 포괄적이고 일반적인 의미로 이해하는 것이 타당하다. 따라서 다른 헌법기관의 규칙제정권을 규정하는 헌법규정과의 연관관계에서 헌법 제64조 제1항의 '의사와 내부규율'의 의미에 관하여 보건대, '議事'는 국회의 의사절차의 의미로, '내부규율'은 의사절차를 제외한 그 외의 '내부적 사안의 규율'이라는 일반적 의미로 이해하는 것이 보다 타당하다. 그럼에도 헌법 제64조 제1항의 '의사와 내부규율'을 어떻게 해석하는지와 관계없이 규칙제정권의 본질로서 확인할 수 있는 것은, 헌법은 '의사와 내부규율'의 표현을 통하여 국회 규칙제정권의 규율대상이 단지 '국회의 내부적 사안 또는 내부질서'임을 규정하고자 하였다는 것이다.

나. 内部法으로서 국회규칙

국회의 규칙제정권은 한편으로는 다른 헌법기관의 간섭으로부터 국회를 보호함으로써 외부기관의 간섭과 영향을 받지 않는 국회의 독자적 의사형성을 보장하고자 하는 것이고, 다른 한편으로는 내부질서의 형성을 직접 당사자인 국회에 맡김으로써 헌법상

---

55) 1948년 제헌헌법은 제45조에서 "국회는 의원의 자격을 심사하고 의사에 관한 규칙을 제정하고 의원의 징벌을 결정할 수 있다. 의원을 제명함에는 재적의원 3분지 2이상의 찬성이 있어야 한다."고 규정함으로써, 국회 규칙제정권의 규율대상으로 '의사'와 '의원의 자격심사, 징계'를 언급하였고, 1963년 헌법개정에서 규율대상을 현재와 같은 형태로 '의사와 내부규율'로 규정하였다(제60조).

56) 합의제 헌법기관의 규칙제정권에 관하여 위 Ⅲ. 1. 부분 서술 참조.

부여된 과제의 이행을 위하여 필요한 내부조직과 절차의 원활한 기능과 효율성을 확보하고자 하는 것이다.[57)]

헌법 제64조 제1항의 의미에서 '규칙'은 헌법기관의 내부질서를 자율적으로 규율하도록 하기 위하여 헌법이 직접 제공하고 있는 행위수단으로서, 기관 내부적으로 효력을 가진다는 점에서는 행정청의 행정규칙과 유사하고, 자율성을 보장한다는 점에서는 자치단체의 조례 등 자치법규와 유사하지만, 행정청이나 자치단체가 아니라 헌법기관의 내부적 자치를 보장하고자 한다는 점에서 이와 구분되는 '독자적인 규율형식'으로 이해해야 한다. 헌법 제64조 제1항의 수권이 단지 국회 내부질서의 규율에 한정되므로, 국회규칙은 그 내부적 성격으로 인하여 법적 효력에 있어서도 제한적이다. 국회에게 자율권을 근거로 규율할 수 있는 권한의 범위가 내부적 질서에 제한됨에 따라, 동시에 국회규칙의 수규자로서 고려될 수 있는 인적 범위가 확정된다. 국회규칙은 국회구성원과 국회출입자에 대해서만 미치는 내부적 효력을 가질 뿐 일반국민에 대해서는 외부적 효력을 가질 수 없다.[58)] 헌법기관의 규칙은 헌법기관의 자율권을 근거로 헌법기관에 의하여 제정되어 기관 내부적으로만 효력을 가지는 內部法이다. 內部法이란, 원칙적으로 단지 국가기관 내부에서만 효력을 가지고 국민과의 관계에서는 외부적 효력을 발휘하지 않는 법규범을 말한다. 규칙의 이러한 성격은 헌법 제108조, 제113조 제2항, 제114조 제6항에서 각 대법원, 헌법재판소, 중앙선거관리위원회와 관련하여 언급하고 있는 '규칙'의 경우에도 마찬가지로 인정된다.

국내 학계에서도 국회규칙이 단지 내부적 효력만을 가진다는 것에 관하여 대체로 의견을 같이 하고 있다.[59)] 그럼에도 학계에서는 국회규칙의 법적 성격에 관하여 견해가 갈리고 있다. 소위 '命令說'은 국회규칙을 법률의 수권에 의하여 국회가 제정하는 국회법의 시행령으로 보는 반면, 소위 '自主法說'은 국회의 자주적 결정에 의한 독자적인 법규범으로 이해하고 있다. 명령설은 단지 내부적 효력을 가지는 국회규칙을 '명령'이라는 외부법의 체계에 귀속시킴으로써 국회규칙의 본질을 전혀 표현하지 못한다는 점에서 문제가 있으며, 자주법설은 자율성에 근거한 독자적인 법규범임을 강조한다는 점에서는 타당하지만 국회규칙의 본질인 내부적 효력을 제대로 표현하지 못한다는 한계를 안고 있다.[60)]

---

57) Vgl. Morlok, in: Dreier(Hg), Grundgesetz Kommentar, Bd.Ⅱ, 2006, Art.40 Rn.6.

58) Vgl. Achterberg, Parlamentsrecht, 1984, S.59; Maurer, Staatsrecht, 1999, §13 Rn.89; Zippelius/Würtenberger, Deutsches Staatsrecht, 2005, S.333; H.-P. Schneider, Das Parlamentsrecht im Spannungsfeld von Mehrheitsentscheidung und Minderheitsschutz, in: FS 50 Jahre BVerfG, Bd.Ⅱ, 2001, S.635; 독일 연방정부의 의사규칙과 관련하여 Böckenförde, Die Organisationsgewalt im Bereich der Regierung, 1964, S.123f.

59) 가령, 권영성, 헌법학원론, 2008, 929면 이하; 허영, 한국헌법론, 2004, 886면; 성낙인, 헌법학, 2008, 956면.

60) 이와 관련하여 위 Ⅱ. 2. 부분, 독일에서 '의사규칙의 법적 성격에 관한 논의' 참조.

한편, 학자에 따라서는 국회규칙 중 '내부사항을 규율하는 규칙'과 '議事에 관한 규칙'을 구분하여 그 법적 성격을 각 '행정규칙'과 '명령'으로 이해하고자 하는 견해가 있다.[61] 그러나 議事에 관한 규칙도 본질적으로 내부사항을 규율하는 것으로 내부적 효력을 가진다는 점에서, 내부사항과 의사규칙을 자의적으로 구분하여 의사에 관한 규칙을 外部法인 명령에 귀속시키는 위 견해는 타당하지 않다. 議事에 관한 규칙 중에서 일부 규정이 국회에 출석하는 국무위원이나 증인·감정인 등 제3자를 규율한다면, 이는 제3자에 대한 구속력을 가지고 대외적 효력을 발휘하는 것이 아니라 단지 내부절차를 규율하는 과정에서 국회의 과제에 참여하는 제3자를 함께 규율하는 것에 불과하다.[62]

2. 국회법의 법적 성격

국회가 자신의 내부적 영역을 '규칙'이 아니라 '국회법'이란 법률로써 규율하였다면, 국회법이 어떠한 효력을 가지는지의 문제가 제기된다. 여기서 국회법의 법적 성격을 파악하기 위하여 일차적으로 확인해야 하는 문제는 '국회의 내부질서를 어떠한 규범형식으로 규율해야 할 것인지'에 관한 것이 아니라 '무엇이 국회법에 의하여 규율될 수 있는지'에 관한 것이다. 국회법이 규율할 수 있는 대상을 확인함으로써 국회법의 법적 성격을 파악할 수 있고, 나아가 현행 국회법이 헌법상 수권의 범위를 넘어서 규율하고 있는지의 문제를 밝힐 수 있다.

가. 內部法으로서 국회법

(1) 위에서 헌법 제64조 제1항의 해석을 통하여 확인한 바와 같이, 위 헌법규정은 "국회의 의사와 내부규율은 법률과 규칙으로 정한다."의 의미로 이해해야 한다. 헌법은 제64조 제1항에서 법률과 규칙의 형태로 국회의 내부질서를 스스로 규율할 수 있는 권한을 국회에 부여하면서 규율의 대상을 '국회의 내부질서'로 한정하고 있다. 국회는 헌법 제64조 제1항의 수권에 근거하여 국회법을 제정하였다. 국회법도 제1조에서 "이 법은 국회의 조직·의사 기타 필요한 사항을 규정함으로써 국민의 대의기관인 국회의 민주적이고 그 효율적인 운영에 기여함을 목적으로 한다."고 하여, 그 규율대상이 국회의 내부질서임을 밝히고 있다.

61) 권영성, 헌법학원론, 2008, 929면("국회규칙은 국회법 등 법률의 시행세칙과 국회의 내규에 해당하는 것이며, 그 형식적 효력은 명령에 준하는 것과 행정규칙에 준하는 것으로 구별된다."), 930면("국회규칙 중 내부사항을 규율하는 규칙은 국회의 內規로서 행정규칙에 준하는 것이므로 국회구성원에 대해서만 구속력을 가진다. 그러나 議事에 관한 규칙은 국회법의 시행령으로서 명령에 준하는 것이기 때문에 제3자에 대해서도 구속력을 가진다."), 이로써 국회규칙을 그 개별규정의 성격에 따라 내부적 효력 또는 외부적 효력을 가지는 것으로 이해하고 있다. 그러면서 다른 한편으로는 "국회규칙은 제정·개정의 의결과 동시에 효력을 발생하고 국회 내에서만 효력을 가지기 때문에 일반에 공포되지 아니한다."(930면)고 하여 앞의 서술내용과 모순을 보이고 있다.

62) 이에 관하여 상세하게 아래 Ⅳ. 2. 나. 부분 참조.

국회법은 입법절차, 위원회의 기능·구성 및 작업방식, 법률안제출권, 정보요구권, 통제권의 행사, 교섭단체의 구성과 권리, 의회발언권의 행사 등에 관하여 규정하고 있다. 국회법은 전형적으로 크게 내부조직(하부기관의 설치, 하부기관간의 관계, 하부기관과 기관 사이의 관계, 구성원과 기관의 관계 등), 절차(입법기능과 통제기능 등 국회의 본질적 과제를 이행하기 위한 절차), 기관내부의 규율(자격심사, 윤리심사와 징계, 질서와 경호 등)이라는 3가지 규율영역을 가지고 있다.[63)]

(2) 국회법의 규율대상은 '국회의 조직과 의사'와 같이 '자신의 사안'으로서 국회 내부영역에 제한되고, 그 효력범위도 국회 내부영역에 제한된다. 국회가 자신의 내부조직과 의사를 독자적으로 규율하는 헌법상 권한을 법률 또는 규칙 등 어떠한 형식으로 행사하는지와 관계없이, 국회법은 조직과 의사의 자치에 관한 규율로서 단지 내부적 효력을 가지는 법규범이다. 따라서 입법자가 국회의 내부질서를 규칙의 형식이 아니라 법률의 형식으로 규율하였다 하더라도, 이러한 법률(국회법)은 헌법이 예정하고 있는 다른 행위형식인 '규칙'과 본질적으로 동일한 법적 성격을 가진다. 국회법은 人的 관점에서 단지 국회구성원과 국회출석자에 대해서만, 事案의 관점에서는 국회의 내부 사안에 대해서만 효력을 가진다. 국회법은 다른 법주체와의 관계에서 외부적 효력을 가지는 外部法에 속하는 것이 아니라 단지 내부적 효력을 가지는 內部法에 귀속되는 法源이다. 이러한 의미에서 국회법은 대외적 구속력을 가지고 국민의 권리와 의무를 규율하는 '실질적 의미의 법률'이 아니라, 국회에 의하여 제정되었으나 대외적 구속력 없이 단지 국회에 대해서만 내부적 효력을 가지는 '단지 형식적 의미의 법률'에 해당한다.

국회는 헌법 제64조 제1항의 수권을 어떠한 형식으로 행사하든 간에 그 규율대상에 있어서 내부영역에 국한된 수권의 내용으로 인하여 외부적 효력을 가지고 규율할 수 없다. 국회가 내부적 사안을 '규칙'이 아니라 '법률'의 형식으로 규율하였다 하더라도, 규율형식의 선택에 의하여 '수권의 내용적 제한'이 달라지지 않으며, 이로써 규율의 규범적 효력이 달라지지 않는다. 국회가 자신의 의사와 내부조직을 규율하는 형식에 있어서 '법률'과 '규칙' 중에서 자유롭게 선택할 수 있다면, 국회가 어떠한 규율형식을 채택하였는지에 따라 '내부질서의 규율'에 한정된 수권의 내용 및 규율의 효력이 달라질 수 없다. 따라서 국회법과 국회규칙은 모두 국회의 내부영역을 규율하는 자치규범으로서 근본적으로 동일한 효력, 즉 기관내부적 효력을 가진다고 보아야 한다.

(3) 이미 국회법의 '제한된 수규자의 범위'가 국회법의 효력이 미치는 범위를 말해주고 있다. 헌법기관인 국회의 내부적 질서를 규율하는 국회법은 일차적으로 기관내부의

---

63) 이러한 3가지 규율영역은 국회뿐만 아니라 자율권을 가진 모든 헌법기관의 규칙이 공통적으로 규율하는 대상이다. vgl. T. I. Schmidt, Die Geschäftsordnung der Verfassungsorgane als individuell-abstrakte Regelungen des Innenrechts, AöR 128(2003), S.616.

구성원을 그 적용대상으로 한다. 국회법의 적용을 받는 일차적인 수규자는 국회구성원인 국회의원이다. 뿐만 아니라, 국회에의 출석·발언권(헌법 제62조 제1항)이나 국회의 출석요구권(헌법 제62조 제2항)을 근거로 국회의 내부절차에 참여하는 다른 헌법기관의 구성원(가령, 국무총리나 국무위원 등)도 국회법의 적용을 받는다.

마찬가지로, 증인이나 감정인 또는 참고인으로서 입법기능이나 통제기능 등 국회의 과제이행에 있어서 국회를 지원하는 국민도 국회의 작업에 참여함으로써 국회법의 적용을 받는다. 여기서 국민이 국회법의 적용을 받는다면, 이는 국가권력인 국회와 대립하는 '기본권주체로서의 지위'에서가 아니라 국회의 작업에 협력하고 참여하는 '조력자로서의 기능'에서 국회법의 구속을 받는 것이다.[64] 국회의 원활한 절차진행을 확보하기 위하여 다른 헌법기관의 구성원이나 국회의 작업에 참여하는 국민이 국회법상의 의사진행절차의 적용을 받아야 하는 것은 필수적이다.

나. 국회법이 다른 국가기관이나 私人과의 외부적 관계를 규율하는지 여부

(1) 다른 국가기관에 대한 국회법의 효력

국회법의 규율대상이 국회의 내부질서에 한정되어 있으므로, 국회법에서 외부기관과의 관계를 규율한다면, 이러한 국회법규정은 원칙적으로 외부기관에 대한 구속력을 가질 수 없다. 국회법은 헌법에서 이미 다른 국가기관을 구속하는 것 이상으로 외부적 구속력을 가지고 다른 국가기관에게 의무를 부과할 수 없다. 국가기관 상호간의 관계는 헌법에 확정적으로 규정되어야 하며, 단지 헌법개정을 통해서만 변경될 수 있다. 결국, 국가기관 상호간의 관계에 관한 한, 憲法留保에 의하여 입법자의 규율권한이 제한되는 것이다.[65]

만일 헌법이 국가기관 상호간의 관계를 스스로 확정적으로 규율하지 아니하고 입법자에게 규율하도록 위임한다면, 입법자는 다른 국가기관과의 관계에서 자신의 관할과 권한을 스스로 정할 수 있을 것이다. 그러므로 국가기관의 관할과 권한에 관한 헌법규정은 그 권한의 한계를 제시하는 '확정적인 규정'으로 이해해야 하고, 이러한 의미에서 해석되어야 한다. 법치국가적 권력분립질서에서 국가기관 상호간의 권리와 의무 및 상호간의 영향력행사와 작용의 가능성은 헌법적 차원에서만 확정될 수 있으므로, 헌법에 의하여 확정된 권한배분질서의 변동이 '단지 내부적인 의회절차를 일방적으로 규율하는 국회법'에 의하여 발생할 수 없다는 것은 당연하다.[66]

---

64) 독일 연방의회 의사규칙과 관련하여 vgl. T. I. Schmidt, Die Geschäftsordnung der Verfassungsorgane als individuell-abstrakte Regelungen des Innenrechts, AöR 128(2003), S.616; Morlok, in: Dreier(Hg), Grundgesetz Kommentar, Bd.II, 2006, Art.40 Rn.13; Pietzcker, Schichten des Parlamentsrechts: Verfassung, Gesetze und Geschäftsordnung, in: Schneider/Zeh(Hg), Parlamentsrecht und Parlamentspraxis, 1989, §10 Rn.22, 25.

65) Vgl. Zippelius/Würtenberger, Deutsches Staatsrecht, 2005, S.101.

따라서 다른 국가기관의 구성원에게 헌법적으로 부여되는 권한, 가령 국회와 위원회에 출석하여 발언할 권리(헌법 제62조 제1항)는 국회법에 의하여 박탈될 수 없다. 다만, 출석·발언권의 행사여부가 아니라 그 행사방법만이 국회법에 의하여 규율될 수 있을 뿐이다. 마찬가지로, 국회는 국회법을 통하여 헌법이 규정하고 있는 '정부각료에 대한 국회와 위원회의 출석요구권'(헌법 제62조 제2항)의 범위를 넘어서 정부각료에게 소위원회 등 다른 국회 하부조직의 회의에 출석해야 할 의무를 부과할 수 없다.

국회법이 헌법에서 규정한 내용을 단지 확인하는 것을 넘어서, 가령 대법원장이나 헌법재판소장 등 다른 국가기관에 대한 출석요구에 관하여 언급한다면, 이는 단지 다른 국가기관에 대하여 국회의 기대와 요구를 표현하고 있는 것이다.[67] 일반적으로 다른 국가기관은 국회에 대한 존중의 관점에서 국회법에 표현된 이러한 기대와 요구에 자발적으로 부응할 수는 있지만, 법적으로 구속을 받는 것은 아니다.[68] 설사, 다른 국가기관이 자신의 내부질서를 규율함에 있어서 국회가 요구하는 행위를 할 것을 스스로 규정함으로써 국회의 기대와 요구에 부응한다 하더라도, 이로부터 상호간의 법적 권리와 의무가 발생하는 것은 아니다. 국회가 국회법을 통하여 외부적으로 법적 구속력을 가지고 다른 헌법기관과의 관계를 규율할 수는 없다고 하더라도, 국회는 다른 헌법기관과의 교류의 방법에 관하여 규율할 수 있으며, 이러한 경우 헌법기관 사이의 관계가 헌법에 의하여 규율되고 있는 것이 아니라면, 국회가 기대하는 이러한 관계의 형성은 국가기관 사이의 상호존중과 자발적인 협력에 의존하고 있는 것이다. 그러나 국무총리·국무위원 등을 비롯하여 다른 국가기관의 구성원이 국회의 절차에 참여하거나 출석하는 한, 국회 회의절차에 관한 규정을 준수해야 하고 의장의 질서유지권, 의사정리권에 복종해야 하는 것은 의문의 여지가 없다.

(2) 私人에 대한 국회법의 효력

국회법은 단지 내부적 효력을 가지고 국회의 내부적 절차만을 규율할 수 있기 때문에, 국회의 절차에 참여하는 私人에 대해서도 외부적 효력을 가지고 의무를 부과할 수 없다. 따라서 증인이나 참고인 등에 대하여 의무를 부과하는 모든 규정은 형사소송법규

---

66) Vgl. Arndt, Parlamentarische Geschäftsordnungsautonomie und autonomes Parlamentsrecht, 1966, S.111f.

67) 가령, 국회법은 제121조(국무위원 등의 출석요구) 제1항 내지 제3항에서 국무총리와 국무위원 등에 대한 국회의 출석·답변요구권과 이에 대응하는 국무총리와 국무위원 등의 출석·답변의 의무를 규정함으로써, 헌법 제62조에 이미 규정된 내용을 단지 확인하고 있을 뿐이다. 이에 대하여, 국회법은 제121조 제4항에서 대법원장·헌법재판소장·중앙선거관리위원회위원장·감사원장에 대한 출석요구권을 규정하고 있는데, 이러한 요구권은 출석의무를 수반하지 않는 구속력이 없는 요구권이다. 국회법 제121조 제4항은 단지 요구권만을 규정할 뿐 대법원장 등의 출석·답변의무를 규정하고 있지 않다.

68) 독일 연방의회 의사규칙과 관련하여 vgl. Achterberg, Parlamentsrecht, 1984, S.59ff.; Maurer, Staatsrecht, 1999, §13 Rn.89; Pietzcker, Schichten des Parlamentsrechts: Verfassung, Gesetze und Geschäftsordnung, in: Schneider/Zeh, Parlamentsrecht und Parlamentspraxis, 1989, §10 Rn.22.

정에 그 법적 근거를 두고 있다.[69] 국민에 대한 법적 의무는 단지 외부적 효력을 가지는 법률에 의하여 부과될 수 있기 때문에, 이러한 규정은 국회 내부질서의 규율에 제한되는 국회법에 의하여 규율될 수 없다. 그러므로 국회는 국회법에 근거하여 위원회의 공청회에서 이해관계인이나 참고인 등에 대하여 출석이나 발언을 강요할 수 없다. 물론, 사인이 국회나 위원회에 자발적으로 출석하여 국회의 작업에 참여·협력하는 경우에는 국회법의 구속을 받으므로, 국회법에 의하여 규율된 내부절차를 따라야 한다.

이러한 점에서 국회법은 직접 국민의 기본권을 제한하지 않는다. 국회법은 단지 '위원회(조사위원회, 공청회, 청문회 등)는 증인·감정인 또는 참고인의 출석을 요구할 수 있다'고 하여(국회법 제129조 제1항) 국회내부절차에 국민을 참여시킬 수 있는 가능성만을 규정할 뿐, 이를 강제하거나 제재하는 규정을 두고 있지 않다. 국회법은 국민의 기본권과 직접 관련되는 절차와 관련해서는 스스로 규율하지 아니하고 다른 법률에서 따로 정하도록 규율하고 있다(가령, 국회법 제65조 제6항, 제127조, 제129조 제3항 등).[70] 이에 따라, 국민의 기본권제한과 관련되는 구체적인 절차 또는 형사소송법상의 강제수단은 모두 별도의 개별법률(가령, 국정조사 및 감사에 관한 법률, 국회에서의 증언·감정 등에 관한 법률 등)에서 규율되고 있다. 국회법이 대외적 효력이 없다는 점에서 특히 국정조사절차에 관하여 별도의 법률로써 규율하는 것이 필요하다.[71]

V. 국회법 위반의 司法的 審査 및 법적 효과

1. 사법적 심사의 가능성

국회법은 국회 내부적으로 효력을 가지기 때문에, 국회법의 위반은 내부적으로 국회기관 및 구성원의 권한을 침해할 수 있다. 국회법에 규정된 의사절차의 위반으로 인하여 내부적으로 국회의 기관이나 구성원의 권리가 침해되는 경우, 의사절차의 하자 여부, 즉 국회법 위반여부는 권한쟁의심판의 대상이 된다. 현행 권한쟁의심판제도의 특징은 헌법상의 분쟁뿐만 아니라 법률상의 분쟁도 권한쟁의심판의 대상이 된다는 것이다(헌법재판소법 제61조 제2항). 이에 따라 국회의원은 '국회의장이 국회법에 규정된 자신의 발언권이나 표결권을 침해하였다'고 주장함으로써 국회법 위반에 근거하여 권한쟁의심판을 청구할 수 있으며, 나아가 발언권이나 표결권을 보장하는 국회의원의 헌법적 지위

69) 독일 기본법 제44조 제2항은 증거조사에는 형사소송법을 준용할 것을 명시적으로 규정하고 있다.

70) 국회법 제65조(청문회) ⑥ 청문회에서의 발언·감정 등에 대하여 이 법에서 정한 것을 제외하고는 국회에서의 증언·감정등에관한법률에 따른다. 제127조(국정감사와 국정조사) 국회의 국정감사와 국정조사에 관하여 이 법이 정한 것을 제외하고는 국정감사및조사에관한법률이 정하는 바에 따른다. 제129조(증인·감정인 또는 참고인의 출석요구) ③ 제1항의 증언·감정등에 관한 절차는 다른 법률이 정하는 바에 따른다.

71) Vgl. Pietzcker, Schichten des Parlamentsrechts: Verfassung, Gesetze und Geschäftsordnung, in: Schneider/Zeh(Hg), Parlamentsrecht und Parlamentspraxis, 1989, §10 Rn.25.

의 침해를 근거로 권한쟁의심판을 청구할 수 있다. 또한, 국회법의 제정으로 인하여 야당의 권리가 침해되었다고 주장하는 경우, 국회법의 제정행위는 피청구인의 처분으로서 권한쟁의심판의 대상이 된다.

2. 국회법 위반의 법적 효과

국회가 헌법이나 국회법에 규정된 의사절차에 위반하여 법률안 등을 의결한 경우 헌법재판소가 권한쟁의심판에서 그 위헌·위법여부를 확인할 수 있는지의 문제와 구분해야 하는 것은, '의결된 법률이 유효한지'의 문제이다. 국회법위반의 법적 효과는 다음과 같은 2가지 관점(아래 가. 및 나.)을 고려하여 판단하여야 한다.

가. 내부적 법규범으로서 국회법의 법적 성격

국회법조항이 헌법에 위반되는 경우, 이를 합헌적으로 해석할 수 있는 가능성이 존재하지 않는 한, 그 국회법조항은 위헌적 법률로서 무효이다. 이와 구분해야 하는 것은 법률제정행위 등 국회의 행위가 국회법에 위반되는 경우 어떠한 법적 효과를 초래하는지의 문제이다.

국회법이 단지 국회 내부적으로만 효력을 발휘하고 기관내부의 구성원만을 직접적으로 구속할 수 있기 때문에, 필연적으로 국회법은 오로지 국회 내부적으로만 위반될 수 있다. 즉, 단지 국회의 구성원이나 내부기관만이 그 활동을 통하여 국회법에 위반될 수 있는 것이다.[72] 따라서 내부적 구속력을 가지는 국회법에 대한 위반은 단지 내부적 효과를 가진다. 법률이 국회법에 위반되어 제정되었다 하더라도, 국회법 위반이 국회 내부적으로 국회구성원의 권한을 침해함으로써 권한쟁의심판의 대상이 될 수 있는지는 별론으로 하고, 그 법률은 유효하다. 이는, 국회법이 그 법적 성격에 있어서 내부적 자치규범이라는 것의 필연적 결과이다.

법률제정을 비롯하여 국회의 행위가 외부적 효력을 가진다면 이러한 국회행위의 대외적 효력은 법치국가적 법적 안정성의 관점에서 내부영역에서만 구속력을 가지는 국회법의 위반여부에 달려있지 않다.[73] 따라서 외부적 효력을 가지는 국회 행위는 국회법의 위반에도 불구하고 원칙적으로 유효하며, 다만 국회법 위반이 동시에 '헌법위반'을 의미하는 경우에만 그 법률은 무효이다. 그러므로 국회법의 규정이 단지 헌법규정의 내용을

---

72) 독일 연방의회 의사규칙과 관련하여 vgl. Maurer, Staatsrecht, 1999, §13 Rn.93.

73) 독일 연방의회 의사규칙과 관련하여 vgl. Achterberg, Parlamentsrecht, 1984, S.61f.; Stern, Das Staatsrecht der BRD, Bd.Ⅱ, 1980, §26 Ⅲ 6e; Piezcker, Schichten des Parlamentsrechts: Verfassung, Gesetze und Geschäftsordnung, in: Schneider/Zeh(Hg), Parlamentsrecht und Parlamentspraxis, 1989, §10 Rn.42f.; Badura, Staatsrecht, 2003, E43; Morlok, in: Dreier(Hg), Grundgesetz Kommentar, Bd.Ⅱ, 2006, Art.40 Rn.22; T. I. Schmidt, Die Geschäftsordnung der Verfassungsorgane als individuell-abstrakte Regelungen des Innenrechts, AöR 128(2003), S.643.

반복하고 확인하는 경우에는 국회법에 대한 위반은 곧 헌법위반을 의미하므로, 국회의 행위가 이러한 국회법에 위반되는 경우에는 원칙적으로 국회 행위의 무효를 초래한다.[74] 국회법이 이와 같은 방법으로 헌법규정을 구체화하고 있지 않는 한, 국회법에 규정된 입법절차의 위반으로 인하여 법률이 무효가 되지 않는다. 예컨대, 국회법에서 법률안의 제출을 위하여 규정하고 있는 의원 수에 미달하여 법률안이 제출되었거나 또는 의사진행절차에 관한 국회법규정에 위반하여 법률안 등을 의결한 경우, 그 법률은 국회법위반에도 불구하고 유효하다.[75]

나. 국가기관 상호간의 권한쟁의심판의 본질

헌법재판소법 제66조는 제1항에서 "헌법재판소는 심판의 대상이 된 국가기관 또는 지방자치단체의 권한의 존부 또는 범위에 관하여 판단한다."고 하고, 제2항에서 "제1항의 경우에 헌법재판소는 권한침해의 원인이 된 피청구인의 처분을 취소하거나 그 무효를 확인할 수 있고, 헌법재판소가 부작위에 대한 심판청구를 인용하는 결정을 한 때에는 피청구인은 결정취지에 따른 처분을 하여야 한다."고 규정하고 있다. 헌법재판소법 제66조 제2항은 권한의 존부 및 범위에 대한 확인을 넘어서 피청구인의 처분을 취소 또는 무효확인할 수 있는 가능성을 규정하고 있으므로, 언제 헌법재판소법 제66조 제2항이 적용될 수 있는지의 문제가 제기된다.[76]

(1) '국가기관 상호간의 권한쟁의심판'에 있어서, 헌법재판소는 원칙적으로 '피청구인의 처분이 헌법이나 법률에 위반되어 청구인의 권한을 침해하였는지 여부'만을 확인할 수 있을 뿐(확인결정), 피청구인 행위의 취소나 무효확인의 결정과 같은 형성적 결정을

---

74) 독일 연방의회 의사규칙과 관련하여 vgl. T. I. Schmidt, Die Geschäftsordnung der Verfassungsorgane als individuell-abstrakte Regelungen des Innenrechts, AöR 128(2003), S.642; 독일 연방정부 의사규칙과 관련하여 Böckenförde, Die Organisationsgewalt im Bereich der Regierung, 1964, S.126.

75) 헌재 1997. 7. 16. 96헌라2 결정(법률안 변칙처리 사건)에서 재판관 3인의 의견은 '국회법에 위반한 법률안 가결선포행위를 무효로 볼 것인지'의 문제와 관련하여, "국회 입법절차의 특성상 그 개개의 과정에서 의도적이든 아니든 헌법이나 법률의 규정을 제대로 준수하지 못하는 잘못이 있을 수 있다. 그러한 잘못이 현실로 나타날 경우 그로 인하여 일부 국회의원들의 입법에 관한 각종의 권한이 침해될 수 있는데, 이러한 사정만으로 곧바로 법률안의 가결선포행위를 무효로 한다면 이는 곧 그 법률의 소급적 무효로 되어 국법질서의 안정에 위해를 초래하게 된다. 따라서 국회의 입법과 관련하여 일부 국회의원들의 권한이 침해되었다 하더라도 그것이 입법절차에 관한 헌법의 규정을 명백히 위반한 흠에 해당하는 것이 아니라면 그 법률안의 가결선포행위를 무효로 볼 것은 아니라고 할 것인바, 우리 헌법은 국회의 의사절차에 관한 기본원칙으로 제49조에서 '다수결의 원칙'을, 제50조에서 '회의공개의 원칙'을 각 선언하고 있으므로, 이 사건 법률안의 가결선포행위의 효력 유무는 결국 그 절차상에 위 헌법규정을 명백히 위반한 흠이 있는지 여부에 의하여 가려져야 할 것이다. [중략] 그렇다면 피청구인의 이 사건 법률안의 가결선포행위에는 위에서 본 바와 같은 국회법위반의 하자는 있을지언정 입법절차에 관한 헌법의 규정을 명백히 위반한 흠이 있다고 볼 수 없으므로, 이를 무효라고 할 수는 없다."고 판시하여 유사한 입장을 취하고 있다(판례집 9-2, 154. 172-174). 그러나 이러한 견해도 왜 헌법규정에 대한 위반의 경우에만 법률제정행위가 무효일 수 있고, 국회법위반의 경우에는 무효가 될 수 없는지에 관하여 명확한 설명을 하지 못하고 있다.

76) 이러한 점을 이미 지적하고 있는 것으로, 한수웅, 국가기관간의 권한쟁의에 있어서의 제3자 소송담당 및 결정주문, 인권과 정의 제265호, 1998. 9. 114면.

내릴 수 없다.[77] 국가기관 상호간의 권한쟁의심판에서 헌법재판소는 원칙적으로, 문제된 국가기관의 처분이나 부작위가 헌법 또는 법률에 위반되는지 여부만을 밝혀서 분쟁의 당사자인 국가기관으로 하여금 헌법재판소의 결정에 따라 스스로 합헌적인 상태를 구현하도록 함으로써 손상된 헌법상 권력분립질서, 궁극적으로 국가의 정치적 의사형성과정의 원활한 기능을 다시 회복하는데 그쳐야 한다. 그러나 헌법재판소가 이를 넘어서 취소나 무효확인의 형태로 그 처분의 효력에 관한 결정을 함으로써, 국가의 정치적 과정에 형성적으로 적극적으로 개입하고 이로써 의도하지 않은 법적 혼란을 초래해서는 안 된다. 권한쟁의심판의 본질이 권한분쟁의 해결을 통하여 법적 평화의 회복에 기여하고자 하는 것임을 고려한다면, 국가기관간의 권한쟁의심판에서 헌법재판소가 법적 혼란을 가져 올 수 있는 '취소나 무효확인의 결정'을 피하고 단지 '권한침해확인결정'에 그침으로써 스스로 자제해야 할 필요성은 더욱 크다.

헌법재판소가 헌법재판소법 제66조 제1항에서 예정하고 있는 '확인결정'에 그쳐야만 하는 이유는, 첫째, 헌법재판소의 결정을 통하여 권한쟁의심판 당사자 사이의 관계에 직접 형성적으로 관여하지 않음으로써 피청구인 국가기관의 정치적 형성권을 존중하려는 데 있고, 둘째, 피청구인 국가기관에게 합헌적 상태의 회복과 관련하여 여러 가지의 형성가능성이 존재하는 경우에는 헌법재판소의 '취소나 무효확인의 결정'과 같은 피청구인 처분의 효력에 관한 결정을 통하여 합헌적인 상태를 궁극적으로 회복할 수 없다는 데 있다.[78]

국가기관 상호간의 권한쟁의심판에서 헌법재판소는 사법적 기능을 담당하는 국가기관으로서 형성적 기능을 담당하는 정치적 헌법기관인 국회나 정부와의 권한배분의 문제를 고려하여 헌법재판소법 제66조 제1항에 따라 '청구인 권한의 존부 또는 범위에 관한 판단'에 그쳐야 한다. 만일 헌법재판소가 그를 넘어서 피청구인의 처분의 효력에 관한 결정을 한다면, 이는 헌법재판소가 스스로 독자적인 정치적 형성행위를 함으로써 정치적 헌법기관의 형성권을 침해할 위험이 있다. 또한, 국가기관 상호간의 권한쟁의심판에서 피청구인에게 위헌적 상태의 제거와 관련하여 여러 가지 가능성이 존재하거나 또는 절차상의 하자를 치유한 결과가 다양한 형태로 나타난다면, 헌법재판소는 피청구인의 정치적 형성권을 존중하여 피청구인의 행위가 헌법이나 법률에 위반되어 청구인의 권한을 침해했다는 확인결정만을 하여야 한다.

나아가, 법률제정절차의 하자에 의하여 청구인의 권한이 침해된 경우, 여기서 심판대상은 법률제정행위의 결과인 '법률'이 헌법에 위반되는지 여부가 아니라, 일련의 '법률

77) 독일 연방헌법재판소도 피청구인 처분의 효력이나 존속여부에 관하여는 결정할 수 없다는 것을 강조하고 있다, vgl. BVerfGE 1, 37; 20, 129; 24, 351.

78) 한수웅, 국가기관간의 권한쟁의에 있어서의 제3자 소송담당 및 결정주문, 인권과 정의 제265호, 1998. 9. 114면.

제정행위'의 한 부분행위인 피청구인의 처분이 청구인의 권한을 침해하였는지 여부이다. 따라서 이러한 경우에 헌법재판소가 피청구인 처분에 대한 취소나 무효확인의 결정을 내림으로써 법률의 효력에 대하여 판단하는 것은 심판청구의 범위를 넘어서는 것이며, 국가기관 상호간의 권한분쟁의 해결을 그 목적으로 하는 권한쟁의심판의 본질을 망각하여 규범통제절차로 변형시키는 것이다. 헌법재판소법 제23조에서 규범통제절차와 권한쟁의심판의 심판정족수가 '재판관 6인 이상의 찬성과 관여재판관 과반수의 찬성'으로 서로 다르게 규정된 것도 권한쟁의심판의 대상이 '법률제정행위의 권한침해 여부'인 것이지, 그 결과물인 '법률의 위헌여부'가 아니라는 것을 반영하는 것이다.

(2) 이러한 관점에서 본다면, 피청구인 처분을 취소 또는 무효확인할 수 있는 가능성을 규정하고 있는 헌법재판소법 제66조 제2항은 헌법재판소의 '취소나 무효확인의 결정'이 정치적 국가기관의 형성권을 침해할 우려가 없는 경우에 한하여 적용된다고 보아야 한다.[79] 그러므로 헌법 제111조 제1항 제4호 및 헌법재판소법 제62조에 규정된 권한쟁의심판의 3가지 종류 중에서, 국가의 정치의사형성이 문제되지 않는 경우인 '국가기관과 지방자치단체 간의 권한쟁의심판'이나 '지방자치단체 상호간의 권한쟁의심판'에 한하여 헌법재판소법 제66조 제2항의 취소결정이나 무효확인결정이 고려될 수 있다.

다. 국회의 자율권에 대한 司法的 審査의 한계?

국회가 헌법과 국회법에 규정된 입법절차에 관한 규정에 위반하여 법률안을 의결한 경우 이와 같이 제정된 법률이 유효한지 여부와 관련하여, 학계의 일부 견해는 의사절차의 適否에 대한 사법적 심사의 문제를 '국회자율권의 행사에 대한 사법적 심사의 한계' 문제로 이해하고자 한다.[80] 이러한 견해에 의하면, 의사절차의 하자 여부는 국회의 자주적 판단에 일임하고 헌법재판소가 개입할 문제가 아니며, 입법절차상의 하자가 중대하고 명백한 경우에 한하여 입법절차의 하자 여부가 헌법재판소에 의한 심판의 대상이 되어야 한다고 한다.

그러나 헌법과 헌법재판소법에 의하여 헌법재판소에게 권한쟁의심판에 관한 권한과 의무가 부여된 이상, 헌법재판소는 국회의 자율권을 이유로 '의사절차의 하자로 인하여 청구인의 권한이 침해되었는지 여부'의 판단을 회피할 수 없으며, 피청구인의 처분에

---

79) 헌법재판소법 제61조 제2항의 '피청구인의 처분 또는 부작위'에서의 '처분'은 행정행위나 행정처분에 해당하는 개념이 아니라 모든 규범, 행정행위, 사실행위를 포함하는 포괄적인 개념으로서 부작위에 대립되는 개념인 '작위'나 '적극적인 행위'에 해당하는 반면, 헌법재판소법 제66조 제2항에서는 청구인의 권한을 침해하는 경우에 발생해야 할 법률효과로서 "취소나 무효확인"을 언급하고 있으므로, 여기서의 '처분'은 취소소송이나 무효확인소송의 대상이 되는 행정행위로 좁게 보아야 할 것이다.

80) 가령, 권영성, 헌법학원론, 2008, 933면 이하 참조("국회가 의결한 것이고 또 적법한 절차에 따라 공포된 이상 헌법재판소는 국회의 자주성을 존중해야 하므로, 법률제정 등의 의사절차에 관한 사실을 심리한다든가 그 유효·무효를 판단해서는 안 된다.")

의하여 청구인의 헌법상 또는 법률상 권한의 침해 가능성을 인정할 수 있는 이상, 청구인의 권한침해여부에 관하여 판단을 해야 하는 의무를 진다. 국회 의사절차의 위반을 이유로 권한쟁의심판이 청구된 경우 국회의 자율권이 거론될 수 있다면, 그 장소는 사법적 심사의 '대상'에 관한 영역, 즉 피청구인 행위의 위헌·위법성이 사법적 심사의 대상이 되는지의 영역이 아니라, 헌법재판소가 언제 피청구인 행위의 위헌·위법성을 확인할 수 있는지, 즉 사법적 심사의 '한계'에 관한 영역이다.[81] 즉, 국회의 자율권이 제기하는 문제는, 헌법재판소가 사법적 심사에 있어서 어느 정도로 국회의 의사자율권을 존중해야 하는지에 관한 문제이고. 이로써 어느 정도로 의사절차의 위반을 확인할 수 있는지에 관한 '사법적 심사의 한계'의 문제이다.

그러나 위에서 확인한 바와 같이, 국회 의사절차가 국회법에 위반되는 경우 국회법 위반이 '제정된 법률'의 효력에 아무런 영향을 미치지 않는 것은 국회자율권에 대한 존중으로 인한 사법적 심사의 한계 때문이 아니다. 이는 일차적으로 국회법 및 그 위반의 효과가 단지 내부적인 효력을 가지기 때문인 것이고, 나아가 국가기관 상호간의 권한쟁의심판의 본질에 비추어 헌법재판소의 판단이 적극적인 형성적 결정이 아니라 단지 소극적인 확인결정에 그쳐야하기 때문이다. 따라서 국회법에 위반되어 법률이 제정되는 경우에 제정된 법률의 효력과 관련하여 제기되는 문제는 국회자율권이나 사법적 심사가능성의 문제가 아니라, 일차적으로 국회법의 법적 성격과 법적 구속력의 문제인 것이다.

Ⅵ. 맺는말

1. 헌법 제64조 제1항에서 국회의 의사와 내부규율을 '규칙'의 형식으로 규율할 것을 명시적으로 규정하고 있음에도 불구하고, 국회가 자신의 내부적 사안을 일차적으로 '국회법'이란 법률의 형식으로 규율한 것은 헌법에 부합한다. 물론, 의회 자율권의 주된 목적이 다른 국가기관의 영향과 간섭으로부터 국회의 자기결정권을 보장하고자 하는 것이라면, 국회가 내부적 사안을 법률로써 규율하는 것은 다른 헌법기관에게 영향력행사의 가능성을 개방한다는 점에서, '규율형식으로서 법률'의 문제점을 드러내고 있다. 또한, 의회 자율권의 본질에 속하는 것이 자신의 의결에 의하여 자신이 정한 의사규칙으로부터 벗어날 수 있는 가능성을 보유한다는 것인데, 의사절차를 법률로써 정하는 경우 국회는 이러한 가능성을 가질 수 없기 때문에 자신의 자율권의 범위를 스스로 제약하는

81) 헌재 1997. 7. 16. 96헌라2, 판례집 9-2, 154, 165, "국회는 국민의 대표기관, 입법기관으로서 폭넓은 자율권을 가지고 있고, 그 자율권은 권력분립의 원칙이나 국회의 지위, 기능에 비추어 존중되어야 하는 것이지만, 한편 법치주의의 원리상 모든 국가기관은 헌법과 법률에 의하여 기속을 받는 것이므로 국회의 자율권도 헌법이나 법률을 위반하지 않는 범위 내에서 허용되어야 하고 따라서 국회의 의사절차나 입법절차에 헌법이나 법률의 규정을 명백히 위반한 흠이 있는 경우에도 국회가 자율권을 가진다고는 할 수 없다."

결과에 이른다는 점에서도 문제가 있다.

그러나 헌법이 국회 내부질서의 일차적인 규율형식으로서 '규칙'을 예정하고 있다고 보는 해석은 다른 헌법규정과의 모순과 충돌을 제거할 수 없다는 결정적인 결함을 안고 있다. 국회의 내부질서를 규정하는 일련의 다른 헌법규정과의 관계에서 발생하는 모순을 제거하기 위하여 '헌법은 제64조 제1항에서 법률을 국회의 내부질서에 관한 일차적인 규율형식으로 간주하면서 규칙을 단지 부차적인 규율형식으로 언급하고 있다'고 해석하는 것이 요청된다. 따라서 헌법 제64조 제1항은 "국회의 의사와 내부규율은 법률과 규칙으로 정한다."의 의미로 이해되어야 한다.

2. 헌법은 제64조 제1항에서 법률과 규칙의 형태로 국회의 내부질서를 스스로 규율할 수 있는 권한을 국회에 부여하면서 규율의 대상을 '국회의 내부질서'로 한정하고 있다. 국회법의 규율대상은 '국회의 조직과 의사'와 같이 '자신의 사안'으로서 국회 내부영역에 제한되고, 그 효력범위도 국회 내부영역에 제한된다. 국회가 자신의 내부조직과 의사를 독자적으로 규율하는 헌법상 권한을 법률 또는 규칙 등 어떠한 형식으로 행사하는지와 관계없이, 국회법은 조직과 의사의 자치에 관한 규율로서 단지 내부적 효력을 가지는 규범이다. 국회가 헌법 제64조 제1항의 수권을 어떠한 형식으로 행사하든지 간에, 그 규율대상에 있어서 내부영역에 국한된 수권의 내용으로 인하여 외부적 효력을 가지고 규율할 수 없다.

따라서 국회법은 헌법에서 이미 다른 국가기관을 구속하는 것 이상으로 외부적 구속력을 가지고 다른 국가기관에게 의무를 부과할 수 없다. 국회법이 헌법에서 규정한 내용을 단지 확인하는 것을 넘어서 가령 정부나 사법기관 등 외부기관과의 관계를 규율한다면, 이러한 국회법규정은 외부기관에 대한 구속력을 가질 수 없으며, 단지 다른 국가기관에 대하여 국회의 기대와 요구를 표현하고 있는 것이다. 일반적으로 다른 국가기관은 국회에 대한 존중의 관점에서 국회법에 표현된 이러한 기대와 요구에 자발적으로 부응할 수는 있지만, 법적으로 구속을 받는 것은 아니다.

또한, 국회법은 단지 내부적 효력을 가지고 국회의 내부적 절차만을 규율할 수 있기 때문에, 국회의 절차에 참여하는 私人에 대해서도 외부적 효력을 가지고 의무를 부과할 수 없다. 국민에 대한 법적 의무는 단지 외부적 효력을 가지는 법률에 의하여 부과될 수 있기 때문에, 이러한 규정은 국회 내부질서의 규율에 제한되는 국회법에 의하여 규율될 수 없다. 그러므로 국회는 국회법에 근거하여 위원회의 공청회에서 이해관계인이나 참고인 등에 대하여 출석이나 발언을 강요할 수 없다. 이에 따라, 국민의 기본권제한과 관련되는 구체적인 절차 또는 형사소송법상의 강제수단은 모두 별도의 개별법률에서 규율되고 있다.

3. 국회법이 국회 내부적 효력만을 발휘하고 기관내부의 구성원만을 직접적으로 구속할 수 있기 때문에, 필연적으로 국회법은 단지 국회 내부적으로만 위반될 수 있다. 따라서 내부적 구속력을 가지는 국회법에 대한 위반은 단지 내부적 효과를 가진다. 법률이 국회법에 위반되어 제정되었다 하더라도, 국회법 위반이 국회 내부적으로 국회구성원의 권한을 침해함으로써 권한쟁의심판의 대상이 될 수 있는지 여부는 별론으로 하고, 그 법률은 유효하다. 이는, 국회법이 그 법적 성격에 있어서 내부적 자치규범이라는 것의 필연적 결과이다. 따라서 외부적 효력을 가지는 국회 행위는 국회법의 위반에도 불구하고 원칙적으로 유효하며, 다만 국회법 위반이 동시에 헌법위반을 의미하는 경우에만 그 법률은 무효이다. 예컨대, 국회법에서 법률안의 제출을 위하여 규정하고 있는 의원 수에 미달하여 법률안이 제출되었거나 또는 의사진행절차에 관한 국회법규정에 위반하여 법안 등을 의결한 경우, 그 법률의 효력은 법치국가적 법적 안정성의 관점에서 '그 효력범위가 내부영역에만 국한되는 국회법'의 위반여부에 달려있지 않다.

뿐만 아니라, 권한쟁의심판의 본질이 권한분쟁의 해결을 통하여 권력분립질서에 부합하는 합헌적 상태 및 법적 평화의 회복에 기여하려는 것임을 고려한다면, 헌법재판소는 국가기관 상호간의 권한쟁의심판에서, 국가기관의 처분이나 부작위가 헌법 또는 법률에 위반되어 청구인의 권한을 침해하였는지 여부만을 밝혀서 분쟁의 당사자인 국가기관으로 하여금 헌법재판소의 결정에 따라 스스로 합헌적 상태를 구현하도록 함으로써 손상된 헌법상 권력분립질서를 다시 회복하는데 그쳐야 한다. 헌법재판소는 이를 넘어서 취소나 무효확인의 형태로 그 처분의 효력에 관한 결정을 함으로써 국가의 정치적 과정에 형성적·적극적으로 개입하고 이로써 의도하지 않은 법적 혼란을 초래해서는 안 된다.

국회 의사절차가 국회법에 위반되는 경우 국회법 위반이 '제정된 법률'의 효력에 아무런 영향을 미치지 않는 것은 국회 자율권에 대한 존중으로 인한 사법적 심사의 한계 때문이 아니다. 이는 일차적으로 국회법 및 그 위반의 효과가 단지 내부적인 효력을 가지기 때문인 것이고, 나아가 국가기관 상호간의 권한쟁의심판의 본질에 비추어 헌법재판소의 판단이 적극적인 형성적 결정이 아니라 단지 소극적인 확인결정에 그쳐야 하기 때문이다.

참고문헌

권영설, 헌법이론과 헌법담론, 2006
권영성, 헌법학원론, 2008
계희열, 헌법학(상), 2004
김상겸, 의회의 자율권과 사법 -독일의 경우를 중심으로-, 헌법학연구 제9권 제2호, 2003. 8.
한수웅, 국가기관간의 권한쟁의에 있어서의 제3자 소송담당 및 결정주문, 인권과 정의 제265호, 1998. 9.
한태연, 헌법학, 1983
허영, 한국헌법론, 2004

Achterberg, Parlamentsrecht, 1984
Arndt, Parlamentarische Geschäftsordnungsautonomie und autonomes Parlamentsrecht, 1966
Badura, Staatsrecht, 2003
Böckenförde, Die Organisationsgewalt im Bereich der Regierung, 1964
Dreier, Regelungsform und Regelungsinhalt des autonomen Parlamentsrechts, JZ 1990
Kretschmer, Geschäftsordnungen deutscher Volksvertretungen, in: Schneider/Zeh(Hg), Parlamentsrecht und Parlamentspraxis, 1989, §9
Magiera, in: Sachs(Hg), Grundgesetz Kommentar, 2003, Art.40
Maurer, Staatsrecht, 1999
Morlok, Parlamentarisches Geschäftsordnungsrecht zwischen Abgeordnetenrechten und politischer Praxis, JZ 1989
______, in: Dreier(Hg), Grundgesetz Kommentar, Bd.Ⅱ, 2006, Art.40
Pietzcker, Schichten des Parlamentsrechts: Verfassung, Gesetze und Geschäftsordnung, in: Schneider/Zeh(Hg), Parlamentsrecht und Parlamentspraxis, 1989, §10
Robbers, in: Sachs(Hg), Grundgesetz Kommentar, 2003, Art.52
Scherer, Fraktionsgleichheit und Geschäftsordnungskompetenz des Bundestages, AöR 112(1987)
T. I. Schmidt, Die Geschäftsordnung der Verfassungsorgane als individuell-abstrakte Regelungen des Innenrechts, AöR 128(2003)
H.-P. Schneider, Das Parlamentsrecht im Spannungsfeld von Mehrheitsentscheidung und Minderheitsschutz, in: Badura/Dreier(Hg), Festschrift 50 Jahre Bundesverfassungsgericht, Bd.Ⅱ, 2001
C. Seiler, Der Untersuchungausschuß an der Schnittstelle von Staatsinternum und

-externum, AöR 129(2004)
Stern, Das Staatsrecht der Bundesrepublik Deutschland, Bd. II, 1980, §26
Zeh, Parlamentarisches Verfahren, in: Isensee/Kirchhof(Hg), Handbuch des Staatsrechts (HbStR), Bd. II, 1987, §43
Zippelius/Würtenberger, Deutsches Staatsrecht, 2005

제2주제

국회법의 헌법적 지침과 한계*

Ⅰ. 문제의 제기

1. 의회는 다른 헌법기관의 간섭을 받지 아니하고 자신의 議事와 내부사항을 독자적으로 결정할 수 있는 권한을 가지는데, 이를 의회의 自律權이라고 한다. 의회의 자율권은 자신을 스스로 조직하고 헌법상 부여받은 과제를 이행할 수 있는 상태로 내부질서를 형성하는 권한을 의미한다. 그중에서도 의사절차와 내부조직을 독자적으로 규율할 수 있는 권한인 '規律自律權'은 의회 자율권의 가장 중요한 표현이자 핵심적 요소이다. 헌법은 제64조 제1항에서 "국회는 법률에 저촉되지 아니하는 범위 안에서 의사와 내부규율에 관한 규칙을 제정할 수 있다."고 하여 '규칙제정권'을 부여하고 있다.

의회 내부의 조직과 의사절차에 관하여 규율하는 법규범을 '議會法'이라 한다면,[1] 영국, 미국, 독일 등 서구의 국가에서는 의회법을 법률이 아니라 '의회규칙'으로 규율하고 있다. 이러한 현상은, 의회 내부질서의 규율형식으로서 '규칙'이 '법률'보다 의회의 자율성을 보장하고 과제이행을 위한 절차를 형성함에 있어서 유연성과 합목적성을 확보할 수 있다는 사고에 기인한다.[2] 그러나 우리의 경우, 헌법 제64조 제1항의 명시적인 규칙

* 위 논문은 2018월 11월, 헌법논총(헌법재판소) 제29집(2018), 289-355면에 게재된 것을 일부 수정한 것이다.

1) '의회법'의 개념은 17세기 이래 의회절차의 규칙과 관습('rules of order')에 대하여 'parliamentary law' 또는 'general parliamentary law'라는 명칭을 사용해 온 영미법에서 유래한다. 독일의 문헌에서도 이를 수용하여 '의회법'(Parlamentsrecht)이란 용어를 사용하고 있다. 가령, 대표적으로 N. Achterberg, Parlamentsrecht, 1984; H. P. Schneider/W. Zeh(Hg), Parlamentsrecht und Parlamentspraxis in der Bundesrepublik Deutschland, 1989.

2) 의회 자율권의 주된 목적이 다른 국가기관의 영향과 간섭으로부터 의회의 자기결정권을 보장하고자 하는 것이라면, 의회가 내부적 사안을 법률로써 규율하는 것은 다른 헌법기관에게 영향력행사의 가능성(가령, 정부의 법률안제출권 및 대통령의 법률안거부권 등)을 개방한다는 점에서, 규율형식으로서 법률의 문제점을 드러내고 있다. 또한, 의회법의 특징이 상황의 변화에 끊임없이 적응하고 발전한다는 개방성과 유연성에 있으며, 의회자율권의 본질에 속하는 것이 언제든지 자신의 의결에 의하여 자신이 정한 의사규칙으로 벗어날 수 있

제정권에도 불구하고, 의사와 내부규율에 관한 사항은 일차적으로 규칙이 아니라 '국회법'에 의하여 규율되고 있다.

2. 국회는 자신의 조직과 의사를 '국회법'의 형태로 규율함에 있어서 광범위한 형성의 자유를 가진다.[3] 그러나 국회에게 자신의 내부질서를 독자적으로 규율할 수 있는 '규율자율권'이 인정된다는 것은, 단지 국회만이 자신의 내부질서에 관하여 규율할 수 있다는 것을 의미하는 것이지, 국회가 규율자율권을 행사함에 있어서 내용적으로 아무런 구속을 받지 않는다는 것을 의미하지는 않는다.[4] 국회는 자신의 내부질서를 규율함에 있어서 무엇보다도 헌법의 구속을 받는다. 국회가 국회법을 제정함에 있어서 헌법의 가치결정을 구체적 형성의 기준이자 지침으로 삼아야 한다면, 헌법은 국회의 규율자율권에 대하여 어떠한 지침을 제시하고 있으며, 자율성의 한계가 어디에 있는지, 국회법이 헌법의 요청에 부합하기 위해서는 어떠한 관점에서 구체적으로 형성되어야 하는지의 문제가 제기된다.

국회가 헌법상의 정치질서에서 중심적인 역할을 담당하고 있음에도, 국회법은 우리 헌법학에서 거의 규명되지 않은 영역에 속한다. 아래에서는 우선 '국회에 의한 국민의 代議 원칙'이 국회법의 구체적 형성에 있어서 어떠한 헌법적 지침을 제시하고 있는지에 관하여 확인한 다음(아래 II.), 헌법상 부여받은 '국회의 기능과 과제'가 국회법의 형성에 있어서 어떠한 영향을 미치는지의 문제를 입법기능과 국정통제기능으로 나누어 살펴보면서, 특히 국정통제기능과 관련하여 정당국가적 현실에서 국정통제기능이 어떻게 변화하였는지, '소수의 보호를 위한 질서'로서 국회법이 어떻게 형성되어야 하는지, 국회법에서 '국정조사권'과 '대정부 출석요구권'을 헌법에 부합하게 구체화하고 있는지 여부를 검토하기로 한다(아래 III.). 마지막으로, 오늘날의 정당민주주의에서 국회가 헌법상 부여받은 과제를 이행하기 위하여 자신을 어떻게 조직해야 하는지의 문제와 관련하여, 과제이행을 위한 필수적 내부조직인 '교섭단체'와 '위원회'가 국회법에서 구체적으로 어떻게 형성되어야 하는지에 관하여 살펴보기로 한다(아래 IV.).

는 가능성을 보유한다는 것인데, 의사절차를 법률로써 정하는 경우 의회는 이러한 가능성을 가질 수 없기 때문에 자신의 자율권의 범위를 스스로 제약하는 결과에 이른다는 점에서도 문제가 있다. 이에 관하여 상세하게 한수웅, 국회법의 법적 성격 및 국회법 위반의 효과, 중앙법학 제11집 제4호, 2009. 12. 49면 이하 참조.

3) Vgl. BVerfGE 10, 4, 19; BVerfGE 80, 188, 220.

4) Vgl. Morlok, Parlamentarisches Geschäftsordnungsrecht zwischen Abgeordnetenrechten und politischer Praxis, JZ 1989, S.1037.

Ⅱ. 헌법적 지침으로서 '모든 의원의 동등한 참여의 원칙'

1. 의원 전체에 의한 代議의 원칙

가. 의원 전체에 의한 국민전체의 代議

국회가 자신의 의사형성과정을 구체적으로 형성함에 있어서 국회를 구속하는 가장 중요한 내용적 지침은 '의원 전체에 의한 代議의 원칙' 및 '국회의원의 동등한 헌법적 지위'이다.[5] 국회의 헌법상 과제가 이행되는 모든 곳에서 이러한 원칙들이 준수되어야 한다.

국회는 대의제 민주주의에서 핵심적인 대의기관이다. 국회 구성원이 전부 선거에 의하여 선출된다는 점에서, 국회는 국가기관 중에서 대의제의 이념이 가장 직접적으로 표현된 국가기관, 國民代表性이 가장 강한 헌법기관이다. 국회는 '국민전체의 대표자로서 선출된 의원'으로 구성되고, 의원은 그 전체로서 국민의 대의기관인 국회를 구성한다. 국회에 의한 대의 과정에서 근본적인 것은, 국회가 그 전체로서 국민전체의 대의기관이라는 점이다. 따라서 '국회에 의한 국민의 대의'란 '의원 전체에 의한 국민전체의 대의'를 의미한다.[6] 국민의 대의는 일부 의원이나 일부 교섭단체 또는 국회의 다수파가 아니라 전체로서의 국회에 의하여 실현된다.[7] 의원 전체에 의한 대의의 원칙은 국회의 의사결정과정을 형성함에 있어서 준수해야 하는 일차적인 헌법적 지침이다.

나. 모든 의원의 참여 원칙

그러므로 '의원 전체에 의한 국민전체의 대의'가 이루어지기 위해서는, 모든 의원은 국회의 작업과 결정, 즉 국회의 의사형성 및 의사결정의 과정에 참여해야 한다. 국회는 의원으로 구성된 합의제기관이고, 의원의 참여권은 구성원의 권리이다. '국회의원의 헌법적 지위'에 속하는 것은 무엇보다도 '국회의 과제이행과 권한행사에 적절하게 참여할 권리'이다.[8] 의원은 이러한 권리를 행사함으로써 입법 · 예산 · 국가조직의 구성 · 국정통제의 영역에서 국회의 과제이행에 참여하는 것이고, 이로써 의원직의 직무를 수행하는 것이다. 의원 전체에 의하여 국민전체의 대의가 이루어진다는 관점에서 볼 때, 국회법의 구체적 형성에 있어서 국회의 조직과 議事를 규율하는 핵심적인 지침은 '모든 의원의 참여 원칙', 즉 '모든 의원이 국회의 과제이행에 참여해야 한다는 원칙'이다.

---

5) Vgl. Morlok, Parlamentarisches Geschäftsordnungsrecht zwischen Abgeordnetenrechten und politischer Praxis, JZ 1989, S.1037f.
6) Vgl. Dreier, Regelungsform und Regelungsinhalt des autonomen Parlamentsrechts, JZ 1990, S.317.
7) Vgl. BVerfGE 44, 308, 316.
8) 한수웅, 헌법학, 2018, 1206면.

모든 의원은 회의의 심의와 의결에 참여할 권리가 있으며, 국회 본회의나 위원회에서 발언하고 발의하고 표결함으로써 이러한 권리를 행사한다.[9] 이로써 발언권과 표결권은 국회의 과제이행을 위하여 포기할 수 없는 의원의 권리로서 인정된다. 법률안을 비롯하여 의안을 발의할 권리도 의원에게 인정되어야 한다. 물론, 의안발의권은 일정 수 이상의 의원이 공동으로 행사하도록 규정될 수 있다. 나아가, 모든 의원은 다른 의원과 함께 교섭단체를 구성할 권리를 가지며, 국회 내의 선거에서 입후보할 권리를 가진다. 뿐만 아니라, 개별의원은 헌법상 부여받은 국회의 기능을 이행하기 위하여 필요한 정보를 요구할 권리를 가진다.

다. 모든 의원의 동등한 참여 원칙

나아가, 국회는 자신의 작업과 과제이행의 방식을 '모든 의원의 동등한 참여 원칙'에 기초하여 규율해야 한다.[10] 모든 의원은 그의 헌법적 지위를 근거로 하여 동등한 권리를 가지고 있다. 의원의 헌법적 지위를 포괄적으로 규율하는 헌법 제46조 제2항의 자유위임조항은 모든 의원에게 동등한 지위를 부여하고, 이로써 의회의 과제이행(입법기능, 통제기능, 국가조직구성기능 등) 및 결정과정에 동등하게 참여할 권리를 보장한다. 의원은 전체로서 국민의 대표에 해당하기 때문에, 모든 의원은 그 권리와 의무에 있어서도 평등해야 한다.[11] 국회에서 국민을 대표하는 가능성은 모든 의원이 회의의 심의와 의결에 동등하게 참여하는 가능성을 통하여 확보된다. 따라서 의원의 평등은 모든 의원이 오로지 전체로서만 국민을 대표할 수 있다는 '국회에 의한 국민의 대의'에 근거하는 것이다.[12] 의원이 지역구에서 또는 정당명부를 통하여 선출되었는지 또는 교섭단체에 속하는지 여부와 관계없이 모든 의원은 법적 지위에 있어서 형식적으로 평등하다.

개별의원이 다른 의원과 동등한 권리와 의무를 가지기 때문에, 국회 내에서 또는 정당과 교섭단체 내에서 마찰과 충돌을 두려워하지 않고 소신껏 활동할 수 있으며 자신의 목소리를 경청하도록 할 수 있다. 의원 간에 그 지위에 있어서 차등과 우열이 있다면, '의원 전체에 의한 국민전체의 대의'가 제대로 이루어질 수 없다. 의원의 평등은 일차적으로 '법적 기회의 평등', 즉 영향력행사의 가능성에 있어서의 평등이다.[13] 모든 의원은 국회의 의사형성과정에 참여하여 영향력을 행사할 수 있어야 하며, 나아가 영향력행사에 있어서 법적으로 동등한 기회를 보장받아야 한다. 즉, 개별의원의 다양한 견해와 입장을 국회의사형성과정에 투입함으로써 국회의 의사결정과정에 영향력을 행사할

9) 국회의원의 권리와 의무에 관하여 한수웅, 헌법학, 2018, 1206면 이하 참조.
10) Vgl. BVerfGE 80, 188, 218f.; J. Ziekow, Der Status des fraktionslosen Abgeordneten-BVerfGE 80, 190, JuS 1991, S.28.
11) Vgl. BVerfGE 44, 308, 316.
12) Vgl. Morlok, in: Dreier(Hg), Grundgesetz Kommentar, Bd.Ⅱ, Art.38 Rn.134, 161.
13) Vgl. Dreier, Regelungsform und Regelungsinhalt des autonomen Parlamentsrechts, JZ 1990, S.317.

수 있는 가능성에 있어서의 평등이 모든 의원에게 보장되어야 한다. 의원 지위의 형식적 평등은 의회의 작업에 참여할 의원의 권리에 대하여 평등을 요청하는 것은 물론이고, 나아가 의원의 세비에 대해서도 평등을 요청한다.[14)]

라. 구속력 있는 결정의 本會議 留保 원칙

상이한 이익과 견해를 가진 국민의 다양성을 국회의 의사형성과정에 제대로 반영하기 위해서는 '전체로서의 국회'만이 국민대표로서 기능할 수 있다. '전체로서의 국회'만이 국민의 대의기관으로서 국민을 위한 구속력 있는 결정을 내릴 수 있으며, 이러한 경우에만 국회의 결정이 민주적으로 정당화될 수 있다.[15)] '의원 전체에 의한 대의의 원칙'에 비추어, 의원 전체만이 국민에 대하여 구속력 있는 결정을 내리는 기관을 구성할 수 있다.

'의원 전체에 의한 대의의 원칙'으로부터 국회의 자율권을 제한하는 중요한 원칙으로서 '의회의 구속력 있는 결정은 선출된 의원 전체로 구성되고 의원 모두가 참여하는 本會議에서 내려져야 한다'는 요청이 나온다. 의회 작업의 효율성 때문에 본회의의 준비작업이 위원회에서 이루어질 수 있으나, 이러한 경우에도 위원회의 구성이 본회의의 세력관계를 그대로 반영하는 경우에만 준비 작업을 위원회에 위임하는 것이 가능하다.[16)] 그러나 본회의 결정권한은 헌법에서 명시적으로 이를 허용하지 않는 한, 위원회 등 국회의 부분기관에 위임되어서는 안 되고, 구속력 있는 결정은 본회의에 유보되어야 한다.[17)]

2. 의원의 참여권에 대한 제한의 가능성

한편, 개인의 자유와 마찬가지로 의원의 헌법적 권리도 제한될 수 있다. 그러나 의원의 헌법적 권리는 오로지 다른 헌법적 법익의 보호를 위하여 필요한 경우 비례의 원칙 또는 실제적 조화의 원칙의 준수 하에서 제한될 수 있다.[18)] 따라서 의원의 권리를 제한하기 위해서는 이에 대한 제한을 정당화하는 헌법적 법익이 존재해야 하는데, 이러한 헌법적 법익으로 고려되는 것은 일차적으로 '다른 의원의 동등한 권리'와 '국회의 원활한 기능의 확보 또는 국회작업의 효율성'이다.[19)] 모든 의원의 동등한 참여권을 병립시

14) Vgl. H.-P. Schneider, Das Parlamentsrecht im Spannungsfeld von Mehrheitsentscheidung und Minderheitsschutz, in: Festschrift 50 Jahre BVerfG, Bd.Ⅱ, 2001, S.639f.
15) Vgl. BVerfGE 80, 188, 218.
16) 이에 관하여 상세하게 아래 Ⅳ. 2. 나. '국회의 축소화된 복사판'으로서 위원회의 구성 참조.
17) Vgl. BVerfGE 1, 372, 379f.; 44, 308, 316.
18) Vgl. C. Moench/ M. Ruttloff, Verfassungrechtliche Grenzen für die Delegation parlamentarischer Entscheidungsbefugnisse, DVBl 2012, S.1262; Morlok, Parlamentarisches Geschäftsordnungsrecht zwischen Abgeordnetenrechten und politischer Praxis, JZ 1989, S.1038.
19) Vgl. Morlok, in: Dreier(Hg), Grundgesetz Kommentar, Bd.Ⅱ, Art.38 Rn.151f.

키기 위하여 또는 국회의 원활한 기능을 위하여 필요하다면, 국회법은 개별의원의 권리를 제한할 수 있고, 교섭단체를 구성하는 최소한의 요건을 정할 수 있으며, 국회에서의 회의방식을 구체적으로 형성할 수 있고, 국회에서 발언시간을 제한하거나 이를 교섭단체에게 할당할 수 있다. 국회법은 의원의 권리를 제한함에 있어서 실제적 조화의 원칙에 따라 '모든 의원이 국회의 심의와 의결에 효과적으로 참여할 수 있어야 한다'는 원칙과 '의원의 권리에 대한 제한을 요청하는 법익'을 함께 고려하여 양 법익을 조화시켜야 한다.

가. 다른 의원의 동등한 참여권에 의한 제한 가능성

국회에서는 동등한 권리를 가진 의원들이 함께 활동하기 때문에 의원의 권리가 서로 충돌한다. 개별의원의 권리는 단지 '국회구성원의 권리'로서만 존재하고 실현될 수 있기 때문에 서로 조정되어야 한다. 국회법은 개별의원 권리의 합리적인 행사를 위하여 기본적인 조건을 정해야 하고, 이러한 방법으로만 의회의 합리적인 과제이행이 가능하다. 개별의원의 권리는 의회라는 합의제기관의 구성원의 권리로서 필연적으로 공동의 행사에 편입되고 흡수되어야 한다. 그러나 국회의 의사형성·의사결정의 과정에 참여하고 그 과정에서 자신의 경험과 의견을 반영하고자 하는 개별의원의 권리가 근본적으로 부정되어서는 안 된다. 국회의 규율자율권은 의원의 헌법적 권리를 단지 그 행사의 방법에 있어서 구체화하고 형성하는 권한이므로, 개별의원의 권리는 국회법에 의하여 구체적으로 형성되고 제한될 수는 있으나, 완전히 박탈되어서는 안 된다.[20]

의원들 사이에서 서로 조정되고 배분되어야 하는 대표적인 것이 바로 '의원의 발언권'이다. 국회작업의 효율성 때문에 발언권은 시간적으로 제한되고 의원들 사이에서 합리적으로 배분되어야 한다. 따라서 국회법에서 개별의원에게 최소한의 발언시간을 부여하지 않는다고 하여 의원의 발언권이 침해되는 것은 아니다. 국회는 의사자율권을 근거로 교섭단체의 세력관계에 비례하여 발언시간을 할당하고 교섭단체 소속의원은 교섭단체를 통하여 발언권을 행사하도록, 국회법으로 규정할 수 있다.[21] 한편, 교섭단체에 속하지 않은 의원에게는 논의되는 주제의 의미와 중요성에 부합하는 발언이 가능하도록 적정한 발언시간이 할당되어야 한다.[22] 나아가, 의원뿐만 아니라 정부각료도 헌법 제62조 제1항에 의하여 보장된 국회출석·발언권을 가지므로, 의원의 발언권은 '정부각료의

20) BVerfGE 44, 308, 316; BVerfGE 80, 188, 219ff.
21) 국회법 제104조(발언원칙) 제3항 참조.
22) 국회법 제104조 제5항은 단지 "교섭단체에 속하지 아니하는 의원의 발언시간 및 발언자 수는 의장이 각 교섭단체 대표의원과 협의하여 정한다."고 규정하고 있으나, 교섭단체에 속하지 않는 의원의 발언시간은 현실적인 상황의 고려 하에서 공정하게 산정되어야 한다. 적정한 발언시간을 산정함에 있어서 심의대상의 의미와 중요성, 전체 발언시간, 발언하고자 하는 의원이 교섭단체에 속하지 않은 다른 의원을 대표해서도 발언하는지 여부 등을 기준으로 삼아야 한다. vgl. BVerfGE 96, 264, 285.

발언권'에 의해서도 제한될 수 있다.[23)]

나. 국회의 원활한 기능 확보에 의한 제한 가능성

(1) '국회의 원활한 기능의 확보'라는 법익은 국회 심의과정의 합리화 및 의결능력의 확보의 관점에서 개별의원의 권리를 제한할 수 있다. 국회의 의결능력을 확보해야 한다는 관점에서, 의원의 참여권 중에서 일부 참여권은 단독이 아니라 다른 의원과 공동으로 행사하도록 규율될 수 있다.[24)] 국회법에서 의안발의권 등 의회작업의 중요한 행위가능성을 오로지 교섭단체나 일정 수 이상의 의원에게만 인정한다면, 이는 의원의 참여권에 대한 제한에 해당하나, 의안발의권을 개별의원이 아니라 일정 수 이상의 의원에 의하여 공동으로 행사될 수 있도록 규율하는 것은 '국회의 원활한 기능 확보'의 법익에 의하여 정당화될 수 있다.

가령, 헌법은 제52조에서 "국회의원"이라는 표현을 사용함으로써 국회의원도 법률안 제안권자로 언급하고 있지만, 국회법에서 제안권자를 개별의원이 아니라 '10인 이상의 의원'으로 구체화한 것은(제79조 제1항), 국회에서 다수의 지지를 얻을 수 있는 최소한의 기회를 가진 의안만을 다루고자 하는 것으로, 국회 의결능력의 확보의 관점에서 정당화된다. 10인 이상의 의원에 의하여 지지되지 않는 법률안은 국회에서 의결될 가능성이 사실상 거의 없기 때문이다.

뿐만 아니라, 의원에게 본회의와 위원회에서 출석의무를 부과하는 것은 국민대표기관으로서 '국회의 기능유지'의 관점에서 허용된다. 나아가, 의원을 회의로부터 배제하는 조치는 의원의 참여권에 대한 중대한 제한에 해당하나, 국회법은 '회의의 질서유지'를 위하여 의원을 회의에서 퇴장시킬 수 있도록 규정할 수 있고, 징계조치로서 일정 기간 이내의 출석정지를 의결할 수 있도록 규정할 수 있다.[25)] 물론, 의원을 회의로부터 배제하는 조치는 이와 상충하는 반대법익인 '의원 전체에 의한 국민전체의 대의'의 요청과의 법익형량을 통하여 정당화되어야 하므로, '비례의 원칙'의 구속을 받는다. 따라서 사전

---

23) Vgl. BVerfGE 10, 4, 17ff.; H.-P. Schneider, Das Parlamentsrecht im Spannungsfeld von Mehrheitsentscheidung und Minderheitsschutz, in: Festschrift 50 Jahre BVerfG, Bd.Ⅱ, 2001, S.633f., 정부각료가 동시에 국회의원으로 여당 교섭단체에 속한다 하더라도, 정부는 여당 교섭단체의 대표자가 아니므로, 정부각료의 발언권은 정부각료가 속한 여당 교섭단체의 발언시간에 산입되어서는 안 된다. 그러나 다른 한편으로는 너무 빈번하고 과다한 정부각료의 발언에 의하여 국회의 정상적인 회의진행과 과제이행이 방해받아서는 안 되며, 특히 야당 의원의 발언을 방해하는 등 헌법이 정부각료에게 국회에서의 발언권을 인정한 본래의 취지에 반하는 비합리적인 목적의 달성을 위하여 정부각료의 발언권이 남용되어서는 안 된다.

24) Vgl. Morlok, in: Dreier(Hg), Grundgesetz Kommentar, Bd.Ⅱ, Art.38 Rn.155, 물론, 이러한 조치는 국회의 작업능력을 보장하기 위하여 필요한 경우에만 허용된다.

25) 국회법 제145조에 의하면, 의원이 회의장의 질서를 문란하게 한 경우에는 의장 또는 위원장은 이를 경고 또는 제지할 수 있으며(제1항), 이에 응하지 아니한 의원이 있을 때에는 의장 또는 위원장은 당일의 회의에서 발언함을 금지하거나 퇴장시킬 수 있다(제2항). 국회법 제163조 제1항 제3호는 징계의 종류로서 '30일 또는 90일 이내의 출석정지'를 규정하고 있다.

경고나 제지 없이 퇴장시키는 것 또는 과도하게 長期의 출석금지는 비례의 원칙에 부합하지 않는다.

(2) 또한, 의원의 권리에 대한 헌법적 반대법익으로서 고려되는 것은, '다른 국가기관의 원활한 기능과 작업능력'이다.[26] 의원의 정보요구권의 행사가 정보제공을 요구받은 국가기관에게 엄청난 수고와 시간적 소비를 야기함으로써 다른 국가기관의 정상적인 활동을 현저하게 저해하는 효과를 초래해서는 안 된다. 이러한 관점에서 정보제공의 요구를 받은 국가기관이 정상적으로 일상적인 과제를 해결하면서도 의원에게 정보를 제공할 수 있도록 충분한 시간적 여유가 주어져야 한다.

또한, '비밀유지의 법익' 및 '私人의 기본권'도 의원의 정보요구권을 제한할 수 있는 헌법적 법익에 속한다.[27] 국회가 비밀유지를 위하여 취할 수 있는 모든 조치(가령, 회의의 비공개, 보도의 금지, 국회의원에 대한 비밀엄수의무의 부과 등)를 취한다 하더라도 비밀유지의 법익이 충분히 보장될 수 없는 경우, 의원의 권리는 비밀유지의 법익에 의하여 제한될 수 있다.[28]

Ⅲ. 헌법적 지침으로서 국회의 기능과 과제

국회법은 국회의 원활한 작업과 기능을 보장해야 하고 국회의 과제이행에 기여해야 한다. 국회의 내부조직과 절차는 헌법상 국회에 부과된 기능 및 과제와 불가분의 연관관계에 있다. 헌법상 부여받은 국회의 기능과 과제는 국회법의 구체적 형성에 결정적으로 영향을 미치며, 국회 내부 작업의 방향과 기준을 결정한다.[29] 국회의 내부조직과 절차는 국회의 주요기능에 맞추어져야 하며, 역으로 국회법 개별규정의 의미와 목적은 국회의 해당 과제와 기능을 고려해야만 밝혀지고 이해될 수 있다. '입법, 국정통제, 국가기관의 구성'의 3가지 고전적인 의회 과제 중에서[30] 입법기능과 정부에 대한 통제기능은 국회의 지속적인 과제로서 국회법의 구체적 형성에 있어서 특별한 의미를 가진다. 반면에, 국가기관의 구성에 참여하는 기능은 일회적인 활동에 제한되기 때문에 의회작업의 일상에서 큰 의미가 없다.

---

26) Vgl. Morlok, in: Dreier(Hg), Grundgesetz Kommentar, Bd.Ⅱ, Art.38 Rn.160.

27) Vgl. Morlok, in: Dreier(Hg), Grundgesetz Kommentar, Bd.Ⅱ, Art.38 Rn.160.

28) Vgl. H. H. Klein, Stellung und Aufgaben des Bundestages, in: HbStR, Bd.Ⅲ, 2005, §50 Rn.39; BVerfGE 67, 100, 135.

29) Vgl. U. Di Fabio, Parlament und Parlamentsrecht, Der Staat 1990, S.600f., 604f.

30) 국회의 기능과 과제에 관하여 vgl. Morlok, Volksvertretung als Grundaufgabe, in: Morlok/Schliesky/Wiefelspütz(Hg), Parlamentsrecht, 2015, §3 Rn.72ff.

1. 입법기능

가. 입법기능의 헌법적 의미

국회는 그 기능에 있어서 일차적으로 입법기관으로서의 지위를 가진다. 헌법은 제40조에서 "입법권은 국회에 속한다."고 하여, 국가의 기능 중에서 입법기능을 국회에 귀속시키고 있다. 국회의 입법기능은 국회에게 국정운영과 국가공동체의 형성에 있어서 중심적 지위를 부여한다. 게다가 '議會留保의 원칙'은 공동체의 모든 중요한 결정은 법률의 형태로써 국회에 의하여 규율될 것을 요청한다.

국가의 정치적 지배를 정당화하기 위한 헌법원리인 민주주의는 본질적으로 국민 대표의 정치적 의사가 규범화된 형태인 '법률'로써 실현된다. 국가의 정치적 지배는 곧 법률의 지배이고, 민주국가는 법률국가이고 입법국가이다. 법률을 통하여 민주주의와 법치국가의 중요한 원칙과 가치가 실현된다. 법률은 국가공동체의 모든 본질적인 사안에 대한 의회의 결정을 의미한다. 법률은 국회의 의사결정에 법적 구속력을 부여하고 이로써 모든 국가기관과 국민을 구속하기 때문에, 국회는 입법을 통하여 다른 국가기관을 지배하고 정치·사회·경제·문화의 모든 생활영역의 형성에 결정적 영향력을 행사한다. 국민의 대표자인 의회가 국가공동체의 모든 중요한 문제를 '법률'의 형태로 결정하고 '법률'을 집행부와 사법부의 행위기준으로 제시함으로써, 집행부와 사법부의 국가행위를 그 내용에 있어서 조종하고 지배하게 된다. 국회는 입법을 통하여 다른 국가기관의 의사형성에 포괄적인 영향력을 행사함으로써 국가의사형성을 실질적으로 지배하는 것이다.[31)]

나. 현대의 사회국가에서 입법기능의 약화

한편, 현대의 사회국가에서 법률의 기능은 크게 변화하였다. 법률은 원래 국가공동체의 지속적인 원칙과 가치관의 표현이자 인간행위에 대한 사회윤리적 또는 법적 평가의 표현이다. 그러나 사회적 과정을 조종하고 유도하고자 시도하는 사회국가에서 법률은 동시에 사회적 과정을 조종하고 유도하는 '사회형성의 도구'이다. 이로써 현대산업국가에서 다수의 법률은 더 이상 공동체의 원칙이나 사회윤리적 가치관의 영속적 표현이 아니라 '계획과 조종의 도구'이다. 게다가, 현대의 사회·복지국가는 엄청난 규범화의 요청에 직면해 있다. 오늘날 사회·복지국가에서 국가의 관할이 모든 영역으로 확대됨에 따라 국가 과제의 엄청난 量的 증가를 가져왔다. 국가가 자신의 과제를 이행하는 두 가지 중요한 도구가 '재정'과 '법규범'이므로, 국가 활동의 증가는 '국가재정의 증가'와

31) 유사한 취지로 vgl. H. H. Klein, Stellung und Aufgaben des Bundestages, in: HbStR, Bd.III, 2005, §50 Rn.17.

'규범생산의 증가'의 현상으로 나타나고 있다.

의회는 원래 그 기원에 있어서 군주와의 관계에서 시민사회를 보호하기 위한 반대세력으로 출발하였고, 그 당시의 주요과제는 정치적 정책과제를 의결하는 것이었다. 그러나 사회적 법치국가에서 국가의 과제가 점점 증가하고 경제·사회·과학·환경 등의 분야에서 고도의 전문성과 효율성을 요구하는 입법대상이 등장함에 따라, 의회역량이 한계에 부딪히게 되었다. 이로써 입법과정에서 전문지식의 중요성과 의미가 점차 부각되었고, 이와 같은 맥락에서 행정부 전문관료의 역할이 강화되었다.[32] 입법과정에서 요구되는 고도의 전문성과 기술성 때문에, 입법과정에서 집행부의 역할과 영향력이 증대하고, 국회는 집행부에 의하여 준비된 법률안을 통과시키는 '通法府로 축소되는 현상'이 나타나고 있다.[33]

다. 입법기능의 강화를 위한 議會法上의 수단

의회가 자신의 입법기능을 약화시키는 이러한 시대적 도전에 대처하기 위하여 도입한 수단으로는, 무엇보다도 위원회제도, 청문회제도 및 공청회제도, 의원의 전문성 강화 등을 들 수 있다.[34]

의회의 운영방식이 본회의 중심으로 이루어지는 경우 의사진행의 비능률을 가져오고 국정운영에 대한 의원의 무책임성을 초래하기 때문에, 의회의 운영방식과 의사절차의 효율성을 높이기 위하여 위원회제도를 도입하고 의회의 운영을 '본회의 중심'에서 '상임위원회 중심'으로 개편한 것은 오늘날 모든 민주국가의 일반적인 정치현상이다. 위원회제도는 의회의 입법기능과 국정통제기능을 강화하기 위한 중요한 수단이다. 나아가, 의회의 입법기능을 강화하기 위하여, 의원의 전문성을 확보하고 의원의 의정활동을 지원하는 방안이 검토되어야 하며, 궁극적으로 후보자의 공천이 중앙당 수뇌부의 下向式 결정이 아니라 민주적 절차에 따라 이루어짐으로써 우수한 인력이 의원으로 선출되도록 해야 한다.

청문회와 공청회는 모두 의회법의 산물로서 비교적 새로운 제도에 속한다. 兩 제도는 의회에게 새로운 情報源을 제공함으로써 의회의 전문성을 제고하는 데 기여한다. 이러한 의미에서 양 제도는 입법과정에서 약화된 의회의 영향력을 되찾고자 하는 '입법절차의 再議會化'의 경향을 보여주는 것이다.[35] 위원회는 중요한 안건 또는 전문지식을 요하는 안건을 심사하기 위하여 공청회를 열어 이해관계자 또는 학식·경험이 있는 자 등으로부터 의견을 들을 수 있고(국회법 제64조), 중요한 안건의 심사에 필요한 경우 증

32) Vgl. U. Di Fabio, Parlament und Parlamentsrecht, Der Staat 1990, S.605f.
33) Vgl. P. M. Huber, Regierung und Opposition, in: HbStR, Bd.III, 2005, §47 Rn.18.
34) Vgl. U. Di Fabio, Parlament und Parlamentsrecht, Der Staat 1990, S.606f.
35) Vgl. U. Di Fabio, Parlament und Parlamentsrecht, Der Staat 1990, S.608.

인·감정인·참고인으로부터 증언·진술의 청취와 증거의 채택을 위하여 청문회를 열 수 있다(국회법 제65조). 특히 입법절차에서 법률안을 심의하는 관할 위원회가 청문회(Öffentliche Anhörung; Hearings)를 활용하는 경우, 위원회는 재적위원 1/3 이상의 요구로 청문회를 개회하여 전문가, 이익단체 대표 등의 의견을 청취할 수 있다(국회법 65조 제2항). 이로써 청문회는 입법절차에서 소수파인 야당에 의하여 자주 사용되는 도구가 되었다.[36)]

2. 국정통제기능

가. 정당국가적 현실에서 국정통제기능의 변화

(1) 야당의 과제로서 의회의 국정통제기능

정부에 대한 통제는 의회의 고전적 과제에 속한다. 의회의 국정통제기능은 의회주의의 본질에서 나오는 당연한 기능이며, 권력분립원리에 입각한 통치구조 내에서 '견제와 균형'을 위한 불가피한 수단이다. 그러나 국가의 통치형태가 의회와 정부의 대립관계를 전제로 하는 19세기의 '입헌군주제'에서 정당이 국정운영의 중심이 되는 '정당제 민주주의'로 발전하면서, 의회의 국정통제기능에 있어서도 근본적인 변화가 발생하였다.

오늘날 정당의 발달에 따라, 정당은 국가의사를 적극적으로 형성하고 의회의 운영을 주도하는 국정의 실질적 담당자로 등장하였다. 국가의사가 형식적으로는 의회나 정부 등 국가기관에 의하여 결정되나, 실질적으로는 그 배후에 있는 정당에 의하여 결정되는 것이다. 오늘날 정당국가에서 의회의 의사는 의회 내에 교섭단체의 형태로 진출한 정당에 의하여 실질적으로 형성되고 결정된다. 이로써 의회의 정치적 의사형성과정이 의회에서 '정당과 교섭단체'로 轉移되었다.[37)] 중요한 정치적 결정은 이미 정당과 교섭단체에서 내부적으로 내려지므로, 일반적으로 의회의 본회의와 위원회에서의 발언과 심의는 일단 정당에 의하여 내려진 정치적 결정을 일반국민에 대하여 설명하고 정당화하는 기능에 제한된다.

나아가, 정당국가에서는 통상 집권당이 집행부와 입법부를 함께 지배함으로써, 집권당에 의한 '국가권력의 통합현상'이 발생하였다.[38)] 이로써 집권당은 정부를 통제하는 것이 아니라 오히려 의회에서 정부의 정책을 대변하는 기능을 하게 되었다. 물론 우리 헌법과 같이 대통령제를 채택한 헌법 하에서는 의원내각제의 경우처럼 '정부'와 '의회 다수당'의 정치적 방향과 이익이 반드시 일치하는 것은 아니지만, 대통령의 출신정당과

36) Vgl. M.-E. Geis, Parlamentsausschüsse, in: HbStR, Bd.Ⅲ, 2005, §54 Rn.55.
37) Vgl. H. H. Klein, Stellung und Aufgaben des Bundestages, in: HbStR, Bd.Ⅲ, 2005, §50 Rn.6.
38) Vgl. P. M. Huber, Regierung und Opposition, in: HbStR, Bd.Ⅲ, 2005, §47 Rn.29f.; BVerfGE 102, 224, 236.

국회 내 다수당이 일치하는 것이 일반적인 헌법현실이다. 정부와 의회의 권력이 다수당 중심으로 형성된 현실적 정치상황에서 의회는 정부에 대한 국정통제기능을 상실하였고, 권력분립구조는 '정부와 의회의 대립'에서 '정부·의회 내 다수당 對 소수당의 대립'으로 전환되었다. 그 결과, 정부에 대한 국정통제기능은 의회가 아니라 소수당인 야당의 과제가 되었다.[39)]

(2) 정당국가에서 권력분립원리의 실현으로서 소수의 보호

이에 따라 오늘날의 권력분립원리는 소수당에게 집권당을 통제하는 가능성을 부여함으로써 비로소 실현될 수 있다. 오늘날 헌법상 권력분립원리는 의회 내 야당의 지위를 향상시켜 정부에 대한 의회의 통제기능을 강화함으로써 확보될 수 있는 것이다. 바로 여기에 집권당을 통제할 수 있는 야당의 권리 및 소수 보호의 중요성이 있다. 따라서 오늘날의 변화한 권력분립구조에서 정부에 대한 의회의 통제권은 가능하면 '소수의 권리'로서 형성되어야 한다. 정부에 대한 통제수단이 단지 의회의 다수에 의해서만 사용될 수 있다면, 이러한 통제수단은 실효성이 없을 것이다. 정부에 대한 국정통제는 다수에 대한 소수의 통제가능성의 문제이고, 소수의 보호와 권한의 문제가 되었다. 예컨대, 의회의 소수가 국회의 소집을 요구할 수 있는지, 국정조사를 요구할 수 있는지의 문제에 관한 것이다.

정당국가에서 권력분립원리의 실현은 본질적으로 의회의 야당이 기능하는지, 소수의 보호가 기능하는지 여부에 달려있다. 소수의 보호는 다수결의 원리를 정당화하는 조건이자 한계이다.[40)] 다수의 결정이 정당성을 가지고 소수를 구속하기 위해서는 다수결의 원리는 소수의 보호에 의하여 보완되어야 한다. 소수 보호의 핵심은 결정에 이르는 절차적 과정에서 소수의 영향력 확보에 있다.[41)] 소수가 결정과정에 대하여 영향력을 행사할 수 있는 사실적 기회를 부여받는 경우에만, 소수는 다수의 결정에 승복할 수 있고, 다수의 결정은 실체적 정당성을 가질 수 있다. 따라서 소수의 보호가 기능할 수 있도록, 의사형성과정에 영향력을 행사할 수 있는 가능성인 소수의 절차적 권리가 보장되어야 하고, 나아가 소수의 권리가 침해된 경우에는 이를 사법절차적으로 관철할 수 있는 소송법적 가능성이 함께 보장되어야 한다. 소수의 보호를 위한 헌법소송제도로서 중요한 기능을 하는 것이 바로 권한쟁의심판이다. 권한쟁의심판은 소수의 보호가 기능할 수 있도록 입법적으로 형성되어야 하고, 입법형성의 결과인 헌법소송법규정은 소수보호의 정신에 비추어 해석되어야 한다.[42)]

---

39) BVerfGE 49, 70, 86.

40) 다수결원리의 정당성 근거로서 소수의 보호에 관하여 vgl. Böckenförde, Demokratie als Verfassungsprinzip, in: HbStR, Bd.Ⅱ, 2004, §24 Rn.53ff.

41) 한수웅, 헌법학 입문, 2018, 66면.

42) 권한쟁의제도는 개별 국회의원이나 국회 소수파의 권한이 침해되는 경우 법적 보호와 분쟁해결의 가능성을

나. 소수의 보호를 위한 질서로서 議會法

(1) 야당 활동의 규범적 근거로서 의회법

오늘날 정당국가에서 권력분립구조가 변화함에 따라, 의회법의 구조도 '여당 對 야당'의 二元主義와 대립관계에 맞추어져야 한다. 이러한 관점에서, 의회법은 '소수의 보호를 위한 정치적 질서'로서의 의미를 가진다. 의회 다수가 다수결을 통하여 궁극적으로 자신의 견해를 관철할 수 있지만, 항상 소수에 대하여 자신의 견해를 정당화해야 하고 소수에 의한 통제를 보장하는 것에 '의회법의 과제'가 있다.[43] 이러한 의미에서 의회법은 헌법과 함께 야당 활동의 또 다른 규범적 기반으로 이해된다.[44] 특히 영미법에서 확고히 자리 잡은 사고에 의하면, 의회법은 의회 소수를 다수의 자의와 횡포로부터 보호하는 것을 주된 목적으로 한다.[45] 결국, 의회법은 '다수결원리'와 '소수 보호의 요청' 사이의 긴장관계에 위치하면서 양자 사이의 균형과 조화를 이루고자 하는 시도이다.[46]

오늘날 정당국가에서 대의적 통치형태는 사실상 야당의 존재에 의존하고 있음에도 헌법과 국회법은 '야당'을 명시적으로 언급하고 있지 않다.[47] 헌법적 제도로서 '의회 내 야당'은 헌법 제8조에서 정당설립의 자유와 복수정당제를 보장함으로써 일당독재국가를 부정한 것의 결과이자 이를 위한 전제조건이다.[48] 야당의 과제는 정부와 의회 다수당의 정치에 대한 비판과 정권교체의 목표를 위한 대안의 제시에 있다.[49] 야당의 존재와 권리가 헌법의 기본질서인 '자유민주적 기본질서'의 실현을 비로소 가능하게 한다.[50] 야당의 권리가 자유민주적 기본질서에서 본질적인 의미를 가지는 정권교체의 기회를 구현하는 것이다. 서로 경쟁하는 적어도 2 이상의 정당 중에서 선택할 수 있는 가능성이 보장

제공함으로써 소수의 보호를 위한 법적 제도로서 중요한 의미를 갖는다. 국회의 권한이 정부에 의하여 침해당한 경우, 야당이 국회를 대신하여 침해된 국회의 권한을 권한쟁의심판을 통하여 주장할 수 있는지의 문제(제3자 소송담당)가 헌법재판소법 제61조 제1항 및 제62조 제1항 제1호 규정의 해석 문제와 관련하여 제기된다.

43) Vgl. H.-P. Schneider, Das Parlamentsrecht im Spannungsfeld von Mehrheitsentscheidung und Minderheitsschutz, in: Festschrift 50 Jahre BVerfG, Bd.Ⅱ, 2001, S.627.

44) Vgl. W. Zeh, Gliederung und Organe des Bundestages, in: HbStR, Bd.Ⅲ, 2005, §52 Rn.23.

45) Vgl. H.-P. Schneider, Das Parlamentsrecht im Spannungsfeld von Mehrheitsentscheidung und Minderheitsschutz, in: FS 50 Jahre BVerfG, Bd.Ⅱ, 2001, S.627.

46) Vgl. H.-P. Schneider, Das Parlamentsrecht im Spannungsfeld von Mehrheitsentscheidung und Minderheitsschutz, in: FS 50 Jahre BVerfG, Bd.Ⅱ, 2001, S.627.

47) 여기서 '야당'이란, 정부를 지지하지 않는 '의회 내의 모든 정치적 반대세력'을 말한다. 야당은 반드시 동질성을 가진 통일체일 필요가 없으며, 다수의 상이한 정치적 집단으로 분열될 수 있다. 즉, 야당이란 '의회 내 야당'을 말하고, 이는 곧 '야당 교섭단체'를 의미한다. 정부와 그를 지지하는 집권당(여당)이 정권유지를 목표로 한다면, 야당은 정권교체를 목표로 한다. 헌법적 개념으로서 야당의 의미에 관하여 vgl. BVerfGE 70, 324, 363f.; P. M. Huber, Regierung und Opposition, in: HbStR, Bd.Ⅲ, 2005, §47 Rn.40ff.

48) Vgl. H.-P. Schneider, Verfassungsrechtliche Bedeutung und politische Praxis der parlamentarischen Opposition, in: Schneider/Zeh(Hg), Parlamentsrecht und Parlamentspraxis in der BRD, 1989, §38.

49) Vgl. H. H. Klein, Stellung und Aufgaben des Bundestages, in: HbStR, Bd.Ⅲ, 2005, §40 Rn.34.

50) BVerfGE 44, 125, 145.

되고, 현재의 소수당이 다수당이 될 수 있는 기회, 즉 정치적 활동과 의회활동에서 기회의 균등이 보장되어야만, 비로소 '자유민주국가'라 할 수 있다.[51)]

(2) 국회법 형성의 한계로서 야당의 권리

국회는 국회법을 임의로 형성할 수 있는 것이 아니라 '야당의 권리'에서 그 형성권의 한계를 가진다. 국회법은 야당의 존속과 기능을 보장해야 하고, 의회 내 야당(소수파)이 기능할 수 있도록 규율해야 한다. 야당의 허용여부 및 야당의 자유의 핵심적 내용은 헌법개정권자에 의해서도 임의로 처분될 수 없다는 점에서, 헌법개정의 한계에 속한다. 따라서 국회는 국회법을 통하여 야당의 자유의 핵심적 내용을 박탈할 수 없다.[52)]

나아가, 야당이 기능하기 위해서는 야당의 권리는 '소수의 권리'로 형성되어야 한다. 교섭단체에 부여되는 국회법상의 다양한 지위 및 권리는 의회 야당의 행위가능성을 보장하고 있다. 야당은 교섭단체에게 부여되는 각종 발의권 등 소수의 권리를 행사함으로써, 국정통제기능을 수행하는 것이다. 교섭단체의 권리는 여당과 야당 모두에게 동일하게 적용되지만, 교섭단체에게 부여되는 권리의 핵심적 의미는, 국정통제기능을 이행하는 소수의 권리로서 의회 야당의 과제이행을 보장하는 것에 있다.[53)] 교섭단체에게 각종 발의권 등이 인정됨에 따라, 야당은 소수의 권리를 행사할 수 있는 잠재적인 가능성을 보유함으로써, 정부와 여당으로 하여금 야당에 의한 국정통제의 가능성을 미리 고려하는 국정운영을 강제하는 효과가 있다.

뿐만 아니라, 국회재적의원 1/4 이상의 요구에 의하여 임시국회의 소집을 요구할 수 있는 가능성(제47조 제1항), 국회 재적의원 1/4 이상의 요구에 의하여 국정조사를 실시할 수 있는 가능성(헌법 제61조, 국감법 제3조 제1항), 국회재적의원 1/3 이상에 의하여 헌법개정이나 의원 제명 등을 저지할 수 있는 가능성(헌법 제64조 제3항, 제130조 제1항) 등도 핵심적인 소수의 권리에 속한다.

다. 국정통제의 수단으로서 국정조사권

(1) 국정조사권의 헌법적 의미와 기능

헌법은 제61조 제1항에서 "국회는 국정을 감사하거나 특정한 국정사안에 대하여 조사할 수 있으며, 이에 필요한 서류의 제출 또는 증인의 출석과 증언이나 의견의 진술을 요구할 수 있다."고 하여 국회의 국정감사·조사권을 규정하면서, 제2항에서 그 절차에 관한 사항은 법률로써 정하도록 규정하고 있다. 국정감사 및 조사의 절차에 관해서는 '국정감사 및 조사에 관한 법률'(이하 '국감법') 및 '국회에서의 증언·감정 등에 관한 법

---

51) Vgl. W. Zeh, Gliederung und Organe des Bundestages, in: HbStR, Bd.Ⅲ, 2005, §52 Rn.22.
52) Vgl. W. Zeh, Gliederung und Organe des Bundestages, in: HbStR, Bd.Ⅲ, 2005, §52 Rn.23.
53) Vgl. W. Zeh, Gliederung und Organe des Bundestages, in: HbStR, Bd.Ⅲ, 2005, §52 Rn.19.

률'(이하 '증감법')이 제정되어 시행되고 있다.

국정조사란, 특정의 국정 사안(국민적 의혹이나 비리사건 등)을 대상으로 하여 조사의 필요가 있을 때 수시로 공개리에 행하는 조사를 말한다. 국정조사의 대상은 국회의 권한범위에 속하는 모든 사안이다. 국정조사의 대상기관은 국정조사의 사안에 의하여 제한되므로, 국회 본회의의 의결로써 승인한 조사계획서에 기재된 기관에 한정된다. 이에 대하여, 국정감사란, 국정 전반을 대상으로 하여 법률이 정하는 감사대상기관(모든 국가기관과 광역지방자치단체)에 대하여 정기적으로 공개리에 행하는 포괄적 국정조사를 말한다. 국정감사권은 국회의 예산의결권과 결부되어 예산안 심의 · 의결을 위한 선행적 제도로 사용되고 있다. 국정감사는 서구 민주국가에서는 찾아볼 수 없는 한국헌법의 특유한 제도로서, 국정조사와 법적 성격을 달리 하는 별개의 제도가 아니라 '국정조사의 특수한 형태'를 의미한다.[54]

국정조사권은 일차적으로 집행부와 사법부를 감시하고 통제하는 기능을 한다.[55] 국정조사권은 국회의 통제기능을 이행하기 위한 여러 제도 중에서 가장 일상적으로 활용되고 또한 가장 실효성이 있는 핵심적 제도라 할 수 있다. 국정조사를 통하여 의회는 헌법상 부과 받은 과제를 이행함에 있어서 해명의 필요성이 있는 사실관계를 정부나 법원 등 다른 국가기관으로부터 독립하여 독자적으로 조사하는 가능성을 가진다. 국정조사권은 특히 집행부의 비리와 부정을 규명함으로써 집행부에 대한 통제기능을 담당한다.

뿐만 아니라, 국정조사권은 국정통제, 예산심의, 입법, 정책결정 등 의정활동에 필요한 자료와 정보를 얻기 위한 제도로서 기능한다.[56] 국정조사권은 국회에게 '확장된 의미의 질문권'을 부여한다는 데에도 그 의미가 있다. 헌법 제62조 제2항에 규정된 출석요구권과 질문권은 단지 국무총리와 국무위원, 정부위원에 대한 것이지만, 국정조사권은 의회에게 '모든 공직자와 私人'에 대해서도 질문권을 부여하고 있으며("증인의 출석과 증언이나 진술의 요구"), 나아가 진실규명을 위한 광범위한 증거조사권을 부여하고 있다.

(2) 국회법이 아니라 국감법에 의한 국정조사절차의 규율의 필요성

국회가 헌법 제64조 제1항의 '규율자율권'(자신의 내부질서를 독자적으로 규율하는 권한)을 법률 또는 의사규칙 등 어떠한 형식으로 행사하든지 간에 그 규율대상에 있어서 내부영역에 국한된 수권으로 인하여 외부적 효력을 가지고 규율할 수 없다. 국회법의 규율대상은 '국회의 의사와 조직'과 같이 '자신의 사안'으로서 국회 내부영역에 제한되고,

---

54) 서구 민주국가의 경우, 헌법에서 국정조사권만을 규정할 뿐 별도의 국정감사권을 언급하고 있지 않은 반면, 우리 헌법은 국정조사권 외에도 국정감사권을 구분하여 규정하고 있다. 서구 민주국가에서 국정감사권을 규정하지 않은 것은, 일 년 내내 국정에 관한 자료와 정보가 수집되기 때문에 예산안의 심의 · 의결을 위하여 별도의 국정감사가 불필요하다는 인식에 기인하는 것이다.

55) Vgl. L.-A. Versteyl, in: v. Münch/Kunig(Hg), GGK, Bd. I, 2012, Art.43 Rn.1; Morlok, in: Dreier(Hg), Grundgesetz Kommentar, Bd. II, 2006, Art.44 Rn.8.

56) Vgl. Morlok, in: Dreier(Hg), Grundgesetz Kommentar, Bd. II, 2006, Art.44 Rn.12.

그 효력범위도 국회 내부영역에 제한된다. 국회법은 의사와 조직의 자치에 관한 규율로서 단지 '내부적 효력을 가지는 법규범'이다.[57)]

국회법은 단지 내부적 효력을 가지고 국회의 내부적 절차만을 규율할 수 있기 때문에, 국회의 절차에 참여하는 私人에 대해서는 외부적 효력을 가지고 의무를 부과할 수 없다. 국민에 대한 법적 의무는 단지 외부적 효력을 가지는 법률에 의하여 부과될 수 있기 때문에, 이러한 사안은 국회 내부질서의 규율에 제한되는 국회법에 의하여 규율될 수 없다. 그러므로 국회는 가령 국회법에 근거하여 위원회의 공청회에서 이해관계인이나 참고인 등에 대하여 출석이나 발언을 강요할 수 없다.[58)]

이러한 점에서 국회법은 단지 "본회의나 위원회는 그 의결로 안건의 심의 또는 국정감사나 국정조사를 위하여 증인, 감정인 또는 참고인의 출석을 요구할 수 있다."고 하여(제129조 제1항), 국회 내부절차에 국민을 참여시킬 수 있는 가능성을 규정할 뿐, 이를 강제하거나 제재하는 규정을 두고 있지 않다. 국회법은 국민의 기본권과 직접 관련되는 절차와 관련해서는 스스로 규율하지 아니하고 다른 법률에서 따로 규율하도록 정하고 있다(가령, 제65조 제6항, 제127조, 제129조 제3항 등).[59)] 이에 따라, 국민의 기본권 제한과 관련되는 구체적인 절차 또는 형사소송법상의 강제수단은 모두 별도의 개별법률(가령, 국감법, 증감법 등)에서 규율되고 있다. 국회법이 대외적 효력이 없는 반면에, 국정조사권의 행사는 대외적 효력을 가지는 '공권력의 행사'에 해당한다는 점에서,[60)] 입법자는 국정조사절차에 관하여 별도의 법률로써 규율해야 하는 것이다.[61)]

(3) 소수의 권리로서 국정조사권

(가) 소수에 의한 국정통제수단으로 형성해야 할 입법자의 의무

헌법상 권력분립원리는 정부에 대한 의회의 효과적인 통제가 가능하도록 헌법을 해석할 것을 요청한다. 따라서 의회의 對政府 통제와 관련된 모든 헌법규정의 해석에 있어서 의회의 통제가 효과적이어야 한다는 원칙(의회 통제의 실효성원칙)이 해석의 지침이

---

57) 국회법의 구속력에 관하여 한수웅, 국회법의 법적 성격 및 국회법 위반의 효과, 중앙법학 제11집 제4호, 2009. 12. 65면 이하; 한수웅, 헌법학, 2018, 1194면 이하; 개괄적으로 vgl. H.-P. Schneider, Das Parlamentsrecht im Spannungsfeld von Mehrheitsentscheidung und Minderheitsschutz, in: Festschrift 50 Jahre BVerfG, Bd.Ⅱ, 2001, S.635.

58) 물론, 사인이 국회나 위원회에 자발적으로 출석하여 국회의 작업에 참여·협력하는 경우에는 국회법의 구속을 받으므로, 국회법에 의하여 규율된 내부절차를 따라야 한다.

59) 국회법 제65조(청문회) ⑥ 청문회에서의 발언·감정 등에 대하여 이 법에서 정한 것을 제외하고는 국회에서의 증언·감정등에관한법률에 따른다. 제127조(국정감사와 국정조사) 국회의 국정감사와 국정조사에 관하여 이 법이 정한 것을 제외하고는 국정감사및조사에관한법률이 정하는 바에 따른다. 제129조(증인·감정인 또는 참고인의 출석요구) ③ 제1항의 증언·감정등에 관한 절차는 다른 법률이 정하는 바에 따른다.

60) Vgl. BVerfGE 76, 363, 387; Morlok, in: Dreier, Grundgesetz Kommentar, Bd.Ⅱ, 2006, Art.44 Rn.29; H.-P. Schneider, Das Parlamentsrecht im Spannungsfeld von Mehrheitsentscheidung und Minderheitsschutz, in: Festschrift 50 Jahre BVerfG, Bd.Ⅱ, 2001, S.655.

61) Vgl. Pietzcker, Schichten des Parlamentsrechts: Verfassung, Gesetze und Geschäftsordnung, in: Schneider/Zeh(Hg), Parlamentsrecht und Parlamentspraxis, 1989, §10 Rn.25.

되어야 한다.[62]

의회의 대정부 통제의 과제가 주로 소수당에 의하여 이행되는 오늘날의 변화한 권력분립구조에서, 국회의 국정통제수단인 헌법상 국정조사권에 대하여 특별한 요청이 제기된다. 오늘날의 정당국가에서 국정조사권은 의회의 소수가 대정부 통제기능을 이행하는 사실상 핵심적인 제도이자, 소수의 보호를 위한 중요한 제도이다.[63] 정치현실에서도 대다수의 국정조사가 소수의 요구에 의한 것이다.[64] 따라서 국정조사권은 소수에 의한 국정통제가 실질적으로 기능할 수 있도록 '소수의 권리'로서 형성되어야 한다.

헌법은 제61조 제1항에서 국회의 국정조사권을 규정하면서, 제2항에서 구체적인 규율을 입법자에게 위임하고 있다. 그러나 입법자의 형성권은 무제한적인 것이 아니다. 입법자는 오늘날 변화한 권력분립구조에서 국정조사권이 가지는 헌법적 기능과 의미에 의하여 구속을 받는다.[65] 따라서 입법자는 국정조사권의 행사, 국정조사절차 등을 구체적으로 형성함에 있어서 헌법상 국정조사권의 의미와 목적을 고려하여 국정조사권이 실제로 기능할 수 있도록 규율해야 한다. 무엇보다도 국정조사권이 오늘날 의회의 소수당이 정부를 통제하기 위한 중요한 제도라는 점에 비추어, 입법자는 국정조사권을 '소수의 보호를 위한 수단'이자 '소수에 의한 국정통제수단'으로 기능할 수 있도록 법률로써 구체화해야 한다. 만일, 입법자가 국회재적의원 1/2 이상의 요구로써 국정조사가 이루어질 수 있도록 국정조사의 절차를 '다수의 권리'로 규정한다면, 이는 국정조사권의 헌법적 기능을 형해화 한다는 점에서 위헌일 것이다.

국회의 국정조사권이 소수의 권리보호를 위한 제도로서 기능하려면, 첫째, 소수가 조사를 요구할 수 있어야 하고(소수의 요구에 의한 조사위원회의 구성 가능성), 둘째, 소수에 의하여 발의된 국정조사의 경우, 소수가 무엇에 관하여 조사해야 하는지, 즉 조사대상(조사목적과 조사사항)을 확정할 수 있어야 한다. 나아가, 조사위원회의 활동을 요구할 수 있는 권리와 마찬가지로 조사절차에 있어서도 결정적인 형성가능성이 소수에게 인정되어야 한다.[66]

---

62) Vgl. BVerfGE 67, 100, 130.

63) Vgl. M.-E. Geis, Untersuchungsausschuß, in: HbStR, Bd.Ⅲ, 2005, §55 Rn.21; BVerfGE 49, 70, 85ff.

64) 독일의 경우, 1978년부터 2001년까지 국정조사와 관련하여 모두 8개의 연방헌법재판소결정이 선고되었는데, 연방헌법재판소는 판례를 통하여 국정조사권의 헌법적 문제를 근본적으로 규명하는 데 크게 기여하였다. 국정조사는 의회에서 여당과 야당이 상이한 이해관계를 가지고 첨예하게 충돌하는 영역에 해당하고, 국정조사는 소수의 보호가 특별한 역할을 하는 영역이면서 동시에 조사위원회의 절차와 의결에 있어서 다수결의 원리가 적용되는 영역이다. '소수의 보호'와 '다수결의 원리'의 긴장관계로부터 일련의 권한분쟁이 발생하였고, 국정조사과정에서 다수결에 의하여 압도된 소수 또는 정부의 서류제출 거부 등에 의하여 진실규명의 시도가 봉쇄된 소수가 연방헌법재판소에 권한쟁의심판을 청구하였다. vgl. H.-P. Schneider, Das Parlamentsrecht im Spannungsfeld von Mehrheitsentscheidung und Minderheitsschutz, in: Festschrift 50 Jahre BVerfG, Bd.Ⅱ, 2001, S.654.

65) 유사한 취지로 vgl. U. Schliesky, Art.44 GG - Zulässigkeit der Änderung des Untersuchungsgegenstandes gegen den Willen der Einsetzungsmehrheit, AöR 126(2001), S.269.

66) BVerfGE 105, 197, 223. 독일의 경우, 증거조사는 국정조사권의 핵심에 속한다. 증거조사란, 위원회의 진실

소수가 조사를 요구하면, 국회는 지체 없이 조사요구에 응해야 하고 조사위원회를 구성해야 할 의무를 진다.[67] 물론, 국회는 본회의에서 조사위원회의 구성을 의결함에 있어서 조사요구의 합헌성 여부를 심사할 수 있고, 조사요구가 헌법에 부합하는 경우에는 이를 승인해야 한다.[68] 그러나 소수 보호의 관점에서 원칙적으로 조사요구의 합헌성이 추정되어야 하고, 단지 조사요구의 내용이 국회의 권한범위를 벗어나는 등 명백히 위헌적인 경우에만 다수는 그 이유를 밝히고 조사위원회의 구성을 거부할 수 있다.[69] 조사요구가 부분적인 위헌성을 담고 있는 경우에는 합헌적인 부분에 대한 조사를 위하여 조사위원회를 구성해야 한다.[70]

(나) 조사위원회의 증거조사와 국가기밀의 보호

증거조사와 관련하여, 조사위원회가 국가기관에 대하여 서류의 제출을 요구하는 경우에 국가기관이 국가기밀이라는 이유로 서류의 제출을 거부할 수 있는지의 문제가 제기된다. 국가기밀의 보호는 원칙적으로 조사위원회의 서류 제출의 요구를 거부하는 사유가 될 수 없다. 오늘날 대의제 민주주의에서 국민의 대표기관인 의회에 대하여 숨겨야하는 국가기밀이란 더 이상 존재하지 않는다. 의회와 관련하여 '국가기밀의 보호'란 법익이 문제된다면, 이는 의회에 '대한' 비밀보호가 아니라 의회에 '의한' 비밀보호의 문제, 즉 의회의 논의과정에서 국가기밀이 보호될 수 있는지, 의회가 비밀유지를 보장하는지의 문제이다.[71] 국가기밀의 보호는 의회에 대해서가 아니라 의회와 함께 실현되어야 한다. 조사위원회가 요구하는 서류의 내용이 국가기밀을 담고 있다면, 조사위원회는 국가기밀의 보호를 위하여 취할 수 있는 모든 조치(회의 비공개 등)를 취해야 하고, 이러한 조치에도 불구하고 국가기밀이 보호될 수 없다고 판단되는 경우에 한하여, 국가기관에 의한 서류 제출의 거부는 정당화될 수 있다.[72]

규명작업을 위한 정보수집의 과정을 말한다. 증거조사에 관한 결정은 조사위원회에서 다수결로써 내려지지만, 소수가 조사를 요구한 경우에는 다수의 반대에도 불구하고 효과적인 규명작업이 가능해야 한다. 따라서 증거신청이 합법적인 이상, 다수가 거부할 수 없는 증거신청권이 소수에게 인정된다['독일연방의회 조사위원회 권리에 관한 법률'(PUAG) 제17조 제2항].

67) '독일연방의회 조사위원회 권리에 관한 법률'(PUAG)은 제2조 제1항에서 위와 같이 규정하고 있다.

68) Vgl. Morlok, in: Dreier(Hg), Grundgesetz Kommentar, Bd.Ⅱ, 2006, Art.44 Rn.35.

69) 본회의에서 조사위원회를 구성해야 하는 의무를 이행하지 않는다면, 조사를 요구하는 소수는 국정조사에 관한 헌법규정으로부터 나오는 소수의 권리 침해를 주장하여 권한쟁의심판을 청구할 수 있다. vgl. L.-A. Versteyl, in: v. Münch/Kunig(Hg), GGK, Bd.Ⅰ, 2012, Art.44, Rn.16.

70) '독일연방의회 조사위원회 권리에 관한 법률'(PUAG)은 제2조 제3항 제1문에서 위와 같이 규정하고 있다.

71) Vgl. H.-P. Schneider, Das Parlamentsrecht im Spannungsfeld von Mehrheitsentscheidung und Minderheitsschutz, in: Festschrift 50 Jahre BVerfG, Bd.Ⅱ, 2001, S.319f.; Morlok, in: Dreier(Hg), Grundgesetz Kommentar, Bd.Ⅱ, 2006, Art.44 Rn.42, 49.

72) '국감법'에서 서류의 제출을 요구받은 국가기관은 '증감법'에서 정한 특별한 경우를 제외하고는 이에 응해야 한다고 규정하고 있고(제10조 제4항), '증감법'에서는 국가기관이 서류의 제출을 요구받은 경우에 제출할 서류의 내용이 직무상 기밀에 속한다는 이유로 원칙적으로 서류의 제출을 거부할 수 없다고 하면서, 다만 군사·외교·대북관계의 국가기밀에 관한 사항으로서 주무부장관의 소명이 있는 경우에 한하여 예외를 허용하고 있다(제4조 제1항).

(다) 조사대상의 변경의 문제

한편, 소수가 국정조사를 발의하였는데 다수가 조사대상의 변경을 원하는 경우, 본회의의 의결로써 조사대상을 변경할 수 있는지의 문제가 제기된다.[73] 국정조사권이 '소수의 권리'라는 것을 감안한다면, 조사대상은 원칙적으로 소수의 의사에 반하여 변경되어서는 안 된다.[74] 다수가 조사대상을 축소함으로써 조사의 방향을 소수가 의도하는 바와는 다른 방향으로 유도하고자 해서도 안 되고, 조사대상을 확장함으로써 너무 광범위한 조사대상으로 말미암아 조사를 지연시키고 조사의 효율성을 저해해서도 안 된다. 본회의의 다수결에 의하여 국정조사의 대상이 변경될 수 있다면, 국정조사권은 유명무실하게 될 것이다. 따라서 소수가 동의하는 경우가 아니라면, 다수에 의한 조사대상의 변경은 원칙적으로 허용되지 않는다.

그러나 다른 한편으로, 국정조사권은 '소수의 권리'일 뿐만 아니라 '대정부 통제의 핵심적 도구'이기도 하다. 국정조사권의 통제기능을 강조한다면, 이는 곧 통제의 효율성과 포괄적인 진실규명작업을 요청한다. 조사위원회는 국회의 위임에 의하여 국회의 이름으로 국회를 위하여 활동한다. 국회는 '국정조사의 시행에 관하여 의결'함으로써 국정조사를 자신의 사안으로 만드는 것이다.[75] 국정조사가 소수에 의하여 발의되었다 하더라도, 다수도 사실관계의 규명에 협력해야 하고 발의주체인 소수와 마찬가지로 조사절차의 성공을 위하여 노력해야 할 책임을 진다.[76] 이러한 관점에서 조사의 효율성은 '조사대상의 명확화' 또는 '추가적 문제나 의문점'(Zusatzfragen)에 의한 보완을 필요로 할 수 있다. 나아가, 다수에 의한 조사대상의 보완이 전혀 허용되지 않는다면, 다수는 소수가 발의한 국정조사와 별도로 또 다른 국정조사를 발의함으로써, 조사대상에 추가하고자 하는 문제를 스스로 또 다른 독립적인 국정조사의 대상으로 삼을 수 있다. 그렇다면, 통제의 효율성의 관점에서 소수의 의사에 반하여 조사대상이 변경되어서는 안 된다는 원칙에 대한 예외가 특정한 요건 하에서는 허용되어야 한다.

조사대상을 포괄적으로 규명하고 진실에 부합하는 조사결과를 얻기 위하여 추가적인 문제에 의한 보완이 필요하고, 추가적 문제가 동일한 조사대상에 관한 것이어서 조사대상을 그 핵심에 있어서 변경시키는 것이 아니며, 나아가 위 요건이 충족되었다는 것이 객관적으로 명백하게 드러난다면, 이러한 요건 하에서는 예외적으로 추가적 문제에 의한 보완은 소수의 의사에 반해서도 허용된다.[77] 조사대상 자체를 변경하거나 또는 다른

73) Vgl. U. Schliesky, Art.44 GG-Zulässigkeit der Änderung des Untersuchungsgegenstandes gegen den Willen der Einsetzungsmehrheit, AöR 126(2001), S.251ff; Morlok, in: Dreier(Hg), Grundgesetz Kommentar, Bd.Ⅱ, 2006, Art.44 Rn.37.

74) BVerfGE 49, 70, 86.

75) BVerfGE 67, 100, 142.

76) Vgl. H.-P. Schneider, Das Parlamentsrecht im Spannungsfeld von Mehrheitsentscheidung und Minderheitsschutz, in: Festschrift 50 Jahre BVerfG, Bd.Ⅱ, 2001, S.655.

조사대상을 추가하고자 하는 것은 소수의 권리의 실현을 방해할 수 있기 때문에 허용되지 않지만, 동일한 조사대상에 관한 모든 본질적인 사실관계는 '추가적 문제'의 형태로 보완이 가능하다.

(4) 조사계획서 본회의 승인제도의 헌법적 문제점

(가) 국정조사에 관하여 구체적으로 규율하고 있는 국감법의 규정내용을 보건대, 국감법 제3조는 국회는 재적의원 4분의 1 이상의 요구가 있는 때에는 특별위원회 또는 상임위원회로 하여금 국정의 특정사안에 관하여 국정조사를 하게 한다고 하면서(제1항), 국정조사의 요구는 조사의 목적, 조사할 사안의 범위와 조사를 할 위원회 등을 기재한 '조사요구서'를 제출함으로써 이루어지고(제2항), 조사요구서가 제출되면 의장은 지체 없이 조사를 할 특별위원회를 구성하거나 해당 상임위원회에 회부하여 조사위원회를 확정한다고 규정하고 있다(제3항). 조사위원회는 조사의 목적, 조사할 사안의 범위와 조사방법, 조사에 필요한 기간 및 소요경비 등을 기재한 조사계획서를 본회의에 제출하여 승인을 받아 조사를 하는데(제4항), 본회의는 조사계획서를 검토한 다음 의결로써 이를 승인하거나 반려하며(제5항), 본회의에서 조사계획서가 반려된 경우에는 조사위원회는 이를 그대로 본회의에 다시 제출할 수 없다(제6항).

(나) 헌법 제61조는 국정조사권을 스스로 '소수의 권리'로 규정하지 아니하고 이에 관한 규율을 입법자에게 위임하고 있으나, 입법자는 국정조사권의 헌법적 기능에 의하여 국정조사권을 '소수의 권리'로 형성해야 한다는 구속을 받는다. 국감법은 제3조 제1항에서 국회재적의원 1/4 이상의 요구가 있을 때에는 국회는 국정조사를 시행하게 하도록 규정함으로써, 국정조사권을 '소수의 권리'로 형성하고 있다. 국회는 국회재적의원 1/4 이상의 요구가 있을 때에는 조사위원회를 구성해야 한다는 의무를 지며, 이에 대응하여 소수는 조사위원회의 구성을 요구할 수 있는 권리를 가진다.

조사위원회의 구성에 관하여 국감법은 단지 조사를 할 특별위원회는 교섭단체 의원수의 비율에 따라 구성하여야 한다고만 규정할 뿐, 위원의 數에 관하여는 언급하고 있지 않다. 국회는 조사위원회의 구성에 있어서도 본회의의 정치적 세력관계를 그대로 반영해야 한다는 점에서 헌법적으로 구속을 받을 뿐,[78] 위원의 수를 정함에 있어서는 조

77) 독일 州 의회 소수당이 특정 사안에 대한 국정조사를 요구하자, 다수파가 조사대상의 확장을 신청함에 따라 州 의회는 의결로써 조사대상을 확장하였다. 이에 소수당은 주 의회의 의결에 의하여 자신의 권한이 침해당했다고 주장하면서 연방헌법재판소에 권한쟁의심판을 청구한 사건에서, 연방헌법재판소는 '설사 위원회작업의 지연을 가져오더라도 사안에 대한 포괄적인 해명이 필요하다면 추가적 문제에 의한 보완이 허용될 수 있는데, 이 경우 동일한 조사대상에 관한 것이어야 하고 조사대상을 그 핵심에 있어서 건드려서는 안 되며, 이러한 요건이 충족되었다는 것이 명백하게 판단될 수 있어야 한다. 이러한 것이 불분명하다면, 이러한 위험부담은 소수의 권리를 보호하기 위하여 다수가 져야 한다'고 판시함으로써, 추가적 문제의 보완은 위와 같은 특정한 요건 하에서만 허용된다고 확인한 다음, 위 사건의 경우에는 추가적 문제의 보완이 허용된 범위를 넘은 것이라고 판단하여 심판청구를 인용하는 결정을 하였다(BVerfGE 49, 70, 85ff.).

78) 국감법은 제4조 제1항에서 조사위원회는 교섭단체의원 수의 비율에 따라 구성하여야 한다고 규정하고 있다.

사위원회에 제기되는 과제의 작업부담과 조사위원회의 작업능력 등을 고려하여 정할 수 있는 광범위한 형성권을 가진다.[79)]

나아가, 조사위원회가 확정되면 조사위원회는 조사계획서를 본회의에 제출해야 하는데, 조사대상이 조사를 요구하는 의회 소수에 의하여 확정되어야 하고 사후적으로 조사위원회에서 변경되어서는 안 된다는 점에서, 여기서 '조사계획서'에 기재된 '조사의 목적, 조사할 사안의 범위'는 의회 소수가 제출한 '조사요구서'에 기재된 '조사의 목적, 조사할 사안의 범위'와 본질적으로 일치하는 것으로 해석해야 한다. 뿐만 아니라, 소수가 제출한 조사요구서에 기재된 조사대상은 그 목적과 범위에 있어서 충분히 명확해야 한다. 조사위원회의 활동이 조사요구서와 조사계획서에 기재된 조사대상의 구속을 받게 되고,[80)] 조사계획서의 내용이 사인의 기본권침해를 야기할 수 있는 증거조사의 근거가 되기 때문에, 조사요구서 및 조사계획서는 기본권을 침해할 수 있는 권한을 부여하는 수권규범에 대하여 제기되는 정도의 '명확성의 요청'을 충족시켜야 한다.[81)]

(다) '조사요구서'에 기재된 조사대상은 조사위원회에 의하여 존중되어야 하고 임의로 변경될 수 없기 때문에, 조사위원회의 '조사계획서'에 그대로 반영되어야 한다. 조사를 요구할 수 있는 소수의 권리에는 '조사위원회를 구성해야 할 국회의 의무'뿐만 아니라 '조사요구서의 내용을 승인해야 하는 국회의 의무'도 대응한다.[82)] 국회는 원칙적으로 조사요구서의 내용에 의한 구속을 받으며, 조사대상을 의결로써 변경할 수 없다.[83)] 만일 그렇지 않다면, 의회의 다수가 소수의 의도를 무력화시킬 것이다. 다만, 위에서 서술한 바와 같이, 의회 통제의 효율성의 관점에서 특정한 요건이 충족되는 경우에 '추가적 문제에 의한 보완'만이 예외적으로 허용될 뿐이다.

국감법 제3조 제4항 내지 제6항에 의하면, 소수가 제출한 '조사요구서'를 근거로 작성된 조사위원회의 '조사계획서'에 대하여 본회의에서 다수결로 승인여부를 결정하도록 하면서 조사계획서가 반려된 경우에는 조사위원회는 이를 그대로는 본회의에 다시 제출할 수 없다고 하여 조사계획서를 수정하도록 규정하고 있다. 그러나 이러한 규정은 의회 다수의 동의를 얻어야 의회 소수가 의도하는 국정조사가 가능하다는 것을 의미하는 것으로, 오늘날 정당국가에서 소수에 의한 통제가능성으로서의 국정조사권의 헌법적 기능을 형해화할 가능성이 있다.

---

79) Vgl. M.-E. Geis, Untersuchungsausschuß, in: HbStR, Bd.Ⅲ, 2005, §55 Rn.31; BVerfGE 80, 188, 222; 84, 304, 323f.

80) Vgl. H.-H. Klein, in: Maunz/Dürig(Hg), GG, Art.44 Rn.81.

81) Vgl. M.-E. Geis, Untersuchungsausschuß, in: HbStR, Bd.Ⅲ, 2005, §55 Rn.33.

82) Vgl. M.-E. Geis, Untersuchungsausschuß, in: HbStR, Bd Ⅲ, 2005, §55 Rn.44.

83) Vgl. BVerfGE 49, 70, 79ff. '독일연방의회 조사위원회 권리에 관한 법률'(PUAG)에서는 조사위원회의 구성에 관한 본회의의 의결은 발의주체의 의사에 반하여 조사요구서에 기재된 조사대상을 변경할 수 없다고 하면서(제2조 제2항), 조사대상의 사후적 변경은 본회의의 의결을 필요로 하는데, 본회의의 의결은 발의주체의 동의를 필요로 한다고 규정하고 있다(제3조 제2문).

또한, 위 국감법조항은 '특정한 요건 하에서 이루어지는 추가적 문제의 보완에 한하여 조사대상이 예외적으로 수정될 수 있다'는 의미나 또는 '조사계획서가 위헌적인 내용을 담고 있는 경우에 한하여 조사대상이 예외적으로 수정될 수 있다'는 의미로 합헌적으로 해석할 여지도 없다고 판단되므로, 위헌의 소지가 다분하다.

라. 국정통제의 수단으로서 對政府 출석요구권

(1) 대정부 출석요구권의 헌법적 의미

헌법은 제62조 제1항에서 "국무총리 · 국무위원 또는 정부위원은 국회나 그 위원회에 출석하여 국정 처리상황을 보고하거나 의견을 진술하고 질문에 응답할 수 있다."고 하여 정부에게 국회에서의 발언권을 부여하면서, 제62조 제2항에서 "국회나 그 위원회의 요구가 있을 때에는 국무총리 · 국무위원 또는 정부위원은 출석 · 답변하여야 하며, 국무총리 또는 국무위원이 출석요구를 받은 때에는 국무위원 또는 정부위원으로 하여금 출석 · 답변하게 할 수 있다."고 하여 국회의 대정부 출석요구권을 규정하고 있다.

헌법 제62조는 정부가 의회의 신임에 의존하고 있고 정부에 대한 의회의 효과적인 통제권을 필요로 하는 의원내각제 정부체제의 산물이다. 의회와 정부가 대립하고 있는 상황에서는 헌법 제62조의 대정부 출석요구권은 중요한 정치적 의미를 가질 수 있으나, 의회의 다수파와 정부가 정당에 의하여 정치적으로 통합됨으로써 권력분립이 의회의 야당과 여당 사이에서 이루어지고 있는 오늘날의 정치현실에서, 입헌군주제의 헌법에서 유래하는 위 규정은 그 의미를 크게 상실하였다.[84] 한편, 대통령제에서 원칙적으로 허용되지 않는 국회의 출석요구권을 헌법에 수용한 것은 우리 헌법상의 정부형태가 '변형된 대통령제'라는 것을 나타내는 하나의 징표이다.

국회의 출석요구권은 필연적으로 정부에 대한 질문권을 수반하므로, 국회는 정부에 대한 출석요구권과 질문권을 가지며, 국회의 출석요구권과 질문권에는 원칙적으로 정부의 출석 · 답변의무가 대응한다.[85] 이러한 조건하에서만 국회, 특히 야당은 그의 대정부 통제권한을 효과적으로 이행할 수 있다. 뿐만 아니라, 위 헌법규정은 이를 넘어서 정부를 통제하기 위하여 필요한 '정보를 요구할 권한'을 포괄적으로 규정하고 있는 것으로 해석해야 한다.[86] 국회의 요구에 의하여 정부각료가 국회에 출석하여 답변해야 한다면, 국회의 출석요구권은 구두에 의한 답변뿐 아니라 서면에 의한 답변이나 기록열람, 자료제출 등도 요구할 수 있는 국회의 포괄적인 정보요구권을 전제로 하고 있는 것이다.

따라서 국회의 출석요구권은 '정보요구권의 강조된 형태'라 할 수 있다.[87] 국회의 출

84) Vgl. L.-A. Versteyl, in: v. Münch/Kunig(Hg), GGK, Bd. I, 2012, Art.43 Rn.1.
85) Vgl. Morlok, in: Dreier(Hg), Grundgesetz Kommentar, Bd.Ⅱ, 2006, Art.43 Rn.11; L.-A. Versteyl, in: v. Münch/Kunig(Hg), GGK, Bd. I, 2012, Art.43 Rn.1.
86) BVerfGE 57, 1, 5; 80, 188, 218.

석요구권은 정부에게는 출석과 구두답변의 의무를 넘어서, 질문에 대하여 답변하고 국회의 과제 수행을 위하여 필요한 정보를 제공해야 할 의무를 포괄적으로 부과한다.[88] 국회의 정보요구권은 정부에 대한 통제기능을 효과적으로 수행하기 위한 필수적 전제조건이다.[89] 국회는 정보의 보유에 있어서 정부와의 관계에서 현저한 열세에 있으므로, 국회가 통제권한을 행사하기 위해서는 정부가 보유하고 있는 정보를 필요로 하기 때문이다.

(2) 국회의 출석요구권을 '의회 다수의 권리'로서 규정한 국회법의 문제점

헌법 제62조 제2항에 의하여 정부각료의 국회출석을 요구할 수 있는 권리는 의원 개인의 권리가 아니라 '국회나 위원회에게 귀속되는 권리'이다. 여기서 국회가 출석요구권의 행사에 관하여 구체적으로 형성함에 있어서 '소수의 보호'에 의한 구속을 받는지의 문제가 제기된다. 국회법은 출석요구권의 행사여부를 본회의와 위원회에서 다수결로 결정하도록 규정함으로써, 출석요구권을 '다수의 권리'로 형성하였다.[90] 국회나 위원회가 출석요구권의 행사에 관하여 재적의원 과반수의 출석과 출석의원 과반수의 찬성으로 의결하는 경우, 정부각료에게는 출석해야 할 법적 의무가 발생한다. 정부각료가 국회의 의결에 따르지 않는 경우에는 국회는 정부각료의 해임을 건의할 수 있고 나아가 출석요구의 불이행이 헌법 제62조 제2항에 위반된다는 확인을 구하는 권한쟁의심판을 헌법재판소에 청구할 수 있다.

한편, 오늘날 대정부 통제의 기능이 야당의 과제라는 점에서, 의회의 출석요구권이 단지 '다수의 권리'여서는 안 되고 야당도 출석요구권을 행사할 수 있어야 한다는 요청이 제기될 수 있다. 이러한 관점에서 출석요구권을 '소수의 권리'로 강화하는 것은 변화한 권력분립구조에 상응하는 것이라 할 수 있다. 그러나 다른 한편으로는, 개별 국회의원을 비롯하여 의회의 야당이나 소수파에게 정부에 대하여 서면으로 정보를 청구할 수 있는 권리가 보장된다는 점을 고려할 때, 출석요구권이 소수의 보호를 위하여 필수적인 수단인지에 대하여 의문이 제기된다. 오늘날 개별의원에게 정부에 대한 포괄적인 서면질문권이 보장되고 있는 이상,[91] 정부에 대한 출석요구권을 반드시 '소수의 권리'로 형

87) Vgl. H. H. Klein, Stellung und Aufgaben des Bundestages, in: HbStR, Bd.Ⅲ, 2005, §50 Rn.38.

88) Vgl. H.-P. Schneider, Das Parlamentsrecht im Spannungsfeld von Mehrheitsentscheidung und Minderheitsschutz, in: Festschrift 50 Jahre BVerfG, Bd.Ⅱ, 2001, S.634.

89) Vgl. U. Di Fabio, Parlament und Parlamentsrecht, Der Staat 1990, S.612; H. H. Klein, Stellung und Aufgaben des Bundestages, in: HbStR, Bd.Ⅲ, 2005, §50 Rn.36.

90) 국회법 제121조는 본회의(제1항) 및 위원회(제2항)의 경우 모두 의결로써 국무위원의 출석을 요구할 수 있다고 규정하고 있다. 국회 본회의가 국무총리 등의 출석을 요구하는 발의를 하기 위해서는 의원 20인 이상이 이유를 명시한 서면으로 하여야 한다(국회법 제121조 제1항). 또한, 독일연방의회 의사규칙도 연방정부각료의 출석을 요구하는 연방의회의 권리(Art.43 Ⅰ GG) 행사에 관하여 교섭단체의 발의에 의하여 다수결로 의결하도록 규정하고 있다.

91) 국회법 제122조는 정부에 대한 서면질문권을 모든 의원의 권리로 규정하고 있다.

성해야 할 필요는 없다고 판단된다.[92] 나아가, 의회 소수파에 의한 정부각료 출석요구권의 남용을 방지하고 정부의 원활한 기능을 유지해야 한다는 관점에서도 현행 국회법이 의회의 출석요구권을 '다수의 권리'로 규정한 것은 헌법적으로 하자가 없다고 할 것이다.

(3) 정부각료 외의 국가기관에 대한 국회의 출석요구를 규정하는 국회법의 위헌여부

국회의 출석요구권은 단지 국무총리·국무위원 또는 정부위원 등 정부각료에 대한 것으로, 다른 국가기관에 대해서는 출석요구권이 인정되지 않는다. 국회법 제121조 제5항은 국회의 출석요구권을 대법원장·헌법재판소장·중앙선거관리위원회위원장·감사원장에게까지 확대하고 있는데,[93] 위 국회법규정은 단지 대법원장 등에 대하여 출석을 요구할 수 있다는 것을 규정하고 있을 뿐, 대법원장 등의 출석·답변의무를 규정하고 있지 않다. 따라서 대법원장 등은 국회를 존중하여 자발적으로 출석할 수는 있으나, 정부 각료와는 달리 출석 및 답변의 의무가 없다.

국회법은 국회의 내부영역을 규율하는 자치규범으로서 기관내부적 효력을 가진다. 따라서 국회법은 人的 관점에서는 단지 국회구성원과 국회출석자에 대해서만, 事案의 관점에서는 국회의 사안에 대해서만 효력을 가진다.[94] 국회법은 헌법에서 이미 다른 국가기관을 구속하는 것 이상으로 외부에 대한 구속력을 가지고 다른 국가기관에게 의무를 부과할 수 없다. 국회법은 제121조(국무위원 등의 출석요구)에서 국무총리와 국무위원 등에 대한 국회의 출석·답변요구권과 이에 대응하는 국무총리와 국무위원 등의 출석·답변의 의무를 규정하고 있는데(제1항 내지 제4항), 이는 헌법 제62조에 이미 규정된 내용을 단지 확인하는 것에 지나지 않는다.

국회법이 헌법 제62조에서 언급하지 않은 국가기관에 대한 출석요구의 가능성을 규정한다면, 이는 단지 국회의 기대와 요구를 표현하고 있는 것이다. 다른 국가기관은 국회에 대한 존중의 관점에서 이러한 기대와 요구에 자발적으로 부응할 수는 있지만, 법적으로 구속력을 가지는 것은 아니다. 만일, 국회가 국회법 등 입법을 통하여 자신의 권한을 확장하고 다른 국가기관을 구속하는 법적 의무를 부과할 수 있다면, 이는 헌법기관 사이의 권한관계를 스스로 결정하는 것으로 '自己事案에 관한 自己決定'이며 '입법을 통한 헌법개정'의 효과를 가지는 것이기 때문에, 헌법적으로 허용될 수 없다. 따라서

---

92) Vgl. L.-A. Versteyl, in: v. Münch/Kunig(Hg), GGK, Bd. I, 2012, Art.43 Rn.41.

93) 국회법 제121조 ⑤ 본회의나 위원회는 특정한 사안에 대하여 질문하기 위하여 대법원장, 헌법재판소장, 중앙선거관리위원회 위원장, 감사원장 또는 그 대리인의 출석을 요구할 수 있다. 이 경우 위원장은 의장에게 그 사실을 보고하여야 한다.

94) 국회법의 구속력에 관하여 한수웅, 국회법의 법적 성격 및 국회법 위반의 효과, 중앙법학 제11집 제4호, 2009. 12. 67면 이하; 한수웅, 헌법학, 2018, 1194면 이하; 개괄적으로 vgl. H.-P. Schneider, Das Parlamentsrecht im Spannungsfeld von Mehrheitsentscheidung und Minderheitsschutz, in: Festschrift 50 Jahre BVerfG, Bd.II, 2001, S.635.

국회법 제121조 제5항에서 규정하는 대법원장 등에 대한 출석요구권은 '출석의무를 수반하지 않는 법적 구속력이 없는 요구권'을 의미하며, 위 국회법규정은 이와 같이 해석하는 한, 헌법적으로 하자가 없다.

Ⅳ. 국회의 과제이행을 위한 조직원칙으로서 교섭단체와 위원회

국회의 조직은 결코 우연의 산물이 아니며, 국회가 임의로 형성할 수 있는 것도 아니다. 국회는 의회 자율권에도 불구하고 자신의 조직에 관한 한, 매우 제한적으로만 임의로 처분할 수 있다. 국회는 자신의 자율권에 근거하여 헌법상 부여받은 과제를 이행할 수 있도록 자신을 조직해야 할 의무를 진다.

국회는 과제이행을 위하여 필수적인 두 가지 내부조직을 가지고 있는데, 하나는 정당정치적으로 구성되는 '교섭단체'이고, 다른 하나는 과제의 효율적인 이행을 위하여 작업영역에 따라 分業的으로 구성되는 '위원회'이다.[95] 오늘날 모든 민주국가는 의회작업에 있어서 교섭단체에게 결정적으로 중요한 역할을 부여하는 작업방식을 채택하고 있고, 우리의 경우도 예외는 아니다. 의회의 정치적 의사가 실질적으로 정당에 의하여 형성되고 개별의원은 교섭단체를 통해서만 사실상 의회의 의사형성에 영향력을 행사할 수 있다는 정당국가의 현실은 필연적으로 의회작업에 있어서 교섭단체의 지배적·우월적 역할과 지위를 수반하였다. 오늘날 '정당국가의 의회'는 곧 '교섭단체로 구성된 의회'로 그 성격을 규정할 수 있다.[96] 따라서 국회법은 오늘날의 헌법질서 내에서의 교섭단체와 위원회의 중요한 의미와 기능에 부합하도록 구체적으로 형성되어야 한다.[97]

1. 교섭단체

가. 교섭단체의 개념과 구성

(1) 국회의 과제이행을 위한 첫 번째 조직원칙에 해당하는 것은 의회작업의 정치적 조직원칙으로서 교섭단체의 구성이다. 정권획득을 위한 정당간의 자유경쟁을 의미하는

---

95) Vgl. Maurer, Staatsrecht I, 2005, S.441f.; Morlok, Volksvertretung als Grundaufgabe, in: Morlok/Schliesky/Wiefelspütz(Hg), Parlamentsrecht, 2015, §3 Rn.54ff.

96) 그럼에도 헌법은 단지 위원회만을 명시적으로 언급할 뿐(제62조), 교섭단체에 관해서는 전혀 언급을 하지 않고 있다.

97) 국회는 헌법질서에서 하나의 통일체로 기능하기 때문에, 그의 내부조직의 단계에서 준비되는 모든 것은, 그것이 전체기관의 결정에 의하여 확정되지 않는 한, 대외적인 구속력을 가지지 않는다. 나아가, 모든 의원의 법적 지위에 있어서의 평등의 요청으로 인하여 국회의 조직은 형식적인 위계질서의 체계 없이 이루어지므로, 국회의 작업은 내부조직 간의 자발성과 상호협력에 의존하고 있다는 특성을 가진다. 따라서 교섭단체와 위원회는 엄밀한 의미에서 '본회의의 하부조직'이 아니라 단지 본회의의 작업부담을 덜어주고 본회의의 결정을 준비하는 '국회의 내부조직'이다. vgl. W. Zeh, Gliederung und Organe des Bundestages, in: HbStR, Bd. Ⅲ, 2005, §52 Rn.2f.

선거의 결과에 따라 국회가 구성되고, 구성된 국회는 정당정치적인 관점에서 다시 교섭단체로 조직된다. 국회가 효율적으로 작업하기 위해서는 개별의원을 일정 단위로 묶는 결사체를 필요로 한다. 국회가 어떠한 관점에서 의원의 결사체를 인정할 것인지, 이로써 의원의 결사체에 특별한 지위와 권리를 부여함으로써 이러한 결사체로 하여금 의회활동의 중심적 역할을 이행하도록 할 것인지의 문제가 제기되는데, 국회법은 교섭단체에게 이러한 중심적 역할을 부여하고 있다. 국회법에서 교섭단체의 지배적 지위는, 한편으로는 국민의 정치적 의사형성에 있어서 정당의 중요한 의미 및 국회 내에서 정당의 대표로서 교섭단체의 기능에 기인하는 것이고, 다른 한편으로는 국회의 원활한 과제이행과 기능의 보장을 위하여 불가결한 교섭단체의 역할에 기인하는 것이다.[98)]

(2) 교섭단체(Fraktion)란 원칙적으로 같은 정당의 소속의원으로 구성되는 국회 내 정치단체를 말한다. 이로써 교섭단체는 동일한 정치적 신념을 가진 의원의 단체, 즉 특정한 정치적 목표와 경향을 공동으로 추구하는 정치단체이다. 현대의 다원적 사회에서 개인은 단체를 통해서만 자신의 이익을 효과적으로 대변하고 관철할 수 있는 것과 마찬가지로, 개별의원도 다른 의원과의 연대행위를 통해서만 자신의 정치적 목표를 효과적으로 달성할 수 있다. 교섭단체는 전체 의원의 개별적이고 다양한 의견을 소수의 정치적 대안으로 묶는 기능을 하고, 국회의 작업수행을 분업적으로 조직함으로써 국회의 과제이행에 결정적으로 기여한다.[99)] 교섭단체는 '의원의 대의기능'을 '정당국가적으로 형성되는 의회의 작업'과 연결하는 일종의 연결매체이다.[100)]

의원은 교섭단체에 가입함으로써 오늘날 의회작업의 전문성과 복잡성에 대하여 어느 정도 대처할 수 있고, 교섭단체가 제공하는 사실상의 다양한 이익을 기대할 수 있다. 개별의원은 교섭단체의 분업적 업무처리를 근거로 교섭단체의 조력을 받을 수 있고, 또한 교섭단체의 분업적 체계 내에서 다른 의원에게 도움을 제공함으로써 정치적 영향력을 행사할 수도 있다.[101)] 나아가, 의원들은 교섭단체 내에서 상호협력과 상호의존의 관계를 통하여 정치적 영향력을 크게 확대할 수 있다. 따라서 의원이 교섭단체의 소속을 상실한다는 것은 곧 정치적 영향력의 상실을 의미하고, 이는 의원 지위의 헌법적 보장에도 불구하고 사실상 열등한 지위로 전락한다는 것을 의미한다.[102)]

---

98) Vgl. Schulze-Fielitz, Der Fraktionslose im Bundestag: Einer gegen Alle?, DÖV 1989, S.830.

99) Vgl. W. Demmler, Der Abgeordnete im Parlament der Fraktionen, 1994, S.166ff.; Morlok, in: Dreier(Hg), Grundgesetz Kommentar, Bd.Ⅱ, Art.38 Rn.174; H. H. Klein, Status des Abgeordneten, in: HbStR, Bd.Ⅲ, 2005, §51 Rn.9.

100) Vgl. H.-P. Schneider, Das Parlamentsrecht im Spannungsfeld von Mehrheitsentscheidung und Minderheitsschutz, in: Festschrift 50 Jahre BVerfG, Bd.Ⅱ, 2001, S.649.

101) Vgl. H. H. Klein, Status des Abgeordneten, in: HbStR, Bd.Ⅲ, 2005, §51 Rn.9; Morlok, in: Dreier(Hg), Grundgesetz Kommentar, Bd.Ⅱ, Art.38 Rn.174; U. Di Fabio, Parlament und Parlamentsrecht, Der Staat 1990 S.616.

102) Vgl. Schulze-Fielitz, Der Fraktionslose im Bundestag: Einer gegen Alle?, DÖV 1989, S.829.

(3) 교섭단체의 이러한 중요한 기능에 비추어, 의회법이 교섭단체의 지위를 정치적 목표와 방향의 同質性(경향의 순수성)의 요건에 결부시키는 것은 헌법적으로 허용된다.[103] 동일한 정치적 신념을 가지지 않은 의원들에게도 교섭단체를 구성하도록 허용하는 경우에는 결집력의 약화와 교섭단체의 압력행사 가능성의 결여로 말미암아 교섭단체의 기능이 확보될 수 없다면, 헌법은 정치현실적으로 교섭단체의 기능을 이행할 수 있는 의원의 단결체에게만 교섭단체의 지위를 부여하는 것을 금지하지 않는다. 따라서 의회법은 동일한 정치적 신념을 가진 의원의 단체에게만 교섭단체의 지위를 인정할 수 있다. 교섭단체의 활동을 위하여 '정치적 동질성'이 본질적이라는 관점이 이러한 제한을 정당화한다.[104]

한편, 국회법은 국회에 20인 이상의 소속의원을 가진 정당뿐만 아니라 다른 교섭단체에 속하지 않는 20인 이상의 의원이(가령, 여러 정당의 소속의원끼리 아니면 무소속의원끼리) 따로 교섭단체를 구성할 수 있도록 규정함으로써, '정치적 동질성'의 요건을 제시하고 있지 않다(제33조 제1항). 이는 정당 정치가 아직 자리 잡지 못하고 있는 한국의 정치현실을 반영하는 것이라 할 수 있다.

국회는 교섭단체의 지위를 얻기 위한 '의원의 數'를 확정함에 있어서 형성권을 가지고 있으나, 이 경우에도 '국회의 원활한 기능의 확보'라는 관점을 기준으로 삼아야 한다.[105] 교섭단체가 그 기능을 이행하기 위해서는 이에 필요한 최소한의 규모가 요청된다.[106] 한편, 교섭단체를 구성하기 위한 의원의 비율과 선거의 결과에 따라 정당의 의회진출을 저지하는 소위 봉쇄조항의 비율은 일치할 필요가 없다. 정당정치적으로 동질적인 집단이 국회에 진출하였다는 것은 반드시 그러한 집단이 교섭단체의 지위를 얻어야 한다는 것을 의미하지는 않는다. 봉쇄조항은 '의회에의 진입'에 관한 것이고, 교섭단체를 구성하는 규모는 '의회에서의 참여'에 관한 것으로, 서로 다른 연관점을 가지고 있다.[107]

---

103) Vgl. Morlok, in: Dreier(Hg), Grundgesetz Kommentar, Bd.Ⅱ, Art.38 Rn.172.

104) Vgl. W. Demmler, Der Abgeordnete im Parlament der Fraktionen, 1994, S.210f.

105) Vgl. Morlok, in: Dreier(Hg), Grundgesetz Kommentar, Bd.Ⅱ, Art.38 Rn.178; BVerfGE 96, 264, 278f.; Ipsen, Staatsrecht I, Rn.271, 교섭단체의 구성을 위하여 재적의원의 5% 이상의 의원 수를 요구하는 것은 헌법적으로 정당화되기 어렵다.; Zippelius/Würtenberger, Deutsches Staatsrecht, 2005, S.335; 독일의 연방의회 의사규칙은 의원이 그 수에 있어서 교섭단체의 지위에 이르지 못하는 경우에는 그룹의 지위를 얻을 수 있도록 규정하여, 그룹의 지위를 인정받음으로써 의회의 작업에 충분히 효과적으로 참여하는 것을 가능하게 하고 있다(BVerfGE 96, 264, 279). 그룹은 그 규모에 상응하여 발언권의 배분에 있어서 고려되고, 위원회의 위원직과 표결권을 비율에 따라 배분받는다(BVerfGE 84, 304, 323f.).

106) 비교법적인 관점에서 유럽국가에서 교섭단체의 구성과 최소한의 규모에 관하여 소개한 것으로 vgl. Schulze-Fielitz, Der Fraktionslose im Bundestag: Einer gegen Alle?, DÖV 1989, S.831f. 스위스를 제외하고 유럽의 거의 모든 국가가 공동의 정치적 신념, 즉 정당소속을 교섭단체구성의 기준으로 규정하고 있고, 최소한의 규모는 대부분의 국가에서 20인 이하(독일의 경우에만 5% 저지조항의 결과로서 '26인'으로 최고)로 규정되고 있다.

107) Vgl. Maurer, Staatsrecht I, 2005, S.446; Morlok, in: Dreier(Hg), Grundgesetz Kommentar, Bd.Ⅱ,

나. 교섭단체의 기능

(1) 오늘날 정당민주주의에서 교섭단체는 '헌법생활의 필수적 기구'이자 '의회 의사형성의 중요한 요소'이다.[108] 교섭단체는 개별의원의 다양한 정치적 입장을 합의가능한 통일체로 묶음으로써 국회의 의사형성과정을 유도하고 의사결정과정을 용이하게 한다.[109] 이로써 교섭단체는 국회의사결정의 촉진제 역할을 하고 국회의 원활한 기능을 보장한다.

국회법은 국회 내에서 교섭단체의 중요한 의미와 기능에 상응하도록 교섭단체의 활동가능성을 규정하고 있다. 교섭단체는 위원회의 위원을 지명하고(국회법 제48조) 의안을 발의하며(국회법 제79조) 국무위원 등의 출석요구를 발의하는 권한을 가진다(국회법 제121조). 의회작업에 있어서 교섭단체의 지배적 지위는 무엇보다도 '위원회의 구성'은 교섭단체에 의하여 교섭단체의 세력에 비례하여 이루어진다는 것에서 표현되고 있다. 나아가, 국회에서 다루어지는 모든 의안은 발의되어야 하는데,[110] 국회법상 가능한 모든 발의는 교섭단체에 의하여 이루어질 수 있다. 교섭단체의 구성을 위하여 요구되는 의원의 數는 법률안의 제출 등 의안의 발의, 국무위원 등의 출석요구 등 각종 발의권을 행사하기 위한 요건을 충족시킨다.[111] 교섭단체가 각종 발의권을 가지고 있으므로, 대부분의 의회 절차는 사실상 교섭단체에 의하여 개시된다는 것을 의미한다.

(2) 교섭단체는 '국회 내에서 정당의 대표'이다.[112] 정당은 국회 내에서 교섭단체에 의하여 대변되고, 교섭단체를 통하여 국회의 의사형성에 영향력을 행사한다. 이로써 교섭단체는 국가의사형성과 국민의사형성 사이의 핵심적 중개자로 기능한다.[113] 교섭단체는 국가의사형성과정에서 자신의 정책을 관철하고자 하는 정당의 前哨基地이며, '의회 내의 정당'으로 서로 경쟁관계에 있다.[114] 선거에서 정당간의 경쟁은 의회 내에서 교섭단체간의 경쟁의 형태로 계속된다. 국민의 시각에서는 교섭단체가 정당의 활동을 비로소 可視的으로 만든다.

Art.38 Rn.178.

108) Vgl. BVerfGE 84, 304, 322.

109) Vgl. Zeh, Gliederung und Organe des Bundestages, in: HbStR, Bd.Ⅲ, 1987, §42 Rn.10.

110) 국회법에 의하면 법률안을 비롯한 모든 의안은 국회의원 10인 이상의 찬성으로 발의된다(제79조).

111) 교섭단체를 구성하기 위하여 필요한 의원의 수(국회법 제33조의 20인 이상)와 발의권을 행사하기 위한 의원의 수(국회법 제79조의 10인 이상), 국무위원 등의 출석요구를 발의하기 위한 의원의 수(국회법 제121조의 20인 이상)는 일치하는 것은 아니나(2003. 2. 4. 국회법개정 전에는 발의권의 행사요건과 교섭단체의 구성요건이 모두 의원 20인 이상으로 일치하였음), 교섭단체가 각종 발의권을 행사하기 위한 요건을 충족시키고 있다. 다만, 조사위원회를 구성하기 위한 발의권은 재적의원 4분의 1 이상으로 규정하고 있다(국정감사 및 조사에 관한 법률 제3조).

112) Vgl. W. Demmler, Der Abgeordnete im Parlament der Fraktionen, 1994, S.179ff.; Zeh, Gliederung und Organ des Bundestages, in: HbStR, Bd.Ⅲ, 2005, §52 Rn.14.

113) Vgl. Zeh, Gliederung und Organ des Bundestages, in: HbStR, Bd.Ⅲ, 2005, §52 Rn.5; Schulze-Fielitz, Der Fraktionslose im Bundestag: Einer gegen Alle?, DÖV 1989, S.830.

114) Morlok, in: Dreier(Hg), Grundgesetz Kommentar, Bd.Ⅱ, Art.38 Rn.175.

교섭단체는 정당국가에서 의원의 정당기속을 강화하는 하나의 수단으로 기능하고, 정당소속의원들의 원내 행동통일을 기함으로써 의안의 심의에 있어서 정당의 정책을 최대한으로 반영하고자 한다.[115] 이러한 점에서 '의원의 교섭단체 기속'과 '자유위임적 원내 활동' 사이의 갈등은 예정되어 있다.

다. 교섭단체의 헌법적 근거와 지위

(1) 개별의원에 의한 자유위임 행사의 산물로서 교섭단체

헌법은 교섭단체를 전혀 언급하고 있지 않지만,[116] 개별의원에게 다른 의원과 함께 교섭단체를 구성할 수 있는 권리를 부여하는 헌법규정에 의하여 교섭단체는 헌법적으로 보장된다. 국회의 의사형성에 있어서 교섭단체가 가지는 중심적 지위에 비추어, '다른 의원과 함께 교섭단체를 구성할 권리'를 의원의 헌법적 지위로서 인정하는 것을 필연적이다. 교섭단체의 구성은 개별의원의 자발적인 결정에 기초하는 것이고, 이는 결국 헌법상 보장된 자유위임(헌법 제46조 제2항)을 행사한 결과이다. 의원은 헌법상 보장된 자유위임을 근거로 다른 의원과 자발적으로 교섭단체를 결성하는 것이므로, 교섭단체의 헌법적 근거는 국회의원의 지위를 포괄적으로 규율하는 헌법 제46조 제2항이다.[117] 교섭단체가 정당의 조직이 아니라 국회의 조직이기 때문에, 헌법 제8조의 정당조항으로부터는 교섭단체의 권리가 도출될 수 없다.

(2) 교섭단체 헌법적 지위의 근거로서 소속의원의 헌법적 지위

교섭단체는 의원의 결사체로서 자신의 권리를 의원의 권리로부터 도출한다.[118] 교섭단체의 헌법적 지위와 근거는 궁극적으로 소속의원의 헌법적 지위에 근거하는 권리의 총체이다. 교섭단체는 의원에게 귀속되는 것 이상의 권리를 가지고 있지 않기 때문에,

---

115) 헌재 2003. 10. 30. 2002헌라1(국회의원과 국회의장간의 권한쟁의), 판례집 제15-2 하, 17, 30, "원내에 의석을 확보한 정당은 정당의 정강정책을 소속의원을 통하여 최대한 국정에 반영하고 소속의원으로 하여금 의정활동을 효율적으로 할 수 있도록 권고·통제할 필요가 있다. 법은 국회에 20인 이상의 소속의원을 가진 정당은 하나의 교섭단체가 되며, 국회 내 상임위원회의 구성은 교섭단체 소속의원수의 비율에 의하여 각 교섭단체대표의원의 요청으로 의장이 선임 및 개선한다고 규정하고 있어(제33조 제1항, 제48조 제1항), 국회운영에 있어 교섭단체의 역할을 제도적으로 보장하고 있다. 교섭단체는 정당국가에서 의원의 정당기속을 강화하는 하나의 수단으로 기능할 뿐만 아니라 정당소속 의원들의 원내 행동통일을 기함으로써 정당의 정책을 의안심의에서 최대한으로 반영하기 위한 기능도 갖는다."

116) 한편, 독일 기본법은 재54조의 a 제1항 제2문에서 교섭단체를 명시적으로 언급하고 있다.

117) 독일의 지배적인 견해도 교섭단체의 헌법적 근거를 의원의 헌법적 지위(자유위임)를 규정하는 기본법 제38조 제1항에서 찾고 있다, vgl. Dreier, Regelungsform und Regelungsinhalt des autonomen Parlamentsrechts, JZ 1990, S.317; H. H. Klein, Stellung und Aufgaben des Bundestages, in: HbStR, Bd.Ⅲ, 2005, §50 Rn.6; Maurer, Staatsrecht I, 2005, S.445f.; H.-P. Schneider, Das Parlamentsrecht im Spannungsfeld von Mehrheitsentscheidung und Minderheitsschutz, in: Festschrift 50 Jahre BVerfG, Bd.Ⅱ, 2001, S.648; 이와는 달리 교섭단체의 헌법적 근거를 정당조항으로 보는 견해로는 W. Zeh, Gliederung und Organe des Bundestages, in: HbStR, Bd.Ⅲ, 2005, §52 Rn.6; 한편, 독일연방헌법재판소는 초기의 결정(BVerfGE 10, 4, 14)에서는 교섭단체의 헌법적 근거를 정당조항에서 찾았으나, 그 후 판례를 명시적으로 변경하여 의원의 헌법적 지위를 규정하는 기본법 제38조 제1항에서 찾고 있다(BVerfGE 84, 304, 322).

118) Vgl. Morlok, in: Dreier(Hg), Grundgesetz Kommentar, Bd.Ⅱ, Art.38 Rn.176.

교섭단체에게 헌법상 독자적인 권리가 인정되는 것은 아니다. 따라서 국회법에서 부여되는 교섭단체의 모든 권리는 소속의원의 권리를 고려하여 확정되어야 한다.[119] 국회법에서 의원이 어느 정도로 자신의 권리를 교섭단체를 통하여 행사할 수 있도록 규정할 수 있는지의 문제가 제기되는데, 국회법이 개별의원이 아니라 교섭단체에게만 특정한 활동가능성을 인정한다면, 이는 의원의 권리에 대한 제한으로서 헌법적으로 정당화되어야 한다.[120] 가령, 교섭단체에 소속된 의원은 위원회 활동권이나 발언권을 교섭단체를 매개로 하여 의원으로서의 권리를 행사할 수 있는데, 개별의원이 교섭단체를 매개로 하여 자신의 권리를 행사하는 것은 국회의 기능보장과 작업의 효율성의 관점에서 정당화된다.[121]

교섭단체의 구성이 자유위임에 근거한 의원의 자유로운 결정에 기인하고, 그에 따라 교섭단체의 법적 지위는 의원의 헌법적 지위로부터 도출된다면, 의원의 헌법적 지위의 본질적 내용에 속하는 '의회 내에서 의원의 평등' 또는 '모든 의원의 동등한 참여의 원칙'으로부터 '교섭단체의 평등의 원칙'이 나온다.[122] 이로써 모든 교섭단체는 의회의 작업에 동등하게 참여할 권리를 가진다. 의원의 평등은 곧 의원으로 결성된 교섭단체의 평등을 의미하므로,[123] 교섭단체 간에도 평등원칙이 적용되지만, 평등의 요청은 국회의 대의기능에 그 기반을 두고 있는 '비례적 대의의 원칙'에 의하여 보완된다.[124] 가령, 국회법은 발언시간의 할당은 교섭단체 소속의원 수에 비례하여 이루어지도록 규정하고 있다.[125]

(3) 정당의 조직이 아니라 국회의 조직으로서 교섭단체

교섭단체는 정당의 조직이 아니라 국회의 조직이다. 사회적 영역에 귀속되는 정당과는 반대로, 교섭단체는 국회의 조직으로서 국가조직의 영역에 귀속된다. 오늘날 교섭단체는 더 이상 '정당의 연장된 팔'이 아니라 자유위임에 근거한 '개별의원들의 창작물'이다.[126] 교섭단체와 정당이 그 인적 구성에 있어서나 정치적으로 밀접하게 연관되어 있다는 사실에도 불구하고 교섭단체와 정당은 법적·제도적으로 구분되어야 한다.[127] 교섭단체는 고유한 권한을 부여받은 국회의 조직으로서 권한쟁의심판의 당사자가 될 수

119) Vgl. BVerfGE 80, 188, 219f.
120) Vgl. Morlok, in: Dreier(Hg), Grundgesetz Kommentar, Bd.Ⅱ, Art.38 Rn.176.
121) Vgl. Schulze-Fielitz, Der Fraktionslose im Bundestag: Einer gegen Alle?, DÖV 1989, S.834.
122) Vgl. BVerfGE 93, 195, 203f.
123) Vgl. Dreier, Regelungsform und Regelungsinhalt des autonomen Parlamentsrechts, JZ 1990, S.318.
124) Vgl. Morlok, in: Dreier(Hg), Grundgesetz Kommentar, Bd.Ⅱ, Art.38 Rn.179.
125) 국회법 제104조(발언원칙) ③ 의장은 각 교섭단체 대표의원과 협의하여 같은 의제에 대한 총 발언시간을 정하여 교섭단체별로 소속 의원 수의 비율에 따라 할당한다.
126) Vgl. BVerfGE 93, 195, 203f.
127) Vgl. U. Volkmann, Parlamentarische Demokratie und politische Parteien, in: Parlamentsrecht, 2015, §4 Rn.19; W. Zeh, Gliederung und Organe des Bundestages, in: HbStR, Bd.Ⅲ, 2005, §52 Rn.14.

있다.

교섭단체는 국가조직에 포함되는 국회의 상설조직이므로, 국가가 교섭단체를 예산으로 지원하는 것은 허용된다.[128] 교섭단체에 대한 예산지원의 정당성은, 교섭단체의 활동이 국회의 작업을 지원하고 국회의 과제이행에 있어서 불가결하다는 것에 있다. 그러나 교섭단체에 대한 국고보조는 그 정도에 있어서 제한되고, 국고보조의 목적에 의한 구속을 받는다.[129] 교섭단체에 대한 국고보조는 국회 내에서의 교섭단체의 작업과 과제이행을 위하여 제공되는 것이므로, 이러한 특정한 목적의 구속을 받으며, 이러한 목적의 확정이 보조금의 지급범위에 대한 제한을 정당화한다.

교섭단체에 대한 국고보조는 전적으로 헌법상 또는 국회법상 교섭단체에 부과되는 과제의 이행을 위하여 사용되어야 한다.[130] 물론, 정당의 활동과 교섭단체의 활동 사이에 명확한 경계확정의 어려움이 있고, 이로써 교섭단체의 재정이 정당 활동을 위하여 사용될 위험이 있지만, 교섭단체의 재정은 정당의 과제를 이행하기 위한 일반적인 정당 활동을 위하여 사용되어서는 안 된다. 교섭단체가 국고보조를 그 본연의 목적에 부합하지 않게 일반적인 정당 활동을 위하여 사용하는 것은 국회에 진출하지 못한 정당과의 관계에서 '정당간의 기회균등의 원칙'에 위반되므로, 허용되지 아니한다. 나아가, 교섭단체의 과제 이행에 의하여 정당화되는 정도를 넘어서 교섭단체에 국고보조가 지급되어서는 안 된다.[131] 그러한 정도를 넘는 국고보조는 '정당에 대한 僞裝된 국고보조'에 해당하기 때문이다.

2. 위원회

가. 위원회의 의미와 기능

(1) 실질적 작업의 장소로서 위원회

위원회제도는 국회의 또 다른 핵심적인 조직원칙이다. 헌법은 위원회를 명시적으로 언급함으로써(제62조), 오늘날 의회의 과제이행에 있어서 위원회제도의 불가피성과 중요성을 표현하고 있다. 오늘날 의원은 과도한 업무 부담과 심의사안의 전문성과 복잡성으로 인하여 국회가 다루는 모든 사안에 대하여 독자적인 판단을 내릴 능력이 없다. 오늘날 현대국가에서 국회 심의사안이 양적으로 증가하고 질적으로 전문화됨에 따라, 입법에서도 고도의 전문성과 효율성이 요구되기 때문에 의안처리의 전문성과 효율성을 높이

128) Vgl. BVerfGE 20, 56, 62; 80, 188, 231.

129) Vgl. Morlok, in: Dreier(Hg), Grundgesetz Kommentar, Bd.Ⅱ, Art.38 Rn.182; H.-P. Schneider, Das Parlamentsrecht im Spannungsfeld von Mehrheitsentscheidung und Minderheitsschutz, in: Festschrift 50 Jahre BVerfG, Bd.Ⅱ, 2001, S.649.

130) Vgl. BVerfGE 80, 188, 231.

131) Vgl. BVerfGE 20, 56, 104f.

기 위하여 고안된 것이 바로 위원회제도이다.[132)]

위원회는 국회 본회의의 의안심의에 앞서 본회의에서 의안심의를 원활하게 할 목적으로 전문적 지식을 가진 소수의 의원들로 하여금 의안을 예비적으로 심사·검토하게 하는 小會議制를 말한다.[133)] 오늘날 의회는 '발언의 장소'로서의 본회의와 '실질적 작업의 장소'로서의 위원회로 나뉘어져 기능한다. 본회의에서 공개적 논의는 사안에 관한 정당의 입장을 서술하고 국민에게 전달하는 데 기여하는 반면, 사안에 관한 실질적 논의는 심의대상의 고도의 전문성과 복잡성 때문에 본회의에 앞서 소수의 전문가로 구성된 교섭단체 내부의 소위원회나 의회의 위원회에서 이루어진다.[134)] 위원회에서 교섭단체 간의 상이한 정치적 입장을 조율하는 작업이 이루어지고, 이러한 방법으로 본회의의 의결이 준비된다.[135)]

(2) 위원회에 의한 국회기능의 실질적 이행

오늘날 위원회가 실질적으로 국회의 과제를 이행하기 때문에, 위원회 작업에 특별한 의미와 중요성이 부여된다. 입법기능, 대정부 통제기능 등 국회기능의 본질적인 부분이 위원회에 의하여 이행되고 있으며, 국회의 의사형성이 사실상 위원회에서 이루어진다. 국회법은 국회운영에 있어서 '상임위원회 중심주의'와 '본회의 결정주의'를 채택하고 있기 때문에, 위원회는 실질적으로 국회의 기능을 대행한다고 보아야 한다.

위원회는 그 소관에 속하는 법률안 등 의안을 심사하여 본회의에서 의결할 수 있는 의안으로 입안하는 기능을 한다.[136)] 의안제출에 관한 위원회의 의결은 본회의에 대하여 구속력을 가지는 것은 아니지만, 본회의에서 의안심의의 근거가 되기 때문에 실질적으로는 본회의의 결정을 사전에 형성하는 효과를 가진다.[137)] 본질적인 결정은 이미 사실상 위원회에서 내려지기 때문에, 본회의에서 의결은 대부분의 경우 단지 형식적인 의미를 가진다.[138)]

나아가, 국회의 대정부 통제기능의 본질적인 부분이 위원회에 의하여 이행된다.[139)] 헌법은 위원회의 바로 이러한 기능 때문에, 국회뿐만 아니라 위원회도 국무총리와 국무위원 등의 출석과 답변을 요구할 수 있고 의안심사를 위하여 필요한 정보를 요청할 수

132) 유사한 취지로 헌재 2003. 10. 30. 2002헌라1, 판례집 제15-2하, 17, 30-31.

133) 헌재 2003. 10. 30. 2002헌라1(국회의원과 국회의장간의 권한쟁의), 판례집 제15-2하, 17, 30-31.

134) Vgl. H. H. Klein, Stellung und Aufgaben des Bundestages, in: HbStR, Bd.Ⅲ, 2005, §50 Rn.11.

135) Vgl. W. Zeh, Das Ausschußsystem im Bundestag, in: Schneider/Zeh(Hg), Parlamentsrecht und Parlamentspraxis in der BRD, §39 Rn.14ff.

136) Vgl. W. Zeh, Gliederung und Organe des Bundestages, in: HbStR, Bd.Ⅲ, 2005, §52 Rn.39; M.-E. Geis, Parlamentsausschüsse, in: HbStR, Bd.Ⅲ, 2005, §54 Rn.1.

137) Vgl. Dreier, Regelungsform und Regelungsinhalt des autonomen Parlamentsrechts, JZ 1990, S.318; BVerfGE 44, 308, 318.

138) Vgl. BVerfGE 44, 308, 318.

139) Vgl. M.-E. Geis, Parlamentsausschüsse, in: HbStR, Bd.Ⅲ, 2005, §54 Rn.3; W. Zeh, Gliederung und Organe des Bundestages, in: HbStR, Bd.Ⅲ, 2005, §52 Rn.40f.

있도록 규정하고 있다(헌법 제62조 제2항). 또한, 상임위원회의 분류가 통상적으로 행정각부의 분류에 따르는 것도 바로 전문성 있는 의원들로 구성된 위원회로 하여금 행정각부에 대한 통제기능을 보다 잘 이행하도록 하기 위한 것이다.[140] 위원회를 전문적 지식을 가진 의원으로 구성하는 것은 행정부의 전문적인 관료주의에 대응하고 정부에 대한 통제의 효율성을 강화하고자 하는 것이지만, 다른 한편으로는 위원회제도가 이익단체의 로비활동을 용이하게 함으로써 의안처리의 공정성을 해칠 위험이 있으며, 위원회가 소관사무와 관계되는 행정부서와 밀착되어 행정부에 대한 견제기능이 약화될 수도 있다는 점이 부작용으로 지적되고 있다.[141]

나. '국회의 축소화된 복사판'으로서 위원회의 구성

오늘날 법안처리, 정보의 요청, 국정통제, 국정조사 등 국회 작업의 본질적인 부분이 본회의가 아니라 위원회에서 이루어지기 때문에 국회 활동의 중심이 본회의에서 위원회로 이동하였고, 이로써 국회에 의한 代議의 과정이 사실상 위원회로 옮겨갔다.[142] 이에 따라 위원회도 '국회에 의한 국민의 代議' 과정에 포함되어야 한다. 이는 곧, 위원회는 국민의 정치적 대의에 있어서 본회의의 축소판이어야 한다는 것을 의미한다.[143] 그러므로 모든 위원회가 원칙적으로 그 구성에 있어서 국회(본회의)의 구성을 그대로 반영할 것이 필수적으로 요청된다. 국회의 정당정치적 구성이 위원회의 구성에 거울상처럼 그대로 반영되어야 한다. 또한, 위원회에서 본회의의 의결을 위한 준비 작업이 이루어진다면, 위원회의 다수관계가 본회의의 다수관계를 그대로 반영함으로써 위원회에서의 준비 작업의 결과가 본회의에서 다수의 지지를 얻을 수 있는 경우에만 본회의의 심의와 의결을 준비하는 위원회의 기능은 비로소 이행될 수 있다.[144] 그 결과, 위원회는 '국회의 축소화된 복사판' 또는 '축소화된 국회'이다.[145] 국회법은 이러한 요청을 반영하여 위원회를 '교섭단체 소속의원 數의 비율'에 따라 구성하고 있다(국회법 제48조 제1항).

교섭단체는 이러한 비례적 대의의 과정에서 중요한 중개역할을 한다. 교섭단체는 '위원회에서의 분업적인 과제이행의 가능성'과 '전체 국회의 복사판으로서 위원회'의 요청을 서로 연결하는 매체로 작용한다.[146] 작업분담을 통한 국회의 전문화의 요청에 부응

---

140) Vgl. W. Zeh, Das Ausschußsystem im Bundestag, in: Schneider/Zeh(Hg), Parlamentsrecht und Parlamentspraxis in der BRD, §39 Rn.10ff.

141) Vgl. L.-A. Versteyl, in: v. Münch/Kunig(Hg.), GGK, Bd. I, 2012, Art.43 Rn.22.

142) Vg. BVerfGE 80, 188, 222.

143) Vgl. BVerfGE 84, 304, 323.

144) Vgl. M.-E. Geis, Parlamentsausschüsse, in: HbStR, Bd.Ⅲ, 2005, §54 Rn.42.

145) 비교법적인 관점에서 보더라도, 유럽의 거의 모든 국가에서 위원회의 구성은 '본회의에서의 교섭단체의 세력관계'에 비례하여 이루어지도록 헌법 또는 의회의 의사규칙에서 규정하고 있다, vgl. Schulze-Fielitz, Der Fraktionslose im Bundestag: Einer gegen Alle?, DÖV 1989, S.831.

146) Vgl. Dreier, Regelungsform und Regelungsinhalt des autonomen Parlamentsrechts, JZ 1990, S.319.

하기 위하여 위원회의 활동이 불가결하고, 다른 한편으로는 국회가 정당정치적인 관점에서 교섭단체로 조직되어 있다면, 위원회의 구성에 있어서 교섭단체의 결집기능을 이용하는 것은 필연적인 것이다.[147] 위원회가 교섭단체 소속의원 數의 비율에 따라 구성되기 때문에, 위원회의 위원은 국회에서 선출되는 것이 아니라 교섭단체의 요청에 의하여 의장이 선임하고 改選한다(국회법 제48조 제1항).

다. 개별의원의 권리로서 상임위원회 활동권

국회 작업의 본질적인 부분이 위원회에 의하여 처리된다는 상황에 비추어, 위원회에 참여하는 가능성은 개별의원에게는 본회의에 참여하는 것과 같은 의미를 가진다. 따라서 '모든 의원의 동등한 참여원칙'은 본회의뿐만 아니라 위원회에도 동등하게 참여할 것을 요청한다. 위원회에 참여하는 의원의 권리는 '의원의 헌법적 지위의 본질적인 부분'에 해당한다.[148] 한편, 자신이 원하는 특정 위원회에 소속되어 활동할 권리는 위원회의 위원정수가 한정되어 있다는 점에서 의원에게 인정되지 않는다.[149] 위원회에서 의원의 평등과 관련하여, 다음과 같은 2가지 문제점이 제기된다.

(1) 교섭단체에 속하지 않은 의원의 상임위원회 활동권

하나는 '교섭단체에 속하지 않은 의원'의 문제이다. 의원이 오늘날 의회작업의 핵심적인 조직원칙인 교섭단체의 구성으로부터 스스로 벗어남으로써 발생하는 문제이다. 의원이 '자유위임'에 근거하여 다른 의원과 함께 교섭단체를 결성할 수 있는 헌법적 지위가 보장된다면, 마찬가지로 교섭단체에 소속되지 않은 의원이 교섭단체를 구성하지 않았다는 이유로 의회의 작업에 있어서 불리한 취급을 받아서는 안 된다는 것도 헌법상 '자유위임'의 요청이다.

위원회에서 위원직이 오로지 교섭단체를 통해서만 배분되는 경우, 모든 의원이 국회의 과제에 동등하게 참여해야 한다는 원칙에 위반될 수 있다. 따라서 일차적으로 교섭단체의 소속을 통하여 '국회에서 발언권'과 '위원회의 위원 數'가 배분되지만, 교섭단체에 속하지 않은 의원이 사실상 의회의 작업으로부터 배제되는 결과를 가져와서는 안 된다.[150] 교섭단체에 속하지 않은 의원에게도 교섭단체에 소속된 의원과 마찬가지로 '의회의 기능과 과제에 동등하게 참여할 권리'가 인정되어야 한다.[151] 의원이 자신의 정치

---

147) Vgl. Dreier, Regelungsform und Regelungsinhalt des autonomen Parlamentsrechts, JZ 1990, S.319.

148) Vgl. M.-E. Geis, Parlamentsausschüsse, in: HbStR, Bd.Ⅲ, 2005, §54 Rn.59.

149) Vgl. BVerfGE 70, 324, 354; M.-E. Geis, Parlamentsausschüsse, in: HbStR, Bd.Ⅲ, 2005, §54 Rn.61.

150) Vgl. BVerfGE 80, 188, 222f., 225f.(Wüppesahl-Urteil)

151) Vgl. BVerfGE 96, 264, 280(2. PDS-Urteil), 연방헌법재판소는 교섭단체에 속하지 않은 의원에게도 위원회 위원장의 지위를 요구할 수 있는 권리가 인정되는지 여부에 관하여 "위원장으로서의 기능은 단지 조직상의 성격을 가지기 때문에, '모든 의원이 의회의 과제에 동등하게 참여해야 한다는 원칙'에 의하여 판단될 수 있는 사안이 아니다."고 판시함으로써 '위원회 위원장의 지위를 요구할 수 있는 권리'를 부인하였다.

적 견해를 국회의 의사형성에 반영하는 기회는 무엇보다도 위원회에서의 활동가능성을 통하여 의원에게 보장되어야 한다. 국회의 기능이 실질적으로 위원회에 의하여 이행된다는 인식은, 모든 의원이 위원회에 심의·표결권을 가지고 소속될 것을 요청한다.[152] 국회법은 교섭단체에 속하지 않은 의원이 어떤 상임위원회에 소속되어 활동할 것인지에 관하여는 의장이 결정하도록 규정하고 있다(국회법 제48조 제2항).[153]

'의원 지위의 형식적 평등'과 '의원의 동등한 참여권'의 관점에서, 교섭단체에 속하지 않는 의원에게는 위원회에서의 '발언권'과 '발의권'뿐만 아니라 '표결권'도 인정되어야 한다. 교섭단체에 속하지 않은 의원에게도 표결권이 부여되어야만, 비로소 동등한 참여권이 보장된다고 할 수 있다. 한편, 교섭단체에 속하지 않는 의원에게 위원회에서 표결권을 부여한다면, 정치적 다수관계를 변형시킴으로써 국회의 다수가 위원회에서 더 이상 다수로서 존재할 수 없는 상황, 위원회가 더 이상 '의회 다수관계의 정치적 복사판'이 아닌 경우가 발생할 수 있다. 이러한 예외적 상황에 직면하여, 독일 연방헌법재판소는 '모든 의원이 의회의 결정에 참여해야 한다'는 원칙으로부터 벗어나기 위해서는 이를 정당화하는 중대한 사유를 필요로 하는데, 이러한 예외를 정당화하는 사유에 해당하는 것이 바로 '모든 위원회가 그 구성에 있어서 국회의 구성을 그대로 반영해야 한다는 요청'이므로, 의원의 동등한 참여권에 대한 제한이 '본회의의 축소판으로서 위원회'의 요청에 의하여 정당화되는 예외적인 경우에는 교섭단체에 속하지 않은 의원에게는 위원회에서 표결권을 부여하지 않을 수 있다고 판단하였다.[154] 그러나 위 연방헌법재판소의 판시내용은 학계에서 많은 비판의 대상이 되고 있다.[155]

---

152) Vgl. BVerfGE 80, 188, 223(Wüppesahl-Urteil), Thomas Wüppesahl은 녹색당 소속으로 의회에 진출하였으나 녹색당과의 의견차이로 인하여 교섭단체로부터 제명당하였고, 그 결과 소속 상임위원회로부터 강제로 사임됨으로써 단지 본회의에서만 활동할 수 있게 되었다. 그는 교섭단체의 소속 여부에 의하여 위원회에서의 활동가능성이 결정되는 것은 헌법적으로 보장된 의원의 지위를 침해한다고 주장하면서 권한쟁의심판을 청구하였다. 한편, 심판청구 당시 연방의회 의사규칙에 의하면, 위원회는 오로지 교섭단체에 의해서만 구성되도록 규정하고 있었고, 이에 따라 교섭단체에 속하지 않는 의원은 위원회의 구성에 있어서 전혀 고려되지 않았다. 위원회가 전적으로 교섭단체의 세력관계에 따라 구성됨으로써 교섭단체에 속하지 않은 의원을 고려하지 않는 것은 독일에서는 적어도 1875년 이래로 확립된 의회의 전통이었다. 게다가, 위원회작업의 기능보장의 관점에서 교섭단체에 속하지 않은 의원을 위원회의 구성에서 배제하는 것이 헌법적으로 허용된다는 견해가 당시 학계 다수견해이기도 하였다(vgl. H. Schulze-Fielitz, Der Fraktionslose im Bundestag: Einer gegen Alle?, DÖV 1989 S.630f.); 84, 304, 326(1. PDS- Urteil).

153) 연방헌법재판소의 'Wüppesahl 결정' 이후, 독일연방의회 의사규칙도 연방의회 의장이 이를 결정하도록 규정하고 있다(제57조 제2항 제2호).

154) 독일연방헌법재판소는, 교섭단체에 속하지 않은 의원에게 위원회에서 표결권을 부여한다면 '의회에서의 다수관계'에 대하여 '위원회에서의 다수관계'가 변동될 가능성이 있기 때문에 다수관계가 왜곡될 위험이 있는 경우에는(가령, 39명의 위원으로 구성된 위원회에서 그 중 19명은 여당소속이고 18명은 야당소속인 상황에서, 2명의 무소속의원이 야당에 합세하는 경우), 예외적으로 교섭단체에 속하지 않는 의원은 표결권이 없이 단지 발언권과 발의권만을 가지고 위원회의 활동에 참여한다고 판시함으로써, 교섭단체에 속하지 않은 의원의 표결권을 부인하였다(BVerfGE 80, 188, 224f.). 이에 대하여 재판관 Mahrenholz의 소수의견은 '위원회에서의 표결권은 의원의 헌법적 지위의 보장내용에 속하는 것이므로 의회는 이에 관하여 임의로 처분할 수 없다고 주장하면서, 표결권이 부여되어야만 비로소 완전한 참여권이 보장된다'는 입장을 밝히고 있다(BVerfGE 80, 188, 235ff.).

(2) 과소한 위원정수로 인한 群小 교섭단체 배제의 문제

또 다른 문제는, 위원회의 특수한 구성절차나 지나치게 적은 위원회 위원정수로 말미암아 群小 교섭단체 전체가 위원회의 활동으로부터 배제됨으로써 발생하는 문제이다. 이러한 상황은 가령, 위원회를 단지 몇 인의 소수의 위원으로 구성하면서 교섭단체의 세력관계에 그대로 비례하는 방식으로 위원직을 교섭단체에 배분하는 경우에 발생할 수 있다.[156] 이러한 경우, 특정 군소 교섭단체가 위원회의 구성에서 완전히 배제됨으로써 더 이상 위원회가 '본회의의 축소화된 복사판'에 해당하지 않으며, 특정한 정치적 방향의 의원들이 의회의 의사형성과정에서 완전히 배제된다는 문제가 발생한다. 위원회의 구성에서 하나의 교섭단체를 배제한다는 것은 의회를 구성하는 한 부분을 배제한다는 것을 의미하고, 이는 곧 '代議의 왜곡'을 의미한다. 교섭단체의 세력관계에 엄격하게 비례하여 위원직을 배분함으로써 특정 교섭단체 전체가 위원회 작업에서 배제되는 결과가 초래되어서는 안 된다.[157]

따라서 이러한 상황에서는 '교섭단체의 세력관계에 따른 위원회의 엄격한 비례적 구성'에 대하여 '위원회에서 의회의 축소화된 복사판을 실현해야 한다는 요청'에 우위를 부여하는 것이 타당하므로, 국회법은 모든 교섭단체가 모든 위원회에 적어도 1명의 위원을 가지고 참여하도록 규율해야 한다. 모든 교섭단체에게 최소한의 참여가능성을 확보해 주는 방안으로는, 모든 교섭단체가 모든 위원회에 참여할 수 있도록 이를 가능하게 하는 충분한 위원정수를 확정하거나, 군소 교섭단체에게 유리한 배분원칙에 따라 위원회를 구성하거나 또는 교섭단체의 세력관계에 따른 비례적 구성의 경우에 위원직을

---

155) 의원 지위의 형식적 평등과 의원의 동등한 참여권의 관점에서 이에 대한 학계의 비판으로 vgl. H.-H. Trute, in: v. Mümch/Kunig(Hg), GGK, Bd. I. Art.38 Rn.94; H. Schulze-Fielitz, Der Fraktionslose im Bundestag: Einer gegen Alle?, DÖV 1989 S.829ff.; Morlok, Parlamentarisches Geschäftsordnungsrecht zwischen Abgeordnetenrechten und politischer Praxis, JZ 1989, S.1040f.; Morlok, in: Dreier(Hg), Grundgesetz Kommentar, Bd.II, Art.38 Rn.162.

156) 독일연방의회에서 국가정보기관에 대한 의회의 예산통제의 과제가 종래 예산위원회가 아니라 '단지 5인'의 위원으로 구성된 특별위원회에 위임됨으로써 소수당인 '녹색당' 교섭단체가 1인의 위원직도 배분받지 못하여 특별위원회의 참여로부터 완전히 배제되었는데, 이에 대하여 녹색당 교섭단체가 '의회의 작업에 동등하게 참여할 의원의 권리 및 교섭단체의 권리'가 침해되었다는 주장으로 청구한 권한쟁의심판에서, 연방헌법재판소는 개별 교섭단체가 위원회의 구성에 있어서 고려되지 않은 것은 예외적으로 '비밀유지'라는 중대한 공익의 관점에서 헌법적으로 수인되어야 한다는 이유로 심판청구를 기각하였다(BVerfGE 70, 324, 352f.). 한편, 교섭단체의 배제를 허용하면서 그 예외적 성격을 강조한 연방헌법재판소의 위 결정에 대한 비판으로 재판관 Mahrenholz, 재판관 Böckenförde의 소수의견(BVerfGE 70, 324, 360ff., 380ff.); Morlok, in: Dreier (Hg), Grundgesetz Kommentar, Bd.II, Art.38 Rn.151; Dreier, Regelungsform und Regelungsinhalt des autonomen Parlamentsrechts, JZ 1990, S.319ff.

157) Vgl. Dreier, Regelungsform und Regelungsinhalt des autonomen Parlamentsrechts, JZ 1990, S.319f, 위원회에서 특정 교섭단체의 배제는 '위원회가 의회의 대의를 그대로 반영해야 한다는 원칙'에 대한 중대한 예외에 해당하는데, 이와 같이 중대한 예외는 이를 정당화하는 필연적인 중대한 사유를 필요로 한다. 이러한 사유로서 고려될 수 있는 것은 '위원회의 원활한 작업능력의 확보' 및 '비밀보호의 법익'이다. 그러나 모든 교섭단체가 위원회에 참여함으로써 위원회의 작업능력이 위협받는 경우란, 군소정당이 극심하게 난립하는 상황으로 인하여 모든 군소정당의 교섭단체가 위원회 작업에 참여해야 하는 극단적 상황으로, 현실적으로 이러한 상황이 발생할 가능성은 거의 없다. 또한, 비밀보호의 법익도 교섭단체의 배제를 정당화할 수 없다.

배분받지 못하는 교섭단체에게 최소한의 참여권(적어도 1인의 위원)을 보장하는 '기본위원제도'를 도입하는 방법 등이 있다.[158)]

V. 맺는말

1. 국회법을 구체적으로 형성함에 있어서 국회를 구속하는 가장 중요한 헌법적 지침은 '의원 전체에 의한 代議의 원칙'이다. 국회는 국민전체의 대표자로서 선출된 의원으로 구성되고, 의원은 그 전체로서 국민의 대의기관인 국회를 구성한다. 국회에 의한 대의 과정에서 근본적인 것은, 국회가 그 전체로서 국민전체의 대의기관이라는 점이다. '국회에 의한 국민의 대의'란 '의원 전체에 의한 국민전체의 대의'를 의미한다.

그렇다면, 모든 의원은 국회의 작업과 결정, 즉 국회의 의사형성 및 의사결정의 과정에 참여해야 한다. 나아가, 모든 의원이 오로지 전체로서만 국민을 대표할 수 있기 때문에, 모든 의원은 회의의 심의와 의결에 '동등하게' 참여할 권리를 가져야 한다. 그러므로 국회는 자신의 작업과 과제이행의 방식을 '모든 의원의 동등한 참여 원칙'에 기초하여 규율해야 한다. 나아가, '의원 전체에 의한 대의의 원칙'으로부터 국회의 자율권을 제한하는 중요한 원칙으로서 '의회의 구속력 있는 결정은 의원 전체로 구성된 본회의에 유보되어야 하며, 위원회 등 국회의 부분기관에 위임해서는 안 된다'는 요청이 나온다.

2. 국회법을 형성하는 또 다른 헌법적 지침은 국회의 기능과 과제이다. 국회법은 특히 국회가 국정통제기능을 이행할 수 있도록 구체적으로 형성되어야 한다. 오늘날 정당국가의 변화한 권력분립구조에서 민주주의는 야당의 존재와 기능에 절대적으로 의존하고 있다. 국가공동체의 정당성과 강력함은 '사회적 약자'의 행복과 복리에서 드러나고 이를 통하여 가늠할 수 있는 것과 마찬가지로, 민주주의에서 의회가 제대로 기능하는지 여부는 의회 내에서 '소수의 보호'가 이루어지고 야당이 실제로 기능하는지 여부에 달려 있다. 의회는 언제나 의회 내 야당만큼의 가치를 가지는 것으로, 민주주의에서 의회의 가치는 곧 '야당의 가치'이다.[159)] 이러한 관점에서, 국회법의 일차적 과제는 의회의 소수를 다수의 자의와 횡포로부터 보호하고 소수에 의한 통제를 보장하는 것에 있다. 이로써 국회법은 '소수의 보호를 위한 정치적 질서'로서의 의미를 가진다.

의회 내 야당이 기능하기 위해서는 야당의 권리는 '소수의 권리'로 형성되어야 한다. 오늘날의 정당국가에서 국정조사권은 의회의 소수가 대정부 통제기능을 이행하는 사실상 핵심적인 제도이자 소수의 보호를 위한 중요한 제도이다. 국정조사권은 소수에 의한

158) Vgl. Dreier, Regelungsform und Regelungsinhalt des autonomen Parlamentsrechts, JZ 1990, S.321.
159) Vgl. H.-P. Schneider, Das Parlamentsrecht im Spannungsfeld von Mehrheitsentscheidung und Minderheitsschutz, in: Festschrift 50 Jahre BVerfG, Bd.Ⅱ, 2001, S.627.

국정통제가 실질적으로 기능할 수 있도록 '소수의 권리'로서 형성되어야 한다. 국회의 국정조사권이 소수의 권리보호를 위한 제도로서 기능하려면, 첫째, 소수가 조사를 요구할 수 있어야 하고, 둘째, 소수에 의하여 발의된 국정조사의 경우, 소수가 무엇에 관하여 조사해야 하는지, 즉 조사대상을 확정할 수 있어야 한다.

3. 국회의 조직은 결코 우연의 산물이 아니며, 국회가 임의로 형성할 수 있는 것도 아니다. 국회는 자신의 자율권에 근거하여 헌법상 부여받은 과제를 이행할 수 있도록 자신을 조직해야 할 의무를 진다. 국회는 과제이행을 위하여 필수적인 두 가지 내부조직을 가지고 있는데, 하나는 정당정치적으로 구성되는 '교섭단체'이고, 다른 하나는 과제의 효율적인 이행을 위하여 작업영역에 따라 분업적으로 구성되는 '위원회'이다.

오늘날 정당민주주의에서 교섭단체는 '헌법생활의 필수적 기구'이자 '의회 의사형성의 중요한 요소'이다. 교섭단체의 중요한 기능에 비추어, 국회법이 교섭단체의 지위를 정치적 목표와 방향의 동질성의 요건에 결부시키는 것은 헌법적으로 허용된다. 국회는 교섭단체의 지위를 얻기 위한 '의원의 數'를 확정함에 있어서 형성권을 가지고 있으나, 이 경우에도 '국회의 원활한 기능의 확보'라는 관점을 기준으로 삼아야 한다. 의원은 헌법상 보장된 자유위임을 근거로 다른 의원과 자발적으로 교섭단체를 결성하는 것이므로, 교섭단체의 헌법적 근거는 국회의원의 지위를 포괄적으로 규율하는 헌법 제46조 제2항이다. 교섭단체는 헌법상 독자적인 권리를 가지고 있는 것이 아니라 의원의 결사체로서 자신의 권리를 의원의 권리로부터 도출하므로, 국회법에서 의원이 자신의 권리를 교섭단체를 통하여 행사할 수 있도록 규정한다면, 이는 의원의 권리에 대한 제한으로서 국회의 기능보장과 작업의 효율성의 관점에서 헌법적으로 정당화되어야 한다.

위원회제도는 국회의 또 다른 핵심적인 조직원칙이다. 오늘날 국회 작업의 본질적인 부분이 본회의가 아니라 위원회에서 이루어지기 때문에 국회 활동의 중심이 본회의에서 위원회로 이동하였고, 이로써 국회에 의한 代議의 과정이 사실상 위원회로 옮겨갔다. 이에 따라 위원회도 '국회에 의한 국민의 대의' 과정에 포함되어야 한다. 이는 곧, 위원회는 국민의 정치적 대의에 있어서 본회의의 '축소화된 복사판'이어야 한다는 것을 의미한다. 따라서 국회의 정당정치적 구성이 위원회의 구성에 거울상처럼 그대로 반영되어야 한다. 나아가, 국회 작업의 본질적인 부분이 위원회에 의하여 처리된다는 점에서, 위원회에 참여하는 가능성은 개별의원에게는 본회의에 참여하는 것과 같은 의미를 가지므로, '모든 의원의 동등한 참여 원칙'은 모든 의원이 교섭단체의 구성 여부와 관계없이 본회의뿐만 아니라 위원회에도 동등하게 참여할 것을 요청한다.

참고문헌

한수웅, 국회법의 법적 성격 및 국회법 위반의 효과, 중앙법학 제11집 제4호, 2009. 12.

______, 헌법학, 2018

______, 헌법학 입문, 2018

N. Achterberg, Parlamentsrecht, 1984

Böckenförde, Demokratie als Verfassungsprinzip, in: Isensee/Kirchhof(Hg), Handbuch des Staatsrechts (HbStR), Bd.Ⅱ, 2004, §24

W. Demmler, Der Abgeordnete im Parlament der Fraktionen, 1994

Dreier, Regelungsform und Regelungsinhalt des autonomen Parlamentsrechts, JZ 1990

U. Di Fabio, Parlament und Parlamentsrecht, Der Staat 1990

M.-E. Geis, Parlamentsausschüsse, in: Isensee/Kirchhof(Hg), Handbuch des Staatsrechts (HbStR), Bd.Ⅲ, 2005, §54

______, Untersuchungsausschuß, in: Isensee/Kirchhof(Hg), Handbuch des Staatsrechts (HbStR), Bd.Ⅲ, 2005, §55

P. M. Huber, Regierung und Opposition, in: Isensee/Kirchhof(Hg), Handbuch des Staatsrechts (HbStR), Bd.Ⅲ, 2005, §47

Ipsen, Staatsrecht I, 2005

H. H. Klein, Stellung und Aufgaben des Bundestages, in: Isensee/Kirchhof(Hg), Handbuch des Staatsrechts (HbStR), Bd.Ⅲ, 2005, §50

______, Status des Abgeordneten, in: Isensee/Kirchhof(Hg), Handbuch des Staatsrechts (HbStR), Bd.Ⅲ, 2005, §51

______, in: Maunz/Dürig(Hg), Grundgesetz Kommentar (GG), Art.44

Maurer, Staatsrecht I, 2005

C. Moench/M. Ruttloff, Verfassungrechtliche Grenzen für die Delegation parlamentarischer Entscheidungsbefugnisse, DVBl 2012

Morlok, Parlamentarisches Geschäftsordnungsrecht zwischen Abgeordnetenrechten und politischer Praxis, JZ 1989

______, Volksvertretung als Grundaufgabe, in: Morlok/Schliesky/Wiefelspütz(Hg), Parlamentsrecht, 2015, §3

______, in: Dreier(Hg), Grundgesetz Kommentar, Bd.Ⅱ, 2006, Art.38, Art.44

Pietzcker, Schichten des Parlamentsrechts: Verfassung, Gesetze und Geschäftsordnung, in: Schneider/Zeh(Hg), Parlamentsrecht und Parlamentspraxis, 1989, §10

U. Schliesky, Art.44 GG-Zulässigkeit der Änderung des Untersuchungsgegenstandes gegen den Willen der Einsetzungsmehrheit, AöR 126(2001)

H.-P. Schneider, Das Parlamentsrecht im Spannungsfeld von Mehrheitsentscheidung und Minderheitsschutz, in: Badura/Dreier(Hg), Festschrift 50 Jahre Bundesverfassungsgericht, Bd.Ⅱ, 2001

______, Verfassungsrechtliche Bedeutung und politische Praxis der parlamentarischen Opposition, in: Schneider/Zeh(Hg), Parlamentsrecht und Parlamentspraxis in der Bundesrepublik Deutschland, 1989, §38

Schulze-Fielitz, Der Fraktionslose im Bundestag: Einer gegen Alle?, DÖV 1989

H.-H. Trute, in: v. Münch/Kunig(Hg), Grundgesetz Kommentar (GGK), Bd.Ⅰ. 2012, Art.38

L.-A. Versteyl, in: v. Münch/Kunig(Hg), Grundgesetz Kommentar (GGK), Bd. I, 2012, Art.43

U. Volkmann, Parlamentarische Demokratie und politische Parteien, in: Morlok/Schliesky/Wiefelspütz(Hg), Parlamentsrecht, 2015, §4

W. Zeh, Gliederung und Organe des Bundestages, in: Isensee/Kirchhof(Hg), Handbuch des Staatsrechts (HbStR), Bd.Ⅲ, 2005, §52

______, Das Ausschußsystem im Bundestag, in: Schneider/Zeh(Hg), Parlamentsrecht und Parlamentspraxis in der Bundesrepublik Deutschland, §39

J. Ziekow, Der Status des fraktionslosen Abgeordneten-BVerfGE 80, 190, JuS 1991

Zippelius/Würtenberger, Deutsches Staatsrecht, 2005

제2절 국회의원의 헌법적 지위

국회의원의 自由委任과 교섭단체의 강제*

Ⅰ. 문제의 제기

헌법은 제1조 제2항에서 "대한민국의 주권은 국민에게 있고, 모든 권력은 국민으로부터 나온다."고 규정함으로써, 국가권력의 근원과 주체는 국민이며 국민만이 국가의 정치적 지배에 정당성을 부여할 수 있다는 '국민주권주의'를 천명하고 있다. 국민주권이 실현되기 위하여, 국민이 국가정책을 스스로 결정하는 형태로 직접 국가권력을 행사해야 할 필요는 없고, 선거권의 행사를 통하여 대의기관을 구성하고 국가기관의 권한행사에 민주적 정당성을 부여하는 방법으로도 국민주권주의는 실현될 수 있다. 우리 헌법은 선거에 의하여 선출된 대의기관이 국가권력을 행사하는 '대의제 민주주의'를 원칙으로 채택하였다. 대의제도는 국민의사와 국가의사의 분리를 전제로 하여, 대의기관은 임기 중 국민의 의사에 구속을 받지 않고 독자적인 판단에 따라 책임정치를 할 수 있다는 의미에서 대표자의 '自由委任'을 본질적인 요소로 하는 제도이다. 대의제의 본질로서 의원의 자유위임은 서구 의회민주주의의 발전과정에서 역사적으로 형성되고 확립된 것이다. 우리 학계와 헌법재판소도, 헌법이 대의제를 채택함으로써 그와 동시에 대의제

* 위 논문은 2019년 9월, 중앙법학(중앙법학회) 제21집 제3호, 7-56면에 게재된 것을 일부 수정한 것이다.

의 본질적 요소인 국회의원의 자유위임을 수용하였다는 것에 관하여 의견을 같이 하고 있다.

국회의원의 자유위임과 관련하여 헌법적으로 제기되는 문제는 다음과 같이 크게 3가지로 나누어 볼 수 있다. 첫째, 자유위임의 헌법적 근거가 무엇인지, 그 근거조항을 어떻게 이해해야 할 것인지에 관한 헌법해석의 문제이고(아래 Ⅱ. 2.), 나아가 자유위임의 구체적 내용과 그 기능이 무엇인지에 관한 것이다(아래 Ⅱ. 3. 및 4.). 헌법재판소의 판례는 자유위임의 근거조항으로 다양한 헌법규정을 언급하고 있는데, 이러한 입장이 타당한지에 관한 검토가 필요하다. 나아가 헌법 제46조 제2항의 해석을 통하여 그 구체적인 의미가 밝혀져야 한다.

둘째, 대의제 민주주의에서 대표자의 자유위임과 국민의사의 관계에 관한 문제이다(아래 Ⅲ.). 국민에 의하여 선출된 대의기관은 일단 선출된 후에는 임기 동안 국민의사의 구속을 받지 않고 독자적인 판단에 따라 공익을 실현하는데, 대표자의 자유위임은 국민의 이익을 위하여 활동해야 하는 대표자의 의무에 비추어 一見 모순되어 보인다. 대표자가 일단 선출된 다음에는 국민의 현실적 의사의 구속을 받지 않는다는 것은, 의회가 국민의 현실적 의사를 무시해도 좋다는 것을 의미하는지, 대의제에서 국민은 선거행위를 통하여 의회에게 국민의 현실적 의사로부터 분리되어 독자적으로 결정할 권한을 부여한 것인지의 문제이다. 여기서 제기되는 문제는 의원의 자유위임과 국민의 현실적 의사가 어떠한 관계에 있는지, 대의기관이 자유위임으로 인하여 국민의사로부터 완전히 遊離되는 것을 어떻게 방지할 수 있는지, 대의기관으로 하여금 임기 중에도 국민의사를 어떻게 고려하도록 할 것인지에 관한 것이다.

셋째, 의원의 자유위임과 교섭단체의 강제의 관계에 관한 문제이다(아래 Ⅳ.). 오늘날 정당국가의 현실에서 대의제 민주주의가 기능하기 위해서는 의원의 자유위임뿐만 아니라 소속의원에 대한 교섭단체의 영향력행사도 불가결하다. 이러한 관점에서 정당국가에서 자유위임원칙이 어떻게 변화하였는지, 자유위임과 정당기속은 어떠한 관계에 있는지, 교섭단체의 강제가 헌법적으로 어느 정도로 허용되는지, 특히 교섭단체가 소속의원을 상임위원회로부터 강제로 轉任시키는 조치가 헌법적으로 허용되는지의 문제가 제기된다.

Ⅱ. 국회의원의 自由委任

1. 자유위임원칙의 성립과정과 역사적 배경

자유위임의 사고는 유럽에서 근대의회의 성립과 함께 대의제의 이념적 기초로서 형성되었다. 대의제의 본질적 요소로서 자유위임원칙은 근대의회의 前身으로 간주되는 중

세 等族會議의 명령위임(羈束委任)에 반대되는 개념으로 형성된 것이다.[1] 그 당시 등족회의는 *身分制議會*로서 특정신분계층이나 특정지역의 이익을 대표하는 대표자들로 구성되었고, 등족회의의 역할은 국왕의 자문기관으로서 사회를 구성하는 여러 집단의 특수이익을 대표하는 것이었다.[2] 이에 대하여 국민적 또는 국가적 이익은 국왕에 의하여 실현되었다. 따라서 집단의 대표자는 자신이 대표하는 집단의 이익을 충실히 국왕에게 전달해야 하는 과제를 지게 되었고, 그 결과 각 집단과 그 대표자 사이에는 대표자는 집단의 명령에 법적으로 구속을 받는다는 '명령적 위임관계'가 성립하였다. 등족회의의 명령위임은 각 집단의 부분이익을 대변하고 관철하기 위하여 필연적인 것이었다.

유럽에서 절대국가의 탄생과 함께 일원적이고 통일적인 지배권력을 가지는 현대적 의미의 국가가 성립하였고[3] 그 후 의회주의가 발전하면서, 의회는 국민 전체를 대표하고 국민 전체의 이익을 위하여 독자적으로 결정해야 한다는 사고가 형성되었다. 이에 따라 대표자는 특수이익이 아니라 일반이익의 대변자가 되었고, 의회에서 대표자가 자유로운 토론을 통하여 국민 전체의 이익을 위한 결정을 하기 위해서는 대표자는 자신을 선출한 집단의 특수이익에 법적으로 구속을 받아서는 안 되기 때문에, 대표자와 국민의 관계로서 '대표자는 선거인의 지시나 명령에 구속되지 않는다'는 '자유위임의 사고'가 확립되었다.

의회민주주의에서 자유위임원칙은 영국에서 18세기 중반 블랙스톤(Blackstone)의 '英法註釋'(Commentaries on the Laws of England, 1765~1768)의 서술("모든 의원은 비록 특정 지역에서 선출되었다 하더라도, 일단 선출된 다음에는 전체 왕국을 위하여 봉사한다.")이나 1774년 에드먼드 버크(Edmund Burke)가 선거전에서 행한 유명한 브리스톨 연설("의회는 공통의 이익을 위한 전국민의 합의체이며, 의원은 일단 선출되면 전국민을 대표하여 독립하여 행동하며 자신의 양심에만 책임을 진다.")에서 잘 표현되고 있다.

프랑스혁명의 산물로 탄생한 1791년 프랑스헌법은 시에예스(Abbé Sieyès)의 국민주권론에 입각하여 "특정 지역(département)에서 선출된 의원은 특정 지역의 의원이 아니라 전체 국민(Nation)의 의원이다. 의원에게는 위임이 부과될 수 없다."고 규정함으로써(Titre Ⅲ, chap. Ⅰ, sect.Ⅲ, Art.7), 실정헌법에서 처음으로 의원의 전국민대표성과 자유위임원칙을 명문으로 채택하였다.[4] 영국이나 프랑스에 비해 대의제의 발전이 뒤쳐진 독일

---

1) 근대의회의 자유위임원칙의 형성과정에 관하여 Vgl. Badura, in: BK, Art.38 Rn.2ff.; Stern, Das Staatsrecht der Bundesrepublik Deutschland, Bd. Ⅰ, 1984, §24 Ⅳ1; 헌재 1994. 4. 28. 92헌마153, 판례집 6-1, 415, 424-425; 정만희, 국회의원의 정당기속과 자유위임, 헌법재판연구 제2권 제1호(2015. 6.), 126-130면 이하 참조.

2) 중세 등족회의의 명령위임에 관하여 정만희, 국회의원의 정당기속과 자유위임, 헌법재판연구 제2권 제1호(2015. 6.), 125면 이하 참조.

3) 한수웅, 헌법학, 2019, 10면 이하 참조.

4) Vgl. Badura, Die Stellung des Abgeordneten nach dem Grundgesetz und den Abgeordnetengesetzen in Bund und Ländern, in: Schneider/Zeh(Hg), Parlamentsrecht und Parlamentspraxis in der BRD,

에서는 영국과 프랑스에서 형성된 대의제의 이론을 수용하여 1850년 프로이센 헌법(제83조)과 1871년 제국헌법(제29조)에서 의원을 '전국민의 대표자'로 규정하였고, 그 후 1919년 바이마르헌법에서 "의원은 전국민의 대표자이다. 의원은 오로지 자신의 양심에 따르며, 위임에 구속되지 않는다."고 규정하였으며(제21조), 1949년 독일기본법에서도 "의원은 전국민의 대표자로서, 명령과 지시에 구속되지 않으며 오로지 자신의 양심에만 따른다."고 규정하였다(제38조 제1항 제2문).[5)]

2. 자유위임의 헌법적 근거로서 헌법 제46조 제2항

가. 자유위임의 헌법적 근거에 관한 헌법재판소와 학계의 견해

헌법은 국회의원의 전국민대표성과 자유위임에 관한 명문의 규정을 두고 있지 않지만, 헌법재판소는 자유위임의 헌법적 근거로서 "국회의원은 국가이익을 우선하여 양심에 따라 직무를 행한다."고 규정하는 제46조 제2항을 비롯하여 공무원을 국민전체의 봉사자로 규정하는 제7조 제1항, 국회의원의 면책특권을 규정하는 제45조를 언급하고 있다.[6)] 학계에서도 전반적으로 헌법재판소의 견해를 그대로 받아들이는 입장을 보이고 있다.[7)] 나아가, 의원과 국민의 대표관계가 자유위임관계라는 것이 대의제 민주주의의 본질적 요소라는 점에서, 대의제 민주주의를 규정하는 일련의 헌법규정도 자유위임원칙의 근거규정으로 고려될 수 있다.[8)]

그러나 헌법 제7조 제1항은 "공무원은 국민전체에 대한 봉사자이며, …"의 표현을 통하여 공무원의 공익실현의무를 규정하고 있는데, 위 조항은 모든 공무원에 대하여 적용되는 일반조항이다. 국회의원의 경우 국회의원의 공익실현의무를 규정하는 헌법 제46조 제2항("국가이익을 우선하여")은 헌법 제7조 제1항에 대한 특별규정으로 일반규정인 헌법 제7조 제1항의 적용을 배제할 뿐만 아니라, 공직자가 곧 국민의 대표는 아니므로 헌법 제7조 제1항으로부터 국회의원의 헌법적 지위인 전국민대표성과 자유위임을 직접 도출할 수도 없다. 또한, 헌법 제45조의 면책특권조항도 의원의 자유위임을 전제로 하여 이로부터 파생하는 필연적인 요청이자 발언과 표결에 있어서 자유위임을 보장하기 위한 불가결한 수단일 뿐, 자유위임의 직접적인 헌법적 근거는 아니다. 나아가, 대의제

1989, §15 Rn.14.

5) Vgl. Stern, Das Staatsrecht der Bundesrepublik Deutschland, Bd. I, 1984, §24 Ⅳ 1.

6) 헌재 1994. 4. 28. 92헌마153, 판례집 6-1, 415, 425-426("헌법 제7조 제1항, 제45조, 제46조 제2항의 규정들을 종합하면 헌법은 국회의원을 자유위임의 원칙 하에 두었다고 할 것이고,…"); 조홍석, 비례대표 국회의원의 당적 변경시 의원직 상실규정의 위헌성, 공법학연구 제3권 제1호(2001), 123면; 정만희, 국회의원의 정당기속과 자유위임, 헌법재판연구 제2권 제1호(2015. 6.), 122면.

7) 가령, 정만희, 국회의원의 정당기속과 자유위임, 헌법재판연구 제2권 제1호(2015. 6.), 131면; 조홍석, 비례대표 국회의원의 당적 변경시 의원직 상실규정의 위헌성, 공법학연구 제3권 제1호(2001), 123면.

8) 가령, 김병록, 당적변경과 의원직, 조선대 법학논총 제4권(1998), 175면.

에 관한 일련의 헌법규정(가령, 헌법 제40조, 제41조, 제66조, 제67조, 제101조 등 국가기관의 선거와 구성에 관한 일련의 조항)도 자유위임의 단지 간접적인 근거가 될 수 있을 뿐이다.

그렇다면 우리 헌법에서 자유위임의 직접적이고 핵심적인 근거조항은 헌법 제46조 제2항이라 할 것인데, 위 헌법조항은 국회의원이 국민의 대표자로서 명령과 지시에 구속을 받지 않는다는 것을 명시적으로 언급하고 있지 않으므로, 위 헌법조항이 과연 의원의 자유위임을 규정하는 조항인지에 관한 별도의 확인이 필요하다.

나. 헌법 제46조 제2항의 의미

(1) 全國民代表性의 표현으로서 "국가이익을 우선하여"

헌법은 제46조 제2항에서 "국가이익을 우선하여"라는 표현을 통하여 법문상으로는 '국가이익 우선의무'를 규정하고 있으나, 이는 국회의원은 특정 정당이나 사회단체의 부분이익이나 특수이익 또는 선출된 지역구 등 특정 지역의 이익을 대변하는 것이 아니라 국가이익, 즉 국민 전체의 이익을 대변한다고 하는 '전국민대표성', 즉 '국민 전체의 대표자'로서의 지위를 의미하는 것이다. 의원은 국민 전체의 대표자로서, 자신을 선출한 선거구의 유권자집단이나 소속 정당이 아니라 국민 전체를 위하여 활동해야 하고, 국민 전체에 대하여 책임을 져야 한다.

헌법은 "국가이익을 우선하여"라고 규정함으로써 의원에게 '공직자'로서 공익실현의 의무를 부과하면서, 자유위임을 행사함에 있어서 그 방향과 기준을 제시하고 있다. 의원의 공익실현의무는 '공직'으로서의 의원의 지위로부터 나오는 필연적인 결과이다.[9] 공직은 국가권력을 행사하기 위하여 국민이 부여하는 '권한'이자, 동시에 국가권력의 궁극적 목적이 '공익실현'이라는 점에서 국민에 대하여 봉사하고 책임을 져야 하는 '의무'를 의미한다. 공직을 통하여 국가권력은 공직자의 의무와 책임으로 변환된다.[10] 공직의 본질은 바로 공직자가 공직을 수행함에 있어서 공익을 실현해야 한다는 데 있다.

의회가 국민에 의하여 선출되는 국민의 대표기관이라는 헌법적 지위로부터 그 구성원인 국회의원의 전국민대표성과 자유위임이 자동적으로 나오는 것은 아니다. 그러나 헌법은 "국가이익을 우선하여"란 표현을 통하여, 개별의원은 소속정당과 이를 지지하는 유권자집단의 이익을 대변하는 '일부 유권자와 소속정당의 대표자'일 뿐이고, 부분이익을 대변하는 개별의원들의 합의체인 의회에서 비로소 상충하는 이익간의 조정이 이루어지고 그 과정에서 공익이 발견된다고 하는 견해를 명시적으로 부정하고 있다.[11] '공직

9) Vgl. Demmler, Der Abgeordnete im Parlament der Fraktionen, 1994, S.51.

10) 한수웅, 헌법 제7조의 의미 및 직업공무원제도의 보장, 법조 제674호(2012. 11.), Ⅱ. 1. 나. '공직의 헌법적 의미' 참조.

11) '개별의원'이 이미 국민의 대표자인지 아니면 의원으로 구성된 '의회 전체'가 비로소 국민의 대표자인지에 관

자'로서의 의원의 지위로부터 특수이익·부분이익이 아니라 공익을 실현해야 할 의무가 나오며, 개별의원이 그의 결정과 행위에 있어서 공익실현의 관점을 기준으로 삼아야 한다면, 개별의원을 단지 특정한 정치적 이익과 방향의 대표자로 이해하는 것은 헌법적으로 불가능하다. 개별의원은 자신을 '국민의 대표자'로 이해해야만, 비로소 '공직자'로서의 의원의 지위와 역할에 부응할 수 있다.[12)]

한편, 지역구에서 선출되는 의원의 경우, 특별한 관심을 가지고 자신의 지역구를 돌보고 공익실현의 과정에서 지역구의 이익을 의회에 전달하고 대변하고자 하는 것은 정치현실에 비추어 허용되어야 하고, 자유위임원칙의 관점에서도 의원이 그 과정에서 공익을 시야에서 놓치지 않는 한 헌법적으로 허용되는 것이지만,[13)] 그렇다고 하여 지역구의원에게 '지역의 대표자'로서의 지위가 헌법적으로 인정되는 것은 아니다.

(2) 자유위임의 표현으로서 "양심에 따라 직무를 행한다."

(가) 헌법 제46조 제2항은 "양심에 따라 직무를 행한다."고 규정하고 있다. 여기서의 '양심'은 법적 성격에 있어서 헌법 제19조의 '양심'과는 근본적으로 다르다.[14)] 여기서 말하는 '양심'이란 헌법 제19조의 의미에서 개인의 윤리적 정체성을 보장하고자 하는 인격상의 양심이 아니라 공직자로서의 양심, 즉 '직무상 양심'을 의미하는 것이다. 의원이 의원직의 수행에 관한 한 기본권의 주체가 아닌 것과 마찬가지로, 여기서의 '양심'이란 개인의 기본권으로서의 양심이 아니라 '공직자로서의 양심'을 말한다.

이는 이미 '공직'으로서의 의원직의 성격으로부터 나온다. 공직의 의미와 목적이 공익에 봉사하는 것이므로, 여기서 공직자의 양심은 '무엇이 공익에 해당하는지에 관한 의원의 개인적 신념'을 말하는 것이다. 이로써 헌법 제46조 제2항은 "양심에 따라 직무를 행한다."라는 표현을 통하여, 의원 개인의 신념과 독자적 판단이 그의 모든 결정과 행위의 유일한 기준이 되어야 한다는 것을 밝히고 있다.[15)]

(나) "양심에 따라"란 '오로지 양심의 구속을 받는다'는 것이고, 이는 일차적으로 외

한 독일에서의 논의를 상세하게 소개한 것으로 vgl. Demmler, Der Abgeordnete im Parlament der Fraktionen, 1994, S.8ff. 한편, 독일 연방헌법재판소가 일부 결정에서 개별의원은 오로지 다른 의원과 함께 국민을 적절하게 대표할 수 있다고 판시하고 있다면(가령, BVerfGE 80, 188, 218), 이는 개별의원이 아니라 의회 전체가 국민의 대표자라는 것을 표현하고자 한 것이 아니라, 오로지 의회 전체만이 의회에게 부과된 대의의 과제를 이행할 수 있으며, 의회 전체만이 국민으로부터 나오는 국가권력을 행사할 수 있다는 의미로 이해되어야 한다.

12) Vgl. BVerfGE 2, 1, 74; Badura, in: BK, Zweitbearbeitung(1966), Art.38 Rn.49; Maunz, in: Maunz/Dürig, GG, Art.38 Rn.11.

13) Vgl. Stern, Das Staatsrecht der Bundesrepublik Deutschland, Bd. I, 1984, §24 Ⅳ 2.

14) 물론, 헌법의 일원적인 용어 사용의 관점에서 헌법 제46조의 '양심'과 헌법 제19조의 양심의 자유에서 말하는 '양심'을 동일한 것으로 파악하고자 하는 견해도 있으나[vgl. v. Münch, in; ders.(Hg), GGK, 2. Aufl., 1983, Art.38 Rn.23; Jarass/Pieroth, GGK, 2. Aufl., 1992, Art.38 Rn.26], 여기서의 '양심'과 양심의 자유의 '양심'을 동일시하는 것은 의원의 헌법적 지위와 개인의 기본권적 권리가 법적 성격에 있어서 근본적으로 다르다는 점에서 타당하지 않다.

15) Vgl. Badura, in: BK, Art.38 Rn.50; Trute, in: v. Münch/Kunig, GGK, Bd.Ⅱ, Art.38 Rn.88.

부로부터의 모든 구속을 배제하고자 하는 것이다. 즉, "양심에 따라"란 '외부적 구속을 받지 않는다는 것'의 적극적인 표현이다.[16] 이로써 헌법 제46조 제2항은, 의원이 외부의 명령과 지시에 구속되지 않는다는 의미에서 국회의원 직무의 '자유위임' 또는 '無羈束委任'을 보장하고 있다.[17] 자유위임은 의원이 외부의 명령과 지시의 구속을 받지 않는다는 것이고, 이로써 의원에게 독자적인 판단과 행위를 할 수 있는 법적 가능성을 보장하고자 하는 것이다.

헌법 제46조 제2항은 '구속적 위임'에 대한 명시적 否定이자, 의원을 유권자, 정당이나 기타 사회단체의 대표자로 만들고자 하는 모든 시도에 대한 부정을 의미한다.[18] 의원의 헌법적 과제는 과거에 자신을 선출한 유권자의 지시나 위임을 단지 집행하는 '과거종속적인 것'이 아니라, 장래에 있어서 국가공동체의 문제를 스스로 인식하고 그 해결책을 찾는 창조적인 작업으로 공익실현의 책임이 부과되는 '미래지향적인 것'이다.

한편, "양심에 따라"의 헌법적 의미는, 의원에 대한 명령과 지시는 구속력이 없기 때문에 의원은 이를 따를 것인지에 관하여 자유롭게 결정할 수 있다는 데 그치는 것이 아니라, 나아가 의원에 대한 명령이나 지시 자체가 이미 위헌적인 행위로서 금지된다는 것을 의미한다.[19] 의원이 외부의 지시에 구속을 받는다면 공익실현의 과제를 이행할 수 없으므로, 의원에 대한 명령과 지시는 의원이 위헌적으로 행위할 것을 요청하는 것으로, 그 자체로서 위헌적인 것이므로 금지되어야 한다.

(다) 나아가, "양심에 따라 직무를 행한다."는 것은 외부적 구속으로부터의 자유라는 '소극적 의미'를 넘어서, 의원직의 수행에 있어서 공직자로서의 양심이 유일한 헌법적 지침이라는 것을 의미하는 것이고, 이로써 '적극적으로' 무엇이 공익인지에 관한 자신의 개인적 신념을 따를 헌법적 의무를 의원에게 부과하는 것이다.[20] 따라서 의원은 외부로부터 압력이나 지시를 받는지 여부와 관계없이, 자신의 책임 하에서 공익을 발견하고 스스로 정의해야 할 의무를 진다.

따라서 '자유위임'의 '자유'란 '恣意'를 의미하는 것이 아니라, 의원은 공동체 내의 모

16) Vgl. Badura, in: BK, Art.38 Rn.50; Morlok, in: Dreier, GG, Bd.Ⅱ, Art.38 Rn.133, 146.

17) 헌재 1994. 4. 28. 92헌마153(전국구국회의원 의석승계), 판례집 6-1, 415, 425-426. 독일기본법 제38조 제1항 제2문과 관련하여 vgl. H. H. Klein, Status des Abgeordneten, in: HbStR, Bd.Ⅲ, 2005, §51 Rn.3; Morlok, in: Dreier, GG, Bd.Ⅱ, Art.38 Rn.137; Badura, in: BK, Art.38 Rn.2ff.

18) 헌재 1994. 4. 28. 92헌마153(전국구의원 탈당), 판례집 6-1, 415, 425, "자유위임제도를 명문으로 채택하고 있는 헌법 하에서는 국회의원은 선거모체인 선거구의 선거인이나 정당의 지령에도 법적으로 구속되지 아니하며, 정당의 이익보다 국가의 이익을 우선한 양심에 따라 그 직무를 집행하여야 하며, 국회의원의 정통성은 정당과 독립된 정통성이다."; 헌재 1998. 10. 29. 96헌마186(국회구성권), 판례집 10-2, 600, 606, "대의제도에 있어서 국민과 국회의원은 명령적 위임관계에 있는 것이 아니라 자유위임관계에 있기 때문에 일단 선출된 후에는 국회의원은 국민의 의사와 관계없이 독자적인 양식과 판단에 따라 정책결정에 임할 수 있다."

19) Vgl. Badura, in: BK, Art.38 Rn.51; v. Mangoldt/Klein, GG, Art.38 Anm. Ⅳ 4a; v. Münch, in; ders.(Hg), GGK, 2. Aufl. 1983, Art.38 Rn.62.

20) Vgl. Demmler, Der Abgeordnete im Parlament der Fraktionen, 1994, S.127f.; 또한 조홍석, 비례대표 국회의원의 당적 변경시 의원직 상실규정의 위헌성, 공법학연구 제3권 제1호(2001), 124면.

든 중요한 이익과 관점을 고려하고 조정하여 자신의 신념과 판단에 따라 국가공동체를 위하여 가장 타당한 결정을 내려야 하는 것을 의미한다.[21] 의원의 자유위임은 의원 개인의 인격발현을 위하여 의원을 모든 구속으로부터 자유롭게 하고자 하는 것이 아니라, 그가 속한 헌법기관인 의회가 대의기능을 이행하도록 하기 위한 것이다. 따라서 기본권의 주체가 기본권에 의하여 보장된 자유의 행사여부와 행사방법에 관하여 스스로 결정할 수 있는 것과는 달리, 의원은 자신의 권한을 임의로 행사할 수 있는 것이 아니라 국민을 위하여 행사해야 한다는 '공익실현의무'의 구속을 받는다. 헌법은 "국가이익을 우선하여"라고 규정함으로써 의원은 자유위임의 보장으로 인하여 무엇이 공익인지, 어떠한 방법으로 공익을 실현할 것인지에 관하여 자유롭게 결정할 수 있으나, 자유위임의 행사에 있어서는 '공익실현'이라는 목표와 기준에 의하여 구속을 받는다는 것을 밝히고 있다. 공익실현은 자유위임 행사의 기준이자 방향이다.

자유위임은 의원의 직무상 독립성을 보장하고자 하는 것이지만, 의원에 대한 외부의 모든 영향력행사의 가능성을 차단하고자 하는 것이 아니라, 의원이 국민의 모든 이익과 견해를 인식하고 수용할 수 있도록 모든 요소에 의한 영향을 받을 수 있는 자유롭고 개방적인 상태를 확보하고자 하는 것이다.[22] 이러한 점에서, 외부의 모든 영향력행사로부터 차단된 상태에서 법과 양심에 따라 판단해야 하는 '법관의 직무상 독립성'(헌법 제103조)과는 근본적으로 다르다.

(라) 한편, 양심에 따른 의원의 결정은 내면세계에서의 의견형성과정에 관한 것으로 객관적인 기준에 따른 심사가 사실상 불가능하다는 점에서, 원칙적으로 윤리적 판단뿐만 아니라 법적 판단의 대상이 되기 어렵다.[23] 물론, 의원이 단지 양심의 구속을 받는다고 하여 법질서의 구속으로부터 면제되는 것은 아니다. 그러나 법질서는 의원의 자유위임의 행사에 대하여 단지 극단적인 경우에 대해서만 한계를 설정하고 그 준수를 요청할 수 있을 뿐이다. 의원도 헌법의 구속을 받기 때문에, 의원은 공직자의 양심을 주장하여 위헌적인 목표를 추구할 수 없다.[24] 나아가, 의원이 공익실현이 아니라 전적으로 이기적인 동기에서 활동하거나 맹목적으로 외부의 위임이나 지시를 따르는 경우, 의원은 헌법상 자유위임원칙에 위반하는 것이다. 그러나 의원이 이를 시인하는 경우에만

---

21) Vgl. Maurer, Staatsrecht, 1999, §13 Rn.60.

22) Vgl. Morlok, in: Dreier, GG, Bd.Ⅱ, Art.38 Rn.133, 142.

23) Vgl. Stern, Das Staatsrecht der BRD, Bd. I, 1984, §24 Ⅳ 3; Demmler, Der Abgeordnete im Parlament der Fraktionen, 1994, S.129f.

24) 모든 공직자와 마찬가지로 의원도 헌법의 구속을 받으므로, 헌법 제46조 제2항의 자유위임은 '헌법적 가치질서 내에서의 자유위임'이다. 자유민주적 기본질서를 기본결정으로 채택한 우리 헌법에서 의원의 자유위임이란 '자유민주적 기본질서 내에서의 자유위임'이다. 의원의 자유위임이 위헌적인 행위를 정당화하거나 자유민주적 기본질서를 제거하는 수단으로 사용될 수 없다. 한수웅, 헌법학, 2019, 1562면; 일부 학자는 이를 '자유위임의 헌법내재적 한계'라고 표현하고 있다. 가령 허영, 국회의원의 자유위임 및 정당기속의 본질과 한계, 연세행정논집 제26권(2001), 170면.

헌법위반에 대한 확인이 가능하므로, 의원의 위헌적 행위에 대한 입증이 사실상 불가능하다.

반면에, 의원이 법질서의 범주 내에서 활동하는 한, 의원은 공익을 실현해야 한다는 구속만을 받을 뿐, 어떠한 방법으로 공익실현의무를 이행할 것인지에 관하여는 전적으로 그의 판단에 맡겨져 있다. 의원이 공익에 관한 자신의 개인적 신념을 따라야 한다면, 공익이 확정된 실체로 존재하는 것도 아니고 의원의 결정이 공익에 부합하는지 여부를 판단하는 객관적 기준도 존재하지 않는다는 점에서, 공익실현에 관한 의원의 결정은 객관적인 심사기준의 不在로 인하여 司法的 심사가 사실상 불가능하다.[25)]

(3) 전국민대표성과 자유위임의 관계

결국, 국회의원의 헌법적 지위의 핵심적 내용은 '전국민대표성'과 '자유위임'으로 요약될 수 있다. 이로써 헌법은 영국을 비롯한 서구의 의회제 발전과정에서 역사적으로 형성되고 확립된 '대의제의 이념적 기초'를 수용하고 있다.

국회의원의 전국민대표성과 자유위임은 상호 불가분의 관계에 있다. 국민 전체의 대표자로서의 의원의 헌법적 지위로부터 의원은 오로지 공익실현의 의무가 있기 때문에 외부로부터 구속을 받아서는 안 된다는 헌법적 요청, 즉 '의원은 무엇이 공익인지를 판단함에 있어서 자유로워야 한다'는 자유위임이 스스로 나온다. 자유위임은 전국민대표성의 필연적인 결과이자 동시에 전국민대표성을 실현하기 위한 필수적 전제조건이다. 의원의 자유위임의 보장은 대의제 민주주의에서 의원의 代議的 지위로부터 나오는 것이고, '代議의 원칙에 의한 의회민주주의'를 채택한 헌법의 기본결정으로부터 나오는 필연적 요청이다.[26)] 의원이 외부의 지시와 위임의 구속을 받는다면 공익실현의 과제를 이행할 수 없으며, 이로써 전체 국민의 대표자라는 대의적 기능을 이행할 수 없다.

3. 자유위임의 구체적 내용

가. 의원의 직무상 자유와 독립성을 의미하는 자유위임의 보장은 의원의 자유롭고 독자적인 판단과 행위를 구속할 수 있는 모든 관계, 즉 유권자, 지역구의 주민, 소속정당, 사회단체 및 국가권력에 대한 것이다. 따라서 자유위임은 국가의 영향과 사회의 구속으로부터의 자유를 의미한다. 국가의 간섭과 침해로부터 개인의 자유영역을 방어하기

25) 한편, 의원이 국가이익이 아니라 정당의 이익을 우선하는 정당기속적 활동을 하는 경우 그에 대한 법적 제재가 어려운 문제가 있으므로, 헌법 제46조 제2항의 '국가이익 우선의무'는 법적 의무라고 하기 보다는 '정치적 의무'의 성격을 가진다는 견해[가령, 정만희, 국회의원의 정당기속과 자유위임, 헌법재판연구 제2권 제1호(2015. 6.), 141면]는 사법적 심사가 가능한지 여부에 따라 헌법적 의무가 정치적 의무로 전환되는 것은 아니라는 점에서 문제를 안고 있다.

26) Vgl. Badura, Die Stellung des Abgeordneten nach dem Grundgesetz und den Abgeordnetengesetzen in Bund und Ländern, in: Parlamentsrecht und Parlamentspraxis in der BRD, 1989, §15 Rn.9.

위하여 생성된 '기본권'과는 달리, '자유위임'의 출발점은 역사적으로 '명령위임'에 대한 반대개념으로서 유권자로부터 의원의 독립성을 확보하기 위한 것이었고, 국가보다는 사인과 사회단체로부터 의원의 독립성을 보장하고자 한 것이었다.

자유위임에서 본질적인 것은, 의원이 정당이나 유권자와의 관계에서 어떠한 '법적' 구속도 받지 않는다는 것이다.[27] 의원이 정당이나 유권자와의 관계에서 정치적으로 또는 윤리적으로 구속을 받을 수는 있으나, 법적으로는 어떠한 구속도 받지 않는다. 국회의원이 소속정당의 결정이나 지시에 법적으로 구속되는 것은 자유위임과 부합될 수 없다. 마찬가지로, 국회의원은 자신을 선출한 유권자의 지시에 법적 구속을 받지 않는다. 따라서 지역구 국회의원에 대한 유권자의 불신임투표나 지역주민에 의한 국회의원의 소환은 의원을 유권자의 명령과 지시에 구속시키고자 하는 명령위임의 구체적 실현형태로서 허용되지 않는다. 국회의원에 대한 국민소환제도는 전체 국민을 위한 의원의 대의적 활동을 위하여 불가결한 자유위임을 사실상 폐지하는 것이므로, 헌법개정을 통하여 국민소환제도를 도입하는 것도 대의제의 이념적 기초에 반하는 '위헌적인 헌법규정'으로 허용되지 않는다.[28]

나. 뿐만 아니라, 국회의원은 자신의 선거 前 발언이나 선거공약에 의하여 구속을 받지 않는다.[29] 국민의 선거행위에 의하여 의원의 선거공약이나 정당의 선거프로그램이 다음 임기동안 의원이나 정당의 정치적 행위를 법적으로 구속하는 지침이 되는 것은 아니다.[30] 설사, 의원이 유권자와의 계약체결을 통하여 공약의 이행을 약속했다 하더라도, 그와 같은 계약은 자유위임원칙에 위반되는 것으로 처음부터 무효이다.

만일 의원과 정당이 선거공약이나 정당의 프로그램에 의하여 법적 구속을 받는다면, 변화하는 사회현실에 적절하게 대응할 수 없을 것이고, 이로써 실용 정치의 요청에 부합할 수 없을 것이다.[31] 국가의사형성을 위하여 필수적인 '정치적 유연성'을 의회와 의원에게 확보해 주고자 하는 것도 자유위임의 목적이라 할 수 있다.[32] 한편, 의원 개인과 정당의 신뢰성이나 차기 선거에서의 당선가능성, 나아가 정치적 윤리의 관점에서 종래 자신이 한 약속을 지켜야 하는지의 문제는 선거공약의 법적 구속력 여부와 구분해

27) Vgl. Badura, Die Stellung des Abgeordneten nach dem Grundgesetz und den Abgeordnetengesetzen in Bund und Ländern, in: Parlamentsrecht und Parlamentspraxis in der BRD, 1989, §15 Rn.15.
28) 위헌적인 헌법규정에 관하여 한수웅, 헌법학, 2019, 40면 이하 참조.
29) Vgl. H. H. Klein, Status des Abgeordneten, in: HbStR, Bd.Ⅲ, 2005, §51 Rn.4.
30) 가령, 지역구 국회의원이 선거공약을 지키지 않거나 그를 선출한 지역주민의 의사나 이익에 반하는 행동을 하더라도, 자신의 출신지역구에 대하여 전혀 법적 책임을 지지 않고, 단지 선거구민은 차기 선거에서 그를 선출하지 않음으로써 정치적 책임을 추궁할 수 있을 뿐이다.
31) 이에 대하여 일부 학자는 선거공약을 이행해야 할 '정치적 의무'가 '자유위임의 한계'로 작용한다고 주장한다. 가령, 허영, 국회의원의 자유위임 및 정당기속의 본질과 한계, 연세행정논집 제26권(2001), 171면. 그러나 설사 그러한 정치적 의무를 인정한다 하더라도, 이에 의하여 설정되는 자유위임의 한계는 규범적인 한계가 아니라 단지 사실상의 한계이다.
32) Vgl. H. H. Klein, Status des Abgeordneten, in: HbStR, Bd.Ⅲ, 2005, §51 Rn.4.

야 하는 별개의 문제이다.

다. 헌법 제46조 제2항의 자유위임은 의원직의 존속과 행사에 있어서 국민의 대표자로서의 의원의 독립성을 위협하는 모든 시도로부터 의원을 보호하고자 하는 것이다.[33] 자유위임에 기초하는 의원의 헌법적 지위는 그에 대한 침해뿐만 아니라 '국회의원 신분의 박탈'로부터도 보호된다. 자유위임은 원칙적으로 '의원직의 박탈'을 금지한다. 헌법은 국회의원의 임기를 4년으로 확정함으로써(제42조), 국회의원에게 임기 중 의원직의 존속을 보장하고 있다. 의원의 사망이나 의원직의 자발적인 포기(사직) 또는 임기종료에 의하여 의원직이 종료되는 것이 아니라면, 의원직은 원칙적으로 당사자의 의사에 반하여 박탈될 수 없다.[34] 국회의원은 헌법 제42조 및 제46조 제2항에 근거하여 임기 동안 전체 국민의 대표자로서 양심에 따라 활동할 권리, 즉 '임기 동안 국민을 대표할 권리'를 가진다.[35]

따라서 전국민대표성과 자유위임을 특징으로 하는 국회의원의 헌법상 지위는 '의원직의 보유는 원칙적으로 정당소속과 무관하다'는 것을 의미한다.[36] 국민의 선거에 의하여 부여받은 국회의원의 민주적 정당성은 특정 정당의 소속과 무관한 것이기 때문에, 국회의원이 그 임기 중 당적을 이탈 또는 변경하거나 그 소속정당이 해산된 경우에도 의원직을 계속 보유하게 된다.[37] 다만, 자유위임의 헌법적 한계(자유민주적 기본질서 내에서의 자유위임)로 말미암아, 헌법재판소가 소속정당에 대하여 위헌정당해산결정을 내리는 경우에 한하여 의원직의 상실이 고려될 수 있을 뿐이다.

4. 자유위임의 기능

가. 자유위임은 대의민주제가 기능하기 위하여 포기할 수 없는 필수적인 요소이다. 대의제의 본질에 속하는 것은, 국민과 대표기관 사이의 관계가 명령적 위임관계가 아니라 자유위임 관계라는 것이다. 국민에 의하여 선출된 대의기관은 일단 선출된 후에는 임기 동안 국민의사의 직접적인 구속을 받지 않고 독자적인 판단에 따라 국민 전체의 이익, 즉 공익을 실현하게 된다. 대표자의 자유와 독립성은 대의기관의 대의적 성격을

33) Vgl. Badura, Die Stellung des Abgeordneten nach dem Grundgesetz und den Abgeordnetengesetzen in Bund und Ländern, in: Parlamentsrecht und Parlamentspraxis in der BRD, 1989, §15 Rn.9.

34) Vgl. H. Sauer, Beginn und Ende der Rechtsstellung als Abgeordneter, in: Morlok/Schliesky/Wiefelspütz(Hg), Parlamentsrecht, 2015, §11 Rn.1.

35) Vgl. H. Sauer, Rechtsschutz des Abgeordneten, in: Morlok/Schliesky/Wiefelspütz(Hg), Parlamentsrecht, 2015, §16 Rn.1.

36) Vgl. Badura, Die Stellung des Abgeordneten nach dem Grundgesetz und den Abgeordnetengesetzen in Bund und Ländern, in: Parlamentsrecht und Parlamentspraxis in der BRD, 1989, §15 Rn.33f.; Morlok, in: Dreier, Grundgesetz Kommentar, Bd.Ⅱ, Art.38 Rn.138, 147f.

37) 독일에서 당적을 변경한 의원들을 계기로 1970년대에 촉발된 논쟁에 관하여 vgl. Henke, in: Bonner Kommentar, Art.21(Drittb. 1991), Rn.104ff.

유지하기 위한 필수적 조건이다.[38] 자유위임만이 의원으로 하여금 '전 국민의 대표자'로 기능하는 것을 가능하게 한다.[39]

대의기관의 대의적 행위, 즉 국민 전체의 이익을 위한 행위가 가능하기 위해서는 필연적으로 대의기관은 부분이익이나 특수이익의 명령적 위임관계로부터 자유로워야 한다. 자유위임만이 의원에게 모든 국민의 이익을 고려하는 활동을 보장하고, 전체 국민의 대표자로서의 지위를 부여한다. 이미 '전체 국민의 대표자'로서 의원의 지위가 '전체 국민을 위하는 것이 무엇인지'를 자유롭고 독자적으로 판단할 수 있을 것을 필연적으로 요청한다. 자유위임은 공익실현을 위하여 불가결한 독자적인 판단과 행위의 가능성을 의원에게 보장하는 것이다.

나. 또한, 자유위임은 정당 내부의 민주화가 실현되기 위한 필수적 전제조건으로 당내 민주주의를 보장하는 기능을 한다.[40] 자유위임원칙은 의원으로 하여금 정당 내에서 개방적인 의견교환, 자유로운 토론과 의사결정을 가능하게 함으로써, 정당의 寡頭政治化의 경향을 방지하고 정당 내에서의 의사형성의 개방성을 촉진하는 데 기여한다. 자유위임은 정당과 교섭단체 내에서 분쟁의 해결과 당내 민주주의를 촉진하고 사회에 존재하는 다양한 정치적 문제를 인식하는 가능성을 높인다.[41]

다. 뿐만 아니라, 의원의 자유위임은 현실정치적인 이유에서도 필수적으로 요청된다. 자유위임은 의회라는 합의제 의결기관이 정상적으로 기능하기 위하여 불가결하다.[42] 의회에서 자유로운 토론과 의사형성이 가능하기 위해서는 자유위임원칙이 필수적이다. 의회에서 공개적인 토론과 논의는 오로지 자유위임의 경우에만 그 의미를 가질 수 있다.

자유위임은 의원으로 하여금 외부의 모든 이익과 견해를 수용하고 이를 함께 고려하도록 함으로써 개방적인 의사형성과정을 보장한다. 이에 대하여 명령위임은 외부와의 소통과정 및 외부의 영향에 대하여 개방적인 의사형성과정을 배제한다. 만일, 의원이 자신의 결정에 앞서 소속정당이나 유권자 등으로부터 매번 지시를 받아야 한다면, 의회에서 자유로운 토론과 의사형성은 사실상 불가능하다. 명령위임의 경우 외부로부터의 지시 내용이 이미 확정되어 있기 때문에 의회에서 타협이 불가능하며, 의원은 외부로부

38) Vgl. Böckenförde, Demokratische Willensbildung und Repräsentation, in: HbStR, Bd.Ⅱ, 1987, §30, Rn.15, 19.

39) Vgl. Stern, Das Staatsrecht der BRD, Bd. I, 1984, §24 Ⅳ 2.

40) Vgl. Grimm, Politische Parteien, in: HbVerfR, 2. Aufl., 1994, §14 Rn.57; Hesse, Grundzüge des Verfassungsrechts der BRD, 1984, Rn.602; Badura, Die Stellung des Abgeordneten nach dem Grundgesetz und den Abgeordnetengesetzen in Bund und Ländern, in: Parlamentsrecht und Parlamentspraxis in der BRD, §15 Rn.19; ders., in: BK, Art.38 Rn.72; H. H. Klein, Status des Abgeordneten, in: HbStR, Bd.Ⅲ, 2005, §51 Rn.6.

41) Vgl. Morlok, in: Dreier, GG, Bd.Ⅱ, Art.38 Rn.145.

42) Vgl. Grimm, Parteien und Parlament, in: Schneider/Zeh(Hg), Parlamentsrecht und Parlamentspraxis in der BRD, 1989, §6 Rn.17; Morlok, in: Dreier, GG, Bd.Ⅱ, Art.38 Rn.133, 145.

터 지시를 받지 않은 새로운 문제를 다룰 수 없다. 자유위임만이 의원에게 변화하는 사회상황에 부합하는 유연한 결정을 가능하게 한다.

Ⅲ. 代議制 민주주의에서 자유위임과 국민의사의 관계

1. 대의제 민주주의의 본질로서 대표자의 자유위임

가. 대의제 민주주의란, 주권자인 국민이 직접 국가의사를 결정하지 아니하고 선거를 통하여 국민의 대표자를 선출하고 국가기관을 구성함으로써 국민의 대표자로 하여금 국민을 대신하여 국가의사를 결정하도록 하는 제도이다. 대의제에서 국민은 선거를 통하여 대의기관을 선출하여 대의기관의 국가권력 행사에 대하여 민주적 정당성을 제공함으로써 대의기관의 결정을 국민의 결정으로 간주하여 모든 국민이 대의기관의 결정에 구속을 받는다.

대의제 민주주의에서 '국가권력의 주체'와 '국가권력을 행사하는 자'는 일치하지 않는다. 국민은 선거와 국민투표 외에는 국가권력을 직접 행사하지 아니하고, 국가권력은 국민에 의하여 선출된 대의기관이 직접 행사한다. 대의기관은 임기 중 자유위임을 바탕으로 임기 동안 국민의 지시나 위임을 받지 않고 독자적인 판단에 따라 국민 전체의 이익, 즉 공익을 실현하게 된다. 대의제의 본질에 속하는 것이 바로 대의기관의 자유위임이다.

나. 대의민주제에서 代議(Repräsentation)란, 국민이 민주적 선거를 통하여 대표자를 선출하여 민주적 정당성을 부여하고 선출된 국민대표에 의하여 내려지는 결정을 자신의 결정으로 인정하는 정치적 원칙, 즉 국민이 대표자를 통하여 국가권력을 행사한 것으로 간주하고 대표자의 행위를 자신의 행위로 귀속시키는 '국민과 대표자 사이의 政治的 귀속관계'를 말한다.[43] 대의기관은 선거에 의하여 부여받은 위임, 즉 국가권력 행사의 민주적 정당성에 기초하여 자신의 행위를 통하여 국민을 구속할 수 있는 권한을 가지며, 국민이 대의기관의 결정에 구속을 받는 것이 정당화된다. 이로써 '의회에 의한 국민의 대의'란, 국민과 의회 사이에서 '일차적으로' 민주적 의회선거에 의하여 형식적으로 성립하고, 나아가 '부가적으로' 임기 중에도 소통과 교류를 통하여 지속적으로 새롭게 유지되어야 하는 '권한의 위임과 대표자행위의 귀속, 이에 대한 국민의 승인과 동의의 과정'이다. 그러나 대의란, '국민의 현실적 의사'와 '국민대표의 결정'이 실제로 일치해야

---

43) Vgl. Badura, Staatsrecht, 2012, E Rn.11, S.525; ders., Die Stellung des Abgeordneten nach dem Grundgesetz und den Abgeordnetengesetzen in Bund und Ländern, in: Parlamentsrecht und Parlamentspraxis in der BRD, 1989, §15 Rn.13; Böckenförde, Demokratie als Verfassungsprinzip, in: HbStR, Bd. I, 1987, §22, S.887; Hofmann/Dreier, Repräsentation, Mehrheitsprinzip und Minderheitenschutz, in: Parlamentsrecht und Parlamentspraxis in der BRD, §5 Rn.23.

한다는 것을 의미하지 않는다.

대표자인 의원의 의사표시가 국민에 대한 법률효과를 발생시키지 않는다는 점에서, 국민과 대표자의 관계는 민법상 '代理'(Vertretung)와 구분된다.[44] 대리의 경우, 대리인의 행위는 대리된 자(본인)에게 법적으로 귀속된다. 그러나 代議의 경우, 대표자와 국민의 관계는 법적인 것이 아니라 단지 '정치적·헌법이념적인 것'이기 때문에, 개별의원의 행위는 물론이고 의회 전체의 행위가 국민에게 법적으로 귀속되지 않는다. 법적인 귀속은 전적으로 의회와 국가의 관계에서 이루어짐으로써 의회의 행위는 법적인 관점에서 국가의 행위로 귀속된다. 물론 대의의 경우에도 개별의원의 행위가 아니라 단지 '의회의 의결'만이 국민의 행위로 간주되고 국민에게 정치적으로 귀속된다.[45]

다. 대의제가 자유위임을 그 본질로 한다고 하더라도, 대의기관이 그 권력행사에 있어서 언제나 '국민의 의사'에 따른다고 하는 것을 전제로 하고 있다. 여기서 '국민의 의사'란 매 구체적 사안마다 경험적으로 인식할 수 있는 국민의 현실적 의사가 아니라 국민 전체의 이익으로 추정되는 假想的이고 이념적인 국민의 의사이다. 대의제는 대의되는 국민이 가지는 이른바 '경험적 국민의사'(empirischer Volkswille)보다는 객관적으로 추정되는 국민의 진정한 의사, 즉 대의기관이 판단하는 '추정적 국민의사'(hypothetischer Volkswille)에 결정적인 의미를 부여하고 있다.[46] 국민은 자신의 진정한 의사를 오로지 대의기관을 통해서만 확인할 수 있다고 하는 것이 대의제의 이론적 기초이다.

대의제에서 국민의 진정한 의사는 오로지 의회에서 사회 내에 존재하고 대립하는 다양한 이익의 경합과 조화를 통해서만 밝혀질 수 있으며, '경험적인 국민의사'로부터 독립적인 대의기관의 의사만이 진정한 국민의 이익을 대변할 수 있다.[47] 결국, 국민의 의사는 대의기관에 의해서만 확인이 가능하므로, 대의제에서 국민의 진정한 의사인 '추정적 국민의사'란 곧 대의기관인 '의회의 의사'를 의미한다.[48]

2. 민주적 代議의 실현에 있어서 대표자와 국민간의 소통의 의미

가. 한편, 대의제에서 국민의사와 국가의사의 원칙적인 분리를 전제로 하여 대의기관은 일단 선출된 다음에는 국민의 현실적 의사의 구속을 받지 않는다는 것은, 의회가 국

---

44) 이에 대하여 '대의' 개념의 모호함을 언급하면서 '대의(Repräsentation)' 개념 대신에 '대리(Vertretung)' 개념의 사용을 제안하는 견해로는 vgl. H. Meyer, Die Stellung der Parlamente in der Verfassungsordnung des Grundgesetzes, in: Schneider/Zeh(Hg), Parlamentsrecht und Parlamentspraxis in der BRD, §4 Rn.9ff.

45) Vgl. H. H. Klein, Status des Abgeordneten, in: HbStR, Bd.Ⅲ, 2005, §51 Rn.3.

46) Vgl. Fraenkel, Die repräsentative und die plebiszitäre Komponente im demokratischen Verfassungsstaat, 1979, S.113.

47) 한태연, 헌법학, 1983, 151면, 154면 참조.

48) Vgl. Stern, Das Staatsrecht der BRD, Bd.Ⅱ, §26 Ⅰ 1b; H. H. Klein, Aufgaben des Bundestages, in: HbStR, Bd.Ⅱ, 1987, §40 Rn.1.

민의 현실적 의사를 무시해야 한다거나 또는 무시해도 좋다는 것을 의미하지는 않는다. 대의제에서 국민이 선거를 통하여 의회에게 국가권력을 행사할 수 있는 권한을 위임하는 것은 대의제 실현을 위하여 필수적인 것이지만, 이것만으로는 민주적 대의를 실현하기에 충분하지 않다.[49)]

만일 대의제에서 국민이 선거행위를 통하여 대의기관에 대한 모든 정치적 영향력 행사의 가능성을 포기하고 의회에게 임기 동안 국민의 현실적 의사로부터 유리되어 독자적으로 결정할 권한을 부여하는 것이라면, 이러한 사고는 '모든 국가권력이 국민으로부터 나온다'는 국민주권사상과 부합하지 않는다.[50)] 국민주권사상에 기초하는 민주주의에서 '국가권력'뿐만 아니라 '정치적 의사형성'도 국민으로부터 나와야 한다. 정치적 의사형성에 참여할 국민의 권리는 주기적으로 실시되는 선거에서의 투표행위뿐만 아니라 대의기관의 임기 중에도 지속적으로 이루어지는 정치적 의사형성과정에 참여하여 영향력을 행사하는 가능성을 통해서도 행사된다. 대의기관이 임기 중에도 그 행위와 결정에 있어서 특정 사안과 관련되어 표출된 국민의 현실적 의사를 '내용적으로' 존중하고 이에 영향을 받을 수 있는 경우에만, 비로소 국민이 국가기관을 통하여 국가권력을 행사하는 것이 된다.[51)] 따라서 대의제에서 선거에 의하여 획득되는 '形式的 代議'는 임기 중에도 국민의 현실적 의사를 고려하는 '內容的 代議'에 의하여 보완되어야 한다.[52)]

국민의 '내용적 대의'는 대표자와 국민 사이에 지속적인 대화와 교류가 이루어지는 경우에 비로소 실현될 수 있다. 대의제에서 대의기관이 국가권력을 행사하기 위하여 필요한 민주적 정당성은 선거를 통하여 임기 동안 일괄적으로 부여받는 일회적인 것이 아니라 임기 중에도 끊임없이 새롭게 획득해야 하는 지속적인 과정으로 이해해야 한다.[53)] 이로써 '민주적 대의'의 개념은 정적인 것이 아니라 역동적인 것으로, 국민과 대표자 사이의 지속적인 대화와 문답, 반응의 과정이며 국민과의 소통과정이다.[54)]

나. 물론, 국민의 '내용적 대의'란 의회가 그의 결정에 있어서 국민 다수의 견해나 여론 등 국민의 현실적 의사의 구속을 받는다는 것을 의미하지는 않는다. 자유위임은 원래 유권자의 지시로부터 대의기관의 독립성을 보장하기 위한 것으로, 바로 이러한 것을

---

49) 유사한 취지로 박경철, 당적이탈·변경시 의원직상실의 법리, 헌법학연구 제7권 제4호(2001), 90-92면.

50) Vgl. Schmitt Glaeser, Die grundrechtliche Freiheit des Bürgers zur Mitwirkung an der Willensbildung, in: HbStR, Bd.Ⅱ, 1987, §31 Rn,26.

51) Vgl. Böckenförde, Demokratie als Verfassungsprinzip, in: HbStR, Bd. I, 1987, §22 Rn.11.

52) 민주적 대의의 개념을 '형식적 대의'와 '내용적 대의'로 구분하는 논문으로 vgl. Böckenförde, Demokratische Willensbildung und Repräsentation, in: HbStR, Bd.Ⅱ, 1987, §30 Rn.17f.

53) Vgl. Schmitt Glaeser, Die grundrechtliche Freiheit des Bürgers zur Mitwirkung an der Willensbildung, in: HbStR, Bd.Ⅱ, 1987, §31 Rn,26.

54) Vgl. Dreier, Das Demokratieprinzip des Grundgesetzes, in: ders., Idee und Gestalt des freiheitlichen Verfassungsstaates, 2014, S.181; Böckenförde, Demokratische Willensbildung und Repräsentation, in: HbStR, Bd.Ⅱ, 1987, §30 Rn.22.

방지하고자 하는 것이다. 민주적 대의란 단순히 국민의 여론을 따르는 국가행위에 대한 요청이 아니며, 대의기관은 국민의 현실적 소망이나 욕구의 단순한 집행기관이 아니다.

대의기관이 임기 중에도 국민의 현실적 의사를 고려해야 한다는 것은, 공익을 발견하는 과정에서 국민들 사이에 존재하는 다양한 이익과 견해, 욕구를 존중해야 한다는 것을 의미하는 것이고, 이는 적어도 의회의 의사결정과정에서 국민의 현실적인 이익과 욕구가 '공익발견을 위한 하나의 중요한 요소'로서 반영되고 고려되어야 한다는 것을 의미한다.[55] 즉, 의회가 국민의 추정적 의사를 확인하는 과정에서 국민의 '현실적 의사'를 함께 고려해야 하는 것이다. 의회는 국민의 현실적 의사에 구속을 받지는 않지만 자신의 결정과정에서 이를 존중하고 고려해야 한다는 구속을 받는다. 대의기관에 의하여 확인되는 '추정적 국민의사'와 사회에서 여론의 형태로 표출되는 '현실적 국민의사' 사이의 긴장관계는 이러한 방법으로 해소된다.

대의제에서 국민여론의 형성은 의회의 결정과정에서 공익발견을 위한 중요한 전제조건이다. 대의제에서 '공익'이란 내용적으로 사전에 확정된 것이 아니라 다양한 이익과 견해의 경쟁으로부터 나오는 결과이다.[56] 국민의 현실적 의사를 구성하는 사회의 다양한 이익과 견해는 의회에서 경합과 조정의 과정을 거쳐서 공익으로 추출된다.[57] 대의기관이 국민의 현실적·경험적 의사에 대한 고려 없이 공익을 발견한다는 것은 대의기관에 의하여 공익이 일방적·권위적으로 확정된다는 것을 의미한다.[58] 따라서 민주적 대의는 국민의 현실적 의사로부터 분리되어 이루어져서는 안 된다. 국민의 대표자는 민주적 대의를 실현하기 위하여 국민의 현실적 의사를 물어야 하고, 자신의 결정을 내리기 전에 국민의 입장을 알고자 해야 한다. 공직자의 지위로부터 나오는 의원의 공익실현의무는 국민과의 지속적이고 개방적인 교류를 통하여 의회에서의 공익발견절차에 참여해야 할 법적 의무를 부과하고, 이러한 방법으로 공익이 무엇인지를 독자적으로 파악하는 것이 그의 헌법적 과제이다.

국민의 대표자에게 보장되는 '자유위임'의 결정적인 기능은 국민의 대표자를 국민의 현실적 의사로부터 차단하고자 하는 것이 아니라, 국민의 대표자인 의원을 모든 종류의 구속으로부터 자유롭게 함으로써 국민의 현실적 의사를 비롯하여 외부로부터의 모든 정치적 영향을 받을 수 있는 상황을 조성하고, 이러한 방법으로 의원으로 하여금 공익발견절차에 참여하는 것을 가능하게 하고자 하는 것이다.

55) Vgl. Böckenförde, Demokratische Willensbildung und Repräsentation, in: HbStR, Bd.Ⅱ, 1987, §30 Rn.20f.
56) 대의제에서 공익발견의 과정에 관하여 한수웅, 헌법학, 2019, 139면 이하.
57) Vgl. Dreier, Demokratische Repräsentation und vernünftiger Allgemeinwille, AöR 113(1988), S.461f.
58) Vgl. Hofmann/Dreier, Repräsentation, Mehrheitsprinzip und Minderheitenschutz, in: Schneider/Zeh(Hg), Parlamentsrecht und Parlamentspraxis in der BRD, 1989, §5 Rn.17.

3. 대표자에 대한 국민의 정치적 영향력 행사의 가능성

가. 국민으로부터 국가권력의 행사를 위임받은 대의기관의 자유위임은 대의제의 본질에 속한다. 그러나 국민이 대표자에 대하여 임기 중에도 정치적 영향력을 행사할 수 있는 가능성을 가지고 있는 경우에만, 대표자의 자유위임은 장기적으로 유지되고 국민에 의하여 수인될 수 있다.[59] 이러한 관점에서 볼 때, 대의제 민주주의의 핵심적인 헌법적 문제는, 대의기관이 자유위임으로 인하여 국민의사로부터 완전히 유리되고 獨自化하는 것을 어떻게 방지하고, 대의기관으로 하여금 임기 중에 국민의사를 어떻게 고려하도록 할 것인지에 관한 것이다.

헌법은 대의제의 이러한 딜레마를 '정권을 획득하기 위하여 선거에서 다수의 정당이 경쟁하는 원칙'을 통하여 해결하고 있다.[60] 선거에서 승리한 정당이 정권을 획득하여 자신의 정책을 실현할 수 있고, 선거에 승리하기 위해서는 국민의 의사를 고려해야 하기 때문에, 적정한 주기로 실시되는 선거가 정당과 대의기관에 대하여 국민의 의사를 고려해야 하는 강제로 작용한다.[61] 대의제에서 국민이 대표자에 대하여 영향력을 행사할 수 있고 대의기관을 국가권력의 주체인 국민의 의사에 구속시키는 대표적인 수단은 바로 '주기적인 선거를 통한 정당간의 경쟁원칙'이다.

선거를 통한 주기적인 국민의 심판과 그에 따른 정권교체의 가능성 때문에, 국가권력의 행사를 위임받은 국가기관은 임기 중 가능하면 국민의 의사에 부합하는 정치를 하려고 노력하게 된다. 선거의 週期性은 대의민주제의 불가결한 조건이다. 주기적으로 실시되는 선거에 의하여 대의기관이 교체될 수 있을 때에만 선거는 대의기관으로 하여금 국민의 의사를 고려하게 하는 기능을 이행할 수 있고, 국가권력을 위임받은 대의기관이 국민으로부터 분리되어 獨自化하는 것을 방지할 수 있다. 이러한 점에서 의원은 자신의 의정 활동에 있어서 다음 선거에서의 유권자의 의사를 자신의 결정과 행위의 기준으로 삼게 된다. 대의제에서 국민은 선거권의 행사를 통하여 선거일에 대표자의 임기 중 활동에 대하여 일괄적으로 결산하는 기회만을 가지므로, 의원은 임기 중에 매번 수시로 변화하는 유권자의 여론을 일상적으로 고려해야 하는 압력으로부터 해방되어 어느 정도 지속적이고 일관성 있는 의정 활동을 할 수 있다.

나. 나아가, 의원의 자유위임은 차기 선거에서의 선출가능성을 고려해야 하는 사실상

---

59) Vgl. Morlok, Volksvertretung als Grundaufgabe, in: Morlok/Schliesky/Wiefelspütz(Hg), Parlamentsrecht, 2015, §3 Rn.16.

60) Vgl. Böckenförde, Demokratische Willensbildung und Repräsentation, in: HbStR, Bd.Ⅱ, 1987, §30 Rn.15; Grimm, Politische Parteien, in: HbVerfR, 2. Aufl., 1994, §14 Rn.6ff.; v. Arnim, Politische Parteien, DÖV 1985, S.594f.

61) Vgl. Grimm, Politische Parteien, in: HbVerfR, 2. Aufl., 1994, §14 Rn.6.

의 압력뿐만 아니라, 국민의 현실적 의사, 즉 여론을 고려해야 한다는 압력에 의해서도 사실상의 제약을 받는다. 국민은 표현의 자유, 집회의 자유 등 정치적 자유권의 행사를 통하여 의회에서 논의되는 구체적 사안과 관련하여 여론을 형성함으로써 대표자에 대하여 임기 중에도 정치적 영향력을 행사할 수 있는 가능성을 가지고 있다.[62] 대의제 민주주의는 국가의사형성에 영향력을 행사하기 위하여 필수적인 정치적 기본권을 국민에게 보장한다. 국민은 여론의 형성을 통하여 의회의 결정에 대하여 정치적 압력과 영향력을 행사할 수 있고, 의회에서 논의되는 사안과 그 방향에 대하여 이의를 제기하고 항의함으로써, 대표자의 자유위임에도 불구하고 국민의 의사를 고려하는 대의정치를 가능하게 할 수 있다.[63]

다. 이로써 대의제에서 자유위임은 국민의사로부터의 완전한 독립성이 아니라 '의원의 법적 자유와 독립성'과 '주기적인 선거 및 유권자의 여론 형성에 의한 사실상의 구속' 사이에서 항상 새롭게 실현되어야 하는 조화를 의미한다. 자유위임은 의원에게 '정치적 상황에 대한 독자적인 결정'과 '표명되고 추정되는 유권자의 의사에의 예속'이라는 兩 극단 사이에서 형성되는 무수한 가능성 중에서 선택할 수 있는 결정의 자유를 의미한다.

Ⅳ. 자유위임과 교섭단체의 강제

1. 정당제 민주주의에서 자유위임원칙의 변화

가. 의원에 대한 정당기속의 강화

원래 '고전적 의회주의'는, 모든 이해관계로부터 자유로운 가운데 독립적으로 활동하는 사려 깊은 의원들이 이성적인 공개토론을 통하여 공동체의 문제에 관한 타당한 해결책을 발견한다는 사고에 기초하고 있었다. 그러나 헌법상 자유위임원칙의 보장에도 불구하고 완전히 독립적인 의원의 像은 현대 정당민주주의의 현실에 더 이상 부합하지 않는다. 헌법도 제8조에서 정당조항을 수용함으로써, 정당 없이는 국민의 정치적 의사형성이 이루질 수 없다는 '정당국가의 현실'을 인정하고 있다.

정당정치가 발달함에 따라 의원들의 자유위임적 의정활동이 제약을 받게 되고 정당에의 기속이 강화되었다.[64] 오늘날 정당국가에서 의회의 의사는 의회 내에 교섭단체의 형태로 진출한 정당에 의하여 실질적으로 형성된다. 정당에 의하여 지배된 의회는 더

62) Vgl. Schmitt Glaeser, Die grundrechtliche Freiheit des Bürgers zur Mitwirkung an der Willensbildung, in: HbStR, Bd.Ⅱ, 1987, §31 Rn,3ff.

63) Vgl. Morlok, Volksvertretung als Grundaufgabe, in: Morlok/Schliesky/Wiefelspütz(Hg), Parlamentsrecht, 2015, §3 Rn.16.

64) 정당국가화 경향으로 인한 의회주의의 약화에 관하여 한수웅, 헌법학, 2019, 1117면 이하 참조.

이상 의원들이 이성적인 자유토론을 통하여 국가이익을 우선으로 하여 양심에 따라 자신의 의사를 결정하는 토론의 장소가 아니라, 중요한 정치적 결정은 이미 정당 내부적으로 내려짐으로써 정당에 의하여 사전에 합의된 사항을 추인하는 장소로 변질되었다.

따라서 의원의 헌법적 지위는 대의제 민주주의에서 정당의 역할과 유리되어 판단될 수 없으며, 정당국가에서 의원의 자유위임원칙은 정당국가의 현실에 의하여 제약을 받을 수밖에 없다.[65] 즉, 오늘날 정당에 의하여 국가의사가 사실상 형성되고 결정되는 현대 민주국가에서 의원의 자유위임은 '고전적 의회주의에서의 자유위임'이 아니라 '변화한 정치현실인 정당국가 내에서의 자유위임'이라는 것을 인정하지 않을 수 없다.[66] 이로써 정당국가에서 자유위임원칙은 의원에게 정당으로부터 완전한 독립성을 보장하고 정당의 모든 영향력행사를 배제하는 원칙이 아니라, 정당국가의 현실에서 불가피하게 발생하는 정당기속을 헌법적으로 제한하고 정당의 영향력행사에 대하여 한계를 설정하는 원칙으로 기능한다.[67]

나. 국민의 대표자이자 정당의 대표자로서 국회의원의 二重的 地位

정당제 민주주의에서 의원은 '국민의 대표자'이자 동시에 '정당의 대표자'이다. 오늘날 정당국가에서 의원은 개인의 능력이나 자질에 의해서가 아니라 '정당의 대표자'로서 소속당의 지원과 배경에 힘입어 선출되었다는 점을 인정하지 않을 수 없다. 의원은 당선된 후에는 동일 정당소속 의원들과 함께 원내 교섭단체를 구성하여 의회 내에서 공동으로 정당의 정책을 실현하고자 한다.

정당제 민주주의에서 정당이 사실상 공직선거후보자 지명의 독점권을 가지고 있다는 점에서, 정당과 교섭단체는 의원의 재선여부에 관하여 결정하고, 의원이 활동해야 할 위원회를 정하는 등 의회 내에서 의원의 작업과 참여의 가능성에 관하여 결정한다. 나아가, 정당과 교섭단체는 집권을 위한 정치적 투쟁에서 결집력을 가지기 위하여 소속의원들의 단결과 통일적인 행동을 촉구한다. 교섭단체는 정당국가에서 의원의 정당기속을 강화하는 하나의 수단으로 기능하고, 정당소속의원들의 원내 행동통일을 기함으로써 의안의 심의에 있어서 정당의 정책을 최대한으로 반영하고자 한다.[68] 이러한 점에서 의원의 정당기속과 자유위임 사이의 갈등은 예정되어 있으며, 정당국가의 현실에서 자유위

65) Vgl. Badura, Die Stellung des Abgeordneten nach dem Grundgesetz und den Abgeordnetengesetzen in Bund und Ländern, in: Parlamentsrecht und Parlamentspraxis in der BRD, 1989, §15 Rn.18.

66) 심지어 G. Leibholz 교수는 그의 정당국가론(Parteienstaatslehre)에서 '오늘날 의원은 정당의 대표자로서 선출된다'는 정치적 현상에 근거하여 '현대 정당민주주의의 정치 현실에서 자유위임의 사고는 더 이상 유지될 수 없고 제한될 수밖에 없다'고 하면서, '자유위임을 규정하는 기본법 제38조 제1항은 단지 정당국가의 특정한 극단적인 결과를 방어하는 의미만을 가진다'고 주장하고 있다. vgl. Leibholz, Strukturprobleme der modernen Demokratie, 1967, S.117.

67) Vgl. Hesse, Grundzüge des Verfassungsrechts der BRD, 1984, Rn.598f.

68) 헌재 2003. 10. 30. 2002헌라1(국회의원과 국회의장간의 권한쟁의), 판례집 제15-2하, 17, 30.

임원칙이 어떠한 기능을 하는지의 문제가 제기되는 것이다.

2. 자유위임과 정당기속의 긴장관계

가. 일차적으로 헌법과 헌법현실 사이의 긴장관계

위와 같은 관점에서 본다면, 국회의원의 자유위임을 보장하는 헌법 제46조 제2항과 정당의 존속과 활동을 보장하는 제8조의 정당조항은 서로 긴장과 충돌의 관계에 있다. 그러나 헌법 제46조 제2항과 헌법 제8조 사이에 존재하는 부조화와 모순은 '규범적 차원에서는' 원칙적으로 존재하지 않는다.[69)]

헌법 제46조 제2항은 오늘날 정당민주주의에서도 '의원의 자유위임이 정당대표성이나 정당기속성에 우선한다'는 것을 규범적으로 분명하게 밝히고 있다.[70)] 헌법 제46조의 자유위임원칙은, 정당국가적 현실에도 불구하고 정당으로부터 국회의원의 독립성은 보장되어야 한다는 명시적인 요청을 함으로써 정당기속에 대하여 헌법적 한계를 제시하고 있다.[71)] 즉, 헌법의 자유위임조항은 의원이 정당이나 교섭단체에 의하여 '정치현실적으로는' 구속을 받을 수 있으나 '헌법적으로는' 구속받지 않는다는 것을 명백히 밝히고 있는 것이다. 이에 대하여, 헌법 제8조의 정당조항은 국회의원이 정당의 지시와 명령에 구속을 받는다는 의미에서 '정당기속성'을 규범화한 것이 아니라, 오늘날 대의제 민주주의에서 정당의 의미와 중요성 및 정당국가적 현실을 고려하여 정당을 헌법에 수용함으로써, 정당에 특별한 지위를 부여하고 정당의 존속과 활동을 헌법적으로 보장하고자 하는 것이다.

이러한 관점에서 본다면, 양 헌법규범간의 긴장관계는 의원의 자유위임을 보장하는 '헌법규범'과 소속의원을 정당에 구속시키고자 하는 '정당국가의 현실' 사이에서 발생하는 것으로, 헌법규범의 차원에서가 아니라 '헌법과 정치현실' 사이에서 존재하는 것이다.[72)] 정당국가의 정치현실은 의원을 정당에 구속하고자 하나, 헌법은 자유위임의 보장을 통하여 의원에 대한 정당의 영향력을 제한하고 있다.[73)] 요컨대, 의원은 정치현실에

---

69) Vgl. H. H. Klein, Status des Abgeordneten, in: HbStR, Bd.Ⅱ, 1987, §41 Rn.5.

70) Vgl. Grimm, Politische Parteien, in: HbVerfR, 2. Aufl., 1994, §14 Rn.56; Maurer, Staatsrecht, 1999, §13 Rn.63.

71) Vgl. H. H. Klein, Status des Abgeordneten, in: HbStR, Bd.Ⅲ, 2005, §51 Rn.6.

72) Vgl. Stern, Das Staatsrecht der BRD, Bd. I, 1984, §24 Ⅳ 2; H. H. Klein, Status des Abgeordneten, in: HbStR, Bd.Ⅲ, 2005, §51 Rn.6; Maurer, Staatsrecht, 1999, §13 Rn.63; Morlok, in: Dreier, GG, Bd. Ⅱ, Art.38 Rn.133, 144; 또한 유사한 취지로 정종섭, 전국구 국회의원의 당적 이탈·변경과 의원직 상실의 여부, 공법연구 제24권 제2호(1996), 68면.

73) 헌법 제8조의 정당조항과 헌법 제46조 제2항의 자유위임조항 사이의 규범적 충돌이 허구적인 것과 마찬가지로, 국회의원의 이중적 지위 사이의 충돌, 즉 '국민의 대표자'로서의 지위와 '정당의 대표자'로서의 지위가 서로 충돌한다는 것도 허구적이다. '국민의 대표자'로서의 의원의 지위는 헌법 지46조 제2항에 근거한 '헌법상의 지위'인 반면, '정당의 대표자'로서의 의원의 지위는 정당국가에서 발생하는 '정치현실상의 지위'에 불과하다. 따라서 이 경우에도 헌법규범 차원에서의 충돌이 아니라 헌법규범과 정치현실이 서로 충돌하는 것이다.

있어서는 정당의 구속을 받으나, 헌법적으로는 자유위임의 구속을 받는 것이다.[74)]

나. 부차적으로 헌법상 자유위임조항과 정당조항 사이의 긴장관계

한편, 양 헌법규범간의 긴장관계가 근본적으로 헌법과 헌법현실 사이에서 발생하는 것이라 하더라도, 헌법이 자유위임조항과 정당조항을 함께 수용함으로써 야기하는 '규범적 차원에서의 긴장관계'는 완전히 부인될 수 없다. 물론, 헌법 제8조의 정당조항은 정당의 설립과 활동의 자유를 보장하는 것일 뿐, 소속의원이 정당의 명령과 지시에 구속된다는 것을 규범화하는 것은 아니다. 그러나 정당조항은 '정당활동의 자유'를 보장함으로써, 정당이 의회에 진출한 경우에 의회 내에서 자신의 정치적 목표를 실현하기 위하여 교섭단체를 매개로 소속의원에게 영향력을 행사할 수 있는 가능성도 함께 보장하고 있다. 그렇다면 적어도 이러한 측면에서는 정당조항과 자유위임조항 사이의 긴장관계는 이미 헌법적으로 예정되어 있다. 헌법규범 간의 충돌이 발생하는 경우, 헌법의 통일성의 관점에서 '실제적 조화의 원칙'에 따라 상충하는 헌법규범 모두가 가능하면 최대한으로 실현될 수 있도록 兩者의 관계가 설정되어야 한다.[75)] 따라서 헌법 제46조 제2항과 제8조 사이의 대립과 긴장관계는 한편으로는 국회의원의 자유위임도 보장하면서, 다른 한편으로는 정당도 소속의원에 대한 영향력행사를 통하여 자신이 추구하는 정책을 국가영역에서 대변하고 관철할 수 있는 방향으로 해소되어야 한다.

따라서 헌법 제46조의 자유위임조항은 소속의원에 대한 교섭단체의 모든 영향력 행사를 금지하는 것은 아니다. 헌법은 한편으로는 정당조항을 수용함으로써 오늘날 정당국가에서 정당이 소속의원에 대하여 영향력을 행사한다는 현실적 가능성을 충분히 인식하여 이를 허용하면서, 다른 한편으로는 자유위임조항을 통하여 정당의 영향력행사를 제한하고자 하는 것이다. 자유위임은 헌법의 反政黨的 태도를 규범화한 것이 아니라, 정당국가의 현실에서도 의원에게 독자적인 판단과 행위를 할 수 있고 정당과 교섭단체의 압력과 강제에 대항할 수 있는 법적 가능성을 제공하고자 하는 것이다. 바로 이러한 연관관계에서 정당과 교섭단체가 소속의원에게 영향력을 행사하고자 하는 시도(소위 '교섭단체의 강제')가 자유위임의 보장에 비추어 어느 정도로 헌법적으로 허용되는지의 문제가 제기되는 것이다.

---

74) 헌법 제8조의 정당조항이 정당기속성을 규범화한 것이 아니가 때문에, 자유위임원칙을 선언하는 헌법 제46조 제2항이 제8조의 정당조항에 대하여 특별법적 지위에 있다고 보는 것은 타당하지 않다. 그러나 이러한 견해로는 김문현, 국회의원의 헌법상의 지위, 고시계 1998. 2. 67면.

75) 실제적 조화의 원칙에 관하여 한수웅, 헌법학, 2019, 53면 이하 참조.

3. 교섭단체의 강제

가. 교섭단체 소속의원에 대한 영향력행사의 불가피성

(1) 정당의 자유와 의회의 기능의 보장

교섭단체의 강제란, 교섭단체가 소속의원의 의정활동, 특히 발언내용이나 표결행위에 영향을 미치고자 하는 시도를 말한다. 정당의 목적이 스스로 선택한 정치적 목표의 실현에 있으므로, 정당은 목표실현을 위하여 교섭단체를 통하여 소속의원에게 정치적 영향력을 행사할 수 있는 가능성을 보유해야 한다. 이는 헌법 제8조 정당조항의 보장내용이기도 하다. 교섭단체의 목적은 교섭단체 내의 통일된 의사형성을 통하여 소속의원들의 원내 행동통일을 꾀함으로써 의회에서 정당의 정책을 최대한으로 반영하려는 데 있다.[76] 또한, 유권자에 대한 정당의 효과적인 自己描寫는 교섭단체 소속의원의 행동통일을 요청한다. 교섭단체가 단결되지 않은 모습을 보이는 것보다 선거에서 유권자에게 나쁜 인상을 주는 것은 없다.

나아가, 교섭단체의 단결과 통일적인 행동은 의회의 원활한 기능의 관점에서도 요청된다.[77] 오늘날 정당민주주의에서 교섭단체는 '헌법생활의 필수적 기구'이자 '의회 의사형성의 중요한 요소'이다.[78] 교섭단체는 다양한 정치적 입장을 합의가능한 통일체로 묶음으로써 국회의 의사형성과정을 유도하고 의사결정과정을 용이하게 한다.[79] 교섭단체 내에서 사전에 통일된 의사형성이 이루어짐으로써 본회의와 위원회에서 다수의 다양한 개별의견을 다루어야 하는 상황이 방지될 수 있다. 교섭단체 내에서 개별의원이 가지는 다양한 정치적 입장의 선별과 취합이 이루어지지 않는다면, 의회에서 의사형성은 거의 불가능하다. 따라서 효율적인 의회 작업의 관점도 교섭단체가 내부적으로 단결을 시도할 것을 요청한다.

(2) 개별의원에 의한 자유위임의 행사로서 교섭단체에의 가입

뿐만 아니라, 개별의원이 교섭단체에 소속될 것인지 여부를 자유롭게 결정할 수 있다는 점도, 교섭단체의 영향력행사가 원칙적으로 자유위임과 부합한다는 것을 말해주고 있다. 교섭단체는 전적으로 의원의 자발성에 기초하여 성립되는 원내 정치단체이다. 교섭단체의 구성은 개별의원의 자발적인 결정에 기초하는 것이고, 이는 결국 헌법상 보장

---

76) 헌재 2003. 10. 30. 2002헌라1(국회의원과 국회의장간의 권한쟁의), 판례집 제15-2하, 17, 30.

77) Vgl. Grimm, Parteien und Parlament, in: Schneider/Zeh(Hg), Parlamentsrecht und Parlamentspraxis, 1989, §6 Rn.23.

78) Vgl. BVerfGE 84, 304, 322.

79) 의회작업에 있어서 교섭단체의 중요한 기능에 관하여 한수웅, 국회법의 헌법적 지침과 한계, 헌법논총 제29집(2018), 332면 이하. vgl. Zeh, Gliederung und Organe des Bundestages, in: HbStR, Bd.Ⅲ, 1987, §42 Rn.10.

된 자유위임을 행사한 결과이다.[80] 개별의원이 교섭단체에 가입하여 협력하는 이유는, 교섭단체가 제공하는 사실상의 다양한 이익을 기대하기 때문이고, 그 대신 권리행사의 가능성이 일부 제한되는 것을 스스로 감수하는 것이다.[81] 개별의원은, 자신이 교섭단체에 가입하여 교섭단체가 제공하는 다양한 이익을 누리는 대신, 이와 불가분의 관계에 있는 '교섭단체의 영향력행사'를 수인할 것인지 아니면 교섭단체가 제공하는 이익을 포기하고 대신 교섭단체의 압력을 받지 않고 자유롭게 활동할 것인지에 관하여 스스로 결정할 수 있다. 현대의 다원적 사회에서 개인은 단체를 통해서만 자신의 이익을 효과적으로 대변하고 관철할 수 있는 것과 마찬가지로, 개별의원도 다른 의원과의 연대행위를 통해서만 자신의 정치적 목표를 효과적으로 달성할 수 있다. 교섭단체에의 소속을 통하여 정치적으로 활동하고 자신의 견해를 관철할 수 있는 가능성이 현저하게 확대된다.[82]

소속의원이 교섭단체에 대한 협력의무를 이행하는 경우에만 교섭단체의 구성을 통하여 의도하는 '조직화된 협력'의 장점을 기대할 수 있다. 교섭단체에 가입함으로써 의원에게는 '교섭단체에 대한 정치적 충성의무'가 부과된다.[83] 공동의 정치적 목표를 달성하기 위하여 교섭단체의 영향력행사는 불가피하며, 교섭단체 소속은 필연적으로 개별의원의 행동의 자유를 제약한다. 교섭단체는 개별의원이 공동의 정치적 목표를 달성하기 위하여 다수의 견해에 따르리라는 기대에 기초하여 그에 상응하는 영향력을 행사할 수 있는 것이다.

요컨대, 교섭단체에 소속됨으로써 수반되는 개별의원의 구속은 이로 인하여 얻게 되는 정치적 활동가능성의 확대 등 다양한 이익의 裏面에 해당하는 것이다. 이러한 상황에서 개별의원은 특정 의안에 대한 표결에 있어서 '결정대상에 관한 찬·반의 이유' 그 자체뿐만 아니라 '다른 소속의원과 공동으로 관철하고자 하는 사안이 교섭단체에 대하여 가지는 의미와 중요성'도 함께 고려하여 결정하게 된다. 교섭단체 소속의원이 공동의 노선을 위하여 자신의 개인적인 견해를 고수하지 않기로 결정한다면, 개별의원의 결정은 이러한 방법으로 자신의 정치적 영향력과 공동의 정치적 신념을 실현할 수 있는 기회를 보다 확대할 수 있다는 판단에 기초한 것이다.

---

80) 독일의 지배적인 견해도 교섭단체의 헌법적 근거를 의원의 자유위임을 규정하는 기본법 제38조 제1항에서 찾고 있다, vgl. Dreier, Regelungsform und Regelungsinhalt des autonomen Parlamentsrechts, JZ 1990, S.317; H. H. Klein, Stellung und Aufgaben des Bundestages, in: HbStR, Bd.Ⅲ, 2005, §50 Rn.6.

81) Vgl. Morlok, in: Dreier, GG, Bd.Ⅱ, Art.38 Rn.188.

82) Vgl. Trute, in: v. Münch/Kunig, GGK, Bd.Ⅱ, Art.38 Rn.89.

83) Vgl. Morlok, in: Dreier, GG, Bd.Ⅱ, Art.38 Rn.188.

나. 교섭단체 강제의 허용여부

(1) 교섭단체의 영향력 행사의 허용여부를 판단하는 헌법적 기준

그렇다면, 교섭단체가 내부적 단결을 위하여 소속의원에게 어느 정도 영향력과 압력을 행사하는 것은 의원의 자유위임에 위반되지 않는다. 헌법 제46조의 자유위임은 소속의원에 대한 교섭단체의 모든 영향력 행사를 배제하고자 하는 것이 아니다. '의원의 자유위임'의 관점에서 헌법적으로 제기되는 문제는 '허용되는 영향력 행사'와 '허용되지 않는 영향력 행사'의 경계 설정에 있다.

교섭단체의 영향력행사가 헌법적으로 허용되는지 여부는 헌법 제46조의 자유위임의 헌법적 보장에 비추어 판단되어야 한다. 즉, '소속의원에 대한 교섭단체의 영향력행사는 자유위임의 보장내용을 침해하지 않는 범위 내에서 헌법적으로 허용된다'는 단순하지만 自明한 기준에 의하여 교섭단체 강제의 헌법적 허용여부는 판단되어야 한다.[84] 헌법은 자유위임의 보장을 통하여 교섭단체가 소속의원에 대하여 구속력 있는 명령이나 지시를 내리는 것을 금지하므로, 교섭단체의 영향력행사가 허용되는지 여부는 결국 '영향력행사가 구속력 있는 명령이나 지시에 해당하는지'의 판단에 달려있다.

이러한 기준에 따라 교섭단체의 '허용되는 영향력행사'와 '허용되지 않는 영향력행사'의 경계를 개괄적으로 서술한다면, 다음과 같다. 첫째, 교섭단체가 의회에서의 결정에 앞서 내부적 의사형성을 통하여 표결에서의 행동통일을 꾀하고자 시도하고 이로써 소속의원으로 하여금 자발적으로 공동의 노선을 따르도록 하는 것은 헌법적으로 허용된다. 물론, 이러한 경우에도 교섭단체의 단결은 정당 지도부에 의하여 권위적으로 명령되어서는 안 되고, 소속의원들의 개방적인 토론과정에서 자발적으로 형성되어야 한다.[85] 둘째, 반면에 교섭단체가 소속의원에게 특정 행위를 해야 할 구속력 있는 의무를 부과하는 것은 헌법상 자유위임이 금지하는 명령이나 지시에 해당하는 것으로 허용되지 않는다. 의원은 의회에서 특정한 행위를 하도록 교섭단체에 의하여 법적으로 강요받아서는 안 된다.

(2) 허용되지 않는 영향력 행사로서 '직접적 강제'

위와 같은 관점에서 보건대, 소속의원으로 하여금 특정한 행위를 하도록 강제하는 교섭단체의 구속력 있는 명령이나 또는 소속의원에게 교섭단체의 다수의사에 따라 표결하도록 의무를 부과하고 이를 법적으로 강제하는 교섭단체의 의결은 '직접적 강제'

---

84) 유사한 취지로 조홍석, 비례대표 국회의원의 당적 변경시 의원직 상실규정의 위헌성, 공법학연구 제3권 제1호(2001), 127면; 박경철, 당적이탈・변경시 의원직상실의 법리, 헌법학연구 제7권 제4호(2001), 96면("정당국가현상은 … 다른 헌법원리를 침해하지 않는 한도 내에서 허용된다 ….").

85) Vgl. Grimm, Politische Parteien, in: HbVerfR, 2. Aufl., 1994, §14 Rn.57; Hesse, Grundzüge des Verfassungsrechts der BRD, 1984, Rn.600.

(Fraktionszwang)로서 허용되지 않는다.[86] 교섭단체는 소속의원에게 특정한 행위를 해야 할 의무를 부과하고 이를 법적으로 강제해서는 안 된다. 여기서 '직접적 강제'란, 의원에게 물리적 강제력을 행사하는 경우는 물론이고, 나아가 의무의 부과를 통하여 법적으로 의원을 구속하고자 하는 경우를 말하는 것이다.[87] 만일 '직접적 강제'를 물리적 강제로 이해하여 이에 한정한다면, 의원이 표결에 참여하는 것을 강제로 방해하는 것 외에는 물리적 강제를 행사할 수 있는 가능성이 달리 없으므로, 이러한 의미의 직접적 강제는 사실상 무의미하다. 따라서 여기서 직접적 강제란 무엇보다도 소속의원이 특정한 표결행위를 하도록 법적으로 구속하고자 하는 강제를 말한다.

소속의원으로 하여금 교섭단체의 다수 의사에 따라 표결하도록 법적으로 강요하고자 하는 시도는 표결에 있어서 의원의 법적 자유와 독립성을 보장하는 자유위임에 위반되므로, 헌법적으로 허용되지 않는다. 따라서 소속의원에 대하여 특정한 내용의 표결행위를 강제하고자 하는 모든 법적 수단(가령, 계약에 의한 합의, 의원직 포기각서 등)은 처음부터 위헌적인 것으로 무효이다.

(3) 허용되는 영향력 행사로서 '간접적 강제'

반면에, 소속의원을 법적으로 구속하고자 하는 것이 아닌 사실상의 강제, 즉 간접적 강제(Fraktionsdisziplin)는 헌법적으로 허용된다.[88] '간접적 강제'란, 교섭단체 내부의 사전적 의사형성을 통하여 소속의원의 단결과 행동통일을 호소함으로써 의원의 표결행위에 대하여 영향력을 행사하거나 간접적인 압력을 가하는 행위를 말한다. 교섭단체의 '사실상의 강제'는 정당제 민주주의에서 의회의 원활한 작업을 보장하기 위하여 의원의 자유위임과 마찬가지로 불가결하다. 의원에게는 헌법상 자유위임원칙으로 인하여 교섭단체의 명령과 지시로부터 벗어나는 것이 법적으로 보장되나, 교섭단체가 그러한 소속의원에 대하여 정치적으로 내부적 제재를 가하는 것까지 금지하는 것은 아니다. 교섭단체는 그 노선을 벗어나는 소속의원을 내부적으로 제재할 수 있는 다양한 수단을 보유하고 있다. 교섭단체는 소속의원이 활동하는 위원회를 지정하며, 의회 내에서 발언권을 배분하고, 교섭단체 내 작업분할을 결정하며, 나아가 교섭단체로부터 제명을 결정할 수 있다.

---

86) 독일 학계의 지배적 견해이다. vgl. Stern, Das Staatsrecht der BRD, Bd. I, 1984, §24 Ⅳ 3d; Maunz, in: Maunz/Dürig, GG, Art.38 Rn.12; Trute, in: v. Münch/Kunig(Hg), GGK, Bd.Ⅰ. 2012, Art.38 Rn.89; Badura, in: BK, Art.38 Rn.77; Morlok. in: Dreier, GG, Bd.Ⅱ, Art.38 Rn.188; Achterberg, Parlamentsrecht, 1984, S.218f.

87) Vgl. Maurer, Staatsrecht, 1999. §13 Rn.67.

88) 독일 학계의 지배적인 견해이다. vgl. Stern, Das Staatsrecht der BRD, Bd. I, 1984, §24 Ⅰ 4; Badura, in: BK, Art.38 Rn.78; Trute, in: v. Münch/Kunig(Hg), GGK, Bd.Ⅰ. 2012, Art.38 Rn.89; Vgl. Morlok, in: Dreier, GG, Bd.Ⅱ, Art.38 Rn.188; H. H. Klein, Status des Abgeordneten, in: HbStR, Bd.Ⅲ, 2005, §51 Rn.15.

간접적 강제의 수단을 구체적으로 살펴본다면, 정당은 당론을 따르지 않는 소속의원에게 당직의 배분이나 차기 선거의 공천에 있어서 불이익을 줄 수 있다. 정당의 정책을 더 이상 지지하지 않는 소속의원을 다음 선거에서 다시 공천할 것을 정당에게 요구할 수 없다.[89] 이로써, 국회의원은 비록 의원직을 잃는 것은 아니지만, 차기 선거에서 공천가능성, 즉 사실상의 재선가능성을 상실할 수 있다. 차기 선거에서 공천의 거부는 처음부터 의원 임기에 국한되어 인정되는 '의원의 헌법적 지위'를 침해하지 않을 뿐만 아니라, '재공천을 받을 의원의 권리'도 존재하지 않는다.

나아가, 소속의원이 의회 내에서 교섭단체의 작업과 기능을 현저하게 약화시키거나 곤란하게 하는 경우, 정당과 근본적으로 정치적 노선을 달리하는 의원을 교섭단체에서 제명하는 것도 허용된다.[90] 그러나 의원이 교섭단체 내에서 당내 야당으로서 비판을 하거나 개별 사안과 관련하여 교섭단체의 노선으로부터 벗어나는 것만으로는 교섭단체로부터의 제명을 정당화하지 않는다. 당내 민주주의는 당내에서의 비판과 당내 야당의 존재를 요청한다. 교섭단체로부터의 제명이 허용되는 경우란, 소속의원이 정당의 정책을 근본적으로 부정하면서 정당의 노선으로부터 벗어나는 지속적인 발언과 표결행위를 통하여 당해 의원에 대한 교섭단체 소속의원들의 신뢰가 근본적으로 저해된 경우를 말한다.[91] 이러한 경우 그에 대한 정치적 책임을 물어 교섭단체에서 제명하는 것은 교섭단체의 목적달성(정치적 신념의 동질성, 교섭단체의 기능보장, 다른 교섭단체와의 경쟁에서 경쟁력확보 등)을 위하여 허용되어야 한다.[92]

교섭단체의 압력행사가 이와 같이 '사실상의 이익과 불이익'의 범주를 벗어나지 않는 한, 교섭단체를 통하여 향유하는 이익과 교섭단체가 부과하는 구속을 고려하여 '비용과 이익의 관계'를 판단하는 것은 개별의원 스스로에게 맡겨진 문제로서, 교섭단체의 사실상의 강제는 헌법상 보장된 자유위임의 관점에서도 허용된다.[93] 의원은 자유위임에 근거하여 법적으로는 자유롭게 결정할 수 있으나, 정치적으로는 소속 교섭단체에 대하여 책임을 져야 하고, 소속 교섭단체의 노선으로부터 벗어나는 경우에는 정치적 불이익을 감수해야 한다.

---

89) Vgl. Morlok, in: Dreier, GG, Bd.Ⅱ, Art.38 Rn.159.

90) Vgl. Maurer, Staatsrecht, 1999. §13 Rn.65; Trute, in: v. Münch/Kunig(Hg), GGK, Bd.Ⅰ, 2012, Art.38 Rn.90; Morlok, in: Dreier, GG, Bd.Ⅱ, Art.38 Rn.184; H. H. Klein, Status des Abgeordneten, in: HbStR, Bd.Ⅲ, 2005, §51 Rn.17; 다른 견해로는 Achterberg, Parlamentsrecht, 1984, S.222f.

91) Vgl. Grimm. Parteien und Parlament, in: Schneider/Zeh(Hg), Parlamentsrecht und Parlamentspraxis, 1989, §6 Rn.28.

92) 교섭단체로부터의 제명의 경우, 정당으로부터의 제명의 경우보다 그 요건이 완화된다. 교섭단체는 그에게 부과된 과제와 기능을 이행하기 위해서는 정당보다도 고도로 '소속된 구성원의 경향의 동질성과 결속력'에 의존하고 있기 때문이다. vgl. H. H. Klein, Status des Abgeordneten, in: HbStR, Bd.Ⅲ, 2005, §51 Rn.17; Morlok, in: Dreier, GG, Bd.Ⅱ, Art.38 Rn.184.

93) Vgl. Morlok, in: Dreier, GG, Bd.Ⅱ, Art.38 Rn.188.

(4) 실질적 효과에 있어서 '명령과 지시'와 동일한 조치의 허용여부

교섭단체 강제와 관련하여 제기되는 또 다른 문제는, 직접적 강제가 소속의원에게 의무를 부과하는 경우에 한정되는지 아니면 교섭단체의 요구가 의무적 성격을 가지는 것은 아니지만 자유위임의 요청에 비추어 의원의 결정의 자유를 사실상 박탈하거나 현저하게 제한하는 조치도 포함하는지 여부이다.[94] 이와 관련하여 문제되는 대표적인 조치가 '내부적 제재의 위협(가령, 교섭단체로부터의 제명)과 결합되어 표명되는 교섭단체의 요구'이다. 이러한 요구는 형식적으로는 자유위임이 금지하는 명령이나 지시에 해당하지는 않지만 실질적으로는 그와 거의 유사한 효과를 가지고 있으므로, 헌법적으로 허용되지 않는 '직접적 강제'로 간주할 수 있다.[95] 헌법적으로 금지되는 직접적 강제인지 여부를 판단하는 결정적인 기준은 교섭단체가 소속의원에게 의무를 부과하는지 여부가 아니라 교섭단체가 구체적인 제재의 위협을 통하여 자신의 요구를 강요함으로써 소속의원이 교섭단체의 요구를 거부할 수 없는 구속적인 것으로 받아들이는지 여부에 달려있다.[96]

물론, 이러한 관점을 기준으로 하여 교섭단체의 영향력 행사가 헌법적으로 허용되는지 여부를 판단하고자 하는 시도에 대하여, 교섭단체가 사후적으로 소속의원에 대하여 제재적 조치를 취하는 것이 헌법적으로 허용된다면, 이러한 조치를 事前에 위협하는 것도 마찬가지로 헌법적으로 허용되어야 한다는 비판이 가능하다.[97] 그러나 소속의원이 자신의 개인적인 의견을 고수하는 경우에 사후적으로 교섭단체에 의하여 정치적 불이익을 받을 수 있다는 것을 막연하게 예상해야 하는 경우와, 교섭단체가 소속의원의 행위와 관련하여 사전에 구체적으로 제재가능성을 예고하고 위협함으로써 양자의 결합으로부터 사실상 구속력 있는 지시가 발생하는 경우는 소속의원에 대한 '구속의 정도'에 있어서 근본적으로 다르다고 보는 것이 타당하다. 헌법 제46조의 자유위임은 의원의 판단과 결정에 있어서 자유와 독립성을 보장하고자 하는 것이므로, 교섭단체의 강제가 자유위임에 위반되는지 여부는 교섭단체에 의하여 사용된 수단의 '실질적 효과'에 의하여 판단되어야 한다. 자유위임의 보장내용을 '명령과 지시의 금지'를 넘어서 '실질적인 효과에 있어서 명령과 지시와 동일한 조치의 금지'로 확대함으로써, 의원의 자유와 독립성을 위협하는 위험상황에 대하여 의원의 자유위임을 보장해야 할 필요가 있다.[98]

---

94) 헌법현실에서 소속의원에게 의무를 명시적으로 부과하는 경우는 사실상 거의 발생하지 않기 때문이다. vgl. Sendler, Abhängigkeit der unabhängigen Abgeordneten, NJW 1985, S.1427.

95) 교섭단체가 사전에 제재조치를 위협하는 경우를 '허용되지 않는 직접적 강제'로 판단하는 견해로는 vgl. Stern, Das Staatsrecht der BRD, Bd. I, §24 Ⅳ 3.

96) Vgl. Demmler, Der Abgeordnete im Parlament der Fraktionen, 1994, S.111ff.

97) 교섭단체의 '간접적 강제'와 '직접적 강제'를 '사실상의 불이익을 가할 것을 위협하고 이를 적용하는 경우'와 '법적으로 영향력을 행사하는 경우'를 기준으로 구분하는 견해로는 vgl. Morlok, in: Dreier(Hg), GG, Bd. Ⅱ, 2006, Art.38 Rn.188; H.-H. Trute, in: v. Münch/Kunig(Hg), GGK, Bd. Ⅰ. 2012, Art.38 Rn.89; 한편, 교섭단체의 '직접적 강제'와 '간접적 강제'의 구분에 대하여 이의를 제기하는 견해로는 Achterberg/Schulte, in: v. Mangoldt/Klein/Starck, GG, Bd. Ⅱ, Art.38 Rn.41.

4. 교섭단체의 상임위원회 强制轉任措置의 헌법적 허용여부

가. 헌법재판소와 학계의 견해

교섭단체대표의 요청에 따라 소속의원을 그의 의사에 반하여 다른 상임위원회로 전임(사·보임)하는 행위가 소속의원의 법률안 심의표결권한을 침해하였는지 여부가 문제된 '국회의원과 국회의장 간의 권한쟁의심판사건'(헌재 2003. 10. 30. 2002헌라1)에서, 헌법재판소는 "국회의원의 원내 활동을 기본적으로 각자에 맡기는 자유위임은 자유로운 토론과 의사형성을 가능하게 함으로써 당내민주주의를 구현하고 정당의 독재화 또는 과두화를 막아주는 순기능을 갖는다. 그러나 자유위임은 의회 내에서의 정치의사형성에 정당의 협력을 배척하는 것이 아니며, 의원이 정당과 교섭단체의 지시에 기속되는 것을 배제하는 근거가 되는 것도 아니다. 또한 국회의원의 국민대표성을 중시하는 입장에서도 특정 정당에 소속된 국회의원이 정당기속 내지는 교섭단체의 결정(소위 '당론')에 위반하는 정치활동을 한 이유로 제재를 받는 경우, 국회의원 신분을 상실하게 할 수는 없으나 '정당내부의 사실상의 강제' 또는 소속 '정당으로부터의 제명'은 가능하다고 보고 있다. 그렇다면, 당론과 다른 견해를 가진 소속 국회의원을 당해 교섭단체의 필요에 따라 다른 상임위원회로 전임(사·보임)하는 조치는 특별한 사정이 없는 한 헌법상 용인될 수 있는 '정당내부의 사실상 강제'의 범위 내에 해당한다고 할 것이다."라고 판시함으로써 다른 상임위원회로 전임(사·보임)하는 조치는 자유위임원칙에 반하지 않는다고 판단하여 국회의원의 심판청구를 기각하였다.[99]

위 판시내용에 대하여 학계의 일부 견해는 '헌법재판소의 태도는 자유위임원칙의 중요성보다는 의원에 대한 정당기속의 불가피성을 강조하는 입장으로서 학계의 지배적인 견해와는 상당한 거리가 있다'고 주장하는 반면,[100] 일부 견해는 '소속의원이 정당의 규율이나 결정에 반하는 경우에는 정당 차원의 징계나 제명, 상임위배정에서 불이익 등이 가능하다고 보고 있다.[101]

나. 교섭단체에 의한 위원회의 구성

오늘날 모든 민주국가는 의회작업에 있어서 교섭단체에게 결정적으로 중요한 역할을

98) Vgl. Grimm, Parteien und Parlament, in: Schneider/Zeh(Hg), Parlamentsrecht und Parlamentspraxis, 1989, §6 Rn.24.

99) 판례집 15-2하, 17, 18-19. 이에 대하여 권성 재판관의 반대의견은 '정당기속보다는 자유위임관계가 우선하므로, 이 사건 사·보임행위는 소속의원의 심의표결권한을 침해하였으며, 나아가 위원회의 위원으로 임기동안 활동할 수 있는 권한도 침해하였다'고 판단하였다(판례집 15-2하, 17, 37-39).

100) 가령, 정만희, 국회의원의 정당기속과 자유위임, 헌법재판연구 제2권 제1호(2015. 6.), 149면.

101) 가령, 조홍석, 비례대표 국회의원의 당적 변경시 의원직 상실규정의 위헌성, 공법학연구 제3권 제1호(2001), 128면.

부여하는 작업방식을 채택하고 있고, 우리의 경우도 예외는 아니다.[102] 의회의 정치적 의사가 실질적으로 정당에 의하여 형성되고 의원은 교섭단체를 통해서만 사실상 의회의 의사형성에 영향력을 행사할 수 있다는 정당국가의 현실은 필연적으로 의회작업에 있어서 교섭단체의 지배적·우월적 역할과 지위를 수반하였다. 오늘날 '정당국가의 의회'는 곧 '교섭단체로 구성된 의회'로 그 성격을 규정할 수 있다. 국회법은 국회 내에서 교섭단체의 중요한 의미와 기능에 상응하도록 교섭단체의 활동가능성을 규정하고 있다. 교섭단체는 위원회의 위원을 지명하고(제48조) 의안을 발의하며(제79조) 국무위원 등의 출석요구를 발의하는(제121조) 권한을 가진다. 의회작업에 있어서 교섭단체의 지배적 지위는 무엇보다도 위원회의 구성은 교섭단체에 의하여 교섭단체의 세력에 비례하여 이루어진다는 것에서 표현되고 있다.

오늘날 국회 작업의 본질적인 부분이 본회의가 아니라 위원회에서 이루어지기 때문에 국회 활동의 중심이 본회의에서 위원회로 이동하였고, 이로써 국회에 의한 代議의 과정이 사실상 위원회로 옮겨갔다.[103] 이에 따라 위원회도 '국회에 의한 국민의 대의' 과정에 포함되어야 한다. 이는 곧, 위원회는 국민의 정치적 대의에 있어서 본회의의 '축소화된 복사판'이어야 한다는 것을 의미한다.[104] 따라서 국회의 정당정치적 구성이 위원회의 구성에 거울상처럼 그대로 반영되어야 한다. 국회법은 이러한 요청을 반영하여 위원회를 '교섭단체 소속의원 수의 비율'에 따라 구성하고 있다. 위원회가 교섭단체 소속의원 수의 비율에 따라 구성되기 때문에, 위원회의 위원은 국회에서 선출되는 것이 아니라 교섭단체의 요청에 의하여 의장이 선임하고 改選한다(국회법 제48조 제1항).

다. 교섭단체의 상임위원회 강제전임조치가 자유위임원칙에 위반되는지 여부

(1) 오늘날 국회 작업의 본질적인 부분이 위원회에 의하여 처리된다는 상황에 비추어, 위원회에 참여하는 가능성은 개별의원에게는 본회의에 참여하는 것과 같은 의미를 가진다. 따라서 '모든 의원의 동등한 참여원칙'은 본회의뿐만 아니라 위원회에도 동등하게 참여할 것을 요청한다.[105] 위원회에 참여하는 의원의 권리는 '의원의 헌법적 지위의 본질적인 부분'에 해당한다.[106] 교섭단체에 속하지 않은 의원에게도 교섭단체에 소속된 의원과 마찬가지로 '의회의 기능과 과제에 동등하게 참여할 권리'가 인정되어야 한다.

그러나 '자신이 원하는 특정 위원회에 소속되어 활동할 권리'는 위원회의 위원정수가

---

102) 의회작업에서 교섭단체의 지배적 지위에 관하여 한수웅, 국회법의 헌법적 지침과 한계, 헌법논총 제29집(2018), 327-328면 참조.
103) Vg. BVerfGE 80, 188, 222.
104) Vgl. BVerfGE 84, 304, 323.
105) 개별의원의 권리로서 상임위원회 활동권에 관하여 한수웅, 국회법의 헌법적 지침과 한계, 헌법논총 제29집(2018), 341면 이하 참조.
106) Vgl. M.-E. Geis, Parlamentsausschüsse, in: HbStR, Bd.Ⅲ, 2005, §54 Rn.59.

한정되어 있다는 점에서 의원에게 인정되지 않는다.[107] 오늘날 국회의 의사가 위원회에서 실질적으로 형성되고 국회에 의한 국민의 대의과정이 사실상 위원회로 이동하였다는 상황에 비추어, 위원회가 교섭단체 소속의원 수의 비율에 따라 구성되어야 하고, 그 결과 교섭단체가 위원회의 위원을 지명하도록 규정하고 있다면(국회법 제48조 제1항), 위원회에서 활동하는 소속의원은 '교섭단체의 대표'로서의 성격을 가진다. 교섭단체는 위원회에서 자신의 입장을 대변하고 다른 소속의원의 신뢰를 받는 의원에 의하여 자신이 대표될 것을 요구할 수 있다.[108]

나아가, 위원회에서 본회의의 의결을 위한 준비 작업이 이루어진다면,[109] 위원회의 다수관계가 본회의의 다수관계를 그대로 반영함으로써 위원회에서의 준비 작업의 결과가 본회의에서 다수의 지지를 얻을 수 있는 경우에만 본회의의 심의와 의결을 준비하는 위원회의 기능은 비로소 이행될 수 있다.[110] 그런데 교섭단체에 의하여 지명된 소속의원이 교섭단체의 노선을 대변하지 않는다면, '위원회에서의 다수'와 '본회의에서의 다수'가 일치하지 않는 상황이 발생함으로써 위원회의 의결이 본회의에서 다시 뒤집힐 수 있고, 그 결과 의회의 작업을 현저하게 저해할 수 있다.[111] 따라서 본회의의 결정을 사전에 형성하는 위원회의 기능의 관점에서도 소속의원이 위원회에서 교섭단체의 정치적 노선을 대변하지 않는 등 공동의 작업을 현저하게 저해하는 경우, 교섭단체는 위원의 임기 중에도 당해 의원을 위원회에서 사임시킬 수 있어야 한다.[112]

그렇다면, 적어도 소속의원이 위원회 업무와 관련하여 근본적으로 그리고 지속적으로 교섭단체의 노선에서 벗어남으로써 자신이 소속된 교섭단체를 더 이상 대변하지 않는 경우에는 교섭단체의 전임조치는 허용되어야 한다. '특정 위원회에 소속되어 활동할 권리'와 마찬가지로, 일단 특정 위원회에 배정된 이상 임기 동안 활동할 의원의 권리도 인정되지 않는다.

(2) 국회의원은 가령 '차기 선거에서 공천을 받을 권리', '특정 위원회에 소속되어 활동할 권리', '위원회에서 위원장의 지위를 요구할 수 있는 권리',[113] '정당과 교섭단체

107) Vgl. BVerfGE 70, 324, 354; M.-E. Geis, Parlamentsausschüsse, in: HbStR, Bd.Ⅲ, 2005, §54 Rn.61.

108) Vgl. Morlok, in: Dreier, GG, Bd.Ⅱ, Art.38 Rn.186.

109) 의회의 과제이행에 있어서 위원회의 기능에 관하여 상세하게 한수웅, 국회법의 헌법적 지침과 한계, 헌법논총 제29집(2018), 337면 이하 참조.

110) Vgl. M.-E. Geis, Parlamentsausschüsse, in: HbStR, Bd.Ⅲ, 2005, §54 Rn.42.

111) 소속의원이 위원회에서 교섭단체의 노선을 벗어나는 경우 이러한 문제점을 지적하는 것으로 vgl. Maurer, Staatsrecht, 1999. §13 Rn.68.

112) 독일 학계의 다수견해이기도 하다. Vgl. Trute, in: v. Münch/Kunig(Hg), GGK, Bd.Ⅰ. 2012, Art.38 Rn.91; Morlok, in: Dreier, GG, Bd.Ⅱ, Art.38 Rn.186; 이에 대하여 교섭단체의 상임위원회 강제전임조치(Ausschußrückruf)에 대하여 이의를 제기하는 견해로는 vgl. H. H. Klein, Zur Rechtsstellung des Bundestagsabgeordneten als Ausschußmitglied, DÖV 1972, S.329ff.; Achterberg/Schulte, in: v. Mangoldt/Klein/Starck, GG, Bd.Ⅱ, Art.38 Rn.42ff.

113) Vgl. BVerfGE 96, 264, 280(2. PDS-Urteil), 연방헌법재판소는 교섭단체에 속하지 않은 의원에게도 위원회 위원장의 지위를 요구할 수 있는 권리가 인정되는지 여부에 관하여 "위원장으로서의 기능은 단지 조직

내에서 특정한 보직을 담당할 권리' 등을 가지고 있지 않으므로, 이러한 권리들은 국회의원의 헌법적 지위에 속하지 않는다. 따라서 공천배제나 위원회에서의 사임 등의 간접적 강제 수단은 의원의 헌법적 지위를 침해하지 않는 '단지 정치적 성격의 것'으로, 의원의 자유롭고 독립적인 직무수행을 보장하고자 하는 자유위임원칙에 의하여 판단될 수 있는 사안이 아니다.[114] 자유위임이란 의원이 직무를 수행함에 있어서, 즉 '의원의 권한'을 행사함에 있어서 외부로부터의 모든 구속을 배제하고자 하는 것이다.

위 '국회의원과 국회의장 간의 권한쟁의심판사건'(헌재 2003. 10. 30. 2002헌라1)에서 청구인 국회의원은 교섭단체의 강제전임조치에 의하여 자신이 원하는 상임위원회에서 활동할 수 없기 때문에 법률안 심의표결권이 침해되었다고 주장하고 있다. 교섭단체의 강제전임조치에 의하여 의원의 법률안 심의표결권이 침해되기 위해서는 그 전제조건으로서 적어도 '자신이 원하는 상임위원회에 소속되어 활동할 권리' 또는 '특정 상임위원회에 일단 배정된 이상 국회법이 정하는 임기 동안 활동할 권리'가 인정되어야 한다.[115] 그러나 위에서 확인한 바와 같이, 이러한 내용의 권리는 법적으로 존재하지 않으므로, 의원의 권한행사에 있어서 자유와 독립성을 보장하고자 하는 자유위임원칙이 적용될 여지가 없다. 이미 이러한 이유에서 당사자의 의사에 반하는 상임위원회 전임조치는 위원회에서의 의원의 법률안 심의표결권한을 침해할 가능성도 처음부터 없을 뿐만 아니라,[116] 자유위임의 보장내용의 범위 밖에 있는 정치적 행위로서 자유위임원칙이 심사기준으로 작용하지도 않으므로, 자유위임원칙의 위반여부가 문제되지도 않는다.

V. 맺는말

1. 국회의원의 자유위임의 직접적이고 핵심적인 헌법적 근거는 헌법 제46조 제2항이다. 위 헌법조항은 "국가이익을 우선하여"의 표현을 통하여 '국민 전체의 대표자'로서의

상의 성격을 가지기 때문에, '모든 의원이 의회의 과제에 동등하게 참여해야 한다는 원칙'에 의하여 판단될 수 있는 사안이 아니다."고 판시함으로써 '위원회 위원장의 지위를 요구할 수 있는 권리'를 부인하였다.

114) 유사한 취지로 Vgl. Zeh, Parlamentarisches Verfahren, in: Isensee/Kirchhof(Hg), HbStR, Bd.Ⅲ, 2005, §53 Rn.14f.; Maurer, Staatsrecht, 1999, §13 Rn.67; Hesse, Grundzüge des Verfassungsrechts der BRD, 1984, Rn.600.

115) 한편, 재판관 권성의 반대의견은 이 사건 사·보임조치로 인하여 의원의 '법률안 심의표결권한' 및 '위원회 위원으로 임기 동안 활동할 수 있는 권한'을 침해당하였다고 주장하나(판례집 15-2하, 17, 37-39), '위원회 위원으로 임기 동안 활동할 수 있는 권한' 자체가 처음부터 존재하지 않으므로, 당사자의 의사에 반하는 사·보임조치로 인하여 법률안 심의표결권한이 침해될 수 없다는 것을 간과하고 있다.

116) 헌법재판소는 위 결정에서 "피청구인의 이 사건 사·보임행위는 청구인이 소속된 정당내부의 사실상 강제에 터 잡아 교섭단체대표의원이 상임위원회 사·보임 요청을 하고 이에 따라 이른바 의사정리권한의 일환으로 이를 받아들인 것으로서, 그 절차·과정에 헌법이나 법률의 규정을 명백하게 위반하여 재량권의 한계를 현저히 벗어나 청구인의 권한을 침해한 것으로는 볼 수 없다."고 하여(판례집 15-2하, 17, 19) 청구인 국회의원의 심판청구를 기각하였으나, 권한침해의 가능성이 처음부터 없다는 점에서 심판청구를 각하하는 것도 가능하다.

의원의 지위를 규정하고 있고, "양심에 따라 직무를 행한다."는 표현을 통하여 의원직의 행사에 있어서 법적 자유와 독립성을 보장하는 '자유위임'을 규정하고 있다. 국회의원 헌법적 지위의 핵심적 내용은 '전국민대표성'과 '자유위임'으로 요약될 수 있다. 이로써 헌법은 제46조 제2항에서 영국을 비롯한 서구의 의회민주주의 발전과정에서 역사적으로 형성되고 확립된 '대의제의 이념적 기초'를 수용하고 있다.

국회의원의 전국민대표성과 자유위임은 상호 불가분의 관계에 있다. '국민의 대표자'로서의 의원의 헌법적 지위로부터 의원은 무엇이 공익인지를 판단함에 있어서 외부로부터 구속을 받아서는 안 된다는 '자유위임'이 스스로 나온다. 자유위임은 전국민대표성의 필연적인 결과이자 동시에 전국민대표성을 실현하기 위한 필수적 전제조건이다. 자유위임은 대의민주제가 기능하기 위하여 포기할 수 없는 필수적인 요소이다. 대표자의 자유와 독립성은 대의기관의 대의적 성격을 유지하기 위한 필수적 조건으로, 자유위임만이 의원으로 하여금 '전국민의 대표자'로 기능하는 것을 가능하게 한다. 자유위임은 공익실현을 위하여 불가결한 독자적인 판단과 행위의 법적 가능성을 의원에게 보장한다.

2. 선거를 통하여 국민으로부터 국가권력의 행사를 위임받은 대의기관의 자유위임은 대의제의 본질에 속한다. 그러나 국민이 대표자에 대하여 임기 중에도 정치적 영향력을 행사할 수 있는 경우에만, 대표자의 자유위임은 장기적으로 유지되고 국민에 의하여 수인될 수 있다. 대의제에서 대의기관은 일단 선출된 다음에는 국민의 현실적 의사의 구속을 받지 않는다는 것은, 의회가 국민의 현실적 의사를 무시해도 좋다는 것을 의미하지는 않는다. 대의기관이 임기 중에도 그 행위와 결정에 있어서 국민의 현실적 의사를 '내용적으로' 존중하고 이에 영향을 받을 수 있는 경우에만, 비로소 국민이 국가기관을 통하여 국가권력을 행사하는 것이 된다. 따라서 대의제에서 선거에 의하여 획득되는 '형식적 대의'는 임기 중에도 국민의 현실적 의사를 고려하는 '내용적 대의'에 의하여 보완되어야 한다. 이로써 '민주적 대의'의 개념은 정적인 것이 아니라 역동적인 것으로, 국민과 대표자 사이의 지속적인 대화와 문답, 반응의 과정이며 국민과의 소통과정이다.

물론, 국민의 '내용적 대의'란 의회가 그의 결정에 있어서 여론 등 국민의 현실적 의사의 구속을 받는다는 것을 의미하지는 않는다. 의회는 국민의 현실적 의사에 구속을 받지는 않지만 자신의 결정과정에서 공익발견을 위한 요소로서 국민의 현실적 의사를 존중하고 고려해야 한다는 구속을 받는다. '자유위임'의 결정적인 기능은 국민의 대표자를 국민의 현실적 의사로부터 차단하고자 하는 것이 아니라, 의원을 모든 종류의 구속으로부터 자유롭게 함으로써 국민의 현실적 의사를 비롯하여 외부로부터의 모든 정치적 영향을 받을 수 있는 상황을 조성하고, 이러한 방법으로 의원으로 하여금 공익발견절차에 참여하는 것을 가능하게 하고자 하는 것이다.

대의제 민주주의의 핵심적인 문제는, 대의기관이 자유위임으로 인하여 국민의사로부터 완전히 유리되는 것을 어떻게 방지하고, 대의기관으로 하여금 임기 중에 국민의사를 어떻게 고려하도록 할 것인지에 관한 것이다. 의원의 자유위임은 일차적으로 차기 선거에서의 선출가능성을 고려해야 하는 사실상의 압력에 의하여 제한을 받으며, 나아가 국민의 현실적 의사, 즉 여론을 고려해야 한다는 압력에 의해서도 사실상의 제약을 받는다. 따라서 대의제에서 자유위임은 국민의사로부터의 완전한 독립성이 아니라 '의원의 법적 자유와 독립성'과 '주기적인 선거 및 유권자의 여론 형성에 의한 사실상의 구속' 사이에서 항상 새롭게 실현되어야 하는 조화를 의미한다.

3. 오늘날 정당국가에서 의원의 자유위임원칙은 정당국가의 현실에 의하여 제약을 받을 수밖에 없다. 정당국가에서 자유위임원칙은 의원에게 정당으로부터 완전한 독립성을 보장하고 정당의 모든 영향력행사를 배제하는 원칙이 아니라, 정당국가의 현실에서 불가피하게 발생하는 정당기속을 제한하고 정당의 영향력행사에 대하여 한계를 설정하는 원칙으로 기능한다. 따라서 교섭단체의 영향력행사가 헌법적으로 허용되는지 여부는 헌법 제46조의 자유위임의 헌법적 보장에 비추어 판단되어야 한다. 이러한 관점에서 보건대, 소속의원에게 특정한 행위를 해야 할 의무를 부과하고 이를 법적으로 강제하는 '직접적 강제'는 헌법상 자유위임이 금지하는 '구속력 있는 명령이나 지시'에 해당하는 것으로 허용되지 않는다.

반면에, 소속의원을 법적으로 구속하고자 하는 것이 아니라 소속의원의 결속을 호소함으로써 의원의 표결행위에 대하여 영향력을 행사하거나 간접적인 압력을 가하는 '사실상의 강제', 즉 '간접적 강제'는 헌법적으로 허용된다. 의원은 자유위임에 근거하여 법적으로는 자유롭게 결정할 수 있으나, 정치적으로는 소속 교섭단체에 대하여 책임을 져야 하고, 소속 교섭단체의 노선으로부터 벗어나는 경우에는 정치적 불이익을 감수해야 한다. 정당제 민주주의에서 의회의 원활한 작업을 보장하기 위하여 교섭단체의 사실상의 강제는 의원의 자유위임과 마찬가지로 불가결하다. 정당은 당론을 따르지 않는 소속의원에게 당직의 배분이나 차기 선거의 공천에 있어서 불이익을 줄 수 있으며, 정당과 근본적으로 정치적 노선을 달리하는 의원을 교섭단체에서 제명하는 것도 허용된다.

또한, 소속의원이 위원회에서 당론이나 교섭단체의 결정을 대변하지 않는 경우, 교섭단체는 당해 의원을 위원회에서 사임시킬 수 있다. '특정 상임위원회에 소속되어 활동할 권리' 또는 '특정 상임위원회에 일단 배정된 이상 임기 동안 활동할 권리'는 의원에게 인정되지 않으므로, 교섭단체의 상임위원회 강제전임조치는 의원의 헌법적 지위를 침해하지 않는 '단지 정치적 성격의 것'으로, 의원의 권한행사에 있어서 자유와 독립성을 보장하고자 하는 '헌법적 원칙'인 자유위임원칙을 심사기준으로 하여 판단될 수 있는 사안이 아니다.

참고문헌

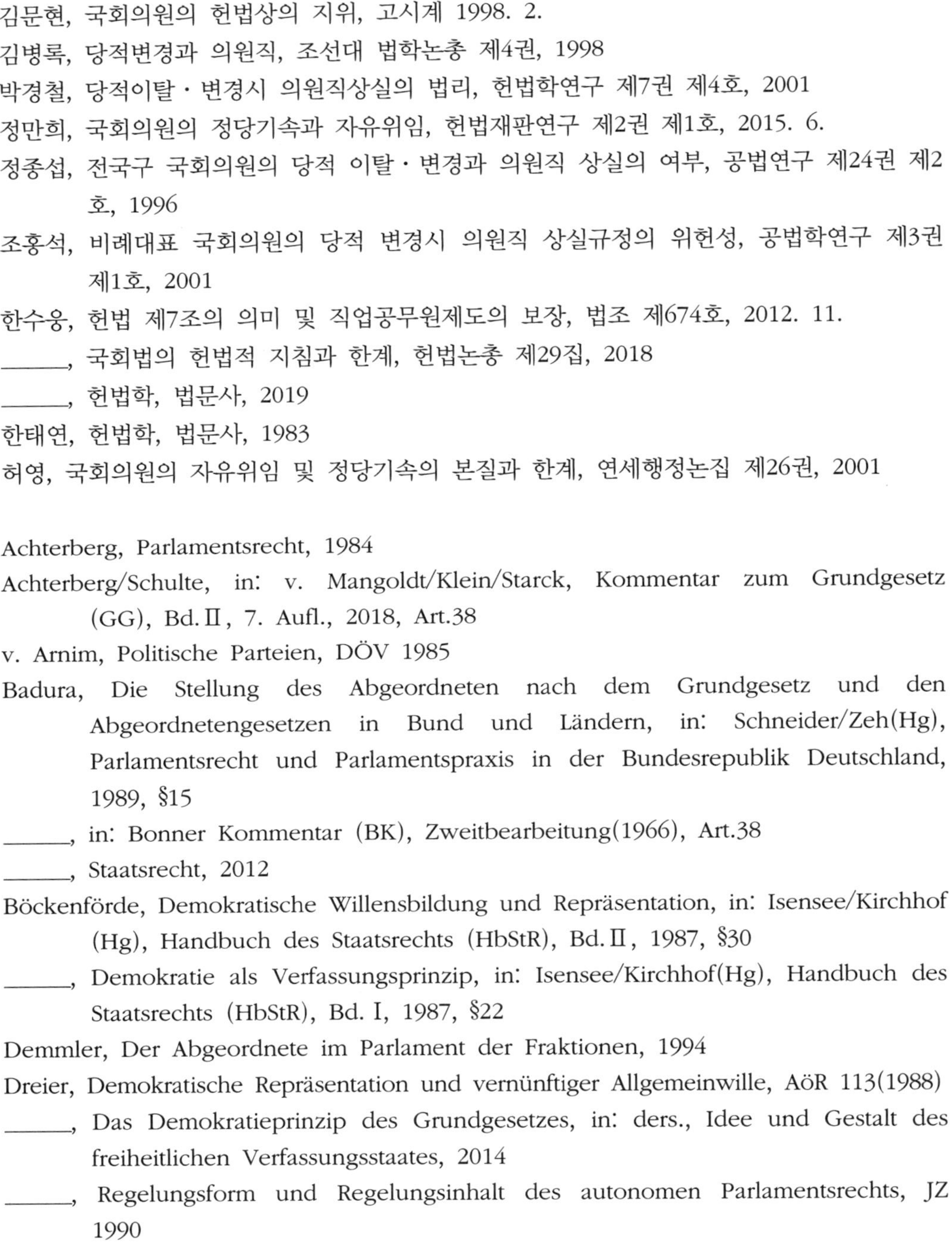

김문현, 국회의원의 헌법상의 지위, 고시계 1998. 2.

김병록, 당적변경과 의원직, 조선대 법학논총 제4권, 1998

박경철, 당적이탈·변경시 의원직상실의 법리, 헌법학연구 제7권 제4호, 2001

정만희, 국회의원의 정당기속과 자유위임, 헌법재판연구 제2권 제1호, 2015. 6.

정종섭, 전국구 국회의원의 당적 이탈·변경과 의원직 상실의 여부, 공법연구 제24권 제2호, 1996

조홍석, 비례대표 국회의원의 당적 변경시 의원직 상실규정의 위헌성, 공법학연구 제3권 제1호, 2001

한수웅, 헌법 제7조의 의미 및 직업공무원제도의 보장, 법조 제674호, 2012. 11.

______, 국회법의 헌법적 지침과 한계, 헌법논총 제29집, 2018

______, 헌법학, 법문사, 2019

한태연, 헌법학, 법문사, 1983

허영, 국회의원의 자유위임 및 정당기속의 본질과 한계, 연세행정논집 제26권, 2001

Achterberg, Parlamentsrecht, 1984

Achterberg/Schulte, in: v. Mangoldt/Klein/Starck, Kommentar zum Grundgesetz (GG), Bd.Ⅱ, 7. Aufl., 2018, Art.38

v. Arnim, Politische Parteien, DÖV 1985

Badura, Die Stellung des Abgeordneten nach dem Grundgesetz und den Abgeordnetengesetzen in Bund und Ländern, in: Schneider/Zeh(Hg), Parlamentsrecht und Parlamentspraxis in der Bundesrepublik Deutschland, 1989, §15

______, in: Bonner Kommentar (BK), Zweitbearbeitung(1966), Art.38

______, Staatsrecht, 2012

Böckenförde, Demokratische Willensbildung und Repräsentation, in: Isensee/Kirchhof (Hg), Handbuch des Staatsrechts (HbStR), Bd.Ⅱ, 1987, §30

______, Demokratie als Verfassungsprinzip, in: Isensee/Kirchhof(Hg), Handbuch des Staatsrechts (HbStR), Bd. I, 1987, §22

Demmler, Der Abgeordnete im Parlament der Fraktionen, 1994

Dreier, Demokratische Repräsentation und vernünftiger Allgemeinwille, AöR 113(1988)

______, Das Demokratieprinzip des Grundgesetzes, in: ders., Idee und Gestalt des freiheitlichen Verfassungsstaates, 2014

______, Regelungsform und Regelungsinhalt des autonomen Parlamentsrechts, JZ 1990

Fraenkel, Die repräsentative und die plebiszitäre Komponente im demokratischen Verfassungsstaat, in: ders., Deutschland und die westlichen Demokratien, 1979

M.-E. Geis, Parlamentsausschüsse, in: Isensee/Kirchhof(Hg), Handbuch des Staatsrechts (HbStR), Bd.Ⅲ, 2005, §54

Grimm, Parteien und Parlament, in: Schneider/Zeh(Hg), Parlamentsrecht und Parlamentspraxis in der Bundesrepublik Deutschland, 1989, §6

______, Politische Parteien, in: Benda/Maihofer/Vogel(Hg), Handbuch des Verfassungsrechts der Bundesrepublik Deutschland (HbVerfR), 2. Aufl., 1994, §14

Hesse, Grundzüge des Verfassungsrechts der Bundesrepublik Deutschland, 1984

Hofmann/Dreier, Repräsentation, Mehrheitsprinzip und Minderheitenschutz, in: Schneider/Zeh(Hg), Parlamentsrecht und Parlamentspraxis in der Bundesrepublik Deutschland, 1989, §5

H. H. Klein, Status des Abgeordneten, in: Isensee/Kirchhof(Hg), Handbuch des Staatsrechts (HbStR), Bd.Ⅲ, 2005, §51

______, Aufgaben des Bundestages, in: Isensee/Kirchhof(Hg), Handbuch des Staatsrechts (HbStR), Bd.Ⅱ, 1987, §40

______, Stellung und Aufgaben des Bundestages, in: Isensee/Kirchhof(Hg), Handbuch des Staatsrechts (HbStR), Bd.Ⅲ, 2005, §50

______, Zur Rechtsstellung des Bundestagsabgeordneten als Ausschußmitglied, DÖV 1972

Leibholz, Der Strukturwandel der modernen Demokratie, in: ders., Strukturprobleme der modernen Demokratie, 1967

Maurer, Staatsrecht, 1999.

H. Meyer, Die Stellung der Parlamente in der Verfassungsordnung des Grundgesetzes, in: Schneider/Zeh(Hg), Parlamentsrecht und Parlamentspraxis in der Bundesrepublik Deutschland, 1989, §4

Morlok, in: Dreier(Hg), Grundgesetz Kommentar (GG), Bd.Ⅱ, 2006, Art.38

______, Volksvertretung als Grundaufgabe, in: Morlok/Schliesky/Wiefelspütz(Hg), Parlamentsrecht, 2015, §3

H. Sauer, Beginn und Ende der Rechtsstellung als Abgeordneter, in: Morlok/Schliesky/Wiefelspütz(Hg), Parlamentsrecht, 2015, §11

______, Rechtsschutz des Abgeordneten, in: Morlok/Schliesky/Wiefelspütz(Hg), Parlamentsrecht, 2015, §16

Schmitt Glaeser, Die grundrechtliche Freiheit des Bürgers zur Mitwirkung an der Willensbildung, in: Isensee/Kirchhof(Hg), Handbuch des Staatsrechts (HbStR), Bd.Ⅱ, 1987, §31

Sendler, Abhängigkeit der unabhängigen Abgeordneten, NJW 1985

K. Stern, Das Staatsrecht der Bundesrepublik Deutschland, Bd. I, 1984, §24

H.-H. Trute, in: v. Münch/Kunig(Hg), Grundgesetz Kommentar (GGK), Bd. I. 2012, Art.38

W. Zeh, Parlamentarisches Verfahren, in: Isensee/Kirchhof(Hg), Handbuch des Staatsrechts (HbStR), Bd.III, 2005, §53

제2장

2 정　부

제1절 대통령의 권한

대통령 再信任 국민투표의 위헌 여부*

- 헌법 제72조의 규범적 해석을 중심으로 -

Ⅰ. 머리말

1. 헌법은 제1조 제1항에서 "대한민국은 민주공화국이다."라고 하여 민주주의를 헌법의 기본원리로 선언하고 있다. 이어서, 우리 헌법은 다음과 같은 2단계로 민주주의원리를 구체화하고 있다. 첫째, 헌법은 '국가의 정치적 지배가 어떻게 정당화될 수 있는지'의 관점에서 '국가권력의 기원과 정당성'에 관하여 규율하고 있는데, 이에 관한 원리가 헌법 제1조 제2항에서 규정하는 '국민주권주의'이다. 둘째, 헌법은 '국민이 국가권력을 어떠한 방법으로 행사하는지'의 관점에서 '국가권력의 행사방법'에 관하여 규율하고 있는데, 이에 관한 것이 '대의제와 직접민주주의'에 관한 헌법규정이다.

국민주권주의란, 국가권력의 주체는 국민이며, 국민만이 국가권력에 정당성을 부여할 수 있다는 원리를 말한다. 국민주권주의는 민주국가에서 정치적 지배를 '국민의 자기지배'로 조직함으로써 정치적 지배를 정당화하는 원리이다. 국민주권주의는 단지 국가권력

* 위 논문은 2004년 5월, 인권과 정의(대한변호사협회) 제333호, 104-124면에 게재된 것을 일부 수정한 것이다.

의 정당성에 관한 원리로서, 국가권력이 국민에 의하여 어떻게 행사되어야 하는지에 관하여는 아무런 지침도 제시하지 않는다. 국민주권주의는 국민이 국가권력을 직접 행사해야 한다는 것이 아니라, 단지 모든 국가권력이 국민의 의사에 기인할 것을 요청한다. 따라서 국민주권주의는 대의제나 직접민주주의 등 다양한 방법으로 실현될 수 있다.

국민이 국가의사형성에 직접 또는 간접적으로 참여하는지에 따라, 즉 국민이 직접 국가의사를 결정하는지 아니면 대의기관으로 하여금 국가의사를 결정하게 하는지에 따라 직접민주주의와 대의제로 구분할 수 있다. 대의제의 경우, 국민은 선거를 통해서만 국가권력을 직접 행사하고 그 외에는 선출된 대의기관으로 하여금 국가권력을 행사하도록 위임하고 있다. 오늘날 대부분의 헌법은 '직접민주적 요소를 가미한 대의제'를 채택하고 있는데, 이러한 대의제에서 국민이 국가권력을 직접 행사하는 수단은 단지 선거와 국민투표이다. 선거는 대의제를 실현하기 위한 방법으로서 인물(대표자)에 대한 결정을 의미하고, 국민투표는 직접민주주의를 실현하기 위한 방법으로서 사안(정책이나 법안)에 대한 결정을 의미한다.[1)]

2. 우리 헌법은 대의제를 원칙으로 하면서 예외적으로 직접민주주의적 요소를 가미하고 있다. 즉, 선거에 의하여 선출된 대의기관이 국민을 대신하여 국가의사를 결정하는 대의제를 원칙으로 하면서, 헌법 제72조 및 제130조 제2항에서 '국가안위에 관한 중요정책'과 '헌법개정안'에 대한 국민투표의 가능성을 규정하고 있다. 헌법 제72조의 국민투표조항은 우리의 헌법현실에서 큰 의미를 차지하지 못하는 규정이었으나, 2003. 10. 13. 대통령의 재신임 국민투표 실시에 관한 발언으로 말미암아 그 의미와 해석의 문제, 나아가 우리 헌법상 어느 정도로 국민투표의 가능성이 인정될 수 있는지에 관한 문제가 새롭게 제기되었다.[2)] 재신임 국민투표의 위헌성에 관한 다툼은 헌법소원의 제기로 인하여 헌법재판소의 판단을 받게 되었으나, 헌법재판소가 심판청구를 부적법한 것으로 각하함으로써, 재신임 국민투표의 헌법적 허용여부, 나아가 헌법 제72조의 해석에 관한 궁극적인 해명은 후일로 미루어지게 되었다.[3)]

헌법 제72조의 국민투표조항은 '대의제의 정치형태가 어느 정도로 국민투표적 요소

---

1) Vgl. Stern, Das Staatsrecht der BRD, Bd. I, 1984, §18 II 5.; Maurer, Staatsrecht, 1999, §7 Rn.20.

2) 노무현 대통령은 2003. 10. 13. 국회시정연설에서 같은 해 12월 중 재신임 국민투표를 실시하고자 한다는 것을 밝혔다. 우리 헌정사에서 대통령이 신임여부를 국민투표에 붙인 것으로는, 1975년 2월 12일 박정희 대통령이 유신헌법의 찬반을 자신의 신임여부와 연계하여 국민투표를 실시한 것이 유일한 것이었다.

3) 헌재 2003. 11. 27. 2003헌마694 등 결정 참조, 헌법재판소는 위 결정에서 5인의 다수의견으로 '심판의 대상이 된 대통령의 행위가 법적인 효력이 있는 행위가 아니라 단순한 정치적 계획의 표명에 불과하기 때문에 공권력의 행사에 해당하지 않는다'는 이유로 청구인의 심판청구를 각하하였다. 이에 대하여 재판관 4인의 反對意見은 '피청구인의 행위는 헌법소원의 대상이 되는 공권력의 행사에 해당하고, 대통령은 국민투표를 통하여 자신에 대한 신임을 물을 헌법적 권한이 없기 때문에 대통령의 행위는 헌법이 허용하지 않는 방법으로 헌법 제72조의 국민투표제를 위헌적으로 사용하는 것이므로, 이로 인하여 국민의 국민투표권이 침해되었다'는 견해를 밝혔다.

를 수용할 수 있으며 대의제적 요소와 직접민주제적 요소가 어느 정도로 양립할 수 있는지'에 관한 의문을 비롯하여, 다음과 같은 일련의 헌법적 의문을 제기한다. 헌법 제72조의 국민투표는 단지 諮問的 국민투표인가 아니면 구속력을 가지는 국민투표인가?(아래 Ⅱ. 2.) 헌법 제72조의 국민투표가 대의제에서 가지는 의미와 기능은 무엇인가?(아래 Ⅱ. 3.) 헌법 제72조의 국민투표의 대상이 되는 '國家安危에 관한 중요정책'은 무엇을 의미하는가?(아래 Ⅱ. 4.) '중요정책'에는 입법사항이 포함되는가?(아래 Ⅱ. 4. 다.) 아니면 법률안도 포함되는가?(아래 Ⅱ. 5.) 또는 국민의 신임여부도 포함되는가?(아래 Ⅱ. 6.) 헌법에 명시적으로 규정된 국민투표 외에도 다른 형태의 국민투표가 헌법적으로 허용되는가, 즉 헌법 개정 없이도 단지 입법을 통해서 대통령의 재신임 국민투표를 실시할 수 있는가?(아래 Ⅲ. 1.) 재신임 국민투표가 헌법적으로 허용되지 않는다면, 자문적 국민질의의 형태로써 재신임을 물을 수 있는가?(아래 Ⅲ. 2.) 대통령이 위헌적으로 국민투표부의권을 행사하는 경우, 어떠한 형태의 헌법소송이 가능한가?(Ⅳ.) 이 글에서는 헌법 제72조의 해석을 통하여 발생할 수 있는 다양한 헌법적 문제를 하나씩 규명해 보기로 한다.

Ⅱ. 헌법 제72조의 국민투표

1. 직접민주주의의 실현수단

헌법 제72조는 "대통령은 필요하다고 인정할 때에는 외교·국방·통일 기타 국가안위에 관한 중요정책을 국민투표에 붙일 수 있다."고 규정하여 대통령에게 국민투표부의권을 부여하고 있다. 헌법 제72조에 규정된 국민투표의 법적 성격을 검토하기 전에, 국민투표제도에 관한 일반적인 이해를 돕기 위하여 보편적으로 형성된 국민투표의 유형을 살펴볼 필요가 있다. 직접민주주의를 실현하는 제도적 수단인 국민투표(Volksabstimmung)는 시대와 장소에 따라 다양하게 운용되어 왔으나, 그 목적과 대상에 따라 다음과 같이 분류해 볼 수 있다.

가. 국민발안

國民發案(Volksbegehren, Volksinitiativ)이란, 국민(일정수의 유권자)이 국민투표의 실시를 목적으로 직접 중요한 의안이나 법안에 관하여 국민투표의 실시를 제안할 수 있는 제도를 말한다. 이로써 국민이 직접 국민투표의 실시여부와 대상을 결정한다. 국민발안의 대상은 일반적으로 법률안이나 중요 정책이다. 법률안이 국민발안의 대상이 되는 경우, 국민은 법률안 제출권의 형태로써 입법절차에 참여하게 된다. 국민발안에 의한 법률안이 국민투표에 붙여지기 위해서는 일정 정족수를 충족시켜야 한다. 국민에 의하여 발안된 법률안은 '네 또는 아니오'의 형태로 표결 가능한 내용을 갖추어야 한다.

나. 국민표결

國民票決(Volksentscheid)이란, 본래의 의미의 國民投票로서 국민이 중요한 정책이나 법률안에 관하여 국민투표로써 직접 결정하는 제도이다. 국민발안이 일반적으로 입법을 위한 국민의 법률안 제출권의 성격을 가지고 있다면, 국민투표는 법률안이나 정책에 대한 국민의 표결이다. 이러한 국민표결에는 여러 가지 방법을 통하여, 즉 일정 정족수를 충족시킨 국민발안에 의하여 또는 국가기관의 발의에 의하여(예컨대, 헌법 제72조의 대통령의 부의권 행사) 아니면 입법기관의 의결 후 법률안을 국민투표에 붙이는 방법에 의하여(예컨대, 헌법 제130조의 헌법개정) 이르게 된다. 법률안이 국민표결에 의하여 채택되면 그 효과는 의회입법과 동일한 효력을 가진다.

프랑스의 경우, 헌정사의 독특한 경험으로 말미암아 국민표결을 레퍼렌덤(Referendum)과 플레비시트(Plebiscite)로 구분하고 있으나, 다른 나라의 경우에는 일반적으로 兩者를 구분하지 아니하고 같은 의미로 혼용하고 있다. 국민표결을 위와 같이 구분하는 경우에도 그 구분의 기준이 모호하다. 그러나 일반적으로 의회에 의하여 의결된 법률안이나 헌법개정안에 관하여 국민이 직접 결정하는 형태를 '레퍼렌덤'이라고 하는 반면, 통치자에 대한 신임을 그 대상으로 하거나 신임여부와 연계하여 실시되는 국민투표를 '플레비시트'라 한다.[4)]

다. 국민질의 및 국민소환

國民質疑(Volksbefragung)란, 국가가 특정 사안에 관하여 국민에게 의견을 묻는 제도를 말한다. 국민질의는 諮問的 국민투표라고도 한다. 국민질의는 국민투표와는 달리 법적 구속력이 없으나, 강력한 정치적 압력을 의미하게 된다. 국민질의가 법적 구속력이 없다는 점에서는 여론조사와 유사하지만, 여론조사를 실시하는 주체가 개인이나 단체 등 私人인 반면, 국민질의는 국가의 주도 하에서 실시된다. 선거나 국민투표에 적용되는 일반 원칙인 보통·평등·직접·비밀선거의 원칙도 마찬가지로 국민질의에 대하여 적용된다.

國民召還(recall)이란, 국민의 청원에 의하여 임기 중에 있는 선출직 공직자에 대하여 그 해임을 국민투표에 회부하는 제도를 말한다.

---

4) 레퍼렌덤(Referendum)과 플레비시트(Plebiscite)의 두 제도는 그 구분이 불명확하나, 일반적으로 '레퍼렌덤'은 헌법이나 법률과 같은 입법사항에 대한 국민투표이고, '플레비시트'는 어떠한 사항이나 정책에 대한 국민투표로 구분되고 있다, 레퍼렌덤과 플레비시트의 구분에 관하여 한태연, 헌법학, 1983, 155면 이하 참조; 음선필, 대통령 재신임 국민투표, 한국공법학회, 제112회 학술발표회(2003. 11.), 56-57면; 박인수, 대의제 민주주의와 국민투표, 한국공법학회, 제112회 학술발표회(2003. 11.), 12면 참조; vgl. Maurer, Staatsrecht, 1999, S.194.

2. 헌법 제72조의 국민투표의 법적 성격[5)]

가. 국민발안권의 배제

우리 헌법의 경우, 국민이 직접 국민투표를 제안할 권리(소위, 국민발안권)는 인정되지 않고, 다만 헌법상 권한을 부여받은 국가기관의 발의에 의하여(헌법 제72조의 경우 대통령의 발의에 의하여, 헌법 제130조의 경우 국회 또는 대통령의 발의 및 국회의 의결에 의하여) 국민투표를 실시할 수 있는 가능성만을 규정하고 있다. 헌법이 수용하고 있는 이와 같은 국민투표의 성격을 본다면, 헌법 제72조 및 제130조는 국민발안에 의한 국민투표의 가능성, 즉 국민이 스스로 국민투표의 실시여부를 결정하고 직접 국민투표의 대상을 결정할 수 있는 가능성을 배제하고, 단지 국가기관의 주도 하에서 국가기관이 확정한 대상(정책이나 헌법개정안)에 대하여 찬성이나 반대만을 표시할 수 있는 수동적·소극적인 제도를 의미한다. 이와 같은 형태의 국민투표는 대의제에 직접민주제를 가미하는 방법 중에서 가장 제약적인 형태라고 할 수 있다.

나. 대통령의 발의에 의한 任意的 국민투표

헌법 제72조는 "대통령은 필요하다고 인정할 때에는 … 국민투표에 붙일 수 있다." 고 하여 국가기관 중 대통령에게만 국민투표 발의권을 부여하면서, '국민투표의 실시여부'에 관하여는 대통령의 재량에 맡기고 있다. "필요하다고 인정할 때에는"의 문구는 국민투표의 대상과 관련되는 것이 아니라, 헌법적으로 "외교·국방·통일 기타 국가안위에 관한 중요정책"으로 한정된 국민투표의 대상에 관하여 국민투표를 실시할 것인지 여부를 결정할 권한을 가진다는 것을 의미한다. 즉, 대통령이 국민투표에 부의하고자 하는 정책이 헌법 제72조의 대상에 해당하는 한, 대통령은 '그 정책을 국민투표에 붙이는 것이 필요한지 여부'에 관하여 판단할 재량을 가지는 것이다.

헌법 제72조는 국민투표의 실시여부를 대통령의 재량으로 한다는 점에서 '任意的 국민투표'이다.[6)] 대통령은 국민투표의 실시 여부, 시기, 구체적 부의사항, 설문내용 등을 일방적으로 결정함으로써 자신에게 유리한 방향으로 국민투표를 실시할 수 있다.[7)] 국민

5) 학자에 따라서는 헌법 제72조의 정책국민투표가 '레퍼렌덤인가 아니면 플레비시트인가' 하는 질문을 제기하고 이를 밝히려는 시도가 있는데(예컨대 강경근, 헌법, 2002, 149면("전형적인 프레비시트"), 불란서의 고유한 역사적 상황에서 형성되고 전개된 논의와 구분을 기준으로 헌법 제72조의 국민투표의 유형을 규정하고 이로부터 특정한 법적 결과를 이끌어내려는 시도는 한국헌법과 구체적인 규범의 내용에 근거하지 않았다는 점에서 헌법적으로 무의미하다. 레퍼렌덤과 플레비시트를 구분하는 기준이 불명확하다는 점 외에도 양자 간의 구별은 단지 현상에 근거한 구분일 뿐 규범적 구분이 아니기 때문에, 규범적 판단을 위하여 이를 구분해야 할 아무런 실익이 없다.

6) 이에 대하여 헌법 제130조 제2항의 국민투표는 그 실시가 필요적으로 요구된다는 점에서 '必須的 국민투표'이다.

7) 박인수, 대의제 민주주의와 국민투표, 한국공법학회, 제112회 학술발표회(2003. 11.), 16면; 음선필, 대통령

투표의 경우, 그 결과는 어떠한 상황에서, 어떠한 시기에, 어떠한 대상에 관하여, 어떠한 설문으로 국민투표가 실시되는지에 의하여 결정적으로 좌우될 수 있다. 즉, 국민투표의 계기, 시기 및 설문에 관하여 결정하는 국가기관이 국민투표의 결과에 대하여 현저한 영향력을 행사할 수 있는 것이다. 따라서 헌법 제72조는 대통령에게 임의적인 국민투표발의권을 독점적으로 부여하고 있다는 점에서, 대통령이 자신의 정책에 대한 추가적인 정당성을 확보하거나 정치적 입지를 강화하는 등, 단순히 특정 정책에 대한 국민의 의사를 확인하는 것을 넘어서 국민투표를 정치적 武器로 남용할 수 있는 위험성을 안고 있다.[8)]

다. 법적 구속력을 가지는 確定的 국민투표

(1) 헌법 제72조의 法文

국민투표의 법적 성격과 관련하여, 헌법 제72조의 국민투표가 諮問的·相議的 국민투표인지 아니면 법적 구속력을 가지는 '확정적 국민투표'인지의 문제가 제기된다. 학계의 일부 견해는 헌법 제72조의 국민투표를 단지 국민의 의견을 묻는 국민질의(자문적 또는 상의적 국민투표)로 이해함으로써 법적 구속력을 인정하지 않으나,[9)] 이러한 견해는 다음과 같은 이유로 타당하지 않다.[10)]

우선, 헌법 제72조의 법문은 국민투표의 효력을 제한하는 아무런 유보적인 수식어를 사용함이 없이 단지 '국민투표'라고 규정하고 있는데, 국민투표의 법적 구속력을 부정하는 해석은 헌법의 이러한 법문에 반하는 것이다. 만일 헌법이 국민에게 단지 의견을 묻는 국민질의를 도입하려고 하였다면, 이를 명시적으로(예컨대, "자문을 구하기 위하여 국민투표에 붙일 수 있다" 또는 "자문적 국민투표", "국민질의" 등) 표현하였을 것이다.[11)]

재신임 국민투표, 한국공법학회, 제112회 학술발표회(2003. 11.), 63면.

8) 정부가 임의적으로 실시하는 국민투표의 일반적 위험성에 관하여 아래 Ⅲ. 2. 참조, vgl. Weber, Mittelbare und unmittelbare Demokratie, in: Spannungen und Kräfte im Westdeutschen Verfassungssystem, 1970, S.196.

9) 예컨대 김선택, 정책국민투표의 성격과 효력, 헌법논총 11집(2000), 240-242, 260면, 그러나 이러한 견해는 '왜 헌법 제72조의 국민투표의 성격이 자문적 국민투표인지'에 관하여 아무런 해명이 없다. 위와 같은 견해는 '국가기관의 결정에 앞서서 事前的으로 이루어지는 국민투표는 일반적으로 상의적·자문적 국민투표이고, 事後的으로 이루어지는 국민투표는 확정형 국민투표'라는 도식적 분류(이에 관하여 한태연, 헌법학, 159-160면 참조)에 기인하는 것은 아닌가 하는 의문이 든다. 그러나 우선, 그 분류와 법적 효력의 귀속이 타당한지는 차치하고, 헌법상 규정된 국민투표의 법적 효력을 헌법규범에 근거하여 파악하려 하지 않고 타당성이 의문시되는 現象的 圖式을 적용하여 그로부터 법적 성격과 효력을 확인하려는 시도는 헌법적으로 허용될 수 없는 해석방법이다.

10) 법적 구속력을 인정하는 견해로는 허영, 한국헌법론, 1999, 915면("다수결로 나타나는 국민의 의사가 모든 국가기관을 기속하기 때문에, 국민의사와 배치되는 정책결정은 할 수 없다."고 서술하고 있다); 음선필, 대통령 재신임 국민투표, 한국공법학회, 제112회 학술발표회(2003. 11.), 70면; 홍성방, 헌법학, 2003, 831면; 강경근, 헌법, 2002, 150면.

11) 헌법은 "대통령의 자문에 응하기 위하여" 국가안전보장회의(제91조), 민족평화통일자문회의(제92조), 국민경제자문회의(제93조)를 둘 수 있다고 규정하여 '자문'이란 표현을 명시적으로 사용하고 있다. 심지어 '… 자문에 응하기 위하여 … 자문회의를 둘 수 있다'고 하여 同語를 반복하고 있다.

(2) 諮問的 국민투표의 헌법적 문제점

단순히 국민으로부터 의견을 듣고 조언을 구하고자 하는 자문적 국민투표(國民質疑)는 법적으로 이를 실시하는 국가기관을 구속하지 않고 그에게 최종적인 결정권을 남겨둔다.[12] 국민질의는 국민의 확인된 의사를 배제할 수 있는 가능성을 국가에게 유보함으로써, 국민에게 단순히 의견진술의 기회만을 부여할 뿐 결정할 권한을 부여하지 않는다. 그러나 국민으로부터 모든 국가권력이 나오는 민주국가에서, 국민의 의사에 결정권을 부여하지 않음으로써 주권자인 국민을 단지 국가기관의 단순한 상담자나 조언자로 격하시키는 것은 국민주권의 원리에 부합하지 않는다.[13] 헌법정책적으로 보더라도, 국민질의는 가장 바람직하지 않은 직접민주적 제도이다. 국민으로 하여금 특정 사안에 관하여 투표하게 하고 국민이 표시한 의사에 대하여 구속력이 없다고 하는 것은 국민을 우롱하는 것이다.

한편, 국민질의는 형식적으로는 구속력을 가지지 않지만, 실질적으로는 대표자에게 거부할 수 없는 강력한 정치적 압력을 의미하므로, 사실상 국민투표와 거의 동일한 효과를 가지게 된다. 국민질의는 법적 구속력은 없으면서 현실적으로는 구속하기 때문에, 정치적 혼란만을 가중시킬 우려가 크다. 오늘날 국가기관은 공신력 있는 여론조사 등을 통하여 얼마든지 국민의 의견을 타진할 수 있는 가능성을 가지고 있다는 점에서도 국민질의는 직접민주적 제도로서 불필요하다.

따라서 국민질의가 국민주권주의와 부합하기 어렵다는 점에서 우리 헌법에서 허용될 수 있는지에 관하여 근본적인 의문이 있을 뿐만 아니라, 헌법이 제72조에서 헌법적으로나 헌법정책적으로 다양한 문제점을 안고 있는 '국민질의'를 도입하려고 했다면 명시적으로 그 법적 성격을 규정했을 것으로 보는 것이 타당하다. 위에서 서술한 여러 가지 관점을 종합적으로 고려할 때, 헌법 제72조의 국민투표는 법적 구속력을 가지는 확정적 국민투표로 이해해야 한다.[14]

라. 국민투표의 가결정족수 및 구체적 효력

헌법 제72조는 단지 대통령의 국민투표부의권과 임의적 국민투표만을 규정할 뿐, 국민투표의 구체적 절차와 효력 등에 관한 규정을 두고 있지 않다. 그러나 국민투표는 그 대상, 요건, 효력, 유효하기 위한 최소한의 투표참여율, 가결되기 위한 최소한의 득표율을 구체적으로 확정하는 규정을 필요로 한다. 국민투표에 관한 최소한의 규율은 그 의미의 중대성에 비추어 헌법적 차원에서 스스로 이루어져야 하며, 입법자에게 위임될 수

---

12) 국민질의에 관하여 보다 자세한 내용은 아래 Ⅲ. 3. 참조할 것.

13) Vgl. Krause, Verfassungsrechtliche Möglichkeiten unmittelbarer Demokratie, in: HbStR, Bd.Ⅱ, 1987, §39 Rn.6, 17ff.

14) 또한, 헌재 2003. 11. 27. 2003헌마694 등, 판례집 15-2하, 350, 363(재판관 4인의 소수의견) 참조.

없다. 따라서 국민투표의 가결정족수와 효력도 헌법이 스스로 규율해야 한다.

국민투표에 관한 최소한의 요건과 절차는 헌법이 스스로 규정해야 함에도 헌법 제72조가 절차와 효력에 관하여 규율하지 않은 것은 중대한 결함이나, 헌법 제72조의 적용이 가능하도록 하기 위해서는 헌법의 해석을 통하여 규율의 공백을 메워야 한다. 헌법 제72조의 국민투표와 관련하여 어느 정도의 가결정족수가 요청되는가 하는 것은 구체적으로 확정되기 어려우나, 국민의 대의기관인 국회의 의사결정의 배제를 정당화하고,[15] 한편으로는 국민투표를 통하여 직접민주적으로 내려진 국민의 결정에 대한 민주적 정당성을 확보할 수 있는 정도의 수준'이 기준으로서 제시될 수 있다. 이러한 관점에서 헌법 제72조와 관련하여, 일차적으로 선거에서 보통·평등·직접·비밀선거원칙을 규정하는 헌법 제41조 제1항의 규정이 국민투표에 類推適用되어야 하고,[16] 나아가 헌법개정안에 대한 국민투표를 규정하는 헌법 제130조의 규정내용이 국민투표의 가결정족수 및 효력과 관련하여 유추적용될 수 있다고 판단된다.[17] 이에 따라, 헌법 제72조의 정책에 대한 국민투표는 국회의원 선거권자 과반수의 투표와 투표자 과반수의 찬성을 얻어야 하며(제130조 제2항 참조), 특정 정책이 위의 찬성을 얻은 경우에는 대통령에 의한 정책의 수행은 확정되어(제130조 제3항 참조), 대통령은 국민투표에 의하여 확정된 정책을 수행해야 할 법적 의무를 부과 받게 된다.

3. 헌법 제72조의 국민투표의 헌법적 의미 및 기능

가. 외교·국방의 영역에서 국가정책의 시행에 대한 仲裁的 국민투표

헌법질서 내에서 제72조의 의미와 기능을 규명하기 위해서는, 우선 '왜 헌법이 이러한 형태의 국민투표를 수용하였는지', '대의제에서 헌법 제72조의 국민투표제도가 가지는 의미와 기능은 무엇인지'에 관하여 살펴보아야 한다. 국민투표란, 국민이 중요한 정책이나 법률안에 관하여 직접 결정하는 제도이다. 국민투표의 대상은 '정책'이나 '법률안'이다. 우선, 헌법 제72조의 국민투표의 대상이 '중요정책'이라는 점에서, 위 국민투표는 '정책에 대한 국민투표'이다. 따라서 헌법 제72조의 국민투표가 입법과정이나 헌법의 개정과정에 국민을 참여시키고자 하는 국민투표, 즉 국민에게 직접 입법에 참여할 기회를 부여하는 '立法手段的 국민투표'가 아닌 것은 분명하다.[18]

그렇다면, 헌법 제72조의 국민투표는 '정책에 대한 국민투표'로서, 국가정책의 시행에

---

15) 이에 관하여 아래 Ⅱ. 3. '헌법 제72조의 국민투표의 헌법적 의미 및 기능'을 참조할 것.
16) Vgl. BVerfGE 13, 54, 91f.; 49, 15, 19.
17) 유사한 견해로 음선필, 대통령 재신임 국민투표, 한국공법학회, 제112회 학술발표회(2003. 11.), 74-75면; 김선택, 정책국민투표의 성격과 효력, 헌법논총 11집(2000), 259-260면.
18) 스위스나 미국의 23개 주에서 시행되는 국민투표는 주민에게 직접 입법에 참여할 기회를 부여한다는 점에서 '입법수단적 국민투표'라고 할 수 있다.

관하여 헌법기관 간에 분쟁이 발생한 경우 국민이 국민투표의 형태로써 중재하는 '仲裁的 또는 調整的 국민투표'의 성격을 가지고 있다고 보아야 한다.[19] 중재적 국민투표란, 정치적 헌법기관인 행정부와 입법부 사이의 충돌이 있는 경우, 국민이 직접 심판하도록 함으로써 국정에 관한 최고의 조정자로서 기능하도록 하는 제도이다.[20] 중재적 국민투표는 일반적으로 행정부와 입법부가 대립하는 상황에서 '대통령의 해임'이나 '의회의 해산' 등을 그 대상으로 함으로써, 국민으로 하여금 심판하게 하는 제도이다.

중재적 국민투표를 규정한 대표적인 헌법은 1919년의 '독일 바이마르헌법'이다. 바이마르헌법은 국민으로 하여금 선거를 통하여 의회와 대통령을 직접 선출하도록 하였고, 의회와 대통령의 대립 시에는 국민이 국민투표로써 결정하도록 하였다. 이를 구체적으로 살펴보면, 바이마르헌법은 의회를 통과한 법률안에 대하여 정부의 견해가 상이한 경우에는 대통령의 발안에 의하여 '법률안'을 국민투표에 붙이거나(제73조) 또는 의회의 요구에 의하여 '대통령의 해임'을 국민투표에 붙이도록(제43조) 규정하였다.

헌법 제72조는 국가안위 관련 중요정책에 관하여 정치적 헌법기관인 대통령과 국회의 견해가 서로 대립하는 경우, 대통령에게 국민투표의 형식으로 국민의 의사를 직접 확인할 수 있는 가능성을 부여함으로써 국회의 반대를 극복하여 자신의 외교와 국방에 관한 정책을 관철할 수 있는 헌법적 도구를 제공하고 있는 것이다.[21]

나. 외교·국방의 영역에서 대통령의 권한과 국회의 권한이 서로 충돌하는 상황

헌법 제72조의 국민투표의 대상이 되는 '외교·국방·통일 등 국가안위에 관한 대통령의 중요정책'은 대부분의 경우 헌법 제60조[22]에 의하여 국회의 동의를 필요로 하는데, 이러한 헌법적 상황으로 말미암아 대통령과 국회의 상이한 견해가 서로 충돌할 수 있다. 대통령은 헌법을 위시한 법질서의 범위 내에서 원칙적으로 국가정책을 독자적으로 결정할 권한을 가진다. 특히 외교와 국방에 관한 정책권한은 헌법상 집행부에 귀속된 권한이다. 그러나 헌법은 외교와 국방의 영역에서도 정부와 국회 간에 권한을 배분하고 있다.

19) 헌법 제72조의 국민투표를 중재적 성격의 국민투표로 이해하는 견해로는 성낙인, 헌법학, 2002, 839, 841면('대통령과 국회의 갈등이 심화되는 경우 대통령이 국회를 배제하고 직접 국민의 의사에 호소할 수 있는 수단'); 강경근, 헌법, 2002, 149면('국가기관간 충돌의 해결수단'); 음선필, 대통령 재신임 국민투표, 한국공법학회, 제112회 학술발표회(2003. 11.), 63-65면; 중재적 국민투표에 관하여 박인수, 대의제 민주주의와 국민투표, 한국공법학회, 제112회 학술발표회(2003. 11.), 16면 참조.

20) 이에 관하여 한태연, 헌법학, 1983, 159면; vgl. Krause, Verfassungsrechtliche Möglichkeiten unmittelbarer Demokratie, in: HbStR Bd.Ⅱ, 1987, Rn.7.

21) 유사한 취지로 음선필, 대통령 재신임 국민투표, 한국공법학회, 제112회 학술발표회(2003. 11.), 64-65면 참조.

22) 헌법 제60조의 규정내용은 다음과 같다. ① 국회는 상호원조 또는 안전보장에 관한 조약, 중요한 국제조직에 관한 조약, 우호통상항해조약, 주권의 제약에 관한 조약, 강화조약, 국가나 국민에게 중대한 재정적 부담을 지우는 조약 또는 입법사항에 관한 조약의 체결·비준에 대한 同意權을 가진다. ② 국회는 선전포고, 국군의 외국에의 파견 또는 외국군대의 대한민국 영역 안에서의 駐留에 대한 同意權을 가진다.

헌법은 제73조에서 대통령에게 조약을 체결·비준할 권한을 부여함으로써, 외교에 관한 정책권한을 원칙적으로 집행부의 권한영역에 귀속시키고 있다. 국회는 외교권의 영역에서 단지 제한된 통제권한을 가질 뿐이다. 외교권은 원칙적으로 정부의 권한에 속하나, 헌법 제60조 제1항에 의하여 중요한 조약은 국회의 동의를 받아야 한다는 제약을 받는다.

또한, 국가의 안전을 보장하기 위해서는 국가방위제도의 확립이 불가피하므로, 헌법은 국가방위의 영역을 스스로 규율하고 있다. 헌법은 제74조 제1항에서 대통령에게 국군통수권을 부여하면서, 이와 같은 포괄적인 권한에 부합하게 헌법 제73조에서 '선전포고와 강화를 할 수 있는 권한'을 부여하고 있고, 나아가 선전포고, 외국에의 국군파병 및 외국군대의 대한민국 내의 주류에 대하여 국회의 동의권을 규정하는 헌법 제60조 제2항 및 외교·국방·통일에 관한 중요정책을 국민투표에 붙일 수 있는 대통령의 권한을 규정하는 헌법 제72조의 규정에서, '국방에 관한 대통령의 정책권한'을 간접적으로 규정하고 있다. 그러나 국방의 영역에서도 대통령의 정책결정권한은 무제한적인 것이 아니라, 헌법 제60조에 따라 '선전포고, 외국에의 국군파병 및 외국군대의 대한민국 내의 주류'에 대해서는 국회의 동의를 받아야 한다는 제약을 받는다. 군의 투입에 대한 국회의 동의권에는, 군의 투입에 대한 결정은 국가공동체의 본질적이고 중대한 결정으로서 국회에 유보되어야 한다는 사고가 그 바탕에 깔려있다.

따라서 외교·국방·통일 등 국가안위의 영역에서 대통령의 권한과 국회의 권한이 서로 충돌하는 경우는 헌법 제73조 및 제74조에 규정된 대통령의 권한(대통령의 조약체결권 및 선전포고권, 국군통수권)과 헌법 제60조에 규정된 국회의 동의권이 경합하는 상황으로 축소된다. 위 상황은 우리 헌법질서 내에서 대통령과 국회가 외교와 국방의 영역에서 충돌하는 '전형적 상황'이다. 국민이 국민투표의 형태로 외교와 국방의 영역에서 정치적 헌법기관 간의 충돌을 중재하는 것에 헌법 제72조의 국민투표의 헌법적 의미와 기능이 있다면, 이러한 중재적 국민투표는 헌법 제60조 및 제73조·제74조의 연관관계에서 발생하는 헌법적 분쟁상황에 비추어 해석되고 이해되어야 한다.

그렇다면, 헌법 제72조의 국민투표제도는 헌법 제73조의 대통령의 외교·국방·통일 정책에 관한 결정권과 헌법 제60조의 국회동의권이 서로 충돌하는 경우에 대통령이 직접 국민에게 자신의 정책에 대한 지지를 호소하는 헌법적 중재수단으로 파악해야 한다. 헌법 제60조에 열거된 '국회의 동의를 필요로 하는 대상'이 본질적으로 외교와 국방에 관한 중요한 정책결정으로서 헌법 제72조의 국민투표의 대상이 되는 '외교·국방·통일 기타 국가안위에 관한 중요정책'과 그 내용에 있어서 근본적으로 일치한다는 점도 이러한 견해를 뒷받침하고 있다.

4. '國家安危에 관한 중요정책'의 의미

가. 헌법해석의 출발점

헌법 제72조는 국민투표의 대상을 '외교 · 국방 · 통일 기타 國家安危에 관한 重要政策'으로 규정하고 있다. 여기서 문제가 되는 것은 바로, '국가안위에 관한 중요정책'을 어떻게 해석해야 하는가 하는 것이다. 헌법이 스스로 국민투표의 대상을 가능하면 구체적이고 명확하게 규정함으로써 불필요한 헌법적 논란의 여지를 줄이고, 나아가 대통령에 의한 국민투표부의권의 정략적인 남용을 방지하는 것이 바람직하다. 그러나 헌법 제72조는 '국가안위에 관한 중요정책'이라고 하여 상당히 추상적 · 포괄적으로 국민투표의 대상을 규정하고 있다.

우리 헌법이 국민주권의 실현에 있어서 대의제를 원칙으로 삼으면서 예외적으로 단지 2가지의 경우에 한하여, 그것도 국민발안을 배제하는 매우 제약적인 직접민주주의적 요소를 수용하고 있다는 점에 비추어, 헌법 제72조는 '예외조항'에 해당한다. 이와 같은 '원칙과 예외의 관계'에서 '예외에 속하는 규정은 확장적으로 해석되어서는 아니 되고 縮小的으로 엄격하게 해석되어야 한다'는 것은 법률해석의 일반원칙이자 출발점이 되어야 한다.[23] 또한, 헌법규범 상호간의 긴장관계와 부조화현상은 가능하면 최대한으로 완화시켜 헌법 전체로서의 조화가 이루어질 수 있도록 해석해야 한다는 '憲法의 統一性'의 관점도 헌법해석의 출발점이다.[24]

이러한 관점에서 볼 때, 헌법 제72조의 해석에 의하여 다른 국가기관, 특히 국회의 헌법적 권한이 제한되거나 침해되어서는 안 된다. 뿐만 아니라, 대통령에게 독점적으로 부여된 국민투표부의권이 단순히 특정정책에 대한 국민의 의사를 확인하는 헌법적 수단을 넘어서, 자신에게 유리한 방향으로 사용될 수 있는 정치적 무기라는 점을 고려할 때, 헌법 제72조는 가능하면 대통령에 의한 국민투표의 정치적 남용을 방지할 수 있도록 엄격하고 축소적으로 해석되어야 한다.[25]

나. '國家安危'의 개념

(1) 국가비상사태를 전제로 한 개념?

일차적으로 문리적 해석에 의하면, '국가안위'가 중요정책의 내용을 규정하는 주개념 또는 상위개념이고 '외교 · 국방 · 통일 기타'는 국가안위와 관련될 수 있는 구체적 부분영역을 예시하고 있는 것으로 파악할 수 있다. 헌법 제72조의 예시적 표현("기타")으로

---

23) 같은 취지로 허영, 재신임국민투표의 헌법적 검토, 고시계, 2003. 11., 120면.
24) Vgl. Stern, Dad Staatsrecht der BRD, Bd. I, 1977, S.102ff.; 허영, 한국헌법론, 1999, 74면.
25) 유사한 취지로 음선필, 대통령 재신임 국민투표, 한국공법학회, 제112회 학술발표회(2003. 11.), 65면 참조.

말미암아 국가안위의 대상이 외교·국방·통일의 영역에 국한되는 것은 아니지만, 국가안위의 내용이 대표적으로 예시한 위 3가지 영역에 의하여 결정적으로 형성되고 구체화된다는 데에는 의문의 여지가 없다.

일반적으로 '국가안위'는 비상사태를 전제로 한 개념이라는 점, 헌법은 제72조 외에는 단지 유일하게 '국가안위'의 개념을 제76조 제2항의 대통령의 긴급명령권과 관련하여 언급하고 있다는 점에서, 헌법 제72조가 전제하는 '국가안위'란 국가비상사태나 그에 준하는 국가의 위기적 상황으로 보아야 한다는 견해가 있다.[26)]

그러나 국민투표의 경우 안정되고 평상적인 정치적 상황에서만 현실적으로 그 실시가 가능한 것이고, 또한 국민투표의 준비는 많은 시간과 경비가 소요된다는 점에서도, 헌법 제72조의 '국가안위'의 개념을 긴급을 요하는 국가비상사태와 연관시키는 것은 상당히 비현실적인 발상이다. 특히 국민투표가 실시되기 위해서는 부의될 사안에 관한 충분한 정보제공과 활발한 논의가 선행되어야 한다. 선거의 경우 유권자가 후보자에 관한 충분한 정보를 가지고 있어야만 올바른 결정을 내릴 수 있는 것과 마찬가지로, 국민투표의 경우에도 그 대상에 관한 충분한 정보의 제공과 공개적 논의 가능성의 보장은 국민 개개인의 의견형성을 위한 사실적 기초이자, 국민투표에 의한 결정이 국민에 의하여 수용되기 위한 필수적인 전제조건인 것이다. 이러한 점에서 국가의 위기적 상황과 국민투표의 실시는 현실적으로 서로 배제하는 관계에 있는 것이며, 국민투표는 위기적 긴급상황에 대처하는 해결책이 될 수 없다.

뿐만 아니라, 헌법 제72조의 '국가안위'를 국가비상사태와 동일시하고 국민투표부의권을 국가긴급사태를 극복하기 위한 非常大權的 권한으로 파악하는 것은 위에서 서술한 바와 같이, 헌법 제72조의 헌법적 의미와 기능에 부합하지 않는다. 대의제에서 헌법 제72조의 의미와 기능을 '정치적 헌법기관 사이의 견해 충돌의 경우 대통령의 발의에 의하여 국민이 중재적으로 조정하는 제도'로서 파악한다면, 국가비상사태의 存否는 국민투표의 대상을 결정하는 요소가 될 수 없다.

(2) 국가의 안전보장

이러한 관점에서 본다면, 헌법 제72조는 '현재' 국가가 위기적 상황에 처한 것인지 여부와 관계없이, 국민들로 하여금 '將來에 있어서' 국가안위, 즉 국가의 안전함과 위태함을 결정짓는 중요한 정책적 결정을 국민투표의 형식으로 내리도록 한 것이다. 따라서

26) 예컨대 김선택, 정책국민투표의 성격과 효력, 헌법논총 11집(2000), 246-248면, 그러나 '국가안위'의 개념을 국가비상사태와의 관계에서 이해하여 "국가안위가 문제된다는 것은 국가비상사태가 발생하였거나 최소한도 그에 준하는 비상적인 위기적 상황이 발생했을 것을 요한다."고 하면서, 다른 한편으로는 국민투표의 대상이 되는 중요정책을 설명함에 있어서 국가비상사태와 관련이 없거나 위의 요건을 충족시키지 못하는 '國基에 관한 사항, 국제기구 가입, 남북통일방안, 국민전체에 직접 이해관계가 있어서 전국민의 관심과 주목을 받는 사항 등'의 정책을 언급하는 것은 논리적으로 모순이다.

국가적 위기의 現在性은 국민투표실시의 요건이 아니며, '국가안위'란 위기적 상황과 관계없는 일반적인 개념으로서 '국가의 安全保障'으로 이해해야 한다.

한편, 외교·국방·통일의 영역은 국가안위의 성격을 규정하면서 그 개념의 방향을 설정하는 주요표지이고, 위 3가지 영역 외에 '국가의 안전보장'과 직결되는 다른 영역을 인식하기 어렵다는 점에서, 헌법 제72조가 중요정책의 대상을 비록 형식적으로는 예시적으로 표현하고 있으나, 그 실질에 있어서는 열거적인 의미와 다름 아닌 것으로 판단된다.

다. '국가안위에 관한 중요정책'에 立法事項이 포함되는지 여부

다음으로는, '국가안위'의 개념이 외교·국방·통일의 영역 외에도 정치·경제·사회의 영역 등을 포함하는 포괄적인 개념인지의 문제가 제기된다. 이러한 문제의 제기는 '국가안위에 관한 중요정책'에 외교·국방·통일을 비롯한 국가안전보장의 영역 외에도 '정치·경제·사회의 영역에서의 국가적 난국의 타개책'이나 '국민 전체의 이해관계가 있는 중요한 사항'이 포함되는지의 문제와 직결된다. 그런데 '국가안위'의 개념을 국민 전체의 이익과 관련되는 사항 또는 국민적 합의가 필요한 모든 중요한 정책으로 확장적으로 해석한다면,[27] 이러한 해석은 '국회의 입법권에 속하는 立法事項도 국민투표의 대상이 될 수 있다'는 결과를 가져온다. 그러나 위와 같은 해석은 다음과 같은 헌법적 문제를 야기한다.

(1) 대통령의 재량에 의한 직접민주적 요소의 확장 가능성

법치국가에서 중요한 정책은 대부분의 경우에 그 시행을 위하여 법률로의 규범적 전환을 필요로 하기 때문에, '政策'과 '法律案'의 구분이 불분명하다. 오늘날 대부분의 정책이 그 목적의 달성을 위하여 개인의 기본권을 제한하는 것이 불가피하고, 국민의 기본권은 법률에 근거해서만 제한될 수 있기 때문에(헌법 제37조 제2항), 대부분의 정책은 그 시행을 위하여 법률의 형태로써 규범화되어야 한다. 뿐만 아니라, 민주국가에서 국가공동체의 중요하고 본질적인 결정은 국민의 대의기관인 의회에 유보되어야 하고 의회

---

27) 예컨대 음선필, 대통령 재신임 국민투표, 한국공법학회, 제112회 학술발표회(2003. 11.), 68-69면, 헌법 제72조의 대상은 외교·국방·통일과 같은 대외정책에 국한된 것이 아니라 '국민 전체적으로 共通된 利害를 갖는 사항' 또는 '정치·경제·사회적으로 국가적 위기의 극복수단에 해당하는 사항'이라고 하면서, 한편으로는 '국민 간 이해관계가 첨예하게 대립하기 때문에 국민 간 이해조정이 필요한 사항은 이에 해당되지 않는다'고 하여 이를 다시 제한하려는 시도를 하고 있다. 그러나 '국민 전체적으로 공통된 이해를 갖는 사항'과 '국민 간 이해조정이 필요한 사항'간에 구분이 대부분의 경우 불분명하거나 불가능하다는 문제가 있다. 예컨대 '호주제의 폐지' 문제와 같이 사회적·정치적으로 중요한 대부분의 논의가 국민간의 이해관계가 갈리는 문제이면서, 동시에 국민 모두가 공통된 이해를 갖는 사항이기 때문이다. 이와 유사하게 김선택, 정책국민투표의 성격과 효력, 헌법논총 11집, 248면, '외교·국방·통일과 같이 전국가적 문제사항으로서 국가의 안정과 직접 관련되는 정책'을 국민투표의 대상으로 고려할 수 있다고 하면서, 이에 '국민전체가 직접 이해관계가 있다고 느껴서 전국민의 관심과 주목을 받는 사항'을 포함시키고 있다.

의 법률에 의하여 규율되어야 한다.[28] 따라서 '의회유보원칙의 관점'에서 볼 때, 국가의 모든 중요한 정책은 법률의 형식으로 실현되어야 한다. 예컨대, '호주제 폐지', '군복무와 관련하여 대체복무의 도입' 등 오늘날 우리 사회에서 논의되는 모든 중요한 문제가 헌법 제72조의 '중요정책'이자 동시에 '법률안'이 될 수 있는 것이다.

만일 대통령이 입법절차를 거쳐 법률로써 제정되어야 할 사안을 사전에 미리 '정책'의 형태로 국민투표에 붙임으로써 빈번하게 국민에게 그 결정을 위임한다면, 공개적 논의와 상충하는 다양한 이익간의 조정을 통하여 공익을 발견하고자 하는 의회의 입법절차는 크게 손상되거나 공동화될 수 있다. 국민 전체의 이해관계가 있는 모든 중요한 사항이 국민투표의 대상이 될 수 있다면, 대통령이 국민투표부의권을 적극적으로 행사하는 경우에는 심지어 대의제 민주주의를 '직접민주주의'로 전환시킬 수도 있다. 그러나 대통령의 국민투표부의권 행사에 의하여 헌법이 예정하고 있는 직접민주적 요소의 정도와 범위가 결정되어서는 안 된다.

(2) 대의기관의 자유위임원칙에 대한 위반

뿐만 아니라, 국민투표에 의한 결정이 법률안의 내용을 선결하는 경우에는 이와 같은 효과를 가지는 국민투표는 대표자의 자유위임을 근간으로 하는 대의제[29] 및 헌법 제46조 제2항에 규정된 국회의원의 자유위임과도 합치하지 않는다.[30] 입법대상이 되는 사안에 대한 국민투표는 비록 형식적으로는 헌법상의 입법절차에 위반되는 것은 아니지만, 입법기관을 내용적으로 구속하는 국민투표의 효과로 인하여 국회의원은 국민투표의 결과와 달리 행동할 수 없기 때문에, 입법기관에게 특정 법안을 가결시켜야 할 의무를 부과하는 국민투표는 우리 헌법이 채택한 '대의제 민주주의'와 대의제의 본질인 '대표자의 자유위임'과 합치될 수 없는 것이다.

결국, 대통령이 국민투표부의권의 임의적 행사를 통하여 법률의 기본방침과 기본내용을 국민투표를 통하여 결정하게끔 할 수 있는 권한을 가지게 된다는 점을 고려한다면, 헌법 제72조를 확장적으로 해석하여 국가의 모든 중요한 정책이 국민투표의 대상이 될 수 있다는 견해는 대통령에게 자신의 재량에 의하여 국회의 입법권을 침해할 수 있는 가능성을 인정하는 것과 다름 아닌데, 이러한 견해가 타당할 수 없다.[31] 헌법이 제

28) 이에 관하여 한수웅, 본질성이론과 입법위임의 명확성원칙, 헌법논총 제14집(2003), 578면 이하 참조.

29) 대의제의 무기속위임의 원리에 관하여 한태연, 헌법학, 1983, 147면 참조.

30) 같은 취지로 vgl. Ebsen, Abstimmungen des Bundesvolkes als Verfassungsproblem, AöR110(1985), S.28.

31) 예컨대 음선필, 대통령 재신임 국민투표, 한국공법학회, 제112회 학술발표회(2003. 11.), 68-69면, '국민이 국민투표를 통하여 세부적이고 구체적인 입법을 할 수 있는 것은 아니므로 법률안은 국민투표의 대상이 될 수 없으나, 향후 입법을 위하여 필요한 정책을 국민투표에 부의할 수 있다'고 한다. 그러나 정책에 대한 국민투표를 통하여 국민이 立法의 方向과 內容을 결정하는 것과 法律案에 대한 국민투표는 모두 의회의 입법권과 의원의 자유위임을 제한한다는 점에 비추어 본질적으로 차이가 없다.

60조 제1항에서 명시적으로 국회의 동의권을 규정하고 있는 사안인 "입법사항에 관한 조약의 체결·비준" 외의 다른 입법사항은 헌법 제72조의 국민투표의 대상이 될 수 없다고 보아야 한다. 결론적으로, 국민투표의 대상이 되는 '중요정책'은 원칙적으로 외교·국방의 영역과 같이 헌법상 대통령의 전속적 관할에 속하는 사안이어야 하며, 사후적으로 국회의 입법을 요하는 대통령의 일반적 정책결정은 원칙적으로 국민투표의 대상이 될 수 없다.[32)]

외국의 立法例를 보건대, 헌법 제72조의 국민투표가 외교·국방·통일을 주된 대상으로 삼고 있다는 점에서 프랑스의 국민투표제도와 유사하다. 프랑스 제5공화국 헌법 제11조 제1항은 정부 또는 의회 兩院의 건의에 의하여 공권력의 조직, 공동체조약의 동의나 국제조약의 비준에 관한 법률안을 국민투표에 붙일 수 있는 권한을 대통령에게 부여하고 있다. 프랑스 국민투표제도의 경우, 한편으로는 대통령이 단독으로 국민투표부의권을 행사할 수 있는 것이 아니라 대통령과 정부 또는 대통령과 의회의 합의가 있어야만 국민투표의 실시가 가능하고, 다른 한편으로는 법률안에 대한 국민투표의 대상은 국민의 권리나 의무와 관계되는 사항 등 포괄적 입법사항이 아니라 단지 '국가조직과 국제적 관계'에 한정되어 있다.[33)] 이로써 대통령이 국민투표부의권의 행사를 통하여 의원의 자유위임과 의회의 입법권을 침해할 가능성을 최소화하고 있다.

라. 국회동의권과 충돌하는 대통령의 외교·국방·통일정책

(1) 헌법 제72조의 국민투표의 대상

위와 같은 이유에서, '국가안위에 관한 중요정책'의 개념은 헌법 제72조의 헌법적 의미와 기능(중재적 국민투표)에 비추어 우리 헌법상 외교·안보의 영역에서 대통령의 정책과 국회의 권한이 충돌할 수 있는 전형적인 상황에 의하여 파악되어야 한다. 헌법 제72조의 국민투표는 국가안전보장에 관한 대통령의 정책결정이 국회의 동의를 얻어야 하나, 국회가 동의권행사를 비정상적으로 지연하거나 동의를 거부하는 경우를 전제로 하고 있다.[34)] 단지 이러한 관계에서 헌법 제72조를 파악해야만, '국가안위에 관한 중요정책'의 의미가 구체적으로 한정될 수 있고, 이를 통하여 대통령이 헌법 제72조의 국민투표를 정치적 도구로 사용하는 가능성을 최소화할 수 있다. '국가안위'의 개념을 헌법 제60조, 제73조·제74조의 상관관계에서 이해하지 않는다면, 위 개념을 밝히는 작업은 해결될 수 없는 미궁에 빠져들게 되어, 국민투표에 부의되는 대통령의 정책이 헌법적으

32) 이와는 달리 음선필, 대통령 재신임 국민투표, 한국공법학회, 제112회 학술발표회(2003. 11.), 68면, '헌법 제72조의 국민투표의 대상은 주로 입법적 사항에 준하는 정책'이라는 견해를 밝히고 있다.

33) Vgl. Danwitz, Plebiszitäre Elemente in der staatlichen Willensbildung, DÖV 1992, S.604.

34) 물론, 대통령과 국회 사이에 견해의 충돌이 없는 경우에도, 대통령은 이론적으로는 헌법 제72조에 의하여 국민투표부의권을 행사할 수 있지만, 권한의 충돌이라는 구체적인 계기가 없이 실시되는 국민투표는 일반적으로 상정하기 어렵고, 국민투표에 붙여야 할 실익도 없다.

로 허용되는 것인지에 관한 헌법적 판단의 불확실성으로 말미암아 위헌성 시비는 끊이지 않을 것이다.

따라서 헌법 제72조의 국민투표는 외교와 국방의 정책에 관하여 대통령과 국회가 충돌하는 경우를 그 대상으로 해야 한다. 국민투표의 대상을 이와 같은 구체적 충돌상황으로 한정하지 않는다면, 대통령이 필요에 의하여 임의의 정책을 국민투표에 붙임으로써 헌법 제72조는 신임투표로 변질될 위험성을 안고 있다. 대통령의 발의에 의하여 실시되는 헌법 제72조의 국민투표는, 그것이 명시적으로 신임문제와 결부되는지 여부와 관계없이 대통령이 국민에게 자신에 대한 지지를 호소한다는 측면에서, 그 속성상 어느 정도 대통령에 대한 신임과 연관된다는 성격을 가진다.[35] 설사 대통령이 정책투표의 실시를 자신의 신임여부와 연계시키지 않는다 하더라도, 대통령의 외교·국방정책과 국회의 동의권의 충돌이라는 구체적, 현실적 동기가 없는 정책투표는 언제나 정책투표의 형식으로 간접적으로 자신에 대한 신임을 묻는 국민투표로 변질될 위험을 내포하고 있는 것이다.

그러나 국민투표의 대상이 이와 같이 한정됨으로써, 한편으로는 국민투표가 신임투표로 변질될 위험이 최소한으로 축소될 수 있고, 다른 한편으로는 입법사항이 원칙적으로 국민투표의 대상에서 제외됨으로써 국회의 입법권이 침해될 가능성이 배제된다. 따라서 '국가안위에 관한 중요정책'이란 원칙적으로 입법사항을 제외하고, 헌법 제60조에 규정된 사안 중에서 외교·국방·통일의 영역에 국한되어야 한다. 여기서 '원칙적'이란 표현을 사용한 것은, 헌법 제60조 제1항에서 열거하는 '입법사항에 관한 조약'의 체결·비준과 관련하여 대통령과 국회 사이에 충돌이 발생하는 경우에 한하여 입법사항에 관한 것임에도 '예외적'으로 헌법 제72조의 국민투표의 대상이 될 수 있기 때문이다.[36]

그렇다면, 국민투표의 대상은 구체적으로, 안전보장에 관한 조약(가령, 한미방위조약), 주권의 제약에 관한 조약(가령, 국가공동체에 가입하여 주권의 일부를 이양하는 경우, 방위조약에 의한 외국주둔군에 대한 주권행사의 제약 등), 국가안보에 관한 조약체결로 인하여 국가나 국민에게 중대한 재정부담을 지우는 경우, 입법사항에 관한 조약(가령, 조약의 국내법적 집행을 위하여 국내법의 제정이나 개정이 필요한 경우), 선전포고, 국군의 외국에의 파견(가령, 이라크 파병),[37] 외국군대의 대한민국 영역 안에서의 駐留(가령, 미군의 주둔), 국

---

35) 이러한 의미에서, 학자에 따라서는 헌법 제72조의 국민투표의 성격을 '프레비시트'로 규정하기도 한다, 대표적으로 한태연, 헌법학, 1983, 158, 161면 참조.

36) '입법사항에 관한 조약'이란, 조약이 그 내용상 법률(의회)유보원칙에 따라 법률로써 규율되어야 하는 사항(입법사항)을 규율대상으로 하는 경우를 말한다. '국민의 권리·의무에 관한 사항'를 비롯하여 국가공동체의 모든 중요하고 본질적인 문제는 입법자가 스스로 법률로써 결정해야 한다. 조약의 집행을 위하여 법률을 필요로 하는 경우에는 정부가 국회의 협력 없이는 이행할 수 없는 국제법상의 의무를 지지 않도록, 헌법은 입법사항에 대하여 국회의 사전 동의를 규정하고 있다. 나아가, 별도의 입법조치 없이 직접 적용될 수 있는 '자기집행력이 있는 조약'의 경우에도 조약의 규율대상이 입법사항이라면, 그러한 조약은 국회의 동의를 받아야 한다.

회의 동의를 요하는 남북관계에 관한 기본정책 등 협의의 국가안전보장(외교·국방·통일)의 영역에 제한된다.

(2) 헌법 제72조의 역사적 해석

헌법 제72조의 연혁을 살펴본다면, 국민투표조항은 1954년 제2차 개정헌법 제7조의 2에서 "대한민국의 주권의 제약 또는 영토의 변경을 가져올 國家安危에 관한 重大事項은 국회의 가결을 거친 후에 국민투표에 부하여 민의원의원선거권자 3분지 2이상의 투표와 유효투표 3분지 2이상의 찬성을 얻어야 한다.…"라는 내용으로 신설된 후, 1972년의 제7차 개정헌법 제49조에서 "대통령은 필요하다고 인정할 때에는 국가의 중요한 정책을 국민투표에 붙일 수 있다."는 형태로 변형되었다. 1980년의 제8차 개정헌법 제47조에서는 "대통령은 필요하다고 인정할 때에는 외교·국방·통일 기타 국가안위에 관한 중요정책을 국민투표에 붙일 수 있다."고 규정하여 현행헌법과 동일한 모습을 갖추게 되었으며, 1987년의 제9차 개정헌법에서 위 국민투표조항은 현재와 같이 제72조에 자리를 잡게 되었다.[38]

'국가안위'가 최초로 언급된 1954년의 헌법에서 '국가안위'의 개념을 단지 '주권의 제약' 및 '영토의 변경'이란 2가지 경우에 한정하여 연관시키고 있다는 점도 역사적 해석의 관점에서 볼 때 위에서 서술한 협소한 해석의 타당성을 뒷받침하고 있다.

5. '중요정책'에 법률안이 포함되는지 여부

'국가안위'의 개념을 위에서 서술한 바와 같이 헌법 제73조 및 제60조의 상관관계에서 제한적으로 해석한다면, 이미 그러한 이유로 '법률안'이나 '국민의 신임여부'는 '국가안위에 관한 중요정책'에 해당하지 않으며, 이로써 국민투표의 대상이 될 수 없다. 그러나 아래에서는 헌법 제72조의 해석과 관계없이, 다른 헌법규범을 근거로 독자적으로 '법률안이나 신임여부가 국민투표의 대상이 될 수 있는지 여부'에 관하여 살펴보기로 한다.

가. 대의제와 국민투표의 조화의 문제

국민투표의 대상이 되는 '중요정책'에는 정책 외에 法律案도 포함되는지'의 문제가 제기된다.[39] 대의제를 근간으로 하는 헌법구조에 직접민주적 요소를 삽입하는 경우, 삽입된 직접민주적 요소는 대의제와 조화될 수 있어야 한다. 특히 국가권력을 위임받은 국

37) 예컨대, 정부의 이라크 파병결정이 국회의 동의를 얻지 못한 경우에는 대통령은 파병정책을 국민투표에 붙일 수 있다.

38) 헌법 제72조의 연혁에 관하여 자세하게 강경근, 헌법, 2002, 147면.

39) 긍정설로는 한태연, 헌법과 국민, 1995, 218면; 강경근, 헌법, 2002, 149면; 성낙인, 헌법학, 2002, 839면; 부정설로는 권영성, 헌법학원론, 2003, 931면; 김철수, 헌법학개론, 2003, 1132면; 허영, 한국헌법론, 2003, 911면; 홍성방, 헌법학, 2003, 831면.

가기관 상호간의 권한배분질서 및 법치국가원리와 같은 기본적 헌법원리에 위반되어서는 안 된다. 대의제의 경우, 권력분립원리에 의한 권력 상호간의 견제와 균형에 입각하고 있기 때문에, 대의제에 국민투표와 같은 직접민주제를 과도하게 도입하는 경우에는 그 기능의 혼란으로 인하여 국가기관 사이에 권력의 균형을 파괴할 우려가 있다. 이러한 관점은 헌법 제72조의 해석에 있어서 중요한 지침이 되어야 한다.

나. 국회의 입법권 침해 및 헌법상 입법절차의 위반

그런데 헌법 제72조의 '중요정책'에 법률안이 포함되는 것으로 해석한다면, 국민이 대통령의 법률안 제안에 의하여 국민투표로써 법률의 제정여부를 사실상 결정하게 된다. 즉, 대통령이 국민투표부의권을 행사함으로써 국회를 완전히 배제하고 국민의 힘을 빌려 입법을 하는 결과가 발생하고, 이로써 국회의 입법권을 침해하게 되는 것이다.[40] 뿐만 아니라, 이러한 해석은 입법절차를 확정적으로 규정하는 헌법규범(제52조, 제53조)에도 위반된다. '중요정책'에 법률안이 포함된다는 해석은, '헌법이 정하고 있는 입법절차' 외에, '대통령의 발의에 의하여 국민이 법률안에 대하여 국민투표로써 결정하고, 가결된 경우 국회가 국민의 결정을 단지 집행하는 또 다른 형태의 입법절차'가 신설되는 결과를 가져오는 것이다.

입법권을 국회에 전속시키고 있는 현행 헌법에서, 이와 같은 입법형태는 헌법에 명문으로 규정되지 않는 한, 허용될 수 없다. 헌법 제72조의 '중요정책'에 '법률안'이 포함되는 것으로 해석하는 것은 사실상 헌법개정에 해당하기 때문에, 법률안에 대한 국민투표는 이를 명시적으로 허용하는 헌법개정을 통해서만 가능하다. 이러한 이유로 '중요정책'에는 법률안이 포함되지 않는다. 나아가, 헌법 제128조 이하에 규정된 헌법개정절차에 따라 국민투표(제130조 제2항)를 거쳐야 하는 憲法改正案이 헌법 제72조의 국민투표의 대상이 될 수 없음은 별도의 설명을 요하지 않는다.

6. '중요정책'에 '국민의 信任與否'가 포함되는지 여부

가. 純粹型 재신임 국민투표의 허용여부

(1) 국민투표제의 위헌적 남용

헌법 제72조의 국민투표의 대상인 '중요정책'에 대통령에 대한 '국민의 신임'이 포함되는지의 문제가 제기된다. 우리 헌법에서 대표자의 선출과 그에 대한 신임은 단지 선거의 형태로써 이루어져야 한다. 국민투표는 직접민주주의를 실현하기 위한 수단으로서 법안이나 특정 정책을 그 대상으로 한다는 점에서, 국민투표의 본질상 '대표자에 대한

---

40) 이러한 문제에 관하여 보다 상세하게 위 Ⅱ. 4. 다. (1)의 서술 참조.

신임'은 국민투표의 대상이 될 수 없다. 대통령이 국민투표를 통하여 자신에 대한 신임을 묻고자 하는 것은, 대의제를 실현하기 위하여 직접민주주의적 수단을 남용하는 것을 의미한다.

대통령이 이미 지난 선거를 통하여 획득한 자신에 대한 신임을 국민투표의 형식으로 재확인하고자 하는 것은, 헌법 제72조의 국민투표제를 헌법이 허용하지 않는 방법으로 위헌적으로 사용하는 것이다. 따라서 대통령은 국민투표를 통하여 자신에 대한 신임을 물을 헌법적 권한이 없다.[41)]

(2) 헌법상 대통령의 闕位事由에 대한 위반

만일 대통령에 대한 신임여부도 '중요정책'에 포함되는 것으로 해석한다면, 신임여부를 묻는 국민투표는 그 효과로서 법적 구속력을 가진다. 즉, 대통령이 자신에 대한 국민의 신임여부를 국민투표의 대상으로 하여 국민투표를 실시한 결과, 국민이 불신임을 표시하는 경우에는 헌법 제72조의 국민투표의 효력상 대통령은 사임해야 한다. 헌법 제72조가 규정하는 국민투표는 단순히 국민의 의견을 참조하기 위하여 묻는 '국민질의'가 아니라, 찬반의 결과에 따라 '확정적 효력을 가지는 국민투표'인 것이다. 따라서 헌법 제72조의 '중요정책'에 '신임여부'도 포함되는 것으로 파악한다면, 헌법이 명시적으로 규정하고 있는 궐위사유 외에도 헌법해석을 통하여 '국민투표에 의한 불신임의 경우'라는 대통령의 궐위사유가 하나 더 신설되는 효과가 있다.

대통령은 헌법상 국가원수이며 국정의 최고책임자이자 행정부 수반으로서 막중한 책임을 지고 있기 때문에, 우리 헌법은 대통령의 헌법상 지위의 중요성에 비추어 대통령의 임기, 궐위 또는 사고 시의 권한대행 및 그 신분에 따른 특권과 의무 등을 스스로 규정하여 대통령의 신분관계를 명확하게 확정하고 있다. 대통령의 궐위사유는 헌법해석을 통하여 인정될 수 없고, 헌법에 명문으로 규정되어야 한다. 구체적으로, 헌법은 대통령이 自意에 의하여 스스로 물러나거나 사망하는 경우 외에 他意에 의하여 대통령직을 상실하는 경우를 "판결 기타의 사유로 그 자격을 상실한 때"(제68조 제2항) 및 '탄핵결정에 의한 파면'(제65조 제4항)이라고 하여 확정적으로 정하고 있다. 이러한 관점에서 볼 때, 신임여부를 국민투표에 붙이고 국민이 불신임을 표시한 경우 사임하는 것은 궐위사유를 규정하는 헌법 제68조 제2항에 부합할 수 없다.[42)]

나. 政策連繫型 재신임 국민투표의 허용여부

대통령이 특정정책과 자신의 신임을 결부시켜 국민투표에 붙이는 것이 가능한지의

41) 같은 취지로 성낙인, 헌법학, 2003, 800면; 음선필, 대통령 재신임 국민투표, 한국공법학회, 제112회 학술발표회(2003. 11.), 71면; 김선택, 재신임국민투표의 법률적 무의미성과 정치적 유의미성, 공법학회, 제112회 학술발표회(2003. 11.), 31면.

42) 유사한 취지로 헌재 2003. 11. 27. 2003헌마694 등, 판례집 15-2하, 350, 363(재판관 4인의 소수의견) 참조.

문제가 제기된다.[43] 대통령이 특정정책을 자신에 대한 신임과 연계시켜 '국민의 불신임의 경우 사임하겠다'고 압력을 가하는 것은, 국민투표의 대상이 된 특정정책에 대한 국민의 결정과정에 부당한 압력을 행사하는 것이다. 국민투표의 경우에도 선거와 마찬가지로 '자유투표의 원칙'이 적용되며, 이에 따라 국민의 의사형성과 의사결정은 국가기관의 부당한 간섭이나 영향력의 행사 없이 자유롭게 이루어져야 한다. 신임이란 국정을 통하여 스스로 획득해야 하는 것인데, 대통령이 임기 중 국민투표의 형태로 국민으로부터 자신에 대한 신임을 강요하는 것은 정치적 도의에도 어긋나는 것이다.

뿐만 아니라, 대통령이 특정정책과 자신에 대한 신임을 연계시켜 국민투표를 실시하였는데 국민의 동의를 얻지 못한 경우, 국민투표의 효력이 불분명하다는 점도 '법치국가적 관점에서 이와 같은 형태의 국민투표는 허용되어서는 안 된다'는 견해를 뒷받침한다. 국민투표의 대상이 직접적으로는 특정 정책에 국한되기 때문에, 국민투표의 법적 구속력이 신임여부에 대하여는 미치지 아니한다. 따라서 특정 정책에 대한 국민의 거부를 통하여 실제로 국민의 불신임을 받은 대통령은 사임을 해야 한다는 법적 구속력이 없다. 이로써 자신이 초래한 국민투표를 통하여 국민의 불신임을 받은 대통령이 임의에 의하여 자신의 사임여부를 결정할 수 있다는 법치국가적으로 용인하기 어려운 결과가 발생한다.

따라서 대통령은 헌법상 국민에게 자신에 대한 신임을 국민투표의 형식으로 물을 수 없을 뿐만 아니라, 특정 정책을 국민투표에 붙이면서 이에 자신의 신임을 결부시키는 대통령의 행위도 위헌적인 행위로서 헌법적으로 허용되지 않는다. 헌법은 대통령에게 국민투표를 통하여 직접적이든 간접적이든 자신의 신임여부를 확인할 수 있는 권한을 부여하지 않기 때문이다. 물론, 대통령이 특정 정책을 국민투표에 붙인 결과, 그 정책의 실시가 국민의 동의를 얻지 못한 경우, 이를 자신에 대한 불신임으로 간주하여[44] 스스로 물러나는 것은 어쩔 수 없는 일이나, 정책을 국민투표에 붙이면서 '이를 자신에 대한 신임투표로 간주하고자 한다'는 선언은 국민의 결정행위에 부당한 압력을 가하고 국민투표를 통하여 간접적으로 자신에 대한 신임을 묻는 행위로서, 대통령의 헌법상 권한을 넘어서는 것이다.

43) '정책연계형 재신임 국민투표'란, 대통령이 단지 '특정 정책에 대한 찬반'을 국민투표의 직접적 대상으로 삼아 국민투표에 붙이면서, 국민투표의 결과에 자신에 대한 신임을 연계시켜서 부결되는 때에는 사임하겠다고 밝히는 경우를 말한다. 이러한 국민투표가 허용된다고 하는 견해로는 예컨대 허영, 한국헌법론, 1999, 915면; 성낙인, 헌법학, 2002, 840면; 음선필, 대통령 재신임 국민투표, 한국공법학회, 제112회 학술발표회(2003. 11.), 71면; 이를 부정하는 견해로는 김선택, 재신임국민투표의 법률적 무의미성과 정치적 유의미성, 공법학회 제112회 학술발표회(2003. 11.), 32면.

44) 이러한 의미에서 정책국민투표는 항상 어느 정도 신임국민투표로서의 성격을 지니고 있다, 이에 관하여 또한 위 Ⅱ. 4. 라. (1) 참조.

Ⅲ. 헌법에 명시적으로 규정된 국민투표 외에도 국민투표가 허용되는지 여부

1. 국민주권주의의 헌법적 요청으로서 직접민주주의?

위에서 살펴 본 바와 같이, 재신임 국민투표가 헌법 제72조에 의하여 허용되지 않는 것이라면, 입법자의 입법에 의하여 가능한 것인지, 아니면 헌법 제72조 및 제130조에서 국민투표의 가능성을 명시적으로 규정한 것이 그 외의 국민투표를 배제하는지의 문제가 제기된다. 즉, 헌법이 스스로 규정한 국민투표의 가능성 외에도 다른 형태의 직접민주적 요소를 도입하는 것을 허용하는지, 즉 헌법의 개정 없이도 입법자가 입법을 통하여 대통령의 신임을 묻는 국민투표를 도입할 수 있는지의 문제가 제기되는 것이다.

여기서 일차적으로 확인해야 하는 것은, 직접민주주의는 국민주권주의의 헌법적 요청이 아니라고 하는 점이다. 헌법 제1조의 국민주권원리는 그 자체로서 '국민에 의하여 가능하면 많은 국정 사안이 직접 결정될 것'을 요청하지 않는다. 국민주권원리는 대의제와 직접민주제 모두를 통하여 실현될 수 있고, 오히려 헌법은 국민주권주의의 실현방법으로서 권력분립적 대의제를 채택하여 직접민주적 요소를 지극히 예외적인 경우에 제한함으로써 정반대의 입장을 취하고 있다. 따라서 국민투표의 가능성은 국민주권주의나 민주주의원리와 같은 일반적 헌법적 원칙에 근거하여 인정될 수 없다.

2. 국민투표와 憲法留保의 原則

가. 국민은 선거와 국민투표를 통하여 국가의사형성에 참여하는 한, 국가권력을 직접 행사하는 '헌법기관'으로서 활동한다. 국민도 헌법에 근거하여 선거나 국민투표의 형태로 헌법상 부과된 과제를 이행하는 한, 시예에스(Abbé Sieyès)의 '헌법제정권력론'의 의미에서 '헌법에 의하여 형성된 권력'에 속한다. 여기서 '형성된 권력'이란 의회, 정부를 비롯하여 헌법에 의하여 구성되어 특정한 권한을 부여받은 모든 헌법기관을 말한다. '형성된 권력'은 아무런 구속을 받지 않는 것이 아니라 단지 헌법에 근거하여 헌법규정에 따라 활동할 수 있다.

따라서 국민을 비롯한 모든 헌법기관의 권한은 이를 부여하는 헌법상의 수권규범이 있어야만 인정된다.[45] 즉, 헌법기관의 권한에 관하여는 '헌법유보'가 적용되는 것이며, 국민이 헌법에 근거하여 헌법기관으로서 활동하는 한, 국민의 권한 또한 예외가 아니

45) 대통령의 모든 국정행위를 일일이 헌법에 권한으로서 열거한다는 것은 불가능하다는 이유로 대통령의 권한 행사는 헌법에 근거해야 한다는 원칙을 의문시하는 견해도 있으나(예컨대 김선택, 재신임국민투표의 법률적 무의미성과 정치적 유의미성, 공법학회 제112회 학술발표회, 2003. 11., 337면), 이러한 견해는 '대통령이 헌법에 의하여 행정권의 행사에 관한 포괄적인 권한을 위임받았다'는 사실을 간과하는 것이다.

다.[46] 국민은 국민투표를 통하여 국가권력을 직접 행사하게 되며, 국민투표는 국민에 의한 국가권력 행사방법의 하나로서 명시적인 헌법적 근거를 필요로 한다.[47] 헌법국가에서 헌법에 명시적으로 규정된 국가의사형성의 방법만이 허용되기 때문에, 국민에 의한 국가권력의 행사방법은 헌법에 의하여 직접 규율되어야 한다.

그러므로 국민은 대의기관에 부여된 헌법적 권한에 관하여 마음대로 처분할 수 없다. 민주적 헌법국가에서 국가권력이 국민으로부터 나오고 국민이 국가권력을 행사한다 하더라도, 국민은 단지 헌법에 의하여 부여받은 관할 및 권한만을 가지고 있고, 이러한 범위 내에서 헌법기관으로서 국가의사결정에 참여할 권한을 가진다. 헌법국가에서 국민은 헌법 위에 존재하는 것이 아니라, 헌법이 정한 바에 따라 자신의 주권을 행사할 수 있다.[48] 국민이 자신의 권한을 헌법의 범위 내에서 행사해야 한다는 것은 국민이 헌법제정권력이나 헌법개정권력을 가지고 있다는 것과는 전혀 별개의 문제이다. 국민은 헌법을 제정하거나 개정할 수는 있으나, 일단 헌법이 확정된 이상, 헌법상 자신에게 부과된 과제의 이행에 있어서 그에 구속을 받는다.

헌법은 '국민과 대의기관의 관계'에 있어서 국가권력행사에 관한 헌법적 권한을 확정적으로 규정하고 있다. 국민이 국민투표의 형태로 결정할 권한을 확대하는 것은 다른 헌법기관인 의회와 행정부의 헌법적 권한을 축소하는 것과 동일한 의미를 가진다.[49] 그러나 헌법적 권한질서의 변형은 단지 헌법개정을 통해서만 가능하다. 국민이 주권자로서 헌법규정과 관계없이 자신의 권한을 마음껏 행사할 수 있다면, 이는 민주주의의 이름으로 대의제와 권력분립질서에 기초하는 민주적 법치국가를 폐지하는 것을 의미한다.[50]

나. 혹자는 '헌법 제72조 및 제130조에 국민투표가 명시되어 있다는 것은 헌법이 그 외의 다른 유형의 국민투표를 배제하는 것으로 해석될 수 없다'는 이유로 헌법에 명시적인 근거 없이도 국민투표가 가능하다고 주장한다.[51]

---

46) Vgl. Kriele, Das demokratische Prinzip im Grundgesetz, VVDStRL 29(1971), S.60; Hesse, Grundzüge des Verfassungsrechts der BRD, Rn.27ff.; Degenhart, Staatsrecht I, Rn.13.

47) 마찬가지로, 국민의 선거권도 헌법상의 명시적인 근거를 필요로 한다. 국회의원이나 대통령을 선출하는 선거권은 헌법 제24조에 보장된 기본권인 선거권으로부터 직접 나오는 것이 아니라, 별도의 수권규범을 필요로 하고, 헌법 제41조(국회의원 선거권) 및 헌법 제67조(대통령 선거권)가 각 명시적으로 선거권을 부여하고 있다. 어느 누구도 헌법에 명시적으로 부여된 선거권 외에 입법을 통하여 다른 형태의 선거권을 도입할 수 있다고 주장하지 않는다. 유사한 취지로 허영, 재신임국민투표의 헌법적 검토, 고시계, 2003. 11., 123면.

48) Vgl. C. Schmitt, Verfassungslehre, 1928, unveränderter Neudruck, 1954, S.98f., 239ff.

49) Vgl. Scheuner, Das repräsentative Prinzip in der modernen Demokratie, in: Verfassungsrecht und Verfassungswirklichkeit, Festschrift für Hans Huber, 1961, S.255.

50) Vgl. H. Schneider, Volksabstimmungen in der rechtsstaatlichen Demokratie, in: Gedächtnisschrift für Walter Jellinek, 1955, S.164; Weber, Mittelbare und unmittelbare Demokratie, S.194; Danwitz, Plebiszitäre Elemente in der staatlichen Willensbildung, DÖV 1992, S.608, 민주적 다수는 국가의 최고 심급으로서 헌법의 구속을 받지 않는 절대적인 것이고, 분할될 수 없기 때문에 권력분립을 배제하며, 언제나 정의로운 결정을 한다는 점에서 법치국가적 통제를 받지 않는다는 결단적·전체주의적 민주주의이념은 국민의사의 이름으로 개인의 자유에 대한 보장과 그의 본질적 전제조건인 국가의 권력분립구조를 제거하려는 경향이 있으며, 직접민주제의 강조는 필연적으로 법치국가의 약화를 가져온다.

물론, 헌법은 명시적으로 규정된 2가지 국민투표의 가능성 외의 다른 직접민주적 요소가 금지된다는 명시적 표현을 하고 있지 않다. 그러나 다른 직접민주적 요소에 대한 헌법의 명시적인 금지는 불필요하다. 헌법국가에서 헌법에 명시적으로 규정된 국가의사형성의 방법만이 허용되기 때문에, 특정한 국가의사형성의 방법을 배제하기 위하여 이를 헌법적으로 금지하는 것은 불필요하다.[52] 따라서 국민투표의 가능성은 국민주권주의나 민주주의원리와 같은 일반적 헌법적 원칙에 근거하여 인정될 수 없으며, 헌법에 명문으로 규정되지 않는 한 허용되지 않는다.[53]

예컨대, 국민발안의 경우, 국민은 국가의사형성에 참여하는 주체로서 행동하게 되고, 국가의사형성은 항상 헌법적으로, 즉 헌법의 테두리 내에서 이루어져야 한다. 법률안이 국민발안의 대상인 경우, 국민발안은 법률안을 제출할 수 있는 국민의 권한인데, 법률안 제출권은 현행 헌법상 국회의원과 정부에게만 부여된다(제52조). 따라서 국민발안의 도입은 국회의 입법만으로는 불가능하고 헌법의 개정을 필요로 한다. 표현의 자유나 청원권 또는 국민주권주의에 근거하여 국민발안을 헌법적으로 구성하거나 정당화할 수 없다.

법률안에 대한 국민투표의 경우에도 마찬가지이다. 헌법은 국회 내 입법절차를 스스로 정하면서 이러한 입법절차를 거친 법률만을 대통령이 공포하도록 규정하고 있다. 이로써 헌법은 법률의 효력발생을 다른 국가기관의 동의여부에 달려있도록 하는 것을 금지하고 있다. 여기서 다른 국가기관이 비록 국민이라 하더라도 마찬가지이다. 따라서 법률안에 대한 국민투표는 헌법개정을 통해서만 가능하다.

3. 헌법적 근거 없이도 國民質疑는 가능한지 여부

법적 구속력이 없는 국민질의(자문적 국민투표)의 경우에는 헌법적 근거가 필요 없는

---

51) 예컨대 김선택, 재신임국민투표의 법률적 무의미성과 정치적 유의미성, 공법학회 제112회 학술발표회(2003. 11.), 32-33면.

52) Vgl. Krause, Verfassungsrechtliche Möglichkeiten unmittelbarer Demokratie, in: HbStR, Bd.Ⅱ, 1987, §39, Rn.5; Stern, Das Staatsrecht der BRD, Bd.1, 1984, §18 Ⅱ.5.; Maurer, Staatsrecht, §7 Rn.33ff.

53) 독일에서의 논의에 관하여 자세하게 vgl. Ebsen, Abstimmung des Bundesvolkes als Verfassungsproblem, AöR 110(1985), S.2ff.; Maurer, Staatsrecht, §7 Rn.30ff.; Krause, Verfassungsrechtliche Möglichkeiten unmittelbarer Demokratie, in: HbStR, Bd.Ⅱ, §Rn.1ff; 이에 관한 독일 학계의 논의를 구체적으로 살펴보면, 다수의견(이에 관한 방대한 문헌은 Bleckmann, Die Zulässigkeit des Volksentscheides nach dem Grundgesetz, JZ 1978, S.217, 각주 1 참조)은 '헌법상의 명문규정 없이는 국민투표는 허용될 수 없다. 기본법 제20조 제2항 제2문("국민은 선거와 국민투표를 통하여 국가권력을 직접 행사한다.")은 단지 국가권력의 행사방법만을 규정한 것일 뿐 권한규범이 아니기 때문에, 어떠한 경우에 국민이 선거나 국민투표를 통하여 국가권력을 직접 행사할 수 있는가 하는 것은 연방의회의 선거에 관한 규정(제38조) 및 독일 연방영토의 재편성에 대한 국민투표조항(제29조, 118조)과 같은 구체적인 헌법규범으로부터 나온다. 헌법에 규정되지 않은 국민투표는 허용되지 않으며, 그러한 국민투표를 도입하기 위해서는 헌법을 개정해야 한다'고 주장한다. 이에 대하여 독일 학계의 일부 소수의견은 '기본법 제20조 제2항 제2문의 국민투표는 단순히 주권행사의 방법이 아니라 입법자로 하여금 입법의 형태로써 헌법을 구체화할 것을 위임하는 수권규범으로 해석되어야 한다. 따라서 헌법개정 없이도 입법자는 입법을 통하여 직접민주적 요소를 도입할 수 있다'고 주장한다(vgl. Bleckmann, Die Zulässigkeit des Volksentscheides nach dem Grundgesetz, JZ 1978, S.217ff.; Pestalozza, Volksbefragung-das demokratische Minimum, NJW 1981, S.733ff.; Stein, Staatsrecht, §14 Ⅳ.).

것인지, 대통령이 자신에 대한 신임여부를 국민투표의 형식으로 물을 수 없다면, 국민질의의 형식으로는 신임여부를 묻는 것이 헌법적으로 가능한지의 문제도 함께 규명되어야 한다.[54)]

국민질의가 법적 구속력이 없다는 점에서 국민질의는 여론조사와 유사하다. 그러나 여론조사를 실시하는 주체가 개인이나 단체 등 私人인 반면, 국민질의는 국가에 의하여 실시되며, 선거나 국민투표에 적용되는 헌법상 선거원칙이 마찬가지로 국민질의에도 적용된다. 자신의 의사를 밝히는 국민의 입장에서 보더라도, 여론조사에 응하는 국민은 표현의 자유란 개인의 기본권을 행사하는 것이지만, 국민질의에 응하여 투표를 하는 경우에는 표현의 자유나 청원권을 행사하는 것이 아니라 '헌법기관'으로서 국가권력을 행사하는 것이다.[55)] 즉, 국민질의의 경우, 국민은 기본권의 주체인 '개인'이 아니라 '헌법기관'으로서 국가의사형성에 직접 참여하는 것이고, 이 경우 국민이 법적 구속력 있는 결정을 하지 않는다는 것은 '헌법기관으로서의 국민의 속성'을 문제 삼는 요소가 될 수 없다. 왜냐하면 헌법기관은 구속력이 있는 결정을 내리는 경우뿐만 아니라 구속력이 발생하지 않는 권한 행사의 경우(예컨대, 대통령이 국회에 출석하여 발언하는 행위)에도 국가기관으로서 행동하기 때문이다.

뿐만 아니라, 입법대상에 해당하는 특정 정책 또는 법률안을 대상으로 하는 국민질의는 비록 법적 구속력은 없으나, 입법기관에 대하여 사실상 거부할 수 없는 정치적 압력을 행사하게 되므로, 국민질의가 헌법상 근거규범이 없이 실시되는 경우에는 입법에 관한 국회의 결정권한이 위헌적으로 침해되는 결과가 발생한다. 마찬가지로, 헌법에 명문의 규정이 없이, 입법기관이나 지방자치단체가 대통령의 정책에 반대하여 그에 대한 국민의 찬반의사를 묻는 국민질의는 정부에게 특정 정책을 강요함으로써 헌법상 부여된 정부의 결정영역을 침해함으로써 헌법상의 권력분립원리에 위반된다.[56)] 결론적으로, 국

---

54) 예컨대 김선택, 재신임국민투표의 법률적 무의미성과 정치적 유의미성, 공법학회 제112회 학술발표회(2003. 11.), 대통령이 국민에게 자문적으로 신임여부를 묻는 것은 법적으로 아무런 효력이 없고 사실적 효과만 있기 때문에, 헌법의 근거규정이 필요 없고, 다만 법률적 근거만이 필요하다고 한다.

55) Vgl. BVerfGE 8, 104, 115ff.(1958년의 핵무장에 대한 國民質疑法에 관한 결정), 1958년 독일 연방정부가 핵무장을 결정하자, 이에 반대하는 함부르크 州와 브레멘 州는 '핵무장에 대한 국민질의에 관한 州 法律'을 제정하여 州 차원에서 국민질의를 시행함으로써 연방정부에 압력을 가하려고 시도하였다. 연방정부는 위 州 법률들에 대하여 연방헌법재판소에 '위 법률들이 헌법에 합치하는지 여부'를 묻는 추상적 규범통제심판을 청구하였다. 연방헌법재판소는 '국민질의에 관한 위 州 법률들은 州의 주민에게 국가의사형성에 직접 참여하는 가능성을 부여하고 있으며, 국민질의에 응하는 국민의 행위는 국가권력의 행사에 해당된다. 국가기관으로서의 국민의 활동은 그것이 어떠한 형태와 어떠한 효력을 가지고 이루어지든지 간에, 헌법상의 권한규범에 의하여 제한된다'고 전제한 다음, '국민질의의 경우, 헌법상 규정된 연방과 주의 권한배분을 준수해야 하는데, 국방정책에 관한 결정은 연방의 독점적 권한에 속하는 것이므로, 주에서 입법을 통하여 이에 관하여 국민질의를 실시하는 것은 연방의 권한을 침해한다'는 것을 확인하였다. 따라서 '핵무장에 대한 州의 국민질의는 연방의 독점적 권한을 침해하는 것이기 때문에 위헌적인 규정으로 무효'라고 결정하였다, 또한 위 결정에 대한 해설로서 vgl. Weber, Mittelbare und unmittelbare Demokratie, in: Spannungen und Kräfte im Westdeutschen Verfassungssystem, 1970, S.181ff.

56) Vgl. Kriele, Das demokratische Prinzip im Grundgesetz, VVDStRL 29(1971), S.61; Weber, Mittelbare

민질의는 국민이 국가의사형성에 직접적으로 참여하는 하나의 방법을 의미하므로, 국민이 헌법기관으로서 활동하는 한, 국민이 직접 국가의사형성에 참여하는 직접민주적 요소는, 그것이 어떠한 형태의 것이든 간에 헌법에 명시적으로 규정된 경우에만 허용된다.[57]

Ⅳ. 대통령의 위헌적인 국민투표부의권 행사에 대한 헌법소송법적 가능성

1. 헌법소원의 가능성

헌법소원이 적법하기 위해서는 공권력의 행사 또는 불행사로 인한 기본권침해의 가능성이 있어야 한다(헌법재판소법 제68조 제1항). 그런데 대통령이 국민투표부의권을 위헌적으로 행사하여 국민투표의 대상이 될 수 없는 정책이나 신임여부 등을 국민투표에 붙인 경우, 이로 인하여 국민의 기본권이 침해될 수 있는지의 문제가 제기된다.

가. 선거권의 침해가능성

대통령은 국회의원과 함께 국민의 선거에 의하여 선출된 대표자로서 임기 중 헌법상의 책무를 다해야 할 의무가 있는데, 대통령이 국민투표를 통하여 자신에 대한 신임을 묻는 방법으로 사임의 가능성을 유보한다면, 국민의 선거권행사를 결과적으로 무의미하게 만드는 것이라는 관점에서 선거권의 침해를 주장할 수 있다.

그러나 헌법소원을 통하여 주장할 수 있는 '선거권의 침해'란, 공직선거법규정을 비롯하여 공권력의 행사가 헌법 제41조와 제67조에 규정된 헌법상 선거원칙인 보통·평등·직접·비밀선거원칙에 위반되는 경우에 비로소 고려될 수 있는 것이다. 나아가, 대의제를 선택한 헌법에서 국민주권원리는 무엇보다도 선거를 통하여 실현되므로, 선거의 週期性은 국민주권원리의 핵심적 내용에 속한다. 이러한 관점에서 헌법상의 국민주권원리로부터 '대의제에서 선거는 적정한 주기로 실시되어야 한다는 원칙'을 도출할 수 있고, 이에 대응하여 '적정한 주기로 선거를 실시할 것을 요구할 국민의 권리'를 선거권의 내용에 포함시킬 수 있다.[58] 그러나 '일단 선출된 대표자가 임기 중 더 이상 자신에 대

---

und unmittelbare Demokratie, in: Spannungen und Kräfte im Westdeutschen Verfassungssystem, 1970, S.185.

57) 獨逸에서도 헌법의 개정 없이는 국민질의를 도입할 수 없다는 견해가 학계의 다수견해이다. 한편, 일부 학자는 헌법적 근거 없이도 국민질의가 가능하다고 주장하고 있다, 이러한 소수견해로는 vgl. Bleckmann, Die Zulässigkeit des Volksentscheides nach dem Grundgesetz, JZ 1978, S.219; Ebsen, Abstimmungen des Bundesvolkes als Verfassungsproblem, AöR 110(1985), S.3ff., 29; Pestalozza, Volksbefragung－das demokratische Minimum, NJW 1981, S.735.

58) Vgl. BVerfGE 13, 54, 91.

한 신임여부를 묻지 말고 성실하게 직무를 수행할 것을 요구할 국민의 권리'는 선거권의 보장내용에 속하지 않는다. 따라서 대통령이 자신에 대한 신임여부를 국민투표에 붙이는 경우, 국민은 이로 인하여 선거권의 침해를 주장할 수 없다.

나. 국민투표권의 침해가능성

대의제 민주주의에서 국민의 대표자를 선출하는 '선거'와 헌법상 예외적으로 규정된 '국민투표' 사이에는 그 기능이나 의미에 있어서 본질적인 차이가 있다. 헌법은 제24조에서 선거권을 국민의 기본권으로서 명시적으로 보장하는 반면에, 기본권에 관한 章에서 국민투표권에 관하여는 아무런 언급이 없다. 이러한 점에서, '국민투표의 실시를 요구할 권리'나 '국민투표에 참여할 권리' 또는 '대통령이 합헌적으로 국민투표부의권을 행사할 것을 요구할 권리'를 그 내용으로 하는 국민투표권을 '개인의 헌법상 권리'로 인정하기 어렵다.[59)]

헌법이 예정하는 국민투표의 가능성을 살펴본다면, 헌법 제72조의 경우 대통령이 재량에 의하여 특정 정책을 국민투표에 붙이는 경우에 비로소 국민투표가 가능하며, 헌법 제130조의 경우에는 대통령이나 국회의 발의로 제안된 헌법개정안이 국회의 의결을 거친 후에야 비로소 국민투표의 가능성이 열린다. 이와 같이 국가기관의 事前的 행위를 국민투표의 실시요건으로 규정하는 헌법규범으로부터는 '국민투표에 참여할 권리', 나아가 '국민투표의 합헌적인 실시를 요구할 권리'를 국민의 기본권으로 도출할 수 없다. 국민이 기본권을 행사하기 위하여 국가기관의 事前的 행위에 의존하고 있다면, 그것은 이미 기본권이 아닌 것이다. 또한, 헌법상의 민주주의원리나 국민주권주의로부터 직접 헌

59) 대통령이 국회 본회의에서 행한 시정연설에서 정책과 결부시키지 않고 단순히 대통령의 신임 여부만을 묻는 국민투표를 실시하고자 한다고 밝힌 것이 헌법소원의 대상이 되는 '공권력의 행사'에 해당하는지 여부가 문제된 사건(2003. 11. 27. 2003헌마694 등)에서 헌법재판소의 다수의견은 '시정연설에서의 발언'은 헌법소원의 대상이 되는 '공권력의 행사'라 할 수 없으므로 부적법하여 심판청구를 각하하였다. 그러나 재판관 4인의 소수의견은 공권력의 행사성을 인정한 다음, 나아가 '위헌적으로 실시되는 국민투표에 불참할 자유'가 침해되었다는 이유로 국민투표권의 침해를 인정하였다(판례집 15-2하, 350, 364-366). 그러나 '국민투표에 참여할 권리'와 마찬가지로, 그의 소극적인 측면인 '국민투표에 不參할 權利'도 기본권으로 인정되지 않는다. 뿐만 아니라, 설사 '국민투표에 불참할 권리'가 기본권으로 인정된다 하더라도, 국가가 국민투표에의 참여를 강제하는 경우에 비로소 '국민투표에 불참할 권리'는 제한을 받는다는 점에서, 위헌적인 국민투표의 실시로 인하여 침해된 것은 정확한 의미에서 '국민투표에 불참할 권리'가 아니라, '不參의 動機를 스스로 決定할 권리'이다. 그러나 자신의 행위를 결정하는 內的 動機에 대한 기본권적 보호를 제공하는 기본권은 유일하게 '양심의 자유'뿐이며, 그 외의 기본권이 보호하고자 하는 것은 원칙적으로 내적 동기가 아니다. 물론, 이 사건의 경우 양심의 문제가 아닌 것은 당연하다. 만일 기본권이 '개인의 주관적 동기'도 함께 보호한다면, 국가의 공권력 행사에 의하여 개인적인 동기에 대한 실망이 발생하는 경우, 그 공권력행사는 기본권을 침해하는 것이 되어, 개인의 기대나 동기를 충족시키지 못하는 국가의 모든 행위가 위헌이라는 결과에 이르게 될 것이다. 國民投票의 경우, 국민의 의사가 진정하게 반영되지 못하는 것은, 국민에게 '특정 사안에 대한 찬반의 이유'가 아니라 단지 '찬반 여부'만을 물을 수 있는 국민투표제도에 내재된 한계이며, 국민투표가 합헌적으로 실시되든지 또는 위헌적으로 실시되든지 간에, 그러한 이유로 인하여 모든 국민투표의 결과에 대해서는 다양한 해석이 가능하고, 이에 따라 그 의미가 왜곡될 가능성이 있는 것이다. 이러한 관점에서 볼 때, 소수의견의 견해는 비록 기발한 발상이기는 하나, 헌법이론적으로 유지되기 어렵다는 점에서 자의적이고 비논리적인 논거라고 할 수 있다.

법재판을 통하여 다툴 수 있는 국민투표권은 나오지 않는다.

다만, 국민투표를 규율하는 법률조항이 헌법상 선거원칙(헌법 제41조와 제67조)에 위반되는 경우에 한하여, 국민이 국민투표와 관련하여 헌법소원을 제기할 수 있는 가능성은 인정될 수 있을 뿐이다. 선거원칙은 민주국가의 기본원칙으로서 선거뿐만 아니라 국민투표에도 적용되어야 하므로, 국민투표의 실시와 관련하여 선거원칙에 위반되는 경우, 헌법소원을 제기할 수 있는 가능성이 열려 있어야 한다.[60]

2. 권한쟁의심판의 가능성

대통령이 입법사항에 해당하는 중요정책이나 법률안을 국민투표에 부의함으로써 국회의 입법권을 침해하는 경우에는, 국회는 헌법상 권한을 침해당한 국가기관으로서 헌법재판소법 제61조에 의하여 권한쟁의심판을 청구를 할 수 있다. 그러나 대통령이 순수하게 자신에 대한 신임여부만을 국민투표에 붙이는 경우에는 이로 인하여 국회의 입법권이 침해될 여지가 없으므로, 권한쟁의심판의 가능성이 배제된다.[61]

3. 탄핵심판의 가능성

대통령이 헌법 제72조에 의하여 부여받은 국민투표부의권을 위헌적으로 행사하는 경우, 그 직무집행에 있어서 헌법을 위반하는 것이므로, 헌법 제65조, 헌법재판소법 제48조에 의하여 탄핵소추의 대상이 될 수 있다.[62] 대통령이 헌법상 부여받은 권한을 위헌적으로 행사하였는지 여부를 다투고자 하는 경우, 일반적으로 탄핵심판절차가 이를 규명하기 위한 적합한 절차로서 고려된다. 특히, 대통령이 국민투표를 통하여 자신에 대한 신임여부를 묻는 경우와 같이 권한쟁의심판의 가능성이 존재하지 않는 경우에는, 탄핵심판절차는 대통령에 의한 위헌적인 국민투표부의권의 행사를 통제할 수 있는 유일한 절차이다.

Ⅴ. 맺는말

1. 헌법 제72조의 국민투표는 相議的·諮問的 국민투표가 아니라 법적 구속력을 가

60) 예컨대, 국민투표법이 보통선거원칙에 위반하여 일정 인적 집단을 국민투표의 참여로부터 배제하는 경우, 당사자는 이에 대항하여 그 위헌성을 주장할 수 있는 헌법소송법적 가능성이 열려 있어야 한다. 독일 헌법에서는 '영토의 재편성'과 관련하여 유일하게 국민투표의 가능성을 규정하고 있는데, 선거원칙에 위반된 경우를 제외하고는 헌법재판을 통하여 관철할 수 있는 국민투표권은 없다는 것이 통설이다. 이에 따라 헌법소원심판을 통하여 관철할 수 있는 기본권으로서 '선거권'만이 인정될 뿐, '국민투표에 참여할 국민의 권리'는 기본권으로 인정되고 있지 않다, vgl. BVerfGE 13, 54, 91ff.; 49, 15, 21ff.

61) 그러나 허영, 재신임 국민투표의 헌법적 검토, 고시계 2003. 11., 125면에서 재신임 국민투표의 경우에도 권한쟁의심판의 가능성을 인정하고 있다.

62) 같은 취지로 허영, 재신임 국민투표의 헌법적 검토, 고시계, 2003. 11., 124면.

지는 '확정적 국민투표'이다. 국민투표에서 특정 정책이 국민의 찬성을 얻은 경우에는 대통령에 의한 정책의 수행은 확정되어, 대통령은 국민투표에 의하여 확정된 정책을 수행해야 할 법적 의무를 부과 받게 된다.

헌법 제72조의 국민투표는 정치적 헌법기관 사이에 충돌이 있는 경우, 국민이 국정에 관한 최고의 조정자로서 직접 심판하는 '중재적 국민투표'의 성격을 지니고 있다. 구체적으로 헌법 제72조는 국가안위에 관한 중요정책에 관하여 정치적 헌법기관인 '대통령과 국회'의 견해가 서로 대립하는 경우, 대통령에게 국민투표의 형식으로 국민의 의사를 직접 확인할 수 있는 가능성을 부여함으로써 국회의 반대를 극복하여 자신의 안보정책을 관철할 수 있는 헌법적 도구를 제공하고 있는 것이다. 대통령에게 독점적으로 부여된 국민투표부의권이 단순히 특정정책에 대한 국민의 의사를 확인하는 헌법적 수단을 넘어서, 자신에게 유리한 방향으로 사용될 수 있는 정치적 무기라는 점을 고려할 때, 대통령에게 독점적으로 부의권을 부여하는 헌법 제72조는 가능하면 대통령에 의한 국민투표의 정치적 남용을 방지할 수 있도록 엄격하고 축소적으로 해석되어야 한다.

2. 헌법 제72조는 '국민투표의 대상'을 '외교·국방·통일 기타 국가안위에 관한 중요정책'으로 규정하고 있다. '국가안위'의 개념은 국가비상사태나 국가의 위기적 상황과 관계없는 일반적인 개념으로서 '국가의 안전보장'으로 이해해야 하며, 나아가 헌법 제72조의 헌법적 의미와 기능(중재적 국민투표)에 비추어 우리 헌법상 외교·안보의 영역에서 대통령의 정책과 국회의 권한이 충돌할 수 있는 전형적인 상황에 의하여 파악되어야 한다. 구체적으로, 헌법 제72조의 국민투표는 대통령의 외교·국방·통일의 영역에서의 정책결정권(제73조·제74조)과 국회의 동의권(제60조)이 서로 충돌하는 경우에 대통령이 직접 국민에게 자신의 정책에 대한 지지를 호소하는 헌법적 중재수단으로서 파악해야 한다. 헌법 제72조를 단지 이러한 관계에서 파악해야만, '국가안위에 관한 중요정책'의 의미가 구체적으로 한정될 수 있고, 이를 통하여 대통령이 헌법 제72조의 국민투표를 정치적 도구로 사용하는 가능성을 최소화할 수 있다. 따라서 '국가안위에 관한 중요정책'이란 헌법 제60조에 규정된 사안 중 외교·국방·통일과 같은 협의의 국가안전보장의 영역에 국한된다.

대통령이 다른 헌법기관의 권한에 속하는 사항을 국민투표로써 물을 수 없다는 것은 헌법상 권력분립질서에서 나오는 당연한 귀결이다. 대통령이 입법사항이나 법률안을 국민투표에 붙여 국민에 의하여 가결되는 경우에는 자신의 권한에 속하지 않는 것(법률의 제정)을 이행해야 할 헌법적 의무를 부과 받게 된다. 따라서 국민투표의 대상인 '국가안위에 관한 중요정책'은 원칙적으로 외교·국방·안보의 문제와 같이 헌법상 대통령의 전속적 관할에 속하는 사안이어야 하며, 사후적으로 국회의 입법을 요하는 입법사항이나 법률안은 원칙적으로 국민투표의 대상이 될 수 없다. 다만, 헌법 제60조 제1항에서 열거하는 '입법사항에 관한 조약'의 체결·비준과 관련하여 대통령과 국회 사이에 충돌이 발생하는 경우에 한하여 입법사항에 관한 것임에도 '예외적'으로 헌법 제72조의 국민투표의 대상이 될 수 있다.

또한, 대통령은 헌법상 국민에게 자신에 대한 信任을 국민투표의 형식으로 물을 수 없을 뿐만 아니라, 특정 정책을 국민투표에 붙이면서 이에 자신의 신임을 결부시키는 대통령의 행위도 위헌적인 행위로서 헌법적으로 허용되지 않는다.

3. 국민은 선거와 국민투표를 통하여 국가의사형성에 참여하는 한, 국가권력을 직접 행사하는 '헌법기관'으로서 활동한다. 국민도 헌법에 근거하여 선거나 국민투표의 형태로 헌법상 부과된 과제를 이행하는 한, 시예에스의 '헌법제정권력론'의 의미에서 '형성된 권력', 즉 헌법에 의하여 구성되어 특정한 권한을 부여받은 '헌법기관'에 속한다. 모든 국가권력이 국민으로부터 나오는 국민주권국가에서 국민은 헌법을 새로 제정하거나 개정할 수는 있으나, 일단 헌법이 확정된 이상, 헌법상 자신에게 부과된 과제의 이행에 있어서 그에 구속을 받는다.

따라서 국민을 비롯한 모든 헌법기관의 권한은 이를 부여하는 헌법상의 수권규범이 있어야만 인정된다. 헌법에 명시적으로 규정된 것 외의 다른 국민투표의 가능성은 국민주권주의나 민주주의원리와 같은 일반적 헌법적 원칙에 근거하여 인정될 수 없으며, 헌법에 명문으로 규정되지 않는 한 허용되지 않는다. 국민이 헌법기관으로서 활동하는 한, 국민이 직접 국가의사형성에 참여할 수 있는 직접민주적 요소는, 그것이 어떠한 형태의 것이든 간에 헌법에 명시적으로 규정된 경우에만 허용된다. 법적 구속력이 없는 국민질의의 경우에도 국민질의에 응하는 국민의 행위는 국가권력의 행사에 해당하고 이로써 국민이 헌법기관으로 활동한다는 점에서, 국가에 의한 국민질의의 실시도 헌법적 근거를 필요로 한다.

참고문헌

강경근, 헌법, 2002
권영성, 헌법학원론, 2003
김선택, 정책국민투표의 성격과 효력, 헌법논총 11집, 2000
_____, 재신임국민투표의 법률적 무의미성과 정치적 유의미성, 한국공법학회, 제112회 학술발표회, 2003. 11.
김철수, 헌법학개론, 2003
박인수, 대의제 민주주의와 국민투표, 한국공법학회, 제112회 학술발표회, 2003. 11.
성낙인, 헌법학, 2002
음선필, 대통령 재신임 국민투표, 한국공법학회, 제112회 학술발표회, 2003. 11.
한수웅, 본질성이론과 입법위임의 명확성원칙, 헌법논총 제14집, 2003
한태연, 헌법학, 1983
_____, 헌법과 국민, 1995
허 영, 한국헌법론, 1999
_____, 재신임국민투표의 헌법적 검토, 고시계, 2003. 11.
홍성방, 헌법학, 2003

Bleckmann, Die Zulässigkeit des Volksentscheides nach dem Grundgesetz, JZ 1978
Danwitz, Plebiszitäre Elemente in der staatlichen Willensbildung, DÖV 1992
Degenhart, Staatsrecht Ⅰ, 11. Aufl., 1995
Ebsen, Abstimmungen des Bundesvolkes als Verfassungsproblem, AöR110(1985)
Hesse, Grundzüge des Verfassungsrechts der Bundesrepublik Deutschland, 14. Aufl., 1984
Krause, Verfassungsrechtliche Möglichkeiten unmittelbarer Demokratie, in: Isensee/Kirchhof(Hg), Handbuch des Staatsrechts (HbStR), Bd.Ⅱ, 1987, §39
Kriele, Das demokratische Prinzip im Grundgesetz, VVDStRL 29(1971)
Maurer, Staatsrecht, 1999, §7
Pestalozza, Volksbefragung - das demokratische Minimum, NJW 1981
Scheuner, Das repräsentative Prinzip in der modernen Demokratie, in: Verfassungsrecht und Verfassungswirklichkeit, Festschrift für Hans Huber, 1961
C. Schmitt, Verfassungslehre, 1928, unveränderter Neudruck, 1954
H. Schneider, Volksabstimmungen in der rechtsstaatlichen Demokratie, in: Forschungen und Berichte aus dem Öffentlichen Recht, Gedächtnisschrift für Walter Jellinek, 1955
Stein/Frank, Staatsrecht, 17. Aufl., 2000, §14

Stern, Das Staatsrecht der Bundesrepublik Deutschland, Bd. I, 1984, §18
Weber, Mittelbare und unmittelbare Demokratie, in: ders., Spannungen und Kräfte im Westdeutschen Verfassungssystem, 1970

제2절 직업공무원제도

제1주제

헌법 제7조의 의미 및 직업공무원제도의 보장*

Ⅰ. 문제의 제기

헌법은 제7조 제1항에서 "공무원은 국민전체에 대한 봉사자이며, 국민에 대하여 책임을 진다."고 하여 '공무원의 헌법적 지위'를 규정하면서, 같은 조 제2항에서 "공무원의 신분과 정치적 중립성은 법률이 정하는 바에 의하여 보장된다."고 규정함으로써, 신분보장과 정치적 중립성을 본질적 구성요소로 하는 '직업공무원제도'를 법률로써 형성해야 할 의무를 입법자에게 부과하고 있다. 헌법은 제7조에서 공무원과 직업공무원제도에 관한 기본결정을 내리고 있음에도, 공무원의 지위와 직업공무원제도에 관한 문제는 주로 행정법의 규율대상으로 간주되어 법률상의 문제로 다루어지고 있으며, 헌법학에서 헌법 제7조의 의미와 내용을 밝히는 작업은 지금까지 거의 시도된 바 없다.

따라서 이 글의 주된 의도는 크게 2가지로 요약될 수 있다. 하나는 우리 헌법에서 공무원에 관한 주된 규정인 헌법 제7조 제1항의 규범적 의미를 밝히고자 하는 것이고, 다른 하나는 헌법 제7조 제2항의 직업공무원제도의 구조적 원칙과 이를 구성하는 본질적 요소를 규명하고자 하는 것이다. 첫 번째 주제와 관련하여, "국민전체에 대한 봉사자"로서의 공무원의 헌법적 지위가 무엇을 의미하는지, 이로부터 구체적으로 어떠한 헌

* 위 논문은 2012년 11월, 법조(법조협회) 제674호, 5-52면에 게재된 것을 일부 수정한 것이다.

법적 요청이 나오는지의 문제가 제기되는데. 특히 여기서 공직자의 '공익실현의무'의 내용이 무엇인지, 어떠한 관점에서 '공직윤리'가 중요한지의 문제가 함께 제기된다. 나아가 "국민에 대하여 책임을 진다"는 규정부분의 헌법적 의미가 무엇인지도 밝혀져야 한다. 두 번째 주제와 관련해서는, 헌법 제7조 제2항은 일반적으로 '직업공무원제도'를 헌법적으로 보장하고 있는 것으로 이해되고 있는데, 직업공무원제도에 관한 고유한 역사와 전통이 없는 우리의 헌법상황에서 어떠한 방법으로 직업공무원제도를 구성하는 구조적 원칙과 본질적 요소를 도출할 수 있는지의 문제, 이러한 본질적 요소가 어떠한 관점에서 직업공무원제도가 기능하기 위한 필수적인 조건에 해당하는지의 문제가 핵심적인 문제로 제기된다. 우리의 경우, 직업공무원제도에 관한 고유한 역사와 전통을 결여하고 있기 때문에 국가공동체 내에서 역사적으로 형성되고 전래된 제도의 원칙을 확인하는 것이 불가능하다는 점에서, 공무원에 관한 일련의 헌법규정의 해석을 통하여 직업공무원제도의 구조적 원칙을 밝혀내야 한다.

이 글에서는 우선 '公職'을 헌법적으로 파악하기 위한 전제조건으로서 '공직의 헌법적 의미', '공직과 개인의 구분', '공직과 기본권의 관계'를 살펴보고, 이러한 이해에 기초하여 헌법 제7조 제1항의 의미를 규명하고(아래 Ⅱ.), 이어서 헌법 제7조 제2항의 헌법적 의미를 확인한 다음, 헌법해석을 통하여 직업공무원제도를 구성하는 구조적 원칙과 본질적 요소가 무엇인지를 밝혀내고자 한다(아래 Ⅲ.). 마지막으로, 직업공무원제도의 본질적 구성요소인 '공무원의 충성의무', '공무원의 신분보장', '정치적 중립성' 및 '능력주의'가 어떠한 관점에서 직업공무원제도가 기능하기 위하여 필수적인 요건에 해당하는 것인지를 검토하고자 한다(아래 Ⅳ.).

Ⅱ. 헌법 제7조 제1항의 의미

1. 공무원의 개념 및 公職의 헌법적 의미

가. 공무원의 개념

헌법 제7조 제1항은 "공무원은 국민전체에 대한 봉사자이며, 국민에 대하여 책임을 진다."고 규정함으로써, '국민의 公僕'으로서 공무원의 헌법적 지위를 규정하고 있다. 일반적으로 공무원이란, 국민에 의하여 선출 또는 임용되어 국가나 공공단체와 공법상의 근무관계를 맺고 공공적 업무를 담당하고 있는 사람들을 말한다.[1] 한편, 공무원은 헌법이나 법률에서 다양한 의미로 사용되고 있다.[2] 공무원은 직업공무원뿐만 아니라 대통

1) 헌재 1992. 4. 28. 90헌바27, 판례집 4, 255, 264.

2) 공무원의 구분과 다양한 유형에 관하여 국가공무원법 제2조 및 지방공무원법 제2조 참조. 국가공무원법과 지방공무원법에 의하면, 공무원은 임명주체가 국가 또는 지방자치단체인지에 따라 국가공무원과 지방공무원으

령, 국회의원이나 장관 등 정무직·선출직 공무원을 포괄하는 의미로 사용되기도 하며, 때로는 행정공무원뿐만 아니라 법관이나 군인 등 직업공무원을 포괄하는 의미로 사용되기도 하고, 때로는 단지 일반 행정업무를 담당하는 공무원만을 의미하는 좁은 개념으로 사용되기도 한다.

헌법 제7조 제1항에서 말하는 '공무원'은 국민전체에 대한 봉사자로서 국가과제의 수행을 위하여 국가조직에 편입된 직업의 총체를 의미하는 것으로, 공법상의 모든 근무관계를 포괄하는 개념, 즉 '모든 공직자'를 포괄하는 개념이다. 여기서 '공무원'이란 공무원법상 경력직과 특수경력직을 포괄하는 광의의 공무원이다.[3] 반면에, 같은 조 제2항에서 말하는 '공무원'은 신분이 보장되는 경력직 공무원(직업공무원)만을 의미하는 협의의 공무원을 의미한다. 아래에서 '공직자'란 표현을 사용한다면, 헌법 제7조 제2항의 직업공무원에 대비되는 개념으로서, 헌법 제7조 제1항에서 말하는 '광의의 공무원'의 의미로 사용하기로 한다.

나. 公職의 헌법적 의미

국가는 공직을 통하여 활동한다. 공직은 국가행위가 가능하기 위한 국가조직상의 필수적 조건이다.[4] 국가는 공법인으로서 필연적으로 공직자, 즉 국가의 이름으로 국가에 대한 효력을 가지고 행동하는 자연인에 의존하고 있다. 공직은 국가과제의 이행을 위한 국가의 人的 도구이다.[5] 공직은 국가조직을 구성하는 최소의 단위이며, 개별공직자에게 위임된 국가권력의 한 부분이다. 공직은 기능적으로 국가권력의 행사이며 국가과제의 이행이다. 공직자는 자신의 관할과 권한의 범위 내에서 국가를 대표하고 국가로 기능하기 때문에, 이로부터 공직자에게는 공익실현에 그 궁극적 목적을 두고 있는 의무와 과제가 발생한다.

국가는 공직을 통하여 활동할 뿐만 아니라, 공직을 통하여 비로소 구체적으로 파악되고 可視化된다. 개인이 국가와 접촉한다는 것은 곧 구체적으로 공직자와 접촉한다는 것을 의미한다. 국가는 공직을 통해서만 윤리적으로 의무를 지고 법적으로 구속을 받는다. 공직은 '민주주의 관점에서는' 국가권력을 행사하기 위하여 국민이 부여하는 '권한'

로 大別되고, 이들은 각 다시 일반직(행정일반)·특정직(법관·검사·경찰·교육·군인 등)·기능직으로 세분되는 경력직공무원과 정무직(선출직 및 정무직)·별정직·계약직·고용직으로 세분되는 특수경력직공무원으로 구분된다.

3) '경력직공무원'이란 실적과 자격에 따라 임용되고 그 신분이 보장되며 평생토록 공무원으로 근무할 것이 예정되는 공무원을 말하며, '특수경력직공무원'이란 경력직공무원 외의 공무원을 말한다. 국가공무원법은 제2조에서 공무원을 '경력직공무원'과 '특수경력직공무원'으로 구분하여, 제2항에서 "경력직공무원이라 함은 실적과 자격에 의하여 임용되고 그 신분이 보장되며 평생토록 공무원으로 근무할 것이 예정되는 공무원을 말하며" 라고 규정하고 있다.

4) Vgl. O. Depenheuer, Das Öffentiche Amt, in: HbStR, Bd.Ⅲ, 2005, §36 Rn.1.

5) Vgl. Isensee, Öffentlicher Dienst, in: HbVerfR, 2. Aufl., 1994, §32 Rn.16; Vitzthum, Der funktionelle Anwendungsbereich der Grundrechte, in: HbGR, Bd.Ⅱ, 2006, §48 Rn.41.

이고, 국가권력의 궁극적 목적인 '공익실현의 관점에서는' 국민에 대하여 봉사하고 책임을 져야 하는 '의무'를 의미한다. 국가권력은 공직을 통하여, 국민을 위하여 국가과제를 이행해야 하는 공직자의 의무와 책임으로 변환된다.[6] 즉, '국가의 통치권한'은 공직자에 대해서는 '공직에서의 의무와 책임'을 의미하는 것이고, 공직이라는 매개를 통하여 '권력'이 '책임'으로 전환되는 것이다. 이러한 점에서, 공직은 국가의 정치적 지배를 '권력의 상태'에서 '법의 상태'로 전환하게 하는 매개체이다.

2. 공직과 개인의 구분

공직을 헌법적으로 파악하기 위한 첫 번째 관점은 '국가와 사회의 구분'이다.[7] 민주적 법치국가의 헌법은 국가와 사회라는 두 영역의 독자성과 구분에 기초하고 있다. 우리 헌법의 정치적 기본질서인 자유민주적 기본질서는 민주적 정당성에 바탕을 둔 '정치적 영역'과 자유권적 기본권에 의하여 보장되는 '사회의 영역'의 두 요소로 구성되어 있다. 사회의 영역에서는 기본권에 의하여 보장되는 자유행사의 헌법적 독자성이 존재하고, 국가의 영역(정치적 영역)에서는 민주적으로 정당화되는 국가권력의 헌법적 독자성이 존재한다. 공직은 자신의 정당성을 공직자 개인의 기본권이 아니라 국민의 의사로부터 획득한다.[8] 공직자는 국가권력을 행사하기 위하여 국민의 의사로부터 유래하는 민주적 정당성을 필요로 한다. 국가와 사회의 분리 및 兩 영역의 헌법적 독자성의 기초 위에서만 공직에 의하여 추구되어야 하는 '공익'과 '개인의 사적 이익'이 구분될 수 있다.

공직을 헌법적으로 파악하기 위한 또 다른 결정적인 관점은, 국민으로부터 위임받은 국가권력을 행사하는 '공직'과 기본권을 행사하는 '개인'의 구분이다.[9] 국민주권의 사고에 기초하는 민주국가에서 국가는 국민으로부터 나오는 국가권력을 위임받은 수탁자이며, 이에 따라 공직은 신탁자인 국민에 대하여 책임을 지며 위임된 국가권력을 행사하는 '신탁관계'를 의미한다.[10] 이러한 신탁관계로서의 공직의 사고는 공직과 개인의 구분, 공직자의 공익실현과 개인의 사적 이익의 구분, 공직의 객관적 의무와 개인의 주관적 권리의 구분을 필연적으로 가져온다.

그러므로 민주적 헌법국가에서 모든 국가권력은 단지 공직으로서만, 즉 국민에 대하여 책임을 져야하는 위임된 국가과제로서만 이해될 수 있다. 공직은 공직자에게 위임된 국가기능을 구체화한다. 공직자는 국가의 권한과 의무를 행사하고 과제수행에 대하여

6) Vgl. Isensee, Gemeinwohl und Staatsaufgaben im Verfassungsstaat, in: HbStR, Bd.Ⅲ, 1988, §57 Rn.10, 97; O. Depenheuer, Das Öffentiche Amt, in: HbStR, Bd.Ⅲ, 2005, §36 Rn.2.

7) Vgl. O. Depenheuer, Das Öffentiche Amt, in: HbStR, Bd.Ⅲ, 2005, §36 Rn.53; Isensee, Gemeinwohl und Staatsaufgaben im Verfassungsstaat, in: HbStR, Bd.Ⅲ, 1988, §57 Rn.63.

8) Vgl. Isensee, Öffentlicher Dienst, in: HbVerfR, 2. Aufl., 1994, §32 Rn.20.

9) Vgl. O. Depenheuer, Das Öffentiche Amt, in: HbStR, Bd.Ⅲ, 2005, §36 Rn.54ff.

10) Vgl. O. Depenheuer, Das Öffentiche Amt, in: HbStR, Bd.Ⅲ, 2005, §36 Rn.54.

국민에 대하여 책임을 진다. 공직자는 공직수행에 있어서 단지 객관적인 의무만을 가질 뿐, 주관적 권리를 가질 수 없다. 공직은 공직자의 소유물이 아니라 국민의 이익을 위하여 위임된 권한이므로, 공직자는 공직과 그의 권한을 임의로 처분할 수 없다.[11] 공직자는 공직을 취득할 수도 없고, 양도할 수도 없으며, 상속할 수도 없다. 공직자의 개인적 이익과 목표는 공직수행에 있어서 위임된 과제의 이행에 양보해야 한다. 가령, 공직자의 종교적 신념은 공직에서 국가의 종교적 중립성에 양보해야 하고, 外樣에 관한 개인적 취향은 공무에 적합한 복장이나 제복에 양보해야 한다. 공직자에게 위임된 국가기능은 그의 개인적 이익이나 목적에 기여해서는 안 되고, 오로지 객관적으로 부여된 권한의 행사에 기여해야 한다. 공직의 객관성에 대하여 개인의 주관성이 후퇴해야 하며, 공직은 공직자로부터 금욕, 자제 및 국민을 위한 利他主義를 요청한다.

3. 공직과 기본권의 관계

공직의 특징적 요소는 그에 귀속된 객관적 과제와 이에 수반되는 객관적 의무이다.[12] 공직은 객관적인 의무이지 주관적인 자유가 아니며, 국민에 대한 봉사이지 개인의 자기실현의 수단이 아니다.[13] 공직은 기본권에 의하여 발현되는 이기주의와 독단에 대하여 그와는 '반대되는 윤리'를 구현할 것을 요청한다. 자기실현을 위한 개인의 자유는 위임된 국가권력으로서의 공직의 사고 및 국민에 대한 이타적인 봉사의 사고에 부합하지 않는다.

공직자는 직무수행에 있어서 국민의 기본권을 존중해야 하고 준수해야 하는 것이지, 스스로 기본권을 주장할 수 없다. 국민에게 자유의 법적 조건을 보장하고자 하는 자는 스스로 자유로워서는 안 된다.[14] 국민이 자유롭기 위하여 공직자는 헌법적으로 기본권의 구속을 받으며, 국민의 자유를 보장해야 할 의무를 지고 있는 공직자는 스스로 기본권적 자유를 주장해서는 안 된다. 공직자가 직무수행과 관련하여 기본권적 자유를 주장할 수 있다면, 이는 자의적인 공권력행사를 가능하게 함으로써 법치국가와 국가권력의 민주적 정당성의 종말을 의미할 것이다. 그러므로 공직과 기본권적 자유는 원칙적으로 양립할 수 없다.[15]

---

11) Vgl. W. Loschelder, Grundrechte im Sonderstatus, in: HbStR, Bd.V, 1992, §123 Rn.31.
12) Vgl. O. Depenheuer, Das Öffentiche Amt, in: HbStR, Bd.Ⅲ, 2005, §36 Rn.60.
13) Vgl. Isensee, Öffentlicher Dienst, in: HbVerfR, 2. Aufl., 1994, §32 Rn.17.
14) Vgl. Isensee, Grundrechtsvoraussetzungen und Verfassungserwartungen an die Grundrechtsausübung, in: HbStR, Bd.V, 1992, §115 Rn.121ff.; Vitzthum, Der funktionelle Anwendungsbereich der Grundrechte, in: HbGR, Bd.Ⅱ, 2006, §48 Rn.10f., 38.
15) Vgl. Isensee, Gemeinwohl und Staatsaufgaben im Verfassungsstaat, in: HbStR, Bd.Ⅲ, 1988, §57 Rn.61.

4. “국민전체에 대한 봉사자”의 헌법적 의미

가. 공익실현의 의무

(1) 국가권력의 목적이자 정당성의 근거로서 공공복리의 실현

헌법 제7조 제1항은 공무원의 헌법적 지위를 “국민전체에 대한 봉사자”, 즉 국민의 公僕으로 규정하고 있는데, “국민전체에 대한 봉사자”가 헌법적으로 무엇을 의미하는 것인지, 공무원의 이러한 헌법적 지위가 구체적으로 어떠한 헌법적 요청을 담고 있는 것인지의 문제가 제기된다.

공공복리의 실현은 국가공동체의 존재의미이자 모든 정치적 지배 및 국가행위의 궁극적 목적이다.[16] 공공복리의 실현은 국가권력의 목적이자, 국가권력의 행사가 그 정당성을 획득하기 위한 조건이다. 공공복리는 국가의 정치적 활동에 방향과 지침을 제시하는 지도적 이념이며, 국가권력의 정당성의 근거이다. 공공복리는 국민의 행복과 복리에 관한 것이지, 국가기관의 복리에 관한 것이 아니다. 국가기관은 공공복리에 봉사하는 것을 그 목적으로 한다. 국가권력은 스스로를 위해서가 아니라 국가공동체로 결합한 국민을 위하여 존재하는 것이다. 이로써 공공복리는 국가권력의 自己目的的 行使에 대한 부정을 의미한다. 국가권력의 행사는 국민의 복리에 근거하는 정당성을 필요로 한다. 국가권력의 윤리적 정당성의 기원이 바로 공공복리의 실현에 있는 것이다. 이러한 점에서 공익실현의 사고는 국가 도덕성의 핵심이다. 국가권력의 정당성은 공공복리의 실현을 통하여 확보되고 강화된다.

(2) 국가의 도구인 공직자의 공익실현의무

따라서 국가의 궁극적인 목적이 ‘공익실현’이라면, 국가의 도구로서 기능하는 공직자가 공익실현의무의 구속을 받는 것은 당연하다. 공직자는 전적으로 국민의 이익을 위하여 공직을 행사해야 한다는 의미에서 공익실현의 의무를 진다. 전적으로 공익실현에 기여하는 국가권력의 행사만이 정당성을 가진다. 국가권력이 공직자의 사적 이익이나 특정 집단의 특수이익을 위하여 행사되는 그 순간에, 국가권력의 행사는 그 정당성을 상실한다. 헌법이 “국민전체에 대한 봉사자”란 표현을 통하여 스스로 밝히고 있듯이, 공직은 그 본질상 국민에 대한 봉사이고, 봉사는 의무와 책임을 수반한다.[17]

공직자는 국민의 공복이기 때문에, 특정 개인이나 집단, 정당 등의 부분이익이나 특수이익이 아니라 모든 국민의 이익, 즉 공익을 실현해야 한다. 공직자는 국민전체에 봉사하며, 그의 과제를 공정하게 이행해야 하고, 직무수행에 있어서 공익을 염두에 두어

---

16) Vgl. Isensee, Gemeinwohl un Staatsaufgaben im Verfassungsstaat, in: HbStR, Bd.Ⅲ, 1988, §57 Rn.8.
17) Vgl. O. Depenheuer, Das Öffentiche Amt, in: HbStR, Bd.Ⅲ, 2005, §36 Rn.67.

야 한다. 공직자는 그에게 위임된 권한으로부터 개인적 이익이든 또는 특정 정당이나 특정 사회집단의 이익이든 간에 사적 이익을 취해서는 안 된다. 따라서 헌법 제7조 제1항은 "국민전체에 대한 봉사자"의 표현을 통하여, 공직자의 공익실현의무를 규정하고 있는 것으로 파악해야 한다.

공익실현의 의무는 직업공무원뿐만 아니라 의회나 정부의 '정치적 공무원'에게도 적용된다. 가령, 국회의원은 헌법적 지위에 있어서 그를 선출한 유권자나 정당의 대표자가 아니라 국민의 대표자로서 자유위임에 근거하여 공익을 실현해야 할 의무를 진다.[18] 국회의원이 장관을 겸직하는 경우에도 장관은 공직자로서 공익실현의 의무를 지며, 그의 직무상 권한을 소속정당을 위하여 행사하는 것은 법적으로 금지된다. 헌법은 제46조 제2항에서("국가이익을 우선하여") 국회의원의 공익실현의무를, 제69조에서("국민의 … 복리의 증진 … 에 노력하여") 대통령의 공익실현의무를 규정함으로써, 제7조 제1항에 표현된 공직자의 공익실현의무를 구체화하면서 다시 한 번 강조하고 있다.

나. 법치국가에서 공공복리의 실현에 있어서 公職倫理의 중요성

(1) 헌법과 법률에 의한 공공복리의 規範化의 한계

법치국가는 인간이 아니라 법의 지배를 의미하지만, 實定法은 스스로 지배할 수 없다. 국가가 활동하기 위하여 그 도구로서 공직과 기관을 필요로 하는 것과 마찬가지로, 실정법은 자신을 집행하는 인간을 필요로 한다. 헌법을 비롯하여 실정법은 공직자를 구속함으로써 '법에 대한 공직자의 복종'과 함께 동시에 '공직자에 의한 법의 해석과 적용'을 필요로 한다. 헌법의 경우에도 마찬가지이다. 헌법도 해석과 적용의 대상이다. 법규범을 해석하고 적용 또는 실현하는 '공직'을 통하여 실정법이 비로소 생명으로 채워지고 효력을 발휘하게 된다.

한편, 법은 공익실현의 의무를 지는 공직을 완전히 규범화할 수 없다. 법치국가는 모든 국가권력의 행사를 법적으로 구속하고자 하는 국가이지만, 법에 의한 구속은 완전할 수 없다. 국가권력의 행사를 의미하는 공직은 전적으로 공익실현의무의 구속을 받지만, 공익은 법에 의하여 정의될 수 없고 단지 부분적으로만 규정될 수 있다. 따라서 실정법은 공공복리를 제한적으로만 규정할 수 있고, 그 결과 공익실현의 의무를 지는 공직을 단지 제한적으로만 규율할 수 있다.[19] 바로 이러한 점에서 국가와 법질서는 공익실현에 있어서 의회와 정부의 구성원 및 행정과 사법의 직업공무원을 포괄하는 '모든 공직자의 공직윤리'에 의존하고 있는 것이다.

---

18) 정당의 대표자가 국가영역에 진출하는 경우에는 '정당의 대표자'이자 '국가기관'이라는 이중적 지위를 가진다. 정당의 대표자가 국가영역에서 국가기능을 수행하는 한, '국가기관'으로서 공익실현의 의무를 진다.

19) Vgl. O. Depenheuer, Das Öffentiche Amt, in: HbStR, Bd.Ⅲ, 2005, §36 Rn.43.

(2) 입법을 통하여 공공복리를 구체화하는 '입법자의 공직윤리'의 중요성

(가) 헌법국가에서 공익은 일차적으로 헌법에 의하여 구체화된다.[20] 헌법은 국가의 법적 기본질서로서 기능하기 위하여 사회적 공동생활과 정치적 지배의 기본원칙을 확정하여 제시해야 한다. 물론, 헌법은 국민의 자유공간을 보장하고 의회에 의한 정치적 과정을 개방해야 하기 때문에, 단지 부분적으로만 기본원칙과 방향을 제시할 수 있다. 헌법은 다음과 같은 관점에서 공익을 구체화하는 과제를 이행한다.[21]

첫째, 헌법은 인간존엄성보장, 사회정의의 실현의무를 부과하는 사회국가원리 등 국가과제를 통하여 '공익의 내용'이 무엇인지에 관한 방향과 지침을 제시함으로써 공익을 구체화한다. 물론, 여기서 헌법은 스스로 공익의 내용을 구체화하는 작업의 한계를 인식하여 이를 입법자에 의한 정치적 형성에 전반적으로 위임하고 있다. 둘째, 헌법은 공익발견의 과제를 국가와 사회 사이에 배분하여 공익발견에 있어서 사회에게 중요한 역할을 부여함으로써, '공익발견절차의 측면'에서 공익을 구체화하고 있다.[22] 헌법은 기본권의 보장을 통하여 다원적 민주주의에서의 공익발견과정에 사회를 참여시키며, 특히 표현의 자유, 집회・결사의 자유를 비롯한 '정치적 자유권'은 국가에 대한 방어권적 의미를 넘어서 공익발견에 있어서 사회의 참여가능성을 보장한다. 정치적 자유권은 국가권력을 제한할 뿐만 아니라, 기본권주체에게 공익의 형성과정에 참여할 수 있는 가능성을 부여함으로써 공동체를 구성하는 이중적 성격을 가지는 것이다. 셋째, 헌법은 공익의 구체적인 내용을 결정하는 국가의 권한과 절차, 즉 국가의 공익발견절차인 국가의사결정절차를 규정함으로써 공익을 구체화하고 있다. 헌법은 입법절차, 사법・행정절차 등의 규율을 통하여 공익을 발견하는 합리적인 국가절차를 제공한다.

(나) 그럼에도 헌법은 단지 공익발견의 내용적 지침과 절차적 과정만을 확정할 뿐, 구체적인 사안과 관련하여 공익을 구체화하는 과제를 입법자에게 위임하고 있다. 헌법의 목적은 국가의 정치적 지배를 법적으로 구속하고자 하는 것이다. 그러나 헌법에 의한 '정치의 법적 구속'은 완전한 구속일 수 없다.[23] 헌법에 의하여 완전히 정치를 규범화한다는 것은 '정치의 否定'을 의미한다. 정치는 '헌법의 집행'으로 축소될 것이고, 이로써 궁극적으로 '행정'으로 변질될 것이다. 헌법은 정치를 불필요한 것으로 만드는 것이 아니라, 정치를 유도하고 합리화하고자 하는 것이다. 그러므로 헌법은 항상 정치에 대하여 단지 '규범적 울타리'일 뿐이다. 입법자는 헌법을 집행하는 것이 아니라 구체화

20) Vgl. Battis, in: Achterberg/Püttner/Würtenberger(Hg), Besonderes Verwaltungsrecht Bd.Ⅱ, 2000, S.1060.

21) Vgl. Isensee, Gemeinwohl und Staatsaufgaben im Verfassungsstaat, in: HbStR, Bd.Ⅲ, 1988, §57 Rn.78ff., 82ff., 90ff., 108.

22) 이에 관하여 상세하게 아래 Ⅱ. 4. 다. (2) 참조.

23) 한수웅, 헌법학, 2012, 11면 이하, 1107면 이하 참조.

하고 실현하는 것이다.

바로 여기에 공익을 실현해야 하는 '입법자의 공직윤리'의 중요성이 부각된다. 공익이 궁극적으로 입법자의 법률에 의하여 구체화되지만 입법자는 공익실현과 관련하여 헌법의 구속을 거의 받지 않는다는 점에서 의원의 공익실현의무는 원칙적으로 '윤리적인 성격'을 가지며, 바로 이러한 이유에서 의원의 공직윤리의 중요성이 대두되는 것이다.[24] 의원은 헌법상 자유위임에 근거하여 외부의 지시와 위임으로부터 독립적이고, 오로지 양심에의 구속만을 받는다(헌법 제46조 제2항). 대의기관의 자유위임은 전체국민을 위한 대의를 가능하게 한다. 그러나 헌법상 보장된 자유위임은 공익을 실현하고자 하는 의원의 공직윤리에 전적으로 의존하고 있다.

(3) 법률을 해석 · 적용하는 '직업공무원의 공직윤리'의 중요성

공익은 이익조정기관인 의회에 의하여 법률의 형태로 구체화되고, 이러한 형태로 구체화된 공익은 행정과 사법을 구속한다. 그러나 이러한 법적 상황도 직업공무원이 어느 정도는 스스로 공익을 구체화해야 한다는 부담을 덜어주는 것은 아니다. 의회와 정부의 공익실현의무는 규범화되지 않았다는 점에서 일차적으로 '윤리적 의무'의 성격을 가지는 반면, 법에 의하여 행위지침이 제시되고 법에 대한 복종의무를 지는 행정과 사법의 직업공무원의 경우 공익실현의무는 전반적으로 규범화되어 있기 때문에 일차적으로 '법적 의무'의 성격을 가진다.

그렇다고 하여 행정과 사법의 공익실현의무가 윤리적 의무로서의 성격을 상실하는 것은 아니다. 법이 해석과 적용을 필요로 하는 한, 법질서는 공무원에 의한 법의 해석, 즉 공익에 부합하는 법의 해석에 의존하고 있다.[25] 이러한 점에서, 법치국가의 핵심원칙으로서 '법률에 의한 행정의 원칙'은 법의 구속의 한계를 드러낸다. 법치국가에서도 법률이 행정을 완전히 구속할 수 없다는 점에서, 법에 의한 구속이 끝나는 곳에서 공무원은 직접 공익실현의 의무와 對面하게 된다. 공무원이 법질서의 범주 내에서 스스로 해석할 수 있고 결정할 수 있는 자유공간이 주어진 곳에서는 공익실현의무의 직접적인 구속을 받기 때문에, 공익에 부합하는 법률의 해석이나 재량의 행사를 통하여 스스로 공익을 구체화해야 한다. 바로 여기에서 '직업공무원의 공직윤리'의 중요성이 드러난다.

다. 공익실현의무의 내용

(1) 공공복리의 발견 과정

공직자가 공익실현의 의무를 진다면, 공익실현의 요청이 무엇인지의 문제가 제기된

---

24) Vgl. Isensee, Gemeinwohl und Staatsaufgaben im Verfassungsstaat, in: HbStR, Bd.Ⅲ, 1988, §57 Rn.101f.

25) Vgl. O. Depenheuer, Das Öffentiche Amt, in: HbStR, Bd.Ⅲ, 2005, §36 Rn.44.

다. 여기서 공익실현의 요청이란 '국가공동체의 결정은 타당해야 한다는 것'을 의미한다. 즉, 공익이란 '타당한 것'의 동의어이고 '국가공동체를 위한 타당한 결정'을 말한다. 문제는 사고와 가치의 다양성을 기반으로 하는 다원적 민주주의에서 '무엇이 타당한 것인지'를 어떻게 인식할 수 있는가 하는 것이다.[26] 공익은 정의될 수도 없고 내용적으로 사전에 확정될 수도 없다. 다원적 민주주의는 '아무도 처음부터 무엇이 타당한 것인지를 확실하게 말할 수 없다'는 것을 출발점으로 삼는다. 모든 것이 불확실한 가운데 단지 하나 확실한 것이 있다면, 그것은 '공익이 확정된 내용으로 존재하지 않는다'는 것이다. 공익이란 先驗的으로(a-priori) 확정된 것이 아니라, 경험적으로(a-posteriori) 인식할 수 있는 것이다.

따라서 공익이란 그 자체로서 국가에 의하여 독자적으로 인식될 수 있거나 아니면 일방적으로 확정될 수 있는 고정·불변의 실체가 아니라 사회의 다양한 이익의 경쟁 속에서 합의와 타협을 통하여 비로소 발견되는 可變的인 것이다.[27] 즉, 공익이 무엇인가 하는 것은 이미 확정된 것이거나 아니면 국가권력이 일방적으로 규정할 수 있는 것이 아니라, 모든 국민의 자유로운 참여가능성이 개방된 민주적 정치의사형성절차에서 매 경우 구체적인 사안마다 다양한 세력들의 대립과 경쟁을 통하여 나오는 조화와 타협의 산물이다.[28] 모든 사회적 세력이 정치적 의사형성과정에 참여함으로써 사회단체간의 세력균형과 경쟁을 통하여 모든 사회적 이익을 적절하게 고려하는 공익이 발견될 수 있다. 이로써 공익발견이란 '과정과 절차의 문제'로서 '경쟁하는 다양한 부분이익 사이의 선별과정'에 관한 것이다.[29]

(2) 소극적 의미 및 적극적 의미에서 공직자의 공익실현의무

(가) 특정한 상황에서 공익의 구체적 내용을 확정하는 것이 어렵다 하더라도, 공직자의 공익실현의무는 공허한 구호가 아니라 공직자에 대한 헌법적 요청이자 윤리적 요청이다. 공익실현의무는 적어도 '소극적 의미'에서 '모든 형태의 利己에 대한 부정'으로 정의될 수 있다.[30] 공직자는 공익실현의 의무를 지기 때문에, 공직은 개인적 이익을 비롯하여 특정 정당이나 사회단체의 이익 등 사적 이익을 추구하는 데 기여해서는 안 된다. 사적인 이익이나 동기, 정치적·종교적 신념 등은 공직수행에 있어서 어떠한 영향도 미쳐서는 안 된다. 공직은 자신을 위한 것이 아니라 남을 위한 것이다. 공직자로서 국가

26) 다원적 민주주의에서 공익발견의 절차에 관하여 한수웅, 헌법학, 2012, 135면 이하 참조.
27) Vgl. v. Arnim, Staatslehre der Bundesrepublik Deutschland, 1984, S.180ff.
28) 같은 취지로 헌재 1999. 11. 25, 98헌마141. 판례집 11-2, 614, 627(재판관 김문희, 재판관 이재화의 반대의견).
29) Vgl. Isensee, Gemeinwohl und Staatsaufgaben im Verfassungsstaat, in: HbStR, Bd.Ⅲ, 1988, §57 Rn.88ff.
30) Vgl. O. Depenheuer, Das Öffentiche Amt, in: HbStR, Bd.Ⅲ, 2005, §36 Rn.71; Isensee, Gemeinwohl und Staatsaufgaben im Verfassungsstaat, in: HbStR, Bd.Ⅲ, 1988, §57 Rn.10.

권력의 행사에 참여한다는 것은 직무수행에서 주관성과 자의의 금지, 이기와 자기실현의 포기, 즉 전적으로 공공복리에 봉사하기 위하여 금욕과 자제를 요구하는 것이다.

(나) 나아가, 공익실현의무는 '적극적 의미'에서 '공익의 不偏不黨한 수호자로서 공직자'의 기능을 강조하고 있다.[31] '국가와 공직자가 실현해야 하는 공익'과 '사회 내의 다양한 이익 간의 경쟁을 통하여 나오는 공익'이 일치하는 것은 아니며, 양자는 구분되어야 한다. 사회에 의한 공익의 형성은 헌법상 보장된 기본권적 자유의 행사에 기초하고 있는 반면, 국가에 의한 공익의 형성은 공익실현을 목표로 하는 공직의 민주적 정당성에 기초하고 있기 때문이다. 기본권주체가 자유행사의 여부, 목적과 방법에 관하여 자율적으로 결정한다는 것에 자유의 본질이 있으므로, 개인은 행위의 동기와 목표에 있어서 아무런 구속을 받지 않으며, 이기주의는 기본권행사의 당연한 동기이자 사회에 의한 공익형성의 수단으로서 전제되는 반면, 공직은 공익실현의무의 구속을 받는다.

다수의 정당과 이익단체가 국민과 국가 사이에서 정치적 의사형성과정의 매개체로 활동하는 오늘날의 다원적 민주주의에서, 국가는 사회로부터의 정치적 영향력행사에 대하여 개방되어 있다. 서로 경쟁하고 충돌하는 사회의 이익은 국가의 의사형성과정에 유입되어 이익조정이 이루어진다. 그러나 국가는 사회의 영역에서 다양한 이익간의 자유경쟁을 통하여 발견된 공익을 그대로 수용하지 않는다. 국가는 공익의 발견과정에서 이익간의 자유경쟁에서 열세에 있는 부분이익 또는 국민 모두와 관련되는 일반적 이익(가령, 환경보전)도 함께 고려해야 한다. 국가에 의하여 추구되는 공익은 사회적 세력 간의 경쟁의 결과에 대한 보완과 수정을 필요로 한다.[32]

(다) 국가권력의 본질적 특징인 內的 主權性(對內的 最高性)은 궁극적으로 국가의 공익실현의 능력을 의미한다.[33] 현대의 다원적 민주주의에서 內的 主權이란, 사회세력에 대하여 독립성과 등거리를 유지하고 독자적인 책임 하에서 공공복리의 요청을 실현하고 이를 사회단체의 강력한 저항에 대해서도 관철하는 국가의 능력과 권한을 의미한다. 현대의 사회국가는 다양한 이익간의 자유경쟁으로부터 자동적으로 최상의 결과가 나온다는 낙관론에 동의하지 않는다.[34] 사회국가원리는 사적 자치가 실질적 타당성과 정의를 보장하지 않는다는 것에 대한 헌법적 표현이다. 국가는 무엇보다도 입법권의 행사를 통하여 '부분이익에 대한 공익의 수호자'로서의 과제를 이행한다. 대의제에서 의회는 각종 부분이익과 특수이익의 자유로운 경합의 장소이며, 나아가 '여과되지 않은 이익'들을 취

---

31) Vgl. H. Lecheler, Das Berufsbeamtentum, in: FS 50 Jahre Bundesverfassungsgericht, Bd.Ⅱ, 2001, S.378; Isensee, Gemeinwohl und Staatsaufgaben im Verfassungsstaat, in: HbStR, Bd.Ⅲ, 1988, §57 Rn.57, 83.

32) 이러한 관점에서, 정치적 세력에 대한 직업공무원의 평형추의 역할에 관하여 아래 Ⅳ. 3. 나. 참조.

33) 국가권력의 본질적 특징인 主權은 내적 주권(대내적 최고성) 및 외적 주권(대외적 독립성)이라는 2가지 요소로 구성된다. 이에 관하여 자세하게 한수웅, 헌법학, 2012, 89면 이하 참조.

34) 한수웅, 헌법학, 2012, 297면 참조.

합하여 제련함으로써 '정제된 이익'을 공익으로서 추출하는 장소인 것이다.[35]

5. "국민에 대하여 책임을 진다."의 헌법적 의미

가. 학계의 견해

헌법 제7조 제1항은 "공무원은 … 국민에 대하여 책임을 진다."고 하여 국민에 대한 공무원의 책임을 언급하고 있다. 여기서 말하는 '책임'이 법적 또는 정치적 책임인지에 관하여 학계에서 논란이 있으나,[36] 이러한 논란은 아무런 실익도 없는 지극히 무의미한 것이다.[37] 여기서의 '책임'이 '공직자가 자신의 구체적 행위에 대하여 국민에게 책임을 진다'는 의미라면, 이러한 의미의 '책임'은 당연히 법적 책임과 정치적 책임을 모두 포괄해야 할 것이다.

학계의 다수견해에 따라, 여기서의 '책임'을 '공직자의 구체적인 직무수행에 대하여 법적·정치적 책임을 추궁할 수 있다'는 의미로 이해할 수도 있다. 그러나 이러한 의미의 책임은 민주적 법치국가에서 지극히 당연한 것으로, 이와 같은 내용을 담기 위하여 위 조항이 헌법에 삽입되었다고 보기는 어렵다. 학계의 견해에 의하면, '정치적 책임'이란 구체적으로 선출직 공무원의 경우 선거를 통한 국민의 심판, 국무총리 및 국무위원에 대한 해임건의를 의미하며, '법적 책임'이란 구체적으로 고위직 공무원에 대한 탄핵소추, 헌법 제29조의 손해배상청구권을 비롯한 민사·형사적 책임 등을 의미한다고 한다. 그러나 공무원의 이러한 법적·정치적 책임은 대부분의 경우 단지 일부의 특정 공무원에 대해서만 또는 법위반 등 특정한 경우에만 적용되는 것으로, 모든 공무원의 일반적이고 보편적인 책임, 즉 모든 공무원에게 일상적으로 부과되는 책임을 포괄하지 못한다.

나. 국민으로부터 위임받은 국가권력인 공직으로부터 파생하는 책임

이러한 관점에서 볼 때, 헌법은 제7조 제1항에서 '공무원의 책임'이란 표현을 통하여 보다 포괄적이고 근본적인 것을 의도하고 있다고 보아야 한다. 여기서 '국민에 대한 공무원의 책임'이란 구체적 직무수행행위에 대하여 개별적으로 져야하는 정치적·법적 책임을 의미하는 것이 아니라, '국민과의 관계에서' 모든 공직자에게 공통적으로 부과되는 일반적이고 포괄적인 책임을 의미하는 것이다. 헌법은 무엇보다도 "국민에 대하여"라는 수식어를 통하여 '정치적 또는 법적 책임'이라는 의미에서 '책임의 성격'이 아니라 '국민'이라는 '책임의 상대방'을 강조하고 있는 것이다.

---

35) 한태연, 헌법학, 1983, 154면.
36) 가령, 권영성, 헌법학, 2010, 228면; 성낙인, 헌법학, 2010, 1099면.
37) 같은 취지로 허영, 한국헌법론, 2010, 814면 이하.

여기서의 '책임'이란 '국민의 공복'으로서 공직자의 헌법적 지위(공익실현의무)와의 연관관계에서 이해해야 하고, 이로써 그와 불가분의 관계에 있는 또는 그로부터 필연적으로 파생하는 공직자의 '일반적 책임과 의무'를 뜻하는 것으로 파악해야 한다. 대의민주제에서 국민으로부터 국가권력의 행사를 위임받은 공직자는 그 권한행사에 대하여 국가권력을 위임한 국민에 대하여 책임을 져야 한다. 공직은 그 본질상 책임을 질 '상대방'을 전제로 한다.

국민으로부터 국가권력의 행사를 위임받은 공직자에게는 국민이 그 상대방이며, 국민에 대하여 책임을 진다. 공직은 책임을 질 상대방을 필요로 하기 때문에, 행위에 대하여 책임이 존재하지 않는 곳에서는 공직이 존재하지 않는다.[38] 공직인지 여부를 판단하는 결정적인 기준은 자신의 행위에 대한 책임 여부이다. 따라서 유권자로서의 국민은 그 누구에 대해서도 자신의 결정에 대하여 정치적으로 책임을 지지 않기 때문에, 유권자의 지위는 공직이 아니다. 그러므로 직접민주주의에서 공직은 생각할 수 없다. 반면에, 대의제는 오로지 공직을 통해서만 실현될 수 있다. 공직은 봉사이고 봉사는 의무이며, 의무는 책임을 수반한다.

공직은 국민에 의하여 위임된 국가과제이고, 공직자는 국가과제의 수행에 대하여 국민에 대하여 책임을 진다. 공직자의 책임은 '위임된 국가권력'이라는 공직의 사고로부터 나오는 필연적인 결과이다. 결국, 국민에 대한 책임을 진다는 것은, 일차적으로 공직이 국민으로부터 위임받은 국가권력이라는 것을 표현하는 것이고, 나아가 이로부터 파생하는 공직자의 책임과 의무인 '주관성과 恣意의 금지', '利己와 자기실현의 포기'를 강조하고 있는 것이다.

Ⅲ. 직업공무원제도의 헌법적 보장

1. 헌법 제7조 제2항의 의미

가. 제도보장이론에 따른 제도보장의 개념 및 효력

(1) 헌법은 제7조 제2항에서 "공무원의 신분과 정치적 중립성은 법률이 정하는 바에 의하여 보장된다."고 규정하고 있다. 이로써 헌법은 직업공무원제도를 헌법적 제도로서 보장하면서, 신분보장과 정치적 중립성을 본질적 구성요소로 하는 직업공무원제도를 법률로써 형성해야 할 의무를 입법자에게 부과하고 있다. 직업공무원제도를 헌법적 제도로서 보장한다는 것은 무엇보다도 입법자에게 직업공무원제도를 유지하고 구체적으로 형성해야 할 의무를 부과한다는 것을 의미한다.[39]

---

38) Vgl. O. Depenheuer, Das Öffentiche Amt, in: HbStR, Bd.Ⅲ, 2005, §36 Rn.77.

제도보장이란, 역사적으로 장기간에 걸쳐 형성되어 사회의 의식에 깊게 뿌리내림으로써 공동체에 있어서 중요한 의미와 고유한 가치를 가지며 장래에도 계속 존속해야 하는 특정 제도의 헌법적 보장을 의미한다.[40] 과거 헌법국가의 역사적 발전과정에서 국가에 의한 위협의 우려가 있기 때문에, 공동체의 장래에 있어서 중요한 의미와 고유한 가치를 가지는 특정 제도를 헌법적으로 보호하고자 하는 것이 바로 제도보장이다.[41] '제도보장이론'은 독일 바이마르 공화국 당시 대표적인 공법학자인 칼 슈미트(Carl Schmitt)가 제시한 이론으로, 그는 '헌법적으로 보장되는 제도'를 사유재산제, 혼인·가족제도와 같은 私法 영역에서의 '제도보장'(Institutsgarantie)과 국가존립의 기반이 되는 제도로서 선거제도, 정당제도, 지방자치제도, 교육제도 등 公法 영역에서의 '제도적 보장'(institutionelle Garantie)으로 구분하였고, 입법자가 제도를 제한하고 형성할 수는 있으나 제거해서는 안 된다고 하면서, 제도보장에 의하여 제도의 존속만이 보장되는 것이 아니라 제도의 역사적 발전과정에서 형성된 전형적이고 본질적인 특징도 유지되어야 한다고 서술하였다.[42] 제도보장이론은 입법자가 헌법의 구속을 받지 않는다는 것을 전제로 하는 바이마르 헌법학의 산물로서, 헌법의 구속을 받지 않는 입법자를 최소한이나마 제도의 핵심적 내용에 구속시키고자 하는 것이었다.

이러한 관점에서 볼 때, '제도적 보장'이란 원래 국가공동체 내에서 역사적·전통적으로 형성된 중요하고 의미 있는 공법상 기존 제도의 헌법적 보장에 관한 것이다. 그러나 우리의 경우 직업공무원제도에 관한 고유한 역사와 전통을 결여하고 있기 때문에, 헌법은 이러한 현실을 감안하여 제7조 제2항에서 서구에서 형성된 직업공무원제도를 수용하면서, '신분보장'과 '정치적 중립성'의 요소를 통하여 헌법이 예정하는 직업공무원제도의 구조적 원칙을 스스로 제시하고 있는 것이다.[43] 이로써 헌법 제7조 제2항은 입법자에 대한 헌법위임으로서, 직업공무원제도를 헌법이 제시하는 구조적 원칙에 따라 시대에 맞게 구체적으로 형성해야 할 의무를 입법자에게 부과하고 있다.

(2) 제도보장이론에 의하면, 제도보장의 의미는 정치적·법적 변화에서도 제도의 본

---

39) Vgl. BVerfGE 9, 268, 286f.

40) 제도보장에 관하여 전반적으로 한수웅, 헌법학, 2012, 414면 이하 참조; vgl. Kloepfer, Einrichtungsgarantien, in: HbGR, Bd.Ⅱ, 2006, §43.

41) 헌재 1997. 4. 24. 95헌바48, 판례집 9-1, 435, 444, [직업공무원제도와 관련하여 제도적 보장의 의미에 관하여] "제도적 보장은 객관적 제도를 헌법에 규정하여 당해 제도의 본질을 유지하려는 것으로서, 헌법제정권자가 특히 중요하고도 가치가 있다고 인정되고 헌법적으로 보장할 필요가 있다고 생각하는 국가제도를 헌법에 규정함으로써 장래의 법발전, 법형성의 방침과 범주를 미리 규율하려는데 있다."

42) Vgl. C. Schmitt, Verfassungslehre, 1928, S.125f.; ders., Freiheitsrechte und institutionelle Garantien, in: verfassungsrechtliche Aufsätze aus den Jahren 1924-1954, 1973, S.140ff.

43) 이에 대하여, 직업공무원제도가 장기간에 걸쳐 전통적으로 형성된 독일의 경우, 기본법에서 다음과 같이 규정하고 있다. 기본법 제33조 ④ 고권적 권한의 행사는 원칙적으로 공법상의 근무·충성관계에 있는 공무원에게 상시적인 과제로서 위임되어야 한다. ⑤ 공무원에 관한 법은 직업공무원제도의 전통적인 원칙(hergebrachte Grundsätze)을 고려하여 규율해야 한다.

질과 정체성을 보장하고자 하는 것이다. 제도보장의 일차적 효력은, 입법자가 입법을 통하여 존재하는 제도를 근본적으로 변화시키는 것의 방지에 있다. 그러나 제도보장은 현재의 법적 상태를 그 자체로서 보호하고자 하는 것은 아니다. 제도는 유지되어야 할 뿐만 아니라, 사회현상의 변화에 부단히 대처하고 적응해야 한다.[44] 법규범이 자신의 효력을 유지하기 위해서는 변화하는 사회현상에 적응해야 하는 것과 마찬가지로, 제도를 구성하는 규범체계도 사회현상의 변화에 적응할 수 있어야 한다. 바로 이러한 이유에서, 입법자에게는 제도의 본질을 훼손하지 않는 범위 내에서 광범위한 형성권이 인정된다. 제도보장은 제도의 모든 변경을 금지하는 것이 아니라, 제도를 구성하는 특징적이고 구조적인 핵심을 보호하고자 하는 것이다. 따라서 제도보장의 경우, 제도의 핵심적 내용이 보장되어야 한다는 의미로 보호의 기능이 축소된다('최소한 보장의 원칙').[45]

나. 직업공무원제도의 형성에 있어서 입법자에 대한 구속의 내용

(1) 직업공무원제도를 도입한 헌법의 가치결정에 의한 구속

헌법재판소는 "제도적 보장은 기본권 보장의 경우와는 달리 그 본질적 내용을 침해하지 아니하는 범위 안에서 입법자에게 제도의 구체적인 내용과 형태의 형성권을 폭넓게 인정한다는 의미에서 '최소한 보장의 원칙'이 적용될 뿐인 것이다."라고 판시하여, 직업공무원제도의 헌법적 보장을 제도보장이론에 따라 '최소한의 보장'으로 이해하고 있다.[46] 그러나 모든 국가기관이 헌법의 구속을 받는 오늘날의 헌법국가에서, 입법자는 직업공무원제도를 구체적으로 형성함에 있어서 독일 바이마르 공화국의 특수한 헌법적 상황에서 발생한 '제도보장이론'이라는 특정한 헌법이론의 구속을 받는 것이 아니라 직업공무원제도를 보장하고 있는 헌법규범, 즉 직업공무원제도를 도입한 헌법의 가치결정의 구속을 받는다.

직업공무원제도의 형성에 관한 고유한 역사와 전통을 가지고 있지 않은 우리의 경우, 직업공무원제도를 구성하는 구조적 원칙은 역사적·전통적으로 규명될 수 있는 것이 아니라 헌법해석을 통하여 목적적·기능적으로 밝혀져야 한다. 헌법은 스스로 제도를 구성하는 2가지 본질적 요소(공무원의 신분보장과 정치적 중립성)를 명시적으로 제시하고 있다. 제도를 구성하는 구조적 원칙은 제도가 유지되고 기능하기 위한 최소한의 불가결한 요소이며, 입법자는 이러한 구조적 원칙을 고려하여 제도가 기능할 수 있도록

---

44) Vgl. H. Lecheler, Das Berufsbeamtentum, in: FS 50 Jahre Bundesverfassungsgericht, Bd.Ⅱ, 2001, S.372.

45) 헌재 1997. 4. 24. 95헌바48, 판례집 9-1, 435, 445, "기본권의 보장은 … '최대한 보장의 원칙'이 적용되는 것임에 반하여, 제도적 보장은 기본권 보장의 경우와는 달리 그 본질적 내용을 침해하지 아니하는 범위 안에서 입법자에게 제도의 구체적인 내용과 형태의 형성권을 폭넓게 인정한다는 의미에서 '최소한 보장의 원칙'이 적용될 뿐인 것이다."

46) 헌재 1997. 4. 24. 95헌바48(동장의 신분보장), 판례집 9-1, 435, 444.

구체적으로 형성해야 한다는 구속을 받는다. 직업공무원제도의 보장은 기능적인 관점에서 법치국가적 행정을 보장하기 위하여 공무원의 공법상의 법적 지위를 형성해야 할 입법자의 의무로 서술할 수 있다.

따라서 입법자는 직업공무원제도를 구체적으로 형성함에 있어서 직업공무원제도를 보장하는 헌법의 가치결정을 존중하고 고려해야 한다는 구속을 받는다. 입법자는 직업공무원제도에 관한 헌법의 가치결정, 즉 '제도의 구조적 원칙'과 '이와 충돌하는 반대법익'을 교량함에 있어서 '실제적 조화의 원칙'에 따라 가능하면 양 법익을 모두 최대한으로 실현할 수 있도록 규율해야 하고, 이로써 양 법익 사이에 조화와 균형을 이루고자 시도해야 한다. 이러한 의미에서 '자유는 최대한으로 보장되지만, 제도는 최소한으로 보장된다'는 헌법재판소의 판시내용은 더 이상 타당하지 않다.

(2) 헌법재판소의 위헌심사기준

물론, 입법자에 대한 제도보장의 헌법적 요청(행위규범)과 헌법재판소의 위헌심사기준(통제규범)이 일치하는 것은 아니다. 헌법이 입법자에게 어느 정도로 입법형성권을 부여하는지 또는 역으로 어느 정도로 입법형성권을 제한하는지에 따라 헌법재판소의 위헌심사기준은 달라진다. 직업공무원제도의 형성과 관련하여 입법자에게 상당히 광범위한 입법형성권이 인정된다는 점을 고려한다면, 직업공무원제도를 구체적으로 형성하는 법률의 위헌여부를 판단하는 헌법적 기준은 가령 과잉금지원칙과 같이 '원칙과 예외의 관계'를 전제로 하여 엄격한 심사를 요청하는 기준일 수는 없다. '직업공무원제도의 보장'과 '이에 충돌하는 헌법적 법익' 사이에는 '개인적 자유와 국가권력의 관계'에서 전제되는 '원칙과 예외의 관계'가 존재하지 않는다.

그러나 직업공무원제도를 형성하는 법률의 위헌여부는 적어도 상충하는 법익 간의 교량과정을 통하여 판단되고 논증되어야 한다. 따라서 헌법재판소에 의한 위헌심사의 기준은 제도보장이론에 근거한 '최소한 보장의 원칙'이 아니라, 입법자가 직업공무원제도의 가치결정에 부합하게 입법형성권을 제대로 행사하였는지 여부, 즉 직업공무원제도의 구조적 원칙에 대한 예외가 합리적인 공익에 의하여 정당화될 수 있는지 여부이다. 가령, 입법자가 직업공무원제도를 규율하면서 '능력주의에 대한 예외'를 허용하는 경우 또는 신분보장을 받지 못하는 '별정직공무원제도'나 '직권면직제도'를 도입하는 경우,[47] 이러한 법률조항이 직업공무원제도에 위반되는지 여부는 '최소한 보장의 원칙'의 관점에서가 아니라, 직업공무원제도의 구성요소인 '능력주의나 신분보장'과 '능력주의나 신분보장에 대한 예외를 요청하는 반대법익' 간의 교량을 통하여 직업공무원제도의 구조적 원칙에 대한 예외가 공익에 의하여 정당화되는지의 관점에서 판단되어야 한다.

47) 헌재 1997. 4. 24. 95헌바48(동장의 지위를 별정직 공무원으로 정한 지방공무원법규정의 위헌여부), 판례집 9-1, 435, 436; 헌재 2004. 11. 25. 2002헌바8(지방공무원 직권면직), 판례집 16-2하, 282.

헌법재판소는 일부 결정에서 심사기준으로 '최소한 보장의 원칙'을 습관적으로 언급하면서도, 실질적으로는 법익교량을 통하여 '직업공무원제도의 구조적 원칙에 대한 예외가 합리적인 공익에 의하여 정당화되는지 여부'의 관점에서 심판대상조항의 위헌여부를 판단하고 있다.[48] 그러나 이러한 논증이 '최소한 보장의 원칙'에 기초한 논증에 해당하지 않는다는 것을 헌법재판소가 스스로 인식하고 있는지는 의문이다.

2. 직업공무원제도의 연혁

현대적 직업공무원제도는 그 기원을 유럽의 절대군주시대에 두고 있다.[49] 그 당시, 군주는 봉건적 신분국가를 극복하고 국가권력을 통합하기 위하여 국가행정의 합리적이고 현대적인 개혁을 추진하였고, 이를 관철하기 위해서는 '군주에 대하여 책임을 지고 그에 의하여 부양되며 전문적 교육을 받고 직업적으로 근무하는 직업공무원제도'를 필요로 하였다. 절대군주시대에는 군주의 공복은 단지 군주만을 섬기는 관계에 있었으므로, '국가의 공복'으로서 공직은 생각할 수 없었다.

계몽군주시대에 이르러, 군주는 자신을 스스로 '국가의 공복'으로 이해하고자 노력하였고, 이에 따라 종래 '군주의 공복'인 공무원집단은 점차 '국가의 공복'으로 이해되었다. 19세기 및 20세기 초의 입헌군주국가는 행정부의 수장인 군주에 대한 공무원의 충성과 복종의 관계를 존속시키면서, 동시에 공무원에게 헌법과 법률을 준수해야 할 의무를 부과하였다. 이로써 직업공무원제도는 법치국가의 실현에 중요한 기여를 하게 되었다.

직업공무원제도는 현대행정이 출발한 절대군주시대로부터 점차 확립되어, 역사적으로 시간의 흐름에 따라 정착되고 수정된 일련의 원칙에 의하여 형성되었다. 특히 우리 헌법에 규정된 공무원제도의 구체적 형성에 큰 영향을 미친 독일의 경우, 역사적으로 형성된 직업공무원제도의 전통적 원칙에는 공법상의 근무·충성관계로서 공무원의 근무관계, 終身制 임명의 원칙과 공무원의 신분보장, 공무원의 정치적 중립성, 공무원에 대한 국가의 부양원칙(Alimentationsprinzip), 공무원의 파업금지 등이 속하는 것으로 일반

---

48) 헌재 2004. 11. 25. 2002헌바8(지방공무원 직권면직), 판례집 16-2하, 282, [직권면직규정이 직업공무원제도에 위반되는 것인지 여부에 관하여] "지방공무원법 제62조 제1항 제3호에서 지방자치단체의 직제가 폐지된 경우에 행할 수 있도록 하고 있는 직권면직은 행정조직의 효율성을 높이기 위한 제도로서 행정수요가 소멸하거나 조직의 비대화로 효율성이 저하되는 경우 불가피하게 이루어지게 된다. 한편, 우리 헌법 제7조가 정하고 있는 직업공무원제도는 … 공무원의 정치적 중립과 신분보장을 그 중추적 요소로 한다. 이러한 직업공무원제도 하에서 입법자는 직제폐지로 생기는 유휴인력을 직권면직하여 행정의 효율성 이념을 달성하고자 할 경우에도 직업공무원제도에 따른 공무원의 권익이 손상되지 않도록 조화로운 입법을 하여야 하는데, 직제가 폐지되면 해당 공무원은 그 신분을 잃게 되므로 직제폐지를 이유로 공무원을 직권면직할 때는 합리적인 근거를 요하며, 직권면직이 시행되는 과정에서 합리성과 공정성이 담보될 수 있는 절차적 장치가 요구된다."

49) 연혁에 관하여 vgl. v. Arnim, Staatslehre der Bundesrepublik Deutschland, 1984, S.20f., 348; Zippelius/Würtenberger, Deutsches Staatsrecht, 2005, S.381; Battis, in: Achterberg/Püttner/Würtenberger(Hg), Besonderes Verwaltungsrecht, Bd.Ⅱ, 2000, S.1013f.; 독일 공무원제도의 연혁에 관하여 최우정, 독일의 공무원제도와 공직임명 및 수행에 요구되는 기준에 관한 연구, 공법학연구 제9권 제3호(2008. 8.), 55면 이하 참조.

적으로 인정되고 있다.[50)]

3. 직업공무원제도의 구조적 원칙

가. 직업공무원제도를 구성하는 본질적 요소

여기서 헌법 제7조 제2항의 직업공무원제도를 구성하는 구조적 원칙이 무엇인지의 문제가 제기된다. 이러한 구조적 원칙은 제도를 구성하는 핵심적 요소로서 입법자가 직업공무원제도를 시대에 맞게 발전시키고 구체적으로 형성함에 있어서 준수해야 하는 헌법적 지침을 의미한다. 직업공무원제도의 구조적 원칙(핵심적 요소)이 무엇인지는 직업공무원제도의 헌법적 의미와 기능 및 직업공무원제도를 규정하는 헌법 제7조, 공직취임에 있어서 기회균등을 보장하는 헌법 제25조(공무담임권)와의 연관관계에서 헌법해석을 통하여 밝혀져야 한다.

직업공무원제도란, 국가공권력의 행사를 전문적 지식과 능력, 충성적인 의무이행에 기초하는 공법상의 근무관계에 있는 공무원에게 위임함으로써, 안정적이고 효율적인 행정을 확보하고 나아가 국가생활을 형성하는 정치적 세력에 대한 균형적 요소로 기능하게 하고자 하는 제도이다.[51)] 따라서 직업공무원제도는 이러한 헌법적 과제와 기능(안정적이고 효율적인 국가행정의 확보)을 이행할 수 있도록 법적으로 구체적으로 형성되어야 한다.[52)] 나아가, 헌법은 제7조 제1항에서 모든 공직자의 헌법적 지위를 "국민전체에 대한 봉사자"로 규정함으로써 공익실현의 의무를 제시하고, 제2항에서 직업공무원제도의 헌법적 像을 결정적으로 형성하는 2가지 본질적 요소인 '공무원의 신분보장'과 '정치적 중립성'을 명시적으로 언급함으로써 입법자가 직업공무원제도를 구체적으로 형성함에 있어서 준수해야 하는 지침을 제시하고 있다. '공무원의 신분보장'과 '정치적 중립성'은 직업공무원제도를 구성하는 핵심적인 구조원칙이다. 뿐만 아니라, 헌법은 제25조에서 국가에 의하여 제공된 공직을 누구나 균등하게 담당할 수 있는 권리인 공무담임권을 국민의 기본권으로 보장함으로써, 여러 지원자가 한정된 공직을 가지고 경쟁하는 경우에는 평등원칙에 그 바탕을 둔 '능력주의'에 따라 최적격자가 선발된다는 것을 함께 규정하고 있다.

---

50) Vgl. BVerfGE 43, 154, 165; 독일헌법상의 직업공무원제도에 관하여 김선욱, 독일기본법상의 직업공무원제도와 시간제 공무원, 행정판례연구 제7집(2002. 12), 414면 이하 참조.

51) Vgl. BVerfGE 7, 155, 162; 64, 367, 379; 또한, 직업공무원제도의 헌법적 의미에 관하여 헌재 1997. 4. 24. 95헌바48, 판례집 9-1, 435, 442-443.

52) Vgl. Battis, in: Achterberg/Püttner/Würtenberger(Hg), Besonderes Verwaltungsrecht, Bd.Ⅱ, 2000, S.1020; H. Lecheler, Das Berufsbeamtentum, in: Festschrift 50 Jahre Bundesverfassungsgericht, Bd.Ⅱ, 2001, S.359.

나. '국가에 대한 공무원의 충성의무'와 '공무원에 대한 국가의 보호 · 배려의무'

'공무원의 신분보장'은 '공무원의 충성의무'(Treuepflicht)에 대응하는 국가의 보호 · 배려의무(Fürsorgepflicht)의 헌법적 표현이다. 공무원은 국가에 대하여 충성과 복종의 의무, 사익을 배제한 채 공익실현을 위하여 직무에 전념해야 할 의무를 지는 대신, 국가는 이에 대한 반대급부로서 공무원에 대한 보호 · 배려의무를 진다. 국가의 보호 · 배려의무의 주된 내용이 바로 공무원에 대한 신분보장과 부양원칙(Alimentationsprinzip)이다. 이로써 직업공무원제도는 헌법적으로 상호간의 충성(Treue), 즉 '국가에 대한 공무원의 충성의무'와 이에 대응하는 '공무원에 대한 국가의 충성의무'(국가의 보호 · 배려의무)에 기초하고 있다.[53] 공법상의 근무 · 충성관계인 직업공무원관계를 특징짓는 것이 바로 공무원의 충성의무와 국가의 보호 · 배려의무이다. 직업공무원관계란 국가와 공무원 兩者가 헌법적으로 서로에게 충성의무를 지고 있는 특수한 관계이다. 이에 따라, 직업공무원제도는 공법상의 근무 · 충성관계에 기초하여 국가에 대한 공무원의 충성의무 및 공무원에 대한 국가의 신분보장과 부양의무를 그 본질적 구성요소로 한다. 공무원의 신분보장은 이에 대응하는 공무원의 충성의무를 전제로 한다는 점에서, 헌법은 비록 공무원의 충성의무를 명시적으로 언급하고 있지 않지만, '공무원의 신분보장'이란 표현을 통하여 '공무원의 충성의무'를 간접적으로 규정하고 있다.

공무원제도를 구성하는 또 다른 핵심적 구조원칙은 '정치적 중립성'이다. 정치적 중립성은 공무원이 공익을 실현하고 국민전체의 봉사자로서 기능하기 위한 필수적인 조건이기 때문이다. 공무원이 국민전체의 봉사자라는 것은 곧 공익실현의 의무를 진다는 것을 의미하고, 정치적 중립성과 공정의 의무는 공익실현의 전제조건이다. 직업공무원제도는 오로지 국민에 봉사하고 국민의 이익을 실현한다는 보장이 있는 경우, 즉 국민에 봉사하고 충성하는 경우에만 헌법적으로 정당화될 수 있다. 공익을 실현하고 '안정적이고 공정한 행정'을 보장해야 하는 직업공무원제도의 헌법적 과제와 기능으로부터 필연적으로 공무원관계의 본질적 요소로서 '정치적 중립성'의 요청이 나온다.

따라서 직업공무원제도를 구성하는 본질적 요소에는 공무원의 충성의무, 공무원의 신분보장, 공무원의 정치적 중립성 및 능력주의가 속한다. 이러한 요소들은 직업공무원제도가 헌법상 부여받은 기능과 과제를 이행하기 위하여 갖추어야 하는 필수적인 조건에 해당한다.

---

53) Vgl. Badura, Staatsrecht, 2003, D Rn.105; H. Lecheler, Der öffentliche Dienst, in: HbStR, Bd.Ⅲ, 1988, §72 Rn.50, 93; Battis, in: Achterberg/Püttner/Würtenberger(Hg), Besonderes Verwaltungsrecht, Bd.Ⅱ, 2000, S.1022, 1066.

Ⅳ. 직업공무원제도의 본질적 구성요소

1. 공무원의 충성의무

가. 포괄적인 의미의 충성의무

직업공무원제도의 본질적 특성에 속하는 것은 공무원의 충성의무이다.[54] 절대군주제에서 충성의무는 '군주'에 대한 것이었으나, 민주국가에서는 충성의무의 내용이 '국민'에 대한 충성의무로 대체되었다.[55] 공무원의 충성의무는 오늘날 공무원법에 구체적으로 규정된 다양한 의무로 발전하였다. 공무원의 충성의무에 속하는 것으로, 정치적 충성의무(국가와 헌법에 대한 충성의무), 명령복종의 의무, 공정의 의무, 비밀엄수의 의무, 직무전념의 의무, 품위유지의 의무 등을 들 수 있다.[56] 정치적 충성의무는 공무원의 일반적 충성의무의 핵심적 내용에 해당한다.

한편, 국가공무원법은 공무원의 다양한 의무를 규율하면서 공무원의 충성의무 중에서 가장 중요한 의무인 '국가와 헌법에 대한 충성의무'를 명시적으로 규정하고 있지 않다. 물론, 국가공무원법에 규정된 다양한 의무는 일반적이고 포괄적인 충성의무의 구체화된 표현이므로, 공무원의 충성의무 중에서 가장 중요하고 본질적인 의무인 '국가와 헌법에 대한 충성의무'를 당연한 것으로 전제하고 있다고 볼 수도 있다.[57] 그러나 국가와 헌법에 대한 공무원의 충성의무는 공무원제도의 본질적 요소로서 다른 어떠한 의무보다도 명시적으로 규정되어야 한다. 따라서 이와 같은 중대한 입법적 흠결은 조속히 공무원법의 보완을 통하여 제거되어야 한다.

나. 국가와 헌법에 대한 충성의무(정치적 충성의무)

(1) 정치적 충성의무의 개념

공무원의 충성의무 중에서 가장 중요한 것은 소위 '정치적 충성의무'이다.[58] 공무원

---

54) Vgl. H. Lecheler, Das Berufsbeamtentum, in: Festschrift 50 Jahre Bundesverfassungsgericht, Bd.Ⅱ, 2001, S.369; Zippelius/Würtenberger, Deutsches Staatsrecht, 2005, S.382.

55) Vgl. BVerfGE 39, 334, 346(극단주의자 결정).

56) 국가공무원법은 제7장 '복무'에 관한 부분에서 법령을 준수하고 성실히 근무를 수행해야 할 '성실의무'(제56조) 및 복종의 의무(제57조), 친절공정의 의무(제59조), 비밀엄수의 의무(제60조), 품위유지의 의무(제63조) 등 공무원의 의무를 규정하고 있다.

57) 공무원법 제56조(성실의무)는 "모든 공무원은 법령을 준수하며 …"라고 하여 헌법의 준수의무를 통하여 헌법에 대한 충성의무를 규정하고 있는 것으로 볼 수 있다. 또한, 공무원법 제55조의 '선서의무'를 통하여 '정치적 충성의무'가 간접적으로 규정되었다고 볼 여지도 있다. 국가공무원법 제55조에 규정된 선서의 '내용'은 '헌법의 준수, 국가의 보위, 국민의 복리증진 등'을 담고 있는 헌법 제69조의 대통령취임선서의 내용과 본질적으로 동일하다고 보아야 한다. 또한, 의원의 선거에 대하여 대통령의 취임선서내용과 본질적으로 동일한 내용을 규정하고 있는 국회법 제24조(선서) 참조.

58) Vgl. BVerfGE 39, 334, 347ff.

의 정치적 충성의무는 특정인이나 특정정당에 대한 것이 아니라 국가와 국민에 대한 것이다.[59)] 공무원은 국민의 공복이지 정당의 공복이 아니다. 정당의 정책은 그 자체로서 공무원을 구속하지 않는다. 다만, 정당의 정책이 헌법에 규정된 절차와 관할의 준수 하에서 법률의 형태나 또는 이에 근거한 직무상 지시나 명령의 형태로 전환하는 경우에는 이러한 형태로 공무원을 구속할 수 있을 뿐이다.

따라서 여기서 '정치적' 충성의무란, 공무원이 특정 정권 또는 정부의 정치적 목표·정책과 일체감을 가지고 이에 동의해야 할 의무를 말하는 것이 아니라, 공무원이 봉사해야 하는 국민의 정치적 공동체인 국가의 기본이념, 즉 자유민주적 기본질서에 동의해야 한다는 것을 의미한다.[60)] 따라서 정치적 충성의무란 '국가와 헌법에 대한 충성의무', 즉 자유민주적 기본질서에 대한 충성의무를 뜻하는 것이다. 이로써 공무원은 국가와 헌법을 긍정하고 이를 보호할만한 가치로서 인정하며 적극적으로 지지해야 할 의무를 진다. 공무원이 '정치적 충성의무'를 진다는 것은 곧 '헌법을 수호해야 할 의무'를 진다는 것을 의미한다. 헌법의 수호란 바로 '자유민주적 기본질서의 수호'를 의미하기 때문이다.[61)]

헌법에 대한 충성의무는 근무시간에 국한되는 것이 아니라 직무의 내외를 불문하고 공무원을 구속한다.[62)] 뿐만 아니라, 정치적 충성의무는 직업공무원뿐만 아니라 공직의 성격이나 직급과 관계없이(경력직, 특수경력직 등) 모든 공직자를 구속한다.[63)] 헌법은 제66조 제2항("헌법을 수호할 책무"), 제69조("헌법을 준수하고 국가를 보위하며")에서 '헌법과 국가에 대한 충성의무'를 대통령의 헌법적 의무로 규정하고 있다.

(2) 정치적 충성의무의 내용

정치적 충성의무는 공무원으로부터 국가와 헌법에 대하여 단지 형식적으로 법규범을 준수하는 자세 이상의 것을 요구하는 것이다. 여기서 결정적인 것은, 공무원이 국가와 헌법을 '보호하고 지지할만한 긍정적인 가치'로 인정하여 헌법과 법률을 준수하고 그의 직무를 헌법과 법률의 정신에 따라 수행함으로써, 국가와 헌법질서를 단지 口頭로만이 아니라 그의 직무활동에 있어서 긍정해야 한다는 것이다.[64)] 나아가, 정치적 충성의무는 공무원에 대하여 국가와 헌법질서를 공격하고 파괴하고자 하는 시도나 세력으로부터 명

59) Vgl. Isensee, Öffentlicher Dienst, in: HbVerfR, 2. Aufl. 1994, §32 Rn.26.
60) Vgl. BVerfGE 39, 334, 347f.(극단주의자 결정); 위 결정에 관한 소개로는 이종수, "헌법충실원칙(Verfassungstreue)에 관한 독일연방헌법재판소의 해석과 그 비판 －특히 급진주의자 결정(Radikalen-Beschluß)을 중심으로－", 헌법판례연구(2), 2000, 94면 참조.
61) 한수웅, 헌법학, 2012, 57면 참조.
62) Vgl. Isensee, Öffentlicher Dienst, in: HbVerfR, 2. Aufl. 1994, §32 Rn.85; Stern, Das Staatsrecht der BRD, Bd.Ⅲ/1, 1988, §74Ⅲ S.1387.
63) Vgl. H. Lecheler, Der öffentliche Dienst, in: HbStR, Bd.Ⅲ, 1988, §72 Rn.98.
64) Vgl. BVerfGE 39, 334, 347f.; Kunig, in: v. Münch/Kunig, Grundgesetz Kommentar, Bd.Ⅱ, Art.33 Rn.34.

백하게 거리를 둘 것을 요청한다. 물론, 공무원도 국가를 비판할 수 있고 사회적·정치적 상태의 변화를 위하여 노력할 수 있으나, 국가와 헌법질서를 문제 삼지 않는다는 전제 하에서, 즉 국가와 헌법질서에 동의하고 이를 긍정하는 바탕 위에서 비판과 개혁적 시도는 이루어져야 한다.

공무원의 '정치적 충성의무'와 '정치적 중립성'은 서로 모순되지 않는다. 공무원의 정치적 중립성은 자유민주적 기본질서의 기반 위에서 인정되는 것이기 때문이다.[65] 우리 헌법은 '자유민주적 기본질서'를 자신이 지향하는 가치질서로서 천명함으로써(전문, 제4조, 제8조 제4항), 특정 가치에 대한 의회 다수의 결정권한을 박탈하였고, '자유민주적 기본질서'를 입법자도 마음대로 처분할 수 없는 것으로 선언하고 있다. 이로써 우리 헌법은 價值拘束的 민주주의를 채택하였다. 가치구속적인 헌법질서란, 정치적 영역에서 다원주의적인 견해의 다양성에 대하여 원칙적으로 개방적이지만, 다만 자유민주적 기본질서라는 공동의 기반 위에서만 개방적인 헌법질서를 말한다.

(3) 직업공무원의 適格與否를 판단하는 중요한 기준

오늘날 사회·정치제도가 제대로 기능하고 국민의 인간다운 생활이 가능한지 여부가 원활하고 효율적인 행정에 달려있으므로, 현대 '행정국가'는 위임된 과제를 충실히 이행하는 직업공무원집단에 의존하고 있다. 국가는 특히 위기상황에서 '헌법을 긍정하고 지지하는 공무원집단'에 절대적으로 의존하고 있으며, 이러한 위기상황에서 정치적 충성의무는 그 진정한 가치를 드러낸다.

헌법이 소위 '방어적 민주주의'를 채택하고 있다는 관점에서도, 헌법에 대한 공무원의 충성의무는 특별한 의미를 가진다. 헌법이 가치중립적인 질서가 아니라 '자유민주적 기본질서'라는 특정 가치를 채택하여 이를 방어하고자 한다는 것은, 국가와 자유민주적 기본질서를 부정하고 이에 맞서 투쟁하고자 하는 사람을 공직에 임용해서는 안 된다는 것을 의미한다. 따라서 헌법에의 충성의무는 공무원의 임용과 승진에 있어서 공무원의 적격여부를 판단하는 중요한 기준이다.[66] 자유민주국가가 자신을 파괴하고자 하는 者의 수중에 들어가서는 안 되기 때문이다.[67] 헌법은 일반국민에 대해서는 국가와 헌법에 대한 충성의무를 부과하지 않지만, 공무원에 대해서는 정치적 충성의무를 부과하는 것이다.

여기서 제기되는 문제는, 직업공무원의 임용에 있어서 헌법적대적인 정당의 소속이 고려될 수 있는지, 아니면 헌법재판소의 결정 시까지 정당의 합헌성이 추정된다는 '정당특권'(헌법 제8조 제4항)에 비추어, 위헌적 목표를 추구하는 정당의 당원 신분을 공직

65) Vgl. Battis, in: Achterberg/Püttner/Würtenberger(Hg), Besonderes Verwaltungsrecht, Bd.Ⅱ, 2000, S.1022.

66) Vgl. Badura, Staatsrecht, 2003, D Rn.106.

67) Vgl. BVerfGE 39, 334, 349.

자로서의 임용을 거부하는 근거로 삼아서는 안 되는 것인지 하는 것이다. 위헌성의 의심이 있는 정당의 소속은 그 자체만으로는 자동적으로 또는 개별사건의 구체적인 상황과 관계없이 추상적으로 공무원임용거부의 사유가 될 수는 없으나, 개별적인 경우 '공무원의 충성의무'를 판단하는 중요한 징표로 고려될 수 있다.[68] 정당의 위헌여부에 관한 헌법재판소의 독점적 결정권으로 인하여 헌법재판소의 정당해산결정 시까지 헌법적대적인 정당이 정치적 의사형성과정에 참여하는 것을 수인해야 하는 헌법적 상황과 직업공무원으로 임용함에 있어서 헌법에 대한 충성의무를 판단하기 위하여 개인의 정당소속을 고려하는 것은 원칙적으로 별개의 문제이기 때문이다.

헌법 제8조 제4항의 '정당특권'은 소속정당이 헌법재판소에 의하여 금지되지 않는 이상, '개인'에게 헌법을 부인하고 합법적 수단을 사용하여 정치적으로 투쟁할 수 있는 자유를 부여하는 반면, 공무원의 충성의무는 '공무원'으로부터 헌법을 준수하고 수호할 것을 요청하고 있다. 공무원의 임용에 있어서 제기되는 문제는, 지원자가 그의 정당소속으로 인하여 불이익을 받는지 여부에 관한 것이 아니라, 장래 공무원이 될 사람으로서 자유민주적 기본질서를 신봉한다는 것을 개인적으로 보장하는지 여부에 관한 것이다.[69]

2. 공무원의 신분보장

가. 헌법적 의미

공무원의 신분보장은 일차적으로, 공무원의 충성의무 및 이로 인하여 필연적으로 수반되는 기본권제한에 대한 보상으로서 제공되는 국가의 보호·배려의무의 이행에 해당한다. 나아가, 공무원의 신분보장은 공무원의 지위를 법적·경제적으로 보장함으로써 동시에 직무수행의 독립성과 전문성, 공정성을 확보하고자 하는 것이다.[70]

공무원의 신분보장은 인사와 직무수행에 대한 외부의 영향력행사를 차단하는 효과를 가진다.[71] 공무원을 終身職으로 임명하는 것은 직무수행의 독립성을 보장하기 위한 중요한 수단이다. 이러한 경우, 공무원은 임용권자의 재량에 의하여 면직될 수 없고, 선출직 공무원과는 달리 자신의 재임명이나 재선에 영향력을 행사할 수 있는 집단을 고려해야 할 필요가 없다. 헌법은 직업공무원의 신분을 보장함으로써, 정권교체에 따라 선

---

68) Vgl. v. Münch, Staatsrecht I, 2000, Rn.288; Maurer, Staatsrecht, 1999, §23, Rn.10; Ipsen, Staatsrecht I, 2005, Rn.1038; Kunig, Parteien, in: HbStR, Bd.II, 1987, §33 Rn.44; BVerfGE 39, 334, 359.

69) Vgl. BVerfGE 39, 334, 358f.

70) Vgl. Zippelius/Würtenberger, Deutsches Staatsrecht, 2005, S.382; BVerfGE 70, 251, 267.

71) 헌재 2004. 11. 25. 2002헌바8, 판례집 16-2하, 282, 292, "만약 공무원이 공법상의 근무 및 충성관계를 바탕으로 국가와 특수한 관계를 맺고 있다는 이유로 이들의 권리를 제약하고 많은 의무를 부과하면서 그 신분을 보호할 수 있는 제도적 장치를 마련하지 않는다면, 이들의 불안정한 지위로 인해 행정의 안정성과 계속성은 담보될 수 없을 것이고, 직업공무원제도가 추구하는 공무의 원활한 수행이라는 목적은 달성될 수 없을 것이다."

거에서 승리한 정당이 전리품의 형식으로 공직을 처분하는 소위 '엽관제(獵官制)'를 방지하고, 정권교체에도 불구하고 행정의 연속성과 안정성을 제공하고자 하는 것이다. 이로써 정치적 세력경쟁에서 법치행정을 보장하는 안정적인 직업공무원제도를 확보할 수 있는 것이다.

또한, 경제적 보장도 직무수행의 독립성과 밀접한 관계에 있다. 공무원과 그 가족의 생계와 노후를 보장하는 적정한 급여와 연금이 지급된다는 것은 직무의 독립성에 크게 기여한다. 결국, 정치적 중립성과 공익실현의 구속을 받는 공무원의 직무수행은, 원칙적으로 終身으로 임명되고 경제적으로 적정하게 부양되며 연금의 형식으로 노후가 보장되는 '신분보장'을 통하여 비로소 가능하다. 이러한 점에서 공무원의 '신분보장'은 헌법 제7조 제1항의 '국민전체에 대한 봉사자'로서의 공무원의 공익실현의무 및 같은 조 제2항의 '정치적 중립성'의 확보와 밀접한 내적 연관관계에 있다.

나. 공무원지위의 법적 보장

헌법 제7조 제2항의 신분보장에 비추어, 공무원관계는 원칙적으로 '평생 직업'으로 형성되어야 한다. 그러므로 직업공무원관계의 기본유형은 終身職 공무원이다(종신제 임명의 원칙). 공무원은 이미 그의 직업교육의 단계에서부터 종신직으로서의 공무원관계를 염두에 두고 직업교육을 받게 되고, 임용 후에는 공직근무에 전념하게 된다. 또한, 행정의 효율성을 저해하고 이익충돌의 가능성을 수반하는 공무원의 부업이나 영리활동도 제한을 받는다.[72] 이에 대한 보상이 바로 공무원의 신분보장이다.

공무원의 신분보장은 합리적인 공익상의 사유에 의하여 정당화되지 않는 이상, 공무원의 의사에 반하여 불리한 신분조치를 취하는 것을 금지한다.[73] 따라서 공무원을 직권면직하는 경우, 공익상의 사유(예컨대, 직제의 폐지 등 객관적 사유나 직무수행능력의 결여, 형의 선고 등 주관적 사유)에 의하여 정당화되어야 하고 합리적이고 공정한 절차를 통하여 직권면직 여부가 판단되어야 한다.[74] 공무원 조직의 원활한 운영이나 개편상 불가피한 경우가 아니라면 임용권자의 자의적인 판단에 의하여 직업공무원에게 면직 등 불리한 인사 조치를 할 수 없다는 것은 직업공무원제도의 본질적 내용에 속한다.[75] 한편,

---

72) 국가공무원법은 제64조에서 '영리업무와 겸직'을 금지하고 있다.

73) 국가공무원법은 제8장에서 신분보장의 의미를 "공무원은 형의 선고, 징계처분 또는 이 법으로 정하는 사유에 따르지 아니하고는 본인의 의사에 반하여 휴직·강임(降任) 또는 면직을 당하지 아니한다."고 하여 '공무원 의사에 반한 신분조치의 금지'의 의미로 규정하고 있다(제68조).

74) 헌재 2004. 11. 25. 2002헌바8(지방공무원 직권면직), 판례집 16-2하, 282, "… 직제폐지를 이유로 공무원을 직권면직할 때는 합리적인 근거를 요하며, 직권면직이 시행되는 과정에서 합리성과 공정성이 담보될 수 있는 절차적 장치가 요구된다."

75) 헌재 2002. 11. 28. 98헌바101(지방공무원의 전입·전출), 판례집 14-2, 609, 614, 헌법재판소는 위 결정에서 지방공무원의 동의를 받아야만 그를 전입·전출할 수 있는 것으로 심판대상조항을 합헌적으로 해석하는 것이 가능하다는 이유로 합헌결정을 하였다.

공무원이 그가 현재 보유하고 있는 것의 현상유지를 요구할 권리, 위임된 공적 과제를 변경이나 축소 없이 행사할 권리, 특정 정년을 요구할 권리는[76] 인정되지 않는다.[77]

다. 공무원지위의 경제적 보장

공무원의 신분보장은 경제적 보장 없이는 사실상 실현될 수 없기 때문에, 공무원에 대한 국가의 경제적 보장을 통하여 보완되어야 한다. 이로써 공무원은 그 지위에 있어서 법적으로 그리고 경제적으로 보장된다. 이러한 의미에서, 직업공무원제도를 구성하는 중요한 요소 중 하나가 '국가의 부양원칙'이다.[78] 국가는 공무원에게 위임된 직무에 상응하는 적정한 급여를 제공해야 할 의무를 진다.[79] 국가는 공무원이 생계와 노후를 걱정할 필요 없이 직무에 전념할 수 있도록, 공무원에게 적정한 급여와 연금을 제공해야 하는 의무를 진다.[80] 국가의 부양원칙은 부양가족으로 인하여 공무원에게 발생하는 부양의무도 현실에 부합하게 고려할 것을 요청한다.[81] 공무원이 終身으로 직무에 전념하는 대신, 국가는 이에 대한 반대급부로서 적정한 보수와 연금의 형태로 부양의무를 이행하는 것이다.[82]

3. 공무원의 정치적 중립성

가. 공익실현과 정당민주주의의 실현을 위한 불가결한 요소

공무원의 정치적 중립성은 공무원의 공익실현의무로부터 나오는 당연한 요청이자 공익실현을 위한 불가결한 수단이다. 공무원이 특정 정치세력과 일체감을 가진다면, 직무를 중립적이고 공정하게 수행할 수 없고, 공익을 실현할 수 없다. 공무원이 모든 사회적·정치적 세력에 대하여 중립성과 등거리를 유지하는 것은 공익실현을 위하여 필수적인 것이다.

뿐만 아니라, 공무원의 정치적 중립성에 대한 요청은 정당민주주의가 기능하기 위한 필수적 조건이다.[83] 정당민주주의는 한시적 정권위임을 전제로 하는 제도화된 정권교체

---

76) 대학교원을 제외하고 교육공무원의 정년을 65세에서 62세로 단축한 교육공무원법 제47조 제1항이 교원들의 공무담임권을 침해하는지 여부에 관하여, 헌재 2000. 12. 14. 99헌마112(교육공무원의 정년단축), 판례집 12-2, 399, 410 참조.

77) Vgl. BVerfGE 99, 300, 314f.

78) Vgl. BVerfGE 99, 300, 314f.

79) 국가공무원법은 제46조에서 표준생계비·민간의 임금 등 경제적 사정, 직무의 困難性, 책임의 정도를 기준으로 하는 '보수결정의 원칙'을 규정하고 있다.

80) 그러므로 공무원의 급여나 연금의 삭감은 일차적으로 헌법 제23조의 재산권보장이 아니라, 국가의 부양의무 및 그에 대응하여 국가로부터 급여와 연금을 요구할 수 있는 공무원의 권리가 자리 잡고 있는 헌법 제25조 및 제7조 제2항을 기준으로 하여 판단해야 할 것이다(BVerfGE 76, 256, 294).

81) 방승주, "공무원연금법상 유족범위의 제한과 기본권", 헌법소송사례연구, 2002, 73-76면.

82) Vgl. BVerfGE 21, 329.

83) Vgl. Battis, in: Achterberg/Püttner/Würtenberger(Hg), Besonderes Verwaltungsrecht, Bd.Ⅱ, 2000,

의 가능성에 기초하고 있다. 정권은 국가권력의 한시적 위임에 기인하는 반면, 공무원제도는 정권의 교체에 따른 정치적 변화에 대하여 영속적인 것을 구현하고 있다. 그러나 공무원제도의 영속성과 불변성은 정권교체에 따른 정치적 변화를 좌절시켜서는 안된다. 종래의 집권정당과 일체감을 가지는 행정은 정권의 교체를 통하여 이루어지는 민주적 진화를 봉쇄하게 된다. 따라서 국가에 대한 공무원의 충성의무는 필연적으로 정당정치적 중립성을 요청한다. 정치적으로 중립적인 국가행정만이 정당민주주의에서 정권교체 및 새로운 정권에 대한 적응을 가능하게 하는 것이다.

나. 정치적 세력에 대한 平衡錘

직업공무원제도는 지속적이고 안정적이며 일관성 있는 행정을 확보할 뿐만 아니라, 정치적 세력에 대한 평형추의 역할을 한다.[84] 직업공무원제도는 그 본질적 요소인 정치적 중립성과 신분보장으로 말미암아, 정권의 교체나 정당에 의한 국가권력의 통합현상에도 불구하고 국가의 행정이 정치권력의 영향을 크게 받지 않고 지속적이고 일관되게 이루어지게 함으로써, 행정 관료조직이 정치적 세력을 견제하고 통제하는 기능을 한다. 여기서 '정치적 세력'이란 일차적으로 정당과 이익단체를 의미한다. 직업공무원에게는 사회세력의 이해대립을 조정하는 과정에서 '전문성과 객관성을 가진 중립적 세력'으로 기능해야 하는 과제가 부여된다.

직업공무원은 행정상의 결정이나 법률안을 준비함에 있어서 사회 내에 존재하는 이익을 중립적이고 공정하게 교량해야 한다. 정당과 이익단체 간의 경쟁과 이익조정의 과정에서 발생하는 잘못된 현상을 교정하고 이에 대하여 평형추의 기능을 하는 것이 직업공무원이다.[85] 정당과 이익단체에 고유한 성향인 '이익추구의 편향성'에 대하여 직업공무원은 反對錘의 기능을 함으로써, 이익조정과정에서 고려되지 않는 이익을 지지해야 하고 정치적 세력에 의한 일방적인 흐름을 수정해야 하는 것이다.[86] 이러한 의미에서, 직업공무원제도는 현대 민주국가에서 권력분립을 실현하는 하나의 수단으로 간주되고 있다.

사회단체의 경쟁을 통하여 나온 타협과 절충안에 대하여 법률의 형태로 구속력을 부여하는 다원화된 민주주의에서, 중립적인 행정과 공무원제도는 입법과정에서 특수이익의 영향력을 어느 정도 완화시키고 상쇄하는 기능을 수행하기 위하여 불가결하다. 헌법은 직업공무원제도를 통하여 '직업공무원'과 '정치적 세력' 사이에 역할분담을 의도하고

S.1060; Isensee, Öffentlicher Dienst, in: HbVerfR, 2. Aufl. 1994, §32 Rn.27.

84) Vgl. BVerfGE 7, 155, 162; 64, 367, 379.

85) 다원적 민주주의에서 이익단체와 정당 작용의 전형적인 결함은 단체로서 조직되지 않은 부분이익이나 국민모두와 연관되는 일반적 이익이 정치적 의사형성과정에서 제대로 고려되지 않는다는 것에 있다.

86) Vgl. v. Arnim, Staatslehre der Bundesrepublik Deutschland, 1984, S.355f.

있다.[87] 직업공무원은 정치적 세력 간의 경쟁에서 중립적 요소로서의 지위를 유지해야 한다. 또한, 국가의 성격이 침해적·질서유지적 국가에서 급부국가·계획국가로 전환하면서 행정이 보다 폭넓은 정치적 형성공간을 가지고 있기 때문에, 현대의 급부국가에서 중립적인 직무수행은 보다 절실하게 요청된다.

다. 직업공무원의 政治化 문제

그러나 정치적 세력과 직업공무원 사이의 역할분담과 상호견제는 공무원의 政治化에 의하여 위협받고 있다. 특히, 공무원의 인사에 있어서 정당의 영향력행사는 공무원의 정치적 중립성에 대한 중대한 위협요소이다.[88] 공무원의 인사에 있어서 정치적 성향을 고려하는 것은 선거직·정무직 공무원의 경우에는 정당하지만, 직업공무원의 경우 정당정치적 관점에서 공무원을 임명함으로써 공무원의 능력보다 정치적 성향이 우선한다면, 공무원제도의 능력주의와 정치적 중립성은 근본적으로 붕괴된다. 헌법은 제7조 제2항('정치적 중립성') 및 제25조(공무담임권)의 규정을 통하여 정치적 견해에 따른 모든 우대와 차별을 금지하고 있기 때문에, 직업공무원의 인사에 대한 정당의 영향력행사와 派黨的 情實人事는 헌법에 위반된다.

4. 能力主義(成績主義)

가. 능력주의의 헌법적 보장으로서 공무담임권

직업공무원제도의 본질을 구성하는 또 다른 요소는 능력주의(Leistungsprinzip)이다.[89] 능력주의란, 공무원의 임용과 승진에 있어서 단지 공무원의 '능력과 적성'만이 유일한 기준으로서 고려될 수 있다는 원칙이다.[90] 역사적으로 情實人事는 언제나 존재하였고, 능력주의에 기초한 공무담임권은 행정인력의 선발에 있어서 귀족과 퇴역군인을 우대한 절대군주시대의 실무에 대한 반작용으로 보장된 것이었다.[91] 이미 프랑스 인권선언은 제6조에서 "모든 국민은 단지 그의 능력에 따라 덕망과 재능 외의 다른 차이를 두지 아니하고 공직에 임명되어야 한다."고 규정하고 있었다. 물론, 그 당시 정실인사는 오늘날과 같이 주로 정당에 의한 것이 아니라 군주에 의한 것이었다.

---

87) Vgl. Zippelius/Würtenberger, Deutsches Staatsrecht, 2005, S.382.

88) Vgl. H. Lecheler, Das Berufsbeamtentum, in: Festschrift 50 Jahre Bundesverfassungsgericht, Bd.Ⅱ, 2001, S.359; v. Arnim, Staatslehre der Bundesrepublik Deutschland, 1984, S.362f.

89) 국가공무원법은 제2조 제2항에서 "경력직공무원이라 함은 실적과 자격에 의하여 임용되고 … "라고 규정하고, 제26조에서 "공무원의 임용은 시험성적·근무성적, 그 밖의 능력의 실증에 따라 행한다."고 하여 능력(성적)주의를 규정하고 있다.

90) 헌재 1993. 9. 27. 92헌바21, 판례집 5-2, 267, 275, "이것이 엽관제에 대하여 성적제라고 할 수 있으며 우리나라의 공무원제도는 정무직공무원의 일부를 제외하고는 대부분 성적제를 채택하고 있다고 할 수 있다."; 또한, 헌재 1999. 12. 23. 98헌마363(제대군인 가산점제도), 판례집 11-2, 770, 797 참조.

91) Vgl. v. Arnim, Staatslehre der Bundesrepublik Deutschland, 1984, S.354.

능력주의는 평등원칙에 그 헌법적 근거를 두고 있다. 국가는 조직권한을 근거로 공직의 수급에 관하여 결정한다는 점에서, 공직의 제공여부는 국가의 결정에 달려있다. 그러나 국가가 일단 공직을 제공하는 경우에는 국가는 급부를 제공하는 경우와 마찬가지로 평등원칙의 구속을 받기 때문에, 공직의 배분에 있어서 평등원칙을 준수해야 한다. 다수의 국민이 제한된 공직을 가지고 경쟁하는 경우, 평등민주주의의 관점에서 볼 때 직업공무원의 선발에서 고려될 수 있는 유일한 합헌적 기준은 '공직에의 適格性', 즉 '능력과 적성'일 수밖에 없다. 공무원의 임용과 승진에 있어서 특정인이나 특정 정당과의 관계가 아니라 공직에의 적격성이 결정적인 기준이 되어야 한다.

헌법 제25조의 공무담임권은 공무원선발의 구체적 기준을 제시하고 있지 않지만, 평등원칙의 관점에서 능력주의를 기준으로 삼을 것을 필연적으로 요청한다.[92] 이러한 점에서, 헌법 제25조의 공무담임권은 헌법 제31조 제1항에서 "모든 국민은 능력에 따라 균등하게 교육을 받을 권리를 가진다."고 하여 교육을 받을 권리를 '개인적 능력의 유보' 하에 둔 것과 그 맥락을 같이 한다. 헌법 제25조의 공무담임권은 적어도 직업공무원의 임용에 관한 한, "모든 국민은 능력에 따라 균등하게 공무를 담임할 권리를 가진다."의 의미로 이해해야 한다. 능력주의에 기초한 공무담임권은 민주적 평등의 산물이며, 직업공무원제도가 기능하기 위한 불가결한 전제조건이다. 능력주의는 공무원의 임용 및 승진과 관련하여 평등원칙의 구체화된 헌법적 표현이다.[93] 헌법은 비록 능력주의를 명시적으로 언급하고 있지는 않지만, 공무담임권의 보장을 통하여 동시에 '능력주의'를 직업공무원제도의 본질적인 구성요소로서 보장하고 있는 것이다. 즉, 공무담임권의 헌법적 보장은 곧 '능력주의의 헌법적 보장'을 의미한다.

나. 능력주의의 구체적 요청

공직취임권은 종교나 정치적 성향 등 세계관과 관계없이 단지 능력과 적성에 따라 균등하게 부여되어야 한다. 다만, 공무원임용의 기준이 되는 '적성'에는 국가와 헌법에 대한 공무원의 정치적 충성의무도 속한다.[94] 능력주의는 다른 지원자에 비하여 임용조건이나 승진조건을 보다 잘 충족시킨 지원자를 불리하게 대우하는 것을 금지한다. 능력과 적성을 공무원선발의 기준으로 삼아야 한다는 것은 임용과 승진의 최소한의 요건을 확보하기 위한 것일 뿐만 아니라, 지원자 중에서 이러한 기준에 비추어 '최적격자의 선발'을 요구하는 것이다.[95] 물론, 능력주의에 따른 공무원의 선발에 있어서 법원에 의하

92) 이에 대하여 독일 기본법 제33조 제2항은 "모든 독일인은 적성, 능력과 전문성에 따라 균등하게 공직에 취임할 권리를 가진다."고 하여 공직선발에 있어서 구체적인 기준을 스스로 언급하고 있다.

93) Vgl. Battis, in: Achterberg/Püttner/Würtenberger(Hg), Besonderes Verwaltungsrecht, Bd.Ⅱ, 2000, S.1024.

94) Vgl. Zippelius/Würtenberger, Deutsches Staatsrecht, 2005, S.383; Sachs, Verfassungsrecht Ⅱ, 2000, B33 Rn.12.

여 단지 제한적으로만 심사될 수 있는 관할 행정청의 판단재량이 인정된다. 공무원선발의 기준으로서 능력과 적성은 선거직 공무원을 제외한 모든 공무원선발에 적용된다. 공무원의 '적성과 능력'을 판단하는 기준은 담당해야 할 개별 공무의 성격과 특성에 의하여 구체적으로 결정된다. 한편, 선출직이나 정무직 공무원의 경우에는 공무담임의 기준으로서 '능력'이 아니라 '정치적 성향이나 정치적 역량' 등 다른 기준이 고려된다.

능력주의는 지원자 간에 공직취임의 기회균등을 개인의 기본권적 지위로서 보장할 뿐만 아니라, 나아가 최적격자의 선발을 통하여 공적 과제의 효율적인 이행을 의도함으로써 동시에 공익에 기여한다.[96] 능력주의는 행정의 독립성·공정성과 밀접한 연관관계에 있다. 행정의 독립성과 공정성은 직업공무원이 능력주의에 따라 선발되고 승진될 것을 요청한다. 능력주의는 행정의 효율성에 기여할 뿐만 아니라, 공직수행과 인사에 대한 외부의 영향력을 차단함으로써 행정의 독립성과 공정성에 기여한다. 공무원이 능력과 적성에 따라 선발·승진되는 것이 보장되지 않는다면, 임용권자나 정당·이익단체와 눈을 맞추고자 하는 기회주의가 그 자리를 대신할 것이다. 이러한 점에서, 능력주의는 직업공무원제도가 헌법에 의하여 부여받은 과제와 기능을 이행하기 위한 필수적 요소에 속한다.

Ⅴ. 맺는말

1. 공공복리의 실현은 국가권력의 목적이자, 국가권력의 행사가 그 정당성을 획득하기 위한 조건이다. 公職은 국가권력의 행사를 위한 국가의 人的 도구로서, 개별공직자에게 위임된 국가권력의 한 부분이다. 공직은 기능적으로 국가권력의 행사이므로, 공직자에게는 공익실현에 그 궁극적 목적을 두고 있는 의무와 책임이 발생한다. 국가권력은 공직을 통하여 '국민에 봉사하고 국민에 대하여 책임을 지는 공직자'의 의무와 책임으로 변환된다. 즉, 공직이라는 매개를 통하여 '권력'이 '책임'으로 전환되는 것이다.

2. 공직을 헌법적으로 파악하기 위한 관점은, 국민으로부터 위임받은 국가권력을 행사하는 '공직'과 기본권을 행사하는 '개인'의 구분이다. 공직과 개인의 구분은 공직자의 공익실현과 개인의 사적 이익의 구분, 공직의 객관적 의무와 개인의 주관적 권리의 구분을 필연적으로 가져온다. 공직자는 직무수행에 있어서 기본권의 주체가 아니라 기본권의 구속을 받는 수범자이다. 공직과 기본권적 자유는 원칙적으로 양립할 수 없다.

---

95) Vgl. Sachs, Verfassungsrecht Ⅱ, 2000, B33 Rn.9; Zippelius/Würtenberger, Deutsches Staatsrecht, 2005, §44 Ⅱ. 3.

96) Vgl. Battis, in: Achterberg/Püttner/Würtenberger(Hg), Besonderes Verwaltungsrecht, Bd.Ⅱ, 2000, S.1024; v. Arnim, Staatslehre der Bundesrepublik Deutschland, 1984, S.354.

3. 헌법은 제7조 제1항에서 "국민전체에 대한 봉사자"란 표현을 통하여, 공직자의 공익실현의무를 규정하고 있다. 공직자는 국민의 공복이기 때문에, 특정 개인이나 집단, 정당 등의 부분·특수이익이 아니라 모든 국민의 이익, 즉 공익을 실현해야 한다. 국가의 궁극적인 목적이 공익실현이라면, 국가의 도구로서 기능하는 공직자는 공익실현의무의 구속을 받는다.

한편, 법치국가는 국가권력의 행사를 법적으로 구속하고자 하는 국가이지만, 법에 의한 구속은 완전할 수 없다. 법치국가에서 공익은 일차적으로 헌법과 법률에 의하여 구체화된다. 그러나 공익은 법질서에 의하여 정의될 수 없고 단지 부분적으로만 규정될 수 있다는 점에서 헌법과 법률을 비롯한 법질서는 공익실현의 의무를 지는 공직을 단지 제한적으로만 규율할 수 있다. 법질서에 의한 공익의 구체화가 끝나는 곳에서, 공익실현의 여부는 공익실현의무의 구속을 받는 공직자의 公職倫理에 전적으로 의존하고 있다. 바로 여기에 법치국가에서 공직윤리의 중요성이 있다.

특정한 상황에서 공익의 구체적 내용을 확정하는 것이 어렵다 하더라도, 공직자의 공익실현의무는 공허한 구호가 아니라 공직자에 대한 헌법적 요청이자 동시에 윤리적 요청이다. 공익실현의무는 소극적인 의미에서 '모든 형태의 利己에 대한 부정'을 의미하며, 적극적인 의미에서 '공익의 不偏不黨한 수호자로서 공직자'의 기능을 강조하고 있다.

4. 헌법 제7조 제1항은 "공무원은 … 국민에 대하여 책임을 진다."고 하여 국민에 대한 공무원의 책임을 언급하고 있다. 여기서 헌법은 "국민에 대하여"라는 수식어를 통하여 '정치적 또는 법적 책임'이라는 의미에서 '책임의 성격'이 아니라 '국민'이라는 '책임의 상대방'을 강조하고 있는 것이다. 국민에 대한 책임을 진다는 것은, 일차적으로 공직이 국민으로부터 위임받은 국가권력이라는 것을 표현하는 것이고, 나아가 이로부터 파생하는 공직자의 책임과 의무인 '主觀性과 恣意의 금지', '利己와 자기실현의 포기'를 강조하고 있는 것이다.

5. 헌법 제7조 제2항은 직업공무원제도를 헌법적 제도로서 보장하고 있다. '제도적 보장'이란 원래 국가공동체 내에서 역사적·전통적으로 형성된 중요하고 의미 있는 공법상 기존 제도의 헌법적 보장에 관한 것이다. 그러나 우리의 경우 직업공무원제도에 관한 고유한 역사와 전통을 결여하고 있기 때문에, 헌법은 이러한 현실을 감안하여 제7조 제2항에서 서구에서 형성된 직업공무원제도를 수용하면서, '신분보장'과 '정치적 중립성'의 요소를 통하여 헌법이 예정하는 직업공무원제도의 구조적 원칙을 스스로 제시하고 있다.

직업공무원제도의 구조적 원칙이 무엇인지는 직업공무원제도의 헌법적 의미와 기능 및 직업공무원제도를 규정하는 헌법 제7조, 공직취임에 있어서 기회균등을 보장하는 헌법 제25조(공무담임권)와의 연관관계에서 헌법해석을 통하여 밝혀진다. 직업공무원제도를 구성하는 본질적 요소에는 공무원의 충성의무, 공무원의 신분보장, 공무원의 정치적 중립성 및 능력주의가 속한다. 이러한 요소들은 직업공무원제도가 헌법상 부여받은 기능과 과제를 이행하기 위하여 갖추어야 하는 필수적인 조건에 해당한다.

6. 헌법 제7조 제2항은 직업공무원제도를 헌법적 제도로서 보장하면서, 신분보장과 정치적 중립성을 본질적 구성요소로 하는 직업공무원제도를 시대에 맞게 법률로써 구체적으로 형성해야 할 의무를 입법자에게 부과하고 있다. 모든 국가기관이 헌법의 구속을 받는 오늘날의 헌법국가에서, 입법자는 독일 바이마르 공화국의 특수한 헌법적 상황에서 발생한 '제도보장이론'의 구속을 받는 것이 아니라 직업공무원제도를 보장하고 있는 헌법규범, 즉 직업공무원제도를 도입한 '헌법의 가치결정'의 구속을 받는다. 따라서 입법자는 직업공무원제도를 구체적으로 형성함에 있어서 직업공무원제도에 관한 헌법의 가치결정, 즉 '제도의 구조적 원칙'과 '이와 충돌하는 반대법익'을 교량하여 '실제적 조화의 원칙'에 따라 가능하면 양 법익을 모두 최대한으로 실현할 수 있도록 규율해야 하고, 이로써 양 법익 사이에 조화와 균형을 이루고자 시도해야 한다.

그렇다면, 직업공무원제도를 형성하는 법률의 위헌여부도 더 이상 아무런 구체적 논증이나 법익형량의 과정이 없이 '최소한 보장의 원칙'에 따라 판단되어서는 안 되고, 적어도 상충하는 법익 간의 교량과정을 통하여 판단되고 논증되어야 한다. 따라서 헌법재판소에 의한 위헌심사의 기준은 제도보장이론에 근거한 '최소한 보장의 원칙'이 아니라, 입법자가 직업공무원제도의 가치결정에 부합하게 입법형성권을 제대로 행사하였는지 여부, 즉 직업공무원제도의 구조적 원칙에 대한 예외가 합리적인 공익에 의하여 정당화될 수 있는지 여부이다.

참고문헌

김선욱, 독일기본법상의 직업공무원제도와 시간제 공무원, 행정판례연구 7집, 2002. 12.

권영성, 헌법학, 2010

방승주, 공무원연금법상 유족범위의 제한과 기본권, 헌법소송사례연구, 2002

성낙인, 헌법학, 2010

이종수, 헌법충실원칙(Verfassungstreue)에 관한 독일연방헌법재판소의 해석과 그 비판 – 특히 급진주의자 결정(Radikalen-Beschluß)을 중심으로–, 헌법판례연구(2), 2000

최우정, 독일의 공무원제도와 공직임명 및 수행에 요구되는 기준에 관한 연구, 공법학연구 제9권 제3호, 2008. 8.

한수웅, 헌법학, 2012

한태연, 헌법학, 1983

허영, 한국헌법론, 2010

v. Arnim, Staatslehre der Bundesrepublik Deutschland, 1984

Badura, Staatsrecht, 2003

Battis, in: Achterberg/Püttner/Würtenberger(Hg), Besonderes Verwaltungsrecht, Bd. Ⅱ, 2000

O. Depenheuer, Das Öffentiche Amt, in: Isensee/Kirchhof(Hg), Handbuch des Staatsrechts (HbStR), Bd.Ⅲ, 2005, §36

Ipsen, Staatsrecht Ⅰ, 2005

Isensee, Grundrechtsvoraussetzungen und Verfassungserwartungen an die Grundrechtsausübung, in: Isensee/Kirchhof(Hg), Handbuch des Staatsrechts (HbStR), Bd.V, 1992, §115

______, Gemeinwohl und Staatsaufgaben im Verfassungsstaat, in: Isensee/Kirchhof (Hg), Handbuch des Staatsrechts (HbStR), Bd.Ⅲ, 1988, §57

______, Öffentlicher Dienst, in: Benda/Maihofer/Vogel(Hg), Handbuch des Verfassungsrechts der Bundesrepublik Deutschland (HbVerfR), 2. Aufl. 1994, §32

Kloepfer, Einrichtungsgarantien, in: Merten/Papier(Hg), Handbuch der Grundrechte in Deutschland und Europa (HbGR), Bd.Ⅱ, 2006, §43

Kunig, in: v. Münch/Kunig(Hg), Grundgesetz Kommentar (GGK), Bd.Ⅱ, Art.33

______, Parteien, in: Isensee/Kirchhof(Hg), Handbuch des Staatsrechts (HbStR), Bd. Ⅱ, 1987, §33

H. Lecheler, Das Berufsbeamtentum, in: Badura/Dreier(Hg), Festschrift 50 Jahre Bundesverfassungsgericht, Bd.Ⅱ, 2001

______, Der öffentliche Dienst, in: Isensee/Kirchhof(Hg), Handbuch des Staatsrechts

(HbStR), Bd.Ⅲ, 1988, §72

Loschelder, Grundrechte im Sonderstatus, in: Isensee/Kirchhof(Hg), Handbuch des Staatsrechts (HbStR), Bd.V, 1992, §123

Maurer, Staatsrecht, 1999

v. Münch, Staatsrecht Ⅰ, 2000

Sachs, Verfassungsrecht Ⅱ, 2000

C. Schmitt, Verfassungslehre, 1928

______, Freiheitsrechte und institutionelle Garantien, in: verfassungsrechtliche Aufsätze aus den Jahren 1924-1954, 1973

Stern, Das Staatsrecht der Bundesrepublik Deutschland, Bd.Ⅲ/1, 1988, §74 Ⅲ

Vitzthum, Der funktionelle Anwendungsbereich der Grundrechte, in: Merten/Papier (Hg), Handbuch der Grundrechte in Deutschland und Europa (HbGR), Bd. Ⅱ, 2006, §48

Zippelius/Würtenberger, Deutsches Staatsrecht, 2005

제2주제

공무원의 기본권 제한*

-정치적 표현의 자유에 대한 제한의 헌법적 문제점을 중심으로-

Ⅰ. 문제의 제기

2011년 11월 한·미 자유무역협정(FTA)이 국회를 통과한 이후 현직 법관들이 사회관계망서비스(SNS)인 '페이스북'에 현 정권을 비판한 글을 올린 것을 계기로 하여, 법관의 정치적 표현의 자유가 어느 정도로 허용되는지의 문제가 논란의 대상이 된 바 있다.[1] 또한, 2012년 현역 육군 대위가 트위터에 대통령을 비방하는 글을 올린 것이 군검찰에 의하여 군형법상의 상관모욕죄 혐의로 기소되면서, 군인의 표현의 자유의 문제, 나아가 전반적으로 공무원 기본권의 보장과 한계의 문제가 사회적으로 크게 부각되었다.

최근에 발생한 일련의 사건들은 공무원이 공개적으로 또는 사적으로 무엇을 말할 수 있는지의 문제에 관하여 다시 한 번 생각해 볼 수 있는 계기를 제공한다. 특히 법관의 정치적 의견표명의 허용여부와 관련하여, '법관도 직무와 무관한 사적 영역에서는 표현의 자유를 누리므로 자유롭게 자신의 정치적 의견을 밝힐 수 있고 이를 규제하는 것은 기본권침해'라는 견해와 '사법부가 헌법상 부여받은 기능을 수행하기 위해서는 법관이 사적으로 의견을 표명하는 경우에도 사법의 공정성에 대한 국민의 신뢰를 위협하는 행위를 해서는 안 된다'는 견해가 법원 내부적으로 그리고 정치권 및 학계에서 서로 대치

* 위 논문은 2013년 6월, 인권과 정의(대한변호사협회) 제434호, 83-102면에 게재된 것을 일부 수정한 것이다.

1) 2011. 11. 인천지법의 최 모 판사는 "뼛속까지 친미인 대통령과 통상관료들이 서민과 나라살림을 팔아먹은 2011년 11월 22일, 난 이날을 잊지 않겠다."는 내용의 글을 페이스북에 올렸고, 이에 대하여 비판이 일자 창원지법의 이 모 판사는 자신의 페이스북에 '가카새끼 짬뽕'이라는 글과 함께 대통령을 풍자하는 꼼수면과 짬뽕의 사진을 올려 논란이 되었으며, 서울북부지법의 서 모 판사는 '가카의 빅엿'이라는 글을 자신의 페이스북에 올림으로써 사회적 물의를 일으켰다.

하고 있다. 공무원의 표현의 자유를 비롯하여 기본권제한의 문제가 이와 같이 사회적으로 중요한 논쟁의 대상이 되고 있음에도, 헌법학에서 공무원의 기본권주체성을 비롯하여 공무원 기본권의 제한 가능성과 그 한계에 관하여 체계적으로 밝히는 작업은 지금까지 거의 이루어지고 있지 않다.[2)]

따라서 이 글의 의도는 무엇보다도 공무원이 기본권의 주체인지, 어떠한 경우에 또는 어떠한 상황에서 기본권을 주장할 수 있는지, 공무원의 기본권이 어떠한 관점에서 제한될 수 있는지, 특히 정치적 표현의 자유에 대한 제한이 어떠한 헌법적 관점에서 정당화될 수 있는지의 문제를 규명하고자 하는 것이다. 이 글에서는 공무원관계가 소위 '특별권력관계'에 해당한다는 점에서 오늘날 '특별권력관계'의 개념이 유지될 수 있는지, 법치국가적 관점에서 특별권력관계가 어떠한 특징과 헌법적 의미를 가지고 있는지, 특별권력관계에서 기본권이 어느 정도로 효력을 가지는지의 문제를 일차적으로 확인하고(아래 Ⅱ.), '공무원의 기본권주체성'과 관련하여, 국민의 공복이자 기본권의 주체라는 공무원의 이중적인 헌법적 지위를 어떻게 양립시킬 수 있는지의 문제를 '직무수행의 영역, 근무영역, 사적 영역'으로 나누어 검토한 다음(아래 Ⅲ.), '공무원의 정치적 표현의 자유에 대한 제한'과 관련하여, 이를 정당화하는 헌법적 법익이 무엇인지, 공무원의 복무의무의 헌법적 의미가 무엇인지, 공무원이 사적 영역에서도 정치적으로 자제해야 한다면 그 이유는 무엇인지, 법관의 경우에는 정치적 표현의 자유를 행사함에 있어서 정치적 자제의 의무가 어떠한 특수성을 가지는지의 문제를 살펴보고자 한다(아래 Ⅳ.). 마지막으로, 법관의 정치적 의견표명에 있어서 '자제의 요청'이 왜 중요한지를 다시 한 번 확인하는 것으로 결론을 갈음하기로 한다(아래 Ⅴ.).

Ⅱ. 特別權力關係에서 기본권의 효력

1. '특별권력관계'라는 法的 用語의 문제

모든 국가기관이 기본권의 구속을 받는 헌법국가에서 기본권의 구속으로부터 자유로운 국가행위의 영역은 인정되지 않는다. 이러한 점에서 국민을 '일반국민'과 '특별권력관계에 있는 국민'으로 구분하여 '특별권력관계에 있는 국민'에게는 기본권이 적용되지 않는다는 소위 '특별권력관계이론'은 19세기 독일 공법이론의 산물로서 오늘날 이미 오래전에 극복된 이론에 속한다.[3)]

---

2) 공무원의 정치적 기본권 제한의 헌법적 문제점에 관한 부분적인 서술로는 가령, 장영수, 공무원의 정치적 기본권 －보장 범위의 확대와 그 전제조건－, 안암법학 제37권(2012), 1면 이하; 이종수, 공무원의 정치적 활동의 허용여부와 그 한계, 연세법학연구 제8집 제1권(2001. 8.), 165면 이하; 한견우, 공무원의 정치적 중립과 정치활동의 제한, 연세 공공거버넌스와 법 제2권 제1호(2011. 2.), 55면 이하; 조소영, 공무원의 정치적 기본권 보장범위에 관한 헌법적 고찰, 유럽헌법연구 제12호(2012. 12.), 393면 이하 참조.

그러나 오늘날의 헌법질서 하에서도 일반적 법적 관계 외에 특별한 의무와 권리를 가진 '특수한 법적 관계'가 존재한다는 것은 부인될 수 없으며, 헌법은 이러한 성질의 관계를 일련의 규정을 통하여 명시적으로 언급하거나 또는 묵시적으로 전제하고 있다. 헌법은 제7조에서 '공무원관계'를 명시적으로 언급하고 있고, 제5조 제2항에서 국군의 헌법적 과제를 부과하면서 제39조에서 국민에게 병역의무를 부과하는 형태로 '군복무관계'를 규범화하고 있으며, 제31조에서 '교육을 받을 권리'의 보장을 통하여 '국공립학교 재학관계'를 간접적으로 규범화하거나 또는 제12조 및 제13조에서 '재소자관계'를 국가공동체 내에서 당연한 제도로 전제하고 있다. 이로써, 헌법은 이러한 생활관계도 기본권과 마찬가지로 헌법적 질서의 구성부분에 속한다는 것을 밝히고 있다.

따라서 여기서 제기되는 문제는, '특별권력관계이론'이 구시대의 유물로서 더 이상 유지될 수 없다면 '특별권력관계'라는 法的 用語도 포기해야 하는 것인지 여부이다.[4] '특별권력관계'란 용어를 포기한다고 하여 특수한 법적 관계가 일반적 법적 관계로 전환되는 것도 아니며, 특수한 법적 관계의 본질이 변하는 것도 아니다.[5] 또한, 특별권력관계에 대하여 '특수신분관계',[6] 또는 "공법상의 특수한 구속관계"[7] 등 다른 이름을 붙인다고 하여 그 실체나 본질이 달라지는 것도 아니다. 특히 '권력'이라는 용어에서 권위주의적 官權國家의 잔재나 심리적 저항감을 느낀다고 하는 주장도 설득력이 없다. '권력'이라는 용어는 법치국가에서도 피할 수 없는 용어이며, 그 자체로서 중립적인 의미를 가지기 때문이다. '국가권력'이나 '공권력'이라는 용어가 법치국가에서도 일상적으로 사용되고 있으며, 법치국가에서 국가권력은 언제나 '법적으로 제한된 권력'이며 일반권력관계와 마찬가지로 특별권력관계도 '법적으로 규율된 관계'를 의미한다는 점에서, 권력이라는 용어 자체는 부정적인 의미로 이해될 수 없다. 이러한 점에서 '특별권력관계'란 용어 그 자체는 헌법적으로 아무런 하자가 없으며, 특정한 공통점을 보이는 특수한 신분관계를 망라하는 포괄적인 개념으로서 유지될 수 있다.

---

3) 특별권력관계이론의 내용과 그 발전에 관하여 Vgl. Ronellenfitsch, Das besondere Gewaltverhältnis-ein früh totgesagtes Rechtsinstitut, DÖV 1981, S.934; N. Klein, Grundrechte und Wesensgehaltsgarantie im besonderen Gewaltverhältnis, DVBl 1987, S.1102.

4) 독일 학계의 논쟁에 관하여 상세하게 vgl. N. Klein, Grundrechte und Wesensgehaltsgarantie im besonderen Gewaltverhältnis, DVBl 1987, S.1103f.

5) Vgl. Loschelder, Grundrechte im Sonderstatus, in: HbStR, Bd.V, 1992, §123 Rn.6.

6) Hesse 교수는 '특별권력관계'란 용어보다는 '특수신분관계'(Sonderstatusverhältnisse)란 용어를 사용하고 있다, vgl. Hesse, Grundzüge des Verfassungsrechts der Bundesrepublik Deutschland, 1984, Rn.322.

7) Vgl. Loschelder, Grundrechte im Sonderstatus, in: HbStR, Bd.V, 1992, §123 Rn.6, 특별권력관계가 오해의 소지가 있다면, "공법상의 특수한 구속관계"(öffentlich rechtliche Sonderbindung)라는 다른 표현을 사용하는 것이 바람직하다고 한다.

2. 특별권력관계의 개념 및 특징

특별권력관계는, 특정한 생활관계의 기능을 보장하기 위하여 국가와 개인의 일반적인 관계를 넘어서 개인을 보다 강하게 국가영역에 편입시키는 공법상의 특수한 법적 관계이다.[8] 특별권력관계란, 국가에 대한 개인의 밀접한 관계로 인하여 국민의 일반적 권리와 의무를 넘는 특별한 의무, 경우에 따라서는 특별한 권리도 발생시키는 관계를 말한다.[9] 특별권력관계는 개인이 자발적으로 특별권력관계에 진입함으로써(가령, 공무원관계) 또는 법률에 근거하여 강제로 편입됨으로써(가령, 취학의무에 근거한 재학관계나 병역의무자의 군복무관계) 성립될 수 있다.

특별권력관계란 특별한 고유법칙성을 가진 특수한 생활관계이며, 이러한 고유법칙성으로 인하여 특별한 질서를 요청하는 특수한 신분관계이다.[10] 개별 특별권력관계에 내재하는 구조적 특성으로 인하여 하나의 통일적이고 일원적인 특수한 신분관계가 존재하는 것이 아니라, 다양한 성격의 특수한 신분관계가 존재한다. 특수한 신분관계는 다양한 형태로 나타나지만, 특별권력관계에 편입된 개인에게 보다 강화된 의무와 구속을 부과한다는 점에 일반적 관계와 구분되는 그 본질적 특징이 있다.[11] 개인이 국가영역에 편입되는 강도 또는 국가와의 밀접성이 특별권력관계를 일반권력관계와 차별화하는 것이다. 편입의 강도와 국가와의 밀접성은 개인에게 특별한 의무와 권리를 수반하는 특수한 관계를 형성한다. 일반적 권력관계와 비교할 때, 특별권력관계에서 개인의 권리와 의무도 수정된다. 개인의 권리와 의무가 수정되는 이유는, 이러한 방법을 통해서만 국가생활에 있어서 불가결한 특수한 생활관계의 기능과 목적이 확보될 수 있기 때문이다. 가령, 재소자에게 모든 자유가 보장되는 行刑은 무의미할 것이다.

3. 특별권력관계에서 기본권의 보장과 제한

공무원, 군인, 재소자, 학생 등이 특별권력관계에 진입하면, 국가의 영역과 개인의 영역이 서로 뒤섞인다. 당사자는 특정한 국가과제의 실현을 위하여 형성된 특별권력관계라는 국가영역에 위치하게 되며, 동시에 자신의 기본권행사를 통하여 인격을 발현하고자 함으로써 역으로 국가영역에 영향을 미친다. 특별권력관계에서도 기본권은 효력을 발휘하며, 특별권력관계에 있는 개인도 '기본권의 주체'로서 기본권을 행사할 수 있다. 한편, 헌법은 특별권력관계라는 특정한 생활관계도 '헌법적 법익'으로 인정하여 그 기능

---

8) Vgl. Stern, Das Staatsrecht der BRD, Bd.III/1, 1988, §74 III, S.1382; Ronellenfitsch, Das besondere Gewaltverhältnis-ein früh totgesagtes Rechtsinstitut, DÖV 1981, S.1383.

9) Vgl. Hesse, Grundzüge des Verfassungsrechts der BRD, 1984, Rn.322.

10) Vgl. Stern, Das Staatsrecht der BRD, Bd.III/1, 1988, §74 III, S.1380.

11) Vgl. Stern, Das Staatsrecht der BRD, Bd.III/1, 1988, §74 III, S.1381.

을 보장하고 있다. 헌법이 특별권력관계를 명시적 또는 묵시적으로 수용한다면, 특별권력관계는 기본권에 의하여 보장되는 생활관계이자 동시에 특별한 질서를 요청하는 생활관계이다.[12] 특별권력관계는 '기본권의 보장'과 '특별권력관계의 기능보장'이라는 兩 법익의 병존에 의존하고 있다.

이로써 특별권력관계에서는 '국가권력을 제한하고자 하는 자유권의 보장'과 '국가의 존립과 기능을 위하여 불가결한 전통적인 생활관계(특별권력관계)의 기능보장'이라는 2가지 헌법적 법익이 서로 대치하고 있다. 헌법의 통일성의 관점 및 그로부터 파생하는 실제적 조화의 원칙은 '기본권보장'과 '특별권력관계'라는 상충하는 헌법적 법익의 교량에 있어서 어떠한 법익도 다른 법익을 위하여 일방적으로 희생되어서는 안 되며 양자 모두 최적으로 그 효력을 발휘하도록 '비례적 조정'을 요청한다.[13] 기본권이 특별권력관계에 일방적으로 희생되어서도 안 되며, 자유권의 보장이 특별권력관계의 기능을 저해해서도 안 된다.

개인이 일반적으로 누리는 기본권적 지위가 특별권력관계에서도 그대로 유지되어야 한다면, 특별권력관계는 국가공동체 내에서 그에게 부과된 과제를 이행할 수 없을 것이다. 가령, 공무원이 직무상 비밀엄수의무에 대하여 표현의 자유를 주장할 수 있다면, 직업공무원제도는 기능할 수 없을 것이다. 따라서 여기서 제기되는 문제는, 기본권이 특별권력관계에서 효력을 가지는지 여부가 아니라 어느 정도로 효력을 가지는지의 문제이며, 이는 곧 기본권이 특별권력관계에서 어느 정도로 제한될 수 있으며 기본권의 제한이 어떻게 정당화될 수 있는지의 문제에 관한 것이다. 헌법에 의하여 인정된 특별권력관계는 그 목적과 기능에 의하여 필연적으로 요청되고 정당화되는 한, 일반적인 제한가능성을 넘어서 부가적인 기본권제한을 가능하게 한다.[14] 그러나 특별권력관계에서도 기본권의 제한은 법률에 근거해야 하고 과잉금지원칙을 준수해야 한다.

Ⅲ. 공무원의 基本權主體性

1. 公職과 개인의 구분

공직을 헌법적으로 파악하기 위한 중요한 관점은, 국민으로부터 위임받은 국가권력을 행사하는 '공직'과 기본권을 행사하는 '개인'의 구분이다.[15] 공직은 자신의 정당성을 공직자[16] 개인의 기본권이 아니라 국민의 의사로부터 획득한다. 공직자는 국가권력을

12) Vgl. Hesse, Grundzüge des Verfassungsrechts der BRD, 1984, Rn.325.
13) Vgl. Hesse, Grundzüge des Verfassungsrechts der BRD, 1984, Rn.325.
14) Vgl. Stern, Das Staatsrecht der BRD, Bd.Ⅲ/1, 1988, §74 Ⅲ, S.1394.
15) Vgl. O. Depenheuer, Das Öffentiche Amt, in: HbStR, Bd.Ⅲ, 2005, §36 Rn.54ff.; 이에 관하여 상세하게 한수웅, 헌법 제7조의 의미 및 직업공무원제도의 보장, 법조 제674호(2012. 11.), 9-12면 참조.

행사하기 위하여 국민의 의사로부터 유래하는 민주적 정당성을 필요로 한다. 국민주권의 사고에 기초하는 민주국가에서 국가는 국민으로부터 나오는 국가권력을 위임받은 수탁자이며, 이에 따라 공직은 신탁자인 국민에 대하여 책임을 지며 위임된 국가권력을 행사하는 '신탁관계'를 의미한다.[17] 이러한 신탁관계로서의 공직의 사고는 공직과 개인의 구분, 공직자의 공익실현과 개인의 사적 이익 추구의 구분, 공직의 객관적 의무와 개인의 주관적 권리의 구분을 필연적으로 요구한다.

그러므로 민주적 헌법국가에서 모든 국가권력은 단지 공직으로서만, 즉 국민에 대하여 책임을 져야하는 위임된 국가과제로서만 이해될 수 있다. 공직은 공직자에게 위임된 국가기능을 구체화한다. 공직자는 국가의 권한을 행사하고 과제수행에 대하여 국민에 대하여 책임을 진다. 공직자는 직무수행에 있어서 단지 객관적인 의무만을 가질 뿐, 주관적 권리를 가질 수 없다.[18] 공직자의 개인적 이익과 목표는 직무수행에 있어서 위임된 과제의 이행에 양보해야 한다. 가령, 공직자의 종교적 신념은 공직에서 국가의 종교적 중립성에 양보해야 하고, 外樣에 관한 개인적인 취향은 공무에 적합한 복장이나 제복에 양보해야 한다. 공직의 객관성에 대하여 개인의 주관성이 후퇴해야 하며, 공직은 공직자로부터 금욕, 자제 및 이타주의를 요청한다.

공직의 특징적 요소는 그에 귀속된 객관적 과제와 이에 수반되는 공직자의 객관적 의무이다. 공직은 국민에 대한 봉사이지 개인의 자기실현의 수단이 아니다.[19] 자기실현을 위한 개인의 자유는 위임된 국가권력으로서의 공직의 사고 및 국민에 대한 이타적인 봉사의 사고와 부합하지 않는다. 공직은 기본권에 의하여 발현되는 이기주의와 독단에 대하여 그와는 반대되는 윤리를 구현할 것을 요청한다.

2. 공무원의 二重的 地位

가. 국민의 公僕이자 기본권의 주체

공무원은 국가조직에 편입되어 국가기능을 수행하지만, 공직에 완전히 흡수되는 것은 아니다. 공무원은 직무 외의 영역에서는 기본권의 주체로서 원칙적으로 기본권에 의하여 보장된 자유를 누린다. 공무원도 가령 표현의 자유를 행사하여 자신의 정치적 견해나 입장을 표명하고 타인의 의견형성에 영향을 미치고자 시도할 수 있다. 따라서 공무원은 공익실현의 의무가 있는 '국민의 공복'이자, 동시에 기본권에 의하여 보장된 자

16) 이 글에서 '공직자'란 표현을 사용한다면, 헌법 제7조 제2항의 직업공무원에 대비되는 개념으로서, 헌법 제7조 제1항에서 말하는 '광의의 공무원'의 의미로, 즉 공법상의 모든 근무관계를 포괄하는 개념으로 사용하기로 한다.

17) Vgl. O. Depenheuer, Das Öffentiche Amt, in: HbStR, Bd.Ⅲ, 2005, §36 Rn.54.

18) Vgl. Loschelder, Grundrechte im Sonderstatus, in: HbStR, Bd.V, 1992, §123 Rn.31.

19) Vgl. Isensee, Öffentlicher Dienst, in: HbVerfR, 2. Aufl., 1994, §32 Rn.17.

유의 행사를 통하여 자신의 인격을 발현하는 '기본권의 주체'이다.[20]

국가과제가 자연인인 공무원에 의하여 수행되는 경우, '국가의 행위'와 '개인의 사적인 행위'가 동일한 자연인에 의하여 이루어진다. 공무원의 이중적 지위로 말미암아, 기본권에 의하여 보장되는 사적인 활동과 정치적 참여가 직무수행의 영역에까지 영향을 미칠 수 있는 위험을 안고 있다. 따라서 여기서 제기되는 문제는 개인의 기본권적 자유와 공무원의 특수한 지위를 어떻게 조화시킬 수 있는지에 관한 것이다.[21]

동일한 주체에게 인정되는 상이한 두 가지 법적 지위는 공무원의 직무수행에 있어서 서로 혼합될 우려가 있기 때문에, 입법자가 특히 공무원제도를 입법을 통하여 구체적으로 형성함에 있어서 '공무원으로서의 지위'와 '기본권주체로서의 지위'를 어떻게 양립시키고 조화시킬 수 있는지의 문제가 모든 민주국가에서 공무원제도의 본질적인 문제로 제기된다. 공무원의 이중적 지위에 비추어, '국민의 공복으로서의 지위'와 '기본권주체로서의 지위'가 가능하면 양립할 수 있도록 공무원제도가 형성되어야 하고, 공무원의 기본권은 직업공무원제도의 기능에 불가결한 중립성과 공정성을 확보하기 위하여 필요한 범위 내에서만 제한되어야 한다.

나. 공무원의 기본권주체성을 판단하는 관점

여기서 일차적으로, 공무원이 어떠한 경우에 또는 어떠한 상황에서 기본권의 주체로서 기본권을 주장할 수 있는지의 문제가 제기된다. 공무원의 기본권주체성의 문제는 무엇보다도 다음과 같은 2가지 관점에서 판단되어야 한다.

첫 번째 관점은, 공무원이 어떠한 경우에 기본권의 적용영역으로부터 이탈하여 국가과제수행의 영역에 편입되었기 때문에 더 이상 기본권을 주장할 수 없는지 하는 것이다.[22] 공무원이 국가조직 내에서 국가를 위하여 그 기관으로서 활동하는 경우에는 국가로부터 개인의 영역을 보호하고자 하는 기본권의 기능은 작동하지 않는다.[23] 직무를 수행하는 공무원은 자신이 임의로 결정할 수 없는 '국가의 권한과 관할'을 행사하는 것이다.[24]

두 번째 관점은, '공무원이 어떠한 경우에 국가와의 관계에서 기본권이 보호하고자

---

20) 헌재 2004. 5. 14. 2004헌나1(대통령 노무현 탄핵), 판례집 16-1, 609, 638, "모든 공직자는 선거에서의 정치적 중립의무를 부과 받고 있으며, 다른 한편으로는 동시에 국가에 대하여 자신의 기본권을 주장할 수 있는 국민이자 기본권의 주체이다. 마찬가지로, 대통령의 경우에도 소속정당을 위하여 정당활동을 할 수 있는 사인으로서의 지위와 국민 모두에 대한 봉사자로서 공익실현의 의무가 있는 헌법기관으로서의 대통령의 지위는 개념적으로 구분되어야 한다."

21) Vgl. Isensee, Öffentlicher Dienst, in: HbVerfR, 2. Aufl., 1994, §32 Rn.80.

22) Vgl. Vitzthum, Der funktionelle Anwendungsbereich der Grundrechte, in: HbGR, Bd.Ⅱ, §48 Rn.15.

23) 헌재 2008. 1. 17. 2007헌마700(대통령의 선거중립의무 준수요청 조치), 판례집 20-1상, 139, 159, "공권력 작용이 넓은 의미의 국가 조직영역 내에서 공적 과제를 수행하는 주체의 권한 내지 직무영역을 제약하는 성격이 강한 경우에는 그 기본권 주체성이 부정될 것이지만, …"

24) Vgl. Loschelder, Grundrechte im Sonderstatus, in: HbStR, Bd.V, 1992, §123 Rn.31.

하는 전형적인 위험상황에 처할 수 있는지'의 관점이다.[25] 기본권을 주장하는 자가 기본권이 보호하고자 하는 전형적인 위험상황에 처할 수 있는지 여부는 기본권의 주체성 여부를 판단하는 결정적인 기준이다. 公法人이 예외적으로 기본권의 주체가 될 수 있는지 여부를 판단하는 기준도 이와 동일하다.[26] 공법인이 기본권에 의하여 보호되는 영역에서 과제를 이행함으로써 기본권에 의하여 보호되는 전형적인 위험상황에 처하는 경우에는 공법인도 예외적으로 기본권의 주체가 될 수 있다. 마찬가지로, 공무원도 기본권에 의한 보호를 필요로 하는 전형적인 위험상황에 처할 수 있다면, 공무원은 기본권의 주체로서 기본권을 주장할 수 있다. 그러나 국가내부 영역에서 그러한 상황이 존재하지 않는다면, 공무원이 기본권을 주장하는 것은 배제된다.

위와 같은 관점에서 보건대, 공무원의 기본권주체성은 일률적으로 판단될 수 없으며, 공무원이 활동하는 영역에 따라 차등화 된 접근을 필요로 한다. 아래에서는 공무원의 활동영역을 직무수행의 영역(Bereich des Amtes), 근무영역(Bereich des Dienstes) 및 사적 영역(Privatbereich)이라는 3가지 법적 영역으로 구분하여 공무원의 기본권주체성에 관하여 살펴보기로 한다.[27]

3. 영역에 따른 기본권의 효력

가. 직무수행의 영역

(1) 기본권의 구속을 받는 受範者로서 공무원

헌법국가에서 모든 국가기관은 헌법의 구속을 받으므로, 국가기관의 모든 행위는 어떠한 법적 형식으로 이루어지는지와 관계없이 헌법의 일부인 기본권의 구속을 받는다. 기본권의 구속을 받는 자는 동시에 기본권의 주체일 수 없다.[28] 국가기관 간의 관계 및 국가기관 내부의 관계는 기본권이 아니라 국가조직상의 권한과 관할 및 절차에 관한 규정에 의하여 규율된다. 국가기관은 '기본권'을 누리는 것이 아니라 단지 '관할과 권한'을 가질 뿐이다. 따라서 국가기관에게는 기본권이 아니라 관할 · 권한질서가 적용된다. 공무원이 직무수행을 통하여 국가의 기능과 과제를 이행하는 경우, 공무원은 국가의 기관(도구)으로 기능한다.[29] 공무원이 국가과제를 이행하는 경우, 공무원은 국가조직의 기

---

25) Vgl. Vitzthum, Der funktionelle Anwendungsbereich der Grundrechte, in: HbGR, Bd.Ⅱ §48 Rn.18, 34fff.

26) 한수웅, 헌법학, 2013, 390면 이하 참조.

27) Isensee 교수는 공무원의 활동영역을 세 가지 법적 영역(Amt, Dienst, Privat)으로 구분하여 각 영역마다 기본권의 효력을 달리 판단하고 있는데(vgl. Isensee, Öffentlicher Dienst, in: HbVerfR, 2. Aufl., 1994, §32 Rn.80ff.), 이러한 견해는 지금까지 독일 학계의 지배적인 견해로 간주되고 있다, vgl. Stern, Das Staatsrecht der BRD, Bd.Ⅲ/1, 1988, §74 Ⅲ, S.1386.

28) 헌법재판소는 초기의 결정부터 일관되게 이러한 입장을 견지하고 있다. 헌재 1994. 12. 29. 93헌마120(국회노동위원회 고발), 판례집 6-2, 477, 480, 또한, vgl. BVerfGE 21, 362, 369ff.

29) Vgl. Vitzthum, Der funktionelle Anwendungsbereich der Grundrechte, in: HbGR, Bd.Ⅱ, §48 Rn.41;

능적 요소, 국가조직의 일부분이다. 직무수행의 영역에서 공무원은 기본권의 주체가 아니라 기본권의 구속을 받는 수범자이다.[30] 공무원은 직무수행에 있어서 국민의 기본권을 존중해야 하고 기본권의 구속을 받는 것이지, 스스로 기본권을 주장할 수 없다.

(2) 공무원의 공익실현의무에 의한 기본권주체성의 배제

나아가, 공무원은 전적으로 국민의 이익을 위하여 공직을 행사해야 한다는 의미에서, 공익실현의 의무를 진다. 헌법은 제7조 제1항에서 "국민전체에 대한 봉사자"란 표현을 통하여 공무원의 공익실현의무를 규정하고 있다. 공공복리의 실현은 국가공동체의 존재의미이자 모든 정치적 지배의 궁극적 목적이다.[31] 공공복리의 실현은 국가권력의 목적이자, 국가권력의 행사가 그 정당성을 획득하기 위한 조건이다.[32] 국가의 궁극적인 목적이 공익실현이라면, 국가의 도구로서 기능하는 공무원이 공익실현의무의 구속을 받는 것은 당연하다. 공무원이 직무수행에 있어서 기본권적 자유를 주장할 수 있다면, 공직은 주관적 독단과 자기실현의 수단으로 변질될 것이며, 자의적인 공권력행사를 가능하게 함으로써 법치국가의 종말을 의미할 것이다. 그러므로 공익실현을 목표로 하는 공직과 개인의 인격발현을 목표로 하는 기본권은 서로 양립할 수 없으며 동시에 실현될 수 없다. 국민의 자유를 보장해야 하고 공익을 실현해야 하는 공무원은 스스로 자유로워서는 안 된다.[33]

뿐만 아니라, 공무원은 공적 과제를 수행하는 영역에서 사인으로서 국가와 대치하고 있지 않으므로, 기본권이 보호하고자 하는 전형적인 위험상황에 처할 수 없고, 이로써 기본권에 의한 보호를 필요로 하지 않는다. 가령, 상급관청이 특정한 순서로 행정사건을 처리할 것을 지시하는 경우, 이러한 지시에 대하여 기본권의 보호가 제공되지 않는다. 이 경우, 국가행정의 기능적 요소로서의 공무원의 권한과 관할이 문제될 뿐이다. 이러한 점에서도 공무원은 직무수행의 영역에서 기본권의 주체가 될 수 없다.

(3) 국가의 권한과 관할의 행사로서 직무수행

공무원이 직무수행의 영역에서 기본권을 주장할 수 없다고 하는 것은 다음의 예에서 뚜렷하게 드러난다.[34] 행정행위는 개인의 '일반적 행동자유권'의 표현이 아니라 국가권한의 행사이다. 공무원의 직무상 입장표명은 '표현의 자유'에 의하여 보호되는 개인의

Stern, Das Staatsrecht der BRD, Bd.Ⅲ/1, 1988, §74 Ⅲ, S.1386.

30) Vgl. Isensee, Öffentlicher Dienst, in: HbVerfR, 2. Aufl., 1994, §32 Rn.81.

31) Vgl. Isensee, Gemeinwohl und Staatsaufgaben im Verfassungsstaat, in: HbStR, Bd.Ⅲ, 1988, §57 Rn.8.

32) 공직자의 공익실현의무에 관하여 한수웅, 헌법 제7조의 의미 및 직업공무원제도의 보장, 법조 제674호(2012. 11.), 15면 이하 참조.

33) Vgl. Isensee, Grundrechtsvoraussetzungen und Verfassungserwartungen an die Grundrechtsausübung, in: HbStR, Bd.V, 1992, §115 Rn.121ff.; Vitzthum, Der funktionelle Anwendungsbereich der Grundrechte, in: HbGR, Bd.Ⅱ, §48 Rn.10f., 38.

34) Vgl. Vitzthum, Der funktionelle Anwendungsbereich der Grundrechte, in: HbGR, Bd.Ⅱ, §48 Rn.38; Isensee, Öffentlicher Dienst, in: HbVerfR, 2. Aufl., 1994, §32 Rn.81.

의견표명이 아니라, 국가기관의 공식적인 입장 표명이다. 공무원은 직무상의 발언에 있어서 원칙적으로 상관의 지시 및 그가 속한 국가기관의 일반적 지침에 따라야 한다. 공무원은 근무공간에서 '주거의 자유'의 보호를 받지 못하며, 공무원이 직무수행을 위하여 근무지의 전화를 사용하는 경우에는 '통신의 비밀'의 보호를 받지 못한다.[35] 공무원이 상관의 지시에 따라 업무를 처리하는 경우, 국공립학교 교사가 교육청의 지시에 따라 수업을 실시하는 경우 등에도 기본권을 주장할 수 없다. 교사의 수업활동은 교사의 사적인 기본권행사가 아니라 기본권의 구속을 받는 국가교육권한의 행사이다.[36] 따라서 교사는 수업활동에 있어서 학부모나 학생의 기본권을 존중해야 할 의무를 지고 이에 따른 구속을 받는다.[37]

나. 근무영역

(1) 근무 중 기본권의 행사 가능성

공무원은 근무영역에서도 개인적인 법적 지위가 문제되는 경우에는 원칙적으로 기본권의 주체이다.[38] 공무원이 국가조직의 일부로서 공적 과제를 수행하는 경우에는 기본권의 주체가 아니라 기본권의 구속을 받는 국가기관에 해당하지만, 공무원은 근무영역에서도 국가와의 관계에서 사인의 지위를 가지고 대립함으로써 기본권이 보호하고자 하는 전형적인 위험상황에 처할 수 있다.[39] 공무원이 직무상의 지위로부터 나오는 권한이나 관할이 아니라 그의 개인적 관계가 침해되는 경우, 기본권에 의하여 보호되는 전형적인 위험상황이 존재한다.

가령, 법관으로 하여금 사법의 독립성과 권위의 상징적 표현으로서 법복을 입도록 규정하거나 경찰공무원이나 군인에게 제복을 입도록 규정하는 경우, 제복을 착용하는 공무원에 대하여 근무시간 중 목걸이나 귀걸이의 착용을 금지하는 경우, 공무원에 대하여 근무시간 중 특정 종교의 상징물이나 정치적 표어를 담은 배지의 착용을 금지하는 경우가 이러한 상황에 해당한다. 이러한 경우, 공직으로부터 나오는 권한이나 관할이 아니라, 근무 중 기본권의 행사에 관한 것으로 공무원의 개인적인 관계가 침해된다.

(2) 근무영역에서 '직무상의 이익'에 의한 기본권제한의 가능성

한편, 공무원은 근무영역에서 자신의 기본권적 자유를 무제한적으로 행사할 수 없

35) 통신의 비밀은 국가가 직무수행을 위하여 공무원에게 제공한 통신시설과 관련하여 통신이용상황에 관하여 정보를 얻는 것으로부터 보호하지 않는다. 따라서 고용주인 국가가 예산사용을 통제하기 위하여 또는 사적인 통화에 대하여 통신비용을 징수하기 위하여 국가에 의하여 제공된 통신시설을 통하여 어떠한 통화가 이루어지는지를 확인하기 위한 조치를 취하는 경우, 공무원의 통신의 비밀이 침해되지 않는다. Vgl. BVerwG, NVwZ 90, 71.

36) Vgl. Isensee, Öffentlicher Dienst, in: HbVerfR, 2. Aufl., 1994, §32 Rn.58.

37) 이에 관하여 상세하게 한수웅, 헌법학, 2013, 974면 이하 참조.

38) Vgl. Stern, Das Staatsrecht der BRD, Bd.Ⅲ/1, 1988, §74 Ⅲ S.1386.

39) Vgl. Vitzthum, Der funktionelle Anwendungsbereich der Grundrechte, in: HbGR, Bd.Ⅱ, §48 Rn.44f.

다.[40] 물론, 근무영역에서도 공무원의 기본권에 대한 제한은 정당한 목적을 달성하기에 적합하고 필요한 경우에 한하여 허용되지만, 공무원은 근무관계의 목적 및 기능보장으로부터 요청되는 광범위한 기본권제한을 감수해야 한다. 국가행정의 원활한 기능이 공무원의 기본권행사에 의하여 저해되어서는 안 되므로, 근무영역에서 공무원의 기본권은 직무상의 이익 등 공익실현을 위하여 광범위하게 제한될 수 있다.

공무원은 근무영역에서도 기본권주체성을 상실하지 않으므로, 일반적으로 근무 중 자신의 복장 및 外樣에 관하여 스스로 결정할 수 있다. 그러나 개인적 취향과 자기실현의 가능성은 공직의 객관적 요청에 의하여 제한된다.[41] 공무원의 외양(복장)은 국가의 자기묘사의 한 형태이자 매개체이므로, 국가에게 공직자의 외양이 전혀 무관할 수 없다. 따라서 근무 중 자신의 취향에 따라 복장과 외양을 자유롭게 선택할 권리는 '공직의 요청(직무상 이익)과 부합하는 한, 보장될 수 있다'는 유보 하에 있다. 공무원에게 위임된 직무가 그 성격상 '외양에 있어서 국가의 권위를 묘사하는 복장'이나 '공정하고 객관적인 직무수행을 대변하는 복장'을 요청한다면, 제복의 착용이 정당화될 수 있다. 나아가, 제복을 착용하지 않는 공직자는 일반적으로 자신의 근무복장에 관하여 스스로 결정할 수 있지만, 자신에게 부과된 공적 과제의 이행, 공직의 권위, 공정성과 불편부당성에 대한 국민의 신뢰를 고려해야 한다. 즉, 외양에 관한 공무원의 자기결정권의 한계는, 공무원이 스스로 선택한 외양에 의하여 직무수행의 공정성과 객관성에 대한 국민의 신뢰가 저해되어서는 안 된다는 것에 있다. 이러한 점에서, 정치적인 신념을 표현하는 배지나 종교적 상징물, 그 외에 공직과 부합하지 않는 복장은 국가에 의하여 금지될 수 있다.

가령, 男性 경찰공무원의 장식물 착용은 일반적 행동자유권에 의하여 보장되는 것이지만, 이로 인하여 경찰행정에 대한 국민의 신뢰가 저해될 우려가 있는 경우에는 금지될 수 있다.[42] 또한, 종교적 상징물이나 정치적 표어를 적은 배지의 착용도 종교의 자유나 표현의 자유에 의하여 보호되는 것이지만, 공정하고 중립적인 국가행정이나 국가의 종교적 중립성에 대한 국민의 신뢰를 저해할 우려가 있는 경우에는 착용금지가 헌법적으로 정당화된다.[43] 뿐만 아니라, 근무영역에서 직장동료간의 정치적 의견표명은

---

40) Vgl. Vitzthum, Der funktionelle Anwendungsbereich der Grundrechte, in: HbGR, Bd.Ⅱ, §48 Rn.47.

41) Vgl. Depenheuer, Das Öffentiche Amt, in: HbStR, Bd.Ⅲ, 2005, §36 Rn.79ff.

42) 男性 경찰 또는 남성 세관 공무원의 경우, 제복에 장식물을 착용하는 것이 제복의 전반적인 인상을 변경하거나 또는 국민에 대한 공무원의 권위 및 그가 속한 국가기관의 권위를 저해하기에 적합한 경우에는 장식물 착용금지로 인한 공무원의 일반적 행동자유권에 대한 제한의 효과는 경미한 반면, 국가행정에 대한 국민의 신뢰의 유지는 중대한 공익에 해당하므로, 장식물의 착용이 금지될 수 있다, vgl. BVerfG, NJW 91, 1477; 이에 대하여 女性 공무원에게 장식물의 착용이 허용된다면, 이는 성별의 특수성이라는 합리적인 이유에 의한 차별로서 정당화될 수 있다, vgl. BVerfG, NJW 91, 1478.

43) 헌재 2012. 5. 31. 2009헌마705 등(국가공무원 복무규정), 판례집 24-1하, 541, 543, 직무 수행 중 정치적 주장을 표시하는 복장 등의 착용행위를 금지한 국가공무원 복무규정조항이 공무원의 정치적 표현의 자유를

표현의 자유에 의하여 보호되지만, 원활한 직무수행과 근무지의 평화로운 작업분위기를 저해하지 않는 범위 내에서만 허용된다.

다. 私的 영역

(1) 공무원의 사적 생활형성에 미치는 '公職의 放射效'

공무원은 직무 외의 영역 또는 사적 영역에서는 私人이자 기본권의 주체이다. 공무원은 직무 외의 영역에서 가령, 개인적 생활형성이나 사회적 활동, 민주적 참여에 있어서 다른 개인과 마찬가지로 기본권적 자유를 누린다.[44] 여기서 사적 영역이란, 주거와 같은 공간적인 의미가 아니라 '직무와 관련성이 없는 사적 생활형성의 영역'을 의미하는 것이다.[45] 가령, 경찰공무원은 근무시간 외에 사복으로 특정 종교의 선교활동을 할 수 있으며, 사인으로서 공적 행사에 참여할 수 있고, 정치적으로 의견을 표명할 수 있다.

그러나 이와 같이 공무원의 역할이나 공무원이 활동하는 영역에 따라 기본권의 주체성과 효력을 달리 판단하는 것은 단지 개념적으로만 가능하다. 현실에 있어서는 '공직의 영역'과 '사적 생활형성의 영역'이 명확하게 구분될 수 없기 때문에, 위와 같은 구분은 단지 원칙적인 방향만을 제시할 뿐이다.[46] 공직은 단지 근무시간 중에 법규범과 복무의무를 준수하는 것 이상의 것을 공무원으로부터 요구하며, 이러한 공직의 본질은 공무원에 있어서 '사적인 것'과 '공적인 것'을 명확하게 구분하는 것을 불가능하게 한다. 국가와 헌법에 대한 충성의무, 직무전념의 의무, 품위유지의 의무, 종교적 중립의 의무 등 공무원의 복무의무는 공무원의 사적인 생활형성의 영역에 대해서도 영향을 미칠 수밖에 없다. 이는 공무원의 사적 생활형성에 미치는 '公職의 放射效'라 할 수 있다.[47]

공무원은 직무 외의 사적 영역에서도 공직을 배려해야 한다. 공직을 배려해야 하는 공무원의 일반적 의무는 공무원의 사적 생활형성과 기본권의 행사에도 큰 영향을 미친다. 사적 영역에서도 공무원의 기본권행사로 인하여 직무상의 이익이 손상되거나 공익이 위협받아서는 안 되므로, 직무상의 이익이 사적 영역에서의 기본권행사에 대한 제한을 요청할 수 있다.

침해하는지 여부에 관하여 헌법재판소는 "공무원이 직무 수행 중 정치적 주장을 표시·상징하는 복장 등을 착용하는 행위는 그 주장의 당부를 떠나 국민으로 하여금 공무집행의 공정성과 정치적 중립성을 의심하게 할 수 있으므로 공무원이 직무수행 중인 경우에는 그 활동과 행위에 더 큰 제약이 가능하다고 하여야 할 것인 바, 위 규정들은 오로지 공무원의 직무수행 중의 행위만을 금지하고 있으므로 침해의 최소성원칙에 위배되지 아니한다."고 판단하였다.

44) Vgl. Depenheuer, Das Öffentiche Amt, in: HbStR, Bd.Ⅲ, 2005, §36 Rn.62; Isensee, Öffentlicher Dienst, in: HbVerfR, 2. Aufl., 1994, §32 Rn.85.

45) Vgl. Vitzthum, Der funktionelle Anwendungsbereich der Grundrechte, in: HbGR, Bd.Ⅱ, §48 Rn.37.

46) Vgl. Stern, Das Staatsrecht der BRD, Bd.Ⅲ/1, 1988, §74 Ⅲ, S.1387.

47) Vgl. Depenheuer, Das Öffentiche Amt, in: HbStR, Bd.Ⅲ, 2005, §36 Rn.63.

(2) 사적 영역에서 '직무상의 이익'에 의한 기본권제한의 가능성

공무원은 사적 영역에서도 직무와 관련되는 사안에 관하여 발언하는 경우에는 직무상 알게 된 비밀을 엄수해야 하고, 나아가 국가와 자유민주적 기본질서를 부정하고 이에 맞서 투쟁하고자 하는 발언을 해서는 안 되므로, 공무원의 표현의 자유는 그 내용에 있어서 '비밀엄수의 의무' 및 '헌법에 대한 충성의무'에 의하여 제한된다. 직무 외의 사적 영역에서 정치적 의견표명은 공무원에게 원칙적으로 허용되지만, 그 방식에 있어서 공정하고 중립적인 국가행정에 대한 국민의 신뢰가 손상되지 않도록 발언해야 한다는 '정치적 자제의 의무'에 의하여 제한을 받는다.

공무원의 경우 부업을 행사함에 있어서도 제한을 받는다. 공무원의 직무전념의 의무 또는 성실의무는 근무시간 중 직무에 전념할 것을 요구하는 것이므로, 근무시간 외에는 원칙적으로 부업을 행사할 수 있다. 그러나 부업으로 인하여 직무상의 이익, 특히 직무의 원활한 수행이 저해될 우려가 있다면, 부업은 금지될 수 있다.[48] 공무원은 국가의 종교적 중립의무에도 불구하고 사인으로서 종교의 자유를 행사할 수 있다. 가령, 경찰공무원은 근무시간 외에 사복으로 가정방문을 통하여 특정 종교를 선교할 수 있다. 다만, 사적 영역에서의 공무원의 선교활동이 다른 종교인이나 일반국민에 대하여 편파의 우려를 낳을 수 있는 충분한 객관적인 근거를 제공하는 경우에는 예외적으로 사적 영역에서의 선교활동이 금지될 수 있다.[49]

공무원은 근무시간 외에 사인으로서 집회에 참가할 수 있고, 집회참가는 집회의 자유에 의하여 보호된다. 그러나 집회의 목적이 '헌법에 대한 공무원의 충성의무'와 부합할 수 없거나 전적으로 자신의 고용주인 국가에 대한 것일 경우에는 집회참가금지가 정당화될 수 있고, 이에 대한 위반이 징계조치를 수반할 수 있다.[50] 한편, 집회의 자유는 '근무시간 중 집회에 참가하기 위하여 특별휴가를 요구할 공무원의 권리'를 보장하지 않는다.[51] 오늘날 교통·통신기술의 발달로 인하여 '근무지 거주의 의무'가 비록 약화되기는 하였지만, 공무원에게는 '직무의 정상적인 수행이 저해되지 않도록 주거지를 선택해야 할 의무'가 부과될 수 있고, 이러한 점에서 공무원의 거주이전의 자유가 제한될 수 있다. 그 외에도 공무원은 사적 생활형성에 있어서 공직에 대한 국민의 신뢰를 저해하기에 적합한 행위를 해서는 안 된다는 '품위유지의 의무'에 의하여 공무원의 사적 자유는 제한된다.

---

48) Vgl. Schnellenbach, Beamtenrecht in der Praxis, 2005, Rn.232.
49) Vgl. BVerwGE 30, 29.
50) Vgl. Schnellenbach, Beamtenrecht in der Praxis, 2005, Rn.215, 252ff.
51) Vgl. BVerwGE 42, 79.

Ⅳ. 공무원의 정치적 표현의 자유에 대한 제한

1. 정치적 표현의 자유의 헌법적 한계로서 공무원의 정치적 중립의무?

가. 공무원의 이중적 지위로 인하여, 공무원이 어떠한 영역에서 활동하는지에 따라 공무원이 표현의 자유를 주장할 수 있는지 여부에 대한 판단이 달라지고, 나아가 정치적 표현의 자유에 대한 제한이 허용되는 정도에 대한 판단이 달라진다.

공무원이 사적 영역에서 私人으로 등장하고 사인으로 활동하는 한, 국가에 대하여 정치적 표현의 자유를 주장할 수 있다. 이에 대하여 공무원이 공직의 지위에서 입장을 표명하는 경우, 이러한 의견표명이 직무수행의 일환이라면(가령, 국가기관의 대국민 홍보활동, 국회의원의 발언, 공식행사에서 대통령의 연설 등), 표현의 자유를 주장할 수 없다. 그러나 공무원이 직무수행과 직접적인 연관성이 없이 직무수행의 기회를 이용하여 근무지에서 입장을 표명하는 경우에는 국가에 대하여 기본권을 주장할 수 있다(가령, 근무지에서 특정한 정치적 표어를 적은 배지의 착용).[52]

나. 여기서 일차적으로 제기되는 문제는, 공무원이 '사적 영역'에서 정치적 표현의 자유를 행사하는 경우 공무원의 '정치적 중립의무'에 의하여 헌법적 한계가 설정되는지 여부이다.

헌법은 제7조 제2항에서 "공무원의 신분과 정치적 중립성은 법률이 정하는 바에 의하여 보장된다."고 규정하고 있다. '정치적 중립성'은 공무원이 공익을 실현하고 국민전체의 봉사자로서 기능하기 위한 필수적인 조건이다.[53] 공무원이 국민전체의 봉사자라는 것(헌법 제7조 제1항)은 곧 공무원이 전적으로 국민의 이익을 위하여 공직을 행사해야 한다는 의미에서 공익실현의 의무를 진다는 것을 뜻하고, 정치적 중립성은 공익실현의 전제조건이다. 공무원이 특정 정치세력과 일체감을 가진다면, 직무를 중립적이고 공정하게 수행할 수 없고, 공익을 실현할 수 없다. 공무원이 모든 사회적·정치적 세력에 대하여 중립성과 등거리를 유지하는 것은 공익실현을 위하여 필수적인 것이다.

공무원의 정치적 중립의무는 단지 국민에 의하여 위임된 공직의 행사, 즉 '직무수행'과 관련되어 부과되는 의무이다.[54] 공무원은 직무수행의 영역에서는 자신의 직무를 정치적으로 중립적으로 수행해야 할 의무를 지는 반면, 직무 외의 영역에서는 개인으로서 정치적 표현의 자유를 행사함으로써 정치적으로 활동할 수 있다. 정치적 중립의무는 원칙적으로 직무수행에 한정된 것이므로, 직무 외의 사적 영역에서 정치적 표현의 자유의

52) Vgl. Vitzthum, Der funktionelle Anwendungsbereich der Grundrechte, in: HbGR, Bd.Ⅱ, §48 Rn.64.

53) 직업공무원제도의 본질적인 구성요소로서 '공무원의 정치적 중립성'에 관하여 자세하게 한수웅, 헌법 제7조의 의미 및 직업공무원제도의 보장, 법조 제674호(2012. 11.), 42면 이하 참조.

54) Vgl. Isensee, Öffentlicher Dienst, in: HbVerfR, 2. Aufl., 1994, §32 Rn.28.

행사에 대하여 직접적인 헌법적 한계를 설정하지 않는다. 따라서 '직무 외의 영역'에서 공무원의 의견표명이 헌법적으로 허용되는지 여부를 판단함에 있어서 '공무원의 표현의 자유'와 '공무원의 정치적 중립의무'를 대치시키고 법익교량과정에서 양 법익간의 조화와 균형을 이루고자 시도하는 것은 그 출발점에서부터 잘못된 것이다.

2. 정치적 표현의 자유의 헌법적 한계

가. 공무원의 복무의무의 헌법적 의미

헌법은 제7조 제2항에서 직업공무원제도를 구성하는 핵심적 구조원칙으로 '공무원의 신분보장'을 규정하고 있다. '공무원의 신분보장'은 '공무원의 충성의무'(Treuepflicht)에 대응하는 국가의 보호·배려의무(Fürsorgepflicht)의 헌법적 표현이다. 공무원은 국가에 대하여 충성과 복종의 의무, 사익을 배제한 채 공익실현을 위하여 직무에 전념해야 할 의무를 지는 대신, 국가는 이에 대한 반대급부로서 공무원에 대한 보호·배려의무를 진다. 국가의 보호·배려의무의 주된 내용이 바로 공무원에 대한 신분보장과 부양의무이다. 이로써 직업공무원제도는 헌법적으로 상호간의 충성과 배려, 즉 '국가에 대한 공무원의 충성의무'와 이에 대응하는 '국가의 보호·배려의무'에 기초하고 있다.[55] 헌법은 비록 공무원의 충성의무를 명시적으로 언급하고 있지 않지만, 공무원의 신분보장은 이에 대응하는 공무원의 충성의무를 전제로 한다는 점에서, '공무원의 신분보장'이란 표현을 통하여 '공무원의 충성의무'를 간접적으로 규정하고 있다.

입법자는 직업공무원제도의 본질적인 구성요소인 '공무원의 충성의무'를 국가공무원법에서 다양한 복무의무(선서의무, 성실의무, 복종의 의무, 공정의 의무, 비밀엄수의 의무, 청렴의 의무, 품위유지의 의무, 영리업무 및 겸직의 금지 등)를 통하여 구체화하고 있다. 국가공무원법에 규정된 '공무원의 복무의무'는 '공익실현과 국민에 대한 이타적인 봉사'라는 공무원의 일반적 의무(충성의무)의 구체화된 표현이며, 공무원의 복무의무에 담겨있는 '강화된 기본권제한'은 국가행정이 공익을 실현하기 위한 불가결한 전제조건이다.[56] 직업공무원관계에서는 공무원에게 복무의무의 형식으로 일반적인 제한가능성을 넘어서는 '부가적인 기본권제한'이 부과되며, 대신 국가는 공무원에 대하여 강화된 보호와 배려의 의무를 지는 것이다.

---

55) Vgl. Badura, Staatsrecht, 2003, D Rn.105; H. Lecheler, Der öffentliche Dienst, in: HbStR, Bd.Ⅲ, 1988, §72 Rn.50, 93; Battis, in: Achterberg/Püttner/Würtenberger(Hg), Besonderes Verwaltungsrecht, Bd.Ⅱ, 2000, S.1022, 1066.

56) Vgl. Depenheuer, Das Öffentiche Amt, in: HbStR, Bd.Ⅲ, 2005, §36 Rn.85; Isensee, Öffentlicher Dienst, in: HbVerfR, 2. Aufl., 1994, §32 Rn.84.

나. 표현의 자유의 '행사방법'에 대한 한계로서 '政治的 自制의 의무'

(1) 표현의 자유에 대한 내용적·방법적 한계

공무원의 충성의무를 구체화하고 있는 공무원의 복무의무 및 공무원의 사적 생활형성에 미치는 '공직의 放射效'에 비추어 보건대, 사적 영역에서도 공무원은 표현의 자유를 무제한적으로 주장할 수 없다. 사적 영역에서의 공무원의 정치적 의견표명도 직무수행의 영역 및 직무상의 이익에 부정적인 영향을 미칠 수 있으므로, 그 내용에 있어서는 '헌법에 대한 충성의무'에 의하여 헌법적 한계가 설정되고, 그 방법에 있어서는 직무 내외를 불문하고 적용되는 '정치적 자제의 의무' 및 '품위유지의 의무'에 의하여 한계가 설정된다.

(2) 표현의 자유의 방법적 한계로서 '정치적 자제의 의무'의 구체적 내용

(가) 공무원의 정치적 표현의 자유는 그 '방식'에 있어서 무엇보다도 '정치적 자제의 의무'에 의하여 제한된다.[57] 공무원은 정치적 활동과 발언에 있어서 위임된 공직에 부합하는 절제와 자제를 해야 할 의무를 진다. '정치적 자제의 의무'는 직무 내외를 불문하고 공무원에게 부과되는 의무이다.

'근무영역'에서 정치적 의견표명은 원활한 직무수행과 근무지의 평화로운 작업 분위기를 해치지 않는 범위 내에서 직장동료간의 사적인 대화나 토론으로서 허용되나, 계획적이고 지속적인 정치적 선전활동으로서 정치적 의견표명은 허용되지 않는다.[58] 공무원은 직무 외의 '사적 영역'에서도 정치적 활동을 통하여 자신의 인격을 발현함에 있어서 자제와 절제를 통하여 공직을 배려해야 할 의무, 즉 국가행정의 원활한 기능에 대한 국민의 신뢰를 저해하기에 적합한 행위를 해서는 안 될 의무를 진다.

공직과 공무원에 대한 국민의 신뢰는 공익을 실현하고 국민전체에 봉사하리라는 공무원의 공직윤리에 기초하고 있다. 따라서 공무원은 직무상 의무를 위반해서는 안 될 뿐만 아니라, 이를 넘어서 의무위반의 가능성이 있다는 인상, 즉 직무수행에 있어서 편파적으로 판단할 위험이 있다는 인상을 주어서도 안 된다. 그러한 경우 직무수행의 객관성과 공정성에 대한 국민의 신뢰가 손상을 입을 수 있다. 그러므로 공무원이 의도적으로 또는 과실로 편파의 인상을 야기하였는지 여부는 중요하지 않으며, 결정적인 것은 '일반국민에 대한 효과'이다.[59] 공무원은 사적 영역에서 정치적 표현의 자유를 행사할

57) Vgl. Vitzthum, Der funktionelle Anwendungsbereich der Grundrechte, in: HbGR, Bd.Ⅱ, §48 Rn.65.
58) Battis, in: Achterberg/Püttner/Würtenberger(Hg), Besonderes Verwaltungsrecht, Bd.Ⅱ, 2000, S.1064.
59) 헌재 2012. 5. 31. 2009헌마705 등(국가공무원 복무규정), 판례집 24-1하, 541, 542, 국가의 정책에 대한 반대·방해행위를 금지한 국가공무원 복무규정조항이 공무원의 정치적 표현의 자유를 침해하는지 여부에 관하여, "위 규정들은 공무원의 정치적 의사표현이 집단적인 행위가 아닌 개인적·개별적인 행위인 경우에는 허용하고 있고, 공무원의 행위는 그것이 직무 내의 것인지 직무 외의 것인지 구분하기 어려운 경우가 많으며, 설사 공무원이 직무 외에서 집단적인 정치적 표현 행위를 한다 하더라도 공무원의 정치적 중립성에 대한

수 있으나, 사적 영역에서 정치적으로 활동하는 공무원의 언행으로 인하여 공무원이 더 이상 자신의 직무를 공정하게 수행할 수 없으리라는 인상을 국민에게 주어서는 안 된다.[60] 사적 영역에서 공무원은 개인으로서 정치적으로 활동할 수 있으나, 공무원의 정치적 참여는 직무수행에 부정적인 영향을 미치거나 공정성을 위협하거나 외부인에 대하여 편파적인 인상을 줌으로써 공직에 대한 신뢰를 손상해서는 안 된다.[61]

(나) 공무원의 '정치적 자제의 의무'는 공정하고 중립적이며 공익을 실현하는 국가행정에 대한 국민의 신뢰를 확보함으로써 국가생활에 있어서 불가결한 직업공무원제도의 기능을 보장하기 위하여 필수적으로 요청되는 것이다.[62] '공정한 국가행정에 대한 국민의 신뢰 및 직업공무원제도의 기능보장'은 공무원에 대하여 정치적 활동에 있어서 자제를 요청하고 표현의 자유에 대한 강화된 제한을 정당화하는 헌법적 법익이다.

이러한 이유에서 오늘날 다수 민주국가의 공무원법은 공무원의 특수한 지위와 의무로부터 나오는 이러한 요청을 명시적으로 '정치적 자제의 의무'의 형태로 공무원에게 부과하면서 의무위반의 경우를 징계사유로 규정하고 있다.[63] 우리의 경우, 국가공무원법은 '정치적 자제의 의무'를 명시적으로 규정하고 있지 않으나, 공무원의 정치적 중립성을 요청하는 헌법 제7조 제2항, 공무원의 품위유지의 의무(제63조), 정치운동의 금지(제65조) 및 '직무의 내외를 불문하고 그 체면 또는 위신을 손상하는 행위'를 징계사유로 규정하는 조항(제78조 제1항 제3호) 등을 통하여 이로부터 도출되는 '일반적 복무의무'로서 간접적으로 규정하고 있는 것으로 보아야 한다. 국가공무원법이 '정치적 자제의 의무'를 명시적으로 규정하지 않은 것은, '정치운동의 금지', '집단행동의 금지' 등을 통하여 공무원의 정치적 활동이 전반적으로 금지되어 있고 나아가 직무 외의 영역에도 적용되는 '품위유지의 의무'에 비추어 사적 영역에서의 정치활동에 있어서 '자제의 의무'를 별도로 규정하는 것이 불필요하다고 판단한 것으로 보인다.

국민의 신뢰는 유지되기 어려우므로 직무 내외를 불문하고 금지한다 하더라도 침해의 최소성원칙에 위배되지 아니한다."

60) 헌재 2004. 5. 14. 2004헌나1(대통령 노무현 탄핵), 판례집 16-1, 609, 638, "다만, 대통령이 정치인으로서 표현의 자유를 행사하는 경우에도, 대통령직의 중요성과 자신의 언행의 정치적 파장에 비추어 그에 상응하는 절제와 자제를 하여야 하며, 국민의 시각에서 볼 때, 직무 외에 정치적으로 활동하는 대통령이 더 이상 자신의 직무를 공정하게 수행할 수 없으리라는 인상을 주어서는 안 된다. 더욱이, 대통령의 절대적인 지명도로 말미암아 그의 '사인으로서의 기본권행사'와 '직무범위 내에서의 활동'의 구분이 불명확하므로, 대통령이 사인으로서의 표현의 자유를 행사하고 정당활동을 하는 경우에도 그에게 부과된 대통령직의 원활한 수행과 기능유지 즉, 국민 전체에 대한 봉사자라는 헌법 제7조 제1항의 요청에 부합될 수 있도록 해야 한다."

61) Vgl. Isensee, Öffentlicher Dienst, in: HbVerfR, 2. Aufl., 1994, §32 Rn.28; Depenheuer, Das Öffentiche Amt, in: HbStR, Bd.Ⅲ, 2005, §36 Rn.84.

62) Vgl. BVerfGE 39, 334.

63) 가령, 독일의 경우 연방공무원법(BBG) 제53조 및 공무원법기본법(BRRG) 제35조 제2항에서 "공무원은 정치적 활동과 발언에 있어서 위임된 공직에 부합하는 절제와 자제를 해야 할 의무를 진다."고 하여 '절제와 자제의 요청'을 복무의무로서 명시적으로 규정하고 있다. 독일의 경우, 공무원은 전통적으로 정치적으로, 심지어 정당가입을 통하여 정당정치적으로 활동할 수 있으나, 공행정의 원활한 기능에 대한 국민의 신뢰를 확보하기 위하여 공무원이 정치적으로 활동하는 경우 직무 내외를 막론하고 자제의 의무를 부과하고 있다.

(다) 예컨대, 공무원은 國旗 등 국가의 상징물을 모욕해서는 안 되며, 합헌적으로 성립된 정권과 국가의 최상급기관을 정치적으로 비방해서도 안 된다.[64] 이러한 경우, '자제의 의무'의 위반이 인정된다. 한편, 공무원이 헌법에 대한 충성의무, 자제의 의무 및 품위유지의 의무에 위반되지 않는 한, 객관적인 논증에 기초하여 국가정책이나 국가기관에 대한 합리적인 비판을 하는 것은 허용된다. 공무원이 특정 정책에 대하여 공개적으로 지지나 반대를 호소하는 정치적 운동에 참여함에 있어서 자신의 성명뿐만 아니라 직위를 함께 밝히면서 서명하는 것은 '자제의 의무'에 위반된다.[65] 이러한 경우, 공무원은 자신의 정치적 견해를 일반국민보다 효과적으로 관철하기 위하여 공직이 제공하는 권위와 신뢰를 부당한 방법으로 이용하는 것이고, 공무원의 공정한 직무수행에 대하여 국민이 의문을 가질 수 있는 계기를 제공할 수 있다. 마찬가지로, 군인이나 경찰공무원이 시위 등 정치적 활동에 참여함에 있어서 제복을 착용하는 경우, 자제의 의무에 위반된다.[66]

(3) 표현의 자유의 방법적 한계로서 품위유지의 의무

뿐만 아니라, 공무원은 직무의 내외를 불문하고 그 품위가 손상되는 행위를 하여서는 아니 된다(품위유지의 의무).[67] 공무원의 행위는 직무 내외를 불문하고 공직이 요구하는 품위, 즉 공직에 대한 국민의 존중과 신뢰에 부합해야 한다. '품위유지의 의무가 공무원의 사적인 생활형성에 있어서 구체적으로 어떠한 요구를 하는지'의 문제는 개별적인 경우마다 공무원의 지위, 공직의 기능 및 문제되는 사적 행위가 직무수행에 미치는 영향 등을 종합적으로 고려하여 판단해야 할 사안이다. 가령, 고위공무원의 경우에는 품위유지의 의무에 대하여 보다 엄격한 요구를 할 수 있다.[68] 정치적 의견표명에 있어서 비속어 등 '저속한 표현'을 사용하는 경우에는 공직에 대한 국민의 신뢰를 저해할 수 있으므로, 품위유지의무의 위반이 고려될 수 있다.

다. 표현의 자유의 '내용적' 한계로서 '헌법에 대한 충성의무'

공무원의 충성의무 중에서 가장 중요한 것은 '헌법에 대한 충성의무'이다.[69] 직무 외에서의 정치적 의견표명은 그 '내용'에 있어서는 '공무원의 정치적 충성의무'에 의하여 제한을 받는다.[70] 여기서 '정치적' 충성의무란, 공무원이 봉사해야 하는 국민의 정치적

---

64) Vgl. Schnellenbach, Beamtenrecht in der Praxis, 2005, Rn.231 Fn.98.
65) Vgl. BVerwGE 78, 216; 84, 292, 298.
66) Vgl. BVerfG, DÖV 81, S.67.
67) 국가공무원법 제63조 참조.
68) Battis, in: Achterberg/Püttner/Würtenberger(Hg), Besonderes Verwaltungsrecht, Bd.Ⅱ, 2000, S.1065.
69) Vgl. BVerfGE 39, 334, 347ff., 한편, 국가공무원법은 공무원의 다양한 의무를 규율하면서 공무원의 충성의무 중에서 가장 중요한 의무인 '국가와 헌법에 대한 충성의무'를 명시적으로 규정하고 있지 않다. 국가와 헌법에 대한 공무원의 충성의무는 직업공무원제도의 본질적 요소로서 다른 어떠한 의무보다도 명시적으로 규정되어야 한다. 따라서 이와 같은 중대한 입법적 흠결은 조속히 공무원법의 보완을 통하여 제거되어야 한다.

공동체인 국가의 기본이념, 즉 자유민주적 기본질서에 동의해야 한다는 것을 의미한다.[71] 따라서 정치적 충성의무란 '국가와 헌법에 대한 충성의무', 자유민주적 기본질서에 대한 충성의무를 뜻하는 것이다. 이로써 공무원은 국가와 헌법을 긍정하고 이를 보호할만한 가치로서 인정하며 적극적으로 지지해야 할 의무를 진다.

'헌법에 대한 충성의무'는 근무시간에 국한되는 것이 아니라 직무의 내외를 불문하고 공무원을 구속한다.[72] 뿐만 아니라, 정치적 충성의무는 직업공무원뿐만 아니라 공직의 성격이나 직급과 관계없이(경력직, 특수경력직 등) 모든 공직자를 구속한다.[73] 물론, 공무원도 국가를 비판할 수 있고 사회적·정치적 상태의 변화를 위하여 노력할 수 있으나, 국가와 헌법질서를 문제 삼지 않는다는 전제 하에서, 즉 국가와 헌법질서에 동의하고 이를 긍정하는 바탕 위에서 비판과 개혁적 시도는 이루어져야 한다. 공무원의 '정치적 충성의무'와 '정치적 중립성'은 서로 모순되지 않는다. 공무원의 정치적 중립성은 자유민주적 기본질서의 기반 위에서 인정되는 것이기 때문이다.[74]

3. 법관의 표현의 자유와 政治的 自制의 의무

가. 법관의 '정치적 자제의 의무'에 대한 司法의 요청

개별사건의 경우 요청되는 '정치적 자제의 의무'를 해석을 통하여 구체화함에 있어서, 문제되는 '정치적 활동의 성질과 내용' 외에도 '공무원의 지위와 기능'이 중요한 의미를 가진다. 사법기관의 과제는 헌법과 법률의 해석과 적용에 의한 사법적 판단이며, 그 본질은 사법의 독립성, 공정성 및 객관성이다. 사법기관은 헌법이 부여한 그 기능상 외부로부터의 모든 영향을 배제하며, 나아가 사법의 독립성에 대하여 의문을 제기할 수 있는 모든 가능성을 스스로 처음부터 차단할 것을 요청한다. 사법의 독립성과 공정성 및 사법의 기능보장은, 법관이 표현의 자유를 행사함에 있어서 자제를 요청하고 이에 대한 제한을 정당화하는 헌법적 법익이다. 법관의 의견표명이 허용되는지 여부는 '법관의 표현의 자유'와 '사법의 독립성과 기능보장'이라는 서로 대치하는 법익의 교량을 통하여 조화와 균형의 상태로 이끄는 문제이다.

사법부가 헌법상 부여된 기능을 수행하기 위해서는 사법의 독립성에 대한 국민의 신뢰가 필수적이다. 사적 영역에서의 법관의 기본권행사로 인하여 '사법의 독립성'에 대한

70) 정치적 충성의무에 관하여 자세하게 한수웅, 헌법 제7조의 의미 및 직업공무원제도의 보장, 법조 제674호(2012. 11.), 35면 이하 참조.

71) Vgl. BVerfGE 39, 334, 347f.(극단주의자 결정).

72) Vgl. Isensee, Öffentlicher Dienst, in: HbVerfR, 2. Aufl., 1994, §32 Rn.85; Stern, Das Staatsrecht der BRD, Bd.Ⅲ/1, 1988, §74 Ⅲ, S.1387.

73) Vgl. H. Lecheler, Der öffentliche Dienst, in: HbStR, Bd.Ⅲ, 1988, §72 Rn.98.

74) Vgl. Battis, in: Achterberg/Püttner/Würtenberger(Hg), Besonderes Verwaltungsrecht, Bd.Ⅱ, 2000, S.1022.

일반국민의 신뢰가 흔들려서는 안 된다. 그러므로 법관은 다른 공무원보다도 정치적인 의견표명에 있어서 더욱 자제를 해야 한다. 법관은 정치적 활동에 있어서 사법의 독립성에 대한 국민의 신뢰가 저해되지 않도록 행동해야 한다.[75)]

법관의 정치적 의견표명에 있어서 결정적인 것은, 법관이 사적 영역에서의 정치적 의견표명에도 불구하고 재판에 있어서 독립성과 공정성을 유지하고 자신의 주관성으로부터 거리를 둘 수 있는지 여부가 아니라, 국민이 법관을 임의로 선택할 수 없는 상황에서 법관의 정치적 의견표명으로 인하여 '일반국민에게 발생하는 효과'이다. 따라서 법관이 정치적 활동을 통하여 사법의 독립성에 대한 국민의 신뢰를 상실한 경우에 비로소 '정치적 자제의 의무'에 위반하는 것이 아니라, 법관이 특정 사안과 관련하여 더 이상 객관적이고 독립적으로 사고할 수 없고 이러한 편향성이 자신의 직무수행에 영향을 미치리라는 인상을 '합리적으로 사고하는 제3자'에게 불러일으킨다면, 이미 이러한 '신뢰상실의 가능성'만으로도 '정치적 자제의 의무'에 위반하는 것이다.[76)]

나. 법적 또는 법정책적 문제에 대한 법관의 의견표명

(1) 법관의 발언이 그 객관적 표현내용에 있어서 직무수행의 영역에서 국가의 도구로서 이루어진 것이라면, 표현의 자유에 의하여 보호되지 않는다. 이러한 경우, 개인이 자신의 의견을 표명하는 것이 아니라 국가기관이 '국민의 이름으로' 재판을 하고 판결을 내리는 것이고, 이로써 국가에게 귀속되는 행위인 것이다. 법관은 직무수행에 있어서 '공정한 재판을 받을 권리'를 비롯한 국민의 기본권을 보장해야 하고 기본권의 구속을 받는 것이지, 스스로 기본권을 주장할 수 없다.

(2) 법관은 '법적 문제'나 '법정책적 문제'에 관하여 자신의 의견을 표명할 수 있으나, 정치적 자제의 의무를 준수해야 한다. 현장의 경험을 가진 법률전문가로서의 법관이 법적 또는 법정책적 논쟁으로부터 배제되어야 할 이유는 없다. 법관이 자제의 요청을 준수하고 다른 견해에 대한 존중과 개방적 자세를 인식케 한다면, 법적 사안에 관하여 정부나 야당의 견해와 다른 견해를 표명할 수 있고 이러한 방법으로 법정책적 논쟁에 참여할 수 있다.[77)]

---

75) 독일 법관법 제39조는 이러한 내용의 규정을 담고 있다. 독일의 경우, 전통적으로 법관에게 정당정치적 활동(정당가입)을 허용하고 있다. 따라서 법관이 특정 정당이나 정치적 단체의 회원이라는 사실만으로는 기피사유가 될 수 없다. 그러나 법관의 정치적 활동은 편파의 우려를 낳을 수 있으므로, 독일 법관법 제39조는 '직무 내외를 불문하고' 명시적으로 정치적 자제를 요청하고 있다. 한편, 법관의 정치적 활동이 허용되는지 여부를 비교법적으로 살펴보면, 다수의 국가에서는(프랑스, 이태리, 네덜란드, 오스트리아 등) 독일과 같이 법관에게 정당정치적 활동을 허용하면서 정치적 자제의 의무를 부과하고 있으며, 다수의 국가에서는(영국, 벨기에, 일본, 그리스, 캐나다, 스페인 등) 정당정치적 활동이 처음부터 금지되고 있다, vgl. W. Moll, Wie unbefangen ist der politische Richter?, ZRP 1985, 244ff.

76) Vgl. Hager, Freie Meinung und Richteramt, NJW 1988, S.1697.

77) Vgl. Sendler, Was dürfen Richter in der Öffentlichkeit sagen?, NJW 1984, S.692.

법적 문제에 관한 의견표명과 관련하여, 법관은 장래에 자신이 담당하게 될 가능성이 있는 사건에 관하여 의견을 표명함에 있어서 특히 자제해야 한다.[78] 이러한 사건에 관하여 의견을 표명하는 법관은 사건과 관련된 모든 관점을 인식하기 전에 자신의 입장을 미리 정하였다는 비판을 면하기 어렵고, 그 결과 편파적이라는 의문을 가지게 함으로써 사법의 공정성에 대한 국민의 신뢰를 저해할 위험이 있기 때문이다. 자신이 담당하는 '진행 중인 사건'에 관하여 법관이 의견을 표명하는 경우에는 특히 조심해야 하며, 원칙적으로 자신의 의견을 표명해서는 안 된다. 법관은 진행 중인 사건에 관한 의견표명을 통하여 사건에 대하여 예단을 가지고 있다는 인상을 줌으로써 독립성과 공정성에 대한 의문의 계기를 스스로 제공할 수 있기 때문이다. 반면에, 구체적인 사건과 관계없이 타인의 견해에 대하여 학문적 입장을 표명하는 것은 설사 단호한 형태로 이루어지더라도 일반적으로 사법의 독립성에 대한 신뢰를 저해하지 않을 것이므로, 자제의 의무에 비추어도 문제가 없다.[79]

다. 정치적 문제에 대한 법관의 의견표명

(1) 법관이 '정치적 문제'에 대하여 의견을 표명할 수 있는지의 문제가 논의의 대상이 되는 경우, 논쟁이 가장 고조된다. 한편으로는, 법관은 개인이자 국민으로서 정치적 문제에 관하여 의견을 표명할 수 있다. 국민 모두와 관련되고 국가의 장래와 운명을 결정하는 중요한 사안일수록, 국민의 한 사람으로서 법관의 정치적 참여는 당연한 것으로 보인다. 그러나 다른 한편으로는, 법관이 정치적 문제에 대하여 의견을 표명하는 경우 '정치적 자제의 요청'을 준수해야 한다. 오늘날의 법치국가에서 국가공동체의 중요하고 본질적인 일반정치적인 문제가 대부분의 경우 법률의 형식으로 규범화되어 법적 문제로 전환될 수 있으며, 이러한 이유에서 정치적 문제에 대한 대답은 적지 않은 경우 헌법을 비롯한 법적 판단과 고려로부터 나올 수 있다는 점에서 더욱 그러하다.

물론, 법관은 특정 국가정책에 대하여 위헌의 의심을 가지고 있다면, 논문의 형태로 헌법적 문제가 있음을 학술잡지에 발표할 수 있으며, 나아가 국가정책이 법률로 규범화된 경우에는 그 법률에 대하여 위헌제청을 할 수도 있다. 그러나 법관이 타인의 견해에 대한 개방적 자세나 타인과 대화하고자 하는 자세를 완전히 배제하면서 자신만이 진리를 독점하고 있는 양, 자명한 진리로서 또는 의문의 여지가 전혀 없는 확정적인 것으로 절대적 타당성을 가지고 일방적인 정치적 요청을 제기하거나 또는 자신의 견해에 대한

---

78) Vgl. Schmitt-Jortzig, Richteramt und politische Betätigung, NJW 1984, 2061.

79) 다만, 법관의 학문적 견해의 표명이 객관성과 합리성의 한계를 일탈하여 너무 확정적이어서 다른 견해에 대하여 완전히 봉쇄되어 있다는 인상을 불러일으킨다면, 나중에 법관이 관련사건을 담당한 경우에는 기피신청의 대상이 될 수도 있을 것이다, vgl. Schmitt-Jortzig, Richteramt und politische Betätigung, NJW 1984, 2062; Sendler, Was dürfen Richter in der Öffentlichkeit sagen?, NJW 1984, S.694.

구체적인 논증이 없이 '정치적 구호나 표어'의 형식으로 대중을 선동하는 방법으로 정치적 입장을 표명하는 경우에는 일반적으로 '정치적 자제의 의무'에 위반된다.[80] 이러한 경우, 법관의 의견표명은 '일방적으로 왜곡된 정치적 표어'나 '자극적인 표현을 사용하는 과도한 감정표출'의 형태로 이루어짐으로써 정치적 사안에 관한 합리적인 논쟁을 오히려 저해하고, 법관이 반대하는 국가정책은 구체적 이유의 설명 없이 위헌적인 것으로 언급된다.

여기서 특히 문제되는 것은, 자신이 주장하는 정치적 견해에 대하여 그 타당성을 강조하고 법관으로서의 전문성과 현명함의 표현이라는 인상을 주기 위하여 법관이라는 공직이 부여하는 권위와 지위를 이용한다는 점이다.[81] 법관은 이러한 방법으로 자신이 활동하는 '법의 영역'에서, 나아가 법을 통하여 파악할 수 있는 '정치의 영역'에서 전문가로서 자처하고, 헌법과 정치에 대하여 일반국민보다 더욱 직접적이고 밀접한 관계에 있다는 인상을 주게 된다. 자신의 정치적 견해에 대한 대중의 지지를 이끌어내고 그 타당성과 '특별한 품질'을 강조하기 위하여 법관의 지위를 이용하는 경우, 적어도 정치적으로 달리 생각하는 사람에 대해서는 공정한 재판을 위하여 필수적인 객관성과 균형성이 법관에게 결여되어 있다는 인상을 줄 수 있다. 이러한 경우, 일부 법관뿐만 아니라 전체 법관의 공정성과 불편부당성에 대한 국민의 신뢰가 약화될 수 있기 때문에, 사법의 권위와 독립성에 대한 심각한 우려를 낳을 수 있다.

(2) 이러한 관점에서 보건대, 법관들이 자신의 페이스북에 대통령을 비방하는 글을 올린 사건에서 문제되는 것은, 법관들이 정치적 표현의 자유를 행사함에 있어서 사법의 독립성에 대한 국민의 신뢰를 유지하기 위하여 필수적으로 요청되는 '정치적 자제의 의무'를 준수하였는지 여부이다.[82] 여기서 페이스북이 사적 공간인지 또는 공적 공간인지 여부는 본질적인 문제가 아니다. 페이스북이 사적 공간인지 여부에 관한 판단과 관계없이, 법관은 사적 영역에서도 자신의 기본권행사가 공직에 미치는 영향을 고려해야 할

80) Vgl. Sendler, Was dürfen Richter in der Öffentlichkeit sagen?, NJW 1984, S.697.

81) Vgl. Schmitt-Jortzig, Richteramt und politische Betätigung, NJW 1984, 2062; Hager, Freie Meinung und Richteramt, NJW 1988, S.1698; Sendler, Was dürfen Richter in der Öffentlichkeit sagen?, NJW 1984, S.697; Schnellenbach, Beamtenrecht in der Praxis, 2005, Rn.231.

82) 헌법재판소는 최근의 결정(헌재 2012. 2. 23. 2009헌바34)에서 법관에 대한 징계사유로 '법관이 그 품위를 손상하거나 법원의 위신을 실추시킨 경우'를 규정한 구 법관징계법 제2조 제2호가 법관의 표현의 자유를 과도하게 제한하는지 여부에 관하여 "법관도 기본권의 주체로서 표현의 자유를 보장받아야 하나, 법관의 표현의 자유는 법원과 법관의 사법권 행사의 공정성과 중립성 유지 및 이에 대한 국민의 신뢰를 확보하기 위하여 제한될 수 있고, 구 법관징계법 제2조 제2호에서 정한 징계사유는 이러한 목적을 달성하기 위하여 법관으로서의 품위를 손상하거나 법원의 위신을 실추시킨 행위만을 제한하는 것이다. 법관의 사법부 내부 혁신 등을 위한 표현행위에 있어서도 그러한 표현행위를 하였다는 것 자체가 위 법률조항의 징계사유가 되는 것이 아니라, 표현행위가 이루어진 시기와 장소, 표현의 내용 및 방법, 행위의 상대방 등 제반사정을 종합하여 볼 때 법관으로서의 품위를 손상하거나 법원의 위신을 실추시킨 행위에 해당하는 경우에 한하여 징계사유가 되는 것이다."라고 판시하여 합헌으로 판단한 바 있는데(판례집 24-1상, 80, 90), 그 결정이유에서도 이러한 사고는 그대로 드러나고 있다.

의무를 지며, 사적 영역에서도 정치적 의견표명에 의하여 사법에 대한 신뢰가 손상되지 않도록 정치적으로 자제해야 하기 때문이다. 따라서 사회관계망서비스(SNS) 공간에서의 의견표명은 다른 매체를 통한 의견표명과 헌법적으로 달리 판단되지 않는다.

한편, 위 사건에서 문제의 본질은 법관이 '정치적 중립의무'를 위반하였는지 여부에 관한 것이 아니다. 공무원의 정치적 중립의무란 공무원의 직무수행에 국한되는 것인데, 여기서 문제되는 것은 직무 외적인 영역(사적 영역)에서의 의견표명이다. 위 사건에서 문제되는 것은, '법관의 표현의 자유'와 '법관의 정치적 자제를 요청하는 사법의 독립성'이라는 상충하는 법익을 어떻게 조화시킬 수 있는지의 문제, 개별사건의 모든 구체적 상황을 고려하여 양 법익 중에서 어떠한 법익에 우위를 부여해야 하는지를 판단하는 문제이다. 이러한 관점에서 보건대, 위 사건에서 법익형량의 결과는 자제의 의무 및 품위유지의무에 위반된다는 판단에 이르게 될 것이다. 마찬가지로 상관모욕죄로 기소된 군인의 경우, '대통령이 상관에 해당하는지 여부'에 관한 판단과 관계없이, 위 군인의 의견표명은 정치적 자제의 의무를 위반한 것으로 적어도 징계조치를 정당화한다고 판단된다.[83)]

Ⅴ. 맺는말

1. 법관의 정치적 의견표명에 있어서 '허용되는 행위'와 '허용되지 않는 행위'의 경계를 설정하는 것은 매우 어려우며, 개별적인 경우의 모든 구체적인 상황을 고려하여 판단할 수밖에 없다. 법관도 국민의 한 사람으로서 정치적으로 중요한 사안에 관하여 자신의 견해를 밝힐 수 있다. 단지 법관이라는 이유만으로 자신의 주관적 견해를 밝히는 것 자체가 금지될 수는 없다. 따라서 법관의 정치적 의견표명이 헌법적으로 용인될 수 있는 한계를 넘기 위해서는, '주관적 의견표명' 외에 '별도의 부가적인 요소'를 필요로 한다. 별도의 부가적 요소에 해당하는 것이 바로 모든 공무원에 대하여 부과되는 '정치적 자제의 의무'에 대한 위반이다.

법관은 司法의 독립성과 공정성에 대한 국민의 신뢰가 손상되지 않도록 특히 자제하여 발언해야 한다. 법관이 자신의 정치적 견해를 표명하는 경우에는, 타인의 다른 견해에 대한 존중과 개방적 자세를 인식케 하면서 객관적이고 합리적인 논증에 기초하여 그리고 법관의 지위에 부합하는 품위를 유지하면서 입장을 밝혀야 한다. 이러한 경우에

83) 한편, '직무 외의 사적 영역'에서 행한 군인의 정치적 의견표명이 상관의 명예를 훼손하였는지 여부를 법적으로 평가함에 있어서도, 사인 간의 관계에서 표현의 자유와 명예보호가 충돌하는 경우 양 법익 간의 조정을 위하여 형성된 법리가 특별권력관계에서 아무런 수정 없이 그대로 적용될 수 없다. 특별권력관계 내에서 복종, 협조 또는 배려해야 할 사람과 다투는 경우에는 특별권력관계의 기능보장의 관점에서 그 '표현방식'에 있어서 '자제의 의무'를 준수해야 하며, 이에 따라 군인의 표현의 자유에 대한 보다 강화된 제한이 정당화될 수 있다.

도 법관은 자신의 의도와 관계없이 개인적 견해가 법관이라는 공직과 연계됨으로써 개인적 견해를 주장하기 위하여 공직이 부여하는 권위와 신뢰를 이용한다는 것을 항상 유념해야 하고, 자신이 견해를 표명한 대상인 정치적 사안이 언젠가는 법적 분쟁의 형태로 사법부의 심판대에 오를 수 있다는 것을 항상 생각해야 하며, 개인적인 견해가 외부에 대하여 사법부 전체의 견해로 비쳐짐으로써 사법의 독립성을 위협할 수 있다는 것을 명심해야 한다. 이러한 모든 것을 고려한다면, 법관이 공개적으로 정치적 견해를 표명하는 것이 얼마나 어려운 곡예인가를 알 수 있다.

2. 법관이 이러한 방법으로 정치적으로 자제하여 의견을 표명하는 경우에는 자신이 의도하는 정치적 효과를 거둘 수가 없기 때문에 법관에게 요청되는 '정치적 자제의 의무'를 준수할 수 없다고 판단한다면, 이러한 법관은 '법관'으로 남아서는 안 되고 '정치인'이 되어야 한다. 법관은 직업병이라 할 수 있는 '자만'과 '독선'을 경계해야 하고, 법관으로서의 전문성과 양심을 주장하여 국가 내에서 '가장 아는 체 하는 사람'이 되는 것을 조심해야 한다.[84] "교만하게 자신만이 정의를 독점하고 있다고 주장하는 천재는 사법부 내에서 있을 곳이 없다."는 어느 독일 법철학자의 지적은 되새겨 볼 필요가 있다.[85] 자신의 입장을 끊임없이 '상대화'하고 '객관화'하는 능력과 자세 없이는 국민의 신뢰를 받는 법관이 될 수 없다.

법관의 정치적 의견표명에 대하여 자제의 요청을 하는 것은, 법관을 '정치적으로 거세된 자'나 '세태에 순종하고 침묵하는 비겁한 사람'으로 만들고자 하는 것이 아니다. 정치적 자제의 의무는 헌법상 부여된 司法의 기능을 이행하기 위하여 모든 법관에게 필수적으로 요청되는 것임을 법관 스스로 인식해야 한다. 대부분의 법관들이 정치적으로 자제하고 정치적 발언을 통하여 자신을 부각시키고자 하지 않는 이유는, 혹자들이 주장하는 바와 같이 그들이 '보수적인 법관'이거나 소신이 없어서 또는 정치적 논쟁을 두려워해서가 아니라, '정치적 자제'와 '司法의 독립성' 사이의 필연적 연관관계, 즉 정치적 자제가 사법의 독립성을 유지하기 위하여 절대적으로 필요하다는 것을 인식하기 때문이다.

한편, 법관의 의견표명이 그 내용과 방식에 있어서 적정한 한계를 넘은 경우, 사법부는 곧바로 징계위원회의 심판을 받게 할 것이 아니라 일차적으로 법원 내에서의 열린 대화로 해결하고자 시도해야 하며, 역으로 정치적 발언을 통하여 논란을 빚은 당사자는 이러한 대화의 시도를 의심을 가지고 징계조치의 일환으로 받아들일 것이 아니라 사법에 대한 국민의 신뢰를 지키기 위하여 필수적으로 요청되는 '사법부의 自衛手段'으로 이해해야 한다.

---

84) Vgl. Sendler, Was dürfen Richter in der Öffentlichkeit sagen?, NJW 1984, S.698.
85) Vgl. Radbruch, Einführung in die Rechtswissenschaft, 1969, S.265.

참고문헌

이종수, 공무원의 정치적 활동의 허용여부와 그 한계, 연세법학연구 제8집 제1권, 2001. 8.

장영수, 공무원의 정치적 기본권 －보장 범위의 확대와 그 전제조건－, 안암법학 제37권, 2012

조소영, 공무원의 정치적 기본권 보장범위에 관한 헌법적 고찰, 유럽헌법연구 제12호, 2012. 12.

한견우, 공무원의 정치적 중립과 정치활동의 제한, 연세 공공거버넌스와 법 제2권 제1호, 2011. 2.

한수웅, 헌법 제7조의 의미 및 직업공무원제도의 보장, 법조 제674호, 2012. 11.

＿＿＿, 헌법학, 2013

Badura, Staatsrecht, 2003

Battis, in: Achterberg/Püttner/Würtenberger(Hg), Besonderes Verwaltungsrecht, Bd. Ⅱ, 2000

O. Depenheuer, Das Öffentiche Amt, in: Isensee/Kirchhof(Hg), Handbuch des Staatsrechts (HbStR), Bd.Ⅲ, 2005, §36

Hager, Freie Meinung und Richteramt, NJW 1988

Hesse, Grundzüge des Verfassungsrechts der Bundesrepublik Deutschland, 1984

Isensee, Öffentlicher Dienst, in: Benda/Maihofer/Vogel(Hg), Handbuch des Verfassungsrechts der Bundesrepublik Deutschland (HbVerfR), 2. Aufl., 1994, §32

＿＿＿, Gemeinwohl und Staatsaufgaben im Verfassungsstaat, in: Isensee/Kirchhof (Hg), Handbuch des Staatsrechts (HbStR), Bd.Ⅲ, 1988, §57

＿＿＿, Grundrechtsvoraussetzungen und Verfassungserwartungen an die Grundrechtsausübung, in: Isensee/Kirchhof(Hg), Handbuch des Staatsrechts (HbStR), Bd.V, 1992, §115

N. Klein, Grundrechte und Wesensgehaltsgarantie im besonderen Gewaltverhältnis, DVBl 1987

H. Lecheler, Der öffentliche Dienst, in: Isensee/Kirchhof(Hg), Handbuch des Staatsrechts (HbStR), Bd.Ⅲ, 1988, §72

Loschelder, Grundrechte im Sonderstatus, in: Isensee/Kirchhof(Hg), Handbuch des Staatsrechts (HbStR), Bd.V, 1992, §123

W. Moll, Wie unbefangen ist der politische Richter?, ZRP 1985

Radbruch, Einführung in die Rechtswissenschaft, 1969

Ronellenfitsch, Das besondere Gewaltverhältnis-ein früh totgesagtes Rechtsinstitut, DÖV 1981

Schmitt-Jortzig, Richteramt und politische Betätigung, NJW 1984
Schnellenbach, Beamtenrecht in der Praxis, 2005
Sendler, Was dürfen Richter in der Öffentlichkeit sagen?, NJW 1984
Stern, Das Staatsrecht der Bundesrepublik Deutschland, Bd.Ⅲ/1, 1988, §74 Ⅲ
Vitzthum, Der funktionelle Anwendungsbereich der Grundrechte, in: Merten/Papier (Hg), Handbuch der Grundrechte in Deutschland und Europa (HbGR), Bd. Ⅱ, 2006, §48

제3절 지방자치제도

지방자치단체의 자치권을 제한하는 입법적 규율의 헌법적 한계*

－헌법재판소의 결정에서 드러난 '최소한 보장 원칙'의 문제점을 중심으로－

Ⅰ. 문제의 제기

1. 헌법은 제117조 제1항에서 "지방자치단체는 주민의 복리에 관한 사무를 처리하고 재산을 관리하며, 법령의 범위 안에서 자치에 관한 규정을 제정할 수 있다."고 하여 지방자치행정을 헌법적으로 보장하고 있다. 지방자치행정의 헌법적 보장에도 불구하고, 지방자치행정에 관한 법적 문제는 주로 행정법의 대상으로 간주되어 법률상의 문제로 다루어지고 있으며, 반면에 헌법학에서 지방자치행정에 관한 기본결정을 담고 있는 헌법 제117조 제1항의 의미와 내용을 밝히는 작업은 거의 이루어진 바 없다.

종래 학계에서는 지방자치행정의 헌법적 보장을 독일에서 형성된 '제도보장이론'에 근거하여 지방자치행정에 관한 제도적 보장으로 이해하여 왔으나, 근래에 들어 변화한 헌법적 상황에 비추어 이러한 이해가 타당한 것인지에 대하여 의문이 제기되고 있다.[1)]

---

* 위 논문은 2014년 11월, 헌법재판연구(헌법재판연구원) 창간호, 235-280면에 게재된 것을 일부 수정한 것이다.

1) 지방자치의 제도보장론에 대한 비판으로 김명연, 지방자치행정의 제도적 보장의 의의와 내용 －독일 기본법

지방자치행정의 헌법적 보장을 어떻게 이해하는지에 따라 입법자와 지방자치단체의 관계 및 자치권을 제한하는 법률의 위헌여부를 판단하는 심사기준이 달라지기 때문에, 지방자치행정의 헌법적 보장의 법적 성격을 파악하는 것은 매우 중요한 의미를 가진다. 헌법 제117조 제1항은 헌법학에 대하여 무엇보다도 다음과 같은 핵심적인 문제를 제기한다.

첫째, 헌법재판소는 종래 자치권의 침해를 주장하는 일련의 권한쟁의심판사건에서 '자유권을 제한하는 입법의 경우에는 심사기준으로서 최대한 보장의 원칙이 적용되지만 제도적 보장의 경우에는 최소한 보장의 원칙이 적용된다'고 판시함으로써, 지방자치제도를 구체적으로 형성하는 입법자에게 거의 무제한적으로 형성권을 인정하고 있다. 그러나 오늘날 입법자에 대하여 지방자치행정을 보장하기 위하여 제도적 보장의 사고가 필요한 것인지, 헌법 제117조의 규정내용을 이해함에 있어서 독일 바이마르 시대에서 유래하는 '제도보장이론'의 구속을 받아야 하는지, 지방자치행정을 규율하는 법률에 대한 사법적 통제가 과연 '최소한의 통제'에 그쳐야 하는지에 대하여 근본적인 의문이 제기된다.

둘째, 헌법재판소의 판례와 학계의 다수견해는 지방자치행정의 헌법적 보장을 제도적 보장으로 이해하면서, 제도적 보장의 본질적 내용을 '自治團體의 보장, 自治機能의 보장 및 自治事務의 보장'으로 파악하고 있다. 그러나 판례와 학계의 견해는 이러한 요소들이 지방자치제도의 본질적 내용을 구성한다는 것을 단지 언급만 할 뿐, 이러한 요소들이 지방자치행정의 헌법적 보장과 관련하여 각자 어떠한 기능을 하는지, 어떠한 연관관계에서 지방자치제도를 구성하는 본질적 요소에 해당하는지에 관하여 전혀 서술하고 있지 않다.[2] 지방자치에 관한 한국과 독일의 헌법규정의 法文이 서로 다름에도 불구하고 우리의 경우에도 지방자치제도의 본질적인 내용을 독일과 마찬가지로 '全權能性'과 '自己責任性'으로 파악해야 하는지의 문제, 지방자치제도에 관한 고유한 역사와 전통이 없는 우리의 헌법상황에서 어떠한 방법으로 지방자치제도를 구성하는 구조적 원칙과 본질적 요소를 도출할 수 있는지의 문제, 이러한 본질적 요소가 어떠한 관점에서 지방자치제도가 기능하기 위한 필수적인 조건에 해당하는지의 문제가 핵심적인 문제로 제기된다.

셋째, 헌법 제117조 제1항에 규정된 내용을 어떻게 이해해야 할 것인지에 관한 헌법해석의 문제가 제기된다. 학계의 일부 견해는 헌법 제117조 제1항의 법문 중에서 "주민

제28조 제2항에 관한 연방헌법재판소 판례의 분석-, 공법연구 제32집 제5호, 2004, 674면; 방승주, 중앙정부와 지방자치단체와의 관계 -지방자치에 대한 헌법적 보장의 내용과 한계를 중심으로-, 공법연구 제35집 제1호, 2006, 76면; 오동석, 지방자치의 제도적 보장론 비판, 공법연구 제29집 제1호, 2000, 225면; 정종섭, 헌법학원론, 2007, 816면; 조성규, 지방자치제의 헌법적 보장의 의미, 공법연구 제30집 제2호, 2001, 417면; 허영, 한국헌법론, 2010, 822면.

2) 헌재 1994. 12. 29. 94헌마201, 판례집 6-2, 510, 522; 헌재 2001. 6. 28. 2000헌마735, 판례집 13-1, 1431, 1438; 헌재 2006. 3. 30. 2003헌라2, "헌법 제117조, 제118조가 제도적으로 보장하고 있는 지방자치의 본질적 내용은 '자치단체의 보장, 자치기능의 보장 및 자치사무의 보장'이라고 할 것이다."; 또한 허영, 한국헌법론, 2010, 826-827면.

의 복리에 관한 사무를 처리하고"의 부분에서 '자치행정권'을, "재산을 관리하며"의 부분에서 '자치재정권'을, "법령의 범위 안에서 자치에 관한 규정을 제정할 수 있다."의 부분에서 '자치입법권'을 각 읽어냄으로써 지방자치단체의 기능을 일반적으로 "자치입법권, 자치행정권, 자치재정권"으로 구분하고 있다.[3] 그러나 '자치입법권'과 '자치재정권'도 지역적 사무를 자기책임 하에서 처리할 수 있는 권한인 '자치행정권'의 일종이라는 점에서, 이러한 헌법해석이 타당한 것인지에 대하여 의문이 제기된다.

2. 이 글에서는 첫째, 지방자치행정의 헌법적 보장의 법적 성격이 지방자치행정의 제도적 보장이라는 것을 밝히고, 입법자가 제도적 보장에 의하여 어떠한 구속을 받는지, 입법자가 '제도보장이론'의 구속을 받는 것인지 아니면 지방자치행정을 보장하는 헌법규범의 구속을 받는 것인지, 입법자가 지방자치행정을 보장하는 헌법규범의 구속을 받는다면 헌법 제117조 제1항의 보장내용은 무엇인지를 살펴보기로 한다(아래 Ⅱ.). 둘째, 지방자치행정에 관한 한국헌법과 독일 기본법의 규정내용이 다르다는 점에 비추어, 지방자치제도를 구성하는 본질적 요소가 독일의 그것과 동일한 것인지, 이러한 요소가 어떠한 연관관계에서 도출될 수 있는 것인지에 관하여 살펴보기로 한다(아래 Ⅲ.). 셋째, 제도적 보장의 본질적 요소에 해당하는 '자치단체의 보장', '단체사무의 보장', '단체기능의 보장'의 구체적인 내용은 무엇인지, 각 요소들이 어떠한 기능을 하는지에 관하여 검토하고자 한다(아래 Ⅳ.). 넷째, 자치권을 제한하는 입법적 규율의 한계는 무엇인지, 자치권을 제한하는 법률의 위헌여부를 판단함에 있어서 독일 연방헌법재판소의 판례를 따라 '핵심영역'과 '주변영역'으로 구분하여 판단해야 할 것인지 아니면 '分權的 과제이행의 優位 원칙'이라는 일원적인 기준에 의하여 지방자치행정에 대한 제한이 공익적 사유에 의하여 정당화되는지 여부를 판단해야 하는지, 자치권제한의 위헌여부를 판단하기 위하여 과잉금지원칙이 적용되는지의 문제가 규명되어야 한다(아래 Ⅴ.).

Ⅱ. 지방자치행정의 헌법적 보장의 법적 성격

1. '제도보장이론'에 의한 지방자치제도의 헌법적 보장[4]

가. 제도보장이론의 생성배경 및 내용

(1) 헌법재판소의 판례와 학계의 다수견해는 지방자치행정의 헌법적 보장을 제도적 보장(institutionelle Garantie)으로 이해하고 있다.[5] 지방자치행정의 헌법적 보장을 제도

3) 가령, 권영성, 헌법학원론, 2010, 247면 이하.
4) 이 글에서 '제도적 보장'이란 지방자치제도, 직업공무원제도와 같은 공법상 제도의 보장을 의미한다.
5) 대표적으로 한수웅, 헌법학, 2014, 1278면; 허영, 한국헌법론, 2010, 826면; 성낙인, 헌법학, 2010, 1111면.

적으로 이해하고자 하는 것은 독일에서 바이마르 공화국시대에 형성된 '제도보장이론'에 기인한다.[6] 제도보장이론은 바이마르 공화국 당시의 헌법학에 의하여 형성된 이론, 즉 헌법해석의 산물이다.[7] 바이마르헌법 제127조는 기본권에 관한 부분에 지방자치행정권을 보장하는 규정을 두면서 '법령의 범위 내에서' 자치행정권을 보장하였다. 그러나 이러한 보장은 실질적으로 행정이 법률에 따라 이루어져야 한다는 '법치행정의 원칙'을 다시 반복적으로 확인한 것에 불과하였고, 입법자에 대해서는 아무런 보호를 제공할 수 없었다.[8]

이러한 헌법적 상황에서 당시 대표적인 공법학자인 칼 슈미트(Carl Schmitt)는 '제도보장이론'을 제시하였는데, 이에 의하면 바이마르헌법 제127조는 기본권을 보장하는 것은 아니지만 지방자치제도를 그 자체로서 보장하는 것이므로, 입법에 의하여 지방자치제도가 제거되거나 본질적인 구성부분이 박탈되는 것을 금지하는 것이라고 서술하였다.[9] 이러한 해석은 당시 학계에서 점차 관철되었고, 독일제국의 國事裁判所(Staatsgerichtshof)도 1929년 '입법자는 입법을 통하여 자치행정이 공동화될 정도로 자치행정을 제한해서는 안 된다'고 판시함으로써, 제도보장이론을 수용하였다. 1949년 독일 기본법이 제정된 후에도 연방헌법재판소와 학계는 지방자치의 보장과 관련하여 제도보장이론을 수용하였다.

(2) '제도보장이론'에 의하면, 헌법이 지방자치를 규정한 것은, 개인의 기본권적 자유와 유사하게 지방자치단체의 주관적 권리를 보장하는 것이 아니라, 지방자치제도를 공법상의 제도로서 보장하는 것이다(제도적 보장).[10] 제도적 보장의 경우, 헌법에 의하여

---

6) 이 글에서 '제도보장'이란, 사법상의 제도보장과 공법상의 제도적 보장을 포괄하는 상위개념을 의미한다.

7) Vgl. Kloepfer, Einrichtungsgarantien, in: Merten/Papier(Hg), Handbuch der Grundrechte, Bd.Ⅱ, 2006, §43 Rn.3ff.; 한수웅, 헌법학, 2014, 415면 이하 참조.

8) Vgl. Maurer, Verfassungsrechtliche Grundlage der kommunalen Selbstverwaltung, DVBl 1995, S.1042; Ehlers, Die verfassungsrechtliche Garantie der kommunalen Selbstverwaltung, DVBl 2000, S.1302.

9) Vgl. C. Schmitt, Verfassungslehre, 1928, S.125f.; ders., Freiheitsrechte und institutionelle Garantien, in: verfassungsrechtliche Aufsätze aus den Jahren 1924－1954, 1973, S.140ff. 바이마르 헌법 하에서 입법자는 기본권의 구속을 받지 않는 것으로 간주되었고, 게다가 그 당시 헌법학의 지배적인 견해에 의하면 헌법제정권력과 입법권은 일치하는 것으로 이해되었기 때문에 법률에 대한 헌법의 우위도 인정되지 아니하였다. 이러한 헌법적 배경에서, 그 당시 대표적인 공법학자인 칼 슈미트(Carl Schmitt)는 제도보장이론을 제시함으로써 입법자의 형성권을 제한하고자 시도하였다. 그는 '헌법적으로 보장되는 제도'를 사유재산제, 혼인·가족제도와 같은 *私法* 영역에서의 '제도보장'(Institutsgarantie)과 국가존립의 기반이 되는 제도로서 선거제도, 정당제도, 지방자치제도, 교육제도 등 *公法* 영역에서의 '제도적 보장'(institutionelle Garantie)으로 구분하였고, 입법자가 제도를 제한하고 형성할 수는 있으나 제거해서는 안 된다고 하면서, 제도보장에 의하여 제도의 존속만이 보장되는 것이 아니라 제도의 역사적 발전과정에서 형성된 전형적이고 본질적인 특징도 유지되어야 한다고 서술하였다.

10) 헌재 2006. 2. 23. 2005헌마403(지방자치단체장 연임제한), 판례집 18-1 상, 320, 334, "지방자치의 본질적 내용은 자치단체의 보장, 자치기능의 보장 및 자치사무의 보장이고, 우리 헌법상 자치단체의 보장은 단체자치와 주민자치를 포괄하는 것이다. 그런데 지방자치제도는 제도적 보장의 하나로서, 제도적 보장은 객관적 제도를 헌법에 규정하여 당해 제도의 본질을 유지하려는 것으로서, 헌법제정권자가 특히 중요하고도 가치가 있다고 인정되고 헌법적으로 보장할 필요가 있다고 생각하는 국가제도를 헌법에 규정함으로써 장래의 법발전, 법형성의 방침과 범주를 미리 규율하려는 데 있다. 다시 말하면 이러한 제도적 보장은 주관적 권리가 아

직접적으로 보장되는 보호범위가 존재하는 것이 아니라, 제도의 내용은 입법자에 의하여 형성되고 구체화된다. 법제도가 유지되고 기능하기 위해서는 그에 필요한 최소한의 요건이 입법자에 의하여 규율되어야 하기 때문에, 제도적 보장이란 입법자에 의한 구체적인 형성을 필요로 한다는 것을 의미하며, 제도의 구체적인 형성은 입법자의 광범위한 형성의 자유에 맡겨져 있다. 그러나 입법자의 형성권이 무제한적인 것은 아니고, 지방자치제도의 헌법적 보장으로부터 입법자에 대하여 '제도의 본질적인 내용은 침해되어서는 안 된다'는 요청이 나오므로, 입법자는 지방자치제도를 입법을 통하여 폐지하거나 공동화해서는 안 된다는 제약을 받는다. 제도적 보장은 제도의 모든 변경을 금지하는 것이 아니라, 제도를 구성하는 특징적이고 구조적인 핵심을 보호하고자 하는 것이다.

제도보장이론에 의하면, 지방자치제도는 서구 유럽국가에서 역사적·전통적으로 형성된 제도로서, 그 제도의 '본질적 내용'만이 입법자의 恣意로부터 헌법적으로 보장을 받는다. 지방자치단체가 자치권을 행사할 수 있는 충분한 공간이 존재하지 않을 정도로 자치행정의 본질적 내용은 입법자에 의하여 공동화되어서는 안 된다.[11] 입법자에 의하여 자치권이 제한된 후에도 독자적으로 처리할 수 있는 지역적 과제의 핵심적 부분이 지방자치단체에게 남아있어야 한다. 헌법재판소가 일련의 결정에서 "제도적 보장은 기본권 보장의 경우와는 달리 그 본질적 내용을 침해하지 아니하는 범위 안에서 입법자에게 제도의 구체적인 내용과 형태의 형성권을 폭넓게 인정한다는 의미에서 '최소한 보장의 원칙'이 적용된다."고 언급한 바와 같이, 본질적 내용의 보장이란 곧 '핵심영역의 보장'을 의미하는 것이고, 이는 결국 '최소한의 보장'을 의미하는 것이다.[12] 헌법재판소는 '제도의 본질적 내용을 침해하지 않는 한 입법자에 의한 규율은 가능하다'는 핵심영역이론을 사용하여 입법자의 규율이 자치권을 침해하는지를 판단하고 있다.[13]

나. 제도보장이론의 문제점

핵심영역이론은 첫째, 무엇이 건드릴 수 없는 본질적 내용 또는 핵심적 영역인지를 객관적으로 파악하는 것이 사실상 불가능하다는 점에서, 둘째, 지방자치단체에게 자치권의 효과적인 보호를 제공할 수 없다는 점에서 본질적인 문제를 안고 있다.

닌 객관적 법규범이라는 점에서 기본권과 구별되기는 하지만 헌법에 의하여 일정한 제도가 보장되면 입법자는 그 제도를 설정하고 유지할 입법의무를 지게 될 뿐만 아니라 헌법에 규정되어 있기 때문에 법률로써 이를 폐지할 수 없고, 비록 내용을 제한한다고 하더라도 그 본질적 내용을 침해할 수는 없다. 그러나 기본권의 보장은 … (중략) … '최대한 보장의 원칙'이 적용되는 것임에 반하여, 제도적 보장은 기본권 보장의 경우와는 달리 그 본질적 내용을 침해하지 아니하는 범위 안에서 입법자에게 제도의 구체적인 내용과 형태의 형성권을 폭넓게 인정한다는 의미에서 '최소한 보장의 원칙'이 적용된다."

11) Vgl. BVerfGE 79, 127, 146.

12) 헌재 2006. 2. 23. 2005헌마403(지방자치단체장 연임제한), 판례집 18-1 상, 320, 334; 헌재 2001. 11. 29. 2000헌바78(수도권공장 총량제 사건), 판례집 13-2, 646, 657.

13) 가령, 헌재 2006. 2. 23. 2005헌마403(지방자치단체장 연임제한), 판례집 18-1 상, 320, 334.

(1) 핵심영역이론의 일차적 문제는, 무엇이 입법자에 의하여 제한되어서는 안 되는 지방자치의 핵심적 과제영역에 속하는지를 구체적으로 규명하는 것이 이론적으로 불가능하다는 것이다.[14] 지역적 사무의 핵심영역을 그 과제대상에 있어서 확정하는 것이 사실상 불가능하고, 서구 지방자치의 역사에서 어떠한 지역적 과제도 국가에 의한 과제의 박탈과 移轉으로부터 안전하지 않았다는 점, 특히 행정과제 이행의 복잡성이 증가하고 있다는 현실 등에 비추어, 핵심영역으로 보호되는 지방자치단체의 구체적 과제를 인식하는 것은 불가능하다. 그렇다면, 지방자치행정의 헌법적 보장의 핵심에 속하는 것은 '그 대상에 있어서 확정될 수 있는 특정한 과제의 목록'이 아니다.[15] 즉, 핵심영역이 보호하고자 하는 것이 '특정한 과제목록의 現狀保障'일 수 없는 것이다.

따라서 핵심영역은 다른 관점에서, 즉 量的 관점이 아니라 質的 관점에서 파악되어야 한다. 제도의 구조와 유형을 변형시키지 않고서는 제도로부터 제거될 수 없는 핵심적인 것이 제도의 본질적 내용이라면, 지방자치행정을 본질적으로 특징짓는 類型決定的 구성요소가 지방자치제도의 핵심영역으로 보호되어야 한다. 이러한 관점에서 본다면, 지방자치제도의 핵심영역은 제도의 필수적 구성요소이자 그 본질을 결정하는 요소, 즉 '全權能性'과 '自己責任性'이다.[16] 따라서 핵심영역에 의하여 보호되는 것은, 원칙적으로 지역공동체의 모든 사무를 특별한 수권 없이 처리할 수 있는 권한인 '전권능성' 및 이러한 과제를 자주적으로 이행할 수 있는 '자기책임성'으로 이해해야 한다.[17] 그렇다면, 핵심영역의 보장이란, 전권능성과 자기책임성은 그 자체로서 박탈될 수 없다는 것을 의미한다. 즉, 핵심영역의 보장은, 지역적 사무에 관한 원칙적인 관할권이나 지역적 사무의 자율적인 이행가능성이 원칙적으로 제거되어서는 안 될 것을 요청한다.

(2) 핵심영역이론의 또 다른 문제는, 핵심영역을 위와 같이 이해한다 하더라도 자치행정권을 보장하기 위한 기준으로는 실효성이 거의 없다는 점이다.[18] 핵심영역의 침해여부는 소위 '控除理論'에 따라 입법자에 의한 침해 이후에 지방자치단체의 사무범위나 자기책임적 요소가 얼마나 남아있는지 여부에 따라 판단하게 되는데, 입법자가 법률로써 지역적 과제를 박탈함으로써 또는 자율적인 과제이행의 가능성을 제한함으로써 지방자치단체가 정상적으로 활동할 수 없을 정도로 자치권을 제한하는 경우에 또는 지방자

---

14) 독일에서의 논의에 관하여 vgl. G. Püttner, Kommunale Selbstverwaltung, in: HbStR, Bd.Ⅳ, 1999, §107 Rn.20; 본질적 내용 제한의 한계에 관하여 허영, 한국헌법론, 2010, 827면 이하 참조(제도밀착기준설, 控除說, 制度史的 판단설 등을 독일의 과거 논의를 일부 소개하고 있다).

15) Vgl. BVerfGE 79, 127, 148; BVerfGE 107, 1, 12.

16) 이러한 사고는 재산권보장의 본질적 내용을 사유재산권의 본질을 결정하는 '사적 유용성'과 '원칙적인 처분권'으로 이해하는 것과 흡사하다.

17) Vgl. BVerfGE 79, 127, 148; vgl. Schmidt-Aßmann, Die Garantie der kommunalen Selbstverwaltung, in: FS 50 Jahre BVerfG, Bd.Ⅱ, 2001, S.819; Löwer, in: v. Münch/Kunig(Hg), GGK, 2001, Art.28 Rn.49.

18) 이러한 비판으로 허영, 한국헌법론, 2010, 822면.

치단체를 단지 명목상의 존재로 만드는 경우에 비로소 핵심영역의 침해를 인정할 수 있다.[19)]

즉, 핵심영역이론은 지방자치단체에 대한 지역적 과제를 박탈하는 상황이 진행되어 지방자치단체에게 더 이상 이렇다 할 자치행정의 과제가 남아있지 않거나 아니면 사실상 자치행정이 이미 더 이상 기능하지 못하는 상황에 이르러서야, 비로소 지방자치단체에게 보호를 제공하는 것이다.[20)] 지방자치단체에게 과제의 박탈 후에 남아있는 과제영역이 지방자치단체의 자치행정에 더 이상 충분한 공간을 제공하지 못한다는 것이 확인되어야 또는 지역적 사무의 자율적인 이행을 위한 자유공간이 더 이상 충분히 남아있지 않다는 것이 확인되어야, 비로소 핵심영역이론이 적용되어 보호를 받을 수 있게 된다.[21)] 은유적으로 표현하자면, 환자가 이미 죽었거나 또는 거의 죽을 지경에 이른 경우에, 비로소 핵심영역이론은 '과제의 박탈과 이전'이라는 질병에 대하여 보호기능을 제공하는 것이다.

(3) 따라서 지방자치행정의 헌법적 보장을 '제도보장이론'의 의미에서의 제도적 보장으로 해석하는 것은 지방자치를 입법자의 광범위한 형성권에 맡기고 지방자치의 보장을 '핵심적 영역의 보호'에 축소시킴으로써 지방자치행정의 최소화를 초래한다.[22)] 위에서 살펴본 바와 같이, 핵심영역이론은 입법자로부터 지방자치행정을 보호하는 기능을 거의 이행하지 못하고 있다는 문제점을 노출하고 있다. 헌법재판소도 핵심영역이론에 따라 판단하는 경우에는 아무런 구체적 논증이나 법익형량의 과정이 없이 단지 '입법자의 규율이 아직 핵심영역의 침해에 이르지 않았기 때문에, 지방자치권을 침해하지 않는다'는 일방적인 확인에 그치고 있다.[23)] 지방자치제도가 헌법에 의하여 제도적으로 보장된다고 하더라도, 헌법재판소가 자치권의 침해여부를 판단함에 있어서 아무런 논증의 과정 없이 핵심영역이론을 단순히 기계적으로 적용하는 것이 타당한지에 대하여 의문이 제기된다.

설사 지방자치행정의 영역을 '핵심영역'과 '그 밖의 영역'으로 구분하는 것이 가능하다 하더라고, 지방자치단체에게 지역적 사무의 자율적인 처리 가능성을 보장하고자 하는 '지방자치행정의 헌법적 보장'의 효력은 핵심영역에만 한정되는 것이 아니라 그 밖의 영역(주변영역)에 대해서도 미치는 것이다. 그러므로 핵심영역 밖에서도 지방자치행정의 헌법적 보장은 입법자에 의하여 존중되어야 한다. 핵심영역이론은 왜 '지방자치행정의 헌법적 보장'의 효력이 핵심영역에만 미치는지에 관하여 그 이유를 설명할 수 없다. 제

19) 정하중, 행정법개론, 2012, 922면.
20) 이는 控除理論에 대하여 일반적으로 제기되는 비판이다, 이에 관하여 Löwer, in: v. Münch/Kunig, GGK, 2001, Art.28 Rn.48.
21) Vgl. BVerfGE 79, 127, 148.
22) Vgl. Maurer, verfassungsrechtliche Grundlage der kommunalen Selbstverwaltung, DVBl 1995, S.1041.
23) 한수웅, 헌법학, 2014, 1292면.

도보장이론은 바이마르공화국 당시에는 지방자치행정을 보호하고 강화하는 데 기여하였고 학문적으로도 새로운 인식이자 큰 발전이었지만, 오늘날에는 지방자치행정을 약화시키고 과거의 보장내용에 구속시키는 족쇄로 작용하고 있다.[24)]

2. 객관적 보장으로서 지방자치행정의 헌법적 보장

가. 문제의 제기

헌법 제117조 제1항은 "지방자치는 법률이 정하는 바에 의하여 보장된다."는 형식의 객관적 표현이 아니라 "지방자치단체는 … 주민의 복리에 관한 사무를 처리 … 할 수 있다."고 하여 주관적 표현을 통하여, '주민의 복리에 관한 사무를 처리할 수 있는 권한'을 보장하고 있다. 이러한 점에서, 헌법이 직접 지방자치단체에게 자치권을 보장하고 있는 것으로 이해할 여지도 있다. 지방자치행정의 헌법적 보장을 '제도적 보장'이 아니라 지방자치단체의 주관적 법적 지위로서 '자치권의 헌법적 보장'으로 이해한다면, 여기서 말하는 '자치권'은 더 이상 제도형성의 결과로서 부수적으로 파생하는 자치권, 입법자에 의하여 그 내용이 비로소 형성되는 자치권이 아니라, 마치 개인의 기본권과 유사하게 헌법에 의하여 이미 그 보호범위가 확정됨으로써 국가에 대하여 강력한 보호기능을 이행할 수 있는 '基本權 類似的 권리'를 의미한다.[25)]

따라서 지방자치행정의 헌법적 보장을 이와 같이 주관적으로 이해하는 경우에는 국가에 의한 자치권의 제한에 대하여 '과잉금지원칙'을 적용함으로써 지방자치행정을 보다 실효성 있게 보호할 수 있다는 결과에 이르게 된다. 즉, 지방자치행정의 헌법적 보장을 국가와의 관계에서 '주관적 법적 지위'의 보장으로 파악한다면, 국가에 의한 규율과 간섭은 자치권의 보호범위에 대한 '제한'을 의미하고, 이러한 제한이 정당화되는지 여부를

---

24) Vgl. Maurer, verfassungsrechtliche Grundlage der kommunalen Selbstverwaltung, DVBl 1995, S.1042; 방승주, 중앙정부와 지방자치단체와의 관계 －지방자치에 대한 헌법적 보장의 내용과 한계를 중심으로－, 공법연구 제35집 제1호, 2006, 76면.

25) 독일 기본법은 제28조 제2항 제1문에서 "법률의 범위 내에서 지역공동체의 모든 사안을 자기책임 하에서 규율할 수 있는 권리가 지방자치단체에게 보장되어야 한다."고 하여 지방자치행정을 헌법적으로 보장하고 있는데, 위 헌법규정의 문언을 근거로 하여 독일 학계의 일부 견해는 지방자치행정의 헌법적 보장을 제도적 보장으로 이해하는 것에 대하여 반대하면서, 지방자치단체의 주관적 법적 지위로서 '지방자치권의 헌법적 보장'으로 이해해야 한다고 주장하고 있다(이러한 견해로는 대표적으로 vgl. Maurer, verfassungsrechtliche Grundlage der kommunalen Selbstverwaltung, DVBl 1995, S.1037ff.; Ehlers, Die verfassungsrechliche Garantie der kommunalen Selbstverwaltung, DVBl 2000, S.1301ff.). 위 견해에 의하면 헌법의 명백한 法文("권리가 보장되어야 한다.")에서 이미 헌법적 보장의 법적 성격이 드러난다고 한다. '지방자치권'은 입법자에 의한 제도적 형성의 결과로서 부수적이고 반사적인 효과로서 지방자치단체에게 보장되는 것이 아니라, 개인의 기본권과 마찬가지로 헌법에 의하여 직접적으로 지방자치단체에게 보장되고 있다는 것이다. 제도적 보장이론에 따른다면 '제도'는 입법자의 법률에 의하여 비로소 형성되는 것이고 입법자에 의한 사전적 형성에 달려 있지만, '자치권'은 헌법에 의하여 '지역공동체 사무의 자주적 규율'로 그 내용에 있어서 이미 규정되어 있으므로 입법자에 의한 사전적 형성에 달려 있지 않다고 한다. 따라서 입법자가 자치권을 제한하는 경우에는 개인의 기본권을 제한하는 경우와 마찬가지로 '과잉금지원칙에 따른 심사'가 요청된다고 한다.

자유권과 마찬가지로 과잉금지원칙에 따라 판단해야 한다. 반면에, 지방자치행정의 헌법적 보장을 제도적으로 보장되는 것으로 이해한다면, 제도적 보장의 경우 헌법에 의하여 직접적으로 보장된 보호범위가 존재하지 않으며, 국가에 의한 규율과 간섭은 입법자에 의한 '제한'이 아니라 '형성'을 의미하고, 여기서 문제되는 것은 입법자에 의한 형성이 제도적 보장의 기본정신에 위배되는지 여부이다.

나. 국가로부터 위임받은 권한으로서 지방자치권

지방자치권의 본질에 관하여는 국가와의 관계에서 지방자치권을 어떻게 이해할 것인지에 따라 自治固有權說(Originaritätstheorie)과 自治傳來權說(Delegationstheorie)이 서로 대립하고 있다. '자치고유권설'은 지방자치권을 국가의 성립 이전부터 지역주민이 보유해 온 고유한 권리로 이해하는 반면, '자치전래권설'은 지방자치권을 국가에 의하여 지방자치단체에 위임된 권한으로 이해한다. 자치고유권설은 지방자치단체를 국가와는 별개의 '자연적 창조물'로 이해함으로써 지방자치단체의 권리를 개인의 기본권과 유사하게 국가에 대하여 지방자치행정을 방어하고자 하는 '자연법상의 법적 지위'로 간주하는 사고에 기초하고 있다.

우리 헌법에서 지방자치에 관한 규정을 보건대, 지방자치의 보장이 국가조직법에 관한 부분에 위치하고 있다는 점, 이로써 지방자치의 보장은 국가조직법상의 보장이지 기본권적 보장이 아니라는 점, 우리 헌법이 지방자치를 '법령의 범위 안에서' 보장한 것은 '고유권설'에 대한 명시적인 부정으로 이해되어야 한다는 점, 그리고 무엇보다도 지방자치단체의 자치권은 개별 지방자치단체 그 자체 때문이 아니라 지방자치제도의 유지에 기여하기 때문에 보장된다는 점 등을 고려할 때, 헌법 제117조 제1항은 지방자치단체의 고유한 권리를 보장하는 '주관적 보장'이 아니라 지방자치제도를 보장하는 '객관적 보장'으로 이해하는 것이 타당하다.

오늘날의 주권국가에서 모든 공권력의 행사는 국가에 귀속되어야 하고 국가에 그 근거를 두고 있어야 한다. 국가권력의 통일성과 일원성을 主權의 본질적 특징으로 이해하는 민주적 법치국가에서 정치적 공동체의 모든 규율권한이 통일적인 국가권력으로부터 유래해야 하고 국가권력의 통제 하에 있어야 한다. 민주적 법치국가에서 국가의 의사로부터 독립된 자치권이란 존재할 수 없다. 자치행정권은 오로지 국가의 위임에 근거하여 그리고 위임의 범위 내에서만 존재한다. 따라서 자치전래권설이 타당하다.[26]

지방자치단체는 국가와 사회의 관계에서 국가에 대립하고 있는 '주민의 단체'가 아니라, 행정의 과제를 이행하는 '권한의 주체'이다.[27] 지방자치단체의 자치행정권이란 지역

26) 유사한 취지로 가령, 권영성, 헌법학원론, 2010, 238면; 성낙인, 헌법학, 2010, 1111면 참조.
27) Vgl. Löwer, in: v. Münch/Kunig(Hg), GGK, Bd.Ⅱ, 2001, Art.28 Rn.39.

주민이나 지방자치단체의 '고유한 권리'가 아니라 국가로부터 위임받은 '傳來的 권한'이다. 지방자치단체의 자치권은 국가가 일정 범위 내에서 지방자치단체에 위임하였기 때문에 행사할 수 있는 것이다. 따라서 지방자치권이란 법질서에 의하여 형성되어 법질서의 구속을 받는 권한으로서, 단지 국가의 법질서의 범위 내에서만 인정되는 것이다.

다. 지방자치행정의 제도적 보장

헌법이 지방자치행정을 보장한 것은 지방자치행정에 관한 先國家的인 '자연법적 권리'를 보장하는 것이 아니라, 지방자치제도를 '公法上의 제도'로서 보장하는 것이다(제도적 보장). 지방자치행정의 제도적 보장은 지방자치행정이라는 국가의 특수한 조직구조의 헌법적 보장을 의미한다. 지방자치행정의 헌법적 보장을 제도적 보장으로 이해한다는 것은, 지방자치행정을 '기본권'으로 또는 '고유한 헌법상 권리'로서 이해하는 것에 대한 否定을 의미한다. 지방자치행정의 제도적 보장은, 자연법적으로 부여된 지방자치단체의 자기결정권이나 개별 지방자치단체의 존속이 보장된다는 것이 아니라, 행정의 한 유형인 지방자치행정이 그 특수한 기능 때문에 보장된다는 것을 의미한다.[28]

법제도가 유지되고 기능하기 위해서는 그에 필요한 최소한의 요건이 입법자에 의하여 규율되어야 하기 때문에, 제도적 보장이란 제도가 기능할 수 있도록 입법자에 의한 구체적인 형성을 필요로 한다는 것을 의미한다. 주민의 선거를 통한 자치행정의 민주적 정당성의 확보, 지방의회 및 집행기관의 구성 등 의사형성의 조직, 재정에 관한 규율 등에 의하여 지방자치란 법적 제도가 비로소 형성되는 것이다.[29] 지방자치행정의 제도적 보장이란 법규범에 의하여 형성되는 자치권에 바탕을 둔 제도의 기능 보장이다.[30] 즉, 지방자치단체의 자치행정권은 '지방자치제도의 기능 보장'이라는 목적을 위한 수단으로서 보호되는 것이다.

라. 지방자치권의 법적 성격

(1) 지방자치행정의 객관적 보장에 대응하는 지방자치단체의 주관적 법적 지위

헌법상 지방자치행정의 보장이 그 법적 성격에 있어서 주관적 보장이 아니라 제도적 보장으로서 객관적 보장이라면, 지방자치단체가 어떻게 자신의 주관적 법적 지위인 '지방자치권'의 침해를 주장하여 권한쟁의심판을 청구할 수 있는지의 문제가 제기된다. 지방자치행정의 보장을 객관적 제도의 보장으로 이해한다 하더라도, 제도적 보장으로부터 지방자치단체의 주관적 법적 지위를 도출하는 것을 배제하지 않는다.

---

28) Vgl. Mager, Einrichtungsgarantien, 2003, S.347.

29) Vgl. Löwer, in: v. Münch/Kunig(Hg), GGK, Bd.Ⅱ, 2001, Art.28 Rn.59.

30) Vgl. Schmidt-Aßmann, Die Garantie der kommunalen Selbstverwaltung, in: FS 50 Jahre BVerfG, Bd.Ⅱ, 2001, S.818.

헌법 제117조는 지방자치행정을 객관적으로 제도로서 보장하면서, 동시에 제도적 보장에 의하여 부과되는 국가의무의 이행을 요구할 수 있는 주관적 법적 지위로서 지방자치권을 보장한다. 즉, 헌법 제117조는 입법자에게 지방자치행정의 보장에 관한 헌법적 지침(지역공동체의 사안에 관한 원칙적인 관할권 및 자기책임성)을 고려하여 지방자체제도를 구체적으로 형성해야 할 의무를 부과하고 있으므로, 이에 대응하여 지방자치제도가 기능할 수 있도록 지방자치제도에 관하여 규율할 것을 입법자에 대하여 요구하고, 입법자가 이러한 형성의무를 제대로 이행하고 있지 않는 경우에는 이를 헌법소송을 통하여 다툴 수 있는 '지방자치단체의 주관적 법적 지위'를 인정할 수 있다. 헌법상 지방자치행정의 보장은 객관적 보장이지만, 객관적 제도보장에 대응하는 주관적 법적 지위로서 지방자치단체의 자치권이 인정되는 것이다. 지방자치권이란, 지방자치제도를 보장하는 헌법적 정신에 비추어 지방자치제도가 기능할 수 있도록 이를 법률로써 구체적으로 형성할 것을 입법자에 대하여 요구할 수 있는 '주관적 법적 지위'이다. 이로써, 지방자치단체는 지방자치제도의 객관적 보장에 대응하여, 객관적 제도보장이 준수될 것을 요청할 수 있는 주관적 가능성을 가지는 것이다. 따라서 입법자가 지방자치제도를 보장한 헌법정신에 반하여 입법형성권을 잘못 행사한 경우에 지방자치단체의 자치권을 침해하게 된다.

(2) '분권적 과제이행을 위한 권한'으로서 주관적 법적 지위

기본권이 그 주체인 개인의 인격발현을 위하여 보장되는 것인 반면, 지방자치단체의 주관적 법적 지위는 자치권의 주체인 개별 지방자치단체 때문에 보장되는 것이 아니라 지방자치제도의 기능을 유지하기 위하여 보장되는 것이다.[31] 지방자치단체의 주관적 법적 지위는 지방자치제도의 보장에 대하여 부수적·종속적인 것으로 지방자치제도의 보장에 기여하는 것이다. 자치행정에 관한 주관적 법적 지위(지방자치권)는 지방자치제도의 구체적 형성에 따라 변경될 수 있고 제거될 수도 있다는 점에서 헌법상의 주관적 권리가 아니라 법질서에 의하여 부여되는 권한이다.[32] 지방자치단체의 자치권은 지방자치단체의 자기결정권으로서가 아니라 '분권적 과제이행을 위한 권한'으로서 보장되는 것이다.[33]

(3) 과잉금지원칙의 적용여부

지방자치단체는 행정의 주체로서 국가조직의 일부이므로, 기본권의 주체가 아니다.[34]

---

31) Vgl. Mager, Einrichtungsgarantien, 2003, S.348.

32) Vgl. Löwer, in: v. Münch/Kunig(Hg), GGK, Bd.Ⅱ, 2001, Art.28 Rn.39.

33) Vgl. Mager, Einrichtungsgarantien, 2003, S.338.

34) Vgl. BVerfGE 73, 118, 191; E. Schmidt-Aßmann, Die Garantie der kommunalen Selbstverwaltung, in: FS 50 Jahre BVerfG, Bd.Ⅱ, 2001, S.806, 단지 공정한 절차를 요청하는 법치국가의 당연한 귀결로서 국가기관 상호간의 관계에서도 준수되어야 하는 일부 절차적 기본권(청문청구권 등)의 주체가 될 수 있을 뿐이다.

국가의 규율과 간섭에 대하여 지방자치단체의 자치권이 주관적으로 보호를 받는다 하더라도, 국가조직원리의 기능을 목표로 하는 지방자치행정의 헌법적 보장은 그 내용에 있어서 개인적 자유의 보호를 목표로 하는 기본권적 보호와는 구조적으로 다르다.[35] 지방자치행정의 경우, 국가권력과의 관계에서 '자유의 보호'에 관한 문제가 아니라 지방자치단체의 자치권이라는 '권한의 확보'에 관한 문제이다. 자유는 원칙적으로 무제한인 반면, 권한은 법질서에 의하여 부여되고 귀속되는 것으로 원칙적으로 제한적이다. 지방자치권은 처음부터 지역적 사무에 한정되는 제한적인 것이다. 따라서 자유와 그에 대한 제한을 전제로 하는 과잉금지원칙이 지방자치행정의 보장에 그대로 적용될 수 없다.

지방자치행정의 영역에서 입법자의 규율은 국가행정과 지방행정의 과제분할의 문제이고, 국가의 지시와 감독으로부터 자유로운 과제이행의 자율성의 문제로서 국가행정 내부의 문제인 것이다. '국가조직원리에 적용되는 기준'은 '국민과 국가의 관계에서 적용되는 기준'과는 그 출발점에서부터 근본적으로 다르다. 따라서 지방자치제도에 관한 입법자의 규율이나 지방자치단체의 법적 지위에 대한 불리한 변경을 자치권에 대한 침해로 이해하여, 자치권의 제한이 합헌적인지 여부를 '침해와 그 방어'의 사고에 바탕을 둔 자유권적 사고에 따라, 특히 과잉금지원칙에 따라 판단하는 것은, 자치권 제한의 문제가 국가조직 내에서 지방자치단체 권한의 규율에 관한 문제라는 것을 간과하는 것이다. 지방자치행정에 관한 입법적 규율은 '침해'라는 개념으로는 헌법적으로 파악될 수 없다.[36] 입법자의 규율에 의한 자치권의 제한이 합헌적인지 여부는, 입법자가 헌법상 보장된 지방자치제도의 정신에 부합하게 입법형성권을 행사하였는지의 관점에서 판단되어야 한다.

3. 입법자가 제도적 보장에 의하여 어떠한 구속을 받는지의 문제

가. 헌법의 성격 변화에 따른 '제도적 보장과 입법자의 관계'의 변화

(1) 제도적 보장에 대한 이해의 변화

지방자치행정의 헌법적 보장과 관련하여 일차적으로 제기되는 문제는, 지방자치행정을 제도적 보장의 관점에서 이해하는 종래의 견해를 포기해야 하는지에 관한 것이다. 바이마르공화국 당시의 제도적 보장의 의미는 헌법의 구속을 받지 않는 입법자를 제도의 본질적 내용에 구속시킴으로써 입법자의 형성권을 제한하고자 한 것에 있었고, 제도보장이론은 지방자치행정의 보호와 강화에 기여하였다. 그러나 모든 국가권력이 헌법의 구속을 받는 헌법국가에서 입법자도 헌법의 구속을 받기 때문에, 제도적 보장의 사고는

35) Vgl. E. Schmidt-Aßmann, Die Garantie der kommunalen Selbstverwaltung, in: FS 50 Jahre BVerfG, Bd.Ⅱ, 2001, S.808.
36) Vgl. Löwer, in: v. Münch/Kunig(Hg), GGK, Bd.Ⅱ, 2001, Art.28 Rn.59.

원래의 의미와 기능을 크게 상실하였다. 오늘날의 헌법국가에서 특정 제도가 입법자에 의하여 폐지되거나 공동화되어서는 안 된다는 것을 주장하기 위하여 더 이상 '제도보장' 이란 법적 사고를 필요로 하지 않는다.[37]

독일의 전통적인 '제도보장이론'에 의하면, 제도보장이란, 역사적으로 장기간에 걸쳐 형성되어 사회의 의식에 깊게 뿌리내림으로써 공동체에 있어서 중요한 의미와 고유한 가치를 가지며 장래에도 계속 존속해야 하는 특정 제도의 헌법적 보장을 의미한다. 제도보장은 특정한 사회질서나 법적 규율체계와 관련하여 역사적으로 형성된 기본구조의 지속성을 헌법적으로 보장하고자 한 것이다. 제도보장의 사고는 입법자가 헌법의 구속을 받지 않는다는 것을 전제로 하는 바이마르 헌법학의 산물로서, 헌법의 구속을 받지 않는 입법자를 최소한이나마 제도의 핵심적 내용에 구속시키고자 하는 것이었다. 가치상대주의에 기초한 바이마르헌법의 형식적 성격에 직면하여, 제도보장이론은 역사적·전통적으로 형성되어 고유한 가치를 지닌 것으로 입증된 국가·사회생활의 기본적 질서의 유지 필요성을 강조함으로써 입법자에 대한 헌법의 구속력을 강화하고자 한 것이었다.

그러나 오늘날의 헌법은 더 이상 價値相對的·형식적 헌법이 아니라 '자유민주적 기본질서'라는 특정한 가치를 추구하고 실현하고자 하는 價値拘束的 헌법이다. 이로써 모든 헌법규범이 국가기관을 구속하는 규범적 성격을 가지며, 국가기관에게는 헌법규범에 담겨있는 실체적 내용을 실현해야 할 의무가 부과된다. 헌법의 전반적인 성격이 이와 같이 변화함에 따라, 제도적 보장에 대한 이해도 달라져야 하며, 제도적 보장과 입법자의 관계도 변화해야 한다. 제도적 보장의 내용이 '제도보장이론'에 의하면 역사적·전통적으로 결정되었다면, 오늘날의 헌법국가에서는 기능적·목적적 헌법해석을 통하여 밝혀지는 '제도보장의 헌법적 목적'에 의하여 결정되어야 한다.[38]

(2) 지방자치행정을 보장하는 헌법규범에 의한 구속

따라서 지방자치행정의 헌법적 보장을 통하여 입법자에게 제시되는 지침과 구속은 더 이상 전통적으로 형성된 지방자치제도의 규율모델이 아니라, 헌법에 의하여 지방자치제도의 보장에 부여된 목적과 기능(제도의 헌법적 목적과 기능)에 의하여 결정된다. 그러므로 법제도를 형성하는 법률의 위헌심사에 있어서 '역사적으로 형성된 법제도의 본질적 내용'이 아니라 '제도를 도입한 헌법의 가치결정'이 심사기준으로서 결정적인 역할

37) Vgl. Maurer, Verfassungsrechtliche Grundlage der kommunalen Selbstverwaltung, DVBl 1995, S.1042; Ehlers, Die verfassungsrechliche Garantie der kommunalen Selbstverwaltung, DVBl 2000, S.1304; 유사한 취지로 김명연, 지방자치행정의 제도적 보장의 의의와 내용 -독일 기본법 제28조 제2항에 관한 연방헌법재판소 판례의 분석-, 공법연구 제32집 제5호, 2004, 674면.

38) Vgl. Mager, Einrichtungsgarantien, 2003, S.345, 482f.; 유사한 취지로 오동석, 지방자치의 제도적 보장론 비판, 공법연구 제29집 제1호, 2000, 219-234면; 조성규, 지방자치의 보장과 헌법규정, 공법연구 제34집 제1호, 2005, 417면.

을 하는 것이다. 특히 서구 민주국가와는 달리 제도형성에 관한 고유한 역사와 전통을 결여하고 있는 우리의 경우, '역사적인 관점'에서 제도보장의 내용을 확인하고자 하는 것은 서구의 제도보장의 역사를 우리의 것으로 의제하지 않는 이상 불가능하다. 이러한 점에서도, 독일의 제도보장이론은 우리의 입법자를 구속함에 있어서 그 한계를 드러낸다.[39] 입법자를 비롯하여 모든 국가권력이 헌법의 구속을 받는 오늘날의 헌법국가에서 입법자는 독일에서 약 1세기 전에 형성된 '제도보장이론'이라는 특정한 헌법이론의 구속을 받는 것이 아니라, 지방자치행정을 보장하는 헌법규범의 구속을 받는다.

이러한 관점에서 볼 때, 오늘날의 헌법질서에서 '제도보장이론'은 제도를 형성하는 입법자에 대한 헌법적 구속의 단지 하나의 측면만을 서술하고 있을 뿐이다. 오늘날의 헌법국가에서 입법자를 구속하는 것은 무엇보다도 헌법이 지방자치행정을 보장한 것의 정신, 즉 지방자치행정에 관한 객관적 가치결정이다. 그러므로 지방자치행정의 헌법적 보장이란, 입법자가 지방자치제도를 구체적으로 형성함에 있어서 제도보장이론의 의미에서의 '핵심영역의 보장'을 넘어서 '지방자치행정에 관한 헌법적 가치결정'에 의하여 구속을 받는다는 것을 의미한다.

'제도보장이론'에 의하면, 지방자치제도와 관련하여 제도적 보장의 보장내용은 전통적으로 형성된 지방자치제도의 핵심적 영역에 국한되고 지방자치에 대한 보호의 효과는 최소한의 보장에 그치는데, 이는 지방자치행정을 보장하는 헌법의 규범내용에 부합하지 않는다. 제도적 보장의 보장내용도 '제도보장이론에 의한 보장내용'을 넘어서 '헌법적 가치결정에 따른 보장내용'으로 확대되어야 한다.

나. 오늘날의 헌법국가에서 제도적 보장의 의미와 기능

오늘날 헌법국가에서 제도보장의 사고 그 자체는 '헌법이론적 범주 또는 헌법학적 체계화의 결과'로서[40] 포기할 필요는 없으나, 제도보장의 사고는 그 기능과 의미에 있어서 새롭게 확정되어야 한다.

오늘날 제도보장의 의미를 찾는다면, 제도가 기능할 수 있도록 제도를 법률로써 형성해야 할 입법자의 의무에서 찾을 수 있다.[41] '제도보장이론'에 의하면 제도보장의 기능이 역사적·전통적으로 형성된 법적 규율체계와 관련하여 입법자에게 지속성을 유지해야 할 의무를 부과함으로써 헌법규정이 무력하게 되는 것을 방지하고자 하는 것에 있었다면, 오늘날 제도보장의 기능은 일차적으로 자유행사(私法上 제도보장의 경우) 또는 특정한 과제의 수행(公法上 제도적 보장의 경우)을 위하여 그에 필요한 법적 또는 사실적

39) 이러한 지적으로 또한 정종섭, 헌법학원론, 2007, 816면.
40) 제도보장은 헌법적 개념이 아니라 헌법학적 체계화의 결과이며 헌법이론적으로 형성된 개념이다.
41) Vgl. Mager, Einrichtungsgarantien, 2003, S.481; Ehlers, Die verfassungsrechliche Garantie der kommunalen Selbstverwaltung, DVBl 2000, S.1304.

조건을 형성해야 할 입법자의 의무에서 찾을 수 있다.

자유권의 보호범위(예컨대, 재산권의 경우)나 법제도의 내용(예컨대, 직업공무원제도나 지방자치제도의 경우)이 입법자의 법률에 의하여 비로소 형성되는 경우, 입법자가 헌법에 의하여 어떠한 구속을 받는지의 문제가 제기되는 영역이 바로 오늘날 제도보장의 사고가 주로 적용되는 영역이다. 오늘날 제도보장의 주된 적용영역은, 입법형성의 권한을 가진 입법자를 헌법적으로 구속해야 할 필요가 인정되는 영역에 있다. 헌법상 보장된 법제도는 입법자의 형성에 의존하고 있으면서, 동시에 입법자에 의하여 위협받고 있다. 여기서 제도보장에 있어서 전형적인 긴장관계가 나타난다.

입법자는 법제도를 구체적으로 형성함에 있어서 제도를 보장하는 헌법의 가치결정을 존중하고 고려해야 한다는 구속을 받는다. 입법자는 '제도를 보장하는 헌법적 결정'과 '이와 상충하는 다른 법익'을 교량함에 있어서 실제적 조화의 원칙에 따라 양 법익을 모두 가능하면 최대한으로 실현할 수 있도록 규율해야 한다. 이러한 의미에서, '자유는 최대한으로 보장되지만, 제도는 최소한으로 보장된다'는 '제도보장이론'은 더 이상 타당하지 않다. 제도를 구체적으로 형성하는 법률의 위헌여부도 상충하는 법익 간의 법익형량을 통하여 밝혀지게 된다.

4. 헌법 제117조 제1항의 보장내용으로서 '분권적 과제이행의 優位 원칙'

가. 지방자치행정의 헌법적 보장의 목적

헌법 제117조 제1항의 보장내용을 밝히기 위한 해석의 출발점은, 헌법이 지방자치행정에 부여한 특수한 목적과 기능이다.[42] 헌법이 보장하는 지방자치행정의 목적과 기능은 分權的 민주주의와 分權的 행정의 실현을 통하여 지역적 차원에서 주민의 민주적 참여를 강화하고자 하는 것에 있다.[43]

모든 자치행정은 공적 과제의 분권적 이행을 의미하기 때문에 分權化의 도구로서 기능한다는 공통점을 가진다.[44] 모든 자치행정은 공권력을 행사하는 주체의 다원화를 초래함으로써 수직적 권력분립에 기여한다. 지방자치행정도 행정의 분권화를 실현하고자 하는 국가구조의 원칙이며 국가조직의 형태이다. 나아가, 헌법 제117조 제1항은 지역주민으로 하여금 지역공동체의 사무를 스스로 처리하게 함으로써, 주민자치의 사상을 실현하는 分權的·住民近距離 자치행정에 관한 헌법적 결정을 표현하고 있다. 헌법이 지방자치행정을 보장하는 궁극적인 목적은 지역주민에게 지역공동체 사무에의 효과적인

42) Vgl. Mager, Einrichtungsgarantien, 2003, S.340.

43) Vgl. BVerfGE 79, 127, 148f.; Maurer, Verfassungsrechtliche Grundlage der kommunalen Selbstverwaltung, DVBl 1995, S.1040; Püttner, Kommunale Selbstverwaltung, in: Isensee/Kirchhof(Hg), HbStR, Bd.Ⅳ, 2. Aufl., 1999, §107 Rn.6ff.

44) Vgl. Hendler, Das Prinzip Selbstverwaltung, in: HbStR, Bd.V, 2. Aufl., 1999, §106 Rn.51.

참여를 가능하게 하고 강화하고자 하는 것이다.[45]

나. 분권적 과제이행의 優位 원칙에 의한 입법자의 구속

지역주민이 지역공동체의 사무에 민주적으로 참여하는 것이 가능하기 위해서는, 지역공동체의 사무는 원칙적으로 지방자치단체에게 귀속되어야 하고 지방자치단체에 의하여 자율적으로 처리되어야 한다. 헌법의 이러한 결정으로부터 주민의 복리와 관련된 지역적 사무는 지방자치단체에 의하여 자율적으로 처리되어야 한다는 원칙, 즉 지방자치단체에게 유리한 '과제배분의 원칙'이 나온다.[46]

지방자치행정을 보장하는 헌법 제117조는 국가조직에 관한 규정이자, 국가조직상의 과제배분에 관한 원칙이다. 위 헌법규정은 국가와 지방자치단체간의 관할의 경계를 확정한다.[47] 헌법 제117조 제1항은 '주민의 복리에 관한 사무'를 지방자치단체의 자치사무로 귀속시킴으로써, 국가와 지방자치단체 간에 행정과제에 관한 관할을 배분하는 기능을 한다. 헌법은 제117조에서 지방자치행정의 보장을 통하여 지역적 사무에 관한 한, 국가에 의한 중앙집권적인 과제이행에 대하여 지방자치행정에 의한 '분권적인 과제이행의 원칙적인 우위'를 표현하고 있다.[48] 이로써 지방자치행정의 헌법적 보장은 지방자치단체에게 유리한 과제배분의 원칙으로서, '분권적 과제이행의 우위 원칙'을 의미한다.[49]

따라서 입법자는 지방자치제도를 입법을 통하여 구체적으로 형성함에 있어서 '분권적 과제이행의 우위 원칙'을 지침으로 삼아야 하며, 지역공동체의 사무는 원칙적으로 지방자치단체에 의하여 자율적으로 처리되어야 한다는 헌법의 결정을 고려해야 한다는 구속을 받는다. 헌법의 이러한 과제배분원칙은 지역적 사무의 자율적 처리에 관하여 '원칙과 예외의 관계'를 설정한다. 입법자가 헌법에 의하여 의도된 이러한 원칙에서 벗어나고자 하는 경우, 즉 원칙에 대하여 예외를 설정하고자 하는 경우에는 입법자에 대하여 필연적으로 '논증과 정당화의 책임'이 부과된다.

입법자는 지방자치제도를 구체적으로 형성함에 있어서 '실제적 조화의 원칙'에 따라 '지방자치행정의 헌법적 보장'(분권적 과제이행의 우위 원칙)과 '자치권의 제한을 요청하는 공익' 간의 법익형량을 통하여 양 법익을 가능하면 최대한으로 실현하고자 시도해야 한다. 입법자가 법익형량의 결과 지방자치권을 제한하는 경우에는 지방자치행정의 헌법적 보장에 대하여 자치권의 제한을 정당화하는 법익이 우위에 있다는 것을 논증해야 한다.

---

45) Vgl. BVerfGE 79, 127, 149.
46) Vgl. BVerfGE 79, 127, 150.
47) Vgl. Löwer, in: v. Münch/Kunig, GGK, 2001, Art.28 Rn.40.
48) Vgl. BVerfGE 86, 363, 382.
49) Vgl. BVerfGE 79, 127, 150.

Ⅲ. 지방자치제도를 구성하는 본질적 요소

1. 독일에서의 논의

독일의 Klaus Stern 교수는 제도적 보장의 내용을 체계화하였는데,[50] 독일 판례와 학계의 다수견해는 그의 제안을 따라 지방자치행정의 제도적 보장은 제도적 존속의 보장, 객관적 제도보장, 주관적 법적 지위의 보장이라는 3가지 구체적인 보장내용을 가지고 있는 것으로 이해하고 있다.[51]

첫째, 지방자치의 제도적 보장은, 지방자치단체가 국가조직상으로 존속하는 것을 보장한다(제도적 존속의 보장).

둘째, 지방자치제도의 헌법적 보장은 지방자치단체가 지역적 활동범위의 모든 사무를 자기책임 하에서 처리하는 것을 보장한다(객관적 제도보장). 지방자치제도의 보장은 궁극적으로 지방자치단체에게 지역적 과제를 독자적인 책임 하에서 이행할 수 있는 가능성을 보장하고자 하는 것이다. 이로써 객관적 제도보장은 지역적 과제에 관한 全權能性의 보장과 과제이행의 自己責任性의 보장이라는 2가지 핵심적 요소로 구성되어 있다.[52]

셋째, 지방자치제도의 보장은 객관적 제도보장에 대응하는 '지방자치단체의 주관적 법적 지위'로서, 지역적 과제를 독자적으로 이행하는 것에 대하여 부당한 간섭과 규율을 하지 말 것을 국가에 대하여 요구할 수 있는 '지방자치권'을 보장한다(주관적 법적 지위의 보장).[53] 지방자치권이란, 입법자가 지방자치제도를 법률로써 구체적으로 형성함에 있어서 지방자치행정을 보장하는 헌법의 기본결정을 존중하고 실현할 것을 요구할 수 있는 지방자치단체의 법적 지위이다. 지방자치단체는 주관적 법적 지위의 보장에 의하여 국가에 대하여 객관적 제도보장의 준수를 요구할 수 있고, 그 준수여부를 사법절차를 통하여 다툴 수 있는 주관적 가능성을 가진다.[54] 이로써 객관적 제도보장이 주관적으로, 즉 사법절차에 의하여 보호되고 관철되는 것이다. 지방자치단체의 이러한 주관적 법적 지위는 헌법 제27조의 재판청구권에 의하여 보호되는 것이 아니라, 직접 헌법 제117조로부터 나오는 것이다.

---

50) Vgl, Stern, Das Staatsrecht der BRD, Bd. I, 2. Aufl., 1983, §12 S.409.

51) 독일의 대부분 헌법주석서도 그의 체계화에 따라 제도적 보장의 내용을 서술하고 있다. 가령, Löwer, in: v. Münch/Kunig(Hg), GGK, Bd.Ⅱ, 2001, Art.28 Rn.41; Dreier, in: Dreier(Hg), GG Kommentar, Bd.Ⅱ, 2. Aufl., 2006, Art. 28 Rn.99; Nierhaus, in: Sachs(Hg), GG Kommentar, 2. Aufl. 1999, Art.28 Rn.38f.

52) 또한, 같은 취지로 권영성, 헌법학원론, 2010, 240면.

53) 지방자치권의 의미와 법적 성격에 관하여 위 Ⅱ. 2. 라. 부분 서술 참조.

54) Vgl. Schmidt-Aßmann/Röhl, Kommunalrecht, in: Schmidt-Aßmann(Hg), Besonderes Verwaltungsrecht, 13. Aufl., 2005, Rn.24; Löwer, in: v. Münch/Kunig(Hg), GGK, Bd.Ⅱ, 2001, Art.28 Rn.52.

2. 지방자치제도의 본질적 요소로서 全權能性과 自己責任性

가. 자치행정의 본질

헌법이 제117조 제1항에서 지방자치행정을 헌법적 제도로서 보장하고 있다면, 여기서 제도적 보장의 구체적 내용, 즉 객관적인 법제도를 구성하는 본질적 내용이 무엇인지의 문제가 제기된다. 독일 기본법에서 '지역공동체의 모든 사안을 자기책임 하에 규율할 수 있는 권리'라고 하여 지방자치제도의 2가지 본질적 내용인 '전권능성'과 '자기책임성'을 명확하게 확정하고 있는 것과는 달리, 우리 헌법은 지방자치제도를 규율함에 있어서 독일 헌법의 영향을 받았음에도 이를 명시적으로 언급하고 있지 않다. 독일 기본법과 우리 헌법에서 드러나는 법문의 차이에 비추어, 우리의 경우에도 지방자치제도의 본질적 내용이 마찬가지로 '전권능성'과 '자기책임성'인지의 의문이 제기된다.

자치행정이란, 직접적인 국가행정으로부터 제도적으로 독립된 공법상의 조직단위로서 특정한 공적 과제를 이와 특별히 관련이 있는 인적 집단으로 하여금 국가의 간섭을 받지 않고 자율적으로 처리하게 하고자 하는 것이다.[55] 헌법은 무엇보다도 지방자치, 공영방송의 자치, 국공립대학의 자치라는 3가지 생활영역에서 자치행정을 보장하고 있다. 모든 자치행정의 특징적 요소에 속하는 것은 '관련자의 참여 원칙'와 '자기책임성'이다.[56]

'관련자의 참여 원칙'은 공적 과제와 특별히 관련된 인적 집단이 자치행정단위의 의사형성과정과 의사결정과정에 참여함으로써 실현된다. 물론, 대부분의 자치행정단위가 상당히 크기 때문에, 관련자의 참여는 일반적으로 직접민주주의적 절차가 아니라 대표자의 선출을 통하여 구성된 대의기구에 의하여 이루어진다. 자치행정의 또 다른 본질은 자치행정의 주체(특정 행정과제와 특별히 관련이 있는 인적 집단)에게 귀속된 특정한 행정과제를 자율적으로 처리하는 '자기책임성'에 있다. 자치행정에서 특정한 공적 과제가 이와 특별히 관련이 있는 인적 집단에 의하여 처리된다는 점에서, '관련자의 참여'는, 자치행정의 '대상'인 행정과제를 결정짓는 요소이다. 반면에, '자기책임성'은 자치행정의 '방법'을 결정짓는 요소이다.

나. 지방자치행정의 본질적 요소

지방자치행정과 관련하여 보건대, 헌법이 지방자치행정을 보장하는 것은 지역주민에게 지역공동체의 사무에의 참여를 가능하게 하고자 하는 것이다. 따라서 '관련자의 참여'란 지역주민의 참여를 의미하는 것이고, 지역주민이 참여해야 한다는 자치행정의 요청에 의하여 자치행정의 대상(행정과제)이 지역주민이 참여할 수 있는 사안, 즉 지역주

55) Vgl. Hendler, Das Prinzip Selbstverwaltung, in: HbStR, Bd.V, 2. Aufl. 1999, §106 Rn.20.
56) Vgl. Hendler, Das Prinzip Selbstverwaltung, in: HbStR, Bd.V, 2. Aufl. 1999, §106 Rn.29ff.

민과 관련된 사안인 '지역공동체의 사무'로 결정된다.

또한, 헌법 제117조 제1항은 '자율성'이나 '자기책임성'을 명시적으로 언급하고 있지 않지만, 자율성은 모든 자치행정의 본질적 요소에 속하는 것으로 자치행정에 내재된 것이다. 헌법 제117조 제1항은 자율적인 과제이행의 대표적인 행위수단인 '자치재정권'("재산을 관리하며")과 '자치입법권'("법령의 범위 안에서 자치에 관한 규정을 제정")을 언급함으로써 '자기책임성'의 요소를 간접적으로 표현하고 있다.

따라서 독일기본법과 한국 헌법의 法文의 차이에도 불구하고, 지방자치행정의 헌법적 보장으로부터 필연적으로 '자치행정의 대상'인 지역적 사무에 관한 원칙적인 관할권(전권능성)과 '자치행정의 방법'으로서 지역적 사무의 자율적 이행가능성(자치책임성)이 나온다. 헌법이 지방자치제도를 보장하는 한, 실정헌법의 규정내용의 차이에도 불구하고 지방자치제도를 구성하는 본질적 내용은 동일할 수밖에 없다.[57] 전권능성과 자기책임성은 지방자치행정의 본질로부터 나오는 것이며, 지방자치제도가 기능하기 위하여 필수적으로 요청되는 최소한의 요소이기 때문이다.

3. 헌법 제117조 제1항의 해석과 의미

가. 학계의 견해

학계의 일각에서는 헌법 제117조 제1항을 지방자치단체의 권한을 서술하고 있는 규정으로 이해하면서, 지방자치단체의 권한을 일반적으로 '자치행정권, 자치재정권, 자치입법권'으로 구분하고 있다.[58] 이러한 견해는 위 조항의 법문에 기초하여 "주민의 복리에 관한 사무를 처리하고"의 부분에서 '자치행정권'을, "재산을 관리하며"의 부분에서 '자치재정권'을, "법령의 범위 안에서 자치에 관한 규정을 제정할 수 있다."의 부분에서 '자치입법권'을 각 읽어내고 있다.

그러나 '자치행정권'이란 지방자치행정의 객관적 보장에 대응하는 지방자치단체의 주관적 지위인 지방자치권으로서, 지역적 사무를 자기책임 하에서 자율적으로 처리할 수 있는 포괄적 권한을 의미한다. 따라서 자치행정권이란 광의의 개념으로서 지방자치단체의 '전권능성'과 '자기책임성'을 포괄하는 개념이다. 이에 대하여 자치재정권이나 자치입법권은 지방자치단체의 자율적인 과제이행의 가능성(자기책임성)을 서술하는 하나의 요소이다. 자치사무의 처리와 관련하여 국가의 지시와 간섭의 금지를 요청하는 '자기책임성의 보장'은 그 필수적 전제조건으로서 지방자치단체의 高權을 함께 보장하는 것이며, 입법고권과 재정고권은 인사고권, 조직고권 등과 함께 지방자치단체의 자율적인 과제이

57) 유사한 취지로 김배원, 헌법적 관점에서의 지방자치의 본질, 공법학연구 제9권 제1호, 2008, 220면.
58) 가령, 권영성, 헌법학원론, 2010, 247면 이하("지방자치단체의 권능은 자치입법권 · 자치행정권 · 자치재정권으로 나눌 수 있다.").

행을 위하여 필수적 수단으로서 自治高權을 구체적으로 서술하고 있는 것이다.

요컨대, '자치행정권'은 전권능성과 자기책임성을 포괄하는 상위 개념이고, '자치입법권'과 '자치재정권'은 자기책임성의 한 요소에 속하는 하위 개념인 것이다. 결국, 자치입법권도 입법기능이 아니라 행정기능에 해당하기 때문에 자치행정권의 한 부분이고, 자치재정권도 자치행정권의 한 유형인 것이다. 이러한 관점에서 보건대, 위 견해는 "자치입법권, 자치행정권, 자치재정권"이라는 각 요소 사이의 상관관계와 귀속관계를 전혀 고려하지 아니할 뿐만 아니라, 이러한 요소들을 통해서는 지방자치단체의 권한을 온전하게 서술할 수도 없다는 한계를 안고 있다.[59]

나. 객관적 제도보장을 구성하는 2가지 본질적인 요소

헌법 제117조 제1항의 법문은 객관적 제도보장을 구성하는 2가지 본질적인 요소의 관점에서 파악되어야 한다. "주민의 복리에 관한 사무를 처리하고"의 부분은 '주민의 복리에 관한 사무'를 지방자치단체의 자치사무로 귀속시킴으로써 국가와 지방자치단체 간에 관할을 배분하는 기능을 한다. 즉, "주민의 복리에 관한 사무를 처리하고"의 부분은 자치사무의 보장(자치사무에 관한 원칙적인 관할권)에 관한 것이지 자치기능의 보장(자치사무의 자율적 이행)에 관한 것이 아닌 것이다.

이에 대하여, "재산을 관리하며", "법령의 범위 안에서 자치에 관한 규정을 제정할 수 있다."의 부분은 주민의 복리에 관한 사무를 자율적으로 처리하기 위하여 필수적으로 요구되는 대표적인 수단인 재정고권과 입법고권을 예시하고 있는 것으로 이해해야 한다. 자치행정의 주체가 그에게 부여된 과제를 독자적으로 이행하기 위하여 필수적으로 보유해야 하는 행위수단이 바로 조례제정권이므로, 자치입법권은 자치행정의 자율성과 자기책임성의 대표적인 표현이다.[60]

이로써 헌법 제117조 제1항은 "주민의 복리에 관한 사무를 처리하고"의 부분을 통하여 '자치사무의 보장'을 표현하고 있고, "재산을 관리하며, 법령의 범위 안에서 자치에 관한 규정을 제정할 수 있다."는 부분을 통하여 예시적인 방법으로 '자치기능의 보장'을 표현하고 있다.

한편, 헌법은 제117조 제1항에서 "법령의 범위 안에서 자치에 관한 규정을 제정할 수 있다."고 하여 법률유보가 단지 조례제정권 또는 자치기능의 보장(자기책임성)에만 연관되는 것으로 규정하고 있으나, 법률유보는 '주민의 복리에 관한 사무를 처리하고'(전권능성 또는 자치사무의 보장)에도 연관되는 '포괄적인 법률유보'로 이해해야 한다. 지

---

59) 유사한 취지로, 허영, 한국헌법론, 2010, 834면 이하(지방자치단체는 자치사무기능, 자치재정기능, 자치입법기능을 가지고 있다고 서술하고 있다); 성낙인, 헌법학, 2010, 1115면 이하(지방자치단체의 권한을 주민의 복리에 관한 사무처리권, 재산권리권, 자치입법권으로 나누어 설명하고 있다).

60) Vgl. Hendler, Das Prinzip Selbstverwaltung, in: HbStR, Bd.V, 2. Aufl., 1999, §106 Rn.38.

역적 사무의 자율적 처리(자기책임성)뿐만 아니라 이러한 사무의 원칙적인 관할(전권능성)도 법률유보의 구속을 받는다.[61] 입법자는 법률유보에 근거하여 지방자치단체에게 부여되는 과제의 범위를 규정할 수 있고, 나아가 과제이행의 방법을 규율할 수 있다.

Ⅳ. 제도적 보장의 구체적 내용

지방자치제도가 기능하기 위해서는 일차적으로 지방자치행정의 주체가 될 수 있는 지방자치단체가 제도적으로 존속해야 하고, 지역주민의 참여 하에서 처리할 수 있는 행정과제가 지방자치단체에게 귀속되어야 하며, 나아가 지방자치단체가 자신에게 귀속된 행정과제(지역적 사무)를 자기책임 하에서 자율적으로 처리할 수 있어야 한다. 이러한 3가지 요소는 지방자치제도가 기능하기 위한 필수적인 요건에 해당한다. 이러한 관점에서 볼 때, 지방자치제도의 본질적 보장내용은 자치단체의 존속보장, 지역적 사무라는 특정 행정과제(자치사무)의 보장, 자기책임 하에서 자율적으로 과제를 이행할 수 있는 가능성(자치기능)의 보장이라는 3가지 요소에 의하여 구성된다.[62]

1. 자치단체의 보장

가. 지방자치단체의 제도적 존속보장

지방자치제도가 기능하기 위한 첫 번째 요건은 지방자치행정의 주체인 지방자치단체가 제도적으로 존속해야 한다는 것이다. 자치단체존속의 보장은 주로 지방자치단체간의 통·폐합이나 구역변경을 통하여 그 구역을 새롭게 확정하는 경우에 문제된다. 여기서 지방자치행정의 헌법적 보장이 개별 지방자치단체의 존속을 보장하는지의 문제가 제기된다.

헌법은 지방자치행정을 보장함으로써 일차적으로 지방자치단체라는 행정조직형태를 폐지하는 것을 금지하고 있다. 지방자치제도의 헌법적 보장은 국가구조 내에서 제도적으로 지방자치단체라는 행정유형이 존속해야 한다는 것을 보장하지만, 개별 지방자치단체의 존속을 보호하는 것은 아니다. 즉, 헌법은 지방자치단체를 단지 제도적으로 보장하는 것이지, 개별적으로 보장하는 것은 아니다. 개별 지방자치단체는 다른 지방자치단체로의 편입이나 지방자치단체 간의 통합 또는 구역의 변경으로부터 보호되지 않는다. 그러므로 지방자치단체의 해체, 통합·병합 및 구역변경은 헌법적으로 보장된 자치행정

61) Vgl. BVerfGE 79, 127, 150; Püttner, Kommunale Selbstverwaltung, in: Isensee/Kirchhof(Hg), HbStR, Bd.Ⅳ, 2. Aufl., 1999, §107 Rn.19.

62) 이는 헌법재판소의 일관된 판례이자 학계의 다수견해이기도 하다. 가령, 헌재 1994. 12. 29. 94헌마201; 헌재 2001. 6. 28. 2000헌마735 참조; 대표적으로 한수웅, 헌법학, 2014, 1280-1290면 참조.

권의 핵심영역을 원칙적으로 침해하지 않는다.[63]

나. 제도적 존속보장의 핵심적 요청으로서 聽聞節次

지방자치단체는 지방자치행정의 헌법적 보장을 근거로 폐치·분합이나 구역 변경을 막을 수는 없지만, 이러한 조치가 적어도 공익상의 이유로 그리고 당사자인 지방자치단체의 의견과 이익을 고려하여 이루어질 것을 입법자에 대하여 요청할 수 있다.[64] 이러한 점에서, 헌법은 지방자치행정에 대한 가장 강력한 침해에 대하여 단지 상대적인 보호만을 제공하고 있다.

법적 지위의 근본적인 변경을 초래하는 중요한 결정에 앞서 당사자의 의견을 고려해야 한다는 것은 법치국가적 절차의 핵심적 요청이므로, 입법형성권에 대한 이러한 제한은 법치국가원리의 요청이기도 하다. 나아가, 모든 국가기관이 공익실현의 의무를 부담한다는 점에서, 공공복리의 구속을 받는다는 것은 모든 입법의 당연한 조건이기도 하다. 따라서 지방자치단체의 구역변경과 관련하여 헌법적으로 보장된 핵심영역에 속하는 것은, 지방자치단체의 통·폐합이나 구역의 변경이 단지 공익상의 이유에서 이루어지고 당사자인 지방자치단체에게 의견진술, 즉 事前的 청문의 기회를 부여해야 한다는 것이다.

지방자치행정의 보장에 있어서 청문절차의 의미는 '자치행정권의 절차적 보장'에 있다. 청문절차는 지방자치단체의 법적 지위에 관한 중요한 결정에 앞서서 당해 지방자치단체에게 의견진술의 기회를 부여하고 이로써 절차의 형성과 그 결과에 영향력을 행사할 수 있는 절차적 가능성을 부여함으로써, 자치행정권이라는 실체적 법적 지위의 실현에 기여하는 것이다.[65] 입법자가 지방자치단체의 구역을 새롭게 개편하는 작업은 '과제이행능력에 대한 국가적 요청과 공행정조직의 효율성' 및 '지방자치행정에 특유한 개별성과 고유성의 유지'라는 상충하는 법익 사이에서 균형을 이루는 문제이다. 청문절차는 입법자에 의한 법익형량과정에서 그 기초가 되는 사실관계를 규명하기 위하여 필수적이며, 나아가 지방자치단체가 국가행위의 단순한 객체로 전락하지 않기 위해서도 헌법적으로 요청되는 것이다.[66] 지방자치단체의 구역개편에 관한 입법자의 결정은 그 실질에

63) 헌재 2006. 3. 30. 2003헌라2(경부고속철도역 명칭에 관한 권한쟁의), "지방자치제도의 보장은 지방자치단체에 의한 자치행정을 일반적으로 보장한다는 것뿐이고 특정자치단체의 존속을 보장한다는 것은 아니므로, ⋯."

64) 헌재 1995. 3. 23. 94헌마175(영일군과 포항시의 폐치·분합), 판례집 7-1, 438, 452, "자치제도의 보장은 지방자치단체에 의한 자치행정을 일반적으로 보장한다는 것뿐이고 특정자치단체의 존속을 보장한다는 것은 아니며 지방자치단체의 폐치·분합에 있어 지방자치권의 존중은 위에서 본 법정절차(청문절차)의 준수로 족한 것이다."; 또한 vgl. BVerfGE 50, 50, 50f.; 86, 90, 107; 107, 1, 24.

65) Vgl. BVerfGE 107, 1, 24.

66) 헌재 1995. 3. 23. 94헌마175(영일군과 포항시의 폐치·분합), 판례집 7-1, 438, 451-452, "이 사건 법률 제정절차와 관련한 지방자치법 ⋯ 소정 각 절차는 이른바 청문절차로서 자치단체와 그 주민은 자신의 이해관계와 관련하여 그 법적 지위를 확보하기 위하여 국가적인 재편계획에 대하여 의견을 표명할 기회를 주어야 한다는 것이다. 입법자가 공공복리를 이유로 지방자치단체의 폐지·병합의 결정을 내리기 전에 일반적으로 상반되는 이익들 간의 형량이 선행되어야 하고, 이러한 이익형량은 이해관계자들의 참여 없이는 적정하게

있어서 '행정계획'으로서의 성격을 가진 조치이므로, 그에 대한 헌법적 심사는 행정계획에서의 법익형량을 통제하는 방법과 유사하다. 우리 헌법재판소도 이러한 심사모델을 사용한 바 있다.[67)]

또한 단체존속의 보장에 속하는 것은 지방자치단체에게 법적인 정체성을 부여하고 개별성을 표현하는 지방자치단체의 '명칭에 관한 권리'이다. 그러나 지방자치단체가 '기존의 명칭을 사용하고 유지할 권리'는 '개별 지방자치단체가 존속할 권리'와 마찬가지로 자치단체보장의 핵심적 영역에 속하지 않는다. 국가는 지방자치단체의 구역을 개편하는 경우에 또는 공익상의 사유에 의하여 지방자치단체의 명칭을 변경할 수 있다. 그러나 이러한 경우 단체존속보장의 핵심적 영역에 의하여 보장되는 것은, 적시에 청문의 기회를 부여할 것을 요청하는 청문권이다.[68)] 지방자치단체는 자신의 의사에 반하여 이루어지는 명칭의 변경이 '이에 대하여 우위를 차지하는 공익상의 관점'에 의하여 정당화될 것을 요청할 수 있으며, 나아가 자신에게 적시에 의견진술의 기회를 부여할 것을 요구할 수 있다.[69)]

2. 자치사무의 보장

가. 全權能性의 보장

(1) 지방자치단체의 전권능성의 의미

헌법은 제117조 제1항에서 "지방자치단체는 주민의 복리에 관한 사무를 처리하고"라고 하여, '주민의 복리에 관한 사무'를 지방자치단체의 사무로 귀속시키고 있다. 이로써 헌법 제117조 제1항은 국가와 지방자치단체 간에 행정관할을 배분하는 관할배분규범으로 기능한다.[70)] 여기서 관할배분의 기준은 사무가 '주민의 복리'에 관한 것인지 여부이고, 이는 곧 '사무의 지역적 연관성'을 의미한다. 이러한 헌법적 내용으로부터 지방자치행정의 대상이 결정된다. 헌법이 지방자치단체에게 자치사무로서 보장하는 것은 '지역공동체의 사무'이다. '지역공동체의 사무'에 속하는 것은 지방자치단체에게 그의 과제로서

이루어질 수 없는 까닭이다. 국회는 이러한 절차를 통하여 비로소 자신의 결정에 앞서 중요한 사항들에 관한 포괄적이고 신빙성 있는 지식을 얻게 된다."; Vgl. Löwer, in: v. Münch/Kunig, GGK, Bd.Ⅱ, 2001, Art.28 Rn.42.

67) 가령 헌재 1995. 3. 23. 94헌마175(영일군과 포항시의 폐치·분합), 판례집 7-1, 438, 455-456 참조. 독일 연방헌법재판소의 판례도, 우선 입법자가 사실관계를 타당하게 조사하여 그 장점과 단점을 교량과정에서 고려하였는지를 심사하고, 이에 대하여 법익교량의 결과는 단지 제한적으로, 즉 법익교량의 명백한 하자 및 恣意 여부의 심사에 국한하고 있다(BVerfGE 86, 90, 108f.), 이에 관하여 자세하게 vgl. Schmidt-Aßmann, Die Garantie der kommunalen Selbstverwaltung, in: FS 50 Jahre BVerfG, Bd.Ⅱ, 2001, S.814ff.,

68) Vgl. BVerfGE 59, 216, 227f.

69) 지방자치법 제4조 제2항은 지방자치단체를 통폐합하는 경우뿐만 아니라 그 명칭이나 구역을 변경할 때에는 관계 지방자치단체 의회의 의견을 들어야 한다고 규정하고 있다.

70) Vgl. Zippelius/Würtenberger, Deutsches Staatsrecht, 2005, S.140ff.

귀속되고, 개념적으로 이러한 대상에 속하지 않는 것은 국가가 법률로써 특별히 부여하지 않는 한 지방자치단체에게 봉쇄되어 있다.

이로써 지방자치행정의 보장은 지역적 사무에 관한 지방자치단체의 全權能性(Allzuständigkeit)의 보장을 의미한다. 지방자치단체의 전권능성이란, 법률이 공익상의 사유로 지역적 사무를 국가나 다른 공공단체에게 위임하고 있는 것이 아니라면,71) 지방자치단체가 별도의 특별한 수권 없이 모든 지역적 사무를 처리할 수 있는 포괄적인 관할권을 가진다는 것을 말한다. 이로써 지역적 사무에 관한 지방자치단체의 원칙적인 관할권이 헌법적으로 추정된다.72)

여기서 '지역적 사무'란, 지역공동체에 뿌리를 두고 그 효력이 미치는 범위가 본질적으로 지역공동체에 국한되며 지역주민의 공동생활과 밀접하게 관련되는 그러한 과제, 즉 지역공동체에 기반을 두고 지역공동체와 특별한 연관성을 가지는 사무를 말한다.73) 이로써 지방자치단체의 관할은 지역적 또는 공동체적 요소에 의하여 결정된다. 여기에 속하는 것은 주로 주민의 복리증진에 관한 사무로서, 사회복지, 빈민구제 및 보건진료 등 주민의 복지증진, 지역개발 및 기간시설의 설치, 교육·체육·문화·예술의 사무 등이다.74)

(2) 행정과제의 지역적 성격을 판단함에 있어서 입법자의 판단재량

지역적 사무에 관한 원칙적인 관할권을 의미하는 '전권능성'도 법률의 범위 내에서 보장된다. 헌법 제117조 제1항의 법률유보는 과제이행의 방법(자기책임성)뿐만 아니라 과제의 관할(전권능성)도 포괄하는 것이다.75) 그러나 법률유보의 형태로 자치사무의 보장을 제한하는 입법자의 권한은 무제한적인 것은 아니다.

입법자는 '특정 행정과제가 지역적 사무에 해당하는지'에 관하여 판정하는 권한을 가진다. 입법자는 법률로써 일반·추상적으로 地域的 사무와 超地域的 사무를 배분할 수 있다.76) 특정 행정과제가 헌법에 의하여 원칙적으로 지방자치단체에게 귀속되는 자치사무인지 여부를 판단하는 기준은 '사무가 주민의 복리에 관한 사무인지', 이로써 '사무가 지역적 사무인지'의 관점이다. 지방자치행정의 헌법적 보장에 비추어, 입법자는 국가와

---

71) 물론, 여기서의 법률이란 지방자치행정을 보장하는 헌법의 가치결정에 부합하는 '합헌적 법률'을 말한다.
72) Vgl. BVerfGE 83, 37, 54.
73) Vgl. BVerfGE 79, 127, 151, "지역적 공동체의 사무는 지역적 공동체에 그 뿌리를 두는 또는 지역공동체와 특수한 연관성을 가지는 요구와 이익, 즉 지방자치단체 주민의 공동생활에 연관됨으로써 지방자치단체주민에게 공통적인 요구나 이익을 말한다."
74) 지방자치법은 제9조 제2항에서 지방자치단체의 사무를 예시하고 있다.
75) Vgl. BVerfGE 79, 127, 143(Rastede).
76) 지방자치법은 제9조 제1항에서 지방자치단체가 처리하는 사무를 '자치사무'와 '법령에 의하여 지방자치단체에 속하는 사무'인 단체위임사무로 구분하면서, 제2항에서 자치사무를 예시적으로 규정하고 있는데, 여기에는 '자치사무'뿐만 아니라 단체위임사무도 포함되어 있다. 여기에 예시되지 않은 사무라 할지라도 지역적 사무는 전권능성의 원칙에 따라 지방자치단체의 관할에 속한다. 지방자치법 제11조는 지방자치단체가 처리할 수 없는 국가사무를 유형별로 규정하고 있다.

지방자치단체 간의 사무배분을 법률로써 규율함에 있어서, 지역적 사무를 원칙적으로 지방자치단체의 자치사무로 귀속시켜야 한다는 구속을 받는다.

한편, 입법자가 특정 행정과제의 지역연관성과 그 비중을 판단함에 있어서, 즉 법률로써 특정 과제를 지역적 사무로 귀속시킬 것인지를 판단함에 있어서 입법자에게 광범위한 판단재량이 인정된다.[77] 이로써 헌법재판소는 단지 제한적으로만 입법자의 판단을 심사할 수 있다. 지역적 사무의 범위는 주민의 수, 지역적 규모, 행정능력에 따라 다를 수 있기 때문에, 특정한 행정과제가 모든 지방자치단체에 대하여 동일하게 지역공동체의 사무를 의미할 수 없으며, 단지 부분적으로만 또는 일정 규모 이상의 지방자치단체에게만 지역적 사무로 간주될 수 있다, 이러한 상황에 비추어, 입법자는 행정과제의 지역적 연관성을 판단함에 있어서 유형화할 수 있으며, 이 과정에서 모든 지방자치단체의 고유한 개별적 상황을 고려할 수 없기 때문에, 전체적으로 보아 큰 비중을 차지하지 않는 집단을 고려하지 않을 수 있다. 이는 모든 입법에 공통된 '규율의 일반성'으로부터 나오는 필연적 결과이다.

특정 행정과제가 지역적 사무에 해당하는지를 판단함에 있어서 지방자치단체의 '행정능력'이 기준이 되는지의 문제가 제기된다. 지방자치단체의 행정능력은 '사무의 지역적 성격'을 판단함에 있어서 크게 고려되지 않는다.[78] 행정능력은 본질적으로 재정능력에 달려있고, 국가는 지방자치단체에 대한 재정지원의 정도를 통하여 임의로 지역적 사무의 범위를 조종할 수 있기 때문이다.[79] 지방자치단체가 지역적 과제를 자기책임 하에서 독자적으로 해결할 수 있는지 여부는 지역적 사무의 범위를 정하는 기준이 아니라, 지역적 사무를 상위의 행정기관으로 이관하는 것을 정당화하는 공익적 사유로 고려될 수 있다.

마찬가지로, '지역적 사무'가 '초지역적 연관성'을 가진다는 관점도 행정과제의 지역적 성격을 부인하는 근거가 될 수 없다. 지역적 사무가 초지역적 연관성을 보이는 경우, 이미 그러한 이유만으로 지역적 사무로서의 성격을 상실해야 한다면, 지역적 사무에 관한 전권능성의 보장을 핵심적 내용으로 하는 지방자치제도는 공동화될 것이기 때문이다. 거의 모든 자치사무, 심지어 지역주민의 생존배려를 위한 공공시설조차도 초지역적인 연관성을 보일 수 있다. 지역적 과제 중에서 다수의 과제가 보다 광역의 단위에서 비용절감의 장점과 전문적 경험을 바탕으로 효과적으로 이행될 수 있다. 따라서 지방자치단체의 지역적 사무가 초지역적 연관성을 보이는 경우, 협력을 필요로 하는 초지역적 사안을 일차적으로는 지방자치단체간의 공동작업과 국가의 지도·감독에 의하여

77) Vgl. BVerfGE 79, 127, 151f.
78) Vgl. BVerfGE 79, 127, 151f.
79) Vgl. Maurer, Verfassungsrechtliche Grundlage der kommunalen Selbstverwaltung, DVBl 1995, S.1043.

해결하도록 시도해야 한다.[80] 지방자치단체간의 자발적인 공동작업이 국가나 상위 지방자치단체에 의한 과제이행이나 강제적 해결책에 대하여 우위를 차지한다.

나. 일반정치적 사안에 관한 지방자치단체 관할의 한계

(1) 자치행정의 한계규범으로서 헌법 제117조 제1항

헌법 제117조 제1항은 지방자치행정을 보장하는 규범일 뿐만 아니라, 또한 동시에 공법상 법인인 지방자치단체의 관할과 권한을 서술함으로써 지방자치행정의 한계를 제시하는 규범이기도 하다. 法人에 관한 기본원칙에 속하는 것은, 공법상 법인의 행위가능성은 법인의 관할과 권한만큼 미친다고 하는 것이다.[81] 이러한 원칙은 국가의 '일반정치적' 권한과 지방자치단체의 '지역정치적' 권한의 경계를 확정함에 있어서도 중요한 의미를 가진다.

헌법은 지방자치단체의 권한을 그 대상에 있어서 지역공동체의 사무에 국한시키고 있고, 이로써 일반적인 정치적 문제를 지방자치단체 활동의 대상으로 삼는 것을 금지하고 있다.[82] 지방자치단체가 지역적 정치의 성격을 넘는 일반정치적인 문제를 무제한적으로 다룸으로써 관할 국가기관과 권한행사에 있어서 경합한다든지 아니면 다른 공권력주체의 권한행사를 사실상 방해하는 권한을 가진다는 것은, 지방자치제도를 보장한 헌법의 정신과 부합하지 않는다.

(2) 자치행정의 한계로서 일반정치적 사안

지방자치단체의 관할과 관련하여 제기되는 문제는 지방자치단체가 '특수한 지역적 연관성'을 가지지 않는 일반적인 정치적 사안을 어느 정도로 다룰 수 있고 이에 관하여 의견을 표명할 수 있는지 하는 것이다.[83] 지방자치단체의 정치는 지역공동체의 사무를 기반으로 하여 주민의 이익을 촉진하는 것에 그 주된 목적이 있다. 물론, 국내적 또는 국제적 정치문제가 지역주민과 지역 언론의 관심사일 수 있다. 그러나 일반정치적 문제에 대하여 자신의 입장을 표명함으로써 사회의 정치적 의사형성과정에 관여하는 것은 국가행정의 일부로서 지방자치단체의 일차적인 과제가 아니다.

따라서 지방자치단체가 의결로써 입장을 표명하고자 하는 정치적 사안에 관하여 결정할 권한을 법률에 의하여 부여받았거나 아니면 적어도 국가의 결정과정에 참여할 권한이 법률로써 인정된 경우에 한하여, 일반정치적 사안을 다룰 수 있는 권한이 지방자

---

80) 지방자치법은 제147조에서 지방자치단체간의 협력의무를 규정하고 있고, 구체적으로 사무를 공동으로 처리하기 위하여 행정협의회(법 제152조)나 지방자치단체조합(제159조)을 구성 또는 설립할 수 있다고 규정하고 있다.

81) Vgl. Löwer, in: v. Münch/Kunig, GGK, Bd.Ⅱ, 2001, Art.28 Rn.37.

82) Vgl. BVerfGE 8, 122, 134(Volksbefragung Atombewaffung); BVerfGE 79, 127, 147.

83) Vgl. E. Schmidt-Aßmann, Die Garantie der kommunalen Selbstverwaltung, in: FS 50 Jahre BVerfG, Bd.Ⅱ, 2001, S.811.

치단체에게 인정될 수 있다.[84] 지방자치단체가 국회나 정부의 특정한 정치적 결정에 대하여 반대의견을 표명하거나 국가정책의 변경을 초래하기 위하여 지역적인 주민질의를 실시하는 것은 지방자치단체의 권한범위를 넘어서는 것이다.[85] 또한, 지방의회가 의결을 통하여 외교와 국방에 관한 국가정책에 대하여 영향력을 행사하고자 시도하는 것, 가령 지방자치단체의 구역을 '핵무기 없는 지역'으로 선언하는 것도 마찬가지로 지방자치단체의 권한범위를 넘은 것이다.[86] 왜냐하면 외교와 국방에 관한 정책은 국가의 관할에 속하기 때문이다.

결국, 정치적 사안에 관한 지방자치단체의 입장표명이 허용되는지 여부는 정치적 사안이 '특수한 지역연관성'을 가지는지에 달려있다. 지역주민의 공동생활과 관련됨으로써 지역주민의 공동의 이익과 요구에 관한 것이라면, 정치적 사안에 대하여 특수한 지역연관성이 인정된다. 정치적 사안이 특수한 지역연관성을 가진다면, 가령 국가기관이 당해 지방자치단체의 구역 내에 핵무기를 배치하는 것에 관하여 구체적으로 계획하였거나 이미 결정한 경우, 당해 지방자치단체는 이에 관하여 자신의 입장을 표명할 수 있다.[87] 정치적 사안에 관한 지방자치단체의 입장표명이 다른 국가기관의 권한과 관할의 영역에 관한 것이라면, 입장표명의 대상이 되는 정치적 사안은 '특수한 지역연관성'을 가져야 한다.

(3) 지방자치단체의 외교정책

지방자치단체의 외교정책(가령, 외국 도시와의 자대결연, 후진국 도시에 대한 개발지원, 외국의 지방자치단체와 국제적으로 연계하여 핵무기의 폐지 등 示威的 聲明의 발표 등)과 관련해서도, 어느 정도로 지방자치단체가 외국과의 관계에서 활동할 수 있는지의 유사한 문제가 제기된다. 헌법은 외교정책에 관한 지방자치단체의 권한을 별도로 부여하고 있지 않기 때문에, 지방자치단체의 외교적 활동은 오로지 헌법 제117조 제1항에 근거하여 정당화될 수 있으며, 또한 동시에 여기서 그 한계를 발견한다.[88]

이러한 관점에서 볼 때, 외국도시와의 자매결연이나 후진국 자매도시에 대한 개발지원 등은 '지역공동체와의 특수한 연관성'이 인정되므로, 국경을 넘는 지방자치단체간의 교류가 우호적인 교류관계나 문화와 체육의 영역에서의 친선교류관계에 제한되는 한, 외교정책을 정부의 권한으로 규정하고 있는 헌법규정(헌법 제72조, 제73조, 제89조 제2호)

84) 독일 행정법원 판례의 일반적 경향이다, vgl. Löwer, in: v. Münch/Kunig, GGK, Bd.Ⅱ, 2001, Art.28 Rn.37.

85) BVerfGE 8, 122, 136f.

86) 독일에서는 지방의회가 의결을 통하여 지방자치단체의 구역을 '핵무기 없는 지역'으로 선언하는 것이 허용되는지의 문제와 관련하여 논란이 되었다. 이에 관한 연방행정법원의 판결(BVerwGE 87, 228)에 관하여 vgl. Löwer, in: v. Münch/Kunig, GGK, Bd.Ⅱ, 2001, Art.28 Rn.37.

87) Vgl. BVerwGE 87, 228, 231f.(atomwaffenfreie Zone)

88) Vgl. Löwer, in: v. Münch/Kunig, GGK, Bd.Ⅱ, 2001, Art.28 Rn.38.

에 위반되지 않는다. 그러나 외국 도시와 공동으로 정부의 외교정책에 대한 반대정책을 추진하고자 하는 지방자치단체의 외교정치는 지방자치단체의 권한의 범위를 벗어난 것이다.[89)]

3. 자치기능의 보장

가. 自己責任性의 보장

(1) 자기책임성의 의미

헌법이 한편으로는 지역적 사무를 지방자치단체의 원칙적인 과제로 규정하면서, 다른 한편으로는 지방자치단체가 지역적 사무를 국가의 지시에 따라 이행해야 한다면, 지방자치행정의 헌법적 보장은 무의미하게 될 것이다. 따라서 지역적 사무의 이행방법을 입법자나 국가행정에 의한 포괄적인 규율에 맡긴다는 것은 지방자치행정의 헌법적 보장과 부합하지 않는다.[90)] '자치사무'의 헌법적 보장은 필연적으로 '자치사무의 자주적 이행'의 보장을 함께 요청하는 것이다.

따라서 지방자치행정의 헌법적 보장은 지방자치단체에게 지역적 사무에 관한 전권능성뿐만 아니라 또한 과제의 이행에 있어서 自己責任性(Selbstverantwortlichkeit)도 보장한다. 물론, 자기책임성도 법령의 범위 내에서 보장되므로, 법률유보의 구속을 받는다. 자기책임성이란, 지방자치단체가 자치사무를 국가의 지시나 후견적 감독을 받지 않고 법이 정하는 바에 따라 자기책임 하에서 처리할 수 있는 권한을 말한다.[91)] 자기책임성이란 자치사무와 관련하여 국가의 지시와 간섭의 금지, 즉 합목적성에 관한 지시로부터의 자유 및 모든 형태의 간섭적인 감독으로부터의 자유를 의미한다.[92)] 이로써 자치사무의 이행에 있어서 지방자치단체의 형성의 자유가 보장되는 것이다. 지방자치단체는 자기책임성의 보장을 근거로 자치행정과제를 이행할 것인지 여부 및 그 시기와 방법에 관하여 스스로 결정하는 것이다.

(2) 합법성에 대한 국가의 감독

자기책임성의 보장은 자치사무에 관한 한, 지방자치단체의 결정과 활동에 대한 국가의 간섭을 배제한다. 그러나 지방자치행정은 국가행정의 일부이므로, 자치행정에 대한 국가감독은 불가피하다.[93)] 국가감독은 조례제정을 포함하여 지방자치단체의 모든 활동을 그 대상으로 한다. 국가감독은 분권화된 행정조직 내에서 모든 행정심급의 합법적인

---

89) Vgl. G. Püttner, Kommunale Selbstverwaltung, in: HbStR, Bd.Ⅳ, 1999, §107 Rn.52.
90) 유사하게 Vgl. BVerfGE 91, 228.
91) 유사한 의미로 허영, 한국헌법론, 2010, 827면; 권영성, 헌법학원론, 2010, 241면.
92) Vgl. Schmidt-Aßmann, Die Garantie der kommunalen Selbstverwaltung, in: FS 50 Jahre BVerfG, Bd.Ⅱ, 2001, S.820f.; Löwer, in: v. Münch/Kunig, GGK, Bd.Ⅱ, 2001, Art.28 Rn.61.
93) Vgl. Löwer, in: v. Münch/Kunig(Hg), GGK, Bd.Ⅱ, 2001, Art.28 Rn.62f.

행위와 일원적인 작용을 보장한다. 국가감독의 본질은 감독대상인 행정주체의 독자성을 억제하는 작용에 있다. 그러나 지방자치단체의 자기책임성이 지방자치제도의 필수적인 구성원리이기 때문에, 자치행정을 유지하기 위하여 자치사무에 대한 국가의 감독은 원칙적으로 단지 합법성(적법성)에 대한 감독에 제한된다.[94]

따라서 자기책임성이란 합법성에 대한 감독으로부터의 자유를 말하는 것은 아니다. 국가가 국가권력의 일부를 자치행정기관에 위임하였다면, 그에 대한 대응물로서 자치행정이 법질서의 테두리 내에서 이루어지고 있는지를 통제하는 것은 불가결하다. 합법성에 대한 국가의 감독은 자치행정을 위임한 것에 대하여 헌법적으로 요청되는 대응물이다.[95] 그러나 국가는 지방자치단체가 그의 자치사무를 처리함에 있어서 법령을 준수하는지의 합법성 여부만을 통제하는 것이지, 법질서의 범위 내에서 다양한 실현가능성이 있는 경우에 지방자치단체가 국가의 시각에서 가장 이상적이고 합목적적인 방법을 택하였는지의 합목적성 통제는 이루어지지 않는다. 그러므로 지방자치단체는 자신의 자치사무를 스스로 합목적적이라고 판단하는 바에 따라 처리하는 권한을 가진다.

나. 自治高權의 보장

(1) 자치기능의 보장과 자치고권의 관계

자기책임성의 보장은 이를 위하여 전제되는 필수적 조건인 지방자치단체의 高權을 함께 보장한다. 헌법이 지방자치단체를 독자적인 자치행정의 주체로서 인정하고 지방자치단체에게 지역적 사무를 자기책임 하에서 이행하는 것을 보장한다면, 이에 부합하게 이러한 과제의 자율적인 이행을 위한 필수적인 수단으로서 일련의 행위가능성이 지방자치단체에게 함께 보장되어야 한다. 가령, 독자적인 규범제정권한이 없이 또는 직접 임용한 공무원에 대한 인사권이 없이 자기책임 하에서의 활동가능성이 존재하지 않는다. 그러므로 자기책임성의 보장은 그 필수적 전제조건으로서, 지방자치와 관련하여 실질적 의미의 법률을 제정할 수 있는 '입법고권', 임용의 주체로서 지방공무원을 선발하고 인사(임용·승진·징계·해임)와 처우(보수) 등에 관하여 스스로 결정할 수 있는 '인사고권', 지방자치단체의 내부적 조직에 관하여 스스로 결정할 수 있는 '조직고권', 예산의 범위 내에서 수입과 지출에 관하여 스스로 결정할 수 있는 '재정고권' 등의 자치권을 함께 보장하는 것이다. 즉 자기책임성의 보장에 의하여 동시에 그 전제조건인 자치고권도 보호되는 것이다.

입법고권, 인사고권, 조직고권, 재정고권 등 자치고권의 개념은 지방자치단체의 자율

---

94) 지방자치법도 제169조 제1항 후문(법령위반의 경우 지방자치단체의 장의 명령이나 처분에 대한 시정명령 및 취소의 가능성), 제171조 후문(법령위반사항에 한정된 지방자치단체의 자치사무에 대한 감사), 제172조(법령위반의 경우 지방의회 의결에 대한 제소가능성)에서 이를 반영하고 있다.

95) Vgl. BVerfGE 78, 331, 341.

적인 과제이행을 위하여 필수적인 수단을 구체적으로 서술하고 있다.[96)] 이러한 고권들은 지방자치단체가 과제를 자율적으로 이행하기 위하여 필요로 하는 기본적인 행위자원(가령 지역, 재정, 인적 자원, 자치입법 등)에 관한 것이기 때문에, 모든 자치고권은 지방자치행정의 자율적인 이행을 위하여 불가결하다. 이러한 자치고권은 자치사무의 '특정한 이행방법'을 서술하는 표현이다.[97)]

(2) 자치사무의 보장과 자치기능의 보장의 차이

전권능성이 지방자치단체의 '활동영역(과제와 관할)에 관한 문제'라면, 자기책임성은 전권능성에 의하여 귀속된 지역적 '과제의 이행방법에 관한 문제'이다. 지방자치단체의 자치고권은 지역적 사무를 입법, 인사, 조직, 재정 등에 관한 결정권을 가지는 방법으로 이행하는 것을 보장하고자 하는 것이고, 이로써 자기책임 하에서 지역적 과제를 이행하는 가능성을 확보하고자 하는 수단인 것이다. 전권능성의 원칙은 오로지 지역적 사무라는 객관적 과제에 관한 것일 뿐, 지방자치단체의 입법, 인사, 조직, 재정 등 과제이행의 수단과 방법에 관한 것이 아니므로, 지방자치단체 자치고권의 근거는 전권능성이 아니라 자기책임성이다.[98)]

Ⅴ. 자치권을 제한하는 입법적 규율의 한계

지방자치행정의 헌법적 보장과 관련하여 헌법적으로 특히 문제되는 것은, 지방자치단체가 입법 등 국가의 조치에 의하여 자신의 자치권이 침해되었다고 주장하는 경우이다. 여기서 자치권이란 이중적인 의미에서 자치권, 즉 지방자치단체의 과제영역(전권능성)과 과제의 자주적인 이행(자기책임성)에 모두 연관된 것이다. 특히 국가가 지방자치단

---

96) 헌재 2008. 6. 26. 2005헌라7(지방선거비용 사건), 판례집 20-1 하, 340, 357, "지방자치단체는 그 조직을 구성할 권한, 즉, 조직고권(자치조직권)을 가지고 있다 할 것이다. 이 조직고권은 지방자치단체가 자신의 조직을 자주적으로 정하는 권능으로서 자치행정을 실시하기 위한 행정조직을 국가의 간섭으로부터 벗어나 스스로 결정하는 권한을 말하고, 이러한 조직고권이 제도적으로 보장되지 않을 때에는 지방자치단체의 자치행정은 그 실현이 불가능하게 될 것이다."; 헌재 2002. 10. 31. 2001헌라1(강남구청과 대통령간의 권한쟁의), 판례집 14-2, 362, "헌법 제117조 제1항은 …고 규정하여 지방자치제도의 보장과 지방자치단체의 자치권을 규정하고 있다. 헌법이 규정하는 이러한 자치권 가운데에는 자치에 관한 규정을 스스로 제정할 수 있는 자치입법권은 물론이고 그밖에 그 소속 공무원에 대한 인사와 처우를 스스로 결정하고 이에 관련된 예산을 스스로 편성하여 집행하는 권한이 성질상 당연히 포함된다. 다만, 이러한 헌법상의 자치권의 범위는 법령에 의하여 형성되고 제한된다."

97) Vgl. Schmidt-Aßmann, Die Garantie der kommunalen Selbstverwaltung, in: FS 50 Jahre BVerfG, Bd. Ⅱ, 2001, S.821.

98) Vgl. BVerfGE 91, 228, 237f.(Gleichstellungsbeauftragte), 연방헌법재판소는 '조직고권'과 관련하여 "지방자치단체 과제의 확정의 경우와는 달리, 조직고권과 관련해서는 '지방자치단체가 원칙적으로 그의 조직에 관하여 스스로 결정해야 한다'는 내용의 전권능성의 원칙이 적용되지 않는다. 기본법 제28조 제2항이 언급하는 '원칙적인 전권능성'은 오로지 지역적인 사무에 관한 것이며, 이로써 객관적 과제에 관한 것이지, 지방자치단체의 조직에 관한 것이 아니다. 지방자치단체 조직의 기준과 연관점은 지방자치단체의 자기책임성에 있다."고 판시하고 있다.

체로부터 지역적 과제를 박탈하여 이를 국가기관이나 광역지방자치단체로 이관하는 경우 또는 국가가 법령의 제정을 통하여 감독과 지시의 형태로 지방자치단체의 과제이행에 대하여 간섭하는 경우, 헌법적 보장의 핵심적 내용을 구성하는 '전권능성'과 '자기책임성'의 보장에 대한 이러한 제한이 헌법적으로 정당화되는지의 문제가 발생하는 것이다.

1. 자치사무보장에 대한 입법적 규율의 한계

가. 입법적 규율의 가능성

자치사무보장에 대한 국가적 규율의 한계 문제는, 입법자가 종래 지방자치단체에 의하여 이행되어 오던 과제를 보다 광역 차원의 행정기관에게 이전하는 경우, 가령, 폐기물처리나 하수처리를 기초지방자치단체에서 광역지방자치단체나 국가로 이전하는 경우에 제기된다.

입법자는 지방자치단체의 전권능성에 관하여 다음과 같이 2가지 방법으로 규율할 수 있다.[99] 어떠한 행정과제가 지역공동체의 사무에 해당하는지에 관하여 입법자는 법률로써 이를 일반·추상적으로 규율할 수 있다. 입법자는 '특정 과제가 지역적 사무 또는 초지역적 사무의 성격을 가지는지'에 관하여 유형화할 수 있고 판정할 수 있는 판단재량을 가지며, 입법자의 판단재량은 司法的으로는 단지 제한적으로만 심사될 수 있다.[100] 뿐만 아니라, 입법자는 지역공동체의 과제에 속하는 사무 또는 법률에 의하여 지방자치단체에게 귀속된 지역적 사무를 박탈하여 다른 행정주체에게 이관할 수 있다. 입법자가 이와 같이 자치사무의 범위를 법률로써 확정하는 경우, 국가적 규율의 헌법적 한계가 문제된다.

나. 입법적 규율의 헌법적 한계

(1) 독일 연방헌법재판소의 'Rastede 결정'

(가) 핵심영역 및 주변영역의 보장

독일 연방헌법재판소는 1988년 'Rastede 결정'을 선고한 이래, 지역적 사무를 박탈하는 법률의 위헌여부를 판단함에 있어서 지방자치행정의 헌법적 보장영역을 '핵심영역'과 '그 외의 영역(주변영역)'으로 구분하여 각 '핵심영역이론'과 '분권적 과제이행의 우위 원칙'에 따라 심사하고 있다. 연방헌법재판소는 '핵심영역의 보장'만으로는 지방자치행정에

99) Vgl. Püttner, Kommunale Selbstverwaltung, in: Isensee/Kirchhof(Hg), HbStR, Bd.Ⅳ, 2. Aufl., 1999, §107 Rn.16; Schmidt-Aßmann, Die Garantie der kommunalen Selbstverwaltung, in: FS 50 Jahre BVerfG, Bd.Ⅱ, 2001, S.820; Dreier, in: Dreier(Hg), GG Kommentar, Bd.Ⅱ, 2. Aufl., 2006, Art.28 Rn.111.

100) 이에 관하여 지방자치법 제10조 제1항(지방자치단체의 종류별 사무배분기준) 및 제2항(제1항의 배분기준에 따른 종류별 사무는 대통령령으로 정한다) 참조.

대한 헌법적 보호가 불충분하다는 것을 인식하였고, '제도보장이론'의 이러한 한계를 극복하기 위하여 'Rastede 결정'에서 보장영역을 '핵심영역'과 '주변영역'으로 나누어 각 영역에 대한 침해를 '핵심영역이론'과 '분권적 과제이행의 우위 원칙'에 따라 판단하는 새로운 심사구조를 제시하였다. 연방헌법재판소는 입법자의 헌법적 한계를 한편으로는 전통적인 '제도보장이론'에 의하여 결정되는 자치행정보장의 '핵심영역'에서 이끌어내면서, 다른 한편으로는 핵심영역이론이 지방자치단체에게 충분한 헌법적 보호를 제공하지 못하기 때문에 지방자치행정을 보장하는 헌법규범으로부터 '원칙과 예외의 관계'의 의미에서 '지방자치행정에 유리한 과제배분의 원칙'을 이끌어내었고, 헌법의 이러한 기본결정은 자치행정보장의 주변영역에 대해서도 효력을 발휘한다는 것을 확인하였다.[101)]

연방헌법재판소의 판례에 의하면, 지방자치단체의 전권능성은 그 핵심영역 및 주변영역에 있어서 보장된다. 핵심영역의 보장은 지역적 사무가 지방자치단체로부터 완전히 박탈되어서는 안 될 것을 요청한다. 따라서 입법자가 지역적 시무를 박탈한 후에도 지방자치행정이 가능하도록 지방자치단체에게 충분한 지역적 사무가 남아있어야 한다. 지방자치행정의 헌법적 보장은 핵심영역뿐만 아니라 그 밖의 영역(주변영역)에 대해서도 효력을 미치므로, 지방자치행정은 핵심영역 밖에서도 보장되어야 한다. 따라서 입법자가 주변영역에서 '분권적 과제이행의 우위 원칙'에서 벗어나려고 하는 경우에도, 입법자는 공익상의 이유로 이를 정당화해야 한다.

(나) **연방헌법재판소 판례에 대한 비판**

1) 그러나 연방헌법재판소가 이와 같이 영역을 구분하여 공간적·비유적 사고에 기초하여 문제를 해결하는 것이 과연 필요하고 적절한 것인지에 대하여 다음과 같은 의문이 제기된다.[102)]

첫째, 헌법은 지방자치행정의 보장영역을 구분하고 있지 않다. 지방자치행정의 보장영역을 핵심영역과 주변영역으로 구분하여 판단하는 것은, 지방자치행정의 헌법적 보장을 핵심영역뿐만 아니라 주변영역에 대해서도 확대함으로써 종래 헌법적 보호를 핵심영역에 국한하였던 '제도보장이론'의 한계를 극복하기 위한 시도이기는 하나, 여전히 제도보장이론(핵심영역이론)에 그 이론적 출발점을 두고 있으며 그 틀을 벗어나지 못하고 있다는 것의 표현이다.

둘째, 핵심영역에서의 입법적 규율에 대한 심사는 핵심영역이론이 제기하는 동일한 문제점을 그대로 안고 있다. 핵심영역에 대한 침해가 부인되기 위해서는 입법자에 의한

101) 독일 연방헌법재판소의 판례의 입장과 심사기준에 관한 명확한 서술로는 Ehlers, Die verfassungsrechliche Garantie der kommunalen Selbstverwaltung, DVBl 2000, S.1302f., 1307.

102) 유사한 비판으로 vgl. Ehlers, Die verfassungsrechliche Garantie der kommunalen Selbstverwaltung, DVBl 2000, S.1307.

규율 이후에도 충분한 공간이 남아있어야 하는데, 충분한 공간이 남아있는지 여부에 대하여 객관적으로 판단하는 어려움이 있다.

셋째, 핵심영역은 자치권에 대한 '극적으로 중대한 침해'로부터만 지방자치단체에게 헌법적 보호를 제공할 수 있다. 헌법재판에서 문제되는 대부분의 경우는 '주변영역'의 제한에 관한 것이다. 게다가 핵심영역의 제한의 경우에도 주변영역의 제한과 마찬가지로 '분권적 행정의 우위 원칙'에 의하여 그 위헌여부를 심사할 수 있을 뿐만 아니라, 핵심영역에서도 '분권적 행정의 우위 원칙'에 의하여 판단하는 경우에는 법익형량을 가능하게 함으로써 보다 객관적이고 합리적인 논증을 제시할 수 있다는 장점이 있다. 자유권과 관련하여 각 개별자유권의 본질적 내용에 해당하는 것이 무엇인지를 파악하는 것이 사실상 불가능하기 때문에, 자유권의 제한이 과잉금지원칙에 부합한다면 본질적 내용의 심사는 불필요하다는 사고가 일반화된 것과 같이, 지방자치제도와 관련해서도 '분권적 행정의 우위 원칙'을 심사기준으로 삼는다면, 지방자치행정의 핵심영역이 무엇인지를 규명하는 어려움을 극복할 수 있다.

2) 결론적으로, 자치권을 제한하는 법률의 위헌여부를 판단함에 있어서 헌법적으로 보장되는 지방자치행정의 영역을 핵심영역과 주변영역으로 구분하여 각 다른 심사기준을 적용할 것이 아니라, 지방자치행정의 헌법적 보장(분권적 과제이행의 우위 원칙)이라는 일원적인 기준에 의하여 통일적으로 심사하는 것이 보다 헌법에 부합한다. 헌법국가에서 입법자는 지방자치행정을 구체적으로 형성하는 모든 영역에서 헌법의 구속을 받으며, 자치권을 제한하는 경우 모든 영역에서 정당화의 책임을 진다.

(2) 헌법 제117조의 분권적 과제이행의 우위 원칙

(가) 지역적 사무의 박탈과 이전에 대한 특별한 정당성의 요청

1) 지방자치행정의 헌법적 보장은 지방자치단체에게 유리한 과제배분원칙으로서, 지역적 사무와 관련하여 '분권적 과제이행의 우위 원칙'을 의미한다.[103] 따라서 지방자치단체로부터 지역적 과제를 박탈하는 경우, 이러한 원칙과 예외의 관계로부터 입법자에게 정당화의 책임이 부과된다. 입법자가 중앙집권적·광역적 과제이행에 대하여 분권적·지방자치적 과제이행의 우위 원칙을 벗어나려고 하는 경우, 즉 지역적 과제의 분권적 처리의 원칙에 대하여 예외를 설정하고자 하는 경우, 이러한 시도는 단지 공익상의 이유에서만 가능하다. 행정과제의 배분은 '원활하고 효율적인 과제이행의 관점'과 '지역주민의 참여 하에서의 과제이행의 관점' 간의 긴장관계에 있다. 입법자는 지방자치단체로부터 지역적 성격을 가진 과제를 단지 공익상의 이유로, 즉 달리 원활한 과제이행이 더 이상 확보될 수 없는 경우에만 박탈할 수 있다.[104]

---

103) Vgl. BVerfGE 79, 127, 150

104) Vgl. BVerfGE 79, 127, 153(Rastede). 독일 니더작센 州는 폐기물처리의 과제를 기초지방자치단체로부터

2) 이러한 관점에서 보건대, '행정의 단순화'나 '행정관할의 집중'의 목적은 그 자체로서 지역적 과제의 박탈을 정당화하는 사유가 될 수 없다.[105] 이러한 목적은 '분권적 과제분할'이라는 헌법적 결정에 의하여 발생한 지방자치의 현재 상황을 오로지 제거하고자 하는 목적만을 가지고 있기 때문에, 지방자치제도를 보장하는 헌법정신에 반하는 것이다.[106]

또한, '행정의 합리성·경제성'이나 '비용절약'의 관점도 이미 그 자체로서 행정과제의 이관을 정당화하는 것이 아니라, 지방자치단체에 의한 과제이행에 의하여 과도한 비용지출이 초래되는 경우에만 행정과제의 이관을 정당화하는 것이다.[107] 물론, 중앙집권적·광역적으로 조직된 행정은 여러 가지 측면에서 보다 효율적이고 경제적으로 활동할 수 있을 것이다. 그러나 다른 행정주체가 광역을 단위로 하여 지역적 과제를 보다 경제적으로 이행할 수 있다는 관점만으로는 지역적 과제의 박탈이 허용되지 않는다. 헌법은 지방자치행정의 보장을 통하여, '경제적 관점'에 대하여 지역적 과제의 해결에 지역주민이 참여한다는 '민주적 관점'을 대치시키고, 민주적 가치에 우위를 부여하고 있다. 따라서 분권적 행정이 효율성과 경제성에 있어서 초래하는 어느 정도의 단점은, 주민이 지역적 사무의 처리에 민주적으로 참여한다는 관점에 의하여 상쇄되는 것이다. 결국, 헌법은 지방자치행정의 보장을 통하여 '자치행정이 수반하는 어느 정도의 비경제성과 비효율성은 민주주의를 유지하고 실현하기 위한 대가, 즉 민주주의의 비용으로서 수인해야 한다'는 것을 밝히고 있는 것이다. 따라서 분권적으로 과제를 분할하고자 하는 헌법적 원칙을 압도하는 공익이 존재하는 경우에만, 지역적 성격을 가진 과제의 이관이 허용된다.

(나) 과잉금지원칙의 적용여부

여기서 자치권을 제한하는 법률의 위헌여부를 판단함에 있어서 '비례의 원칙'(과잉금지원칙)을 적용할 수 있는지의 문제가 제기된다.[108] 지방자치행정의 경우, '자유의 보호'에 관한 문제가 아니라 지방자치단체의 자치권이라는 '권한'에 관한 문제이다.

한편, 자유권을 제한하는 입법의 위헌심사기준으로서 과잉금지원칙이 '자유가 원칙이

박탈하여 이를 광역지방자치단체로 이전하는 법률을 제정하였는데, 위 법률조항에 대하여 당해 지방자치단체가 폐기물처리의 과제는 지역적 과제라고 주장하면서 지방자치단체 헌법소원을 제기하였다. 연방헌법재판소는 '심판대상조항이 지방자치행정의 헌법적 보장으로부터 나오는 과제분할원칙을 충분히 고려하였다'고 판시하여 심판청구를 기각하였다.

105) Vgl. G. Püttner, Kommunale Selbstverwaltung, in: HbStR, Bd.Ⅳ, 1999, §107 Rn.23; BVerfGE 79, 127, 153.

106) Vgl. BVerfGE 79, 127, 153.

107) 국가는 일차적으로 지방자치단체가 그의 지역적 사무를 경제성과 수지균형의 원칙에 따라 이행할 수 있도록 규율하는 방법을 택해야 한다.

108) 자치권 제한의 경우 과잉금지원칙이 그대로 적용될 수 없음은 이미 위에서 확인한 바 있다. 이에 관하여 위 Ⅱ. 2. 라. 부분 서술 참조. 또한, 한수웅, 헌법학, 2014, 1279면.

고 이에 대한 제한이 예외'라는 전제에서 '자유에 대한 제한은 공익상의 사유로 정당화되어야 하고 필요한 경우에도 최소한의 정도에 그쳐야 한다'는 요청을 이끌어낼 수 있는 것과 마찬가지로, 헌법상 지방자치행정의 보장은 '분권적 과제이행의 우위원칙'을 통하여 이와 유사한 '원칙과 예외의 관계'를 설정하고 있다. 이로부터 과잉금지원칙과 유사하게, 예외는 헌법적으로 정당화되어야 한다는 요청, 즉 예외에 대한 논증의 책임과 정당화의 부담을 국가에게 부과할 수 있는 것이다. 따라서 '개인의 자유'와 '자치행정의 권한'이라는 범주적 차이로 말미암아, 과잉금지원칙을 그대로 적용할 수는 없지만, 범주적으로 '자유'와 '권한'을 구분하는 것이 실질(결과)에 있어서 현저한 차이를 보이는 것은 아니다. 또한, 침해의 정도에 상응하여 침해에 대한 정당화의 책임도 차등화 된다는 점에서도, 자치권의 보호는 자유권의 보호에 접근하고 있다.[109]

독일 연방헌법재판소는 1988년의 'Rastede 결정'에서는 자치권의 문제는 국가조직내부에서의 권한배분의 문제라는 이유로 원래 자유권으로부터 유래하는 비례의 원칙(과잉금지원칙)을 적용하는 것을 거부하였으나,[110] 근래의 결정에서는 비례의 원칙을 자유권의 영역으로부터 분리하여 일반적인 헌법원칙으로 선언함으로써[111] 자치권제한의 위헌여부를 판단함에 있어서도 '자치권의 제한은 정당한 목적의 달성을 위하여 적합하고 필요하며 비례적이어야 한다'고 판시하여 비례의 원칙을 적용하는 경향을 보이고 있다.[112] 자치권이 객관적 제도보장에 대응하는 주권적 법적 지위를 의미하며, 자치권과 그에 대한 제한이 원칙과 예외의 관계에 있다는 점에서, 연방헌법재판소는 '심사의 효율성과 기술성의 측면'에서 비례의 원칙을 적용하는 것으로 판단된다.[113]

(3) 국가사무의 과도한 위임의 문제

지방자치행정의 공동화는 사무의 박탈뿐만 아니라 사무의 위임을 통해서도 발생할

---

109) Vgl. Löwer, in: v. Münch/Kunig(Hg), GGK, Bd.Ⅱ, 2001, Art.28 Rn.59.

110) 독일 연방헌법재판소의 판례의 변화에 관하여 vgl. Dreier, in: Dreier(Hg), GG Kommentar, Bd.Ⅱ, 2. Aufl., 2006, Art.28 Rn.127f.; Mager, Einrichtungsgarantien, 2003, S.340ff.

111) Vgl. BVerfGE 103, 332, 366f.

112) 독일 Brandenburg 州는 지방세인 영업세(Gewerbesteuer) 세율의 下限을 확정하는 내용으로 세법을 개정하였다. 舊法에서 下限에 관한 규정이 없었기 때문에 영업세를 포기함으로써 기업을 유치하고자 시도하였던 일부 지방자치단체들은 위 세법개정에 대하여 자신의 재정고권을 침해한다고 주장하며 지방자치단체 헌법소원(Kommunale Verfassungsbeschwerde)을 제기하였으나, 연방헌법재판소는 이를 합헌으로 판단하였다(BVerfGE 125, 141, 167f.). 위 결정에서 연방헌법재판소는 비례의 원칙을 적용하여 판단하였는데 그 요지는 다음과 같다: "입법자에 의한 제한 후에도 지방자치단체에게 충분한 재정상의 독자적인 형성공간이 남아있어야 한다. 나아가, 지방자치행정 및 그의 본질적인 요소인 재정고권은 비례의 원칙에 반하여 과도하게 제한되어서는 안 된다. 재정고권은 그 핵심영역에 있어서 보장되어야 하며, 그 외의 영역에서도 제한은 정당한 목적의 달성을 위하여 적합하고 필요하며 비례적이어야 한다."

113) 연방헌법재판소가 'Rastede 결정'에서 비록 비례의 원칙을 명시적으로 언급하지는 않았지만, 법익형량은 필연적으로 비례심사를 수반하기 때문에, 연방헌법재판소가 제시한 새로운 심사기준은 결국 비례심사에 이를 수밖에 없다고 주장하는 견해로는 Vgl. Maurer, Verfassungsrechtliche Grundlage der kommunalen Selbstverwaltung, DVBl 1995, S.1045; Schoch, Der verfassungsrechtliche Schutz der kommunalen Selbstverwaltung, JURA 2001, S.126.

수 있다. 국가가 지방자치단체에게 국가사무를 비롯하여 초지역적 사무를 위임함으로써 자치행정과제를 이행하는 가능성이 현저하게 제한된다면, 자치권은 자치사무의 박탈뿐만 아니라 국가사무의 과도한 위임에 의해서도 침해될 수 있다.[114] 국가가 초지역적 사무를 지방자치단체에 과도하게 위임하는 경우, 지방자치단체가 자치사무를 원활하게 처리할 수 있는 행위공간, 즉 자치행정의 영역에서 자기책임 하에서 이행할 수 있는 행위공간이 축소되는 결과를 초래할 수 있다. 국가사무의 과도한 위임은 지방자치단체의 행위가능성을 제약하고 이로써 지방자치단체의 자기책임성의 폭을 축소시키므로, 지방자치행정에 대한 간접적인 침해로서 정당화되어야 한다.[115]

입법자가 법률로써 국가사무나 광역지방자치단체사무를 과도하게 위임하는 경우, 지역성과 초지역성의 요소를 통한 국가와 지방자치단체 사이의 과제배분원칙에 위반될 수 있다. 과제배분원칙으로서 '분권적 과제이행의 우위원칙'은, 국가가 지방자치단체에 사무를 위임하는 것에 대해서도 보호기능을 담당한다. 지방자치행정의 보장은 지방자치단체가 무제한적으로 국가나 광역지방자치단체의 위임사무를 이행해야 하는 것으로부터도 보호한다. '분권적 과제이행의 우위원칙'은 사무의 위임에 대하여 이를 정당화하는 객관적 사유가 존재할 것을 요청한다. 지방자치단체로 하여금 위임사무를 이행하도록 하는 것이 '국가행정의 가장 저렴한 형태'라는 이유만으로는 사무의 위임은 정당화될 수 없다.[116] 국가사무의 위임이 정당화되는지 여부는 지방자치행정에 대한 침해의 정도와 사무의 위임을 요청하는 공익 간의 법익교량을 통하여 판단되어야 한다.

2. 자치기능보장에 대한 입법적 규율의 한계

가. 독일 연방헌법재판소의 판례

(1) 연방헌법재판소는 자치사무를 박탈하는 법률의 위헌여부를 판단하는 경우와 마찬가지로, 자치기능을 제한하는 법률의 위헌여부를 판단함에 있어서도 '핵심영역'과 '주변영역'으로 나누어 심사하고 있다. 연방헌법재판소의 판례에 의하면, 지방자치단체의 자치고권도 그 핵심영역 및 주변영역에 있어서 보호된다.[117] 이에 따라, 자기책임성의 보장에 대한 국가적 규율과 간섭의 헌법적 한계는 '핵심영역의 보장' 및 '분권적 과제이행에 유리한 과제배분원칙'에 의하여 결정된다.[118]

---

114) Vgl. BVerfGE 119, 331, 354.

115) Vgl. Dreier, in: Dreier(Hg), GG Kommentar, Bd.Ⅱ, 2. Aufl. 2006, Art.28 Rn.97, 121; Löwer, in: v. Münch/Kunig, GGK, Bd.Ⅱ, 2001, Art.28 Rn.54f,; Schmidt-Aßmann, Die Garantie der kommunalen Selbstverwaltung, in: FS 50 Jahre BVerfG, Bd.Ⅱ, 2001, S.817.

116) Vgl. Löwer, in: v. Münch/Kunig, GGK, Bd.Ⅱ, 2001, Art.28 Rn.55.

117) Vgl. Schmidt-Aßmann, Die Garantie der kommunalen Selbstverwaltung, in: FS 50 Jahre BVerfG, Bd.Ⅱ, 2001, S.819; Löwer, in: v. Münch/Kunig, GGK, Bd.Ⅱ, 2001, Art.28 Rn.65.

118) Vgl. Schmidt-Aßmann, Die Garantie der kommunalen Selbstverwaltung, in: FS 50 Jahre BVerfG,

법률에 의하여 지방자치단체의 자치고권이 제한되는 경우, '핵심영역의 보장'은 자치사무의 자율적 이행 가능성이 입법자에 의하여 완전히 제거되어서는 안 될 것을 요청한다.[119] 입법자에 의한 규율 이후에도 지방자치단체에게 충분한 독자적인 형성공간이 남아있어야 한다. 나아가, '주변영역의 보장'은 과제의 자율적 이행에 대한 국가의 간섭은 정당화될 것을 요청한다. 자기책임성의 보장과 관련해서도 자치행정에 유리한 '분권적 과제이행의 우위 원칙'이 적용되므로, 입법자가 소명해야 하는 공익상의 사유만이 지방자치단체의 자율적인 과제이행에 대한 제한을 정당화할 수 있다. 입법자의 간섭 없이는 지방자치단체가 자기책임 하에서 독자적으로 과제를 처리할 수 없다거나 국가적인 이익이 국가의 간섭을 필수적으로 요청한다는 것을 입법자는 소명해야 한다.[120]

(2) 組織高權의 예를 통하여 독일 연방헌법재판소의 판례에 따른 '입법자에 의한 규율의 한계 및 심사기준'을 살펴보면, 다음과 같다.[121] 지방자치단체에게 과제이행을 위한 조직의 형성에 있어서 어느 정도의 독자적 결정권이 인정되지 않는다면 자기책임 하에서의 과제이행은 생각할 수 없으므로, 지방자치행정의 헌법적 보장은 지방자치단체의 조직고권도 포함한다. 입법자는 조직고권을 제한할 수 있으나, 지역주민에게 지역공동체에의 효과적인 참여를 가능하게 하는 지방자치행정의 헌법적 보장을 고려해야 하고, 지방자치단체에게 효과적인 과제이행을 가능하게 해야 한다. 따라서 입법자는 다음과 같이 이중적인 관점에서 구속을 받는다.

첫째, 지방자치행정의 '핵심영역'이 일차적으로 입법자에게 한계를 제시한다. 따라서 지방자치행정의 본질적 내용은 침해되어서는 안 된다. 조직고권과 관련하여, 지방자치행정의 핵심영역은 조직상의 독자적인 형성가능성을 질식시키는 결과를 가져오는 법률규정을 금지한다. 가령, 국가행정에게 합목적성에 관한 감독권의 형태로 조직과 관련하

Bd.Ⅱ, 2001, S.821.

119) 헌재 2002. 10. 31. 2001헌라1(강남구청과 대통령간의 권한쟁의), 판례집 14-2, 362, 364, "문제조항은 시간외근무수당의 대강을 스스로 정하면서 단지 그 지급기준·지급방법 등의 범위만을 행정자치부장관이 정하도록 하고 있을 뿐이므로 청구인은 그 한계 내에서 자신의 자치입법권을 행사하여 시간외근무수당에 관한 구체적 사항을 자신의 규칙으로 직접 제정하고 이를 위하여 스스로 예산을 편성, 집행하고 또 이를 토대로 하여 관련된 인사문제를 결정할 수 있는 것이다. 또한 행정자치부장관이 정하게 되는 '범위'라는 것이, 지방자치단체장의 구체적인 결정권 행사의 여지를 전혀 남기지 않는 획일적인 기준을 의미하는 것으로 볼 근거는 전혀 없는 것이므로, 문제조항은 그 형식이나 내용면에서 결코 지방자치단체장의 규칙제정권, 인사권, 재정권 등을 부정하는 것이 아니므로 청구인의 헌법상 자치권한을 본질적으로 침해한다고 볼 수 없다."

120) 한편, 독일 연방헌법재판소는 지방자치단체의 조직에 관하여 "입법자가 지방자치단체에게 그 조직의 형성에 있어서 이러한 방법으로 다양한 과제영역에 대하여 독자적 책임 하에서 조치를 취할 수 있는 여지를 부여하고 있다면, 조직에 관한 입법자의 결정이 충분히 중요한 목적에 기인하고 있는지의 통제는 이루어지지 않는다."고 판시하고 있다(BVerfGE 91, 228, 241).

121) 아래의 내용은 조직고권의 입법적 제한에 관한 대표적인 독일 연방헌법재판소결정(BVerfGE 91, 228, 237ff.)의 판시내용을 요약한 것이다. Schleswig-Holstein 州法은 지방자치단체에게 남녀평등의 실현을 위한 전권대표(Gleichstellungsbeauftragte)를 임용해야 할 의무를 부과하였는데, 이에 대하여 지방자치단체들이 자신의 조직고권을 침해한다는 이유로 (지방자치단체) 헌법소원을 제기하였고, 연방헌법재판소는 州法이 헌법에 합치한다고 판단하였다.

여 포괄적으로 간섭하고 지시할 수 있는 권한을 부여하는 법률, 법률이 정한 직위 외에는 다른 직위를 설치하는 것을 금지하는 법률 또는 지방자치단체의 대의기관과 집행기관의 기능을 마비시킬 정도로 행정조직을 분화·해체하는 법률 등은 지방자치행정의 본질적 내용을 침해하는 것이다.

둘째, 지방자치단체에게 자율적인 과제이행의 가능성을 보장하고자 하는 '지방자치행정의 헌법적 보장'의 효력은 핵심영역에만 한정되는 것이 아니라 그 밖의 영역(주변영역)에 대해서도 미치는 것이므로, '주변영역(핵심영역 밖)'에서도 자치기능의 보장은 입법자에 의하여 존중되어야 한다. 물론, 전권능성의 원칙은 '지역적 사무의 과제'에 관한 것이므로, 조직고권과 관련하여 전권능성의 원칙이 적용되지 않는다. 따라서 지방자치단체가 자신의 조직을 스스로 결정해야 한다는 원칙은 존재하지 않는다. 조직고권은 행정의 단순화, 행정의 경제적 효율성 등 다양한 공익상의 사유로 제한할 수 있으므로, 처음부터 단지 상대적으로만 보호된다.[122] 그렇다고 하여 지방자치단체의 조직에 대한 결정은 국가에게 전적으로 귀속되는 것이 아니라, 지방자치단체의 조직은 '국가에 의한 규율입법'과 '지방자치단체에 의한 보충'으로 규율된다.[123] 따라서 지방자치단체에게 과제이행에 있어서 충분한 조직상의 자유공간이 남아있어야 한다. 그러나 지방자치단체에게 충분한 조직상의 자유공간이 남아 있다면, 이미 이러한 이유로 지방자치단체의 조직을 규율하는 법률이 합헌이라는 것을 의미하지 않는다. 지방자치단체의 자율적인 과제이행을 제한하는 모든 입법은 공익에 의하여 정당화되어야 한다.

나. 분권적 과제이행의 우위 원칙

(1) 이미 '단체사무보장에 대한 입법적 규율의 한계'와 관련하여 위 '연방헌법재판소 판례에 대한 비판'에서 확인한 바와 같이,[124] 자치고권에 대한 침해가 문제되는 경우에도 헌법적으로 보장되는 자치기능의 영역을 '핵심영역'과 '주변영역'으로 구분하여 각 다른 심사기준을 가지고 단계적으로 판단할 것이 아니라, '분권적 과제이행의 우위 원칙'이라는 일원적인 기준에 의하여 자치기능(자치고권)을 제한하는 법률의 위헌여부를 통일적으로 심사하는 것이 보다 헌법에 부합한다.

(2) 한편, 여기서 제기되는 문제는, '자기책임성'에 대한 제한의 경우 '전권능성'에 대

---

122) '조직고권이 단지 상대적으로 보장된다'고 하는 것은, 행정의 효율성 및 경제성과 같이 지역적 과제의 원칙적인 관할권(전권능성)을 제한할 수 없는 공익도 조직고권의 제한을 정당화하는 공익이 될 수 있다는 것을 말하는 것이다.

123) 지방자치단체의 기본구조는 국가에 의하여 결정된다. 하부 행정의 단계에서 조직상의 난립은 公行政에 있어서 필수적인 통일성을 저해한다. 따라서 外的인 조직고권은 지방자치법에 의하여 대부분 규율되고 있으므로, 조직고권에 의하여 보호되는 대상은 주로 內的인 조직권한이다. vgl. Maurer, Verfassungsrechtliche Grundlage der kommunalen Selbstverwaltung, DVBl 1995, S.1043; Löwer, in: v. Münch/Kunig(Hg), GGK, Bd.Ⅱ, 2001, Art.28 Rn.70.

124) 위 V. 1. 나. (1) (나) 참조.

한 제한의 경우와 비교할 때 그 심사의 기준이 보다 완화되어야 하는지 여부이다. '전권능성'의 경우에는 지방자치단체가 스스로 처리해야 하는 과제영역의 문제이고, '자기책임성'의 경우에는 이러한 과제의 구체적 이행방법에 관한 것이므로, 과제의 구체적 이행방법에 관해서는 입법자에게 보다 폭넓은 형성의 자유가 인정된다고 할 수 있다. 즉, 자기책임성에 있어서 문제되는 것은, 헌법상 원칙적으로 지방자치단체에게 귀속되는 고유한 과제를 이행할 수 있는지 '여부의 문제'가 아니라 일단 지방자치단체에게 귀속된 과제를 독자적으로 이행할 수 있는지 '방법의 문제'이기 때문에, 자기책임성에 대한 제한은 전권능성에 대한 제한보다 지방자치단체의 자치권에 미치는 불리한 효과가 적다고 할 수 있다.

'전권능성'에 대한 제한은 자치권에 미치는 불리한 효과가 중대하기 때문에 보다 중대한 공익상의 사유에 의하여 정당화되어야 하며, 반면에 '자기책임성'에 대한 제한은 상대적으로 덜 중대한 공익상의 사유에 의하여 정당화될 수 있다. 이러한 점에서 입법자가 자기책임성을 규율하는 경우에는 헌법재판소에 의한 보다 완화된 심사가 정당화된다고 할 수 있다.[125] 국가의 규율이 자치권에 미치는 불리한 효과의 관점에서 볼 때, 과제의 박탈과 이전을 정당화하는 사유와 자기책임성에 대한 제한을 정당화하는 사유가 그 비중과 의미에 있어서 다를 수 있으며, 예컨대 '행정의 단순화'나 '경제적 효율성'의 관점은 전권능성의 제한을 정당화하는 사유로는 고려될 수 없으나, 자기책임성을 제한하는 사유로는 고려될 수 있다.[126]

그러나 지방자치행정의 헌법적 보장의 핵심적 내용이 '전권능성'과 더불어 '자기책임성'의 보장이고, 지방자치단체에게 독자적 책임 하에서의 과제이행의 가능성을 보장하고자 하는 것이 헌법의 의도라는 점에 비추어, 전권능성 뿐만 아니라 자기책임성의 영역에서도 자치행정에 유리한 '원칙과 예외의 관계'는 부인될 수 없다. 즉, 자기책임성의 보장은 핵심적 영역뿐만 아니라 또한 그 외의 주변영역도 보호하는 기능을 하는 것이고, 이로써 자기책임성에 대한 제한도 마찬가지로 공익적 사유에 의하여 정당화되어야 한다는 결론에 이른다. 그렇다면, 자치권의 제한이 '전권능성' 또는 '자기책임성'에 대한 것인지에 따라 심사밀도가 다를 수 있다는 것은 별론으로 하고, '자기책임성'에 대한 제한의 경우에도 근본적으로 '전권능성'에 대한 제한과 '동일한 심사기준'인 '분권적 과제이행의 우위 원칙'이 적용되어야 한다.

---

125) 자치권에 대한 침해가 중대할수록 침해의 정당성에 대한 보다 엄격한 요구가 제기된다는 견해로 vgl. Hoppe, Probleme des verfassungsrechtlichen Rechtsschutzes der kommunalen Selbstverwaltung, DVBl 1995, S.186f.

126) Vgl. BVerfGE 91, 228, 237f.(Gleichstellungsbeauftragte), "조직고권은 처음부터 단지 상대적으로 보장된다. 조직고권은 외부적인 사유에 의하여 제한될 수 있을 뿐만 아니라, 국가의 규율에 의하여 내용적으로 형성되고 한계가 설정된다. 조직상의 지침에 있어서 가령 행정의 단순화, 행정의 경제성이나 절약이란 목적이나 또는 행정의 조감이라는 관점도 그 근거가 될 수 있다."

Ⅵ. 맺는말

1. 지방자치행정의 헌법적 보장을 '제도보장이론'의 의미에서의 제도적 보장으로 해석하는 것은, 지방자치를 입법자의 광범위한 형성권에 맡기고 지방자치의 보장을 핵심적 영역의 보호에 축소시킴으로써 지방자치행정의 최소화를 초래한다. 지방자치단체에게 지역적 사무의 자율적인 처리를 보장하고자 하는 '지방자치행정의 헌법적 보장'의 효력은 핵심영역에만 한정되는 것이 아니라 그 밖의 영역(주변영역)에 대해서도 미치는 것이므로, 핵심영역 밖에서도 자치행정의 헌법적 보장은 입법자에 의하여 존중되어야 한다. 제도보장이론은 왜 '지방자치행정의 헌법적 보장'의 효력이 핵심영역에만 미치는지에 관하여 그 이유를 설명할 수 없다.

독일 바이마르공화국 당시 제도보장의 의미는 헌법의 구속을 받지 않는 입법자를 제도의 본질적 내용에 구속시킴으로써 입법자의 형성권을 제한하고자 한 것에 있었고, 제도보장이론은 지방자치행정의 보호와 강화에 기여하였다. 그러나 모든 국가권력이 헌법의 구속을 받는 헌법국가에서 입법자도 헌법의 구속을 받기 때문에, 제도보장의 사고는 원래의 의미와 기능을 크게 상실하였다. 오늘날의 헌법국가에서 모든 헌법규범이 국가기관을 구속하는 규범적 성격을 가지며, 국가기관에게는 헌법규범에 담겨있는 실체적 내용을 실현해야 할 의무가 부과된다.

헌법의 전반적인 성격이 이와 같이 변화함에 따라, 제도보장에 대한 이해도 달라져야 하며, '제도보장과 입법자의 관계'도 변화해야 한다. 제도보장의 내용이 '제도보장이론'에 의하면 역사적·전통적으로 결정되었다면, 오늘날의 헌법국가에서는 '제도보장의 헌법적 목적'에 의하여 결정되어야 한다. 따라서 지방자치행정의 헌법적 보장을 통하여 입법자에게 제시되는 지침 및 구속은 더 이상 전통적으로 형성된 지방자치제도의 규율모델이 아니라, 헌법에 의하여 지방자치제도의 보장에 부여된 목적과 기능에 의하여 결정된다. 오늘날의 헌법국가에서 입법자는 독일에서 약 1세기 전에 형성된 '제도보장이론'이라는 특정한 헌법이론의 구속을 받는 것이 아니라, 지방자치행정을 보장하는 헌법규범의 구속을 받는 것이다.

이러한 관점에서 볼 때, 오늘날의 헌법질서에서 제도보장이론은 제도를 형성하는 입법자에 대한 헌법적 구속의 단지 하나의 측면만을 서술하고 있을 뿐이다. 오늘날의 헌법국가에서 입법자를 구속하는 것은 무엇보다도 헌법이 지방자치행정을 보장한 것의 정신, 즉 지방자치행정에 관한 객관적 가치결정이다. 지방자치행정을 보장하는 헌법 제117조는 '주민의 복리에 관한 사무'를 지방자치단체의 자치사무로 귀속시킴으로써, 국가와 지방자치단체 간에 행정과제에 관한 관할을 배분하는 기능을 한다. 헌법은 제117조에서 지방자치행정의 보장을 통하여 지역적 사무에 관한 한, 국가에 의한 중앙집권적인 과제이행에 대하여 지방자치행정에 의한 '分權的 과제이행의 원칙적인 優位'를 표현하고 있다.

2. 따라서 입법자는 지방자치제도를 입법을 통하여 구체적으로 형성함에 있어서 '분권적 과제이행의 우위 원칙'을 지침으로 삼아야 하며, 지역공동체의 사무는 원칙적으로 지방자치단체에 의하여 자율적으로 처리되어야 한다는 헌법의 결정을 고려해야 한다는 구속을 받는다. 헌법의 이러한 과제배분의 원칙은 지역적 사무의 자율적 처리에 관하여 '원칙과 예외의 관계'를 설정한다. 입법자가 헌법에 의하여 의도된 이러한 원칙에서 벗어나고자 하는 경우, 즉 원칙에 대하여 예외를 설정하고자 하는 경우에는 입법자에 대하여 필연적으로 '논증과 정당화의 책임'이 부과된다.

입법자는 지방자치제도를 구체적으로 형성함에 있어서 실제적 조화의 원칙에 따라 '지방자치행정의 헌법적 보장'(분권적 과제이행의 우위 원칙)과 '자치권의 제한을 요청하는 공익' 간의 법익형량을 통하여 양 법익을 가능하면 최대한으로 실현하고자 시도해야 한다. 입법자가 법익형량의 결과 지방자치권을 제한하는 경우에는 '지방자치행정의 헌법적 보장'에 대하여 '자치권의 제한을 정당화하는 법익'이 우위에 있다는 것을 논증해야 한다. 이러한 의미에서, '자유는 최대한으로 보장되지만, 제도는 최소한으로 보장된다'는 '제도보장이론'은 더 이상 타당하지 않다.

헌법국가에서 입법자는 지방자치행정의 핵심영역뿐만 아니라 지방자치행정을 구체적으로 형성하는 모든 영역에서 헌법의 구속을 받으며, 자치권을 제한하는 경우 모든 영역에서 정당화의 책임을 진다. 그렇다면, 자치권을 제한하는 법률의 위헌여부를 판단함에 있어서 헌법적으로 보장되는 지방자치행정의 영역을 핵심영역과 주변영역으로 구분할 필요 없이, 지방자치행정의 헌법적 보장(분권적 과제이행의 우위 원칙)을 심사기준으로 삼아야 한다. 따라서 헌법재판소는 더 이상 '제도보장이론'에 따라 아무런 구체적 논증이나 법익형량의 과정이 없이 '입법자의 규율이 핵심영역의 침해에 이르렀는지 여부'를 일방적으로 확인해서는 안 되고, 상충하는 법익간의 형량과정을 통하여 지방자치행정에 대한 제한이 공익적 사유에 의하여 정당화되는지 여부를 판단해야 한다.

참고문헌

권영성, 헌법학, 2010
김남철, 헌법과 지방자치법, 헌법의 규범력과 법질서(정천 허영박사 정년기념논문집), 2002
김명연, 지방자치행정의 제도적 보장의 의의와 내용 －독일 기본법 제28조 제2항에 관한 연방헌법재판소 판례의 분석－, 공법연구 제32집 제5호, 2004
김배원, 헌법적 관점에서의 지방자치의 본질, 공법학연구 제9권 제1호, 2008
방승주, 중앙정부와 지방자치단체와의 관계 －지방자치에 대한 헌법적 보장의 내용과 한계를 중심으로－, 공법연구 제35집 제1호, 2006
성낙인, 헌법학, 2010
오동석, 지방자치의 제도적 보장론 비판, 공법연구 제29집 제1호, 2000
정종섭, 헌법학원론, 2007
조성규, 지방자치의 보장과 헌법규정, 공법연구 제34집 제1호, 2005
_____, 지방자치제의 헌법적 보장의 의미, 공법연구 제30집 제2호, 2001
한수웅, 헌법학, 2014
허영, 한국헌법론, 2010
헌법재판소, 지방자치의 헌법적 보장 －지방자치와 입법권의 한계－, 헌법재판연구 제17권, 2006

H. H. v. Arnim, Gemeindliche Selbstverwaltung und Demokratie, AöR 113(1988)
C. Schmitt, Verfassungslehre, 1928
_____, Freiheitsrechte und institutionelle Garantien, in: verfassungsrechtliche Aufsätze aus den Jahren 1924-1954, 1973
H. Dreier, in: Dreier(Hg), Grundgesetz Kommentar, Bd.Ⅱ, 2. Aufl., 2006, Art.28
D. Ehlers, Die verfassungsrechtliche Garantie der kommunalen Selbstverwaltung, DVBl 2000
R. Hendler, Das Prinzip Selbstverwaltung, in: Isensee/Kirchhof(Hg), Handbuch des Staatsrechts (HbStR), Bd.V, 2. Aufl., 1999, §106
W. Hoppe, Probleme des verfassungsrechtlichen Rechtsschutzes der kommunalen Selbstverwaltung, DVBl 1995
Kloepfer, Einrichtungsgarantien, in: Merten/Papier(Hg), Handbuch der Grundrechte in Deutschland und Europa (HbGR), Bd.Ⅱ, 2006, §43
Löwer, in: v. Münch/Kunig(Hg), Grundgesetz Kommentar (GGK), Bd.Ⅱ, 2001, Art.28
U. Mager, Einrichtungsgarantien, 2003
Maurer, Verfassungsrechtliche Grundlage der kommunalen Selbstverwaltung, DVBl

1995
Nierhaus, in: Sachs(Hg), Grundgesetz Kommentar, 2. Aufl., 1999. Art.28Ⅱ
G. Püttner, Kommunale Selbstverwaltung, in: Isensee/Kirchhof(Hg), Handbuch des Staatsrechts (HbStR), Bd.Ⅳ, 2. Aufl., 1999, §107
Schmidt-Aßmann, Die Garantie der kommunalen Selbstverwaltung, in: Badura/Dreier(Hg), Festschrift 50 Jahre Bundesverfassungsgericht (FS 50 Jahre BVerfG), Bd.Ⅱ, 2001
Schmidt-Aßmann/Röhl, Kommunalrecht, in: Schmidt-Aßmann(Hg), Besonderes Verwaltungsrecht, 13. Aufl., 2005
F. Schoch, Der verfassungsrechtliche Schutz der kommunalen Selbstverwaltung, JURA 2001
K. Stern, Das Staatsrecht der Bundesrepublik Deutschland, Bd. I, 2. Aufl., 1983, §12
U. Volkmann, Der Anspruch der Kommunen auf finanzielle Mindestausstattung, DÖV 2001
Zippelius/Würtenberger, Deutsches Staatsrecht, 2005

제3편

헌법재판

제1장

1 헌법재판 일반이론

제1절 헌법재판소의 구성

현행 헌법재판소 재판관 선임제도의 문제점과 개선방향*

Ⅰ. 머리말

헌법은 제111조에서 "헌법재판소는 법관의 자격을 가진 9인의 재판관으로 구성하며, 재판관은 대통령이 임명한다."(제2항), "제2항의 재판관중 3인은 국회에서 선출하는 자를, 3인은 대법원장이 지명하는 자를 임명한다."(제3항)고 하여, 헌법재판소 재판관은 모두 대통령이 임명하지만, 그 중 3인은 국회에서 선출된 자를, 3인은 대법원장이 지명한 자를 임명하도록 규정하고 있다. 이로써 헌법은 입법부·행정부·사법부가 각 3인씩 나누어 헌법재판소 재판관을 선임하도록 규정하고 있다. 헌법이 최고법원인 대법원의 구성과 관련하여 제104조에서 모든 대법관은 국회의 동의를 얻어 대통령이 임명하도록 규정한 것과 비교한다면, 이러한 구성방식은 상당히 독특한 것이다. 그러나 현행 헌법상의 헌법재판소 구성방식은 1960년 헌법에서 헌법재판소를 설치하면서 현행 재판관 선임제도와 거의 동일한 제도를 도입한 이래로 계속 유지되어 온 것으로 우리 헌정사에서 상당히 오랜 전통을 가지고 있으며,[1] 비교법적으로 다른 국가의 헌법재판기관 구

---

* 위 논문은 2015년 4월, 법학논문집(중앙대학교 법학연구소) 제39집 제1호, 5-36면에 게재된 것을 일부 수정한 것이다.

1) 1960년 헌법에서 헌법재판소를 설치하면서 9인의 심판관은 대통령·대법원·참의원이 각 3인씩 나누어 선임

성방식을 살펴보더라도 새로운 것은 아니다. 이탈리아와 스페인 등 일련의 국가에서도 의회, 정부 및 법원이 함께 헌법재판소의 구성에 참여하고 있음을 확인할 수 있다.

헌법재판소가 창립되어 활동을 개시한지 근 30년이 되어가는 지금, 헌법재판소 재판관의 선임제도에 관하여 논의한다는 것은 상당히 진부한 것으로 보인다. 헌법재판소 구성의 문제는 이미 헌법재판소의 출범 당시부터 활발한 논의의 대상이었고, 이에 관하여 다수의 학자가 나름의 견해를 피력한 바 있다. 그러나 헌법재판소가 정치적으로 논란이 되는 중요한 사안에 관하여 결정을 내릴 때마다 헌법재판소의 구성이 지속적으로 논란의 대상이 된다는 것은, 헌법재판소 구성의 문제가 규범적으로나 정치적으로 종결된 문제가 아니라 끊임없이 새롭게 제기되는 문제라는 것을 말해주고 있다. 가령, 최근에는 헌법재판소가 '통합진보당 사건'에서 정당해산결정을 내린 것을 계기로 정치권의 일각에서 헌법재판소 구성에 관하여 다시 논의해야 한다는 주장이 제기된 바 있다.

이 글에서는 우선 재판관 선임제도에 관한 종래의 논의과정에서 주장된 다양한 견해의 타당성을 비판적인 관점에서 살펴보면서 현행 재판관 선임제도의 문제점을 지적하고자 한다.[2] 특히 현행 재판관 선임방식 중에서 가장 비판의 대상이 되는 것이 '사법부에 의한 재판관 선임'인데, 대법원이 헌법재판소의 구성에 참여하는 것이 '헌법재판소와 대법원 사이의 권력분립적 또는 권력균형적 관점'에서 헌법적으로 문제가 있는 것인지, 종래 이에 대하여 학계에서 제기된 비판이 타당한 것인지에 관하여 구체적으로 살펴보고자 한다. 나아가, 헌법재판소의 구성은 헌법상 부여받은 과제와 기능을 이행할 수 있도록 이루어져야 하는데, 헌법재판소가 헌법상 부여받은 헌법재판의 기능을 이행하기 위해서는 어떠한 관점에서 구성되어야 하는지, 이러한 관점에서 볼 때 어떠한 측면에서 현행 재판관 선임제도에 대한 보완과 개선이 필요한지에 관하여 검토하고, 그 개선방향을 제시하는 것으로 결론을 대신하고자 한다.

하도록 규정함으로써(제83조의4 제1항 및 제2항), 현행 헌법재판소 재판관 선임제도와 거의 동일한 제도를 처음으로 도입하였다. 1972년 헌법은 헌법위원회를 설치하여 헌법재판을 관장토록 하면서 대통령이 임명하는 9인의 위원으로 헌법위원회를 구성하였는데, 그 중 3인은 국회에서 선출하는 자를, 3인은 대법원장이 지명하는 자를 임명토록 하였고, 위원장은 위원 중에서 대통령이 임명하도록 규정하였다(제109조 제2항 내지 제4항). 이로써 현행 재판관 선임제도와 동일한 제도가 1972년 헌법에서 도입되었고, 1980년 헌법에서도 동일한 방법으로 헌법위원회를 구성하도록 규정함으로써 재판관 선임제도가 그대로 유지되었으며(제112조 제2항 내지 제4항), 1988년 현행헌법에서도 헌법재판소를 설치하면서 9인의 재판관을 동일한 방법으로 선임하도록 규정하였다.

2) 헌법재판소의 구성과 관련해서는 재판관의 數가 적정한지의 문제, 재판관의 자격요건 및 재판관 구성의 다양성의 문제, 재판관 선임제도의 문제, 재판관 임기의 적정성의 문제 등 다양한 문제가 제기되나, 이 글에서는 현행 재판관 선임제도의 문제점에 한정하여 살펴보기로 한다.

Ⅱ. 현행 재판관 선임제도의 구체적 내용

1. 憲法留保事項으로서 헌법재판소의 구성방식

헌법재판소의 구성방식, 즉 헌법재판소를 누가 구성하는지, 어떠한 비율로 구성하는지의 문제는 헌법기관의 구성권에 관한 문제로서, 헌법기관 상호간의 관계, 특히 국가권력 간의 권한의 배분 및 견제에 관한 문제이다. 따라서 어떠한 헌법기관이 헌법재판소의 구성에 어떠한 비중을 가지고 참여하는지의 문제는 헌법적 질서(국가조직)에 관한 중요한 결정으로서 '헌법유보사항'에 속한다.[3] 헌법유보사항이란 단지 형식적인 의미의 헌법에 의해서만 규율될 수 있는 사항, 즉 그 규율이 헌법에 유보된 사항을 말한다. 헌법유보사항에 관해서는 헌법이 스스로 규율해야 하고 그 규율을 입법자에 위임해서는 안 된다. 만일 헌법이 국가기관 상호간의 관계를 스스로 확정적으로 규율하지 아니하고 입법자에게 규율하도록 위임한다면, 입법자는 다른 국가기관과의 관계에서 자신의 관할과 권한을 스스로 정할 수 있을 것이다. 따라서 헌법은 제111조에서 헌법재판소의 구성방식에 관하여 스스로 확정하고 있다.

그러나 헌법재판기관의 구성원 數를 비롯하여 임기, 연임가능성, 정년 등 구성에 관한 기본적인 사항은 헌법에서 스스로 확정하는 것이 바람직할 수 있으나, 반드시 헌법에 규정되어야 하는 것은 아니다.[4]

2. 대통령의 재판관 임명권의 의미

대통령의 공무원 임면권을 규정하고 있는 헌법 제78조("대통령은 헌법과 법률이 정하는 바에 의하여 공무원을 임면한다.")의 규정내용은 헌법재판소 재판관의 임명에도 적용된다. "재판관은 대통령이 임명한다."고 규정하고 있는 헌법 제111조 제2항 및 헌법재판소법 제6조 제1항 前文은 헌법 제78조에 규정된 대통령의 공무원 임면권을 대하여 단지 선언적인 성격을 가질 뿐이다.[5]

대통령이 국회와 대법원장에 의하여 선임된 재판관을 임명하는 경우 대통령에게 어느 정도로 심사권이 인정될 수 있는지의 문제가 제기된다. 국회와 대법원장에게 재판관의 선임권을 부여하는 헌법 제111조 제3항 및 헌법재판소법 제6조 제1항 後文의 규정

3) 한수웅, 헌법학, 2015, 17면 참조.

4) 재판관의 數를 헌법에서 규정할 수도 있고 법률에서 규정할 수도 있다고 보는 견해로는 김문현/정재황/한수웅/음선필, 현행 헌법상 헌법재판제도의 문제점과 개선방안, 헌법재판연구 제16권(2005. 11.), 95면; 또한 vgl. Geck, Wahl und Status der Bundesverfassungsrichter, in: HbStR, Bd.Ⅱ, 1987, §55 Rn.1. 독일기본법은 재판관의 수, 임기, 연임가능성 등에 관하여 입법자에게 위임하고 있다. 반면에 재판관의 수를 헌법사항으로 보는 견해로는 허영, 헌법소송법론, 2009, 106면.

5) Vgl. Heyde, in: Umbach/Clemens/Dollinger, BVerfGG Mitarbeiterkommentar, 2005, §10 Rn.2.

내용에 비추어, 재판관 선임에 관한 국회와 대법원장의 결정은 대통령에 의한 '내용적 심사'의 대상이 아니다.[6] 따라서 대통령은 국회나 대법원장에 의하여 선임된 후보자가 재판관으로 적합한지 여부를 심사할 수 없다. 대통령은 재판관 임명권을 행사함에 있어서 기껏해야 헌법재판소법 제5조에서 규정하고 있는 재판관 자격요건의 충족여부와 같은 '형식적 심사'를 할 수 있을 뿐이다. 따라서 대통령은 재판관자격요건이 충족되지 않은 경우나 국회에서의 선출절차에 하자가 있는 경우(다수결요건의 충족 여부)에는 재판관의 임명을 거부할 수 있다.

참고로, 1961년 헌법재판소법은 제3조 제4항에서 "대통령은 제1항과 제2항에 의한 심판관의 선임을 확인한다."고 하여 제3조 제1항 및 제2항에서 규정한 '대법원과 참의원에서의 선임절차'의 준수여부를 확인해야 할 의무를 부과함으로써 대통령의 형식적 심사권을 규정하고 있다.

3. 입법부 · 행정부 · 사법부에 의한 재판관 선임

헌법재판소 재판관은 모두 대통령이 임명하지만, 그 중 3인은 국회에서 선출된 자를, 3인은 대법원장이 지명한 자를 임명한다. 따라서 대통령이 선임할 수 있는 재판관은 3인이다. 이로써 입법부 · 행정부 · 사법부가 각 3인씩 나누어 헌법재판소 재판관을 선임한다.

국회에서 선출되는 3인 재판관의 경우 국회의 인사청문절차를 거쳐 국회 본회의에서 선출되지만, 대통령이 재판관을 선임하는 경우 헌법은 이를 전적으로 대통령의 임의에 맡기고 있으며,[7] 대법원장이 선임하는 경우에도 아무런 견제장치나 검증절차 없이 대법원장이 임의로 선임토록 하고 있다. 다만, 2005년 헌법재판소법 개정을 통하여 국회에서 선출되는 3인의 재판관뿐만 아니라 대통령과 대법원장이 선임하는 재판관 후보자에 대해서도 국회의 인사청문을 거치도록 함으로써 '선임과정에서의 절차적 동일성'을 어느 정도 확보하고 있다.

Ⅲ. 주요국가의 재판관 선임제도

헌법재판을 담당하는 재판관이나 법관을 선임하는 방식은 '선임기관'에 따라 다음과 같이 유형화할 수 있다.[8] 의회 또는 '兩院으로 구성된 입법기관'이 선출하는 유형(독일,

---

6) Vgl. Geck, Wahl und Status der Bundesverfassungsrichter, in: HbStR, Bd.Ⅱ, 1987, §55 Rn.12; Lechner/Zuck, BVerfGG, 2011, §10 Rn.1; Heyde, in: BVerfGG Mitarbeiterkommentar, §10 Rn.5; Benda/Klein, Verfassungsprozessrecht, 2012, Rn.138.

7) 헌법재판소 재판관의 임명은 국무회의 인사심의사항에 해당하지도 않는다(헌법 제89조 제16호).

8) 주요국가 헌법재판기관의 구성방법에 관하여 자세하게 양건/김문현/남복현, 헌법재판소법의 개정방향에 관한 연구용역보고서, 헌법재판연구 제10권(1999. 12.), 14-16면; 김문현/정재황/한수웅/음선필, 현행 헌법상 헌법

벨기에, 폴란드, 헝가리 등), 의회와 정부가 선임하는 유형(오스트리아, 프랑스, 루마니아, 미국, 러시아, 체코 등), 의회, 정부 및 법원이 선임하는 유형(스페인, 이탈리아, 우크라이나, 불가리아, 인도네시아, 몽골 등), 정부가 선임하는 유형(터키, 남아프리카공화국, 캐나다, 일본), 의회와 헌법재판소가 선임하는 유형(포르투갈) 등 다양한 방식이 있다. 각 유형별로 주요국가의 선임제도를 구체적으로 살펴보면 다음과 같다.

1. 의회가 단독으로 선임하는 유형

이러한 유형의 대표적인 국가는 독일이다.[9] 독일 연방헌법재판소는 각 그 자체로서 헌법재판소로 기능하는 2개의 재판부(Senat)로 존재하며, 각 재판부마다 8인씩 모두 16인의 재판관으로 구성되는데, 하원에 해당하는 '연방의회'에서 8인의 재판관, 상원에 해당하는 '연방참사원'에서 8인의 재판관이 선출된다(기본법 제94조 제1항, 연방헌법재판소법 제5조 제1항). 연방법무부장관이 후보자명부를 제출하면 명부를 제출받은 연방참사원과 연방의회는 각 선출절차를 진행한다(연방헌법재판소법 제8조).

연방참사원에서 재판관을 선출하는 경우에는 직접선거로 의원 2/3 이상의 찬성으로 선출한다(연방헌법재판소법 제7조). 연방의회에서 재판관을 선출하는 경우에는 본회의에서 교섭단체의 비율에 따라 선출된 12인의 위원으로 구성되는 '재판관선출위원회'를 통하여 간접적으로 선출되는데, 2/3(8인의 위원) 이상의 찬성을 얻도록 규정하고 있다(연방헌법재판소법 제6조).

2. 의회와 정부가 선임하는 유형

오스트리아의 경우, 헌법재판소는 14인의 재판관으로 구성되는데, 헌법재판소장, 부소장 및 6인 재판관(모두 8인)은 연방정부의 제청에 의하여 연방대통령이 임명하며, 나머지 재판관 6인은 연방하원과 연방상원에서 각 3인씩 제청하여 연방대통령이 임명한다(헌법 제147조 제2항).

프랑스의 경우, 헌법재판소는 당연직 재판관인 전직대통령과 임명직 재판관 9인으로 구성되는데, 3인은 대통령이 지명하고, 3인은 상원의장이 지명하며, 3인은 하원의장이 지명한다(헌법 제56조 제1항).

한편, 미국에서는 대통령이 지명한 후보를 상원이 인준함으로써 대법관에 선출된다(연방헌법 제2조 제2항 제2문). 러시아의 경우에도 연방대통령의 제청에 의하여 연방상원

재판제도의 문제점과 개선방안, 헌법재판연구 제16권(2005. 11.), 116-119면; 정종섭, 헌법소송법, 2012, 94-102면; 헌법재판소, 헌법재판소 재판관의 자격, 구성방식 및 임기, 2011, 35-42면 참조.

9) 독일의 재판관 선출제도에 관하여 김문현/정재황/한수웅/음선필, 현행 헌법상 헌법재판제도의 문제점과 개선방안, 헌법재판연구 제16권(2005. 11.), 116, 131면 참조.

에서 인준하는 형태로 19인의 재판관을 선출한다(헌법 제128조 제1항).

3. 의회, 정부 및 법원이 선임하는 유형

입법 · 행정 · 사법의 3부에 의한 재판관 선출제도를 선택하고 있는 대표적인 국가로는 이탈리아와 스페인을 들 수 있다.

이탈리아의 경우, 헌법재판소는 대통령이 지명하는 5인, 상하원 兩院 합동회의에서 선출되는 5인, 사법부에서 선출되는 5인의 총 15인으로 구성된다(헌법 제135조 제1항).[10)]

스페인의 경우, 헌법재판소는 12인의 재판관으로 구성된다. 상원과 하원에서 각 4인씩 선출되고, 정부가 2인을 지명하며, 사법부의 總評議會에서 2인을 지명하는데, 상하원, 정부 및 사법부의 제청에 의하여 형식적인 임명권을 가진 국왕이 재판관을 임명한다(헌법 제159조 제1항).

4. 정부가 선임하는 유형

터키의 경우, 재판관 11인을 모두 대통령이 임명하며(헌법 제146조), 남아프리카공화국의 경우 '사법서비스위원회'의 후보자 추천을 받아 대통령이 모두 임명한다(헌법 제174조 제4항). 캐나다에서는 대법관의 선임은 전적으로 행정부에서 관장하며(헌법 제96조), 일본에서도 내각이 최고재판소 판사를 지명(최고재판소 장의 경우)하거나 임명(최고재판소 판사의 경우)함으로써 전적으로 선임권을 가진다(헌법 제79조).

5. 의회와 헌법재판소가 선임하는 유형

포르투갈의 경우, 헌법재판소는 13인의 재판관으로 구성되는데, 10인은 의회에서 선출되고, 3인은 '의회에서 선출된 10인 재판관'에 의하여 천거(薦擧)된다(헌법 제222조, 헌법재판소법 제12조). 포르투갈에서의 재판관 선임제도는, 헌법재판관이 신설되는 헌법재판소의 구성에 어떠한 방법으로 참여할 수 있는지에 관하여 그 가능성을 보여주고 있다.

---

10) 사법부에서 선출되는 5인 중 3인은 대법원 판사회의에서, 1인은 최고행정법원 판사회의에서, 1인은 회계법원 판사회의에서 선출된다. 김문현/정재황/한수웅/음선필, 현행 헌법상 헌법재판제도의 문제점과 개선방안, 헌법재판연구 제16권(2005. 11.), 118면.

Ⅳ. 현행 재판관 선임제도의 문제점

1. 대통령에 의한 재판관 선임의 문제점

가. 통제장치의 不在

대통령이 3인의 재판관을 직접 임명하는 경우 이에 대하여 실효성 있는 통제장치가 없기 때문에, 헌법재판소 구성원의 1/3이 거의 전적으로 대통령의 주관적 선호와 단독적 의사에 의하여 결정될 수 있는데, 이에 대하여 학계에서는 비판적인 견해가 지배적이다.[11] 물론, 대통령이 지명하는 재판관 후보자에 대해서도 국회에서 인사청문이 실시되나, 국회 인사청문의 결과는 아무런 구속력을 가지지 못하며 단지 선임과정에서 참고적 성격을 가질 뿐이다.

뿐만 아니라, 헌법이 대법원의 구성에 있어서는 정부와 의회가 공동으로 참여하도록 규정하면서, 헌법질서와 정치질서에 대하여 보다 중요한 기능을 수행하는 헌법재판소의 구성에 있어서는 의회의 참여를 배제한 것도 문제점으로 지적되고 있다.[12] 대법원의 경우 모든 대법관이 국회의 동의를 얻어 임명되는 것과는 달리(헌법 제104조 제1항 및 제2항), 헌법재판소의 구성에 있어서는 대통령이 지명하는 재판관의 경우 국회의 동의 없이 대통령이 임명하도록 규정하고 있다. 헌법적 · 정치적 질서에 대한 헌법재판의 중요성과 파급효과에 비추어, 헌법재판소의 구성에 있어서도 정부와 의회를 함께 참여시키는 것이 보다 바람직하다.[13] 헌법재판소의 구성에 의회가 참여함으로써 헌법재판소의 민주적 정당성을 보다 강화할 수 있으며, 헌법재판소에 의한 '통제대상'인 의회와 정부가 '통제기관'인 헌법재판소의 구성에 함께 참여함으로써 권력의 견제와 균형이라는 권력분립원리의 실현에 보다 기여할 수 있다.

나. 민주적 정당성의 관점

한편, 학계에서는 대통령에 의한 재판관 지명의 문제점으로 '대통령이 지명하는 3인의 재판관에 대하여 국회의 동의가 필요 없기 때문에 상대적으로 민주적 정당성이 취약하다'는 것을 지적하는 견해가 있다.[14]

---

11) 가령, 김하열, 헌법소송법, 2014, 76면, 대통령이 국회의 견제 없이 재판관 3인을 독자적으로 임명할 수 있을 뿐만 아니라, 대법원장의 임명을 통하여 대법원장이 지명할 수 있는 재판관 3인의 선정에 관하여도 간접적인 영향력을 행사할 수 있기 때문에, 현행 재판관 선임제도에서 대통령의 영향력이 과대하다고 한다.; 정종섭, 헌법소송법, 2012, 88면.

12) 김문현/정재황/한수웅/음선필, 현행 헌법상 헌법재판제도의 문제점과 개선방안, 헌법재판연구 제16권(2005. 11.), 112면.

13) 참고로, 대통령이 연방대법관을 임명하는 미국의 경우, 연방상원의 동의를 얻어 연방대법관을 임명하도록 규정하고 있다(연방헌법 제2조 제2항 제2문).

그러나 대통령이 재판관을 지명하는 경우, 재판관은 국민의 선거에 의하여 직접 선출되어 민주적 정당성을 부여받은 국가기관인 대통령으로부터 민주적 정당성을 중개 받는다. 국가기관이 국민으로부터 위임받은 국가권력을 행사하기 위하여 필수적으로 요청되는 민주적 정당성의 문제는 민주적 정당성을 확보하는지에 관한 '여부의 문제'이지, 어느 정도로 민주적 정당성을 확보하는지에 관한 '정도의 문제'가 아니다. 국가기관이 '민주적 정당성'을 확보하기 위해서는, 그 국가기관이 국민으로부터 직접 선출된 다른 국가기관으로부터 민주적 정당성을 도출할 수 있는 것으로 충분하다. 물론, 헌법재판소의 구성에 있어서 국민으로부터 민주적 정당성을 직접 부여받은 대통령과 국회가 함께 참여한다면, 헌법재판소의 민주적 정당성을 보다 강화할 여지는 있으나, 이러한 요소는 '민주적 정당성'의 관점에서는 단지 부차적인 것이다.

다. 정치적 독립성의 관점

헌법재판소의 구성에 있어서 제기되는 본질적인 문제는 '민주적 정당성'을 확보하는 문제가 아니라 '정치적 독립성'을 확보하는 문제이다. 대통령에 의한 재판관 지명과 관련해서도 제기되는 보다 중요한 문제는, 정치적 헌법기관인 대통령이 아무런 견제장치 없이 일방적으로 3인의 재판관을 지명하는 경우 정치적으로 편향적인 인물 또는 자신의 정치적 이해관계를 헌법재판에서 고려할 수 있는 인물을 재판관으로 임명함으로써 헌법재판소의 정치적 독립성과 중립성이 저해될 위험이 크다는 점이다.

따라서 재판관의 정치적 독립성을 보장하기 위하여, 대통령이 헌법재판소 재판관을 임명하는 경우에도 국회의 동의, 그것도 가중된 의결정족수(가령 2/3나 3/5의 찬성)에 의한 동의를 받도록 규정함으로써, 정치적으로 편향적인 인물이 재판관으로 선임될 수 없도록 통제장치를 두는 것이 필요하다.[15)]

2. 국회에 의한 재판관 선임의 문제점

가. 입법을 통한 선출절차의 具體化 필요성

헌법과 헌법재판소법은 '재판관 3인은 국회에서 선출한다'고 규정할 뿐, 선출방식을 비롯하여 그에 관한 구체적 절차규정을 두고 있지 않다. 헌법재판소법이 국회에서의 재판관 선출방식에 관하여 별도로 규정하고 있지 않는 이상, 재판관은 국회 본회의에서 헌법 제49조에 따라 재적의원 과반수의 출석과 출석의원 과반수의 찬성으로 선출된다

---

14) 양건/김문현/남복현, 헌법재판소법의 개정방향에 관한 연구용역보고서, 헌법재판연구 제10권(1999. 12.), 14면; 김문현/정재황/한수웅/음선필, 현행 헌법상 헌법재판제도의 문제점과 개선방안, 헌법재판연구 제16권(2005. 11.), 112면.

15) 유사한 취지로 김문현/정재황/한수웅/음선필, 현행 헌법상 헌법재판제도의 문제점과 개선방안, 헌법재판연구 제16권(2005. 11.), 125, 135면.

고 보아야 한다. 그러나 입법자는 헌법재판소법 제6조 제1항에서 헌법 제111조 제2항 및 제3항의 규정과 동일한 내용을 단지 반복적으로 확인하는 것에 그칠 것이 아니라 국회에서의 선출절차를 명확하게 구체적으로 규정하는 것이 보다 바람직하다.[16)]

1961년 헌법재판소법은 제3조(재판관의 선임) 제2항에서 "참의원에서 심판관을 선임할 때에는 재적의원 과반수의 투표를 얻어야 한다."고 하여, 참의원에서의 선임절차에 관하여 구체적으로 규정하였다. 참고로, 독일에서는 재판관이 연방의회에서 선출되는 경우에는 본회의에서 직접 선출되는 것이 아니라 '재판관 선출위원회'에서 간접선거에 의하여 2/3 이상의 찬성을 얻어 선출되도록 연방헌법재판소법에서 규정하고 있다.[17)] 우리의 경우, 헌법재판소의 선출과 관련하여 단순히 '재적의원 과반수의 출석과 출석의원 과반수'를 요구하는 것은 헌법·정치질서에 미치는 헌법재판소결정의 영향력과 파급효과에 비추어 재고되어야 한다.

나. 재판관선출의 실무

국회에서 재판관이 선출된다는 것은, 원래 국회 본회의에서 개별의원이 자유위임에 근거하여 자유롭게 재판관을 선거한다는 것을 의미한다. 그러나 정치현실에서는 헌법재판소 출범 당시부터 국회에서 선출되는 3인의 재판관 중에서 2인의 재판관은 여당의 몫으로 여당 측에서 추천하고 1인은 야당의 몫으로 야당 측에서 추천하거나 또는 국회에서의 세력판도 변화와 여야의 합의에 따라 여야가 각 1인을 추천하고 여야의 합의에 의하여 1인을 추천하는 관례가 형성되어 현재까지 유지되고 있다. 국회에서 선출된 재판관이 퇴임하거나 사임하는 경우 그 재판관의 자리가 여당 또는 야당 몫이었는지에 따라 해당 몫을 가지는 교섭단체가 후임재판관을 추천하고 다른 정당은 이를 인정하고 있다.

그러나 현재와 같이 여당과 야당이 3인 재판관의 선출권을 나누어 가지는 경우에는 정치적으로 편향적인 인물이 선출되어 헌법재판소의 정치적 독립성이 저해될 위험이 있다. 따라서 국회가 재판관 3인의 선출권을 행사하는 경우에도 정치적으로 편향적인 인물이 선출되는 것을 방지하고 정치적 독립성을 유지할 수 있는 인물이 선출될 수 있도록, 국회에서의 선출방식을 이에 부합하는 방향으로 구체적으로 형성해야 할 필요가 있다.

이러한 이유에서 독일, 이탈리아, 스페인, 포르투갈, 헝가리 등의 국가에서는 재판관이 의회에서 선출되는 경우에 대하여 재적의원 2/3 또는 3/5의 가중된 의결정족수의

16) 同旨 김문현/정재황/한수웅/음선필, 현행 헌법상 헌법재판제도의 문제점과 개선방안, 헌법재판연구 제16권(2005. 11.), 125, 134면.

17) 독일 기본법에서 연방의회에 의한 선거를 규정하고 있음에도 연방헌법재판소법에서 선출위원회에 의한 간접선거를 규정한 것이 위헌인지의 논란도 있으나, 간접선거를 정당화하는 이유가 압도적인 지지를 받고 있다. Vgl. Benda/Klein, Verfassungsprozessrecht, 2012, Rn.128f.; Schlaich/Korioth, Das Bundesverfassungsgericht, 2012, Rn.42.

요건을 규정함으로써, 의회 내의 정상적인 세력구도에서는 상대방 정당(여당이나 야당)의 동의를 얻어야만 후보자가 재판관으로 선출될 수 있도록 의회에서의 선출방식을 규정하고 있다.[18)]

다. 가중된 동의요건의 의미와 기능

국회 재적의원 2/3 이상의 찬성을 요구하는 '가중된 동의요건'은 의회의 다수당과 야당으로 하여금 재판관 후보자에 관하여 합의에 이르도록 강제하는 효과를 가진다. 가중된 동의요건 하에서는 일반적으로 어느 쪽도 상대방의 동의 없이는 자신의 후보자를 재판관으로 선출할 수 없다. 야당이 적어도 1/3 이상의 의석을 차지하고 있는 한, 여당과 야당 사이에는 재판관의 선출에 있어서의 대등성이 형성된다.[19)] 가중된 동의요건으로 인하여 재판관 후보자의 능력과 자질이 보다 신중하게 검토될 수 있고 여당과 야당을 포괄하는 광범위한 지지를 받은 인물만이 재판관으로 선출될 수 있다.

물론, 여당과 야당 간에 합의에 이르도록 강제하는 '가중된 동의요건'의 효과는 정치현실에서는 유감스럽게도 정당 간에 재판관 후보자의 '인물'에 관하여 합의한다는 효과로 반드시 나타나는 것은 아니다. 독일의 경우를 보더라도, 정치현실에서는 정당은 상호간의 합의에 의하여 재판관의 자리를 배분하여 공석이 되는 재판관 선출의 추천권을 인정하고, 후보자 추천권이 있는 정당이 후보자를 추천하면, 대부분의 경우 상대방 정당이 이의 없이 이를 받아들임으로써 의회에서 거의 만장일치로 선출된다.[20)] 이와 같이 재판관 자리가 정당 간에 할당되는 경우, 의회의 가중된 동의요건은 원래의 취지에 반하여 재판관의 선임에 있어서 양대 정당의 영향력을 확보하기 위한 수단으로 변질될 위험이 있다. 이러한 정치현실에서는 정당은 자신이 정치적으로 선호하는 인물을 추천하기 때문에, 정당정치적으로 중립적인 후보자는 거의 선출될 기회를 가지지 못한다.[21)]

---

18) 또한, 김문현/정재황/한수웅/음선필, 현행 헌법상 헌법재판제도의 문제점과 개선방안, 헌법재판연구 제16권(2005. 11.), 131-134면 참조.

19) Vgl. Kischel, Amt, Unbefangenheit und Wahl der Bundesverfassungsrichter, in: HbStR, Bd.Ⅲ, 3. Aufl. 2005, §69 Rn.9; Schlaich/Korioth, Das Bundesverfassungsgericht, 2012, Rn.45.

20) 독일에서 재판관 선출절차의 현실에 관하여 vgl. Kischel, Amt, Unbefangenheit und Wahl der Bundesverfassungsrichter, in: HbStR, Bd.Ⅲ, 3. Aufl. 2005, §69 Rn.21ff.; Geck, Wahl und Status der Bundesverfassungsrichter, in: HbStR, Bd.Ⅱ, 1987, §55 Rn.13ff.; Schlaich/Korioth, Das Bundesverfassungsgericht, 2012, Rn.45; 한국문헌으로 박인수/조홍석/남복현, 주요 국가별 헌법재판제도의 비교분석과 시사점, 헌법재판연구 제21권(2010. 12.), 38면 이하.

21) vgl. Geck, Wahl und Status der Bundesverfassungsrichter, in: HbStR, Bd.Ⅱ, 1987, §55 Rn.16ff.; Kischel, Amt, Unbefangenheit und Wahl der Bundesverfassungsrichter, in: HbStR, Bd.Ⅲ, 3. Aufl. 2005, §69 Rn.23, 현재 후보자 추천에 있어서 결정적인 기준이 '추천 정당의 정치적 방향'과 '후보자의 정치적 성향'이 일치하는지 여부이기 때문에, 후보자 群이 정당의 당원이나 정당과 정치적 성향을 같이 하는 인물로 축소된다.

라. 독일에서 재판관선출의 실무에 대한 비판과 평가

따라서 이러한 재판관 선출의 실무를 비판하고, '재판관 선출의 政治化'를 우려하는 목소리가 많다.[22] 이와 더불어, 정당정치적 관점이 아니라 재판관의 전문성과 자질, 인격적 요소 등을 선출의 주된 기준으로 삼기 위한 다양한 선출방식 개선안이 제시되고 있다.[23]

그러나 여기서 유의해야 하는 것은, 의회의 2/3 이상의 동의를 얻어야 재판관으로 선출하는 제도를 규정하는 '법규범'(Norm) 그 자체가 아니라 이러한 규범을 정치현실에서 적용하는 '재판관선출의 실무'(Praxis)가 문제의 근원인 것이며, 바로 이러한 실무가 비판의 대상이라는 것이다.[24] 국민에 의하여 선출된 정치적 헌법기관이 헌법재판소에 민주적 정당성을 중개해야 한다는 점에서, 민주적이면서도 동시에 정당을 배제하는 선출방안은 정당국가적 민주주의에서 존재하지 않는다. 헌법이 재판관 선임권을 '정당에 의하여 실질적으로 지배되는 정치적 헌법기관(국회와 대통령)'에게 부여하고 있는 것은, 재판관 선임이 정당의 영향 하에 있다는 것을 의미한다. 재판관의 선임에 있어서 정당의 영향은 이미 헌법에서 예정하고 있는 것이다.[25] 의회에서 2/3 이상의 동의를 얻어 재판관으로 선출하는 방식은, 적어도 '그 규범적 내용에 있어서는' 민주적 정당성을 매개하고 정당간의 폭넓은 합의에 의한 재판관 선출을 보장하는 적합한 방식으로 간주되고 있다. 따라서 독일에서도 의회 2/3 이상의 동의요건을 규정하는 법규범을 포기하거나 개정하는 것은 재판관 선출방식의 개선을 위한 대안으로서 고려되고 있지 않다.

독일에서 정당간의 합의에 의하여 서로에게 추천권을 인정하는 선출절차의 결과를 보더라도, 이러한 관행에 의한 재판관 선출이 크게 실패하였다고는 볼 수 없다는 것이 전반적인 평가이다.[26] 재판관 선출의 이러한 관행 하에서도 후보자에 대하여 현저한 하자가 문제되거나 지나친 정치적 편향성의 의문이 제기되는 경우에는 후보자를 추천한 정당이 스스로 당해 후보자의 추천을 철회하는 것이 일반적 관행이다.

---

22) Vgl. Benda/Klein, Verfassungsprozessrecht, 2012, Rn.139f.; Schlaich/Korioth, Das Bundesverfassungsgericht, 2012, Rn.45.

23) Vgl. Kischel, Amt, Unbefangenheit und Wahl der Bundesverfassungsrichter, in: HbStR, Bd.Ⅲ, 3. Aufl. 2005, §69 Rn.28ff.; Geck, Wahl und Status der Bundesverfassungsrichter, in: HbStR, Bd.Ⅱ, 1987, §55 Rn.19f.

24) Vgl. Geck, Wahl und Status der Bundesverfassungsrichter, in: HbStR, Bd.Ⅱ, 1987, §55 Rn.14, 19.

25) Vgl. Kischel, Amt, Unbefangenheit und Wahl der Bundesverfassungsrichter, in: HbStR, Bd.Ⅲ, 3. Aufl. 2005, §69 Rn.35.

26) Vgl. Benda/Klein, Verfassungsprozessrecht, 2012, Rn.140; Kischel, Amt, Unbefangenheit und Wahl der Bundesverfassungsrichter, in: HbStR, Bd.Ⅲ, 3. Aufl. 2005, §69 Rn.36ff.

3. 대법원장에 의한 재판관 선임의 문제점

가. 대법원장의 재판관 선임권에 관한 찬반 의견

현행 재판관 선임방식 중에서 가장 비판을 받는 것은 대법원장에 의한 선임의 문제이다. 그 사이 학계에서 제기된 비판의 주된 내용을 살펴보면, 첫째, 국민에 의하여 직접 선출되지 않은 대법원장이 헌법재판소 재판관을 지명하는 경우 이러한 방법으로 선임된 재판관에 있어서 민주적 정당성이 취약하다는 주장,[27] 따라서 민주적 정당성의 보완을 위하여 사법부에 의한 재판관선임에 있어서 국회의 동의가 필요하다는 주장,[28] 둘째, 대법원장의 지명권행사에 있어서 아무런 통제장치가 없기 때문에[29] 대법원장에 의한 獨任的 지명제도는 폐지되어야 하고 대신 대법관회의나 재판관후보추천위원회 등 사법부의 합의체에서 선출하는 방식에 의하여 대체되어야 한다는 주장[30] 또는 대법원장이 대통령과 국회 다수파의 결합에 의해 임명되는 상황에서 대법원장 지명의 몫도 대통령과 국회다수파의 영향력으로부터 자유롭지 못하므로 대통령 소속정당에게 유리한 국면이 더욱 강화될 위험이 있다는 주장,[31] 셋째, 헌법재판소와 대법원 사이의 권력분립적 또는 권력균형적 관점에서 헌법재판소와 대법원 모두 국가의 최고기관임에도 대법원장의 재판관 지명권으로 인하여 헌법재판소가 대법원보다 下位에 있다는 인상을 주어 헌법재판소의 위상이 저하된다거나,[32] 대법원은 헌법재판소의 구성에 참여하는 반면 헌법재판소는 대법원의 구성에 참여할 수 없다는 것은 헌법재판소에 대한 대법원의 優位를 가져와 헌법체계의 부조화를 야기한다거나,[33] 헌법기관 구성의 기본원리에도 맞지 않는다는 주장[34] 등이 있다.

---

27) 양건/김문현/남복현, 헌법재판소법의 개정방향에 관한 연구용역보고서, 헌법재판연구 제10권(1999. 12.), 14면; 성낙인, 헌법재판소 인사와 임명 절차상 문제점, 시민과 변호사, 제8호(1994. 9.), 72면; 윤명선, 헌법재판제도의 개선방향, 경희법학, 제29권 제1호(1994), 84면; 박인수, 헌법재판소의 구성에 관한 소고, 전남대 법률행정논총, 제15집(1995), 177면; 이욱한, 헌법재판의 성격과 재판관 선출, 사법행정 제377호(1992. 5.), 42면; 이승우, 헌법재판소 구성방법과 제2기 재판관 임명의 문제점, 법과 사회, 제10권(1994), 272면.

28) 고문현, 헌법재판소 구성에 관한 개선방향, 헌법학연구 제11권 제4호(2005), 383, 391면; 윤명선, 헌법재판제도의 개선방향, 경희법학, 제29권 제1호(1994), 85면; 이명웅, 헌법재판관의 임기 연장 필요성, 법률신문, 2006. 9. 4.자; 이욱한, 헌법재판의 성격과 재판관 선출, 사법행정 제377호(1992. 5.), 42면.

29) 대법원장이 헌법 제104조 제2항에 의하여 대법관을 제청할 때에는 대법관후보추천위원회의 추천절차를 거치는데 반하여, 헌법 제111조 제3항에 의하여 재판관을 지명할 때에는 아무런 제약을 받지 않으며, 대법관회의의 의결도 거치지 않는다. 물론, 대법원장이 선임하고자 하는 재판관 후보자에 대해서도 국회에서 인사청문이 실시되나, 인사청문의 결과는 선임과정에서 단지 참고적인 성격을 가질 뿐이다.

30) 성낙인, 헌법재판소 인사와 임명 절차상 문제점, 시민과 변호사, 제8호(1994. 9.), 74면; 윤명선, 헌법재판제도의 개선방향, 경희법학, 제29권 제1호(1994), 85면; 최대권, 헌법재판소의 정치학 －그 구조와 기능을 중심으로－, 서울대학교 법학 제34권 제1호(1993), 120면; 김하열, 헌법소송법, 2014, 76면.

31) 김종철, 헌법재판소 구성방법의 개혁, 헌법학연구, 제11권 제2호(2005. 6.), 26면.

32) 양건/김문현/남복현, 헌법재판소법의 개정방향에 관한 연구용역보고서, 헌법재판연구 제10권(1999. 12.), 14면.

33) 김문현/정재황/한수웅/음선필, 현행 헌법상 헌법재판제도의 문제점과 개선방안, 헌법재판연구 제16권(2005. 11.), 114면.

34) 허영, 헌법소송법론, 2009, 110-111면. 대법원의 구성에 있어서 대법관은 대법원장의 제청으로 국회의 동의

반면에, 대법원장의 재판관 지명권을 옹호하는 견해도 있는데, 그 주된 논거는 첫째, 대의제에서 간접적인 민주적 정당성의 부여만으로도 통치권행사에 대한 헌법적 요청을 충족시킬 수 있으므로 대법원장이 국가기관의 구성에 참여하기 위하여 반드시 국민으로부터 직접 부여받은 민주적 정당성이 요구되는 것은 아니며, 둘째, 헌법재판소 구성의 문제는 형식적인 민주적 정당성의 크기의 문제가 아니라 헌법재판에 대한 기능적 이해의 문제로서, 헌법재판의 중요한 과제가 민주적 다수에 대하여 소수자를 보호하는 것(기본권보장)이므로, 이에 부합하는 재판관 선출방법이 고려되어야 하며, 셋째, 정당국가화의 경향에 따라 집권당에 의한 권력통합으로 인하여 고전적인 권력분립이 형해화된 오늘날의 상황에서 소수자의 보호를 주된 임무로 하는 사법부의 수장인 대법원장이 헌법재판소의 구성에 참여하는 것은 사법기능에 의한 정치세력의 통제에 기여할 수 있다는 것으로 요약할 수 있다.[35)]

나. 민주적 정당성의 관점

'민주적 정당성'의 관점에서 사법부의 재판권 지명권에 대하여 이의를 제기하는 견해에 관하여 보건대, 이에 대해서는 다음과 같은 비판이 가능하다.

민주적 정당성의 원칙은 모든 국가기관의 구성과 국가권력의 행사는 직접적이든 간접적이든 어떠한 형태로든 최종적으로 국민의 의사에 그 정당성의 근거를 두어야 할 것을 요청할 뿐, 그 이상의 어떠한 요청도 하지 않는다.[36)] 국가기관이 국가권력을 행사하기 위해서는 국민의 의사에서 유래하는 민주적 정당성을 필요로 한다. 따라서 국가기관이 국가권력을 행사하기 위해서는 국민에 의하여 직접 선출되거나 또는 국민에 의하여 직접 선출된 국가기관에 의하여 임명됨으로써 민주적 정당성을 부여받아야 한다. 이러한 경우에만, 국민이 국가기관을 통하여 국가권력을 행사한 것으로 간주되고, 이로써 국가기관의 결정에 구속을 받는 것이 정당화된다. 민주적 정당성의 문제는 이러한 방법으로 민주적 정당성을 확보하였는지 그 '여부의 문제'이지 민주적 정당성의 '量이나 크기의 문제'가 아니다.

국민에 의하여 직접 선출되지 아니하고 대통령의 임명에 의하여 간접적으로 민주적 정당성을 부여받은 대법원장도 헌법재판소의 구성에 참여함으로써 자신이 지명하는 3인의 재판관에게 민주적 정당성을 중개해 줄 수 있으므로, 민주적 정당성의 관점에서는 헌법적으로 아무런 하자가 없다. 사법부에 의한 재판관 선임의 경우, 국회나 대통령에 의한 선임과 비교할 때 민주적 정당성이 상대적으로 약할 수 있으나, 민주적 정당성을

를 얻어 대통령이 임명하는 것과 마찬가지로, 대법원장에 의한 지명 대신에 헌법재판소장의 제청으로 국회의 동의를 얻어 대통령이 임명하도록 하는 것이 바람직하다고 한다.

35) 장석조, 헌법재판소의 구성, 헌법재판제도의 이해(재판자료 제92집), 2001, 340-341면.

36) 한수웅, 헌법학, 2015, 120면.

부여받는다는 점에서는 헌법적으로 근본적인 문제가 제기되지 않는다. 더욱이, 사법부에 의하여 선임된 재판관에 대해서는 국회의 동의를 받도록 규정함으로써 민주적 정당성을 강화할 수도 있다는 점에서, 민주적 정당성의 관점이 '사법부에 의한 재판관 지명권' 그 자체를 배제하는 근거가 될 수 없다.

다. 헌법재판소와 대법원 사이의 권력균형적 관점

(1) 국가기관의 위상과 無關한 국가기관 구성권

헌법재판소와 대법원 사이의 권력분립적 또는 권력균형적 관점에서 대법원의 재판관 지명권에 대하여 이의를 제기하는 견해에 관하여 보건대, 이러한 견해도 다음과 같은 이유에서 큰 설득력을 가지지 못한다.

우선, 대법원에게 재판관 지명권을 부여한 것이 헌법재판소가 대법원보다 下位에 있다는 인상을 줌으로써 헌법재판소의 위상을 저하시키고 있다거나 또는 헌법재판소에 대한 대법원의 優位라는 불균형을 초래하고 있다는 주장은, '국가기관의 구성에 다른 국가기관이 참여한다는 것은 구성되는 국가기관의 위상과는 아무런 관계가 없다'는 것을 인식하지 못하고 있다. 헌법재판소의 구성에 의회나 정부 등 다른 국가기관이 참여함으로써 '구성하는 국가기관'과 '구성되는 국가기관' 사이의 관계나 위상, 지위 등이 '우열관계나 종속의 관계'로 결정되지 않는 것과 마찬가지로, 헌법재판소의 구성에 법원이 참여한다는 것은 兩 기관의 헌법적 위상, 지위 및 권한 등에 원칙적으로 아무런 영향을 미치지 않는다.

헌법재판소의 구성에 국회와 대통령이 참여하였다고 하여 어느 누구도 이로 인하여 국회와 대통령이 헌법재판소보다 우위에 있다거나 헌법재판소의 위상이 저하된다고 평가하지 않는다. 헌법재판소와 같이 국가기관이 새로 설치되는 경우 신설되는 국가기관에게 민주적 정당성을 중개해 주기 위해서는, 국민의 의하여 직접 선출된 국가기관을 비롯하여 다른 국가기관의 참여가 필수적이다. 대통령제 국가에서 민주적 정당성의 중개자는 선거에 의하여 직접 선출된 국민의 대표기관인 대통령과 의회이므로, 대통령과 의회를 거치지 않는 민주적 정당성의 형태는 없다. 국가기관의 헌법적 위상, 지위, 권한 등은 오로지 헌법상의 권한과 관할에 관한 규정에 의하여 결정될 뿐이며, 국가기관의 구성에 다른 국가기관이 참여한다는 것은 구성되는 국가기관의 위상과는 아무런 관계가 없다.

(2) 헌법재판소에 의하여 통제받는 법원의 헌법재판소 구성권의 의미

또한, "대법원이 헌법재판소의 구성에 관여하는 반면에 헌법재판소는 대법원의 구성에 관여할 수 없기 때문에 권력구조상의 불균형이 있다."는 주장에 관하여 보건대, 사법부가 새로 설치되는 헌법재판소의 구성에 참여할 것인지의 문제는 헌법상의 권력분립과 권력균형의 문제가 아니라 입법·행정·사법의 모든 국가권력을 통제하는 헌법재판의 기능을 고려하는 헌법정책적 결정의 문제이다. 헌법상 권력분립원리의 관점에서 보자면, 권력분립원리가 요구하는 국가권력 간의 균형이란 국가권력이 상호간에 구성권을 가짐으로써, 가령 대법원은 헌법재판소의 구성권을 가지고 헌법재판소는 대법원의 구성권을 가짐으로써 서로 견제해야 한다는 것을 의미하지는 않는다. 정부나 사법부가 의회의 구성에 참여할 수 없다는 것은 자명하다. 헌법상 권력분립원리로부터는 '국가권력 상호간의 균형 있는 구성권'의 요청이 도출되지 않는다.

그러나 국가기관의 구성권과 관련하여 헌법상의 권력분립원리로부터 도출될 수 있는 것은 '통제받는 국가기관은 통제기관의 구성권을 가짐으로써 통제기관을 견제할 수 있어야 한다'는 요청이다.[37] '통제받는 국가권력'이 '통제하는 국가권력'의 구성에 참여한다는 것은 권력분립원리의 측면에서 전통적으로 통제기관의 권력을 견제하는 하나의 수단으로 간주되어 왔다.[38] '입법부과 행정부의 정치적 형성기능'과 '사법부의 사법기능'은 엄격하게 분리되기 때문에, 司法에 대한 입법과 행정의 통제는 입법과 행정이 사법기능의 행사에 관여하거나 참여하는 방식이 아니라 사법부의 구성에 참여하는 방식으로 이루어진다. 그렇다면 헌법재판소가 헌법재판을 통하여 입법부와 행정부뿐만 아니라 사법부도 통제할 수 있는 잠재적 가능성을 가진다는 점에 비추어, 통제받는 기관인 법원의 헌법재판소 구성권이 정당화될 수 있다.

라. 재판관 선임에 있어서 정당의 영향력을 약화시키기 위한 하나의 代案

다른 주요국가의 헌법재판제도를 살펴보더라도, 사법부가 헌법재판소의 구성에 참여하도록 규정한 일련의 국가가 있음을 확인할 수 있다. 이러한 국가에서 재판관 선임기관의 범위를 정치적 헌법기관인 의회와 정부를 넘어서 사법부로 확대한 것은 재판관선임에 있어서의 정당의 영향력을 약화시키기 위한 하나의 대안으로 간주되고 있다. 정당에 의하여 지배되는 정치적 헌법기관인 의회와 정부만이 재판관의 선임에 참여하는 경우와 비교할 때, 정치적으로 중립적인 사법부도 재판관의 선임에 참여시키는 경우에는 재판관 선임에 대한 정당의 영향력을 약화시키고 재판관의 정치적 색채를 희석시키는 효과를 기대할 수 있다. 이러한 관점에서 볼 때, 우리의 경우에도 재판관 중 3인의 선임권을 사법부에 위임한 것은, 정치적 성향에 의하여 재판관이 선출되는 것을 방지하고 재판관선임에 있어서 정당의 영향력행사를 축소하고자 하는 시도로 평가할 수 있다.[39]

37) Vgl. Kröger, Richterwahl, in: Bundesverfassungsgericht und Grundgesetz, Bd. I, 1976, S.78.

38) 가령, 독일에서 의회에 의한 연방헌법재판소 재판관의 선출은 권력분립의 구성요소로 간주되고 있다. 독일기본법은 의회에 의한 재판관 선출을 통하여 재판관의 구성에 있어서 입법부의 영향력 행사를 보장함으로써 연방헌법재판소에 대한 입법부의 對抗力(견제가능성)을 확보하고자 의도하고 있다. 이러한 측면을 언급하는 한국 문헌으로 박인수/조홍석/남복현, 주요 국가별 헌법재판제도의 비교분석과 시사점, 헌법재판연구 제21권 (2010. 12.), 39면.

물론, 집권당이 실질적으로 정부와 의회를 지배하는 현대 정당국가의 정치적 현실에서 대통령에 의하여 임명된 대법원장이 단독으로 지명권을 행사하는 경우에는 대통령과 국회다수파, 즉 정당의 영향력으로부터 자유롭지 못하다는 주장이 가능하다. 그러나 대법원장이 재판관을 지명하는 경우에도 정당의 직접적인 영향 하에 있는 국회나 정부에 의한 재판관 선임과 비교할 때, 정당의 직접적인 영향력행사로부터 벗어나 있고, 이로써 재판관의 선임에 있어서 정치적 성향이 아니라 능력과 자질 등 다른 요소가 주된 기준으로 고려될 수 있다는 점을 부인할 수 없다. 나아가, 재판관 선임권을 '대법원장'이 아니라 법원 내의 합의체 등 '사법부'에 부여하는 경우에는 대법원장이 단독으로 결정하는 경우와 비교할 때 보다 정치적으로 중립적인 관점에서 재판관의 선임이 가능하다.

마. 제도개선의 필요성

요컨대, 사법부에 의한 재판관 선임과 관련하여 제기되는 핵심적인 문제는, 대법원장에 의한 單獨指名에 있는 것이지, 사법부를 헌법재판소의 구성에 참여시키는 것 그 자체에 있는 것이 아니다. 따라서 대법원장에 의한 독임적 지명 대신에 사법부에 의하여 지명권이 행사될 수 있도록 제도의 개선이 필요하다.[40] 예컨대, 대법관 전원이 참여하는 대법관회의 또는 대법관 및 일반법관의 대표자로 구성되는 합의체 등 사법부의 합의체에서 재판관을 선출하는 방식으로 변경되어야 한다. 참고로, 1961년 헌법재판소법은 제3조(재판관의 선임) 제1항에서 "대법원에서 심판관을 선임할 때에는 대법관회의에서 이를 선거하며 재적대법관 과반수의 투표를 얻어야 한다."고 하여, 대법원에서의 선임절차에 관하여 구체적으로 규정하였다.

대법원장에 의한 단독지명은 사법부를 헌법재판소의 구성에 참여시키고 있는 다른 국가에서도 그 예를 찾아보기 어렵다. 재판관의 선임에 사법부도 참여시키고 있는 국가인 이탈리아와 스페인의 경우, 재판관은 사법부에서 선출되거나 사법부 總評議會에서 지명되도록 규정하고 있다.

뿐만 아니라, 후술하는 바와 같이,[41] 사법부에서 선임되는 재판관의 민주적 정당성을 강화하고 정파를 떠나 여야의 폭넓은 지지를 받은 인물을 재판관으로 선임하기 위하여 국회에서 재적의원 2/3 이상의 동의를 받도록 규정하는 것이 바람직하다.

---

39) 사법부에 의한 재판관 지명권을 인정하는 것이 다수당에 의한 헌법재판기관의 석권을 막아준다는 긍정적인 의미를 부여하고 있는 견해로는 박용상, 헌법재판소의 구성과 조직, 헌법재판의 이론과 실제, 금랑 김철수교수 화갑기념논문집, 1993, 72면.

40) 同旨 양건/김문현/남복현, 헌법재판소법의 개정방향에 관한 연구용역보고서, 헌법재판연구 제10권(1999. 12.), 16면; 김문현/정재황/한수웅/음선필, 현행 헌법상 헌법재판제도의 문제점과 개선방안, 헌법재판연구 제16권(2005. 11.), 126면.

41) 아래 V. 2. 및 3. 부분 서술 참조.

V. 헌법재판관 선임제도의 개선방안

1. 헌법재판소의 정치적 독립성과 민주적 정당성의 확보

재판관의 선임에 있어서 고려해야 할 중요한 요소는 헌법재판소의 정치적 독립성과 민주적 정당성을 확보하는 문제이다.[42] 민주적 정당성의 요청은 헌법재판소가 헌법재판권을 행사하기 위하여 필수적으로 민주적 정당성을 확보해야 한다는 의미에서 '최소한의 형식적 요청'에 해당하는 반면, 정치적 독립성의 요청은 헌법재판소의 구성에 있어서 고려되어야 하는 가장 중요한 관점으로서, 헌법재판소 재판관의 선임절차에 대하여 보다 구체적인 요청을 제시한다.

가. 민주적 정당성의 요청

(1) 최소한의 형식적 요청으로서 민주적 정당성

어떠한 국가권력도 민주적 정당성 없이 행사되어서는 안 되므로, 국가권력을 행사하는 헌법재판소도 그 구성에 있어서 민주적으로 정당화되어야 한다. 따라서 헌법재판소는 국민에 의하여 선거로써 직접 선출되지 않는 한, 자신을 구성하는 국가기관을 통하여 간접적으로 민주적 정당성을 부여받아야 한다.

헌법재판소가 헌법재판권을 행사하기 위한 전제조건으로 '민주적 정당성'을 확보해야 한다는 문제는 헌법재판소의 구성에 있어서 단지 '최소한의 형식적 요청'을 의미할 뿐이다. '민주적 정당성'의 요청은 헌법재판소의 구성에 있어서 헌법재판소에게 민주적 정당성을 중개할 수 있는 국가기관이 참여해야 한다는 요청에 불과할 뿐, 이를 넘어서 어떠한 국가기관이 어떠한 영향력을 가지고 참여해야 하는지에 관해서는 아무런 구체적인 내용적 기준을 제시하지 않기 때문이다.

민주적 정당성의 관점은 국민으로부터 직접 민주적 정당성을 부여받은 국가기관(의원내각제의 경우 의회, 대통령제의 경우 대통령 및 의회) 전부 또는 일부가 헌법재판기관의 구성에 있어서 일차적으로 참여할 것을 요청할 뿐, 민주적 정당성을 간접적으로 부여받은 다른 국가기관(가령, 사법부나 헌법재판소)의 참여를 배제하지 않는다.

따라서 민주적 정당성의 관점으로부터 가령, 민주적 정당성을 국민으로부터 직접 부여받은 국회에 의해서만 헌법재판소가 구성되어야 한다든지 또는 사법부를 재판관의 선임에 있어서 배제해야 한다든지 등의 구체적 요청이 도출되지 않는다. 민주적 정당성의

---

42) 재판관 선임에 있어서 고려해야 하는 본질적 요소로서 민주적 정당성과 정치적 독립성을 강조하고 있는 것으로 한수웅, 한국 헌법재판의 현황과 발전방향, 저스티스, 2006. 7. 40면 이하; 김문현/정재황/한수웅/음선필, 현행 헌법상 헌법재판제도의 문제점과 개선방안, 헌법재판연구 제16권(2005. 11.), 119면 이하 참조.

관점은 단지 국민으로부터 직접 선출된 국가기관이 헌법재판소의 구성에 있어서 민주적 정당성을 중개하는 핵심적인 역할을 할 것을 요청할 뿐이고, 이 경우에도 국민으로부터 민주적 정당성을 직접 부여받은 국가기관이 모두 함께 또는 동등한 비중을 가지고 재판관 선임에 참여할 것을 요청하는 것은 아니다.

(2) 강화된 민주적 정당성의 요청

이러한 관점에서 본다면, 현행 헌법상의 재판관 선임제도는 적어도 헌법재판권 행사의 민주적 정당성 관점에서는 헌법적으로 아무런 하자가 없다. 현행 재판관 선임제도는 '국민으로부터 선거에 의하여 선출되어 직접 민주적 정당성을 부여받은 대통령과 국회' 및 '대통령과 국회로부터 민주적 정당성을 간접적으로 부여받은 사법부'를 헌법재판소에 민주적 정당성을 중개하는 국가기관으로 참여시키고 있다. 따라서 민주적 정당성의 관점으로부터는 현행 헌법상의 재판관 선임제도를 변경해야 한다는 필연적인 요청이 나오지 않는다.

다만, 우리 헌법체계 내에서 헌법재판소에 부여된 막중한 과제와 기능에 비추어, 헌법재판소의 민주적 정당성을 강화해야 할 필요성이 인정될 수 있다. 헌법상 부여받은 국가기능이 중요하고 포괄적일수록, 보다 강화된 민주적 정당성을 요청할 수 있다.[43] 국가기관의 정치적 기능과 권력이 증가할수록, 이에 비례하여 국민에 대한 정치적 책임도 증가하기 때문이다. 모든 국가권력에 대한 사법적 심사가 헌법재판소의 헌법적 과제이고, 이로써 헌법적 질서에 관한 모든 본질적인 사안이 헌법재판소에 의하여 구속력을 가지고 최종적으로 결정된다면, 헌법 내에서의 헌법재판소의 중요한 지위에 상응하게 민주적 정당성도 강화되어야 할 필요가 있다.

한편, 학계의 일각에서는 '헌법재판소가 그 구성에 있어서 다른 국가기관에 의하여 좌우되는 경우에는 그 국가기관에 의하여 헌법재판의 독립성이 영향을 받을 수 있기 때문에 원칙적으로 국회, 행정부, 법원으로부터 독립되어 구성되어야 한다'는 견해도 주장되고 있다.[44] 그러나 이러한 견해는 첫째, '헌법재판의 독립'이란 조직상·기능상의 독립을 의미하는 것이지 구성에 있어서 다른 국가기관의 배제를 요구하는 것이 아니라는 점에서 '헌법재판의 독립성'에 대한 오해에서 비롯된 것이며, 둘째, 헌법재판소의 구성에 있어서 다른 국가기관을 배제해야 한다면, 국민에 의하여 헌법재판소 재판관이 직접 선출되지 않는 한, 헌법재판소가 헌법재판권 행사에 관한 민주적 정당성을 확보할 수 없다는 점에서도 현실적으로 그 실현이 불가능하다는 문제를 안고 있다. 우리의 경우, 재판관이 직접 국민에 의하여 선출되지 않는 한, 국민으로부터 선거를 통하여 직접적으로 민주적 정당성을 부여받은 국회나 대통령이 헌법재판소의 구성에 참여해야 한다

---

43) Vgl. Kröger, Richterwahl, in: Bundesverfassungsgericht und Grundgesetz, Bd. I, 1976, S.79.
44) 정종섭, 헌법소송법, 2012, 53-54면.

는 것은 헌법재판소에 민주적 정당성을 중개하기 위하여 필수적인 것이다.

나. 정치적 독립성의 요청

(1) 재판관 선임에 있어서 정당의 영향력행사의 불가피성

재판관 선임에 있어서 가장 중요한 것은 헌법재판소의 '정치적 독립성'을 확보하는 문제이다. 재판관 선임제도와 관련하여 모든 국가에서 제기되는 보편적인 문제는, 헌법재판소에게 민주적 정당성을 중개해 주기 위하여 또는 헌법재판소에 대한 권력적 균형과 견제의 관점에서, '헌법재판소에 의하여 통제받는 국가기관'이 '통제기관인 헌법재판소'의 구성권을 가지고 있고, 이로써 헌법재판소의 독립성이 저해될 위험이 상존하고 있다는 점이다.

헌법재판소 재판관이 민주적 정당성을 간접적으로 확보하기 위해서는 선임과정에서 국민으로부터 직접 민주적 정당성을 부여받은 국가기관인 의회나 정부의 참여가 불가피하고,[45] 민주적 정당성을 직접 부여받은 국가기관의 참여는 오늘날의 정당국가에서 필연적으로 '정당의 영향력행사'란 결과를 초래하게 된다.[46] 따라서 '정당의 영향력행사'는 재판관의 임명에 있어서 민주적 정당성의 요청으로부터 나오는 필연적 결과이자, 헌법재판소의 민주적 정당성을 확보하기 위하여 치러야 하는 必要惡인 것이다.

(2) 사법기능을 이행하기 위한 필수적 조건으로서 정치적 독립성

정치적 독립성은 헌법재판소가 헌법상 부여받은 헌법재판기능을 이행하기 위한 필수적 전제조건이다. 헌법재판소의 존재 이유, 활동의 근거, 권위와 국민의 신망은 모두 헌법재판소의 '정치적 독립성'으로부터 나온다. 헌법재판소가 그 구성에 있어서 정치적으로 편향적인 인물로 채워지고 헌법재판이 각 재판관의 정치적 성향에 따른 정치적 재판으로 이해된다면, 헌법재판소는 헌법적 분쟁을 해결하여 법적 평화를 회복하고 국가의 통합에 기여하는 사법적 기능을 이행할 수 없기 때문이다. 司法의 생명은 사법의 독립성·객관성·중립성에 있으며, 헌법재판의 경우에도 마찬가지이다.

헌법재판소의 독립성과 사법기능에 대한 최대의 위험은 헌법재판소가 '또 하나의 정치적 헌법기관'으로 인식되는 것이다. 헌법재판소가 헌법재판을 통하여 정치적 영향력을 행사하지만, 모든 정치적 세력이나 방향과 일정한 거리를 두고 독립적으로 헌법에 따라 판단한다는 것에 헌법재판의 존재이유와 그 정당성이 있다. 그러나 임명하는 주체와의 정치적 친밀성이나 정치적 성향에 따라 재판관이 임명된다면, 헌법재판이 헌법적인 기준이 아니라 정치적인 고려에 의하여 이루어진다는 인상을 줄 것이며, 이는 헌법재판소

45) 유사한 취지로 김문현/정재황/한수웅/음선필, 현행 헌법상 헌법재판제도의 문제점과 개선방안, 헌법재판연구 제16권(2005. 11.), 121면.

46) Vgl. Häberle, Grundprobleme der Verfassungsgerichtsbarkeit, in: Häberle(Hg), Verfassungsgerichtsbarkeit, 1976, S.30.

의 권위와 신망에 대하여 치명적일 것이다.[47] 정치적 헌법기관인 의회와 정부에 의하여 정치적 성향에 따라 선출되었다고 하더라도 재판관이 헌법재판에서 반드시 정치적 성향을 띠는 것은 아니지만, 사법의 생명은 독립성에 있으므로 사법의 독립성에 대하여 의문을 제기할 수 있는 모든 가능성을 처음부터 차단해야 할 필요가 있다.

(3) 헌법재판소의 구성과 선임절차에 대한 구체적 요청으로서 정치적 독립성

이러한 이유에서, 헌법재판소의 '정치적 독립성'의 관점은 헌법재판소의 구성과 선임절차에 대하여 보다 구체적인 요청을 한다. 헌법재판소의 '정치적 독립성'은 헌법재판소가 가능하면 정치적 독립성을 확보하고 유지될 수 있도록, 이로써 헌법상 부여된 사법기능을 이행할 수 있도록, 구성원의 선임방식이 구체적으로 형성될 것을 요청한다. 헌법재판의 기능이 '*政治的 司法機能*'이고 헌법재판의 일상이 '*政治*'와 '*司法*' 사이에서의 곡예를 의미한다면, 헌법재판소가 헌법상 부여받은 사법기능을 이행하기 위해서는 적어도 그 구성에 있어서 정치적 독립성을 확보해야 할 필요성은 더욱 크기 때문이다. 한편, 여기서 국가기관 중 누가 재판관 선임권을 가지는지의 문제는 본질적인 의미를 가지지 않는다.

2. 국회 재적의원 2/3 이상 동의요건의 도입 필요성

위에서 서술한 관점에서 현행 재판관 선임제도를 본다면, 헌법재판소의 구성에 있어서 대통령과 국회의 참여가 '민주적 정당성 확보'의 측면에서 요청되며, 사법부의 참여는 정당국가에서 재판관의 정치성을 희석하는 효과를 기대할 수 있다는 점에서 '정치적 독립성 확보'의 측면에서 정당화된다. 그러나 현행 재판관 선임제도는 실질적으로 3부가 3인씩 재판관 선임권을 나누어 가짐으로써 소위 '자기 사람'을 재판관으로 임명할 위험이 있다. 따라서 현재와 같이 입법부 · 행정부 · 사법부가 각 3인씩 나누어 재판관을 선임하는 현행 헌법상의 방식을 고수한다면, 모든 재판관의 선임에 있어서 국회 재적의원 2/3 이상의 동의를 얻는 방향으로 그 보완이 필요하다.

현대의 정당국가에서 실질적으로 정당의 지배하에 있는 정치적 헌법기관인 국회와 대통령에 의하여 재판관이 선임되는 경우에는 국회 재적의원 2/3 이상의 동의를 얻도록 함으로써, 여당이나 야당 등 상대방 정당의 동의를 구해야만 재판관으로 임명될 수 있도록 하여 '정치적으로 편향적인 후보자'가 재판관으로 선임되는 것을 방지하는 것이 바람직하다.[48] 대통령의 출신정당과 의회의 다수당이 일치하는 경우, 단순 다수결에 의한 의회의 동의도 대통령이 '집권당의 정치적 성향과 일치하는 사람'을 재판관으로 임명

47) Vgl. Geck, Wahl und Status der Bundesverfassungsrichter, in: HbStR, Bd.Ⅱ, 1987, §55 Rn.18, 20.
48) 同旨 김문현/정재황/한수웅/음선필, 현행 헌법상 헌법재판제도의 문제점과 개선방안, 헌법재판연구 제16권 (2005. 11.), 134면 이하.

하는 것을 방지할 수 없다. 대통령제 국가에서 대통령의 출신정당과 의회의 다수당이 일치하는 것이 일반적인 현상이므로, 대통령이 재판관을 지명하는 경우에도 가중된 의결정족수에 의한 국회 동의를 얻도록 하는 것이 필요하다. 또한, 사법부에 의한 재판관 선임의 경우에도 선임되는 재판관의 민주적 정당성을 강화하고 정치적 색채를 보다 희석시키기 위하여 가중된 의결정족수에 의한 국회의 동의를 거치도록 하는 것이 바람직하다.[49]

요컨대, '정치적 독립성 확보' 및 '민주적 정당성 강화'의 측면에서 대통령, 국회 및 사법부에 의하여 선임되는 모든 재판관에 대하여 재적의원 2/3의 가중된 의결정족수를 요건으로 하는 국회의 동의절차가 요청된다.

3. 재판관 선임에 있어서 국회의 가중된 동의요건의 헌법적 의미

가. 정치적 독립성의 확보 및 민주적 정당성의 강화

재판관의 선임에 있어서 가중된 의결정족수에 의한 국회의 동의를 얻도록 하는 것은 일차적으로 재판관의 정치적 독립성을 확보하고자 하는 것이다. 여기서 국회의 가중된 동의요건의 주된 목적은 '정치적 독립성'의 확보에 있는 것이지, '민주적 정당성'의 확보에 있는 것은 아니다.[50] 국회 다수파도 2/3 이상의 의석을 보유하고 있지 않는 한, 일방적으로 자신이 선호하는 인물을 재판관으로 선출할 수 없으므로, 가중된 동의요건으로 인하여 재판관의 선임에 있어서 소수파의 협력이 필수적이며, 이를 통하여 재판관 후보자에 대한 보다 폭넓은 신뢰의 기반을 확보하고 궁극적으로 정치적으로 편향적인 인물이 재판관으로 선임되는 것을 방지할 수 있다.[51] 모든 재판관의 선임에 있어서 가중된 의결정족수에 의한 국회의 동의를 얻도록 함으로써, 궁극적으로 헌법재판에 있어서 불가결한 정치적 독립성을 확보하고, 동시에 헌법재판소의 민주적 정당성을 보다 강화할 수 있는 것이다.

한편, 규범적으로 아무리 이상적인 재판관 선임제도라 하더라도, 정당과 재판관 선임기관이 그 제도의 원래 취지에 부합하게 활용하지 않는다면, 제도가 의도하는 목적을 달성할 수 없다. 정당과 재판관 선임기관은 후보자의 정치적 성향이 아니라 능력과 자질, 전문성에 의하여 재판관을 선출할 수 있는 가능성을 활용함으로써 '보다 정치적으로 중립적인 인물'이 재판관으로 선출될 수 있도록 노력해야 한다. 야당이 의석의 1/3

49) 同旨 김문현/정재황/한수웅/음선필, 현행 헌법상 헌법재판제도의 문제점과 개선방안, 헌법재판연구 제16권(2005. 11.), 128, 134면.

50) 이에 대하여 '민주적 정당성'을 확보하기 위하여 대통령과 대법원장이 지명하는 후보자에 대해서도 국회의 동의를 얻어야 한다는 견해로는 양건/김문현/남복현, 헌법재판소법의 개정방향에 관한 연구용역보고서, 헌법재판연구 제10권(1999. 12.), 16면.

51) Vgl. Benda/Klein, Verfassungsprozessrecht, 2012, Rn.128.

이상을 차지하는 경우에는 야당에게 재판관의 선출에 있어서 봉쇄기능이 부여되는데, 야당은 자신에게 부여되는 봉쇄기능을 오로지 재판관의 정치적 중립성을 실현하기 위한 수단으로만 사용해야지, 이를 '자신이 선호하는 인물'을 재판관으로 선출하는 수단으로 남용해서는 안 된다.

재판관이 정당에 의하여 그 정치적 성향에 의하여 추천되고 선출되는 경우, 가장 우려되는 것은 '헌법재판소의 政治化' 또는 정당정치적으로 지배되는 헌법재판소의 像이 형성되는 것이다. 이러한 경우, 헌법재판이 '司法의 형태로 이루어지는 政治의 연속'으로 국민의 눈에 비추어질 수 있으며, 헌법재판소가 또 다른 정치적 헌법기관으로 인식된다는 것은 헌법재판소의 권위와 기능에 있어서 치명적이다.[52] 정치적으로 보다 중립적인 재판관의 선출은 이러한 인상을 방지하는 데 기여할 수 있다. 재판관을 정치적 고려에 의하여 선출하는 것은 '헌법재판'을 '정치적 재판'으로 변질시킴으로써 헌법재판소의 사법기능을 마비시키는 지름길이라는 것을 인식해야 한다.

재판관 선임제도는 헌법재판소가 사법기관으로서 기능할 수 있도록, 즉 헌법재판소의 독립성과 중립성을 확보할 수 있고 헌법재판을 통하여 궁극적으로 법적 평화를 회복할 수 있도록 구체적으로 형성되어야 한다. 헌법재판소에 대한 국민의 신뢰와 헌법재판소결정의 수용가능성은 헌법재판절차의 투명성에 못지않게 헌법재판소의 구성에 달려 있다. 정치적으로 독립적이고 중립적인 재판관에 의하여 결정이 내려진다는 것을 국민이 신뢰할 수 있을 때에야 비로소 헌법재판소의 결정은 국민에 의하여 수용될 수 있고, 헌법적 분쟁을 종식시키고 법적 평화를 보장하는 헌법재판의 기능을 이행할 수 있다.

나. 소수의 보호

'가중된 의결정족수'의 요건은 투표나 선거에서 '소수의 보호'를 위한 전통적인 수단에 해당한다.[53] 다수결에 대한 요구가 엄격할수록 소수가 표결에 있어서 보다 영향력을 행사할 수 있기 때문에, 소수 보호의 효과가 있다. 가중된 의결정족수의 요건은 의회의 다수가 소수의 의사를 무시하고 헌법재판소를 자신이 선호하는 후보자로 구성하는 것을 방지할 수 있다. 소수의 보호의 관점에서, 헌법재판소 재판관은 여당과 야당 모두의 신뢰를 받아 선출되어야 하고 이를 바탕으로 활동할 것이 요청된다. 의회 소수파의 동의를 받아 선출된 재판관들에 의하여 헌법재판소에서 결정이 내려지는 경우, 헌법재판소

52) Vgl. Geck, Wahl und Status der Bundesverfassungsrichter, in: HbStR, Bd.Ⅱ, 1987, §55 Rn.18, 20; Kischel, Amt, Unbefangenheit und Wahl der Bundesverfassungsrichter, in: HbStR, Bd.Ⅲ, 3. Aufl. 2005, §69 Rn.32.

53) 가령, 1956년 독일 연방헌법재판소법의 개정을 통하여 종래의 3/4의 가중다수요건을 2/3의 가중다수요건으로 변경하는 입법과정에서의 논의도 가중다수결의 의미를 위와 같이 '소수의 보호'로 설명하고 있다. 이에 관하여 박인수/조홍석/남복현, 주요 국가별 헌법재판제도의 비교분석과 시사점, 헌법재판연구 제21권(2010. 12.), 41면.

의 결정은 보다 실체적 정당성을 가질 수 있으며, 의회의 소수는 헌법재판소의 결정에 대하여 승복을 거부할 수 없을 것이다. 재판관 선출에 있어서 가중된 동의요건은 헌법재판소결정에 대한 전반적인 수용가능성을 높임으로써, 헌법재판소의 사법기능을 보장하는 데 기여한다.

나아가, 재판관의 선출에 의회 소수파를 참여시켜야 한다는 것은 '소수의 보호'라는 헌법재판소의 기능으로부터 나오는 헌법적 요청이기도 하다.[54] 헌법과 헌법재판의 중요한 과제는 '소수의 보호'에 있다.[55] 헌법재판의 과제가 또한 소수의 보호에도 있다면, 헌법재판기관은 그가 '소수의 보호'라는 과제를 이행할 수 있도록 이에 부합하게 구성되어야 한다. 이러한 점에서 '소수의 보호'는 재판관의 선임에 대해서도 의회 소수파가 참여하여 영향력을 행사할 것을 요청한다.[56]

54) Vgl. Benda/Klein, Verfassungsprozessrecht, 2012, Rn.128f.
55) Vgl. Häberle, Grundprobleme der Verfassungsgerichtsbarkeit, in: Häberle(Hg), Verfassungsgerichtsbarkeit, 1976, S.29f.
56) Vgl. Schlaich/Korioth, Das Bundesverfassungsgericht, 2012, Rn.44.

참고문헌

고문현, 헌법재판소 구성에 관한 개선방향, 헌법학연구 제11권 제4호, 2005
김문현/정재황/한수웅/음선필, 현행 헌법상 헌법재판제도의 문제점과 개선방안, 헌법재판연구 제16권, 2005. 11.
김종철, 헌법재판소 구성방법의 개혁, 헌법학연구 제11권 제2호, 2005. 6.
김하열, 헌법소송법, 2014
박용상, 헌법재판소의 구성과 조직, 헌법재판의 이론과 실제, 금랑 김철수교수 화갑기념논문집, 1993
박인수, 헌법재판소의 구성에 관한 소고, 전남대 법률행정논총 제15집, 1995
박인수/조홍석/남복현, 주요 국가별 헌법재판제도의 비교분석과 시사점, 헌법재판연구 제21권, 2010. 12.
성낙인, 헌법재판소 인사와 임명 절차상 문제점, 시민과 변호사 제8호, 1994. 9.
양건/김문현/남복현, 헌법재판소법의 개정방향에 관한 연구용역보고서, 헌법재판연구 제10권, 1999. 12.
윤명선, 헌법재판제도의 개선방향, 경희법학 제29권 제1호, 1994
이승우, 헌법재판소 구성방법과 제2기 재판관 임명의 문제점, 법과 사회 제10권, 1994
이욱한, 헌법재판의 성격과 재판관 선출, 사법행정 제377호, 1992. 5.
장석조, 헌법재판소의 구성, 헌법재판제도의 이해(재판자료 제92집), 2001
정종섭, 헌법소송법, 2012
최대권, 헌법재판소의 정치학 －그 구조와 기능을 중심으로－, 서울대학교 법학 제34권 제1호, 1993
한수웅, 한국 헌법재판의 현황과 발전방향, 저스티스 제92호, 2006. 7.
______, 헌법학, 2015
허영, 헌법소송법론, 2009
헌법재판소, 헌법재판소 재판관의 자격, 구성방식 및 임기, 2011

Benda/Klein, Verfassungsprozessrecht, 2012
Geck, Wahl und Status der Bundesverfassungsrichter, in: Isensee/Kirchhof(Hg), Handbuch des Staatsrechts (HbStR), Bd. II, 1987, §55
Häberle, Grundprobleme der Verfassungsgerichtsbarkeit, in: Häberle(Hg), Verfassungsgerichtsbarkeit, 1976
Heyde, in: Umbach/Clemens/Dollinger(Hg), Bundesverfassungsgerichtsgesetz (BVerfGG) Mitarbeiterkommentar, 2005, §10
Kischel, Amt, Unbefangenheit und Wahl der Bundesverfassungsrichter, in: Isensee/

Kirchhof(Hg), Handbuch des Staatsrechts (HbStR), Bd.Ⅲ, 3. Aufl., 2005, §69
Kröger, Richterwahl, in: Starck(Hg), Bundesverfassungsgericht und Grundgesetz, Bd. I, 1976
Lechner/Zuck, Bundesverfassungsgerichtsgesetz (BVerfGG), 2011, §10
Schlaich/Korioth, Das Bundesverfassungsgericht, 2012

제2절 헌법재판의 한계

제1주제

헌법재판의 한계 및 심사기준*

－헌법재판소와 입법자의 관계를 중심으로－

Ⅰ. 머리말

1. 헌법재판소가 설립되어 활동을 개시한 것이 거의 10년이 되어 간다. 그 동안 헌법재판에 관한 많은 논문이 발표되었지만, 헌법재판소의 역사가 짧고 아직 지위와 위상이 충분히 확립되지 않았다는 우리 헌법재판의 현실에 비추어, 학계와 법조계에서는 '헌법재판의 한계'를 밝히려는 노력보다는 주로 '헌법재판의 당위성'을 강조하고 그 기능을 확장하고 강화하는 것에 관심이 모아졌다.

사건 數에 있어서 큰 비중을 차지하지 않는 탄핵심판, 정당해산심판, 권한쟁의심판을 제외한다면, 헌법에 의하여 부여되고 헌법재판소법에 의하여 구체화된 헌법재판소의 주된 관할은 위헌법률심판과 헌법소원심판에 있음을 알 수 있다. 헌법재판소법 제68조 제1항이 헌법소원의 대상에서 법원의 재판에 대한 헌법소원(재판소원)을 배제하고 있으므로 헌법재판소법 제68조 제1항에 의한 헌법소원은 결국 '법률'에 대한 헌법소원을 의미

* 위 논문은 1997년 12월, 헌법논총(헌법재판소) 제8집, 185-241면에 게재된 것을 일부 수정한 것이다.

하며, 당해사건 당사자의 위헌제청신청이 기각된 경우 개인이 직접 법률에 대한 헌법소원을 제기할 수 있는 가능성을 제공하는 헌법재판소법 제68조 제2항도 '법률'을 헌법소원의 대상으로 하고 있다. 또한 헌법재판소법 제41조는 법관의 위헌제청에 의하여 '법률'의 위헌성을 심사하는 구체적 규범통제절차를 규정하고 있다. 따라서 현행 헌법재판소법상 헌법재판소의 주된 과제가 입법자에 대한 규범통제에 있으므로, 헌법재판소와 입법자간의 관계가 중요한 문제로 떠오른다.

2. 규범통제제도의 도입은 '成文憲法의 존재'와 법률에 대한 '憲法의 優位'를 그의 전제조건으로 한다.[1] 헌법재판은 헌법규정을 심사기준으로 하므로, 헌법재판소에게 심사기준을 제공할 수 있는 성문법전의 존재를 필요로 한다. 뿐만 아니라, 헌법재판제도를 수용한 헌법질서는 이를 도입하지 않은 헌법질서에 비하여 헌법의 내용을 규범화함에 있어서 특별한 요청을 한다. 헌법재판의 도입과 더불어 성문헌법은 헌법재판의 심사기준으로서 '재판규범'으로 기능하게 되므로, 헌법규범은 가능하면 최대한의 명확성과 정확성을 갖추어야 한다.[2] 헌법재판제도의 도입과 더불어 헌법의 의미와 내용에 관한 모든 표현은 동시에 헌법재판이란 사법적 판단의 법적 기준에 관한 표현이다. 모든 헌법적인 문제가 헌법재판소에 의한 심사대상이 될 수 있다는 사실에 비추어, 헌법의 내용이 司法的 審査의 기준으로 작용할 수 있도록 가능하면 명확하게 규범화되어야 한다.

현행 헌법재판제도의 핵심을 차지하는 규범통제의 또 다른 전제조건은 '憲法의 優位'이다. 헌법의 우위란 헌법과 법률의 독자성과 구분을 전제로 하여 헌법과 법률이 서로 충돌하는 경우에 헌법이 우선한다는 것, 법률에 대하여 헌법이 구속력과 관철력을 가진다는 것을 뜻한다.[3] 헌법의 우위는 헌법재판의 도입을 통하여 비로소 그 실효성을 얻게 된다. 헌법의 우위와 헌법재판를 통하여 헌법의 우위를 사법적으로 관철할 수 있는 가능성의 결합은, 헌법은 국가의 규범질서 내에서 최고의 권위일 뿐만 아니라 헌법재판을 위한 사법적 심사기준이라는 큰 변화를 가져왔다.

憲法의 優位는 법률의 下位, 곧 입법자의 下位를 뜻하는데, 헌법재판소의 도입과 함께 헌법에 대한 입법자의 下位는 헌법제정권력이나 헌법개정권력에 대한 하위뿐만 아니라, 나아가 헌법을 구속력을 가지고 최종적으로 해석하는 국가기관인 '헌법재판소에 대한 下位'를 의미한다. 헌법재판소가 헌법해석에 관한 최종적인 결정권을 가지고 규범통제를 통하여 헌법을 관철한다는 의미에서 헌법재판소에 대한 입법자의 下位는, 헌법의

1) 한태연, 헌법학, 1983, 770면 이하; 허영, 한국헌법론, 1994, 786면 이하.
2) Vgl. Starck, Vorrang der Verfassung und Verfassungsgerichtsbarkeit, in: Starck/Weber(Hg), Verfassungsgerichtsbarkeit in Westeuropa, 1986, S.36ff.; Wahl, Der Vorrang der Verfasssung, Der Staat 1981, S.486, 499.
3) Vgl. Moench, Verfassungswidrige Gesetze und Normenkontrolle, 1977, S.143.

우위와 헌법재판제도의 결합이 가져오는 필연적인 결과로서 眞僞의 문제가 아니라, 단지 입법자가 어느 정도로 헌법재판소에 의한 구속, 정확히 말하자면 헌법재판소를 매체로 한 헌법의 구속을 받아야 하는지의 範圍의 문제이다.[4] 이로써 법률에 대한 憲法의 優位는 헌법재판제도의 도입을 통하여 헌법의 우위를 헌법재판을 통하여 관철하고 실현하려는 '헌법재판소'와 법률의 제정을 통하여 헌법을 실현하는 '입법자' 간의 기능질서적 또는 권력분립적 상호관계의 문제를 필연적으로 제기한다.

Ⅱ. 헌법재판의 한계

1. 司法的 自制의 요청

가. 법과 정치의 구분에 의한 헌법재판의 한계?

헌법재판제도의 도입은 종래의 전통적인 권력분립제도를 본질적으로 변화시키고, 헌법재판소와 다른 국가기관 사이의 권력분립의 문제를 새로이 야기한다. 헌법이 헌법재판소의 도입을 결정하고 헌법재판소에게 포괄적인 관할권을 부여한 이상, '헌법재판의 한계'에 관한 문제가 가장 중요한 문제로 제기된다.

헌법재판의 한계는 法과 政治의 區分을 통해서는 파악될 수 없다. 헌법은 정치적 기관을 창설하고 국가권력의 행사와 정치적 과정을 규율하는 정치적인 성격을 갖는 규범이다. 헌법재판은 헌법, 즉 정치적인 법을 심사기준으로 삼기 때문에, 정치적인 법의 해석과 적용의 결과로서의 헌법재판소의 결정은 사건마다 정도의 차이가 있을 뿐 본질적으로 정치적 효과를 가진다. 이러한 의미에서 헌법재판은 이미 그의 본질상 정치적이다.[5] 특히 법률이 적극적으로 정치적 형성의 수단으로 사용되는 사회적 법치국가에서, 헌법재판소의 위헌결정은 법률로부터 그의 사회적 효력을 제거함으로써 필연적으로 정치적 효과를 가진다.[6] 이러한 의미에서 헌법재판소의 규범통제에서의 모든 결정은 정치적이며, 헌법재판소는 헌법상의 권력분립구조에 있어서 의심의 여지없이 정치적 기관이다.[7] 헌법재판소는 '정치적인 것'을 헌법을 기준으로 하여 사법적 심사의 대상으로 삼는다는 점에서 단지 입법자나 집행부와는 다른 방법으로 정치를 할 뿐이다. 따라서 법과 정치를 구분하고 그 경계를 설정하려는 시도는 헌법재판의 한계를 인식하는데 아무런 도움이 되지 않는다.

---

4) Vgl. Wahl, Der Vorrang der Verfasssung, Der Staat 1981, S.487.

5) Vgl. Schneider, Verfassungsgerichtsbarkeit und Gewaltenteilung, NJW 1980, S.2104; Simon, Verfassungsgerichtsbarkeit, in: Handbuch des Verfassungrechts, Bd.Ⅱ, 2. Aufl., S.1664; Bryde, Verfassungsentwicklung, 1982, S.336.

6) Vgl. Schenke, Der Umfang der bundesverfassungsgerichtlichen Überprüfung, NJW 1979, S.1322.

7) Vgl. Battis/Gusy, Einführung in das Staatsrecht, 3. Aufl., 1991, Rn.314.

나. 司法的 自制의 요청에 의한 헌법재판의 한계?

(1) 사법적 자제의 요청

'법과 정치의 구분'을 통해서는 헌법재판의 한계를 인식할 수 없으므로, 司法的 自制(judicial-self-restraint)의 요청이 헌법재판의 한계를 설정하는 기준으로서 고려될 수 있는지의 문제가 제기된다. 헌법재판소가 헌법해석의 최종적인 결정권자로서 헌법의 해석을 통하여 자신의 권한과 활동가능성을 스스로 결정할 수 있기 때문에, 이러한 조건 하에서는 헌법재판소가 권한의 행사에 있어서 스스로 자제해야 한다는 요청은 당위적이며 필연적인 것이다.

그러나 입법자에 대한 헌법재판소의 통제범위를 결정함에 있어서 '사법적 자제의 요청'은 헌법재판관을 구속하는 '규범적 한계'를 제시하기 보다는 헌법재판관이 임의로 결정할 수 있는 '자발적 요소'를 강조하고 있다.[8] 헌법재판소와 같이 자신의 권한을 스스로 결정할 수 있는 권한을 가진 국가기관에게 자제를 요구하는 것은 그에게 큰 美德을 요구하는 것인데, 헌법재판의 한계가 헌법재판관 각자의 성향이나 사법적 자제를 실현하려는 의지나 태도에 달려 있을 수는 없다.[9] 사법적 자제의 요청에 있어서는 헌법재판소의 人的 구성과 헌법재판관의 개인적 성향에 따라 사법적 적극성의 정도와 이로써 헌법재판의 한계가 달라진다. 따라서 司法的 自制의 원칙은 그의 적용에 있어서 지극히 제한적으로만 그의 합리성과 타당성을 확보할 수 있고, 적용의 결과도 거의 예측할 수 없다.

헌법재판의 한계가 규범적으로 결정되어야 하는 문제라는 점에서 '사법적 자제'라는 일반적 요청은 헌법재판의 한계에 관한 규범적 기준을 제시하지 못한다. 사법적 자제의 요청은, 헌법재판의 한계의 문제는 헌법에서 찾아야 하는 규범적 문제라는 시각을 가로막고, 헌법재판의 한계를 헌법재판관 각자의 善意에 맡김으로써 헌법재판관에 대한 헌법적 구속을 경시하는 측면이 있다. 더욱이, 헌법에 의하여 헌법재판소에 부여된 중요한 기능인 '헌법의 수호'의 과제는 경우에 따라서는 사법적 자제와는 정반대의 행위인 '입법자에 대한 단호한 개입'을 헌법재판소로부터 요구할 수 있다. 이러한 관점에서 보아도 사법적 자제의 요청은 오해의 여지가 있다.

따라서 미국 연방대법원에 의하여 확립된 '사법적 자제의 원칙'은 우리 헌법재판의 구조에서는 헌법재판의 한계나 헌법재판소의 심사기준을 제시하는 적합한 기준이 아닐 뿐만 아니라, 헌법재판소 결정의 타당성을 규범적으로 논증하고 확보하는데 있어서 부

8) Vgl. Hesse, Funktionelle Grenzen der Verfassungsgerichtsbarkeit, in: FS für Hans Weber, 1981, S.263.
9) Vgl. Schuppert, Self-restraints der Rechtsprechung, DVBl 1988, S.1191; Simon, Verfassungsgerichtsbarkeit, in: Handbuch des Verfassungrechts, Bd.Ⅱ, 2. Aufl., S.1664f.

적합하다. 따라서 헌법재판의 한계가 규범적으로 규명되어야 하는 문제라는 점에서, '사법적 자제'란 표현을 사용하는 것은 바람직하지 않다. 그럼에도 불구하고 '사법적 자제'란 표현을 사용한다면, 이는 아래 Ⅱ. 2.에서 서술하는 바와 같이 헌법재판소의 '도덕적 의무'가 아니라 '헌법적 의무'로서 헌법의 기능구조에서 나오는 헌법적 요청으로 이해되어야 한다.[10]

(2) 정치문제이론

또한, 미국 연방대법원에 의하여 형성된 '정치문제이론(political question doctrine)'도 미국 연방헌법과 본질적으로 상이한 우리 헌법구조에 있어서 그대로 적용될 수 없다. 정치문제이론이란, 외교권 등의 행사를 본질적으로 정치적인 것으로 규정하여 정부나 의회의 외교행위를 사법적 심사의 대상에서 제외하고자 하는 견해를 말한다. 물론 미연방대법원의 '사법적 자제의 원칙'이나 '정치문제이론'도 이론적 출발점을 헌법상의 권력분립구조에 두고 있다. 그러나 미연방대법원과는 달리 우리 헌법재판소에게는 법률의 위헌심사에 관한 권한이 헌법상 명시적으로 부여되었기 때문에, 헌법규범의 개방성과 추상성에도 불구하고 헌법은 사법적 심사의 기준으로 작용한다. 헌법은 모든 국가기관을 구속하기 때문에 정치를 포함한 모든 국가권력의 행사가 헌법에 기속되며, 헌법은 헌법재판소에게 이러한 기속의 준수를 감시하는 과제를 부여하고 있다.[11] 따라서 헌법재판소에 의한 헌법규범의 적용과 해석으로부터 완전히 자유로운 공권력행위는 어떠한 영역에서도 인정될 수 없다. 우리 헌법의 이러한 결정은 곧, 공권력행위의 '정치적 성격'은 헌법재판소의 사법적 심사를 제한하는 적합한 기준이 될 수 없다는 것을 의미한다. 따라서 미국에서 형성된 '司法的 消極主義 또는 積極主義'는 헌법재판의 한계를 인식하는데 별 도움이 되지 않는다,[12]

물론 외교나 국방의 영역에서 統治行爲의 대부분은 결과적으로 헌법재판소에 의하여 심사될 수 없다. 그러나 이는, 통치행위가 처음부터 사법적 심사의 대상에서 제외되기 때문이 아니라 통치행위의 구체적 내용을 규정하는 헌법규범이 없기 때문이다. 헌법재판소는 헌법규범에서 해석을 통하여 도출할 수 있는 것만을 사법적 심사에 있어서 법적 기준으로 삼을 수 있으므로, 통치행위의 문제는 '헌법재판소 심사대상의 한계' 문제가 아니라 '심사기준인 헌법 규범력의 한계' 문제이다.[13] 통치행위에 대한 사법적 심사

---

10) Vgl. Schenke, Der Umfang der bundesverfassungsgerichtlichen Überprüfung, NJW 1979, S.1325; Schuppert, Self-restraints der Rechtsprechung, DVBl 1988, S.1191.

11) Vgl. Schneider, Verfassungsgerichtsbarkeit und Gewaltenteilung, NJW 1980, S.2104; Schenke, Der Umfang der bundesverfassungsgerichtlichen Überprüfung, NJW 1979, S.1324f.; 허영, 한국헌법론, 1994, 802면 이하.

12) 사법적 소극주의 및 적극주의에 관하여 권영성, 헌법학원론, 1995, 992면 이하.

13) 따라서 '통치행위는 헌법재판의 대상이 될 수 없다'는 표현은 오해의 여지가 있다, 권영성, 헌법학원론, 1995, 994면.

의 문제는, 헌법이 통치행위에 관한 헌법규범을 구체화하는 권한을 헌법재판소를 배제하고 전적으로 다른 정치적 헌법기관(의회나 정부)에게 위임하는지 여부의 문제가 아니라, 헌법재판소와 다른 정치적 헌법기관 사이에서 헌법을 구체화하는 권한의 경계를 설정하는 문제이다.[14] 따라서 통치행위의 헌법적 문제는 입법자에 대한 헌법재판소의 '통제 정도'의 문제이지 공권력행위의 성격에 따른 헌법재판소의 '통제 여부'의 문제가 아니다.

2. 헌법재판의 한계로서 헌법상 권력분립질서 또는 機能秩序

가. 헌법에 의하여 설정되는 헌법재판의 한계

헌법재판소의 '심사권한'이 헌법에 의하여 부여된 기능과 권한에 의하여 결정되는 것과 마찬가지로, '심사권한의 한계'도 헌법에 의하여 설정된다. 심사권한의 한계를 밝힘에 있어서 그 이론적인 출발점은 헌법 내에서의 헌법재판소의 기능적 지위이다. 즉, 헌법재판의 한계는 헌법상의 기능구조 또는 권력분립구조 내에서 입법자와 헌법재판소의 상이한 기능적 지위에 따른 '기능적 한계'로서 밝혀져야 한다. 헌법재판의 한계는 '사법적 자제의 요청'에 따라 개별 헌법재판관의 任意와 태도에 달려 있는 것이 아니라, 헌법이 스스로 규정하고 있는 것이다. 헌법재판의 한계는 헌법재판소와 입법자 사이에서 헌법적 기능의 귀속의 문제이며, '입법자의 형성권'과 '헌법재판소에 의한 헌법의 구체화' 사이의 경계설정의 문제이다. 헌법재판소와 입법자 사이에 헌법을 구체화하는 권한의 경계설정은 무엇보다도 법치국가적 권력분립원리와 민주주의원리에서 나온다.

나. 헌법재판의 한계로서 권력분립원리

권력분립원리는 국가권력 간의 견제와 균형을 통하여 개인의 자유를 보호하는 '자유보장적 측면' 외에 국가의 기능을 상이한 기능주체에게 귀속시킴으로써 각 국가기관에게 독자적인 활동 및 결정영역을 분배한다는 '기능적 측면'을 아울러 가지고 있다. 권력분립원리는 국가권력을 각 국가기관에게 그의 기능에 합당하게 분배하여 귀속시킴으로써 권력을 상호 제한하고 통제하는 동시에, 또한 각 기관이 서로 각자에게 귀속된 기능을 이행하도록 함으로써 일원적 국가의사의 형성을 가능하게 한다. 그러므로 '機能秩序' 또는 '機能法的 측면'이란 표현은 '권력분립질서의 기능적 측면'을 분리하여 강조한 것에 지나지 않는다.[15]

헌법상의 기능질서에 따라 헌법재판소와 입법자는 헌법적으로 부여된 기능에 있어서

---

14) Vgl. Bryde, Verfassungsentwicklung, 1982, S.309ff.

15) 방승주, 독일 연방헌법재판소의 입법자에 대한 통제의 범위와 정도, 헌법논총 제7집(1996), 299면 이하에서의 '기능법적 측면'이란 용어는 한국문헌에서는 다소 생소하지만, 바로 이러한 의미에서 사용한 것이다.

서로 상이하다. 입법자는 헌법의 한계 내에서 정치적 결정을 통하여 공동체를 형성하는데 중심적 역할을 한다. 이에 대하여 헌법재판소는 헌법에서 입법형성권의 한계를 도출해 냄으로써, 입법자의 정치적 형성의 헌법적 한계를 제시한다. 헌법재판소는 그 구조와 기능에 있어서 본질적으로 司法機能을 행사하고, 헌법재판의 사법적 기능에서 헌법재판기능의 성격과 한계가 규정된다.[16)]

입법자는 입법활동을 통하여 헌법을 구체화하고 실현하는데 있어서 포괄적·주도적·형성적으로 기능하나, 헌법재판소는 그의 사법적 성격에 내재된 활동여지의 한계 때문에, 헌법재판의 형태로 단지 개별적인 경우 특정대상에 관하여 局部的·事後的·통제적 역할을 하게 된다.[17)] 다원적 민주주의사회에서 여러 상이한 사회적 요청과 이익을 인식하고 상충하는 이익을 조정하며, 그들 중에서 우선순위를 정하기에는, 즉 사회의 형성에 있어서 적극적, 주도적 역할을 하기에는 헌법재판소가 기능적으로 부적합하다.[18)]

다. 헌법재판의 한계로서 민주주의원리

국가의 기능질서를 의미하는 권력분립원리는 적극적인 사회형성을 통한 헌법의 구체화에 있어서 입법자에 대한 헌법재판소의 구조적, 기능적 열세를 인식시킴으로써 헌법재판소에 의한 헌법의 구체화에 대하여 한계를 제시한다. 반면에, 정치적 논의과정이 민주국가의 근본적인 意思決定方法이며, 다수의 결정에 의하여 공익을 추출하는 것은 원칙적으로 정치적 논의과정에서 이루어져야 하는 것이지, 지나치게 헌법재판소에 의한 헌법해석으로 대체되어서는 안 된다는 관점에서, 민주주의원리는 헌법재판소에 의한 포괄적인 헌법 실현에 대하여 한계를 제시한다.

사회의 형성에 관하여 견해의 차이가 있다면, 이에 대한 결정의 적합한 형태는 민주적 의사형성과정에서 정치적 논의를 통한 다수의 결정이다. 민주국가에서의 정치적 의사는 사회의 다양한 이익이 경쟁하고 충돌하는 다원적·분쟁적 과정을 통하여 형성되고, 정치적 논쟁을 거쳐서 다수결로 매 사안마다 공익을 정의하게 된다. 따라서 사회현실에 대한 판단은 국민으로부터 직접 민주적 정당성을 부여 받고 자신의 결정에 대하여 정치적 책임을 지는 국민의 대표자로 구성된 합의체에서 토론과 이익조정을 통하여 결정되어야 할 사안이지, 헌법재판소의 사법적 법인식작용에 맡겨질 사안이 아닌 것이다. 입법자가 개방적인 정치적 논의를 바탕으로 의사를 형성하는 반면, 헌법재판소는 오히려 그의 객관적 통제기능의 유지를 위해서도 정치적 과정으로부터 분리되어 있다.

---

16) Vgl. Schlaich, Das Bundesverfassungsgericht, 1994, Rn.474ff.
17) Vgl. Bryde, Verfassungsentwicklung, 1982, S.337.
18) 입법자와 헌법재판소의 상이한 기능의 비교에 관하여 자세하게 vgl. Gusy, Parlamentarischer Gesetzgeber und Bundesverfassungsgericht, 1985, S.88ff.(3. Teil); Bryde, Verfassungsentwicklung, 1982, S.325ff.

헌법재판소의 결정은 민주적인 합의체 내에서의 이익조정과 논의를 통한 것이 아니라 헌법해석과 적용을 통하여 헌법적으로 타당한 결정을 추출하는 司法的 법인식과정이다.

라. 헌법재판소에 의한 헌법의 실현과 구체화의 기능적 한계

헌법의 실현과 구체화는 헌법재판소만의 과제가 아니고, 입법·사법·행정의 모든 국가기관이 헌법에 의하여 부여된 고유기능을 행사함으로써 동시에 헌법을 실현하고 구체화하고 있다. 입법자는 입법활동을 통하여 헌법을 실현하고 구체화하며, 헌법재판소는 헌법재판을 통하여 헌법의 규범력을 확보하고 헌법을 실현하려고 한다. 이로써 입법자와 헌법재판소는 각 '입법'과 '헌법재판'의 형태로 헌법을 구체화하고 실현함에 있어서 서로 경쟁관계에 있게 되고, 입법자는 우선적 형성권을, 헌법재판소는 최종적 결정권을 가지게 된다.[19] 헌법재판소가 그의 결정을 통하여 최종적으로 헌법의 내용을 확정하기 때문에, 헌법재판소에 의한 포괄적이고 빈틈없는 헌법의 구체화는 필연적으로 권력분립원리 및 민주주의원리와의 충돌을 야기한다.

입법자를 비롯한 다른 국가기관도 각자에게 귀속된 헌법상의 기능을 행사함으로써 헌법을 실현하기 때문에, 헌법재판소가 다른 국가기관에 의한 헌법의 실현과 구체화를 일정 범위 내에서 존중하여야만 각 기능의 독자성이 유지될 수 있다. 그러므로 권력분립원리와 민주주의원리는 헌법재판소에 의한 헌법실현의 한계를 요구한다. 헌법규범의 개방성과 추상성은, 한편으로는 헌법재판소에게는 헌법재판을 통하여 헌법을 구체화하라는 헌법의 위임이자, 다른 한편으로는 동시에 권력분립적 기능질서에서 입법자의 기능을 고려할 것을 요청함으로써 무제한적으로 헌법을 구체화하는 것에 대한 금지를 의미한다.[20] 이러한 의미에서 헌법재판소에 의한 司法的 審査의 한계 문제는 추상성과 개방성으로 인하여 입법자를 구속하는 효력이 미약한 헌법규범의 규범력의 한계, 즉 사법적 심사기준인 '헌법의 한계'에 관한 문제이자, 동시에 '헌법을 구체화하는 권한의 분배'에 관한 문제이다.[21]

Ⅲ. 헌법재판의 機能秩序的 限界의 구체적 표현

헌법재판소는 입법자와의 관계에서 준수해야 하는 '헌법재판의 기능적 한계'를 일련의 판례를 통하여 구체화하였다. 특히 헌법재판소는 입법자와의 관계에서 권한의 경계

---

19) Vgl. v. Arnim, Staatslehre der BRD, 1984, S.382; Böckenförde, Grundrechte als Grundsatznorm, zur gegenwärtigen Lage der Grundrechtsdogmatik, Der Staat 1990, S.25; Bryde, Verfassungsentwicklung, 1982, S.302.

20) Vgl. Gusy, parlamentarischer Gesetzgeber und Bundesverfassungsgericht, S.139ff.; Wahl, Der Vorrang der Verfasssung, Der Staat 1981, S.504f.

21) Vgl. Bryde, Verfassungsentwicklung, 1982, S.308.

설정에 관한 기준으로서 다음과 같은 관점을 확립하였다.

1. 입법자의 형성권에 대한 존중

가. 민주주의헌법의 구성요소로서 입법자의 광범위한 형성권

입법자에 대한 규범통제에 있어서 헌법재판소가 취하는 기본 입장이자 출발점은 입법자의 형성권에 대한 존중이다. 입법자는 국가기관으로서 그의 입법행위에 있어서 헌법의 구속을 받는다. 헌법은 입법절차를 확정하고 합헌적 법률에 대한 내용적 기준을 제시한다. 헌법은 기본권, 기본원리, 헌법위임 등과 같은 행위지침과 행위의 한계규범을 통하여 입법을 유도하고 입법의 방향과 한계를 제시한다. 그러나 헌법은 입법자에 의한 사회의 형성, 즉 '정치'를 대체할 수는 없으므로, 헌법의 실현은 헌법을 현실화하려는 입법자의 부단한 정치적 의사에 의존하고 있다.[22] 국가의 조직 및 절차규범과 같이 法文이 일의적이고 명확하여 직접 적용이 가능한 일부의 헌법규범을 제외한다면, 행정관청이 법을 집행하는 것과는 달리 입법자는 헌법을 집행하는 것이 아니라 민주주의원리 및 권력분립원리에 따른 광범위한 입법형성권을 근거로 입법을 통하여 헌법의 내용을 구체화하고 실현하는 것이다.[23]

그러므로 입법자는 행위의 지침이자 한계규범으로서의 헌법의 구속을 받지만, 헌법으로부터 입법자에 대한 구체적인 지시나 명령을 원칙적으로 이끌어낼 수 없다.[24] 헌법규범으로부터 입법자가 제정해야 할 법률의 구체적 내용이나 제정 시기를 원칙적으로 도출할 수 없다는 것은, 헌법이 부여하는 입법자의 광범위한 형성권에서 나오는 당연한 귀결이다. 입법자의 입법행위는 공동체질서의 형성에 관하여 입법자가 내리는 창조적 결정이다.[25] 입법자는 헌법의 범위 내에서 고유한 정치적인 형성의 공간을 가지고 있으며, 입법자의 이러한 형성의 자유는 민주주의헌법의 기본적인 구성요소에 해당한다.[26]

---

22) Vgl. Hesse, Grundzüge des Verfassungsrechts der BRD, 1993, Rn.30.

23) Vgl. Stern, Das Staatsrecht der BRD, Bd. I, S.85; Schneider, Direkte Anwendung und indirekte Wirkung von Verfassungsnormen, in: Bernhardt/Beyerlin(Hg), Deutsche Landesreferate zum öffentlichen Recht und Völkerrecht, 1982, S.44f.; Wahl, Der Vorrang der Verfasssung, Der Staat 1981, S.487, 502; Hesse, Grundzüge des Verfassungsrechts der BRD, Rn.41ff.; Isensee, Verfassungsgarantie ethischer Grundwerte und gesellschaftlicher Konsens, NJW 1977, S.545.

24) 여기에 입법자와 행정관청의 근본적인 차이가 있다. 입법자는 법률의 형태로 행정부의 공권력행사에 있어서 준수해야 할 구체적인 행위기준을 제공함으로써 법률에서 '행정관청의 구체적인 행위의무'가 나오지만, 헌법은 입법자에게 그가 존중해야 할 일반적이고 추상적인 방향만을 제시할 뿐, 언제 무슨 내용의 법률을 만들어야 하는지에 관해서는 원칙적으로 입법자의 형성에 맡기고 있기 때문에, 예외적으로 구체적인 헌법적 입법위임을 제외한다면, 헌법에서는 원칙적으로 '입법자의 구체적인 입법의무'가 나오지 않는다.

25) Vgl. Böckenförde, Die Methoden der Verfassungsinterpretation, NJW 1976, S.2099.

26) BVerfGE 50, 337.

나. 헌법에 의한 입법자의 구속의 정도

(1) 입법자의 형성권은 입법자가 규율하고자 하는 영역에 관하여 입법자를 구속하는 헌법규정이 존재하는지 여부에 달려 있다.[27] 헌법에 규정되지 않은 모든 문제는 공동체 형성의 주체로서의 입법자가 결정해야 할 사항이다. 입법자의 형성권은 '헌법이 스스로 정한 것'에 의해서만 구속되고 제한을 받는다. 헌법에 규율되지 않은 것, 즉 헌법의 空白은 입법자에게는 자유공간을 의미한다. '입법자의 형성권'에서 입법자가 헌법에 의하여 어느 정도로 구속을 받는지 '구속의 정도'가 나타나며, 이는 동시에 헌법재판의 한계이기도 하다. 헌법재판소의 유일한 심사기준은 헌법규범이지 헌법재판소의 정치적 판단이 아니므로, 법률의 위헌심사를 위한 헌법적 기준이 존재하는 범위 내에서 헌법재판소에 의한 규범통제가 가능하다. 이로써 헌법재판소의 심사범위는 헌법의 구속력이 미치는 범위, 즉 헌법의 규범적 효력에 의하여 결정된다. 헌법재판소는 지나치게 확장적인 헌법해석을 통하여 '헌법이 스스로 규정하지 않고 입법자의 정치적 형성에 맡긴 개방적인 사안'을 스스로 결정해서는 안 된다.

(2) 입법자가 규율하려는 영역에 관하여 헌법이 아무런 행위지침이나 행위의 한계를 제시하지 않은 경우에는 입법자가 존중해야 하는 헌법규범이 존재하지 않으므로, 입법자는 당연히 헌법의 구속을 받지 않는다.[28] 이러한 경우 법률의 위헌성 판단을 위한 심사기준이 존재하지 않으므로, 헌법재판소의 사법적 심사는 법률에 대한 합헌판단에 이를 수밖에 없다.

그러나 헌법이 비록 개방적이고 추상적이지만 스스로 규율하고 있는 영역에서 입법자가 입법을 통하여 헌법을 구체화하고 실현하는 경우에는 입법자의 결정이 헌법규범과 합치하는지의 문제가 발생하고, 헌법규범을 심사기준으로 하는 헌법재판소의 규범통제가 가능하다. 헌법규범이 그의 추상성·개방성으로 말미암아 여러 가지 상이한 평가를 허용하는 경우에는 헌법재판소는 사회형성에 관한 입법자의 판단을 부정하고 자신의 헌법해석을 '헌법의 객관적인 내용'으로 승격시켜 심사기준으로 삼아서는 안 된다. 이러한 경우 헌법재판소는 입법자의 결정이 가장 합리적이고 합목적적이며 정당한 해결책인지 여부를 심사해서는 안 되고, 입법자의 형성권이 헌법적 한계를 넘었는지 여부만을 심사해야 한다. 한편, 헌법이 예외적으로 입법자를 구속하는 명백한 헌법위임을 부과하는 경우에는 헌법재판소가 헌법상의 입법의무를 이행했는지 또는 제대로 이행했는지 여부를 심사하게 된다.[29]

---

27) Vgl. Schlaich, Das Bundesverfassungsgericht, 1994, Rn.494; Stein, Staatsrecht, 1993, S.160f.
28) Vgl. BVerfGE 62, 1, 51.
29) 우리 헌법에서 헌법위임은 '사회적 기본권에 내포된 헌법적 입법의무' 및 '자유권 또는 헌법 제10조 제2문의 해석을 통하여 도출되는 입법자의 기본권 보호의무'의 2가지로 나누어 볼 수 있다, 이에 관하여 자세하게 한

2. 合憲的 法律解釋에 의한 입법형성권의 존중

'합헌적 법률해석'이란, 법률이 法文의 범주 내에서 여러 가지로 해석될 수 있고, 그 해석에 따라 때로는 위헌적 결과를 때로는 합헌적인 결과를 가져온다면, 합헌적인 결과에 이르는 해석을 채택함으로써 법률에 내재하는 위헌성을 제거해야 하고, 그 법률은 위헌으로 선언되어서는 안 된다는 해석원칙을 말한다. 이 경우 헌법재판소는 위헌결정을 내리지 않고, 단지 '법률을 어떠한 식으로 해석하는 한, 헌법에 위반된다 또는 위반되지 않는다'는 것을 확인하는 결정을 내리게 된다. 이러한 결정유형인 限定合憲決定 및 限定違憲決定은 합헌적인 법률해석의 필연적인 결과이다.

합헌적 법률해석은 민주주의원리와 권력분립원리의 관점에서 입법자의 '입법형성권에 대한 존중'의 표현이다. 사법기능을 담당하는 기관은 가능한 한 입법자의 입법권을 존중하여 입법자가 제정한 규범이 계속 존속하고 효력이 유지될 수 있도록 해석하여야 한다. 그러므로 합헌적 법률해석은 헌법재판소뿐만 아니라 모든 법원에 부과된 의무이다. 법원은 헌법재판소에 위헌제청을 하기 전에 위헌의 의심이 있는 법률을 합헌적으로 해석하여 법률의 위헌성이 제거될 수 있는지를 우선 살펴보아야 하며, 법원은 합헌적 법률해석을 통하여 법률을 적용하려는 시도에도 불구하고 위헌의 의심이 해소되지 않는 경우에 비로소 헌법재판소에 위헌제청을 해야 한다. 합헌적 법률해석은 헌법재판소의 독점적 권한이 아니라, 법률을 해석·적용하는 모든 사법기관의 권리이자 의무이다. 물론, 헌법재판소가 법률의 위헌여부에 관한 최종적인 결정권을 가지고 있으므로, 합헌적 해석을 통하여 법률에 내재하는 위헌성을 제거할 수 있는지 여부의 결정, 즉 합헌적인 법률해석에 관한 최종적인 결정권도 헌법재판소에 귀속된다. 그러므로 헌법재판소가 일단 심판절차에서 합헌적 법률해석을 통하여 그 결과로서 한정위헌결정이나 한정합헌결정을 내리면, 헌법재판소법 제47조 제1항에 따라 법원을 비롯하여 모든 국가기관은 헌법재판소의 결정에 구속을 받는다.

또한, 합헌적 법률해석의 한계도 입법자의 형성권에 대한 존중으로부터 나온다. 입법자의 형성권은 합헌적 해석의 근거이자 동시에 한계를 제시한다. 헌법재판소는 합헌적 해석을 통하여 입법자의 원래 의사를 왜곡·변형하거나 대체해서는 안 된다. 그러므로 헌법재판소는 법률을 해석함에 있어서 文意的 한계와 法目的的 한계를 넘지 않도록 유의해야 한다.[30] 헌법재판소가 '입법권에 대한 존중'이라는 이름 아래 무리한 법률해석을 통하여 문제되는 법률의 효력을 유지시킨다면, 오히려 입법자의 입법권이 침해될 위험이 있다. 이러한 경우에는 차라리 법률을 무효로 선언하여 그 규율대상을 입법자로 하

수웅, 입법부작위에 대한 헌법소원, 현대헌법학이론(이명구박사 화갑기념논문집 I), 1996, 723면 이하.

30) 허영, 한국헌법론, 1994, 81면 참조.

여금 새로이 규율하도록 되돌려 주는 것이 오히려 헌법적으로 바람직하다.[31]

3. 憲法不合致決定에 의한 입법형성권의 존중

심판대상인 법률의 위헌성이 인정되지만 위헌결정으로는 헌법적 요청을 충족시킬 수 없는 경우, 헌법재판소는 단지 법률의 위헌성만을 확인하는 헌법불합치결정을 하고 있다.[32] 위헌적 법률은 '위헌결정'을 통하여 그 효력을 상실하는 것이 법치국가적 관점에서 원칙이지만, 이에 대한 예외에 해당하는 '헌법불합치결정'은 무엇보다도 입법자의 형성권에 의하여 정당화된다.[33] 헌법불합치결정을 정당화하는 사유를 살펴보면, 일차적으로 施惠的 법률이 평등권에 위반되는 경우, 헌법재판소는 입법자의 형성권을 존중하여 법률의 위헌선언을 피하고 단지 법률의 위헌성만을 확인하는 헌법불합치결정을 한다.

자유권을 침해하는 법률에 대해서는 위헌결정을 통하여 위헌적 법률을 제거하고 이로써 자유권에 대한 침해를 제거함으로써만 합헌적인 상태가 자동으로 회복될 수 있다. 이러한 경우 위헌적 법률에 대하여 무효선언을 하도록 이미 헌법적으로 규정되어 있기 때문에, 위헌성의 제거에 관한 한, 헌법재판소가 결정을 내리는 과정에서 고려해야 할 '입법자의 형성권'이 원칙적으로 존재하지 않는다.[34] 이러한 이유로 자유권을 침해하는 위헌적 법률에 대하여 헌법불합치결정을 하는 것은 원칙적으로 정당화되지 않는다. 그러나 시혜적 법률이 평등권에 위반되는 경우에는 합헌적 상태가 여러 가지 다양한 방법으로 실현될 수 있기 때문에, 헌법재판소의 위헌결정을 통하여 위헌적 법률을 단순히 제거해서는 합헌적 상태가 궁극적으로 회복될 수 없다.[35] 여기서 '누가 평등원칙의 위반을 제거해야 하는지'의 문제는 헌법상의 권력분립 및 기능질서에서 헌법재판소와 입법자 사이의 권한배분의 문제이다.

---

31) Vgl. Schlaich, Das Bundesverfassungsgericht, 1994, Rn.414ff.; Schneider, Verfassungsgerichtsbarkeit und Gewaltenteilung, NJW 1980, S.2110; 한국문헌으로는 허영, 합헌적 법률해석의 본질과 한계, 헌법논총 제3집(1992), 169면 이하, 172, 199면.

32) 최초의 헌법불합치결정으로는 헌재 1989. 9. 8. 88헌가6(국회의원선거법상의 기탁금사건).

33) 헌법불합치결정에 관하여 자세한 것은 한수웅, 헌법불합치결정의 헌법적 근거와 효력, 헌법논총 제6집(1995), 481면 이하 참조.

34) Vgl. Hein, Die Unvereinbarerklärung verfassungswidriger Gesetze durch das BVerfG, 1988, S.114f.; Schlaich, Das Bundesverfassungsgericht, 1994, Rn.369.

35) 예컨대 어떤 법률규정이 A 집단에게만 혜택을 부여하고 B 집단을 평등원칙에 위배되게 그 혜택에서 제외했다면, 이 경우 합헌적 상태를 다시 회복할 수 있는 방법으로는, 첫째, 법률규정이 수혜자의 범위를 확대하여 B 집단에게도 혜택을 부여하거나, 둘째, 법률규정이 A 집단에게 부여한 혜택을 폐지하여 아무에게도 혜택을 주지 않든지, 셋째, 수혜자의 범위를 A, B 집단과 관계없이 다시 새로운 관점에서 확정하는 3가지의 가능성이 있다. 그러나 위 세 가지 방법 중에서 어느 것을 선택해야 하는지의 문제는 헌법적으로 先決되어 있지 않기 때문에, 헌법은 이에 대하여 아무런 대답을 제시하지 않는다. 이 경우 헌법재판소가 단순위헌결정을 내린다면, 법률규정은 효력을 상실하게 되고 A 집단도 또한 그에게 부여된 혜택을 박탈당하게 된다. 그러나 이러한 결정은 합헌적 상태의 궁극적인 회복이 아니라 합헌적 상태를 회복할 수 있는 여러 방법 중에서 단지 하나의 선택으로서, 어떻게 합헌적인 상태를 다시 회복하는지의 문제는 헌법재판소의 권한이 아니라 입법자의 과제에 속하는 것이다.

시혜적 법률이 평등권에 위반되는 경우 평등원칙의 위반이 어떠한 방법으로 치유되어야 할 것인지에 관하여는 헌법적으로 규정되어 있지 않으므로, 헌법재판소가 무효선언을 한다면, 위헌적 상태를 제거하기는 하지만 입법자의 의사와 관계없이 헌법적으로 규정되지 않은 법적 상태를 일방적으로 형성하게 된다. 자유권에 대한 침해의 경우 위헌적 상태가 '위헌결정'이라는 '한 단계의 행위'를 통해서 제거되는 반면, 평등원칙의 위반은 언제나 헌법재판소에 의한 '헌법위반의 확인'과 그에 따른 '입법자의 입법개선'을 통한 위헌적 상태의 궁극적 제거라는 '두 단계의 행위'를 통하여 치유된다. 입법자와 헌법재판소 사이의 헌법상 권한과 기능의 분배의 관점에서, 헌법재판소는 평등원칙에 위반된 법률에 대하여 무효선언을 할 권한이 없다. 시혜적 법률이 평등원칙에 위반되는 경우, 그 결과에 대하여 책임을 지고 그로부터 일정한 결론을 이끌어 내야 하는 것은 입법자의 과제이다. 헌법재판소가 위헌결정을 통하여 평등원칙에 위반된 시혜적 법률을 제거한다면, 이는 입법자에 대한 일방적인 형성행위를 의미한다. 그러므로 시혜적 법률이 평등원칙에 위배된 때에는, 헌법재판소는 헌법불합치결정을 통해 단지 평등원칙의 위반, 즉 헌법 위반만을 확인하게 된다.

4. 行爲規範과 統制規範의 구분

가. 구분의 의미

헌법재판의 기능적 한계에 관한 중요한 관점은, 헌법이 입법자와 헌법재판소 중에서 누구를 受範者로 하는지, 즉 헌법이 누구를 구속하는지에 따른 '행위규범과 통제규범의 구분'이다. 헌법재판소와 입법자는 모두 헌법의 구속을 받으나, 그 구속의 성질은 서로 다르다. 헌법은 입법자나 집행부와 같이 적극적으로 형성적 활동을 하는 정치적 국가기관에게는 행위의 지침이자 한계인 '행위규범'을 의미하나, 사법기관인 헌법재판소에게는 다른 국가기관 행위의 합헌성을 사법적으로 심사하는 기준으로서 '통제규범'을 의미한다.[36)]

만일 국가기관에 대한 헌법규범의 구속의 성격에 있어서 행위규범과 통제규범의 구분이 폐지되어 '입법자의 헌법에의 구속의 정도'와 '헌법재판소의 司法的 審査의 범위'가 일치한다면, '입법자의 헌법에의 구속'은 결과적으로 '헌법재판소의 판단 및 관점에의 구속'으로 변질된다. 이는 국가공동체의 모든 것이 헌법재판소의 결정에 따라 형성됨으로써, 헌법재판소가 정치적 형성의 최종적 주체가 되는 '司法國家 또는 裁判國家'의 도입을 의미하고, 이로써 헌법이 설정한 권력분립적 기능질서의 폐지를 의미한다. 그러므

36) Vgl. Hesse, Funktionelle Grenzen der Verfassungsgerichtsbarkeit, in: Festschrift für Huber, 1981, S.269; Bryde, Verfassungsentwicklung, 1982, S.307; Schlaich, Das Bundesverfassungsgericht, 1994, Rn.480.

로 헌법규범이 국가기관 중에서 누구를 수범자로 하는지에 따라 행위규범과 통제규범으로서의 헌법규범의 상이한 기능이 구분되어야 한다. 헌법재판소가 사법적 심사를 단지 '입법자의 정치적 형성권이 헌법적 한계 내에 머물고 있는지'의 심사에 국한시켜야만, 입법자의 형성권이 보장될 수 있고, 궁극적으로 민주국가적·권력분립적 기능질서가 보장될 수 있다.[37]

나. 행위규범과 통제규범으로서 평등권의 기능

행위규범·통제규범의 구분과 헌법재판소의 기능적 한계와의 연관관계를 대표적으로 잘 보여주는 것이 바로 평등원칙이다. 헌법재판소의 심사기준이 되는 '통제규범'으로서의 평등원칙은 단지 恣意禁止原則으로서 입법·집행·사법기관에게 공권력에 의한 자의적인 차별을 금지한다. 즉, 헌법재판소는 입법자의 결정에서 차별을 정당화할 수 있는 아무런 합리적인 이유를 찾아 볼 수 없는 경우에만 평등원칙의 위반을 확인하게 된다. 그러나 평등원칙은 입법자에게는 '행위규범'으로서 가능하면 정의에 부합하도록 본질적으로 같은 것은 같게 다른 것은 다르게 규율할 것을 요구함으로써 '자의의 금지' 이상의 훨씬 많은 것을 요구한다. 이로써 평등원칙은 입법자에 대해서는 '법적 평등의 실현의무'를, 헌법재판소에 대하여는 단지 '자의금지원칙'을 의미하게 된다. 헌법재판소도 이를 다음과 같이 확인하고 있다.[38]

"평등원칙은 행위규범으로서 입법자에게, 객관적으로 같은 것은 같게 다른 것은 다르게, 규범의 대상을 실질적으로 평등하게 규율할 것을 요구하고 있다. 그러나 헌법재판소의 심사기준이 되는 통제규범으로서의 평등원칙은 단지 자의적인 입법의 금지기준만을 의미하게 되므로 헌법재판소는 입법자의 결정에서 차별을 정당화할 수 있는 합리적인 이유를 찾아 볼 수 없는 경우에만 평등원칙의 위반을 선언하게 된다. 즉 헌법에 따른 입법자의 평등실현의무는 헌법재판소에 대하여는 단지 자의금지원칙으로 그 의미가 한정축소된다. 따라서 헌법재판소가 행하는 규범에 대한 심사는 그것이 가장 합리적이고 타당한 수단인가에 있지 아니하고 단지 입법자의 정치적 형성이 헌법적 한계내에 머물고 있는가 하는 것에 국한시켜야 하며, 그럼으로써 입법자의 형성의 자유와 민주국가의 권력분립적 기능질서가 보장될 수 있다."

다. 행위규범과 통제규범으로서 사회적 기본권의 기능

(1) 입법자의 형성권을 보장하기 위하여 '행위규범과 통제규범의 구분'이 요청되는 또 다른 영역은 사회적 기본권이다. 헌법재판소는 사회적 기본권에 관한 결정에서 '행위규

37) Vgl. Bryde, Verfassungsentwicklung, 1982, S.306f.; Hesse, Grundzüge des Verfassungsrechts der BRD, 1993, Rn.569.
38) 헌재 1997. 1. 16. 90헌마110 등(교통사고처리특례법), 판례집 9-1, 90, 115.

범과 통제규범의 구분'을 명시적으로 언급하였고, 국가기관 중에서 누가 사회적 기본권 실현의 주체가 되는지에 따른 사회적 기본권의 상이한 기능을 다음과 같이 이론적으로 구성하였다.[39)]

"그런데 모든 국민은 인간다운 생활을 할 권리를 가지며 국가는 생활능력 없는 국민을 보호할 의무가 있다는 헌법의 규정은 모든 국가기관을 기속하지만, 그 기속의 의미는 적극적·형성적 활동을 하는 입법부 또는 행정부의 경우와 헌법재판에 의한 사법적 통제기능을 하는 헌법재판소에 있어서 동일하지 아니하다. 위와 같은 헌법의 규정이, 입법부나 행정부에 대하여는 국민소득, 국가의 재정능력과 정책 등을 고려하여 가능한 범위 안에서 최대한으로 모든 국민이 물질적인 최저생활을 넘어서 인간의 존엄성에 맞는 건강하고 문화적인 생활을 누릴 수 있도록 하여야 한다는 행위의 지침 즉 행위규범으로서 작용하지만, 헌법재판에 있어서는 다른 국가기관 즉 입법부나 행정부가 국민으로 하여금 인간다운 생활을 영위하도록 하기 위하여 객관적으로 필요한 최소한의 조치를 취할 의무를 다하였는지를 기준으로 국가기관의 행위의 합헌성을 심사하여야 한다는 통제규범으로 작용하는 것이다."

(2) 위 판시내용에서 설시하는 바와 같이, '행위규범'으로서의 사회적 기본권은 입법자에게 국민소득이나 국가의 급부능력, 국가의 다른 과제와의 관계에서 보아 실질적으로 보장할 수 있는 것을 보장해야 할 의무를 부과하고 있다. 그러나 헌법재판소의 심사기준이 되는 '통제규범'으로서의 사회적 기본권은 국가가 사회적 기본권의 객관적인 내용을 실현하기 위하여 필요한 적어도 최소한의 조치를 취할 의무만을 뜻하게 된다.[40)]

사회적 기본권이 법적 구속력이 없고 단지 선언적 성격만 갖고 있다면, 이는 헌법국가에서 모든 국가기관이 헌법의 구속을 받는다는 원칙과 합치될 수 없다. 그러나 다른 한편으로 사회적 기본권에 법적 구속력을 인정한다면, 헌법재판소가 입법자에 의한 사회적 기본권의 실현 여부를 司法的으로 심사를 할 수 있게 됨에 따라, 사회형성의 주체가 입법자에게서 헌법재판소로 옮겨짐으로써 헌법의 민주적·권력분립적 기능질서와 부합될 수 없는 권한의 轉移를 가져올 우려가 있다. 그러나 이러한 外見上의 모순적 상황은, '법적 구속'은 곧 '사법적 심사'라는 사고에 따라 입법자의 헌법에의 구속의 정도와 헌법재판소에 의한 사법적 심사의 범위를 일치시킴으로써 발생한다. 그러나 모든 국가권력이 헌법의 구속을 받음에도 불구하고 司法國家(裁判國家)의 방향으로 헌법의 민주적·권력분립적 기능질서가 폐지되는 것을 막으려면, 사회적 기본권의 실현 주체가 누구인지에 따라 사회적 기본권의 상이한 기능이 구분되어야 한다. 입법자의 행위규범으

---

39) 헌재 1997. 5. 29. 94헌마33(1994 생계보호기준 위헌확인), 판례집 9-1, 543, 553-554.

40) 사회적 기본권에 관하여 자세하게, 한수웅, 헌법소송을 통한 사회적 기본권 실현의 한계, 인권과 정의, 1997/1, 70면 이하.

로서의 사회적 기본권의 의미와 헌법재판소의 통제규범으로서의 사회적 기본권의 의미가 구분되어야만, 입법자의 형성권이 유지될 수 있다.

라. 행위규범과 통제규범으로서 '국가의 기본권 보호의무'의 기능

헌법재판소는 국가의 기본권 보호의무에 관하여 처음으로 자신의 견해를 표명한 결정에서, 국가가 개인의 사적 자유영역을 존중해야 할 의무뿐만 아니라 적극적으로 개인의 기본권을 타인의 침해로부터 보호해야 할 의무를 인정하면서, 국가의 기본권 보호의무의 위반여부를 판단함에 있어서 행위규범과 통제규범으로서의 헌법규범의 성격을 구분할 것을 다음과 같이 다시 한 번 강조하였다.[41)]

"물론 입법자가 보호의무를 최대한으로 실현하려고 노력하는 것이 이상적이기는 하나, 그것은 헌법이 입법자에 대하여 하고 있는 요구로서 주기적으로 돌아오는 선거를 통한 국민심판의 대상이 될 문제이지, 동시에 헌법재판소에 의한 심사기준을 의미하지는 않는다. 만일 헌법재판소에 의한 심사기준을 입법자에 대한 헌법의 요구와 일치시킨다면, 이는 바로 공동체의 모든 것이 헌법재판소의 판단과 관점에 의하여 결정되는 것을 의미하며, 결과적으로 헌법재판소가 입법자를 구축하고 정치적 형성의 최종적 주체가 됨으로써 우리 헌법이 설정한 권력분립적 기능질서의 폐지를 의미하게 된다. 그러므로 헌법재판소는 권력분립의 관점에서 소위 '과소보호금지원칙'을, 즉 국가가 국민의 법익보호를 위하여 적어도 적절하고 효율적인 최소한의 보호조치를 취했는가를 기준으로 심사하게 된다. 따라서 입법부작위나 불완전한 입법에 의한 기본권의 침해는 입법자의 보호의무에 대한 명백한 위반이 있는 경우에만 인정될 수 있다. 즉 국가가 국민의 법익을 보호하기 위하여 전혀 아무런 보호조치를 취하지 않았던지 아니면 취한 조치가 법익을 보호하기에 명백하게 전적으로 부적합하거나 불충분한 경우에 한하여 헌법재판소는 국가의 보호의무의 위반을 확인할 수 있을 뿐이다."

5. 헌법해석을 통하여 도출되는 헌법적 입법의무의 원칙적인 否定

헌법재판소는 사법서사법시행규칙을 두지 아니한 입법부작위에 대한 헌법소원의 適法與否가 문제된 '사법서사법시행규칙에 관한 헌법소원'(헌재 1989. 3. 17. 88헌마1)에서 처음으로 "입법부작위에 대한 헌법재판소의 재판관할권은 극히 한정적으로 인정할 수밖에 없다고 할 것인 바, 생각건대 헌법에서 기본권보장을 위해 법령에 명시적인 입법위임을 하였음에도 입법자가 이를 이행하지 않을 때, 그리고 헌법 해석상 특정인에게 구체적인 기본권이 생겨 이를 보장하기 위한 국가의 행위의무 내지 보호의무가 발생하였

41) 헌재 1997. 1. 16. 90헌마110 등(교통사고처리특례법). 판례집 9-1, 90, 121-122.

음이 명백함에도 불구하고 입법자가 전혀 아무런 입법조치를 취하고 있지 않은 경우가 여기에 해당될 것이며, 이때에는 입법부작위가 헌법소원의 대상이 된다고 봄이 상당할 것이다."이라고 판시하여, 입법부작위가 헌법소원의 대상이 될 수 있다는 것을 확인하였다.[42)]

입법부작위가 성립하기 위해서는 우선 헌법이 요구하는 입법자의 입법의무가 존재해야 한다.[43)] 그러므로 '입법부작위'는 헌법이 입법자에게 입법의무를 부과함에도 불구하고 입법자가 이를 이행하고 있지 않는 법적 상태를 의미한다. 헌법적 입법의무를 어느 정도로 인정하는지의 문제는 바로 입법자와 헌법재판소 사이에서 헌법을 실현하고 구체화하는 공동과제의 배분과 직결된 문제이다. 입법자와 헌법재판소 모두 국가권력으로서 헌법규범의 구속을 받고, 입법자는 입법작용을 통하여, 헌법재판소는 헌법의 해석과 적용을 통한 헌법재판의 형태로 각 헌법을 구체화하고 실현한다. 헌법에 명시적으로 표현된 명백한 입법위임을 넘어서 헌법해석을 통하여 입법자의 헌법적 의무를 폭넓게 인정할수록, 입법자의 형성의 자유는 축소되고 헌법해석의 최종적 결정권자이자 입법자에 대한 통제자인 헌법재판소의 결정에 구속을 받게 된다.

따라서 헌법의 권력분립원리와 민주주의원리는 입법자의 민주적 형성의 자유를 유지하기 위하여 헌법적 입법의무는 단지 예외적으로 인정되고 가능하면 헌법상의 명시적인 위임에 제한될 것을 요구한다.[44)] 이러한 이유에서 헌법에 명백하게 표현된 입법의무는 그 '내용과 범위'에 있어서도 본질적으로 규정되어야 한다. 즉, 입법자의 행위의무가 헌법에 명시적으로 구체화되어 있어서 헌법재판소가 입법자의 정치적 형성권을 침해함이 없이 헌법에서 스스로 명백한 법적 결과를 도출할 수 있어야 한다. 그렇지 않은 경우에는 헌법재판소가 자신의 판단을 헌법적 요청으로 승격시킴으로써 입법자의 형성권을 침해할 위험이 있다.

Ⅳ. 헌법해석에 따른 헌법재판의 범위

1. 헌법해석과 헌법재판소 권한의 관계

헌법해석에 관한 헌법재판소의 결정은 헌법재판소와 입법자 사이의 권한배분에 관한 결정을 의미한다. 특히 헌법재판소가 '기본권'을 어떻게 해석하고 이해하는지에 따라 권한배분의 효과가 명백히 드러나기 때문에, 기본권해석의 방법은 곧 입법자와 헌법재판

42) 판례집 1, 9, 17.
43) 입법부작위에 관하여 김지형, 입법부작위에 관한 헌법문제, 헌법재판제도의 발전, 헌법재판자료 제5집(1992. 12.), 19면 이하; 한수웅, 입법부작위에 대한 헌법소원, 현대헌법학이론(이명구박사 화갑기념논문집 I), 1996, 686면 이하.
44) 헌재 1996. 11. 28. 93헌마258(입법부작위 위헌확인).

소 사이의 권한배분의 문제와 직결된다.[45] 헌법재판소가 국가기관에 의한 기본권침해 여부를 최종적으로 심사하므로, 심사기준인 기본권이 어느 정도로 어떠한 효력을 가지는지에 따라 헌법재판소와의 관계에서 입법자의 형성공간과 사법기관의 판단공간이 결정된다. 따라서 기본권해석의 문제는 현존하는 헌법재판제도를 함께 고려하여 논의되어야 한다.

헌법재판소는 지나치게 확장적인 헌법해석을 통하여 입법자와의 관계에서 헌법상의 권력분립적 기능질서의 한계를 넘을 수 있다. 민주주의도 헌법의 의사에 따라 법치국가적으로 제약을 받는다는 그 자체로서 타당한 사고에도 불구하고, 헌법재판이 활성화되고 법치국가적·기본권적 요소가 강하게 강조될수록, 헌법재판은 헌법재판소의 헌법해석을 통하여 점차 민주국가적 요소, 즉 입법자의 형성권을 제한하는 경향으로 나타난다. 헌법재판소가 적극적인 해석을 통하여 '기본권'과 같이 불확실하고 추상적인 헌법규정에서 법률에 대한 상세한 심사기준이나 입법자에 대한 구체적인 행위지침을 도출해 낸다면, 입법자의 형성권이 크게 축소됨으로써 의회민주주의에 관한 헌법의 결정이 위협받을 수도 있다.

헌법재판소가 헌법해석의 가능성을 적극적으로 활용함으로써 추상적인 헌법규범으로부터 다양한 헌법적 요청을 도출할수록, 입법자는 헌법재판소에 의하여 구체화된 헌법규범의 구속을 받게 되므로, 헌법재판소에 의한 헌법규범의 구체화는 곧 헌법재판의 가능성과 범위를 결정하게 된다. 헌법재판소가 해석을 통하여 기본권의 적용범위와 효력을 확대할수록, 입법자가 자유로이 결정할 수 없고 헌법재판소의 통제 하에서 헌법재판소에 의하여 이미 확정된 헌법규범을 적용하는 영역이 확대된다. 그러므로 헌법재판소의 매우 적극적이고 확장적인 기본권 해석은 헌법재판소로 하여금 사회형성의 주체로서 기능하게 함으로써, 의회민주주의가 司法國家 또는 裁判國家로 변질될 위험이 있다.[46] 반대로 지나치게 소극적인 기본권 해석은 기본권을 입법자의 처분에 맡김으로써 기본권의 효력을 유명무실하게 할 우려가 있다.

헌법재판소가 기본권을 강조하고 기본권에 다양하고 강력한 효력을 부여할수록 소위 '基本權國家'의 실현이 가능하나, 헌법재판소에 의한 기본권국가의 지나친 실현은 민주주의의 위축을 가져오게 된다.[47] 아래에서는 헌법해석에 의하여 헌법재판소 활동영역의 범위가 결정되는 예를 헌법재판소의 판례를 통하여 구체적으로 살펴보기로 한다.

---

45) Vgl. Böckenförde, Grundrechte als Grundsatznorm, zur gegenwärtigen Lage der Grundrechtsdogmatik, Der Staat 1990, S.31; ders., Die Methoden der Verfassungsinterpretation, NJW 1976, S.2069f.; Wahl, Der Vorrang der Verfassung, Der Staat 1981, S.505.

46) 이러한 위험에 대하여 극적으로 표현한 논문으로는 vgl. Böckenförde, Grundrechte als Grundsatznorm, zur gegenwärtigen Lage der Grundrechtsdogmatik, Der Staat 1990, S.26ff.

47) Vgl. Stein, Staatsrecht, 14. Aufl., 1993, S.168.

2. 행복추구권의 해석을 통한 헌법재판소 권한의 확대

가. 보충적 자유권으로서 행복추구권

헌법재판소는 헌법 제10조 제1문에 보장된 '행복을 추구할 권리'에 기본권적 성격을 부여하고, 나아가 행복추구권의 보호범위의 확장적 해석을 통하여 기본권침해를 확인하는 자신의 권한을 확대하였다. 헌법재판소가 '행복추구권'을 일반적 행동자유권으로 해석함으로써,[48] 기본권으로 보호할 가치가 있는 특정 생활영역뿐만 아니라 인간의 모든 활동영역이 기본권적으로 보호되었다. 국가의 공권력행위에 의하여 국민이 받는 모든 형태의 부담이 곧 기본권의 침해를 의미하고 이로써 모든 공권력행위에 대하여 헌법소원을 제기할 수 있는 길을 열어놓았다. 기본권의 이러한 해석은 헌법소원심판에서 기본권의 침해를 확인하는 헌법재판소의 권한을 현저하게 확대하였다.

나. '합헌적 법률에 의한 자유권 제한의 원칙'에 의한 통제가능성의 확대

청구인은 법률에 대한 헌법소원을 적법하게 제기하기 위해서 법률에 의한 기본권의 침해를 주장해야 한다. 우리 헌법재판소는 지금까지 '자유권의 침해'를 법률의 내용에 의하여 자유권이 침해되는 경우로 제한적으로 이해하고 있다. 반면에, 독일 연방헌법재판소는 여기서 한보 더 나아가, '개인의 자유권은 형식적으로 그리고 실체적으로 헌법질서와 합치하는 법률에 의해서만 제한될 수 있다'는 원칙을 확립하였다.[49] 즉 개인은 공익상의 사유로 자신의 자유권이 제한되는 것을 일정 한도 내에서 수인해야 하지만, 적어도 국가에 대하여 '형식적으로 그리고 실체적으로 모든 관점에서 합헌적인 법률'에 의해서만 자신의 자유권이 제한될 것을 요구할 수 있다는 것이다.

그러므로 법률이 그 내용에 있어서는 자유권을 합헌적으로 제한한다 하더라도 그 외의 다른 헌법규범에 위반될 수 있다면, 법률에 의한 '자유권 침해의 가능성'이 존재하게 된다. 여기서 '그 외의 다른 헌법규범'이란 법치국가원리와 같은 헌법상의 기본원리, 헌법이 규정하는 입법절차, 국가기관간의 권한분배에 관한 규범 등 모든 객관적 성격의 헌법규범을 말한다.[50] 헌법재판소가 이러한 입장에 선다면, 국민에게 부담을 부과하는

48) 헌재 1991. 6. 3. 89헌마204.

49) BVerfGE 9, 83, 88; 17, 306, 313; 42, 20, 27; 75, 108, 149; 78, 205, 209.

50) Vgl. BVerfGE 13, 237, 239, 독일 연방헌법재판소는 상점의 폐점시간을 규율하는 閉店時間法(Ladenschluß-gesetz)에 대한 헌법소원심판에서 "직업행사의 자유는 오로지 합헌적인 법률에 의해서만 규율될 수 있기 때문에, 청구인이 위 법률을 제정한 연방의 입법권이 존재하지 않는다는 이유로 폐점시간법의 무효를 주장한다면, 그는 이로써 직업의 자유란 기본권의 침해를 주장하는 것이다."라고 판시하였다. 또한, BVerfGE 44, 308, 313; 68, 193, 216, 위 두 결정에서도 모두 입법절차의 하자를 이유로 법률에 대하여 헌법소원을 제기하였다. 처음에는 일반적 행동자유권(Art.2 I GG)에 대하여 인정된 '합헌적 법률에 의한 기본권제한의 원칙'은 그 후 모든 기본권에 대해서도 확대되었다.

침해적 법률이 어떠한 형태로든 헌법에 위반된다는 것은 곧 결과적으로 '자유권의 위헌적 제한, 즉 침해'를 의미하게 된다.[51]

따라서 개인은 자유권을 제한하는 법률에 대하여 그 내용적 위헌여부를 다툴 수 있는 것은 물론이고, 나아가 그 법률이 헌법이 정한 입법절차나 다른 객관적 헌법규범(가령, 독일의 경우 연방과 주 사이의 권한배분질서)에 위반된다는 이유로 헌법소원을 제기할 수 있다.[52] 즉, 개인은 내용적으로 합헌적일뿐만 아니라 절차적으로도 합헌적인 법률에 의해서만 자신의 자유권을 제한할 것을 국가로부터 요구할 수 있으므로, 헌법소원의 형태로 과잉금지원칙이나 평등원칙의 위반과 같은 내용적 하자를 주장할 수 있을 뿐만 아니라 단지 헌법상 입법절차의 위반을 이유로도 헌법소원을 제기할 수 있는 것이다. 헌법재판소가 헌법소원심판에서 어느 정도까지 입법절차의 결과인 '법률의 내용'뿐만 아니라 '입법절차 그 자체'를 심사할 수 있는지의 문제에 있어서, '憲法的으로 규정된 입법절차'의 준수는 당연히 헌법재판소의 심사대상이 된다. 그러나 헌법재판소에 의한 심사가 법률의 내용적·절차적 '합헌성 여부'에 제한되기 때문에, '법령이나 규칙 등으로 규율된 입법절차'의 준수는 헌법소원심판에서 헌법재판소의 심사대상이 될 수 없다.

한편, 헌법소원심판에 '합헌적 법률에 의한 자유권 제한의 원칙'을 도입함으로써, 개인의 주관적 권리의 침해를 주장해야만 헌법소원심판을 청구할 수 있다는 '적법성 차원에서의 제한'은 사실상 폐지되고, 주관적 권리구제절차인 헌법소원심판은 일종의 객관적 규범통제절차로 변질된다는 것을 부인할 수 없다. 이러한 성격의 헌법소원심판에서 자유권은 개인의 사적 자유영역에 대한 국가의 부당한 침해를 금지하는 방어권의 의미를 넘어서, 입법자가 헌법을 준수할 것을 전반적으로 요구하고 이를 관철하는 주관적 공권의 기능을 가지게 된다. 헌법재판제도가 헌법이 정한 입법절차의 준수 여부나 다른 객관적 헌법규범의 위반 여부를 심사할 수 있는 별도의 위헌법률심판이나 권한쟁의심판을 두고 있다는 점을 고려한다면, 헌법재판소가 이러한 방법으로 헌법소원의 제기 가능성을 확대하는 것은 법이론적으로 필연적인 것은 아니다.

헌법재판소는 헌법규범의 해석에 있어서 '합헌적 법률에 의한 자유권 제한의 원칙' 등과 같은 객관적 원칙을 수립하거나 아니면 기본권의 효력범위를 확대함으로써 심사기준으로서의 헌법의 밀도를 높이고 이로써 입법자에 대한 통제가능성을 확대할 수 있다는 것을 위의 예는 잘 보여주고 있다.

---

51) Vgl. Schlaich, Das Bundesverfassungsgericht, 1994, Rn.15, 213.

52) 만일 헌법재판소가 독일 연방헌법재판소의 판례를 따라 위 원칙을 수용한다면, 법안이 소위 '날치기'로 통과된 경우에 개인은 '憲法上 입법절차'에 대한 하자를 이유로 헌법소원을 제기할 수 있는 길이 열리게 된다.

3. 국가의 기본권 보호의무의 인정

가. 자유권의 이중적 성격으로부터 나오는 국가의 보호의무

독일 연방헌법재판소는 일련의 결정에서, 국민의 생명권 및 신체불가침권을 규정하는 기본법 제2조 제2항 제1문은 국가공권력의 부당한 침해에 대한 소극적인 방어권(금지규범)일 뿐만 아니라, 국가에게 제3자(사인)의 위법적인 침해로부터 개인의 생명과 신체를 보호하고 유지해야 할 의무를 부과하고, 이에 상응하는 조치를 취할 것을 국가에게 명령하는 '명령규범'이라고 판시하였다.[53)]

연방헌법재판소와 같이, 자유권을 국가권력에 대한 '소극적 방어권'이자 동시에 '객관적 가치질서나 원칙규범'으로 파악한다면, 객관적 가치질서로서의 자유권은 헌법상의 기본원리인 법치국가원리·민주주의원리·사회국가원리와 마찬가지로 그 내용의 실현을 요구하게 된다. 객관적 가치질서로서의 기본권은 입법·사법·행정의 모든 국가행위의 방향을 제시하는 지침규정으로 작용함으로써, 기본권의 객관적인 내용을 실현해야 할 국가의 과제·의무조항을 의미한다.[54)] 따라서 자유권의 객관적인 측면에서 '자유권을 실현해야 할 의무'의 일종으로 자유권을 私人의 침해로부터 보호해야 할 국가의 보호의무가 나오게 된다.[55)] 자유권은 일차적으로 '소극적 방어권'으로서 국가의 공권력이 개인의 자유권을 부당하게 침해하는 것을 금지하고, 나아가 '객관적 가치질서'로서 국가가 제3자인 私人의 침해로부터 개인의 자유권을 보호해야 할 의무를 담고 있다. 對國家的 방어권과 국가의 기본권 보호의무란 두개의 자유권적 측면은 모두 자유권의 보호를 목적으로 하나, 방어권은 '국가로부터의' 침해를, 보호의무는 '사인으로부터의' 침해를 방지하고자 하는 것이다. 이로써 방어권은 국가에 대하여 사적 영역에 대한 침해의 금지란 '소극적 부작위'를, 보호의무는 국가로부터 그 의무의 실현을 위한 '적극적 행위'를 요구하고 있다.[56)]

나. 국가의 보호의무 도출을 통한 헌법재판소 권한의 확대

헌법재판소는 "우리 헌법은 제10조에서 국가는 개인이 가지는 불가침의 기본적 인권을 확인하고 이를 보장할 의무를 진다고 규정함으로써, 소극적으로 국가권력이 국민의 기본권을 침해하는 것을 금지하는데 그치지 아니하고 나아가 적극적으로 국민의 기본권

53) Vgl. BVerfGE 36, 1, 31f.; 39, 1, 41; 46, 160, 164; 49, 89, 141f.; 53, 30, 57; 56, 54, 73.

54) Vgl. Hesse, Grundrechte, in: Benda/Maihofer/Vogel(Hg), Handbuch des Verfassungsrechts, 1983, S.85; Stern, Das Staatsrecht der BRD, Bd.Ⅲ/1, S.92.

55) 기본권 보호의무에 관하여 자세하게 정태호, 기본권 보호의무, 인권과 정의, 1997/8, 83면 이하; 한수웅, 입법부작위에 대한 헌법소원, 현대헌법학이론(이명구박사 화갑기념논문집 Ⅰ), 1996, 710면 이하.

56) Vgl. Jarass, Grundrechte als Wertentscheidungen bzw. objektivrechtliche Prinzipien in der Rechtsprechung des BVerfG, AöR 110(1985), S.378ff.

을 타인의 침해로부터 보호할 의무를 부과하고 있다."고 판시함으로써, 자유권의 객관적인 측면을 통한 이론구성을 하지 않고 직접 헌법 제10조의 해석을 통하여 국가의 기본권 보호의무를 도출하였다.[57]

국가의 기본권 보호의무를 인정한다는 것은, 무엇보다도 입법자에게 제3자로부터의 기본권 침해의 위험을 방지할 수 있는 전반적인 법적 상태를 마련하고 유지해야 할 의무를 부과한다는 것을 의미한다. 이로써 헌법재판소는 사회적 기본권과 같은 헌법상의 명시적인 입법의무를 넘어서, 헌법해석을 통하여 입법자를 구속하는 또 다른 헌법적 입법의무를 인정하였고, 이러한 방법으로 입법자의 헌법에의 기속과 함께 헌법재판소의 통제범위가 확대되었다.[58] 헌법재판소는 한편으로는 소극적 방어권으로서의 자유권의 고전적인 기능으로는 기본권의 효과적인 보호가 어렵고, 다른 한편으로는 헌법 내에서 기본권이 차지하는 중요한 지위에 비추어 사인에 의한 침해에 대하여 기본권의 보호를 거부하는 것이 용납될 수 없다고 판단하였기 때문에, 헌법해석을 통하여 예외적으로 입법자의 헌법적 의무를 인정하였다.

다. 보호의무의 이행에 있어서 입법자의 이중적 구속

입법자는 보호의무를 이행하기 위하여 사인간의 관계를 규율함에 있어서, 항상 서로 대립하는 두개의 상이한 의무, 즉 '제3자의 기본권에 대한 존중의무'와 제3자 기본권의 제한을 통하여 실현되는 '보호의무'와 만나게 된다.[59] 입법자에 의한 보호의무의 이행은 동시에 가해자인 제3자 기본권의 제한을 의미하게 되므로, 보호의무는 필연적으로 제3자의 대국가적 방어권과 충돌하게 된다. 보호의무의 이행은 항상 피해자에게는 '자유의 보호'라는 이익으로, 가해자인 제3자에게는 '자유의 제한'이란 불이익으로 나타나는 양면적 성격을 띠고 있다.

그러므로 입법자는 보호의무를 이행함에 있어서, 한편으로는 사인에 의한 기본권침해에 대해서 아무런 조치를 취하지 않음으로써 피해자인 다른 사인을 아무런 보호를 받지 못하는 상태에 방치해서는 아니 되며, 다른 한편으로는 가해자인 제3자의 기본권을 존중하여 기본권을 제한하더라도 그 제한이 최소한에 그쳐야 한다. 입법자는 가해자인 제3자의 기본권을 최대한으로 존중하면서, 동시에 또한 피해자의 기본권도 충분히

---

57) 헌재 1997. 1. 16. 90헌마110 등(교통사고처리특례법에 대한 헌법소원), 위 결정에서 3인의 재판관은 헌법전문, 헌법 제10조, 헌법 제30조, 생명권 및 신체를 훼손당하지 아니할 권리의 객관적 측면으로부터 국가의 기본권 보호의무를 이끌어 내었다.

58) 헌법재판소는 헌법해석을 통하여 기본권 보호의무를 도출함으로써 입법자에 대한 자신의 통제범위를 확대하였으나, 본안의 판단에 있어서는 '입법자가 국민의 법익보호를 위하여 최소한의 조치를 취했는지'의 관점을 심사기준으로 삼음으로써 가능하면 입법자의 형성권을 존중하려고 시도하였다. 이에 관하여 위 III. 4. 라. 참조.

59) Vgl. Isensee, Das Grundrecht als Abwehrrecht und als staatliche Schutzpflicht, in: Isensee/Kirchhof, Das Handbuch des Staatsrechts, Bd.V, S.188ff.

보호할 수 있도록 노력하여야 한다. 국가는 보호의무의 이행에 있어서 서로 충돌하는 두 개의 기본권적 지위를 조화와 균형으로 이끌기 위하여, 한편으로는 가해자인 제3자의 자유를 '과잉금지원칙'에 따라 존중해야 하며, 다른 한편으로는 피해자의 자유는 '최소한 보장의 원칙(과소보호금지의 원칙)'에 의하여 보호해야 한다.

Ⅴ. 자유권을 제한하는 법률에 대한 위헌심사의 기준과 관점

1. '위헌심사의 基準'과 '심사의 밀도를 결정하는 觀點'의 구분

헌법재판소는 이미 초기의 판례에서 헌법 제37조 제2항에서 비례의 원칙 또는 過剩禁止原則을 도출함으로써 자유권을 제한하는 법률의 위헌여부를 판단하는 주된 심사기준으로 삼았다. 과잉금지원칙은 법률이 자유권을 제한하는 경우 모든 자유권의 제한에 대하여 통일적으로 적용되는 심사의 기준으로서, 구체적인 경우 입법목적과 입법수단과의 상관관계를 수단의 적합성·수단의 최소침해성·법익균형성(비례성)의 3단계로 나누어 심사하는 기술적·절차적 기준이다. 따라서 과잉금지원칙은 어떠한 관점에 의하여 심사의 기준이 달라지는지 또는 어떠한 경우에 헌법재판소가 더욱 엄격하게 법률에 대한 위헌심사를 해야 하는지의 실체적 관점에 관해서는 전혀 아무것도 제시하지 않는다.

이에 대하여 '미국의 二重基準理論'이나 '독일의 個人聯關性·社會聯關性 理論'은 법률에 의한 자유권의 제한에 있어서 사법적 심사의 밀도를 결정하는 실체적 관점을 제공한다. 과잉금지원칙을 적용하여 법률의 내용적 위헌성을 심사하는 과정에서 '심사의 밀도를 결정하는 실체적 관점'의 기본사고는 자유 중에서 보다 근본적인 자유는 더욱 보호되어야 하고 이에 대한 제한은 보다 엄격하게 심사되어야 하며, 덜 근본적인 자유에 대해서는 공익상의 이유로 보다 광범위한 제한이 가능하므로, 완화된 심사가 요청된다고 하는 것이다. '어떠한 자유가 보다 근본적이기 때문에 더욱 보호되어야 하는지, 따라서 입법자의 형성권이 보다 제한되는지'를 판단하는 관점으로는 '미국의 이중기준이론'과 '독일의 개인연관성·사회연관성 이론'이 고려된다. 이러한 이론들은 개별사건의 구체적 법익형량과정에서 '법익교량의 일반적 지침'으로 기능한다.

2. 심사의 밀도를 결정하는 실체적 관점

가. 미국의 二重基準理論

(1) 이중기준이론의 내용

헌법재판소는 지금까지 일부 결정에서 그것도 주로 소수의견에서 경제적 자유와 정신적 또는 인권적 자유를 구분하고 이를 제한하는 법률의 심사에 있어서 서로 다른 기준이 적용될 수 있는 가능성을 언급하였다.[60] 법률에 의하여 제한되는 기본권의 유형에 따라 상이한 심사밀도를 적용하려는 시도는 미국 연방대법원에 의해 형성된 '위헌심사의 이중기준이론'의 영향을 받은 것으로 보인다.

미연방대법원은 법률의 위헌성을 심사함에 있어서 소위 '合理性의 심사(rational basis test)'와 '엄격한 심사(strict scrutiny test)'의 2가지의 심사기준으로 판단하고 있다.[61] '합리성의 심사'는, 입법자가 수단과 목적 사이의 합리적인 고려에 기초한 입법을 하였는지에 대한 최소한의 심사에 그친다. 이러한 기준에 의하면, 법률이 정당한 공익을 실현하기 위한 조치이고 공익실현에 있어서의 수단의 적합성을 배제할 수 없다면, 법률규정은 합헌적인 규정으로 판단된다. 일반적으로 '합리성의 심사'는 헌법에 명시적으로 규정되어 있지도 않고 나아가 연방대법원에 의하여 '基本權類似的 權利'로도 인정되지 않는 자유권이 제한되거나 또는 평등심사에 있어서 '의심스러운 것이 아닌 구별(unverdächtige Klassifizierung)'이 사용되는 경우에 적용된다.

이에 대하여 '엄격한 심사'는, 중대하고 긴급한 공익에 의하여 법률의 필요성이 정당화되고 입법자가 선택한 수단으로서의 법률이 필요하고 적합한지 여부를 판단한다. 헌법에 명시적으로 규정된 자유권이나 연방대법원에 의하여 '기본권유사적 권리'로 인정된 자유권이 제한되거나 아니면 평등권의 영역에서 입법자가 人種과 같은 '의심스러운 구별(verdächtige Klassifizierung)'을 사용하는 경우에 엄격한 심사는 적용된다.

(2) 이중기준이론의 성립 배경

(가) 헌법해석을 통한 基本權類似的 權利의 도출

미국에서 정치적, 학문적 논란을 매번 불러일으키는 헌법이론적 문제는, 헌법이 '명시적으로 규정한 기본권' 외에 그 밖의 '기본권유사적 권리'를 내포하고 있는지의 문제이다. 이러한 기본적 권리를 구체화하는 것은 당연히 연방대법원의 권한에 속하므로, 위 문제를 부정하는 것은 연방대법원 권한의 축소와 함께 다른 정치적인 국가기관인

---

60) 헌재 1990. 9. 3. 89헌가95, 판례집 2, 262, "국회의 입법활동에 있어서 재산권 기타 경제적 활동의 자유규제는 다른 정신적 자유규제에 비하여 보다 넓은 입법재량권을 가진다."고 하여 다수의견에서 방론으로 언급하였다; 헌재 1990. 6. 25. 89헌가98 등, 판례집 2, 162에서는 한병채 재판관의 반대의견에서 "경제적 자유를 규제하는 입법은 인권적 자유를 규제하는 입법과는 다른 이중기준에 의하여 위헌성을 판단해야 한다."고 주장하였다; 헌재 1991. 6. 3. 89헌마204, 판례집 3, 286에서의 변정수, 김양균 재판관의 반대의견에서도 이와 유사한 논리로 이중기준이론을 언급하였다.

61) Vgl. Brugger, Grundrechte und Verfassungsgerichtsbarkeit in den Vereinigten Staaten von Amerika, 1987, S.38ff.; ders., Einführung in das öffentliche Recht der USA, 1993, S.90f., 일부 영역에서는, 특히 평등심사의 영역에서는 중간적인 단계의 심사기준(intermediate level of scrutiny)이 형성되었다. 이러한 3가지 단계의 심사시준 외에도 미연방대법원의 일부 법관은 '유동적인 심사(sliding scale test)'를 사용할 것을 주장하고 있다. 이에 의하면 기본권의 제한을 정당화하는 '공익의 비중'이나 '목적과 수단 간의 심사밀도'는 국가행위가 초래하는 기본권침해의 중대함과 당해 기본권의 근본성(근본적 성격)에 따라서 정해져야 한다고 한다. 이중기준에 관한 한국 문헌으로는 양건, 법률의 위헌심사의 기준, 헌법재판연구 제1권(1990), 85면 이하, 103면 이하; 한병채, 미국 위헌심사의 정치적 배경과 헌법재판의 동향, 헌법논총 제1집(1990), 35면 이하; 황도수, 법규범으로서의 평등의 史的 전개, 헌법논총 제7집(1996), 197면 이하.

의회와 정부의 책임을 강화하는 결과를 가져오고, 반면 위 문제를 긍정하는 것은 의회와 정부의 권한을 축소하고 연방대법원의 심사권한의 확대를 가져오게 된다.

연방대법원은 시대와 규율영역에 따라 상이하게 헌법이 직접 규정한 자유권 외의 '기본적인 권리'를 인정하였다.[62] 미연방헌법은 명시적으로 규정되지 않은 자유권의 이론적 구성을 가능하게 하는 근거조항으로서 몇 개의 일반조항을 담고 있다. 특히 자유권의 헌법적 보호에 관한 한, 수정 제5조와 제14조의 적법절차조항(due process-Klausel)에서 '자유(liberty)'의 개념이 중요한 의미를 갖는다. 연방대법원은 '자유' 개념의 해석을 통하여 헌법에 명시적으로 규정되지 않은 '기본권유사적 권리'를 도출하였다. 나아가, 적법절차조항이 법문상으로는 절차적 통제에 제한되는 것임에도 불구하고, 연방대법원은 적법절차조항을 당해절차의 준수만을 요청하는 절차적인 것으로 해석하지 아니하고, 몇몇 영역에서는 실체적으로, 즉 국가권력의 내용적 한계로서 파악하였다.[63] 이로써 연방대법원은 적법절차조항을 매개로 하여 공권력 행사에 대하여 절차의 준수뿐만 아니라 그 결과의 합헌성까지 심사할 수 있는 가능성을 열어 놓았다.

(나) 1905년 **미연방대법원의 'Lochner 판결'**

미연방대법원은 20세기 초부터 경제적 이익의 헌법적 보호에 있어서 적법절차조항을 실체법적으로 해석하였다.[64] 적법절차조항은 오랫동안 국가공권력이 '생명, 자유 또는 재산권'을 침해하는 경우 적합한 절차를 준수해야 한다는 절차적 성격을 가지는 규정으로 이해되었다.[65] 그러나 19세기 말부터 산업화와 더불어 경제생활을 보다 강하게 규율하려는 행정국가 또는 사회국가(복지국가)가 출현하였고, 이에 대한 反動的 움직임으로서 적법절차조항을 실체적으로, 즉 국가권력에 대한 내용적 한계로서 이해해야 한다는 목소리가 대두되었다.

연방대법원은 1905년의 'Lochner 판결' 이전까지 경제정책적 입법을 판단함에 있어서 상당히 자제하였다. 그러나 1905년의 'Lochner 판결'[66]을 시초로 하여 계약의 자유에 대한 침해는 중대한 공익에 의하여 정당화되어야 한다는 엄격한 기준을 적용하여 경제정책적 입법을 심사함으로써, 1937년까지 거의 200개의 경제·사회입법을 위헌으

---

62) Vgl. Brugger, Grundrechte und Verfassungsgerichtsbarkeit in den Vereinigten Staaten von Amerika, 1987, S.53ff., 104ff.; ders., Einführung in das öffentliche Recht der USA, 1993, S.102f.

63) 적법절차조항에 관하여 자세하게, 김현철, 미국헌법상 권리장전과 적법절차법리, 헌법논총 제3집(1992), 392면 이하; 김용균, 미국 연방헌법과 헌법재판 개관, 헌법논총 제5집(1994), 41면 이하.

64) 경제적 이익의 기본권적 보호에 관하여 자세하게, vgl. Brugger, Grundrechte und Verfassungsgerichtsbarkeit in den Vereinigten Staaten von Amerika, 1987, S.53ff.; ders. Einführung in das öffentliche Recht der USA, 1993, S.96ff.

65) 미국에서의 적법절차조항에 의한 절차적 권리에 관하여 vgl. Brugger, Grundrechte und Verfassungsgerichtsbarkeit in den Vereinigten Staaten von Amerika, 1987, S.312ff.; ders. Einführung in das öffentliche Recht der USA, 1993, S.183ff.

66) Lochner v. New York, 198 U.S.45(1905), 미연방대법원은, 근로자의 건강을 보호하기 위하여 제과점 종업원의 작업시간을 하루 10시간, 주당 60시간으로 제한하는 New York 州의 법률을 위헌으로 판단하였다.

로 판단하였다.[67] 위 판결에서 연방대법원은 한편으로는 적법절차조항에서의 '자유의 개념'을 실체적으로 넓게 이해하여 '계약의 자유'와 '직업의 자유'도 이에 포함되는 것으로 간주하고, 다른 한편으로는 국가공권력의 조치를 정당화하는 '공익의 개념'을 좁게 해석하여 순수한 노동법적 · 사회법적 목적은 이러한 공익에 속하지 않는 것으로 판단하였다. 이로써 실체적으로 파악된 적법절차조항으로부터 도출되는 '사용자와 근로자의 계약의 자유'는 자연히 사회국가적 입법목적인 '근로자의 건강보호'에 대하여 우위를 차지하게 되었다. 연방대법원의 이러한 헌법해석은 개인의 경제적 자유를 강조하는 '고전적 자유주의'에 기초하는 것이었고, 이로써 계약당사자간의 상이한 지위를 조정하려는 사회 · 노동입법이나 재배분적 성격을 갖는 사회국가적 경제정책을 거의 모두 봉쇄하였다.

(다) 1930년대 미연방대법원 판례의 변화

그러나 1930년대의 경제공황과 함께 '고전적 자유주의'에 대한 믿음이 흔들리고 연방대법원에 대한 정치적 압력이 거세지면서, 연방대법원의 거의 완전한 판례의 변화를 가져오게 되었다. 1934년과 1937년 2개의 판결에서[68] 연방대법원은 경제정책적 법률에 대한 심사밀도를 크게 완화하였다. 연방대법원은 30년대 중반부터 경제입법이 자의적이거나 또는 입법목적을 달성하기에 명백히 부적합한 경우에 한하여 위헌으로 판단한다는 소위 '합리성 심사'의 기준을 도입하였고, 나아가 '계약당사자간의 세력균형을 목적으로 하는 입법조치는 공익을 목적으로 하는 것이 아니다'라는 견해를 포기함으로써 사회국가적 입법조치의 합헌성을 인정하였다.

이러한 판례의 변화는 경제입법 분야에 있어서 적법절차조항의 '자유' 개념으로부터 경제적 자유를 기본권유사적 권리로 도출하고 적법절차조항을 실체적으로 해석하는 것의 포기, 즉 법원에 의한 위헌심사의 실질적 포기를 결과로 가져왔으며, 1937년 이후 연방대법원은 '적법절차조항의 해석'을 통해서는 단 한 개의 법률도 위헌으로 판단하지 않았다.[69] 단지, 경제입법이 특정 헌법규정이나 헌법적으로 인정된 기본권에 위반된다든지 아니면 '의심스러운 구별'을 사용하는 경우에만 법률의 위헌성이 고려될 수 있을 뿐이다.

(라) 판례의 변화에 따른 이중기준의 성립

위에서 살펴본 바와 같이, 경제적 자유권과 그 외의 자유권이란 구분에 따른 '합리성

67) 미연방대법원은 보수적인 입장에서 정치적으로 진보적인 사회정책적 입법을 위헌으로 판단하였다. 미연방대법원의 이러한 판결에 대하여 조세법, 노동법, 사회법 등에서의 사회국가적 입법을 재산권이나 계약의 자유를 이유로 좌절케 해서는 안 되고 司法的으로 自制해야 한다는 비판이 제기되었다.

68) Nebbia v. New York, 291 U.S.502, 539(1934); West Coast Hotel Co. v. Parrish, 300 U.S. 379, 399(1937).

69) Vgl. Brugger, Grundrechte und Verfassungsgerichtsbarkeit in den Vereinigten Staaten von Amerika, 1987, S.58ff.; ders., Einführung in das öffentliche Recht der USA, 1993, S.99; 양건, 법률의 위헌심사의 기준, 헌법재판연구 제1권(1990), 89면 이하.

의 심사'와 '엄격한 심사'의 이중기준은 경제정책적 입법의 통제에 관한 미연방대법원의 판례를 통하여 1930년대에 형성되었다. 1930년대 이전에는 연방대법원은 경제적 자유 · 비경제적 자유의 구분 없이 동일한 기준으로 위헌심사를 하였다고 볼 수 있다.

적법절차조항의 해석을 통하여 경제적 기본권을 도출하는 것을 포기한지 약 30년 후인 1960년대 중반에 미연방대법원은 적법절차조항을 다시금 실체적으로 해석하여 사생활의 자유 및 인격발현의 보호, 혼인과 가족의 보호 등을 헌법에 명시적으로 보장되어 있지는 않지만 적법절차조항의 '자유(liberty)' 개념으로부터 도출할 수 있는 '기본권적 권리'로 인정하였다.[70)]

수정 제5조 및 제14조의 의미에서의 '자유'에 포함되지만 미연방대법원이 그의 기본권유사적 성격을 인정하지 않거나 헌법에 명시적으로 언급되지도 않은 자유권을 입법자가 제한하는 경우에는 미연방대법원은 관대한 심사기준인 '합리성 심사'의 기준을 사용하며, 심사의 결과는 거의 예외 없이 법률의 합헌성 확인에 이른다. 그러나 이와는 달리 헌법이 명시적으로 규정하거나 아니면 비록 헌법에 명시적으로 규정되지는 않았으나 연방대법원이 적법절차조항의 해석을 통하여 기본권 유사적 권리의 성격을 인정한 경우에는 그러한 자유권에 대한 제한은 '엄격한 심사'의 적용을 받으며, 그 결과는 대부분 법률의 위헌성 확인을 의미한다. 따라서 연방대법원이 헌법이 규정한 자유권 외에 어떠한 권리를 '기본권적 권리'로 인정하는지의 문제는 공권력행위의 위헌여부에 관한 판단에 매우 중대한 영향을 미친다.

(3) 이중기준이론의 사상적 배경 및 헌법적 근거

(가) 민주주의의 구성요소이자 조건으로서 정신적 자유

미국의 이중기준이론에서 자유권을 경제적 자유권과 정신적 자유권으로 구분하여 그에 대한 제한에 있어서 서로 다른 기준을 적용하는 근거는, 어떠한 자유가 다른 자유보다 더 근본적인지, 즉 다른 자유권이 실효성을 갖기 위하여 그의 근거이자 조건으로서 어떠한 자유가 우선적으로 보장되어야 하는지의 사고에 있다.[71)] 미국의 소위 '우월적 자유(preferred freedoms)' 이론에서는 표현의 자유와 같이 수정 제1조에 규정된 정신적 자유는 자유민주적 국가질서를 구성하는 요소이며, 이로써 모든 자유의 근거라고 하는 민주주의의 논거가 그 바탕에 깔려 있다.[72)]

---

70) 이에 관하여 자세하게 vgl. Brugger, Grundrechte und Verfassungsgerichtsbarkeit in den Vereinigten Staaten von Amerika, 1987, S.104ff.; ders., Einführung in das öffentliche Recht der USA, 1993, S.102ff.; 김현철, 미국헌법상 권리장전과 적법절차법리, 헌법논총 제3집(1992), 395면.

71) Vgl. Kriele, Grundrechte und demokratischer Gestaltungsspielraum, in: Isensee/Kirchhof, HbStR, Bd.V, §110 Rn.37ff.

72) 한병채, 미국 위헌심사의 정치적 배경과 헌법재판의 동향, 헌법논총 제1집(1990), 35면; 양건, 법률의 위헌심사의 기준, 헌법재판연구 제1권(1990), 104면 이하; 또한 vgl. Kriele, Grundrechte und demokratischer Gestaltungsspielraum, in: Isensee/Kirchhof, HbStR, Bd.V, §110 S.40.

민주주의는 생성되고 유지되기 위하여 모든 국민이 자유롭게 자신의 의견을 표현하고 단체와 정당의 형태로 타인과 결합하고 집회를 가질 수 있다는 것을 그 조건으로 한다. 민주주의는 이러한 정신적 자유에 크게 의존하고 있는 반면, 경제적 이익에는 같은 정도로 의존하고 있지 않기 때문에, 재산권이나 직업의 자유와 같은 경제적 자유가 보다 강화된 사회적 구속을 받더라도 민주주의는 큰 손상을 입지 않는다는 것이다.

(나) 미연방헌법의 규범적 표현

표현의 자유와 같은 정신적 자유가 민주주의의 근거이자 조건으로서 다른 모든 자유의 토대가 된다는 '민주주의'의 논거는 미국 연방헌법의 명시적인 규범적 표현에 의하여 뒷받침 되고 있다. 미국 연방헌법의 경우에는 수정 제1조부터 제10조(소위 권리장전)까지의 10개 인권조항에 '명시된 이익'이 '그렇지 않은 이익'보다 더욱 중요하다는 해석이 가능하다. 또한 경제적 자유와 재산권에 관하여는 수정 제5조가 "누구든지 적법절차에 의하지 아니하고는 생명·자유·재산을 박탈당하지 아니한다."고 규정함으로써 적법절차가 준수되는 한 경제적 이익이 제한될 수 있다는 것을 시사하고 있는 반면에, 수정 제1조[73]에 규정된 종교, 언론, 출판, 집회의 자유에 관하여는 헌법 스스로가 '침해금지'의 뜻을 명백히 밝힘으로써 이러한 기본적 자유는 절대적 자유로 파악될 여지가 있다.[74]

(4) 이중기준이론에 대한 비판

(가) 경제적 자유의 중요성에 대한 간과

인류역사에서 정치적 투쟁은 통상 '권리 투쟁' 또는 '인권 투쟁'의 이름으로 전개되었으나, 실제로는 '재산권 투쟁'이라 해도 과언이 아니다. 인간이 국가공동체로 결합한 가장 중요한 목적도 바로 생명과 재산권의 보장이었다. 경제적 자유권도 자유실현의 물질적 기초로서 또는 개성신장의 불가결한 요소로서 정신적 자유권에 못지않게 중요하고, 적지 않은 경우 경제적 자유에 대한 제한의 효과가 정신적 자유의 제한과 유사하게 중대할 수 있다는 점을 이중기준이론은 간과하고 있다. 그러므로 처음부터 경제적 자유를 소위 '근본적인 자유'로부터 분리하여 상이한 심사기준을 적용하는 것은 타당하지 않다.

(나) 자유권의 성격에 따라 심사의 기준과 결과가 결정된다는 硬直性

이중기준이론의 경우, 제한되는 자유권의 성격에 따른 구분에 의하여 심사기준이 선택되고, 심사기준의 선택은 대부분의 경우 이미 위헌성심사의 실체적 결과를 결정하게 된다.[75] 미연방대법원의 판례를 살펴보면, 미연방대법원이 엄격한 기준을 적용하는 경

---

73) 미연방헌법 수정 제1조: "연방의회는 국교를 정하거나 또는 자유로운 신앙행위를 금지하는 법률을 제정할 수 없다. 또한 언론·출판의 자유나 국민이 평화로이 집회할 수 있는 권리 및 불만 사항의 구제를 위하여 정부에게 청원할 수 있는 권리를 제한하는 법률을 제정할 수 없다."

74) 양건, 법률의 위헌심사의 기준, 헌법재판연구 제1권(1990), 107면 이하 참조.

75) Vgl. Brugger, Grundrechte und Verfassungsgerichtsbarkeit in den Vereinigten Staaten von Amerika, 1987, S.43, 59f.

우에는 거의 법률의 위헌성확인에 이르고, 최소한의 합리성심사에 그치는 경우에는 거의 예외 없이 법률의 합헌성을 인정하게 된다는 것을 확인할 수 있다. 따라서 경제적 자유권과 그 외의 자유권의 구분에 따른 심사기준의 결정은 곧 규범의 운명을 결정하게 된다.

그러므로 심사기준이 위헌법률심사에 있어서 실체적으로 얼마나 중요한 역할을 하는지가 분명해진다. 심사기준의 유용성은 심사기준을 형성하는 관점의 타당성에 절대적으로 의존하고 있다. 일정한 심사기준을 확립한다는 것은 그 기준이 심사대상과 관련하여 제기되는 모든 헌법적 관점을 포괄하지 않는 한, 항상 형식에 의하여 내용이 결정될 수 있다는 위험을 지니고 있다. 경제적·비경제적 자유권의 구분과 그에 따른 심사기준의 차별화는 구분의 기준을 형성하는 관점의 경직성 때문에, 적지 않은 경우 심사기준이란 형식에 의하여 위헌심사의 결과가 이미 결정될 수 있다는 위험을 안고 있다.

(다) 경제·사회입법에 대한 위헌심사의 포기 및 실질적 정의 실현의 한계

연방대법원이 이중기준을 적용한 이래 경제규제입법에 대하여 경제적 자유의 침해를 이유로 위헌으로 판단한 것은 찾아 볼 수 없으므로, 이중기준이론의 적용은 경제입법에 대한 위헌심사의 실질적 포기를 의미한다. 물론, 이중기준이론과 같이 단순·명쾌한 심사기준의 적용은 헌법재판에 있어서 큰 장점을 가지고 있다. 이중기준에 의하여 헌법재판을 보다 쉽게 조감할 수 있고, 헌법재판소가 어떻게 결정하리라는 예측이 모든 당사자에게 가능하다. 나아가, 엄격한 심사기준을 적용하지 않는 경우에는 입법자의 형성권을 존중하여 정치적 형성의 과제를 입법기관에 귀속시킴으로써 헌법재판소와 입법자간의 명쾌한 권한배분이 이루어진다.

그러나 이중기준이론은 다양한 관점을 모두 파악하기에는 너무 제한적이며 헌법재판에서 실질적 정의를 실현하는 데 한계가 있다.[76] 헌법재판기관의 심사기준은 경제적 자유를 비경제적 자유로부터 분리하는 관점이 아니라 자유의 모든 영역을 포함하는 포괄적인 관점에 의하여 형성되어야 한다. 물론 이러한 경우에는 '엄격한 심사기준이 적용되면 위헌, 합리성기준이 적용되면 합헌'이라는 식의 헌법재판의 예측성이 감소하지만, 심사기준은 그 자체가 목적이 아니라 헌법재판을 통한 정의의 실현에 있어서 헌법재판기관에 의한 판단의 일관성과 예측성을 어느 정도 확보하기 위한 수단이므로, '판단의 예측가능성'보다는 매 경우마다 헌법의 수호와 기본권의 보호를 통한 '실질적 정의의 실현'이 더욱 중요하다.

76) 이중기준이론을 적용하는 경우에도 개별사건에서 구체적인 법익형량이 이루어지고 이중기준이론은 법익형량의 일반적 지침으로 작용하지만, 이중기준이론의 경직성으로 말미암아 개별사건의 구체적 상황을 충분히 고려하기 어렵기 때문에 개별사건에서 실질적 정의를 실현하는 데 한계가 있다.

나. 독일의 個人聯關性·社會聯關性 理論

(1) 한국 헌법상의 규범적 표현

미국의 고유한 헌법규정과 미연방대법원의 판례에 기초하는 '이중기준이론'이 우리 헌법체계에 그대로 도입될 수 있는지, 법률에 대한 위헌심사의 기준으로서 유용한지의 의문이 제기된다. 우리 헌법상의 규범적 표현에서는 정신적 자유가 경제적 자유보다 더욱 보호되어야 하고 정신적 자유가 제한된 경우에는 입법자의 형성권이 더욱 엄격하게 심사되어야 한다는 일반적 원칙을 이끌어낼 수 없다.

나아가, 우리 헌법은 개별자유권마다 각 상이한 '개별적 법률유보'를 규정하는 것이 아니라 제37조 제2항에서 모든 자유권에 대하여 일괄적으로 적용되는 '일반적 법률유보조항'을 두고 있으므로, 법률유보의 정도를 기준으로 개별적 기본권의 근본성이나 중요성을 판단할 여지도 없고, 그밖에 우리 헌법에서 경제적 자유권에 대한 정신적 자유권의 우위를 암시하는 어떠한 표현도 찾을 수 없다. 오히려, 헌법은 대표적인 정신적 자유인 '표현의 자유'와 관련하여 제21조 제4항에서 헌법적 한계를 명시적으로 제시함으로써, 표현의 자유도 다른 모든 자유권과 마찬가지로 다른 법익의 보호를 위하여 제한될 수 있음을 밝히고 있다.

따라서 헌법 내에서 기본권간의 일정한 위계질서가 존재하지 않으며, '헌법의 통일성'의 관점에서 기본권은 원칙적으로 상호관계에서 동등한 지위를 차지하고 있다. 다만 '인간 존엄성의 보장'은 헌법의 존재이유이자 기본이념으로서 헌법상 최고의 가치이므로, 단지 예외적으로 인간존엄성에 대하여 다른 기본권에 대한 우위가 인정될 수 있을 뿐이다.

(2) '인간의 존엄성'의 논거

(가) 자유권보장의 목적이자 출발점으로서 '인간의 존엄성'

우리 헌법구조에서 보다 중요한 자유영역 또는 보다 덜 중요한 자유영역이 있다면, 이를 판단하는 유일한 근거는 '인간의 존엄성'의 논거에 있다. 모든 기본권보장의 목적이자 출발점은 인간존엄성의 실현이고, 바로 인간의 존엄성이 '자유 중에서 보다 근본적인 자유', '다른 자유의 근거이자 전제조건으로서의 자유'를 판단하는데 있어서 유일한 헌법적 기준이라고 할 수 있다. 따라서 인간의 존엄성을 실현하는데 있어서 불가결하고 근본적인 자유는 더욱 보호되어야 하고 이에 대한 제한은 더욱 엄격히 심사해야 하며, 그 반면에 인간의 존엄성의 실현에 있어서 부차적이고 잉여적인 자유는 공익상의 이유로 보다 광범위한 제한이 가능하다.

(나) 구체적으로 제한되는 자유영역이 개인과 사회에 대하여 가지는 의미

독일 연방헌법재판소의 판례도 어떠한 자유가 더 근본적인지를 판단함에 있어서 '민주주의' 논거보다는 오히려 기본권의 목적으로서의 '인간의 존엄성'을 주된 논거로 삼고 있다. 연방헌법재판소의 판례에 따르면, 제한되는 자유의 의미가 개인의 핵심적 자유영역(개인의 인간존엄성실현과 자유로운 인격발현을 위한 핵심적 요소)에 대하여 크면 클수록 자유권에 대한 보호는 더욱 강화되고, 이에 대한 제한은 보다 중대한 공익에 의하여 정당화되어야 하며 이로써 보다 엄격하게 심사되어야 하는 한편, 개인이 직업활동 또는 사회적·경제적 활동 등 기본권행사를 통하여 타인과 사회적 연관관계에 위치함으로써 타인의 자유영역과 접촉하고 충돌할수록 입법자가 타인과 공동체의 이익을 위하여 개인의 자유를 제한하는 것을 보다 수인해야 한다.

인간존엄성의 논거에 기초한 이론이 바로 개인연관성·사회연관성 이론이다. 국가공권력의 행사에 의하여 구체적으로 제한되는 자유영역이 한편으로는 기본권의 주체인 개인에 대하여, 다른 한편으로는 사회에 대하여 어떠한 의미를 가지는지에 따라 보호의 정도와 심사의 강도가 달라질 수 있다는 것이 바로 개인연관성·사회연관성 이론이다. 이러한 이론에 의하면, 동일한 자유권 내에서도 국가에 의하여 구체적으로 제한되는 자유 영역의 의미에 따라 기본권보호의 정도가 다르고 상이한 강도(밀도)의 심사가 가능하다.

(다) 구체적으로 제한되는 자유영역의 성격에 따른 보호의 差等化

1) '個人聯關性'의 관점은 자유권의 보호에 있어서 무엇보다도 생명권, 건강권, 신체의 자유, 개인적인 사적 영역의 보호, 개인의 성향과 인생관에 따라 자신의 인격을 발현할 자유[77]를 가장 근본적인 자유, 즉 다른 모든 자유의 근거이자 조건으로 파악하고 이러한 자유에 대한 국가의 제한을 보다 엄격하게 심사할 것을 요청하고 있다.

뿐만 아니라 개인연관성의 관점은 개별적 자유권에 대해서도 일괄적으로 일정한 정도의 보호를 요청할 수 없으며, 동일한 자유권이 제한되는 때에도 그 보호범위 내에서 구체적으로 제한되는 자유영역의 의미에 따라 보호의 정도가 다르고 상이한 강도의 심사가 이루어질 수 있음을 의미한다. 가령, 대표적인 경제적 자유인 직업의 자유와 재산권에 있어서 구체적으로 제한되는 자유영역의 성격에 따라 입법자에게 인정되는 입법형성권의 정도가 달라지고 그 결과 위헌심사의 강도가 달라질 수 있는 것이다. 이를 구체적으로 살펴보면 다음과 같다.

2) 독일 연방헌법재판소는 '직업의 자유'를 개인의 자유로운 인격발현과 긴밀한 관계

---

77) Vgl. BVerfGE 7, 377(약국 결정, 객관적 사유에 의한 직업선택의 자유에 대한 제한); 39, 1(낙태죄 결정, 태아의 생명권에 대한 국가의 보호의무); 45, 187(무기징역의 합헌성, 신체의 자유에 대한 제한).

에 있는 기본권, 개인의 개성신장을 보장하기 위한 중요한 기본권으로 이해하고 있다. '직업의 자유의 이러한 개인연관적 성격'으로 인하여 직업활동이 어떠한 개인적 의미 또는 사회적 의미를 가지는지에 따라 입법자의 규율권한이 영향을 받는다. 즉, 개인의 직업활동이 보다 개인연관성 아니면 사회연관성을 가지는지에 따라 입법자의 규율권한은 차등화 될 수 있다. 직업의 자유가 가지는 개인적 성격에도 불구하고 大企業도 직업의 자유의 주체가 될 수 있으나, 대기업에서는 기본권의 개인연관적 성격이 거의 상실되었고 그에 대하여 사회연관성 및 사회적 기능이 뚜렷하다. 기본권의 개인적 성격이 상당부분 실현되는 中小企業이나 自營業에 비하여 대기업의 경우에는 직업의 자유를 제한하는 법률이 개인에게 초래하는 침해의 중대성이 작으므로, 대기업의 직업의 자유에 대해서는 중소기업에 비하여 입법자에 의한 보다 광범위한 규율이 정당화된다.[78]

또한, 연방헌법재판소가 '약국 결정'[79]에서 밝힌 바와 같이, 직업의 자유를 제한하는 국가공권력의 조치가 개인의 인격발현에 대하여 어느 정도로 영향을 미치는지에 따라 직업의 자유에 대한 제한이 허용되는 정도가 달라진다. '직업선택의 자유'는 인간의 존엄과 가치를 실현하기 위한 수단으로서 개인의 인격발현과 개성신장의 불가결한 요소이므로, 직업의 자유에 대한 제한이라 하더라도 '직업선택 자체에 대한 제한'은 개인의 개성신장의 길을 처음부터 막는 것을 의미하고, 이로써 개인의 핵심적 자유영역에 대한 침해를 의미한다. 그러므로 기본권의 주체가 아무런 영향을 미칠 수 없는 소위 '객관적 사유에 의한 직업선택의 자유에 대한 제한'(예컨대, 同一業種 數의 제한)은 매우 엄격한 요건을 갖춘 예외적인 경우에만 허용된다. 이에 대하여 소위 '주관적 사유에 의한 직업선택의 자유에 대한 제한'과 '직업행사의 자유에 대한 제한'은 기본권의 주체가 적어도 허가요건의 충족에 스스로 영향을 미칠 수 있거나 아니면 일단 선택한 직업의 행사방법을 제한하는 것이므로, 개인의 자유로운 인격발현에 대한 침해의 정도가 작고 핵심적 자유영역에 대한 침해를 의미하지 않는다. 따라서 이러한 경우, 입법자에 의한 보다 광범위한 규율이 정당화된다.

3) 나아가 '재산권보장'과 관련해서도, 인간의 존엄성실현을 궁극적인 목표로 하는 모든 기본권의 기능을 고려한다면, 인간의 존엄성을 확보하려는 재산권보장의 人權的·自由保障的 機能이 헌법적으로 결정적인 관점으로서 작용한다. 독일 연방헌법재판소는 재산권의 여러 기능 중에서도 그 중점을 특히 재산권의 개인적 의미, 즉 경제적 개성신장을 통하여 개인의 자유와 인격발현을 보장하는 의미에 두고 있다. 헌법질서 내에서 재산권보장의 기능은, 개인이 각자의 인생관에 따라 자신의 생활을 자기책임 하에서 형성하도록 그에 필요한 물질적·경제적 조건을 보장해 주는 데 있다.[80] 사유재산이 개인

78) Vgl. BVerfGE 30, 334; 50, 290, 362ff.
79) BVerfGE 7, 377.

에게 각자의 인생관에 따른 자율적인 생활형성과 경제적 독립성을 가능하게 하기 때문에, 재산권보장은 자유로운 인격발현을 위한 경제적 전제조건이다. 재산권보장은 자유로운 인격발현을 위하여 필요한 물질적 조건을 기본권으로 보장함으로써, 다른 자유권과 마찬가지로 궁극적으로 개인의 자유로운 인격발현과 자기결정을 위한 것이다. 헌법은 재산권을 개인적 자유를 위하여 보장하는 것이다. 이로써 재산권의 보장은 자유실현의 물질적 바탕을 의미하고, 자유와 재산권은 상호보완관계이자 불가분의 관계에 있다.

이에 따라 재산권의 보장에 있어서도 재산권객체가 기본권의 주체와 사회 전반에 대하여 어떠한 의미를 가지는지에 따라 사회적 제약의 정도가 다르다. 생산재에 관한 재산권, 기업, 투기용 부동산, 임대용 건물 등과 같이, 재산권의 이용과 처분이 소유자의 개인적 영역에 머무르지 않고 타인의 자유행사에 영향을 미치거나 타인이 자신의 자유를 행사하기 위하여 문제되는 재산권에 의존하고 있는지 아니면 재산권이 개인의 인격발현을 위하여 필요불가결한 것으로서 개인적 자유를 보장하기 위한 물질적 바탕으로서 기능하는지에 따라 입법자의 형성권, 즉 재산권에 대한 제한의 허용 정도가 달라진다.

물론, 재산권의 보장은 개인의 인격발현에 직접 기여하는 개인적 재산권뿐만 아니라 모든 재산적 가치 있는 구체적 권리를 보호하며, 자본주의적 산업사회의 발전과 함께 '재산권보장'의 보호범위는 점점 확대되었다. 그러나 개인적 자유와 밀접한 관계가 있는 인권으로서의 재산권보장에 대한 이해는 필연적으로 재산권의 사회적 구속의 차등화를 가져온다.[81] 재산권의 객체가 사회적 연관성과 사회적 기능을 가질수록 입법자에게 폭넓은 규율권한이 인정되고, 이에 대하여 개인적 자유를 보장하는 요소로서의 재산권의 기능이 문제될수록 재산권은 더욱 보호를 받아야 한다.[82]

연방헌법재판소는 토지재산권의 사회적 기능과 사회적 연관성을 근거로 하여 動産과 비교하여 보다 강화된 不動産의 사회적 기속을 이끌어 내었고,[83] 회사법적으로 매개된 지분에 대한 재산권에 있어서 재산권의 개인연관성은 상당히 희박한데 반하여 사회적 연관성이나 사회적 기능이 뚜렷하므로 보다 강화된 사회적 기속을 정당화한다고 판시하였다.[84] 또한 재산권의 인권적·자유보장적 기능에 비추어, 같은 토지재산권 중에서도 토지재산권이 '기본권의 주체가 스스로 주거하는 장소'로서 자신의 인격발현과 존엄성의 실현에 있어서 불가결하고 중대한 의미를 가지는지 아니면 상거래, 부동산투기, 임대, 그 외의 영업적 용도로 이용되는지에 따라 사회적 구속의 정도가 달라진다.

---

80) BVerfGE 24, 389; 50, 339; 53, 290.

81) Vgl. Chlosta, Der Wesensgehalt der Eigentumsgewährleistung, 1975, S.140ff.; Rittstieg, Eigentum als Verfassungsproblem, 1975, S.313ff.; v. Brünneck, Eigentumsgarantie des Grundgesetzes, 1984, S.334ff., 396ff.

82) BVerfGE 37, 141; 42, 294; 50, 339f.; 70, 201.

83) BVerfGE 21, 82f.

84) BVerfGE 50, 342ff., 348.

3. 위헌심사의 기준으로서 과잉금지원칙

가. 과잉금지원칙의 구체적 요청

자유권에 대한 제한은, 그 제한이 공익상의 이유로 이루어지고 나아가 과잉금지원칙을 준수해야만, 비로소 헌법적으로 정당화되고 자유권에 부합한다. 즉, 입법자가 선택한 수단이 의도하는 입법목적을 달성하고 촉진시키기에 적합해야 하고(수단의 적합성), 입법목적을 달성하기에 똑같이 효과적인 수단 중에서 가장 기본권을 적게 침해하는 수단을 사용해야 하며(수단의 필요성 또는 최소침해성), 침해의 정도와 공익의 비중을 전반적으로 비교형량하였을 때 兩者 사이에 적정한 비례관계가 성립해야 한다(비례성 또는 법익균형성).[85)]

'수단의 적합성' 심사에 있어서는 일반적으로 입법자에게 폭넓은 예측판단권이 인정되어 단순한 합리성의 심사에 그치게 되므로, 과잉금지원칙에 의한 심사는 실질적으로 대부분의 경우 '수단의 최소침해성 심사'를 의미하게 된다. '법익균형성의 심사' 단계에서는 침해된 법익(자유권)과 달성하려는 법익(공익)을 교량하는 과정에서, 특히 공익의 중대성을 평가하는 과정에서 주관적 판단의 위험이 있기 때문에, 과잉금지원칙에 의한 심사는 가능하면 그 前 段階인 수단의 적합성 심사 및 수단의 최소침해성 심사에 중점을 두고 이루어지며, '법익균형성의 심사'는 심사의 결과가 전체적으로 보아 균형과 조화를 이루는지 아니면 내적 모순은 없는지를 판단하는 보충적 기능으로서 심사의 결과에 있어서 전반적으로 균형이 깨지는 느낌이 들 때 비로소 법익형량의 필요성이 있다.

나. 자유권의 先國家的 성격과 과잉금지원칙

과잉금지원칙은 자유권을 제한하는 공권력행사에 대한 심사기준[86)]으로서 자유권에 대한 일정한 이해를 그 전제조건으로 하고 있다. 우리 헌법의 자유권은 자연법적 기본권사상에 기초하고 있고,[87)] '원칙적으로 무제한적인 개인의 자유'와 '원칙적으로 제한적인 국가권력'이란 '배분의 원리(Verteilungsprinzip)'에 따라 선국가적인 任意의 자유이

---

85) 헌법재판소는 비례의 원칙을 '목적의 정당성', '방법의 적절성', '피해의 최소성', '법익의 균형성'으로 분류하고 있지만, 독일 연방헌법재판소와 학계의 다수의견은 '목적의 정당성' 측면과 '수단과 목적의 상관관계'를 구분하여 비례의 원칙에는 '수단의 적합성', '수단의 필요성(최소침해성)', '협의의 비례성(균형성)'만을 포함시키고 있다, 황치연, 헌법재판의 심사척도로서의 과잉금지원칙에 관한 연구, 연세대학교 대학원 박사학위논문, 1995, 62면 이하 참조.

86) 입법자는 규범의 제정에 있어서, 법원과 행정청은 규범의 해석과 적용과 있어서 과잉금지원칙의 구속을 받는다.

87) 무엇보다도 헌법 제10조에서 '인간의 존엄과 가치'를 헌법의 최고의 가치로 규정하고 제37조 제2항에서 '기본권의 본질적 내용'에 대한 침해금지를 규정한 것은 자유주의적 기본권사상의 구체적인 표현이다. 또한, 제10조에 규정된 '행복을 추구할 권리'에 있어서도 그의 바탕에 깔려있는 사고는, 기본권보장의 유일한 목적은 인간의 존엄성과 자유의 실현인 것이며, 개인은 누구나 자신이 스스로 선택한 가치관에 따라 자신의 삶을 형성할 원칙적인 자유를 가진다는 것이고, 기본권적 자유란 일정 목적이나 공동체적 가치를 실현하기 위한 수단이 아니라는 것이다.

다.[88]

개인의 자유를 '先國家的 自由'로 이해하는 자연법론적 기본권사상도 인간이 사회와 국가 없이는 존재할 수 없고, 인간의 자유는 법질서 내에서의 자유, 국가 내에서의 자유라는 것을 부인하지 않는다. '선국가적 자유'란 단지 자유권의 선국가적 성격을 강조함으로써 자유의 제한은 정당화될 필요성이 있다는 것을 강조하려는 것이다. 개인에 의한 자유의 행사는 국가에 대하여 정당화할 필요성이 없는 반면, 국가는 자유의 제한을 언제나 정당화해야 한다는 것에 자유권의 선국가적 성격이 있다.[89] 자유권의 이러한 이해로부터, 개인의 자유는 꼭 필요한 경우에 한하여 꼭 필요한 만큼만 제한되어야 한다는 요청, 즉 과잉금지원칙이 당연한 귀결로서 도출된다.

또한 '任意의 自由'란, 법질서의 제한과 구속을 받지 않는 유토피아적 자연 상태의 자유나 카오스의 자유를 뜻하지 않는다.[90] 공동체 안에서의 인간의 자유란 항상 법질서 내에서의 자유라는 것을 당연한 전제로 한다. 국가 내에서의 자유가 그의 개념상 법적으로 제한된 것이라 하더라도, 그것은 합헌적인 법률에 의하여 구체화된 한계 내에서 각자가 자신의 고유한 주관적 가치관에 따라 행위의 목적과 수단을 스스로 결정할 수 있다는 의미에서 '임의의 자유'이다. 그러므로 '임의의 자유'란, 법질서의 테두리 안에서 개인이 각자 스스로 자유의 내용과 행사방법을 결정할 수 있다는 것을 의미한다.[91] 즉, '임의의 자유'는 국가권력에 의해 정의되지 않은 자유이며, 자유의 내용과 행사방법이 처음부터 국가권력의 결정권한 밖에 있다는 것을 의미한다.[92]

'원칙적으로 제한적인 국가권력'에 대하여 자유가 원칙적으로 무제한적이란 것은, 개인의 자유가 무제한적으로 보장된다는 것이 아니라, 국가가 개인의 자유를 제한하는 경우에 자유권제한의 '근거 차원'에서 '원칙과 예외의 관계'로 이해되어야 한다.[93] 즉, 개인의 자유를 제한하는 국가의 권한은 원칙적으로 제한적이기 때문에, 그 제한을 위한 합리적인 근거가 있어야 하고 특별한 정당성을 필요로 한다는 것을 의미한다. 오늘날 국가에 의한 자유제한의 근거 또는 정당성 차원에서의 '원칙과 예외의 관계'는, 국가에 의한 개인의 자유영역에 대한 제한은 공익 실현이라는 합리적인 이유로 정당화되어야 하며 그러한 경우에도 꼭 필요한 정도에 그쳐야 한다는 의미에서, 국가행위의 한계를 규정하는 가장 중요한 심사기준인 '비례의 원칙' 또는 '과잉금지원칙'으로 발전하였다.

88) Vgl. C. Schmitt, Verfassungslehre, 1965, S.126f.
89) Vgl. Piroth, Staatsrecht Ⅱ, S.14, Rn.44.
90) '임의의 자유'에 대한 다른 견해로는 허영, 한국헌법론, 1994, 224면 이하.
91) Vgl. Böckenförde, Grundrechtstheorie und Grundrechtsinterpretation, NJW 1974, S.1530f.; Klein, Die Grundrechte im demokratischen Staat, S.70, Fn.99.
92) Vgl. Kriele, Recht und Politik in der Verfassungsrechtsprechung, NJW 1976, S.780f.
93) Vgl. Klein, Die Grundrechte im demokratischen Staat, 1974, S.30, 80f.

다. 입법자의 豫測判斷權에 대한 司法的 審査

(1) 입법자의 예측판단에 대한 심사로서 과잉금지원칙에 의한 심사

'입법자의 예측판단권'이란, 독일 연방헌법재판소가 과잉금지원칙을 심사기준으로 하여 자유권을 제한하는 법률의 위헌여부를 판단함에 있어서 '공익의 存否', '수단의 적합성' 및 '수단의 최소침해성'의 심사단계에서 인정하는 '입법자의 형성권'의 한 유형이다. 법률이 제정되면 장래에 있어서 작용하고 효과를 발생시키므로, 입법자는 법률제정을 통하여 정치적 결정을 내리는 과정에서 '법률과 법현실의 관계'에 관한 일정한 예측판단으로부터 출발한다. 모든 법률은 법현실에 대한 규범적 대응이며 미래에 대한 입법자의 예측판단의 결과이다. 그러나 예측판단은 미래의 발전에 대한 개연성의 판단으로서 본질상 불확실성을 내재하고 있다. 입법자는 법률의 제정에 있어서, 방지해야 하는 위험이나 실현해야 하는 공익이 존재하고 선택한 입법적 수단을 통하여 의도하는 입법목적을 달성할 수 있고 나아가 선택한 입법적 수단이 기본권의 침해를 최소한으로 가져오리라는 판단에 기초하고 있다. 입법자는 미래의 발전과 규율효과에 대한 이러한 예측판단에 기초하여 입법을 하기 때문에, 입법의 결과인 '법률의 규율내용'은 '입법자의 현실판단에 대한 규범적 표현'이다.

이러한 점에서, 공익의 存否, 수단의 적합성 및 수단의 최소침해성의 판단은 규범적 가치판단이 아니라 미래의 현실의 발전에 대한 예측에 기초한 '경험적 판단'의 문제이며, 장래현상에 대한 예측판단의 문제이다. 따라서 공익의 존부, 수단의 적합성 및 수단의 최소침해성의 심사는 결국 입법자의 예측판단에 대한 심사이다.

(2) 입법자의 예측판단에 대한 司法的 統制의 의미

헌법재판의 실무에서, 입법자가 법률을 통하여 방지하려는 위험이나 추구하는 공익의 존재가 부인되거나 또는 입법자가 선택한 수단이 의도한 효과를 발생하여 입법목적을 달성할 수 있는지 '수단의 적합성'에 대한 의문이 제기되거나 또는 입법자가 선택한 수단이 아니라 하더라도 기본권을 보다 존중하는 다른 수단을 통해서도 마찬가지로 입법목적을 달성할 수 있다는 주장이 제기됨으로써 '수단의 최소침해성' 여부의 판단이 불확실한 경우에는, 헌법재판소가 입법자의 예측판단을 어느 정도로 심사할 수 있는지의 문제가 발생한다. 입법에 의한 제한을 정당화하는 공익상의 사유 및 공익에 대한 위험, 수단의 적합성, 수단의 최소침해성이 입법자에 의하여 입증되어야 하는지, 이로써 완전한 사법적 심사의 대상이 되는지 아니면 이러한 문제에 있어서 입법자에게 광범위한 예측판단권이 인정될 수 있는지, 이로써 헌법재판소에 의한 사법적 심사가 명백하게 잘못된 예측판단에 제한되는지에 따라, 과잉금지원칙에 의한 司法的 審査의 密度가 달라진다.

이러한 예측판단권이 전적으로 입법자에게 인정된다면, 입법자는 단지 중대한 공익의 존재를 주장하고 이러한 공익에 대한 위험 및 입법적 수단의 적합성과 필요성을 일방적으로 확인함으로써 자유권에 대한 포괄적인 제한이 가능할 것이고, 이로써 자유권의 보장은 사실상 형해화될 수 있을 것이다. 헌법재판소가 입법자의 예측판단권을 어느 정도 적절하게 독자적으로 심사할 수 있는 경우에만, 자유권은 입법자에 대한 헌법적 구속력을 현실적으로 발휘할 수 있다. 결국, 입법자의 예측판단에 대한 헌법재판소의 사법적 심사는 '어느 정도로 입법자의 현실 판단을 헌법재판소의 현실 판단으로 대체할 수 있는지'의 문제를 의미한다. 입법자의 예측판단에 대한 심사는 곧 법률의 규율내용에 대한 내용적 심사를 의미하는 것이기 때문에, 입법자의 예측판단에 대한 통제는 사실상 법률의 위헌성판단과 직결된다.

(3) 입법자의 예측판단권에 대한 독일 연방헌법재판소의 差等化된 심사

(가) 입법자의 예측판단권에 대한 원칙적인 존중

독일 연방헌법재판소는 결정의 판단근거로 삼는 사실관계의 확정과 평가에 있어서 원칙적으로 입법자의 형성권을 존중하는 판례를 확립하였다. 우선, 심판의 대상이 되는 사실관계를 확정하고 판단하기 위해서는 그에 관한 정보·자료·전문지식의 수집과 평가가 중요한 역할을 한다. 헌법재판소의 위헌결정은 위헌적 법률을 폐지함으로써 어떤 의미에서는 입법적 효과와 동일한 효과를 발생시키므로, 헌법재판소가 법률에 대한 위헌결정을 하기 위해서는 적어도 법률을 제정한 입법자와 동일한 정도의 정보 수준을 사실판단의 근거로서 갖출 것이 요구된다. 그러나 현대의 경제·사회현상 및 기술의 복잡성과 전문성에 비추어 구조와 조직에 있어서 현저한 劣勢에 있는 헌법재판소가 이러한 조건을 항상 충족시키리라고 기대하기는 어렵다. 설사 헌법재판소가 사실관계를 평가하기 위한 충분한 정보와 자료를 취한다고 하더라도, 현재의 상태나 특히 미래에 있어서 상황발전에 대한 평가는 대부분의 경우에 불확실하다.

독일 연방헌법재판소는 법률의 장래 효과에 대한 불확실성이 인정되는 경우, 입법자에게 원칙적으로 우선적인 예측판단권, 이로써 장래 현상의 발전에 관하여 '착오할 권리'를 인정하고 있다. 이는, '수단의 적합성'과 '수단의 최소침해성'이 문제되는 경우, 법률이 입법목적의 달성을 위하여 적합하고 최소한의 침해를 가져오는 수단인지 여부를 사후적으로 헌법재판기관의 관점(ex post)에서가 아니라 법률제정 당시의 입법자의 관점(ex ante)에서 판단한다는 것을 의미한다. 따라서 입법 당시 입법자의 상황에서 그와 같이 판단한 것이 명백히 잘못된 것이 아닌 한, 잘못된 예측판단을 근거로 하여 행한 입법조치는 이미 그러한 이유로 위헌으로 선언되어서는 안 된다. 대신, 입법자는 실제로 발생한 상황에 따라 이에 부합하게 법률을 개정하거나 폐지해야 할 의무를 진다.

예측판단은 항상 장래의 발전에 대한 개연성의 판단인데, 그 판단근거는 어느 정도 입증될 수 있어야 한다. 독일 연방헌법재판소는 장래의 상황발전에 대한 예측에 있어서 입법자에게 폭넓은 예측판단권을 인정하지만, 제한된 자유영역의 의미 및 규율영역의 특성(확실한 판단을 내릴 수 있는 현실적 가능성의 정도)에 따라 입법자에게 상이한 정도로 예측판단권을 인정하고 있다. 이에 따라, 연방헌법재판소는 소위 '명백성의 심사 · 절차적 타당성의 심사 · 내용적 심사'라는 3단계의 차등화된 기준으로 입법자의 예측판단권을 심사하고 있다.[94]

(나) 명백성의 심사 · 절차적 타당성의 심사 · 내용적 심사의 3단계 심사

'명백성의 심사'에서는 법률이 그를 통하여 달성하려는 목적을 실현하기에 명백하게 부적합한지 여부만을 심사한다.[95] 이러한 심사의 단계에서는 헌법재판소가 헌법에 의하여 설정된 최종적인 한계의 준수 여부만을 심사하므로, 입법자의 예측판단권이 가장 광범위하게 인정된다. 이러한 기준은 자유권을 제한하는 경제정책적 입법의 위헌여부를 다투는 경우를 비롯하여 사회적 기본권과 같이 국가의무 · 목표조항의 실현여부가 문제되는 경우, 자의금지원칙이 적용되는 평등의 영역에서 평등권의 침해가 문제되는 경우 등에 일반적으로 적용된다.

이에 대하여 '절차적 타당성의 심사'에서는 연방헌법재판소는 입법자의 예측판단이 실체적 · 내용적으로 타당한지의 판단은 하지 않지만, 대신 예측판단에 이르는 과정이 節次的으로 타당한지에 관하여 판단한다. 즉, 입법자가 장래에 있어서 발생할 법률의 효과를 가능하면 신뢰할 수 있도록 판단하기 위하여 모든 구입 가능한 인식자료를 다 동원하고 활용했는지 여부를 판단함으로써, 예측판단에 이르는 절차에 대하여 입법자에게 일정한 요청을 한다.[96] 여기서 '절차의 통제'는 헌법에 규정된 입법절차의 준수에 관한 문제가 아니라, 입법자가 규율대상을 논의하는 과정의 합리성에 대한 요구이다. '절차적 타당성의 심사'는 그 실질에 있어서 국가기관이 기본권을 제한하는 결정을 내리는 과정에서 기울여야 할 '주의의무'에 대한 심사라고 할 수 있다. 일단 입법자가 이러한 주의의무를 기울임으로써 절차에 대한 요구를 충족시킨다면, 절차의 타당성은 '입법자의 예측판단이 또한 내용적으로도 타당하다'는 추정을 가져온다. '절차적 타당성의 심사'는 주로 경제 · 세법영역에서 복잡하고 쉽게 조감할 수 없는 사실관계를 규율하는 경우에 적용되는데, '명백성의 심사'가 적용되는 경우보다는 예측의 가능성이 보다 확실한 경우

94) Vgl. BVerfGE 50, 290, 332; Schneider, Verfassungsgerichtsbarkeit und Gewaltenteilung, NJW 1980, S.2105f.; Ossenbühl, Die Kontrolle von Tatsachenfeststellung und Prognoseentscheidungen durch das BVerfG, in: BVerfG und GG I, S.484ff.; 한국문헌으로는 방승주, 독일 연방헌법재판소의 입법자에 대한 통제의 범위와 정도, 헌법논총 제7집(1996), 308면 이하.
95) Vgl. BVerfGE 36, 1, 17; 37, 1, 20; 40, 196, 223.
96) BVerfGE 25, 1, 12f., 17; 30, 250, 263; 39, 210, 225f.

라고 할 수 있다.

'내용적 심사'에서는 연방헌법재판소는 입법자의 예측판단이 내용적·실체적으로 타당한지 여부를 심사한다.[97] 내용적 심사는 입법자의 예측판단에 대한 헌법재판소의 '내용적 통제'를 의미한다. 생명권이나 신체의 자유, 의식주 등 인간의 기본적 욕구, 직업선택의 자유 등 '가장 기본적이고 개인적인 자유'가 제한되는 영역에서는 법률에 의하여 침해되는 법익의 중대성에 비추어 법률의 효과가 어느 정도 확실하게 예측될 것을 입법자에게 요구할 수 있다. 인간의 생명이나 신체의 자유가 문제되는 영역에서 입법자는 공익을 실현할 수 있는지 여부가 확실하지도 않은 법률을 가지고 중요한 기본권을 희생하면서까지 무리한 실험을 강행해서는 안 된다는 것은 당연하다. 여기서 연방헌법재판소는 내용적 심사를 통하여 입법자의 예측판단을 자신의 예측판단으로 대체할 수 있다.

(4) 연방헌법재판소의 差等化된 심사에 대한 비판

(가) 우선, 입법자의 예측판단에 대한 차등화된 심사에 대하여 제기되는 첫 번째 문제점은 위 3단계 중에서 '명백성의 심사'와 '절차적 타당성의 심사'를 적용하는 영역이 거의 구분될 수 없고 유동적이라는 점이다. 어떠한 경우에 단지 '명백성의 심사'에 그쳐야 하고 어떠한 경우에 그를 넘어서 입법과정에서의 입법행위에 대한 '절차적 타당성의 심사'를 해야 하는지에 관하여 일관된 기준이 없다.

보다 근본적인 헌법이론적인 문제는, 헌법이 정한 입법절차 외에 헌법재판소의 해석에 의하여 구성되는 '입법과정에서의 입법자의 헌법적 행위의무가 존재하는지'의 문제이다. '절차적 타당성의 심사'의 경우, 헌법적으로 규정되어 있기 때문에 헌법재판소가 이에 관하여 당연히 판단해야 하는 입법절차의 준수 여부에 대한 심사가 아니라, 헌법에 규정되지 않은 입법자의 행위의무(절차적 주의의무)에 관한 것이다. 즉 헌법재판소는 '절차적 타당성의 심사'를 통하여, 입법과정에서 입법자가 가능한 모든 자료를 동원하여 판단에 필요한 정보와 전문지식을 얻고 모든 이해관계인의 의견을 수렴하고 상충하는 상이한 이익들을 조정하려는 노력을 기울였는지를 심사함으로써, 헌법해석을 통하여 헌법에 규정되지 않은 '입법자의 또 다른 헌법적 의무'를 도출하였다.

연방헌법재판소의 견해에 의하면, 이러한 노력을 기울임으로써 最適의 입법방법을 선택해야 할 입법자의 행위의무는 '헌법적 의무'에 해당한다. 그러나 입법자의 이러한 행

97) BVerfGE 7, 377, 415; 11, 30, 45; 17, 269, 276ff.; 39, 1, 46, 51ff.; 45, 187, 238, 독일 연방헌법재판소는 직업선택의 자유가 문제된 '약국결정'(BVerfGE 7, 377)에서 약국에 대한 수요가 있는 경우에 한하여 약국의 개설을 허용하는 약국법조항의 위헌여부를 판단함에 있어서 내용적 통제를 적용하여 약국 數의 제한을 폐지하는 입법이 장래에 있어서 국민건강에 대한 위험을 초래할 것인지 여부를 판단하였고, 태아의 생명권이 문제되는 '낙태죄결정'(BVerfGE 39, 1)에서 국가의 기본권 보호의무의 이행여부를 과소보호금지원칙에 따라 심사함에 있어서 현행 낙태죄규정이 태아를 적절히 보호할 수 있는지 여부를 스스로 판단하였으며, 신체의 자유가 문제된 '무기징역'의 위헌여부에 관한 결정(BVerfGE 45, 187)에서도 마찬가지로 입법자의 예측판단의 내용적 타당성을 심사하였다.

위의무를 헌법적으로 도출할 수 있는지 의문이 제기된다.[98] 물론, 법률제정절차의 결과인 법률의 내용적 심사를 하는 것보다는 그 과정의 타당성을 심사하는 것이 사법기능을 담당하는 헌법재판소에게 더욱 친숙하고도 안정적인 작업이다. 또한, 적어도 법원의 사법절차와 관련해서는 '결정에 이르는 절차의 타당성에 의하여 결정내용의 타당성을 최대한으로 확보할 수 있다'는 推定이 가능하므로, 헌법재판소가 위헌심사의 중점을 절차의 통제에 두고, 대신 결과의 내용적 심사에 있어서는 司法的으로 自制할 수 있다는 장점이 있다는 것도 인정된다.

(나) 그러나 규범통제에서는 원칙적으로 의회에서의 법률제정절차의 산물로서의 법률 그 자체가 심사대상이 되어야지, 헌법이 규정하지 않은 절차적 행위의무를 입법자가 준수했는지 여부도 포함시켜 함께 심사해서는 안 된다. '절차적 타당성의 심사'가 정당성을 가지기 위해서는 '결정절차의 타당성이 결정내용의 타당성으로 이어진다'는 一般的 推定이 가능해야 한다. 그러나 '법원의 사법절차'와는 달리 '법률의 제정절차'의 경우 이러한 추정이 존재하지 않는다.

일반적으로 법원이 판단하는 대상이 종결된 사실관계이고 그러한 이유로 증거수단을 통하여 명확하게 확인할 수 있는 반면, 입법자가 규율하고자 하는 대상은 장래에 대하여 개방적이기 때문에 사실확인과 예측판단의 불확실성이 존재한다는 점에서 '판단대상의 성격'에 있어서 근본적인 차이가 있다. 헌법재판의 실무에서도 드러나는 바와 같이, 입법자가 입법과정에서 절차적 주의의무를 준수하더라도 오늘날 '정치적 이익조정의 산물'이자 '사회형성의 도구'로서 기능하는 법률은 입법절차의 하자 여부와 관계없이 내용적으로 위헌성을 내포할 수 있다. 역으로, 입법절차에서 입법자가 특정 이해관계인의 의견을 청취하지 않았거나 그의 이익을 이익조정과정에서 적절하게 고려하지 않았다고 하여 이미 이러한 이유로 법률은 위헌이 아닐 뿐만 아니라, 최적의 입법방법에 대한 위반이 곧 자동적으로 법률의 내용적 위헌성으로 이어지는 것도 아니다. 법률제정절차는 그 본질상 司法的 法認識節次가 아니라 정치적 판단에 의한 결정절차 또는 이익조정절차이다.

독일 연방헌법재판소가 입법절차의 결과인 법률의 통제에 만족하지 않고, 마치 행정법원이 행정청의 재량 또는 계획재량의 심사에 있어서 재량행사의 과정을 심사하는 것처럼, 어떠한 경로로 법률이란 결정에 이르게 되었는지의 관점에서 의회에서의 결정추출과정도 함께 심사하려는 시도는 법치국가적 권력분립원리와 민주주의원리의 관점에서 보아도 매우 위험한 시도이다. 뿐만 아니라 사법적 심사의 현실적 가능성의 관점에서 보더라도, 입법자가 수집가능한 모든 자료를 동원하여 합리적으로 판단하였는지를 심사

98) Vgl. Wahl, Der Vorrang der Verfasssung, Der Staat 1981, S.504; Schlaich, Das Bundesverfassungsgericht, 1994, Rn.506; Bryde, Verfassungsentwicklung, 1982, S.328.

하는 '절차적 타당성의 심사'는 법률이 제정된 지 얼마 되지 않았기 때문에 그에 관한 자료가 정비된 비교적 신법의 경우에만 가능하다. 더욱이 입법과정에 관한 자료가 미비한 한국의 실정에서는 '절차적 타당성의 심사'가 실효적으로 이루어질 가능성은 매우 적다.

(다) 따라서 입법자의 예측판단권에 대한 연방헌법재판소의 '차등화된 심사'는 '명확성 기준에 의한 최소한의 심사'와 '엄격한 심사'의 2가지 기준으로 나누어 심사한다고 볼 수 있는데, 이는 결국 중요한 자유권 또는 자유영역에 대한 제한에 있어서는 보다 엄격하게 심사해야 한다는 개인연관성 · 사회연관성 이론의 延長線上에 있는 것이고, 위 이론이 과잉금지원칙의 적용과 관련하여 구체화된 표현에 지나지 않는다.

(5) 입법자의 예측판단권에 대한 사법적 심사의 밀도

(가) 입법자와 개인 사이의 실체적 입증책임의 분배

입법자의 예측판단권에서 문제되는 것은 법률로써 자유권을 제한하는 '입법자'와 자유권을 제한당하는 '개인' 사이의 입증책임의 분배이다.[99] 헌법재판소가 법률의 위헌여부를 판단하는 과정에서 판단의 전제가 되는 중요한 사실관계가 밝혀지지 않는다든지 특히 법률의 효과를 예측하기 어렵다면, 이러한 불확실성이 누구의 부담으로 돌아가야 하는지의 '實體法的 立證責任'의 문제에 관한 것이다.[100] 위에서 소개한 독일 연방헌법재판소의 차등화된 3단계 심사기준은 바로 입증책임분배의 단계에 관한 것이다.[101]

법률이 개인의 핵심적 자유영역(생명권, 신체의 자유, 직업선택의 자유 등)을 침해하는 경우에는 입증책임을 입법자에게 전가함으로써 자유의 보호는 더욱 강화된다. 이러한 경우 기본권의 주체에게 유리한 입증책임의 기준이 적용되므로, 입법자는 입법의 동기가 된 구체적 위험이나 공익의 존재 그리고 법률에 의하여 입법목적이 달성될 수 있다는 구체적 인과관계(수단의 적합성) 또는 입법자가 선택한 수단을 통해서만 입법목적을 효과적으로 달성할 수 있다는 것(수단의 최소침해성)을 헌법재판소가 납득하게끔 소명 · 입증해야 할 책임을 진다.

반면에, 일반적으로 개인이 타인과의 사회적 연관관계에 놓이는 경제적 활동 등을 규제하는 경우 입법자에게 보다 광범위한 형성권이 인정되고, 이로써 그에게 유리하게 입증책임이 분배된다. 따라서 입법자의 예측판단이나 평가가 명백히 반박될 수 있는지 아니면 명백하게 잘못되었는지의 '명백성의 통제'에 그치게 된다.

여기서 헌법재판소가 '엄격한 심사'를 한다는 것은 입법자의 현실 판단이 과연 내용적으로 타당한지를 자신의 현실 판단을 근거로 하여 적극적으로 심사한다는 것을 의미

---

99) Vgl. Kriele, Grundrechte und demokratischer Gestaltungsspielraum, in: Isensee/Kirchhof, HbStR, Bd.V, §110 Rn.44ff.

100) 여기서의 입증책임이란 소송법상의 節次的 입증책임이 아니라 實體的 입증책임을 말한다.

101) Vgl. BVerfGE 50, 290, 331, 333, 340ff.

하고, '완화된 심사'를 한다는 것은 입법자의 현실 판단이 명백하게 잘못되었는지의 심사에 그치는 소극적 심사를 한다는 것을 의미한다. 요컨대, 자유권의 제한을 초래하는 입법은 '제한의 강도'와 '제한되는 기본권적 법익의 의미'에 상응하게 보다 확실한 사실확인과 예측판단에 기초해야 한다는 것을 의미한다.

(나) 입증책임의 분배에 관한 하나의 例

예컨대, 입법자가 직업의 자유를 제한하는 경우, 이러한 입증책임의 분배 문제는 특히 뚜렷하게 드러난다. 직업의 자유를 제한하는 법률이 개인의 인격발현에 어느 정도로 영향을 미치는지에 따라, 입법자의 형성권이 달라진다.

직업의 허가여부를 기본권주체의 개인적 특징에 결부시키는 '주관적 허가요건'의 경우, 개인에게는 당해 직업을 정상적으로 수행하기 위하여 사물의 본질상 원칙적으로 수인해야 하는 것만이 주관적 허가요건의 형태로 요구된다.[102] 주관적 허가요건은 사물의 본성, 즉 직업활동의 요청으로부터 스스로 나오는 것이고, 기본권주체가 일반적으로 충족시킬 수 있는 개인적 특성으로 자신의 책임범위 내에 존재하는 것이기 때문에, 개인의 자유로운 인격발현에 대한 침해의 정도가 작다. 반면에, 직업의 허가여부를 기본권주체의 개인적 특성과 무관한 요건에 결부시키는 '객관적 허가요건'은 직업활동의 요청에 의하여 정당화되지 않으며 기본권주체가 요건의 충족여부에 영향을 미칠 가능성이 없다는 점에서, 개인의 핵심적인 자유영역에 대한 침해를 의미한다. '객관적 허가요건'은 직업의 정상적인 수행을 위하여 요구되는 모든 주관적 요건을 충족시킨 사람에 대해서도 자신의 힘으로 극복할 수 없는 진입장벽을 의미한다.

연방헌법재판소는 직업선택의 자유를 제한하는 '주관적 허가요건'이 입법자가 의도하는 중요한 공익의 실현에 기여하는지 여부의 판단에 있어서, 입법자의 판단이 명백하게 반박될 수 있거나 또는 잘못되지 않은 한, 입법자의 결정을 존중해야 한다는 '입법자에게 유리한 입증책임'의 기준을 적용하였다.[103] 이러한 한계까지는 입법자가 무엇을 공익으로 보는지, 공익을 어떠한 방법으로 실현하려고 하는지의 문제는 입법자의 형성권에 맡겨져야 한다는 것이다. 또한, 연방헌법재판소는 재산권의 공용수용이 공익에 기여하는지의 판단에 있어서도 '입법자에게 유리한 입증책임'의 기준을 적용하였다.[104]

그러나 직업선택의 자유를 제한하는 '객관적 허가요건'에 대한 위헌판단에 있어서는 '기본권의 주체에게 유리한 입증책임'의 기준이 적용되었다.[105] 여기서는 개인의 핵심적인 자유영역이 침해되기 때문에, 입법자는 법률을 통하여 실현하려는 공익이나 방지하

---

102) Vgl. BVerfGE 7, 377, 404ff.

103) BVerfGE 13, 97, 107; Breuer, Die staatliche Berufsregelung und Wirtschaftslenkung, in: Handbuch des Staatsrechts, Bd.VI., §148 Rn.38ff., 47ff.

104) BVerfGE 24, 367, 410.

105) BVerfGE 7, 377.

려는 위험이 존재한다는 것을 소명하거나 입증해야 한다.

Ⅵ. 맺는말

1. 헌법재판제도의 도입과 함께 국가기관 사이의 권력분립의 문제가 새롭게 등장한다. 현행 헌법재판제도에서 헌법재판소의 주된 관할은 입법자에 대한 통제에 있으므로, 특히 입법자와 헌법재판소간의 권한배분의 문제가 발생한다. 헌법재판소와 입법자의 헌법적 권한은 헌법상의 권력분립질서 또는 기능질서에 의하여 규정되고 그 경계가 설정된다. 사법적 자제의 원칙이나 법과 정치를 구분하려는 시도는 헌법의 실현과 구체화에 있어서 헌법재판소와 입법자 사이의 관계를 규명하기에 적합하지 않다.

헌법재판소는 입법자의 형성권에 대한 원칙적인 존중, 합헌적 법률해석, 헌법불합치결정, 평등권·사회적 기본권·기본권 보호의무의 위반여부에 관한 심사에 있어서 행위규범과 통제규범의 구분, 헌법에 명시적으로 규정되지 않은 헌법적 입법의무의 원칙적인 否定 등을 통하여 헌법상의 권력분립질서·기능질서의 관점에서 헌법재판소와 입법자의 관계를 구체화하였다. 다른 한편으로는, 기본권보호의 실효성을 높이기 위하여 헌법 제10조 제1문의 행복추구권을 일반적·보충적 자유권으로 확대하여 해석하고, 헌법해석을 통하여 국가의 기본권 보호의무를 인정함으로써 입법자에 대한 통제범위를 확대하였다.

2. 과잉금지원칙 또는 비례의 원칙은 법률이 자유권을 제한하는 경우 입법목적과 입법수단의 상관관계를 '수단의 적합성·수단의 최소침해성·법익균형성'의 3단계로 나누어 심사하는 기술적·절차적인 위헌심사기준이다. 과잉금지원칙은 모든 자유권제한에 대하여 통일적으로 적용되는 심사기준으로서, 어떠한 경우에 헌법재판소가 더욱 엄격하게 법률에 대한 위헌심사를 해야 하는지의 실체적 관점에 관해서는 아무것도 제시하지 않는다.

과잉금지원칙을 적용하여 법률의 위헌여부를 판단하는 과정에서 '심사의 밀도를 결정하는 實體的 觀點'으로서 미연방대법원에 의하여 형성된 二重基準理論이 고려될 수 있다. 그러나 모든 자유권이 원칙적으로 동등한 지위를 차지하고 있는 우리 헌법질서에서 경제적 자유와 비경제적 자유를 구분하여 심사기준을 달리하는 이중기준이론은 법률의 위헌심사에 있어서 심사밀도를 결정하는 적합하고 유용한 기준이 될 수 없다.

우리 헌법구조에서 보다 중요한 자유영역 또는 보다 덜 중요한 자유영역이 있다면, 이를 판단하는 유일한 근거는 '인간의 존엄성'의 논거에 있다. 인간존엄성의 논거에 기초한 이론이 바로 '個人聯關性·社會聯關性 理論'이다. 법률에 의하여 구체적으로 제한되는 자유영역이 한편으로는 기본권의 주체인 개인에 대하여, 다른 한편으로는 사회에 대하여 어떠한 의미를 가지는지에 따라 '보호의 정도'와 '심사의 강도'가 달라질 수 있다. 제한되는 자유의 의미가 개인의 핵심적 자유영역(개인의 인간존엄성실현과 자유로운 인격발현)에 대하여 크면 클수록 자유권에 대한 보호는 더욱 강화되고, 이에 대한 제한은 보다 중대한 공익에 의하여 정당화되어야 하며 이로써 보다 엄격하게 심사되어야 하는 한편, 개인이 기본권행사를 통하여 타인과 사회적 연관관계에 위치함으로써 타인의 자유영역과 접촉하고 충돌할수록 입법자가 타인과 공동체의 이익을 위하여 개인의 자유를 제한하는 것을 보다 수인해야 한다.

3. 장래를 규율하는 입법자의 법률은 장래 현상에 대한 예측판단에 기초하는 수밖에 없다. 그러나 이러한 예측판단에는 항상 불확실한 요소가 내재되어 있다. 특히 자유권을 제한하는 법률의 합헌성이 장래에 있어서 법률의 효과에 달려 있다면, 헌법재판소가 어느 정도로 입법자의 예측판단을 심사할 수 있는지의 문제가 제기된다. 법률의 위헌여부를 과잉금지원칙에 의하여 판단하는 경우, 공익의 存否, 수단의 적합성 및 수단의 최소침해성에 대한 판단은 규범적 가치판단이 아니라 미래의 현실발전에 대한 예측에 기초한 경험적 판단의 문제이며, 결국 입법자의 예측판단에 대한 심사이다.

입법자의 예측판단권은 미래에 있어서 규율대상의 발전추이와 규율효과에 대한 입법자의 판단재량으로서 입법형성권의 중요한 부분에 해당한다. 입법자의 형성권은 대부분의 경우 불확실한 미래에 대한 판단에 기초하고 있으므로, 본질적으로 예측판단권이다. 따라서 입법형성권에 관한 일반적 원칙이 입법자의 예측판단권에도 그대로 적용된다. 즉, '제한되는 자유영역의 의미와 중요성에 따른 기본권제한의 효과' 및 '규율대상의 특성'(확실한 예측판단을 내릴 수 있는 현실적 가능성의 정도)에 따라 입법형성권의 정도나 심사밀도가 달라진다고 하는 관점은 입법자의 예측판단권에 대한 심사에서도 그대로 적용된다. 기본권제한의 효과가 중대할수록 입법자의 입법은 보다 확실한 사실확인과 예측판단에 기초해야 하며, 역으로 입법자가 달성하고자 하는 공익(가령, 위험의 방지 등)이 중대할수록 또는 규율대상의 특성상 입법자가 확실한 예측판단을 내릴 수 있는 가능성이 감소할수록, 현실에 대한 입법자의 예측판단에 대하여 광범위한 형성권이 인정된다.

입법자의 예측판단에 대한 '독일 연방헌법재판소의 차등화된 심사'의 실질적인 의미는, 과잉금지원칙이란 통일적인 기준에 따라 자유권의 침해여부를 판단하는 과정에서, 제한되는 자유의 의미, 규율영역의 특성, 확실한 판단을 내릴 수 있는 현실적 가능성 등의 실체적 관점에 따라 입법자의 예측판단에 대한 입증책임의 정도와 헌법재판소에 의한 심사의 밀도가 달라진다는 것을 밝힌 데 있다.

참고문헌

김남진, 행정법 I, 1995
김용균, 미국 연방헌법과 헌법재판 개관, 헌법논총 제5집, 1994
김지형, 입법부작위에 관한 헌법문제, 헌법재판제도의 발전(헌법재판자료 제5집), 1992. 12.
김현철, 미국헌법상 권리장전과 적법절차법리, 헌법논총 제3집, 1992
방승주, 독일 연방헌법재판소의 입법자에 대한 통제의 범위와 정도, 헌법논총 제7집, 1996
양 건, 법률의 위헌심사의 기준, 헌법재판연구 제1권, 1990
정태호, 기본권 보호의무, 인권과 정의, 1997. 8.
한병채, 미국 위헌심사의 정치적 배경과 헌법재판의 동향, 헌법논총 제1집, 1990
한수웅, 입법부작위에 대한 헌법소원, 현대헌법학이론(이명구박사 화갑기념논문집 Ⅰ), 1996
______, 헌법불합치결정의 헌법적 근거와 효력, 헌법논총 제6집, 1995
한태연, 헌법학, 1983
허영, 한국헌법론, 1994
______, 합헌적 법률해석의 본질과 한계, 헌법논총 제3집, 1992
황도수, 법규범으로서의 평등의 사적 전개, 헌법논총 제7집, 1996
황치연, 헌법재판의 심사척도로서의 과잉금지원칙에 관한 연구, 연세대학교 대학원 박사학위논문, 1995

v. Arnim, Staatslehre der Bundesrepublik Deutschland (BRD), 1984
Battis/Gusy, Einführung in das Staatsrecht, 3. Aufl., 1991
Böckenförde, Grundrechte als Grundsatznorm, zur gegenwärtigen Lage der Grundrechtsdogmatik, Der Staat 1990
______, Die Methoden der Verfassungsinterpretation, NJW 1976
______, Grundrechtstheorie und Grundrechtsinterpretation, NJW 1974
Breuer, Die staatliche Berufsregelung und Wirtschaftslenkung, in: Isensee/Kirchhof (Hg), Handbuch des Staatsrechts (HbStR), Bd.Ⅵ, 1989, §148
v. Brünneck, Eigentumsgarantie des Grundgesetzes, 1984
Brugger, Grundrechte und Verfassungsgerichtsbarkeit in den Vereinigten Staaten von Amerika, 1987
______, Einführung in das öffentliche Recht der USA, 1993
Bryde, Verfassungsentwicklung, 1982
Chlosta, Der Wesensgehalt der Eigentumsgewährleistung, 1975
Gusy, Parlamentarischer Gesetzgeber und Bundesverfassungsgericht, 1985
Hein, Die Unvereinbarerklärung verfassungswidriger Gesetze durch das Bundesver-

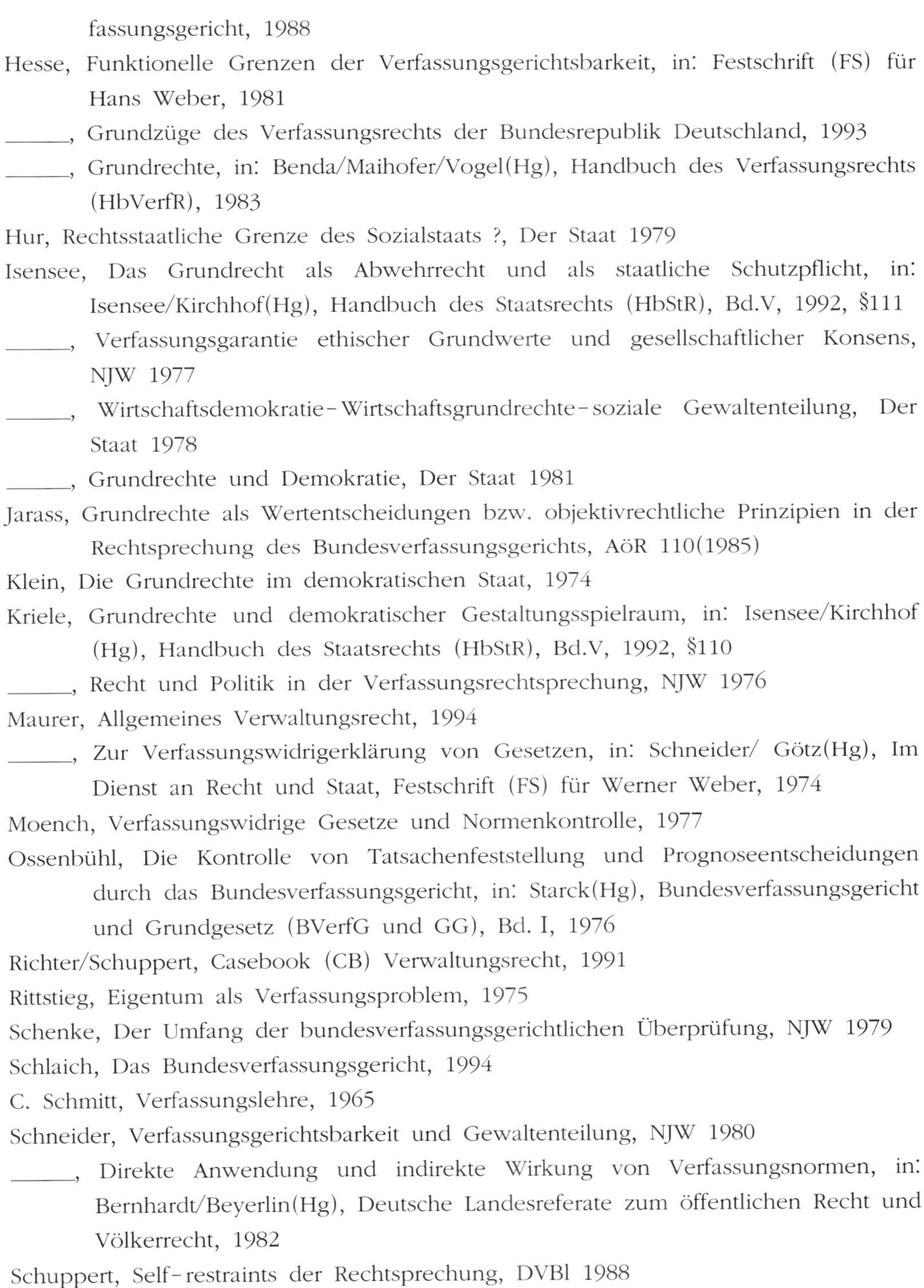

fassungsgericht, 1988

Hesse, Funktionelle Grenzen der Verfassungsgerichtsbarkeit, in: Festschrift (FS) für Hans Weber, 1981

______, Grundzüge des Verfassungsrechts der Bundesrepublik Deutschland, 1993

______, Grundrechte, in: Benda/Maihofer/Vogel(Hg), Handbuch des Verfassungsrechts (HbVerfR), 1983

Hur, Rechtsstaatliche Grenze des Sozialstaats ?, Der Staat 1979

Isensee, Das Grundrecht als Abwehrrecht und als staatliche Schutzpflicht, in: Isensee/Kirchhof(Hg), Handbuch des Staatsrechts (HbStR), Bd.V, 1992, §111

______, Verfassungsgarantie ethischer Grundwerte und gesellschaftlicher Konsens, NJW 1977

______, Wirtschaftsdemokratie-Wirtschaftsgrundrechte-soziale Gewaltenteilung, Der Staat 1978

______, Grundrechte und Demokratie, Der Staat 1981

Jarass, Grundrechte als Wertentscheidungen bzw. objektivrechtliche Prinzipien in der Rechtsprechung des Bundesverfassungsgerichts, AöR 110(1985)

Klein, Die Grundrechte im demokratischen Staat, 1974

Kriele, Grundrechte und demokratischer Gestaltungsspielraum, in: Isensee/Kirchhof (Hg), Handbuch des Staatsrechts (HbStR), Bd.V, 1992, §110

______, Recht und Politik in der Verfassungsrechtsprechung, NJW 1976

Maurer, Allgemeines Verwaltungsrecht, 1994

______, Zur Verfassungswidrigerklärung von Gesetzen, in: Schneider/ Götz(Hg), Im Dienst an Recht und Staat, Festschrift (FS) für Werner Weber, 1974

Moench, Verfassungswidrige Gesetze und Normenkontrolle, 1977

Ossenbühl, Die Kontrolle von Tatsachenfeststellung und Prognoseentscheidungen durch das Bundesverfassungsgericht, in: Starck(Hg), Bundesverfassungsgericht und Grundgesetz (BVerfG und GG), Bd. I, 1976

Richter/Schuppert, Casebook (CB) Verwaltungsrecht, 1991

Rittstieg, Eigentum als Verfassungsproblem, 1975

Schenke, Der Umfang der bundesverfassungsgerichtlichen Überprüfung, NJW 1979

Schlaich, Das Bundesverfassungsgericht, 1994

C. Schmitt, Verfassungslehre, 1965

Schneider, Verfassungsgerichtsbarkeit und Gewaltenteilung, NJW 1980

______, Direkte Anwendung und indirekte Wirkung von Verfassungsnormen, in: Bernhardt/Beyerlin(Hg), Deutsche Landesreferate zum öffentlichen Recht und Völkerrecht, 1982

Schuppert, Self-restraints der Rechtsprechung, DVBl 1988

Simon, Verfassungsgerichtsbarkeit, in: Benda/Maihofer/Vogel(Hg), Handbuch des Verfassungsrechts der Bundesrepublik Deutschland (HbVerfR), Bd.II, 2. Aufl.,

1995
Starck, Vorrang der Verfassung und Verfassungsgerichtsbarkeit, in: Starck/Weber(Hg), Verfassungsgerichtsbarkeit in Westeuropa, 1986
Stein, Staatsrecht, 14. Aufl., 1993
Stern, Das Staatsrecht der Bundesrepublik Deutschland, Bd. I, 1984
______, Das Staatsrecht der Bundesrepublik Deutschland, Bd.Ⅲ/1, 1988
Suhr, Rechtsstaatlichkeit und Sozialstaatlichkeit, Der Staat 1970
Wahl, Der Vorrang der Verfasssung, Der Staat 1981

제2주제

헌법재판의 한계*

Ⅰ. 헌법재판의 한계에 관한 논의의 배경

1. '통제받지 않는 통제자'로서 헌법재판소

가. 헌법재판소는 헌법해석에 관한 최종적인 결정권을 가지고 헌법의 내용을 확정한다. 헌법재판소는 사법기관으로서 헌법재판의 심사기준인 헌법의 구속을 받으나, '헌법의 내용이 무엇인지'는 헌법재판소가 해석을 통하여 스스로 확정한다. "헌법은 헌법재판소가 해석하는 대로 그 효력을 가진다."는 독일의 공법학자 스멘트(Smend)의 지적이나[1] "우리는 헌법의 구속을 받지만 헌법이 무엇인지는 대법관이 이야기하는 것이다."라는 휴즈(Hughes) 미연방대법원장의 유명한 발언은 그 자체로서 타당하다.

이러한 현상은 '추상성과 개방성'이라는 헌법의 특성에 의하여 더욱 촉진된다. 다수의 헌법규범, 특히 기본권규정, 국가기본원리에 관한 규정, 국가목표조항 등은 고도로 추상적이고 개방적으로 규정되어 역동적인 해석의 가능성을 열어놓고 있다. 헌법재판소는 특히 기본권의 해석을 통하여 헌법재판절차에의 접근가능성 및 자신의 심사권한과 통제권한의 범위를 임의로 결정할 수 있다.[2]

---

* 위 논문은 2015년 10월, 중앙법학(중앙법학회) 제17집 제3호, 1-45면에 게재된 것을 일부 수정한 것이다.

1) Vgl. Smend, Festvortrag zur Feier des zehnjärigen Bestehens des Bundesverfassungsgerichts am 26. Janunar 1962, in: Häberle(Hg), Verfassungsgerichtsbarkeit, 1976, S.330.

2) 헌법재판소가 기본권의 해석을 통하여 자신의 권한을 확대하는 대표적인 예는 다음과 같다. 헌법재판소는 행복추구권을 '일반적인 행동자유권'으로 해석함으로써, 기본권에 의하여 보호될만한 가치가 있는 특정 행위가 아니라 개인의 모든 행위가 기본권의 보호를 받게 되었다. 이로써 국가공권력에 의하여 개인에게 부과되는 모든 불이익과 부담이 개인의 기본권제한에 해당하게 되었다. 이는 국가의 모든 부담적·침익적 행위는 헌법소원을 통하여 다투어질 수 있다는 것을 의미한다. 헌법소원을 적법하게 제기하기 위하여 요구되는 '기본

나. 한편, 헌법해석의 방법에 관한 기본적인 합의가 존재하지 않기 때문에, 헌법재판소는 강력한 파급효과를 가지는 해석권한을 사실상 임의로 행사할 수 있다.[3] 물론, 19세기 초에 법학자 사비니(Savigny)가 제시한 '전통적 해석방법', 즉 문리적·체계적·역사적·목적적 해석방법을 종합적으로 사용하는 '고전적 해석방법'이 헌법의 해석에도 적용된다는 것은 일반적으로 인정되고 있다. 그러나 고전적 해석방법을 적용하는 경우, 法文은 해석의 한계로서 작용하지만, 그렇다고 하여 극복할 수 없는 절대적인 한계는 아니다. 게다가 고전적 해석방법은 입법자 또는 헌법제정자의 주관적 의사를 중시하는 주관적 해석방법이 아니라 객관적 해석방법을 의미하기 때문에, 입법자의 주관적 의사를 밝히는 '역사적 해석방법'은 다양한 해석방법 중의 하나에 불과하며, 그것도 객관적 해석을 보완하는 관점으로 고려될 뿐이다. 객관적 해석방법의 문제점은, 입법 당시의 입법자의 주관적 의사에 의한 구속을 받지 않음으로써 해석의 주체에게 사회상황의 변화에 따른 역동적인 해석가능성을 개방한다는 것에 있다. 해석방법의 다양성과 다원주의가 존재하는 상황에서, 헌법해석의 원칙으로부터는 헌법재판소의 결정과정을 구속하는 효과를 거의 기대할 수 없다.

이에 더하여, 헌법규범의 開放性과 抽象性은 헌법재판소에게 광범위한 해석공간을 부여하고 있다. 개방적인 헌법규범의 해석은 고전적 해석방법을 통하여 의미와 내용을 밝히는 작업이 아니라, 헌법재판소에 의한 법창조를 통하여 헌법에 새로운 의미를 부여하는 작업이다. 게다가, 헌법재판소의 결정에 이르는 방법이 소위 '헌법의 통일성의 관점'에서 '실제적 조화의 원칙'에 따라 상충하는 상이한 이익을 비교형량하는 '법익교량'의 작업이라는 점에서, 헌법해석의 불확실성과 다원주의는 더욱 심화된다.

다. 이러한 모든 상황을 감안한다면, 헌법의 최종적인 해석권자인 헌법재판소에게는 거의 무제한적인 해석의 권한이 부여된다는 것을 확인할 수 있다. 결국, 헌법재판소의 포괄적인 헌법재판권과 무제한적인 해석권한으로 말미암아 거의 모든 정치적 결정이 동시에 헌법적 문제로 전환될 수 있고, 이로써 헌법재판소의 잠재적인 심사대상이 될 수 있다.[4]

권침해의 가능성' 요건은 모든 부담적 국가행위의 경우 원칙적으로 인정된다. 나아가, 헌법재판소는 기본권이 위헌적인 법률에 근거하는 모든 침해로부터 개인의 자유를 보호하는 것으로 기본권을 해석할 수 있다. 이로써 기본권은 오로지 실체적·절차적으로 합헌적인 법률에 의해서만 제한될 수 있다. 그 결과, 행정작용이나 법원의 판결이 위헌적인 법률에 근거하고 있으므로 개인의 기본권을 침해한다는 주장으로 헌법소원을 제기할 수 있는 가능성이 열림으로써 법률에 대한 심사권한을 확대할 수 있다. 기본권에 대한 이러한 해석은 결과적으로 사실상 모든 공권력행위에 대하여 헌법소원을 제기할 수 있고, 이에 따라 헌법재판소가 모든 공권력행위를 심사할 수 있다는 것을 의미한다. vgl. Heun, Die Verfassungsordnung der Bundesrepublik Deutschland, 2012, S,210.

3) Vgl. Böckenförde, Verfassungsgerichtsbarkeit: Strukturfragen, Organisation, Legitimation, NJW 1999, S.12.

4) Vgl. R. Wahl, Reformfrage, in: Festschrift 50 Jahre Bundesverfassungsgericht, Bd. I, 2001, S.482f.

헌법재판과 관련하여 부인할 수 없는 것은, 헌법은 비록 헌법재판소에게 특정한 관할을 열거적으로 부여하고 있지만(제111조 제1항), 헌법재판소는 헌법과 헌법재판소법의 해석을 통하여 궁극적으로 자신의 권한에 관하여 스스로 결정할 수 있다는 것이다.[5] 이로써 헌법재판소는 헌법재판을 통하여 다른 국가기관, 특히 정치적 헌법기관과의 관계에서 정치적 형성의 영역을 침범할 수 있고, 과도한 헌법해석을 통하여 객관적 헌법의 내용을 실현하는 것이 아니라 재판관 개인의 주관적 가치관이나 헌법관을 실현하고자 시도할 수 있다.

라. 반면에, 헌법재판소에 대한 통제가능성은 사실상 존재하지 않는다. 헌법재판소결정에 대한 다른 법적 통제가능성은 존재하지 않으며 헌법재판소결정에 대한 불복절차도 없다. 헌법재판소에 대한 통제가능성으로는 기껏해야 헌법재판소의 사법기능을 제대로 인식하여 이에 부합하게 활동할 수 있는 후보자를 재판관으로 선출하는 방법, 재판관 임기의 제한을 통하여 구성원의 변화로 인한 판례변경을 꾀하는 방법 등 간접적이고 제한적인 효과를 가진 事前的 통제가능성만이 있을 뿐이다.[6] 이러한 사전적 통제가능성이 기능하지 못한다면, 사후적으로는 단지 헌법재판소결정에 대한 여론과 학계의 비판과 평가만이 통제가능성으로 남아 있을 뿐이다.[7]

2. 필연적으로 규명되어야 하는 문제로서 헌법재판의 한계

따라서 헌법재판소와 같이 헌법해석에 관한 최종적인 결정권자로서 자신의 권한을 스스로 결정할 수 있는 권한을 가진 국가기관, 즉 '외부에 의하여 통제될 수 없는 통제자'가 헌법재판의 권한을 행사함에 있어서 그 한계가 어디에 있는지의 문제는 필연적으로 제기될 수밖에 없다. 헌법재판소에 대한 통제가능성이 사실상 존재하지 않는다는 상황에 비추어, 헌법재판소가 '헌법의 수호자'에서 '헌법의 지배자'가 되는 것을 어떻게 방지할 수 있는지의 문제가 제기되는 것이다. 오늘날 헌법재판에 관하여 논쟁이 있다면, 이는 더 이상 '헌법재판의 정당성'에 관한 논쟁이 아니라 '헌법재판의 한계'에 관한 것이다.

우리 헌법재판의 현실을 보더라도, 헌법재판소의 활동 초기에는 헌법재판의 강화와 활성화에 관심이 모아졌다면, 헌법재판소의 지위와 위상이 확고해 짐에 따라 헌법재판소와 입법자의 헌법적 권한의 경계설정의 문제가 점차 부각되기 시작하였다. 특히 신행정수도특별법에 대한 헌법소원사건[8]을 계기로 하여, 헌법재판소가 어느 정도로 헌법해석을 할 수 있는지, 이로써 자신의 권한을 확대할 수 있는지의 '헌법재판의 한계'의 문

5) 헌법해석, 헌법내용의 범위 및 헌법재판소의 권한범위는 상호 밀접한 관계에 있다. vgl. Wahl, Der Vorrang der Verfassung, Der Staat 1981, S.505.
6) Vgl. Benda/Klein, Verfassungsprozessrecht, 3. Aufl., 2012, Rn.20.
7) Vgl. Benda/Klein, Verfassungsprozessrecht, 3. Aufl., 2012, Rn.21.
8) 헌재 2004. 10. 22. 2004헌마554 등.

제가 진지하게 제기되었다.

헌법재판의 법적 성격이 무엇인지에 따라 헌법재판의 한계가 결정되기 때문에, 헌법재판의 한계를 밝히기 위하여 일차적으로 헌법재판의 법적 성격을 확인하는 것은 필수적이다. 따라서 이 글에서는 우선 헌법재판의 법적 성격이 무엇인지를 확인하고(아래 II.), 법과 정치의 관계에서 또는 민주주의와 헌법재판의 관계에서 헌법재판의 정당성에 대하여 의문을 제기하는 견해의 타당성을 살펴보고(아래 III.), 헌법재판의 한계를 규범적 측면, 기능적 측면, 사실적 측면으로 나누어 검토한 다음(아래 IV.), 사법적 자제의 요청이나 정치문제이론이 헌법재판의 한계를 제시하는 기준으로 기여하는 바가 있는지를 살펴보기로 한다(아래 V.). 마지막으로, 결론 부분에서 이와 같이 확인한 헌법재판의 한계가 실질적으로 어떠한 의미를 가지는지에 관하여 서술하기로 한다(아래 VI.).

Ⅱ. 헌법재판의 법적 성격

1. 헌법재판의 법적 성격에 관한 논의

헌법재판의 성격이 무엇인지에 관하여 사법작용설, 정치작용설, 입법작용설, 제4의 국가작용설 등 다양한 견해가 주장되고 있다.[9] 헌법규범의 추상성과 개방성으로 인하여 헌법재판소에 대한 헌법의 구속력(규범력)이 약하다는 것과 이로 인한 헌법해석의 특수성을 부각시킬수록 헌법재판의 정치적 성격 또는 입법적 성격을 인정하게 될 것이고, 역으로 재판규범으로서의 헌법의 성격과 헌법재판의 사법적 특징인 신청주의, 법관의 독립성, 법에의 구속 등을 부각시킬수록 헌법재판의 사법적 성격을 인정하게 될 것이다. "당신이 헌법재판에 대하여 어떻게 생각하는지를 말해준다면, 당신이 헌법을 어떻게 이해하고 있는지 말해주겠다."는 스위스 헌법학자 캐기(Werner Kägi)의 발언은 '헌법의 이해'와 '헌법재판의 이해' 사이의 밀접한 관계를 적절하게 표현하고 있다.[10]

가. 司法作用

헌법재판은 헌법규범에 대한 해석과 적용을 그 본질로 하는 司法的 法認識作用이라는 점에서 근본적으로 사법작용으로 보아야 한다는 견해이다.[11] 사법작용의 특성이 구

9) 헌법재판의 성격에 관한 개괄적 소개로는 김문현/정재황/한수웅/음선필, 현행 헌법상 헌법재판제도의 문제점과 개선방안, 헌법재판연구 제16권, 2005. 11, 9면 이하; 김하열, 헌법소송법, 2014, 12면 이하; 허영, 헌법소송법론, 2009, 17면 이하; 신평, 헌법재판법, 2007, 16면 이하; 정종섭, 헌법소송법, 2012, 9면 이하. 독일에서 헌법재판의 성격에 관한 논의를 소개한 논문으로 이욱한, 헌법재판과 법과 정치, 헌법논총 제3집(1992), 463면 이하 참조.

10) Vgl. Werner Kägi, Die Verfassung als rechtliche Grundordnung des Staates, 1945, S.147.

11) 한국과 독일의 지배적 견해이다. 가령, 계희열, 헌법재판과 국가기능 －헌법재판의 기능적 및 제도적(관할권적) 한계를 중심으로－, 헌법재판의 회고와 전망, 1998, 206면; 김하열, 헌법소송법, 2014, 15면 이하; 이욱한, 헌법재판과 법과 정치, 헌법논총 제3집(1992), 471면; 성낙인, 헌법학, 2012, 1259면; 한수웅, 헌법학,

체적 사건의 해결을 계기로 하여 법규범의 해석과 적용을 통하여 구속력 있는 결정을 내리는 법인식작용에 있다면, 헌법재판도 헌법의 해석과 적용을 통하여 헌법적 분쟁을 해결하는 법적인 인식작용으로서, 본질적으로 사법작용으로 보아야 한다는 것이다.

나. 政治作用

헌법재판의 대상이 주로 정치적 성격의 분쟁이고 헌법의 규범구조적 특수성(추상성과 개방성)으로 인하여 헌법해석도 정치적 성격을 가지게 되므로, 헌법재판을 정치적 작용으로 이해해야 한다는 입장이다.[12)]

정치작용설에 의하면, 헌법적 분쟁은 정치적 분쟁이며, 헌법적 분쟁의 해결을 대상으로 하는 헌법재판은 정치작용에 해당한다고 한다. 헌법적 분쟁이란 헌법을 심사기준으로 하여 판단해야 하는 법적 분쟁을 말하는데, 헌법의 추상성과 개방성으로 인하여 헌법규범으로부터 입법이나 통치행위 같은 정치적 형성행위의 위헌여부를 판단하기 위한 사법적 심사기준이 도출되지 않는다. 따라서 헌법의 해석과 적용을 통하여 헌법적 분쟁에 관하여 결정하는 사법기관은 자신을 구속하는 구체적인 법적 행위지침이 없이 재판을 하게 되므로 고도의 정치기관이 되지 않을 수 없다고 한다. 이로써 헌법재판은 '사법의 형태로 이루어지는 정치적 결정'이다. 헌법재판의 도입은 정치를 사법적으로 헌법에 구속시키고자 하는 '政治의 司法化' 대신에 '司法의 政治化'를 초래할 위험이 있다고 경고한다.

다. 立法作用

헌법재판에 있어서 헌법의 해석은 법률의 해석과는 달리 헌법을 구체화하고 보충하는 '법창조적 기능'을 가지므로, 헌법재판은 일종의 입법작용이라는 견해이다.[13)] 입법작용설은, 헌법규범과 다른 법규범 사이에 규범구조에 있어서 근본적인 차이가 있으며, 헌법해석이 고전적 법해석원칙을 통하여 입법자에 의하여 이미 확정된 내용을 밝혀내는 '해석'이 아니라 미래의 발전에 개방적으로 열려져 있는 확정되지 아니한 규범내용의 '구체화 · 실현 · 보충'이라는 특수성을 가진다는 것으로부터 출발한다.

2015, 1359면 이하; 홍성방, 헌법학(하), 2010, 302면.

12) 헌법재판의 도입을 반대한 독일 공법학자인 슈미트(Carl Schmitt)에 의하면, 법관에게 법률에 대한 위헌심사권을 부여함으로써, 헌법재판은 司法의 경계를 넘는 것이라고 한다. 司法의 과제는 자신을 구속하는 법률의 해석과 적용에 있는 것인데, 법률에 대한 재판은 헌법규범의 불명확성으로 인하여 법적인 심사기준을 결여하고 있기 때문에 정치적 결정이 될 수밖에 없다고 하면서, 헌법재판은 정치적 결정을 은밀하게 법관에게 귀속시키는 것으로 필연적으로 '司法의 政治化'(Politisierung der Justiz)를 야기한다고 한다. vgl. Carl Schmitt, Das Reichsgericht als Hüter der Verfassung(1929), in: Häberle(Hg), Verfassungsgerichtsbarkeit, 1976, S.128ff.

13) Vgl. Carl Schmitt, Verfassungslehre, 6. Aufl., 1983, S.118; H. Krüger, Allgemeine Staatslehre, 2. Aufl., 1988, S.703f.

헌법재판의 입법작용은 일차적으로, 헌법재판기관이 헌법해석을 통하여 추상적이고 개방적인 헌법규범의 내용을 최종적으로 구속력을 가지고 확정하는 '규범창조적 기능'에 있다고 한다. 헌법재판은 헌법에 근거한 재판이라기보다는 헌법의 내용을 확정하는 재판으로, 司法이 아니라 본질적으로 立法이고 헌법제정이라는 것이다. 뿐만 아니라, 입법작용의 본질이 법률의 開閉에 있다면, 위헌결정을 통한 입법의 폐지도 소극적인 입법작용에 해당한다고 한다. 따라서 헌법재판은 때로는 법률의 효력을 상실시키는 입법작용으로서의 기능도 가진다고 한다.

라. 제4의 국가작용

헌법재판은 입법·집행·사법의 모든 국가작용을 통제하는 기능을 가지므로 제4의 국가작용으로 보아야 한다는 견해이다.[14)] 위 견해는, '헌법재판의 본질은 수단이 아닌 목적에서 찾아야 한다'고 하면서, '헌법재판의 목적이 권력통제를 통한 헌법실현이기 때문에 헌법재판은 헌법실현을 위해서 마련된 제4의 국가작용'이라고 한다. 헌법재판은 비록 헌법해석이라는 법인식기능을 통해서 행해지지만, 법인식은 헌법재판의 목적이 아니라 수단에 불과하기 때문에, 이로 인하여 헌법재판이 사법작용이 되는 것은 아니라고 한다.

마. 비판

(1) 정치작용설은 '헌법규범 및 헌법해석의 특수성'과 '헌법재판의 정치적 성격'을 인식하고 지적하였다는 점에서 오늘날에도 여전히 중요한 의미를 가진다. 다만, 헌법재판이 그 특수성에도 불구하고 정치적 형성작용으로 변질되는 것은 아니며, 본질적으로 사법작용으로서의 성질을 잃지 않는다는 것을 간과하고 있다. 헌법재판은 그 정치적 성격으로 인하여 법해석·적용작용으로서의 본질을 상실하는 것이 아니라, 다만 '정치적 성격을 가진 사법작용'이 될 뿐이다.[15)]

오늘날 법의 모든 해석과 적용이 단지 정도의 차이가 있을 뿐, 어느 정도 형성적 요소, 이로써 정치적 성격을 가지는 것이며, 이러한 효과는 일차적으로 헌법해석에 기초하는 헌법재판에서 인정된다. 통치기관(정치적 헌법기관)에 대한 헌법재판소의 통제는 헌법해석을 통하여 통치기관의 행위공간을 축소하거나 개방함으로써 국가의 통치행위에 대하여 영향력을 행사한다. 이러한 점에서 헌법재판소가 다른 법원과는 달리, 국가생활 전체에 대하여 큰 영향과 파급효과를 가지는 결정을 내린다는 것은 부인할 수 없다.

---

14) 대표적으로 허영, 헌법소송법론, 2009, 20면; 또한 Vgl. Roellecke, Verfassungsgerichtsbarkeit, Gesetzgebung und politische Führung, in: Cappenberger Gespräch, 1980, S.28ff. 전통적인 3권 사이에 발생하는 충돌을 해소하거나 완화하기 위한 새로운 형태의 제4의 국가작용으로 헌법재판을 파악한다.

15) Vgl. Schlaich/Korioth, Das Bundesverfassungsgericht, 9. Aufl., 2012, Rn.36.

그러나 헌법재판소에 의한 헌법재판에는 통치의 개념에 내재되어 있는 '독자적이고 주도적인 정치적 형성'의 요소가 결여되어 있으므로, '통치에의 참여'를 의미하지 않는다.[16] 헌법재판소가 헌법재판을 통하여 국가의 정치적 과정에 대하여 영향력을 행사한다면, 이는 정치적 과정에 형성적·적극적으로 참여한 것에 기인하는 것이 아니라, 단지 헌법재판의 부수적 효과로서 발생하는 것이다. 헌법재판은 심사기준인 헌법의 개방성과 추상성에도 불구하고 헌법을 심사기준으로 하는 재판이며, 오로지 이러한 전제 하에서만 헌법재판은 그 존립근거와 정당성을 가진다. 헌법재판소의 권위는 국가의 최고규범인 헌법에 근거하는 것이며, 헌법을 보장하는 사법기관의 역할에 근거하는 것이다.

(2) 입법작용설도 정치작용설과 마찬가지로 헌법규범의 규범구조적 특수성과 헌법해석의 방법론적 특수성을 강조하여 헌법재판과 일반 재판의 차이점을 부각시키고 있다는 점에서는 긍정적으로 평가되나, 다른 한편으로는 이러한 차이점으로 인하여 헌법재판의 '재판작용으로서의 성격'이 부인되는 것은 아니다. 헌법해석의 규범창조적 기능 및 위헌결정을 통한 입법의 폐지는 헌법재판의 부수적 효과이지 그 성격을 규정짓는 본질이 아니다.[17]

(3) 한편, '제4의 국가작용설'은 헌법재판의 '법적 성격'을 묻는 질문에 대하여 헌법재판의 '목적'의 관점에서 대답함으로써, '헌법재판의 성격'이 아니라 헌법의 권력분립구조 내에서의 '헌법재판의 국가적 기능'을 서술하는데 그치고 있다. 모든 사법기능의 궁극적 목적이 사법절차를 통한 실체법의 실현과 관철에 있다는 점에서, '헌법재판은 헌법의 실현을 위하여 마련된 제4의 국가작용'이라는 견해는 국가작용 중에서 헌법재판에 당연히 귀속되는 사법기능(헌법의 실현과 관철)을 단지 다시 한 번 확인하는 것에 지나지 않는다. 그 결과, '제4의 국가작용설'은 헌법재판을 고전적인 3권에 귀속시키는 것이 곤란하다는 점만을 소극적으로 표현할 뿐, 헌법재판의 실체적 성격이 무엇인지에 관하여 적극적으로 서술하지 못하고 있다. 이러한 점에서 '제4의 국가작용설'은 헌법재판의 법적 성격을 규명하는 데에 크게 기여하는 바가 없다.

2. 정치적 성격을 가진 司法機能

가. 헌법재판의 司法的 기능

헌법재판소가 헌법재판을 통하여 국가의 정치적 과정에 깊숙이 개입하는 것이 사실이라 하더라도, 이로 인하여 헌법재판이 근본적으로 사법적 성격을 가진다는 점이 달라지는 것은 아니다. 헌법재판소는 그 구조와 기능에 있어서 본질적으로 사법기능을 행사

16) Vgl. Benda/Klein, Verfassungsprozessrecht, 3. Aufl., 2012, Rn.113.
17) 同旨 허영, 헌법소송법론, 2009, 20면.

하고, 헌법재판의 사법적 기능에 의하여 헌법재판의 성격과 한계가 규정된다.

(1) '司法的 법인식작용'과 '政治的 형성작용'을 구분하여 이를 개념적으로 대치시키는 것은 헌법재판의 법적 성격과 기능을 파악하기 위한 핵심적인 관점이다.[18] 헌법과 법률에 따라 법적 분쟁에 관하여 결정하는 사법기관의 '소극적 과제'와 입법부·집행부 등 정치적 헌법기관의 '형성적 과제'는 구분되어야 한다.

'정치'란 한 마디로 표현하자면, 국가공동체의 생활을 창조적으로 형성하는 것을 의미하며, 이는 일차적으로 헌법상 의회와 정부에 부여된 과제이다. 정치가 단순히 헌법의 집행이 아니라는 것을 감안한다면, 정치적인 형성적 결정은 법인식작용과는 전혀 다른 구조적 원칙을 따르고 있다. 정치적인 결정은 헌법을 집행하는 것이 아니라 헌법의 테두리 내에서 민주적 다수가 자율적으로 설정한 목표를 집행하는 것이고, 이로써 입법이나 정책결정 등 정치적 형성작용을 통하여 헌법을 실현하고 구체화하는 것이다.

반면에, 헌법의 권력분립질서 내에서 헌법재판소의 과제는 국가공동체를 적극적으로 형성하거나 정치적 의사결정을 내리는 것이 아니라, 헌법을 심사기준으로 하여 헌법적 분쟁에 관하여 구속력 있는 결정을 내리는 것이다.[19] 헌법재판은 정치적 헌법기관의 事前的 형성행위에 대한 단지 事後的 교정기능에 국한된다.

(2) 헌법재판의 대상은 헌법적 분쟁이며, 헌법적 분쟁에 관한 결정은 비록 정치적 성격을 가진다 하더라도, 분쟁의 심사기준이 헌법이라는 점에서 법적 결정이다. 헌법이 개방적이고 정치적인 성격의 규범이라는 특징을 가진다 하더라도 법규범으로서의 성격은 부인될 수 없으며, '정치적 법에 관한 분쟁'은 '법적 분쟁'이다. 헌법재판은 정치적 과정에 관하여 정치적으로 판단하는 '정치적 결정'이 아니라, 정치적 과정이 헌법의 테두리 내에서 이루어지는지 여부를 판단하는 '법적 결정'이다.[20] 의회와 정부에 대한 사법적 통제가 정치적 효과를 가진다는 의미에서의 '사법적 통제의 정치적 효과'와 '정치적 형성의 과제'는 동일시되어서는 안 된다.[21]

독립적인 사법기관인 헌법재판소가 법적 분쟁에 관하여 구속력 있는 결정을 내린다는 점에서, 헌법재판은 본질적으로 司法機能에 속한다. 헌법재판의 사법적 기능은 무엇보다도 헌법재판절차의 '사법적 형식'과 '법의 구속'으로부터 나온다. 헌법재판소가 결정에 이르는 과정과 방법은 사법기관의 전형적인 작업방식과 근본적으로 동일하다. 헌법재판소는 외부에 의하여 부과되는 헌법의 구속을 받고 공권력행위의 위헌여부를 헌법을

18) Vgl. Löwer, Zuständigkeiten und Verfahren des Bundesverfassungsgerichts, in: HbStR, Bd.Ⅱ, 1987, §56 Rn.2.

19) Vgl. Friesenhahn, Die Funktion der Verfassungsgerichtsbarkeit im Gesamtgefüge der Verfassung(1965), in: Häberle(Hg), Verfassungsgerichtsbarkeit, 1976, S.357.

20) Vgl. Friesenhahn, Die Funktion der Verfassungsgerichtsbarkeit im Gesamtgefüge der Verfassung(1965), in: Häberle(Hg), Verfassungsgerichtsbarkeit, 1976, S.358.

21) Vgl. Badura, Staatsrecht, 2003, H. Rn.68.

심사기준으로 하여 판단한다. 헌법재판소가 개방적인 헌법규범을 해석하는 경우에도 '존재하는 헌법규범'의 해석을 통하여 헌법을 구체화하고 발전시키는 것이지 '새로운 헌법'을 창조하는 것은 아니다.

헌법재판소는 스스로 주도적으로 활동하는 것이 아니라, 단지 외부로부터 주어지는 심판의 계기(심판청구)에 의하여 사후적으로 반응하고 통제한다. 헌법재판소는 오로지 당사자의 심판청구에 의해서만 활동을 개시할 수 있으며(신청주의), 심판청구에 의하여 헌법재판소가 결정할 수 있는 헌법적 분쟁의 범위(심판대상)가 제한되고 확정된다. 헌법재판소는 자신의 결정을 논증함에 있어서도 법적 논증의 방법을 사용한다. 이러한 점에서, 헌법재판소가 '헌법의 수호자'라고 하는 표현은 단지 제한적으로 '소극적·수동적 수호자'의 의미로 이해해야 한다. 헌법의 진정한 수호자는 헌법이 위험에 처한 상황에서 스스로 활동하고 개입할 수 있어야 하지만, 헌법재판소는 단지 외부의 신청에 의해서만 비로소 헌법적 문제를 규명할 수 있는 권한을 부여받게 된다.

나아가, 헌법재판소는 정치적 헌법기관의 결정이 정치적으로 타당한지, 공익에 부합하는지 또는 합목적적인지에 관하여 판단하는 것이 아니라, 정치적 헌법기관이 그 활동에 있어서 헌법적으로 허용되는 범위를 벗어나는지에 대한 소극적 통제에 그친다. 헌법재판소는 단지 공권력행위의 헌법적 허용여부에 관하여 결정할 뿐, 정치적 합목적성에 관하여 판단하지 않는다. 헌법적 한계가 준수되는 한, 국가기관의 정치적 판단에 대한 심사는 이루어지지 않는다.

나. 헌법재판의 정치적 성격

헌법재판의 정치적 성격은 헌법재판의 심사기준인 헌법의 정치적 성격, 헌법규범의 특수성 및 헌법재판소결정의 정치적 성격으로부터 나온다. 헌법재판소가 정치적 규범인 헌법을 심사기준으로 삼아 법창조적인 헌법해석에 기초하여 정치적인 헌법적 분쟁에 관하여 판단한다는 점에서, 헌법재판은 정치적이다.

(1) 헌법재판의 정치적 성격은 일차적으로 그의 심사기준인 '헌법의 정치적 성격'에 기인한다. 헌법은 국가권력의 행사와 정치적 과정을 규율하는 정치적인 성격을 가진 법규범이다.[22] 헌법재판은 정치적인 규범인 헌법을 심사기준으로 삼기 때문에, 헌법의 해석과 적용의 결과인 헌법재판소의 결정은 사건마다 정도의 차이가 있을 뿐 본질적으로 정치적이다.[23] 헌법재판소가 정치적 규범인 헌법의 해석과 적용을 통하여 헌법적으로

22) Vgl. Triepel, Wesen und Entwicklung der Staatsgerichtsbarkeit(1929), in: Häberle(Hg), Verfassungsgerichtsbarkeit, 1976, S.53, "헌법은 정치를 위한 법이고, 이로써 모든 헌법은 정치적 법이다."

23) Vgl. Schneider, Verfassungsgerichtsbarkeit und Gewaltenteilung, NJW 1980, S.2104; Simon, Verfassungsgerichtsbarkeit, in: Handbuch des Verfassungrechts, Bd.Ⅱ, 2. Aufl., S.1664; Bryde, Verfassungsentwicklung, 1982, S.336.

허용되거나 요청되는 정치적 헌법기관(의회와 정부)의 활동범위를 확정하기 때문이다.

(2) 나아가, 헌법재판의 정치적 성격은 무엇보다도 헌법규범의 특수성, 즉 '헌법의 개방성과 추상성'에 기인하는 것이다.[24] 헌법재판의 정치적 성격은 특히 '그 내용에 있어서 확정되지 아니하고 미래의 사회현상의 변화에 대하여 개방적인 헌법규범'의 해석에 있어서 두드러진다. 헌법해석의 대상이 되는 헌법규범이 정치적으로 중요할수록 그리고 추상적이고 개방적일수록, 헌법재판의 정치적 측면이 드러난다.

헌법규범의 개방성으로 인하여 헌법의 해석은 고전적 의미의 해석이 아니라, 헌법의 구체화와 실현의 형태로 헌법의 내용을 채우고 보충하는 창조적·형성적 작업을 의미한다. 헌법은 헌법재판소에 대하여 사법적 심사의 기준으로 존재하지만, 그 개방성과 추상성으로 인하여 헌법재판소는 '헌법의 구체화와 실현'을 통하여 사법적 심사의 기준을 스스로 형성하게 된다. 바로 여기에 구체적인 행위기준을 제시하는 실정법을 전제로 하여 실정법의 해석과 적용으로 이해되는 일반적인 사법작용과 근본적인 차이가 있다. 헌법재판소가 법창조적 해석을 통하여 개방적인 헌법규범의 내용을 최종적으로 확정함으로써 정치적 헌법기관(의회와 집행부)에 대하여 헌법적으로 허용되는 활동범위의 한계를 제시하는 것에서, 헌법재판의 정치적 성격은 뚜렷하게 드러난다.

(3) 뿐만 아니라, 헌법재판의 정치적 성격은 '헌법재판소결정의 정치적 비중 및 파급효과'에 기인하는 것이기도 하다. 헌법재판소는 의회와 집행부 사이의 권한쟁의에 관하여 심판하고, 위헌결정을 통하여 위헌적 법률의 효력을 제거하고, 위헌정당을 해산하며, 의회의 탄핵소추에 의하여 고위공직자를 파면함으로써, 국가의 정치생활에 개입하게 된다. 특히 법률이 적극적으로 정치적 형성의 수단으로 기능하는 사회적 법치국가에 있어서, 헌법재판소의 위헌결정은 법률의 효력을 제거함으로써 필연적으로 정치적 효과를 가진다.[25]

다. 정치적 성격을 가진 司法機能

위에서 서술한 여러 관점들을 종합적으로 고려한다면, 헌법재판은 정치적 형성작용이 아니라, 비록 헌법이 개방적·추상적이라 하더라도 헌법의 해석과 적용을 통하여 헌법적으로 타당한 결정에 이르고자 하는 사법적 법인식작용이다. 결국, 헌법재판은 그 정치적 성격에도 불구하고 본질적으로 사법기능에 해당한다는 점에서, 헌법재판의 법적 성격은 '정치적 성격을 가진 사법기능'으로 규정할 수 있다.

---

24) Vgl. Scheuner, Probleme und Verantwortung der Verfassungsgerichtsbarkeit in der Bundesrepublik(1952), in: Häberle(Hg), Verfassungsgerichtsbarkeit, 1976, S.204f.

25) Vgl. Schenke, Der Umfang der bundesverfassungsgerichtlichen Überprüfung, NJW 1979, S.1322.

Ⅲ. 헌법재판의 정당성

1. 법과 정치의 관계

가. 법과 정치의 交點으로서 헌법재판

헌법의 규율대상 자체가 정치적이며 헌법재판의 대상인 헌법적 분쟁이 정치적이라는 점에서, 헌법재판은 법과 정치의 교점에 위치한다.[26] 헌법재판소의 결정은 개별사건에서 국가권력의 한계를 제시할 뿐만 아니라 나아가 정치가 이루어져야 하는 울타리를 일반적으로 확정함으로써, 헌법재판소는 헌법재판을 통하여 국가의 정치생활에서 중요한 권력적 요소가 되었다.

헌법재판에 내재하는 근본적인 딜레마는 바로 헌법재판이 정치와 법이 만나는 교점에 위치한다는 것이고, 이로 인하여 헌법재판소의 결정을 둘러싸고 '헌법재판소가 법이 무엇인지를 밝히는 것이 아니라 헌법재판을 통하여 정치를 한다'는 비판과 논쟁을 피할 수 없다는 것이다.

나. 헌법재판에 대한 비판 및 그에 대한 비판

'법과 정치의 관계'의 관점에서 헌법재판의 도입을 지지하는 견해와 반대하는 견해의 근본적인 차이점은 '법과 정치의 관계'를 어떻게 이해하는지의 차이에 있다.[27] 헌법재판의 도입을 반대하는 견해는 법과 정치의 근본적인 차이와 양자 간의 대립관계에서 출발하여, 헌법재판의 정치적 성격을 강조하고 있다.[28] 이러한 견해는 법과 정치를 구분하여 법적 문제와 정치적 문제 사이에 확고한 경계를 설정함으로써 정치적 문제는 사법적 판단의 대상이 되지 않는다고 한다. 헌법적 분쟁은 정치적 분쟁이기 때문에, 헌법생활에서 발생하는 정치적 분쟁은 사법기관이 아니라 정치적 헌법기관에 의하여 정치적

---

26) Vgl. Benda/Klein, Verfassungsprozessrecht, 3. Aufl., 2012, Rn.9.

27) '법과 정치의 관계'에 관한 논의의 개괄적인 소개로 vgl. Häberle, Grundprobleme der Verfassungsgerichtsbarkeit, in: Häberle(Hg), Verfassungsgerichtsbarkeit, 1976, S.2ff.; Scheuner, Probleme und Verantwortung der Verfassungsgerichtsbarkeit in der Bundesrepublik(1952), in: Häberle(Hg), Verfassungsgerichtsbarkeit, S.195ff. 또한, 이에 관한 한국문헌으로 이욱한, 헌법재판과 법과 정치, 헌법논총 제3집(1992), 448면 이하 참조.

28) 헌법재판의 정치적 성격을 강조하여 사법적 성격을 부인하면서 정치적 영역에 대한 헌법재판의 침해를 우려하는 견해로 가령, Carl Schmitt, Das Reichsgericht als Hüter der Verfassung, in: Häberle(Hg), Verfassungsgerichtsbarkeit, 1976, S.128ff., "司法의 확장은 법원을 정치적 기관으로 변질시킴으로써, 政治의 司法化가 아니라 司法의 政治化가 초래될 것이다. 그렇다면 헌법재판은 그 자체로 모순이다."; Drath, Die Grenzen der Verfassungsgerichtsbarkeit(1952), in: Häberle(Hg), Verfassungsgerichtsbarkeit, 1976, S.168ff.; 또한, 헌법재판의 기능을 단지 제한적으로만 바람직하다고 보는 견해로 Triepel, Wesen und Entwicklung der Staatsgerichtsbarkeit, in: Häberle(Hg), Verfassungsgerichtsbarkeit, 1976, S.53, "헌법적 분쟁은 항상 정치적 분쟁이다. 이러한 사실에 헌법재판의 문제가 있다. 헌법의 본질은 상당 부분 헌법재판의 본질과 모순된다."

으로 해결하는 것이 바람직하며, 정치적 결정을 입법자와 정부로부터 사법기관으로 전이하는 것은 바람직한 해결책이 아니라고 한다. 이러한 견해는, 헌법재판소가 비록 헌법의 구속을 받는다 하더라도, 헌법규범의 개방성과 추상성으로 인하여 헌법재판소에 대한 헌법의 구속력은 매우 약하다는 것을 강조하면서, 헌법재판소가 헌법의 구속을 받는다는 것을 의심한다.

그러나 법과 정치를 구분하는 견해는, 정치적 문제도 법적으로 규율될 수 있으며 사법적 판단의 대상이 될 수 있다는 인식이 결여되어 있다.[29] 정치적 분쟁, 즉 헌법적 영역에서의 분쟁도 법으로부터 자유로운 영역에 위치하는 것이 아니라 국가공동체의 기본적 합의인 헌법의 구속을 받는다. 정치를 '국가공동체의 형성에 관한 자유로운 결정'으로 이해한다면, 헌법은 국가목표규정이나 기본권 등을 통하여 정치에 대하여 법적 지침을 제시할 수 있고, 사법기관은 이러한 헌법적 지침을 근거로 하여 정치를 사법적으로 판단할 수 있다. 헌법은 정치에 대한 행위기준이자 평가기준으로 기능한다. 따라서 정치와 법, 즉 정치적 결정과 법적 구속은 서로 배제하지 않는다. '헌법'의 해석을 통하여 헌법적으로 타당한 '정치'의 범위를 밝힌다는 것에 바로 헌법재판의 본질이 있다.[30]

헌법재판은, 정치적 영역도 법의 규율을 벗어나서는 안 된다는 인식, 정치적 영역도 법적으로 규율될 수 있고 사법부의 통제를 받을 수 있다는 인식에 기초하고 있다.[31] 정치행위를 포함한 모든 국가권력의 행사가 헌법에 기속되며, 헌법재판은 이러한 기속의 준수를 감시하는 과제를 이행한다. 법과 정치의 구분을 이유로 헌법재판을 비판하는 견해는 정치를 헌법의 통제기준에 구속시키고자 하는 헌법재판의 정당성을 박탈할 수 없다.

2. 민주주의와 헌법재판의 관계

가. 헌법재판에 대한 비판 및 그에 대한 비판

(1) 헌법재판을 비판하는 논리로 자주 등장하는 것은 민주적 정당성 또는 민주주의의 관점이다. 국민에 의하여 직접 민주적 정당성을 부여받지 않은 헌법재판기관이 국민의 선거에 의하여 구성된 대의기관의 법률을 무효화시키거나 정책결정을 좌절시키는 것은 민주주의원리에 반한다는 주장이다.[32] 이러한 주장의 바탕에 깔려있는 사고는, 국민의

29) Vgl. Scheuner, Die Überlieferung der deutschen Staatsgerichtsbarkeit im 19. und 20. Jahrhundert, in: Bundesverfassungsgericht und Grundgesetz, Bd. I, 1976, S.53f.

30) Vgl. Häberle, Grundprobleme der Verfassungsgerichtsbarkeit, in: Häberle(Hg), Verfassungsgerichtsbarkeit, 1976, S.4.

31) Vgl. Friesenhahn, Die Funktion der Verfassungsgerichtsbarkeit im Gesamtgefüge der Verfassung (1965), in: Häberle(Hg), Verfassungsgerichtsbarkeit, 1976, S.358.

32) 미국에서 1803년 마버리 사건(Marbury v. Madison)에서 처음으로 부수적 규범통제가 이루어진 이래, 연방법률에 대한 대법원의 부수적 규범통제는 오랫동안 자제되었다가, 1857년 'Dred Scott 사건'에서 미연방대법원은 연방법률을 다시 위헌으로 판단하였는데, 미연방대법원의 위 판결은 그 당시 정치권에서 격렬한 비판의 대상이었다, 링컨 대통령은 위 판결에 대하여 "국민의 생존문제에 관한 정부의 정책이 최고법원의 판결에 의

대표기관인 의회는 민주적 정당성이 취약한 국가기관 보다 우위에 있으며(議會優位의 사고), 민주적 정당성이 강한 대의기관의 결정이 다른 국가기관에 의하여 존중되어야 민주주의원리에 부합한다는 것이다. 의회는 자신의 행위에 있어서 관련 헌법규범을 확정적으로 해석하고, 자신의 정치적 결정을 통하여 다른 모든 국가기관과 국민에 대한 구속력을 가지고 자신 행위의 합헌성을 스스로 표명하고 확인한다는 것이다.

이러한 사고에 입각하여 오늘날까지도 일부 유럽 국가는 헌법재판 자체를 부정하고 있다. 이러한 국가에서는 아직까지도 '법원에게 입법자에 대한 통제권을 부여한다면, 필연적으로 법원은 독립성과 공정성을 상실하여 정치적 관점에 의하여 헌법재판을 하는 등 司法의 政治化가 불가피하며, 사회형성의 주체가 입법자에서 법원으로 전이됨으로써 입법자가 사회형성의 주체로 기능하는 민주국가가 법원이 모든 것을 결정하는 司法國家로 변형될 위험이 있다'는 사고가 지배적이다. 민주주의를 어떻게 이해하는지에 따라 다양한 견해가 가능하겠으나, 민주주의를 위와 같이 이해한다면, 이러한 민주주의의 이해 하에서 헌법재판이 존재할 수 없다는 것은 자명하다.

(2) 그러나 헌법의 민주주의원리는 헌법재판을 요청하는 것도 아니고 금지하는 것도 아니다. 국민으로부터 민주적 정당성을 직접 또는 간접적으로 부여받았는지에 따른 '민주적 정당성의 강도나 직접성여부'가 국가기관 간의 우열관계를 결정하는 것은 아니며, 의회와 같은 대의기관의 결정이 민주적 정당성이 취약한 국가기관에 의하여 존중되어야만 비로소 민주주의원리에 부합하는 것도 아니다. 민주주의원리는 국가권력의 정당성에 관한 요청으로서 국가기관이 국가권력을 행사하기 위해서는 국민으로부터 유래하는 민주적 정당성을 부여받아야 한다는 것을 요청할 뿐이다. 또한, 민주주의원리는 국민의 自己支配를 요청할 뿐, 헌법재판의 형태로 의회의 결정을 헌법에 구속시키고 의회에 대하여 헌법을 관철할 것을 요청하지도 않는다. 입법자에게 완전한 결정의 자유를 부여하는 것도 아니면 의회를 헌법재판의 형태로 헌법에 구속시키는 것도 민주주의원리에 부합한다.

나아가, 헌법의 법치국가원리도 헌법재판을 요청하지 않는다. 권력분립원리는 국가기능에 있어서 사법의 독립성을 요청할 뿐이지, 반드시 헌법의 우위를 유지하기 위하여 사법기관이 헌법재판의 형태로 개입할 것을 요구하는 것은 아니다. 법치국가원리는 충분한 권리보호를 위한 권리구제절차의 제공을 요청할 뿐이지, 권리구제가 반드시 헌법

하여 최종적으로 확정된다면, 국민은 자신의 주인이기를 포기하는 것이다."라고 비판하였다. vgl. Scheuner, Probleme und Verantwortung der Verfassungsgerichtsbarkeit in der Bundesrepublik(1952), in: Häberle(Hg), Verfassungsgerichtsbarkeit, 1976, S.199; 지금까지도 미국에서는 국민에 의하여 선출되지도 않고 정치적으로 책임을 지지도 않는 대법원에 의한 위헌심사가 다수의 지배와 민주주의와 부합할 수 있는지, 즉 헌법재판의 정당성에 관한 논의가 계속되고 있다. 이에 관한 문헌으로는 이명웅, 민주주의와 헌법재판 －헌법재판의 정당성 문제－, 헌법논총 제18집(2007), 245면 이하; 김문현/정재황/한수웅/음선필, 현행 헌법상 헌법재판제도의 문제점과 개선방안, 헌법재판연구 제16권, 2005. 11, 17면 각주 33) 참조.

재판의 형태로 이루어질 것을 요청하는 것은 아니다.

따라서 입법자를 전적으로 신뢰할 것인지 아니면 입법자를 불신하여 헌법재판의 형태로 헌법에 구속시킬 것인지 여부는 헌법정책적 · 이념적 문제이고, 각국의 역사적 · 정치적 상황에 의하여 결정되는 문제이다.

나. 헌법적 결정으로서 헌법재판

(1) 위에서 확인한 바와 같이, 헌법재판은 헌법의 기본원리로부터 스스로 나오지 않는다. 헌법재판은 헌법의 기본원리인 법치국가원리나 민주주의원리로부터 나오는 필수적인 요청이 아니다.[33] 헌법재판은 '헌법의 우위의 사고' 및 '헌법이 사법적 심사의 기준인 재판규범으로 기능한다는 사고'의 실현이다. 국가기관이 헌법의 구속을 받는다는 것 그 자체가 이미 필연적으로 헌법재판의 도입을 요청하는 것은 아니다.[34] 헌법재판은 원칙적으로 이를 도입하고자 하는 헌법의 명시적인 결정을 필요로 한다.[35] 입법자에 대한 헌법의 구속을 헌법재판을 통하여 관철할 것인지의 문제는 각국 헌법의 '선택의 문제'이고 '헌법적 결정'의 문제이다.

헌법재판의 이러한 성격은 헌법재판소 관할에 관한 '열거주의'에서 표현된다. 법치국가의 본질적인 특성에 속하는 것은 권리가 침해당하는 경우 권리의 실현과 관철을 보장하는 것, 司法에 의한 권리보호, 즉 司法保障義務이다. 따라서 법치국가는 법적 분쟁의 경우 국가적 해결가능성을 제공하는 개괄조항을 통하여 법원에의 접근을 가능하게 해야 한다. 우리 헌법도 제101조 제1항에서 '사법권은 법원에 속한다'고 하여 포괄적으로 사법부에 사법권을 귀속시키고 있다. 그러나 헌법은 헌법재판과 관련해서는 그와 유사한 개괄조항이 아니라 '열거주의'의 형식으로 관할을 부여하고 있다. 헌법의 이러한 결정은, 헌법재판이 법치국가적 사법보장의 영역에 속하지 않는다는 것, 법치국가적 사법보장의무와는 달리 헌법재판은 당연한 것이 아니며 헌법에 의한 명시적인 결정을 필요로 한다는 것을 간접적으로 표현하고 있는 것이다.[36]

(2) 헌법재판이란, 국민의 대표기관인 의회도 헌법을 침해할 수 있다는 인식에 기초하여, 대의기관에 대해서도 헌법의 규범적 효력을 보장해야 할 필요성을 인정한 결과이다. '법의 영역'이 정의와 헌법적 가치에 의하여 지배된다면, '정치의 영역'은 정치적 합

---

33) Vgl. U. Scheuner, Probleme und Verantwortung der Verfassungsgerichtsbarkeit in der Bundesrepublik (1952), in: Häberle(Hg), Verfassungsgerichtsbarkeit, 1976, S.200f.

34) Vgl. Hillgruber/Goos, Verfassungsprozessrecht, 2010, Rn.44.

35) Vgl. Benda/Klein, Verfassungsprozessrecht, 3. Aufl., 2012, Rn.16. 미국에서 법원이 자신의 판례를 통하여 스스로에게 규범통제의 권한을 부여함으로써 헌법의 명시적인 결정 없이 헌법재판을 도입한 것은 예외에 속한다.

36) Vgl. Löwer, Zuständigkeiten und Verfahren des Bundesverfassungsgerichts, in: HbStR, Bd.Ⅱ, 1987, §56 Rn.3.

목적성과 효율성의 사고에 의하여 지배된다. 따라서 정치의 영역에서 내려지는 민주적 다수의 결정은 항상 법의 영역에서 추구하는 '정의나 헌법의 가치결정'과 일치하는 것은 아니다.

국가공동체의 정치생활은 의회 다수(민주적 다수)의 의사가 아니라 헌법의 규범적 의사에 따라야 한다. 헌법재판은 국민이 헌법의 형태로 내린 정치적 기본결정을 수시로 변화하는 민주적 다수에 의한 침해로부터 보장하는 것이다. '민주주의'가 다수결의 사고에 기초하고 있다면, '헌법재판'은 국민의 다수의사에 의해서도 침해될 수 없는 개인의 고유한 자유영역이 존재한다는 사고를 바탕으로 '민주적 다수결의 산물'인 법률도 헌법에 부합해야 한다는 사고에 기초하고 있는 것이다.

다. '민주주의와 헌법재판을 조화시키기 위한 필연적 요청'으로서 헌법재판의 한계

(1) 그렇다면 우리 헌법이 헌법재판제도의 도입을 결정한 이상, 이제 논의되어야 하는 것은 더 이상 '헌법재판의 정당성'의 문제가 아니라, 정치적 헌법기관, 특히 입법자와의 관계에서 '헌법재판의 한계'를 어떻게 설정할 것인지의 문제이다.[37] 헌법재판의 한계는 민주주의와 헌법재판을 조화시키기 위한 필연적 요청이다. 헌법재판의 한계를 밝히는 문제는 궁극적으로 민주주의의 관점에서 헌법재판에 대하여 제기된 문제점, 즉 '司法의 政治化'와 '政治의 司法化'를 어떻게 방지할 수 있는지에 관한 문제이다.[38] 여기서 핵심적 문제는, 국가공동체의 형성에 관한 정치적 결정이 '민주적으로 결정하는 입법자'에서 '사법적으로 판단하는 헌법재판기관'으로 옮겨가는 것을 어떻게 방지할 수 있는지에 관한 것이다. 헌법재판의 권한과 함께 사법기관은 헌법상 권력분립구조 내에서 중요한 정치적 권력으로 부상하였다. '사법의 정치화'와 '정치의 사법화'는 헌법재판을 비판하고 부정하는 입장에서 가장 우려하는 헌법재판의 폐해이다. '사법의 정치화'와 '정치의 사법화' 모두 동일한 요인에 기인하는 것이며, 서로 불가분의 관계에 있다. 兩者는 단지 관점에 따라 차별화된다는 점에서 종이의 앞뒷면에 해당하는 것이다.

(2) '司法의 政治化'란 헌법재판이 정치적 헌법기관에 대한 통제로 인하여 불가피하게 사법적 기능을 상실하고 정치적 형성기능으로 변질될 수 있는 가능성과 헌법재판의 정치적 성격을 강조하는 것이고, 그 주된 원인은 헌법규범의 추상성과 개방성 및 헌법재판기관에 의한 과도한 헌법해석에 있다. 이로써 사법의 정치화는, 헌법재판이 '司法의 형태로 이루어지는 政治'로 변질될 수 있다는 위험, 헌법재판에 의하여 객관적 헌법의 실현이 아니라 헌법재판기관의 주관적 헌법관이 실현될 수 있다는 위험을 지적하는 것

37) Vgl. Häberle, Grundprobleme der Verfassungsgerichtsbarkeit, in: Häberle(Hg), Verfassungsgerichtsbarkeit, 1976, S.4.

38) 政治의 司法化와 司法의 政治化에 관한 언급으로 또한, 김하열, 헌법소송법, 2014, 29면 이하.

이다.

이에 대하여, '政治의 司法化'란, 헌법규범의 추상성과 개방성 및 헌법재판기관에게 인정되는 무제한적인 헌법해석권한으로 인하여 헌법재판기관이 헌법규범의 해석을 통하여 정치행위에 대한 지침을 임의로 도출할 수 있고, 이러한 방법으로 정치적 행위지침을 제시함으로써 정치적 헌법기관을 구속할 수 있다는 점을 지적하는 것이다. 여기서 '정치의 사법화'는 '정치가 헌법의 구속을 받아야 하고 헌법의 규범적 울타리 안에서 이루어져야 한다'는 의미에서, 오늘날 헌법국가의 당연하고도 정당한 요청을 말하는 것이 아니다. 여기서 '정치의 사법화'는 국가의 정치적 과정이 사법에 의하여 결정되고 형성되는 상황, 즉 司法에 의한 국가와 사회의 형성, 나아가 '민주국가의 司法國家化' 현상을 지적하는 것이다.

Ⅳ. 헌법재판의 한계

1. 규범적 한계

헌법재판의 한계는 일차적으로 규범적 측면에서 헌법과 헌법소송법에 의하여 설정된다. 헌법재판소가 헌법과 헌법소송법에 대하여 최종적인 해석권한을 가진다 하더라도, 헌법재판소는 사법기관으로서 헌법과 헌법소송법의 구속을 받는다.

가. 실체적 헌법에 의한 한계

헌법재판의 가장 중요한 규범적 한계는 헌법이 스스로 설정한다.[39] 헌법은 헌법재판의 근거이자 동시에 한계이다. 헌법재판의 한계는 심사기준인 '실체적 헌법'으로부터 나온다. 헌법재판의 규범적 한계는 심사기준으로서의 헌법규범이 존재하지 않는 곳에 있다.

헌법재판소는 헌법을 심사기준으로 하여 입법자를 비롯한 국가기관이 헌법이 설정한 한계를 준수하였는지 여부에 대하여 심사한다. 헌법이 국가행위에 대한 규범적 기준을 제시하고 있는 경우에만 헌법재판소는 이에 대한 위반을 확인할 수 있다. 헌법이 그러한 기준을 제시하는 한, 헌법재판소는 법적 분쟁의 정치적 성격을 이유로 자신의 통제과제를 회피할 수 없다. 국가기관에게 부여된 권한은 곧 이를 행사해야 할 의무이기 때문이다. 따라서 사법적 판단의 심사기준이 될 수 있는 헌법규범이 존재하지 않는 경우, 바로 여기에 헌법재판의 한계가 있는 것이다. 헌법이 정치적 형성의 공간을 스스로 제한하고 있지 않는 영역에서 헌법적 문제는 발생할 여지가 없다. 여기서 발생할 수 있는 것은 전적으로 정치적 문제인데, 이에 관하여 결정하는 것은 헌법재판소가 아니라 정치

39) Vgl. Benda/Klein, Verfassungsprozessrecht, 3. Aufl., 2012, Rn.22; Hillgruber/Goos, Verfassungsprozessrecht, 3. Aufl., 2010, Rn.37.

적 헌법기관의 과제이다.

따라서 헌법이 국가기관을 구속하는 만큼, 헌법재판소에 의한 심사가 가능하다. 이러한 점에서 '헌법이 국가기관을 구속하는 범위'와 '헌법재판소에 의한 심사의 범위'는 일치한다. 그런데 개별 헌법규범은 그 규율의 밀도와 규범적 효력에 있어서 상이하고, 이에 따라 국가기관에 대한 구속력에 있어서도 상이하다. 따라서 심사기준으로 고려되는 개별 헌법규범마다 별도로 입법자를 어느 정도로 구속하는지, 입법자에게 어느 정도로 형성권을 부여하는지 또는 제한하는지를 판단해야 한다.

가령, 평등권이나 사회적 기본권의 경우 입법자에게 광범위한 형성권이 인정된다면, 이는 헌법규범의 규율밀도(규범적 효력)가 낮기 때문이고 그 결과 입법자에 대한 구속력이 약하기 때문이다. 헌법재판의 심사기준으로서의 헌법규범이 가지는 이러한 결정적인 의미에 비추어, '헌법재판소'가 司法的으로 自制하는 것이 아니라 '헌법'이 스스로 확정하지 아니하고 입법자에게 그 형성을 위임하는 형태로 자제하는 것이다.[40] 마찬가지로 헌법재판소가 입법자에게 정치적 형성권을 인정한다면, 이는 '헌법재판소'가 아니라 '헌법'이 스스로 부여하는 것이다.

나아가, 헌법이 국가기관을 구속하는 만큼 헌법재판소에 의한 심사가 가능하다는 것을 보여주는 대표적인 경우가 '통치행위'에 대한 위헌심사이다. 통치행위의 헌법적 문제는 통치행위가 사법적 심사의 대상이 되는지 여부가 아니라, 통치행위를 구속하는 헌법규범이 존재하는지, 이로써 사법적 심사를 위한 헌법적 기준이 존재하는지의 문제이다.[41]

나. 헌법소송법에 의한 한계

(1) 헌법소송법의 法源

헌법재판소가 그에게 부여된 헌법재판의 과제를 이행하기 위해서는 헌법재판소에게 심사기준을 제시하는 '실체법'을 필요로 할 뿐만 아니라, 규율된 소송절차에서 결정을 내릴 수 있도록 하는 '절차법'도 필요로 한다. 헌법재판소가 결정을 내리는 이러한 절차가 '헌법소송'이고, 헌법재판소에서 실체적인 헌법적 문제가 결정되는 절차를 규율하는 모든 법규범이 '헌법소송법'이다. 헌법소송법은 헌법, 헌법재판소법, 헌법재판소규칙 및 헌법소송에 관한 헌법재판소의 판례로 구성된다. 헌법소송법은 무엇보다도 헌법과 헌법재판소법에 의하여 구체화된다. 헌법소송법은 헌법재판에서 본안판단을 위한 요건을 확정하고 통제의 범위, 결정의 효력 등을 스스로 규율함으로써, 언제 어느 정도로 헌법재판소가 활동해도 되는지의 요건과 범위를 정하고 있다.

---

40) Vgl. Schlaich, Die Verfassungsgerichtsbarkeit im Gefüge der Staatsfunktionen, in: VVDStRL 39(1981), S.112; Hillgruber/Goos, Verfassungsprozessrecht, 3. Aufl., 2010, Rn.38; Benda/Klein, Verfassungsprozessrecht, 3. Aufl., 2012, Rn.24.

41) 통치행위의 헌법적 문제에 관하여 아래 'V. 2. 정치문제이론' 부분 서술 참조.

(가) 헌법

헌법은 스스로 헌법재판절차를 규율함으로써 헌법소송법을 구체화하고 있다. 우선, 헌법은 일차적으로 헌법재판소에게 헌법재판의 권한과 관할을 부여하고 있다. 우리 헌법의 경우, 제111조 제1항에서 헌법재판소의 관장사항을 규정함으로써 헌법재판소의 관할을 확정하고 있다. 헌법은 법원에게 개괄조항을 통하여 포괄적인 관할을 부여하는 것과는 달리, 헌법재판소에게는 열거적으로 관할을 부여하고 있다.

나아가, 헌법은 헌법재판에서 결정(본안판단)에 이르기 위하여 존재해야 하는 중요한 요건을 스스로 제시함으로써 헌법재판소가 헌법재판권을 행사할 수 있는 상황을 제한하고 있다. 이러한 헌법규정들은 헌법소송법의 본질적인 부분을 구성한다. 헌법은 비록 부분적이지만 본안판단을 위한 요건(적법요건)을 확정함으로써, 전형적인 소송법적 과제를 수행하고 있다.

우리 헌법에서 개별심판절차가 어느 정도로 구체화되고 있는지에 관하여 보건대, 헌법은 위헌법률심판과 관련하여 제107조 제1항 및 제111조 제1항 제1호에서 법률의 위헌여부에 관하여 판단하기 위한 조건으로서 '재판의 전제성'과 '법원의 위헌제청'을 규정하면서 심판대상을 '법률의 위헌여부'로 확정하고 있다. 탄핵심판과 관련해서는 헌법은 제65조에서 누가 당사자가 될 수 있는지(당사자능력), 적법요건으로서 탄핵소추의 의결 및 탄핵소추의 사유, 탄핵결정의 효력 등을 규정하고 있으며, 정당해산심판과 관련해서는 제8조 제4항에서 누가 당사자가 될 수 있는지를 확정하고 정부의 제소를 적법요건으로 규정하고 있고, 권한쟁의심판과 관련해서는 제111조 제1항 제4호에서 당사자의 범위를 일반적으로 규정하고 있다.

(나) 헌법재판소법

헌법은 제113조 제3항에서 헌법소송의 구체적인 형성을 입법자에게 위임하고 있는데, 이러한 위임에 의하여 제정된 '헌법재판소법'은 헌법소송에 관한 구체적인 규정을 담고 있다. 헌법의 권력분립질서 내에서 헌법재판소의 강력한 지위는 입법자의 명확한 절차적 지침에 의한 규율과 통제를 필요로 한다. 국가기관의 권한이 강력할수록, 권한행사의 절차를 구체적으로 규율하는 것은 더욱 중요하다. 헌법재판소에 의하여 임의로 형성되는 절차가 아니라 입법자에 의하여 가능하면 사전에 명확하게 확정된 재판절차가 헌법재판소결정에 보다 정당성과 설득력을 부여할 수 있고, 이로써 당사자와 국민에 의한 수용가능성을 높일 수 있다.[42]

헌법소송에 적용되는 '실체법인 헌법규범'이 추상적이고 개방적일수록, 헌법재판소결정이 정당성과 구속력을 가지기 위해서는 법적으로 명확하게 규율된 소송절차를 필요로

42) Vgl. Schlaich/Korioth, Das Bundesverfassungsgericht, 9. Aufl., 2012, Rn.57.

한다. 헌법규범의 추상성과 개방성으로 인하여 헌법의 구체적 내용이 사실상 헌법재판소에 의하여 결정된다는 점에서, 실체법인 헌법을 실현하고자 하는 헌법소송법을 가능하면 '명확하게 규율된 절차법'으로 형성해야 하는 필요성은 더욱 크다. 헌법소송법은 가능하면 절차적 타당성과 투명성을 통하여 헌법재판소결정의 내용적 타당성을 담보해야 한다. 개방적인 실체적 헌법규범에는 개방적인 소송법이 아니라 명확하게 확정된 소송법이 대응해야 하고, 실체법적 불명확성은 절차법적 명확성을 통하여 상쇄되고 보완되어야 한다.[43)]

(2) 헌법소송법의 기능으로서 헌법재판소 권한의 경계설정

헌법소송법의 기능은 일차적으로 헌법재판에 적합한 절차적 규정을 제공함으로써 실체법인 헌법의 관철과 보장에 기여하는 데 있으며, 나아가, 헌법재판소의 사법기능을 보장함으로써 법적 평화와 법적 안정성에 기여하는 데 있다.[44)]

헌법소송법의 또 다른 중요한 기능은 헌법재판소의 관할과 권한을 제한함으로써 다른 국가기관과의 관계에서 관할과 권한의 경계를 설정하는 데에 있다.[45)] 소송법은 권한을 부여하면서, 동시에 국가기관 상호간에 관할과 기능의 한계를 설정한다. 그러므로 소송법은 항상 '권한과 관할의 한계에 관한 법'이기도 하다. 헌법소송법도 헌법재판절차의 형성을 통하여 헌법재판소의 법적 지위 및 다른 국가기관에 대한 그의 관계에 관하여 표현하고 있다. 헌법소송법은 헌법재판소의 관할과 권한에 관한 법이자, 동시에 헌법재판소의 관할과 권한을 제한하는 법이다. 이러한 의미에서 헌법소송법은 헌법재판소에 대한 '권력통제적 기능'을 가진다.

헌법소송법에 의하여 다른 국가기관, 특히 입법자와의 관계에서 헌법재판소의 관할과 기능의 영역이 설정된다. 헌법과 헌법재판소법은 헌법재판에서 본안판단을 하기 위한 요건(적법요건)을 확정함으로써, 언제 어느 정도로 헌법재판소가 법적 분쟁에 관하여 심판할 수 있는지를 확정한다. 헌법재판소는 임의로 법적 분쟁에 관하여 결정할 수 있는 것이 아니라, 언제나 외부로부터의 재판의 계기, 즉 신청을 필요로 한다. 헌법소송법의 권력통제적 기능은 본안판단을 위한 요건, 통제의 범위, 결정의 효력 등을 규율하는 규정에 의하여 이루어진다.

가령, 위헌법률심판에서 위헌제청의 요건을 통하여 법관이 위헌제청을 하는 경우에만 그리고 재판의 전제성이 인정되는 경우에만 헌법재판소가 입법자의 법률에 대하여 위헌심사권을 행사할 수 있다. 헌법소원심판에서는 헌법소원의 보충성원칙으로 인하여 청구인이 법원의 구제절차를 거친 경우에만 헌법재판소에 헌법소원을 제기할 수 있다.

43) Vgl. Schlaich/Korioth, Das Bundesverfassungsgericht, 9. Aufl., 2012, Rn.57.
44) Vgl. Benda/Klein, Verfassungsprozessrecht, 3. Aufl., 2012, Rn.35f.
45) Vgl. Benda/Klein, Verfassungsprozessrecht, 3. Aufl., 2012, Rn.38.

이러한 방법으로 헌법재판소와 입법자·법원 등 다른 국가기관과의 권한·관할 및 기능의 경계가 설정된다.

(3) 헌법소송법에 의한 헌법재판소의 구속

법관이 헌법과 법률의 구속을 받는 것과 마찬가지로(헌법 제103조), 헌법재판소는 헌법재판절차의 형성에 있어서 헌법과 법률에 의하여 구속을 받는다.[46] 이는 사법기관으로서의 헌법재판소의 특성으로부터 나오는 것이다. 따라서 헌법재판소는 자신의 재판절차를 스스로 규율할 수 있는 권한을 가지지 않는다. 헌법재판소가 사법기관으로서 헌법과 법률의 구속을 받는 한, 헌법재판소는 '절차형성의 자율권'을 주장할 수 없다.[47] 헌법재판소는 헌법소송법에 의하여 설정된 헌법재판의 한계를 존중하고 준수해야 한다. 나아가, 헌법재판소는 자신의 관할과 권한에 관한 헌법소송법을 자의적인 해석을 통하여 변경하거나 임의로 처분할 수 없다.

헌법은 제113조 제3항에서 헌법재판절차를 법률로 정하도록 입법자에게 위임함으로써 헌법재판소의 '절차형성의 자율권'을 명시적으로 부인하고 있다.[48] 위 헌법규정은 헌법재판절차에 관하여 입법자에게 규율권한뿐만 아니라 규율의무도 함께 부과하고 있다. 헌법 제113조 제2항은 헌법재판소에게 규칙제정권을 부여하고 있으나, 이는 헌법재판소법이 허용하는 범위 내에서 단지 내부적 질서에 관하여 자율적으로 규율하도록 위임한 것일 뿐, 제3자인 당사자 등과의 관계에서 재판절차를 임의로 규율하도록 위임한 것은 아니다.

헌법재판소에게 '절차형성의 자율권'이 인정되는지의 문제와 구분해야 하는 별개의 문제는, 헌법재판소가 입법자에 의하여 불완전하게 규율된 소송절차를 보완하고 발전시킬 수 있는지에 관한 것이다. 헌법과 법률이 의도적으로 규율하지 아니하고 그 규율을 헌법재판소에게 맡기고 있는 경우에 비로소 헌법소송법의 법적 공백을 메울 수 있는 헌법재판소의 규율권한이 인정된다.[49] 그러나 이러한 경우에도 헌법재판소의 규율권한은 자유재량에 따라 임의로 절차를 형성할 수 있는 권한이 아니라, 소송법적 질서를 구성하는 법규범의 범위 내에서 인정되는 것이다.[50] 따라서 헌법재판소는 사법기관으로서의 과제에 부합하게 일차적으로 다른 소송법의 준용여부를 고려해야 한다.[51]

---

46) Vgl. Benda/Klein, Verfassungsprozessrecht, 3. Aufl., 2012, Rn.170.

47) Vgl. Bethge, in: Maunz/Schmidt-Bleibtreu/Klein/Bethge, BVerfGG Kommentar, Vorbemerkung vor §17 Rn.9ff.; Benda/Klein, Verfassungsprozessrecht, 3. Aufl., 2012, Rn.193; E. Klein, Verfahrensgestaltung durch Gesetz und Richterspruch, in: Festschrift 50 Jahre Bundesverfassungsgericht, Bd. I, 2001, S.510; Schlaich/Korioth, Das Bundesverfassungsgericht, 9. Aufl., 2012, Rn.57.

48) Vgl. Kunze, in: Umbach/Clemens/Dollinger, BVerfGG Mitarbeiterkommentar, vor §17ff. Rn.2; Hillgruber/Goos, Verfassungsprozessrecht, 3. Aufl., 2010, Rn.22.

49) Vgl. Benda/Klein, Verfassungsprozessrecht, 3. Aufl., 2012, Rn.194.

50) Vgl. Bethge, in: Maunz/Schmidt-Bleibtreu/Klein/Bethge, BVerfGG Kommentar, Vorbemerkung vor §17 Rn.13f.

이러한 점에서, 재판절차의 형성에 관한 헌법재판소의 권한은 '다른 소송법상의 원칙'을 준용해야 한다는 요청에 의하여 제한된다.[52] 물론, 헌법재판소는 다른 소송법의 기초 위에서 자율적인 형성을 통하여 헌법소송법의 공백을 메우지만, '다른 소송법상의 원칙'의 준용은 도식적이고 획일적인 것이 아니라 '헌법재판절차의 특수성'에 의하여 제한되고 유보된 준용이다.[53] 다른 소송법의 준용여부는 헌법소송법의 특수성과 개별심판절차의 특성을 고려하여 개별적으로 판단해야 한다.

그러므로 개별사건에서 다른 소송법의 준용에 의하여 헌법재판의 목적과 기능을 달성할 수 없다면, 헌법재판소는 헌법소송의 특수성이나 당해 심판절차의 특수성에 반한다는 이유로 다른 소송법상의 원칙의 준용을 거부할 수 있다. 여기서 헌법소송의 특수성이란, 헌법재판소가 임의로 소송절차를 자유롭게 형성할 수 있다는 의미에서의 헌법소송의 독자성을 의미하는 것이 아니다. 헌법소송의 특수성이란, 객관적 헌법질서를 유지하고 보장하고자 하는 헌법소송의 기능을 이행하기 위하여 필요한 경우에는 일반적인 소송법원칙으로부터 벗어날 수 있는 가능성이 열려있다는 것을 의미하는 것이다.[54]

2. 기능적 한계

다수의 중요한 헌법규범이 매우 추상적·개방적이고 헌법해석의 방법이 명확하게 확정되어 있지 않으며 헌법재판소가 헌법과 헌법재판소법에 대한 최종적인 해석권한을 가지고 있다는 점에서, 헌법재판의 '규범적 한계'로부터는 헌법재판에 한계를 설정함에 있어서 큰 실효성을 기대하기 어렵다. 그렇다면, 헌법기관의 상이한 기능으로부터 헌법재판의 한계를 이끌어낼 수 있는지의 관점에서 '기능적 한계'의 문제가 제기된다.[55]

이러한 기능적 관점에는 헌법상 권력분립의 사고가 그 바탕에 깔려있다. 헌법재판의 기능적 한계는 헌법에 의하여 헌법재판소에게 부과된 '사법적 통제의 과제'에 의하여 결정된다. 즉, '헌법재판의 기능적 한계'란 사법기관인 헌법재판소의 권한과 기능의 한계를 의미하며, 이는 곧 헌법재판이 헌법상 부여받은 헌법재판소의 기능과 권한에 한정된다는 것, 헌법을 심사기준으로 하는 사법적 통제에 한정된다는 것을 말한다.

---

51) 우리 헌법재판소법의 경우, 입법자는 헌법소송법과 다른 소송법 간의 유사성과 인접성에 관하여 스스로 판단하여 헌법재판소에게 개별 심판절차별로 준용에 관한 일반적 지침을 제시하고 있다(제40조).

52) Vgl. Kunze, in: Umbach/Clemens/Dollinger, BVerfGG Mitarbeiterkommentar, 2005, vor §17ff. Rn.7; Benda/Klein, Verfassungsprozessrecht, 3. Aufl., 2012, Rn.194f.

53) Vgl. BVerfGE 46, 321, 323.

54) Vgl. Kunze, in: Umbach/Clemens/Dollinger, BVerfGG Mitarbeiterkommentar, vor §17ff. Rn.8.

55) 이에 관하여 한수웅, 헌법재판의 한계 및 심사기준 －헌법재판소와 입법자의 관계를 중심으로－, 헌법논총 제8집(1997), 193면 이하; 계희열, 헌법재판과 국가기능 －헌법재판의 기능적 및 제도적(관할권적) 한계를 중심으로－, 헌법재판의 회고와 전망, 1998, 203면 이하; 방승주, 독일 연방헌법재판소의 입법자에 대한 통제의 범위와 정도, 헌법논총 제7집(1996), 299면 이하.

가. 헌법을 실현하는 권한의 분배에 관한 문제

헌법의 해석과 실현은 헌법재판소만의 과제가 아니다. 입법·행정·사법의 모든 국가기관이 헌법에 의하여 부여된 고유기능을 행사함으로써 동시에 헌법을 구체화하고 실현한다. 입법자는 입법 활동을 통하여 헌법을 실현하고 구체화하며, 헌법재판소는 헌법재판을 통하여 헌법의 규범력을 확보하고 헌법을 실현하려고 한다. 이로써 입법자와 헌법재판소는 헌법의 실현에 있어서 서로 경쟁관계에 있게 되나, 입법자는 입법을 통한 우선적인 형성권을, 헌법재판소는 헌법재판을 통한 최종적 결정권을 가지게 된다.[56] 헌법재판소가 자신의 결정을 통하여 최종적으로 헌법의 내용을 확정하기 때문에, 헌법재판소에 의한 포괄적이고 빈틈없는 헌법의 구체화는 필연적으로 권력분립원리 및 민주주의원리와의 충돌을 야기한다.[57]

다른 국가기관도 각자에게 귀속된 헌법상의 기능을 행사함으로써 헌법을 실현하기 때문에, 헌법재판소가 다른 국가기관에 의한 헌법의 구체화와 실현을 일정 범위 내에서 존중해야만 각 기능의 독자성이 유지될 수 있다. 그러므로 권력분립원리 및 민주주의원리는 헌법재판소에 의한 헌법실현의 한계를 요구한다. 이러한 의미에서 헌법재판의 한계 문제는 '헌법을 구체화하고 실현하는 권한의 분배'에 관한 문제이다.[58]

나. 권력분립질서 내에서 헌법재판의 기능적 한계

(1) 헌법재판제도의 도입은 종래의 권력분립제도를 본질적으로 변화시키고, 헌법재판소와 다른 국가기관 사이의 권력분립의 문제를 새로이 야기한다. 헌법재판소가 입법자와의 관계에서 규범통제를 통하여 헌법을 실현하기 때문에, 입법자가 어느 정도로 헌법재판소에 의한 구속을 받아야 하는지의 문제는 헌법재판의 근본적인 문제이다. 헌법재판을 통하여 헌법의 우위를 관철하려는 헌법재판소와 입법을 통하여 헌법을 구체화하고 실현하려는 입법자 사이의 권력분립상의 문제를 제기한다.

헌법재판의 한계는 헌법상의 권력분립구조 내에서 입법자와 헌법재판소의 상이한 지위에 따른 기능적 한계로서 밝혀져야 한다.[59] 헌법재판의 한계는 헌법재판소와 입법자 사이의 헌법상 기능의 귀속의 문제이며, '입법자의 형성권'과 '헌법재판소에 의한 헌법의 구체화' 사이의 경계설정의 문제이다.

---

56) Vgl. v. Arnim, Staatslehre der BRD, 1984, S.382; Böckenförde, Grundrechte als Grundsatznormen, zur gegenwärtigen Lage der Grundrechtsdogmatik, Der Staat 1990, S.25; Bryde, Verfassungsentwicklung, 1982, S.302.

57) Vgl. Ossenbühl, Bundesverfassungsgericht und Gesetzgebung, in: Festschrift 50 Jahre Bundesverfassungsgericht, Bd. I, 2001, S.35; Gusy, Parlamentarischer Gesetzgeber und Bundesverfassungsgericht, 1985, S.139ff.; Wahl, Der Vorrang der Verfassung, Der Staat 1981, S.504f.

58) Vgl. Bryde, Verfassungsentwicklung, 1982, S.308.

59) Vgl. Benda/Klein, Verfassungsprozessrecht, 3. Aufl., 2012, Rn.24.

헌법상의 권력분립질서 내에서 헌법재판소와 입법자는 헌법적으로 부여된 기능에 있어서 서로 상이하다. 입법자는 입법활동을 통하여 헌법을 구체화하고 실현하는데 있어서 포괄적·주도적·형성적으로 기능하나, 헌법재판소는 사법적 기능에 내재된 활동여지의 한계로 말미암아, 특정심판대상과 관련하여 헌법재판의 형태로 단지 국부적·사후적·통제적 역할을 하게 된다.[60] 입법자는 헌법의 한계 내에서 정치적 결정을 통하여 공동체를 형성하는데 중심적 역할을 한다. 이에 대하여 헌법재판소는 헌법에서 입법형성권의 한계를 도출해 냄으로써, 입법자의 정치적 형성의 헌법적 한계를 제시한다.[61]

(2) 헌법재판의 기능적 한계란, 헌법재판소는 그 활동에 있어서 헌법상 부여된 사법기능의 범위 내에 머물러야 한다는 일반적 요청을 의미한다. 기능적 관점의 출발점은, 헌법질서 내에서 헌법재판소의 본질적 기능은 제3자의 신청에 의하여 헌법을 심사기준으로 하여 다른 국가기관의 결정을 사후적으로 통제한다는 사법적 기능에 있다는 것이다. 따라서 헌법재판소는 다른 국가권력의 통제에 있어서 가령 그가 스스로 입법자의 자리를 차지한다든지, 정부 대신 정치적인 결정을 내린다든지, 아니면 법원 대신 민·형사 사건을 재판하는 등, 다른 국가기관의 기능을 스스로 이행하고 대체할 정도로 통제의 결과가 과도해서는 안 된다.

특히 입법자와의 관계에 있어서 입법자에 대한 광범위한 헌법재판소의 통제는 스스로 입법자의 지위를 차지하고 사회형성에 있어서 정치적으로 지도적 역할을 담당하게 된다는 것을 의미한다. 가령, 헌법재판소가 과도하게 적극적인 헌법해석을 통하여 헌법규범으로부터 입법자를 비롯한 국가기관에 대한 구체적인 행위지침을 도출하는 경우, 헌법재판소는 헌법해석의 이름으로 사실상 정치적 형성행위를 함으로써 입법자의 정치적 형성권을 침해할 수 있다.

다. 헌법재판의 기능적 한계에 관한 헌법재판소 決定例

우리 헌법재판소도 다른 국가권력에 부여된 독자적인 형성의 영역을 존중해야 한다고 스스로 역설하고 있다. 헌법재판소가 헌법재판의 기능적 한계를 스스로 의식하고 이를 염두에 두고 있다는 것은 다음과 같은 몇 가지 예에서 나타난다.[62]

(1) 헌법재판소는 평등권 위반여부가 문제되는 다수의 사건에서, '입법자가 가장 합목적적이고 이상적인 해결책을 선택하였는지 여부에 관한 판단은 헌법재판소의 과제가 아니다'라고 하면서, '법률에 의한 차별을 정당화하는 어떠한 합리적인 이유도 찾아볼 수

---

60) Vgl. Bryde, Verfassungsentwicklung, 1982, S.337.

61) Vgl. Schlaich/Korioth, Das Bundesverfassungsgericht, 2012, Rn.506ff.

62) 헌법재판의 기능적 한계의 구체적 표현에 관하여 한수웅, 헌법재판의 한계 및 심사기준, 헌법논총 제8집(1997), 196면 이하; 한수웅, 규범통제제도의 발전과 형성, －규범통제의 심사기준과 심사밀도를 중심으로－, 헌법논총 제19집(2008), 334면 이하 참조.

없기 때문에 그 법률이 명백히 정의에 반하는 것으로 간주되는지의 여부만을 심사한다'고 강조하고 있다. 이로써 평등원칙의 헌법적 의미를 '일반적 정의의 관철'이 아니라 단순히 '자의의 통제'에 제한하고 있다.

헌법재판소는 같은 맥락에서 입법자가 사회적 기본권을 실현해야 할 의무를 이행하였는지 여부에 관한 판단에 있어서, 사회형성의 주체로서의 입법자의 형성권을 존중하여 '입법자가 단지 사회적 기본권의 실현을 위하여 필요한 최소한의 조치를 취하지 않았는지 여부'에 관한 소극적인 판단에 그치고 있다.

뿐만 아니라, 헌법재판소는 법률의 위헌여부를 과잉금지원칙에 따라 판단하는 경우, 입법의 기초가 되는 사실관계 및 장래 발전에 대한 입법자의 예측판단의 심사에 있어서 '사실관계의 확정과 예측판단에 관한 입법자의 형성권'을 인정하여 자신의 통제를 제한하고 있다. 이에 따라 법률에 의한 기본권제한의 효과가 중대하지 않은 경우에는 입법자의 예측판단권을 광범위하게 인정하고 있다.[63]

(2) 또한, 국군의 해외파병에 관한 정부의 결정에 대하여 헌법재판소가 '사법적 자제'를 언급하였다면,[64] 이러한 입장도 집행부의 관할영역에 속하는 외교와 국방의 권한에 대한 존중을 표현하는 것으로 헌법재판의 기능적 한계의 관점에서 이해될 수 있다. 물론, 여기서 헌법재판소를 司法消極主義로 이끄는 것은 엄밀한 의미에서 헌법재판의 기능적 한계가 아니라 헌법재판소의 심사기준으로서 헌법의 규범적 효력이다. 심사기준인 헌법규범이 존재하지 않거나 단지 약화된 통제만을 허용하는 경우, 사법소극주의의 주된 원인은 헌법재판의 기능적 한계에 있는 것이 아니라 '헌법에 의한 헌법재판의 규범적 한계'에 있는 것이다.

(3) 법원과의 관계에서도 기능적 관점이 헌법재판의 한계를 설정한다. 특히 독일과 같이 '법원의 재판에 대한 헌법소원'을 도입하는 경우에는 법원이 법률의 해석과 적용을 통하여 기본권을 침해하였는지 여부를 헌법재판소가 재판소원의 형태로 심사하는 것이 가능하기 때문에, 여기서 헌법재판의 기능적 한계가 문제되고 있다.

독일 연방헌법재판소는 법원에 의하여 결정된 모든 사건에서 최종적 심급 또는 超上告審으로 기능하는 것은 자신의 과제가 아니라는 점을 역설하면서, 원칙적으로 법원 판결의 違法性여부에 관한 심사권한을 부인함으로써 자신의 통제를 '특수한 헌법의 침해'에 제한하고자 시도하고 있다. 법원 판결에 대한 헌법재판소의 통제를 단지 '헌법의 침

---

63) 한편, 입법자에게 예측판단권을 인정하는 이유는 엄밀한 의미에서 헌법재판의 기능적 관점이라기보다는 실체법적 관점이라고 할 수 있다. 입법자의 예측판단권의 인정여부는 당해 기본권에 대한 침해강도에 달려있기 때문에 사법적 통제의 가능성은 전적으로 실체적 관점에 의하여 결정되기 때문이다. 제한되는 기본권의 의미 및 기본권제한의 강도에 따라 헌법재판소에 의한 통제의 강도는 달라지므로, 기본권제한의 효과가 매우 중대한 경우에는 입법자의 예측판단에 대한 완전한 심사가 이루어지는 반면, 기본권제한이 중대하지 않은 경우에는 입법자의 광범위한 예측판단권이 인정된다, 이에 관하여 상세하게 한수웅, 헌법학, 2015, 478면 이하 참조.

64) 헌재 2004. 4. 29. 2003헌마814(제2차 이라크파병), 판례집 16-1, 601, 602.

해'에 제한하는 이유는 헌법재판소가 초상고심이 되어서는 안 된다는 기능적 관점이다. 재판소원이 인정되는 독일에서는 이를 해결하기 위한 다양한 해결책이 제시되고 있으나, '법률을 해석·적용하는 법원의 과제'와 '헌법을 해석·적용하는 헌법재판소의 과제' 사이에 타당한 경계를 발견하는 것은, 모든 법질서에 미치는 헌법의 영향력(소위 '放射效果')로 인하여 매우 어려운 문제이다.[65]

3. 사실적 한계

헌법재판의 또 다른 한계는 헌법재판소가 자신이 내린 결정을 강제할 수 없다는 사실에 있다.[66] 헌법재판소는 다른 법원과 마찬가지로 자신의 결정을 실현하고 관철할 수 있는 권한을 가지고 있지 않다. 법원의 결정을 관철하는 것은 주로 행정의 기능이다. 다른 국가권력이 헌법재판소의 결정을 무시하는 경우 헌법재판소는 무력하다. 이러한 점에서, 헌법재판소는 자신의 결정을 강요할 수도 집행할 수도 없고, 단지 다른 국가기관 스스로의 자발적인 존중에 의존하고 있다. 헌법재판소는 자신 결정의 논리적인 타당성과 설득력을 바탕으로 하여 다른 국가기관으로부터 존중을 유발할 수 있을 뿐이다.

바로 이러한 이유에서 헌법재판소의 유일하고도 최종적인 보루는 헌법재판소결정에 대한 국민과 국가기관의 신뢰이다. 헌법재판소의 권위는 다른 국가기관으로 하여금 자신의 결정을 존중하도록 이끄는 '도덕적 권위'에 기초하고 있다. 헌법재판소의 권위는 국가기관 간의 관계로부터 스스로 나오는 것이 아니라 '헌법의 권위'에 근거하는 것이고, 무엇보다도 객관적이고 납득할 수 있는 헌법해석을 통하여 헌법을 실현하고 관철한다는 '헌법재판의 목적'에 기인하는 것이다. 헌법재판소의 결정은 일반국민과 국가기관에 의하여 지지되고 수용되어야 한다. 헌법재판소의 결정이 일반국민과 국가기관에 의하여 수용될 수 있는 한계를 빈번하게 넘는 경우에는 헌법재판소는 헌법재판을 지탱하는 도덕적 권위를 상실할 수 있다.

司法消極主義의 문제점은 헌법재판소가 헌법상 부여받은 과제와 기능을 제대로 이행하지 않는다는 의혹을 불러일으킴으로써 헌법재판의 존립과 성패를 좌우하는 국민의 신뢰와 국가기관에 대한 권위를 획득할 수 없다는 것이다. 반면에, 司法積極主義의 문제점은 과도한 재판작용을 통하여 헌법을 실현하고 구체화하는 과제를 독점함으로써 다른 국가기관의 권한과 영역을 침해한다는 의심을 받는 것이고, 그 결과 헌법재판소의 결정에 의하여 헌법적 문제가 해결되고 공적 토론과 정치적 분쟁이 궁극적으로 종식되는 것이 아니라, 오히려 그와는 반대로 재판관의 선출문제가 다시 거론되는 등 헌법재판소의 결정이 스스로 정치적 논쟁의 대상이 된다는 것이다.

---

65) 재판소원을 허용하는 경우 그 심사범위와 심사기준에 관하여 상세하게 허영, 헌법소송법론, 2009, 41면 이하.
66) Vgl. Heun, Die Verfassungsordnung der Bundesrepublik Deutschland, 2012, S.214, 218.

Ⅴ. 사법적 자제의 요청과 정치문제이론[67)]

1. 司法的 自制의 요청

가. 의미와 문제점

(1) 위에서 살펴본 바와 같이, 헌법재판의 한계에 관한 논의를 통하여 명확한 경계를 규범적으로 설정하는 것이 사실상 불가능하기 때문에, 헌법재판소에게 스스로 사법적 자제를 하도록 호소함으로써 헌법재판의 한계를 확보하는 것을 궁여지책(窮餘之策)으로 생각해 볼 수 있다.

사법적 자제(judicial-self-restraint)의 요청이란, 사법기관이 사법적 심사에 있어서 자발적으로 스스로 자제해야 한다는 사고를 말한다. 사법적 자제의 요청은 사법기관을 구속하는 헌법적 한계를 제시하기 보다는 사법기관이 임의로 결정할 수 있는 자발적인 요소를 강조하고 있다.[68)] 사법적 자제의 사고는 미국 헌법재판의 한계에 관한 논의과정에서 사법적극주의에 대응하는 개념으로 나온 것이고, 미연방대법원의 대법관들은 사법적 자제를 법관의 중요한 덕목으로 간주하고 있다.

(2) '사법적 자제'의 요청에서 말하는 '自制'란 사법기관의 自己拘束을 의미한다. 그러나 헌법국가에서 국가기관의 '자기구속'이나 '자제'란 있을 수 없다.[69)] 자기구속이나 자제는 自己授權을 전제로 한다는 점에서, 국가기관의 자제는 헌법적으로 금지된 자기수권의 표현이다.[70)] 국가기관이 자기에게 스스로 권한을 부여한 경우에만 그 권한의 행사를 자제할 수 있는 것이다. 그러나 헌법에 의하여 권한과 관할이 부여된 이상, 권한행사의 여부는 국가기관의 자유재량에 맡겨질 수 없다. 사법적 자제는 통제대상인 공권력 행위에 대하여 헌법의 적용을 회피할 수 있는지 여부에 관한 사법기관의 선택권이 아니다.

사법기관에 의한 사법적 심사와 관련하여 제기되는 문제는 사법기관의 '자발적인 자기구속'의 문제가 아니라, 권력분립원리와 민주주의원리 등 헌법적 원칙에 의하여 '외부로부터 부과되는 구속'에 관한 문제이다. 헌법국가에서 어떠한 국가기관도 자신에게 스스로 부과하는 '내부적 자기구속'을 받는 것이 아니라, '헌법에 의한 외부적 구속'을 받

---

67) 이에 관한 개괄적인 소개와 비판으로 계희열, 헌법재판과 국가기능 －헌법재판의 기능적 및 제도적(관할권적) 한계를 중심으로－, 헌법재판의 회고와 전망, 1998, 207-209면; 한수웅, 헌법재판의 한계 및 심사기준, 헌법논총 제8집(1997), 189-192면 참조.

68) Vgl. Hesse, Funktionelle Grenzen der Verfassungsgerichtsbarkeit, in: FS für Hans Weber, 1981, S.263.

69) Vgl. Isensee, Verfassungsrecht als "politisches Recht", in: HbStR, Bd.Ⅶ, 1992, §162 Rn.85.

70) Vgl. Murswiek, Der Umfang der verfassungsgerichtlichen Kontrolle staatlicher Öffentlichkeitsarbeit, DÖV 1982, S.532; Heun, Die Verfassungsordnung der Bundesrepublik Deutschland, 2012, S.215.

는 것이다.

따라서 '사법적 자제'의 요청은 헌법재판권의 행사에 있어서 임의로 관대하게 심사해야 한다든지 아니면 심지어 정치적인 고려에서 자신의 권한행사를 포기해야 한다는 것을 의미하지 않는다.[71] 헌법재판소에게 헌법에 의하여 권한이 부여된 이상, 헌법재판소는 그 권한을 행사해야 한다. 헌법재판의 한계가 헌법재판관 각자의 개인적 성향이나 사법적 자제를 실현하려는 의지나 태도에 달려 있을 수 없다.[72] 오히려 헌법에 의하여 헌법재판소에 부여된 기능인 '헌법의 수호 및 기본권의 보호'의 과제는 경우에 따라서는 사법적 자제와는 정반대의 행위인 '단호한 개입과 통제'를 헌법재판소로부터 요구할 수 있다.[73]

뿐만 아니라, 사법적 자제의 요청은 그 내용에 있어서 너무 일반적이고 추상적이어서, 사안에 따라 적용되는 헌법규범이 다르며 심사기준이 되는 당해 헌법규범의 규범적 효력의 정도에 따라 차별적인 해결의 필요성이 있다는 점을 전혀 고려하지 못하고 있다.

나. '헌법재판의 기능적 한계'의 또 다른 표현으로서 사법적 자제

따라서 문헌이나 판례에서 간혹 '사법적 자제'의 표현을 사용한다면, 이는 헌법의 권력분립질서 내에서 사법기관의 기능적 한계를 강조하는 것으로 이해해야 한다. 여기서 '사법적 자제'란 헌법재판소가 헌법적 질서를 보장하고 관철하는 권한을 임의로 축소할 수 있다는 것이 아니라, 헌법상 '적극적인 정치적 형성'의 과제를 부여받지 않았다는 것, 이로써 다른 헌법기관의 정치적 형성의 영역을 침범해서는 안 된다는 것을 의미하는 것이다. 헌법재판소와 같이 자신의 권한을 스스로 결정할 수 있는 권한을 가진 국가기관이 권한의 행사에 있어서 스스로 다른 국가기관의 권한을 침해하지 않도록 자제해야 한다는 요청은 당위적이며 논리필연적인 것이다.

헌법해석에 관한 최종적인 결정권자로서의 헌법재판소 권한에 비추어, 헌법재판소는 '외부에 의하여 통제될 수 없는 통제자'에 해당한다. 결국, '통제받지 않는 통제자'만이 스스로 다른 국가기관의 권한을 침해하는 것을 방지할 수 있다는 점에서, 사법적 자제의 요청은 헌법재판소의 막강한 권한과 책임을 헌법재판소 스스로에 대하여 상기시키는 것이고, 헌법재판의 본연의 기능인 사법적 기능에 대한 호소라 할 수 있다.[74] 즉, 헌법재판소는 헌법재판을 통하여 다른 국가기관에게 헌법적 한계를 제시할 뿐만 아니라, 자신 스스로에게도 '헌법재판의 헌법적 한계'가 있음을 유념해야 한다는 호소이다. 그러나

71) Vgl. Benda/Klein, Verfassungsprozessrecht, 3. Aufl., 2012, Rn.27; Hillgruber/Goos, Verfassungsprozessrecht, 3. Aufl., 2010, Rn.40.
72) Vgl. Schuppert, Self-restraints der Rechtsprechung, DVBl 1988, S.1191; Simon, Verfassungsgerichtsbarkeit, in: Handbuch des Verfassungrechts, Bd.Ⅱ, 2. Aufl., S.1664f.
73) 한수웅, 헌법재판의 한계 및 심사기준, 헌법논총 제8집(1997). 190면 이하.
74) Vgl. Hillgruber/Goos, Verfassungsprozessrecht, 3. Aufl., 2010, Rn.40.

사법적 자제를 이러한 의미로 이해한다면, 사법적 자제의 요청은 단지 당연한 것, 이미 헌법재판의 기능적 한계에 관하여 확인한 것을 표현할 뿐, 헌법재판의 한계에 관한 독자적인 기준을 제시하지 못한다.[75)]

2. 정치문제이론

가. 의미와 문제점

(1) 정치문제이론이란, 외교권 등의 행사를 본질적으로 정치적인 것으로 규정하여 정부나 의회의 외교행위를 사법적 심사의 대상에서 제외하고자 하는 견해를 말한다. 이러한 견해는 영국의 국가행위론(Act of State Doctrine) 또는 미국 헌법재판에서 형성된 정치문제이론(Political question Doctrine)에서 유래한다. 정치문제이론은, 法外的인 요소가 대단히 큰 비중을 차지하기 때문에 법적인 기준에 따라 결정이 내려질 수 없는 정치적 사안에서는 연방대법원이 심리하지 않는다는 것을 의미한다. 결국, 위 견해는 정치와 헌법을 구분하여 정치의 영역을 연방대법원의 사법적 심사로부터 배제하고자 하는 것이다.

(2) 미국의 연방대법원에 의하여 형성된 정치문제이론은 미국 연방헌법과 본질적으로 상이한 우리 헌법구조에 있어서 그대로 적용될 수 없다. 물론 미연방대법원의 정치문제이론도 그 이론적 출발점을 헌법상의 권력분립구조에 두고 있지만, 미연방대법원과는 달리 우리 헌법재판소에게는 '법률의 위헌심사에 관한 권한'이 헌법상 명시적으로 부여되었기 때문에, 헌법규범의 개방성과 추상성에도 불구하고 헌법은 사법적 심사의 기준으로 작용하며, 사법적으로 심사할 수 없는 공권력의 행사를 인정할 수 있는 가능성은 처음부터 없다.[76)]

헌법은 모든 국가기관을 구속하기 때문에 정치행위를 포함한 모든 국가권력의 행사가 헌법에 기속되며, 헌법은 헌법재판소에게 이러한 기속의 준수를 감시하는 과제를 맡기고 있다. 국가의 정치생활이 이루어져야 하는 규범적 울타리를 제시하는 것이 헌법의 기능이라면, 헌법재판소에 의한 위헌심사가 가능한지 여부가 '심사대상이 정치적 문제인지' 여부에 달려있을 수 없다.[77)] 오히려 헌법을 관철해야 할 과제를 부여받은 헌법재판소는 국가의 정치적 결정이 헌법의 범주 내에서 이루어지고 있는지 여부를 심사해야 한다. 따라서 정치와 헌법을 구분하는 정치문제이론은 정치를 헌법의 통제기준에 구속

---

75) Vgl. Schenke, Der Umfang der bundesverfassungsgerichtlichen Überprüfung, NJW 1979, S.1325; Schuppert, Self-restraints der Rechtsprechung, DVBl 1988, S.1191.

76) Vgl. Isensee, Verfassungsrecht als "politisches Recht", in: HbStR, Bd.Ⅶ, 1992, §162 Rn.87f.

77) Vgl. Schneider, Verfassungsgerichtsbarkeit und Gewaltenteilung, NJW 1980, S.2104; Schenke, Der Umfang der bundesverfassungsgerichtlichen Überprüfung, NJW 1979, S.1324f.; Starck, Das Bundesverfassungsgericht in der Verfassungsordnung und im politischen Prozeß, in: Festschrift 50 Jahre Bundesverfassungsgericht, Bd. I, 2001, S.9.

시키고자 하는 우리 헌법질서에 적용될 수 없다.

게다가, 미연방대법원의 판례는 사례의 형성을 통하여 외교나 국방의 영역 등 사법적 심사의 대상이 될 수 없는 사안을 구체화하였으나, 어떠한 경우에 분쟁을 '정치문제이론의 의미에서의 정치적 분쟁'으로 분류해야 하는지에 관하여 명확한 기준을 제시하지 못하고 있다.[78] 이러한 상황에서 우리 헌법재판소가 헌법재판의 한계에 관한 이론으로 정치문제이론을 도입한다면, 헌법재판소가 어떠한 사건을 '정치적' 문제 또는 '헌법적' 문제로 간주하여 헌법재판의 대상으로 삼을 것인지에 관하여 자유롭게 결정할 수 있기 때문에, 정치문제이론의 도입은 헌법재판의 脫政治化가 아니라 오히려 헌법재판의 政治化를 초래할 것이다.[79]

나. '헌법재판의 규범적 한계'의 대표적 예로서 통치행위

통치행위란, 국정의 기본방향이나 국가적 차원의 정책결정을 대상으로 하는 고도의 정치적 성격을 띤 행위로서 사법적 심사의 대상으로 하기에 부적합한 성질의 국가행위를 말한다.[80] 그러나 헌법재판소에 의한 헌법규범의 적용과 해석으로부터 완전히 자유로운 국가의 공권력행위는, 헌법이 스스로 명문으로 규정하고 있는 경우를 제외하고는, 어떠한 영역에서도 인정될 수 없다. 공권력행위의 정치적 성격은 헌법재판소의 사법적 심사를 배제하는 기준이 될 수 없다.

물론, 사법기관은 정치적 행위를 사법적으로 판단하기 위한 심사기준이 존재하는 범위 내에서 사법적 심사를 할 수 있다. 외교행위나 통치행위가 대부분의 경우 '결과적으로' 헌법재판소에 의하여 심사될 수 없다면, 이러한 결과는 통치행위가 처음부터 사법적 심사의 대상에서 제외되기 때문이 아니라, 통치행위의 내용을 구체적으로 규정하는 헌법규범, 이로써 국가기관을 구속하는 헌법규범이 없기 때문에 발생하는 것이다. 통치행위의 헌법적 문제는 '사법심사의 대상'에 관한 문제가 아니라 '심사기준의 存否'에 관한 문제이다.[81] 헌법재판소는 헌법규범으로부터 해석을 통하여 도출할 수 있는 것만을 사법적 심사기준으로 삼을 수 있는데, 일반적으로 통치행위의 경우, 통치행위를 구속하는 헌법규범, 이로써 사법심사를 위한 헌법적 기준이 존재하지 않는다. 헌법재판의 규범적 한계는 심사기준으로서의 헌법규범이 존재하지 않는 곳에 있으므로, 통치행위의 헌법적 문제는 '헌법재판의 규범적 한계'에 관한 것이다.

---

78) 정치문제이론에 관한 미연방대법원 판례의 불명확하고 일관성 없는 기준에 대한 비판으로 vgl. Zuck, Political-question-Doctrine, judicial-self-restraint und das Bundesverfassungsgericht, JZ 1974, 363; 또한, 계희열, 헌법재판과 국가기능 -헌법재판의 기능적 및 제도적(관할권적) 한계를 중심으로-, 헌법재판의 회고와 전망, 1998, 208면 각주18) 참조.

79) Vgl. Benda/Klein, Verfassungsprozessrecht, 3. Aufl., 2012, Rn.28.

80) 헌재 1996. 2. 29. 93헌마186, 판례집 8-1, 111, 115.

81) Vgl. Bryde, Verfassungsentwicklung, 1982, S.309ff.

공권력행위의 정치적 성격이 사법적 심사를 배제하는지 여부와 관련하여, 헌법재판소는 종래 헌법규범의 적용과 해석으로부터 완전히 자유로운 공권력행위를 인정하지 않는 입장을 취하였으나,[82] 근래 들어 소위 '제2차 이라크파병 사건'에서 통치행위를 인정한 바 있다.[83] 그러나 위 결정이 헌법재판소의 종래 입장의 근본적인 방향전환을 의미하는지에 관하여는 앞으로의 결정을 지켜보아야 할 것이다.

Ⅵ. 맺는말

실체적 헌법과 헌법소송법에 의한 헌법재판의 '규범적 한계'와 헌법의 권력분립질서 내에서의 헌법재판의 '기능적 한계'를 통하여 헌법재판의 한계를 확인한다 하더라도, 이러한 '헌법재판의 한계'는 헌법재판소에 대한 추상적인 요청일 뿐, 헌법재판소의 권한행사를 규율할 수 있는 구체적인 기준을 제시하지 못한다. 실체적 헌법과 헌법소송법에 대한 헌법재판소의 사실상 무제한적인 해석권한에 비추어, 헌법재판의 '규범적 한계'는 단지 해석권한의 적극적인 행사를 통하여 실체적 헌법과 헌법소송법에 의하여 설정된 권한의 경계를 넘을 수 있다는 헌법재판소에 대한 경고에 불과하다. 헌법재판의 '기능적 한계'도 헌법재판소는 헌법에 의하여 부여된 사법기능의 범위 내에 머물러야 한다는 일반적 요청에 지나지 않는다.

나아가, 헌법재판의 한계를 확인한다 하더라도, 헌법재판의 한계는 다른 국가기관과의 관계에서 법적으로 관철될 수 없다. 헌법재판소의 결정은 다른 국가기관을 구속하지만, 헌법재판소결정에 대한 다른 법적 통제가능성은 존재하지 않으며 헌법재판소결정에 대한 불복절차도 없다. 헌법재판소가 헌법이나 헌법재판소법을 해석함에 있어서 일반적인 법해석원칙에 의하여 허용되는 해석의 한계를 준수하였는지 아니면 이를 넘어서 헌법개정권자나 입법자의 과제에 속하는 법창조적 작업을 부당하게 수행하였는지 여부를 밝히는 것은 큰 실익이 없다. 헌법재판소의 해석이 사법기관에게 허용되지 않는 '법창조'인지 여부를 다툴 수 있는 절차적·소송법적 가능성이 없기 때문이다. 헌법재판소의 판례는 헌법이나 헌법재판소법의 개정을 통하여 또는 헌법재판소 내에서 스스로 이루어지는 견해의 변화에 의해서만 수정될 수 있을 뿐이다. 이러한 점에서, 법적으로 관철될 수 없는 '헌법재판의 한계'를 확인하는 작업은 공허하다.

헌법규범의 추상성과 개방성, 헌법해석의 방법에 관한 기본적인 합의의 不在, 실체적 헌법과 헌법소송법에 대한 헌법재판소의 최종적 해석권한, 헌법재판소에 대한 통제가능

---

82) 1993년 8월 금융실명제도를 도입하기 위하여 대통령이 내린 긴급재정경제명령에 대한 헌법소원심판사건에서 통치행위의 헌법소원대상성을 인정하였다. 헌재 1996. 2. 29. 93헌마186, 판례집 8-1, 111, 115-116.

83) 헌재 2004. 4. 29. 2003헌마814(제2차 이라크파병), 판례집 16-1, 601, 602, 헌법재판소는 위 결정에서 대통령의 파견결정이 사법심사의 대상이 됨을 부인하였다.

성의 不在 등으로 인하여, 헌법재판소는 '외부에 의하여 통제될 수 없는 통제자'에 해당한다. 결국, '통제받지 않는 통제자'만이 스스로 다른 국가기관의 권한을 침해하는 것을 방지할 수 있다는 점에서, '헌법재판의 한계'는 헌법재판소의 막강한 권한과 책임을 헌법재판소 스스로에 대하여 상기시키는 것이고, 헌법재판의 본연의 기능이 사법적 기능에 있다는 것에 대한 호소이며, 헌법재판소 스스로에게도 헌법적 한계가 있음을 유념해야 한다는 호소이다. 헌법재판의 한계는 다른 국가기관과의 '외부적 관계'에서 법적으로 실현되고 관철되기 위한 것이 아니라, 헌법재판소 스스로를 향한 '내부적 요청'이며, 나아가 헌법재판과 민주주의를 조화시키기 위한 필연적 요청이다. 궁극적으로 헌법재판의 한계란, 헌법재판의 존립과 성패를 좌우하는 국민의 신망과 국가기관에 대한 헌법재판소의 권위를 유지하기 위하여, 이로써 헌법재판이 실질적으로 기능하기 위하여 헌법재판소가 스스로 준수해야 하는 한계이다. 바로 여기에 헌법재판의 한계를 확인해야 하는 이유가 있다.

참고문헌

계희열, 헌법재판과 국가기능 －헌법재판의 기능적 및 제도적(관할권적) 한계를 중심으로－, 헌법재판의 회고와 전망, 1998

김문현/정재황/한수웅/음선필, 현행 헌법상 헌법재판제도의 문제점과 개선방안, 헌법재판연구 제16권, 2005

김하열, 헌법소송법, 2014

방승주, 독일 연방헌법재판소의 입법자에 대한 통제의 범위와 정도, 헌법논총 제7집, 1996

신 평, 헌법재판법, 2007

이명웅, 민주주의와 헌법재판 －헌법재판의 정당성 문제－, 헌법논총 제18집, 2007

이욱한, 헌법재판과 법과 정치, 헌법논총 제3집, 1992

정종섭, 헌법소송법, 2012

한수웅, 헌법재판의 한계 및 심사기준 －헌법재판소와 입법자의 관계를 중심으로－, 헌법논총 제8집, 1997

______, 규범통제제도의 발전과 형성, －규범통제의 심사기준과 심사밀도를 중심으로－, 헌법논총 제19집, 2008

______, 헌법학, 2015

허영, 헌법소송법론, 2009

v. Arnim, Staatslehre der Bundesrepublik Deutschland, 1984

Badura, Staatsrecht, 2003

Benda/Klein, Verfassungsprozessrecht, 3. Aufl., 2012

Bethge, in: Maunz/Schmidt-Bleibtreu/Klein/Bethge(Hg), Bundesverfassungsgerichtsgesetz (BVerfGG) Kommentar, 2015, Vorbemerkung vor §17

Böckenförde, Verfassungsgerichtsbarkeit: Strukturfragen, Organisation, Legitimation, NJW 1999

______, Grundrechte als Grundsatznormen, zur gegenwärtigen Lage der Grundrechtsdogmatik, Der Staat 1990

Bryde, Verfassungsentwicklung, 1982

Drath, Die Grenzen der Verfassungsgerichtsbarkeit(1952), in: Häberle(Hg), Verfassungsgerichtsbarkeit, 1976

Friesenhahn, Die Funktion der Verfassungsgerichtsbarkeit im Gesamtgefüge der Verfassung(1965), in: Häberle(Hg), Verfassungsgerichtsbarkeit, 1976

Gusy, Parlamentarischer Gesetzgeber und Bundesverfassungsgericht, 1985

Häberle, Grundprobleme der Verfassungsgerichtsbarkeit, in: Häberle(Hg), Verfassungsgerichtsbarkeit, 1976

Heun, Die Verfassungsordnung der Bundesrepublik Deutschland, 2012
Hesse, Funktionelle Grenzen der Verfassungsgerichtsbarkeit, in: FS für Hans Weber, 1981
Hillgruber/Goos, Verfassungsprozessrecht, 3. Aufl., 2010
Isensee, Verfassungsrecht als "politisches Recht", in: Isensee/Kirchhof(Hg), Handbuch des Staatsrechts (HbStR), Bd.Ⅶ, 1992, §162
E. Klein, Verfahrensgestaltung durch Gesetz und Richterspruch, in: Badura/Dreier (Hg), Festschrift 50 Jahre Bundesverfassungsgericht, Bd. I, 2001
H. Krüger, Allgemeine Staatslehre, 2. Aufl., 1988
Kunze, in: Umbach/Clemens/Dollinger(Hg), Bundesverfassungsgerichtsgesetz (BVerfGG) Mitarbeiterkommentar, 2005
Löwer, Zuständigkeiten und Verfahren des Bundesverfassungsgerichts, in: Isensee/ Kirchhof(Hg), Handbuch des Staatsrechts (HbStR), Bd.Ⅱ, 1987, §56
Murswiek, Der Umfang der verfassunsgerichtlichen Kontrolle staatlicher Öffentlichkeitsarbeit, DÖV 1982
Ossenbühl, Bundesverfassungsgericht und Gesetzgebung, in: Badura/Dreier(Hg), Festschrift 50 Jahre Bundesverfassungsgericht, Bd. I, 2001
Schenke, Der Umfang der bundesverfassungsgerichtlichen Überprüfung, NJW 1979
Scheuner, Die Überlieferung der deutschen Staatsgerichtsbarkeit im 19. und 20. Jahrhundert, in: Starck(Hg), Bundesverfassungsgericht und Grundgesetz, Bd. I, 1976
______, Probleme und Verantwortung der Verfassungsgerichtsbarkeit in der Bundesrepublik(1952), in: Häberle(Hg), Verfassungsgerichtsbarkeit, 1976
Schlaich, Die Verfassungsgerichtsbarkeit im Gefüge der Staatsfunktionen, VVDStRL 39(1981)
Schlaich/Korioth, Das Bundesverfassungsgericht, 9. Aufl., 2012
Carl Schmitt, Das Reichsgericht als Hüter der Verfassung(1929), in: Häberle(Hg), Verfassungsgerichtsbarkeit, 1976
______, Verfassungslehre, 6. Aufl., 1983
Schuppert, Self-restraints der Rechtsprechung, DVBl 1988
Smend, Festvortrag zur Feier des zehnjärigen Bestehens des Bundesverfassungsgerichts am 26. Janunar 1962, in: Häberle(Hg), Verfassungsgerichtsbarkeit, 1976
Schneider, Verfassungsgerichtsbarkeit und Gewaltenteilung, NJW 1980
Simon, Verfassungsgerichtsbarkeit, in: Benda/Maihofer/Vogel(Hg), Handbuch des Verfassungsrechts der Bundesrepublik Deutschland (HbVerfR), Bd.Ⅱ, 2. Aufl., 1995
Starck, Das Bundesverfassungsgericht in der Verfassungsordnung und im politischen Prozeß, in: Badura/Dreier(Hg), Festschrift 50 Jahre Bundesverfassungsgericht, Bd. I, 2001

Triepel, Wesen und Entwicklung der Staatsgerichtsbarkeit(1929), in: Häberle(Hg), Verfassungsgerichtsbarkeit, 1976

Wahl, Reformfrage, in: Badura/Dreier(Hg), Festschrift 50 Jahre Bundesverfassungsgericht, Bd. I, 2001

______, Der Vorrang der Verfassung, Der Staat 1981

Zuck, Political-question-Doctrine, judicial-self-restraint und das Bundesverfassungsgericht, JZ 1974

제3절 한국 헌법재판의 현재와 미래

제1주제

한국 헌법재판의 現況과 발전방향*

Ⅰ. 머리말

1988년 민주화의 격동기 속에서 탄생한 헌법재판소는 어느덧 성년의 나이를 맞게 되었다. 물론 헌법재판소의 설립 이전에도 헌법재판제도가 존재하였으나 사실상 그 기능을 하지 못했다는 점에서 한국헌법재판의 역사는 헌법재판소의 역사와 같이 한다고 하더라도 과언이 아니다. 헌법재판소는 그 동안 3기의 재판부를 거치면서 한국의 헌법질서에서 빼고는 생각할 수 없는 확고한 구성부분으로 자리 잡았다. 헌법재판소는 지난 18년간의 활동을 통하여 헌법을 구체화하고 실현하는데 크게 기여하였으며, 특히 기본권에 관한 판례를 통하여 헌법에 구체적 형상을 부여하였고 헌법을 살아 숨 쉬는 기본법으로서 국가공동체에 뿌리내리게 하였다. 헌법재판소의 도입과 더불어 비로소 헌법은 국가의 최고규범일 뿐만 아니라 헌법재판을 위한 사법적 심사기준이라는 거대한 변화를 가져왔으며, 특히 헌법소원제도의 도입은 국민의 기븐권의식을 크게 고취시키고 모든 국민을 '헌법의 감시자'로 만들었다

이글에서는 지난 18년의 헌법재판을 통하여 헌법재판소와 입법자의 관계 및 헌법재판소와 법원의 관계가 어떻게 형성되었고 어떠한 문제가 발생하였으며, 현행 헌법과 헌

* 위 논문은 한국법학원 창립 50주년기념 학술대회('한국법의 세계화') 헌법 분과 발표문으로서 2006년 7월, 저스티스(한국법학원) 제92호, 40-58면에 게재된 것을 일부 수정한 것이다.

법재판소법에 근거한 한국 헌법재판제도의 특수성이 무엇인지를 살펴보고, 앞으로의 헌법재판의 발전방향에 관한 몇 가지 제안을 하고자 한다.

Ⅱ. 한국 헌법재판의 現況

1. 헌법재판소의 권한을 결정하는 두 가지 요소

국가조직 내에서 헌법재판소의 역할 및 헌법질서에 대한 영향력은 한편으로는 '헌법이 헌법재판소에 어떠한 관할과 권한을 부여하고 있는지'의 문제와 다른 한편으로는 '헌법재판소가 헌법상 부여받은 권한을 어떻게 행사하고 있는지'의 관점에 의하여 결정된다. 첫 번째의 관점은 헌법상 부여받은 헌법재판소의 法的 權限의 문제이고, 두 번째 관점은 헌법재판소가 주어진 관할 범위 내에서 憲法解釋을 통하여 자신의 권한을 어느 정도로 확대하는지의 문제인데, 이는 곧 다른 국가권력, 특히 입법자에 대하여 어느 정도로 통제할 수 있는지의 '司法的 審査의 密度'를 의미한다.

가. 헌법상의 권한

헌법은 제111조 제1항에서 헌법재판소의 관장사항으로서 위헌법률심판, 탄핵심판, 정당해산심판, 권한쟁의심판, 헌법소원심판을 규정하고 있다. 한편, 헌법 제107조는 구체적 규범통제에서 법률에 대한 위헌심사권과 집행부의 행위형식인 명령·규칙·처분에 대한 위헌심사권을 서로 분리하여 각 헌법재판소와 대법원의 관할로 함으로써 원칙적으로 입법작용에 대한 헌법재판권을 헌법재판소에, 집행작용에 대한 헌법재판권을 법원에 각 귀속시키고 있다. 이로써 헌법은 헌법재판기관을 二元化하여 헌법의 수호 및 기본권의 보호가 헌법재판소와 법원의 '공동과제'임을 밝히고 있다.[1)]

나. 헌법해석과 헌법재판소의 권한

한편, 헌법재판소는 헌법의 해석에 관한 최종적인 결정권을 가지고 있고, 이로써 헌법해석을 통하여 '자신의 권한을 스스로 정할 수 있는 권한'을 가지고 있다. 헌법은 憲法典에 규정되어 있으나, 국가행위의 헌법적 기준, 즉 한계와 지침은 헌법 스스로에서 나오는 것이 아니라 헌법해석을 통한 헌법재판소의 판례에서 나온다. 이에 따라, 헌법의 내용을 결정할 수 있는 者는 또한 자신의 권한에 관해서도 스스로 결정할 수 있다.[2)]

---

1) 헌재 1997. 12. 24. 96헌마172등, 판례집 9-2, 842, 854; 헌법 제107조 제2항의 해석을 둘러싼 논란에 관하여 한수웅, 헌법재판소법 제68조 제1항의 위헌여부, 헌법논총 제10집(1999), 287면 이하 참조.

2) 예컨대, 헌법재판소는 기본권을 제한하는 공권력행위와 관련하여 그에 대한 일반적 심사기준으로서 '비례의 원칙'을 확립할 수 있고, 또한 기본권에 '객관적 가치질서'로서의 성격을 인정함으로써 그로부터 '기본권 보호의무'와 '과소보호금지의 원칙'을 이끌어낼 수 있으며, 뿐만 아니라 '기본권의 제3자효'를 인정하여 '법관의 헌법합치적 해석'의 의무를 구성하고, 나아가 모든 중요한 법적 문제가 헌법적 문제가 되도록 함으로써 자신의

따라서 헌법재판제도가 있는 국가에서 헌법해석, 특히 기본권해석의 문제는 헌법재판소와 입법자간의 권한배분과 직결된 문제이다. 헌법재판소가 헌법을 어떻게 해석하고 이해하는지에 따라 입법자와 헌법재판소 관계에서 그 권한의 경계가 설정되기 때문에, 헌법의 해석은 항상 헌법재판소와 입법자간의 권한배분의 관점을 고려하여야 한다. 그러므로 헌법재판소가 추상적이고 개방적인 헌법규범으로부터 구체적인 헌법적 기준을 이끌어 냄으로써 헌법을 구체적인 내용으로 채울수록, 국가공동체의 모든 중요한 문제가 헌법적 문제가 되고, 이로써 헌법재판소 관할의 확대와 더불어 입법자의 형성권의 축소를 가져온다. 따라서 헌법재판소가 헌법해석의 가능성을 어느 정도로 사용하는가 하는 것은 다른 국가기관과의 권력분립 또는 기능분립의 관점에서 핵심적인 문제이다.

2. 헌법재판소와 입법자의 관계

현행법상 헌법재판소의 주된 관할은 위헌법률심판과 헌법소원심판을 통한 입법자에 대한 규범통제에 있으므로, 헌법재판을 통하여 헌법의 우위를 관철하려는 '헌법재판소'와 입법을 통하여 헌법을 구체화하고 실현하고자 하는 '입법자' 간의 권력분립상의 문제를 제기한다.

가. 입법자의 형성권에 대한 존중[3)]

헌법재판소는 미국 연방대법원에 의하여 헌법재판의 한계를 제시하는 기준으로 형성된 '司法的 自制의 요청'(judicial-self-restraint)이나 '정치문제이론'(political question doctrine)을 취하고 있지 않다. 헌법상 부여된 헌법재판소의 과제인 헌법의 수호 및 기본권의 보호의 요청은 경우에 따라서는 사법적 자제와는 정반대로 '입법자에 대한 단호한 개입'을 요구할 수 있으며, 미국 연방대법원과는 달리 우리 헌법재판소에게는 헌법상 법률의 위헌심사에 관한 권한이 명시적으로 부여되었다는 점에 비추어, '위 이론들은 미국 헌법과 본질적으로 상이한 우리 헌법구조에 있어서 그대로 적용될 수 없다'는 타당한 사고에 그 바탕을 두고 있는 것으로 보인다.

그럼에도 입법자에 대한 규범통제에 있어서 헌법재판소가 취하는 기본 입장이자 출발점은 '입법자의 형성권에 대한 존중'이다. 헌법재판소의 유일한 심사기준은 헌법규범이지 헌법재판소의 정치적 판단이 아니므로, 법률의 위헌성심사를 위한 헌법적 기준이 존재하는 범위 내에서 헌법재판소에 의한 규범통제가 가능하다고 하는 것이 헌법재판소의 일관된 자세이다. '입법형성권에 대한 존중'이라는 헌법재판소의 기본입장은 헌법재

권한을 확대하고 입법자와 법원을 구속할 수 있다.

3) 헌법재판소의 전반적인 입장에 관하여 한수웅, 헌법재판의 한계와 심사기준, 헌법논총 제8집(1997), 196면 이하 참조.

판소결정에서 다음과 같은 형태로 표현되고 있다.

(1) 統制規範과 行爲規範의 구분

헌법재판소는 종래 일련의 결정에서 '입법자와 같이 적극적으로 형성적 활동을 하는 국가기관에게는 헌법은 행위의 지침이자 한계를 의미하나(행위규범), 사법기관인 헌법재판소에게는 다른 국가기관 행위의 위헌성을 심사하는 기준을 의미한다(통제규범)'고 하는 기본입장을 취하고 있다. 헌법규범이 국가기관 중에서 누구를 구속하는지에 따라 헌법규범의 기능을 행위규범과 통제규범으로 구분하는 것은, 헌법재판소가 司法的 審査에 있어서 입법자의 형성권을 존중한다는 것의 대표적 표현이다.

만일 '입법자에 대한 헌법의 요청'과 '헌법재판소의 심사기준'이 일치한다면, 국가공동체의 모든 것이 헌법재판소의 판단과 관점에 따라 결정되고 헌법재판소가 정치적 형성의 최종적 주체가 되는 司法國家化의 위험이 있다. 따라서 헌법재판소가 그의 심사범위를 단지 입법자의 정치적 형성권이 헌법적 한계 내에 머무르고 있는지 여부의 판단에 국한시켜야만 입법자의 형성의 자유, 나아가 권력분립적 기능질서가 제대로 보장될 수 있다.

헌법재판소는 '입법자가 입법을 통하여 社會的 基本權을 실현해야 할 의무를 다하지 않았다는 주장으로 헌법소원이 제기된 경우, 어느 정도로 헌법재판소가 심사할 수 있는지'의 문제와 관련하여,[4] '행위규범으로서의 사회적 기본권은 입법자에게 국민소득이나 국가의 전반적인 급부능력, 국가의 다른 과제와의 관계에서 보아 실질적으로 보장할 수 있는 것을 보장할 의무를 부과하고 있지만, 헌법재판소의 심사기준이 되는 통제규범으로서의 사회적 기본권은 사회적 기본권의 객관적인 내용을 실현하기 위하여 필요한 적어도 최소한의 조치를 취할 의무만을 뜻하게 된다'고 판시하였다.[5]

또한, '행위규범과 통제규범의 구분'과 '헌법상 권력분립질서로부터 나오는 헌법재판소 권한의 한계'의 연관관계를 대표적으로 보여주는 것이 바로 平等原則이다. 평등원칙은 입법자에 대해서는 규범의 규율대상을 가능하면 평등하게 규율할 것을 요구함으로써 입법을 통한 '정의실현의 의무'를 의미하나, 헌법재판소에 대해서는 원칙적으로 차별을 정당화할 수 있는 아무런 합리적인 이유를 찾아 볼 수 없는 경우에만 평등원칙의 위반을 확인한다는 '恣意禁止原則'을 뜻하게 된다.

나아가, 헌법재판소는 국가의 基本權保護義務의 위반여부를 판단함에 있어서도 행위규범과 통제규범으로서의 헌법규범의 성격을 구분하였다.[6] 보호의무는 입법자에 대하여

---

4) 헌재 1997. 6. 26. 94헌마33 결정(1994 생계보호기준 위헌확인).

5) 이에 관하여 자세하게, 한수웅, 헌법소송을 통한 사회적 기본권 실현의 한계, 인권과 정의 제245호, 1997/1, 70면 이하 참조.

6) 헌재 1997. 1. 16. 90헌마110 등(교통사고처리특례법에 대한 헌법소원).

개인의 기본권을 타인의 침해로부터 가능하면 적극적으로 보호해야 할 의무를 부과하나, 헌법재판소는 헌법상 권력분립의 관점에서 국가가 개인의 법익을 보호하기 위하여 전혀 아무런 보호조치를 취하지 않았던지 아니면 취한 조치가 법익을 보호하기에 명백하게 전적으로 부적합하거나 불충분한 경우에 한하여 국가의 보호의무의 위반을 확인할 수 있을 뿐이다.

(2) 헌법적 입법의무의 원칙적 否定[7]

헌법소원을 통하여 다툴 수 있는 立法不作爲가 성립하기 위해서는 우선 입법자의 헌법적 입법의무가 존재하여야 한다. 입법부작위는 헌법이 입법자에게 입법의무를 부과함에도 불구하고 입법자가 이를 이행하고 있지 않는 법적 상태를 의미한다. 헌법적 입법의무를 어느 정도로 인정하는지의 문제는 바로 입법자와 헌법재판소 사이의 헌법을 실현하고 구체화하는 공동과제의 배분과 직결된 문제이다. 입법자의 헌법적 입법의무를 헌법에 명시적으로 표현된 명백한 입법위임을 넘어 헌법해석으로 폭넓게 인정하면 할수록, 입법자의 형성의 자유는 축소되고 헌법해석의 최종적 결정권자이자 입법자에 대한 통제자인 헌법재판소의 결정에 구속을 받게 된다. 따라서 헌법재판소는 입법자의 민주적 형성의 자유를 존중하기 위하여 헌법적 입법의무는 단지 예외적으로 인정되고 가능하면 헌법상의 명시적인 위임에 한정된다는 입장을 견지하고 있다.[8]

(3) 變形決定

헌법재판소가 입법자의 형성권을 존중한다는 또 다른 구체적 표현은 변형결정의 도입이다. 법률이 法文의 범주 내에서 여러 가지로 해석될 수 있고, 그 해석에 따라 때로는 위헌적 결과를 때로는 합헌적인 결과를 가져온다면, 이러한 경우 헌법재판소는 위헌결정을 내리지 않고, '合憲的 法律解釋'의 원리에 따라 단지 '법률을 어떠한 식으로 해석하는 한 헌법에 위반된다 또는 위반되지 않는다'는 限定合憲決定이나 限定違憲決定을 내리게 된다. 사법기능을 담당하는 기관은 가능한 한 입법자의 입법권을 존중하여 입법자가 제정한 규범이 계속 존속하고 효력이 유지될 수 있도록 해석하여야 한다는 것이 바로 '합헌적 법률해석'인데, 이는 민주주의원리와 권력분립원리의 관점에서 입법자의 입법형성권에 대한 존중의 표현이다.

또한, 법률의 위헌성에도 불구하고 입법자에게 위헌적인 상태를 제거할 수 있는 여러 가지 가능성이 인정되는 경우, 헌법재판소는 입법자의 형성권을 존중하여 법률에 대한 위헌결정을 피하고 입법자로 하여금 법률개정을 통하여 스스로 위헌적인 상태를 제거하도록 憲法不合致決定을 하고 있다.

---

7) 입법부작위에 관하여 한수웅, 입법부작위에 대한 헌법소원, 현대헌법학이론(이명구박사 화갑기념논문집 Ⅰ), 1996, 686면-724면 참조.

8) 헌재 1989. 3. 17. 88헌마1; 헌재 1996. 11. 28. 93헌마258 참조.

나. 위헌심사기준과 입법형성권

(1) 자유권에 의한 위헌심사

(가) 과잉금지원칙 또는 比例의 原則

헌법재판소는 이미 초기의 판례에서 헌법 제37조 제2항에서 과잉(제한)금지원칙 또는 비례의 원칙을 도출함으로써 자유권을 제한하는 법률의 위헌여부를 판단하는 심사기준으로 삼았다. 과잉금지원칙은 '자유를 제한하는 국가공권력에 대한 제한원리'이며, '기본권제한의 한계'라고 할 수 있다. 비례의 원칙은 법률이 자유권을 침해하는 경우 모든 자유권의 제한에 대하여 통일적으로 적용되는 심사의 기준으로서, 구체적인 경우 입법목적과 입법수단과의 상관관계를 '수단의 적합성 · 수단의 최소침해성 · 법익균형성(비례성)'의 3단계로 나누어 심사하는 기술적 · 절차적 기준이다. 따라서 비례의 원칙은 어떠한 관점에 의하여 심사의 기준이 달라지는지 또는 어떠한 경우에 헌법재판소가 더욱 엄격하게 법률에 대한 위헌심사를 해야 하는지의 실체적 관점에 관해서는 전혀 아무것도 제시하지 않는다.

(나) 입법형성권의 정도 또는 위헌심사의 밀도를 결정하는 실체적 관점[9)]

1) 과잉금지원칙을 적용하여 법률의 위헌성을 심사하는 과정에서 사법적 심사의 밀도를 결정하는 실체적 관점의 기본사고는 '자유 중에서 보다 근본적인 자유는 더욱 보호되어야 하고 이에 대한 제한은 보다 엄격하게 심사되어야 하며, 덜 근본적인 자유는 공익상의 이유로 보다 광범위한 제한이 가능하므로, 완화된 심사가 요청된다'고 하는 것이다. '어떠한 자유가 보다 근본적이기 때문에 더욱 보호되어야 하는지, 따라서 입법자의 형성권이 보다 제한되는지'를 판단하는 관점으로는 미국의 二重基準理論[10)]과 독일의 個人聯關性 · 社會聯關性 理論이 고려된다.

헌법재판소는 법률의 위헌성을 판단하는 실체적인 관점으로서 미국 연방대법원에 의하여 형성된 '이중기준이론'이 아니라, 동일한 기본권이라도 구체적으로 제한된 자유의 의미에 따라 심사기준을 달리하며 개별 사건마다 상충하는 법익간의 별도의 구체적 형량을 필요로 한다는 태도를 취하고 있다. 우리 헌법질서 내에서 기본권간의 일정한 위계질서를 확립할 수 없을 뿐만 아니라, 경제적 자유권도 자유영역에 따라서는 자유 실현의 물질적 기초로서 또는 개성신장의 불가결한 요소로서 정신적 자유권에 못지않게

9) 실체적 관점으로서 '이중기준이론'과 '개인연관성 · 사회연관성의 관점'의 전반적인 서술로서 한수웅, 헌법재판의 한계와 심사기준, 헌법논총 제8집(1997), 217면 이하 참조.

10) 미국의 이중기준이론은 표현의 자유와 같이 수정 제1조에 규정된 정신적 자유는 자유민주적 국가질서를 구성하는 요소이며 이로써 모든 자유의 근거라고 하는 '優越的 自由 理論'에 기초하여, 자유권을 '경제적 자유권'과 '정신적 자유권'으로 구분하고, 경제적 자유권을 제한하는 경우에는 완화된 심사를, 정신적 자유권을 제한하는 경우에는 엄격한 심사를 함으로써 기본권의 성격에 따라 심사기준을 달리 하는 이론이다.

중요할 수 있다. 또한, 經濟的 기본권과 非經濟的 기본권의 구분과 그에 따른 심사기준의 차별화는 구분의 기준을 형성하는 관점의 경직성 때문에 적지 않은 경우 심사기준이란 형식에 의하여 위헌심사의 결과가 이미 결정되는 위험이 있다. 뿐만 아니라, 이중기준의 적용은 경제입법에 대한 위헌심사의 실질적인 포기를 의미한다. 헌법재판소는 위와 같은 점 등을 고려하여 미연방대법원의 이중기준이론을 취하지 아니하고, 제한되는 구체적 자유영역이 인간의 존엄성 및 자유 실현에 대하여 가지는 의미에 따라 보호의 정도를 달리하고 있다.

2) 이에 따라 헌법재판소는 심사밀도, 즉 입법형성권의 정도를 판단함에 있어서 무엇보다도 '제한되는 자유영역의 의미와 중요성에 따른 기본권제한의 효과'를 기준으로 삼고 있다. 여기서 제한되는 자유영역의 중대성과 근본성을 결정하는 유일한 헌법적 근거는 '인간의 존엄성 실현에 있어서 제한되는 자유의 의미'이므로, 개인적 자유의 핵심영역에 대한 공권력의 침해는 더욱 중대한 공익에 의하여 정당화되어야 하는 반면, 제한되는 자유영역이 사회적 기능 및 사회적 연관성을 가질수록 입법자는 폭넓은 규율권한을 가진다. 결국, 헌법재판소는 '제한되는 자유영역이 한편으로는 기본권의 주체(개인)에 대하여, 다른 한편으로는 사회에 대하여 어떠한 의미를 가지는지'에 따라 상이한 기준이 적용될 수 있다는 소위 개인연관성·사회연관성의 관점을 기준으로 삼아, 침해된 법익이 개인연관성을 가질수록 더욱 보호되어야 하며, 사회연관성을 가질수록 입법자에 의한 광범위한 규율을 받을 수 있다고 판단하고 있다.[11)]

또한, 헌법재판소가 입법형성권의 정도를 판단하는 부차적 기준은 規律對象의 特性에 따라 심사기준을 달리한다는 관점이다. 사실관계의 판단이 헌법재판소에 의하여 쉽게 수집·평가할 수 없는 기술적·전문적 자료에 달려있는 경우나 규율대상이 매우 복잡하여 객관적으로 조감할 수 없는 경우에는 확실한 판단을 내릴 수 있는 현실적 가능성의 정도가 감소하므로, 헌법재판소의 기능적 한계로 말미암아 입법형성권에 대한 존중이 요청된다.

(다) 입법자의 豫測判斷權에 대한 위헌심사

'제한되는 자유영역의 의미와 중요성에 따른 기본권제한의 효과' 및 '규율대상의 특성'에 따라 입법형성권의 정도나 심사밀도가 달라진다고 하는 관점은, 입법형성권의 핵심에 해당하는 '입법자의 예측판단권'에 대한 심사에서도 그대로 유지되고 있다. 헌법재판소는 입법자의 예측판단권을 원칙적으로 존중하면서도, 제한된 기본권의 의미 및 규율영역의 특성(확실한 판단을 내릴 수 있는 현실적 가능성의 정도)에 따라 입법자에게 상이

11) 헌재 1999. 4. 29. 94헌바37등(택지소유상한); 헌재 1998. 12. 24. 89헌마214 등(그린벨트); 헌재 2003. 4. 24. 99헌바110 등, 판례집 15-1, 371, 392; 헌재 2005. 9. 29. 2002헌바84 등, 판례집 17-2, 98, 117; 헌재 2004. 10. 28. 99헌바91, 판례집 16-2, 104, 107 참조.

한 예측판단권을 인정하고 있다.[12)]

헌법재판의 실무에서, 입법자가 선택한 수단이 의도한 효과를 발생하여 입법목적을 달성할 수 있는지 '수단의 적합성'에 대한 의문이 제기되거나 또는 입법자가 선택한 수단이 아니라 하더라도 기본권을 보다 존중하는 다른 수단을 통하여 마찬가지로 입법목적을 달성할 수 있다는 주장이 제기됨으로써 '수단의 최소침해성'의 판단이 불확실한 경우에는 헌법재판소가 입법자의 예측판단을 어느 정도로 심사할 수 있는지의 문제가 빈번하게 발생한다.[13)] 이와 같은 예측판단에서 문제되는 것은, 헌법재판소의 규범심사과정에서 결정의 전제가 되는 중요한 사실관계가 밝혀지지 않는다든지 특히 법률의 효과가 예측되기 어렵다면, 이러한 불확실성이 입법자와 국민 중 누구의 부담으로 돌아가야 하는가 하는 문제에 관한 것이다.

(2) 평등권에 의한 위헌심사[14)]

평등권을 기준으로 한 법률의 위헌심사에 있어서도 심사밀도는 입법자에게 인정되는 '입법형성권의 정도'에 따라 달라질 수밖에 없다. 따라서 '언제 어느 정도로 입법형성권이 헌법적으로 제한되는지'의 관점에 의하여 심사밀도가 결정된다.

(가) 평등원칙은 입법자에 대해서는 '같게 또는 다르게 취급하는 것이 정의로워야 한다'는 '정의로운 입법'에 대한 요청을 의미한다. 그러나 '무엇이 정의에 부합하는지'에 대한 적극적인 판단이 불가능하기 때문에, 정의를 극단적이고 절대적으로 부정하는 반대개념인 '恣意'의 개념을 통하여 입법자를 구속할 수 있는 기준을 제시하고자 하는 것이 恣意禁止原則이다. 그러므로 자의금지원칙에 의하면, 차별을 정당화하는 합리적인 이유를 더 이상 인식할 수 없기 때문에 입법자의 결정을 용인하는 것이 일반적인 정의감정에 반하다고 판단되는 경우에 비로소, 헌법재판소는 입법자의 판단에 이의를 제기하게 된다. 따라서 자의금지원칙에 의하면 입법자에게 광범위한 형성의 자유가 인정된다.

(나) 근래 헌법재판소는 차별대우가 정당화되는지의 문제를 '자의금지원칙'을 넘어서 경우에 따라 '비례의 원칙'을 사용하여 해결하려고 시도함으로써 입법자의 형성권을 제한하고 있다.[15)]

단순한 자의심사를 넘어서 '비교대상간의 차이의 성질 · 비중이나 입법목적의 비중'을

---

12) 입법자의 예측판단권에 관하여 상세하게 한수웅, 헌법재판의 한계 및 심사기준, 헌법논총 제8집(1997), 232면 이하 참조.

13) 헌재 1998. 10. 29. 97헌마345(자동차운수사업법), 판례집 10-2, 621, 630-631; 헌재 2002. 10. 31. 99헌바76등(요양기관 강제지정제), 판례집 14-2, 410, 432 이하; 헌재 2004. 8. 26. 2002헌가1(양심적 집총거부), 판례집 16-2, 141, 156 이하 참조.

14) 평등권위반여부의 심사기준에 관하여 한수웅, 평등권의 구조와 심사기준, 헌법논총 제9집(1998), 41면-105면 참조.

15) 헌재 1999. 12. 23. 98헌마363, 판례집 11-2, 770, 787; 헌재 2002. 4. 25. 98헌마425, 판례집 14-1, 351, 367.; 헌재 2000. 8. 31. 97헌가12, 판례집 12-2, 167, 181; 헌재 2001. 6. 28. 2001헌마132, 판례집 13-1, 1441, 1464-1465; 헌재 2001. 2. 22. 2000헌마25, 판례집 13-1, 386, 403-405.

'차별효과'와 비교형량하는 엄격한 심사는 헌법에 직접적이든 간접적이든 근거가 있는 경우에만 허용될 수 있다. 헌법이 스스로 '차별의 근거로 삼아서는 아니 되는 기준'이나 '차별을 특히 금지하고 있는 영역'을 제시하거나[16] 또는 인격의 자유로운 발현을 위하여 중요하고도 불가결한 자유행사의 기회가 차별대우로 인하여 위협받는 경우에 비로소 입법형성권의 축소는 정당화된다.

(3) 청구권적 기본권, 사회적 기본권 및 참정권에 의한 위헌심사

국가로부터 일정한 행위나 급부를 요구하는 청구권적 기본권과 사회적 기본권, 국가의사형성과정에의 참여를 요구하는 참정권은 개인의 주관적 권리로서 보장되기 위해서는 입법자에 의한 구체적 형성을 필요로 한다. 입법자에 의한 구체적인 형성을 필요로 하는 기본권의 경우, 제기되는 헌법적 문제는 입법자의 규율이 과잉제한인지의 문제가 아니라 입법자가 형성권을 제대로 행사했는지의 문제, 즉 '헌법이 기본권을 보장한 기본정신'과 '이와 상충하는 법익'과의 법익교량의 문제인 것이다. 입법자에 의한 구체적 형성을 필요로 하는 기본권의 경우, 헌법재판소는 전반적으로 광범위한 입법형성권을 인정하고 있다.

헌법재판소는 재판청구권과 관련하여 '효과적인 권리보호의 요청'과 '이와 상충하는 법익'을 형량하는 과정이나 선거권과 관련하여 '보통·평등선거원칙 등 헌법적 요청'과 '이에 대립하는 법익'을 형량하는 과정에서 입법자에게 폭넓은 형성의 자유를 인정하고 있다.[17] 또한, 사회적 기본권의 이행여부를 판단함에 있어서도 입법자에게 광범위한 형성권을 인정하는 소위 '최소한 보장의 원칙'을 적용하고 있다.[18]

3. 헌법재판소와 법원의 관계

가. 현행법의 해석에 따른 관할권 확정의 문제

입법자와 헌법재판소의 관계가 민주주의와 권력분립질서의 관점에서 헌법재판의 한계를 밝히는 문제라 한다면, 헌법재판소와 법원의 관계는 현행법의 해석과 그에 따른 관할권의 범위를 확정하는 문제라 할 수 있다. 헌법은 헌법재판소를 신설하면서 헌법재판소와 법원의 관할을 새로이 조정하여 양 국가기관의 관할의 경계를 명확히 설정함이 없이 단지 헌법재판소의 관할만을 별도로 규정함으로써, 양 기관 사이에 분쟁이 발생할 소지를 제공하였다.

16) 이로써 헌법재판소는 종래 헌법 제11조 제1항 후문(성별·종교 또는 사회적 신분을 이유로 한 차별금지) 및 제32조 제4항(근로영역에서의 성별을 이유로 한 차별금지) 등의 규정을 헌법적으로 특별한 의미가 없는 '예시적 조항'으로 이해하는 종래의 해석을 벗어나, 일반평등조항에 대한 '特別平等條項'으로서 파악하고 있음을 암시하고 있다.

17) 재판청구권에 관하여 한수웅, 헌법 제27조의 재판청구권, 헌법논총 제10집(1999), 339면 이하 참조.

18) 한수웅, 헌법소송을 통한 사회적 기본권 실현의 한계, 인권과 정의 제245호, 1997/1, 70면 이하 참조.

이에 따라, 헌법재판소의 설립 이후 헌법 제107조 제2항의 해석 문제와 재판소원을 헌법소원의 대상에서 제외하고 있는 헌법재판소법 제68조 제1항의 위헌여부의 문제가 끊임없는 논란의 대상이 되었다. 헌법재판소는 1997. 12. 24. 헌법재판소법 제68조 제1항의 위헌여부가 문제된 헌법소원사건에서 위 규정의 원칙적인 합헌성을 인정하였고,[19] 나아가 1998. 5. 28. 헌법재판소는 원행정처분은 원칙적으로 헌법소원의 대상이 될 수 없다고 판시함으로써,[20] 행정행위에 대한 법원의 헌법재판권을 인정하였다.

나. 한정위헌결정의 허용여부를 둘러싼 관할 분쟁

헌법재판소와 법원의 견해가 첨예하게 대립한 것은 '명령·규칙에 의하여 직접 기본권이 침해당한 경우에 그러한 명령·규칙이 헌법소원의 대상이 될 수 있는지'의 문제와 같이 헌법재판소의 관할에 관한 다툼이었고,[21] 특히 限定違憲決定의 허용여부에 관한 문제라 할 수 있다.

헌법재판소는 헌재 1995. 11. 30. 94헌바40 등 결정에서 舊 소득세법조항들에 대하여 한정위헌결정을 하였는데, 이에 대하여 대법원은 1996. 4. 9. 선고된 95누11405 판결에서 '법령의 해석·적용 권한은 전적으로 대법원을 최고법원으로 하는 법원에 전속하는 것이므로, 한정위헌결정에 표현되어 있는 헌법재판소의 법률해석에 대한 견해는 헌법재판소의 견해를 일응 표명한 데 불과하여 법원에 전속되어 있는 법령의 해석·적용 권한에 대하여 어떠한 영향을 미치거나 기속력도 가질 수 없다'고 판시함으로써 限定違憲決定의 羈束力을 否認하였고, 헌법재판소가 한정적으로 위헌이라고 판단한 위 구 소득세법조항들이 유효하다고 하면서 이를 적용하여 판결하였다. 헌법재판소는 자신의 결정에 반하는 대법원의 위 판결에 대하여 제기된 헌법소원사건(헌재 1997. 12. 24. 96헌마172 등)에서 법원의 재판에 대한 헌법소원을 금지하는 헌법재판소법 제68조 제1항에 대하여 한정위헌결정을 하면서 동시에 위 대법원의 판결을 취소하는 결정을 하기에 이르렀다. 헌법재판소와 법원의 이러한 갈등상황은 문제발생의 이유와 해결책이 근본적으로 규명되지 아니한 채 그대로 봉합된 상태로 오늘에 이르고 있다.

다. '규범통제형 헌법소원심판에서 한정위헌결정'과 '재판소원배제 조항'의 충돌

헌법재판소와 법원의 이러한 충돌상황에서 표출되는 문제는 표면적으로는 '헌법재판소가 한정위헌결정을 할 수 있는지' 또는 '한정위헌결정이 기속력을 가지는지'의 형태로 나타나지만, 한정위헌결정의 허용여부를 둘러싼 논의의 본질은 현행 헌법재판제도의 구

---

19) 헌재 1997. 12. 24. 96헌마172 등.
20) 헌재 1998. 5. 28. 91헌마98 등.
21) 헌재 1990. 10. 15. 89헌마178 결정 이래, 재판의 전제가 되지 않는 명령·규칙에 대해서는 헌법소원이 허용된다는 확고한 판례가 형성되었다.

조적인 문제이며, 구체적으로 헌법재판소가 헌법재판소법 제68조 제2항의 헌법소원심판(규범통제형 헌법소원심판)에서 한정위헌결정을 함으로써 실질적으로 현행법상 금지된 재판소원에 대한 판단을 할 수 있다는 데 있다.

헌법재판소법 제68조 제2항의 헌법소원사건에서 헌법재판소는 종래 다수의 결정에서 '법원의 법률해석'의 위헌성을 다투는 심판청구를 '법률'의 위헌성을 다투는 심판청구로 이해하여 사실상 법원의 법률해석의 위헌여부에 관한 판단을 함께 하여왔다. 법원의 법률해석과 이에 관한 헌법재판소의 견해가 일치하였기 때문에 헌법재판소가 청구인의 심판청구를 기각하는 경우에는, 헌법재판소와 법원의 충돌상황이 발생하지 아니하였다. 그러나 헌법재판소가 법원의 법률해석을 위헌으로 판단하는 경우에는 법원의 법률해석의 위헌성을 확인하는 방법으로서 법률에 대한 한정위헌결정의 형식을 취하게 되는데, 바로 이 경우에 잠재적인 충돌의 가능성이 현실화되는 것이다. 헌법재판소는 '법원의 법률해석'의 위헌성을 다투는 심판청구에 대하여 원래 "법원과 같이 법률을 해석하는 한, 法院의 裁判은 위헌이다."라는 확인을 하여야 하나, 재판소원의 배제로 말미암아 그 대신 "법원과 같이 법률을 해석하는 한, 그 法律은 위헌이다."라는 확인, 즉 한정위헌결정을 하여 왔던 것이다.

Ⅲ. 한국 헌법재판제도의 특수성

1. 헌법재판소법 제68조 제2항에 의한 헌법소원

당해사건 당사자의 위헌제청신청이 법원에 의하여 기각된 경우, 헌법재판소법 제68조 제2항은 당사자가 직접 법률에 대한 헌법소원을 제기할 수 있는 가능성을 부여하고 있다. 이러한 헌법소원심판은 세계에서 유래를 찾아 볼 수 없는 고유한 헌법재판절차이다. 헌법재판소는 1990년 이래 헌법재판소법 제68조 제2항의 헌법소원심판을 위헌법률심판제도의 한 유형으로 이해하고 있으나, 위 헌법소원은 기능상으로는 '재판소원의 한 유형'이라 할 수 있다.[22)]

가. 裁判訴願으로서의 기능

재판소원을 인정하는 헌법재판제도에서 재판소원을 크게 두 가지 유형으로 구분한다면, 법원의 재판이 위헌적인 법률에 기인할 때, 재판소원의 형태로 당해 재판에 적용된 법률의 위헌성을 묻는 재판소원(소위 '間接的 法律訴願')과 구체적 소송사건에서 법원이 적용법률에 미치는 기본권의 영향을 완전히 간과하든지 또는 근본적으로 오인하여 법률

22) 같은 취지로 헌재 2003. 2. 11. 2001헌마386, 판례집 15-1, 443, 456-457.

을 잘못 해석·적용함으로써 개인의 기본권을 침해한다는 주장으로 제기되는 재판소원으로 나누어 볼 수 있다.

그러나 우리 헌법재판제도는 재판소원을 배제하고 있고, 이로써 소송당사자가 법원의 심급을 모두 경유한 후에 재판소원의 형태로써 재판에 적용된 법률의 위헌성을 물을 수 있는 길이 막혀 있기 때문에 헌법재판소법은 제68조 제2항의 헌법소원을 도입함으로써 법원이 위헌제청을 하지 않고 위헌적인 법률을 그대로 적용하여 재판을 한다는 의심이 있는 경우, 소송당사자가 법원의 심급을 거칠 필요 없이 직접 헌법재판소에 규범통제형 헌법소원을 제기함으로써 헌법재판소로 하여금 규범의 위헌성을 심사하게 할 수 있는 길을 열어 놓고 있는 것이다. 즉, 위 법 제68조 제2항의 헌법소원은 재판소원을 배제하는 우리 헌법재판제도에서 법원이 그의 재판에서 위헌적인 법률을 적용하는 경우, 다시 말하자면, 법원의 재판이 위헌적인 법률에 기인하는 경우에도 법률의 위헌성심사를 가능하게 하기 위하여 도입된 것이다.

이로써 헌법재판소법은 제68조 제2항을 통하여 재판소원의 한 부분인 '간접적 법률소원'을 수용하였고, 이와 같은 헌법소원제도는 '기능상으로는' 재판소원의 일부분을 대체하고 있는 것이다. 헌법재판소법 제75조 제7항에서 법원의 확정된 판결에 대하여 재심을 허용한 것도 위 법 제68조 제2항에 의한 헌법소원제도가 재판소원의 기능을 하고 있다는 것을 뚜렷하게 드러내고 있다. 위 법 제68조 제2항의 헌법소원은 당해 재판에 적용된 법률의 위헌성을 다투는 것이지만, 궁극적으로는 당해 재판의 취소를 구하고 있다는 점에서 '間接的 裁判訴願'이라고 할 수 있다.

나. 헌법재판소법 제68조 제1항의 '禁止된 裁判訴願'의 의미

헌법재판소법 제68조 제1항에서 '재판소원'을 금지하면서 제68조 제2항에서 '간접적 법률소원'을 허용하는 현행 헌법재판제도에서 '금지된 재판소원'이란, 법원이 재판에 적용되는 법령의 해석·적용에 있어서 기본권의 효력을 간과하거나 근본적으로 오인한 경우에 대하여 제기되는 헌법소원을 말한다. 법원이 기본권이나 법치국가원리·사회국가원리 등과 같은 헌법원리가 법률에 미치는 영향을 잘못 판단하여 법률을 잘못 해석·적용하는 경우, 이를 교정하는 것이 법원의 재판에 대한 헌법소원이다. 따라서 헌법재판소는 위 재판소원금지조항으로 말미암아, 법원의 '法律解釋의 違憲與否'를 실질적인 심사의 대상으로 삼아서는 안 된다.

다. 헌법재판소법 제68조 제2항의 헌법소원심판에서 限定違憲決定의 문제점[23)]

(1) 헌법재판소법 제68조 제2항에 의한 헌법소원에서 청구인인 당해소송의 당사자가 법률의 위헌성을 다투는 것이 아니라 법원의 구체적인 법률해석의 위헌여부를 다투는 경우, 이러한 심판청구는 바로 헌법재판소법 제68조 제1항이 '금지하는 재판소원'에 해당하는 것이다. 이 경우, 헌법재판소가 당사자의 심판청구를 법률의 위헌성을 다투는 것으로 이해하여 판단의 대상으로 삼아 법원의 법률해석의 오류를 확인한다면, 헌법재판소로서는 재판소원이 배제된 상황에서 재판의 위헌성을 제거하기 위해서는 불가피하게 '한정위헌결정'의 방법을 사용하게 되는 것이다. 이러한 점에서 헌법재판소법 제68조 제2항의 헌법소원제도는 간접적인 법률소원을 허용할 뿐만 아니라, 또한 '금지된 裁判訴願으로 가는 進入路'의 역할을 할 수 있다.[24)]

(2) 헌법재판소는 헌법재판소법 제68조 제2항에 의한 헌법소원사건에서 법원의 법률해석의 위헌성을 다투는 심판청구[25)] 또는 법률에 대한 한정위헌결정을 구하는 심판청구[26)]를 적법한 것으로 받아들여 판단하였으나, 위 헌법소원사건들에서는 우연히 법원의 법률해석과 일치하는 견해를 가짐으로써 합헌결정에 이르렀기 때문에, 우려되는 충돌상황은 발생하지 아니하였다. 다만, 舊 소득세법조항들에 대한 한정위헌결정(헌재 1995. 11. 30. 94헌바40 등)에 반하는 대법원의 판결을 취소한 헌법소원사건(헌재 1997. 12. 24. 96헌마172 등) 및 국가배상법결정(헌재 2003. 2. 11. 2001헌마386)[27)]에서 한정위헌청구의

---

23) 김문현/정재황/한수웅/음선필, 현행 헌법상 헌법재판제도의 문제점과 개선방향(헌법재판연구 제16권), 2005, 254면 이하 참조.

24) 헌법재판소는 이미 1991년 민법 제764조의 위헌여부에 관한 헌법소원사건에서 법원의 법률해석의 위헌여부에 관하여 판단하였다(헌재 1991. 4. 1. 89헌마160 결정, 판례집 3, 149-159; 위 사건이 접수된 1989년 당시, 현재의 '헌바'사건에 대하여 '헌마'의 사건번호를 부여하였음). 민법 제764조는 "타인의 명예를 훼손한 자에 대하여는 법원은 피해자의 청구에 의하여 손해배상에 갈음하거나 손해배상과 함께 명예회복에 적당한 처분을 명할 수 있다."고 규정하고 있는데, 제764조에서 말하는 '명예회복에 적당한 처분'의 대표적 예가 사죄광고 게재인 것으로 이해되어 왔던 것이 그 당시까지의 판례였다. 이 사건에서 청구인들은 사죄광고를 민법 제764조 소정의 "명예회복에 적당한 처분"에 포함시킬 때 동 조항이 위헌인지 여부의 확인을 구하는 限定違憲請求를 하였고, 이에 대하여 헌법재판소는 '민법 제764조의 "명예회복에 적당한 처분"에 사죄광고를 포함시키는 것은 헌법에 위반된다.'는 한정위헌결정을 선고하였다. 그러나 위 사건에서 문제되는 것은, 민법 제764조가 문언의 다의적인 해석가능성으로 말미암아 위헌적인 해석의 요소를 내포하고 있는지의 문제라고 하기 보다는, 법원이 그 자체로서 합헌적인 민법 제764조의 규정을 언론의 자유를 고려하지 아니하고 위헌적으로 적용하였는지의 문제였다. 헌법재판소의 위 결정은 법원의 판례에 의하여 상당 기간 형성된 법률해석에 대한 위헌심사로서, 만일 우리의 헌법재판제도가 재판에 대한 헌법소원을 허용하였다면, 헌법재판소는 위 법률조항에 대하여 한정위헌결정을 하지 아니하고 '법원이 합헌적인 법률을 위헌적으로 해석·적용하였다'는 이유로 법원의 재판을 취소하였을 것이다.

25) 헌재 2001. 8. 30. 2000헌바36, 판례집 13-2, 229-237; 헌재 1995. 5. 25. 91헌바20, 판례집 7-1, 615, 626; 헌재 1998. 7. 16. 97헌바23, 판례집 10-2, 243, 251-252 참조.

26) 헌재 1995. 7. 21. 92헌바40, 판례집 7-2, 34, 37; 헌재 1997. 2. 20. 95헌바27, 판례집 9-1, 156, 161; 헌재 1999. 3. 25. 98헌바2, 판례집 11-1, 200, 208 참조.

27) 2003. 2. 11. 선고된 국가배상법결정(헌재 2001헌마386)에서도 비록 청구인의 심판청구취하로 말미암아 헌법재판소가 심판절차의 종료를 선언하였으나, 청구인이 심판청구를 취하하지 않았다면, 위 사건에서도 헌법재판소가 한정위헌결정에 반하는 대법원의 판결을 취소하는 결과에 이르러 헌법재판소와 법원의 충돌은 피

문제점이 뚜렷하게 드러났다.

2. 헌법재판권의 二元化로 인한 헌법해석의 二元化

현행 헌법제판제도와 관련하여 일차적으로 제기되는 문제는, 우리 헌법상 헌법재판기관이 헌법재판소와 법원으로 이원화되면서 발생하는 문제이다. 헌법재판기관이 이원화됨에 따라 헌법에 관하여 최종적으로 해석하는 기관이 이원화되었고, 이로써 헌법해석이 이원화되는 결과가 발생한다.

법원은 모든 국가기관과 마찬가지로 헌법의 구속을 받고, 법원에 대한 헌법의 구속은 일차적으로 법원의 違憲提請義務 및 '헌법의 基本決定을 고려하는 法律解釋의 義務'에서 나타난다. 헌법을 최고의 정점으로 하는 법질서에서 모든 법률은 헌법에 합치하는 경우에만 적용될 수 있고, 법원이 헌법의 구속을 받는다는 것은 바로 당해 재판에서 적용되는 법률이 헌법과 합치하는지 여부를 판단해야 한다는 것을 의미한다. 법원은 법률의 위헌여부를 판단하기 위하여 그 심사기준인 헌법을 해석해야 하므로, 이 과정에서 법원의 헌법해석이 헌법재판소의 헌법해석과 다를 가능성이 있으며, 그 결과 법률의 위헌여부에 관한 판단이 다를 수 있다.

또한, 헌법은 모든 下位法을 해석하는 기준이 되어야 하고, 법원은 법률의 해석에 있어서 헌법의 요청을 기준으로 삼아야 한다. 이에 따라 법원은 구체적인 개별사건을 판단함에 있어서 적용되는 법률규정을 기본권을 비롯한 헌법의 정신에 부합하게 해석해야 할 의무를 지게 된다. 이러한 법률해석을 '헌법을 기준으로 삼는 법률해석' 또는 '헌법의 기본결정을 고려하는 해석'이라 한다. 따라서 헌법의 기본결정을 고려하는 법률해석은 필연적으로 해석의 지침을 제공하는 헌법규범에 대한 해석을 수반한다. 이로써 모든 법률해석은 '헌법에 의하여 영향을 받는 해석'이며, 또한 동시에 '헌법의 해석'을 의미한다.[28] 따라서 법원이 헌법의 기본정신을 고려하여 법률을 해석하고 적용하는 경우, 필연적으로 헌법규범에 대한 해석이 행해지므로, 헌법의 기본결정을 고려하는 법원의 법률해석에 대하여 헌법재판소가 재판소원의 형태로 최종적으로 결정할 권한이 없는 현행 제도에서는 헌법에 대한 서로 다른 해석의 가능성이 존재한다.

3. 규범심사권의 二元化

가. 헌법은 제107조에서 법률에 대한 구체적 규범통제를 헌법재판소의 관할로(제1항), 명령·규칙에 대한 구체적 규범통제를 법원의 관할로(제2항) 규정하고 있다. 이로

할 수 없는 것이었다.

28) 특히 '개인의 대국가적 방어권'이자 '객관적 가치질서'라는 基本權의 이중적 성격과 모든 법영역에 미치는 기본권의 放射效는 법률해석·적용과정에서 기본권이 항상 문제가 된다는 결과를 가져온다.

써 법원도 명령과 규칙의 위헌여부를 결정할 위헌심사권을 가지는데, 명령·규칙의 위헌여부를 판단하기 위해서는 필연적으로 그 심사기준인 헌법규범의 해석이 선행되어야 한다. 따라서 이 과정에서 행해지는 법원의 헌법해석과 헌법재판소의 헌법해석이 서로 일치하지 않는 경우가 발생할 수 있다.

나. 그러나 구체적 규범통제가 이원화됨으로서 발생하는 보다 심각한 문제는, 법률의 위임에 의하여 제정되는 시행령의 경우 위임에 근거한 '법률과 시행령간의 통일적인 관계'가 위헌심사에 있어서 인위적으로 분리되는 데 있다. 법률의 내용이 시행령에 의하여 구체화되고 한편으로는 시행령은 母法인 법률에 의하여 내용적 지침을 제공받기 때문에, 법률이나 시행령의 위헌여부가 심판의 대상이 된 경우 법률과 시행령의 내용을 모두 함께 고려하여 통일적으로 판단해야 하는 경우가 적지 않다. 예컨대, 법률의 위임이 포괄위임금지원칙에 위반되는지 여부가 문제되는 경우 법률의 내용과 시행령의 규정내용을 비교하고 함께 고려해야 비로소 포괄위임 여부를 판단할 수 있다. 그런데 현재와 같이, 법률과 명령·규칙의 위헌심사권한이 이원화되어 있는 경우, 헌법재판소는 상호연관관계에서 하나의 내용적 통일성을 구성하고 있는 규범체계에 반하여 모법의 내용과 이를 구체화하는 시행령의 내용을 각 분리하여 단지 심판의 대상이 된 '법률'의 위헌여부만을 판단할 수밖에 없게 된다.

그 결과, 심판의 대상이 된 법률규정 그 자체는 위헌성이 없으나 이를 구체화하는 시행령이 위헌적 요소를 담고 있는 경우, 헌법재판소는 시행령에 대한 위헌확인을 할 권한이 없기 때문에 그 대신, '법률에서의 위임의 포괄성으로 말미암아 위헌적인 시행령의 제정이 가능하게 되었다'는 논거로 불가피하게 母法인 위임법률에 대하여 위헌을 확인하는 경우가 늘고 있다.

Ⅳ. 한국 헌법재판의 발전방향

1. 헌법재판관의 선출 문제

재판관선임제도의 보편적인 문제는 헌법재판소에 의하여 '통제받는 국가기관'이 '통제기관'인 헌법재판소의 구성권을 가지고 있고, 이로써 헌법재판소의 독립성이 저해될 위험이 상존하고 있다는 점이다. 재판관의 선임에 있어서 고려해야 할 요소는 외부로부터의 영향을 차단할 수 있도록 헌법재판소의 獨立性을 보장하는 문제와 民主的 正當性을 확보하는 문제이다.

헌법재판소 재판관이 민주적 정당성을 간접적으로 확보하기 위해서는 선출과정에서 민주적 정당성을 가진 국가기관, 특히 의회의 참여가 불가피하고, 민주적 정당성을 직접 부여받은 국가기관의 참여는 오늘날의 정당국가에서 필연적으로 정당의 영향력행사란 결과를 초래하게 된다. 따라서 '정당의 영향력행사'는 재판관의 임명에 있어서 민주적 정당성의 요청으로부터 나오는 필연적 결과이자, 헌법재판소의 민주적 정당성을 확보하기 위하여 치러야 하는 '必要惡'인 것이다. 그런데 헌법재판소의 독립성과 권위에 대한 최대의 위험은 헌법재판소가 '또 하나의 정치적 헌법기관'으로 인식되는 것이다. 헌법재판소가 그의 결정을 통하여 정치적 영향력을 행사하지만, 모든 정치적 세력이나 방향과 일정한 거리를 두고 독립적으로 헌법에 따라 판단한다는 데에 헌법재판의 존재이유와 그 정당성이 있다. 그러나 임명하는 주체와의 정치적 친밀성이나 정치적 성향이 재판관 임명의 조건이 된다면, 헌법재판이 헌법적인 기준이 아니라 정치적인 고려에 의하여 이루어진다는 인상을 줄 것이며, 이는 헌법재판소의 권위와 신망에 대하여 치명적일 것이다.[29)]

현행 재판관선임제도는 실질적으로 3부가 3인씩 재판관 선출권을 나누어 가짐으로써 소위 '자기 사람'을 재판관으로 임명할 위험이 있다.[30)] 따라서 현대의 정당국가에서 실질적으로 정당의 지배하에 있는 정치적 헌법기관인 국회와 대통령에 의하여 선출되는 경우에는 국회재적의원 3/5 또는 2/3 이상의 동의를 얻도록 함으로써[31)] 사실상 야당의 동의를 구해야만 재판관으로 임명될 수 있도록 하여 '정치적으로 편향적인 후보자'가 재판관으로 선임되는 것을 방지하는 것이 바람직하다. 또한 민주적 정당성이 약한 사법부에 의한 선출의 경우에도 가중된 의결정족수에 의한 국회의 동의를 거치도록 해야 한다. 결국 모든 재판관의 선출에 대하여 가중된 의결정족수에 의한 국회의 동의를 얻도록 함으로써, 궁극적으로 헌법재판소의 민주적 정당성을 보다 강화하고 동시에 헌법재판에 있어서 불가결한 독립성을 확보할 수 있는 것이다.

2. 헌법재판소와 다른 국가기관의 관계

가. 헌법재판소와 입법자

(1) 헌법재판소의 출범 이후 법률에 대한 다수의 위헌결정에도 불구하고 헌법재판소가 입법자와의 관계에서 입법자의 정치적 형성권을 부당하게 제한한다는 비판은 제기되지 아니하였다. 헌법재판소의 활동 초기에는 오히려 헌법재판의 강화와 활성화에 관심이 모아졌다면, 헌법재판소의 지위와 위상이 확고해 짐에 따라 헌법재판소와 입법자의

29) 정치적 헌법기관에 의하여 정치적 성향에 따라 선출되었다고 하더라도 헌법재판관이 반드시 헌법재판에서 정치적 성향을 띠는 것은 아니지만, 司法의 생명은 독립성에 있으므로, 司法의 독립성에 대하여 의문을 제기할 수 있는 모든 가능성을 처음부터 차단할 필요가 있다.

30) 물론, 선출기관의 범위를 정치적 헌법기관인 의회와 정부를 넘어서 사법부로 확대하는 것은 일부 국가에서는 재판관선출에 있어서의 정당의 영향력을 약화시키기 위한 하나의 代案으로 간주되고 있다.

31) 대통령의 소속정당과 의회의 다수당이 일치하는 경우에는 '의회의 동의'도 집권당의 정치적 성향과 일치하는 사람을 재판관으로 임명하는 것을 방지할 수 없다. 이러한 이유에서 국회재적의원 2/3 또는 3/5의 가중다수결의 요건을 두고 있는 국가로는 독일, 이탈리아, 스페인, 벨기에, 포르투갈, 헝가리 등을 들 수 있다.

헌법적 권한의 문제가 부각되었다. 특히 '신행정수도특별법에 대한 헌법소원사건'은[32] 헌법재판소가 어느 정도로 헌법해석을 할 수 있는지, 이로써 자신의 권한을 확대할 수 있는지의 '헌법재판의 한계'의 문제를 제기하였다.

그러나 지난 18년의 헌법재판소 결정을 조감한다면, '신행정수도특별법에 대한 결정'과 같이 논란과 비판의 대상이 된 결정도 있으나 이는 예외적인 현상에 속하는 것이다. 헌법재판소는 '입법형성권에 대한 제한은 헌법적으로 논증할 수 있고 정당화되는 경우에 한하여 가능하다'는 기본입장에 기초하여 전반적으로 입법자의 형성권을 존중하고자 노력하였음을 확인할 수 있다. 물론, 개별사건에 따라서는 엄격한 심사가 요청되는 경우에 완화된 심사를 하였다거나 아니면 그 반대로 하였다는 비판이 가능할 것이나, 전반적으로는 기본권제한입법의 위헌여부를 판단하는 이론의 틀을 확립하여 그 틀에 따라 판단함으로써 스스로를 구속하고자 하는 노력을 하였음을 알 수 있다.

(2) 입법형성권의 정도를 판단하는 실체적 기준과 관련하여, '이중기준'과 같이 단순·명쾌한 심사기준의 적용은 헌법재판에 대한 예측가능성을 높이는 장점이 있는 반면, 개인연관성·사회연관성 이론을 적용하는 경우에는 개별사건마다 구체적으로 상충하는 법익을 형량하게 되어 헌법재판의 예측성이 감소하므로, 헌법재판소결정의 일관성과 예측성을 확보하기 위한 수단으로서 입법형성권의 정도를 판단하는 이론을 보다 체계화하고 일관성 있게 적용해야 할 필요가 있다.

뿐만 아니라, 헌법재판소의 결정이유 중에는 미국의 '이중기준이론'이나 '우월적 자유이론' 또는 '적법절차조항' 등이 간혹 언급되는 경우가 있는데, 미국헌법과 한국헌법의 근본적인 차이에 비추어 이러한 이론들이 과연 우리 헌법체계에서 유지될 수 있는 것인지, 만일 유지될 수 있다면 구체적으로 어떠한 이유에서 그리고 어떠한 연관관계에서 수용될 수 있는 것인지에 관하여 근본적으로 정리해야 할 필요가 있다.

(3) 한국헌법재판제도에서 변형결정의 실정법적 근거가 없음에도 불구하고 헌법재판소가 변형결정을 하는 이유는 헌법불합치결정이나 한정합헌결정·한정위헌결정이 입법자의 형성권에 대한 존중이라는 이유로 헌법적으로 정당화되기 때문이다. 헌법재판소는 '위헌적 법률에 대해서는 위헌결정을 해야 한다는 원칙'을 상기하여, 변형결정을 정당화하는 진정한 사유가 있는 때에만 변형결정을 하도록 스스로 자제해야 한다. 변형결정이 정치적으로 민감한 사안에서 위헌결정을 회피하는 수단이나 위헌결정이 가져오는 정치적·사회적·경제적 파장을 축소하는 수단으로 남용되어서는 안 된다.

구체적으로, 헌법불합치결정은 원칙적으로 평등권에 위반되는 施惠的 규정의 경우와 법적 안정성의 관점에서 위헌적 법률의 잠정적용을 명할 필요가 있는 경우에 한정되어

32) 헌재 2004. 10. 22. 2004헌마554 등.

야 하며,[33] 입법형성권에 대한 존중이 합헌적 법률해석의 근거이자 동시에 한계라는 점에서 한정합헌결정 · 한정위헌결정은 法文의 범위 내에서 그리고 입법자의 원래의 객관적 의도를 왜곡하지 않는 범위 내에서 허용되어야 한다.

나. 헌법재판소와 법원

(1) 헌법재판소법 제68조 제2항의 헌법소원심판에서는 법원의 구체적인 재판을 계기로 하여 규범통제가 이루어지는데, 이 경우 법원에 의한 구체적인 법률해석이 규범통제의 대상이 되는 경우가 빈번하다. 헌법재판소법 제68조 제2항의 헌법소원심판에서 헌법재판소가 법률에 대한 한정위헌을 구하는 청구에 대하여 판단함으로써 현행 헌법재판제도에서 금지된 법원의 재판에 대한 위헌심사가 실질적으로 이루어질 수 있다는 점을 유의해야 한다. 여기서 헌법재판소가 합헌적 법률해석을 통하여 한정위헌결정을 내리는 경우, '법률'에 대한 위헌심사이자 동시에 '법원의 법률해석'에 대한 위헌심사를 의미하고, 이로써 헌법재판소의 한정위헌결정은 '법률에 대한 위헌결정'이자 동시에 '법원의 재판에 대한 위헌확인'을 의미하게 된다. 즉, 헌법재판소법 제68조 제2항에 의한 헌법소원사건에서의 한정위헌결정은 같은 법 제68조 제1항의 '재판소원금지' 규정과 충돌하게 된다.

따라서 핵심적인 쟁점은 한정위헌결정 자체가 헌법적으로 허용되는지 여부의 문제가 아니라,[34] 현행 헌법재판제도에서 헌법재판소법 제68조 제1항의 '재판소원금지'의 관점에 비추어 한정위헌청구가 가능한 것인지 또는 어떠한 경우에 한정위헌결정이 자제되어야 하는지의 문제인 것이다. 헌법재판소법 제68조 제2항의 헌법소원심판에서의 한정위헌청구는 그 실질에 있어서 재판소원을 제기하는 것이므로, 원칙적으로 부적법한 것으로 각하해야 한다.

(2) 상위규범인 법률에 대한 위헌심사와 하위규범인 명령 · 규칙에 대한 위헌심사가 상호 연관관계에 있고 서로 영향을 미치는 관계에 있다는 점에서, 나아가 헌법해석의 통일성의 관점에서, 적어도 '법규범'에 대한 위헌심사를 일원화하여 이를 헌법재판소의 관할로 하는 것이 바람직하다. 법률에 대한 위헌제청의무만을 규정하고 있는 헌법 제107조 제1항에 명령 · 규칙에 대한 위헌제청의무도 삽입하는 방향으로 개정하는 것을 고려해 볼 수 있을 것이다.[35]

---

33) 한수웅, 헌법불합치결정의 소급효력, 판례월보 1997. 10., 8면-19면; 한수웅, 헌법불합치결정의 헌법적 근거와 효력, 헌법논총 제6집(1995), 481면-536면 참조.

34) '합헌적 법률해석' 및 한정합헌결정 · 한정위헌결정은 규범통제절차에서 입법자에 대한 존중의 표현으로서 헌법적으로 허용될 뿐만 아니라 헌법적으로 요청되는 것으로서, 합헌적 법률해석을 통하여 법률에 대한 실질적 일부위헌선언을 하는 권한은 헌법재판소에 속한다.

35) 외국의 입법례를 보더라도, 헌법재판소를 설립하여 헌법재판을 맡기고 있는 유럽 국가 중 유일하게 독일만이 위헌제청의 대상을 입법자가 제정한 '형식적 의미의 법률'에 제한하고 있을 뿐, 그 외 대부분의 국가, 예컨대

3. 헌법해석의 二元化의 문제

가. 헌법해석의 不一致

헌법해석의 불일치의 문제는 법원에 의한 헌법해석을 교정할 수 있는 수단인 재판소원을 두고 있지 않은 모든 국가의 헌법재판에서 발생하는 문제이다.[36] 헌법재판소가 설립되기 이전에는 대법원의 판결에 의하여 기본권을 비롯한 헌법의 내용이 구체적으로 밝혀진 예가 적지 않았으나, 헌법재판소가 활동을 개시한 후로는 법원은 독자적이고 활발한 헌법해석을 하기 보다는, 헌법해석에 관한 한 헌법재판소의 헌법해석을 존중하고 인정하는 방향으로 활동하고 있는 것으로 보인다. 그 결과, 헌법해석의 불일치현상은 크게 나타나고 있지 않으며, 실무상으로도 큰 문제가 되고 있지 않다.

나. 헌법해석의 통일성을 확보하기 위한 방안

그럼에도 헌법해석의 통일성을 확보하는 방안을 제도적으로 마련하는 것이 장기적으로는 바람직한 것으로 보인다. 헌법해석의 통일성을 확보하기 위한 방안으로서 고려될 수 있는 것은, 첫째 현재 이원화되어 있는 헌법재판기관을 일원화하는 것이다. 이는 헌법재판소를 폐지하고 미국식의 사법심사제를 채택할 것인지 아니면 법원의 재판에 대한 헌법소원을 인정하는 독일식의 헌법재판제도를 채택할 것인지의 문제로서 헌법개정권자가 결정해야 할 고도의 정치적 문제이다.

둘째, 현재와 같이 헌법재판기관의 이원화를 유지하면서, 헌법해석의 통일성을 확보하는 제도적 장치를 두는 방안이다. 즉, 양 기관의 헌법해석이 상이할 경우 또는 법률의 위헌여부에 대한 판단이 상이할 경우 이를 조정하는 절차를 제도적으로 헌법이나 법률에 규율하는 방안을 생각할 수 있다. 헌법재판소와 법원이 헌법해석이나 법률의 위헌성판단에 있어서 견해를 달리 할 경우에는 양 헌법재판기관의 합의에 의하여 헌법해석의 통일성을 확보하는 방안, 즉 헌법재판소 재판관과 대법관으로 구성되는 합의체에서 이에 관하여 견해를 조정하는 절차를 법률 차원에서 규정하는 방안 또는 헌법적 차원에서 양 헌법재판기관 중 하나의 기관에게 헌법해석에 관한 최종적인 결정권을 부여하는 방안을 고려할 수 있다.[37]

오스트리아, 이탈리아, 스페인, 포르투갈, 벨기에 등에서는 '형식적 의미의 법률'뿐 아니라 법규명령도 위헌제청의 대상으로 삼고 있다.

36) 예컨대, 오스트리아의 경우 법원의 재판에 대한 헌법소원은 인정하지 않으면서 다만 원행정처분 등 행정작용에 대해서만 헌법소원을 인정하고 있는데, 이 경우에도 헌법해석의 통일성은 실현될 수 없다.

37) 가령, 헌법 제107조 제2항에 "법원이 헌법의 해석이나 법률의 위헌여부에 관한 판단에 있어서 헌법재판소의 재판과 견해를 달리하고자 할 때에는 법원은 헌법재판소에 결정을 구해야 한다."는 규정을 삽입하는 것을 생각해 볼 수 있다.

4. 헌법재판소 관할 확대의 문제

가. 재판소원의 도입

재판소원을 헌법재판소의 관할로 해야 한다는 견해는 기본권보호의 측면에서 보다 바람직할 수 있으나, 이는 헌법재판소가 '재판소원배제 조항'에 대하여 위헌결정을 함으로써 이루어질 문제가 아니라 헌법개정자와 입법자가 해결해야 할 과제이다. 그러나 사법부가 자신이 '일차적인 기본권보호기관'임을 인식하지 못한다든지 아니면 법원에 의한 기본권보호가 헌법재판에 대한 인식부족, 전문성의 결여, 과도한 업무의 부담 등으로 인하여 제대로 이루어지지 않는 경우에는, 법원에 대한 교육적 효과의 관점에서나 기본권보호의 실효성의 관점에서 재판소원의 도입은 진지하게 검토되어야 할 것이다.

나. 새로운 관할의 도입[38)]

(1) 헌법재판소의 새로운 관할을 도입하는 문제와 관련하여 일차적으로 추상적 규범통제절차의 도입여부의 문제가 제기된다. 추상적 규범통제는 한편으로는 구체적인 법적용으로부터 추상화된 포괄적 심사를 해야 한다는 점에서 위헌심사의 어려움이 따르지만, 이에 대하여 법규범이 법현실에서 장기간 광범위하게 적용되기 이전에 조기에 규범통제가 이루어질 수 있다는 점에서 법적 안정성에 보다 기여한다는 장점이 있다. 뿐만 아니라, 추상적 규범통제는 입법자나 법원과 마찬가지로 헌법의 기속을 받는 국가기관인 집행부에게 법규범의 위헌성을 헌법재판소로 하여금 심사케 할 수 있는 가능성을 부여하며, 또한 오늘날의 헌법상의 권력분립질서에서 의회의 소수파를 헌법의 감시자와 수호자로 만드는 긍정적인 기능이 있다. 이러한 점에서, 추상적 규범통제의 도입을 진지하게 검토해야 할 필요가 있다고 본다.[39)] 또한, 국제법상의 조약과 관련하여, 국회가 조약에 대하여 동의하기 전에 조약의 합헌성을 심사할 수 있는 '事前的 규범통제'의 가능성을 도입하는 것도 바람직하다.

(2) 민주국가에서 선거가 가지는 헌법적 중요성과 의미에 비추어, 적어도 국가권력의 행사와 직접 관련된 대통령선거와 국회의원선거에 대한 심사는 다른 사법적 절차와는 완연하게 구분되는 특수한 법적 심사이므로, 이에 관한 심사권을 법원이 아니라 헌법재판소의 관할로 하는 것이 바람직하다.

---

38) 김문현/정재황/한수웅/음선필, 현행 헌법상 헌법재판제도의 문제점과 개선방향(헌법재판연구 제16권), 2005, 219면 이하 참조.

39) 헌법재판소를 政治機關化할 우려가 있다는 이유로 추상적 규범통제의 도입을 바람직하지 않은 것으로 보는 견해도 있으나, 헌법적 관점에서 이의가 제기되고 헌법재판소의 심사가 헌법적 심사에 제한되는 한, 의회의 소수파나 야당의 심판청구는 헌법적으로 문제가 없다.

참고문헌

김문현/정재황/한수웅/음선필, 현행 헌법상 헌법재판제도의 문제점과 개선방향, 헌법재판연구 제16권, 2005

한수웅, 헌법재판소법 제68조 제1항의 위헌여부, 헌법논총 제10집, 1999

______, 헌법재판의 한계와 심사기준, 헌법논총 제8집, 1997

______, 헌법소송을 통한 사회적 기본권 실현의 한계, 인권과 정의 제245호, 1997. 1.

______, 입법부작위에 대한 헌법소원, 현대헌법학이론(이명구 박사 화갑기념논문집 I), 1996

______, 평등권의 구조와 심사기준, 헌법논총 제9집, 1998

______, 헌법 제27조의 재판청구권, 헌법논총 제10집, 1999

______, 헌법불합치결정의 소급효력, 판례월보 1997. 10.

______, 헌법불합치결정의 헌법적 근거와 효력, 헌법논총 제6집, 1995

제2주제

규범통제제도의 형성과 발전*

-규범통제의 심사기준과 심사밀도를 중심으로-

Ⅰ. 머리말

창립 20주년을 맞은 헌법재판소는 이제 국민과 국가기관의 신뢰와 주목을 받는 중요한 헌법기관으로 부상하였고, 헌법수호 및 기본권보호의 최후 보루로서 위상을 갖추게 되었다. 지난 20년간의 헌법재판소의 활동에 대하여 여러 가지의 평가가 가능하겠지만, 헌법재판제도 자체의 이해가 없던 우리 법현실에서 헌법재판소가 헌법재판의 존재이유와 그 가치를 확고히 하였다는 점은 그 누구도 부인할 수 없을 것이다. 헌법재판소는 지난 20년에 걸쳐 선고한 다수의 결정과 전반적으로 국민과 국가기관의 동의와 지지를 받은 헌법의 구체화 작업을 통하여 이러한 위상과 권위를 획득하였다. 이제 헌법학도 헌법재판소의 판례와 밀접한 연관관계에서 발전하고 있으며, 국회의 법률제정절차에서도 事前에 법률안의 위헌여부에 관하여 판단하지 않는 경우란 생각하기 어렵다. 헌법재판소의 이러한 성과는 무엇보다도 그의 주된 관할에 해당하는 '규범통제'에 기인하는 것이다.

헌법국가란, 국가권력이 헌법의 구속을 받는 국가를 말하고, 개념적으로 '헌법의 優位'를 내용으로 한다.[1)] 헌법국가의 본질이자 특징에 속하는 것이 정치를 헌법의 정신에

* 위 논문은 2008년 12월, 헌법논총(헌법재판소) 제19집, 315-372면에 게재된 것을 일부 수정한 것이다.

1) Vgl. Starck, Das Bundesverfassungsgericht in der Verfassungsordnung und im politischen Prozeß, in: Festschrift 50 Jahre Bundesverfassungsgericht, Bd. I, 2001, S.1.

구속시키고자 하는 것이다. 그러므로 헌법국가는 헌법의 해석과 적용을 통하여 헌법에의 구속을 관철하는 국가기관을 필요로 한다. 헌법재판소의 도입과 더불어, 헌법은 국가의 규범질서 내에서의 최고규범일 뿐만 아니라 공권력의 위헌성을 판단하는 사법적 심사기준이라는 거대한 변화를 가져옴으로써, 비로소 헌법국가가 실현되었다.

현행 헌법재판제도에서 헌법재판소의 주된 관할은 입법자에 대한 통제(규범통제)에 있다. 헌법 제107조 제1항 및 헌법재판소법 제41조는 법관의 위헌제청에 의하여 '법률'의 위헌성을 심사하는 구체적 규범통제를 규정하고 있고, 개인이 법률에 의하여 직접 기본권을 침해당하는 경우에는 누구나 직접 '법률'에 대하여 헌법소원을 제기할 수 있으며(헌법재판소법 제68조 제1항), 나아가 구체적 소송사건에서 당사자의 위헌제청신청이 법원에 의하여 기각된 경우 당사자가 당해사건에 적용되는 '법률'의 위헌여부를 헌법소원의 형태로 다툴 수 있다(헌법재판소법 제68조 제2항).

헌법재판소 창립 20주년을 맞이하여 그 동안 규범통제제도가 어떻게 발전되고 형성되어 왔는지를 조감하는 것은 큰 의미를 가진다. 헌법재판의 도입으로 인하여 헌법의 우위를 헌법재판을 통하여 관철하고 실현하고자 하는 '헌법재판소'와 법률의 제정을 통하여 헌법을 정치적으로 실현하고자 하는 '입법자'간의 권한배분의 문제가 제기된다. 아래에서는 우선, 규범통제제도에서 헌법재판소와 입법자의 관계를 살펴보고(아래 Ⅱ.), 지난 20년간 규범통제의 심사범위와 심사기준에 관한 헌법재판소 판례의 발전을 전반적으로 조감한 다음(아래 Ⅲ.), 헌법재판의 실무에서 가장 중요한 심사기준으로 기능하는 기본권을 자유권, 평등권, 참정권·청구권적 기본권·사회적 기본권으로 나누어 각 기본권의 성격에 따른 위헌심사기준과 심사밀도를 검토하기로 한다(아래 Ⅳ. 1. 내지 5.). 이어서, 오늘날 마찬가지로 중요한 심사기준으로 자리 잡은 법률의 명확성원칙·포괄위임금지원칙·본질성이론과 신뢰보호원칙의 심사기준과 심사밀도에 관하여 구체적으로 살펴보기로 한다(아래 Ⅳ. 6. 및 7.).

Ⅱ. 헌법재판소와 입법자의 관계

1. 헌법재판의 특징과 문제점

헌법규범은 추상성과 개방성을 그 특징으로 한다. 헌법의 내용이 무엇인가 하는 것은 헌법해석을 통하여 결정된다. 헌법재판소는 헌법해석에 관한 최종적인 결정권을 가지고 있고, 이로써 헌법재판소가 해석한대로 헌법은 사실상 효력을 가진다. 헌법은 헌법재판소에 의하여 해석된 대로 입법자를 구속하고 입법자의 자유로운 정치적 형성공간을 제한한다. 이로써 입법의 가능성, 한계 및 심지어 입법의무도 헌법재판소의 심사대상이 된다.

이러한 점에서 볼 때, 헌법재판의 특징이자 동시에 문제는 헌법재판소의 '唯一無二한 해석권한'에 있다. 헌법재판소의 이러한 해석권한은 헌법의 우위, 내용적으로 불명확한 헌법규범의 해석에 관한 최종적 결정권한, 일반적으로 인정된 헌법해석방법의 不在라는 3 가지 요소의 결합으로부터 나온다.[2] 헌법에서 일반적으로 인정되고 신뢰할만한 해석의 規準이나 법칙이 없다는 사실은 헌법재판소의 해석권한에 결정적인 비중을 부여한다. 헌법재판소는 심사기준으로서 헌법의 구속을 받지만, 어떠한 헌법해석의 규준에 구속을 받음이 없이 독립적으로 헌법을 스스로 최종적인 구속력을 가지고 해석함으로써 헌법의 내용을 스스로 정한다. 이러한 과정에서 헌법재판소가 '헌법의 봉사자이자 수호자'에서 '헌법의 지배자'가 되는 것을 어떻게 방지할 수 있는지의 문제가 동시에 제기되는 것이다.

2. 헌법해석과 헌법재판소 권한의 관계

가. 헌법해석, 헌법내용의 범위 및 헌법재판소의 권한범위 사이의 상호관계

헌법질서 내에서 헌법재판소의 기능과 권한은 '헌법해석에 대한 이해'로부터 밝혀진다. 헌법재판소가 헌법을 어떻게 해석하는가에 따라 '헌법재판소의 권한범위'가 달라진다. 헌법해석의 방법에 따라 헌법의 효력이 미치는 범위가 결정되고, 이로써 헌법재판의 효력범위도 결정된다.[3] 이러한 점에서 헌법해석은 헌법재판소의 통제권한의 범위와 정도를 결정하는 권한(자신의 권한에 관하여 스스로 결정하는 권한)을 의미한다. 그러므로 헌법해석, 헌법내용의 범위 및 헌법재판소의 권한범위는 상호 밀접한 관계에 있다.[4]

나. 헌법의 실현과 구체화로서 헌법해석

일반적으로 '해석'이란 확정된 규범내용을 전제로 하여 이를 발견하고 인식하는 것을 의미하며, 헌법해석이란, 헌법이 스스로 규율하고 있는 것을 인식하는 것이다. 따라서 헌법제정자가 헌법제정 당시 인식하고 결정한 헌법적 문제는 그가 규정하였기 때문에, 헌법규범의 해석을 통하여 상당 부분 해결할 수 있다.[5] 그러나 헌법제정자가 제정 당시

---

2) Vgl. Böckenförde, Verfassungsgerichtsbarkeit: Strukturfragen, Organisation, Legitimation, NJW 1999, S.12.

3) Vgl. Böckenförde, Verfassungsgerichtsbarkeit: Strukturfragen, Organisation, Legitimation, NJW 1999, S.13.

4) Vgl. Wahl, Der Vorrang der Verfassung, Der Staat 1981, S.505.

5) 헌법해석에 관하여 근본적으로 Starck, Die Verfassungsauslegung, in: HbStR, Bd.Ⅶ, 1992, §164 Rn.16ff.; 헌법규범의 의미는 法文의 의미, 문리적 구조, 규율의 전체 체계에서 규범의 체계적 지위, 입법자의 규율의도 및 이러한 것들과의 밀접한 연관관계에서 객관적·목적적 관점에 의하여 규명되어야 한다. 설사, 헌법해석과 관련하여 특별한 '관점'을 고려한다 하더라도, '고전적 해석방식'을 해석의 출발점으로 삼아야 한다. 따라서 헌법의 해석은 일차적으로 文意, 문법 및 논리, 체계적 위치 및 역사적 규율의도를 고려해야 한다. 헌법해석의 부가적 관점, 가령 헌법의 통일성, 실제적 조화의 원칙, 기능상의 타당성 등은 새로운 것이 아니라 고전적 해석방식의 체계적 해석에 귀속될 수 있는 것이다. 그러한 관점들은 모두 개별 헌법규범을 분리하여

헌법적 문제를 인식하지 못하였거나 또는 정치적 타협의 산물로서 합의될 수 없는 부분을 의식적으로 규율되지 아니한 채 미래의 정치적 발전에 따라 규범의 내용이 형성되도록 개방적인 상태로 내버려 둔 경우, 이와 같이 규율하지 않은 헌법적 문제는 고전적 헌법해석을 통하여 접근할 수 없다. 따라서 기본권조항 및 법치국가원리, 민주국가원리, 사회국가원리, 자유민주적 기본질서 등의 헌법원칙은 고전적 법해석방법으로는 그 의미를 밝힐 수 없다. 이러한 헌법규범의 경우에는 규범해석의 문제가 아니라 헌법을 실현하고 구체화하는 문제이기 때문이다. 즉, 여기서 헌법은 '확정되지 않은 것'을 구체화하는 작업, 또는 그 내용을 채워 넣는 작업, 다시 말하자면 해석 이상의 창조적인 작업을 요청하고 있는 것이다.

헌법의 내용으로서 아직 명확하지 않은 것, 확정되지 않은 것은 '구체화'를 통하여 그 내용에 있어서 형성된다. 구체화는 헌법의 발현, 헌법을 구체적 내용으로 채우는 것, 법의 발전으로 이해된다. 구체화의 경우, 헌법해석은 규율대상의 구조로부터 다양한 내용을 흡수하고 규율하고자 하는 현실과의 관계로부터 헌법적 내용을 채우고자 의도한다.

헌법의 '해석'은 헌법규범의 내용적 불명확성으로 말미암아 '구체화'로 전환되는 경향이 있다. 기본권규정이나 국가원리 등 추상적인 규정에 대한 해석은 헌법에 의하여 이미 정해진 것의 의미와 내용을 밝히는 고전적 해석을 넘어서 '단지 방향과 원칙에 있어서만 확정되고 그 외의 부분에서는 개방적인 것, 즉 확정되지 않은 것'을 창조적으로 채우는 작업으로 발전한다. 이러한 헌법규범은 심사기준으로 적용되기 위하여 구체화, 즉 구체적 내용을 채우는 작업을 필요로 한다.

다. 헌법해석을 통한 헌법재판소 권한의 확대 가능성

이러한 방법으로 헌법의 내용은 점차 풍성해지고, 이와 같이 풍부해진 헌법의 내용은 헌법의 일부로서 헌법의 우위에 참여하게 된다. 헌법재판소가 헌법의 해석을 통하여 헌법을 확장하고 내용적으로 풍부하게 만들수록, 국가기관을 구속하는 헌법의 내용이 끊임없이 증가하고 이에 따라 국가행위의 위헌성판단을 위한 심사기준이 증가한다. 이러한 현상은 필연적으로 입법자의 형성권을 제한하는 결과를 가져오고, 법률과의 관계에서 점점 더 헌법의 우위를 확대하는 '법률의 憲法化'를 초래한다.[6] 또한, 헌법재판의 심사규범으로서의 헌법규범이 점점 더 많은 내용을 포함하도록 해석되고 일반적인 헌법원리가 다양하고 구체적인 내용을 가진 규범으로 형성됨으로써, 정치적 과정을 내용적으로 확정하는 '헌법생활의 規範化'가 발생한다.[7] 헌법의 내용이 확장됨으로써 헌법의

이해하는 것을 금지하고 다른 헌법규범을 함께 고려할 것을 요청하는 것이다. 가령, 민주주의원리는 헌법에서 민주주의원리가 구체화된 규범 및 다른 헌법상 기본원리를 함께 고려하여 해석해야 한다.

6) Vgl. Schulte, Zur Lage und Entwicklung der Verfassungsgerichtsbarkeit, DVBl 1996, S.1013; Böckenförde, Verfassungsgerichtsbarkeit: Strukturfragen, Organisation, Legitimation, NJW 1999, S.13.

우위의 범위가 확장되고, 점점 더 많은 법적 문제가 단순히 법률적 문제가 아니라 헌법적 문제로 이해된다.

3. 입법자의 정치적 형성권과 헌법재판소의 헌법해석 사이의 긴장관계

가. 입법자와 헌법재판소의 '헌법의 해석과 구체화' 사이의 경계설정의 문제

헌법재판소에 의한 법률의 위헌심사는 입법자의 민주적 형성권과 긴장관계에 있다. 헌법재판소는 한편으로는 민주적으로 정당화된 다수의 결정인 입법자의 형성권을 존중해야 하고, 다른 한편으로는 입법자에 대해서도 헌법적 한계와 지침을 관철함으로써 헌법을 보장해야 한다. 이러한 긴장관계에서 헌법재판소에 의한 헌법의 해석과 구체화는 특별한 의미를 가진다. 헌법의 優位가 헌법재판소에 의하여 집행될 수 있는 입법자의 下位를 수반한다면, 헌법에 최대한의 내용을 담고자 하는 해석원칙은 헌법재판소와 입법자 간의 관계에 대한 근본적인 의문을 제기한다. 여기서 헌법이론적으로 결정적인 문제는 누가 헌법을 구체화하는지, 누가 어느 정도로 추상적인 헌법규범의 창조적인 측면을 취하는지 하는 것이다.

헌법의 수호, 실현과 형성은 헌법재판소의 독점물이 아니다. 이는 입법자를 비롯한 모든 국가기관의 과제이자 의무이다. 헌법규범의 창조적 발전과 실현은 일차적으로 입법자의 입법에 의한 헌법의 실현과 구체화를 통하여 그리고 최종적으로 헌법재판에 의한 헌법재판소의 헌법의 실현과 구체화를 통하여 이루어질 수 있다. 헌법의 해석에 관한 헌법재판소의 최종적 결정권을 지나치게 강조하는 것은 헌법실현과정에서의 입법의 의미와 중요성을 간과하는 것이며, 입법자도 입법을 통하여 헌법을 해석하고 구체적으로 형성한다는 사실을 충분히 고려하지 않는 것이다.[8] 따라서 핵심적 문제는 두 국가기관에 의한 헌법실현과정의 경계설정에 있으며, 헌법재판소가 어느 정도로 추상적 헌법을 구체화할 수 있는지의 문제인 것이다.

나. 헌법의 해석과 구체화를 통한 규범심사의 한계

(1) 헌법은 개방적 규범으로서 국가의 정치적 행위에 대한 명확한 헌법적 기준을 제시하지 않는다. 헌법의 開放性은 현실의 상황과 가치관·정의관의 변화를 고려하는 '헌법의 구체화'를 허용한다. 이로써 헌법해석에 있어서 여러 가지 해석과 구체화의 가능성, 즉 여러 가지 일응 타당한 헌법해석의 가능성이 존재하는 것이다.[9] 헌법재판소가

7) Vgl. R. Wahl, Reformfrage, in: Festschrift 50 Jahre Bundesverfassungsgericht, Bd. I, 2001, S.482f.

8) Vgl. Ossenbühl, Bundesverfassungsgericht und Gesetzgebung, in: Festschrift 50 Jahre Bundesverfassungsgericht, Bd. I, 2001, S.35.

9) Vgl. Zippelius/Würtenberger, Deutsches Staatsrecht, 2005, S.444.

여기서 특정 해석의 가능성을 선택한다면, 이러한 선택은 헌법적 법익 사이의 추상적 優劣關係로부터 직접 나오는 것이 아니라, 즉 '헌법'에 근거한 것이 아니라, '헌법재판소의 평가적 사고'에 기인하는 것이다.[10] 헌법재판소의 평가적 판단의 과정에서 일반적으로 법정책적 관점과 정의관·가치관이 중요한 역할을 한다.

예컨대, 기본권을 제한하는 법률의 위헌심사에 있어서 제기되는 문제는, '기본권'과 '이에 대한 제한을 정당화하는 법익'을 비례의 원칙에 부합하게 조화와 균형의 관계로 이끄는 문제로 이해될 수 있다. 입법자는 입법과정에서 상충하는 법익을 인식하고 '實際的 調和의 원칙'에 따라 가능하면 兩 법익을 최적으로 실현하고자 시도해야 한다. 그러나 헌법재판소가 입법자의 법익형량의 결과인 법률의 규율내용을 '실제적 조화의 원칙'에 따라 판단한다면, 상충하는 법익이 최적의 효력을 발휘해야 한다는 '最適化의 요청'이 제기되기 때문에, 이러한 법익형량의 과정에서는 '단지 유일한 해결책'만이 존재한다. 최적화의 과제는 결정의 주체에 대하여 최상의 것을 요청하며, 결정의 주체는 생각할 수 있는 최적의 결정을 내려야 한다는 것을 의미하기 때문이다.

(2) 헌법 내에서 가치나 법익 사이의 확정된 '추상적인 위계질서'가 존재하지 않으므로, 법익충돌의 경우 입법자는 추상적으로 헌법적 내용에 따라 판단할 수 없고, 개별적인 경우마다 구체적인 상황을 고려하여 가능하면 상충하는 법익을 조화와 균형의 상태로 이끌고자 시도함으로써 결정을 내리게 된다. 그런데 상충하는 양 법익이 최적의 효력을 발휘해야 한다는 '최적화의 요청'이 헌법재판소의 위헌심사기준이 된다면, 헌법재판소는 입법자의 결정이 '최적화의 요청'에 부응하는지 여부에 대하여 심사하게 된다. 결국, 의회에서 이익조정과정을 거쳐 이루어진 정치적인 가치평가를 사후적으로 헌법재판소가 자신의 가치평가를 기준으로 다시 심사하는 방법을 통해서만 '실제적 조화의 원칙'에 내재하는 '최적화의 요청'의 이행 여부는 판단될 수 있다.[11] 이러한 점에서 '헌법재판소의 위헌심사기준'으로서의 '최적화의 요청'은 입법자의 모든 정치적 형성공간을 필연적으로 배제하게 된다. 따라서 헌법재판소가 '최적화의 요청'을 위헌심사기준으로 삼아 입법자의 입법에 대하여 포괄적으로 심사한다면, 이러한 엄격한 심사는 입법자의 형성의 자유와 부합할 수 없다.[12]

따라서 입법자와 헌법재판소의 권력분립의 관점에서 입법자에 대한 헌법적 요청인 '최적화의 요청'(행위규범)과 헌법재판소의 심사기준(통제규범)이 일치해서는 안 된다. 헌법재판소는 법률의 위헌여부를 판단함에 있어서 자신의 정의관·가치관을 기준으로 삼아 기본권과 헌법원칙 등을 최적으로 실현하고 구체화하려고 해서는 안 되며, 규율대상

10) Vgl. Zippelius/Würtenberger, Deutsches Staatsrecht, 2005, S.443.
11) Vgl. Wahl, Der Vorrang der Verfassung, Der Staat 1981, S.505.
12) Vgl. Schulte, Zur Lage und Entwicklung der Verfassungsgerichtsbarkeit, DVBl 1996, S.1014.

과 관련하여 '단지 하나의 구체화 가능성'만을 헌법적으로 허용되는 것으로 주장해서는 안 된다.[13] 헌법재판소는 단지 정치적 헌법기관인 의회가 헌법의 범주 내에서 활동하고 있는지 여부만을 심사해야 한다. 헌법재판소의 과제는 최적의 해결책을 발견하는 것이 아니라, 입법자의 법률이 헌법적으로 용인될 수 있는 해석가능성의 범주 내에 머물고 있는지 여부를 심사하는 것이다.[14] 그러므로 헌법재판소는 규범통제에 있어서 입법자가 입법형성권을 정치적으로 합목적적으로 사용하였는지 여부를 심사할 수는 없고, 단지 입법형성권의 헌법적 한계를 준수하였는지 여부만을 심사할 수 있다. 물론, 이러한 경우에도 헌법재판소는 헌법적으로 타당한 해석과 구체화의 한계가 어디에 있는지를 최종적으로 결정할 권한을 가진다.

다. 헌법재판소에 의한 입법형성권의 존중

헌법재판소는 헌법의 해석과 이에 기초하는 법익형량에 있어서 입법자의 정치적 형성권을 존중해야 한다는 것을 항상 강조하였다. 헌법재판소가 입법형성권의 존중을 표명하는 것은 헌법에 의하여 부여된 정치적 형성공간에 개입하는 것을 포기한다는 것을 의미한다. 헌법재판소의 판례를 살펴보면, 다수의 일응 타당한 헌법의 해석·구체화의 가능성 중에서 입법자가 선택한 결정을 존중한 다수의 결정이 있다. 가령, 헌법재판소는 과잉금지원칙의 심사에 있어서 또는 평등심사에 있어서 기본권의 위반여부를 심사하면서 원칙적으로 그의 통제기능을 헌법의 "명백한 침해"나 "입법자의 명백히 잘못된 견해"에 제한함으로써 입법형성권을 존중하고 동시에 最適化의 관점을 배척하고 있다.

헌법재판소는 헌법재판소와 입법자 모두 헌법에 기속되나 헌법에 기속되는 성질은 국가기관에 따라 다르다는 것을 전제로, 입법자와 같이 적극적으로 형성적 활동을 하는 국가기관에게는 헌법은 행위의 지침이자 한계인 '行爲規範'을 의미하나 헌법재판소에게는 다른 국가기관의 행위의 합헌성을 심사하는 기준으로서 '統制規範'을 의미한다고 하여 행위규범과 통제규범을 구분하고 있다. 헌법재판소는 행위규범과 통제규범의 구분을 주로 평등권, 사회적 기본권, 국가의 보호의무와 관련하여 강조하고 있으나, 이러한 구분은 여기에 국한되는 것이 아니라 정치적 형성기관과 사법적 심사기관의 관계 및 헌법재판의 권력분립적 한계를 근본적으로 제시하는 일반적 원칙인 것이다.[15]

---

13) Vgl. Starck, Das Bundesverfassungsgericht in der Verfassungsordnung und im politischen Prozeß, in: Festschrift 50 Jahre Bundesverfassungsgericht, Bd. I, 2001, S.8.

14) Vgl. Ossenbühl, Bundesverfassungsgericht und Gesetzgebung, in: Festschrift 50 Jahre Bundesverfassungsgericht, Bd. I, 2001, S.36.

15) 통제규범과 행위규범의 구분에 관하여 한수웅, 한국 헌법재판의 현황과 발전방향, 저스티스 2006/7, 제40면 이하 참조.

Ⅲ. 규범통제의 심사범위와 심사기준에 관한 헌법재판소판례의 발전

아래에서는 헌법재판소가 지난 20년간 규범통제와 관련하여 근본적으로 자신의 심사범위와 심사기준에 대하여 어떠한 입장을 취하고 어떠한 방향으로 발전시켜 왔는지를 개괄적으로 살펴보고자 한다.

1. 헌법의 裁判規範性을 제한하는 모든 제도의 否定

가. 헌법재판의 한계로서 '법과 정치의 구분'의 否認

헌법재판소는 헌법규범의 재판규범성을 제약하고 사법적으로 심사할 수 없는 국가행위를 인정하고자 하는 모든 제도, 이로써 헌법재판소의 심사범위를 축소하고자 하는 모든 시도를 원칙적으로 부정하였다. 독립된 헌법재판기관에 헌법재판권을 부여하는 소위 '集中型 헌법재판제도'의 국가에서 일반적으로 확인할 수 있는 바와 같이, 헌법재판소는 미연방대법원에 의하여 형성된 '司法的 自制의 요청'(judicial-self-restraint)이나 '정치문제이론'(political question doctrine)을 헌법재판의 한계를 제시하는 기준으로 취하고 있지 않다.[16)]

헌법재판소는 헌법재판의 정치적 성격을 인식하여 헌법재판의 한계를 판단하는 관점으로 '법과 정치의 구분'을 언급하지 않고 있다. 종래의 판례에서 '사법적 자제'란 표현을 사용하였다면 이는 주로 입법자와의 관계에서 권력분립원리나 민주주의원리의 관점에서 파생하는 헌법재판의 기능적 한계를 의미하는 것으로 사용되어 온 것으로 이해된다. 공권력행위의 정치적 성격이 사법적 심사를 배제하는지와 관련하여 헌법재판소는 종래 헌법규범의 적용과 해석으로부터 완전히 자유로운 공권력행위를 인정하지 않는 입장을 취하였으나,[17)] 근래 들어 '일반사병 이라크파병 위헌확인 결정'에서 통치행위를 인정하였다.[18)] 그러나 위 결정이 헌법재판소의 종래 입장의 근본적인 방향전환을 의미하는지에 관하여는 앞으로의 결정을 지켜보아야 할 것이다.

나. 통치행위에 대한 司法的 審査

사법적 자제란 법원이 자발적으로 스스로 자제해야 한다는 것인데, 입법자와 헌법재

---

16) 위 이론에 관한 자세한 소개와 비판으로 한수웅, 헌법재판의 한계 및 심사기준, 헌법논총 제8집(1998), 189면-192면 참조.

17) 1993년 8월 금융실명제도를 도입하기 위하여 대통령이 내린 긴급재정경제명령에 대한 헌법소원심판사건에서 통치행위의 헌법소원대상성을 인정하였다(헌재 1996. 2. 29. 93헌마186).

18) 헌재 2004. 4. 29. 2003헌마814, 판례집 16-1, 601; 한편, 헌법재판소는 이라크전쟁 파견결정 등 위헌확인, 이라크전쟁 파견동의안 동의 위헌확인(헌재 2003. 12. 18. 2003헌마255 등, 판례집 15-2, 655) 결정에서는 청구인들의 자기관련성을 부인하였다.

판소의 권한의 경계설정을 위한 유용한 관점을 제시하지 않는다. 국가의 정치생활이 이루어져야 하는 규범적 울타리를 제시하는 것이 헌법의 기능이라면, 헌법재판소에 의한 위헌심사가 가능한지 여부가 심사대상이 정치적 문제인지 여부에 달려있을 수 없다.[19)] 오히려 헌법국가를 관철해야 할 과제를 부여받은 헌법재판소는 국가의 정치적 결정이 헌법의 범주 내에서 이루어지고 있는지를 심사해야 한다. 따라서 정치와 헌법을 구분하는 정치문제이론은 정치를 헌법의 통제기준에 구속시키고자 하는 우리 헌법질서에 적용될 수 없다.

물론 외교행위나 통치행위의 대부분은 결과적으로 헌법재판소에 의하여 심사될 수 없다. 그러나 이러한 결과는, 통치행위가 처음부터 심사의 대상에서 제외되기 때문이 아니라 통치행위의 내용을 구체적으로 규정하는 헌법규범이 없기 때문에 발생하는 것이다. 통치행위의 문제는 헌법재판의 '심사대상의 한계'에 관한 문제가 아니라 '헌법의 규범력의 한계'에 관한 문제이다. 통치행위의 헌법적 문제는, 헌법재판소가 정치적 국가행위에 대하여 어느 정도로 통제할 수 있는지의 '심사밀도의 문제'이지, 공권력행위의 성격에 따라 통제할 수 있는지의 '심사여부의 문제'가 아닌 것이다.

2. 헌법규범의 裁判規範化

헌법재판소는 헌법해석을 통하여 가능하면 모든 헌법규범을 헌법적 문제의 해결을 위한 사법적 심사의 기준으로 형성하고자 시도하였다. 이로써 헌법재판소는 입법자의 모든 결정에 대하여 헌법규범을 심사기준으로 하여 실체적인 위헌심사가 이루어질 수 있는 조건을 마련하였다. 아래에서는 몇 가지 대표적인 예를 살펴보기로 한다.

가. 일반적 자유권으로서 행복추구권의 해석

가장 대표적인 것이 헌법 제10조의 행복추구권을 그 보장내용에 있어서 일반적 행동자유권과 일반적 인격권을 포괄하는 '일반적 자유권'으로 해석한 것이다. 헌법재판소가 행복추구권에 '일반적 자유권'의 성격을 부여함으로써 '행복추구권'의 보호범위를 개별기본권에 의하여 보호되지 않는 모든 자유영역에 확대하였고, 그 결과 개인의 모든 행위가능성과 인격발현의 기본조건이 기본권에 의한 보호를 받게 되었다. 이로 인하여, 국가의 공권력행위에 의하여 개인이 받는 모든 형태의 부담이 곧 기본권의 제한을 의미하고, 이로써 기본권의 침해를 전제로 하는 헌법소원의 제기 가능성을 확대하였다.[20)]

---

19) Vgl. Schneider, Verfassungsgerichtsbarkeit und Gewaltenteilung, NJW 1980, S.2104; Schenke, Der Umfang der bundesverfassungsgerichtlichen Überprüfung, NJW 1979, S.1324f.; Starck, Das Bundesverfassungsgericht in der Verfassungsordnung und im politischen Prozeß, in: Festschrift 50 Jahre Bundesverfassungsgericht, Bd. I, 2001, S.9.

20) 예컨대, 기부금품의 모집행위(헌재 1998. 5. 28. 96헌가5, 판례집 10-1, 541, 549); 결혼식 하객에게 음식물

행복추구권의 이와 같은 확장적 해석은 헌법소원심판에서 기본권의 침해를 확인하는 헌법재판소의 권한을 현저하게 확대하였다.

나. 국가 과세권행사의 헌법적 한계로서 재산권보장의 해석

또한, 헌법재판소는 초기의 판례부터 헌법 제23조의 재산권보장을 세법의 위헌여부를 판단하는 심사기준으로 파악하였다. 헌법은 제23조에서 재산권을 보장하면서 '재산권의 구체적 내용은 법률로써 정한다'고 함으로써, 입법자에 의하여 구체적으로 형성된 재산권만이 원칙적으로 헌법적으로 보호를 받는다는 것을 밝히고 있다. 또한 '財産'과 '財産權'이 법적으로 구분되어 사용된다는 점과 재산권보장이 역사적으로 원래 개인의 구체적인 소유물을 보장하려고 한 점에 비추어 헌법 제23조의 法文이나 재산권보장의 生成史도 '재산' 그 자체를 '재산권'의 보호대상으로 삼는 것에 대하여 문제를 제기한다고 할 것이다.

'재산권보장이 국가의 과세권행사의 헌법상 한계인지'와 관련하여 제기되는 문제는, 국가의 과세에 의하여 '구체적이고 개별적인 재산권'이 제한되는 것이 아니라, 조세채무자가 자신의 선택에 따라 전체 재산 중에서 일부를 통하여 이행할 수 있는 금전납부의 의무가 부과되고 이로써 납세의무자의 '전체적 재산가치'가 감소된다는 것이다. 조세는 재산권보장의 보호대상이 되는 '특정 객체'에 대한 침해가 아니고 헌법적으로 보장된 재산권의 보호대상에 속한다고 할 수 없는 '전체 재산적 가치'에 대한 부담을 의미하기 때문에, 기본권에 의하여 보호되는 개인의 재산권적 지위가 조세의 부과로 인하여 직접 침해되지는 않는다. 그러나 헌법재판소는 이에 관하여 아무런 이론의 제시 없이 '재산 그 자체'도 재산권보장의 보호대상으로 판단하여 모든 세법규정을 재산권보장의 보호범위에 대한 제한으로 파악함으로써 헌법 제23조를 세법규정의 위헌여부를 판단하는 심사기준으로 삼고 있다.[21)]

다. 그 외에 헌법해석을 통한 사법적 심사기준의 형성

뿐만 아니라, 헌법재판소는 표현의 자유로부터 국민의 '알 권리'를 도출하였고,[22)] 일반적 인격권으로부터 '개인정보자기결정권'을 인정하였으며,[23)] 헌법 제10조 후문의 '국민의 기본적 인권을 보장할 국가의 의무'로부터 자유권을 사인의 침해로부터 보호해야

을 제공하는 행위(헌재 1998. 10. 5. 98헌마168, 판례집 10-2, 586, 596); 음주측정에 응하지 않을 자유(헌재 1997. 3. 27. 96헌가11, 판례집 9-1, 245, 265); 자동차를 타면서 안전벨트를 하지 않을 자유(헌재 2003. 10. 30. 2002헌마518) 등.

21) 가령, 헌재 2002. 8. 29. 2000헌가5 등, 판례집 14-2, 106, 123 참조.

22) 대표적으로 헌재 1989. 9. 4. 88헌마22(토지조사부의 열람·복사불허사건); 헌재 1991. 5. 13. 90헌마133(소송기록의 열람청구사건).

23) 헌재 2005. 5. 26. 2004헌마190(지문날인제도); 헌재 2005. 7. 21. 2003헌마282(교육정보시스템: NEIS).

할 국가의 '기본권 보호의무'를 인정하였다.[24] 또한, 헌법재판소는 의회의 공개주의에 관한 헌법규정(제50조)을 본회의는 물론이고 '위원회의 회의'도 규율하는 것으로 일반적 법률해석의 한계를 벗어나 확대하여 해석하였다.[25] 나아가, 헌법재판소는 헌법 제12조 제1항의 적법절차를 신체의 자유와 관련한 영역뿐만 아니라 입법과 행정의 영역으로 확대하였다.[26]

3. 과잉금지원칙의 정착과 발전

헌법은 자유권을 규정함으로써 개인에게 인격발현의 자유와 자기결정의 영역을 보장하고 있다. 기본권에 의하여 보장된 자유의 행사는 필연적으로 국가공동체의 법익이나 타인의 법익과 충돌하게 된다. 따라서 충돌하는 법익 사이의 경계를 설정하고 양 법익을 조정하는 것은 헌법의 핵심적 문제에 속한다. 여기서 양 법익간의 경계설정과 조정은 자유권에 대한 제한을 통하여 이루어진다. 헌법재판소는 헌법 제37조 제2항으로부터 개인의 자유와 공동체의 이익 사이의 긴장관계를 조화시키고 양 법익간의 균형 상태를 발견하는 절차로서 '과잉금지원칙'을 도출하였다. 이로써 과잉금지원칙은 자유권을 제한하는 국가행위를 다시 제한하는 기본권제한의 한계로 작용한다.

과잉금지원칙은 이미 헌법재판소 초기의 판례에서 법률의 위헌성을 판단하는 기준으로 적용되기 시작한 이래, 이제는 평등원칙과 함께 가장 빈번하게 사용되는 핵심적인 위헌심사기준이 되었다. 자유권을 제한하는 공권력행위에 대한 위헌심사의 경우, 과잉금지원칙을 적용하지 않는 경우란 생각할 수 없다. 뿐만 아니라, 헌법재판소는 과잉금지원칙을 자유권의 영역을 넘어서 다른 성격의 기본권(가령, 평등권, 재판청구권 등)이나 헌법원리(가령, 신뢰보호원칙 등)의 영역에 대해서도 확대하여 적용함으로써, 과잉금지원칙은 모든 공권력행위의 위헌성을 판단하기 위한 일원적인 기준으로 발전하고 있다. 물론, 이러한 발전이 타당한 것인지에 대해서는 의문의 여지가 있다.[27]

과잉금지원칙과 관련해서는, 과잉금지원칙이 어떠한 경우와 상황에서 적용될 수 있는 것인지(적용범위), 과잉금지원칙이 적용되는 경우 강화된 또는 완화된 심사를 결정하는 관점은 무엇인지(심사의 밀도)에 관하여 근본적인 해명이 요구되는데, 헌법재판소의

---

24) 헌재 1997. 1. 16. 90헌마110 등(교통사고처리특례법에 대한 헌법소원).

25) 헌재 2000. 6. 29. 98헌마443 등 (국회상임위원회 방청불허행위 위헌확인).

26) 헌법재판소는 헌법 제12조의 "적법한 절차"를 영미법상의 포괄적인 적법절차조항으로 이해하고 있는데, 우리 헌법의 기본원리인 법치국가원리, 이를 구체화하는 일련의 기본권규정 및 비례의 원칙을 규정하는 헌법 제37조 제2항, 효과적인 권리구제를 요청하는 헌법 제27조의 재판청구권이 존재하는 한국의 헌법질서 내에서 이와 본질적으로 동일한 내용을 가지는 적법절차조항이 중복적으로 인정될 필요가 있는지, 있다면 어떠한 이유와 연관관계에서 가능한 것인지에 관하여 규명해야 한다.

27) 과잉금지원칙의 적용범위에 관하여 근본적으로 한수웅, 헌법 제37조 제2항의 과잉금지원칙의 의미와 적용범위, 저스티스 2006/12, 5면 이하; 과잉금지원칙을 자유권뿐만 아니라 다른 성격의 기본권에도 적용하는 문제에 관하여는 아래 Ⅳ. 2. 부분에서 서술하기로 한다.

판례에서는 이에 관한 일관된 흐름을 조감할 수 없다. 규범통제에서 심사밀도의 문제는 언제 입법자의 법익형량의 결과인 입법의 내용(정치적 관점과 이익조정을 통한 현실 판단)을 헌법재판소의 법익형량(헌법해석을 통한 현실 판단)으로 대체할 수 있는지의 문제로서 헌법재판소와 입법자의 관계에 관한 핵심적인 문제이기도 하다.

4. 법률유보원칙의 발전 및 本質性理論의 도입

가. '명확한 법률'에 의한 유보원칙

헌법재판소는 법치국가원리로부터, 특히 기본권의 제한과 관련해서는 헌법 제37조 제2항으로부터 '법률유보의 원칙'을 도출하여 공권력행위의 위헌성을 판단하는 기준으로 삼고 있다. 법률유보의 원칙은 단순히 '국민의 자유와 재산에 대한 침해는 입법자의 의사에 기초해야 한다'는 원칙을 넘어서 '입법자의 의사는 또한 명확해야 한다'는 의미의 '법률의 명확성원칙'으로 발전하였다. 법률이 명확해야만 법적용기관을 구속하고 자의적인 법적용을 방지하는 법률유보의 기능을 할 수 있다는 점에서, 명확성원칙은 법률유보의 필수적 전제조건이라는 사고가 이러한 판례의 기저를 이루고 있다.

헌법재판의 실무에서 법적 명확성의 요청은 큰 비중을 차지하고 있다. 헌법소원심판의 청구인이나 제청법원은 한편으로는 심판대상법률이 과잉금지원칙이나 평등원칙에 위반되기 때문에 청구인의 기본권을 침해한다는 이유로, 다른 한편으로는 심판대상법률이 불명확하기 때문에 위헌이라는 주장으로 헌법재판소의 판단을 구하고 있다. 헌법재판소가 판례를 통하여 '법률유보의 원칙'을 '명확한 법률에 의한 유보원칙'으로 발전시킴으로써, 입법자는 행정청에게 기본권을 제한하는 권한의 근거로서 법률을 제공하는 것만으로는 부족하고, '명확한' 수권규범을 제공해야 하는 의무와 부담을 안게 되었다. 법률유보의 범위와 정도에 대한 불확실성 때문에, 앞으로 입법자는 헌법적 위험부담을 피하기 위하여 보다 상세한 규율을 하는 방향으로 나아갈 것으로 예상된다.[28] 또한, 입법자에 의한 규율이 개별사건에서 과도한 부담을 초래하는 경우에는 '과잉금지원칙'도 입법자에게 규율대상의 구체적 상황에 따라 보다 세분화된 상세한 규율을 함으로써 자유권에 대한 과도한 제한을 방지할 것을 요청하는 경향이 있다.

나. 본질성이론에 기초하는 議會留保原則

나아가, 헌법재판소는 '국민의 자유를 제한하는 경우 법률의 수권을 필요로 한다'는 '고전적 법률유보의 원칙'을 '국가공동체의 본질적인 모든 중요한 결정은 입법자에게 유보되어야 하고 법률에 의하여 규율되어야 한다'는 의회유보원칙으로 발전시켰다. 그러나

28) 독일에서 지난 50년간의 이러한 발전 추이에 관하여 개괄적으로 vgl. C. Starck, Das Grundgesetz nach füngzig Jahren: bewährt und herausgefordert, JZ 1999, S.479.

본질성이론에 기초하는 의회유보원칙이란 법률유보원칙을 대체하는 새로운 이론이 아니라 시대상황의 변화에 따라 법률유보원칙을 보완하는 이론이다. 고전적 법률유보원칙이 그 당시 유럽시민사회에서 국민의 자유와 재산에 대한 침해를 국가공동체의 가장 본질적인 문제로 간주하였다면, 본질성이론은 오늘날 변화한 사회적 법치국가에서 개인의 자유에 대한 침해뿐만 아니라 다른 요소도 공동체의 본질적인 문제로 간주하고자 한다는 점에서 차이가 있을 뿐이다. 이러한 점에서 고전적 법률유보원칙도 그 당시의 고유한 시대적 상황에 맞추어진 본질성이론인 것이다.[29]

법률유보의 원칙은 원래 '입법자의 동의 없이 국민의 자유를 침해할 수 없다'는 행정부에 대한 법치국가적 요청이었으나, 본질성이론을 통하여 '헌법상 부여된 입법과제를 放棄해서는 안 된다'는 의미에서 입법자에 대한 요청으로 전환되었다.[30] 바로 이것이 헌법재판소와 입법자의 관계에서 볼 때 법률유보원칙이 의회유보원칙으로 발전함에 따라 초래된 가장 큰 결과이기도 하다. '고전적 법률유보'의 경우에는 법률에 의한 수권이 존재하는지 여부만이 문제되기 때문에, 기본권의 제한이 법률 또는 행정입법에 의하여 이루어지는지는 문제되지 않는다. 이에 대하여 본질성이론에 기초한 '의회유보'는 국가작용의 성격과 관계없이 본질적인 것은 입법자가 스스로 법률로써 정할 것을 요청한다.

'고전적 법률유보'가 집행부에 대하여 '입법자의 권한을 강화'하고자 하는 것이었다면, '의회유보'는 입법자로 하여금 헌법적으로 부여된 입법권을 실제로 행사하도록 의무를 부과함으로써 '입법자의 결정의 자유를 제한'하는 것이다. 이로써 본질성이론은 '입법자가 무엇을 행정부에 위임해도 되고 무엇을 스스로 정해야 할 것인지'를 결정하는 권한을 헌법재판소의 판단에 유보함으로써, 본질성이론은 입법자의 주도권과 결정권을 제한하고 헌법재판소의 권한을 강화하는 도구로 기능하고 있다. 입법자가 입법권을 스스로 포기하는 것을 방지하고자 하는 본질성이론을 통하여 헌법재판소는 입법자의 후견인 역할을 하고 있다고 볼 수 있다.

5. 신뢰보호원칙의 확립

가. 법률의 시간적 적용범위에 대한 법치국가적 요청

한번 제정된 법규범은 원칙적으로 존속력을 가지고 자신의 행위기준으로 계속 작용하리라는 개인의 신뢰보호는 국민의 관점에서 보는 법적 안정성의 주관적 측면이다. 헌법재판소는 이미 초기의 결정부터 법치국가원리로부터 신뢰보호원칙을 도출하여 개정

---

29) 본질성이론에 관하여 근본적으로 한수웅, 본질성이론과 입법위임의 명확성원칙, 헌법논총 제14집(2003), 576면 이하 참조.

30) Vgl. Badura, Die Verfassung im Ganzen der Rechtsordnung und die Verfassungskonkretisierung durch Gesetz, in: HbStR, Bd.Ⅶ, 1992, §163 S.36.

법률의 위헌여부를 판단하는 심사기준으로 삼고 있다. 헌법재판소는 신뢰보호원칙의 도입을 통하여, 입법자가 법률을 개정함에 있어서 규율내용이 기본권을 침해하는지에 관한 실체적 심사를 넘어서, '법률의 시간적 적용범위'를 법치국가적 법적 안정성의 관점에서 제대로 규율하였는지에 대한 심사로 확대하였다.

법률개정에 따른 개인의 신뢰보호의 문제는 오늘날 헌법재판의 일상에 속한다. 헌법재판이 활성화됨에 따라 헌법재판실무에서 신뢰보호가 차지하는 비중은 더욱 증가하고 있다.[31] 헌법재판소에 계류되는 다수의 심판청구가 법규범의 개정으로 인하여 불이익을 입은 개인이 신뢰이익의 보호를 구하는 사건이다. 특히, 직업의 자유와 재산권보장과 관련하여 빈번하게 신뢰보호의 문제가 제기되고 있다. 예컨대, 새로이 직업을 규율하는 법률이 구법에 의하여 형성된 구체적인 직업상의 지위를 불리하게 변경하는 경우, 이러한 법률은 장래에 그의 적용을 받는 사람들에 대해서는 합헌이지만, 과거에 이미 구법에 의하여 형성된 직업상의 지위를 보유하고 있었던 사람들에 대해서는 위헌일 수 있다. 입법자는 職業像을 새로이 확정하는 과정에서 직업의 자유를 제한할 수 있으나, 법률개정으로 인하여 장래에 있어서 허용되지 아니하는 직업행위를 과거에 이미 적법하게 행사한 사람들의 신뢰이익을 적절하게 고려할 것을 신뢰보호원칙은 요청한다.

나. 종래의 법적 지위에 대한 침해의 위헌여부

입법자가 단지 장래에 발생할 사실관계만을 규율하는 것이 아니라 개정 법률의 적용범위를 과거에 발생한 사실관계에도 확대함으로써 과거에 형성된 자유권적 지위를 침해한다면, 개정 법률의 위헌여부는 '법률의 내용(기본권의 제한) 그 자체의 합헌성'과 '종래의 법적 지위에 대한 침해의 합헌성'이란 이중적인 관점에서 심사되어야 한다. 즉, 개정법률이 합헌적이기 위해서는 '장래에 있어서' 적용되는 법률이 그 내용에 있어서 헌법에 합치해야 할 뿐 아니라, 또한 구법에 의하여 형성된 '종래의' 법적 지위에 대한 침해도 정당화해야 한다.

따라서 헌법재판소가 신뢰보호원칙을 위헌심사의 기준으로 확립함으로써, 개정법률의 위헌심사는 자유권과 신뢰보호의 관점에서 이중적으로, 즉 '개정법률에 의한 기본권제한이 합헌인지'의 심사와 '이러한 기본권제한을 과거에 발생한 사실관계에도 확대하는 것이 합헌인지'의 심사의 이중적 심사로 발전하였다.[32]

31) 신뢰보호원칙에 관하여 근본적으로 한수웅, 법률개정과 신뢰보호, 인권과 정의 1997/6, 76면 이하 참조.
32) 직업의 자유와 관련하여 대표적으로 헌재 2003. 10. 30. 2001헌마700(의약분업에 따른 약사법개정); 재산권보장과 관련하여 대표적으로 헌재 1999. 4. 29. 94헌바37등(택지소유상한 사건) 참조.

Ⅳ. 규범통제에 있어서 위헌심사기준과 심사밀도

헌법재판소가 법률의 위헌여부를 심사함에 있어서 어떠한 기준에 의하여 어느 정도로 통제해야 할 것인지의 문제는 헌법재판소와 입법자의 관계를 결정하는 근본적인 헌법적 문제에 속한다. 그러나 법률의 위헌심사를 위한 명확한 기준이나 해결책이 존재하는 것이 아니라, 단지 위헌심사를 위한 몇 가지 헌법적 원칙과 관점만이 제시될 수 있을 뿐이다. 그럼에도 이러한 것을 인식하고 이해하는 것은 위헌심사의 출발점으로서 매우 중요하다.

1. 헌법적 심사기준, 심사밀도, 입법형성권의 상호관계

입법자에 대한 통제의 범위와 강도의 문제는 곧 입법형성권을 어느 정도로 인정할 것인지의 문제를 의미한다. 헌법재판소는 항상 입법자의 형성권을 강조하지만, 입법형성권이 어떠한 관점에서 판단되어야 하는 것인지는 불확실하다.

입법자의 형성권과 관련하여 출발점으로 삼아야 하는 것은, 헌법이 스스로 규범의 표현을 통하여 입법자의 형성권을 어느 정도로 제한하고 있는지의 관점이다. 헌법재판소의 유일한 심사기준은 헌법재판소의 정치적 판단이 아니라 헌법규범이므로, 법률의 위헌심사를 위한 헌법적 기준이 존재하는 범위 내에서 헌법재판소에 의한 규범통제가 이루어진다. 이로써 헌법재판소의 통제범위 및 통제밀도는 '헌법규범의 규율의 정도'에 의하여 결정된다.[33] 헌법규범이 스스로 상세하게 규율함으로써 입법자에 대하여 지침과 한계를 제시하는 경우, 입법자의 형성권은 이에 비례하여 축소될 수밖에 없다. 입법자의 형성의 자유와 이에 대응하는 헌법재판소의 심사밀도는 일차적으로 헌법규정의 존재여부 및 규율의 정도에 달려있다. 따라서 헌법적 심사기준, 심사밀도, 입법형성권은 상호 밀접한 연관관계에 있다.[34]

그러나 다른 한편으로는, 헌법규범의 규율밀도가 약하다고 하더라도, 헌법재판소가 '헌법의 해석과 구체화'를 통하여 추상적이고 개방적인 헌법규범으로부터 구체적인 헌법적 기준을 이끌어 내고 이러한 방법으로 헌법의 구체적 내용을 풍부하게 만들고 확장함으로써 입법자의 형성권을 제한할 수 있다. 그러므로 헌법규범의 규율밀도가 낮다는 것은 반드시 헌법재판소의 심사범위가 좁거나 심사밀도가 낮다는 것을 의미하지 않는다. 헌법재판소가 헌법의 해석과 구체화를 통하여 헌법규범의 내용을 어느 정도로 확장

33) Vgl. Heun, Normenkontrolle, in: Festschrift 50 Jahre Bundesverfassungsgericht, Bd. I, 2001, S.630.
34) Vgl. F. Ossenbühl, Bundesverfassungsgericht und Gesetzgebung, in: Festschrift 50 Jahre Bundesverfassungsgericht, Bd. I, 2001, S.52.

할 수 있는지의 문제는 헌법재판소와 입법자의 권한배분의 문제로서 헌법 내에서 다른 국가기관과의 권력분립 또는 기능분립의 관점에 의하여 결정되고 제한되어야 한다.

2. 심사기준으로서 과잉금지원칙의 적용범위

가. 기본권의 성격에 따른 심사기준과 심사밀도

우선, 각 기본권의 성격과 본질, 구조에 따라 기본권의 위반여부를 판단하는 심사기준이 다르다고 하는 점을 인식해야 한다. 법률이 기본권에 위반되는지를 판단함에 있어서 어떠한 심사기준을 사용할 것인지의 문제, 각 기본권의 본질과 성격에 부합하는 심사기준을 발견하고 확인하는 문제가 일차적으로 제기된다. 헌법은 기본권의 위반여부를 판단하는 기준으로서 제37조 제2항에서 과잉금지원칙을 제시하고 있다. 그러나 과잉금지원칙이 모든 성격의 기본권에 대하여 적용될 수 있는 것인지 아니면 기본권의 성격에 비추어 과잉금지원칙의 본질에 부합하는 기본권에 대해서만 적용되어야 하는 것인지의 문제가 별도로 판단되어야 한다.

그 다음 단계는 각 기본권의 성격에 따라 정해지는 심사기준을 적용함에 있어서 어떠한 경우에 보다 엄격한 또는 완화된 심사를 할 수 있는지 하는 '심사강도를 체계화하는 문제', 즉 어떠한 경우에 입법형성권을 보다 제한하는 것이 정당화될 수 있는지 그러한 관점을 발견하고 체계화하는 문제이다. 입법형성권의 제한은 헌법규범에 직접 근거하여 또는 헌법해석을 통하여 논증할 수 있어야 한다.

나. 기본권의 성격에 따른 과잉금지원칙의 적용여부

(1) 입법자의 행위에 의하여 기본권이 제한되는지 또는 형성되는지의 관점은 기본권 위반여부의 판단을 위한 형식적 기준을 결정하는 가장 중요한 기준이다. 기본권을 제한하는 법률의 위헌성판단은 기본권을 형성하는 법률의 위헌성판단과는 그 구조상 방법을 달리해야 하는 것이다. 따라서 헌법 제2장에 규정된 기본권은 입법자에 의한 별도의 형성을 필요로 함이 없이 그 자체로서 구체적 권리로서 기능하는 '자유권'과 구체적 권리로 형성되기 위하여 입법자의 사전적 입법행위를 필요로 하는 '그 외의 기본권'인 청구권적 기본권, 참정권, 사회적 기본권으로 크게 나누어 볼 수 있다.[35)]

(2) 자유권은 역사적으로나 그 본질에 있어서나 개인의 자유영역을 국가의 부당한 침해로부터 보호하고자 하는 방어권적 성격의 기본권으로서 개인의 자유가 원칙이고 이에 대한 국가적 제한은 예외라는 사고가 바탕에 깔려있다.[36)] 따라서 자유권은 개인의 자유

35) 이에 관하여 자세하게 한수웅, 헌법 제37조 제2항의 과잉금지원칙의 의미와 적용범위, 저스티스 2006/12, 16면 이하.

36) 자유권의 본질과 특성에 관하여 한수웅, 자유권의 보호범위, 헌법학연구 제12권 제5호(2006. 12.), 43면 이하.

영역을 제한하는 국가행위에 대하여 별도의 정당성을 요구한다. 개인의 자유행사는 국가에 대하여 정당화할 필요가 없는 반면, 국가에 의한 자유의 제한은 항상 별도로 자유권의 관점에서 정당화되어야 한다. 입법자가 자유권의 영역에서 입법을 한다면, 이는 원칙적으로 자유권에 우호적인 입법이 아니라 자유권을 제한하는 입법이다. 자유권의 이러한 성격과 구조에 부합하는 심사기준이 바로 '과잉금지원칙'이다. 과잉금지원칙은 자유권이 그의 자유보장적 기능을 이행하기 위하여 필수적으로 수반되는 헌법적 요청으로서, 이미 자유권의 본질에 내재하는 것이다. '기본권은 필요한 경우에 한하여 제한될 수 있다'고 규정하는 헌법 제37조 제2항의 法文에서도 드러나는 바와 같이, 과잉금지원칙은 기본권이 원칙이고 이에 대한 제한이 예외임을 전제로 하고 있다. 즉, 과잉금지원칙은 그 헌법적 근거에 있어서나 그리고 구조와 본질에 있어서 자유권과 그에 대한 제한을 전제로 하여 수단(기본권제한)과 목적(기본권제한을 통하여 실현하고자 하는 법익)간의 상관관계를 심사하는 것이다.

(3) 이에 대하여, 참정권·청구권적 기본권·사회적 기본권은 특정한 생활영역을 보호하기 위하여 기본권을 제한하는 입법을 금지하는 것이 아니라, 국민에 의하여 구체적 권리로서 행사되기 위하여 오히려 입법자에 의한 입법을 필요로 한다. 이러한 기본권의 경우 입법자의 입법은 본질적으로 기본권의 실현을 위한 국가행위로서 기본권에 우호적인 입법이다. 가령, 재판의 관할을 정하고 재판의 절차를 규정하는 법원조직법이나 개별소송법이 없이는 국민이 헌법 제27조의 재판청구권을 행사할 수 없고, 누가 선거를 할 수 있는지에 관하여 선거연령 등 선거권의 행사범위를 정하고 비례대표제 또는 다수대표제 등 구체적인 선거의 절차와 방법을 정하는 선거법의 규율 없이는 국민은 헌법 제24조의 선거권을 행사할 수 없으며, 생계보조비의 지급을 규정하는 입법자의 법률이 없이는 국민은 헌법 제34조의 인간다운 생활을 할 권리를 행사할 수 없다. 국민이 기본권을 실제로 행사하기 위하여 입법자의 입법에 의존하고 있다는 점에 바로 이러한 성격의 기본권의 특성과 본질이 있는 것이며, 이러한 점에서 자유권을 제한하는 경우와 비교할 때, 이러한 기본권을 형성함에 있어서는 입법자에게 보다 광범위한 형성의 자유가 주어지는 것이다.

입법을 통하여 비로소 국민이 헌법상 보장된 기본권을 실제로 행사할 수 있고 추상적인 헌법의 보장내용이 구체적 권리로 형성되는 경우에는 자유권에서 전제되는 기본권과 국가행위 사이에 '원칙과 예외의 관계'가 존재하지 아니한다. 가령, 헌법 제27조의 재판청구권의 경우 국민이 모든 법적 분쟁의 경우에 무한한 심급을 통하여 아무런 기간의 제한 없이 모든 형태의 재판을 청구할 수 있는 권리가 원칙적으로서 보장되고 소송법에 의한 입법자의 규율이 이에 대한 제한이 아닌 것이다. 마찬가지로 사회적 기본권의 경우에도 사회적 기본권의 실현을 위한 모든 국가적 행위와 급부를 요구할 수 있는 것이 원칙이고 사회입법에 의한 규율이 이에 대한 제한이 아니라, 사회적 기본권은 입법자의 구체적 형성에 의하여 비로소 실현되고 보장되는 것이다. 그러므로 자유권의 본질과 구조인 '원칙과 예외의 관계' 및 '수단과 목적의 상관관계'에 맞추어진 과잉금지원칙은 위와 같은 성격의 기본권에게는 그대로 적용될 수 없다.[37] 헌법 내에서 헌법 제37조 제2항이 위치하는 장소에 의하여 과잉금지원칙의 적용범위가 결정되는 것이 아니라, 기본권조항의 체계적인 해석과 기본권의 구조와 성격에 의하여 과잉금지원칙의 적용여부가 결정된다는 것을 유념해야 한다.

3. 자유권에 의한 위헌심사

가. 과잉금지원칙에 의한 심사

(1) '最適化의 요청'과 '과잉금지원칙'의 구분

과잉금지원칙은 국가에 의하여 사용된 수단에 대한 통제로서, 개인의 자유를 가장 적게 제한하는 수단을 선택해야 할 의무를 국가권력에 부과하고자 하는 것이다. 그러나 '자유권'과 '투입된 수단을 통하여 실현하고자 하는 법익'과의 교량과정에서 단지 하나의 最適의 해결책을 합헌적으로 인정하는 경우, 헌법재판소의 이와 같이 강화된 사법적 통제는 입법자의 형성권을 침해할 수 있다. 헌법에 의하여 기본권을 제한하는 권한을 부여받은 입법자에게는 항상 입법적 형성의 공간이 주어져야 한다. 헌법규범의 개방성과 추상성은 다양한 해석과 구체화의 공간을 허용하고 있기 때문에, 공익실현을 위한 법적 수단으로 인정할 수 있는 해결책이 단지 하나만 있는 것이 아니기 때문이다.

헌법재판소에 의한 규범통제는 입법자가 헌법, 특히 기본권에 의하여 설정된 한계를 준수하였는지 여부의 심사에 제한되어야 한다. 헌법적으로 보장된 입법자의 형성권은 헌법재판소에 대하여 입법자의 선택이 최적의 결정인지 여부를 적극적으로 심사할 것이 아니라, 입법적 수단이 모든 관점에서 부적합하고 불필요하며 비례성을 벗어나는지 여부만을 소극적으로 심사할 것을 원칙적으로 요청한다. 이러한 것은 적극적인 '최적화의 요청'과 구분되는 소극적인 '과잉(제한)금지원칙'이란 이름에서 적절하게 표현되고 있다.[38]

(2) 과잉금지원칙에 의한 심사에 있어서 입법형성권의 존중

(가) 따라서 법률이 공익을 실현하기에 가장 최상의 또는 최적의 이상적인 수단인가의 문제가 아니라, 그 법률이 목적달성에 어느 정도 기여할 수 있다면, 이로써 '수단의 적합성'은 인정된다. 수단의 적합성이란 국가행위에 대한 일반적 합리성의 요청으로서 실질적 효과에 있어서는 자의금지원칙과 유사하다고 할 수 있다.[39]

---

37) 이러한 기본권의 심사기준에 관하여 아래 Ⅳ. 5 부분 참조.

38) Vgl. C. Starck, Das Grundgesetz nach füngzig Jahren: bewährt und herausgefordert, JZ 1999, S.481.

39) Vgl. Kluth, Das Übermaßverbot, JA 1999, S.609.

(나) '최소침해성의 원칙'이란 입법목적을 달성할 수 있는 동등하게 적합한 여러 수단 중에서 개인의 자유를 가장 적게 제한하는 수단을 선택해야 한다는 요청이다. 최소침해성의 판단은 첫째, 입법목적의 실현을 위하여 유사하게 적합한 다른 수단이 존재하는지의 대안의 존부를 판단하는 단계와 둘째, 개별 수단의 기본권제한 효과를 서로 비교하여 국가가 선택한 수단이 기본권을 최소한으로 제한하는 수단인지를 판단하는 단계로 구성되어 있다. 그러나 이론적으로는 이와 같은 명쾌한 지침에도 불구하고, 구체적 사건에서 최소침해성의 원칙을 적용하는 것은 많은 어려움을 수반한다. 특히, 다른 수단도 입법목적을 달성하기에 동등하게 적합한지를 판단함에 있어서 많은 논란의 여지가 있기 때문에, 여기서도 마찬가지로 입법자의 예측판단권이 문제된다.

한편, 입법자에게는 수단의 선택에 있어서도 상당한 형성의 자유가 인정된다. 특히, 입법자가 입법목적의 달성을 위하여 한 가지의 수단만을 선택하는 것이 아니라 여러 가지의 수단을 함께 사용하는 경우에는 최소침해성의 원칙은 '수단의 선택은 자의적이어서는 안 된다'는 의미로 축소될 수 있다. 하나의 수단이 다른 수단들을 그 효과에 있어서 서로 보완하고 지지하고 촉진하기 때문에 여러 수단을 체계적으로 함께 투입해야만 입법목적의 달성을 위하여 효과적인 해결책이라고 입법자가 판단한다면, 입법자가 선택한 수단들은 그 상호관계에서 단순히 '보다 강한 수단'과 '보다 약한 수단'의 관계에 있다고 할 수 없다.[40]

(다) '법익균형성의 원칙'은 법률을 통하여 달성하려는 목적(공익)과 법률이라는 수단이 초래하는 기본권제한의 정도를 비교형량할 것을 요청한다. 그런데 헌법은 가치나 법익 사이에 명확하고 체계적인 優劣關係를 확립하고 있지 않으며, 또한 기본권 사이에도 추상적 우열관계가 없다.[41] 이러한 점에 비추어 볼 때, 제한된 기본권이나 입법목적인 법익의 중요성을 추상적으로 비교하는 것은 무의미하므로, 개별사건과 관련하여 구체적으로 법익형량을 해야 한다.

따라서 서로 법익형량해야 하는 대상은 추상적인 공익의 중요성이나 비중 또는 침해된 당해 기본권이 헌법질서에서 가지는 추상적 의미나 중요성이 아니다. 개별적 사례의 구체적인 상황을 고려하여, 입법적 수단에 의하여 '구체적으로 달성되는 공익적 효과'와 이로 인하여 발생하는 '구체적인 제한의 효과', 즉 구체적으로 제한된 자유행사가능성의 의미, 보호가치, 중요성을 비교해야 한다.[42] 입법목적인 공익이 추상적으로는 중대할 수 있으나, 입법수단을 통하여 구체적으로 달성되는 공익실현의 효과는 미미할 수 있다.

---

40) Vgl. BVerfGE 21, 150, 157.

41) Vgl. W. Rüfner, Grundrechtskonflikte, in: Bundesverfassungsgericht und Grundgesetz, Bd.Ⅱ, 1976, S.461ff.

42) Vgl. Sachs, Verfassungsrecht Ⅱ, Grundrechte, A10, 2000, Rn.39ff.; Kluth, Das Übermaßverbot, JA 1999, S.610; Stern, Das Staatsrecht der BRD, Bd.Ⅲ/2, 1994, S.834ff.

법익형량과정에서 구체적 기본권제한의 효과를 판단함에 있어서, 기본권제한이 헌법질서에 대하여 가지는 일반적 의미와 개별적 당사자에 대한 제한효과를 함께 고려할 수 있다.

법익균형성의 단계에서 헌법재판소는 법익형량의 결과가 실제적 조화의 원칙, 즉 最適化의 요청에 부합하는지 여부가 아니라 단지 명백히 잘못되었는지, 즉 상충하는 법익 사이의 비례관계를 현저하게 일탈하였는지 여부만을 심사한다. 즉, 헌법재판소는 법익균형성을 판단함에 있어서 대립하는 양 법익이 가능하면 그 효력을 발휘하도록 서로 조화와 균형의 상태에 있는지, 이로써 양 법익의 관계가 最適인지 또는 理想的인지 여부의 심사를 하지 않는다.[43] 따라서 헌법재판소의 심사기준인 '법익균형성원칙'과 입법자에 대한 헌법적 요청인 '실제적 조화의 원칙'은 일치하지 않는다.

나. 심사의 밀도

(1) 제한되는 자유영역의 의미와 중요성에 따른 기본권제한의 효과

자유권을 제한하는 입법자의 입법형성권의 정도는 크게 '규율효과'와 '규율대상의 특성'이라는 두 가지 요소에 의하여 결정된다.

첫째, 헌법재판소는 통제밀도, 즉 입법형성권의 정도를 판단함에 있어서 무엇보다도 '제한되는 자유영역의 의미와 중요성에 따른 기본권제한의 효과'를 기준으로 삼고 있다. 즉, 개별법률에 의하여 구체적으로 제한되는 자유영역이 인간존엄성실현과 인격발현에 대하여 가지는 의미 또는 침해의 정도의 관점에 의하여 헌법재판소의 통제밀도와 입법형성권이 달라진다고 하는 관점이다.[44] 제한되는 기본권적 법익의 의미가 중대할수록 제한의 강도가 강할수록 이에 상응하여 입법자에 의한 기본권제한은 보다 정당화되어야 하고, 이에 따라 헌법재판소에 의한 보다 엄격한 심사가 정당화되며, 그 결과 입법자의 형성권이 축소된다. 역으로, 기본권제한규정을 통하여 추구하고자 하는 공익(가령, 위험의 방지 등)의 비중이 중대하고 긴급성을 가질수록, 기본권의 제한이 보다 정당화되며 이로써 보다 광범위한 입법형성권이 인정되므로, 헌법재판소의 완화된 심사가 요청된다.

헌법재판소는 '어떠한 자유가 보다 근본적이기 때문에 더욱 보호되어야 하는지, 따라서 입법자의 형성권이 보다 제한되는지'를 판단하는 관점으로는, 자유권을 경제적 자유권과 정신적 자유권으로 구분하여 자유권의 성격에 따라 심사기준을 달리 하는 이론인

43) Vgl. Grabitz, Der Grundsatz der Verhältnismäßigkeit in der Rechtsprechung des Bundesverfassungsgerichts, AöR 98(1973), S.567.

44) 기본권제한의 중대성은 제한된 기본권의 의미, 즉 기본권의 근본성·중대성에 따라 달라지며, 이에 따라 심사의 밀도도 달라진다. 자유영역의 근본성을 결정하는 유일한 근거는 인간의 존엄성실현에 있어서의 침해된 자유의 의미이므로, 개인적 자유의 핵심영역(가령, 생명권, 건강권, 신체의 자유, 인격권, 사생활의 자유, 직업선택의 자유 등)에 대한 공권력의 침해행위는 더욱 중대한 공익에 의하여 정당화되어야 하는 반면, 제한된 자유영역이 사회적 기능 및 사회적 연관성을 가질수록 입법자는 폭넓은 규율권한을 갖는다.

'미국의 二重基準理論'이 아니라 법률에 의하여 '구체적으로 제한되는 자유영역'이 개인에 대하여 그리고 국가공동체에 대하여 가지는 의미를 고려하는 '독일의 個人聯關性·社會聯關性 理論'을 취하고 있다.[45] 이에 따라 헌법재판소는 동일한 자유권이라도 '구체적으로 침해된 자유의 의미'에 따라 심사기준을 달리하며 개별 사건마다 상충하는 법익간의 별도의 구체적 형량을 필요로 한다는 태도를 취하고 있다. 헌법재판소는 우리 헌법질서 내에서 기본권간의 일정한 위계질서를 확립할 수 없을 뿐만 아니라, 경제적 자유권도 자유영역에 따라서는 자유 실현의 물질적 기초로서 또는 개성신장의 불가결한 요소로서 정신적 자유권에 못지않게 중요할 수 있다는 점 등을 고려하여, 법률에 의하여 제한되는 구체적 자유영역이 인간의 존엄성 및 자유 실현에 대하여 가지는 의미에 따라 보호의 정도를 달리하고 있는 것이다.

(2) 규율대상의 특성

둘째, 입법형성권의 정도를 결정하는 또 하나의 관점은 규율대상의 특성이다. 규율대상이 복잡하여 객관적으로 조감할 수 없는 경우, 규율대상이 수시로 변하는 경우, 입법자가 처음으로 특정 생활영역을 규율하는 경우에는 입법자가 확실한 판단을 내릴 수 있는 현실적 가능성이 적고, 이에 따라 입법자에게 보다 광범위한 입법형성권이 인정되어야 한다. 즉, 확실한 판단을 내릴 수 있는 현실적 가능성의 정도에 따라 입법형성권과 헌법재판소의 통제밀도가 결정된다.

다. 과소보호금지원칙에 따른 심사

과잉(제한)금지원칙이 자유권의 영역에서 '국가가 활동해도 되는지'에 관한 문제라면, 과소보호금지원칙은 '국가가 활동해야만 하는지'에 관한 문제이다. 과소보호금지원칙은 자유권에 의하여 보장되는 법익의 보호를 위하여, 특히 개인의 생명이나 건강을 제3자의 침해로부터 보호하기 위하여 활동해야 할 국가의 보호의무와 관련하여 문제되고 있다. 헌법 제10조 후문은 "국가는 … 기본적 인권을 … 보장할 의무를 진다"고 규정하고 있는데, 헌법재판소는 '인권을 보장할 의무'를 '인권을 국가와 사회로부터 보호해야 할 의무', 즉 국가가 인권을 스스로 침해해서도 안 될 뿐만 아니라, 사인이나 사회적 세력으로부터 발생하는 인권침해나 위협에 대하여도 개인을 보호해야 할 국가의 의무가 있다는 것으로 해석하여, 자유권에 의하여 보호되는 법익(가령, 개인의 생명이나 건강 등)에 대한 국가의 보호의무를 인정하였다. 국가의 보호의무와 관련하여 제기되는 문제는 '국가가 자신의 보호의무를 충분히 이행하고 있는지' 여부를 판단하는 기준에 관한 것이다. 자유권의 방어적 기능과 이에 대응하는 국가의 부작위의무는 개인의 자유영역에 대

45) 대표적으로 헌재 1998. 12. 24. 89헌마214 등; 헌재 1999. 4. 29. 94헌바37 등.

한 부당한 침해를 하지 않음으로써 이행될 수 있다는 점에서 아무런 제약 없이 관철되고 실현될 수 있는 반면, 보호의무는 국가의 작위, 즉 적극적인 활동을 요구하고, 국가의 활동은 사실적·법적 상황과 가능성의 제약을 받는다.

그러므로 입법자는 보호의무의 이행에 있어서 '광범위한 형성의 자유'를 가지고 있다. 따라서 과소보호금지원칙은 '국가는 적어도 법익의 보호를 위하여 요청되는 최소한의 보호를 제공해야 한다'는 요청을 통하여 위헌성판단의 기준을 제시하고 있다.[46] 물론, 여기서 '최소한'의 정도를 판단하는 어려움이 있으나, 요청되는 보호의 정도를 구체적으로 결정하여 국가에게 보호의무의 이행에 관한 지침을 제시하는 것은 헌법재판소의 과제가 아니다. 요청되는 보호의 '최소한'의 정도를 판단함에 있어서 입법자에게 광범위한 형성의 자유가 인정되어야 한다. 보호의무는 국가에게 적어도 최소한의 보호를 요청할 뿐, 어떠한 방법으로 보호의무를 이행해야 할 것인지에 관하여 원칙적으로 국가의 자유로운 판단에 맡기고 있으므로, 보호의무를 근거로 특정한 방법으로 보호의무를 이행해야 할 구체적 의무를 원칙적으로 도출할 수 없다. 따라서 입법자가 취한 조치가 명백히 부적합하거나 불충분한 경우에 한하여 보호의무의 위반을 인정할 수 있고, 이로써 국가행위의 소극성을 위헌으로 확인할 수 있다.

한편, 입법자가 보호의무를 이행하였는지 여부를 판단함에 있어서, '침해당한 자유영역이 개인의 자유로운 인격발현에 대하여 본질적인 중요성을 가질수록 자유권의 위협에 대한 국가의 보호는 보다 강화되어야 한다'는 관점에서 보호의무에 대한 요청을 강화할 수 있다. 따라서 보호의무의 이행여부를 판단함에 있어서, 헌법재판소는 한편으로는 침해당한 당해 기본권이 개인에 대하여 가지는 의미와 위협의 정도, 다른 한편으로는 충돌하는 제3자의 기본권 또는 공익을 함께 고려하여, 심사밀도를 어느 정도 달리할 수 있는 가능성을 가지고 있다.

4. 평등권에 의한 위헌심사

가. 자의금지원칙 및 비례의 원칙에 따른 심사

(1) 평등권은 특정한 생활영역, 인간의 행위나 법익을 국가로부터 보호하려는 것이 아니라, 국가의 행위지침으로서 '정의에 부합하는 국가행위', 즉 '같은 것은 같게 다른 것은 다르게' 취급할 것을 요청한다. 평등권의 경우 국가의 침해로부터 보호하려는 고유한 보호범위가 존재하지 않으며, 이로써 보호범위에 대한 제한 또한 있을 수 없다.

---

46) 헌재 1997. 1. 16. 90헌마110 등(교통사고처리특례법에 대한 헌법소원), 입법자가 교통사고처리특례법에서 '자동차종합보험에 가입한 운전자'에 대해서는 법률이 정하는 몇 가지 유형의 중과실의 경우에만 기소를 허용한 경우, 교통사고로부터 국민을 보호하기 위하여 취해야 할 최소한의 조치를 취하였는지 여부를 판단하는 기준으로서 '과소보호금지원칙'을 적용하였다.

따라서 평등권의 경우, 보호범위에 대한 제한이 문제되는 것이 아니라 '국가에 의한 불평등한 취급이 헌법적으로 정당화되는지'가 문제된다.

자유권의 경우, 국가와 개인의 관계에서 국가가 자유권에 의하여 보호되는 개인의 자유영역을 헌법적으로 정당화될 수 없는 방법으로 과도하게 침해하였는지의 문제라면, 평등권의 경우에는 국가가 개인을 같게 또는 다르게 취급해야 함에도 다르게 또는 같게 취급했는지의 문제이므로, 국가에 대하여 평등권위반을 주장하기 위해서는 '국가와 개인의 관계'만을 보아서는 안 되고, 언제나 국가의 규율에 의하여 발생한 '자신의 법적 지위'와 '타인의 법적 지위'를 비교해야 한다. 따라서 평등권이 적용되기 위해서는 언제나 '두 개의 사실관계'의 차별적 대우가 존재해야 한다.

(2) 평등원칙은 입법자에 대해서는 '같게 또는 다르게 취급하는 것이 정의로워야 한다'는 '正義로운 입법'에 대한 요청을 의미한다. 그러나 '무엇이 정의에 부합하는지'에 대한 적극적인 판단이 불가능하기 때문에, 정의를 극단적이고 절대적으로 부정하는 반대개념인 '恣意'의 개념을 통하여 입법자를 구속할 수 있는 기준을 제시하고자 하는 것이 恣意禁止原則이다.[47] 그러므로 자의금지원칙에 의하면, 차별을 정당화하는 합리적인 이유를 더 이상 인식할 수 없기 때문에 입법자의 결정을 용인하는 것이 일반적인 정의감정에 반하다고 판단되는 경우에 비로소, 헌법재판소는 입법자의 판단에 이의를 제기하게 된다. 따라서 자의금지원칙에 의하면 입법자에게 광범위한 형성의 자유가 인정된다.

한편, 헌법재판소는 차별대우가 정당화되는지의 문제를 자의금지원칙을 넘어서 경우에 따라 比例의 原則을 사용하여 해결하려고 시도함으로써 입법자의 형성권을 제한하고 있다.[48] 헌법이 스스로 차별의 근거로 삼아서는 아니 되는 기준이나 차별을 특히 금지하고 있는 영역을 제시하거나[49] 또는 인격의 자유로운 발현을 위하여 중요하고도 불가결한 자유행사의 기회가 차별대우로 인하여 위협받는 경우, 헌법재판소는 엄격한 심사기준인 비례의 원칙을 적용하고 있다.

나. 심사의 밀도

(1) 헌법 또는 헌법해석에 의한 입법형성권의 제한

단순한 자의심사를 넘어서 '비교대상간의 차이의 성질 · 비중이나 입법목적의 비중'을

---

47) 한수웅, 평등권의 구조와 심사기준, 헌법논총 제9집(1998), 52면 참조.

48) 헌재 1999. 12. 23. 98헌마363, 판례집 11-2, 770, 787; 헌재 2002. 4. 25. 98헌마425, 판례집 14-1, 351, 367; 헌재 2000. 8. 31. 97헌가12, 판례집 12-2, 167, 181; 헌재 2001. 6. 28. 2001헌마132, 판례집 13-1, 1441, 1464-1465; 헌재 2001. 2. 22. 2000헌마25, 판례집 13-1, 386, 403-405.

49) 이로써 헌법재판소는 종래 헌법 제11조 제1항 후문(성별 · 종교 또는 사회적 신분을 이유로 한 차별금지) 및 제32조 제4항(근로영역에서의 성별을 이유로 한 차별금지) 등의 규정을 헌법적으로 특별한 의미가 없는 '예시적 조항'으로 이해하는 종래의 해석을 벗어나, 일반평등조항에 대한 特別 平等條項으로서 파악하고 있음을 시사하고 있다.

'차별효과'와 비교형량하는 엄격한 심사는 헌법에 직접적이든 간접적이든 근거가 있는 경우에만 허용될 수 있다. 헌법재판소는 평등권을 기준으로 한 법률의 위헌심사에 있어서도 '심사밀도는 입법자에게 인정되는 입법형성권의 정도에 따라 달라진다'는 사고에 입각하여, 명시적인 헌법규정이나 헌법의 해석을 통하여 입법자의 형성권이 제한되는 경우에는 '비례의 원칙'에 따른 엄격한 심사를 하고 있다. 따라서 '언제 어느 정도로 입법형성권이 헌법적으로 제한되는지'의 관점에 의하여 심사밀도가 결정된다.

(2) 명시적인 헌법규정에 의한 입법형성권의 제한

헌법은 일련의 규정에서 차별을 금지하거나 명령하는 등 구체적 표현을 통하여 평등원칙을 구체화하고 실현하는 입법자의 형성권을 제한하고 있다. 물론, 헌법상의 차별금지규정과 차별명령규정은 입법자가 모든 경우에 평등대우나 차별대우를 해야 한다는 것은 아니지만, 차별대우 또는 동등한 대우의 경우에는 보다 특별한 정당성을 필요로 한다는 것을 의미한다. 따라서 이러한 경우에는 헌법 스스로가 입법자의 형성권을 제한하고 있기 때문에, 헌법재판소가 헌법적 요청의 준수여부를 엄격하게 심사하는 것이 정당화된다.

(가) 불리한 차별을 금지하는 특별규정

헌법 제11조 제1항 後文은 "성별·종교 또는 사회적 신분"을 이유로 한 차별을 금지하고 있다. 성별에 의한 차별금지는 헌법 제32조 제4항에서 근로영역에서의 성별을 이유로 한 차별금지로, 헌법 제36조 제1항에서는 혼인과 가족생활에서의 성별에 의한 차별금지로 구체화되었다. 또한, 종교에 의한 차별도 헌법 제20조 제2항에서 국교를 이유로 한 종교의 차별금지로 구체화되었다. 또한, 사회적 신분에 의한 차별금지는 헌법 제11조 제2항의 '사회적 특수계급제도의 불인정 및 창설금지' 규정에서 구체화되고 있다.

헌법 제31조 제1항("모든 국민은 능력에 따라 균등하게 교육을 받을 권리를 가진다.")은 교육시설에 입학함에 있어서 고려될 수 있는 유일한 차별기준("능력")을 제시함으로써 능력 이외의 다른 요소에 의한 차별금지를 규정하고 있다. 이로써 교육을 받을 권리의 영역에서 능력주의가 헌법적으로 확정되었고, 교육시설의 입학에서 능력 외의 다른 요소를 고려하는 것은 원칙적으로 금지되며, 이에 대하여 특별한 정당성을 요구한다.[50)]

헌법 제36조 제1항(국가에 의한 혼인과 가족생활의 보장)은 혼인과 가족의 지위를 다른 생활공동체에 비하여, 혼인한 자의 법적 지위를 독신자에 비하여, 부모의 지위를 자녀가 없는 자에 비하여 불리하게 형성하는 것을 금지하고 있다. 혼인과 가족생활의 보호는 특히 세법에서 부모와 가족의 조세부담과 관련하여 특별한 의미를 가진다.

---

50) 이에 관하여 한수웅, 교육을 받을 권리와 국가교육권한의 한계 −교육평준화 및 학교선택권 제한의 헌법적 한계를 중심으로−, 법조 2008. 4., 8면 참조.

헌법은 제41조 제1항 및 제67조 제1항에서 보통·평등선거원칙을 규정하고 있다. 보통·평등선거원칙은 모든 국민으로 하여금 국정에 평등하게 참여하도록 하기 위한 선거원칙으로서 평등원칙이 참정권의 영역에서 구체화된 헌법적 표현이다. 참정권의 영역에서의 평등은 국민주권과 민주주의의 관점에서 '모든 국민은 정치적 영역에서 원칙적으로 평등하다'는 '엄격하고도 형식적인 평등'을 의미한다. 따라서 참정권의 영역에서 차별이 정당화되기 위해서는 불가피한 사유가 존재해야 한다.

헌법 제39조 제2항("누구든지 병역의무의 이행으로 인하여 불이익한 처우를 받지 아니한다.")은 병역의무의 이행을 이유로 하는 불리한 '법적' 차별을 명시적으로 금지하고 있다.[51)]

(나) 유리한 차별을 명령하는 특별규정

반면에, 헌법 제32조 제6항은 근로의 기회에 있어서 국가유공자, 상이군경 및 전몰군경의 유가족에 대하여 차별(우대)을 명령하는 헌법규범이다.[52)] 헌법 제32조 제6항은 공직자의 선발에 있어서 국가유공자 등을 우대해야 할 헌법적 의무를 입법자에게 부과함으로써, 직업공무원제도의 능력주의에 대한 예외를 명시적으로 허용하고 있는 헌법규범이다. 헌법 제32조 제6항은 입법자에게 '헌법이 허용하는 범위 내에서', 즉 능력주의에 기초하는 직업공무원제도(헌법 제7조) 및 다른 경쟁자의 기본권과 조화를 이룰 수 있는 범위 내에서 국가유공자 등에게 우선적 근로기회를 제공해야 할 의무를 부과하는 규정이다. 이러한 해석 하에서만, 직업공무원제도에 대한 예외를 허용하는 헌법 제32조 제6항은 직업공무원제도를 규정하는 헌법 제7조 및 다른 경쟁자의 기본권과 동일한 헌법질서 내에서 공존할 수 있다.

(3) 헌법해석(자유권제한의 효과)에 의한 입법형성권의 제한

입법자의 형성권은 언제나 동일하게 존중되는 것이 아니라 규율효과(자유권제한의 효과)의 정도와 규율영역의 특성에 따라 그 범위가 다르다. 따라서 자유권의 영역에서 제한된 자유가 개인의 핵심적 자유영역에 속하는 것인지 아니면 사회적 기능이나 사회적 연관성을 가지는 것인지에 따라 기본권보호에 차등을 두고 이로써 입법자에게 인정되는 형성권의 범위를 달리하는 것과 마찬가지로,[53)] 평등권의 경우에도 '헌법재판소에 의한 강화된 심사가 요청되는지' 여부는 차별대우의 실질적 비중과 차별대우가 당사자에 대하여 가지는 의미와 효과에 달려 있다. 차별대우가 당사자의 자유권행사에 미치는 불리한 효과가 매우 크기 때문에 차별대우의 실체적 비중이 현저하다면, 이 경우 심사기준의 강화와 입법형성권의 축소가 정당화된다.[54)]

---

51) 가령, 입법자가 특정 자격시험의 응시연령을 제한함에 있어서 병역의무의 이행으로 시간적 지체를 고려하지 아니하고 응시연령을 확정하는 경우에는 입법자의 형성권을 제한하는 위 헌법규정에 위반될 수 있다.

52) 국가유공자 가산점제도에 관한 헌법재판소 결정으로서 헌재 2001. 2. 22. 2000헌마25; 헌재 2006. 2. 23. 2004헌마675 등 참조.

53) 이에 관하여 위 Ⅳ. 3. 나 부분 참조.

한편, 차별대우가 자유권의 행사에 불리한 영향을 미치는 모든 경우에 엄격한 심사를 한다면, 이는 곧 자유권이 항상 문제되는 '침해적 법률'의 경우에는 엄격한 심사를 해야 하고 자유권이 문제되지 않는 '시혜적인 법률'의 경우에는 완화된 자의심사를 해야 한다는 결론에 이른다. 그러나 자유권의 의미가 개인의 핵심적 자유영역에 대하여 크면 클수록 자유권에 대한 보호는 더욱 강화되는 것과 마찬가지로, 평등권의 경우에도 입법자가 차별을 통하여 자유권의 핵심적 영역을 제한할수록 입법형성권은 축소되고, 엄격한 심사가 정당화된다고 보는 것이 타당하다. 따라서 차별대우가 인간의 생존이나 핵심적인 자유행사의 기본적인 조건(예컨대, 신체의 자유, 인격권, 사생활의 자유, 직업선택의 자유 등)을 제약할수록 입법자의 형성권이 제한되고 엄격한 심사가 정당화된다. 즉, 차별에 의하여 불리한 효과를 받은 다른 자유권이 인간의 존엄성실현에 있어서 얼마나 중요한 의미를 가지고 있는지의 '침해된 자유의 의미와 기능'에 의하여 입법형성권이 결정된다.

5. 참정권 · 청구권적 기본권 · 사회적 기본권에 의한 위헌심사

가. 형성적 법률유보를 가지는 기본권에서의 법익형량

(1) 헌법재판소는 자유권과 그 외의 기본권을 구분하여 입법자에 의한 구체적 형성을 필요로 하는 기본권(청구권적 기본권, 참정권, 사회적 기본권)의 경우에는 자유권과 비교할 때 전반적으로 '광범위한 입법형성권'을 인정하고 있다. 국가로부터 일정한 행위나 급부를 요구하는 청구권적 기본권과 사회적 기본권, 국가의사형성과정에의 참여를 요구하는 참정권은 개인의 주관적 권리로서 보장되기 위하여 입법자에 의한 구체적 형성을 필요로 한다. 물론, 이러한 기본권의 경우에도 입법자의 형성권은 무제한적인 것이 아니라, 헌법이 스스로 명시적인 표현을 통하여 입법자가 준수해야 하는 구체적 지침을 제시하거나 또는 헌법해석을 통하여 기본권형성을 위한 기본적 지침을 도출할 수 있기 때문에, 이러한 관점에서 입법자의 형성권은 제한된다.

따라서 입법자에 의한 구체적인 형성을 필요로 하는 기본권의 경우, 기본권을 형성하는 입법자는 기본권에 의하여 구속을 받으나, 이러한 구속의 성격은 '과잉(제한)금지원칙에 의한 구속'이 아니라, 헌법이 기본권을 보장한 기본정신(가치결정)에 부합하게 기본권을 구체적으로 형성해야 한다는 요청에 의한 구속이다. 따라서 여기서 제기되는 헌법적 문제는, 입법자에 의한 규율이 과잉제한인지 여부가 아니라 입법자가 기본권의 가

---

54) 미국 연방대법원은 이미 1960년대 엄격한 기준에 의한 평등심사를 인종, 종교, 국적에 의한 차별에 국한시키지 아니하고 '기본적 권리'가 침해당한 경우에까지 확대하였고, 독일 연방헌법재판소의 제1재판부도 1980년 이래 평등권의 심사에 있어서 차별대우가 다른 기본권에 미치는 영향을 고려하여 차별의 효과가 자유권의 행사에 불리하게 나타나는 경우에는 엄격한 심사를 하고 있다.

치결정에 부합하게 기본권을 구체적으로 형성하였는지 여부, 이로써 입법자가 형성권을 제대로 행사했는지 여부이고, 이는 결국 '헌법이 기본권을 보장한 기본정신'과 '이와 상충하는 법익' 사이의 법익교량의 문제인 것이다.

(2) 한편, 입법자는 법률을 통하여 기본권을 구체적으로 형성함에 있어서 '기본권의 헌법적 가치결정'과 '이와 상충하는 반대법익'을 함께 고려하여 실제적 조화의 원칙에 따라 가능하면 양 법익을 최적으로 실현하고자 노력해야 한다. 실제적 조화의 원칙에 내재하는 '최적화의 요청'은 입법자가 선거권, 재판청구권, 사회적 기본권 등을 입법을 통하여 구체화하는 경우에도 마찬가지로 적용된다. 가령, 헌법이 입법자에게 매우 광범위한 입법형성권을 부여하는 사회적 기본권의 경우, 입법자는 국가의 급부능력, 국가과제 이행의 우선순위 등을 고려하여 '사회적 기본권의 가치결정'과 '그 반대법익'을 가능하면 최적으로 조화시켜야 할 의무, 이로써 국가의 재정과 반대법익이 허용하는 범위 내에서 가능하면 최대한으로 사회적 기본권의 가치결정을 실현해야 할 의무를 진다.

그러나 입법자에 대한 헌법적 요청인 '최적화의 요청'(행위규범)과 헌법재판소의 심사기준(통제규범)이 일치하는 것은 아니다. 헌법이 입법자에게 어느 정도로 입법형성권을 부여하는지 또는 역으로 어느 정도로 입법형성권을 제한하는지에 따라, 헌법재판소의 위헌심사기준은 달라진다. 헌법재판소가 입법자에 의한 법익교량의 타당성, 즉 입법형성의 결과인 법률의 위헌여부를 심사하는 경우, 그 위헌심사기준은 실제적 조화의 원칙에 따른 '최적화의 요청'이 아니라, 입법자가 기본권을 형성함에 있어서 헌법이 어느 정도로 직접 구체적인 지침을 제시하는지, 이로써 입법형성권을 스스로 제한하는지에 따라, 과잉금지원칙과 유사한 정도의 엄격한 심사(가령, 선거권의 위반여부가 문제되는 경우), 완화된 심사(재판청구권의 위반여부가 문제되는 경우) 또는 최소한의 심사(사회적 기본권의 위반여부가 문제되는 경우) 등 다양한 형태로 나타난다. 즉, 입법자에 의한 구체적 형성을 필요로 하는 기본권은, 법률을 통하여 기본권을 구체화하고 실현하는 입법자에 대해서는 '行爲規範'으로서 반대법익과의 관계에서 최적으로 실현될 것을 요청하지만, 기본권을 실현하는 법률의 위헌여부를 심사하는 헌법재판소에 대해서는 '統制規範'으로서 헌법에 의하여 부여되는 '입법형성권의 정도'에 상응하는 위헌심사를 요청한다.

나. 선거권

(1) 헌법상 선거원칙에 의한 입법형성권의 제한

헌법 제24조는 선거권의 규정형식으로 "법률이 정하는 바에 의하여"의 표현을 사용함으로써, 자유권과는 달리 입법자에 의한 구체적 형성을 필요로 한다는 것을 분명히 밝히고 있다. 국민이 헌법상 보장된 선거권을 실제로 행사하기 위해서는 '누가 어떻게 선거할 것인지'에 관하여 법률에 의한 구체적인 형성을 필요로 한다.[55] 그러나 입법자의 형성권은 무제한적인 것이 아니라, 선거권을 보장한 기본정신, 특히 민주주의원리를 비롯한 헌법규범에 의하여 제한된다. 헌법은 무엇보다도 제41조 제1항 및 제67조 제1항에서 보통·평등·직접·비밀선거의 일반적 선거원칙을 규정함으로써 입법자가 준수해야 할 지침을 제시하고 있다. 그러므로 입법자는 선거관련입법을 통하여 국민의 선거권을 구체적으로 형성함에 있어서 헌법규범, 특히 헌법상의 선거원칙을 존중하고 실현해야 한다. 입법자의 구체적 형성이 헌법상 선거원칙에 위반되는 경우, 입법자는 헌법 제24조의 선거권을 침해하게 된다.

따라서 선거권에서 문제되는 것은, 입법자가 입법을 통하여 선거권을 과도하게 제한하는지의 문제가 아니라, 헌법상 부여된 입법형성권을 제대로 행사하는지의 문제, 즉 입법자가 선거권을 법률로써 형성함에 있어서 준수해야 하는 지침인 헌법상 선거원칙, 민주주의원리 등을 존중하여 선거권을 구체화하였는지의 문제이다.

(2) 선거원칙에 대한 예외가 헌법적으로 정당화되는지 여부

선거권을 형성하는 법률에 대하여 헌법 제37조 제2항의 과잉금지원칙에 따라 입법목적과 입법수단의 상관관계를 입법목적의 정당성, 수단의 적합성, 수단의 최소침해성 및 법익균형성의 단계별로 판단하는 것은, 헌법상 선거원칙의 실체적 요청을 전혀 고려할 수 없다는 근본적인 문제를 안고 있다.[56] 선거권을 형성하는 법률의 위헌여부는 '달성하려는 목적에 비추어 투입된 수단이 과잉인지'의 관점이 아니라 '법률이 헌법상 선거원칙에 위반되는지'의 관점에 의하여 판단되어야 한다.

선거권과 관련된 헌법재판소의 결정에서 문제되는 것은, 입법자가 선거권을 과잉으로 제한하였는지 여부가 아니라 '헌법상 선거원칙의 요청'과 '선거원칙에 대한 예외를 요청하는 다른 법익' 간의 형량의 결과, 선거원칙에 대한 예외가 합리적인 사유로 정당화되는지 여부인 것이다. 더욱이, 보통선거원칙과 평등선거원칙은 '선거의 영역에서 평등원칙이 구체화된 헌법적 표현'이라는 점에서 근본적으로 자유의 문제가 아니라 평등의 문제이므로, 그 본질상 자유권에 대한 제한을 전제로 그 제한의 정당성여부를 판단하는 과잉금지원칙을 선거권에 적용하는 것은 처음부터 해결될 수 없는 문제를 안고 있다.

---

55) 국민이 선거권을 행사하기 위해서는 입법자가 事前에 선거법을 통하여 누가 선거할 수 있는지(선거연령의 확정 등), 어떠한 선거제도에서 선거가 이루어지는지(다수대표제 또는 비례대표제, 선거구의 획정 등)에 관하여 규율해야 한다.

56) 이에 관하여 상세하게, 한수웅, 헌법 제37조 제2항의 과잉금지원칙의 의미와 적용범위, 저스티스 2006/12, 20면 이하 참조.

(3) 헌법재판소의 판례[57)]

헌법재판소는 이미 초기의 판례부터 선거권의 법률유보가 '기본권형성적 법률유보'임을 충분히 인식하여, 선거관련입법의 선거권 위반여부를 판단한 대부분의 결정에서 헌법 제37조 제2항이나 과잉금지원칙을 심사기준으로 언급조차 하지 아니하고 단지 '입법자가 헌법상 선거원칙을 존중하여 입법형성권을 제대로 행사했는지 여부'를 심사하였다.[58)] 다만, 일부 소수의 판례에서 과잉금지원칙에 따른 단계별 심사를 불완전하나마 시도하였으나,[59)] 바로 이러한 결정들에서 심판대상조항의 위헌성을 과잉금지원칙에 따라 형식적으로 판단함으로써 선거권위반여부를 판단하는 가장 중요한 기준인 '선거원칙'을 위헌성심사에서 고려하지 않는 오류를 범하였다.[60)]

헌법재판소는 종래 선거권의 제한에 대하여 단지 제한을 정당화하는 합리적인 사유만을 요구하였으나, 최근의 결정에서는 보통선거원칙과 평등선거원칙을 자의금지원칙을 넘어서 형식적이고 기계적인 평등의 요청으로 이해함으로써, 선거권의 위반여부를 판단함에 있어서 엄격한 심사의 가능성을 예고하였다.[61)] 헌법재판소는 보통선거원칙에 대한 예외를 인정하기 위해서는 '예외를 정당화하는 불가피한 사유'를 요구함으로써, 선거권을 규율하는 입법자의 형성권을 보다 축소하고 이에 상응하여 자신의 심사권한을 확대하고 있다.

다. 재판청구권

(1) '효과적인 권리보호의 요청'에 의한 입법형성권의 제한

청구권적 기본권이란, 권리의 보장을 위하여 국가에 대하여 일정한 행위를 적극적으로 청구할 수 있는 국민의 권리이다. 국민이 국가의 도움을 필요로 하지 않고서도 누릴 수 있는 자유의 경우, 헌법은 자유권의 형태로써 자유를 원칙적으로 무제한으로 보장하면서 공익상의 이유로 자유권에 대한 제한을 허용하는 반면, 국가의 행위나 조력을 필요로 하는 청구권적 기본권의 경우, 입법자에 의한 구체적 형성을 필요로 한다. 헌법은 청구권적 기본권(제26조, 제27조, 제28조, 제29조, 제30조)의 규정형식으로 "법률이 정하는 바에 의하여" 또는 "법률에 의한" 등의 표현을 사용함으로써 자유권과는 달리 입법자에 의한 구체적 형성을 필요로 한다는 것을 분명히 밝히고 있다.

헌법 제27조 제1항은 "법률에 의한 재판을 받을 권리"이란 표현을 통하여 재판청구

57) 이에 관하여 자세하게 한수웅, 형성적 법률유보를 가지는 기본권에서 과잉금지원칙의 적용여부, 헌법실무연구 제9권(2008), 헌법실무연구회 제85회 발표문, Ⅳ. 2. 다. 부분 참조.

58) 대표적으로 헌재 1997. 6. 26. 96헌마89; 헌재 1995. 12. 27. 95헌마224; 헌재 2001. 10. 25. 2000헌마92; 헌재 2001. 7. 19. 2000헌마91.

59) 가령, 헌재 1999. 1. 28. 97헌마253 등; 헌재 2007. 6. 28. 2004헌마644 등.

60) 대표적으로 헌재 1999. 1. 28. 97헌마253 등.

61) 헌재 2007. 6. 28. 2004헌마644 등.

권을 법률로써 실현하고 구체화해야 하는 의무와 과제를 입법자에게 부과하고 있다. 개인이 재판청구권을 행사하기 위해서는, 즉 권리구제절차를 밟고 권리보호를 구할 수 있기 위해서는, 법원조직법이나 소송법과 같은 입법자의 구체적인 형성을 필요로 한다. 이로써 "법률에 의한" 재판청구권은 원칙적으로 입법자에 의하여 형성된 현행 소송법의 범주 내에서 권리구제절차를 보장한다는 것을 밝히고 있다.

그러나 헌법 제27조 제1항은 권리구제절차에 관한 구체적 형성을 완전히 입법자의 형성권에 맡기지는 않는다. 입법자가 단지 법원에 제소할 수 있는 형식적인 권리나 이론적인 가능성만을 제공할 뿐 권리구제의 실효성이 보장되지 않는다면, 권리구제절차의 개설은 사실상 무의미할 수 있다. 그러므로 재판청구권은 법적 분쟁의 해결을 가능하게 하는 적어도 한 번의 권리구제절차가 개설될 것을 요청할 뿐만 아니라, 그를 넘어서 소송절차의 형성에 있어서 '실효성 있는 권리보호'를 제공하기 위하여 그에 필요한 절차적 요건을 갖출 것을 요청한다. 따라서 '효과적인 권리보호의 요청'은 입법자가 권리구제절차를 구체적으로 형성함에 있어서 중요한 기준이자 동시에 입법형성권의 한계를 의미하며, 또한 재판청구권에 내재된 본질적인 요소로서 그의 존재의미이자 헌법적 목적이다.[62)]

(2) 법익교량과정에서 입법형성권의 명백한 일탈여부에 관한 판단

재판청구권은 자유권과 같이 일정한 보호영역을 국가의 침해로부터 방어하고자 하는 부작위청구권이 아니라, 실체적 권리의 구제를 위하여 국가로부터 적극적인 행위를 요구하는 기본권이다. 재판청구권은 입법자에 의한 구체적 형성을 필요로 하는 기본권으로서, 국가로부터 효과적인 권리구제절차의 제공을 요구할 권리, 즉 효과적인 권리보호를 위한 구제절차의 형성을 요구할 권리이다. 재판청구권에서 문제되는 것은, 국민이 재판청구권을 근거로 하여 '국가로부터 특정한 내용의 권리구제절차를 요구할 수 있는지'에 관한 것이다. 국민이 국가로부터 어느 정도로 권리구제절차를 요구할 수 있는지의 문제는 '효과적인 권리보호를 요청하는 재판청구권의 정신'과 '이에 대립하는 다른 법익'과의 형량과정을 통하여 결정된다.

재판청구권의 위반여부는 보호범위에 대한 제한이 과잉인지의 관점이 아니라, 입법자가 헌법상 부여된 형성권의 범위를 일탈하였는지의 관점에서 판단되어야 한다.[63)] 구체적으로, 입법자가 재판청구권을 소송법 등 입법을 통하여 구체적으로 형성함에 있어서 한편으로는 재판청구권의 헌법적 요청인 '효과적인 권리보호의 요청'이란 법익과 다른 한편으로는 이에 대립하는 법익(가령, '원활한 사법기능'이나 '법적 안정성', 재판의 신속성, 재판의 공정성 등)을 비교형량을 통하여 조화와 균형을 이루는 문제인 것이다.[64)] 물

62) 재판청구권에 관하여 자세하게 한수웅, 헌법 제27조의 재판청구권, 헌법논총 제10집(1999), 349면 이하.
63) 재판청구권과 과잉금지원칙에 관하여 자세하게 한수웅, 헌법 제37조 제2항의 과잉금지원칙의 의미와 적용범위, 저스티스 2006/12, 23면 참조.

론, 헌법재판소는 입법자에 의한 재판청구권의 실현여부를 판단함에 있어서 '최적화의 요청'이나 '실제적 조화의 원칙'을 기준으로 삼아서는 안 되고, 입법자에 의한 법익형량의 결과가 명백하게 잘못되었는지 여부의 심사에 제한해야 한다. 결국, 재판청구권과 관련하여 기본권보장의 문제가 제기된다면, 이는 '과잉제한의 문제'가 아니라, 오히려 입법자가 구체적으로 형성한 절차법이 재판청구권의 정신을 제대로 보장하지 못하고 있는지의 판단을 구하는 '과소보장의 문제'인 것이다.

(3) 헌법재판소의 판례[65)]

헌법재판소는 재판청구권의 위반여부를 판단함에 있어서 일련의 결정에서 과잉금지원칙 또는 헌법 제37조 제2항을 언급하고 있으나, 위와 같은 이유에서 과잉금지원칙에 따라 입법목적과 수단의 상관관계를 단계별로 판단한 경우는 거의 찾아 볼 수 없다. 권리구제절차의 개설여부 또는 상소나 심급의 제한이 문제된 사건에서 헌법재판소는 심급을 제한하는 심급제도의 형성이 합리적인 이유에 의하여 정당화되는지 여부를 판단하였다.[66)] 개설될 권리구제절차에의 접근이 용이해야 한다는 요청과 관련하여 인지액이 문제된 사건에서 헌법재판소는 과잉금지원칙을 언급조차 하지 아니하고 재판청구권의 위반여부를 판단하였다.[67)] 그러나 일부 결정에서는 과잉금지원칙을 적용하고 있으나 최소침해성 및 법익균형성의 심사는 단지 형식적인 판단에 그치고 있다. 따라서 헌법재판소는 비록 형식적으로 과잉금지원칙에 의존하고 있으나, 실질적으로는 과잉금지원칙을 적용한 것이 아니라 상충하는 법익의 교량을 통하여 입법형성권을 제대로 행사했는지 여부를 심사하고 있음을 확인할 수 있다.[68)]

라. 사회적 기본권

(1) 사회국가의 실현을 위한 구체적 헌법위임으로서 사회적 기본권

사회적 기본권이란 사회국가원리를 실현하기 위한 기본권으로서, 각 개인이 자유를 실제로 행사할 수 있는 실질적 조건을 마련해 줄 것을 국가로부터 요구할 수 있는 권리, 특히 입법자에 대하여 사회적 기본권의 보장내용을 실현하는 입법을 요구할 권리이다. 헌법은 사회적 기본권을 개인의 '주관적 권리'의 형태로 규정하고 있으나, 사회적

---

64) 예컨대, 헌법재판소는 헌법소원심판의 청구와 심판수행에 있어서 변호사강제주의를 취하고 있는 헌법재판소법 제25조 제3항에 대하여 제기된 헌법소원에서, 변호사강제주의가 실현하려는 공익상의 법익(소송의 질적 향상, 사법의 원활한 운영, 재판심리의 부담경감 등)과 국민의 재판청구권을 비교형량하여 공익에 우위를 부여함으로써 합헌결정을 하였다(헌재 1990. 9. 3. 89헌마120 등). 또한 유사한 취지로 헌재 2001. 9. 27. 2001헌마152, 판례집 13-2, 447, 452-453 참조.

65) 이에 관하여 자세하게 한수웅, 형성적 법률유보를 가지는 기본권에서 과잉금지원칙의 적용여부, 헌법실무연구 제9권(2008), 헌법실무연구회 제85회 발표문, Ⅳ. 3. 다. 부분 참조.

66) 헌재 1997. 10. 30. 97헌바37; 헌재 1995. 9. 28. 92헌가11.

67) 헌재 1994. 2. 24. 93헌바10; 헌재 1996. 8. 29. 93헌바57.

68) 헌재 1996. 10. 4, 95헌가1; 헌재 1998. 7. 16. 97헌바22.

기본권은 그 자체로서 관철할 수 있는 구체적·현실적인 권리가 아니다.[69] 사회적 기본권의 본질적인 의미는 국가로 하여금 사회적 기본권에 담겨져 있는 객관적 내용, 즉 국가의 과제나 의무를 실현하도록 헌법적으로 구속하는데 있다.[70] 헌법은 개별 조항에서 우선 주관적 권리의 형태로 사회적 기본권을 규정한 다음, 이어서 사회적 기본권의 객관적 내용이 무엇인가 하는 것을 구체적으로 국가의 객관적 의무의 형태로 서술하고 있다. 사회적 기본권은 그 본질상, 구체적 권리가 되기 위하여 사전에 입법에 의한 구체적 형성을 필요로 한다. 그러므로 사회적 기본권으로부터 사법적으로 다툴 수 있는 개인의 주관적인 권리가 원칙적으로 나오지 않는다.

민주국가에서 어떠한 법적 조건 하에서 어떠한 내용의 급부가 제공되어야 하는지에 관하여 결정하는 것은 입법자의 과제이다. 개인이 국가에 대하여 급부를 요구하고 사법적으로 관철하기 위해서는 입법자에 의한 구체적인 형성을 필요로 한다. 또한, 국가의 급부제공은 국가재정을 필요로 하기 때문에 항상 국가예산의 형태로 그 재정이 확보되어야 한다는 관점도, 급부청구권이 현실적인 권리가 되기 위해서는 국가의 예산을 확정하는 권한을 가진 입법자의 구체적 입법을 필요로 한다는 것을 말해주고 있다. 즉, 입법자가 국가과제의 이행에 있어서 우선순위를 정하고 그에 필요한 급부의 근거와 정도를 스스로 정해야 한다.

사회적 기본권은 그 내용이 실현되기 위해서는 국가의 적극적인 행위, 즉 입법과 행정의 조치를 요구하기 때문에 입법자에의 의존성에 그 특징이 있다. 사회적 기본권의 실현이 입법자의 형성행위에 의존하고 있으므로, 사회적 기본권의 객관적 내용은 입법자의 활동에 의하여 비로소 구체화되고 실현된다. 따라서 사회적 기본권은 입법에 의하여 제한되는 것이 아니라, 비로소 구체적 권리로서 형성된다. 헌법은 사회적 기본권의 규정형식으로 "법률이 정하는 바에 의하여" 또는 "법률로 정한다." 등의 표현을 사용함으로써 입법자에 의한 구체적 형성을 필요로 한다는 것을 분명히 밝히고 있다.

(2) 입법형성권의 명백한 일탈여부에 관한 판단

입법자에 의한 구체적인 형성을 필요로 하는 사회적 기본권의 경우 헌법재판실무에서 주로 국민이 헌법상 보장된 사회적 기본권을 근거로 하여 일정한 국가행위를 요구할 수 있는지 여부가 문제된다. 가령, 개인이 '인간다운 생활을 할 권리'를 근거로 하여 일정한 수준 이상의 생계보호비를 요구할 수 있는지 또는 특정한 사회보장정책의 도입을 요구할 수 있는지의 문제이다. 따라서 사회적 기본권을 실현하는 입법자의 입법에

69) 가령, 헌법 제32조의 근로의 권리가 개인의 권리로서 관철될 수 있기 위해서는, 국가가 노동시장을 지배하고 이를 마음대로 처분할 수 있어야 하는데, 이는 헌법의 자유주의적 경제질서와 부합할 수 없는 계획경제체제를 전제로 하는 것이다.

70) 사회적 기본권에 관하여 자세하게 한수웅, 헌법소송을 통한 사회적 기본권 실현의 한계 -법적 권리설로부터의 결별-, 인권과 정의 1997. 1., 70면 이하 참조.

대하여 제기되는 문제는, 입법자가 법률로써 사회적 기본권을 과도하게 침해하는지의 문제가 아니라, 헌법상 보장된 사회적 기본권의 기본정신을 고려하여 입법형성권을 제대로 행사하였는지 여부, 즉 사회적 기본권의 가치결정을 충분히 고려하는 입법에 해당하는지 여부이다.[71)]

사회적 기본권의 실현에 있어서 입법자에게 인정되는 광범위한 입법형성의 자유에 비추어, 헌법재판소는 '입법자가 사회적 기본권을 실현해야 할 의무를 제대로 이행하였는지 여부'를 '과소보장금지의 원칙' 또는 '최소한 보장의 원칙'을 기준으로 단지 제한적으로만 심사할 수 있다. 즉, 헌법재판소는 사법적 심사에 있어서 단지 국가가 사회적 기본권의 실현을 위한 최소한의 조치를 취하였는지, 사회적 기본권을 실현해야 하는 최소한의 기본의무를 이행하였는지 여부만을 판단하게 된다.

(3) 헌법재판소의 판례

헌법재판소는 이미 '1994년 생계보호기준' 사건에서 "국가가 사회적 기본권을 실현하기 위한 아무런 조치를 취하지 않았던지, 아니면 취한 조치가 사회적 기본권의 객관적 내용을 실현하기에 명백하게 부적합하거나 불충분할 때에만 헌법재판소는 국가의 의무이행의 위반을 확인할 수 있을 뿐"이라고 하여 의무위반의 명백성을 요구함으로써, 입법자의 입법이 사회적 기본권에 부합하는지 여부는 과잉금지원칙이 아니라 '최소한 보장의 원칙'에 따라 국가가 사회적 기본권의 실현을 위하여 적어도 적절하고 효율적인 최소한의 조치를 취하여야 할 국가의 기본의무를 이행하였는지 여부를 판단해야 한다고 판시한 바 있다.[72)]

6. 법률의 명확성원칙 · 포괄위임금지원칙 · 본질성이론에 의한 위헌심사

가. 법률의 명확성원칙 및 포괄위임금지원칙

(1) '예측가능성의 기준'에 의한 법률의 명확성여부의 판단

법률이 그 규율밀도에 있어서 충분히 명확한지, 즉 충분히 명확하게 수권의 범위를 정하고 있는지의 문제와 관련하여, 헌법재판소는 '예측가능성의 기준'을 법률의 명확성 여부를 판단하는 기준으로 삼고 있다. 구체적으로, 헌법재판소는 법률의 명확성 여부 및 행정부에 입법권을 위임하는 수권(위임)법률의 명확성 여부를 판단함에 있어서,[73)] '예측가능성의 기준'을 심사의 형식적 틀로서 적용하면서, 법률이 당사자에 미치는 규율

71) 사회적 기본권에 과잉금지원칙이 적용될 수 없다는 것에 관하여 자세하게 한수웅, 헌법 제37조 제2항의 과잉금지원칙의 의미와 적용범위, 저스티스 2006/12, 24면 이하; 한수웅, 형성적 법률유보를 가지는 기본권에서 과잉금지원칙의 적용여부, 헌법실무연구 제9권(2008), 헌법실무연구회 제85회 발표문, Ⅳ. 4. 나. 참조.

72) 헌재 1997. 5. 29. 94헌마33(생계보호기준), 판례집 9-1, 543.

73) 헌법 제75조는 행정부에 입법을 위임하는 수권법률의 명확성원칙에 관한 것으로서, 법률의 명확성원칙이 행정입법에 관하여 구체화된 특별규정이다.

의 효과 및 규율하고자 하는 생활영역이 입법자로 하여금 어느 정도로 상세하고 명확하게 규정하는 것을 가능하게 하는지'의 규율대상의 특성에 따라 명확성에 대한 요청(심사밀도)이 달라져야 한다는 입장을 취하고 있다.[74)]

법률의 명확성원칙은 '법률의 수권은 그 내용, 목적, 범위에 있어서 충분히 확정되고 제한되어 있어서 국민이 행정의 행위를 어느 정도 예측할 수 있어야 한다'는 것을 의미하는 것이고, 포괄위임금지원칙은 '법률에 이미 대통령령으로 규정될 내용 및 범위의 기본사항이 구체적으로 규정되어 있어서 누구라도 당해 법률로부터 대통령령에 규정될 내용의 대강을 예측할 수 있어야 한다'는 것을 의미한다.[75)] 헌법재판소는 예측가능성의 기준에 대하여 엄격한 요청을 하지 않음으로써 법률의 규율밀도에 관한 입법자의 형성권을 존중하고 있다. 특히 입법권의 위임과 관련하여 너무 엄격한 기준을 적용하는 것은, 입법자가 거의 모든 것을 스스로 정해야 한다는 결과를 초래하여 공동체의 중요한 정치적 결정에 전념하는 것을 막을 뿐 아니라 오늘날 엄청나게 증가한 규범의 수요에 부응할 수 없다는 결과를 가져온다.

(2) '예측가능성의 기준'의 문제점

그러나 헌법재판소의 판례에서 드러나는 문제점은 법률이나 위임법률의 명확성여부를 판단함에 있어서 오로지 '예측가능성의 관점'만을 기준으로 삼고 있다는 것이다. 헌법재판소의 판례는 특히 '입법위임의 명확성'에 대해서도 법률의 명확성원칙과 근본적으로 동일한 요청을 함으로써, 예측가능성의 기준에 따른 판단이 사실상 불가능하거나 곤란한 경우에도 이러한 기준을 고수하고 있다.[76)] 그러나 법률의 명확성원칙은 법치국가원리뿐만 아니라 민주주의원리에도 그 헌법적 근거를 두고 있다는 점을 고려한다면, 일방적으로 수범자인 국민의 관점에서 법치국가적 예견가능성에 따라 명확성 여부를 판단하는 것이 타당한지에 대하여 근본적인 의문이 제기된다.[77)]

---

74) 헌재 1991. 2. 11. 90헌가27; 헌재 1994. 7. 29. 92헌바49 등 참조.; 입법위임의 명확성원칙(포괄위임금지원칙) 위반여부를 심사하는 기준에 관하여 자세하게 한수웅, 본질성이론과 입법위임의 명확성원칙, 헌법논총 제14집(2003), 611면 이하 참조.

75) 헌재 1995. 11. 30. 93헌바32, 판례집 7-2, 598, 607.

76) 헌법재판소의 판례를 살펴보면, 일련의 결정에서 "… 누구라도 어렵지 않게 예측할 수 있으므로, 포괄위임금지의 원칙에 위반되지 않는다."고 하여 예측가능성의 기준을 사용하여 수권법률의 명확성을 인정하고 있지만, 개별적인 경우 수범자의 입장에서 사실상 무엇을 예측할 수 있는지 헌법재판소의 '예측가능하다'는 판단이 공허한 경우가 적지 않고(가령, 헌재 1997. 12. 24. 95헌마390, 판례집 9-2, 817, 830), 다른 한편으로는 행정입법의 내용에 관한 예측이 사실상 불가능함에도 입법위임의 명확성을 확인한 일련의 결정에서는(가령, 헌재 1991. 2. 11. 90헌가27, 판례집 3, 11; 헌재 1994. 7. 29. 92헌바49등, 판례집 6-2, 64, 111) 예측가능성의 기준을 언급하지 아니하고 판단을 하였다.

77) 입법권을 위임하는 대부분의 경우, 수권법률로부터 행정입법에 규율될 내용의 대강을 예측하고 이와 같이 예측된 행정입법의 내용으로부터 다시 행정의 행위를 예상한다는 것에는 사실상 한계가 있으므로, 입법자에 의한 입법위임이 명확하다 하더라도 입법위임의 명확성은 법치국가적 명확성의 요청에는 거의 기여하지 못한다. 대부분의 경우, 국민은 시행령 등 행정입법을 직접 보아야만 비로소 현재의 법적 상태를 어느 정도 정확하게 예측할 수 있는 것이기 때문에, 예측가능성의 기준은 입법권을 위임하는 '수권법률'이 아니라 입법자의 위임에 의하여 제정된 '행정입법'에 대하여 적용되어야 하는 기준인 것이다.

'예측가능성의 기준'의 문제점은 특히 포괄위임인지 여부를 판단함에 있어서 두드러지게 나타난다. '법률의 명확성'의 문제는 일차적으로 국민과 국가권력의 관계에서 개인의 자유보장의 문제이고 개인의 자유를 제한하는 공권력행위에 대한 예견가능성 및 법적 안정성의 문제이지만, '입법위임의 명확성'의 경우에는 입법권을 위임하는 입법자와 이를 위임받는 행정부의 관계가 주된 문제라 할 수 있다. 입법위임의 명확성을 요청하는 헌법 제75조의 주된 목적은 국민의 권리보호가 아니라 입법자의 정치적 책임과 기능의 보호에 있으며, 법치국가적 안정성의 보장보다는 민주국가적 기능질서의 보장(행정부에 대한 입법자의 기능과 지위의 보장)에 있다. 헌법 제75조의 주된 기능이 행정부에 위임된 입법권의 행사를 입법자의 의사에 종속시키고자 하는 것이고 이를 통하여 헌법상 입법자에 부여된 입법권을 보호하고 유지하고자 하는 것이라면, 포괄위임여부를 판단하는 기준도 이러한 헌법적 기능에 부합하는 것이어야 한다. 따라서 포괄위임여부의 판단에 있어서 '국민의 관점에서 공권력행위가 예측가능한지'의 기준에 일방적으로 의존하는 것으로부터 벗어나, 헌법 제75조의 규정내용을 입법자와 행정부 사이의 규율권한의 배분의 문제로 파악하여 규율대상의 의미, 중요성 및 특성을 고려하는 실체적 기준이 함께 적용되어야 한다.

따라서 헌법 제75조의 포괄위임금지원칙에 대한 위반여부를 단지 형식적으로 예측가능성의 기준으로 판단하는 것이 불명확하거나 불가능한 경우에는 '입법자가 행정부에 입법권을 위임함에 있어서 위임의 방향과 목적을 스스로 정함으로써 위임된 입법권행사의 기본적 방침을 제시하고 있는지'의 기준에 의하여 판단되어야 하고, 이 과정에서 한편으로는 입법권의 위임을 '제한'하는 관점인 '기본권적 중요성과 의회입법절차의 필요성', 다른 한편으로는 입법권의 위임을 '정당화'하는 관점인 '사안의 특성'을 함께 종합적으로 고려하여 위임의 명확성여부를 판단해야 한다.[78]

(3) 동일한 헌법적 요청으로서 '법률과 위임법률의 명확성원칙'과 '본질성이론'

나아가, 헌법재판소는 '법률과 위임법률의 명확성원칙'과 '본질성이론'은 근본적으로 동일한 내용을 가지고 헌법적으로 동일한 기능을 한다는 점을 인식해야 한다.[79] '명확성원칙'은 법치국가원칙에 헌법적 기초를 두고 수범자인 국민의 관점에서 예측가능성의 기준을 제시함으로써 법적 예측성과 법적 안정성의 관점에서 명확성 여부를 판단하고자 하는 것이고, 이에 대하여 '본질성이론'은 민주주의원칙에 헌법적 기초를 두고 '본질적인 것은 입법자에 유보되어야 하고, 본질적인 것일수록 입법자가 상세하게 규율해야 한

---

78) 이러한 관점에 관하여 자세하게 한수웅, 본질성이론과 입법위임의 명확성원칙, 헌법논총 제14집(2003), 600면 이하 참조.

79) 이를 이미 지적하고 있는 것으로, 한수웅, 본질성이론과 입법위임의 명확성원칙, 헌법논총 제14집(2003), 620면 이하, 627면 이하 참조.

다'는 요청을 함으로써 입법자와 행정부의 관계에서 규율권한의 경계를 설정하고자 하는 것이다.

본질성이론은 '본질적인 것은 행정부에 위임해서는 아니 되고 입법자가 직접 정해야 한다'는 요청을 함으로써 입법자와 행정부의 관계에서 입법자가 행정부에 입법권을 위임하거나 또는 재량행위를 할 수 있는 수권을 부여하는 것을 제한하고 금지한다. 국가공동체에 본질적인 것일수록 입법자가 스스로 명확하게 규율해야 하는 것이다. 한편, 법률의 명확성원칙이란, 법률이 명확성의 요청에 부합할 정도로 내용적으로 확정될 것을 요구하는 것이고, 이는 곧 입법자가 본질적인 것을 행정청의 재량에 맡기지 아니하고 스스로 정할 것을 요구하는 것이다. 마찬가지로 헌법 제75조의 입법위임의 명확성원칙(포괄위임금지원칙)은 '입법자가 법률에서 위임의 내용, 목적, 범위가 확정될 수 있도록 스스로 정해야 한다'는 요청을 함으로써, 입법자가 입법위임의 명확성원칙에 부합하도록 스스로 정해야 하는 범위 내에서는 이를 행정입법에 위임할 수 없도록 입법자의 위임가능성을 제한하는 것이며, 입법자가 위임되는 입법권의 내용, 목적, 범위를 법률에서 스스로 규정해야 한다면, 이로써 근본적인 결정은 입법자에게 유보되는 것이다. 따라서 헌법 제75조의 입법위임의 명확성원칙은 '본질적인 것에 관하여는 입법자가 스스로 정해야 한다'는 본질성이론과 그 내용에 있어서 사실상 동일한 요청을 하는 것으로서, 입법자의 위임권한을 제한하는 성격을 가지고 있다. 이러한 점에서 본질성이론이 입법자와 행정입법의 관계에서 헌법적으로 구체화된 표현이 바로 헌법 제75조인 것이다.

따라서 법률의 명확성원칙과 포괄위임금지원칙은 본질성이론에 기초한 의회유보의 구체적 표현이라 할 수 있다. 결국, 법률의 명확성원칙과 포괄위임금지원칙이 요청하는 바가 그 내용이나 기능에 있어서 본질성이론과 근본적으로 동일하다면, 명확성원칙에 부합하는지 여부의 판단은 공권력행위의 예측가능성이란 '형식적 관점'뿐만 아니라 입법자가 본질적인 것을 스스로 규율했는지의 '실체적 관점'에 의해서도 이루어져야 한다. 따라서 법률이나 포괄위임의 명확성여부를 판단함에 있어서, 본질적인 사안에 해당하는지 여부를 판단하는 기준인 기본권적 중요성 및 입법자에 의한 규율의 필요성, 규율대상의 특성의 관점이 함께 고려되어야 하는 것이다.

나. 본질성이론

본질성이론의 문제는 바로, '무엇이 본질적인가'를 결정하는 데 있다.[80] '무엇이 정말 중요하고 본질적인가'하는 질문은 필연적으로 '무엇을 기준으로 하여' 중요하고 본질적인가 하는 질문을 제기한다. 헌법재판소가 본질성이론을 법률의 위헌여부를 판단하는 심사기준으로 적용한다면, 무엇이 본질적인지를 판단하는 기준과 관점이 판례를 통하여

80) 본질성이론과 의회유보원칙에 관하여 위 III. 4. 나. 부분 서술 참조.

어느 정도 제시되고 체계화되어야 하는데, 헌법재판소는 본질성이론이나 의회유보를 언급하고 있는 결정에서 이에 관한 최소한의 판시도 하고 있지 않다.[81] 그 결과, 입법자는 어떠한 기준과 관점에서 스스로 규율해야 하는지에 관하여 불확실한 상태에 놓여있다.

오늘날 기본권적 연관성을 가지지 아니한 국가의 행위가 거의 없다는 것을 고려한다면, '어느 정도'의 기본권적 연관성이 존재해야만 입법자가 스스로 결정해야 하는지의 문제가 사전에 밝혀지지 않는 한, 헌법재판소가 제시하는 '기본권적 연관성'의 기준은 본질적인 것과 비본질적인 것의 구분을 사실상 불가능하게 하는 불확실한 기준이 될 수밖에 없다는 데에 본질성이론의 문제가 있다. 뿐만 아니라, 본질성이론을 확장적으로 적용하는 경우, 국민의 기본권행사와 관련된 거의 모든 국가의 결정이 본질적인 사안으로서 입법자에 의하여 스스로 행해져야 한다는 결론에 이를 수 있기 때문에, 입법자가 법률로써 직접 결정해야 하는 의회유보의 규율범위가 지나치게 확대됨으로써 과중한 업무부담으로 인하여 의회가 제대로 기능을 수행할 수 없게 될 위험이 있다. 따라서 '본질적인 것'은 결국 헌법재판소의 결단에 근거하는 것으로 헌법재판소가 본질적인 것으로 간주한 것이라는 비판을 피하기 위해서는, 의회유보의 범위를 확정하는 기준을 보다 구체적으로 제시하고자 하는 노력을 해야 할 것이다.[82]

7. 신뢰보호원칙에 의한 위헌심사

가. 과잉금지원칙에 의한 심사?

(1) 종래의 법적 지위에 대한 침해의 위헌여부

신뢰보호원칙의 기능은, 설사 개정법률이 의도하는 기본권제한이 그 자체로서 합헌이라 할지라도 이러한 기본권제한을 '장래에 발생하는 사실관계'뿐만 아니라 '과거에 발생한 사실관계'에도 적용하는 것이 법적 안정성의 관점에서 허용되는지의 문제를 판단하는 데 있다. 개인의 신뢰이익이 법률개정이익에 의해서도 정당화될 수 없을 정도로 과도하게 침해당한 경우에는 개정법률에 내재된 '기본권제한'을 헌법에 합치하지 않는 방법으로 부당하게, 즉 신뢰보호원칙에 위반되어 부과 받는 것이고, 이로써 당사자의 기본권이 침해되는 것이다. 따라서 개인의 신뢰이익이 과도하게 침해되었는지 여부는 '기본권제한'이라는 수단과 '기본권제한을 통하여 달성하고자 하는 입법목적' 사이의 상관관계를 묻는 과잉금지원칙이 아니라 구법에 의하여 형성된 종래의 법적 지위에 대한

81) 헌법재판소는 의회유보원칙을 명시적으로 언급한 최초의 결정인 '텔레비전방송 수신료' 결정에서 '국가공동체와 그 구성원에게 기본적이고도 중요한 의미를 갖는 영역, 특히 국민의 기본권실현에 관련된 영역은 입법자가 스스로 정해야 한다.'고 판시하고 있다(헌재 1999. 5. 27. 98헌바70, 판례집 11-1, 633, 643). 유사한 판시내용으로 헌재 2001. 4. 26. 2000헌마122, 판례집 13-1, 962, 973 참조.

82) 이에 관한 기준의 제시로서 한수웅, 본질성이론과 입법위임의 명확성원칙, 헌법논총 제14집(2003), 591면 이하 참조.

침해를 정당화하는 사유가 존재하는지의 관점에서 판단되어야 한다.

(2) 자유권과 신뢰보호원칙의 기능적 차이 및 관계

신뢰보호원칙의 위반여부를 판단하는 기준을 확인하기 위해서는, 우선 자유권과 신뢰보호원칙의 기능적 차이 및 관계를 파악해야 한다. 자유권에 의한 심사는, 개정법률이 자유권의 관점에서 정당화되는지, 즉 자유권을 과도하게 제한하는 규정인지 아니면 자유권의 관점에서 허용되는지의 판단에 관한 것이다. 이에 따라 '개정법률이 자유권을 침해하는지'의 심사는 헌법 제37조 제2항의 과잉금지원칙에 의하여 이루어진다. 즉, 입법자가 선택한 수단(개정법률에 의한 기본권제한)이 그 내용에 있어서 입법목적(법률개정목적)을 달성하기 위하여 과도한 것인지를 심사하게 된다. 이로써 수단과 목적의 상관관계를 통하여 법률내용의 실체적 위헌성을 판단하고자 하는 것이다.

개정법률이 신뢰이익을 침해하는지의 심사는, 개정법률의 내용(자유권의 제한)이 자유권의 관점에서 정당화되는지에 관한 내용적 심사가 아니라, 내용의 합헌성여부와는 관계없이 개정법률을 '과거에 발생하였으나 현재까지 지속되고 있는 사실관계'에 적용하는 것이 헌법적으로, 즉 법적 안정성과 신뢰보호의 관점에서 정당화되는지의 판단에 관한 것이다. 즉, 개정법률의 적용범위를 시간적으로 이와 같이 '과거에 발생한 사실관계'에까지 확대하는 것이 법치국가적 관점에서 허용되는지 여부에 관한 것이다. 그러므로 신뢰보호원칙에 의한 심사는 기본권제한의 '내용적·실체적 한계'에 대한 심사가 아니라, 법률적용범위의 '시간적 한계'에 대한 심사를 의미한다. 신뢰이익을 주장하는 개인은 '입법자가 이러한 내용의 법률을 통하여 개인의 기본권을 제한해도 되는 것인지', 즉 '법률의 내용' 또는 '기본권제한의 헌법적 정당성'에 대하여 이의를 제기하는 것이 아니라, 법률내용의 위헌여부와 관계없이, 개정 법률을 장래에 발생하는 사실관계뿐만 아니라 과거에 발생한 사실관계에 대해서도 확대하여 적용하는 것에 대하여 이의를 제기하는 것이다.

(3) 신뢰보호원칙의 위반여부를 판단하는 심사기준

신뢰보호원칙이 헌법 내에서 자유권과는 근본적으로 다른 기능과 의미를 가지고 있으므로, 이에 상응하여 신뢰보호원칙의 위반여부를 판단하는 심사기준도 달리 형성되어야 하며, 신뢰보호원칙에 의한 심사는 기본권제한의 내용적 심사와는 다른 형태를 취할 수밖에 없다.

개정법률을 과거에 발생한 사실관계에 적용하는 것이 헌법적으로 허용되는지 아니면 헌법상 신뢰보호원칙에 위반되는지 여부는 첫째, 헌법적으로 보호되는 신뢰이익이 존재하는지 여부, 둘째, 과거에 발생한 사실관계를 함께 규율하는 것이 개정법령의 입법목적의 달성을 위하여 반드시 필요하고 요청되는 것인지 여부, 셋째, 개인의 신뢰이익의 정도와 법령개정이익을 서로 비교하였을 때 어떠한 법익에 우위를 인정해야 하고, 어떠한 방법으로 개인의 신뢰이익을 적절하게 고려해야 할 것인지를 판단하는 '법익교량의 단계'에 따라 판단되어야 한다.[83)]

나. 심사의 밀도

헌법재판소는 입법자의 事前的 행위에 의하여 형성된 법적 상황의 존속에 대한 개인의 신뢰가 어느 정도로 보호되는지, 즉 입법자가 자신의 사전적 행위인 법률의 제정행위에 의하여 어느 정도로 구속을 받는지를 판단함에 있어서, 입법자가 법률의 규율내용을 통하여 국민에게 법률의 존속에 대한 강력한 신뢰를 불러일으킬수록 법률개정에 관한 입법형성권은 제한된다는 사고에 입각하고 있다.

이에 따라 헌법재판소는 첫째, 개인이 어느 정도로 법적 상황의 변화를 예측할 수 있었고 예측했어야 하는지의 '국가행위의 예견성'의 관점과, 둘째, '개인이 국가행위의 존속을 신뢰하고 그에 따라 결정하도록 국가가 유도하면 할수록, 개인의 신뢰이익은 더욱 보호되어야 하고, 이에 따라 법률개정에 따른 국가와 개인 간의 위험부담은 개인에게 유리하게 배분되어야 한다'는 사고에 기초하여[84)] 법률에 따른 개인의 행위가 국가에 의하여 일정 방향으로 유도된 신뢰의 행사인지 아니면 단지 법률이 반사적으로 부여하는 기회를 활용한 것으로, 원칙적으로 사적 위험부담의 범위에 속하는지의 관점을 중요한 기준으로 삼고 있다.[85)]

Ⅴ. 맺는말

헌법재판소의 활동 초기에는 헌법재판의 강화와 활성화에 관심이 모아졌다면, 헌법재판소의 지위와 위상이 확고해 짐에 따라 헌법재판소와 입법자의 헌법적 권한의 문제가 점차 부각되기 시작하였다. 특히 '신행정수도특별법에 대한 헌법소원사건'을 계기로 하여,[86)] 헌법재판소가 어느 정도로 헌법해석을 할 수 있는지, 이로써 헌법해석을 통하여 어느 정도로 자신의 권한을 확대할 수 있는지의 '헌법재판의 한계'의 문제가 진지하게 제기되었다.

그럼에도 지난 20년의 헌법재판소 결정을 조감한다면, 헌법재판소는 '입법형성권에 대한 제한은 헌법적으로 논증할 수 있고 정당화되는 경우에 한하여 가능하다'는 기본입

83) 이에 관하여 자세하게 한수웅, 법률개정과 신뢰보호, 인권과 정의 1997/6, 80면 이하 참조.
84) 이에 관하여 자세하게 한수웅, 법률개정과 신뢰보호, 인권과 정의 1997/6, 82면 이하 참조.
85) 헌재 2000. 7. 20. 99헌마452, 판례집 12-2, 128, 148; 헌재 2002. 7. 18. 99헌마574, 판례집 14-2, 29, 42; 헌재 2002. 10. 31. 2002헌마520, 판례집 14-2, 574, 581; 헌재 2006. 1. 26. 2005헌마424, 공보 112, 249 참조.
86) 헌재 2004. 10. 22. 2004헌마554 등.

장에 입각하여, 전반적으로 입법자의 형성권을 존중하고자 노력하고 있음을 확인할 수 있다. 그럼에도 '미국의 이중기준이론'과 같이 단순·명쾌한 심사기준을 채용하지 않는 우리 헌법재판의 단점은, 헌법재판의 결과가 개별사건에서 헌법재판소에 의한 구체적인 법익형량의 판단에 달려있기 때문에 헌법재판의 결과를 예측하기 어렵고, 특히 결과에 이르는 논증이 명확하지 않다고 하는 점이다. 따라서 헌법재판의 예측가능성보다는 개별사건에서 실체적 정의를 실현하고자 하는 우리의 헌법재판에서, 헌법재판소 결정의 일관성과 예측성을 확보하기 위한 수단으로서 '입법형성권의 정도를 판단하는 이론'을 보다 체계화하고 일관성 있게 적용하는 것은 매우 중요하다. 헌법이 입법자에게 부여한 입법형성권의 정도를 판단하는 이론은 곧 법률에 대한 위헌심사의 기준과 밀도를 결정하는 관점이다. 위헌심사의 기준과 밀도를 규명하는 작업의 출발점이 되어야 하는 것은, 바로 지난 20년간 규범통제의 가장 중요한 기준인 '다양한 유형의 기본권', '위임법률을 포함하여 법률의 명확성원칙' 및 '신뢰보호원칙'의 본질과 기능에 부합하는 심사기준의 틀을 확립하고 나아가 각 심사기준을 적용함에 있어서 입법형성권의 제한을 정당화하는 관점을 구체화하고 체계화하는 것이다.

헌법재판소는 한편으로는 사회형성의 주체이자 헌법실현의 일차적 주체로서 입법자의 정치적 형성권을 존중해야 하고, 다른 한편으로는 입법자에 대해서도 헌법의 내용을 관철함으로써 헌법을 수호하고 보장해야 한다는 이중적 과제를 부과 받고 있다. 司法消極主義의 문제점은 헌법재판소가 헌법상 부여받은 과제와 기능을 제대로 이행하지 않는다는 의심을 받는 것이며, 이로써 헌법재판의 존립과 성패를 좌우하는 국민의 신뢰와 국가기관에 대한 권위를 획득할 수 없다는 것이다. 이에 대하여, 司法積極主義의 문제점은 과도한 재판작용으로 헌법을 실현하고 구체화하는 과제를 독점함으로써 다른 국가기관의 권한과 영역을 침해한다는 의심을 받는 것이고, 그 결과 헌법재판소의 결정에 의하여 공적 토론과 정치적 분쟁이 궁극적으로 종식되는 것이 아니라 오히려 그와는 반대로 재판관의 선출문제가 다시 거론되는 등 헌법재판소의 결정이 스스로 '政治問題化' 된다는 것에 있다.

참고문헌

한수웅, 한국 헌법재판의 현황과 발전방향, 저스티스 제92호, 2006. 7.
______, 헌법재판의 한계 및 심사기준, 헌법논총 제8집, 1998
______, 헌법 제37조 제2항의 과잉금지원칙의 의미와 적용범위, 저스티스 제95호, 2006. 12.
______, 본질성이론과 입법위임의 명확성원칙, 헌법논총 제14집, 2003
______, 법률개정과 신뢰보호, 인권과 정의 제250호, 1997. 6.
______, 자유권의 보호범위, 헌법학연구 제12권 제5호, 2006. 12.
______, 평등권의 구조와 심사기준, 헌법논총 제9집, 1998
______, 교육을 받을 권리와 국가교육권한의 한계 －교육평준화 및 학교선택권 제한의 헌법적 한계를 중심으로－, 법조 제619호, 2008. 4.
______, 형성적 법률유보를 가지는 기본권에서 과잉금지원칙의 적용여부 －헌법재판소결정에서 드러난 과잉금지원칙 적용의 문제점을 중심으로－, 헌법실무연구 제9권, 2008
______, 헌법 제27조의 재판청구권, 헌법논총 제10집, 1999
______, 헌법소송을 통한 사회적 기본권 실현의 한계 －법적 권리설로부터의 결별－, 인권과 정의 1997. 1.
______, 본질성이론과 입법위임의 명확성원칙, 헌법논총 제14집, 2003

Badura, Die Verfassung im Ganzen der Rechtsordnung und die Verfassungskonkretisierung durch Gesetz, in: Isensee/Kirchhof(Hg), Handbuch des Staatsrechts (HbStR), Bd.Ⅶ, 1992, §163
Böckenförde, Verfassungsgerichtsbarkeit: Strukturfragen, Organisation, Legitimation, NJW 1999
Grabitz, Der Grundsatz der Verhältnismäßigkeit in der Rechtsprechung des Bundesverfassungsgerichts, AöR 98(1973)
Heun, Normenkontrolle, in: Badura/Dreier(Hg), Festschrift 50 Jahre Bundesverfassungsgericht, Bd. Ⅰ, 2001
Kluth, Das Übermaßverbot, JA 1999
Ossenbühl, Bundesverfassungsgericht und Gesetzgebung, in: Badura/Dreier(Hg), Festschrift 50 Jahre Bundesverfassungsgericht, Bd. Ⅰ, 2001
Rüfner, Grundrechtskonflikte, in: C. Starck(Hg), Bundesverfassungsgericht und Grundgesetz, Bd.Ⅱ, 1976
Sachs, Verfassungsrecht Ⅱ, Grundrechte, A10, 2000
Schenke, Der Umfang der bundesverfassungsgerichtlichen Überprüfung, NJW 1979
Schneider, Verfassungsgerichtsbarkeit und Gewaltenteilung, NJW 1980

Schulte, Zur Lage und Entwicklung der Verfassungsgerichtsbarkeit, DVBl 1996

Starck, Das Bundesverfassungsgericht in der Verfassungsordnung und im politischen Prozeß, in: Badura/Dreier(Hg), Festschrift 50 Jahre Bundesverfassungsgericht, Bd. I, 2001

______, Die Verfassungsauslegung, in: Isensee/Kirchhof(Hg), Handbuch des Staatsrechts (HbStR), Bd.Ⅶ, 1992, §164

______, Das Grundgesetz nach füngzig Jahren: bewährt und herausgefordert, JZ 1999

Stern, Das Staatsrecht der Bundesrepublik Deutschland, Bd.Ⅲ/2, 1994

Wahl, Der Vorrang der Verfassung, Der Staat 1981

______, Reformfrage, in: Badura/Dreier(Hg), Festschrift 50 Jahre Bundesverfassungsgericht, Bd. Ⅰ, 2001

Zippelius/Würtenberger, Deutsches Staatsrecht, 2005

제3주제

현행 헌법재판제도에서 추상적 규범통제의 도입 문제*

Ⅰ. 머리말

1. 규범통제에 있어서 '추상적' 규범통제와 '구체적' 규범통제를 대비하여 사용한다면, 이는 규범통제의 계기가 어떻게 부여되는지에 따른 구분이다. 구체적 규범통제란, 구체적인 사건을 계기로 하여, 즉 법원에 의한 법규범의 적용을 계기로 하여 附隨的으로 법규범이 상위법과 합치하는지 여부, 특히 그의 합헌성여부를 심사하는 제도를 말한다.

이에 대하여 추상적 규범통제란, 구체적 소송사건의 발생과 관계없이 법규범의 위헌여부를 일정한 국가기관의 신청에 의해서 헌법재판소가 심사하는 제도를 말한다. 따라서 여기서 '추상적'이란 표현은, 규범통제가 이루어지기 위하여 구체적 사건을 계기로 하지 않는다는 것을 의미한다. 추상적 규범통제의 주된 목적은 주관적인 권리보호가 아니라 객관적 법질서의 유지와 보장이라 할 수 있는데, 이는 일차적으로 헌법의 수호이며, 나아가 법질서의 우위관계의 보장 및 연방과 州 또는 중앙국가와 지방자치단체 사이의 권한배분질서의 보장을 포함한다. 위헌심사가 이루어지는 시점에 따라, 추상적 규범통제는 법규범의 공포 이전에 그 위헌성을 심사하는 事前的 규범통제와 법규범의 공포 이후에 위헌심사가 이루어지는 事後的 규범통제로 구분할 수 있다.

2. 우리 헌법은 제111조 제1항에서 헌법재판소의 관장사항으로서 법원의 제청에 의한 위헌법률심판, 탄핵심판, 정당해산심판, 권한쟁의심판, 헌법소원심판 등 5가지의 심판절차를 규정하고 있다. 헌법 제101조 제1항이 "사법권은 법관으로 구성된 법원에 속

* 위 논문은 2017년 1월, 아시아의 항구적인 평화와 번영의 길(박한철 헌법재판소장 퇴임기념 문집), 318-355면에 게재된 것을 일부 수정한 것이다.

한다."고 하여 사법권을 포괄적으로 사법부에 귀속시키는 개괄주의에 입각하여 사법부의 관할을 규율하고 있는 것과는 달리, 헌법은 헌법재판소에 관할을 포괄적으로 부여하지 아니하고 제111조 제1항에서 헌법재판소의 관장사항을 개별적으로 언급하는 '列擧主義'를 채택하고 있다. 이에 따라 현행 헌법은 규범통제의 수단으로서 구체적 규범통제와 헌법소원만을 인정할 뿐, 독일이나 오스트리아 등에서 시행되는 '사후적인 추상적 규범통제'나 프랑스 등에서 시행되는 '사전적인 추상적 규범통제'를 도입하고 있지 않다.

헌법이 헌법재판소의 관할로부터 추상적 규범통제를 제외한 것은, 추상적 규범통제를 도입하는 경우 의회에서 패배한 소수가 논란이 많은 법률에 관한 정치적 논쟁을 헌법재판소의 심판절차를 통하여 계속하는 등 정치적으로 남용할 수 있고, 적어도 헌법재판의 초기단계에서는 헌법재판소가 이러한 과정에서 어쩔 수 없이 정치적인 분쟁에 휘말리게 되리라는 우려에 기인한다고 본다. 그러나 헌법재판소가 활동을 개시한지 사반세기 이상이 지나, 이제는 한국의 헌법질서에서 빼고는 생각할 수 없는 확고한 구성부분으로 자리 잡은 지금, 추상적 규범통제를 도입해야 할 필요성이 있는지, 이러한 새로운 관할의 도입이 어떠한 관점에서 요청되고 정당화되는지, 도입한다면 어떠한 형태로 헌법에 규율할 것인지의 문제를 진지하게 검토할 필요가 있다고 본다.[1] 나아가, 사전적 규범통제는 법률의 공포·시행 이전의 단계에서 법률의 위헌여부를 판단한다는 점에 비추어, 위헌법률심판이나 헌법소원심판과 같은 사후적 규범통제절차를 갖춘 우리의 헌법재판제도에서 사전적 규범통제절차를 부가적으로 도입할 필요가 있는지에 관한 검토도 필요하다.

이 글에서는 우선, 한국 헌법재판의 역사에서 추상적 규범통제가 도입된 적이 있는지, 구체적으로 어떠한 형태로 도입되었는지에 관하여 살펴본 다음, 현행 헌법재판제도에서 헌법재판소가 자신의 관할에 속하는 심판절차를 해석을 통하여 구체적으로 형성함으로써 실질적으로 추상적 규범통제에 귀속시킬 수 있는 영역이 발생하였는지 여부를 확인하고(아래 II.), 이어서 현행 헌법재판제도에서 사후적인 추상적 규범통제를 도입해야 할 필요성이 있는지, 만일 그 필요성이 있다면 어떠한 관점에서 추상적 규범통제의 도입이 정당화되는지, 그 도입이 요청된다면 구체적으로 어떠한 형태로 도입해야 하는지를 검토하기로 한다(아래 III.). 마지막으로 현행 헌법재판제도가 법규범의 공포 이전

1) 박한철 헌법재판소장도 2016년 3월 18일 한국신문방송편집인협회가 주최한 편집인협회 토론회에서 추상적 규범통제의 도입 필요성을 다음과 같이 언급한 바 있다. "그래서 이것을 해결하기 위한 방법으로 추상적 규범통제를 도입해야 되는 것이 아니냐하는 그런 생각을 지금 가지고 있습니다. 이거는 헌법개정사항입니다. … 법원이 사건을 통해서 제기하지 않고 바로 정부 또는 국회 재적의원 3분의 1, 4분의 1이 바로 입법이 되기 전에 또는 입법이 되고 난 직후에 헌법재판소에서 위헌심사를 해달라는 그런 제도로 가져가면 훨씬 더 이 갈등을 완화시킬 수 있지 않겠느냐. 이제는 우리 헌법재판소가 그런 역할을 함으로써 갈등을 줄여나가는 데 중요한 역할을 하는 계기가 되었으면 한다하는 이런 생각에서 넣어봤고, 이 부분에 대해서는 국회의 헌법개정위원회 거기 안에 지금 반영이 되어 있습니다."

에 이루어지는 사전적 규범통제를 부가적으로 도입해야 할 필요가 있는지 여부에 관하여 살펴보기로 한다(아래 Ⅳ.).[2]

Ⅱ. 한국 헌법에서 추상적 규범통제

1. 1960년 헌법의 추상적 규범통제절차

가. 1960년 헌법에서 헌법재판소의 관할

4·19 민주혁명을 거쳐 제정된 1960년 헌법은 종래의 이원적인 헌법재판기관인 헌법위원회와 탄핵재판소를 폐지하고 단일의 독립적인 헌법재판소를 설치하여 법률의 위헌여부심사, 헌법에 관한 최종적인 해석, 국가기관간의 권한쟁의심판, 정당해산심판, 탄핵심판, 대통령·대법원장·대법관의 선거에 관한 소송 등 6가지의 심판절차를 헌법재판소의 관장사항으로 규정하였다(제83조의3). 제헌헌법에서 헌법재판의 관할이 단지 위헌법률심판과 탄핵심판에 한정되었던 반면, 1960년 헌법은 처음으로 헌법재판소를 설치하여 헌법재판소의 관할을 권한쟁의심판, 정당해산심판, 선거소송 등으로 획기적으로 확대하였다.

헌법재판소는 9인의 심판관으로 구성되는데, 심판관은 대통령·대법원·참의원이 각 3인씩 나누어 선임하도록 하였다(제83조의4 제1항 및 제2항). 심판관의 자격은 법률로 정하게 하였는데(제83조의 4 제6항), 헌법재판소법은 심판관은 법관의 자격을 가진 사람 중에서 선임하도록 규정하였다(법 제2조 제1항).

나. 1960년 헌법의 헌법재판제도에서 추상적 규범통제의 내용

1960년 헌법의 헌법재판제도에서는 몇 가지 특이한 점이 있는데, 이는 다음과 같다.

(1) 1960년 헌법은 '규범통제에 관한 헌법재판소의 관할'을 구체화하는 어떠한 헌법적 지침도 제시하지 아니하고 단지 "법률의 위헌여부 심사"로 규정하면서(제83조의 3 제1호), 심판의 절차에 관하여 필요한 사항은 법률로써 정하도록 위임하였다(제83조의 4). 헌법재판소법은 이러한 포괄적인 위임을 활용하여 '규범통제에 관한 헌법재판소의 관할'을 구체적 규범통제를 넘어서 추상적 규범통제를 포괄하는 것으로 확대하였다.

(2) '구체적 규범통제'에 관한 관할은 제헌헌법과 마찬가지로, 규범통제의 대상이 법률인지 아니면 행정입법인지에 따라 헌법재판소와 법원으로 이원화되었고, 이에 따라 법률의 위헌여부에 관한 심사권은 헌법재판소의 관장사항이 되었다. 그런데 헌법재판소

---

2) 이 글에서 Ⅲ. 및 Ⅳ.에 관한 부분은 기존의 연구결과를 정리한 것임을 밝혀둔다. 이에 관한 서술로는 한수웅, 현행 헌법재판제도에서 抽象的 規範統制의 도입 문제 -事前的 規範統制의 도입 문제를 포함하여-, 홍익대학교 법학연구소, 법학연구 제7집, 2005. 12. 149면 이하 참조.

법은 법률의 위헌여부가 재판의 전제가 되는 경우 법원뿐만 아니라 '소송당사자'도 헌법재판소에 위헌여부의 심판을 제청할 수 있도록 규정하였다(법 제9조 제1항).[3] 소송당사자도 헌법재판소에 직접 규범통제를 신청할 수 있도록 한 것은 그 실질적 기능에 있어서 현행 헌법재판소법 제68조 제2항에서 규정하고 있는 '규범통제형 헌법소원'의 前身에 해당하는 것이다.

(3) 또한, 헌법재판소법은 신청인의 제한 없이 누구나 법률의 위헌여부를 헌법재판소에 제청할 수 있도록 규정함으로써(법 제10조 제2항),[4] 구체적인 법원 재판과 무관하게 법률의 위헌여부의 심사를 헌법재판소에 신청할 수 있는 추상적 규범통제를 도입하였다. 신청권자의 범위에 대한 아무런 제한이 없었기 때문에, 추상적 규범통제의 신청권자가 국가기관의 범위를 넘어서 일반국민으로 확대됨에 따라 민중소송적 규범통제의 성격을 포괄하게 되었다.[5]

(4) 헌법은 "헌법에 관한 최종적 해석"을 헌법재판소의 관장사항으로 규정하였는데(제83조의 3 제2호), 헌법재판소법은 이를 두 가지 유형으로 구체화하였다(법 제10조). 하나의 유형은, 법원에 계속 중인 사건에서 법원 또는 소송당사자가 헌법에 관한 최종적인 해석을 헌법재판소에 신청하는 경우이고(법 제9조 제1항, 10조 제1항), 또 다른 유형은, 법원에 계속 중인 구체적 사건과 무관하게 누구나 헌법조항의 최종적인 해석을 헌법재판소에 신청하는 경우이다(법 제10조 제2항).

헌법이 명시적으로 헌법해석에 관한 관할권을 부여하는지 여부와 관계없이, 헌법재판소는 일반적으로 구체적인 헌법적 분쟁을 계기로 하여 구체적인 헌법적 분쟁을 해결하기 위한 사전적 과정으로서 그 분쟁에 적용되는 헌법규범에 관하여 해석을 하는 형태로 소위 '선결문제로서의 부수적 헌법해석'을 하게 된다. 그러나 1960년 헌법은 명시적으로 헌법재판소에 '헌법에 관한 최종적인 해석'의 관할을 부여함으로써, 구체적인 헌법사건의 해결과 관계없이 추상적으로 헌법해석에 관하여 다툴 수 있는 가능성을 열어놓았다.

(5) 한편, 규범통제절차에서 법률의 위헌여부를 판단하기 위해서는 그 심사기준인 헌법조항의 해석이 함께 이루어진다는 점에서 법률의 위헌여부에 관한 판단은 일반적으로 그 심사기준인 헌법의 해석을 수반하기 때문에, 헌법재판소법이 제9조 및 제10조에서 '법률의 위헌여부의 심사'와 '헌법에 관한 최종적 해석'을 나누어 규정한 것은 그 기능에

---

3) 헌법재판소법 제9조 (위헌제청과 법원의 재판) ① 법원에 계속 중인 사건에 관하여 법원 또는 당사자가 법률의 위헌여부의 심사나 헌법에 관한 최종적 해석을 헌법재판소에 제청하였을 때에는 헌법재판소의 결정에 의하여 당해사건에 대한 법원의 재판은 헌법재판소의 판결이 있을 때까지 정지할 수 있다.

4) 헌법재판소법 제10조 (제청서 기재사항) ② 법원에 사건이 계속됨이 없이 법률의 위헌여부 또는 헌법에 관한 최종적 해석을 제청할 때에는 제청서에 다음 사항을 기재하여야 한다.

5) 허영, 헌법소송법론, 2009, 79면 참조.

있어서 중복적이다.

헌법재판소법은 헌법재판소의 관장사항인 "헌법에 관한 최종적 해석"을 2가지 유형으로 구체화하였는데, 2가지 유형 중에서 前者의 유형(법 제9조 제1항, 10조 제1항)은 법률의 위헌여부가 재판의 전제가 되는 경우 법원과 소송당사자가 헌법재판소에 위헌여부의 심판을 신청할 수 있도록 규정한 법 제9조 제1항의 구체적 규범통제절차와 그 기능에 있어서 중복된다는 점에서 제도의 존재의미 및 실효성에 대하여 의문이 제기된다. 나아가, 後者의 유형(법 제10조 제2항)은 구체적인 소송사건의 해결과 관계없이 추상적으로 헌법해석에 관하여 최종적으로 결정할 수 있는 권한을 헌법재판소에 부여한 것인데, 법 제10조 제2항에서 법원에 사건이 계속됨이 없이 법률의 위헌여부를 헌법재판소에 제청할 수 있도록 규정한 추상적 규범통제와 그 기능에 있어서 중복된다는 점에서 마찬가지로 제도의 존재의미와 실효성이 의심된다.

다. 1960년 헌법의 헌법재판제도의 문제점

제헌헌법의 헌법재판제도와 비교할 때, 1960년 헌법의 헌법재판제도는 헌법소원심판을 도입하지 않았다는 점을 제외한다면 오늘날 헌법재판의 모든 중요한 심판절차를 망라하는 획기적인 것이었다. 그러나 1960년 헌법이 채택한 헌법재판제도는 5·16 군사쿠데타로 인하여 출범도 하지 못한 채 사장됨으로써 단지 憲法史的 의미만을 가지게 되었다. 1961. 4. 17. 헌법재판소법이 제정되었으나 헌법재판소는 구성조차 되지 못하였기 때문에 헌법재판소법은 한 번도 시행되지 못한 채 死藏되었다.

한편, 1960년 헌법에서 '규범통제에 관한 관할'을 전혀 구체화하지 아니한 채 헌법재판소법으로 규율하도록 거의 백지로 위임함으로써 헌법에서 헌법재판소의 관장사항인 '심판절차의 유형'조차 명시적으로 확정하지 않은 것은 매우 중대한 헌법적 하자로 평가된다. 입법자와 헌법재판소의 권력분립과 권한배분의 관점에서 볼 때, 적어도 어떠한 규범통제절차에서 헌법재판소가 입법자를 통제할 수 있는지에 관하여 헌법이 스스로 결정해야 한다.

나아가, 입법자가 헌법재판소법의 제정을 통하여 규범통제에 관한 관할을 구체화하면서 신청권자의 범위에 아무런 제약을 두지 않음으로써 결과적으로 모든 국가기관과 모든 국민이 법률의 위헌여부와 헌법조항의 해석에 관하여 다툴 수 있도록 규정한 것은, 헌법재판의 경험이 全無한 그 당시의 상황에서 '제도적인 過慾'일 뿐만 아니라, 그 실현에 있어서도 많은 문제점을 가지고 있는 비현실적인 제도로 평가된다.[6)]

---

6) 유사한 취지로 허영, 헌법소송법론, 2009, 82면.

2. 현행 헌법재판제도에서 추상적 규범통제

1987년 현행 헌법은 추상적 규범통제를 헌법재판소의 관장사항으로 규정하고 있지 않다. 그럼에도 현행 헌법재판제도에서 헌법재판소가 해석을 통하여 자신의 관할에 속하는 심판절차를 구체적으로 형성함으로써, 다음과 같은 2가지 측면에서 실질적으로 추상적 규범통제에 귀속시킬 수 있는 영역이 발생하였다.

가. 추상적 규범통제로서 법규범에 대한 권한쟁의심판[7)]

(1) 국회가 제정한 법률이 국회의원이나 의회 소수파의 권한을 침해하거나 또는 지방자치단체의 자치행정권을 침해할 수 있으므로, 법률의 내용 그 자체가 권한쟁의심판의 대상이 될 수 있다는 것은 부인할 수 없다. 그러나 권한쟁의심판에서 심판의 대상은 '법률이 위헌인지 여부'가 아니라 '피청구인의 행위에 의하여 청구인의 권한이 침해되었는지 여부'이므로, 법률의 내용에 의하여 청구인의 권한이 침해되는 경우에도 여기서 피청구인의 '처분'이란 법규범이 아니라 '법규범의 제정행위'이다.[8)] 즉, 권한쟁의의 심판청구는 법규범 그 자체가 아니라 입법기관에 의한 법규범의 제정행위를 그 대상으로 하는 것이다.[9)]

(2) 피청구인의 처분을 법률 그 자체가 아니라 '법률제정행위'로 보더라도, 법률의 내용에 의하여 청구인의 헌법적 또는 법률상 권한이 침해되었는지 여부가 실체적 심판대상이라는 점에서, 헌법재판소는 본안판단에서 법률의 위헌여부에 관한 판단을 하지 않을 수 없으며, 그 결과 법률의 위헌성을 확인하는 경우에는 재판관 과반수의 찬성으로 인용결정을 하게 된다.[10)] 그렇다면, 이 경우 피청구인의 행위를 무엇으로 보든지 간에 결국 권한쟁의심판의 범주 내에서 법률에 대한 위헌심사가 불가피하게 이루어질 수밖에 없는 것이며, 헌법재판소가 법률에 의하여 청구인의 헌법상 권한이 침해되었다는 확인에 이르는 경우에는 법률의 위헌성을 확인하게 되는 것이다.[11)] 권한침해확인결정이 결과적으로는 법률의 위헌성을 확인하는 결정이라 하더라도, 권한쟁의심판의 대상은 '법률제정행위에 의한 권한침해의 여부'이고 이를 인용하는 결정은 권한쟁의심판의 범주 내

7) 이에 관한 서술로 한수웅, 국가기관간의 권한쟁의에 관한 최근 헌법재판소결정의 주요 문제점, 중앙법학 제13집 제3호(2011. 9.), 7면 이하 참조.

8) Vgl. Umbach, in: Umbach/Clemens/Dollinger, BVerfGG Mitarbeiterkommentar, 2. Aufl., 2005, §67 Rn.139; Pietzcker, Organstreit, in: Festschrift 50 Jahre Bundesverfassungsgericht, Bd. I, 2001, S.606; Schlaich/Korioth, Das Bundesverfassungsgericht, 9. Aufl., 2012, Rn.93.

9) 헌재 2006. 5. 25. 2005헌라4(강남구 등과 국회간의 권한쟁의), 판례집 18-1상, 28.

10) 의결정족수를 규정하고 있는 헌법재판소법 제23조 제2항에 의하면, 법률의 위헌결정의 경우에는 재판관 6인 이상의 찬성이 있어야 하나, 권한쟁의심판의 경우에는 단지 재판관 과반수의 찬성으로 인용결정을 할 수 있도록 규정하고 있다.

11) Vgl. Schlaich/Korioth, Das Bundesverfassungsgericht, 9. Aufl., 2012, Rn.93, 97.

에서 내려지는 인용결정이지 법률에 대한 위헌결정이 아니므로, 헌법재판소는 재판관 과반수 이상의 찬성으로 법률의 위헌여부를 확인하게 된다.

이러한 관점에서 볼 때, 법규범의 제정을 계기로 하여 그 위헌여부를 심판대상으로 하는 권한쟁의심판은 그 실질에 있어서는, 구체적 사건의 발생여부와 관계없이 정부·국회 등 국가기관이나 지방자치단체의 심판청구에 의하여 법규범의 위헌성을 심사하는 '추상적 규범통제'와 유사한 성격을 가지게 된다.[12] 즉, 현행 헌법재판제도가 비록 추상적 규범통제를 명시적으로 도입하고 있지 않지만, 법률에 대한 권한쟁의심판을 허용함으로써 자신의 권한침해를 주장하는 국가기관 등의 심판청구에 의하여 실질적으로 법률의 위헌여부를 판단하는 '추상적 규범통제'가 도입되는 결과가 발생하는 것이다.

(3) 권한쟁의심판에서 헌법재판소는 원칙적으로 권한침해확인결정을 통하여 청구인의 권한이 대상법률의 제정으로 인하여 침해되었다는 확인에 그치게 된다. 권한쟁의심판에서 헌법재판소는 헌법재판소법 제45조의 의미에서의 위헌결정을 할 수 없다. 헌법재판소는 권한쟁의심판에서 법률의 위헌성을 확인하는 경우에도 위헌결정의 형태로 법률을 직접 제거할 수는 없고, '법률제정행위'에 의한 권한침해의 확인을 계기로 하여 기껏해야 법률의 위헌성을 간접적으로 표현할 수 있을 뿐이다.[13]

헌법재판소가 권한쟁의심판에서 법률의 위헌성을 확인하였음에도 불구하고 입법자가 위헌적인 상태를 스스로 제거하지 않는다면, 그 법률은 별도의 규범통제절차를 통하여 비로소 무효로 선언될 수 있다.[14] 추상적 규범통제절차의 경우 통상 국가기관이 청구기간의 제한을 받음이 없이 심판을 청구할 수 있다는 점에서, 추상적 규범통제절차가 권한쟁의심판을 통하여 위헌으로 확인된 법률조항을 사후적으로 다투기에 가장 적합한 헌법재판절차이다. 그러나 추상적 규범통제를 도입하고 있지 않은 우리의 경우, 헌법소원이나 위헌법률심판을 통하여 사후적으로 법률의 위헌여부를 다툴 수 있는 가능성은 매우 제한적일 것으로 판단된다.[15] 따라서 법률에 대한 권한쟁의심판에서 법률의 위헌성을 확인하는 결정의 실효성을 확보하기 위하여 추상적 규범통제제도를 도입해야 할 필요성이 있다.[16]

---

12) 법규범의 제정을 계기로 하는 권한쟁의심판과 추상적 규범통제의 유사성에 관하여 Pietzcker, Organstreit, in: Festschrift 50 Jahre BVerfG, Bd. I, 2001, S.606.

13) Vgl. BVerfGE 20, 119, 129; 20, 134, 140f.; 82, 322, 323ff.; Bethge, in: Maunz/Schmidt-Bleibtreu/Klein/Bethge, BVerfGG Kommentar, 2014, §67 Rn.37.

14) Vgl. Sachs, Verfassungsprozeßrecht, 2. Aufl., 2007, Rn.298.

15) 권한쟁의를 야기한 법률조항에 의하여 개인의 기본권이 침해될 수 있는 가능성은 없으므로, 여기서 헌법소원심판은 그 법률조항의 위헌성을 다툴 수 있는 헌법재판절차로서 고려되지 않는다.

16) 한편, 추상적 규범통제를 도입하지 않은 현행 헌법재판제도에서 권한쟁의심판에서 법률제정행위에 대하여 권한침해확인결정만을 하고 무효확인결정을 하지 않는다면, 헌법소원심판이나 위헌법률심판을 통하여 사후적으로 법률의 위헌성을 다투는 것이 쉽지 않기 때문에 권한쟁의심판의 실효성이 매우 약할 수밖에 없다는 이유로, 권한쟁의심판제도에 있어서 실효성 확보의 관점에서 법률제정행위에 대하여 권한침해확인결정뿐만 아니라 무효확인결정까지 내려야 한다고 주장하는 견해도 있다(가령, 차진아, 권한쟁의심판과 위헌법률심판의 충

나. 위헌법률심판에서 재판의 前提性 요건의 완화로 인한 추상적 규범통제[17)]

(1) 구체적 규범통제의 본질로서 재판의 전제성

(가) 헌법 제107조 제1항은 "법률이 헌법에 위반되는 여부가 재판의 전제가 된 경우에는 법원은 헌법재판소에 제청하여 그 심판에 의하여 재판한다."고 규정함으로써 위헌법률심판에 관한 관할을 헌법재판소에 부여하고 있다. 위헌법률심판은, 법률의 위헌여부가 법원에서 구체적 사건의 해결을 위한 선결문제가 되는 경우에 법률의 위헌여부를 판단하는 구체적 규범통제절차이다. 법률의 위헌여부가 재판의 전제가 된다는 것은, 구체적인 쟁송사건의 해결을 위하여 필요불가결한 선결문제가 되어야 한다는 것을 의미한다. 즉, '재판의 전제성'이란 법률의 위헌여부를 판단해야 할 필요성여부에 관한 문제, 곧 '재판상의 必要不可缺性'이라고 할 수 있다.

위헌제청의 필요불가결성은 구체적 규범통제의 본질에 속하는 것이다. 구체적 규범통제절차는 당해소송의 재판을 위한 것이므로, 위헌제청은 구체적 소송사건에 대한 재판을 위하여 불가결한 경우에만 정당화된다. 제청법원이 위헌이라고 간주하는 법률을 적용하지 아니하고도 법적 분쟁에 대한 재판을 할 수 있는 가능성을 가지고 있다면, 재판의 전제성은 존재하지 않는다.[18)]

(나) 구체적 규범통제와 추상적 규범통제를 구분하는 결정적인 기준이 바로 '재판의 전제성'이다.[19)] 헌법재판소가 위헌법률심판의 적법요건인 재판의 전제성요건을 완화할수록, 구체적 규범통제로서의 위헌법률심판은 그 본질을 상실하게 된다. 헌법재판소가 위헌법률심판에 관한 권한을 구체적 소송사건의 해결을 위하여 불가결한 경우에 한정하지 않는다면, 위헌법률심판은 구체적 규범통제에서 추상적 규범통제로 변질될 위험을 안고 있다.[20)] 헌법재판소가 구체적 사건의 해결을 위한 필요성여부와 관계없이 법률의 위헌여부를 판단한다는 것은, 결국 법원이란 국가기관의 심판청구에 의하여 구체적 사건의 해결과 관계없이 법률의 위헌여부를 판단하는 '추상적 규범통제'를 사실상 도입하는 결과를 초래하는 것이다.[21)]

돌에 관한 고찰, 헌법학연구 제15권 제1호, 2009. 3. 407면 이하). 그러나 이러한 견해는 권한쟁의심판의 본질과 특성을 무시한 채 헌법재판의 실효성의 관점만을 무리하게 강조함으로써 '헌법기관 상호간의 권한분쟁'을 '규범통제절차'로 변형시킨다는 근본적인 문제를 안고 있다.

17) 이에 관하여 상세하게 한수웅, 위헌법률심판에서의 '재판의 전제성'에 관한 비판적 고찰, 헌법논총 제25집(2014), 409면 이하 참조.

18) Vgl. BVerfGE 64, 251, 254; Dollinger, in: Umbach/Clemens/Dollinger, BVerfGG Mitarbeiterkommentar, 2005, §80, Rn.242, 262ff., 274; Schlaich/Korioth, Das BVerfG, 2012, Rn.152.

19) Vgl. Dollinger, in: Umbach/Clemens/Dollinger, BVerfGG Mitarbeiterkommentar, 2005, §80, Rn.57; Schlaich/Korioth, Das BVerfG, 2012, Rn.147.

20) 이러한 위험성을 지적하는 헌법재판소의 판시내용으로 헌재 1997. 9. 25. 97헌가4, 판례집 9-2, 332, 337, "재판의 전제가 되는 요건을 갖추지 못한 안기부법개정법에 대한 위헌심사는 추상적 규범통제를 하는 결과가 되어 허용할 수 없는 것이므로 이 부분 위헌심판제청은 부적법하다."

(2) 재판의 전제성 요건에 대한 예외 인정의 문제점

(가) 헌법재판소는 법률의 위헌여부에 관한 판단이 당해사건에 영향을 미칠 수 없는 경우라 하더라도, 개별사건을 떠나서 일반적 의미가 있으며 공공복리를 위하여 중요한 의미가 있는 경우에는 심판의 필요성을 인정하고 있다. 즉, 헌법재판소는 당해 소송사건이 종료되어 재판의 전제성이 소멸된 경우이거나 또는 헌법재판소법 제68조 제2항에 의한 헌법소원심판에서 심판대상조항에 대한 헌법소원이 인용된다 하더라도 당해 소송사건에 영향을 미칠 수 없어 재판의 전제성이 없는 경우에도, 제청 당시에 전제성이 인정되는 한, 객관적 헌법의 수호·유지를 위하여 헌법적 해명이 필요한 긴요한 사안이나 기본권침해가 반복될 위험이 있는 경우에는 예외적으로 본안판단을 하고 있다.[22)]

(나) 헌법재판소가 재판의 전제성이 인정되지 않는 경우에도 '객관적 헌법질서의 수호와 유지'의 관점에서 법률의 위헌여부에 관하여 광범위하게 판단하는 경우, 위헌법률심판은 구체적 규범통제에서 추상적 규범통제로 변질될 위험을 안고 있다. 구체적 사건의 해결을 계기로 하여 재판의 전제가 되는 법률의 위헌여부를 판단하는 구체적 규범통제에서 재판의 전제성이 인정되지 아니함에도 '헌법의 수호와 유지'의 관점에서 본안판단을 하는 것은 결국, 헌법재판소가 구체적 사건의 해결과 관계없이 법원이라는 국가기관의 심판청구에 의하여 추상적으로 법률의 위헌여부를 판단하는 '추상적 규범통제'를 독자적으로 도입하는 것이다.

헌법이 헌법재판소에게 구체적 규범통제의 권한만을 부여하면서(헌법 제111조 제1항 제1호) 구체적 규범통제의 본질에 내재하는 '재판의 전제성' 요건을 통하여 헌법재판소가 심판할 수 있는 상황을 구체적으로 확정한 경우, 헌법재판소가 헌법의 수호라는 이름 아래 재판의 전제성요건을 무시하고 법률의 위헌여부를 판단하는 것은 헌법상 부여된 자신의 권한 범위를 넘어서는 것이다. 헌법재판의 목적이 '헌법의 수호와 유지'에 있고 이에 따라 헌법재판소의 헌법상 과제가 '헌법의 수호와 유지'라 하더라도, 헌법재판소는 자신의 헌법상 과제를 헌법에 의하여 부여받는 권한의 범위 내에서 이행할 수 있고, 나아가 이행해야 하는 것이다. 헌법재판소의 헌법상 과제인 '헌법의 수호와 유지'가

---

21) 김주현, 재판의 전제성에 관한 고찰, 헌법논총 제8집(1997), 184면, 재판의 전제성을 완화하는 경우 우리 제도가 채택하고 있지 않는 추상적 규범통제를 사실상 허용하는 쪽으로 헌법재판 실무가 운용될 수 있다는 점에서 지나친 예외의 인정은 바람직하지 않다고 한다.

22) 헌재 1993. 12. 23. 93헌가2, 판례집 5-2, 578, 591, "위헌심판제청된 법률조항에 의하여 침해되는 기본권이 중요하여 동 법률조항의 위헌 여부의 해명이 헌법적으로 중요성이 있는데도 그 해명이 없거나, 동 법률조항으로 인한 기본권의 침해가 반복될 위험성이 있는데도 좀처럼 그 법률조항에 대한 위헌심판의 기회를 갖기 어려운 경우에는 위헌제청 당시 재판의 전제성이 인정되는 한 당해소송이 종료되었더라도 예외적으로 객관적인 헌법질서의 수호·유지를 위하여 심판의 필요성을 인정하여 적극적으로 그 위헌여부에 대한 판단을 하는 것이 헌법재판소의 존재이유에도 부합하고 그 임무를 다하는 것이 된다."; 헌재 1993. 9. 27. 92헌바21, 판례집 5-2, 267, 273; 헌재 2001. 4. 26. 98헌바79등, 판례집 13-1, 799, 817; 헌재 2004. 3. 25. 2002헌바104, 판례집 16-1, 386, 393; 헌재 2004. 10. 28. 2003헌가18, 판례집 16-2하, 86, 95; 헌재 2005. 12. 22. 2003헌가8, 판례집 17-2, 577, 604; 헌재 2013. 7. 25. 2012헌바63, 공보 제202호, 955.

헌법재판소의 권한을 헌법이 부여한 범위를 넘어서 확장하는 근거가 될 수 없다. 헌법재판소가 헌법상 부여받은 과제로부터 자신의 권한·관할을 임의로 이끌어낸다면, 헌법재판소의 관할과 권한을 확정하고 제한하는 헌법규정은 무의미하게 될 것이다.

Ⅲ. 事後的인 추상적 규범통제의 도입 문제

1. 立法例 概觀[23)]

추상적 규범통제절차를 도입하여 헌법재판소의 관할로 하고 있는 대표적인 국가는 독일, 오스트리아, 스페인과 포르투갈이다. 독일과 오스트리아와 같은 연방국가의 경우 추상적 규범통제의 대상이 되는 법규범은 연방과 州의 법률 및 법규명령이고,[24)] 스페인과 포르투갈과 같은 중앙국가의 경우 중앙국가의 법률, 법규명령과 지방자치단체의 법률적 효력을 가지는 법규명령이 추상적 규범통제의 대상이다.[25)]

추상적 규범통제절차에서 심판청구를 할 수 있는 주체의 범위(청구인)와 관련하여 살펴보면, 독일과 오스트리아의 경우 연방정부, 州政府 및 연방의회(독일의 Bundestag 및 오스트리아의 Nationalrat) 재적의원 1/4 또는 1/3이 심판청구권을 가지고 있고,[26)] 스페인의 경우 수상, 護民官(Volksanwalt),[27)] 50인의 하원의원, 50인의 상원의원에게 심판청구권을 인정하고 있으며,[28)] 포르투갈의 경우 수상, 국가원수(대통령), 국회의장, 호민관, 국회 재적의원의 1/10에게 심판청구권을 부여하고 있다.[29)]

위 국가들이 선택한 추상적 규범통제절차의 공통점을 찾아본다면, 첫째, 일정수의 의회 의원에게 심판청구권을 인정함으로써, 의회 내에서의 소수파를 헌법질서의 감시자로 기능하도록 하고 있으며, 둘째, 연방국가의 경우 주정부에게, 중앙국가의 경우 지방자치단체의 장이나 지방의회에게 심판청구권을 인정함으로써, 추상적 규범통제를 연방국가적 권력분립질서 또는 수직적 권력분립질서의 유지와 보장에 기여하는 제도로 기능하도록 하고 있다. 후자와 관련하여, 예컨대 스페인의 경우 중앙국가의 법률이나 법규명령이 지방자치단체의 고유한 영역을 침해할 가능성이 있는 경우 이에 대하여 지방자치단

---

23) 개관으로서 vgl. A. Weber, Generalbericht, in: Starck/Weber, Verfassungsgerichtsbarkeit im Westeuropa, Bd. I, 1986, S.68ff.

24) 독일기본법 제93조 제1항 제2호, 오스트리아헌법 제139조 제1항 제2문, 제140조 제1항 제2문 및 제3문 참조.

25) 스페인헌법 제161조 제1항의a, 포르투갈헌법 제281조 제1항 참조.

26) 오스트리아의 경우에는 州 헌법이 정하는 바에 따라 州 의회 재적의원 1/3도 심판청구권을 가질 수 있다, 이에 관하여 아래 '오스트리아의 추상적 규범통제' 부분 참조.

27) 護民官은 스페인헌법 제54조, 제162조에 법적 근거를 둔 일종의 옴부즈만으로서, 상·하원 재적의원 3/5 이상의 찬성으로 선출되고 의원과 동일한 면책특권을 가지고 있으며, 양원에 종속되어 활동하는데, 기본권의 보호기능과 국가 및 지방자치단체의 행정을 감독하는 기능을 수행한다.

28) 스페인헌법 제162조 제1항의a.

29) 포르투갈헌법 제281조 제2항.

체의 장 또는 지방의회가 심판청구를 할 수 있도록 규정하고 있다.[30)]

2. 독일의 추상적 규범통제

가. 추상적 규범통제의 근거규범

독일 기본법은 제93조 제1항 제2호에서 "연방정부, 州政府 또는 연방의회 재적의원 1/4의 청구로 연방법 또는 州法이 연방헌법인 기본법(Grundgesetz)에 형식적·실질적으로 합치하는지 또는 주법이 그 밖의 연방법에 합치하는지에 관한 견해의 차이나 의문이 있는 경우", 연방헌법재판소는 이에 관하여 결정한다고 규정하고 있다. 나아가, 1994년에 새로이 추가된 같은 항 제2호의a 규정은 "연방참사원(Bundesrat), 주정부 또는 州議會의 청구에 의하여 법률이 기본법 제72조 제2항의 요건을 충족시키고 있는지 여부에 관한 견해의 차이가 있는 경우," 이에 관하여 결정한다고 규정하고 있다. 기본법 제93조 제1항 제2호의a 규정의 심판절차는 '규범 그 자체'가 아니라 '규범이 헌법상 규정된 요건을 충족시키고 있는지 여부'를 심판대상으로 삼고 있으나, 새로운 유형의 심판절차가 아니라 추상적 규범통제의 일종이다.[31)] 위 심판절차는 연방국가에서 입법권이 연방과 주에 배분되어 있는 상황에서 기본법 제72조 제2항에서 정하고 있는 '연방에 의한 규율의 필요' 여부를 사법적으로 통제하고자 하는 것이다.[32)]

기본법 제93조 제1항 제2호에 규정된 추상적 규범통제는 연방헌법재판소법 제76조 이하에서 구체화되고 있는데, 위 법 제76조는 "기본법 제93조 제1항 제2호에 의한 연방정부, 주정부 또는 연방의회 재적의원 1/4의 청구는 다음과 같은 경우에만 허용된다. 청구인능력이 있는 者의 하나가 연방법 또는 주법을 1. 기본법 또는 기타의 연방법과의 형식적 또는 실질적 불합치를 이유로 무효라고 간주하는 경우 또는 2. 법원, 행정청 또는 연방이나 주의 어느 기관이 어떤 규범을 기본법 또는 그 외의 연방법과 합치하지 않는다고 간주하고 적용하지 아니하였으나, 그 규범을 유효라고 판단하는 경우"라고 규정하고 있다.

---

30) 스페인헌법 제162조 제1항, 스페인헌법재판소법 제32조 제2항.

31) Vgl. Schlaich/Korioth, Das Bundesverfassungsgericht, 5. Aufl., 2001, Rn.117.

32) 독일 기본법은 연방국가의 특성상 입법권을 聯邦과 州 사이에 분배하는 규정(기본법 제70조 이하)을 두고 있는데, 연방이 독점적으로 규율할 수 있는 영역(제71조, 제73조) 및 州와 경쟁적으로 규율할 수 있는 영역(제72조, 제74조)을 '연방의 입법영역'으로 규정하고 있다. 나아가, 독일 기본법은 제72조 제1항에서 "경쟁적 입법의 영역에서는 연방이 그의 입법권을 행사하지 않는 한, 州는 입법권을 가진다."고 하여 州의 보충적 입법권을 규정하면서, 제2항에서 "연방지역의 균등한 생활관계의 실현 또는 국가적 이익의 관점에서 법적 또는 경제적 통일성의 유지가 연방법률에 의한 규율을 필요로 하는 한, 경쟁적 입법의 영역에서 연방은 입법권을 가진다."고 규정하고 있다.

나. 客觀訴訟으로서 추상적 규범통제

기본법 제93조 제1항 제2호의 추상적 규범통제는 개인의 주관적 권리가 다투어지는 주관적 권리보호절차가 아니라, 법규범이 上位法, 즉 헌법이나 연방법에 합치하는지 여부를 해명하기 위한 객관적인 절차이다.[33] 추상적 규범통제의 목적은 헌법을 수호하고 연방국가적 권한질서를 보장하고자 하는 것이다.[34] 비록 추상적 규범통제절차는 연방정부, 州政府 또는 연방의회 재적의원의 1/4이라는 정치적 기관의 청구에 의하여 개시되지만, 對審的 절차가 아니라 규범의 유효여부를 확인하기 위한 객관적인 절차로 형성되어 있다. 물론 청구인이 법규범이 상위법에 합치하는지 여부의 해명에 관한 법적 이익이나 정치적 이익을 가질 수도 있으나, 이는 심판청구를 위한 적법요건이 아니다. 여기서 청구인은 심판절차의 당사자가 아니라 헌법질서 또는 연방법질서의 보증인(Garant)으로서 또는 감시자로서의 지위를 가진다. 그러므로 청구인이 심판청구를 취하한 경우에도 절차의 속행에 관한 이익이 존재하는 한, 본안에 관하여 판단할 수 있다고 하는 것이 연방헌법재판소의 견해이다.[35]

구체적 규범통제는 당해소송의 해결을 위한 中間訴訟으로서의 성격을 가지고 있기 때문에, 심판대상이 '재판의 전제성 요건'을 통하여 전적으로 당해소송에 의하여 결정되고, 이로써 헌법재판소는 당해소송의 해결을 위하여 꼭 필요한 범위 내에서만 규범의 위헌여부에 관하여 판단을 하게 된다. 그러나 추상적 규범통제의 경우, 심판청구를 하는 국가기관들이 심판대상을 상당히 자유롭게 확정할 수 있다. 연방헌법재판소의 심사범위는 청구인이 정하는 심판청구의 범위에 의하여 결정되며, 이러한 의미에서 연방헌법재판소는 구체적인 법적용으로부터 추상화된 포괄적인 심사를 하게 된다.

통상, 법규범에 대한 위헌의 의심이나 헌법적 하자는 '정부'나 '의회의 다수파'에 의해서가 아니라, 의회의 의결에서 압도당한 '의회의 소수파'나 '야당'에 의하여 주장된다. 즉, 심판청구는 정당정치적 또는 연방국가적 관점에서 야당이나 또는 야당이 집권한 州政府에 의하여 이루어지는 것이다. 여당과 야당의 합의에 의하여 의회에서 의결한 법률에 대하여 추상적 규범통제의 심판이 청구되는 경우는 사실상 없으며, 이러한 법규범은 다른 심판절차에 의하여 연방헌법재판소의 심판을 받게 된다. 전반적으로 볼 때, 구체적 규범통제의 사건수가 추상적 규범통제의 사건수보다 현저하게 많은데, 이는 구체적 규범통제에서 법관의 위헌제청은 권한이자 의무이지만, 추상적 규범통제에서 심판청구는 단지 권한이라는 점에도 기인한다.[36]

---

33) Vgl. Söhn, Abstrakte Normenkontrolle, in: BVerfG und GG, Bd. I, 1976, S.295.
34) Vgl. Maunz/Schmidt-Bleibtreu, BVerfGG Kommentar, 2001, §76 Rn.5.
35) Vgl. BVerfGE 25, 308, 309.
36) Vgl. Pestalozza, Verfassungsprozeßrecht, 1991, S.121.

다. 추상적 규범통제절차의 적법요건

(1) 청구인능력[37)]

추상적 규범통제를 청구할 수 있는 자는 연방정부, 주정부 및 연방의회 재적의원 1/4 이상이다. 원내교섭단체나 정당은 청구인능력이 없다. 연방의회 내의 야당은 비록 직접 심판청구를 할 수는 없으나, 야당에 속한 연방의회 재적의원 1/4 또는 야당이 집권한 州의 정부를 통하여 간접적으로 심판청구를 할 수 있다. 따라서 정치적으로 본다면, 심판청구에 의하여 의회의 다수파와 소수파 또는 여당과 야당이 서로 대립하게 되는 것이다.

1994년에 추가된 기본법 제93조 제1항 제2호의a 규정에 의하여 '법률이 기본법 제72조 제2항의 요건(연방법률에 의한 규율의 필요)을 충족하는지 여부에 관하여 견해 차이가 있는 경우'에는 실질적으로 州가 연방의 입법권한을 통제하는 상황에 해당하므로, 州政府 외에 州議會, 상원에 해당하는 연방참사원도 청구인능력을 가진다.

(2) 심판대상[38)]

추상적 규범통제의 심판대상은 '연방법과 주법이 上位法에 위반되는지 여부'이다. 여기서 연방법과 주법이란, 예산법률 · 조약에 대한 동의법률 등을 포함하여[39)] 연방과 주의 법률, 법규명령과 조례를 망라한다. 연방헌법재판소는 '위헌적 헌법규범'이 적어도 이론적으로 가능하다는 입장이므로,[40)] 연방과 주의 헌법규범도 심판의 대상이 된다. 독일 기본법은 헌법개정을 의회의 의결만으로 그것도 법률의 형식으로 하도록 규정하고 있으므로, 헌법개정에 관한 법률(Grundgesetzändernde Gesetze)도 개정금지사항을 규정하고 있는 기본법 제79조 제3항을 기준으로 하는 심사의 대상이 된다.[41)]

(3) 심판청구의 적법성[42)]

청구인 중 어느 하나의 기관에게 법규범의 유효여부에 관한 견해의 차이나 의심이 생긴 경우, 심판청구는 적법하다. 법규범이 상위법과 합치하는지 여부에 관하여 다른 견해가 주장되거나 또는 불확실성이 발생하는 것으로 족하다. 청구인 스스로에게 견해의 차이나 의심이 발생할 필요는 없다. 법규범의 유효여부에 관한 견해의 차이나 의문이 다른 곳에서 발생하였고, 이로 인하여 심판청구를 해야 할 구체적인 계기가 주어졌다면, 이로 충분하다.[43)]

---

37) Vgl. Schlaich/Korioth, Das Bundesverfassungsgericht, 5. Aufl., 2001, Rn.117.
38) Vgl. Schlaich/Korioth, Das Bundesverfassungsgericht, 5. Aufl., 2001, Rn.118ff.
39) 독일의 경우, 예산의 의결과 중요조약에 대한 의회의 동의가 '형식적 의미의 법률'의 형태로 이루어진다.
40) Vgl. BVerfGE 1, 14, 32.
41) 독일 기본법 제79조 제3항은 '연방국가원리, 인간의 존엄성, 민주적 법치국가원리 및 사회국가원리'를 명시적으로 개정금지사항으로 규정하고 있다.
42) Vgl. Schlaich/Korioth, Das Bundesverfassungsgericht, 5. Aufl., 2001, Rn.122.

심판청구를 하기 위하여 청구인의 주관적인 권리보호의 필요성은 요구되지 않는다. 법규범의 유효여부를 해명하고자 하는 객관적 이익이 존재하는 경우, 심판청구는 적법하다.[44] 심판청구와 더불어 일반적으로 법규범의 유효여부에 관한 해명의 이익이 존재하는 것으로 간주된다. 법규범이 폐지되었다 하더라도, 예컨대 舊法의 실질적인 규범내용이 신법에 수용됨으로써 계속 법률효과를 발휘하고 있다면, 폐지된 법규범의 유효여부를 규명해야 할 이익이 존재할 수 있다.[45]

(4) 심사기준[46]

기본법 제93조 제1항 제2호의 法文이 밝히고 있는 바와 같이, 聯邦法이 심판대상인 경우에는 연방헌법인 '기본법'(Grundgesetz)만이 심사기준이 된다. 연방법률의 경우 전적으로 연방헌법인 '기본법'을 기준으로 심사되어야 한다는 것은 자명하며, 연방의 법규명령과 규칙의 경우에도 '기본법'만이 심사기준이 된다. 연방의 법규명령과 규칙의 위헌여부가 심판대상인 경우에는 오로지 포괄위임의 금지를 규정하는 기본법 제80조에 대한 위반여부만이 판단의 대상이기 때문에, 헌법재판소의 심사는 단지 '연방의 법규명령과 규칙이 연방법률의 수권에 기초하는지 및 그 수권의 한계를 준수하고 있는지 여부에 한정된다.

州法이 심판대상인 경우에는, 심사기준은 연방헌법과 그 외의 모든 연방법이다. 연방헌법상 연방법은 주법에 우선하기 때문에(기본법 제31조), 연방의 법규명령과 규칙을 포함하여 연방법 전체가 심사기준이 된다. 이러한 점에서 추상적 규범통제는 주법에 대하여 특히 연방의 법규명령을 보호하는 기능을 한다.

3. 오스트리아의 추상적 규범통제

오스트리아헌법은 제140조 제1항 제2문 및 제3문에서 "헌법재판소는 또한 연방정부의 심판청구에 의하여 州 법률의 위헌여부를 심사하고, 또한 州 정부 또는 연방의회(Nationalrat) 재적의원 1/3의 심판청구에 의하여 연방법률의 위헌여부를 심사한다. 州 법률의 위헌여부와 관련하여 또한 州 의회 재적의원 1/3에게도 심판청구권이 부여되는지에 관하여 州 헌법이 결정할 수 있다."고 하여 연방과 주의 법률에 대한 추상적 규범통제절차를 규정하면서, 제139조 제1항 제2문에서 "헌법재판소는 또한 연방정부의 심판청구에 의하여 州 행정청의 명령의 위법여부를, 州 정부의 심판청구에 의하여 연방 행정청의 명령의 위법여부를, 또한 당해 지방자치단체의 심판청구에 의하여 헌법 제119조

43) Vgl. Benda/Klein, Verfassungsprozeßrecht, 2. Aufl., 2001, Rn.729f.
44) BVerfGE 88, 203, 334.
45) BVerfGE 97, 198, 213f.
46) Vgl. Schlaich/Korioth, Das Bundesverfassungsgericht, 5. Aufl., 2001, Rn.123.

의a 제6항에 의한 지방자치단체 감독청의 명령의 위법여부를 심사한다."고 하여 연방과 주의 법규명령에 대한 추상적 규범통제절차를 규정하고 있다.

이에 따라 연방정부는 州의 법률과 법규명령의 위헌성을, 州 정부는 연방의 법률과 법규명령의 위헌성을, 연방의회 재적의원 1/3은 연방법률의 위헌성을, 州 헌법이 이를 허용하는 경우에는 州 의회 재적의원 1/3은 州 법률의 위헌성을, 지방자치단체는 지방자치단체 감독청의 법규명령의 위헌성을 문제 삼아 추상적 규범통제의 심판을 청구할 수 있다.

4. 추상적 규범통제를 도입할 것인지의 문제

가. 추상적 규범통제의 도입을 요청하는 헌법적 관점

(1) 법적 안정성의 관점

추상적 규범통제의 도입을 정당화하고 나아가 요청하는 헌법적 법익은 무엇보다도 '법적 안정성'의 관점이다. 추상적 규범통제가 도입된다면, 법규범이 제정되어 법현실에서 장기간 광범위하게 적용되기 이전에 규범통제가 이루어질 수 있다. 규범통제가 규범의 제정 직후에 신속하게 이루어질 수 있다는 점은 법치국가적 법적 안정성의 관점에서 볼 때 추상적 규범통제의 큰 장점이라 할 수 있다.[47] 추상적 규범통제가 도입되는 경우, 일반국민에 의하여 헌법소원이 제기되거나 또는 법원이 위헌제청을 할 때까지 기다릴 필요가 없이, 위헌적인 법규범이 신속하게 제거될 수 있다. 특히 법규범이 공포된 후 일정 기간을 경과한 후에 시행되는 경우에는 법규범이 시행되기 이전에 위헌적인 법규범이 다시 제거될 수 있다는 점에서 이러한 장점은 더욱 두드러진다. 또한, 법규범이 개인의 주관적 권리를 침해하는 성격이 없기 때문에 그에 대한 헌법소원이나 구체적 규범통제의 대상이 될 수 없는 경우에도, 추상적 규범통제는 그의 객관적 성격으로 말미암아 법규범에 대한 심사를 가능하게 한다.

한편, 헌법재판소가 구체적인 개별사건을 통하여 심판대상규범의 구체적인 적용실태를 직접 접할 수 없다는 점은 추상적 규범통제의 단점으로 지적되고 있다.[48] 헌법재판소는 구체적 사례를 통하여 법규범을 보다 잘 해석할 수 있고 헌법적으로 평가할 수 있는데, 헌법적 심사를 위하여 바람직한 '구체적인 사례에 관한 자료'가 없다는 것이다. 이미 시행되어 상당한 기간 법현실에서 적용되고 있는 법규범의 경우 헌법재판소는 간접적이나마 법적용 실태에 관한 정보를 얻을 수 있으나, 문제는 법규범이 공포·시행된 지 얼마 안 되기 때문에 법적용에 관한 실무가 전혀 없는 법규범의 경우이다. 이러한

47) Vgl. Umbach/Clemens/Dollinger, BVerfGG Mitarbeiterkommentar, 2. Aufl., 2005, §76 Rn.4.

48) Vgl. Umbach/Clemens/Dollinger, BVerfGG Mitarbeiterkommentar, 2. Aufl., 2005, §76 Rn.4; Benda/Klein, Verfassungsprozeßrecht, 2. Aufl., 2001, Rn.764.

경우에는 헌법재판소는 구체적인 법적용으로부터 추상화된 포괄적인 심사를 해야 하는 어려움에 처하게 된다. 추상적 규범통제의 이러한 단점에도 불구하고, 장점과 단점이 제시하는 헌법적 법익을 교량한다면, 장점이 단점을 압도한다는 결론에 이른다. 헌법재판소에 의한 판단의 어려움을 이유로 헌법위반의 상태가 일정 기간 동안 감수되어야 한다는 것은 납득하기 어렵기 때문이다.

(2) 행정부의 '헌법에의 구속'의 관점

행정부가 헌법의 구속을 받는다는 관점도 추상적 규범통제의 도입을 지지하고 있다. 행정부는 법규범의 구속을 받기 때문에, 행정은 법규범에 따라 행해져야 한다(法治行政). 따라서 행정청은 위헌·위법으로 간주되는 법규범의 적용을 거부할 수 없다.

행정입법의 위헌성이 문제되는 경우, 행정청은 상급관청을 통하여 행정입법의 위헌성을 지적함으로써 행정부가 스스로 행정입법의 위헌성을 제거하도록 할 수 있다. 그러나 법률의 위헌성이 문제되는 경우, 헌법은 제107조 제1항에서 위헌법률심판의 제청권을 법원에게만 부여하고 있기 때문에, 행정청은 법률의 위헌여부에 관하여 제청을 할 수 있는 권한이 없다. 행정청이 구체적인 사건에 적용해야 할 법률에 대하여 위헌의 의심이 있는 경우, 행정청은 행정부의 위계질서적 구조 내에서 상급기관인 각부장관의 지시를 구해야 하고, 이 과정에서 각부장관에게도 법률의 위헌성에 대한 의문이 있다면, 헌법재판을 통하여 법률의 위헌여부를 해명할 수 있는 가능성이 개방되어야 한다.

이러한 가능성을 배제하는 것은 행정부도 법원과 마찬가지로 헌법의 구속을 받는다는 법치국가적 요청과 합치하기 어렵다. 현행 헌법재판제도에서 행정부는 '정부의 법률안제출권'의 행사를 통하여 국회로 하여금 위헌적 법률의 위헌성을 제거하거나 개선하도록 유도하는 방법만이 고려될 수 있을 뿐이다. 행정부가 자신이 적용하는 법률을 위헌으로 간주함에도 이를 적용해야 한다는 법적 상황은, 헌법의 구속을 받음으로써 헌법을 존중하고 실현해야 하는 행정부의 의무와 상충한다. 추상적 규범통제가 도입되는 경우에는 정부가 스스로 합헌성이 의문시되는 법률에 대하여 그 위헌여부를 해명하기 위하여 심판절차를 개시할 수 있다.

(3) 정치적 심판절차로 변질될 우려?

추상적 규범통제를 도입하여 운용하는 대표적인 국가인 독일에서는 헌법재판체계 내에서의 추상적 규범통제의 필요성과 정당성에 대하여 이의를 제기하는 견해는 거의 없는 것으로 보인다. 그러나 의회의 의결절차에서 압도당한 '소수파'나 '야당이 집권한 주정부'가 심판을 청구하고 헌법재판소의 도움으로 의회에서의 정치적 패배를 만회하고자 한다는 점에서, '추상적 규범통제절차는 헌법적 수단을 이용한 정치의 延長이며, 청구인은 입법절차에서의 자신의 입장을 관철하고자 정치적 논쟁을 헌법재판소의 심판절차에서 반복함으로써 헌법재판소의 기능이 규범적 판단이 아니라 정치적 심판으로 변질될 우려가 있다'는 비판이 일부 학자에 의하여 제기되고 있다.[49)]

야당이 의회 내에서의 세력관계로 인하여 자신의 정치적 견해와 입법적 문제점의 해소를 관철하지 못한 경우, 추상적 규범통제는 야당에게 헌법질서의 감시자로서 '정치적 관점'이 아니라 '헌법적 관점'에서 이의를 제기할 수 있는 기회를 부여한다. 따라서 정치적 관점이 아니라 헌법적 관점에서 이의가 제기되고 헌법재판소의 심사가 정치적 타당성에 대한 심사가 아니라 규범적인 심사에 한정되는 한, 소수파나 야당에 의한 심판청구는 헌법적 관점에서 아무런 문제가 없다고 할 것이다.[50)]

나. 구체적인 도입 형태

(1) 청구인능력의 범위를 확정하는 관점

추상적 규범통제의 본질은 '구체적인 법적 분쟁과 분리'된 규범통제라는 것이다. '구체적 법적 분쟁과의 분리'가 의미하는 바는, 추상적 규범통제에서는 청구인의 주관적인 권리나 권한에 관하여 다투는 것이 아니라, 즉 주관적 보호의 문제가 아니라 객관적 법질서(헌법 또는 연방법)의 보호에 관한 것이라는 것이다. 그러나 이와 같은 객관적 심판절차에서도 절차의 개시를 위한 심판청구가 필요하다.

여기서 심판청구권은 전적으로 절차를 개시하기 위하여 독자적으로 부여되는 소송법적 권리이지, 실체법적 권리와 연계된 소송법적 권리, 즉 실체법적 권리를 관철하기 위한 소송법적 권리가 아니다. 따라서 추상적 규범통제절차에서는 주관적 권리보호와 같이 심판청구를 제한하는 선별적 기준이 적용되지 않기 때문에, 청구인능력의 범위를 인위적으로, 즉 헌법정책적으로 확정해야 하는 문제가 제기된다. 청구인능력의 범위를 확정하는 것은, 헌법에 위반되는 법규범에 대하여 헌법을 수호하는 역할, 즉 헌법준수의 감시자의 역할을 누구에게 맡길 것인지에 관한 헌법정책적인 문제이다.

독일의 경우, 행정부의 정치적 지도기능을 고려하여 연방정부에게, 연방국가적 관점을 고려하여 州政府에게, 현대 정당국가에서의 의회 소수파의 정당정치적 기능을 고려하여 연방의회 재적의원의 1/4에게 청구인능력을 인정하고 있다. 이로써 행정부의 정치적 지도기능, 연방국가적 관점, 의회 소수파의 정당정치적 기능이라는 3가지 관점이 청구인능력의 범위를 확정하는 기준이 되고 있다. 한편, 추상적 규범통제절차가 연방의회 재적의원의 1/4에게 청구인능력을 부여하였다고 하여, 이를 소수의 보호를 위한 제도라 할 수는 없다. 헌법은 단지 소수파의 이익, 즉 법규범이 자신들의 정치적 견해와 부합

49) Vgl. Simon, Verfassungsgerichtsbarkeit, in: Benda/Maihofer/Vogel, HbVerfR, 1983, S.1266, 1289; A. Rinken, AK-GG, Art.93 Rn.140.

50) Vgl. Umbach/Clemens/Dollinger, BVerfGG Mitarbeiterkommentar, 2. Aufl., 2005, §76 Rn.5; Benda/Klein, Verfassungsprozeßrecht, 2. Aufl., 2001, Rn.764.

하지 않는다면 적어도 헌법적 한계를 준수할 것을 요청하는 이익을 활용함으로써 소수파를 헌법의 감시자와 수호자로 만들 뿐이다.[51)]

한편, 추상적 규범통제의 청구인능력을 일반국민에게도 확대하는 것을 생각해 볼 수 있다. 일반국민에게도 심판청구권을 부여함으로써 소위 대중소송, 민중소송을 도입하는 것은, 한편으로는 모든 국민에게 헌법을 수호하는 감시자의 지위를 부여함으로써 국민의 헌법의식을 높이고 헌법의 수호에 적극적으로 참여시키는 긍정적인 측면이 있으나, 다른 한편으로는 과다한 심판청구로 인하여 헌법재판소의 과제수행과 기능이 심각하게 저해될 위험이 있다. 이러한 이유로 비교법적으로 보더라도, 서유럽에서는 1964년 이래로 대중소송을 도입한 말타(말타 헌법 제116조)[52)]와 州 차원에서 州의 법규범만을 대상으로 하여 1947년 도입한 독일 바이에른 州의 대중소송이[53)] 유일한 것이고, 동유럽에서는 1990년 헝가리만이 모든 법규범에 대하여 그 위헌성을 이유로 일반국민이 아무런 제한을 받지 않고 심판청구를 할 수 있는 추상적 규범통제를 도입하였다.[54)]

(2) 청구인능력이 인정되는 국가기관의 범위

위에서 서술한 관점에서 본다면, 일반국민에게도 청구인능력을 부여하여 대중소송을 도입하는 것은 바람직하지 않은 것으로 판단된다. 추상적 규범통제의 목적이 헌법의 수호 및 연방국가적 또는 수직적 권력분립질서의 보장에 있으므로, 청구인능력의 범위를 정하는 관점도 집행부의 정치적 지도기능, 의회 소수파의 정당정치적 관점 및 국가와 지방자치단체 사이의 권력분립적 관점이 되어야 된다.

이에 따라, 일차적으로 '정부'에 청구인능력을 인정하는 것이 요청된다. 특히, 대통령이 법률안거부권을 가지고 있고 법률안거부권은 법률안에 대한 위헌심사권을 포함하고 있다는 점에서도 정부의 청구인능력은 정당화된다. 대통령은 법률안이 헌법에 위반된다고 판단하는 경우에는 법률안거부권을 행사할 수 있는데(헌법 제53조 제2항), 대통령이 거부권을 행사하면 국회는 그 법률안을 재의에 회부하여 재의결을 통하여 법률안을 법률로서 확정할 수 있다(헌법 제53조 제4항). 따라서 대통령이 법률안에 대하여 위헌의 의심을 표명하였음에도 국회가 재의결을 통하여 법률을 제정하는 경우, 정부와 의회 사

51) Vgl. Benda/Klein, Verfassungsprozeßrecht, 2. Aufl., 2001, Rn.711.

52) 말타의 경우에는 '기본권과 관계없는 헌법위반'을 이유로 법규범에 대한 대중소송을 제기할 수 있도록 규정하고 있다.

53) 독일 바이에른 州 헌법 제98조 제4문.

54) 헝가리의 경우, 1990년 도입된 이래 매년 평균 1000건의 사건이 접수되었다고 한다. 일반국민에 의한 추상적 규범통제가 비교적 짧은 기간 내에 과거의 법질서 전반을 위헌심사의 대상이 되게 함으로써 법치국가를 확립하는데 큰 기여를 한 것으로 긍정적으로 평가받고 있다. 그러나 현재의 안정된 법치국가적 상황에서 대중소송을 계속 필요로 하는지에 대하여 의문이 제기되고 있다, 헝가리의 대중소송에 관하여 vgl. Brunner, Der Zugang des Einzelnen zur Verfassungsgerichtsbarkeit im euroäischen Raum, JöR 50(2002), S.230; Zierlein, Die Bedeutung der Verfassungsrechtsprechung für die Bewahrung und Durchsetzung der Staatsverfassung, EuGRZ 1991, S.330.

이에 법률의 위헌여부에 관한 견해의 차이나 의심이 발생하는 전형적인 경우에 속한다. 법률안에 대한 대통령의 위헌심사권의 관점에서도 국회의 재의결에 의하여 무시된 대통령의 헌법적 이의에 관하여 해명하는 절차를 도입해야 할 필요성이 있다.

나아가, 대통령이 소속된 정당과 의회의 다수당이 일반적으로 일치하는 오늘의 정치현실에서 권력분립의 관계는 정부 대 의회의 대립이 아니라 의회의 소수파와 다수파·정부의 대립으로 변형된 점에 비추어, 의회에서 제정하는 법률에 대하여 헌법의 감시자로서의 역할을 수행할 수 있는 것은 역시 '의회의 소수파'이다. 따라서 '일정 數의 국회의원'에게 청구인능력을 인정해야 할 필요가 있다.

또한, 추상적 규범통제가 연방국가적 또는 수직적 권력분립질서의 보장이란 목적도 동시에 가지고 있다는 것을 감안한다면, 국가의 법규범이 지방자치단체의 헌법상 보장된 지방자치권을 침해하는 경우 그러한 법규범에 대하여 심판청구를 할 수 있는 권한을 '지방자치단체'의 장이나 의회에게 부여하는 것도 필요하다.

(3) 추상적 규범통제의 심판대상의 범위

추상적 규범통제의 심판대상을 법률로 한정할 것인지 아니면 모든 법규범으로 확대할 것인지는, 원칙적으로 헌법재판소의 헌법상 부여받은 규범심사권과의 연관관계에서 판단해야 할 문제이다. 명령·규칙에 대한 규범심사권을 원칙적으로 법원에 부여하고 있는 현행 헌법재판제도에서(헌법 제107조 제1항), 헌법재판소가 추상적 규범통제절차를 통하여 명령·규칙의 위헌여부를 판단한다는 것은 구체적 규범통제에 의한 법원의 위헌심사 결과와 서로 충돌할 수 있다는 것을 의미한다. 추상적 규범통제와 구체적 규범통제는 그 성질상 서로 배제하는 관계에 있는 것이 아니라 병렬적으로 적용되는 관계에 있기 때문이다. 따라서 법규범에 대한 위헌심사권이 二元化되어 있는 현행 헌법재판제도를 유지하면서 추상적 규범통제절차를 도입하는 경우에는, 그 심판대상은 '법률'로 제한해야 헌법상 관할규범 사이의 조화가 이루어질 수 있다.

(4) 헌법개정안 초안

가령, 헌법 제111조 제1항에 하나의 호를 신설하여 다음과 같은 문구를 삽입하는 것을 고려해 볼 수 있다.

"6. 정부, 국회 재적의원 1/4 또는 지방자치단체의 청구에 의한 법률의 위헌여부에 관한 심판"

Ⅳ. 事前的인 추상적 규범통제의 도입 문제

1. 개념 및 立法例 概觀

사전적 규범통제란, 규범통제의 대상인 법규범이 공포되기 이전에 그 위헌성을 심사하는 제도로서 추상적 규범통제의 일종이다. 일반적으로 입법기관에서 법안에 관하여 최종적으로 의결한 후에야 비로소 사전적 규범통제절차가 개시될 수 있다. 입법기관이 법안에 관하여 의결하기 이전에는 언제든지 법안이 변경될 수 있다는 점에서 규범통제의 심판대상이 확정되지 않으며, 입법자의 의결 이전에 사법기관이 관여하는 것은 헌법상의 권력분립원리에도 부합하지 않는다.[55]

사전적 규범통제절차를 두고 있는 국가로는 프랑스, 포르투갈, 헝가리 등을 들 수 있다.[56] 프랑스의 경우 단지 법률에 대해서만 사전적 규범통제가 허용되는 반면, 포르투갈과 헝가리는 법규명령도 심판대상으로 하고 있다. 포르투갈과 헝가리는 추상적 규범통제와 관련하여 사전적 규범통제와 사후적 규범통제를 동시에 허용하고 있는 유일한 국가라 할 수 있다.[57]

한편, 오랫동안 사전적 규범통제제도만을 두고 있던 프랑스는 2008년 헌법을 개정하여 법원에 소송이 계속 중인 상태에서 당해재판에 적용되는 법률규정의 위헌여부를 심사하는 사후적 위헌법률심사제도(구체적 규범통제제도)를 추가로 도입하였고, 2010년 3월부터 시행하고 있다(헌법 제61-1조).[58] 사후적 위헌법률심사제도는 행정법원이나 일반법원에서 구체적인 소송 중에 법률규정이 헌법이 보장하는 권리나 자유를 침해한다는 주장으로 법률의 위헌여부가 당해재판의 선결문제로 제기되는 경우에는 최고행정재판소나 대법원의 제청을 거쳐 헌법위원회가 법률의 위헌여부를 심사하는 제도이다. 2008년의 헌법개정은 그 동안 프랑스를 지배하였던 고전적인 헌법이론을 사실상 포기하는 혁명적인 것이었다. 이로써 프랑스의 헌법재판제도는 점차 '헌법재판제도를 否定하는 유형'에

---

55) Vgl. N. Holzer, Präventive Normenkontrolle durch das Bundesverfassungsgericht, 1978, S.114ff.

56) 스페인은 1985년까지 법률에 대한 사전적 규범통제를 '예외적인 절차'로서 규정하였으나 사전적 규범통제절차가 빈번하게 활용됨으로써 의회의 입법이 사전적 규범통제에 의하여 저지되는 현상이 발생하자 1985년 이 제도를 폐지하였고, 오스트리아의 경우, 사전적 규범통제는 연방과 州(Gliedstaat) 간의 관할배분의 심사에 한정되어 있기 때문에(오스트리아헌법 제138조 제2항), 실질적으로 거의 아무런 역할을 하지 못하고 있다. 또한 폴란드도 사후적·추상적 규범통제절차를 두면서 예외적으로 대통령에게는 서명을 하기 전에 법률의 합헌성심사를 헌법재판소에 청구할 수 있는 권한을 부여하고 있는데(헌법 제27조 제4항), 이러한 점은 부분적이나마 사전적 규범통제의 요소라 할 수 있다.

57) Vgl. A. Weber, Verfassungsgerichte in anderen Ländern, in: Piazolo, Das Bundesverfassungsgericht, 1995, S.69.

58) 프랑스의 사후적 규범통제에 관하여 정재황, 프랑스의 사후적 위헌법률심사제에 관한 연구, 성균관법학, 제22권 제3호, 2010; 박인수/조홍석/남복현, 주요 국가별 헌법재판제도의 비교분석과 시사점, 헌법재판연구 제21권, 2010. 12. 165면 이하; 헌법재판연구원, 프랑스의 위헌법률심사제도, 2012. 10, 50면 이하.

서 헌법위원회라는 '독립기관이 헌법재판을 담당하는 제도'로 변화하고 있다.

2. 프랑스의 사전적 규범통제절차[59)]

가. 1789년 대혁명을 겪은 프랑스는 루소(Rousseau)의 국민주권사상의 영향을 받아 '법관에 의한 통치'(gouvernement des juges)에 대한 거부감이 강하였다. 이에 따라 의회의 활동을 통제하거나 그의 절대적인 주권을 제한할 수 있는 권한을 부여받은 다른 국가기관이 존재할 수 없었다. 물론, 1946년 프랑스헌법은 헌법위원회(Comite Constituionnel)를 두었으나, 헌법위원회는 정치인들로 구성되었고, 그 관할에 있어서도 헌법규범을 심사기준으로 하여 입법자를 통제하는 것이 아니라 의회의 兩院 사이의 충돌이 발생하는 경우 단지 이를 중재하는 기능만이 부여되었다는 점에서, 헌법재판기관이 갖추어야 할 모든 본질적인 요소를 결여하고 있었다.

비로소 1958년 헌법에서 의회의 권력남용을 방지하기 위하여 규범통제기관으로서 헌법평의회(Comseil Constitutionnel)를 설치하였고, 헌법평의회에 의한 규범통제절차를 도입하였다. 그러나 1958년의 제5공화국 헌법(현행 헌법)에서도 법률에 대한 위헌심사권한을 배제한 채, 단지 법률에 대한 사전적 통제(제61조)와 선거소송심판(제58조, 제59조) 등을 헌법재판기관인 헌법평의회의 주된 관할로 규정하였다.[60)] 그 외 헌법평의회의 관할로는 '의회와 행정부의 입법권의 범위에 관한 권한쟁의심판', '대통령의 유고여부에 관한 확인권'(헌법 제7조), 국민투표소송(헌법 제60조) 등이 있다. 그러나 탄핵심판은 헌법평의회의 관할이 아니다. 대통령에 대한 탄핵심판은 상·하 兩院으로 구성되는 특별법원이 관장한다(헌법 제68조).

나. 프랑스의 사전적 규범통제절차는 의회에서 법률안을 의결한 후 연방대통령에 의하여 공포되기 이전에 단기의 기간 내에서만 이루어지며, 다음과 같은 두 가지 측면에서 제약적이다.

첫째, 법률을 '조직법률'(lois organique)과 '그 외의 법률'(lois ordinaire)로 구분하여 '조직법률'과 '의회의 의사규칙'에 대해서는 법률이 공포되기 전에 자동적·의무적으로

---

59) 프랑스의 사전적 규범통제절차에 관하여 정재황, 프랑스에 있어서 위헌심사결정의 효력, 공법연구 제18집, 1990, 179면 이하; 김철용 외, 헌법재판절차의 개선을 위한 입법론적 연구, 헌법재판연구 제4권(1993), 92면 이하; 정종섭, 주요 국가 헌법재판제도에 대한 비교적 연구, 헌법재판연구 제2권(1991), 32면 이하 및 81면 이하 참조; 또한 vgl. Fromont, Der französische Verfassungsrat, in: Starck/Weber, Verfassungsgerichtsbarkeit im Westeuropa, Bd. I, 1986, S.319ff.; Zweigert, Einige rechtsvergleichende und kritische Bemerkungen zur Verfassgunsgsgerichtsbarkeit, in: Bundesverfassungsgericht und Grundgesetz, Bd. I, 1976, S.69ff.; Zierlein, Die Bedeutung der Verfassungsrechtsprechung für die Bewahrung und Durchsetzung der Staatsverfassung, EuGRZ 1991, S.319f.; A. Weber, Der Generalbericht, in: Starck/Weber, Verfassungsgerichtsbarkeit im Westeuropa, Bd. I, 1986, S.64ff; A. Weber, Verfassungsgerichte in anderen Ländern, in: Piazolo, Das Bundesverfassungsgericht, 1995, S.69f.

60) 프랑스 헌법위원회의 관할에 관하여 상세하게 국회입법조사처, 유럽 위헌법률심사제도와 의회의 대응, 2011, 10면.

헌법평의회에 의한 위헌심사를 거치도록 하는 반면(프랑스헌법 제61조), '그 외의 법률'은 단지 심판청구가 있는 경우에만 위헌심사를 받게 된다. '조직법률'이란 헌법에 명시적으로 규정된 헌법보완법률로서 국가권력 간의 조직에 관한 것인데, 조직법률과 의회의 의사규칙은 의회와 정부 또는 양원과 정부 간의 권력균형에 관한 근본적인 의미를 가지고 있는 법률이라는 점에서, 프랑스헌법은 위 법률을 공포하기 전에 헌법평의회에 의한 위헌심사를 필요적으로 거치도록 규정하고 있다.[61]

둘째, 두 번째 제약은 상대적으로 협소한 청구인의 범위이다. 법률의 위헌여부심판을 청구할 수 있는 청구인은 공화국대통령, 수상, 상원의장, 하원의장 및 1974년 헌법개정을 통하여 새로이 추가된 60인 이상의 상원의원들과 60인 이상의 하원의원들이다. 1974년의 헌법개정은 양원의 소수세력인 60인 이상의 의회 의원들에게도 심판청구권을 부여함으로써, 사전적 규범통제절차의 의미와 기능이 증대되는 데 크게 기여하였다.

한편, 자동적·의무적 위헌심사 및 심판청구에 의한 위헌심사의 경우 모두, 헌법평의회는 원칙적으로 한 달의 기간 내에 결정을 내려야 한다(의무적 위헌심사와 관련하여 프랑스헌법 제61조 제3항). 헌법평의회가 법률안의 위헌성을 확인하면 그 법률안은 공포·시행될 수 없다.

3. 포르투갈의 사전적 규범통제절차[62]

포르투갈은 구체적 규범통제 외에도 사후적인 추상적 규범통제절차와 함께 사전적 규범통제절차를 두고 있다.

사전적 규범통제절차는 입법절차에 편입되어, 심판대상 법규범(법률안)이 관할 입법기관에 의하여 의결된 후 공포되기 이전 사이에 이루어진다. 사전적 규범통제의 대상은 법률 및 그와 동등한 효력을 가지는 법규범[지역의회의 법규범(Verordnungen der Regionalversammung), 국제법상의 조약 등]의 합헌성여부를 해명하는 것에 제한된다(포르투갈헌법 제278조). 또한, 사전적 규범통제절차는 필요적으로 개시되는 것이 아니라, 청구인의 심판청구에 의하여 이루어지는데, 심판청구권은 단지 법규범을 공포할 권한을 가진 공화국대통령과 해당 자치지역의 장(Staatsminister der autonomen Region)만이 가지고 있다(포르투갈헌법 제278조 제1항 및 제2항). 헌법재판소는 25일 이내에 판단해야 하며, 긴급한 경우에는 공화국대통령에 의하여 이 기간이 단축될 수 있다(포르투갈헌법 제

61) Vgl. Zierlein, Die Bedeutung der Verfassungsrechtsprechung für die Bewahrung und Durchsetzung der Staatsverfassung, EuGRZ 1991, S.320.

62) Vgl. Cardoso da Costa, Die Verfassungsgerichtsbarkeit in Portugal, in: Starck/Weber, Verfassungsgerichtsbarkeit im Westeuropa, Bd. I, 1986, S.292ff.; Weber, Generalbericht, in: Starck/Weber, Verfassungsgerichtsbarkeit im Westeuropa, Bd. I, 1986, S.64ff.; Zierlein, Die Bedeutung der Verfassungsrechtsprechung für die Bewahrung und Durchsetzung der Staatsverfassung, EuGRZ 1991, S.319.

278조 제8항).

사전적 규범통제절차에서의 위헌여부에 관한 헌법재판소의 확인은 비록 그 효력이 입법절차에 제한된다 하더라도, 단순히 자문적 견해가 아니라 법원의 결정으로 간주되고 있다. 헌법재판소가 법규범을 위헌으로 확인하는 경우, 입법기관은 그 법규범을 법률안으로부터 삭제해야 하며, 입법기관은 헌법재판소에 의하여 위헌성을 지적받은 것과 같은 내용의 법률을 제정해서는 안 된다(포르투갈 헌법 제279조 제1항, 제2항 및 제4항).

그러나 공화국 의회는 헌법재판소의 위헌확인(거부권행사)에도 불구하고 가중된 정족수의 찬성으로 법률안을 재의결함으로써 헌법재판소에 의하여 위헌성을 지적받은 법률을 제정하여 시행할 수 있다(포르투갈헌법 제279조 제2항 및 제4항). 이에 대하여 자치지역의 의회는 헌법재판소의 거부권행사에 대하여 재의를 할 수 없다.

헌법재판소가 사전적 규범통제절차에서 심사대상이 된 법규범에 대하여 합헌으로 판단한 경우에도, 사후적으로 추상적 규범통제 또는 구체적 규범통제의 형식으로 동일한 법규범의 위헌여부를 심사하고 경우에 따라 위헌선언을 하는 것이 가능하다.

4. 사전적 규범통제를 도입할 것인지의 문제

가. 사전적 규범통제의 장점과 단점

사전적 규범통제의 최대의 장점은 법적 안정성에 기여한다는 것이다. 사후적 규범통제의 경우, 일반적으로 일단 법률이 시행되어 법현실에서 일정 기간 적용된 후에 그 위헌성을 확인하여 법질서에서 다시 제거하게 되므로, 법적 안정성을 저해한다는 점을 부인할 수 없다. 사전적 규범통제의 경우, 사후적 규범통제에 비하여 시간적으로 보다 조기에, 특히 법률의 시행 이전에 위헌적 법률안을 제거함으로써 법질서의 안정을 가져올 수 있다.[63)]

그러나 다른 한편으로는, 사전적 규범통제의 경우 법률의 위헌성을 판단함에 있어서 구체적 사례를 고려할 수 있는 가능성이 완전히 배제된 채, 법규범에 대한 위헌심사가 정해진 短期의 기간 내에(프랑스의 경우 1개월, 포르투갈의 경우 25일) 마치 가처분결정의 경우와 유사하게 추상적·개괄적인 대강의 심사로 이루어질 수밖에 없다. 사전적 규범통제절차가 어느 정도 사후적 규범통제절차의 심사밀도에 근접하기 위해서는 1개월 정도의 단기의 기간만으로는 불충분하고, 일반적으로 사후적 규범통제절차에서 소요되는 기간을 필요로 한다. 그러나 만일 헌법재판소가 이와 같이 충분한 시간을 가지고 위헌

---

63) Vgl. Zweigert, Einige rechtsvergleichende und kritische Bemerkungen zur Verfassungsgerichtsbarkeit, in: Bundesverfassungsgericht und Grundgesetz, Bd. I, 1976, S.70; Fromont, Der französische Verfassungsrat, in: Starck/Weber, Verfassungsgerichtsbarkeit im Westeuropa, Bd.1, 1986, S.336; 김철용 외, 헌법재판절차의 개선을 위한 입법론적 연구, 헌법재판연구 제4권(1993), 92면.

심사를 하는 경우, 시급히 제정되어야 하는 의회의 법률이 적시에 제정되지 못하는 결과가 발생한다. 오늘날 사회의 거의 모든 영역이 법규범으로서 규율되는 사회적 법치국가에서, 사전적 규범통제로 인하여 법규범의 시행이 이와 같이 지연된다는 것은 국정의 마비를 가져올 수 있다는 것을 의미한다.

뿐만 아니라, 사전적 규범통제절차에서 장기간의 심사기간을 허용하면서 일정수의 의회 의원에게도 심판청구권을 부여하는 경우, 의회의 소수파가 자신의 정치적 견해에 부합하지 않는 법률의 제정을 봉쇄하는 방향으로 사전적 규범통제절차를 남용할 위험이 있다.[64] 이러한 점에서 단기의 심사기간은 사전적 규범통제에서 불가피한 것으로 그의 본질에 속하는 것이라 할 수 있다. 결국, 短期의 사전심사는 대강의 심사에 그칠 수밖에 없기 때문에 사후의 본격적인 심사에 앞선 대강의 부정확한 심사가 될 수밖에 없으며, 반면에 長期의 사전심사는 당장 시행되어야 하는 시급한 법률의 시행을 가로막아 국정의 현저한 저해를 가져온다는 '진퇴양난의 상황'에 처하게 된다.

더욱이 2008년 헌법 개정 이전의 프랑스의 법적 상황에서 드러나는 바와 같이, 사전적 규범통제에 의한 대강의 위헌심사 이후에는 설사 시행된 법률의 위헌성이 사후적으로 명백히 드러난다 하더라도 입법자가 스스로 제거하는 방법 외에는 달리 이를 제거할 방법이 없다는 점에서, 사전적 규범통제만을 도입하는 것은 법치국가적으로 결정적인 단점을 안고 있다.

나. 사전적 규범통제와 사후적 규범통제를 동시에 도입하는 경우의 문제점

이러한 점에서, 사전적 규범통제의 도입을 지지하는 견해는 현행 헌법재판제도가 보유하는 사후적 규범통제의 가능성을 폐지하고 사전적 규범통제만을 도입하자는 것이 아니라, 兩者를 모두 도입하여 서로의 단점을 보완케 하자는 취지의 주장을 펴고 있다.[65] 즉, 위 견해는 "앞에서 거르고 뒤에서 제거하자."라는 이상적인 사고에 기초하고 있는 것이다.

그러나 사전적 규범통제와 사후적 규범통제를 동시에 도입하는 경우, 兩 절차의 관계가 불명확하여 兩者의 관계를 설정하는 어려움이 있다. 사전적 규범통제에서 단기의 심사기간이 초래하는 '위헌심사의 불충분함'을 고려하여 사전적 규범통제절차를 거친 법규범을 다시 사후적 규범통제의 대상이 되도록 규율하는 경우에는, 사전적 규범통제절차에서 내려진 헌법재판소의 결정은 아무런 구속력이 없는 '자문적 기능'만을 하게 된다. 이에 대하여 사전적 규범통제의 결과에 대하여 기속력을 인정하여 사전적 규범통제의 대상이 된 법규범을 사후적 규범통제의 대상에서 배제하는 것은, 사전적 규범통제가

64) Vgl. N. Holzer, Präventive Normenkontrolle durch das Bundesverfassungsgericht, 1978, S.60ff.
65) 예컨대, 김철용 외, 헌법재판절차의 개선을 위한 입법론적 연구, 헌법재판연구 제4권(1993), 92면 이하 참조.

추상적·개괄적 대강의 심사에 그칠 수밖에 없다는 점에서 법치국가적 문제점을 안고 있다. 또한, 규범제정의 정치적 절차가 완결되기 전의 단계에서 사법기능을 담당하는 기관인 헌법재판소가 개입하는 것은 헌법정책적으로 적절하지 않다는 점도 지적되고 있다.[66] 나아가, 우리 헌법의 경우 대통령이 국회의 의결을 거친 법률안에 대하여 위헌으로 판단하는 경우에는 법률안 거부권을 행사할 수 있는데(제53조 제2항), 헌법재판소에 의한 사전적 규범통제는 대통령의 법률안거부권을 사실상 무의미하게 만들거나 무력화시키는 측면이 있다.

이러한 관점에서 볼 때, 사후적인 추상적 규범통제절차를 두면서 동시에 사전적 규범통제절차를 도입해야 하는 필요성은 찾아보기 어렵다. 한편, 구체적 규범통제나 헌법소원과 비교할 때 사후적인 추상적 규범통제를 통해서도 조기에 법규범의 위헌여부를 심사케 할 수 있기 때문에, 사전적 규범통제의 장점인 '법적 안정성'을 상당 부분 취할 수 있다. 비교법적으로 보더라도, 사후적인 추상적 규범통제절차를 두고 있는 대부분의 국가에서는 동시에 사전적 규범통제절차를 두고 있지 않으며, 현재 포르투갈과 헝가리만이 추상적 규범통제와 관련하여 사전적 통제와 사후적 통제를 동시에 허용하고 있을 뿐이다.[67]

다. 국회의 동의를 요하는 조약 체결에 있어서 사전적 규범통제의 필요성

다만, 국제법상의 조약과 관련하여 예외적으로 사전적 규범통제를 도입하는 것은 진지하게 고려해 볼만하다. 국회는 헌법 제60조 제1항에 열거된 중요 조약의 체결·비준에 대하여 동의권을 가지며, 헌법 제6조 제1항에 의하여 국회의 동의를 거친 조약은 국내법과 같은 효력을 가진다. 헌법 제6조 제1항에 의하여 국내법과 같은 효력을 가진 조약의 체결행위는 헌법재판소법 제68조 제1항의 의미에서 '공권력의 행사'에 해당하므로 헌법소원의 대상이 될 수 있다.[68] 또한, 조약은 형식적 의미의 법률에 해당하지는 않지만, 국회의 동의를 얻은 조약은 국내법에서 '법률'과 같은 효력을 지님으로써 법관에 의한 위헌제청의 대상이 될 수 있다.[69]

헌법재판소가 국내법적 효력을 가지는 조약에 대하여 위헌으로 선고하는 경우, 어떠한 효과가 발생하는지 문제된다. 조약의 국제법상 효력은 오로지 대통령의 비준행위에 의하여 발생한다. 조약의 국제법상 효력은 국제법에 의하여 결정되는 것이지, 당사국의 국내법에 의하여 좌우되지 않는다. 따라서 국내법상의 절차적 하자(가령, 국회의 동의 없

66) Vgl. Benda/Klein, Verfassungsprozeßrecht, 2. Aufl., 2001, Rn.762.
67) 특히 포르투갈의 경우와 같이, 사전적 규범통제절차에서 법률에 대한 헌법재판소의 위헌확인이 의회의 재의결에 의하여 배척될 수 있는 '거부권의 행사'에 지나지 않는다면, 헌법재판소의 견해를 배척하는 의회의 재의결은 독립된 사법기관으로서의 헌법재판소 권위의 손상만을 가져올 뿐이다.
68) 헌법재판소, 헌법재판실무제요, 제1개정판(2003), 80, 157면 참조.
69) 헌재 2001. 9. 27. 2000헌바20(국제통화기금조약), 판례집 13-2, 322, 327.

이 비준한 경우) 또는 헌법위반을 이유로 비준된 조약의 국제법적 효력을 문제 삼을 수 없다. 한편, 헌법재판소에 의하여 위헌으로 선고된 조약은 국내법으로서만 효력을 상실한다. 헌법재판소결정의 기속력으로 말미암아 국가기관은 조약에 따른 권리행사나 의무이행을 할 수 없다. 반면에, 국가는 국제법적으로 조약을 이행하지 아니한 책임을 지게 된다. 이에 따라 조약에 대한 위헌결정은 국내법적 상황과 국제법상 상황의 괴리현상을 가져온다. 따라서 조약의 위헌여부에 대하여 사후적으로 심사하는 경우에는 국내법적 상황과 국제법적 상황이 서로 달라지는 바람직하지 않은 경우가 발생할 우려가 있으므로, 국회가 조약에 대하여 동의하기 이전에 조약의 합헌성에 관하여 심사할 수 있는 사전적 규범통제절차를 도입할 필요성이 있다.

이에 관한 입법례를 보자면, 프랑스, 스페인의 헌법은 조약에 대한 사전적 규범통제를 명문으로 규정함으로써,[70] 조약체결에 있어서 의회의 동의가 필요한 경우 의회가 조약에 대한 동의를 의결하기 전에 조약의 합헌성에 대한 사전적 심사를 가능하게 하고 있다.[71] 독일의 경우, 연방헌법재판소는 '조약에 대한 동의법률'과 관련해서는 예외적으로 연방대통령의 서명과 공포 이전에 추상적 규범통제절차를 통하여 다툴 수 있도록 판례를 형성함으로써, 판례를 통하여 의회의 의결 후 조약법률의 공포 이전에 이루어지는 사전적 규범통제를 가능하게 하고 있다.[72]

V. 맺는말

1. 헌법은 추상적 규범통제를 헌법재판소의 관장사항으로 규정하고 있지 않지만, 현행 헌법재판제도에서 헌법재판소가 해석을 통하여 자신의 관할에 속하는 심판절차를 구체적으로 형성함으로써, 다음과 같은 2가지 측면에서 실질적으로 '추상적 규범통제에 귀속시킬 수 있는 영역'이 발생하였다.

첫째, 국회가 제정한 법률이 국회의원이나 의회 소수파의 권한을 침해하거나 또는 지방자치단체의 자치행정권을 침해하는 경우, 비록 피청구인의 처분을 법률 그 자체가 아니라 '법률제정행위'로 보더라도, 법률의 내용 그 자체에 의하여 청구인의 권한이 침해되었는지 여부가 권한쟁의심판의 실체적 심판대상이다. 이러한 점에서, 법률의 제정을 계기로 하여 법률제정행위의 위헌여부를 심판대상으로 하는 권한쟁의심판은 그 실질에 있어서는, 구체적 사건의 발생여부와 관계없이 정부·국회 등 국가기관이나 지방자치단체의 심판청구에 의하여 법률의 위헌성을 심사하는 '추상적 규범통제'와 유사한 성

70) 프랑스헌법 제54조, 스페인헌법 제95조 제2항.

71) Vgl. A. Weber, Der Generalbericht, in: Starck/Weber, Verfassungsgerichtsbarkeit im Westeuropa, Bd. I, 1986, S.67.

72) Vgl. BVerfGE 36, 1; Benda/Klein, Verfassungsprozeßrecht, 2. Aufl., 2001, Rn.726.

격을 가진다. 즉, 법률에 대한 권한쟁의심판을 허용함으로써 사실상 국가기관 등의 심판청구에 의하여 법률의 위헌여부를 판단하는 추상적 규범통제가 도입되는 결과가 발생하는 것이다.

둘째, 헌법재판소는, 위헌법률심판에서 재판의 전제성이 인정되지 아니함에도 개별사건을 떠나서 일반적 의미가 있으며 공공복리를 위하여 중요한 의미가 있는 경우에는 심판의 필요성을 인정하고 있다. 법률의 위헌여부에 관한 확인이 당해사건의 해결에 기여하는 바가 없음에도 단지 헌법적 해명의 필요성 때문에 심판의 필요성을 인정한다는 것은, 당해사건의 해결을 전제로 하는 '구체적 규범통제'를 당해사건의 해결과 분리된 '추상적 규범통제'로 변질시키는 것이며, 구체적 사건의 해결과 관계없이 법원이라는 국가기관의 심판청구에 의하여 추상적으로 법률의 위헌여부를 판단하는 '추상적 규범통제'를 독자적으로 도입하는 것이다. 따라서 헌법재판소의 이러한 판례는 근본적으로 재고되어야 한다.

2. 헌법재판소의 새로운 관할을 도입하는 문제와 관련하여, 일차적으로 법규범의 공포 이후에 이루어지는 '事後的인 추상적 규범통제'를 도입할 것인지의 문제가 제기된다. 추상적 규범통제는 한편으로는 구체적인 법적용으로부터 추상화된 포괄적 심사를 해야 한다는 판단의 어려움이 따르지만, 이에 대하여 법규범이 법현실에서 장기간 광범위하게 적용되기 이전에 조기에 규범통제가 이루어질 수 있다는 점에서 법적 안정성에 보다 기여한다는 장점을 가지고 있다. 뿐만 아니라, 추상적 규범통제는 입법자나 법원과 마찬가지로 헌법의 구속을 받는 국가기관인 집행부에게 자신이 적용해야 하는 법규범의 위헌성을 헌법재판소로 하여금 심사케 할 수 있는 가능성을 부여한다. 나아가, 추상적 규범통제는 오늘날 정당국가현상에 의하여 변화된 헌법상의 권력분립질서에서 의회의 소수파를 헌법의 감시자로 만드는 긍정적인 기능을 가지고 있다는 점에서, 그 도입을 진지하게 검토해야 한다.

추상적 규범통제의 도입 문제와 관련하여, 부가적으로 법규범의 공포 이전에 이루어지는 '事前的 규범통제'도 함께 도입할 것인지의 문제가 논의될 수 있다. 사후적 규범통제로도 사전적 규범통제의 장점인 법적 안정성을 상당 부분 취할 수 있는 반면에, 사전적 규범통제와 사후적 규범통제를 동시에 도입하는 경우에는 兩 절차의 관계가 불명확하여 兩者의 관계를 설정하는 어려움이 있으므로, 사후적 규범통제를 도입하면서 동시에 사전적 규범통제를 도입하는 것은 바람직하지 않다. 다만, 국제법상의 조약과 관련하여, 국회가 조약에 대하여 동의하기 전에 조약의 합헌성을 심사할 수 있는 사전적 규범통제의 가능성을 도입하는 것은 고려해 볼만하다.

참고문헌

국회입법조사처, 유럽 위헌법률심사제도와 의회의 대응, 2011
김주현, 재판의 전제성에 관한 고찰, 헌법논총 제8집, 1997
김철용/김문현/정재황, 헌법재판절차의 개선을 위한 입법론적 연구, 헌법재판연구 제4권, 1993
박인수/조홍석/남복현, 주요 국가별 헌법재판제도의 비교분석과 시사점, 헌법재판연구 제21권, 2010
정재황, 프랑스의 사후적 위헌법률심사제에 관한 연구, 성균관법학 제22권 제3호, 2010
______, 프랑스에 있어서 위헌심사결정의 효력, 공법연구 제18집, 1990
정종섭, 주요 국가 헌법재판제도에 대한 비교적 연구, 헌법재판연구 제2권, 1991
한수웅, 현행 헌법재판제도에서 抽象的 規範統制의 도입 문제 －事前的 規範統制의 도입 문제를 포함하여－, 홍익대학교 법학연구소, 법학연구 제7집, 2005. 12.
______, 국가기관간의 권한쟁의에 관한 최근 헌법재판소결정의 주요 문제점, 중앙법학 제13집 제3호, 2011. 9.
______, 위헌법률심판에서의 '재판의 전제성'에 관한 비판적 고찰, 헌법논총 제25집, 2014
허영, 헌법소송법론, 2009
헌법재판소, 헌법재판실무제요, 제1개정판, 2003
헌법재판연구원, 프랑스의 위헌법률심사제도, 2012. 10.

Benda/Klein, Verfassungsprozeßrecht, 2012
______, Verfassungsprozeßrecht, 2. Aufl., 2001
Bethge, in: Maunz/Schmidt-Bleibtreu/Klein/Bethge(Hg), Bundesverfassungsgerichtsgesetz (BVerfGG) Kommentar, 2014, §67
Brunner, Der Zugang des Einzelnen zur Verfassungsgerichtsbarkeit im euroäischen Raum, JöR 50(2002)
Cardoso da Costa, Die Verfassungsgerichtsbarkeit in Portugal, in: Starck/Weber(Hg), Verfassungsgerichtsbarkeit im Westeuropa, Bd. I, 1986
Dollinger, in: Umbach/Clemens/Dollinger(Hg), Bundesverfassungsgerichtsgesetz (BVerfGG) Mitarbeiterkommentar, 2. Aufl., 2005, §80
Fromont, Der französische Verfassungsrat, in: Starck/Weber(Hg), Verfassungsgerichtsbarkeit im Westeuropa, Bd. I, 1986
N. Holzer, Präventive Normenkontrolle durch das Bundesverfassungsgericht, 1978
Lechner/Zuck, Bundesverfassungsgerichtsgesetz Kommentar (BVerfGG), 2011, §80
Pestalozza, Verfassungsprozeßrecht, 1991
Pietzcker, Organstreit, in: Badura/Dreier(Hg), Festschrift 50 Jahre Bundesverfassungs-

gericht (BVerfG), Bd. I, 2001
A. Rinken, Alternativkommentare (AK-GG), Art.93
Sachs, Verfassungsprozeßrecht, 2. Aufl., 2007
Schlaich/Korioth, Das Bundesverfassungsgericht (BVerfG), 9. Aufl., 2012
______, Das Bundesverfassungsgericht, 5. Aufl., 2001
Simon, Verfassungsgerichtsbarkeit, in: Benda/Maihofer/Vogel(Hg), Handbuch des Verfassungsrechts (HbVerfR), 1983
Söhn, Abstrakte Normenkontrolle, in: Starck(Hg), Bundesverfassungsgericht und Grundgesetz (BVerfG und GG), Bd. I, 1976
Umbach, in: Umbach/Clemens/Dollinger(Hg), Bundesverfassungsgerichtsgesetz (BVerfGG) Mitarbeiterkommentar, 2. Aufl., 2005, §67
A. Weber, Generalbericht, in: Starck/Weber(Hg), Verfassungsgerichtsbarkeit im Westeuropa, Bd. I, 1986
______, Verfassungsgerichte in anderen Ländern, in: Piazolo(Hg), Das Bundesverfassungsgericht, 1995
Zierlein, Die Bedeutung der Verfassungsrechtsprechung für die Bewahrung und Durchsetzung der Staatsverfassung, EuGRZ 1991
Zweigert, Einige rechtsvergleichende und kritische Bemerkungen zur Verfassgunsgsgerichtsbarkeit, in: Starck(Hg), Bundesverfassungsgericht und Grundgesetz (BVerfG und GG), Bd. I, 1976

제4절 헌법재판소의 결정주문

憲法不合致決定의 헌법적 근거와 효력*

—독일에서의 판례와 이론을 중심으로—

Ⅰ. 머리말

독일 연방헌법재판소는 초기에는 법률이 헌법에 위반되는 경우 원칙적으로 無效라는 입장을 견지하여 위헌결정을 통하여 법률의 효력을 상실케 하였다. 그러나 그 후 점차 연방헌법재판소가 법률의 위헌성을 인정하면서도 위헌결정으로는 헌법적인 요구를 충족시킬 수 없는 경우에는 단지 그 위헌성만을 확인하는 '헌법불합치결정'을 하는 사례가 늘어나게 되었다. 헌법불합치결정은 법적인 근거 없이 연방헌법재판소에 의하여 고안된 창작물이다. 연방헌법재판소법은 1970년까지 '위헌적 법률은 無效'라는 원칙에서 출발하였기 때문에, '헌법불합치결정'이란 결정유형은 법률에서 그 근거를 찾아볼 수 없을 뿐만 아니라 오히려 명시적인 法文에 반하는 것(contra legem)이었다. 그러나 헌법불합치결정은 시간이 지남에 따라 양적 측면에서 뿐만 아니라, 나아가 그 적용범위가 여러 다양한 영역으로 확장되었다는 의미에서 질적 측면에서도 크게 증가하였다.

물론, 이러한 현상은 1970년 독일 연방헌법재판소법의 제4차 개정에서 위 법 제31조 제2항 및 제79조 제1항에 '헌법불합치선언'이라는 용어가 수용됨으로써 '헌법불합치'라

* 위 논문은 1995년 12월, 헌법논총(헌법재판소) 제6집, 481-536면에 게재된 것을 일부 수정한 것이다.

는 개념이 법적으로 규정된 것과 관계가 있다.[1] 그러나 규범통제절차와 관련하여 연방헌법재판소의 결정유형을 규정하고 있는 정작 중요한 조항인 연방헌법재판소법 제78조, 제82조 제1항, 제95조 제3항은 여전히 '위헌법률의 무효선언(Nichtigerklärung)'만을 규정할 뿐, 헌법불합치결정(Unvereinbarerklärung)을 전혀 언급하고 있지 않다. 연방헌법재판소법은 헌법불합치결정이 결정유형으로서 허용되는지 여부에 관하여 명시적으로 표현을 하고 있지 않으며, 더욱이 어떠한 경우에 헌법불합치결정이 고려되는지에 관하여는 아무런 구체적인 지침을 제시하지 않고 있다. 이로써 '헌법불합치결정에 관한 이론'은 결국 연방헌법재판소가 그의 판결을 통하여 구체적으로 형성하고 발전시켜야 하는 과제가 되었다.

법률이 헌법에 위반되는 경우 헌법의 규범성을 보장하기 위하여 그 법률은 원칙적으로 무효로 선언되어야 한다. 무엇보다도 憲法의 優位(Vorrang der Verfassung)는 下位法에 대한 헌법의 구속력과 규범성의 관철을 의미하고, 이로써 법률을 제정하는 입법자는 모든 헌법규범의 구속을 받는다.[2] 그러나 헌법의 우위는 헌법규범의 규범적 효력을 회복하고 관철하기 위하여 반드시 위헌적 법률에 대하여 무조건적으로 무효선언을 할 것을 요구하지는 않는다. 헌법의 우위는 헌법의 모든 규범내용을 고려하여 단지 신속하게 헌법위반의 상태를 제거할 것을 요구할 뿐이다. 즉, 헌법의 우위를 어떠한 형태로 실현하고 관철할 것인지의 문제는, '위반된 헌법규범의 실현'과 '위헌결정에 대한 예외를 요구하는 다른 헌법규범' 사이의 긴장관계에서 법익교량과정을 통하여 매 경우마다 구체적으로 판단되어야 한다.[3] 위헌적 법률의 運命에 관한 대답은 '헌법의 우위'에 의하여 원칙적으로 그 방향이 제시되지만, 헌법이 하나의 통일체를 구성한다는 '헌법의 통일성'의 관점에 의하여 예외적으로 수정될 수 있다.

그러므로 헌법불합치결정은 '위헌적 법률은 무효'라는 원칙에 대한 예외로서, 그를 정당화하는 특별한 헌법적 근거를 필요로 한다. 이 글에서는 헌법불합치결정에 관한 연방헌법재판소의 판례를 바탕으로 헌법불합치결정이 어떠한 경우에 허용되는지, 헌법불합치결정을 정당화하는 헌법적 근거는 무엇인지를 살펴보고, 이어서 헌법재판소가 헌법불합치결정을 내리는 경우에 어떠한 법적 효과를 초래하는지를 검토하기로 한다.[4]

---

1) Vgl. Pestalozza, Verfassungsprozeßrecht, 3. Aufl., 1991, § 20 Ⅵ Rn.113.
2) Vgl. Hesse, Grundzüge des Verfassungsrechts der BRD, 1993, Rn.199f.
3) Vgl. Moench, Verfassungswidriges Gesetz und Normenkontrolle, 1977, S.142f.
4) 헌법불합치결정에 관한 문헌으로는 vgl. Hein, Die Unvereinbarerklärung verfassungswidriger Gesetze durch das BVerfG, 1988; Heußner, Folgen der Verfassungswidrigkeit eines Gesetzes ohne Nichtigerklärung, NJW 1982, S.257ff.; J. Ipsen, Rechtsfolgen der Verfassungswidrigkeit von Norm und Einzelakt, 1980, S.107ff.; Maurer, Zur Verfassungswidrigerklärung von Gesetzen, in: Im Dienst an Recht und Staat, Festschrift für Werner Weber, 1974, S.345ff.; Moench, Verfassungswidriges Gesetz und Normenkontrolle, 1977; Pestalozza, Noch verfassungsmäßige und bloß verfassungswidrige Rechtslagen, in: BVerfG und GG, Bd. I, 1976, S.519ff.; ders., Verfassungsprozeßrecht, 1991, §20

Ⅱ. 헌법불합치결정이 정당화되는 경우와 그 헌법적 근거

법규범이 위헌인 경우에는 위헌결정을 통하여 무효선언을 하는 것이 원칙이나, 헌법불합치결정을 요청하는 특별한 헌법적 사유가 있는 때에는 예외적으로 변형결정인 헌법불합치결정을 할 수 있다.[5] 무엇보다도, 입법자에게 위헌적 상태를 제거함에 있어서 여러 가지 가능성이 있는 경우에 헌법재판소가 위헌결정을 통하여 위헌적 법률을 법질서로부터 제거한다면 일정한 의미의 새로운 법적 상태를 일방적으로 형성함으로써 '입법자의 형성의 자유'를 침해할 우려가 있다. 이러한 경우 헌법재판소는 헌법불합치결정을 내리게 된다.[6] 나아가, 위헌결정으로 인하여 법치국가적으로 용인될 수 없는 법적 공백과 혼란이 초래될 우려가 있는 경우, 헌법재판소는 입법자의 입법개선 時까지 잠정적이나마 과도기 동안 위헌적 법률의 계속적용을 가능하게 하기 위하여, 위헌결정을 피하고 단지 법률의 위헌성만을 확인하는 헌법불합치결정을 내리게 된다.[7]

1. 施惠的 법률이 평등원칙에 위반되는 경우

가. 독일 연방헌법재판소의 決定例

(1) 訴訟救助 결정

독일 연방헌법재판소로 하여금 헌법불합치결정이란 변형 결정을 고안하게 한 원래의 출발점은 '평등원칙에 위배되는 시혜적 법률에 대한 위헌심사'였다. 연방헌법재판소는 1967. 11. 28. 선고한 訴訟救助 결정(Armenrecht, BVerfGE 22, 349ff.)에서 헌법소원의 적법성, 특히 권리보호이익의 유무를 심사하는 과정에서 헌법불합치결정에 관하여 처음으로 다음과 같이 구체적 입장을 밝히고 있다.[8]

"법규범이 평등원칙에 위반되는 경우에는 헌법위반이 원칙적으로 여러 가지 방법으로 치유될 수 있기 때문에, 위헌적 규범에 대하여 무효선언을 해서는 아니 된다. 이러한 경우에는 수혜자의 범위를 확대하거나 또는 혜택을 전부 폐지하는 가능성을 생각해 볼 수 있고, 아니면 완전히 다른 내용의 새로운 규정도 가능하다. 평등원칙에 위반되는

Rn.8ff., 107ff.; Sachs, Bloße Unvereinbarerklärung bei Gleichheitsverstößen?, NVwZ 1982, S.657ff.; Schlaich, Das Bundesverfassungsgericht, 1994, Rn.359ff., 한국문헌으로는 황우여, 위헌결정의 형식, 헌법재판연구 제1권(1990), 139면 이하; 이석연, 헌법소원심판의 결정유형과 효력에 관한 고찰, 헌법논총 제1집(1990), 325면 이하; 윤진수, 위헌법률의 효력－헌법재판소법 제47조 제2항의 헌법적 검토－, 헌법논총 제1집(1990) 248면 이하; 한병채, 헌법재판의 결정과 변형결정, 헌법논총 제3집(1992), 58면 이하; 전광석, 헌법재판에 있어서의 결정주문의 유형과 효력, 헌법재판연구 제2권(1991), 148면 이하.

5) 최근의 결정 중에서 대표적으로 Vgl. BVerfGE 87, 178f.

6) Vgl. BVerfGE 28, 227, 242f.; 61, 43, 68; 61, 319, 356; 73, 40, 101f.; 78, 350, 363; 82, 60, 97.

7) Vgl. BVerfGE 33, 303, 305, 347f.; 37, 217, 261; 61, 319, 321, 356f.; 83, 130, 154.

8) BVerfGE 22, 361f.

시혜적 법률을 평등원칙에 부합하게 규율함에 있어서 광범위한 입법자의 형성권이 인정되기 때문에, 여러 가지 가능성 중에서 구체적으로 어떤 방법을 선택해야 하는지의 문제는 원칙적으로 입법자의 형성의 자유에 맡겨져야 한다. 그러므로 헌법재판소가 위헌결정을 통하여 일방적으로 평등원칙을 회복하고자 하는 것은 입법자의 형성의 자유에 대한 부당한 침해를 의미한다."

(2) 家事休日法 결정

시혜적 법률이 평등원칙에 위반되는 경우에 연방헌법재판소가 헌법불합치결정을 내린 대표적 결정으로는 1979. 11. 13. 선고한 '家事休日法 결정'(Hausarbeitstag, BVerfGE 52, 369ff.)을 들 수 있다. 독일 노동법원은 "일주일 근무시간이 적어도 40 시간 이상이며 독립세대를 구성하는 여성근로자는 매달 하루의 유급휴가를 家事休日로 청구할 권리를 가진다."고 규정하고 있는 Nordrhein-Westfalen 州의 가사휴일법조항에 따라[9] 男性 간호사인 청구인의 가사휴일 청구를 기각하였다. 이에 청구인은 여성근로자에게만 가사휴일을 부여하는 가사휴일법조항에 근거한 노동법원의 판결이 자신의 평등권을 침해한다고 주장하면서 법원의 판결에 대하여 헌법소원을 제기하였다.

연방헌법재판소는 직장과 家事의 이중적 부담을 안고 있는 '가정을 가진 기혼여성근로자'의 부담을 덜어주는 데 가사휴일법의 주된 취지가 있다고 확인한 다음, 가사휴일법이 독신여성근로자와는 달리 독신남성근로자를 수혜범위에서 제외한 것의 위헌여부에 관하여, 독립세대를 구성하는 독신근로자가 성별에 관계없이 어느 정도 직업과 가사의 이중적 부담을 가지고 있다는 점에서 '독신여성근로자'와 '독신남성근로자'를 가사휴일이란 혜택부여의 측면에서 서로 달리 취급하여야 할 하등의 합리적인 이유를 찾아 볼 수 없기 때문에, 가사휴일법은 평등원칙에 위반된다고 판단하였다. 이에 따라 연방헌법재판소는, 가사휴일법이 '독립세대를 구성하는 독신여성'과는 달리 '독립세대를 구성하는 독신남성'에게는 가사휴일을 부여하지 않음으로써 '독립세대를 구성하는 독신근로자'를 성별에 의하여 차별하는 한, 가사휴일법은 헌법에 위반된다는 헌법불합치결정을 하였다.

연방헌법재판소는 '헌법불합치결정을 하는 사유'로서, 입법자가 평등원칙을 여러 가지 방법으로 실현할 수 있기 때문에 헌법재판소는 평등원칙의 위반만을 확인하는데 그쳐야 한다고 밝히고 있다.[10] 나아가, 연방헌법재판소는 헌법불합치결정의 '법적 효과'에 대해서도, 연방헌법재판소가 헌법불합치결정을 하는 경우에는 노동법원이 당해사건의 절차를 정지함으로써 입법자가 청구인을 수혜자의 범위에 포함시키는 방향으로 입법개선을 하는 경우에 청구인이 수혜자범위의 확대에 참여할 수 있는 기회를 열어놓아야

9) 독일 연방노동법원의 확립된 판례에 의하면, 위 가사휴일법조항은 기혼여성근로자뿐만 아니라 혼자 살면서 가사의 부담을 안고 있는 '독립세대를 구성하는 독신여성근로자'에게도 가사휴일을 청구할 권리를 부여한다.
10) BVerfGE 52, 379.

한다고 판시하고 있다.

(3) 시혜적 법률이 평등원칙에 위반됨에도 예외적으로 위헌결정을 하는 경우

연방헌법재판소는 평등원칙에 위배되는 시혜적 법률에 대해서는 원칙적으로 '헌법불합치결정'을 하면서도, 헌법이 스스로 위헌적 상태를 일정한 방향으로 제거할 것을 요구하거나, 입법자가 헌법재판소의 위헌결정에 의하여 야기되는 결과를 규범제정 당시 분명히 의도했으리라고 간주할 수 있는 충분한 이유가 있다면, 예외적으로 '위헌결정'을 하고 있다. 이러한 경우에는 입법자가 달리 입법할 수 없거나 또는 달리 입법하지 않을 것으로 예상되기 때문에, 위헌결정으로 인하여 '입법자의 형성의 자유'가 침해되지 않는다.

시혜적 법률이 평등원칙에 위반됨에도 헌법재판소의 위헌결정에 의하여 입법자의 형성권이 침해되지 않는 상황이 구체적으로 어떠한 상황인지를 살펴보면, 다음과 같다. 우선, 헌법이 입법자에게 구체적인 내용의 입법의무를 부과하는 입법위임이 존재하거나 또는 헌법이 이미 일정한 방향으로 구체적 내용의 입법을 요구하기 때문에, 무효선언을 통하여 문제되는 규정을 제거하는 것 외에는 다른 선택의 여지가 없을 정도로 입법자의 형성의 자유가 제한되는 경우[11] 또는 헌법위임은 아니지만 이와 유사하게 문제되는 법규범이 자리하는 입법체계가 체계적합성(체계정당성)의 관점에서 일정한 내용의 입법을 요구함으로써 입법자의 형성의 자유가 소위 영(0)으로 수축되는 경우[12]이다. 나아가, 입법자의 가정적 의사를 추정하여 만일 입법자가 입법 당시에 '헌법재판에서 제기되는 헌법적 문제'를 인식하였다면, 법률을 법질서에서 제거하는 방법, 즉 헌법재판소가 선택한 해결책(위헌결정)을 따랐으리라고 추정할 수 있는 분명한 이유가 있는 상황도, 시혜적 법률이 평등원칙에 위반됨에도 불구하고 예외적으로 위헌결정을 하는 또 다른 경우에 해당한다.[13]

나. 헌법불합치결정의 헌법적 근거

(1) 평등원칙의 相對性

(가) 시혜적 법률이 평등원칙에 위반되는 경우 헌법불합치결정을 정당화하는 헌법적 근거는 일차적으로 평등원칙의 특성인 相對性에 있다.[14] 평등원칙은 그 본질상 상대적

---

11) 법치국가원리로부터 파생하는 신뢰보호원칙의 관점에서 vgl. BVerfGE 29, 283, 303(Rentenversicherung); 55, 100, 113(Kinderzuschuß, Rentner); 전통공무원제도의 기본원칙을 고려하여 공무원의 법적관계를 규율하여야 할 기본법 제33조 제5항(Art. 33 V GG)의 헌법위임의 관점에서 vgl. BVerfGE 39, 196, 204 (Witwenversorgung Ⅱ).

12) Vgl. BVerfGE 27, 220, 230f.(Wohngeld)

13) Vgl. BVerfGE 27, 391, 399(Kostenerstattung FG); 38, 187, 205f.(Witwenversorgung Ⅰ)

14) Vgl. Maurer, Zur Verfassungswidrigerklärung von Gesetzen, in: Im Dienst an Recht und Staat, Festschrift für Werner Weber, 1974, S.354f.; Schlaich, Das Bundesverfassungsgericht, 1994, Rn.366ff.; Ipsen, Rechtsfolgen der Verfassungswidrigkeit von Norm und Einzelakt, 1980, S.109f., 213f.; Pestalozza, Noch verfassungsmäßige und bloß verfassungswidrige Rechtslagen, in: BVerfG und GG,

이다. 법률이 평등원칙에 위반된다는 것은 그 법규범 자체에서 스스로 인식될 수 있는 것이 아니라, 서로 연관되어 비교의 쌍을 이루는 두개의 사실관계의 비교를 통해서만 확인될 수 있다.

자유권은 각 그의 고유한 보호범위가 존재하고, 보호범위에 대한 국가의 부당한 침해를 배제하나, 평등권의 경우에는 고유한 보호범위가 존재하지 않으므로, 보호범위에 대한 침해도 있을 수 없다.[15] 평등권은 고유한 보호범위의 결여로 말미암아, 자유권과 달리 국가작용 자체를 배제하지 아니하고, 국가작용이 평등원칙에 합치하는 한 모든 국가작용을 허용한다. 주관적 공권으로서의 평등권은 원칙적으로 특정한 부담으로부터의 해방이나 특정한 급부를 요구할 수 있는 권리가 아니라, 단지 '평등원칙에 위배되는 국가적 결정'을 '평등원칙에 합치되는 국가적 결정'으로 대체해 줄 것을 요구할 수 있는 상대적 권리이다.[16]

예컨대, 어떤 법률조항이 A 집단을 지정하여 혜택을 부여하고 있다면, 이 법률조항은 그 내용에 있어서 '2개의 규정(규범내용)'을 내포하고 있다. 하나는 'A 집단에 대한 혜택의 부여'이고, 또 다른 하나는 A집단을 제외한 나머지 'B 집단에 대한 혜택의 배제'이다. 평등원칙의 위반은 항상 '법률조항이 내포하는 2개의 규정(규범내용)의 비교'를 통해서만 확인이 가능하다. 평등원칙은 그의 특성인 상대성으로 말미암아, 자유권처럼 절대적 성격을 가지고 그의 보호범위를 과도하게 침해하는 국가행위 자체를 배척하는 것이 아니기 때문에, A에 대한 혜택의 부여 또는 B에 대한 혜택의 배제란 각 국가행위 그 자체가 평등원칙에 위배될 수는 없다. 평등원칙의 위반은 서로 비교의 쌍을 이루는 두 규정(규범내용)간의 관계에서 비로소 나온다.[17] 평등원칙은 그 본질상 법률조항이 내포하는 각개의 규정이 아니라 단지 규정간의 관계만을 파악하고 포착할 수 있다. 즉 각개의 규정인 'A 집단에 대한 혜택의 부여' 또는 'B 집단에 대한 혜택의 배제' 그 자체는 서로 독립시켜서 보면 헌법적으로 전혀 흠결이 없고, 단지 두 규정의 상호관계가 비로소 평등원칙에 위반된다. 평등원칙은 법률조항이 내포하는 '두 규정(규정내용)의 비교'를 통하여 하나의 법률조항이 위헌이라는 것을 확인할 수 있을 뿐만 아니라, 나아가 고유한 보호범위의 결여로 말미암아 합헌적 해결책이 무엇인지에 관해서는 아무것도 제시할 수 없다.

(나) '위헌적 법률은 무효'라는 원칙은 법률조항이 내포하는 각 규정(규범내용)에 대하여 독자적으로 개별적 판단을 내릴 수 있다는 것을 전제로 하는 것이다. 그러나 법률이 평등원칙에 위반되는 경우에는 법률이 내포하는 개별 규범내용(가령, 혜택의 배제나 부

Bd. I, 1976, S.533f.; Moench, Verfassungswidriges Gesetz und Normenkontrolle, 1977, S.47f.

15) Pieroth/Schlink, Grundrechte, Staatsrechte Ⅱ, 1985, Rn.495, 549.

16) Vgl. Gallwas, Grundrechte, 1985, S.38.

17) Vgl. J. Ipsen, Rechtsfolgen der Verfassungswidrigkeit von Norm und Einzelakt, 1980, S.213f.

여) 그 자체가 위헌이 아니라 단지 규범내용 사이의 상호관계가 위헌일 뿐이다. 평등원칙 위반의 경우, 그 자체로서 독립적으로 위헌으로 파악될 수 있는 규범내용이 존재하지 않는다. 이러한 경우, 위헌결정을 통하여 무효로 선언해야 할 대상인 '위헌적 규범의 실체'가 존재하지 않으므로, 헌법재판소는 무효선언을 할 수 없다. 결국, 법률이 평등원칙에 위반되는 경우에는 '법률의 위헌성, 즉 위헌적 규범내용'과 '무효선언' 사이의 필연적 연관관계가 예외적으로 존재하지 않는 것이다.

그러므로 '위헌적 법률은 무효'라는 원칙을 평등원칙의 위반에도 적용하는 것은 부적절하다.[18] 평등원칙에 위배되는 법률의 경우 무효선언을 하기 위한 전제조건인 '그 자체로서 위헌인 규정'이 존재하지 않으므로, 위헌결정이 실질적으로 불가능하다.[19] 또한, 법률이 평등원칙에 위반되는 경우 위헌성은 상대적으로 전체 법조항에 확대되어 있고 위헌성을 추출하여 합리적으로 경계지울 수 없기 때문에, 위헌성의 정확한 구분을 요구하는 部分違憲決定도 불가능하다.

그러므로 위헌적 법률은 원칙적으로 위헌결정을 통해 그 효력을 상실케 해야 한다는 법치국가적 요청에 대한 예외에 해당하는 '헌법불합치결정'은 바로 이러한 평등원칙의 상대성으로 정당화되는 것이다.[20] 여기에서 위헌결정을 내리는 헌법재판소의 권한을 제한하는 것은, 엄밀한 의미에서 헌법재판소의 司法的 自制도 아니고, 입법자의 형성권에 대한 존중도 아니며, 그보다는 바로 평등원칙의 본질인 그의 상대성이다. 헌법불합치결정이란 결정유형을 탄생시킨 張本人은 바로 헌법상 평등원칙이다.

(2) 평등원칙의 상대성으로부터 나오는 '입법자의 형성의 자유'

(가) 시혜적 법률이 평등원칙에 위반되는 경우, 헌법불합치결정의 당위성은 '입법자의 형성의 자유'에 의하여 더욱 뒷받침된다. 법률이 자유권적 기본권을 침해하는 경우, 헌법재판소가 위헌결정을 통하여 위헌적 법률을 제거하고, 이로써 위헌적 법률에 의한 자유권의 침해를 제거함으로써 다시 합헌적 상태를 자동으로 회복할 수 있다. 그러나 법률이 평등권을 침해하는 경우에는, 헌법재판소가 위헌결정의 형태로 단순히 위헌적 법률을 제거함으로써 합헌적 상태를 자동으로 회복할 수 없다. 시혜적 법률이 평등원칙에 위반되는 경우, '혜택의 부여' 또는 '혜택의 배제'는 그 자체로서 위헌이 아니다. 그러므로 위헌적 상태를 제거하기 위해서는 입법자가 입법개선이나 법률의 폐지를 통하여 스스로 활동해야 한다.

---

18) Vgl. Maurer, Zur Verfassungswidrigerklärung von Gesetzen, in: Im Dienst an Recht und Staat, Festschrift für Werner Weber, 1974, S.354; Ipsen, Rechtsfolgen der Verfassungswidrigkeit von Norm und Einzelakt, 1980, S.214.

19) Vgl. Schlaich, Das Bundesverfassungsgericht, 1994, Rn.367.

20) 그러나 헌법불합치결정이 평등원칙 위반의 경우에도 정당화될 수 없다는 견해로는 vgl. Sachs, Bloße Unvereinbarerklärung bei Gleichheitsverstößen?, NVwZ 1982, S.657ff.

시혜적 법률이 평등원칙에 위반되는 경우, 헌법적으로는 단지 서로 비교의 쌍을 이루는 두 대상의 연관관계에서 위헌이라는 것을 확인할 수 있을 뿐, 평등원칙의 위반이 어떠한 방법으로 치유되어야 할 것인지에 관해서는 헌법적으로 규정되어 있지 않다. 예컨대 어떤 법률이 A 집단에게만 혜택을 부여하고 B 집단을 평등원칙에 위배되게 그 혜택에서 제외했다면, 합헌적 상태를 다시 회복할 수 있는 방법으로는, 첫째, 법률이 수혜자의 범위를 확대하여 B 집단에게도 혜택을 부여하거나, 둘째, 법률이 A 집단에게 부여하던 혜택을 폐지하여 아무에게도 혜택을 부여하지 않거나, 셋째, 수혜자의 범위를 A · B 집단과 관계없이 다시 새롭게 확정하는 방법 등 세 가지 방법이 있다. 그러나 이러한 방법 중에서 어느 것을 선택해야 하는지의 문제는 헌법적으로 先決되어 있지 않기 때문에, 헌법은 이에 대하여 아무런 대답을 제시할 수가 없다.

이러한 경우에 헌법재판소가 위헌결정을 내린다면 위 법률은 효력을 상실하여 법질서에서 더 이상 존재하지 않으므로, 종래의 수혜자인 A 집단도 아무런 혜택을 받지 못하게 된다. 그러나 이러한 법적 상태는 합헌적 상태의 궁극적인 회복이 아니라, 합헌적 상태를 회복할 수 있는 다양한 방법 중에서 단지 하나의 선택인데, 여기서 어떠한 방법으로 합헌적인 상태를 다시 회복할 것인지의 문제는 헌법재판소의 권한이 아니라 '입법자의 권한'에 속하는 것이다. 이러한 경우, 헌법재판소는 위헌결정을 통하여 위헌적 상태를 제거하기는 하지만, 입법자의 의사와 관계없이 헌법적으로 규정되지 않은 법적 상태를 일방적으로 형성하게 된다. 그러나 법률이 평등원칙에 위반되는 경우에 그 결과에 대하여 책임을 지고 궁극적인 결정을 내리는 것은 입법자의 과제이다. 법률이 평등원칙에 위반되는 경우에는 합헌적 상태가 여러 가지 방법으로 실현될 수 있기 때문이다.

(나) 여기서 누가 평등원칙의 위반을 제거해야 하는지의 문제는 헌법의 권력분립질서에서 헌법재판소와 입법자 사이에 권한배분의 문제이다.[21] 자유권에 대한 침해의 경우, 위헌적인 상태가 헌법재판소의 '위헌결정'이라는 1단계의 행위를 통해서 제거되는 반면, 평등원칙의 위반은 항상 헌법재판소에 의한 '헌법위반의 확인'과 그에 따른 입법자의 '입법개선을 통한 위헌적 상태의 궁극적 제거'라는 2단계의 행위로 제거된다. 그러므로 입법자와 헌법재판소 간의 헌법상 권한배분의 관점에서 보더라도, 헌법재판소는 평등원칙의 위반의 경우 무효선언을 할 권한이 없다.

헌법재판소는 입법자에게 단지 헌법적 한계를 설정 · 제시할 권한만 가지고 있을 뿐,

21) 입법자와 헌법재판소의 권한관계에 관하여 vgl. Bryde, Verfassungsentwicklung, 1982, S.295ff.; von Arnim, Staatslehre der BRD, 1984, S.377ff.; Hesse, Funktionelle Grenzen der Verfassungsgerichtsbarkeit, in: Festschrift für Huber, 1981, S.261ff.; ders., Grundzüge der Verfassungsrechts der BRD, 1993, Rn.567ff.; Schneider, Verfassungsgerichtsbarkeit und Gewaltenteilung, NJW 1980, S.2103ff.; Ipsen, Rechtsfolgen der Verfassungswidrigkeit von Norm und Einzelakt, 1980, S.204; Stark, Vorrang der Verfassung und Verfassungsgerichtsbarkeit, in: Verfassungsgerichtsbarkeit in Westeuropa, 1986, S.34ff.; Schlaich, Das Bundesverfassungsgericht, 1994, Rn.466ff.

헌법의 한계 내에서 일정한 방향과 내용의 정치적 결정을 내리는 것은 입법자의 소관이다. 헌법재판소는 입법자와의 관계에서 형성적으로 활동하는 것이 아니라, 원칙적으로 규범의 파기형식으로 입법자가 넘어서는 안 되는 헌법적 한계를 넘었다는 것을 상기시키게 된다. 그러나 법률이 평등원칙에 위배되는 경우 헌법재판소가 위헌결정의 형태로 규범을 파기하는 것은 예외적으로 입법자의 형성권을 침해하는 '형성적 기능'을 가지게 된다. 그러므로 법률이 평등원칙에 위배될 때에는, 헌법재판소는 헌법불합치결정을 통하여 단지 평등원칙의 위반, 즉 헌법 위반만을 확인하게 된다.

결론적으로, 헌법불합치결정은 헌법재판소의 '司法的 自制'와 아무런 관련이 없다. 헌법재판소로 하여금 헌법불합치결정을 하게 하는 것은 바로 헌법, 즉 평등원칙이다. 시혜적 법률이 평등원칙에 위반되는 경우, 평등원칙의 상대성으로부터 평등원칙 위반의 제거와 관련하여 입법자의 형성의 자유가 나오는 것이고, 이러한 이유에서 헌법재판소에게는 단지 평등원칙의 위반을 확인할 수 있는 권한만이 인정되는 것이다.

2. 헌법불합치결정의 獨自的 근거로서 '입법자의 형성의 자유'?

가. 독일 연방헌법재판소 판례의 경향

연방헌법재판소는 초기 결정에서는 시혜적 법률이 평등원칙에 위반되기 때문에 헌법불합치결정을 하는 경우 헌법불합치결정의 근거로서 '평등원칙의 위반'과 함께 부가적으로 평등원칙 위반의 제거와 관련하여 인정되는 '입법자의 형성의 자유'를 언급하였다. 그러나 시간이 경과함에 따라 입법자의 형성권은 차츰 '평등원칙의 위반'과 분리되어 헌법불합치결정을 정당화하는 독자적인 사유로 발전하였다.

그 결과, 연방헌법재판소는 평등원칙의 위반을 확인할 수 있는 경우뿐만 아니라 법률이 자유권을 침해하는 경우나 그 외의 다른 헌법규범에 위반되는 경우에도 위헌적 상태를 제거함에 있어서 입법자의 형성의 자유를 존중해야 한다는 이유로 '입법자의 형성의 자유'를 헌법불합치결정을 정당화하는 사유로 언급하고 있다. 이로써 '입법자의 형성권'은 모든 경우에 헌법불합치결정을 정당화하는 일반조항(GeneralKlausel)으로 변질하였고, 헌법불합치결정을 정당화하기 위하여 가장 빈번하게 사용되는 개념이 되었다. 게다가, 연방헌법재판소가 어떠한 결정에서는 입법형성권을 이유로 헌법불합치결정을 하고, 이와 유사한 결정에서는 위헌결정을 하는 등 일관된 입장을 보이고 있지 못하므로, '입법자의 형성권'은 독일 학계에서 가장 많은 비판과 논란의 대상이 되는 '헌법불합치결정의 사유'로 간주되고 있다.

나. 독일 연방헌법재판소의 決定例

(1) 석유비축의무 결정 및 껌 자동판매기 결정

우선, 연방헌법재판소가 자유권인 '직업의 자유'를 침해하는 법률조항에 대하여 어떠한 결정유형을 선택하였는지에 관하여 살펴보면, 연방헌법재판소는 '껌 자동판매기 결정'(Kaugummiautomaten, BVerfGE 34, 71)에서, 껌 자동판매기 사업에 대해서도 다른 식료품소매업의 경영과 마찬가지로 전문적 지식을 요구하는 것은 비례의 원칙에 위배되기 때문에, 식료품소매업의 경영에 대하여 예외 없이 전문지식의 증명을 요구하는 소매업법은 헌법에 합치되지 않는다고 헌법불합치결정을 하였다.

연방헌법재판소는 위 결정에서도 그 이전에 선고한 '石油備蓄義務 결정'(BVerfGE 30, 292)에서와 마찬가지로, 석유비축의무를 부과함으로써 또는 식료품소매업에 대하여 전문지식을 요구함으로써 직업의 자유를 제한하는 법률 그 자체는 합헌이나, 그 법률이 유형적인 특징에 따라 명확히 경계지울 수 있는 소수의 집단(가령, 껌 자동판매기 사업자 등)에 대해서는 비례의 원칙에 위배되게 과도한 부담을 부과하는 한, 직업의 자유 및 평등의 원칙과 합치하지 않는다고 판시하였다. 연방헌법재판소는 껌 자동판매기 사업 외에 어떠한 특수한 경우가 이에 해당하는지에 관하여 결정하는 것은 입법자의 과제라는 점에서 헌법위반이 여러 가지 방법으로 제거될 수 있다는 이유로 '부분위헌결정'을 하는 것을 거부하고 '헌법불합치결정'을 하였다.[22]

(2) 臨時 大學法 결정

연방헌법재판소는 臨時 大學法 결정(Hochschulurteil, BVerfGE 35, 79)에서 교수·학생·직원으로 多元的으로 구성된 대학 內 합의기관에서 학문적으로 중요한 사항에 관하여 共同決定을 내리는 경우에 대학교수 집단에게 대학 내에서 학문의 자유를 실현하기 위하여 헌법적으로 요구되는 결정적 영향력 또는 우월적 지위를 확보해 주지 못하고 있고, 나아가 대학교수 집단을 합리적인 기준에 의하여 한정하지 못한다는 이유로, 심판의 대상이 된 임시 대학법(Vorschaltgesetz)은[23] 학문의 자유 및 평등원칙과 합치하지 아니한다고 판단하였다. 위 사건에서 '위헌결정을 포기한 이유'와 관련하여, 연방헌법재판소는 '어떠한 방법으로 확인된 헌법위반이 제거되어야 하는 것은 입법자가 결정하여야 할 문제'라고 짤막하게 밝히고 있다.[24]

연방헌법재판소가 위 결정에서 위헌결정이 아니라 헌법불합치결정을 한 것은, 심판

---

22) BVerfGE 30, 292, 332f.; 34, 71, 80f., 그러나 연방헌법재판소는 그 이전에 담배자동판매기가 문제된 유사한 결정(BVerfGE 19, 330)에서는 위헌결정을 하였다.

23) '臨時法(Vorschaltgesetz)'란 긴급을 요하는 경우에 입법의도의 중요한 일부분만을 우선적으로 규율하는 법률을 말한다.

24) BVerfGE 35, 148.

의 대상이 되는 법률의 위헌적 요소와 합헌적 요소가 서로 뒤엉킨 혼합 상태를 이루어 위헌부분과 합헌부분의 경계설정이 거의 불가능하기 때문에 위헌결정으로는 충분히 합리적으로 구분하여 위헌적 상태에 대처하기 어렵다는 사고에 기인하는 것으로 보인다.[25)]

(3) 인쇄물의 納本義務 결정

인쇄물을 발행하는 경우 발행자가 1부씩을 무상으로 국립도서관에 납부하는 의무를 부과할 수 있도록 州 문화부장관에게 위임한 Hessen 州의 언론법조항의 위헌여부가 문제된 '納本義務 결정'(Pflichtexemplar, BVerfGE 58, 137)에서, 연방헌법재판소는 '언론법이 문화부장관에게 예외 없이 모든 출판물에 대하여 無償의 납본의무를 부과하도록 위임하는 한, 재산권보장과 합치하지 않는다'고 판단하였다.

인쇄물의 출판 時 1부씩의 무상납본의무는 그로 인하여 발생하는 발행자의 재산적 부담이 크지 않은 한, 헌법적으로 보상 없이 수인해야 하는 재산권의 사회적 제약에 해당하나, 발행부수가 적고 권당 큰 경비가 소요되는 인쇄물에 대해서도 예외 없이 비용의 상환을 배제한 것은 비례의 원칙에 위배되는 위헌적 조치라고 판단하였다. 그러나 연방헌법재판소는 납본의무를 구체적으로 규정함에 있어서 여러 가지 가능성이 있다는 이유로 위헌결정을 피하고 부분적으로 위헌성을 확인하는 헌법불합치결정을 하였다.

위 결정에서도 발행부수 몇 권부터 또는 권당 가격 얼마부터 재산권의 사회적 제약의 범주를 넘는 위헌적 규정인지의 판단에 있어서 위헌부분과 합헌부분의 구분이 불명확하여 법규범의 위헌성을 위헌결정으로 적절히 파악할 수 없고, 나아가 청구인이나 당해소송사건 당사자가 소속된 집단을 유형화하는 작업도 어렵다는 사고가 헌법불합치결정을 하게 된 이유인 것으로 보인다.

다. 자유권 침해의 경우 입법형성의 자유가 인정되는지 여부

(1) 연방헌법재판소 판례에 대한 비판

위에서 살펴본 '석유비축의무 결정'(BVerfGE 30, 292)과 '껌 자동판매기 결정'(BVerfGE 34, 71)에서, 직업의 자유를 제한하는 규정은 그 규정의 적용을 받는 수범자에 대하여 서로 상이하게 작용한다. 비축의무나 전문지식의 증명의무의 부과가 대부분의 수범자에게는 직업의 자유에 대한 합헌적인 제한에 해당하나, 소수의 일정 집단에게는 비례의 원칙에 위배되는 가혹한 부담, 이로써 위헌적 부담을 의미하게 된다.

물론, 평등원칙도 '의무가 부과되는 수범자의 私益'과 '그 규범을 통하여 달성하려는 公益' 사이의 교량과정에서 수범자의 고유한 개별상황, 즉 사익의 상이한 비중을 충분히 고려할 것을, 즉 일방적인 가혹한 부담을 피하도록 규정할 것을 요구하고 있다.[26)] 그러

25) Vgl. Maurer, Zur Verfassungswidrigerklärung von Gesetzen, in: Im Dienst an Recht und Staat, Festschrift für Werner Weber, 1974, S.359.

므로 수범자의 고유한 상황을 고려하지 않는 일률적인 의무의 부과로 인하여 집단에 따라 상이한 부담의 결과가 발생한다면, 이러한 것에서도 평등원칙의 위반을 찾아볼 수 있다.

그러나 이러한 부담은 다른 집단에게 부과되는 부담과의 비교를 통하여서가 아니라, 이미 그 자체로서 비례의 원칙에 위배되어 직업의 자유를 과도하게 침해하는 것으로서 평등원칙의 위반여부와 관계없이 자유권의 관점에서 독자적으로 위헌적이다. 그러므로 이러한 부담은 다른 집단과의 비교를 통하여 비로소 위헌으로 확인될 수 있는 것이 아니라 이미 그 자체로서 위헌이라는 점에서, '相對的'이 아니라 '絕對的'으로 위헌이다.[27] 다른 집단과의 비교는 실질적인 부담의 정도를 파악하는데 도움이 될 수는 있으나, 일단 직업의 자유를 과도하게 침해하는 부담을 확인한 다음에는 평등원칙의 위배여부는 문제가 되지 않는다. 이러한 경우, 평등원칙은 자유권의 침해에 대하여 단지 보충적 성격을 갖기 때문에, 위 결정에서 평등원칙을 고려하고 언급하는 것은 사실상 불필요하다.[28]

시혜적 법률이 평등원칙에 위반되는 경우에 확인할 수 있는 '순수한 평등원칙의 위반'과는 달리, 자유권에 대한 위반은 과잉금지원칙을 기준으로 하여 그 자체로서 확인될 수 있는 絕對的 違憲이기 때문에, 입법자는 부담의 부과에 있어서 불평등한 취급을 여러 가지 방법으로 수정할 수 있는 것이 아니라, 오로지 위헌으로 확인된 부담을 제거하는 방향으로 수정해야만 한다. 그러므로 '자유권의 위반'이 동시에 '평등권의 위반'으로 나타나는 경우, '자유권에 대한 부당한 침해의 제거'를 합헌적 상태의 회복을 위한 유일한 수단으로서 요구하는 自由權의 絕對性으로 말미암아, 평등원칙의 상대성과 그에 기인하는 입법자의 형성권은 기능할 수 없게 된다.

물론, 직업의 자유의 침해여부가 문제된 위 연방헌법재판소결정에서, 수범자의 일부에게 위헌적으로 과도한 부담이 부과되었고, 청구인이 속한 집단 이외에 어떠한 경우가 또는 어떠한 집단이 위헌적 부담을 받는 대상에 속하는지를 결정하는 것은 입법자의 과제라고 주장할 수도 있다.[29] 만일 연방헌법재판소가 가혹한 부담이 부과되는 집단이나 경우를 스스로 확정하는 것이 헌법상 권력분립질서에 비추어 규범적으로 불가능하다면, 연방헌법재판소는 단지 그러한 이유 때문에 헌법적으로 부과된 '자유권위반의 회복'을 입법자에게 미룰 필요는 없다. 이러한 경우, 헌법재판소는 청구인이나 당해소송 당사자가 속한 집단에 한정하여 '심판대상인 법률조항이 특정 집단(가령, 껌 자동판매기 사업자)에게 과도하게 부담을 부과하는 한, 위헌'이라는 一部違憲決定 또는 限定違憲決定을

26) 대표적으로 Vgl. BVerfGE 58, 150f.
27) Vgl. Maurer, Zur Verfassungswidrigerklärung von Gesetzen, in: Im Dienst an Recht und Staat, Festschrift für Werner Weber, 1974, S.356.
28) Vgl. Lerche, Das BVerfG und die Verfassungsdirektiven, AöR 90(1965), S.358, 361f.
29) 예컨대, BVerfGE 30, 292, 333.

결정주문으로 채택하는 것이 보다 타당하다.[30]

'임시 대학법 결정'(BVerfGE 35, 79)에서도 이와 마찬가지로 각 집단별 同數의 위원회 구성(Paritätenregelung)이나 불합리한 기준에 의한 대학교수 집단의 확정 등이 대학교수에 대한 불평등한 취급으로 나타날 수 있다. 그러나 이러한 측면은 부수적인 것이며, 결정적인 것은 심판대상이 된 법률조항이 대학교수 집단의 학문의 자유를 침해하기 때문에 위헌이라는 것이다. 이러한 자유권 위반은 다양한 방법으로 치유될 수 있는 것이 아니라, 단지 대학교수 집단의 영향력을 강화함으로써, 즉 투표권의 비중을 강화함으로써만 제거될 수 있다.

(2) 입법자의 형성권이 헌법불합치결정을 정당화하는 '獨自的 事由'인지 여부

(가) 평등원칙은 합헌적 상태를 회복하기 위한 특정한 방향을 제시하지 않는다는 점에서 상대적이다. 평등원칙의 '상대성'으로 인하여 평등원칙의 위반은 다양한 방법으로 치유될 수 있으며, 이에 따라 입법자는 위헌적 상태를 제거하는 다양한 가능성을 가진다. 평등원칙 위반의 경우 헌법불합치결정은 평등원칙의 특성인 '상대성'에 의하여 정당화되는 것이고, 평등원칙의 상대성으로부터 비로소 '입법자의 형성권'이 나오는 것이다. 이러한 경우에는 입법자의 형성권이 헌법불합치결정을 정당화할 수 있다. 그러나 평등원칙으로부터 분리된 '입법자의 형성권'은 구체적인 헌법적 근거를 결여한 채 '헌법상의 권력분립질서에서 입법자의 관할'을 서술하는 막연하고도 추상적인 개념으로 그 자체로서 독자적으로 헌법불합치결정을 정당화할 수 없다.

시혜적 법률과 같이 전적으로 오로지 평등원칙에 위배되는 법률의 경우, 헌법재판소의 위헌결정이 평등원칙의 위반을 적절하게 제거할 수 없고 위헌적 상태의 제거가 권력분립의 관점에서 입법자의 과제이기 때문에, 위헌적 상태의 제거에 관한 입법자의 형성의 자유가 존중되어야 한다. 만약 이러한 경우에 헌법재판소가 위헌결정을 한다면, 위헌적 상태를 제거하는 여러 가지 방법이 있음에도 불구하고 헌법적으로 규정되지 않은 일정한 법적 상태를 스스로 일방적으로 형성함으로써 입법자의 형성의 자유를 침해하게 된다.

그러나 자유권에 위배되는 법률의 경우에는, 헌법재판소가 단지 무효선언을 통하여 위헌적 법률을 법질서에서 제거하고 이로써 자유권에 대한 침해를 제거함으로써만 합헌적 상태가 회복될 수 있다. 그러므로 이 경우 무효선언을 하도록 헌법적으로 이미 규정되어있기 때문에, 위헌성의 제거에 관한 한, 입법자의 형성의 자유가 존재하지 않는다.[31] 즉, 자유권에 위배되는 규범의 위헌심사의 경우 평등원칙의 위반과는 달리, 헌법

30) Vgl. Hein, Die Unvereinbarerklärung verfassungswidriger Gesetze durch das BVerfG, 1988, S.80; Maurer, Zur Verfassungswidrigerklärung von Gesetzen, in: Im Dienst an Recht und Staat, Festschrift für Werner Weber, 1974, S.359.

재판소가 결정을 내리는 과정에 있어서 고려하여야 할 입법자의 형성권이 존재하지 않는다.

(나) 자유권에 대한 위반은 상대적 위반이 아닌 절대적 위반이기 때문에, 헌법불합치결정의 적용범위를 자유권을 침해하는 위헌적 법률에 대해서도 확대하는 것은 배제되어야 한다. 법률이 '오로지 전적으로' 평등원칙에만 위반되는 경우 외에 다른 헌법위반의 경우에는 헌법재판소가 그의 결정에 있어서 고려하여야 할 입법자의 형성권이 존재하지 않는다. 그러므로 '입법자의 형성의 자유에 대한 존중'은 평등원칙 위반 이외의 다른 헌법위반의 경우에는 원칙적으로 헌법불합치결정을 정당화할 수 없다.[32]

한편, 헌법재판소가 결정을 통하여 위헌적 상태를 제거하는 단계 또는 합헌적 상태를 회복하는 단계에서 고려해야 하는 '입법자의 형성권'과 구분되어야 할 것은, 헌법재판소가 위헌적 상태를 제거한 후에 존재하는 '새로운 입법에 관한 입법자의 형성권'이다. 새로운 입법의 내용에 관한 한, 입법자의 형성권은 헌법불합치결정을 하는 경우와 마찬가지로 위헌결정으로 인하여 전혀 제한되지 않는다.[33] 헌법재판소의 위헌결정 이후에는 위헌적 법률이 법질서에서 완전히 제거됨으로써 새로운 입법을 위한 입법자의 형성공간이 보장된다. 헌법재판소가 위헌결정을 내린 이후에 입법자는 다시 새로운 출발점에 서게 되고, 헌법의 한계 내에서 허용되는 모든 형성의 가능성이 열려있다. 헌법재판소가 자유권 위반의 경우에도 헌법불합치결정을 하는 경우에는 오히려 헌법불합치결정으로 인하여 입법개선과 관련하여 헌법재판소로부터 일정한 행위지침을 받게 될 수도 있다.

3. 위헌법률의 暫定的 계속 적용을 가능하게 하기 위한 경우

가. 헌법불합치결정을 정당화하는 독자적 사유로서 '법적 공백과 혼란'

헌법불합치결정을 정당화하는 또 다른 헌법적 사유는 위헌결정을 하는 경우에 초래되는 '법적 효과'이다. 연방헌법재판소는 위헌결정으로 인한 법률의 제거가 '법적 공백과 혼란'을 초래할 우려가 있는 경우에는 위헌결정이 아니라 헌법불합치결정을 하고 있다. 연방헌법재판소법에는 헌법불합치결정의 근거규정이 없을 뿐만 아니라 나아가 연방헌법재판소에게 위헌적 법률의 계속 적용을 명할 수 있는 권한을 부여하는 법적 근거

31) Vgl. Maurer, Zur Verfassungswidrigerklärung von Gesetzen, in: Im Dienst an Recht und Staat, Festschrift für Werner Weber, 1974, S.356f.

32) Vgl. Hein, Die Unvereinbarerklärung verfassungswidriger Gesetze durch das BVerfG, 1988, S.114ff.; Schlaich, Das Bundesverfassungsgericht, 1994, Rn.369.

33) Vgl. Sachs, Bloße Unvereinbarerklärung bei Gleichheitsverstößen?, NVwZ 1982, S.660; Maurer, Zur Verfassungswidrigerklärung von Gesetzen, in: Im Dienst an Recht und Staat, Festschrift für Werner Weber, 1974, S.357; Hein, Die Unvereinbarerklärung verfassungswidriger Gesetze durch das BVerfG, 1988, S.116.

가 없음에도 불구하고, 위헌결정으로 인한 법적 공백(rechtliches Vakuum)과 혼란(Unsicherheit)의 관점은 연방헌법재판소의 판례를 통하여 헌법불합치결정을 정당화하는 독자적인 사유로 형성되었다. 연방헌법재판소의 이러한 판례에는 위헌결정으로 인하여 발생하는 '규율 없는 법적 공백의 합헌적 상태'보다 '위헌적 법률을 잠정적으로 적용하는 위헌적 상태'가 예외적으로 헌법적으로 더 바람직한 상태라는 사고가 바탕에 깔려 있다.

위헌적 법률을 잠정적으로 계속 적용하도록 하기 위하여 헌법불합치결정을 하는 경우, '평등원칙의 위반'과 같이 헌법불합치결정을 정당화하는 '실체적 사유'가 존재하지 않는다. 여기서는 헌법불합치결정을 정당화하는 '실체적 사유'가 존재하지 않음에도, 연방헌법재판소가 헌법불합치결정을 내려야 비로소 위헌적 법률을 계속 적용토록 명할 수 있기 때문에, 바로 이러한 이유에서 헌법불합치결정을 하는 것이다. 위헌적 법률의 잠정적 적용은 무엇보다도 법적 안정성의 측면에서, 법치국가적으로 용인하기 어려운 법적 공백과 그로 인한 혼란을 방지하기 위하여 일정 기간 동안 입법자의 입법개선 시까지 위헌적 법률을 계속 적용해야 할 필요성이 인정되는 경우에 허용된다. 그러므로 여기서 헌법불합치결정을 통하여 위헌적 법률을 존속케 하고 잠정적으로 적용하게 하는 헌법적 근거는 법치국가적 '법적 안정성'의 요청이다.[34)]

위헌결정을 하는 경우에 초래되는 '법적 공백과 혼란'의 관점은 헌법불합치결정을 요청하는 독자적 사유이기 때문에, 위헌적 법률의 잠정적인 계속 적용이 법치국가적 법적 안정성의 관점에서 요청된다면, 어떠한 이유에서 심판대상인 법률이 위헌인지는 문제되지 않는다. '법적 공백과 혼란'의 관점은 시혜적 법률의 평등원칙 위반이라는 헌법불합치결정의 실체적 사유와 함께 또는 실체적 사유의 *存否*와 관계없이 독자적으로 헌법불합치결정을 정당화하는 헌법적 사유로 기능한다. 따라서 위헌결정으로 인하여 법적 공백과 혼란이 우려된다면, 시혜적 법률이 평등원칙에 위반되는지, 침해적 법률이 자유권을 과도하게 침해하는지, 법률이 의회유보원칙이나 법률유보원칙 등 법치국가원리에 위배되는지 등과 관계없이, 법률의 위헌성을 확인할 수 있는 모든 경우에 위헌적 법률의 잠정 적용을 명하는 헌법불합치결정이 정당화된다.

이로써 '법적 공백과 혼란의 관점'은 한편으로는 자유권을 침해하는 위헌적 법률의 경우에는 헌법불합치결정 및 위헌법률의 잠정 적용을 정당화하는 '독자적인 헌법적 사유'로서, 다른 한편으로는 평등원칙에 위반되는 시혜적 법률의 경우에는 평등권의 상대성으로 인하여 이미 헌법적으로 요청되는 헌법불합치결정에 있어서 '부가적으로 위헌법

---

34) Vgl. Heußner, Folgen der Verfassungswidrigkeit eines Gesetzes ohne Nichtigerklärung, NJW 1982, S.259; Moench, Verfassungswidriges Gesetz und Normenkontrolle, 1977, S.172ff.; Schlaich, Das Bundesverfassungsgericht, 1994, Rn.385.

률의 잠정 적용'을 정당화하는 헌법적 사유로서 二重的으로 기능하고 있다.

나. 위헌적 법률의 잠정 적용을 허용한 연방헌법재판소의 決定例

(1) 연방헌법재판소는 '공무원봉급법에 관한 결정'(Beamtenbesoldung, BVerfGE 8, 1)에서 봉급을 인상하지 않은 것은 직업공무원제도의 헌법적 보장을 규정하는 기본법 제33조 제5항에 위반된다고 확인하면서도, 헌법적 질서에서 보다 더욱 멀어지는 법적 상태의 발생을 방지해야만 하기 때문에 위헌결정을 통하여 공무원봉급법을 무효로 선언할 수 없다고 판시함으로써, 위헌결정을 하는 경우에 초래되는 '법적 효과'의 관점을 헌법불합치결정을 정당화하는 사유로 언급하고 있다.

(2) 연방헌법재판소는 '대학입학제한에 관한 결정'(numerus clausus-Urteil, BVerfGE 33, 303)에서 헌법불합치결정을 정당화하는 헌법적 근거로서 위헌결정을 하는 경우에 초래되는 '법적 효과'의 관점을 다음과 같이 언급하고 있다.[35] "입법자가 입학허가제한의 조건과 학생선발기준을 스스로 규율해야 함에도 이를 대학에 백지위임을 한 Hamburg 州의 *大學法* 조항은 수권법률의 불명확성으로 인하여 위헌이나, 만일 위 법률조항을 무효로 선언하여 법질서에서 제거한다면 그나마 불명확한 법적 근거마저도 없어져 대학에게 입학제한을 임의로 할 수 있는 긴급권한(Notkompetanz)을 부여하는 결과를 초래하게 된다. 이러한 법적 상태는, 대학이 비록 불충분하나마 입학제한을 부분적으로 규율하고 있는 수권법률을 근거로 입학을 제한하는 상태보다도 더욱 헌법적 질서에서 멀어진 법적 상태라 할 수 있다. 이러한 경우 입법자의 입법개선 시까지 '위헌적 상태'가 '규율 없는 상태'보다 잠정적으로 우대될 수 있다."[36]

(3) 독일 父와 외국인 母의 혼인으로 출생한 자식은 자동으로 독일 국적을 취득하고, 독일 母와 외국인 父 사이에서 출생한 자식은 無國籍의 우려가 있을 때에만 독일 국적을 취득하도록 규정한 독일 國籍法 조항의 위헌여부가 문제된 '국적법 결정'(Kinderstaatsangehörigkeit, BVerfGE 37, 217)에서, 연방헌법재판소는 '평등원칙의 위반'과 '입법자의 형성권'에 근거하여 헌법불합치결정을 하면서, 입법자가 새로운 입법을 할 때까지 잠정적으로 위헌적 법률의 적용을 허용하지 않는다면, 그 사이에 태어난 자녀들이 아무도 국적을 취득하지 못하는 결과가 발생하기 때문에, 위헌적 법률의 적용의 금지가 헌법적으로 용인될 수 없는 법적 공백을 초래한다면 예외적으로 위헌적 법률의 잠정적 적용이 고려된다고 판시하고 있다.[37]

---

35) 위 결정의 주문은 다음과 같다. "Hamburg 州의 대학법 제17조는, 입법자가 신입생 입학허가제한에 있어서 학생선발에 적용할 기준의 종류와 순위관계를 직접 규정하고 있지 않는 한, 기본법과 합치하지 않는다. 그러나 위 규정은 입법개선 시까지, 늦어도 1973년 여름학기 초까지 계속 적용해도 된다."

36) BVerfGE 33, 303, 346f.

37) BVerfGE 37, 217, 261f.

(4) '독신양육자의 과세에 관한 결정'(Besteuerung Alleinerziehende, BVerfGE 61, 319)에서, 연방헌법재판소는 '평등원칙의 위반'에 근거하여 헌법불합치결정을 정당화하면서, 이어서 '법적 효과'에 있어서 헌법적 질서에서 더욱 멀어지는 법적 상태가 발생하지 않도록 위헌적 규범의 잠정적 적용을 명하고 있다.[38]

(5) 青少年有害性 여부를 판정하는 연방심의위원회의 구성에 관하여 불충분하게 규율한 법률조항의 위헌여부가 문제된 '요세피네 무첸바허 결정'(Mutzenbacher, BVerfGE 81, 130)에서,[39] 연방헌법재판소는 입법자가 유해서적목록에의 수용 여부를 판정하는 위원회의 위원선발절차에 관하여 스스로 정해야 함에도 이를 불충분하게 규율하였으므로 청소년유해서적의 선정절차를 규정한 법률조항은 본질성이론에 비추어 규범의 불명확성 때문에 위헌이라고 확인하였다. 이어서, 위 법률조항을 무효로 선언한다면, 청소년유해서적의 선정에 관한 수권규범이 존재하지 않게 되어 아동·청소년보호 관할행정청이 더 이상 활동할 수 없는 결과를 초래하므로, 헌법적으로도 보장된 청소년과 아동의 보호는 이러한 법적 흠결에도 불구하고 위헌적 법률의 계속적용을 요구한다고 판시하였다.[40]

이와 유사한 결정으로는 종래 특별권력관계에서 기본권제한의 수권규범으로 기능하였던 행정입법이 위헌적 규범임에도 '위헌적 행정입법의 잠정적 적용'을 허용한 사례를 들 수 있다. 종래의 지배적인 견해에 의하면 학생의 留級이나 廢校(Schulauflösung)와 같은 문교행정에서의 기본권 침해나 行刑에서의 기본권 침해의 경우, 이에 필요한 수권규범으로서 下位法인 명령이나 규칙과 같은 '행정입법'도 충분한 것으로 간주되었다. 그러나 연방헌법재판소가 '本質事項 留保說(본질성이론)'에 근거하여 입법부와 행정부가 규율할 수 있는 입법범위의 경계를 확정하고, 민주국가에서 개인의 기본권 행사나 실현에 있어서 본질적인 문제는 국민의 대의기관인 의회에 유보되어야 하고 의회의 법률에 의하여 규율되어야 한다고 결정함으로써, 지금까지의 수권규범인 행정입법이 효력을 상실하게 되었다.[41] 그러나 국가의 중요한 행정이 잠시도 중단되어서는 안 되기 때문에, 헌법재판소는 위헌적 행정입법이 잠정적으로 적용될 수 있는 경과기간(Übergangsfrist)을 허용하였다.

(6) 소득세법에 관한 결정(Einkommenssteuer; BVerfGE 87, 153)에서는 최저생계비의 확정에 있어서 입법자에게 인정되는 '입법자의 형성권' 외에도, 연방헌법재판소가 위헌결정을 하는 경우에는 입법개선 시까지 조세의 부과가 불가능하기 때문에 위헌결정으로

38) BVerfGE 61, 319, 356f.

39) 위 결정의 주문은 다음과 같다. "청소년유해서적 유포에 관한 법 제9조 제2항은 법치국가원칙과 관련하여 예술의 자유(Art. 5 III GG)와 합치하지 않는다. 그러나 위 법률조항은 입법개선 시(1994. 12. 31.)까지 계속 적용된다."

40) BVerfGE 83, 130, 152ff.

41) BVerfGE 51, 268, 287ff.

인하여 위헌적 상태보다도 더욱 헌법적 질서에 멀어지는 법적 상태가 발생한다는 이유로 '헌법불합치결정'과 함께 소득세법의 '잠정적 적용'을 명하고 있다. 위 결정에서 특이한 것은, 연방헌법재판소가 '세법과 예산상의 고려'를 위헌법률의 계속적용을 허용하는 이유로 들고 있다는 점이다.[42)]

다. 위헌적 법률의 잠정 적용을 명하는 헌법불합치결정의 사례 유형

위에서 살펴본 연방헌법재판소의 판례를 근거로 하여, '위헌적 법률을 잠정 적용하는 상태'와 '규율 없는 법적 공백의 상태'를 비교하여 볼 때, 어떠한 경우에 차라리 일정 기간 위헌적 상태를 감수하는 것이 헌법적 질서에 더 가깝다고 판단되는지의 문제를 일반화시켜 본다면, 다음과 같은 경우에 이를 인정할 수 있다.

첫째, 행정입법이나 법률 등 위헌적 법규범이 잠시도 중단되어서는 안 되는 중요한 국가행정의 수권규범을 제공하고 있고, 위헌결정으로 인하여 법규범이 효력을 상실하는 경우에는 수권규범이 더 이상 존재하지 않게 됨으로써 중요한 국가행정의 이행이 수권규범의 결여로 불가능하게 되는 경우이다.[43)] 예컨대 國籍이나 공무원의 봉급과 같이 신분관계를 규율하는 법률[44)]이나 교육행정이나 行刑에서 기본권침해의 수권규범[45)]이 위헌인 경우이다.

둘째, 세법이 위헌인 경우에 위헌결정으로 인한 법적 공백의 발생 및 법적 상황에 대한 납세자와 세무관청의 혼란을 방지하기 위해서, 적지 않은 경우 입법개선 시까지 위헌적 법률의 잠정적 적용을 허용하고 있다. 세법의 경우 위헌결정은 이미 확정된 당해 회계연도의 예산에 영향을 미칠 수 있으므로, 당해 회계연도의 국가 재정의 확보를 위태롭게 하지 않으려는 관점도 잠정 적용을 명하는 헌법불합치결정을 정당화하는 사유

---

42) Vgl. BVerfGE 87, 153, 178f., "헌법불합치결정을 하는 경우 개정법률이 아직 확정되지 아니한 위헌적 법률에 근거한 모든 공권력의 결정에 소급하여 적용되는 것이 원칙이나 신뢰에 기반을 둔 재정계획이나 예산계획이 존재하는 경우에는 개선입법의 소급효력이 허용되지 않는다. 소득세는 주기적으로 반복되는 현재 소득에 대한 과세로서 매년 그 회계연도의 국가재정을 충당하는 역할을 한다. 만일 헌법불합치결정의 결과로서 입법개선 시까지 몇 개의 회개연도 동안 엄청난 數의 조세처분이 개정법률에 따라 다시 새로이 결정되고 소급적으로 처리되어야 한다면, 그러나 이에 반하여 과거 몇 년간의 예산은 소급하여 달리 책정하는 것이 불가능하다면, 이는 곧 '현재와 미래의 국가예산과 납세자'의 희생으로 '과거의 조세채무자'의 부담을 덜어주는 결과를 가져오게 된다. 그러므로 세제상 고려되어야 하는 최저생계비의 과소책정으로 인한 소득세의 위헌성은 소급하여 제거될 것을 헌법적으로 요구하지 않는다. 이러한 경우 입법자는 將來效로써 입법개선을 하고, 미래의 재정계획을 수립함에 있어서 장래효의 개정입법을 기초로 삼으면 된다."; 이미 그 전에 선고된 판매세법(Umsatzsteuergesetz)에 관한 결정(BVerfGE 21, 12)에서, 연방헌법재판소는 판매세법이 평등원칙에 위반되었음에도 불구하고 법적 흠결을 관용하여 합헌결정을 하고, 그 대신 입법자에게 조속한 세법개정을 촉구하였다. 입법자는 위 결정이 선고된 지 반년이 경과한 후에 위 결정의 취지를 반영하여 부가가치세법(Mehrwertsteuergesetz)으로 개정하였다. 여기서도 위헌결정이 초래할 판매세법의 제거가 국가재정을 위태롭게 하리라는 세법과 예산법상의 고려가 문제되었다.

43) BVerfGE 83, 130, 154.

44) BVerfGE 37, 217, 261f.; 44, 249, 282f.

45) Vgl. BVerfGE 51, 268, 287ff.; 83, 130, 152ff.

로 고려되고 있다.[46)]

위와 같은 경우, 연방헌법재판소는 합헌적 상태의 회복이 입법자의 활동에 의존하고 있다는 이유로 '입법자의 형성권'을 존중하기 위해서가 아니라, '위헌적 법률의 잠정적 적용'이라는 법적 효과를 가능케 하기 위하여 헌법불합치결정을 하는 것이다.

Ⅲ. 헌법불합치결정의 효력

1. 독일 연방헌법재판소의 決定例

헌법불합치결정의 효력과 관련하여 연방헌법재판소의 판례가 형성된 과정은 다음과 같이 크게 두 단계로 나눌 수 있다. 연방헌법재판소는 헌법불합치결정의 초기 단계에서는 '위헌적 규범의 잠정적 적용'을 가능케 하기 위하여 위헌결정을 피하고 헌법불합치결정을 한다고 일반적으로 생각하였고, 이에 따라 헌법불합치결정과 위헌결정의 근본적인 차이를 '위헌적 법률의 잠정적용'에서 찾았다. 그러나 연방헌법재판소는 '國籍法 결정'(BVerfGE 37, 217, 262)에서 위헌결정과 헌법불합치결정은 '위헌적 법률의 적용금지'란 의미에서는 동일한 효력을 가지고 있다고 분명히 밝힘으로써, 종전에 자신이 취한 입장을 수정하였다.

연방헌법재판소는 '訴訟救助 결정'(Armenrecht, BVerfGE 22, 349, 363)에서 처음으로 헌법불합치결정의 효력에 관하여 "위헌적 법률에 근거한 법원의 판결은 파기 환송되어야 하며, 법원은 입법자의 입법개선 시까지 절차를 정지하여야 한다. 이러한 방법으로 당해 소송사건의 원고에게는 그의 청구를 기각하는 판결의 확정력이 발생함이 없이, 경우에 따라서는 그에게 유리할 수 있는 개정입법의 혜택을 받을 수 있는 기회가 열려져 있어야 한다."는 입장을 표명하였다. 위 결정에서 연방헌법재판소는 적어도 헌법불합치결정의 계기를 부여한 당해사건에서 절차를 정지해야 할 법원의 의무를 분명하게 확인하고 있다.

나아가, 연방헌법재판소는 '國籍法 결정'(BVerfGE 37, 217, 261f.)에서 헌법불합치결정의 효력에 관하여 보다 자세하고 명확하게 입장을 밝히고 있다. 위 결정의 중요한 의미는 '위헌적 법률의 적용금지'라는 측면에서 위헌결정과 헌법불합치결정이 근본적인 차이가 없다는 것을 분명히 밝힌 것에 있다. 연방헌법재판소는 헌법불합치결정의 경우에도 "위헌적 법률은 입법개선 시까지 원칙적으로 적용되어서는 안 되며, 단지 위헌적 법률이 규율하는 대상이 법적 공백을 허용하지 않을 때에만 예외적으로 위헌적 법률의 잠정 적용이 가능하다."고 판시하고 있다. 나아가, 당해사건에서 절차를 정지해야 할 법원

46) BVerfGE 87, 178f.

의 의무를 다시 한 번 강조하면서, 절차정지의 의무를 처음으로 당해사건을 넘어서 '위헌으로 확인된 법률이 적용되는 竝行事件(Parallelfälle)'에 대해서도 확대시키고 있다. 입법자의 입법개선의무에 관해서도 입법개선이 원칙적으로 소급적으로 이루어져야 하나, 소급효력이 위헌적 규범의 제정시점으로까지 미칠 필요는 없고, 제한된 소급효를 규정하는 연방헌법재판소법 제79조의 기본정신에 따라야 한다고 판단하고 있다.[47)]

연방헌법재판소는 '독신양육자의 과세에 관한 결정'(Besteuerung Alleinerziehende, BVerfGE 61, 319, 356f.)에서 위 국적법결정에서 밝힌 입장을 다시 한 번 확인하고 강조하고 있다. 위 결정에서 연방헌법재판소는 위헌으로 확인된 세법규정의 잠정적 계속적용을 명하였는데, 여기서 특이할 만한 것은, 과세처분이나 판결의 확정력이 생기지 않도록 문제되는 소득세법조항의 계속적용을 단지 '잠정적' 조세확정(vorläufige Steuerfestsetzung)의 유보 하에서 허용하면서, 입법자에게는 소급하여 위헌적 상태를 규율할 의무를 부과하고 있다는 것이다. 이는 위헌적 법률의 잠정적용으로 인하여 경과기간 동안 완성된 사실이 형성됨으로써, 헌법불합치결정의 취지에 반하여 입법자의 입법개선의 방향이 이미 일정 방향으로 결정되게끔 입법자의 형성의 자유가 다시 제한되어서는 안 된다는 고려에 기인하는 것이다.

2. 위헌적 법률의 존속과 입법자의 입법개선의무[48)]

헌법불합치결정과 위헌결정의 근본적인 차이는, 위헌결정의 경우 위헌적 법률이 효력을 상실함으로써 법질서에서 제거되는 것에 반해, 헌법불합치결정은 위헌적 법률을 우선 형식적으로 존속케 하는 데 있다. 연방헌법재판소가 '위헌결정'을 한 경우에 입법자가 헌법에 합치되는 형태로 다시 규율을 하고자 한다면, 입법자는 신법을 제정해야 하나, 입법자가 더 이상 규율을 하지 않으려고 한다면, 연방헌법재판소가 이미 입법자를 대신하여 그 법률을 제거했기 때문에 입법자는 법률을 폐지해야 할 필요가 없다. 이에 대하여 연방헌법재판소가 '헌법불합치결정'을 한 경우에는, 법률이 형식적이나마 계속 존속하기 때문에 입법자는 스스로 법률을 폐지하거나 아니면 보완 또는 개선할 수 있다.

연방헌법재판소가 헌법불합치결정을 통해서 위헌적 법률을 존속케 하는 근본적인 이유는, 연방헌법재판소가 위헌적 법률을 제거함으로써 스스로 합헌적 상태를 실현할 수

---

47) 그러나 독일 연방헌법재판소는 위 사건에서 위헌적 법률이 규율하는 대상이 법적 공백을 허용하지 않는 예외적인 경우에 해당한다는 이유로, 결정주문에서 국적법규정에 따라 독일 父와 외국인 母의 혼인으로 출생한 자녀가 독일 국적을 취득하는 한, 위헌적 법률을 입법개선 시까지 잠정 적용할 것을 명하였다.

48) Vgl. Heußner, Folgen der Verfassungswidrigkeit eines Gesetzes ohne Nichtigerklärung, NJW 1982, S.257f.; Hein, Die Unvereinbarerklärung verfassungswidriger Gesetze durch das BVerfG, 1988, S.168ff.; Schlaich, Das Bundesverfassungsgericht, 1994, Rn.388ff.

없고, 위헌적 상태의 제거는 입법자의 활동에 달려있기 때문이다. 즉 연방헌법재판소는 위헌적 법률을 제거하지 않고 존속케 함으로써, 나중에 입법자가 헌법과 합치되는 방향으로 형성할 수 있는 소재를 제공하는 것이다. 그러므로 헌법불합치결정은 항상 위헌적 상태를 조속한 시일 내에 제거해야 할 '입법자의 입법개선의무'를 수반하게 된다.[49] 이로써 헌법불합치결정은 '입법자의 입법 촉구에 관한 결정'을 포함하게 된다. 입법자는 위헌적 법률을 헌법과 합치되는 방향으로 개선하든지 또는 폐지함으로써, 위헌적 상태를 제거할 수 있다.

3. 위헌적 법률의 적용금지와 절차의 停止

가. 절차의 정지

(1) 헌법불합치결정의 효력은 일차적으로 '위헌적 법률의 적용금지'에 있다. 헌법불합치결정의 경우, 위헌적 법률은 소멸하지 아니하고 형식적으로 존속하지만, 위헌결정에서와 마찬가지로 원칙적으로 위헌적 법률의 적용이 금지되고, 심판의 계기를 부여한 당해사건 및 법원과 행정관청[50]에 계류 중인 모든 유사사건의 절차가 정지된다.[51] 입법자가 위헌적 법률을 헌법에 합치하는 법률로 대체할 때까지, 연방헌법재판소는 법원과 행정청에게 절차의 정지를 명하게 되고, 법원과 행정청에게는 연방헌법재판소의 헌법불합치결정으로 인하여 당해사건과 병행 사건에서의 절차를 정지해야 할 의무가 발생한다.[52] 그러므로 연방헌법재판소가 헌법불합치결정을 내리면 법원은 구체적 규범통제절차에서 위헌제청 이후 제청법원이 처하는 상황과 유사한 상황에 놓이게 된다. 법원에 계류 중인 유사사건도 당해사건과 마찬가지로 취급되어야 하며, 위헌적 법률은 법원의 재판에 적용되어서는 안 된다.

'위헌적 법률의 적용금지'는 법치국가적 요청의 당연한 귀결로서, 연방헌법재판소가 어떠한 결정유형으로 규범의 위헌성을 확인하였든지 간에 그와 관계없이 모든 국가기관은 위헌적 법률의 적용과 집행으로 인하여 스스로 위헌적 국가행위를 해서는 안 된다

49) BVerfGE 55, 100, 110; 86, 369, 379f.

50) 헌법재판소의 결정은 모든 국가기관을 기속하므로 법원과 행정청에 계류중인 사건을 구분하여 차별대우하여야 할 하등의 합리적인 근거가 없다. 헌법불합치결정의 경우에도 위헌법률은 적용되어서는 아니되며, 모든 국가기관은 위헌규범의 적용으로 스스로 위헌적 국가행위를 하여서는 아니되므로, 이러한 적용금지는 법원이나 행정청에 이의를 제기한 사건에 있어서는 당연히 절차의 정지라는 형태로 나타난다.

51) Vgl. Moench, Verfassungswidriges Gesetz und Normenkontrolle, 1977, S.170ff.; Hein, Die Unvereinbarerklärung verfassungswidriger Gesetze durch das BVerfG, 1988, S.182ff.; Heußner, Folgen der Verfassungswidrigkeit eines Gesetzes ohne Nichtigerklärung, NJW 1982, S.258; Pestalozza, Noch verfassungsmäßige und bloß verfassungswidrige Rechtslagen, in: BVerfG und GG, Bd. I, 1976, S.562f.; Maurer, Zur Verfassungswidrigerklärung von Gesetzen, in: Im Dienst an Recht und Staat, Festschrift für Werner Weber, 1974, S.360f.; Schlaich, Das Bundesverfassungsgericht, 1994, Rn.378ff.

52) Vgl. BVerfGE 37, 217, 261; 52, 369, 379; 82, 126, 155.

는 것을 의미한다. 예컨대, 독일 연방헌법재판소의 '家事休日法 결정'(BVerfGE 52, 369)이 선고된 이후에 독신여성근로자가 가사휴일을 청구한 소송에서 독일 연방노동법원은 "연방헌법재판소에 의하여 헌법과 합치하지 않는 것으로 결정된 가사휴일법조항은 독신여성근로자와 독신남성근로자 모두에게 적용될 수 없고, 이에 관한 법적 상태는 입법자에 의한 해명이 필요하기 때문에 법원은 입법자의 새로운 결정시까지 모든 절차를 정지하여야 한다. 이는 연방헌법재판소결정의 기속력에서 나오는 당연한 결과이다. 한편, 가정을 가지고 있는 '기혼여성'의 가사휴일 청구권과 관련해서는 연방헌법재판소의 헌법불합치결정이 규범의 위헌성을 명백하게 '독립세대를 구성하는 독신근로자'에게 국한하고 있기 때문에, 노동법원은 그 범위 내에서 가사휴일법조항을 계속 적용할 수 있다." 고 판시하고 있다.[53)]

(2) 그러므로 헌법불합치결정과 위헌결정의 가장 본질적인 차이는, 위헌적 법률의 '잠정 적용'에 있는 것이 아니라 바로 위헌적 법률의 '적용금지'로 인한 절차의 정지에 있다. 이는 입법자가 최종적으로 적용할 수 있는 합헌적인 법률을 만들거나 또는 위헌적 법률을 폐지할 때까지 법원의 결정이 보류되어야 하며, 법원이 개정법률에 따라 판단을 함으로써 당사자가 개정법률의 결과에 따라 혜택을 받을 수 있도록 그 때까지 기회를 열어 놓아야 한다는 것을 의미한다.

위헌결정의 경우, 아직 확정되지 않은 절차에 한하여 소급효가 인정됨으로써 위헌적 법률의 적용이 배제되고, 따라서 법원이 절차를 정지하는 것이 아니라 연방헌법재판소의 결정에 따라 재판을 하게 되지만, 헌법불합치결정은 입법자의 새로운 결정이 있을 때까지 구체적인 사건에 대한 법원의 판단을 未決狀態로 보류하게 하는데 그 특징이 있다. 왜냐하면 위헌결정의 경우 연방헌법재판소가 위헌결정을 통해서 법원에게 최종적이고 확정적인 판단 근거를 제공하지만, 헌법불합치결정의 경우에는 연방헌법재판소가 스스로 위헌적 상태의 제거에 대한 최종적인 결정을 입법자에게 미루고 있기 때문에, 법원은 당연히 입법자의 최종 결정을 기다려 그에 따라 판단을 해야 하는 것이다.

나. 개정법률의 遡及效力

따라서 개정법률의 소급효력은 헌법불합치결정에 내재되어 있는 본질적인 요소이다.[54)] 연방헌법재판소가 위헌결정을 포기하고 헌법불합치결정을 함으로써, 대신 입법자

53) Vgl. Hein, Die Unvereinbarerklärung verfassungswidriger Gesetze durch das BVerfG, 1988, S.143; Schlaich, Das Bundesverfassungsgericht, 1994, Rn.379; Heußner, Folgen der Verfassungswidrigkeit eines Gesetzes ohne Nichtigerklärung, NJW 1982, S.259f.

54) Vgl. BVerfGE 81, 384; P. Ipsen, Rechtsfolgen der Verfassungswidrigkeit von Norm und Einzelakt, 1980, S.217f.; Heußner, Folgen der Verfassungswidrigkeit eines Gesetzes ohne Nichtigerklärung, NJW 1982, S.258; Schlaich, Das Bundesverfassungsgericht, 1994, Rn.392; Hein, Die Unvereinbarerklärung verfassungswidriger Gesetze durch das BVerfG, 1988, S.199.

에게는 '합헌적 상태를 遡及하여 회복해야 할 의무'가 발생한다. 물론 입법자의 이러한 의무는 연방헌법재판소법 제79조 제2항[55]의 기본정신에 상응하게 '아직 확정되지 않은' 공권력의 결정에 제한된다. 헌법재판소가 위헌결정의 형태로 직접 위헌적 법률에 대하여 최종적 결정을 내렸다면, 연방헌법재판소법 제79조에 따른 '制限的 遡及效'가 자동으로 나타난다. 그러나 헌법불합치결정의 경우에는 연방헌법재판소가 위헌적 법률의 운명에 관한 최종적 결정을 포기하고 위헌적 상태의 제거를 입법자에게 일임함으로써, 연방헌법재판소 대신 입법자에게 합헌적 상태를 원칙적으로 소급하여 회복하여야 할 의무가 발생하는 것이다.[56]

그러나 입법자가 개정법률을 통하여 연방헌법재판소의 헌법불합치결정 시점까지 소급하여 규율해야 하는지 아니면 새로운 입법시점부터 위헌적 상태를 규율해야 하는지의 문제는, 헌법불합치결정에 내재하는 개정법률의 '제한적 소급효력' 때문에 큰 의미를 가지지 못한다. 소급효가 미치는 범위는 '위헌법률의 적용을 받는 기존의 법률관계가 확정되었는지'의 기준에 의하여 결정된다. 일반적으로 입법자가 입법개선을 통해서 위헌적 상태를 장래효로 제거하고, 아직 확정되지 않은 모든 절차에 대해서는 개정입법이 소급하여 적용되는 것으로 충분하다.[57] 한편, 법률을 적용하는 구체적인 집행행위가 있는 일반적인 경우에는 집행행위의 확정여부를 통하여 소급효가 미치는 범위를 결정할 수 있다. 그러나 예외적으로 집행행위 없이 직접 기본권을 제한하는 법률의 경우에는 소급효가 미치는 범위를 위와 같이 자동적으로 확정하는 기준이 존재하지 않는다. 이러한 경우, 입법자는 연방헌법재판소법 제79조의 정신을 고려하여 소급효가 미치는 범위를 스스로 정해야 한다.

---

55) 독일 헌법재판소법 제79조 제2항은 다음과 같다. "위헌결정 당시 이미 취소할 수 없는 처분은 위헌결정에 의하여 아무런 영향을 받지 않는다."

56) 우리 헌법재판의 경우에도 '개정법률의 遡及效'는 다음과 같이 인정될 수 있다. 헌법재판소가 헌법불합치결정을 하는 경우에도, 헌법불합치결정은 위헌결정의 일종으로서 헌법과 법률이 규정하는 위헌결정의 효력을 준용해야 한다. 헌법재판소법 제47조 제2항에서 위헌결정의 효력은 "그 결정이 있은 날로 부터"라고 하여 장래무효를 원칙으로 하고, 헌법 제107조 제1항에 근거하여 당해사건과 유사사건에 한하여 위헌 결정의 소급효력을 인정하고 있다. 그러므로 헌법불합치결정도 원칙적으로 그 결정이 있은 날로부터 장래에 있어서 효력이 발생하고, 아직 확정되지 않은 당해사건과 병행사건에 대하여 헌법불합치결정의 소급효를 인정해야 한다. 그러나 위헌결정에 있어서 헌법재판소가 무효선언을 함으로써 위헌적 상태를 직접 그리고 최종적으로 제거하는 것과는 달리, 헌법불합치결정의 경우에는 헌법재판소가 위헌적 상태의 제거에 대한 최종적 결정을 입법자에게 미루고 있으므로, 헌법불합치결정의 실체가 궁극적으로 확정되는 때는, 위헌적 법률의 운명에 대해서 최종적으로 결정되는 시점, 즉 새로운 입법이나 법률의 폐지를 통해서 위헌적 상태를 제거하는 입법자의 결정시기이다. 헌법재판소의 헌법불합치결정은 입법자의 최종적 결정을 통해서 비로소 헌법불합치결정의 실질적 내용과 효력을 가지게 되므로, 헌법불합치결정의 소급효력은 당연히 입법자의 최종적 결정의 소급효력을 의미하고, 따라서 당해사건과 병행사건은 입법자의 최종적 결정, 즉 개정법률의 적용을 소급하여 받는다는 것을 의미한다.

57) 입법자가 개정입법의 효력발생시점을 때로는 개정법률의 공포시점으로 정하기도 하고, 때로는 소급하여 헌법재판소의 결정시점으로 정하기도 한다. 최근에는 빈번하게 개정법률의 효력발생시점을 헌법재판소의 결정시점으로 선택하는 것을 살펴볼 수 있다, vgl. Schlaich, Das Bundesverfassungsgericht, 1994, Rn.392f.; Hein, Die Unvereinbarerklärung verfassungswidriger Gesetze durch das BVerfG, 1988, S.165f.

4. 위헌적 법률의 예외적인 暫定 適用

가. 헌법의 우위와 법적 안정성 사이의 법익교량

(1) 법률이 헌법에 위반되는 경우 연방헌법재판소는 원칙적으로 위헌결정을 통하여 위헌적 법률을 법질서에서 제거한다. 그러나 위헌결정으로 인한 법률의 제거가 법적 공백과 혼란을 초래할 우려가 있는 경우에는 연방헌법재판소는 헌법불합치결정을 하면서 예외적으로 위헌적 법률의 잠정 적용을 명할 수 있다.

나아가, 시혜적 법률이 평등원칙에 위반되는 등 헌법불합치결정이 정당화되는 경우에도, '위헌적 법률의 적용금지와 절차의 정지'로 인하여 위헌적 규범이 적용되는 영역 전반에 걸쳐서 발생하는 '*法的 停止*'의 상태는 헌법과 더욱 합치하지 않는 상태를 초래할 수 있다. 따라서 연방헌법재판소는 종래의 법적상태보다도 더욱 헌법적 질서에서 멀어지는 법적 상태의 발생을 방지하기 위하여 예외적으로 위헌적 법률의 잠정 적용을 허용하고 있다. 헌법불합치결정의 효력으로서 '법률의 존속'과 '법률의 적용'은 엄격하게 구분되어야 한다. 위에서 이미 확인한 바와 같이, 헌법불합치결정의 경우에도 위헌결정과 마찬가지로 결정주문에서 예외적으로 법률의 잠정적인 적용시한을 명문으로 확정하지 않는 한, 위헌적 법률이 더 이상 적용되어서는 안 된다. 이는 '위헌적 법률은 더 이상 적용되어서는 안 된다'는 법치국가적 요청의 당연한 귀결이다.

예컨대, 위헌적 법률의 적용금지로 인하여 공무원의 봉급이 지급되지 않는다면, 당해 회계연도의 국가재정을 충당하는 세금을 징수할 수 없다면 또는 자녀가 국적을 취득할 수 없다면, 절차의 정지로 인한 법적 정지의 상태는 헌법적으로 용인할 수 없는 결과를 가져올 수 있다.

언제 예외적으로 위헌적 법률의 계속적용을 허용할 수 있는지의 문제는 헌법적 관점에서 당해규범의 특수성을 고려하여 결정해야 한다.[58] 즉, 위헌결정을 통한 위헌적 법률의 제거 또는 헌법불합치결정을 통한 위헌적 법률의 적용금지를 요청하는 '헌법의 우위'와 위헌적 법률의 계속적용을 요구하는 '법적 안정성'이라는 두 가지 법치국가적 법익을 교량하여, 구체적으로 당해규범의 특수성을 헌법적 관점에서 고려하는 경우, 양 법익 중에서 어디에 우위를 부여해야 할 것인지를 결정해야 한다.[59] 그러므로 위헌적 법률의 잠정적용에 관한 결정은 매 경우에 따라 구체적으로 결정되어야 하는 '법익교량의 결과'로서 일반화시킬 수 없다. 위헌적 법률의 계속적용은 또한 내용적 측면에 있어

58) Vgl. Heußner, Folgen der Verfassungswidrigkeit eines Gesetzes ohne Nichtigerklärung, NJW 1982, S.259.

59) Vgl. Pestalozza, Noch verfassungsmäßige und bloß verfassungswidrige Rechtslagen, in: BVerfG und GG, Bd. I, 1976, S.565f.; Hein, Die Unvereinbarerklärung verfassungswidriger Gesetze durch das BVerfG, 1988, S.191ff.; Moench, Verfassungswidriges Gesetz und Normenkontrolle, 1977, S.172ff.

서도 헌법적으로 꼭 필요한 범위 내에서만 허용되어야 한다.[60] 연방헌법재판소는 헌법불합치결정의 주문에서 위헌적 법률의 잠정 적용을 명시하고, 그러한 경우에도 내용적으로 어떠한 범위에서(일부 또는 전부) 법률조항의 잠정 적용이 허용되는지를 명문으로 확정하게 된다.

(2) 위헌적 법률의 잠정 적용이 법적 안정성의 관점에서 헌법적으로 요구되는 경우, 계속적용은 다음과 같이 다양한 방법으로 허용될 수 있다.

첫째, 법률의 위헌성을 소급하여 제거하는 것이 헌법적으로 요청되지 않는다고 판단되면, 개정법률의 소급효를 인정하지 않고 단지 입법자가 장래효로써 입법개선을 할 것을 요구하는 방법(개정법률의 將來效)이다. 이러한 방법은 위헌적 법률의 잠정 적용을 명하는 경우에 연방헌법재판소가 채택하는 일반적인 방법이다.[61]

둘째, 입법개선 시까지의 경과기간 중에 위헌적 법률의 계속적용이 가능하면 '임시적 성격'을 가지는 것이 타당하다고 판단되면, 위헌적 법률(특히 세법)에 근거하는 행정청의 결정이 단지 잠정적 조세확정 등과 같은 假決定의 형태로 이루어지도록 함으로써, 입법자가 경과기간 동안의 법적 상태를 최종적으로 입법개선을 통하여 소급하여 다시 규율할 수 있는 길을 열어놓는 방법이다.[62] 그렇지 않은 경우에는 경과기간 동안의 계속적용으로 인하여 절차가 확정력을 가지게 되어 완성된 사실이 형성됨으로써 입법자의 형성의 자유가 침해될 수 있다.

셋째, 시혜적 법률이 평등원칙에 위배되는 경우에는 종래의 수혜자 집단에 한하여 위헌적 법률의 계속적용을 명하는 방법이다. 즉, 입법자에게 입법개선을 통하여 장래에 있어서 평등원칙에 합치되는 상태를 회복하게 하고, 나아가 종래의 수혜자 집단에게는 입법개선 시까지의 경과기간 동안 위헌적 법률을 계속 적용케 하면서, 수혜자의 범위에서 배제된 집단에 대해서는 과거의 위헌적 상태를 소급하여 새로이 규율해야 할 의무를 부과할 수 있다.

가령, 연방헌법재판소는 '국적법 결정'(BVerfGE 37, 217, 262ff.)에서 우선 입법자가 입법개선을 통하여 합헌적 상태를 장래효로 회복할 것을 요구하고, 국적법규정에 따라 독일 父와 외국인 母의 혼인으로 출생한 자녀가 독일 국적을 취득하는 한, 위헌적 법률을 입법개선 시까지 계속 적용할 것을 명하면서, 대신 외국인 父와 독일인 母 사이에서 출생한 자녀에게는 1953년까지 소급하여 자녀의 선택에 따라 국적을 취득할 수 있는 길을 열어놓아야 한다고 판시함으로써, 입법자가 소급하여 규율해야 할 의무를 부과하고

60) Vgl. Moench, Verfassungswidriges Gesetz und Normenkontrolle, 1977, S.173; Schlaich, Das Bundesverfassungsgericht, 1994, Rn.371, 387; BVerfGE 51, 291.

61) Vgl. BVerfGE 87, 178f.(소득세법 결정), 자세한 것은 각주) 44 참조, 마찬가지로 BVerfGE 33, 303(대학입학제한 결정), 81, 130(Mutzenbacher).

62) Vgl. BVerfGE 61, 356f.; 73, 101f., 위 결정에서는 잠정적 조세확정의 조건 하에서 계속적용을 허용하였다

있다.

나. 위헌적 법률의 계속적용과 당해사건

(1) 헌법재판소가 위헌적 법률의 계속적용을 명하는 경우, 법원과 행정청은 계류 중인 사건에서 위헌으로 확인된 법률을 적용하고 이에 근거하여 판단해야 한다. 이러한 경우, 위헌적 법률은 헌법소원심판이나 위헌법률심판에서 헌법불합치결정의 직접적인 계기를 제공한 '당해사건'에 대해서도 계속 적용되어야 한다.[63] 헌법재판소의 결정 당시에 '위헌으로 확인된 법률과 동일한 법률'에 대하여 청구인이 헌법소원을 제기하거나 법원이 헌법재판소에 위헌제청을 함으로써 이미 헌법재판소에 계류 중이었던 사건이나 법원의 상소절차나 행정심판절차에서 동일한 법률의 위헌성에 대한 이의가 제기된 '유사사건'과 '당해사건'을 달리 취급해야 할 합리적인 이유를 찾아 볼 수 없다.

헌법재판소가 위헌적 법률의 계속적용을 명한 경우에 '당해사건'을 '위헌적 법률의 계속적용 대상'에서 제외한다면, 예컨대 단지 법원이 위헌제청을 조금 늦게 하였다는 이유로 또는 헌법소원을 제기함에 있어서 기본권의 현실적 침해가 뒤늦게 발생하였다는 이유 등으로 헌법재판소의 판단을 최우선적으로 받지 못하였다는 우연한 사정 때문에, '직접 헌법불합치결정의 계기를 제공하지 않은 다른 사건들'은 위헌법률의 계속적용을 받게 된다. 이러한 법적 차별은, 법률의 효력범위가 법률 스스로에 의하여 결정되는 것이 아니라, 규범 외적인 시간적인 우연 또는 규범수규자의 신속한 반응여부 등에 의하여 결정된다는 불합리하고도 부당한 결과를 야기한다. 평등원칙의 측면에서나 입법정책적인 관점에서도 법률의 규범적 효력의 범위는 일원적으로 규정되어야 한다. 당해법률이 스스로 내포하는 차별 이외에 규범 외적인 사정으로 인하여 당해법률의 적용을 받는 수범자간의 차별이 발생해서는 안 되며, 권리구제의 여부가 우연에 의하여 좌우되어서도 안 된다. 물론 당해사건이 규범의 위헌성을 확인하는데 직접 기여를 하였으므로 다른 유사사건과 달리 취급될 것을 요구할 수도 있으나, 모든 유사사건이 규범의 위헌성 확인에 있어서 잠재적으로 기여한다는 것을 고려한다면, 이러한 기여는 결국 우연의 산물로서 당해사건의 특별취급을 정당화할 수 없다.

(2) 또한, 위헌적 법률의 계속적용을 당해사건에 대해서도 확대하는 것은 당사자의 권리구제의 관점과도 모순되지 않는다. 법원의 위헌제청에 의하여 법률의 위헌성이 확인된 경우,[64] 구체적 규범통제절차는 처음부터 '객관적 헌법질서의 유지와 관철'을 목적

---

63) Vgl. BVerfGE 87, 180, 위헌법률이 장래효로 개선됨으로써 위헌제청의 경우 당해소송사건의 당사자나 헌법소원의 경우 청구인이 개정법률의 혜택을 입지 못한다 하더라도 위헌제청의 재판의 전제성이나 헌법소원의 권리보호이익이 없어지지 않는다고 밝힘으로써, 위헌법률의 잠정적용을 명할 경우에는 당해사건에도 위헌법률이 적용되어야 하는 것을 간접적으로 시사하고 있다, 또한 Pestalozza, Verfassungsprozeßrecht, §20 VI Rn.139; Moench, Verfassungswidriges Gesetz und Normenkontrolle, 1977, S.174ff.

64) Vgl. BVerfGE 33, 347f.(numerus clausus-Urteil), 위 결정에서 연방헌법재판소는 당해사건의 절차 정지에

으로 하는 객관적 심판절차이므로, 개인의 권리구제 여부가 크게 문제되지 않는다.[65] 헌법소원심판의 경우,[66] 청구인은 그가 의도하는 목적인 '위헌결정', 즉 무효선언을 통한 '위헌적 규범의 제거' 아니면 적어도 '위헌적 규범의 적용금지'를 달성하지 못하였으므로, 헌법재판소에 의한 위헌성의 확인에도 불구하고 개인적 권리구제를 기대할 수 없다. 이러한 경우에는 '주관적 권리구제 기능'과 '객관적인 헌법질서의 보장 기능'이라는 헌법소원제도의 두 가지 기능[67] 중에서 주관적 권리구제 기능이 예외적으로 객관적 기능(법적 안정성의 요청)에 완전히 양보하게 된다.

당해사건이 위헌적 규범의 적용을 받는다는 것은 실질적 정의에도 위반되지 않는다. 독일 연방헌법재판소법 제79조 제2항이 '위헌결정 효력의 시간적 범위'를 규율함에 있어서 '법적 안정성'과 '실질적 정의'가 대치하는 상황에서 실질적 정의보다도 법적 안정성을 고려하여 '소급무효의 원칙'을 대폭 제한한 것이 합헌인 것과 마찬가지로,[68] 헌법은 실질적 정의를 절대적으로 실현하기 위하여 법적 안정성을 포기할 것을 요구하지 않는다.[69]

Ⅳ. 한국 헌법재판에서 헌법불합치결정[70]

1. 헌법불합치결정의 소급효력

가. 당해사건과 유사사건에 대한 헌법불합치결정의 소급효

(1) 헌법불합치결정은 위헌결정의 일종이므로, 헌법재판소가 헌법불합치결정을 하는 경우에도 그 결정의 효력에는 헌법과 법률이 규정하는 '위헌결정의 효력'이 준용된다. 우리 헌법재판소법은 제47조 제2항에서 "위헌으로 결정된 법률 또는 법률의 조항은 그

관하여 아무런 언급을 하지 않음으로써, 위헌법률심판의 계기를 제공한 위헌제청 당해사건에 대해서도 위헌적 법률을 적용케 하고 있다.

65) Vgl. BVerfGE 2, 217; 20, 86; 20, 351.

66) Vgl. BVerfGE 61, 356 f.(Einkommenssteuer), 연방헌법재판소는 법원의 재판에 대한 헌법소원심판에서 잠정적 조세확정의 유보 하에서 청구인에게도 위헌적 법률을 계속 적용케 하고 있다, 또한 BVerfGE 83, 131, 154(Mutzenbacher), 법원의 재판에 대한 헌법소원심판에서 행정법원의 판결을 파기하고 사건을 환송하였으나, 이는 단지 행정소송절차에서 헌법소원 청구인이 부담한 소송비용에 대한 결정을 다시 하게끔 하기 위한 것으로, 당해사건의 절차 정지에 관하여 아무런 언급이 없으므로 당해사건에 대해서도 위헌적 법률을 적용케 하고 있다, 또한 vgl. BVerfGE 87, 180.

67) Vgl. Schlaich, Das Bundesverfassungsgericht, 1994, Rn.197.

68) Vgl. Heußner, Folgen der Verfassungswidrigkeit eines Gesetzes ohne Nichtigerklärung, NJW 1982, S.258.

69) 한편, 한국 헌법재판소법에서는 역으로 법적 안정성의 견지에서 원칙적으로 장래무효를 선택하고, 실질적 정의의 입장에서 제한적으로 소급효를 인정하였으나, 소급효가 아직 확정되지 않은 절차에 미친다는 점에서는 결과적으로 독일의 경우와 크게 다르지 않다.

70) 이 부분의 서술은 헌법불합치결정에 관한 필자의 다른 두 논문(헌법불합치결정의 遡及效力, 판례월보 1997. 10., 8-19면 및 위헌법률의 暫定適用을 명한 헌법불합치결정의 효력, 재판의 한 길, 김용준 헌법재판소장 화갑기념논문집, 1998, 307-329면)에서 다룬 내용의 핵심적 요지를 간추린 것이다.

결정이 있은 날로부터 효력을 상실한다."라고 하여 위헌결정의 효력에 있어서 將來無效를 원칙으로 하고 있다. 그러나 장래무효의 원칙을 무제한적으로 인정한다면, 위헌결정 이후에 발생하는 사실관계에 대해서만 위헌결정의 효력이 미침으로써 위헌법률의 적용이 배제된다. 즉, 위헌결정 이전에 이미 발생하여 위헌법률에 의하여 그 법률요건이 충족됨으로써 위헌법률의 적용을 받게 된 사실관계에 대해서는 심지어 당해사건에조차, 위헌결정 이후에도 여전히 위헌법률이 적용되어야 한다는 결과가 발생하는 것이다. 예컨대, 개정민법이 장래에 있어서 시행되어 효력을 발생하는 경우, 개정민법 시행일 이전에 개시된 상속에 대해서는 개정민법 시행 이후에도 구법규정의 적용을 받는 것과 같다.

(2) 그러나 당해사건에까지 위헌결정의 소급효를 부인한다면, 즉, 당해사건도 위헌법률의 적용을 받아야 한다면, 이는 또한 헌법소원을 제기할 실익이 없게 되고 위헌제청을 한 재판의 전제성마저 부인하는 결과로 나타난다.[71)]

"법률의 위헌여부의 심판제청은 그 전제가 된 당해사건에서 위헌으로 결정된 법률조항의 적용을 받지 않으려는 데에 그 목적이 있고, 헌법 제107조 제1항에도 위헌결정의 효력이 일반적으로 소급하지 아니하더라도 당해사건에 한해서는 소급하는 것으로 보아, 위헌으로 결정된 법률조항의 적용을 배제한 다음 당해사건을 재판하도록 하려는 취지가 포함되어 있다고 보일 뿐만 아니라, 만일 제청을 하게 된 당해사건에 있어서도 소급효를 인정하지 않는다면, 제청 당시 이미 위헌여부심판의 전제성을 흠결하여 제청조차 할 수 없다고 해석되어야 하기 때문에, 구체적 규범통제의 실효성을 보장하기 위해서라도 적어도 당해사건에 한해서는 위헌결정의 소급효를 인정하여야 한다."[72)] 헌법 제107조 제1항은 법원은 '법률의 위헌여부에 대한 헌법재판소의 결정이 있으면 그 심판에 따라 재판한다'고 규정함으로써, 위헌결정이 있으면 위헌법률이 당해사건에 적용되지 않음으로써 당해사건에는 소급효가 미친다는 것을 간접적으로 표현하고 있다.

또한, 법률에 대한 헌법소원심판에서 심판청구가 적법하기 위해서는 헌법소원이 인용되는 경우에 청구인의 법적 지위의 향상을 가져오는 '권리보호이익'이 존재해야 하는데, 만일 당해사건에까지 위헌결정의 소급효를 부인한다면, 당해사건도 위헌법률의 적용을 받아야 한다. 그렇다면, 청구인에게는 헌법소원심판을 청구할 수 있는 심판의 이익이 존재하지 아니하므로 권리보호이익의 결여로 말미암아 결국 아무도 헌법소원을 제기할 수 없다는 결과가 발생한다. 따라서 당해사건에 위헌결정의 소급효가 미친다는 것은 위헌제청의 전제성과 헌법소원의 권리보호이익을 인정함으로써 위헌법률심판과 헌법소원심판을 가능하게 하기 위한 당연한 전제조건이다.

---

71) 위헌여부의 판단에 따라 재판의 결과가 달라지지 않는다.
72) 대법원 1991. 6. 11. 선고 90다5450 판결.

뿐만 아니라, 소급효를 인정함에 있어서 위헌결정의 직접적 계기를 부여한 '당해사건'과 同種의 위헌여부를 다투기 위하여 헌법재판소나 법원에 계속 중인 '유사사건'을 서로 달리 취급해야 할 아무런 합리적인 이유가 없으므로, 대법원은 위헌결정의 소급효를 헌법재판소와 법원에 계속 중인 모든 유사사건에도 확대하고 있다. 헌법재판소도 근본적으로 대법원과 같은 입장이다. 헌법불합치결정도 위헌결정의 일종이므로, 아직 확정되지 않은 당해사건과 유사사건에 대해서는 헌법불합치결정의 소급효를 인정해야 한다.

나. 헌법불합치결정의 소급효력으로서 개정법률의 소급효

(1) 위헌결정에 있어서 헌법재판소가 무효선언을 함으로써 위헌적 상태를 직접, 최종적으로 제거하는 것과는 달리, 헌법불합치결정의 경우에는 헌법재판소가 위헌적 상태의 제거에 대한 최종적 결정을 입법자에게 미루고 있다. 그러므로 헌법불합치결정의 실체가 궁극적으로 확정되는 때는 입법자가 위헌적 법률의 운명에 대해서 최종적으로 결정하는 시점, 즉 새로운 입법이나 법률의 폐지를 통해서 위헌적 상태를 제거하는 입법자의 결정시기이다. 헌법재판소의 헌법불합치결정은 입법자의 최종결정을 통해서 비로소 헌법불합치결정의 실질적 내용과 효력을 갖게 되므로, 헌법불합치결정의 소급효력은 당연히 입법자의 최종결정(개정법률이나 법률의 폐지)의 소급효력을 의미하고, 당해사건과 유사사건은 입법자의 최종결정인 개정법률의 적용을 소급하여 받는다는 것을 의미한다.

헌법재판소가 위헌결정의 형식으로 직접 위헌적 법률에 대하여 최종적 결정을 내렸다면 소급효가 자동으로 나타나나, 헌법불합치결정에 있어서는 헌법재판소가 최종결정을 포기하고 위헌적 상태의 제거를 입법자에게 일임함으로써, 입법자가 헌법재판소를 대신하여 합헌적 상태를 소급하여 회복시키는 것이다.

(2) 헌법불합치결정은 위헌결정과는 달리 그 효력이 '위헌법률의 적용배제'에 그치는 것이 아니라 나아가 '개정법률의 소급적용'에 있으며, 개정법률의 소급효력은 헌법불합치결정에 내재되어 있는 본질적인 요소이다.[73] 위헌결정에 있어서는 헌법재판소가 위헌결정을 통해서 법원에게 최종적이고 확정적인 판단근거를 제공하지만, 불합치결정의 경우에는 헌법재판소가 위헌적 상태의 제거에 대한 최종적인 결정을 입법자에게 미루고 있기 때문에, 법원은 당연히 입법자의 최종결정을 기다려 그에 따라 판단해야 하는 것이다.

위헌결정의 경우 위헌으로 선언된 법률을 당해사건에 적용한다면 위헌법률심판에서 재판의 전제성이나 헌법소원심판에서 권리보호이익이 없는 것과 마찬가지로, 헌법불합치결정의 경우에도 당해소송사건의 당사자(위헌제청의 경우)나 헌법소원심판 청구인에게 개정법률의 혜택을 받을 가능성을 배제한다면 위헌법률심판에서 재판의 前提性이나 헌

---

73) 헌재 1995. 7. 27. 93헌바1 등 결정 참조.

법소원심판에서 권리보호이익이 존재하지 않는다.

예컨대, 시혜적 법률이 평등원칙에 위반되게 자신을 배제했다는 주장으로 청구인이 시혜적 법률에 대하여 헌법소원심판을 청구한 경우, 시혜적 법률에 대한 위헌선언은 현재 존재하는 혜택마저도 제거하는 결과를 가져오기 때문에, 청구인은 헌법재판소결정을 통하여 자신의 법적 지위를 향상시킬 수 없고, 이로써 헌법소원심판을 청구할 수 있는 권리보호이익이 없다. 그러나 청구인이 헌법불합치결정을 통하여 舊法이 아닌 新法의 적용을 받기 때문에, 즉 개정법률의 결과에 따라 법적 지위의 향상을 꾀할 수 있는 가능성이 열려있기 때문에, 바로 여기에 헌법소원심판을 청구할 수 있는 권리보호이익이 있는 것이다.

2. 헌법재판소 헌법불합치결정의 몇 가지 문제점

가. 자유권을 침해하는 법률에 대한 헌법불합치결정의 문제점

(1) 자유권 침해의 경우 입법자의 형성권이 인정되는지 여부

자유권을 침해하는 위헌적 법률에 대해서는 위헌결정을 하는 것이 원칙이나, 심판대상인 법률조항의 합헌부분과 위헌부분의 경계가 불분명하여 헌법재판소의 단순위헌결정으로는 이에 적절하게 구분하여 대처하기가 어렵고, 다른 한편으로는 권력분립의 원칙과 민주주의원칙의 관점에서 입법자에게 위헌적인 상태를 제거할 수 있는 여러 가지의 가능성을 인정할 수 있다고 판단하는 경우, 헌법재판소는 자유권이 침해되었음에도 불구하고 예외적으로 입법자의 형성권을 존중하여 헌법불합치결정을 하고 있다. 헌법재판소는 세법규정과 같이 법률이 국민에게 일정한 부담을 부과하는 것 그 자체는 합헌이나 그 부담의 정도가 과중하여 위헌적 요소를 지니고 있는 경우에, 단순위헌결정의 형태로는 위헌부분과 합헌부분의 경계를 설정하는 것이 불가능하다고 판단하고 한편으로는 위헌결정의 경우에 발생하는 문제, 즉 旣納稅者와 未納稅者 간의 형평의 문제와 세수의 손실이 국가재정에 미칠 영향 등을 고려하여 헌법불합치결정을 한 바 있다.[74)]

그러나 자유권을 제한하는 법률의 위헌성이 문제되는 경우 항상 '자유권의 제한이 가능한지 여부'가 아니라 '그 제한의 정도가 과도한지 여부'가 문제되기 때문에, 만일 자유권의 제한 그 자체는 합헌이나 그 제한의 정도가 지나치기 때문에 위헌인 경우에도 헌법불합치결정을 해야 한다면, 법률의 위헌성이 확인된 경우 원칙적으로 해야 하는 위헌결정은 그 존재이유를 잃게 되고, 사실상 헌법재판소는 자유권을 제한하는 모든 법률에 대하여 헌법불합치결정을 할 수 있게 된다. 그러므로 헌법재판소는 위헌인 법률에

74) 예컨대, 헌재 1989. 9. 8. 88헌가6, 판례집 1, 199; 헌재 1991. 3. 11. 91헌마21, 판례집 3, 91; 헌재 1993. 3. 11. 88헌마5, 판례집 5-1, 59; 헌재 1994. 7. 29. 92헌바49 등, 판례집 6-2, 64.

대하여는 위헌결정을 해야 한다는 것을 원칙으로 삼아 헌법불합치결정을 정당화하는 진정한 사유가 있을 때에만 헌법불합치결정을 하는 것이 바람직하다.

(2) '衡平의 문제' 및 '稅收의 감소'가 헌법불합치결정의 근거인지 여부

(가) 헌법불합치결정의 근거로서 '衡平의 문제'?

헌법재판소는 '이미 세금을 납부한 납세자와의 형평의 문제'를 이유로 불합치결정을 하고 있으나, 이러한 이유가 대체 불합치결정을 정당화할 수 있는 근거인지에 대하여 의문이 든다.

위헌결정을 하는 경우, 이미 세금을 납부하고 과세처분이 확정된 자의 경우에는 위헌법률에 따른 세금을 내게 되고 당해사건 및 유사사건의 납세자들은 세금을 전혀 내지 않는 결과가 발생하는 반면에, 헌법불합치결정을 하는 경우에는 旣納稅者는 위헌법률에 따른 세금을 납부하게 되고 未納稅者의 경우에는 개정법률에 따라 달리 내게 되는 결과가 발생한다. 따라서 헌법재판소는 위헌결정을 하는 경우에 발생하는 "내고/안 내고"의 상황에 비하여 헌법불합치결정을 하는 경우에 발생하는 "내고/달리 내고"의 상황이 보다 형평에 합치한다고 판단하여 後者의 결정을 택하고 있다. 그러나 이러한 이유는 헌법불합치결정을 정당화하는 사유가 되지 못 한다.

자신의 권리회복을 위하여 시간과 비용을 들여 법원의 문을 두드리고 장기간 소송의 고통과 번거로움을 인내한 사람, 현재의 법적 상태에 의문을 던짐으로써 합헌적 법질서의 회복과 법문화의 향상에 기여한 사람이 勝訴의 대가로서 그에 상응하는 보상을 얻는 것은 형평에 어긋난다고 볼 수 없으며, 이러한 관점에서 본다면 위헌결정 시에 발생하는 '내고/안 내고'의 상황은 헌법불합치결정을 정당화하는 사유가 될 수 없다. 모든 위헌결정의 경우에, 국가로부터 위헌적인 부당한 부담을 받았지만 더 이상 그 구제를 구할 수 없는 인적 집단과 위헌결정의 혜택을 받아 위헌적 부담으로부터 면제되는 인적 집단이 형성된다. 그러나 이러한 현상이 형평에 위배되기 때문에 헌법불합치결정에 의하여 보완되어야 한다면, 법률이 위헌인 경우에는 무효로 선언되어야 한다는 원칙과 그에 기초한 결정형식으로서의 위헌결정은 존재이유가 없어진다.

(나) 헌법불합치결정의 근거로서 '稅收의 감소'?

또한 '세수의 감소로 인한 국가재정의 악화'도 적지 않은 경우 헌법불합치결정을 정당화하지 못한다. 물론 중요한 세법의 경우 위헌결정은 이미 확정된 그 회계연도의 예산에 큰 영향을 미칠 수 있으므로, 그 회계연도의 국가재정의 확보를 위태롭게 하지 않으려는 고려는 헌법불합치결정을 정당화하는 사유이다. 바로 이러한 경우가 자유권이 침해되었기 때문에 헌법재판소가 결정을 내리는 과정에서 입법자의 형성권을 고려할 여지가 없음에도 불구하고, 위헌결정으로 인한 법적 공백상태를 방지하기 위하여, 즉 위헌

적인 법률을 잠정적으로 계속 적용하기 위하여 헌법불합치결정을 하는 경우에 해당한다.

그러나 위헌결정으로 인하여 발생하는 법적 공백상태가 국가재정에 미치는 영향이 작고 입법자가 법적 공백에 신속하게 대처하리라고 예측되는 때에는 위헌결정을 해도 무방하다고 판단된다. 더욱이, 이미 개정법률이 제정되어 시행되고 있는 경우에는 위헌결정을 하더라도 위헌결정의 효과가 '제한적 소급효'로 인하여 법원과 행정청에 계속 중인 사건에만 한정되어 미치기 때문에, 일부 납세자에 대하여 조세징수를 하지 않는다고 하더라도 국가재정이 이에 거의 영향을 받지 않을 수 있다. 따라서 이러한 경우에도 '국가재정에 대한 영향'을 헌법불합치결정의 사유로 언급하는 것은 형식논리에 지나지 않는다. 이러한 경우에 발생하는 국가의 경미한 세수 감소는 입법자의 위헌적인 행위에 따르는 당연한 불이익으로서 국가가 감수해야 한다.

나. 단순한 헌법불합치결정을 정당화하는 사유로서 '法的 空白의 발생'?

헌법재판소는 헌법불합치결정을 하면서 언제부터인가 위헌결정을 피하고 헌법불합치결정을 채택하는 근거의 하나로 '법적 공백'의 관점을 언급하고 있음을 확인할 수 있다. 가령, 헌재 1995. 11. 30. 91헌바1 등 결정에서도 '단순위헌결정을 하는 경우에는 법적 공백상태를 야기하게 되므로 헌법불합치결정을 한다'고 판시하고 있다.[75] 그러나 위헌법률의 적용금지와 절차의 정지를 수반하는 '단순한' 헌법불합치결정을 하면서 이를 '법적 공백의 발생'이란 사유로 정당화하는 것이 타당한지의 의문이 제기된다.

우선, 헌법재판소가 위헌결정을 하는 경우에 발생하는 법적 상황에 관하여 보건대, 헌법재판소가 위헌결정을 하면 법원은 헌법재판소의 결정에 따라 위헌으로 선언된 법률을 적용하지 않음으로써 재판을 하게 되고, 위헌적 법률은 미래에 발생하는 법률관계에 더 이상 적용되지 않음으로써, 합헌적인 상태가 다시 회복된다. 다른 한편으로는 위헌적 법률이 효력을 상실함으로써 당장 적용할 법률이 없기 때문에, 이러한 의미에서 법적 공백상태가 발생한다.

당장 적용할 법률이 없다는 의미에서의 '법적 공백상태'는 위헌결정뿐만 아니라 헌법불합치결정을 하는 경우에도 마찬가지로 발생한다. 헌법재판소가 헌법불합치결정을 하

75) 판례집 7-2, 562, 594-595, "위와 같이 이 사건 위임조항은 헌법에 위반되므로 원칙으로 위헌결정을 하여야 할 것이나 이에 대하여 단순위헌결정을 선고하여 당장 그 효력을 상실시킬 경우에는 기준시가에 의한 양도소득세를 부과할 수 없게 됨은 물론, … 법적 공백상태를 야기하게 되고 이에 따라 조세수입을 감소시키고 국가재정에 상당한 영향을 줌과 아울러 이미 이 조항에 따른 양도소득세를 납부한 납세의무자들과 사이에 형평에 어긋나는 결과를 초래하는데다가 이 사건 위임조항의 위헌성은 국회에서 법률로 제정하지 아니한 단지 입법형식의 잘못에 기인하는 것으로서 이를 한시적으로 계속 적용한다고 하더라도 그것이 반드시 구체적 타당성을 크게 해쳐 정의와 형평 등 헌법적 이념에 심히 배치되는 것이라고는 생각되지 아니하고 더욱이 이 사건의 경우에는 1994. 12. 22. 법률 제4803호로 헌법에 합치하는 내용의 개정입법이 이미 행하여져 위헌조항이 합헌적으로 개정되어 시행되고 있으므로, 당 재판소는 단순 위헌결정을 하지 아니하고 이 사건 위임조항을 적용하여 행한 양도소득세 부과처분 중 확정되지 아니한 모든 사건과 앞으로 행할 양도소득세부과처분 모두에 대하여 위 개정법률을 적용할 것을 내용으로 하는 헌법불합치결정을 하기로 한다."

는 경우, 개정법률이 제정·시행될 때까지 구법의 적용이 금지되고 계류 중인 모든 절차가 정지되는 법적 공백상태가 발생한다. 물론 헌법불합치결정의 경우 개정법률을 소급적용함으로써 '사후적으로' 법적 공백을 메울 수 있으나, 그럼에도 불구하고 헌법재판소의 헌법불합치결정 시점부터 개정법률의 시행 시까지 어떠한 법률도 적용되지 않는 '법적 공백상태'가 존재하는 것이다. 따라서 헌법재판소는 자신의 결정으로 인하여 법적 공백이 우려된다면, 즉 법적 안정성의 관점에서 위헌적인 법률이라도 잠정적으로 계속 적용해야 할 필요성이 있다면, 위헌적 법률의 적용금지를 초래하는 '단순한' 헌법불합치결정이 아니라 '위헌적 법률의 잠정적 계속 적용'을 명하는 헌법불합치결정을 해야 한다.[76]

따라서 헌법재판소는 '법적 공백'이란 표현을 '단순한' 헌법불합치결정을 근거하는 사유로 사용해서는 아니 되며, 단지 위헌적 법률의 예외적인 잠정 적용을 허용하기 위하여 헌법불합치결정을 하는 경우에 한정하여 사용해야 한다. 독일 연방헌법재판소도 헌법불합치결정을 하면서 예외적으로 위헌적 법률의 잠정적 적용을 명하는 경우에만 이를 정당화하는 사유로서 '법적 공백'을 언급하고 있음을 유의해야 한다. 그러나 우리 헌법재판소는 '법적 공백의 발생'을 헌법불합치결정을 정당화하는 사유로 습관적으로 사용함으로써, 헌법불합치결정의 효력이 위헌법률의 '원칙적인 적용금지'에 있다는 것에 관한 명확성을 스스로 흐리고, 헌법불합치결정의 효력이 마치 '위헌법률의 잠정적 적용'에 있다는 오해를 불러일으키고 있다.

V. 맺는말

1. 법률이 헌법에 위반되는 경우, 헌법의 규범성을 보장하기 위하여 그 법률은 원칙적으로 무효로 선언되어야 한다. 그러나 특별한 헌법적 사유가 있는 때에는 예외적으로 위헌결정을 피하고 법률의 위헌성만을 확인하는 헌법불합치결정을 할 수 있다.

무엇보다도 위헌결정으로 인한 법률의 제거가 법적 공백과 혼란을 초래할 우려가 있기 때문에 위헌적 법률의 잠정적인 적용이 요구되는 경우, 즉 위헌적 법률을 잠정적으로 적용하는 위헌적인 상태와 위헌결정으로 인하여 발생하는 규율 없는 법적 공백의 상태를 비교하여 볼 때, 예외적으로 차라리 일정 기간 위헌적 상태를 감수하는 것이 법적 안정성의 관점에서 보다 헌법적 질서에 가깝다고 판단되는 경우에는 위헌법률의 잠정 적용을 명하는 헌법불합치결정이 정당화된다.

---

76) 헌법재판소는 문제된 위 결정에서 '법적 공백상태'가 우려되기 때문에 헌법불합치결정을 한 것이 아니라, 신법을 사후적으로 소급하여 적용하기 위하여, 이를 통하여 소위 '형평의 문제'와 '세수의 감소'를 해결하기 위하여 헌법불합치결정을 한 것이다.

또한, 입법자에게 위헌적 상태를 제거함에 있어서 여러 가지 다양한 가능성 중에서 선택의 여지가 있는 상황에서, 헌법재판소가 위헌결정을 한다면 입법자의 형성권을 침해할 우려가 있을 경우에는 법률의 제거가 아니라 단지 법률의 위헌성만을 확인하는 헌법불합치결정이 정당화된다. 입법자의 형성의 자유가 헌법재판소의 위헌결정에 의하여 침해될 수 있는 대표적인 경우는 *施惠的 法律*이 평등원칙에 위반되는 경우이다.

2. 시혜적 법률의 경우, 자유권에 대한 침해의 문제는 발생하지 않고 단지 평등원칙 위반 여부만이 문제된다. 이러한 시혜적 법률이 평등원칙에 위반되는 경우, 평등원칙에 합치되는 상태가 여러 가지 방법으로 실현될 수 있다. 이러한 경우, 헌법재판소가 위헌결정을 통해서 위헌적 법률을 단순히 제거함으로써 합헌적 상태를 자동으로 회복할 수 없고, 합헌적 상태의 회복은 입법자의 입법개선을 통하여, 즉 입법자의 활동에 의해서 비로소 가능하게 된다. 이러한 경우에 헌법재판소가 위헌결정을 한다면, 헌법재판소는 입법자의 의사와 관계없이 헌법적으로 규정되지 않은 법적 상태를 일방적으로 형성함으로써, 입법자의 형성권을 침해하게 된다. 다만, 시혜적 법률이 평등원칙에 위반되는 경우라 하더라도, 특정한 내용의 입법의무를 부과하는 헌법위임이 존재하는 등 헌법위반을 제거하는 단지 하나의 가능성만이 존재하고 이러한 가능성이 위헌결정을 통하여 실현될 수 있는 경우에는 예외적으로 위헌결정을 해야 한다.

시혜적 법률과 같이 오로지 평등원칙에 위배되는 규범의 경우, 평등원칙의 본질인 상대성으로 말미암아 위헌결정이 평등원칙의 위반을 적절하게 제거할 수 없고, 평등원칙의 실현이 민주주의원리와 권력분립원리의 관점에서 보아 입법자의 과제이기 때문에, 위헌상태의 제거에 관한 입법자의 형성의 자유가 존중되어야 한다. 그러나 자유권을 침해하는 규범에 있어서는, 단지 무효선언을 통하여 위헌적 법률을 제거하고 이로써 자유권에 대한 침해를 제거함으로써만 합헌적 상태가 회복될 수 있다. 그러므로 법률이 자유권을 과도하게 침해하는 경우 위헌결정을 하도록 헌법적으로 이미 규정되어 있기 때문에, 위헌성의 제거에 관한 한 입법자의 형성의 자유가 존재하지 않는다. 즉 자유권을 제한하는 법률의 위헌심사에 있어서는 평등원칙의 위반과는 달리, 헌법재판소가 결정을 내리는 과정에 있어서 고려해야 할 입법자의 형성권이 존재하지 않는 것이다. 이러한 의미에서 자유권에 대한 위반은 '상대적 위반'이 아닌 '절대적 위반'이기 때문에, 자유권을 침해하는 위헌적 법률에 대해서도 헌법불합치결정을 하는 것은 원칙적으로 배제되어야 한다.

3. 헌법불합치결정의 효력은 첫째, 위헌으로 확인된 법률은 법질서에서 소멸하지 아니하고 형식적으로 존속하는 데 있다. 헌법재판소가 헌법불합치결정을 통하여 위헌적

법률을 존속케 하는 근본적인 이유는, 헌법재판소가 위헌적 법률을 제거함으로써 스스로 합헌적 상태를 실현할 수 없고, 위헌적 상태의 제거는 입법자의 활동에 달려있기 때문이다. 즉, 헌법재판소는 위헌적 법률을 제거하지 않고 존속케 함으로써, 나중에 입법자가 헌법과 합치되는 방향으로 형성할 수 있는 소재를 제공하는 것이다. 그러므로 헌법불합치결정은 항상 위헌적 상태를 조속한 시일 내에 제거해야 할 '입법자의 입법개선의무'를 수반하게 된다. 헌법재판소가 위헌결정을 포기함으로써, 대신 입법자에게는 아직 확정되지 않은 모든 절차에 소급하여 합헌적 상태를 회복할 의무가 발생한다. 따라서 개정법률의 소급효력은 헌법불합치결정에 내재되어 있는 본질적인 요소이다.

둘째, 행정청과 법원에 미치는 헌법불합치결정의 효력은, 위헌결정에서와 마찬가지로 원칙적으로 위헌적 법률의 적용이 금지되고, 심판의 계기를 부여한 당해사건 및 법원과 행정관청에 계류 중인 모든 유사사건의 절차가 정지되는 데 있다. 그러므로 헌법재판소가 헌법불합치결정을 하면서 결정주문에서 또는 적어도 결정이유에서 잠정적인 적용을 명시적으로 명하고 있지 않다면, 위헌적 법률의 적용이 금지된다고 보아야 한다.

그러나 위헌결정으로 인한 위헌적 법률의 제거 또는 헌법불합치결정으로 인한 위헌적 법률의 적용금지로 인하여 법적 공백과 혼란이 발생하기 때문에 종래의 위헌적 상태보다도 더욱 헌법적 질서에서 멀어지는 법적 상태가 발생할 우려가 있는 경우에는, 헌법재판소는 법적 안정성의 관점에서 헌법불합치결정을 하면서 예외적으로 잠정적이나마 위헌적 법률의 계속적용을 명할 수 있다. 헌법재판소가 위헌적 법률의 잠정 적용을 명한다면, 위헌적 법률은 규범적 효력의 일원성과 법질서의 통일성의 측면에서 당해사건에 대해서도 예외 없이 적용되어야 한다. 위헌적 규범의 계속적용을 당해사건에도 확대하는 것은 당사자의 주관적 권리구제의 관점이나 실질적 정의와도 모순되지 않는다.

참고문헌

윤진수, 위헌법률의 효력 －헌법재판소법 제47조 제2항의 헌법적 검토－, 헌법논총 제1집, 1990

이석연, 헌법소원심판의 결정유형과 효력에 관한 고찰, 헌법논총 제1집, 1990

전광석, 헌법재판에 있어서의 결정주문의 유형과 효력, 헌법재판연구 제2권, 1991

한병채, 헌법재판의 결정과 변형결정, 헌법논총 제3집, 1992

황우여, 위헌결정의 형식, 헌법재판연구 제1권, 1990

v. Arnim, Staatslehre der Bundesrepublik Deutschland, 1984

Bryde, Verfassungsentwicklung, 1982

Gallwas, Grundrechte, 1985

Hein, Die Unvereinbarerklärung verfassungswidriger Gesetze durch das Bundesverfassungsgericht, 1988

Hesse, Grundzüge des Verfassungsrechts der Bundesrepublik Deutschland, 1993

______, Funktionelle Grenzen der Verfassungsgerichtsbarkeit, in: Recht als Prozess und Gefüge, Festschrift für Hans Huber, 1981

Heußner, Folgen der Verfassungswidrigkeit eines Gesetzes ohne Nichtigerklärung, NJW 1982

J. Ipsen, Rechtsfolgen der Verfassungswidrigkeit von Norm und Einzelakt, 1980

Lerche, Das Bundesverfassungsgericht und die Verfassungsdirektiven, AöR 90(1965)

Maurer, Zur Verfassungswidrigerklärung von Gesetzen, in: Schneider/Götz(Hg), Im Dienst an Recht und Staat, Festschrift für Werner Weber, 1974

Moench, Verfassungswidriges Gesetz und Normenkontrolle, 1977

Pestalozza, Verfassungsprozeßrecht, 3. Aufl., 1991, §20

______, Noch verfassungsmäßige und bloß verfassungswidrige Rechtslagen, in: Starck (Hg), Bundesverfassungsgericht und Grundgesetz (BVerfG und GG), Bd. I, 1976

Pieroth/Schlink, Grundrechte, Staatsrechte Ⅱ, 1985

Sachs, Bloße Unvereinbarerklärung bei Gleichheitsverstößen?, NVwZ 1982

Schlaich, Das Bundesverfassungsgericht, 1994

Schneider, Verfassungsgerichtsbarkeit und Gewaltenteilung, NJW 1980

Stark, Vorrang der Verfassung und Verfassungsgerichtsbarkeit, in: Stark/Weber(Hg), Verfassungsgerichtsbarkeit in Westeuropa, 1986

제2장

2 개별심판절차

제1절 위헌법률심판

제2절 탄핵심판

제3절 정당해산심판

제4절 권한쟁의심판

제5절 權利救濟型 헌법소원심판

제6절 規範統制型 헌법소원심판

제1절 위헌법률심판

위헌법률심판에서의 '裁判의 前提性'에 관한 비판적 고찰*

Ⅰ. 문제의 제기

헌법은 제111조 제1항 제1호에서 "법원의 제청에 의한 법률의 위헌여부 심판"이라고 하여 위헌법률심판을 헌법재판소의 관장사항으로 규정하면서, 헌법 제107조 제1항에서는 "법률이 헌법에 위반되는 여부가 재판의 전제가 된 경우에는 법원은 헌법재판소에 제청하여 그 심판에 의하여 재판한다."고 규정하고 있다. 이로써 헌법은 제청법원에 계속 중인 구체적인 사건이 계기가 되어 법률에 대한 위헌심사가 이루어지는 '구체적 규범통제'의 형태로 위헌법률심판의 내용을 구체화하고 있다.

위헌법률심판은 제청의 주체, 절차를 비롯하여 제청과 심판의 대상, 제청과 심판의 요건 등 다양한 문제를 포괄하고 있으나, 이 글에서는 제청과 심판의 요건인 '재판의 전제성'을 중심으로 그 동안 축적된 헌법재판소의 판례를 살펴보고, 판례에서 드러나는 몇 가지 문제점을 지적하고자 한다. 재판의 전제성요건이 충족된 경우에만 법관은 헌법재판소에 위헌제청을 할 수 있고, 헌법재판소는 법률의 위헌여부에 관한 결정을 할 수 있으므로, 재판의 전제성은 위헌법률심판의 핵심적 개념에 해당한다. 재판의 전제성과 관련하여 그 동안 형성된 헌법재판소의 판례를 살펴보면, 무엇보다도 다음과 같은 문제

* 위 논문은 2014년 11월, 헌법논총(헌법재판소) 제25집, 409면-466면에 게재된 것을 일부 수정한 것이다.

가 제기된다.

첫째, 헌법재판소는 법률의 위헌여부가 재판의 주문 또는 내용이나 효력에 영향을 미치지 않으면서, "재판의 결론을 이끌어 내는 이유를 달리하는 데 관련되어 있는 경우"에도 재판의 전제성이 있다고 판시한 바 있는데, 법률의 위헌여부에 따라 판결주문은 달라지지 않지만 판결이유가 달리지는 경우에도 재판의 전제성이 인정되는지, 이러한 경우에도 재판의 전제성이 예외적으로 인정될 수 있다면, 어떠한 경우에 인정될 수 있는지의 문제가 규명되어야 한다.

둘째, 헌법재판소는 전반적으로 재판의 전제성요건을 현저하게 완화함으로써, 가능하면 법관의 위헌법률심판제청을 용이하게 하고자 하는 경향을 엿볼 수 있다. 구체적 규범통제와 추상적 규범통제를 구분하는 결정적인 기준이 바로 '재판의 전제성'이라는 점에서, 헌법재판소가 위헌법률심판의 적법요건인 재판의 전제성요건을 완화하는 것이 정당화되는지 의문이 제기된다. 이와 관련해서는 법관이 언제 위헌제청을 해야 하는지, 중간재판의 단계에서 위헌제청을 할 수 있는지의 문제가 함께 검토되어야 한다.

셋째, 헌법재판소는 당해 소송사건이 종료되어 재판의 전제성이 소멸됨으로써 법률의 위헌여부에 관한 판단이 당해사건에 더 이상 영향을 미칠 수 없는 경우라 하더라도, 제청 당시에 재판의 전제성이 인정되는 한, 객관적 헌법의 수호와 유지를 위하여 헌법적 해명이 필요한 긴요한 사안이나 기본권침해가 반복될 위험이 있는 경우에는 심판의 필요성을 인정하여 본안판단을 하고 있다. 그러나 헌법소원심판에서 청구인의 '권리보호이익'과 관련하여 형성된 판례를 위헌법률심판에 그대로 적용할 수 있는 것인지, 이로 인하여 구체적 규범통제절차가 추상적 규범통제절차로 변질되는 것이 정당화될 수 있는 것인지에 대하여 의문이 제기된다.

아래에서는 우선 위헌법률심판의 목적과 구조에 관하여 살펴보고(아래 Ⅱ.), 이어서 헌법재판소가 종래의 판례를 통하여 재판의 전제성을 어떻게 이해하고 적용하고 있는지에 대한 검토를 통하여 재판의 전제성의 개괄적인 의미를 파악한 다음(아래 Ⅲ. 1.), 재판의 전제성과 관련하여 헌법재판소의 판례가 제기하는 몇 가지 중요한 문제들을 비판적으로 검토하기로 한다(아래 Ⅲ. 2., 3., 4.). 마지막으로, 헌법재판소가 법원의 위헌제청의 적법성을 어떠한 관점에서 심사하는지에 관하여 살펴보기로 한다(아래 Ⅳ.).

Ⅱ. 위헌법률심판의 목적과 구조

1. 위헌법률심판의 목적

가. 위헌법률심판은, 전통적으로 법원에 귀속된 법률에 대한 위헌심사권과 위헌결정권(적용배제권) 중에서 법원으로부터 법률의 위헌여부에 대한 결정권을 박탈하여 이를

헌법재판소에 귀속시키는 심판절차이므로, 위헌법률심판의 목적을 묻는다는 것은, 왜 헌법이 법원의 위헌제청절차를 규정함으로써 법률의 위헌여부에 관한 최종적인 결정권을 헌법재판소에 독점적으로 부여하였는지 그 이유를 묻는 것과 같다.[1)]

위헌법률심판의 목적으로 일반적으로 거론되는 것은 '법관으로부터 입법자의 보호' 또는 '입법자의 권위의 유지'이다. 즉, 법관이 개별사건에서 입법자가 제정한 '형식적 의미의 법률'을 적용하지 않음으로써 입법자를 무시하는 것으로부터 입법자를 보호하고자 한다는 것이다. 헌법 제107조 제1항은 법률의 위헌성을 확인하는 권한을 단지 헌법재판소에 부여함으로써, 법원이 법률을 적용하지 않음으로써 입법자를 무시하거나 법률에 복종하지 않는 것을 방지하고자 한다는 것이다.

이러한 목적은 유럽에서 전통적인 권력분립구조의 사고에 기초한 '입법자와 법원의 관계'에 기인하는 것이다. 유럽에서는 의회입법이야말로 '루소'의 의미에서 '일반적 의사'의 표현이며 선거에 의하여 정당화된 국민적 대표성의 표출이므로, 의회입법이 법원에 의하여 심사될 수 있다는 것을 부정하였다. 전통적으로 헌법상 권력분립구조 내에서 법원은 오로지 입법자의 법률을 해석·적용할 뿐이지 법률의 존폐를 결정할 수 없다고 간주되어 왔다.

그러나 법관이 당해사건에 적용되는 법률을 위헌으로 간주하기 때문에 법률의 위헌여부에 관하여 헌법재판소에 위헌제청을 한다는 것 자체가 이미 입법자의 법률에 대한 불신을 표현하고 있는 것이다. 그러므로 '법관으로부터 입법자의 보호'라는 사고는 위헌제청절차를 도입한 일차적이고 주된 목적이 아닐 뿐만 아니라, 위헌제청절차를 통하여 이러한 목적을 궁극적으로 달성할 수도 없다.[2)] 입법자의 권위는 법원의 제청에 의한 헌법재판소의 위헌결정에 의해서도 마찬가지로 손상될 수 있기 때문에, '입법자의 권위를 유지하고자 하는 목적'은 큰 설득력이 없는 관점이다.[3)]

나. 그렇다면 위헌법률심판의 주된 목적은 법률의 위헌여부에 대한 결정권을 헌법재판소에 독점시키고자 하는 것, 법률의 위헌여부에 관한 구속력 있는 결정을 오로지 하나의 헌법재판기관에 집중시키고자 하는 것이다.

법원이 헌법재판을 담당하는 一般法院型의 특징은 규범통제의 分權化이다. 구체적 규범통제를 할 수 있는 권한이 최고법원에게만 있는 것이 아니라, 모든 심급법원이 재판과정에서 법규범의 위헌성을 심사할 수 있다. 이러한 분권적, 非集中的 규범통제는 상

1) Vgl. Dollinger, in: Umbach/Clemens/Dollinger, BVerfGG, 2005, §80 Rn.17; Schlaich/Korioth, Das BVerfG, 2004, Rn.128ff.; Lechner/Zuck, BVerfGG, §80 Rn.5ff.; Benda/Klein, Verfassungsprozeßrecht, 2001, Rn.769ff.; Heun, Normenkontrolle, in: Festschrift 50 Jahre Bundesverfassungsgericht, Bd. I, 2001, S.622.
2) 이러한 비판으로 vgl. Schlaich/Korioth, Das BVerfG, 2004, Rn.128.
3) Vgl. Lechner/Zuck, BVerfGG, §80 Rn.5.

소와 심급제도를 통하여 최종적으로 최고법원의 판례에 의하여 통일된다. 법원의 위헌심사권이 분권화될 경우 대법원이 법률의 위헌여부에 관하여 최종적으로 판단할 때까지 법원의 재판이 상충하는 현상이 벌어지는 등 법적 불안정성과 법적 분열이 발생할 우려가 있다. 위헌법률심판은 법률의 위헌여부에 관한 결정권을 헌법재판소에 독점시킴으로써 법원의 서로 다른 판결로 인하여 야기되는 법적 불안정성과 법적 분열을 방지하고, 법률의 위헌여부에 관한 헌법재판소의 구속력 있는 결정을 통하여 법적 안정성과 법적 통일성을 확보하고자 하는 것이다.

또한, 위헌법률심판은 법적 평화의 회복에 기여하는 기능을 한다.[4] 헌법적 문제의 판단에 있어서 헌법재판소가 가지는 권위와 전문성, 국민의 신뢰를 감안할 때, 위헌법률심판은 당해사건에 적용되는 법률의 위헌여부에 관하여 헌법재판소로 하여금 판단하도록 함으로써 구체적 법적 분쟁에 있어서 헌법에 부합하는 법률에 기초하는 재판, 즉 '헌법에 부합하는 재판'을 보장하는 기능을 하고, 이로써 권리보호를 구하는 기본권주체의 관점에서 법적 평화를 회복하는 기능을 이행한다.

2. 위헌법률심판의 구조

가. 법원의 제청절차와 헌법재판소의 심판절차

(1) 위헌법률심판은 법률의 위헌여부가 법원에서 재판의 전제가 되는 경우에 법원이 헌법재판소에 위헌법률심판을 제청하고 헌법재판소가 그 위헌여부를 결정하는 '구체적 규범통제절차'이다(집중형의 구체적 규범통제). 이에 따라, 법원은 법률에 대한 '위헌제청권' 및 위헌제청의 전제조건으로서 '위헌심사권'을 가지며, 헌법재판소는 법률의 위헌여부에 관하여 최종적으로 구속력 있는 판단을 할 수 있는 권한인 '위헌결정권'을 가지는 구조로 위헌법률심판은 구성되어 있다(구체적 규범통제절차의 二元化).

한편, 과거 학계의 일각에서는 1980년 헌법규정과 현행 헌법규정이 위헌제청에 관한 한 다르게 규정되어 있다는 이유로 법관의 위헌심사권을 부인하고, 나아가 헌법재판소법 제68조 제2항의 헌법소원제도가 위헌이라는 주장이 제기된 바 있다.[5] 그러나 법원

---

4) Vgl. Dollinger, in: Umbach/Clemens/Dollinger, BVerfGG, 2005, §80 Rn.17; Benda/Klein, Verfassungsprozeßrecht, 2001, Rn.772.

5) 예컨대, 권영성, 헌법재판의 현황과 문제, 인권과 정의 1991. 2, 20면 참조; 이시윤, 헌법재판개관, 판례월보 1989. 5, 19-20면 참조, 이러한 주장의 요지는 위헌제청에 관한 과거 제5공화국 헌법규정("법률이 헌법에 위반되는 여부가 재판의 전제가 된 경우에 법원은 법률이 헌법에 위반되는 것으로 인정할 때에는 헌법위원회에 제청하여 그 결정에 의하여 재판한다.")과 현행 헌법규정이 상이하다는 점을 근거로, '헌법 제107조 제1항은 법률이 헌법에 위반되는 여부가 재판의 전제가 된 경우에는 법원은 헌법재판소에 위헌법률심판을 제청할 권한만을 가질 뿐, 법률에 대한 위헌여부의 심사권은 가지지 않는다는 것을 규정한 것으로 보아야 하고, 이에 따라 당사자가 당해사건에 적용되는 법률의 위헌성을 주장하는 경우 법관의 위헌제청의무가 인정되므로, 법원이 위헌여부를 판단하여 결정으로 기각할 수 있도록 한 헌법재판소법 제41조 제4항, 제68조 제2항은 위헌적 조항으로서 제68조 제2항에 의한 헌법소원은 삭제되어야 한다'는 내용으로 요약될 수 있다. 이

은 위헌제청을 할 권한만을 가질 뿐 법률에 대한 위헌심사권을 가지지 않는다는 견해는 법원이 헌법의 구속을 받는다는 것을 부인하는 것이며, 헌법 제103조("법관은 헌법과 법률에 의하여 … 심판한다.") 및 모든 국가기관이 헌법의 구속을 받는다는 법치국가적 기본정신과 부합할 수 없다.[6] 법원에게 위헌제청의 의무와 권한이 부여되는 한, 이는 당연히 법원의 '독자적인 판단에 따른' 위헌제청의 의무를 의미하는 것이다.

법원의 위헌제청권은, 모든 법관이 여전히 법률에 대한 위헌심사권을 보유하고 있음을 전제로 하여, 구체적 재판에 적용될 법률의 위헌여부에 관하여 독자적인 판단을 할 권한과 의무를 가지고 있다는 것을 의미한다.[7] 법률이 위헌이라는 의심이 있는 경우, 법관은 법률의 적용을 완전히 배제할 수 있는 권한을 가지고 있지는 않지만, 재판절차를 정지하고 헌법재판소에 위헌제청을 함으로써 헌법재판소의 결정시까지 '법률을 잠정적으로 적용하지 아니할 권한'을 가지고 있는 것이다.[8]

(2) 위헌법률심판은 '제청의 주체'와 '심판의 주체'를 달리 하여, 위헌제청여부를 판단하기 위하여 위헌심사권을 행사하는 '법원의 제청절차'와 법원의 위헌제청에 의하여 위헌결정권을 행사하는 '헌법재판소의 심판절차'로 구분되며, 법원의 제청절차와 헌법재판소의 심판절차는 '재판의 전제성'이란 연결고리를 통하여 구조적으로 연결되어 있다.

법원의 위헌제청은 헌법재판소에 대하여 법률의 위헌여부에 대한 심판을 청구하는 것으로, '심판청구'의 성격을 가진다(헌법재판소법 제26조 제1항). 위헌법률심판도 재판작용의 하나이므로, "소 없으면 재판없다."는 不告不理의 원칙에 따라 심판을 개시할 수 있는 외부로부터의 계기, 즉 심판청구가 있어야 한다.[9] 법원의 위헌제청에 의하여 비로소 위헌법률심판에 있어서 소송계속이 발생하고, 위헌법률심판이 개시한다. 한편, 재판의 전제성요건이 충족되어야만 법원이 위헌제청을 할 수 있고 헌법재판소가 법률의 위헌여부를 판단할 수 있다는 의미에서, 제청절차와 심판절차는 재판의 전제성요건을 통하여 연결된다.

요컨대, 법원은 구체적 사건에 적용될 법률에 대하여 위헌의 의심을 가진다 하더라도, 그 적용을 거부할 권한이 없다. 반면에, 헌법재판소는 직권으로 심판절차를 개시할 수 없으며 법원의 위헌법률심판 제청이 있어야만 법률의 위헌여부를 심판할 수 있다. 헌법은 법원과 헌법재판소에게 이와 같이 권한을 배분함으로써 구체적인 법적 분쟁의

러한 견해에 의하면, 법관의 위헌심사권은 인정되지 않으며, 당사자의 위헌제청신청이 있으면 법관은 법률의 위헌여부에 대한 판단이 없이 곧 제청결정을 해야 한다는 것이다.

6) 김문현/정재황/한수웅/음선필, 현행 헌법상 헌법재판제도의 문제점과 개선방향, 헌법재판연구 제16권(2005), 186면 이하.

7) Vgl. Benda/Klein, Verfassungsprozeßrecht, 2001, Rn.767.

8) Vgl. Bettermann, Die konkrete Normenkontrolle und sonstige Gerichtsvorlage, in: BVerfG und GG, Bd. I, 1976, S.326f.

9) 최광률, 위헌법률심판의 제청절차, 법조 1989. 7. 60면.

해결을 위하여 공동의 과제와 책임을 지우고 있는 것이다.[10)]

나. 헌법재판소의 심판절차와 법원의 당해소송절차의 관계

여기서 헌법재판소의 심판절차와 법원의 당해소송절차가 어떠한 관계에 있는지의 문제가 제기된다. 헌법재판소의 위헌법률심판은 법원의 당해사건 재판절차와의 관계에서 '법적으로 독립된 중간절차'(Zwischenverfahren)인 헌법재판절차이다.[11)] 위헌법률심판의 심판대상은 법률의 위헌여부라는 '헌법적 문제의 규명'이라는 점에서, 당해사건 재판절차의 심판대상인 '구체적 법적 분쟁의 해결'과 명확하게 구분된다. 그러나 법원의 당해소송절차와 헌법재판소의 심판절차는 '재판의 전제성'을 통하여 서로 연결된다.[12)] 위헌법률심판도 궁극적으로 당해사건의 해결에 기여한다는 의미에서 위헌법률심판은 '당해사건에 관한 단일한 쟁송절차의 일부분을 이루는 중간절차'이다.[13)]

이러한 점에서, 위헌법률심판의 법적인 독자성은 그 심판대상의 범위 및 적법성에 있어서 당해사건의 법적 분쟁에 의존하고 있는 독자성, 즉 재판의 전제성에 의하여 구속을 받는 '엄격하게 종속적인 독자성'이다.[14)] 따라서 당해사건의 당사자가 화해하거나 소를 취하하는 경우, 제청법원은 제청결정을 철회해야 하고, 제청법원이 제청결정을 철회하지 않는 경우 헌법재판소에 제청된 헌법적 문제에 대하여 재판의 전제성이 인정되지 않기 때문에, 중간절차로서 헌법재판은 부적법하다.

뿐만 아니라, 헌법재판소는 당해사건의 해결을 위하여 필요한 범위 내에서만 법률의 위헌여부를 판단할 수 있다. '재판의 전제성' 요건은 한편으로는 법원의 제청가능성을 제한하면서, 다른 한편으로는 헌법재판소에 대하여 심판대상을 제한한다. 헌법재판소는 원칙적으로 제청법원에 의하여 제청된 법률 또는 법률조항만을 심판의 대상으로 삼을 수 있다.

Ⅲ. 裁判의 前提性

1. 재판의 전제성의 의미

가. 개괄적 의미

(1) 법률에 대한 위헌제청이 적법하기 위해서는 법원에 계속 중인 구체적인 사건에

---

10) Vgl. BVerfGE 42, 42, 49.

11) Vgl. BVerfGE 20, 350, 351; 42, 42, 49; 49, 217, 219; Benda/Klein, Verfassungsprozeßrecht, 2001, Rn.771ff.

12) Vgl. Benda/Klein, Verfassungsprozeßrecht, 2001, Rn.773.

13) Vgl. BVerfGE 42, 42, 49; 58, 300, 319.

14) Vgl. Dollinger, in: Umbach/Clemens/Dollinger, BVerfGG, 2005, §80 Rn.16; Schlaich/Korioth, Das BVerfG, 2004, Rn.139.

적용할 법률이 헌법에 위반되는 여부가 재판의 전제가 되어야 한다. 당해사건의 재판에 적용될 법률의 위헌여부가 재판의 전제가 된다는 것은 헌법재판소에 의한 구체적 규범통제가 당해사건의 해결을 위하여 불가결한 경우를 말한다. 재판의 전제성은 위헌법률심판의 제청 및 헌법재판소법 제68조 제2항에 의한 헌법소원심판청구가 적법하기 위한 요건이다.

(2) 위헌법률심판절차의 적법요건으로서 '재판의 전제성' 요건은 구체적 규범통제의 본질로부터 나오는 것이다. '재판의 전제성'이란, 구체적 소송사건을 해결하기 위한 선결문제라는 것을 의미한다.

첫째, '구체적 소송사건을 해결'하기 위해서는, 일차적으로 구체적 사건이 법원에 계속중이어야 한다. 법률의 위헌여부에 대한 판단의 목적은 구체적 사건의 해결이므로, 구체적 사건의 해결이라는 궁극적 목적이 달성되기 위해서는 구체적 사건이 계속 존재해야 한다. 구체적 사건이 존재하지 않는 경우, 법률의 위헌여부에 대한 판단은 불필요하다.

둘째, '선결문제'라 함은, 위헌여부가 문제되는 법률이 당해 소송사건에 적용되는 것이어야 하며, 법률의 위헌여부에 따라 재판의 결과가 달라져야 한다는 것을 의미한다. 당해사건에 적용되지 않는 법률의 위헌여부는 선결문제가 아니므로, 당해사건에 적용되는 법률에 대해서만 위헌제청이 가능하다. 뿐만 아니라, 법률의 위헌여부에 따라 재판의 결과가 달라지지 않는다면, 이는 당해사건의 해결을 위한 선결문제가 아니다.

따라서 '재판의 전제'라 함은, 첫째, 구체적 사건이 법원에 계속중이어야 하고, 둘째, 위헌여부가 문제되는 법률이 당해 소송사건의 재판에 적용되는 것이어야 하며, 셋째, 그 법률의 위헌여부에 따라서 법원이 다른 내용의 재판을 하는 경우를 말한다.

나. 구체적인 사건이 법원에 계속 중일 것

(1) 구체적 사건이 위헌제청결정 당시는 물론이고, 헌법재판소의 결정시까지 법원에 계속중이어야 한다. 당해사건은 법원에 원칙적으로 '적법'하게 계속되어 있어야 한다. 그러므로 당해사건이 부적법한 것이어서 법률의 위헌여부를 따져 볼 필요조차 없이 각하를 면할 수 없는 것일 때에는 당해사건이 이미 해결되었기 때문에, 적법요건인 재판의 전제성을 흠결한 것으로 각하하여야 한다.[15] 당해사건이 부적법한 경우, 위헌제청 또는 위헌제청신청의 대상이 되는 법률조항의 위헌여부에 관계없이 소가 각하되므로, 그 법률조항의 위헌여부는 당해재판에 어떠한 영향도 미칠 수 없기 때문이다. 물론, 소

15) 헌재 1992. 8. 19. 92헌바36, 판례집 4, 572, 574; 헌재 2000. 11. 30. 98헌바83, 판례집 12-2, 278, 284; 헌재 2005. 3. 31. 2003헌바113, 판례집 17-1, 413, 420; 헌재 2007. 10. 4. 2005헌바71, 판례집 19-2, 377, 385.

의 적법여부가 당해 법률조항의 위헌여부에 달려있는 경우는 이에 해당하지 않는다.[16)]

한편, 당해사건이 법원에 일단 적법하게 계속되었더라도 위헌제청 이후 헌법재판소의 심리기간중의 사후 변경으로 인하여 당해사건이 종료된 경우에는 재판의 전제성이 인정되지 않는다.[17)]

(2) 헌법재판소법 제68조 제2항에 의한 헌법소원심판의 경우, 그 본질은 위헌법률심판과 다를 바 없기 때문에, 재판의 전제성요건을 갖추지 아니하면 구체적 규범통제로서의 적법요건을 상실하여 부적법하다.[18)] 당해사건을 심리하는 법원에서 당사자의 위헌제청신청이 부적법하다는 이유로 각하한 경우에는 당사자가 이에 대하여 법 제68조 제2항에 의한 헌법소원심판을 청구하더라도, 헌법재판소는 적법요건의 흠결을 이유로 심판청구를 각하할 것이다. 따라서 법원에서 당해 소송사건에 적용되는 재판규범 중 위헌제청신청대상이 아닌 관련법률에서 규정한 소송요건을 구비하지 못하였기 때문에 부적법하다는 이유로 소각하 판결을 선고하고 그 판결이 확정되거나, 소각하 판결이 확정되지 않았더라도 당해 소송사건이 부적법하여 각하될 수밖에 없는 경우에는 당해 소송사건에 관한 재판의 전제성 요건이 흠결되어 부적법하다.[19)]

(3) 헌법재판소법 제68조 제2항에 의한 헌법소원심판의 경우에는 구체적 사건이 적어도 '위헌제청신청 시'에 법원에 계속중이어야 한다. 헌법재판소법 제68조 제2항에 의한 헌법소원심판의 경우 당해 소송사건의 재판이 헌법소원의 제기에 의하여 정지되지 않으므로 헌법재판소의 결정 이전에 당해 소송사건이 확정되어 종료되는 경우가 발생할 수 있다. 그러나 헌법소원이 인용된 경우에는 당해 소송사건이 확정된 때라도 당사자는 재심을 청구할 수 있으므로(헌법재판소법 제75조 제7항) 판결이 확정되었더라도 재판의 전제성이 소멸된다고 볼 수 없다.[20)]

한편, 헌법재판소는 헌법재판소법 제68조 제2항에 의한 헌법소원심판 청구인이 당해사건인 형사사건에서 무죄의 확정판결을 받은 때에는 처벌조항의 위헌확인을 구하는 헌법소원이 인용되더라도 재심을 청구할 수 없고, 청구인에 대한 무죄판결은 종국적으로 다툴 수 없게 되므로 법률의 위헌 여부에 따라 당해사건 재판의 주문이 달라지거나 재판의 내용과 효력에 관한 법률적 의미가 달라지는 경우에 해당한다고 볼 수 없다는 이

16) 김주현, 재판의 전제성에 관한 고찰, 헌법논총 제8집(1997), 144면.
17) 이에 관하여 자세하게 아래 Ⅳ. 4. 부분 서술 참조.
18) 헌재 1997. 11. 27. 96헌바60, 판례집 9-2, 629, 641.
19) 헌재 2000. 11. 30. 98헌바83, 판례집 12-2, 278, 284; 헌재 2005. 3. 31. 2003헌바113, 판례집 17-1, 413, 419; 헌재 2007. 10. 4. 2005헌바71, 판례집 19-2, 377, [제소기간이 경과한 이후에 과징금부과처분의 취소청구를 하고 이 사건 처분의 근거법률이 위헌이라고 다투는 경우에, 이 사건 법률조항들에 대한 재판의 전제성을 인정할 수 있는지 여부(소극)] "이 사건 처분에 대한 취소청구 부분은 제소기간이 경과하였기 때문에 당해사건에서 부적법하여 각하를 면할 수 없으므로, 이 사건 법률조항들에 대한 헌법소원은 재판의 전제성을 인정할 수 없다."
20) 헌재 1998. 7. 16. 96헌바33등, 판례집 10-2, 116, 142.

유로 재판의 전제성을 부인하고 있다.[21] 또한, 헌법재판소법 제68조 제2항에 의한 헌법소원심판의 청구 이후 당해소송에서 청구인 승소판결이 확정된 사례에서는, 당해소송에서 승소한 당사자인 청구인은 재심을 청구할 수 없고,[22] 당해사건에서 청구인에게 유리한 판결이 확정된 마당에 심판대상 조항에 대하여 헌법재판소가 위헌결정을 한다 하더라도 당해사건 재판의 결론이나 주문에 영향을 미치는 것도 아니므로 재판의 전제성이 부정된다.[23]

다. 위헌여부가 문제되는 법률이 당해 소송사건의 재판에 적용되는 것일 것

(1) 위헌여부가 문제되는 법률조항이 당해사건에 적용되는지 여부

어떠한 법률에 대하여 위헌의 의심이 있다 하더라도, 그 법률이 당해사건에 적용될 것이 아니라면, 재판의 전제성요건은 충족되지 않는다. 그러므로 당해사건에 적용되지 않는 법률에 대한 위헌제청의 경우, 이러한 법률의 위헌여부는 재판의 선결문제가 아니기 때문에, 재판의 전제성이 없어 각하해야 한다.[24]

가령, 위헌제청대상 법률조항이 당해사건에 적용되는 구법조항이 아니라 동일한 내용의 신법조항인 경우, 그 신법조항의 위헌여부는 당해사건의 재판과 아무런 관련이 없어 재판의 전제성이 없다.[25] 법원이 특정 법률에 대하여 위헌법률심판제청을 한 후 입법자가 그 법률을 개정하면서 소급효를 가지고 법적 상황을 규율하는 경우에는 당해사건에 신법규정이 적용되기 때문에, 위헌제청의 대상인 구법규정의 위헌여부에 대해서는 재판의 전제성이 인정되지 않는다.[26] 마찬가지로, 제청신청인이 구법조항에 대한 헌법불합치결정 전에 이미 위헌법률심판제청신청을 한 당해사건에서 제청법원이 헌법불합치결정 후에 동일한 구법조항에 대하여 위헌법률심판제청을 한 경우, 입법자가 헌법재판

---

21) 헌재 2009. 5. 28. 2006헌바109, 판례집 21-1하, 545, 554, "법 제75조 제7항은 '제68조 제2항의 규정에 의한 헌법소원이 인용된 경우에 당해 헌법소원과 관련된 소송사건이 이미 확정된 때에는 당사자는 재심을 청구할 수 있다'고 규정하면서 같은 조 제8항에서 위 조항에 의한 재심에 있어 형사사건에 대하여는 형사소송법의 규정을 준용하도록 하고 있다. 그런데 형사소송법 제420조, 제421조는 '유죄의 확정판결에 대하여 그 선고를 받은 자의 이익을 위하여', '항소 또는 상고기각판결에 대하여는 그 선고를 받은 자의 이익을 위하여' 재심을 청구할 수 있다고 각 규정하고 있다. 청구인에 대한 무죄판결은 종국적으로 다툴 수 없게 되어, 법률의 위헌 여부에 따라 당해사건 재판의 주문이 달라지거나 재판의 내용과 효력에 관한 법률적 의미가 달라지는 경우에 해당한다고 볼 수 없으므로 더 이상 재판의 전제성이 인정되지 아니하는 것으로 보아야 한다."

22) 대법원 1993. 12. 28. 선고 93다47189 판결; 대법원 1998. 11. 10. 선고 98두11915 판결 참조.

23) 헌재 2000. 7. 20. 99헌바61, 판례집 12-2, 108, 113.

24) 당해사건에 적용될 여지가 없기 때문에 재판의 전제성을 부인한 결정으로는 예컨대, 헌재 1993. 7. 29. 92헌바48(남북교류협력에 관한 법률), 판례집 5-2, 65, 75-76; 헌재 1996. 8. 29. 93헌바57(인지첩부의무 사건), 판례집 8-2, 46, 54; 헌재 1997. 9. 25. 97헌가4, 판례집 9-2, 332, 338; 헌재 1997. 11. 27. 96헌바60, 판례집 9-2, 629, 642; 헌재 2001. 6. 28. 2000헌바30, 판례집 13-1, 1326, 1334-1335; 헌재 2003. 6. 26. 2001헌바54, 판례집 15-1, 703, 709; 헌재 2005. 12. 22. 2003헌바76, 공보 111, 93; 헌재 2005. 12. 22. 2003헌바109, 판례집 17-2, 681-687; 헌재 2007. 4. 26. 2006헌바10, 공보 127, 503.

25) 헌재 2001. 4. 26. 2000헌가4, 판례집 13-1, 783, 791.

26) Vgl. Lechner/Zuck, BVerfGG, §80 Rn.26.

소의 헌법불합치결정 이후 그 취지에 맞추어 구법조항을 개정한 이상, 헌법불합치결정 당시에 구법조항의 위헌여부가 쟁점이 되어 법원에 계속중인 사건에 대해서는 헌법불합치결정의 소급효가 미치므로, 당해사건에 적용될 법률은 구법조항이 아니라 신법조항이라는 점에서, 그 위헌법률심판제청에 재판의 전제성이 인정되지 않는다.[27]

(2) 형사사건에서 공소제기와 재판의 전제성

형사사건에 있어서 공소가 제기되지 아니한 법률조항의 위헌 여부는 원칙적으로 당해 형사사건의 재판의 전제가 될 수 없다.[28] 한편, 법률조항이 공소장에 적용법조로 기재되었다는 이유만으로 자동적으로 재판의 전제성을 인정할 수 있는 것은 아니다.

비록 공소장의 '적용법조' 란에 적시된 법률조항이라 하더라도 법원이 적용하지 않은 법률조항의 경우, 재판의 전제성이 인정되지 않는다.[29] 구체적 소송사건에서 법원이 적용하지 아니한 법률조항은 그에 대해 위헌 결정이 내려진다 해도 다른 특별한 사정이 없는 한 그로 인해 당해 소송사건의 재판의 주문이 달라지지 않을 뿐만 아니라 재판의 내용과 효력에 관한 법률적 의미가 달라지지 않기 때문이다. 반면에, 법원이 공소장의 변경 없이도 직권으로 공소장 기재와는 다른 법조를 적용할 수 있으므로, 공소장에 적시되지 않은 법률조항이라 하더라도 법원이 공소장의 변경 없이 실제 적용한 법률조항에 대해서는 재판의 전제성이 인정된다.[30]

한편, 헌법재판소는 법원의 위헌제청의 대상이 된 법률조항이 당해 형사사건의 공소사실에 적용될 수 없음에도 아직 법원에 의하여 그 해석이 확립된 바 없어 당해 형사사건에의 적용 여부가 불확실한 상태에 있다는 이유로 재판의 전제성을 인정한 바 있다.[31]

---

27) 헌재 2006. 6. 29. 2004헌가3, 공보 117, 872, 873, "헌법재판소가 2003. 12. 18. 2002헌바14등 사건에서 이 사건 법률조항에 대하여 헌법불합치결정을 선고한 바 있고 그 취지를 반영하여 2005. 1. 27. 개선입법이 이루어진 바 있는데, 제청신청인이 헌법불합치결정 전인 2003. 7. 15. 이미 위헌법률심판제청신청을 한 당해사건에서 제청법원이 헌법불합치결정 후인 2004. 1. 15. 동일한 법률조항인 이 사건 법률조항에 대하여 위헌제청결정을 한 경우, 위 헌법불합치결정의 소급효는 헌법불합치결정 당시에 이 사건 법률조항의 위헌 여부가 쟁점이 되어 법원에 계속중인 당해사건에도 미친다고 할 것이므로, 종전의 법률조항인 이 사건 법률조항이 당해사건에 그대로 적용될 수는 없고, 위헌성이 제거된 현행 사립학교법 규정이 적용되어야 한다. 따라서 제청법원의 심판제청은 심판의 대상이 된 법률조항이 재판의 전제성을 잃게 됨으로써 결국 심판제청의 이익이 없게 되어 부적법하다."; 또한 같은 취지로 헌재 2007. 1. 17. 2005헌바41, 공보 124, 132.

28) 헌재 1989. 9. 29. 89헌마53, 판례집 1, 302, 304; 헌재 1993. 7. 29. 92헌바48, 판례집 5-2, 65, 72-76.

29) 헌재 1997. 1. 16. 89헌마240, 판례집 9-1, 45, 72.

30) 헌재 1997. 1. 16. 89헌마240, 판례집 9-1, 45, 72.

31) 헌재 2002. 4. 25. 2001헌가27(청소년이용 음란물), 판례집 14-1, 251, "이 사건 법률 제2조 제3호 및 제8조 제1항의 '청소년이용음란물'이 실제인물인 청소년이 등장하는 음란물을 의미하고 단지 만화로 청소년을 음란하게 묘사한 당해사건의 공소사실을 규율할 수 없다고 본다면, 위 각 규정은 당해사건에 적용될 수 없어 일응 재판의 전제성을 부인하여야 할 것으로 보이나, 아직 법원에 의하여 그 해석이 확립된 바 없어 당해 형사사건에의 적용 여부가 불명인 상태에서 검사가 그 적용을 주장하며 공소장에 적용법조로 적시하였고, 법원도 적용가능성을 전제로 재판의 전제성을 긍정하여 죄형법정주의 위반 등의 문제점을 지적하면서 위헌법률심판제청을 하여 온 이상, 헌법재판소로서는 그 법령을 해석하여 이에 대한 판단을 하여야 하고 법원은 그 판단을 전제로 당해사건을 재판하게 되는 것이므로, 위 각 규정은 그 해석에 의하여 당해 형사사건에의 적용 여부가 결정된다는 측면에서 재판의 전제성을 인정하여야 한다."

(3) 간접적으로 적용되는 법률

법률이 간접적으로 적용됨으로써 재판의 전제가 된다는 것은, 법률이 비록 당해사건에 직접 적용되는 것은 아니지만 그 법률의 위헌여부에 의하여 당해사건에 직접 적용되는 법률(법원에 의하여 심사되어야 하는 공권력행위의 직접적인 법적 근거규범)의 위헌여부가 결정되는 경우 또는 당해사건에 직접 적용되는 법규명령의 위헌여부가 그의 법적 근거인 수권법률의 위헌여부에 관한 판단에 달려있는 경우를 말한다.[32] 이러한 경우에는 간접적으로 적용되는 법률이나 당해사건에 직접 적용되는 법규명령의 수권법률에 대해서도 위헌제청이 가능하다.

헌법재판소는 당해재판에 직접 적용되는 시행령의 위헌여부가 *母法*인 위임법률의 위헌여부에 달려 있는 경우, 위임법률이 당해사건에 간접적으로 적용되는 것으로 판단하여 위임법률의 위헌여부에 대하여 재판의 전제성을 인정하고 있다.[33] 나아가, 헌법재판소는 '심판의 대상이 되는 법률은 법원의 당해사건에 직접 적용되는 법률인 경우가 대부분이겠지만, 당해재판에 적용되는 법률이라면 반드시 직접 적용되는 법률이어야 하는 것은 아니고, 양 규범 사이에 내적인 관련이 있는 경우에는 간접적으로 적용되는 법률규정에 대해서도 재판의 전제성을 인정할 수 있다'고 판시함으로써 '간접적으로 적용되는 법률'의 범위를 '당해사건에 직접 적용되는 법률과 내적인 연관관계 또는 불가분적 관계에 있는 법률'로 확대하고 있다.[34]

---

32) Vgl. Lechner/Zuck, BVerfGG, §80 Rn.7, 37; Dollinger, in: Umbach/Clemens/Dollinger, BVerfGG, 2005, §80 Rn.58; Ulsamer, in: Maunz/Schmidt-Bleibtreu, BVerfGG, §80 Rn.217, 243; Benda/Klein, Verfassungsprozeßrecht, 2001, Rn.839.

33) 헌재 1994. 6. 30. 92헌가18, 판례집 6-1, 557, 564, "제청신청인은 특별조치법 제5조 제4항 및 특별조치령 제29조에 의하여 수용당한 원래의 자기소유 토지에 관하여 특별조치법 제5조 제4항이 위헌임을 이유로 하여 대한민국을 상대로 소유권이전등기말소청구소송을 제기한 것이므로 특별조치법 제5조 제4항의 위헌 여부는 위 소송 재판에서의 승패 여부의 전제가 된다. 왜냐하면 상위법인 특별조치법 제5조 제4항의 위헌 여부는 하위법인 특별조치령의 위헌 여부 및 효력 유무의 전제가 되고 특별조치법 제5조 제4항에 대하여 위헌결정이 되면 자동적으로 이 위헌법률조항에 근거한 특별조치령도 위헌·무효가 되고 아울러 위헌무효인 특별조치령에 근거한 수용처분도 위헌무효가 될 수 있기 때문이다. 따라서 특별조치법 제5조 제4항은 당연히 위헌여부심판의 대상이 되어야 한다."; 헌재 2000. 1. 27. 99헌바23, 판례집 12-1, 62, 71, 요양급여에 관하여 정하고 있는 의료보험법 제29조 제3항에 대한 위헌소원 사건에서, 청구인이 의료보험법 제29조 제3항 및 이에 근거한 보건복지부의 '의료보험요양급여기준 및 진료수가기준, 지정진료에 관한 규칙'에 위반하여 금원을 편취하였다는 사실로 기소되어 서울지방법원에 재판 계속 중이고, 의료보험법 제29조 제3항이 위 당해사건의 재판에 간접적으로 적용되고 있으며, 심판대상 법조항의 위헌여부에 따라 당해사건을 담당하는 법원이 다른 내용의 재판을 하게 되는 사실이 인정되므로, 이 사건 심판청구는 재판의 전제성 요건을 갖춘 것이라고 판시하였다.

34) 헌재 1996. 10. 31. 93헌바14, 판례집 8-2, 422, 429-430, "청구인들에 대한 공소장에는 적용법조로 직업안정법 제10조 제1항만 기재되어 있고 제10조 제2항은 기재되어 있지 아니 하나, 청구인들은 제10조 제1항이 헌법에 위반된다는 중요한 이유로서 제10조 제2항에서 허가요건을 법률로 규정하지 않고 대통령령에 위임을 하고 있는 것이 위임입법의 한계를 벗어나 위헌이라고 주장하고 있으므로 이 사건에서 제10조 제1항의 위헌 여부는 제10조 제2항의 위헌 여부와 불가분적인 관계에 있다고 할 것이어서 제10조 제2항도 재판의 전제성이 있다."; 또한, 헌재 2001. 1. 18. 2000헌바7, 판례집 13-1, 100, 108, 구 이자제한법중개정법률 등 위헌소원 사건에서, 이자제한법폐지법률과 이자의 최고한도를 연 4할로 정한 이자제한법개정법률이 무효로 선언된다면 1962년 제정 당시의 이자제한법이 되살아나 당해사건에 적용될 것이므로 개정법률과 폐지법률은

라. 법률의 위헌여부에 따라 당해법원이 다른 내용의 재판을 하게 되는 경우일 것

여기서 다른 내용의 재판을 하게 되는 경우라 함은, 법원이 심리중인 당해사건의 재판의 결론이나 주문에 어떤 영향을 주는 경우뿐만 아니라, 문제된 법률의 위헌여부가 비록 재판의 주문 자체에는 아무런 영향을 주지 않는다고 하더라도 재판의 내용과 효력에 관한 법률적 의미가 달라지는 경우도 포함된다.[35)]

(1) 법률의 위헌여부에 따라 판결의 주문이 달라지는 경우

법률의 위헌여부에 따라 법원이 "다른 내용의" 재판을 하게 되는 경우라 함은 원칙적으로 제청법원이 심리 중인 당해사건에서 법률이 위헌일 때에는 합헌일 때와 다른 판단을 할 수밖에 없는 경우, 즉 판결의 주문이 달라지는 경우를 말한다.[36)] 예컨대, 간통죄의 혐의로 공소가 제기된 형사사건에서 간통죄 규정의 위헌여부에 따라 형사사건의 유·무죄가 결정되는 경우가 이에 해당한다.

(2) 법률의 위헌여부에 따라 재판의 내용과 효력에 관한 법률적 의미가 달라지는 경우

법률의 위헌여부가 비록 재판의 주문 자체에는 아무런 영향을 주지 않는다고 하더라도 '재판의 내용과 효력에 관한 법률적 의미가 달라지는 경우'에는 예외적으로 재판의 전제성이 인정될 수 있다.

법원이 무죄 등을 선고하면 구속영장은 효력을 잃지만 검사가 사형, 무기 등 중형을 구형하는 경우에는 예외로 한다는 형사소송법규정에 대하여 법원이 위헌제청을 한 사건에서, 헌법재판소는 법률의 위헌여부에 따라 비록 판결주문의 형식적 내용이 달라지는 것은 아니라 하더라도, '무죄판결이 구속영장의 효력을 상실시키는 효력을 가지는지 여부'와 관련하여 그 판결의 실질적 효력에 차이가 있게 되는 것이므로, 재판의 전제가 되어 재판의 전제성이 인정된다고 판시하였다.[37)] 헌법재판소는 위 결정에서 "재판의 내

위 제정 당시의 이자제한법이 적용되는 것을 막고 있다는 의미에서 간접적으로나마 당해사건에 적용된다고 볼 수 있으므로, 재판의 전제성은 인정된다고 판시하였다.

35) 헌재 1993. 12. 23. 93헌가2, 판례집 5-2, 578, 587; 헌재 2000. 6. 29. 99헌바66등, 판례집 12-1, 848, 864.

36) Vgl. Ulsamer, in: Maunz/Schmidt-Bleibtreu, BVerfGG, §80 Rn.217.

37) 헌재 1992. 12. 24. 92헌가8(重刑 求刑 時 석방제한 사건), 판례집 4, 853, 866, "(형사소송)법 제331조 단서규정의 위헌여부에 따라 형사판결의 주문 성립과 내용 자체가 직접 달라지는 것은 아니지만 만약 위 규정이 위헌으로 법적 효력이 상실된다면 이 법 제331조 본문의 규정이 적용되어 제청법원이 무죄 등의 판결을 선고하게 될 경우에 그 판결의 선고와 동시에 구속영장의 효력을 상실시키는 재판의 효력을 가지게 되며, 이와는 달리 이 단서 규정이 합헌으로 선언되면 검사로부터 피고인들에 대하여 징역 장기 10년의 구형이 있는 위 피고사건에 있어서 당해사건을 담당하는 법원의 판결만으로는 구속영장의 효력을 상실시키는 효력을 갖지 못하게 되는 결과로 인하여 그 재판의 효력과 관련하여 전혀 다른 효과를 가져오는 재판이 될 것이다. 따라서 법 제331조 단서규정의 위헌여부는 … 관련사건의 그 재판주문을 결정하고 기판력의 내용을 형성하는 그 자체에 직접 영향을 주는 것은 아니라 할지라도 그 재판의 밀접 불가결한 실질적 효력이 달라지는 구속영장의 효력에 관계되는 것이어서 재판의 내용이나 효력 중에 어느 하나라도 그에 관한 법률적 의미가 전혀 달라지는 경우에 해당하는 것이므로 재판의 전제성이 있다고 할 것이다."

용이나 효력 중에 어느 하나라도 그에 관한 법률적 의미가 달라지는 경우에는 재판의 전제성이 있는 것으로 보아야 한다."고 판시하고 있다.[38)]

2. '재판의 결론을 이끌어 내는 이유를 달리하는 데 관련되어 있는 경우'의 재판의 전제성여부

가. 헌법재판소의 판례

(1) 헌법재판소는 "법원이 '다른 내용'의 재판을 하게 되는 경우라 함은 원칙적으로 법원에 계속중인 당해사건의 재판의 주문이나 결론에 어떠한 영향을 주는 것이어야 하나, 비록 재판의 주문 자체에는 아무런 영향을 주지 않는다고 하더라도 문제된 법률의 위헌여부에 따라 재판의 결론을 이끌어내는 이유를 달리 하는 데 관련되어 있거나 재판의 내용과 효력에 관한 법률적 의미가 달라지는 경우이어야 한다."고 판시함으로써, 법률의 위헌여부가 재판의 주문 또는 내용이나 효력에 영향을 미치지 않으면서, "재판의 결론을 이끌어 내는 이유를 달리하는 데 관련되어 있는 경우"에도 재판의 전제성이 있다고 판시한 바 있다.[39)]

그러나 이러한 요건이 구체적으로 의미하는 바가 무엇인지는 불분명하며, 헌법재판소가 그와 같은 이유로 재판의 전제성을 인정한 예도 없는 것으로 보인다. 재판의 결론을 이끌어 내는 이유를 달리하는 경우에도 재판의 전제성을 인정한다면, 법원이 헌법재판소에 위헌제청을 할 필요가 없이 당해사건을 해결할 수 있는 경우에도 재판의 전제성을 인정하는 결과에 이르게 되므로, 이와 같이 재판의 전제성요건을 무제한적으로 확대하는 것은 적법요건으로서의 '재판의 전제성'을 사실상 무의미하게 만드는 것이다.[40)] '법률의 위헌여부에 따라 재판의 주문을 이끌어내는 이유가 달라지는 경우'만으로는 '다른 내용의 재판'에 해당한다고 할 수 없으므로, 재판의 전제성을 인정할 수 없다.[41)]

(2) 헌법재판소가 어떠한 이유에서 위와 같은 경우를 재판의 전제성이 인정되는 경우로 포함시켰는지는 알 수 없으나, 헌법재판소의 이러한 판시내용은 아마도 독일 연방헌법재판소의 판례를 참고하는 과정에서 이를 잘못 이해한 것에서 비롯되었다고 판단된다.[42)] 독일 연방헌법재판소는 '법률의 위헌여부에 따라 판결이유를 달리하거나 재판의

38) 한편, 헌법재판소는 헌재 2004. 9. 23. 2002헌바16 사건에서도 "설사 그렇지 않더라도 그 재판의 이유를 달리함으로서 재판의 내용과 효력에 관한 법률적 의미가 달라지는 경우"에 해당한다고 언급하고 있으나, 위 사건은 헌법재판소가 스스로 인정하고 있는 바와 같이, 일차적으로 법률의 위헌여부에 따라 재판의 주문이 달라지는 경우에 해당한다.

39) 헌재 1993. 11. 25. 92헌바39; 헌재 1992. 12. 24. 92헌가8.

40) 헌법재판소의 이러한 판례에 대한 비판으로는 최희수, 헌법재판소결정의 중요이유의 기속력에 관한 연구, 공법연구 제33집 제1호, 2004. 11. 452면; 이부하, 한국과 독일의 구체적 규범통제제도간 비교, 헌법학연구 제15권 제4호, 2009. 12. 373면 이하; 정종섭, 헌법소송법, 2005, 183면.

41) 같은 취지로 김주현, 재판의 전제성에 관한 고찰, 헌법논총 제8집(1997), 168면 이하; 신평, 헌법재판법, 2007, 301면.

내용과 효력에 관한 법률적 의미가 달라지는 경우'가 아니라, "법률의 위헌여부에 따라 판결의 주문은 달라지지 않지만 판결이유가 달라지고 그에 따라 판결의 내용과 효력에 관한 법적 의미가 달라지는 경우"에 한하여 재판의 전제성을 인정하고 있다.

헌법재판소는 '재판의 전제성이 인정되는 경우'를 첫째, 법률의 위헌여부에 따라 판결주문이 달라지는 경우, 둘째, 법률의 위헌여부에 따라 판결주문이 달라지는 것은 아니지만 판결이유가 달라지는 경우, 셋째, 법률의 위헌여부에 따라 판결주문이 달라지는 것은 아니지만 재판의 내용과 효력에 관한 법적 의미가 달라지는 경우의 3가지 부류로 구분하고 있는데, 두 번째 경우와 세 번째 경우를 분리한 것은 연방헌법재판소의 판례를 받아들이는 과정에서 범한 오류로서, 두 번째 경우와 세 번째 경우는 통합하여 하나의 경우로 보아야 한다.

나. 법률의 위헌여부에 따라 판결의 이유를 달리함으로써 재판의 내용과 효력에 관한 법적 의미가 달라지는 경우

(1) 독일 연방헌법재판소는 법률의 위헌여부에 따라 판결의 주문은 달라지지 않지만 판결이유가 달라지고 그에 따라 판결의 내용과 효력에 관한 법적 의미가 달라지는 경우에는 예외적으로 재판의 전제성을 인정하고 있다. 이러한 경우는 원칙에 대한 예외에 해당하는 것이지만, 연방헌법재판소는 이러한 예외를 상당히 폭넓게 허용하고 있다.

연방헌법재판소는 "판결이유를 선택적으로 구성할 수 있다는 것이 곧 제청의무를 야기하는 것은 아니다. 다만, 주요 판결이유를 선택적으로 구성할 수 있어서 판결의 기판력의 효력이 불확실하고 이러한 이유로 당해사건 당사자들 사이에 장래의 행위에 관하여 또 다른 법적 분쟁이 예상될 수 있는 경우에는 법관의 위헌제청의무가 존재한다."고 판시하여 이러한 예외적 요건의 적용범위를 한정하고 있다.[43]

(2) 일차적으로, 법률의 위헌여부에 따라 판결의 주문은 달라지지 않지만 판결이유가 달라진다는 이유로 위헌제청을 하는 것이 원칙적으로 허용되는지의 문제가 규명되어야 한다.

법원이 당해사건에 적용되는 법률을 위헌으로 간주하는 상황에서 당해사건의 원고가 법률이 정하는 요건을 충족시키지 못한 경우에는, 법원은 당해사건의 당사자가 법률요건을 충족시키지 못하였다는 사실적인 이유에서 기각판결을 함으로써 법률의 위헌여부에 관한 문제를 미해결의 문제로 남겨야 하는 것인지 아니면 법률의 위헌여부에 따라 판결주문은 달라지지 않지만 판결이유를 선택적으로, 즉 원고가 법률요건을 충족시키지 못하였다는 '사실적인 이유'로 또는 법률이 위헌이라는 '법적인 이유'로 구성함으로써,

42) 이에 관하여 아래 Ⅲ. 2. 나. 독일 연방헌법재판소의 판례를 소개한 부분 참조할 것.
43) Vgl. BVerfGE 47, 146, 161ff., 165.

판결이유가 달라진다는 이유로 위헌제청을 할 수 있는지의 문제가 제기된다. 예컨대, 간통죄로 기소된 형사사건에서 피고인이 간통죄의 구성요건을 충족시키지 못하는 경우에 간통죄의 구성요건을 충족시키지 못하였다는 이유로 무죄판결을 해야 하는지 아니면 간통죄의 위헌여부에 따라 – 합헌일 때에는 피고인이 간통죄의 구성요건을 충족시키지 못하여 무죄이고, 위헌일 때에는 당해사건에 적용되는 근거규범이 위헌이기 때문에 무죄라는 형태로 – 판결의 이유가 달라진다는 이유로 위헌제청을 할 수 있는지의 문제이다.

재판의 전제성 판단은 원칙적으로 법률의 위헌여부에 따라 판결이유가 아니라 판결주문이 달라지는지 여부에 달려있다. 판결이유는 그 자체로서 법원의 결정이 아니기 때문에, 법률의 위헌여부에 따라 판결이유가 달라진다는 주장만으로는 위헌제청을 할 수 없다.[44] 구체적 규범통제절차는 당해소송의 재판을 위한 것이므로, 법원의 위헌제청은 구체적 소송사건에 대한 재판을 위하여 불가결한 경우에만 정당화된다. 제청법원이 위헌이라고 간주하는 법률을 적용하지 아니하고도 법적 분쟁에 대한 재판을 할 수 있는 가능성을 가지고 있다면, 이러한 경우 법률의 위헌여부는 당해사건의 재판을 위한 선결문제가 아니므로, 재판의 전제성은 인정되지 않는다. 이러한 경우에 대해서도 재판의 전제성을 인정한다면, 법원이 당해사건의 재판을 위하여 법률의 위헌여부에 관한 해명을 필요로 하지 않음에도 헌법재판소가 법률의 위헌여부를 판단하게 됨으로써, 심판의 요건인 재판의 전제성요건을 무력화시키고 구체적 구범통제의 본질을 훼손하게 된다. 따라서 법률의 위헌여부에 따라 판결의 주문은 달라지지 않지만 판결이유가 달라지는 경우, 위헌제청은 원칙적으로 허용되지 않는다.

법원이 판결이유가 다르다는 이유로 위헌제청을 할 수 있기 위해서는, 이를 정당화하기 위한 또 다른 요소가 부가적으로 추가되어야 한다. 법원이 판결이유가 다르다는 이유로 위헌제청을 할 수 있는지 여부는, 판결이유가 달라짐으로써 그로부터 다른 내용과 효력의 재판이라는 결과가 나올 수 있는지의 판단에 달려있다. 즉, 법원이 법률의 위헌여부에 따라 선택적으로 판결이유를 구성할 수 있어 판결이유가 달라지는 경우 위헌제청을 할 수 있는지 여부는, 법원의 판결이 판결이유의 선택적인 구성 가능성에도 불구하고 문제되는 법적 상황을 최종적으로 해결할 수 있는지의 판단에 달려있다.[45]

(3) 당해사건의 사실관계가 과거에 발생하여 그 자체로서 종결되었고 선택적으로 구성할 수 있는 이유가 단지 이러한 사실관계의 상이한 법적 판단에 국한되는 경우, 이로써 문제되는 법적 상황을 최종적으로 해결할 수 있는 경우에는, 법률의 위헌여부에 따라 판결이유를 선택적으로 구성할 수 있다 하더라도 법원은 위헌제청을 할 수 없다.[46]

44) Vgl. BVerfGE 44, 297, 300.
45) Vgl. BVerfGE 47, 146, 161, 164f.
46) Vgl. BVerfGE 14, 308, 311; 10, 258, 261; Ulsamer, in: Maunz/Schmidt-Bleibtreu, BVerfGG, §80 Rn.247b.

이러한 경우로는, 피고인이 위헌으로 간주되는 형법규정의 구성요건을 충족시키지 못하였다는 이유로 무죄를 선고하는 형사법원의 재판 및 과거에 발생하여 그 자체로서 종결된 사실관계의 판단이 문제되는 행정법상의 분쟁을 예로 들 수 있다.

예컨대, 간통죄로 기소된 형사사건에서 피고인이 간통죄의 구성요건을 충족시키지 못하는 경우에는 간통죄의 위헌여부에 따라 판결주문이 달라지지도 않을 뿐만 아니라, 법률이 합헌일 때와 위헌일 때에 판결이유가 – 합헌일 때에는 피고인이 간통죄의 구성요건을 충족시키지 못하여 무죄이고, 위헌일 때에는 당해사건에 적용되는 근거규범이 위헌이기 때문에 무죄라는 형태로 – 달라진다 하더라도, 이러한 이유로 위헌제청을 할 수 없다. 이러한 경우는 '판결이유가 달라짐으로써 그로부터 다른 내용과 효력의 재판이라는 결과가 발생할 수 있는 경우'가 아니라 '재판이 문제되는 법적 상황을 최종적으로 해결할 수 있는 경우'에 해당하므로, 법원은 위헌제청을 해야 하는 것이 아니라, 피고인이 간통죄의 구성요건을 충족시키지 못하였다는 이유로 무죄선고를 해야 한다. 이러한 경우에는 무죄판결이 어떠한 이유에 기인하는 것인지에 관하여 설사 당해사건의 당사자인 피고인이 알지 못한다 하더라도, 피고인에게 어떠한 불이익도 미치지 않는다.

(4) 이에 대하여, 법원이 법률의 위헌여부에 따라 판결이유를 선택적으로 구성할 수 있기 때문에, 그 결과 판결의 기판력이 불투명하여 당사자들의 향후 행동과 관련하여 법적인 다툼이 예견되는 경우, 특히 문제되는 법적 상황이 법원의 재판에 의하여 최종적·확정적으로 규명되지 못하는 경우에는, 예외적으로 법원의 위헌제청이 가능하다.[47] 법원의 판결이 당사자(일반적으로 국가와 개인) 간의 장래의 법적 관계에 영향을 미치기 때문에 실체적 기판력이 장래에 있어서도 당사자의 행위를 구속하는 경우에는, 장래에 대한 판결의 효력 때문에 법원이 선택적으로 이유를 구성하여 기각판결을 내리는 가능성이 제한되어야 한다.[48]

예컨대, 원고인 핵발전소 운영자가 관할행정청의 허가거부처분의 취소를 구하는 행정소송사건에서 원고가 법률이 정한 허가요건을 충족시키지 못한 경우, 당해법원은 허가요건을 정하고 있는 법률이 합헌인 때에는 원고가 허가요건을 충족시키지 못하였다는 이유로 기각판결을 해야 하고, 위 법률이 위헌인 때에는 그 근거법률이 사라짐으로써 기각판결을 해야 하므로, 법률의 위헌여부에 따라 판결주문이 달라지는 것은 아니다. 그러나 법률의 위헌여부에 따라 기각판결이 법률의 위헌성에 기인하는 것인지 아니면 당해사건의 당사자가 법률요건을 충족시키지 못한 것에 기인하는 것인지의 형태로 '기각판결의 이유'가 달라지고, 그에 따라 '판결의 내용과 효력에 관한 법적 의미'가 달라

47) Vgl. Ulsamer, in: Maunz/Schmidt-Bleibtreu, BVerfGG, §80 Rn.247a; Schlaich/Korioth, Das BVerfG, 2004, Rn.143; Benda/Klein, Verfassungsprozeßrecht, 2001, Rn.838.
48) Vgl. BVerfGE 13, 97, 103f.; 18, 353, 360.

지는 법적 상황이 발생한다.

위 사건에서 법원이 법률의 위헌여부에 따라 판결주문이 달라지지 않는다는 이유로 기각판결을 내리는 경우에는 법원의 기각판결에 의하여 법적 상황이 최종적으로 규명되지 않는다. 핵발전소의 운영자는, 허가요건을 정하고 있는 법률에 따라 자신이 추가적인 안전조치를 취해야 하는지 아니면 그 법률이 위헌인지에 관하여 사전에 법원으로부터 파악할 수 있어야 하고, 법원은 이에 관하여 판단해 주어야 한다. 늦어도 핵발전소의 운영자가 법률이 정한 허가요건을 충족시키는 때에는 법률의 위헌여부가 재판의 전제가 됨으로써 사후적으로 위헌제청이 가능해지기 때문에, 장래에 있어서 당사자들 사이에 또 다른 법적 분쟁을 야기하게 된다.

따라서 당사자 간의 장래의 법적 관계에 있어서 변화가 예상되고 당사자들이 법원의 판결내용에 자신들의 행위를 맞추어야 하는 경우에는, 법관은 선택적으로 이유를 구성하여 기각판결을 할 것이 아니라 위헌제청을 해야 한다. 이러한 경우, 법원이 선택적으로 이유를 구성하여 기각판결을 내린다면, 법적 평화를 궁극적으로 회복할 수 없고, 무엇이 기판력을 가지고 판단되었는지에 관한 불확실성과 당사자들 사이에 또 다른 법적 분쟁을 야기할 것이기 때문이다.[49]

3. 위헌제청의 필요성이 재판의 전제성요건의 심사에서 고려되어야 하는지의 문제

재판의 전제성요건과 관련하여 제기되는 핵심적인 문제는, 헌법재판소가 법원의 위헌제청요건이자 위헌법률심판의 적법요건인 ‘재판의 전제성’요건을 어느 정도로 심사해야 하는지의 문제이다. 재판의 전제성을 어떻게 이해해야 할 것인지, 재판의 전제성요건에 대한 심사기준을 엄격하게 또는 완화하여 적용해야 할 것인지에 관하여 ‘헌법재판소가 재판의 전제성요건을 완화하고 예외를 폭넓게 인정하여 적극적으로 헌법재판을 해야 한다는 견해’[50]와 ‘헌법재판소라 할지라도 제청법원에 계속중인 구체적 쟁송사건을 해결하는 데 직접적이고 반드시 필요한 법률이 아니라면 그 위헌여부를 심판할 수 없다는 견해’[51]가 서로 대립하고 있다.

---

49) Vgl. BVerfGE 47, 146, 166.

50) 박승호, 위헌법률심판에서 재판의 전제성, 안암법학 제3집, 215면 이하, 헌법재판소가 ‘일반적인 중요성’을 기준으로 재판의 전제성에 대한 예외를 인정하는 것이 바람직하다고 한다.; 김학성, 재판의 전제성에 관한 연구, 공법학의 현대적 지평, 심천 계희열교수 화갑기념논문집, 1995. 11. 354면 이하, 헌법재판소는 객관적 헌법의 유지와 수호의 기능을 담당하므로 법원의 제청요건으로서의 재판의 전제성과는 달리 독자적으로 심판요건으로서의 재판의 전제성을 인정하여 적극적으로 위헌심사를 해야 한다고 주장한다.; 조병륜, 위헌법률심판의 기능과 재판의 전제성, 고시연구, 1997. 8. 28면 이하도 헌법재판적극주의가 우리 헌법재판소의 기능에 부합한다고 한다.; 또한, 헌재 1993. 7. 29. 92헌바48 결정 중에서 재판관 이시윤, 재판관 김양균의 반대의견, 재판의 전제성을 지나치게 좁히면 국민의 헌법재판에의 접근권을 형해화한다는 점에서 바람직하지 않다고 한다.

51) 최광률, 위헌법률심판의 제청절차, 법조 1989. 7. 72면 이하; 헌재 1989. 7. 14. 88헌가5등 결정 중 재판관 최광률의 반대의견, 판례집, 1, 69, 108-109, “위헌법률심판절차에 있어서 재판의 전제성과 심판의 필요성은

헌법재판소는 위헌제청의 필요불가결성 요건을 완화하고 재판의 개념에 중간재판까지 포함되는 것으로 판단하여 전반적으로 재판의 전제성요건을 현저하게 완화함으로써, 가능하면 법관의 위헌법률심판제청을 용이하게 하고자 하는 경향을 엿볼 수 있다.[52] 헌법재판소가 재판의 전제성에 관한 심사를 완화한 것은, 아마도 우리 헌법재판의 역사에서 오랫동안 제 구실을 하지 못하였던 위헌법률심판제도를 활성화함으로써 새로 출범한 헌법재판소의 위상을 확고히 하고 헌법재판에 대한 국민의 기대에 부응하고자 하는 의도에 기인하는 것으로 보인다.

가. '위헌제청의 必要不可缺性'을 내포하는 개념으로서 '재판의 전제성'

법률의 위헌여부가 재판의 전제가 된다는 것은, 법률의 위헌여부가 구체적인 쟁송사건의 해결을 위하여 필요불가결한 선결문제가 되어야 한다는 것을 의미한다. 즉, '재판의 전제성'이란 법률의 위헌여부를 판단해야 할 필요성에 관한 문제, 곧 '재판상의 必要不可缺性'이라고 할 수 있다. 위헌제청과 위헌법률심판의 필요불가결성의 관점은 이미 '재판의 전제성' 개념에 내포되어 있다. 구체적 규범통제로서의 위헌법률심판의 본질상, 법원에 의한 위헌제청과 헌법재판소에 의한 심판의 필요성이 인정되는 경우에만, 법률의 위헌여부는 당해재판의 선결문제가 될 수 있기 때문이다.

위헌제청의 필요불가결성은 구체적 규범통제의 본질에 속하는 것이다. 법률의 위헌여부에 관한 판단이 구체적 쟁송사건의 해결을 위하여 반드시 필요한 경우에 한하여 이루어져야 한다는 것은 미국식 부수적 규범통제 및 독일·오스트리아식의 구체적 규범통제에 있어서 기본원칙에 속한다.[53] 헌법 제107조 제1항의 의미는, 법원이 구체적인 재판에 적용되는 법률조항을 위헌이라고 간주하기 때문에 단지 그러한 이유로 인하여 당해재판에서 종국적인 판단을 내릴 수 없다면, 법원은 재판절차를 정지하고 위헌제청을 함으로써 헌법재판소에 법률의 위헌여부에 관한 결정을 구해야 한다는 것이다.

구체적 규범통제절차는 당해소송의 재판을 위한 것이므로, 법원의 위헌제청은 구체

법원의 헌법재판소에 대한 제청요건인 동시에 존속요건이며, 헌법재판소의 결정요건이 된다. 따라서 이러한 요건의 어느 하나라도 결여하는 때에는 제청법원의 제청행위 자체가 부적법한 것이 되고 이에 대한 헌법재판소의 위헌심사가 불가능하게 된다. 특히 위에 든 2가지 요건 중 후자의 '심판의 필요성'은, 서독형의 헌법재판소제도를 채택하는 나라에 있어서는 '재판상의 필요성'이라고 하여 제청법원의 제청은 물론 헌법재판소의 결정에 있어서 반드시 요구되는 절차요건으로 강조되고 있으며, 미국형의 사법심사제도를 채택하는 나라에 있어서도 '필요의 원칙'이라고 하여 헌법판단의 기본원칙 중 하나로써 인정되고 있다. 따라서 위헌법률심판에 있어서는 이러한 심판의 필요성이 전제요건이 되기 때문에, 아무리 헌법재판소라고 할지라도 제청법원에 계속 중인 구체적 쟁송사건을 처리하는데 직접적이고 절대적으로 필요한 법률 또는 법률조항이 아니면 그 위헌여부를 심판할 수 없다."; 또한, 같은 결정에서 재판관 한병채, 재판관 김양균의 반대의견; 김주원, 위헌심판제청요건, 헌법재판자료 제3집, 1990, 210면.

52) 이러한 경향을 찬성하는 견해로 가령, 이석연, 헌법소송의 이론과 실제, 1992, 133면.

53) 최광률, 위헌법률심판의 제청절차, 법조 1989. 7. 72면 이하; 김시철, 위헌법률심판에 관한 몇 가지 논의, 헌법논총 제16집(2005), 190면.

적 소송사건에 대한 재판을 위하여 불가결한 경우에만 정당화된다. 제청법원이 위헌이라고 간주하는 법률을 적용하지 아니하고도 법적 분쟁에 대한 재판을 할 수 있는 가능성을 가지고 있다면, 재판의 전제성은 존재하지 않는다.[54] 법원은 위헌제청을 하기 전에 사실관계의 규명과 법률해석을 통하여 문제되는 법률이 당해사건에 적용되는 법률인지에 관하여 판단해야 하고, 이로써 위헌제청이 불필요해질 수 있는지 여부를 판단해야 한다.

뿐만 아니라, 법관이 당해사건에 적용되는 법률에 대하여 위헌의 의심을 가지고 있다 하더라도, 법률을 헌법과 합치하는 방향으로 해석할 수 있기 때문에 이러한 방법으로 법률에 대한 위헌확인을 피할 수 있는 경우에는 위헌제청을 할 수 없다.[55] 따라서 법원은 위헌제청을 하기 전에 법률을 헌법합치적으로 해석함으로써 법률의 위헌성을 제거할 수 있는지, 이로써 '합헌적 법률해석'을 판결의 기초로 삼을 수 있는지 여부를 스스로 검토해야 한다.

구체적 규범통제의 영역에서도 헌법재판소의 심판은 보충적이며, 헌법소송의 보충성은 구체적 규범통제의 경우에는 '재판의 전제성'의 형태로 나타난다.[56] 위헌제청이 불가결한 경우에만 정당화된다는 것은 법적 분쟁의 신속한 해결을 요청하는 당해사건 당사자의 이익에도 기여하는 것이다. 법관의 위헌제청은 재판의 정지를 가져옴으로써 재판의 지연을 의미하기 때문이다.[57] 따라서 재판의 전제성요건에 대한 심사에 있어서 어느 정도 엄격한 기준이 적용되어야 한다는 것은, 헌법상 재판청구권의 요청이기도 하다. 헌법 제27조의 재판청구권은 헌법재판소에 위헌제청을 함으로써 재판이 지연되는 것을 가급적 억제할 수 있도록 법적 분쟁을 다룰 것을 법관에 대하여 요청한다.

나. 재판의 전제성 판단을 위한 전제조건으로서 법원의 사실인정과 법률해석

(1) 위헌제청의 필요성과 관련하여 일차적으로 제기되는 문제는, 재판의 전제성에 대한 법원의 판단이 아직 성숙하지 않은 단계에서 법원이 위헌제청을 할 수 있는지 여부에 관한 것이다. 이러한 문제는 곧 법원이 언제 위헌제청을 할 수 있는지에 관한 '제청시기'의 문제를 의미한다. 예컨대, 간통죄의 혐의로 공소가 제기된 형사사건에서 당해법원의 법관이 평소에 간통죄조항에 대하여 위헌의 확신을 가지고 있는 경우, 사실심리가 어느 정도 진행되지도 않은 상황에서 위헌제청을 할 수 있는지 하는 것이다.

---

54) Vgl. BVerfGE 64, 251, 254; Dollinger, in: Umbach/Clemens/Dollinger, BVerfGG, 2005, §80 Rn.242, 262ff., 274; Schlaich/Korioth, Das BVerfG, 2004, Rn.144.

55) Vgl. Dollinger, in: Umbach/Clemens/Dollinger, BVerfGG, 2005, §80, Rn.217; Schlaich/Korioth, Das BVerfG, 2004, Rn.137.

56) 같은 취지로, 김학성, 재판의 전제성에 관한 연구, 공법학의 현대적 지평, 심천 계희열교수 화갑기념논문집, 1995. 11. 353면.

57) Vgl. BVerfGE 78, 165, 178.

일반적으로 재판의 전제성에 관한 확실한 판단은 재판절차에서 증거조사와 구두변론 등을 통하여 사실관계가 확정되고 소송법적·실체적 법적 상황이 규명된 때에야 비로소 가능하다. 사실인정과 법률해석 없이는 당해 법률의 적용여부를 판단할 수 없기 때문에, 당해 법률이 법원의 구체적인 사건에 적용되는지 여부를 판단하기 위해서는 사실인정과 법률해석이 선행되어야 한다.[58] 이러한 점에서, 제청법원은 필요한 증거조사를 실시하고 게다가 구두변론을 한 후에야 비로소 재판의 전제성이 존재하는지 여부를 확실하게 판단할 수 있는 경우가 일반적이다. 문제되는 법률조항이 당해사건에 적용되지 않는다는 사실이 증거조사를 통하여 밝혀질 수도 있으며, 이로써 법률의 위헌여부가 더 이상 재판의 전제가 아니라는 결론에 이르게 될 수도 있다.[59]

가령, 간통죄의 혐의로 공소가 제기된 형사사건에서 피고인이 간통죄의 구성요건을 충족시키지 않은 경우에는 설사 법원이 간통죄에 대하여 위헌의 의심을 가지고 있다 하더라도 간통죄의 위헌여부를 심사해 달라고 헌법재판소에 제청할 수 없다. 왜냐하면, 이러한 경우에는 간통죄규정이 위헌일 때뿐만 아니라 합헌일 때에도 법원이 무죄선고를 해야 하므로, 법률의 위헌여부에 따라 재판의 결과가 달라지는 경우에 해당하지 않기 때문이다. 이러한 경우에는 법원은 위헌제청을 할 수 없고, 당해사건에서 즉시 무죄선고를 해야 한다. 그러므로 간통죄규정에 대하여 위헌의 의심을 가지기 때문에 위헌제청을 하고자 하는 법관은 법률의 위헌여부에 따라 재판의 결과가 달라지는지를 확인하기 위하여, 일차적으로 증거조사를 통하여 사실관계를 확인해야 하고, 그 결과 피고인이 간통죄의 요건을 충족시킨 경우에 비로소 법관은 간통죄의 위헌여부에 대한 심사를 제청할 수 있다.

따라서 법원에 계속중인 구체적인 사건의 심리가 어느 정도 진행되어 그 사건의 재판에 적용되는 법률의 윤곽이 밝혀지고 그 위헌여부에 따라 재판의 결과가 달라질 수 있는 가능성이 인정되는 단계에서 법원은 위헌제청을 해야 한다.[60] 당해사건의 실체법적·소송법적 상황을 근거로 하여 법률의 위헌여부가 재판의 전제가 되는지 여부에 관한 판단이 아직 확실하지 않은 경우, 법원은 위헌제청을 해서는 안 된다.[61] 재판의 전제성여부에 관한 판단을 할 수 있는 단계에 이르지 않은 상태에서 이루어지는 법원의 위헌제청은 허용되지 않는다. 재판의 전제성에 관한 판단이 증거조사를 통해서만 가능하다면, 법원은 증거조사를 해야 한다. 당해소송절차에서 증거조사를 통하여 사실관계를 인정하기 전에 하는 위헌제청은 전제성의 요건을 결여한 것으로 보아야 한다.[62] 법

58) 김주현, 재판의 전제성에 관한 고찰, 헌법논총 제8집(1997), 156면.
59) 예를 통하여 이와 같은 취지를 설명하고 있는 것으로 Schlaich/Korioth, Das BVerfG, 2004, Rn.140.
60) 최광률, 위헌법률심판의 제청절차, 법조 1989. 7. 74면.
61) Vgl. Ulsamer, in: Maunz/Schmidt-Bleibtreu, BVerfGG, §80 Rn.217.
62) 조병훈, 위헌법률심판제청의 요건, 헌법문제와 재판(下), 법관세미나자료, 1996, 837면; 최광률, 위헌법률심판

관의 제청은 제청법원에게 증거조사의 수고를 덜어주지도 않으며, 구두변론을 불필요한 것으로 만들지도 않는다.[63] 법원은 번거로운 증거조사나 사실심리의 수고를 덜기 위하여 위헌제청을 할 수 없다.[64]

(2) 참고로, 독일 연방헌법재판소의 판례에 의하면, 위헌제청의 대상이 되는 헌법적 문제가 공익에 대하여 일반적이고 근본적인 의미를 가지고 있기 때문에 그에 대한 해명이 긴급성을 요하는 경우에는, 예외적으로 재판의 전제성여부를 확인하기 위한 증거조사가 불필요할 수 있다.[65] 독일 학계의 일각에서는 객관적 절차인 '위헌법률심판'과 주관적 절차인 '헌법소원심판'의 상이한 기능과 목적에 비추어, 헌법소원심판에서 보충성원칙에 대한 예외를 규정하는 독일연방헌법재판소법 제90조 제2항 제2문[66]의 유추해석에 근거한 연방헌법재판소의 이러한 판시내용이 법리적으로 타당한 것인지에 대하여 의문을 제기하기도 하나, 연방헌법재판소의 위 판례는 헌법소송법의 해석과 발전에 관한 헌법재판소의 권한의 범주에 속하는 것으로 간주되고 있다.[67]

다. 중간재판의 단계에서 위헌제청의 문제점

(1) 헌법재판소는 종국재판뿐만 아니라 중간재판, 특히 증거채택에 관한 재판에서도 위헌제청이 가능하다고 판시하고 있다.[68] 그러나 설사 중간재판이 위헌제청의 계기를 부여한다 하더라도, 재판절차의 진행에 따라 '문제되는 법률규정의 위헌여부'에 의하여 본안판단의 결과가 좌우되지 않는다는 결과에 이를 수 있기 때문에, 법률규정의 위헌여부가 단지 증거채부결정의 전제가 되는 경우에는 그 법률규정에 대하여 위헌제청을 할 수 있는 것인지에 대하여 의문이 제기된다.[69] 법원이 증거조사나 사실심리를 통하여 문제되는 법률의 위헌여부에 관한 판단 없이도 본안판단을 할 수 있다는 결과, 즉 법률의 위헌여부가 더 이상 재판의 전제가 아니라는 결론에 이를 수 있으므로, 증거채부결정의

의 제청절차, 법조 1989. 7. 77면.

63) Vgl. Dollinger, in: Umbach/Clemens/Dollinger, BVerfGG, 2005, §80, Rn.62, Lechner/Zuck, BVerfGG, §80 Rn.39; Ulsamer, in: Maunz/Schmidt-Bleibtreu, BVerfGG, §80 Rn..262ff.; Benda/Klein, Verfassungsprozeßrecht, 2001, Rn.831.

64) Vgl. BVerfGE 11, 330, 334f.; 34, 118, 127; 50, 108, 113.

65) Vgl. Ulsamer, in: Maunz/Schmidt-Bleibtreu, BVerfGG, §80 Rn.266; Schlaich/Korioth, Das BVerfG, 2004, Rn.150. 이에 관하여 또한 아래 Ⅲ. 4. 다. 서술 참조.

66) 독일연방헌법재판소법 제90조 제2항 제2문 "그러나 헌법소원이 일반적인 의미를 가지고 있거나 또는 청구인이 다른 구제절차를 경유한다면 청구인에게 중대하고 방지할 수 없는 손해가 발생하는 경우에는 연방헌법재판소는 다른 구제절차를 경유하지 아니하고 제기한 헌법소원에 대하여 즉시 결정할 수 있다."

67) Vgl. Dollinger, in: Umbach/Clemens/Dollinger, BVerfGG, 2005, §80 Rn.63.

68) 증거채부결정과 관련하여 헌재 1996. 12. 26. 94헌바1(공판기일전증인신문제도 사건), 판례집 8-2, 808, 818; 인지첩부를 명하는 보정명령과 관련하여 헌재 1994. 2. 24. 91헌가3, 판례집 6-1, 21, 30; 법원이 행하는 구속기간갱신결정과 관련하여 헌재 2001. 6. 28. 99헌가14(구속기간제한규정위헌제청 사건), 판례집 13-1, 1188, 1196.

69) 마찬가지로 이러한 의문을 제기하는 견해로는 김주현, 재판의 전제성에 관한 고찰, 헌법논총 제8집(1997), 142면; 김시철, 위헌법률심판에 관한 몇 가지 논의, 헌법논총 제16집(2005), 251면 이하 참조.

단계에서 이미 위헌제청을 허용하는 것은 재고해야 할 필요가 있다.

헌법재판소는 헌재 1996. 12. 26. 94헌바1 결정에서 증거채부에 관한 재판절차에서도 위헌제청을 할 수 있다고 판단하였다. 그러나 그 사안을 살펴보면, 피고인이 기소되기 전에 검사의 청구에 따라 목격자에 대한 증인신문이 실시된 다음, 검사가 제출한 '공판기일전 증인신문조서'를 본안사건의 담당법원이 증거로 채택하는 결정을 하였는데, 그 후 피고인은 위 증인신문의 근거법률인 형사소송법규정에 대하여 위헌제청신청을 하였다. 그러나 담당법원은 '공판기일전 증인신문조서'를 유죄의 증거로 사용하지 않더라도 다른 방법으로 유죄의 여부를 판단할 수 있으므로, 위 형사소송법규정의 위헌여부에 따라 본안판단의 내용이 좌우되지 않는다고 하여 피고인의 제청신청을 기각하였고(실질적으로는 각하결정), 이에 대하여 피고인이 헌법재판소법 제68조 제2항에 의한 헌법소원심판을 청구하였다. 법원의 위헌제청기각이유에서도 드러나듯이, 위 사건에서 문제가 된 공판기일전 증인신문조서는 유죄의 증거로 사용되지 아니하였다.

(2) 한편, 독일연방헌법재판소는 종국재판(Endentscheidung)뿐만 아니라 재판절차 중의 모든 결정이 위헌제청의 계기를 부여하기에 적합하지만, 중간재판(Zwischenentscheidung)의 경우에는 단지 예외적으로만 위헌제청이 가능하다고 판단하고 있다.[70] 재판절차가 진행됨에 따라 문제되는 법률의 위헌여부의 규명이 당해소송사건의 해결을 위하여 더 이상 필요하지 않다는 결과에 이를 수 있기 때문이다(헌법재판의 보충성의 사고).[71] 독일연방헌법재판소는 중간결정에서의 위헌제청이 당해사건절차의 진행을 위하여 긴급하게 요청되는 예외적인 경우에만 이를 허용하고 있다.

4. 헌법적 해명을 이유로 하는 '심판의 필요성' 문제

가. 헌법재판소의 판시내용

헌법재판소는 "위헌심판제청된 법률조항에 의하여 침해되는 기본권이 중요하여 동 법률조항의 위헌여부의 해명이 헌법적으로 중요성이 있는데도 그 해명이 없거나, 동 법률조항으로 인한 기본권의 침해가 반복될 위험성이 있는데도 좀처럼 그 법률조항에 대한 위헌심판의 기회를 갖기 어려운 경우에는 위헌제청 당시 재판의 전제성이 인정되는 한 당해소송이 종료되었더라도 예외적으로 객관적인 헌법질서의 수호·유지를 위하여 심판의 필요성을 인정하여 적극적으로 그 위헌여부에 대한 판단을 하는 것이 헌법재판소의 존재이유에도 부합하고 그 임무를 다하는 것이 된다."라고 판시하여, 법률의 위헌여부에 관한 판단이 당해사건에 영향을 미칠 수 없는 경우라 하더라도, 개별사건을 떠

70) Vgl. Schlaich/Korioth, Das BVerfG, 2004, Rn.132; Benda/Klein, Verfassungsprozeßrecht, 2001, Rn.829ff.

71) Vgl. BVerfGE 63, 1, 21f.

나서 일반적 의미가 있으며 공공복리를 위하여 중요한 의미가 있는 경우에는 심판의 필요성을 인정하고 있다. 즉, 헌법재판소는 당해 소송사건이 종료되어 재판의 전제성이 소멸된 경우이거나 또는 헌법재판소법 제68조 제2항에 의한 헌법소원심판에서 심판대상조항에 대한 헌법소원이 인용된다 하더라도 당해 소송사건에 영향을 미칠 수 없어 재판의 전제성이 없는 경우에도, 제청 당시에 재판의 전제성이 인정되는 한, 객관적 헌법의 수호·유지를 위하여 헌법적 해명이 필요한 긴요한 사안이나 기본권침해가 반복될 위험이 있는 경우에는 예외적으로 본안판단을 하고 있다.[72)]

나. 헌법재판소의 판시내용에 대한 비판

그러나 주관적 절차인 헌법소원심판에서 청구인의 '권리보호이익'과 관련하여 확립된 판례를 객관적 절차인 위헌법률심판에도 그대로 적용하는 것이 타당한 것인지에 대하여 의문이 제기된다.[73)] 헌법재판소는 '헌법소원심판에서 권리보호이익에 관한 법리는 위헌법률심판에서도 그대로 존중되어야 한다'고 판시하고 있으나, 헌법소원심판에서 주관적 권리보호이익이 없음에도 심판의 이익을 인정한 것은 헌법소원심판에 개인의 주관적 권리구제의 기능 외에도 객관적 헌법질서의 보장이라는 이중적 기능을 인정하였기 때문이다.

그러나 구체적 규범통제절차인 위헌법률심판에서 재판의 전제성이 인정되지 아니함에도 심판의 필요성을 인정한다는 것은, 위헌법률심판에 '구체적 규범통제'로서의 성격 외에도 '추상적 규범통제'로서의 성격을 부가적으로 인정하지 않는 이상, 논리적으로 납득하기 어렵다. 결국, 이와 같이 법률의 위헌여부에 관한 확인이 당해사건의 해결에 기여하는 바가 없음에도 단지 헌법적 해명의 필요성 때문에 심판의 필요성을 인정한다는 것은, 당해사건의 해결을 전제로 하는 '구체적 규범통제'를 당해사건의 해결과 분리된 '추상적 규범통제'로 변질시킨다는 점에서, 이러한 판시내용은 법리적으로 중대한 결함을 안고 있다.[74)] 헌법적 해명의 필요성을 이유로 재판의 전제성요건을 극복하고자 하는

---

72) 헌재 1993. 12. 23. 93헌가2, 판례집 5-2, 578, 591; 헌재 1993. 9. 27. 92헌바21, 판례집 5-2, 267, 273; 헌재 2001. 4. 26. 98헌바79 등, 판례집 13-1, 799, 817; 헌재 2004. 3. 25. 2002헌바104, 판례집 16-1, 386, 393; 헌재 2004. 10. 28. 2003헌가18, 판례집 16-2하, 86, 95; 헌재 2005. 12. 22. 2003헌가8, 판례집 17-2, 577, 604; 헌재 2013. 7. 25. 2012헌바63, 공보 제202호, 955.

73) 헌법재판소는 헌법소원심판에서 형성된 법리를 위헌법률심판에 그대로 적용하고 있다. 이에 관한 판시내용으로 헌재 1993. 12. 23. 93헌가2, 판례집 5-2, 578, 590, 『제청법원이 이 사건 위헌심판제청을 한 후 … 헌법재판소에서 이 사건 규정의 위헌 여부에 관한 심판을 하기 전에 이 사건 즉시항고사건은 종료되었다. 그러므로 이 사건은 심판 당시에는 재판의 전제성이 소멸되었다고 하겠으므로 이와 관련하여 이 사건 심판의 적법성을 살펴본다. 일찍이 당 재판소는 법률에 대한 헌법소원심판에 있어서 "침해행위가 이미 종료되어서 이를 취소할 여지가 없기 때문에 헌법소원이 주관적 권리구제에 별 도움이 안 되는 경우라도 그러한 침해행위가 앞으로도 반복될 위험이 있거나 당해 분쟁의 해결이 헌법질서의 수호·유지를 위하여 긴요한 사항이어서 그 해명이 헌법적으로 중대한 의미를 지니고 있는 경우에는 헌법소원의 이익을 인정하여야 할 것이다."라고 판시한 바 있다. 이러한 법리는 구체적 규범통제로서의 법원의 제청에 의한 법률의 위헌여부심판절차에서도 존중되어야 할 것이다.』

74) 이러한 위험성을 지적하는 판시내용으로 헌재 1997. 9. 25. 97헌가4, 판례집 9-2, 332, 337, "재판의 전제가 되는 요건을 갖추지 못한 안기부법개정법에 대한 위헌심사는 추상적 규범통제를 하는 결과가 되어 허용

헌법재판소의 판례는 근본적으로 재고되어야 한다.

헌법재판소가 재판의 전제성이 인정되지 않는 경우에도 '객관적 헌법질서의 수호와 유지'의 관점에서 법률의 위헌여부에 관하여 광범위하게 판단하는 경우, 위헌법률심판은 구체적 규범통제에서 추상적 규범통제로 변질될 위험을 안고 있다. 구체적 사건의 해결을 계기로 하여 재판의 전제가 되는 법률의 위헌여부를 판단하는 구체적 규범통제에서 재판의 전제성이 인정되지 아니함에도 '헌법의 수호와 유지'의 관점에서 본안판단을 하는 것은 결국, 헌법재판소가 구체적 사건의 해결과 관계없이 법원이라는 국가기관의 심판청구에 의하여 추상적으로 법률의 위헌여부를 판단하는 '추상적 규범통제'를 독자적으로 도입하는 것이다.

헌법은 헌법재판소에게 권한과 관할을 부여하면서, 동시에 본안판단을 위한 요건을 규정함으로써, 헌법재판소가 자신의 권한을 사용할 수 있는 상황을 제한하고 있다. 헌법은 위헌법률심판과 관련하여 제107조 제1항에서 법률의 위헌여부에 관하여 판단하기 위한 조건으로서 '재판의 전제성'과 '법원의 위헌제청'을 규정하고 있다. 헌법은 위헌제청의 요건을 통하여 법관이 위헌제청을 하는 경우에만 그리고 재판의 전제성이 인정되는 경우에만 헌법재판소가 입법자의 법률에 대하여 위헌심사권을 행사할 수 있다는 의미에서, 헌법재판소와 입법자 및 법원의 관계에서 권한·관할 및 기능의 경계를 설정하고 있다. 이러한 의미에서 헌법소송에 관한 헌법규정은 헌법재판소의 관할과 권한을 제한하는 법이며, 헌법재판소에 대한 권력통제적 의미를 가진다.

헌법이 헌법재판소에게 구체적 규범통제의 권한만을 부여하면서(헌법 제111조 제1항 제1호) 구체적 규범통제의 본질에 내재하는 '재판의 전제성' 요건을 통하여 헌법재판소가 심판할 수 있는 상황을 구체적으로 확정한 경우, 헌법재판소가 헌법의 수호라는 이름 아래 재판의 전제성요건을 무시하고 법률의 위헌여부를 판단하는 것은 헌법상 부여된 자신의 권한 범위를 넘어서는 것이다. 헌법재판의 목적이 '헌법의 수호와 유지'에 있고 이에 따라 헌법재판소의 헌법상 과제가 '헌법의 수호와 유지'라 하더라도, 헌법재판소는 자신의 헌법상 과제를 헌법에 의하여 부여받는 권한의 범위 내에서 이행할 수 있고, 나아가 이행해야 하는 것이다. 헌법재판소의 헌법상 과제인 '헌법의 수호와 유지'가 헌법재판소의 권한을 헌법이 부여한 범위를 넘어서 확장하는 근거가 될 수 없다. 헌법재판소의 헌법상 과제로부터 헌법재판소의 권한·관할을 임의로 이끌어낸다면, 헌법재판소의 관할과 권한을 확정하고 제한하는 헌법규정은 무의미하게 될 것이다.

할 수 없는 것이므로 이 부분 위헌심판제청은 부적법하다."; 반면에, 헌법재판소의 위 판례를 지지하는 견해로는 김학성, 재판의 전제성에 관한 연구, 공법학의 현대적 지평, 심천 계희열교수 화갑기념논문집, 1995. 11. 361면 이하.

다. 독일 헌법재판에서 재판의 전제성에 대한 예외

참고로, 독일 연방헌법재판소는 재판의 전제성이 인정되지 않음에도 심판의 필요성을 인정하여 본안판단을 하는 것이 아니라, 재판의 전제성에 대한 예외를 매우 한정적으로 그리고 전혀 다른 관점에서 인정하고 있다. 위헌제청의 대상이 되는 사안이 공익에 대하여 일반적이고 근본적인 의미를 가지기 때문에 그에 대한 결정이 긴급성을 요하는 경우에 한하여, 연방헌법재판소는 재판의 전제성 요건이 (아직) 충족되지 않았음에도 조기에 위헌제청(vorzeitige Vorlage)을 허용하고 있다.[75] 연방헌법재판소는 헌법소원심판에서 법원을 모두 경유하지 않더라도 조기의 심판청구를 허용하는 연방헌법재판소법 제90조 제2항 제2문을 위헌법률심판에 유추적용하여 '조기의 위헌제청'을 가능하게 하고 있다.[76]

따라서 연방헌법재판소는 당해소송이 종료되는 등의 이유로 재판의 전제성이 없음에도 이에 대한 예외를 인정하고 있는 것이 아니라, 단지 재판의 전제성여부가 아직 밝혀지지 않은 단계에서도, 즉 재판의 전제성여부에 관하여 판단할 수 있을 정도로 재판이 성숙되지 않은 단계에서 행한 법관의 위헌제청에 대해서도 재판의 전제성을 인정하여 본안판단을 가능하게 하고 있는 것이다. 이로써 연방헌법재판소는 재판의 전제성요건을 배척하고 극복하고자 하는 것이 아니라, 재판의 전제성요건의 범주 내에서 다만 예외적 상황에 한하여 이를 약간 완화하고 있을 뿐이다.

Ⅳ. 재판의 전제성요건의 심사

1. 법원의 제청의무

가. 독일이나 오스트리아 헌법의 경우, 헌법에서 법원에게 제청의무가 있음을 밝히고 있으나,[77] 우리의 경우 헌법은 "… 법원은 헌법재판소에 제청하여 ….”라고만 규정하고

---

75) Vgl. Schlaich/Korioth, Das BVerfG, 2004, Rn.150; Lechner/Zuck, BVerfGG, §80 Rn.38; Benda/Klein, Verfassungsprozeßrecht, 2001, Rn.833.

76) 예컨대, 핵발전소의 허가에 관하여 규율하는 법률규정이 위헌인지 여부가 문제된 위헌법률심판(BVerfGE 47, 146, 151ff., 157ff.)에서, 허가규정에 대하여 위헌의 의심을 가지는 제청법원은 문제되는 핵발전소가 법률이 정하는 허가요건을 충족시켰는지, 이로써 허가될 수 있는지 여부를 확인하기 위하여 우선 그 핵발전소의 안전여부에 관하여 광범위한 증거조사를 실시해야 한다. 그와 같은 증거조사는 많은 시간과 노력을 요하는 사안이나, 이러한 증거조사를 통해서만 법원은 법률의 위헌여부에 따라 다른 재판을 해야 하는 결과에 이를 수 있는지 여부를 판단할 수 있다. 제청법원이 이러한 증거조사를 하는 경우에 비로소 재판의 전제성에 관하여 판단할 수 있음에도 불구하고, 연방헌법재판소는, 허가규정의 위헌여부가 공익에 대하여 일반적이고 근본적인 의미를 가지기 때문에 그에 대한 결정이 긴급성을 요하는 경우에 해당한다고 판단하여, 위헌제청을 조기에 허용하였다.

77) 독일 기본법 제100조 제1항 전단 및 오스트리아 헌법 제89조 제2항 후단은 모두 "법원은 … 제청하여야 한다.”는 형태로 규정하고 있다.

있으므로, 문언상으로는 법원에게 '위헌제청권'뿐만 아니라 '제청의무'도 인정되는 것인지에 관하여 불확실하다.

그러나 헌법 제107조 제1항의 요건이 충족되는 경우, 법원의 위헌제청권은 동시에 법률의 위헌여부에 대하여 헌법재판소에 위헌제청을 해야 할 의무를 의미한다. 법원은 모든 국가기관과 마찬가지로 헌법의 구속을 받고(헌법 제103조), 법원에 대한 헌법의 구속은 일차적으로 법원의 위헌제청의무에서 나타난다. 즉, 법률이 그 상위규범인 헌법에 합치되는 경우에만, 법관은 그 법률을 적용할 수 있는 것이다. 따라서 법원은 당해사건에 적용되는 법률의 위헌여부를 심사해야 할 의무와 권한을 가지고 있으며, 그 심사의 결과 위헌의 의심이 있는 경우에는 당해절차를 정지하고 법률의 위헌여부를 헌법재판소에 제청함으로써 법률을 잠정적이나마 적용하지 않을 권한을 가지고 있다.

따라서 헌법 제107조 제1항은 당해사건에서 적용되는 법률의 위헌성에 대하여 의심이 있는 경우에는 법관에게 헌법재판소에 위헌여부를 제청해야 할 의무를 부과하고 있는 것으로 이해해야 한다. 법원이 재판의 전제가 되는 법률에 대하여 위헌의 의심이 있는 경우에는 헌법재판소에 위헌제청을 해야 하며, 이와 관련하여 법관의 재량은 인정되지 않는다. 법률의 위헌여부에 관한 판단은 헌법상 헌법재판소에게 귀속된 관할이고, 법원에 의한 제청의무의 위반은 헌법 제27조에서 규정하는 '헌법과 법률이 정한 법관에 의한 재판을 받을 권리'에 대한 침해를 의미하므로, 법관이 자의적으로 위헌제청을 하지 않은 경우에는 독일과 같이 법원의 재판에 대한 헌법소원을 허용하고 있는 헌법재판제도에서는 당해사건의 당사자는 재판청구권의 침해를 이유로 법원의 재판에 대하여 헌법소원심판을 청구할 수 있다.[78)]

나. 법원의 제청의무와 관련하여, 다른 법원이 이미 동일한 법률에 대하여 위헌제청을 한 경우에도 헌법재판소에 위헌제청을 중복적으로 해야 하는지의 문제가 제기된다.

당해사건에서 재판의 전제성이 인정되는 법률을 위헌으로 간주하는 법원은 다른 법원이 동일한 법률에 대하여 이미 위헌제청을 한 경우에도 제청해야 한다. 헌법 제107조 제1항에 의하여 법관은 위헌의 의심이 있는 법률에 대하여 위헌제청의 의무가 있으며, 재판절차의 정지를 정당화하기 위해서도 위헌제청을 해야 한다. 다른 법원이 동일한 법률에 대하여 위헌제청을 하였기 때문에 그 결과를 기다리기 위하여 재판절차를 정지하는 것은 허용되지 않는다.[79)] 헌법재판소법 제42조 제1항에서 밝히고 있는 바와 같이, 법원은 위헌제청을 한 경우에 한하여 당해 소송사건의 재판을 정지해야 한다.

법관은 제청의 계기가 된 다른 재판절차와 관련하여 법률의 위헌여부가 재판의 전제

78) Vgl. Dollinger, in: Umbach/Clemens/Dollinger, BVerfGG, 2005, §80 Rn.74; Schlaich/Korioth, Das BVerfG, 2004, Rn.152; Benda/Klein, Verfassungsprozeßrecht, 2001, Rn.782.

79) Vgl. Lechner/Zuck, BVerfGG, §80 Rn.48; Schlaich/Korioth, Das BVerfG, 2004, Rn.151; Ulsamer, in: Maunz/Schmidt-Bleibtreu, BVerfGG, §80 Rn.287.

가 되는지에 관하여 정확히 파악할 수 없으므로, 다른 법관의 위헌제청에 의하여 헌법재판소가 법률의 위헌여부에 대하여 판단하리라는 것을 신뢰할 수 없다. 또한, 당해사건에서 소가 취하되면 재판의 전제성이 사라짐으로써 헌법재판소는 법률의 위헌여부에 관하여 판단을 할 수 없게 된다. 이러한 경우에는 다른 법원의 위헌제청에 의하여 헌법재판소가 법률의 위헌여부를 판단하리라고 믿고 있던 법관이 그 동안 하고 있지 않던 위헌제청을 뒤늦게 다시 해야 하는 결과가 발생한다. 따라서 소송경제상의 이유가 제청의무에 대한 면제를 정당화하는 사유가 될 수 없다.

2. 법률의 위헌성에 대한 의심의 정도

가. 법관이 위헌제청을 하기 위해서는 법률의 위헌여부에 대하여 어느 정도의 의심이나 확신을 가져야 하는지, 나아가 법관의 이러한 주관적 요소를 객관적으로 어떻게 확인하고 판단할 수 있는지의 문제가 제기된다. 헌법과 헌법재판소법은 '재판의 전제성'이라는 위헌제청의 요건만을 확정하고 있을 뿐, 이에 관하여 침묵하고 있다.

헌법재판소의 확립된 판례에 의하면, 법원은 담당법관 스스로의 법적 견해에 의할 때 법률조항에 대하여 '단순한 의심'을 넘어선 '합리적인 위헌의 의심'을 가지고 있다면, 위헌여부의 심판을 제청할 수 있다.[80] 이로써, 헌법재판소는 '단순한 의심'과 독일 연방헌법재판소의 판례가 요구하는 '위헌에 대한 확신' 사이의 중간적인 입장인 '합리적인 의심설'을 취하고 있다.[81]

여기서 법률의 위헌성에 대한 '단순한 의심', '합리적 의심' 또는 '확신'이 무엇을 의미하는지 의문이 제기된다. 헌법재판소가 법률의 위헌여부에 관한 최종적인 결정권한을 가지고 있다는 점에서, 법률의 위헌성에 대한 의심이란, 법률이 헌법재판소에 의하여 위헌으로 확인될 수 있는 가능성을 의미하는 것이고, 이는 결국 헌법재판소에 의한 '위헌확인의 개연성'의 문제이다. 따라서 '단순한' 의심이란 법률이 위헌일 가능성을 배제할 수 없기 때문에 헌법재판소에 의하여 위헌으로 확인될 수 있는 '최소한의' 개연성이 존재한다고 믿는 경우를 말하며, '합리적' 의심이란 법률을 어느 정도 진지하게 위헌으로 간주하거나 위헌확인의 '상당한' 개연성이 있다고 믿는 경우이고,[82] '확신'이란 법률

80) 헌재 1993. 12. 23. 93헌가2, 판례집 5-2, 578, 592, "헌법 제107조 제1항과 헌법재판소법 제41조, 제43조 등의 각 규정의 취지는, 법원은 문제되는 법률조항이 담당법관 스스로의 법적 견해에 의하여 단순한 의심을 넘어선 합리적인 위헌의 의심이 있으면 위헌여부심판을 제청하라는 취지이다."

81) 법률의 위헌성에 대한 법관의 의심의 정도에 관하여 학계에서는 제청법원은 부적절한 경우 등을 제외하고는 제청하여야 한다는 견해(가령, 권영성, 헌법재판의 현황과 과제, 인권과 정의, 1992. 2. 20면 이하; 이시윤, 헌법재판에 관한 관견 (I), 헌법논총 제1집, 74면 이하), 문제되는 법률이 위헌의 단순한 의심 또는 합리적인 의심이 있으면 제청하여야 한다는 견해(가령, 정종섭, 위헌법률심판에 있어서 헌법재판소와 일반법원의 헌법해석권, 헌법논총 제1집, 347면 이하; 박승호, 위헌법률심판에서의 재판의 전제성, 안암법학 제3집, 1995. 11. 121면) 등이 주장되고 있다. 한편, 독일 연방헌법재판소의 판례를 따라 '위헌의 확신'을 요구하는 견해로는 헌재 1989. 7. 14. 88헌가5등 결정에서 한병채 재판관의 반대의견.

이 반드시 위헌으로 확인되어야 한다고 믿거나 적어도 위헌성에 대한 '고도의' 개연성이 있다고 믿는 경우를 말한다고 볼 수 있다.

법관의 위헌제청은 재판의 정지를 가져오고, 이로써 재판의 지연을 의미하기 때문에, 헌법상 재판청구권의 핵심적 보장내용인 '공정하고 신속한 재판을 받을 권리'는 재판의 전제성요건의 심사에 있어서 어느 정도 엄격한 기준이 적용될 것을 요청한다. 이러한 관점에서 보건대, 법관의 '단순한 의심', 즉 위헌으로 확인될 수 있는 최소한의 개연성만으로 위헌제청을 허용하는 것은 헌법 제27조의 재판청구권과 부합하지 않는다.

나. 문제는, 헌법재판소가 법원의 위헌제청에 대하여 '합리적인 위헌의 의심'을 요구한다면, 법률의 위헌성에 대한 법원의 이러한 주관적 요소를 어떻게 객관적으로 확인하고 판단할 수 있는지에 관한 것이다. 법률의 위헌성에 대한 법원의 의심이나 확신 등은 개인의 주관적 요소이고 주관적 요소 그 자체에 대한 심사는 불가능하므로, 단지 주관적 요소의 客觀化를 통해서만 법률의 위헌성에 대한 법관의 소신을 판단할 수 있을 뿐이다. 법률의 위헌성에 대하여 법원의 합리적인 의심이 존재하는지 여부는 제청서의 필요적 기재사항인 '위헌이라고 해석되는 법률 또는 법률의 조항' 및 '위헌이라고 해석되는 이유'(헌법재판소법 제43조 3호 및 제4호)를 통해서 객관화되고 확인될 수밖에 없다.

헌법재판소가 법원의 위헌제청에 대하여 법률의 위헌성에 대한 합리적인 의심을 요구하고 있다면, 위헌제청의 이유에서 법원은 이러한 요구에 상응하게 위헌으로 의심되는 이유를 헌법재판소가 납득할 수 있도록 합리적으로 서술해야 한다. 제청법원은 단순히 위헌의 의심을 진술하는 것만으로는 충분하지 아니하고, 법률이 위헌이라는 자신의 견해를 헌법재판소가 납득할 수 있도록 논증해야 한다. 제청의 이유에서 법률이 위헌일 개연성에 대한 법원의 법적 판단이 표현되어야 하는 것이다. 따라서 법원이나 헌법소원심판의 청구인(헌법재판소법 제68조 제2항에 의한 헌법소원심판의 경우)이 당해 법률조항이 위헌으로 의심되는 이유를 합리적으로 서술할 수 없다면, 그 위헌제청이나 심판청구는 부적법한 것으로 각하될 수 있다.

한편, 독일 연방헌법재판소는 법원의 위헌제청결정이 충족시켜 할 논증의무로서 '위헌에 대한 확신'이라는 엄격한 요청을 하고 있다.[83] 이는, 연방헌법재판소가 과도한 업무부담에 직면하여 위헌제청을 가능하면 제한하려는 의도에 기인한다.

3. 제청법원의 법적 견해에 대한 헌법재판소의 심사 가능성

가. 재판의 전제성은 위헌제청의 요건이자 위헌법률심판의 적법요건이다. 헌법재판소는 자신이 관장하는 위헌법률심판의 적법요건인 '재판의 전제성' 요건이 충족되는지 여

82) 유사한 취지로 최광률, 위헌법률심판의 제청절차, 법조 1989. 7. 75면.

83) Vgl. Benda/Klein, Verfassungsprozeßrecht, 2001, Rn.818ff.; Lechner/Zuck, BVerfGG, §80 Rn.40.

부에 관하여 심사할 권한과 의무를 가진다. 한편, 법원은 위헌제청을 하기 위하여 '재판의 전제성'요건의 충족여부를 판단해야 한다. 법원은 재판의 전제성요건이 충족되는지 여부를 판단하기 위하여 위헌여부가 문제되는 법률이 당해재판에 적용되는지, 나아가 그 법률의 위헌여부에 따라 담당법원이 다른 내용의 재판을 하게 되는지 여부를 검토해야 하는데, 재판의 전제성에 관한 법원의 판단은 사실인정 및 당해재판에 적용되는 법률의 해석과 적용을 통하여 이루어진다.

여기서 헌법재판소가 재판의 전제성요건에 관한 법원의 법적 판단을 어느 정도로 심사할 수 있는지, 헌법재판소가 법률의 해석과 적용에 관한 법원의 판단을 전면적으로 재심사할 수 있는지의 문제가 제기된다. 이러한 문제는, 법원과 헌법재판소가 당해사건의 해결이라는 공동의 과제를 이행함에 있어서 '재판의 전제성요건에 관한 판단'이라는 과제를 양자 사이에서 어떻게 배분해야 하는지에 관한 문제라 할 수 있다.

나. 법원은 당해사건의 해결에 관한 원칙적인 관할을 가진다. 재판절차의 형성, 사실관계의 확정과 평가, 법률의 해석과 구체적인 개별사건에 대한 법률의 적용은 전적으로 법원의 관할에 속한다.[84] 따라서 구체적 법적 분쟁의 해결에 있어서 관할법원의 법적 견해, 특히 법률의 해석과 적용에 관한 법적 견해는 결정적인 것이므로, 원칙적으로 존중되어야 한다.[85] 헌법재판소는 재판의 전제성에 관한 심사에 있어서 제청법원의 법적 견해가 명백히 유지될 수 없는 것이 아닌 한, 제청법원의 법적 견해를 판단의 기초로 삼는다.[86] 즉, 헌법재판소는 재판의 전제성 판단에 있어서 법원의 법률해석에 원칙적으로 구속을 받으나, 사실관계나 법률의 해석에 관한 법원의 판단이 명백히 유지될 수 없는 경우에 한하여 예외적으로 법원의 위헌제청은 재판의 전제성을 결여한 것으로 부적법하다.

그러나 재판의 전제성이 헌법적 판단에 달려 있는 경우에는 법적 상황은 전혀 다르다. 헌법적 문제의 판단, 즉 실체법인 헌법 및 이를 관철하기 위한 절차법인 헌법소송법의 해석에 관한 문제는 헌법재판소의 관할사항이다.[87] 따라서 재판의 전제성이 헌법적 선결문제의 판단에 달려있다면, 헌법재판소는 재판의 전제성과 관련하여 법원의 법

84) Vgl. BVerfGE 1, 418, 420; 18, 85, 92.

85) 이에 관하여 상세하게 김시철, 위헌법률심판절차에 관한 몇 가지 논의, 헌법논총 제16집(2005), 194면 이하; 같은 취지로 김주현, 재판의 전제성에 관한 고찰, 헌법논총 제8집(1997), 171면 이하 참조.

86) Vgl. Dollinger, in: Umbach/Clemens/Dollinger, BVerfGG, 2005, §80 Rn.60; Lechner/Zuck, BVerfGG, §80 Rn.40b; Ulsamer, in: Maunz/Schmidt-Bleibtreu, BVerfGG, §80 Rn.276; Benda/Klein, Verfassungsprozeßrecht, 2001, Rn.845f.

87) 헌재 1994. 6. 30. 92헌가18, 판례집 6-1, 557, 571, 재판관 조규광, 재판관 최광률, 재판관 김문희의 반대의견, "재판의 전제성 유무가 헌법과 법에 정한 헌법소송의 기능·본질 및 효력 등 헌법재판제도에 관한 헌법적 선결문제의 해명에 따라 전적으로 좌우되는 경우에는 헌법재판소는 법원의 법률적 견해에 구애받지 아니하고 법원의 위헌법률심판제청이 적법한 것인가의 여부를 독자적으로 결정한다. 왜냐하면 실체법에 관한 것이든 절차법에 관한 것이든 헌법 또는 헌법재판제도의 문제에 대한 해명은 헌법재판소의 독자적 판단사항이기 때문이다."

적 견해를 판단의 기초로 삼지 않는다. 일차적으로 관할법원에 의하여 판단되는 '법률해석'과는 달리, 헌법재판소는 '헌법 해석'의 최종적인 결정권자로서 헌법적 선결문제에 관한 제청법원의 판단을 전면적으로 심사할 수 있으며, 이로써 제청법원의 헌법적 견해를 배척하고 자신의 견해로 대체할 수 있다.[88)]

다. 헌법재판소도 "법원의 법률위헌여부심판제청에 있어서 위헌 여부가 문제되는 법률 또는 법률조항이 재판의 전제성요건을 갖추고 있는지 여부는 되도록 제청법원의 이에 관한 법률적 견해를 존중"해야 한다는 것을 원칙으로 삼고 있다.[89)] 여기서 유의해야 하는 것은, 제청법원의 '법률적 견해'란 당해사건에 적용되는 법률조항의 해석에 관한 법적 견해를 의미한다는 점이다.

따라서 헌법재판소는 재판의 전제성여부를 판단함에 있어서 원칙적으로 법원의 사실판단 내지 법률의 해석을 판단의 기준으로 삼고 있다.[90)] 그러나 재판의 전제성에 관한 제청법원의 법률적 견해가 명백히 불합리하여 유지될 수 없을 때에는 예외적으로 이를 직권으로 조사할 수 있으며,[91)] 그 결과 전제성이 없다고 판단되면, 위헌제청을 부적법한 것으로 각하할 수 있다.[92)]

반면에, 헌법재판소는 헌법적 문제가 선결문제가 되는 경우나 헌법재판소가 그 판례를 통하여 구체화한 헌법규정의 내용이 당해사건에서 적용되는 경우에는 그러한 범위 내에서 제청법원의 견해에 구속을 받지 아니한다.[93)] 헌법재판소는 이러한 문제에 관한 제청법원의 판단을 전면적으로 심사할 수 있다.

---

88) Vgl. Dollinger, in: Umbach/Clemens/Dollinger, BVerfGG, 2005, §80 Rn.60; Lechner/Zuck, BVerfGG, §80 Rn.40c; Ulsamer, in: Maunz/Schmidt-Bleibtreu, BVerfGG, §80 Rn.277; Benda/Klein, Verfassungsprozeßrecht, 2001, Rn.847ff.

89) 헌재 1993. 5. 13. 92헌가10, 판례집 5-1, 226, 239, "왜냐 하면 문제되는 법률의 위헌여부가 재판의 전제가 되느냐 않느냐는 사건기록 없이 위헌여부의 쟁점만 판단하게 되어 있는 헌법재판소보다는 기록을 갖고 있는 당해사건의 종국적 해결을 하는 법원이 더 잘 알 것이며, 또 헌법재판소가 위헌여부의 실체판단보다는 형식적 요건인 재판의 전제성에 관하여 치중하여 나름대로 철저히 규명하려고 든다면 결과적으로 본안사건의 종국적 해결에 커다란 지연요인이 될 것이기 때문이다."; 헌재 1996. 10. 4. 96헌가6, 판례집 8-2, 308, 321; 헌재 1999. 9. 16. 98헌가6(단체보험 사건), 판례집 11-2, 228, 235; 헌재 2007. 6. 28. 2006헌가14, 공보 129, 729.

90) 헌재 2007. 7. 26. 2006헌가4, 공보 130, 814.

91) 헌재 1993. 5. 13. 92헌가10등(위헌결정의 소급효 사건), 판례집 5-1, 226, 239; 헌재 1999. 9. 16. 99헌가1, 판례집 11-2, 245, 252.

92) 헌법재판소는 이른바 노동관련법 등 날치기 통과와 관련한 법원의 위헌제청을 법원의 견해가 명백히 유지될 수 없다고 보아 이를 각하한 바 있다(헌재 1997. 9. 25. 97헌가4, 판례집 9-2, 332; 헌재 1997. 9. 25. 97헌가5, 판례집 9-2, 344). 또한, 헌법재판소는 법원의 해석은 단순한 법률해석이지 법원의 해석에 의하여 구체화된 심판대상규정의 위헌성 문제는 아니라고 확인한 다음, 당해법원은 재판의 전제성을 인정하였음에도 재판의 전제성을 부인한 바 있다(헌재 2003. 11. 27. 2002헌바102, 판례집 15-2하, 258, 266-269).

93) 헌재 1999. 12. 23. 98헌바33, 법원이 소송당사자의 제청신청을 기각하면서 그 결정에서 장애인고용촉진에관한법률 제34조 제2항에 대하여 재판의 전제성이 없다고 하였으나, 헌법재판소는 "만일 위 법률조항이 평등원칙에 위반된다면 그에 관하여 헌법불합치결정이 선고될 가능성이 있고, 이에 따라 청구인에게 유리한 내용으로 법률이 개정되어 적용됨으로써 이 사건 당해사건의 결론이 달라질 수 있다."고 하여 재판의 전제성을 인정하였다.

4. 재판의 전제성 판단의 기준시점과 사정변경

가. 재판의 전제성은 법원에 의한 위헌제청의 시점뿐만 아니라 헌법재판소에 의한 위헌법률심판의 시점에도 충족되어야 한다.[94]

당해사건의 당사자는 법원의 위헌제청을 강제하거나 또는 막을 수는 없으나, 심판의 대상을 임의로 처분할 수 있는 한, 위헌제청의 근거를 제거함으로써 재판의 전제성을 상실케 할 수 있다. 가령, 당해소송의 당사자는 당해법원에 계속중인 소송의 종료를 초래하는 소송행위(소의 취하, 화해, 인낙 등)를 함으로써 당해소송절차를 종료시킬 수 있다. 이 경우, 법원에 계속된 구체적인 사건의 존재를 전제로 하는 '구체적 규범통제'로서의 본질상, 위헌법률심판도 무의미해진다. 따라서 제청법원은 이 경우 위헌제청을 철회해야 한다.

나. 또한, 위헌제청 이후에 새롭게 발생하거나 확인된 사실, 법률의 개정이나 폐지, 법률의 위헌여부에 대한 헌법재판소의 결정 등으로 인하여 위헌제청의 요건이 더 이상 충족되지 않는 경우에도 유사한 상황이 발생할 수 있다. 제청법원은 위헌제청 이후 당해소송의 당사자가 사망한 경우나 법률이 개정·폐지된 경우에는 재판의 전제성이 아직도 존재하는지 여부를 검토해야 하고, 제청요건이 더 이상 존재하지 않는다면, 법원은 위헌제청을 철회해야 한다.[95]

가령, 복수의 법원이 동일한 법률에 대하여 위헌제청을 한 이후 헌법재판소가 다른 위헌법률심판사건에서 위헌결정을 하는 경우, 위헌으로 선언된 법률은 당해사건에 더 이상 적용되는 법률이 아니므로 위헌제청은 부적법하다. 또한, 법원의 위헌제청 이후 입법자가 법률개정을 통하여 당해사건의 당사자에게 유리하게 소급효를 가지고 당해사건을 규율하는 경우, 구법조항은 당해사건에 더 이상 적용되는 법률이 아니기 때문에 제청법원은 개정된 법률조항을 제청의 대상으로 삼아야 한다. 가령, 법원의 위헌제청의 시점에는 당해사건에 구법조항이 적용되었기 때문에 재판의 전제성이 있었으나, 위헌제청 이후의 법률개정으로 인하여 당해사건에 대해서도 소급효를 가지는 신법조항을 적용해야 하는 경우에는 구법조항은 심판 계속중 재판의 전제성을 상실하여 부적법하다.[96] 특히, 형벌 법규가 개정되어 그 형이 구법보다 경하게 된 때에는 신법이 적용되므로, 위헌제청 이후 법정형이 경하게 개정된 경우에는 구법조항은 재판의 전제성을 상실한다.[97]

다. 실무상으로, 제청법원이 위헌제청을 철회한 경우에는 예외적으로 헌법적 해명을

---

94) 헌재 1993. 12. 23. 93헌가2, 판례집 5-2, 578, 588.

95) Vgl. Lechner/Zuck, BVerfGG, §80 Rn.52; Dollinger, in: Umbach/Clemens/Dollinger, BVerfGG, 2005, §80 Rn.64.

96) 헌재 2000. 8. 31. 97헌가12(국적법 사건), 판례집 12-2, 167, 178.

97) 헌재 2006. 4. 27. 2005헌가2, 판례집 18-1상, 478, 484.

위하여 본안판단을 하는 경우가 아닌 한, 헌법재판소는 위헌법률심판이 종료된 것으로 처리하고 있다. 만일, 재판의 전제성이 제청 이후의 사정변경으로 인하여 소멸하였음에도 제청법원이 위헌제청을 철회하지 않는 경우에는, 헌법재판소는 그 위헌제청을 재판의 전제성이 없어 부적법한 것으로 각하한다.[98)]

Ⅴ. 맺는말

1. 법률의 위헌여부가 재판의 전제가 된다는 것은, 법률의 위헌여부가 구체적인 쟁송사건의 해결을 위하여 필요불가결한 선결문제가 되어야 한다는 것을 의미한다. 즉, '재판의 전제성'이란 법률의 위헌여부를 판단해야 할 필요성에 관한 문제, 곧 '재판상의 必要不可缺性'의 문제이다. 위헌제청의 필요불가결성은 구체적 규범통제의 본질에 속하는 것이다. 구체적 규범통제절차는 당해소송의 재판을 위한 것이므로, 법원의 위헌제청은 구체적 소송사건의 재판을 위하여 불가결한 경우에만 정당화된다.

제청법원이 위헌이라고 간주하는 법률을 적용하지 아니하고도 법적 분쟁에 대한 재판을 할 수 있는 가능성을 가지고 있다면, 재판의 전제성은 존재하지 않는다. 법원은 위헌제청을 하기 전에 사실관계의 규명과 법률해석을 통하여 문제되는 법률이 당해사건에 적용되는 법률인지에 관하여 판단해야 하고, 이로써 위헌제청이 불필요해질 수 있는지 여부를 판단해야 한다. 법원에 계속중인 구체적인 사건의 심리가 어느 정도 진행되어 그 사건의 재판에 적용되는 법률이 밝혀지고 그 위헌여부에 따라 재판의 결과가 달라질 수 있는 가능성이 인정되는 단계에서 법원은 위헌제청을 해야 한다. 재판의 전제성에 대한 법원의 판단이 아직 성숙하지 않은 단계에서 법원이 위헌제청을 하는 것은 원칙적으로 허용되지 않는다.

중간재판이 위헌제청의 계기를 부여한다 하더라도, 재판절차의 진행에 따라 '문제되는 법률규정의 위헌여부'에 의하여 본안판단의 결과가 좌우되지 않는다는 결과에 이를 수 있기 때문에, 법률규정의 위헌여부가 단지 증거채부결정의 전제가 되는 경우에는 증거채부결정의 단계에서 이미 위헌제청을 허용하는 것은 재고해야 할 필요가 있다.

2. 구체적 규범통제와 추상적 규범통제를 구분하는 결정적인 기준이 바로 '재판의 전제성'이다.[99)] 구체적 쟁송사건를 계기로 하여 이를 해결하기 위한 선결문제로서 법률에 대한 위헌심사를 하는 것이 구체적 규범통제이고, 반면에 구체적인 쟁송사건의 해결과 관계없이 청구인능력을 가진 국가기관의 심판청구에 의하여 위헌심사가 이루어지는 것

98) 헌재 1989. 4. 17. 88헌가4, 판례집 1, 27, 29.
99) Vgl. Dollinger, in: Umbach/Clemens/Dollinger, BVerfGG, 2005, §80 Rn.57; Schlaich/Korioth, Das BVerfG, 2004, Rn.139.

이 추상적 규범통제이다. 헌법재판소가 위헌법률심판의 적법요건인 재판의 전제성요건을 완화할수록, 구체적 규범통제로서의 위헌법률심판은 그 본질을 상실하게 된다. 헌법재판소가 위헌법률심판에 관한 권한을 구체적 소송사건의 해결을 위하여 불가결한 경우에 한정하지 않는다면, 위헌법률심판은 구체적 규범통제에서 추상적 규범통제로 변질될 위험을 안고 있다.[100)]

현행 헌법재판제도가 추상적 규범통제를 두지 않았다는 것은, 추상적 규범통제의 不在로 인하여 존재하는 헌법재판의 공백을 메우는 방향으로 구체적 규범통제를 운용하라는 것이 아니라, 구체적 쟁송사건의 해결과 관계없이 규범의 위헌여부를 원칙적으로 판단할 수 없다는 것을 의미하는 것이다. 헌법재판소가 구체적 쟁송사건의 해결을 위한 필요성여부와 관계없이 법률의 위헌여부를 판단한다는 것은, 결국 법원이란 국가기관의 심판청구에 의하여 구체적 사건의 해결과 관계없이 법률의 위헌여부를 판단하는 '추상적 규범통제'를 사실상 도입하는 결과를 초래하는 것이다.[101)]

위헌법률심판은 법관이 구체적 쟁송사건의 해결과 관계없이 평소 법률의 위헌여부에 관한 자신의 헌법적 의문을 해소하고 이러한 방법으로 헌법을 적극적으로 실현하고 관철할 수 있는 수단이 아니다. 헌법은 '위헌법률심판에서 법원이 헌법을 실현하는 수단'으로 법원에게 위헌제청권을 부여하면서, 법원의 위헌제청권과 헌법재판소의 심판권을 '재판의 전제성'요건을 통하여 제한하고 있다. 헌법은 위헌법률심판과 관련하여 재판의 전제성요건을 명시적으로 제시함으로써, 법률의 위헌여부가 구체적 쟁송사건의 해결과 관련되는 경우에만 법원은 제청을 할 수 있고 헌법재판소는 위헌심사를 할 수 있다는 것을 밝히고 있는 것이다.

헌법재판소가 헌법의 수호라는 이름 아래 재판의 전제성요건을 무시하고 법률의 위헌여부를 판단하는 것은 헌법상 부여된 자신의 권한 범위를 넘어서는 것이다. 헌법재판소의 헌법상 과제가 '헌법의 수호와 유지'라 하더라도, '헌법의 수호와 유지'라는 목적은 헌법에 의하여 확정되고 제한된 헌법재판소의 권한과 관할을 임의로 확장하는 수권의 근거가 될 수 없다. 이러한 점에서, 재판의 전제성이 인정되지 않음에도 헌법적 해명을 이유로 심판의 필요성을 인정한 헌법재판소의 판례는 재고되어야 한다.

100) 이러한 위험성을 지적하는 헌법재판소의 판시내용으로 헌재 1997. 9. 25. 97헌가4, 판례집 9-2, 332, 337, "재판의 전제가 되는 요건을 갖추지 못한 안기부법개정법에 대한 위헌심사는 추상적 규범통제를 하는 결과가 되어 허용할 수 없는 것이므로 이 부분 위헌심판제청은 부적법하다."

101) 김주현, 재판의 전제성에 관한 고찰, 헌법논총 제8집, 1997. 12. 184면, 재판의 전제성을 완화하는 경우 우리 제도가 채택하고 있지 않는 추상적 규범통제를 사실상 허용하는 쪽으로 헌법재판 실무가 운용될 수 있다는 점에서 지나친 예외의 인정은 바람직하지 않다고 한다.

참고문헌

권영성, 헌법재판의 현황과 문제, 인권과 정의 1991. 2.
김문현/정재황/한수웅/음선필, 현행 헌법상 헌법재판제도의 문제점과 개선방향, 헌법재판소, 헌법재판연구 제16권, 2005
김시철, 위헌법률심판에 관한 몇 가지 논의, 헌법논총 제16집, 2005
김주원, 위헌심판제청요건, 헌법재판자료 제3집, 1990
김주현, 재판의 전제성에 관한 고찰, 헌법논총 제8집, 1997
김학성, 재판의 전제성에 관한 연구, 공법학의 현대적 지평(계희열교수 화갑기념논문집), 1995. 11.
박승호, 위헌법률심판에서의 재판의 전제성, 안암법학 제3집, 1995. 11.
이부하, 한국과 독일의 구체적 규범통제제도간 비교, 헌법학연구 제15권 제4호, 2009. 12.
이석연, 헌법소송의 이론과 실제, 1992
이시윤, 헌법재판개관, 판례월보 1989. 5.
______, 헌법재판에 관한 관견 (Ⅰ), 헌법논총 제1집, 1990
정종섭, 위헌법률심판에 있어서 헌법재판소와 일반법원의 헌법해석권, 헌법논총 제1집, 1990
조병륜, 위헌법률심판의 기능과 재판의 전제성, 고시연구, 1997. 8.
조병훈, 위헌법률심판제청의 요건, 헌법문제와 재판(下), 법관세미나자료, 1996
최광률, 위헌법률심판의 제청절차, 법조 1989. 7.
최희수, 헌법재판소결정의 중요이유의 기속력에 관한 연구, 공법연구 제33집 제1호, 2004. 11.
한수웅, 규범통제제도의 형성과 발전 －규범통제의 심사기준과 심사밀도를 중심으로－, 헌법논총 제19집, 2008
허영, 헌법소송법, 2010
헌법재판소, 헌법재판실무제요(제1개정증보판), 2008

Benda/Klein, Verfassungsprozeßrecht, 2001
Bettermann, Die konkrete Normenkontrolle und sonstige Gerichtsvorlage, in: Starck (Hg), Bundesverfassungsgericht und Grundgesetz, Bd. Ⅰ, 1976
Dollinger, in: Umbach/Clemens/Dollinger(Hg), Bundesverfassungsgerichtsgesetz Mitarbeiterkommentar (BVerfGG), 2005, §80
Heun, Normenkontrolle, in: Badura/Dreier(Hg), Festschrift 50 Jahre Bundesverfassungsgericht, Bd. Ⅰ, 2001
Lechner/Zuck, Bundesverfassungsgerichtsgesetz (BVerfGG), 6. Aufl., 2011, §80
Schlaich/Korioth, Das Bundesverfassungsgericht (BVerfG), 2004
Ulsamer, in: Maunz/Schmidt-Bleibtreu(Hg), Bundesverfassungsgerichtsgesetz (BVerfGG), §80

제2절 탄핵심판

대통령에 대한 탄핵심판절차*

Ⅰ. 머리말

국회는 2004. 3. 12. 본회의에서 국회의원 157인이 발의한 '대통령(노무현)탄핵소추안'을 상정하여 재적의원 271인 중 193인의 찬성으로 가결하였고, 소추위원인 국회 법제사법위원회 위원장은 소추의결서의 정본을 같은 날 헌법재판소에 제출함으로써 대통령에 대한 탄핵심판을 청구하였다. 2004. 5. 14. 헌법재판소는 한국 憲政史上 최초의 대통령 탄핵심판사건(2004헌나1)에서 기각결정을 함으로써 두 달여 동안 지속된 대통령탄핵의 찬반에 관한 정치적·법률적 논의에 종지부를 찍었고, 노무현 대통령은 권한이 정지된 지 63일 만에 직무에 복귀하게 되었다.

대통령 탄핵사건을 계기로 그 동안 休眠 상태에 있었던 헌법상의 탄핵조항과 탄핵심판에 관한 헌법재판소법규정이 처음으로 헌법재판에 적용되었는데,[1] 이 과정에서 탄핵심판의 적법요건 및 실체적 판단과 관련하여 여러 가지 문제점이 노출되었다. 몇 가지

* 위 논문은 2005년 3월, 헌법학연구(한국헌법학회) 제11권 제1호, 469-509면에 게재된 것을 일부 수정한 것이다.

1) 현재까지 우리의 헌정사에서 탄핵사건은 모두 검찰총장이나 대법원장을 대상으로 한 것으로서, 국회에 의하여 발의는 되었으나 부결 또는 폐기됨으로써 헌법재판소의 심판대상이 된 적은 한 번도 없었다, 이에 관하여 정종섭, 헌법소송법, 2004, 380면 참조.

예를 들자면, 청구인이 탄핵심판청구를 취하할 수 있는지, 헌법재판소가 심판청구의 취하에 구속을 받는지, 국회의 소추의결서에 사후적으로 다른 사유를 추가할 수 있는지, 헌법재판소는 공직자 직무행위의 법위반 여부를 판단함에 있어서 소추의결서에서 그 위반을 주장하는 헌법 또는 법률의 규정에 의하여 구속을 받는지, 탄핵소추를 의결한 국회의 임기만료로 인하여 탄핵심판절차가 종료되는지, 前職에서의 '직무집행' 행위도 탄핵의 대상행위가 되는지, 국회에 의한 탄핵소추요건인 "헌법이나 법률을 위배한 때"를 제한적으로 해석함으로써 헌법재판소가 탄핵심판의 적법요건을 심사하는 단계에서 이미 '법위반의 중대성'을 판단해야 하는지, 탄핵결정에서 소수의견을 밝힐 수 있는지 등의 문제가 중요한 쟁점으로 부각되었다. 그러나 노무현 대통령 탄핵사건에서 핵심적 쟁점으로 부각된 것은, 대통령의 법위반사실이 확인된 경우, 헌법재판소가 자동적으로 파면결정을 해야 하는지 아니면 파면여부에 관하여 결정할 재량을 가지고 있는지의 문제였다.

이 글에서는 탄핵대상 공직자 중 특히 대통령에 대한 탄핵심판에 초점을 맞추어, 헌법 제65조의 탄핵제도의 본질과 법적 성격을 확인하고(아래 II.), 대통령 탄핵제도에 관하여 비교법적으로 고찰한 후(아래 III.), 이어서 탄핵심판의 適法要件을 체계화하여 검토하고자 한다(아래 IV.). 마지막으로, 대통령 탄핵사건에서 핵심적 쟁점이 된 헌법재판소법 제53조 제1항의 해석의 문제에 관하여 살펴보기로 한다(아래 V.).

Ⅱ. 헌법 제65조의 탄핵제도의 본질 및 법적 성격

1. 탄핵제도의 본질 및 기능

가. 권력통제수단으로서 탄핵제도

탄핵제도는 發生史的으로 볼 때 영국에서 군주에 대한 의회의 통제 필요성에서 출발하였다.[2] 영국에서 발생한 탄핵제도의 목적은 국왕의 직접적인 영향 하에 있으면서 그의 보호를 받는 고위공직자의 비위와 부정을 통제하기 위한 것이었고, 14세기에 이르러 하원에서 소추하고 상원에서 심판하는 형태를 갖추기에 이르렀다. 영국에서 발전한 탄핵제도는 미국에 전파되어 1787년에 제정된 미연방헌법에서 최초로 실정법적으로 규정되었고, 그 후 다시 유럽대륙으로 전파되었다.[3]

오늘날의 민주국가에서의 탄핵제도를 보더라도, 의회가 탄핵소추의 권한을 가지고 있다는 점에서, 탄핵제도는 의회가 행정부와 사법부를 견제하고 통제하기 위한 하나의 수단이라고 볼 수 있다. 그러나 탄핵제도가 정치적 책임이 아니라 '법적 책임'을 묻는

2) 이승우/정만희/음선필, 탄핵심판제도에 관한 연구, 헌법재판연구 제12권(2001), 4면.
3) 이승우/정만희/음선필, 탄핵심판제도에 관한 연구, 헌법재판연구 제12권(2001), 5면.

제도라는 점에서 의회가 탄핵제도를 통하여 행정부의 국정을 통제하는 가능성은 매우 제한적일 수밖에 없다. 또한, 의회가 탄핵제도를 통하여 사법부를 통제하는 가능성도 헌법상의 사법권독립에 비추어 사법부의 재판작용에 대한 권력통제의 의미가 아니라 헌법위반을 이유로 하는 법관 개개인에 대한 개별적 징벌의 의미를 지닐 뿐이다. 이러한 점에서, 권력통제수단으로서의 탄핵제도의 기능은 큰 비중을 차지하지 않는다.[4] 따라서 탄핵제도가 연혁적으로는 권력통제의 수단으로 출발하였으나, 오늘날 탄핵제도의 주된 기능은 아래에서 서술하는 헌법수호의 역할에 있다고 평가되고 있다.

나. 憲法守護의 수단으로서 탄핵제도

(1) 고위공직자의 헌법침해에 대한 헌법수호제도

오늘날의 탄핵제도에서 권력통제적 기능보다 중요한 의미를 가지는 것은 헌법을 수호하는 기능이다. 탄핵심판은 헌법재판절차의 한 부분으로서 헌법을 실현하고 관철하고자 하는 제도이며, 구체적으로 집행부와 사법부의 고위공직자에 의한 헌법침해로부터 헌법을 수호하고 유지하기 위한 제도이다.[5] 자유민주주의와 공산주의라는 정치적 이념간의 대립과 분쟁이 사실상 종식된 오늘날, 자유민주적 기본질서를 근간으로 하는 헌법수호의 문제는 헌법질서를 파괴하고자 하는 '헌법의 敵' 또는 '외부의 敵'으로부터의 침해의 문제가 아니라, 헌법과 법률을 경시하는 국가기관과 국민, 특히 헌법에 위배되게 권한을 행사하는 국가기관에 의한 침해의 문제라 할 수 있다. 국가기관과 국민에 의한 헌법의 경시는 헌법 규범력의 점진적인 약화, 즉 법치국가의 잠식을 의미한다.

헌법 제65조는 집행부와 사법부의 고위공직자에 의한 헌법위반이나 법률위반에 대하여 탄핵소추의 가능성을 규정함으로서, 그들에 의한 헌법위반을 경고하고 사전에 방지하는 기능을 한다. 또한, 국민으로부터 국가권력을 위임받은 국가기관이 그 권한을 남용하여 헌법이나 법률에 위반하는 경우에는 탄핵절차는 국가기관에게 위임된 권한을 국민의 이름으로 다시 박탈하는 기능을 한다. 공직자가 직무수행에 있어서 헌법에 위반한 경우 그에 대한 법적 책임을 추궁함으로써, 헌법의 규범력을 확보하고자 하는 것이다. 특히 대통령의 경우, 의회에 대하여 정치적 책임을 지지 않으며, 국민이 달리 소환하는 제도도 마련되어 있지 않으므로, 탄핵절차는 국민의 대의기관인 의회 및 국민의 관계에

4) 권력통제수단으로서의 탄핵제도의 有用性과 無用性에 관하여 권영성, 헌법학원론, 2004, 899면 참조; 내각불신임제도를 통하여 고위직 공직자에 대한 정치적 책임을 물을 수 있는 議員內閣制 정부형태의 국가의 경우, 대통령과 법관과 같이 정치적 책임을 지지 않는 고위 공직자에 대하여 탄핵제도를 통하여 법적인 책임을 물을 필요성이 있고, 大統領制 정부형태의 국가에서는 대통령을 비롯하여 정치적 책임을 지지 않는 고위 공직자가 많기 때문에 탄핵제도의 존재의의는 더욱 크다고 할 수 있는데, 이러한 관점에서 볼 때 탄핵제도는 헌법현실에서 가지는 실질적 의미보다는 위와 같은 理論的 必要性이 規範化된 제도라 할 수 있다.

5) 같은 견해로는 허영, 한국헌법론, 2004, 812면, 873면; 권영성, 헌법학원론, 2004, 900면; 정종섭, 헌법소송법, 2004, 383면; 헌재 2004. 5. 14. 2004헌나1, 판례집 16-1, 609, 632.

서 임기 동안 아무런 정치적 책임을 지지 않는 대통령에 대하여 적어도 헌법과 법률의 준수를 관철하고자 하는 제도이다.

(2) 법적 책임을 묻는 규범적 심판절차

우리 헌법은 헌법수호절차로서의 탄핵제도의 기능을 이행하도록 하기 위하여, 제65조에서 탄핵소추의 사유를 '憲法이나 法律에 대한 違背'로 명시함으로써 탄핵절차를 정치적 책임을 묻는 '정치적 심판절차'가 아니라 법적 책임을 묻는 '규범적 심판절차'로 규정하였다.[6] 즉, 헌법 제65조는 탄핵소추의 목적이 '정치적 이유'가 아니라 '법위반을 이유'로 하는 고위공직자의 파면임을 명시적으로 밝히고 있는 것이다.

모든 국가기관은 헌법의 구속을 받으며, 특히 입법자는 입법작용에 있어서 헌법을 준수해야 하고, 집행부와 사법부는 각 헌법상 부여받은 국가권력을 행사함에 있어서 '헌법과 법률'의 구속을 받는다. 헌법 제65조는 한편으로는 집행부와 사법부의 국가기관이 헌법과 법률의 구속을 받는다는 것을 다시 한 번 강조하면서, 다른 한편으로는 바로 이러한 이유에서 탄핵사유를 헌법위반에 제한하지 아니하고, '헌법과 법률에 대한 위반'으로 규정하고 있다. 집행부와 사법부가 입법자에 의하여 제정된 법률을 준수하는지의 문제는 헌법상의 권력분립원리를 비롯하여 법치국가원리를 준수하는지의 문제와 직결되기 때문에, 집행부와 사법부에 의한 법률의 준수는 곧 '헌법질서의 준수'를 의미하는 것이다. 탄핵제도가 헌법수호절차임에도, 헌법 제65조가 탄핵사유로서 '헌법위반' 외에 '법률위반'을 규정한 것은 바로 이러한 이유에 기인하는 것이다.

(3) 정부형태에 따른 탄핵제도의 實效性

헌법이 채택하는 정부형태가 대통령제인지 또는 의원내각제인지와 관계없이, 탄핵제도는 모든 정부형태에서 도입될 수 있다. 따라서 탄핵제도와 정부형태 사이에는 특별한 상관관계가 없다.[7] 그러나 탄핵제도의 실효성은 '행정부와의 관계'에서 볼 때 의회와 정부의 관계를 규율하는 정부형태에 따라 또는 '사법부와의 관계'에서 볼 때 법관의 신분을 규율하는 제도에 따라 크게 다를 수 있다.

議員內閣制의 국가에서는 내각불신임제도로 인하여 행정부의 고위공직자에 대하여 정치적 책임을 물을 수 있기 때문에, 대통령을 비롯한 행정부의 고위공직자에 대하여 정치적 책임을 물을 수 있는 제도적 장치를 두고 있지 않는 大統領制 정부형태의 국가에 비하여 탄핵제도의 실효성이 적다고 할 수 있다. 이러한 이유에서 의원내각제를 택한 다수의 국가에서는 탄핵대상 공직자에서 내각을 제외하고 있다. 의원내각제를 택하고 있는 국가 중 대부분의 국가에서는 '수상과 각료'를 탄핵대상 공직자에서 제외하고

6) 정치적 책임과 법적 책임의 차이점에 관하여 한태연, 헌법학, 1983, 619면 이하 참조.
7) 같은 견해로는 이승우/정만희/음선필, 탄핵심판제도에 관한 연구, 헌법재판연구 제12권(2001), 10면 이하; 정종섭, 헌법소송법, 2004, 384면.

단지 '법관'에 대한 탄핵제도만 두고 있다. 예컨대, 獨逸에서는 상징적 국가원수인 연방대통령과 법관에 대한 탄핵제도만을 두고 있고(기본법 제62조 및 제98조 제2항), 日本과 濠洲에서는 법관(일본국헌법 제64조 제1항) 또는 연방재판관(오스트레일리아 연방헌법 제72조)에 대한 탄핵제도만을 두고 있다. 한편, 英國에서는 성문헌법이 존재하지 않음은 물론이고 탄핵을 규율하는 독립된 법률도 존재하지 않으며, 단지 판례나 관행에 의하여 각료, 고위관리, 법관 등에 대한 탄핵제도가 운용되어 왔으나, 의원내각제가 확립되어 내각의 존속이 의회의 신임에 의존하게 됨으로써 1806년 멜빌(Melville) 사건 이후에는 탄핵이 행해지지 않고 있다. 이와 같이 의원내각제의 국가에서 '수상과 각료'를 탄핵대상 공직자에서 제외한 것은 내각불신임제도로 말미암아 탄핵제도가 현실화될 가능성이 사실상 없다고 판단한 것에 기인한다.

의원내각제의 국가든 아니면 대통령제의 국가든 간에 사법부에 대한 책임을 물을 수 있는 헌법적 장치가 마련되어 있지 않다는 점에서는 '법관'에 대한 탄핵의 필요성이 있으나, 법관의 임기제와 같이 법관의 비위사실을 근거로 재임명을 거부함으로써 법관직으로부터 배제할 수 있는 제도를 두고 있는 국가의 경우에는 법관의 종신제나 정년제를 택하고 있는 국가(가령, 미국이나 독일)에 비하여 탄핵제도의 실효성이 적다. 반면에, 정년제를 채택하는 獨逸이나 종신제를 취하는 美國의 경우에는 임기제를 취하고 있는 우리의 경우와 비교할 때 보다 빈번하게 법관에 대한 탄핵이 이루어지고 있다.

2. 탄핵심판의 법적 성격

가. 특별한 헌법재판절차

헌법 제65조 및 제111조 제1항 제2호에 규정된 탄핵심판은 형사절차 또는 징계절차의 성격을 가진 것이 아니라, 헌법질서의 수호에 기여하는 특별한 헌법재판절차이다.[8] 탄핵심판의 목적은 고위공직자에 대한 형사적·민사적 책임을 묻고자 하는 것이 아니라, 고위공직자의 지위에 관한 헌법적 분쟁의 해결 및 고위공직자의 개별적 직무행위에 대한 헌법적 징벌에 있는 것이다. 권한쟁의심판에서도 공직자의 직무행위가 헌법이나 법률에 위반되는지 여부가 확인될 수 있으나, 권한쟁의심판은 국가기관 간에 발생한 헌법적 분쟁의 해결을 그 목적으로 하고 있는 반면, 탄핵심판은 당사자에 대한 개별적 징

8) 독일의 절대적 다수견해이다, 예컨대 vgl. Schlaich, Der Status des Bundespräsidenten, in: HbStR, Bd.Ⅱ, 1987, §48 Rn.17; Jekewitz, in: AK-GG, 2. Aufl., 1989, Art.61 Rn.3; Schlaich/korioth, Das Bundesverfassungsgericht, 2001, S.219; Stern, Das Staatsrecht der BRD, Bd.Ⅱ, 1980, S.1004; '탄핵심판이 형사절차 또는 징계절차의 성격을 가지는지'에 관한 논의는 불필요하며, 이는 탄핵심판이 독자적인 헌법재판절차라는 것을 간과하는 것이다. 예컨대 독일의 경우, 연방헌법재판소법은 '탄핵심판에 관한 절'에서 절차에 관하여 구체적으로 규정하고 있는데, 전반적으로 형사소송절차의 형태를 따르도록 하면서, 소추의 취하에 관하여는 소의 취하에 관한 민소소송법규정의 모델을 따르고 있다. 이에 대하여 권영성, 헌법학원론, 2004, 898면, 탄핵결정의 효과가 파면결정이라는 점에서 징계적 처벌의 성격을 가지는 것으로 보고 있다.

벌이 그 목적이라는 데에 차이가 있다. 권한쟁의심판과 탄핵심판의 목적이 다를 뿐만 아니라, 공직자에 의한 모든 헌법위반이나 법률위반이 동시에 다른 국가기관의 권한을 침해하는 것은 아니기 때문에, 권한쟁의심판이 탄핵심판의 기능을 대체할 수 없다.

물론, 탄핵심판이 헌법재판절차로서의 독자적 성격에도 불구하고 당사자의 위법행위에 대한 개별적 탄핵이라는 점에서, 형사절차와 유사성을 보이고 있다. 이로 인하여 헌법재판의 본질에 반하지 않는 범위 내에서 형사소송법이 탄핵심판에 준용될 수 있다. 헌법재판소법은 제40조 제1항에서 탄핵심판의 경우에는 헌법재판의 성질에 반하지 않는 한도 내에서 형사소송법을 준용하도록 규정하고 있다.[9] 한편, 헌법재판소법은 탄핵심판이 그 법적 성격에 있어서 형사절차가 아니라는 것을 명시적으로 밝히고 있다. 헌법재판소법 제54조 제1항은 '탄핵결정은 민사상 또는 형사상의 책임을 면제하지 아니한다'고 규정함으로써, 동일한 사안에 대하여 사후적으로 형사상의 처벌이 가능함을 밝히고 있다.

탄핵심판이 그 성격에 있어서 형사절차가 아니기 때문에, 형사절차에 적용되는 원칙인 一事不再理의 원칙 및 刑罰法規 不遡及의 원칙(헌법 제13조 제1항)은 탄핵심판에 적용되지 않는다. 헌법 제65조는 탄핵사유를 "헌법이나 법률을 위배한 때"로 규정하고 있는데, 여기서의 헌법에는 헌법재판소의 결정에 의하여 확립된 不文憲法(예컨대 헌법상의 인격권, 알 권리, 일반적 행동자유권 등)도 포함된다. 불문헌법에 대한 위반으로도 탄핵소추가 가능하기 때문에, 헌법 제13조 제1항의 형벌법규 불소급의 원칙("모든 국민은 행위 시의 법률에 의하여 범죄를 구성하지 아니하는 행위로 소추되지 아니하며, …")이 탄핵심판에는 적용되지 않는다.

나. 국회 임기의 종료, 공직자의 사임이나 해임, 사망의 경우 탄핵절차의 진행여부

탄핵절차가 헌법적 문제의 해명을 통하여 헌법질서를 수호하는 절차이므로, 탄핵을 의결한 국회 임기의 종료, 당사자의 사임이나 해임 또는 임기만료에 의한 퇴임은 탄핵소추절차 및 탄핵심판절차의 진행에 아무런 영향을 미치지 않는다.[10] 공직에서 사임한 또는 해임된 자에 대하여 탄핵심판절차를 진행해야 하는 이유는 공직자에 의한 헌법위반을 확인해야 할 이익이 있기 때문이다.[11] 국회법 제134조 제2항은 "소추의결서가 송

---

9) 독일 연방헌법재판소법도 제54조 및 제55조에서 탄핵심판을 형사소송절차의 형태로 진행하도록(헌법재판소에 의한 사전조사, 대통령을 소환해야 할 의무, 대통령의 不出席 時 궐석재판의 가능성에 관한 통고, 필요적 구두변론, 탄핵소추의결서의 낭독, 그에 대한 대통령의 진술, 직권탐지주의에 의한 증거조사, 대통령의 최후 진술 등) 구체적으로 규정하고 한다.

10) 유사한 취지로 이승우/정만희/음선필, 탄핵심판제도에 관한 연구, 헌법재판연구 제12권(2001), 151면; 정종섭, 헌법소송법, 2004, 388면 이하, 정종섭 교수는 공직에서 사직한 또는 해임된 자를 소추대상자에 포함시켜야 하는 근거로서, 탄핵결정의 효과가 파면에 그치는 것이 아니라 공직취임권의 제한 또는 박탈을 수반하기 때문이라고 한다(헌법재판소법 제54조 제2항). 그러나 이러한 이유는 부차적인 것이고, 본질적 이유는 공직자에 의한 '헌법위반을 확인해야 할 이익'에 있다.

달된 때에는 … 임명권자는 피소추자의 辭職願을 접수하거나 해임할 수 없다."고 규정하여, 적어도 탄핵심판절차가 개시된 후에는 대통령 이외의 피소추자의 사임이나 해임의 가능성을 명시적으로 배제하고 있다. 또한, 외국의 입법례를 보더라도, 가령 독일 연방헌법재판소법은 제51조에서 "연방대통령의 사임이나 (임기만료로 인한) 퇴임, 연방의회의 해산 또는 임기만료에 의하여 (탄핵심판)절차의 개시와 속행은 영향을 받지 않는다."고 규정하면서, 제58조 제1항에서 연방법관에 대한 탄핵심판절차에 대해서는 제51조를 준용한다고 규정하고 있다.[12]

대통령의 경우 辭任을 명시적으로 금지하는 법규정이 없으므로 사임은 할 수 있으나, 대통령의 사임은 탄핵절차의 진행에 아무런 영향을 미치지 않는 것으로 보아야 한다.[13] 대통령의 死亡의 경우에도 탄핵절차가 진행되는지에 대하여 문제가 제기될 수 있으나, 이 경우에는 탄핵절차가 종료되는 것으로 보는 것이 타당하다. 이 경우, 대통령이 대립적 소송절차의 구조에서 더 이상 자신을 방어할 수 없기 때문에, 이와 같은 절차적 장애요소가 대통령에 의한 헌법위반을 확인해야 할 이익을 압도한다.[14]

Ⅲ. 대통령 탄핵제도에 관한 외국의 立法例 개관[15]

1. 대통령 탄핵제도의 구조

오늘날 세계적으로 시행되고 있는 대통령에 대한 탄핵제도는 그 구조상 '의회가 탄핵소추권과 탄핵심판권을 모두 가지고 있는 구조'와 '의회는 탄핵소추권만을 가지고 탄핵심판권은 독립된 사법기관에게 맡기는 구조'로 크게 나누어 볼 수 있다.

11) 헌법재판소가 이미 사임한 또는 해임된 공직자에 대하여 '파면결정을 할 수 있는지' 또는 가령 국회법 제134조 제2항의 금지규정에 위반되어 사임 또는 해임한 경우에 한하여 파면결정을 할 수 있는지 등 '어느 경우에 파면결정을 할 수 있는지'에 관하여 논란의 여지가 있으나, 이와 관계없이 적어도 헌법재판소가 '공직자의 법위반 여부'와 '파면여부'를 구분하여 2단계로 심사하는 한(아래 V. 2. 나. 참조), 공직자의 행위가 위헌·위법임을 확인해야 할 실익이 존재한다.

12) 독일 학계의 일부 견해는 사임 또는 퇴임한 연방대통령에 대한 '연방의회의 탄핵소추'는 허용되지 않는다고 주장하나, 이러한 견해는 독일 연방헌법재판소법 제51조의 규정내용에 반하는 견해이다. 연방의회의 소추의 결서의 송달에 의하여 탄핵심판절차가 개시되므로, 연방대통령의 사임이나 퇴임에 의하여 탄핵심판절차의 開始가 영향을 받지 않는다는 것은, 곧 연방대통령의 사임이나 퇴임에 의하여 의회의 탄핵소추절차도 영향을 받지 않는다는 것을 전제로 한다. 만일, 연방대통령이 사임이나 퇴임하는 경우에 의회에서 더 이상 탄핵소추의 의결을 할 수 없는 등 탄핵소추절차를 진행할 수 없다면, 연방헌법재판소에서의 탄핵심판절차는 연방대통령의 사임이나 퇴임에 의하여 개시될 수 없기 때문에, 탄핵심판절차의 開始가 연방대통령의 사임이나 퇴임에 의하여 영향을 받는다는 결과에 이른다.

13) 그러나 이승우, 노무현대통령에 대한 탄핵소추의결과 쟁점분석(대통령 탄핵소추에 관한 토론회 주제발표), 인권과 정의 2004/5, 21면, 대통령은 사임할 수 없다고 보고 있다.

14) Vgl. Benda/Klein, Lehrbuch des Verfassungsprozeßrechts, 1981, S.456f.; Nierhaus, in: Sachs(Hg), GG Kommentar, 2003, Art.61, Rn.9; 다른 견해로 Maunz, in: BVerfGG Kommentar, §51 Rn.2.

15) 이승우/정만희/음선필, 탄핵심판제도에 관한 연구, 헌법재판연구 제12권(2001), 14면 이하; 정종섭, 헌법소송법, 2004, 382면; Wolfram, in: BK, 1988, Art.61, S.9f.; Pernice, in: Dreier(Hg), GG Kommentar, 1988, Art.61, Rn,4ff.

대통령에 대한 탄핵제도를 두고 있는 모든 나라의 경우, 탄핵소추권을 의회에 부여하고 있다. 그러나 의회에 의하여 탄핵소추가 의결된 후에 '누가 탄핵에 관한 결정을 하는지'에 관하여는 나라마다 상이한 형태를 취하고 있다. 일부 국가에서는 의회가 탄핵에 관한 결정을 하도록 하고 있으며,[16] 다른 국가에서는 최고법원이나 독립된 사법기관(예컨대 헌법재판소)에게 탄핵심판권을 부여하고 있다. 비교법적으로 탄핵제도의 공통점은 '탄핵소추기관'과 '탄핵심판기관'이 분리되어 있다는 점이다.

각국의 탄핵제도를 구조적으로 위와 같이 크게 2가지의 형태로 나누어 유형화할 수 있으나, 그럼에도 각 나라마다 매우 상이한 형태로 대통령에 대한 탄핵제도를 구체적으로 형성하고 있음을 확인할 수 있다. 한편, 특정 국가의 탄핵제도를 하나의 유형에 귀속시킬 수 있다고 하여 이로부터 '특정한 탄핵사유'나 탄핵소추기관·탄핵심판기관의 '특정한 권한'이 헌법적으로 요청되는 것으로 도출되는 것은 아니다. 각국마다 2가지 유형의 범주 내에서 상이한 형태로 탄핵제도가 구체적으로 형성될 수 있으므로, 탄핵소추기관 및 탄핵심판기관의 구체적 권한 및 구체적 탄핵사유, 탄핵결정의 효과는 이를 규율하는 각국의 실정법인 헌법과 헌법소송법을 근거로 하여 판단해야 한다.[17] 세계의 탄핵제도를 비교법적으로 고찰하여 하나의 모델을 구성하고, 그 모델에 문제되는 대상을 귀속시킴으로써 그로부터 일정한 법적 결론을 이끌어내고자 하는 시도는 각국의 탄핵제도를 구체적으로 형성하는 실정법적 규정을 경시할 수 있는 위험성을 안고 있다.

가. 의회에 의한 탄핵소추 및 탄핵심판

(1) 의회가 탄핵소추권과 탄핵심판권을 가지고 있는 구조는 일반적으로 의회가 兩院制를 취하고 있는 국가에서 볼 수 있는 형태로서, 下院에게는 탄핵소추권을 부여하고 上院에게는 탄핵심판권을 부여하고 있다. 이에 속하는 국가로는 미국을 비롯하여 러시아,[18] 멕시코,[19] 브라질,[20] 필리핀,[21] 파라과이[22] 등을 들 수 있다. 미국의 경우, 하원의 소추의결에 의하여 상원이 연방대법원장을 의장으로 하여 탄핵심판을 진행하는데 상원 출석의원의 2/3 이상의 찬성으로 파면결정을 한다.[23]

예외적으로 의회가 單院制로 구성된 국가에서도 의회가 탄핵소추 및 탄핵심판의 주

16) 의회가 탄핵에 관한 결정을 하는 경우에는, 兩院 중 탄핵소추를 발의하지 않은 다른 院에게 탄핵심판권을 부여하고 있다.
17) 이에 관하여 아래 V. 1. 참조.
18) 러시아 연방헌법 제102조, 제103조.
19) 멕시코의 경우, 대통령에 대한 탄핵은 하원의 소추의결(멕시코 헌법 제110조)에 따라 상원이 심판한다(同 헌법 제110조, 제11조).
20) 브라질 헌법 제85조 및 제86조 참조.
21) 필리핀의 경우, 미국의 탄핵제도와 동일한 구조를 취하고 있다(필리핀 헌법 제11조 제1항 및 제3항 참조).
22) 파라과이 헌법 제225조 참조.
23) 미연방헌법 제1조 제2항 제5절, 제1조 제3항 제6절 참조.

체가 되는 경우가 있는데, 예건대 페루의 경우, 대통령에 대한 탄핵의 소추여부는 '의회 내의 상임위원회'에서 결정하고, 그에 대한 심판은 위 상임위원회 위원의 참여가 배제된 '의회'에서 행해진다.[24)]

(2) 의회가 실질적인 탄핵심판권을 가지고 있으면서 대통령의 탄핵을 위하여 의회의 의원으로 구성되는 '별도의 심판기관'을 설치하는 국가가 있다. 프랑스의 경우,[25)] 兩院에서 각 절대다수의 찬성으로 양원 일치의 표결을 근거로 탄핵소추의 의결을 하면, 상원과 하원에서 각 절반씩 선출되는 24명의 의원들로 구성되는 '고등탄핵재판소'가 탄핵심판을 담당하게 된다.[26)]

프랑스에서는 비록 대통령의 탄핵을 위하여 고등탄핵재판소를 별도로 설치하지만, 고등탄핵재판소가 하원과 상원의 의원들로 구성된다는 점에서 사실상으로는 '의회'에 의하여 탄핵심판이 주도되는 형태라 할 수 있다.[27)]

(3) 하원에 의한 탄핵소추와 상원에 의한 탄핵심판이 이루어지는 구조에서도 상원에 의한 탄핵결정이 있기 전에 의회로부터 독립된 '사법기관'에게 탄핵절차나 탄핵사유의 適否에 대한 판단을 맡기는 국가들도 있다. 이 경우, 비록 법적인 판단을 요하는 부분에 관하여는 사법기관을 탄핵절차에 참여시키고 있으나, 의회가 최종적으로 탄핵심판에 관한 결정권한을 가지고 있다는 점에서 이러한 형태의 탄핵제도도 '의회'에 의하여 탄핵심판이 주도되는 형태라 할 수 있다.

러시아의 경우, 대통령에 대한 탄핵에서는 하원에 해당하는 '국가두마'가 1/3 이상의 찬성으로 탄핵소추의 의결을 하고, 상원에 해당하는 '연방회의'의 제청에 따라 연방헌법재판소가 연방대통령에 대한 탄핵소추가 정해진 절차를 준수하였는지 여부를 심사하여 권고적 의견을 제시할 수 있으며, 이를 기초로 하여 연방회의가 대통령에 대한 파면여부를 결정한다.[28)] 인도네시아의 경우에도 유사하다.[29)]

나. 의회에 의한 탄핵소추 및 독립된 사법기관에 의한 탄핵심판

대통령에 대한 탄핵제도의 또 다른 형태는, 의회는 대통령에 대한 탄핵소추만을 의결하고, 헌법재판소나 법원 등 독립된 사법기관이 탄핵심판권을 가지는 유형이다. 이와 같이 탄핵에 관한 권한을 분리하여 탄핵소추권은 의회에 부여하고 탄핵심판권은 사법기

---

24) 페루 헌법 제113조 제2항 참조. 단원제 하에서 의회가 탄핵심판을 주도하는 또 다른 국가로는 리투아니아를 들 수 있다(리투아니아 헌법 제74조, 제105조).

25) 프랑스의 탄핵심판제도에 관하여 전학선, 프랑스의 대통령 탄핵심판제도, 헌법학연구 제6권 제4호(2000. 12.), 306면 이하 참조.

26) 프랑스 헌법 제68조 제1항, 고등탄핵재판소법 참조.

27) 일본의 경우, 탄핵대상공무원이 '단지 재판관'이라는 차이점은 있지만, 양원의 의원으로 구성되는 탄핵재판소에서 탄핵심판을 담당한다는 점에서는 프랑스의 제도와 유사하다(일본국 헌법 제64조).

28) 러시아 헌법 제102조 제1항, 제103조 제1항, 제125조 제7항, 러시아 연방헌법재판소법 제3조 제1항 참조.

29) 인도네시아 헌법 제3조, 제7조의A, 제7조의B 참조.

관에 부여하는 형태는 의회의 구성방법이 단원제 또는 양원제인지와 관계없이 취할 수 있다.

독일의 경우, 하원인 연방의회(Bundestag)나 상원에 해당하는 연방참사원(Bundesrat)이 각 기관 단독으로, 또는 양원이 탄핵소추의 중요성이나 필연성을 강조할 목적으로 병렬적으로 동시에 연방대통령에 대한 탄핵소추의 의결을 할 수 있으며, 탄핵소추가 의결되면 연방헌법재판소가 이를 심판한다.[30] 오스트리아의 경우에도 양원합동회의의 성격을 가지는 연방회의(Bundesversammlung)가 소집되어 대통령에 대한 탄핵소추를 의결하면, 연방헌법재판소가 탄핵심판을 담당하게 된다.[31] 이탈리아도 이와 같은 유형에 속한다.[32]

한편, 이와는 달리 양원제를 취하면서도 '상원'에게만 탄핵소추권을 부여하고 탄핵심판은 헌법재판소에 맡기는 경우도 있는데, 체코의 경우가 그러하다.[33] 폴란드의 경우에는 양원합동회의의 성격을 가지는 국민회의에 의하여 탄핵소추가 의결되고, 헌법재판소와는 별도로 설치된 國事裁判所가 탄핵심판권을 행사하게 된다.[34] 우리와 같이, 單院制를 취하고 있는 헝가리의 경우, 의회가 탄핵소추를 의결하고 헌법재판소가 탄핵심판을 하는 형태를 가지고 있다.[35]

2. 대통령에 대한 탄핵사유

탄핵소추의 사유에 있어서도 국가마다 상이함을 보이고 있다. 일부 헌법(프랑스, 러시아, 멕시코, 체코 등)이 탄핵소추사유를 반역죄(Verrat, treason) 등과 같은 중대한 범죄에 제한하고 있는 반면,[36] 일부 헌법(미국, 아일랜드 등)은 탄핵사유를 크게 확대하여 경죄, 비행(misdemeanor, misbehavior, misconduct)과 같은 불명확한 포괄적인 개념을 사용하기도 한다.[37] 또한, 일부 헌법(독일, 오스트리아, 이탈리아, 헝가리, 리투아니아 등)에서는 우리 헌법의 경우와 유사하게 '헌법위반 또는 법률위반'을 탄핵사유로 규정하고 있다.[38]

---

30) 독일 기본법 제61조 제1항 참조.

31) 연방회의에서 대통령에 대한 탄핵소추를 의결하기 위해서는 상·하원 각 재적의원 과반수의 출석이 있어야 하며, 표결에 참가한 의원 2/3 이상의 찬성이 필요하다(오스트리아 헌법 제68조).

32) 이탈리아의 경우, 대통령에 대한 탄핵소추의 의결은 상·하원 양원합동회의에서 과반수 이상의 찬성으로 이루어지며(이탈리아 헌법 제90조), 이에 대하여 헌법재판소가 탄핵심판을 담당하게 되는데, 헌법재판소 재판관 외에 16인의 일반시민이 재판관으로 참여한다는 점이 특이하다(同 헌법 제135조).

33) 체코 헌법 제65조 및 제87조.

34) 폴란드 헌법 제145조 참조.

35) 헝가리 헌법 제31조 및 제31조의A 참조.

36) 탄핵의 사유로서, 프랑스의 경우 '대역죄'(프랑스 헌법 제68조), 러시아의 경우 '국가반역죄나 기타 중대한 범죄'(러시아 헌법 제125조 제7항), 멕시코의 경우 '반역죄와 중대한 범죄'(멕시코 헌법 제110조), 체코의 경우 '중대한 반역죄'(체코 헌법 제65조)에 한정하고 있다.

37) 미국의 경우, '반역죄, 수뢰죄, 기타의 중대한 범죄 및 비행(high crimes and misdemeanors)'이 탄핵사유이다(미연방헌법 제2조 제4항 제1절).

38) 독일의 경우, "기본법 또는 연방법률에 대한 고의적 침해"(독일 기본법 제61조 제1항), 오스트리아의 경우

Ⅳ. 탄핵심판의 適法要件[39]

모든 소송절차와 마찬가지로, 탄핵심판의 경우에도 본안의 판단을 받기 위하여 일정한 형식적 요건을 갖출 것이 요청된다. 이는 심판청구의 남용을 방지하기 위하여 필요하다. 아래에서는 심판청구의 적법요건에 관하여 살펴보기로 한다.

1. 탄핵소추의결서의 제출

소추위원이 헌법재판소에 소추의결서의 정본을 제출함으로써, 심판청구를 하게 된다(헌법재판소법 제49조 제2항). 헌법재판소에 제출된 탄핵소추의결서는 탄핵의 원인이 된 대통령의 작위 또는 부작위, 위반된 헌법 또는 법률의 규정, 증거자료를 기재하여야 한다. 이러한 기재내용 중 하나라도 결여된 경우에는 심판청구는 부적법한 것이 된다. 그러나 헌법재판소는 소추의결서의 보정을 요구할 수 있다(헌법재판소법 제28조).

탄핵심판에서 헌법재판소에 의한 법적 판단의 대상(심판대상)이 되는 것은 단지 탄핵의 원인이 된 사실관계(소추사유)이다. 헌법재판소는 사법기관으로서 원칙적으로 탄핵소추기관이 주장하는 탄핵의 원인이 된 사실관계에 의하여 구속을 받는다. 따라서 헌법재판소는 소추의결서에 기재되지 아니한 사실관계를 판단의 근거로 삼을 수 없다.[40] 같은 이유에서, 소추위원이 탄핵심판에서 소추의결서에 기재되지 아니한 새로운 사실을 임의로 추가하는 것은 허용되지 않는다.[41]

그러나 헌법재판소는 공직자의 법위반 여부를 판단함에 있어서 소추의결서에서 그 위반을 주장하는 헌법 또는 법률의 규정에 의하여 구속을 받지 않는다.[42] 그러므로 헌법재판소는 청구인이 그 위반을 주장한 법규정 외의 다른 법규정에 근거하여 탄핵의 원인이 된 사실관계를 판단할 수 있다. 또한, 헌법재판소는 탄핵의 원인이 된 '사실관계의 판단'에 있어서 국회에 의하여 분류된 사실관계의 체계에 의하여 구속을 받지 않는다. 소추사유를 어떠한 연관관계에서 법적으로 고려할 것인지의 문제는 전적으로 헌법재판소의 판단에 달려있다.

"연방헌법에 대한 유책적 침해"(오스트리아 연방헌법 제142조 제2항 제a호), 이탈리아의 경우 "중대한 반역죄를 범한 때 또는 헌법을 침해하는 때"(이탈리아 헌법 제90조), 헝가리의 경우 "직무수행 중에 고의로 헌법 또는 법률을 위반한 경우"(헝가리 헌법 제31조의A), 리투아니아의 경우 "헌법에 대한 중대한 위반, …"(리투아니아 헌법 제74조)을 탄핵의 사유로 규정하고 있다.

39) Vgl. Stern, Das Staatsrecht der BRD, Bd.Ⅱ, 1980, S.1007; Fink, in: v. Mangoldt/Klein/Starck, Bonner Grundgesetz Kommentar, Bd.Ⅱ, 2000, S.1901ff.; Maunz/Schmidt-Bleibtreu/Klein/Ulsamer, BVerfGG Kommentar, 4. Lif., §49ff.; Lechner/Zuck, BVerfGG, 1996, §49ff.

40) 헌재 2004. 5. 14. 2004헌나1, 판례집 16-1, 609, 625.

41) 헌재 2004. 5. 14. 2004헌나1, 판례집 16-1, 609, 633.

42) 헌재 2004. 5. 14. 2004헌나1, 판례집 16-1, 609, 625; Vgl. Maunz/Schmidt-Bleibtreu/Klein/Ulsamer, BVerfGG Kommentar, 4. Lif., §49 Rn.9; Lechner/Zuck, BVerfGG, 1996, §50 Rn.3, §56 Rn.1.

2. 국회의 탄핵소추의 발의 및 의결의 存否

헌법재판소는 대통령에 대한 탄핵소추가 국회재적의원 과반수의 발의에 의하여 이루어졌는지 여부 및 탄핵소추의 의결이 국회재적의원 3분의 2 이상의 찬성에 의하여 이루어졌는지 여부(헌법 제65조 제2항 제2문)를 판단한다. 헌법재판소는 탄핵소추의 적법여부에 관하여는 국회의 탄핵소추절차에 명백한 흠결이 있는지의 '명백성의 심사'에 제한한다.[43)]

3. 탄핵소추의 對象公務員에 해당되는지 여부

가. 탄핵심판의 對象公務員

헌법 제65조 제1항 및 헌법재판소법 제48조에 의하면, 대통령·국무총리·국무위원·행정각부의 장·헌법재판소재판관·법관·중앙선거관리위원회위원·감사원장·감사위원 기타 법률이 정한 공무원에 대해서만 탄핵소추가 가능하다. 따라서 위에 규정된 공무원에 해당하지 않는 것이 명백한 경우, 그러한 공무원에 대한 심판청구는 부적법하여 각하해야 한다.

탄핵심판의 대상공무원과 관련하여 대부분의 경우 자명하기 때문에 적법요건을 충족시켰는지의 판단에 있어서 어려움이 없을 것이나, 다만, '공직자가 탄핵소추 또는 탄핵심판의 당시에 現職에 있어야 하는지' 여부가 문제된다. 공직자가 탄핵소추절차의 개시(국회의 탄핵소추 발의) 후에 스스로 辭任하거나 임기만료로 退任하는 것은 탄핵심판절차의 개시와 진행에 아무런 영향을 미치지 않는다. 헌법수호절차로서의 탄핵심판의 목적에 비추어 국가기관이 위헌적 행위를 범했는지에 관하여 확인해야 할 일반적 이익이 인정되고, 다른 한편으로는 공직자가 스스로 사임함으로써 탄핵절차나 파면결정을 면탈하는 것을 방지해야 할 필요가 있다.[44)]

나. '기타 법률이 정한 공무원'의 범위

헌법은 제65조 제1항에 명시적으로 언급된 공직자의 범위를 넘어서 "기타 法律이 정한 공무원"을 언급함으로써, 입법자로 하여금 탄핵대상 공무원을 법률로써 정할 것을 위임하고 있다. 여기서 '기타 법률이 정한 공무원'의 범위를 어떻게 이해해야 하는지의 문제가 제기된다. 헌법을 유지하고 수호하고자 하는 것이 탄핵제도의 본질이라면, 입법

43) 헌재 2004. 5. 14. 2004헌나1, 판례집 16-1, 609, 628, 국회는 의사와 내부규율 등 국회운영에 관하여 폭넓은 자율권을 가지므로, 국회의 의사절차나 입법절차에 명백한 법위반이 존재하지 않는 한, 국회의 자율권을 존중해야 한다는 입장이다.

44) 독일 연방헌법재판소법은 제51조에서 "연방대통령의 사임이나 (임기만료로 인한) 퇴임, 연방의회의 해산 또는 임기만료에 의하여 (탄핵심판)절차의 개시와 속행은 영향을 받지 않는다."고 규정하고 있다.

자가 정하는 '탄핵대상 공무원의 범위'도 역시 탄핵제도의 본질에 비추어 판단되어야 한다. 따라서 입법자는 공직자에게 부여된 헌법상 또는 법률상 권한과 기능의 비중에 비추어 그 직무수행 중의 법위반행위로 인하여 헌법수호의 관점에서 헌법질서에 대한 특히 중대한 위협이 우려되는 공무원의 범위를 확정하여 이를 탄핵의 대상으로 삼을 수 있다. 이러한 공무원의 범위에는 헌법에 명시적으로 규정된 공무원 외에 예컨대, 각군 참모총장, 검사,[45] 경찰청장 등이 속한다고 할 것이다. 물론, 탄핵대상 공무원의 범위를 법률로써 정함에 있어서 입법자에게는 광범위한 형성의 자유가 인정된다.

한편, 일반적 사법절차나 징계절차에 의한 소추나 징계가 곤란한 고위직 공무원에 대한 '특수한 소추절차'로서의 탄핵절차의 성격을 인정하여 탄핵대상 공무원의 범위를 '소추나 징계가 곤란한 고위직 공무원'으로 파악하고자 하는 견해가 있다.[46] 그러나 '특정 공무원에 대한 소추나 징계가 곤란한지 여부'는 탄핵대상 공무원의 범위를 정함에 있어서 단지 부차적 요소일 뿐이다. 오늘날 정상적으로 기능하는 민주적 법치국가에서, 헌법이 스스로 예외를 두고 있는 경우를 제외한다면(예컨대, 헌법 제84조의 대통령 재직시 형사소추의 제한), 사법절차를 통하여 소추가 곤란한 고위직 공직자란 존재할 수 없고, 다른 한편으로는 탄핵제도가 기능하는 국가에서는 사법절차도 제대로 기능한다고 보아야 한다. 따라서 탄핵대상 공무원의 범위를 '특수한 소추절차'로서의 탄핵절차의 관점에서 파악하는 것은 단지 부차적으로 고려될 수 있을 뿐이다.

4. 탄핵소추사유의 존재 가능성

가. "직무집행에 있어서 헌법이나 법률을 위배한 때"

헌법 제65조에 규정된 탄핵소추사유는 "직무집행에 있어서 헌법이나 법률을 위배한 때"이므로, 탄핵심판을 청구하기 위해서는 '직무집행에 의한 법률이나 헌법에 대한 위반가능성'이 존재해야 한다. 따라서 위와 같은 위반가능성이 명백하게 존재하지 않는 경우에는 심판청구는 부적법한 것으로 각하하게 된다.

(1) "직무집행에 있어서"

"직무집행에 있어서"의 '직무'란, 법제상 소관 직무에 속하는 고유업무 및 통념상 이와 관련된 업무를 말한다. 따라서 직무상의 행위란, 법령·조례 또는 행정관행·관례에 의하여 그 지위의 성질상 필요로 하거나 수반되는 모든 행위나 활동을 포함하는 포괄적인 개념이다.[47]

이에 따라 대통령의 직무상 행위는 법령에 근거한 행위뿐만 아니라, '대통령의 지위

45) 검찰청법 제37조는 '검사'를 탄핵대상 공무원에 포함시키고 있다.
46) 권영성, 헌법학원론, 2004, 900면; 허영, 한국헌법론, 2004, 813면; 김철수, 헌법학개론, 2004, 1125면 참조.
47) 헌재 2004. 5. 14. 2004헌나1, 판례집 16-1, 609, 633.

에서 국정수행과 관련하여 행하는 모든 행위'를 포괄하는 개념으로서, 예컨대 각종 추진사업의 현장 방문·위문·재해현장 확인 등 목적의 특정지역 방문행위, 각종 단체·산업현장 등 방문행위, 기공식·준공식·공식만찬 등 각종 행사에 참석하는 행위, 대통령이 국정을 수행함에 있어서 국민의 이해를 구하고 국가정책을 효율적으로 수행하기 위하여 방송에 출연하여 정부의 정책을 설명하고 의견을 수렴하는 행위·기자회견에 응하는 행위 등을 모두 포함한다.

그러나 집무집행과 관계없는 행위, 즉 직무개시 이전이나 퇴임 후의 행위 또는 명백하게 私的인 행위(예컨대 사적인 계약위반에 의한 민법규정의 위반)는 탄핵의 대상이 될 수 없다. '前職 時의 행위'도 탄핵사유가 될 수 있는지에 관하여 본다면, "대통령 … 이 그 직무집행에 있어서"라고 하여 탄핵사유의 요건을 '대통령의 직무집행'으로 명시적으로 규정하고 있는 헌법 제65조 제1항의 法文의 해석으로 보나, 탄핵결정의 효과를 '공직으로부터의 파면'으로 규정하는 헌법 제65조 제4항과의 연관관계에서 보나, '現職 중의 법위반행위'만이 탄핵사유가 된다고 보아야 한다.[48] 또한, 탄핵절차의 본질이 공소시효가 완성되지 않은 이상 소추가 가능한 '형사소추절차'가 아니라, 고위공직자의 직무집행 중 법위반행위에 대하여 법적 책임을 추궁함으로써 헌법의 규범력을 확보하고자 하는 '헌법재판절차'라는 점에서도 탄핵사유는 현직 중의 행위로 제한됨이 타당하다.

(2) "헌법이나 법률을 위배한 때"

헌법에는 명문의 헌법규정뿐만 아니라 헌법재판소의 결정에 의하여 형성된 '불문헌법'도 포함된다. 대통령은 헌법과 법률의 구속을 받을 뿐, 행정입법에 의한 구속을 받지 않으므로, 법률이란 단지 '형식적 의미의 법률' 및 그와 등등한 효력을 가지는 국제조약 등을 의미한다. 따라서 명백하게 명령이나 규칙 위반에 근거한 심판청구 또는 법규범의 위반이 아니라 대통령의 부도덕한 행위, 정치적 무능력에 대한 심판청구, 정치적 판단의 당부를 다투는 심판청구는 부적법하다. 법위반행위에는 고의나 과실에 의한 경우뿐만 아니라 법의 無知로 인한 경우도 포함된다고 본다.[49]

나. 法違反의 重大性을 고려해야 하는지의 문제

사소한 위반행위를 사유로 하는 탄핵심판청구의 남용을 방지하기 위하여, 단순히 위반가능성의 존재를 요구하는 것을 넘어서, '법위반의 중대성'의 관점을 이미 적법요건의

48) 같은 견해로는 헌재 2004. 5. 14. 2004헌나1, 판례집 16-1, 609, 651, '대통령 당선 후 취임 시까지'의 기간에 이루어진 대통령의 행위도 소추사유가 될 수 없다고 판시하였다. 또한 이승우, 노무현대통령에 대한 탄핵소추의결과 쟁점분석(대통령 탄핵소추에 관한 토론회 주제발표), 인권과 정의 2004/5, 17면; 권영성, 헌법학원론, 2004, 901면; 다른 견해로는 김철수, 헌법학개론, 2004, 1126면, 前職 시의 행위도 탄핵사유가 될 수 있다고 한다.

49) 그러나 법위반행위가 단지 '과실'이나 '법의 무지'로 인한 경우에는 본안판단의 '법위반의 중대성'을 판단하는 과정에서 법위반의 중대성을 부인하는 요소로서 고려될 수 있다.

단계에서 고려해야 하는지의 문제가 제기된다.[50] 예컨대, 경미한 법위반으로 탄핵소추가 의결된 경우, 헌법재판소가 이미 적법성의 심사 단계에서 이를 부적법한 것으로 각하해야 하는지에 관한 것이다.

(1) 본안판단의 문제로서 법위반의 중대성

헌법은 제65조 제2항에서 '대통령에 대한 탄핵소추는 국회재적의원 3분의 2 이상의 찬성으로 그 외의 공직자의 경우에는 국회재적의원 과반수의 찬성으로 의결된다'고 하여 가중된 정족수를 규정함으로써, 국회 내에서 공직자의 헌법이나 법률의 위반에 대한 폭넓은 합의가 있어야만 탄핵소추가 가능하도록 하고 있다. 헌법 제49조에서 규정하고 있는 일반적 정족수(재적의원 과반수의 출석과 출석의원 과반수의 찬성)와 비교할 때, 이와 같은 가중된 의결정족수의 요건으로 말미암아 사소한 법위반행위를 이유로 탄핵절차가 개시될 가능성은 현실적으로 거의 없다. 따라서 이러한 가중된 의결정족수의 규정을 통하여 탄핵소추제도의 남용을 방지하는 제도적 장치가 마련되어 있고, 다른 한편으로는 탄핵소추기관인 국회의 관점에서 볼 때 '중대한 법위반'과 '중대하지 않은 법위반'의 경계설정이 불명확하기 때문에, 헌법 제65조의 법문에 표현된 탄핵소추사유를 넘어서 해석을 통하여 '법위반의 중대성'과 같은 별도의 적법요건을 구성할 필요는 없다고 본다. '헌법이나 법률에 대한 위반이 중대해야 하는지'의 문제는 원칙적으로 적법요건의 단계에서 결정해야 할 문제가 아니라 본안판단의 문제로 보는 것이 합당하다.

(2) 적법요건으로서 헌법적·정치적 의미를 가지는 법위반의 가능성

한편, 탄핵소추의 의결에 관하여 국회재적의원 과반수 또는 3분의 2 이상의 찬성을 요하는 가중된 의결정족수는 실질적으로 탄핵소추사유를 제한하는 효과를 가져 올 수는 있으나, 이로 인하여 탄핵소추사유의 지나친 廣範性이 해소되는 것은 아니다.

헌법수호절차로서의 탄핵제도의 헌법적 의미와 목적에 비추어, 모든 법위반(가령, 교통법규나 민법의 위반)이 탄핵의 대상행위가 되는 것이 아니라, 어느 정도 헌법적 또는 정치적 의미를 가지는 법위반만이 탄핵의 대상이 될 수 있다.[51] 따라서 명백히 정치적 의미가 없는 법위반, 헌법적 질서의 유지와 관련하여 명백히 아무런 영향을 미치지 않는 법위반에 대한 심판청구는 부적법한 것으로 보아야 한다. 즉, 헌법 제65조의 탄핵제

---

50) 예컨대 이승우, 노무현대통령에 대한 탄핵소추의결과 쟁점분석(대통령 탄핵소추에 관한 토론회 주제발표), 인권과 정의 2004/5, 19면, 탄핵소추의 의결이 이루어지면 피소추자의 권한행사가 정지된다는 점에서 탄핵소추사유를 '중대한 법위반'으로 축소적으로 해석해야 한다고 주장한다. 이에 대하여 강경근, 대통령 탄핵소추에 관한 토론회 지정토론, 인권과 정의 2004/5, 34면 이하, 탄핵소추사유는 넓게 파악하고 탄핵심판사유는 좁게 해석해야 한다는 입장이다.

51) Vgl. Herzog, in: Maunz/Dürig(Hg), GG Kommentar, 2002, Art.61 Rn.20; Schlaich/Korioth, Das Bundesverfassungsgericht, 2001, Rn.323; Maunz/Schmidt-Bleibtreu/Klein/Ulsamer, BVerfGG Kommentar, 4. Lif., §49 Rn.5; Hemmerich, in: Münch/Kunig(Hg), GGK, 2001, Art.61, Rn.5; Wolfram, in: BK, 1988, Art.61, Rn.7.

도의 헌법적 목적에 비추어 어느 정도 정치적·헌법적 의미를 지니기 때문에 위반여부에 관한 헌법적 해명의 필요성이 있는 법위반행위만이 심판청구의 대상이 될 수 있는 것으로, '법위반'의 의미가 제한적으로 해석되어야 한다. 따라서 교통법규에 대한 위반 등 사소한 비정치적 의미의 위반행위에 대한 심판청구는 부적법하여 각하해야 한다.

5. 청구기간

탄핵심판의 경우, 정당해산심판과 마찬가지로 언제까지 소추위원이 탄핵심판을 청구할 수 있는지에 관한 규정이 없다. 이에 대하여 권한쟁의심판의 경우, 그 사유(피청구인의 처분 또는 부작위가 청구인의 권한을 침해한 사실)가 있음을 안 날로부터 60일 이내에, 그 사유가 있은 날로부터 180일 이내에 심판을 청구하도록 청구기간을 규정하고 있다. 한편, 독일의 경우, '대통령에게 탄핵사유가 있음을 소추기관이 안 때로부터 3월 이내에 탄핵소추를 해야 한다'고 청구기간을 정하고 있다(연방헌법재판소법 제50조).

소송절차에 있어서 청구기간에 관한 규정이 없다는 것은 법적 안정성의 관점에서 볼 때 입법적 흠결에 해당한다. 그러나 다른 심판절차에서의 청구기간에 관한 규정을 준용한다는 것은 법치국가적 관점 및 재판청구권의 보장의 관점에서 불가능한 것이므로, 탄핵심판의 청구는 청구기간의 제한을 받지 않는다고 보아야 한다. 따라서 청구기간에 관한 명문의 규정이 없는 한, 청구기간의 제한을 받지 않으므로, 대통령에게 탄핵사유가 언제 발생하였는지 또는 언제 소추기관이 이를 알았는지와 관계없이, 대통령 직무수행 개시 이후의 모든 행위가 소추의 대상행위가 될 수 있다. 대통령의 임기 종료 직전에 탄핵소추가 이루어지는 경우에는, 지난 약 5년간의 임기 중의 모든 직무행위가 탄핵의 대상이 될 수 있다.

Ⅴ. 본안판단의 주요 쟁점

노무현 대통령 탄핵사건에서 핵심적인 쟁점으로 부각된 것은, 대통령의 법위반사실이 확인된 경우, 헌법재판소가 자동적으로 파면결정을 해야 하는지 아니면 파면여부에 관하여 결정할 재량을 가지고 있는지의 문제였다.

1. 헌법상 탄핵제도의 구조로부터 헌법재판소의 파면여부 결정권이 도출될 수 있는지 여부

본안판단과 관련하여 일차적으로 규명해야 할 문제는, 우리의 탄핵제도와 같이 탄핵소추권과 탄핵심판권을 분리하여 탄핵심판권을 독립된 사법기관에 부여하는 '헌법상 탄핵제도의 구조'로부터 '탄핵대상 공직자의 파면여부에 관하여 결정할 탄핵심판기관의 권한'이 '헌법상 권리'로서 도출될 수 있는지의 문제이다. 그러나 한국 헌법의 탄핵제도가 단지 탄핵소추권과 탄핵심판권을 분리하는 구조를 취하고 있다는 이유만으로 헌법재판소가 탄핵대상 공직자의 파면여부에 관하여 결정할 권한을 가지고 있다고 주장하는 것은[52] 규범적 근거를 결여하고 있다.

헌법이 탄핵소추권과 탄핵심판권을 분리하여 탄핵심판권을 헌법재판소의 관할로 정하고 있다는 것은, 단지 탄핵심판권이 헌법재판소의 전속적인 권한이라는 것을 의미할 뿐, 헌법재판소가 '파면여부에 관하여 결정할 권한'을 가지고 있다는 것을 의미하는 것은 아니다. 헌법재판소에 전속적으로 부여된 탄핵심판권의 내용이 무엇인가 하는 것은 '헌법상 탄핵제도의 구조'로부터 자동적으로 나오는 것이 아니라, 탄핵심판을 구체적으로 형성하는 헌법규범과 헌법재판소법에 의하여 결정되는 것이며, 헌법재판소는 자신의 권한행사에 있어서 헌법과 헌법재판소법의 구속을 받는다. 탄핵소추권과 탄핵심판권을 분리하는 이원적 탄핵구조 내에서도, 헌법과 헌법재판소법은 어떠한 요건(탄핵사유) 하에서 헌법재판소가 탄핵결정을 할 수 있는지 또는 해야 하는지, 탄핵결정의 효과는 무엇인지 등에 관하여 구체적으로 형성한다.

따라서 특정 국가의 탄핵심판기관의 구체적 권한은 추상적인 '헌법상 탄핵제도의 구조'로부터 자동적으로 도출되는 것이 아니라, 각국의 고유한 실정법에 그 근거를 두고 있는 것이다. 탄핵심판기관의 권한은 그 권한을 부여하는 수권규범의 해석을 통하여 규명되어야 한다. 우리의 경우, 일차적으로 탄핵절차를 규정하는 헌법 및 헌법재판소법규정의 해석의 문제이고, 이 과정에서 헌법의 기본결정과 기본원리를 함께 고려해야 하는 것이다.

이러한 관점에서 볼 때, 실정법규정과 관계없이 '헌법상 탄핵제도의 구조'에 의하여 파면여부결정권이 헌법재판소에 자동으로 부여된다는 견해는 납득하기 어렵다. 헌법이 탄핵소추권과 탄핵심판권을 분리하여 이원적으로 탄핵심판제도를 규정한다 하더라도, 이러한 구조로부터 탄핵심판기관의 특정한 권한이 헌법적으로 유일하게 타당한 것으로 도출되는 것은 아니며, 이러한 구조에서도 탄핵심판기관의 권한은 합헌적인 방법으로 다양하게 규정될 수 있다. 만일 탄핵심판권을 헌법재판소에 위임하고 있는 '헌법상 탄핵제도의 구조'로부터 헌법재판소의 '파면여부에 관한 결정권'이 '헌법상 권리'로서 자동적으로 도출된다면, 헌법의 구속을 받는 입법자는 물론이고 심지어 헌법제정자도 "헌법재판소는 법위반을 확인하는 경우 파면결정을 해야 한다."는 형태와 같은 입법을 할 수 없다는 결과에 이르는데, 헌법제정자와 입법자의 형성권이 '헌법상 탄핵제도의 구조'에 의하여 先決되고 제한된다는 견해는 타당할 수 없다. 마찬가지로 '헌법상 탄핵제도의 구

52) 예컨대, 정종섭, 탄핵심판에 있어 헌법재판소의 탄핵여부결정권, 제52회 헌법실무연구회 발표문(2005. 2.) 참조.

조'보다도 더욱 추상적인 '헌법상의 권력분립구조나 정치형태'로부터 헌법재판소의 특정 권한을 도출하려는 시도도, 헌법재판소의 권한은 일차적으로 탄핵제도를 구체적으로 규율하는 헌법 및 헌법재판소법의 규정에 근거하여 밝혀져야 한다는 점에서 수용할 수 없는 견해이다.

2. 헌법재판소법 제53조 제1항의 해석의 문제

결국, 헌법재판소가 탄핵대상 공직자를 파면할 것인지에 관하여 결정할 권한을 가지고 있는가 하는 것은 실정법의 해석을 통하여 밝혀져야 한다. 헌법은 제65조 제1항에서 "대통령 … 이 그 집무집행에 있어서 헌법이나 법률을 위배한 때에는 국회는 탄핵의 소추를 의결할 수 있다."고 규정하고, 헌법재판소법 제53조 제1항은 "탄핵심판청구가 이유 있는 때에는 헌법재판소는 피청구인을 당해 공직에서 파면하는 결정을 선고한다." 고 규정하고 있다. 헌법재판소법 제53조 제1항의 法文에 의하면, 탄핵심판청구가 이유 있는 경우에는 헌법재판소는 선택의 여지없이 자동적으로 파면결정을 하도록 규정하고 있으므로, 여기서 '탄핵심판청구가 이유 있는 때'를 어떻게 해석해야 하는지의 문제가 발생한다.

즉, 헌법 제65조 제1항에 규정된 탄핵사유인 "그 직무집행에 있어서 헌법이나 법률을 위배"한 것이 확인되는 경우, 헌법재판소는 자동적으로 대통령에 대한 파면결정을 해야 하는지 아니면 헌법해석을 통하여 별도의 不文의 탄핵사유(예컨대, 법위반의 중대성 등)를 인정할 것인지의 문제가 규명되어야 한다. 이에 관하여 다음과 같은 2가지 견해가 가능하다.[53)]

가. 헌법이나 법률의 위반이 확인된 이상, 헌법재판소는 파면결정을 해야 한다는 견해

(1) 탄핵사유의 내재적 한계로서 '헌법적 해명의 의미가 있는 법위반'

물론, 이러한 견해를 취하는 경우에도 모든 법위반행위가 자동적으로 공직자의 파면을 가져오는 것은 아니다. 헌법수호절차로서의 탄핵제도의 헌법적 의미와 목적에 비추어, 모든 法違反이 탄핵의 대상행위가 되는 것이 아니라, 어느 정도의 헌법적 중요성 또는 정치적 중요성을 가진 법위반만이 탄핵의 대상이 될 수 있다. 따라서 헌법질서의 유지에 아무런 영향을 미치지 않기 때문에 탄핵심판이란 헌법재판을 통하여 헌법적 해명을 필요로 하지 않는 사소한 非政治的, 非憲法的 법위반(예컨대 직무집행 중 교통법규위반, 민법위반 등)에 대한 심판청구는 부적법한 것으로 보아야 한다. 즉, 탄핵사유인 '법위반행위'의 개념은 헌법재판제도로서의 탄핵심판의 본질에 의하여 '헌법적 해명의 의미

53) 또한, 유사한 취지로 아래와 같은 2가지 해석의 가능성에 관하여 언급하고 있는 문헌으로는 강경근, 대통령 탄핵소추에 관한 토론회 지정토론, 인권과 정의 2004/5, 37면 참조.

가 있는 법위반'으로 제한되고 축소된다. 탄핵소추의 대상이 된 대통령의 법위반행위에 대하여 정치적·헌법적 의미가 인정되고, 헌법재판소가 대통령의 법위반 사실을 확인하는 경우, 헌법재판소법 제53조 제1항에 따라 파면결정을 선고해야 한다.

그러나 이와 같이 탄핵심판의 본질에서 유래하는 탄핵사유의 내재적 한계를 넘어서, 헌법재판소가 '중대한 법위반'이나 '정치적으로 직무수행불능' 등 별도의 不文의 탄핵사유를 기준으로 대통령에 대한 파면결정 여부를 판단하는 것은 허용되지 않는다.

(2) 헌법재판소법 제53조 제1항의 "탄핵심판청구가 이유 있는 때"의 의미

헌법재판소법 제53조 제1항은 "탄핵심판청구가 이유 있는 때에는 헌법재판소는 피청구인을 당해 공직에서 파면하는 결정을 선고한다."고 규정하고 있는데, 여기서 "탄핵심판청구가 이유 있는 때"란, 헌법 제65조의 탄핵사유가 존재하는 때, 즉 "헌법이나 법률을 위배한 때"를 의미하는 것이다. 만일 헌법재판소법 제53조에서 '헌법이나 법률에 대한 위반' 외에 '법위반의 중대성' 등 별도의 탄핵사유를 인정하려 했다면, 입법자는 "탄핵심판청구가 이유 있는 때"란 표현 대신에 "헌법이나 법률에 대한 중대한 위배가 있는 때" 등의 다른 표현을 사용했을 것이라고 보아야 한다.

'법위반의 중대성'과 같은 별도의 탄핵사유를 인정하는 법률해석은 헌법재판소법 제53조의 탄핵사유요건이 '헌법이나 법률을 위배한 때'의 요건에서 '헌법이나 법률에 대한 중대한 위배가 있는 때'의 요건으로 변경되는 결과를 초래한다. 그러므로 '헌법이나 법률 위반' 외에 별도의 탄핵사유를 인정하는 것은 헌법재판소법 제53조에 표현된 입법자의 객관적 의사와 합치하지 않는다.[54)]

(3) 法違反의 정치적·헌법적 重大性에 대한 국회의 판단

헌법 제65조 제2항이 탄핵소추의 의결에 대하여 가중된 정족수를 요건으로 하는 것은, 바로 국회의 판단에 의하여 탄핵소추의 헌법적·정치적 중요성이 결정된다는 것을 의미한다. 특히 대통령에 대한 탄핵소추의결의 경우, 국회재적의원 3분의 2 이상의 찬성이란 가중된 정족수를 통과한 탄핵소추는 이미 '국회의 관점에서 볼 때 헌법질서에 대한 중대한 위반'을 전제로 하고 있는 것이다. 헌법 제65조의 가중된 정족수의 요건은 단순한 '절차적 의미'를 넘어서, 법위반행위의 정치적·헌법적 중요성에 관한 '실체적

54) 혹자는 헌법재판소법 제53조의 해석에 있어서 헌법 제84조의 규정을 해석의 지침으로 고려해야 한다는 주장을 하기도 하나, 헌법 제84조는 대통령의 재직 시 형사소추의 가능성을 규정한 조항인 반면, 탄핵절차는 형사절차가 아니라 헌법질서를 수호하려는 독자적인 헌법재판절차라는 점에서, 헌법 제84조의 정신이 탄핵심판에서 고려될 여지는 없다. 즉 헌법 제65조의 탄핵사유와 헌법 제84조는 아무런 상관관계가 없다. 헌법 제65조의 탄핵사유를 헌법 제84조의 정신에 비추어 '대통령에 대한 탄핵도 내란죄나 외환죄에 버금가는 중대한 범죄의 경우에 한정해야 한다'는 견해는, '헌법 제84조로 말미암아 대통령의 재직 시에는 형사책임을 매우 제한적으로만 물을 수 있기 때문에 이에 대한 보완책으로서 탄핵제도가 기능해야 하고 이로써 탄핵사유를 넓게 인정해야 한다'는 견해가 마찬가지로 가능하다는 점에서, 지극히 자의적이고 주관적인 해석이다, 같은 취지로 강경근, 대통령 탄핵소추에 관한 토론회 지정토론, 인권과 정의 2004/5, 34면 참조.

의미'를 담고 있는 것이다. 결국, 헌법 제65조 및 제111조 제1항 제2호는 탄핵소추에 관한 권한을 나누어 탄핵소추권을 국회에, 탄핵심판권을 헌법재판소에 부여함으로써, 법위반의 정치적 중대성이나 헌법질서에 미치는 의미에 관한 소위 '정치적 판단'은 소추기관인 국회에 위임하고, 사법기능을 담당하는 헌법재판소는 '대통령의 행위가 법위반에 해당하는지 여부'에 관하여 '규범적 판단'을 하도록, 각 분담하고 있는 것이다.

국회의 탄핵소추의결이 이미 중대한 '실체적 의미'를 가진다는 것은 헌법 제65조 제3항에서도 그대로 드러나고 있다. 헌법 제65조 제3항에 의하면, 탄핵소추의 의결을 받은 자는 탄핵심판이 있을 때까지 그 권한행사가 정지된다. 의회의 탄핵소추의결이 피소추자의 권한행사를 정지하지 않는 외국의 일반적인 입법례와는 달리,[55] 우리 헌법에서 이미 탄핵소추의결로써 권한행사가 자동적으로 정지되도록 규정한 것은 '국회의 탄핵소추의결과 더불어 탄핵사유가 존재한다'는 추정에 근거한 것이라고 할 수 있다. 즉, 국회에 의하여 탄핵소추안이 일단 의결되면, 이로써 피소추자가 직무집행에 있어서 헌법이나 법률을 위배했다는 것이 일단 추정되는 것이다.[56] 그 결과, 헌법재판소의 탄핵심판절차는 규범적 판단에 따라 과연 '정치적 헌법기관인 국회가 인정한 탄핵사유가 실제로 규범적으로 존재하는지'에 관한 司法的 심사, 즉 규범적 확인의 절차인 것이다.

(4) 法違反의 重大性을 고려하지 않는 헌법재판소의 사법적 심사

따라서 가중된 정족수를 통과한 국회의 탄핵소추의결에 대하여 헌법재판소는 더 이상 '법위반의 중대성'의 관점에서 판단해서는 안 되고, 공직자의 행위가 헌법이나 법률 위반에 해당하는지의 규범적 판단에 제한되어야 한다. 헌법재판소가 별도로 '중대한 법위반'이나 '정치적 수행불능'과 같은 지극히 불확실한 기준을 적용하여 파면여부를 별도로 판단한다면, 헌법재판소는 헌법재판소법 제53조 제1항의 명백하고 일의적인 法文("… 파면하는 결정을 선고한다.")에 반하여 스스로에게 부여한 판단재량으로 말미암아 예측·통제할 수 없는 정치적 판단의 격랑 속에서 표류하게 될 위험이 있다. 이로써 헌법재판소의 탄핵심판절차는 헌법이나 법률 위반을 심사기준으로 하는 상대적으로 명확하고 안정적인 '규범적 심사'의 범주를 일탈하여, 탄핵결정 당시의 국민의 여론이나 지배적 정치세력의 견해를 고려하고 그의 영향을 받게 되는 '정치적 심판절차'로 변질될 우려가 있다.

헌법재판소가 '중대한 법위반'과 같은 별도의 추상적 탄핵사유요건을 도입하는 경우,

55) 탄핵소추의 의결로 인하여 공직자의 권한행사가 자동적으로 정지되는 입법례는 드물다. 핀란드의 경우, 대통령이 반역죄의 혐의로 '의원 3/4 이상'의 찬성으로 소추되는 경우에는 대통령에 대한 권한행사의 정지를 인정하고 있다. 핀란드의 입법례에서도 '탄핵소추를 위한 가중된 정족수'와 '권한행사의 정지' 사이의 상관관계를 엿볼 수 있다, 입법례에 관하여 이승우/정만희/음선필, 탄핵심판제도에 관한 연구, 2001, 172면 참조.

56) 유사한 견해로는 정종섭, 헌법소송법, 2004, 394면, '이 경우에는 무죄추정의 원리가 적용되지 않는다'고 하고 있다.

'대통령의 법위반이 대통령을 파면할 정도로 중대한지 여부'에 관한 판단은 결정 당시의 구체적 정치적 상황과 여론에 의하여 영향을 받지 않을 수 없기 때문에,[57] 사법기관의 생명인 독립적이고 공정한 판단을 기대하기 매우 어렵다. 더욱이, 아직 국민의 법치국가적 사고가 확고하게 자리를 잡지 못하여 사회 각층으로부터 헌법재판소의 재판과정에 다양한 압력이 행사되고 있는 오늘의 우리 상황에서, 헌법재판소가 '법위반의 중대성'을 기준으로 파면여부를 결정한다는 것은, 사실상 국민에 의하여 이미 종결된 '여론재판'의 결과를 단지 추인하고, 이에 법치국가적 형식을 부여하는 것에 지나지 않게 된다.[58] 따라서 국민 여론의 지배를 받지 않는 독립적인 헌법재판절차로서 탄핵심판이 기능하기 위해서는 파면여부의 결정에 있어서 '법위반의 중대성'을 고려하지 않는 것이 필수적이다.

또한, 헌법재판소는 '중대한 법위반'인지 여부의 판단에 있어서 '비례의 원칙'이란 일반적인 헌법원칙 외에는 이를 구체화하는 아무런 객관적 논증의 도구가 없다는 한계를 가지고 있다. 헌법재판소가 법위반의 중대성 판단에 있어서 비례의 원칙을 객관적으로 적용할 수 있는 납득할만한 기준을 제시할 수 없다면, 파면여부에 관한 판단은 헌법재판소 재판관 개개인의 정치관·사회관에 따라 다를 수밖에 없고, 이로써 궁극적으로 헌법재판소 재판관의 정치적 결단을 의미하게 된다.

(5) 파면에 관한 헌법재판소 판단재량의 否定

결론적으로, 대통령에 의한 법위반 사실을 확인한 경우에도 해직 여부에 관한 결정을 헌법재판소의 재량판단에 맡기고 있는 독일의 탄핵심판과는 달리, 우리의 탄핵심판에서는 법위반 사실이 확인된 경우 대통령의 파면에 관한 헌법재판소의 재량이 인정되지 않는다.[59] 따라서 법위반행위가 어느 정도의 정치적·헌법적 중요성을 지니기 때문에 적법요건을 충족시킨 이상, 헌법재판소는 단지 '법위반 여부'만을 판단해야 한다. 이와 같은 법률해석은, 정치적·헌법적 의미와 중요성을 가진 대통령의 법위반행위에 대

57) 이러한 우려를 표명하는 입장으로 또한 vgl. K. Schlaich, Der Status des Bundespräsidenten, in: HbStR, Bd.Ⅱ, 1987, §48 Rn.17.

58) 만일 4. 15. 총선의 결과가 탄핵소추를 주도한 야당인 한나라당을 지지하는 것으로 나타났고, 여론조사에서 국민의 절대다수가 대통령에 대한 탄핵을 지지하는 것으로 밝혀졌다면, 헌법재판소가 노무현 대통령 탄핵사건에서 여론의 영향을 받아 '파면결정'을 내렸을 가능성도 배제할 수 없다.

59) ① 독일의 경우, 기본법 제61조 제2항 제1문("연방헌법재판소는 연방대통령의 고의적 법위반을 확인하는 경우에는 대통령직의 상실을 선고할 수 있다.") 및 연방헌법재판소법 제56조에 의하면, 연방헌법재판소의 탄핵결정은 첫 번째 단계로서 고의적 法違反 여부를 판단하고, 두 번째 단계에서 대통령직에서의 解職 여부를 재량으로 판단하는 2단계로 이루어지도록 규정되어 있다. 즉, 연방헌법재판소는 '법위반 여부'에 관한 결정과 '해직 여부'에 관한 결정을 분리하여, 법위반의 확인이 곧 대통령의 해직을 가져오는 것이 아니라, 해직 여부에 관하여 별도로 재량으로 결정한다. ② 이와 같은 2단계의 심사구조에서는 '법위반 여부의 판단' 단계에서는 법위반의 중대성을 고려해야 할 필요가 없고, 그 다음 단계인 '해직 여부에 관한 판단' 단계에서 비로소 '법위반이 대통령을 해직할 정도로 중대한지'의 관점에서 법위반의 중대성을 고려하게 된다. 결국, 대통령의 해직 여부에 관한 결정을 헌법재판소의 재량에 위임한 이중적 심사구조에서는, 연방헌법재판소가 단순한 법위반의 확인 외에 다른 별도의 헌법적 관점(예컨대, 비례의 원칙)을 해직 여부에 관한 판단의 기준으로 삼을 수 있다는 것이 이미 전제되어 있다. 즉, 독일의 헌법은 처음부터 연방헌법재판소가 대통령의 법위반을 확인한 경우, 언제 해직결정을 내릴 수 있는지에 관하여 해석을 통하여 결정하도록 위임하고 있는 것이다.

하여 법적 책임을 묻고자 하는 탄핵심판의 헌법적 의미와 목적에 부합하는 것이다.

나. 법위반이 파면을 정당화할 정도로 중대한지에 관하여 별도로 판단해야 한다는 견해

(1) 공권력행사의 기준으로서 비례의 원칙

(가) 별도의 탄핵사유로서 '중대한 法違反'

헌법은 제65조 제4항에서 "탄핵결정은 공직으로부터 파면함에 그친다."고 하여 단지 탄핵결정의 효력만을 규정할 뿐이고, '어떠한 경우에 탄핵결정을 선고해야 하는지'에 관하여는 헌법재판소법에서 정하도록 위임하고 있다. 헌법재판소법은 제53조 제1항에서 "탄핵심판청구가 이유 있는 때에는 헌법재판소는 피청구인을 당해 공직에서 파면하는 결정을 선고한다."고 규정하고 있다.

헌법재판소법 제53조 제1항은 헌법 제65조 제1항의 탄핵사유가 인정되는 모든 경우에 자동적으로 파면결정을 하도록 규정하고 있는 것으로 문리적으로 해석할 수 있으나, 이러한 해석에 의하면 피청구인의 법위반행위가 확인되는 경우 법위반의 輕重을 가리지 아니하고 헌법재판소가 파면결정을 해야 하는 바, 직무행위로 인한 모든 사소한 법위반이 파면을 결과로 가져온다면, 이는 피청구인의 책임에 상응하는 헌법적 징벌의 요청, 즉 비례의 원칙에 위반된다.

따라서 헌법재판소법 제53조 제1항의 해석에 있어서, 모든 국가권력의 행사에 있어서 준수되어야 하는 헌법원칙인 '비례의 원칙'이 고려되어야 한다. 헌법재판소도 다른 국가기관과 마찬가지로, 헌법상 부여받은 헌법재판권을 행사함에 있어서 비례의 원칙을 준수해야 한다. 이에 따라 헌법재판소법 제53조 제1항의 "탄핵심판청구가 이유 있는 때"란, 모든 법위반의 경우가 아니라, 단지 공직자의 파면을 정당화할 정도로 '중대한 법위반'의 경우를 말한다.[60)]

(나) 헌법재판소의 2단계 결정과정

헌법재판소법 제53조 제1항의 "탄핵심판청구가 이유 있는 때"를 '중대한 법위반의 경우'로 해석하는 경우, 이러한 해석은 결과적으로 헌법재판소의 결정이 2단계로 내려지는 것을 의미한다. 즉, 헌법재판소는 우선 법위반의 사실을 확인하는 작업을 하게 되고, 법위반사실이 확인되는 경우 이러한 법위반이 공직자의 파면을 정당화할 정도로 중대한지에 관하여 판단하게 된다. 법위반행위가 파면을 정당화할 정도로 중대하지 않은 경우, 헌법재판소는 단지 공직자의 법위반사실만을 확인하는데 그치게 된다.

그러나 공직자의 법위반 사실에 대한 확인이 헌법적으로 무의미한 것은 아니다. 헌법재판소가 대통령에 대한 파면결정을 선고하지 않고 단지 법위반의 사실만을 확인한다

---

60) 같은 견해로 헌재 2004. 5. 14. 2004헌나1, 판례집 16-1, 609, 654.

하더라도, 공직자의 법위반 여부를 둘러싼 헌법적 분쟁을 해결하고 손상된 법치국가적 질서를 다시 회복하는 효과가 있으며, 공직자는 이로 인하여 자신의 권위에 손상을 입게 되어 실질적으로 헌법적 징벌의 효과가 발생할 뿐만 아니라, 장래에 그와 같은 법위반행위를 반복할 위험을 예방하게 된다.

(2) 탄핵대상 공무원에 따라 탄핵사유가 차별화되어야 하는지 여부

위와 같이 '헌법이나 법률 위반' 외에 '중대한 법위반'이라는 별도의 탄핵사유를 인정해야 한다면, '대통령'에 대한 탄핵과 '그 외의 공직자'에 대한 탄핵에 있어서 탄핵사유를 구별하여, 法定 탄핵사유 외의 별도의 탄핵사유를 단지 '대통령'에 대해서만 인정할 것인지 아니면 '모든 공직자'에 대하여 인정할 것인지의 문제가 규명되어야 한다.

대통령이 국가의 원수이자 행정부의 수반이라는 점에서 정치적 기능과 비중에 있어서 차이가 있을 뿐만 아니라, 다른 탄핵대상 공무원과는 달리 국민의 선거에 의하여 선출되어 직접적인 민주적 정당성을 부여받았다는 관점에서 간접적으로 민주적 정당성을 부여받는 다른 공직자와는 차이가 있다. 헌법도 兩者에 대한 탄핵소추발의·의결의 정족수를 달리 규정함으로써(제65조 제2항) 양자를 구별하고 있다. 따라서 이러한 이유에서 대통령에 대해서만 특별히 엄격한 탄핵사유를 인정해야 한다는 견해가 주장되고 있다.[61)]

그러나 헌법재판소법 제53조가 결정의 내용으로서 단지 '파면결정'만을 규정하고 있으므로, 대통령 이외의 다른 공직자의 경우라 하더라도 사소한 법위반행위를 이유로 자동으로 공직에서 배제하는 것은 '비례의 원칙'에 위반될 수 있다. 따라서 비례의 원칙의 관점에서 본다면, 대통령에게만 '중대한 법위반'이라는 별도의 탄핵사유를 인정하고, 다른 공직자에게는 이를 인정하지 않을 이유가 없는 것이다. 탄핵대상 공무원 중에서 대통령이 유일하게 국민으로부터 직접 민주적 정당성을 부여받았기 때문에 그에 대한 파면여부의 결정이 보다 신중해야 한다면, 굳이 탄핵사유를 파면대상 공직자에 따라 차별화하지 않더라도, 대통령의 이러한 지위는 비례의 원칙을 적용하여 파면여부를 결정함에 있어서 '법위반의 중대성'과 '파면의 효과'를 서로 법익형량하는 과정에서 충분히 고려될 수 있는 것이다.[62)] 또한, 헌법 제65조도 탄핵소추의 발의 및 의결과 관련하여 대통령과 그 외의 공직자를 구별하여 그 요건을 달리 정하면서도 탄핵소추사유를 동일하게 규정한 것은, 탄핵사유의 해석에 있어서는 양자에 대하여 동일하게 一元的 해석이 이루어질 것을 요청하는 것이다.

따라서 비례의 원칙의 관점에서 '법위반의 중대성'이란 별도의 탄핵사유는 모든 탄핵대상 공무원에 해당하는 것으로 보아야 한다. 다만, '법위반의 중대성'과 '파면의 효과'

---

61) 예컨대 이승우/정만희/음선필, 탄핵심판제도에 관한 연구, 헌법재판연구 제12권(2001), 154, 175면, 탄핵기준을 이원화하자는 미국의 논의에 관하여 위 책, 41면 이하 참조.
62) 자세한 것은 아래 '(3) 파면결정 여부를 판단함에 있어서 법익형량의 문제' 참조.

의 의미가 각 탄핵대상 공무원의 지위와 기능에 따라 달라진다는 점에서, 탄핵사유는 그 구체적인 적용에 있어서 실질적으로 차별화될 여지가 있다.

(3) 파면결정 여부를 판단함에 있어서 법익형량의 문제

(가) 위에서 확인한 바와 같이, 헌법재판소법 제53조 제1항의 "탄핵심판청구가 이유 있는 때"란, '법위반이 공직자의 파면을 정당화할 정도로 중대한 경우'를 말한다.

'법위반이 중대한지' 또는 '파면이 정당화되는지' 여부는 그 자체로서 인식될 수 없는 것이므로, 결국 파면결정을 할 것인지 여부는 공직자의 '법위반 행위의 중대성'과 '파면결정으로 인한 효과' 사이의 법익형량을 통하여 결정될 수밖에 없다. 탄핵심판이 헌법의 수호와 유지를 그 본질로 하고 있다는 점에서, '법위반의 중대성'이란 '헌법질서의 수호의 관점에서의 중대성'을 의미하는 것이다. 따라서 한편으로는 '법위반이 어느 정도로 헌법질서에 부정적 영향이나 해악을 미치는지의 관점'과 다른 한편으로는 '피청구인을 파면하는 경우, 피청구인 및 국가에 초래되는 효과'를 서로 형량하여 파면여부를 결정해야 한다.[63)]

'법위반이 헌법질서에 미치는 효과'의 정도는 '공직자가 구체적으로 어떠한 헌법규정이나 법률규정에 위반하였으며, 위반된 헌법규정이나 법률규정이 헌법질서 내에서 어떠한 비중과 중요성을 차지하고 있는지'는 물론이고, 나아가 '피청구인의 헌법상 지위와 기능을 고려할 때 위와 같은 법위반행위가 헌법질서의 유지와 수호에 어느 정도의 파급효과가 있는지'에 따라 다를 것이다. 다른 한편으로 '파면결정으로 인한 효과'는 파면으로 인하여 피청구인이 입는 침해의 정도뿐만 아니라 국가질서의 기능에 미치는 영향과 국민 일반에 미치는 효과도 포함하는 것인데, 이와 같은 '파면결정의 효과'는 공직자가 헌법질서 내에서 차지하는 지위와 기능, 정치적 비중에 따라 달라질 것이다.

파면여부를 결정함에 있어서 특히 대통령의 경우, '파면의 효과'로서 '대통령 직무수행의 계속성에 관한 공익' 및 국민의 선거에 의하여 부여받은 '직접적 민주적 정당성'의 관점이 중요한 고려의 대상이 되는 반면, 국민에 의하여 선출되는 것이 아니라 대통령의 임명에 의하여 공직을 부여받는 공직자의 경우에는, '직무계속성의 공익'이 크지 않다고 할 수 있으므로, 파면결정으로 인하여 '국가와 국민에 대하여 발생하는 효과'는 상대적으로 작다고 할 수 있다. 이에 따라 대통령을 제외한 다른 공직자의 경우, 파면결정으로 인한 효과가 일반적으로 작기 때문에, 상대적으로 경미한 법위반행위에 의해서도 파면이 정당화될 가능성이 큰 반면, 대통령의 경우에는 파면결정으로 인한 효과가 크기 때문에, 파면결정을 하기 위해서는 이를 압도할 수 있는 중대한 법위반이 존재해야 한다는 일반론이 가능하다.

---

63) 같은 견해로 헌재 2004. 5. 14. 2004헌나1, 판례집 16-1, 609, 655 참조.

(나) 그러나 대통령의 파면여부를 결정하는 법익형량과정에서 대통령의 파면으로 인한 '권력의 공백'이나 '정치적 혼란'은 크게 고려되지 않는다. 국회의 탄핵소추의결이 이미 대통령의 권한행사를 정지시킨다는 점에서, 권력공백의 상태는 헌법재판소의 탄핵결정에 의해서가 아니라 이미 국회의 탄핵소추의결에 의하여 발생했으며, 또한 국무총리에 의하여 대통령의 권한이 일정 기간 대행될 수 있고(헌법 제71조), 헌법재판소의 파면결정 시에는 헌법 제68조 제2항에 따라 조속히 60일 이내에 후임자를 선거하도록 규정되어 있다는 점에서도 권력공백의 관점을 고려하는 것은 문제가 있다.

또한, 설사 대통령의 파면으로 인하여 약간의 정치적 혼란이 발생한다 하더라도, 이는 민주국가가 헌법질서의 수호와 유지를 위하여 치러야 하는 최소한의 대가인 것이므로, 법익교량과정에서 '파면으로 인한 사회적 · 정치적 혼란'을 대통령에 대한 파면결정의 효과로서 크게 부각시키는 것은 민주국가에서 헌법을 수호하고자 하는 법치국가적 절차인 탄핵심판의 헌법적 의미를 간과하는 것이다.

Ⅵ. 맺는말

1. 헌법재판소는 대통령(노무현) 탄핵사건에서 헌법재판소법 제53조 제1항의 '탄핵심판청구가 이유 있는 때'를 해석함에 있어서 '법위반이 확인되는 경우 자동적으로 파면결정을 해야 한다는 해석'과 '법위반의 중대성을 不文의 탄핵사유로서 인정해야 한다는 해석' 중에서 後者를 선택하여 공직자의 파면을 정당화할 정도로 '중대한 법위반의 경우'로 해석하였다. 나아가, 헌법재판소는 대통령의 법위반행위가 헌법수호의 관점에서 용납될 수 없거나 대통령에게 부여한 국민의 신임을 임기 중 다시 박탈해야 할 정도로 국민의 신임을 저버린 경우에 해당하지 않는다고 판단함으로써, 이 사건 탄핵심판청구를 기각하는 결정을 하였다. 그러나 前者의 해석을 지지하는 논거도 거의 대등한 법이론적 타당성을 가지고 있다고 판단된다.

2. 헌법재판소는 위 탄핵사건에서 비록 대통령에 대한 파면결정을 하지는 않았으나, 대통령의 위법 · 위헌행위를 지적함으로써 대통령의 헌법수호의무를 상기시키고, 나아가 모든 국민에게 헌법의 존엄성 및 법치주의의 의미와 중요성을 다시 한 번 일깨워 주었다. 국민은 이 사건을 통하여 대통령도 헌법이나 법률에 위반하면 파면될 수 있다는 점, 그러나 파면의 절차도 역시 헌법과 법률에 따라 이루어져야 한다는 점을 인식하게 되었다. 이러한 의미에서 대통령 탄핵사건은 모든 공직자와 국민에 대하여 법치주의의 중요성을 알려준 소중한 '학습의 기회'가 되었다고 할 수 있다. 또한, 헌법재판소의 위 결정은 대통령 탄핵이라는 초유의 사태로 빚어진 국민적 갈등과 분열을 헌법이 정한

법치국가적 절차를 통하여 종식시키고 해결하였다는 점에서 그 의미가 크다. 이로써 대통령 탄핵사건은 한국의 민주주의를 한 단계 성숙시키는 계기가 되었다고 할 수 있다.

그러나 다른 한편으로는, 국회에서 대통령에 대한 탄핵소추가 의결된 당시에 보여준 국민의 반응은 헌법, 특히 법치국가와 대의제에 대한 낮은 이해를 보여주는 것이었다. 헌법은 제65조에서 국회에 탄핵소추권을 부여함으로써 탄핵심판절차에서 국회를 '헌법수호의 감시자'로 만들었고, 국회는 대통령 탄핵사건에서 헌법에 규정된 절차에 따라 탄핵소추를 발의하고 의결함으로써 헌법이 부여한 권한을 정당하게 행사하였다. 물론, 국민의 여론을 거스른 탄핵소추의 정치적 타당성 여부에 관하여는 견해를 달리 할 수 있을 것이나, 대의제 민주주의에서 국회가 헌법상의 권한을 행사한 것 자체에 대하여 '국민이 뽑은 대통령을 어떻게 국회가 탄핵할 수 있는가' 또는 '의회 쿠테타' 등의 질타를 통하여 권한행사의 정당성 여부를 문제 삼는 것은 우리 국민의 헌법적 의식에 많은 문제가 있음을 돌아보게 한다. 대통령에 대한 탄핵소추로 인하여 정치적 혼란이나 공백이 우려된다 하더라도, 이는 국가공동체가 헌법을 수호하기 위하여 불가피하게 치러야 하는 '민주주의 비용'으로서 헌법이 대통령에 대한 탄핵제도를 도입함으로써 이미 예정하고 있는 것이다. 따라서 국회의 탄핵소추권 행사 자체를 문제 삼는 것은 민주국가에서 헌법을 수호하고자 하는 정당한 법치국가적 절차의 의미를 부정하는 것이다.

참고문헌

강경근, 대통령 탄핵소추에 관한 토론회 지정토론, 인권과 정의 2004. 5.
권영성, 헌법학원론, 2004
김철수, 헌법학개론, 2004
이승우, 노무현대통령에 대한 탄핵소추의결과 쟁점분석(대통령 탄핵소추에 관한 토론회 주제발표), 인권과 정의 2004. 5.
이승우/정만희/음선필, 탄핵심판제도에 관한 연구, 헌법재판연구 제12권, 2001
전학선, 프랑스의 대통령 탄핵심판제도, 헌법학연구 제6권 제4호, 2000. 12.
정종섭, 헌법소송법, 2004
______, 탄핵심판에 있어 헌법재판소의 탄핵여부결정권, 제52회 헌법실무연구회 발표문, 2005. 2.
한태연, 헌법학, 1983
허영, 한국헌법론, 2004
헌법재판소, 헌법재판실무제요, 2003

Benda/Klein, Lehrbuch des Verfassungsprozeßrechts, 1981
Fink, in: v. Mangoldt/Klein/Starck(Hg), Bonner Grundgesetz Kommentar, Bd.Ⅱ, 2000, Art.61
Hemmerich, in: Münch/Kunig(Hg), Grundgesetz Kommentar (GGK), 2001, Art.61
Herzog, in: Maunz/Dürig(Hg), Grundgesetz Kommentar, 2002, Art.61
Jekewitz, in: Alternativkommentare (AK-GG), 2. Aufl., 1989, Art.61
Lechner/Zuck, Bundesverfassungsgerichtsgesetz (BVerfGG), 1996, §50, §56
Maunz, in: Maunz/Schmidt-Bleibtreu/Klein/Bethge(Hg), Bundesverfassungsgerichtsgesetz Kommentar (BVerfGG Kommentar), §51
Maunz/Schmidt-Bleibtreu/Klein/Ulsamer, Bundesverfassungsgerichtsgesetz Kommentar (BVerfGG Kommentar), 4. Lif., §49
Nierhaus, in: Sachs(Hg), Grundgesetz Kommentar, 2003, Art.61
Pernice, in: Dreier(Hg), Grundgesetz Kommentar, 1988, Art.61
Schlaich, Der Status des Bundespräsidenten, in: Isensee/Kirchhof(Hg), Handbuch des Staatsrechts (HbStR) Bd.Ⅱ, 1987, §48
Schlaich/korioth, Das Bundesverfassungsgericht, 2001
Stern, Das Staatsrecht der Bundesrepublik Deutschland, Bd.Ⅱ, 1980
Wolfram, in: Bonner Kommentar (BK), 1988, Art.61

제3절 정당해산심판

자유민주주의에서 정당해산심판의 헌법적 문제점*

Ⅰ. 문제의 제기

1. 헌법은 제8조 제4항에서 "정당의 목적이나 활동이 민주적 기본질서에 위배될 때에는 정부는 헌법재판소에 그 해산을 제소할 수 있고, 정당은 헌법재판소의 심판에 의하여 해산된다."고 규정하고 있다. 민주국가는 원칙적으로 정당의 정치적 성격에 대하여 중립적인 국가로서, 정당의 정치적 성격을 이유로 정당을 금지하거나 해산시키는 등 개입할 수 없다. 국가가 정당에 대하여 정치적 중립성을 유지하지 못한다면, 정당과 언론 등 사회단체가 여론형성의 중심적 역할을 하는 오늘날의 다원적 민주주의에서 자유롭고 개방적인 민주적 의사형성과정이 보장될 수 없다. 정당설립의 자유를 보장하는 헌법 제8조 제1항 및 헌법재판소만이 정당의 정치적 성격을 이유로 정당을 해산할 수 있다고 규정하는 헌법 제8조 제4항에서 '정당에 대한 국가의 중립성원칙'은 뚜렷하게 표현되고 있다. 그러나 헌법은 제8조 제4항에서 정당해산제도를 도입함으로써 정당에 대한 국가의 중립성원칙을 부분적으로 포기하고 있다. 여기서, '언제 국가가 정당에 대한

* 위 논문은 2016년 12월, 헌법재판연구(헌법재판연구원) 제3권 제2호, 177-223면에 게재된 것을 일부 수정한 것이다.

정치적 중립성을 포기해도 되는지'의 문제가 제기된다.

국가기관은 헌법을 준수하고 수호해야 하는 의무를 지기 때문에, 특정 정당에 대하여 위헌성의 의심이 있는 경우에는 어떠한 형태로든 이에 대처해야 한다. 국가가 위헌정당에 대처하는 방법으로는, 헌법재판기관에 위헌정당의 해산을 제소함으로써 司法的으로 대처하는 방법과 민주적 토론을 통하여 위헌정당에 대하여 政治的으로 투쟁하는 방법이 있으며, 국가가 위헌정당에 어떻게 대처하는지에 따라 제기되는 헌법적 문제도 다르다.[1)]

2. 정당해산제도가 도입된 이래 처음으로 2013. 11. 정부가 통합진보당의 해산을 구하는 심판을 청구하면서 정당의 해산여부가 헌법재판소의 심판대에 오르게 되었고, 헌법재판소는 2014. 12. 통합진보당에 대하여 해산결정을 선고하였다. 헌법재판소는 위 결정에서 정당해산사유에 관하여 '정당해산제도는 자유민주주의를 수호하기 위한 최종적인 수단으로서 비례의 원칙의 준수 하에서 자유민주적 기본질서에 대한 구체적 위험이 존재하는 경우에만 정당해산은 정당화된다'고 판시하고 있으나,[2)] 정당해산사유에 관한 이러한 해석이 어떠한 사고에 기초하고 있는지, 어떠한 경우에 자유민주적 기본질서에 대한 구체적 위험이 존재하는지 그에 관한 구체적인 설시나 논증은 판시내용에서 찾아보기 어렵다.

한편, 통합진보당 결정에 대한 학계의 평가는 크게 갈리고 있다. 일부에서는 헌법재판소의 해산결정을 자유민주주의의 퇴보로 평가하는 반면,[3)] 일부에서는 자유민주주의를 수호하기 위하여 불가피한 결정으로 평가하고 있다.[4)] 그러나 학계의 상반되는 평가에도 불구하고, 양쪽 견해 모두 헌법이론적으로는 헌법재판소가 제시한 정당해산사유의 해석에 대한 근본적인 검토 없이 이를 '정당의 해산여부를 판단하는 기준'으로 그대로 받아들이면서, 다만 통합진보당 사건에서 이러한 정당해산요건이 충족되었는지의 판단, 즉 통합진보당의 활동이 자유민주적 기본질서에 대하여 '구체적 위험'을 야기하였는지의 판단에 있어서 견해를 달리 하고 있다. 통합진보당 결정에 대한 학계의 평가는 헌법이론적인 관점에서 정당해산사유에 관한 '헌법재판소의 규범적 해석의 근거 및 그 타당성'에

---

1) 국가가 특정 정당을 헌법적대적 정당으로 간주함에도 불구하고 정당해산절차를 밟지 않고 정치적으로 투쟁하는 방법을 채택하는 경우에 발생하는 헌법적 문제에 관하여 한수웅, 헌법 제8조 정당조항의 규범적 의미, 중앙법학 제10집 제1호, 2008. 4. 51면 이하; vgl. Hillgruber, Parteienfreiheit, in: HbGR, Bd.V, 2013, §118 Rn.94ff.; Maurer, Das Verbot politischer Parteien, AöR 96(1971), S.230ff.; Kunig, Parteien, in: HbStR, Bd.Ⅱ, 1987, §33 Rn.43ff.; Morlok, in: Dreier, Grundgesetz Kommentar, 2006, Art.21 Rn.154ff.

2) 헌법재판소의 판시내용을 요약한 것임. 헌재 2014. 12. 19. 2013헌다1, 판례집 26-2하, 1, 3 참조.

3) 가령, 한상희, 통합진보당 해산 결정, 이래서 문제다, 시민과 세계 제26호, 참여연대 참여사회연구소, 2015, 74면 이하; 임지봉, 헌법재판소의 통합진보당 해산결정에 대한 분석과 평가, 법학논총 제33호, 숭실대학교 법학연구소, 2015. 1. 369면 이하.

4) 가령, 장영수, 통합진보당 해산결정의 주요 쟁점 -헌재 2014. 12. 19. 2013헌다1 결정에 대한 평석-, 법조 제63권 제3호, 2015, 174면 이하.

관한 검토가 아니라, 해석을 통하여 밝혀진 정당해산사유를 구체적인 통합진보당 사건에 적용함에 있어서 '헌법재판소의 현실인식의 타당성'에 대한 검토에 초점을 맞추고 있다.

이 글에서는 자유민주주의를 수호하기 위하여 통합진보당의 해산이 불가피하다는 결정에 이른 헌법재판소의 현실 판단이 타당한지의 문제를 배제하고, 국가가 위헌정당에 대처하기 위하여 정당해산절차를 택하는 경우에 제기되는 핵심적인 헌법적 문제를 중심으로 살펴보고자 한다. 우선 정당해산제도가 민주주의에 부합하는 제도인지, 헌법이론적으로 어떠한 관점에서 정당화되는지에 관하여 살펴보고(아래 II.), 정당해산심판청구에 관한 정부의 정치적 재량이 인정되는지 여부를 정당해산제도의 실효성과의 연관관계에서 검토하기로 한다(아래 III.). 이어서 헌법 제8조 제4항의 '민주적 기본질서'가 자유민주적 기본질서와 동일한 의미인지, 구체적으로 무엇을 의미하는지를 확인한 후(아래 IV.), 헌법 제8조 제4항의 정당해산사유의 해석을 통하여 어떠한 경우에 정당이 민주적 기본질서에 위배되는지, 정당해산이 헌법적으로 정당화되는지를 규명하고자 한다(아래 V.). 마지막으로, 정당해산결정의 경우 소속 국회의원이 의원직을 상실하는지 여부에 관하여 살펴보기로 한다(아래 VI.).

II. 정당해산심판과 자유민주주의

1. 정당해산심판의 二重的 목적

오늘날 정당은 대의제 민주주의가 기능하기 위한 불가결한 요소이면서 동시에 민주주의의 잠재적 파괴자 또는 자유민주주의에 대한 위험요소일 수 있다. 대의민주주의에서 정당이 가지는 이러한 이중적 성격에 상응하여, 정당해산심판은 헌법의 적으로부터 헌법을 수호하고자 하는 목적과 일반결사에 비하여 정당을 두텁게 보호하고자 하는 목적을 가지고 있다.[5)]

가. 防禦的 민주주의의 실현

(1) 방어적 민주주의의 의미

정당해산심판은 정당의 위헌성에 대한 확인을 가능하게 함으로써 위헌정당으로부터 발생하는 자유민주주의에 대한 위험을 적시에 방지하는 소위 '방어적 민주주의'의 한 요소이다. 정당해산심판은 그 사상적 바탕과 헌법적 정당성을 방어적 민주주의에 두고 있다. 방어적 민주주의란, 민주주의의 이름으로 민주주의를 파괴하고자 하는 민주주의의

---

5) 정당해산제도의 이중적 목적에 관한 일반적 서술로서 Benda/Klein, Verfassungsprozeßrecht, 2012, Rn.1153; Hillgruber/Goos, Verfassungsprozzesrecht, 3. Aufl., 2010, Rn.684ff. 또한 헌재 1999. 12. 23. 99헌마135 (경찰청장 퇴직 후 정당활동의 자유 제한), 판례집 11-2, 800, 815; 헌재 2014. 2. 27. 2014헌마7, 판례집 26-1상, 310, 315.

적으로부터 민주주의를 수호하고자 하는 이론이다. '투쟁적 민주주의'라고도 한다. 이러한 이론은 독일 바이마르 공화국 당시의 지배적인 사회과학적 견해였던 價値相對主義에 사상적 바탕을 둔 '가치중립적 또는 가치상대주의적 민주주의'로 인하여 나치정권의 폭력적 지배가 가능하였다는 역사적 반성에서 비롯된 것이다.[6)]

헌법수호의 방식으로서 '방어적 민주주의'의 사고는 단순하고 자명하다. 헌법이 자유민주적 질서를 보장한다면, 자유의 조건인 자유민주적 질서를 제거하는 자유를 보장해서는 안 된다는 것이다.[7)] "자유의 敵에게는 자유 없다."는 구호가 이를 단적으로 표현하고 있다. 헌법상 보장된 자유가 '자유의 조건을 제거하는 자유'를 동시에 보장한다는 것은 그 자체로서 이율배반이다. 헌법이 자유를 보장한다면, 이러한 자유는 '자유를 제거하는 자유'를 배제할 것을 필연적으로 요청하는 것이다. 방어적 민주주의에서 헌법의 수호는 자유의 보호를 위하여 자유를 제한하는 것을 정당화한다. 헌법이 보장하는 정치적 자유는 자유를 경시하는 전체주의적 정치질서를 실현하기 위하여 남용되어서는 안 된다.

(2) 價値拘束的 민주주의의 보완으로서 방어적 민주주의

방어적 민주주의의 사고는, 민주주의가 특정 헌법적 가치의 구속을 받기 때문에 이를 수호해야 하는 '가치구속적 민주주의'에서만 가능하며, 특정 가치질서를 선택한 가치구속적 민주주의가 자신을 수호하기 위하여 요청하는 自衛手段이라 할 수 있다. 모든 가치구속적 민주주의가 자신을 방어하기 위한 수단을 헌법적 차원에서 보유하는 것은 아니므로, 가치구속적 민주주의가 곧 방어적 민주주의인 것은 아니다.[8)] 방어적 민주주의는 자유민주주의의 필수적 요소는 아니지만, 민주주의에서 방어해야 할 가치를 전제로 한다는 점에서 필연적으로 가치구속적 민주주의이다.

가치구속적 민주주의란, 헌법상 특정 가치의 구속을 받는 민주주의이며, 이는 곧 민주적 다수가 헌법상 특정 가치를 다수결로써 임의로 처분할 수 없는 민주주의를 의미한다. 가치구속적 민주주의는 자신의 가치를 수호하기 위하여 방어적 민주주의에 의한 강화와 보완을 필요로 한다. 방어적 민주주의의 보호법익은 '민주주의에서 수호되어야 할 가치'와 일치한다. 방어적 민주주의의 보호법익은 바로 '자유민주적 기본질서'이다.[9)]

나. 정당의 보호

(1) 법치국가적 절차에 의한 정당의 보호

다른 한편으로는, 정당해산심판은 대의민주제에서 정당기능의 중요성에 비추어, 헌법

---

6) 상대적 민주주의 및 가치구속적 민주주의의 개념에 관하여 한수웅, 헌법학, 2016, 65면 이하 참조.
7) Vgl. Morlok, in: Dreier(Hg), GG Kommentar, 2. Aufl., 2006, Art. 21 Rn 142.
8) Vgl. Morlok, Parteiverbot als Verfassungsschutz, Ein unauflösbarer Widerspruch?, NJW 2001, S.2933.
9) Vgl. Zippelius/Würtenberger, Deutsches Staatsrecht, 2005, S.504.

이 스스로 정당의 정치적 성격을 이유로 하는 정당금지의 요건을 엄격하게 정함으로써, 정당을 다른 정치적 결사에 비하여 보다 두텁게 보호하고 국가에 의한 자의적인 해산으로부터 정당을 보호하는 기능을 한다. 비록 역설적이지만, 정당해산심판은 가능하면 모든 정치적 세력이 자유롭게 정치의사형성과정에 참여할 수 있도록, 민주적 정치과정의 개방성을 최대한으로 보장하고자 하는 제도이다.

헌법은 정당해산의 사유를 스스로 명시적으로 확정하고 나아가 헌법재판소만이 법치국가적 절차에서 정당의 위헌성에 관하여 결정할 수 있다는 것을 규정함으로써, 정당을 보호하고 있다.[10] 국가에 의하여 정당해산절차가 남용되는 것을 방지하기 위해서는 '정당해산사유의 헌법적 확정'과 '해산절차의 법치국가적 형성'은 필수적이다.

헌법재판소가 법치국가적 절차에서 정당의 위헌성을 확인하는 경우에만, 정당은 해산될 수 있다. 자유민주국가는 국가와 헌법을 적의 공격으로부터 방어함에 있어서도 법치국가적 절차를 준수해야 한다. 헌법은 가능하면 정당해산결정에 있어서 자의를 방지하고 정치적 판단을 배제하기 위하여 의회나 정부와 같은 정치적 헌법기관이 아니라 정치적 영역으로부터 독립된 사법기관인 헌법재판소가 실체적 진실을 규명하는 법치국가적 절차에 따라 판단하도록 규정하고 있다. 나아가, 헌법은 제8조 제4항에서 정당해산사유와 정당의 위헌성을 확인하는 절차의 대강을 확정적으로 규정함으로써 위헌정당의 문제를 법치국가적으로 규율하고 있다. 헌법은 정당의 금지를 '민주적 정치과정의 개방성에 대한 중대한 침해'로서 이해하여, 다른 일반결사와는 달리 해산의 요건을 직접 규정함으로써, 단지 제8조 제4항의 엄격한 요건 하에서만 해산될 수 있도록 허용하고 있는 것이다.

(2) 정당 特權

나아가, 헌법 제8조 제4항은 헌법재판소에게 정당의 위헌성을 확인하는 독점적인 권한을 부여함으로써 헌법적대적 정당을 금지하는 국가의 권한을 제한하고 있다. 정당의 위헌여부에 관한 헌법재판소의 독점적인 결정권한은 정당에 대하여 매우 중요한 보호기능을 이행한다. 헌법재판소의 독점적 결정권은 다른 국가기관(입법자, 행정청 및 법원 등)에 의한 위헌성확인을 배제할 뿐만 아니라, 나아가 헌법재판소가 정당의 위헌성을 확인하기 전에 다른 국가기관이 정당을 위헌적인 것으로 간주하거나 법적으로 불리하게 취급하는 것을 전반적으로 금지함으로써 다른 국가기관의 권한행사를 봉쇄하는 효과가 있다.[11]

---

10) Vgl. Maurer, Das Verbot politischer Parteien, AöR 96(1971), S.210; Morlok, in: Dreier, Grundgesetz Kommentar, Bd.Ⅱ, 2006, Art.21 Rn.144.

11) Vgl. Maurer, Das Verbot politischer Parteien, AöR 96(1971), S.230ff.; Kunig, Parteien, in: HbStR, Bd. Ⅱ, 1987, §33 Rn.43f.

따라서 자유민주적 기본질서를 부정하고 이를 적극적으로 제거하려는 조직도 국민의 정치적 의사형성에 참여하는 한, '정당의 자유'의 보호를 받는 정당에 해당하며, 오로지 헌법재판소가 그의 위헌성을 확인한 경우에만 정당은 정치생활의 영역으로부터 축출될 수 있다.[12] 이러한 의미에서, 정당해산심판은 헌법재판소에 의한 해산결정 시까지 어떠한 국가기관도 정당의 위헌성을 이유로 정당의 존속을 위협하거나 그 활동을 방해해서는 안 된다는 의미에서 '정당 특권'을 내포하고 있다. 정당 특권이란, 다른 사회단체와는 달리 정당은 헌법재판소에 의한 위헌성 확인 시까지 금지되거나 차별받아서는 안 된다는 의미에서 '정당의 존속과 활동에 관한 특권'을 말한다.[13]

2. 민주주의에 모순되는 제도로서 정당해산심판?

가. 민주주의의 이질적 요소?

헌법 제8조 제1항은 정당설립의 자유를 보장함으로써, 정당의 생성과 소멸은 자유민주주의에서 원칙적으로 '정당설립의 자유'와 선거에서 표현되는 '정당에 대한 유권자의 선택'에 의하여 결정되어야 한다는 것을 규정하고 있다. 그러나 헌법 제8조 제4항은 특정 요건 하에서 국가로 하여금 정당의 존속여부에 관하여 결정하고 위헌정당을 강제로 제거하는 것을 허용하고 있다. 국가가 국민 일부의 지지를 받는 정당을 강제로 정치적 의사형성과정으로부터 제거한다는 점에서, 정당해산제도는 일견 민주주의의 이념과 모순되는 것으로 보인다.[14] 대의제 민주주의는, 국가권력이 정당활동의 형태로 이루어지는 국민의 정치적 의사형성과정을 존중해야 하고 이를 방해하거나 간섭해서는 안 된다는 사고에 기초하고 있기 때문이다.

대의제 민주주의에서 정치적 의사형성과정은 '기본권보장'에 근거하는 국민의사형성과정과 선거에 의하여 확보된 '민주적 정당성'에 근거하는 국가의사형성과정(국가정책결정과정)으로 나누어진다.[15] 국민의 정치적 의사형성과정은, 개인과 사회단체의 참여 하에서 서로 대립하는 다양한 이익과 견해가 자유롭고 개방적인 과정에서 경쟁과 조정을 통하여 통합되는 지속적인 과정, 즉 여론의 형성과정이다. 헌법은 정당의 자유, 정치적 표현의 자유, 결사의 자유, 집회의 자유 등 일련의 정치적 기본권을 통하여 국민의 정치적 의사형성과정을 보장하고 있다.

---

12) 헌재 1999. 12. 23. 99헌마135(경찰청장 퇴직 후 정당활동의 자유 제한), 판례집 11-2, 800, 815.

13) 정당이 아닌 다른 사회단체에 대해서는 입법자가 행정청으로 하여금 헌법적대적인 사회단체를 금지하는 처분을 할 수 있도록 규율할 수 있으나, 정당의 경우에는 헌법재판소만이 헌법이 정한 절차에서 정당해산의 결정을 할 수 있다.

14) Vgl. Stern, Verfassungsrechtliche Probleme der Grundrechtsverwirkung und des Parteiverbots, in: Bundesverfassungsgericht und Grundgesetz, Bd.1, 1976, S.197.

15) 이에 관하여 상세한 것은 한수웅, 헌법학, 2016, 117면 이하 참조.

국민의사형성과정과 국가의사형성과정의 원칙적인 구분은, 국민의 정치적 의사형성이 국가로부터 자유로운 가운데 '아래에서 위로' 이루어지기 위한 전제조건이다. 국민의사형성은 국가의 간섭이나 조종으로부터 자유로워야 하며, 나아가 모든 사회세력의 참여 하에서 다양한 견해와 방향에 대하여 개방적으로 이루어져야 한다. 다양한 사상과 견해 사이의 자유로운 논쟁과 경합이 이루어지기 위해서는 소수의 견해가 억압되어서는 안 된다. 이러한 관점에서 볼 때, 국가가 위헌정당을 정치적 의사형성과정에서 강제로 배제하는 것이 국가로부터 자유로운 국민의사형성의 원칙과 부합하는지, 정치적 과정의 개방성을 그 본질로 하는 민주주의의 이질적 요소가 아닌지의 문제가 제기된다.

나. 가치구속적 · 방어적 민주주의에 관한 헌법의 기본결정

대의민주제의 위와 같은 요청에도 불구하고, 정당해산제도는 우리 헌법의 민주주의 이해와 모순되지 않는다. 국가가 국민의 정치적 의사형성과정에 직접 개입하여 위헌정당을 이로부터 배제하는 것의 정당성은 헌법의 기본결정, 즉 헌법적 가치질서로부터 나온다.

우리 헌법은 '자유민주적 기본질서'를 자신이 지향하는 가치질서로 천명함으로써, 특정 가치에 대한 민주적 다수의 결정권한을 박탈하였고, '자유민주적 기본질서'를 입법자도 마음대로 처분할 수 없는 것으로 선언하고 있다. 이로써 우리 헌법은 가치구속적 민주주의를 채택하였다. 우리 헌법의 가치구속적 성격은 다수결에 의한 결정에 대하여 '자유민주적 기본질서'라는 특정 가치에 절대적 우위를 부여하는 것에 있으며, 바로 여기에 '민주주의가 어떠한 가치질서도 그 내용으로 할 수 있다'는 상대적 민주주의에 대한 否定이 있다. 헌법은 제8조 제4항에서 정당해산제도를 도입함으로써 헌법에 내재된 가치질서를 수호하기 위한 방어수단을 스스로 마련하고 있다. 정당해산제도는 자유민주적 기본질서를 파괴할 목적으로 조직되어 활동하는 정당을 해산시킴으로써, 정당의 형식으로 조직된 헌법의 敵으로부터 헌법을 수호하고자 하는 제도이다.

헌법의 수호는 오늘날 자유민주국가에서 발생할 수 있는 전형적인 위험에 대처하고자 하는 시도이다. 자유민주국가는 그 본질상 모든 정치적 견해와 목표에 대하여 개방적인 국가로서, 누구에게나 자신의 정치적 견해를 공적으로 표현하고 나아가 국민의 지지를 얻음으로써, 이를 실현할 기회를 보장한다. 그런데 자유민주주의를 제거하고자 하는 급진적 세력이 자유와 헌법을 제거할 목적으로 자유를 남용할 위험이 있다는 것에 바로 자유민주주의에 내재된 虛點이 있다.

따라서 자유민주주의는 자신을 수호하기 위하여 개인과 정당의 기본권행사에 대하여 한계를 설정할 것을 요청한다. 자유민주주의의 수호는 모든 기본권에 내재된 헌법적 한계이다. 정당해산제도는 자유민주적 국가질서가 안고 있는 '치명적 허점'을 해결하고자 하는 헌법의 명시적인 표현이다.[16] 정당해산제도는 헌법이론적으로 '방어적 민주주의'의 사고에 의하여 정당화된다.[17] 우리 헌법은 자유민주적 기본질서를 최고의 헌법적 가치로 선언하고 방어적 민주주의를 도입함으로써, 민주주의의 이해에 있어서 큰 변화를 초래하였다. 방어적 민주주의의 핵심적 표현인 정당해산제도는 이와 같이 '변화한 민주주의 이해'가 가져온 결과이자 변화한 민주주의의 내용을 구성하는 요소이다. 정당해산제도가 민주주의에 모순되는 反民主的 제도라고 주장하는 견해가 있다면,[18] 그러한 주장은 우리 헌법의 가치질서를 간과한 것에서 비롯된 것이고, 가치중립적·상대적 민주주의를 채택한 헌법질서 하에서나 가능한 것이다. 정당해산제도는 자유민주주의에서 이질적 요소나 반민주적 사고의 산물이 아니라, 자유민주주의를 구성하는 요소이다.[19]

Ⅲ. 정당해산심판의 청구에 관한 정부의 재량여부

1. 심판청구에 관한 정부의 재량여부

가. 정부의 提訴 義務에 관한 학계의 논의

정부가 특정 정당을 위헌으로 간주하는 경우에 그 정당에 대하여 헌법재판소에 정당해산 심판청구를 해야 할 의무가 있는지의 문제가 제기된다. 위 문제와 관련하여 기속행위설과 재량행위설이 대립하고 있는데, 재량행위설은 다시 기속재량행위설과 자유재량행위설로 나누어진다.[20]

기속행위설은 헌법 제8조 및 헌법재판소법 제55조의 문언("제소할 수 있다" 또는 "청구할 수 있다")에도 불구하고 헌법수호의 수단으로서의 정당해산심판의 기능에 비추어 정부가 특정 정당의 목적과 활동이 민주적 기본질서에 위배된다는 확신을 가진다면 해당정당에 대하여 심판청구를 해야 한다고 한다. 이에 대하여 재량행위설(정치적 재량설)은 헌법 제8조 및 헌법재판소법 제55조의 문언상의 표현에 비추어 심판청구의 여부나 시기 등을 결정하는 것은 정부의 재량적 판단에 달려있다고 한다. 다만, 기속재량행위설은 제소권의 행사는 원칙적으로 정부의 재량에 속하지만 위헌정당을 방치하는 것이 위험하다고 객관적으로 판단되는 경우에는 헌법수호의 관점에서 재량이 영(0)으로 수축함으로써 제소해야 하는 법적 의무가 발생한다고 하는 견해이다.

정부에게 제소여부에 관한 재량을 인정하는 견해가 방어적 민주주의의 기본사고와

---

16) Vgl. BVerfGE 5, 85, 139; 80, 244, 253.
17) Vgl. Morlok, Parteiverbot als Verfassungsschutz, Ein unauflösbarer Widerspruch?, NJW 2001, S.2932.
18) 가령, 황도수, 민주주의와 정당해산, 대한변협신문 제476호, 2013. 12. 23.자.
19) Vgl. Maurer, Das Verbot politischer Parteien, AöR 96(1971), S.213ff.
20) 학계의 견해 대립에 관하여 이성환 외, 정당해산심판제도에 관한 연구, 헌법재판연구 제15권, 헌법재판소, 2004, 166면 이하 참조.

부합할 수 있는지의 의문이 제기된다는 점에서, 기속행위설은 일견 설득력이 있어 보인다. 그러나 정부의 심판청구권 행사여부는 '정치적 재량'에 속한다는 재량행위설이 다음과 같은 이유에서 보다 타당하다.

나. 정당해산제도의 실효성에 관한 논의

정당해산의 방법을 통하여 위헌정당의 문제를 궁극적으로 해결할 수 있다면, 헌법을 수호해야 하는 국가기관에 대하여 정당해산을 제소해야 할 의무를 인정할 수도 있을 것이다. 그러나 국가권력이 위헌정당을 강제로 해산시킨다고 하여 위헌정당의 문제가 해결되는 것은 아니다.

방어적 민주주의의 발원지인 독일의 경우를 보더라도, 연방헌법재판소가 활동을 개시한 초기인 1950년대에는 2 차례에 걸쳐 정당해산결정을 하였으나,[21] 그 이후에는 정부가 정당해산을 제소한 예는 찾아보기 어렵다. 이는 그 사이 독일에서 민주주의가 정착되고 국민이 민주적으로 성숙하면서 '정당해산절차보다는 민주적 정치과정에서 공론과 선거를 통하여 자연스럽게 소멸시키는 방법으로 위헌정당에 대하여 대처하는 것이 보다 바람직하다'는 견해가 확산된 것에 기인한다. 독일에서 이러한 태도의 변화는 무엇보다도 정당해산제도의 실효성에 대한 다음과 같은 의문에서 비롯되었다.[22]

첫째, 국가권력이 위헌정당을 강제로 해산시키는 경우, 표면상으로는 정당이 정치적 무대에서 사라지나 그 지지 세력은 그대로 남아 오히려 지하조직으로 세력을 확대하거나 또는 다른 형태로 정치적 활동을 계속할 우려가 있다. 이로써 강제적인 정당해산은 헌법수호의 과제를 보다 어렵게 만들 수 있다.

둘째, 정당해산이 곧 위헌정당을 형성케 한 '위헌적 사고의 해체'나 위헌정당을 지지하는 '위헌적 국민의 해체'를 의미하지는 않는다. 국민은 위헌정당의 위헌적 요소와 논쟁하고 대결할 수 있는 기회, 이를 통하여 위헌정당의 위험성을 스스로 인식함으로써 위헌정당을 배척할 수 있는 기회를 부여받아야 한다. 그러나 국가에 의한 강제적 정당해산은 국민이 위헌정당의 문제에 관하여 공개적으로 논쟁하고 정신적으로 투쟁할 수 있는 가능성을 축소시킨다. 위헌정당이 추구하는 위헌적 사고가 민주적 논쟁과정을 통하여 극복되는 것이 아니라, 단지 공적 논의의 장으로부터 인위적으로 배제될 뿐이다. 위헌정당이 일부 국민의 지지를 받았다면 위헌정당에게 동력을 제공한 정치적 요인에 관하여 사회 전반의 성찰이 필요한데, 국가가 강제로 위헌정당을 정치과정에서 배제하

---

21) Vgl. BVerfGE 2, 1(Parteiverbot; SRP); 5, 85(Parteiverbot; KPD).

22) Vgl. Maurer, Das Verbot politischer Parteien, AöR 96(1971), S.224ff.; Morlok, Parteiverbot als Verfassungsschutz, Ein unauflösbarer Widerspruch?, NJW 2001, S.2933, 2942; 정태호, 주석 헌법재판소법(한수웅 외), 헌법재판연구원, 2015, 707면; 헌재 2014. 12. 19. 2013헌다1, 판례집 26-2하, 1, 26 이하(재판관 김이수의 반대의견) 참조.

는 경우에는 이러한 근본적인 정치적 문제에 관한 진지한 성찰의 기회가 사라진다. 결국, 위헌정당의 강제해산은 국민으로 하여금 민주적 사고를 기르도록 하는 '민주주의 학습 기회'를 빼앗을 수 있다.

셋째, 헌법적대적인 정당에게도 민주적 정치과정에서의 긍정적인 기여효과가 인정될 수 있다. 모든 견해와 정치적 목표가 표명될 수 있고 헌법적대적 정당도 정치적 경쟁에 참여할 수 있다는 사실 자체가 자유민주적 정치체제의 정당성을 강화한다. 나아가, 위헌정당의 출현은 다른 방법으로는 수용되지 못하고 등한시된 사회적 이익과 욕구의 표현이고, 선거에서 위헌정당의 성과는 정치적 불만의 정도를 표출하는 것이라는 점에서, 위헌정당은 국민의 정치적 불만을 감지하는 '화재감지기'의 역할을 한다. 화재발생의 위험이 상존하는 상황에서 '화재경보기'를 굳이 제거해야 할 필요는 없다.[23]

넷째, 자유민주적 기본질서를 위협할만한 세력을 형성하지 못한 헌법적대적 정당에 대해서는 '안정된 민주주의'에서 그 해산이 불필요하다. 방어적 민주주의의 사고는 특정한 역사적 상황에서 발생한 것인데, 그 사이에 유럽에서 민주주의가 정착하고 동서간의 이념 대립이 종식되는 등 여러 측면에서 정치적 상황은 크게 변하였다.[24] 자유민주주의가 헌법적대적 정당에 대하여 베풀 수 있는 관용의 범위는 민주사회의 강력함과 안정화에 비례한다.

다. 정부의 정치적 재량

정당해산의 실효성에 대하여 위와 같은 의문이 제기된다면, 다른 정치적 해결가능성이 존재하는 한, 정부의 제소 의무는 인정되지 않는다. 정당해산심판제도의 기능이 헌법수호에 있고, 정부는 국가기관으로서 헌법의 구속을 받고 헌법수호의 의무가 있으나, 헌법수호의 방법은 다양하고 고도의 정치적 판단을 요하는 사안이라 할 수 있다.[25] 구체적 상황에 따라서는 정부는 특정 정당에 대하여 심판청구를 하지 않는 것 또는 이를 연기하는 것이 헌법수호의 관점에서 보다 바람직하다고 판단할 수도 있다. 헌법수호수단으로서의 위헌정당해산이 기대한 효과를 보지 못함으로써 헌법수호를 오히려 어렵게 하는 결과를 가져올 수도 있다. 따라서 정부는 헌법적대적으로 간주되는 정당에 대하여 '司法的으로' 또는 '政治的으로' 투쟁할 것인지를 결정할 수 있는 재량을 가져야 한다. 이러한 점에서, 정부는 심판청구여부에 관하여 결정할 수 있는 정치적 재량을 가지고 있다고 보아야 할 것이다.

물론, 정부에게 제소여부에 관한 재량을 인정한다 하더라도, 이러한 재량은 자의적으

23) Vgl. Morlok, Parteiverbot als Verfassungsschutz, Ein unauflösbarer Widerspruch?, NJW 2001, S.2933.
24) Vgl. Benda/Klein, Verfassungsprozeßrecht, 3. Aufl., 2012, Rn.1156.
25) 정부가 제소여부를 판단함에 있어서 신중하게 정치적 상황을 고려해야 한다는 견해로 전광석, 정당해산심판에 대한 헌법적 및 정치적 이해, 헌법판례연구 제13권(2012), 138면 이하.

로 행사할 수 있는 재량이 아니라 심판청구기관에게 부과된 헌법수호의무와 정치적 책임을 인식하여 자신의 제소권한을 이에 부합하게 행사해야 할 재량을 의미한다.[26] 정부는 제소여부를 결정함에 있어서 단지 헌법수호의 관점만을 고려해야 한다. 따라서 정부의 제소가 선거전략적인 관점에서 또는 정당정치적인 계산에서 이루어져서는 안 된다.

여기서 정부가 정당정치적인 계산에서 제소를 하는 경우 헌법재판소가 이에 어떻게 대응할 수 있는지의 문제가 제기된다.[27] 헌법재판소가 이러한 경우를 일반소송법원칙에 근거하여 '권리남용'으로 보아 부적법한 것으로 각하하는 가능성도 생각해 볼 수 있다. 그러나 정부의 제소가 권리남용에 해당하는지 여부에 관한 확인이 객관적으로 사실상 불가능할 뿐만 아니라, 헌법재판소는 단지 심판청구의 형식적인 적법성여부에 관해서만 심사할 수 있다는 것이 일반적인 견해이므로, 설사 정부의 제소가 권리남용에 해당한다 하더라도 정부의 제소를 각하할 수 없다고 보아야 한다.[28] 정부의 심판청구가 헌법수호의 관점이 아닌 다른 관점에 기초하고 있다면, 이러한 심판청구는 본안판단에서 이유 없는 것으로 기각될 것이다.

2. 정부의 재량행사에 대하여 다툴 수 있는 소송법적 가능성

정부의 제소권과 관련하여 제기되는 또 다른 문제는, 해산사유가 존재함에도 불구하고 정부가 제소를 하지 않는 경우에 정부에 의한 제소를 강제할 수 있는지의 문제이다.[29] 제소여부에 관한 결정이 '헌법수호라는 헌법적 의무와 과제에 부합하는 재량'을 의미한다면, 정부가 특정 정당의 헌법적대성에 관하여 확신을 가지고 있고 당해 정당에 대하여 정치적으로 투쟁하고자 하는 시도가 실패한 경우에는 재량이 영(0)으로 축소됨으로써 '정부의 제소 의무'가 인정되는 상황을 상정할 수 있을 것이다.[30] 이러한 경우에는 정치적 재량을 배제하고 제소의 의무를 부과해야 한다는 '기속재량행위설'이 헌법수호절차를 도입한 목적에 부합한다고 볼 수 있다.

그러나 언제 이러한 상황이 발생하는지에 관한 객관적인 판단이 매우 불확실할 뿐만 아니라, 설사 제소 의무를 인정한다 하더라도 의무의 이행을 강제할 수 있는 방법이 없기 때문에, 이에 관한 논의는 현실적으로 큰 의미가 없다. 국가기관이나 국민이 권한쟁의심판이나 헌법소원심판을 통하여 정부에 의한 제소를 강제할 수 있는 가능성은 거의 없기 때문이다.[31] 결국, 제소여부에 관하여 결정하는 것은 정부의 권한이지 의무가 아

26) Vgl. BVerfGE 5, 85, 113; 12, 296, 305.
27) Vgl. Benda/Klein, Verfassungsprozeßrecht, 3. Aufl., 2012, Rn.1161.
28) Vgl. F. Klein, in: Maunz/Schmidt-Bleibtreu, BVerfGG, §43 Rn.7.
29) Vgl. Benda/Klein, Verfassungsprozeßrecht, 3. Aufl., 2012, Rn.1162; Hillgruber/Goos, Verfassungsprozzesrecht, 3. Aufl., 2010, Rn.710; Hillgruber, Parteienfreiheit, in: HbGR, Bd.V, 2013, §118 Rn.84ff.
30) 이러한 경우에는 정부의 제소의무를 인정하고자 하는 견해로 vgl. H. H. Klein, in: Maunz/Dürig, Grundgesetz, Art.21 Rn.546f.

니다. 정부의 제소여부는 사법적으로 심사될 수 없는 정치적 재량에 맡겨져 있다.[32)]

정당해산심판에서 청구기간이 존재하지 않는다는 것도 정부의 제소여부가 정치적 재량에 맡겨져 있다는 견해를 뒷받침하고 있다. 정당해산심판에서 청구기간의 규정은 심판청구기관의 제소의무를 전제로 해서만 가능한 것이다.[33)] 즉, 제소의무가 존재하는 경우에만 의무발생의 시점이 존재하고, 이로써 기산점의 확정을 전제로 하는 청구기간이 가능하다.

Ⅳ. 헌법 제8조 제4항의 '민주적 기본질서'의 의미

1. 학계의 견해 대립

헌법 제8조 제4항은 정당해산의 사유를 "정당의 목적이나 활동이 민주적 기본질서에 위배될 때"로 규정하고 있다. 여기서 '민주적 기본질서'의 의미가 무엇인지의 문제가 규명되어야 한다.

'민주적 기본질서'란 용어는 1960년 헌법에서 정당해산제도를 도입하면서 정당해산사유를 규정하는 과정에서 처음으로 등장하였다(제13조 제2문). 한편, '자유민주적 기본질서'라는 용어는 1972년 유신헌법의 전문에 처음으로 등장하였다. 현행 헌법은 제8조 제4항에서 정당해산의 사유로서 "민주적 기본질서에 위배"를 언급하면서, 한편으로는 헌법 전문과 제4조에서는 각 "자유민주적 기본질서를 더욱 확고히 하여", "자유민주적 기본질서에 입각한 평화적 통일정책을 수립하고"라고 하여 "자유민주적 기본질서"라는 표현을 사용하고 있다. 이에 따라 헌법 제8조 제4항의 "민주적 기본질서"와 헌법 전문 및 제4조에서 언급하고 있는 "자유민주적 기본질서"의 관계가 무엇인가 하는 문제가 제기된다.

이에 관하여 학계에서는 민주적 기본질서를 '자유민주적 기본질서'뿐만 아니라 '사회민주적 기본질서'도 포괄하는 넓은 의미로 이해함으로써 양자를 구분하는 견해(소수

---

31) 가령, 헌법적대적 정당과 유사한 정치적 방향을 가진 정당의 교섭단체가 '정부의 제소로 인하여 위헌정당이 해산되었다면 선거의 결과가 자신에게 유리하게 나타났을 것'이라는 주장으로 정부를 상대로 권한쟁의심판을 청구하는 것을 생각해 볼 수 있으나, 유리한 선거결과에 대한 단순한 기대가능성이 청구인의 침해된 '법적 권한'이라 할 수 없으므로, 적법요건으로서 '권한침해의 가능성'을 인정하기 어렵다. 또한, 정부가 위헌정당에 대하여 제소하지 않음으로써 자신의 기본권을 침해당했다는 주장으로 개인이 정부에 대하여 헌법소원을 제기하는 것도 생각해 볼 수 있으나, '위헌정당에 의한 위협 없이 자유민주적 기본질서 내에서 생활할 권리' 등이 기본권에 해당하지 않으며, 그 외에 '저항권' 등 다른 기본권이 침해당한 것도 아니므로, '기본권침해의 가능성'이 없어 심판청구는 부적법하다. 결과적으로, 정부의 제소권 행사를 기속재량행위로 이해하더라도 정부가 제소하도록 외부에서 강제하는 것은 사실상 불가능하다는 것을 확인할 수 있다.

32) Vgl. Kunig, Parteien, in: HbStR, Bd.Ⅱ, 1987, §33 Rn.43.

33) 심판청구기관에게 제소의무가 있다면, 가령, "정당해산의 심판은 정당에 의하여 해산사유가 발생한 것을 안 날로부터 60 일 이내에, 그 사유가 발생한 날로부터 180 일 이내에 청구해야 한다."는 형식으로 청구기간이 규정될 것이다.

설)[34]와 양자의 구분을 부정함으로써 민주적 기본질서는 자유민주적 기본질서를 의미하는 것으로 해석해야 한다는 견해(다수설)[35]가 대립하고 있다.[36] 민주주의를 자유민주주의와 사회민주주의로 구분하는 견해의 경우, 사회민주주의란 일반적으로 '사회국가적 민주주의'를 의미하는 것으로 보인다.

2. '민주적 기본질서'의 의미로서 '자유민주적 기본질서'

가. 진정한 민주주의의 형태로서 자유민주주의

민주적 기본질서와 자유민주적 기본질서를 구분하는 견해는 오늘날의 현대 민주주의가 오로지 법치국가에 기초한 자유민주주의로만 가능하다는 것을 간과하고 있다.

우리 헌법의 민주주의는 단순히 '다수의 지배'가 아니다. 우리 헌법의 민주주의는 법치국가에 의하여 구속을 받는 민주주의, 즉 다수의 정치적 지배를 법치국가적으로 제한하는 '자유민주주의'이다.[37] 헌법은 법치국가적 안전장치, 특히 기본권의 보장과 권력분립의 원리를 통하여 '다수의 절대주의'를 방지하고 있다. 민주주의에서 국가공동체의 결정이 단지 형식적인 다수결원리에 따라 이루어진다면, 민주주의도 민주적 독재와 전제정치로 변질될 수 있기 때문이다.

자유민주주의, 즉 법치국가적 민주주의는 다수의 이름으로 행해지는 민주적 恣意를 허용하지 않는다. 국가의사가 다수결에 의하여 결정되는 '형식적인 민주국가'에서는 민주적 다수가 모든 것을 결정의 대상으로 삼을 수 있고 다수결로써 개인의 자유에 관하여 임의로 처분할 수 있기 때문에, 개인의 자유가 보호받지 못한다. 민주주의가 단지 형식적으로 다수의 지배를 의미한다면, 이러한 민주주의는 다수의 독재를 의미할 것이고, 국민은 다수결을 통하여 개인의 재산권이나 자유를 박탈할 수 있을 것이다. 따라서 진정한 민주주의는 필연적으로 법치국가에 기반을 둔 자유민주주의, 법치국가적 민주주의이다.[38]

나. 오늘날 민주국가의 유일한 형태로서 '사회국가적 자유민주주의'

민주적 기본질서를 '자유민주적' 기본질서와 '사회민주적' 기본질서로 구분하여 이를 서로 대립관계에서 보는 시각은 무엇보다도 '민주주의와 사회국가 사이의 내적 연관관계'를 간과한다는 점에서 헌법이론적인 결함을 안고 있다. 민주주의는, 그것이 자유민주

34) 대표적으로 김철수, 헌법학신론, 2013, 181면 이하.

35) 권영성, 헌법학원론, 2010, 195-196면; 계희열, 헌법학(상), 2005, 297면 이하; 한수웅, 헌법학, 2016, 1529-1530면 이하; 홍성방, 헌법학(상), 2013, 147면.

36) 이러한 논의에 관하여 이성환 외, 정당해산심판제도에 관한 연구, 헌법재판연구 제15권, 헌법재판소, 139면 이하 참조.

37) 한수웅, 헌법학, 2016, 109면; vgl. Zippelius/Würtenberger, Deutsches Staatsrecht, 2005, S.73.

38) Vgl. Maurer, Das Verbot politischer Parteien, AöR 96(1971), S.214.

주의이든 아니면 사회민주주의이든 간에, 그 권력구조상 '사회국가적 자유민주주의'를 필연적인 결과로 가져올 수밖에 없다.

민주주의에서는 모든 국민이 보통·평등선거원칙에 의하여 동등한 선거권을 가짐으로써, 특정 계층의 관심사나 이익뿐 아니라 사회의 모든 중요한 요구와 이익이 정치 문제화되어 정치적 논의의 대상이 되고, 국가정책결정에 있어서 고려의 대상이 된다. 따라서 평등민주주의에는 사회의 모든 구성원을 국가의사의 형성과정 및 경제적 과정, 그 결과인 사회적 산물에 대한 정당한 분배과정에 참여시키려는 경향이 내재되어 있다.[39] 정치적으로 동등한 모든 사회구성원 전체의 기능으로 국가의 지배를 이해하는 평등민주주의이념은 동시에 '다수의 이익', 즉 '공익을 위한 정치'라고 하는 정치 내용의 변화를 가져오게 되었으며, 이로써 국가 목표의 사회국가적 전환을 가져오게 되었다.

그러므로 오늘날의 평등민주주의는 그 민주주의에 내재하는 사회국가적 경향 때문에, 사회국가원칙이 헌법에 규정되어 있는지 여부와 관계없이 필연적으로 사회국가적 성격을 가지게 되었다.[40] 이러한 의미에서 민주주의는 사회국가의 생성을 위한 본질적인 전제조건이고, 사회국가는 민주주의의 필연적인 정치적 결과로서 나타나는 것이다. 그러므로 사회국가가 그의 정치현실적 전제조건인 민주주의에 기인하고 민주주의에 의하여 끊임없이 지지된다는 관계가 민주주의와 사회국가 사이에 존재한다. 민주주의는 필연적으로 사회국가를 탄생시키고, 민주주의로부터 국민전체의 사회적 동질성을 실현해야할 사회국가적 의무가 나온다.

따라서 이러한 관점에서 본다면, 법치국가에 바탕을 둔 '자유민주주의'도 필연적으로 사회국가로 발전하게 되고 정의로운 사회질서의 실현을 국가목표로서 추구하므로, 사회민주주의의 내용을 당연히 포함하게 된다. 즉, 오늘날의 민주국가의 형태로는 '사회국가적 자유민주주의' 외에는 다른 선택의 가능성이 없는 것이다.

다. 헌법수호의 보호법익으로서 자유민주적 기본질서

헌법은 하나의 통일체 내에서 서로 체계적으로 연관된 개별규정으로 구성되어 있을 뿐만 아니라, 이를 넘어서 자신을 지탱하는 근본적인 결정 또는 가치질서를 담고 있다.[41] 이러한 기본결정은 헌법과 국가에 대하여 그 성격을 규정하는 특징을 부여한다. 헌법의 기본결정은 헌법의 규율대상인 국가의 본질과 구조를 규정하는 원리로서 '국가'라는 건축물이 건설된 토대를 의미한다. 헌법의 기본결정은 헌법과 국가의 정체성을 구성하는 원리이므로, 기본결정이 제거되는 경우에는 헌법은 더 이상 동일한 헌법이 아니

39) Vgl. Zacher, Das soziale Staatsziel, in: HbStR, Bd. I, 1987, S.1096.
40) Vgl. Böckenförde, Demokratie als Verfassungsprinzip, in: HbStR, Bd. I, 1987, S.949.
41) 헌법의 기본결정으로서 기본원리에 관하여 한수웅, 헌법학, 2014, 102면 이하 참조.

다. 그러므로 헌법의 기본결정은 헌법개정권력에 의해서도 개정될 수 없는 헌법의 핵심적 부분에 해당한다. 우리 헌법의 기본결정이 바로 '자유민주적 기본질서'이다.

헌법수호는 모든 헌법규범이 아니라 단지 중요하고 핵심적인 헌법원칙만을 수호하고자 하는 것이다. 이러한 핵심적 헌법원칙은 우리 헌법에서 '자유민주적 기본질서'로 집약적으로 표현되고 있다. 이로써 헌법수호란 헌법의 가치질서를 지키는 것, 우리 헌법의 경우 '자유민주적 기본질서의 수호'를 의미한다. 따라서 모든 헌법수호절차의 보호법익은 우리 헌법의 기본가치, 즉 자유민주적 기본질서이다.[42] 헌법수호의 대표적인 수단에 속하는 것은, 무엇보다도 헌법개정의 방법으로 헌법의 기본적 가치질서를 제거하는 '합법적 혁명'을 방지하고자 하는 헌법개정의 한계, 정당의 자유가 헌법질서에 대한 투쟁을 목적으로 남용되는 것을 방지하기 위한 정당해산심판 및 자연법적으로 인정되는 국민의 저항권이다.

헌법수호의 보호법익이 자유민주적 기본질서라는 점에서, 헌법수호의 수단은 모두 '자유민주적 기본질서'를 보호법익으로 한다는 공통점을 가지고 있다.[43] 헌법개정의 한계, 저항권 및 정당해산심판의 경우 그 보호대상은 헌법의 정치적 기본결정으로서 자유민주적 기본질서이다. 그렇다면, 헌법 제8조 제4항의 '민주적 기본질서'는 정당해산심판에 의하여 보호되어야 하는 헌법적 법익을 의미하는 것이므로, 여기서 '민주적 기본질서'는 '자유민주적 기본질서'일 수밖에 없다. 헌법 제8조 제4항의 '민주적 기본질서'란 자유민주적 기본질서보다 상위의 개념 또는 포괄적 개념이 아니라, '자유민주적 기본질서'와 동일한 개념이다.[44]

3. 자유민주적 기본질서의 의미

가. 헌법재판소의 판례

(1) 헌법재판소는 '국가보안법상 찬양·고무죄 사건'에서 독일 연방헌법재판소가 제1차 정당해산결정에서 판시한 내용을 그대로 인용하여[45] '자유민주적 기본질서'를 다음과

---

42) Vgl. Zippelius/Würtenberger, Deutsches Staatsrecht, 2005, S.504.; Morlok, Art.21, in: Dreier, Grundgesetz Kommentar, Bd.Ⅱ, 2006, Rn.142.

43) Vgl. Maurer, Das Verbot politischer Parteien, AöR 96(1971), S.210f.; Kunig, Parteien, in: HbStR, Bd.Ⅱ, 1987, §33 Rn.41, 헌법개정의 대상이 될 수 없는 내용이 본질적으로 '자유민주적 기본질서'라고 할 수 있으므로, 헌법개정의 한계도 정당해산조항과 마찬가지로 자유민주적 기본질서를 그 보호법익으로 하고 있다. 헌법은 스스로를 지키기 위하여 '헌법개정의 한계'를 내재함으로써 헌법개정권자가 자유민주주의가 기능하기 위한 기본조건을 폐지하는 것을 금지하는 것이고, 정당해산조항을 통하여 정당이 이러한 목표를 조직적으로 추구하는 것을 금지하는 것이다. 또한, 국가권력에 의한 헌법침해에 대한 최후적 수단인 국민의 저항권도 구체적 보호법익으로 자유민주적 기본질서를 수호하고자 하는 것이다.

44) 헌법 제8조 제4항의 '민주적 기본질서'의 개념에 관한 불필요하고 무의미한 논의를 종식시키고 헌법적 표현의 통일성을 꾀하기 위하여 위 개념을 '자유민주적 기본질서'로 개정하는 것이 바람직하다.

45) Vgl. BVerfGE 2, 1, 12f.(제1차 정당해산결정; SRP-Verbot).

같이 정의하고 있다.[46)]

"자유민주적 기본질서에 危害를 준다 함은 모든 폭력적 지배와 자의적 지배 즉 반국가단체의 一人獨裁 내지 一黨獨裁를 배제하고 다수의 의사에 의한 국민의 자치, 자유·평등의 기본 원칙에 의한 법치주의적 통치질서의 유지를 어렵게 만드는 것이고, 이를 보다 구체적으로 말하면 기본적 인권의 존중, 권력분립, 의회제도, 복수정당제도, 선거제도, 사유재산과 시장경제를 골간으로 한 경제질서 및 사법권의 독립 등 우리의 내부 체제를 파괴·변혁시키려는 것으로 풀이할 수 있을 것이다."

헌법재판소는 위 결정에서 자유민주적 기본질서를 구성하는 개별요소나 제도를 체계 없이 나열할 뿐, 이러한 개별요소가 무엇으로부터 나오는 것이고 어떻게 체계화될 수 있는지에 관하여 구체적인 설명을 하지 않고 있다.[47)]

(2) 그 후 헌법재판소는 "구체적으로, 탄핵심판절차를 통하여 궁극적으로 보장하고자 하는 헌법질서, 즉 '자유민주적 기본질서'의 본질적 내용은 법치국가원리의 기본요소인 '기본적 인권의 존중, 권력분립, 사법권의 독립'과 민주주의원리의 기본요소인 '의회제도, 복수정당제도, 선거제도' 등으로 구성되어 있다는 점에서(헌재 1990. 4. 2. 89헌가113, 판례집 2, 49, 64), …"이라고 판시함으로써 자유민주적 기본질서를 구성하는 개별요소를 체계화하고 있다.[48)]

(3) 최근에 헌법재판소는 통합진보당 결정에서, "헌법 제8조 제4항이 의미하는 '민주적 기본질서'는, 개인의 자율적 이성을 신뢰하고 모든 정치적 견해들이 각각 상대적 진리성과 합리성을 지닌다고 전제하는 다원적 세계관에 입각한 것으로서, 모든 폭력적·자의적 지배를 배제하고, 다수를 존중하면서도 소수를 배려하는 민주적 의사결정과 자유·평등을 기본원리로 하여 구성되고 운영되는 정치적 질서를 말하며, 구체적으로는 국민주권의 원리, 기본적 인권의 존중, 권력분립제도, 복수정당제도 등이 현행 헌법상 주요한 요소라고 볼 수 있다."고 판시하고 있다.[49)]

나아가, 헌법재판소는 근대의 입헌적 민주주의 체제가 민주주의와 법치국가원리라는 두 가지 원리에 따라 구성되고 운영된다고 전제한 다음,[50)] "정당해산심판제도가 수호하고자 하는 민주적 기본질서는 우리가 오늘날의 입헌적 민주주의 체제를 구성하고 운영

46) 헌재 1990. 4. 2. 89헌가113(국가보안법상 찬양·고무죄 사건), 판례집 2, 49.
47) 나아가, '사유재산과 시장경제를 골간으로 한 경제질서'를 자유민주적 기본질서의 핵심적 요소로 포함시키고 있는데, 특정한 경제질서를 포함시키는 것이 타당한지 의문이 제기된다. 자유민주적 기본질서의 본질은 자유롭고 개방적인 정치적 과정을 보장하고자 하는 것이고, 자유민주적 기본질서를 구성하는 핵심적 요소들은 정치적 과정의 개방성과 자유적 성격을 유지하기 위하여 필수적인 요소들인데, 단순히 사회적 현상이자 특정한 경제질서인 시장경제질서가 이에 속한다고 보기 어렵다. 유사한 취지로, 정태호, 주석 헌법재판소법(한수웅 외), 헌법재판연구원, 2015, 752면.
48) 헌재 2004. 5. 14. 2004헌나1[대통령(노무현) 탄핵 사건], 판례집 16-1, 609, 656.
49) 헌재 2014. 12. 19. 2013헌다1, 판례집 26-2하, 1, 3.
50) 헌재 2014. 12. 19. 2013헌다1, 판례집 26-2하, 1, 17.

하는 데에 필요한 가장 핵심적인 내용이나 요소를 의미하는 것으로서, 민주적이고 자율적인 정치적 절차를 통해 국민적 의사를 형성·실현하기 위한 요소, 즉 민주주의 원리에 입각한 요소들과, 이러한 정치적 절차를 운영하고 보호하는 데에 필요한 기본적인 요소, 즉 법치주의 원리에 입각한 요소들 중에서 필요불가결한 부분이 중심이 되어야 한다. 이는 이것이 보장되지 않으면 우리의 입헌적 민주주의 체제가 유지될 수 없다고 평가되는 최소한의 내용이라 하겠다."고 판시함으로써,[51] '민주적 기본질서'의 개념을 상당히 정확하게 서술하고 있다.

나. 자유롭고 개방적인 정치적 과정의 보장을 위한 필수적 조건

(1) 정치의 과정에 관한 질서로서 자유민주적 기본질서

자유민주적 기본질서에서 말하는 '자유민주주의'란 자유주의와 민주주의가 결합한 정치원리이다. 여기서 자유주의란 국가권력의 남용을 방지하여 개인의 자유와 권리를 보장하고자 하는 18세기 유럽의 지배적인 정치사상을 의미하는데, 자유주의사상은 기본권의 보장과 권력분립원리, 사법절차의 보장 등을 통하여 헌법에 반영되었고, 오늘날 법치국가원리를 통하여 구현되고 있다.

우리 헌법의 정치적 기초가 되는 자유민주적 기본질서란 '자유민주주의가 기능하기 위한 기본조건', 즉 법치국가와 민주주의를 구성하는 본질적 요소를 말하는 것이다.[52] 자유민주적 기본질서에서 '자유'란 바로 기본적 인권의 보장, 권력분립, 법률에 의한 행정, 사법권의 보장 등 핵심적 법치국가적 요소를 의미하는 것이고, '민주'란 국민주권주의, 의회제도, 복수정당제, 선거제도, 정당간의 기회균등 등 핵심적 민주주의적 요소를 뜻하는 것이다. 자유민주적 기본질서는 개인의 존엄성 및 자유와 평등을 부정하는 전체주의적 국가질서에 대한 반대개념이다.[53] 자유민주적 기본질서는 '개인의 자유'와 '국민의 정치적 평등'에 기초하고 있는 정치질서로서, 오늘날 개인의 기본적 인권이 보장되고 민주적 정치질서가 생존하기 위한 기본조건에 속하는 것이다.

정치질서로서의 자유민주적 기본질서는 본질적으로 '정치의 내용'이 아니라 '정치의 과정'에 관한 질서로서, 정치적 과정의 자유롭고 개방적인 구조를 보장하기 위한 필수적 기본요소를 말하는 것이다.[54] 이로써 자유민주적 기본질서는 '정치의 특정한 내용'이

---

51) 헌재 2014. 12. 19. 2013헌다1, 판례집 26-2하, 1, 22.

52) Vgl. Rupp, Freiheit und Partizipation, NJW 1972, S.1541f.; Isensee, Wirtschaftsdemokratie-Wirtschaftsgrundrechte-soziale Gewaltenteilung, Der Staat 1978, S.168; ders., Grundrechte und Demokratie, Der Staat 1981, S.171.

53) Vgl. BVerfGE 2, 1, 12.

54) Vgl. Denninger, "Streitbare Demokratie" und Schutz der Verfassung, in: Benda/Maihofer/Vogel(Hg), HbVerfR(1), 2. Aufl, 1995, Rn.36f; Morlok, Parteiverbot als Verfassungsschutz, Ein unauflösbarer Widerspruch?, NJW 2001, S.2932, 2340.

아니라 '정치과정의 특정한 구조와 형식'을 보장하고자 하는 것이다. 자유민주적 기본질서의 기능은 본질적으로 '자유롭고 개방적인 민주적 의사형성과정의 보장'에 있다. 법치국가와 민주주의를 구성하는 핵심적 개별요소들은 전부 정치적 의사형성과정의 자유주의적 성격과 개방성을 보장하고자 하는 것이다. 요컨대, 자유민주적 기본질서의 본질은 '자유롭고 개방적인 정치적 과정'의 보장에 있으며 민주주의와 법치국가를 구성하는 핵심적 요소들이 바로 '자유롭고 개방적인 정치적 과정'을 보장하기 위한 필수적 수단인 것이다. 구체적으로 '정당과의 관계'에서, 자유민주적 기본질서는 정권 획득을 위한 정치적 경쟁에서 자유롭고 개방적이며 기회균등이 보장된 공정한 경쟁구조의 보장을 위한 필수적 조건을 의미한다.

(2) 헌법수호의 법익이자 헌법개정의 한계로서 자유민주적 기본질서

자유민주적 기본질서는 헌법수호의 법익이자 동시에 헌법개정의 한계이다. 자유민주적 기본질서는 헌법개정의 한계에 속한다는 점에서 적어도 양자 사이에는 본질적인 동질성이 존재한다.[55] 민주주의원리와 법치국가원리의 핵심적 요소는 헌법 제정 당시의 국민적 합의사항인 기본적 가치질서로서 헌법개정의 대상이 될 수 없다. 변화하는 사회상황에 따른 헌법개정을 가능하게 하면서도 헌법의 근본질서를 유지하기 위해서는, '자유민주적 기본질서'는 자유민주주의가 기능하기 위한 '최소한의 핵심적 요건'을 의미하는 것으로 축소적으로 해석되어야 한다.[56] 자유민주적 기본질서를 지나치게 확장적으로 해석하는 경우에는 헌법개정금지의 대상이 되는 범위가 확대됨으로써 헌법개정을 통하여 사회현상의 변화에 헌법을 적응시킬 수 있는 가능성이 크게 제한된다. 이러한 경우에 변화한 사회상황에 대처하기 위해서는 새로운 헌법의 제정이 불가피하게 된다.

또한, 자유민주적 기본질서가 헌법수호의 법익이라는 점에서도, 사회현상의 변화에 따라 자유롭고 개방적인 정치적 의사형성과정(정치적 개방성)을 보장하면서 헌법의 핵심을 수호하기 위해서도 자유민주적 기본질서의 개념은 자유민주주의가 기능하기 위한 '핵심적 가치'로 축소되어야 한다.[57] 자유민주적 기본질서의 내용에 특정한 정치형태(가령, 대통령제 또는 의원내각제, 군주제, 연방국가 등)를 포함시키는 경우, 사회현상의 변화에 따라 현재의 제도를 다른 제도로 대체하고자 하는 시도나 자유민주주의의 핵심적

55) 헌법개정의 한계와 자유민주적 기본질서가 반드시 일치하는 것은 아니지만, 자유민주적 기본질서는 언제나 헌법개정의 한계에 속한다. 가령, 독일기본법은 제79조 제3항에서 헌법개정금지사항으로 법치국가원리와 민주주의원리 외에도 연방국가원리와 공화국을 명시적으로 규정하고 있는데, 연방주의와 공화국은 자유민주적 기본질서에 해당하지 않는다는 점에서 양자가 일치하지 않는다. 그러나 우리 헌법의 경우에는 양자가 근본적으로 일치한다고 볼 수 있다. vgl. Morlok, Art.21, in: Dreier, Grundgesetz Kommentar, Bd.II, 2006, Rn.142; Maurer, Das Verbot politischer Parteien, AöR 96(1971), S.211; Kunig, Parteien, in: HbStR, Bd.II, 1987, §33 Rn.41; Hillgruber, Parteienfreiheit, in: HbGR, Bd.V, 2013, §118 Rn.78.

56) Vgl. Hillgruber, Parteienfreiheit, in: HbGR, Bd.V, 2013, §118 Rn.74ff.

57) BVerfGE 5, 85, 140f.; 헌법재판소도 "민주적 기본질서는 최대한 엄격하게 협소한 의미로 이해해야 한다."고 판시하고 있다, 헌재 2014. 12. 19. 2013헌다1, 판례집 26-2하, 1, 23.

가치가 아닌 주변적 가치를 실현하거나 제거하고자 하는 정당도 헌법의 적으로 간주되어 정치적 경쟁의 무대에서 배제될 위험이 있다.[58] 헌법수호의 이름으로 국가와 사회의 형성에 관한 자유로운 논의가 억제되거나 탄압되어서는 안 된다. 따라서 자유민주적 기본질서는 우리 헌법의 기본정신과 정체성을 구성하는 핵심적 요소에 국한되어야 한다.

Ⅴ. 정당해산의 사유

헌법은 제8조 제4항에서 "정당의 목적이나 활동이 민주적 기본질서에 위배될 때"라고 하여 정당해산의 사유를 스스로 규정하고 있다. 헌법 제8조 제4항의 해산사유는 2가지 측면에서 의문을 제기한다. 하나는 '민주적 기본질서에 위배될 때'의 의미가 무엇인지의 문제이고, 다른 하나는 '정당의 목적이나 활동'과 '민주적 기본질서에 위배될 때'의 2가지 구성요소가 서로 어떠한 관계에 있는지의 문제이다. 후자에 관하여 보건대, 위 헌법조항의 문언에 의하면 정당의 목적이나 활동 중에서 어느 하나가 민주적 기본질서에 위배되면, 정당해산의 요건이 충족되는 것으로 규정하고 있다. 따라서 정당의 목적이 민주적 기본질서에 위배되는 경우에는 이러한 주관적 의도만으로도 정당해산의 사유가 될 수 있으며, 정당의 활동이 민주적 기본질서에 위배되는 경우에는 민주적 기본질서를 제거하고자 하는 주관적 의도가 없더라도 그 객관적 활동만으로도 해산사유가 될 수 있다고 해석될 여지가 있다.

1. 정당의 목적이나 활동

가. 정당의 위헌성을 확인하기 위한 2가지 징표

헌법은 제8조 제4항에서 '정당의 목적이나 활동'이라고 하여 정당의 위헌성을 확인하고 입증하기 위한 2가지 징표를 스스로 규정하고 있다. 자유민주적 기본질서를 제거하고자 하는 헌법적대적인 의도는 '정당의 목적이나 활동'이라는 2가지 방법을 통하여 외부세계에 표출되므로, 정당의 목적과 활동은 정당해산사유가 충족되는지 여부를 판단하기 위한 2가지 징표이다. 따라서 헌법 제8조 제4항의 해산사유는 '정당의 목적이나 활동에 비추어, 정당이 민주적 기본질서에 위배될 때'의 의미로 해석되어야 한다.

여기서 정당의 '목적'이란 민주적 기본질서를 제거하고자 하는 주관적 의도를 의미하는 것이고, 정당의 '활동'이란 이러한 주관적 의도를 객관적으로 실현하고자 하는 행위를 말한다. 정당의 목적과 활동은 개념적으로는 구분될 수 있으나, 정치현실에서는 상

58) Vgl. Denninger, "Streitbare Demokratie" und Schutz der Verfassung, in: Benda/Maihofer/Vogel(Hg), HbVerfR(1), 2. Aufl., 1995, Rn.36, "군주제나 단일국가의 도입을 주장하는 자는 자유민주적 기본질서의 적이 아니다."

호불가분의 관계에 있는 것으로 분리되어 생각할 수 없다.[59] 한편으로는 정당조직 및 당원의 활동은 정당의 목표를 밝히기 위한 중요한 징표이며, 다른 한편으로는 당원의 활동이 정당에 귀속될 수 있는지 여부를 판단하기 위해서는 당원의 활동이 정당의 목표에 부합하는지, 정당의 강령이나 지도부의 연설에 의하여 야기되었는지의 관점이 중요한 역할을 한다. 정당이 추구하는 진정한 목적은 그 활동에서 드러나며, 정당의 활동은 특정한 정치적 목적의 실현을 그 목표로 한다는 점에서, 양자는 마치 '인간의 정신과 신체'처럼 분리될 수 없는 것이다. 정당에게 목적 없는 활동이 있을 수 없고, 활동이 수반되지 않는 정당의 목적은 법익침해의 위험성이 없다는 점에서 헌법수호의 관점에서 무의미하다.

한편, 정당이 자신의 목적이나 활동이 민주적 기본질서에 위배된다는 인식, 즉 위헌성에 대한 인식을 가질 필요는 없다. 헌법수호수단으로서 정당해산제도의 목적에 비추어, 정당이 자신의 목적과 활동을 스스로 어떻게 평가하는지는 정당해산 여부를 판단함에 있어서 아무런 영향을 미치지 못한다.[60]

나. 정당의 목적

정당이 위헌적 목적을 가까운 장래에 실현할 수 있는지 여부는 중요하지 않다. 예방적 헌법수호수단으로서의 정당해산제도의 기능에 비추어, 단기적인 목적뿐만 아니라 장기적인 목적도 정당해산사유를 구성하는 '목적'에 해당한다.[61] 정당은 장기적으로 민주적 기본질서를 제거하고자 시도하면서 전략적인 이유에서 위헌적 목적을 잠정적으로 유예할 수 있다.

또한, 정당의 위헌적 목적이 공개적으로 표명되고 선전될 필요도 없다.[62] 오히려 정당은 자신의 위헌성을 노출시킬 수 있는 목적을 공개적으로 표명하지 않는다는 것이 經驗則에 부합한다. 따라서 공식적으로 표명된 목적은 물론이고 비밀리에 추구하는 '은폐된 목적'도 헌법 제8조 제4항의 의미에서의 '목적'에 해당한다.[63] '공식적으로 표명한 정당의 목적'과 '정당의 실질적인 활동'이 일치하지 않는 경우에는 은폐된 목적이 정당의 목적으로 고려될 수 있다.

정당의 목적을 판단할 수 있는 자료로는 일차적으로 정당의 공식적인 강령, 정당의

---

59) Vgl. F. Klein, in: Maunz/Schmidt－Bleibtreu, BVerfGG, § 46 Rn.9.

60) 이성환 외, 정당해산심판제도에 관한 연구, 헌법재판연구 제15권, 헌법재판소, 2004, 133면; 정종섭, 헌법소송법, 2014, 475면; vgl. H. H. Klein, in: Maunz/Dürig, GG, Art. 21 Rn.528; F. Klein, in: Maunz/Schmidt-Bleibtreu, BVerfGG, §46 Rn.8.

61) Vgl. BVerfGE 5, 85, 144; Kunig, Parteien, in: HbStR, Bd.Ⅱ, 1987, §33 Rn.38.

62) Vgl. Hillgruber/Goos, Verfassungsprozzesrecht, 3. Aufl., 2010, Rn.697.

63) 헌재 2014. 12. 19. 2013헌다1, 판례집 26-2하, 1, 2, "만약 정당의 진정한 목적이 숨겨진 상태라면 이 경우에는 강령 이외의 자료를 통해 진정한 목적을 파악해야 한다."

선언문, 정당지도자의 연설과 발언, 정책선전자료, 정당의 각종 출판물 등이 고려될 수 있다.[64] 또한, 정당기관이나 당원의 행동이나 발언도 정당의 목적을 파악할 수 있는 근거가 된다. 정당의 목적이 민주적 기본질서에 위배되는 경우란, 정당의 목적을 인식할 수 있는 자료인 정당의 강령이나 정책, 연설내용, 출판물, 정당기관이나 당원의 행동과 발언 등을 종합적으로 고려하여 판단할 때 그 정당의 전체적 성격이 민주적 기본질서에 위배되는 경우를 말한다.

다. 정당의 활동

정당의 활동은 정당의 위헌성을 입증할 수 있는 중요한 수단이다. 정당의 활동이란, 정당명의의 활동뿐만 아니라 당간부와 평당원의 활동 등 정당이 구성원의 활동에 실질적으로 영향력을 행사할 수 있기 때문에 정당에 귀속시킬 수 있는 모든 행위를 포함한다. '정당의 목적'은 어려움 없이 정당에게 귀속시킬 수 있는 반면, '정당의 활동'과 관련해서는 '어떠한 경우에 정당이 당원이나 추종자의 행위에 대하여 책임을 져야 하는지' 귀속의 문제가 제기된다.

정당의 기관(당원총회, 대의기관, 집행기관, 지구당이나 시도당과 같은 정당의 지역조직 등)이 당헌·당규에 따라 그 기관의 지위에서 행하는 활동은 원칙적으로 정당의 활동으로 귀속시켜야 한다. 일반당원의 활동과 관련해서는, 정당이 일반당원에 대한 영향력행사를 통하여 당원의 행동을 통제할 수 있는 가능성이 인정되는 경우에만 일반당원의 행위에 대한 책임을 물을 수 있으므로, 당원의 행위를 정당에게 귀속시키기 위해서는 정당이 일반당원에 대하여 영향력을 행사할 수 있는 가능성이 인정되어야 한다.[65] 따라서 당원이 정당의 노선을 벗어나 개별적으로 행한 일탈적 행위는 원칙적으로 정당의 활동으로 귀속될 수 없다. 다만, 정당이 당원의 일탈적 행위를 인식하고도 이를 의식적으로 묵인하거나 지원하는 경우에는 영향력행사의 가능성이 인정된다는 점에서 정당의 행위로 귀속시킬 수 있을 것이다.[66] 이러한 점에서, 당원의 활동을 정당의 활동으로 귀속시키기 위해서는, 당원의 활동이 개별적이고 우발적인 것이 아니라 정당의 목적에 부합하는 방향으로 지속적으로 반복됨으로써 정당의 정치적 정체성과 밀접한 연관성을 가져야 한다.

---

64) Vg. BVerfGE 5, 85, 144; Kunig, Parteien, in: HbStR, Bd.Ⅱ, 1987, §33 Rn.38.

65) 정당기관이나 개인의 행위의 귀속문제에 관하여 헌재 2014. 12. 19. 2013헌다1, 판례집 26-2하, 1, 21-22; Morlok, in: Dreier(Hg), GG Kommentar, 2. Aufl., 2006, Art. 21 Rn.150.

66) 정태호, 주석 헌법재판소법(한수웅 외), 헌법재판연구원, 2015, 744면.

2. 정당의 목적이나 활동이 민주적 기본질서에 위배될 때

가. 위헌정당의 해산이 언제 정당화되는지의 문제

(1) 정당해산제도의 남용 가능성

방어적 민주주의에서 정당해산제도의 헌법이론적인 정당성에도 불구하고, 헌법 제8조 제4항이 규정하는 '위헌정당의 해산'은 원래 자유민주주의를 수호하기 위한 수단의 성격을 벗어나, 오히려 민주주의를 저해하는 수단으로 변질될 가능성이 있다. 정당해산의 가능성은 집권당이나 민주적 다수세력에 의하여 달갑지 않은 政敵이나 경쟁자를 제거하기 위하여 남용될 위험이 있고, 이로써 정당해산조항을 통하여 궁극적으로 보장하고자 하는 정당의 자유를 위협할 위험성을 내포하고 있다.[67] 따라서 방어적 민주주의에 내재하는 이러한 위험성을 최소화하고 헌법 제8조 제4항의 가능성이 남용되는 것을 방지하기 위하여, 해산사유인 "민주적 기본질서에 위배될 때"가 무엇을 의미하는지의 문제가 헌법해석을 통하여 규명되어야 한다.

(2) 정당해산사유('민주적 기본질서에 위배될 때')의 해석 지침

헌법해석을 통하여 정당해산사유를 밝히는 문제는 곧 국가가 언제 정당에 대한 정치적 중립성을 포기할 수 있는지, 정당이 언제 자유민주주의가 관용할 수 있는 한계를 넘었는지, 언제 국가가 개방적인 정치적 과정의 유지와 보장을 위하여 정당간의 자유경쟁에 개입해야 하는지의 문제를 의미한다. 정당해산사유를 해석함에 있어서 고려해야 하는 중요한 헌법적 지침은, 한편으로는 정당의 자유, 즉 정치적 과정의 개방성이 가능하면 보장되어야 한다는 것이고, 다른 한편으로는 정당해산제도가 자유민주적 기본질서를 방어하기 위한 예방적 헌법수호수단으로서 기능해야 한다는 것이다. 이러한 문제는 헌법이론적으로는 정당의 자유(정치적 과정의 개방성)와 헌법수호라는 상충하는 법익을 실제적 조화의 원칙에 따라 조화시키는 문제이나, 양 법익을 모두 적절하게 실현한다는 것은 현실적으로는 매우 어려운 곡예라 할 수 있다.

결국, 정당해산사유의 해석 문제는 '언제 정당해산이 정당화되는지', '정당해산제도가 가동되는 시기가 언제여야 하는지'의 문제로 귀결된다. 정당해산제도가 너무 조기에 가동되는 경우에는 정당해산은 헌법수호의 관점에서도 불필요한 조치이며 정당의 자유에 대한 과잉제한이라는 법치국가적 비난을 면하기 어려울 것이고, 정당해산제도가 너무 늦게 가동되는 경우에는 예방적 헌법수호수단으로서의 기능을 이행하지 못할 것이다. 한편으로는 정당해산제도가 정치적으로 악용되지 않도록 해산사유를 엄격하게 해석해야

67) Vgl. v. Münch, Staatsrecht I, 2000, Rn.276; Morlok, in: Dreier, Grundgesetz Kommentar, 2006, Art.21 Rn.144.

할 필요성이 인정되지만, 다른 한편으로는 지나치게 엄격한 해석을 통하여 예방적 헌법수호수단으로서의 기능을 마비시키는 결과를 초래해서도 안 된다.

정당해산사유를 너무 엄격하게 해석하는 경우, 정당해산제도는 예방적 헌법수호수단으로서의 기능을 상실하여 마치 헌법상 '저항권'과 같은 공허한 제도, 단지 이념상의 헌법수호수단으로 전락할 위험이 있다. 국민에게 불문법적으로 보장되는 저항권의 경우, 국가기관이 기능하는 상황에서는 국민은 저항권을 행사할 수 없으며, 국가기관이 더 이상 기능하지 않는 경우에 한하여 비로소 국민은 저항권을 행사할 수 있으나, 이러한 상황에서 저항권행사의 성공가능성은 사실상 없다. 마찬가지로, 정당해산제도가 너무 늦게 가동되기 때문에 위헌정당의 세력이 확장되어 다수 국민의 지지를 받는 정당으로 자리 잡는다면 정당해산은 불가능할 것이다. 이러한 정치적 상황은 정당해산을 통해서는 더 이상 해결할 수도 없고 제거할 수도 없는 '정치적 사실'이기 때문이다.[68] 따라서 정당해산제도가 저항권과 마찬가지로 명목상의 헌법수호수단으로 변질되지 않으려면, 정당해산사유에 대하여 지나치게 엄격한 요건을 제시함으로써 정당해산제도가 현실적으로 가동할 수 없게끔 만드는 결과를 초래해서는 안 된다.

(3) 정당해산사유에 관한 학계의 견해

언제 정당해산이 정당화되는지의 문제와 관련하여 학계에서는 첫째, 정당의 위헌적 '목적'만으로도 정당해산사유가 될 수 있다는 관점에서 출발하여 민주적 기본질서를 전부 또는 일부 제거하고자 하는 주관적 의도가 존재하는 경우에는 이미 해산사유가 충족된다고 보는 견해,[69] 둘째, 민주적 기본질서를 제거하고자 하는 주관적 의도 외에도 이를 외부로 드러내는 객관적 행위(위헌적인 목적을 추구하는 적극적·공격적·투쟁적 행위)가 존재해야 한다는 견해,[70] 셋째, 두 번째 견해와 마찬가지로 주관적 의도를 실현하고자 하는 객관적 행위가 존재해야 할 뿐만 아니라, 나아가 이러한 행위가 민주적 기본질서에 대한 구체적 위험을 야기해야 한다는 견해[71] 등 다양한 견해가 주장되고 있다.

---

68) Vgl. Maurer, Das Verbot politischer Parteien, AöR 96(1971), S.230.

69) 가령, 정종섭, 헌법소송법, 2014, 482-483면.

70) 가령, 장영수, 헌법학, 2014, 276-277면; 독일에서 연방헌법재판소 판례의 내용이자 학계의 다수견해이다. Burkhart, in: Umbach/Clemens/Dollinger, BVerfGG, §46 Rn.5; F. Klein, in: Maunz/Schmidt-Bleibtreu, BVerfGG, §46 Rn.5; Kunig, Parteien, in: HbStR, Bd.Ⅱ, 1987, §33 Rn.40; Streinz, in: Mangoldt/Klein/Starck, Bd.Ⅱ, Art. 21 Rn 233; J. Ipsen, in: Sachs, Grundgesetz, Art. 21 Rn.158, 170; Hillgruber/Goos, Verfassungsprozeßrecht, 3. Aufl., 2011, Rn.700; Zippelius/Würtenberger, Deutsches Staatsrecht, 2005, S.92.

71) 가령, 계희열, 헌법학(상), 2005, 299면; 김철수, 헌법학신론, 2013, 214면; 송석윤, 정당해산의 실체적 요건, 서울대 법학 제51권(2010), 60면; 한수웅, 헌법학, 2016, 1534면; 홍성방, 헌법학(상), 2013, 114면; 독일에서 이러한 견해를 지지하는 학자로는 vgl. Maurer, Das Verbot politischer Parteien, AöR 96(1971), S.229; K. Hesse, Die Grundzüge des Staatsrechts der Bundesrepublik Deutschland, 20. Aufl., 1995, Rn.717; M. Morlok, in: Dreier(Hg), GG Kommentar, 2. Aufl., 2006, Art. 21 Rn.148.

(4) 헌법재판소 통합진보당결정의 판시내용

헌법재판소는 "헌법 제8조 제4항에서 말하는 민주적 기본질서의 위배란, 민주적 기본질서에 대한 단순한 위반이나 저촉을 의미하는 것이 아니라, 민주 사회의 불가결한 요소인 정당의 존립을 제약해야 할 만큼 그 정당의 목적이나 활동이 우리 사회의 민주적 기본질서에 대하여 실질적인 해악을 끼칠 수 있는 구체적 위험성을 초래하는 경우를 가리킨다."고 판시함으로써 정당해산사유를 엄격하게 해석하고 있다.[72] 그러나 헌법재판소는 이러한 해석에 이르게 된 사고의 과정에 관하여는 아무런 언급이 없기 때문에, '민주적 기본질서에 대한 단순한 위반이나 저촉'이 무엇을 의미하는지, 이러한 경우에 왜 정당해산이 정당화되지 않는지, 정당해산이 정당화되기 위하여 왜 민주적 기본질서에 대한 구체적 위험성이 요구되는지에 관하여 궁금증을 더하고 있다.

나아가, 헌법재판소는 정당해산의 헌법적 정당화 사유로서 '비례의 원칙'을 언급하면서 "헌법 제8조 제4항의 명문규정상 요건이 구비된 경우에도 해당 정당의 위헌적 문제성을 해결할 수 있는 다른 대안적 수단이 없고, 정당해산결정을 통하여 얻을 수 있는 사회적 이익이 정당해산결정으로 인해 초래되는 정당활동 자유 제한으로 인한 불이익과 민주주의 사회에 대한 중대한 제약이라는 사회적 불이익을 초과할 수 있을 정도로 큰 경우에 한하여 정당해산결정이 헌법적으로 정당화될 수 있다."고 판시하고 있는데,[73] 이러한 판시내용은 자유권의 침해여부를 과잉금지원칙을 심사기준으로 하여 판단함에 있어서 헌법재판소가 기계적으로 사용하는 표현으로서 정당해산사유의 이해에 아무런 기여를 하지 못하는 무의미한 서술일 뿐만 아니라, 앞에서 밝힌 '구체적 위험성'의 요건과 여기서의 '비례의 원칙'이 어떠한 관계에 있는지의 의문만을 증폭시킬 뿐이다.

나. 憲法敵對的인 '정당의 목적'만으로 정당해산이 정당화되는지 여부

(1) 정당해산사유와 관련하여 일차적으로 제기되는 문제는, 정당이 자유민주적 기본질서를 단지 부정하거나 또는 이에 반하는 목적을 추구하는 것만으로 이미 헌법 제8조 제4항의 의미에서 위헌적 정당이고 이에 따라 정당해산의 대상으로서 고려될 수 있는지 여부이다. 헌법 제8조 제4항의 문언에 의하면, 정당의 목적이나 활동 중에서 어느 하나가 민주적 기본질서에 위배되면, 정당해산의 요건이 충족되는 것으로 규정하고 있으므로, 문언상으로는 정당의 목적이 민주적 기본질서에 위배되는 경우에는 이러한 주관적 의도만으로도 정당해산의 사유가 될 수 있다고도 해석할 수 있다.

그러나 이러한 해석은 자유민주적 기본질서를 구성하는 '표현의 자유'와 부합하지 않는다. 자유민주적 기본질서의 본질에 속하는 것은, 모든 정치적 견해와 방향이 공적 토

72) 헌재 2014. 12. 19. 2013헌다1, 판례집 26-2하, 1, 23-24.
73) 헌재 2014. 12. 19. 2013헌다1, 판례집 26-2하, 1, 24-25.

론에 참여할 수 있도록 함으로써 자유롭고 개방적인 의사형성과정을 보장하는 것, 즉 모든 정치적 방향에 대한 개방성의 보장, 다원주의와 관용의 보장이다. 방어적 민주주의는 좌파적 또는 우파적 전체주의적 사고와 정신적으로 논쟁하는 것을 거부해서는 안 된다. 오히려 자유민주주의는 모든 이념의 도전에 맞서 공개적인 민주적 의사형성과정에서 이와 대결하고 논쟁할 것을 요청한다.

(2) 정치적 과정의 개방성은 본질적으로 표현의 자유에 의하여 보장되고 실현된다. 헌법상 보장되는 표현의 자유는 의견의 질이나 내용과 관계없이 모든 의견의 표명을 보호한다.[74] 표현의 자유가 문제되는 경우란 일반적으로 사회의 지배적 여론이나 일반적 합의로부터 벗어난 견해가 표명되는 경우이며, 이러한 경우에 비로소 표현의 자유는 그 보호기능을 발휘한다. 의견표명이란 외부세계에 대하여 정신적으로 작용한다는 것, 즉 정신적 영향력을 행사한다는 것을 의미한다. 의견표명은 그 자체로서 목적이 아니라 본질상 외부세계에 정신적으로 작용하는 것을 목적으로 한다. 일반적으로 의견표명의 목적이 자신의 견해를 표명함으로써 타인의 의견형성에 영향을 미치고 자기 의견의 우월함과 장점에 관하여 상대방을 설득시키고자 하는 것이므로, 의견표명을 통하여 외부세계에 정신적으로 작용하고자 하는 것도 당연히 함께 보호된다. 따라서 표현의 자유의 헌법적 보장에 비추어, 모든 정치적 견해가 공적인 논쟁에 참여하고 자신을 전파하고 실현할 수 있는 기회를 가져야 한다. 정당이 헌법적대적인 목표를 단지 공개적으로 표명하고 전파하며 논쟁의 형태로 자신의 견해를 관철하고자 시도하는 것은 표현의 자유에 의하여 보호된다.

그러므로 자유민주주의를 인정하는 전제에서 이루어지는 의견표명이나 비판뿐만 아니라, 자유민주주의 자체를 의문시하거나 부정하는 견해, 헌법적대적 또는 체제부정적인 견해의 표명도 허용되어야 한다. 자유민주주의와 이를 부정하는 전체주의적 국가질서의 근본적인 차이가 바로 모든 정치적 견해에 대한 개방성에 있다.

(3) 따라서 위헌적 목표를 추구하는 정당이 민주적 경기규칙의 준수 하에서 다양한 견해의 자유경쟁에 참여하는 '하나의 경쟁자'로서만 기능하는 경우에는 이를 정치적 과정에서 배제해야 할 당위성이 없다. 정당의 목적이 비록 헌법적대적이라 하더라도 개방적이고 자유로운 의사형성과정을 저해하거나 위협하지 않는 이상, 국가가 자유민주적 기본질서를 수호하기 위하여 개입할 필요가 없다. 비민주적 목적을 가진 정당은 국가에 의하여 강제로 억압되거나 제거되어서는 아니 되고, 자유로운 논쟁에 흡수되어 다양한 견해의 경쟁과정에서 여과되고 배척되어야 한다는 것이 바로 자유민주적 기본질서의 요청이기 때문이다. 국가는 정당에 대하여 자유민주적 기본질서에 반하는 '목적'을 추구한

74) Vgl. BVerfGE 30, 336, 347; 90, 241, 247.

다는 이유만으로 정당해산이라는 강제적 조치를 취할 수 없다.

다. 자유민주적 기본질서를 제거하려는 적극적 · 투쟁적 · 공격적 행위의 존재

(1) 위에서 확인한 바와 같이, 정당이 민주적 기본질서에 반하는 경향을 보이거나 자유민주적 기본질서를 부인하는 것만으로 이미 정당해산이 정당화되지 않는다. 정당해산은 헌법적대적인 '신념'에 대한 투쟁이 아니라 헌법적대적인 '행위'에 대한 억제를 목표로 한다.[75] 따라서 정당이 자유민주적 기본질서를 제거하고자 하는 의도를 단순히 표명하거나 전파하는 것을 넘어서, 자유민주적 기본질서를 파괴하고 제거하려는 적극적 · 투쟁적 · 공격적이고 계획적인 시도를 하는 경우에 비로소 정당의 해산이 고려될 수 있다.[76]

이러한 기준은 독일 연방헌법재판소가 독일공산당금지 결정(BVerfGE 5, 85, 141f.)에서 제시한 기준이자, 지금까지도 유지되고 있는 독일 학계의 다수설이다. 이러한 견해에 의하면, 정당해산요건을 충족시키기 위해서는, 정당이 단지 소극적으로 민주적 기본질서를 부정하거나 헌법적대적인 견해를 표명하는 것을 넘어서, 적극적으로 투쟁적이고 공격적인 태도를 가지고 계획적이고 지속적으로 민주적 기본질서를 전부 또는 일부 제거하고자 시도해야 한다. 이러한 태도는 헌법적대적 목표를 계획적으로 추구하는 정치적 행위에서 인식될 수 있어야 한다.

(2) 독일 연방헌법재판소는 1950년대 초기의 결정에서 위헌정당의 해산을 위하여 정당의 정치적 방향이 원칙적이고 지속적으로 자유민주적 기본질서에 대한 투쟁을 목표로 하고 있는 것으로 충분하며, 정당이 자유민주적 기본질서에 대한 구체적 위험을 의미하는지 여부에 달려있지 않다는 입장을 취하고 있다.[77] 위 견해는 예방적 헌법수호수단으로서의 정당해산제도의 성격에 부합하게, 자유민주적 기본질서를 제거하고자 하는 정당으로부터 발생하는 위험을 '적시에' 방어하고자 한다. 따라서 정당의 해산결정은 정당이 추구하는 목표의 실현가능성(성공가능성)에 달려있지 않으므로, 정당의 목표가 실현될 현실적 가능성이 없다 하더라도 정당해산은 허용된다.[78] 헌법적대적인 의도를 밝히기 위해서는 정당의 목표가 장기적 또는 단기적인 목표인지 아니면 주된 또는 부수적 목표인지 여부와 관계없이 모두 고려의 대상이 된다.

또한, 헌법적대적인 목표를 실현하기 위하여 사용하는 수단이나 방법도 중요하지 않다. 합법적인 방법으로 자유민주적 기본질서를 제거하고자 투쟁하는 정당도 위헌정당이다. 정당이 어떠한 수단을 사용하는지에 따라 헌법수호수단인 정당해산제도가 기능하는

75) Vgl. Morlok/Michael, Staatsorganisationsrecht, 2013, Rn.284.
76) Vgl. Burkhart, in: Umbach/Clemens/Dollinger, BVerfGG, §46 Rn.5ff.
77) Vgl. BVerfGE 5, 85, 142.
78) Vgl. F. Klein, in: Maunz/Schmidt-Bleibtreu, BVerfGG, § 46 Rn.5.

지 여부가 결정되어서는 안 되며, '자유민주적 기본질서'라는 법익의 수호 여부가 달라져서는 안 된다. 정당이 정치적 목적을 실현하는 수단이나 방법(폭력사용의 여부 등)은 정당의 위헌성판단에 있어서 중요한 징표이기는 하지만, 결정적인 의미를 가지는 것은 아니다.[79] 정당해산제도는 불법적인 또는 폭력적인 정당활동을 예방하거나 억제하고자 하는 것이 아니라, 위헌정당에 의한 헌법침해로부터 자유민주적 기본질서를 수호하고자 하는 것이다. 정당이 폭력이나 불법적 수단을 사용하지 않는다 하더라도 정당의 활동이 지속적으로 자유민주적 기본질서에 대한 공격성과 투쟁성을 보이고 있다면, 해산의 대상으로 고려될 수 있다. 가령, 당간부의 연설이나 정당의 선전 팜플렛 등이 그 내용에 있어서 자유민주적 기본질서를 제거하고자 하는 지속적이고 계획적인 시도로 평가된다면, 정당의 적극적·투쟁적·공격적인 태도를 인정할 수 있다.[80]

(3) 한편, 독일에서 정당해산요건에 대한 이해는 결정적으로 1950년대에 선고된 연방헌법재판소의 결정에 의하여 형성되었다. 그 당시, 독일은 바이마르공화국의 망령과 제2차 세계대전의 후유증으로부터 완전히 벗어나지 못하였고, 공산주의와의 이념적 대립으로 인하여 새로운 위협상황에 놓여있었다.

연방헌법재판소가 정당해산결정을 선고한 후 반세기 이상이 지난 오늘날, 독일의 정치적 상황은 완전히 변하였다. 그 사이 민주주의는 확고하게 안정되었고, 독일의 민주주의를 위협하던 동서간의 이념적 대립과 냉전체제도 사라졌다. 이와 같이 변화한 상황에서 위헌정당에 대처하는 수단으로서 정당해산절차보다는 정치적 투쟁을 더욱 신뢰하는 정치적 풍토가 형성되었고, 반세기 전에 선고된 연방헌법재판소의 판시내용이 오늘날에도 그대로 유지될 수 있는지 의문이 제기되고 있다. 이와 같이 변화한 상황에서 연방헌법재판소가 향후 반세기 이전의 결정을 유지할 것인지 아니면 유럽인권재판소의 판례를 고려하여 자신의 결정을 수정할 것인지 귀추가 주목된다.[81]

라. 자유민주적 기본질서에 대한 구체적 위험의 존재

(1) '객관적 행위' 요건에 대한 비판

정당해산사유로서 '자유민주적 기본질서를 제거하려는 적극적·투쟁적·공격적 행위의 존재'를 요구하는 견해가 예방적 헌법수호수단으로서의 정당해산제도에 비추어 원칙

79) Vgl. Burkhart, in: Umbach/Clemens/Dollinger, BVerfGG, §46 Rn.7.

80) Vgl. BVerfGE 5, 85, 142.

81) 유럽인권협약은 정당의 자유를 보장하는 별도의 규정을 두고 있지는 않지만, 제11조의 결사의 자유를 통하여 정당의 자유를 보장하고 있다. 유럽인권협약 가입당사국에 의하여 취해진 정당해산조치에 대하여 당해 정당은 유럽인권재판소에 제소할 수 있고, 유럽인권재판소는 '가입당사국 법원의 해산결정이 유럽인권협약에 규정된 결사의 자유를 침해하는지'에 관하여 심사하므로, 유럽인권재판소의 판례는 유럽인권협약 가입당사국에게 비록 법적 구속력은 없지만 중요한 의미를 가진다. 협약가입국의 법원들은 자신의 판결에 의하여 금지된 정당들이 유럽인권재판소에 제소하는 가능성을 염두에 두어야 하기 때문에, 정당해산의 여부에 관한 판단과정에서 유럽인권재판소의 판례를 고려하지 않을 수 없게 되었다.

적으로 그 타당성이 인정됨에도 불구하고, 객관적 행위의 개념이 너무 광범위하기 때문에 정당해산제도가 남용될 우려가 있으며, 이를 방지하기 위해서는 '객관적 행위'의 개념에 '구체적 위험성'의 요건을 추가함으로써 정당해산사유를 보다 축소해야 한다는 견해가 제기되었다.[82]

이러한 견해는 '예방적 헌법수호'의 법익에 대하여 '정당의 자유와 민주적 개방성'을 보다 강조하는 견해로서, 자유민주적 기본질서가 감당할 수 있는 마지막 한계까지 정당해산을 허용하지 않음으로써 정당의 보호를 극대화하고자 한다. 위 견해에 의하면, 독일 연방헌법재판소가 초기 결정에서 밝힌 견해와는 달리, 정당이 위헌적인 목적을 추구하는 수단과 방법이 정당의 위헌성 판단에 있어서 결정적인 역할을 한다. 위 견해는 정당의 주관적 의도가 객관적으로 드러나는 '행위의 요건'을 보다 축소하여, 폭력행사나 비민주적 수단의 사용과 같은 '특정한 행위요건'을 요구하고 있다.

(2) 비례의 원칙의 요청으로서 '구체적 위험성'의 요건

법치국가원리의 핵심적 요소에 해당하는 비례의 원칙은 법치국가적 절차인 정당해산심판에서도 준수되어야 한다. 비례의 원칙은 정당해산사유인 "민주적 기본질서에 위배될 때"를 해석함에 있어서 다음과 같은 구체적인 요청을 하고 있다.

첫째, 헌법재판소의 정당해산결정은 정당의 자유에 대한 중대한 침해를 의미하므로, 헌법재판소가 헌법 제8조 제4항의 해산사유를 해석함에 있어서도 과잉금지원칙의 요청에 부합하는 합헌적인 해석, 즉 '헌법수호'의 법익을 실현하면서도 가능하면 '정당의 자유'를 최소한으로 침해하는 해석을 선택해야 한다는 구속을 받는다. 이러한 관점에서, 자유민주주의의 방어는 일차적으로 정치적 차원에서 위헌정당에 대한 정치적 투쟁을 통하여 이루어져야 하며, 정당해산은 헌법적대적인 정당에 대한 투쟁에서 극단적인 조치로서 단지 최종적이며 보충적인 수단이어야 한다는 요청이 나온다.[83]

둘째, 과잉금지원칙이 반드시 필요한 경우에 한하여 국가에 의한 기본권제한을 허용하기 때문에, 헌법적대적인 정당이 자유민주적 기본질서를 위협하는 '구체적 위험'에 해당해야 한다는 요청이 정당해산의 요건으로 나온다.[84] 정당해산제도는 자유민주적 기본질서라는 보호법익에 대한 위험을 방어하기 위한 제도이다. 그렇다면 '자유민주적 기본질서를 제거하려는 객관적 행위'는 자유민주적 기본질서에 대한 위험을 실제로 야기할 수 있는 행위만을 의미하는 것으로 협소하게 이해해야 한다.[85] 자유민주주의에 대한 현실적인 위험이 존재하지 않는다면, 자유민주주의에 대한 보호는 불필요하다. 이러한 점에

82) 이에 관하여 위 V. 2. 가. (3) '정당해산사유에 관한 학계의 견해' 부분의 각주 참조.
83) Vgl. Maurer, Das Verbot politischer Parteien, AöR 96(1971), S.230.
84) Vgl. Maurer, Das Verbot politischer Parteien, AöR 96(1971), S.229.
85) Vgl. Morlok, Parteiverbot als Verfassungsschutz, Ein unauflösbarer Widerspruch?, NJW 2001, S.2939.

서, 보호법익에 대한 구체적 위험이 존재하는 경우에 비로소 정당의 해산이 정당화된다.

(3) 유럽인권재판소 판례의 경향

1990년대 이래 유럽인권재판소가 터키 헌법재판소에 의하여 선고된 일련의 정당해산 결정에 대한 심사를 계기로 '언제 정당해산이 유럽인권협약에 부합하는지의 문제'를 판단하면서, 정당해산에 관한 유럽인권재판소의 판례가 형성되고 확립되었다.[86] 유럽인권재판소는, 민주주의에서 정당이 차지하는 핵심적인 의미에 비추어 정당해산은 단지 '납득할 수 있는 불가피한 사유 및 급박한 사회적 필요'에 의해서만 정당화될 수 있다는 입장을 취하면서, 정당해산의 수단이 이러한 관점을 위하여 정당화되는지의 판단에 있어서 '비례의 원칙'을 엄격하게 준수할 것을 요구하고 있다.[87] 나아가, 유럽인권재판소는 비례의 원칙의 관점에서 정당해산사유에 대하여 '구체적 위험성'을 요구하면서, '폭력의 행사나 폭력행사의 선동 여부'나 '폭력행사와 관계없이 위헌정당이 정권획득의 가능성에 임박해 있는지의 여부' 등의 기준을 구체적 위험성의 요건으로 제시하고 있다.[88]

유럽인권재판소는 정당해산여부를 판단함에 있어서, 한편으로는 정당이 추구하는 정치적 목표도 고려하면서, 다른 한편으로는 정당이 자신의 목표를 추구하기 위하여 사용하는 수단에 대하여 결정적인 의미를 부여하고 있다. 즉, 유럽인권재판소는 타인의 자유를 부정하는 정당은 사회적 관용을 요청할 수 없다는 관점에서 출발하여, '폭력행사'나 '근본적인 민주적 가치를 부정하는 수단'은 민주주의에 반하는 것으로 간주하고 있다.[89] 유럽인권재판소가 '폭력행사'나 '정권획득의 가능성' 등을 구체적 위험성의 요건으로서 제시하고 있다면, 그 이유는 다음과 같은 논리에 바탕을 두고 있는 것으로 판단된다.

(4) 폭력행사 등 비민주적 · 불법적 수단의 사용 여부

(가) 어떠한 경우에 '자유민주적 기본질서에 대한 구체적 위험'을 인정할 수 있는지의 문제는 정당해산제도의 의미와 목적, 본질에 비추어 판단되어야 한다. 정당해산제도는 자유민주적 기본질서의 본질을 구성하는 '정치적 과정의 개방성'의 관점에서 이해되어야 하며, 또한 이러한 관점에 의하여 정당화되어야 한다. 정당해산제도는 정치적 과정의 개방성을 부정하고 위협하는 위헌정당을 배제함으로써, 정치적 영역에서 개방적이고 자유로운 '견해의 경쟁', 즉 다양한 정치적 목표를 가진 정당간의 자유경쟁을 보장하고자 하는 것이다.

따라서 정당의 금지는 단지 자유민주주의의 본질적 요소인 '정치적 과정의 개방성'을

86) 개괄적인 소개로 vgl. Hillgruber, Parteienfreiheit, in: HbGR, Bd.V, 2013, §118 Rn.105ff.
87) EGMR RJD 1998-I, 터키 공산당 대 터키(1998), Ziff.46f.
88) EGMR Beschwerde Nr. 41.340/98, 터키 복지당(Refah) 대 터키(2003), Ziff.97, 102; vgl. EGRZ NVwZ 2003, S.1489, 1492f.
89) EGMR Beschwerde Nr. 41.340/98, 터키 복지당(Refah) 대 터키(2003), Ziff.75.

유지하고 보장하기 위해서만 정당화된다.[90] 방어적 민주주의의 수단으로서 정당해산제도를 도입한 목적은 다른 정당을 제거하기 위하여 정당의 자유를 남용하는 정당, 정치적 과정의 개방성을 위협하고 파괴하는 정당을 금지하기 위한 것이다. 즉, 정치적 의사형성과정의 개방성을 부정하는 정당, 자신의 정치적 목표를 절대적인 것으로 간주함으로써 다른 정치적 경쟁자를 더 이상 인정하지 않는 정당이 비로소 해산의 대상으로서 고려되는 것이다.[91]

(나) 정당이 더 이상 논리의 설득력을 근거로 하여 자신의 목표를 실현하고자 하는 것이 아니라 비민주적·불법적 수단을 사용하여 자유민주적 기본질서를 제거하고자 시도하는 경우에 비로소 민주국가가 관용할 수 있는 한계를 넘은 것이고, 이로써 국가가 정치적 경쟁질서를 확립하고 정치적 과정의 개방성을 보장하기 위하여 개입하는 것이 정당화된다. 일반적으로, 정당이 심리적·물리적 테러, 대중에 대한 선동과 기만, 중상모략, 폭력의 행사나 폭력행사의 선동 등 자유롭고 개방적인 정치의사형성과정을 저해하기에 적합한 수단을 통하여 자유민주적 기본질서를 파괴하고자 시도하는 경우에 비로소 자유민주적 기본질서에 대한 구체적이고 직접적인 위험을 인정할 수 있다.[92]

정당이 위와 같은 수단을 사용하는 경우, 정당의 활동은 헌법상 보장된 표현의 자유에 의한 보호를 받지 못한다. 논리의 설득력을 근거로 하여 자신의 견해를 관철하는 것에 그치지 아니하고, 타인이 자유로운 상태에서 자신의 의견을 형성할 수 있는 가능성을 제한하거나 배제하는 수단을 사용하는 것은 표현의 자유에 의하여 보호되지 않는다.[93] 가령, 정당이 자신이 추구하는 정치적 목표에 국민을 동참케 하고자 대중기만, 선동, 부당한 압력의 행사, 자유민주주의를 신봉하는 정당에 대한 중상모략, 폭력의 행사 등 국민의 자유로운 정치의사형성의 가능성을 현저하게 제한하는 수단을 사용한다면, 이러한 수단은 일반대중에게 자신의 정치적 견해를 강요하는 것으로 다양한 의견 사이의 정신적 투쟁을 보장하고자 하는 표현의 자유의 본질에 반하는 것이다. 정당이 이러한 수단을 사용한다면, 이러한 수단은 민주국가의 정치적 의사형성에 있어서 허용되지 않는 '비민주적 수단'이며, 통상 자유민주국가의 법질서에서 허용되지 않는 불법적 수단이다.

(다) 이러한 관점에서 본다면, 정당이 자유민주적 기본질서를 제거할 목적으로 '적극적·투쟁적·공격적인 방법으로 활동하는 경우'란, 정당이 자유롭고 개방적인 정치의사형성과정을 저해하기에 적합한 비민주적 수단을 사용하여 헌법적대적인 목표를 실현하

90) Vgl. Grimm, Politische Parteien, in: HbVerfR, 2. Aufl., 1994, §14 Rn.34; v. Münch, Staatsrecht I, 2000, Rn.277.
91) Vgl. Hillgruber/Goos, Verfassungsprozzesrecht, 3. Aufl., 2010, Rn.696.
92) 유사한 견해로 Maurer, Das Verbot politischer Parteien, AöR 96(1971), S.216f.
93) Vgl. BVerfGE 25, 256, 265(Blinkfüer-Beschuß).

고자 시도하는 경우를 의미하는 것으로 제한적으로 이해되어야 한다. 정당해산요건에 관한 이러한 이해는 헌법에 의하여 정당에 부여된 기능과 과제와도 부합한다. 정당이 정치적 개방성에 기여하는 것이 아니라 이를 파괴하고자 한다면, 비로소 정당해산의 대상이 되는 것이다.[94)]

(5) 헌법적대적 시도의 성공가능성 여부

한편, 폭력행위 등 비민주적·불법적 수단의 사용은 민주적 기본질서에 대한 구체적인 위험을 인정하기 위한 중요한 판단기준이지만, 이러한 기준만으로는 민주적 기본질서에 대한 구체적 위험을 충분히 방지할 수 없다. 헌법의 침해는 폭력적인 방법뿐만 아니라 평화적·합법적 방법에 의해서도 가능하다. 헌법수호의 수단은 폭력적·불법적 수단을 통한 헌법침해뿐만 아니라, 경우에 따라서는 평화적·합법적 수단을 통한 헌법침해에 대해서도 기능해야 한다. 정당이 비폭력적인 방법으로 자유민주적 기본질서를 부정하는 전체주의적 질서의 실현을 지속적·계획적으로 시도하는 경우에도 예방적 헌법수호수단으로서의 정당해산제도는 마찬가지로 기능해야 한다.[95)] 구체적인 정치적 상황에 따라서는, 합법적인 방법으로 전체주의적 질서를 지향하는 정당도 집권가능성이 있는 경우에는 자유민주주의에 대한 구체적이고 직접적인 위험요인이 될 수 있다. 방어적 민주주의는 자신을 제거하고자 하는 민주적 다수에 대해서도 자신을 수호해야 하며, 헌법개정의 형식으로 자신을 제거하거자 시도하는 경우에 대해서도 자신을 수호해야 한다.

이러한 점에서, 정당이 폭력이나 불법적 수단을 사용하는지 여부와 관계없이, 자유민주적 기본질서를 제거하고자 하는 시도가 성공가능성이 있는지의 관점('집권가능성'의 관점)도 정당해산의 여부를 판단함에 있어서 또 하나의 중요한 기준이 되어야 한다. 이러한 이유에서, 유럽인권재판소는 구체적 위험여부를 판단하기 위하여 '폭력행사와 관계없이 정당이 정권을 잡을 시기에 임박해 있는지 여부'의 관점을 기준으로 제시하고 있다.[96)] 그러나 이러한 판시내용과 같이 '집권가능성'의 기준에 대하여 너무 엄격한 요건을 제시하는 경우에는 예방적 헌법수호수단인 정당해산제도를 무의미한 제도로 만들 수 있다. 국민 다수의 지지를 받는 정당에 대하여 그 해산을 제소하는 것이나 해산결정을 내리는 것이 사실상 불가능하고, 또한 정치적으로도 무의미하기 때문이다. 헌법이 정당해산제도를 도입한 목적은 위헌정당의 집권을 사전에 방지하고자 하는 것이므로, 정당해산제도는 이러한 상황에 도달하기 전의 단계에서 '적시에' 가동될 수 있어야 한다.

---

94) Vgl. Kunig, Parteien, in: HbStR, Bd.Ⅱ, 1987, §33 Rn.36.

95) Vgl. Burkhart, in: Umbach/Clemens/Dollinger, BVerfGG, §46 Rn.7.

96) 유럽인권재판소는 터키의 정당해산조치가 결사의 자유를 침해하는지 여부를 판단함에 있어서, 정당에 대한 유권자의 지지가 증가함에 따라 정당이 정권을 잡을 시기에 임박하였는지의 관점을 기준으로 삼음으로써 '구체적 위험'을 요구하고 있다. vgl. EGRZ NVwZ 2003, S.1489, 1492f.

마. 보호법익인 자유민주적 기본질서가 위치하는 '정치적 환경'의 고려 필요성

'구체적 위험성'의 요건을 통하여 정당해산사유를 구체화한다 하더라도, 헌법적대적인 정당의 활동이 자유민주적 기본질서에 대한 구체적 위험의 단계에 도달하였는지 여부를 판단하는 것은 궁극적으로 상충하는 법익간의 교량에 관한 문제로서 매우 어려운 문제이다. 이러한 판단의 어려움은 보호법익인 자유민주적 기본질서가 위치하는 '정치적 환경'을 고려해야 한다는 요청에 의하여 더욱 가중된다.

자유민주주의는 자신이 취약하고 불안정할수록 적으로부터의 보호를 보다 요청할 것이고, 반면에 강력하고 견고할수록 자신에 대한 보호를 불필요한 것으로 간주할 것이다. 마치 동일한 질병이라도 건강한 자와 취약한 자에 대한 위험의 정도가 다른 것과 마찬가지로, 헌법적대적인 정당의 활동도 자유민주주의의 상태에 따라 그 구체적 위험성에 있어서 다르게 평가될 수 있다. 그렇다면, 정당의 활동에 의하여 자유민주적 기본질서에 대한 구체적 위험이 발생하였는지의 판단에 있어서, 자유민주적 기본질서를 공격하는 '정당의 상태(목적과 활동)'뿐만 아니라 보호법익인 '자유민주적 기본질서의 상태'도 함께 고려해야 한다.[97] 오늘날 독일을 비롯한 유럽에서 정당해산제도에 대한 평가가 반세기 전과는 크게 달라진 것도, 보호법익이 놓여있는 정치적 환경의 변화에 따라 정당해산제도의 이해가 얼마나 달라지는지를 잘 보여주고 있다.

구체적 위험의 발생여부에 관한 판단은 보호법익인 '자유민주적 기본질서의 상태', 즉 자유민주적 기본질서가 한편으로는 어느 정도로 견고하고 면역력이 있으며, 다른 한편으로는 외부와 내부의 위협에 어느 정도로 노출되어 있는지의 구체적 상황에 따라 달라질 수밖에 없다. 구체적 위험의 발생여부에 관한 판단은 각국이 처한 구체적인 정치적 상황(특히 외부로부터의 위협의 여부 등), 자유민주적 기본질서에 대한 위협요소의 성격과 비중, 민주주의의 확립여부, 헌법적대적인 정당에 대한 정치적 투쟁을 가능하게 하는 정치문화의 정착 여부 및 국가와 사회의 정치적 투쟁능력, 헌법적대적인 정당의 위헌성을 인식하고 이를 배척할 수 있는 국민의 민주적 성숙도 등 다양한 요소에 의하여 결정되는 구체적 상황에 달려있다. 자유민주주의가 안정되고 강력할수록, 자유민주주의에 대한 구체적 위험을 인정할 수 있는 범위가 좁아질 것이고, 이로써 헌법적대적인 정당의 활동을 용인할 수 있는 한계가 넓게 설정될 것이다. 반면에, 자유민주주의가 내부적으로 불안정하고 게다가 외부로부터 위협받는 상황에서는 구체적 위험을 인정할 수 있는 범위가 보다 넓어질 것이다.

---

97) 헌법재판소도 통합진보당 사건에서 "이 사건은 남과 북이 대립되어 있는 현재 한반도의 상황과 무관하지 않다. 따라서 이 사건에 임하는 우리는 우리 사회가 처해 있는 분단이라는 특수한 상황 또한 고려할 수밖에 없다."고 판시하여, 현실상황에 대한 고려 필요성을 강조하고 있다, 헌재 2014. 12. 19. 2013헌다1, 판례집 26-2하, 1, 26.

각국이 헌법수호와 관련하여 고유한 정치적 상황에 놓여있다는 점을 고려할 때, 유럽인권재판소가 구체적 위험의 요건으로서 제시한 '폭력 행사'나 '정권획득의 가능성' 등의 기준은 절대적인 기준으로 이해되어서는 안 된다. 이러한 기준은 구체적 위험이 존재한다는 명백한 징표인 것이지, 이러한 기준이 충족된 경우에만 구체적 위험이 존재하는 것은 아니다. 가령, 우리와 같이 이념적으로 대치하면서 자유민주적 기본질서가 외세에 의하여 위협받고 있는 분단국가의 상황에서 정당이 외세에 의하여 조종되는 경우, 정당이 비록 심판청구의 당시에는 아직까지 불법적 수단이나 폭력을 사용하지 않았다 하더라도 장래에 외세의 위협이 현실화된다면 정당이 폭력을 행사하는 등 자유민주적 기본질서에 대한 직접적인 위험요인으로 작용할 수 있는 가능성을 배제할 수 없다. 그렇다면 이러한 상황에서 정당이 폭력 등 특정한 수단을 사용해야만 또는 헌법적대적 정당이 집권할 충분한 개연성이 있는 경우에만 비로소 자유민주적 기본질서에 대한 구체적 위험이 발생한다고 단언하기 어렵다.

Ⅵ. 정당해산결정의 경우 소속국회의원의 자격상실 문제

1. 학계의 견해 대립

헌법재판소의 정당해산결정에 따라 정당이 해산된 경우, 해산된 정당에 소속되어 있던 국회의원의 지위는 어떻게 되는지의 문제가 제기된다. 현행법은 정당해산결정의 경우 소속의원의 지위에 관한 명문의 규정을 두고 있지 않다.

학계의 견해는 국회의원의 지위를 유지한다는 견해와 그 지위를 상실한다는 견해로 나뉘어있다.[98] 後者의 견해는 정당해산심판제도가 가지고 있는 예방적 헌법수호의 취지나 방어적 민주주의의 이념에 비추어 정당이 위헌으로 해산되면 그 정당에 소속되어 있던 국회의원의 자격은 당연히 상실된다고 주장한다.[99] 이에 대하여 前者의 견해는 국회의원은 국민의 대표이지 정당의 대표가 아니므로 국민에 의하여 선임된 국회의원의 지위는 소속정당의 해산에 의하여 상실하지 않는다고 주장한다.[100] 정당해산의 경우에도 소속의원이 의원직을 보유한다는 위 견해는, 입법자가 입법을 통하여 소속의원의 의원직 상실을 규정하는 법률조항을 도입하는 것도 헌법상 자유위임에 반하기 때문에 위헌이라는 결론에 이른다.

98) 이에 관한 개관으로 정태호, 주석 헌법재판소법(한수웅 외), 헌법재판연구원, 2015, 795면 이하 참조.

99) 가령, 정종섭, 헌법소송법, 2014, 492면; 한수웅, 헌법학, 2016, 1538면; 허영, 헌법소송법론, 2015, 298-299면.

100) 가령, 계희열, 헌법학(상), 2005, 301면; 이성환 외, 정당해산심판제도에 관한 연구, 헌법재판연구 제15권, 2004, 265-266면; 전광석, 한국헌법론, 2014, 135면. 독일에서 소수견해이기는 하나 일부 학자에 의하여 주장되고 있다, 가령 M. Morlok, in: Dreier, 2. Aufl., 2006, Art. 21 Rn.153; K. Hesse, Grundzüge des Verfassungsrechts der BRD, 20. Aufl., 1995, Rn.601.

한편, 헌법재판소는 통합진보당 사건에서 "해산결정으로 해산되는 정당 소속 국회의원의 의원직 상실은 정당해산심판제도의 본질로부터 인정되는 기본적 효력으로 봄이 상당하다"고 판시하고 있다.[101]

2. 헌법수호의 관점에서 정당해산심판의 실효성 문제

가. 자유민주적 기본질서 내에서의 의원의 自由委任

(1) 헌법수호의 문제로서 정당해산결정과 소속의원의 의원직 상실

헌법재판소가 정당해산결정을 내리는 경우에 소속국회의원의 지위와 관련하여 제기되는 문제는, 정상적 상황에서 국회의원의 정당기속성과 국민대표성 사이의 갈등의 문제가 아니라, 자유민주주의를 방어해야 하는 예외적 상황에서 헌법수호에 관한 문제이다.[102]

국회의원은 국민의 대표로서 소속정당의 해산만으로는 국회의원직을 상실하지 않는다는 것은 자유위임의 관점에서 지극히 타당하고, 이에 대하여 어느 누구도 이의를 제기하지 않는다. 그러나 여기서 문제되는 것은, 정상적 상황에서 소속정당이 스스로 해산하는 경우 국회의원의 지위에 관한 것이 아니라, 헌법수호의 관점에서 위헌정당이 강제로 해산되어야 한다면 정당해산제도의 본질과 목적에 비추어 소속국회의원의 지위가 상실되어야 하는지의 문제인 것이다. 국회의원의 국민대표성과 자유위임을 중시하여 위헌정당이 해산되더라도 국회의원의 자격은 유지된다는 견해는 문제의 본질을 제대로 파악하지 못하고 있다.

헌법은 제46조 제2항에서 국회의원이 외부의 위임과 지시에 종속되지 않는다는 의미에서 자유위임을 규정하고 있다. 자유위임은 '국민 전체의 대표자'로서의 의원의 지위로부터 나오는 것으로 '의원은 무엇이 공익인지를 판단함에 있어서 국가와 사회로부터 자유로워야 한다'는 요청이며, 국가의 영향과 사회의 구속으로부터의 자유를 의미한다. 나아가, 정당과의 관계에서 의원의 자유위임은, 의원직은 국민으로부터 부여받은 것으로 '의원직의 보유는 원칙적으로 정당소속과 무관하다'는 것을 의미한다. 의원은 헌법적으로 정당의 대표가 아니라 국민의 대표이므로, 의원직의 보유는 소속정당의 해산이나 의원의 탈당, 당적변경 등에 의하여 영향을 받지 않는다.

---

101) 헌재 2014. 12. 19. 2013헌다1, 판례집 26-2하, 1, 114; 독일 연방헌법재판소는 명문의 규정이 없음에도 1952년 사회주의제국당(SRP)에 대한 정당해산결정에서 "정당의 위헌성이 확인되면 당해 정당 소속의원의 의원직은 상실된다."고 판시한 바 있다(BVerfGE 2, 1, 12f.). 그 후 독일에서는 연방선거법에서 위헌정당해산 時 의원직을 상실한다는 명문의 규정을 두어 이 문제를 해결하였다(제46조, 제47조). 우리의 경우도 명문의 규정을 둠으로써 논쟁의 소지를 없애는 것이 바람직하다.

102) 헌재 2014. 12. 19. 2013헌다1, 판례집 26-2하, 1, 113, "위헌으로 해산되는 정당 소속 국회의원의 의원직 상실 여부는 위헌정당해산제도의 취지와 그 제도의 본질적 효력에 비추어 판단하여야 한다."

(2) 의원의 자유위임에 내재된 한계로서 자유민주적 기본질서

그러나 의원의 자유위임은 무제한적이거나 무조건적인 것이 아니라 '헌법 내에서의 자유위임'이다.[103] 모든 공직자와 마찬가지로, 국회의원도 그의 활동에 있어서 헌법의 구속을 받는다. 의원은 헌법의 구속을 받는 국가기관의 일부로서 그의 직을 헌법과 합치하도록 행사해야 할 의무를 지고 있다. 자유민주적 기본질서를 기본결정으로 채택한 헌법에서 의원의 자유위임이란 '자유민주적 기본질서 내에서의 자유위임'이다. 헌법은 의원에게 자유위임을 부여하고 있으나, 의원의 자유위임이란 자유민주적 기본질서를 존중하고 수호해야 한다는 유보 하에서 조건적으로 부여받은 것이다. 자유민주적 기본질서는 의원의 자유위임에 내재된 한계로서, 자유위임은 자유민주적 기본질서의 보장에서 그 한계에 부딪힌다.[104] 따라서 의원의 자유위임이 자유민주적 기본질서를 제거하는 방향으로 사용될 수 없다.

의원이 해산된 위헌정당의 대표자로서 활동하였다는 것은 곧 헌법에 의하여 부여된 자유위임을 자유민주적 기본질서를 제거하는 방향으로 남용하였다는 것을 의미한다. 의원이 위헌정당에 소속되어 정당의 핵심세력으로 활동함으로써 자유민주적 기본질서를 제거하고자 시도한 경우에는 '자유민주적 기본질서의 보장'이라는 유보 하에서 국민에 의하여 부여된 자유위임은 그 효력을 상실한다고 보아야 한다. 마치 기본권실효제도를 도입한 국가에서 개인이 기본권을 자유민주적 기본질서를 제거하기 위하여 남용하는 경우에 기본권실효제도가 헌법재판소의 결정으로 기본권을 실효시키는 것과 마찬가지로, 의원이 헌법상 보장된 자유위임을 남용하는 경우에는 정당해산제도는 소속 의원의 자유위임을 실효시키는 것이다.

나. 헌법수호의 관점에서 소속의원의 의원직 상실의 필요성

(1) '자유위임'에 대한 '헌법수호'의 압도적인 우위

설사, 소속의원의 지위 문제를 '위헌정당에 대한 헌법수호'와 '의원의 자유위임' 사이의 충돌 문제로 이해한다 하더라도, 헌법수호의 요청이 자유위임의 요청을 압도한다는 결론에 이른다. 위헌정당이 자유민주적 기본질서에 대한 위험성으로 말미암아 해산결정에 의하여 '국민의 정치적 의사형성과정'에서 배제되어야 한다면, 위헌정당이 의회 내에서 '국가의사형성과정'으로부터 배제되어야 할 필요성은 더욱 크다.[105] 즉, 위헌정당이

---

103) 한수웅, 헌법학, 2016, 1538면 이하; 유사하게 헌재 2014. 12. 19. 2013헌다1, 판례집 26-2하, 1, 113, "국회의원이 국민 전체의 대표자로서의 지위를 가진다는 것과 방어적 민주주의의 정신이 논리 필연적으로 충돌하는 것이 아닐 뿐 아니라, 국회의원이 헌법기관으로서 정당기속과 무관하게 국민의 자유위임에 따라 정치활동을 할 수 있는 것은 헌법의 테두리 안에서 우리 헌법이 추구하는 민주적 기본질서를 존중하고 실현하는 경우에만 가능한 것이지, 헌법재판소의 해산결정에도 불구하고 그 정당 소속 국회의원이 위헌적인 정치이념을 실현하기 위한 정치활동을 계속하는 것까지 보호받을 수는 없다."

104) Vgl. Hillgruber, Parteienfreiheit, in: HbGR, Bd.V, 2013, §118 Rn.92.

헌법수호의 관점에서 '사회 내에서' 제거되어야 한다면, '국가 내에서' 제거되어야 할 필요성은 더욱 큰 것이다.

국회에 진출하지 못한 정당은 단지 사회적 영역에서만 활동하면서, 여론형성을 통하여 국가기관의 결정에 영향력을 행사하고자 시도할 수 있다. 이러한 정당의 활동은 일반적으로 국민의사형성과정에 참여하여 다른 정치적 단체와 경쟁하는 가능성에 국한된다. 반면에, 국회의 의석을 얻음으로써 국회에 진출한 정당의 경우에는 그 활동가능성은 사회적 영역에 국한되지 아니하고 국가의 영역으로 확대됨으로써 직접 국가의사형성과정에 참여하게 된다. 자유민주적 기본질서를 부정하는 정당이 국가영역에 진출하는 경우 이러한 상황이 자유민주적 기본질서에 대하여 보다 위협적이라는 것은 명백하다.[106] 국가영역에 진출한 정당은 국가기관이 보유하는 권한과 수단을 헌법적대적인 목표의 실현을 위하여 사용하고자 시도할 수 있고, 이로써 국가영역에서의 '게릴라'의 역할을 담당하여 국가기능을 내부로부터 약화시키고자 시도할 수 있다. 헌법적대적인 정당이 의회 내에서 비록 큰 비중을 차지하지 못한다 하더라도, 그러한 정당도 위원회활동을 통하여 중요한 국가정보를 확보할 수 있고, 의회 내의 세력분포에 따라서는 국회나 위원회의 의사결정과정을 현저하게 방해하거나 저지할 수 있으며, 심지어 국익에 반하는 방향으로 유도할 수도 있다.

만일 해산결정의 효력이 단순히 정당해산에 그친다면, 비록 위헌정당은 없어졌으나 위헌정당의 핵심적 세력인 소속의원이 의회에서 계속 활동하는 결과가 발생하기 때문에, 위헌정당의 강제해산이라는 방어적 민주주의의 수단으로서의 실효성이 의문시되고, 해산결정의 효과가 반감된다. 정당해산심판의 기능을 보장하기 위해서는, 헌법재판소는 위헌정당에 대한 해산결정 외에도 소속의원의 자격상실을 선고할 수 있어야 한다. 정당해산결정으로 인한 소속의원의 의원자격 상실여부를 판단하기 위하여 서로 충돌하는 '헌법수호의 법익'과 '자유위임원칙'을 법익형량하는 경우, 헌법수호의 법익에 압도적인 우위가 인정된다. 따라서 입법자가 정당해산결정 시에 소속의원의 의원직 상실을 입법을 통하여 명시적으로 규범화하는 것은, 헌법에 부합하는 것일 뿐만 아니라, 나아가 헌법수호의 관점에서 요청되는 것이다.

(2) 소속의원의 의원직 상실에 대한 개별적 심사의 필요성 여부

한편, 유럽인권재판소는 정당해산결정의 효과로서 자동적으로 소속의원의 의원직을 상실시키는 것은 비례의 원칙에 위반된다고 하면서 소속의원마다 그 정치적 활동을 개별적으로 심사할 것을 요청하고 있다.[107]

---

105) Vgl. Hillgruber/Goos, Verfassungsprozzesrecht, 3. Aufl., 2010, Rn.721; 장영수, 통합진보당 해산결정과 소속 국회의원의 의원직 상실 문제, 고려법학 제76호, 2015, 128면.

106) Vgl. Maurer, Das Verbot politischer Parteien, AöR 96(1971), S.218ff.

물론, 헌법재판소의 정당해산결정과 함께 자동적으로 모든 소속의원의 의원직을 상실케 하는 것보다는 개별적으로 위헌정당에 대한 책임이 있는 의원을 가려내어 의원직을 박탈하는 것이 보다 비례의 원칙에 부합한다고 볼 수 있다.[108] 이러한 점에서 헌법재판소로 하여금 개별적으로 소속의원의 지위 문제를 심사하도록 하는 절차를 부가적으로 정당해산심판절차에 삽입하는 것도 입법론적으로 고려할 수 있을 것이다. 그러나 위헌정당의 소속의원은 그 정당의 핵심적 세력이자 지도부로서 정당의 헌법적대적 활동이 원칙적으로 귀속될 수 있는 지위에 있으므로, 헌법적대성의 관점에서 '위헌정당'과 '그 소속의원'이 동일하게 취급되지 않을 수 있다는 주장은 그 이론적 가능성에도 불구하고 현실적으로는 큰 의미를 가지지 않는다고 본다.

다. 代案으로서 소속의원에 대한 의원자격심사나 징계절차의 문제점

자유위임의 원칙을 강조하여 정당해산결정의 경우에도 소속의원의 지위가 유지된다고 하는 견해는, 헌법수호의 법익은 소속의원에 대한 의원자격심사나 징계절차를 통하여 실현될 수 있다고 주장함으로써 의원직의 자동적 상실에 대한 대안을 제시하고 있다.[109] 그러나 의원자격심사나 의회 내 징계절차를 통하여 의원직을 박탈할 수 있는지는 의문이다.

헌법은 제64조 제2항에서 국회의 의원자격심사권과 징계권을 규정하고 있다. 의원자격심사권에 관하여 보건대, 국회는 단지 형식적 요건의 충족여부만을 심사할 수 있을 뿐이고, 반면에 가령 '자유민주적 기본질서를 긍정해야 할 의무'의 준수와 같은 실체적 요건의 충족여부는 심사할 수 없다.[110] 정치적 헌법기관인 국회가 의원의 사상적 적격성이나 헌법적대성여부를 심사하는 것은 의회 다수의 판단에 의하여 의원의 자격여부, 즉 의원직의 보유여부가 결정된다는 것을 의미하는데, 이는 의회 다수가 정치적 관점에서 의원의 자격을 심사할 수 있으며, 나아가 의회 다수가 소수를 정치적으로 탄압하는 도구로 악용될 수 있다는 점에서 헌법적으로 허용될 수 없다. 의원이 자유민주적 기본질서를 제거하고자 시도하는지의 문제와 관련하여 그 자격이 문제된다면, 이는 일차적으로 소속정당의 위헌여부에 관한 문제로서, 헌법은 정당해산절차를 통하여 그 해결책을 제시하고 있다. 헌법적대성을 이유로 의원의 자격에 대한 심사가 개별적으로 이루어져야 한다면, 이는 정당해산절차의 범주 내에서 정치적 헌법기관인 국회가 아니라 제3

107) EGMR, Beschwerde Nr. 25.144/94, Selim Sadak/Türkei(2002), Ziff.37ff.

108) 현실적으로 상정하기 어려운 일이지만, 가령 정당이 은밀하게 위헌적 목적을 추구하였다는 이유로 해산된 경우에 소속의원 모두에게 그 책임을 묻기 어려운 경우도 배제할 수 없을 것이다. 이러한 점을 지적하는 것으로 정태호, 주석 헌법재판소법(한수웅 외), 헌법재판연구원, 2015, 798면; 장영수, 통합진보당 해산결정과 소속 국회의원의 의원직 상실 문제, 고려법학 제76호, 2015, 140면.

109) 대표적으로 계희열, 헌법학(상), 2005, 301면.

110) 대표적으로 한수웅, 헌법학, 2016, 1184면.

의 독립적인 사법기관인 헌법재판소에 의하여 결정되어야 할 사안이다.

또한, 의원에 대한 징계권(제명)과 관련해서도 의원의 사상적 부적격이나 헌법적대성은 현행 국회법이 정하고 있는 징계사유에 해당하지 않을 뿐만 아니라, 이를 입법적 보완을 통하여 징계사유로 규정하는 것은 위에서 언급한 것과 동일한 사유로 헌법적으로 허용되지 않는다.

따라서 위헌정당 소속의원의 의원직 보유여부를 정당해산결정과 결부시켜 해결하지 아니하고 이를 별개의 것으로 보아 국회의 자격심사나 징계절차를 통하여 해결하고자 하는 시도는, 헌법이 스스로 이를 위한 적합한 절차로서 정당해산절차를 제공하고 있다는 점에서 본말이 전도된 것이다. 나아가, 정당해산심판의 판단주체인 헌법재판소가 스스로 '사법적으로' 심사하지 아니하고 국회에게 '정치적으로' 판단하도록 함으로써 정치적 헌법기관의 恣意에 맡기는 것도 법치국가적 관점에서 허용되지 않는다. 결국, 국회에 의한 의원자격심사나 징계절차는 위헌정당 소속의원에 대한 헌법수호의 수단으로 기능할 수 없으므로, 그 대안이 될 수 없다.

Ⅶ. 맺는말

1. 헌법해석을 통하여 정당해산사유인 "정당의 목적이나 활동이 민주적 기본질서에 위배될 때"의 의미를 밝히는 문제는, 정당이 언제 자유민주주의가 관용할 수 있는 한계를 넘는지, 국가가 언제 정당에 대한 정치적 중립성을 포기하고 개방적인 정치적 과정의 보장을 위하여 정당간의 자유경쟁에 개입해야 하는지의 문제를 의미한다.

정당해산사유를 해석함에 있어서 고려해야 하는 중요한 헌법적 지침은, 한편으로는 정당의 자유(정치적 과정의 개방성)가 가능하면 보장되어야 한다는 것이고, 다른 한편으로는 정당해산제도가 예방적 헌법수호수단으로서 기능해야 한다는 것이다. 한편으로는 정당해산제도가 악용되지 않도록 해산사유를 엄격하게 해석해야 할 필요성이 인정되지만, 다른 한편으로는 지나치게 엄격한 해석을 통하여 예방적 헌법수호수단으로서의 기능을 마비시키는 결과를 초래해서도 안 된다.

2. 정당이 자유민주적 기본질서를 제거하고자 하는 의도를 단순히 표명하거나 전파하는 것을 넘어서, 자유민주적 기본질서를 파괴하고 제거하려는 적극적·투쟁적·공격적이고 계획적인 시도를 하는 경우에 비로소 정당의 해산이 고려될 수 있다. 정당해산은 헌법적대적인 '신념'에 대한 투쟁이 아니라 헌법적대적인 '행위'에 대한 억제를 목표로 한다.

정당해산사유로서 '자유민주적 기본질서를 제거하려는 적극적·투쟁적·공격적 행위의 존재'를 요구하는 것이 예방적 헌법수호수단으로서의 정당해산제도에 비추어 원칙적으로 그 타당성이 인정됨에도 불구하고, 객관적 행위의 개념이 너무 광범위하기 때문에 정당해산제도가 남용될 우려가 있다.

3. 비례의 원칙은 법치국가적 절차인 정당해산심판에서도 준수되어야 한다. 정당해산사유를 해석함에 있어서 비례의 원칙으로부터 첫째, 정당해산결정은 헌법적대적인 정당에 대한 투쟁에서 단지 최종적이며 보충적인 수단이어야 한다는 요청이 나오며, 둘째, 자유민주주의에 대한 현실적인 위험이 존재하지 않는다면 자유민주주의에 대한 보호는 불필요하다는 점에서, 헌법적대적인 정당이 자유민주적 기본질서를 위협하는 '구체적 위험'에 해당해야 한다는 요청이 나온다.

4. 어떠한 경우에 '자유민주적 기본질서에 대한 구체적 위험'을 인정할 수 있는지의 문제는 정당해산제도의 의미와 목적에 비추어 판단되어야 한다. 정당해산제도는 정치적 과정의 개방성을 부정하고 위협하는 위헌정당을 배제함으로써, 정치적 과정의 개방성과 정당간의 자유경쟁을 보장하고자 하는 것이다.

헌법적대적 정당이 정치적 경쟁에 경쟁자로서 참여하는 경우에는 국가가 개입할 필요가 없으나, 정치적 경쟁질서를 파괴하고 정치적 과정의 개방성을 제거하고자 시도하는 경우에는 국가가 정치적 경쟁질서의 확립과 정치적 과정의 개방성을 보장하기 위하여 개입하는 것이 정당화된다. 이러한 관점에서 본다면, 정당이 폭력의 행사나 폭력행사의 선동 등 자유롭고 개방적인 정치의사형성과정을 저해하기에 적합한 비민주적 수단을 통하여 헌법적대적인 목표를 실현하고자 시도하는 경우에 비로소 자유민주적 기본질서에 대한 구체적이고 직접적인 위험을 인정할 수 있다.

한편, 폭력의 행사 등 비민주적 수단의 사용은 자유민주적 기본질서에 대한 구체적인 위험을 인정하기 위한 중요한 판단기준이지만, 헌법의 침해는 폭력적인 방법뿐만 아니라 평화적·합법적 방법에 의해서도 가능하다. 헌법수호의 수단은 폭력적·불법적 수단을 통한 헌법침해뿐만 아니라 평화적·합법적 수단을 통한 헌법침해에 대해서도 기능해야 한다. 이러한 점에서, 정당이 폭력이나 불법적 수단을 사용하는지 여부와 관계없이, 자유민주적 기본질서를 제거하고자 하는 시도가 성공가능성이 있는지의 관점('집권가능성'의 관점)도 정당해산 여부를 판단함에 있어서 또 하나의 중요한 기준이 된다. 그러나 '집권가능성'의 기준에 대하여 너무 엄격한 요건을 제시하는 경우에는 예방적 헌법수호수단인 정당해산제도를 무의미한 제도로 만들 수 있다.

5. '구체적 위험성'의 요건을 통하여 정당해산사유를 구체화한다 하더라도, 헌법적대

적인 정당의 활동이 자유민주적 기본질서에 대한 구체적 위험의 단계에 도달하였는지 여부를 판단하는 것은 궁극적으로 상충하는 법익간의 교량에 관한 문제로서 매우 어려운 문제이다. 이러한 판단의 어려움은 보호법익인 자유민주적 기본질서가 위치하는 '정치적 환경'을 고려해야 한다는 요청에 의하여 더욱 가중된다.

자유민주주의는 자신이 취약하고 불안정할수록 적으로부터의 보호를 보다 요청할 것이고, 반면에 강력하고 견고할수록 자신에 대한 보호를 불필요한 것으로 간주할 것이다. 그렇다면, 정당의 활동에 의하여 자유민주적 기본질서에 대한 구체적 위험이 발생하였는지 여부의 판단에 있어서, 자유민주적 기본질서를 공격하는 '정당의 상태(목적과 활동)'뿐만 아니라 보호법익인 '자유민주적 기본질서의 상태'도 함께 고려해야 한다. 자유민주주의가 안정되고 강력할수록, 자유민주주의에 대한 구체적 위험을 인정할 수 있는 범위가 좁아질 것이고, 반면에 자유민주주의가 내부적으로 불안정하고 게다가 외부로부터 위협받는 상황에서는 구체적 위험을 인정할 수 있는 범위가 보다 넓어질 것이다.

각국이 헌법수호와 관련하여 고유한 정치적 상황에 놓여있다는 점을 고려할 때, '폭력 행사'나 집권가능성' 등의 기준은 구체적 위험이 존재한다는 명백한 징표인 것이지, 이러한 기준이 충족된 경우에만 구체적 위험이 존재하는 의미에서의 절대적 기준으로 이해해서는 안 된다.

참고문헌

계희열, 헌법학(상), 2005
권영성, 헌법학원론, 2010
김문현, 정당해산심판에 관한 소고, 성균관 법학 제19권 제2호, 2007. 8.
김철수, 헌법학신론, 2013
송석윤, 정당해산심판의 실체적 요건 －정당해산심판제도의 좌표와 관련하여－, 서울대학교 법학 제51권 제1호, 2010. 3.
이성환 외, 정당해산심판제도에 관한 연구, 헌법재판연구 제15권, 2004
임지봉, 헌법재판소의 통합진보당 해산결정에 대한 분석과 평가, 법학논총 제33호, 숭실대학교 법학연구소, 2015. 1.
장영수, 통합진보당 해산결정과 소속 국회의원의 의원직 상실 문제, 고려법학 제76호, 2015
______, 통합진보당 해산결정의 주요 쟁점 －헌재 2014. 12. 19. 2013헌다1 결정에 대한 평석－, 법조 제63권 제3호, 2015
전광석, 정당해산심판에 대한 헌법적 및 정치적 이해, 헌법판례연구 제13권, 2012
정연주, 헌법소송론, 2015
정종섭, 헌법소송법, 2014
정태호, 주석 헌법재판소법(한수웅 외), 헌법재판연구원, 2015
한상희, “통합진보당 해산 결정, 이래서 문제다.”, 시민과 세계 제26호, 참여연대 참여사회연구소, 2015
한수웅, 헌법 제8조 정당조항의 규범적 의미, 중앙법학 제10집 제1호, 2008. 4.
______, 헌법학, 2016
허영, 헌법소송법론, 2015
홍성방, 헌법학(상), 2013
황도수, “민주주의와 정당해산”, 대한변협신문 제476호, 2013. 12. 23.자.

Benda/Klein, Verfassungsprozeßrecht, 3. Aufl., 2012
Böckenförde, Demokratie als Verfassungsprinzip, in: Isensee/Kirchhof(Hg), Handbuch des Staatsrechts (HbStR), Bd. I, 1987
Burkhart, in: Umbach/Clemens/Dollinger(Hg), Bundesverfassungsgerichtsgesetz (BVerfGG) Mitarbeiterkommentar, §46
Denninger, “Streitbare Demokratie” und Schutz der Verfassung, in: Benda/Maihofer/Vogel(Hg), HbVerfR (1), 2. Aufl, 1995
Grimm, Politische Parteien, in: Benda/Maihofer/Vogel(Hg), Handbuch des Verfassungsrechts der Bundesrepublik Deutschland (HbVerfR), 2. Aufl., 1994

K. Hesse, Die Grundzüge des Staatsrechts der Bundesrepublik Deutschland, 20. Aufl., 1995

Hillgruber, Parteienfreiheit, in: Merten/Papier(Hg), Handbuch der Grundrechte in Deutschland und Europa (HbGR), Bd.V, 2013, §118

Hillgruber/Goos, Verfassungsprozzesrecht, 3. Aufl., 2010

J. Ipsen, in: Sachs(Hg), Grundgesetz (GG), Art.21

Isensee, Wirtschaftsdemokratie – Wirtschaftsgrundrechte – soziale Gewaltenteilung, Der Staat 1978

______, Grundrechte und Demokratie, Der Staat 1981F. Klein, in: Maunz/ Schmidt-Bleibtreu(Hg), Bundesverfassungsgerichtsgesetz (BVerfGG), §46

H. H. Klein, in: Maunz/Dürig(Hg), Grundgesetz (GG), Art.21

Kunig, Parteien, in: Isensee/Kirchhof(Hg), Handbuch des Staatsrechts (HbStR), Bd. Ⅱ, 1987, §33

Maurer, Das Verbot politischer Parteien, AöR 96(1971)

Morlok, in: Dreier(Hg), Grundgesetz Kommentar, Bd.Ⅱ, 2. Aufl., 2006, Art.21

______, Parteiverbot als Verfassungsschutz, Ein unauflösbarer Widerspruch?, NJW 2001

Morlok/Michael, Staatsorganisationsrecht, 2013

v. Münch, Staatsrecht Ⅰ, 2000

Rupp, Freiheit und Partizipation, NJW 1972

G. F. Schuppert, in: Umbach/Clemens/Dollinger(Hg), Bundesverfassungsgerichtsgesetz (BVerfGG) Mitarbeiterkommentar, 1. Aufl., 1992, §46

Stern, Verfassungsrechtliche Probleme der Grundrechtsverwirkung und des Parteiverbots, in: Starck(Hg), Bundesverfassunsgericht und Grundgesetz, Bd. Ⅰ, 1976

Streinz, in: Mangoldt/Klein/Starck(Hg), Bd.Ⅱ, Art.21

Zacher, Das soziale Staatsziel, in: Isensee/Kirchhof(Hg), Handbuch des Staatsrechts (HbStR), Bd. Ⅰ, 1987

Zippelius/Würtenberger, Deutsches Staatsrecht, 2005

제4절 권한쟁의심판

제1주제

국가기관간의 권한쟁의에 있어서의 제3자 소송담당 및 결정주문*

－헌재 1997. 7. 16. 96헌라2 결정 및 1998. 7. 14. 98헌라1 결정을 계기로 하여－

Ⅰ. 머리말

1995년 헌법재판소는 처음으로 국가기관간의 권한쟁의에 관한 판단을 하였다. 국회의원이 '국회의장의 변칙적인 의안처리행위'로 인하여 자신의 표결권한을 침해당했다고 주장하면서 청구한 권한쟁의심판에서, 헌법재판소는 '국회의 구성원이나 국회 내의 일부 기관인 국회의원 및 교섭단체 등은 권한쟁의심판을 청구할 당사자적격이 없다'고 판시하여 이 사건 심판청구를 각하하였다(헌재 1995. 2. 23. 90헌라1). 그러나 위 결정은, 헌법재판소가 권한쟁의심판의 권한을 부여한 헌법규범의 의미를 고려하지 않고 헌법재판소법규정의 법문에 얽매어 당사자능력을 판단함으로써, 사실상 권한쟁의심판에 관한 관할규범을 死文化시키는 결과를 초래하였다는 비판을 면하기 어려웠다.

그러나 1997년 헌법재판소는 종래의 판례를 변경하여 권한쟁의심판을 청구할 수 있는 당사자의 범위를 확대함으로써 권한쟁의심판제도에 새 생명을 불어넣는 중요한 결정을 하였다(헌재 1997. 7. 16. 96헌라2). 1996년 12월 여당소속 의원들만이 출석한 가운데

* 위 논문은 1998년 9월, 人權과 正義(대한변호사협회) 제265호, 103-117면에 게재된 것을 일부 수정한 것이다.

노동관계법 개정법률 등을 가결시킨 '국회의장의 가결선포행위'에 대하여 야당의원들이 그의 위헌확인을 구하는 권한쟁의심판사건에서, 헌법재판소는 권한쟁의심판의 권한을 부여한 헌법규범(헌법 제111조 제1항 제4호)의 해석을 통하여 권한쟁의심판의 당사자가 될 수 있는 '국가기관의 범위'를 확정해야 한다고 밝힘으로써, 당사자의 범위를 국회의원과 국회의장에게까지 확대하여 국회의원의 심판청구를 적법한 것으로 인정하였고, 나아가 본안판단에서는 국회의장의 위 행위가 국회의원의 헌법상 권한인 법률안 심의·표결권을 침해했다고 확인하였다. 헌법재판소는 위 결정에서 "피청구인인 국회의장의 이 사건 법률안 가결선포행위는 국회의원인 청구인들의 헌법상 부여받은 권한인 법률안 심의·표결권을 침해한 것이다."(주문 1)고 확인하면서, "이 사건 심판청구 중 피청구인의 위 가결선포행위에 대한 위헌확인을 구하는 부분은 이를 기각한다."(주문 2)고 선고하였는데, 이러한 주문 내용의 타당성에 대하여 의문이 제기되었다.[1)]

나아가, 국무총리 임명동의안의 처리가 국회에서 투표의 중단으로 인하여 무산되자 1998. 3. '김종필을 國務總理署理로 임명한 대통령의 행위'에 대하여 야당의원들이 국회의 동의권한과 국회의원의 표결권한의 침해를 주장하면서 청구한 권한쟁의심판(헌재 1998. 7. 14. 98헌라1)에서, 헌법재판소는 청구인들의 심판청구를 각하하였으나, 위 결정은 '국회의원들이 피청구인의 행위에 의하여 국회의 권한이 침해되었다는 주장으로 권한쟁의심판을 청구할 수 있는지'의 第3者 訴訟擔當의 인정 여부에 관한 논란을 야기하였다.

이 글에서는 무엇보다도 위의 두 결정에서 제기된 문제점, 즉 청구인의 헌법상 권한이 침해된 경우 어떠한 主文形式이 타당한지, 청구인의 헌법상 권한이 침해된 것에 대한 확인은 피청구인 처분의 효력에는 어떠한 영향을 미치며, 위 결정에서 헌법재판소법 제66조 제2항에 의하여 '국회의장의 법률안 가결선포행위'를 무효로 선언했어야 하는지의 문제 및 권한쟁의심판에서 '제3자 소송담당'을 인정하는 것이 필요하고 가능한지의 문제를 중점적으로 살펴보기로 한다.

Ⅱ. 국가기관 상호간의 권한쟁의심판에서 당사자의 범위

1. 권한쟁의심판의 일반적 의미와 목적

가. 客觀訴訟으로서 권한쟁의심판

국가권력을 각 국가기관에게 그의 기능에 합당하게 분배하여 귀속시키는 헌법상의 권한배분질서는 권력을 상호 제한하고 통제하는 동시에 또한 각 기관이 서로 각자에게

---

1) 허영, 국회의원과 국회의장간의 권한쟁의, 판례월보 1997. 11., 9면 이하 참조.

귀속된 기능을 이행함으로써 국가의 행위능력을 보장하고 일원적인 국가의사의 형성을 가능하게 한다. 그러므로 기관 상호간의 권한에 관한 분쟁을 사법적 심사의 대상으로 한 것은, 그 목적이 권한을 침해당한 국가기관의 보호에 있다고 하기 보다는 헌법상의 권한배분질서의 유지와 정치적 의사형성과정의 기능보호에 있으며, 궁극적으로는 국가의 의사결정체제 및 자유주의적 질서를 보장하는 데 있다.[2] 각 국가기관이 자신의 권한을 스스로 방어하도록 함으로써 헌법상의 권력분립질서를 가장 잘 유지할 수 있기 때문에, 헌법은 권한쟁의심판을 청구인과 피청구인간의 대립적 쟁송절차로 형성하고 있는 것이다. 따라서 피청구인의 행위에 의하여 자신의 권한을 침해당한 청구인의 보호라는 주관적인 목적은 궁극적인 목적이 아니라 헌법질서의 유지라는 객관적인 목적을 실현하기 위한 하나의 부수적 효과이며, 청구인의 권한은 단지 객관적 권한질서를 형성하는 하나의 요소로서 주관적인 보호를 받는 것이다.[3]

나. 客觀訴訟의 主觀化

국가기관 상호간의 권한쟁의심판에 있어서 국가기관은 청구인과 피청구인의 관계로 상호대립적 쟁송절차를 형성하고 서로 대치한다. 국가기관간의 권한쟁의는 동일한 법주체인 국가에 속하는 내부기관 사이의 쟁송으로서 機關爭訟에 해당한다. 권한쟁의의 당사자 모두 국가의 한 부분으로서 고유한 의미의 '권리의 주체'가 될 수 없으므로, 그들에게 귀속될 수 있는 것은 '주관적 권리'가 아니라 '관할' 내지 '권한'이다. 권한쟁의는 실질적으로 관할과 권한의 경계설정에 관한 분쟁이다.

그러나 권한쟁의심판을 통하여 국가기관에게 그들의 권한분쟁에 관한 심판절차를 제공함으로써 국가기관 사이에 있어서 법률관계의 主觀化가 이루어진다. 권한쟁의심판의 이러한 주관적 측면은 청구인이 '자신의' 법적 권한을, 즉 '청구인에게 귀속되는' 법적 지위를 주장해야만 심판청구를 할 수 있다는 것을 의미한다. 권한쟁의심판은 단지 객관적 헌법이나 법률의 준수여부에 관한 다툼이어서는 아니 되고[4] 주관적 법적 지위에 관한 다툼이어야 하므로, 청구인의 심판청구는 피청구인의 행위가 위법하다는 것과 그 결과 청구인의 권한이 침해되었다는 것의 2가지 내용의 주장을 담고 있어야 한다.[5] 권한쟁의심판은 피청구인의 행위가 객관적인 법규범에 위반되는지에 대한 일반적 심사가 아

2) Vgl. Benda/Klein, Lehrbuch des Verfassungsprozeßrechts, 1991, Rn.909f.; Stern, in: Bonner Kommentar, Art.93 Rn.74f.; Löwer, Zuständigkeiten und Verfahren des BVerfG, in: HbStR, Bd.Ⅱ, 1987, §56 Rn.10.

3) 최갑선, 독일과 한국에서의 권한쟁의심판절차, 헌법논총 제7집(1996), 391면 이하.

4) 헌법재판소법 제61조 제2항은 "제1항의 심판청구는 피청구인의 처분 또는 부작위가 헌법 또는 법률에 의하여 부여받은 청구인의 권한을 침해하였거나 침해할 현저한 위험이 있는 때에 한하여 이를 할 수 있다."고 규정함으로써 심사기준이 '헌법'뿐만 아니라 '법률'임을 규정하고 있다.

5) Vgl. Pestalozza, Verfassungsprozeßrecht, 3. Aufl., 1991, §7 Rn.20, 27, 29ff.; Benda/Klein, Lehrbuch des Verfassungsprozeßrechts, 1991, Rn.941.

니기 때문에, 피청구인의 행위가 청구인의 구체적인 권한을 침해하지 않는 한, 피청구인의 행위가 일반적으로 법질서에 합치하는지의 문제는 권한쟁의심판을 통하여 심사될 수 없다.[6)]

2. 당사자범위의 확대여부

가. 헌법재판소법 제62조 제1항의 해석의 문제

당사자능력을 규정하는 헌법재판소법 제62조 제1항 제1호는 국가기관 상호간의 권한쟁의심판을 "국회, 정부, 법원 및 중앙선거관리위원회 상호간의 권한쟁의심판"이라고 규정함으로써 '당사자의 범위'를 제한하고 있다.[7)] 만일 위 규정을 列擧規定으로 해석한다면, 이러한 해석 하에서는 입법자가 헌법상 헌법재판소에게 부여된 관할범위를 소송법적으로 구체화하는 과정에서 당사자의 범위를 지나치게 축소함으로써 헌법이 부여한 헌법재판소의 권한을 사실상 폐지하는 결과가 발생한다. 그러나 입법자는 헌법이 부여한 헌법재판소의 권한을 축소·박탈하거나 권한쟁의심판에 관한 관할규범을 死文化할 수 있는 권한을 가지고 있지 않다. 따라서 헌법재판소법 제62조 제1항 제1호가 위헌성을 면하려면, 헌법이 규정한 권한쟁의의 본질과 목적을 고려하여 권한쟁의심판이 현실적으로 기능할 수 있도록 합헌적으로 해석하여야 한다. 이는 곧 헌법재판소법 제62조 제1항의 '당사자의 범위'를 예시적으로 규정된 것으로 보아야 한다는 것을 뜻한다.

헌법소원심판에 관해서는 헌법이 스스로 "법률이 정하는 헌법소원에 관한 심판"이라고 하여(제111조 제1항 제5호) 헌법소원심판을 하나의 '제도적 보장'의 형태로서 그의 핵심적 내용과 존속만을 보장하고 헌법소원의 절차뿐만 아니라 내용과 범위에 관하여도 그 구체적인 형성을 입법자에게 위임하고 있다.[8)] 그러나 권한쟁의심판에서는 헌법이 이미 "국가기관 상호간의 권한쟁의에 관한 심판"이라고 규정하여(제111조 제1항 제4호), 권한쟁의심판의 본질적 내용과 동시에 헌법재판소의 관할범위를 확정하면서 입법자에게는 단지 헌법이 스스로 규정한 내용을 절차법적으로 구체화할 것만을 위임하고 있다. 그렇다면 입법자는 헌법재판소법을 통하여 헌법재판소의 관할규정을 구체화하는 과정에서 권한쟁의심판의 의미와 목적을 고려해야 한다.

입법자는 권한쟁의심판이 기능할 수 있도록 심판절차를 입법적으로 형성해야 한다.

---

6) 예컨대, 독일 연방헌법재판소는 청구인인 정당이나 교섭단체가 헌법에 의하여 부여된 자신의 권한침해를 주장하는 것이 아니라 단지 객관적인 헌법의 위반이나(BVerfGE 20, 134, 140f.) 기본권의 침해를 주장하는 한 이러한 심판청구는 부적법하다고 결정하였다(BVerfGE 68, 1, 68ff.).

7) 당사자능력이란, 구체적 소송사건의 내용과 관계없이 '일반적으로' 권한쟁의심판의 당사자, 즉 청구인과 피청구인이 될 수 있는 자격을 말한다. 누가 권한쟁의심판의 당사자가 될 수 있는지에 관하여는 법 제62조에서 각 권한쟁의심판의 종류별로 당사자를 언급하고 있다.

8) 헌재 1997. 12. 24. 96헌마172 등 참조.

절차법은 적합한 절차적 규정의 제공을 통하여 실체법의 실현에 기여하는 것을 그 목적으로 한다. 다른 소송법과 마찬가지로, 헌법소송법도 실체법인 헌법의 실현과 관철에 기여하는 것에 그 일차적인 목적이 있으므로, 입법자는 헌법소송법을 구체적으로 형성함에 있어서 절차적 규정이 실체법을 실현하기에 적합한지, 즉 헌법재판소법상의 권한쟁의심판이 헌법기관 사이의 권력분립적 기능질서를 확보하기에 적합한지의 관점을 결정적인 지침으로 삼아야 한다.[9)]

물론 헌법재판소의 관할범위에 관한 헌법규정의 경우 그 추상성으로 인하여 어느 정도 해석의 여지가 있지만, 입법자에 의한 구체화의 결과인 헌법재판소법이 헌법이 부여한 헌법재판소의 관할인 권한쟁의심판의 기능을 사실상 空洞化할 정도로 축소하고 있다면, 이러한 법률은 위헌성을 면하기 어렵다. 헌법재판소가 사법기능을 담당하는 기관으로서 '不告不理의 원칙'에 따라 스스로 헌법재판소법 제62조의 위헌성을 심사할 수도 없고, 또한 추상적 규범통제를 도입하지 않은 우리 헌법재판제도에서 위 헌법재판소법규정의 위헌성을 달리 심사할 수 있는 방법도 없기 때문에, 열거규정으로 표현되어 있는 法文에도 불구하고 이 경우 합헌적으로, 즉 例示的으로 해석하는 것이 정당화된다.

나. 의회 내 소수의 보호를 위한 절차

따라서 국회의 부분기관이 헌법 또는 법률에 의하여 부여받은 자신의 고유한 권한의 침해를 이유로 헌법재판소에 사법적 심사를 요청할 수 있는 길이 열려 있어야 한다. 권한쟁의심판은 개별 국회의원이나 국회 소수파의 권한이 침해되는 경우에도 법적 보호와 분쟁해결의 가능성을 제공함으로써 소수의 보호를 위한 법적 제도로서 중요한 의미를 갖는다. 독일의 권한쟁의심판의 운영 실태에서도 살펴볼 수 있는 바와 같이, 오늘날의 권한쟁의심판은 일차적으로 '의회 내 소수의 보호를 위한 절차'로 작용하고 있다.

다. 구체적 당사자

(1) 국회 및 정부

국회의 경우, 국회뿐만 아니라 헌법 또는 법률에 의하여 고유한 권한을 부여받은 '국회의 부분기관'으로서 국회의원, 각 위원회, 국회의장, 원내교섭단체가 당사자능력을 가진다. 여기서 '헌법상' 부여받은 권한만을 개괄적으로 살펴본다면, 국회의원은 불체포특권(헌법 제44조), 면책특권(헌법 제45조), 임기의 원칙적 보장(헌법 제42조), 국회에서의 발언·표결권(헌법 제46조) 등 자신의 고유한 헌법적 지위를 가지고 있고, 위원회의 경우에는 헌법 제62조 제2항에 의하여 국무총리와 국무위원의 출석·답변요구권이 있으며, 국회의장의 경우에는 헌법 제53조 제6항에 의하여 대통령이 법률의 공포를 지체하

9) Vgl. Benda/Klein, Lehrbuch des Verfassungsprozeßrechts, 1991, Rn.976.

는 경우에 인정되는 '국회의장의 법률공포권'이 있다. 이러한 경우 모두 헌법에 의하여 부여된 '자신의 권한'을 주장하는 것이지 '국회의 권한'을 주장하는 것이 아니다.

정부의 경우, 전체기관으로서의 정부뿐만 아니라 '정부 내 부분기관'인 대통령, 국무총리, 각부장관이 독립한 헌법기관으로서 주로 국회와의 관계에서 당사자능력을 가질 수 있다. 예컨대, 헌법 제62조 제1항은 국무총리와 국무위원의 국회 및 위원회의 출석·진술권을 규정하면서 제2항은 출석·답변의무를 규정하고 있고, 헌법 제86조 제1항은 대통령의 국무총리임명에 대한 국회의 동의권을 규정하고 있다.

그러나 정부 내부기관 사이에서 권한에 관한 분쟁이 발생하는 경우, 정부의 부분기관이 서로 대등한 관계가 아닌 상하위계질서에 놓여 있고, 대통령의 자유로운 임면권의 행사와 국무회의의 조정(헌법 제88조 제1항, 제89조 제10호 내지 제13호)을 통하여 권한분쟁이 자체적으로 해결될 수 있으므로, 정부 내부에서 스스로 해결할 수 없는 권한분쟁이 발생할 가능성은 현실적으로 희박하고, 헌법재판소에 의한 사법적 심사의 대상이 되어야 할 헌법적 당위성도 없다.[10)]

(2) 법원 및 중앙선거관리위원회

헌법재판소법은 제62조 제1항 제1호에서 그 외의 당사자로서 '법원'과 '중앙선거관리위원회'를 언급하고 있으므로, 전체기관으로서 법원과 중앙선거관리위원회뿐만 아니라 그 부분기관도 당사자능력을 가질 수 있다. 그러나 일반적으로 국가기관들 간의 권한분쟁은 그 기관들이 국가의 의사형성과 국정에 적극적으로 참여하는 경우에 발생하기 때문에, 법원이나 중앙선거관리위원회와 같이 주도적·능동적으로 국가의사를 형성하는 역할이 아니라 소극적·반응적으로 다른 국가기관의 결정에 대한 통제적 역할을 헌법으로부터 부여받은 기관에 있어서는 다른 국가기관과의 관계에서 분쟁이 발생할 여지가 거의 없다고 보아야 할 것이다.

헌법재판소와 마찬가지로, 법원도 그 기능상 '분쟁의 심판자'이지, '분쟁의 주체'로서의 기능은 생소한 것이며, 법원이 분쟁의 주체가 된다는 것은 헌법상 부여된 사법기능의 독립성·객관성·공정성·정치적 중립성을 저해할 우려가 있다. 중앙선거관리위원회의 경우에도 헌법상 부여받은 감독자로서의 기능을 이행하기 위하여 독립성과 정치적 중립성이 절대적으로 요구되므로, 헌법소송법을 통하여 이 기관을 권한쟁의의 당사자가 되도록 고무하는 것은 바람직하지 않다.[11)] 이러한 국가기관들을 굳이 당사자의 범위에 포함시키지 않는다고 하더라도, 즉 법원·중앙선거관리위원회와 다른 국가기관 사이에서 또는 법원과 중앙선거관리위원회 사이에서 발생 가능한 분쟁에 대하여 헌법재판소의

10) Vgl. Stern, in: Bonner Kommentar, Art.93, Rn.131.
11) 같은 취지로 정태호, 국가기관 상호간의 권한쟁의심판과 정당, 정당과 헌법질서(계희열박사 화갑기념논문집), 1995, 424면.

사법적 심사의 기회를 제공하지 않는다고 하더라도, 헌법상의 권한질서나 일원적인 국가의사형성에 큰 지장을 초래하지 않는다.

(3) 정당의 당사자능력

독일에서는 정당을 권한쟁의심판의 당사자로서 인정하고 있으나, 우리의 경우에는 다음과 같은 이유로 정당의 당사자지위를 인정할 수 없다고 본다. 독일 기본법 제93조 제1항 제1호에서는 "연방최고기관"뿐만 아니라 "기타 관련자"를 당사자로서 언급하고 있고, '권한'이란 용어 대신 "권리와 의무"란 표현을 사용하고 있으므로, 정당에게도 당사자능력이 인정될 수 있다.

그러나 한국 헌법 제111조 제1항 제4호는 권한쟁의가 발생할 수 있는 법률관계의 주체를 '국가기관과 지방자치단체'에 한정하고 정당에게는 귀속될 수 없는 '권한'만을 언급하고 있다. 이러한 이유 외에도 정당은 국가기관이 아닌 '사회의 단체'로서 평등권의 침해나 선거에서의 기회균등원칙의 위반 등을 이유로 헌법소원의 제기가 가능하다. 더욱이, 정당은 일반적으로 의회 내에서 자신의 정책을 실현하고자 하는 원내교섭단체를 통하여 자신의 권리를 충분히 대변하고 관철케 할 수 있으므로, 굳이 당사자의 범위에 포함시킬 필요가 없다.

라. 당사자능력에 관한 현행 헌법재판소법규정의 문제점

권한쟁의심판의 당사자능력은 '사법적 심사를 통한 헌법상의 권한배분질서의 유지와 원활하고도 일원적인 국가의사형성'이라는 권한쟁의심판의 본질과 목적에 의하여 판단되고 절차법적으로 규정되어야 한다. 그러나 입법자는 권한쟁의심판에 관한 절차법을 제정함에 있어서 권한쟁의심판의 본질과 의미를 파악하지 못하고, 헌법이 국가기관을 규정한 순서대로 국회(제3장), 정부(제4장), 법원(제5장)의 전통적인 三權과 선거관리위원회(제7장)를 나열함으로써 당사자의 범위를 정하는 결과를 가져왔다. 한편, 헌법재판소(제6장)는 자신이 관련된 분쟁에 관하여 심판자로서 스스로 결정할 수 없다는 점에서 당사자의 범위에서 제외하였다.

결국, 입법자가 제도의 본질을 제대로 파악하지 못하고 당사자의 범위를 확정함으로써, 헌법재판소가 '헌법질서의 수호'란 관점에서 꼭 판단할 필요가 없는 분쟁은 권한쟁의심판의 판단대상이 되고, 이에 반하여 꼭 심판해야 할 사항은 심판대상이 되지 못하는 불합리한 결과를 초래하였다. 권한쟁의심판의 의미와 목적을 고려한다면, 헌법 제111조 제1항 제4호의 "국가기관"의 의미는 원칙적으로 '실질적 의미의 헌법기관', 즉 존재, 지위와 권한에 있어서 헌법에 의하여 구성되고, 그의 존재와 기능을 통하여 국가에 특별한 형태를 부여하며, 그의 활동을 통하여 적극적으로 국가의사형성과 국정에 참여하는 기관과 그의 부분기관으로 한정되어야 한다.[12] 이러한 의미의 헌법기관에는 무엇보다도 국회와 정부 및 헌법과 법률에 의하여 고유한 권리를 부여받은 그의 부분기관들이 해당한다. '당사자의 범위'에 법원과 중앙선거관리위원회까지 포함시키고 있는 헌법재판소법 제62조 제1항의 규정 때문에 실정법적으로 법원과 중앙선거관리위원회에게는 당사자의 지위를 인정할 수밖에 없다고 하더라도, 이들 기관이 권한쟁의심판의 당사자로서 부적합하다는 것을 감안한다면, 당사자의 지위는 가능하면 법원이나 중앙선관위 그 자체에 국한되어야지 굳이 그 부분기관이나 하부조직에까지 확대해야 할 필요는 없다.

Ⅲ. 第3者 訴訟擔當의 인정여부[13)]

1. 국회와 정부 간의 권한쟁의가 가능하기 위한 조건[14)]

국가기관간의 권한쟁의는 주로 정치적 헌법기관인 의회와 정부의 관계에서 발생한다. 헌법규정에 근거하여 국회와 정부 간에 또는 국회와 정부의 부분기관 간에 권한에 관한 분쟁이 발생할 수 있는 영역은 무엇보다도 다음과 같다. 헌법 제58조는 국채모집 및 계약체결 時 국회의 사전적 의결을 얻어야 할 정부의 의무를, 제60조는 대통령의 조약체결·비준에 대한 국회의 동의권을, 제62조 제2항은 국무총리와 국무위원의 국회의 요구에 따른 출석·답변의무를, 제86조 제1항은 대통령의 국무총리임명에 대한 동의권을 규정하고 있다.

그러나 국가기관을 '전체'로서의 국가기관이라고 해석하여 국회 전체에게만 당사자능력을 인정한다면, 국회와 정부 또는 국회와 정부의 부분기관 사이에서 권한에 관한 분쟁이 현실적으로 발생할 가능성은 거의 없다. 오늘날의 정당국가에서 헌법상 권력분립구조는 '정부와 의회의 대립'에서 '의회 내의 다수당과 소수당의 대립'으로 전환되었으며, 정부와 국회의 권력이 다수당 중심으로 형성된 현실적 정치상황에서는 실제적인 권력의 분립은 의회의 여당과 야당 사이에서 이루어진다. 물론 우리 헌법과 같이 대통령제를 채택한 헌법 하에서는 의원내각제의 경우처럼 정부와 의회 다수당의 이익이 반드시 일치하는 것은 아니지만, 대통령의 출신정당과 국회 내의 다수당이 일치하는 것이 일반적인 헌법현실이며, 이러한 상황에서는 국회는 정부에 의하여 자신의 권한이 침해된 경우에도 자신의 권한을 주장하지 않으리라는 것은 쉽게 상정할 수 있다. '전체로서

12) Vgl. Stern, in: Bonner Kommentar, Art.93, Rn.92; Benda/Klein, Lehrbuch des Verfassungsprozeßrechts, 1991, Rn.920; BVerfGE 8, 104, 114f.

13) '제3자 소송담당'이란 권리주체가 아닌 제3자가 자신의 이름으로 권리주체를 위하여 소송을 수행할 수 있는 권능을 말한다. 권한쟁의심판에서 제3자 소송담당이란, 제3자의 당사자적격에 관한 문제, 즉 제3자인 기관이 다른 국가기관에게 귀속되는 권한의 침해를 주장하여 자신의 이름으로 권한의 주체를 위하여 권한쟁의심판을 청구할 수 있는지의 문제에 관한 것이다.

14) Vgl. Lorenz, Der Organstreit vor dem BVerfG, in: Bundesverfassungsgericht und Grundgesetz, Bd. I, 1976, S.252f.; Umbach/Clemens, BVerfGG Mitarbeiterkommentar, 1992, §§63, 64, Rn.4ff., 67ff.; Löwer, Zuständigkeiten und Verfahren des Bundesverfassungsgerichts, in: HbStR, Bd. II, 1987, §56 Rn.21.

의 국회'만이 권한쟁의심판의 당사자가 될 수 있다면 권한쟁의심판의 청구는 합의체인 국회에서의 다수결을 통해서만 가능한데, 그러나 침해된 국회의 권한을 회복하려는 소수당의 시도는 다수결에 의하여 좌절될 수밖에 없다. 따라서 국회와 정부 간의 권한쟁의심판이 현실적으로 가능하기 위해서는, 국회의 부분기관이 국회를 대신하여 침해된 국회의 권한을 경우에 따라서는 국회 전체의 의사에 반하여 관철할 수 있는 길이 열려 있어야 한다.

2. 제3자 소송담당의 필요성

국회의 부분기관이 국회를 대신하여 침해된 국회의 권한을 주장하기 위해서는 무엇보다도 2가지 조건이 충족되어야 한다. 첫째 헌법상의 "국가기관"을 전체로서의 기관뿐 아니라 '부분으로서의 기관'으로 해석함으로써 헌법이나 법률에 의하여 독자적인 고유권한을 부여받은 부분기관에게도 당사자능력을 인정해야 하며, 둘째, 국회는 자신의 권한회복에 있어서 그의 부분기관이 국회의 권한침해를 주장하는 것에 전적으로 의존하고 있으므로, 국회의 특정 부분기관에게는 예외적으로 국회의 권한을 주장할 수 있는 제3자 소송담당을 인정해야 한다.

물론, 침해된 국회의 권한이 동시에 국회 부분기관의 권한에 해당하기 때문에 '국회의 권한'과 '부분기관의 권한'을 동일시 할 수 있다면, 제3자 소송담당은 불필요할 것이다.[15] 그러나 국회의 권한과 부분기관의 권한은 그 권한의 귀속주체가 다른 것으로 엄격하게 구분되어야 한다. 헌법 제58조(정부의 국채모집 등에 대한 국회의 동의권), 제60조(조약의 체결·비준에 대한 국회의 동의권), 제62조 제2항(국회의 국무위원 출석요구권), 제86조 제1항(국회의 국무총리임명동의권) 등의 권한은 국회의 부분기관인 국회의원이나 교섭단체에게 부여되는 것이 아니라 국회에게 귀속되는 권한이며, 국회의 권한이 곧 그에 소속된 개별 국회의원이나 교섭단체의 권한은 아니다. 국회의 권한은 국회 내의 의결을 통하여 외부기관과의 관계에서 행사될 수 있는 것인 반면, 국회의원이나 교섭단체의 권한은 국회 내부와의 관계에서 행사될 수 있는 것이다.

따라서 국회의 부분기관에게 제3자 소송담당을 인정하는 것은 불가피하다. 국회의 권한을 부분기관 중에서 누가 주장할 수 있는지의 문제에 있어서 일반적으로 원내교섭단체와 개별국회의원이 고려되는데, 국회의원 각자가 개인적인 견해를 근거로 국회의 권한을 주장하는 것보다는 교섭단체 내부의 의사수렴과정을 통하여 심판을 청구하는 것이 보다 이상적이라고 판단되므로, 원내교섭단체에게만 국회의 권한을 주장할 수 있는 제3자 소송담당을 인정하는 것이 바람직하다.

---

15) 이러한 시도로는 헌재 1998. 7. 14. 98헌라1 결정(국무총리서리)에서 [재판관 3인의 의견], 판례집 10-2, 1, 4.

3. 헌법재판소법 제61조의 해석의 문제

헌법재판소법 제61조 제1항은 '국가기관 상호간에 권한의 존부 또는 범위에 관하여 다툼이 있을 때에는 당해 국가기관은 헌법재판소에 권한쟁의심판을 청구할 수 있다'고 하고 같은 조 제2항은 "제1항의 심판청구는 피청구인의 처분 또는 부작위가 헌법 또는 법률에 의하여 부여받은 청구인의 권한을 침해하였거나 침해할 현저한 위험이 있는 때에 한하여 이를 할 수 있다."고 규정함으로써, 法文上으로는 청구인은 '청구인'의 권한침해만을 주장할 수 있도록 되어 있다. 즉, "국가기관"을 그 기관뿐만 아니라 그의 부분기관이라고 해석하여 당사자의 능력을 확대한다고 하더라도, 청구인이 부분기관인 경우에는 자신의 이름으로 소속기관인 타인의 권한을 주장할 수 있는 제3자 소송담당의 가능성을 명시적으로 규정하고 있지 않다.

그러나 실정법상 비록 명문의 규정은 없다 하더라도, 오늘날의 정당국가적 권력분립구조 및 권한쟁의심판의 본질과 목적을 고려한다면, 국가기관간의 권한쟁의심판이 현실적으로 기능하도록 헌법재판소법 제61조 제2항의 "청구인"을 '청구인 또는 그가 속한 기관'으로 합헌적으로 확대 해석해야 할 필요가 있다. 헌법은 '국가기관 상호간의 권한쟁의에 관한 심판'를 헌법재판소의 관할로 부여하면서 입법자에게 권한쟁의심판의 의미와 목적을 고려하여 헌법상의 권력배분질서가 실현될 수 있도록 절차법을 규정할 것을 위임하였다. 그러나 헌법재판소에 의한 사법적 심사의 대상이 되어야 할 본질적인 권한분쟁이 권한쟁의심판의 대상이 될 수 없을 정도로, 입법자에 의한 구체화의 결과인 헌법재판소법이 권한쟁의심판의 기능과 헌법재판소의 관할을 축소하고 있다면, 이는 합헌적인 해석을 통하여 보완되어야 한다.

4. 헌재 1998. 7. 14. 98헌라1 결정(국무총리서리 사건)의 문제점

가. 국회의원의 당사자능력과 당사자적격에 관한 헌법재판소의 판시내용

다수당인 한나라당의 국회의원인 청구인들은 국회의 동의를 받지 아니하고 김종필을 국무총리서리로 임명한 피청구인인 대통령의 임명처분이 국회의 동의권한 및 국회의원의 임명동의안에 대한 심의·표결권을 침해하였다고 주장하면서, 이 사건 권한쟁의심판을 청구하였다. 헌법재판소는 이미 1997. 7. 16. 선고한 96헌라2 결정에서 국회의원이나 국회의장 등 국회의 부분기관에게도 當事者能力을 인정하였는데, 이 사건에서는 이를 넘어서 청구인인 국회의원이 국회의 권한인 동의권한의 침해를 주장할 수 있는지의 소위 '제3자 소송담당'의 문제가 중요한 쟁점이 되었다.

김용준 재판관은 국회의원이 '국회의 동의권한 침해'를 주장한 청구부분에 대해서는,

오늘날의 변화한 권력분립구조에서의 소수당의 중요한 역할을 고려하여 제3자 소송담당의 필요성을 인정하였으나, '국회의 부분기관에게 국회를 위한 제3자 소송담당을 허용하는 것은 소수자를 보호하기 위한 것으로, 재적의원 과반수를 이루는 다수의원이나 다수당의 교섭단체의 경우에는 그들 스스로 국회의 의결을 거쳐 침해된 국회의 권한을 회복할 수 있으므로, 이들에게까지 제3자 소송담당을 허용할 필요가 없다'고 하여 當事者適格을 부인하였고,[16] 나아가 국회의원이 '자신의 표결권 침해'를 주장한 청구부분에 대해서는, '피청구인 대통령이 국회의원인 청구인들과의 관계에서 국무총리임명동의안에 관한 청구인들의 심의·표결권의 행사를 불가능하게 하거나 방해함으로써 그 권한을 침해할 가능성이 없으므로 이 부분 심판청구는 부적법하여 각하해야 한다'고 판시하였다.

이에 대하여 재판관 3인(김문희, 이재화, 한대현)은 '국회는 국회의원으로 구성되는 합의제기관으로서 국회의 의사는 결국 표결 등으로 나타나는 국회의원들의 의사가 결집된 것이며, 국무총리임명에 대한 국회의 동의권한은 그 속성상 필연적으로 국무총리 임명에 대한 국회의원들의 표결권한을 내포하고 있으므로, 청구인들은 이 사건 임명처분으로 인하여 국회의 동의권한 및 자신들의 국무총리 임명동의안에 대한 표결권한을 동시에 침해받았다고 주장할 수 있다'고 하여 當事者適格을 인정하였다.

한편, 재판관 2인(조승형, 고중석)은 국회의원의 당사자적격에 관한 언급이 없이, '청구인들이 분쟁을 스스로 해결하는 방법이 있음에도 불구하고 그 동의안에 대한 의결절차를 거치지 아니하고 미리 헌법재판소에 권한쟁의심판을 청구한 것이므로 청구인들은 이 사건 심판청구들 모두에 관하여 權利保護利益이 없다'는 이유로 심판청구를 각하하였고, 반면에 이영모 재판관은 본안판단을 함으로써 청구인의 당사자적격을 인정하였다는 것은 알 수 있으나 그 이유는 밝히지 않았으며, 다른 재판관 2인(정경식, 신창언)은 헌재 1997. 7. 16. 96헌라2 결정의 소수의견에서 이미 밝힌 바 있는 '국회의원은 권한쟁의심판의 당사자가 될 수 없다'는 견해를 고수하여 국회의원의 當事者能力을 부인함으로써 이 사건 심판청구를 각하하였다. 이로써 5인 재판관의 각하의견에 따라 이 사건 심판청구는 각하되었다.

나. 제3자 소송담당을 의회 소수당에게만 인정해야 한다는 견해의 문제점

국가기관간의 권한쟁의심판에서 제3자 소송담당을 소수당에 한하여 제한적으로 인정하려는 견해의 타당성에 관하여 우선 살펴보기로 한다. 오늘날의 의회민주주의에서 권력의 통제 및 견제의 구조가 여당과 야당의 대립구도로 변화함에 따라, 정부에 대하여

---

16) 당사자적격이란 '구체적' 권한쟁의심판사건에서 청구인과 피청구인이 될 수 있는 자격, 즉 당사자로서 소송을 수행하고 본안판단을 받을 수 있는 자격을 말한다. '헌법과 법률에 의하여 부여받은 권한'을 가진 자만이 그 권한의 침해를 주장하여 권한쟁의심판을 청구할 수 있는 청구인적격을 가지고 있다.

의회의 통제기능을 수행하고 의회의 고유권한을 지키는 것은 야당교섭단체의 역할이 되었다. 국회의 부분기관으로 하여금 국회의 권한침해를 주장하게 하는 '제3자 소송담당'의 목적은 바로 야당이 이러한 중요한 기능을 이행하도록 하기 위한 것이다. 그런데 의원내각제의 경우 야당과 소수당이 일치하므로, 제3자 소송담당은 일반적으로 소수의 보호를 위한 제도로서 인식되고 있다. 그러나 야당과 소수당이 반드시 일치하지 않는 대통령제에서의 제3자 소송담당의 목적은 소수당의 보호에 제한되는 것이 아니라 '야당의 보호'에 있는 것이다.

헌법 제46조 제2항은 "국회의원은 국가이익을 우선하여 양심에 따라 직무를 행한다."고 규정함으로써, 국회의원이 특정 개인이나 단체의 위임 및 지시에 종속되지 않는다는 의미에서 국회의원직무의 자유위임 또는 무기속위임을 표현하고 있다. 현대 정당국가에서 국회의원은 동시에 '정당의 대표자'로서 소속당과 교섭단체의 결정에 사실상 구속되고 자신의 표결행위에 있어서 큰 영향을 받는다는 정치현실에도 불구하고, '자유위임'을 그 특징으로 하는 국회의원의 헌법적 지위는 다수당이 꼭 그가 바라는 방향으로 국회의 의결을 관철한다는 것을 보장하지는 않는다. 다수당의 교섭단체가 소속 국회의원의 離脫票로 인하여 국회의 의결을 관철하지 못할 가능성은 항상 잠재적으로 존재하는 것이므로, 이러한 경우를 고려한다면 다수당에게는 국회의 의결을 관철할 수 있는 원칙적인 가능성이 있다는 단지 그 이유로 제3자 소송담당을 인정하지 않는 것은 불합리하다. 다수당임에도 불구하고 표의 이탈로 인하여 국회의 의결을 거칠 수 없는 경우, 다수당은 단지 명목상으로만 다수당일 뿐 그 실질에 있어서는 '소수당'과 마찬가지이다. 따라서 제3자 소송담당을 인정함에 있어서 다수당과 소수당을 구분하여 달리 취급해야 할 합리적 이유가 없다.

다. 국회의 동의권과 국회의원의 표결권을 동일시할 수 있는지 여부

다음으로는, 재판관 3인의 견해와 같이 국회의 동의권과 국회의원의 표결권을 동일시함으로써 제3자 소송담당 제도의 필요성을 우회할 수 있는지의 문제가 제기된다. 국회는 별도의 규정이 없는 한 헌법 제49조에 따라 재적의원 과반수의 출석과 출석의원 과반수의 찬성으로 의결함으로써 동의권을 행사한다. 물론 국회의 동의권은 개별국회의원의 표결이란 과정을 거쳐 행사되기는 하지만, '동의권'과 '표결권'은 각 국회와 국회의원이란 서로 다른 주체에 귀속된 권한으로서 구분되어야 한다.

국회의원의 표결권행사는 국회의 의사를 형성하기 위한 '국회 내부의 행위'로서 각 국회의원에게 단지 표결권행사의 가능성이 부여됨으로써 충족된다. 반면에, 국회의 동의권행사는 '타 국가기관에 대한 국회의 의사표시'로서 '재적의원 과반수 이상의 표결권의 행사'와 '출석의원 과반수의 찬성'이라는 2가지 요소로 이루어진다. 국회의원의 표결권이 '국회 내에서 개별국회의원의 표결행위' 그 자체를 보호하고자 하는 것이라면, 국회의 동의권은 합의체인 '국회의 의결 결과' 그 자체를 보호하고자 하는 것으로서, 국회의 의결을 통하여 비로소 타 국가기관과의 관계에서 법적 효과가 발생한다. 따라서 국회의원의 표결권은 국회의 對內的 관계에서만 행사되고 침해될 수 있을 뿐, 다른 국가기관과의 對外的 관계에서 침해될 수 있는 성질의 것이 아니다. 이러한 이유에서 '국회의 권한'과 '국회의원의 권한'은 동일시될 수 없기 때문에, 제3자 소송담당을 인정하는 것은 불가피하다.

특히 이 사건에 있어서 국회의 동의권과 국회의원의 표결권을 동일시하는 것의 문제점은 명백해 진다. 국회 내부의 사정으로 인하여 임명동의안에 대한 표결이 끝까지 진행되지 못한 이 사건의 경우, 대통령이 국회의원의 표결권행사를 방해하거나 불가능하게 한 것이 아니므로, 대통령의 임명행위로 인하여 국회의원의 표결권이 침해될 가능성은 전혀 없다.[17]

Ⅳ. 국가기관 상호간의 권한쟁의심판에서 決定主文의 형태

1. 헌재 1997. 7. 16. 96헌라2 결정에서 심판청구의 내용

헌법재판소는 헌재 1997. 7. 16. 96헌라2 결정(법률안 변칙처리 사건)에서 청구인의 심판청구를 '청구인 권한의 침해확인청구'와 '피청구인 행위의 위헌확인청구'에 대한 판단으로 나누어 심사하였다. 여기서 주목을 끄는 것은 두 번째 심판청구인 '위헌확인청구'와 관련하여 재판관 3인(김용준, 김문희, 이영모)은 위 심판청구를 피청구인 행위에 대한 무효확인청구로 해석하여 판단한 반면, 다른 재판관 3인(이재화, 조승형, 고중석)은 이를 단순히 위헌확인을 구하는 것으로 보고 판단한 것이다. 이에 따라 결국 '위헌확인청구'에 관한 부분에서 재판관 각 3인이 서로 다른 심판청구에 대하여 판단을 하는 결과를 가져왔다.

아래에서는 우선 심판청구를 '청구인 권한의 침해확인청구'와 '피청구인 행위의 위헌확인청구'로 나누어 판단하는 것이 적절하고 타당한 것인지의 문제와 헌법재판소가 국회의원의 헌법상 권한인 법률안 심의·표결권이 침해되었다고 확인한 이상 헌법재판소법 제66조 제2항에 의하여 법률안 가결선포행위를 무효로 확인해야 하고 더 나아가 제정된 법률도 무효로 선언해야 하는지의 문제에 관하여 살펴보기로 한다.[18]

---

17) 헌재 1998. 7. 14. 98헌라1, 판례집 10-2, 1, 2(재판관 김용준의 의견) 참조.

18) 법률안 가결선포행위 및 법률에 대하여 무효를 선언했어야 한다는 견해로는 이석연, 국회의 입법과정에 대한 헌법적 통제의 당위성 下, 법률신문 1998. 1. 22., 13면.

2. 청구인 권한의 침해 및 피청구인 행위의 위헌 · 위법성의 확인

가. 결정주문의 형태

권한쟁의심판은 '피청구인이 자신의 권한범위를 넘어 권한을 위헌 · 위법적으로 행사함으로써 청구인의 권한을 침해했는지 여부'에 관한 다툼이므로, 헌법재판소는 결정주문을 통하여 그 여부를 밝히게 된다. 헌법재판소법 제66조는 제1항에서 "헌법재판소는 심판의 대상이 된 국가기관 또는 지방자치단체의 권한의 존부 또는 범위에 관하여 판단한다."고 하고, 제2항에서 "제1항의 경우 피청구기관의 처분 또는 부작위가 이미 청구인의 권한을 침해한 때에는 이를 취소하거나 그 무효를 확인할 수 있다."고 규정하고 있다.

헌법재판소법 제66조 제1항의 '권한의 존부 또는 범위에 관한 판단'은 '권한의 존부'에 관한 판단과 '권한의 범위'에 관한 판단으로 나누어 볼 수 있는데, '권한의 존부'의 문제는 침해되었다고 주장하는 권한이 청구인에게 귀속되는지 여부에 관한 판단이며, '권한의 범위'에 관한 문제는 '피청구인이 헌법이나 법률에 위반되어 자신의 권한범위를 넘어서 권한을 행사함으로써 청구인의 권한을 침해하였는지 여부'에 관한 판단이다. 그러므로 법 제66조 제1항에 따른 결정주문은, "청구인은 헌법 또는 법률에 의하여 부여받은 … 한 권한이 있다" 및 "청구인의 이러한 권한이 피청구인의 행위로 인하여 침해되었다."는 2가지 요소를 결합한 내용을 담은 형태로, 즉 "피청구인의 처분 또는 부작위가 헌법 또는 법률의 특정규정에 의하여 부여받은 청구인의 권한을 침해하였다 또는 침해하지 않았다."의 형태로 나타난다.

기각결정의 경우, 법 제66조 제1항의 법문에 충실하기 위해서나 주문의 명확성의 관점에서나 단순히 "이 사건 심판청구는 기각한다."는 주문형태보다는 "피청구인의 처분 또는 부작위가 헌법 또는 법률의 특정규정에 의하여 부여받은 청구인의 권한을 침해하지 않았다."로 명확히 표현하는 것이 보다 바람직하다.

나. 이중적 의미의 확인결정

피청구인의 행위가 헌법이나 법률에 위반된 경우에 비로소 그로 인하여 청구인의 권한이 침해될 수 있기 때문에, 헌법재판소법 제66조 제1항에 의한 이러한 결정주문은 피청구인의 행위가 청구인의 권한을 침해했다는 확인과 함께 피청구인의 행위가 헌법이나 법률에 위반된다는 것을 그 전제로서 확인하는 '이중적 의미의 확인결정'이다. 여기서 피청구인 행위의 위헌확인의 법적 근거는 헌법재판소법 제66조 제2항이 아니라 동조 제1항임을 유의해야 한다.[19]

---

19) 허영, 국회의원과 국회의장간의 권한쟁의, 판례월보 1997. 11., 14면, '헌법재판소법 제66조 제2항을 확대 해석해서 청구인의 권한을 침해한 피청구기관의 처분의 위헌을 확인'할 수 있다고 하여 위헌확인의 법적 근거

예를 들자면, 국회의 동의를 받지 아니하고 대통령이 국무총리를 임명한 경우 대통령의 임명행위는 헌법 제86조 제1항("국무총리는 국회의 동의를 얻어 대통령이 임명한다.")을 위반하였고, 이로써 위 헌법규정이 부여하는 국회의 동의권한이 침해되었다. 물론, 피청구인의 행위에 의하여 위반되는 법규범과 청구인에게 권한을 부여하는 법규범이 일치할 필요는 없다. 본질적인 것은 피청구인이 자신의 권한범위를 넘어서 권한을 행사함으로써 피청구인의 행위가 위헌·위법적이며, 이로 인하여 청구인의 권한이 침해되었다는 것이다. 따라서 피청구인의 행위가 청구인의 권한을 침해한다는 것을 명백하게 밝히는 주문은 당연히 그 내용에 있어서 피청구인의 행위가 위헌 또는 위법적이라는 것을 그 전제로서 확인하고 있다. 이러한 이유에서 피청구인 행위의 위헌성 또는 위법성만을 객관적으로 확인하는 주문인 "피청구인의 행위는 헌법 또는 법률에 위반된다."는 주문형식도 헌법재판소법 제66조 제1항에 의한 주문의 형태로서 고려될 수 있을 것이다.[20]

다. 헌재 1997. 7. 16. 96헌라2 결정(법률안 변칙처리 사건)의 문제점

이러한 관점에서 본다면, 헌법재판소가 헌재 1997. 7. 16. 96헌라2 결정(법률안 변칙처리 사건)의 본안판단 부분에서 청구인의 심판청구를 '권한침해확인청구'와 '위헌확인청구'로 나누어 판단한 것은, 동일한 사안을 '주관적 권한의 침해'와 '객관적 규범의 위반' 이란 형태로 구분하여 중복적·이중적으로 심사한 것으로 문제가 있다. 피청구인의 행위가 위헌적인지의 문제는 청구인의 권한침해를 확인하는 과정에서 함께 판단했어야 한다.[21] 일단 피청구인의 행위로 인하여 청구인의 권한이 침해되었다는 것을 확인한 이상, 나아가 피청구인의 행위가 법률위반을 넘어서 헌법위반인지 여부를 판단하는 것은 불필요하다. 설사 '주문2'에서 피청구인 행위의 위헌성을 부가적으로 확인한다 하더라도, 그 확인은 결정의 효력에 있어서 '주문1' 이상의 별도의 효력을 발휘하지 않는다. 피청구인은 그의 행위가 단지 법률위반인지 아니면 또한 헌법위반인지와 관계없이, 그의 행위로 인하여 청구인의 권한이 침해되었다는 확인만으로도 헌법재판소의 결정을 존중하여 법질서와 합치하는 상태를 스스로 회복할 의무를 부담 받게 된다.[22]

한편, 국회의원의 심의·표결권의 헌법적 근거는 국회의 관할과 구성을 규정하는 헌법 제40조("입법권은 국회에 속한다.")나 제41조 제1항("국회는 … 선출된 국회의원으로 구

를 제2항에서 찾고 있다.

20) 독일 연방헌법재판소법 제67조는 피청구인의 행위가 기본법의 규정에 위반되는지 여부를 확인한다고 규정하고 있고, 연방헌법재판소는 이에 근거하여 "연방정부는 … 함으로써, 기본법 제 … 조를 위반하였다."는 형식의 주문을 취하고 있다.

21) 여당의원만이 출석한 가운데 행해진 국회의장의 법률안 가결선포행위는 국회법규정뿐만 아니라, 국회의원 모두가 국회에서의 의사형성에 참여할 기회를 부여받는다는 것을 그 당연한 전제로 하는 헌법 제49조를 위반하였고, 이로써 회의에 참석하여 토론하고 표결할 국회의원의 법률안 심의·표결권(헌법 제46조)을 침해하였다.

22) 이에 관하여 자세하게 아래 Ⅲ. 3. 다. 참조.

성한다.")이 아니라, 국회의원의 법적 지위를 규정하는 헌법 제42조 내지 제46조, 특히 국회의원의 헌법적 지위를 일반적으로 규정하는 헌법 제46조 제2항(자유위임조항)에서 찾아야 한다.[23] 헌법 제46조 제2항이 국회의원의 개별적 권한을 구체적으로 언급하고 있지는 않지만, 동조는 국회의원의 헌법적 권한과 의무에 관한 일반규정으로서 국회의원의 발언・심의・표결권을 포함하는 것으로 해석해야 한다. 물론 헌법 제49조("국회는 … 재적의원 과반수의 출석과 출석의원 과반수의 찬성으로 의결한다.")를 심의・표결권의 헌법적 근거로 볼 여지도 있으나, 이 규정은 '다수결의 원칙'을 규정하는 국회의사형성에 관한 절차적 규정으로서 절차규정에서 실체적 권한을 이끌어 내는 것은 무리가 있다.

3. 처분의 취소나 무효확인

가. 재판부의 재량에 따른 결정주문

헌법재판소법 제66조 제2항은 권한의 존부 또는 범위에 대한 확인을 넘어서 피청구인의 처분을 취소 또는 무효확인할 수 있는 가능성을 규정하고 있으므로, 언제 헌법재판소법 제66조 제2항이 적용될 수 있는지의 문제가 제기된다.

'권한의 존부 및 범위'에 관하여는 헌법재판소법 제66조 제1항에 의하여 헌법재판소가 필요적으로 판단해야 하지만, 같은 조 제2항은 헌법재판소에게 재량을 부여하고 있으므로, 재판부의 재량에 따라 제2항에 의한 주문이 필요하다고 판단되면 제1항의 주문에 '부가적으로' 처분의 취소나 무효확인을 할 수 있다. 결정주문의 내용을 결정하는 핵심적인 규정은 제66조 제1항이고, 제2항의 주문형태를 결정주문에 포함시킬 것인지 여부는 헌법재판소의 재량에 달려 있다.

나. 국가기관 상호간의 권한쟁의심판에서 원칙적인 결정주문의 형태

'국가기관 상호간'의 권한쟁의심판에서, 헌법재판소는 원칙적으로 심판대상인 피청구인의 처분이 헌법이나 법률에 위반되는지 여부만을 확인할 뿐, 피청구인 행위의 취소나 무효확인과 같은 형성적 결정을 내릴 수 없다.[24] 헌법재판소가 헌법재판소법 제66조 제1항에 의한 위헌확인에 그쳐야만 하는 이유는, 첫째, 그의 결정을 통하여 권한쟁의 당사자 사이의 관계에 직접 형성적으로 관여하지 않음으로써 피청구인의 정치적 형성권을 존중하려는 데 있고, 둘째, 헌법재판소에 의하여 확인된 위헌적인 상태를 제거함에 있어서 피청구인인 헌법기관에게 여러 가지의 형성가능성이 존재하는 경우에는 헌법재판

23) 독일의 연방헌법재판소는 국회의원의 발언・심의・표결권을 국회의원의 헌법적 지위를 규정한 기본법 제38조 제1항 제2문("국회의원은 국민의 대표자로서 위임이나 지시를 받지 아니하고 단지 양심에 따라 직무를 행한다.")에서 도출하고 있다, vgl. BVerfGE 10, 4, 12; 60, 374, 379f.

24) 독일의 연방헌법재판소도 피청구인 처분의 효력이나 존속여부에 관하여는 판단할 수 없다는 것을 강조하고 있다, vgl. BVerfGE 1, 37; 20, 129; 24, 351.

소의 취소 또는 무효확인의 결정과 같은 피청구인 처분의 효력에 관한 결정을 통해서는 합헌적인 상태를 궁극적으로 회복할 수 없다는 데 있다.[25]

국가기관 상호간의 권한쟁의심판에 있어서 헌법재판소는 '사법적 기능을 담당하는 국가기관'으로서 '형성적 기능을 담당하는 정치권력'과의 권한배분의 문제를 고려하여 원칙적으로 청구인 권한의 존부와 범위에 관한 판단에 그쳐야 한다. 만일 헌법재판소가 이러한 판단을 넘어서 피청구인 처분의 효력에 관한 결정을 한다면, 스스로 독자적인 정치적 형성행위를 함으로써 정치권력의 형성권을 침해할 위험이 있다.[26] 또한 국가기관 상호간의 권한쟁의심판에서 피청구인에게 위헌적인 상태를 제거함에 있어서 여러 가지의 가능성이 존재한다면, 피청구인의 정치적 형성권을 존중하여 헌법재판소는 피청구인의 행위가 청구인의 권한을 침해했다는 확인만을 하여야 한다.

다. 취소결정이나 무효확인결정의 헌법적 문제점

국회의장의 법률안 가결선포행위가 국회의원의 권한을 침해하였는지 여부가 문제된 헌재 1997. 7. 16. 96헌라2 결정(법률안 변칙처리 사건)에서 '법률제정절차'의 하자에 의하여 청구인인 국회의원의 권한이 침해당했다면, 국회는 헌법재판소의 법적 견해를 존중하여 스스로 합헌적 상태를 회복해야 한다. 국회가 헌법재판소의 결정 취지를 존중하여 스스로 그를 집행하는 방법으로는 입법절차의 하자를 사후적으로 치유하는 방법을 비롯하여 여러 가지 가능성이 있을 수 있다. 나아가, 국회가 입법절차의 하자를 치유한 결과로서도, 동일한 내용의 법률을 다시 의결하거나 또는 동일한 내용의 법률을 부결하거나 아니면 새로운 내용의 법률을 제정하는 등 다양한 효과가 발생할 수 있다. 그러나 이러한 경우 헌법재판소가 피청구인의 처분에 대한 위헌확인을 넘어서 취소나 무효확인을 한다면, 이는 법률에 대해서도 무효선언을 하는 결과를 초래할 수 있다. 이로써, 헌법재판소는 자신의 결정을 통하여 국회의 고유권한인 입법형성권을 침해하여 스스로 정치적 형성행위를 하는 것이며, 나아가 합헌적 상태를 궁극적으로 회복할 수도 없다.

위와 같이 법률제정절차의 하자에 의하여 청구인의 권한이 침해된 경우, 심판대상인 피청구인의 처분은 일련의 '법률제정행위의 한 부분행위'인 것이지 법률제정행위의 결과인 '법률' 그 자체는 아니다.[27] 따라서 이러한 경우, 권한쟁의심판에서 법률의 효력에 대한 결정은, 그것이 피청구인 처분에 대한 취소나 무효확인이란 간접적인 형태로 이루

25) Vgl. Schlaich, Verfassungsprozessuale Auswirkungen des materiellen Verfassungsrechts, in: FS für Bachof, 1984, S.337ff.

26) Vgl. Lorenz, Der Organstreit vor dem Bundesverfassungsgericht, in: Bundesverfassungsgericht und Grundgesetz, Bd. I, 1976 S.258f.; Löwer, Zuständigkeiten und Verfahren des Bundesverfassungsgerichts, in: HbStR, Bd.II, 1987, §56, S.749f.; Schlaich, Das BVerfG, 1994, Rn.78; Stern, in: Bonner Kommentar, Art.93, Rn.183.

27) Vgl. Schlaich, Das BVerfG, 1994, Rn.85, 89; Stern in: Bonner Kommentar, Art.93, Rn.174.

어지든지 아니면 직접 법률에 대한 무효선언의 형태로 이루어지든지 간에, 심판청구의 범위를 넘어서는 것이며, 국가기관 상호간의 분쟁의 해결을 그 목적으로 하는 권한쟁의 심판의 본질을 망각하여 규범통제절차로 변형시키는 것이다.[28) 헌법재판소법 제23조에서 규범통제절차와 권한쟁의심판의 심판정족수를 각 '재판관 6인 이상의 찬성'과 '관여재판관 과반수의 찬성'으로 서로 다르게 규정한 것도 권한쟁의심판의 대상이 '국가기관의 행위'이지 그 결과물인 '법률'이 아니라는 것을 반영하고 있는 것이다.

헌법재판소는 국가기관 상호간의 권한쟁의심판에서 원칙적으로 국가기관의 처분이나 부작위가 헌법 또는 법률에 위반되는지 여부만을 밝혀서 분쟁의 당사자인 국가기관으로 하여금 헌법재판소의 결정에 따라 스스로 합헌적인 상태를 구현하도록 함으로써 손상된 헌법상 권력분립질서, 궁극적으로 국가의 정치적 의사형성과정의 원활한 기능을 다시 회복하는데 그쳐야지, 이를 넘어서 취소나 무효확인의 형태로 처분의 효력에 관한 결정을 함으로써 국가의 정치적 과정에 형성적·적극적으로 개입하여 의도하지 않은 법적 혼란을 초래해서는 안 된다.[29)]

결론적으로, 헌법재판소법 제66조 제1항에 의한 헌법재판소의 위헌확인은 심판의 대상이 된 피청구인 행위의 법적 효력과 존속에는 아무런 영향을 미치지 않는다. 따라서 위 '법률안 변칙처리 사건'에서 국회의장의 가결선포행위에 대하여 위헌확인을 하였더라도, 국회의장의 행위 또는 법률의 무효로 이어지는 것이 아니므로, 법률의 효력에는 아무런 영향을 미치지 아니한다.[30)] 이는 규범통제절차와의 근본적인 차이이다. 그러나 헌법재판소법 제66조 제1항에 의한 위헌확인은 아무런 법적 효과가 없는 단순히 선언적 확인을 뜻하는 것은 아니다. 심판청구를 인용하는 위헌확인결정은 헌법재판소법 제67조 제1항에 의하여 피청구인을 비롯하여 모든 국가기관을 구속하므로, 피청구인은 헌법재

---

28) 청구인의 권한침해는 법률의 무효로 이어져야 한다는 견해는 이러한 관점을 간과하고 있다, 예컨대 이석연, 국회의 입법과정에 대한 헌법적 통제의 당위성 下, 법률신문 1998. 1. 22., 13면.

29) 마찬가지로 헌재 1998. 7. 14. 98헌라1 결정(국무총리서리 사건)에서 청구인은 총리서리임명과 관련하여 '총리서리가 국무총리의 권한을 행사하다가 총리서리의 임명행위가 무효로 판명될 경우 총리서리가 수행해 왔던 모든 행위가 무효가 되어 국정의 대혼란을 초래할 우려가 있다'고 주장하나, 이미 위에서 자세히 밝힌 바와 같이 헌법재판소는 국가기관간의 권한쟁의심판에서 국가기관의 처분이 헌법에 위반된다는 확인에만 그칠 뿐 그 처분의 효력에 관한 결정을 하지 않는 것이 원칙이므로, 청구인이 우려하는 국정의 혼란은 발생하지 않는다. 총리서리의 임명행위가 위헌이라고 하여 총리서리가 행한 권한행사가 무효인 것은 아니며, 임명행위에 대한 위헌확인은 서리의 총리권한행사의 효력에 대하여 아무런 영향을 미치지 않는다. 권한쟁의심판의 본질이 분쟁의 해결을 통하여 법적 평화의 회복에 기여하려는 것임을 고려한다면, 국가기관간의 권한쟁의에서 헌법재판소가 법적 혼란을 가져 올 수 있는 무효확인이나 취소의 결정을 피하고 단지 위헌확인에 그침으로써 스스로 자제해야 할 필요성은 더욱 크다.

30) 한편, 헌재 1997. 7. 16. 96헌라2, 판례집 9-2, 154, 172, 재판관 김용준, 김문희, 이영모의 견해는 '법률안의 가결선포행위를 무효로 한다면 이는 곧 그 법률의 소급적 무효로 직결되어 국법질서의 안정에 큰 위배를 초래하게 된다'는 그 자체로서 타당한 전제에도 불구하고, "청구인들은 이 사건에서 권한침해여부에 대한 확인을 구함에 그치지 않고 나아가 피청구인의 이 사건 법률안 가결선포행위에 대한 위헌확인까지 구하고 있는바, … 이 부분 확인청구는 … 헌법재판소법 제66조 제2항의 무효확인청구로 받아들여 판단함이 상당하다." 고 판단함으로써 헌법재판소에 의한 위헌확인은 곧 무효확인을 의미한다는 잘못된 관점에서 출발하고 있다.

판소의 결정을 존중하여 스스로 이를 집행해야 할 의무를 진다. 헌법재판소의 권한침해 확인결정은 위헌적인 상태를 관용하려는 것이 아니라 헌법기관인 피청구인의 정치적 형성권을 존중하여 단지 헌법과 합치하는 상태를 스스로 실현하도록 그 '방법'만을 피청구인에게 위임할 뿐이다.[31)]

라. 취소나 무효확인의 결정이 헌법적으로 정당화되는 경우

(1) 헌법재판소법 제61조 제2항의 '처분'과 제66조 제2항의 '처분'의 차이

헌법재판소법 제61조 제2항에서 언급하는 '처분'은 '부작위'와 함께 청구인의 권한을 침해할 가능성이 있는 '국가기관의 모든 행위'를 의미하는 것이다. 따라서 여기서의 '처분'은 행정청의 행정행위나 행정처분에 해당하는 개념이 아니라, 모든 법규범의 제정행위, 행정행위, 사실행위를 포함하는 포괄적인 개념으로서 부작위에 대립되는 개념인 '작위'나 '적극적인 행위'를 의미한다. 반면에, 헌법재판소법 제66조 제2항은 청구인의 권한을 침해한 경우에 피청구인 행위에 대하여 발생해야 할 법률효과로서 '취소나 무효확인'을 언급하고 있으므로,[32)] 여기서의 '처분'은 취소소송이나 무효확인소송의 대상이 되는 행정행위로 좁게 보아야 할 것이다. 또한, 법률이 청구인의 권한을 침해하는 경우에는 일반적으로 법률에 대한 '취소나 무효확인'이라는 표현을 사용하지 아니하고 법률에 대한 '무효선언이나 위헌선언'이라는 용어를 사용한다는 점 등을 고려한다면, 위 규정은 피청구인 행위의 결과가 법규범이 아니라 행정처분인 경우에만 적용되는 규정으로 보아야 한다.

한편, 헌법재판소법 제66조 제2항에서 취소나 무효확인의 대상은 오로지 처분인 것이지 부작위일 수 없다. 그러므로 위 조항에서 피청구인의 행위로서 '부작위'를 언급한다면, 부작위가 청구인의 권한을 침해한 경우에 발생해야 할 법률효과인 '부작위에 대한 위헌확인'의 언급이 있어야 하는데, 이에 관한 언급이 없다. 설사 위 조항을 부작위에 대하여 위헌확인을 할 수 있는 것으로 확대 해석한다 하더라도, 부작위의 위헌확인은 이미 헌법재판소법 제66조 제1항에 의한 결정주문에 충분히 포함될 수 있으므로, 위 규정에서 '부작위'를 언급한 것은 입법자의 착오인 것으로 판단된다.

(2) 정치적 헌법기관의 형성권이 침해될 우려가 없는 경우

국가기관 상호간의 권한쟁의심판의 경우에는 헌법재판소가 정치적 형성의 주체인 헌법기관의 형성권을 존중하여 헌법재판소법 제66조 제1항에 따라 '권한침해확인'에 그칠 것이 헌법적으로 요청된다. 따라서 헌법재판소법 제66조 제2항은 헌법재판소의 취소나

---

31) 같은 취지로 허영, 국회의원과 국회의장간의 권한쟁의, 판례월보 1997. 11., 14, 15면 참조.

32) 헌법재판소법 제66조 제2항의 法文은 다음과 같다. "제1항의 경우 피청구기관의 처분 또는 부작위가 이미 청구인의 권한을 침해한 때에는 이를 취소하거나 그 무효를 확인할 수 있다."

무효확인의 결정에 의하여 정치적 헌법기관의 형성권이 침해될 우려가 없는 경우에 한하여 적용된다.

그러므로 헌법 제111조 제1항 제4호 및 헌법재판소법 제62조(권한쟁의심판의 종류)에 규정된 권한쟁의심판의 3가지 유형 중에서, 국가의 정치의사형성이 문제되지 않는 심판유형인 '국가기관과 지방자치단체 간의 권한쟁의심판' 및 '지방자치단체 상호간의 권한쟁의심판'에 한하여 헌법재판소법 제66조 제2항이 적용되어야 한다. 예컨대, 중앙정부가 자신의 관할범위를 넘어서 지방자치단체의 관할에 속하는 행정처분을 대신 행한 경우와 같이, 행정처분적 성격을 가지는 피청구인의 행위가 권한쟁의심판의 대상이 되는 경우에 비로소 적용의 여지가 있다. 헌법재판소법 제67조 제2항의 法文("국가기관 또는 지방자치단체의 처분을 취소하는 결정은 그 처분의 상대방에 대하여 이미 생긴 효력에 영향을 미치지 아니한다.")도 이러한 해석의 타당성을 뒷받침 해주고 있다.

V. 맺는말

1. 실질적인 권력분립이 의회의 여당과 야당 또는 다수당과 소수당의 대립을 통하여 실현되는 오늘날의 변화한 권력분립구조에서, 국회와 정부 간의 권한쟁의심판이 현실적으로 가능하기 위해서는 '국회의 부분기관'이 국회를 대신하여 침해된 국회의 권한을 주장하고 관철할 수 있는 가능성이 절차법적으로 제공되어야 한다. 국회의 권한이 곧 개별 국회의원이나 교섭단체의 권한은 아니므로, 국회의 부분기관이 국회를 대신하여 국회의 권한침해를 주장할 수 있는 소송법적 가능성인 '제3자 소송담당'을 인정하는 것이 불가피하다.

오늘날의 변화한 정당국가적 권력분립구조 및 권한쟁의심판의 헌법적 목적과 본질을 고려한다면, 비록 실정법상 명문의 규정은 없더라도, 국가기관 상호간의 권한쟁의심판이 현실적으로 기능하기 위한 최소한의 전제조건으로서 헌법재판소법 제61조 제2항의 '청구인'을 '청구인 또는 그가 속한 기관'으로 합헌적으로 해석함으로써 국가기관의 '부분기관'에게도 당사자적격을 인정해야 한다.

2. 권한쟁의심판에서 결정주문은 헌법재판소법 제66조에 의하여 '권한의 존부 또는 범위'에 관한 판단(제1항)과 피청구인 처분의 취소 또는 무효확인(제2항)의 2단계로 이루어진다. 같은 조 제1항에 의한 주문은 '피청구인의 행위가 청구인의 권한을 침해했는지 여부'를 확인하는 형태를 취하게 되는데, 피청구인의 행위가 헌법이나 법률에 위반된 경우에 비로소 그로 인하여 청구인의 권한이 침해될 수 있기 때문에, 이러한 결정주문은 피청구인의 행위가 청구인의 권한을 침해했다는 확인과 함께 피청구인의 행위가

헌법이나 법률에 위반된다는 것을 그 전제로서 확인하는 '이중적 의미의 확인결정'이다. '권한의 존부 또는 범위'에 관하여는 헌법재판소법 제66조 제1항에 의하여 헌법재판소가 필요적으로 판단해야 하지만, 같은 조 제2항에 근거한 처분의 취소나 무효확인은 재판부의 재량에 따라 필요하다고 판단되는 경우 제1항의 주문에 '부가적으로' 선고할 수 있다.

국가기관 상호간의 권한쟁의심판에서 헌법재판소는 원칙적으로 심판대상인 '피청구인의 처분이 헌법이나 법률에 위반되는지 여부'만을 확인하는데 그쳐야지, 이를 넘어서 피청구인의 행위의 취소나 무효확인과 같은 형성적 결정을 통하여 그 처분의 효력에 관한 결정을 함으로써 국가의 정치적 과정에 형성적·적극적으로 개입하여 의도하지 않은 법적 혼란을 초래해서는 안 된다. 따라서 헌법재판소법 제66조 제2항은 원칙적으로 헌법재판소의 취소나 무효확인의 결정에 의하여 정치적 헌법기관의 형성권이 침해될 우려가 없는 경우, 즉 '국가기관과 지방자치단체 간의 권한쟁의심판'이나 '지방자치단체 상호간의 권한쟁의심판'에 한하여 적용된다.

참고문헌

이석연, 국회의 입법과정에 대한 헌법적 통제의 당위성 下, 법률신문 1998. 1. 22.

정태호, 국가기관 상호간의 권한쟁의심판과 정당, 정당과 헌법질서(계희열박사 화갑기념논문집), 1995

최갑선, 독일과 한국에서의 권한쟁의심판절차, 헌법논총 제7집, 1996

허 영, 국회의원과 국회의장간의 권한쟁의, 판례월보 1997. 11.

Benda/Klein, Lehrbuch des Verfassungsprozeßrechts, 1991

Löwer, Zuständigkeiten und Verfahren des Bundesverfassungsgerichts, in: Isensee/Kirchhof(Hg), Handbuch des Staatsrechts (HbStR), Bd.Ⅱ, 1987, §56

D. Lorenz, Der Organstreit vor dem Bundesverfassungsgericht, in: Starck(Hg), Bundesverfassungsgericht und Grundgesetz, Bd. I, 1976

C. Pestalozza, Verfassungsprozeßrecht, 3. Aufl., 1991

Schlaich, Verfassungsprozessuale Auswirkungen des materiellen Verfassungsrechts, in: Püttner(Hg), Festschrift für Bachof, 1984

______, Das Bundesverfassungsgericht (BVerfG), 1994

Stern, in: Bonner Kommentar (BK), Art.93

Umbach/Clemens(Hg), Bundesverfassungsgerichtsgesetz (BVerfGG) Mitarbeiterkommentar, 1992, §§63, 64

제2주제

국가기관간의 권한쟁의에 관한 최근 헌법재판소결정의 주요 문제점*

Ⅰ. 문제의 제기

2000년대 들어서 헌법재판소에 빈번하게 권한쟁의심판이 청구됨에 따라, 권한쟁의심판은 헌법소원심판과 위헌법률심판에 이어서 제3의 중요한 헌법재판절차로서 자리 잡게 되었다. 헌법재판소가 2000년 이후 선고한 '국가기관 상호간의 권한쟁의'에 관한 결정들을 살펴보면, 그 판시내용은 다음과 같은 다양한 문제를 제기하고 있다.

첫째, 헌법재판소는 일부 결정에서 '권한쟁의심판은 개인의 주관적 권리구제를 목적으로 삼는 것이 아니라 헌법적 가치질서를 보호하는 객관적 기능을 수행하는 것이다'라고 하면서, 일부 결정에서는 '권한쟁의심판도 헌법소원심판과 마찬가지로 주관적 권리구제뿐만 아니라 객관적인 헌법질서보장기능도 겸하고 있다'고 판시함으로써, 헌법재판소가 '권한쟁의심판의 법적 성격'을 어떻게 이해하고 있는지에 관하여 혼란스런 모습을 보이고 있다. '권한쟁의심판의 법적 성격'을 일차적으로 객관소송 또는 주관소송으로 이해하는지에 따라 심판청구 취하의 효력이나 권리보호이익의 요건을 판단하는 관점이 달라질 수 있으므로, 이를 확인하는 것은 중요한 의미를 가진다. 특히 권한쟁의심판의 법적 성격과 밀접한 연관관계에 있는 것이 권리보호이익의 문제이다. 적법요건의 판단에서 권리보호이익을 별도로 판단해야 하는지, 어떠한 연관관계에서 권리보호이익의 문제가 제기되는지에 관한 검토가 필요하다(아래 Ⅱ.).

* 위 논문은 2011년 9월, 중앙법학(중앙법학회) 제13집 제3호, 7-53면에 게재된 것을 일부 수정한 것이다.

둘째, 헌법재판소는 1998년 국무총리서리 사건(헌재 1998. 7. 14. 98헌라1) 및 2007년 쌀협상 사건(헌재 2007. 7. 26. 2005헌라8)에서 국회의원이 국회의 권한침해를 주장하여 심판을 청구할 수 있는 가능성인 '제3자 소송담당'을 부인하고 있다. 이와 관련하여, 권한쟁의심판에 민사소송법상의 법리를 그대로 적용해야 하기 때문에 명시적인 법률규정이 없이는 제3자 소송담당을 인정할 수 없는 것인지, 아니면 헌법재판으로서 권한쟁의심판의 특수성을 고려하여 청구인적격에 관한 헌법재판소법규정(제61조 제2항)을 합헌적으로 해석함으로써 제3자 소송담당을 허용할 수 있는 것인지의 문제가 규명되어야 한다(아래 Ⅲ.).

셋째, 근래에 들어서는 '입법절차의 하자'가 아니라 '법률의 내용'에 의하여 청구인의 권한이 침해되었다는 주장으로 헌법재판소에 권한쟁의심판이 청구되었는데, 이러한 경우 '법률 그 자체'도 권한쟁의심판의 대상이 될 수 있는지, 헌법재판소가 권한쟁의심판에서 법률의 위헌성을 확인하는 경우 어떠한 형태의 결정주문을 채택해야 하고 인용결정의 효력은 무엇인지의 문제가 제기된다. 헌법재판소법이 법률의 위헌결정을 위한 심판정족수와 권한쟁의심판의 인용결정을 위한 심판정족수를 달리 규정하고 있다는 점에서, 법률의 위헌성확인에 대한 상이한 심판정족수가 어떻게 조화를 이룰 수 있는지의 문제가 검토되어야 한다(아래 Ⅳ.).

넷째, '헌법재판소가 권한쟁의심판에서 어떠한 내용의 결정을 선고할 수 있고 그 결정의 효력은 무엇인지'에 관한 문제는 권한쟁의심판과 관련하여 제기되는 본질적인 문제에 속한다. 헌법재판소는 국회의원과 국회의장간의 권한쟁의가 문제된 최근 일련의 사건[헌재 2009. 10. 29. 2009헌라8(제1차 미디어법 사건); 헌재 2010. 12. 28. 2008헌라7(FTA 사건)]에서 피청구인의 행위(국회의장의 법률안 가결선포행위, 국회 상임위원회 위원장의 안건상정행위 등)가 청구인인 국회의원의 권한(법률안 심의·표결권)을 침해하였다는 것을 확인하였으나 피청구인 행위의 무효확인을 구하는 심판청구는 기각하였는데, 여기서 헌법재판소가 언제 처분의 취소나 무효확인에 관한 결정을 할 수 있는지, 권한침해를 확인하는 결정을 하는 경우 그 기속력의 내용은 무엇인지의 문제가 제기된다(아래 V.).

Ⅱ. 권한쟁의심판의 법적 성격

1. 권한쟁의심판의 의미와 목적

가. 객관적 헌법의 수호와 유지

권한쟁의심판은 국가기관 사이나 국가기관과 지방자치단체 또는 자방자치단체 사이에 권한에 관한 분쟁이 발생한 경우 이를 해결함으로써 국가기능의 원활한 수행을 도모하고 국가권력 간의 균형을 유지하여 헌법질서를 수호·유지하고자 하는 제도이다.[1] 국가권력을 각 국가기관에게 그의 기능에 합당하게 분배하여 귀속시키는 헌법상의 권력분립질서는 국가권력을 상호 제한하고 통제하는 기능을 하는 동시에, 또한 각 기관이 서로 각자에게 귀속된 기능을 이행함으로써 국가의 행위능력을 보장하고 일원적인 국가의사의 형성을 가능하게 한다.[2] 권한쟁의심판이란 헌법의 유지와 발전, 특히 헌법상의 권력분립질서를 유지하기 위한 헌법재판이라 할 수 있다. 권한에 관한 분쟁을 사법적 심사의 대상으로 한 것의 주된 목적은 권한을 침해당한 분쟁당사자의 보호가 아니라 헌법상의 권한배분질서의 유지와 정치적 의사형성과정의 기능보호에 있으며, 궁극적으로는 국가의 의사결정체제 및 헌법적 질서를 보장하는 데 있다.

한편, 권한쟁의심판에 있어서 분쟁당사자들은 청구인과 피청구인의 관계로 상호 대립적 쟁송절차를 형성하고 서로 대치한다. 헌법상의 권력분립질서는 각 분쟁당사자로 하여금 자신의 권한을 스스로 방어하도록 함으로써 가장 잘 유지될 수 있기 때문에, 헌법재판소법은 권한쟁의심판을 청구인과 피청구인간의 대립적 쟁송절차로 형성하고 있는 것이다.[3] 즉, 국가기관 사이의 법적 관계의 主觀化는 국가기관에게 자신의 권한을 방어할 수 있는 가능성을 부여함으로써 헌법상 권한배분질서의 유지에 기여하는 것이다. 따라서 피청구인의 행위에 의하여 자신의 권한을 침해당한 '청구인의 보호'라는 주관적 목적은 궁극적인 목적이 아니라 '헌법질서의 유지'라는 객관적 목적을 실현하기 위한 하나의 부수적 효과이며, 청구인의 권한은 단지 객관적인 권한배분질서를 유지하기 위한 하나의 수단으로서 주관적인 보호를 받는 것이다.[4]

따라서 권한쟁의심판이 상이한 법주체간에서 발생하는 주관적 권리의 보호에 관한 것이 아니라는 점에서, 권한쟁의심판의 목적을 분쟁당사자의 보호라는 '주관적 목적'으로 이해하는 것은 권한쟁의의 구조와 본질을 오해하는 것이다. 여기서 분쟁당사자는 국가기관이나 그의 부분기관 또는 지방자치단체이다. 이들은 원래의 의미에서 주관적 권리의 주체가 아니다. 국가기관이나 지방자치단체에게는 단지 '관할이나 권한'이 귀속될 수 있을 뿐이다.[5] 주관적 권리의 특징적 요소는 권리의 주체에게 인정되는 '임의적 처분성과 포기가능성'에 있다.[6] 그러나 헌법을 비롯한 법질서에 의하여 국가기관에 부여

1) 헌재 1997. 7. 16. 96헌라2, 판례집 9-2, 154, 163; 헌재 2001. 6. 28. 2000헌라1, 판례집 13-1, 1218, 1227.
2) Vgl. K. Hesse, Grundzüge des Verfassungsrechts der Bundesrepublik Deutschland, 1985, Rn.488ff.
3) Vgl. Benda/Klein, Verfassungsprozeßrecht, 2. Aufl., 2001, Rn.984; Löwer, Zuständigkeiten und Verfahren des Bundesverfassungsgerichts, in: HbStR, Bd.Ⅱ, 1987, §56 Rn.11.
4) 최갑선, 독일과 한국에서의 권한쟁의심판절차, 헌법논총 제7집(1996), 391면 이하; 명재진, 국가기관간의 권한쟁의에 관한 독일의 이론과 판례, 연세법학연구, 제5집 제1권(1998), 80면 참조.
5) Vgl. Löwer, Zuständigkeiten und Verfahren des Bundesverfassungsgerichts, in: HbStR, Bd.Ⅱ, 1987, §56 Rn.9.
6) Vgl. Benda/Klein, Verfassungsprozeßrecht, 2. Aufl., 2001, Rn.983.

되는 권한의 경우, 임의로 처분할 수도 없고 변경할 수도 없으며 포기할 수도 없다.[7] 이러한 점에서 권한은 주관적 권리가 아니다. 국가기관의 권한은 임의로 처분될 수 있는 것이 아니라 오히려 그 반대로 임의로 변경될 수 없는 확고부동한 권한배분질서를 형성하고, 권한배분질서의 준수는 원활한 국가과제의 이행을 보장한다. 이러한 권한배분질서는 수평적 또는 수직적 권력분립에 기초하는 현대국가의 기능유지와 행위가능성의 근거로서 국가의 일원적인 의사형성을 가능하게 한다. 따라서 권한쟁의심판의 목적은 권한질서의 유지와 정치적 과정(의사형성체계 및 결정체계)의 기능보호, 즉 객관적 헌법의 보장과 유지에 기여하는 객관적 목적에 있으며, 권한을 침해당한 기관의 보호라는 주관적 목적은 객관적 목적을 효과적으로 실현하기 위한 수단으로서 단지 부차적인 목적일 뿐이다.[8]

나. 客觀訴訟의 主觀化

(1) 객관소송의 주관화의 효과

권한쟁의심판을 통하여 권한분쟁에 관한 심판절차를 제공함으로써 분쟁당사자 사이에서 법률관계의 主觀化가 이루어진다. 객관소송인 권한쟁의심판의 주관화는 다음과 같은 효과를 가진다.

첫째, 권한쟁의심판의 주관화는 당사자 간의 구체적인 권한분쟁의 발생을 가능하게 함으로써 헌법재판소를 분쟁의 해결기관인 사법기관으로서 기능하게 한다. 권한쟁의심판의 절차는 청구인의 심판청구에 의하여 개시되며, 심판청구는 심판대상을 확정적으로 한정하고 헌법재판소의 심사범위(판단범위)를 제한한다. 이로써 심판절차의 개시 및 심판대상이 청구인에 의하여 주관적으로 결정된다.

둘째, 권한쟁의심판의 주관화는, 청구인이 '자신의 법적 권한'의 침해를, 즉 '청구인에게 귀속되는 법적 지위'의 침해를 주장해야만 심판청구를 할 수 있다는 것을 의미한다. 권한쟁의심판은 피청구인의 행위가 객관적인 법규범에 위반되는지 여부의 추상적 법적 문제에 대한 일반적 심사가 아니기 때문에, 피청구인의 행위가 청구인의 구체적인 권한을 침해하지 않는 한, 피청구인의 행위가 일반적으로 법질서에 합치하는지의 문제는 권

---

7) 국회의원이 법률안 심의·표결권을 포기할 수 있는지 여부에 관하여 헌재 2009. 10. 29. 2009헌라8(제1차 미디어법 사건), 판례집 21-2하, 14, 15, "국회의원의 법률안 심의·표결권은 국민에 의하여 선출된 국가기관으로서 국회의원이 그 본질적 임무인 입법에 관한 직무를 수행하기 위하여 보유하는 권한으로서의 성격을 갖고 있으므로 국회의원의 개별적인 의사에 따라 포기할 수 있는 것은 아니다."

8) Vgl. Löwer, Zuständigkeiten und Verfahren des Bundesverfassungsgerichts, in: HbStR, Bd.Ⅱ, 1987, §56 Rn.10; Benda/Klein, Verfassungsprozeßrecht, 2. Aufl., 2001, Rn.984; Pietzcker, Organstreit, in: Festschrift 50 Jahre Bundesverfassungsgericht, Bd.Ⅰ, 2001, S.589; Sachs, Verfassungsprozeßrecht, 2. Aufl., 2007, Rn.252; 독일 연방헌법재판소의 판례도 일관되게 기관쟁의의 절차적 목적을 헌법의 유지와 정치적 과정의 기능보호라는 객관적 목적에 있다고 하면서, 장래에 있어서 법적 평화를 보장하기 위하여 연방헌법재판소의 결정을 통하여 헌법을 발전시키는 헌법재판의 기능을 강조하고 있다, vgl. BVerfGE 1, 351, 359; 2, 79, 86.

한쟁의심판청구를 통하여 심사될 수 없다.[9] 따라서 자신의 권한을 침해당한 기관만이 권한쟁의심판을 청구할 수 있는 자격(청구인적격)을 가진다. 나아가, 권한쟁의심판의 주관화는 不文法上의 적법요건으로서 '권리보호이익'을 요청한다.

셋째, 권한쟁의심판의 주관화는 헌법재판소의 심사기준을 결정한다. 청구인의 심판청구에 의하여 심판대상뿐만 아니라 심사기준도 확정된다.[10] 헌법소원심판이나 규범통제절차에서는 일단 적법요건이 충족되는 경우 헌법재판소는 심판대상의 위헌여부를 '모든 헌법적 관점'에서 포괄적으로 심사하지만, 권한쟁의심판의 경우 피청구인의 행위를 모든 헌법적 관점에서 판단하는 것이 아니라 '심판청구에 의하여 한정된 범위 내에서만' 심사한다. 따라서 헌법재판소의 심사는 '피청구인의 행위가 청구인에 의하여 주장된 권한을 침해하였는지 여부'의 확인에 국한된다.

(2) 二重的 성격에 있어서 권한쟁의심판과 헌법소원심판의 차이

권한쟁의심판에서 심판의 대상과 범위는 청구인의 심판청구에 의하여 주관적으로 결정되는 반면, 심판의 목적은 헌법의 수호와 유지라는 객관적인 성격을 가진다는 점에서, 권한쟁의심판의 법적 성격은 이중적이다. 그러나 권한쟁의심판의 이러한 이중적 성격은 헌법소원심판의 이중적 성격과는 대조적이다.

헌법소원심판의 기능이 개인의 기본권보호에 그치지 아니하고 객관적 헌법을 수호하고 보장하는 기능을 가지고 있다는 점에서 '주관적 권리구제기능'과 동시에 '객관적 헌법질서의 보장기능'이라는 헌법소원제도의 이중적 기능을 인정한다면, 여기서 일차적이고 주된 기능은 주관적 권리구제의 기능이고 객관적 헌법질서의 보장기능은 단지 부차적인 기능이다. 따라서 헌법소원의 객관적 기능을 강조하여 '주관적 권리보호이익'이 인정되지 않음에도 '심판의 이익'을 지나치게 폭넓게 인정하는 경우에는 헌법소원제도는 주관적 권리구제절차에서 객관적 헌법보장제도로 객관화되고 변질될 위험이 있다. 이에 대하여 권한쟁의심판은 근본적으로 객관적 성격을 지니는 것으로 주관적인 관점에 의하여 보완되고 있으며, 주관적 성격은 객관적 성격을 실현하기 위한 수단이자 부수적 효과일 뿐이다.[11]

---

9) 가령, 독일 연방헌법재판소는 청구인인 정당이나 교섭단체가 헌법에 의하여 부여된 자신의 권한침해를 주장하는 것이 아니라 단지 객관적 헌법의 위반이나(BVerfGE 20, 134, 140f.) 기본권의 침해를 주장하는 한 이러한 청구는 부적법하다고 결정하였다(BVerfGE 68, 1, 68ff.).

10) Vgl. C. Pestalozza, Verfassungsprozeßrecht, 3. Aufl., 1991, §20 Rn.29, 44; Benda/Klein, Verfassungsprozeßrecht, 2. Aufl., 2001, Rn.1047; Sachs, Verfassungsprozeßrecht, 2. Aufl., 2007, Rn.253.

11) 한편, 최갑선, 독일과 한국에서의 권한쟁의심판절차, 헌법논총 제7집(1996), 399면, 권한쟁의제도의 궁극적 목적이 객관적 헌법의 보호라고 하면서, 다른 한편으로는 주관적 쟁송과 객관적 쟁송의 양면적 성격을 동시에 가지고 있다고 단순히 언급하는 것은 마치 2가지 요소가 동등한 비중을 가지고 있는 것처럼 오해할 소지가 있다.

2. 헌법재판소의 입장 및 문제점

가. 판시내용

(1) 권한쟁의심판청구 취하 사건(헌재 2001. 6. 28. 2000헌라1)

권한쟁의심판에서 소의 취하에 관한 舊 민사소송법 제239조가 준용되는지 여부 및 권한쟁의심판의 공익적 성격만을 이유로 심판청구의 취하를 배제할 수 있는지 여부가 문제된 '권한쟁의심판청구 취하 사건'에서[12] 7인 재판관에 의하여 지지된 헌법재판소의 다수의견은 민사소송과 권한쟁의심판의 법적 성격을 비교하면서 "첫째, 민사소송은 … 개인의 주관적 권리구제를 목적으로 삼고 있는 반면, 권한쟁의심판은 국가기관 또는 지방자치단체의 권한의 존부 또는 범위를 대상으로 삼아 이에 관한 분쟁을 해결하는 절차로서 궁극적으로는 헌법적 가치질서 및 헌법의 규범적 효력을 보호하는 객관적인 기능을 수행한다."고 하여 권한쟁의심판이 객관소송임을 확인하고 있다. 이어서 다수의견은 소의 취하에 관한 민사소송법 제239조는 권한쟁의심판에도 준용된다고 보아야 한다고 밝히면서, "비록 권한쟁의심판이 개인의 주관적 권리구제를 목적으로 삼는 것이 아니라 헌법적 가치질서를 보호하는 객관적 기능을 수행하는 것이고, 특히 국회의원의 법률안에 대한 심의·표결권의 침해 여부가 다투어진 이 사건 권한쟁의심판의 경우에는 국회의원의 객관적 권한을 보호함으로써 헌법적 가치질서를 수호·유지하기 위한 쟁송으로서 공익적 성격이 강하다고는 할 것이다. 그러나 법률안에 대한 심의·표결권의 행사 여부가 국회의원 스스로의 판단에 맡겨져 있는 사항일 뿐만 아니라, 그러한 심의·표결권이 침해당한 경우에 권한쟁의심판을 청구할 것인지 여부도 국회의원의 판단에 맡겨져 있어서 심판청구의 자유가 인정되고 있는 만큼, 권한쟁의심판의 공익적 성격만을 이유로 이미 제기한 심판청구를 스스로의 의사에 기하여 자유롭게 철회할 수 있는 심판청구의 취하를 배제하는 것은 타당하지 않다."고 판시하여, 권한쟁의심판절차가 청구인들의 심판청구의 취하로 인하여 종료되었다고 결정하였다.[13]

이에 대하여 2인의 재판관은 소수의견에서 "국회, 특히 상임위원회가 준수하여야 할 의사절차의 기준과 한계를 구체적으로 밝히는 것으로서 헌법질서의 수호·유지를 위하여 긴요한 사항일 뿐만 아니라, 그 해명이 헌법적으로 특히 중대한 의미를 지닌다고 하지 않을 수 없다. 그러므로 이 사건의 경우에는 비록 청구인들이 심판청구를 취하하였

---

12) 舊 민사소송법 제239조(현행 민사소송법 제266조)는 제2항에서 피고가 본안에 관하여 준비서면을 제출하거나 변론준비기일에서 진술을 하는 등 본안에 관하여 응소한 뒤에는 피고의 청구기각판결을 얻을 이익을 고려하여 피고의 동의가 없으면 소를 취하할 수 없도록 규정하고 있는데, 위 사건에서 청구인들의 대리인은 서면으로 이 사건 권한쟁의심판청구를 모두 취하하였고, 이미 본안에 관하여 답변서를 제출한 피청구인들의 대리인도 위 심판청구의 취하에 동의하였다.

13) 판례집 13-1, 1218.

다 하더라도 소의 취하에 관한 민사소송법 제239조의 규정의 준용은 예외적으로 배제되어야 하고, 따라서 위 심판청구의 취하에도 불구하고 이 사건 심판절차는 종료되지 않는다고 보아야 한다."고 주장하였다.[14)]

(2) 국회 상임위원회 강제사임 사건(헌재 2003. 10. 30. 2002헌라1)

청구인의 권한침해주장이 그 사이 종결된 사실관계에 기초하고 있는 경우 권리보호이익을 인정할 것인지 여부에 관하여, 헌법재판소는 '국회 상임위원회 강제사임 사건'에서 "현재의 제16대 국회는 2000. 4. 13. 실시된 총선거에 의하여 선출된 국회의원으로 구성되어 4년 임기 중 전반기를 이미 마쳤고, 후반기 들어 2002. 7.경 새로이 각 상임위원회의 위원배정이 이루어졌다. 국회사무처에서 보내온 2002. 9. 30.자 '상임위원회 위원명단'을 보면, 청구인은 다시 보건복지위원회에 배정되어 현재까지 동 위원회에서 활동하고 있다. 그러므로 청구인이 이 사건 권한쟁의심판청구에 의하여 달성하고자 하는 목적은 이미 이루어져 청구인이 주장하는 권리보호이익이 소멸하였다. 그러나 헌법소원심판과 마찬가지로 권한쟁의심판도 주관적 권리구제뿐만 아니라 객관적인 헌법질서 보장의 기능도 겸하고 있으므로, 청구인에 대한 권한침해 상태가 이미 종료하여 이를 취소할 여지가 없어졌다 하더라도 같은 유형의 침해행위가 앞으로도 반복될 위험이 있고, 헌법질서의 수호·유지를 위하여 그에 대한 헌법적 해명이 긴요한 사항에 대하여는 심판청구의 이익을 인정할 수 있다고 할 것이다(헌재 1997. 11. 27. 94헌마60, 판례집 9-2, 675, 688 참조). 이 사건과 같이 상임위원회 위원의 改選, 즉 사·보임행위는 국회법 규정의 근거 하에 국회관행상 빈번하게 행해지고 있고 그 과정에서 당해 위원의 의사에 반하는 사·보임이 이루어지는 경우도 얼마든지 예상할 수 있으므로 청구인에게뿐만 아니라 일반적으로도 다시 반복될 수 있는 사안이어서 헌법적 해명의 필요성이 있으므로 이 사건은 심판의 이익이 있다고 할 것이다."고 하여,[15)] 제16대 국회의 제2기 院構成이 완료되고 청구인이 보건복지위원회에 다시 배정된 상태이지만 헌법적 해명의 필요성이 있어 심판의 이익이 있다고 판시하였다.

나. 판시내용의 문제점

(1) 권한쟁의심판청구 취하 사건(헌재 2001. 6. 28. 2000헌라1)

(가) 헌법소송에서 處分權主義

헌법소송법은 원칙적으로 處分權主義(Dispositionsmaxime)를 따르고 있다. 헌법재판에서 심판절차가 오로지 청구인의 심판청구에 의하여 개시된다고 하는 것에서[16)] 처분권

14) 판례집 13-1, 1218, 1219.
15) 판례집 15-2하, 17, 28-29.
16) 헌법재판소법 제26조에 의하면, 헌법재판소에의 심판청구는 청구서를 헌법재판소에 제출함으로써 이루어지며, 다만 위헌법률심판과 탄핵심판의 경우에는 법원의 제청서나 국회의 소추의결서가 심판청구서를 대신한다.

주의의 성격이 명확하게 드러난다.[17] 게다가, 심판청구는 심판대상을 확정적으로 한정하고 이로써 헌법재판소의 심사범위(판단범위)를 제한하는 의미를 가진다. 헌법재판소는 본질적으로 사법기능을 담당하는 헌법기관으로서 스스로 활동하는 것이 아니라 단지 당사자의 신청에 의하여 활동을 개시하며(신청주의), 단지 당사자의 소송제기에 반응하여 분쟁해결에 필요한 범위 내에서만 활동한다.

한편, 처분권주의가 헌법재판에서 '절차의 종료'에 대하여 어떠한 효력을 가지는지의 문제가 제기된다. 민사소송절차에서는 소의 취하를 통하여 소송절차를 종료할 것인지 여부가 처분권주의의 표현으로서 전적으로 소송당사자의 결정에 달려있는 반면, 권한쟁의심판절차의 진행에 있어서 청구인이 심판청구를 유지하는지 여부는 결정적인 것은 아니다. 헌법소송에서는 심판청구의 취하에도 불구하고 공적 이익의 관점에서 심판절차를 진행하여 본안에 관한 판단을 할 수 있다. 청구인의 권리보호이익에 대하여 중대한 공적 이익이 대치한다면, 이로써 본안판단이 헌법의 보장과 유지의 관점에서 요청된다면, 처분권주의는 제한될 수 있으며, 처분권주의의 제한은 권한쟁의심판의 객관적인 목적에 의하여 정당화된다. 물론, 객관적으로 이해되는 '심판의 목적'과 주관적으로 결정되는 '심판대상'은 권한쟁의심판에서 함께 고려되어야 하고 서로 조화를 이루어야 하기 때문에, 당사자가 심판청구를 한 이후에는 심판대상의 처분여부와 절차의 진행여부가 전적으로 헌법재판소의 판단에 달려있다고 하는 의미에서 처분권주의가 완전히 후퇴하는 것은 아니지만, 권한쟁의심판에서 처분권주의는 단지 제한적으로만 그 효력을 발휘한다.[18]

(나) 권한쟁의심판에서 처분권주의의 제한 가능성

권한쟁의심판에서 청구인이 심판청구를 취하한 경우, 헌법재판소는 권한쟁의심판의 객관적 목적을 고려하여 '헌법적 문제에 관한 객관적인 확인의 이익'을 인정할 수 있으며, 이로써 재판절차가 일정 단계 이상으로 진행된 때에는(가령, 구두변론의 개시 등) 청구인이 더 이상 일방적으로 심판대상에 관하여 처분할 수 없도록 처분권주의를 제한할 수 있는 가능성을 가지고 있음을 인식해야 한다.[19] 따라서 위 사건에서 헌법재판소의 다수의견이 '청구인에게 심판청구의 자유가 인정되고 있는 만큼, 심판청구를 취하할 자유도 인정되어야 한다'는 취지에서 권한쟁의심판이 민사소송법의 구속을 받는 것으로 판단한 것은 소송절차의 '목적'에 있어서 민사소송과 권한쟁의심판의 근본적인 차이점을 고려하지 않은 것이다.

---

17) Vgl. Sachs, Verfassungsprozeßrecht, 2. Aufl., 2007, Rn.75.

18) Vgl. Pestalozza, Verfassungsprozeßrecht, 3. Aufl., 1991, §7 Rn.40; Benda/Klein, Verfassungsprozeßrecht, 2. Aufl., 2001, Rn.1046.

19) BVerfGE 24, 299, 300, 독일 연방헌법재판소는 '청구인은 적어도 구두변론 이후에는 심판대상과 절차의 진행에 관하여 더 이상 독자적으로 처분할 수 없고, 이를 위해서는 헌법재판소의 동의를 필요로 하며, 공적 이익이 대치하는 경우 헌법재판소는 동의를 거부할 수 있다'고 판시하였다.

(2) 국회 상임위원회 강제사임 사건(헌재 2003. 10. 30. 2002헌라1)

(가) 不文法的 적법요건으로서 권리보호이익

'권리보호이익'은 소송절차에서 명시적인 법률조항 없이 불문법적으로 인정되는 적법요건으로서 일반적인 소송법적 원칙이다. 권리보호이익의 요건은, 소송절차가 원칙적으로 소송당사자의 '주관적 권리의 보호'에 기여하는 목적을 가지고 있다는 사고에 기초하여,[20] '본안판단의 필요성'의 관점에서 소송절차를 이용해야 할 이익을 인정할 수 있는지 여부를 판단하고자 하는 것이다. 그러나 헌법재판소의 관할 중에는 주관적 권리의 보호와 관철을 주된 목적으로 하지 않는 다수의 심판절차가 있는데, 객관적 헌법의 유지와 관철을 주된 목적으로 하는 권한쟁의심판에서도 권리보호이익이 요청되는지의 문제가 제기된다. 권한쟁의심판이 그 객관적 성격에도 불구하고 청구인과 피청구인이 서로 대치하는 對審的 구조를 통하여 주관화되었다는 점에서, 권한쟁의심판에서도 청구인은 원칙적으로 권리보호이익을 가져야 한다. 그러나 '주관적 권리보호'의 사고에 기초하는 권리보호이익의 요건은 권한쟁의심판의 '객관적 목적'에 의하여 수정되고 보완되어야 한다.

(나) '특별한 권리보호이익'으로서 청구인적격

권한쟁의심판에서 권리보호이익은 무엇보다도 심판청구의 적법요건인 청구인적격(Antragsbefugnis)에 의하여 구체화되고 있다.[21] 청구인적격이란, 구체적인 권한쟁의심판사건에서 청구인이 될 수 있는 자격, 즉 청구인으로서 소송을 수행하고 본안판단을 받을 수 있는 자격을 말한다.[22] 헌법소원심판의 경우, 기본권침해의 자기관련성을 가지는 자만이 헌법소원심판을 청구할 수 있는 것과 마찬가지로, 권한쟁의심판의 경우에도 자신의 권한을 침해당한 기관만이 청구인적격을 가지는 것이다.[23] 헌법소원심판에서 기본권침해의 법적 관련성(자기관련성 · 현재성 · 직접성)이 일반적 권리보호이익이 구체화된 형태로서 '특별한 권리보호이익'의 표현이라면, 권한쟁의심판에서는 청구인적격이 일반적 권리보호이익의 구체화된 형태라 할 수 있다. 이러한 관점에서, 청구인이 자신의 권한침해를 주장함으로써 자신의 권한을 스스로 방어하고자 하는 경우, 이로써 청구인적격이 인정되는 경우에는 원칙적으로 권리보호이익이 충족된 것으로 간주된다.[24] 독일 연방헌법재판소가 초기의 결정에서 권리보호이익을 청구인적격과 동일시하였다면, 이러

---

20) Vgl. Sachs, Verfassungsprozeßrecht, 2. Aufl., 2007, Rn.103.

21) Vgl. Pestalozza, Verfassungsprozeßrecht, 3. Aufl., 1991, §7 Rn.39.

22) 헌법재판소, 헌법재판실무제요, 제1개정증보판, 2008, 340면, 헌법재판소법은 제61조 제2항에서 청구인적격에 관하여 '헌법과 법률에 의하여 부여받은 권한을 가진 자만이 그 권한의 침해를 주장하여 권한쟁의심판을 청구할 수 있는 자격을 가지고 있다'고 규정하고 있다.

23) 또한, 유사한 취지로 헌법재판소, 헌법재판실무제요, 제1개정증보판, 2008, 340면.

24) Vgl. Sachs, Verfassungsprozeßrecht, 2. Aufl., 2007, Rn.291.

한 태도는 아마도 위와 같은 관점에서 이해될 수 있을 것이다.[25)]

(다) 권리보호의 목적을 권한쟁의심판 없이도 달성할 수 있는 경우

여기서, 권한쟁의심판에서 청구인적격이라는 '특별한 권리보호이익'의 요건 외에도 '일반적 권리보호이익'이 소송법상의 일반원칙으로서 별도로 충족되어야 하는지의 문제가 제기된다.[26)] 권한쟁의심판에서 일반적 권리보호이익이 문제된다면, 이는 일차적으로 청구인이 정치적인 해결가능성의 존재에도 불구하고 헌법재판소에 권한쟁의심판을 청구함으로써 불필요하게 사법적 판단을 구하고 있는 것은 아닌지의 관점에서 문제될 수 있다.[27)] 청구인이 심판청구를 통하여 구하고자 하는 권리보호의 목적을 헌법재판소에 의한 권한쟁의심판 없이도 달성할 수 있다면, 예외적으로 권리보호이익이 부정될 수 있다.[28)] 국가기관간의 권한쟁의에서 심판을 청구하는 당사자는 일반적으로 분쟁해결에 적합한 정치적 수단 또는 자신의 법적 견해를 관철할 수 있는 정치적 가능성을 더 이상 가지고 있지 않다. 만일 그렇지 않다면, 헌법재판소에 심판을 청구할 이익이 없을 것이다. 따라서 청구인이 정치적 방어수단을 가지고 있거나 자신의 행위를 통하여 피청구인의 행위를 스스로 방지할 수 있는 가능성을 가지고 있는 경우에는 권리보호이익을 부정해야 한다.[29)]

가령, 정부 내부기관 사이에 권한분쟁이 발생하는 경우, 정부의 부분기관이 서로 대등한 관계가 아닌 상하위계질서에 놓여 있고, 대통령의 자유로운 임면권의 행사와 국무회의의 조정을 통하여 권한분쟁이 자체적으로 해결될 수 있으므로, 정부 내부에서 스스로 해결할 수 있는 권한분쟁을 헌법재판소에 의한 사법적 심사의 대상으로 삼는 것은 권리보호의 필요성이 없다고 보아야 한다. 또한, 의사진행을 방해하거나 다른 국회의원들의 투표를 방해한 국회의원이 자신의 심의·표결권이 침해되었음을 주장하여 국회의장을 상대로 권한쟁의심판을 청구하는 경우에도, 국회 내에서의 정상적인 심의·표결을

---

25) 오늘날 독일 연방헌법재판소는 권리보호이익의 요건을 청구인적격을 심사한 다음 별도로 판단하고 있다. 그러나 대부분의 경우, 청구인에 의한 권리침해의 주장이 권리보호이익의 존재를 시사하기 때문에, 권리보호이익에 관한 판단은 일반적으로 형식적인 심사에 그치고 있다, vgl. Benda/Klein, Verfassungsprozeßrecht, 2. Aufl., 2001, Rn.1033.

26) Vgl. Löwer, Zuständigkeiten und Verfahren des Bundesverfassungsgerichts, in: HbStR, Bd.Ⅱ, 1987, §56 Rn.11.

27) Vgl. Pietzcker, Organstreit, in: Festschrift 50 Jahre Bundesverfassungsgericht, Bd. I, 2001, S.610f.; Benda/Klein, Verfassungsprozeßrecht, 2. Aufl., 2001, Rn.1033.

28) Vgl. Sachs, Verfassungsprozeßrecht, 2. Aufl., 2007, Rn.291.

29) 가령, 헌재 1998. 7. 14. 98헌라1(국무총리서리 사건)에서 재판관 2인은 '청구인들이 분쟁을 스스로 해결하는 방법이 있음에도 불구하고 헌법재판소에 권한쟁의심판을 청구한 것이므로 이 사건 심판청구는 권리보호이익이 없다'는 이유로 심판청구를 각하해야 한다는 견해를 밝혔다(판례집 10-2, 1, 21-22), "그런데 이 사건의 경우 국회는 대통령이 이미 국회에 제출한 국무총리 임명동의안에 대한 표결을 하여 가부를 결정할 수 있는 상태에 있고 특히 청구인들은 국회의 다수당인 한나라당 소속 국회의원들로서 그들만으로도 국무총리 임명동의안에 대한 가부를 결정하여 분쟁을 스스로 해결할 수 있는 방법이 있음에도 불구하고 그 동의안에 대한 의결절차를 마치지도 아니한 채 미리 헌법재판소에 권한쟁의 심판을 청구한 것이므로 청구인들의 이 사건 심판청구는 모두 권리보호이익이 없다."

가능하게 하는 자신들의 행위를 통하여 피청구인의 행위를 스스로 방지할 수 있는 가능성을 가지고 있으므로, 이러한 국회의원들의 권리보호이익은 부정되어야 한다.[30] 권한쟁의심판은 '정치적 해결가능성'을 헌법재판소의 결정에 의한 '司法的 해결가능성'으로 대체하고자 하는 것이 아니기 때문이다.

청구인은 충분히 납득할만한 이유 없이 '정치적 헌법기관의 의사형성절차가 헌법재판소의 결정에 의하여 대체되어야 하는지 여부'에 관하여 임의로 결정할 수 없다.[31] 그러한 경우에도 권리보호이익을 인정한다면, 권한쟁의심판이 정치적 헌법기관의 의사형성과정을 대체하는 정치적 수단으로 남용되고 변질될 수 있고, 이로 인하여 초래되는 권한쟁의심판의 政治化는 헌법재판의 기본정신에 반하기 때문이다. 이러한 경우에도 권리보호이익을 인정한다면, 정치적 헌법기관은 대화와 타협을 통하여 정치적으로 해결하는 대신 헌법재판소의 사법적 판단에 의존하고자 할 것이다. 따라서 현실적으로 정치적 해결가능성이 존재하지 않는 경우에 비로소 헌법재판소에 심판청구를 해야 할 권리보호이익이 인정되는 것이다. 물론, 고려될 수 있는 정치적 해결가능성이 법적 분쟁의 구속력 있는 해결을 달성할 수 없는 경우에는, 객관적인 절차 목적에 비추어 권리보호이익이 인정될 수 있을 것이다.[32]

(라) 청구인의 권한을 침해하는 피청구인의 행위가 종료된 경우

권한쟁의심판에서 '일반적 권리보호이익'이 문제되는 또 다른 상황은, 심판청구 이후 사실관계가 종결되어 청구인의 권한을 침해하는 피청구인의 행위가 종료된 경우이다. 이러한 경우, 주관적 권리보호의 관점에서는 본안판단을 구할 필요성이 더 이상 존재하지 않는다. 그러나 권한쟁의심판에서 본안판단의 필요성은 일차적으로 주관적 권리보호가 아니라 객관적 헌법의 보호의 관점에서 판단되어야 한다. 권한쟁의심판이 추구하는 객관적 목적의 관점에서 본안판단이 필요한 경우에는 주관적 권리보호이익의 요청은 더 이상 그 효력을 발휘하지 않는다.[33] 따라서 피청구인의 침해행위가 종료하여 청구인이

30) 그러나 헌법재판소는 헌재 2009. 10. 29. 2009헌라8(제1차 미디어법 사건)에서, 의사진행을 방해하거나 다른 국회의원들의 투표를 방해한 국회의원이 자신의 심의·표결권이 침해되었음을 주장하여 국회의장을 상대로 제기한 권한쟁의심판청구가 소권의 남용으로서 부적법한 것으로 볼 수 없다고 판시하였다(판례집 21-2하, 14, 15), "이 사건 권한쟁의심판의 경우는 헌법상의 권한질서 및 국회의 의사결정체제와 기능을 수호·유지하기 위한 공익적 쟁송으로서의 성격이 강하므로, 청구인들 중 일부가 자신들의 정치적 의사를 관철하려는 과정에서 피청구인의 의사진행을 방해하거나 다른 국회의원들의 투표를 방해하였다 하더라도, 그러한 사정만으로 이 사건 심판청구 자체가 소권의 남용에 해당하여 부적법하다고 볼 수는 없다." 이에 대하여 '재판관 이동흡'이 일부 각하의견에서 지적한 내용("일부 청구인들은 문제된 안건에 대하여 심의·표결권을 행사할 수 있었음에도 이를 행사하지 아니하였을 뿐만 아니라, 오히려 피청구인의 의사진행과 다른 국회의원들의 심의·표결권 행사를 원천적으로 불가능하게 하려고 적극적으로 방해하였는바, 위 청구인들에 대하여는 권한쟁의심판청구의 적법요건으로서 권리보호필요성이 인정되지 아니하므로, 위 청구인들의 심판청구는 각하되어야 한다.")은 경청할만하다(판례집 21-2하, 14, 16).

31) Vgl. BVerfGE 68, 1, 77.

32) Vgl. BVerfGE 90, 286, 338ff.

33) Vgl. D. Lorenz, Der Organstreit vor dem Bundesverfassungsgericht, in: Bundesverfassungsgericht und

더 이상 피청구인에 의하여 권한을 침해받지 않고 있는 경우, 비록 주관적 권한보호의 필요성은 인정되지 않지만, 헌법재판소는 객관적 헌법의 유지와 보장의 관점에서 본안판단을 할 수 있다. 이러한 경우, 헌법재판소는 객관적 헌법의 수호와 유지라는 객관적 절차목적에 비추어 원칙적으로 권리보호이익(심판의 이익)을 인정해야 한다.

헌법재판소의 위 결정에서 드러난 문제점은, 권한쟁의심판의 주된 성격이 객관소송이라는 것을 충분히 인식하지 못하고, 헌법소원심판과 동일하게 주관적 성격과 객관적 성격을 대등하게 공유하고 있는 것으로 이해하고 있다는 점이다. 이로써 헌법재판의 개별심판절차의 고유한 기능과 성격이 망각되어, 법적 성격에 있어서 '평준화되는 현상'이 발생하고 있다. 원칙적으로 객관소송인 '권한쟁의심판'과 원칙적으로 주관소송인 '헌법소원심판'의 근본적인 차이에 비추어, 국민의 기본권이라는 주관적 권리의 보호를 일차적인 목적으로 하는 헌법소원심판에서 형성된 권리보호이익에 관한 이론은 객관적 헌법의 보호를 주된 목적으로 하는 권한쟁의심판에 그대로 적용될 수 없다. 객관소송이 주관화됨으로써 제기되는 권리보호이익의 요청은 권한쟁의심판의 본질과 목적을 고려하여 독자적으로 판단되어야 한다.

Ⅲ. 제3자 소송담당의 문제

1. 헌법재판소의 판례

가. 헌재 1998. 7. 14. 98헌라1(국무총리서리 사건)

김종필을 국무총리서리로 임명한 대통령의 행위에 대하여 다수당인 한나라당(야당)의 국회의원들이 '국회의 동의권한'과 '국회의원의 표결권한'의 침해를 주장하면서 제기한 권한쟁의심판사건에서 헌법재판소는 '야당의원들이 권한쟁의심판을 청구할 자격(청구인적격)이 없다'는 이유로 청구인들의 심판청구를 각하하였으나, 이 사건은 '대통령의 행위에 의하여 국회의 권한이 침해되었다는 주장으로 국회의원들이 심판을 청구할 수 있는가' 하는 제3자 소송담당의 문제를 제기하였다.

나. 헌재 2007. 7. 26. 2005헌라8(쌀협상 사건)

헌법재판소는 '쌀협상 사건'에서 제3자 소송담당의 문제에 관하여 다시 판단할 기회를 가지게 되었다. 위 사건에서 문제된 것은 첫째, 국회의 구성원인 국회의원이 국회를 위하여 국회의 권한침해를 주장하는 권한쟁의심판을 청구할 수 있는지, 즉 권한쟁의심판에 있어서 이른바 '제3자 소송담당'이 허용되는지 여부이고, 둘째, 국회의원의 심의·

Grundgesetz, Bd. I, 1976, S.257; Löwer, Zuständigkeiten und Verfahren des Bundesverfassungsgerichts, in: HbStR, Bd.II, 1987, §56 Rn.11.

표결 권한이 국회의장이나 다른 국회의원 등 국회 내부기관이 아닌 대통령 등 국회 외부의 국가기관에 의하여 침해될 수 있는지 여부이다. 헌법재판소는 첫 번째 쟁점에 관하여 '청구인적격'이 없다는 이유로, 두 번째 쟁점에 관하여 '권리침해의 가능성'이 없다는 이유로 심판청구를 각하하였다.[34)]

헌법재판소는 첫 번째 쟁점에 관하여 "국회의 의사가 다수결에 의하여 결정되었음에도 다수결의 결과에 반대하는 소수의 국회의원에게 권한쟁의심판을 청구할 수 있게 하는 것은 다수결의 원리와 의회주의의 본질에 어긋날 뿐만 아니라, 국가기관이 기관 내부에서 민주적인 방법으로 토론과 대화에 의하여 기관의 의사를 결정하려는 노력 대신 모든 문제를 사법적 수단에 의해 해결하려는 방향으로 남용될 우려도 있으므로, 국가기관의 부분 기관이 자신의 이름으로 소속기관의 권한을 주장할 수 있는 '제3자 소송담당'을 명시적으로 허용하는 법률의 규정이 없는 현행법 체계 하에서는 국회의 구성원인 국회의원이 국회의 조약에 대한 체결·비준 동의권의 침해를 주장하는 권한쟁의심판을 청구할 수 없다."고 하여 제3자 소송담당을 부인하였다.

두 번째 쟁점에 관하여는, "국회의원의 심의·표결권은 국회의 대내적인 관계에서 행사되고 침해될 수 있을 뿐 다른 국가기관과의 대외적인 관계에서는 침해될 수 없는 것이므로, 국회의원들 상호간 또는 국회의원과 국회의장 사이와 같이 국회 내부적으로만 직접적인 법적 연관성을 발생시킬 수 있을 뿐이고 대통령 등 국회 이외의 국가기관과 사이에서는 권한침해의 직접적인 법적 효과를 발생시키지 아니한다. 따라서 피청구인인 대통령이 국회의 동의 없이 조약을 체결·비준하였다 하더라도 국회의원인 청구인들의 심의·표결권이 침해될 가능성은 없다."고 판시하였다.

2. 제3자 소송담당이 인정되어야 하는지 여부

가. 국가기관 상호간의 권한쟁의가 발생하는 상황

국가기관 상호간의 권한쟁의는 주로 정치적 헌법기관인 의회와 정부의 관계에서 문제된다. 그러나 의회와 정부가 직접 당사자가 되어 대립하는 권한쟁의는 오늘날의 권력분립구조에서 현실적으로 거의 발생하지 않는다. 국가기관 상호간의 권한쟁의에서 실질적 중요성을 차지하는 것은, 정치적 소수가 자신의 권한침해를 주장함으로써 자신의 법적 지위를 방어하고자 하는 상황 및 의회의 권한이 정부에 의하여 침해되었으나 의회가 스스로 자신의 권한을 방어하고자 하지 않는 경우, 정치적 소수(야당)가 의회의 부분기관으로서 전체기관인 의회를 위하여 의회의 권한침해를 주장하는 상황이다.

이를 구체적으로 살펴보면, 첫째, 국회 내에서 국회의 부분기관 사이에서(가령, 국회

---

34) 판례집 19-2, 26.

의장이 국회의원에게 발언권을 부여하지 않거나 국회의원을 위원회로부터 사임시키는 경우 국회의장과 국회의원 간의 권한쟁의), 둘째, 국회와 정부의 사이에서(가령, 대통령이 국회의 동의 없이 국무총리를 임명하거나 조약을 체결·비준하거나 예산을 집행하는 경우), 셋째, 국회의 부분기관과 정부의 부분기관 사이에서(가령, 위원회가 출석을 요구한 국무위원이 이를 거부하거나 조사위원회의 자료제출요구에 정부가 응하지 않는 경우) 주로 권한쟁의가 발생한다. 국가기관의 부분기관 사이의 권한쟁의가 가능하기 위해서는 당사자의 범위가 '부분기관'으로 확대되어 개별 국회의원이나 소수파가 자신의 권한침해를 주장할 수 있어야 하고, 국회와 정부의 권한쟁의가 가능하기 위해서는 나아가 국회의 부분기관이 국회를 대신하여 국회의 권한침해를 주장할 수 있는 '제3자 소송담당'을 인정함으로써 청구인적격의 범위가 확대되어야 한다.

나. 국회와 정부 간의 권한쟁의가 가능하기 위한 조건으로서 제3자 소송담당

(1) 제3자 소송담당의 인정 필요성

국가기관을 '전체'로서의 국가기관이라고 해석하여 국회 전체에게만 당사자능력을 인정한다면, 국회와 정부 간에서 권한쟁의심판이 청구될 가능성은 현실적으로 거의 없다. 오늘날의 정당국가적 권력분립구조는 정부와 의회의 대립에서 의회 내의 다수당과 소수당의 대립으로 전환되었으며, 정부와 국회의 권력이 다수당 중심으로 형성된 현실적 정치상황에서는 실제적인 권력의 분립은 의회의 여당과 야당 사이에서 이루어진다. 물론 우리 헌법과 같은 대통령제를 채택한 헌법 하에서는 의원내각제의 경우처럼 정부와 의회 다수당의 이익이 반드시 일치하는 것은 아니지만, 대통령의 출신정당과 국회 내의 다수당이 일치하는 것이 일반적인 헌법현실이며, 이러한 상황에서는 국회는 정부에 의하여 자신의 권한이 침해된 경우에도 자신의 권한을 주장하지 않으리라는 것은 쉽게 상정할 수 있다. 전체로서의 국회만이 권한쟁의심판의 당사자가 될 수 있다면 권한쟁의심판의 청구는 합의체인 국회에서의 다수결을 통해서만 가능한데, 그러나 침해된 국회의 권한을 회복하려는 소수당의 시도는 다수결에 의하여 좌절될 수밖에 없다. 따라서 국회와 정부 간의 권한쟁의심판이 현실적으로 가능하기 위해서는, 국회의 부분기관이 국회를 대신하여 침해된 국회의 권한을 경우에 따라서는 국회 전체의 의사에 반하여 관철할 수 있는 길이 열려있어야 한다.

물론, 침해된 국회의 권한이 동시에 국회 부분기관의 권한에 해당하기 때문에, '국회의 권한'과 '부분기관의 권한'을 동일시 할 수 있다면, 제3자 소송담당은 불필요할 것이다.[35] 그러나 국회의 권한과 부분기관의 권한은 그 권한의 귀속주체가 다른 것으로 엄

35) 헌재 1998. 7. 14. 98헌라1(국무총리서리 사건)에서 재판관 3인의 의견은 '국회는 국회의원으로 구성되는 합의제기관으로서 국회의 의사는 결국 표결 등으로 나타나는 국회의원들의 의사가 결집된 것이므로, 국무총리

격하게 구분되어야 한다.[36] 헌법 제58조(정부의 국채모집 등에 대한 국회의 동의권), 제60조(조약의 체결・비준에 대한 국회의 동의권), 제62조 제2항(국회의 국무위원 출석요구권), 제86조 제1항(국회의 국무총리임명동의권) 등의 권한은 국회의 부분기관인 국회의원이나 교섭단체에게 부여되는 것이 아니라 국회에게 귀속되는 권한이며, 국회의 권한이 곧 그에 소속된 개별 국회의원이나 교섭단체의 권한은 아니다. 국회의 권한은 국회 내의 의결을 통하여 외부기관과의 관계에서 행사될 수 있는 것인 반면, 국회의원이나 교섭단체의 권한은 국회 내부와의 관계에서 행사될 수 있는 것이다.[37] 따라서 국회의 부분기관에게 제3자 소송담당을 인정하는 것이 불가피하다.

(2) 국회의 부분기관이 국회의 권한 침해를 주장하기 위한 조건

국회의 부분기관이 국회를 대신하여 침해된 국회의 권한을 주장하기 위해서는 무엇보다도 다음과 같은 2가지 조건이 충족되어야 한다.

첫째 헌법상의 "국가기관"을 전체로서의 기관뿐만 아니라 부분으로서의 기관으로 해석함으로써 고유권한을 지닌 부분기관에게도 '당사자능력'을 인정해야 하며, 둘째, 국회는 자신의 권한회복에 있어서 그의 부분기관이 국회의 권한침해를 주장하는 것에 의존하고 있으므로, 국회의 특정 부분기관에게는 예외적으로 국회의 권한을 주장할 수 있는 '제3자 소송담당'을 인정해야 한다. 국회의 권한을 부분기관 중에서 누가 주장할 수 있는지의 문제에 있어서 일반적으로 원내교섭단체와 개별 국회의원이 고려되는데, 국회의원 각자가 개인적인 견해를 근거로 국회의 권한을 주장하는 것보다는 교섭단체 내부의 의사수렴과정을 통하여 심판을 청구하는 것이 보다 이상적이라고 판단되므로, 원내교섭단체에게만 국회의 권한을 주장할 수 있는 제3자 소송담당을 인정하는 것이 바람직하다.

다. 헌법재판소법 제61조의 해석의 문제

(1) 민사소송법상의 法理가 헌법재판에도 그대로 적용되는지의 문제

헌법재판소법 제61조 제1항은 "국가기관 상호간에 권한의 존부 또는 범위에 관하여 다툼이 있을 때에는 당해 국가기관은 헌법재판소에 권한쟁의심판을 청구할 수 있다"고 하고 같은 조 제2항은 "제1항의 심판청구는 피청구인의 처분 또는 부작위가 헌법 또는

임명에 대한 국회의 동의권한은 그 속성상 필연적으로 국무총리 임명에 대한 국회의원들의 표결권한을 내포하고 있으므로, 청구인들은 이 사건 임명처분으로 국회의 동의권한 및 자신들의 국무총리 임명동의안에 대한 표결권한을 동시에 침해받았다고 주장할 수 있다'고 하여 당사자적격을 인정하였다(판례집 10-2, 1, 4); 이와 유사한 시도로서 vgl. D. Lorenz, Der Organstreit vor dem Bundesverfassungsgericht, in: Bundesverfassungsgericht und Grundgesetz, Bd. I, 1976, S.252f.

36) 헌법재판소는 헌재 1998. 7. 14. 98헌라1 결정(국무총리서리 사건)에서 재판관 3인이 국회의 동의권과 국회의원의 표결권을 동일시함으로써 제3자 소송담당 제도의 필요성을 우회하고자 한 시도에 대하여, 헌재 2007. 7. 26. 2005헌라8(쌀협상 사건)에서 부정적인 입장을 명백히 밝히고 있다(판례집 19-2, 26).

37) 이에 관하여 한수웅, 국가기관간의 권한쟁의에 있어서의 제3자 소송담당 및 결정주문, 인권과 정의 1998. 9, Ⅱ. 3. 나. (3) 참조.

법률에 의하여 부여받은 청구인의 권한을 침해하였거나 침해할 현저한 위험이 있는 때에 한하여 이를 할 수 있다."고 규정함으로써, 법문상으로는 청구인은 '청구인'의 권한 침해만을 주장할 수 있도록 되어 있다. 헌법재판소법 제62조 제1항 제1호의 '국가기관'을 그 기관뿐 아니라 그의 부분기관이라고 해석하여 당사자능력이 인정되는 범위를 확대한다 하더라도, 같은 조 제2항은 청구인이 부분기관인 경우에는 자신의 이름으로 소속기관의 권한을 주장할 수 있는 제3자 소송담당의 가능성을 명시적으로 규정하고 있지 않다.

헌법재판소는, 권리는 원칙적으로 권리주체가 주장하여 소송수행을 하도록 하는 것이 자기책임의 원칙에 부합하므로, '제3자 소송담당'은 예외적으로 법률의 규정이 있는 경우에만 인정된다는 민사소송법상의 법리에 기초하여, 헌법재판소법에서 제3자 소송담당의 가능성을 명시적으로 규정하고 있지 않기 때문에 인정하기 어렵다는 입장이다. 그러나 이러한 판시내용은 민사소송과 권한쟁의심판 사이의 근본적인 차이점을 간과하고 있다.[38] 민사소송의 목적이 일차적으로 '주관적 권리의 보호'에 있다면, 권한쟁의심판의 목적은 권한분쟁의 해결을 통한 '헌법의 수호와 유지'에 있다. 권한쟁의심판이 분쟁당사자간의 對審的 구조를 통하여 주관화되었다 하더라도, 그 궁극적 목적이 헌법의 유지와 정치적 과정의 기능 보장이라는 것을 잊어서는 안 된다. 따라서 '제3자 소송담당은 명시적인 법률규정에 근거해서만 허용될 수 있다'는 민사소송법상의 법리는 권한쟁의심판에 그대로 적용될 수 없다.

헌법재판소법이 제40조 제1항에서 그 자체로서 불필요한 수식어를 통하여 명시적으로 밝히고 있는 바와 같이("… 헌법재판의 성질에 반하지 아니하는 한도 내에서 민사소송에 관한 법령의 규정을 준용한다."), 여기서 민사소송법의 준용가능성이란, 헌법재판소법에 규율되지 아니한 절차적 사안에 민사소송법이 기계적으로 적용된다는 것이 아니라, 헌법재판절차의 특수성이 민사소송법규정의 적용을 허용하는지 여부에 관하여 매 경우마다 판단해야 한다는 것을 의미한다.[39] 그렇다면, 주관적 권리보호의 사고에 기초하고 있는 민사소송법상의 제도인 제3자 소송담당은 주관적 권리보호가 아니라 객관적 헌법의 수호를 그 주된 목적으로 가지는 권한쟁의심판에 그대로 적용될 수 없는 것이다.[40]

---

38) 민사소송과 권한쟁의심판 사이에 존재하는 근본적인 차이점을 고려하여 제3자 소송담당을 규정하는 독일 연방헌법재판소법 제64조 제1항을 민사소송법상의 제도인 제3자 소송담당이 아니라 헌법소송법상의 독자적 제도로서 파악해야 한다는 견해로는 Vgl. D. Lorenz, Der Organstreit vor dem dem Bundesverfassungsgericht, in: Bundesverfassungsgericht und Grundgesetz, Bd. I, 1976, S.252.

39) Vgl. Schlaich/Korioth, Das Bundesverfassungsgericht, 5. Aufl., 2001, Rn.51.

40) 또한, 헌재 2007. 7. 26. 2005헌라8(쌀협상 사건), 판례집 19-2, 26, 37, 재판관 송두환의 반대의견, "다수의견은 법률상 명문규정의 부존재를 이유로 '제3자 소송담당'을 부정하고 있으나, 역으로 '제3자 소송담당'을 금지하는 법률의 규정도 없으므로 성급히 단정해버릴 문제는 아니다. … 한편, 헌법재판소법이 제40조에서 '헌법재판소법에 특별한 규정이 있는 경우를 제외하고는 민사, 형사 또는 행정소송에 관한 법령을 준용'하도록 규정하면서, 다시 '헌법재판의 성질에 반하지 아니하는 한도 내에서'라고 단서를 달고 있는 것은, 헌법재

(2) 권한쟁의심판의 본질과 목적을 고려하는 '合憲的 법률해석'의 요청

오히려, 헌법재판소법은 권한쟁의심판의 본질과 목적을 고려하여 권한쟁의심판이 그 본연의 기능을 이행할 수 있도록 해석되어야 한다. 절차법은 적합한 절차적 규정의 제공을 통하여 실체법의 실현에 기여하는 것을 그 목적으로 한다. 다른 소송법과 마찬가지로, 헌법소송법도 실체법인 헌법의 실현과 관철에 기여하는 것에 그 일차적 목적이 있으므로, 입법자는 헌법소송법을 구체적으로 형성함에 있어서 절차적 규정이 실체법을 실현하기에 적합한지,[41] 즉 헌법재판소법상의 권한쟁의심판이 헌법기관 사이의 권력분립적 기능질서를 확보하기에 적합한지의 관점을 결정적인 지침으로 삼아야 한다.[42]

헌법은 제111조 제1항 제4호에서 '국가기관 상호간의 권한쟁의심판'을 헌법재판소의 관할로 확정하고 입법자에게 권한쟁의심판의 의미와 목적을 고려하여 헌법재판소법을 통하여 심판절차를 규율할 것을 위임하였다. 그러나 헌법재판소에 의한 사법적 심사의 대상이 되어야 할 본질적인 권한분쟁이 권한쟁의심판의 대상이 될 수 없을 정도로, 입법자에 의한 구체적 형성의 결과인 헌법재판소법이 헌법이 부여한 권한쟁의심판의 기능과 헌법재판소의 관할을 축소하고 있다면, 이로써 절차법인 헌법재판소법이 헌법상 권력분립질서를 보장할 수 없다면,[43] 이는 합헌적인 법률해석을 통하여 보완되어야 한다. 제3자 소송담당이 인정되지 않는 한, 국회와 정부 사이의 권한쟁의심판은 사실상 불가능하며, 이로써 권한쟁의심판의 본질적 기능이 폐지되는 결과를 초래한다.

따라서 권한쟁의심판이 헌법상 권력분립질서의 유지라는 본연의 기능을 이행할 수 있도록, 청구인적격에 관한 절차법규정은 합헌적으로 해석되어야 한다. 그렇다면, 비록 실정법상 명문의 규정은 없더라도, 오늘날의 정당국가적 권력분립구조 및 권한쟁의심판의 본질과 목적을 고려하여 국가기관간의 권한쟁의심판이 현실적으로 기능하기 위한 최소한의 전제조건으로서 법 제61조 제2항의 '청구인'을 '청구인 또는 그가 속한 기관'으로 합헌적으로 확대해석해야 한다.

판소법이 완결적이지 못함을 스스로 인정하고, 나아가 헌법재판 또는 헌법소송이 여타의 소송과는 다른 특성과 특질을 가지고 있다는 것을 표명한 것이다. 이에 비추어 볼 때, 헌법재판 또는 헌법소송에 관하여는 헌법재판소가 헌법의 원리와 지도정신에 의거한 창조적 법형성으로 법적 흠결을 보완해 나갈 여지가 주어져 있고, 또한 그것이 예정되어 있는 것이라고 보아야 할 것이다."

41) 절차법인 헌법소송법은 실체법인 헌법의 실현이라는 관점에서 해석되어야 한다는 것에 관하여 vgl. Häberle, Grundprobleme der Verfassungsgerichtsbarkeit, in: Häberle(Hg.), Verfassungsgerichtsbarkeit, 1976, S.25ff.

42) Vgl. Benda/Klein, Verfassungsprozeßrecht, 2. Aufl., 2001, Rn.35f.

43) 1988년 헌법재판소법의 제정 당시 입법자는 첫째, 국가기관간의 본질적인 권한분쟁이 어떠한 상황에서 발생하는지에 관한 이해가 부족하였기 때문에 헌법재판소법 제62조 제1항 제1호에서 '부분기관'을 배제한 채 '전체로서의 국가기관'에게만 당사자능력을 인정하였고, 둘째, 국회의 부분기관에게 제3자 소송담당을 인정하지 않는 이상 국회와 정부 간의 권한쟁의심판이 사실상 불가능하다는 점을 인식하지 못하였기 때문에, 헌법재판소법 제61조 제2항에서 제3자 소송담당의 가능성을 배제한 채 청구인적격을 '권한을 침해당한 당사자'로 규정하였다. 반면에, 독일 연방헌법재판소법은 부분기관이 소속된 기관을 위하여 권한쟁의심판을 청구할 수 있도록 명문의 규정을 두고 있다(제64조).

(3) '소수의 보호'를 위한 제도로서의 권한쟁의심판에 대한 헌법적 요청

뿐만 아니라, 현대국가의 권력분립질서가 기능하는지 여부는 무엇보다도 '소수의 보호'에 달려있다. 오늘날의 정당국가에서 실제적인 권력분립이 의회의 여당과 야당 사이에서 이루어짐에 따라, 정부에 대한 통제는 야당의 역할이 되었다. 따라서 오늘날의 권력분립원리는 소수정당에게 집권당을 통제하는 가능성을 부여함으로써 비로소 실현될 수 있다. 바로 여기에 집권당을 통제할 수 있는 야당의 권리 및 소수 보호의 중요성이 있다. 정당국가에서 권력분립원리의 실현은 본질적으로 의회의 야당이 기능하는지, 소수의 보호가 기능하는지 여부에 달려있다. 따라서 소수의 보호가 기능할 수 있도록, 의사형성과정에 영향력을 행사하는 소수의 절차적 권리와 이를 司法的으로 관철할 수 있는 소송법적 가능성이 보장되어야 한다. 이러한 이유에서 의회나 소수당의 권한이 침해된 경우에는 이를 소송법적으로 관철할 수 있는 가능성이 보장되어야 한다.

소수의 보호를 위한 헌법소송제도로서 중요한 기능을 하는 것이 바로 권한쟁의심판이다. 권한쟁의심판의 절차는 소수의 보호가 기능할 수 있도록 입법적으로 형성되어야 하고, 나아가 소수 보호의 정신에 비추어 법적용기관에 의하여 해석되어야 한다.[44] 헌법재판소가 권한쟁의심판에 관한 절차법적 규정을 해석함에 있어서, 절차법이 헌법기관의 권한침해로부터 헌법상 권력분립질서를 보장하기에 적합한지, 현대 정당국가의 새로운 정치적 구조에 부합하는지의 관점을 결정적인 기준으로 삼아야 한다.[45]

이러한 관점에서 볼 때, 헌법재판소법 제62조 제1항 제1호의 법문이 명시적으로 국가기관 상호간의 권한쟁의심판의 당사자범위를 列擧的으로 규정하고 있음에도 헌법재판소가 권한쟁의심판의 헌법상 목적과 본질에 비추어 위 조항을 例示的인 것으로 해석하는 것이 가능하였다면, 제3자 소송담당의 근거조항이 될 수 있는 법 제61조 제2항도 예시적으로 확대 해석하는 것이 가능할 것이다.

3. 헌재 2007. 7. 26. 2005헌라8 결정(쌀협상 사건)의 문제점

헌법재판소의 위 판시내용은 민사소송과 권한쟁의심판 사이의 본질적인 차이를 간과하여 명시적인 법률규정이 없이는 제3자 소송담당을 인정할 수 없다는 결론에 이른 것 외에도 다음과 같은 문제점을 노출하고 있다.

---

44) 또한, 헌재 2007. 7. 26. 2005헌라8(쌀협상 사건), 판례집 19-2, 26, 27, 재판관 송두환의 반대의견, "의회 내 소수파 의원들의 권능을 보호하는 것을 통하여 궁극적으로는 의회의 헌법적 권한을 수호하기 위하여, 그들에게 일정한 요건 하에 국회를 대신하여 국회의 권한침해를 다툴 수 있도록 하는 법적 지위를 인정할 필요가 있고, 그 구체적 방안으로서 이른바 '제3자 소송담당'을 인정할 필요가 있다."

45) Vgl. Benda/Klein, Verfassungsprozeßrecht, 2. Aufl., 2001, Rn.1050.

가. 변화한 헌법현실에서 議會主義에 대한 근본적인 오해

첫째, 헌법재판소는 "국회의 의사가 다수결에 의하여 결정되었음에도 다수결의 결과에 반대하는 소수의 국회의원에게 권한쟁의심판을 청구할 수 있게 하는 것은 다수결의 원리와 의회주의의 본질에 어긋난다."고 판시하고 있는데, 이는 오늘날 변화한 의회주의의 의미에 대한 헌법재판소의 근본적인 오해를 드러내는 것이다.

議會主義(Parlamentarismus)란, 국민에 의하여 선출된 대표자로 구성되는 의회에서 국가의사가 결정되고, 의회를 중심으로 국정이 운영되는 정치원리를 말한다. 고전적 의회주의이론은 공동체의 문제에 관한 타당한 해결책을 찾기 위한 '공개적 토론의 사고'에 기초하고 있다.[46] 원래 의회주의이론은, 사려 깊고 모든 이해관계로부터 자유로운 가운데 독립적으로 활동하는 의원들이 일반대중 앞에서 논거와 반대논거의 이성적인 토론을 바탕으로 정보와 의견의 교환과정을 통하여 타당한 것, 즉 공익에 부합하는 것을 규명한다는 사고에서 출발한다. 이와 같이 理想的 의회주의이론에 의하면, 의회의 정신은 견해의 대립과 논쟁의 과정에 있고, 이로부터 타당한 국가의사가 나온다는 것에 있다.

그러나 이러한 사고는 오늘날 더 이상 정치현실에 부합하지 않는다. 정당과 이익단체의 등장은 이러한 사고의 근간을 박탈하였으며, 의회의 의사형성과정을 근본적으로 변화시켰다. 정당에 의하여 지배된 의회는 더 이상 서로가 이성적 토론을 통하여 상대방을 설득하고자 시도하는 토론의 장소가 아니라, 정당간의 권력투쟁의 장소이자 다양한 이익의 경합의 장소로 변하였다. 정당국가화의 현상으로 인하여 의회기능은 약화되었으며, 의회는 정부에 대한 통제기능을 상실하였고, 의원의 정당에의 기속은 심화되었다.

이와 같이 오늘날 근본적으로 변화한 헌법현실에서 의회주의의 '새로운 의미'는, 정치적 과정을 조직하는 정당의 역할을 출발점으로 삼아 경쟁민주주의의 전제조건으로서 '집권당과 야당 사이의 대립과 논쟁'에서 찾아야 한다. 즉, 오늘날 의회주의의 새로운 존립근거는 의회 내 야당의 지위를 향상시켜 정부에 대한 의회의 통제기능을 강화함으로써 확보될 수 있는 것이다. 따라서 의회주의의 이러한 새로운 의미가 유지되기 위해서는 '정부와 야당의 분리 · 대립' 및 '야당 권리의 강화'가 필수적이다.[47] 즉, 야당은 국가의사형성에의 참여가 아니라 차기 선거에서 국가권력의 인수를 목표로 해야 하며, 오늘날 실질적으로 정부를 통제하는 기능을 담당하는 야당의 권리가 강화되어야 한다. 그러므로 정부에 대한 의회의 통제권은 가능하면 '소수의 권리'로서 형성되어야 한다. 정

46) 의회주의의 구조 변화 및 오늘날 의회주의의 의미에 관하여 상세하게 한수웅, 헌법학, 2011, 1046면 이하 참조.

47) Vgl. v. Arnim, Staatslehre der Bundesrepublik Deutschland, 1984, S.320ff.; H. P. Schneider, Das Parlamentsrecht im Spannungsfeld von Mehrheitsentscheidung und Minderheitsschutz, in: Festschrift 50 Jahre Bundesverfassungsgericht, Bd,Ⅱ, 2001, S.657ff.; Vgl. U. Di Fabio, Parlament und Parlamentsrecht, Der Staat 1990, S.611.

부에 대한 통제수단이 단지 '의회의 다수'에 의해서만 사용될 수 있다면, 이러한 통제수단은 실효성이 없을 것이다. 이러한 관점에서 볼 때 권한쟁의심판에서 '제3자 소송담당'을 인정하는 것은 현대 의회주의를 실현하기 위하여 필수적인 것이다. 그러나 헌법재판소는 제3자 소송담당이 다수결의 원리와 의회주의의 본질에 어긋난다고 주장함으로써, 오늘날 변화한 의회주의의 의미를 전혀 파악하지 못하고 있다.[48)]

나. 권한쟁의심판의 본질에 대한 오해

둘째, 헌법재판소는 위 판시내용에는 헌법재판과 권한쟁의심판의 본질과 목적에 대한 이해의 부족이 노정(露呈)되어 있다. 분쟁당사자간의 대화와 타협을 통하여 국가기관간의 권한분쟁을 해결할 수 있음에도 권한쟁의심판을 헌법재판소의 관할로 한 것은 헌법재판소의 심판을 통하여 민주적 다수에 대해서도 헌법을 관철하고 수호하고자 한 것이다. 권한쟁의심판의 또 다른 목적이 바로 '소수의 보호'와 '민주적 다수에 대한 통제'에 있는 것이다.

그러나 소수가 다수결로 결정된 것을 다투는 것은 다수결의 원리와 의회주의에 반한다는 헌법재판소의 주장은 다수의 결정을 절대시하는 절대적 민주주의의 사고이며, 나아가 헌법재판 자체를 부인하는 사고이다. 헌법재판은 '민주적 다수의 결정도 헌법에 반할 수 있다'는 사고에서 출발하고 있다. 헌법재판소의 위 판시내용은 궁극적으로 권한쟁의심판의 본질을 부정하는 것이고, 결국 自己否定인 것이다.

다. 濫訴의 위험성에 대한 오해

셋째, 헌법재판소는 제3자 소송담당을 인정하는 경우 남용의 우려가 있음을 이유로 제3자 소송담당을 부인하고 있다. 그러나 국가기관이 기관 내부적으로 정치적인 수단을 통하여 분쟁을 해결할 수 있는 방법이 있음에도 司法的 수단에 의하여 해결하고자 하는 경우에는 일차적으로 '권리보호이익'을 부정함으로써 심판청구를 각하할 수 있으며,[49)] 나아가 '제3자 소송담당이 인정되는 범위'를 개별 국회의원이 아니라 원내 교섭단체 규모의 의원에게 한정함으로써 남용의 위험에 대처할 수 있다.[50)]

濫訴의 위험성 문제는 개별적 사건에서 권리보호이익(심판의 이익)의 요건을 통하여 해소될 수 있을 뿐만 아니라, 제3자 소송담당의 인정 범위와 요건 등을 엄격하게 정함으로서 극복될 수 있으므로, 제3자 소송담당을 전면적으로 부정하는 논거가 될 수 없

48) 또한, 재판관 송두환의 반대의견, 판례집 19-2, 26, 38, "'제3자 소송담당'은, 헌법이 요구하는 의회의 대정부 견제기능이 의회 내 다수파의 정략적 결정에 의하여 저해되고 그럼으로써 헌법이 명령하는 의회주의가 왜곡 내지 훼손되는 경우에, 그로부터 의회주의를 회복하기 위한 수단으로써 강구되는 것이므로 의회주의의 본질에 반한다고 볼 수 없고, 오히려 의회주의의 본질을 더욱 충실하게 하는 데 기여할 수 있다."

49) 이에 관하여 위 Ⅱ. 2. 나. (2) (다) 부분 서술 참조할 것.

50) 이에 관하여 위 Ⅲ. 2. 나. (2) 부분 서술 참조할 것.

다.[51]

라. 국회 권한의 헌법적 근거와 국회의원 권한의 헌법적 근거의 혼동

넷째, 헌법재판소는 위 결정에서 "국회의원의 법률안 심의·표결권은 비록 헌법에는 이에 관한 명문의 규정이 없지만 의회민주주의의 원리, 입법권을 국회에 귀속시키고 있는 헌법 제40조, 국민에 의하여 선출되는 국회의원으로 국회를 구성한다고 규정하고 있는 헌법 제41조 제1항으로부터 당연히 도출되는 헌법상의 권한이다."라고 하여,[52] 예전의 판례를 그대로 답습하고 있다.[53] 헌법재판소는 국회의원의 심의·표결권의 헌법적 근거로서 헌법 제40조 및 제41조를 언급하고 있으나, 헌법 제40조 및 제41조는 각 국회의 권한과 구성에 관한 규정으로서 국회의원의 권한에 관한 직접적인 근거규정이 될 수 없다는 점에서, 국회의 권한과 국회의원의 권한을 구분하지 아니하고 혼동하고 있다. 헌법재판소가 위 결정에서 '국회의 권한으로서 동의권'과 '국회의원의 권한으로서 표결권'을 서로 다른 것으로 명확하게 구분하였다면, 이에 상응하게 그 헌법적 근거도 구분하여 달리 판단해야 할 것이다.

국회의원의 발언권과 표결권은 국회의 관할과 구성을 규정하는 헌법 제40조, 제41조 제1항이 아니라, 국회의원의 법적 지위를 규정하는 헌법 제42조 내지 제46조, 특히 국회의원의 헌법적 지위에 관한 기본규정인 제46조 및 발언과 표결에 관한 면책특권을 규정하는 제45조에 그 헌법적 근거를 두고 있다. 특히 헌법 제46조 제2항은 국회의원의 개별권한을 구체적으로 언급하고 있지는 않지만, 위 헌법조항은 국회의원의 헌법적 권한과 의무에 관한 일반규정으로서 국회의원의 발언·심의·표결권을 포함하는 것으로 해석해야 한다.[54]

Ⅳ. 법률에 대한 권한쟁의심판

1. 헌법재판소법 제61조 제2항의 '처분'의 의미

소송법적 개념은 그 개념이 위치하는 개별절차의 기능과 목적을 고려하여 그에 부합하게 해석되어야 한다.[55] 헌법재판소법 제61조 제2항의 '피청구인의 처분'은 행정행위나 행정처분에 해당하는 개념이 아니라 모든 법규범의 제정행위, 행정행위, 사실행위를 포

51) 同旨 재판관 송두환의 반대의견(판례집 19-2, 26, 38) 참조.
52) 판례집 19-2, 26, 34.
53) 동일한 판시내용으로 헌재 1997. 7. 16. 96헌라2, 판례집 9-2, 154, 169 참조.
54) 한편, 헌법 제49조("국회는 … 재적의원 과반수의 출석과 출석의원 과반수의 찬성으로 의결한다.")를 심의·표결권의 헌법적 근거로 볼 여지도 있으나, 이 규정은 '다수결의 원칙'을 규정하는 국회의사형성에 관한 절차적 규정으로서 절차규정에서 실체적 권한을 이끌어 내는 것은 무리가 있다.
55) Vgl. Benda/Klein, Verfassungsprozeßrecht, 2. Aufl., 2001, Rn.37; BVerfGE 70, 35, 51.

함하는 포괄적인 개념으로서 부작위에 대립되는 개념인 '작위'나 '적극적 行爲'에 해당한다.[56] 즉, 청구인의 법적 지위를 침해할 수 있는 피청구인의 모든 행위가 '처분'으로 고려되는 것이다.

한편, 법적 중요성을 지니기 때문에 청구인의 권한을 침해하기에 적합한 행위만이 피청구인의 처분으로 고려된다.[57] 기관 내부적 효력만을 가지는 행위 또는 외부적 효력을 가지는 행위를 단지 준비하는 행위는 청구인의 법적 지위에 구체적으로 영향을 미칠 가능성이 없는 행위로서 '처분'에 해당하지 않는다.[58]

입법영역에서의 처분은 법률제정과 관련된 행위(가령, 국회의장의 법률안가결선포행위)를 포함하며, 행정영역에서의 처분은 법규제정과 관련된 행위 및 개별적 행정행위 및 사실행위(가령, 정부의 홍보활동, 국군의 파견에 관한 정부의 결정, 예산 외 재정의 지출 등)를 포함한다.[59] 이러한 점에서 볼 때, 헌법재판소법 제61조 제2항의 '처분'을 '부작위'에 대응하는 개념인 '작위'나 '조치'(Maßnahme) 등으로 개정하는 것이 바람직하다.

2. 권한쟁의심판의 대상으로서 법률

한편, 법률이나 시행령과 같은 법규범 그 자체도 권한쟁의심판의 대상이 될 수 있는지의 문제가 제기된다. 심판정족수를 규정하고 있는 헌법재판소법 제23조 제2항에 의하면, 법률의 위헌결정의 경우에는 재판관 6인 이상의 찬성이 있어야 하나, 권한쟁의심판의 경우에는 단지 재판관 과반수의 찬성으로 인용결정을 할 수 있도록 규정하고 있다. 이와 같이 법률의 위헌결정을 위한 의결정족수와 권한쟁의심판의 인용결정을 위한 의결정족수가 서로 상이하다는 점에서, 국회가 제정한 법률이 헌법재판소법 제61조 제1항의 의미에서 '처분'에 해당하는지, 이에 해당한다면 헌법재판소가 권한쟁의심판에서 법률의 위헌성을 확인하는 경우 어떠한 형태의 결정주문을 선택해야 하고 인용결정의 효력은

---

56) Vgl. Pietzcker, Organstreit, in: Festschrift 50 Jahre Bundesverfassungsgericht, Bd. I, 2001, S.606.

57) Vgl. Schlaich/Korioth, Das Bundesverfassungsgericht, 5. Aufl., 2001, Rn.85; Umbach/Clemens/Dollinger (Hg.), BVerfGG, 2. Aufl., 2005, §67 Rn.138.

58) 정부의 법률안제출행위(헌재 2005. 12. 22. 2004헌라3, 판례집 17-2, 650, "여기서 '처분'이란 법적 중요성을 지닌 것에 한하므로, 청구인의 법적 지위에 구체적으로 영향을 미칠 가능성이 없는 행위는 '처분'이라 할 수 없어 이를 대상으로 하는 권한쟁의심판청구는 허용되지 않는다. … 따라서 정부가 법률안을 제출하는 행위는 입법을 위한 하나의 사전 준비행위에 불과하고, 권한쟁의심판의 독자적 대상이 되기 위한 법적 중요성을 지닌 행위로 볼 수 없다.")나 행정자치부장관이 지방자치단체에게 한 단순한 업무협조요청, 업무연락, 견해표명(헌재 2006. 3. 30. 2005헌라1, 공보 114, 525)은 처분이라 할 수 없다.

59) 헌법재판소는 "여기서의 처분은 입법행위와 같은 법률의 제정과 관련된 권한의 존부 및 행사상의 다툼, 행정처분은 물론 행정입법과 같은 모든 행정작용 그리고 법원의 재판 및 사법행정작용 등을 포함하는 넓은 의미의 공권력 처분을 의미하는 것"이라고 하여, 처분에 '사법작용'도 포함시키고 있다(가령, 헌재 2006. 5. 25. 2005헌라4, 판례집 18-1상, 28). 국가기관 상호간의 권한쟁의가 주로 정치적 헌법기관인 국회와 정부 사이에서 발생한다는 점에서 법원의 행위를 처분에 포함시키는 것이 타당한지 의문이 있을 뿐만 아니라, 설사 이를 포함시킨다 하더라도 '사법행정작용'과 관련해서는 권한분쟁의 소지를 배제할 수는 없으나, '법원의 재판'과 관련해서는 권한쟁의가 발생할 가능성이 전혀 없다. 법원의 재판이란 법적 분쟁의 궁극적인 해결을 목적으로 하는 것인데, 법원의 재판으로 인하여 국가기관의 권한이 침해된다는 것은 상정할 수 없기 때문이다.

무엇인지의 문제가 제기된다.

가. 헌법재판소의 판례

(1) 헌재 2005. 12. 22. 2004헌라3(서울특별시와 정부 · 국회간의 권한쟁의 사건)

정부는 의무교육 관련경비의 부담주체를 '국가'에서 '국가 및 지방자치단체'로 변경하기 위하여 '지방교육자치에 관한 법률' 및 '지방교육재정교부금법'의 개정법률안을 국회에 제출하였고, 위 개정법률안들은 국회 본회의에서 의결되어 각 공포되었다. 이에 서울특별시는 정부의 개정법률안 제출행위 및 국회의 개정법률은 의무교육경비의 국가부담을 규정하고 있는 헌법 및 법률에 위반되어 청구인의 자치재정권을 침해한다고 주장하면서 권한쟁의심판을 청구하였다.

헌법재판소는 위 결정에서 정부에 대한 심판청구에 대해서는 정부의 법률안제출행위가 '처분'에 해당하지 않으므로 부적법하여 각하하였고, 국회에 대한 심판청구에 대해서는 '국회의 법률제정행위'가 '처분'에 해당하는지에 관한 별도의 판단 없이 이를 당연한 전제로 하여 심판청구의 적법성을 인정한 다음, 의무교육경비를 국가가 부담해야 한다는 헌법원칙이 도출되지 않는다는 이유로 청구인의 권한침해를 부인함으로써 심판청구를 기각하였다.

(2) 헌재 2006. 5. 25. 2005헌라4(강남구 등과 국회간의 권한쟁의 사건)

'종합부동산세법의 제정으로 인하여 지방자치단체의 자치행정권이 침해되었다'는 주장으로 제기된 지방자치단체와 국회간의 권한쟁의심판에서, 헌법재판소는 헌법재판소법 제61조 제1항의 '처분'을 넓은 의미의 공권력처분을 의미하는 것으로 보아야 할 것이므로 법률에 대한 권한쟁의심판도 허용되나, "다만 권한쟁의심판과 위헌법률심판은 원칙적으로 구분되어야 한다는 점에서, 법률에 대한 권한쟁의심판은 '법률 그 자체'가 아니라, '법률의 제정행위'를 그 심판대상으로 해야 할 것이다."라고 판시하였다. 이로써 헌법재판소는 법률이 그 내용으로 인하여 청구인의 헌법상 또는 법률상 부여받은 권한을 침해하는지 여부도 권한쟁의심판의 대상이 된다는 것을 확인하면서, 다만 이 경우 문제되는 피청구인의 행위는 '법률 그 자체'가 아니라, '법률의 제정행위'라고 판단하였다.[60] 헌법재판소는 위 결정에서 법률에 대한 권한쟁의심판도 허용되는 것으로 확인한 후, 국회가 제정한 법률에 의하여 청구인의 권한이 침해될 수 있는 가능성도 인정하였으나,

---

60) 헌재 2006. 5. 25. 2005헌라4, 판례집 18-1 상, 28(강남구 등과 국회간의 권한쟁의)에서 국회의 법률제정행위가 권한쟁의심판의 대상이 될 수 있는 '처분'에 해당하는지 여부를 판단하였는데, "법 제61조 제2항에 따라 권한쟁의심판을 청구하려면 피청구인의 처분 또는 부작위가 존재하여야 한다. 여기서의 처분은 입법행위와 같은 법률의 제정과 관련된 권한의 존부 및 행사상의 다툼, 행정처분은 물론 행정입법과 같은 모든 행정작용 그리고 법원의 재판 및 사법행정작용 등을 포함하는 넓은 의미의 공권력 처분을 의미하는 것으로 보아야 할 것이므로, 법률에 대한 권한쟁의심판도 허용된다고 봄이 일반적이나 다만, '법률 그 자체'가 아니라 '법률제정행위'를 그 심판대상으로 하여야 할 것이다."고 판시하였다.

청구기간의 도과를 이유로 심판청구를 각하하였다.

나. 심판대상으로서 법률의 제정행위

국회가 제정한 법률이 국회의원이나 의회 소수파의 권한을 침해하거나 또는 지방자치단체의 자치행정권을 침해할 수 있으므로, 법률의 내용 그 자체가 권한쟁의심판의 대상이 될 수 있다는 것은 부인할 수 없다. 그러나 권한쟁의심판에서는 '법률이 위헌인지 여부'가 아니라 '피청구인의 행위에 의하여 청구인의 권한이 침해되었는지 여부'가 심판의 대상이므로, 법률의 내용에 의하여 청구인의 권한이 침해되는 경우에도 여기서 피청구인의 '처분'이란 법규범이 아니라 '법규범의 제정행위'이다.[61] 즉, 권한쟁의의 심판청구는 법규범 그 자체가 아니라 입법기관에 의한 법규범의 제정에 대한 것이다.

3. 법률에 대한 권한쟁의심판의 문제점

가. 추상적 규범통제와의 유사성

그러나 피청구인의 처분을 '법률 그 자체'가 아니라 '법률제정행위'로 보더라도, 법률의 내용 그 자체에 의하여 청구인의 헌법상 권한이 침해되었는지 여부가 실체적 심판대상이라는 점에서, 헌법재판소는 본안판단에서 법률의 위헌여부에 관한 판단을 하지 않을 수 없으며,[62] 그 결과 법률의 위헌성을 확인하는 경우에는 재판관 과반수의 찬성으로 인용결정을 하게 된다. 그렇다면, 이 경우 피청구인의 행위를 무엇으로 보든지 간에 결국 권한쟁의심판의 범주 내에서 법률에 대한 위헌심사가 불가피하게 이루어질 수밖에 없는 것이며, 헌법재판소가 법률에 의하여 청구인의 헌법상 권한이 침해되었다는 확인에 이르는 경우에는 법률의 위헌성을 확인하게 되는 것이다.[63]

이러한 관점에서 볼 때, 법규범의 제정을 계기로 하여 그 위헌여부를 심판대상으로 하는 권한쟁의심판은 그 실질에 있어서는, 구체적 사건의 발생여부와 관계없이 정부나 국회 등 국가기관이나 지방자치단체의 심판청구에 의하여 법규범의 위헌성을 심사하는 '추상적 규범통제'와 유사한 성격을 가지게 된다.[64] 추상적 규범통제란, 구체적 소송사건의 발생과 관계없이 일정한 국가기관(연방정부, 주정부, 일정 數 이상의 의회 의원 등)의 심판청구에 의하여 헌법재판소가 법규범(법률 및 법규명령)의 위헌여부를 심사하는 제도

61) Vgl. Umbach/Clemens/Dollinger(Hg.), BVerfGG, 2. Aufl., 2005, §67 Rn.139; Pietzcker, Organstreit, in: Festschrift 50 Jahre Bundesverfassungsgericht, Bd. I, 2001, S.606; Schlaich/Korioth, Das Bundesverfassungsgericht, 5. Aufl., 2001, Rn.85.

62) 가령, 헌재 2005. 12. 22. 2004헌라3 결정에서 법률의 위헌여부에 관하여 판단하였으나 헌법에 위반되지 않는다고 하여 기각결정을 하였다.

63) Vgl. Schlaich/Korioth, Das Bundesverfassungsgericht, 5. Aufl., 2001, Rn.85, 89.

64) 법규범의 제정을 계기로 하는 권한쟁의심판과 추상적 규범통제의 유사성에 관하여 Pietzcker, Organstreit, in: Festschrift 50 Jahre BVerfG, Bd. I, 2001, S.606.

를 말한다.[65] 따라서 여기서 '추상적'이란 표현은 규범통제가 구체적 사건을 계기로 하지 않는다는 것을 의미한다.

즉, 현행 헌법재판제도가 비록 추상적 규범통제제도를 명시적으로 도입하고 있지 않지만, 법률에 대한 권한쟁의심판을 허용함으로써 사실상 부분적이나마 국가기관 등의 심판청구에 의하여 법률의 위헌여부를 판단하는 추상적 규범통제가 도입되는 결과가 발생하는 것이다. 따라서 법률이 피청구인의 행위로서 문제되는 경우 '법률'이 아니라 '법률제정행위'를 피청구인의 처분으로 본다고 하여 권한쟁의심판의 인용결정과 법률의 위헌결정이 서로 상이한 의결정족수를 규정하고 있다는 문제가 해결되는 것은 아니다.

나. 권한쟁의심판과 규범통제절차의 차이

(1) 한편, 권한쟁의심판과 규범통제절차 사이에는 결정의 주문과 효력 및 헌법적 심사의 범위에 있어서 다음과 같은 근본적인 차이가 있다.

헌법재판소가 위헌법률심판이나 헌법소원심판에서 법률의 위헌성을 확인하는 경우에는 헌법불합치결정 등 변형결정을 하지 않는 한, 원칙적으로 위헌결정을 통하여 대상법률을 법질서에서 제거하게 된다. 반면, 헌법재판소는 권한쟁의심판에서 단지 청구인의 헌법상 권한이 대상법률의 제정으로 인하여 침해되었다는 확인에 그치게 된다. 권한쟁의심판에서 헌법재판소는 헌법재판소법 제45조의 의미에서의 위헌결정을 할 수 없다. 헌법재판소는 권한쟁의심판에서 법률의 위헌성을 확인하는 경우에도 위헌결정의 형태로 법률을 직접 제거할 수는 없고 단지 법률의 위헌성을 간접적으로 표현할 수 있을 뿐이다.[66] 헌법재판소가 권한쟁의심판에서 법률의 위헌성을 확인하였음에도 불구하고 입법자가 위헌적인 상태를 스스로 제거하지 않는다면, 그 법률은 규범통제절차를 통하여 비로소 무효로 선언될 수 있다.[67]

규범통제절차에서 헌법재판소는 일단 적법요건이 충족된 경우에는 본안에서 법률의 위헌여부를 '모든 헌법적 관점에서' 포괄적으로 판단하지만, 권한쟁의심판에서는 본안판단의 범위도 '청구인이 주장하는 특정한 권한의 침해 여부'에 국한됨으로써 헌법적 심사의 범위와 기준이 심판청구에 의하여 확정되고 제한된다.[68] 권한쟁의심판에서 심사의 범위는 법률이 전반적으로 헌법에 부합하는지 여부가 아니라, 단지 법률이 청구인이 주장하는 헌법상 권한을 침해하였는지 여부의 심사에 국한된다. 따라서 법률이 다른 헌법적 관점에서 헌법에 위반될 가능성은 남아있다.

(2) 규범통제절차와 권한쟁의심판에서 결정의 주문과 효력이 다르고 헌법적 심사의

---

65) 추상적 규범통제에 관하여 자세한 것은 한수웅, 헌법학, 2011, 1303면 이하 참조.
66) Vgl. BVerfGE 20, 119, 129; 20, 134, 140f.; 82, 322, 323ff.
67) Vgl. Sachs, Verfassungsprozeßrecht, 2. Aufl., 2007, Rn.298.
68) Vgl. Pestalozza, Verfassungsprozeßrecht, 1991, §8 Rn.44.

범위가 다르다는 점에서, 법률의 위헌결정을 위하여 필요한 심판정족수(6인 이상의 찬성)와 권한쟁의심판에서 인용결정을 하기 위한 심판정족수(재판관 과반수의 찬성) 사이의 불일치는 어느 정도 해소될 수 있다. 권한쟁의심판과 규범통제절차 사이에 존재하는 위와 같은 차이에도 불구하고, 규범통제절차와 권한쟁의심판에서 법률의 위헌확인에 이르기 위하여 필요한 의결정족수의 불일치는 헌법재판소법의 개정을 통하여 근본적으로 해소되는 것이 바람직하다.

Ⅴ. 국가기관 상호간의 권한쟁의심판에서 취소결정이나 무효확인결정의 문제점

1. 최근 헌법재판소결정의 판시내용

헌법재판소는 최근에 문제된 일련의 권한쟁의사건[헌재 2009. 10. 29. 2009헌라8(제1차 미디어법 사건); 헌재 2010. 12. 28. 2008헌라7(FTA 사건)]에서 피청구인의 행위(국회의장의 법률안 가결선포행위, 국회 상임위원회 위원장의 안건상정행위 등)가 청구인인 국회의원의 권한(법률안 심의·표결권)을 침해하였다는 것을 확인하였으나 피청구인 행위의 무효확인을 구하는 심판청구는 기각하였다. 헌재 2009. 10. 29. 2009헌라8(제1차 미디어법 사건)에서 일부 재판관은 법률안 가결선포행위에 대한 무효확인청구의 인용여부에 관하여 '국가기관 상호간의 권한쟁의심판에서 헌법재판소는 원칙적으로 권한침해의 확인결정에 그쳐야 한다'는 입장에 근거하여 심판청구를 기각한 반면,[69] 일부 재판관은 '법률안 가결선포행위의 무효여부는 헌법규정의 위반여부에 따라 판단되어야 하는데, 이 사건의 경우 단지 국회법을 위반한 경우에 해당하므로 무효라고 할 수 없다'는 입장에 근거하여 심판청구를 기각하였다.[70] 위 결정에서는 헌법재판소 판시내용의 바탕을 이루고

69) 신문법안 가결선포행위에 대한 무효확인 청구의 인용 여부에 관하여, 헌재 2009. 10. 29. 2009헌라8(제1차 미디어법), 판례집 21-2하, 14, 23, [재판관 이강국, 재판관 이공현의 기각의견] "권한쟁의심판 결과 드러난 위헌·위법 상태를 제거함에 있어 헌법재판소는 피청구인의 정치적 형성권을 가급적 존중하여야 하므로, 재량적 판단에 의한 무효확인 또는 취소로 처분의 효력을 직접 결정하는 것은 권한질서의 회복을 위하여 헌법적으로 요청되는 예외적인 경우에 한정되어야 한다. 이 사건에 있어서도 국회의 입법에 관한 자율권을 존중하는 의미에서 헌법재판소는 처분의 권한 침해만을 확인하고, 권한 침해로 인하여 야기된 위헌·위법상태의 시정은 피청구인에게 맡겨 두는 것이 바람직하다."; [재판관 김종대의 기각의견] "피청구인의 가결선포행위가 무효나 취소소송의 대상이 될 수 있는 행정처분의 성격을 갖는 경우가 아닌 한, 국회의 법률제정과정에서 비롯된 국회의원과 국회의장 사이의 이 사건 권한쟁의심판사건에 있어서 헌법재판소의 권한쟁의심판권은 피청구인이 청구인들의 심의·표결권을 침해하였는지 여부를 확인하는 것에 그치고, 그 후 법률안 가결선포행위의 효력에 대한 사후의 조치는 오직 국회의 자율적 의사결정에 의하여 해결할 영역에 속한다."; 또한, 헌재 2010. 12. 28. 2008헌라7(한미FTA), 헌법재판소는 국회 상임위원회에서의 조약 비준동의절차의 하자를 대상으로 한 권한쟁의심판에서도 비준동의안 상정행위가 청구인들(소수당 소속 외교통상통일위원회 위원)의 심의권을 침해하였다고 확인하였으나, 비준동의안 상정행위에 관한 무효확인청구를 위와 같은 이유(재판관 이강국, 이공현, 김종대의 기각의견) 등으로 기각하였다.

70) 헌재 2009. 10. 29. 2009헌라8(제1차 미디어법 사건), 판례집 21-2하, 14, 23-24, 신문법안 가결선포행위에 대한 무효확인 청구의 인용여부에 관하여 [재판관 이동흡의 기각의견] "이 사건 각 법률안 가결선포행위의

있는 헌법적 근거가 무엇인지, 왜 국가기관 상호간의 권한쟁의심판에서 헌법재판소는 원칙적으로 권한침해의 확인결정에 그쳐야 하고 무효확인을 해서는 안 되는지 또는 피청구인 행위의 무효여부가 국회법위반 또는 헌법위반에 따라 달라지는지에 대한 의문이 제기되었다.

한편, 헌법재판소의 권한침해확인결정 이후 피청구인의 부작위가 재차 청구인들의 법률안 심의·표결권을 침해한 것이라고 주장하여 제기된 권한쟁의심판[헌재 2010. 11. 25. 2009헌라12(제2차 미디어법 사건)]에서, 헌법재판소는 '피청구인의 법률안 가결선포행위가 청구인들의 법률안 심의·표결권을 침해한 것임을 확인한 권한침해확인결정의 기속력으로 피청구인이 구체적인 특정한 조치를 취할 작위의무를 부담한다고는 볼 수 없다'는 이유로, 심판청구를 기각하는 결정을 하였다. 위 결정에서 4인의 재판관은 확인결정의 기속력이 '동일행위 반복금지'에 그친다는 견해를 피력한 반면,[71] 5인의 재판관은 확인결정의 내용은 이에 그치는 것이 아니라 나아가 '위헌·위법성을 제거해야 할 의무'를 부과한다고 판시하였다.[72] 위 결정에서는 헌법재판소가 일단 피청구인의 행위에 의하여 청구인의 권한이 침해되었다는 것을 확인한 경우 이러한 권한침해확인결정의 기속력이 무엇인지의 문제가 제기되었다.

2. 언제 피청구인 처분의 취소나 무효확인이 헌법적으로 정당화되는지의 문제

헌법재판소법 제66조는 제1항에서 "헌법재판소는 심판의 대상이 된 국가기관 또는 지방자치단체의 권한의 존부 또는 범위에 관하여 판단한다."고 하고, 제2항에서 "제1항의 경우에 헌법재판소는 권한침해의 원인이 된 피청구인의 처분을 취소하거나 그 무효를 확인할 수 있고, 헌법재판소가 부작위에 대한 심판청구를 인용하는 결정을 한 때에는 피청구인은 결정취지에 따른 처분을 하여야 한다."고 규정하고 있다. '권한의 존부 및 범위'에 관하여는 헌법재판소법 제66조 제1항에 의하여 헌법재판소가 필요적으로 판단해야 하지만, 동조 제2항은 헌법재판소에게 재량을 부여하고 있으므로, 재판부의 재

무효 여부는 그것이 입법 절차에 관한 헌법의 규정을 명백히 위반한 흠이 있는지 여부에 의하여 가려져야 한다. 이 사건 신문법안은 재적의원 과반수의 출석과 출석의원 중 압도적 다수의 찬성으로 의결되었는바, 위 법률안 의결과정에서 피청구인의 질의·토론에 관한 의사진행이 국회법 제93조에서 규정한 절차를 위반하였다 하더라도, 다수결의 원칙(헌법 제49조), 회의공개의 원칙(헌법 제50조)등 헌법의 규정을 명백히 위반한 경우에 해당하지 아니하므로 무효라고 할 수 없다."; 방송법안 가결선포행위에 대한 무효확인 청구의 인용여부에 관하여 [재판관 민형기, 재판관 이동흡, 재판관 목영준의 기각의견] "우리 헌법은 국회의 의사 절차에 관한 기본원칙으로 제49조에서 '다수결의 원칙'을, 제50조에서 '회의공개의 원칙'을 각 선언하고 있으므로, 결국 법률안의 가결선포행위의 효력은 입법 절차상 위 헌법규정을 명백히 위반한 하자가 있었는지에 따라 결정되어야 할 것이다. 피청구인의 방송법안 가결선포행위는 비록 국회법을 위반하여 청구인들의 심의·표결권을 침해한 것이지만, 그 하자가 입법 절차에 관한 헌법규정을 위반하는 등 가결선포행위를 취소 또는 무효로 할 정도에 해당한다고 보기 어렵다."

71) 재판관 이공현, 재판관 민형기, 재판관 이동흡, 재판관 목영준의 각하의견, 판례집 22-2하, 320.

72) 재판관 김종대의 기각의견 및 재판관 조대현, 재판관 김희옥, 재판관 송두환, 재판관 이강국의 인용의견, 판례집 22-2하, 320, 321-323.

량에 따라 제2항에 의한 주문이 필요하다고 판단되면 제1항의 주문에 '부가적으로' 처분의 취소나 무효확인을 할 수 있다. 여기서 국가기관 상호간의 권한쟁의심판에서 헌법재판소가 취소결정이나 무효확인결정을 하는 것이 헌법적으로 바람직한지, 나아가 정당화되는지의 문제가 제기된다.73)

가. 국가기관 상호간의 권한쟁의심판에서 취소결정이나 무효확인결정의 헌법적 문제점

(1) '국가기관 상호간'의 권한쟁의심판에 있어서, 사법기능을 담당하는 국가기관인 헌법재판소는 형성적 기능을 담당하는 정치권력과의 권한배분의 관점을 고려하여 원칙적으로 심판대상인 피청구인 행위의 위헌·위법여부 및 청구인 권한의 침해여부만을 확인하는 것에 그쳐야 하고, 이를 넘어서 피청구인 행위의 취소나 무효확인과 같은 형성적 결정을 내리는 것은 가능하면 자제해야 한다.74) 만일 헌법재판소가 청구인 권한의 존부와 범위에 관한 판단을 넘어서 피청구인의 처분의 효력에 관한 결정을 한다면, 헌법재판소는 스스로 독자적인 정치적 형성행위를 함으로써 정치적 헌법기관의 형성권을 침해할 위험이 있다.

또한, 피청구인에게 위헌적인 상태를 제거하는 여러 가지 가능성이 존재한다면, 헌법재판소는 피청구인의 정치적 형성권을 존중하여 피청구인의 행위가 청구인의 권한을 침해했다는 확인에 그쳐야 한다. 헌법재판소결정의 취지를 고려할 때 피청구인인 헌법기관에게 헌법에 부합하는 다양한 행위가능성이 존재하는 경우에는 헌법재판소의 취소 또는 무효확인의 결정과 같은 피청구인처분의 효력에 관한 결정을 통하여 합헌적인 상태를 궁극적으로 회복할 수도 없다.75)

가령, 정부가 국회 조사위원회의 서류제출요구를 거부하였고 이에 대하여 국회 조사위원회가 권한쟁의심판을 청구한 경우, 헌법재판소가 '지금까지 제시한 이유에 근거하는 정부의 서류제출거부는 헌법에 위반된다'는 것을 확인하였다면, 서류의 제출 여부는 정부가 헌법재판소결정의 취지를 고려하여 스스로 판단해야 할 문제이다. 정부는 헌법재판소의 결정에 따라 서류를 제출할 수도 있고 또는 서류제출의 거부를 정당화하는 또 다른 이유에 근거하여 서류제출을 거부할 수도 있기 때문이다.

---

73) 이에 관하여 이미 서술하고 있는 것으로, 한수웅, 국가기관간의 권한쟁의에 있어서의 제3자 소송담당 및 결정주문, 한수웅, 인권과 정의 1998. 9., Ⅲ. 2. 서술부분 참조.

74) 이러한 입장은 독일 연방헌법재판소의 확립된 판례이자 독일 학계의 지배적 견해이다, vgl. Benda/Klein, Verfassungsprozeßrecht, 2. Aufl., 2001, Rn.1048; Löwer, Zuständigkeiten und Verfahren des Bundesverfassungsgerichts, in: HbStR, Bd.Ⅱ, 1987, §56 Rn.15f.; C. Pestalozza, Verfassungsprozeßrecht, 3. Aufl., 1991, §7 Rn.43; Sachs, Verfassungsprozeßrecht, 2. Aufl., 2007, Rn.295; Schlaich/Korioth, Das Bundesverfassungsgericht, 5. Aufl., 2001, Rn.78; Umbach/Clemens/Dollinger(Hg.), BVerfGG, 2. Aufl., 2005, §67 Rn.2.

75) Vgl. Schlaich, Verfassungsprozessuale Auswirkungen des materiellen Verfassungsrechts, in: FS für Bachof, 1984, S.337ff.; Löwer, Zuständigkeiten und Verfahren des Bundesverfassungsgerichts, in: HbStR, Bd.Ⅱ, 1987, §56 Rn.16.

또 다른 예를 든다면, '입법절차'의 하자에 의하여 청구인인 국회의원의 권한이 침해당하였다면, 피청구인(국회의장 등 국회의 부분기관)에게는 헌법재판소의 법적 견해를 존중하여 스스로 합헌적 상태를 회복하기 위한 방법으로는 입법절차의 하자를 사후적으로 치유하는 방법을 비롯하여 다양한 가능성이 있을 수 있다. 나아가, 입법절차의 하자를 치유한 결과로서도 '동일한 법률의 의결' 또는 '동일한 법률의 부결' 아니면 '새로운 법률의 제정' 등 다양한 효과가 발생할 수 있다. 그러나 이러한 경우 헌법재판소가 피청구인의 처분(가령, 법률안 가결선포행위, 안건 상정행위 등)에 대하여 위헌확인을 넘어서 취소나 무효확인을 한다면, 헌법재판소는 실질적으로 법률에 대하여 무효선언을 하는 결과를 초래함으로써 국회의 고유권한인 입법작용을 침범하여 스스로 정치적 형성행위를 하는 것일 뿐만 아니라 합헌적 상태를 궁극적으로 회복할 수도 없다.

(2) 국회의원과 국회의장간의 권한쟁의심판에 있어서 '입법절차의 하자'가 문제되는 경우, 헌법재판소가 단지 권한침해의 확인결정만을 함으로써 사법적으로 자제해야 하는 또 다른 이유는 권한쟁의심판의 대상이 '법률제정행위'이지 '법률'이 아니라는 것에 있다. 입법절차의 하자에 의하여 청구인인 국회의원의 심의·표결권이 침해된 경우, 심판대상인 피청구인의 처분은 입법기관에 의한 법률제정행위, 즉 일련의 '법률제정행위'의 한 부분행위이지 법률제정행위의 결과인 '법률' 그 자체는 아니다.

따라서 입법절차의 하자가 문제되는 권한쟁의심판에서 피청구인 행위에 대한 취소나 무효확인의 형태로 이루어지는 법률의 효력에 대한 결정은 심판청구의 범위를 넘어서는 것이며, 국가기관 상호간의 분쟁해결을 그 목적으로 하는 권한쟁의심판절차의 본질을 망각하여 이를 규범통제절차로 변형시키는 것이다.[76]

(3) 요컨대, 국가기관 상호간의 권한쟁의심판에서 헌법재판소는 문제된 국가기관의 행위가 헌법 또는 법률에 위반되는지 여부만을 밝혀서 분쟁의 당사자인 국가기관으로 하여금 헌법재판소의 결정에 따라 스스로 합헌적인 상태를 구현하도록 함으로써 손상된 헌법상 권한배분질서, 궁극적으로 국가의 정치적 의사형성과정의 원활한 기능을 다시 회복하는데 그쳐야 한다. 헌법재판소는 이를 넘어서 취소나 무효확인의 형태로 그 처분의 효력에 관한 결정을 함으로써, 국가의 정치적 과정에 형성적·적극적으로 개입하고 이로써 의도하지 않은 법적 혼란을 초래해서는 안 된다. 권한쟁의심판의 본질이 분쟁의 해결을 통하여 객관적 헌법질서와 법적 평화의 회복에 기여하려는 것임을 고려한다면, 국가기관 상호간의 권한쟁의심판에서 헌법재판소가 법적 혼란을 가져 올 수 있는 무효확인이나 취소의 결정을 피하고 단지 위헌확인에 그침으로써 스스로 자제해야 할 필요

76) 헌법재판소법 제23조에서 규범통제절차와 권한쟁의심판의 심판정족수가 각 '재판관 6인 이상의 찬성'과 '관여재판관 과반수의 찬성'으로 서로 다르게 규정된 것도, 권한쟁의심판의 대상이 국가기관의 행위이지 그 결과물인 법률이 아니라는 것을 반영하는 것이다.

성은 더욱 크다.

국가기관 상호간에 권한분쟁이 발생한 경우, 법치국가에서 국가기관이 헌법적으로 요청되는 행위를 하도록 하기 위해서는 국가기관의 행위가 헌법에 위반된다는 헌법재판소의 확인만으로도 충분하다.[77] 우리 헌법재판의 모범이 되고 있는 독일의 예를 보더라도, 독일 연방헌법재판소는 초기의 결정부터 일관되게 국가기관 상호간의 권한쟁의심판에서 피청구인 처분의 효력이나 존속여부에 관하여는 판단할 수 없다는 것을 강조하고 있다.[78]

나. 취소나 무효확인의 결정이 헌법적으로 정당화되는 경우

이러한 관점에서 본다면, 헌법재판소법 제66조 제2항에 의한 취소나 무효확인의 결정이 헌법적으로 정당화되는 것은 정치적 헌법기관의 형성권을 침해할 우려가 없는 경우에 한정된다고 보아야 한다. 헌법재판소법은 제61조와 제66조에서 '처분'이라는 동일한 용어를 사용하고 있으나, 兩者는 서로 다른 의미로 사용되고 있다. 헌법재판소법 제61조 제2항에서의 '처분'은 행정행위나 행정처분에 해당하는 개념이 아니라 모든 법규범의 제정행위, 행정행위, 사실행위 등을 포함하는 포괄적인 개념으로서 부작위에 대립되는 개념인 '작위'나 '적극적인 행위'에 해당하는 반면, 헌법재판소법 제66조 제2항은 청구인의 권한을 침해한 경우에 발생해야 할 법률효과로서 "취소나 무효확인"을 언급함으로써 '처분'의 개념을 구체화하고 있으므로, 이 규정에서의 '처분'은 취소소송이나 무효확인소송의 대상이 되는 행정행위로 좁게 보아야 할 것이다.

그러므로 헌법 제111조 제1항 제4호 및 헌법재판소법 제62조에 규정된 권한쟁의심판의 3가지 유형 중에서, '국가기관과 지방자치단체 간의 권한쟁의심판' 또는 '지방자치단체 상호간의 권한쟁의심판'과 같이 국가의 정치의사형성이 문제되지 않는 경우에 한하여 헌법재판소법 제66조 제2항의 취소결정이나 무효확인결정이 고려된다.

예컨대, 중앙정부가 그의 관할범위를 넘어서 지방자치단체의 관할에 속하는 행정처분을 대신 행한 경우와 같이, 행정처분적 성격을 갖는 피청구인의 행위가 심판대상이 되는 경우에 비로소 헌법재판소법 제66조 제2항은 적용의 여지가 있다. 헌법재판소법 제67조 제2항("국가기관 또는 지방자치단체의 처분을 취소하는 결정은 그 처분의 상대방에 대하여 이미 생긴 효력에 영향을 미치지 아니한다.")도 이러한 해석의 타당성을 뒷받침 해주고 있다. 위 조항은 행정처분의 유효성을 믿은 제3자의 법적 지위를 보호하기 위하여, 법적 안정성의 관점에서 행정처분의 상대방에 대한 관계에서는 취소결정의 소급효를 제한하기 위한 것이다. 헌법재판소의 종래 결정을 살펴보더라도, 헌법재판소가 처분의 취

77) Vgl. Benda/Klein, Verfassungsprozeßrecht, 2. Aufl., 2001, Rn.1048.
78) Vgl. BVerfGE 1, 37; 20, 129; 24, 351.

소나 무효확인을 한 결정은 모두 예외 없이 '국가기관과 지방자치단체 간의 권한쟁의심판'이나 '지방자치단체 상호간의 권한쟁의심판'에서 이루어진 것이었다.[79)]

다. 처분의 무효여부가 국회법위반 또는 헌법위반에 따라 달라지는지의 문제

헌재 2009. 10. 29. 2009헌라8(제1차 미디어법 사건)에서 일부 재판관은 '법률안 가결선포행위의 무효여부는 헌법규정의 위반여부에 따라 판단되어야 하는데, 이 사건의 경우 단지 국회법을 위반한 경우에 해당하므로 무효라고 할 수 없다'는 입장을 밝히고 있는데, 그 이론적 근거는 다음과 같다.[80)]

국회법의 규율대상은 '국회의 조직과 議事'와 같이 '자신의 사안'으로서 국회 내부영역에 제한되고, 그 효력범위도 국회 내부영역에 제한된다. 국회법은 조직과 議事의 자치에 관한 규율로서 단지 내부적 효력을 가지는 규범이다. 국회법이 국회 내부적 효력만을 발휘하고 직접적으로 기관내부의 구성원만을 구속할 수 있기 때문에, 필연적으로 국회법은 단지 국회 내부적으로만 위반될 수 있다. 따라서 내부적 구속력을 가지는 국회법에 대한 위반은 오로지 내부적 효과를 가진다.

법률이 국회법에 위반되어 제정되었다 하더라도, 국회법위반이 국회 내부적으로 국회구성원의 권한을 침해함으로써 권한쟁의심판의 대상이 될 수 있는지 여부는 별론으로 하고, 그 법률은 유효하다. 이는, 국회법이 그 법적 성격에 있어서 내부적 자치규범이라는 것의 필연적 결과이다. 따라서 외부적 효력을 가지는 국회 행위는 국회법의 위반에도 불구하고 원칙적으로 유효하며, 다만 국회법위반이 동시에 헌법위반을 의미하는 경우에만 그 법률은 무효이다. 예컨대, 법률안의 제출을 위한 의원 數에 미달하여 법률안이 제출되었거나 또는 의사진행절차에 관한 국회법규정에 위반하여 법률안 등을 의결한 경우, 법률제정행위 및 법률의 효력은 법치국가적 법적 안정성의 관점에서 '그 효력범위가 내부영역에만 국한되는 국회법'의 위반여부에 달려있지 않다.

3. 권한침해확인결정의 기속력

헌법재판소법 제67조 제1항은 "헌법재판소의 권한쟁의심판의 결정은 모든 국가기관과 지방자치단체를 기속한다."고 하여 결정의 기속력을 규정하고 있다. 헌법재판소가 국가기관 상호간의 권한쟁의심판에서 원칙적으로 위헌·위법여부의 확인 및 권한침해의 확인에 그쳐야 한다면, 여기서 권한침해확인결정의 기속력이 단지 同一行爲 反復禁止義務에 국한되는 것인지 아니면 나아가 권한침해행위의 위헌·위법성을 제거해야 할

---

79) 헌재 1999. 7. 22. 98헌라4(성남시와 경기도 간의 권한쟁의); 헌재 2006. 8. 31. 2003헌라1(광양시와 순천시 간의 권한쟁의); 헌재 2006. 8. 31. 2004헌라2(강서구와 진해시 간의 권한쟁의).

80) 이에 관하여 상세하게 한수웅, 국회법의 법적 성격 및 국회법 위반의 효과, 중앙법학 제11집 제4호, 2009. 12. 70면 이하 참조.

의무를 수반하는 것인지의 문제가 제기된다.

권한침해확인결정의 기속력이 단지 동일행위 반복금지에 그친다면, 즉 헌법재판소의 확인결정이 단지 과거의 헌법이나 법률의 위반만을 확인할 뿐 장래를 향하여 위헌적인 상태를 제거해야 할 의무를 부과하지 않는다면, 단지 이러한 효력만을 가지는 확인결정은 대부분의 경우 그 자체로서 무의미하다. 권한쟁의심판의 주된 목적은 헌법상 권력분립질서의 유지와 정치적 의사형성과정의 기능보호에 있으며, 궁극적으로는 국가의 의사결정체제 및 헌법적 질서를 보장하는 데 있다. 그런데 헌법재판소가 자신의 결정을 통하여 단지 피청구인의 행위가 위헌임을 확인하고 장래에 있어서 동일한 위헌적 행위를 반복해서는 안 된다는 의무만을 부과하는 것은 피청구인의 행위에 의하여 손상된 헌법상 권한질서를 회복하고자 하는 권한쟁의심판의 목적을 전혀 달성할 수 없다는 것을 의미한다. 헌법기관 사이에 존재하는 '상호존중의 원칙' 및 모든 국가기관이 헌법의 구속을 받는다는 '헌법국가의 기본정신'은 피청구인에 대하여 헌법재판소의 결정을 존중하여 스스로 이를 집행할 것을 요청한다.

따라서 헌법재판소가 권한침해를 확인하는 경우, 피청구인은 위헌·위법성이 확인된 행위를 반복하여서는 안 될 뿐만 아니라, 나아가 자신이 야기한 기존의 위헌·위법상태를 스스로 제거하여 합헌·합법적 상태를 회복해야 할 의무를 부담한다.[81] 헌법재판소의 확인결정이 피청구인의 이러한 의무를 수반하지 않는 것으로 오해해서는 안 된다. 헌법재판소는 확인결정을 통하여 단지 위헌적 상태를 제거하는 '방법'에 있어서 피청구인인 헌법기관의 정치적 형성권을 존중하고자 하는 것이지, 위헌적 상태를 제거해야 할 '의무의 이행여부'까지도 피청구인의 형성권에 맡겨두고자 하는 것은 아니다.[82]

뿐만 아니라, 만일 권한침해확인결정의 기속력이 단지 '동일행위 반복금지'에 불과하다면, 헌법재판소로서는 자신의 결정이 기속력을 가지고 피청구인에게 합헌적인 상태를 다시 회복해야 할 의무를 부과하기 위해서는 언제나 확인결정과 더불어 필요적으로 처분의 취소나 무효확인에 관한 결정도 함께 해야 한다는 결과에 이른다.[83] 그러나 이러한 사고는 처분의 취소와 무효확인을 헌법재판소의 '재량'사항으로 규정하고 있는 헌법

81) 이러한 견해는 독일 학계의 지배적인 견해이기도 하다, vgl. Umbach/Clemens/Dollinger(Hg.), BVerfGG, 2. Aufl., 2005, §67 Rn.17; Löwer, Zuständigkeiten und Verfahren des Bundesverfassungsgerichts, in: HbStR, Bd.Ⅱ, 1987, §56 Rn.16; C. Pestalozza, Verfassungsprozeßrecht, 3. Aufl., 1991, §7 Rn.47; Schlaich/Korioth, Das Bundesverfassungsgericht, 5. Aufl., 2001, Rn.78.

82) Vgl. Schlaich/Korioth, Das Bundesverfassungsgericht, 5. Aufl., 2001, Rn.78.

83) 위헌적 상태를 제거해야 할 의무를 부과하기 위해서는 취소결정이나 무효확인결정을 해야 한다는 견해로 재판관 4인의 각하의견, 판례집 22-2하, 320, "헌법재판소의 권한쟁의심판의 결정은 모든 국가기관과 지방자치단체를 기속하는바, 권한침해의 확인결정에도 기속력이 인정된다. 그러나 그 내용은 장래에 어떤 처분을 행할 때 그 결정의 내용을 존중하고 동일한 사정 하에서 동일한 내용의 행위를 하여서는 아니 되는 의무를 부과하는 것에 그치고, 적극적인 재처분 의무나 결과제거 의무를 포함하는 것은 아니다. 재처분 의무나 결과제거 의무는 처분 자체가 위헌·위법하여 그 효력을 상실하는 것을 전제하는데, 이는 처분의 취소결정이나 무효확인 결정에 달린 것이기 때문이다."

재판소법 제66조 제2항의 내용과도 부합하지 않는다. 따라서 헌법재판소법 제66조 제2항의 규정내용에 비추어 보더라도, 헌법재판소의 권한침해확인결정의 기속력은 '위헌적 상태를 제거해야 할 피청구인의 의무'를 포괄하는 것으로 이해해야 한다.

Ⅵ. 맺는말

1. 권한쟁의심판에서 심판의 대상과 범위는 청구인의 심판청구에 의하여 주관적으로 결정되는 반면, 심판의 목적은 헌법의 수호와 유지라는 객관적인 성격을 가진다는 점에서, 권한쟁의심판의 법적 성격은 이중적이다. 권한쟁의심판의 주된 목적은 헌법적 권한배분질서의 유지라는 객관적인 목적에 있으며, 권한을 침해당한 기관의 보호라는 주관적 목적은 객관적 목적을 실현하기 위한 수단이자 단지 부수적인 효과일 뿐이다. 객관소송으로서의 권한쟁의심판의 성격은 심판청구 취하의 효력이나 권리보호이익을 판단함에 있어서 중요한 의미를 가진다.

권한쟁의심판에서 권리보호이익은 일반적으로 다음과 같은 2가지 상황에서 문제된다. 하나는 피청구인의 침해행위가 종료되어 청구인이 더 이상 피청구인에 의하여 권한을 침해받고 있지 않기 때문에 헌법재판소에 의한 주관적 권리보호의 필요성이 존재하지 않는 경우이며, 또 다른 하나는 청구인이 심판청구를 통하여 구하고자 하는 권리보호의 목적을 헌법재판소에 의한 심판절차 없이도 달성할 수 있는 경우이다. 前者의 경우에는 권한쟁의심판의 객관적 목적을 고려하여 주관적 권리보호의 필요성이 없는 경우에도 권리보호이익(헌법적 문제에 관한 객관적인 확인의 이익)을 인정하는 것이 정당화되며, 後者의 경우에는 정치적 헌법기관이 대화와 타협을 통하여 정치적으로 해결하는 대신 헌법재판소의 사법적 판단에 의존해서는 안 되기 때문에, 권리보호이익을 부인하는 것이 정당화된다.

2. 오늘날 변화한 정당국가적 정치현실에서 국회와 정부 간의 권한쟁의심판이 가능하기 위해서는 국회의 부분기관이 국회를 대신하여 국회의 권한 침해를 주장할 수 있는 '제3자 소송담당'이 인정되어야 한다. 주관적 권리보호를 목적으로 하는 민사소송법상의 제도인 제3자 소송담당의 法理는 객관적 헌법의 보호를 목적으로 하는 권한쟁의심판에 그대로 적용될 수 없다. 여기서 제기되는 문제는 민사소송법의 준용 문제가 아니라 헌법소송법의 합헌적 해석의 문제이다.

헌법재판소에 의한 사법적 심사의 대상이 되어야 할 본질적인 권한분쟁이 권한쟁의심판의 대상이 될 수 없을 정도로, 입법자에 의한 구체적 형성의 결과인 헌법재판소법이 헌법이 부여한 권한쟁의심판의 기능과 헌법재판소의 관할을 축소하고 있다면, 이로써 절차법인 헌법재판소법이 헌법상 권력분립질서를 보장할 수 없다면, 이는 합헌적인 법률해석을 통하여 보완되어야 한다. 제3자 소송담당이 인정되지 않는 한, 국회와 정부 사이의 권한쟁의심판은 사실상 불가능하며, 이로써 권한쟁의심판의 본질적 기능이 폐지되는 결과를 초래한다. 따라서 권한쟁의심판이 헌법상 권력분립질서의 유지라는 본연의 기능을 이행할 수 있도록, 청구인적격에 관한 헌법재판소법규정은 합헌적으로 해석되어야 한다.

3. 법률의 내용에 의하여 청구인의 권한이 침해되었다는 주장으로 청구되는 '법률에 대한 권한쟁의심판'에서, 심판의 대상은 '법률 그 자체'가 아니라 '법률의 제정행위'이다. 그러나 심판의 대상을 '법률 그 자체'가 아니라 '법률제정행위'로 본다 하더라도, 법률의 내용에 의하여 청구인의 헌법상 권한이 침해되었는지 여부가 실체적 심판대상이라는 점에서, 헌법재판소는 본안에서 법률의 위헌여부에 관한 판단을 하지 않을 수 없다. 따라서 법률에 대한 권한쟁의심판은 그 실질에 있어서 구체적 사건의 발생여부와 관계없이 정부나 국회 등 국가기관이나 지방자치단체의 심판청구에 의하여 법률의 위헌성을 심사하는 '추상적 규범통제'와 유사한 성격을 가지게 된다.

헌법재판소가 규범통제절차에서 법률의 위헌성을 확인하는 경우에는 위헌결정을 통하여 대상법률을 법질서에서 제거하는 반면, 권한쟁의심판에서는 위헌결정의 형태로 법률을 직접 제거할 수는 없고 단지 청구인의 헌법상 권한이 법률의 제정으로 인하여 침해되었다는 확인에 그치게 된다. 뿐만 아니라, 규범통제절차에서 법률에 대한 위헌심사가 모든 헌법적 관점에서 이루어지는 '포괄적인 위헌심사'인 반면, 권한쟁의심판에서 법률에 대한 위헌심사는 청구인이 주장하는 권한침해의 관점에 한정된 '부분적인 위헌심사'이다. 규범통제절차와 권한쟁의심판에서 결정의 주문과 효력이 다르고 헌법적 심사의 범위가 다르다는 점에서, 법률의 위헌결정을 위하여 필요한 심판정족수(6인 이상의 찬성)와 권한쟁의심판에서 인용결정을 하기 위한 심판정족수(재판관 과반수의 찬성) 사이의 불일치(헌법재판소법 제23조 제2항)는 어느 정도 해소될 수 있다.

4. '국가기관 상호간의 권한쟁의심판'에 있어서 헌법재판소는 '사법적 기능을 담당하는 국가기관'으로서 '형성적 기능을 담당하는 정치권력'과의 권한배분의 관점을 고려하여 원칙적으로 심판대상인 피청구인 행위의 위헌·위법여부 및 청구인 권한의 침해여부만을 확인하는 것에 그쳐야 하고, 이를 넘어서 피청구인 행위의 취소나 무효확인과 같은 형성적 결정을 내리는 것은 가능하면 자제해야 한다. '국가기관과 지방자치단체 간의 권한쟁의심판'이나 '지방자치단체 상호간의 권한쟁의심판'과 같이 정치적 헌법기관의 형성권이 침해될 우려가 없는 경우 또는 국가의 정치의사형성이 문제되지 않는 경

우에 비로소 헌법재판소법 제66조 제2항에 의한 취소나 무효확인의 결정은 헌법적으로 정당화된다.

헌법재판소가 권한침해를 확인하는 경우, 피청구인은 위헌·위법성이 확인된 행위를 반복하여서는 안 될 뿐만 아니라, 나아가 자신이 야기한 기존의 위헌·위법상태를 스스로 제거하여 합헌·합법적 상태를 회복해야 할 의무를 부담한다. 헌법재판소는 권한침해확인결정을 통하여 단지 위헌적 상태를 제거하는 '방법'에 있어서 피청구인인 헌법기관의 정치적 형성권을 존중하고자 하는 것이지, 위헌적 상태를 제거해야 할 '의무의 이행여부'까지도 피청구인의 형성권에 맡겨두고자 하는 것은 아니다.

참고문헌

명재진, 국가기관간의 권한쟁의에 관한 독일의 이론과 판례, 연세법학연구, 제5집 제1권, 1998

최갑선, 독일과 한국에서의 권한쟁의심판절차, 헌법논총 제7집, 1996

한수웅, 국가기관간의 권한쟁의에 있어서의 제3자 소송담당 및 결정주문, 인권과 정의 제265호, 1998. 9.

_____, 국회법의 법적 성격 및 국회법 위반의 효과, 중앙법학 제11집 제4호, 2009. 12.

_____, 헌법학, 2011

헌법재판소, 헌법재판실무제요, 제1개정증보판, 2008

v. Arnim, Staatslehre der Bundesrepublik Deutschland, 1984

Benda/Klein, Verfassungsprozeßrecht, 2. Aufl., 2001

U. Di Fabio, Parlament und Parlamentsrecht, Der Staat 1990

Häberle, Grundprobleme der Verfassungsgerichtsbarkeit, in: Häberle(Hg), Verfassungsgerichtsbarkeit, 1976

K. Hesse, Grundzüge des Verfassungsrechts der Bundesrepublik Deutschland, 1985

D. Lorenz, Der Organstreit vor dem dem Bundesverfassungsgericht, in: Starck(Hg), Bundesverfassungsgericht und Grundgesetz, Bd. I, 1976

Löwer, Zuständigkeiten und Verfahren des Bundesverfassungsgerichts, in: Isensee/Kirchhof(Hg), Handbuch des Staatsrechts (HbStR), Bd.Ⅱ, 1987, §56

C. Pestalozza, Verfassungsprozeßrecht, 3. Aufl., 1991

Pietzcker, Organstreit, in: Badura/Dreier(Hg), Festschrift 50 Jahre Bundesverfassungsgericht, Bd. I, 2001

Sachs, Verfassungsprozeßrecht, 2. Aufl., 2007

Schlaich, Verfassungsprozessuale Auswirkungen des materiellen Verfassungsrechts, in: Püttner(Hg), Festschrift für Bachof, 1984

Schlaich/Korioth, Das Bundesverfassungsgericht, 5. Aufl., 2001

H. P. Schneider, Das Parlamentsrecht im Spannungsfeld von Mehrheitsentscheidung und Minderheitsschutz, in: Badura/Dreier(Hg), Festschrift 50 Jahre Bundesverfassungsgericht, Bd.Ⅱ, 2001

Umbach/Clemens/Dollinger(Hg), Bundesverfassungsgerichtsgesetz Mitarbeiterkommentar, 2. Aufl., 2005, §67

제5절 權利救濟型 헌법소원심판

제1주제

헌법재판소법 제68조 제1항의 위헌여부*

－헌재 1995. 11. 30. 94헌바40 등 결정, 대법원 1996. 4. 9. 선고 95누11405 판결, 헌재 1997. 12. 24. 96헌마172 등 결정을 계기로 하여－

Ⅰ. 머리말

헌법재판소법 제68조 제1항은 "공권력의 행사 또는 불행사로 인하여 헌법상 보장된 기본권을 침해받은 자는 법원의 재판을 제외하고는 헌법재판소에 헌법소원심판을 청구할 수 있다."고 규정함으로써, 명문으로 '법원의 재판'을 헌법소원심판의 대상에서 제외하고 있다. 헌법재판소는 1997. 12. 24. 선고한 헌재 96헌마172 등 결정에서 헌법재판소법 제68조 제1항에 대하여 원칙적인 합헌성을 인정하였고, 다만 헌법재판소의 기속력 있는 결정에 반하는 법원의 판결에 대해서도 헌법소원이 허용되지 않는 것으로 해석하는 한도 내에서 위헌이라는 限定違憲決定을 하면서 문제된 '대법원 1996. 4. 9. 선고 95누11405 판결'을 취소하였다.

법원의 재판을 헌법소원의 대상에서 제외하는 위 헌법재판소법규정의 위헌여부에 관

* 위 논문은 1999년 12월, 헌법논총(헌법재판소) 제10집, 283-338면에 게재된 것을 일부 수정한 것이다.

한 논의는 헌법재판소의 역사만큼이나 오래된 것으로서, 그 사이 다수의 학자와 실무가가 이에 관한 자신의 견해를 표명하였다. 대부분의 학자들은 헌법재판소법 제68조 제1항이 초래하는 여러 문제점을 지적하고 이에 근거하여 규범의 위헌성을 논증하고자 시도하였다. 학자마다 강조하는 부분과 표현에 있어서 약간의 차이를 보이기는 하지만, 헌법재판소법 제68조 제1항을 위헌으로 판단하는 견해(이하 '違憲論')의 공통된 주장은, 기본권보호의 관점에서 '법원의 판결에 대한 헌법소원(재판소원)'과 '법률에 대한 헌법소원(법률소원)'이 본질상 달리 취급될 이유가 없음에도 불구하고 법률소원을 인정하는 법질서에서 재판소원을 배제하는 것은 입법형성권을 남용함으로써 개인의 평등권을 침해하는 것이고, 나아가 재판소원을 배제함으로써 행정청의 처분과 법원의 재판에 의한 기본권의 침해에 대하여 권리구제절차를 두지 않은 것은 헌법 제27조의 재판청구권을 침해한 것으로서, 법치주의를 구현하기 위해서라도 재판소원의 도입은 불가피하다는 데에 있다.[1)]

그러나 '재판소원 배제조항'의 위헌여부에 관한 종래의 논의를 살펴보면, 학계와 실무에서의 논의가 법규범을 바탕으로 실정법의 객관적인 해석에 근거하여 이루어진 것이 아니라, 그보다는 입법정책적으로 理想的인 헌법소원제도를 상정하고 이를 바탕으로 이상적인 것을 지향하는 입법정책적 논의의 성격이 짙다는 인상을 지울 수 없다. 특히 세계에서 거의 유일하게 시행되고 있는 '독일의 완벽한 헌법소원제도'와 '우리의 헌법소원제도'를 비교하여 우리의 헌법소원제도가 가지는 '부분적인 불완전성'을 곧 '위헌적인 것'으로 판단하는 것은, 위헌여부의 판단기준이 '객관적 헌법'이 아니라 '독일의 理想的 헌법소원제도'라는 인상마저 주고 있다. 물론, 법원의 재판에 대한 헌법소원을 도입하는 것이 기본권보호의 실효성의 관점에서나 행정청과 법원에 대한 교육적인 효과에 있어서도 보다 바람직할 수 있다는 것에 대해서는 이의를 제기하지 않는다. 그러나 현재의 법적 상태가 보다 이상적인 것으로 개선될 여지가 있다고 하여, 곧 현행 헌법소원제도가 위헌이라는 것을 의미하지는 않는다. 헌법재판소법 제68조 제1항이 위헌으로 확인되기 위해서는 위 조항이 입법형성권의 헌법적 한계를 넘는다는 것을 헌법규범에 근거하여 논증해야 한다.

이 글에서는 헌법재판소법 제68조 제1항의 위헌성을 주장하는 견해는 기본권보호의

1) 헌법재판소법 제68조 제1항이 위헌이라는 견해로는 예컨대 허영, 헌법소송과 일반소송의 관계, 한·독 국제학술대회, 한국공법학회(1995), 19면 이하; 이욱한, 헌법재판소법 제68조 제1항 '법원의 재판을 제외하고는'의 문제점과 그 해결방안, 인권과 정의 1996. 5., 48면 이하; 김학성, 헌법소원의 쟁송대상, 헌법재판자료 제3집(1990), 361면 이하; 황도수, 원처분에 대한 헌법소원, 헌법논총 제6집(1995), 216면 이하; 김문현, 법원의 재판을 헌법소원대상에서 제외한 헌법재판소법 제68조 제1항의 위헌성, 법률신문 98. 2. 16.; 정연주, 헌법재판소법 제68조 제1항에 대한 한정위헌결정의 문제점, 고시계 1998. 2., 113면 이하; 이에 대하여 합헌이라는 견해로는 유남석, 재판에 대한 헌법소원금지의 논리 및 정책적 이유, 법관 세미나자료 上(헌법문제와 재판), 1996, 173면 이하; 장영수, 현행 헌법소원제도의 의의·본질과 헌법소원의 대상, 현대헌법학이론, 이명구박사 화갑기념논문집 [I], 1996, 649면 이하.

관점에서 이상적인 것과 현행 헌법의 객관적 의미를 혼동하고 있으며, 이상적인 것을 헌법적 요청으로 격상시켜야만 違憲論이 가능하다는 것을 밝히고자 한다. 무엇보다도 위헌론이 극복해야 하는 두 가지 문제점, 즉 헌법 제107조의 해석의 문제와 헌법재판소법 제68조 제1항에 의한 기본권의 침해가 존재하는지 여부를 중점적으로 살펴보기로 한다.

Ⅱ. 헌법 제107조의 의미

1. 헌법 제107조의 해석

가. 헌법해석의 출발점으로서 고전적 의미의 헌법해석

헌법재판소법 제68조 제1항의 위헌성을 판단하기 위해서는 우선 일차적으로 헌법재판소의 권한을 규정한 헌법적 표현을 살펴보아야 한다. 合憲論과 違憲論 모두 그의 주장을 헌법정책적 理想論이 아니라 헌법의 객관적 규범에 근거하려면, 헌법 제107조의 해석을 피할 수 없다. 따라서 두 견해 모두 헌법 제107조를 서로 자신에게 유리한 방향으로 해석하고자 시도하고 있다.

헌법 제107조는 제1항에서 "법률이 헌법에 위반되는 여부가 재판의 전제가 된 경우에는 법원은 헌법재판소에 제청하여 그 심판에 의하여 판단한다."라고 하면서, 제2항에서 "명령·규칙 또는 처분이 헌법이나 법률에 위반되는 여부가 재판의 전제가 된 경우에는 대법원은 이를 최종적으로 심사할 권한을 가진다."라고 규정함으로써, 구체적 규범통제절차에서의 '법률에 대한 위헌심사권'과 집행부의 행위형식인 '명령·규칙·처분에 대한 위헌심사권'을 서로 분리하여 각 헌법재판소와 대법원에 귀속시키고 있다.

그런데 학계의 일각에서는 헌법 제107조가 우리 헌법 내에서 "제5장 법원"에 위치하고 있으므로 헌법 제107조 제2항의 '최종적'을 '사법부 내부에서의 최종적'으로 해석해야 한다는 주장이 제기되고 있다.[2] 그러나 이러한 해석은 객관적 헌법해석의 한계를 넘는 것이다. 헌법재판소를 비롯한 헌법해석자는 헌법해석에 있어서 자유로운 것이 아니라 법해석원칙의 구속을 받는다. 법률에 대한 헌법규범의 특수성에도 불구하고 헌법해석의 출발점은 원칙적으로 사비니(Savigny)에 의하여 제시된 '전통적·고전적 법률해석방법'이다. 전통적 해석방법은 헌법이 스스로 규율하고 있다는 것을 전제로 하여 존재하는 의미내용을 밝히고자 하는 해석방법이다. 고전적 의미에서 '해석'이란 확정된 규범

2) 김학성, 헌법소원의 쟁송대상, 헌법재판자료 제3집(1990), 361면 이하; 황도수, 원처분에 대한 헌법소원, 헌법논총 제6집(1995), 216면; 이욱한, 헌법재판소법 제68조 제1항 '법원의 재판을 제외하고는'의 문제점과 그 해결방안, 인권과 정의, 1996. 5., 48면; 김문현, 헌법해석에 있어서의 헌법재판소와 법원의 관계, 현대법의 이론과 실제(김철수교수 화갑기념논문집), 1993, 102면 이하.

내용을 전제로 하여 이를 발견하고 인식하는 것을 의미한다. 따라서 여기서 헌법해석이란, 헌법이 스스로 규율하고 있는 것을 인식하는 것이다. 그러나 헌법이 스스로 확정하지 않은 것은 해석을 통하여 밝혀질 수 없고 단지 해석의 주체에 의하여 구체화되고 실현될 수 있을 뿐이므로, 헌법이 스스로 확정적으로 규율하지 않은 경우에는 전통적인 해석방법은 그 한계에 부딪히게 된다.[3] 그러므로 바로 여기에 '부가적인 헌법해석방법'의 필요성이 있는 것이다.

헌법도 규범의 성질에 따라 개방성과 추상성에 있어서 그 정도를 달리 한다. 기본권조항, 법치국가원리 · 민주주의원리와 같은 국가의 기본구조에 관한 원칙, 국가행위의 목표를 제시하는 국가목표규정은 개방적이고 유동적인 헌법규범으로서 사회상황의 변화에 따라 지속적인 발전을 가능하게 한다. 이러한 개방적 헌법의 규범내용은 과거에 역사적으로 형성된 규범내용에 고정되고 확정된 것이 아니라 변화하는 사회현실을 고려하여 지속적으로 구체화되고 실현되어야 한다. 따라서 여기서 제기되는 문제는 이미 확정된 규범내용을 밝히는 문제가 아니라, 헌법규정을 창조적으로 발전시키는 문제이다. 헌법이 스스로 확정적으로 규율하지 않은 개방적인 헌법규범의 경우에는 고전적인 헌법해석을 통하여 접근하는 데 한계가 있다.

그러나 국가기관의 조직과 절차에 관한 헌법규정은 그 구체성에 있어서 법률과 크게 다를 바가 없다. 헌법제정자가 기본적인 것을 확정하고자 하는 의도는 특히 국가기관 상호간의 관계를 규율하는 조직규범과 권한규범에서 드러나고 있다. 이러한 규범들은 헌법제정자의 확정적 의사에 상응하게 그 의미내용에 있어서 상당히 일의적이고 확정적이다. 조직규범이나 권한규범과 같이 헌법제정자가 스스로 확정적으로 규율한 헌법규범의 의미내용이 불분명하여 해석을 필요로 한다면, 고전적 해석방법을 통하여 그 의미와 내용을 밝힐 수 있다.

따라서 헌법 제107조와 같이 헌법규정 스스로가 명백하고 구체적인 표현을 통하여 국가기관의 관할을 획정하는 경우에는 본질적으로 법률과 달리 해석해야 할 이유가 없다.[4] 헌법특유의 해석방법을 주장하여 객관적 해석방법을 통한 헌법규범의 의미와 내용을 무시한다면,[5] 모든 헌법해석자가 자신의 주관적 가치관을 헌법상의 객관적 결정이라

---

3) 전통적인 해석방법의 한계에 관하여, Hesse, Grundzüge des Verfassungsrechts der BRD, 19. Aufl., S.21f.; Stern, Das Staatsrecht der BRD, Bd. I, 1977, S.102ff.; Böckenförde, Die Methoden der Verfassungsinterpretation, NJW 1976, S.2089ff.

4) 독일 연방헌법재판소도 헌법해석에 있어서 원칙적으로 헌법제정자의 '객관화된 의사', 즉 '헌법에 표현된 헌법제정자의 의사'를 묻는 전통적인 법률해석방법인 문법적 · 체계적 · 목적적 · 역사적 해석방법에서 출발하고 있다(BVerfGE 11, 131f.; Richter/Schuppert, Casebook Verfassungsrecht, 1991, S.8ff.).

5) 예컨대 이욱한, 헌법재판소법 제68조 제1항 '법원의 재판을 제외하고는'의 문제점과 그 해결방안, 인권과 정의, 1996. 5., 48면, "헌법 제107조 제2항에서의 최종적이라는 의미를 헌법해석의 특징이며 가장 주요한 법칙인 헌법의 통일성이라는 관점에 입각하여 일반법원 내에서의 최종적이라는 의미로 해석한다면 동규정 자구의 문제점은 상당부분 보완될 수 있다."고 밝히고 있다. 이러한 해석방법은 헌법해석에 있어서 실정법적

고 주장할 위험이 있으며, 이러한 해석은 결국 헌법해석의 한계를 벗어남으로써 '해석을 통한 헌법개정'을 의미하게 될 것이다. 헌법특유의 해석방법은 전통적인 법률해석방법을 배척하거나 극복하는 것이 아니라 단지 보완하는 기능을 하므로,[6] 헌법 제107조의 해석은 헌법제정자의 객관화된 의사를 묻는 '전통적 법률해석방법'에서 출발해야 한다.

나. 객관적 해석방법에 의한 헌법 제107조의 규범내용

고전적 법해석방법은 법조문, 즉 실정법을 출발점으로 삼아야 하고, 법조문의 뜻이 분명하지 않은 경우에는 의미내용을 밝히기 위하여 문법적·체계적·목적적·역사적 해석방법을 사용해야 한다는 해석원칙이다. 이러한 해석방법은 해석의 객관성이 확보되기 때문에, 모든 법규범의 해석에 있어서 사용되는 기본적 방법이다.

우선 헌법 제107조의 규범내용을 문리적 해석의 관점에서 보건대, 일반적으로 "최종적"이란 표현을 사용한다면, 그를 제한하는 다른 수식어가 없는 한, '무조건적·무제한적' 最終性을 의미하는 것이지, 제한적 또는 유보된 의미의 最終性을 뜻하지는 않는다. 또한, 체계적 해석의 관점에서 헌법 제107조의 제1항과 제2항은 서로 유리되어 파악되어서는 아니 되고 서로 긴밀한 상호연관관계에서 판단되어야 한다. 헌법 제107조를 제1항과 제2항의 연관관계에서 살펴본다면, 제1항은 위헌법률심사와 관련하여 법원의 위헌제청의무와 헌법재판소의 최종적인 위헌결정권을 확정함으로써 법원이 헌법재판소와의 관계에서 최종적으로 결정할 수 없는 것을 규정하고 있는 반면에, 제2항에서 법원의 최종적 심사권을 명시적으로 언급하고 있다면, 제2항의 '최종적'은 헌법재판소와 법원의 '兩者 관계에서의 최종적'인 것이지 '법원 내부에서의 최종적'이라고는 해석할 수 없다. 법원의 권한이나 관할은 다른 헌법기관과의 관계에 있어서도 결국 '법원에 관한 章'에 규정될 수밖에 없는 것이므로, 헌법 제107조 제2항이 법원에 관한 헌법 제5장에 위치하기 때문에 '법원 내에서의 최종적'이라고 해석해야 한다는 주장은 전혀 설득력이 없다.

무엇보다도 규범의 의미와 목적을 묻는 목적적 해석의 관점에서 보더라도, '최종적'이란 표현은 '다른 헌법기관과의 관계에서 최종적'인 것으로 해석해야 한다. 대법원이 법원 내에서의 최고법원(헌법 제101조 제2항)으로서 당연히 법원 내에서 최종적으로 심사할 권한이 있기 때문에, "최종적"을 '법원 내부에서의 최종적'으로 해석하는 것은 "최종적"이라는 표현이 지극히 불필요한 것의 同語反覆이자 무의미한 표현이라는 결과를 초래한다. 헌법이 굳이 규정하지 않아도 될 당연한 사실을 규정하기 위하여 제107조 제2항에서 "최종적"을 언급하였다고는 생각되지 않는다. "최종적"을 '법원 내부에서의 최

규범에서 출발하는 것이 아니라 그 헌법규범이 규율하려는 헌법현실을 가장 이상적으로 해결할 수 있는 '관점'을 해석의 출발점으로 삼는 소위 '法學的 觀點論'의 좋은 본보기이다. 그러나 이는 객관적인 해석의 기반을 일탈하여 각자의 理想鄕과 主觀의 세계로 이끌 위험이 있는 해석방법이다.

6) 같은 취지로 허영, 한국헌법론, 1994, 73면.

종적'으로 해석한다면, 헌법 제107조 제2항은 당연한 것을 확인하는 것 외에는 아무런 의미가 없는 조항, 즉 헌법 내에서 고유한 존재의미가 없는 조항으로 전락한다. 그러나 개별 헌법규범은 헌법 내에서 그에게 부여된 고유한 의미를 가지도록 해석되어야 한다는 것은 헌법해석의 기본적인 출발점이다.

만일 헌법개정권자가 헌법재판소의 설립과 더불어 종래 법원에 전속되었던 집행작용에 대한 위헌심사권을 헌법재판소에 최종적으로 부여하려고 의도했다면, 헌법개정권자는 헌법재판소의 도입과 함께 어떤 형태로든 법원과 헌법재판소의 관할을 배분하는 명확한 규정을 두었을 것이고, 위 헌법규정은 어떠한 형식으로든 개정되었으리라고 보는 것이 타당하다. 따라서 헌법 제107조 제2항의 "최종적"은 '법원 내부에서의 최종적'이 아니라 '법원과 헌법재판소의 관계에서의 최종적'으로 해석되어야 한다.

2. 관할배분규범으로서 헌법 제107조

가. 헌법 제107조 제1항의 의미

위에서 서술한 바와 같이, 객관적 해석방법에 의하여 확인된 헌법 제107조의 규범내용을 근거로 삼는다면, 헌법 제107조는 헌법재판소의 권한을 규정하는 헌법 제111조와 함께 우리 헌법에서 헌법재판소와 법원 간에 헌법재판권을 포함한 재판관할을 배분하는 규정으로 이해되어야 한다.

우선 헌법 제107조 제1항은 법률에 대한 구체적인 규범통제절차, 즉 법률의 위헌여부가 재판의 전제가 된 경우 법률이 헌법에 합치하는지 여부를 심사하는 절차에서 법원의 위헌제청권과 위헌제청의무를 규정함으로써 헌법재판소의 위헌심사권(위헌결정권)을 '소극적으로' 규정하고 있다. 헌법 제111조 제1항 제1호("법원의 제청에 의한 법률의 위헌여부 심판")는 위헌법률심사에서의 이러한 권한배분에 상응하게 위헌법률심판에서 헌법재판소의 위헌심사권을 '적극적으로' 규정하고 있다. 구체적인 규범통제는 집행행위의 존재를 전제로 하므로, 집행행위의 매개 없이 법률에 의하여 직접 기본권이 침해되는 경우에는 이에 대한 주관적 권리구제절차로서 헌법 제111조 제1항 제5호의 헌법소원의 가능성을 열어놓고 있다.

나. 헌법 제107조 제2항의 의미

(1) 명령·규칙에 대한 구체적 규범통제절차에서 대법원의 최종적인 심사권

헌법 제107조 제2항은 '명령·규칙·처분'의 위헌·위법성 심사에 관한 대법원의 최종적 심사권을 규정하고 있다. 위 조항이 규정하는 집행부의 행위형식은 행정입법으로서의 '명령·규칙'과 개별적 결정으로서의 '처분'을 나누어 볼 수 있는데, 위 조항은 우선 구체적인 소송사건에서 명령·규칙의 위헌여부가 재판의 전제가 된 경우[7] 명령·규칙의 위헌여부를 심사하는 '구체적 규범통제절차에서 대법원의 최종적인 심사권'을 규정하고 있다. 그러나 명령·규칙에 있어서 그의 집행행위가 존재하지 않는다면, 명령·규칙의 위헌여부가 집행행위를 매개로 한 구체적인 재판절차에서 심사될 수 없으므로, 명령·규칙에 의하여 직접 기본권이 침해되는 경우에는 대법원의 최종적 심사권이 미치지 아니한다. 이러한 경우에 대해서는 주관적 권리구제절차로서 헌법소원심판(헌법 제111조 제1항 제5호)의 가능성이 열려있다.[8]

(2) 처분의 경우, 裁判의 前提性 문제

(가) 헌법 제107조 제2항은 "… 처분이 헌법이나 법률에 위반되는 여부가 재판의 전제가 된 경우"라고 하여, 처분에 대한 대법원의 최종적인 심사권을 규정하고 있다. 그런데 처분의 경우에도 헌법이나 법률에 위반되는 여부가 재판의 전제가 되는지의 문제가 제기된다.

법령에 대한 위헌심사는, 집행행위가 위헌적인 법령에 기초하고 있다는 이유로 구체적인 소송사건에서 법령의 위헌성을 그 선결문제로서 '간접적으로' 심사하는 객관적(구체적) 규범통제절차 및 법령에 의하여 '직접' 기본권이 침해되는 경우 헌법소원심판의 형태로 이루어지는 주관적 구제절차라는 두 가지 형태로 가능하지만, 처분에 있어서는 선결문제에 관한 위헌심사와 직접 심판대상으로서의 위헌심사라는 이중적 구조가 존재하지 않는다. 법령의 경우에는 일반적으로 집행행위가 매개되기 때문에 법령에 의한 직접적인 기본권의 침해는 예외적인 현상에 속하나, 처분에 있어서는 그 자체가 집행행위로서 원칙적으로 기본권을 직접 침해하고 있으므로 선결문제로서의 처분의 위헌성과 직접 심판대상으로서의 처분의 위헌성을 나누는 것이 부적당하다. 따라서 법령과 처분의 이러한 근본적인 구조적인 차이 때문에 '재판의 전제성'을 법령의 경우처럼 '기술적인 의미'로 해석할 것이 아니라, 여기서의 '재판의 전제성'이란 처분의 위헌·위법여부에 관한 법원의 판단에 따라 재판의 결과, 즉 청구의 인용여부가 달라지는 경우를 의미한다고 보아야 한다.[9]

헌법 제107조 제2항이 처분의 경우에도 '재판의 전제성'이란 표현을 사용한 것은 명령·규칙과 처분이라는 서로 상이한 유형의 행정작용을 함께 규율하는 과정에서 발생한 입법기술적인 결함으로 보아야 할 것이므로, 헌법개정을 통하여 이를 명확히 하는

---

7) 여기서 '재판의 전제성'은 헌법 제107조 제1항, 헌법재판소법 제41조 제1항에서의 재판의 전제성과 동일한 의미로서 구체적인 사건의 결정에 있어서 명령·규칙의 위헌·위법성여부에 따라 재판의 결과가 달라지는 경우를 뜻한다, '재판의 전제성'의 의미에 관하여 헌재 1992. 12. 24. 92헌가8 결정 참조.

8) 헌재 1990. 10. 15. 89헌마178 결정 참조.

9) 같은 취지로 상세하게 정태호, 원처분의 헌소대상성에 관한 소고, 헌법논총 제6집(1995), 260면 이하; 최완주, 원처분의 헌법소원 대상성에 관한 고찰, 법관세미나 자료 上(헌법문제와 재판), 1996, 310면 이하.

것이 바람직하다.[10)]

(나) 이에 대하여, 처분의 경우에도 '재판의 전제성'을 법령의 경우처럼 기술적인 의미로 이해하여 "헌법 제107조 제2항이 규정한 처분에 대한 대법원의 최종적인 심사권이란 구체적인 소송사건에서 당해 처분의 위헌여부가 재판의 전제가 되었을 때 법률의 경우처럼 헌법재판소에 제청함이 없이 최종적으로 대법원이 판단한다는 의미이고, 처분자체에 의하여 직접 기본권이 침해되었을 때 헌법소원의 제기가능성을 배제하는 것은 아니다."라고 주장하는 견해가 있다.[11)]

그러나 헌법은 제107조 제2항에서 처분에 대한 대법원의 포괄적인 행정재판권을 전제로 하여 같은 조 제3항에서 행정소송의 전심절차로서의 행정심판제도를 규정하고 있는 것이므로, 두 규정의 체계적인 연관관계에서 볼 때 헌법이 제107조 제2항에서 단지 '위법한 행정처분으로 인한 손해에 대한 국가배상청구소송' 등과 같이 당해 처분의 위헌여부가 재판의 전제가 되는 지극히 예외적인 경우를 위하여 '처분'을 언급하고 있다고 보기 어렵다. 또한, 역사적 해석의 관점에서 보더라도, 이미 1962년 제5차 헌법개정 이래 현행헌법 제107조 제2항과 동일한 규정이 존재하였으며, 위 헌법규정의 의미가 법원에게 행정재판의 관할을 부여하고자 하는데 있었다는 것을 감안한다면, 헌법재판소를 도입한 후에는 처분에 있어서의 '재판의 전제성'의 의미가 명령·규칙의 경우와 마찬가지로 갑자기 '기술적인' 의미로 변질되었다고 판단하여 '처분의 위헌·위법성이 재판의 선결문제가 된 예외적 경우'에 한정하여 법원의 재판관할이 인정된다고 해석하는 것은 불합리하다.[12)]

다. 헌법 제107조 및 제111조에 의한 憲法裁判權의 二元化

결론적으로, 헌법 제107조는 헌법 제111조와 함께 헌법재판소와 법원 사이의 헌법재판권의 배분에 관하여 중요한 표현을 담고 있는 규정이다. 헌법은 제107조에서 구체적 규범통제절차에서의 법률에 대한 위헌심사권과 집행부의 행위형식인 명령·규칙·처분에 대한 위헌심사권을 서로 분리하여 각각 헌법재판소와 대법원에 귀속시키면서, 제111조 제1항 제5호에서 법률과 명령·규칙에 의하여 직접 기본권이 침해되는 경우에는 이에 대한 주관적 권리구제절차로서 헌법소원의 가능성을 열어 놓았다. 따라서 우리 헌법은 제107조와 제111조에서 원칙적으로 입법작용에 대한 헌법재판권을 헌법재판소에, 집행작용에 대한 헌법재판권을 법원에 각각 귀속시키고 있음을 확인할 수 있다. 이로써

---

10) 따라서 명령·규칙과 처분을 분리하여 처분에 관하여 다음과 같은 별도의 규정을 두는 것이 바람직하다. "헌법 제107조 ② 처분이 헌법이나 법률에 위반되는 여부가 문제 된 경우에는 대법원은 이를 최종적으로 심사할 권한을 가진다."

11) 이석연, 헌법소송의 이론과 실제, 1992, 42면.

12) 헌법 제107조 제2항의 역사에 관하여는 최완주, 원처분의 헌법소원대상성에 관한 고찰, 법관세미나 자료 上, 1996, 310면, 각주 116 참조.

우리 헌법은 헌법재판기관을 二元化하여 헌법의 수호 및 기본권의 보호가 헌법재판소만의 과제가 아니라 헌법재판소와 법원의 공동과제라는 것을 표현하고 있다.

위에서 상세하게 서술한 바와 같이 헌법 제107조 제2항의 해석에 관하여 논란이 있으나, 위 조항이 처분에 대한 최종적 심사권을 대법원에 부여하고 있으므로, 처분의 위헌성에 관하여 헌법재판소가 다시 헌법소원의 형태로 심사할 수 없다고 보아야 하고, 뿐만 아니라 처분의 위헌성에 대한 심사의 결과인 대법원의 재판을 헌법소원의 대상으로 삼는 것도 허용되지 않는다고 보는 것이 타당하다. 그렇다면 헌법 제107조는 재판소원의 형태로 법원의 재판을 헌법재판소의 심사대상으로 삼는 것을 금지하거나 아니면 적어도 포괄적인 재판소원의 도입을 금지하는 헌법적 표현으로 보아야 할 것이다. 이러한 관점에서 본다면, 헌법재판소법 제68조 제1항에서 법원의 재판을 헌법소원의 대상에서 제외한 것은 헌법재판소와 법원의 헌법재판관할을 규정하는 헌법 제107조 및 제111조의 취지에 부합하는 입법이라고 할 수 있으며, 반면에 재판소원을 도입하기 위해서는 헌법 제107조 제2항의 개정이 필수적임을 알 수 있다.

Ⅲ. 헌법 제111조 제1항 제5호의 "법률이 정하는 헌법소원"

1. 헌법 제111조 제1항 제5호의 의미

헌법 제111조 제1항 제5호는 헌법소원심판의 헌법상 근거규정이다. 헌법은 제111조 제1항 제5호에서 헌법재판소의 관장사항으로 "법률이 정하는 헌법소원에 관한 심판"이라고 규정함으로써 헌법소원제도를 보장하면서 입법자에게 그의 구체적인 형성을 위임하였고, 입법자는 헌법재판소법 제68조 이하의 규정에서 헌법소원제도를 구체적으로 규율하고 있다.

헌법 제111조 제1항 제5호의 객관적 의미는 헌법에 의한 헌법소원제도의 보장, 즉 헌법소원심판의 존속보장 또는 제도적 보장에 있다.[13] 헌법이 헌법소원심판을 제도적으로 보장함으로써, 입법자에게 헌법소원제도를 입법을 통하여 구체적으로 형성하고 유지해야 할 의무와 함께 동시에 헌법소원제도의 본질적 내용을 보장해야 할 의무를 부과하고 있다. 한편, 헌법은 스스로 헌법소원의 본질이나 개념에 관하여는 아무 것도 밝히고 있지 않으므로, 이는 결국 헌법소원제도의 生成史나 비교법적 고찰을 통하여 파악될 수밖에 없다.

헌법에서 헌법소원심판의 개념정의에 관한 아무런 언급이 없는 것은, 헌법이 헌법소

---

13) 기본권으로서의 헌법소원심판청구권은 존재하지 않는다. 이는 재판청구권을 보장하는 헌법 제27조이나 헌법소원제도를 보장하는 헌법 제111조 제1항 제5호에서 도출할 수 없다. 이에 관하여 자세한 것은 아래 Ⅳ. 3. 나. 참조.

원의 생성과정에서 일반적으로 형성된 개념 또는 각국의 헌법재판제도를 통하여 일반적으로 인정된 헌법소원의 개념을 전제로 하여 이를 수용한다는 것의 표현으로 보아야 할 것이다. 그러나 1987년 헌법이 우리 憲政史에서 처음으로 헌법소원제도를 도입하였다는 특수한 상황에 비추어, 적어도 헌법소원에 관한 최소한의 개념 정의를 하는 것이 보다 바람직했으리라고 판단된다. 입법자가 헌법재판소법 제5절 '헌법소원심판'에서 개인의 주관적 권리구제절차인 '권리구제형 헌법소원'(제68조 제1항)뿐만 아니라 이와는 법적 성격이 전혀 상이한 '규범통제형 헌법소원'(제68조 제2항)을 함께 규율할 수 있었던 것도, 헌법이 헌법소원제도를 수용하면서 그 개념을 정의하지 않는 것에 기인한다.

2. 헌법소원의 生成史[14)]

가. 독일에서 헌법소원의 발전과정

'헌법소원'이란 용어가 형성된 역사는 또한 그 개념이 형성된 역사이기도 하다. 일반적으로 헌법소원제도는 독일의 헌법소원(Verfassungsbeschwerde)에서 유래하는 것으로 이해되고 있다.

이미 1818년의 독일 바이에른(Bayern) 州 헌법은 국민에게 헌법적 권리의 침해에 대하여 兩院으로 구성된 身分制議會(等族會義, Ständeversammlung)에 소원을 제기할 수 있는 권리를 부여하였다. 이러한 소원제도는 행정재판제도가 존재하지 않았던 그 당시 행정행위에 대한 권리구제수단으로서 규정되었는데,[15)] 오늘날의 관점에서 본다면 위 소원은 헌법재판이라기보다는 오히려 청원권의 성격을 가진 것이었다.[16)] 이로써, 1818년의 바이에른 州 헌법에 규정된 '헌법적 권리의 보호를 위한 소원'의 가능성을 출발점으로 하여 '헌법소원'이란 개념이 형성되기 시작하였다. 한편, 1849년의 프랑크푸르트 帝國憲法(Paulskircheverfassung)은 헌법에 보장된 권리의 침해를 이유로 독일 국민이 제국법원에 제소할 수 있는 가능성을 제국법원의 관장사항으로 규정하였으나(제국헌법 제126조 g), 위 헌법은 시행되지 못하였으므로 단지 헌법사적 의미만을 가질 뿐이다.

독일에서 '헌법소원'이란 표현은 19세기 후반에 이르러 비로소 본격적으로 등장하였다. 1885년 바이에른의 헌법학자 자이델(Seidel)이 1818년 바이에른 州 헌법에서 형성

---

14) Vgl. Schumann, Verfassungsbeschwerde, in: Landesverfassungsgerichtsbarkeit, Teilband Ⅱ, 1983, S.15ff.; Krauss, Der Umfang der Prüfung von Zivilurteilen durch das BVerfG, 1987, S.10ff.; Maunz, in: Maunz/Schmidt-Bleibtreu, BVerfGG, 1993, §90 Rn.3ff.; Schlaich, Das Bundesverfassungsgericht, 3. Aufl., 1994, Rn.189; 헌법소원의 역사적 발전을 소개한 한국문헌으로 정태호, 헌법소원의 개념과 역사적 발전, 안암법학 제4집, 1996, 101면 이하.

15) 한편, 법원의 판결에 대하여도 소원을 제기할 수 있는지의 문제는 1875년에 와서야 비로소 논의의 대상이 되었다. 그러나 州議會는, 재판소원이 신분제의회의 과중한 업무부담을 가져오고 또한 신분제의회가 최고심급의 역할을 하리라는 우려로 재판에 대한 소원의 도입을 거부하였다.

16) Vgl. Schlaich, Das Bundesverfassungsgericht, 3. Aufl., 1994, Rn.189.

되기 시작한 개념을 '헌법소원'이라는 표현으로 학계에 도입하였고, 곧 이어서 독일 전체의 헌법학에 의하여 수용되었다. 독일 바덴(Baden) 州와 뷰어템베르크(Württemberg) 州의 헌법학자들도 1818년 바이에른 州 헌법상의 소원을 '헌법소원'으로 명명하였다.

그럼에도 1919년 바이에른 州 헌법이 그에 규정된 소원제도를 명시적으로 '헌법소원'으로 명칭하기 전까지는 헌법소원의 개념은 통일되지 아니한 채, 다양한 의미로 사용되고 있었다. 이 무렵까지만 해도, 헌법소원은 각 州에서 권리구제절차를 제공하지 않는 경우 帝國法院(Reichsgericht)에 제소할 수 있는 절차 및 각 州가 권리구제절차를 제공하고 있으나 제국헌법에 의하여 부여된 권리를 인정하지 않는 경우 제국법원에 제소할 수 있는 절차 등 다양한 내용의 소원제도를 모두 포괄하는 의미로 사용되었다.

1919년의 바이에른 州 헌법은 개인이 법원의 심급절차를 경유한 후 헌법상 보장된 권리의 침해를 이유로 행정처분에 대하여 헌법소원을 제기할 수 있는 가능성을 규정하였는데,[17] 이러한 권리구제절차를 스스로 '헌법소원'이라고 명시적으로 언급함으로써 '헌법소원'의 개념이 궁극적으로 정착되었다. 초기에는 다양한 의미로 이해되었던 헌법소원의 개념이 바이에른 州에서의 발전과정을 거치면서 차츰 그 확고한 윤곽을 형성함으로써, 20세기 초반에 이르러서는 독일에서 헌법소원은 '국민이 헌법적 권리의 보호를 위하여 청구할 수 있는 권리구제절차'로 정의되었다. 한편, 1919년의 바이마르 헌법은 國事裁判所를 설립하여 그의 관할로서 헌법소원을 도입하고자 시도하였으나, 이러한 시도는 다수의 지지를 얻지 못하였고, 그 결과 국사재판소의 관할은 연방과 州 및 州 사이의 권한쟁의에 국한되었다.

나. 독일 基本法에서 헌법소원제도의 수용

제2차 세계대전 이후, 헌법소원제도를 독일 기본법과 연방헌법재판소법에 수용하는데 큰 영향을 미친 것은 독일 바이에른 州에서의 헌법소원의 발전과정이었고, 독일 기본법에 규정된 헌법소원의 형태에 가장 접근하는 것도 1919년 바이에른 주 헌법에 규정된 헌법소원이었다. 현행 독일헌법인 기본법을 제정하는 과정에서 바이에른 州 헌법의 전통을 이으려는 일부 세력은 헌법적 차원에서 헌법소원제도를 규정할 것을 요구하였다. 그러나 기본법 제정회의에서 이러한 요구는 다수의 찬성을 얻지 못하였으므로, 1949년 제정된 기본법은 연방헌법재판소의 관장사항으로 헌법소원심판을 규정하지 아니하였다.[18] 한편, 기본법은 '헌법에서 연방헌법재판소에게 명시적으로 부여하지 아니한

17) 1919년의 바이에른 헌법 제93조 1항은 "모든 국민은 행정청의 행위로 인한 헌법위반으로 자신의 권리가 침해되었다고 생각하는 경우, 國事裁判所에 헌법소원을 제기할 수 있다."고 규정하였다.

18) 헌법제정회의에서 헌법소원심판을 연방헌법재판소의 관장사항으로 포함시키지 않은 것은 무엇보다도, 헌법상 보장된 재판청구권이 이미 기본권침해에 대한 법원의 구제절차를 충분히 제공하고 있으므로 부가적으로 헌법소원제도를 도입하는 것이 불필요하다고 판단한 것에 기인한다, vgl. Löwer, Zuständigkeiten und Verfahren des Bundesverfassungsgerichts, in: HbStR, Bd.Ⅱ, 1987, §56 Rn.140.

관장사항도 연방법률에 의하여 부여할 수 있다'는 조항을 두고 있으므로(제93조 제2항), 1951년에 제정된 연방헌법재판소법은 위 헌법조항을 근거로 하여 헌법소원제도를 '법률상의 제도'로 도입하였다.[19)]

1951년의 연방헌법재판소법 초안은 현행 연방헌법재판소법에 규정된 것과 같은 내용의 헌법소원제도를 담고 있었는데, 당시에 재판소원의 도입문제를 놓고 연방의 하원(연방의회)과 상원(연방참사원)에서 격렬한 논쟁이 벌어졌다. 재판소원의 반대론자는 '입법행위'에 대하여는 국민이 직접 청구할 수 있는 권리구제절차가 없다는 이유로 '법률에 대한 헌법소원'의 도입에는 찬성하였으나, '재판에 대한 헌법소원'은 기본법상의 재판청구권과 행정재판제도의 빈틈없는 확대로 인하여 권리구제의 측면에서 사실상 불필요하고 헌법재판소의 업무에 필연적으로 과도한 부담을 가져온다는 이유로 재판소원의 도입을 거부하였다. 이에 대하여 재판소원 찬성론자는 헌법소원이 법원과 국민의 기본권의식에 미치는 헌법정책적 의미를 강조하면서 가능하면 법원을 비롯한 모든 국가기관의 행위에 대하여 광범위한 기본권보호를 제공해야 한다고 주장하였다. 연방의회 법사위원회는 찬성론의 견해를 받아들임으로써, 1951년 연방헌법재판소법에 법원의 재판에 대한 헌법소원도 포함하는 포괄적인 헌법소원제도가 도입되었다.

1969년 제19차 기본법개정을 통하여 비로소 헌법소원은 헌법에 규정되었다(기본법 제93조 제1항 제4호의 a). 이로써 1951년에서 1969년까지 헌법소원은 단지 법률상의 제도로서 규정되었고, 1969년에 이르러서야 헌법소원이 헌법적으로 보장되었다. 그러나 헌법소원이 헌법상의 제도로 규정되었다는 것은, 헌법개정을 통하여 다시 헌법소원을 축소하거나 또는 폐지할 수 있는 가능성을 배제하는 것은 아니다.[20)] 헌법소원이 헌법에 규정된 이후에도 독일 내에서는 헌법질서의 아무런 손상 없이 헌법소원제도, 특히 재판소원은 헌법 개정을 통하여 다시 폐지될 수 있다는 의견이 일반적 견해이다.

3. 주요국가의 헌법소원제도[21)]

가. 헌법소원제도의 다양한 형태

독립된 헌법재판기관을 따로 두지 않고 법원이 기본권의 보호기능을 함께 담당하는

19) Vgl. Zuck, Das Recht der Verfassungsbeschwerde, 1988, S.41ff.; Schlaich, Das Bundesverfassungsgericht, 3. Aufl., 1994, Rn.190.

20) Vgl. Maunz, in: Maunz/Schmidt-Bleibtreu, BVerfGG, 1993, §90 Rn.7; Zuck, Das Recht der Verfassungsbeschwerde, 1988, Rn.6f.

21) Vgl. Simon, Verfassungsgerichtsbarkeit, in: Handbuch des Verfassungsrechts, 1984, S.1258ff.; Maunz, in: Maunz/Schmidt-Bleibtreu, BVerfGG, 1993, §90 Rn.9ff.; Krauss, Der Umfang der Prüfung von Zivilurteilen durch das BVerfG, 1987, S.18ff.; Zierlein, Die Bedeutung der Verfassungsrechtsprechung für die Bewahrung und Durchsetzung der Staatsverfassung, EuGRZ 1991, S.301ff.; Schwab/Gottwald, Verfassung und Zivilprozeß, 1983, S.74ff.; Zuck, Das Recht der Verfassungsbeschwerde, 1988, Rn.134ff.; 한국문헌으로는 최완주, 헌법소원에 관한 각국의 제도비교, 법관세미나 자료 上, 1996, 37면 이하.

'미국형의 헌법재판제도'(비집중형)에서는 헌법소원제도나 추상적 규범통제란 있을 수 없고, 법원이 구체적인 법적 분쟁의 판단과정에서 간접적으로 당해사건에 적용되는 법규범의 위헌여부를 심사하는 '구체적 규범통제'가 헌법재판의 중심을 이루게 된다. 독립된 헌법재판기관인 헌법재판소가 헌법재판을 담당하는 경우라 하더라도, 단지 소수의 국가만이 헌법소원제도를 도입하고 있다. 엄밀한 의미에서 헌법소원이라 할 수 없는 중남미 국가(멕시코와 아르헨티나 등)의 'Amparo' 절차를 제외한다면, 헌법소원제도를 도입한 국가는 전세계적으로 독일, 오스트리아, 스위스, 스페인, 러시아 등 일부국가이다.[22)]

헌법소원제도를 두고 있는 국가들도 각국의 고유한 법문화, 헌법재판의 역사적인 발전상황에 따라 헌법소원제도를 다양한 형태로 시행하고 있다. 가령, 오스트리아처럼 재판에 대한 헌법소원을 단지 부분적으로만 인정하는 국가도 있다.[23)] 오스트리아에서는 전통적으로 '법원의 헌법에의 기속'과 '상급법원에 의한 법원 내부의 심사가능성'을 법원에 의한 기본권의 침해를 방지하기 위하여 충분한 것으로 간주하고 있다.[24)]

한편, 독일, 스페인, 스위스 등에서는 재판에 대한 헌법소원을 규정하고 있다. 그러나 재판소원을 시행하고 있는 국가 중에서도, 스위스와 같은 연방국가에서의 헌법소원은, 연방이 州나 칸톤(Kanton)의 법원이나 행정청에 의한 기본권침해를 구제하고 시정하려는 성격, 즉 州의 공권력행사에 대한 연방국가적 감독행위의 성격을 갖고 있다. 스페인은 독일의 헌법재판제도를 모델로 삼아 1978년 헌법에서 헌법재판소의 관할을 규정하면서 제161조 제1항 제b호에 "기본권의 침해를 이유로 법률이 정한 경우에 법률이 정한 형태로 제기되는 헌법소원"이라고 우리와 유사한 규정을 두어 헌법소원의 구체적 형성을 입법자에게 위임하였는데, 입법자는 '형식적 의미의 법률'을 제외한 모든 공권력행위를 헌법소원심판의 대상으로 규정하였다.[25)] 이에 대하여, 독일은 입법·행정·사법의 모든 공권력행위를 그 심판대상으로 하는 가장 포괄적인 헌법소원제도를 두고 있다.

---

22) Vgl. Zuck, Das Recht der Verfassungsbeschwerde, 1988, Rn.134; Weber, Generalbericht, in: Starck/Weber, Verfassungsgerichtsbarkeit im Westeuropa, Bd. I, 1986, S.86f.

23) 오스트리아의 경우, 이 논문 게재 이후 2012년 헌법개정으로 인하여 헌법소원제도의 근본적인 변화가 발생하였으므로, 오스트리아 헌법소원제도에 관한 정확한 정보를 제공하기 위하여 여기서는 헌법개정으로 인하여 변경된 '현행 헌법소원제도'를 소개하기로 한다. 2012년 행정재판에 관한 헌법 개정 이전에는 오스트리아는 법원의 재판에 대한 헌법소원을 완전히 배제한 채 단지 행정청의 처분과 입법행위에 대한 헌법소원만을 인정하고 있었다. 그러나 2012년 헌법개정을 통하여 행정재판을 담당하는 종래의 유일한 심급이자 최고법원인 '행정재판소' 외에도 하급심인 '행정법원'이 설립됨에 따라 종래의 '처분에 대한 헌법소원'은 '행정법원의 판결에 대한 헌법소원'으로 대체되었다. 그 결과, 현재 오스트리아의 헌법소원의 대상은 행정법원(행정재판의 하급심)의 판결과 헌법상 권리를 직접 침해하는 입법행위(법률과 법규명령)이다. 이에 관하여 상세하게 아래 Ⅲ. 3. 다. 오스트리아의 헌법소원제도 참조.

24) Vgl. Schwab/Gottwald, Verfassung und Zivilprozeß, 1983, S.74f.

25) Vgl. Zuck, Das Recht der Verfassungsbeschwerde, 1988, S.64ff.; 스페인의 헌법소원제도에 관한 한국문헌으로는 김영철, 스페인헌법재판소의 관할과 그 운영상황, 헌법논총 제2집(1991), 251면; 최완주, 헌법소원에 관한 각국의 제도비교, 법관세미나 자료 上, 1996, 53면 이하.

나. 독일의 헌법소원제도[26)]

(1) 독일 헌법소원제도의 특징은 입법 · 행정 · 사법의 모든 국가기관의 공권력행사를 헌법소원의 대상에 포함시키고 있다는 점이다. 독일의 헌법소원제도에서 '헌법의 우위'는 모든 국가권력과의 관계에서 관철됨으로써 완전하게 실현되고 있다. 그 결과, 헌법재판소는 입법부와 집행부의 행위를 통제할 뿐만 아니라, 사법부에 대해서도 판결의 위헌여부를 통제하고 헌법위반을 이유로 법원의 판결을 취소할 수 있다.

개인은 공권력행위에 의하여 기본권을 침해받았다는 것을 주장하여 헌법재판소에 헌법소원을 제기할 수 있고, 헌법소원을 제기하기 전에 법원을 경유해야 한다는 요청을 통하여(소위 '보충성의 원칙') 법원 판결에 대한 통제가 가능하다. 헌법소원심판에서 '보충성의 원칙'은, 한편으로는 법원을 경유하는 과정에서 기본권침해가 제거될 수 있다는 점에서 기본권보호의 일차적 과제가 법원에 있다는 것을 강조하면서 헌법재판소의 업무부담을 경감하는 데 기여하는 측면이 있고, 다른 한편으로는 독일 헌법소원제도의 주된 기능이 또한 법원에 대한 통제에도 있다는 것을 의미한다.

법원의 재판에 대한 헌법소원이 가능하기 위한 전제조건은 일반법원에 대한 헌법재판소의 제도적 · 조직상의 독립성뿐만 아니라 일반법원에 대한 헌법재판소의 조직상의 우위이다. 재판소원을 통하여 헌법재판소는 법원구조 내에서 최정상의 지위에 오르게 된다.

(2) 독일에서 헌법소원제도는 제2차 세계대전 이후 헌법의 실현과 발전에 결정적인 기여를 한 중요한 헌법재판절차로 인정되고 있다. 그러나 재판소원의 도입으로 말미암아 매년 약 5,000-6,000건 이상의 엄청난 헌법소원사건이 접수됨으로써, 독일 연방헌법재판소는 큰 업무 부담을 지게 되었다. 연방헌법재판소의 과중한 업무 부담을 덜어주기 위하여 여러 차례에 걸쳐 연방헌법재판소법이 개정되었고, 이에 따라 헌법소원의 사전심사제도가 강화되었다. 그 결과, 접수되는 사건 중에서 단지 약 2% 정도(매년 약 50-80건)만이 사전심사를 통과하여 연방헌법재판소의 판단을 받고 있다.[27)]

재판소원의 도입이 연방헌법재판소에 과중한 업무 부담을 초래한 반면, 접수된 사건 중에서 단지 약 1-1,5% 정도만 인용결정에 이르기 때문에 헌법소원의 승소율이 매우 낮다는 점에서, 학계의 일각에서는 헌법소원의 대상에서 법원의 재판을 제외시켜야 한다고 주장하는 목소리도 있다.[28)] 그러나 연방헌법재판소가 실제로 결정한 사건의 수를

26) 독자에게 현행 독일 헌법소원제도에 관한 정확한 정보를 전달하기 위하여, 아래에서는 1999년 논문 작성 당시가 아니라 2020년 현재의 법적 상황 및 문헌을 기초로 삼았음을 밝힌다.

27) Vgl. Benda/Klein, Verfassungsprozessrecht, 2012, Rn.439; Schlaich/Korioth, Das BVerfG, 2012, Rn.195.

28) Vgl. Zuck, Das Recht der Verfassungsbeschwerde, 1988, Rn.263ff. 이에 관한 문헌 소개로는 Benda/Klein, Verfassungsprozessrecht, 2012, Rn.442 Fn.66.

기준으로 삼는다면 인용결정의 비율은 결정한 사건의 약 1/3 내지 1/4에 달하며, 헌법소원의 승소율이 낮다고 하는 것은 모든 국가기관, 특히 법원에 대하여 '헌법소원의 교육적 효과'가 기능한다는 것을 말해주는 것이라는 지적도 있다.[29] 헌법소원제도가 기본권의 효력을 강화하고 이를 관철하는 데 크게 기여하였으며, 법원을 비롯하여 모든 공권력에 대한 심사가능성이 공권력의 기본권 존중의무를 더욱 촉진시킨다는 점에서 헌법소원제도의 교육적 효과가 크다고 판단되고 있기 때문에, 현재 형태의 헌법소원제도는 유용하고 긍정적인 것으로 일반적으로 평가되고 있다.

다. 오스트리아의 헌법소원제도[30]

(1) 2012년 행정재판개혁 이전의 헌법소원제도

(가) 2012년 헌법개정 이전에 舊 헌법은 원래 제144조 제1항에서 '헌법상의 권리'를 침해하는 행정처분에 대한 헌법소원만을 인정하고 있었다. 1975년 헌법개정으로 인하여 헌법소원의 대상이 입법행위로도 확대됨으로써, 법률과 법규명령이 직접 개인의 헌법상 권리를 침해하는 경우에는 법령에 대하여도 헌법소원을 제기할 수 있게 되었다(오스트리아 헌법 제140조 제1항 제4문, 제139조 제1항 제3문).[31] 이로써 오스트리아의 헌법소원제도는 그 심판대상을 개인의 헌법상의 권리를 침해하는 행정행위와 입법행위에 한정하고 있었다(오스트리아 헌법 제140조 제1항 제4문 및 제144조 제1항).[32]

행정청에 의한 헌법상의 권리침해에 대한 헌법소원(처분소원)에 있어서 행정행위 그 자체가 위헌적이거나 아니면 행정청이 적용한 근거법률이 헌법에 위반되는 경우, 헌법재판소는 헌법소원의 인용결정을 하였다.[33] 그러므로 행정청에 의하여 헌법상의 권리가 침해되었다는 주장은 일반적으로 행정행위의 근거가 되는 법규범(법률과 법규명령)에 대한 위헌심사를 수반하였다. 헌법재판소가 행정행위의 근거가 된 법령을 위헌으로 간주한다면 헌법재판소는 헌법소원심판절차를 중단하고 규범통제절차를 개시하였다. 그리고 규범통제절차의 결과에 따라서 다시 재개된 헌법소원심판에서 심판청구의 인용여부를 결정하였다.

---

29) Vgl. Benda/Klein, Verfassungsprozessrecht, 2012, Rn.439f.; Schlaich/Korioth, Das BVerfG, 2012, Rn.195.

30) 오스트리아의 경우 이 논문 게재 이후 2012년 헌법개정으로 인하여 헌법소원제도의 근본적인 변화가 발생하였으므로, 독자에게 현행 헌법소원제도에 관한 정확한 정보를 전달하기 위하여, 아래에서는 1999년 논문 작성 당시가 아니라 2020년 현재의 법적 상황 및 문헌을 기초로 삼았음을 밝힌다.

31) 법률에 대한 헌법소원의 가능성은 오스트리아 헌법 제140조 제1항 제4문에서, 법규명령에 대한 헌법소원의 가능성은 헌법 제139조 제1항 제3문에서 각 규정하고 있었다.

32) Vgl. Korinek, Die Verfassungsgerichtsbarkeit in Österreich, in: Starck/Weber, Verfassungsgerichtsbarkeit im Westeuropa, Bd. I, 1986, S.164ff., 170ff.; Maunz, in: Maunz/Schmidt-Bleibtreu, BVerfGG, 1993, §90 Rn.12; Zuck, Das Recht der Verfassungsbeschwerde, 1988, Rn.135ff.

33) Vgl. Oberndorfer, Die Verfassungsrechtsprechung im Rahmen der staatlichen Funktionen, Landesbericht Österreich, EuGRZ 1988, S.195.

한편, 행정청이 '헌법상' 보장된 개인의 권리가 아니라 '법률상'의 권리를 침해한 경우에는 헌법 제130조에서 행정재판소에 소송을 제기하도록 규정하고 있었다. 따라서 행정처분에 대한 헌법소원의 경우 법원을 경유한 다음에야 헌법소원을 제기할 수 있는 것이 아니라, 행정처분에 의하여 '법률상의 권리'가 침해된 경우에는 행정재판소에, 행정처분에 의하여 '헌법상의 권리'가 침해된 경우에는 헌법재판소에 각 소송을 제기할 수 있도록 행정재판소와 헌법재판소의 관할이 처음부터 나뉘어져 있었다.

따라서 독일의 시각에서 보면, 오스트리아의 헌법재판소는 '특별행정재판소'의 성격을 띠고 있다고 볼 수 있다.[34] 오스트리아 헌법재판소는 독자적인 관할을 가진 독립된 법원으로 기능하지만, 기능상으로나 그 권한에 있어서 사법부에 대하여 우위에 있는 것이 아니라 일반 민·형사소송의 최고법원인 '대법원' 및 행정소송의 최고법원인 '행정재판소'와 동등한 지위에 있으면서 병렬적으로 존재한다.[35] 즉, 오스트리아 헌법재판소는 사법부 내에서 단지 특별한 관할을 위한 법원일 뿐이다. 2012년 헌법개정 이전의 오스트리아 헌법소원제도의 특징은, 기본권의 침해를 이유로 단지 행정청의 행위 및 행정행위의 근거규범이 되는 법률과 법규명령에 대해서만 헌법재판소에서 다툴 수 있고, 법원의 판결은 헌법재판소의 심판대상으로 삼을 수 없다고 하는 점이었다. 법원의 판결을 헌법소원의 대상으로부터 제외한 것은 '헌법재판소와 법원(행정재판소와 대법원)의 대등한 관계'로부터 나오는 필연적인 결과이다.

(나) 급증하는 망명사건으로 인하여 행정재판소의 업무 부담이 과중해 짐에 따라, 오스트리아는 행정재판소의 업무 부담을 덜기 위하여 2008년 亡命裁判所를 신설하였다(헌법 제129c조). 망명재판소는 특별행정법원으로 설립되었고, 망명신청자가 행정청인 聯邦亡命廳(Bundesasylamt)의 처분에 대하여 불복하는 경우 이에 대한 권리구제절차를 제공하는 유일한 행정재판기관이었다. 망명재판소가 설립되어 연방망명청의 처분에 대하여 독점적으로 심사를 하게 되자, 처분소원에 대한 관할권을 가지는 헌법재판소는 '연방망명청의 처분이 헌법상의 권리를 침해하는지 여부에 관한 심사권' 대신에 '연방망명청 처분의 위헌여부를 판단한 망명재판소의 판결에 대한 관할권'을 가지게 되었다. 이로써 망명신청자는 망명재판소의 판결로 인하여 헌법상 보장된 권리가 침해되었다는 주장으로 직접 헌법재판소에 재판소원을 제기할 수 있게 되었다. 오스트리아에서는 원래 사법부의 재판작용에 대한 헌법소원이 인정되지 않았으나, 망명재판소의 판결에 대한 헌법소원이 인정됨으로써 재판소원이 부분적이나마 도입되었다.[36]

34) 유남석, 오스트리아의 헌법재판제도, 재판자료 제92집, 법원도서관, 2001, 154면 이하.

35) 오스트리아에는 대법원(헌법 제92조), 행정재판소(헌법 제130조 이하), 헌법재판소(헌법 제137조 이하)가 최고법원으로서 동등한 지위에 있다.

36) 국회입법조사처, 유럽 위헌법률심사제도와 의회의 대응, 2011, 75면.

(2) 2012년 행정재판개혁 이후의 헌법소원제도

2012년 헌법개정으로 행정재판개혁이 이루어지기 전까지 오스트리아 행정재판제도는, 행정청의 처분에 대하여 불복하는 당사자가 행정청 내부의 행정심판을 거친 후 최고법원인 '행정재판소'에 소송을 제기하는 방식으로 이루어졌다. 오스트리아는 행정재판개혁 이전까지 다른 유럽 국가들과는 달리, 행정사건을 법원에 의한 심사가 아닌 행정청 내부의 '행정심판'으로 다루도록 하였기 때문에 '행정재판소'는 행정사건에 관한 유일한 심급이자 동시에 최고법원이었다. 한편, 행정청의 처분으로 인하여 헌법상 보장된 권리가 침해되거나 위헌적 법률의 적용으로 자신의 권리가 침해되었다고 주장하는 당사자는 직접 헌법재판소에 처분에 대한 헌법소원(Bescheidbeschwerde)을 제기할 수 있었다.

행정재판제도에 관한 헌법규정(제129조 이하)이 2012년 개정되어 2014. 1. 1.부터 시행됨에 따라, 새로이 11개의 행정법원(9개 州에 각 하나의 州 행정법원 및 연방행정법원, 연방재정법원)이 신설되어(헌법 제129조) 종래의 상급행정청 및 망명재판소를 대체하였다.[37] 이로써 신설된 행정법원이 종래 상급행정청이 담당하던 행정심판의 과제 및 망명재판소가 담당하던 행정재판의 과제를 이행하게 되었다. 당사자가 행정청의 처분에 대하여 불복하는 경우에는 행정법원이 직접 사건을 심사하며, 행정법원의 판결에 대해서는 당사자는 행정재판소에 상고(Revision)를 제기할 수 있게 되었다(헌법 제133조 제1항 제1호). 행정법원이 설립되면서 당사자는 더 이상 상급행정청이 아니라 독립된 행정법원의 심사를 받을 수 있게 되었고, 행정재판소는 법률심인 최고법원으로서의 기능을 할 수 있게 되었다.

행정법원의 설립과 더불어 행정재판의 상고제도가 도입되었는데, 근본적인 의미를 가지는 법적 문제가 존재하는 경우에는 상고가 허용된다(헌법 제133조 제4항). 행정법원에 의하여 상고가 허용된 경우(ordentliche Revision)에는 헌법재판소에 헌법소원을 제기하는 것은 불가능하다. 상고가 허용되지 않는 경우에는 소송당사자는 상고이유를 직접 기재하여 상고할 수 있는데(außerordentliche Revision), 이 경우 헌법적 문제가 있다면 당사자는 헌법재판소에 소원을 제기할 수 있다. 2012년 행정재판개혁으로 인하여 행정처분에 대한 위헌·위법심사가 새로 설립된 행정법원의 관할이 됨에 따라, 당사자는 더 이상 '행정청의 처분'에 대해서가 아니라 '행정법원의 판결'에 대하여 헌법소원을 제기할 수 있게 되었다. 소송당사자는 행정법원의 판결로 인하여 헌법상 보장된 권리가 침해되었거나 위헌적 법률의 적용으로 자신의 권리가 침해되었다고 주장하면서 직접 헌법재판소에 재판소원을 제기할 수 있다(헌법 제144조 제1항).[38]

---

37) 행정재판제도의 개혁으로 인하여 특별행정법원이었던 망명재판소는 연방행정법원으로 대체되었으며, 망명사건을 포함하여 모든 행정처분에 대한 심사는 행정법원의 관할이 되었다.

38) Artikel 144. (1) Der Verfassungsgerichtshof erkennt über Beschwerden gegen das Erkenntnis eines

뿐만 아니라, 오스트리아는 2013년 헌법개정을 통하여 우리 헌법재판소법 제68조 제2항에 의한 헌법소원심판과 유사한 제도인 '법률소원'(Gesetzesbeschwerde)을 도입하여 2015년부터 시행하고 있다(헌법 제140조 제1항 제1호 제d목).[39] 법률소원이 도입됨으로써, 당해사건의 당사자는 제1심의 민·형사법원(ordentliches Gericht in erster Instanz)이 위헌의 소지가 있는 법률을 적용하여 판결을 선고하였고 그로 인하여 자신의 기본권이 침해된 경우에는 당해사건에 적용된 법률의 위헌여부에 관하여 직접 헌법재판소에 심판을 청구할 수 있게 되었다.[40] 오스트리아의 법률소원제도는 이를 제기하기 위하여 제1심 법원의 판결이 선고되기를 기다려야 하고, 법률의 위헌여부에 관한 법원의 일차적인 판단(우리의 경우 제청신청에 대한 기각결정)을 별도로 받을 필요 없이 직접 헌법재판소에 법률의 위헌여부를 물을 수 있다는 점에서, 헌법재판소법 제68조 제2항에 의한 헌법소원제도와 차이가 있다.

라. 스위스의 헌법소원제도

스위스의 헌법소원제도에서는[41] 독립된 헌법재판기관이 아닌 일반법원인 '연방법원'이 헌법상 권리의 침해를 이유로 개인이 제기하는 헌법소원에 대한 심판권을 갖는다. 스위스의 헌법소원은 '연방의 공권력행위'를 그 심판대상으로부터 제외함으로써, 스위스의 州에 해당하는 '칸톤(kanton)의 공권력행위'만을 심판대상으로 한다(스위스 연방헌법 제189조, 연방법원조직법 제84조 이하). 여기서 칸톤의 공권력행위는 행정작용, 입법행위, 법원의 판결을 모두 포함한다. 원칙적으로 헌법소원은 칸톤의 법에 규정된 모든 권리구제절차를 경유한 뒤, 연방법원에서의 소송이나 다른 권리구제절차로도 구제될 수 없는 경우에만 비로소 제기될 수 있다.

연방법원은 연방법률이나 또는 연방의회에서 의결된 일반적인 기속력을 가진 결정의

Verwaltungsgerichtes, soweit der Beschwerdeführer durch das Erkenntnis in einem verfassungsgesetzlich gewährleisteten Recht oder wegen Anwendung einer gesetzwidrigen Verordnung, einer gesetzwidrigen Kundmachung über die Wiederverlautbarung eines Gesetzes (Staatsvertrages), eines verfassungswidrigen Gesetzes oder eines rechtswidrigen Staatsvertrages in seinen Rechten verletzt zu sein behauptet.

39) Artikel 140. (1) Der Verfassungsgerichtshof erkennt über Verfassungswidrigkeit 1. von Gesetzen a) auf Antrag eines Gerichtes; b) von Amts wegen, wenn er das Gesetz in einer bei ihm anhängigen Rechtssache anzuwenden hätte; c) auf Antrag einer Person, die unmittelbar durch diese Verfassungswidrigkeit in ihren Rechten verletzt zu sein behauptet, wenn das Gesetz ohne Fällung einer gerichtlichen Entscheidung oder ohne Erlassung eines Bescheides für diese Person wirksam geworden ist; d) auf Antrag einer Person, die als Partei einer von einem ordentlichen Gericht in erster Instanz entschiedenen Rechtssache wegen Anwendung eines verfassungswidrigen Gesetzes in ihren Rechten verletzt zu sein behauptet, aus Anlass eines gegen diese Entscheidung erhobenen Rechtsmittels;

40) 헌법재판소에 적용법률의 위헌여부의 심판을 청구하는 경우, 우리의 경우와 마찬가지로 제2심 법원의 재판절차는 정지되지 않는다.

41) Vgl. Maunz, in: Maunz/Schmidt-Bleibtreu, BVerfGG, 1993, §90 Rn.13; Zuck, Das Recht der Verfassungsbeschwerde, 1988, Rn.138ff.

위헌성을 심사할 권한이 없다. 연방법률에 대하여는 단지 국민투표를 유도하여 법률을 개정 또는 폐지하는 방법이 있을 뿐이다. 연방법률 뿐만 아니라 기본권을 직접 침해하는 연방의 다른 모든 공권력행위에 대하여도 헌법소원은 허용되지 않는다. 따라서 스위스의 헌법소원제도는 칸톤의 공권력행사에 대한 연방의 '연방국가적 감독'으로서의 성격을 갖는다. 헌법소원의 대상을 칸톤의 공권력행위에 국한한 것은 오로지 스위스의 고유한 역사적인 관점에서만 이해될 수 있다. 스위스 헌법제정 당시에는 연방이 아닌 칸톤이 국가과제의 수행에 있어서 중심적 역할을 하였으므로, 헌법제정자는 개인의 기본권이 연방의 공권력행위에 의해서도 위협받을 수 있다는 가능성을 인식하지 못했던 것에 기인한다.

4. 헌법소원의 개념

가. 헌법소원의 본질적 요소

(1) 헌법소원을 채택하고 있는 국가마다 헌법소원의 구체적 형성, 특히 헌법소원의 대상에 있어서 그 형태를 달리 하므로 비교법적으로 살펴보아 일반적으로 인정된 보편・타당한 형태가 존재하지 않는다. 그러나 오늘날 시행되는 각국의 헌법소원제도의 공통분모이자 본질적 요소는 '개인이 공권력행위에 의한 헌법상 권리의 침해여부를 다툴 수 있는 주관적 권리구제절차'라는 것에서 찾을 수 있다.[42] 헌법소원제도의 발생사에 있어서 그리고 비교법적인 관점에서 살펴볼 때, '헌법소원제도'가 갖추어야 할 최소한의 개념적 요소는, 첫째, 주관적 권리구제절차로서 '개인의 심판청구'에 의해야 하고, 둘째, '헌법상 권리의 침해'를 주장해야 하며, 셋째, 헌법상 권리의 침해는 '공권력행위'에 의한 것이어야 한다는 것으로 서술될 수 있다.

(2) 이에 대하여, 특정 권리구제절차가 헌법소원인지 여부는, 헌법이나 헌법재판소법이 그에 규정된 권리구제절차를 '헌법소원'으로 명명하는지에 달려있지 않다. 즉, 헌법이나 헌법재판소법에서 권리구제절차를 어떠한 용어로 표현하는지는 중요하지 않다. 독일 기본법 제93조 제1항 제4호의 b 및 연방헌법재판소법 제91조는 지방자치단체가 연방법률에 의하여 자신의 자치행정권을 침해당했다는 주장으로 제기할 수 있는 심판을 헌법소원이 아님에도 불구하고 '지방자치단체의 헌법소원'으로 규정하고 있다. 또한, 독일 헤센(Hessen) 州 헌법 제131조에 규정된 권리구제절차는 그 실질에 있어서 헌법소원임에도 위 헌법은 이를 단순히 '심판청구'(Antrag)로 부르고 있다.

(3) 다른 구제절차를 경유한 다음에야 비로소 헌법소원을 제기할 수 있다는 '보충성의 원칙'도, 비록 기본권의 보호에 있어서 기존 사법기관과 헌법재판소간의 권한을 배

---

42) Vgl. Maunz, in: Maunz/Schmidt-Bleibtreu, BVerfGG, 1993, §90, Rn.11, 14.

분하고 헌법소원제도로 인한 헌법재판소의 과도한 부담을 덜기 위한 이상적인 방법을 의미하기는 하나, 헌법소원제도이기 위하여 충족시켜야 할 필수적 요건은 아니다.[43] 예컨대, 오스트리아의 헌법소원제도와 같이, 법원과 헌법재판소가 서로 관할을 분리하여 서로 보완적으로 담당할 수도 있는 것이다. 헌법이 직접 규정하고 있지 않는 한, 보충성의 원칙은 헌법상 보장된 원칙이 아니며, 나아가 헌법소원제도를 구성하는 최소한의 요소, 즉 헌법소원제도의 존속보장에도 포함되지 않는다.

(4) 일반적으로 헌법소원제도는 독립된 별도의 헌법재판기관을 설치하고 있는 헌법재판제도에서 채택하고 있는 제도이나, 헌법재판소가 헌법소원의 관할을 담당하는지 여부는 헌법소원을 구성하는 개념적 요소라 할 수 없다. 가령, 스위스의 경우 별도의 헌법재판소를 설치하지 아니하고 일반법원이 헌법소원을 관장하고 있지만, 그럼에도 스위스의 헌법소원제도는 헌법소원이 갖추어야 할 실질적인 개념적 요소를 모두 충족시키고 있으므로, 헌법소원의 범주에 포함된다.

나. 개념을 구성하는 개별적 요소

(1) 개인의 심판청구에 의한 주관적 권리구제절차

헌법소원은 개인의 주관적 권리구제절차이므로, 기본권의 주체인 개인이 아니라 지방자치단체 등 국가기관이 청구하는 심판은 헌법소원에 해당하지 않는다. 따라서 독일의 헌법재판에서 찾아볼 수 있는 바와 같이, 지방자치단체가 자신의 자치행정권의 침해를 이유로 청구하는 심판은 비록 그 명칭이 '지방자치단체의 헌법소원'이라 하더라도, 헌법소원의 범주에 포함시킬 수 없다. 국가의 법률에 의하여 지방자치단체의 자치권이 침해되는 상황은 공권력행위에 의하여 개인의 기본권이 침해되는 상황과 유사하나, 지방자치단체는 기본권의 주체가 아니라 국가행정의 일부로서 '공권력의 주체'라는 점에서 근본적인 차이가 있다.

한편, 개인이 자신의 헌법상 보장된 권리의 침해가 아니라 '타인'의 기본권침해를 주장하는 민중소송도 헌법소원에 해당하는지에 관하여 다툼이 있을 수 있으나, 개인이 자신의 헌법상 권리의 침해를 주장해야 하는 것은 헌법소원의 개념적 요소로 간주해야 할 것이다. 헌법소원은 주관적 권리구제절차에 해당하는 것이고, 주관적 권리구제절차는 일반적인 소송법이론에 따라 소의 이익을 전제로 하는 권리구제절차이기 때문이다.

---

43) 헌법소원의 보충성원칙이란, 개인은 다른 구제절차를 모두 소진한 다음에야 비로소 헌법소원을 제기할 수 있다는 원칙을 말한다. 따라서 다른 권리구제절차를 대신하여 또는 선택적으로 헌법소원을 제기하는 것은 허용되지 않는다. 헌법소원은 기존의 사법적 권리구제절차에 대한 최종적이고 보충적인 권리구제절차이다. 헌법소원의 보충성원칙은 헌법재판소와 법원의 과제배분에 관한 중요한 원칙이다. 보충성원칙은 원칙적으로 법원을 경유한 후에 헌법소원을 제기하도록 함으로써 헌법재판소의 업무 부담을 경감하고 개별사건에 관한 법원의 견해를 헌법재판소에 전달하는 기능을 한다. 보충성원칙에 관하여 개괄적인 소개로는 vgl. Schlaich, Das BVerfG, 1994, Rn.192, 236ff.

(2) 헌법상 권리의 침해

(가) 헌법소원제도는 '헌법상' 보장된 개인의 권리, 즉 기본권이 침해당한 경우 이를 구제하기 위한 절차이다. 그러므로 단순히 '법률상' 권리의 침해를 구제하기 위한 절차는 헌법소원제도가 아니다. '헌법상의 권리'란, 헌법적 구속력을 가지고 국가와 개인의 관계를 규율하기 때문에 기본권적 성질을 가지는 모든 헌법상의 권리와 자유를 의미한다. 따라서 '헌법상의 권리'는 개인의 자유영역을 국가로부터 보호하려는 소극적 지위인 자유권적 기본권뿐만 아니라 국가생활에 정치적으로 참여하는 능동적 지위인 선거권 등 참정권 및 기본권을 실제로 행사하기 위하여 국가로부터 적극적으로 행위를 요구하는 청구권적 기본권 등을 포괄한다.

헌법상 보장된 기본권이란, 헌법에 명시적으로 열거되어 있는 기본권뿐만 아니라 헌법해석을 통하여 도출될 수 있는 기본권도 포함한다. 따라서 '기본권의 해석'과 '헌법소원심판에서 헌법재판소의 관할범위'와는 밀접한 관계에 있다. 헌법재판소가 기본권의 해석을 통하여 기본권의 보호범위를 확대하고 새로운 기본권을 도출할수록, 기본권침해를 전제로 하는 개인의 헌법소원 제기가능성을 확대하게 되고, 이로써 헌법재판소의 관할을 확대하게 된다.[44]

뿐만 아니라, 헌법재판제도가 있는 국가에서 기본권해석의 문제는 헌법재판소와 다른 국가기관간의 권한배분과 직결된 문제이다. 헌법재판소가 기본권을 어떻게 해석하고 이해하는지에 따라 다른 국가기관과의 관계에서 자신의 권한을 확장할 수도 있고 축소할 수도 있다. 특히 입법자와의 관계에서 볼 때, 헌법재판소가 헌법해석을 통하여 기본권으로부터 법률에 대한 상세한 위헌심사기준이나 입법자에 대한 구체적인 행위지침을 도출해 냄으로써 기본권의 효력과 적용범위를 확대하면 할수록, 입법자의 형성권이 제한되는 경향으로 나타난다.

(나) 헌법소원은 국가공권력에 의한 기본권침해를 방어하기 위한 권리구제절차이므로, 개인은 헌법소원을 통해서는 단지 기본권의 침해만을 주장할 수 있다. 물론, 개인의 기본권보호라는 헌법소원의 기능은 국가에 대하여 효과적인 권리구제절차를 요청하는 헌법상의 재판청구권에 의해서도 이행될 수 있다. 재판청구권은 법률상의 권리뿐만 아니라 헌법상의 권리인 기본권이 법원의 재판절차에서 실제로 관철되는 것을 보장한다.

재판청구권이 이미 법원에 의한 포괄적인 권리구제의 가능성을 보장한다는 점에서,

---

44) 가령, 헌법재판소가 헌법 제10조의 행복추구권에 '일반적 자유권'의 성격을 부여함으로써 '행복추구권'의 보호범위를 개별기본권에 의하여 보호되지 않는 모든 자유영역에 확대하였고, 그 결과 개인의 모든 행위가능성과 인격발현의 기본조건이 기본권에 의한 보호를 받게 되었다. 이로 인하여, 국가의 공권력행위에 의하여 국민이 받는 모든 형태의 부담이 곧 기본권의 제한을 의미하고, 이로써 기본권의 침해를 전제로 하는 헌법소원의 제기 가능성을 확대하였다. 헌법재판소가 행복추구권의 보호범위를 이와 같이 적극적으로 해석함으로써 헌법소원심판에서 기본권의 침해를 확인하는 자신의 권한이 현저하게 확대되었다.

헌법소원제도를 도입하는 경우에는 기본권보호와 관련하여 '법원에 의한 기본권보호'와 '헌법재판소에 의한 기본권보호'의 이중적인 보호가 존재한다. 다수의 민주적 법치국가에서 헌법소원제도를 도입하고 있지 않다면, 이는 법원도 헌법수호 및 기본권보호의 기능을 이행한다는 사고에 기인하는 것이다. 한편, 일반법원은 헌법적 문제에 대하여 정통하지 않기 때문에 헌법적 문제에 관해서는 헌법영역에서 전문성을 갖춘 헌법재판소에 의하여 최종적으로 판단될 필요가 있다는 점에서, 헌법재판소에 의한 이중적인 기본권보호의 필요성이 인정될 수 있다.

(3) 공권력행위에 의한 기본권 침해

(가) 헌법소원제도는 공권력행위에 의하여 개인의 헌법상 권리가 침해당한 경우 이를 구제해 주는 제도이다. 따라서 헌법소원제도는 국가가 아니라 私人에 의한 기본권침해에 대한 권리구제절차가 아니다. 물론, 오늘날 사회현상 및 헌법적 인식의 변화로 인하여 사인에 의해서도 개인의 기본권이 침해될 수 있다는 것이 일반적으로 인정되고 있으나, 헌법소원이 국가에 의한 기본권침해를 전제로 하는 것은, 헌법상 권리인 기본권은 국가와 개인의 관계를 규율하는 것이지 사인간의 관계를 규율하는 것은 아니며 사인간의 관계에서는 기본권이 직접 적용될 수 없다는 전통적이고 지배적인 견해에 기인하는 것이다. 한편, 헌법소원제도는 사인에 의한 기본권침해에 대해서는 '국가의 기본권보호의무'를 통하여 간접적으로 보호를 제공하고 있다. 즉, 국가에게는 개인의 기본권을 사인의 침해로부터 보호해야 할 의무가 부과되며, 국가가 이러한 의무를 제대로 이행하지 않은 경우에는 이로 인하여 개인의 기본권을 침해할 수 있다. 헌법소원제도는 개인에게 국가의 보호의무 불이행에 대하여 헌법소원을 제기할 수 있는 가능성을 부여함으로써, 사인에 의한 기본권침해에 대하여 간접적으로 보호를 제공하는 것이다.

(나) 법원이 제공하는 일반적 권리구제절차와는 달리, 헌법소원제도는 심판대상에 있어서 '법원의 판결'과 '입법자의 법률'에 대해서도 통제를 가능하게 한다.[45] 헌법소원제도는 그 심판대상에 있어서 다양한 형태로 형성되고 구체화될 수 있으나, 다른 헌법재판절차와는 달리 잠재적으로 '모든 국가권력의 공권력행사'에 대한 통제를 포괄할 수 있다는 특징을 가지고 있다. 헌법소원제도를 통하여 권리구제의 가능성이 비로소 법원과 입법자에 대해서도 확대되었고, 입법·행정·사법의 모든 국가권력에 대한 통제가 하나의 헌법재판기관에 집중되었다.

한편, 헌법소원의 대상이 되는 공권력행위는 반드시 입법·행정·사법의 모든 공권력작용을 포괄해야 하는 것은 아니다. 각국의 헌법과 헌법재판소법은 고유한 법문화, 헌법재판의 역사적 전통과 체험, 사법체계, 일반법원과의 관계 등을 고려하여 헌법소원

45) Vgl. Löwer, Zuständigkeiten und Verfahren des Bundesverfassungsgerichts, in: HbStR, Bd.Ⅱ, 1987, §56 Rn.140.

제도를 상이한 형태로 구체화하고 있으며, 이에 따라 헌법소원의 대상이 되는 공권력작용의 범위도 상이하다는 것을 확인할 수 있다.[46] 모든 국가권력이 헌법의 구속을 받는 헌법국가에서 모든 국가작용이 잠재적으로 헌법소원의 대상이 될 수 있고, 이로써 헌법소원의 형태로 헌법재판소의 통제 하에 놓일 수 있으나, 구체적으로 무엇이 헌법소원의 대상이 되는지는 각국의 법질서에 의하여 다양한 형태로 규율되고 있다. 헌법소원의 대상에 무엇을 포함시킬 것인지의 문제는 일차적으로 헌법정책의 문제로서 헌법이 결정할 문제이고, 헌법이 헌법소원제도에 관한 구체적인 지침을 제시하지 아니하고 이를 입법자에게 위임하는 경우에는 입법자는 각국의 고유한 법적 상황과 현실을 고려하여 헌법소원제도를 구체적으로 형성할 수 있다.

5. 소결론

헌법소원제도가 일반사법제도와 같이 세계적으로 보편화된 제도도 아니고 헌법소원제도를 채택하고 있는 나라마다 헌법소원제도의 구체적 형성, 특히 헌법소원심판의 범위에 있어서도 조금씩 그 형태를 달리 하므로, 비교법적으로 살펴보더라도 일반적으로 인정된 보편·타당한 형태가 없다. 그러나 오늘날 시행되고 있는 각국의 헌법소원제도의 공통분모이자 본질적 요소는 '개인이 공권력행위에 의한 헌법상 권리의 침해여부를 타툴 수 있는 주관적 권리구제절차'라는 것에서 찾을 수 있다.[47] 위에서 생성사의 관점에서 그리고 비교법적으로 살펴본 바와 같이, '헌법소원'이라는 이름을 부여받기 위하여 갖추어야 할 최소한의 본질적 요소는, 첫째, 주관적 권리구제절차로서 '개인의 심판청구'에 의하여야 하고, 둘째, '헌법상의 권리침해'를 주장해야 하며, 셋째, 헌법상의 권리침해는 '공권력'에 의한 것이어야 한다는 것이다.

違憲論은 헌법이 일단 헌법소원제도를 도입하는 한, 입법자는 모든 공권력행위에 대한 포괄적인 심사를 가능케 하는 '독일과 같은 형태의 헌법소원제도'를 입법적으로 형성해야만 헌법에 부합한다고 주장한다. 즉, 헌법이 일단 헌법소원제도를 수용한다면, 헌법이 스스로 헌법소원제도를 달리 규정하지 않는 한, 입법자는 '독일과 같은 헌법소원'의 형태를 도입하는 것 외에는 아무런 입법형성권이 없다는 것이다. 그러나 이러한 주장은 헌법소원제도의 生成史나 외국의 헌법소원제도를 비교법적으로 살펴보더라도 모든 합리적인 근거를 결여하고 있다. 비록 우리 헌법이 제정 당시에 독일의 '바이마르 헌법'을 그 모델로 하였고 그 이후로도 지속적으로 현행 독일헌법인 '기본법'의 영향을 받았다고 하더라도, 각 국마다 다양한 형태로 헌법소원제도를 구체적으로 형성하여 도입하고 있다는 것을 고려한다면, 우리 헌법이 규정한 헌법소원은 곧 '독일식의 헌법소원'이라는

46) 위 Ⅲ. 3. 주요국가의 헌법소원제도 참조.
47) Maunz, in: Maunz/Schmidt-Bleibtreu, BVerfGG, 1993, §90 Rn.11, 14.

주장은 전혀 설득력이 없는 것이다.

헌법소원심판은 한국 헌법재판의 역사에서 1987년 헌법에서 처음으로 도입된 새로운 헌법재판절차이다. 1987년 헌법 개정 당시 헌법개정권자는 헌법소원제도를 헌법에 규범화하는 과정에서 헌법소원제도에 대한 전반적인 이해가 부족하였고, 특히 헌법소원과 그 외의 사법적 권리구제절차의 관계를 어떻게 형성해야 할 것인지의 문제를 비롯하여 법원과의 위상관계, 관할문제 등 여러 가지 측면에서 불확실하였다. 헌법개정권자는 이러한 불확실성 때문에, 헌법적 차원에서는 헌법소원심판을 단지 제도적으로 보장하는 것에 그치고, 입법자에게 헌법소원제도를 우리나라의 법문화, 사법체계, 헌법재판의 역사와 현황 등을 고려하여 현재 한국의 고유한 현실에 부합하도록 구체적으로 형성할 것을 위임하였다.[48] 이와 같이 해석하는 것이 헌법 제111조 제1항 제5호에 규정된 "법률이 정하는 헌법소원에 관한 심판"의 객관적인 의미일 것이다.

이러한 관점에서 본다면, 헌법소원심판이 '재판에 대한 헌법소원'을 포함해야만 비로소 헌법소원제도의 본질에 부합한다고는 말할 수 없는 것이다. 헌법소원은 그 대상에 따라 크게 '법률에 대한 소원'과 '재판에 대한 소원'으로 나누어 볼 수 있는데, '재판에 대한 소원'을 배제하고 '법률에 대한 소원'을 헌법재판소의 관할로 하는 헌법재판소법 제68조 제1항은 헌법소원제도의 본질적인 요소를 충분히 보장하는 규정이다. 독일에서 연방헌법재판소법에 헌법소원을 도입할 당시 '재판소원 反對論'이 주장한 바와 같이, 대부분의 국가에서는 '법원의 헌법에의 기속'과 '상급법원에 의한 법원 내부의 심사가능성'을 통해서 법원에 의한 기본권의 침해를 충분히 방지하고 통제할 수 있다고 믿고 있다.[49]

Ⅳ. 헌법재판소법 제68조 제1항의 위헌여부

헌법 제107조 제2항은 처분의 위헌성에 관한 최종적인 심사권을 대법원에 부여함으로써 '처분에 대한 대법원의 재판'을 헌법소원의 대상으로 삼는 것은 '헌법적으로' 허용되지 않는다는 것을 위에서 이미 확인한 바 있다. 그러나 아래에서는 법원과 헌법재판소 사이의 관할규범인 헌법 제107조에 근거하지 아니하고, 違憲論이 주장하는 논리에 맞추어 헌법재판소법 제68조 제1항에서 재판소원을 배제한 것이 평등권과 재판청구권을 침해하는지 여부를 살펴보고자 한다.

48) 같은 취지로 헌재 1997. 12. 24. 96헌마172 등(재판소원허용), 판례집 9-2, 842, 855.
49) Vgl. Schwab/Gottwald, Verfassung und Zivilprozeß, 1983, S.74f.

1. 재판소원의 배제가 '헌법소원의 보충성원칙'과 모순되는지 여부

가. 보충성원칙의 원래의 의미와 목적

헌법재판소법 제68조 제1항 단서규정은 "다만, 다른 법률에 구제절차가 있는 경우에는 그 절차를 모두 거친 후가 아니면 청구할 수 없다."라고 하여 '보충성의 원칙'을 규정하고 있다. 독일과 같이 법원의 재판을 포함한 모든 공권력행위에 대한 헌법소원을 허용하는 제도에서 보충성원칙의 원래 의미와 목적은, 첫째 법원을 경유하는 과정에서 사건의 많은 부분이 기본권의 침해에 대한 구제를 받아 걸러지기 때문에 헌법재판소의 업무 부담을 덜고, 둘째 법원을 경유하는 과정에서 구제를 받지 못한 경우에는 법원절차에서 형성된 '사실관계와 법률관계에 관한 법원의 견해'를 헌법재판소에 전달하고 사건판단에 필요한 자료가 축적되는 것을 기대할 수 있기 때문에, 법원에 의한 사전심사는 헌법재판소가 헌법이라는 심사기준에 치중할 수 있도록 도와줌으로써 헌법재판소의 업무를 용이하게 하려는 것이다.

이로써 헌법소원의 보충성원칙은 기본권의 침해를 제거할 수 있는 다른 事前的 가능성의 존재, 달리 표현하자면 법원에 의한 기본권의 보호를 전제로 하고 있다. '다른 구제절차의 경유'는 법원의 심급을 경유하는 과정에서 기본권침해를 제거해야 할 법원의 의무를 전제로 할 때에만 의미를 가진다. 보충성원칙을 정당화하는 이유이자 그 존재이유가 바로 '법원의 일차적이고 중심적인 기본권보호기능'에 있다. 따라서 헌법소원심판의 '보충성'이란 바로 '기본권구제의 보충성'을 의미한다. 독일과 같이 법원의 재판에 대한 헌법소원이 존재하는 곳에서는 일반적으로 3번의 법원 심급을 거치면서도 기본권이 구제되지 못한 경우에, 헌법재판소는 보충적으로 법원의 최종적인 판결을 대상으로 기본권의 침해여부를 심사하게 된다.[50)]

이와 같은 의미의 보충성원칙은 청구인이 법원을 경유한 후에 헌법소원을 제기할 수 있는 가능성, 즉 '재판소원의 가능성'을 전제로 하므로, 헌법재판소법 제68조 제1항이 한편으로는 본문에서 재판소원을 배제하면서 다른 한편으로는 단서에서 재판소원의 제기가능성을 전제로 한 보충성원칙을 규정한 것은 그 자체로서 二律背反的인 것으로 보인다. 그러나 재판소원을 제외하는 우리 헌법재판제도에서의 보충성원칙의 의미와 기능은 독일과 같이 재판소원을 포함하는 헌법재판제도에서의 기능과 다를 수밖에 없으며,

50) 한편으로는 보충성원칙이 헌법소원의 본질이라고 하면서, 다른 한편으로는 재판에 대한 보호수단으로 심급제도가 있기는 하나, 이는 법원내부의 일종의 '자기재판'으로서 효율적인 구제수단으로 보기 어렵다는 주장도 논리적 모순이다. 법원에 의한 기본권구제의 기대가능성이 없다고 전제하는 이상 대체 무엇 때문에 국민이 힘들게 법원을 거쳐야만 하는지 의문을 자아내게 한다. 만일 그렇다면 헌법소원의 본질이라고 주장하는 보충성원칙을 포기하고 오스트리아의 경우와 같이 기본권의 침해에 관한 심사를 헌법재판소에게 제1심이자 최종심으로 맡겨야 할 것이다.

재판소원의 배제는 또한 필연적으로 보충성원칙의 변형을 가져 온다.

나. 현행 헌법재판소법에서 보충성원칙의 이중적 의미

(1) 헌법소원심판의 청구 이전에 구제절차를 경유하도록 규정한 헌법재판소법 제68조 제1항 제2문은 '다른 구제절차'가 법원의 재판이 아닌 예외적인 경우의 헌법소원(불기소처분에 대한 헌법소원 등)에 한하여 원래 의미의 '보충성원칙'의 표현이며, 그 외의 경우, 즉 '다른 구제절차'가 법원의 재판인 대부분의 경우에는 제68조 제1항 제1문의 '재판소원의 배제'와 결합하여 법원의 헌법재판권을 구성하는 규범적 표현으로 이해되어야 한다. 즉, 헌법재판소법 제68조 제1항의 '재판소원의 배제'는 동 조항에 규정된 '보충성원칙'과 결합하여 행정청에 의한 기본권의 침해를 법원의 관할로서 법원에게 보내는 기능을 한다. 이로써 행정처분에 의한 기본권의 침해에 대하여는 법원이 기본권의 보호기관으로서 최종적으로 심사하게 되고, 법원의 결정에 의한 기본권의 침해는 법원 자체 내에서 상급법원의 심사에 의하여 구제된다.

헌법재판소가 지금까지 헌법소원제도에서 '보충성원칙'이란 표현을 사용했다면, 이는 바로 위와 같은 이중적인 의미로 사용했다고 보아야 한다. 다시 말하자면, 헌법재판소법 제68조 제1항의 헌법소원에 있어서 '다른 구제절차'가 법원의 재판인 경우에는 "다른 구제절차가 있는 경우에는 헌법소원을 제기할 수 없다."는 소위 '絕對的 보충성원칙'을 의미하고, 검사의 불기소처분에 대한 헌법소원과 같이 헌법재판소법 제68조 제1항의 헌법소원 중에서 '다른 구제절차'가 법원의 재판이 아닌 경우에는 "다른 구제절차가 있는 경우에는 그 절차를 경유한 후에야 헌법소원을 청구할 수 있다."는 소위 '相對的 보충성원칙'의 의미로 이해되어야 한다.[51)]

(2) 보충성원칙을 규정한 위 단서규정의 의미내용이 위와 같이 위 본문규정의 "법원의 재판을 제외하고는"에 의하여 구속되고 제한되는 것으로 해석한다면, 헌법재판소법 제68조 제1항에서 '재판소원의 배제'와 '보충성의 원칙'을 함께 규정한 것이 불러일으키는 오해와 外見上의 논리적 모순은, 지금까지 헌법재판소가 위 규정을 운용해 온바와 같이, 전혀 큰 문제가 되지 않는다.

따라서 "헌법소원의 보충성원칙은 당연히 재판소원을 허용한다는 것이 전제될 때 의미가 있기 때문에 헌법소원의 보충성을 요구하면서 재판소원을 배제하는 것은 그 자체로서 모순이다."는 위헌론의 주장은, 모든 헌법소원제도가 당연히 재판소원을 포함해야 한다는 전제에서 출발하여 헌법소원의 보충성원칙은 오로지 '상대적 보충성원칙'이어야 한다는 사고에 기초하는 것이다. 이로써 위헌론은 재판소원을 배제하는 한국의 헌법소

51) 同旨 유남석, 재판에 대한 헌법소원금지의 논리 및 정책적 이유, 법관 세미나자료 上(헌법문제와 재판), 1996, 99면 이하.

원제도에서의 보충성원칙은 '재판소원의 배제'에 의하여 내용적으로 영향을 받음으로써 '법원의 재판에 관한 한, 절대적 보충성원칙'의 의미로 변형될 수밖에 없다는 것을 간과하고 있다.

한편, 헌법재판소법 제68조 제1항에서 '재판소원의 배제'와 '보충성원칙'을 함께 규정한 것이 불러일으키는 오해와 논리적 모순을 피하기 위하여 입법정책적 관점에서 단서조항을 삭제하는 것을 생각해 볼 수 있다. 그러나 만일 헌법소원심판에서 '보충성원칙'을 전혀 규정하지 않는다면 개인이 법원과 헌법재판소에 동시에 병렬적으로 소를 제기할 위험성이 있으므로, 보충성원칙을 규정함으로써 처분의 위헌여부에 관한 판단을 법원으로 보내는 기능을 하도록 할 필요가 있으며, 나아가 불기소처분 등과 같이 법원의 재판이 아닌 다른 구제절차가 있는 경우에는 헌법소원의 제기 이전에 그 절차를 경유하게 할 필요가 있다.

2. 평등권의 침해여부

가. 기본권보호에 있어서 재판작용과 입법작용·행정작용 사이의 근본적 차이

(1) 위헌론은, 법원의 재판작용을 헌법소원의 통제에서 배제한 것은 사법부에 대한 특권을 인정한 것이며 이러한 특권의 인정은 결국 다른 공권력행위에 의하여 기본권침해를 받은 국민에 비하여 법원의 재판에 의하여 기본권침해를 받은 국민을 합리적인 이유 없이 차별대우하는 것이므로, 헌법 제11조 제1항의 평등권을 침해하는 것이라고 주장한다.

헌법소원의 대상에서 재판소원을 제외한 것이 입법적 자의로서 국민의 평등권을 침해하기 위해서는, '법원의 재판작용'과 '다른 공권력작용' 사이의 차별을 정당화할 수 있는 합리적인 이유를 찾아 볼 수 없어야 한다. 그러나 입법작용과 행정작용의 '잠재적 기본권침해자로서의 기능'과 사법작용의 '기본권의 보호자로서의 기능'은 헌법소원제도 내에서 법률소원과 재판소원의 차별을 정당화할 수 있는 본질적인 차이이다.

(2) 집행부는 집행행위를 통하여 국민과 가장 빈번하게 직접적으로 접촉하고 법규범의 집행과정에서 기본권침해의 가능성이 가장 많다는 것은 두 말할 필요가 없다. 입법부도 비록 국민의 대표자로 구성되어 있으나 오늘날 다수의 의사로도 의결될 수 없으며 의회의 법률로도 침해될 수 없는 사인의 고유한 자유영역이 존재한다는 인식은 입법부도 잘못을 저지를 수 있다는 인식으로 발전하였고, 이에 따라 입법자에 대한 사법적 통제수단으로서 법률에 대한 객관적 규범통제와 주관적 헌법소원심판을 가져왔다. 특히 오늘날 사회적 법치국가에서의 법률은 점점 '사회형성을 위한 도구적 성격'을 띠게 되었고, 이에 따라 입법자가 입법을 통한 공익실현의 과정에서 개인의 기본권을 침해할

가능성은 더욱 증가하였다.

(3) 집행부와 입법자가 기본권침해의 우려를 낳게 하는 잠재적 침해자인 반면, 사법부는 기본권을 포함한 개인의 권리보호를 그의 주된 기능으로 한다. '법원의 기본권보호기능'은 특히 부당한 공권력의 행사로부터 국민을 보호해야 할 임무가 있는 행정재판에서 뚜렷이 나타난다. 무엇보다도 행정청에게 재량이 부여된 재량행위에 있어서 행정청이 재량을 사용하는 과정에서 기본권의 의미를 고려하지 않거나 또는 기본권과 공익의 교량과정에서 비례의 원칙에 위배되게 기본권을 과도하게 제한하는 처분을 한 경우에 행정청은 가장 빈번하게 국민의 기본권을 침해하게 된다.[52] 또한 행정청이 적용법규의 해석에 있어서 기본권이 당해규범에 미치는 영향을 간과하여 헌법에 부합하는 해석을 하지 않음으로써 기본권을 침해하게 된다.[53] 여기서 법원은 행정행위가 기본권을 침해한다는 것을 확인하고 처분을 취소함으로써 기본권을 보호하게 된다.

형사재판의 경우에는 법원의 판결이 국민의 기본권을 제한하는 결과를 가져오므로 형사법원에 의한 기본권보호기능이 뚜렷하게 드러나지는 않으나, 여기서 법관은 '국가형벌권의 통제자'로서 법치국가적 기준에 따라 재판을 함으로써 기본권보호의 기능을 이행하게 된다. 피고인이 형벌을 받게 하려는 것이 법관의 임무가 아니라, 피고인을 부당한 형벌로부터 보호하려는 것이 그의 헌법적 의무인 것이다. 또한 형법조문의 해석과 적용에 있어서 기본권을 고려함으로써 형사법원은 피고인의 기본권을 보호하게 된다. 예컨대, 명예훼손죄에 있어서 위법성 조각사유로서의 '공공의 이익'(형법 제310조)을 판단함에 있어서 법관은 피고인의 표현의 자유가 위 형법조문의 해석에 미치는 영향을 고려함으로써 피고인의 기본권을 보호하는 기능을 이행한다.

민사재판의 경우, 소송당사자들이 서로 자신의 기본권을 주장하는 기본권의 충돌상황에서 민사법원의 기본권보호기능은 선명하게 드러난다. 예컨대, 원고가 피고의 표현에 의하여 자신의 '인격권'이 침해되었다는 이유로 '표현의 자유'를 주장하는 피고에 대하여 손해배상청구소송을 제기하는 경우, 민사법원의 법관은 '위법한 행위인지 여부'를 판단하는 과정에서 兩 기본권을 고려함으로써 기본권보호의 기능을 이행하게 된다. 또한 임차인이 자신의 '표현의 자유'를 행사하여 임차한 주택의 창문 외벽에 임대인의 사회관으로는 용인할 수 없는 특정 정당의 깃발을 게양하였고, 이에 대하여 임대인이 임

52) Vgl. Degenhart, Staatsrecht I, 1995, Rn.334.

53) 예컨대, 도로의 특별사용허가를 받지 않았다는 이유로 공공장소에서의 전단배포를 금지하는 행정청의 처분은 도로법규정을 합헌적으로 해석하지 않음으로써 표현의 자유를 침해한다. 표현의 자유란 기본권의 관점에서 보아, 행정청은 도로법상의 특별허가에 관한 규정을 공공장소에서의 전단배포는 허가 없이도 허용된다고 합헌적으로 해석해야 한다(BVerfG, NVwZ 1992, S.53). 또한 자연발생적, 즉 우발적으로 형성된 옥외집회를 사전에 신고하지 않았다는 이유로 해산한다면, 이러한 처분은 집회의 자유에 위반된다. 우발적 집회의 특성은 바로 事前 신고의무의 이행이 불가능한데 있으므로, 집회법의 신고의무에 관한 규정은 이러한 자연발생적 집회의 경우에는 신고의무가 존재하지 않는다고 헌법합치적으로 해석하여야 한다(BVerfGE 69, 315, 350ff.; 85, 69, 74f.).

차인으로부터 자신의 '재산권보장'을 근거로 정당 깃발의 철거를 요구하는 경우에도, 법관에 의한 양 법익의 교량작업은 기본권보호의 의미를 가진다. 나아가, 민사소송의 목적이 '패소한 당사자에 대한 강제집행 가능성의 확보'라고 한다면, 일반적으로 법원의 판결은 '부당한 강제집행'으로부터 피고의 재산권을 보호하는 일반적 의미를 가진다.

나. 재판소원의 배제를 정당화하는 합리적인 이유로서 법원의 기본권보호 과제

(1) 위헌론은 기본권을 보호하고 관철하는 일차적인 주체가 법원이라는 것을 간과하고 있다.[54] 미국과 같이 별도의 독립된 헌법재판소를 두고 있지 않는 국가에서는 법원이 기본권보호의 임무를 담당하고 있다는 것은 周知의 사실이다. 그러나 우리 법원에게도 마찬가지로 기본권보호의 의무와 과제가 부과되어 있다는 것은 충분히 인식되지 못하는 것 같다.

모든 국가권력이 헌법의 구속을 받듯이 사법부도 헌법의 한 부분인 기본권의 구속을 받으므로, 법원은 그의 재판작용에서 기본권을 존중하고 준수해야 한다. 법원의 기본권기속으로 인하여 법원이 행정청이나 하급심에 의한 기본권의 침해를 제거해야 하는 것은 당연한 것이다. 기본권의 보호는 '제도적으로 독립된 헌법재판소'의 專有物이나 특권이 아니라 모든 법원에 부과된 중요한 과제에 속한다.[55] 미국이나 일본과 같이 독립된 헌법재판기관이 없는 국가에서는 헌법이 법원에 의하여 유지되고 관철되는 바와 같이, 헌법재판소를 두고 있는 나라에서 기본권의 보호는 또한 법원에게도 부과된 과제인 것이다. 이러한 의미에서 기본권의 보호에 있어서 헌법재판소와 법원 사이에 '과제의 竝行性'이 존재한다.[56]

그러므로 헌법재판소에 의한 법원의 통제는 '통제자에 대한 통제'이며 '기본권보호기관에 대한 기본권보호'를 의미한다.[57] 헌법재판소법 제68조 제1항은 사법부의 이러한 기본권보호기능을 근거로 행정청에 의한 기본권침해의 구제를 사법부에 일임한 반면, 개인이 입법자의 입법행위에 의한 기본권의 침해를 소송의 형태로 다툴 수 있는 길이 없었으므로, 입법행위에 의한 기본권의 침해를 법률소원으로 구제하려는 것이다. 개인이 입법자에 의한 기본권의 침해를 주장할 수 있는 소송법적 수단이 없다는 것도 헌법소원 중에서 '법률에 대한 헌법소원'과 '재판에 대한 헌법소원'의 차별을 정당화하는 합

54) 또한, 재판소원을 배제함으로써 헌법소원의 보충성원칙과 결합하여 행정처분까지도 헌법소원의 대상에서 제외시키는 결과를 가져왔고 이로써 동시에 행정처분에 의한 기본권침해의 구제가능성을 배제했다는 주장도 마찬가지로, 기본권의 보호와 그 침해에 대한 구제가 헌법재판소에 의하여 비로소 이루어진다는 잘못된 전제에서 출발하는 것이다. 이러한 사고는 기본권구제에 관한 한, 헌법재판소가 제 1심이자 최종심이라는 착각에서 비롯된다.

55) BVerfGE 47, 145.

56) Vgl. Bryde, Verfassungsentwicklung, 1982, S.316.

57) Vgl. Bryde, Verfassungsentwicklung, 1982, S.317.

리적인 이유이다.

(2) 물론 법원이 재판을 통하여 기본권을 침해할 가능성도 있으나, 기본권의 침해에 대하여 일차적인 보호를 제공하는 법원에 의한 기본권침해의 가능성은 입법부나 집행기관으로부터 예상되는 기본권침해의 가능성보다 상대적으로 매우 적다. 또한, 법원 내부적으로 上訴를 통하여 상급법원이 하급법원의 재판을 기본권침해여부에 관하여 심사하는 기회가 부여된다. 그럼에도 법원이 기본권침해 여부에 관하여 오판함으로써 스스로 기본권을 침해할 가능성은 여전히 존재하기 때문에, 법원의 재판이 헌법소원의 대상이 된다면 또 한 번의 기본권 구제절차를 개인에게 제공함으로써 더욱 이상적일 수 있다. 결국, 재판소원의 도입은 기본권의 보호에 관한 한, 집행작용에 대하여는 현재의 2심에서 3심으로 확장하고, 재판작용에 대하여는 법원 내부적으로 상급법원에 의한 하급법원의 통제 외에 한 번 더 구제기회를 부여하게 되는데, 기본권구제의 기회가 한 번 더 주어지는 것이 기본권보호의 측면에서 보다 바람직할 수 있다는 것에 대해서는 굳이 이의를 제기하지 않는다.

그러나 입법자가 헌법재판소와 법원의 관계, 출범 당시의 헌법재판소의 역량과 기능 등 여러 고유한 사정을 고려하여 행정작용과 재판작용에 대한 기본권의 보호를 법원에 맡겨 기본권구제의 기회를 단지 한 번 적게 부여했다고 하여 위헌일 수는 없는 것이다. 물론 법원의 최고심급에 의한 기본권의 침해에 대해서는 권리구제의 사각지대가 발생한다. 그러나 입법자는 '올바른 결정에 관한 법익'과 '신속하고도 최종적인 결정에 관한 법익'을 서로 고려하고 조화시킴으로써 법적 분쟁이 어느 선에선가 종결되고 법적 확정력을 부여받도록 규율해야 하기 때문에, 법치국가에서도 완벽한 권리구제란 있을 수 없다. 법적 안정성의 관점에서 최종심급이 존재해야 하고, 최종심급이 존재하는 한, 최종심급에 의한 권리침해의 가능성은 항상 존재하기 때문에, 이러한 침해가능성에 대한 또 다른 안전장치는 불필요할 뿐만 아니라 궁극적으로 불가능하다.[58] 설사 재판소원이 도입되어 헌법재판소에 의한 또 한 번의 기본권구제의 기회가 주어진다 하더라도, 기본권보호의 최종심인 헌법재판소의 결정에 의한 기본권침해의 가능성도 배제할 수 없다.

결론적으로, 사법부의 기본권보호기능을 근거로 행정청에 의한 기본권침해의 구제를 사법부에 일임한 반면, 개인이 입법행위에 의한 기본권의 침해를 소송의 형태로 다툴 수 있는 길이 없으므로 입법행위에 의한 기본권의 침해를 법률소원으로 구제하려는 것

---

58) 독일에서는 재판소원이 '법치국가적 사치'라는 이유로 이미 도입한 '재판소원'을 헌법소원의 대상에서 제외하자고 주장하는 학자도 있다(vgl. Zuck, Das Recht der Verfassungsbeschwerde, 1988, Rn.263f.). 한편, 재판소원이 기본권보호를 위하여 "꼭 필요한 것은 아니지만" 보다 광범위하고 가능하면 빈틈없는 권리구제의 관점에서 재판소원제도의 의미와 중요성을 인정하고 있는 것이 독일학계의 일반적인 견해이다, Vgl. Schwab/Gottwald, Verfassung und Zivilprozeß, 1984, S.74ff.; Krauss, Der Umfang der Prüfung von Zivilurteilen durch das Bundesverfassungsgericht, 1987, S.9ff.; Schlaich, Das Bundesverfassungsgericht, 1994, Rn.188f., 194.

은 헌법소원 중에서 법률소원과 재판소원의 차별을 정당화하는 합리적인 이유로서, 헌법재판소법 제68조 제1항이 재판소원을 헌법소원의 대상에서 제외한 것은 평등원칙에 위배되지 않는다.

3. 재판청구권의 침해여부

가. 재판소원의 배제가 법치국가원리와 재판청구권에 위반되는지 여부

(1) 위헌론은, 헌법재판소법 제68조 제1항이 재판에 대한 헌법소원을 허용하지 않음으로써 처분이나 재판에 의한 기본권침해에 대하여 속수무책이도록 한 것은 법치국가원리와 조화되기 어렵고, 국가에 대하여 광범위하고 효과적인 기본권구제수단을 요구할 수 있는 재판청구권(헌법 제27조), 구체적으로 헌법소원심판청구권을 침해했다고 주장한다.

우선, 위헌론의 이러한 주장에 대하여 국가가 어느 정도로 권리구제절차를 제공하여야 법치국가원리에 부합하는지의 의문이 제기된다. 법치국가에서도 완벽한 권리구제절차란 존재할 수 없으며, 법치국가는 국가로부터 단지 가능하면 흠결 없는 효과적인 권리구제절차를 마련할 것을 요구할 뿐, 완벽한 권리구제절차를 요구하는 것은 아니다. 만일 위헌론을 따른다면, 미국과 같이 기본권의 보호를 사법부에 맡기고 그에 대한 다른 통제조치를 취하지 않은 나라의 헌법적 상태는 법치국가원리와 합치하지 않는 것으로 위헌적인 것이 된다. 모든 공권력행위에 대하여 헌법소원을 제기할 수 있는 제도의 도입만이 법치국가원리에 부합한다는 주장은 한 마디로 우리의 건전한 상식에 대한 도전이자 헌법소원제도를 두고 있지 않은 다른 '법치국가적 선진국'에 대한 모욕이다. 위헌론의 이러한 주장은 법치국가원리의 헌법적 요청과 그로부터 파생되는 재판청구권의 보장내용을 잘못 이해한 결과의 산물이다.

법치국가는 기본권의 보장, 권력분립, 司法을 통한 권리구제절차 등을 통하여 구체화되고 실현된다. 재판청구권은 법치국가의 실현을 위한 중요한 요소로서 국민의 모든 권리, 즉 법률상의 권리와 헌법상의 기본권의 효력이 법원의 재판절차에서 실제로 관철되는 것을 보장한다. 그러므로 재판청구권은 기본권의 보호에 관해서도 중요한 의미를 가지는 기본권, 실체적 기본권의 보장과 관철에 기여하는 절차적 기본권이다. 헌법이 인간의 존엄성과 기본권을 단지 규정하는 것만으로는 충분하지 않고, 기본권은 司法節次를 통하여 실제로 보장되고 관철되어야 한다. 따라서 재판청구권은 국민이 공권력에 의한 기본권의 침해를 주장하고 그의 보호를 요청할 수 있는 사법적 절차를 요구한다.

(2) 헌법 제27조 제1항은 "모든 국민은 헌법과 법률이 정한 법관에 의하여 법률에 의한 재판을 받을 권리를 가진다."고 규정함으로써 재판청구권을 보장하고 있다. 헌법이 특별히 달리 규정하고 있지 않는 한, 헌법상의 재판청구권은 하나의 독립된 법원이

법적 분쟁을 사실관계와 법률관계에 관하여 '한번' 포괄적으로 심사하고 결정하도록 소송을 제기할 수 있는 권리를 보장하고 있다. 즉 재판청구권은 '적어도 하나'의 심급을 요구할 권리, 적어도 한 번의 재판을 받을 권리이다.[59] 일정 영역에서 법원절차를 한 단계 또는 여러 단계의 심급으로 구성하는지에 관하여 입법자는 광범위한 형성의 자유를 가지고 있다. 재판청구권은 문자 그대로 '법원으로부터' 재판, 즉 '법원에 의한' 보호를 요청하는 것이지 '법원에 대한' 보호를 보장하는 것이 아니므로, 2심과 3심에서의 구제절차는 헌법상의 재판청구권을 근거로 해서는 요구할 수 없다. 재판청구권은 모든 사건에서 상고심에 의한 재판을 받을 권리까지 보장하는 것은 아니지만,[60] 일반적으로 우리 헌법을 비롯하여(헌법 제101조 제2항, 제102조) 각국의 헌법에서 최고법원을 규정하고 그의 기능을 존속보장의 형태로 보장하고 있으므로, 상고심을 폐지하는 것은 헌법에 위반된다.

물론, 재판청구권은 공권력에 의한 '기본권의 침해'에 대하여도 보호절차를 요구한다. 헌법 제27조의 재판청구권이 '최소한 한 번의 재판을 받을 기회'가 제공될 것을 국가로부터 요구하기 때문에, 기본권의 보호에 있어서도 마찬가지로 개인이 적어도 한 번 기본권의 침해를 주장하고 그의 보호를 요청할 수 있는 구제절차를 요구할 뿐, 그 구제절차가 반드시 헌법소원의 형태로 독립된 헌법재판기관에 의하여 이루어 질 것을 요구하지는 않는다. 재판청구권은 헌법소원과 같은 특정한 형태의 구제절차를 보장하는 것이 아니라, '가능하면 빈틈없고 효과적인 권리구제'라는 일반적인 법치국가적 요청의 실현을 요구하고 있다. 법원에서의 절차가 '법률상 권리'의 구제절차이자 동시에 '기본권'의 구제절차를 의미하므로, 법원에 의한 기본권의 보호가 이미 기본권의 영역에서 재판청구권의 요청을 충족시키고 있다.[61] 따라서 헌법재판소법 제68조 제1항은 헌법상의 재판청구권을 침해하지도 않으며, 가능하면 흠결 없는 효과적인 권리구제절차의 형성을 요구하는 법치국가원리에도 위반되지 않는다.

나. 헌법소원심판청구권이 재판청구권에서 파생하는지 여부

(1) 재판청구권으로서 헌법소원심판청구권?

위헌론은 헌법소원심판청구권의 '헌법적 근거'에 관한 아무런 구체적인 논의 없이 헌법소원심판청구권을 재판청구권에 당연히 포함되는 것으로 간주함으로써, 재판소원의 배제로 인하여 헌법소원심판청구권이 침해되었다고 주장하고 있다.[62] 그러나 이러한 견

59) 헌재 1992. 6. 26. 90헌바25 결정 참조. 또한, 법치국가원리나 또는 재판청구권에서 제2심을 청구할 권리를 도출할 수 없다는 것은 독일 연방헌법재판소의 확립된 판례이자 학계의 절대적 다수의견이다, vgl. BVerfGE 4, 94f.; 11, 233; 54, 143; 83, 31; Pieroth/Schlink, Staatsrecht Ⅱ, 1995, S.284; Battis/Gusy, Einführung in das Staatsrecht, 1991, Rn.357.

60) 헌재 1992. 6. 26. 90헌바25.

61) 헌재 1997. 12. 24. 96헌마172 등, 판례집 9-2, 842, 857-858.

해가 타당한지에 대해서는 강한 의문이 든다.

헌법소원심판청구권이란 재판청구권에서 당연히 도출되는 것이 아니라 헌법소원제도를 규정하는 별도의 헌법적 결정에 의하여만 인정될 수 있는 것이다. 한국 헌법에 헌법소원제도가 도입되기 이전의 법적 상태에서는 그 누구도 재판청구권을 근거로 하여 헌법소원심판을 청구할 수 없었던 것도 이 때문이다. 만일 재판청구권이 '헌법소원을 제기할 수 있는 권리'를 당연히 포함하는 것이라면, 헌법이 헌법소원제도를 도입하는지 여부와 관계없이 국민은 이미 '헌법상 재판청구권'을 근거로 하여 국가로부터 헌법소원제도의 도입을 요청할 수 있고, 이에 따라 헌법소원을 제기할 수 있어야만 한다. 그러나 헌법이 스스로 헌법소원제도를 도입하고 규정해야만 비로소 국민이 헌법소원을 제기할 수 있다는 사실은 아무도 부정할 수 없는 것이다.

따라서 '헌법재판을 받을 권리', 즉 '개인이 헌법소원을 제기할 권리'는 재판청구권에서 파생하는 것이 아니라, 헌법소원을 규정하는 별도의 헌법규정에 의하여 비로소 부여되는 것이다. 헌법은 제111조 제1항 제5호에서 "법률이 정하는 헌법소원에 관한 심판"이라고 규정함으로써 헌법소원심판을 헌법재판소의 관장사항으로 부여하였고, 이로써 동시에 헌법소원제도가 헌법적 보장의 형태를 얻게 되었다. '헌법소원심판'이 헌법재판소의 권한을 규정한 관할규범인 헌법 제111조 제1항에 그 헌법적 근거를 두고 있듯이, '헌법소원심판을 청구할 권리'도 헌법재판소의 권한을 규정하는 헌법규범에 근거하고 있다. 물론 헌법이 헌법재판소의 관할로서 헌법소원심판을 도입함으로써 이에 대응하여 헌법소원심판을 청구할 수 있는 주관적 권리가 어떠한 형태로든 존재한다는 것은 자명한 일이나, 이러한 주관적 권리가 곧 기본권을 의미하는 것은 아니다. 국가기관의 권한과 관할에 관한 규정으로부터 개인의 기본권이 나올 수는 없는 것이다. 헌법이 헌법소원제도를 도입함으로써, 비로소 이에 대응하여 헌법소원을 제기할 수 있는 개인의 주관적 권리가 부여되는 것이다.

요컨대, 헌법소원심판청구권은 그 헌법적 근거를 헌법 제27조의 재판청구권이 아니라 헌법소원심판을 규정하는 헌법 제111조 제1항 제5호에 두고 있다. 헌법소원심판청구권은 헌법소원심판에 관한 헌법규정에 근거하여 이로부터 파생하는 주관적 권리이다. 헌법소원심판청구권은 그 법적 근거를 헌법에 두고 있다는 점에서 '헌법상 권리'이지만, 헌법상 권리가 곧 '기본권적 권리'인 것은 아니다. 헌법소원심판청구권은 재판청구권에 의하여 보장되는 기본권적 권리가 아니라, 단지 헌법적으로 보장되는 헌법소원제도에 근거하여 입법자의 구체적인 형성의 결과인 헌법재판소법을 통하여 비로소 현실화되는 '헌법상 권리'이다. 따라서 개인은 입법자가 헌법의 위임(제111조 제1항 제5호)에 따라

62) 예컨대 김문현, 법원의 재판을 헌법소원대상에서 제외한 헌법재판소법 제68조 제1항의 위헌성, 법률신문 98. 2. 16.; 또한 권영성, 헌법학원론, 1995, 520면.

"법률이 정하는 헌법소원에 관한 심판"을 구체화한 헌법재판소법의 규정을 근거로 헌법소원심판을 청구할 수 있을 뿐이다. 위와 같은 이유에서, '헌법소원심판을 청구할 권리'는 재판청구권의 보장내용에 포함되지 않는다.

(2) 기본권으로서 헌법소원심판청구권?

재판청구권이 이미 법원에 의한 재판절차를 통하여 '기본권의 보호'를 보장하고 있으므로, 헌법소원제도는 기본권의 보호에 있어서 반드시 필요한 것이 아니라 존재한다면 보다 이상적인 하나의 剩餘分이다. 헌법재판소의 설립이나 헌법소원제도의 도입은 비록 '법치국가 실현의 頂點'이라고 말할 수는 있으나 법치국가의 본질적 요소는 아니다.[63] 헌법은 헌법재판제도를 도입함에 있어서 법원으로 하여금 헌법재판을 담당하게 하는 소위 '一般法院型'의 유형을 선택할 수 있으며, 이러한 형태로도 기본권보호의 영역에서 재판청구권이 보장된다는 것은 두말할 필요가 없다. 그러므로 잉여적인 것, 즉 꼭 필요하지 않은 것의 보장은 기본권적인 보장이 아니며, 헌법소원심판청구권은 헌법의 결정에 의하여 부여할 수도 있고 또는 부여하지 않을 수도 있는 주관적 권리이다. 기본권의 본질은 인간의 존엄성을 실현하기 위하여 꼭 필요한 것의 보장에 있으며, 기본권을 절차적으로 관철하기 위하여 꼭 필요한 것은 이미 재판청구권이 보장하고 있다.

뿐만 아니라, 헌법소원제도는 법치국가의 실현에 있어서 불가결한 것이 아니기 때문에, 헌법개정권자의 결정에 따라 언제든지 다시 폐지될 수 있다는 관점에서도, 헌법소원심판청구권은 기본권이 아니다. 만일 헌법개정권자의 결정에 따라 임의로 폐지될 수 있는 국민의 주관적 권리가 기본권이라면, 헌법개정권자의 의사에 따라 기본권의 내용과 보호범위가 임의로 결정될 수 있다는 것을 의미한다. 다시 말하자면, 헌법개정권자는 언제든지 헌법개정을 통하여 헌법소원제도를 폐지하든지 또는 헌법소원의 대상을 축소하는 등 그 내용을 변경할 수 있는데,[64] 만일 헌법개정권자가 헌법소원제도의 내용을 변경하든지 아니면 아예 폐지한다면, 기본권으로서의 헌법소원심판청구권의 내용은 개정된 헌법의 내용에 따라 변경되거나 소멸할 수밖에 없다. 그러나 기본권의 본질은 헌법개정과 관계없이 일정한 보장내용을 보유하고 있다는 것이므로, 매번 헌법개정권자의 의사에 따라 그 내용이 수시로 변화하는 主觀的 公權은 기본권이라고 할 수 없다.[65] 요컨대, 헌법소원심판청구권은 헌법소원제도를 규정하는 헌법규범의 存否에 따라 발생할

---

63) Vgl. Clemens, Das Bundesverfassungsgericht im Rechts- und Verfassungsstaat, in: Piazolo(Hg), Das Bundesverfassungsgericht, 1995, S.13f.

64) Vgl. Maunz, in: Maunz/Schmidt-Bleibtreu, BVerfGG, 1993, §90 Rn.7; Stern, in: BK, Art.93 Rn.409; Gusy, Die Verfassungsbeschwerde, 1988, Rn.6; Zuck, Das Recht der Verfassungsbeschwerde, 1988, Rn.6f.; E. Klein, Die Zukunft der Verfassungsbeschwerde, in: Piazolo(Hg), Das Bundesverfassungsgericht, 1995, S.236f.

65) 따라서 재판소원을 배제하는 헌법재판소법 제68조 제1항의 위헌성에 관한 논의에 있어서, 위 규정에 의하여 기본권으로서의 헌법소원심판청구권이 침해되었다는 주장은 그의 출발점부터가 잘못된 것이다.

수도 있고 소멸할 수도 있는 '종속적인 권리'로서 개인의 기본권이 아니다.

(3) 위헌론의 문제점

따라서 헌법재판소법 제68조 제1항이 법원의 재판에 대한 헌법소원을 배제함으로써 기본권으로서의 헌법소원심판청구권이 침해되었다는 주장은 그의 출발점부터가 잘못된 것이다. 위헌론의 이러한 주장은 헌법 제111조 제1항 제5호의 '법률이 정하는 헌법소원'을 '재판소원을 포함하는 포괄적인 헌법소원'으로 해석해야만 가능하다. 위헌론의 주장은, 첫째, 헌법해석자가 헌법정책적으로 바람직하다고 간주하는 '주관적인 理想論'을 바탕으로 헌법 제111조 제1항 제5호의 "법률이 정하는 헌법소원"을 명시적인 法文에 반하여 '재판소원을 포함하는 모든 공권력에 대한 헌법소원'으로 해석하고, 둘째, 이와 같이 恣意的 헌법해석에 기초하여 이러한 객관적 해석내용에 대응하는 주관적 헌법소원심판청구권을 도출하고, 셋째, 이로써 재판소원을 배제한 것은 헌법소원심판청구권을 침해한 것이라는 循環論理에 근거하고 있다. 그러나 이러한 순환논리에서는 '전제'가 잘못 설정되면 모든 것이 虛像이라는 것은 자명한 사실이다.

그러나 헌법 제111조 제1항 제5호의 '법률이 정하는 헌법소원'을 '재판소원을 포함하는 포괄적 헌법소원'으로 해석할 수 있는 아무런 합리적인 근거를 찾아 볼 수 없을 뿐만 아니라, 이러한 해석은 "법률이 정하는"이라는 명시적인 규정내용을 완전히 의도적으로 死文化시키는 것이다. 또한, "법률이 정하는"이란 문구를 '헌법소원의 대상과 범위'에 관해서가 아니라 단지 '헌법소원의 절차'에 한정하여 입법자가 구체적인 입법으로 규정하라는 의미로 해석해야 한다는 주장은, "절차와 운영"에 관한 사항을 규정할 것을 입법자에게 위임한 헌법 제113조 제2항과 제3항의 존재에 비추어 사실상 불필요한 것을 다시금 헌법이 규정하고 있다고 주장하는 것과 다름 아니다. 위헌론의 이러한 주장은 '주관적인 理想鄕'을 관철하기 위하여 어느 정도로 객관적인 헌법내용을 왜곡할 수 있는지를 여실히 보여주는 좋은 본보기이다.

Ⅴ. 헌법재판소결정의 기속력을 강제할 수 있는 방법

1. 헌재 1995. 11. 30. 94헌바40 등 결정 및 대법원 1996. 4. 9. 선고 95누11405 판결의 문제점

가. 사건의 개요

舊 소득세법은 제23조 제4항, 제45조 제1항 제1호의 본문에서 부동산의 양도에 대한 양도소득세에 있어 양도가액 내지 취득가액의 산정을 원칙적으로 실지거래가액이 아닌 기준시가에 의하도록 하고, 기준시가원칙이 안고 있는 문제점을 보완하기 위하여 단서

조항에서 대통령령이 정하는 경우에는 실지거래가액에 의하도록 '기준시가 과세원칙에 대한 예외'를 규정하였다. 헌법재판소는 이 사건 단서조항의 입법목적이 '납세의무자가 기준시가에 의한 양도차액의 산정으로 말미암아 실지거래가액에 의한 경우보다 불이익을 받지 않도록 하기 위하여 실지거래가액에 의한 세액이 기준시가에 의한 세액을 초과하지 않는 범위 내에서 실지거래가액에 의하여 양도차익을 산정할 경우를 대통령령으로 정하도록 위임한 데 있다'고 해석하여 "舊 소득세법 제23조 제4항 단서, 제45조 제1항 제1호 단서는 실지거래가액에 의할 경우를 그 실지거래가액에 의한 세액이 그 본문의 기준시가에 의한 세액을 초과하는 경우까지를 포함하여 대통령령에 위임한 것으로 해석하는 한 헌법에 위반된다."고 한정위헌결정을 하였다(헌재 1995. 11. 30. 94헌바40 등).

이에 대하여 대법원은 위 단서조항의 입법목적을 '납세의무자가 실지거래가액보다 고액인 기준시가에 의한 과세로 말미암아 불이익을 받지 않도록 하는데 있을 뿐 아니라, 투기거래자나 위법거래자의 막대한 양도차액에 대하여 실질에 부합하는 과세를 할 수 있도록 예외를 마련하고자 한데 있다'고 해석하여, '입법동기와 연혁, 입법목적을 두루 고려하여 보더라도, 위 각 조항 단서가 기준시가에 의한 과세보다 실지거래가액에 의한 과세가 납세자에게 유리한 경우만을 한정하여 대통령령에 위임한 것이라는 해석에는 도저히 이를 수 없다'고 밝힘으로써 헌법재판소의 법률해석을 정면으로 배척하였고, 한보 더 나아가 '법령의 해석·적용 권한은 전적으로 대법원을 최고법원으로 하는 법원에 전속하는 것이므로, 한정위헌결정에 표현되어 있는 헌법재판소의 법률해석에 대한 견해는 헌법재판소의 견해를 일응 표명한 데 불과하여 법원에 전속되어 있는 법령의 해석·적용 권한에 대하여 어떠한 영향을 미치거나 기속력도 가질 수 없다'고 함으로써 한정위헌결정의 기속력을 부인하였다(대법원 1996. 4. 9. 선고 95누11405 판결). 이로써 대법원은 헌법재판소가 한정적으로 위헌이라고 판단한 위 구 소득세법조항들이 유효하다고 하면서 이를 적용하여 판결하였다.

나. 위 헌법재판소결정의 문제점

(1) 헌법은 법원에 사법권을 위임함으로써 헌법재판소와의 관계에 있어서도 일차적이고 원칙적인 법률해석권한을 부여하고 있다. 그러나 헌법재판소의 관할인 규범통제가 법률의 해석을 전제로 하기 때문에, 헌법재판소도 법률의 해석으로부터 완전히 배제된 것은 아니다. 헌법재판소가 법률의 위헌여부를 판단하기 위하여 우선 심판대상인 법률의 의미내용을 밝히는 작업인 법률해석은 불가피하다. 그러므로 법원의 법률해석과 헌법재판소의 법률해석 사이에 불일치와 충돌이 생길 수 있다. 이러한 경우 헌법재판소가 법원의 법률해석을 무시하고 배척한다면, 이는 법규범의 효력을 유지시키려는 '合憲的(憲法合致的) 법률해석'의 관점에서 예외적으로 정당화된다.[66] 다시 말하자면, 법원의 법

령해석권은 적용하려는 법령의 합헌성을 전제로 하므로, 결국 법원의 해석권은 '법령에 대한 헌법재판소의 위헌성심사'에 의하여 유보된 의미의 해석권한이라 할 것이다.

한편, 입법형성권에 대한 존중은 '합헌적 법률해석'의 근거이자 동시에 한계로서, 한정위헌결정의 타당성의 한계를 제시한다. 헌법재판소는 합헌적 법률해석을 통하여 입법자의 원래 의사를 왜곡·변형하거나 대체해서는 아니 되므로 헌법재판소는 법률을 해석함에 있어서 文意的 한계와 法目的的 한계를 넘지 않도록 유의해야 한다.[67] 헌법재판소가 입법권에 대한 존중이라는 이름아래 무리한 법률해석을 통하여 문제되는 법률의 효력을 유지시킨다면, 오히려 입법자의 입법권이 제한될 위험이 있다. 이러한 경우, 헌법재판소는 차라리 법률을 무효로 선언하여 그 규율대상을 입법자로 하여금 새로이 입법하도록 되돌려 주는 것이 오히려 헌법적으로 바람직하다.[68]

(2) 헌법재판소로서는 위 대법원의 판결을 계기로 하여, 입법자의 원래 의도와 관계없이 한정위헌결정을 함으로써 오히려 헌법적으로 허용된 한정위헌결정의 한계를 넘고 이로써 입법자의 형성권을 제한하는 것은 아닌지 여부를 보다 신중하게 검토해 보아야 한다. 뿐만 아니라 규범통제의 전제조건으로서 헌법재판소에게 인정된 법률해석권의 행사가 합헌적 법률해석의 한계를 넘는 경우에는 헌법재판소는 결과적으로 법원의 원칙적인 법률해석권을 침해하게 된다는 것을 유념해야 한다.

따라서 입법자의 객관적인 의사가 분명하지 않은 상황에서, 법원이 지금까지 일정 법률조항에 대하여 헌법재판소와 달리 해석해 왔고, 법원의 이러한 해석에 상당한 타당성이 있으며, 법률이 규율하려는 현실상황에 비추어 볼 때 헌법재판소의 합헌적 법률해석에 의하면 불합리한 결과가 발생할 수 있는 경우에는, 헌법재판소가 합헌적 법률해석을 통하여 한정위헌결정을 내리는 것을 자제해야 할 필요가 있다. 이러한 경우, 헌법재판소가 무리하게 한정위헌결정을 통하여 법률의 효력을 유지시키는 것보다는 차라리 법률에서 '기준시가 과세원칙에 대한 예외'에 관하여 최소한의 지침을 제시하지 않고 대통령령으로 정하도록 위임한 것을 '포괄위임'으로 판단하여 법률조항에 대하여 위헌결정이나 헌법불합치결정을 함으로써 입법자로 하여금 개정입법의 형태로 자신의 의도를 다시 분명히 밝히게 하는 것이 더욱 바람직할 수 있다.

다. 위 대법원판결의 문제점

(1) 종래 헌법재판소의 한정합헌결정·한정위헌결정이 수차례 있었음에도, 대법원이

66) 법률의 해석과 적용은 법원의 과제이지만, 법률해석에 있어서 헌법으로부터 도출되는 기준과 한계를 정하는 것은 헌법재판소의 과제라는 것에 대하여 vgl. BVerfGE 40, 88, 93f.

67) 헌재 1989. 7. 14. 88헌가5 등, 판례집 1, 69, 86; 허영, 한국헌법론, 1994, 81면 참조.

68) Vgl. Schlaich, Das Bundesverfassungsgericht, 1994, Rn.414ff.; Schneider, Verfassungsgerichtsbarkeit und Gewaltenteilung, NJW 1980, S.2110; Hesse, Grundzüge des Verfassungsrechts der BRD, 19. Aufl., S.29ff.

이를 받아들이는 자세를 취하다가 갑자기 입장을 변경하여 舊 소득세법 결정에서 한정위헌결정의 기속력을 부인한 이유는, 첫째, 한정위헌결정의 필요성과 기속력 그 자체를 부인하는데 있다기보다는[69] '소득세법 결정'에서의 헌법재판소의 법률해석이 입법자의 객관적인 의사에 합치하지 않는다고 판단한 데 있고, 둘째, 舊 소득세법 규정에 대한 헌법재판소의 위헌심사가 결과적으로는 그 시행령에 대한 위헌심사를 하는 결과를 가져옴으로써 헌법상 부여된 '명령에 대한 대법원의 최종적 심사권'을 침해당했다고 판단한 데 있다고 보인다.

(2) 우선 첫 번째 이유에 관하여 살펴본다면, 대법원은 한정위헌결정이 입법자에 대한 존중과 법적 안정성의 관점에서 법률에 대한 헌법재판에 있어서 꼭 필요하다는 것을 인식해야 한다. 사법기능을 담당하는 기관은 가능하면 입법권을 존중하여 입법자가 제정한 법률이 존속하고 효력이 유지될 수 있도록 해석해야 한다는 '합헌적 법률해석'의 산물이 바로 한정합헌결정·한정위헌결정이며, 합헌적 법률해석은 민주주의와 권력분립원칙의 관점에서 입법자의 입법형성권에 대한 존중의 표현이다.

따라서 대법원은 한정위헌결정의 헌법적 정당성과 기속력을 전반적으로 부인할 것이 아니라, 구체적으로 '소득세법 결정에서 헌법재판소가 부당하게 한정위헌결정을 함으로써 결과적으로 불필요하게 법원의 원칙적인 법률해석권을 침해했다'는 방향으로 논거의 초점을 맞추었어야 한다고 생각된다. 즉, 대법원은 헌법재판소의 법률해석이 과연 입법자의 객관적인 의사에 합치하는지에 대하여 의문을 제기하고, '헌법재판소의 해석은 입법자의 의사를 왜곡하는 법률해석이므로, 이러한 경우의 한정위헌결정은 이를 정당화하는 헌법적 근거(입법자에 대한 존중)를 상실하기 때문에 법리적으로 부당하다'는 지적에 그치는 것이 보다 바람직했으리라고 생각된다.

(3) 대법원이 한정위헌결정의 기속력을 부인한 두 번째 이유에 관하여 보건대, 법률의 내용을 시행령이 구체화하도록 위임한 경우 헌법재판소가 심판대상인 법률조항을 합헌적으로 해석한 결과 '법률의 적용범위에서 배제한 위헌적인 부분'이 '대통령령에서 규율한 내용'과 일치한다면, 이는 결과적으로 '법률에 대한 위헌심사'와 더불어 '명령에 대한 위헌심사'를 의미하게 된다. 한정위헌결정의 이러한 법적 효과도 위 대법원 판결에서 한정위헌결정의 기속력을 부인한 이유 중의 하나로 간주된다. 舊 소득세법 단서규정을 구체화한 시행령의 규정내용을 보면, 기준시가에 의한 것보다 납세의무자에게 불리한 경우에도 실제거래가액에 의하여 산정할 수 있도록 규정하였다. 따라서 시행령에 의하여 구체화된 법률의 내용에 위헌적인 요소가 있기 때문에 위헌적인 법률내용을 합헌적 해석을 통하여 법률의 적용범위에서 배제하는 헌법재판소의 결정은 결국 시행령의

69) 한정위헌결정의 헌법적 당위성과 그 기속력에 관하여는 헌재 1997. 12. 24. 96헌마172 등 결정의 이유에서 판시하고 있으므로 여기서는 지면관계상 언급하지 않는다.

위헌성까지 확인하는 결과를 가져왔는데, 대법원은 위 결정에 의하여 '명령에 대한 위헌심사권'이 침해되었다고 보았다.

헌법은 제107조 제2항에서 법원에게 '명령에 대한 위헌심사권'을 부여하고 있으나, 헌법재판소가 소득세법 결정에서 처음부터 명령에 대한 위헌심사를 시도한 것이 아니라 법률의 위헌심사과정에서 합헌적 법률해석의 결과로서 불가피하게 명령의 위헌성에 대하여 간접적으로 심사하는 결과에 이른 것이다. 따라서 헌법재판소가 어떠한 상황에서 왜 한정위헌결정을 해야만 하는지를 고려한다면, 대법원은 헌법재판소의 한정위헌결정을 대법원의 헌법재판권에 대한 월권행위로 이해할 것은 아니다. 헌법재판소가 활용하는 헌법불합치결정 및 한정합헌결정·한정위헌결정 등 변형결정의 존재의미가 일차적으로 입법자에 대한 존중에 있는 것인데, 헌법재판소가 법률내용을 구체화하고 있는 시행령의 내용을 고려하여 위헌적인 시행령내용에 해당하는 해석방법을 법의 적용으로부터 배제함으로써 법률의 위헌성을 제거할 수 있고 이로써 법률의 효력을 존속시킬 수 있음에도 불구하고 법률조항 전체에 대하여 위헌결정을 해야 한다면, 이는 입법형성권과 법적 안정성에 대한 중대한 위반을 의미한다.

나아가, 헌법이 헌법재판소를 도입하여 전문적인 헌법재판기관을 신설함으로써 헌법재판제도의 틀을 다시 짠 경우에는 명령·규칙에 대한 대법원의 최종적인 심사권은 새로이 설정된 헌법재판제도의 테두리 안에서 어느 정도 변형될 수밖에 없다. 설사 헌법재판소가 법률조항에 대하여 한정위헌결정을 하지 않고 포괄위임조항으로 판단하여 위헌으로 선언한다 하더라도, 위임조항에 근거하여 제정된 시행령은 모법조항에 대한 헌법재판소의 무효선언과 더불어 존재이유를 상실함으로써 대법원의 의사와 관계없이 사실상 실효되는 결과를 가져온다. 뿐만 아니라, 헌법소원제도의 도입과 더불어 입법부에서 제정한 '형식적 의미의 법률'뿐만 아니라 행정부에서 제정한 시행령이나 시행규칙 등도 그것들이 별도의 집행행위를 매개로 하지 않고 직접 기본권을 침해하는 경우에는 모두 헌법소원의 대상이 됨으로써, 헌법재판소도 명령·규칙에 대한 위헌심사권의 일부를 행사할 수 있게 되었다.

결국, 이러한 법적 현상은 이미 헌법재판소의 도입과 함께 명령·규칙에 대한 대법원의 위헌심사권은 '순수한 의미'에서는 더 이상 존재하지 않는다는 것을 의미한다. 법률의 내용을 시행령이 구체화하는 경우 상위규범인 법률에 대한 위헌심사가 하위규범인 명령에 대하여 필연적으로 영향을 미칠 수밖에 없다는 인식을 헌법재판소와 법원이 공유하는 것은 '법률에 대한 위헌심사권'과 '명령·규칙에 대한 위헌심사권'을 나누어 각 헌법재판소와 법원에 귀속시킨 현행 헌법재판제도가 기능하기 위한 최소한의 전제조건이다.

2. 헌법재판소의 관할규범에 대한 위헌결정의 문제점

가. 헌법재판소결정의 기속력을 강화하는 방법

위헌론은, 법원이 법률을 합헌적으로 해석하는지 여부에 대하여 헌법재판소의 통제가 필요하며 법원이 합헌적 법률해석에 관한 헌법재판소의 결정을 존중하지 않을 경우에 이를 강제할 방법이 없으므로, 이러한 이유에서라도 법원의 재판을 헌법소원의 대상으로 삼을 수 있도록 헌법재판소가 헌법재판소법 제68조 제1항의 '재판소원 배제조항'에 대하여 위헌선언을 해야 한다고 주장한다. 이러한 주장은 일정한 방향으로의 입법개선을 지지하는 논거로서는 설득력이 있으나, 헌법재판소법 제68조 제1항의 위헌성의 논거는 아니다. 합헌적인 법률이 이러한 필요성 때문에 위헌이 될 수는 없는 것이다.

헌법재판소법에 강제집행에 관한 별도의 규정이 없는 한, 헌법재판소가 자신의 결정을 강제할 수 있는 방법은 없다. 헌법재판소의 위헌심사의 결과인 '결정'은 모든 국가기관을 구속하는 기속력을 가지고 있으므로, 모든 국가기관이 헌법재판소의 결정을 존중하고 이에 따르는 것은 법치국가에서 지극히 당연한 것으로서 이에 대한 별도의 통제는 원칙적으로 불필요하다. 또한, 일반적으로 국가기관 간의 분쟁에 있어서 강제집행의 가능성은 소송법적으로 생소한 것이며, 이러한 법적 상황은 국가기관 간의 분쟁에 관한 법원의 결정은 모든 국가기관에 의하여 스스로 존중되리라는 사고에 기초하고 있다. 헌법재판소는 자신의 결정을 강요할 수도 없고 집행할 수도 없으며, 단지 국가기관 스스로의 자발적인 존중에 의존하고 있을 뿐이다. 즉, 헌법재판소는 결정의 논리적인 타당성과 설득력을 바탕으로 하여 다른 국가기관으로부터 자발적인 존중을 유발할 수 있을 뿐이다. 바로 이러한 이유에서 헌법재판소의 유일하고도 최종적인 보루는 헌법재판소결정에 대한 국민과 국가기관의 신뢰이다.

법원이 헌법재판소의 기속력 있는 결정을 단순한 '견해표명'으로 이해하는 상황에서, 설사 헌법재판소가 헌법재판소법 제68조 제1항에 대한 위헌결정을 통하여 재판소원을 자신의 관할로 귀속시킨다 하여도, 이러한 결정이 법원에 의하여 수용되리라고는 아무도 확신할 수 없다. 즉, 헌법재판소와 대법원이 서로 납득할 수 있는 타당한 헌법해석을 근거로 양자 사이의 관할에 관한 명확한 선긋기와 상호존중 없이는, 헌법재판소의 결정은 궁극적으로 관철되기 어려운 것이다. 독일에서는 연방헌법재판소의 결정을 무시하는 법원의 태도에 대하여 당연히 탄핵의 논의가 있었을 터인데, 한국에서는 그 누구도 '탄핵'이라는 단어를 입에 올리지 못하는 것도[70] 바로 양자 사이의 관할배분에 관하

70) 설사 탄핵소추의 의결이 국회에서 이루어진다 하여도, 결국 헌법재판소가 자신의 결정을 관철하기 위하여 탄핵심판권을 행사하는 난처한 경우가 발생한다.

여 헌법적으로 해명된 명확한 국민적 합의가 지금까지 이루어지지 않았다는 것에 기인하는 것이다. 바로 이런 이유로 언론과 국민 그리고 국회 모두 누구의 소리가 옳은지 그저 바라만 보고 있는 실정이다. 따라서 헌법재판소는 헌법재판소법 제68조 제1항의 위헌여부에 관한 결정을 자신과 법원 사이의 헌법상의 관할배분을 확정하여 법원과의 분쟁을 종식시키고 상호존중의 초석을 놓는 계기로 삼아야 할 것이다.

나. 헌법재판의 한계로서 自己裁判

헌법재판소의 존립이 헌법재판소결정에 대한 국가기관의 자발적인 존중에 의존하고 있기 때문에, '자기재판'을 통하여 자신의 권한을 확장하는 것이 현실적으로 다른 국가기관과 국민에 대하여 어느 정도의 설득력과 호소력을 가질 수 있을지도 의문이다. 더욱이 대법원이 헌법재판소법 제68조 제1항에 대한 위헌결정을 헌법재판소의 '自己裁判'으로 간주하여 기속력을 인정하지 않을 가능성도 농후하다. 민법에서 '자기계약'이나 '自己代理'가 이해관계의 충돌을 이유로 일반적으로 금지되어있는 것과 마찬가지로, 헌법재판의 차원에서는 이해당사자인 헌법재판소가 자신의 권한을 획정하는 규범에 관하여 결정할 수 없다는 것이 '헌법재판의 한계'로 거론될 수도 있다.

모든 재판의 생명은 그의 객관성과 공정성인데, 이해관계인이 재판의 주체가 된다는 것은 재판결과의 공정성을 의심케 하는 것이다. 독립성이 보장되고 공정성이 기대되는 재판의 주체에게만 결정행위를 위임하는 것이 소송의 본질에 속하며, 바로 이러한 이유 때문에 모든 소송법이 이해관계인으로서의 법관은 제척사유로, 편파의 우려가 있는 경우에는 기피사유로 규정하여 결정절차에의 참여를 배제하고 있다. 즉 결정절차의 타당성이 또한 결정내용의 타당성을 확보해 준다는 대표적인 例가 바로 사법절차이다.[71] 역으로 '결정절차의 타당성'에 대하여 의심의 여지가 있는 곳에서는 그 대신 적어도 '결정내용의 타당성'에 더욱 엄격한 기준이 적용되어야 한다. 따라서 헌법재판소는 자신의 관할규범에 대한 위헌심사에 있어서는 원칙적으로 자제해야 하고, 단지 '명백한' 위헌성이 드러나는 경우에만 위헌결정을 하여야 할 것이다. 더욱이 위헌결정을 통하여 자신에게 귀속된 권한을 부정하는 것이 아니라 적극적으로 확장하는 경우라면, '자기재판'이라는 절차의 결함을 상쇄하기 위하여 한층 더 '위헌의 명백성'을 근거로 하는 재판내용의 설득력이 요구된다. 이러한 의미에서 자신의 관할규범에 대한 헌법재판소의 결정은 비록 헌법재판의 규범적 한계는 아니지만 사실상의 한계를 의미한다고 볼 수 있다.

재판소원을 헌법소원의 대상에 포함시켜야 한다는 견해는 기본권보호의 측면에서 헌법정책적으로 보다 바람직하지만, 이는 헌법재판소의 위헌결정을 통하여 이루어질 문제

---

71) 절차의 타당성과 그 결과의 타당성의 상관관계에 대하여 vgl. v. Arnim, Staatslehre der BRD, 1984, S.192ff.

가 아니라 헌법개정권자와 입법자가 해결해야 할 과제이다. 법원이 기본권보호기관으로서의 과제를 충분히 인식할 수 있는 시간이 경과했음에도 불구하고 법원에 의한 기본권보호의 노력이 기대 이하에 머문다면, 즉 법원에 의한 기본권보호가 사실상 이루어지지 않는다면, 입법자는 사법부에 대한 교육적 효과를 위해서라도 재판소원을 도입하는 것을 진지하게 고려해야 할 것이다. 그러나 헌법재판의 역사가 짧고 이제야 비로소 기본권에 관한 의식이 싹트기 시작한다는 것을 고려한다면, 법원에게도 자신이 기본권보호의 일차적인 의무를 담당하고 있다는 것을 인식하고 변화한 현실에 적응할 시간적 여유를 부여해야 할 것이다. 만일 나중에 재판소원이 도입된다고 하더라도, 재판소원은 사법부가 일차적으로 기본권보호의 기능을 한다는 것을 전제로 하기 때문이다. 법원이 기본권보호기능을 이행하지 못하는 경우, 재판소원의 도입은 헌법재판소 업무의 마비를 가져오게 된다.

3. 헌법재판소법 제68조 제1항에 대한 한정위헌결정의 불가피성

가. 법원이 '위헌으로 확인된 법령'을 적용하는 것의 헌법적 의미

대법원 1996. 4. 9. 선고 95누11405 판결과 같이, 법원이 헌법재판소에 의하여 위헌으로 선언된 또는 확인된 법률을 적용하여 국민의 기본권을 침해한 경우, 헌법재판소가 법원의 이러한 판결에 대하여 어떻게 대처할 수 있는지의 문제가 제기된다.

헌법은 헌법재판소와 법원 사이의 헌법재판권을 배분하여, 재판의 전제가 되는 법률에 대한 헌법재판권(제107조 제1항) 및 국민의 기본권을 직접 침해하는 법령에 대한 헌법재판권(제111조 제1항 제5호)을 헌법재판소에 귀속시키고, 그 외 명령·규칙·처분 등 집행작용에 대한 헌법재판권(제107조 제2항)을 법원에 귀속시킴으로써, 헌법재판소와 법원이 각자에게 부여된 헌법재판권의 범위 내에서 헌법의 최고규범성을 실현할 것을 규정하였다. 모든 국가기관은 헌법의 구속을 받고 헌법에의 기속은 헌법재판을 통하여 司法的으로 관철되므로, 헌법재판소가 헌법상 부여받은 헌법재판권을 행사한 결과인 법령에 대한 위헌결정은 법원을 포함한 모든 국가기관을 기속한다.

그러나 법원이 헌법재판소에 의하여 위헌으로 선언된 법령을 적용하여 재판한다면, 이는 헌법재판소결정의 기속력에 반하는 것일 뿐만 아니라, 헌법이 헌법재판소에 부여한 법령에 대한 헌법재판권(제107조 제1항 및 제111조)을 부정하는 것이다. 법원이 헌법재판소의 위헌결정이나 헌법불합치결정에 의하여 위헌으로 선언된 또는 확인된 법령을 적용하거나 또는 헌법재판소의 한정위헌결정을 무시하고 재판하는 경우, 법원은 헌법재판소결정의 기속력을 무시함으로써 실질적으로 법령에 대한 위헌여부를 스스로 다시 심사하는 결과를 초래한다. 이러한 경우, 법원의 재판은 법원에 귀속된 권한인 '처분의 위헌성'에 대한 결정이 아니라 내용적으로 '법령의 위헌성'에 대한 결정을 의미한다. 법원이 헌법재판소에 의하여 위헌으로 판단된 법령을 적용한다는 것은 '그 법령이 합헌'이라는 법원의 고유한 결정을 내포하고 있기 때문이다.

그러나 헌법은 법령의 위헌심사에 관한 최종적인 결정권을 헌법재판소에 부여하고 있으므로, 법원이 헌법재판소의 위헌결정에 따르지 않는다면, 이는 법원이 스스로 '입법작용에 대한 독자적 규범통제권'을 행사하는 것을 의미한다. 따라서 헌법은 고의든 과실이든 헌법재판소의 기속력 있는 위헌결정을 무시하여 국민의 기본권을 침해하는 법원의 재판에 대하여는 헌법재판소가 다시 최종적으로 심사함으로써 자신의 손상된 헌법재판권을 회복하고 헌법의 최고규범성을 실현하고 관철할 것을 요청하고 있다. 법원이 헌법재판소에 의하여 위헌으로 확인된 법령을 적용한다는 것은, 법령에 대한 위헌심사권을 헌법재판소에 부여한 헌법의 결정(제107조 및 제111조)에 정면으로 위배되는 것이고, 이로써 스스로 명백한 위헌적 행위를 하는 것이다.

또한 권리구제를 구하는 개인의 입장에서 보더라도, 개인이 헌법재판을 통하여 행정처분의 근거가 된 법령의 위헌성을 확인받았으나 헌법재판소의 결정에 위배되는 법원의 재판으로 말미암아 법원으로부터는 권리구제를 받을 수 없는 '법치국가적으로 용인될 수 없는 법적 상태'가 발생한다. 이는 법원이 헌법재판에 관한 헌법상 권한질서를 존중하지 아니하고 헌법재판소에 부여된 헌법재판권을 부정함으로써 발생한 결과로서, 법적 통일성 및 법적 안정성의 관점에서도 헌법재판소 위헌결정의 기속력을 무시한 법원의 재판에 대해서는 헌법재판소가 최종적으로 다시 심사함으로써 재판의 위헌성을 제거할 것이 요청된다.

나. 헌법재판소법 제68조 제1항의 위헌성

따라서 헌법재판소법 제68조 제1항의 원칙적인 합헌성에도 불구하고, 법원이 헌법재판소에 의하여 위헌임이 확인된 법령을 적용함으로써 국민의 기본권을 침해한 경우에도 법원의 재판에 대한 헌법소원이 허용되지 않는 것으로 해석한다면, 법원의 재판을 헌법소원의 대상에서 제외한 위 조항은 그러한 해석 하에서 위헌의 여지가 있다.

헌법재판소의 확립된 판례에 의하면, 법률규정이 법문의 범위 내에서 다양한 법률해석의 가능성을 허용하고 해석방법의 선택에 따라 때로는 위헌적 결과에 때로는 합헌적 결과에 이른다면, 그 법률은 무효로 선언되어서는 아니 되고 합헌적으로 해석하여 법률의 효력을 유지시켜야 한다.[72] 그렇다면 합헌적 법률해석의 관점에서, 헌법재판소법 제68조 제1항은 법원이 헌법재판소의 기속력 있는 위헌결정에 반하여 위헌으로 확인된 법령을 적용함으로써 국민의 기본권을 침해하는 경우에는 예외적으로 법원의 재판도 헌

72) 헌재 1989. 7. 21. 89헌마38; 헌재 1991. 4. 1. 89헌마160.

법소원의 대상이 된다고 해석되어야 한다. 따라서 헌법재판소법 제68조 제1항의 '법원의 재판'에 헌법재판소에 의하여 위헌으로 선언된 법령을 적용함으로써 국민의 기본권을 침해하는 재판도 포함된다고 해석하는 한, 헌법재판소법 제68조 제1항은 헌법에 위반된다.

헌법소원심판의 청구가 적법하기 위해서는 청구인 기본권의 침해가능성이 존재해야 하지만, 일단 헌법소원이 적법하게 제기된 이상 헌법재판소는 본안판단에 있어서 모든 헌법규범을 심사기준으로 삼음으로써 청구인이 주장한 기본권의 침해여부에 관한 심사에 한정하지 아니하고 모든 헌법적 관점에서 심판대상의 위헌성을 심사한다. 이는 헌법소원심판이 주관적인 권리구제절차일 뿐만 아니라 또한 객관적 헌법의 수호와 유지에 기여한다는 이중적 성격에서 나오는 당연한 귀결이다. 따라서 헌법재판소법 제68조 제1항이 비록 청구인이 주장하는 기본권을 침해하지는 않지만, 헌법 제107조 및 제111조에 규정된 헌법재판소의 권한규범에 부분적으로 위반되는 위헌적인 규정이므로, 이 사건 헌법소원 심판청구는 위에서 밝힌 이유에 따라 한정적으로 인용될 수 있는 것이다.

Ⅵ. 맺는말

법원의 재판에 대한 헌법소원을 헌법소원의 대상에서 제외하는 것이 위헌이라는 주장('위헌론')은, 우리 헌법학과 실무가 그 사이 독일의 헌법소원제도에 관한 이론을 가져다 사용하면서 얼마나 독일식의 헌법소원제도에 고착되어 있는지를 여실히 보여주고 있다. 위헌론은 헌법의 객관적인 해석에서 출발하는 것이 아니라, 우리에게 친숙한 '독일식의 헌법소원제도'를 理想的인 것으로 간주하고 이상적인 것을 헌법적 내용으로 승격시킴으로써, 법원의 재판을 헌법소원의 대상에서 제외하는 헌법재판소법 제68조 제1항이 평등권이나 재판청구권을 침해한다는 결론을 이끌어내고 있다.

그러나 헌법소원제도가 세계적으로 다양한 형태로 운용되고 있다는 비교법적 시각에서 본다면, '법원의 재판에 대한 헌법소원'이나 다른 구제절차가 있는 경우에는 그 절차를 경유한 후에야 헌법소원을 청구할 수 있다는 '상대적 보충성원칙'이 헌법소원제도의 본질에 속한다는 것은 모든 합리적 근거를 결여한 주장이다. 오히려 헌법재판소법 제68조 제1항은 법원과 헌법재판소 사이의 헌법적 권한배분질서에 부합할 뿐만 아니라, 법원이 기본권보호의 일차적이고 중추적인 기관이라는 합리적이고 정당한 이유를 근거로 '재판에 대한 헌법소원'을 배제하고 '법률에 대한 헌법소원'을 헌법소원의 대상으로 규율하고 있다. 또한 헌법소원제도의 生成史의 관점에서 보더라도, 헌법재판소법 제68조 제1항은 헌법소원제도의 본질적인 내용을 보장하는 원칙적으로 합헌적인 법률이다. 다만, 위헌법률심사의 결과인 헌법재판소의 기속력 있는 결정을 존중하지 않는 법원의 재판에 대처하기 위하여, “법원이 헌법재판소에 의하여 위헌으로 확인된 법령을 적용함으로써 국민의 기본권을 침해한 경우에도 법원의 재판에 대한 헌법소원이 허용되지 않는 것으로 해석한다면, 헌법재판소법 제68조 제1항은 그러한 한도 내에서 헌법에 위반된다.”는 의미에서 위 헌법재판소법규정은 부분적으로 위헌성을 내포하고 있을 뿐이다.

헌법재판소는 자신의 결정을 강제할 아무런 방법이 없으므로, 헌법재판소의 존속기반은 결정의 기속력에 있다. 이러한 의미에서 결정의 기속력은 헌법재판소의 생명이라고도 할 수 있다. 따라서 헌법재판소의 결정에 반하는 법원의 판결은 헌법재판소의 존립을 위태롭게 하는 것이다. 헌법재판소법 제68조 제1항에 대한 ‘한정위헌결정’과 헌법재판소결정을 따르지 않는 ‘법원의 판결에 대한 취소’는 헌법재판소가 그 위상에 있어서 대법원의 위에 자리 잡거나 또는 자신의 재판관할을 적극적으로 확장하려는 시도가 아니라, 단지 자신의 헌법재판권과 존립근거를 유지하고 방어하려는 소극적인 조치이다. 헌법재판소가 결정의 기속력을 부정하는 법원의 판결에 대하여 아무런 반응을 하지 않는다면, 이는 자신의 존립기반을 스스로 흔드는 自己否定의 표현이다. 따라서 헌법재판소로서는 그의 결정에 반하는 대법원의 판결에 대하여 제기된 헌법소원을 외면할 수 없었으며, 1997. 12. 24.에 선고된 헌재 96헌마172 등 결정은 이러한 배경에서 ‘도저히 달리 해결될 수 없는 상황’의 유일한 해결책으로서 나온 불가피한 선택이었다.

대법원은 위헌법률심사에 있어서 ‘합헌적 법률해석’과 그 결과인 ‘한정위헌결정’이 반드시 필요하다는 사실을 인정하여 설사 구체적 사안에서 헌법재판소의 법률해석에 내용상 동의하지 못한다 하더라도 헌법재판소에 의한 법률해석의 문제점을 지적하는데 그쳐야지 한정위헌결정의 기속력을 부인해서는 안 된다. 헌법재판소로서는 법률해석에 있어서 입법자의 객관적 의사가 불분명하고 법원이 종래 계속해 온 법률해석이 특히 법률이 규율하려는 현실상황에 비추어 상당한 타당성이 있다고 판단되는 경우에는 굳이 무리하게 합헌적 해석을 해야 할 필요가 없다는 것을 인식해야 한다. 이로써, 헌법재판소와 대법원은 이번 사건을 상호존중과 화해의 기반을 마련하는 계기로 삼아야 할 것이다.

참고문헌

권영성, 헌법학원론, 1995

김문현, 법원의 재판을 헌법소원대상에서 제외한 헌법재판소법 제68조 제1항의 위헌성, 법률신문 98. 2. 16.

_____, 헌법해석에 있어서의 헌법재판소와 법원의 관계, 현대법의 이론과 실제(김철수교수 화갑기념논문집), 1993

김영철, 스페인헌법재판소의 관할과 그 운영상황, 헌법논총 제2집, 1991

김학성, 헌법소원의 쟁송대상, 헌법재판자료 제3집, 1990

유남석, 재판에 대한 헌법소원금지의 논리 및 정책적 이유, 법관 세미나자료 上(헌법문제와 재판), 1996

이석연, 헌법소송의 이론과 실제, 1992

이욱한, 헌법재판소법 제68조 제1항 '법원의 재판을 제외하고는'의 문제점과 그 해결방안, 인권과 정의 1996. 5.

장영수, 현행 헌법소원제도의 의의·본질과 헌법소원의 대상, 현대헌법학이론(이명구박사 화갑기념논문집 [Ⅰ]), 1996

정연주, 헌법재판소법 제68조 제1항에 대한 한정위헌결정의 문제점, 고시계 1998. 2.

정태호, 원처분의 헌소대상성에 관한 소고, 헌법논총 제6집, 1995

_____, 헌법소원의 개념과 역사적 발전, 안암법학 제4집, 1996

최완주, 원처분의 헌법소원 대상성에 관한 고찰, 법관세미나 자료 上(헌법문제와 재판), 1996

_____, 헌법소원에 관한 각국의 제도비교, 법관세미나 자료 上(헌법문제와 재판), 1996

허영, 헌법소송과 일반소송의 관계, 한·독 국제학술대회, 한국공법학회, 1995

_____, 한국헌법론, 1994

황도수, 원처분에 대한 헌법소원, 헌법논총 제6집, 1995

v. Arnim, Staatslehre der Bundesrepublik Deutschland, 1984

Battis/Gusy, Einführung in das Staatsrecht, 1991

Böckenförde, Die Methoden der Verfassungsinterpretation, NJW 1976

Bryde, Verfassungsentwicklung, 1982

Clemens, Das Bundesverfassungsgericht im Rechts- und Verfassungsstaat, in: Piazolo (Hg), Das Bundesverfassungsgericht, 1995

Degenhart, Staatsrecht Ⅰ, 1995

Hesse, Grundzüge des Verfassungsrechts der Bundesrepublik Deutschland, 19. Aufl., 1993

E. Klein, Die Zukunft der Verfassungsbeschwerde, in: Piazolo(Hg), Das Bundesver-

fassungsgericht, 1995
Korinek, Die Verfassungsgerichtsbarkeit in Österreich, in: Starck/Weber(Hg), Verfassungsgerichtsbarkeit im Westeuropa, Bd. I, 1986
Krauss, Der Umfang der Prüfung von Zivilurteilen durch das BVerfG, 1987
Löwer, Zuständigkeiten und Verfahren des Bundesverfassungsgerichts, in: Isensee/Kirchhof(Hg), Handbuch des Staatsrechts (HbStR), Bd.Ⅱ, 1987, §56
Maunz, in: Maunz/Schmidt-Bleibtreu, BVerfGG, 1993, §90
Oberndorfer, Die Verfassungsrechtsprechung im Rahmen der staatlichen Funktionen, Landesbericht Österreich, EuGRZ 1988
Pieroth/Schlink, Staatsrecht Ⅱ, 1995
Richter/Schuppert, Casebook Verfassungsrecht, 1991
Schlaich, Das Bundesverfassungsgericht, 3. Aufl., 1994
Schneider, Verfassungsgerichtsbarkeit und Gewaltenteilung, NJW 1980
Schumann, Verfassungsbeschwerde, in: Landesverfassungsgerichtsbarkeit, Teilband Ⅱ, 1983
Schwab/Gottwald, Verfassung und Zivilprozeß, 1983
Simon, Verfassungsgerichtsbarkeit, in: Benda/Maihofer/Vogel(Hg), Handbuch des Verfassungsrechts (HbVerfR), 1984
Stern, Das Staatsrecht der Bundesrepublik Deutschland, Bd. Ⅰ, 1977
Weber, Generalbericht, in: Starck/Weber(Hg), Verfassungsgerichtsbarkeit im Westeuropa, Bd. I, 1986
Zierlein, Die Bedeutung der Verfassungsrechtsprechung für die Bewahrung und Durchsetzung der Staatsverfassung, EuGRZ 1991
Zuck, Das Recht der Verfassungsbeschwerde, 1988

제2주제

법령에 대한 헌법소원심판에서 청구기간의 헌법적 문제점*

Ⅰ. 문제의 제기

헌법재판소법은 제68조 제1항에서 "공권력의 행사 또는 불행사로 인하여 헌법상 보장된 기본권을 침해받은 자는 법원의 재판을 제외하고는 헌법재판소에 헌법소원심판을 청구할 수 있다. 다만, 다른 법률에 구제절차가 있는 경우에는 그 절차를 모두 거친 후에 청구할 수 있다."고 규정하면서, 제69조 제1항에서 "제68조 제1항에 따른 헌법소원의 심판은 그 사유가 있음을 안 날부터 90일 이내에, 그 사유가 있는 날부터 1년 이내에 청구하여야 한다. 다만, 다른 법률에 따른 구제절차를 거친 헌법소원의 심판은 그 최종결정을 통지받은 날부터 30일 이내에 청구하여야 한다."고 하여 청구기간을 규정하고 있다.

헌법소원심판의 청구기간에 관한 규정은 헌법재판소법이 1988년 시행된 이후 한 차례 개정되었는데, 1988년의 헌법재판소법은 제69조 제1항에서 "제68조 제1항의 규정에 의한 헌법소원의 심판은 그 사유가 있음을 안 날부터 60일 이내에, 그 사유가 있은 날부터 180일 이내에 청구하여야 한다. 다만, 다른 법률에 의한 구제절차를 거친 헌법소원의 심판은 그 최종결정을 통지받은 날로부터 30일 이내에 청구하여야 한다."라고 규정하고 있었다. 그러나 헌법소원의 운용과정에서 헌법소원심판의 청구기간이 행정소송의 제기기간보다도 오히려 短期여서 국민의 기본권구제에 미흡하다는 지적을 많이 받아

* 위 논문은 2013년 12월, 중앙법학(중앙법학회) 제15집 제4호, 7-45면에 게재된 것을 일부 수정한 것이다.

왔고,[1] 입법자는 이러한 지적을 반영하여 2003년 헌법재판소법(이하 '법'이라 한다) 개정에서 '그 사유가 있음을 안 날부터 60일 이내'를 '90일 이내'로, '그 사유가 있은 날부터 180일 이내'를 '1년 이내'로 변경함으로써, 행정소송의 제소기간과 같도록(행정소송법 제20조 참조) 청구기간을 연장하였다.[2]

헌법소원심판의 청구기간규정과 관련해서는 무엇보다도 다음과 같은 일련의 문제가 제기된다. 첫째, 법 제69조 제1항의 청구기간규정은 불변기간에 관한 규정으로서 국민이 그 기간 계산에 있어서 오해의 여지가 없도록 명확하게 규정되어야 하는데, 청구기간규정이 이러한 명확성의 원칙에 부합하는지, 나아가 합리적인 이유에 의하여 정당화됨이 없이 청구기간을 너무 단기로 확정하였는지에 관한 '청구기간규정의 위헌여부'의 문제이다. 둘째, 법령에 대한 헌법소원의 경우, 법 제69조 제1항 본문에 의하여 그 사유가 있음을 안 날부터 90일 이내에, 그 사유가 있은 날부터 1년 이내에 청구하여야 하는데, 법률해석을 통하여 청구기간을 확장해야 할 필요가 있는지, 이러한 필요성이 인정된다면 어떠한 이유에서 청구기간이 확장되어야 하는지의 문제이다. 셋째, 학계의 일각에서는 법령에 대한 헌법소원심판에서 법 제69조 제1항의 청구기간규정을 적용하는 것이 타당하지 않다는 견해가 주장되고 있는데, 이러한 견해가 타당한지의 문제이다. 넷째, 그 외에도 청구기간과 관련하여 헌법재판의 실무에서 다음과 같은 의문들이 제기되었다. 기본권침해의 현재성요건의 충족여부를 판단하기 위하여 도입된 소위 '상황성숙이론'이 청구기간의 도과여부를 판단함에 있어서도 적용되는지의 문제, 입법자가 기본권을 제한하는 법률을 시행하면서 일정한 유예기간을 둔 경우 청구기간의 기산점이 법률의 시행일인지 아니면 유예기간이 경과한 때인지의 문제, 심판청구서를 제출하기 전에 먼저 국선대리인 선임신청을 한 경우 청구기간의 준수여부의 문제, 청구인에게 청구기간의 준수를 기대할 수 없게 하는 장애사유가 발생하여 청구인의 귀책사유 없이 청구기간을 준수하지 못한 경우, 청구기간 경과 후에 제기한 심판청구를 적법한 것으로 볼 것인지의 문제 등이 이에 속한다.

이 글에서는 우선 법 제69조 제1항의 청구기간규정의 위헌여부를 살펴보고(아래 Ⅱ.) 법령에 대한 헌법소원심판에서 법률해석을 통하여 청구기간을 확장해야 할 필요가 있는지, 법령소원에 청구기간규정을 적용하는 것이 타당한지의 문제를 검토한 다음(아래 Ⅲ.), 마지막으로 청구기간과 관련하여 제기되는 그 외의 다양한 문제들을 다루기로 한다(아래 Ⅳ).

---

1) 헌법재판소, 헌법재판실무제요, 제1개정증보판, 2008, 265면 참조.

2) 한편, 헌법재판소는 구법 시행 당시에 이미 청구되었으나 신법 시행 이후에도 계속 중인 헌법소원사건에 대해서도 청구인들에게 유리하게 개정된 청구기간조항을 적용하여 판단하였다(헌재 2003. 7. 24. 2003헌마97, 판례집 15-2상, 181, 184-185 참조).

Ⅱ. 헌법소원심판 청구기간규정의 위헌여부

청구기간규정은 청구기간을 정함으로써 청구기간 내에서만 헌법소원을 제기하도록 제소가능성을 막고 있으므로, 법 제69조 제1항의 청구기간규정이 헌법에 부합하는지의 문제가 제기된다.[3)]

1. 청구기간제도의 목적

청구기간규정은 '법적 안정성'의 관점에서 헌법소원을 제기할 수 있는 가능성을 제한하고 있다. 모든 법적 분쟁은 실체적인 법적 상태와 관계없이 적정한 기간 내에 종결되어 법적 안정성과 법적 평화를 가져와야 한다. 헌법소원심판에서 청구기간제도의 목적은, 청구기간 이후에는 공권력작용을 더 이상 다툴 수 없도록 함으로써 공권력의 행사로 인한 법률관계를 신속히 확정하여 법적 안정성을 확보하기 위한 것이다.[4)] 한편, 청구기간제도는 '법적 안정성'이라는 측면 외에도 '개인의 권리구제'의 측면이라는 또 다른 목적을 추구하고 있다.[5)]

첫째, 청구기간은, 청구인이 공권력에 의한 기본권침해의 상황에서 헌법소원의 제기가능성을 사용할 것인지에 관하여 조속히 결정하도록 하는 것을 목적으로 한다. 법적 안정성의 관점에서 헌법소원의 제기여부에 관하여 가능하면 조속하게 규명되어야 한다. 공권력의 행사로 인한 법률관계를 오랫동안 불확실한 상태로 둘 수 없고, 이를 조속하게 확정시키기 위하여 헌법소원을 되도록 빠른 기간 내에 제기하도록 해야 할 필요가 있다.[6)] 청구인에 의하여 주장되는 '기본권침해여부에 관한 확인의 이익'이 더 이상 존재하지 않는다고 판단되고 청구인이 이를 다투리라는 것을 아무도 더 이상 예측할 수 없는 시점에서 비로소 헌법소원이 제기되어서는 안 된다.

둘째, 다른 한편으로 청구기간은 청구인에게 '효과적인 권리구제의 가능성'을 보장하고자 한다. 청구기간은 청구인에게 자신의 기본권을 침해하는 공권력행위에 대하여 헌법소원의 형태로 대항할 것인지, 나아가 심판청구가 인용될 수 있을 것인지에 관하여 신중하게 숙고하고, 심판청구이유를 포함하는 심판청구서를 제출하기 위하여 필요한 시간을 부여하기 위한 것이다. 그러므로 청구인이 공권력행위에 의한 기본권침해 가능성에 관하여 확신을 가지고 인지하기 전에는 청구기간의 진행이 개시되어서는 안 된다.

---

3) 헌법소원심판의 청구기간을 규정하는 독일 연방헌법재판소법 제93조의 위헌여부에 관한 서술로는 vgl. Hömig, in: Maunz/Schmidt-Bleibtreu, BVerfGG, §93 Rn.3ff.

4) 가령, 허영, 헌법소송법론, 2009, 400면.

5) Vgl. Hömig, in: Maunz/Schmidt-Bleibtreu, BVerfGG, §93 Rn.2; Lechner/Zuck, BVerfGG, 2011, §93 Rn.2; Heusch/Sennekamp, in: Umbach/Clemens/Dollinger, BVerfGG, 2005, §93 Rn.2f.

6) 헌재 2001. 9. 27. 2001헌마152, 판례집 13-2, 447, 455.

나아가, 청구인이 공권력행위에 대응할 것인지, 어떠한 사유로 헌법소원을 제기할 것인지에 관하여 판단하고 결정할 수 있는 적정한 시간이 부여되어야 한다.

2. 청구기간의 확정에 있어서 고려해야 하는 헌법적 관점

일반적으로 제소기간은 개별사건에서 발생한 권리침해의 구제라는 '실질적 정의의 요청'과 '법적 안정성의 보장'이라는 상충하는 법익간의 긴장관계에 있다.[7] '실질적 정의의 요청'이란 재판과정에서 개인의 권리가 구제되고 실질적 정의가 실현될 것을 요청하는 법익으로 '신중하고 타당한 결정에 관한 이익'이라 할 수 있고, '법적 안정성의 보장'이란 법적 분쟁은 적정한 기간 내에 종결되어 법적 평화를 가져와야 한다는 요청으로 '신속하고 최종적인 결정에 관한 이익'이라 할 수 있다.[8] 헌법은 양자 간의 관계를 스스로 확정하지 아니하고 양자가 충돌하는 경우 이를 조화시키는 문제를 입법자에게 위임하고 있다.[9] 두 가지 요청은 모두 헌법상 법치국가원리를 구성하는 요소이기 때문에,[10] 입법자는 청구기간규정을 구체적으로 형성함에 있어서 양 법익을 가능하면 최대한으로 실현하고자 시도해야 하며, 이에 따라 양 법익의 조화를 이루는 입법을 해야 한다. 이 경우, 입법자에게는 광범위한 형성의 자유가 인정된다. 그러나 입법자의 형성권은 무제한적인 것이 아니라 다음과 같은 관점에 의하여 제한을 받는다.

첫째, 입법자는 청구기간규정의 불명확성으로 인하여 청구인이 권리구제의 가능성을 상실하는 일이 없도록 충분히 명확하게 규정해야 하며, 둘째, 헌법소원을 통한 기본권 침해의 구제가능성이 부당하게 축소되지 않도록 청구기간을 정해야 한다. 청구기간이 지나치게 단기이거나 기산점을 불합리하게 책정하여 헌법소원을 통한 권리구제의 기회를 현저히 곤란하게 하거나 사실상 불가능하게 한다면, 입법자는 '법적 안정성의 관점'만을 일방적으로 강조하여 개별사건에서 '실질적 정의의 요청'을 희생시킨 것으로 헌법적으로 정당화될 수 없다.

---

7) 한편, 허영, 헌법소송법론, 2009, 401면은 "헌법소원의 청구기간을 법률로 정할 때 입법권자는 법적 안정성의 요청과 기본권실현을 통한 헌법질서의 수호·유지라는 헌법의 요청을 잘 조화시킬 수 있는 합리적인 입법형성을 해야 한다."고 서술하고 있는데, 일차적으로 개인의 주관적 권리구제절차인 헌법소원제도에서 청구기간을 규정함에 있어서 '법적 안정성의 요청'에 대치하는 헌법적 법익이 '객관적 헌법질서의 수호·유지'의 요청인지에 대하여 의문이 제기된다.

8) 한편, 헌법재판소는 일부 결정에서 양 법익을 '재판의 적정과 신속'으로 표현하고 있다. 헌법재판소는 상고심재판을 받을 권리에 관하여, '심급제도는 사법에 의한 권리보호에 관한 한정된 법 발견 자원의 합리적인 분배의 문제인 동시에 재판의 적정과 신속이라는 서로 상반되는 두가지의 요청을 어떻게 조화시키느냐의 문제로서 원칙적으로 입법자의 형성의 자유에 속하는 사항이므로, 헌법상 재판을 받을 권리가 사건의 경중을 가리지 않고 모든 사건에 대하여 상고심 재판을 받을 권리를 의미하는 것은 아니다'라는 이유로, 상고심리불속행제도를 규정한 상고심절차에관한특례법 규정을 헌법에 위반되지 아니한다고 판시하였다(헌재 1997. 10. 30. 97헌바37).

9) 가령, 입법자는 법적 안정성의 관점에서 확정판결에 기판력을 부여함으로써 원칙적으로 더 이상 다툴 수 없도록 하면서, 예외적으로 실질적 정의의 관점에서 재심을 허용하는 방향으로 양자의 관계를 규율할 수 있다.

10) 한수웅, 헌법학, 2013, 253면 이하 참조.

한편, 청구인의 귀책사유 없이 청구기간을 준수하는 것이 불가능하게 된 경우, '법적 안정성의 요청'은 '실질적 정의의 요청'에 대하여 양보할 것이 요청된다.[11] 이러한 경우, 입법자는 법적 안정성 및 법적 평화의 보장이라는 법익에 대하여 청구인의 개인적 권리를 보장하고 관철하고자 하는 실질적 정의의 요청에 우위를 부여할 수 있다. 따라서 청구인의 귀책사유 없이 청구기간을 준수하지 못한 경우, 입법자는 '정당한 사유'를 인정할 수 있는 때에는 헌법소원을 허용함으로써 개별사건에서 발생하는 가혹함을 고려할 수 있다.

3. 헌법재판소법 제69조 제1항 본문의 위헌여부에 관한 헌법재판소의 결정

청구인이 헌법소원의 청구기간을 제한하고 있는 법 제69조 제1항 본문이 위헌이라고 주장하며 헌법소원심판을 청구한 사건에서, 헌법재판소는 이미 두 차례에 걸쳐 '헌법소원심판에서 청구기간의 제한은 헌법에 위반되지 않는다'고 판단한 바 있다.[12] 한편, 헌법재판소는 위 결정들에서 법 제69조 제1항 본문의 위헌여부를 단지 '청구기간이 지나치게 短期인지'의 관점에서만 판단하였고, '청구기간이 충분히 명확한지'의 관점에서는 판단하지 아니하였다.

헌법재판소는 헌재 2001. 9. 27. 2001헌마152 결정에서 개정되기 전의 舊法 제69조 제1항 본문이 재판청구권을 침해하는지 여부에 관하여, "공권력의 행사로 인하여 기본권을 침해받은 경우에 제기하는 헌법소원의 심판에서는, 공권력의 행사로 인한 법률관계가 직접 공익과 밀접하게 관련되어 있어서 이를 오랫동안 불확정상태에 둘 수 없고, 따라서 이로 인한 법률관계를 조속히 안정시키기 위하여 헌법소원심판을 되도록 빠른 기간 내에 제기하도록 할 필요가 있는 반면, 그 청구기간 자체가 지나치게 단기간이거나 기산점을 불합리하게 책정하여 권리구제를 요구하는 국민의 재판청구권의 행사를 현저히 곤란하게 하거나 사실상 불가능하게 하여 권리구제의 기회를 극단적으로 제한한다면 그것은 재판청구권의 본질을 침해하는 것이 되어 허용할 수 없을 것이다. 이와 같은 청구기간제도의 입법목적에 비추어 볼 때, 헌법재판소법 제69조 제1항이 공권력의 행사로 인하여 기본권을 침해받은 경우의 헌법소원심판의 청구기간을 '그 사유가 있은 날로부터 180일'라고 규정한 것은, 비록 헌법소원심판을 청구할 것인지 여부를 고려하기 위한 충분한 숙려기간을 보장한 것이라고 할 수는 없다고 하더라도, 이로 인하여 헌법소원심판을 통해 기본권구제를 받고자 하는 국민의 헌법재판청구권의 행사가 현저히 곤란하게 되거나 사실상 불가능하게 되어 기본권구제의 기회가 극단적으로 제한되는 것은

11) Vgl. Hömig, in: Maunz/Schmidt-Bleibtreu, BVerfGG, §93 Rn.2.
12) 헌재 2001. 9. 27. 2001헌마152, 판례집 13-2, 447, 455; 또한 유사한 취지로 헌재 2007. 10. 25. 2006헌마904, 판례집 19-2, 507, 511-512.

아니므로 이 조항 부분을 가리켜 국민의 재판청구권을 침해하는 것이라고 말할 수는 없다."고 판시하였다.[13)]

4. 헌법재판소법 제69조 제1항의 위헌여부

가. 헌법재판소법 제69조 제1항 단서조항의 위헌여부

법은 제69조 제1항에서 "제68조 제1항에 따른 헌법소원의 심판은 그 사유가 있음을 안 날부터 90일 이내에, 그 사유가 있는 날부터 1년 이내에 청구하여야 한다. 다만, 다른 법률에 따른 구제절차를 거친 헌법소원의 심판은 그 최종결정을 통지받은 날부터 30일 이내에 청구하여야 한다."고 규정하고 있다. 법 제69조 제1항에서 스스로 구분하고 있듯이, 청구기간의 유형은 '다른 법률에 따른 구제절차'의 유무에 의하여 나뉜다. 법 제69조 제1항 단서조항은 다른 법률에 의한 구제절차를 거친 경우에 대한 헌법소원 심판의 청구기간을 규정하고 있는데, 위 조항이 의미하는 바가 법문으로부터 일의적이고 명확하게 인식될 수 있으므로, 기간규정의 명확성의 관점에서 흠결이 없다.[14)]

또한, 청구기간이 지나치게 단기인지의 관점에서 보더라도, 위 조항은 '최종결정을 통지받은 날'을 청구기간의 기산점으로 확정함으로써 청구인이 결정 및 그 이유에 관하여 인식한 후에 비로소 청구기간이 개시하는 것을 보장하고 있다. 나아가, 청구인은 이미 최종결정의 통지 이전에 적어도 결정의 대상이 되는 사실관계를 잘 알고 있기 때문에, 30일의 청구기간은 결정이유를 이해하고 법적으로 평가하여 최종결정에 대하여 헌법소원을 제기할 것인지 여부에 관하여 숙고하기에 지나치게 짧은 시간이라 할 수 없다. 따라서 위 조항은 명확하게 규정되어 그 자체로서 스스로 이해가 가능하고, 나아가 적정한 제소기간을 부여하고 있다는 점에서 헌법소원의 가능성을 과도하게 곤란하게 하는 규정이라 할 수 없다.

나. 헌법재판소법 제69조 제1항 본문조항의 위헌여부

(1) 불변기간 명확성원칙의 위반여부

법 제69조 제1항 단서가 상당히 명확하게 규정된 반면, 법 제69조 제1항 본문은 법문으로부터 그 내용을 명확하게 인식하기 어렵다. 이러한 점에서 위 본문조항이 법률의

---

13) 판례집 13-2, 447, 448.

14) 다른 법률에 의한 구제절차를 거친 경우란, 2008년 형사소송법 개정 이전 검사의 불기소처분에 대하여 검찰청법상의 항고·재항고를 거친 경우를 말한다. 2008년 개정되기 이전의 형사소송법은 범죄의 피해자가 검사의 불기소처분에 대하여 법원에서 다툴 수 있는 재정신청절차를 규정하면서 이를 단지 공무원의 특정 범죄 등에 대해서만 매우 제한적으로 허용하고 있었기 때문에, 헌법재판소는 검찰의 기소권행사에 대한 견제수단으로 검사의 불기소처분에 대한 헌법소원을 인정하였다. 재정신청이 불가능한 검찰의 불기소처분에 대해서는 검찰청법이 권리구제수단으로 항고·재항고절차를 규정하고 있으므로, 이러한 불기소처분에 대해서는 검찰청법에 의한 구제절차를 거친 후 헌법소원심판을 청구해야 한다.

명확성원칙에 반하는 것은 아닌지의 의문이 제기된다. 법 제69조 제1항 본문이 '기간규정의 명확성원칙'에 위반되는지 여부는 일차적으로 통상적인 법률해석을 통하여 불명확성이 해소될 수 있고 명확성을 다시 회복할 수 있는지의 판단에 달려 있다.[15)]

위 조항은 어떠한 경우에 적용되는 것인지에 관하여 명시적으로 언급하고 있지 않지만, 같은 조 제1항 단서와의 관계에서 볼 때 '다른 법률에 의한 구제절차를 거치지 아니하고 헌법소원을 제기하는 경우'에 적용되는 청구기간규정임을 읽어낼 수 있다. 다른 법률에 구제절차가 있는 경우에는 그 절차를 모두 거친 후에 비로소 헌법소원심판을 청구할 수 있으므로(법 제68조 제1항 단서), '다른 법률에 의한 구제절차를 거치지 아니하고 헌법소원을 제기하는 경우'란 '다른 법률에 의한 구제절차가 없는 경우', 대표적으로 기본권을 직접 침해하는 법령과 종료된 권력적 사실행위, 검사의 기소유예처분 등에 대하여 헌법소원을 제기하는 경우를 말한다.[16)] 또한, '그 사유가 있음을 안 날'이나 '그 사유가 있은 날'의 의미도 불명확하나, 법 제68조 제1항에 규정된 헌법소원의 본질이 기본권을 침해받은 개인에 의하여 제기되는 주관적 권리구제절차라는 점에 비추어 '그 사유'란 '기본권침해의 사유'를 의미하는 것으로 그 내용이 밝혀질 수 있다.[17)]

따라서 위 본문조항은 같은 항의 단서조항과는 달리 그 자체로서 스스로 이해가 가능한 것은 아니지만, 법률해석을 통하여 불명확성이 해소될 수 있고 법적용기관의 자의적인 해석과 적용을 배제할 수 있는 객관적인 기준을 얻을 수 있다고 판단되므로, 이러한 점에서 명확성의 요청에 부합한다고 볼 수 있다. 그러나 다른 한편으로는 청구기간과 같은 불변기간을 규정하는 경우에는 일반적인 '불확정 법개념'이 충족시켜야 하는 명확성 이상의 것이 요구된다. 즉, 청구기간에 관한 규정이 충분히 명확한지 여부는 단지 법률조항의 내용이 법률해석의 방법을 통하여 구체화되고 명확성을 회복할 수 있는지의 관점에서만 판단되어서는 안 되고, 한 보 더 나아가 권리구제를 구하는 일반국민의 시

---

15) 법률의 명확성원칙에 관한 일반적인 서술로는 한수웅, 헌법학, 2013, 254면 이하 참조.

16) 집행행위의 매개 없이 기본권을 직접 침해하는 법령에 대해서는 달리 구제절차가 없다. 종료된 권력적 사실행위의 경우에도 현재 법원에서 소의 이익을 부인하여 권리구제의 대상으로 삼고 있지 않기 때문에 달리 구제절차가 없다. 2008. 1. 1.부터 시행된 형사소송법의 개정으로 재정신청의 대상범죄가 모든 범죄로 확대됨에 따라, 대부분의 불기소처분이 법원의 재정신청절차의 대상에 포함됨으로써 헌법소원의 대상에서 제외되었다. 그러나 피의자가 검사의 기소유예처분(혐의가 있음에도 공소를 제기하지 않는 경우)에 대하여 혐의 없음을 주장하는 경우는 법률상 구제절차가 없는 경우에 해당한다.

17) 여기서 그 사유가 '있은 날'이라 함은 공권력의 행사에 의해서 기본권침해가 발생한 날을 말한다. 가령, 법률이 정한 요건을 그 법률의 시행 당시 충족하여 그 법률로 인하여 기본권을 침해받는 경우에는 법률이 시행된 날, 법률이 시행된 뒤 비로소 법률이 정한 요건을 충족하게 되어 기본권을 침해받게 된 자는 법정요건을 충족하게 된 날을 말하는 것이고, 권력적 사실행위에 의하여 기본권을 침해받는 경우에는 기본권을 침해하는 권력적 사실행위가 실제로 행해진 날을 말한다(헌법재판소, 헌법재판실무제요, 제1개정증보판, 2008, 267면). 그 사유가 있음을 '안 날'이란, 법령의 시행이나 권력적 사실행위에 의한 기본권침해의 사실관계를 안 날을 말하는 것인데, 적어도 공권력행위에 의한 기본권침해의 사실관계를 특정할 수 있을 정도로 현실적으로 인식하여 심판청구가 가능해 진 경우를 의미하는 것이지[헌재 1993. 7. 29. 89헌마31(국제그룹해체 사건), 판례집 5-2, 87, 109], 사실관계를 법률적으로 평가하여 그 위헌성 때문에 헌법소원의 대상이 됨을 안 날을 뜻하는 것은 아니다(헌재 1993. 11. 25. 89헌마36, 판례집 5-2, 418, 425).

각에서 볼 때 그 기간계산에 있어서 나무랄 수 없는 법의 오해로 인하여 권리구제의 가능성을 상실하지 않도록 명확하게 규정되어야 한다는 관점에서 판단되어야 한다.[18] 이러한 관점에서 본다면, 법 제69조 제1항 본문조항은 통상의 주의력을 가진 일반국민이 청구기간에 관하여 명료하게 파악할 수 없을 정도로 그 규정이 모호하고 불완전하며 오해의 소지가 많다. 따라서 위 본문조항은 '불변기간 명확성의 원칙'에 위반되거나 아니면 적어도 합헌적 상태와 위헌적 상태의 경계에 위치하고 있다고 볼 수 있다.

설사, 법 제69조 제1항 본문의 규정을 명확성원칙에 부합하는 것으로 간주한다 하더라도, 청구기간규정은 일반국민의 관점에서 충분히 명확하여 그 자체로서 이해가 가능해야 하므로, 입법자는 법 제69조 제1항 본문이 어떠한 경우에 적용되는 것인지, 특히 법령소원의 경우 청구기간의 기산점은 무엇인지를 보다 명확하게 규정하는 것이 바람직하다. 1988년 헌법재판소법을 제정할 당시에는 헌법소원제도가 구체적으로 어떻게 운용될 것인지에 관하여 불확실하였고, 이와 같이 불확실한 상황에서 청구기간을 명확하게 규정하는 경우에는 장래의 자유로운 법발전과정을 고착화하고 저해할 우려가 있었다. 그러나 헌법소원제도가 시행된 지 20여년이 지난 오늘에는 그 동안 청구기간과 관련하여 많은 것이 규명되었으므로, 적어도 청구기간에 관한 한, 그 사이 축적되고 확립된 헌법재판소 판례의 최소한을 입법을 통하여 명확하게 규범화할 필요가 있다.

(2) 청구기간이 지나치게 短期인지 여부

법 제69조 제1항 본문의 규정을 법률해석의 방법을 통하여 위와 같이 구체화하는 경우, 청구기간이 지나치게 단기인지의 문제가 제기된다. 법령소원의 경우 '그 사유가 있은 날'이란 일반적으로 '법령이 시행된 날'을 의미하는 것인데, 법령이 시행된 날로부터 1년의 청구기간은 법령의 경우에는 청구인이 별도로 법령의 제정과 시행에 관하여 통보받지 못한다는 점을 고려하여 비교적 장기로 정한 것이고, 게다가 청구인이 자신에 대한 법령의 효과를 관찰하고 예측해야 할 시간이 필요하다는 점을 고려하여 정한 것으로, 법령의 내용을 인식하여 그 위헌여부를 검토하고 자신에 대한 법령의 효과를 예

18) 헌재 1992. 7. 23. 90헌바2등(국세기본법상의 불명확한 제소기간규정), '제소기간과 같은 불변기간은 국민의 기본권인 재판을 받을 권리행사와 직접 관련되기 때문에 국민이 그 기간계산에 있어서 나무랄 수 없는 법의 오해로 재판을 받을 권리를 상실하는 일이 없도록 쉽고 명확하게 규정되어야 함에도 불구하고 이 사건조항이 불명확하고 모호하게 규정되어 기산점의 계산에 혼선을 일으키고 있으므로 헌법 제27조의 재판을 받을 권리에 위반된다'고 하여 위헌결정을 하였다.; 또한, 헌재 1998. 6. 25. 97헌가15(불변기간 명확성의 원칙), 판례집 10-1, 726, "원래 제소기간과 같은 불변기간은 늘일 수도 줄일 수도 없는 기간이며, 국민의 기본권인 재판을 받을 권리행사와 직접 관련되기 때문에 그 기간계산에 있어서 나무랄 수 없는 법의 오해로 재판을 받을 권리를 상실하는 일이 없도록 쉽게 이해되게, 그리고 명확하게 규정되어야 하는데, "지방자치단체의 장이 제4항의 기간(즉, 이의신청을 받은 날로부터 60일)내에 결정을 하지 아니할 때에는 그 기간이 종료된 날로부터 60일 이내에 … 관할고등법원에 소를 제기할 수 있다"고 규정한 지방자치법 제131조 제5항 전단은 통상의 주의력을 가진 이의신청인이 제소기간에 관하여 명료하게 파악할 수 없을 정도로 그 규정이 모호하고 불완전하며 오해의 소지가 많으므로 법치주의의 파생인 불변기간 명확성의 원칙에 반할 뿐만 아니라 헌법 제27조 제1항의 재판청구권을 침해하는 위헌규정이다."

측하고 판단하기에 충분한 시간을 부여하는 것으로 보아야 한다. 또한, '그 사유가 있음을 안 날'이란 '법령의 시행에 의한 기본권침해의 사실을 안 날'인데, 이로부터 90일의 청구기간은 헌법소원의 방법으로 기본권침해에 대처할 것인지에 관하여 결정하기에 충분한 시간으로 보아야 할 것이다.

한편, 법령의 시행일로부터 1년의 청구기간이 경과한 후에 사후적으로 청구인이 법령에 의하여 기본권침해를 받게 된 경우에는 법령을 집행하는 행정청의 행위에 대하여 법원의 구제절차를 밟으면서 그 과정에서 근거법률에 대하여 법 제68조 제2항에 의한 헌법소원을 제기하거나 또는 법원에 의하여 근거명령의 위헌성이 확인될 수 있으므로, 법령의 위헌여부를 다툴 수 있는 다른 헌법재판절차가 열려있다.[19] 그러나 법령이 집행행위 없이 직접 기본권을 침해하기 때문에 그 집행행위에 대하여 법원의 재판절차를 거칠 수 없고, 그에 따라 법 제68조 제2항에 의한 헌법소원을 제기할 가능성도 없는 경우에는 청구인은 헌법소원을 제기할 수 있는 가능성을 부당하게 박탈당하게 된다. 따라서 법령이 시행된 후에 비로소 청구인에게 기본권침해가 발생한 경우에 대해서도 헌법소원을 제기할 수 있는 가능성이 열려있어야 한다. 한편, 청구기간규정을 해석·적용하는 헌법재판소가 이러한 상황을 고려하는 법률해석을 통하여 청구기간을 확장할 수 있으므로, 이러한 점에서도 청구기간이 지나치게 단기라 할 수 없다.[20]

Ⅲ. 법령에 대한 헌법소원심판의 청구기간

1. 법령소원 청구기간의 기산점

법령에 대한 헌법소원의 경우, 법 제69조 제1항 본문에 의하여 그 사유가 있음을 안 날부터 90일 이내에, 그 사유가 있은 날부터 1년 이내에 청구하여야 한다. 여기서 '사유가 있은 날'이란 공권력행사에 의하여 기본권침해가 발생한 날을 말하므로, 법 제69조 제1항 본문의 文意에 의하면 법령에 대한 헌법소원은 법령이 제정되어 시행된 날로부터 1년 이내에 제기하여야 한다.

다만, 법령이 소급효를 가지고 시행되는 경우, 즉 입법자가 법령의 시행일을 공포시점 이전으로 앞당겨 규정하는 경우에는, 법령의 시행일 대신에 법령의 공포시점이 기준이 된다.[21] 법률이 적용되기 위하여 시행령에 의한 구체화를 필요로 하는 경우에는 시

19) 법령에 대한 헌법소원은 법령에 의하여 기본권이 직접 침해되는 경우에 한하여 인정될 수 있으나, 헌법재판소는 직접성요건을 완화하여 행정청의 행위가 기속행위에 해당하는 경우에도 기본권침해의 직접성요건을 인정하고 있다. 그 결과, 기속행위를 규정하는 법령에 대해서는 한편으로는 법 제68조 제1항에 의한 헌법소원의 제기가 가능할 뿐만 아니라, 다른 한편으로는 집행행위에 대하여 법원에 소송을 제기하고 그 과정에서 법 제68조 제2항에 의한 헌법소원을 제기할 수 있다.

20) 법률해석을 통하여 법령에 대한 헌법소원의 청구기간을 확장하는 문제에 관하여 아래 Ⅲ. 2. 및 3. 참조.

21) Vgl. BVerfGE 62, 374, 382.

행령의 제정과 시행에 의하여 법률이 비로소 시행될 수 있으므로, 법률에 대한 헌법소원의 청구기간은 시행령의 시행과 더불어 개시한다.[22] 헌법재판소가 발족하기 이전에 기본권침해가 발생한 경우, 그 청구기간의 기산점은 헌법재판소가 구성된 1988. 9. 19. 이라고 함이 헌법재판소의 확립된 판례이다.[23]

2. 헌법재판소의 판례

가. 법률해석을 통한 청구기간의 확장

한편, 헌법재판소는 법령에 대한 헌법소원의 청구기간을 해석을 통하여 '법령의 시행과 동시에 기본권을 침해받는 경우'와 '법령이 시행된 뒤 비로소 기본권을 침해받게 된 경우'로 나누어 기산함으로써, 법령에 대한 헌법소원의 청구기간을 확장하고 있다.

즉, 법령에 대한 헌법소원의 청구기간은 그 법률의 시행과 동시에 기본권의 침해를 받게 되는 경우에는 그 법률이 시행된 사실을 안 날부터 90일 이내에, 법률이 시행된 날부터 1년 이내에 헌법소원을 청구하여야 하고,[24] 법률이 시행된 뒤에 비로소 그 법률에 해당되는 사유가 발생하여 기본권의 침해를 받게 되는 경우에는 그 사유가 발생하였음을 안 날부터 90일 이내에,[25] 그 사유가 발생한 날부터 1년 이내에[26] 헌법소원을 청구하여야 한다.

나. 법령의 시행 이후 그 법령에 해당하는 사유가 사후적으로 발생하는 경우

(1) '법령의 시행 이후 그 법령에 해당하는 사유가 사후적으로 발생하는 경우'란, 청구인이 법령 시행 당시에는 그 법령의 적용을 받지 않거나 적용을 받게 될지를 예측할 수 없었고, 법령의 시행 이후에 비로소 선거에 입후보하거나 재산을 취득하거나 또는 직업을 행사하는 등 법령의 적용을 받게 됨으로써 그 법령과 청구인 사이에 구체적인 법적 연관성, 즉 기본권침해의 자기관련성이 형성되는 경우이다.[27]

가령, 입법자가 약사의 직업활동을 제한하는 방향으로 약사법을 개정하는 경우, 약사법의 개정 당시에 이미 약국을 개설하여 운영하고 있는 약사의 경우에는 개정약사법이 시행된 사실을 안 날부터 90일 이내에, 개정약사법이 시행된 날부터 1년 이내에 헌법소원을 청구하여야 한다. 이에 대하여, 약사법의 개정 이후에 약국을 개설하여 운영하는 약사의 경우에는 개정법률에 의한 기본권침해의 사실관계를 안 날로부터 90일 이내에,

22) Vgl. BVerfGE 64, 87, 96f.; 110, 370, 382.
23) 헌재 1991. 9. 16. 89헌마151, 판례집 3, 501; 헌재 1995. 3. 23. 91헌마143, 판례집 7-1, 398, 414.
24) 헌재 1999. 4. 29. 96헌마352 등, 판례집 11-1, 477, 496.
25) 헌재 1996. 8. 29. 94헌마113, 판례집 8-2, 141, 153.
26) 헌재 1998. 7. 16. 95헌바19 등, 판례집 10-2, 89, 101.
27) 헌재 2003. 1. 30. 2002헌마516, 판례집 15-1, 161, 169.

약국을 개설한 시점부터 1년 이내에 헌법소원을 제기해야 한다. 예컨대, 입법자가 중등교원의 정년을 65세에서 62세로 단축하는 내용으로 법률을 개정하는 경우, 법률개정의 당시에 이미 중등교원으로 근무하고 있는 경우에는 개정법률조항의 시행과 동시에 정년이 단축되었으므로 개정법률의 시행일로부터 청구기간이 기산된다.[28] 반면에, 법률개정 이후에 비로소 중등교원으로 임용되는 경우에는 임용된 날로부터 청구기간이 기산된다.

(2) 한편, 청구기간산정의 기산점이 되는 '법령에 해당하는 사유가 발생한 날'이란 법령의 규율을 구체적이고 현실적으로 적용받게 된 최초의 날을 의미하는 것이다. 법령에 대한 헌법소원심판에 있어서 일단 '법령에 해당하는 사유가 발생'하면 그 때로부터 당해 법령에 대한 헌법소원의 청구기간의 진행이 개시되며, 그 이후에 새로이 '법령에 해당하는 사유가 발생'한다고 하여서 일단 개시된 청구기간의 진행이 정지되고 새로운 청구기간의 진행이 개시된다고 볼 수는 없다. 만일 '법령에 해당하는 사유가 발생'하여 청구기간의 진행이 개시된 이후에 다시 '법령에 해당하는 사유가 발생'하면 새로이 청구기간의 진행이 개시된다고 보는 경우에는, 청구기간을 무제한적으로 확장함으로써 사실상 청구기간규정이 무의미해지는 결과를 야기한다.[29]

3. 법률해석을 통하여 청구기간을 확장해야 할 필요가 있는지 여부

여기서, 왜 법령소원의 경우 청구기간의 기산점을 헌법재판소의 판례와 같이 이중적으로 설정해야 하는지, 청구기간을 이와 같이 이중적으로 기산할 필요가 있는 것인지에 대한 의문이 제기된다. 법령에 대한 헌법소원에서 청구기간을 위와 같이 확장하는 것이 어떠한 관점에서 헌법적으로 정당화되는지의 문제가 규명되어야 한다.

법령소원의 청구기간은 법 제69조 제1항 본문의 文意에 의하면 법령의 시행으로 인하여 기본권침해가 발생한 날, 즉 '법령의 시행일'을 그 기산점으로 한다. 법령소원의 청구기간을 이와 같이 법령의 시행일로부터 1년이라고 '객관적인 기준'에 따라 한정적으로 판단하는 경우, 이러한 청구기간의 경과 후에 사후적으로 기본권침해가 발생한 경우에는 더 이상 법령의 위헌여부를 다툴 수 없다고 하는 문제점이 발생한다.

가. 독일 연방헌법재판소의 입장

독일의 경우, 연방헌법재판소법은 법령에 대한 헌법소원심판의 경우 법령의 시행일

---

28) 헌재 2002. 1. 31. 2000헌마274, 판례집 14-1, 72, 76; 헌재 2008. 10. 30. 2006헌마217, 공보 145, 1528, 1530.

29) 헌재 2004. 4. 29. 2003헌마484, 판례집 16-1, 574-575, "여기에서 더 나아가 '법령에 해당하는 사유가 발생'한 이후에 당해 법령의 규율을 적용받게 되는 사유가 발생하는 때마다 새로이 청구기간이 진행된다고 본다면 사실상 법령에 대한 헌법소원에 대하여는 청구기간의 제한이 적용되지 아니하는 것으로 보는 결과를 초래하게 될 것이고, 이는 법령소원의 경우에도 헌법재판소법 제69조 제1항의 청구기간요건이 적용되어야 함을 일관되게 판시하고 있는 우리 헌법재판소의 입장에 반한다."

로부터 1년 이내에 헌법소원심판을 청구하도록 청구기간을 객관적으로만 규정하고 있다(제93조 제3항). 그 이후에는 개인은 단지 재판소원('간접적 법규소원')의 형태로만 법령의 위헌성을 다툴 수 있다. 그러나 법령의 집행행위가 존재하지 않는 경우에는 재판소원(간접적 법규소원)을 제기할 수 없기 때문에, 이러한 경우에는 권리구제의 공백이 발생한다.

따라서 독일 학계의 일각에서는 '이러한 경우에는 청구인의 귀책사유 없이 청구기간의 준수가 불가능하기 때문에 법령 시행 이후 발생하는 기본권침해에 대해서도 헌법소원을 가능하게 하는 방향으로 청구기간규정을 해석해야 한다'고 주장하고 있다.[30] 또한, 독일 연방헌법재판소 제1재판부도 '청구인에 대한 기본권침해가 청구기간 도과 후에 발생하였고 법원의 재판에 대하여 헌법소원을 제기할 가능성이 없는 경우에도 법령소원에 대한 청구기간은 법률에 의한 기본권침해가 언제 발생하였는지와 관계없이 원칙적으로 유효하다는 입장이 타당한 것인지' 스스로 의문을 제기한 바 있다.[31]

그러나 법률은 원칙적으로 직접 개인의 기본권을 침해하는 것이 아니라 법률을 적용하는 집행행위에 의하여 비로소 기본권을 침해하며, 이에 대해서는 재판소원(간접적 법률소원)의 형태로 법률의 위헌여부를 물을 길이 열려있는 상황에 비추어 권리구제의 근본적인 공백이 존재하지 않으며, 법률시행 이후에 기본권을 직접 침해하는 법률에 의하여 발생하는 기본권침해에 대해서는 이를 헌법소원의 형태로 다툴 수 없다고 하는 법적 공백이 존재하지만, 이러한 법적 공백은 법적 안정성의 관점에서 법치국가에서 용인할 수 있는 비본질적인 흠결로 간주해야 한다는 것이 독일에서 입법자와 연방헌법재판소의 입장이다.

나. 법률해석을 통한 청구기간 확장을 정당화하는 관점

법령은 한번 제정되어 시행되면 입법자가 스스로 그 법령을 개폐하기 전이나 헌법재판소에 의해 그 위헌성이 확인되기 전에는 계속하여 효력을 가지게 된다. 이러한 사정에 비추어, 법 제69조 제1항 본문의 청구기간을 법문 그대로 법령에 대한 헌법소원에 적용하는 경우에는 헌법소원을 통하여 기본권침해를 구제받을 수 있는 가능성은 현저히 축소되고 기본권구제의 실효성이 현저하게 저하되기 때문에, 청구기간규정의 해석을 통하여 청구기간을 확장해야 할 필요성이 제기되는 것이다.[32]

물론, 법령의 시행 이후에 사후적으로 기본권침해가 발생하였다 하더라도, 법령의 집

30) Vgl. Hömig, in: Maunz/Schmidt-Bleibtreu, BVerfGG, §93 Rn.73, 78; Lechner/Zuck, BVerfGG, 2011, §93 Rn.71ff.; Heusch/Sennekamp, in: Umbach/Clemens/Dollinger, BVerfGG, 2005, §93 Rn.86; Gusy, Die Verfassungsbeschwerde, 1988, Rn.210; Zuck, Das Recht der Verfassungsbeschwerde, 1988, Rn.702.

31) Vgl. BVerfG, NJW 1997, S.650.

32) 헌법재판소, 헌법재판실무제요, 제1개정증보판, 2008, 268면 참조.

행행위가 존재하기 때문에 집행행위에 대하여 소송을 제기하고 독일과 같이 법원의 재판에 대한 헌법소원의 형태로 재판에 적용된 근거법령의 위헌여부를 다툴 수 있는 가능성인 '간접적 법규소원'(mittelbare Rechtssatzbeschwerde)이 열려있다면, 또는 우리의 경우와 같이 재판소원이 인정되는 대신 집행행위에 대하여 소송을 제기하고 그 소송계속 중에 근거법률의 위헌여부에 대하여 법 제68조 제2항에 따른 헌법소원을 제기하거나 또는 법원이 집행행위의 근거규범인 명령의 위헌성을 확인할 수 있는 가능성이 있다면(헌법 제107조 제2항), 적어도 이러한 영역에서는 권리구제의 미흡함이 없기 때문에 법령소원의 청구기간을 이러한 경우에 대해서까지 확장해야 할 필요성이 없다.

그러나 법령에 의하여 직접 기본권이 침해되기 때문에 집행행위가 존재하지 않는 경우에는, 독일과 같이 재판소원이 인정된다 하더라도 소위 '간접적 법규소원'의 형태로 재판의 기초가 된 근거법령의 위헌여부를 다툴 수 없으며, 우리의 경우와 같이 법 제68조 제2항에 의한 헌법소원이나 헌법 제107조 제2항에 의하여 명령에 대한 법원의 구체적 규범통제가 인정된다 하더라도 재판계속 중에 근거법령의 위헌여부를 다툴 수 있는 가능성이 없으므로, 이러한 점에서 권리구제의 공백이 발생한다. 권리구제의 공백을 '간접적 법규소원'이나 법 제68조 제2항의 헌법소원·명령에 대한 법원의 구체적 규범통제를 통하여 메울 수 있는 가능성이 존재하지 않는 경우, 청구기간의 기산점을 '기본권침해가 사후적으로 발생한 시점'으로 확장하지 않는다면, 법령의 시행 이후에 사후적으로 기본권침해의 상황에 놓인 개인은 아무런 귀책사유 없이 또는 합리적인 이유로 정당화됨이 없이, 헌법소원을 제기할 수 있는 가능성을 박탈당하게 된다.

결국, 법령에 대한 권리구제절차의 제공에 있어서 '법령 시행과 동시에 법령에 의하여 직접 기본권을 침해받는 개인'과 '법령 시행 이후에 법령에 의하여 직접 기본권을 침해받게 되는 개인'을 차별하게 되는데, 양자를 차별해야 할 이유나 이를 정당화하는 반대법익을 인정하기 어렵다. 이러한 차별을 정당화하는 반대법익으로서 고려될 수 있는 것은 '법적 안정성'의 관점인데, 법적 안정성의 관점도 '법령 시행 이후에 법령에 의하여 직접 기본권을 침해받게 되는 개인'을 헌법소원의 제기가능성으로부터 배제할 것을 반드시 요청하지는 않는다.

따라서 개인이 아무런 귀책사유 없이, 그리고 다른 헌법적 법익에 의하여 정당화됨이 없이 법령에 의한 직접적인 기본권침해에 대하여 헌법소원을 제기할 수 없다는 법적 상황이 발생하고, 이러한 법적 상황은 법률해석을 통하여 청구기간을 확대할 것을 헌법적으로 요청하는 것이다. 바로 이러한 관점에서 청구기간의 기산점을 해석을 통하여 법령의 시행일('객관적 사유에 의한 기산점')부터 90일/1년으로 그리고 법령시행 이후 개인적인 기본권침해 발생일('주관적 사유에 의한 기산점')로부터 90일/1년으로 이중적으로 설정한 것이 정당화되는 것이다.

4. 청구기간 제한에 관한 학계의 논의

한편, 학계의 일각에서는 '법령은 시행되는 동안 계속 그 효력을 가지므로 법령에 의한 기본권침해는 그 법령이 시행되는 한 계속된다'는 논리에 근거하여 법령소원에서 청구기간의 제한을 부인하면서, '청구기간제도의 주된 목적이 법적 안정성의 도모에 있는 것인데 현행 헌법재판제도 하에서는 헌법소원의 방법 외에도 구체적 규범통제를 통하여 언제든지 법령의 위헌여부를 다툴 수 있는 길이 열려있으므로 이러한 상황에서 법적 안정성을 도모하기 위하여 법령에 대한 헌법소원심판에서 청구기간을 적용하는 것이 타당하지 않다'는 주장이 제기되고 있다.[33] 헌법재판소는 이미 초기의 결정에서 위 주장을 배척하면서, 법 제69조 제1항의 청구기간이 법령에 대한 헌법소원에 대해서도 적용되어야 하는 이유에 관하여 '입법행위에 의한 기본권침해행위가 한 번에 끝났음에도 침해효과가 지속적으로 남아있다고 하여 청구기간의 제한을 배제한다는 것은 법적 안정성의 사고에 반하는 것'이라고 판시한 바 있다.[34] 법령소원에서 청구기간의 배제를 주장하는 일부 학자의 견해는 무엇보다도 다음과 같은 2가지 관점에서 타당하지 않다고 본다.

가. 법률이 시행되는 한 기본권침해가 계속된다는 논리가 청구기간의 배제를 정당화하는지의 문제

'법령은 시행되는 동안 계속 그 효력을 가지므로 법령에 의한 기본권침해는 그 법령이 시행되는 한 계속된다'는 논리는, 이를 어떻게 이해하는지에 따라 그 자체로서 타당할 수 있다. 그러나 이러한 논리가 법령에 대한 헌법소원에서 청구기간의 적용을 배제할 것을 요구하는 것은 아니다.

'법령은 시행되는 동안 효력을 가지며 지속적으로 기본권침해를 발생시킬 수 있다'는 관점은 법령 시행 이후에 법령이 정한 요건을 충족시키는 사실관계가 발생할 수 있으며 이러한 경우에는 법령 시행 이후에도 기본권침해가 새롭게 발생할 수 있다는 사실을 서술하고 확인하는 것으로 그 자체로서 타당하다. 그러나 이러한 관점에서 헌법적으로 요청되는 것은 '청구기간의 배제'가 아니라 청구기간규정의 해석을 통한 '청구기간의 확장'이다. 즉, 이러한 관점은 현행 청구기간규정을 법문 그대로 해석할 것이 아니라 위

---

33) 가령, 김철용/김문현/정재황, 헌법재판절차의 개선을 위한 입법론적 연구, 헌법재판연구 제4권, 1992, 315면; 박종보, 법령에 대한 헌법소원의 청구기간, 헌법재판의 이론과 실제(김철수교수 화갑기념논문집), 1993, 457면; 정종섭, 법령에 대한 헌법소원심판절차에 있어 청구기간의 적용여부, 세계헌법연구 제1권, 1994, 355면 이하; 헌재 2006. 7. 27. 2004헌마655, 판례집 18-2, 242, 253-254(재판관 조대현의 반대의견) 참조.

34) 헌재 1992. 6. 26. 91헌마25, 판례집 4, 444, 450, "법규정립행위(입법행위)는 그것이 국회입법이든 행정입법이든 막론하고 일종의 법률행위이므로 그 행위의 속성상 행위 자체는 한 번에 끝나는 것이고, 그러한 입법행위의 결과인 권리침해상태가 계속될 수 있을 뿐이라고 보아야 한다. … 기본권침해행위는 한 번에 끝났음에도 불구하고 그 결과가 계속 남아 있다고 하여 청구기간의 제한을 전면적으로 배제하여야 한다는 주장은 법적 안정성의 확보를 위하여 청구기간의 설정 취지에 반하는 것으로서 부당하다고 하여야 할 것이다."

와 같은 법적 상황을 고려하는 법률해석을 통하여 청구기간을 확장할 것을 요청하는 것이다. '법령은 시행되는 동안 효력을 가지며 지속적으로 기본권침해를 발생시킬 수 있다'는 위 논리는, 법 제69조 제1항의 청구기간규정이 '법령 시행과 동시에 기본권을 침해받은 경우' 뿐만 아니라 '법령 시행 이후에 비로소 기본권을 침해받은 경우'도 포함하도록 법률해석을 통하여 청구기간을 확장할 것을 요청하고 이러한 해석을 정당화하는 근거이지만, 법령에 대한 헌법소원에서 청구기간의 완전한 폐지를 요청하지는 않는다. 위에서 언급한 바와 같이 이중적으로 청구기간의 기산점을 설정하는 경우에는 '법령에 의한 지속적인 기본권침해의 발생'이라는 특수한 법적 상황을 완전히 고려할 수 있고, 이로써 권리구제의 공백을 메울 수 있다. 요컨대, 청구기간규정의 해석을 통하여 이와 같이 청구기간을 확대하는 경우에는 실질적 정의도 실현하면서 나아가 그 반대법익인 법적 안정성의 요청도 함께 고려할 수 있는 것이다. 바로 청구기간규정의 이러한 해석이 실질적 정의와 법적 안정성이라는 양 법익의 조화를 이루는 합헌적 법률해석이라 할 수 있다.

뿐만 아니라, 청구기간의 문제는 본질적으로 기산점 확정의 문제이며, 청구기간 적용가능성의 문제는 '기산점 확정 가능성'의 문제이다. 즉, 헌법소원심판에서 청구기간과 관련하여 제기되는 본질적인 문제는 청구기간의 기산점을 어떻게 확정할 것인지의 문제이며,[35] 청구기간규정의 적용여부는 청구기간의 기산점을 확정할 수 있는지의 판단에 달려있다. 청구기간의 기산점 확정이 불가능한 경우에는 청구기간규정이 적용되지 않으며, 이로써 청구기간의 제한을 받지 않는다. 법령에 대한 헌법소원에서 청구기간을 적용할 수 없다는 것은 청구기간의 기산점을 확정할 수 없다는 주장인데, 공권력의 불행사가 아닌 '공권력의 행사'의 경우에는 예외 없이 청구기간의 개시시점(기산점)의 확정이 가능하다. 법령의 제정도 행정청의 처분, 법원의 재판과 마찬가지로 적극적인 공권력행위로서 일반적으로 명확하게 인식될 수 있는 一回的인 기본권침해행위(법령의 제정 또는 법령 제정 이후 개인적인 기본권침해상황의 발생)가 존재하기 때문이다.

한편, 국가는 적극적인 행위에 의해서뿐만 아니라, 헌법적 행위의무에도 불구하고 그 행위의무를 이행하지 않음으로써, 즉 '부작위'에 의해서도 기본권을 침해할 수 있다. 적극적인 공권력행위의 경우에는 일반적으로 명확하게 인식할 수 있는 일회적인 기본권침해행위가 존재하는 반면, 국가의 위헌적인 부작위의 경우 국가기관이 헌법적 행위의무를 이행해야 하는 시점이 헌법적으로 확정되어 있지 않기 때문에 공권력의 부작위에

35) 법령소원에서 청구기간과 관련하여 헌법재판에서 발생하는 문제는, 가령, 법령 시행 이후 비로소 기본권침해가 발생한 개인에 대하여 청구기간의 기산점을 어떻게 확정할 것인지의 문제이고, 법령시행에 유예기간을 둔 경우 청구기간의 기산점이 '법령시행일'인지 아니면 '유예기간의 경과시점'인지의 문제이며, 법령에서 정년규정을 변경하는 경우 청구기간의 기산점이 '법령시행일'인지 아니면 '정년에 이르러 당연퇴직효과가 발생한 날'인지의 문제인 것이다.

의한 '기본권침해의 발생시점'을 확정할 수 없고, 이에 따라 청구기간의 개시시점(기산점)을 확정하는 것이 불가능하다.[36] 따라서 적극적인 국가행위를 전제로 하는 법 제69조의 청구기간은 국가의 부작위에 대해서는 적용되지 않으며, 국민은 국가의 부작위가 계속되는 한 이에 대하여 청구기간의 제한을 받지 않고 헌법소원을 제기할 수 있다. 그러나 공권력의 행사의 경우에는 기본권주체가 기본권침해에 대하여 헌법소원의 형태로 언제 반응하고 대항해야 하는지의 문제가 항상 제기되며, 이로써 청구기간의 제한을 받는다.

나. 다른 헌법재판절차를 통하여 언제든지 법령의 위헌여부를 다툴 수 있는 가능성이 청구기간의 배제를 정당화하는지의 문제

'현행 헌법재판제도 하에서는 헌법소원의 방법 외에도 구체적 규범통제를 통하여 언제든지 법령의 위헌여부를 다툴 수 있으므로 이러한 상황에서 법적 안정성을 도모하기 위하여 법령에 대한 헌법소원심판절차에서 청구기간을 적용하는 것이 타당하지 않다'는 주장에 관하여 보건대, 현행 헌법재판제도에서 법령의 위헌여부에 관하여 다른 헌법재판절차를 통하여 다툴 수 있는 가능성이 있다는 관점도 헌법소원심판에서 청구기간의 배제를 요청하는 근거가 될 수 없다. 위 견해는, 법령의 위헌여부를 다른 심판절차를 통하여 달리 다툴 수 있는 가능성이 전혀 없는 경우에만 법령에 대한 헌법소원심판에서 청구기간의 제한이 정당화된다는 주장인데, 청구기간의 제한을 통하여 '법적 안정성'을 도모하는 것은 각 심판절차마다 그 심판절차의 본질과 의미를 고려하여 독자적으로 판단되고 실현되어야 할 문제이다. 다른 심판절차를 통하여 법령의 위헌여부에 관하여 다툴 수 있다고 하는 사실이 법령에 대한 헌법소원심판에서 청구기간의 제한을 무의미한 것으로 만들지 않는다.

나아가, 헌법소원심판에서 청구기간의 제한은 '주관적 권리구제절차'로서의 헌법소원제도의 본질로부터 나오는 필연적인 것이다. 법률관계가 일정 기간이 경과한 후에는 더 이상 불확실한 상태에 놓여서는 안 되고 최종적으로 확정되어야 할 것을 요청하는 '법적 평화와 법적 안정성'의 관점에서, 어떠한 주관적 권리구제절차에서도 개인은 자신의 주관적 이익을 제소기간의 제약을 받지 않고 시간적인 차원에서 무제한적으로 실현하고 관철할 수 없는 것이다. 당사자의 입장에서 소송제도를 이용할 정당한 이익 또는 필요성을 요구하는 '권리보호이익' 내지 '소의 이익'이 주관적 권리구제절차에 내재하는 필수적인 요청인 것과 마찬가지로,[37] 권리구제의 가능성이 시간적으로 무제한적으로 부여될

36) 헌법은 입법자를 비롯한 국가기관에게 '헌법위임'을 부과하는 경우 원칙적으로 행위의무의 구체적 내용뿐만 아니라 행위의무의 이행시점도 확정하지 아니하고, 언제 어떠한 방법으로 헌법위임을 이행할 것인지에 관하여 국가기관에게 위임하고 있다.

37) 헌재 2001. 9. 27. 2001헌마152, 판례집 13-2, 447, 454.

수 없다는 의미에서 제소기간의 제한도 주관적 권리구제절차에 필연적으로 내재하는 요청인 것이다.

따라서 "어떤 법률의 위헌성이 문제가 되는 경우에 그 법률의 위헌여부가 구체적 사건에서 재판의 전제가 되어 법원의 제청을 통해 위헌법률심판에서 다투어지는 때에는 그 다툼의 기간에 제한을 두지 아니하면서, 그 법률이 국민의 기본권을 직접 침해하였다 하여 그 위헌성을 헌법소원을 통해 다투는 경우에는 엄격하게 기간 제한을 두는 것은 양 제도의 균형상 불합리하다."는 견해는[38] 양 제도의 법적 성격과 기능이 본질적으로 상이하다는 것을 간과하고 있다. 위헌법률심판은 그 본질상 객관적인 헌법의 수호와 유지에 그 목적을 두고 있는 객관소송인 반면, 헌법소원심판의 기능은 일차적으로 개인의 주관적 권리인 '기본권의 보장과 관철'에 있다.[39] 헌법소원심판은 객관적인 헌법의 수호에 기여하는 다른 헌법재판절차와는 달리, 일차적으로 개인적 권리의 보호, 즉 '기본권의 실현과 관철을 위한 절차'이다. 다른 헌법재판절차에서 기본권의 보호는 절차의 결과로서 발생할 수 있는 단지 하나의 부수적 효과인 반면, 헌법소원심판에서 기본권의 보호는 절차의 핵심적이고 일차적인 의미이자 목적이라는 것에 근본적인 차이가 있다. 헌법소원이 전적으로 주관적인 기본권보호에 그치지 아니하고 또한 객관적 헌법의 수호와 형성에 기여한다 하더라도, 헌법소원의 객관적 기능은 주관적 기본권보호의 부수적 현상으로서 주관적 기능과 동등한 비중을 가지는 것은 아니다.[40] 개인의 헌법소원에 의하여 헌법해석의 계기 및 헌법적 문제의 해명에 관한 계기가 부여됨으로써 헌법이 지속적으로 형성되고 실현되지만, 개인의 기본권보호가 여전히 헌법소원의 기능에 있어서 중심을 이룬다.

뿐만 아니라, '법령이 효력을 가지고 시행되고 있는 한 법령에 의한 기본권침해는 지속되는 것이기 때문에, 국민은 언제든지 위헌여부를 다툴 수 있어야 한다'는 주장은 '공권력행위에 의하여 위헌적인 상태가 지속되는 한 모든 공권력행위에 대하여 영원히 다툴 수 있어야 한다'는 주장과 다름 아닌데, 이러한 사고를 따른다면 모든 헌법재판절차에서 청구기간의 제한은 정당화되지 않으며, 청구기간규정 자체가 폐지되어야 한다는 결론에 이르게 된다. 이러한 사고가 타당할 수 없다는 것은 자명하다. 비교법적으로 보더라도, 헌법소원제도를 도입한 국가에서는 법령에 대한 헌법소원심판에 대해서도 예외 없이 청구기간을 적용하고 있다는 점에서도, 위의 주장은 어디서도 그 예를 찾아 볼 수

38) 가령, 최대권, 법률에 대한 헌법소원의 몇 가지 문제점, 헌법재판자료 제3집, 1990, 199면; 김문현, 현행 헌법소원심판제도의 문제점과 개선방향, 현대공법논총(변재옥박사 화갑기념논문집), 1994, 258면 참조.

39) Vgl. Gusy, Die Verfassungsbeschwerde, in: Badura/Dreier(Hg), Festschrift 50 Jahre Bundesverfassungsgericht, Bd. I, 2001, S.644ff.; Benda/Klein, Verfassungsprozeßrecht, 2001, Rn.391; Lechner/Zuck, BVerfGG, 2011, §90 Rn.7f.; Ruppert, in: Umbach/Clemens/Dollinger, BVerfGG, 2005, §90 Rn.11f.

40) Vgl. Bethge, in: Maunz/Schmidt-Bleibtreu, BVerfGG, 2009, §90 Rn.9.

없는 것이다.[41)]

Ⅳ. 청구기간과 관련된 그 외의 문제점

1. 가까운 장래에 기본권침해가 예측되는 경우 청구기간 기산점의 문제

가. 헌법재판소는 소위 '상황성숙이론'에 입각하여, 청구인이 법령에 의하여 아직 구체적으로 그 기본권을 현실적으로 침해받지 아니한 경우에도 그 침해가 확실히 예상되는 등 실체적 요건이 성숙하여 헌법판단에 적합하게 된 때에는 '기본권침해의 현재성' 요건이 충족된 것으로 보고 있다. 헌법소원을 적법하게 제기하기 위해서는 청구인이 현재 기본권을 침해당한 경우라야 하고, 과거에 기본권침해가 발생하였거나 또는 장래 어느 때인가 기본권침해의 가능성이 있을 수 있다는 것만으로는 충분하지 않다. 한편, 현재 이미 기본권의 침해가 발생한 경우에 한하여 헌법소원을 허용하는 경우, 권리구제의 실효성이 문제된다. 따라서 가까운 장래에 기본권침해가 발생할 것이 현재 확실하게 예측된다면, 기본권구제의 실효성을 위하여 침해의 현재성을 인정할 수 있다(소위 '상황성숙이론').[42)]

이러한 상황성숙이론이 청구기간의 도과여부를 판단함에 있어서도 적용되는지가 문제된다. 즉, 법령시행 이후 그 법률에 해당되는 사유가 발생하여 비로소 기본권의 침해를 받게 된 자는 그 사유가 발생하였음을 안 날부터 90일 이내에, 그 사유가 발생한 날부터 1년 이내에 헌법소원을 제기하여야 하는데, 여기서 '사유가 발생한 날'이 법령이 청구인의 기본권을 명백히 구체적으로 현실 침해하는 경우뿐만 아니라, 이미 법령에 의하여 청구인의 기본권 침해가 확실히 예상되는 등 실체적 요건이 성숙하여 헌법판단에 적합하게 된 때를 말하는지의 문제에 관한 것이다.

나. 헌법재판소는 초기의 결정에서, 법률에 대한 헌법소원에 있어서 '사유가 발생한 날'의 의미를 "사유가 발생한 날은 당해법률이 청구인의 기본권을 명백히 구체적으로 현실 침해하였거나 그 침해가 확실히 예상되는 등 실체적 제요건이 성숙하여 헌법판단에 적합하게 된 때를 말한다."고 판시함으로써, 상황성숙의 시점이 마치 청구기간의 기산점이 되는 것으로 보는듯한 결정을 내린 바 있다.[43)] 그러나 이러한 판례에 의하면 청구기간의 기산점이 앞당겨지므로 청구인에게 불리하게 청구기간이 단축되는 부작용이

---

41) 각국에서 헌법소원의 청구기간에 관한 개괄적인 소개로는 vgl. A. Weber, Generalbericht, in: Starck/Weber, Verfassungsgerichtsbarkeit im Westeuropa, Bd. I, 1986, S.91f.

42) 예컨대, 혼인을 앞둔 예비신랑은 '가정의례에 관한 법률'의 관련규정으로 인하여 현재 기본권을 침해받고 있지는 않으나, 결혼식 때에는 하객들에게 주류 및 음식물을 접대할 수 없는 불이익을 받게 되는 것이 현재 시점에서 충분히 예측할 수 있는 경우이므로, 현재성이 인정된다(헌재 1998. 10. 15. 98헌마168, 판례집 10-2, 586, 595).

43) 헌재 1990. 6. 25. 89헌마220, 판례집 2, 200, 204.

발생한다. '상황성숙이론'이란 기본권침해의 현재성을 판단함에 있어서 청구인에게 유리하게 기본권침해의 법적 관련성을 확장해 주고자 하는 이론인데, 이를 청구기간에도 적용하는 경우에는 오히려 청구인에게 불리하게 청구기간이 단축되는 효과가 발생하는 것이다. 따라서 헌법재판소는 그 후 판례를 변경하여 현재성요건을 판단하는 상황성숙이론이 청구기간의 기산점에 대하여 아무런 영향을 미치지 않는다는 방향으로 판시하였다.[44)]

법령에 대한 헌법소원의 청구기간은 기본권을 침해받은 때로부터 기산하여야 할 것이지 기본권을 침해받기도 전에 그 침해가 확실히 예상되는 등 실체적 요건이 성숙하여 헌법판단에 적합하게 된 때로부터 기산할 것은 아니다. 법 제69조 제1항의 '사유가 있은 날'을 청구인에게 불리하게 이와 같이 넓게 해석하는 것은, '기본권침해가 발생한 날'을 청구기간의 기산점으로 삼을 것을 명시적으로 요구하는 법문에 반하는 것으로, 어떠한 헌법적 법익에 의해서도 정당화됨이 없이 청구기간을 부당하게 축소하는 것이다. 따라서 청구기간의 기산점은 '기본권침해가 예상되는 날'이 아니라 오로지 '기본권침해가 발생한 날'이다.

다. 한편, 아직 기본권의 침해는 없으나 장래에 확실히 기본권 침해가 예측되므로 미리 앞당겨 기본권침해의 현재성을 인정하는 경우에는, 청구기간은 기본권침해가 발생한 날로부터 개시하기 때문에, 아직 기본권침해가 현실화되지 않은 상황에서 청구기간 도과의 문제는 발생할 여지가 없다.[45)]

2. 법령시행에 유예기간을 둔 경우 청구기간 기산점의 문제

가. 법령의 시행과 동시에 그 법령에 의하여 기본권을 침해받은 경우 청구기간의 기산점은 법령의 시행시점이다. 그런데 법령이 시행과 관련하여 유예기간을 둔 경우에는 청구기간의 기산점이 되는 시점, 즉 기본권침해가 발생하는 시점이 문제된다. 즉, 입법자가 기본권을 제한하면서 일정한 유예기간을 두는 경우, 기본권의 침해를 받은 때가 법령의 시행일인지 아니면 유예기간이 경과한 때인지의 문제가 제기되는 것이다. 예컨대, 청구인이 종래 적법하게 해 오던 직업행사를 입법자가 1998년 법률개정을 통하여 유예기간의 종료 후에는 금지하면서 그 부칙에서 2002년 말까지 4년의 유예기간을 두는 경우, 청구인이 2002년 8월에 비로소 헌법소원을 제기하였다면, 이러한 심판청구가 청구기간을 준수하였는지에 관한 문제이다.

나. 헌법재판소의 판례는 개정된 법령이 종전에 허용하던 영업을 금지하는 규정을

44) 헌재 1996. 3. 28. 93헌마198, 판례집 8-1, 241, 251.

45) 헌재 1999. 12. 23. 98헌마363(제대군인가산점), 판례집 11-2, 770, 780; 헌재 2001. 2. 22. 2000헌마25(국가유공자가산점), 판례집 13-1, 386, 398.

신설하면서 부칙에서 유예기간을 둔 경우에 그 법령시행 전부터 영업을 해오던 사람은 그 법령 시행일에 이미 유예기간 이후부터는 영업을 할 수 없도록 기간을 제한받은 것이므로, 부칙에 의한 유예기간과 관계없이 그 법령 시행일에 기본권의 침해를 받은 것으로 보고 있다.[46] 가령, '의료기관의 개설자에 대해서는 의약품도매상의 허가를 하지 아니한다'고 규정한 약사법조항에 대한 헌법소원사건에서, 부칙규정에 의하여 법 시행일로부터 1년간의 유예기간을 두어 1년이 되는 시점까지만 의약품도매상을 할 수 있도록 한 경우에는, 법 시행일에 이미 일정한 시점 이후부터는 영업을 할 수 없도록 기간을 제한받은 것이므로 청구인은 법시행일에 유예기간과 관계없이 기본권의 침해를 받은 것으로 보아야 한다는 것이 헌법재판소의 법정의견이다.

이에 대하여, 그러한 경우에는 청구인이 자기의 기본권을 명백히 구체적·현실적으로 침해당한 것은 법령 시행일이 아니라 유예기간이 경과하여 영업을 행할 수 없게 된 때라고 보아야 한다는 반대의견도 강력하게 제기되고 있다.[47]

다. 법 제69조 제1항에 의하면, 헌법소원의 심판은 그 사유가 있음을 안 날로부터 90일 이내에, 그 사유가 있은 날로부터 1년 이내에 청구하여야 한다. 여기서의 '그 사유'란 '기본권침해의 사유'를 말한다. 따라서 청구기간 기산점의 확정에 있어서 결정적인 것은 '기본권침해의 발생'이다. 청구기간은 기본권침해가 발생한 날로부터 개시된다. 따라서 청구인이 헌법소원을 제기하는 경우 청구기간의 준수여부는 '청구인에게 언제 기본권침해의 상황이 발생하였는지'에 달려있다. 기본권의 침해 발생이란 곧 기본권의 침해로 인한 '개인의 법적 지위의 변경'을 의미한다. 즉, 공권력행위로 인하여 언제 개인이 국가와의 관계에서 법적 지위가 불리하게 변동되었는지에 관한 확인의 문제인 것이다. 따라서 법령이 기본권을 제한하면서 시행에 일정한 유예기간을 두는 경우, 청구기간의 기산점을 '기본권침해의 사유가 있은 날', 즉 '기본권침해를 받은 때'가 아니라 '유예기간의 종료시점'으로 파악하는 것은 법 제69조 제1항의 *法文*에 반하는 법률해석이다.[48]

---

46) 헌재 1996. 3. 28. 93헌마198, 판례집 8-1, 241, 251; 헌재 2003. 1. 30. 2002헌마516, 판례집 15-1, 161.

47) 헌재 1996. 3. 28. 93헌마198, 판례집 8-1, 241, 251, 253, [4인 재판관의 반대의견] "부칙규정에 의하여 법 시행일로부터 1년간의 유예기간을 두어 1년이 되는 시점까지는 의약품도매상을 할 수 있도록 한 경우에는, 청구인이 자기의 기본권을 명백히 구체적으로 현실 침해당한 것은 법 시행일이 아니라 의약품도매상을 행할 수 없게 된 때이다."; 헌재 2003. 1. 30. 2002헌마516, 판례집 15-1, 161, 162, [5인 재판관의 반대의견] "청구인은 경과규정이 시행된 이후에도 계속 영업을 할 수 있는 것이고 실제로 영업을 금지당하는 것은 경과규정에 의한 기간이 도과한 이후부터인 것이다. 경과규정이 시행된 시점을 청구기간의 기산점으로 파악한다면, 청구인의 경우 종래와 마찬가지로 계속 영업을 한다는 점에서는 현실적으로 어떠한 변화도 없는 상태에서, 즉 구체적으로 기본권침해가 발생하기 전에 헌법소원을 청구할 것을 요구하게 되는 것이다."

48) 같은 취지로 또한, 헌재 2003. 1. 30. 2002헌마516, 판례집 15-1, 161. "헌법소원심판절차에서 청구기간에 관한 규정은 '개인의 권리구제'라는 측면과 '법적 안정성'이라는 측면이 적절한 조화가 이루어지도록 해석·적용되어야 하는 것인데, 일정한 유예기간을 두는 경과규정에 있어서 청구기간의 기산점을 '기본권침해의 사유가 있은 날', 즉 '기본권의 침해를 받은 때'가 아니라 '유예기간의 종료시점'으로 파악하는 것은 헌법재판소법 제69조 제1항의 법문에 반하는 법률해석이자 개인의 권리구제에 일방적으로 집착하여 법적 안정성을 해

법령의 시행에 유예기간을 둔 경우, 그 법령에 의한 기본권침해는 유예기간의 경과 후에 비로소 발생하는 것이 아니라 이미 법령시행일에 발생한다. 입법자가 유예기간을 두었다는 것은 법령의 시행과 동시에 이루어지는 기본권침해의 발생에 아무런 영향을 미치지 못한다. 경과규정이란, 이미 법령의 시행 당시 구체적으로 확정된 기본권의 침해를 단지 수규자인 국민의 입장에서 완화하고 당사자에게 변화한 법적 상황에 대처할 수 있는 적절한 기간을 부여하기 위한 것이므로, 유예기간을 부여하는 경과규정에는 기본권침해의 발생을 유예기간의 종료시점으로 미루는 특별한 법적 효과가 인정될 수 없다. 따라서 경과규정에도 불구하고 기본권의 침해는 장래에 발생하는 것이 아니라 법령의 시행 당시에 이미 존재하는 것이다.[49] 법령의 시행과 동시에 개인은 유예기간이 경과하면 더 이상 직업을 적법하게 행사할 수 없는 방향으로 법적 지위가 불리하게 변경된 것이고, 이로써 이미 '법적 지위의 변동'이 발생한 것이지, 유예기간이 경과해서야 비로소 법적 지위의 변동이 발생하는 것은 아니다.

라. 법령시행에 유예기간을 둔 경우와 실질적으로 동일한 문제를 제기하는 것이 바로 정년규정을 변경하는 경우 청구기간의 기산점 문제이다. 공무원의 정년규정이 개정되어 공무원에게 불리하게 정년이 축소된 경우, 현재 재직 중인 공무원은 이미 법률개정과 동시에 기본권을 침해받는 것인지 아니면 정년에 이르러서야 비로소 기본권을 침해받는 것인지, 즉 청구기간의 기산점이 개정된 '정년규정의 시행일'인지 아니면 '정년에 이르러 당연퇴직의 효과가 발생하는 날'인지의 문제가 제기된다. 이러한 경우에도, 공무원은 법률의 시행과 동시에 정년이 단축됨으로써 '정년이 단축된 공무원의 지위'를 가지게 된 것이고 이미 공무원 지위의 변동이 발생한 것이지, 정년에 이르러서야 비로소 공무원 지위의 변동이 발생하는 것은 아니다.[50] 만일 이러한 경우, 이미 임용된 공무원의 실제퇴직일부터 청구기간을 기산하는 경우에는 현재 임용 중인 공무원들이 향후 수십 년간 정년퇴직할 때마다 헌법소원을 적법하게 제기할 수 있다고 보아야 할 것인데, 이는 청구기간을 '확정될 수 없는 기간'으로 확대하는 것으로 사실상 청구기간의 폐지나 다름없다.[51]

법령시행에 유예기간을 둔 경우의 청구기간의 기산점 문제와 정년규정 변경의 경우 청구기간의 기산점 문제는 본질적으로 동일한 문제로서, 양자는 근본적으로 동일하게

치는 결과를 가져오는 법률해석으로서, 법치국가의 관점에서 그 타당성을 인정하기 어렵다."

49) 헌재 2003. 1. 30. 2002헌마516, 판례집 15-1, 161.

50) 또한, 헌재 2002. 1. 31. 2000헌마274, 판례집 14-1, 72, 76(재판관 9인의 일치된 의견), "이 사건에서 청구인은 이 사건 법률조항의 시행으로 인하여 그 즉시 정년이 62세로 단축된 중등교원의 지위를 갖게 되는 효과를 받게 된 것이지, 이후 62세에 달하여 실제 정년퇴직에 이르러서야 비로소 기본권의 제한을 받게 되었다고 할 것은 아니므로, 청구기간의 기산점은 이 사건 법률조항의 공포일(시행일)로 보는 것이 타당하다."; 또한, 헌재 2008. 10. 30. 2006헌마217, 공보 145, 1528, 1530(재판관 6인의 법정의견).

51) 한편, 청구기간의 기산점을 '정년에 이르러 당연퇴직의 효과가 발생하는 날'로 보아야 한다는 견해로는 헌재 2008. 10. 30. 2006헌마217, 공보 145, 1528, 1531-1532(재판관 3인의 반대의견).

취급될 것을 요구한다.

3. 국선대리인 선임신청한 때 청구기간의 준수여부를 판단하는 문제

헌법재판소법은 헌법소원심판에서 청구인이 私人인 경우에는 변호사를 대리인으로 선임하지 아니하면 심판청구를 할 수 없다고 하여(법 제25조 제3항) '변호사강제주의'를 규정하고 있다. 한편, 헌법소원의 제기여부가 권리구제를 구하는 개인의 재력 여부에 달려있어서는 안 되고 無資力者도 헌법소원심판에의 접근이 가능해야 하므로, 헌법소원심판을 청구하고자 하는 자가 변호사를 대리인으로 선임할 자력이 없는 경우 헌법재판소에 국선대리인을 선임하여 줄 것을 신청할 수 있다(법 제70조 제1항 전문). 이러한 법적 상황으로 말미암아, 청구인이 대리인의 선임 없이 심판청구서를 먼저 제출한 경우나 심판청구서를 제출하기 전에 국선대리인 선임신청을 한 경우, 청구기간의 준수여부를 어떤 시점을 기준으로 판단해야 하는지의 문제가 제기된다.

가. 대리인의 선임 없이 심판청구서가 먼저 제출된 경우

헌법재판소의 실무에 의하면, 대리인의 선임 없이 심판청구서가 제출된 경우 지정재판부의 사전심사 단계에서 심판청구를 부적법한 것으로 각하하는 것이 아니라 상당한 기간(7일 내지 10일)을 정하여 대리인을 선임하도록 보정명령을 발하고 있다. 이 때, 청구인이 국선대리인의 선임을 신청하지 아니한 경우에는 보정명령서 등본과 함께 국선대리인 선임제도를 안내하고 있다.[52]

한편, 변호사의 자격 없는 私人인 청구인이 한 헌법소원심판청구나 심판수행이 헌법소원심판대상이 되기 위한 요건으로, 헌법재판소는 나중에 선임된 변호사의 추인을 요구하고 있다.[53] 나중에 선임된 변호사 대리인이 심판청구서를 작성하여 제출하는 경우, 이는 원칙적으로 청구인이 제출한 심판청구서를 묵시적으로 추인하고 보완하는 것으로 봄이 상당하다. 따라서 변호사의 자격이 없는 사인인 청구인이 제출한 심판청구서는 나중에 대리인으로 선임된 변호사가 추인함으로써 적법한 헌법소원심판청구의 효력을 가지기 때문에, 대리인의 선임 없이 심판청구서가 먼저 제출되거나 국선대리인신청서와 함께 제출된 경우에는 청구기간의 준수여부는 법 제69조에 따라 청구인의 심판청구서

---

52) 헌법재판소, 헌법재판실무제요, 제1개정증보판, 2008, 34-35면 참조.

53) 헌재 1992. 6. 26. 89헌마132, 판례집 4, 387, 398, 『변호사의 자격이 없는 사인인 청구인이 한 헌법소원심판청구나 주장 등 심판수행은 변호사인 대리인이 추인한 경우만이 적법한 헌법소원심판청구와 심판수행으로서의 효력이 있고 헌법소원심판대상이 된다. 이 사건에 있어서 청구인은 변호사의 자격이 없는 사인인 당사자이기는 하나, 국선대리인이, 청구인이 한 "헌법소원 이유를 보충개진하는 바입니다."라고 기재한 헌법소원심판청구서를 제출하였으므로, 이는 국선대리인이 동 헌법소원심판청구서를 제출하기 전에 청구인이 한 이 사건 헌법소원심판청구와 주장을 추인한 것이라고 봄이 상당하다.』; 헌재 1995. 2. 23. 94헌마105, 판례집 7-1, 282, 286 참조.

가 접수된 날을 기준으로 한다.[54)]

나. 심판청구서를 제출하기 전에 먼저 국선대리인 선임신청을 한 경우

법 제70조 제1항에 의하면, 헌법소원심판을 청구하고자 하는 자가 변호사를 대리인으로 선임할 자력이 없는 경우 헌법재판소에 국선대리인을 선임하여 줄 것을 신청할 수 있고, 이 경우 헌법소원심판의 청구기간은 '국선대리인의 선임신청이 있는 날'을 기준으로 정하도록 하고 있다.

이는 국선대리인 선임신청이 인용되고 그 후에 심판청구서가 제출된 경우에는 국선대리인 선임신청일을 헌법소원심판의 청구일로 한다는 것을 의미하므로, 청구기간 준수여부는 '국선대리인 선임신청일'을 기준으로 판단하여야 한다.[55)] 따라서 청구기간 경과 후에 심판청구서를 제출하더라도, 국선대리인 선임신청이 청구기간 내에 이루어졌다면, 청구기간은 준수한 것이 된다.[56)] 가령, 청구인이 1996. 7. 26. 국선대리인 선임신청을 하였고, 헌법재판소에서는 1996. 8. 23. 변호사를 국선대리인으로 선임하여 위 국선대리인이 1996. 10. 1. 헌법소원심판청구서를 제출하였다면, 이 사건 헌법소원심판의 청구기간 준수여부는 1996. 7. 26.을 기준으로 하여 국선대리인 선임신청이 청구기간 내에 이루어졌는지 여부를 판단해야 한다.

반면에, 심판청구서를 제출하기 전에 먼저 국선대리인 선임신청을 하였으나 헌법재판소가 국선대리인을 선정하지 아니한다는 결정을 한 때에는, 신청인이 선임신청을 한 날로부터 위 결정통지를 받은 날까지의 기간은 법 제69조의 청구기간에 이를 산입하지 아니한다(법 제70조 제4항). 이러한 경우, 청구인이 국선대리인 선임을 기대하고 선임신청을 한 것이 청구인에게 불리하게 작용해서는 안 되므로, 선임신청은 헌법재판소의 결정시까지 청구기간의 진행을 정지시키는 것과 같은 효력을 가진다. 따라서 헌법재판소가 청구인의 국선대리인 선임신청에 대하여 국선대리인을 선정하지 아니한다는 결정을 한 때에는, 청구인은 남은 청구기간 내에 심판청구서를 제출해야 한다.

4. 청구기간의 도과와 정당한 사유

가. 헌법소원심판의 청구기간을 준수하지 못한 심판청구는 원칙적으로 부적법한 것으로 각하된다. 그런데 청구인에게 청구기간의 준수를 불가능하게 하는 또는 이를 기대할 수 없게 하는 장애사유가 발생하여 청구인의 귀책사유 없이 청구기간을 준수하지 못한 경우, 청구기간 경과 후에 제기한 심판청구를 적법한 것으로 볼 것인지의 문제가

54) 헌법재판소, 헌법재판실무제요, 제1개정증보판, 2008, 278면 참조.
55) 헌재 1998. 7. 16. 96헌마268, 판례집 10-2, 312, 336; 헌재 2000. 6. 29. 98헌마36, 판례집 12-1, 869, 876-877.
56) 헌재 1997. 6. 26. 94헌마52, 판례집 9-1, 659, 667.

제기된다.[57)]

일반의 재판절차에서는 불변기간을 도과한 당사자가 책임질 수 없는 사유로 말미암아 불변기간을 지킬 수 없었던 경우에는 게을리 한 소송행위를 보완하는 것을 허용하고 있는데, 이를 '소송행위의 추후보완'이라 한다. 민사소송법에서는 '당사자가 책임질 수 없는 사유'가 없어진 날로부터 2주 이내에 게을리 한 소송행위를 보완할 수 있는 것으로 규정하고 있다(제173조 제1항).[58)] 한편, 헌법재판에 준용되는 법률조항에 관하여 규정하는 법 제40조는 헌법소원심판의 경우에는 민사소송법과 행정소송법을 함께 준용하도록 하면서(제1항), 행정소송법이 민사소송법에 저촉될 때에는 민사소송법은 준용되지 아니한다고 규정하고 있다(제2항). 법 제40조에 의하여 헌법소원심판에 일차적으로 준용되는 행정소송법은 '정당한 사유가 있는 경우' 제소기간을 경과한 행정소송을 허용하고 있다(제20조 제2항 단서).[59)]

헌법재판소는 위 행정소송법규정을 준용하여, 헌법소원심판에서도 '정당한 사유'가 있는 경우에는 청구기간을 경과하여 제기된 심판청구는 적법하다고 해석하고 있다. 헌법재판소는 여기서의 '정당한 사유'라 함은 청구기간경과의 원인 등 여러 가지 사정을 종합하여 지연된 심판청구를 허용하는 것이 사회통념상으로 보아 상당한 경우를 뜻한다고 판시하면서, '정당한 사유'의 범위는 민사소송법 제173조에서 말하는 '당사자가 책임질 수 없는 사유'의 범위보다 넓은 것으로 파악하고 있다.[60)] 그러나 '정당한 사유'의 범위가 어떠한 측면에서 민사소송법상의 사유보다 넓은 것인지 불분명하다. 헌법재판소가 '정당한 사유'를 민사소송법상의 불귀책사유보다 넓은 것으로 이해한다 하더라도, 헌법재판소의 판시내용을 보면 '정당한 사유'를 판단하는 결정적인 관점은 청구기간을 준수하지 못한 데에 청구인의 주관적인 과실이나 책임이 있는지 여부인 것으로 판단된다. 이에 대하여, 청구기간이 지나치게 단기로 규정되어 있어 초래되는 불합리한 사정 등의

57) 참고로, 독일의 경우 원래 연방헌법재판소법은 청구기간을 불변의 제척기간으로 규정하였기 때문에, 청구기간이 경과한 후에 제기되는 심판청구는 부적법한 것으로 판단되었고, 연방헌법재판소도 이에 대한 예외를 전혀 허용하지 않았다. 그러나 이러한 법적 상황에 대하여 점차 의문과 비판이 제기되자, 1993년 연방헌법재판소법의 개정을 통하여 청구기간에 관한 규정인 제93조에 소송행위의 추후보완에 관한 규정(제2항)을 삽입함으로써, 이러한 문제를 해결하였다. 위 법 제93조 제2항은 청구인이 귀책사유 없이 청구기간을 준수하지 못한 경우 불귀책사유의 종료 후 2주 이내에 해야 하는 청구인의 신청에 의하여 '법원의 재판'과 '행정청의 행위'에 대해서만 소송행위의 추후보완을 허용하고 있다. 반면에, '법령소원'에 대해서는 소송행위의 추후보완을 인정하지 않고 있다. 법령소원에 대하여 소송행위의 추후보완을 허용하지 않는 이유는, 개인이 재판소원(간접적 법률소원)의 형태로 법령의 위헌여부를 다툴 수 있는 길이 열려있기 때문에 권리구제의 공백이 없다고 판단하기 때문이다. Vgl. Hömig, in: Maunz/Schmidt-Bleibtreu, BVerfGG, §93 Rn.38ff.

58) 민사소송법 제173조(소송행위의 추후보완) ① 당사자가 책임질 수 없는 사유로 말미암아 불변기간을 지킬 수 없었던 경우에는 그 사유가 없어진 날부터 2주 이내에 게을리 한 소송행위를 보완할 수 있다. 다만, 그 사유가 없어질 당시 외국에 있던 당사자에 대하여는 이 기간을 30일로 한다.

59) 행정소송법 제20조 (제소기간) ② 취소소송은 처분 등이 있은 날부터 1년(제1항 단서의 경우는 재결이 있은 날부터 1년)을 경과하면 이를 제기하지 못한다. 다만, 정당한 사유가 있는 때에는 그러하지 아니하다.

60) 헌재 1993. 7. 29. 89헌마31(국제그룹해체 사건), 판례집 5-2, 87, 111; 헌재 2001. 12. 20. 2001헌마39, 공보 64, 79, 81.

객관적인 법적 상황은, 궁극적으로 청구인 개인의 주관적인 과실이나 책임여부를 묻는 '정당한 사유'로서 고려되지 않는다.[61)]

나. 헌법재판소는 지금까지 법령이 아니라 권력적 사실행위나 검사의 불기소처분이 심판대상인 헌법소원사건에서 청구기간의 도과에도 불구하고 '정당한 사유'를 인정할 수 있는지에 관하여 판단하였는데, 2차례에 걸쳐 청구기간을 도과한 것에 정당한 사유가 있다고 결정하였다. 헌법재판소는 '국제그룹해체사건'에서는 재벌그룹해체라는 공권력행사의 특수성 및 새로 도입된 헌법소원제도의 내용적 불명확성으로 인하여 청구기간의 도과에 청구인의 과실이 있다고 볼 수 없다고 하였고, '검사의 기소유예처분에 대한 헌법소원사건'에서는 기본권을 침해하는 공권력행위(기소유예처분)의 존재를 알지 못하는 데에 피의자인 청구인의 과실이 없다고 판시하였다.

헌법재판소는 국제그룹해체 사건에서 처음으로 제소기간을 도과하여 제기된 헌법소원심판청구에 대하여 예외적 사유로서의 '정당한 사유'를 인정하여 본안판단을 하였는데, 청구인이 심판청구를 할 당시 헌법소원제도가 시행된 지 180일이 되지 않은 상태에서 헌법소원대상이 무엇인지, 권력적 사실행위가 헌법소원의 대상이 되는지에 관하여 전반적으로 규명되지 않았다는 특수성(새로운 헌법소원제도의 내용적 불명확성)을 청구기간을 준수하지 못한 것에 대한 '정당한 사유'로 언급하였다.[62)] 또한, 헌법재판소는 '검사가 피의자인 청구인에 대하여 기소유예처분을 하면서 그 처분사실을 통지하지 아니하였을 뿐만 아니라 사전에 청구인을 소환하여 조사하지도 않았고 반성문이나 서약서도 징구하지 아니하였다면 피의자인 청구인이 기소유예처분이 있음을 알지 못하는 데에 과실이나 책임이 있다고 할 수 없다'고 하여 정당한 사유를 인정하였다.[63)]

---

61) 그러나 헌법재판소는 법 개정 전 청구기간이 단기인 것을 '정당한 사유'를 인정해야 하는 부차적인 이유로 언급하고 있다, 헌재 1993. 7. 29. 89헌마31(국제그룹해체 사건), 판례집 5-2, 87, 112, "더구나 행정소송에 비해 청구기간이 단기간이어서 입법론상 문제가 있는 헌법소원에 있어서 국민의 권리구제의 길을 넓히기 위하여 특히 필요한 것이라 하겠다."

62) 헌재 1993. 7. 29. 89헌마31(국제그룹해체 사건), 판례집 5-2, 87, 111-112, "생각건대 심판청구의 지연이 기존의 법제도의 부지·혼선으로 인한 일반적인 경우와는 달리 생소한 새 제도의 내용불명 때문에 생긴 경우라면 정당한 사유의 존부는 원칙으로 돌아가 사회통념에 의거하여 사안을 보아가며 개별적으로 판단하여야 할 문제라고 할 것이며, 이는 민사소송법 제160조 소정의 불귀책사유보다도 더 넓게 보아야 할 정당한 사유에 관한 해석상 당연한 것이라 하겠고, …"; 반면에, 청구기간이 도과된 후 언론통폐합조치에 대하여 헌법소원을 제기한 사건에서 헌법재판소는 "청구인은 대법원의 민사판결에 의한 구제를 신뢰하여 이 부분 헌법소원을 제기하지 않은 것이니 청구기간을 준수하지 못한 데에는 정당한 사유가 있었다고 주장하나, 이러한 사유는 헌법소원을 제기하지 못할 정당한 사유로 보기 어려워, 결국 이 부분청구는 청구기간을 도과하여 부적법하다."고 판시하였다(헌재 2003. 3. 27. 2001헌마116, 판례집 15-1, 298, 299).

63) 헌재 2001. 12. 20. 2001헌마39, 공보 제64호, 79; 반면에, 헌법재판소는 '피의자로서 기소유예처분을 받은 청구인이 청구기간이 경과한 후에야 헌법소원심판청구를 하였는데, 청구인은 스스로 피의자이고 반성문까지 작성하여 제출하였으므로, 청구기간을 도과한 것에 정당한 사유가 있다고 볼 수 없다'고 판단하였다(헌재 2000. 11. 30. 2000헌마224, 판례집 12-2, 373, 377).

Ⅴ. 맺는말

1. 청구기간규정의 위헌여부에 관하여 보건대, 법 제69조 제1항 단서조항은 명확하게 규정되어 그 자체로서 스스로 이해가 가능하고, 나아가 적정한 제소기간을 부여하고 있다는 점에서 헌법소원의 가능성을 과도하게 곤란하게 하는 규정이라 할 수 없다.

반면에, 법 제69조 제1항 본문조항은 통상의 주의력을 가진 일반국민이 청구기간에 관하여 명료하게 파악할 수 없을 정도로 그 규정이 모호하고 불완전하며 오해의 소지가 많으므로, '불변기간 명확성의 원칙'에 위반되거나 아니면 적어도 합헌적 상태와 위헌적 상태의 경계에 위치하고 있다. 설사, 법 제69조 제1항 본문의 규정을 명확성원칙에 부합하는 것으로 간주한다 하더라도, 청구기간규정은 일반국민의 관점에서 충분히 명확하여 그 자체로서 이해가 가능해야 하므로, 입법자는 법 제69조 제1항 본문이 어떠한 경우에 적용되는 것인지, 특히 법령소원의 경우 청구기간의 기산점은 무엇인지를 보다 명확하게 규정하는 것이 바람직하다.

2. 법률해석을 통하여 청구기간을 확장해야 할 필요가 있는지에 관하여 보건대, 법령소원의 청구기간은 법 제69조 제1항 본문의 文意에 의하면 법령의 시행으로 인하여 기본권침해가 발생한 날, 즉 '법령의 시행일'을 그 기산점으로 한다. 법령소원의 청구기간을 이와 같이 법령의 시행일로부터 1년이라고 '객관적인 기준'에 따라 한정적으로 판단하는 경우, 청구기간의 경과 후에 사후적으로 기본권침해가 발생한 경우에는 더 이상 법령의 위헌여부를 다툴 수 없다고 하는 문제가 발생한다. 법령은 한번 제정되어 시행되면 입법자가 스스로 그 법령을 개폐하기 전이나 헌법재판소에 의하여 그 위헌성이 확인되기 전에는 계속하여 효력을 가지게 된다는 사정에 비추어, 청구기간규정을 위와 같이 해석하는 경우에는 헌법소원을 통하여 기본권침해를 구제받을 수 있는 가능성이 현저하게 축소된다. 물론, 법령의 시행 이후에 사후적으로 기본권침해가 발생하였다 하더라도, 법령의 집행행위가 존재하기 때문에 집행행위에 대하여 소송을 제기하고 그 소송계속 중에 근거법률의 위헌여부에 대하여 법 제68조 제2항에 따른 헌법소원을 제기하거나 또는 법원이 근거명령의 위헌성을 확인할 수 있는 가능성이 있다면, 적어도 이러한 영역에서는 권리구제의 미흡함이 없다.

그러나 법령에 의하여 직접 기본권이 침해되기 때문에 집행행위가 존재하지 않는 경우에는 권리구제의 공백이 발생하고, 법령의 시행 이후에 사후적으로 기본권침해의 상황에 놓인 개인은 아무런 귀책사유 없이 또는 합리적인 이유로 정당화됨이 없이, 헌법소원을 제기할 수 있는 가능성을 박탈당하게 된다. 이러한 법적 상황은 법률해석을 통하여 청구기간을 확대할 것, 즉 청구기간의 기산점을 법령의 시행일('객관적 사유에 의한 기산점') 및 법령 시행 이후 기본권침해가 사후적으로 발생한 시점인 개인적인 기본권침해 발생일('주관적 사유에 의한 기산점')로 이중적으로 설정할 것을 헌법적으로 요청하는 것이다.

3. '법령에 대한 헌법소원심판에서 청구기간을 적용하는 것이 타당하지 않다'는 학계 일각의 주장에 관하여 보건대, '법령은 시행되는 동안 효력을 가지며 지속적으로 기본권침해를 발생시킬 수 있다'는 관점에서 헌법적으로 요청되는 것은 '청구기간의 배제'가 아니라 청구기간규정의 해석을 통한 '청구기간의 확장'이다. 위 관점은, 법 제69조 제1항의 청구기간규정이 '법령 시행과 동시에 기본권을 침해받은 경우' 뿐만 아니라 '법령 시행 이후에 비로소 기본권을 침해받은 경우'도 포함하도록 법률해석을 통하여 청구기간을 확장할 것을 요청하고 이러한 해석을 정당화하는 근거이지만, 법령에 대한 헌법소원심판에서 청구기간의 완전한 폐지를 요청하지는 않는다. 이와 같이 이중적으로 청구기간의 기산점을 설정하는 경우에는 '법령에 의한 지속적인 기본권침해의 발생'이라는 특수한 법적 상황을 완전히 고려할 수 있고, 이로써 권리구제의 공백을 메울 수 있다.

청구기간규정의 적용여부는 청구기간의 기산점을 확정할 수 있는지의 판단에 달려있다. 청구기간의 기산점 확정이 불가능한 경우에는 청구기간규정이 적용되지 않으며, 이로써 청구기간의 제한을 받지 않는다. 국가의 위헌적인 부작위에 의한 기본권침해의 경우, 국가기관이 헌법적 행위의무를 이행해야 하는 시점이 헌법적으로 확정되어 있지 않기 때문에 공권력의 부작위에 의한 '기본권침해의 발생시점'을 확정할 수 없고, 이에 따라 청구기간의 개시시점(기산점)을 확정하는 것이 불가능하다. 그러나 공권력의 불행사가 아닌 '공권력의 행사'의 경우에는 예외 없이 청구기간의 개시시점(기산점)의 확정이 가능하다. 법령의 제정도 행정청의 처분, 법원의 재판과 마찬가지로 적극적인 공권력행위로서 일반적으로 명확하게 인식될 수 있는 一回的인 기본권침해행위(법령의 제정 또는 법령 제정 이후 개인적인 기본권침해상황의 발생)가 존재한다.

'다른 헌법재판절차를 통하여 언제든지 법령의 위헌여부를 다툴 수 있는 상황에서 법적 안정성을 도모하기 위하여 법령에 대한 헌법소원에서 청구기간을 적용하는 것이 타당하지 않다'는 주장도 헌법소원심판에서 청구기간의 배제를 요청하는 근거가 될 수 없다. 청구기간의 제한을 통하여 법적 안정성을 도모하는 것은 각 심판절차마다 그 심판절차의 본질과 의미를 고려하여 독자적으로 판단되고 실현되어야 할 문제이다. 다른 심판절차를 통하여 법령의 위헌여부에 관하여 다툴 수 있다고 하는 사실이 법령에 대한 헌법소원심판에서 청구기간의 제한을 무의미한 것으로 만들지 않는다. 나아가, 헌법소원심판에서 청구기간의 제한은 주관적 권리구제절차로서의 헌법소원제도의 본질로부터 나오는 필연적인 것이다. 어떠한 주관적 권리구제절차에서도 개인은 자신의 주관적 이익을 제소기간의 제약을 받지 않고 시간적인 차원에서 무제한적으로 실현하고 관철할 수 없다.

참고문헌

김문현, 현행 헌법소원심판제도의 문제점과 개선방향, 현대공법논총(변재옥박사 화갑기념 논문집), 1994
김철용/김문현/정재황, 헌법재판절차의 개선을 위한 입법론적 연구, 헌법재판연구 제4권, 1992
박종보, 법령에 대한 헌법소원의 청구기간, 헌법재판의 이론과 실제(김철수교수 화갑기념 논문집), 1993
정종섭, 법령에 대한 헌법소원심판절차에 있어 청구기간의 적용여부, 세계헌법연구 제1권, 1994
최대권, 법률에 대한 헌법소원의 몇 가지 문제점, 헌법재판자료 제3집, 1990
한수웅, 헌법학, 2013
허영, 헌법소송법론, 2009
헌법재판소, 헌법재판실무제요, 제1개정증보판, 2008

Benda/Klein, Verfassungsprozeßrecht, 2001
Bethge, in: Maunz/Schmidt-Bleibtreu(Hg), Bundesverfassungsgerichtsgesetz (BVerfGG), 2009, §90
Gusy, Die Verfassungsbeschwerde, 1988
_____, Die Verfassungsbeschwerde, in: Badura/Dreier(Hg), Festschrift 50 Jahre Bundesverfassungsgericht, Bd. I, 2001
Heusch/Sennekamp, in: Umbach/Clemens/Dollinger(Hg), Bundesverfassungsgerichtsgesetz (BVerfGG), 2005, §93
Hömig, in: Maunz/Schmidt-Bleibtreu(Hg), Bundesverfassungsgerichtsgesetz (BVerfGG), §93
Lechner/Zuck, Bundesverfassungsgerichtsgesetz (BVerfGG), 2011, §93
Ruppert, in: Umbach/Clemens/Dollinger(Hg), Bundesverfassungsgerichtsgesetz (BVerfGG), 2005, §90
A. Weber, Generalbericht, in: Starck/Weber(Hg), Verfassungsgerichtsbarkeit im Westeuropa, Bd. I, 1986
Zuck, Das Recht der Verfassungsbeschwerde, 1988

제3주제

立法不作爲에 대한 헌법소원*

Ⅰ. 머리말

1. 헌법재판소법 제68조 제1항은 공권력의 행사 또는 불행사로 인하여 헌법상 보장된 기본권을 침해받은 경우, 헌법소원심판을 청구할 수 있다고 규정함으로써, 공권력의 행사뿐만 아니라 '불행사'도 헌법소원심판의 대상이 될 수 있음을 명시적으로 밝히고 있다. 여기서 말하는 '공권력'에는 당연히 입법작용이 포함되므로, 입법권의 불행사를 의미하는 '입법부작위'도 이론의 여지없이 헌법소원의 대상이 된다. 헌법재판에 있어서 입법부작위는 단지 헌법재판소법 제68조 제1항에 의한 헌법소원심판에서만 의미를 가진다. 규범통제절차의 대상은 단지 입법자가 제정한 '형식적 의미의 법률'이므로, 입법부작위는 헌법재판소법 제41조에 의한 구체적 규범통제나 이로부터 파생된 절차인 헌법재판소법 제68조 제2항에 의한 규범통제형 헌법소원심판의 대상이 될 수 없다.

입법부작위가 성립하기 위해서는 우선 헌법적 입법의무, 즉 헌법이 요구하는 입법자

* 위 논문은 1996년 11월, 현대헌법학이론(이명구 박사 화갑기념논문집 I), 686-724면에 게재된 것을 일부 수정한 것이다.

의 立法義務가 존재해야 한다. 그러므로 '입법부작위'는 헌법이 입법자에게 입법의무를 부과함에도 불구하고 입법자가 이를 이행하고 있지 않는 법적 상태를 의미한다. '헌법적 입법의무를 어느 정도로 인정할 것인지'의 문제는 바로 입법자와 헌법재판소 사이의 '헌법을 실현하고 구체화하는 권한의 배분'과 직결된 문제이다. 입법자와 헌법재판소 모두 국가권력으로서 헌법규범의 구속을 받고, 입법자는 입법작용을 통하여 헌법재판소는 헌법의 해석과 적용을 통한 헌법재판의 형태로 헌법을 구체화하고 실현한다. 헌법재판소가 헌법에 명시적으로 표현된 명백한 위임을 넘어서 헌법해석을 통하여 입법자의 헌법적 의무를 폭넓게 인정하면 할수록, 입법자의 형성의 자유는 축소되고 헌법해석의 최종적 결정권자이자 입법자에 대한 통제자인 헌법재판소의 결정에 구속을 받게 된다.

2. 따라서 입법부작위의 문제는 무엇보다도, 어떠한 경우에 헌법이 스스로 입법자에게 개인의 기본권 보장을 위하여 구체적 입법의무를 부과하고 있기 때문에, 개인이 헌법소원의 형태로 입법의무의 이행, 즉 일정한 입법행위를 요구할 수 있는지의 문제를 의미한다.

예컨대 국가가 법률로써 일정 범위의 집단에게 혜택을 부여하면서 청구인이 속한 집단을 수혜자범위에 포함시키지 아니한 경우, 청구인은 자신을 수혜자범위에서 제외한 것은 平等原則에 違反된다는 주장으로, 입법부작위에 대한 헌법소원을 제기할 수 있는가? 또는 국가가 요구하는 자격을 취득하여 일정 직업에 종사하던 자가 법률개정을 통한 직업행사요건의 강화로 인하여 더 이상 그 직업에 종사할 수 없게 된다면, 또는 국가가 정한 일정 시험규정을 근거로 시험 준비를 하던 수험생이 시험규정의 개정으로 인하여 어느 날 갑자기 새로운 시험규정 앞에 서게 된다면, 청구인은 개정법률이 청구인의 신뢰보호이익을 적절히 고려하는 經過規定을 두지 않음으로써 자신의 기본권을 침해했다는 이유로, 경과규정을 두지 않은 입법부작위에 대하여 헌법소원을 청구할 수 있는가? 국가가 공용침해의 형태로 개인의 재산권을 수용하면서 이에 대한 보상규정을 두지 않은 경우, 개인은 보상규정을 두지 아니한 입법부작위에 대하여 헌법소원을 제기할 수 있는가? 가해자가 자동차종합보험에 가입하거나 또는 피해자와 합의가 이루어진 경우 국가가 '교통사고처리특례법'의 형태로 단지 10개의 重過失類型에 대하여만 기소를 가능하게 하고 그 외의 重過失과 重傷害에 대해서는 국가형벌권을 행사하지 않도록 규정하였다면, 교통사고를 당하여 중상을 입은 청구인은 국민의 생명과 신체의 안전을 보호해야 할 '국가의 기본권 보호의무'의 위반을 주장하여 입법부작위에 대한 헌법소원을 제기할 수 있는가?

이에 대한 대답은 결국 '진정한 의미의 입법부작위'와 '단지 외견상의 입법부작위'의 구분의 문제로 귀결된다. 그러므로 이글에서는 우선 입법부작위에 대한 헌법소원의 심판청구가 적법하기 위한 일반적인 요건(아래 Ⅱ.)과 不眞正立法不作爲의 중요한 유형(아래 Ⅲ.)을 밝히고, 이어서 평등권(아래 Ⅳ.), 자유권(아래 Ⅴ.), 국가의 기본권 보호의무(아래 Ⅵ.), 사회적 기본권(아래 Ⅶ.)에서 각각 헌법적 입법의무를 도출할 수 있는지, 만일 그러한 경우 언제 眞正立法不作爲를 인정할 수 있는지를 살펴보기로 한다. 마지막으로, 위에서 확인한 내용을 근거로 하여 우리 헌법질서에서 어떠한 경우에 입법부작위에 대한 헌법소원이 허용될 수 있는지를 다루는 것으로 결론을 대신하기로 한다(아래 Ⅷ.).

Ⅱ. 입법부작위에 대한 헌법소원

1. 독일 연방헌법재판소의 판례

가. 독일연방헌법재판소는 초기의 결정에서는 '단지 제정된 법률'만이 헌법소원의 대상이 될 수 있으며, '입법자의 부작위'는 헌법소원의 대상이 될 수 없다는 입장을 취하였는데, 구체적인 판시내용은 다음과 같다.[1)]

"개개인의 국민에게는 입법자의 입법행위를 司法的으로 다툴 수 있는 청구권이 존재하지 않으며, 만일 그렇지 않은 경우에는 헌법적으로 의도하지 아니한 입법권의 약화가 우려된다. … 연방헌법재판소는 입법기관이 아니며, 입법자의 지위를 대신하는 것은 그의 소관이 아니다. 그러나 '입법자의 입법부작위가 위헌'이라는 헌법재판소의 확인은 국가기관의 관할권의 轉移를 초래할 수 있다. 어떠한 법률이 제정되어야 하는지의 문제는 일반적으로 사법적인 심사를 벗어나는 경제적·정치적·세계관적인 고려에 달려 있다. 그러므로 헌법재판소가 법률의 위헌성을 심사할 수 있는 권한을 가지는 한, 그는 원칙적으로 '제정된 법률'이 헌법과 합치하는지 여부만을 심사할 수 있을 뿐이다."

나. 그러나 연방헌법재판소는 1957년 선고한 '독일 기본법 제131조에 관한 결정'에서 "헌법소원 청구인이 입법의무의 내용과 범위를 본질적으로 규정하는 헌법상의 明示的 委任을 주장할 수 있다면, 이 경우에 한하여 예외가 허용된다."고 판시함으로써, 이러한 원칙에 대한 예외를 처음으로 인정하였다.[2)] 연방헌법재판소는 입법자에게 광범위한 헌법적인 입법의무를 인정하는 경우에 발생하는 '입법권의 약화'와 '입법자에 대한 헌법재판소의 優位'를 우려하여, 예외를 인정함에 있어서도 오해의 여지가 없는 '明白한 헌법적 위임'을 요구하고 있다.

헌법의 권력분립원리와 민주주의원리는 입법자의 민주적 형성의 자유를 유지하기 위하여 헌법적 입법의무는 단지 예외적으로 인정되고 가능하면 헌법상의 명시적인 위임에 한정될 것을 요구한다. 이러한 이유에서 헌법에 명백하게 표현된 입법의무는 그 '내용

1) BVerfGE 1, 97, 100f.; 2, 287, 291.
2) BVerfGE 6, 257, 260; 이어서 더욱 명확하게 BVerfGE 11, 255, 261f.

과 범위'에 있어서도 본질적으로 규정되어야 한다. 즉, 입법자의 행위의무가 헌법에 명시적으로 구체화되어 있어서, 헌법재판소가 입법자의 정치적 형성권을 침해함이 없이 헌법에서 스스로 명백한 법적 결과를 도출할 수 있어야 한다. 그렇지 않은 경우에는 헌법재판소가 자신의 판단을 '헌법적 요청'으로 승격시킴으로써 입법자의 형성권을 침해할 위험이 있다.

연방헌법재판소는 일련의 결정에서 '본질적으로 규정된 내용과 범위를 지닌 明白한 憲法委任'을 기본법 제6조 제5항,[3] 제12a조 제2항 제3문.[4] 제33조 제5항.[5] 제101조 제1항 제2문,[6] 제104조 제2항 제4문,[7] 제131조 제1문,[8] 제134조 제4항[9]에서 인정하였다.[10] 그러나 입법자는 이러한 헌법적 입법의무를 그 사이 이미 다 이행하였으므로, 헌법의 명백한 입법위임에 관한 헌법재판소의 판례는 이제는 단지 역사적 의미만을 가지게 되었다. 예컨대, 기본법 제6조 제5항의 헌법위임을 실현하는 법률들에서 제기될 수 있는 헌법적 문제는 기껏해야 '이미 제정된 위 법률들이 헌법위임에 부합하는지'의 문제

3) 독일 기본법 제6조 제5항은, "혼인 외의 출생자에 대하여는 입법을 통하여 그들의 육체적, 정신적 성장 및 사회적 지위에 있어서 혼인 중의 출생자와 동일한 조건을 갖추어야 한다."고 규정하고 있다. 연방헌법재판소는 BVerfGE 8, 210, 216; 25, 167(Leitsatz 2)에서 "기본법 제6조 제5항은 입법자를 구속하는 헌법위임을 담고 있다. 입법자가 적정한 기간 내에 이 헌법위임을 이행하지 않으면, 그는 헌법을 위반하는 것이다."라고 판시하고 있다.

4) 독일 기본법 제12조 제2항은 다음과 같다. "양심상의 이유로 병역의무를 거부하는 자는 代替勤務의 의무가 부과될 수 있다. 대체복무의 기간은 병역근무의 기간을 초과해서는 아니 된다. 양심에 따른 결정의 자유를 침해해서는 아니 되고 군대 및 국경수비대와 아무런 관련이 없는 대체복무의 가능성을 두어야 하는 법률에서 자세한 내용을 규정한다."

5) 독일 기본법 제33조 제5항은 다음과 같다. "공직자의 직무에 관한 법률은 직업공무원제도의 전통적인 제원칙을 고려하여 규정되어야 한다." 위 규정의 법적 성격에 관하여 vgl. BVerfGE 8, 18f.

6) 독일 기본법 제101조 제1항 제2문은, "누구든지 법률이 정한 법관에 의하여 재판을 받을 권리를 박탈당하여서는 아니 된다."고 규정하고 있다. 연방헌법재판소는 "위 규정은 법원의 기본적인 재판관할에 관하여 규율할 것을 입법자에게 위임하고 있다"고 판시하고 있다(BVerfGE 19, 52, 60).

7) 독일 기본법 제104조 제2항은 다음과 같다. "오로지 법관만이 자유박탈의 허용 및 지속에 관하여 결정하여야 한다. 법관의 명령에 의하지 아니한 일체의 자유박탈의 경우, 지체 없이 법관의 재판을 받아야 한다. 경찰관은 자기의 고유권한에 근거하여 피의자를 체포된 다음날을 초과하여 유치할 수 없다. 그 상세한 내용은 법률로 규정되어야 한다." 위 조항의 법적 성격에 관하여 vgl. BVerfGE 10, 302, 329.

8) 독일 기본법 제131조는 "망명자 및 피추방자를 포함하여 1945. 5. 8. 현재 공직의 지위에 있었으나, 공무원법상 또는 임금법상 이외의 이유로 퇴직하여 현재까지 임용되지 아니하였거나 또는 종전의 지위에 상당하는 지위에 임용되지 아니한 사람들의 법률관계는 연방법률로써 정한다. 망명자 및 피추방자를 포함하여 1945. 5. 8. 현재 원호를 받을 권리를 가지며 공무원법상 또는 임금법상 이외의 이유로 전혀 또는 상당한 원호를 받고 있지 못하는 사람에 대하여도 이와 동일하다. 연방법률이 시행되기까지는 州法에 따른 규정이 없는 한 법률상의 청구권은 행사할 수 없다."고 규정하고 있다. 연방헌법재판소는 '해당하는 인적 범위의 법률관계를 연방법률로써 규율할 의무'의 성격을 헌법위임으로 파악하였고(BVerfGE 3, 187, 197), "입법의무의 내용과 범위를 본질적으로 규정하는 명시적인 헌법위임"이라고 표현하였다(BVerfGE 6, 257, 264).

9) 독일 기본법 제134조 제4항은 다음과 같다. "(동법 제1항 내지 제3항에 규정한 구 독일제국재산의 권리승계에 관한) 상세한 내용은 연방상원의 동의를 요하는 연방법률에 의하여 정한다." 위 조항의 법적 성격에 관하여 BVerfGE 19, 150, 155 참조.

10) 독일의 헌법위임에 관하여 vgl. Maunz, in: BVerfGG, 1993, §90 Rn.107ff.; Stern, in: BK, Art.93 Rn.633ff.; Benda/Klein, Lehrbuch des Verfassungsprozeßrechts, 1991, S.179ff.; Leibholz/Ruppert, BVerfGG, 1968, S.334ff.; 이에 관한 소개로는 김지형, 입법부작위에 관한 헌법문제, 헌법재판제도의 발전, 헌법재판자료 제5집(1992), 19면 이하.

인데, 이는 '제정된 법률'의 합헌성 문제, 즉 '입법자의 작위'가 헌법에 부합하는지의 문제이다. 따라서 입법자가 기본법 제6조 제5항의 헌법위임을 불완전하게 이행했다고 주장하는 당사자는 법에서 정하는 청구기간 내에 '헌법위임을 이행하기 위하여 제정된 법률'에 대하여 헌법소원심판을 청구해야 한다.[11)]

연방헌법재판소는 입법부작위의 가능성을 초기에는 '헌법상의 명시적인 위임'에 국한하였으나, 차츰 명백한 헌법위임 외에 自由權의 解釋을 통하여 입법자의 입법의무를 도출할 수 있다고 판시함으로써, 헌법적 입법의무의 범위를 확대하였다. 이로써 연방헌법재판소는 '헌법이 입법의무의 내용 및 범위를 정하여 입법자에게 일정 사항에 관하여 입법할 것을 명백하게 위임한 소위 憲法委任'의 경우와 '비록 명백한 헌법상의 위임이 없더라도 헌법해석을 통하여 일정사항에 관하여 입법자의 보호의무 또는 행위의무가 발생한 경우'에 한하여 입법자의 헌법적 입법의무를 인정하고 있다.[12)]

2. 우리 헌법재판소의 판례

우리 헌법재판소도 독일의 이러한 판례의 영향을 받아, 처음으로 '사법서사법시행규칙에 관한 헌법소원'(헌재 1989. 3. 17. 88헌마1)에서 "입법부작위에 대한 헌법재판소의 재판관할권은 극히 한정적으로 인정할 수밖에 없다고 할 것인 바, 생각컨대 헌법에서 기본권보장을 위해 법령에 명시적인 입법위임을 하였음에도 입법자가 이를 이행하지 않을 때, 그리고 헌법해석상 특정인에게 구체적인 기본권이 생겨 이를 보장하기 위한 국가의 행위의무 내지 보호의무가 발생하였음이 명백함에도 불구하고 입법자가 전혀 아무런 입법조치를 취하고 있지 않은 경우가 여기에 해당될 것이며, 이때에는 입법부작위가 헌법소원의 대상이 된다고 봄이 상당할 것이다."이라고 하여, 입법부작위가 헌법소원의 대상이 될 수 있다고 판시하였다.[13)]

그 이후 입법부작위가 헌법소원심판의 대상이 된 사건은, 제2차 사법서사법시행규칙에 관한 헌법소원(헌재 1989. 7. 28. 89헌마1), 약사관리제도 불법운영과 한약업 사업권 침해에 관한 헌법소원(헌재 1991. 9. 16. 89헌마163), 의료법시행규칙에 관한 헌법소원(헌재 1993. 3. 11. 89헌마79), 1980 해직공무원의 보상 등에 관한 특별조치법 제2조 및 제5조에 대한 헌법소원(헌재 1993. 5. 13. 90헌마22), 침구사자격취득에 관한 헌법소원(헌재 1993. 9. 27. 89헌마248), 한방의료제도운용과 침구사업권에 대한 헌법소원(헌재 1993. 11. 25. 90헌마209), 조선철도(주) 주식의 보상금청구에 관한 헌법소원(헌재 1994. 12. 29. 89

11) Vgl. BVerfGE 74, 33(38), 기본법 제6조 제5항의 헌법위임을 실현하기 위하여 제정된 민법 제1934조의 C에 대하여 헌법소원을 제기해야 한다고 판시하였다; Zuck, Das Recht der Verfassungsbeschwerde, 1988, Rn.498 Fn.780.

12) 대표적으로 BVerfGE 56, 71f.

13) 판례집 1, 9, 17.

헌마2), 의료기사법 제1조 등에 대한 헌법소원(헌재 1996. 4. 25. 94헌마129 등) 등을 들 수 있다.

헌법재판소는 '조선철도(주) 주식의 보상금청구에 관한 헌법소원'(헌재 1994. 12. 29. 89헌마2)에서만 헌법적 입법의무를 인정하여 입법부작위에 대한 헌법소원을 적법하다고 판단하였고, 그 외의 모든 다른 결정에서는 청구인이 주장하는 내용의 헌법위임이 존재하지 않는다는 이유로(헌재 1991. 9. 16. 89헌마163; 헌재 1993. 11. 25. 90헌마209; 헌재 1996. 4. 25. 94헌마129) 또는 경과규정의 결여는 부진정입법부작위에 해당한다는 이유로(헌재 1989. 7. 28. 89헌마1; 헌재 1993. 3. 11. 89헌마79; 헌재 1993. 9. 27. 89헌마248) 또는 평등원칙의 위반은 부진정입법부작위에 해당한다는 이유로(헌재 1996. 11. 28. 93헌마258) 입법부작위의 위헌확인을 구하는 심판청구를 不適法한 것으로 각하하였다.

3. 입법부작위에 대한 헌법소원심판의 適法要件

가. 헌법소원심판의 일반적 적법요건

법률에 대한 헌법소원심판에서와 마찬가지로 입법부작위에 대한 헌법소원심판에서도 청구인은 입법부작위에 의하여 자신의 기본권이 현재, 직접 침해당해야 한다. 우선 청구인이 주장하는 입법부작위가 청구인 '자신의' 기본권을 침해해야 하므로, 일반적으로 청구인은 '입법자가 입법의무를 이행하는 경우 혜택을 받을 수 있는 인적 범위'에 속해야 한다. 또한 청구인이 주장하는 입법부작위가 청구인의 기본권을 현실적으로, 즉 과거나 미래가 아닌 '현재' 침해하고 있어야 한다. 한편, '기본권침해의 직접성'은 별도로 심사할 필요 없이 원칙적으로 인정된다.[14] 입법부작위는 입법의 不在를 그 대상으로 하는 것이므로, 존재하는 법률의 시행을 전제로 하는 법률의 집행행위는 존재하지 않는다. 또한 입법부작위에 대해서는 다른 구제절차가 없으므로 또한 '補充性의 原則'도 적용되지 않는다. 나아가, 입법부작위에 대한 헌법소원은 입법부작위가 계속되는 한, '청구기간'의 제한을 받지 않는다.

나. 헌법적 입법의무의 존재

입법의무의 내용과 범위를 본질적으로 규정하는 명시적인 憲法委任이나 또는 헌법해석을 통하여 기본권에서 도출할 수 있는 구체적 行爲義務나 保護義務가 존재해야 한다. 입법부작위는 입법의무의 내용과 한계를 명백히 규정하는 '구체적 헌법위임'을 요구하므로, 이러한 구체적 헌법위임은 헌법의 기본권이나 객관적 원칙(기본원리)에서 파생하는 입법자의 '일반적 의무'와는 구분되어야 한다.

---

14) Vgl. BVerfGE 11, 261; Leibholz/Ruppert, BVerfGG, 1968, §90 Rn.43.

모든 국가기관은 헌법규범을 실현하고 존중해야 할 의무를 지고 있으므로, 입법자는 그의 입법작용에 있어서 헌법규범의 구속을 받는다. 민주주의원리, 법치국가원리, 사회국가원리와 같은 헌법상의 基本原理는 입법자에게 그의 실현의무를 부과함으로써 입법자의 입법행위 전반을 구속한다. 그러나 이러한 헌법상의 일반원리로부터 나오는 '一般的 義務'는 구체적 입법의무를 부과하는 '헌법위임'과는 구별되어야 한다. 예컨대, 사회국가원리는 입법자에게 입법을 통하여 정의로운 사회질서를 형성해야 할 의무를 부과하지만, 이로부터 헌법소원을 통하여 다툴 수 있는 입법자의 구체적인 의무가 나오는 것은 아니다.

마찬가지로 '憲法合致的 法律을 제정할 의무' 또는 '위헌적 법률을 헌법합치적으로 개정해야 할 의무'도 입법자의 일반적 의무로서 헌법소원을 통하여 그 실현을 강제할 수 있는 헌법위임에 속하지 않는다. 연방헌법재판소가 적절하게 지적한 바와 같이, 청구인이 침해당했다고 주장하는 기본권은 "법률에 의하여 기본권이 침해당했을 때, 헌법소원으로 강제할 수 있는 '합헌적 법률 또는 基本權合致的 법률을 제정해야 할 의무'를 입법자에게 부과하지 않는다."[15] 연방헌법재판소는 법률에 대한 헌법소원에서 법률이 기본권을 침해하는 경우 단지 그 규정을 위헌으로 선언할 뿐, 위헌적 법률이 헌법합치적인 다른 법률로 대체되어야 하는지 여부는 입법자의 결정사항이므로, 기본권의 침해는 입법자에게 '합헌적 법률을 제정해야 할 의무'를 부과하지 않는다고 하였다. 기본권이 그러한 의무를 부과하지 않기 때문에 기본권에서 명백한 헌법위임을 도출할 수 없다고 판시하였다. 만일 기본권에서 이러한 一般的인 헌법적 의무를 인정한다면, 청구인은 청구기간의 구속을 받는 '위헌적 법률에 대한 헌법소원' 외에도 합헌적 법률을 제정하지 않은 '입법부작위를 심판의 대상으로 하는 헌법소원'을 청구기간의 제한을 받지 않고 제기할 수 있게 됨으로써, 헌법소원의 가능성은 합리적인 정도를 넘어 확대된다고 판시하였다.

또한, 평등원칙이 위반되는 경우에도 '평등원칙에 합치되는 상태를 회복해야 할 입법자의 헌법적 입법의무'는 인정될 수 없다.[16] 평등원칙에 위배된 경우 평등원칙에 합치하는 상태를 실현해야 할 입법자의 의무도 헌법상의 구체적인 의무가 아니라, 입법자가 입법을 통하여 평등원칙을 위반하였기 때문에 수반되는 반사적 결과로서 헌법위임이 아니다.

다. 眞正立法不作爲

헌법적 입법의무가 존재하더라도, 입법자가 존재하는 헌법적 입법의무에도 불구하고

15) Vgl. BVerfGE 11, 261f.; 23, 238.
16) Vgl. Maunz, in: BVerfGG, 1993, §90, Rn.111, 이에 관하여는 아래 Ⅳ. 1. 서술내용 참조.

전혀 아무런 입법행위를 하지 않은 경우에 한하여, 입법부작위에 대한 헌법소원이 허용될 수 있다. 그러나 입법자가 입법의무를 이행하기 위하여 입법활동을 했다면, 그 법률이 설사 청구인에게 불리하다고 하더라도 입법자는 그가 취해야 할 조치를 不作爲한 것이 아니다.[17] 그러므로 청구인이 적극적인 법률을 불충분·불완전한 것으로 간주한다면, 그는 직접 자신의 관점에서 불충분·불완전한 법률에 대하여 또는 법률을 집행하는 구체적인 처분에 대하여 법률이 정하는 제소기간 내에 헌법소원이나 행정소송을 제기해야 한다.

다만, 입법자가 입법위임이나 기본권 보호의무를 입법을 통하여 일단 이행하였으나 시간의 경과로 인하여 사후적으로 立法改善義務가 발생한 경우, 이러한 법적 상황은 보호의무를 이행하는 입법행위가 존재한다는 점에서 사실상 不眞正立法不作爲에 해당되나, 예외적으로 입법부작위에 대한 헌법소원이 허용될 수 있다.[18]

Ⅲ. 眞正·不眞正立法不作爲의 구분

1. 헌법재판소의 판례

우리 헌법재판소는 헌재 1989. 7. 28. 89헌마1 결정(제2차 사법서사법시행규칙에 관한 헌법소원)에서 "널리 입법부작위에는 기본권보장을 위한 법규정을 전혀 두고 있지 않은 경우와 이에 관한 규정은 두고 있지만 불완전하게 규정하여 그 보충을 요하는 경우를 상정할 수 있는데, 결국 이 사건은 후자의 범주에 속한다고 할 것이며, 이 경우는 그 불완전한 법규 자체를 대상으로 하여 그것이 헌법위반이라는 적극적인 헌법소원은 별론으로 하고, 입법부작위로서 헌법소원의 대상은 삼을 수 없다 할 것이다. 따라서 이 부분 청구는 부적법하다."고 판시하여,[19] 입법자가 입법은 하였으나 청구인의 관점에서 그 입법이 불충분·불완전한 경우는 부진정입법부작위에 속하는 것으로서 헌법소원의 대상이 될 수 없다고 밝혔다.

또한 침구사자격시험제도를 폐지하면서, 다만 의료법 부칙 제3항에서 '종전에 자격을 취득한 침구사'의 기득권을 보호하는 경과규정만 두고, 청구인 등과 같이 '침구사자격시험을 준비 중이던 사람들'을 위한 經過規定을 두지 아니한 것에 대하여 제기한 헌법소원사건[20]에서 "이 사건의 경우는 청구인들과 같은 처지에 놓여 있는 사람들에게 아무런 입법을 하지 아니하고 방치한 이른바 진정입법부작위의 경우라기보다는 … 이른바 부진정입법부작위의 경우에 해당한다 할 것인바, 이러한 부진정입법부작위에 대하여 재판

17) 이에 관해서는 자세한 것은 아래 Ⅲ. 서술내용 참조.
18) 이에 관해서는 자세한 것은 아래 Ⅵ. 3. 및 Ⅶ. 3. 서술내용 참조.
19) 판례집 1, 157, 163 이하.
20) 헌재 1993. 9. 27. 89헌마248 결정.

상 다툴 경우에는 그 입법규정, 즉 이 사건의 경우에는 의료법 부칙 제3항 그 자체를 대상으로 하여 그것이 헌법위반이라는 적극적인 헌법소원을 제기하여야 한다."라고 판단함으로써, 이 사건 헌법소원 심판청구는 청구기간 도과 후에 제기된 것이므로 부적법하다고 판시하였다.

2. 不眞正立法不作爲의 본질과 유형

가. 부진정입법부작위의 본질

일반적으로 입법부작위와 관련하여 "입법부작위의 개념에는 부진정입법부작위가 제외된다."고 언급한다면,[21] 이러한 표현은 다음과 같은 배경에서 이해되어야 한다. 입법자가 적극적인 입법행위를 하였고, 그 결과인 법률이 불완전·불충분함으로써 개인의 기본권(자유권 또는 평등권)을 침해한다면, 개인은 원칙적으로 입법자의 '瑕疵있는 입법행위'에 대하여 대항해야지, '하자있는 입법행위'를 '하자 없는 입법행위의 부작위'로 간주하여 입법부작위에 대한 헌법소원을 제기하여서는 아니 된다는 것을 의미한다.

언제, 어떠한 경우에 불완전하고 불충분한 입법에 의하여 기본권이 침해되기 때문에 '외견상의 입법부작위'의 형태로 나타날 수 있는지를 살펴보면, 이는 무엇보다도 바로 平等原則 違反의 경우[22] 및 自由權의 영역에서 經過規定의 缺如로 인하여 자유권이 침해당한 경우이다.

나. 경과규정과 입법부작위

입법자가 경과규정을 두어야 하는 이유는, 헌법에서 나오는 입법의무를 이행하기 위한 것이 아니라, 단지 입법자가 법률을 개정하면서 자유권을 제한하는 경우에 비례의 원칙과 신뢰보호의 원칙에 부합하게 규율하기 위한 필요성에서 나오는 것이다. 그러므로 경과규정의 不備는 헌법위임의 불이행이 아니다. 즉, '경과규정'이란, 입법자가 법률의 개정을 통하여 기본권을 제한하는 경우에 청구인의 신뢰보호이익을 적절하게 고려할 것을 입법자에게 요구하는 것이므로, 헌법소원 청구인이 경과규정의 결여를 이유로 기본권의 침해를 주장하는 경우, 경과규정의 제정을 요구하는 헌법위임이 존재하지 않는다. 이러한 경우 청구인은 경과규정이 결여된 입법자의 잘못된 결정인 '개정법률' 그 자체를 심판의 대상으로 삼아야 하는 것이지, 경과규정의 不備를 입법부작위의 형식으로 주장해야 할 아무런 필요성이 없는 것이다.

독일 연방헌법재판소도 입법자가 법률의 개정을 통하여 자유권을 제한하는 경우에는 일부 적용대상자에 대해서는 그들의 신뢰보호이익을 고려하는 경과규정을 두어야 하는

21) 예건대, 김지형, 입법부작위에 관한 헌법문제, 헌법재판제도의 발전, 헌법재판자료 제5집(1992), 9면.
22) 이에 관하여 아래 Ⅳ. 1. 서술내용 참조.

데, 이를 두지 않음으로써 신뢰보호원칙을 위반하여 자유권을 침해하는 경우에는, 經過規定의 不備라는 입법부작위가 헌법소원의 대상이 아니라, 입법자의 적극적인 입법행위의 결과인 그 당해법률에 대하여 헌법소원을 제기해야 한다고 판단하였다.[23)]

한편, 독일 연방헌법재판소는 이러한 경우에도 '입법자의 부작위'라는 표현을 간혹 사용함으로써 약간의 혼란을 불러일으키고 있으나, 여기서의 '입법부작위'는 진정한 의미의 입법부작위를 말하는 것이 아니다. 연방헌법재판소가 경과규정의 결여와 관련하여 '입법부작위'란 표현을 사용한다면 이는 전혀 다른 관점에서 사용하고 있다는 것에 유의해야 한다. 이러한 경우, 법률의 위헌성이 '존재하는 법률 그 자체'가 아니라 단지 '경과규정의 不備'에 있기 때문에 연방헌법재판소는 결정주문에서 당해규범의 무효선언을 피하고 경과규정을 두지 않은 不作爲의 違憲宣言 또는 憲法不合致決定을 정당화하기 위하여 '입법부작위'란 표현을 사용하고 있음을 유의하여야 한다.[24)] 즉 여기서는 연방헌법재판소가 왜 당해규범에 대한 원칙적인 무효선언이 아니라 '부작위의 위헌선언'이나 '당해규범에 대한 헌법불합치결정'이라는 변형결정을 하는지를 설명하기 위하여, 단지 '경과규정의 결여'를 '입법부작위'로 표현하고 있을 뿐이다.[25)]

다. 평등권과 입법부작위

(1) 헌법소원심판 청구인이 자신을 수혜자대상에서 제외한 施惠的 법률이 평등원칙에 위반된다고 주장하는 경우는 불완전하고 불충분한 입법에 의한 기본권침해를 주장하는 대표적인 경우, 즉 부진정입법부작위의 대표적인 경우에 해당한다.

그러나 독일 연방헌법재판소의 판례에 의하면, 평등원칙의 위반이 언제나 예외 없이 부진정입법부작위에 해당하는 것은 아니다. 기본권조항이 아닌 다른 헌법규정이 헌법위임을 내포하고 있고, 입법자가 이 헌법위임을 평등원칙에 위배되게 불완전하게 이행한다면, 이러한 '部分的 立法不作爲'도 경우에 따라서는 헌법소원의 대상이 될 수 있다. 헌법소원을 적법하게 제기하기 위해서는 헌법상 보장된 기본권의 침해가 존재해야 한다. 그러므로 '부분적 입법부작위'가 헌법소원의 대상이 되기 위해서는 입법자가 헌법위임을 위반함으로써 평등권과 같은 헌법상 보장된 기본권이 침해되어야 한다.[26)]

독일 연방헌법재판소는 BVerfGE 15, 46ff. 결정에서 입법자가 청구인의 財團을 기본

---

23) Vgl. BVerfGE 21, 173; 68, 272.

24) 규정되지 않은 것, 아직 입법화되지 않은 것은 존재하는 규범을 전제로 하는 무효선언의 대상이 될 수 없다. 따라서 위헌결정은 입법부작위에 있어서는 불가능하기 때문에, 연방헌법재판소는 '입법부작위의 위헌확인'만을 하게 된다. 그러나 연방헌법재판소는 '경과규정이 결여된 부진정입법부작위'에 대해서는 '흠결이 있는 법률 전체'에 대하여 위헌결정을 할 수 있음에도 불구하고, 대부분의 경우 경과규정을 두지 않은 (부진정)입법부작위의 위헌확인이나 헌법불합치결정을 하고 있다. 이에 관하여 자세하게 한수웅, 憲法不合致決定의 헌법적 근거와 효력, 헌법논총 제6집(1995), 506면 이하 참조.

25) Vgl. Stern, in: BK, Art.93 Rn.648.

26) Vgl. Maunz, in: BVerfGG, 1993, §90 Rn.116, 117; Stern, in: BK, Art.93 Rn.639f.

법 제131조에 규정된 인적 범위에 포함시켜야 함에도 불구하고, 기본법 제131조의 헌법위임을 이행하기 위하여 제정한 '기본법 제131조에 관한 법률'의 대상범위에 청구인의 재단을 포함시키지 않은 입법부작위로 인하여 평등권을 침해하였다고 판단하였다. 즉, 입법자가 독일 기본법 제131조의 명백한 헌법위임을 단지 부분적으로만 이행함으로써 평등원칙을 위반한다면, 기본법 제131조가 기본권조항이 아님에도 불구하고 청구인은 이 경우 헌법위임의 부분적인 이행으로 인한 평등권의 침해를 주장할 수 있기 때문에, 입법자의 '부분적 입법부작위'에 대한 헌법소원은 적법하게 된다. 기본권조항이 아닌 다른 헌법규정에서 헌법위임이 나오는 경우에는, 헌법위임의 위반으로 인하여 청구인의 기본권이 동시에 침해되는 때에만 청구인은 헌법소원의 형식으로 입법부작위를 주장할 수 있다.

(2) 위에서 서술한 바와 같이, 독일 연방헌법재판소의 판례에 의하면, 평등원칙의 위반으로 인한 법률의 불완전성이 곧 입법부작위를 의미하는 것이 아니라, '평등원칙의 위반'이 '다른 명시적인 헌법위임'과 결부되는 경우에만 입법부작위를 인정할 수 있다는 것을 유의하여야 한다. 물론 이 경우에도 원칙적으로 청구인은 입법자가 평등원칙에 위반하여 헌법위임을 불완전하게 이행한 그 결과인 '제정된 법률'을 헌법소원의 대상으로 하여야 한다.

그러나 연방헌법재판소는 "입법자가 헌법위임을 단지 부분적으로만 이행하고 이로써 평등권을 침해한다면, 평등원칙 위반을 이유로 한 헌법소원은 입법자의 '부분적 입법부작위'에 대해서도 제기될 수 있다. 만일 헌법위임이 기본법 제131조와 같이 규율대상인 입법사항의 포괄적인 범위 때문에 헌법위임을 한 번에 실현하는 통일적인 법률을 요구하는 것이 아니라 시간을 두고 단계적으로 이어지는 '부분적인 규정'을 허용한다면, 평등원칙 위반의 경우 헌법소원은 '불완전한 법률'을 그 심판대상으로 하여 제기되어야 한다는 원칙은 이러한 경우 예외적으로 정당화되지 않는다."고 판시함으로써, 헌법위임의 이러한 특수함을 고려하여 평등원칙 위반의 경우에도 예외적으로 '부분적 입법부작위'에 대한 헌법소원의 가능성을 인정하였다.[27]

라. '質的·相對的 입법부작위'와 '量的·部分的 입법부작위'의 구분의 문제점

입법자가 헌법위임을 부분적으로 이행함으로써 평등원칙에 위반되는 경우에 '부분적 입법부작위'에 대하여 독자적 헌법소원을 허용할 수 있다는 연방헌법재판소의 판례는 위와 같은 '독일의 특수한 법적 상황'에서 나오는 것임을 인식해야 한다.

그런데 입법부작위에 관한 우리 문헌을 살펴보면, 독일 연방헌법재판소의 위 판례를 수용하여, 평등원칙 위반의 경우 입법부작위를 '質的·相對的 입법부작위'와 '量的·部分

27) BVerfGE 6, 257, 264; 15, 46, 60.

的 입법부작위'로 구분하여 전자는 '부진정입법부작위'로 파악하고 후자는 '진정입법부작위'로 파악하려는 시도가 있다.[28)] 즉, 일정 입법사항에 대하여 '質的·相對的'으로 불충분·불완전하게 규율한 것은 '부진정입법부작위'이고, 여러 종류의 입법사항 가운데에서 일부 입법사항에 대하여는 규율하면서 나머지 입법 사항에 대하여는 전혀 입법행위를 하지 아니한 것을 '量的·部分的 부작위'라 하여 '진정입법부작위'의 범주에 포함시키려는 시도에는 독일 연방헌법재판소의 위 사고가 바탕에 깔려있다는 것을 이해하여야 한다.

입법부작위를 '질적 입법부작위'와 '양적 입법부작위'로 구분하는 국내 문헌의 관점에서 독일 연방헌법재판소의 판례를 살펴보면, 법률이 평등원칙에 위반되는 경우에는 입법자가 어떤 입법사항에 대하여 質的·相對的으로 불완전하게 규율하는 것으로 보아 그 법률을 헌법소원의 대상으로 삼아야 하는 '부진정입법부작위'로 판단하는 것이다. 반면에, 위 연방헌법재판소 결정에서와 같이 명시적인 헌법위임이 일정 집단을 입법으로 규율할 것을 규정하고 이를 이행하기 위하여 제정된 법률이 동등하게 취급되어야 할 집단 가운데 일부 집단에 대하여는 규율대상에서 전혀 언급을 하고 있지 않으나, 단계적 실현을 허용하는 헌법위임의 존재로 말미암아 그 집단 역시 규율대상이 되어야 하는 경우에는 평등원칙의 위반과는 별도로 헌법적 입법의무를 量的·部分的으로 이행하고 있지 않은 것으로 보아 '진정입법부작위'에 귀속시키고 있다.

그러나 독일 연방헌법재판소의 위 판례가 형성된 배경을 이해한다면, '質的 입법부작위' 또는 '量的 입법부작위' 등의 기준이 입법부작위의 개념을 확정하기에 적합한 척도인지 지극히 의심스럽고, 오히려 문제의 본질에 대한 파악을 어렵게 하고 개념과 용어의 혼란만을 가져온다. 이러한 이유에서 당연히 독일 연방헌법재판소나 독일의 문헌은 단 한 번도 소위 '質的 또는 量的 입법부작위'라는 표현을 사용한 적이 없다. 뿐만 아니라 기본법 제131조의 헌법위임이 입법자에 의하여 완전히 이행된 이후에는 BVerfGE 15, 46ff. 결정을 마지막으로 연방헌법재판소의 판결에서 더 이상 '부분적 입법부작위'라는 표현도 찾아 볼 수 없다.

독일 기본법 제131조와 같이 규율대상의 성질상 부분입법을 통한 단계적인 실현을 허용하는 특수한 경우에만 평등원칙과 헌법위임이 연계되어 소위 '부분적 입법부작위'의 존재가 인정되며, 이러한 '부분적 입법부작위'는 독일 기본법 제131조와 관련해서만 발생할 수 있는 거의 一回的 현상이다. 따라서 우리 헌법질서에서 '질적 또는 양적 입법부작위'를 구분하는 것은 전혀 의미가 없다.[29)] 그러므로 부진정입법부작위를 다시 '質的·相對的 입법부작위'와 '量的·部分的 입법부작위'로 구분하는 것은 그 구분기준의

28) 김지형, 입법부작위에 관한 헌법문제, 헌법재판제도의 발전, 헌법재판자료 제5집(1992), 12면; 헌재 1993. 5. 13. 90헌바22 등, 판례집 5-1, 272.

29) 이러한 '질적 또는 양적' 기준에 의하여 스스로 혼란을 야기함으로써 문제의 본질을 잘못 파악한 대표적인 사례가 헌재 1993. 5. 13 90헌바22 등 사건에서 소수의견이 피력한 견해이다(판례집 5-1, 272).

적합성과 타당성을 떠나서 한국의 헌법질서에서 그 법적 근거를 결여하고 있을 뿐만 아니라 전적으로 불필요하므로, 이러한 개념적 구분은 더 이상 사용되어서는 아니 된다.

3. 청구기간의 문제로서 진정 · 부진정입법부작위의 구분

가. 헌법소원심판에서 청구기간의 의미

진정 · 부진정 입법부작위의 구분은 헌법소원의 청구기간에 있어서 중요한 의미를 가진다. 부진정입법부작위의 경우에는 '제정된 법률'에 대하여 헌법소원을 제기해야 하기 때문에, 청구기간의 제한을 받으며 청구기간의 도과 후에 제기된 헌법소원은 부적법한 것으로 각하된다. 그러나 공권력의 불행사로 인한 기본권침해는 그 不行使가 계속되는 한 지속된다 할 것이므로, 공권력의 불행사에 해당하는 '입법부작위'에 대한 헌법소원심판은 입법자의 부작위가 계속되는 한 기간의 제약 없이 적법하게 청구할 수 있다.[30] 따라서 진정입법부작위의 범위를 폭넓게 인정하면 할수록, 개인은 청구기간의 제한을 받지 아니하고 입법자의 입법행위에 대하여 헌법소원을 제기할 수 있게 된다.

학계의 일각에서는 "입법부작위의 전제조건으로서 명백한 헌법위임이나 헌법해석을 통한 입법자의 보호의무나 행위의무를 요구하기 보다는 오히려 기본권침해의 상태가 현존하고 그것이 입법의 흠결 내지 부재에 의한 것이라고 주장될 때에는 입법부작위에 대한 헌법판단을 하여도 무방하지 않는가?"하는 의문을 제기하고, 평등원칙의 위반과 같은 부진정입법부작위의 경우도 진정입법부작위의 범주에 포함시켜 청구기간의 제한을 해제할 것을 주장하는 견해도 있다.[31] 그러나 이러한 견해는 아래와 같은 이유에서 타당하지 않다.

청구기간의 적용을 받는 헌법소원은, 청구인이 '제정된 법률'이 아니라 '입법부작위'의 위헌여부를 다툰다는 주장으로 아무 때나 임의로 제기될 수 없다. 헌법소원심판에서 청구기간의 확정은, 입법자가 법치국가원리를 구체화하고 실현함에 있어서 한편으로는 법적 안정성과 법적 평등의 요청, 다른 한편으로는 실질적 정의의 요청을 함께 고려하여 兩者를 조화시킨 결과이다. 입법자가 법률의 개정을 통하여 일정 영역을 새롭게 규율하면서 청구인의 신뢰보호이익을 고려하는 경과규정을 두지 않은 것이 청구인의 자유권을 침해하거나 또는 입법자가 수혜자의 범위를 자의적으로 결정하여 청구인을 제외한 것이 청구인의 평등권을 침해한다고 판단하면, 청구인은 '제정된 법률'에 대하여 법률의 제정 당시에 헌법소원심판을 청구하고 그 시정을 요구할 것을 정상적으로 기대할 수 있다. 그러나 법률제정시점으로부터 오랜 세월이 지난 후, 그 법률이 수없이 적용되고

30) 헌재 1994. 12. 29. 89헌마2; BVerfGE 6, 257, 266; 11, 255, 261.

31) 가령, 이석연, 입법부작위 헌법소원에서의 헌법판단의 범위, 공법학의 현대적 지평(계희열박사 화갑기념논문집), 1995, 412, 415면.

집행됨으로써 법률이 의도하는 효과나 질서가 현실화되고 정착된 이후에 제정된 법률이 불완전하기 때문에 소위 '입법부작위'가 존재한다는 주장으로 언제라도 항상 법률의 위헌성을 심사케 할 수 있다면, 이는 법치국가적 법적 안정성의 요청에 현저히 반하는 것이다.

만일 헌법소원심판 청구인이 '평등원칙에 위배되는 법률'이나 '경과규정이 결여된 법률'에 대해서는 청구기간의 제한 없이 언제라도 자신의 권리회복을 국가로부터 요구할 수 있는 반면, 그 외의 다른 형태로 기본권의 침해를 입은 청구인은 오로지 정해진 청구기간 내에만 권리구제를 요청할 수 있다면, 왜 前者의 경우에서만 청구기간이 실질적으로 폐지되어야 하는지에 대하여 의문이 제기되며, 이러한 법적 불평등을 정당화하는 어떠한 납득할 만한 합리적인 이유도 찾아 볼 수 없다. 또한, 오랜 기간 적용된 위헌적 법률의 경우에는 '그 사이 위헌적 법률의 적용을 받은 국민'과 '뒤늦게 위헌확인을 통하여 그 법률의 적용을 받지 않거나 달리 적용을 받는 국민' 사이의 불평등이 시간의 경과에 비례하여 深化되므로, '법적 평등의 원칙'도 심판청구의 적법성심사에 있어서 청구기간의 제한을 받지 아니하는 예외는 가능하면 제한적으로 인정될 것을 요구하고 있다.

나. 헌법소원의 독자적인 대상을 진정입법부작위에 한정해야 하는 이유

그러므로 법적 안정성과 법적 평등의 관점에서, 청구기간의 적용을 받지 않는 헌법소원심판의 청구는 진정입법부작위의 경우에만 예외적으로 인정되어야 한다. 헌법위임이 존재하나 입법자가 아무런 조치도 취하지 않은 진정입법부작위의 경우에는 아직 제정되지 않은 법률, 아직 존재하지 않는 것은 현실에 적용될 수도 없기 때문에, 위에서 서술한 법적 불평등의 문제나 법적 안정성에 대한 위험은 발생하지 않는다.

물론, 헌법재판소가 법령에 대한 헌법소원의 청구기간을 해석을 통하여 '법령의 시행과 동시에 기본권을 침해받는 경우'(客觀的 事由)와 '법령이 시행된 뒤 비로소 기본권을 침해받게 된 경우'(主觀的 事由)로 나누어 기산함으로써, 결과적으로 법령에 대한 헌법소원의 청구기간을 확장하였고, 이로써 제척기간으로서의 청구기간을 통하여 달성하려는 법적 안정성이 크게 저해되고 있는 것은 사실이다.[32] 그러나 이러한 법적 상황은, 청구기간이 그의 목적인 법적 안정성에 기여하기 위해서는 법률의 시행일과 같은 객관적인 시점을 제소기간의 기산점으로 하는 '객관적 사유'만을 인정하는 방향으로 헌법재판소법을 개선하자는 주장을 뒷받침할 수는 있으나, 청구기간이 본래의 기능을 제대로 이행하

32) 나아가, 법률을 집행하는 매개행위가 존재하기 때문에 법률에 의한 기본권침해의 직접성이 부정되는 경우에는, 법률에 대한 헌법소원심판의 청구기간이 경과한 후에도 헌법재판소법 제68조 제2항에 의한 '규범통제형 헌법소원'을 통하여 법률의 위헌성을 심사케 할 수 있는 길이 열려 있다. 이러한 의미에서, 헌법재판소법 제68조 제2항의 헌법소원심판도 구체적 소송사건을 계기로 하여 언제든지 당해재판에 적용되는 근거법률에 대한 규범통제를 가능케 함으로써 법적 안정성을 저해하는 측면이 있다.

고 있지 못하므로 지금 하고 있는 최소한의 기능마저도 폐지해야 한다는 주장을 정당화할 수는 없다.

부진정입법부작위에 대하여 별도의 독자적인 헌법소원을 인정한다는 것은, 동일한 법적 문제를 제소기간을 前後하여 '적극적인 법률에 의한 기본권침해'와 '소극적인 입법부작위에 의한 기본권침해'로 심판대상에 있어서 이중적으로 파악함으로써, 동일한 사안이 이중적으로 심사되어야 하는 결과를 초래한다. 헌법소원의 청구인이 청구기간 내에는 '제정된 법률'에 대하여 그리고 청구기간 후에는 '입법부작위'에 대하여 선택적으로 또는 이중적으로 헌법소원을 제기할 수 있다면, 이는 법률 자체에 대한 위헌심사를 받을 수 있는 권리구제수단이 존재한다는 관점에서도 불필요하고, 나아가 법적 안정성의 관점에서 보더라도 헌법소원심판에서 청구기간의 실질적인 폐지를 의미한다.

Ⅳ. 평등권과 입법부작위

1. 평등권이 헌법상 구체적 입법의무를 부과하는지 여부

가. 시혜적 법률에 의하여 초래된 '상대적 입법부작위'

평등원칙은 일단 입법자가 일정한 내용의 입법을 하면, 본질적으로 같은 것은 같게 다른 것은 다르게 취급할 것을 요구함으로써, 마치 행정법에서 '행정의 자기구속의 법리'가 발생하는 것과 유사한 형태로, 입법자의 입법이라는 事前的 행위에서 유래하는 規範力을 가지고 있다.[33] 입법자가 施惠的 법률을 제정하면서 청구인을 수혜자범위에서 배제한 경우, 청구인을 수혜자범위에 포함시키지 않은 입법부작위가 평등원칙에 위반된다는 것을 다투는 헌법소원은 단지 외형적으로만 입법부작위에 대한 헌법소원과 흡사하다.

입법자의 '흠결 있는 입법행위'는 항상 '흠결 없는 입법행위의 부작위'로 해석할 여지가 있다는 의미에서, 이러한 입법부작위는 단지 입법자가 시혜적 법률의 제정을 통하여 내린 '적극적 결정의 반사적 효과'일 뿐이다.[34] 청구인이 시혜적 법률에 대하여 자신을 수혜자범위에 포함시키지 않은 입법부작위가 평등원칙에 위반된다고 주장하는 경우, 이러한 입법부작위는 헌법적 입법의무에 근거하지 아니하고 단지 시혜적 법률의 제정에 의하여 비로소 초래된 입법부작위, 오로지 평등원칙의 관점에서만 발생할 수 있는 '相對的 입법부작위', 실제에 있어서는 입법부작위의 개념을 충족시키지 못하는 단지 외견상의 '虛僞 입법부작위'이다.[35] 평등원칙 그 자체는 입법자에게 헌법적으로 아무런 구체적 입법의무를 부과하지 않는다. 평등원칙은 헌법이 스스로 입법의 범위와 내용을 정하

33) Vgl. Maunz, in: BVerfGG, 1993, §90 Rn.111.
34) Vgl. Zuck, Das Recht der Verfassungsbeschwerde, 1988, S.228.
35) Vgl. BVerfGE 6, 264; Benda/Klein, Lehrbuch des Verfassungsprozeßrechts, 1991, S.181.

여 입법할 것을 명백하게 위임한 헌법위임이 아니다.

나. 평등원칙 위반의 경우 헌법소원의 대상으로서 '제정된 법률'

그러므로 평등원칙의 위반의 경우 헌법소원의 대상은 '입법부작위'가 아니라 입법자의 作爲, 즉 입법자가 '제정한 법률'이다. 청구인은 그가 속한 집단을 부당하게 수혜자범위에 포함시키지 않았다는 주장을 함으로써, 단지 입법자가 적극적인 입법을 하면서 평등원칙에 위배되게 수혜자범위의 경계설정을 잘못하였다는 것을 표현할 뿐이다. 이로써 청구인은 '입법자의 부작위'가 아니라 평등원칙에 위배되게 수혜자범위의 경계를 긋고 있는 입법자의 작위, 바로 '제정된 법률'을 헌법소원의 대상으로 삼고 있는 것이다.

따라서 평등원칙에 의하여 초래된 '相對的 입법부작위'와 '진정한 의미의 입법부작위'를 혼동하여, 평등원칙의 위반의 경우에도 청구기간의 구속을 받지 않는 '입법부작위에 대한 헌법소원'을 인정해서는 안 된다. 입법자의 적극적인 입법행위로 인하여 평등권이 침해된 경우, 개인은 이미 주어진 법적 구제수단을 활용하여 적극적인 입법행위나 그에 근거한 구체적인 처분에 대하여 헌법소원 또는 행정소송을 제기하여야 한다.[36] 이러한 경우에 입법부작위에 대한 헌법소원을 허용하는 것은 이미 주어진 권리구제수단을 간과하는 것이며, 나아가 청구기간을 실질적으로 폐지하는 결과를 가져 온다.[37]

2. 1980년 解職公務員의 보상 등에 관한 특별조치법에 대한 헌법소원

가. 헌재 1993. 5. 13. 90헌바22 등 결정

(1) 사건의 개요

1980. 7. 1.부터 같은 해 9. 30.까지의 기간 중 국가보위비상대책위원회의 정화계획에 의하여 해직된 공무원의 보상을 규율하기 위하여 '1980년 해직공무원의 보상 등에 관한 특별조치법'(이하 '특조법'이라 한다)이 1989년 제정되었다. 동법 제2조는 법률의 적용대상을 '공무원'에 한정하면서, 같은 기간 중 해직된 '정부산하기관 임직원'을 보상대상자에서 제외하고 다만 동법 제5조에서 '정부산하기관 직원'에 대하여는 해직공무원과 상응한 조치를 취하도록 행정지도만을 하도록 규정하였다.

이에 대하여, 청구인인 정부산하기관 임직원들은 위법 제2조 및 제5조에 대하여 헌법재판소법 제68조 제2항에 의한 헌법소원심판을 청구하였다. 위 사건에서 재판관 다수(위헌의견 5인, 합헌의견 4인)가 위 특조법조항이 청구인의 평등권을 침해한다고 확인하

36) BVerfGE 18, 257, 273; 23, 1, 11; 25, 236, 252; 52, 369, 379; 57, 335, 346; 62, 256, 288.
37) Vgl. Zuck, Das Recht der Verfassungsbeschwerde, 1988, S.228; Benda/Klein, Lehrbuch des Verfassungsprozeßrechts, 1991, S.181; 김지형, 입법부작위에 관한 헌법문제, 헌법재판제도의 발전, 헌법재판자료 제5집(1992), 11면.

였으나, 위헌결정 정족수인 재판관 6인의 미달로 인하여 "… 헌법에 위반된다고 선언할 수 없다."는 '위헌불선언결정'을 내렸다.[38)]

(2) 결정요지

(가) 재판관 5인의 다수의견[39)]

강제해직된 정부산하기간의 임직원이 국가공권력에 의한 피해자인 이상, 국가는 가해자의 입장에서 마땅히 해직공무원에 대한 것과 똑같이 보상책임을 져야 함에도 불구하고, 특별법을 제정하면서 국가의 이러한 헌법적 책무를 외면한 채 "해직공무원과 상응한 조치가 이루어질 수 있도록 행정지도"에 그치게 하고 그것마저도 정부산하기관의 임원을 그 대상에서 제외시킨 것은, 다 같은 국가공권력의 피해자에 대하여 오직 피해자의 신분에 따라 차별하는 것이어서 이는 헌법 제11조 제1항의 평등의 원칙에 반한다.

(나) 재판관 4인의 소수의견(법정의견)[40)]

이 사건 법률조항은 당해 소송사건에 적용할 법률이 아니므로 裁判의 前提性이 없다고 하여 심판청구를 각하하여야 할 것이지 본안에 들어가 그 위헌여부를 판단할 필요가 없고, 이 사건은 어디까지나 헌법재판소법 제68조 제2항에 의한 헌법소원사건일 뿐 그 속에 입법부작위에 대한 위헌확인청구가 포함되어 있다고 볼 수 없으므로 그에 대한 판단은 필요 없다.

만약 어떤 헌법적 근거 또는 위임에 의하여 입법자에게 해직된 者 전원에 대한 입법의무가 있다고 가정하더라도, 이 사건 심판대상인 특조법의 경우에는 헌법상 입법의무의 대상이 되는 여러 종류의 입법사항 가운데 일부 입법 사항인 '공무원'에 대하여는 입법을 하면서 나머지 입법사항인 '정부산하기관 임직원'에 대하여는 전혀 입법행위를 하지 아니한 입법행위의 결여 즉 진정한 의미의 입법부작위에 해당한다고 볼 수 있는 것이지, 입법자가 입법의무의 대상인 어떤 입법사항에 대하여 입법을 함에 있어 그 중 일부에 관하여 質的, 相對的으로 불완전, 불충분하게 규율하여 차별적인 취급을 하고 있는 부진정입법부작위의 경우에 해당한다고 볼 수 없다.

나. 소수의견(법정의견)의 문제점

(1) 裁判의 前提性이 부인되는지 여부

법 제68조 제2항의 심판청구가 적법하기 위해서는 '재판의 전제성' 요건을 충족시켜

38) 헌법재판소는 초기에 합헌결정의 일종으로서, "… 이 헌법에 위반된다고 선언할 수 없다."는 형식의 주문을 취하는 '위헌불선언결정'을 채택한 바 있다. 위헌불선언결정은 재판관 9인 중 위헌의견이 다수이기는 하나 위헌결정 정족수인 6인에 이르지 못한 경우, 재판관의 과반수 이상이 위헌의견을 가지고 있다는 것을 표현하고자 채택된 주문이었으나, 현재는 더 이상 사용되고 있지 않다.

39) 판례집 5-1, 253, 254.

40) 판례집 5-1, 253, 254-255.

야 한다. 재판의 전제성이란, 구체적인 사건이 법원에 계속 중이어야 하고, 위헌여부가 문제되는 법률이 당해 소송사건의 재판에 적용되는 것이어야 하며, 법률이 헌법에 위반되는지 여부에 따라 당해사건을 담당하는 법원이 다른 내용의 재판을 하게 되는 경우를 말한다.

위 결정에서 다수의견은 특조법이 당해소송사건에 적용할 법률에 해당하므로 재판의 전제성을 인정하였고 본안에서 평등원칙의 위반을 확인하였다. 그러나 소수의견은, "특조법의 적용대상은 어디까지나 해직공무원이고 따라서 이 법률은 청구인이 속하는 정부산하기관 임직원과는 무관한 법률이며 당해소송사건에 적용할 법률이 아니므로, 재판의 전제성이 없기 때문에 본안에 들어갈 필요도 없이 각하하여야 한다."고 판시하였다. 소수의견은 특조법의 명칭으로 보나 그 법의 적용대상을 공무원에 국한시킨 것으로 보나 정부산하기관 직원의 재판의 전제성이 없다고 주장한다.

그러나 소수의견에 대하여 보건대, 시혜적 법률에서 배제된 자는 어떠한 의미에서든 그 법률의 직접적인 적용대상에서 제외된다는 것을 우선 지적해야 한다. 평등원칙의 위반에 있어서 재판의 전제성 여부를 결정하는 기준은 법률이 규정하는 적용대상의 범위가 아니라, 헌법재판소가 심판청구를 인용하는 경우에 청구인에게 유리한 법적 효과를 가져 올 수 있는지 여부이다.[41] 헌법재판소가 특조법에 대하여 "청구인을 특조법의 수혜대상에 포함시키지 않은 것은 청구인의 평등권을 침해한다."고 확인하는 헌법불합치결정을 내린다면, 청구인에게는 입법개선을 통하여 특조법의 혜택에 참여할 수 있는 길이 열려 있고, 따라서 청구인 법적 지위의 향상을 기대할 수 있다. 헌법재판소가 헌법불합치결정을 하는 경우, 법원은 소송절차를 정지하고 입법자의 입법개선을 기다려 판단해야 하고, 이로써 법률이 합헌일 때와는 다른 판단을 하게 되므로, 재판의 전제성이 인정된다.

시혜적 법률이 하나의 집단에게 혜택을 부여하고 다른 집단을 혜택에서 제외한 경우, 소수의견을 따른다면 제외된 집단은 항상 '법률의 적용대상'이 아니므로 재판의 전제성이 부인되는 결과를 가져오게 된다. 그러나 법률이 일정 집단을 평등원칙에 위배되게 혜택으로부터 배제한 경우에 그 집단에 속하는 청구인이 평등원칙의 위반을 주장하는 것이 시혜적 법률에 있어서 평등원칙이 적용되는 대표적인 경우인 것이다. 만일 소수의견이 주장하는 바와 같이, 법률의 적용범위가 '해직공무원'이므로 '정부산하기관 임직원'은 이 법률과 무관하다고 한다면, 수혜자범위에서 자의적으로 배제된 집단은 평등원칙의 위반을 주장하는 것 이외에 어떠한 방법으로 자신을 법률의 규율대상에 포함시

41) 여기서는 청구인이 헌법재판소법 제68조 제2항에 의한 규범통제형 헌법소원을 제기하였기 때문에 적법요건으로서 '裁判의 前提性'이 문제되고 있으나, 만일 청구인이 헌법재판소법 제68조 제1항의 권리구제형 헌법소원심판을 청구하였다면, 결국 문제의 실체는 청구인이 '자신의 평등권 침해'를 주장할 수 있는지의 기본권침해의 自己關聯性의 有無이다.

켜 달라고 주장할 수 있는지 의문이 제기된다.[42] 바로 이러한 경우, 즉 입법자가 일정 사항을 규율함에 있어서 혜택을 받는 대상의 경계설정을 잘못하여 일정 집단이 수혜대상에서 제외된 경우가 바로 평등원칙의 典型的인 適用例인 것이다. 그러므로 '공무원에 대한 규율'과 '정부산하기관의 임직원에 대한 규율'을 각각 별개의 입법사항으로 보고, 특조법으로 '공무원'에 대하여만 규율을 하고 '정부산하기관의 임직원'에 대하여는 전혀 규율을 하지 않았다고 주장함으로써 재판의 전제성을 부인하는 소수의견은 중대한 오류를 안고 있다.

(2) '정부산하기관 임직원'에 대하여 입법하지 않은 것이 진정입법부작위인지 여부

소수의견은 특조법과 정부산하기관의 임직원 사이의 법적 관련성 및 재판의 전제성을 부인함으로써, 권리구제절차의 代案으로서 대신 '입법부작위에 대한 헌법소원'의 가능성을 제시할 수밖에 없었다. 더욱이, 소수의견은 입법부작위의 판단에 있어서 '질적·상대적 입법부작위'와 '양적·부분적 입법부작위'의 구분기준을 사용하였고, 그 결과 특조법은 정부산하기관의 임직원에 대하여는 전혀 아무런 규율을 하고 있지 않다는 이유로 이러한 입법부작위를 '진정입법부작위'로 간주하였다. 소수의견은 이어서 헌법재판소법 제68조 제2항에 의한 헌법소원심판에서는 진정입법부작위가 심판의 대상이 될 수 없다는 그 자체로서는 타당한 견해를 바탕으로, 청구인에게 입법부작위에 대하여는 헌법재판소법 제68조 제1항에 의한 헌법소원을 제기할 것을 간접적으로 촉구하였다. 이로써 소수의견은 특조법이 정부산하기관의 임직원을 보상대상자의 범위에서 제외한 것은 헌법적 판단의 필요성이 있다는 것을 인정하면서도 본안판단에 참여하지 못하는 결과가 발생하였다.

소수의견이 입법부작위의 판단에 있어서 '질적·상대적 입법부작위'와 '양적·부분적 입법부작위'의 구분기준을 사용하여 위 사안을 '진정입법부작위'로 판단한 것은, 위에서 이미 언급한 바와 같이 문제의 해결에 전혀 기여하지 못하는 불필요하고 사실상 법적으로 존재하지도 않는 기준을 사용한 것으로 '중대한 오류'임을 다시 한 번 지적해야 한다. 나아가, 일견하여 입법부작위의 의심이 있는 사항에 대하여 '헌법적 입법의무'가 존재하는지 여부의 판단을 유보하고 진정입법부작위인지 아니면 부진정입법부작위인지를 따지는 것은 무의미한 작업이다. 이미 위에서 확인한 바와 같이, 평등원칙 위반의 경우에는 명시적인 헌법위임이나 헌법해석을 통하여 도출되는 입법자의 행위의무나 보호의무가 존재하지 않으므로, 당사자가 입법부작위에 대하여 헌법소원을 제기한다 하더

42) 만일 1960년대 또는 70년대에 유사한 조치로 인하여 해직당한 공직자들이 특조법에 자신들을 포함시키지 않은 것이 그들의 평등권의 침해라고 주장한다면, 특조법이 규율하려는 대상이 1980년의 강제해직조치이므로 특조법과 청구인과는 아무런 법적 관련성이 없다고 할 수 있으나, 1980년에 동일한 조치로 해직당한 '정부산하기관 임직원'에게는 특조법과 명백한 법적 관련성, 즉 규범통제형 헌법소원의 경우에는 재판의 전제성이 인정되는 것이다.

라도 헌법적 입법의무의 不在로 인하여 심판청구는 각하될 수밖에 없다.

그러나 소수의견이 입법부작위의 전제조건인 헌법적 입법의무의 존부를 가리지도 않은 채 입법부작위의 가능성을 언급함으로써, 청구인에게 불필요한 기대감을 유발하는 결과를 초래하였다. 청구인은 이 사건 헌법소원이 기각된 후 소수의견의 판시내용을 따라 헌법재판소법 제68조 제1항에 의하여 '입법부작위에 대한 헌법소원'을 제기하였는데, 청구인의 심판청구는 특조법과 같은 법률의 제정의무를 부과하는 헌법위임이 존재하지 않는다는 이유로 부적법하여 각하되었다(헌재 1996. 11. 28. 93헌마258). 이 사건은 법정의견인 소수의견이 재판의 전제성 요건을 잘못 판단함으로써 권리구제를 구하는 청구인에게 얼마나 많은 헛수고를 초래하고 헛된 희망을 불러일으킬 수 있는지를 잘 보여주는 사례이다.

Ⅴ. 자유권과 입법부작위

1. 자유권이 헌법상 구체적 입법의무를 부과하는지 여부

자유권적 기본권은 일차적으로 개인의 자유 영역에 대한 국가의 부당한 침해를 금지하는 소극적 방어권이다. 對國家的 防禦權으로서의 자유권은 국가에게 일정한 작위의무를 부과하는 것이 아니라 오히려 부작위의무를 부과하고 있다. 그러므로 자유권의 이러한 소극적인 기능이 입법자에게 헌법적 입법의무를 부과하는 경우는 생각할 수 없다.

또한, 기본권의 제한을 법률에 위임하는 헌법상 法律留保規定도 입법자에게 헌법의 한계 내에서 기본권을 제한할 수 있는 권한을 부여하는 授權規定이지, 입법의무를 부과하는 헌법위임이 아니다.[43] 이러한 수권규정은 입법자에게 기본권을 제한하는 법률을 제정해야 할 의무를 부과하고 있는 것이 아니라, 입법자가 스스로 입법형성권의 범위 내에서 기본권을 제한하는 법률을 제정할 것인지 여부를 결정할 수 있는 권한을 부여하고 있다.

마찬가지로 재산권의 公用收用 가능성을 규정하는 헌법 제23조 제3항도 국가에게 공익상의 이유로 필요한 경우에는 공용수용을 할 수 있는 권한을 부여하면서, 국가가 공용수용의 권한을 사용하는 경우에는 법률로써 보상에 관하여 규정할 것을 요구하고 있다.[44] 여기서 '보상에 관하여 규정해야 하는 입법자의 의무'는 헌법이 직접 부과하는 의무가 아니라, 입법자가 공용수용의 형태로 재산권을 제한하는 권한을 사용한 결과로서, 즉 입법행위의 결과로서 비로소 발생하는 것이다. 그러므로 헌법 제23조 제3항에서 공

43) Vgl. Maunz, in: BVerfGG, 1993, §90 Rn.108, 109; Benda/Klein, Lehrbuch des Verfassungsprozeßrechts, 1991, S.180.

44) Vgl. Maunz, in: BVerfGG, 1993, §90 Rn.109; Stern, in: BK, Art. 93 Rn.645.

용수용에 대한 보상을 규정하고 있는 것은, 수용의 형식으로 재산권을 침해하는 법률을 제정함에 있어서 재산권보장의 위반으로 인하여 위헌적인 법률이 되는 것을 피하기 위하여 보상규정을 두어야 할 필요성을 규정하고 있을 뿐이지, 그러한 법률을 꼭 제정하여야 할 헌법위임을 의미하는 것이 아니다.

나아가, 법률의 내용 중에서 '결여된 부분'과 '그 외의 부분'이 하나의 不可分의 통일체를 형성하고 있어서 전체의 규정이 분할될 수 없다면, 헌법소원은 적극적인 법률에 대하여 그의 폐지를 목적으로 제기되어야 한다.[45] 독일 연방헌법재판소에 의하여 확립된 結合條項(Junktimklausel)의 원칙에 의하면, 공용수용에 관한 법률에서 보상규정의 결여는 그 자체뿐만 아니라 법률 전체가 위헌이라는 결과를 가져온다. 따라서 법률의 내용 중에서 보상규정이 결여되어 있다면, 이는 독자적으로 헌법소원의 대상이 될 수 있는 진정한 입법부작위가 아니다. 보상규정의 결여는 법률 전체의 무효를 의미하기 때문에, 청구인은 보상규정의 결여라는 외견상의 입법부작위가 아니라 적정한 보상규정을 두지 않은 채 수용을 명하는 적극적인 법률 자체에 대하여 헌법소원을 제기하여야 한다.[46]

2. 조선철도(주) 주식의 보상금청구에 관한 헌법소원

가. 헌재 1994. 12. 29. 89헌마2 결정

(1) 사건의 개요

軍政法令 제75호 '조선철도의 통일'(1946. 5. 7. 제정)에 의하여 조선철도 주식회사 등의 全財産이 公用收用되자 조선철도주식회사의 주식을 소유하고 있던 '대한금융조합연합회'는 군정법령이 정한 손실보상을 받기 위하여 정한 기간 내에 美軍政廳에게 위 주식에 관한 보상청구서를 제출하였다. 그러나 6.25 사변으로 인하여 보상관계서류가 소실됨으로써 1961. 2. 11. 대한민국 교통부장관이 사설철도회사의 주주의 등록을 하도록 공고하였으므로, 위 대한금융조합연합회의 재산일체를 인수한 '농업협동조합중앙회'는 1961. 2. 17. 이에 따른 등록을 마쳤다. 위 농업협동조합중앙회는 1961. 10. 20. 위 주식을 공매처분하면서 동시에 위 주식에 따른 보상청구권 또한 양도하였는데, '청구외 김민수'가 그 중 일부 주식을 매수하면서 주식에 따른 보상청구권을 승계 취득하였고, 위 농업협동조합중앙회는 1971. 5. 11. 교통부장관에게 보상청구권의 양도사실을 통지하였다.

1961. 12. 30. 공포된 '朝鮮鐵道의 統一廢止法律'(이하 '폐지법률')에 의하여 군정법령이 폐지된 이후 위 주식에 관한 보상절차가 중단되자 위 김민수는 대한민국을 상대로 주

45) BVerfGE 8, 274ff.
46) BVerfGE 4, 230.

식에 관한 보상청구권확인청구소송을 제기하여 서울고등법원 및 대법원에서 손실보상청구권이 있음을 확인하는 내용의 승소판결을 받아 그 판결이 확정되었다. 그러나 대한민국정부는 위 손실보상금의 확정·지급을 가능하게 하는 근거법령이 없다는 이유 등으로 위 손실보상금의 지급을 거부하여 왔다.

청구인은 1977. 12. 28. 위 김민수로부터 주식과 이에 따른 보상청구권을 양수하였으나 지금까지 대한민국으로부터 보상금을 지급받지 못하여 헌법상 보장된 재산권을 침해당했다는 이유로 1989. 1. 11. 선택적으로, 군정법령을 폐지한 후 사설철도회사 재산의 수용으로 인한 손실보상절차를 규정하는 법률을 제정하지 아니하는 입법부작위의 위헌확인 또는 청구인에 대하여 군정법령 제4조, 제5조에 따른 보상금의 사정·확정절차를 취하지 아니하는 행정부작위의 위헌확인 또는 폐지법률 위헌확인을 구하는 이 사건 헌법소원심판을 청구하였다.

이에 대하여 1994. 12. 29. 헌법재판소는, "폐지법률 시행 이전에 사설철도주식회사의 재산관계관리자로서 미군정청에게 보상청구서면을 제출하여 수용으로 인한 보상청구권을 포기하지 않은 것으로 확정된 자 또는 그 보상청구권을 승계취득한 자에 대하여 수용으로 인한 손실보상금을 지급하는 절차에 관한 법률을 제정하지 아니하는 입법부작위는 위헌임을 확인한다."고 결정하였다.

(2) 결정요지[47]

우리 헌법은 制憲 이래 현재까지 일관하여 재산의 수용, 사용 또는 제한에 대한 보상금을 지급하도록 규정하면서 이를 법률이 정하도록 위임함으로써 국가에게 명시적으로 收用 등의 경우 그 보상에 관한 입법의무를 부과하여 왔는바, 해방 후 私設鐵道會社의 전 재산을 수용하면서 그 보상절차를 규정한 군정법령 제75호에 따른 보상절차가 이루어지지 않은 단계에서 '朝鮮鐵道의 統一廢止法律'에 의하여 위 군정법령이 폐지됨으로써 대한민국의 법령에 의한 수용은 있었으나 그에 대한 보상을 실시할 수 있는 절차를 규정하는 법률이 없는 상태가 현재까지 계속되고 있으므로, 대한민국은 위 군정법령에 근거한 수용에 대하여 보상에 관한 법률을 제정하여야 하는 입법자의 헌법상 명시된 입법의무가 발생하였으며, 위 폐지법률이 시행된 지 30년이 지나도록 입법자가 전혀 아무런 입법조치를 취하지 않고 있는 것은 입법재량의 한계를 넘는 입법의무의 불이행으로서 보상청구권이 확정된 자의 헌법상 보장된 재산권을 침해하는 것으로 위헌이다.

47) 판례집 6-2, 395, 396.

나. 위 결정의 문제점

(1) 헌법 제23조 제3항의 보상의무가 '헌법적 입법의무'인지 여부

헌법재판소는 위 결정에서 헌법 제23조 제3항의 보상의무를 '헌법적 입법의무'로 해석함으로써, 처음으로 입법부작위에 대한 헌법소원의 適法性을 인정하고, 나아가 본안에서 심판청구를 인용하였다. 이에 따라, 헌법재판소는 보상규정을 마련하지 않은 공용침해의 경우에는 청구기간의 제한을 받지 아니하고 언제든지 보상규정의 立法 不備를 이유로 헌법소원을 제기할 수 있는 길을 열어놓았다.

위 사건에서 제기되는 가장 중요한 법적 문제는, "공공필요에 의한 재산권의 수용·사용 또는 제한 및 그에 대한 보상은 법률로써 하되, 정당한 보상을 지급하여야 한다."고 규정한 헌법 제23조 제3항이 보상에 관한 입법의무를 부과하는 憲法委任을 담고 있는지의 문제이다. 위에서 이미 언급한 바와 같이, 위 헌법규정은 보상에 관한 법률을 제정할 것을 요구하는 헌법위임에 해당하지 아니한다. 헌법 제23조 제3항에 의한 공용침해의 경우 보상규정을 두어야 하는 입법자의 의무는, 입법자가 공용침해의 형태로 재산권을 침해하는 권한을 사용한 결과, 결국 적극적인 입법행위의 결과로서 발생하는 것이다. 입법자가 공용침해를 할 수 있는 수권규정을 사용하지 않는다면, 보상규정을 두어야 할 의무 또한 생기지 않는다. 입법자의 입법여부에 따라 발생할 수 있는 의무는 헌법이 부여한 입법의무가 아니다. '헌법상의 입법의무'란 입법자를 구속하면서 입법자에게 일정 내용의 행위의무를 부과하는 것이기 때문에, 입법자가 자신의 행위를 통하여 임의로 의무의 발생여부를 결정할 수 있다면, 이러한 의무는 헌법상의 의무라고 할 수 없다. 헌법은 제23조 제3항에서 보상법률을 명시적으로 언급함으로써, 입법자가 공용침해의 형태로 헌법상의 재산권을 합헌적으로 제한하는 요건, 즉 공용침해에 관한 수권규정을 합헌적으로 사용하는 요건을 규정하고 있을 뿐이다.

만일 헌법 제23조 제3항의 보상규정에 관한 요청을 헌법적 입법의무로 파악한다면, 헌법소원의 청구인은 동일한 사건에서 한편으로는 '공용수용의 형태로 재산권을 제한하면서 보상규정을 두지 아니한 법률'을 심판대상으로 하여, 다른 한편으로는 '보상규정을 두어야 함에도 두지 아니한 입법부작위'를 심판대상으로 하여 二重的으로 헌법소원을 제기할 수 있다는 결과가 발생한다. 그 결과, 청구기간의 도과를 前後하여 청구기간 내에는 법률에 대하여, 청구기간 후에는 언제든지 입법부작위에 대하여 이중적으로 헌법소원을 제기할 수 있는 길이 열리게 된다. 이로써 헌법소원의 가능성은 합리적인 정도를 넘어 무제한으로 확대되는데, 이러한 결과는 법적 안정성, 소송경제, 법적 평등의 관점에서 보아도 법치국가적으로 용인할 수 없는 것이다.

입법자가 보상규정을 두지 아니하고 공용수용을 가능하게 하는 법률을 제정하는 경우, 개인은 '제정된 수용법률'에 대하여 헌법소원심판을 청구함으로써 기본권침해를 제거하게 할 수 있는 법적 구제수단을 가지고 있다. 그러므로 이와는 별도로 '보상규정의 결여'를 진정입법부작위로 간주하여 청구기간의 제한을 받지 않는 '입법부작위에 대한 헌법소원'을 허용하는 것은 불필요할 뿐만 아니라, 법적 안정성의 관점에서도 청구기간에 관한 규정을 空洞化하는 것이다.

(2) '폐지법률'에 대한 헌법소원의 제기 가능성

이 사건에서는 입법자가 공용수용에 대하여 보상규정을 둔 군정법령을 제정하였으나, 보상절차가 이루어지기 전에 廢止法律에 의하여 군정법령이 폐지됨으로써 법령에 의한 수용은 있었으나 그에 대한 보상을 실시할 수 있는 절차를 규정하는 법률이 없는 상태가 계속되고 있다. 즉, 입법자는 원래 재산권의 보장에 합치하는 법률을 제정하였으나, 그 후 법률의 폐지로 인하여 위헌적인 상태가 발생하였다. 그러나 이러한 위헌적 상태는, 입법자가 처음부터 아무런 입법행위를 하지 않은데 기인하는 것이 아니라 '법률의 제정과 폐지'라는 적극적인 입법활동의 결과로서 발생한 것이다. 따라서 이 경우에도 법률의 폐지를 규정하는 개정입법('폐지법률')에 대하여 '폐지법률이 재산권을 침해한다는 주장'으로 헌법소원을 제기하는 것이 가능하므로, '폐지법률의 위헌여부'를 심판대상으로 삼지 않고 폐지법률의 제정 이후 보상법률을 제정하지 아니한 '입법자의 부작위'를 심판대상으로 하는 것은 마찬가지로 불필요하고 법적 안정성의 요청에 반한다.

'폐지법률'에 대한 헌법소원의 경우, 청구인은 헌법재판소 발족 이전부터 폐지법률의 제정으로 인한 기본권침해의 사유를 알고 있었으므로, 헌법소원심판청구는 헌법재판소가 발족함으로써 심판청구가 가능하게 된 1988. 9. 19.부터 60일 이내에 제기하였어야 하나, 청구인은 1989. 1. 11. 이 사건 헌법소원심판을 청구하였으므로 청구기간이 도과하였다.

Ⅵ. 국가의 기본권 보호의무와 입법부작위

헌법재판소는 "헌법해석상 특정인에게 구체적인 기본권이 생겨 이를 보장하기 위한 국가의 행위의무 내지 보호의무가 발생하였음이 명백함에도 불구하고 입법자가 아무런 입법조치를 취하고 있지 않은 경우가 입법부작위에 해당할 것"이라고 밝힘으로써 '헌법해석을 통한 헌법적 입법의무'의 존재가능성을 인정하였다. 헌법재판소가 어떠한 상황에서 헌법해석을 통하여 헌법적 입법의무를 인정할 수 있는지에 대하여는 명확하게 밝히지는 않았으나, 위 판시내용은 우리 헌법재판소가 독일 연방헌법재판소의 판례를 받아들여 약간의 변형을 가한 것이므로, 그의 원형인 독일의 판례와 학설을 살펴보기로 한다.

1. 입법자의 기본권 보호의무[48)]

가. 기본권 보호의무의 이론적 배경

(1) 독일에서 헌법해석을 통한 헌법적 입법의무의 확대

독일 연방헌법재판소는 입법자의 헌법상의 입법의무를 초기에는 명시적인 헌법위임에 국한하였으나, 명백한 헌법위임 외에도 헌법해석을 통해서 입법자의 헌법적 입법의무를 도출해 낼 수 있는지의 문제가 논의되었다.[49)] 이는 무엇보다도 헌법해석을 통하여 자유권적 기본권의 객관적 측면인 '客觀的 價値秩序'에서 도출될 수 있는 행위의무 및 보호의무에 관한 것이었다. 우선 연방헌법재판소는 일련의 결정에서,[50)] 국민의 생명권 및 신체불가침권을 규정하는 기본법 제2조 제2항 제1문은 국가공권력에게 부당한 침해를 금지하는 '소극적인 對國家的 防禦權'(禁止規範)일 뿐만 아니라, 국가에게 제3자인 私人의 위법적 침해로부터 개인의 생명과 신체를 보호하고 유지하여야 할 의무를 부과하고, 이에 상응하는 적극적 조치를 취할 것을 명령하는 '命令規範'이라고 판시하였다.

(2) 자유권의 '객관적 가치질서'로부터 국가의 보호의무의 도출

자유권을 국가권력에 대한 개인의 주관적 권리인 '소극적 방어권'이자 동시에 '객관적 가치질서'나 '객관적 규범'으로 파악한다면, 객관적 질서로서의 자유권은 헌법상의 기본원리인 법치국가원리·민주주의원리·사회국가원리와 마찬가지로 그 내용의 실현을 요구하게 된다. '객관적 가치질서'로서의 자유권은 입법·행정·사법의 모든 국가행위의 방향을 제시하는 지침규정으로 작용함으로써, 자유권의 객관적인 내용을 실현해야 할 국가의 과제 또는 의무를 의미한다.[51)] 자유권이 객관적 가치질서의 요소라면, 그의 보호목표는 법질서에 의하여 실현되어야 한다. 자유권을 '특정 보호법익과 자유에 관한 헌법의 가치결정'으로 이해한다면, '자유권은 국가에 대하여 개인의 법익과 자유를 효과적으로 보호해 줄 것도 요청한다'는 사고가 이로부터 나온다. 따라서 자유권의 객관적인 측면으로부터 '자유권을 실현해야 할 의무'의 핵심적 내용으로서 자유권을 사인의 침해로부터 보호해야 할 국가의 보호의무가 나오게 된다. 그 결과, 국가가 기본권 보호의

---

48) 보호의무에 관하여 vgl. E. Klein, Grundrechtliche Schutzpflicht des Staates, NJW 1989, S.1633ff.; Isensee, Das Grundrecht als Abwehrrecht und als staatliche Schutzpflicht, in: Isensee/Kirchhof(Hg), HbStR, Bd.V, 1992, §111, S.143ff.; Stern, Das Staatsrecht der BRD, Bd.Ⅲ/1, 1988, S.728ff., 931ff.; Jarass, Grundrechte als Wertentscheidungen bzw. objektivrechtliche Prinzipien in der Rechtsprechung des BVerfG, AöR 110(1985), S.378ff.; Ossenbühl, Die Interpretation der Grundrechte in der Rechtsprechung des BVerfG, NJW 1976, S.2102f.

49) 독일에서의 헌법위임의 발전에 관한 조감으로 vgl. Zuck, Das Recht der Verfassungsbeschwerde, 1988, S.228f.; Stern, Das Staatsrecht der BRD, Bd.Ⅲ/1, 1988, S.1286ff.

50) BVerfGE 36, 1, 31f.; 39, 1, 41; 46, 160, 164; 49, 89, 141f.; 53, 30, 57; 56, 54, 73.

51) Vgl. Hesse, Grundrechte, in: Benda/Maihofer/Vogel, HbVerfR, 1983, S.85; Stern, Das Staatsrecht der BRD, Bd.Ⅲ/1, 1988, S.92.

무를 위반함으로써, 개인의 기본권을 침해할 수 있는 것이다.

국가의 기본권 보호의무는 신체불가침권이나 생명권과 같은 자유권에만 국한되는 것이 아니라 모든 자유권에 내재하면서 자유권의 객관적 측면에서 유래하는 일반적 원칙으로 볼 수 있다. 이로써 자유권은 일차적으로 국가에 대한 '소극적 방어권'으로서 국가의 공권력이 개인의 기본권을 부당하게 침해하는 것을 금지하고, 나아가 '객관적 가치질서'로서 국가가 제3자(私人)의 침해로부터 개인의 자유권을 보호해야 할 의무를 담고 있다. '대국가적 방어권'과 '국가의 보호의무'란 두개의 기본권적 측면은 모두 자유권의 보호를 목적으로 하나, 방어권은 '국가로부터의' 침해를, 보호의무는 '私人으로부터의' 침해를 방지하는 것을 각 그 목적으로 하고 있다. 즉, 방어권은 국가로부터 사적 영역에 대한 침해의 금지란 '소극적 부작위'를, 보호의무는 국가로부터 그 의무의 실현을 위한 '적극적 행위'를 요구하고 있다.[52] 보호의무는 입법자에게 제3자로부터의 기본권 침해의 위험을 방지할 수 있는 전반적인 법적 상태를 마련하고 유지해야 할 포괄적인 의무를 부과하게 된다.

(3) 헌법 제10조 後文의 '국가의 인권보장의무'의 의미

자유권이 이러한 객관적 기능을 가진다는 것은 헌법 제10조 후문에서도 표현되고 있다. 헌법 제10조 후문은 "국가는 … 기본적 인권을 … 보장할 의무를 진다."고 규정하고 있는데, 여기서 '인권을 보장할 의무'란 일차적으로, 국가가 스스로 개인의 자유를 존중하고 침해하지 않음으로써 자유를 보장해야 한다는 것을 뜻한다. 그러나 자유를 위협하는 사회현상의 변화에 따라 인권보장의 의미와 성격도 달라진다.

오늘날 인권이 국가뿐만 아니라 사회에 의해서도 위협을 받는다는 것을 고려할 때, 국가가 단지 개인의 자유공간을 침해하지 않는 것만으로는 개인의 자유가 충분히 보장되지 않으며, 이를 넘어서 국가는 인권에 대하여 새로이 발생하는 위협에 적극적으로 대처하여 개인의 자유를 보장해야 한다. 그러므로 '인권을 보장할 의무'란 소극적으로 국가의 부작위의무에 그치지 아니하고, 사인에 의한 침해에 대해서도 개인의 인권을 적극적으로 보호해야 할 의무를 함께 포함한다. 이로써 '인권을 보장할 의무'는 인권을 국가와 사회로부터 보호해야 할 의무, 즉 국가가 인권을 스스로 침해해서도 안 될 뿐만 아니라, 사인이나 사회적 세력으로부터 발생하는 인권침해나 위협에 대하여도 개인을 보호해야 할 국가의 의무가 있다는 것을 뜻한다. 우리 헌법질서에서는 자유권의 객관적인 측면을 통하여 이론을 구성할 필요 없이 직접 위 헌법규정에서 국가의 보호의무가 나온다고 볼 수 있다.

52) Vgl. Jarass, Grundrechte als Wertentscheidungen bzw. objektivrechtliche Prinzipien in der Rechtsprechung des BVerfG, AöR 110(1985), S.378ff.

(4) 국가의 보호의무 이행에 있어서 기본권충돌의 상황

입법자에 의한 보호의무의 이행은 가해자인 제3자의 자유권에 대한 제한을 동시에 수반하게 되므로, 보호의무는 필연적으로 제3자의 대국가적 방어권과 충돌하게 된다. 따라서 입법자는 보호의무를 이행하기 위하여 사인간의 관계를 규율함에 있어서 국가에 대하여 기본권을 주장하는 兩 기본권주체와 만나게 된다.[53] 피해자인 사인은 국가에 대하여 보호의무의 이행을 요구하고, 가해자인 사인은 국가에 대하여 자신의 기본권을 존중해 줄 것을 요구한다. 이로써, 두 개의 상이한 국가의 의무, 즉 '가해자의 기본권에 대한 제한을 통하여 실현되는 보호의무' 및 '가해자인 제3자의 기본권에 대한 존중의무'가 서로 대립한다. 보호의무의 이행은 보호대상자에게는 '자유의 보호'라는 이익으로, 가해자인 제3자에게는 '자유의 제한'이란 불이익으로 나타나는 양면적 성격을 띠고 있다. 국가는 보호의무를 이행함에 있어서, 기본권의 보호를 받고 있는 제3자인 가해자의 이익도 피해자의 이익과 마찬가지로 고려하고 존중해야 한다. 자유권에 의하여 보장된 법익을 보호하고자 하는 국가의 시도가 이와 충돌하는 다른 법익에 대한 과도한 침해를 가져와서는 안 된다.

그러므로 입법자는 보호의무를 이행하는 경우, 한편으로는 사인으로부터의 기본권침해에 대해서 아무런 조치를 취하지 않음으로써 피해자를 전혀 보호받지 못하는 상태에 방치해서는 안 되며, 다른 한편으로는 가해자인 제3자의 기본권을 제한하더라도 그의 기본권을 존중하여 기본권에 대한 제한이 최소한에 그치도록 규율해야 한다. 즉, 입법자는 타인의 기본권을 침해하는 제3자의 기본권을 과도하게 제한해서도 안 되고, 침해받는 사인의 기본권을 과소하게 보호해서도 안 된다. 결국, 입법자는 과잉금지원칙과 과소금지원칙에 의하여 이중적으로 구속을 받는다. 즉, 국가보호의무의 이행에 있어서 서로 충돌하는 두개의 기본권적 지위를 조화와 균형의 상태로 이끌기 위하여, 한편으로는 가해자인 제3자의 자유는 '과잉제한금지의 원칙'에 의하여 존중되어야 하며, 다른 한편으로는 피해자의 자유는 '過小保護禁止의 원칙'에 의하여 보호되어야 하는 것이다.

나. 기본권 보호의무에 관한 독일 연방헌법재판소의 판례

(1) 연방헌법재판소는, 受胎로부터 12주 이내에는 의사에 의한 낙태행위를 허용하도록 규정한 독일 형법 제5차 개정법률조항에 대한 추상적 규범통제절차에서 1975. 2. 25. 선고한 결정(Fristenlösung)에서,[54] 기본법 제2조 제2항 제1문은 국가에게 태아의 생명에 대한 보호의무를 부과하고 있고, 태아의 생명이란 중요한 헌법적 법익이 형벌의

---

53) Vgl. Isensee, Das Grundrecht als Abwehrrecht und als staatliche Schutzpflicht, in: Isensee/Kirchhof (Hg), HbStR, Bd.V, 1992, §111, S.188ff.

54) BVerfGE 39, 1.

수단 이외에는 달리 효율적으로 보호될 수 없는 극단적인 경우에 한하여 입법자는 예외적으로 형벌을 도입해야 할 책임이 있는 것인데, 수태로부터 12주 이내의 낙태를 허용하는 위 형법규정은 헌법적으로 존중할 만한 아무런 근거가 없는 경우에도 낙태행위를 가벌성으로부터 제외함으로써 위 기본법조항에 위반된다고 판단하였다.

(2) 테러범들이 '쉴라이어(Schleyer) 박사'를 납치한 다음, 당시 교도소에 수감되어 있는 동료들의 석방과 독일로부터의 자유로운 출국을 요구하면서 이를 보장하지 않는 경우에는 쉴라이어 박사를 살해하겠다고 위협하였다. 이에 쉴라이어 박사의 가족들이 독일 연방헌법재판소에 쉴라이어 박사의 이름으로, '박사의 생명에 대한 위험을 방지하기 위하여 납치범의 요구에 응해야 할 의무를 연방정부에게 부과할 것'을 청구하는 가처분 신청을 하였다.

연방헌법재판소는 위 사건에서 국민의 생명을 테러범으로부터 보호해야 할 '국가의 보호의무'를 인정하였으나, 납치범의 요구를 거부하여야 할 다른 헌법적 법익(무엇보다도 국민 전체에 대한 보호의무)의 관점에서 '보호의무 이행의 방법'을 국가의 재량으로 판단함으로써 가처분신청을 기각하였다.[55] 물론, 여기서 문제된 것은 입법자에 의한 보호의무의 이행이 아니라 행정부(연방정부)에 의한 보호의무 이행이었다.

(3) Düsseldorf 공항 인근의 소음보호지역의 주택소유자들이 '비행소음에 관한 법률'을 개선하지 아니한 입법자의 부작위를 주장하면서 헌법소원을 제기한 비행기소음 사건(Fluglärmentscheidung)에서, 연방헌법재판소는 기본법 제2조 제2항에서 파생하는 보호의무는 비행기소음으로 인하여 개인의 건강을 위해하는 효과를 방지하고 억제해야 할 국가의 의무도 포함한다고 하여, 보호의무의 존재 가능성을 인정하였으나, 本案에서 입법개선의무의 명백한 위반을 확인할 수 없다는 이유로 심판청구를 기각하였다.[56]

(4) 독일 山林所有者들이 연방정부와 입법자가 大氣汚染에 대한 조치를 취하지 않음으로써 山林被害를 입었다는 주장으로 제기한 '부작위에 대한 헌법소원'(Waldschadenfall)에서[57] 연방헌법재판소는 청구인이 연방정부의 行政不作爲를 주장하는 한, 헌법소원은 보충성원칙의 위반으로 부적법하다고 판단한 다음, 이어서 立法不作爲에 관하여 판단하였다.

연방헌법재판소는 대기오염으로부터 개인의 생명과 재산권을 보호해야 할 입법자의 보호의무를 인정하였으나, 법률의 제정여부와 그 내용은 일반적으로 司法的 판단을 벗어나는 경제적·정치적·예산법적 상황에 달려 있기 때문에 입법자의 보호의무가 존재한다고 하여 곧 입법부작위에 대한 헌법소원이 적법하다고 추정할 수 없다고 판시하였

55) BVerfGE 46, 160.
56) BVerfGE 56, 54, 김지형, 입법부작위에 관한 헌법문제, 헌법재판제도의 발전, 헌법재판자료 제5집(1992), 33면에서 개선의무위반의 명백성을 적법성요건으로 서술하고 있으나, 이는 개선의무위반의 위헌성을 확인하는 본안판단의 문제이다.
57) BVerfGE Vorprüfungsausschuß(1983. 9. 14의 결정), NJW 1983, S.2931f.

다. 그러나 연방헌법재판소는 심판청구의 適法性에 관한 최종적 판단, 즉 국가의 보호의무로부터 입법자의 '구체적 헌법적 입법의무'가 도출되는지 여부의 판단을 유보하였다.

대신, 연방헌법재판소는, 환경(대기)오염의 원인과 결과 및 인과관계가 과학적으로 아직 뚜렷하게 규명되지 않았기 때문에 국가의 보호의무가 어떠한 방법으로 입법적 조치를 통하여 실현되어야 하는지 불명확하고, 환경보호의 문제는 다른 헌법적 법익(예컨대, 사회국가 실현의 실질적 전제조건으로서의 경제성장 또는 국가에게 상대적 완전고용의 의무를 부과하는 근로의 권리)과의 타협과 조화를 요구하며, 나아가 독일만의 문제가 아니라 인접 국가 등 국제적 연관관계에 놓여있는 지극히 복합적인 문제인 반면, 입법자는 나름대로 대기보호를 위한 일련의 조치를 취했으므로, 헌법소원이 명백하게 이유 없다고 하여 헌법소원을 수리하지 않았다.[58)]

(5) 최근에 에이즈 퇴치를 위한 입법조치를 하지 않았다는 '입법부작위에 대한 헌법소원'에서도,[59)] 연방헌법재판소는 '국가의 보호의무'를 인정하였으나, 역시 마찬가지로 '구체적 헌법적 입법의무'를 요구하는 심판청구의 적법성에 관한 판단을 유보하였다. 대신, 연방헌법재판소는 '보호의무의 존재에도 불구하고 입법자가 아무런 조치를 취하지 않은 경우도 아니고 취한 조치가 명백하게 불충분한 경우도 아니다'라는 이유로 보호의무의 위반을 부인함으로써, 헌법소원이 명백하게 이유 없다고 하여 헌법소원을 수리하지 않았다.

(6) 최근에 연방헌법재판소는 1990. 2. 7. 선고한 '商法 제90a조에 대한 결정'에서 처음으로 '私法規定'에 의한 보호의무의 위반을 확인하였다.[60)] 위 결정의 일차적 의미는, 직업의 자유 영역에서도 국가의 보호의무를 인정함으로써, 국가의 보호의무가 신체불가침권이나 생명권과 같은 '人身에 관한 기본권'에만 국한되는 것이 아니라 원칙적으로 모든 기본권에 내재하는 일반원칙임을 밝힌 것에 있다. 나아가, 위 결정의 또 다른 의미는, 형법이나 행정법과 같은 公法上의 영역뿐만 아니라 私法의 영역에서도의 입법자에게 개인의 기본권을 제3자의 침해로부터 보호해야 할 보호의무가 부과된다는 것을 밝힌 데 있다.

위 결정에 따르면, 직업의 자유는 국가에 대한 소극적인 방어권일 뿐만 아니라 제3자나 사회세력에 의한 침해로부터 직업의 자유를 보호해야 할 국가의 의무를 부과한다. 私的 自治의 원칙은 원칙적으로 계약당사자들이 자유로운 자기결정을 할 수 있는 상황에서만 인정될 수 있기 때문에, 계약당사자 일방이 절대적으로 우세하기 때문에 계약의

58) 독일 헌법소원제도에는 사전절차로서 '수리절차(Annahmeverfahren)'가 규정되어 있는데, 형식적 요건의 심사에만 국한되는 한국의 '사전심사'(헌법재판소법 제72조)와는 달리, 적법성의 심사에만 그치는 것이 아니라 또한 명백하게 이유 없는 사건이나 또는 이유 있는 헌법소원이라도 청구인에게 단지 아주 경미한 손해가 발생하는 경우에는 수리하지 않을 수 있다.

59) BVerfG, Kammerentscheidung, EuGRZ 1987, 353.

60) BVerfGE 81, 242.

내용이 다른 일방에게는 실질적으로 타인에 의한 결정을 의미하고 그가 자력으로 이에 대항할 수 없다면, 입법자는 私法의 영역에서도 사적 자치의 전제조건을 회복하는 적극적인 행위를 해야 한다. 그러므로 입법자가 私法의 영역에서 보호입법을 하지 않는 경우에도 '입법부작위에 대한 헌법소원'의 가능성이 인정되는 것이다.

그러나 연방헌법재판소는 위 결정에서 입법자가 상법 제90a조에서 사인의 침해로부터 개인의 직업의 자유를 보호하는 충분한 보호규정을 두었지만, 동조 제2항 제2문에서 너무 광범위한 예외를 허용하였기 때문에, 포괄적인 예외규정이 보호의무의 위반으로 헌법에 합치하지 않는다고 결정하였다.[61]

(7) 위에서 살펴본 바와 같이, 연방헌법재판소가 지금까지 단지 소수의 결정에서, 무엇보다도 개인의 생명권과 신체불가침권에서 파생하는 국가의 보호의무의 존재를 인정하였고, 보호의무의 위반은 지금까지 '생명권'과 관련하여 낙태결정(형법조항에 대한 추상적 규범통제절차)에서 그리고 '직업의 자유'와 관련하여 상법 제90a조에 대한 결정(법원의 재판에 대한 헌법소원을 통한 간접적 규범심사)에서 확인하였다. 그러나 보호입법의 부재를 이유로 제기된 '입법부작위에 대한 헌법소원'의 경우에는 '입법자의 보호의무'를 인정하면서도 입법자의 '구체적 입법의무'의 存否, 즉 심판청구의 적법요건에 관한 최종적 판단을 하지 아니하고, 모두 명백히 이유 없다고 하여 심판청구를 기각하거나 헌법소원을 수리하지 않았다.

2. 입법자의 立法改善義務

독일 연방헌법재판소는 보호의무와 관련하여 이로부터 파생되는 입법개선의무도 인정하였다.[62] 입법 당시에는 합헌적으로 간주되던 법률이 그 후 시간이 경과함에 따라 상황의 변화로 인하여 위헌적으로 되어버린 경우에는 입법자에게 이러한 위헌적 상태를 제거해야 할 '헌법적 입법개선의무'가 발생한다. 입법자가 입법개선을 전혀 하지 않는다면, 이는 입법개선의무의 위반으로서 입법자의 부작위는 헌법소원의 대상이 될 수 있다고 판시하였다.[63] 여기서의 '입법자의 입법개선의무'는 헌법이 스스로 부과하는 또 하나의 독자적인 입법의무가 아니라, 보호의무의 사후적 보완의무로서 '보호의무에서 파생하는 從屬的 義務'이다. 가령, 입법자가 개인의 생명권과 신체불가침권을 보호하기 위한 조치의 일환으로서 '비행소음의 규제에 관한 법률'을 제정하였으나, 위 법률의 제정 이

---

61) 이 결정에 관한 논문으로 Hermes, Grundrechtsschutz durch Privatrecht auf neuer Grundlage?, NJW 1990, S.1764ff.

62) 개선의무에 관하여 vgl. Zuck, Das Recht der Verfassungsbeschwerde, 1988, S.234f.; Steinberg, Verfassungsrechtliche Kontrolle der "Nachbesserungspflicht" des Gesetzgebers, Der Staat 1987, S.161ff.; 한국문헌으로는 김지형, 입법부작위에 관한 헌법문제, 헌법재판제도의 발전, 헌법재판자료 제5집(1992), 31면 이하.

63) Vgl. BVerfGE 56, 71f.

후에 비행기운항 상황의 변화(비행기의 운항횟수의 현격한 증가 등)에 따라 현재의 입법이 개인의 건강권과 신체불가침권을 충분히 보호할 수 없다면, 입법자에게는 법률을 개선해야 할 의무가 발생한다는 것이다.

결국 입법자의 입법개선의무는 입법의 개선과 보완을 통하여 입법자의 기본권 보호의무를 이행하기 위한 것이므로, '기본권 보호의무'의 영역에 귀속시킬 수 있는 것이다. 연방헌법재판소는 本案 판단에서는 여기서도 역시 마찬가지로 '明白性 理論'에 근거하여, 입법자가 입법개선의무의 부작위로 인하여 국가의 보호의무를 위반함으로써 기본권을 침해한 것으로 인정하기 위해서는, 입법개선의무 위반이나 기본권침해의 정도가 명백할 것을 요구하고 있다. 즉, 시간의 경과에 따라 상황의 변경이 생겨 헌법적으로 도저히 용인할 수 없는 상태가 발생하였음에도 불구하고 입법자가 전혀 아무런 입법개선행위를 하지 않거나 또는 명백히 잘못된 입법개선조치를 취한 경우에 한하여만 보호의무 및 입법개선의무의 위반으로 인한 기본권의 침해를 인정할 수 있다고 판단하였다.[64)]

3. 국가의 기본권 보호의무와 진정·부진정입법부작위

가. 입법부작위에 대한 헌법소원의 적법요건

입법자가 헌법적 입법의무에도 불구하고 어떠한 입법사항에 관하여 전혀 입법을 하지 않고 있는 경우를 '진정입법부작위'로 파악하고, 입법자가 법률의 제정을 통하여 입법행위를 하였으나 그 법률이 입법사항에 관하여 불완전·불충분하게 규정한 것은 '부진정입법부작위'로 파악하는 구분은 '기본권 보호의무'에 있어서도 마찬가지로 유효하다. 따라서 입법자에게 헌법상 보호의무가 발생하였음에도 불구하고 보호의무를 이행하는 아무런 입법을 하지 않았다면, 이는 바로 '입법부작위에 대한 헌법소원'이 허용되는 '진정입법부작위'에 해당한다. 보호의무의 위반을 이유로 '입법부작위에 대한 헌법소원'을 제기하기 위해서는 다음과 같은 適法要件을 충족시켜야 한다. 첫째 헌법해석을 통하여 기본권에서 '보호의무'를 도출할 수 있어야 하고, 나아가 입법자에게 입법을 통하여 보호의무를 이행해야 할 '헌법적 입법의무'가 발생해야 하며, 둘째 입법자가 보호의무의 이행을 위한 아무런 입법을 하지 않은 '진정입법부작위'가 존재해야 한다.

그러나 입법자가 보호의무의 이행을 위한 아무런 입법을 하지 않는 것은 실제로는 지극히 예외적 현상에 속한다. 따라서 진정입법부작위를 주장하여 헌법소원을 제기하는 경우는 실제로 거의 발생하지 않는다. 보호의무의 위반을 이유로 헌법소원을 제기하는 대부분의 경우는 입법자에 의한 '보호의무의 불완전·불충분한 이행'을 문제 삼고 있다. 입법자에 의한 '보호의무의 불완전한 이행'이 문제가 되는 경우, 입법자가 보호의무를

64) BVerfGE 56, 81.

이행하려고 나름대로 시도한 법률규정, 즉 입법자의 적극적인 입법행위가 존재한다. 그러므로 청구인은 그가 불완전·불충분하다고 간주하는 '법률'에 대하여 청구기간 내에 헌법소원을 제기해야 한다.[65)]

나. 청구기간의 도과 후에도 '법률'에 대한 헌법소원의 제기 가능성

여기서 제기되는 또 다른 문제는, 보호의무를 이행하는 법률에 대한 청구기간의 도과한 후에 개인이 불충분한 保護立法을 改善하지 않는 입법자의 不作爲를 '입법부작위에 대한 헌법소원'의 형태로 다툴 수 있는지 여부이다. 입법자는 보호의무를 이행하기 위하여 입법을 하였고, 입법자에게 인정되는 광범위한 판단 및 예측재량을 고려한다면 그 당시로는 합헌적 법률을 제정하였다. 그러나 시간이 경과함에 따라, 입법자의 예측이 잘못된 것으로 드러나고 추가적인 보호조치가 필요하게 될 수 있다. 이 경우 단지 '적극적인 입법행위'만이 개선의 대상이 될 수 있고, 개선될 수 있는 것은 결코 '부작위'일 수 없으므로, 입법개선의무의 이행에 대한 헌법적 심사는 원칙적으로 개선의 필요성이 있다고 주장되는 '제정된 법률'에 대하여 이루어져야 한다. 즉 여기서도 보호의무의 경우와 마찬가지로 입법부작위의 문제가 아닌, 입법자의 적극적 행위에 관한 것이다.[66)] 그러나 문제는, 입법개선의무의 불이행을 주장하는 대부분의 경우에 헌법소원의 청구기간이 도과된다는 것이다.

그러므로 원래의 보호입법이 이미 청구기간의 도과로 인하여 더 이상 적법하게 헌법소원심판의 대상이 될 수 없다면, 입법자의 부작위에 대하여, 즉 입법개선의무를 適時에 이행하지 않은 입법부작위에 대하여 헌법소원이 허용될 수 있는지의 문제가 제기되는 것이다. 독일 연방헌법재판소는, "청구기간의 도과 후에는 입법부작위를 이유로 하는 헌법소원은 기껏해야, 입법자가 원래 합헌적으로 간주된 규정을 개선해야 할 헌법적인 의무를 그의 부작위에 의하여 위반했다는 관점에서만 고려될 수 있다."고 판시하여,[67)] 입법개선의무 위반의 경우 '입법부작위에 대한 헌법소원'의 가능성을 인정하였다.

독일 연방헌법재판소는 근래에 일련의 결정에서[68)] 보호의무의 위반을 이유로 제기된 '입법부작위에 대한 헌법소원'의 문제를 다루었으나, 適法性에 관한 판단을 유보하고 대신 本案 판단에서 명백하게 이유 없다고 하여 헌법소원을 기각하였다. 이러한 판례의

---

65) BVerfGE 56, 71f.; Dörr, Verfassungsbeschwerde in der Prozeßpraxis, 1990, S.41f.; Zuck, Das Recht der Verfassungsbeschwerde, 1988, Rn.501.

66) Vgl. Zuck, Das Recht der Verfassungsbeschwerde, 1988, Rn.510, 그는 여기서 청구기간의 도과가능성을 간과한 채, 입법개선의무의 문제가 입법자의 적극적인 행위가 아닌 입법부작위의 영역에서 다루어지는 것에 대하여 의문을 제기하고 있다.

67) BVefGE 56, 54, 71f.

68) BVerfGE 56, 54, 70ff.(공항소음 결정); BVerfG, NJW 1983, 2931, 2932(산림피해 결정); BVerfGE, EuGRZ 1987, 353, 354(에이즈 퇴치 결정)

경향에서 한편으로는 '입법부작위를 대상으로 하는 헌법소원'의 적법성문제는 독일에서도 아직 완전히 해명되지 않았다는 것을 엿볼 수 있다. 다른 한편으로는 연방헌법재판소는 청구인이 주장하는 '보호의무의 위반'을 일반적으로 '입법개선의무의 위반'으로 청구인에게 유리하게 해석함으로써, 진정·부진정입법부작위를 구분하지 아니하고 폭넓게 적법성을 인정하고 있음을 알 수 있다.[69] 그러나 연방헌법재판소는 본안판단에서, 입법자의 잘못된 예측판단이 명백하게 증명될 수 있고 보호의무가 명백하게 위반된 경우에만 헌법소원이 인용될 수 있다고 판시함으로써,[70] 입법개선의무의 위반에 있어서도 헌법재판소의 심사를 '명백성 심사'에 국한하고 있다. 그러므로 보호의무나 입법개선의무의 위반을 이유로 한 헌법소원은 성공가능성이 매우 낮다.

4. 평등권을 보장하기 위한 국가의 보호의무?

평등권을 보장하기 위한 국가의 보호의무는 존재하지 않는다.[71] 우선 국가의 보호의무는 국가가 제3자의 침해로부터 보호하려는 개인의 사적 영역, 즉 보호범위를 전제로 한다. 평등권에 있어서는 그의 고유한 보호범위가 존재하지 않으므로, 보호범위에 대한 침해 또한 있을 수 없다.[72]

자유권에 대한 국가의 보호필요성과는 달리, 국가는 원칙적으로 사인에 의한 평등권의 침해로부터 개인을 보호할 의무가 없다. 국가의 보호의무를 발생시키는 기본권은 원칙적으로 자유권적 기본권이며, 평등권은 사인에 의한 침해의 대상이 될 수 없다. 개체의 고유성, 상이함, 실질적 불평등을 전제로 하는 사인간의 '사적자치의 원칙'은 그 본질상 처음부터 사인에 의한 평등권의 침해가능성을 배제하고 있는 것이다.[73] 만일 국가가 사인의 침해로부터 개인의 평등권을 보호해야 할 의무, 이로써 결국 사인관계에서의 평등원칙을 실현해야 할 의무를 인정한다면, 평등조항은 국가 외에도 또한 개인을 직접 구속함으로써 사회영역에서의 사적 자치원칙을 폐지하고, 결국 국가와 사회의 일치를 가져오게 된다. 그러므로 사인에 의하여 불평등한 취급(예컨대 종교적, 인종적 이유로 식당이나 극장 등의 입장거부)을 받은 개인은 자신의 평등권에 대한 침해를 호소할 수 있는

---

69) 입법자가 일정 영역에서 아무런 입법조치를 취하지 않았다면, 이는 '진정입법부작위'로서 입법부작위에 대한 헌법소원이 적법하고, 만일 입법자가 취한 조치가 불충분하기 때문에 '부진정입법부작위'에 해당하는 경우라면 청구인이 '입법개선의무의 위반'을 주장하는 것으로 해석함으로써 예외적으로 부진정부작위에 대한 헌법소원도 적법하다. 연방헌법재판소가 근래 일련의 결정들에서 입법부작위의 성격이 眞正인지 아니면 不眞正인지에 관하여 전혀 판단하지 않은 것은, 아마도 바로 이러한 이유에 기인하는 것으로 판단된다.

70) BVerfGE 56, 54, 80; BVerfG, NJW 1983, 2931, 2932; BVerfGE, EuGRZ 1987, 353, 354.

71) 평등원칙의 본질에 관하여, 한수웅, 憲法不合致決定의 헌법적 근거와 효력, 헌법논총 제6집(1995), 489면 이하 참조.

72) Vgl. Pieroth/Schlink, Grundrechte, Staatsrecht Ⅱ, 1985, Rn.495, 549; Gallwas, Grundrechte, 1985, S.38.

73) 또한 이러한 의미로 vgl. Isensee, Das Grundrecht als Abwehrrecht und als staatliche Schutzpflicht, in: Isensee/Kirchhof(Hg), HbStR, Bd.V, 1992, §111, S.193f.

것이 아니라, 인간의 존엄성이나 행복추구권과 같은 기본권에 대한 침해를 주장하여 국가의 기본권 보호의무를 통하여 국가로부터 보호를 요청할 수 있다.

Ⅶ. 사회적 기본권과 입법부작위

1. 사회국가원리의 구체화된 헌법적 표현으로서 사회적 기본권[74)]

여기서 제기되는 문제는, 헌법이 규정하는 사회적 기본권에서 헌법위임을 이끌어낼 수 있는지 여부이다. 사회적 기본권은 우리 헌법에서의 사회국가원리의 가장 중요하고도 뚜렷한 표현으로서, 헌법은 무엇보다도 사회적 기본권을 통하여 사회국가원리를 헌법에 수용하고 있으며, 이로써 동시에 사회국가원리가 사회적 기본권을 통하여 구체화되고 있다.[75)]

사회국가원리는 사회의 모든 영역에서 사회정의를 실현하여야 할 국가의 의무를 규정함으로써 국가정책의 근본적인 방향이나 목표만을 제시할 뿐, 정의로운 사회질서가 어떠한 방법과 수단을 통하여 구체적으로 실현되어야 하는지에 관하여는 원칙적으로 개방적인 입장을 취하고 있다. 정의로운 사회질서를 형성하기 위하여 매 경우 어떠한 조치가 필요한지에 관한 결정은 의회민주주의에서 일차적으로 사회형성의 관할권을 갖는 입법자의 정치적 판단에 맡겨져 있다. 따라서 사회국가원리는 실현되기 위하여 입법자에 의한 媒介行爲와 국가에 의한 사회형성의 도구로서 '법률'을 필요로 한다. 이러한 법적 상황으로부터 한편으로는, 사회국가원리는 개인의 주관적 권리를 구성하는 헌법적 근거로서 부적합하다는 것이 나오고, 다른 한편으로는 사회국가원리의 일반·추상적인 성격 때문에 사회국가원리로부터 특정한 사회적 형성이나 결정을 요구하는 헌법위임을 도출하는 것이 원칙적으로 불가능하다는 것이 나온다.

2. 立法委任으로서 사회적 기본권

이에 대하여 사회적 기본권은 사회국가원리의 구체화된 헌법적 표현으로서 憲法委任의 성격을 가지고 있다.[76)] 헌법위임이란, 그에 표현된 국가목표를 적합한 조치를 통하

---

74) 사회적 기본권의 법적 성격에 관하여 한수웅, 헌법소송을 통한 사회적 기본권 실현의 한계－법적 권리설로부터의 결별－, 고시연구 1996/6, 95면 이하 및 고시연구 1996/7, 69면 이하 참조.

75) Vgl. Böckenförde, Die sozialen Grundrechte im Verfassungsgefüge, in: Böckenförde/Jekewitz(Hg), Soziale Grundrechte, 1981, S.15; Badura, Das Prinzip der sozialen Grundrechte und seine Verwirklichung im Recht der BRD, der Staat 1975, S.27; Lücke, Soziale Grundrechte als Staatszielbestimmung und Gesetzgebungsaufträge, AöR 107(1982), S.43ff.

76) Vgl. Badura, Das Prinzip der sozialen Grundrechte und seine Verwirklichung im Recht der BRD, der Staat 1975, S.34; Lücke, Soziale Grundrechte als Staatszielbestimmung und Gesetzgebungsaufträge, AöR 107(1982), S.21ff.; Böckenförde, Die sozialen Grundrechte im Verfassungsgefüge, in: Böckenförde/Jekewitz(Hg), Soziale Grundrechte, 1981, S.14.

여 실현하여야 할 국가기관, 무엇보다도 입법자의 헌법적 의무(立法委任)를 의미한다. 사회적 기본권의 실현은 일차적으로 입법자의 과제이다. 헌법위임의 효력은 첫째, 원칙적으로 입법목적의 선택의 측면에서 자유로운 입법자에게 입법과정에서 고려하여야 할 구속력 있는 국가목표를 부과함으로써 이러한 국가목표를 입법을 통하여 실현해야 할 의무를 부과하고 있고, 둘째, 이에 따라 입법자에 의한 부작위나 명백한 입법의무의 해태는 헌법적으로 허용되지 않는다는 데 있다.

사회국가원리를 헌법에 하나의 추상적인 일반조항으로 규정한 것과 비교하면, 사회적 기본권은 그의 구체화된 표현으로서 일정 영역이나 사회문제에 관하여 국가의 의무를 비교적 구체적으로 규정하고 있기 때문에, 사회국가원리보다는 입법자에게 보다 강한 구체적 의무를 부과하고 있다.[77] 즉, 일정 사회영역에서의 구체적으로 표현된 행위의무로서의 사회적 기본권은 사회국가원리의 일반적인 국가목표와 비교하면, 경우에 따라서는 개인의 주관적 공권의 발생도 배제하지 않는 강한 의무적 성격을 가지고 있다. 그러므로 사회적 기본권은 입법위임의 이행에 대한 헌법재판소의 司法的 심사를 가능케 함으로써, 일반적인 사회국가원리의 해석을 통하여서는 얻을 수 없는 어느 정도의 실효성과 구속력을 가지게 된다.

3. 사회적 기본권관련 헌법소원에서 適法要件과 本案 판단의 심사기준

가. 헌법소원심판의 適法要件

그러므로 청구인이 사회적 기본권의 헌법위임을 입법자가 이행하지 않았다는 주장으로 헌법소원심판을 청구한다면, '입법부작위에 대한 헌법소원'의 적법성을 인정할 수 있다. 물론, 이 경우에도 입법자가 사회적 기본권의 헌법위임을 이행하는 아무런 입법조치를 취하지 않은 경우, 즉 '진정입법부작위'에 한하여 개인은 '입법부작위'에 대한 헌법소원을 제기할 수 있다. 그러나 이는 법현실에서 지극히 예외적 현상에 속한다. 대부분의 경우에는 입법자가 입법은 하였으나 사회적 기본권을 불충분하게 실현하고 있다는 주장으로 헌법소원을 제기하게 된다. 이러한 '부진정입법부작위'의 경우에는, 입법자가 불완전하나마 사회적 기본권의 객관적 내용을 실현하려고 나름대로 시도한 '법률'에 대

---

77) 예컨대, 헌법 제32조는 제1항 제1문에 비록 주관적인 권리의 형식('근로의 권리')으로 규정되어 있으나, '근로의 권리'라는 사회적 기본권의 내용은 제1항 제2문에 의하여 비로소 구체화되고 있다. 즉 '근로의 권리'란 다름 아닌, "국가는 사회적·경제적 방법으로 근로자의 고용의 증진과 적정임금의 보장에 노력하여야 하며, 법률이 정하는 바에 의하여 최저임금제를 시행하여야 한다."는 국가의 헌법적 의무, 즉 立法委任을 뜻한다. 또한 제3항에서도 "근로조건의 기준은 인간의 존엄성을 보장하도록 법률로 정한다."고 규정함으로써, 구체적인 입법의무를 부과하고 있다. 마찬가지로 헌법 제34조 제1항의 '인간다운 생활을 할 권리'는 제2항 내지 제6항에 표현된 국가의 헌법적 의무에 의하여 구체화되고 있는데, 사회적 기본권은 일차적으로 입법자의 입법에 의하여 실현되므로, 여기서도 이러한 국가목표는 일차적으로 입법자가 입법을 통하여 실현해야 할 立法委任을 의미한다.

하여 청구기간 내에 헌법소원을 제기해야 한다.

한편, 사회적 기본권의 실현에 있어서도 보호의무의 이행의 경우와 마찬가지로 '입법자의 입법개선의무'를 인정할 수 있다. 입법자가 사회적 기본권의 헌법위임을 입법화하는 당시에는 합헌적인 법률이었으나, 그 후 입법자가 시간의 경과로 인하여 변화한 경제·사회상황에 사회입법을 적응시키지 않은 경우에는 청구기간의 도과 이후에도 입법개선의무의 위반을 이유로 헌법소원을 제기할 수 있다고 보아야 할 것이다.

나. 本案 판단의 심사기준

한편, 사회적 기본권을 실현해야 할 의무의 불이행이 헌법소송의 대상이 된 경우, 어느 정도로 사회적 기본권이 재판규범으로 기능할 수 있으며, 헌법재판소가 사법적 심사를 통하여 어느 정도로 입법자에게 의무이행을 강제할 수 있는지의 문제가 제기된다. 여기서도 本案에서의 심사기준으로는, 연방헌법재판소가 '국가의 기본권 보호의무'의 영역에서 확립한 '明白性 理論'이 적용되어, 사회적 기본권의 실현의무에 대한 명백한 위반의 경우에만 의무불이행의 위헌성을 확인하게 된다. 입법자가 사회적 기본권의 헌법위임을 실현하기 위한 아무런 조치를 취하지 않았던지 아니면 취한 조치가 사회적 기본권의 내용을 실현하기에 명백하게 부적합하거나 불충분할 때에만, 헌법재판소는 국가의 의무이행의 위반을 확인할 수 있다.

'明白性 理論'의 바탕을 이루고 있는 사고는 '最小限 保障의 原則'이다. 이는 사회적 기본권에 보장된 객관적 내용의 적어도 최소한을 실현하여야 할 국가의 의무가 존재한다는 것이다. 이러한 '최소한 보장의 원칙'은 사회적 기본권뿐만 아니라 자유권의 객관적 가치질서의 측면에서 파생하는 국가의 보호의무와 같이, 국가가 자유권과 사회적 기본권의 객관적인 내용을 실현하기 위하여 기본권에 *友好的 立法*을 하는 경우에 전반적으로 적용되는 기준이다.

Ⅷ. 한국헌법에서 입법부작위에 대한 헌법소원의 제기 가능성

1. 입법부작위는 헌법소원의 대상이 될 수 있는 진정입법부작위 및 헌법소원의 독자적인 대상이 될 수 없는 부진정입법부작위로 구분된다. 진정입법부작위란, 입법자가 헌법상 명시적인 또는 헌법해석을 통하여 인정되는 입법의무가 있음에도 전혀 입법을 하지 않음으로써 입법행위의 흠결이 있는 경우를 말한다. 이러한 경우에만 달리 헌법소원을 제기할 가능성이 없으므로, 입법부작위가 헌법소원의 독자적인 대상이 될 수 있다. 공권력의 불행사로 인한 기본권침해는 그 불행사가 계속되는 한 지속된다 할 것이므로, 진정입법부작위에 대한 헌법소원심판은 입법자의 부작위가 계속되는 한 기간의 제약 없

이 청구할 수 있다.

부진정입법부작위란, 헌법적 입법의무의 존부와 관계없이 입법자가 입법은 하였으나 불완전·불충분하게 규율함으로써 입법행위의 흠결이 있는 경우를 말한다. 부진정입법부작위의 경우 청구인은 입법부작위에 대한 헌법소원을 제기할 수 없고, 불완전성이나 불충분함을 다투는 법률조항을 대상으로 하여 청구기간 내에 헌법소원을 제기할 수 있을 뿐이다. 예컨대, 입법자가 법률로써 헌법적 입법의무를 불완전하거나 불충분하게 이행한 경우, 입법자가 법률을 개정하면서 청구인의 신뢰이익을 고려하는 경과규정을 두지 않은 경우, 시혜적 법률을 제정하면서 청구인을 수혜대상에 포함시키지 않음으로써 평등원칙에 위반되는 경우 등은 모두 부진정입법부작위에 해당되는 경우로서, 청구인은 제정된 법률에 대하여 그 위헌성을 다투어야 한다.

부진정입법부작위도 헌법소원의 독자적인 대상이 될 수 있다면, 청구인은 청구기간 내에는 '제정된 법률'에 대하여 그리고 청구기간 후에는 '입법부작위'에 대하여 이중적으로 헌법소원을 제기할 수 있게 된다. 동일한 법적 문제에 대한 이중적 심사는 법률 자체에 대한 위헌심사를 받을 수 있는 권리구제수단이 존재한다는 관점에서도 불필요하고, 나아가 청구기간이 무의미해지는 결과를 초래한다.

2. 우리 헌법에서 어떠한 경우에 헌법이 스스로 국민의 기본권보장을 위하여 그 내용과 범위에 있어서 본질적으로 규정한 '헌법적 입법의무'가 인정될 수 있는지에 관하여 살펴보면, 우선 우리 헌법에서는 독일 기본법 제6조 제5항, 제12a조 제2항 제3문, 제33조 제5항, 제104조 제2항 제4문, 제131조, 제134조와 같은 명시적이고도 구체적인 헌법위임이 존재하지 않는다. 기껏해야 대한민국의 국민이 되는 요건을 법률로 정하도록 규정하고 있는 헌법 제2조 제1항, 재외국민을 보호해야 할 국가의 의무를 법률로 정하도록 규정하고 있는 헌법 제2조 제2항, 공무원의 신분보장과 정치적 중립성을 근간으로 하는 직업공무원제도를 법률로 정하도록 규정하는 헌법 제7조 제2항, 정당의 권리와 의무를 법률로 정하도록 규정하는 헌법 제8조 제3항, 저작자·발명가 등의 권리를 법률로써 보호할 것을 규정하는 헌법 제22조 제2항, "법률이 정한 법관에 의하여 법률에 의한 재판을 받을 권리"를 규정하는 헌법 제27조 제1항이나 법률이 정하는 바에 의하여 재판절차에서 진술할 수 있는 형사피해자의 권리를 규정하는 헌법 제27조 제5항 등을 비롯한 일련의 청구권적 기본권, 나아가 일련의 사회적 기본권에서 헌법위임을 인정할 여지가 있다. 그러나 설사 위의 헌법규정을 '명시적이고 구체적인 헌법위임'으로 인정한다고 하더라도, 이러한 헌법위임이 대부분의 경우 이미 입법(가령, 국적법, 공무원법, 정당법, 지적재산권 관련법, 법원조직법, 소송법, 일련의 사회입법 등)을 통하여 구체화되었기 때문에 개인은 '제정된 법률'에 대하여 헌법소원을 제기해야 한다. 따라서 진정한 의미의

입법부작위의 문제가 발생하지 않는다.

결국 우리 헌법에서 입법부작위에 대한 헌법소원을 허용할 수 있는 경우는 사회적 기본권에 담겨진 헌법위임을 이행하지 않는 경우와 자유권의 해석을 통하여 기본권 보호의무가 발생하였으나 보호의무를 이행하지 않는 경우의 2가지 유형으로 제한된다.[78] 입법자가 사회적 기본권에서 나오는 行爲義務나 자유권에서 파생하는 保護義務를 전혀 이행하지 않았다면, 이러한 경우 소위 '진정입법부작위'가 존재하고 입법부작위에 대한 헌법소원이 적법하게 된다. 그러나 입법자가 사회적 기본권이나 기본권 보호의무를 실현하는 입법을 전혀 하지 않은 경우는 지극히 예외에 속하므로, 입법자가 그의 헌법적 의무를 불충분, 불완전하게 이행했다고 주장하는 자는 원칙적으로 적극적인 입법행위(제정된 법률)에 대하여 헌법소원심판을 청구해야 한다.

그러므로 입법부작위에 대한 헌법소원에서 사회적 기본권이나 기본권 보호의무에서 나오는 헌법적 입법의무가 문제가 될 수 있는 대부분의 경우는, 결국 청구인이 입법자의 立法改善義務의 違反을 주장하는 때이다. 즉 보호의무를 이행하기 위하여 또는 사회적 기본권을 실현하기 위하여 제정된 법률이 제정 당시에는 원래 합헌적이었으나 시간의 경과에 따라 상황의 변화로 인하여 위헌적인 규정으로 되었음에도 불구하고 입법자가 아무런 입법개선을 하지 않았다는 주장으로 입법부작위에 대한 헌법소원을 제기하는 경우에는 헌법소원심판청구의 適法性을 인정할 수 있다. 청구인이 입법개선의무의 위반을 명시적으로 주장하는 것이 아니라 단지 사회적 기본권이나 보호의무를 불충분하게 이행했다고 주장하는 경우라 하더라도, 청구인이 주장하는 바가 또한 입법개선의무의 위반을 의미하는 것으로 해석할 수 있다면, 일반적으로 헌법소원의 적법성이 인정될 수 있다고 본다. 물론, 본안판단에서는 '明白性 理論'을 기준으로, 원래의 합헌적인 법률이 상황의 변화로 인하여 사후적으로 국가의 기본권 보호의무나 사회적 기본권의 헌법위임을 이행하기에 明白하게 불충분 또는 부적절하게 되었고 그럼에도 불구하고 아무런 입법개선조치를 취하지 않았는지 여부만을 판단하게 된다.

결론적으로, 입법부작위를 이유로 제기하는 헌법소원은 그 적법성요건을 충족시키기도 어렵고, 설사 본안판단에 들어간다 하더라도 인용될 가능성은 거의 없다. 한국헌법에서는 사회적 기본권과 보호의무의 영역에서만, 그것도 원칙적으로 입법개선의무의 불이행을 이유로 입법부작위에 대하여 헌법소원을 제기하는 경우에만 심판청구의 적법성을 이론적으로 구성할 수 있을 뿐이다. 이러한 법적 상황은 입법부작위에 대한 헌법소원의 가능성은 지극히 제한적이며, 실질적으로 헌법소원심판에서 아무런 비중을 차지하지 못한다는 것을 의미한다.

78) 그 외의 영역에서 헌법위임을 실현하는 법률들은 그의 성질상 구체적 현실상황의 변화에 거의 영향을 받지 않으므로, 입법개선의무가 크게 문제되지 아니한다.

참고문헌

김지형, 입법부작위에 관한 헌법문제, 헌법재판제도의 발전, 헌법재판자료 제5집, 1992
이석연, 입법부작위 헌법소원에서의 헌법판단의 범위, 공법학의 현대적 지평(계희열박사 화갑기념논문집), 1995
한수웅, 헌법불합치결정의 헌법적 근거와 효력, 헌법논총 제6집, 1995
_____, 헌법소송을 통한 사회적 기본권 실현의 한계 －법적 권리설로부터의 결별－, 고시연구 1996/6 및 1996/7

Badura, Das Prinzip der sozialen Grundrechte und seine Verwirklichung im Recht der Bundesrepublik Deutschland, der Staat 1975
Benda/Klein, Lehrbuch des Verfassungsprozeßrechts, 1991
Böckenförde, Die sozialen Grundrechte im Verfassungsgefüge, in: Böckenförde/Jekewitz(Hg), Soziale Grundrechte, 1981
Dörr, Verfassungsbeschwerde in der Prozeßpraxis, 1990
Gallwas, Grundrechte, 1985
Hermes, Grundrechtsschutz durch Privatrecht auf neuer Grundlage?, NJW 1990
Hesse, Grundrechte, in: Benda/Maihofer/Vogel(Hg), Handbuch des Verfassungsrechts (HbVerfR), 1983
Isensee, Das Grundrecht als Abwehrrecht und als staatliche Schutzpflicht, in: Isensee/Kirchhof(Hg), Handbuch des Staatsrechts (HbStR), Bd.V, 1992, §111
Jarass, Grundrechte als Wertentscheidungen bzw. objektivrechtliche Prinzipien in der Rechtsprechung des Bundesverfassungsgerichts, AöR 110(1985)
E. Klein, Grundrechtliche Schutzpflicht des Staates, NJW 1989
Leibholz/Ruppert, Bundesverfassungsgerichtsgesetz (BVerfGG), 1968
Lücke, Soziale Grundrechte als Staatszielbestimmung und Gesetzgebungsaufträge, AöR 107(1982)
Maunz, in: Maunz/Schmidt-Bleibtreu(Hg), Bundesverfassungsgerichtsgesetz (BVerfGG), 1993, §90
Ossenbühl, Die Interpretation der Grundrechte in der Rechtsprechung des Bundesverfassungsgerichts, NJW 1976
Pieroth/Schlink, Grundrechte, Staatsrecht Ⅱ, 1985
Steinberg, Verfassungsrechtliche Kontrolle der "Nachbesserungspflicht" des Gesetzgebers, Der Staat 1987
Stern, in: Bonner Kommentar (BK), Art.93
_____, Das Staatsrecht der Bundesrepublik Deutschland (BRD), Bd.Ⅲ/1, 1988
Zuck, Das Recht der Verfassungsbeschwerde, 1988

제6절 規範統制型 헌법소원심판

제1주제

헌법재판소법 제68조 제2항에 의한 헌법소원심판에서 한정위헌결정의 문제점*

—한정위헌청구의 문제를 계기로 하여—

Ⅰ. 머리말

1. 헌법재판소가 출범하여 그 활동을 개시한지도 벌써 18년이 지났다. 그 동안 헌법재판에 관하여 다양한 논의가 전개되었으나, 헌법재판소와 법원의 견해가 첨예하게 대립한 것은 헌법재판소의 관할에 관한 다툼이었고, 특히 限定違憲決定의 허용여부에 관한 문제라 할 수 있다.

한정위헌결정을 둘러싼 논의는 이미 1996년 표면화되었다. 헌법재판소는 1995. 11. 30. 선고한 94헌바40 등 결정에서 舊 소득세법조항들에 대하여 한정위헌결정을 하였는데, 이에 대하여 대법원은 1996. 4. 9. 선고한 95누11405 판결에서 '법령의 해석·적용

---

* 위 논문은 2007년 8월, 홍익법학(홍익대학교 법학연구소) 제8권 제2호, 137-173면에 게재된 것을 일부 수정한 것이다.

권한은 전적으로 대법원을 최고법원으로 하는 법원에 전속하는 것이므로, 한정위헌결정에 표현되어 있는 헌법재판소의 법률해석에 대한 견해는 헌법재판소의 견해를 일응 표명한 데 불과하여 법원에 전속되어 있는 법령의 해석·적용 권한에 대하여 어떠한 영향을 미치거나 기속력도 가질 수 없다'고 판시함으로써 한정위헌결정의 羈束力을 否認하였고, 헌법재판소가 한정적으로 위헌이라고 판단한 위 舊 소득세법조항들이 유효하다고 하면서 이를 적용하여 판결하였다. 헌법재판소는 대법원의 위 판결에 대하여 청구된 헌법소원심판(헌재 1997. 12. 24. 96헌마172 등)에서 법원의 재판에 대한 헌법소원을 금지하는 헌법재판소법 제68조 제1항에 대하여 한정위헌결정을 하면서 동시에 위 대법원의 판결을 취소하는 결정을 하기에 이르렀다.

또한, 헌법재판소는 국가배상법결정(헌재 2003. 2. 11. 2001헌마386)에서 비록 청구인의 심판청구 취하로 말미암아 심판절차의 종료를 선언하였으나,[1] 청구인이 심판청구를 취하하지 않았다면, 위 사건에서도 한정위헌결정에 반하는 대법원의 판결(대법원 2001. 4. 27. 95재다14 판결)을 취소하는 결과에 이르렀을 것이고, 이로써 헌법재판소와 법원의 충돌은 피할 수 없는 것이었다.

2. 그런데 문제는, 헌법재판소와 법원의 이러한 충돌의 가능성이 예외적인 것이 아니라 현행 헌법재판제도에서 상존하고 있다는 점이다. 위와 같은 충돌상황에서 표출되는 문제는 표면적으로는 '헌법재판소가 한정위헌결정을 할 수 있는지' 또는 '한정위헌결정이 기속력을 가지는지'의 형태로 나타나지만,[2] 문제의 근원은 보다 깊은 곳에 자리 잡고 있다. 한정위헌결정의 허용여부를 둘러싼 논의의 본질은 현행 헌법재판제도의 구조적인 것이며, 특히 헌법재판소법 제68조 제1항이 규정하는 '裁判訴願禁止'와 헌법재판소

---

1) 위 사건의 개요에 관하여 아래 각주 54) 및 55) 참조.

2) ① 한정위헌결정에 관한 종래의 문헌도 그의 허용여부와 기속력을 주로 다루고 있으며, 헌법재판소법 제68조 제2항의 헌법소원심판에서 한정위헌결정의 문제점을 '재판소원 배제조항'과의 관계에서 인식하고자 하는 문헌은 없는 것으로 보인다. 그러나 여기서 문제되는 것은 추상적으로 '누가 법률의 해석권한을 가지고 있는지'에 관한 것이 아니라, 구체적으로 '재판소원을 배제하고 있는 현행 헌법재판제도에서 법원이 법률을 헌법의 정신에 비추어 제대로 해석하였는지에 관하여 누가 최종적인 결정권을 가지고 있는지'에 관한 것이다. 이에 관하여 아래 Ⅲ. 4. '법률해석의 권한의 문제' 참조. ② 법원의 전속적인 법률해석권에 근거하여 기속력을 부인하는 견해로 예컨대 박홍우, 확정판결과 한정위헌결정 문제, 법률신문 2004. 2. 12., 14면; 최완주, 한정결정, 선택인가 필수인가?, 법률신문 2002. 10. 3., 15면 참조. 다만, 홍기태, 대법원판결과 동일한 취지의 해석을 전제로 한 한정위헌결정이 가능한지의 여부, 법률신문 2002. 8. 26., 15면에서 '대법원에서 대상 법률에 대한 헌법합치적 해석을 하고 헌법재판소도 그러한 해석을 받아들이는 입장임에도, 그와 다른 입장에 선 하급심 법원의 해석이 잘못이라고 다투면서 그러한 해석에 의하는 한 동 법률조항이 위헌이라고 주장하는 제68조 제2항에 의한 헌법소원을 받아들이는 것은 재판에 대한 불복과 다름없고, 이는 재판에 대한 헌법소원 금지규정을 피하여 우회적으로 특정재판의 당부를 다투는 것과 마찬가지의 결과가 될 것이다'고 하여 한정위헌결정의 문제점을 '재판소원 금지규정'과의 연관관계에서 지적하고 있다. ③ 이에 대하여 법원의 전속적인 법률해석권을 부정함으로써 한정위헌결정의 기속력을 인정하는 견해로 가령 방승주, 국가배상법 제2조 제1항 단서에 대한 한정위헌결정의 기속력－대법원 2001. 4. 27. 선고 95재다14 판결, 인권과 정의, 2001. 12., 102면 이하; 남복현, 한정결정은 선택이 아닌 필수, 법률신문 2002. 10. 21., 14면.

법 제68조 제2항에 의한 헌법소원심판의 실체인 '間接的 裁判訴願'이란 상충하는 두 가지 제도를 어떻게 조화시킬 것인지의 문제라 할 수 있다.

3. 헌법재판소법 제68조 제2항의 헌법소원심판에서 헌법재판소는 종래 다수의 결정에서 '법원의 법률해석'의 위헌성을 다투는 심판청구를 '법률'의 위헌성을 다투는 심판청구로 이해하여 사실상 법원의 법률해석의 위헌여부에 관한 판단을 함께 하여왔다. 법률해석에 관한 법원과 헌법재판소의 견해가 일치하였기 때문에 헌법재판소가 청구인의 심판청구를 기각하는 경우에는, 헌법재판소와 법원의 충돌상황이 야기되지 아니하였다. 그러나 헌법재판소가 법원의 법률해석을 위헌으로 판단하는 경우에는 법원의 법률해석의 위헌성을 확인하는 방법으로서 법률에 대한 한정위헌결정의 형식을 취하게 되는데, 바로 이러한 경우에 잠재적인 충돌의 가능성이 현실화되는 것이다.[3] 이러한 상황에서 종래 법원은 '헌법재판소는 법률에 대하여 단지 위헌결정 또는 합헌결정을 해야지 한정위헌결정을 할 권한이 없으며, 한정위헌결정은 단지 하나의 해석으로서 기속력이 인정되지 않는다'는 입장을 취하였고, 헌법재판소는 이에 대하여 '한정위헌결정은 헌법재판소의 포괄적인 규범통제권한에서 나오는 필연적인 결과로서 위헌결정과 마찬가지로 기속력을 가진다'는 견해를 고수하였다.

4. 헌법재판소와 법원에서 이러한 유형의 충돌이 언제든지 현실화될 수 있다는 점에서, 이러한 충돌이 발생하는 원인은 무엇인지, 이러한 충돌상황을 방지할 수 있는 해결책이 무엇인지의 문제가 근본적으로 규명되어야 한다. 이 글에서는, 헌법재판소와 법원의 충돌상황이 예외 없이 헌법재판소법 제68조 제2항의 헌법소원심판에서 발생한다는 점에서 헌법재판소법 제68조 제2항에 의한 헌법소원제도는 어떠한 의미에서 재판소원의 성격을 가지고 있는지, 현행 헌법재판제도에서 '허용되는 재판소원'과 '금지되는 재판소원'은 무엇인지(아래 Ⅱ.), 법률을 헌법에 합치되게 해석해야 한다는 요청은 헌법재판소와 법원에게 각 무엇을 의미하는지, 헌법재판소의 규범통제절차의 한 부분으로서 '헌법합치적 또는 합헌적 법률해석'과 법원이 법률을 해석·적용함에 있어서 준수해야 하는 '헌법의 기본결정을 고려하는 법률해석'이란 두 가지 법률해석원칙의 의미와 차이점은 무엇인지(아래 Ⅲ.), 헌법재판소법 제68조 제2항에 의한 헌법소원심판에서 청구인이 법원의 법률해석을 문제 삼아 법률조항에 대한 한정위헌의 판단을 구하는 한정위헌청구의 문제점은 무엇인지, 위 헌법소원심판에서 한정위헌결정의 문제점은 무엇인지, 나아가 위 헌법소원심판에서 헌법재판소와 법원의 충돌상황이 발생하는 원인은 무엇이

3) 헌법재판소는 '법원의 법률해석'의 위헌성을 다투는 심판청구에 대하여 원래 "법원과 같이 법률을 해석하는 한, *法院*의 *裁判*은 위헌이다."라는 확인을 하여야 하나, 재판소원의 배제로 말미암아 그 대신 "법원과 같이 법률을 해석하는 한, 그 *法律*은 위헌이다."라는 확인, 즉 한정위헌결정을 하는 것이다.

며 어떻게 해결해야 되는지(아래 Ⅳ.)에 관하여 살펴보고자 한다.

Ⅱ. 현행 헌법재판제도에서 법원의 재판에 대한 헌법소원(재판소원)

헌법재판소법(이하 '법'이라 한다) 제68조 제1항은 "공권력의 행사 또는 불행사로 인하여 헌법상 보장된 기본권을 침해받은 자는 法院의 裁判을 除外하고는 헌법재판소에 헌법소원심판을 청구할 수 있다."고 규정함으로써 명문으로 '법원의 재판'을 헌법소원심판의 대상에서 제외하고 있다. 한편, 헌법재판소법은 제68조 제2항에서 법률의 위헌여부 심판의 제청신청이 기각된 경우에 그 신청을 한 당사자가 헌법재판소에 헌법소원심판을 청구할 수 있는 가능성을 부여하면서, 제75조 제7항에서 제68조 제2항의 규정에 의한 헌법소원이 인용된 경우에는 당사자는 재심을 청구할 수 있다고 규정하고 있다.

여기서는 일차적으로, 헌법재판소법 제68조 제1항에서 배제하고 있는 '법원의 재판에 대한 헌법소원'은 무엇을 의미하는지, 나아가 현행 헌법재판제도가 재판소원을 완전히 배제하고 있는 것인지 아니면 부분적으로 허용하고 있는지에 관하여 확인해야 할 필요가 있다. 이를 위해서는 우선 독일과 같이 재판소원을 도입하고 있는 헌법재판제도에서 재판소원이 어떠한 형태로 이루어지는지를 살펴보아야 한다.

1. 재판소원의 유형

헌법재판소는 법원 판결의 타당성여부를 모든 법적인 관점에서 심사하는 超上告審法院이 아니다. 법원의 재판에 대한 헌법소원심판에서 헌법재판소의 심사는 법원의 재판에 대한 무제한적인 심사가 아니라 '위헌성의 심사'에 제한된다. 사실관계의 확인과 평가, 법령의 해석과 구체적 사건에의 그 적용, 법원절차의 구체적 형성은 헌법상 司法權에 의하여 부여된 법원의 고유권한으로서 원칙적으로 헌법재판소의 심사대상에서 제외되며, 헌법재판소의 주된 과제는 헌법의 해석과 적용에 있다. 헌법재판소는 법원의 법률해석의 타당성에 관하여 모든 관점에서 전반적으로 판단하는 초상고심이 아니다. 그러나 법의 모든 영역에서 헌법이 관철되도록 통제하는 것은 헌법재판소의 과제에 속한다. 가령, 법원이 법령을 해석·적용함에 있어서 잘못된 헌법해석에 근거하여 법령에 미치는 헌법의 영향을 근본적으로 오인하는 경우, 헌법의 통일적인 해석이 이루어지도록 헌법재판소는 법원에 대하여 자신의 헌법해석을 관철해야 한다.

權利救濟型 헌법소원심판을 통해서는 '기본권의 침해'만을 주장할 수 있으므로, 법원의 재판에 대한 헌법소원심판의 청구가 적법하기 위해서는 청구인은 법원의 재판에 의한 기본권의 침해를 주장해야 한다. 따라서 청구인은 법원이 법률이나 명령과 같은 헌법의 下位法을 단순히 잘못 적용하였다는 주장을 해서는 아니 되고, 법령의 해석과 적

용을 통하여 기본권을 침해하였다는 주장이나 또는 재판절차를 통하여 청구인의 절차적 기본권을 침해하였다는 주장을 해야 한다. 헌법소원심판에서는 헌법만이 심사기준이기 때문에, 법원이 법률이나 명령과 같은 헌법의 하위법을 올바르게 적용하였는지에 대한 심사는 원칙적으로 이루어지지 아니한다. 헌법재판소는 법원의 재판에 대한 헌법소원이 이유 있는지를 판단함에 있어서 법원이 재판에 적용되는 법령의 해석과 적용을 통하여 또는 재판절차의 구체적 형성을 통하여 청구인의 기본권을 침해하였는지 여부를 심사한다. 헌법재판소가 법원의 재판에 대하여 위헌성을 확인하는 경우에는 법원의 판결은 취소되고, 사건은 관할법원으로 환송된다.

우리 헌법재판의 모델이 된 독일의 헌법재판제도에서 법원의 재판에 대한 헌법소원은 크게 다음과 같이 2가지 유형으로 나누어 살펴볼 수 있다.[4)]

가. 재판 자체(내용과 절차)에 대한 헌법소원

(1) 재판의 내용에 대한 헌법소원[5)]

이러한 유형의 재판소원은, 법원이 법률을 헌법, 특히 기본권에 위배되게 해석·적용함으로써 청구인의 기본권을 침해하였다는 주장으로 제기되는 헌법소원이다.

법원은 구체적 소송사건에서 그에 적용되는 *公法規定*의 해석·적용에 있어서 기본권 주체의 기본권이 공법규정에 미치는 영향을 고려하여 판단해야 하고, *私法規定*의 해석·적용에 있어서는 비록 기본권이 사법규정의 해석을 통하여 간접적으로 효력을 미치지만(이른바 기본권의 간접적인 제3자효), 민사재판에서는 소송당사자가 모두 기본권의 주체라는 점을 감안하여 상충하는 기본권적 지위들을 교량해야 한다. 이에 따라 독일 연방헌법재판소는 판결내용에 대한 통제에 있어서 '법관이 법령을 해석하고 적용할 때 기본권이 영향을 미치고 있거나 상충하는 기본권들의 형량이 문제되고 있다는 것을 완전히 간과하였는지'[6)] 또는 '법령의 해석·적용이 기본권의 의미, 특히 기본권의 보호범위에 관한 근본적으로 잘못된 견해에 기인하고 있는지'[7)]에 관해서만 심사한다고 그 심사범위를 한정하고 있다.[8)]

---

4) 재판소원에 관한 개괄적인 서술로서 vgl. Schlaich/Korioth, Das Bundesverfassungsgericht, 2001, Rn.271ff.; Gusy, Die Verfassungsbeschwerde, 1988, Rn.37ff., 78ff.

5) Vgl. Schlaich/Korioth, Das Bundesverfassungsgericht, 2001, Rn.279ff.; Wank, Die verfassungsgerichtliche Kontrolle der Gesetzesauslegung und Rechtsfortbildung durch die Fachgerichte, JuS 1980, S.545ff.

6) Vgl. BVerfGE 7, 198, 214f.(Lüth); 24, 278, 281f.; 27, 71, 79f.; 43, 130, 138.

7) Vgl. BVerfGE 30, 173, 197(Mephisto); 49, 304, 314; 65, 317, 322; 독일 연방헌법재판소는 법원이 기본권을 근본적으로 올바르게 이해하고 있는지 여부만을 심사할 뿐, 기본권의 객관적 내용을 이상적으로 완전하게 실현했는지 여부에 관하여 판단하지 않는다.

8) 재판소원에서 헌법재판소의 심사과정은 2단계로 나뉜다. 법규범이 위헌이 아님을 일단 확인한 후, 우선 법규범이 '抽象的으로' 기본권의 정신을 고려하여 헌법에 부합하게 '解釋'되었는지 여부(소위 '기본권의 방사효')를 판단하고, 이어서 법규범이 개별사건에 '具體的으로' 헌법에 부합하게 '適用'되었는지 여부를 판단한다, vgl. Schlaich/Korioth, Das Bundesverfassungsgericht, 2001, Rn.280.

나아가, 헌법재판소는 헌법상의 자의금지원칙에 비추어 법원의 재판이 그 결과에 있어서 객관적으로 납득할 수 없는 자의적인 재판인지 여부, 법원의 재판이 법관의 창조적 법발견(Rechtsfortbildung)의 헌법적 한계를 넘었는지 여부에 대해서도 자신의 심사범위를 확대하였다.[9)]

(2) 재판의 절차에 대한 헌법소원

이러한 유형의 재판소원은, 법원이 재판절차의 하자로 말미암아 헌법상의 절차적 기본권(예컨대 재판청구권, 청문청구권 등)을 침해하였다는 주장으로 제기되는 헌법소원이다.

법원이 재판청구권의 헌법적 의미를 전혀 고려하지 않거나 또는 제대로 파악하지 못하여 節次法의 解釋과 適用을 통하여 정당한 사유 없이 권리구제절차에의 접근을 어렵게 한다면, 이는 재판청구권에 대한 위반이다.[10)] 예컨대, 우체국에 의한 배달지연 등 당사자가 책임을 질 수 없는 사유로 제소기간을 준수할 수 없는 경우, 법원은 소송행위의 追完을 인정해야 한다.[11)] 또한, 청문청구권은 소송당사자가 적정한 조건하에서 법원의 결정에 기초된 사실관계에 관하여 충분히 진술할 기회를 얻고 법원으로 하여금 그 진술을 인식하고 법원의 결정에 있어서 고려할 것을 요구하는 권리이므로,[12)] 법원이 당사자의 주장을 전혀 인식하지 못했거나 그의 판결에서 전혀 고려하지 않았다는 것이 명백하게 드러나는 경우에는, 청문청구권의 침해가 인정된다.[13)]

나. 間接的 法律訴願[14)]

법원의 재판이 그 내용이나 절차에 있어서 하자가 있는 것이 아니라, 법원의 재판이 위헌적인 법률에 기인한다는 주장으로 헌법소원이 제기되는 경우에 이를 '간접적 법률소원'이라 한다. 청구인은 헌법소원의 보충성원칙으로 인하여 법원의 모든 심급을 경유한 뒤 최종심판결에 대한 헌법소원을 제기함으로써, 법원이 재판에 적용되는 법률에 대하여 위헌제청을 하지 아니하고 그대로 적용하여 재판을 한 것에 대하여 사후적으로 다투는 것이다.

청구인의 주장에 의한다면, 이러한 경우 법원은 당해사건에 적용되는 법률이 위헌임에도 이에 대하여 위헌제청을 하지 아니하고 위헌적인 법률을 적용하여 재판함으로써

---

9) Vgl. Wank, Die verfassungsgerichtliche Kontrolle der Gesetzesauslegung und Rechtsfortbildung durch die Fachgerichte, JuS 1980, S.551ff.; Schlaich/Korioth, Das Bundesverfassungsgericht, Rn.290ff.
10) Vgl. Heyde, Rechtsprechung, in: Benda/Maihofer/Vogel(Hg), HbVerfR, Bd.Ⅱ, 1995, Rn.49.
11) Vgl. BVerfGE 44, 302, Benda/Weber, Der Einfluß der Verfassung im Prozeßrecht, in: Gilles(Hg), Effektivität des Rechtsschutzes und verfassungsmäßige Ordnung, 1983, S.12; Krebs, in: Münch(Hg), GGK, 1992, Art. 19 Ⅳ, Rn.64.
12) Vgl. Kopp, Das rechtliche Gehör in der Rspr. des BVerfG, AöR 106(1981), S.619.
13) BVerfGE 54, 91.
14) Vgl. Papier, "Spezifisches Verfassungsrecht" und "einfaches Recht", in: Bundesverfassungsgericht und Grundgesetz, Bd. I, 1976, S.436; Schlaich/Korioth, Das Bundesverfassungsgericht, 2001, Rn.315f.

청구인의 기본권을 침해하는 것이다. 이와 같은 유형의 헌법소원은 비록 직접적으로는 '법원의 재판'을 그 심판대상으로 하나, 실질적으로는 법원이 적용한 '법률의 위헌성'을 다투는 것이다(소위 '간접적 법률소원'). 간접적 법률소원이 인용되는 경우에는, 헌법재판소는 법원재판의 취소와 함께 재판의 기초가 된 법률에 대하여 위헌선언을 한다.

2. 헌법재판소법 제68조 제2항에 의한 헌법소원심판의 裁判訴願的 성격

가. 법적 성격

(1) 당해 재판에 적용되는 법률에 대하여 위헌의 의심이 있는 경우, 법원은 직권 또는 당사자의 신청에 의한 결정으로 헌법재판소에 위헌여부의 심판을 제청해야 한다(법 제41조 제1항). 그런데 당사자의 위헌제청신청이 법원에 의하여 기각된 경우, 법 제68조 제2항은 당사자가 직접 법률에 대한 헌법소원을 제기할 수 있는 가능성을 부여하고 있다. 법 제68조 제2항의 헌법소원제도는 위헌법률심판에 이르는 과정에서 파생된 절차로서 그 모체인 위헌법률심판과 법적 성격을 같이 한다고 볼 수 있고, 특히 헌법재판소법이 위 헌법소원제도에 대하여 위헌법률심판에 관한 규정을 준용하도록 하고 있다는 점에서, 그 법적 성격에 있어서 법 제41조의 위헌법률심판과 마찬가지로 구체적 규범통제절차의 한 유형이라고 할 수 있다. 그러나 다른 한편으로는 아래에서 서술하는 바와 같이 헌법소원으로서의 기능도 하고 있으므로, 위 헌법소원제도는 헌법소원심판과 위헌법률심판의 성격을 함께 가지고 있는 복합적 성격의 심판절차라 할 것이다.[15]

(2) 법 제68조 제2항에 의한 헌법재판절차는 세계에서 그 유래를 찾아 볼 수 없는 우리나라에 유일한 헌법재판절차인데, 이 규정에 의한 헌법소원제도를 어떻게 이해하고 운영할 것인지의 문제, 특히 그 성질과 내용에 관하여 헌법재판소법 제정 당시부터 다양한 논의가 이루어졌다.

(가) 위 헌법소원제도와 관련하여 일차적으로 제기된 문제는 '현행 헌법상 이와 같은 헌법소원제도가 인정될 수 있는지' 여부였다. 위헌제청에 관한 과거 제5공화국 헌법규정과 현행 헌법규정이 상이하다는 점을 근거로,[16] '헌법 제107조 제1항은 법률이 헌법에 위반되는 여부가 재판의 전제가 된 경우에는 법원은 헌법재판소에 위헌법률심판을 제청할 권한만을 가질 뿐, 법률에 대한 위헌여부의 심사권은 가지지 않는다는 것을 규

15) 비록 논거는 다르지만, 위 헌법소원제도가 위헌법률심판과 헌법소원심판의 성격을 모두 가지고 있는 것으로 보는 견해로는 이명웅, 헌법재판소법 제68조 제2항 헌법소원제도, 헌법논총 제12집(2001), 314면 이하 참조.

16) 과거 제5공화국헌법 제108조 제1항은 "법률이 헌법에 위반되는 여부가 재판의 전제가 된 경우에 법원은 법률이 헌법에 위반되는 것으로 인정할 때에는 헌법위원회에 제청하여 그 결정에 의하여 재판한다."고 규정하여 법관의 일차적이고 잠정적인 위헌심사권을 인정하고 있다. 현행 헌법 제107조 제1항에서 과거 "법률이 헌법에 위반되는 것으로 인정할 때에는"이라는 부분이 삭제되어 있으므로, 법관의 위헌제청의무를 어떻게 이해해야 할 것인지의 문제가 제기된다.

정한 것으로 보아야 하고, 이에 따라 법원이 위헌여부를 예비적으로 판단하여 결정으로 기각할 수 있도록 한 헌법재판소법 제68조 제2항은 위헌적 조항으로서 제68조 제2항에 의한 헌법소원은 삭제되어야 한다'는 견해가 과거 학계의 일부에서 주장되었다.[17] 즉, 위 견해에 의하면, 법관의 위헌심사권은 인정되지 않으며, 법관은 당사자의 위헌제청신청이 있으면 법률의 위헌여부에 대한 판단이 없이 곧 제청결정을 해야 한다는 것이다.

그러나 법원은 위헌제청을 할 권한만을 가질 뿐 법률에 대한 위헌심사권을 가지지 않는다는 견해는 '법원은 헌법과 법률에 의하여 심판한다'고 규정하고 있는 헌법 제103조 및 모든 국가기관이 헌법의 구속을 받는다는 법치국가적 기본정신과 부합할 수 없는 것이다.[18] 모든 국가기관과 마찬가지로 법원도 헌법의 구속을 받으며, 법관에 대한 헌법에의 구속은 무엇보다도 법률의 위헌제청의무에서 나타난다. 헌법을 최고의 정점으로 하는 법질서에서 모든 법률은 헌법에 합치하는 경우에만 적용될 수 있고, 법원이 헌법의 구속을 받는다는 것은 바로 당해재판에서 적용되는 법률이 헌법과 합치하는지 여부를 판단해야 한다는 것을 의미한다.

(나) 법 제68조 제2항의 헌법소원제도와 관련한 또 다른 논의는 위 헌법소원제도의 실질이 헌법소원심판인지 아니면 위헌법률심판인지의 문제이다.[19] 학계의 일부에서는 "위 헌법소원제도는 법원의 재판을 헌법소원의 대상에서 제외하고 있는 법 제68조 제1항의 예외로서 위헌법률심판 제청신청에 대한 '법원의 기각결정' 자체에 대한 헌법소원을 의미하고, 이에 따라 법원의 기각결정에 대해서만 판단하고 만약 그것이 인용되는 경우에는 바로 위헌법률심사로 넘어가는 것으로 보아야 한다."는 견해가 주장되었다.[20]

이에 대하여 학계의 지배적인 견해는, 심판청구서의 기재사항이나 헌법소원을 인용하는 경우에 대하여 위헌법률심판에 관한 규정을 준용하도록 하는 헌법재판소법규정에 비추어(제71조 제2항, 제75조 제6항 등) 위 헌법소원의 심판대상은 '법원의 기각결정'이 아니라 '법률'이며, 위 심판절차의 실질은 헌법소원심판이 아니라 구체적 규범통제로 보아야 한다고 주장하였다.[21] 이에 따르면, 위 심판절차를 헌법소원부분에 규정한 것은 체계상 문제가 있으므로, 위 심판절차에 관한 조항들을 위헌법률심판에 관한 부분으로

17) 예컨대, 권영성, 헌법재판의 현황과 문제, 인권과 정의 1991. 2., 20면 참조; 이시윤, 헌법재판개관, 판례월보 89. 5., 19-20면 참조, 위의 논의에 관하여 상세하게 김철용/김문현/정재황, 헌법재판절차의 개선을 위한 입법론적 연구, 헌법재판연구 제4권(1993), 237면 이하.

18) 같은 취지로 김철용/김문현/정재황, 헌법재판절차의 개선을 위한 입법론적 연구, 헌법재판연구 제4권(1993), 237면 이하; 양건/김문현/남복현, 헌법재판소법의 개정방향에 관한 연구용역보고서, 헌법재판연구 제10권(1999), 368면 이하 참조.

19) 이러한 논의에 관하여 상세하게 김철용/김문현/정재황, 헌법재판절차의 개선을 위한 입법론적 연구, 헌법재판연구 제4권, 1993, 246면 이하 참조.

20) 김운룡, 헌법재판제도의 운영/토론, 헌법재판의 이론과 실제, 헌법재판자료 제3집, 1990, 516-517면 참조.

21) 황우려, 헌법재판의 운영/토론, 헌법재판의 이론과 실제, 헌법재판자료 제3집, 1990, 549면; 김철수, 헌법소원제도의 개선방향, 헌법재판연구 제1권, 1990, 541면; 김학성, 헌법소원에 관한 연구, 서울대 법학박사 학위논문, 1990, 197면; 정종섭, 헌법소송법, 2004, 252면 참조.

옮겨서 규정하는 것이 타당하다고 한다.

(3) 헌법재판소는 초기의 결정에서는, 법 제68조 제2항에 의한 헌법소원제도가 헌법소원심판의 절(제4장 제5절)에 포함되어 있다는 점과 국민이 직접 심판을 청구할 수 있다는 점에 주목하여 그 성질을 헌법소원제도의 한 유형으로 이해하는 입장을 취하였다. 이에 따라 헌법재판소는 법 제68조 제2항에 의한 심판청구에 대하여 같은 조 제1항에 의한 헌법소원 심판청구와 마찬가지로 '헌마'라는 사건번호를 부여하였고, 일부 결정에서 심판청구의 적법성을 판단하면서 그 판단기준으로 청구인의 권리침해의 현재성 등 심판청구의 이익 내지 소의 이익의 존재여부를 그 기준으로 제시하기도 하였다.[22)]

그러나 헌법재판소는 1990년부터 법 제68조 제2항에 의한 헌법소원 심판청구에 대하여 같은 조 제1항에 의한 헌법소원 심판청구와는 별도로 '헌바'라는 사건번호를 부여하였고, 심판청구의 적법성은 소의 이익유무에 따라 판단하는 것이 아니라, 심판대상이 된 법률이 당해소송에서 재판의 전제성을 가지는지 여부에 의하여 판단하였다.[23)] 이로써 헌법재판소는 법 제68조 제2항에 의한 헌법소원제도를 위헌법률심판의 한 유형으로 인식해야 한다고 명백히 판시함으로써, 그 동안의 논란을 종식시켰다. 결국 법 제68조 제2항의 헌법소원심판은 법원의 제청에 의한 위헌법률심판과 함께 구체적 규범통제의 한 유형으로서 법률의 위헌여부를 심판하는 제도로 확립되었다.

나. 재판소원으로서의 기능

(1) 그러나 다른 한편으로는 헌법재판소법이 당해소송의 당사자에게 법률의 위헌성을 헌법재판소에 직접 물을 수 있는 제도를 둔 것은, 한국의 헌법소원제도가 법 제68조 제1항에서 재판소원을 배제하고 있는 것과 밀접한 연관관계에 있다.[24)]

재판소원을 인정하는 헌법재판제도에서는 당해 재판에 적용되는 법률에 대하여 위헌의 의심이 있음에도 법관이 스스로 위헌제청을 하지 않는다면, 소송당사자는 원칙적으로 법원의 모든 심급을 경유한 후에 위헌적인 법률을 적용한 재판에 대하여 헌법소원을 제기할 수밖에 없다. 이 경우, 헌법소원심판의 대상은 외형상으로는 위헌적인 법률을 적용함으로써 개인의 기본권을 침해한 '법원의 재판'이지만, 실질적으로는 '재판에 적용된 법률'의 위헌여부이며, 이러한 유형의 재판소원은 사실상 '間接的 法律訴願'에 해당한다.[25)]

그러나 우리 헌법재판제도에서는 재판소원을 배제하고 있고, 이로써 소송당사자가

---

22) 헌재 1989. 9. 29. 89헌마53; 1989. 12. 18. 89헌마32 등.
23) 헌재 1990. 6. 25. 89헌마107; 1993. 5. 13. 92헌가10 등.
24) 같은 취지로 헌재 2003. 2. 11. 2001헌마386, 판례집 15-1, 443, 456-457; 헌법재판실무제요, 2003, 142면 참조.
25) 위 Ⅱ. 1. 나. 간접적 법률소원 참조.

법원의 심급을 모두 경유한 후에 재판소원의 형태로써 당해재판에 적용된 법률의 위헌성을 물을 수 있는 길이 막혀 있기 때문에, 헌법재판소법은 제68조 제2항의 헌법소원제도를 도입함으로써 법원이 위헌제청을 하지 않고 위헌적인 법률을 그대로 적용하여 재판을 한다는 의심이 있는 경우에, 소송당사자가 법원의 심급을 거칠 필요 없이 직접 헌법재판소로 하여금 법률의 위헌여부를 심사하게 할 수 있는 길을 열어 놓고 있는 것이다. 즉, 위 법 제68조 제2항의 헌법소원은 재판소원을 배제하는 우리 헌법재판제도에서 법원이 재판에서 위헌적인 법률을 적용하는 경우, 다시 말하자면, 법원의 재판이 위헌적인 법률에 기인하는 경우에도 법률의 위헌성심사를 가능하게 하기 위하여 도입된 것이다.

(2) 앞(위 Ⅱ. 1.)에서 살펴본 바와 같이, 일반적으로 재판소원을 크게 2개의 유형으로 구분한다면, 법원의 재판이 위헌적인 법률에 기인할 때, 재판소원의 형태로 당해 재판에 적용된 법률의 위헌성을 묻는 재판소원(소위 '간접적 법률소원')과 구체적 소송사건에서 법원이 적용법률에 미치는 기본권의 영향을 완전히 간과하든지 또는 근본적으로 오인하여 법률을 잘못 해석·적용함으로써 개인의 기본권을 침해한다는 주장으로 제기되는 재판소원으로 나누어 볼 수 있다. 그런데 우리 헌법재판소법은 제68조 제2항을 통하여 재판소원의 한 부분인 '간접적 법률소원'을 수용함으로써 '법원의 재판이 위헌적인 법률에 기인하는지 여부'에 관한 심사를 헌법재판소의 관할로 규정하고 있는 것이다. 세계에서도 유사한 형태를 찾아 볼 수 없는 '법 제68조 제2항의 헌법소원제도'가 도입된 이유는 재판소원을 배제하는 우리 헌법소원제도의 특수성에 있으며, 이와 같은 헌법소원제도는 '기능상으로는' 재판소원의 일부분을 대체하고 있다고 하겠다. 이러한 관점에서 볼 때, 법 제68조 제2항의 심판절차를 '헌법소원심판에 관한 절'에 위치하게 한 것은 체계상으로도 큰 문제가 없는 것으로 판단된다.

(3) 법 제75조 제7항에서 법원의 확정된 판결에 대하여 재심을 허용한 것도 법 제68조 제2항에 의한 헌법소원제도가 재판소원의 기능을 하고 있다는 것을 뚜렷하게 드러내고 있다. 법 제75조 제7항에서 재판에 적용된 법률의 위헌성이 확인된 경우 당해사건의 당사자가 재심을 청구할 수 있도록 함으로써, 비록 헌법재판소가 법원의 재판을 직접 취소하지는 못하지만, 법원이 스스로 재판을 취소하도록 한 것은 사실상 헌법재판소의 결정에 의한 '재판의 간접적인 취소'에 해당하는 것이다. 법 제75조 제7항에서 재심을 허용한 것도 법 제68조 제2항에 의한 헌법소원제도가 재판소원의 한 부분이라는 것을 보여주는 것이다. 법 제68조 제2항의 헌법소원은 직접적으로는 당해재판에 적용된 법률의 위헌성을 다투는 것이지만, 궁극적으로는 당해 재판의 취소를 구하고 있다는 점에서 '間接的 裁判訴願'이라고 할 수 있다.

(4) 입법자는 헌법재판소와 법원의 관할을 배분함에 있어서 헌법재판소에게는 법률의

위헌성에 대하여 심사할 수 있는 권한을 포괄적으로 부여하려고 하였고, 이에 따라 법원의 위헌제청에 의한 위헌법률심판(법 제41조), 개인의 헌법소원에 의한 규범심사(법 제68조 제1항) 외에도, 행정청의 공권력행사에 대한 헌법소원심판에서 행정청의 행위가 위헌적인 법률에 기인한 것인 경우에는 행정청의 공권력행사를 취소할 수 있을 뿐만 아니라 그 근거법률이 위헌임을 선언할 수 있는 제도를 두고 있고(법 제75조 제5항), 법원의 판결이 위헌적인 법률에 기인한 것인 경우에는 법 제68조 제2항의 헌법소원심판에서 법률이 위헌임을 선고하고 당사자로 하여금 재심을 청구할 수 있도록 하여(법 제75조 제7항) 결국 법원이 재판을 스스로 취소하도록 하고 있다.

3. 헌법재판소법 제68조 제1항에 의하여 '금지된 재판소원'의 의미

법 제68조 제1항에서 '재판소원'을 금지하면서 제68조 제2항에서 '간접적 법률소원'을 허용하는 현행 헌법재판제도에서 '금지된 재판소원'이란, 법원이 재판에 적용되는 법령의 해석 · 적용에 있어서 기본권의 효력을 간과하거나 근본적으로 오인한 경우 또는 재판의 구체적인 절차적 형성을 통하여 절차적 기본권을 침해하는 경우에 대하여 제기되는 헌법소원을 말한다. 따라서 헌법재판소는 위 재판소원금지조항으로 말미암아, 법원의 재판을 직접적인 심판대상으로 삼을 수 없는 것은 물론이고, 법원의 법률해석이나 절차형성의 위헌여부를 실질적인 심사의 대상으로 삼아서는 안 된다.

Ⅲ. 헌법의 기본결정을 고려하는 법률해석과 合憲的 법률해석

아래 2가지 법률해석의 원칙은 헌법을 최고규범으로 하는 法秩序의 統一性에서 나오는 당연한 요청이다.[26] 법질서의 정점을 이루는 헌법의 最高規範性에 비추어, 헌법은 모든 下位法을 해석하는 기준이 되어야 한다. 모든 下位法은 최고의 규범인 헌법에 부합하게 해석되고 적용되어야 하며, 법률의 해석에 있어서 헌법의 요청을 기준으로 삼아야 한다.

1. 헌법의 기본결정을 고려하는 법률해석[27]

가. 객관적 가치질서로서의 기본권

기본권의 법적 성격을 개인의 주관적 공권이자 또한 동시에 객관적 가치질서로서 이해한다면, 객관적 성격으로서의 기본권은 민주주의원리 · 법치국가원리 · 사회국가원리와

26) Vgl. Simon, Die verfassungskonforme Gesetzesauslegung, EuGRZ 1974, S.86.

27) 역자에 따라서는 '헌법정향적 해석'이라고 直譯하기도 한다. 그러나 이러한 표현은 그 의미를 제대로 전달하지 못한다고 판단되므로, 이 글에서는 원문의 의미내용을 살려 위와 같이 표현하기로 한다.

마찬가지로 객관적 헌법원리로서 그 내용의 실현을 요구한다. 즉, 객관적 성격으로서의 기본권은 국가행위의 방향을 제시하는 지침규정으로 작용하는 것이다. 그 결과, 기본권은 법적용기관(행정청과 법원)에 대해서는 법률의 해석·적용을 통하여 기본권을 실현해야 할 의무를 뜻하게 된다. 이에 따라 법원은 구체적인 개별사건을 판단함에 있어서 적용되는 공법규정 및 사법규정을 기본권의 정신에 부합하게 해석해야 할 의무를 지게 된다(법률의 基本權合致的 해석·적용). 특히, 법원이 구체적인 소송사건에서 적용되는 私法規定을 기본권합치적으로 해석해야 할 의무는 기본권의 對私人的 效力[28]으로 나타나게 된다. 뿐만 아니라, 객관적 가치질서로서의 기본권은 법제정기관인 입법자에 대해서는 법률의 제정을 통하여 기본권을 실현해야 할 의무, 특히 기본권 보호의무를 의미한다.

나. 기본권의 放射效

헌법은 기본권을 수용함으로써 동시에 객관적인 가치질서를 확립하였다는 전제에서 출발한다면, 인간의 존엄성에 대한 존중과 자유로운 인격발현권이 중심이 되는 이러한 가치질서는 법의 모든 영역에 영향을 미친다. 이를 소위 '전체 법질서에 미치는 기본권의 放射效(Ausstrahlungswirkung)'라고 한다. 기본권의 방사효로 말미암아, 어떠한 법률규정도 기본권의 가치질서와 모순되어서는 아니 되고, 모든 법률규정은 기본권적 가치질서의 정신에 비추어 해석되어야 한다. 이러한 법률해석을 '헌법을 기준으로 삼는 법률해석' 또는 '헌법의 기본결정을 고려하는 법률해석'(verfassungsorientierte Auslegung)이라 한다.[29]

기본권은 모든 국가권력을 직접적으로 구속하기 때문에, 법원과 행정청은 개괄조항(공서양속조항, 신의성실조항, 불법행위조항 등)이나 불확정 법개념과 같이 해석의 여지가 있는 법규정을 기본권에 합치하도록 해석해야 한다. 기본권의 방사효는 법적용기관인 법원과 행정청으로 하여금 기본권에 담겨있는 내용적 지침을 고려하여 법률을 해석할 것을 요청한다. 기본권의 방사효로 인하여 법률의 해석과 적용의 과정에서 기본권이 항

---

28) 오늘날 기본권이 국가권력뿐만 아니라 私人에 의해서도 위협을 받으므로, 기본권의 적용범위를 사인간의 관계에 대해서도 확장해야 할 필요성이 있는데, 기본권을 개인의 주관적 공권으로만 이해한다면, 기본권은 개인의 對國家的 권리이기 때문에, 기본권이 사인간의 관계에서 효력을 가질 수 없다. 그러나 기본권을 객관적 가치질서로 파악하고, 법원이 사인간의 법률분쟁에서 문제되는 私法規定을 해석·적용하는 과정에서 기본권의 정신을 고려함으로써, 즉 사법규정을 기본권의 정신에 비추어 해석·적용함으로써 기본권이 사인 간에도 간접적으로 적용된다. 이 경우, 사인간의 분쟁에서 직접 적용되는 것은 사법규정이나, 사법규정의 해석·적용을 통하여 기본권이 간접적으로 사인간의 관계에도 영향을 미치는 것이다.

29) 헌법의 기본결정을 고려하는 해석(verfassungsorientierte Auslegung)에 관하여 vgl. A. Vosskuhle, Theorie und Praxis der verfassungskonformen Auslegung von Gesetzen durch Fachgerichte, AöR 125(2000), S.180; Richter/Schuppert/Bumke, Casebook Verfassungsrecht, 4. Aufl., 2001, S.42; H. Simon, Die verfassungskonforme Gesetzesauslegung, EuGRZ 1974, S.86f.; Zippelius, Verfassungskonforme Auslegung von Gesetzen, in: Bundesverfassungsgericht und Grundgesetz, Bd.Ⅱ, 1976, S.109f.; Gusy, Die Verfassungsbeschwerde, 1988, Rn.87.

상 문제되는 것이다.

다. '헌법의 기본결정을 고려하는 법률해석'의 구체적인 例

(1) 헌법은 기본권의 보장을 통하여 법의 모든 영역에 영향을 미치는 헌법상의 기본결정을 담고 있다. 이러한 기본결정은 특히 私法上의 일반조항의 해석에 있어서 그 의미를 가진다. 민법 제2조(신의성실조항), 제103조(공서양속조항) 및 제750조(불법행위조항)의 규정은 매우 추상적으로 "신의에 좇아 성실히", "선량한 풍속 기타 사회질서", "위법한 행위"를 언급함으로써 법원이 일차적으로 헌법상의 기본결정이란 기준에 의하여 이를 구체화할 것을 요청한다. 그러므로 민사법원은 일반조항의 해석과 적용에 있어서 기본권을 내용적 지침으로서 준수해야 할 헌법상의 의무가 있다. 민사법원이 이를 오인하고 소송당사자 일방에게 불리하게 판단한다면, 이로써 그의 기본권을 침해하게 된다.

소송 당사자들이 서로 자신의 기본권을 주장하는 '기본권의 충돌'의 경우, 예컨대 원고가 피고의 표현행위에 의하여 자신의 인격권이 침해되었다고 주장하면서 제기한 손해배상청구소송에서, 민사법원의 법관은 피고 행위의 위법성여부를 판단함에 있어서 원고의 인격권과 피고의 표현의 자유라는 양 기본권을 모두 고려하여야 한다.

(2) 기본권의 방사효는 私法의 영역에 제한되는 것이 아니라 公法의 영역에도 미친다. 따라서 행정청이나 법원이 적용법규의 해석에 있어서 기본권이 당해규범에 미치는 영향을 간과하여 헌법합치적 해석을 하지 않았다면, 이로써 개인의 기본권을 침해하게 된다.

예컨대, 도로교통법규정에 의하면, 도로를 교통 이외의 목적으로 사용하는 경우 특별사용허가를 받도록 규정하고 있다. 그런데 도로의 특별사용허가를 받지 않았다는 이유로 공공장소에서의 전단배포를 금지하는 행정청의 처분은 도로법규정을 합헌적으로 해석하지 않음으로써 표현의 자유를 침해한다. 행정청은 표현의 자유란 기본권의 정신에 비추어 '교통'을 '이동'의 의미이자 '의사소통'의 의미로 해석함으로써, 도로법상의 특별사용허가에 관한 규정을 '공공장소에서의 전단배포는 허가 없이도 허용된다'고 합헌적으로 해석해야 한다.[30)]

또한, 관할행정청이 자연발생적, 즉 우발적으로 형성된 옥외집회를 事前에 신고하지 않았다는 이유로 해산한다면, 이러한 처분은 집회의 자유에 위반된다. 우발적 집회의 특성은 바로 사전신고의무의 이행이 불가능한 데 있으므로, 집시법의 신고의무에 관한 규정은 집회의 자유의 정신에 비추어 자연발생적 집회에 대해서는 신고의무가 존재하지 않는 것으로 헌법합치적으로 해석하여야 한다.[31)] 나아가, 법원과 행정청이 외국인의 체

---

30) Vgl. BVerfG, NVwZ 1992, S.53.
31) Vgl. BVerfGE 69, 315, 350ff.; 85, 69, 74f.

류허가에 관한 결정을 함에 있어서 재량을 행사하는 경우, 혼인과 가정을 보호해야 할 헌법상의 기본결정을 고려해야 할 의무가 있고, 이로써 국내에 거주하는 자와 체류허가 신청인과의 혼인·가족관계를 구체적으로 고려해야 한다.[32] 또한, 법원은 형법규정의 해석과 적용에 있어서 기본권을 고려해야 한다. 예컨대 명예훼손죄에 있어서 위법성 조각사유로서의 "공공의 이익"(형법 제310조)을 판단함에 있어서 법관은 피의자의 표현의 자유가 이 형법조문의 해석에 미치는 영향을 고려해야 한다.

라. '헌법의 기본결정을 고려하는 법률해석'의 기능

'헌법의 기본결정을 고려하는 법률해석'은 법률을 그 위헌성에 있어서 심사하는 것이 아니라, '근본적으로 合憲으로 판단되는 법률'을 구체적인 개별사건에서 헌법에 비추어 해석하고 적용하는 경우에 행해지는 해석이다. '헌법의 기본결정을 고려하는 해석'은, 개괄조항이나 불확정 법개념을 포함하는 법률이 해석의 여지가 있고 다양한 의미내용을 포함하는 경우, 헌법의 가치결정, 특히 기본권의 정신을 해석의 지침으로 삼아 법률의 내용을 구체화하는 작업으로서, 합헌적인 법률을 해석·적용하는 과정에서 여러 가지 해석가능성 중에서 헌법의 기본정신에 가장 부합하는 해석을 선택해야 한다는 요청인 것이다. 이 경우, 헌법은 법률의 내용을 인식하는 認識規範으로 작용한다. 요컨대, '헌법의 기본결정을 고려하는 법률해석'은 헌법에 부합하는 '법률 내용의 구체화 또는 확정'(Inhaltsbestimmung)에 관한 것이다.[33]

아래에서 살펴볼 '합헌적 법률해석'이 규범통제의 일환으로서 이루어지는 반면, 헌법의 기본결정을 고려하는 법률해석의 경우에는 그 관점이 다르다. '헌법의 기본결정을 고려하는 법률해석'이란, 법원이 구체적인 사건에서 법률을 해석하고 적용하는 것이 헌법의 기본정신에 위배되는지, 즉 법원이 그 자체로서 合憲的 법률을 違憲的으로 적용하는지에 관한 문제인 것이다.

여기서 법률해석은 구체적이고 조감할 수 있는 사실관계에 근거하여 행해지며, 구체적인 사건을 결정함에 있어서 헌법의 요청이 가능하면 최대한으로 실현되고 그 효력을 발휘할 수 있도록 법률을 해석하려는 積極的 機能을 가지고 있다.[34] 독일과 같이 재판에 대한 헌법소원제도를 두고 있는 국가에서, '헌법의 기본결정을 고려하는 해석'은 기본권의 객관적 성격이 관철되고 법치국가적·사회국가적 요청이 실효성을 가질 수 있는 방향으로 법률의 내용이 채워지고 구체화되는데 크게 기여하였다.

32) Vgl. BVerfGE 76, 1, 49f.(Ehegattennachzug)
33) Vgl. Wank, Verfassungsgerichtliche Kontrolle der Gesetzesauslegung und Rechtsfortbildung durch die Fachgerichte, JuS 1980, S.548.
34) Vgl. Simon, Die verfassungskonforme Gesetzesauslegung, EuGRZ 1974, S.87.

2. 合憲的 법률해석[35)]

가. 법률해석으로서 합헌적 법률해석

'合憲的 법률해석' 또는 '憲法合致的 법률해석'(Verfassungskonforme Auslegung)은 헌법해석의 문제가 아니라 법률해석의 문제이다. 모든 합헌적 법률해석은 해석의 대상인 법률이 '해석의 가능성'을 가지고 있다는 것을 당연한 전제로 한다.[36)] 一義的 내용의 법률은 헌법에 합치하든지 아니면 합치하지 않을 뿐이다. 또한, 법률이 생각할 수 있는 모든 해석가능성에 있어서 헌법에 위반된다면, 합헌적 법률해석은 불가능하다. 합헌적 법률해석은 일차적으로 법률해석의 문제이지만, 법률을 합헌적으로 해석하기 위해서는 해석의 지침인 헌법규범의 해석이 동시에 이루어진다.[37)]

한편, '법률의 효력이 가능하면 유지되어야 한다'는 원칙에 따라 헌법규범이 해석되어서는 안 된다. 이러한 원칙을 따르는 경우, 헌법이 하위법 해석의 지침이 되는 것이 아니라 거꾸로 '법률의 존속'이라는 관점이 헌법해석의 지침이 됨으로써, '법률의 合憲的 해석'이 아니라 '헌법의 合法律的 해석'으로 전도된다.

나. 규범통제의 한 부분으로서 합헌적 법률해석

'합헌적 법률해석'은 위에서 서술한 '헌법의 기본결정을 고려하는 해석'의 한 유형이자 동시에 헌법재판소결정의 한 유형에 해당한다. 합헌적 법률해석은 '헌법의 기본결정을 고려하는 법률해석'과 그 구분이 항상 명확한 것은 아니지만, 원칙적으로 이와 구분되어야 하는 독자적인 유형인 것이다. 합헌적 법률해석이란 법률이 법문의 범주 내에서 여러 가지로 해석될 수 있고, 그 해석에 따라 때로는 위헌적 결과를 때로는 합헌적인 결과를 가져온다면, 합헌적인 해석방법을 선택해야 한다는 것을 의미한다.

합헌적 법률해석은 헌법재판소에 의한 규범통제절차에서 중요한 의미를 가진다. 합헌적 법률해석은 단순한 법률해석에 지나지 않는 것이 아니라, 법률에 대한 특정한 해석방법을 헌법규범을 기준으로 하여 그 위헌성여부를 심사한 결과 위헌적인 것으로 배

---

35) 합헌적 법률해석은 '헌법합치적 법률해석' 또는 '법률의 합헌적 해석'이라고도 한다. 합헌적 법률해석에 관하여 vgl. Hesse, Grundzüge des Verfassungsrechts der BRD, 1993, Rn.79ff.; Zippelius, Verfassungskonforme Auslegung von Gesetzen, in: BVerfG und GG, Bd.Ⅱ, 1976, S.108ff.; Simon, Die verfassungskonforme Auslegung, EuGRZ 1974, S.85ff.; Schlaich/Korioth, Das Bundesverfassungsgericht, 2001, Rn.405ff.; Vosskuhle, Theorie und Praxis der verfassungskonformen Auslegung von Gesetzen durch Fachgerichte, AöR 125(2000), S.178ff.; Geis, Die "Eilversammlung" als Bewährungsprobe verfassungskonformer Auslegung, NVwZ 1992, S.1026f.; Seetzen, Bindungswirkung und Grenzen der verfassungskonformen Auslegung, NJW 1976, S.1997.

36) Vgl. Simon, Die verfassungskonforme Gesetzesauslegung, EuGRZ 1974, S.86.

37) 이러한 이유에서 합헌적 해석은 법률해석에 관한 것임에도 일반적으로 헌법해석의 범주에서 함께 다루어지고 있다.

척하고, 이로써 사실상 그 부분에 관한 한 비록 법문의 변화를 가져오는 것은 아니지만 質的인 一部違憲宣言의 의미를 지니는 것이다.[38] 법률을 합헌적으로 해석할 수 있는 경우, 헌법재판소는 위헌결정을 내리지 않고, 단지 "법률을 어떠한 식으로 해석하는 한 헌법에 위반된다 또는 위반되지 않는다."는 것을 확인하는 결정을 내리게 된다.[39] 이와 같이 해석을 통하여 법률의 내용 및 적용범위를 한정함으로써 법률의 합헌성을 유지하고자 하는 결정유형인 限定合憲決定·限定違憲決定은 합헌적인 법률해석의 필연적인 결과이다.[40]

다. 합헌적 법률해석의 規範維持的 기능

합헌적 법률해석은 그를 통하여 법률에 대한 위헌선언이 방지될 수 있는지의 관점에 의하여 지배된다. 즉, 헌법적으로 문제가 있는 법률을 합헌적인 것으로 그 효력을 유지시키는데 '합헌적 법률해석'의 주된 목적이 있다는 점에서, 헌법을 적극적으로 실현하고자 하는 '헌법의 기본결정을 고려하는 법률해석'과 비교할 때 합헌적 법률해석은 消極的 機能을 한다.

합헌적 법률해석의 경우, 헌법은 법률의 내용을 밝히기 위한 해석의 지침일 뿐만 아니라 이를 넘어서 법률의 합헌성을 판단하는 심사기준이다. 이 경우, 헌법은 법률의 내용을 구체화하는 과정에서 해석의 지침을 제공하는 단순한 認識規範에 지나지 않는 것이 아니라 동시에 위헌성심사의 統制規範으로 기능하는 것이다.[41] 이에 따라 합헌적 법률해석은 통제규범으로서의 헌법을 기준으로 하는 '법률의 내용에 대한 統制'(Inhaltskontrolle)

---

38) Vgl. Skouris, Teilnichtigkeit von Gesetzen, 1973, S.108

39) 한정위헌결정의 전형적인 예로서 헌재 1990. 4. 2. 89헌가113 결정(국가보안법 제7조에 대한 위헌심판)을 들 수 있다. 위 사건에서 제청신청인들은 국가보안법 위반 등의 죄로 기소되었는데 그 기소된 내용 중 국가보안법 위반의 점의 요지는 제청신청인들이 반국가단체를 이롭게 할 목적으로 도서 및 표현물을 소지하고 이를 반포하였는 바 이는 국가보안법 제7조 제5항, 제1항의 죄에 해당한다는 것이다. 제청법원은 제청신청인들의 제청신청에 따라 '국가보안법 제7조 제1항 및 제5항은 반국가단체를 어떠한 방법으로든지 이롭게 한 자를 모두 처벌할 수 있다는 지나치게 포괄적이고 막연한 규정이므로 헌법 제12조 제1항(죄형법정주의)과 제37조 제2항의 규정에 위반된다는 의문이 있다'는 취지로 헌법재판소에 국가보안법 제7조 제1항 및 제5항의 위헌여부의 심판을 제청하였다. 헌법재판소는 "국가보안법 제7조 제1항 및 제5항은 각 그 소정 행위가 국가의 존립·안전을 위태롭게 하거나 자유민주적 기본질서에 위해를 줄 경우에 적용된다고 할 것이므로 이러한 해석 하에 헌법에 위반되지 아니한다."는 한정위헌결정을 선고하였다. 헌법재판소는 위 결정에서 합헌적 법률해석의 요건에 관하여 교과서적으로 설시하였는데, 법문이 허용하는 의미내용과 입법의도의 범위 내에서 심판대상조항을 비례의 원칙에 부합하게 축소적으로 해석하여 위헌적인 해석방법을 배제하였다는 점에서, 위 결정은 한정위헌결정이 요청되는 가장 적절하고도 전형적인 사건이라 할 수 있다.

40) 한정합헌결정·한정위헌결정이란, 심판의 대상이 된 법률조항의 문언이 다의적으로 해석 가능한 경우 특정한 내용으로 해석·적용되는 한 합헌 또는 위헌이라는 주문의 결정으로서, 법질서에서 법문을 제거하는 방법을 통해서가 아니라 위헌적인 해석방법을 배제함으로써 위헌성을 제거한다는 의미에서 '質的 일부위헌결정'이라고 할 수 있다.

41) Vgl. Vosskuhle, Theorie und Praxis der verfassungskonformen Auslegung von Gesetzen durch Fachgerichte, AöR 125(2000), S.181; Wank, Verfassungsgerichtliche Kontrolle der Gesetzesauslegung und Rechtsfortbildung durch die Fachgerichte, JuS 1980, S.547; Hesse, Grundzüge des Verfassungsrechts der Bundesrepublik Deutschland, 19. Aufl., 1993, Rn.80.

라 할 수 있다.

법률이 통상적인 해석방법에 따라 합헌적인 해석의 가능성을 허용하는 한, 그 법률은 위헌으로 선언되어서는 아니 되고, 모든 가능한 해석방법이 헌법에 위반되는 경우에 비로소 그 법률은 위헌으로 선언되어야 한다는 것이 바로 합헌적 법률해석이다. 규범통제절차에서 합헌적 법률해석은 '위헌결정에 대한 하나의 代案'이라는 점에서 '헌법의 기본결정을 고려하는 법률해석'과 그 성격을 달리하는 것이다.

3. '헌법의 기본결정을 고려하는 법률해석'과 '합헌적 법률해석'의 구분과 차이

'헌법의 기본결정을 고려하는 법률해석'과 '합헌적 법률해석'은 다음과 같은 관점에서 구분되고 그 차이점을 발견할 수 있다.

첫째, '헌법의 기본결정을 고려하는 법률해석'은 구체적인 개별사건을 결정하기 위하여 행해지는 '법률의 합헌적 해석 · 적용'의 문제이다. 이에 대하여 '합헌적 법률해석'은 규범통제절차에서 행해지는 '법률의 위헌여부'의 문제이다. 법률을 헌법에 부합하게 해석해야 한다는 일반적 요청은 법적용기관인 법원과 행정청에게는 일차적으로[42] '헌법의 기본결정을 고려하는 법률해석'의 원칙을 의미하고, 헌법재판기관인 헌법재판소에게는 '합헌적 법률해석'의 원칙을 의미한다.

둘째, '헌법의 기본결정을 고려하는 법률해석'은 구체적인 개별사건에서 그에 적용되는 합헌적 법률의 내용을 헌법의 정신에 비추어 구체화함으로써 법률해석을 통하여 헌법의 정신을 積極的으로 실현하고자 하는 것인 반면, '합헌적 법률해석'은 위헌적 해석가능성을 내포하는 법률을 消極的으로 법질서에서 존속시키고자 하는 것이다.

셋째, '헌법의 기본결정을 고려하는 법률해석'은 합헌적 법률을 위헌적으로 적용하였는지에 대한 '法律適用의 위헌성심사'인 반면, '합헌적 법률해석'은 입법자가 합헌적 법률을 제정했는지에 대한 '法律의 위헌성심사'이다. 즉, '헌법의 기본결정을 고려하는 법률해석'은 法院에 대한 통제인 반면, 합헌적 법률해석은 立法者에 대한 통제인 것이다.

위에서 서술한 2가지 해석의 구분은 이해를 돕기 위한 이론적인 것으로서 헌법실무에서 항상 구분이 용이한 것은 아니며, 특히 헌법소원심판에서 위 2가지 해석원칙은 그 구분이 불명확하다.[43]

---

42) 법원도 '헌법의 기본결정을 고려하는 법률해석'의 권한뿐만 아니라 합헌적 법률해석의 권한도 가지고 있다는 점에서 "일차적으로"라는 유보적 표현을 사용한다.

43) Vgl. Simon, Die verfassungskonforme Auslegung, EuGRZ 1974, S.86.

4. 법률해석의 권한의 문제

가. 법률해석의 원칙적인 권한

법률의 해석이 헌법규범과 무관하게 이루어지는 경우, 법률해석은 헌법상 법원에 부여된 고유권한이다. 법원은 그의 전문영역에서 법률해석에 관한 풍부한 경험을 보유하고 있고, 구체적인 사실관계에 근거하여 법현실과의 직접적인 연관관계에서 법률해석을 할 수 있으며, 이를 단계적이고 지속적으로 발전시킬 수 있으므로, 법률해석의 적임자라 할 수 있다.[44] 따라서 헌법의 적용과 해석에 아무런 영향을 미치지 않는 법률의 해석의 경우, 헌법재판소는 법원의 법률해석을 존중하여야 한다.

나. '헌법의 기본결정을 고려하는 법률해석'의 권한

(1) 법률을 적용하고 해석하는 모든 국가기관은 '헌법의 기본결정을 고려하는 해석'을 해야 할 권한과 의무를 가지고 있다. 헌법재판의 실무에서, '헌법의 기본결정을 고려하는 해석'은 '구체적 개별사건에서 법률을 헌법에 비추어 어떻게 해석해야 하는지'를 판단해야 하는 모든 절차에서 그 의미를 가진다.[45]

한편, 법원의 재판에 대하여 헌법소원을 제기할 수 있는 경우에만, 헌법의 기본결정을 고려하는 해석에 있어서 헌법재판소는 최종적 결정권을 가진다. 그러나 법원의 재판을 헌법소원의 심판대상에서 제외하고 있는 현행 헌법재판제도에서는 大法院이 법적용기관인 행정청 및 하급심법원이 법률을 헌법의 정신에 비추어 제대로 해석하였는지에 관하여 최종적인 결정권을 가진다.

(2) 한편, '헌법의 기본결정을 고려하는 법률해석'은 필연적으로 해석의 지침을 제공하는 헌법규범에 대한 해석을 수반한다.[46] 이로써 모든 법률해석은 헌법에 의하여 영향을 받는 해석이며, 또한 동시에 憲法의 解釋을 의미한다. 따라서 헌법정책적이나 입법론적으로 볼 때, '헌법의 기본결정을 고려하는 법률해석'의 경우, 필연적으로 헌법규범에 대한 해석이 행해지고 '헌법의 기본결정을 고려하는 법률해석'에 대한 헌법재판소의 최종적 결정권이 없이는 헌법에 대한 서로 다른 해석의 가능성이 존재한다는 점에서, 재판소원을 도입해야 할 필요성이 있다. 또한, '헌법의 기본결정을 고려하는 해석'이 개

---

44) Vgl. BVerfGE 49, 304, 314; Papier, "Spezifisches Verfassungsrecht" und "einfaches Recht", in: Bundesverfassungsgericht und Grundgesetz, Bd. I, 1976, S.450; Wank, Verfassungsgerichtliche Kontrolle der Gesetzesauslegung und Rechtsfortbildung durch die Fachgerichte, JuS 1980, S.547.

45) 이러한 심사는 특히 빈번하게 법원의 재판이나 행정청의 처분에 대한 헌법소원심판에서 나타난다. 여기서 판단의 대상은 직접적으로는 개별사건에 대한 결정(재판, 처분 등)이지만, 법원이나 행정청이 개별사건을 결정하는 과정에서 간접적으로 '헌법의 기본결정을 고려하는 법률해석'이 행해지는데, 이러한 해석은 판결 또는 결정의 이유부분에서 드러난다.

46) Vgl. Gusy, Die Verfassungsbeschwerde, 1988, Rn.88.

별적인 사건의 해결에 있어서 헌법의 정신이나 요청을 적극적으로 실현하고 관철시키기에 특히 적합하며, 헌법재판소가 재판소원의 형태로 이를 감독하는 경우에 비로소 헌법소원의 교육적 효과로 말미암아 '헌법의 기본결정을 고려하는 해석'이 법원의 재판에서 더욱 활성화될 수 있다는 점에서, 재판소원을 도입해야 할 필요성은 더욱 부각된다.

다. 합헌적 법률해석의 권한

(1) 합헌적 법률해석은 규범통제절차의 부수적 요소이다. 합헌적 법률해석은 규범통제의 관할을 가진 국가기관의 권한에 속하므로, 헌법재판소만이 기속력을 가지고 법률이 위헌으로 선언되어야 하는지 아니면 헌법합치적 해석을 통하여 유지될 수 있는지에 관하여 최종적으로 결정할 수 있다. 비록 헌법이나 헌법재판소법이 이에 관한 권한을 명시적으로 부여한 바 없으나, 헌법재판소가 헌법합치적 해석을 할 권한은 規範統制에 관한 권한으로부터 나오는 필연적인 결과이다.[47]

(2) 여기서 누가 합헌적 법률해석을 할 권한이 있는지, 특히 법원도 합헌적 법률해석의 권한이 있는지의 문제가 제기된다. 합헌적 법률해석은 단순한 법률해석에 지나지 않는 것이 아니라, 법률에 대한 특정한 해석방법을 위헌적인 것으로 배제함으로써 실질적으로 '해석에 의한 법률의 부분적 폐지'를 의미하는 것이다. 그렇다면, 법관도 헌법합치적 법률해석을 통하여 사실상 입법자에 대한 규범통제의 기능을 하는 것이다. 그러나 이와 같이 법률을 수정하는 권한은 규범통제에 관한 독점적인 권한을 부여받은 헌법재판소에 유보되어야 한다. 법원이 합헌적 법률해석의 권한을 가지는지의 문제는 재판소원을 허용하는지 여부에 따라 달리 판단되어야 한다.

(가) 독일의 경우, 헌법재판소뿐만 아니라 법원도 법률을 헌법합치적으로 해석해야 할 권한과 의무를 가지고 있다는 것이 연방헌법재판소의 확립된 판례이다.[48] 이에 의하면, 합헌적 법률해석은 헌법재판소에 유보된 독점적인 권한이 아니라 모든 국가기관에 의하여 존중되어야 하는 일반적 해석원칙이다. 특히 사법기능을 담당하는 기관은 가능한 한 입법자의 입법권을 존중하여 입법자가 제정한 규범이 가능하면 계속 존속하고 효력이 유지될 수 있도록 해석하여야 한다.

---

47) 합헌적 법률해석을 통하여 법률에 대하여 실질적인 일부위헌선언을 하는 권한은 헌법 제107조 제1항에 의하여 헌법재판소에게 유보되어있다. 헌법 제107조 제1항에 규정된 위헌제청의무의 기능이란, 법원과의 관계에서 입법자의 권위를 보호하고, 헌법문제에 관한 헌법재판소의 기속력있는 해명을 통하여 법원간의 서로 다른 판결, 법적 불안정성을 방지하고자 하는데 있다.

48) 독일 학계의 견해는 나뉘어 있다, 독일 연방헌법재판소의 판례를 지지하는 견해로 vgl. Schlaich/Korioth, Das Bundesverfassungsgericht, 2001, Rn.429; Simon, Die verfassungskonforme Auslegung, EuGRZ 1974, S.90; Maurer, Staatsrecht, 1999, S.27; 이에 대하여 비판적인 견해로는 Vosskuhle, Theorie und Praxis der verfassungskonformen Auslegung von Gesetzen durch Fachgerichte, AöR 125(2000), S.177ff.; Stern, Das Staatsrecht der BRD, Bd. I, 1984, S.136; Skouris, Teilnichtigkeit von Gesetzen, 1973, S.112f.

그러므로 합헌적 법률해석은 헌법재판소뿐만 아니라 모든 법원에 부과된 의무이다. 법원은 법률에 대하여 단지 위헌의 의심이 있는 경우에 위헌제청을 할 수 있는 것이 아니라, 헌법재판소에 위헌제청을 하기 전에 위헌의 의심이 있는 법률을 합헌적으로 해석하여 법률의 위헌성이 제거될 수 있는지 여부를 우선 살펴야 하며, 합헌적 해석을 통하여 법원이 법률을 적용하려는 시도에도 불구하고 위헌의 의심이 해소되지 않는 경우에야 비로소 법원은 위헌제청을 해야 한다. 독일의 경우, 법원의 재판에 대한 헌법소원이 가능하고, 이를 통하여 헌법재판소가 합헌적 법률해석에 대한 최종적인 결정권을 가지고 있기 때문에, 법원의 합헌적 법률해석은 근본적으로 문제가 되지 않는다.49)

(나) 그러나 우리 헌법재판제도에서는 재판소원의 배제로 말미암아 헌법재판소가 법원의 합헌적 법률해석의 타당성을 직접적으로 재판소원의 형태로 심사할 수 있는 가능성이 봉쇄되어 있다. 다만, 법률에 대한 헌법소원심판이나 위헌법률심판에서 법률의 위헌성을 심사하는 범주 내에서 법원의 합헌적 법률해석의 위헌여부를 단지 간접적으로 심사할 수 있을 뿐이다. 따라서 재판소원을 금지하는 현행 헌법재판제도에서는 법원의 합헌적 법률해석이 헌법재판소의 최종적인 결정권에 의하여 효과적으로 통제될 수 있는 가능성이 없는 것이다.

이러한 관점에서 법원은 원칙적으로 합헌적 법률해석을 자제해야 하고, 합헌적 법률해석의 여지가 있는 법률에 대해서는 헌법재판소에 위헌제청을 해야 한다. 헌법재판소가 재판소원을 통하여 법원의 법률해석을 효과적으로 통제할 수 없는 상황에서 법원이 헌법재판소와 동등하게 합헌적 법률해석의 권한을 행사하는 경우, 합헌적 법률해석은 '법률의 해석'을 넘어서 필연적으로 법률해석의 기준인 '헌법의 해석'을 수반한다는 점에서 헌법재판소와 법원이 서로 상이한 헌법해석에 이를 수 있다. 뿐만 아니라, 이러한 법적 상황에서 법원이 합헌적 법률해석을 통하여 실질적으로 입법작용에 대한 수정권한을 가지고 있다는 것은 '법원은 법률의 구속을 받는다'는 헌법상의 권력분립질서에 위배되는 것이다.

Ⅳ. 헌법재판소법 제68조 제2항에 의한 헌법소원심판에서 限定違憲請求의 문제점

1. 청구인의 한정위헌청구에 의한 헌법재판소의 한정위헌결정의 문제점

헌법재판소법은 제68조 제2항에서 당해사건 당사자의 위헌제청신청이 법원에 의하여 기각된 경우 당사자가 직접 법률에 대한 헌법소원을 제기할 수 있는 가능성을 제공함

49) Vgl. Schlaich/Korioth, Das Bundesverfassungsgericht, 2001, Rn.435; Simon. Die verfassungskonforme Auslegung, EuGRZ 1974, S.90.

으로써, 법원이 위헌적인 법률을 적용하여 당사자의 기본권을 침해하였는지 여부에 대하여 헌법재판소가 심사할 수 있는 가능성을 열어놓았다. 이로써 법원의 재판에 대한 헌법소원의 한 부분인 '간접적 법률소원'이 도입되었다. 그런데 법 제68조 제2항의 헌법소원제도는 '간접적 법률소원'을 허용할 뿐만 아니라, 나아가 '禁止된 裁判訴願으로 가는 進入路'의 역할을 할 수 있다.

법 제68조 제2항에 의한 헌법소원심판에서 당해소송의 당사자가 당해사건에 적용되는 법률의 위헌성을 다투는 것이 아니라 법원의 구체적인 법률해석의 위헌여부를 다투면서 법률조항에 대한 한정위헌결정을 구하는 경우, 이러한 심판청구(소위 '限定違憲請求')는 바로 법 제68조 제1항이 금지하는 재판소원에 해당하는 것이다. 이러한 경우, 헌법재판소가 당사자의 심판청구를 법률의 위헌성을 다투는 것으로 이해하여 판단의 대상으로 삼아 법원의 법률해석의 오류를 확인한다면, 헌법재판소로서는 재판소원이 배제된 상황에서 재판의 위헌성을 제거하기 위해서는 불가피하게 합헌적 법률해석의 방법, 즉 법률에 대하여 한정위헌결정을 하는 방법을 사용하지 않을 수 없다. 즉, 헌법재판소는 재판소원의 금지로 인하여 '법률을 … 해석하는 한, 법원의 해석은 위헌'이라는 확인과 함께 법원의 재판을 취소할 수 없기 때문에, 그 대신 '법률을 … 해석하는 한, 그 법률은 위헌이다'라는 한정위헌결정을 하게 되는 것이다.

헌법소원심판에서는 '헌법의 기본결정을 고려하는 법률해석'과 '합헌적 법률해석'의 구분이 불분명하고 '동일한 것을 바라보는 관점의 차이'이자 '법원과 헌법재판소에 대한 헌법적 요청의 차이'이기 때문에, 여기서 청구인이 심판청구를 어떠한 형식으로 포장하는지에 따라 2가지의 해석원칙이 임의로 교환·대체될 수 있다는 것이 선명하게 드러난다.

2. 한정위헌청구의 적법성여부에 관한 헌법재판소 판례의 경향

헌법재판소는 법 제68조 제2항에 의한 헌법소원심판에서 청구인이 법원의 법률해석을 문제 삼아 법률조항에 대한 한정위헌의 판단을 구하는 심판청구인 '限定違憲請求'에 대하여 다음과 같은 입장을 취하고 있다.[50)]

우선, 헌법재판소는 '일반적으로 법률조항 자체에 대한 다툼과 법률의 해석에 관한 다툼은, 그 구분이 모호한 경우가 많지만, 일응 구분되는 것으로 보아야 한다'는 타당한 입장에서 출발하여, 법 제68조 제2항이 "법률의 위헌여부심판의 제청신청이 기각된 때에는"이라고 규정함으로써 심판의 대상을 '법률'에 한정하고 있으므로, 일반적으로 법률조항 자체의 위헌판단을 구하는 것이 아니라 법률조항을 "… 하는 것으로 해석하는 한

50) 한정위헌청구의 적법여부에 관한 헌법재판소 판례에 관하여 헌법재판실무제요, 제1개정판, 2003, 246면 이하 참조.

위헌"이라는 판단을 구하는 청구는 법 제68조 제2항상의 청구로 적절치 아니하다고 판시하고 있다.[51] 그러나 청구인의 주장이 단순히 법률조항의 해석을 다투는 것이 아니라, 그러한 해석의 여지를 주는 법률조항 자체의 불명확성을 다투는 경우로 이해되는 경우 또는 법원의 해석에 의하여 구체화된 심판대상규정이 위헌성을 지니는 경우에는 그 청구는 법률조항 자체의 위헌성을 다투는 경우로 이해되어 법 제68조 제2항상의 적법한 것으로 받아들이고 있다.[52]

3. 한정위헌청구의 적법성여부에 관하여 판단하지 않은 초기의 판례

가. 헌법재판소는 1995년 이전까지 청구인의 한정위헌청구가 실질적으로 법원의 법률해석의 위헌확인을 구하는 청구라는 것의 문제점을 인식하지 못하였고, 이로써 법 제68조 제2항의 헌법소원심판의 대상이 될 수 있는지 여부에 관한 별도의 판단을 하지 않았다.

헌법재판소는 이미 1991년 민법 제764조의 위헌여부에 관한 헌법소원심판에서[53] 당해사건 당사자의 한정위헌청구에 의하여 법률의 위헌여부를 판단하였다. 민법 제764조는 "타인의 명예를 훼손한 자에 대하여는 법원은 피해자의 청구에 의하여 손해배상에 갈음하거나 손해배상과 함께 명예회복에 적당한 처분을 명할 수 있다."고 규정하고 있는데, 제764조에서 말하는 '처분'의 대표적 예가 사죄광고 게재인 것으로 이해되어 왔던 것이 그 당시까지의 판례였다. 이 사건에서 청구인들은 사죄광고를 민법 제764조 소정의 '명예회복에 적당한 처분'에 포함시킬 때 동 조항이 위헌인가의 여부의 확인을 구하는 限定違憲請求를 하였고, 이에 대하여 헌법재판소는 "민법 제764조의 '명예회복에 적당한 처분'에 사죄광고를 포함시키는 것은 헌법에 위반된다."는 한정위헌결정을 선고하였다.

그러나 위 사건에서 문제되는 것은, 민법 제764조가 다의적인 해석가능성으로 말미암아 위헌적인 해석의 요소를 내포하고 있는지의 문제가 아니라, 법원이 그 자체로서 합헌적인 민법 제764조의 규정을 언론의 자유를 고려하지 아니하고 위헌적으로 적용하였는지 여부였다. 만일 현행 헌법재판제도가 재판에 대한 헌법소원을 허용하였다면, 헌

51) 헌재 1998. 9. 30. 98헌바3; 헌재 1997. 2. 20. 95헌바27, 판례집 9-1, 161; 헌재 1995. 7. 21. 92헌바40, 판례집 7-2, 37.

52) 헌재 1997. 2. 20. 95헌바27, 판례집 9-1, 161; 헌재 1995. 7. 21. 92헌바40, 판례집 7-2, 37 참조.

53) 헌재 1991. 4. 1. 89헌마160 결정(위 사건이 접수된 1989년 당시, 헌재의 '헌바'사건에 대하여 '헌마'의 사건번호를 부여했음에 유의할 것), 판례집 3, 149-159, 위 사건의 개요는 다음과 같다. 김○○는 여성동아 1988년 6월호에 게재된 기사가 자기의 명예를 훼손하였다는 이유로 주식회사 동아일보사와 여성동아의 기자 등(청구인들)을 상대로 서울 민사지방법원에 손해배상 및 민법 제764조에 의한 사죄광고를 청구하는 소송을 제기하였다. 청구인들은 위 소송사건에서 '민법 제764조가 명예훼손의 경우에 사죄광고를 명할 수 있도록 한 것이라면 이는 헌법에 위반된다'는 주장으로 법원에 위헌제청을 신청하였으나 서울민사지방법원은 위 위헌제청신청를 기각하였고, 이에 청구인들은 헌법재판소에 법 제68조 제2항에 의한 헌법소원심판을 청구하였다.

법재판소는 위 법률조항에 대하여 한정위헌결정을 하지 아니하고 '법원이 합헌적인 법률을 위헌적으로 해석·적용함으로써 청구인의 기본권을 침해하였다'는 이유로 법원의 재판을 취소하였을 것이다. 헌법재판소의 위 결정은 법원의 판례에 의하여 상당 기간 형성된 법률해석에 대한 위헌성심사임에도 불구하고 헌법재판소와 법원의 충돌상황은 발생하지 아니하였고, 헌법재판소 스스로도 한정위헌청구의 문제점을 아직 인식하지 못하였다.

나. 또 다른 예로서, 헌법재판소는 국가배상법 제2조 제1항 단서 위헌소원에서[54] '국가배상법 제2조 제1항 단서에 의하여 청구인이 국가에 대하여 구상권을 행사할 수 없다고 해석하는 한 국가배상법 제2조 제1항 단서는 헌법에 위반된다'는 청구인의 限定違憲請求에 대하여, 『제1항 단서 중 "군인 … 이 … 직무집행과 관련하여 … 공상을 입은 경우에 본인 또는 그 유족이 다른 법령의 규정에 의하여 재해보상금·유족연금·상이연금 등의 보상을 지급받을 수 있을 때에는 이 법 및 민법의 규정에 의한 손해배상을 청구할 수 없다."는 부분은, 일반국민이 직무집행 중인 군인과의 공동불법행위로 직무집행 중인 다른 군인에게 공상을 입혀 그 피해자에게 공동의 불법행위로 인한 손해를 배상한 다음 공동불법행위자인 군인의 부담부분에 관하여 국가에 대하여 구상권을 행사하는 것을 허용하지 아니한다고 해석하는 한, 헌법에 위반된다.』는 한정위헌결정을 선고하였다.[55]

다. 헌법재판소는 위 결정들에서 비록 법률조항을 심판대상으로 하여 법률의 위헌성

54) 헌재 1994. 12. 29. 93헌바21 결정, 판례집 6-2, 379, 위 사건의 개요는 다음과 같다. ① '안희삼 소유의 승용차를 운전하던 안종수의 자동차운전자로서의 과실'과 '직무를 집행하던 육군중사인 유영관을 뒷좌석에 태우고 오토바이를 운전하여 직무를 집행하던 육군 중사인 정연경의 오토바이 운전자로서의 과실'이 경합하여 교통사고가 발생하여, 유영관은 전치 약 8주를 필요로 하는 상해를 입었다. 청구인은 안희삼에 대한 자동차종합보험 보험회사로서 안희삼을 대위하여 유영관에게 그로 인한 손해배상을 하였다. ② 청구인은 정연경의 과실로 인한 손해배상부담부분에 관하여 그 사용자인 대한민국을 상대로 서울민사지방법원에 구상금청구소송을 제기하였으나 청구가 기각되었고, 항소한 결과 서울고등법원은 청구인의 청구를 일부 인용하는 판결을 선고하였다. ③ 그러나 대한민국이 상고한 결과 大法院은 '국가배상법 제2조 제1항 단서는 헌법 제29조 제2항에 근거를 둔 규정으로서 군인·군무원 등 위 법률규정에 열거된 자가 전투·훈련 기타 직무집행과 관련하여 공상을 입은 데 대하여 재해보상금·유족연금·상이연금 등 별도의 보상제도가 마련되어 있는 경우에는 이중배상의 금지를 위하여 이들의 국가에 대한 국가배상법 또는 민법상의 손해배상청구권 자체를 절대적으로 배제하고 있는 규정이므로, 이들이 직접 국가에 대하여 손해배상청구권을 행사할 수 없음은 물론, 국가와 공동불법행위의 책임이 있는 자가 그 배상채무를 이행하였음을 이유로 국가에 대하여 구상권을 행사하는 것도 허용되지 아니한다'는 이유로 사건을 원심으로 환송하였다. ④ 위 소송이 서울고등법원에 계속 중 청구인은 '국가배상법 제2조 제1항 단서에 의하여 청구인이 국가에 대하여 구상권을 행사할 수 없다고 해석하는 한, 국가배상법 제2조 제1항 단서는 헌법에 위반된다'고 주장하여 위헌제청신청을 하였으나, 서울고등법원은 이를 기각하는 결정을 하였고, 청구인은 법 제68조 제2항에 의하여 헌법소원심판을 청구하였다.

55) 이에 청구인은 '헌법재판소가 법 제68조 제2항에 의한 헌법소원을 인용하였다'는 이유로 법 제75조 제7항에 의하여 대법원에 재심의 소를 제기하였다. 그러나 대법원은 "이른바 한정위헌결정이 선고된 경우는 '헌법소원이 인용된 경우'에 해당되지 아니하여 기속력이 없다."는 이유로 청구인의 재심청구를 기각하는 판결을 선고하였고(대법원 2001. 4. 27. 선고 95재다14 판결), 청구인은 법 제68조 제1항 본문, 제75조 제7항 및 대법원 판결이 청구인의 기본권을 침해한다면서 헌법소원심판을 청구하였다. 헌법재판소는 청구인들의 심판청구의 취하로 말미암아 헌법소원심판절차의 종료를 선언하는 결정을 하였다(헌재 2003. 2. 11. 2001헌마386 결정).

을 지적하고 있으나, 위 사건에서의 한정위헌결정은 실질적으로는 입법자를 향하는 것이 아니라 법원에 대한 것으로서 법원의 법률해석을 교정하고자 하는 것이며, 법원의 재판에 대한 위헌확인을 의미하는 것이다. 즉, 헌법재판소는 한정위헌결정을 통하여 법원이 재판에 적용되는 '민사소송법규정'이나 '국가배상법규정'의 해석·적용에 있어서 위 규정들에 미치는 기본권인 표현의 자유나 재산권 등의 효력을 간과하였거나 근본적으로 오인하였다는 것을 확인함으로써, 법원이 '헌법의 기본결정을 고려하는 법률해석'을 제대로 하였는지에 관한 심사를 간접적으로 하고 있는 것이다.

4. 법원의 법률해석의 위헌성을 다투는 심판청구의 적법성여부

가. 한정위헌청구의 적법성을 인정한 헌법재판소의 판례

헌법재판소는 법 제68조 제2항에 의한 헌법소원 심판청구가 엄밀한 의미에서 법률조항에 대한 '한정위헌결정'을 구하는 심판청구가 아니라 법원의 법률해석의 위헌확인을 구하는 청구임에도, 이를 적법한 것으로 받아들여 판단하고 있다.

(1) 예컨대, 헌법재판소는 '민사소송법 제714조 제2항 위헌소원'에서 다음과 같은 이유로 심판청구를 적법한 것으로 판단하였다.[56]

"청구인의 주장은, 사건 법률조항의 임시의 지위를 정하기 위한 '가처분'에 방송프로그램이 제작, 방영되기 전에 그 방영을 금지하는 가처분을 포함시키는 것은 헌법에 위반된다는 것이고, 이는 이 사건 심판대상 규정의 해석과 적용의 문제로서 원칙적으로 헌법재판소의 심판 대상이 될 수 없는 것이 아닌가 하는 의문이 생길 수 있다. 그러나 법률의 위헌성을 판단함에 있어서는 그 법률의 해석 내지 그 법률이 어느 경우에 적용되는가를 확정하는 것이 선행되어야 하므로 이 한도 내에서는 헌법재판소로서도 법률의 해석 내지 그 적용에 관여하지 않으면 안 되는 것이며, 방영되기 전에 그 방영을 금지하는 가처분을 이 사건 법률조항에 의하여 허용하는 것이 헌법에 위반된다면 결국 法院의 解釋에 의하여 구체화된 이 사건 심판대상 규정이 위헌성을 지니고 있는 셈이 된다. 따라서 이 사건 법률조항의 가처분에 위와 같은 방영금지가처분을 포함시키는 것이 헌법에 위반되는지 여부는 이 사건 심판대상 규정의 위헌 여부에 관한 문제로서 헌법재판소의 판단 대상이 된다고 할 것이다."

(2) 또한, 헌법재판소는 군무이탈자 복귀명령 위반행위를 명령위반죄로 처벌하는 것의 위헌 여부가 문제된 군형법 제47조에 대한 헌법소원[57] 및 근로자들의 집단적 노무

56) 헌재 2001. 8. 30. 2000헌바36, 판례집 13-2, 229-237, 주식회사 문화방송은 서울지방법원에서 시사고발 프로그램의 방영을 금지하는 가처분 판결을 선고받자, 서울고등법원에 항소하면서 '민사소송법 제714조 제2항의 가처분에 방송프로그램의 방영금지가처분을 포함시키는 것은 언론의 자유를 침해한다'는 등의 이유로 위헌법률심판제청신청을 하였으나, 위 신청이 기각되자, 법 제68조 제2항에 의한 헌법소원심판을 청구하였다.

57) 헌재 1995. 5. 25. 91헌바20, 판례집 7-1, 615, 626, 군무이탈자 복귀명령 위반행위를 명령위반죄로 처벌하

제공 거부행위를 구 형법 제314조의 위력업무방해죄로 형사처벌하는 것이 헌법에 위반되는지 여부가 문제된 구 형법 제314조 위헌소원[58]에서 위와 동일한 논거로 심판청구의 적법성을 확인하였다.

나. 헌법재판소 판례에 대한 비판

'민사소송법 제714조 제2항 위헌소원'에서 청구인이 다투고자 하는 것은, 당해법원이 민사소송법상의 가처분에 방영금지가처분이 포함되는 것으로 해석함으로써 가처분조항에 미치는 언론의 자유 등 기본권의 영향을 간과하였거나 오인하였다는 것인데, 이는 바로 '헌법의 기본결정을 고려하는 법률해석'을 문제 삼는 것으로서 재판소원에 해당하는 것이다.[59] 그런데 헌법재판소는 위 헌법소원사건들에서 '법원의 해석이 헌법에 위반된다면 결국 법원의 해석에 의하여 구체화된 법률조항이 위헌성을 지니고 있다'는 논거로 법원의 법률해석의 위헌여부에 대한 심판청구와 법률조항의 위헌여부에 대한 심판청구를 동일시하고 있다. 그러나 '법률해석의 위헌여부에 대한 심판청구'를 위와 같은 논리로 '법률의 위헌여부에 대한 심판청구'로 의제한다면, 헌법재판소는 이로써 법원의 재판에 대한 포괄적인 심사권한을 가지게 되고, 결국 재판소원을 배제하는 법 제68조 제1항의 규정내용에 반하는 결과를 야기하게 된다.

위 헌법소원사건들에서 헌법재판소는 우연히 법원의 법률해석과 일치하는 견해를 가졌기 때문에 합헌결정에 이르렀으나, 만일 헌법재판소가 법원의 법률해석을 위헌으로 판단하였다면, 재판소원의 배제로 말미암아 재판의 위헌성을 직접 확인할 수 없기 때문에, 대신 입법자를 빌어서 법률조항에 대한 한정위헌결정을 함으로써 간접적으로 재판의 위헌성을 제거하였을 것이다. 이러한 경우의 한정위헌결정은 법률에 대한 위헌결정으로서 형식적으로는 비록 입법자를 향하고 있으나, 그 실질은 법원의 구체적 법률해석에 대한 교정으로서 법원의 裁判에 대한 통제인 것이다.

헌법재판소가 위 결정이유에서 밝히고 있는 바와 같이, 법원의 '법률해석의 위헌성'

는 것의 위헌 여부가 헌법재판소의 판단대상이 되는지의 문제에 관하여 "복귀명령이 이 사건 법률규정에서 말하는 '정당한 명령'에 해당하는지 여부는 위 규정의 해석·적용에 관한 문제로서 원칙으로 법원에서 판단할 사항이다. 그런데 대법원과 각군 군사법원은 복귀명령이 위 규정의 정당한 명령에 포함되는 것으로 해석하고 있으므로, 복귀명령 위반행위를 명령위반죄로 형사처벌하는 것이 헌법에 위반된다면 결국 법원의 해석에 의하여 구체화된 위 규정이 위헌성을 지니고 있는 셈이 된다. 따라서 복귀명령 위반행위를 명령위반죄로 처벌하는 것이 헌법에 위반되는지 여부는 이 사건 법률규정의 위헌 여부에 관한 문제로서 헌법재판소의 판단대상이 된다고 할 것이다."라고 판시하고 있다.

58) 헌재 1998. 7. 16. 97헌바23, 판례집 10-2, 243, 251-252 참조.

59) 헌법재판소는 이 사건 심판의 대상을 비록 형식적으로는 '민사소송법 제714조 제2항'의 위헌여부로 삼았으나, 본안에서 실제로 판단한 것은 "이 사건 법률조항의 가처분에 방영금지가처분이 포함된다고 해석하더라도 이를 가리켜 헌법 제21조 제2항이 금지하는 언론에 대한 검열에 해당한다거나 이로 인하여 언론의 자유가 과잉금지의 원칙에 위반될 정도로 제한된다고 할 수 없다."고 판시함으로써 이 사건 법률조항의 가처분에 방영금지가처분이 포함된다는 '구체적 개별사건에서의 법원의 법률해석'의 위헌여부였다.

이 '법률의 위헌성'으로 자동적으로 전환될 수 있다면, 사실상 모든 법률이 법원에 의하여 잘못 해석·적용될 수 있다는 점에서 '모든 법률이 *潛在的*으로 *違憲的 法律*'이라는 납득하기 어려운 결과에 이르게 된다. 그러나 위 결정의 심판대상이 된 법률조항과 같이 비록 해석의 여지가 있는 불확정 법개념이기는 하지만 법률해석을 통하여 구체화될 수 있고 나아가 헌법의 기본결정을 고려하는 법률해석을 통하여 그 의미내용이 헌법에 부합되게 해석될 수 있는 법률조항은 그 자체로서 합헌적인 것이며, 다만 개별 사건에서의 법원에 의한 구체적인 법률해석·적용이 위헌일 수 있다고 보는 것이 합당하다. 위 헌법소원사건들에서 심판의 대상이 된 민사소송법상의 가처분조항, 군형법의 명령위반죄, 형법의 업무방해죄는 비록 불명확한 법개념을 사용하고는 있으나 그 자체로서 합헌적인 법률규정이다.

법 제68조 제2항에 의한 헌법소원심판에서 청구인은 한정위헌청구를 통하여 '금지된 재판소원'을 '허용되는 간접적 법률소원'으로 포장할 수 있고, 이로써 법원의 법률해석의 위헌성을 다툴 수 있다. 즉, 청구인이 한정위헌청구를 통하여 법원의 법률해석의 위헌확인을 구하는 청구를 임의로 법률의 위헌확인을 구하는 청구로 전환하는 것이 가능하다는 점에서, 한정위헌청구는 법 제68조 제1항에 의하여 금지된 '법원의 재판에 대한 심판청구'로서 원칙적으로 부적법한 것으로 각하해야 한다. 다만, 아래에서 살펴보는 바와 같이, 청구인의 심판청구가 법원의 법률해석의 위헌성이 아니라 법률조항의 일반적인 불명확성을 다투는 것으로 이해할 수 있는 경우에 한하여 예외적으로 심판청구의 적법성을 인정해야 한다.

5. 법률조항 자체의 일반적인 불명확성을 다투는 심판청구의 적법성여부

헌법재판소는 청구인의 주장이 단순히 법률조항의 해석을 다투는 것이 아니라, 그러한 해석의 여지를 주는 법률조항 자체의 불명확성을 다투는 경우로 이해되는 경우에는 법률에 대한 한정위헌결정을 구하는 심판청구를 적법한 것으로 받아들이고 있다. 헌법재판소는 법률조항에 대한 한정위헌의 판단을 구하는 청구가 적법한지 여부를 처음으로 명시적으로 판단한 헌법소원심판에서[60] 한정위헌청구의 적법성을 다음과 같이 판시하였다.

『일반적으로 법률조항 자체의 위헌 판단을 구하는 것이 아니라 법률조항을 "… 하는 것으로 해석·적용하는 한 위헌"이라는 판단을 구하는 청구는, 법 제68조 제2항이 "법률의 위헌여부심판의 제청신청이 기각된 때에는"이라고 규정하고 있어 심판의 대상을 '법률'에 한정하고 있으므로, 법 제68조 제2항상의 청구로서 적절치 아니하다.

---

60) 헌재 1995. 7. 21. 92헌바40, 판례집 7-2, 34, 37; 위 결정 이후, 헌법재판소는 일련의 결정에서 위와 같은 논거로 한정위헌청구의 적법성을 인정하였다(헌재 1997. 2. 20. 95헌바27, 판례집 9-1, 156, 161; 헌재 1999. 3. 25. 98헌바2, 판례집 11-1, 200, 208 참조).

그런데 이 사건에서 청구인의 주장취지를 자세히 살펴보면 청구인은 관련 대법원 판례가 동 조항의 해석을 자의적·편의적으로 확대해석을 했다는 것을 탓하면서, 조세법률주의의 원칙상 세법상의 과세근거·기준은 그러한 자의적·편의적 확대해석적용의 대상이 되어서는 안 될 것임을 강조하고 있다. 그렇다면 청구인의 이 사건 심판청구취지는 대법원판례가 행한 바와 같은 청구인 주장의 자의적·편의적 해석을 가능하게 하는 동 조항의 불명확성을 지적하여 이의 위헌성을 주장하는 것이 포함되어 있다고 선해할 수 있을 것이다. 그렇다면 이 사건 심판의 대상은 지방세법 제111조 제5항 본문 및 제3호 중 '법인장부'부분의 위헌여부이다.』

Ⅴ. 맺는말

1. 법률을 헌법에 부합하게 해석해야 한다는 요청은 법률을 적용하는 법원에게는 '헌법의 기본결정을 고려하는 법률해석'을 의미하고, 법률의 위헌여부를 심사하는 헌법재판소에게는 '합헌적 법률해석'을 의미한다. '헌법의 기본결정을 고려하는 법률해석'이란 헌법을 법률해석의 지침으로 삼는 해석을 의미하며, *多義的* 해석의 여지를 포함하는 법률을 해석·적용하는 경우, 헌법의 기본정신을 해석의 지침으로 삼아야 한다는 요청을 말한다. 이로써 '헌법의 기본결정을 고려하는 법률해석'은 법원이 구체적인 개별사건의 해결을 위하여 법률해석을 통하여 법률의 내용을 구체화함에 있어서 헌법의 가치질서나 기본정신을 적극적으로 실현하고 관철하는 기능을 한다.

법 제68조 제1항에서 배제하고 있는 裁判訴願이란 바로 '헌법의 기본결정을 고려하는 법률해석'에 대한 위헌심사를 의미하므로, 법원이 '헌법의 기본결정을 고려하는 법률해석'을 하였는지에 대한 판단은 재판소원의 배제로 말미암아 헌법재판소의 과제가 아니라, 법원 스스로에게 부과된 과제이다. 한편, '*合憲的 法律解釋*' 및 그의 필연적 법적 산물인 한정합헌결정·한정위헌결정은 규범통제절차에서 입법자에 대한 존중의 표현으로서 헌법적으로 허용될 뿐만 아니라 헌법적으로 요청되는 것으로서, 합헌적 법률해석을 통하여 법률에 대한 실질적 일부위헌선언을 하는 권한은 헌법재판소에 속한다.

2. 한정위헌결정의 허용여부에 관한 헌법재판소와 법원의 견해대립은 아직까지 근본적으로 해결되지 아니한 채 현재에 이르고 있다. 兩 기관 사이의 견해의 대립은 '헌법재판소가 한정위헌결정을 할 수 있는지', '한정위헌결정이 기속력을 가지는지'의 형태로 나타났지만, 문제의 근원은 다른 곳에 자리 잡고 있다. 문제의 본질은 한정위헌결정의 허용여부나 기속력에 관한 것이 아니라, 법원의 구체적 재판을 계기로 하여 규범통제가 이루어지는 법 제68조 제2항의 헌법소원심판에서 법원의 법률해석의 위헌여부를 다투

면서 법률조항에 대한 한정위헌결정을 구하는 청구인의 '限定違憲請求'에 의하여 헌법재판소가 법원의 법률해석을 위헌으로 판단하는 경우, 재판소원의 배제로 말미암아 재판의 위헌성을 직접 확인할 수 없기 때문에 대신 법률조항에 대한 한정위헌결정을 함으로써 간접적으로 법원의 재판에 대한 통제가 이루어지고 있다는 데에 있다. 즉, 한정위헌결정의 허용여부를 둘러싼 논의의 본질은 현행 헌법재판제도의 구조적인 문제인 것이며, 구체적으로 법 제68조 제1항이 규정하는 '재판소원 금지'와 법 제68조 제2항의 간접적 법률소원에서 '한정위헌청구에 의한 한정위헌결정의 가능성'이란 상충하는 두 가지 제도를 어떻게 조화시킬 것인지의 문제라 할 수 있다.

3. 법 제68조 제2항의 헌법소원심판에서는 법원의 구체적인 재판을 계기로 하여 법률에 대한 규범통제가 이루어지는데, 법원의 법률해석의 위헌여부를 다투면서 법률조항에 대한 한정위헌결정을 구하는 당해사건 당사자의 '한정위헌청구'에 대하여 헌법재판소가 판단함으로써 현행 헌법재판제도에서 금지된 법원의 재판에 대한 위헌심사가 실질적으로 이루어질 수 있다는 점을 유념해야 한다. 법 제68조 제2항에 의한 헌법소원제도는 청구인으로 하여금 한정위헌청구의 형태로 현행법상 '금지된 재판소원'을 '허용되는 법률소원'으로 포장함으로써 법원의 법률해석을 규범통제형 헌법소원심판의 대상으로 삼도록 유혹하는 하나의 장치이다. 여기서 헌법재판소가 법원의 법률해석의 위헌여부를 다투는 청구인의 한정위헌청구에 의하여 법률에 대한 한정위헌결정을 내리는 경우, 여기서 헌법재판소의 한정위헌결정은 법률에 대한 위헌결정이자 동시에 법원의 재판에 대한 위헌확인을 의미하게 된다.

이로써 법 제68조 제2항의 헌법소원심판에서 청구인의 한정위헌청구에 의한 헌법재판소의 한정위헌결정은 법원의 재판에 대한 헌법재판소의 통제에 해당하는 것이므로, 법 제68조 제1항의 '재판소원 금지' 규정과 충돌하게 된다. 종래, 헌법재판소의 한정위헌결정으로 인하여 법원과 충돌이 발생한 경우는 예외 없이 헌법재판소가 법 제68조 제2항의 헌법소원심판에서 청구인의 한정위헌청구에 의하여 법률조항에 대한 한정위헌결정을 내린 경우이다.

대법원의 판결은 한정위헌결정의 기속력을 부인하고 있는데, 대법원이 한정위헌결정의 기속력을 부인한 것은, 법원으로서는 헌법재판소가 한정위헌결정을 통하여 '금지된 재판소원'에 대한 위헌심사를 한다고 판단했기 때문이다.[61] 그러나 대법원은 한정위헌결정이 입법자의 입법권에 대한 존중으로서 헌법적으로 허용될 뿐만 아니라 요청되는

61) 물론, 법원은 한정위헌청구에 의한 헌법재판소의 한정위헌결정이 현행 헌법재판제도가 금지하는 재판소원에 대한 위헌심사에 해당한다는 것을 정확하게 인식하지 못하였기 때문에, 대신 '법률의 해석권한은 법원의 전속적 권한'이라는 주장으로 결정유형으로서의 한정위헌결정의 정당성과 기속력을 부인하였다.

것이라는 점을 인식하여 한정위헌결정의 존재 의미와 헌법적 정당성, 이로써 한정위헌결정의 기속력을 인정해야 한다. 한편, 헌법재판소는 법 제68조 제2항에 의한 헌법소원심판에서 청구인의 한정위헌청구는 그 실질에 있어서 '금지된 재판소원을 제기'하는 것이고 한정위헌청구에 의한 헌법재판소의 한정위헌결정은 '금지된 재판소원에 대한 위헌심사'에 해당한다는 점을 인식하여 법 제68조 제2항에 의한 헌법소원심판에서 한정위헌청구를 원칙적으로 부적법한 것으로 각하해야 한다.

참고문헌

권영성, 헌법재판의 현황과 문제, 인권과 정의 1991. 2.
김운룡, 헌법재판제도의 운영/토론, 헌법재판의 이론과 실제, 헌법재판자료 제3집, 1990
김철수, 헌법소원제도의 개선방향, 헌법재판연구 제1권, 1990
김철용/김문현/정재황, 헌법재판절차의 개선을 위한 입법론적 연구, 헌법재판연구 제4권, 1993
김학성, 헌법소원에 관한 연구, 서울대 법학박사 학위논문, 1990
남복현, 한정결정은 선택이 아닌 필수, 법률신문 2002. 10. 21.
박홍우, 확정판결과 한정위헌결정 문제, 법률신문 2004. 2. 12.
방승주, 국가배상법 제2조 제1항 단서에 대한 한정위헌결정의 기속력－대법원 2001. 4. 27. 선고 95재다14 판결, 인권과 정의 2001. 12.
양건/김문현/남복현, 헌법재판소법의 개정방향에 관한 연구용역보고서, 헌법재판연구 제10권, 1999
이명웅, 헌법재판소법 제68조 제2항 헌법소원제도, 헌법논총 제12집, 2001
이시윤, 헌법재판개관, 판례월보 89. 5.
정종섭, 헌법소송법, 2004
최완주, 한정결정, 선택인가 필수인가?, 법률신문 2002. 10. 3.
헌법재판소, 헌법재판실무제요, 2003
홍기태, 대법원판결과 동일한 취지의 해석을 전제로 한 한정위헌결정이 가능한지의 여부, 법률신문 2002. 8. 26.
황우려, 헌법재판의 운영/토론, 헌법재판의 이론과 실제, 헌법재판자료 제3집, 1990

Benda/Weber, Der Einfluß der Verfassung im Prozeßrecht, in: Gilles(Hg), Effektivität des Rechtsschutzes und verfassungsmäßige Ordnung, 1983
Geis, Die "Eilversammlung" als Bewährungsprobe verfassungskonformer Auslegung, NVwZ 1992
Gusy, Die Verfassungsbeschwerde, 1988
Hesse, Grundzüge des Verfassungsrechts der Bundesrepublik Deutschland, 19. Aufl., 1993
Heyde, Rechtsprechung, in: Benda/Maihofer/Vogel(Hg), Handbuch des Verfassungsrechts der Bundesrepublik Deutschland (HbVerfR), Bd.Ⅱ, 1995
Kopp, Das rechtliche Gehör in der Rechtsprechung des Bundesverfassungsgerichts, AöR 106(1981)
Krebs, in: Münch(Hg), Grundgesetz Kommentar (GGK), 1992, Art. 19 Ⅳ
Maurer, Staatsrecht, 1999

Papier, "Spezifisches Verfassungsrecht" und "einfaches Recht", in: Starck(Hg), Bundesverfassungsgericht und Grundgesetz, Bd. I, 1976

Richter/Schuppert/Bumke, Casebook Verfassungsrecht, 4. Aufl., 2001

Schlaich/Korioth, Das Bundesverfassungsgericht, 2001

Seetzen, Bindungswirkung und Grenzen der verfassungskonformen Auslegung, NJW 1976

Simon, Die verfassungskonforme Gesetzesauslegung, EuGRZ 1974

Skouris, Teilnichtigkeit von Gesetzen, 1973

Stern, Das Staatsrecht der der Bundesrepublik Deutschland, Bd. I, 1984

Vosskuhle, Theorie und Praxis der verfassungskonformen Auslegung von Gesetzen durch Fachgerichte, AöR 125(2000)

Wank, Die verfassungsgerichtliche Kontrolle der Gesetzesauslegung und Rechtsfortbildung durch die Fachgerichte, JuS 1980

Zippelius, Verfassungskonforme Auslegung von Gesetzen, in: Starck(Hg), Bundesverfassungsgericht und Grundgesetz, Bd. II, 1976

제2주제

헌법재판소법 제68조 제2항의 헌법소원심판의 법적 성격 및 법원의 '제청신청 기각결정'의 의미*

Ⅰ. 문제의 제기

헌법재판소법 제68조 제2항은 "제41조 제1항에 따른 법률의 위헌 여부 심판의 제청신청이 기각된 때에는 그 신청을 한 당사자는 헌법재판소에 헌법소원심판을 청구할 수 있다. 이 경우 그 당사자는 당해사건의 소송절차에서 동일한 사유를 이유로 다시 위헌 여부 심판의 제청을 신청할 수 없다."고 규정하고 있다. 위 헌법소원심판의 법적 성격에 관하여 헌법재판소법(이하 '법'이라 한다) 제정 당시부터 논란이 있었으나, 그 동안 학계에서의 논쟁과 헌법재판소의 판례를 통하여 위 헌법소원심판은 법률의 위헌여부가 재판의 전제가 되는 경우에 법률에 대하여 제기하는 소위 '規範統制型 헌법소원'에 해당한다는 방향으로, 이에 관한 논의는 어느 정도 일단락되었다고 볼 수 있다. 그러나 아직도 법 제68조 제2항에서 언급하는 '법률의 위헌 여부 심판의 제청신청이 기각된 때'의

* 위 논문은 2018년 12월, 법학논문집(중앙대학교 법학연구소) 제42집 제3호, 73-119면에 게재된 것을 일부 수정한 것이다.

의미가 무엇인지에 관하여 학계에서 논란이 있으며, 헌법재판소의 결정에서도 이에 관한 명확한 설시가 없다는 것은 아직도 위 헌법소원심판의 법적 성격과 기능이 완전히 규명되지 않았다는 것을 말해주고 있다.

따라서 이 글에서는 일차적으로 우리 헌법재판제도에서 위 헌법소원심판이 가지는 의미와 기능을 확인하고 위 헌법소원심판의 법적 성격을 밝히고자 한다. 법 제68조 제2항의 헌법소원에서 당해사건의 당사자가 법원의 구체적인 법률해석의 위헌여부를 문제삼아 법률조항에 대한 한정위헌의 판단을 구하는 소위 '限定違憲請求'의 문제는 위 헌법소원심판의 법적 성격과 밀접한 연관관계에 있는 문제로서, 위 헌법소원심판의 기능과 법적 성격을 이해하지 않고서는 파악될 수 없다. 헌법재판소는 최근의 결정에서 선례를 변경하여 법 제68조 제2항의 헌법소원심판에서 한정위헌청구를 원칙적으로 적법한 것으로 판단하였는데, 헌법재판소의 이러한 판시내용이 과연 타당한지, 헌법재판소가 판례의 변경을 통하여 법 제68조 제1항에서 '금지하는 재판소원'도 사실상 자신의 관할로 삼은 것은 아닌지의 문제도 함께 검토되어야 한다.

나아가, 위 헌법소원심판이 제기하는 또 다른 문제는 법 제68조 제2항에서 언급하는 "그 신청을 한 당사자"의 의미가 무엇인지, 민사소송의 당사자뿐만 아니라 행정소송이나 형사소송의 당사자로서 국가기관도 포함하는지 여부이다. 헌법재판소는 일부 결정에서 "그 신청을 한 당사자"의 범위에 국가기관인 행정청도 포함시키고 있는데, 이러한 헌법재판소의 입장이 타당한 것인지 여부도 검토되어야 한다.

Ⅱ. 헌법재판소법 제68조 제2항의 헌법소원에 관한 논의 및 도입배경

1. 헌법소원의 도입 및 헌법적 근거규범

헌법소원심판은 한국 헌법재판의 역사에서 1987년 헌법에서 처음으로 도입된 새로운 심판절차이다. 종래 우리나라의 헌법재판제도는 건국헌법 이래로 위헌법률심판, 탄핵심판, 정당해산심판 등 객관적인 헌법의 수호를 주된 목적으로 하는 객관적 심판절차에 국한된 것이었다. 1987년 헌법에서 처음으로 개인이 헌법소원의 형태로 헌법재판소에 소송을 제기할 수 있는 가능성을 도입함으로써 개인의 기본권보호를 위한 주관적인 권리구제절차인 헌법소원이 헌법재판기관의 관장사항으로 추가되었다.

헌법은 제111조 제1항 제5호에서 헌법재판소의 관장사항으로 "법률이 정하는 헌법소원에 관한 심판"이라고 규정함으로써 헌법소원제도를 보장하면서 입법자에게 그의 구체적인 형성을 위임하였고, 입법자는 법 제68조 이하의 규정에서 헌법소원제도를 구체적으로 규율하고 있다. 1987년 헌법 개정 당시 헌법개정권자는 헌법소원제도를 헌법에 규범화하는 과정에서 헌법소원제도에 대한 전반적인 이해가 부족하였고, 특히 헌법소원과 그 외 기존의 사법적 권리구제절차의 관계를 어떻게 형성해야 할 것인지의 문제를 비롯하여 법원과의 위상관계, 관할문제 등 여러 가지 측면에서 불확실하였다. 헌법개정권자는 이러한 불확실성 때문에 헌법적 차원에서는 헌법소원심판을 헌법재판소의 관할로 규정하는 것에 그치고, 입법자에게 헌법소원제도를 우리나라의 법문화, 사법체계, 헌법재판의 역사와 현황 등을 고려하여 현재 한국의 고유한 현실에 부합하도록 구체적으로 형성할 것을 위임하였다.

입법자는 헌법재판소법에서 헌법에 의하여 부여된 '헌법소원심판에 관한 헌법재판소의 관할'을 구체화함에 있어서, 제68조 제1항에서는 공권력의 행사 또는 불행사로 인하여 기본권을 침해받은 자가 헌법소원심판을 청구하도록 규정하면서, 같은 조 제2항에서는 당해사건 당사자의 위헌법률심판 제청신청이 법원에 의하여 기각된 경우 제청신청을 한 당사자가 헌법소원심판을 청구하도록 규정하였다. 이로써 현행 헌법재판제도는 법 제68조 제1항에 의한 權利救濟型 헌법소원심판과 법 제68조 제2항에 의한 規範統制型 헌법소원심판이라는 2가지 상이한 유형의 헌법소원심판을 포괄하게 되었다.

2. 헌법재판소법 제68조 제2항의 헌법소원의 법적 성격에 관한 논의

가. 학계에서의 논의

법 제68조 제2항에 의한 헌법소원심판은 세계에서 유래를 찾아 볼 수 없는 우리나라의 고유한 헌법재판절차인데, 이 규정에 의한 헌법소원심판을 어떻게 이해하고 운영할 것인가의 문제, 특히 그 성질과 내용에 관하여 헌법재판소법 제정 당시부터 다양한 논의가 이루어졌다.

(1) 위 헌법소원심판과 관련하여 일차적으로 제기된 문제는 '현행 헌법상 이와 같은 헌법소원제도가 인정될 수 있는지' 여부였다. 1980년 헌법 제108조 제1항은 "법률이 헌법에 위반되는 여부가 재판의 전제가 된 경우에 법원은 법률이 헌법에 위반되는 것으로 인정할 때에는 헌법위원회에 제청하여 그 결정에 의하여 재판한다."고 규정하여 법관의 일차적이고 잠정적인 위헌심사권을 인정하고 이를 명시적으로 표현하고 있었던 반면,[1] 현행 헌법 제107조 제1항에서는 "법률이 헌법에 위반되는 여부가 재판의 전제가 된 경우에는 법원은 헌법재판소에 제청하여 그 심판에 의하여 재판한다."고 규정하고 있다. 현행 헌법에서는 1980년 헌법에 언급된 "법률이 헌법에 위반되는 것으로 인정할 때에는" 부분이 삭제되어 어떠한 경우에 법관이 위헌제청을 해야 하는지에 관하여 전혀 규정을 하지 않고 있기 때문에, 법관이 법률의 위헌여부에 관한 일차적인 심사권을 가

1) 마찬가지로, 독일 기본법도 제100조 제1항에서 "당해사건의 결정이 법률의 유효여부에 달려있고, 법원이 그 법률을 위헌이라 간주하는 경우에는 당해절차를 정지하고 … 연방헌법재판소의 결정을 구해야 한다."고 규정하여, 법관의 위헌심사권을 명시적으로 표현하고 있다.

지는지에 관하여 논란의 여지를 남겨놓고 있었다.

이에 따라, 1980년 헌법규정과 현행 헌법규정이 위헌제청에 관한 한 그 법문에 있어서 다르다는 점을 이유로 '헌법 제107조 제1항은 법률이 헌법에 위반되는 여부가 재판의 전제가 된 경우에는 법원은 헌법재판소에 위헌법률심판을 제청할 권한만을 가질 뿐, 법률에 대한 위헌여부의 심사권은 가지지 않는다는 것을 규정한 것으로 보아야 하고, 이에 따라 당사자가 당해사건에 적용되는 법률의 위헌성을 주장하는 경우 법관의 위헌제청의무가 인정되므로, 법원이 위헌여부를 예비적으로 판단하여 결정으로 기각할 수 있도록 한 법 제41조 제4항, 제68조 제2항은 위헌적인 조항으로서 법 제68조 제2항에 의한 헌법소원은 삭제되어야 한다'는 주장이 과거 학계의 일각에서 제기되었다.[2] 이러한 견해에 의하면, 법관의 일차적인 위헌심사권은 인정되지 않으며, 당사자의 위헌제청신청이 있으면 법관은 위헌여부에 대한 판단이 없이 곧 제청결정을 해야 한다는 것이다.

그러나 헌법을 최고의 정점으로 하는 법질서에서 모든 법률은 헌법에 합치하는 경우에만 적용될 수 있으므로, 법원이 헌법의 구속을 받는다는 것은 바로 당해 재판에 적용되는 법률이 헌법과 합치하는지 여부를 판단해야 한다는 것을 의미한다. 헌법 제107조 제1항은 법원이 법률의 위헌여부에 관하여 비록 잠정적이기는 하나 독자적인 판단을 할 수 있는 권한, 즉 일차적인 위헌심사권을 가지고 있다는 것을 전제로 하여 법률이 위헌으로 판단되는 경우에는 재판절차를 정지하고 헌법재판소에 제청하도록 규정하고 있는 것이다.[3] 헌법 제107조 제1항의 기저를 이루는 사고는, 법관은 헌법과 충돌하는 모든 법규범과 관련하여 일차적인 위헌심사권과 잠정적인 적용배제권을 가지고 있다는 것이다.[4]

그러므로 법원은 위헌제청을 할 권한만을 가질 뿐 법률에 대한 위헌심사권을 가지지 않는다는 견해는 법원이 헌법의 구속을 받는다는 것을 부인하는 것이며, 법관에 대한 헌법의 구속을 명시적으로 규정하는 헌법 제103조 및 모든 국가기관이 헌법의 구속을 받는다는 법치국가적 기본정신과 부합할 수 없다.[5] 법원에게 위헌제청의 의무와 권한이 부여되는 한, 이는 당연히 법원의 '독자적인 판단에 따른' 위헌제청의 의무와 권한을 의미하는 것이다. 법원의 위헌제청권은, 모든 법관이 여전히 법률에 대한 위헌심사권을 보유하고 있음을 전제로 하여, 구체적 재판에 적용될 법률의 위헌여부에 관하여 독자적

---

2) 예컨대, 권영성, 헌법재판의 현황과 문제, 인권과 정의 1991. 2., 20면 참조; 이시윤, 헌법재판개관, 판례월보 89. 5., 19-20면 참조, 위의 논의에 관하여 상세하게 김철용/김문현/정재황, 헌법재판절차의 개선을 위한 입법론적 연구, 헌법재판연구 제4권, 1993, 237면 이하.

3) 한수웅, 헌법학, 2018, 1414면; 허영, 헌법소송법론, 2009, 194면 참조.

4) Vgl. Schlaich/Korioth, Das Bundesverfassungsgericht, 2012, Rn.134ff.; Benda/Klein, Verfassungsprozeßrecht, 3. Aufl., 2012, Rn.753.

5) 한수웅, 헌법재판소법 제68조 제2항에 의한 헌법소원심판에서 한정위헌결정의 문제점, 홍익법학 제8권 제2호 (2007), 146면.

인 판단을 할 권한과 의무를 가지고 있다는 것을 뜻한다.[6] 법률이 위헌이라는 의심이 있는 경우, 법관은 법률의 적용을 완전히 배제할 수 있는 권한은 없으나, 재판절차를 정지하고 헌법재판소에 위헌제청을 함으로써 '법률을 잠정적으로 적용하지 아니할 권한'을 가지고 있다.[7] 법원의 위헌제청권은 헌법 제107조 제1항의 요건이 충족되는 경우에는 동시에 위헌제청을 해야 할 의무를 의미한다.

(2) 법 제68조 제2항의 헌법소원심판과 관련한 또 다른 핵심적 논의는 위 헌법소원의 대상과 법적 성격이 무엇인지, 즉 위 헌법소원제도의 실질이 헌법소원심판인지 아니면 위헌법률심판인지의 문제이다.[8] 법 제68조 제2항은 "제41조 제1항에 따른 법률의 위헌 여부 심판의 제청신청이 기각된 때에는 그 신청을 한 당사자는 헌법재판소에 헌법소원심판을 청구할 수 있다."고 하여 당해사건 당사자의 제청신청이 법원에 의하여 기각된 때에 '무엇에 대하여' 심판청구를 할 수 있는지에 관하여 명확하게 규율하고 있지 않다.

학계의 일부에서는 "위 헌법소원제도는 법원의 재판을 헌법소원의 대상에서 제외하고 있는 법 제68조 제1항의 예외로서 위헌법률심판 제청신청에 대한 '법원의 기각결정' 자체에 대한 헌법소원을 의미하고, 이에 따라 법원의 기각결정에 대해서만 판단하고 만약 그것이 인용되는 경우에는 바로 위헌법률심사로 넘어가는 것으로 보아야 한다."는 견해가 주장되었다.[9]

이에 대하여 학계의 지배적인 견해는, 심판청구서의 기재사항이나 헌법소원을 인용하는 경우에 대하여 위헌법률심판에 관한 규정을 준용하도록 하는 헌법재판소법규정에 비추어(제71조 제2항, 제75조 제6항 등) 위 헌법소원의 대상은 '법원의 기각결정'이 아니라 '법률'이며, 위 심판절차의 실질은 헌법소원심판이 아니라 구체적 규범통제(위헌법률심판)로 보아야 한다고 주장하였다.[10] 이러한 견해에 따르면, 위 심판절차를 '제4장 제5절 헌법소원심판' 부분에 규정한 것은 체계상 문제가 있으므로, 위 심판절차에 관한 조항들을 위헌법률심판에 관한 부분으로 옮겨서 규정하는 것이 타당하다고 한다.[11]

법 제68조 제2항의 헌법소원심판의 대상과 법적 성격에 관해서는 아래에서(Ⅲ. 1.

---

6) Vgl. Benda/Klein, Verfassungsprozeßrecht, 2012, Rn.753.

7) Vgl. Bettermann, Die konkrete Normenkontrolle und sonstige Gerichtsvorlage, in: BVerfG und GG, Bd. I, 1976, S.326f.

8) 이러한 논의에 관하여 김철용/김문현/정재황, 헌법재판절차의 개선을 위한 입법론적 연구, 헌법재판연구 제4권, 1993, 246면 이하; 한수웅, 헌법재판소법 제68조 제2항에 의한 헌법소원심판에서 한정위헌결정의 문제점, 홍익법학 제8권 제2호(2007), 147면.

9) 김운룡, 헌법재판제도의 운영/토론, 헌법재판의 이론과 실제, 헌법재판자료 제3집, 1990, 516-517면 참조.

10) 황우려, 헌법재판의 운영/토론, 헌법재판의 이론과 실제, 헌법재판자료 제3집, 1990, 549면; 김철수, 헌법소원제도의 개선방향, 헌법재판연구 제1권, 1990, 541면; 김학성, 헌법소원에 관한 연구, 서울대 법학박사 학위논문, 1990, 197면; 정종섭, 헌법소송법, 2004, 252면 참조.

11) 허영, 헌법소송법론, 2009, 334면, 기본권구제를 목적으로 하는 헌법소원심판규정에 규범통제를 목적으로 하는 규범소원심판규정을 함께 둔 것은 체계상, 제도상의 모순이라고 한다.

나.) 상세하게 검토하기로 한다.

나. 헌법재판소 입장의 변화

(1) 헌법재판소는 초기의 결정에서는, 법 제68조 제2항에 의한 헌법소원제도가 헌법소원심판의 절(제4장 제5절)에 포함되어 있다는 점과 개인이 직접 심판을 청구할 수 있다는 점에 주목하여 그 성질을 헌법소원심판의 한 유형으로 이해하는 입장을 취하였다. 이에 따라 헌법재판소는 법 제68조 제2항에 의한 심판청구에 대하여 같은 조 제1항에 의한 심판청구와 마찬가지로 '헌마'라는 사건번호를 부여하였고, 일부 결정에서 그 심판청구의 적법여부를 판단하면서 기본권침해의 자기관련성, 현재성 등 소의 이익의 존재여부를 그 판단기준으로 제시하기도 하였다.[12)]

그러나 헌법재판소는 1990년부터 입장을 변경하여 법 제68조 제2항에 의한 심판청구에 대하여 같은 조 제1항에 의한 심판청구와는 별도로 '헌바'라는 별개의 사건번호를 부여하였고, 심판청구의 적법여부는 청구인의 소의 이익유무에 따라 판단하는 것이 아니라, 심판대상이 된 법률이 당해소송에서 재판의 전제성을 가지는지 여부에 의하여 판단하였다.[13)] 헌법재판소가 법 제68조 제2항에 의한 헌법소원심판을 위헌법률심판의 한 유형으로 인식하여야 한다는 입장을 취함으로써, 위 헌법소원심판의 법적 성격을 둘러싼 그 동안의 논란은 일단락되었다. 이로써 법 제68조 제2항의 헌법소원심판은 법원의 위헌제청에 의하여 개시되는 위헌법률심판과 함께 구체적 규범통제의 한 유형으로서 법률의 위헌여부를 심사하는 제도로 확립되었다.

(2) 헌법재판소의 이러한 입장 변화에 따라, 법 제68조 제1항 및 제2항에 규정된 헌법소원은 그 법적 성격에 있어서 상이하며, 헌법소원의 대상과 심판청구의 적법요건도 다르다.

법 제68조 제1항에 의한 헌법소원은 공권력의 행사·불행사로 인하여 기본권을 침해당한 자가 청구하는 개인의 주관적 권리구제절차이다(권리구제형 헌법소원). 이러한 형태의 헌법소원이 원래 의미의 헌법소원이다. 여기서 헌법소원의 대상은 '공권력의 행사 또는 불행사'이다. 권리구제형 헌법소원은 법률에 의하여 구체적으로 어떻게 형성되는지에 따라 입법·행정·사법을 포괄하는 모든 국가권력에 대한 헌법재판소의 통제를 가능할 수 있는 가능성을 내포하고 있다. 주관적 권리구제절차는 일반적인 소송법이론에 따라 소의 이익을 전제로 하므로, 개인이 헌법소원을 적법하게 제기하기 위해서는, 소의 이익(권리보호이익)이 있어야 한다. 헌법소원제도의 주관적 권리구제기능은 심판청구의 적법요건을 형성함에 있어서 결정적인 영향을 미친다.

12) 헌재 1989. 9. 29. 89헌마53; 헌재 1989. 12. 18. 89헌마32 등.
13) 헌재 1990. 6. 25. 89헌마107; 헌재 1993. 5. 13. 92헌가10 등.

법 제68조 제2항에 의한 헌법소원은 위헌법률심판의 제청신청이 법원에 의하여 기각된 경우 제청신청을 한 당사자가 청구하는 '규범통제형 헌법소원'이다. 헌법소원의 대상은 단지 '법률'이며, 심판청구가 적법하기 위해서는 법률의 위헌여부가 재판의 전제가 되어야 한다.

3. 법관이 위헌제청을 하지 않는 경우에 대한 代案으로서 規範統制型 헌법소원

법률에 대한 일차적인 위헌심사권을 가지는 법원이 위헌적인 법률에 대하여 위헌제청을 하지 않는 경우 어떠한 헌법적 문제가 제기되는지, 이러한 헌법적 상황을 그대로 용인할 수 있는지 아니면 이러한 헌법적 상황은 용인될 수 없기 때문에 법원이 위헌제청을 하지 않는 경우에 대한 법적 구제절차가 별도로 마련되어야 하는지의 문제가 제기된다.[14)]

법원이 당해사건 당사자의 제청신청을 기각하는 경우, 법 제68조 제2항의 헌법소원이 없다고 가정한다면, 당사자로서는 법률의 위헌여부에 관한 결정권을 가지고 있는 헌법재판소의 판단을 받을 수 없게 된다. 헌법과 헌법재판소법은 법률의 위헌여부에 관한 최종적인 결정권을 헌법재판소에 부여함으로써, 헌법재판소는 당해사건에 적용되는 법률의 위헌심사에 관한 한, 헌법 제27조의 '헌법과 법률이 정한 법관'에 해당한다.[15)]

그런데 법원이 당해사건에 적용되는 법률을 합헌으로 간주하기 때문에 위헌제청을 하지 않는다면, 이 경우 당해 소송의 당사자는, 마치 행정소송절차에서 행정심판전치주의를 도입하여 행정행위의 위법·위헌여부에 관하여 행정청으로 하여금 일차적으로 심사하게 하면서 행정청의 기각결정에 대하여 이를 행정법원에서 다툴 수 있는 가능성을 배제한 것과 유사한 상황에 처하게 된다. 법원이 위헌제청을 하지 않는 경우에 대하여 아무런 구제절차를 마련하지 않는다면, 이러한 헌법적 상황은 법원에게 단순히 위헌제청여부를 결정하는 형태로 법률의 위헌여부에 관한 일차적인 위헌심사권을 부여하는 것을 넘어서, 법률의 위헌여부에 관하여 최종적으로 결정할 권한을 부여하는 결과를 초래한다. 그러나 헌법 제107조 제1항은 위헌법률심판에서 법률의 위헌여부에 관한 최종적인 결정권을 헌법재판소에 명시적으로 귀속시키고 있다. 따라서 당해사건에 적용되는 법률을 위헌으로 간주하는 당사자로서는 '헌법과 법률이 정한 법관'인 헌법재판소에 의하여 법률의 위헌여부에 관하여 판단을 받을 기회를 박탈당하는 것이고, 이로써 당해사건 당사자의 '헌법과 법률이 정한' 법관에 의하여 재판을 받을 권리가 침해된다.

헌법은 제107조 제1항(법률에 대한 구체적 규범통제에서의 헌법재판소의 최종적인 위헌심

---

14) 이에 관하여 또한, 김문현/정재황/한수웅/음선필, 현행 헌법상 헌법재판제도의 문제점과 개선방안, 헌법재판연구 제16권, 2005. 11. 190면 이하 참조.

15) 구체적 규범통제에서 '법률이 정한 법관'의 문제에 관하여 vgl. Schlaich/Korioth, Das Bundesverfassungsgericht, 2004, Rn.23, 137, 152, 165ff.; Benda/Klein, Verfassungsprozeßrecht, 2012, Rn.770.

사권) 및 제27조(재판청구권)에서 법원이 위헌의 의심이 있는 법률에 대하여 위헌제청을 하지 아니한 채 그 법률을 그대로 적용하는 경우에 대하여 '법원의 이러한 결정을 다툴 수 있는 가능성을 입법적 차원에서 마련할 것'을 요청하고 있다.[16] 이러한 관점에서 본다면, 법 제68조 제2항에 의한 헌법소원제도는 위헌법률심판에서 헌법재판소에게 최종적인 위헌결정권을 부여하는 헌법 제107조 제1항 및 '헌법과 법률이 정한 법관'에 의하여 재판을 받을 권리를 보장하고 있는 헌법 제27조로부터 파생되고 요청되는 심판절차라 할 수 있다.

4. 유사한 제도로서 오스트리아의 법률소원제도

가. 오스트리아 헌법은 2012년 행정재판개혁 이전에는 개인의 '헌법상의 권리'를 침해하는 행정처분 및 개인의 헌법상 권리를 '직접' 침해하는 법령에 대한 헌법소원만을 인정함으로써 헌법소원의 대상은 행정행위와 입법행위에 한정되었고, 법원의 재판은 헌법소원의 대상이 아니었다.[17] 그러나 2012년 행정재판개혁으로 인하여 그 동안 행정사건에 관한 유일한 심급이자 동시에 최고법원인 '행정재판소' 외에[18] 하급심 법원인 행정법원이 설립되면서 행정처분에 대한 위헌 · 위법심사가 새로 설립된 행정법원의 관할이 되었다. 이에 따라, 당사자는 더 이상 행정청의 처분에 대해서가 아니라 행정법원의 판결에 대하여 헌법소원을 제기할 수 있게 되었다. 이로써 소송당사자는 행정법원의 판결로 인하여 헌법상 보장된 권리가 침해되었거나 위헌적 법률의 적용으로 자신의 헌법상 권리가 침해되었다고 주장하면서 직접 헌법재판소에 재판소원을 제기할 수 있다(헌법 제144조 제1항).

나. 뿐만 아니라, 오스트리아는 2013년 헌법 개정을 통하여 우리 법 제68조 제2항에 의한 헌법소원과 유사한 제도인 법률소원(Gesetzesbeschwerde)을 도입하여 2015년부터 시행하고 있다(헌법 제140조 제1항 제1호 제d목).[19] 법률소원이 도입됨으로써, 당해사건의

---

16) 법원의 재판에 대한 헌법소원을 허용하는 국가에서는, 소송당사자가 '당해 재판에서 법원이 위헌적인 법률을 적용함으로써 기본권을 침해하였다'는 주장으로 법원의 재판에 대하여 헌법소원을 제기하도록 함으로써 이러한 가능성을 제공하고 있다. 이에 관하여 상세하게 아래 Ⅲ. 2. 나. 참조.

17) 오스트리아 2012년 행정재판개혁 이전 및 이후의 헌법소원제도에 관하여 한수웅, 주석 헌법재판소법, 2015, 959면 이하 참조.

18) 오스트리아의 경우, 대법원(헌법 제92조), 행정재판소(헌법 제130조 이하), 헌법재판소(헌법 제137조 이하)가 최고법원으로서 동등한 지위에 있다.

19) Artikel 140. (1) Der Verfassungsgerichtshof erkennt über Verfassungswidrigkeit 1. von Gesetzen a) auf Antrag eines Gerichtes; b) von Amts wegen, wenn er das Gesetz in einer bei ihm anhängigen Rechtssache anzuwenden hätte; c) auf Antrag einer Person, die unmittelbar durch diese Verfassungswidrigkeit in ihren Rechten verletzt zu sein behauptet, wenn das Gesetz ohne Fällung einer gerichtlichen Entscheidung oder ohne Erlassung eines Bescheides für diese Person wirksam geworden ist; d) auf Antrag einer Person, die als Partei einer von einem ordentlichen Gericht in erster Instanz entschiedenen Rechtssache wegen Anwendung eines verfassungswidrigen Gesetzes in ihren Rechten verletzt zu sein behauptet, aus Anlass eines gegen diese Entscheidung erhobenen

당사자는 제1심의 민·형사법원(ordentliches Gericht in erster Instanz)이 위헌의 소지가 있는 법률을 적용하여 판결을 선고하였고 그로 인하여 자신의 기본권이 침해된 경우에는 당해사건에 적용된 법률의 위헌여부에 관하여 직접 헌법재판소에 심판을 청구할 수 있게 되었다.[20] 법 제68조 제2항의 헌법소원심판에서는 당해사건의 당사자가 법률의 위헌여부에 관한 법원의 일차적인 판단(제청신청에 대한 기각결정)을 별도로 받은 다음에 비로소 헌법재판소에 법률의 위헌여부를 물을 수 있으나, 오스트리아의 법률소원제도는 이러한 별도의 판단을 받을 필요 없이 제1심 법원의 판결이 선고되기를 기다렸다가 법원이 위헌적인 법률을 적용함으로써 자신의 기본권을 침해했다는 주장으로 헌법재판소에 법률의 위헌여부를 묻는다는 점에서 약간의 차이가 있다.

오스트리아 헌법에서 위 법률소원제도를 도입한 것은 2012년 행정재판개혁으로 인하여 위헌적인 법률을 적용하는 행정법원의 판결에 대하여 재판소원을 제기할 수 있게 되었으나, 민·형사법원의 판결에 대해서는 재판소원을 도입하지 않았기 때문에 민·형사법원이 위헌적인 법률을 적용하여 재판을 하는 경우에 대한 통제장치가 마련되지 않은 것에 기인한다고 판단된다.

Ⅲ. 헌법재판소법 제68조 제2항의 헌법소원심판의 법적 성격

1. 구체적 규범통제(위헌법률심판)로서의 성격

가. 구체적 규범통제의 본질과 특징

(1) 구체적 규범통제란, 구체적인 사건을 계기로 하여, 즉 법원에 의한 법규범의 적용을 계기로 하여 법규범이 헌법과 합치하는지 여부를 심사하는 제도를 말한다. 헌법재판을 담당하는 기관이 일반법원(비집중형)인지 아니면 별개의 헌법재판기관(집중형)인지에 따라, 구체적 규범통제는 '법원이 헌법과 합치하지 않는 것으로 간주되는 법규범을 적용하지 않는 방법' 또는 '법규범의 폐기권한을 하나의 독립된 헌법재판기관(헌법재판소)에게 독점적으로 부여함으로써 헌법과 합치하지 않는 법규범을 일반적인 효력으로 폐기하는 방법'의 2가지 형태로 이루어진다.[21]

비집중형 규범통제제도에서는 모든 심급의 법원이 위헌심사권을 가지고 개별 사건에 대한 재판을 계기로 '부수적으로' 당해 재판에 적용되는 법규범의 위헌여부를 판단하여,

---

Rechtsmittels;

20) 헌법재판소에 적용 법률의 위헌여부의 심판을 청구하는 경우, 우리의 경우와 마찬가지로 제2심 법원의 재판절차는 정지되지 않는다.

21) Vgl. Brunner, Der Zugang der Einzelnen zur Verfassungsgerichtsbarkeit im europäischen Raum, JöR 50(2002), S.193f; A. Weber, Verfassungsgerichte in anderen Ländern, in: Piazolo(Hg), Das Bundesverfassungsgericht, 1995, S.61ff.

당해 재판에서 위헌으로 간주되는 법규범의 적용을 배제하고 재판한다. 반면에, 집중형 규범통제제도에서는 법규범에 대한 일차적인 위헌심사권과 위헌결정권이 분리되어 각 법원과 헌법재판소에 귀속됨으로써, 법규범의 위헌여부가 재판의 전제가 된 경우 일차적인 위헌심사권을 가진 법원의 위헌제청에 의하여 헌법재판소가 법규범의 위헌여부에 관하여 최종적으로 결정한다.

(2) 헌법 제107조 제1항, 제111조 제1항 제1호 및 법 제41조 이하에서 규율하고 있는 위헌법률심판은, 법률의 위헌여부가 법원에서 구체적 사건의 해결을 위한 선결문제가 되는 경우, 법원이 헌법재판소에 위헌여부의 심판을 제청하고 헌법재판소가 그 위헌여부를 결정하는 '집중형의 구체적 규범통제절차'이다. 위헌법률심판절차는 제청의 주체와 심판의 주체를 달리 하여, '법원의 제청절차'와 '헌법재판소의 심판절차'로 구분된다. 법원은 법률에 대한 '위헌제청권'을 가지며, 헌법재판소는 법률의 위헌여부에 관하여 최종적으로 구속력 있는 판단을 할 수 있는 '위헌결정권'을 가지는 구조로 되어 있다.

당해사건 재판절차의 심판대상은 '구체적 법적 분쟁의 해결'이고 위헌법률심판의 심판대상은 '법률의 위헌여부'라는 점에서 양 절차는 명확하게 구분되나, 법원의 당해 소송절차와 헌법재판소의 심판절차는 '재판의 전제성'이라는 고리를 통하여 서로 연결된다.[22] '재판의 전제성' 요건은 구체적 규범통제의 본질로부터 나오는 것이다. 구체적 규범통제와 추상적 규범통제를 구분하는 결정적인 기준이 바로 '재판의 전제성'이다.[23] 법률의 위헌여부가 재판의 전제가 된다는 것은, 구체적인 쟁송사건의 해결을 위한 선결문제가 된다는 것을 의미한다. 위헌법률심판은 당해 소송절차와의 관계에서 볼 때 궁극적으로 당해사건의 해결에 기여한다는 의미에서 당해사건의 해결을 위한 중간절차이다.[24] 따라서 위헌법률심판은 그 심판대상의 범위 및 적법성에 있어서 재판의 전제성에 의하여 엄격한 구속을 받는다.[25] '재판의 전제성' 요건은 한편으로는 법원의 제청가능성을 제한하면서, 다른 한편으로는 헌법재판소에 대하여 심판대상을 제한한다. 재판의 전제성은 위헌제청의 적법요건이자 동시에 위헌법률심판의 적법요건이다.

나. 구체적 규범통제로서의 성격

(1) 법 제68조 제2항은 당사자의 위헌제청신청이 법원에 의하여 기각된 경우 당사자가 직접 헌법소원심판을 청구할 수 있는 가능성을 부여하고 있다. 그런데 법 제68조 제2항은 당해사건 당사자의 제청신청이 법원에 의하여 기각된 때에 헌법소원심판을 청구

22) Vgl. Benda/Klein, Verfassungsprozeßrecht, 2012, Rn.760.
23) Vgl. Dollinger, in: Umbach/Clemens/Dollinger(Hg), BVerfGG, 2005, §80 Rn.57; Schlaich/Korioth, Das Bundesverfassungsgericht, 2012, Rn.147.
24) Vgl. BVerfGE 42, 42, 49; 58, 300, 319.
25) Vgl. Dollinger, in: Umbach/Clemens/Dollinger(Hg), BVerfGG, 2005, §80 Rn.16; Schlaich/Korioth, Das Bundesverfassungsgericht, 2012, Rn.147.

할 수 있다고 규정할 뿐, 무엇에 대하여 심판청구를 할 수 있는지 '헌법소원의 대상'을 명시적으로 규정하고 있지 않다. 따라서 법 제68조 제2항의 헌법소원의 대상이 '법원의 기각결정'인지 아니면 '법률조항'인지, 즉 심판대상이 '법원의 기각결정의 위헌여부'인지 아니면 '당해사건에 적용되는 법률조항의 위헌여부'인지의 문제가 우선적으로 규명되어야 한다.

헌법소원의 대상을 '법원의 기각결정'으로 이해하는 경우 다음과 같은 다양한 문제점이 발견된다. 당사자는 당해사건을 담당하는 법원에 위헌제청의 신청을 할 수 있는데, 법원이 당해사건에 적용되는 법률을 합헌적으로 판단하는 경우에는 당사자의 제청신청을 기각하는 결정을 한다. 법원의 기각결정 자체가 헌법소원의 대상이 되는 경우, 헌법재판소는 당해사건 당사자의 심판청구에 의하여 기각결정의 위헌여부에 관하여 판단하게 되는데, 여기서 '법원의 기각결정'이란 당해사건에 적용되는 법률조항에 대한 법원의 합헌 판단을 의미한다. 따라서 '기각결정의 위헌여부에 관한 헌법재판소의 판단'이란 법률조항의 위헌여부에 관한 법원의 헌법적 판단이 헌법에 부합하는지의 판단을 의미하고, 이는 곧 '당해사건에 적용되는 법률조항의 위헌여부에 관한 헌법재판소의 판단'을 의미한다. 법 제68조 제2항의 헌법소원심판에서 그 대상을 형식적으로 '법원의 기각결정'으로 삼는다 하더라도 실질적으로 심판의 대상은 당해사건에 적용되는 법률의 위헌여부로 귀결될 수밖에 없다. '기각결정의 위헌여부에 관한 판단'과 '당해사건에 적용되는 법률의 위헌여부에 관한 판단'이 실질적으로 일치한다는 점에서, 양자를 구분하는 것이 사실상 불가능할 뿐만 아니라, 동일한 문제를 2단계로 나누어 일차적으로 기각결정의 위헌여부를 심사하고 이어서 법률의 위헌여부를 심사할 것을 요청하는 관점을 인식할 수 없다.

나아가, 당사자의 제청신청에 대한 법원의 기각결정도 '법원의 재판'에 해당한다는 점에서,[26] 법원의 기각결정을 위 헌법소원의 대상으로 이해하는 것은 법원의 재판을 헌법소원의 대상에서 제외하고 있는 법 제68조 제1항의 규정내용과도 모순되는 측면이 있다. 뿐만 아니라, 헌법재판소법은 헌법소원심판청구서의 기재사항에 관하여 또는 헌법소원을 인용하는 경우에 대하여 위헌법률심판에 관한 조항을 준용하도록 규정함으로써 간접적으로 심판의 대상이 법률의 위헌여부라는 것을 표현하고 있다는 점(제71조 제2항, 제75조 제6항 등)도 법원의 기각결정 자체를 헌법소원의 대상으로 삼는 것에 대하여 이의를 제기한다. 따라서 위에서 언급한 다양한 관점을 종합하여 보건대, 법 제68조 제2항의 헌법소원심판의 대상은 '법원의 기각결정'이 아니라 '법률'이라고 이해하는 것이

26) 재판이란 법원의 판결·결정·명령 등 그 형식 여하와 본안에 관한 재판인지 소송절차에 관한 것인지를 불문하며(헌재 1994. 2. 24. 91헌가3, 판례집 6-1, 21), 심급을 종국적으로 종결시키는 종국재판뿐만 아니라, 법원의 심리 도중 문제가 된 사항에 대하여 판단하여 종국재판의 준비로 하는 재판인 중간재판도 포함한다(헌재 1996. 12. 26. 94헌바1, 판례집 8-2, 808).

타당하다.

(2) 법 제68조 제2항의 헌법소원제도는 위헌법률심판에 이르는 과정에서 파생된 절차로서, 비록 법원의 위헌제청이 아니라 당사자의 심판청구에 의하여 절차가 개시되기는 하지만 구체적 소송사건을 계기로 하여 법률의 위헌여부에 관한 심사가 이루어진다는 점에서, 구체적 규범통제절차의 성격을 가지고 있다. 법 제68조 제2항의 헌법소원심판은 위헌법률심판과 마찬가지로 '당해사건의 해결을 위한 중간절차'로서 당해사건에 적용되는 법률의 위헌여부를 재판의 전제로서 판단한다. 이러한 점에서 그 모체인 위헌법률심판과 근본적으로 법적 성격을 같이 한다.

2. 헌법소원으로서의 성격

가. 헌법소원의 개념 및 본질

(1) '헌법소원'이란 용어가 형성된 역사는 또한 그 개념이 형성된 역사이기도 하다.[27] 일반적으로 헌법소원제도는 독일의 헌법소원(Verfassungsbeschwerde)에서 유래하는 것으로 이해되고 있다. 헌법소원을 채택하고 있는 국가마다 헌법소원의 구체적 형성, 특히 헌법소원의 대상에 있어서 그 형태를 달리 하므로, 비교법적으로 볼 때 일반적으로 인정된 보편·타당한 형태가 존재하지 않는다. 그러나 오늘날 시행되는 각국의 헌법소원제도의 공통분모이자 본질적 요소는 '개인이 공권력행위에 의한 헌법상 권리의 침해여부를 다툴 수 있는 주관적 권리구제절차'라는 것에서 찾을 수 있다.[28]

(2) 헌법소원제도의 발생사에 있어서 그리고 비교법적인 관점에서 살펴볼 때, '헌법소원제도'가 갖추어야 할 최소한의 개념적 요소는, 첫째, 주관적 권리구제절차로서 '개인의 심판청구'에 의해야 하고, 둘째, '헌법상 권리의 침해'를 주장해야 하며, 셋째, 헌법상 권리의 침해는 '공권력행위'에 의한 것이어야 한다는 것이다.[29] 이에 대하여, 특정 권리구제절차가 헌법소원인지 여부는, 헌법이나 헌법재판소법이 그에 규정된 권리구제절차를 '헌법소원'으로 명명하는지에 달려있지 않다.[30] 헌법이나 헌법재판소법에서 권리구제

---

27) Vgl. Benda/Klein, Verfassungsprozessrecht, 3. Aufl., 2012, Rn.420ff.; Schlaich/Korioth, Das Bundesverfassungsgericht, 9. Aufl., 2012, Rn.197; 헌법소원의 역사적 발전을 소개한 한국문헌으로 한수웅, 주석 헌법재판소법(한수웅 외), 2015, 950면 이하; 한수웅, 헌법재판소법 제68조 제1항의 위헌여부, 헌법논총 제10집, 1999, 296면 이하; 정태호, 헌법소원의 개념과 역사적 발전, 안암법학 제4집, 1996, 101면 이하, 122면 이하 참조.

28) Vgl. Maunz, in: Maunz/Schmidt-Bleibtreu(Hg), BVerfGG, 1993, §90 Rn.11, 14.

29) 이에 관한 언급으로는 한수웅, 헌법학, 2018, 1444면 이하; 한수웅, 주석 헌법재판소법(한수웅 외), 2015, 952면 이하.

30) 독일 기본법 제93조 제1항 제4호의 b 및 연방헌법재판소법 제91조는 지방자치단체가 연방법률에 의하여 자신의 자치행정권을 침해당했다는 주장으로 제기할 수 있는 심판을 헌법소원이 아님에도 불구하고 '지방자치단체의 헌법소원'으로 명명하고 있다. 또한, 독일 헤센(Hessen) 州 헌법 제131조에 규정된 권리구제절차는 그 실질에 있어서 헌법소원임에도 위 州 헌법은 이를 단순히 '심판청구'(Antrag)로 명명하고 있다.

절차를 어떠한 용어로 표현하는지는 중요하지 않다. 일반적으로 헌법소원제도는 독립된 별도의 헌법재판기관을 설치하고 있는 헌법재판제도에서 채택하고 있는 제도이나, 헌법재판소가 헌법소원의 관할을 담당하는지의 여부는 헌법소원을 구성하는 개념적 요소라 할 수 없다.[31)]

첫째, 헌법소원은 개인의 주관적 권리구제절차이므로, 기본권주체인 개인이 아니라 지방자치단체 등 국가기관이 제기하는 절차는 헌법소원에 해당하지 않는다. 따라서 독일의 헌법재판에서 찾아볼 수 있는 바와 같이, 지방자치단체가 자신의 자치행정권의 침해를 이유로 청구하는 심판은 비록 그 명칭이 '지방자치단체의 헌법소원'이라 하더라도, 헌법소원의 범주에 포함시킬 수 없다.

둘째, 헌법소원제도는 '헌법상' 보장된 개인의 권리, 즉 기본권이 침해당한 경우 이를 구제하기 위한 절차이다. 그러므로 단순히 '법률상' 권리의 침해를 구제하기 위한 절차는 헌법소원제도가 아니다. 객관적인 헌법의 수호에 기여하는 다른 헌법재판절차와는 달리, 헌법소원은 일차적으로 '기본권의 실현과 관철을 위한 절차'이다.[32)] 다른 헌법재판절차에서 기본권의 보호는 절차의 결과로서 발생할 수 있는 단지 하나의 부수적 효과인 반면, 헌법소원절차에서 기본권의 보호는 절차의 핵심적인 의미이자 목적이라는 것에 근본적인 차이가 있다. 헌법소원제도의 주관적 권리구제기능은 특히 '심판청구의 적법요건'을 형성함에 있어서 결정적인 영향을 미친다. 헌법소원제도는 개인의 기본권침해를 구제해 주는 제도이므로, 그 제도의 목적상 '권리보호이익'이 있는 경우에 비로소 헌법소원을 제기할 수 있다.

셋째, 헌법소원제도는 공권력행위에 의하여 개인의 헌법상 권리가 침해당한 경우 이를 구제해 주는 제도이다. 법원이 제공하는 일반적 권리구제절차와는 달리, 헌법소원제도는 심판대상에 있어서 '법원의 판결'과 '입법자의 법률'에 대해서도 통제를 가능하게 한다.[33)] 헌법소원제도는 그 심판대상에 있어서 다양한 형태로 형성되고 구체화될 수 있으나, 다른 헌법재판절차와는 달리 잠재적으로 모든 국가권력의 공권력행사에 대한 통제를 포괄할 수 있다는 특징을 가지고 있다. 헌법소원제도를 통하여 권리구제의 가능성이 비로소 법원과 입법자에 대해서도 확대되었고, 입법·행정·사법의 모든 국가권력에 대한 통제가 하나의 헌법재판기관에 집중되었다.

---

31) 가령, 스위스의 경우 별도의 헌법재판소를 설치하지 아니하고 일반법원이 헌법소원을 관장하고 있지만, 그럼에도 스위스의 헌법소원제도는 헌법소원이 갖추어야 할 실질적인 개념적 요소를 모두 충족시키고 있으므로, 헌법소원의 범주에 포함된다.

32) Vgl. Gusy, Die Verfassungsbeschwerde, in: Badura/Dreier(Hg.), Festschrift 50 Jahre Bundesverfassungsgericht, Bd. I, 2001, S.644ff.; Benda/Klein, Verfassungsprozessrecht, 2012, Rn.432; Lechner/Zuck, BVerfGG, 2011, §90 Rn.7f.; Ruppert, in: Umbach/Clemens/Dollinger(Hg), Bundesverfassungsgerichtsgesetz, 2005, §90 Rn.11f.

33) Vgl. Löwer, Zuständigkeiten und Verfahren des Bundesverfassungsgerichts, in: HbStR, Bd. II, 1987, §56 Rn.140.

나. 재판소원을 배제하는 현행 헌법소원제도 내에서의 기능

헌법재판소법이 당해 소송의 당사자에게 법률의 위헌여부를 헌법재판소에 직접 물을 수 있는 제도를 둔 것은, 한국의 헌법소원제도가 법 제68조 제1항에서 재판소원을 배제하고 있는 것과 밀접한 연관관계에 있다.[34)]

독일, 스페인 등 법원의 재판에 대한 헌법소원제도(재판소원)를 두고 있는 국가에서는 법원이 당해 재판에 적용되는 법률에 대한 일차적인 위헌심사권을 제대로 행사하였는지의 심사를 '재판에 대한 헌법소원'을 통하여 하고 있다. 재판소원을 인정하는 헌법재판제도에서는 당해 재판에 적용되는 법률에 대하여 위헌의 의심이 있음에도 법관이 스스로 위헌제청을 하지 않는다면, 소송당사자는 원칙적으로 법원의 모든 심급을 경유한 후에 위헌의 의심이 있는 법률을 적용한 재판에 대하여 헌법소원을 제기하게 된다. 이러한 재판소원에서 헌법소원의 대상은 외형상으로는 위헌적인 법률을 적용함으로써 개인의 기본권을 침해한 '법원의 재판'이지만, 실질적으로는 '당해 재판에 적용된 법률'이므로, 이러한 유형의 재판소원은 재판에 대한 헌법소원의 형식으로 법률의 위헌여부를 심사하는 '간접적 법률소원'에 해당한다.[35)]

한편, 우리 헌법재판제도에서는 법 제68조 제1항에서 법원의 재판에 대한 헌법소원을 배제하고 있으므로, 소송당사자가 법원의 심급을 모두 경유한 후에 재판소원의 형태로써 당해 재판에 적용된 법률의 위헌여부를 물을 수 있는 길이 막혀 있다. 그러나 위에서 확인한 바와 같이,[36)] 법원이 위헌제청을 하지 않는 경우에 대하여 헌법재판소에 의한 통제절차를 제공하지 않는 것은 헌법 제107조 제1항 및 제27조로부터 파생하는 당사자의 재판청구권, 즉 당해사건에 적용되는 법률의 위헌여부에 관하여 '헌법과 법률이 정한 법관'인 헌법재판소의 판단을 받을 당사자의 권리를 침해하는 것이다.

따라서 법원이 위헌제청을 하지 않고 위헌적인 법률을 그대로 적용하여 재판을 한다는 의심이 있는 경우, 헌법재판소법은 제68조 제2항의 헌법소원제도를 도입함으로써 소송당사자가 법원의 심급을 거칠 필요 없이 직접 헌법재판소로 하여금 법률의 위헌여부를 심사하게 할 수 있는 길을 열어 놓고 있는 것이다. 이러한 관점에서 볼 때, 법 제68조 제2항의 헌법소원심판은 재판소원을 배제하는 우리 헌법재판제도에서 법원이 재판에서 위헌적인 법률을 적용하는 경우, 다시 말하자면, 법원의 재판이 위헌적인 법률에 기인하는 경우에도 법률의 위헌심사를 가능하게 하는 기능을 하고 있고, 이러한 방법으

---

34) 같은 취지로 헌재 2003. 2. 11. 2001헌마386, 판례집 15-1, 443, 456-457; 헌법재판실무제요, 2003, 142면; 한수웅, 헌법학, 2018, 1481면; 한수웅, 헌법재판소법 제68조 제2항에 의한 헌법소원심판에서 한정위헌결정의 문제점, 홍익법학 제8권 제2호(2007), 148면 이하; 김하열, 헌법소송법, 2016, 388면.

35) 아래 Ⅲ. 2. 다. (1) '간접적 법률소원' 서술 부분 참조.

36) 위 Ⅱ. 3. 부분의 서술 참조.

로 현행 헌법재판제도가 재판에 대한 헌법소원을 배제함으로써 발생하는 규범통제의 결함을 보완하고 있다.[37)]

다. 재판소원의 기능

(1) 독일의 헌법소원제도에서 헌법소원의 유형

법 제68조 제2항의 헌법소원심판이 '원래 의미의 헌법소원심판'인 법 제68조 제1항의 헌법소원심판 내에서 어떠한 기능을 하는지를 확인하기 위해서는 우선 입법·행정·사법의 모든 공권력행위를 그 심판대상으로 하는 가장 포괄적인 헌법소원제도를 두고 있는 독일의 헌법소원제도를 살펴볼 필요가 있다. 헌법소원의 대상이 되는 공권력행위의 성격에 따라, 독일의 헌법소원은 크게 3가지 유형으로 나뉜다.[38)]

첫째, 법규범이 기본권을 직접 침해하는 경우, 즉 '기본권침해의 직접성'이 인정되는 경우에 한하여 직접 법률, 법규명령, 조례 등 법규범에 대하여 제기하는 법규소원(Rechtssatzverfassungsbeschwerde)이다. 대부분의 경우, 법규범에 의하여 직접 기본권이 침해되는 것이 아니라 개별사건에서 법규범을 구체적으로 적용하는 집행행위에 의하여 비로소 기본권이 침해되므로, 법규범을 직접 헌법소원의 대상으로 삼는 것은 예외에 속한다.

둘째, 법원이 법규범을 적용하는 과정에서 기본권을 침해하는 경우 법원의 재판에 대하여 제기되는 재판소원(Urteilsverfassungsbeschwerde)이다.[39)] 일반적으로 재판소원을 다시 2개의 유형으로 구분한다면, 첫째, 법원의 재판이 위헌적인 법률에 기인할 때, 재판소원의 형태로 당해 재판에 적용된 법률의 위헌여부를 묻는 재판소원(소위 '간접적 법률소원')과 둘째, 구체적 소송사건에서 법원이 재판에 적용되는 법률에 미치는 기본권의 영향을 완전히 간과하든지 또는 근본적으로 오인하여 법률을 잘못 해석·적용함으로써 기본권을 침해한다는 주장으로 또는 재판의 구체적인 절차적 형성을 통하여 절차적 기본권인 재판청구권을 침해한다는 주장으로 제기되는 재판소원으로 나누어 볼 수 있다.[40)]

셋째, 행정청의 결정에 대하여 제기되는 헌법소원(Verwaltungs-Verfassungsbeschwerde)

---

37) 이에 관한 서술로 한수웅, 헌법재판소법 제68조 제2항에 의한 헌법소원심판에서 한정위헌결정의 문제점, 홍익법학 제8권 제2호(2007), 149면.

38) Vgl. Bethge, in: Maunz/Schmidt-Bleibtreu/Klein/Bethge(Hg), BVerfGG, 2014, §90 Rn.20, 183ff.; Zuck, Das Recht der Verfassungsbeschwerde, 1988, S.195ff.; Benda/Klein, Verfassungsprozeßrecht, 2012, Rn.542ff.

39) 재판소원의 유형에 관하여 상세하게 한수웅, 헌법재판소법 제68조 제2항에 의한 헌법소원심판에서 한정위헌결정의 문제점, 홍익법학 제8권 제2호(2007), 142면-145면 참조.

40) 독일 연방헌법재판소는 그 외에도, 법원의 재판이 헌법상의 자의금지원칙에 비추어 그 결과에 있어서 객관적으로 납득할 수 없는 자의적인 재판인지 여부, 법원의 재판이 법관의 창조적 법발전(Rechtsfortbildung)의 헌법적 한계를 유월하였는지 여부도 자신의 심사범위에 포함시키고 있다.

이다. 그러나 행정청의 결정에 대해서는 '보충성의 원칙'으로 인하여 법원의 구제절차를 경유해야 하므로, 행정청의 결정에 대하여 직접 제기되는 헌법소원은 거의 아무런 비중을 차지하지 못한다.[41] 청구인은 행정청의 결정에 대하여 우선 법원의 구제절차를 통하여 권리침해의 구제를 얻고자 시도해야 하고, 법원의 절차에 의하여 권리구제를 받지 못한 경우에 비로소 법원의 판결과 함께 행정청의 결정에 대하여 헌법소원을 제기해야 한다. 따라서 행정청의 결정은 원칙적으로 단지 법원의 재판에 대한 소원의 형태로 간접적으로 소원의 대상이 될 수 있을 뿐이다.

(2) 재판소원을 배제하는 우리 헌법소원제도에서 '간접적 법률소원'의 기능

법 제68조 제2항의 헌법소원제도가 도입된 이유는 재판소원을 배제하는 우리 헌법소원제도의 특수성에 있으며, 이와 같은 헌법소원제도는 '기능상으로는' 재판소원의 일부분을 대체하고 있다.[42] 헌법재판소법은 제68조 제2항의 헌법소원심판을 통하여 위 독일 헌법소원제도에서 언급한 두 가지 유형의 재판소원 중에서 하나의 유형인 '간접적 법률소원'의 기능을 이행하도록 함으로써, '법원의 재판이 위헌적인 법률에 기인하는지'에 관한 심사를 헌법재판소의 관할로 규정하고 있다.

법 제75조 제7항에서 법원의 확정된 판결에 대하여 재심을 허용한 것도 법 제68조 제2항의 헌법소원제도가 '재판소원의 기능'을 하고 있다는 것을 뚜렷하게 드러내고 있다. 법관이 위헌제청을 하는 경우와는 달리, 규범통제형 헌법소원의 경우 당해 소송사건의 재판이 당사자에 의한 헌법소원의 제기에 의하여 정지되지 않는다. 따라서 헌법재판소의 결정 이전에 당해 소송사건이 확정되어 종료되는 경우가 발생할 수 있다. 그러나 당해 소송사건에서 청구인 패소판결이 확정된 때라도 헌법소원이 인용된 경우에는 당사자는 법 제75조 제7항에 의하여 재심을 청구할 수 있다.

법 제75조 제7항에서 재판에 적용된 법률의 위헌성이 확인된 경우 당해사건의 당사자가 재심을 청구할 수 있도록 함으로써 비록 헌법재판소가 법원의 재판을 직접 취소하지는 못하지만 법원이 스스로 재판을 취소하도록 한 것은, 사실상 헌법재판소의 결정에 의한 '재판의 간접적인 취소'에 해당하는 것이다. 법 제68조 제2항의 헌법소원은 직접적으로는 당해 재판에 적용된 법률을 대상으로 법률의 위헌여부를 다투는 것이지만, 궁극적으로는 당사자가 위헌적인 법률을 적용하여 자신의 기본권을 침해한 재판의 취소

41) 보충성원칙에 대한 예외를 규정하는 독일 연방헌법재판소법 제90조 제2항 단서에 근거하여 헌법소원이 일반적인 의미를 가지거나 또는 청구인이 법원의 절차를 경유한다면 청구인에게 중대하고 돌이킬 수 없는 손해가 발생할 우려가 있는 경우에 한하여, 법원을 경유하지 아니하고 행정청의 결정에 대하여 독립적으로 헌법소원을 제기할 수 있을 뿐이다.

42) 이에 관한 지적으로 이미 한수웅, 헌법재판소법 제68조 제2항에 의한 헌법소원심판에서 한정위헌결정의 문제점, 홍익법학 제8권 제2호(2007), 149면; 비록 논거는 다르지만, 위 헌법소원제도가 위헌법률심판과 헌법소원심판의 성격을 모두 가지고 있는 것으로 보는 견해로는 이명웅, 헌법재판소법 제68조 제2항 헌법소원제도, 헌법논총 제12집, 2001, 314면 이하 참조.

를 구하고 있다는 점에서 그 기능에 있어서 '재판소원'이라고 할 수 있다.[43] 법 제68조 제2항의 헌법소원심판은 재판소원이 배제된 현행 헌법재판제도에서 입법자에 대한 빈틈없는 규범통제를 가능하게 하는 중요한 기능을 수행하여 왔다. 현재와 같이 재판소원의 배제로 인하여 헌법재판권이 이원화되는 이상, 위 헌법소원제도는 헌법재판소의 포괄적인 규범통제를 가능하게 하는 불가결한 수단으로서 유지되어야 한다.

Ⅳ. 재판소원의 기능으로 인하여 야기되는 문제로서 限定違憲請求

1. 한정위헌청구의 의미

한정위헌청구란, 법 제68조 제2항에 의한 헌법소원심판에서 청구인(당해사건의 당사자)이 법원의 구체적인 법률해석의 위헌여부를 문제 삼아 법률조항에 대한 한정위헌의 판단을 구하는 심판청구를 말한다. 법 제68조 제2항의 헌법소원심판이 가지는 재판소원의 기능으로 말미암아, 청구인의 한정위헌청구에 의하여 헌법재판소가 법률에 대하여 한정위헌결정을 하는 경우, 이러한 한정위헌결정은 '입법자에 대한 통제'이자 동시에 '법원의 위헌적 법률해석에 대한 통제'의 성격을 가질 수 있다는 점에서 법원과 헌법재판소의 관할에 관한 충돌이 발생할 위험을 안고 있다.

청구인이 한정위헌청구를 하는 상황이란, 청구인이 당해 소송의 당사자로서 법원에 소송을 제기하였으나 법원이 지금까지 재판에 적용되는 법률조항을 청구인에게 불리하게 특정한 내용으로 해석·적용하고 있기 때문에 법원에서 구제받을 가능성이 사실상 없는 상황에서 법 제68조 제2항의 헌법소원의 형태로 '법률조항을 법원과 같이 해석하는 한 법률조항은 위헌'이라는 주장을 하는 경우이다. 따라서 종래 한정위헌청구가 문제되는 심판절차는 예외 없이 법원의 구체적 재판을 계기로 하여 규범통제가 이루어지는 법 제68조 제2항의 헌법소원심판이었다.

2. 헌법재판소법 제68조 제1항에서 제외한 재판소원의 의미

법 제68조 제1항이 헌법소원의 대상에서 법원의 재판을 제외한 것은 단지 형식적인 관점에서 '법원의 재판' 자체를 헌법소원의 대상으로 삼을 수 없다는 것이 아니라, 실체적인 관점에서 '법원에 대한 통제'는 헌법재판소의 관할이 아니라는 것을 의미하는 것이다. 즉, 법 제68조 제1항은 '법원의 재판을 제외하고는'의 표현을 통하여 '청구인이 법원의 재판에 대하여 헌법소원을 제기한 경우'뿐만 아니라 나아가 '헌법재판소에 의한 심사

---

43) 헌법재판소법 제68조 제2항에 의한 헌법소원심판이 구체적 규범통제의 성격뿐만 아니라 법원의 재판에 대한 헌법소원의 성격을 가지고 있다는 점을 고려한다면, 법 제68조 제2항의 심판절차를 '제5절 헌법소원심판' 부분에 위치하게 한 것은 체계상으로도 큰 문제가 없는 것으로 판단된다.

가 실질적으로 법원의 재판에 대한 통제를 야기하는 경우'에도 헌법소원의 대상이 될 수 없다는 것을 의미하는 것이다. 이러한 해석만이 헌법 제107조에서 헌법재판권을 헌법재판소와 법원에 나누어 부여하는 헌법 및 재판소원을 금지하는 헌법재판소법의 객관적 결정에 부합할 수 있다.[44)]

법 제68조 제1항에서 '재판소원'을 배제하면서 제68조 제2항에서 기능상으로 '간접적 법률소원'을 수용하는 현행 헌법재판제도에서 '금지된 재판소원'이란, 독일과 같이 재판소원을 허용하는 헌법소원제도에서 '간접적 법률소원'을 제외한 나머지 재판소원, 즉 법원이 재판에 적용되는 법령의 해석·적용에 있어서 기본권의 효력을 간과하거나 근본적으로 오인한 경우 또는 재판의 구체적인 절차적 형성을 통하여 절차적 기본권인 재판청구권을 침해하는 경우에 대하여 제기되는 헌법소원을 말한다.[45)] 따라서 헌법재판소는 위 재판소원배제조항으로 말미암아, 법원의 재판을 직접적인 심판대상으로 삼을 수 없는 것은 물론이고, 법원의 법률해석의 위헌여부를 실질적인 심사의 대상으로 삼아서는 안 된다.

당해사건의 당사자가 법원의 법률해석의 위헌여부를 다투고자 하는 경우에 '법원의 재판'을 헌법소원의 대상으로 삼는다면 이러한 심판청구는 법 제68조 제1항에서 금지하는 재판소원에 해당하여 부적법한 반면, 당사자가 이러한 상황을 회피하기 위하여 '법원의 재판'이 아니라 한정위헌청구의 형태로 법원이 적용한 '법률조항'을 헌법소원의 대상으로 삼는다면 이러한 심판청구는 금지된 재판소원이 아니기 때문에 적법하다는 견해는, 당해사건의 당사자가 다투고자 하는 것이 '법원의 법률해석의 위헌여부'라는 점에서 심판청구를 어떠한 형식으로 포장하는지와 관계없이 실질적으로 헌법소원의 대상이 '법원의 재판'이라는 것은 달라지지 않으며, 한정위헌청구의 형태로 법원이 적용한 '법률조항'을 다투는 것은 그 실질에 있어서 바로 '금지하는 재판소원'에 해당한다는 것을 간과하고 있다.

3. 금지된 재판소원의 제기로서 한정위헌청구

법 제68조 제2항에 의한 헌법소원심판에서 청구인(당해 소송의 당사자)이 법원의 구체

---

44) 헌법 제107조 제2항의 해석에 관하여 논란이 있으나, 위 조항이 처분에 대한 최종적 심사권을 대법원에 부여하고 있으므로, 처분의 위헌성에 관하여 헌법재판소가 다시 헌법소원의 형태로 심사할 수 없다고 보아야 하고, 뿐만 아니라 처분의 위헌성에 대한 심사의 결과인 법원의 재판을 헌법소원의 대상으로 삼는 것은 허용되지 않는다고 보는 것이 타당하다. 그렇다면 헌법 제107조는 재판소원의 형태로 법원의 재판을 헌법재판소의 심사대상으로 삼는 것을 금지하거나 아니면 적어도 포괄적인 재판소원의 도입을 금지하는 헌법적 표현으로 보아야 할 것이다. 이러한 관점에서 본다면, 헌법재판소법 제68조 제1항에서 법원의 재판을 헌법소원의 대상에서 제외한 것은 헌법재판소와 법원의 헌법재판관할을 규정하는 헌법 제107조 및 제111조의 취지에 부합하는 입법이라 할 수 있으며, 반면에 재판소원을 도입하기 위해서는 헌법 제107조 제2항의 개정이 필수적임을 알 수 있다. 한수웅, 헌법학, 2018, 1409면 이하 참조.

45) 재판소원의 유형에 관하여 위 Ⅲ. 2. 다. (1) 부분 서술 참조.

적인 법률해석의 위헌여부를 다투는 경우, 헌법재판소가 당사자의 한정위헌청구를 판단의 대상으로 삼아 법원의 법률해석의 오류를 확인한다면, 헌법재판소로서는 재판소원이 배제된 상황에서 재판의 위헌성을 제거하기 위해서는 불가피하게 '합헌적 법률해석'의 방법을 사용하지 않을 수 없다. 즉, 헌법재판소는 재판소원의 배제로 말미암아 '법률을 법원과 같이 해석하는 한, 법원의 해석은 헌법에 위반된다'라는 이유로 법원의 재판을 취소할 수 없기 때문에, 그 대신 '법률을 법원과 같이 해석하는 한, 그 법률은 헌법에 위반된다'라는 한정위헌결정의 형태로 법률의 위헌성을 확인하게 되는 것이다.[46)]

그러나 여기서 한정위헌결정은 '법률의 위헌성에 대한 확인'이자 동시에 '법원의 법률해석의 위헌성에 대한 확인'을 의미한다. 이러한 점에서 헌법재판소가 청구인의 한정위헌청구에 의하여 법률조항에 대한 한정위헌결정을 하는 경우, 법 제68조 제2항의 헌법소원제도는 허용되는 '간접적인 법률소원'의 기능을 넘어서 '배제된 재판소원'으로 가는 진입로의 역할을 하게 된다. 여기서 한정위헌청구는 바로 법 제68조 제1항이 '금지하는 재판소원'인 법원의 법률해석의 위헌여부를 다투는 헌법소원심판의 청구에 해당하는 것이며, 청구인의 한정위헌청구에 의한 헌법재판소의 한정위헌결정은 법률에 대한 위헌결정이자 동시에 법원의 재판에 대한 위헌확인을 의미하는 것으로, 법원의 재판에 대한 헌법재판소의 통제에 해당하는 것이다.

4. 한정위헌청구의 적법성을 인정한 헌법재판소결정의 문제점

가. 종래 헌법재판소의 판례에 의하면, 한정위헌청구는 원칙적으로 부적법하고,[47)] 다만 법률조항 자체의 불명확성을 다투는 것으로 볼 수 있는 경우 또는 일정한 해석이 법원에 의하여 형성·집적된 경우 등에는 예외적으로 적법성을 인정하였다.[48)] 그러나 헌법재판소는 최근의 결정에서 선례를 변경하여 "법률의 의미는 결국 개별·구체화된 법률해석에 의해 확인되는 것이므로 법률과 법률의 해석을 구분할 수는 없고, 재판의 전제가 된 법률에 대한 규범통제는 해석에 의해 구체화된 법률의 의미와 내용에 대한 헌법적 통제로서 헌법재판소의 고유권한이며, 헌법합치적 법률해석의 원칙상 법률조항 중 위헌성이 있는 부분에 한정하여 위헌결정을 하는 것은 입법권에 대한 자제와 존중으로서 당연하고 불가피한 결론이므로, 이러한 한정위헌결정을 구하는 한정위헌청구는

46) 한수웅, 헌법재판소법 제68조 제2항에 의한 헌법소원심판에서 한정위헌결정의 문제점, 홍익법학 제8권 제2호(2007), 161면 이하 참조.

47) 종래, 헌법재판소는 '일반적으로 법률조항 자체에 대한 다툼과 법률의 해석에 관한 다툼은, 그 구분이 모호한 경우가 많지만, 일응 구분되는 것으로 보아야 한다'는 입장에서 출발하여, 법 제68조 제2항이 "법률의 위헌여부심판의 제청신청이 기각된 때에는"이라고 규정함으로써 심판의 대상을 '법률'에 한정하고 있으므로, 일반적으로 법률조항 자체의 위헌판단을 구하는 것이 아니라 법률조항을 "…하는 것으로 해석하는 한 위헌"이라는 판단을 구하는 청구는 법 제68조 제2항 상의 청구로 적절치 아니하다고 판시하였다. 헌재 1998. 9. 30. 98헌바3; 헌재 1997. 2. 20. 95헌바27, 판례집 9-1, 161; 헌재 1995. 7. 21. 92헌바40, 판례집 7-2, 37 참조.

48) 헌재 1997. 2. 20. 95헌바27, 판례집 9-1, 161; 헌재 1995. 7. 21. 92헌바40, 판례집 7-2, 37 참조.

원칙적으로 적법하다고 보아야 한다. 다만, 재판소원을 금지하는 헌법재판소법 제68조 제1항의 취지에 비추어, 개별·구체적 사건에서 단순히 법률조항의 포섭이나 적용의 문제를 다투거나, 의미 있는 헌법문제에 대한 주장 없이 단지 재판결과를 다투는 헌법소원 심판청구는 여전히 허용되지 않는다."고 판시하여, 한정위헌청구를 원칙적으로 적법한 것으로 판단하였다.[49]

나. 그러나 헌법재판소의 이러한 판시내용은 '법 제68조 제1항에서 금지하는 재판소원이 대체 무엇인지'에 관한 이해가 전혀 없다는 것을 드러내고 있다. 헌법재판소는 '다만, 사실인정, 법률조항의 단순한 포섭이나 적용을 다투거나 법원의 재판결과를 다투는 청구는 재판소원금지조항에 비추어 허용되지 않는다'고 하여, 이러한 것을 다투는 심판청구가 마치 재판소원에 해당하는 것처럼 이해하고 있다. 그러나 '재판소원'이란 법원의 재판에 의하여 청구인의 기본권이 침해되었다는 주장으로 제기되는 헌법소원이므로, 법원의 재판에 의한 기본권침해의 가능성이 있어야만 재판소원을 적법하게 제기할 수 있다. 사실인정, 법률조항의 단순한 포섭이나 적용을 다투거나 법원의 재판결과를 다투는 심판청구는 처음부터 기본권침해의 가능성이 없으며 기본권침해여부를 다투지도 않기 때문에 아예 재판소원의 대상으로 고려조차 되지 않는다.[50]

사실관계의 확인과 평가, 법령의 해석과 구체적 사건에의 적용, 법원절차의 구체적 형성은 헌법상 부여받은 司法權에 근거한 법원의 고유권한으로서 원칙적으로 헌법재판소의 심사대상에서 제외된다. 헌법재판소는 법원 판결의 타당성여부를 모든 법적인 관점에서 심사하는 超上告審法院이 아니다. 헌법재판소의 주된 과제는 헌법의 해석과 적용에 있고 헌법소원심판에서 헌법만이 심사기준이기 때문에, 법원이 법률이나 명령과 같은 下位法을 올바르게 해석·적용하였는지에 대한 심사는 원칙적으로 이루어지지 않는다. 법원이 재판에 적용되는 법령의 해석과 적용을 통하여 기본권을 침해할 가능성이 있는 경우에만, 즉 단순한 법률위반이 아니라 헌법위반의 경우에만, 헌법재판소는 법원의 재판에 대하여 심사할 수 있다. 따라서 헌법재판소가 '금지하는 재판소원'이라고 주장하는 '단순히 법률조항의 포섭이나 적용의 문제를 다투거나 단지 재판결과를 다투는 심판청구'는 헌법재판소법에서 '금지하는 재판소원'이 아니라 '재판소원으로 다툴 수 없는 심판청구', '재판소원의 대상이 되지 않는 심판청구'에 해당하는 것이다.

헌법재판소법이 '금지하는 재판소원'이란, 헌법소원의 본질상 '법원에 의한 기본권침해여부'를 다투기 위하여 제기되는 헌법소원이며, 비교법적으로는 독일과 같이 재판소원제도를 도입하고 있는 국가에서 시행되는 '재판소원'에 해당하는 헌법소원을 의미하는

---

49) 헌재 2012. 12. 27. 2011헌바117, 판례집 24-2하, 387.

50) 이러한 관점에서 재판소원에 관한 개괄적인 서술로서 vgl. Schlaich/Korioth, Das Bundesverfassungsgericht, 2001, Rn.271ff.; Gusy, Die Verfassungsbeschwerde, 1988, Rn.37ff., 78ff.

것인데, 이러한 '재판소원'이란 법원의 법률해석의 위헌여부에 대한 판단을 구하는 헌법소원, 즉 법원이 재판에 적용되는 법률의 해석·적용에 있어서 기본권의 효력을 간과하거나 근본적으로 오인함으로써, 즉 그 자체로서 합헌적인 법률을 위헌적으로 해석·적용함으로써 청구인의 기본권을 침해한다는 주장으로 제기되는 헌법소원을 말한다.[51] 따라서 법 제68조 제2항의 헌법소원심판에서 한정위헌청구에 의하여 법원의 법률해석의 위헌여부를 판단하는 경우가 바로 재판소원제도를 두고 있는 국가에서 시행되는 재판소원의 핵심에 해당하는 것이고, 바로 이것이 그 동안 학계 등에서 도입의 필요성을 주장해온 재판소원의 실체인 것이다.

다. 나아가, '법률과 법률의 해석을 구분할 수 없기 때문에, 법률에 대한 헌법적 통제와 법률의 해석에 대한 헌법적 통제는 불가분의 것으로 모두 헌법재판소의 고유권한에 속해야 한다.'는 판시내용은 중대한 이론적 흠결을 안고 있다.

헌법재판소는, '법률의 의미는 법률해석에 의하여 밝혀지는 것이므로 법률의 의미는 법률해석의 결과로서 법률과 법률해석은 구분될 수 없고, 법원의 법률해석이 헌법에 위반된다면 결국 법원의 해석에 의하여 구체화된 법률조항이 위헌성을 지니고 있으므로 법률해석의 위헌성은 곧 법률의 위헌성을 의미한다.'는 주장으로, '법률해석의 위헌여부에 대한 심판청구'와 '법률의 위헌여부에 대한 심판청구'를 동일시하고 있다. 그러나 법률해석과 법률이 일치하고 법률해석의 위헌성이 자동적으로 법률의 위헌성으로 전환될 수 있다면, 모든 법률이 법원에 의하여 잘못 해석될 수 있다는 점에서 '모든 법률이 잠재적으로 위헌적인 법률'이라는 납득하기 어려운 결과에 이르게 된다. 오늘날 대부분의 법률은 해석을 필요로 하는 불확정 법개념을 내포하고 있으나, 법률해석을 통하여 그 불명확성이 해소될 수 있고 그 의미내용이 헌법에 부합하게 해석될 수 있는 법률조항은 그 자체로서 합헌적인 법률이며, 다만 개별사건에서 법원에 의한 구체적인 법률해석·적용이 위헌일 수 있을 뿐이다.[52] 법률해석의 위헌성이 곧 법률의 위헌성을 의미하는 것은 아니다. 특히 재판소원을 배제하는 현행 헌법소원제도에서 '법률해석과 법률',

51) 재판소원에서 헌법재판소의 심사과정은 2단계로 나뉜다. 법규범이 위헌이 아님을 일단 확인한 후, 우선 법규범이 '추상적으로' 헌법에 부합하게 '해석'되었는지(소위 '기본권의 방사효')를 판단하고, 이어서 법규범이 개별사건에 '구체적으로' 헌법에 부합하게 '적용'되었는지를 판단한다, vgl. Schlaich/Korioth, Das Bundesverfassungsgericht, 2001, Rn.280.

52) 예컨대, '사죄광고 결정(헌재 1991. 4. 1. 89헌마160)'을 보더라도, 민법 제764조의 '명예회복에 적당한 처분'이라는 불확정 법개념이 헌법에 부합하게 구체화될 수 있으므로 위 민법조항은 그 자체로서 합헌적인 법률이며, 다만 '명예회복에 적당한 처분'에 사죄광고가 포함된다는 법원의 해석이 위헌일 뿐이다. 위 사건(사건이 접수된 1989년 당시, 현재의 '헌바' 사건에 대하여 '헌마'의 사건번호를 부여했음에 유의할 것)에서 문제되는 것은, 민법 제764조가 다의적인 해석가능성으로 말미암아 위헌적인 해석의 요소를 내포하고 있는지 여부가 아니라, 법원이 그 자체로서 합헌적인 민법 제764조의 규정을 언론의 자유 등 기본권을 고려하지 아니하고 위헌적으로 해석·적용하였는지 여부이다. 만일 현행 헌법재판제도에서 '재판에 대한 헌법소원'이 허용된다면, 청구인은 법률조항이 아니라 법원의 재판을 헌법소원의 대상으로 삼았을 것이고, 헌법재판소는 위 법률조항에 대하여 한정위헌결정을 하지 아니하고 '법원이 합헌적인 법률을 위헌적으로 해석·적용하였다'는 이유로 법원의 재판을 취소하였을 것이다.

'법률해석의 위헌성과 법률의 위헌성'은, 그 구분이 모호한 경우가 있다 하더라도 구분되어야 하고, '법률해석의 위헌여부에 대한 심판청구'와 '법률의 위헌여부에 대한 심판청구'도 구분되어야 한다.

재판소원을 두고 있는 독일 등에서는 '법률에 대한 헌법적 통제'와 '법원의 법률해석에 대한 헌법적 통제'를 구분하여 각 '법률에 대한 소원'과 '재판에 대한 소원'의 영역으로 나누어 귀속시키고 있으며, 헌법재판소법이 제68조 제1항에서 '재판소원'을 제외한 것도 이러한 구분이 가능하다는 것을 전제로 '법원의 법률해석에 대한 헌법재판소의 통제'를 배제하고자 한 것이다.

결국, 헌법재판소는 법 제68조 제1항에서 '금지하는 재판소원'의 의미를 '단순히 법률조항의 포섭이나 적용의 문제를 다투거나 단지 재판결과를 다투는 헌법소원 심판청구'로 잘못 이해함으로써, '금지된 재판소원'의 제기에 해당하는 한정위헌청구를 원칙적으로 적법한 것으로 판단하는 중대한 오류를 범하였다.[53] 그 결과, 헌법재판소는 자신의 권한을 제한하는 '재판소원 배제규정'을 스스로 폐기하고 '금지된 재판소원'을 자신의 관할로 선언하였는데, 이는 곧 자신의 결정을 통하여 재판소원을 사실상 도입하였다는 것을 의미한다. 헌법재판소가 스스로의 결정을 통하여 자신의 헌법재판권을 이미 재판소원으로 확대한 이상, 재판소원을 헌법재판소의 관할로 해야 한다는 논의도 무의미하게 되었다.

Ⅴ. 보충성의 표현으로서 법원의 제청신청 기각결정

1. 기각결정의 의미에 관한 학계의 논의

법 제68조 제2항 제1문은 "법 제41조 제1항에 따른 법률의 위헌 여부 심판의 제청신청이 기각된 때에는 …"이라고 규정함으로써 '법원의 제청신청 기각결정'을 헌법소원심판의 적법요건으로 명시적으로 요구하고 있다. 법 제68조 제2항에 의한 심판청구가 적법하기 위해서는, 법원의 위헌제청신청 기각결정이 있어야 하고, 재판의 전제성요건이 충족되어야 하며, 청구기간을 준수해야 한다. 나아가, 청구인이 사인인 경우, 변호사를 대리인으로 선임해야 한다.

여기서 심판청구가 적법하기 위하여 법원의 기각결정을 요구하는 이유가 무엇인지, '기각결정'이 각하결정도 포함하는지의 문제가 제기된다. 학계에서는 기각결정이 당해사건에 적용되는 법률의 위헌여부에 관한 법원의 실체적 판단만을 의미한다는 견해와[54]

---

53) 마찬가지로 '금지하는 재판소원'의 의미를 오해하는 견해로는 김하열, 주석 헌법재판소법(한수웅 외), 2015, 1143면.

54) 한수웅, 헌법학, 2018, 1482면 이하; 김시철, 위헌법률심판절차에 관한 몇 가지 논의, 헌법논총 제16집, 2005, 233-234면.

기각결정에는 법률의 위헌여부에 관한 실체적 판단뿐만 아니라 제청신청이 적법한지에 관한 판단도 포함된다고 하면서 법원의 재판형식이 '기각' 또는 '각하'인지는 중요하지 않다는 견해가[55] 서로 대립하고 있다.

후자의 견해는, "기각결정에 각하결정을 포함시키지 않는다면, 법원이 제청신청의 적법여부에 관한 판단을 좁힘으로써 일반국민의 규범통제 신청권, 나아가 헌법재판소의 규범통제권 행사의 기회를 제약하게 되어 헌법소원의 취지에 부합하지 않게 되므로, 법원이 헌법소원의 대상적격이 없다거나 재판의 전제성이 없다는 이유로 제청신청이 부적법하다는 결정을 하더라도 당사자는 헌법소원심판을 청구할 수 있어야 한다."고 주장한다.[56]

2. 위헌법률심판에 대한 보충적 심판절차로서 규범통제형 헌법소원

가. 법 제68조 제2항의 헌법소원 심판청구의 적법요건으로 '법원의 기각결정'을 요구하는 이유를 밝히기 위해서는 우선 법원이 언제 기각결정과 각하결정을 하는지를 확인해야 한다. 법원이 당해사건에 적용되는 법률을 합헌적으로 판단하는 경우에는 당사자의 제청신청을 기각하는 결정을 한다. 이에 대하여 각하결정은 형식적 요건에 대한 판단이므로, 가령 법률이 당해사건에 적용되는 것이 아니기 때문에 재판의 전제성이 없다고 판단하는 경우 또는 법률이 아닌 행정입법이나 법원의 재판에 대하여 제청신청을 하는 경우, 법원은 당사자의 제청신청을 각하하는 결정을 한다.

법원이 당사자의 제청신청에 대하여 '기각결정'을 한 경우에 한하여 심판청구를 허용하는 것은, 당해사건의 당사자가 법률의 위헌여부에 관하여 법원의 실체적 판단을 받은 후에 비로소 헌법재판소에 심판청구를 해야 한다는 사고에서 비롯된 것이며, 법원이 실체적 판단을 하는 경우에는 법원이 스스로 위헌제청을 할 가능성을 배제할 수 없기 때문이다. 기각결정이 아직 내려지지 않았다면 설사 제청 여부의 결정이 지연되고 있다 하더라도 바로 헌법소원을 청구할 수 없다.[57] 법 제68조 제2항은 법원의 '기각결정'을 헌법소원 심판청구의 적법요건으로 규정함으로써, 법 제68조 제2항의 헌법소원은 법원이 위헌제청을 하지 않는 경우에 비로소 허용되는 규범통제절차라는 것을 표현하고 있다. 당해사건에 적용하는 법률의 위헌여부에 관한 법원의 판단, 즉 적용법률을 합헌으로 간주하는 법원의 판단에 대하여 당사자가 불복하는 것에 바로 법 제68조 제2항의 헌법소원의 본질이 있다.[58] 따라서 당사자의 제청신청에 대한 법원의 기각결정, 즉 법

55) 정종섭, 헌법소송법, 2014, 277면; 김하열, 헌법소송법, 2016, 393면.

56) 특히 김하열, 헌법소송법, 2016, 393면; 같은 취지로 김하열, 주석 헌법재판소법, 2015, 1140면.

57) 법원이 제청신청에 대하여 신속히 결정을 하지 않는다면서 헌법소원을 제기한 사건으로 헌재 1999. 4. 29. 98헌바29, 판례집 11-1, 474.

58) 같은 취지로 김하열, 주석 헌법재판소법(한수웅 외), 2015, 1139면.

률의 위헌여부에 관한 법원의 판단은 법 제68조 제2항의 헌법소원을 제기하기 위한 본질적 전제조건이다. 헌법재판소법은 '법원의 기각결정'의 요건을 통하여 법 제68조 제2항의 헌법소원심판은 법관이 위헌제청을 하지 않는 경우에 비로소 허용되는 규범통제절차, 즉 법 제41조의 위헌법률심판에 대한 '보충적 심판절차'라는 것을 표현하고 있다.

나. 당사자의 제청신청을 거부하는 법원의 재판형식이 '기각'인지 아니면 '각하'인지는 중요하지 않으며 '기각결정'에는 '각하결정'도 포함된다고 하는 견해는, 법 제68조 제2항에서 왜 심판청구의 적법요건으로서 '기각결정'을 명시적으로 요구하고 있는지에 관하여 설명할 수 없다는 결정적인 흠결을 안고 있으며, 법 제68조 제2항에서 '기각결정'의 요건을 통하여 밝히고 있는 '보충적 심판절차'의 본질을 왜곡하는 것이다.

그럼에도 기각결정에 각하결정도 포함시켜야 한다고 주장하는 이유는, 법원이 위헌제청신청의 적법여부에 관하여 잘못 판단하여 각하결정을 하는 경우에는 당사자의 심판청구가 부적법한 것이 되어 헌법재판소의 위헌심사권이 부당하게 축소될 우려가 있다는 것에 있다. 위 견해가 법원의 잘못된 각하결정에 의하여 당사자의 심판청구권과 헌법재판소의 위헌심사권이 부당하게 축소될 우려가 있다는 점을 지적하는 것은 그 자체로서 타당하다. 그러나 위헌제청신청의 적법여부에 관한 법원의 판단에 대하여 헌법재판소가 심사할 수 있는 가능성을 보유해야 한다는 요청과 법 제68조 제2항의 '기각결정'의 의미를 각하결정을 포함하는 것으로 해석해야 하는지 여부는 전혀 별개의 문제이다. 법원의 잘못된 각하결정에 의하여 당사자의 심판청구가 부당하게 부적법한 것으로 될 우려가 있다면, 법원의 잘못된 각하결정에 의하여 당해사건 당사자의 심판청구권이 축소되지 않도록 그 해결책을 찾아서 제시해야 하는 것이지, 헌법재판소법에서 명시적으로 적법요건으로 정하고 있는 '기각결정'의 의미를 왜곡하는 것을 정당화하지는 않는다.

다. 재판의 전제성은 법원의 위헌제청 및 당해사건 당사자의 위헌제청신청의 적법요건이자 동시에 위헌법률심판과 규범통제형 헌법소원심판의 적법요건이다. 법원은 위헌제청을 하기 위하여 '재판의 전제성' 요건을 판단해야 하며, 헌법재판소는 자신이 관장하는 헌법재판절차인 위헌법률심판과 규범통제형 헌법소원심판의 적법요건인 '재판의 전제성' 요건이 충족되는지 여부에 관하여 심사할 권한과 의무를 가진다. 여기서 헌법재판소가 재판의 전제성요건에 관한 법원의 판단을 어느 정도로 심사할 수 있는지의 문제가 제기된다.

법원은 당해사건의 해결에 관한 원칙적인 관할을 가지므로, 구체적 법적 분쟁의 해결에 있어서 관할법원의 법적 견해, 특히 법률의 해석과 적용에 관한 법적 견해는 원칙적으로 존중되어야 한다. 따라서 헌법재판소는 법률이 재판의 전제성요건을 갖추고 있는지의 판단에 있어서 제청법원의 견해를 존중하는 것을 원칙으로 삼고 있다. 그러나 재판의 전제성에 관한 제청법원의 법적 견해가 명백히 유지될 수 없는 경우에는 이를 직권으로 조사할 수 있으며,[59] 법원의 위헌제청을 부적법한 것으로 각하하거나 또는 반대로 재판의 전제성을 인정할 수 있다.[60] 나아가, 재판의 전제성이 헌법적 선결문제의 판단에 달려있다면, 헌법재판소는 헌법해석의 최종적인 결정권자로서 헌법적 선결문제에 관한 제청법원의 판단을 전면적으로 심사할 수 있으며, 이로써 제청법원의 헌법적 견해를 배척하고 자신의 견해로 대체할 수 있다.[61]

헌법재판소는 '재판의 전제성' 요건뿐만 아니라 위헌제청의 대상여부에 관한 판단에 있어서도 법원의 판단에 의한 구속을 받지 않으므로, 이에 관한 법원의 법적 견해가 명백히 유지될 수 없는 경우에는 마찬가지로 직권으로 이를 조사할 수 있다.

라. 위에서 살펴본 바와 같이, 헌법재판소는 심판청구의 적법요건을 판단함에 있어서 적법요건에 관한 법원의 판단에 의하여 구속을 받지 않으며, 적법요건에 관한 법원의 견해가 유지될 수 없다고 판단하는 경우에는 직권으로 이를 조사할 수 있다. 따라서 위헌제청신청의 적법여부에 관한 법원의 판단에 대하여 헌법재판소가 심사할 수 있는 가능성을 확보하기 위하여, 헌법재판소법이 명시적으로 규정하는 '기각결정'을 기각결정과 각하결정을 포괄하는 것으로 이해함으로써 '기각결정'을 위헌소원의 본질적 적법요건으로 설정한 입법자의 의도를 무의미하게 만들 필요는 없다.

3. 당해법원이 당사자의 제청신청에 대하여 기각결정이 아니라 각하결정을 한 경우

그렇다면, 법 제68조 제2항의 헌법소원심판은 법률의 위헌여부심판의 제청신청을 하여 그 신청이 기각된 때에만 청구할 수 있는 것이므로, 청구인이 당해법원에 위헌여부심판의 제청신청을 하지 않았고 이에 따라 법원이 '기각결정'을 하지 않았다면, 심판청구는 그 요건을 갖추지 못하여 부적법하다.[62]

법원이 당해사건 당사자의 위헌제청신청에 대하여 위헌제청신청의 적법요건을 충족하지 못하였다는 이유로 '각하결정'을 한 경우에는 법률의 위헌여부에 관하여 실체적 판단을 하지 아니하였으므로, 심판청구는 원칙적으로 부적법하다. 다만, 법원이 실질적으로 법률의 위헌여부에 관한 판단을 하였으므로 제청신청을 기각해야 함에도 각하결정을 내린 경우에도 법원의 잘못된 각하결정에 의하여 법률의 위헌여부에 관한 헌법재판소의 심사여부가 결정되어서는 안 되므로, 심판청구는 적법하다.[63]

59) 헌재 1993. 5. 13. 92헌가10, 판례집 5-1, 226, 239; 헌재 1996. 10. 4. 96헌가6, 판례집 8-2, 308, 321.

60) 헌법재판소는 이른바 노동관련법 등 날치기 통과와 관련한 법원의 위헌제청을 법원의 견해가 명백히 유지될 수 없다고 보아 이를 각하한 바 있다(헌재 1997. 9. 25. 97헌가4, 판례집 9-2, 332, 336). 또한, 헌재 2003. 11. 27. 2002헌바102, 판례집 15-2하, 258, 266-269 참조.

61) 법원은 재판의 전제성이 없다는 이유로 위헌제청신청에 대하여 각하결정을 하였으나, 헌법재판소는 "만일 위 법률조항이 평등의 원칙 등에 위배된다면 그에 관하여 헌법불합치결정이 선고될 가능성이 있고, 이에 따라 청구인에게 유리한 내용으로 법률이 개정되어 적용됨으로써 이 사건 당해사건의 결론이 달라질 수 있다."고 판시하여 재판의 전제성을 인정하였다(헌재 1999. 12. 23. 98헌바33, 판례집 11-2, 732, 744).

62) 헌재 2000. 7. 20. 98헌바74, 판례집 12-2, 68, 76.

나아가, 법원이 재판의 전제성이 없다거나 위헌제청의 대상이 되지 않는다고 하여 각하결정을 하였으나 헌법재판소에 의한 직권 조사의 결과 대상적격과 재판의 전제성을 인정할 수 있는 경우에는,[64] 법원이 제청신청의 적법여부를 제대로 판단하였다면 법률의 위헌여부에 관하여 실체적 판단을 하였으리라는 점에서, 이러한 경우는 실질적으로는 법원이 기각결정이나 위헌제청을 해야 함에도 각하결정을 한 경우에 해당한다. 이러한 경우, 제청신청의 적법요건에 관한 법원의 잘못된 판단에 의하여 당사자가 법률의 위헌여부에 관하여 헌법재판소의 판단을 받을 수 있는지 여부가 결정되어서는 안 되므로, 법원의 각하결정에도 불구하고 예외적으로 헌법소원 심판청구는 적법하다.

4. 청구인이 법원의 기각결정의 대상이 아닌 법률조항에 대하여 심판청구를 한 경우

설사 청구인이 제청신청을 하였고 이에 따라 법원이 기각결정을 하였다 하더라도, 제청신청과 기각결정의 대상이 되지 않은 법률조항에 대한 심판청구는 그 요건을 갖추지 못한 것으로 부적법하다.[65] 위와 같은 경우에도 마찬가지로, 법원이 법률의 위헌여부에 관하여 실체적으로 판단할 기회를 가지지 못하기 때문에, 심판청구 이전에 법원의 실체적 판단을 거칠 것을 요구하는 '기각결정'의 요건을 충족시키지 못한다.

그러나 당사자가 제청신청의 대상으로 삼지 않았고 또한 법원이 기각결정의 대상으로도 삼지 않았음이 명백한 법률조항이라 하더라도, 예외적으로 위헌제청신청을 기각한 법원이 당해 조항을 실질적으로 판단하였거나 당해 조항이 명시적으로 위헌제청신청을 한 조항과 필연적 연관관계를 맺고 있어서 법원이 위 조항을 묵시적으로 위헌제청신청으로 판단한 것으로 볼 수 있는 경우에는, 이러한 법률조항에 대한 심판청구도 적법하다.[66]

헌법재판소의 위 판시내용들을 전반적으로 살펴보면, 헌법재판소가 비록 명시적으로 밝힌 바는 없지만 '법원의 기각결정'의 의미를 '법률의 위헌여부에 관한 법원의 실체적 판단'으로 이해하고 있음을 확인할 수 있다. 청구인이 법원의 기각결정의 대상이 아닌 법률조항에 대하여 심판청구를 한 경우에 형식적으로는 엄연히 '기각결정'이 존재함에도 '기각결정'의 요건을 충족시키지 못하였다는 이유로 헌법재판소가 이러한 심판청구를 부

63) 헌재 1989. 12. 18. 89헌마32 등, 판례집 1, 343, 346.

64) 재판의 전제성 등에 관한 법원의 법적 견해가 명백히 유지될 수 없는 경우에는 헌법재판소가 직권으로 조사하여 재판의 전제성 등을 인정할 수 있다.

65) 헌재 1994. 4. 28. 89헌마221, 판례집 6-1, 239, "법 제68조 제2항에 의한 헌법소원은 법 제41조 제1항의 규정에 의한 위헌여부심판의 제청신청을 법원이 각하 또는 기각한 경우에만 당사자가 직접 당재판소에 헌법소원의 형태로 심판청구를 할 수 있는 것이므로, 법원의 위헌제청신청 기각결정의 대상이 되지 아니한 규정들에 대한 심판청구는 법 제68조 제2항에 따른 헌법소원심판의 대상이 될 수 없는 사항에 대한 것으로서 부적법하다."

66) 헌재 1998. 3. 26. 93헌바12, 판례집 10-1, 226, 231-232; 헌재 2001. 2. 22. 99헌바93, 판례집 13-1, 274, 280-281.

적법하다고 판단하였다는 것은, 심판청구 이전에 심판대상인 법률의 위헌여부에 관한 법원의 실체적 판단을 거칠 것을 요구하는 것이 바로 '기각결정'의 요청임을 전제로 하고 있는 것이다. 또한, 기각결정의 대상이 아닌 법률조항이지만 법원이 이에 대하여 실질적으로 판단한 것으로 볼 수 있는 경우에는 기각결정의 대상이 아닌 법률조항에 대한 심판청구는 적법하다는 헌법재판소의 판단도 '기각결정' 요건에 대한 이러한 이해에 바탕을 두고 있는 것이다.

Ⅵ. 헌법재판소법 제68조 제2항의 "그 신청을 한 당사자"의 의미

1. 헌법재판소의 판례

헌법재판소는 행정소송의 피고나 그 보조참가인인 행정청이 법 제68조 제2항의 헌법소원심판을 청구할 수 있는지 여부에 관하여, "법 제68조 제2항에 의한 헌법소원심판은 구체적 규범통제의 헌법소원으로서 기본권의 침해가 있을 것을 그 요건으로 하고 있지 않을 뿐만 아니라 행정처분에 대한 소송절차에서는 그 근거법률의 헌법적합성까지도 심판대상으로 되는 것이므로, 행정처분의 주체인 행정청도 헌법의 최고규범력에 따른 구체적 규범통제를 위하여 근거법률의 위헌 여부에 대한 심판의 제청을 신청할 수 있고, 법 제68조 제2항의 헌법소원을 제기할 수 있다."고 판시하고 있다.[67]

헌법재판소의 이러한 판시내용에 의하면, 행정청이 구체적인 행정소송사건의 당사자가 된 경우 당해사건에 적용되는 법률에 대하여 위헌의 의심을 가진다면, 당해법원에 위헌여부에 대한 심판의 제청을 신청할 수 있고, 법원이 제청신청을 기각하는 경우에는 법 제68조 제2항의 헌법소원을 제기할 수 있다.

2. 행정청도 규범통제형 헌법소원심판을 청구할 수 있는지 여부

가. 행정작용에 있어서 위헌이라고 간주되는 법률의 적용의무

행정청도 국가기관으로서 헌법의 구속을 받고 행정작용은 헌법에 위배되어서는 안 된다는 점에서, 행정청이 구체적인 사건에서 적용해야 하는 법률이 위헌이라고 판단하는 경우에 그러한 법률의 적용을 거부할 수 있고 위헌제청을 할 수 있는지의 문제가 제기된다.

법치국가의 핵심적 내용에 속하는 것은, 모든 국가기관이 국가권력의 행사에 있어서 법의 구속을 받는다는 것이다. 국가권력의 행사가 법의 구속을 받는다는 것은 국가행위에 대하여 헌법과 법률이 우위에 있다는 것을 의미한다. 따라서 법의 구속은 행정부에

67) 헌재 2008. 4. 24. 2004헌바44, 판례집 20-1상, 453.

게는 헌법과 법률에의 구속, 즉 헌법과 법률의 優位를 의미한다.[68] 나아가, 행정부는 행정작용에 있어서 법질서 內 모든 단계의 법규범(헌법, 형식적 법률, 명령과 조례, 관습법 등)의 구속을 받는다. 행정부가 법의 구속을 받는다는 것은, 행정부는 법규범을 위반해서는 안 되고 나아가 법규범을 적극적으로 적용해야 한다는 것을 의미한다.[69] 행정부는 원칙적으로 법규범의 적용을 거부할 수 없으며, 위헌·위법으로 간주되는 법규범이라 하더라도 그 법규범을 적용해야 한다.

헌법은 제107조 제1항 및 제111조 제1항 제1호에서 위헌법률심판의 제청권을 '법원'에게만 부여하고 있다. 따라서 행정청이 구체적인 사건에 적용해야 할 법률에 대하여 위헌의 의심이 있는 경우, 행정청은 법원과는 달리 헌법재판소에 위헌제청을 할 수 없고, 상급관청에게 법률의 위헌성에 관한 이의를 제기함으로써 정부로 하여금 헌법재판소에 '추상적 규범통제'의 형태로 법률의 위헌여부를 묻도록 하는 방법만이 고려될 수 있을 뿐이다.[70] 그러나 현행 헌법재판제도는 구체적인 소송과 무관하게 법률의 위헌여부를 물을 수 있는 추상적 규범통제제도를 두고 있지 않으므로, 행정청에게는 추상적 규범통제의 형태로도 법률의 위헌여부를 물을 수 있는 가능성이 없다. 따라서 행정청은 기껏해야 정부의 법률안제출권의 행사를 통하여 위헌적 법률의 위헌성을 제거하거나 개선하도록 하는 방법만이 고려될 수 있을 뿐이다. 한편, 행정입법의 위헌성이 문제되는 경우에는 행정청은 행정입법의 위헌성을 지적함으로써 행정부가 스스로 행정입법의 위헌성을 제거하도록 할 수 있다.

나. 당해사건 당사자의 범위를 행정청으로 확대하는 것이 헌법에 부합하는지 여부

헌법재판소는 위 결정에서 "행정처분의 주체인 행정청도 헌법의 최고규범력에 따른 구체적 규범통제를 위하여 근거법률의 위헌 여부에 대한 심판의 제청을 신청할 수 있고, 법 제68조 제2항의 헌법소원을 제기할 수 있다."라고 판시하고 있다. 그러나 법 제68조 제2항의 헌법소원심판의 법적 성격과 도입배경을 고려한다면, 국가기관인 행정청도 헌법소원을 제기할 수 있다는 견해에 대하여 다음과 같은 의문이 제기된다.

(1) 위 헌법소원심판은 위헌법률심판에 이르는 과정에서 파생된 절차로서, 위헌법률심판의 범주 내에서 위헌법률심판과의 연관관계에서 파악되어야 한다. 위헌법률심판의 경우, 국가기관 중에서는 법원만이 당해사건에 적용되는 법률의 위헌여부를 헌법재판소에 물을 수 있는 권한을 가진다. 헌법 제107조 제1항은 "법률이 헌법에 위반되는 여부

---

68) 한수웅, 헌법학, 2018, 248면 참조.
69) 한수웅, 헌법학 입문, 2018, 129면.
70) 추상적 규범통제란, 구체적 소송사건의 발생과 관계없이 법규범(법률 및 법규명령)의 위헌여부를 일정한 국가기관(연방정부, 州 정부, 일정 數 이상의 의회 의원 등)의 심판청구에 의하여 헌법재판소가 심사하는 제도를 말한다. 따라서 여기서 '추상적'이란 표현은 규범통제가 구체적 사건을 계기로 하지 않는다는 것을 의미한다.

가 재판의 전제가 된 경우에는 법원은 헌법재판소에 제청하여 그 심판에 의하여 재판한다."고 규정하여, 구체적 규범통제절차에서 위헌제청권을 법원에게만 인정하고 있다. 그런데 법 제68조 제2항의 헌법소원심판에서 당해사건 당사자의 범위를 행정청으로 확대하는 것은, 원래 법원에게만 인정되는 위헌제청권이 법 제68조 제2항의 헌법소원심판을 통하여 행정청에게도 확대되는 결과를 초래한다. 행정청이 당해사건의 당사자로서 제청신청이 기각된 경우에 헌법소원심판을 청구할 수 있다면, 비록 형식적으로는 '헌법소원심판의 청구'라는 형식을 띠게 되지만, 법률이 헌법에 위반되는지 여부가 재판의 전제가 된 경우 그 위헌여부의 판단을 이러한 형식으로 헌법재판소에 물을 수 있다는 점에서 실질적으로는 '위헌제청'에 해당한다.

이러한 관점에서 볼 때, 헌법재판소가 헌법재판소법의 위와 같은 해석을 통하여 위헌제청권을 실질적으로 행정청에 대해서도 확대하는 것이 헌법에 부합하는 것인지에 대하여 강한 의문이 제기된다. 이러한 법률해석은 구체적 규범통제절차에서 위헌제청권을 법관에게 유보하고 있는 헌법 제107조 제1항의 규범내용에 정면으로 반하기 때문이다.[71)]

(2) 나아가, 헌법소원심판을 청구할 수 있는 주체의 범위를 국가기관인 행정청으로 확대한 것은 헌법소원심판의 본질과도 부합하지 않는다. 법 제68조 제2항의 헌법소원심판은 그 명칭에도 불구하고 법적 성격에 있어서 일차적으로 '구체적 규범통제'로 이해해야 하지만, 다른 한편으로는 재판소원을 배제한 우리 헌법재판제도에서 재판소원의 기능을 수행하고 있다는 점에서 볼 때 개인의 '주관적 권리구제절차'로서의 성격도 가지고 있다. 개인의 주관적 권리구제절차로서의 헌법소원심판의 본질은 그 역사적 발생에 있어서나 또는 현재 범세계적으로 이루어지고 있는 헌법재판의 실무에 비추어 보나 '개인의 심판청구'에 의한 주관적 권리구제절차라는 것에 있다. 기본권주체인 개인이 아니라 기본권의 구속을 받는 국가기관이 제기하는 절차는 헌법소원에 해당하지 않는다. 국가기관인 행정청이 위 헌법소원을 제기할 수 있도록 당사자의 범위를 확대한 헌법재판소의 판시내용은, 법 제68조 제2항의 헌법소원심판이 구체적 규범통제의 성격뿐만 아니라 주관적 권리구제절차의 성격도 함께 가지는 심판절차라는 것을 간과하고 있다.

(3) 또한, 우리 헌법재판제도에서 법 제68조 제2항의 헌법소원심판을 도입한 배경도 심판청구의 주체를 행정청에 확대한 것에 대하여 의문을 제기한다. 헌법재판소법은 재판소원을 배제하고 있는 현행 헌법재판제도에서 법관이 위헌제청을 하지 않는 경우에 대한 대안으로서 규범통제형 헌법소원을 도입한 것이다. 법원이 위헌제청을 하지 않는 경우에 대하여 입법자가 헌법재판소에 의한 통제절차를 제공하지 않는다면, 헌법 제107

71) 이미 이러한 지적으로 한수웅, 헌법학, 2018, 250면 참조.

조 제1항 및 제27조로부터 파생하는 당사자의 재판청구권, 즉 당해사건에 적용되는 법률의 위헌여부에 관하여 '헌법과 법률이 정한 법관'인 헌법재판소의 판단을 받을 당사자의 권리를 침해할 가능성이 있기 때문이다. 이러한 관점에서도 심판청구의 주체는 재판청구권의 주체인 '개인'에 한정되어야 한다.[72]

Ⅶ. 맺는말

1. 법 제68조 제2항의 헌법소원심판은 위헌법률심판에 이르는 과정에서 파생된 절차로서, 비록 법원의 위헌제청이 아니라 당해사건 당사자의 심판청구에 의하여 절차가 개시되기는 하지만 구체적 소송사건을 계기로 하여 법률의 위헌여부에 관한 심사가 이루어진다는 점에서, 구체적 규범통제의 성격을 가지고 있다. 위 헌법소원심판은 위헌법률심판과 마찬가지로 당해사건의 해결을 위한 '중간절차'로서 당해사건에 적용되는 법률의 위헌여부를 재판의 전제로서 판단한다. 위 헌법소원심판의 법적 성격이 구체적 규범통제이기 때문에, 심판청구의 적법요건도 본질상 '재판의 전제성'이다.

그러나 다른 한편으로는, 당해사건 당사자의 심판청구에 의하여 절차가 개시되며 당사자가 심판청구를 하는 궁극적인 목적은 법률의 위헌여부에 관한 헌법재판소의 판단을 통하여 자신의 권리를 구제받고자 하는 것이라는 점, 법 제68조 제2항의 헌법소원심판은 직접적으로는 당해 재판에 적용된 법률을 대상으로 법률의 위헌여부를 다투는 것이지만, 궁극적으로는 당사자가 위헌적인 법률을 적용하여 자신의 기본권을 침해한 재판의 취소를 구하고 있다는 점에서 그 실질적 기능에 있어서 재판에 대한 헌법소원에 해당한다. 따라서 위 헌법소원제도는 위헌법률심판과 주관적 권리구제절차로서의 헌법소원심판의 성격을 함께 가지고 있는 '복합적 성격의 심판절차'이다.

2. 법원이 당사자의 제청신청에 대하여 '기각결정'을 한 경우에 한하여 심판청구를 허용하는 것은, 당해사건의 당사자가 법률의 위헌여부에 관하여 법원의 실체적 판단을 받은 후에 비로소 헌법재판소에 심판청구를 해야 한다는 사고에서 비롯된 것이며, 법원이 실체적 판단을 하는 경우에는 법원이 스스로 위헌제청을 할 가능성을 배제할 수 없기 때문이다. 헌법재판소법은 '법원의 기각결정'의 요건을 통하여 법 제68조 제2항의 헌법소원심판은 법관이 위헌제청을 하지 않는 경우에 비로소 허용되는 규범통제절차, 즉 법 제41조의 위헌법률심판에 대한 '보충적 심판절차'라는 것을 표현하고 있다.

한편, 헌법재판소는 일부 결정에서 '법 제68조 제2항에 의한 헌법소원의 심판청구는 당사자의 제청신청이 각하 또는 기각된 경우에 할 수 있다'고 판시함으로써 마치 각하

72) 국가기관은 원칙적으로 재판청구권의 주체가 될 수 없다. 한수웅, 헌법학 입문, 2018, 424면.

결정과 기각결정을 구분하지 않고 같이 취급한다는 오해를 불러일으키고 있다. 그러나 헌법재판소의 결정례를 종합적으로 고려할 때, 위 판시내용은 '법원이 제청신청에 대하여 기각결정을 한 경우뿐만 아니라 기각결정을 해야 함에도 각하결정을 한 경우에도 심판청구가 적법하다'는 것을 의미하는 것이지, 심판청구의 적법요건이 '기각결정'이 아니라 '기각결정 및 각하결정'임을 의미하는 것은 아니다.

위 판시내용은 규범통제형 헌법소원의 본질적 요소인 '기각결정'의 의미를 왜곡할 우려가 있으므로, 헌법재판소는 '법 제68조 제2항에 의한 심판청구는 원칙적으로 당사자의 제청신청이 기각된 경우에 할 수 있으나, 법원이 기각결정을 해야 함에도 각하결정을 한 경우에는 예외적으로 기각결정을 한 것으로 간주할 수 있다'고 명확하게 밝히는 것이 바람직하다. 여기서 '기각결정을 해야 함에도 각하결정을 한 경우'란 법원이 법률의 위헌여부에 관하여 실체적 판단을 하였음에도 각하결정을 한 경우는 물론이고, 나아가 법원이 제청신청의 적법요건에 관한 판단을 잘못함으로써 법률의 위헌여부에 관한 실체적 판단에 나아가지 않고 각하결정을 한 경우도 포함한다.

3. 법 제68조 제2항에 의한 헌법소원심판에서 당해사건의 당사자가 한정위헌청구의 형태로 법원의 구체적인 법률해석의 위헌여부를 다투는 경우, 여기서 한정위헌청구는 바로 법 제68조 제1항이 '금지하는 재판소원'인 법원의 법률해석의 위헌여부를 다투는 헌법소원심판의 청구에 해당하는 것이며, 한정위헌청구에 의한 헌법재판소의 한정위헌결정은 법원의 재판에 대한 위헌확인을 의미하는 것으로, 법원의 재판에 대한 헌법재판소의 통제에 해당하는 것이다. 그러나 헌법재판소는 법 제68조 제1항에서 '금지하는 재판소원'의 의미를 '단순히 법률조항의 포섭이나 적용의 문제를 다투거나 단지 재판결과를 다투는 헌법소원 심판청구'로 잘못 이해함으로써, '금지하는 재판소원'의 제기에 해당하는 한정위헌청구를 원칙적으로 적법한 것으로 판단하는 중대한 오류를 범하였다.

'재판소원'이란 법원의 재판에 의하여 청구인의 기본권이 침해되었다는 주장으로 제기되는 헌법소원이므로, 헌법재판소가 '금지하는 재판소원'이라고 주장하는 '단순히 법률조항의 포섭이나 적용의 문제를 다투거나 단지 재판결과를 다투는 심판청구'는 헌법재판소법에서 '금지하는 재판소원'이 아니라 '재판소원으로 다툴 수 없는 심판청구', '재판소원의 대상이 되지 않는 심판청구'에 해당하는 것이다. 헌법재판소법이 '금지하는 재판소원'이란, 법원에 의한 기본권침해여부를 다투기 위하여 제기되는 헌법소원이며, 비교법적으로는 독일과 같이 재판소원제도를 도입하고 있는 국가에서 시행되는 '재판소원'에 해당하는 헌법소원을 의미하는 것인데, 이러한 '재판소원'이란 법원의 법률해석의 위헌여부에 대한 판단을 구하는 헌법소원을 말한다. 법 제68조 제2항의 헌법소원심판에서 한정위헌청구에 의하여 법원의 법률해석의 위헌여부를 판단하는 경우가 바로 재판소원제도를 두고 있는 국가에서 시행되는 재판소원의 핵심에 해당하는 것이고, 바로 이것이 그 동안 학계 등에서 도입의 필요성을 주장해온 재판소원의 실체인 것이다.

결국, 헌법재판소는 한정위헌청구의 적법성을 인정함으로써 자신의 권한을 제한하는 '재판소원배제규정'을 스스로 폐기하고 '금지하는 재판소원'을 자신의 관할로 선언하였는데, 이는 곧 자신의 결정을 통하여 재판소원을 사실상 도입하였다는 것을 의미한다. 헌법재판소가 스스로의 결정을 통하여 자신의 헌법재판권을 이미 재판소원으로 확대한 이상, 재판소원을 헌법재판소의 관할로 해야 한다는 논의도 무의미하게 되었다.

참고문헌

권영성, 헌법재판의 현황과 문제, 인권과 정의 1991. 2.
김문현/정재황/한수웅/음선필, 현행 헌법상 헌법재판제도의 문제점과 개선방안, 헌법재판연구 제16권, 2005
김시철, 위헌법률심판절차에 관한 몇 가지 논의, 헌법논총 제16집, 2005
김운룡, 헌법재판제도의 운영/토론, 헌법재판의 이론과 실제, 헌법재판자료 제3집, 1990
김철수, 헌법소원제도의 개선방향, 헌법재판연구 제1권, 1990
김철용/김문현/정재황, 헌법재판절차의 개선을 위한 입법론적 연구, 헌법재판연구 제4권, 1993
김하열, 헌법소송법, 2016
김학성, 헌법소원에 관한 연구, 서울대 법학박사 학위논문, 1990
이명웅, 헌법재판소법 제68조 제2항 헌법소원제도, 헌법논총 제12집, 2001
이시윤, 헌법재판개관, 판례월보 89. 5.
정종섭, 헌법소송법, 2014
정태호, 헌법소원의 개념과 역사적 발전, 안암법학 제4집, 1996
한수웅, 헌법학, 2018
______, 헌법학 입문, 2018
______, 헌법재판소법 제68조 제1항의 위헌여부, 헌법논총 제10집, 1999
______, 헌법재판소법 제68조 제2항에 의한 헌법소원심판에서 한정위헌결정의 문제점, 홍익법학 제8권 제2호, 2007
한수웅/정태호/김하열/정문식, 주석 헌법재판소법, 헌법재판연구원, 2015
허영, 헌법소송법론, 2009
헌법재판소, 헌법재판실무제요, 제1개정판, 2003
황우려, 헌법재판의 운영/토론, 헌법재판의 이론과 실제, 헌법재판자료 제3집, 1990

Benda/Klein, Verfassungsprozeßrecht, 3. Aufl., 2012
Bethge, in: Maunz/Schmidt-Bleibtreu/Klein/Bethge(Hg), Bundesverfassungsgerichtsgesetz (BVerfGG), 2014, §90
Bettermann, Die konkrete Normenkontrolle und sonstige Gerichtsvorlage, in: Starck (Hg), Bundesverfassungsgericht und Grundgesetz (BVerfG und GG), Bd. I, 1976
Brunner, Der Zugang der Einzelnen zur Verfassungsgerichtsbarkeit im europäischen Raum, JöR 50(2002)
Dollinger, in: Umbach/Clemens/Dollinger(Hg), Bundesverfassungsgerichtsgesetz Mitarbeiterkommentar (BVerfGG), 2005, §80

Gusy, Die Verfassungsbeschwerde, 1988

______, Die Verfassungsbeschwerde, in: Badura/Dreier(Hg.), Festschrift 50 Jahre Bundesverfassungsgericht, Bd. I, 2001

Lechner/Zuck, Bundesverfassungsgerichtsgesetz (BVerfGG), 2011, §90

Maunz, in: Maunz/Schmidt-Bleibtreu(Hg), Bundesverfassungsgerichtsgesetz (BVerfGG), 1993, §90

Ruppert, in: Umbach/Clemens/Dollinger(Hg), Bundesverfassungsgerichtsgesetz Mitarbeiterkommentar (BVerfGG), 2005, §90

Schlaich/Korioth, Das Bundesverfassungsgericht, 9. Aufl., 2012

A. Weber, Verfassungsgerichte in anderen Ländern, in: Piazolo(Hg), Das Bundesverfassungsgericht, 1995

Zuck, Das Recht der Verfassungsbeschwerde, 1988

찾아보기

ㄱ

ㄴ

ㄷ

ㄹ

[저자 약력]

독일 Freiburg 대학교 법과대학 학사 · 석사
독일 제1차 사법시험 합격
독일 Freiburg 대학교 법과대학 법학박사
독일 제2차 사법시험 합격(독일변호사)
헌법재판소 헌법연구관
사법시험 출제위원
홍익대학교 법과대학 법학과 교수
한국법학원 제10회 법학논문상 수상
법제처 정부입법자문위원회 위원
법무부 차별금지법 특별분과위원회 위원장
국가인권위원회 인권위원(비상임)
중앙대학교 법학전문대학원 교수

[주요 저서]

헌법학, 법문사, 제11판(2021)
기본권의 새로운 이해, 법문사, 2020
헌법학 입문, 법문사, 제4판(2020)
주석 헌법재판소법, 헌법재판연구원, 2015(한수웅 외 3인)
Merkmale der verfassungsrechtlichen Ordnung der Wirtschaft in Deutschland und Korea(1993)

헌법상 권력구조의 재조명

2021년 6월 1일 초판 인쇄
2021년 6월 10일 초판 1쇄 발행

저 자 한 수 웅
발행인 배 효 선
발행처 도서출판 法 文 社

주 소 10881 경기도 파주시 회동길 37-29
등 록 1957년 12월 12일/제2-76호(윤)
전 화 (031)955-6500~6 FAX (031)955-6525
E-mail (영업) bms@bobmunsa.co.kr
(편집) edit66@bobmunsa.co.kr
홈페이지 http://www.bobmunsa.co.kr
조 판 법 문 사 전 산 실

정가 53,000원 ISBN 978-89-18-91200-4